U0661240

本书系教育部人文社会科学重点研究基地南京大学中国新文学研究中心重点资助项目

中国新时期文学期刊目录汇编

第四卷

张光芒 主 编

学术顾问	丁　帆	王彬彬
主　　编	张光芒	
编　　撰	张光芒	史鸣威
	许永宁	杜　璇
	姜　淼	孙慧文
	高　旭	李　桢
	杨　雯	丁雨卉
	王凤华	张匀匀
	孙　琳	

南京大学出版社

图书在版编目(CIP)数据

中国新时期文学期刊目录汇编. 第 4 卷 / 张光芒主编
. —南京:南京大学出版社,2023.8
　　ISBN 978 - 7 - 305 - 25002 - 6

　　Ⅰ. ①中…　Ⅱ. ①张…　Ⅲ. ①中国文学－当代文学－
期刊目录　Ⅳ. ①Z88:I206. 7

　　中国版本图书馆 CIP 数据核字(2021)第 194065 号

出版发行　南京大学出版社
社　　址　南京市汉口路 22 号　　　　邮　编　210093
出 版 人　王文军

书　　名　**中国新时期文学期刊目录汇编**
　　　　　ZHONGGUO XINSHIQI WENXUE QIKAN MULU HUIBIAN
主　　编　张光芒
责任编辑　施　敏

照　　排　南京紫藤制版印务中心
印　　刷　南京新世纪联盟印务有限公司
开　　本　880 mm×1230 mm　1/16　印张 303　字数 12566 千
版　　次　2023 年 8 月第 1 版　2023 年 8 月第 1 次印刷
ISBN 978 - 7 - 305 - 25002 - 6
定　　价　1500.00 元(全五卷)

网　　址:http://www.njupco.com
官方微博:http://weibo.com/njupco
官方微信号:njupress
销售咨询热线:025 - 83594756

＊ 版权所有,侵权必究
＊ 凡购买南大版图书,如有印装质量问题,请与所购
　 图书销售部门联系调换

目 录

A

《安徽文艺》(《安徽文学》、《文学》) ········ 001

B

《百花洲》 ···························· 062
《北大荒》 ···························· 091
《北京文艺》(《北京文学》) ············ 100
《边疆文艺》(《大西南文学》) ·········· 176

C

《长安》(《文学时代》) ·············· 241
《长城》 ···························· 289
《长城文艺》 ························ 311
《丑小鸭》 ·························· 334
《创作》 ···························· 366
《春风》(长春) ···················· 370
《春风》(鹤岗) ···················· 416
《春风》(沈阳)(《中外文学》) ········ 428

D

《当代》 ···························· 452
《当代外国文学》 ···················· 479
《滇池》 ···························· 493
《电影创作》 ························ 539
《电影新作》 ························ 595

F

《非非》 ···························· 625
《汾水》(《山西文学》) ·············· 627
《福建文艺》(《福建文学》) ·········· 695
《芙蓉》 ···························· 777

G

《甘肃文艺》(《飞天》) ·············· 803
《广东文艺》(《作品》) ·············· 895
《广西文艺》(《广西文学》) ·········· 967
《广州文艺》 ························ 1046
《贵阳文艺》(《花溪》) ·············· 1118
《贵州文艺》(《山花》) ·············· 1182

H

《哈尔滨文艺》(《小说林》) ·········· 1257
《海燕》 ···························· 1309
《杭州文艺》(《西湖》) ·············· 1349
《河北文艺》(《河北文学》) ·········· 1414
《河南文艺》(《奔流》) ·············· 1476
《黑龙江文艺》(《北方文学》) ········ 1547
《黑龙江戏剧》(《剧作家》) ·········· 1615
《红岩》 ···························· 1636
《湖北文艺》(《长江文艺》) ·········· 1664
《呼和浩特文艺》(《山丹》) ·········· 1740
《花城》 ···························· 1778
《花山》 ···························· 1809
《黄河》 ···························· 1818
《火花》 ···························· 1826

J

《吉林文艺》(《长春》、《作家》) ········ 1827
《江城》(《短篇小说》) ·············· 1904
《江南》 ···························· 1961
《江苏文艺》(《雨花》) ·············· 1981
《江西文艺》(《星火》) ·············· 2052
《解放军文艺》 ······················ 2112
《今天》 ···························· 2180
《剧本》 ···························· 2183

K

《昆仑》 …………………………… 2227

L

《辽宁文艺》(《鸭绿江》) ………… 2249
《绿洲》(乌鲁木齐) ……………… 2327

M

《莽原》 …………………………… 2346
《芒种》 …………………………… 2365
《萌芽》 …………………………… 2418
《民族文学》 ……………………… 2471
《名作欣赏》 ……………………… 2520

N

《南京文艺》(《青春》) …………… 2570
《内蒙古文艺》(《草原》) ………… 2625
《宁夏文艺》(《朔方》) …………… 2694

Q

《青海文艺》(《青海湖》) ………… 2761
《清明》 …………………………… 2834
《青年外国文学》 ………………… 2857
《青年文学》 ……………………… 2862
《青年作家》 ……………………… 2902
《秋实》 …………………………… 2965

R

《人民文学》 ……………………… 2968

S

《散文选刊》 ……………………… 3029
《山东文艺》(《山东文学》) ……… 3053
《陕西文艺》(《延河》) …………… 3129
《山西群众文艺》(《晋阳文艺》) … 3191

《上海文艺》(《上海文学》) ……… 3267
《生活》 …………………………… 3333
《石河子文艺》(《绿洲》、《绿风》) … 3334
《世界文学》 ……………………… 3374
《诗刊》 …………………………… 3426
《诗神》 …………………………… 3530
《十月》 …………………………… 3567
《收获》 …………………………… 3597
《四川文艺》(《四川文学》、《现代作家》)
………………………………… 3618

T

《台港文学选刊》 ………………… 3705
《特区文学》 ……………………… 3732
《天涯》 …………………………… 3753

W

《外国文艺》 ……………………… 3769
《外国戏剧》 ……………………… 3800
《外国小说》 ……………………… 3827
《武汉文艺》(《芳草》) …………… 3840

X

《西藏文艺》(《西藏文学》) ……… 3900
《希望》(广州) …………………… 3946
《希望》(合肥) …………………… 3982
《戏剧创作》(《戏剧文学》) ……… 4006
《湘江文艺》(《湘江文学》、《文学月报》、《湖南文学》) ……………………… 4033
《小说界》 ………………………… 4113
《小说选刊》 ……………………… 4137
《小说月报》 ……………………… 4182
《新港》(《小说导报》、《天津文学》) … 4208
《新疆民族文学》(《民族作家》) … 4270
《新疆文艺》(《新疆文学》、《中国西部文学》) ………………………… 4300
《新苑》 …………………………… 4375
《星星》 …………………………… 4392

Y

《阳关》 ……………………………… 4489

《译林》 ……………………………… 4518

Z

《这一代》 …………………………… 4540

《浙江文艺》(《东海》) ……………… 4542

《郑州文艺》(《百花园》) …………… 4610

《中国》 ……………………………… 4668

《中国作家》 ………………………… 4676

《中篇小说选刊》 …………………… 4691

《钟山》 ……………………………… 4702

《啄木鸟》 …………………………… 4730

《作品与争鸣》 ……………………… 4743

区域目录索引

全国性期刊

《丑小鸭》 ………………………………… 334
《当代》 …………………………………… 452
《电影新作》 ……………………………… 595
《解放军文艺》 …………………………… 2112
《剧本》 …………………………………… 2183
《昆仑》 …………………………………… 2227
《民族文学》 ……………………………… 2471
《青年文学》 ……………………………… 2862
《人民文学》 ……………………………… 2968
《世界文学》 ……………………………… 3374
《诗刊》 …………………………………… 3426
《外国戏剧》 ……………………………… 3800
《小说选刊》 ……………………………… 4137
《中国》 …………………………………… 4668
《中国作家》 ……………………………… 4676
《啄木鸟》 ………………………………… 4730
《作品与争鸣》 …………………………… 4743

安徽省

《安徽文学》 ……………………………… 001
《安徽文艺》 ……………………………… 001
《清明》 …………………………………… 2834
《文学》 …………………………………… 001
《希望》（合肥） ………………………… 3982

北京市

《北京文学》 ……………………………… 100
《北京文艺》 ……………………………… 100
《电影创作》 ……………………………… 539
《十月》 …………………………………… 3567

福建省

《福建文学》 ……………………………… 695

《福建文艺》 ……………………………… 695
《台港文学选刊》 ………………………… 3705
《中篇小说选刊》 ………………………… 4691

甘肃省

《飞天》 …………………………………… 803
《甘肃文艺》 ……………………………… 803
《阳关》 …………………………………… 4489

广东省

《广东文艺》 ……………………………… 895
《广州文艺》 ……………………………… 1046
《花城》 …………………………………… 1778
《特区文学》 ……………………………… 3732
《希望》（广州） ………………………… 3946
《作品》 …………………………………… 895

广西壮族自治区

《广西文学》 ……………………………… 967
《广西文艺》 ……………………………… 967
《青年外国文学》 ………………………… 2857

贵州省

《创作》 …………………………………… 366
《贵阳文艺》 ……………………………… 1118
《贵州文艺》 ……………………………… 1182
《花溪》 …………………………………… 1118
《山花》 …………………………………… 1182

海南省

《天涯》 …………………………………… 3753

河北省

《长城》 ·· 289
《长城文艺》 ··································· 311
《河北文学》 ··································· 1414
《河北文艺》 ··································· 1414
《花山》 ·· 1809
《诗神》 ·· 3530

河南省

《百花园》 ······································· 4610
《奔流》 ·· 1476
《河南文艺》 ··································· 1476
《莽原》 ·· 2346
《散文选刊》 ··································· 3029
《郑州文艺》 ··································· 4610

黑龙江省

《北大荒》 ······································· 091
《北方文学》 ··································· 1547
《春风》（鹤岗） ···························· 416
《哈尔滨文艺》 ······························ 1257
《黑龙江文艺》 ······························ 1547
《黑龙江戏剧》 ······························ 1615
《剧作家》 ······································· 1615
《外国小说》 ··································· 3827
《小说林》 ······································· 1257

湖北省

《长江文艺》 ··································· 1664
《芳草》 ·· 3840
《湖北文艺》 ··································· 1664
《武汉文艺》 ··································· 3840

湖南省

《芙蓉》 ·· 777
《湖南文学》 ··································· 4033
《文学月报》 ··································· 4033
《湘江文学》 ··································· 4033

《湘江文艺》 ··································· 4033

吉林省

《春风》（长春） ···························· 370
《长春》 ·· 1827
《短篇小说》 ··································· 1904
《吉林文艺》 ··································· 1827
《江城》 ·· 1904
《戏剧创作》 ··································· 4006
《戏剧文学》 ··································· 4006
《新苑》 ·· 4375
《作家》 ·· 1827

江苏省

《当代外国文学》 ·························· 479
《江苏文艺》 ··································· 1981
《南京文艺》 ··································· 2570
《青春》 ·· 2570
《译林》 ·· 4518
《雨花》 ·· 1981
《钟山》 ·· 4702

江西省

《百花洲》 ······································· 062
《江西文艺》 ··································· 2052
《星火》 ·· 2052

辽宁省

《春风》（沈阳） ···························· 428
《海燕》 ·· 1309
《辽宁文艺》 ··································· 2249
《芒种》 ·· 2365
《鸭绿江》 ······································· 2249
《中外文学》 ··································· 428

内蒙古自治区

《草原》 ·· 2625
《呼和浩特文艺》 ·························· 1740
《内蒙古文艺》 ······························ 2625

《山丹》 ·············· 1740

宁夏回族自治区

《宁夏文艺》 ·············· 2694
《朔方》 ·············· 2694

青海省

《青海湖》 ·············· 2761
《青海文艺》 ·············· 2761

山东省

《山东文学》 ·············· 3053
《山东文艺》 ·············· 3053

陕西省

《长安》 ·············· 241
《陕西文艺》 ·············· 3129
《文学时代》 ·············· 241
《延河》 ·············· 3129

山西省

《汾水》 ·············· 627
《黄河》 ·············· 1818
《晋阳文艺》 ·············· 3191
《名作欣赏》 ·············· 2520
《山西群众文艺》 ·············· 3191
《山西文学》 ·············· 627

上海市

《萌芽》 ·············· 2418
《上海文学》 ·············· 3267
《上海文艺》 ·············· 3267
《收获》 ·············· 3597
《外国文艺》 ·············· 3769
《小说界》 ·············· 4113

四川省

《红岩》 ·············· 1636

《青年作家》 ·············· 2902
《四川文学》 ·············· 3618
《四川文艺》 ·············· 3618
《现代作家》 ·············· 3618
《星星》 ·············· 4392

天津市

《天津文学》 ·············· 4208
《小说月报》 ·············· 4182
《小说导报》 ·············· 4208
《新港》 ·············· 4208

西藏自治区

《西藏文学》 ·············· 3900
《西藏文艺》 ·············· 3900

新疆维吾尔自治区

《绿风》 ·············· 3334
《绿洲》（石河子） ·············· 3334
《绿洲》（乌鲁木齐） ·············· 2327
《民族作家》 ·············· 4270
《石河子文艺》 ·············· 3334
《新疆民族文学》 ·············· 4270
《新疆文学》 ·············· 4300
《新疆文艺》 ·············· 4300
《中国西部文学》 ·············· 4300

云南省

《边疆文艺》 ·············· 176
《滇池》 ·············· 493
《大西南文学》 ·············· 176

浙江省

《东海》 ·············· 4542
《江南》 ·············· 1961
《杭州文艺》 ·············· 1349
《西湖》 ·············· 1349
《浙江文艺》 ·············· 4542

民刊

Q

《青海文艺》
(《青海湖》)

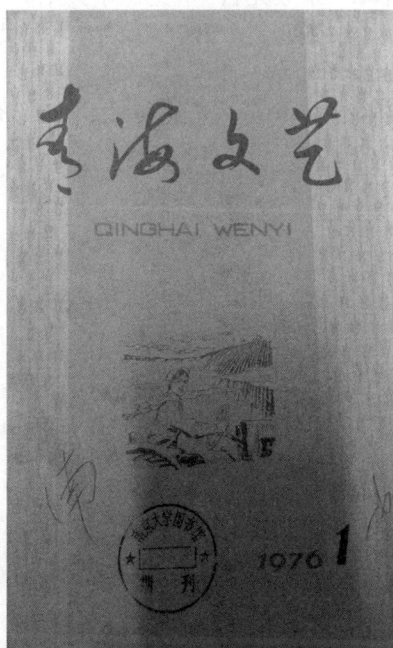

【简 介】

综合性文学月刊。青海省文学艺术界联合会主办。创刊于1956年，1975年复刊。1979年4月由《青海文艺》更名为《青海湖》。其主要刊载小说、散文、诗歌、评论等，促进了青海地区民族文学的繁荣，推动了青海文学的发展。

期刊号：1976年第1期—1989年第12期

1976年第1期　刊名：《青海文艺》
目录

词二首·························毛泽东
水调歌头·重上井冈山
念奴娇·鸟儿问答
世上无难事　只要肯登攀·······《人民日报》、
《红旗》杂志、《解放军报》一九七六年元旦社论
赞社会主义新生事物

诗歌
韶山松苗·····················杜宗荣
红色家信栏···················刘立波

灯火·红旗（散文诗）···········王贵如
占定了···············党小红　雷勤英
新农民·······················胡国华
马背上的教师·················李丁龙
义务劳动炼思想（儿歌）·········张光第
老工人合唱团·················王泽群
冬红（小说）·················贺良凡
梁海军（报告文学）············周　衍
鉴定（速写）·················张　帆

大寨红花遍高原
老房东记事（速写）············尧　山
长流水（小说）···············程　枫
冬天里的春天（散文）··········卜　谷
特制零件（小小说）············娄敏敏
战歌催春（大通县后子河公社赛诗会特辑）
新"花儿"···················东生禄等
牧区大寨放光彩（歌曲）·····叶　森　词　郭兴智曲

评论
高路放云端——学习毛主席词《水调歌头·重上井冈山》····················王　拯
鲲鹏展翅　天地翻覆——学习毛主席词《念奴娇·鸟儿问答》··················青军文
艺苑花烂漫　高歌赞春苗·········李海鹏
分清敌友　认清路线···········马月兰
宋江"义"字包藏祸心···········王桂英
两条路线斗争中的李逵和宋江······刘　凯
谈三阮　批宋江···············胡如木
永远为新生事物放声歌唱——读《青海文艺》一年有感····················偲　谭

美术·摄影
夜读（摄影）（封二）·····王启发　摄　蔡国诗
鱼水情（年画）（封三）······旦　增　光绍天

1976年第2期　刊名：《青海文艺》
目录

迎头痛击右倾翻案风
热情歌颂"文化大革命"
坚持文艺革命，反击右倾翻案风·······初　澜
我们工人决不答应（评论）·········康立富
从胡汉三的"还乡团"想到……（评论）
················郁　莘　建　华　铁　非

文艺百花满园开
——斥所谓"一花独放"（评论）·········李海鹏
努力塑造无产阶级英雄典型（评论）·········陈作礼等
历史不容再颠倒（评论）·········刘一兵
阻碍了谁家的文艺发展（评论）·········冯明远
风狂旌旗奋（诗）·········高叙兴　马兴才
岂容开历史的倒车（诗）·········尚小戊
坚决把修正主义埋葬（花儿）·········胡明显
阶级斗争胸中装（诗）·········麦天枢
理想之歌（政治抒情诗）·········北京
大学中文系七二级创作班　工农兵学员集体创作
自觉的战士（小说）·········糖吉思　陈庆英
比较（小说）·········吴新华　刘小湄
海之歌（散文）·········高　澍　王泽群
炼钢炉前（散文）·········夏长安
一代新驭手（诗）·········范新安
新苗（诗）·········赵永宝
赤脚医生赞（诗）·········安　临
坚决支持新生事物（诗）·········俞文达
采雪莲（诗）·········刘长安
教育学大寨（诗）·········杭智多杰

小说·散文
春花怒放·········张润芝　李镇欧
世界屋脊的报告·········朱增朴
纯粹的人·········李温厚
冰山石花·········陈作犁
会说话的星星·········王宗仁
三队长·········刘保社

诗歌
沸腾的高原（八首）·········洪　波等
新民歌选（八首）
险峰处处红旗扬·········沈　洪
学理论　促战备·········杭智多杰
上哨·········张守海
草原上的红星·········吴克鲁

评论
继续革命　坚持前进——学习《水调歌头·重上井冈山》·········青海第一机床厂　工人文艺创作组
深刻的教育　巨大的鼓舞
——看彩色故事片《决裂》·········蒲永川　毁朝汉
杂谈"马尾巴"之类·········浦　歌
"投降派"小议——从宋江和温其久谈起·········刘立波

美术
牧民爱读马列书（年画）·········邵　华　邵青林
新大学生（木刻）·········张宜银

开门办学花正红（木刻）·········鲁　俊
痛击右倾翻案风（速写）·········朱乃正

1976 年第 3 期　刊名：《青海文艺》
目录

"文化大革命"永放光芒——纪念中共中央一九六六年五月十六日《通知》十周年·········《人民日报》、《红旗》杂志、《解放军报》编辑部
深入批判邓小平　坚持文艺革命——学习《在延安文艺座谈会上的讲话》·········初　澜

诗歌
十年战歌
——献给伟大的无产阶级"文化大革命"·········常　江
无产阶级文学大革命颂歌（五首）·········邢秀玲等
社会主义新生事物赞（五首）·········马光星等
阶级的歌手·········江　河
横眉冷对走资派·········晁月德　韩生魁
誓同走资派斗到底·········蒋西玲
青海造纸厂赛诗会选辑·········焦宝镒等
儿歌一束·········刘　佑等

小说·散文
石磊·········高战军
永远冲锋在前·········李学成
凌燕展翅·········王国栋
一张试卷·········姚英斌
旭日东升·········杨志军
路·········莎　荫
春色篇·········陈爱春

评论
努力反映无产阶级同走资派的斗争·········懿　平
高举红旗革命到底——从温其久的狂吠谈起·········青海农机铸造厂球铁车间工人文艺组
对资产阶级专政的"紧箍咒"不能松·········刘得庆
土族之乡遍开革命文艺之花·········互助县参加省曲艺调演业余演出队
文艺舞台今胜昔　定要谈笑凯歌还·········李建华
可喜的尝试——简评短篇小说《金苗》·········王　炎

曲艺·歌曲
朝农道路放光彩（西宁弦子曲）·········西宁市业余曲艺代表队
无产阶级"文化大革命"颂歌（歌曲）·········石　祥词　晨　耕曲

美术·摄影

怒火万丈（摄影）————练荣梁 摄 吴 谭 诗
沸腾的柴达木（木刻组画）————洪武平 苗 罡
答卷（木刻）————————————程建初
公社小电工（木刻）——————————吴 彦
老兵（木刻）————————左良画 朱增朴 诗
前哨（木刻）————————————瞿遵义
曲艺舞台新花开（摄影）————李景瑞 倪祥龙
简讯

1976 年第 4 期　刊名:《青海文艺》
目录

电影文学剧本

高山尖兵————————————李南山 苗 晓

诗歌

高举党旗阔步前进——————————盛沛林
革命方知北京近——————————江 源
年轻的饲养员————————————雷献和
"七一"来信————————————诸大建

歌颂"文化大革命"　反击右倾翻案风

英雄聚会战歌扬——————纪振玺 蒋兆钟
写在红卫兵袖标上的诗篇——————江 河
保卫红旗————————张裔炯 李海鹏
咱们的理论讨论会——————————张祥康
新画————————————————麦天枢
推土机手————————————陈 平
枪杆捍卫新时代——————————刘得庆
奴隶的女儿————李镇欧 诗 振 国 复 祥 木刻

小说

永不脱靶————————————娄敏敏
进军—————————————张秉乾
炮手—————————————汪泾洋
顶风上的人—————————————无 巧

评论

一行行诗句红似火
——读诗歌特辑《战歌催春》——————巨邦佐
粗与细——驳"粗瓷碗雕不出细花来"——陈 炳
"文化大革命"就是好——简评《青海省美术摄影作
品展览》————————————吴民民

美术

革命风雷遍草原（木刻）————————边 军
长征路上新姐妹（木刻）————————朱乃正

昆仑晨曦（中国画）————————左 良
到处莺歌燕舞（速写）————————周志义
红星暖万家—————————————光绍天

1976 年第 5 期　刊名:《青海文艺》
目录

伟大的领袖和导师毛泽东主席永垂不朽

伟大的领袖和导师毛泽东主席遗像
中国共产党中央委员会　中华人民共和国全国人民代
表大会常务委员会
中华人民共和国国务院　中国共产党中央军事委员会
全党全军全国各族人民书
在伟大的领袖和导师毛泽东主席追悼大会上
中国共产党中央委员会第一副主席、国务院总理华国
锋同志致悼词
中国共产党中央委员会　中华人民共和国全国人民代
表大会常务委员会
中华人民共和国国务院　中国共产党中央军事委员会
关于建立伟大的领袖和导师毛泽东主席纪念堂的决定
中共中央关于出版《毛泽东选集》和筹备出版《毛泽东
全集》的决定
亿万人民的共同心愿————《人民日报》、《红旗》杂志、
《解放军报》社论

极其悲痛地哀悼伟大的领袖和导师毛泽东主席逝世

毛主席永远活在我们心中——————蒋兆钟
红太阳永远暖在心——————————肖 湘
毛主席啊不落的红太阳——————格桑多杰
悼念毛主席————————————胡志超
毛泽东思想照人寰————————耀 荣
永远忠于毛主席——————————刘得庆
举世悼念大救星——————————春 芽
毛主席永远和人民在一起——————鸿 雁
悲痛化作回天力——————————陈延林
奋勇前进攀高峰——————————朱海燕
纺织女工的誓言——————————汤 伟
誓作文艺阵地的主人
————————青海黎明化工厂工人理论写作组
挥泪继承主席志，永擎文艺革命旗—————雷献和
化悲痛为力量，誓同党内走资派斗到底
————————李建华 史铁非 于少侠
永远坚持毛主席的革命文艺路线——————康立富

诗歌

千歌万曲献给党，壮志凌云绘新图（民歌十首）
地动山摇何所惧，抗震救灾谱新篇（六首）
重返杏元村————————————蔡西林

山村夜校 ————————————— 樊晋贵
报到 ——————————————— 范新安
大学毕业回钢厂 ————————————— 杨 茂
高原雪莲 —————————————— 朱荣宽
小小医药箱 ————————————— 李耀荣
划等号 ——————————————— 李治非
开山 ——————————————— 许俊魁
醒醒吧，沙原 ————————————— 王东海
油城灯光 ———————— 张宝申 夏全志
灯 ———————————————— 徐志宏
丰收曲 ——————————————— 张洪德
工地舞台 —————————————— 李连峻

曲艺
阿娜回来了（撒拉曲）——青海省曲艺演出队集体创作
红日高照柴达木（弦子曲）——海西州文工队集体创作

小说·散文
描图 ——————————————— 岱 岳
情满高原春意浓 ————————————— 裴 林
一篇工作笔记 ————————————— 刘其明
"生物禁区"的报导 ————————————— 周 衍

评论
纪念鲁迅 学习鲁迅
鲁迅和我们继续战斗在一起 ——————————— 沛 林
学习鲁迅"永远进击"的革命精神 ——————— 闫东锋
文学是阶级斗争的"器械"——学习鲁迅文艺思想札
记 ——————————————— 梁新俊
"革命者决不怕批判自己"——学习鲁迅努力改造世
界观 ——————————————— 蒲永川
学习周挺杉 艰苦创新业 ——————————— 朱宇黎
一代新人的赞歌
——读《青海文艺》赞知识青年的诗 ————— 杰 夫

1976 年第 6 期　刊名:《青海文艺》
目录

热烈庆祝华国锋同志任中共中央主席、中央军委主席
热烈庆祝粉碎"四人帮"篡党夺权阴谋的伟大胜利
华国锋主席像
吴德同志在首都庆祝大会上的讲话
伟大的历史性胜利 ——————————— 《人民日报》、
《红旗》杂志、《解放军报》社论
华国锋同志是我们党当之无愧的领袖
————————————— 《解放军报》编辑部
华国锋同志为我党领袖是毛主席的英明决策
————————————— 《解放军报》编辑部

一切行动听华主席为首的党中央指挥
————————————— 《解放军报》编辑部
光辉的历史文件 ————————————— 任 平
围绕电影《创业》展开的一场严重斗争
———————— 杜书瀛 杨志杰 朱 兵
"四人帮"扼杀《创业》说明了什么? ——— 洪广思
从一幅画像看"四人帮"的鬼脸——读《三月的租
界》 ——————————————— 余正山
狠批"四人帮"大干社会主义 ————————— 杨玉梅
躯壳与灵魂 —————————————— 王 拯
春风吹又生 ————————————— 青海省话剧团
批判"四人帮"的锐利武器——学习毛主席关于《创
业》批示的一点体会 ————————— 郑轩豹
毛泽东思想红旗飘万代（诗八首）

诗歌
心向华主席，狠批"四人帮"（各族民歌五首）
紧跟华主席永向前（"花儿"六首）
五岭共疾奔惊雷，三河呼啸除"四害"（八四五六部
队赛诗会选辑）
中央决议传四方 ————————————— 吴维中
华主席和咱心连心 ————————————— 刘桥方
欢呼英明领袖华国锋 ————————————— 杨 蓉
鼓角震天战旗飘 ————————————— 范光熙
神州展新图 —————————————— 张文博
除掉"四害"挽救了党 ————————————— 舒晓雪
战斗的凯歌声声连 ————————————— 王春梅
赤遍天下全无敌 ————————————— 苏进春
遥望五星红旗 ————————————— 潘鸿涛
火线 ——————————————— 张顺祥
踏着胜利前进的鼓点 ————————————— 党小红
欢腾的哨所 —————————————— 张安发
昆仑春色今胜昔 ————————————— 刘宏亮
行船有了掌舵人 ———————— 孙建川 吴燕燕
抢点（速写） ————————————— 魏丁征
在欢庆伟大胜利的日子（散文） ——————— 苏 士
葵花永向红太阳（速写） ————————— 姚英斌
沸腾的军营（散文） ————————————— 闫绪海
三首革命歌曲
颂歌献给华主席 ————————————— 崔振国

1977 年第 1 期　刊名:《青海文艺》
目录

中国共产党中央委员会主席华国锋同志在第二次全国
农业学大寨会议上的讲话
彻底批判"四人帮"掀起普及大寨县运动的新高潮
中共中央政治局委员、国务院副总理陈永贵在第二次

全国农业学大寨会议上的报告
乘胜前进·············《人民日报》、《红旗》杂志、
《解放军报》一九七七年元旦社论
喜读主席词二首··············朱 德
陈毅同志诗抄

纵情歌颂华主席　愤怒声讨"四人帮"
颂歌献给华主席（散文诗）··········兰 鹰
巍巍昆仑举红旗（诗）············李承彬
深情寄到北京城（诗）·······李秀业　左 娟
纵情歌颂华主席（诗）·······贾 征　杜怀阳
牧民喜迎华主席像（诗）···········陈 平
向"四人帮"射击（诗）···········歌 行

缅怀周总理的丰功伟绩　学习周总理的革命精神
深切缅怀周总理　誓将遗愿化宏图——回忆在敬爱的
周总理身边的幸福日子···········周 龙
随卫在敬爱的周总理身边··········卢仕洪
周总理啊，警卫战士深切怀念您
·······义福林　刘三孝　刘国钧　辛树顺
周总理永远活在咱心里（诗）
·········燕信传　周乃康　姚建勋
请听一听战士的汇报（诗）·········李玉生
纪念敬爱的周总理逝世一周年（词二首）···尧 山
周总理逝世周年感怀（词）·········林 晖
缅怀周总理（诗）·············刘慎朴
颂周总理（词）··············锐 林

高原盛开大寨花
大寨红花遍高原（诗歌十首）·······强文久等
裁衣记（速写）··············王景珊
雪浪（小说）——一位生产队的自述·····程 枫

评论
一个口号　包藏祸心········青海省军区理论组
"四人帮"是扼杀革命文艺的刽子手
········青海第一机床厂工人文艺创作组
旗手的崇高荣誉不容玷污··········刘得庆
江青是封资修文艺的"复辟狂"·······冯育柱

美术
你办事，我放心（封面）··········谌北新
黄乃源　秦天健　刘文西
彻底揭发批判王张江姚反党集团·······刘 杰
农民画（三幅）
除害迎春············郭锡能　邵 华

1977 年第 2—3 期　刊名:《青海文艺》

目录

毛主席《关于红楼梦研究问题的信》手迹
毛主席、华主席、周总理、叶副主席、朱委员长关于
向雷锋同志学习的题词

热烈欢呼《毛泽东选集》第五卷出版发行
中共中央关于学习《毛泽东选集》第五卷的决定
《毛泽东选集》第五卷出版说明
掀起学习毛主席著作的新高潮——热烈欢呼《毛泽东
选集》第五卷出版·········《人民日报》、
《红旗》杂志、《解放军报》社论
一九七七年四月十五日发行的《毛泽东选集》第五卷
书影··················新华社稿
毛泽东思想永放光芒（新民歌十八首）···赵万林等
春满哨所（散文）·············盛沛林
在大喜的日子里（散文）··········裴 林
指引航程的灯塔（诗）···········唐燎原
写标语（诗）···············张安发
《毛选》五卷到草原（诗）·········兰 心
亿万人民的心愿（诗）···········李九洲
万里航程扬征帆（诗）···········郭玉道
"快给我一本书！"（诗）·········李 燃
手捧雄文第五卷（诗）···········张崇明
毛主席永远在身边（诗）··········杰 夫
欢乐的红霞（诗）·············陈久印
认真学习　深刻领会·········省总工会宣传部
我们又增添了战斗的武器··········阎绪海
永远高举和捍卫毛主席的伟大旗帜·····伍国成
毛泽东思想有新苗············党小红

向雷锋同志学习
雷锋日记选
学习雷锋好榜样（诗九首）·········朱海燕等
在阳光下（报告文学）·······宋 焰　柳玉香

小说·散文·诗歌
英明领袖拿江山　大庆红旗舞春风（诗十八首）
···················刘慎朴等
江河源头春潮涌（诗十一首）···黄泰本　雏 鹰等
牧村新事················王宗仁
百草园的风雨···············马继红
世界屋脊"大庆人"············刘文琦
焊花灿烂·················冯文超
答卷··················傅军刚
富恒的双手················麦天枢
难忘的一课················王玉梅

风云初记························杨志军
创业记（相声）···················杨海平

评论

"四人帮"利用文艺篡党夺权罪责难逃·······懿　平
《反击》的要害是篡党夺权············郁　莘
是"开门办学"还是"开门捣乱"·········冯明远
《反击》与"真人真事"·············文　娟
"四人帮"罪恶行径的真实写照··········柳　涛
《园丁之歌》不容扼杀·············西宁市文化馆
"帮八股"与"帮王朝"··············黄定光

美术

伟大的导师（版画）················张　强
热烈欢呼《毛泽东选集》第五卷出版发行（宣传画）
　·························刘　诚
大快人心事（摄影）················王　澜
亿万人民的心愿实现了（宣传画）···顾洪涛　顾洪运

护前颂·······················陈　迎
山鹰的故事·····················方存弟
篝火之歌······················王泽群
月下叙情······················鲍玉璋
书记和队长·····················秋　元
骆驼商店······················魏忠勇
谁把小河摇醒····················新　笋
红喜报送到中南海（花儿）············韩新华

小说·散文

白杨哗哗······················程　枫
赶点列车······················蔡其康
雪线下播种·····················钱佩衡
潮·························陈作犁
"活路标"·····················窦孝鹏
水专家·······················郭立业

评论

"三突出"是对毛主席革命文艺路线的背叛···傅其三

美术

胜利的路线（中国画）···············曾道宗
让革命骑着骏马前进（水粉画）··········朱乃正
枣园灯火（中国画）················马西光
无限忠于毛主席革命路线的好干部门合（油画）
　······················井汉生　刘　杰

1977 年第 4 期　刊名:《青海文艺》
目录

毛主席手书叶剑英同志《远望》诗
诗三首·······················叶剑英
叶剑英同志关于毛主席手书《远望》诗的说明
叶剑英副主席《八十书怀》诗手书
热烈庆祝党的十届三中全会的伟大胜利（诗十一首）
跃马横槊赋华章——敬读陈毅同志诗词·······杜连义
义艺要大治　创作要大上（消息）

诗歌

亲切的接见　巨大的鼓舞·············张振平
怀念敬爱的朱委员长
闪光的题词（外一首）···············陈久印
为朱总司令站岗··················杰　夫
和红领巾在一起··················海　燕
朱总的扁担·····················张天夫
难忘的一夜·····················小　蕾
军旗，战斗的旗·············欧元才　朱海燕
保卫军旗·················耀　勋　晓　伟
闪光的诗篇·····················雷崇和
金色的木桥···············盛沛林　李世华
到校外辅导员····················奔　流
军民同建大寨县···················瞿瑞峰
田头小憩······················吴志义
同造大寨田·····················郝广德
专栏（外一首）···················王　度
大锤歌·······················冷永录

1977 年第 5—6 期　刊名:《青海文艺》
目录

毛主席给陈毅同志谈诗的一封信
华主席手书民歌一首
叶剑英副主席《攻关》诗手书
朱德同志诗选
诗三首·······················肖　华
高歌猛进跟党走　抓纲治国谱新篇（新民歌）
毛主席的旗帜胜利的旗帜·············欧元才　朱海燕
毛主席和我握过手·················杜维允
九月的怀念·····················王　度
周总理鼓励我们志在四方·············朱　田
纪念陈毅同志（七律）···············林　醇
周总理活在咱心间·················杜连义
缅怀毛主席·····················禹中才
热烈拥护华主席···················毛　骏
闪光的小路（二首）·············安　利　冬　竹
不灭的火种（二首）················雷献和
歌唱毛主席纪念堂·················邢秀玲
战士的寄托·····················汪泾洋

列车啊，你快点跑 ⸺⸺ 王树国
沸腾的月台（二首）⸺⸺ 李　旭　段续温
无尽的怀念（散文诗）⸺⸺ 裴　林

向雷锋式的好干部梁忠孟同志学习
缅怀梁忠孟同志 ⸺⸺ 杨旭初
攀登 ⸺⸺ 纪家育
梁忠孟同志生前所在部队战士诗抄
副团长蹲点 ⸺⸺ 韩怀仁
清泉（二首）⸺⸺ 金福川
月夜送肥（外二首）⸺⸺ 杜世科
光荣传统谱新篇 ⸺⸺ 周利华
油海浪花（组诗）⸺⸺ 徐志宏
闪亮的金梭 ⸺⸺ 戚　琴
高原明珠（四首）⸺⸺ 刘明欣
戈壁石油香（二首）⸺⸺ 李　燃
开路先锋 ⸺⸺ 吴志义
钻塔上的歌（外一首）⸺⸺ 李大相
大寨红花更鲜艳 ⸺⸺ 林嘉略
老兵谱新传 ⸺⸺ 王金耀
扬州慢·农建抒怀（词）⸺⸺ 李济清
书记，收下吧！⸺⸺ 邱洪元
写在学大庆的日子里（组诗）⸺⸺ 张义涛
铁路即景（散文诗）⸺⸺ 焦　青
地质新兵 ⸺⸺ 刘敏燕
迎师付 ⸺⸺ 王永平
重返岗位（外一首）⸺⸺ 纪振玺
医药战士的决心 ⸺⸺ 陈刚民
报表 ⸺⸺ 陈基平
昆仑抒怀（组诗）⸺⸺ 李晓伟
红柳花絮（组诗）⸺⸺ 贺中源
百叶箱上的露珠（组诗）⸺⸺ 赵联金
写在县委办公室里的墙头诗 ⸺⸺ 冷永禄
灯的歌 ⸺⸺ 李玉林
在阿尔顿曲克草原（组诗）⸺⸺ 王贵如
丰收序曲 ⸺⸺ 钱佩衡
崭新的稿纸 ⸺⸺ 雷　铎
高原诗画（三首）⸺⸺ 谷　风
昆仑山下（散文诗）⸺⸺ 王宗仁

满江红·建军五十周年感赋（词）⸺⸺ 黄建琛
风雪青藏线诗草（组诗）⸺⸺ 盛沛林
"半自动"，你乐啦 ⸺⸺ 陈久印
炊事兵之歌（外一首）⸺⸺ 凌天枢

园丁颂
⸺⸺西宁二中高二（二）班师生集体创作唐世奎执笔
焊花闪闪（诗与画）⸺⸺ 左可国评　陈　跃画
闪光的感谢信 ⸺⸺ 王培基

我是向阳花（儿歌一束）⸺⸺ 赵永宝
红光闪闪七个字（儿歌）⸺⸺ 张光弟
课间批判会 ⸺⸺ 张建生

西北行 ⸺⸺ 谢逢松
歌手之歌（叙事诗）⸺⸺ 强文久
青海行（七绝八首）⸺⸺ 吴淮生
"花儿"会 ⸺⸺ 刘建国

江河源纪游（七律三首）⸺⸺ 程祥徽
赞硬骨头六连 ⸺⸺ 浩　因
骏马贴着白云飞 ⸺⸺ 国瑞诗　钟文画
江青的"怕"（讽刺诗）⸺⸺ 杨金帮

评论
借古诗　言"帮"志 ⸺⸺ 栗　凰
迎接"花儿"的春天 ⸺⸺ 力　章
高原儿女抒深情
⸺⸺读"怀念朱委员长在青海"的几首诗 ⸺⸺ 瑰　洞
明灯照我攀高峰 ⸺⸺ 殷家瑞

漫谈诗歌创作
到"源"中去 ⸺⸺ 建　华
诗歌语言贵乎新 ⸺⸺ 吴功正
诗情何来 ⸺⸺ 陈丙坚
诗情要在画意中 ⸺⸺ 王吉鹏
要有"诗味" ⸺⸺ 孙传宝
诗须有形式 ⸺⸺ 梁新俊

美术·摄影
你办事，我放心（油画）（封面）⸺⸺ 彭　彬　靳尚谊
岁岁九月九　仰望东方红（油画）（封底）
⸺⸺ 朱乃正等
华主席，草原牧民热爱您（摄影）（封二）⸺⸺ 邱明元
高原古城红旗飘（油画）（封三）⸺⸺ 井汉生
雷锋式的好干部梁忠孟（油画）⸺⸺ 刘　诚
心潮（油画）（插页）⸺⸺ 高　泉
深揭狠批"四人帮"（剪纸）⸺⸺ 皮开世

1978 年第 1 期　刊名:《青海文艺》

目录

华主席给《人民文学》的光辉题词
满园花木尽争荣

小说·散文
幸福泉 ⸺⸺ 凌　辉
延安路上 ⸺⸺ 李　子

铁司机长 .... 张　帆
鞭德玛屋 .... 齐　克
"硬质合金" .... 吴国强
一片金黄 .... 蔡通海

戏剧
为了革命 .... 韩士珍
斗天歌 .... 卢　明
雨露滋润禾苗壮 .... 陈仲魁

诗歌
跃进渡花 .... 刘明欣
飞雪报春 .... 王水平
铜人铁马 .... 生　龙　家　虎
给女电工尕里玛 .... 秋　元
特大"号外" .... 张安发
群山新图 .... 李养峰
送公粮 .... 杜义方诗　孙盛仁木刻
打靶（外一首） .... 吴志义
韶山灌区水流长 .... 李　荃　王树国
小叶杨（儿歌） .... 左可国
江秃三哭 .... 沈付亨　张世俊

评论
反革命的文艺手段与反革命的政治纲领 ------- 向　辉
研究民歌　学习民歌
——学习毛主席给陈毅同志谈诗的一封信 ... 刘　凯
诗歌的比喻 .... 思　鸣
虚实相通　情理交融
——形象思维小说 .... 朱增朴

美术·摄影
翻身农奴热爱华主席（中国国）（封面）------- 华其敏
敬爱的周总理（封二） .... 王复羊
人民的好总理 .... 顾洪涛　钟楚浩
祁连轻骑（摄影）（封三） .... 杨襟山
牦牛商店（版画）（封底） .... 孙盛仁

1978 年第 2 期　刊名:《青海文艺》
目录

继往开来展宏图　跃马扬鞭新长征——热烈庆祝五届人大的胜利召开
欢乐的时刻 .... 欧元才
五届人大喜讯传 .... 王选德
颂五届人大胜利召开 .... 黄建琛
建筑工人的骄傲 .... 刘家虎
向着北京，干杯 .... 殷家璠

田头庆酒会 .... 李玉林
给鼓手（外二首） .... 刘明欣
唱在人大会堂的歌（二首） .... 朱海燕
满江红·颂五届人大 .... 胡家馨
周总理青年时代诗选

巍巍山岳万古耸立　浩浩江河千秋不息
——纪念敬爱的周总理诞辰八十周年
雾城春雷（三场话剧） .... 周　辉
深情的祭礼 .... 李建华
兰天的云霞呵 .... 蔡国瑞
在飞机濒于失事的时候（外一首） .... 纪振玺
数你最幸福 .... 尉忠信

小说·散文
十里飘香 .... 娄敏敏
刮瓦 .... 刘文琦
沅远流长 .... 陈作犁
笔 .... 刘经纬
一年前后 .... 冯明远
远方来信 .... 张　敏
昆仑日出 .... 金荣章　王泽群
老陈师傅和他的徒弟 .... 吴国强
当家人 .... 马建儒

诗歌
写在科研所的诗（三首） .... 李　燃
雪夜绘图 .... 蒋兆钟
高原诗草 .... 林　醇
纺织工的歌 .... 戚　琴
灯 .... 宋绍明
青青牧场上 .... 师日新
创业人的手和肩 .... 刘　佑

评论
片断回忆——斥文艺黑线专政论 .... 张　亮
百花齐放与大棒 .... 何逸荣
永远歌唱 .... 德西措毛
从红花绿叶说起 .... 郭　超

美术
青海好——朱委员长视察青海（中国画）------- 曾道宗
羊毛丰收（版画） .... 梁守义
根本出路（版画） .... 郑安明
伯乐（连环画） .... 朱乃正　左良画

1978 年第 3 期 刊名:《青海文艺》

目录

宣传新时期的总任务 繁荣社会主义文艺创作——省委书记杨岩同志四月二十六日在西宁地区文艺工作者大会上的讲话
文艺必须为实现新时期的总任务服务——省文化局召集座谈会纪念毛主席《讲话》发表三十六周年

小说·散文
唤青的竹笛⋯⋯⋯⋯⋯⋯⋯⋯⋯⋯⋯秋 元
江源放歌——长江源头地区见闻片断⋯⋯周 衍
骆驼草⋯⋯⋯⋯⋯⋯⋯⋯⋯张建生 王贵如
草原小骑兵⋯⋯⋯⋯⋯⋯⋯⋯⋯⋯张德诚
"我是格尔木人"⋯⋯⋯⋯⋯⋯⋯⋯⋯白好问
灵芝草⋯⋯⋯⋯⋯⋯⋯⋯⋯⋯⋯⋯孙家骥

诗歌
探宝行⋯⋯⋯⋯⋯⋯⋯⋯⋯⋯⋯⋯左可国
绿色的邮路⋯⋯⋯⋯⋯⋯⋯李 旭 段续温
额吉的喜悦⋯⋯⋯⋯⋯⋯⋯⋯⋯⋯张善明
校园即景⋯⋯⋯⋯⋯⋯⋯⋯⋯⋯⋯李丁龙
园丁之歌⋯⋯⋯⋯⋯⋯⋯⋯⋯⋯⋯奔 流
儿歌（五首）⋯⋯⋯⋯⋯⋯⋯⋯⋯张光第等
电光闪闪⋯⋯⋯⋯⋯⋯⋯⋯⋯⋯⋯问 渔
歌声⋯⋯⋯⋯⋯⋯⋯⋯⋯⋯⋯⋯⋯陈广斌
沙原飘香（外一首）⋯⋯⋯⋯⋯⋯⋯郭 超
春风扑面⋯⋯⋯⋯⋯⋯⋯⋯⋯⋯⋯纪振玺
忆秦娥·学习叶付主席《祝科学大会》⋯林 醇
百花礼赞（四首）⋯⋯⋯⋯⋯⋯⋯张安发

评论
可贵的尝试——看《雾城春雷》有感⋯⋯冯国寅
概括、想象、激情——试谈形象思维的特点⋯牟豪戎
"花儿"对形象思维的运用——浅谈"花儿"的比和兴⋯⋯⋯⋯⋯⋯⋯⋯⋯⋯刘 凯 任丽璋
创作必须从生活出发⋯⋯⋯⋯⋯⋯⋯金 牛
草原上响彻了"拉夜"——藏族山歌介绍⋯⋯谢承华

美术·摄影
黄河源头喜丰收（套色木刻）⋯⋯⋯⋯赵继光
学军路上⋯⋯⋯⋯⋯孙绍焙摄影 蔡国瑞诗
奶香千里（剪纸）⋯⋯⋯⋯⋯⋯⋯张丁亚
阳光雨露育新苗（套色木刻）⋯傅世英 孙绍培
课外学习小组（版画）⋯⋯⋯⋯⋯⋯金昭科
狮午（剪纸）⋯⋯⋯⋯⋯⋯⋯⋯⋯张侯光
科技新苗（组画）⋯⋯⋯⋯⋯⋯⋯周志义

1978 年第 4 期 刊名:《青海文艺》

目录

小说·散文
第一次交锋⋯⋯⋯⋯⋯⋯⋯⋯⋯⋯程 枫
岩石赞⋯⋯⋯⋯⋯⋯⋯⋯⋯⋯⋯⋯江 源
流经昆仑山的"血液"⋯⋯⋯⋯何正海 许天雄
"红旗馆"的故事⋯⋯⋯⋯⋯⋯⋯姚英斌
两亲家⋯⋯⋯⋯⋯⋯⋯⋯⋯⋯⋯翟群中
有价值的日日夜夜（报告文学）⋯叶 森 郭兴智
邬老头⋯⋯⋯⋯⋯⋯⋯⋯⋯⋯⋯刘苗科
标准⋯⋯⋯⋯⋯⋯⋯⋯⋯⋯⋯⋯杨 泉

诗歌
伟大决议光照二十年人民公社一步一层天
采自草原上的花束（三首）⋯⋯⋯蔡国瑞
撒拉风情（二首）⋯⋯⋯⋯⋯⋯⋯晨 枫
送粮⋯⋯⋯⋯⋯⋯⋯⋯⋯⋯⋯⋯雷献和
金海放歌⋯⋯⋯⋯⋯⋯⋯⋯⋯⋯赵永宝
算盘歌⋯⋯⋯⋯⋯⋯⋯⋯⋯⋯⋯张洪德
打酥油⋯⋯⋯⋯⋯⋯⋯⋯⋯⋯⋯陈久印
雾⋯⋯⋯⋯⋯⋯⋯⋯⋯⋯⋯⋯⋯孙玉春
铁路大治歌（二首）⋯⋯⋯⋯⋯⋯叶晓山
阳光照耀练兵场⋯⋯⋯⋯⋯⋯⋯李世华
致盐湖探索者⋯⋯⋯⋯⋯⋯⋯⋯邢秀玲
通铺⋯⋯⋯⋯⋯⋯⋯⋯⋯⋯⋯⋯唐启勋
羌圹（组诗）⋯⋯⋯⋯⋯⋯⋯⋯⋯王 度
接过师长手中锤⋯⋯⋯⋯⋯⋯⋯熊运贵
塔尺之歌⋯⋯⋯⋯⋯⋯⋯⋯⋯⋯李武兵
歌"教学大纲"⋯⋯⋯⋯⋯⋯⋯⋯毛 骏
战士的喜悦（散文诗）⋯⋯⋯⋯⋯李 荃

曲艺
铁姑娘大战葫芦峪（河南坠子）⋯⋯贾士鑫

评论
学习 团结 战斗⋯⋯⋯⋯⋯⋯⋯杨友德
丽句与深采并流
——读报告文学《哥德巴赫猜想》⋯⋯赵 凯
细节杂议⋯⋯⋯⋯⋯⋯⋯⋯⋯⋯曾广灿
长期积累 偶然得之⋯⋯⋯⋯⋯⋯海 晏
形象思维和深入生活⋯⋯⋯⋯⋯⋯刘立波
生活是文艺的唯一源泉⋯⋯⋯⋯⋯李海鹏
写作非韧不可⋯⋯⋯⋯⋯⋯⋯⋯张元贞

美术·摄影
苗壮成长（套色木刻）⋯⋯⋯⋯崔振国 王复羊
为实现新时期的总务任而奋斗（宣传画）⋯⋯刘 诚

女民兵（摄影）⋯⋯⋯⋯⋯⋯王启发 摄 谷雷诗
雪山新芽（水粉画）⋯⋯⋯⋯⋯⋯⋯⋯翟遵义

1978年第5期 刊名:《青海文艺》
目录

诗词三首⋯⋯⋯⋯⋯⋯⋯⋯⋯⋯⋯⋯⋯⋯毛泽东

华主席给我银铃嗓——青海省民歌会演选辑
毛主席的恩情唱不完⋯⋯⋯⋯⋯⋯⋯⋯张玉英
毛主席比娘老子亲⋯⋯⋯⋯⋯⋯⋯⋯⋯刘英梅
五色的彩云绕青松⋯⋯⋯⋯⋯⋯⋯⋯⋯杨正荣
歌唱华主席歌唱党⋯⋯⋯⋯⋯⋯⋯⋯湟中代表队
歌唱英明领袖华主席⋯⋯⋯⋯⋯⋯⋯⋯韩得荣
颂歌献给华主席⋯⋯⋯⋯⋯⋯⋯⋯⋯⋯协 周
华主席掌舵起航船⋯⋯⋯⋯⋯⋯⋯⋯⋯郭世林
首首都是胜利歌⋯⋯⋯⋯⋯⋯⋯⋯⋯⋯白 措
手拉手跟党向前进⋯⋯⋯⋯⋯⋯⋯⋯⋯马 湘
总任务光辉照心窝⋯⋯⋯⋯⋯⋯⋯⋯⋯蔡廷玉
华主席的话渗透了心坎（二首）⋯⋯⋯朱仲禄
新宪法到互助（二首）⋯⋯⋯⋯⋯马克刚 武 基
华主席挥手除"四害"（五首）⋯⋯⋯⋯赵永宝
托儿所办到（二首）⋯⋯⋯⋯⋯⋯⋯⋯佛留花
把农村建成乐园⋯⋯⋯⋯⋯⋯⋯⋯⋯乐都代表队
阿哥领兵到阵前⋯⋯⋯⋯⋯⋯⋯⋯⋯乐都代表队
毛泽东之歌（诗）⋯⋯⋯⋯⋯⋯⋯⋯⋯刘明欣
哈达献给华主席（诗）⋯⋯⋯⋯⋯⋯⋯华洛桑
黄河浪滔滔（诗）⋯⋯⋯⋯⋯⋯⋯⋯⋯贺中原

美丽富饶的柴达木——海西专栏
从零开始的人（特写）⋯⋯⋯⋯⋯⋯⋯高 澍
野游散记（散文）⋯⋯⋯⋯⋯⋯杨金帮 任炳荣
昆仑花园行（散文）⋯⋯⋯⋯⋯⋯⋯⋯张显静
心病（小说）⋯⋯⋯⋯⋯⋯⋯⋯⋯⋯⋯曹景中
海西剪影（散文）⋯⋯⋯⋯⋯⋯⋯⋯⋯何 平
高原筑路（相声）⋯⋯⋯⋯⋯⋯⋯⋯⋯张金城
柴达木新歌（诗）⋯⋯⋯⋯⋯⋯⋯李 旭 段续温
写在实验记录本上（诗）⋯⋯⋯⋯⋯⋯井 石
在格尔木河畔（诗）⋯⋯⋯⋯⋯张洪德 魏忠勇
白皑皑的雪山（诗）⋯⋯⋯⋯⋯⋯⋯⋯徐志宏
我愿做⋯⋯（诗）⋯⋯⋯⋯⋯⋯段续温 卞 奎
湖·河·山·海（诗）⋯⋯⋯⋯⋯⋯⋯⋯王泽群
春满高原草木宽松（诗）⋯⋯⋯⋯⋯⋯朱 田
我爱你呵，柴达木（诗）⋯⋯⋯⋯⋯⋯肖 巍
理发姑娘的烦恼（诗）⋯⋯⋯⋯⋯⋯⋯董生龙
买菜记（小说）⋯⋯⋯⋯⋯⋯⋯⋯⋯⋯陈 钢
还槽记（独幕话剧）⋯⋯⋯⋯刘国光 陈士濂 执笔
把新民歌运动推向一个新高潮⋯青海省文化局艺术处

编唱"花儿"的点滴体会⋯⋯⋯⋯⋯⋯朱仲禄
"花儿"格律小议⋯⋯⋯⋯⋯⋯⋯⋯⋯杨正荣
民歌是我们的好朋友⋯⋯⋯⋯⋯⋯⋯玛交巴塔
老歌手焕发了青春⋯⋯⋯⋯⋯⋯⋯⋯王锡赞
"我还要唱"⋯⋯⋯⋯⋯⋯⋯⋯⋯⋯⋯邓祥通
草原上的文艺轻骑兵⋯⋯⋯⋯和日大队文艺宣传队

美术·摄影
唤起工农千百万（油画）
　　　　⋯⋯陈衍宁 刘秉札 梁照堂 梁器奇
难酬蹈海亦英雄（木刻）⋯⋯⋯⋯⋯⋯朱乃正
枣园苗苗壮（摄影）⋯⋯⋯⋯⋯⋯⋯⋯叶宝田
锦花草原（木刻）⋯⋯⋯⋯⋯⋯⋯⋯⋯鲁 俊

1978年第6期 刊名:《青海文艺》
目录

小说·散文
美丽的西宁⋯⋯⋯⋯⋯⋯⋯⋯⋯⋯⋯⋯汤 洛
鸟的天堂⋯⋯⋯⋯⋯⋯⋯⋯⋯⋯⋯⋯⋯朱石葵
俄洛天刚亮（短篇小说选载）⋯⋯⋯⋯杨友德
开始⋯⋯⋯⋯⋯⋯⋯⋯⋯⋯⋯⋯蔡其康 狄 升
板仓行⋯⋯⋯⋯⋯⋯⋯⋯⋯⋯⋯⋯⋯⋯赵梓雄
鞋的故事⋯⋯⋯⋯⋯⋯⋯⋯⋯⋯杜义芳 李孔学
海燕和企鹅⋯⋯⋯⋯⋯⋯⋯⋯⋯⋯⋯⋯张玉先

中国作协参观团访青作品
青海三题⋯⋯⋯⋯⋯⋯⋯⋯⋯⋯⋯⋯⋯梁上泉
再见，柴达木⋯⋯⋯⋯⋯⋯⋯⋯⋯⋯⋯王昌定
高原小曲（四首）⋯⋯⋯⋯⋯⋯⋯⋯⋯石太瑞
柴达木的金凤凰⋯⋯⋯⋯⋯⋯⋯⋯⋯⋯吕云松

诗歌
毛主席豪气贯长虹⋯⋯⋯⋯⋯⋯⋯⋯⋯山 清
花儿三首⋯⋯⋯⋯⋯⋯⋯雪 犁 刘 玉 辰 旭
东方有颗亮明星⋯⋯⋯⋯⋯⋯⋯⋯⋯⋯冶进元
抓纲治国春来早⋯⋯⋯⋯⋯⋯⋯⋯⋯⋯孙振厚
毛主席栽花华主席浇⋯⋯⋯⋯⋯⋯⋯⋯徐秀福
毛主席是咱贴心人⋯⋯⋯⋯⋯⋯⋯⋯⋯蔡廷玉
怀念毛主席⋯⋯⋯⋯⋯⋯⋯⋯⋯⋯⋯⋯郭永伟
唱给光荣榜的歌（外一首）⋯⋯⋯⋯⋯张义涛
春水歌⋯⋯⋯⋯⋯⋯⋯⋯⋯⋯⋯⋯⋯⋯王 昕
钻工短歌⋯⋯⋯⋯⋯⋯⋯⋯⋯⋯⋯⋯⋯李超中
热水新歌⋯⋯⋯⋯⋯⋯⋯⋯⋯⋯⋯⋯⋯宫步生
晚归⋯⋯⋯⋯⋯⋯⋯⋯⋯⋯⋯⋯⋯⋯⋯曹 骥
好一场农田大会⋯⋯⋯⋯⋯⋯⋯⋯⋯⋯丁恩光
诗三首⋯⋯⋯⋯⋯⋯⋯⋯⋯⋯⋯⋯⋯⋯肖 川
行车谣⋯⋯⋯⋯⋯⋯⋯⋯⋯⋯⋯⋯⋯⋯李公佑

把关姑娘·························李福民
两颗心儿一处想···················张光第
松溪河赞（外二首）················李　振
团结沟渡槽······················梅　青
我爱山·························雷献和
九月金阳·······················李九洲
护林民兵·······················林牧之
三月雷·························李玉林

曲艺
送鸡蛋（数来宝）·················张元贞
送货（相声）····················杨金春

民间文学
辛巴被削天灵盖——《格萨尔》中的一章

评论
根植在生活沃土中的一朵香花···········姚英斌
小中寓大　意深情真················蒲水川
读《实验班新传》所想起的·······张建生　王贵如

美术
峥嵘岁月（油画）·················胡振宁
榜样（木刻）····················孙盛仁
昆仑月（木刻）···················左　良
李时珍（套色水印木刻）·············曲学蔼

1979 年第 1 期　刊名:《青海文艺》
目录

小说·散文
静静的夏夜·····················从维熙
俄洛天刚亮·····················杨友德
阿妈别担心·····················轩锡明
满意婶更满意了···················焦炳昆
云天松之死（童话）················吴国强

诗歌
总理笑看新长征　擎旗自有后来人
梅园新村（二首）·················殷家璠
"就叫我老周"···················张义涛
红玫瑰献给谁?···················刘国尧
"四五"精神放光采·················张　彪
宣战——读《天安门诗抄》············刘　佑
中国作协会观团访青作品
托付你，戈壁的风·················韩　瀚
柴达木诗草（二首）················南　丁
啊! 青海（外一首）················冼　宁

写在吕梁山区的颂歌（三首）···········朱海燕
喷泉的草原（二首）················韩竹荣
油海素笺（二首）·················邢秀玲
歌唱领袖歌唱党···················铁进元

戏剧
洛赛日（五幕话剧）··········陈士濂　王潞萍

民间故事
冬不拉的传说·············贾士鑫　搜集整理

评论
为四个现代化，唱出时代的最强音········徐鸣策等
文艺创作必须勇于冲破禁区·············陈　思
发展各民族具有独特风格的文艺········本刊评论员
有益的探索　可喜的开端——西北五省（区）版画联
展学习札记·····················佐　良
看《迎亲》谈感想··················刘得庆

美术
毛主席在延安（木刻）···············陈元武
闯延安（水即套色木刻）·········傅恒学　周光民
华主席和人民心连心（水粉画）··········王肇达
雨涤荷更洁（套色木刻）··············苏　朗
五月草原（套色木刻）···············韩惠民
树老雄风在（木刻）·················刘　旷
牡丹（木刻）····················柳忠平

1979 年第 4 期　刊名:《青海湖》
目录

发扬艺术民主，繁荣艺术创作——记学习周总理《在
文艺工作座谈会和故事片创作会议的讲话》座谈会上
···························本刊记者
郭先生与日本·········[日]岛田政雄作　林焕平译

小说·散文
一束蒲公英·····················陈瑞晴
冰凌花·························李沙铃
怀里长大的羊羔···················秋　元
"银盆"金花··············张德成　钱佩衡
河源两明珠·····················卢廷录
柴达木人的性格···················光　群
赴约·························蔡其康
我的理想·······················刘经纬

萧何下狱（长篇历史小说《未央宫》选载）···海　风

在滑铁卢战场上（长篇小说《巴尔玛修道院》选译）
　　　　　　　　　　　[法]斯丹达尔　林　哲译

评论

首先做忠实的读者⋯⋯⋯⋯⋯⋯林锡纯
摘出各人有特色的谈话⋯⋯⋯⋯梁新俊
景为情谋　情为景传⋯⋯⋯⋯⋯偶　文
学艺杂记⋯⋯⋯⋯⋯⋯⋯⋯⋯⋯刘经纬
推陈出新更好地表现新时代⋯⋯刘　凯

诗歌

青海湖鸟岛⋯⋯⋯⋯⋯⋯⋯⋯⋯白　渔
给我的同行战友⋯⋯⋯⋯⋯⋯⋯朱　奇
路江之家（外一首）⋯⋯⋯⋯⋯侯树槐
江边石（外一首）⋯⋯⋯⋯⋯⋯邵燕祥
诗词三首⋯⋯⋯⋯⋯⋯⋯⋯⋯⋯黄静涛
词一首⋯⋯⋯⋯⋯⋯⋯⋯⋯⋯⋯张　越
贺《青海湖》复刊⋯⋯⋯⋯⋯⋯王亚平
迎春"花儿"⋯⋯⋯⋯⋯⋯⋯⋯王　昕
关于雷锋（五首）⋯⋯⋯⋯⋯⋯李松涛
节日的怀念⋯⋯⋯⋯⋯⋯⋯⋯⋯刘得庆
格尔木抒怀⋯⋯⋯⋯⋯⋯⋯⋯⋯陈　平
友谊之歌（四首）⋯⋯⋯耿兴华　张安发
题在枫叶上的诗⋯⋯⋯⋯⋯⋯⋯雨　霖
大桥颂⋯⋯⋯⋯⋯⋯⋯⋯柯　野　杰　夫
加毛石（民间故事）⋯⋯⋯⋯⋯孙明宣
寓言三则⋯⋯⋯⋯⋯⋯⋯⋯⋯⋯冯文超

美术·摄影

塞上行（中国画）⋯⋯⋯⋯⋯郭世清遗作
鸟岛（摄影）⋯⋯⋯⋯⋯⋯⋯⋯安玉英
龙羊古峡起宏图（木刻）⋯⋯⋯曾道宗

1979 年第 5 期　刊名:《青海湖》
目录

贯彻总理讲话精神　繁荣文学艺术创作

总结经验　繁荣创作⋯⋯⋯⋯⋯程秀山
向后看是为了向前看⋯⋯⋯⋯⋯孟犁野
要重视民族民间艺术⋯⋯⋯⋯⋯朱乃正

小说·散文

爱与恨⋯⋯⋯⋯⋯⋯⋯⋯⋯⋯⋯言　公
磨"刀背"的人⋯⋯⋯⋯⋯⋯⋯成　钢
侧面的侧面⋯⋯⋯⋯⋯⋯⋯⋯⋯王　圭
最后一次行驶权利⋯⋯⋯⋯⋯⋯韩怀仁
春回草原⋯⋯⋯⋯⋯⋯⋯⋯⋯⋯王青槐

光明颂⋯⋯⋯⋯⋯⋯⋯⋯⋯⋯⋯程　亮
鸟岛的传说⋯⋯⋯⋯⋯⋯⋯⋯⋯郭玉道
榆树牙龅的启示⋯⋯⋯⋯⋯⋯⋯谢　佐
萧何下狱（续一）（长篇历史小说《未央宫》选载）
　　　　　　　　　　　　　　海　风

诗歌

海的诗情及其他（散文诗）⋯⋯昌　耀
你来在祖国的大地上⋯⋯⋯⋯⋯歌　行
一束昨天的诗⋯⋯⋯⋯⋯⋯⋯⋯古　洪
阿尔顿曲克诗草⋯⋯⋯⋯⋯⋯⋯王泽群
民歌八首⋯⋯⋯⋯⋯⋯⋯⋯⋯⋯丁恩光
钻机隆隆⋯⋯⋯⋯⋯⋯⋯⋯⋯⋯王晓民
华主席领导实话美⋯⋯⋯⋯⋯⋯王选德
鹰之歌⋯⋯⋯⋯⋯⋯⋯⋯⋯⋯⋯蔡国瑞

评论

艺术领域的民主与法制⋯⋯⋯⋯惜　醇
自由豪放　傲岸不羁⋯⋯⋯⋯⋯栗　凰
起个好名字⋯⋯⋯⋯⋯⋯⋯⋯⋯巩　真

美术·摄影

戈壁春来（木刻）⋯⋯⋯⋯⋯⋯鄂圭俊
祁连山色（中国画）⋯⋯⋯⋯⋯方之南
藏族民间史诗《格萨尔》插图选（二幅）⋯⋯⋯朱乃正

1979 年第 6 期　刊名:《青海湖》
目录

团结战斗的一次盛会——记青海省文联委员会扩大会
议⋯⋯⋯⋯⋯⋯⋯⋯⋯⋯⋯⋯⋯本刊记者
适应四化需要　努力繁荣创作——祝贺省文联和各协
会恢复活动⋯⋯⋯⋯⋯⋯⋯⋯⋯本刊评论员

小说·散文

昆仑长虹⋯⋯⋯⋯⋯⋯⋯⋯⋯⋯程　枫
楚玛尔河畔散记⋯⋯⋯⋯⋯⋯⋯孟犁野
关角春晓⋯⋯⋯⋯⋯⋯⋯⋯⋯⋯李　振
在鸟岛上——中篇儿童小说选载⋯郭玉道
十月的月亮⋯⋯⋯⋯⋯⋯⋯⋯⋯冯君励
剪毛机旁的心⋯⋯⋯⋯⋯⋯⋯⋯秋　元
清清和花花（童话）⋯⋯⋯⋯⋯韩素珍
萧何下狱（长篇历史小说《未央宫》选载）⋯海　风
在滑铁卢战场上——《巴尔玛修道院》选译
　　　　　　　　　　　[法]斯丹达尔　林　哲译
巴拉桑的故事（民间故事）⋯⋯⋯贾晞儒

诗歌

丝绸之路（外一首）————————梁上泉
雪山————————————————田 地
风儿和雪花的对话（外一首）————许润泉
教师之歌（二首）————————————奔 流
山花（五首）——————————————左可国
银湖诗笺——————————————吴淮生
不冻泉——————————————樊晋贵
草原小乐队————————————王 珂
小花猫——————————————马立彦
封封信儿颂园丁————————————陈生元

评论

社会主义文学艺术坚强的信念————马光瑞
"火便是他"——————————————唐燎原
文简意深——————————————元 三
书法和篆刻（上）————————公孙无恙

美术

放学路上（水印套色木刻）————陆 保
舞台速写（四幅）————————道 宗等

1979 年第 7 期　刊名:《青海湖》
目录

小说·散文

急转弯——————————————高 澍
"老姑奶奶"和我————————————徐志宏
"酒科长"的故事————————————姚英斌
圣水是苦的————————————胡乃光
油海秋月——————————————邢秀玲
龙羊神话——————————————郭玉道
三朝之会——长篇历史小说《未央宫》选载（续三）
————————————————海 风
啄木鸟与布谷鸟————————————朱 田

诗歌

菠萝蜜（四首）————————————傅天琳
海上纪行（七首）————————————白 渔
寄自祁连山中的诗（四首）————朱 奇
柴达木颂——————————————古 洪
落叶集（五首）————————————昌 耀
万丈盐桥的新景————————————李 振
党中央给我们指方向（新花儿六首）——鲁福海等
沉思——————————————周声体
小船（外一首）————————————田 地
河畔——————————————谷 风
藏族情歌拾零————————孙 考 搜集整理

公社儿女创大业（新民歌十一首）——叶照青等
盛甘露的壶——————————————胡当果
一心跟华主席长征（新花儿三首）——杜文忠等
台湾的思念（三首）————————崔合美
樱花（外一首）————————————初 颖
爱情的颂歌————李发模 王忠啸 刘致民
肺腑之歌（外一首）————————张雪杉
诗论——————————————高 平
海恋（外一首）————————————雷献和
漆树——————————————赵 剑
观虹（外一首）————————————林加略
自由人（外三首）————〔美〕兰斯顿·休斯 王意强译
悼念与深思——————献给张志新烈士的诗页

评论

坚持党的文学的原则 繁荣社会主义文艺——函 雁
浓郁的生活气息 鲜明的民族特色——————张元贞
喜看艺苑花鲜————————————周 辉
肖像描写浅谈————————————陈自仁
试论诗歌创作中形象思维的特色————李元洛
文学创作不能赶"时髦"————————杰 涛
书法与篆刻（下）————————公孙无忌

美术

青海好（木刻）（封二）————————曾道宗
篆刻作品选（封三）
昆仑山下气象新（木刻）（封底）————苗 罡

1979 年第 8 期　刊名:《青海湖》
目录

小说·散文

嘎依金秀——————————————王云甫
红心草——————————————刘苗科
棋高一着——————————————张 帆
梅花朵朵——————————————无 巧
军装的回忆————————————张 敏
战士的奇遇————————————言 公
当曲纪行——————————————齐 克
三朝之会——长篇历史小说《未央宫》选载——海 风
在滑铁庐场上——《巴尔玛修道院》选译
————————〔法〕斯丹达尔著 林 哲译

诗歌

飘香的奶茶（二首）————————朱 雷
花种——————————————徐志宏
延河柳——————————————傅金城
二月——————————————蔡其矫

致南方和北方……………………………………王晋军
铁道兵爱山（外一首）……………………………朱海燕
回乡曲………………………………………………赖松廷
刻在大漠上的决心书………………………………李良苏
写在射击场上………………………………………王军道
寄给远方的诗笺……………………………………贺中原
高原行（四首）……………………………………董继光
天河巡礼（四首）…………………………………陈传铮

评论

毕革飞的战斗快板诗………………………………王亚平
使文艺和批评一同前进……………………………陈国亮
朝前走………………………………………………赵梓雄
从洪承畴弹尘说开去………………………舒　英　张成觉
欢迎这样的小叙事诗………………………………王郁森
感人的形象　鲜明的个性…………………………华　平
牧归（木刻）………………………………………朱成林
格桑花开（木刻）…………………………………邵　华
巡逻在国防前哨（歌曲）…………邬大为　词　崔贵戌　曲

1979 年第 9 期　刊名:《青海湖》
目录

小说·散文

石墩子和他的助手…………………………………谢俊杰
龙驹的悲哀（童话）………………………………陈士濂
寄自源头的信………………………………钱佩衡　向近秀
赤诚的心……………………………………………娄敏敏
巴特尔之死…………………………………王贵如　王之泸
曲坛寺花儿会散记…………………………………李养峰
彭大将军访昆仑……………………………………忠　奎
光辉的足迹——忆陈毅同志来柴达木的日子………王运华
北山林场侧记………………………………………程秀山
土族民间歌曲简介（民间文学）…………李友楼　马占山

诗歌

金花银花向阳开　汇成了"少年"的花海——"花
儿"十八首…………………………………………董尕让等
问秋…………………………………………………歌　行
唱在秋天将至的时刻………………………………唐燎原
火花篇（十一首）…………………………………王华清等
这样的战士（二首）………………………………晓　原
发电…………………………………………………周志坤
信念…………………………………………………林牧之
山乡的春天从哪里来？……………………………杨　永
南行记（二首）……………………………………王立道
小憩…………………………………………………叶庆瑞
身边寻常物…………………………………………徐志宏

中共青海省委宣传部召开落实文艺作品政策会议
青海省作协、剧协就当前文艺界的争论召开座谈会

评论

由一个有趣的"巧合"联想到的………………………林锡纯
应该坚持什么？　——与函雁同志商榷…………冯国寅
传统"花儿"与爱情………………………………刘　凯
花儿会漫笔…………………………………………王　浩
漫话诗歌反映现代化建设…………………………阿　红
从"无我"到"有我"………………………徐振辉　沈志冲
版画浅谈……………………………………………里　果
赛马（木刻）………………………………………蒋振华
版画选
五太史（连环画）…………………………………左　良

1979 年第 10 期　刊名:《青海湖》
目录

报告文学

柴达木，你早…………………………………………齐　欣
龙羊峡工地散记……………………………………朱　奇
英雄来到高原………………………………………严　肃

短篇小说

跑表…………………………………………………胡乃光
刻在心上的名字……………………………………张承志
沉默的河……………………………………………高　澍
苍苍队长……………………………………………董　牛
奇特的展览…………………………………………蓉　谢
金鱼河畔……………………………………………江　鹰
路………………………………………（蒙古族）察森敖拉
一衣带水……………………………………………赵希向
嗥歌…………………………………………………石　磊
一封遗书……………………………………………王立道
阿娜的苦闷（中篇小说《撒拉人》中的一章）
……………………………………………………张景振

散文

燃烧的花朵…………………………………………贺中原
神奇的星宿海………………………………………芦延禄
红艳艳的牡丹………………………………………金荣章
月……………………………………………………李沙铃
冰凌花………………………………………………王青槐

民族民间文学

水喻格言选择………………………………………曹凌云
阿腾其根·麻斯睦………………………………马学义搜集整理
柴达木的眼睛………………………………………缪学忠

藏族情歌（六首）⋯⋯⋯⋯⋯⋯邓光中　搜集整理
咱生产队是一朵牡丹（花儿）⋯⋯⋯⋯⋯李成安

诗歌
敬一杯喜庆的美酒⋯⋯⋯⋯⋯⋯⋯⋯格桑多杰
春天的抒情⋯⋯⋯⋯⋯⋯⋯⋯⋯⋯⋯⋯田　地
高原花草⋯⋯⋯⋯⋯⋯⋯⋯⋯⋯⋯⋯⋯常　江
山中湖⋯⋯⋯⋯⋯⋯⋯⋯⋯⋯⋯⋯⋯⋯吕　剑
天池水啊，青海湖⋯⋯⋯⋯⋯⋯⋯⋯⋯芦　萍
寒冬的回忆⋯⋯⋯⋯⋯⋯⋯⋯⋯⋯⋯⋯沙　鸥
审判⋯⋯⋯⋯⋯⋯⋯⋯⋯⋯⋯⋯⋯⋯⋯孙静轩
重访"罪恶的黑手"⋯⋯⋯⋯⋯⋯⋯⋯⋯雷　霆
油乡感怀⋯⋯⋯⋯⋯⋯⋯⋯⋯⋯⋯⋯⋯兰　曼
响往⋯⋯⋯⋯⋯⋯⋯⋯⋯⋯⋯⋯⋯⋯⋯胡　昭
生辰集⋯⋯⋯⋯⋯⋯⋯⋯⋯⋯⋯⋯⋯⋯方　殷
河边井⋯⋯⋯⋯⋯⋯⋯⋯⋯⋯⋯⋯⋯⋯石太瑞
权力的"退赔"⋯⋯⋯⋯⋯⋯⋯⋯⋯⋯⋯曲有源
高山族谣曲⋯⋯⋯⋯⋯⋯⋯⋯⋯⋯⋯⋯于宗信

柴达木大有希望
柴达木赋⋯⋯⋯⋯⋯⋯⋯⋯⋯⋯⋯⋯⋯韩　瀚
盐桥畅想曲⋯⋯⋯⋯⋯⋯⋯⋯⋯⋯⋯⋯林牧之
冷湖四首⋯⋯⋯⋯⋯⋯⋯⋯⋯⋯李　镇　元浦
"通天梯"⋯⋯⋯⋯⋯⋯⋯⋯⋯⋯⋯⋯⋯杨人猛
掬自麦海的浪花⋯⋯⋯⋯⋯⋯⋯⋯⋯⋯冰　冰
写在十月的彩车上⋯⋯⋯⋯⋯⋯⋯⋯⋯马怀金
灯呵，闪亮的绿灯⋯⋯⋯⋯⋯⋯⋯⋯⋯朱海燕
情抒雪山⋯⋯⋯⋯⋯⋯⋯⋯⋯⋯⋯⋯⋯刘毅然
锡铁山啊，一颗明亮的星⋯⋯⋯⋯⋯⋯高　鹏
遥远的高原⋯⋯⋯⋯⋯⋯⋯⋯⋯⋯⋯⋯王燕生
巴音河，这不梦⋯⋯⋯⋯⋯⋯⋯⋯⋯⋯李武兵
柴达木畅想⋯⋯⋯⋯⋯⋯⋯⋯⋯⋯⋯⋯王泽群

翻译文学
平原号手（短篇小说）
⋯⋯⋯⋯⋯⋯⋯⋯⋯⋯[哥伦比亚]厄·卡瓦叶洛·
卡尔备隆著　孔令森译
在滑铁庐战场上（长篇小说《巴尔玛修道院》选译）
⋯⋯⋯⋯⋯⋯⋯⋯⋯[法]斯丹达尔著　林　哲译
风景抒情诗（三首）⋯⋯⋯⋯⋯⋯[俄]阿·费特著
刘湛秋　茹香雪译
克雷洛夫寓言（二首）⋯⋯⋯⋯⋯⋯⋯⋯谷　羽

诗歌
筏子客（长诗选载）⋯⋯⋯⋯⋯⋯⋯⋯王　浩
宽阔的额尔敦盐湖⋯⋯⋯⋯⋯⋯玛·乌尼乌兰
放歌龙羊峡⋯⋯⋯⋯⋯⋯⋯⋯⋯⋯⋯⋯葛晓飞
采珠（二首）⋯⋯⋯⋯⋯⋯⋯⋯⋯⋯⋯王　度
相思曲⋯⋯⋯⋯⋯⋯⋯⋯⋯⋯⋯⋯⋯⋯刘　章

别⋯⋯⋯⋯⋯⋯⋯⋯⋯⋯⋯⋯⋯⋯⋯⋯刘立波
哨兵与岗楼⋯⋯⋯⋯⋯⋯⋯⋯⋯⋯⋯⋯李晓伟
诗感二则⋯⋯⋯⋯⋯⋯⋯⋯⋯⋯⋯⋯⋯陈　迎
回音壁⋯⋯⋯⋯⋯⋯⋯⋯⋯⋯⋯⋯⋯⋯蔡国瑞
龙门刨⋯⋯⋯⋯⋯⋯⋯⋯⋯⋯⋯⋯⋯⋯纪振玺
案头上的星⋯⋯⋯⋯⋯⋯⋯⋯⋯⋯⋯⋯罗　沅
路边拾零（二首）⋯⋯⋯⋯⋯⋯⋯⋯⋯吴志义
登攀歌⋯⋯⋯⋯⋯⋯⋯⋯⋯⋯⋯⋯⋯⋯冷永禄
山野的玫瑰⋯⋯⋯⋯⋯⋯⋯⋯⋯⋯⋯⋯左可国
油海恋歌⋯⋯⋯⋯⋯⋯⋯⋯⋯⋯⋯⋯⋯邢秀玲
早⋯⋯⋯⋯⋯⋯⋯⋯⋯⋯⋯⋯⋯⋯⋯⋯邹吉庆
新果园（外一首）⋯⋯⋯⋯⋯⋯⋯⋯⋯肖宏毅
抒心三题⋯⋯⋯⋯⋯⋯⋯⋯⋯⋯⋯⋯⋯李文炳

草原新花
尕院⋯⋯⋯⋯⋯⋯⋯⋯⋯⋯⋯⋯⋯⋯⋯桂苏川
锁链⋯⋯⋯⋯⋯⋯⋯⋯⋯⋯⋯魏忠勇　卞　奎
格桑花开了⋯⋯⋯⋯⋯⋯⋯⋯⋯⋯⋯⋯张益群
分家⋯⋯⋯⋯⋯⋯⋯⋯⋯⋯⋯韩怀仁　张银生
发扬社会主义的道德风尚
——评小说《分家》⋯⋯⋯⋯⋯⋯⋯⋯岚　山
杏花盛开的日子⋯⋯⋯⋯⋯⋯⋯⋯⋯⋯吴　吴
致吴吴同志一封信⋯⋯⋯⋯⋯⋯⋯⋯⋯西门蛟

土乡诗情
美丽的土族姑娘⋯⋯⋯⋯⋯⋯⋯⋯⋯⋯郭永伟
土乡散曲⋯⋯⋯⋯⋯⋯⋯⋯⋯⋯连　纯　西林
西山⋯⋯⋯⋯⋯⋯⋯⋯⋯⋯⋯⋯⋯⋯⋯王海燕
土乡樱花⋯⋯⋯⋯⋯⋯⋯⋯⋯⋯颖　颖　木圭莲

评论
作协、剧协召开座谈会讨论话剧《未来在召唤》
⋯⋯⋯⋯⋯⋯⋯⋯⋯⋯⋯⋯⋯⋯⋯⋯本刊记者
为"暴露文学"正名⋯⋯⋯⋯⋯⋯⋯⋯⋯陈　宜
文艺民主与粗暴批评
——给姚雪垠同志的一封信⋯⋯⋯⋯⋯正　一
读陈士濂的几篇童话⋯⋯⋯⋯⋯⋯⋯⋯冯育柱
天高任鸟飞——评白渔的诗《青海湖鸟岛》⋯⋯姚　侪
群雁啊，你往哪里飞？⋯⋯⋯⋯⋯⋯⋯王复羊
评《社会主义文学艺术坚强的信念》⋯⋯平叔乙
文艺要真实地反映生活——读话剧《未来在召唤》有
感⋯⋯⋯⋯⋯⋯⋯⋯⋯⋯⋯⋯⋯⋯⋯⋯任丽璋
《圈儿词》、紧箍咒及其他⋯⋯⋯蔡西林　木圭莲
读者来自一束

美术
似火丹心不畏寒（中国画）（封二）⋯⋯关山月
松岩（中国画）（封二）⋯⋯⋯⋯⋯⋯黎雄才
喷灌（油画）（封三）⋯⋯⋯⋯⋯⋯⋯井汉升

鸿雁（油画）（封三）⋯⋯⋯⋯⋯⋯孔伟心

1979 年第 11 期　刊名:《青海湖》
目录

在中国文学艺术工作者第四次代表大会上的祝辞
⋯⋯⋯⋯⋯⋯⋯⋯⋯⋯⋯⋯⋯邓小平
中国文学艺术工作者第四次代表大会开幕词⋯茅　盾

小说·散文
山路弯弯⋯⋯⋯⋯⋯⋯⋯⋯⋯⋯刘苗科
谢媒酒⋯⋯⋯⋯⋯⋯⋯⋯⋯⋯王青槐
把您永恒地怀念⋯⋯⋯⋯⋯⋯⋯姚宪民
风波地⋯⋯⋯⋯⋯⋯⋯⋯⋯⋯徐　联
友谊⋯⋯⋯⋯⋯⋯⋯⋯⋯⋯⋯臧永平
一盆月季花⋯⋯⋯⋯⋯⋯⋯⋯陈燕萍

蓝天的畅想（散文一束）
夜晚开放的鲜花⋯⋯⋯⋯⋯⋯⋯陈金瑞
草原的梦⋯⋯⋯⋯⋯⋯⋯⋯⋯李晓伟
我爱骆驼草⋯⋯⋯⋯⋯⋯⋯⋯王经建
蓝天上的畅想⋯⋯⋯⋯⋯⋯⋯冉　丹
避雷针⋯⋯⋯⋯⋯⋯⋯⋯⋯⋯周志坤
相逢——长篇小说《男婚女嫁》选载⋯⋯刘亚舟

诗歌
天安门的恋歌⋯⋯⋯⋯⋯⋯⋯王泽群
诗二首⋯⋯⋯⋯⋯⋯⋯⋯⋯⋯方　殷
生活啊！多么美好⋯⋯⋯⋯⋯⋯王亚平
挂在彩虹上的花朵⋯⋯⋯⋯⋯⋯叶晓山
盐湖诗情（组诗）⋯⋯⋯⋯⋯⋯王贵如
飞闪的车灯⋯⋯⋯⋯⋯⋯⋯⋯陈久印
湘赣新绝句（七首）⋯⋯⋯⋯⋯梁上泉
特殊的语言（外二首）⋯⋯⋯⋯赖松廷
明月（外一首）⋯⋯⋯⋯⋯⋯贺　平
大雁和芦苇（外一首）⋯⋯⋯⋯丁恩光
兵站的春天⋯⋯⋯⋯⋯⋯⋯⋯张安发
碾场⋯⋯⋯⋯⋯⋯⋯⋯⋯⋯⋯杜义方
光明与黑暗（外一首）⋯⋯⋯⋯刘立波
藏族情歌（五首）⋯⋯⋯⋯⋯⋯孙　考

龙羊峡诗抄
大庆——龙羊⋯⋯⋯⋯⋯⋯⋯王思辉
峡谷春潮⋯⋯⋯⋯⋯⋯⋯⋯⋯素　梅
万束电花献四化⋯⋯⋯⋯⋯⋯⋯杜　乐
献给开挖工人的歌⋯⋯⋯⋯⋯⋯李怀真
队长睡着了⋯⋯⋯⋯⋯⋯⋯⋯晓　雷
我和祖国的未来正相爱⋯⋯⋯⋯陈运和

蜻蜓、野鸭和湟鱼⋯⋯⋯⋯⋯⋯邹吉庆
车轮⋯⋯⋯⋯⋯⋯⋯⋯⋯⋯⋯李玉林

评论
读者·编者·作者
"闭眼"之风可以休矣⋯⋯⋯⋯⋯张春宁
有感于《论睁了眼看》⋯⋯⋯⋯栗　凰
一点质疑⋯⋯⋯⋯⋯⋯洪　涛　流　舟
编者的话
鲁迅与版画艺术⋯⋯⋯⋯⋯⋯⋯邢孔荣
脍炙人口的名篇⋯⋯⋯⋯⋯⋯⋯蒲永川
岳阳楼记⋯⋯⋯⋯⋯⋯⋯⋯⋯范仲淹
读画漫话⋯⋯⋯⋯⋯⋯⋯⋯⋯佐　良
大地红烂漫　愿做育花人⋯⋯⋯姚　侪

美术
我应该怎么办（油画）⋯⋯⋯⋯程水生
老书记（油画）⋯⋯⋯⋯⋯⋯黄绍京
不尽春光（油画）⋯⋯⋯⋯⋯⋯孙绍培

1979 年第 12 期　刊名:《青海湖》
目录

继往开来，繁荣社会主义新时期的文艺——一九七九
年十一月一日在中国文学艺术工作者第四次代表大会
上的报告⋯⋯⋯⋯⋯⋯⋯⋯⋯周　扬

散文·小说
高原风貌
黄河诗话⋯⋯⋯⋯⋯⋯⋯⋯⋯程　亮
鸟岛⋯⋯⋯⋯⋯⋯⋯⋯⋯⋯⋯陈家林
此山盛开宝石花⋯⋯⋯⋯⋯⋯⋯李　振
高原草⋯⋯⋯⋯⋯⋯⋯⋯⋯⋯蔡国瑞
湖的感叹⋯⋯⋯⋯⋯⋯⋯⋯⋯徐志宏
北国行（通讯）⋯⋯⋯⋯⋯⋯⋯邢秀玲
阿依（小说）⋯⋯⋯⋯⋯⋯⋯刘文琦
班格尔大叔（小说）⋯⋯⋯⋯⋯言　公
老马的婚事（小说）⋯⋯⋯⋯⋯陈士濂
小黄蜂的命运（小说）⋯⋯⋯⋯李　君

诗歌
大江东去⋯⋯⋯⋯⋯⋯⋯⋯⋯丁　耶
银犁之歌⋯⋯⋯⋯⋯⋯⋯⋯⋯张善吉
白鸽⋯⋯⋯⋯⋯⋯⋯⋯⋯⋯⋯李木生
大漠即景（三首）⋯⋯⋯⋯⋯⋯蔡兆钟
我爱一碧如洗的晨空（外一首）⋯李克寒
我愿是把锁⋯⋯⋯⋯⋯⋯⋯⋯刘代斌
叩、送（外一首）⋯⋯⋯⋯⋯⋯琴　泉

石板缝里的青草⸺⸺⸺⸺⸺⸺⸺晓　戊
叶赛宁抒情诗选⸺⸺⸺⸺⸺⸺⸺［俄］
谢·叶赛宁作　刘湛秋　茹香雪译
藏族情歌⸺⸺⸺⸺⸺开斗山　庄　晶　翻译整理
木喻格言选择（十首）⸺⸺⸺朱　刚　翻译整理

评论
文艺随笔
"端"和"要"的启示⸺秋呈林　范长令　赵永宝
从一条"界限"谈起⸺⸺⸺⸺⸺⸺于学斌
读王昌龄的送别诗⸺⸺⸺⸺⸺⸺赵其钧
野渡无人舟自横（外二题）
银幕上的鸟类王国⸺科教片《鸟岛》观后⸺驰　翱
飞翔吧，小黄蜂
⸺读《小黄蜂的命运》有感⸺⸺⸺姚　侪
无题⸺⸺⸺⸺⸺⸺⸺⸺⸺⸺⸺马　乙
小品文生机⸺⸺⸺⸺⸺⸺⸺⸺管益农
读者·作者·编者
我们的疑义⸺⸺⸺⸺⸺陈新文　吴玉德
作者的答复⸺⸺⸺⸺⸺⸺⸺⸺王云甫
这些差错不应有⸺⸺⸺⸺⸺⸺章浩良
两点意见⸺⸺⸺⸺⸺⸺⸺⸺⸺张克勤
编者的话
省文联和省文化局召开座谈会欢迎文代会代表胜利归
来⸺⸺⸺⸺⸺⸺⸺⸺⸺⸺本刊记者
五屯艺术方兴未艾⸺⸺⸺⸺⸺⸺舒　勇

美术
柴达木夜明珠（国画）⸺⸺⸺⸺方之南
草原五月（国画）⸺⸺⸺⸺⸺崔振国
高原笛声（国画）⸺⸺⸺⸺⸺边　军
冬牧（国画）⸺⸺⸺⸺⸺⸺⸺马西尖
无名湖畔（国画）⸺⸺⸺曲学霭　朱成林
献给攻关人（木刻）⸺⸺⸺⸺⸺陆　保

1980 年第 1 期　刊名:《青海湖》
目录

让《青海湖》百花齐放⸺⸺⸺⸺⸺张国声
发展各少数民族社会主义文学艺术⸺⸺扎喜旺徐
赵充国（中篇历史小说连载）⸺⸺⸺王　拯
韶华永在（小说）⸺⸺⸺⸺⸺⸺瑶　莲
春天里的插曲（小说）⸺⸺⸺⸺任炳荣
师傅的脾气（小说）⸺⸺⸺⸺⸺郭立业
局长和我（小说）⸺⸺⸺⸺⸺⸺聂　亮
《鲁迅先生书简注释及其他……》⸺⸺肖　军
远行人的足音（散文）⸺忆广田老师⸺高庆琪
祁连散记（散文）⸺⸺⸺⸺⸺⸺杨志军

三军战士的问候（散文）⸺⸺张　敏　贾平凹
ALLez（翻译小说）⸺⸺［俄］库普林　杨　骅译
罗马尼亚多依纳民歌选译⸺⸺⸺王意强译
诗一首⸺⸺⸺⸺⸺⸺⸺⸺⸺臧克家
海洋抒情诗（五首）⸺⸺⸺⸺⸺孙静轩
窗口（诗）⸺⸺⸺⸺⸺⸺⸺⸺敏　岐
旅途（诗四首）⸺⸺⸺⸺⸺⸺田　地
万花筒（哲理小诗一束）⸺⸺⸺杨大矛
"牛棚"诗草（诗六首）⸺⸺⸺⸺许祖性
诗三首⸺⸺⸺⸺⸺⸺孟庆源　邵兰生
零落的音符（诗四首）⸺⸺王慧琪　王慧骏
诗三首⸺⸺⸺⸺⸺⸺⸺⸺⸺殷家瑶
自由的风（外三首）⸺⸺⸺⸺⸺谷　风
题昆仑山水库·省略号（诗二首）⸺朱　奇等
龙羊峡纪行（诗）⸺⸺⸺⸺⸺⸺薛　毅
放歌天峻·长高鸟⸺⸺⸺⸺⸺⸺纪　才等
荒原，诗的摇篮·勘探诗笺（诗二首）⸺刘宏亮等
走不完的道（诗）⸺⸺⸺⸺⸺⸺杨子忱
情歌集⸺⸺⸺⸺⸺⸺贾生喜　冶成荣等
畅谈文代会上的收获⸺程秀山　杨友德　田　地
《真的声音，要用心来回答》（评论）⸺⸺金　成
采风新识（评论）⸺⸺⸺⸺⸺⸺刘　凯
从诗史看民歌的作用（评论）⸺⸺杨汝绚
岁月峥嵘浪淘沙　砥柱触天立中流（木刻）⸺左　良
油画风景（油画二幅）⸺⸺⸺⸺孙盛仁
窗（木刻）⸺⸺⸺⸺⸺⸺⸺⸺陆　保

1980 年第 2 期　刊名:《青海湖》
目录

多欠和洛欠（藏族民间故事）
⸺⸺⸺⸺扎西加木错　搜集　曹凌云　翻译整理
土族婚礼歌（民间文学）
⸺⸺⸺⸺⸺⸺李友楼　马占山　搜集整理
千里银海雪底花（散文）⸺⸺⸺格桑多杰
情满天河（小说）⸺⸺⸺⸺钱佩衡　向近秀
春花（散文）⸺⸺⸺⸺⸺⸺⸺张亦驰
黄河的传说（诗）⸺⸺⸺⸺⸺昌　耀
青果集（诗）⸺⸺⸺⸺⸺⸺⸺杨汝绚
别了，我心中的星（诗）⸺⸺⸺王改明
珠贝集（诗三首）⸺⸺⸺⸺⸺王宜振
祁连抒情（诗）⸺⸺⸺⸺⸺⸺李　燃
谒人民英雄纪念碑（外一章）⸺⸺梁　南
执法者的眼睛（诗三首）⸺⸺⸺唐启勋
海笑（诗二首）⸺⸺⸺⸺⸺⸺友　梅
七律二首⸺⸺⸺⸺⸺⸺⸺⸺叶元章
艺苑拾零（诗二首）⸺⸺⸺⸺⸺祝方太

"骑士"（诗二首） ———————— 吴其松
高原奇景（诗二首） ————————— 季 波
山城集（诗二首） ————————— 方 晴
"星"（诗） ————————————— 李大相
海上吟（诗五首） ————————— 白 渔
挤（杂文） ———————————— 刘禾本
寓言诗三首 ———————————— 李伟晓
轻浮的泡沫（诗） ————————— 顾 城
龙羊抒怀（诗·散文五篇） ————— 素 梅等
闪电（诗） ————————————— 冯 毅
小白的遭遇（小说） ——————— 宣绍成
新人迎新春（诗十首） ————— 熊远柱等
赵充国（中篇历史小说连载） ——— 王 拯
梦星空（翻译小说）
　　　————— ［英］查理斯·狄更斯 李 尧译
寄语我的人民（诗） ——— ［伊拉克］艾布德·
巴哈布·巴亚基 王意强译
胡萝卜疏（风土小记） ———————— 聂 珥
文代会代表畅谈收获——— 程秀山 马 桦 赵梓雄
少浅露 宜深藏（评论） —————— 韩 戈
愿更多好诗问世 ————— 周克仁 左建国
新春不夜（套色不夜）（套色木刻） — 韦振江
木刻四幅 ———————————— 里 果等

1980 年第 3 期　刊名:《青海湖》

目录

酒啊，酒（小说） ————— 王贵如 王文泸
啊，归来吧（小说） ——————— 杨世运
白天的梦（小说） ———————— 闫 肃
甘露（小说） ———————————— 罗应龙
赵充国（中篇历史小说连载） ——— 王 拯
锦囊妙计（翻译小说） — ［英］塞耶斯 景 慕译
貂城散记（散文） ————— 阚兴国 郭玉道
漫话老爷山（散文） ——————— 翟群中
赏花札记（散文） ———————— 陈家瑞
发菜笺（风土小记） ———————— 聂 珥
海洋抒情诗（五首） ——————— 孙静轩
献给美神的歌（二首） —————— 杨 山
柴达木诗笺（二首） ——————— 梁上泉
北国行（二首） ————————— 刘祖慈
饥饿及其他（诗） ———————— 柯愈勋
风帆一页（诗） ————————— 管用和
爱情诗（二首） ————————— 方 殷
战火诗抄 ————————————— 张 越
别（诗） ————————————— 方 达
欢乐的沉思（外一首） ——— 元 浦 李 镇
海上断想（三首） ———————— 赵丽宏

望月·无题（二首） ——————— 洪光远
肯定会有这一天（诗） —————— 马 杰
飞·流·钻（三首） ——————— 李 群
藏族情歌（五首） ———————— 黎 波
土族婚礼歌（民族民间文学）
　　　————— 李友楼 马占山 搜集整理
三句箴言（哈萨克族民间故事）
　　　————— 魏忠勇 卞 奎 搜集
语言的彩虹（评论） ——————— 多 杰
努力塑造具有时代精神的人物形象（评论）— 杨志军
帽子小议（评论） ———————— 张光昌
"空白"的启示（评论） —————— 刘经纬
"花儿"三题（评论） —————— 许英国
相逢无语泪先盈……（雕塑） —— 何燕明 何宝森
鲁迅诗二首（篆刻） ——————— 王成晃
土族妇女（剪纸二幅） ——— 张咸镇 仇继武
山秀材佳（钢笔画） ——————— 周君言

1980 年第 4 期　刊名:《青海湖》

目录

中秋夜归人（小说） ——————— 王云甫
生活是一支歌（小说） —————— 郑守中
吸铁石（小说） ————————— 胡乃光
"报复"（小说） ————————— 赵海燕
老当家的（小说） ———————— 宋绍明
小径遐想（散文） ———————— 席 向
映日荷花别样红（散文） ————— 王 浩
沙枣花（小说） ————————— 戴 伟
虫灾（小说） ——————————— 蔡通海
小品三则 ————————————— 晓 菡
古寺艺术之花（风土小记） ———— 陈梅鹤
风景（诗五首） ————————— 沙 鸥
苔花集（诗十七首） —————— 蒋金镛等
爱（诗） ————————————— 迟 道
万里行吟录（诗三首） —————— 金 谷
谒李自成行宫（诗二首） ————— 毛 锜
三峡掠影（诗三首） ——————— 浪 波
七六年初夏雨游杭城五首（诗） —— 黄 甲
身边寻常物（散文诗） —————— 徐志宏
农村生活小景（诗六首） ————— 佘致迪等
爱情诗（七首） ————————— 韩作荣等
真理（诗） ———————————— 章德益
蒲公英（诗） —————————— 李玉林
诀窍（诗二首） ————————— 刘 章
墓园挽歌（译诗） —— ［英］托玛斯·葛雷 罗 洛译
美女吟（诗四首） ———————— 舒占才
华山（诗） ———————————— 唐燎原

正确理解文艺配合政治的作用（评论）————张绍宽
情感——诗的灵魂（评论）————陈新民
静态和动意（评论）————叶元章
致《沙枣花》作者的一封信（评论）————卜　谷
文苑新苗浴新风（报导）————邢秀玲
梅园决策（油画）————王新民
迎新娘（油画）————鄂圭俊
校园之晨（木刻）————胡文诚
封面设计————茹　石

1980 年第 5 期　刊名:《青海湖》
目录

齐毛太（小说）————多杰才旦
拦汽车的人（小说）————刘苗科
母与子（小说）————李凌江
歌者（小说）————咏　慷
思恋（小说）————许宏建
缥缈的梦（小说）————刘经纬
艺术品（翻译小说）————［俄］契诃夫　以　放译
小草露珠（散文）————王宗仁
日月山佳话（散文）————谢　佐
黑颈鹤趣谈（风土小记）————阚兴国
冬虫夏草引（风土小记）————聂　珥
喜鹊和燕子（寓言）————尚书庆
寓言二篇（寓言）————冯文超
巴黎（诗）————田　地
法制的恋歌（诗二首）————寒　星
抒情与思考（诗三首）————刘湛秋
诗二首（诗）————陈西周
绿色的风（诗）————胥真理
萨瓦河之波（诗）————张　廓
湟中吟草（诗六首）————罗　洛
人生与诗（诗十首）————晓　钢等
家乡的泥土（诗）————贺中原
关于马……（诗）————张寒朗
在青海省第一次各族青年文学创作会议上的祝辞
————李兴旺
在省青年文学创作会议上的讲话————程秀山
"花儿"随笔（评论）————王　圭
漫话生活的博采与深察（评论）————阿　红
请把思索留给读者（评论）————罗良德
春讯（油画）————黄绍京
白云深处有藏家（套色木刻）————赤航雾拉
蒙古族妇女（雕塑）————孙舒勇
雪原（木刻）————里　果

1980 年第 6 期　刊名:《青海湖》
目录

散花的男人（报告文学）————金　瑞　西　川
雪夜（小说）————邵兰生
崔主任和"蓬头鸡"（小说）————穆　静
他和她以及他（小说）————茹　冰　长　歌
菊花梦（小说）————李　振
哈美（小说）————法　兰　克　英
智慧鸟（童话）————陈焕仁
浪尖上的"花儿"（散文）————金荣章　王泽群
察尔汗，珍珠的海（散文）————朱　奇
记忆的船（散文）————时培华　董生龙
玫瑰花（翻译小说）————［智利］拉斯达利亚　孔令森译
安源山，你没有变（诗二首）————丁恩光
碑（诗）————邢秀玲
写在油田的怀念（诗）————朱海燕
出征之前（诗二首）————高　深　佟明光
在我们草原上（诗二首）————田　地
科普儿歌（诗二首）————邓元杰
弟弟做的梦（诗）————刘崇善
小弟弟与祖国（诗）————薛卫民
呵，泥土呵，泥土……（诗）————李克寒
问鱼鹰（诗）————许　行
温度表（诗）————张义涛
松果·松脂（诗）————王永平
火花集（诗四首）————马晋乾
黑板和粉笔（诗）————马　杰
奖状（诗）————叶曙光
水手长的妻子（诗）————马绪英
大雁的颂歌（诗二首）————李玉林
台湾诗情（诗二首）————于宗信
生活的花朵（评论）————高天白
一支奴隶翻身的赞歌（评论）————孙明轩
九个兄弟民族省区文艺期刊编辑工作会议简况
刘秉江的青海速写（评论）————张光福
希望多写些反映农村生活的文艺作品（读者来信）
————朱殿坤
青海速写（四幅）————刘秉江
求知（中国画）————周志义

1980 年第 7 期　刊名:《青海湖》
目录

有这样一个石油局长（报告文学）————徐志宏
吸烟的女人（小说）————尹　平
"落花有意"！（小说）————李　瑾

连心草（小说）⋯⋯⋯⋯⋯⋯⋯⋯徐金城
师傅（小说）⋯⋯⋯⋯⋯⋯⋯⋯⋯姚社元
难道这是梦幻?（散文）⋯⋯⋯⋯裴　林
剪给我一支冬青吧（散文）⋯⋯⋯韩素珍
田园乐章（散文）⋯⋯⋯⋯⋯⋯⋯戈　梨
"神山"游记（散文）⋯⋯⋯⋯⋯⋯言　公
梨香时节访贵德（散文）⋯⋯⋯⋯轩锡明
等待（翻译小说）⋯⋯[英]斯坦·巴斯脱　朱　人译
蕨麻辞（风土小记）⋯⋯⋯⋯⋯⋯令狐悚
黎明诗（诗二首）⋯⋯⋯⋯⋯⋯⋯王树壮
一个字的遭遇（诗）⋯⋯⋯⋯⋯⋯尹　平
赞罗子塘的楠竹（诗）⋯⋯⋯⋯⋯丁立人
奠（诗）⋯⋯⋯⋯⋯⋯⋯⋯⋯⋯⋯林牧之
挂甲屯的柿子（诗）⋯⋯⋯⋯⋯⋯殷家璠
假如照您说的那样办（诗）⋯⋯⋯傅书林
琴师（诗）⋯⋯⋯⋯⋯⋯⋯⋯⋯⋯谢鲁渤
命运（诗）⋯⋯⋯⋯⋯⋯⋯⋯⋯⋯卢　丁
民族之花（诗）⋯⋯⋯⋯⋯⋯⋯⋯毛　锜
有一个卓玛（诗）⋯⋯⋯⋯⋯⋯⋯天　泉
这边是你的故乡（诗）⋯⋯⋯⋯⋯格桑多杰
西行序歌（诗二首）⋯⋯⋯⋯⋯⋯戴安常
我是一片绿叶（诗）⋯⋯⋯⋯⋯⋯王海燕
山路（诗二首）⋯⋯⋯⋯⋯⋯⋯⋯黄　淮
新蕾（诗七首）⋯⋯⋯⋯⋯⋯⋯⋯于晓阳等
罗拜尔·戴斯诺思诗作二首⋯⋯⋯王意强译
阿·康·托尔斯泰抒情诗三首⋯⋯⋯秋　原译
努力创作具有青海地方特色的文学作品（评论）
⋯⋯⋯⋯⋯⋯⋯⋯⋯⋯⋯⋯⋯⋯程秀山
撒拉族民间文学简介⋯⋯⋯朱　刚　李延恺
夸张·想象·情理（评论）⋯⋯⋯黄新根
欧阳修的《醉翁亭记》（阅读和欣赏）⋯黄志冲
笔端吐彩心底歌（美术评论）⋯⋯关确才旦
春华秋实（丙烯三联画）⋯⋯⋯⋯朱乃正
军民之间（木刻）⋯⋯⋯⋯⋯⋯⋯黄嘉善
封面设计⋯⋯⋯⋯⋯⋯⋯⋯⋯⋯⋯白　峰

贺老总回来了（诗）⋯⋯⋯彭长霖　周保林
导弹夜运（诗）⋯⋯⋯⋯⋯⋯⋯⋯晨　枫
枪杆诗（诗四首）⋯⋯⋯⋯⋯⋯⋯刘得庆
车飞青藏线（诗三首）⋯⋯⋯⋯⋯师日新
生活篇（诗二首）⋯⋯⋯⋯⋯⋯⋯王慎行
珍珠贝（诗）⋯⋯⋯⋯⋯⋯⋯⋯⋯文　丙
高原情思（诗三首）⋯⋯⋯⋯⋯⋯高　欣
江孜反帝峰（诗）⋯⋯⋯⋯⋯⋯⋯宁　宇
我摘下（诗）⋯⋯⋯⋯⋯⋯⋯⋯⋯刘　佑
新长征路上的诗传单（诗二首）⋯张雪杉
昨天·今天·明天（诗三首）⋯⋯⋯马　牧
花思（诗）⋯⋯⋯⋯⋯⋯⋯⋯⋯⋯纪振玺
又见到了她（散文）⋯⋯⋯⋯⋯⋯洪光远
责任（报告文学）⋯⋯⋯⋯⋯⋯⋯杨志军
桥（散文）⋯⋯⋯⋯⋯⋯⋯⋯⋯⋯项日桦
山行（诗三首）⋯⋯⋯⋯⋯⋯⋯⋯陈　龄
杂咏三首（诗）⋯⋯⋯⋯⋯⋯⋯⋯孙　里
种子（诗二首）⋯⋯⋯⋯⋯⋯⋯⋯王宜振
希望及其他（诗四首）⋯⋯⋯⋯⋯王恩光
重升的星星（诗）⋯⋯⋯⋯⋯⋯⋯吴淮生
船长与海洋（诗）⋯⋯⋯⋯⋯⋯⋯谢其规
文艺的社会影响琐谈（评论）⋯⋯徐　涛
借一斑略知全豹
　——读《创业史》札记（评论）⋯王德省
严峻人生的深沉讴歌（评论）⋯⋯唐燎原
一曲颂歌——评《大山的囚徒》⋯王　华
欲擒故纵（文艺随笔）⋯⋯⋯⋯⋯赵　捷
"人所易言，我寡言之"（评论）⋯王继烈
形·神·情（评论）⋯⋯⋯⋯⋯⋯边　军
"撒赫稀"（撒拉族哭婚调）⋯马学义　搜集整理
高原新春（油画）⋯⋯⋯⋯⋯谭涤夫　关庆留
汲（水印木刻）⋯⋯⋯⋯⋯⋯郑安明　鲁　峻
读（木刻）⋯⋯⋯⋯⋯⋯⋯⋯⋯⋯陆　保
人像素描（四幅）⋯⋯⋯⋯⋯⋯⋯朱成林
夏日（木刻）⋯⋯⋯⋯⋯⋯⋯⋯⋯安正中

1980 年第 8 期　刊名:《青海湖》

目录

后遗症（小说）⋯⋯⋯⋯⋯⋯⋯⋯陈膺浩
王老德传艺（小说）⋯⋯⋯⋯⋯⋯正　义
神仙一把抓（小说）⋯⋯⋯⋯⋯⋯田　瞳
"县官"与"现管"（小说）⋯⋯⋯⋯秋　元
一瓶酒（小说）⋯⋯⋯⋯⋯⋯⋯⋯郭永伟
奇遇（小说）⋯⋯⋯⋯⋯⋯⋯⋯⋯邵敏阁
格尔木的河（散文）⋯⋯⋯金荣章　王泽群
群山万壑渡黄河（散文）⋯⋯⋯⋯绽玉霞
牦牛歌（风土小记）⋯⋯⋯⋯⋯⋯公孙无恙

1980 年第 9 期　刊名:《青海湖》

目录

宁为玉碎　不为瓦全（报告文学）
　⋯⋯⋯⋯⋯沈耀才　钱佩衡　蔡国瑞
红杏姑娘（报告文学）⋯⋯⋯⋯⋯李沙铃
秋（小说）⋯⋯⋯⋯⋯⋯⋯⋯⋯⋯赵　熙
桃花谷（小说）⋯⋯⋯⋯⋯⋯⋯⋯董炳新
出师以后（小说）⋯⋯⋯⋯⋯⋯⋯李　子
节日的早晨（小说）⋯⋯⋯⋯⋯⋯姬建华
不幸的误会（小说）⋯⋯⋯⋯⋯⋯杨胜利
春催桃李（小说）⋯⋯⋯⋯⋯⋯⋯纪太来

山奇水秀话趣闻（高原风貌）⋯⋯⋯杨子林
近作二绝句（诗）⋯⋯⋯⋯⋯⋯⋯⋯臧克家
柳暗华明又一春（组诗）⋯⋯⋯⋯⋯陈灿
青海塔尔寺（诗）⋯⋯⋯⋯⋯⋯⋯⋯庄浪
苏轼《海市》诗石刻前小立（诗）⋯孔孚
黄河吟（诗）⋯⋯⋯⋯⋯⋯⋯⋯⋯⋯关水青
水文站留句（诗）⋯⋯⋯⋯⋯⋯⋯⋯张劲
飞航（诗）⋯⋯⋯⋯⋯⋯⋯⋯⋯⋯⋯石太瑞
椰雕（外一首）⋯⋯⋯⋯⋯⋯⋯⋯⋯丁可
给心（散文诗、外一章）⋯⋯⋯⋯⋯蓝曼
中成药广告（诗话录）⋯⋯李超中诗 复羊画
学诗絮语（诗）⋯⋯⋯⋯⋯⋯⋯⋯⋯樊发稼
人与花木粟鸟兽之类（诗小辑）
人与花⋯⋯⋯⋯⋯⋯⋯⋯⋯⋯⋯雷霆
题花⋯⋯⋯⋯⋯⋯⋯⋯⋯⋯⋯⋯苏占才
母子篇⋯⋯⋯⋯⋯⋯⋯⋯⋯⋯⋯松华
香诗⋯⋯⋯⋯⋯⋯⋯⋯⋯⋯⋯⋯陈栋
果实⋯⋯⋯⋯⋯⋯⋯⋯⋯⋯⋯⋯王天奇
水果之什⋯⋯⋯⋯⋯⋯⋯⋯⋯⋯肖复华
遐想⋯⋯⋯⋯⋯⋯⋯⋯⋯元浦 李镇
花瓣⋯⋯⋯⋯⋯⋯⋯⋯⋯⋯⋯⋯杨全玮
春雨⋯⋯⋯⋯⋯⋯⋯⋯⋯⋯⋯⋯蔡西林
冬日的林子⋯⋯⋯⋯⋯⋯⋯⋯⋯胡拓
蜜蜂⋯⋯⋯⋯⋯⋯⋯⋯⋯⋯⋯⋯多杰仁青
月亮⋯⋯⋯⋯⋯⋯⋯⋯⋯⋯⋯⋯郭永伟
竹⋯⋯⋯⋯⋯⋯⋯⋯⋯⋯⋯⋯⋯陈必信
断想⋯⋯⋯⋯⋯⋯⋯⋯⋯⋯⋯⋯李中兰
林中探宝⋯⋯⋯⋯⋯⋯⋯⋯⋯⋯郝炜
偶像·萤火⋯⋯⋯⋯⋯⋯⋯⋯⋯沈天鸿
勘探者的爱⋯⋯⋯⋯⋯⋯⋯⋯⋯王长富
瓶花、春曲⋯⋯⋯⋯⋯⋯⋯⋯⋯贾瑞青
在全省文艺期刊编辑工作座谈会上的讲话⋯陈云峰
提高质量办好刊物⋯⋯⋯⋯本刊记者 丽璋
文艺为政治服务与文艺为人民大众服务是一致的
⋯⋯⋯⋯⋯⋯⋯⋯⋯⋯⋯⋯⋯⋯程秀山
谁将留名青史（随笔）⋯⋯⋯⋯⋯言公
贵在独创（文艺随笔）⋯⋯⋯⋯⋯张保振
勇气、同情和偏爱——也谈《甘露》⋯梨舡
眼泪不是衡量悲剧的唯一砝码⋯⋯陈国亮
《"花儿"随笔》的随笔⋯⋯⋯⋯⋯正凤
历史宣判他无罪（钢笔画）⋯⋯⋯朱正乃
摄影作品（三幅）⋯⋯⋯⋯李景瑞 鲁一
塬上春（套色木刻）⋯⋯⋯⋯⋯苗罡
鸳鸯（木刻）⋯⋯⋯⋯⋯⋯⋯⋯刘岷

1980 年第 10 期　刊名:《青海湖》

目录

请看昨日中坪，竟是谁家天下（报告文学）⋯蔡国瑞
停停吧，秋雨（小说）⋯⋯⋯⋯⋯井石
扎拉（小说）⋯⋯⋯⋯⋯⋯⋯⋯⋯程彼德
妹妹（小说）⋯⋯⋯⋯⋯⋯⋯⋯⋯李剑
马厩里的小马（小说）⋯⋯⋯⋯⋯董炳新
蔷薇（小说）⋯⋯⋯⋯⋯⋯⋯⋯⋯正义
可鲁克湖话鲤鱼（高原风貌）⋯⋯晓戊
沙鲁滩散记（散文）⋯⋯⋯⋯⋯⋯李生才
贵德温泉（高原风貌）⋯⋯古洪 麟祥
甘蓝谱（风土小记）⋯⋯⋯⋯⋯⋯聂珥
背着房屋的蜗牛（寓言）⋯⋯⋯⋯安凤和
西海短章（诗）⋯⋯⋯⋯⋯⋯⋯⋯秋元
塔尔寺祈祷诗（二首）⋯⋯⋯⋯⋯常江
面对⋯⋯（外一首）⋯⋯⋯⋯⋯⋯张洪德
草地拾翠（诗）⋯⋯⋯⋯⋯⋯⋯⋯李燃
盼（诗）⋯⋯⋯⋯⋯⋯⋯⋯⋯⋯⋯时培华
生活的恋歌（诗二首）⋯⋯⋯⋯⋯雷献和
忏悔（诗）⋯⋯⋯⋯⋯⋯⋯⋯⋯⋯黎牧牛
叹巴彦喀拉⋯⋯⋯⋯⋯⋯⋯⋯⋯王永平
雨⋯⋯⋯⋯⋯⋯⋯⋯⋯⋯⋯⋯⋯王锡俊
拾遗（三首）⋯⋯⋯⋯⋯⋯⋯⋯⋯左可国
三条石（外一首）⋯⋯⋯⋯⋯⋯⋯蒋兆钟
期待（诗）⋯⋯⋯⋯⋯⋯⋯⋯⋯⋯董佳佳
游子归来（诗）⋯⋯⋯⋯⋯⋯⋯⋯刘宏亮
扬场（诗）⋯⋯⋯⋯⋯⋯⋯⋯⋯⋯李玉林
昆仑小草（外一首）⋯⋯⋯⋯⋯⋯方存弟
戈壁果园（诗）⋯⋯⋯⋯⋯⋯⋯⋯纪振玺
沉思（诗）⋯⋯⋯⋯⋯⋯⋯⋯⋯⋯姜琍敏
造山运动（外一首）⋯⋯⋯⋯⋯⋯龙彼德
冰山、冰川与沙漠（诗）⋯⋯⋯⋯顾工
接住的流星（诗）⋯⋯⋯⋯⋯⋯⋯刘立波
怨天（诗）⋯⋯⋯⋯⋯⋯⋯⋯⋯⋯任彦芳
我的诗，绕着"权"字转（诗）⋯⋯于沙
拉丁美洲抒情诗（六首）⋯⋯孔令森 于凤川译
浓郁的诗情，绝妙的画笔
——读茅盾的《风景谈》⋯⋯⋯刘焕林
附：茅盾《风景谈》⋯⋯⋯⋯⋯⋯茅盾
情切于中，发人深思
——读小说《停停吧，秋雨》⋯蒲风
"名人文艺"小议（文艺随笔）⋯⋯张春宁
写文章要慎重，用史料要准确⋯⋯赵一竹
一杯青稞酒
——读小说《酒啊，酒》的一点随想⋯邢秀玲
浅谈《山水间》的艺术特色⋯⋯⋯刘佑
版画小辑（八幅）

1980 年第 11 期　刊名:《青海湖》
目录

镇邪台（小说）————————————强烈　雷献和
迟来的春天（小说）————————————李然之
淅淅夜雨（小说）————————————邵兰生
磨坊之秋（小说）————————————刘汉君
草原第一夜（小说）————————————刘苗科
鸳鸯（小说）————————————阎绪海
夕照（小说）————————————徐志义
长胡子伯爵（意大利童话）——卡尔维诺·依塔罗
著　王　勇　译　樊庆荣　校
石头城（散文）————————————陈家瑞
田野里（散文）————————————谷　丁
船的遐想（散文）————————————卞　奎
小松果（散文）————————————冯文超
山旅（长诗）————————————昌　耀
河湟新秀八人集（诗辑）
乡间的小路（外二首）————————————杨　枕
雨（诗）————————————文索巴德
生活呵，生活（外一首）————————————陈浩霞
柽柳（诗）————————————徐金城
黎明（诗）————————————杨国玉
"静"（诗）————————————张海泉
麦秀（诗）————————————徐启平
河边（外一首）————————————杨廷成
给开拓者（诗）————————————王泽群
雁南归（诗）————————————黎焕颐
蝉之歌（外一首）————————————叶　坪
畅所欲言（组诗）————————————浪　波
荷与鹊（二首）————————————刘益善
大海（诗）————————————杨友梅
题三月的桃树（外一首）————————————晓　蕾
一个拨乱反正的文艺口号（评论）————————————函　雁
仓洋嘉错和他的情歌（评论）————————————王振华
只在需要写爱情的时候才写它（评论）————————————石治宝
春从祁连怀中来（中国画）————————————曲学霭
牧区人物彩墨肖像（三幅）————————————曾善庆
草原藏医（木刻）————————————魏　谦

1980 年第 12 期　刊名:《青海湖》
目录

高原新花
废墟上所发生的（小说）————————————琏　珠
秤上的准星（小说）————————————孟庆龙
我，不是原来的我（小说）————————————曹玉模

我们车间的选举（小说）————————————刘永丰
秀才遇上兵（小说）————————————张　晋
马兰草（小说）————————————李　君
孝顺（小说）————————————张旺模
在那遥远的地方（散文）————————————赵亦吾
心中的花儿（散文）————————————马顺天
天鹅湖畔的"新客"（高原风貌）————————————阚兴国
生命的接力点（散文）————————————席　向
航海（翻译小说）
　　　　[美]华盛顿·欧文著　李　尧译
穿白色连衣裙的少女（电影诗）————————————王　度
给最坚强的人（诗）————————————王亚平
诗词四首————————————惜　醇
落叶集（诗）————————————柳兆人
探锤之歌（诗）————————————丁西岐
写在蔚蓝色的天幕上（诗）————————————胥真理
大漠油河（诗）————————————郭维东
蓝色的思维（诗）————————————朱兆雪
囚（诗）————————————黄东成
默默的地下泉水（外一首）————————————朱苏生
落叶（诗）————————————刘会彬
哎，柳花呵（诗）————————————陈浩霞
青春短笛（诗）————————————李成安
拴马桩（诗）————————————旦正加
小蜗牛（诗）————————————韵臣忠
骆驼草（诗）————————————李木生
改善党的领导，把文艺事业搞活————————————丽　璋
"一阔脸就变"古今谈（杂文）————————————何满子
难忘盛会情谊长——参加全国少数民族文学创作会议
有感————————————格桑多杰
昆仑画会作品小辑
啊，故乡（木刻）————————————陆　保
渡河（木刻）————————————刃　锋

1981 年第 1 期　刊名:《青海湖》
目录

忘却了吗？　不！（小说）————————————燕　柳
关于一封上告信的调查报告（小说）————————————李超中
左书记外传（小说）————————————董炳新
两个毛遂（小说）————————————韩怀仁

作家谈创作
关于我写诗————————————沙　鸥
关于文艺和政治————————————林焕平
萨拉戈萨（小说）————————————[西班牙]贝尼托·
佩雷斯·加尔托斯　孔令森　沈根发　朱景冬译
访丁玲（散文）————————————穆长青

守岁（散文）　　　　　　　　　　　　　张寒朗
金珠（散文）　　　　　　　　　　　　　王继烈
没有掏出的硬币（小说）　　　　　　　　梁凤市
银措的心（小说）　　　　　　　　　　　陈士濂
磨坊的驴子（寓言）　　　　　　　　　　安凤和
改善党对文艺的领导　把文艺事业搞活
只有改善，才能搞活　　　　　　　　　　李沙玲
"加强"和"改善"须落在实处　　　　　　冯国寅
愿我是季候雨（外一首）　　　　　　　　梁　南
梦幻（诗）　　　　　　　　　　　　　　党　麟
赠诗人（二首）　　　　　　　　　　　　罗　洛
松花江之恋（外一首）　　　　　　　　　朱　奇
冷湖上空多了一颗星（诗）　　　　　　　肖复华
在深山峡谷中（三首）　　　　　　　　　蒋兆钟
雪山诗行（二首）　　　　　　　　　　　任耀庭
湖海篇（二首）　　　　　　　　　　　　程彼德
短章　　　　　　　　　　　　　　　　　可　国
时间·千里驹·蜗牛　　　　　　　　　　吴其松
思考的一代（青年诗笺）　　　　毕庆平　王扬泽
李亚南　大　华　邹吉庆　黄　白　赵仁广　殷家璠
沈　奇　陈明弼　黄学农　王树壮　于晓阳　吕　凯
出访宝鸡旧地重游记感（诗）　　　　　　谢高锋
风雨春秋（三首）　　　　　　　　　　　王　浩
诗三首　　　　　　　　　　　　　　　　叶元章
探索新路的诗人（评论）——略谈下之琳的《雕虫记
历》　　　　　　　　　　　　　　　　　高庆琪
《杨家将》与花儿（评论）　　　　　　　刘　凯
速写　　　　　　　　　　　　　　　　　崔振国
黄河入海流（套色木刻）　　　　　　　　修　军
西海春潮（木刻）　　　　　　　　　　　晓　岗
向上爬（漫画）　　　　　　　　　　　　王复羊
风景速写（两幅）　　　　　　　　　　　李一青

1981 年第 2 期　刊名:《青海湖》

目录

罪孽（小说）　　　　　　　　　　　　　邵兰生
相见恨早（小说）　　　　　　　　　　　尹　平
月光是朦胧的（小说）　　　　　　　　　蔡通海
噪音（小说）　　　　　　　　　　　　　张贤亮
搭车（小说）　　　　　　　　　　　　　轩锡明
玉米爆花（小说）　　　　　　　　　　　张俊彪
奶汁（小说）　　　　　　　　　　　　　察森敖拉
火光跳荡（小说）　　　　　　　　　　　李生才
萨拉戈萨（小说）　　　　　　　[西班牙]贝尼托·
佩雷斯·加尔托斯著　孔令森　沈根发　朱景冬译
心愿（散文）　　　　　　　　　　　　　端木蕻良
长城，你在哪里（散文）　　　　　　　　程　亮

九月九重阳（散文）　　　　　　　　　　曹仲高
太阳鸟（高原风貌）　　　　　　　　　　白西民
马铃薯传（风土小记）　　　　　　　　　令孤悚
放开喉咙，高歌柴达木（散文）　　　　　徐志宏
海滨抒怀（组诗）　　　　　　　　　　　芦　萍
青海留别（三首）　　　　　　　　　　　李发模
夜望青海湖（诗）　　　　　　　　　　　刘岚山
火成岩（诗）　　　　　　　　　　　　　韩秋夫
蒺藜（诗）　　　　　　　　　　　　　　郑成义
金秋，在撒拉之乡（三首）　　　　　　　蔡国瑞
杜鹃花开了（诗）　　　　　　　　　　　陈所巨

青年诗页

遥远的里程（四首）　　　　　　　　　　丁恩光
思考集　　　　　　　　　　　　　　　　朱海燕
梅（外一首）　　　　　　　　　　　　　李木生
留名　　　　　　　　　　　　　　　　　旦正加
月亮，洁白的心脏（外一首）　　　　　　杨志军
瀚海行　　　　　　　　　　　　　　　　张洪德
山村小景（外一首）　　　　　　　　　　杨廷成
火花赋　　　　　　　　　　　　　　　　朱　振
诗　　　　　　　　　　　　　　　　　　席玉忠
寓言三则　　　　　　　　　　　　　　　辛相周
"乱谈琴"（作家书简）　　　　　　　　　昌　耀
改善党的领导　把文艺事业搞活
要繁荣文艺，就要改革现行体制　　　　　张景振
信赖自己，更要信赖作者　　　　　　　　张元贞
职位、名望与诗的价值（文艺随笔）　　　叶元章
文艺评论应说真话（文艺随笔）　　　　　孙业民
"解放思想"谈（文艺随笔）　　　　　　　辛　魂
一份迟到，但很引人的报告（评论）　　　蒲永川
也谈《脚户哥》（评论）　　　　　　　　曾　敏
培养文学新人，提高作品质量　　　　　　力　章
本刊召开美术作者座谈会（简讯）　　　　本刊记者

湖畔絮语

我的浅见　　　　　　　　　　　　　　　清　河
也来几句"滴语碎言"　　　　　　　　　　姚　璋
对小说《哈美》的意见　　　　　　　　　冯明远
春之声（版画）　　　　　　　　　　　　张坚如
秋风塔音（油画）　　　　　　　　　　　孙绍培
塔尔寺之春（套色木刻）　　　　　　　　孙盛仁
古寺佳节客如潮（木刻拓片）　　　　　　里　果
竹石图（中国画）　　　　　　　　　　　王广才
春雨（木刻）　　　　　　　　　　　　　安正中

1981 年第 3 期　刊名:《青海湖》

目录

珍藏（小说）————————————王云甫
蓝宝石（小说）————————————贾　戈
千里马与尕毛驴（小说）—————————秋　元
黄昏，在一家小院里（小说）————————朱亚宁
云（小说）—————————————韩素珍
高原新花
爱，还要等待（小说）————————齐布尔夫
老牛车送礼（小说）————————————冯健君
扎西（小说）————————————王惠萍
除夕之夜（小说）————————————华维列
荔枝和桂园（散文）————————————犁　人
思灯赋（散文）————————————周俊昌
兔子、狼和卖糖人（民间故事）
　　　　　　讲述人：张金花　翻译人：李永菊
萨拉戈萨（小说）————[西班牙]贝尼托·佩雷斯·
加尔托斯著　孔令森　沈根发　朱景冬译
雪山林海话猎熊（高原风貌）———————李镇欧
青年诗坛（28首）————————————咏　卒
晓　苏　孟繁华　向晓峰　子　实　金　晚　小　野
子　选　长　水　子　国　秦　放　王福顺　黄　祈
杨　雄　刘人云　德　明　安　涛　柏建华　幽　谷
古　井　郝俊杰　郑　浩　郭爱玲　李晓辉　李振法
杨志军　宋伯忠　邹建胜
春的旋律（三首）————————————刘湛秋
爱的记忆（四首）————————————宗　鄂
阳早与寒春（二首）————————————孟宪良
给女儿（外一首）————————————许　伽
岳王及东方朔（二首）———————————黄　田
故史新咏（二首）————————————燎　原
关于孙犁作品的几点印象（评论）—————冉淮舟
杜鹏程谈短篇小说创作———————————高炎麟
出乎意外的《蛇》（评论）————————刘立波
诗的欢乐与悲哀（评论）——————————关水青
文学作品也应遵循生活逻辑（评论）————王　立
寓情于事，寓情于物（评论）———陶　麟　孟　臻

湖畔絮语
《牦牛歌》失真几例————————————黄国伟
细节也要可信————————————罗良福
对《菊花梦》的一点意见——————————岚　山
读几首借景抒情的小诗———————————海　鹰
臆造的误会————————————郑佩福
读者来信————————————何德新
母爱（油画）————————————王秀章
雏（油画）————————————井汉升

四季海棠（木刻）————————————刘　岘
河源女（雕塑）————————————陈新元
冬不拉的回忆（年画）———————————曲任中
刁羊（木刻）————————————蒋振华
窗花（剪纸）————————————陈贵林

1981 年第 4 期　刊名:《青海湖》

目录

伐木人（小说）————————————陈瑞晴
驯马人的故事（小说）————昂欠多杰作　曹凌云译
路漫漫……（小说）———————————志　鹏
亲爱的小姨子（小说）———————————郑守中
理想在泪滴中闪光（小说）————————刘宏亮
他，在沉思（高原新花）——————————唐　突
他在我心里永驻（小说）——————————杨志军
骆驼泉（撒拉族民间传说）
　　　　　　韩五十八　口述　马学义　搜集整理
海西风赋（高原风貌）———————————李敏杰
五峰觅春（高原风貌）———————————孙青泉
梦的罗布泊（散文）————————————立　刚
在积雪的大地上（外一首）————————李　钢
永恒的青春之火（诗）———————————沙　蕾
猴戏（外一首）————————————田　地
草绿色的诗页（四首）———————————刘得庆
偶感六题（诗）————————————左可图
雁及其他（诗）————————————王海燕
书画吟（诗）————————————关水青
戈壁花草（外一首）————————————郭维东
浴（诗）—————————————黄东成
题儿童玩具（诗）————————————陈　立
盼（诗）—————————————张义涛
河源掠影（诗三首）———————————李玉林
船——梭（诗）————————————师日新
井底月（诗）————————————李根红
枫叶（外一首）————————————奔　流
评论·创作谈
在文艺的春天里————————————许　杰
老舍与《避暑录话》———————————王亚平
我在鲁艺————————————程秀山
让形象说话————————————毛微昭
不平·抗争·讴歌————————————石麟祥
《帐房春秋》创作谈———————————陆　保

湖畔絮语
扯"刺"—————————————刘经伟
情真意切　感人肺腑———————————刘　佑
奇妙的构思————————————赵剑平

欢迎《湖畔絮语》 —————————— 流　舟
帐访春秋（木刻） —————————— 陆　保
甜蜜的事业（套色木刻） ———————— 郑安明
夕照（套色木刻） —————————— 鄂圭俊
晨光（版画） ——————————— 陈　延

1981 年第 5 期　刊名:《青海湖》
目录

茅盾的生平及其伟大成就 ——————— 林焕平
妈妈，你是一部书（报告文学）—马继红　王宗仁
"施县长"养驴记（小说） ——————— 董　牛
爱的复活（小说） —————————— 刘文琦
阿榕（小说） ——————————— 青　林
黑色的土（长篇小说《北望关东》选载）—— 刘大海
抓药（小说） ——————————王贵如　王文泸
喜庆日子（高原新花） ———————— 张天波
鹞子沟的云杉林（散文） ——————— 程　亮
擀毡（散文） ——————————— 陈金瑞
如意金碗（藏族民间故事） —————— 仁　增
口 述 尕 藏　角巴东主　翻译整理
蚕豆曲（风土小记） ———————— 聂　珥
彭总的脚印（诗） —————————— 张新泉
星之恋（诗） ——————————— 丁恩光
林海拾叶（诗） —————————— 于　沙
细流集（散文诗） —————————— 管用和
冬（诗） ———————————— 纪振玺
献给你（外一首） —————————— 裘小龙
山中（诗） ——————————— 王中朝
秋风娃娃（外一首） ————————— 王宜振
温泉印象（诗） —————————— 常　江
出访杂咏（诗） —————————— 海　炎
翻开《唐代文苑掇》（诗） —————— 刘国尧
丹巴云母（诗） —————————— 梁上泉
山泉（外一首） —————————— 文　丙
儿女情（诗） ——————————— 刘　章
拂晓（诗） ——————————— 高伐林
思索（外一首） —————————— 魏志远
起锚（诗） ——————————— 郭　廓
冻僵的种子（外一首） ———————— 王志远

评论·创作谈
炮火声中组成"文抗会"——老舍故事之二— 王亚平
迈出的脚步不要再抽回来——读董炳新同志的三篇小
说 ————————————晓　虹　戈　阳
试谈"花儿"中的叠字与摹状 ————— 刘　凯
身在宝山　深入发掘 ———————— 白　渔
多情却被无情恼 —————————中 流　鲁 言

这样的爱情美吗? —————————— 冯国寅
心之官则思 ——————————— 冯英子

湖畔絮语
对组诗《思考的一代》的思考 ————— 巨邦佐
是宝石，还是沉渣? ————————— 邓启清
性格鲜明的"两个毛遂" ——————— 炅　俸
关于《牦牛歌》的几个问题 —————— 公孙无恙
猫蝶图（中国画） —————— 徐悲鸿　郭世清
花鸟小辑（中国画） ————————— 程怀斌
马蹄莲（木刻） —————————— 刘　岘

1981 年第 6 期　刊名:《青海湖》
目录

摆歪（小说） —————————— 滕晓天
血是红的（小说） —————————— 言　公
别情依依（高原新花） ———————— 李慧芳
忏悔的心灵 ——————————— 郭玉道
莉莉、强强和咪咪（高原新花） ———— 李田英
希望（高原新花） —————————— 林春利
他……（高原新花） ————— 王振华　赵帮生
黑色的土地（长篇小说《北望关东》选载之二）
—————————————— 刘大海
孟达纪行（高原风貌） ———————— 赵鹤林
"感谢……"（散文） ———————— 任喜民
绿色赋（散文） —————————— 高　鹏
寓言二则 ————————辛相周　海代泉
俄日布（藏族民间故事）
————————土 洛　口述　刘文璞　整理
黎明之歌（外一首） ————————— 李玉真
假如我是个法官（诗） ———————— 许　行
致远行者（外一首） ————————— 于耀江
山红（诗） ——————————— 唐燎原
月色，在山谷里（诗） ———————— 刘玉芳
草地的信念（外一首） ————高 深　佟光明
绿叶（诗） ——————————— 林　染
飞（外一章） ——————————— 芦　丁
白浪花（外一章） —————————— 李　芚
柳林小乐队来了（诗） ———————— 丁　抗
小溪流（诗） ——————————— 晨　枫
大雁的话（诗） —————————— 刘崇善
偶然（诗） ——————————— 贾长厚
你到底是谁（诗） —————————— 文武斌
初恋（诗） ——————————— 刘会彬
诗三首 ————[美]艾米莉·狄金森作　罗　洛译
咏桃花（诗） ——————————— 叶元章
渴望你，小河（诗） ————————— 康　年

我与我的孩子（外一首）⋯⋯⋯⋯⋯陈茂欣
倒淌河随感⋯⋯⋯⋯⋯⋯⋯⋯⋯⋯蒋兆钟
一线天（诗）⋯⋯⋯⋯⋯⋯⋯⋯⋯刁永泉

评论·创作谈

列·托尔斯泰和儿童的文学与教育⋯⋯⋯陈伯吹
从鲁迅和郭沫若的一次争论谈起⋯⋯⋯张春宁
看⋯⋯⋯⋯⋯⋯⋯⋯⋯⋯⋯⋯⋯吴　汀
历代诗人写青海⋯⋯⋯⋯⋯⋯⋯⋯赵宗福
评短篇小说《罪孽》⋯⋯⋯⋯⋯⋯⋯石治宝
一个不真实的形象⋯⋯⋯⋯⋯⋯⋯陈　平
应该把美显示给人们⋯⋯⋯⋯⋯⋯冯　君
读《罪孽》⋯⋯⋯⋯⋯⋯⋯⋯⋯温尔平

湖畔絮语

星光闪耀在青海湖上⋯⋯⋯⋯⋯⋯菊　山
灵魂博斗中的胜利者⋯⋯⋯⋯⋯⋯郑佩福
母乳情深⋯⋯⋯⋯⋯⋯⋯⋯⋯⋯格明多杰
不要给读者赝品⋯⋯⋯⋯⋯⋯⋯⋯叶　堃
战友，从朦胧中振奋清醒吧⋯⋯⋯⋯朱海燕
青海风光（中国画）⋯⋯⋯⋯⋯⋯曾道宗
山呼（水印套色木刻）⋯⋯⋯⋯⋯⋯刃　锋

1981 年第 7 期　刊名：《青海湖》
目录

团结起来，为繁荣青海的社会主义文艺事业而共同奋
斗——青海省文学艺术工作者第二次代表大会胜利召
开⋯⋯⋯⋯⋯⋯⋯⋯⋯⋯⋯⋯⋯本刊记者
努力反映时代精神　繁荣我省文艺事业——在青海省
文学艺术工作者第二次代表大会上的讲话（摘要）
⋯⋯⋯⋯⋯⋯⋯⋯⋯⋯⋯⋯⋯⋯李兴旺
青海省文联第二届委员会正副主席及委员名单
坚持党的路线　繁荣文艺创作⋯⋯⋯⋯秦　雯
党和人民在一起（藏族民歌小辑）
⋯⋯⋯⋯⋯⋯⋯⋯玉洛措等　搜集整理
甫叶什河畔的三公主花（小说）⋯⋯⋯王国栋
入党之前（小说）⋯⋯⋯⋯⋯⋯⋯毛志成
五同坡（高原新花）⋯⋯⋯⋯⋯⋯吴静石
仲夏柳丝长（小说）⋯⋯⋯⋯⋯⋯庐　山
生活的漩涡（小说）⋯⋯⋯⋯⋯⋯尹一之
暮投豆镇（小说）⋯⋯⋯⋯⋯⋯⋯刘经纬
黑色的土地（长篇小说《北望关东》连载）⋯刘大海
品尝滋味的人（翻译小说）
⋯⋯⋯⋯⋯[美]摩笠斯著　王汉梁译
父亲（翻译小说）⋯⋯[挪威]比安生著　王汉梁译
一代纤夫（诗）⋯⋯⋯⋯⋯⋯⋯⋯梁　南

散文诗集锦

贝壳·暗礁·扑灯蛾⋯⋯⋯⋯⋯⋯⋯王燕生
大地的眼睛（选译）
⋯⋯⋯⋯⋯⋯[苏]米·普里什文著　马德菊译
北戴河（二首）⋯⋯⋯⋯⋯⋯⋯⋯王鸿谟
给沙玛（外一首）⋯⋯⋯⋯⋯⋯⋯鲁　藜
访园坂村（诗）⋯⋯⋯⋯⋯⋯⋯⋯刘祖慈
西安寄兴（诗）⋯⋯⋯⋯⋯⋯⋯⋯安　米
八月的夜歌（诗）⋯⋯⋯⋯⋯⋯⋯李克寒
光明的摇篮（外二首）⋯⋯⋯⋯⋯王晓晖
大地的乳汁（外一首）⋯⋯⋯⋯⋯和　谷
我的盼望（外二首）⋯⋯⋯⋯⋯⋯郝俊杰
踩青凤凰山　花儿满天飞（通讯）

评论·创作谈

地方色彩浅谈⋯⋯⋯⋯⋯⋯⋯⋯常念海
揭示人物的灵魂美⋯⋯⋯⋯⋯丽　璋　耀　才
生活的真实　人民的心声⋯⋯⋯⋯于　力
通俗文艺的先行者——老舍故事之三⋯⋯王亚平
黄胄谈深入生活⋯⋯⋯⋯⋯⋯⋯陆　华
蓝宝石与碎玻璃⋯⋯⋯⋯⋯⋯张世俊　流　舟
莫使寒气袭人心⋯⋯⋯⋯⋯⋯⋯何　纹
文艺书简⋯⋯⋯⋯⋯⋯⋯⋯⋯⋯方　殷

湖畔絮语

深刻的提问，感人的回答⋯⋯⋯⋯⋯陈国军
一幅气势磅礴的版画⋯⋯⋯⋯⋯⋯袁松立
"散文化"质疑⋯⋯⋯⋯⋯⋯⋯魏　怡　嗜　文
谈"A"与"B"的塑造⋯⋯⋯⋯⋯⋯王　立
山乡渡口（木刻）⋯⋯⋯⋯⋯⋯⋯李增吉
梨花版画⋯⋯⋯⋯⋯美协陕西分会梨花版画学会

1981 年第 8 期　刊名：《青海湖》
目录

认真学好《决议》，繁荣文学创作（专论）
团结起来，为繁荣我省的社会主义文艺事业共同奋
斗——在青海省文学艺术工作者第二次代表大会上的
工作报告（摘要）⋯⋯⋯⋯⋯⋯⋯马　桦
"别筋"的轶闻（小说）⋯⋯⋯⋯⋯唐　突
三个女人（小说）⋯⋯⋯⋯⋯张昌华　贺景文
丽人（小说）⋯⋯⋯⋯⋯⋯⋯⋯尹　平
淡蓝色的星星（高原新花）⋯⋯⋯⋯赵乐君
春融（高原新花）⋯⋯⋯⋯⋯李云昇　张季明
在评比的日子里（小说）⋯⋯⋯⋯刘苗科
这样的小姑（小说）⋯⋯⋯⋯⋯⋯轩锡明
夜深沉（散文）⋯⋯⋯⋯⋯⋯⋯⋯韩素珍

雄伟、神奇、多采的阿尼玛卿雪山（高原风貌）
————————————格桑多杰
鹿场之夜（高原风貌）————————朱 奇
槐香（散文）————————————叶太平
喜鹊和狐狸的友谊（蒙族民间动物故事）
——————额尔敦陶陶高·仁钦搜集 霍尔查翻译
聪明的小孩（蒙族民间故事）————道布吉勒口述
巴·乌云 朱 刚整理翻译
青藏高原的结构（外一首）————黎焕颐
我怎能不匆忙（诗）————————丁 芒
呵，云竹……（诗）————————杨 櫨
岸（诗）——————————————徐晓鹤
泉音————————————————丁慨然
我寻找着明天（诗）————————顾 工
电厂工地抒怀（外一首）————孙友田
海滨抒情（诗）————————————丘 琴
守候（诗）————————————林 希
海滩拾页（诗）————————————浪 波
观剧拾零（散文诗三章）————周 朗
女青年诗抄——————王健一 韦晓吟 吕娅南 刘 双
绿色的天使（爱情诗小辑）————孔令更
培 文 陈继光 李 钢 黄大明 田炳信 陈长林
再 耕 何 锋 秋 风 张耀宗

评论·创作谈
论近年来文学作品中的人性民化和复归
——————————————曾小逸 许锦根
传统·现实·自我————————————罗 洛
新秧歌运动——文艺回忆录————程秀山
营救二作家——老舍故事之四————王亚平
绝酿————————————————冉淮舟
诗歌在新的时代面前……————————燎 原
小姨子并不都是坏的————————杨小友
这才是真心的母爱————————————黄日贵
捧杀和真话————————————盛崇鼎
小河涨水（油画）————刘启萌 蒙子军
《草地火种》组画之一（水粉画）————井汉升
赛马刁羊（木刻）————————刘建才
戈壁路上（木刻）————————武海成
夜语（套色木刻）————————李功平
子弟兵（油画）————————————王胜利

1981年第9期 刊名:《青海湖》
目录

纪念鲁迅诞辰一百周年
论鲁迅的诗歌创作————————黄 源 骆寒超
鲁迅小说中的少年形象————————傅世伦

笔谈
杂，和鲁迅————————————聂 三
鲁迅说："还有一个美的圈"————周文彬
于细节处见精神————————————许英国
"用新典一如古典"————————叶元章
摸索人们的魂灵————————————陈 宜
小议杂文和"鲁迅笔法"————林锡纯
心中要有个"人物的模样"————马汝伟
鲁迅是个作家————————————毛微昭
我以我血荐轩辕————————————流 舟
鲁迅（木刻）————————————刘 岘
你是……——献给鲁迅先生（诗）————野 艾
才郎多杰兄妹（中篇小说）————多杰才旦
百灵啁啾（小说）————————————杨志军
土秀才上调记（高原新花）————马义民
新交（小说）————————————刘 刘
潺潺的碧云溪（小说）————————刘转建
水与火（小说）————————————刘孝生
柿子树（翻译小说）
————————[澳大利亚]玛乔里·巴纳德著 李 尧译
湟鱼赞（风土小记）————————阿 爽
百灵鸟（散文）————————————刘宏亮
咏秋二题（散文）————————王立道
黄鱼和海蟹（散文）————————犁 人
万鲁泉（藏族民间传说）————尕 洛
向 巴 口述 王彰明 翻译整理

青年诗坛 省内青年诗作选————王永平
南建青 谷一辛 石海宁 李玉真 王俊朝 纪振玺
燎 原 吕娅南 陈浩霞 赵剑平 陈长生 李宁宁
魏忠勇 卜 奎 燕 青 徐志宏 王奎邦 殷家璠
王 度 刘得庆 林牧之 李玉林 王泽群 刘会彬
蒋兆钟 业 余 李晓伟 肖复华 奔 流 索南加
元 浦 李 镇

外国诗译品
早安（外一首）————[危地马拉]特雷莎·德阿雷娃洛著
于凤川译
生命——如同大海（外一首）
————————————[俄国]勃洛克著 黎 华译
一块没有收割的田地————[俄国]涅克拉索夫著
黎 华译
际遇（外一首）————[波兰]契茨劳·密聊茨著
裘小龙译
草原情（诗）————————————格桑多杰
慕少堂与"花儿"（评论）————刘 凯
土族民间文学中的一朵花——"阿甲哟"————马光耀
关于诗的随想————————————高 平
山川胜迹与人才投资————————林 平

湖畔絮语

从郑板桥练字谈起⋯⋯⋯⋯⋯⋯⋯张元贞
从"朦胧"想到的⋯⋯⋯⋯⋯⋯⋯倪咏峰
一点感想⋯⋯⋯⋯⋯⋯⋯⋯⋯⋯郑佩福
感人的形象⋯⋯⋯⋯⋯⋯⋯⋯⋯芦　丁
牧马（木刻）⋯⋯⋯⋯⋯⋯⋯⋯陈元武
银星海棠（木刻）⋯⋯⋯⋯⋯⋯刘　岘
宰牛图（油画）⋯⋯⋯⋯⋯⋯⋯韦振江

1981 年第 10 期　刊名:《青海湖》
目录

我们的祝贺——祝六省区藏族文学创作座谈会胜利闭幕
总结经验　团结前进⋯⋯⋯⋯⋯扎西旺徐
为发展藏族文学刻苦创作⋯⋯⋯益希单增
感情·生活·藏族题材⋯⋯⋯⋯高　平
心曲（小说）⋯⋯⋯⋯⋯⋯⋯⋯王青槐
恶音（小说）⋯⋯⋯⋯⋯⋯⋯⋯席　向
含泪的云（小说）⋯⋯⋯⋯⋯⋯李生才
村口（小说）⋯⋯⋯⋯⋯⋯⋯⋯滕晓天
青鸟殷勤为探看（小说）⋯⋯⋯夏　康
乡亲捎来的口信（小说）⋯⋯⋯费　枝
我的"妹夫"（高原新花）⋯⋯⋯邵维霞
音乐课（翻译小说）⋯⋯⋯⋯[英] 凯瑟琳·
曼斯菲尔德著　石　钢译
玛尔曲源头风涛滚滚（高原风貌）⋯翁　德
巴哈阿吾（撒拉族民间故事）
　　　　　马学义　搜集整理　舍乙布　口述
青海印象（诗）⋯⋯⋯⋯⋯⋯⋯公　刘
种子，又悄悄留下（诗）⋯⋯⋯李志清
砖（诗）⋯⋯⋯⋯⋯⋯⋯⋯⋯樊万菊
纪念碑，我的墓地（外一首）⋯朱海燕
海韵诗笺（诗）⋯⋯⋯⋯⋯⋯⋯李根红
月牙铆，我心中的船（诗）⋯⋯刘立波
月光下，紫丁香在开放（诗）⋯叶文彬
新写春秋第一章（诗）⋯⋯⋯⋯张　越
崆峒四绝句⋯⋯⋯⋯⋯⋯⋯⋯惜　醇
山寨集（二首）⋯⋯⋯⋯⋯⋯⋯李占学
育种老人（外一首）⋯⋯⋯⋯⋯张志鹏
村前的古榆（诗）⋯⋯⋯⋯⋯⋯王宜振
柴达木的路（外一首）⋯⋯⋯⋯白　渔
寄给朋友（诗）⋯⋯⋯⋯⋯⋯⋯张雪杉
纪念鲁迅诞辰一百周年笔谈⋯⋯程秀山　罗　洛
马光星　祝　宽　石治宝　倪咏峰　吴　江

评论·创作谈

新兴木刻的导师⋯⋯⋯⋯⋯⋯⋯刃　锋
重读鲁迅先生的遗嘱——《死》

和我所想到的⋯⋯⋯⋯⋯⋯⋯⋯王　择
我与诗⋯⋯⋯⋯⋯⋯⋯⋯⋯⋯⋯丁　耶
真实的艺术与新人的塑造⋯⋯⋯孙正荃

湖畔絮语

由"感谢⋯⋯"所想⋯⋯⋯⋯⋯⋯草　萌
浅谈"黎世才"的真实性⋯⋯⋯罗良德
赞"高原新花"⋯⋯⋯⋯⋯⋯⋯胡孟雄
"媚俗"与"欺世"⋯⋯⋯⋯⋯⋯流浑浬
青海长云（油画）⋯⋯⋯⋯⋯⋯朱乃正
紫霞迎春（国画）⋯⋯⋯⋯⋯⋯方之南
菊花（木刻）⋯⋯⋯⋯⋯⋯⋯⋯刘　岘
书法　篆刻⋯⋯⋯⋯⋯⋯⋯⋯⋯张　越
李海观　钟锡九　王　云　董才良
公仆（油画）⋯⋯⋯⋯⋯⋯⋯⋯程水生

1981 年第 11 期　刊名:《青海湖》
目录

含泪的云（小说）⋯⋯⋯⋯⋯⋯李生才
古堡上的水晶石（小说）⋯⋯⋯边　烽
傍晚有小雨（高原新花）⋯⋯⋯冯文超
得到，还是失去（高原新花）⋯张　剑
在第九病室里（高原新花）⋯⋯流　波
证明（小说）⋯⋯⋯⋯⋯⋯⋯⋯高　青
爱，不仅是杯美酒（小说）⋯⋯晓　戈
莫让花枯萎（小说）⋯⋯⋯⋯⋯李　振
应该从这里开始（小说）⋯⋯⋯张炜光
蓝菊（散文）⋯⋯⋯⋯⋯⋯⋯⋯刘经纬
丘景（散文）⋯⋯⋯⋯⋯⋯⋯⋯王俊朝
喇嘛和完德（藏族民间故事）
　　　　才布多杰　口述　乔永福　搜集整理
秋心（诗）⋯⋯⋯⋯⋯⋯⋯⋯⋯歌　行
旅途三首（散文诗）⋯⋯⋯⋯⋯周　朗
绿色的云（诗）⋯⋯⋯⋯⋯⋯⋯陈所巨
七月，家乡的田野（诗）⋯⋯⋯陈浩霞
牛车上（诗）⋯⋯⋯⋯⋯⋯⋯⋯杨廷成
碌碡（诗）⋯⋯⋯⋯⋯⋯⋯⋯⋯王海燕
在土族之乡（诗）⋯⋯⋯⋯⋯⋯蔡国瑞
黄昏（诗）⋯⋯⋯⋯⋯⋯⋯⋯⋯吴淮生
小河水呵（诗）⋯⋯⋯⋯⋯⋯⋯姜琍敏
向日葵（诗）⋯⋯⋯⋯⋯⋯⋯⋯殷树楷
雨夜漫步（诗）⋯⋯⋯⋯⋯⋯⋯沙　蕾
情诗三首（诗）⋯⋯⋯⋯⋯⋯⋯杨大矛
船在黎明时远航（诗）⋯⋯⋯⋯方　晴
海滨抒情曲（诗）⋯⋯⋯⋯⋯⋯禾　波
接力赛（外一首）⋯⋯⋯⋯⋯⋯郝俊杰
野人，生命的迷（诗）⋯⋯⋯⋯培　贵

泪（诗）⸺⸺⸺⸺⸺⸺⸺⸺塞　风
平凡者的悼念（诗）⸺⸺⸺⸺陈茂欣
砾石，在山路上闪光（诗）⸺⸺张义涛
探望（诗）⸺⸺⸺⸺⸺⸺格桑多杰
民族的赞歌（诗）⸺⸺⸺⸺曲将才让
我愿……（诗）⸺⸺⸺⸺⸺旦正加

评论·创作谈
一个新诗的座谈会⸺老舍故事之五⸺王亚平
由"浅"入"深""平"中见"奇"⸺关于社会主义
新人形象的塑造⸺⸺⸺⸺⸺艾　斐
高原水手的歌⸺读白渔的《帆影》⸺敏　歧
道是有情却是无情
　⸺简评小说《他在我心里永驻》⸺黎　辉
请，别重复达尔文的遗憾⸺⸺⸺阿　红
莫当文抄公要做劳动者⸺⸺⸺沙　澈

湖畔絮语
《湖畔絮语》的絮语⸺⸺⸺⸺杰　涛
读《偶感六题》的偶感⸺⸺⸺鲁　言
独具特色的语言⸺⸺⸺⸺⸺赵宗福
艺术的适度⸺⸺⸺⸺⸺⸺赵　捷
在路上（油画）⸺⸺⸺⸺⸺赵梓雄
路，才刚刚开始！（木刻）⸺⸺佐　良
高原晨曲（套色木刻）⸺⸺⸺史振荣
北山林场（木刻）⸺⸺⸺⸺王生录
青海湖畔（套色木刻）⸺⸺⸺黄嘉善
龙羊峡（油画）⸺⸺⸺⸺⸺赵正逸

1981 年第 12 期　刊名:《青海湖》
目录

情深似海（小说）⸺⸺⸺⸺⸺言　公
静静的洪水（报告文学）⸺⸺向　邨　阿亮
林海（小说）⸺⸺⸺⸺⸺⸺王泽群

高原新花
择优录取（小说）⸺⸺⸺⸺⸺任　民
洁白的海螺（小说）⸺⸺⸺⸺曲江才让
红光（小说）⸺⸺⸺⸺赵剑平　李向宁
"猴儿"队长（小说）⸺⸺⸺⸺孙青泉
驰骋吧！浩门骏马（高原风貌）⸺高　鹏
农场三友（散文）⸺⸺⸺⸺⸺王立道
艾乙卜的爱情（撒拉族民间故事）
　⸺⸺⸺⸺⸺韩秉仁　搜集整理
隋感小集（诗）⸺⸺⸺⸺⸺雁　翼
寄远方（诗）⸺⸺⸺⸺⸺⸺黄东成
偶遇（诗）⸺⸺⸺⸺⸺⸺⸺顾　城

月夜，在拉萨河畔（外二首）⸺⸺马丽华
喜读《月夜，在拉萨河畔》⸺⸺富　平
却赠（二章）⸺⸺⸺⸺⸺⸺田　地
断想（诗）⸺⸺⸺⸺⸺⸺⸺丁恩光
珍妃井（诗）⸺⸺⸺⸺⸺⸺闻　频
你（诗）⸺⸺⸺⸺⸺⸺⸺⸺薛卫民
回音壁（诗十四首）⸺⸺⸺⸺李玉林
白　榕　张　训　柴德森　王海燕　彭小梅　黎牧牛
李大相　徐　珣　谢其规

评论·创作谈
"情趣"漫笔（两则）⸺⸺⸺⸺野　艾
"花儿"两题⸺⸺⸺⸺⸺⸺李文实
"二十年前旧板桥"⸺⸺⸺⸺舍　北
到美国讲学⸺⸺老舍故事之六⸺王亚平
鲁迅小说的人物出场⸺⸺⸺⸺童本清
关于《藤野先生》⸺⸺⸺⸺彭柏山遗作

湖畔絮语
善，永远是美的⸺⸺⸺⸺⸺叶太平
要注意科学性⸺⸺⸺⸺⸺⸺胡柱祥
要尊重生活的真实⸺⸺⸺⸺李建华
青海诗坛的希望所在⸺⸺⸺⸺董培勤
在那遥远的地方（油画）⸺⸺⸺朱成林
高原情（油画）⸺⸺⸺⸺⸺鄂圭俊
白杨颂（油画）⸺⸺⸺⸺⸺孙盛仁
南佛山（油画）⸺⸺⸺⸺⸺徐永玺
雁航（水粉画）⸺⸺⸺邢士修　顾洪涛
藏族老人（木刻）⸺⸺⸺⸺⸺陆　保
林间（木刻）⸺⸺⸺⸺⸺⸺梁　英

1982 年第 1 期　刊名:《青海湖》
目录

雪山作证（长篇小说连载）⸺⸺单　超
憧憬（小说）⸺⸺⸺⸺⸺⸺赵　熙
隔着一道篱笆……（小说）⸺⸺张象吉
绝情书背面的文字（小说）⸺⸺毛志成
大婚第三天（小说）⸺⸺⸺⸺何　丽
死湖中的涟漪（小说）⸺⸺⸺黄晓燕
在山路上（小说）⸺⸺⸺⸺⸺雷献和
埃德加经理（小说）⸺⸺⸺⸺肖复华
落户口（高原新花）⸺⸺⸺⸺齐宝顺
姑娘，你哭什么（高原新花）⸺华维列
情满不冻泉（散文）⸺⸺⸺⸺钱佩衡
祁连雪色（高原风貌）⸺⸺⸺葛　霆
藏北草原散记（散文）⸺⸺⸺马丽华
黄河源头的传说（藏族民间故事）⸺王彰明　整理

月芽·白昼（诗）————————路 翎
冬日，登龙羊峡石壁鸟瞰黄河寄兴（诗）——昌 耀
心，像一滴多情的泪（诗）————刘宏亮
染血的羽毛（外一首）————晓 钢
海的女儿（外一首）————韦晓吟
诗三首————————左可国

外国诗选编
普希金抒情诗三首————刘湛秋译
莱蒙托夫抒情诗三首————谷 羽译
阿尔及利亚诗人抒情诗二首————王意强译
鲁文·达里奥抒情诗一首————于凤川译

评论·创作谈
读孙犁手稿————————冉淮舟
高原生活的彩色河流
——读王宗仁同志的散文————张 驰
"花"中之花初探————刘 凯
小说的开头和结尾————忱 木
诗地相肖————————咏 枫

湖畔絮语
本质小议————————王 立
读"我与诗"的联想————鲁 言
质朴的形象 生动的写照————华 平
一点意见————————南争旗
由约会想到的————余 之 禾 穆
望短篇短些————蔡晓明
起点（木刻）————李习勤
布达拉宫（水粉）————钟楚浩
大金瓦寺（水粉）————秦忠明
故乡·童年·我的思念（木刻）——张坚如
牧歌（木刻）————鲁 峻

1982 年第 2 期 刊名:《青海湖》
目录

碌碡问题（小说）————王守义
杜村的早晨（小说）————安可君
窖水（小说）————————问 彬
月有阴晴圆缺（高原新花）——陈 昱
收废品的姑娘（高原新花）——李 杰 奚 伯
小薇（小说）————————高 澍
悔亲（小说）————轩锡明

高原风貌
海鸥飞到了沱沱河源————朱 奇
为有源头活水来————李顺国

春到孔雀山————————滕晓天
奶茶飘香————————蔡国瑞
青城三题————————泉 深
龙门————————————直 木
乡村纪事（诗七首）————祁俊清
　苟泽邦 钱万成 陈峥 曹多珠 马静涛 刘人云
穿越喜马拉雅（诗）————罗 洛
神游（诗）————————赵丽宏
给一个翻身的女农奴（诗）——黎焕颐
春拾（诗）————————孔 孚
猎趣（外一首）————南广勋
第一次站哨（外一首）————迟 道
夏的回忆（诗）————帅希倩
塔尔寺二首（诗）————王 度
含羞草集（诗六首）————黄大明 顾 城 张克峰
孤皮帽子的由来（藏族民间故事）
　　　　　尕 藏 收集 毛继祖 翻译

评论·创作谈
你的歌像大海一样深沉——读罗洛同志近作——林 希
寻找敲响读者心灵大钟的诗的重锤————马立鞭
形神兼备 贵在神似————上官唯实
评《爱的复活》的创作特色————石治宝
谈河湟"花儿"的韵律————周忠珩
千古文章贵真切————高进贤
浅谈《赤橙黄绿青蓝紫》中的两个青年形象——黄 树
湖畔絮语（六篇）————王 立
　格明多杰 吴 江 黄炳武 马 甘 唐再兴
《米拉日巴传及其情歌》（藏文版）插图————白 峰
《中国传统情歌选》插图————仜素贤
年终（国画）————马才让太
采蘑菇（年画）————冶存荣
春曲（国画）————李占元 李本府
甜蜜（版画）————王 杰
草原（版画）————陈元武

1982 年第 3 期 刊名:《青海湖》
目录

笑声（小说）————————峭 石
走向修道室的路（小说）————琏 珠
绿（小说）————————戴 伟
荷花的风骨（小说）————冯健君
飘着奶香的信笺（小说）————钱佩衡
回音（小说）————————志 鹏
无价宝（小说）————韩怀仁
绿色的探索（散文）————吕 平
三鸡赋（风土小记）————上官唯实

雪山金峰白天鹅（高原风貌） ……………… 西　林
西宁（高原风貌） ……………………………… 王立道
牛死车烂（民间传说） ………… 贺元录　刘胜海
站牌下，有个等车的妇女（诗） …………… 张义涛
两颗小星（诗） ………………………………… 陈　犀
锤声叮唱（外一首） …………………………… 张进京
再见！森林 …………………………………… 天　泉
故乡（诗） …………………………………… 文索巴德
大山笔记（诗） ………………………………… 陆　健
结合·雪白的帆（诗） ………………………… 王晓晴
追求（诗） ……………………………………… 刘玉芳
蝴蝶（诗） ………………………… 李　镇　元　浦
银河的起源（诗） ……………………………… 燎　原
有赠（诗） ……………………………………… 孙　钿
微波集（诗九首） ……………………………… 沈　奇
建青　殷洪浩　贺平　方晴　姜诗元　李玉真
思想的熔炉里闪火花（花儿） ……………… 李成安

外国诗选编

弗罗斯特三首 ………………………………… 罗　洛译
谢甫琴科三首 ……………… 蓝　曼　张薇华译
密斯特拉尔二首 ……………………………… 孔令森译

评论·创作谈

茅盾向"双枪老太婆"致敬 ………………… 金韵琴
文艺随笔四题 ………………………………… 流　舟
鲁迅与广告 …………………………………… 钱中立
师生之间 ……………………………………… 童本清

大学生论坛 …………………………………… 沈祖方

林　玮　杜军　丁永进　黄树
湖畔絮语（三篇） ……………… 郑佩福　陶占元　朱天红
召公谏厉王（连环画） ………………………… 左　良
塔尔寺（木刻） ………………………………… 胡文诚
农院（木刻） …………………………………… 吕小满
公社农科站（木刻） …………………………… 张　弓

1982 年第 4 期　刊名:《青海湖》

目录

小说

我愿做一只小羊 ……………………………… 多杰才旦
淘金者的"过错" ……………………………… 董炳新
我们的爱情像什么? …………………………… 张兴元
在生活的长河里（高原新花） ……………… 才　旦
微生物（高原新花） …………………………… 丁斌武
糖炒栗子 ……………………………………… 罗应龙
病床上的报告（报告文学） ………………… 程秀山

高原风貌

土族风情画（八）——啊！登登玛秀 ……… 歌　行
草原的白云 …………………………………… 昂　尕
清泉淙淙柳依依 ……………………………… 流　舟
三个儿子的礼物（哈萨克族民间故事）
　　　　　　　　　　　　　　　魏忠勇　卞　奎

诗歌

深山赤子吟 …………………………………… 刘毅然
都城吟 ………………………………………… 关水青
尝酒 …………………………………………… 李占学
田间小路 ……………………………………… 王金秋
昆仑采风 ……………………………………… 张洪德
故乡绿叶 ……………………………………… 李　耕
草原情 ………………………………………… 王绶青
春晓 …………………………………………… 管用和
钥匙 …………………………………………… 陈运和
草原上的人们 ………………………………… 魏志远
献给春天的恋歌 ……………………………… 刘　佑
不悔 …………………………………………… 叶延滨
题给自己的诗（外一首） ……………………… 马晋乾
啊，女性 ……………………………………… 马绪英
虹（外一首） …………………………………… 林　染
北山诗窗 ……………………………………… 蒋兆钟
巴·聂鲁达抒情诗三首 ……………………… 于凤川译

评论·创作谈

艺术创作中的虚与实 ………………………… 赵　捷
"还有一个我，你怕不怕" …………………… 刘　星
诗与生活 ……………………………………… 高　平
五屯艺术在京展出座谈会纪要 ……… 方晓丽　整理
继承与创新——五屯艺术展览管窥 ……… 沈耀才
高原山水高原情——浅谈朱奇同志两篇散文 … 安志杰
"酌奇而不失真"——读《情深似海》 ……… 沙　平
诗不妄作 ……………………………………… 包　文
湖畔絮语（四篇）
　　　　　邓启清　倪咏峰　张建华　寸　草
青海省五屯藏族民间绘画彩塑艺术小辑
　　　　　　　　　中国美术家协会青海分会供稿
笛声（木刻） …………………………………… 张坚如
高原春（木刻） ………………………………… 阿凤云

1982 年第 5 期　刊名:《青海湖》

目录

玉关情（小说） ………………………………… 言　公
雪夜，他总爱瞅那个路口（小说） ………… 张象吉
后悔（高原新花） ……………………………… 葛元璋

娜茵索（小说）⋯⋯⋯⋯⋯⋯⋯⋯⋯⋯⋯ 马克刚
工地木工房纪事（小说）⋯⋯⋯⋯⋯⋯⋯ 刘　刘
响亮的盆声（小说）⋯⋯⋯⋯⋯⋯⋯⋯ 徐全祥
他俩（小说）⋯⋯⋯⋯⋯⋯⋯⋯⋯⋯⋯⋯ 银　笙
抓阄（小说）⋯⋯⋯⋯⋯⋯⋯ 张昌华　贺景文
温柔的女职员（翻译小说）
　　　　　　［日本］源氏鸡太　夏　风译
丁香（散文）⋯⋯⋯⋯⋯⋯⋯⋯⋯⋯⋯ 刘经纬

高原风貌
土族风情画（九）——神奇的幽灵⋯⋯ 歌　行
昆仑情思（散文）⋯⋯⋯⋯⋯⋯⋯⋯⋯ 金家富
旧地重游——青藏公路手记之二⋯⋯⋯ 朱　奇
湖中鸟（故事）⋯⋯⋯⋯⋯⋯⋯⋯⋯⋯ 张振声

山乡绿叶
初春，我走向田野（诗）⋯⋯⋯⋯⋯⋯ 杨廷成
好大的雪呵（诗）⋯⋯⋯⋯⋯⋯⋯⋯⋯ 莫西芬
乡村抒情⋯⋯⋯⋯⋯⋯⋯⋯⋯⋯⋯⋯⋯ 李占学
早工（诗）⋯⋯⋯⋯⋯⋯⋯⋯⋯⋯⋯⋯ 朱谷忠
窑门前的喜（外一首）⋯⋯⋯⋯⋯⋯⋯ 张常信
春辩（外一首）⋯⋯⋯⋯⋯⋯⋯⋯⋯⋯ 纪振玺
电视机前（外一首）⋯⋯⋯⋯⋯⋯⋯⋯ 陈官煊
大山里有一股泉水（诗）⋯⋯⋯⋯⋯⋯ 王中朝
高原拾翠（诗）⋯⋯⋯⋯⋯⋯⋯⋯⋯⋯ 李玉林
草原月（诗）⋯⋯⋯⋯⋯⋯⋯⋯⋯⋯⋯ 左可国
车轮，在雪原上（诗）⋯⋯⋯⋯⋯⋯⋯ 丁恩光
我是火（诗）⋯⋯⋯⋯⋯⋯⋯⋯⋯⋯⋯ 何昌正
信鸽（诗）⋯⋯⋯⋯⋯⋯⋯⋯⋯⋯⋯⋯ 李根红
长安访古（诗）⋯⋯⋯⋯⋯⋯⋯⋯⋯⋯ 浪　波
昆仑短笛（诗十首）⋯⋯⋯⋯⋯⋯⋯⋯ 时培华
　徐　珣　王海燕　韩玉成　李　群　中　流　刘会彬

评论·创作谈
做好工作　纪念《讲话》⋯⋯⋯⋯⋯⋯ 程秀山
正确理解《讲话》的伟大意义⋯⋯⋯⋯ 毛微昭
勤向源头觅活水⋯⋯⋯⋯⋯⋯⋯⋯⋯⋯ 陈士濂
愿高原风光更绮丽⋯⋯⋯⋯⋯⋯⋯⋯⋯ 蒲永川
要满腔热情地造就文学新军⋯⋯⋯⋯⋯ 童本清
"花儿"琐谈⋯⋯⋯⋯⋯⋯⋯⋯⋯⋯⋯⋯ 王　圭
湖畔絮语（六篇）⋯⋯⋯⋯⋯⋯⋯⋯⋯ 陶占元
　于学斌　陈殿桃　忱　木　魏　怡　嗜　文　李建华
高原春集（中国画）⋯⋯⋯⋯⋯ 曲学霭　李本府
青海回族妇女（雕塑）⋯⋯⋯⋯⋯⋯⋯ 牟运道
雪山之夜（木雕）⋯⋯⋯⋯⋯⋯⋯⋯⋯ 石建春
戈壁小景（套色木刻）⋯⋯⋯⋯⋯⋯⋯ 鄂圭俊
小羊（木刻）⋯⋯⋯⋯⋯⋯⋯⋯⋯⋯⋯ 张坚如

目录

在乡船上（小说）⋯⋯⋯⋯⋯⋯⋯⋯⋯ 陆尤夫
献给孩子们礼物
珊瑚串的秘密（小说）⋯⋯⋯⋯⋯⋯⋯ 郭玉道
雨夜（小说）⋯⋯⋯⋯⋯⋯⋯⋯ 庄　勇　孙学明
黑子打狼（小说）⋯⋯⋯⋯⋯⋯⋯⋯⋯ 直　木
我的哥哥（小说）⋯⋯⋯⋯⋯⋯⋯⋯⋯ 华维列
献给小朋友的歌（诗十八首）⋯⋯⋯⋯ 潘仲龄等
生活充满了希望（小说）⋯⋯⋯⋯⋯⋯ 天　涯
新巧（小说）⋯⋯⋯⋯⋯⋯⋯⋯⋯⋯⋯ 李泽民
盼望（小说）⋯⋯⋯⋯⋯⋯⋯⋯⋯⋯⋯ 舒　风
微型小说二题⋯⋯⋯⋯⋯⋯⋯⋯⋯⋯⋯ 卢正义

安息吧！秀山同志
程秀山同志逝世
高尚的精神⋯⋯⋯⋯⋯⋯⋯⋯⋯⋯⋯⋯ 向　辉
他走了！他没有走⋯⋯⋯⋯⋯ 赵亦吾　王歌行
迟发的信⋯⋯⋯⋯⋯⋯⋯⋯⋯⋯⋯⋯⋯ 闫瑶莲
为了希望的纪念⋯⋯⋯⋯⋯⋯⋯⋯⋯⋯ 言　公
难民忘怀的班长⋯⋯⋯⋯⋯⋯⋯⋯⋯⋯ 董绍宣
我，黑色的泥土（诗）⋯⋯⋯⋯⋯⋯⋯ 陈元通
龙种（诗）⋯⋯⋯⋯⋯⋯⋯⋯⋯⋯⋯⋯ 刘宏亮
蜂场一瞥（组诗）⋯⋯⋯⋯⋯⋯⋯⋯⋯ 蔡国瑞
清晨，有一个上学的孩子（外一首）⋯ 张义涛
蓝色的春雨（外一首）⋯⋯⋯⋯⋯⋯⋯ 葛佳映
诗三首⋯⋯⋯⋯⋯⋯⋯⋯⋯⋯⋯⋯⋯⋯ 马学功
他，不屈的歌（诗）⋯⋯⋯⋯⋯ 魏忠勇　卞　奎
江边·黄昏（外一首）⋯⋯⋯⋯⋯⋯⋯ 曹汉俊
漓江情（二首）⋯⋯⋯⋯⋯⋯⋯⋯⋯⋯ 李　振
山间，一泓清湫（诗）⋯⋯⋯⋯⋯⋯⋯ 肖　川
湖风（外一首）⋯⋯⋯⋯⋯⋯⋯⋯⋯⋯ 樊晋贵
混沌歌（土族神话史诗）⋯⋯⋯⋯⋯ 马光星搜集整理

高原风貌
夜宿天河畔⋯⋯⋯⋯⋯⋯⋯⋯⋯⋯⋯⋯ 钱佩衡
土族风情画（十）——金蛤蟆之歌⋯⋯ 歌　行
高原六月金不换⋯⋯⋯⋯⋯⋯⋯⋯⋯⋯ 滕晓天
坚持世界观与创作之间的辩证法（评论）⋯⋯ 冯育柱
忆当年甘肃采"花儿"⋯⋯⋯⋯⋯⋯⋯ 袁复礼
昙花一现的友情——思忆肖红⋯⋯⋯⋯ 金秉英
可喜的收获　前进的起点（评论）⋯ 莫福山　刘万庆
读路翎的几首诗⋯⋯⋯⋯⋯⋯⋯⋯⋯⋯ 曾　卓
青海之歌——读格桑多杰诗稿⋯⋯⋯⋯ 邵燕祥
唱一曲高原牧歌（评论）⋯⋯⋯⋯⋯⋯ 倪忠才
湖畔絮语（四篇）⋯ 高　平　汪海波　石麟祥　田　夫

青海中国画研究会作品小辑
明月松间照（套色木刻）⋯⋯⋯⋯⋯⋯⋯⋯白　峰
暮归（木刻）⋯⋯⋯⋯⋯⋯⋯⋯⋯⋯⋯⋯陈元武
儿童画

1982 年第 7 期　刊名:《青海湖》
目录

活佛（小说）⋯⋯⋯⋯⋯⋯⋯⋯⋯⋯⋯⋯高　澍
望归（小说）⋯⋯⋯⋯⋯⋯⋯⋯⋯⋯⋯⋯董　牛
痛苦（小说）⋯⋯⋯⋯⋯⋯⋯⋯⋯⋯⋯⋯路　遥
曲茨波毛（小说）⋯⋯⋯⋯⋯⋯⋯⋯⋯⋯西　晏
多收了⋯⋯（小说）⋯⋯⋯⋯⋯⋯⋯⋯⋯陈士濂

高原新花
沈巧囡打擂（小说）⋯⋯⋯⋯⋯⋯⋯⋯⋯刘忠良
自有知音（小说）⋯⋯⋯⋯⋯⋯⋯⋯⋯⋯卢文燕
薇薇的来临（小说）⋯⋯⋯⋯⋯⋯⋯⋯⋯李沙铃
何须自寻烦（小说）⋯⋯⋯⋯⋯⋯⋯⋯⋯任　民
淘金者（翻译小说）⋯⋯⋯［美］B.笛波著　周向勤
李　如译

高原风貌
荒谷温泉（散文）⋯⋯⋯⋯⋯⋯⋯⋯⋯⋯王立道
土族风情画（十一）——绿色的梦⋯⋯⋯⋯歌　行

民间文学
仨女婿上寿⋯⋯⋯⋯⋯⋯⋯⋯⋯杨　畚　搜集整理
乌热亥苏（撒拉族婚礼赞词）⋯⋯⋯⋯⋯马学义
心儿亮晶晶的尕妹哟（土族民歌——"阿甲哟"）
⋯⋯⋯⋯⋯⋯⋯⋯⋯⋯马光耀　搜集翻译
奴隶王国破灭前的一瞥（组诗）⋯⋯⋯⋯梁　南
我的故乡（组诗）⋯⋯⋯⋯⋯⋯⋯⋯⋯⋯和　谷
湖与寺（二首）⋯⋯⋯⋯⋯⋯⋯⋯⋯⋯蔡其矫
怀念（诗）⋯⋯⋯⋯⋯⋯⋯⋯⋯⋯⋯⋯刘　佑
市区偶窥（诗）⋯⋯⋯⋯⋯⋯⋯⋯⋯⋯刘得庆
北方的原野（组诗）⋯⋯⋯⋯⋯⋯⋯⋯⋯韩作荣
现实与未来（诗）⋯⋯⋯⋯⋯⋯⋯⋯⋯⋯殷家璠
写在高山自然保护区（二首）⋯⋯⋯⋯⋯张德强
雪山捧起一道彩虹（诗）⋯⋯⋯⋯⋯⋯⋯崔合美
斗牛士及其他（诗小辑）
⋯⋯⋯⋯⋯⋯刘　扬　黄大明　彭国梁　蔡通海
光明者之歌（诗）⋯⋯⋯⋯⋯⋯⋯⋯⋯⋯渭　水
当夜来临的时候（诗）⋯⋯⋯⋯⋯⋯⋯⋯苏　敏

评论·创作谈
深入生活，为建设社会主义精神文明而创新
⋯⋯⋯⋯⋯⋯⋯⋯⋯⋯⋯⋯⋯⋯⋯范　泉

坚持和发展毛泽东文艺思想
⋯⋯⋯⋯⋯惜　醇　王文泸　李西川　腾晓天
"只研朱墨作春山"⋯⋯⋯⋯⋯⋯⋯⋯⋯艾　斐
叶圣陶的童话创作⋯⋯⋯⋯⋯⋯⋯⋯⋯⋯傅世伦
把艺术笔触深向更深更广的领域⋯⋯⋯⋯石治宝
看到石头　想到政策⋯⋯⋯⋯⋯⋯⋯⋯⋯钟　法
要创作，不要"临摹"⋯⋯⋯⋯⋯⋯⋯⋯李　桦
湖畔絮语四篇⋯⋯马学义　张建国　王　立　龚青乙
心中的歌（国画）⋯⋯⋯⋯⋯⋯⋯⋯⋯⋯高民生
紫藤（国画）⋯⋯⋯⋯⋯⋯⋯⋯⋯⋯⋯方之南
月季（国画）⋯⋯⋯⋯⋯⋯⋯⋯⋯⋯⋯李长德
高原晴岚（国画）⋯⋯⋯⋯⋯⋯⋯⋯⋯⋯曾道宗
守护（版画）⋯⋯⋯⋯⋯⋯⋯⋯⋯⋯⋯陆　保

1982 年第 8 期　刊名:《青海湖》
目录

二等舱中（小说）⋯⋯⋯⋯⋯⋯⋯⋯⋯⋯毛志成
玲珑巷和秀珍院（小说）⋯⋯⋯⋯⋯⋯⋯杨志军
重开山门（小说）⋯⋯⋯⋯⋯⋯禾　果　穆　森
靴子梦（小说）⋯⋯⋯⋯⋯⋯⋯⋯⋯⋯⋯生　才

高原新花
心，在远方（小说）⋯⋯⋯⋯⋯⋯⋯⋯⋯时培华
太阳出山暖人心（小说）⋯⋯⋯⋯⋯⋯⋯刘玉峰

微型小说三题
"英纳格"嘀嘀嗒嗒⋯⋯⋯⋯⋯⋯⋯⋯⋯伍鼎夏
污垢⋯⋯⋯⋯⋯⋯⋯⋯⋯⋯⋯⋯⋯⋯⋯李则胜
未完成的小说⋯⋯⋯⋯⋯⋯⋯⋯⋯⋯⋯⋯李颖仪
宋老大蹲点（小说）⋯⋯⋯⋯⋯⋯⋯⋯⋯关中牛
生命的翅膀（报告文学）⋯⋯⋯⋯⋯⋯⋯裴　林
忆星辰（散文）⋯⋯⋯⋯⋯⋯⋯⋯⋯⋯⋯高　鹏

高原风貌
小镇春色（散文）⋯⋯⋯⋯⋯⋯⋯⋯⋯⋯朱　奇
土族风情画（十二）——阿丽玛⋯⋯⋯⋯歌　行
寻找梦境的牧羊小伙子（哈萨克民间故事）
⋯⋯⋯⋯⋯⋯⋯⋯⋯⋯⋯⋯⋯毕　挦　翻译
寓言两则⋯⋯⋯⋯⋯⋯⋯⋯⋯⋯⋯⋯⋯刘占武
春天与小站（诗十首）⋯⋯⋯⋯⋯⋯⋯⋯郑小光
王黎明　牛　波　纪征民　燎　原　桂兴华　王　度
张　晴　张　郁　孙文涛
泉水的道路（诗）⋯⋯⋯⋯⋯⋯⋯⋯⋯⋯李建华
路（诗）⋯⋯⋯⋯⋯⋯⋯⋯⋯⋯⋯⋯⋯唐光玉
山南访古（诗）⋯⋯⋯⋯⋯⋯⋯⋯⋯⋯⋯马丽华
高原兵士歌（诗三首）⋯⋯⋯叶晓山　毛　鹰　吴　明
锤与声（诗）⋯⋯⋯⋯⋯⋯⋯⋯⋯⋯⋯王晓晖

老榆·春晨印象（诗）························南广勋
信念·潮弃（诗）·························袁永庆
杯（诗）······························胡 征
大学生之歌（诗）··························沈 群
思不吾拉（土族婚礼曲）·············马光星 搜集翻译

评论·创作谈

邹荻帆谈诗三题·························左 正
应加强古典诗的注释工作·····················聂文郁
草原哺育了我··························李生才
生活——生长文艺的土地·····················王立道
路是走出来的··························郭玉道
"新人"琐谈···························刘 佑
独到的思想 鲜明的形象·····················沙 平
艺术独创性的取得························朱希祥
联想的奇妙···························肖文苑
湖畔絮语（四篇）
················马立鞭 邓启清 流浮涅 金晴太
和平天使（油画）························田友庄
书画三幅···························张大千
草原民兵（木刻）························沈北雁
骑射（木刻）··························铁 尕
光环里的歌（木刻）·······················张坚如
早集（木刻）··························宁积贤

1982 年第 9 期　刊名:《青海湖》
目录

小说

吹牛·····························王云甫
难忘的早餐···························金光中
老渡工恰巴···························璋 珠
静静的野杏林··························亚 宁
K 市来去····························任炳荣
人到难处时···························邵敏阁
藏族英雄史诗《格萨尔·岭与米努一、二》··········中国
民研会青海分会翻译　左可国　雷廷梓　整理

诗歌

祖先·····························林 希
在人民英雄纪念碑前·······················黎焕颐
夜歌·····························裘小龙
高昌王国故城遗址寄情······················李玉林
给一个女孩···························韦小吟
边城·····························瞿 耀
码头上，你唱着"我的故乡"（外一首）··············杨 柳
鲁滨逊的岛（诗小辑）···········郑建军　独桥木　钱叶用
宋新莲　孟 河　翁景贵

桑德堡诗三首·················王意强　王雪飞译
狄金森诗三首···························罗 洛译
休斯诗二首···························王东风译
普希金诗二首··························黎 华译

散文

缀满诗情的路（世界屋脊行之三）·················钱佩衡
土族风情画（十三）（织锦阿姑的传说）·············歌 行
瀚海柏····························陈金瑞
落叶·····························那家伦

评论

极有情致　极有分寸（读孙犁序文随笔）·············刘宗武
跟着人物走···························程东安
诗与风俗画···························古远清
横断面与纵剖面·························谢明德
深思熟虑出新篇·························赵 杰
深沉隽永　情趣盎然（评短篇小说《火狐》的艺术特
色）···························马 征　邢秀玲
谈冰心的哲理小诗··················周溶泉　徐应佩
《北平文化》的编辑发行·····················陈北鸥
湖畔絮语（四篇）················魏 怡　于学斌
陈习玲　徐家良

美术

在草原上（油画　组画）·····················朱成林
花儿与少年（木刻）·······················张坚如
刘志丹（木刻　组画）······················刘建才
荒原（木刻）··························方振宁

1982 年第 10 期　刊名:《青海湖》
目录

文艺要用共产主义思想教育人民··················吴宝山
做遵守《公约》的模范······················郭玉道
雷献和　白 渔　王文泸　韩秋夫　刘 佑　马西光
鄂圭俊　冯国寅　杨志军

诗歌

旗，旗杆和我的歌························商子秦
献词——山的信念························格桑多杰
颂歌唱给共产党（花儿）·····················马 甘
太阳与太阳花··························纪振玺
欢庆吟····························关水清
沁园春——我党十二大召开喜赋··················惜 醇
九月的朝霞···························蒋兆钟
我是一只蚕···························张雪杉
我的情思，萦绕着这片土地····················陈所巨

柿林秋（外一首）·····················管用和
那儿，又升起一个气球（外一首）·····李松涛
笑了，金色的草原（外一首）·········王忠范
山乡婴儿，第一次睁开眼睛···········许　行
黄河源诗草·························白　渔
采砂·····························蒲忠玲
朝露（外一首）·····················李根红
天空，蓝色的竟技场·················姚焕吉

小说
心儿留给羊群·······················察森敖拉
花海采风录·························井　石
时间·····························程　枫
在那草原的小路上···················云　昇
俩妯娌···························王贵如
婚宴上的沉思·······················刘苗科
三百元·····················严祖佑　张方晦

散文
鳌峰观日···························犁　人
故乡四题···························杨廷成
万山乳飘香（风土小记）·············邓靖声
藏族英雄史诗《格萨尔》《岭与米努》之三······中国
民研会青海分会翻译　左可国　雷廷梓　整理

评论
情与景·····························赵　捷
"著作脱手，请教友朋"···············草　云
"大河沿上牛吃水"——谈"花儿"的意境···许英国
形式美的作用不容忽视···············边　军
湖畔絮语（三篇）···········魏　怡　杰　涛　钟　笑

美术
神州洒遍党光辉（宣传画）···········白　峰
十二大光辉照征途（宣传画）·········陆　保
新秋（木刻）·······················方振宁
金秋（油画）·······················朱乃正
祁连山麓（木刻）···················王生琟

1982 年第 11 期　刊名:《青海湖》
目录

小说
我们是朋友·························刘　刘
黎明从这里开始·····················王文泸
红河几道湾·························柏　原
疯医·····························开　南
野渡的黄昏·························蒋金彦

手心里的冷汗·······················冯志坚

散文
清秋一夜雨　洗出万山青·············高庆琪
新楼情思···························刘经纬
雅隆河谷访古·······················马丽华
香镇四月会·························陈四长

诗歌
我期待过这个时刻···················林牧之
生活霞云般地在雪域升起·············魏志远
柴达木诗草·························杜连义
我是一个 H_2O····················秋　元
山乡纪行···························蔡国瑞
九月，流蜜的土乡···················王海燕
光的源泉···························顾绍康
流水线印象·························曲庆玮
车轮之歌···························丁恩光
钢·······························商子秦
海之歌·····························徐宪龙
啊，老杨树·························陈学业
姑娘和小路·························魏权汾
山魂·····························燎　原
夕阳·····························汪　洽
美·······························刘　佑
海外乡情···························段　玫
桂林驼情···························常　江
地底的熔岩（外一首）···············黄东成
藏族英雄史诗《格萨尔》——岭与米奴之四······中国
民研会青海会会翻译　左可国　雷廷梓　整理

评论·创作谈
开创我省文艺工作的新局面——省文联二届二次委员
（扩大）会在西宁召开···········本刊记者　力　章
让艺术的花朵开遍草原···········（藏族）格桑多杰
虚实结合　相得益彰·················钟　法
虚笔和实笔·························邓启清
夹尾与翘尾·················朱征洪　刘　浏
关于"生活诗"和"心灵诗"···········马立鞭
诗显亮色　歌荡春潮——读黎焕颐的诗·········朱海燕
一朵新绽开的奇葩——读撒拉族民间故事集《骆驼
泉》·······················（撒拉族）尤素夫
美在独创——"花儿""比兴"一谈·······李　燃
从徐志摩的枯竭谈起·················程东安
湖畔絮语（四篇）···········张　克　杨聚臣
李建华　郑佩福

美术
电影《药》广告设计·················原　翔

电影《乡情》广告设计 ———————— 于　萍
春羔（国画）———————————— 冯秀梅
天鹅（装饰画）————————————— 王　杰
牦牛（雕塑）—————————————— 张　洪

1982 年第 12 期　刊名:《青海湖》
目录

小说

三个战士 ——————————————— 齐宝顺
牧歌 ———————————————— 刘　水
小河作证 —————————————— 峥　嵘
晨光曲 ———————————————— 克　一
山路上的响鞭 ————————————— 曹启章
庄廓院的笑声 ————————————— 王忆敏
晶莹的金刚石 ————————————— 吕　明
懒汉切尔洛 ———————— 唐　突　（藏族）曲江才让
玫瑰，红玫瑰 ————————————— 黄坚亮
王三老汉 ————————————— 秦生贤　孙兴盛
藏族英雄史诗《格萨尔》——岭与米努之五 ———— 中国
民研会青海分会翻译　左可国　雷廷梓　整理

散文

赛日钦梅朵——世界屋脊行之四 ——————— 钱佩衡
青海行 ————————— ［日］西园寺一晃著　马　铭译

诗歌

写给故乡的大山 ————————————— 杨廷成
青海　瞥 ——————————————— 葛佳映
太阳 ————————————————— 王德芳
壮行 ————————————————— 丁　芒
在原野上 —————————————— 郝俊杰
渤海风情 —————————————— 孔　孚
归心 ————————————————— 苏　敏
找 —————————————————— 赵鲁芸
青海湖 ——————————————— 马萧萧
我的琴键 —————————————— 段和平
凯勒·海伦 ————————————— 李　树
风 —————————————————— 左一兵
写在阳光下 ————————————— 何　鹰
东方的美神 ————————————— 林　染
我有一盆娇贵的文竹 ——————————— 渭　水
伞 —————————————————— 邓青丽
夜牧 ————————————————— 蒋宝梁
姑娘追 ——————————————— 子　页
松之歌 ——————————————— 张耀宗

评论

开创社会主义文艺新局面
文学中的崇高美 ————————————— 陈　宜
思…… ———————————————— 赵梓雄
要重视马列主义基本理论的学习 ————————— 杰　涛
努力发挥文艺的优势和特长 ———————— 冯育柱
艺海泛舟
暮声艺术谈 —————————————— 唐再兴
展示人物的丰富性格 —————————— 朱希祥
创造典型的"第一个"艺术条件 —————— 荆　竹
湖畔絮语（四篇）————————————— 邓启清
于学斌　李歌平　邓新华

美术

人物写生（国画）———————————— 马西光
风景写生（油画）———————————— 孙盛仁
潺（木刻）—————————————— 鲁　峻
打酥油（木刻）————————————— 顾洪涛

1983 年第 1 期　刊名:《青海湖》
目录

攀登者的脚印（报告文学）————— 沈耀才　蔡国瑞

小说

红红绿绿 —————————————— 张炜光
黑刺 ————————————————— 金光中
昔日的学生 ————————————— 薛家柱
我的梧桐树 ————————————— 刘其明
消融的积雪 ————————————— 魏忠勇　卞　奎
高原新花
人之常情 —————————————— 左建国
理发 ————————————————— 李晓存
烟 —————————————————— 陈川三
藏族英雄史诗《格萨尔》——岭与米努之六 ——— 中国
民研会青海分会翻译　左可国　雷廷梓　整理

诗歌

抒情诗四首 ————————————— 刘湛秋
水晶盐 ——————————————— 晓　钢
奶花飘香 —————————————— 班　果
荒原，诗的摇篮 ————————————— 刘宏亮
梦与小草 —————————————— 陈幼京
乡村 ————————————————— 陈　犀
山野 ————————————————（回族）王　度
蓝天下一块手帕（诗小辑）———————— 张　红
刘希全　王维君　小　岛　孙晓刚　裴小龙　凌代坤
潘万提　佟明光　赵福辰　瑶溪　导　夫

外国诗选编

爱情诗行————————〔苏联〕斯·施企巴乔夫　刘宗林译
在党委会里（外四首）
————————〔苏联〕斯·施企巴乔夫　秋　元译
诗人与诗
施企巴乔夫其人其诗————————————胡　昭

评论

当代生活的剪影——评一九八二年《青海湖》部分作
品——————————————————————毛微昭
熟悉的与急需熟悉的————————————包亚东
小中见大　短中见长
——读契诃夫的《渴睡》——————————张寒朗
跌宕起伏　卒章显义————————————沙　平
音乐、美术和诗歌————————————程东安
湖畔絮语（三篇）——————溢　涛　张建华　徐家良

美术

昆仑雪（油画）——————————————孙景波
牧区生活组画（石版画）——————————吴长江
喜玛拉雅人（水粉画）——————————韩书力
牧哥哥（木刻）——————————————顾洪涛

1983 年第 2 期　刊名:《青海湖》
目录

筑路将军进行曲（报告文学）————卞　奎　魏忠勇
永远向前、向前、向前
——读《筑路将军进行曲》——————微　昭　力　章

小说

冯老头和他的百灵鸟——————————王献之
"桂花球"新传——————————————赵　剑
小女的婚事——————————————何笔欣
友情的色彩——————————〔俄罗斯族〕维·瓦夏
四月槐花——————————————展　旗
包塘——————————————————姚忠瑞
藏族英雄史诗《格萨尔》——岭与米努之五
————————————中国民研会青海分会翻译、整理

散文

故乡的歌——————————————姜　忠
碧蓝碧蓝的宝镜（高原风貌）——————朱　奇

诗歌

云中龙（外一首）——————————邵燕祥
玉门抒情——————————————罗　洛
榴花及其他——————————————燎　原

短章——————————————————南广勋
叶韵与风（诗小辑）——————————江世渝　钟　礼
于晓阳　李谦霞　金汝平　方　涛　苏　生　徐利军

评论

在暗夜与黎明之间——评短篇小说《黎明从这里开
始》——————————————————孟繁华
如豹头，似凤尾——《我们是朋友》艺术谈————钟　法
愿《青海湖》开拓出一条新路——《艺海泛舟》栏读
后有感——————————————————甄星旺
冰河上的浮雕
——读短篇小说《老渡工恰巴》——————吴宝忠
攻玉可借他山石——————————咏　枫　朱　曦
湖畔絮语（四篇）
——————戴永明　魏　怡　鹏　碧　张立国

美术

挤奶人（油画）——————————————曹立伟
绿色地毯撒珍珠（木刻）——————————王海棠
草原民兵（木刻拓片）——————————井汉升
烛光（木刻拓片）——————————张坚如
芳春（水印木刻）——————————周　祁

1983 年第 3 期　刊名:《青海湖》
目录

报告文学

生命的秋天——————————————瑶　莲
寸草心——————————————韩素珍　吴　江
有这样一双手——————————————戚　琴
时代呼唤着报告文学——————————本刊评论员

小说

炊事员日记——————————————董炳新
"气管炎"与"冠心病"——————————王振华
丈人女婿亲——————————————星　洁
阳光灿烂的早晨——————————————蔡理让
藏族英雄史诗《格萨尔》
——岭米努之八————中国民研会青海会会翻译、整理

诗歌

黎明抒情诗——————————————殷家瑶
在青藏航线上——————————————黎焕颐
诗二首——————————————————何　来
黄山杂忆——————————————雷　霆
爱，在萌发的春枝上（诗小辑）————李　述　马心纯
王　纯　刘　海　查　干　周　导　郑小光　文　涛
道班·盐桥——————————————尧山壁

评论

离生活近些，再近些！ ——读《青海湖》1982 年部
分小说有感……………………………………雷献和
"二为"方向与艺术规律………………………艾 斐
"费话"不费——谈一种文学表现手法…………朱希祥
创作三境………………………………………杨汝绚
关于史诗………………………………………古远清
茅盾先生的孺子牛精神………………………田 苗
湖畔絮语（四篇）……………………………童本清
马汝伟 金 予 胡孟雄

美术

藏族青年（油画）……………………………潘世勋
横渡英吉利（石版画）——1849 年的马克思……文国璋
大地的主人（石版组画）……………………邵常毅
育羔（剪纸）…………………………………李长德

1983 年第 4 期 刊名:《青海湖》
目录

小说

芳馨的晚香玉…………………………………郑 正
灰姑娘…………………………………………臧永平
母亲的心………………………………………刘文琦
含泪的呼唤…………………………（藏族）华维列
新来的驾驶员…………………………………刘苗科
振翅……………………………………………余非我
育花曲（报告文学）…………………………刘经纬
藏族英雄史诗《格萨尔》——岭与米努之九
………………………中国民研会青海分会翻译、整理
抒情散文小辑（六章）………………………桂光华
曹 晓 孔 林 许 淇

诗歌

创造……………………………………………叶延滨
柴达木的旋律…………………………………蒋兆钟
春雷，隆隆地从天边滚来（外一首）………张庆明
啦啦队之歌……………………………………溢 涛
缅怀小集………………………………………何昌正
啊，金星………………………………………钱锦方
我和石头………………………………………梁谢成

诗歌

光环里的歌（诗小辑）………………………曹汉俊
郝俊杰 村 童 林 净 王中朝 宫 玺 米思及
李木生 马恒祥 秋 夫

评论

要努力扩大生活领域…………………………李方平
艺术辩证法探微
分寸感………………………………………周冠群
抑与扬………………………………………赵 捷
张与弛………………………………………屈宝贤
欣喜与期待——漫谈《青海湖》一九八二年部分农村
题材小说……………………………巨雪原 杜贵生
生活的音符……………………………………邓新华

争鸣篇

义务·爱情·道德
——读《玫瑰，红玫瑰》有感………………戴永明
心灵美的一曲颂歌
——简评《玫瑰，红玫瑰》…………………陈永强
湖畔絮语（四篇）……………………李顺国 田进仓
徐长顺 流涔浬

美术

霜晨（油画）…………………………………詹建俊
风之兆（油画）………………………………朱乃正
三姐妹（国画）………………………………秦 岭
土乡二月二（国画）…………………周若兰 陈 龙
鲁沙尔街头（油画）…………………………李生琦
求索（油画）…………………………………王秀章

1983 年第 5 期 刊名:《青海湖》
目录

小说

淡蓝色的雪光…………………………………邵兰生
三张遗书………………………………………宋定国
山花飘香的夜晚………………………………林孙珍
老泪纵横出蓝关………………………………肖文苑
令箭花与夜来香………………………………杨志军

报告文学

鹰………………………………………吴 江 韩素珍
小草……………………………………………雷献和
阿勒达尔阔谢的故事（哈萨克族民间故事）
………………………………………………毕 桪译

诗歌

列车在雨雾中…………………………………邓海南
我也是祖国的一座山…………………………屈文焜
诗词四首………………………………………臧恺之
你，牵着绿色的衣裙…………………………杜连义
寻找……………………………………………吴 霖

新民歌三首 ——————————————左可国
石林掠影 ——————————————（藏族）伊丹才让
散文诗一束 —————————晓路 陆健 丁恩光
星宿海（诗小辑）——————————肖华孝 宁光贵
刘玉芳 黄里奇 秦介龙 陈久印 刘会彬 苏敏

评论
李存葆的创作自由 ————————————程东安
艺术吸引力的魔杖——悬念 ——————郭超
吹毛求疵篇——读《青海湖》文艺评论有感—石古
诗人的翅膀——《青海湖》一九八三年第一期诗歌泛
读 ————————————————徐家良
美的剪影，生活的歌 ————————————沙平

争鸣篇
她究竟应把爱情献给谁——也谈《玫瑰，红玫瑰》中
的爱情观 ————————————————刘佑
"圣洁的美的精灵"——谈《玫瑰，红玫瑰》中爱情
的崇高性 ——————————————纪小春
湖畔絮语（三篇）————余三定 陈东海 张立国

美术
丝网版画专辑
鱼和网 ————————————————广军
旦角 ————————————————丁洒武
宫墙 ————————————————张桂林
夏日 ————————————————张怀林
我们和人们 ————————————————周伟明
舞龙灯 ————————————————张骏

1983 年第 6 期　刊名:《青海湖》
目录

小说
一片小树林 ——————————肖复兴 肖复华
阿妈哟，阿妈——————————————轩锡明
"总司令"和"总总司令" ————————杨植材
依希卓玛 ————————————————郭玉道
在局长家里 ————————————————石云祥
兰妹子 ————————————————宝奇
幼马扬蹄（报告文学）——————沈耀才 蔡国瑞

诗歌
人字瀑 ————————————————曹汉俊
呵，我的蓝蝴蝶 ————————————王海燕
我折迭起灰黄色的梦 ————————————黄东成
短诗一组 ————————————————卓凡

我，望着不停的秋雨 ————————————刘梦琳
快乐的小诗 ————————————————管用和
星宿海（诗小辑）——————————陈所巨 赖松廷
芦萍 张常信 马文才 刘占军 李玉林 裘小龙
保安腰刀（保安族民间传说）————王彰明 整理

评论
关于"真实"的闪想 ————————————胡义成
诗的能见度与可解不可解 ——————————马立鞭
"郢人运斤"的启示 ————————————周健平
也谈修改 ————————————————邓启清
诗的节奏与速度 ————————————古远清
说"巧合" ————————————————贺光鑫
只有开头和结尾
——谈短篇小说的一种创作方法 ——————郑彬
谈董牛小说的语言特点 ——————刘万庆 莫福山
寓深刻于单纯之中 ————————————陈永强
湖畔絮语（四篇）——————————沈祖才
罗良德 纪小春 张建华

美术
夜（油画）————————————————吴小昌
雪山花（木刻）————————————其加达瓦
新垒（木刻）————————————————陈晋容
迎（木刻）————————————————白峰
秋（油画）————————————————阿风云

1983 年第 7 期　刊名:《青海湖》
目录

少数民族作者小说特辑
为少数民族作者鼓劲 ————————————本刊评论员
旅伴 ——————————————（蒙古族）察森敖拉
渡过浑浊的黄河（中篇小说节选）
——————————————（藏族）多杰才旦
山上的松柏冬夏青 ——————————（藏族）董牛
海峡那边的亲人 ————————（蒙古族）赵亦吾
鲁格娅 ——————————————（撒拉族）马学义
尕院风波（高原新花）——————（土族）张英俊
美娜（高原新花）————————（回族）韩玉成
他就是一首诗（报告文学）————————俞果

诗歌
我爱你—— ————————————————张春文
天晴了 ————————————————李占学
咏水仙花 ————————————————李霁野
诗二首 ————————————————李超
星月抒情诗 ————————————————倩晴

星宿海（诗小辑）⋯⋯⋯⋯⋯⋯⋯⋯⋯田　毅
吕长河　陈学业　方　涛　李秉建　黄　强　田　波
孙宁海　刘得庆　高　勤　尚光明　查结联

评论

从生活之树上采摘的果实——1982 年《青海湖》诗林
漫步⋯⋯⋯⋯⋯⋯⋯⋯⋯⋯⋯⋯⋯⋯⋯巨邦佐
塑像，要完美、逼真——评小说《四月槐花》、《炊事
员日记》⋯⋯⋯⋯⋯⋯⋯⋯⋯⋯⋯⋯⋯朱　斌
关于小说《玫瑰，红玫瑰⋯⋯》的争鸣⋯⋯⋯丁斌武
沈建平　胡小莉　霜　凝　于学斌　陈　平　云　涛
献　和　于海锦
从刻划陈毅的两段台词谈起⋯⋯⋯⋯⋯⋯⋯冯锡刚
湖畔絮语（三篇）⋯⋯⋯⋯徐剑君　龙泽巨　向九思

美术

小路（油画）⋯⋯⋯⋯⋯⋯⋯⋯（土族）鄂圭俊
好光景（版画）⋯⋯⋯⋯⋯⋯⋯⋯⋯⋯⋯程水生
草原雷雨（版画）⋯⋯⋯⋯⋯⋯⋯⋯⋯⋯边　军
松林（油画）⋯⋯⋯⋯⋯⋯⋯⋯⋯⋯⋯⋯金昭科
拣麦子（油画）⋯⋯⋯⋯⋯⋯⋯⋯⋯⋯⋯史长海
山椒（国画）⋯⋯⋯⋯⋯⋯⋯⋯⋯⋯⋯⋯刘进军
塔尔寺小学（版画）⋯⋯⋯⋯⋯⋯⋯⋯⋯王保杰

1983 年第 8 期　刊名:《青海湖》
目录

小说

雪花飘呀飘⋯⋯⋯⋯⋯⋯⋯⋯⋯黄坚亮　黎　吟
归来⋯⋯⋯⋯⋯⋯⋯⋯⋯⋯⋯⋯⋯⋯⋯赵　熙
给大伙筑个窝⋯⋯⋯⋯⋯⋯⋯⋯⋯⋯⋯⋯金光中
馥郁的玫瑰⋯⋯⋯⋯⋯⋯⋯⋯⋯⋯⋯⋯⋯张　帆
他从草原来⋯⋯⋯⋯⋯⋯⋯⋯⋯⋯⋯⋯⋯王惠萍
雪栖（电影文学剧本）⋯⋯⋯⋯⋯钱佩衡　邵兰生
藏族英雄史诗《格萨尔》——天岭之部⋯⋯中国民研会
青海分会搜集翻译　徐国琼　歌　行　可　国整理

诗歌

呵，夜⋯⋯⋯⋯⋯⋯⋯⋯⋯⋯⋯⋯⋯⋯黎正光
红灯，多亮了半分钟⋯⋯⋯⋯⋯⋯⋯⋯⋯刘国尧
无花果说⋯⋯⋯（外一首）⋯⋯⋯⋯⋯⋯梁　平
大山的情诗（外一首）⋯⋯⋯⋯⋯⋯⋯⋯石太瑞
放风筝的孩子⋯⋯⋯⋯⋯⋯⋯⋯⋯⋯⋯⋯何　鹰
杨絮⋯⋯⋯⋯⋯⋯⋯⋯⋯⋯⋯⋯⋯⋯⋯李根红
拓荒（外一首）⋯⋯⋯⋯⋯⋯⋯⋯⋯⋯⋯刘宏亮
早春⋯⋯⋯⋯⋯⋯⋯⋯⋯⋯⋯⋯⋯⋯⋯卞　奎
海边，我寻找⋯⋯⋯⋯⋯⋯⋯⋯⋯⋯⋯⋯邓善洁
嫩绿的海湾（外一首）⋯⋯⋯⋯⋯⋯⋯⋯张洪德

三月雨⋯⋯⋯⋯⋯⋯⋯⋯⋯⋯⋯⋯⋯⋯⋯陈久印
夕阳（外一首）⋯⋯⋯⋯⋯⋯⋯⋯⋯⋯⋯李　振
沧海写意（二首）⋯⋯⋯⋯⋯⋯⋯⋯⋯⋯浪　波

评论

诗人，请您爱诗⋯⋯⋯⋯⋯⋯⋯⋯⋯⋯⋯罗　放
在创造中闪射美的光华
　——简评短篇小说《灰姑娘》⋯⋯⋯⋯吴宝忠
形象·真实·富有特征性——谈《山花飘香的夜晚》
的细节描写⋯⋯⋯⋯⋯⋯⋯⋯⋯⋯⋯余三定
"高价姑娘"辨⋯⋯⋯⋯⋯⋯⋯⋯⋯⋯⋯马今友
"坎"与文艺⋯⋯⋯⋯⋯⋯⋯⋯⋯⋯⋯⋯徐家良
《吹毛求疵篇》补遗⋯⋯⋯⋯⋯⋯⋯⋯⋯刘宗武
沉默地，飞向无穷辽远
　——悼念著名诗人王亚平⋯⋯⋯⋯⋯张同吾
湖畔絮语（五篇）⋯⋯⋯⋯⋯⋯⋯⋯⋯⋯梁新俊
张建华　鲁　言　许荣生　祁永寿　流涔浬

美术

野趣（国画）⋯⋯⋯⋯⋯⋯⋯⋯⋯⋯⋯⋯顾洪运
藏戏《意乐仙女》（速写）⋯⋯⋯⋯⋯⋯⋯边　军
藏族歌舞剧《霍岭之战》（速写）⋯⋯⋯⋯曲学霭
小尕娃（国画）⋯⋯⋯⋯⋯⋯⋯⋯⋯⋯⋯郭建军
采春（国画）⋯⋯⋯⋯⋯⋯⋯⋯⋯⋯⋯⋯方延年
密林霞光（版画）⋯⋯⋯⋯⋯⋯⋯⋯⋯⋯王生琏
阵雨⋯⋯⋯⋯⋯⋯⋯⋯⋯⋯⋯⋯⋯⋯⋯⋯王生琏

1983 年第 9 期　刊名:《青海湖》
目录

小说

深山小夜曲⋯⋯⋯⋯⋯⋯⋯⋯⋯⋯⋯⋯⋯姜琍敏
呵，一份档案面前⋯⋯⋯⋯⋯⋯⋯⋯⋯⋯张时鲁
浸润⋯⋯⋯⋯⋯⋯⋯⋯⋯⋯⋯⋯⋯⋯⋯⋯魏　晔
呵，一片绿叶⋯⋯⋯⋯⋯⋯⋯⋯⋯⋯⋯⋯景文山
小小说
绝招⋯⋯⋯⋯⋯⋯⋯⋯⋯⋯⋯⋯⋯⋯⋯⋯程　枫
隐情⋯⋯⋯⋯⋯⋯⋯⋯⋯⋯⋯⋯英　华　树生
天上，有一颗流泪的星⋯⋯⋯⋯⋯⋯⋯⋯唐继红
卖与买⋯⋯⋯⋯⋯⋯⋯⋯⋯⋯⋯赵邦生　孔向平
青叶·中奖⋯⋯⋯⋯⋯⋯⋯⋯⋯⋯⋯⋯⋯廖家云
雪栖（电影文学剧本）⋯⋯⋯⋯⋯钱佩衡　邵兰生
旋风·涡流·彼岸（报告文学）⋯⋯⋯⋯⋯工　力

诗歌

我的诗，闪耀在每一扇窗口⋯⋯⋯⋯⋯⋯王德芳
湖⋯⋯⋯⋯⋯⋯⋯⋯⋯⋯⋯⋯⋯⋯⋯⋯⋯刘益善
蓝天上，一只鸽子在飞翔⋯⋯⋯⋯⋯⋯⋯曾祥麟

疾风·迷雾 ································· 蔡国瑞
梦及其他 ··································· 蓝 曼
爱之矿（诗六首）······陈继光 宋新莲 叶 簇 杨 树
星宿海（诗小辑）··························· 姜强国
尚光明 马晋乾 刘 双 朱海燕 皋旭初 肖 霞
李建华 牟庆春 莫西芬

评论

科学应是探讨的 ····················· 咏 枫 朱 曦
关于写消极环境的一点探讨 ·················· 胡百顺
艺海泛舟
散文断想——关于"物"与"我"的思絮 ·········· 周冠群
抒情小诗的人物刻划 ······················· 马立鞭
传神写意的肖像刻划 ······················· 陈景春
扩大文艺之国的疆土——漫谈独创性 ············ 唐再兴
叫人不能相信
——对《一片小树林》的一点意见 ·········· 九 思

争鸣篇

《玫瑰，红玫瑰》续篇 ······················· 王 立
湖畔絮语（四篇）
············· 陈 略 禾 穆 吴小昌 夕 岭

美术

山溪（国画）······························· 边 军
六月的歌（版画）··························· 曾道宗
油田之夜（版画）··························· 里 果
草原之春（版画）··························· 梁守义
牧归（版画）······························· 鲁 峻
彩绘（油画）······························· 黄绍京
龙羊峡 ··································· 赵正勉

1983 年第 10 期　刊名:《青海湖》
目录

小说

烛影摇红 ··································· 陆尤夫
喜相逢 ··································· 行 速
我们父子间 ······························· 江 南
溺 ······························· 严祖祐 张方晦
虽说不是惊涛骇浪 ················· 苏锦若 谭朝富
他要离开这片草原 ························· 顾 工
脸色 ··································· 程 枫

散文

啊，核桃树 ······················· （撒拉族）韩新华
绿洲 ··································· 刘 佑
笑将忠骨献大漠

——营救彭加木烈士的补充报告 ·············· 宋政厚
在萨迦·贡嘎坚赞的故乡 ··················· 李佳俊

诗歌

荒原 ··································· 邵燕祥
夕阳下的小路（外一首）··················· 村 童
补 ··································· 傅淅平
诗恋 ··································· 梁谢成
嘉峪关 ··································· 菲 可
献给祖国的花束
一个民族的片名 ················· （蒙古族）阿拉坦托娅
蓝天下那团游云 ··················· （藏族）曲江才让
山韵 ··························· （回族）韩玉成
"七——1号"洪峰通过堤堰（外一首）
··························· （撒拉族）韩秋夫
雨中（外一首）······················· （土族）席玉忠
颂歌 ············ ［法］瓦莱里·拉尔博著 罗 洛译
当我年满二十一岁 ··········· ［英］豪斯曼著 文楚安译
绝望 ············ ［美］艾米莉·狄瑾荪著 王 敏译
热 ············ ［美］希达尔·多丽特尔著 王 敏译
路上的树桩 ··········· ［苏］尼·包拉塔著 孙 锋译

评论

报告文学的春天——读今年一至六月号《青海湖》的
报告文学 ······························· 征 帆
新诗创作艺术探微五题
——兼评《青海湖》部分诗作 ·············· 罗良德
哈萨克族传统生活习俗歌简介 ················· 毕 梼
化腐朽为神奇（争鸣篇）················· 朱征洪 刘 浏
湖畔絮语（四篇）····· 袁文龙 黄新根 孙大卫 张立国

美术

龙羊峡畅想曲（油画）······················· 孙盛仁
秋收小景（版画）··························· 左 良
布哈河（版画）··························· 王生琏
哈萨克牧民（油画）························· 朱成林
藏族姑娘（油画）··························· 宁东来
山寨的节日（油画）························· 赵继光

1983 年第 11 期　刊名:《青海湖》
目录

小说

热血不是水 ······························· 姚克明
小墨 ··························· 马友庄 关克敬
空着的新房 ······························· 刘 勇
罢宴 ··································· 滕晓天
"哑巴"天保 ······························· 轩锡明

板鼓催春……………………………………曹启章
卸……………………………………………尹　平
曾祖母的书（翻译小说）
　　　　　　　[美]帕梅拉·汉内尔著　胡似刚译
在崎岖的山路上（报告文学）………杜连义　邱洪波

散文

龙羊的梦……………………………………王立道
"热巴"和他的小白狗（高原风貌）——"到黄河源
头去"………………………………………朱　奇

诗歌

黎明，在厂区大道上的沉思………………曲庆玮
我的生日，就是今天………………………李松涛
故乡（外一首）……………………………白　渔
沙海驼队……………………………………蒋兆钟
黄沙滩·列车（诗小辑）…………………云　牧
徐利军　燎原　灵子　马晋乾　刘玉芳　王锡俊
刁永泉　殷家璠　文　丙
像无名英雄一样站起………………………苏　敏
铁塔——纤夫………………………………秦介龙

评论

时代·形象·激情——政治抒情诗的断想…郭　超
艺术辩证法探微
内容与形式…………………………………赵　捷
不似之似……………………………………马西光
反常与合理…………………………………区　英
不患不了，而患于了………………………杨振喜
一幅农村公社干部的"世俗图"
——读《归来》……………………………余三定
湖畔絮语（三篇）………胡宗健　徐家良　梁新俊

美术

秋艳（国画）………………………………曾道宗
昌都人（素描）……………………………吴长江
结古小景（国画）…………………………杨　明
牧场春秋（摄影）…………………………詹国光

1983 年第 12 期　刊名:《青海湖》
目录

小说

牧羊女儿行…………………………………秋　元
梦幻…………………………………………尹一之
啊，生活……………………………………杨小敏
二赖子看瓜…………………………………周立新
马车走过油菜地…………………………（土族）张英俊

奶奶的笑声…………………………………姚英斌

诗歌

追求，在长长的公路上……………………丁恩光
我愿是小小的鹅卵石………………………张克峰
我们这个寻找的时代………………（朝鲜族）朴康平
青蔓，青蔓…………………………………丁　可
情的燃烧（外一首）………………………黄东成
母亲…………………………………………金云富
东方彩色乐团（诗小辑）…曾毓林　李　忠　张小波
草　青　王晓晖　刘占军　赵福辰　宁光贵　王　野
猎人和三公主（藏族民间故事）…舒　勇　翻译整理

散文

土族风情画（十四）——点金石的手………歌　行
鸽子…………………………………………赵　橹
小树林………………………………………李佩芝
小站之花……………………………………刘经纬
外婆桥………………………………………毛　锜

评论

坚持文艺为人民服务、为社会主义服务的方向——纪
念毛泽东同志九十周年诞辰………………关水青
艺术更需要人民……………………………陈士濂
和诗习作者通信……………………………阿　红
有感于快速创作……………………………张毓书
"光明尾巴"辩……………………………余　见
扎根泥土花才香…………………刘为民　李怀亮
湖畔絮语（三篇）………征　帆　应光耀　荆　竹

美术

蒙族姑娘（国画）…………………………梁长林
农家（版画）………………………………鄂圭俊
草原仲夏（版画）…………………………马永梅
西北大地（版画）…………………………徐　冰
小憩（版画）………………………………方振宁
踏遍青山人未老（国画）…………………曲学霭

1984 年第 1 期　刊名:《青海湖》
目录

立下愚公志　开拓青海省
沙漠上的足迹（小说）……………………朱　奇
"小北京"有个龚福泰（报告文学）………杨友德
唱一支油菜花的歌（散文）………………程　亮
刘云坡记事（散文）………………………蔡国瑞
形象（诗）…………………………………杨子忱
开拓吟（诗）………………………………关水青

青海写意（诗）⸺⸺⸺⸺⸺⸺⸺⸺⸺⸺ 刘　佑
青海湖畔遐思（诗）⸺⸺⸺⸺⸺⸺⸺⸺ 王海燕
建设者之歌（诗）⸺⸺⸺⸺⸺⸺⸺⸺⸺ 燎　原

小说
休养记⸺⸺⸺⸺⸺⸺⸺⸺⸺⸺⸺⸺⸺ 喆　夫
在切扎草原那边⸺⸺⸺⸺⸺⸺⸺⸺⸺⸺ 叶　森
香客⸺⸺⸺⸺⸺⸺⸺⸺⸺⸺⸺⸺⸺⸺ 王　纤
歌声在呼唤⸺⸺⸺⸺⸺⸺⸺⸺⸺⸺⸺ 李　振

散文
印着五瓣梅的纱巾⸺⸺⸺⸺⸺⸺⸺⸺⸺ 郭爱玲
土族风情画⸺⸺⸺⸺⸺⸺⸺⸺⸺⸺⸺ 歌　行

诗歌
遥望⸺⸺⸺⸺⸺⸺⸺⸺⸺⸺⸺⸺⸺⸺ 关劲潮
这一支歌与那一个探求⸺⸺⸺⸺⸺⸺⸺ 吴晓民
鞭声⸺⸺⸺⸺⸺⸺⸺⸺⸺⸺⸺⸺⸺⸺ 水　华
雪原⸺⸺⸺⸺⸺⸺⸺⸺⸺⸺⸺⸺⸺⸺ 陈　栋
写给自己⸺⸺⸺⸺⸺⸺⸺⸺⸺⸺⸺⸺ 祁俊清
货摊见闻⸺⸺⸺⸺⸺⸺⸺⸺⸺⸺⸺⸺ 夏守忠
我真后悔，那一次（外一首）⸺⸺⸺⸺ 王维君
请不要把这个谜点破⸺⸺⸺⸺⸺⸺⸺⸺ 方文竹
心花⸺⸺⸺⸺⸺⸺⸺⸺⸺⸺⸺⸺⸺⸺ 马文才
思丝集⸺⸺⸺⸺⸺⸺⸺⸺⸺⸺⸺⸺⸺ 李晓伟

评论
高举社会主义文艺旗帜，自觉抵制精神污染⸺ 石　葵
表现"人性异化和复归"是背离社会主义文艺方向的
文学主张⸺⸺评《论近年来文学作品中的人性异化和
复归》一文⸺⸺⸺⸺⸺⸺⸺⸺⸺⸺⸺ 云　月
让"我"在时代中感光⸺⸺⸺⸺⸺⸺⸺ 柏文猛
悠悠牧笛，惓惓心音
⸺⸺浅谈格桑多杰的诗歌创作⸺⸺开斗山　牛　一
艳丽多姿，馨香袭人⸺⸺《高原新花》部分人物座谈
记实⸺⸺⸺⸺⸺⸺⸺⸺⸺⸺⸺⸺⸺ 九　思
只有真实的，才是可信的
⸺⸺评《馥郁的玫瑰》⸺⸺⸺⸺⸺⸺⸺ 陈　平
让时代洪流激荡⸺⸺读一组"小小说"⸺⸺ 邓新华
湖畔絮语（三篇）⸺⸺⸺⸺钟　法　金　予　毛大成

美术
独栖翠碧（国画）⸺⸺⸺⸺⸺⸺⸺⸺⸺ 王迺壮
海滨之夏（版画）⸺⸺⸺⸺⸺⸺⸺⸺⸺ 王　琦
苗壮（国画）⸺⸺⸺⸺⸺⸺⸺⸺⸺⸺ 吴山明
阵风（国画）⸺⸺⸺⸺⸺⸺⸺⸺陈　龙　周若兰

1984 年第 2 期　刊名:《青海湖》

目录

春华秋实（报告文学）⸺⸺⸺⸺⸺⸺⸺⸺ 杜连义

小说
乡情⸺⸺⸺⸺⸺⸺⸺⸺⸺⸺⸺⸺⸺⸺ 西　晏
处处是家⸺⸺⸺⸺⸺⸺⸺⸺⸺⸺⸺⸺ 陈士濂
绿地⸺⸺⸺⸺⸺⸺⸺⸺⸺⸺⸺⸺⸺⸺ 边森龄
弥补⸺⸺⸺⸺⸺⸺⸺⸺⸺⸺⸺⸺⸺⸺ 旷荣怿
飘浮的白泡⸺⸺⸺⸺⸺⸺⸺⸺⸺⸺⸺ 佳　云
他会飞回来的⸺⸺⸺⸺⸺⸺⸺⸺⸺⸺ 马志贤
小小说二题⸺⸺⸺⸺⸺⸺王玉珏　徐志宏

散文
林海剪影⸺⸺⸺⸺⸺⸺⸺⸺⸺⸺⸺⸺ 曹　晓
茇茇草⸺⸺⸺⸺⸺⸺⸺⸺⸺⸺⸺⸺⸺ 滕晓天
将要镶嵌明珠的地方⸺⸺⸺⸺⸺⸺⸺⸺ 程　亮

诗歌
青海湖⸺⸺⸺⸺⸺⸺⸺⸺⸺⸺⸺⸺⸺ 胡　昭
日月山⸺⸺⸺⸺⸺⸺⸺⸺⸺⸺⸺⸺⸺ 汪玉良
茶卡驿站⸺⸺⸺⸺⸺⸺⸺⸺⸺⸺⸺⸺ 沈仁康
青海的海⸺⸺⸺⸺⸺⸺⸺⸺⸺⸺⸺⸺ 西　彤
唱给青海的歌⸺⸺⸺⸺⸺⸺⸺⸺⸺⸺ 王　也
给青藏高原的牧人⸺⸺⸺⸺⸺⸺⸺⸺⸺ 高　深
德令哈留题⸺⸺⸺⸺⸺⸺⸺⸺⸺⸺⸺ 毛　锜
流蜜的草原⸺⸺⸺⸺⸺⸺⸺⸺⸺⸺⸺ 子　页
冬野的钻天杨⸺⸺⸺⸺⸺⸺⸺⸺⸺⸺ 魏久环
婚礼⸺⸺⸺⸺⸺⸺⸺⸺⸺⸺⸺⸺⸺⸺ 邱洪波
高原风采⸺⸺⸺⸺⸺⸺⸺⸺⸺⸺⸺⸺ 李玉林
龙羊峡随感⸺⸺⸺⸺⸺⸺⸺⸺⸺⸺⸺ 杜　乐
青海行致开拓者⸺⸺⸺⸺⸺⸺⸺⸺⸺⸺ 左可国
柴达木的开拓者⸺⸺⸺⸺⸺⸺⸺⸺⸺⸺ 白　渔
山坳⸺⸺⸺⸺⸺⸺⸺⸺⸺⸺⸺⸺⸺⸺ 杨　虎

评论
气势磅礴　感情深沉⸺⸺读《荒原》⸺⸺ 于学斌
乐为高原谱新曲
⸺⸺谈蔡国瑞同志近年来的高原诗作⸺⸺ 郑　琦
略谈小说结尾的含蓄问题⸺⸺⸺⸺⸺⸺⸺ 高　雨
路子宜宽（争鸣篇）⸺⸺⸺⸺⸺⸺⸺⸺ 唐再兴
《热血不是水》得失谈⸺⸺⸺⸺⸺⸺⸺ 沙　平
对小说《我们父子间》的几点意见（二篇）
⸺⸺⸺⸺⸺⸺⸺⸺⸺⸺⸺⸺鲁　言　郑佩福
湖畔絮语（三篇）⸺⸺⸺⸺徐　良　马立鞭　陈习玲

美术

织藏毯（油画）————————————戴　泽
鸡（国画）—————————————孙少培
山下人家（国画）———————————秦　岭
鸟岛（玻璃镶嵌画）——————————张丕佘

1984 年第 3 期　刊名:《青海湖》
目录

小说

矿山情————————————————余小源
相术的"秘诀"————————————刘苗科
井队情话————————————开　南　王　华
戈壁小夜曲—————————————秋　元
老段长的"心病"———————————江　鹰
雪青色的小花———————（蒙古族）察森敖拉
小小说一束—————林孙珍　柳玉萍　闫　肃
赶牲口人的妻子（翻译小说）———[澳大利亚] 劳　森
陈冠商　陈平建译

散文

海思————————————魏忠勇　卞　奎
柳色青青—————————————刘小渭
水峡揽胜（高原风貌）————————晓　天
土乡佳酿（风土小记）————————蔡西林

诗歌

大漠抒情—————————————黎焕颐
乡情———————————————鄢家发
城市风景线————————————张常信
野趣———————————————陈　犀
青海湖三章————————————韩玉成
青海行—————————————田　兵
野骆驼—————————————钱叶用
永恒的心—————————————雪　生
期待（外一首）———————————张跃宗
帆————————————————王有梅
小站———————————————李　述
也许，你没有忘记——————————邓青丽
山泉———————————————马文才

评论

"朦胧"——阴晦：诗的岐路————————艾　斐
浅谈王云甫小说中的人物描写—————曹　晓
谢冰心谈游记散文——————————萧　枫
文人多爱绿色————————————邓启清
唯有写人，方能动情—————————张建华

湖畔絮语（四篇）
————————鲁　言　童本清　黄新根　梁新俊

美术

白马（国画）————————————杨善琛
墨竹（国画）————————————王广才
雪山行（水彩）———————————沈北雁
塔尔寺前（油画）——————————邵晶坤
幼驼（版画）————————————刘　岘

1984 年第 4 期　刊名:《青海湖》
目录

一枚金牌的来历（报告文学）————吴　江

小说

抓一串事实给你———————————杨植材
出山第一炮————————————李康美
背马鞍子的年轻人——————（蒙古族）乌雅泰
在齐嵩的背后————————————江　南
告急之后—————————————张炜光
在"福寿堂"药店———————————严歌平

散文

柴达木断想————————————邵兰生
湟水恋——————————————李　芃
大脚片女人————————————李沙铃

诗歌

西行诗草—————————————蔡国瑞
将军与城—————————————李　瑜
哈萨克山民的脸——————————章德益
大漠之光—————————————王维洲
青海，渴望树————————————孙友田
盐田印象—————————————王锡俊
童年的记忆———————————（蒙古族）查　干
西海浪花（诗小辑）——————雷　霆　肖　黛　苗得雨
陈久印　刘晓滨　黄里奇　杨　永　刘会彬　黄　淮
新绿———————————————沈波立

评论

如花怒放——读邵燕祥近作有感————罗　洛
"三次完成式"——文艺创作传统技法浅谈———徐家良
新笋屙来泥未洗
——农民作者武泰元和他的创作————占　山　西　林
一个值得称道的人物形象——二赖子——张建华
湖畔絮语（四篇）———————李克俭　陈　略
草　萌　毛大成

美术

醉归图（国画）——————————————卢　沉
黑色的沃土（连环画选）——————————尤劲东
邦锦美朵（连环画选）——————————韩书力
九色鹿（连环画选）——————————刘宇廉
子夜（连环画选）——————————徐纯中
草原小花（摄影）——————————老　强

1984 年第 5 期　刊名:《青海湖》
目录

最后的远行（中篇小说·题图、插图：鄂圭俊）
————————————————邵兰生
旅伴（小说）——————————————王文泸
心灵的烘托（小说·题图：磊庭）——————孙青泉
不协调的旋律（小说·插图：曲学霭）————孙业民
系在碧波上的梦（报告文学）——————邢秀玲
音韵（散文）——————————————郭爱玲
夜声·夜色（散文）——————————————犁　人
小屋（散文）——————————————田露霖
童话三则——————————————刘梦琳
走，向大西北问安！（诗）——————张雪杉
开拓者的树（诗）——————————周伦佑
小镇（诗）——————————————杨廷成
油海诗情（诗）——————————————蒋兆钟
献给追求者的歌（诗）——————————丁恩光
鹰————————————————曹汉俊
昆仑彩石（诗小辑·插图：程水生）——————梁　南
张洪德　罗洛　纪振玺　龙桥希　龙彼德　丁　芒
邱洪波　黎正光　冯恩昌
意境化为历史（评论）——————朱征洪　刘　浏
浅谈《祝辞》中的美学思想（评论）————张鸿才
来自生活中的形象（评论）——《青海湖》83 年部分
小说漫评——————————————杜贵生
向田园牧歌告别（评论）——《牧羊女儿行》的思想
意义————————————————朱　斌
更多一些时代气息（评论）——读我省几篇报告文学
有感————————————————毛微昭
湖畔絮语（三篇）——————千天全　九　思　于学斌
流动的河谷（油画）——————————朱成林
套牛（版画）——————————————鄂圭俊
敦煌写生（油画）——————————程水生
藏家（油画）——————————————谢恒心
安居（版画）——————————————左　良

1984 年第 6 期　刊名:《青海湖》
目录

一切都是瞬息（小说·题图：鄂圭俊）————萧　潇
告别年轻时的荒唐（小说·插图：曹伟业）——旷荣怿
新债（小说·插图：曲学霭）——————金光中
冰棍，甜丝丝（小说·插图：曾道宗）————言　公
高原新花（小说三篇）——————沈　合　曹　晓　吕娅南
乐痴（报告文学）——————————卞　奎　魏忠勇
心兜里的"来亨"（散文）——————————刘经伟
土乡散记——————————————王立道
石碾（散文）——————————————乔秀清
家乡的桥（散文）——————————（土族）张英俊
大树和小草（诗）——————————张德茂
我愿做一条内陆河（诗）——————————秦介龙
孟达峡（诗）——————————————马学功
军营的回声（诗）——————————雷献和
我和星星（诗）——————————————陈延林
远了，白帝城（诗）——————————刘益善
我的那一面墙（诗）——————————叶延滨
我拾得……（诗）——————————黄东成
夜读（诗）——————————————艾　平
爱的沉思（诗）——————————————杨世运
小流星（外一首）——————————刘梦琳
新时期藏族文学漫笔（评论）——————刘万庆　莫福山
重温赵树理的轶事（评论）——————程东安
拿出原稿　征求意见（评论）——鲁迅写作经验谈一
二————————————————邓啸林
本刊作品评析（四篇）
————————张立国　罗良德　毛大成　沙　平
湖畔絮语（三篇）——————陈　略　征　帆　于学斌
校园冬暖（年画）——————————曲学霭
八小时以外（版画）——————————左　良
开拓者之路（版画）——————————里　果
山村（油画）——————————————李生琦

1984 年第 7 期　刊名:《青海湖》
目录

啊！神奇美丽的土族之乡
"纳顿"会上（小说·插图：鄂圭俊）
————————————————（土族）鲍义志
春的脚步（散文）——————————（土族）董思源
脚印（报告文学）——————————蔡西林
旦箭索（小说）——————————武泰元
谈《旦箭索》的形象、细节和语言（评介）——奔　流
土族散记（散文）——————————王立道

若月索的婚礼（散文）⋯⋯⋯⋯⋯⋯⋯⋯邢秀玲
山里人的爱（散文）⋯⋯⋯⋯⋯（土族）张英俊
卖花样的阿奶（散文）⋯⋯⋯⋯⋯⋯⋯孔繁麟
盲医（土族民间故事）⋯⋯⋯⋯（土族）李九燕等
土乡情（诗）⋯⋯⋯⋯⋯⋯⋯⋯⋯⋯⋯刘得元
雪花（诗）⋯⋯⋯⋯⋯⋯⋯⋯⋯（土族）席玉忠
土乡的风（诗）⋯⋯⋯⋯⋯⋯⋯王海燕　史永旺

小说

大年三十上街（题图、插图：曲学霭）⋯⋯轩锡明
走不出的油菜地（题图：方延年）⋯⋯⋯王振华
三个年轻的妈妈（插图：木子）⋯⋯⋯⋯臧永平
彩虹⋯⋯⋯⋯⋯⋯⋯⋯⋯⋯⋯⋯⋯照日格巴图

诗歌

民歌手⋯⋯⋯⋯⋯⋯⋯⋯⋯⋯⋯⋯⋯⋯祁俊清
虎刺梅⋯⋯⋯⋯⋯⋯⋯⋯⋯⋯⋯⋯⋯⋯尚光明

评论

新的形象和新的审美判断（评论）——刘湛秋诗作谈
片⋯⋯⋯⋯⋯⋯⋯⋯⋯⋯⋯⋯⋯⋯⋯张同吾
作家审美趣味随想（评论）⋯⋯⋯⋯⋯潘自强
叙事也是诗家大半功夫（评论）⋯⋯⋯马立鞭
朦胧美刍议（评论）⋯⋯⋯⋯⋯⋯⋯⋯岑　杰
不仅仅是"跟着人物走"（争鸣篇）——对一种流行的
文学观点的批评指正⋯⋯⋯⋯⋯⋯咏　枫　朱　曦

湖畔絮语

培养职业的敏感性⋯⋯⋯⋯⋯⋯⋯⋯⋯曾毓林
角度——文学作品的命脉⋯⋯⋯⋯⋯⋯张建华
值得注意的思想情调⋯⋯⋯⋯⋯⋯⋯⋯常　功

信息窗（动态四则）

美术

山路（油画）⋯⋯⋯⋯⋯⋯⋯⋯⋯⋯⋯鄂圭俊
山村人家（版画）⋯⋯⋯⋯⋯⋯⋯⋯⋯洪荫培
土族姐妹（版画）⋯⋯⋯⋯⋯⋯⋯⋯⋯张咸镇
土族服饰图案（摄影）⋯⋯⋯⋯⋯⋯⋯孙少培

1984 年第 8 期　刊名:《青海湖》
目录

小说

翠儿（题图、插图　边　军）⋯⋯⋯（土族）鲍义志
流蜜的窗口（题图　方延年）⋯⋯⋯⋯张树藩
追蒿记（题图　磊　庭）⋯⋯⋯⋯⋯⋯毛志成
相会在明天（题图　鄂圭俊）⋯⋯（布依族）黎　军

醉人安先生传⋯⋯⋯⋯⋯⋯⋯⋯⋯⋯⋯高尔品

报告文学

发光的小蜻蜓⋯⋯⋯⋯⋯⋯⋯⋯⋯⋯⋯陈金瑞

散文

乌篷船⋯⋯⋯⋯⋯⋯⋯⋯⋯⋯⋯⋯⋯⋯罗大冈
这儿的岁月静悄悄⋯⋯⋯⋯⋯⋯⋯⋯⋯任喜民
在跑马溜溜的山上⋯⋯⋯⋯⋯⋯⋯⋯⋯朱　奇

诗歌

山恋⋯⋯⋯⋯⋯⋯⋯⋯⋯⋯⋯⋯⋯⋯⋯王　璞
沙丘，难忘的沙丘⋯⋯⋯⋯⋯⋯（回族）王　度
在绿色的王国⋯⋯⋯⋯⋯⋯⋯⋯⋯⋯⋯肖　黛
秋雨⋯⋯⋯⋯⋯⋯⋯⋯⋯⋯⋯⋯⋯⋯⋯商子秦
换酒（外二首）⋯⋯⋯⋯⋯⋯⋯⋯⋯⋯陈显荣
倒淌河的自叙⋯⋯⋯⋯⋯⋯⋯⋯（土族）鲍义志
狮虎山⋯⋯⋯⋯⋯⋯⋯⋯⋯⋯（朝鲜族）朴康平
雪⋯⋯⋯⋯⋯⋯⋯⋯⋯⋯⋯⋯⋯⋯⋯⋯叶文彬
火山印象⋯⋯⋯⋯⋯⋯⋯⋯⋯⋯⋯⋯⋯张少波
提醒⋯⋯⋯⋯⋯⋯⋯⋯⋯⋯⋯⋯⋯⋯⋯潜　流
无题⋯⋯⋯⋯⋯⋯⋯⋯⋯⋯⋯⋯⋯⋯⋯吕娅南
旋转的色彩（诗小辑）⋯⋯⋯⋯⋯⋯⋯张庆明
马绪英　全生满　何　鹰　陆　萍　李占学　姚焕吉

评论

多层次的新人　高层次的遐想⋯⋯⋯⋯应光耀
程亮同志的散文读后⋯⋯⋯⋯⋯⋯⋯⋯王　立
本刊作品评析
塞上大雁双双飞——读秋元的短篇小说《戈壁小夜
曲》⋯⋯⋯⋯⋯⋯⋯⋯⋯⋯⋯⋯⋯林为进
净化心灵的紫丁香——《旅伴》的启示⋯⋯马明生
追踪时代写开拓——简评报告文学《一枚金牌的来
历》⋯⋯⋯⋯⋯⋯⋯⋯⋯⋯⋯⋯⋯毛大成
争鸣篇
在对立冲突中塑造的感人形象⋯⋯⋯⋯吴宝忠
"铁石面孔"有余"人情事理"不通⋯⋯九　思

湖畔絮语

从口技表演所想到的⋯⋯⋯⋯⋯⋯⋯⋯沈世杰
努力走在生活的前面⋯⋯⋯⋯⋯周志宏　周德芳
为了不被遗忘⋯⋯⋯⋯⋯⋯⋯⋯⋯⋯⋯葛建中
命题小议⋯⋯⋯⋯⋯⋯⋯⋯⋯⋯⋯⋯⋯健　宗
信息窗

美术

小院（油画）⋯⋯⋯⋯⋯⋯⋯⋯⋯⋯⋯宁东来
老人和小鸡（雕塑）⋯⋯⋯⋯⋯⋯⋯⋯黄　瑾
我爱的马群（版画）⋯⋯⋯⋯⋯⋯⋯⋯张安吾

长江源头（版画）⋯⋯⋯⋯⋯⋯⋯冶　峰
半个月亮升起来（装饰画）⋯⋯⋯王　度

1984 年第 9 期　刊名:《青海湖》
目录

小说

草原上，有一条羊肠小河（题图、插图：曹伟业）
⋯⋯⋯⋯⋯⋯⋯⋯⋯⋯⋯⋯⋯⋯丁斌武
泉边，一棵槐抱榆（插图：曹伟业）⋯⋯杨志军
我们追着春光⋯⋯⋯⋯⋯⋯⋯⋯戴　伟
下乡纪实（题图：鄂圭俊）⋯⋯⋯李克定
鸥兽（题图：曲学霭）⋯⋯⋯⋯⋯李　君
篱下（题图：木子）⋯⋯⋯⋯⋯梅桑榆
生活的轨迹（插图：曹伟业）⋯⋯王　勇
高原新花
农家女⋯⋯⋯⋯⋯⋯⋯⋯⋯⋯刘恩龙
园丁的爱⋯⋯⋯⋯⋯⋯⋯⋯⋯梅子平

散文

"老乡娃"的恋情⋯⋯⋯⋯⋯⋯王午峰
小牛和他的梦⋯⋯⋯⋯⋯⋯⋯王　立
华山游记⋯⋯⋯⋯⋯⋯⋯⋯⋯湖　涌
荞麦花⋯⋯⋯⋯⋯⋯⋯⋯（撒拉族）马文才

诗歌

啊，大西北（诗小辑）⋯⋯邓善洁　刘世明　怀　白
高继恒　田先瑶　屈文琨　张宽义　阿拉坦托娅
班　果　张其正　李忠平　张耀宗　程光炜

评论

大抓第一创作，狠抓重点作品⋯⋯强作舟
尚丁和他的诗剧《仓央嘉措》⋯⋯顾征南
"现代派的手法"与小说的艺术创新⋯⋯艾　斐
生活，严肃的思考题——和《一切都是瞬息》人物会
见记⋯⋯⋯⋯⋯⋯⋯⋯⋯⋯张立国
争鸣篇
评《旅伴》的认识价值⋯⋯⋯⋯邓启清

湖畔絮语

人化的自然　自然的人化
——浅评《开拓者的树》⋯⋯⋯罗良德
"和弦"析疑⋯⋯⋯⋯⋯⋯⋯罗　放
为"新山水诗"呐喊⋯⋯⋯⋯⋯涂成石
也怪编辑⋯⋯⋯⋯⋯⋯⋯⋯泽　群
请别想当然⋯⋯⋯⋯⋯⋯⋯鹏　碧
信息窗

美术

日日夜夜（油画）⋯⋯⋯⋯⋯黄绍字
草原的旋律（版画）⋯⋯⋯⋯胡文诚
春晓（国画）⋯⋯⋯⋯⋯⋯⋯王德龙
建设中的龙羊峡（油画）⋯⋯⋯孙盛仁

1984 年第 10 期　刊名:《青海湖》
目录

十月的焰火

诗歌

铜号⋯⋯⋯⋯⋯⋯⋯⋯⋯⋯燎　原
高原，我诗的主题⋯⋯⋯⋯⋯李玉林
写给龙羊大坝⋯⋯⋯⋯⋯⋯⋯蔡国瑞
巴颜喀拉山（外一首）⋯⋯⋯谷　闻
诗三首⋯⋯⋯⋯⋯⋯⋯⋯⋯白　渔
精卫⋯⋯⋯⋯⋯⋯⋯⋯⋯⋯林牧之
壮行⋯⋯⋯⋯⋯⋯⋯⋯⋯⋯秋　夫

散文

万里长江第一桥⋯⋯⋯⋯⋯⋯欧华国
油砂山的踪迹⋯⋯⋯⋯⋯⋯⋯徐志宏
群科一瞥⋯⋯⋯⋯⋯⋯王宏如　赵鹤林

小说

一份退党报告⋯⋯⋯⋯⋯⋯⋯任启亮
昨夜梦魂中⋯⋯⋯⋯⋯⋯⋯夏　秋
竹溪水潺潺⋯⋯⋯⋯⋯⋯⋯任宗景
赛"花儿"招婿⋯⋯⋯⋯⋯⋯姜　忠
红菱（散文）⋯⋯⋯⋯⋯⋯⋯刘经纬
葡萄园情歌（诗）⋯⋯⋯⋯⋯郭维东
我曾是⋯⋯（诗）⋯⋯⋯⋯⋯李建华
星宿海（诗小辑）⋯⋯黎焕颐　格桑多杰　顾城
雷抒雁　吴　霖　钱锦方　马伟福　黄　堃　张德强
林　希

评论

包围圈中的文学家们⋯⋯⋯⋯晓　蓉
生活履历与创作成败⋯⋯⋯⋯程东安
把握人物的性格逻辑⋯⋯⋯⋯禾　穆
要有思索的余地⋯⋯⋯⋯⋯钟本康

湖畔絮语

关于诗的跨度⋯⋯⋯⋯⋯⋯⋯马立鞭
一曲开拓者之歌⋯⋯⋯⋯⋯⋯张静习
非是荒唐事　乃是荒唐言⋯⋯⋯张建华
《一切都是瞬息》失误谈⋯⋯⋯鲁　言

美术

祖国啊，万岁!（宣传画）————————白　峰
高原牧场（版画）————————吴长江
姐妹俩（雕塑）————————王起跃
家家都在花丛中（版画）————————亦　非
哈尔盖写生（水粉画）————————井汉升

1984 年第 11 期　刊名:《青海湖》
目录

小说
远离草原的牧人（题图、插图：曲学霭）————秋　元
留个影（插图：陆保）————————李建树
阿舅们想吃个米谷酒（插图：鄂圭俊）
　　　　　　　　　　　　　　　　（土族）鲍义志
仙女姗姗回尕院————————张炜光
职工创作之窗
祝愿与希望————省总工会宣传部长　武延年
香娃妈————————李　杰
诚实的爱钟————————（土族）祁进城
选择————————关　心
心声————————黄克骥

飞奔吧,龙羊
在黄河上，我们开拓（诗）————关水青
黄河的童年（诗）————————张留柱
丰碑，正从浪尖上托出（诗）————江　亮
脊骨（诗）————————杜连义
大荒石（诗）————————秋　夫
遗言（特写）————————莫　漠
初露锋芒（速写）————————党　麟
关键时刻（速写）————————宋　平
意外的收获（小说）————————晓　岫
一张汇款单（小说）————————黄天雪
龙羊夜景（散文）————————星　楚
峡口奇观（散文）————————王仕义

评论
心灵的音乐——诗集《春天的竖琴》读后———刘士杰
本刊作品评析
土乡情意笔端流——《啊，神奇美丽的土族之乡》部
分作品浅议————————朱　斌
"明镜照物，妍媸毕露"——略谈《三个年轻的妈
妈》的人物塑造————————上官玉

争鸣篇
长和短————————曾祥麟
战士的歌——评左可国的诗————许英国

湖畔絮语
在生活的气氛中进行————————毛大成
人在画中　画在情中————————华　君
"啄木鸟"与"窑洞人"————————李德义

美术
瀚海风（国画）————————程水生
朝辉（版画）————————曾道宗
高原运输站（版画）————————陈　珏
塔尔寺酥油花（国画）————————沈　羿

1984 年第 12 期　刊名:《青海湖》
目录

小说
明天，我们一路同行（中篇小说·征文）———金荣章
他没有忘记————————严歌平
明夫镇宾馆————————范兰生
海的梦————————王泽群
何大嫂————————田进仓

散文
给你修条路————————蒲忠玲
山乡飘来的信息————————郭爱玲
鼓楼情思————————蔡西林
在地壳新隆起地带（报告文学·征文）———李南山

诗歌
山村，那古朴而悠远的足音（散文诗）———韩玉成
有这样一个傍晚（散文诗）————管用和
小城（散文诗）————————耿林莽
了望（诗十六首）————————岛　子
蒋兆钟　张洪德　东　虹　刘　佑　何　理　陈久印
五月风（诗小辑）————————裘小龙
全生满　刘德亮　宋新莲　王海燕　毕　林　常　征
天池遐想————————邢秀玲
"开拓文学"漫议————————汪宗元

评论
本刊作品评析
冲破世俗的牢笼　走向晴朗的明天——读短篇小说
《相会在明天》————————夏　雨
祖国高于一切——读短篇小说《追蒿记》———张建华

小说创作纵横谈
至情与至文————————吴　荻
关键性场面的力度和容量——关于短篇小说创作的通
信————————胡宗健

争鸣篇

浅评《草原上，一条羊肠小河》的审美倾向┄┄罗良德
深沉而又余音袅袅的调子——喜读《草原上，有一条羊肠小河》┄┄┄┄┄┄┄┄┄┄┄张立国

湖畔絮语

刊物销售有感┄┄┄┄┄┄┄┄┄草 萌 凤 子
不是文字，胜似文字┄┄┄┄┄┄┄┄┄┄陈 略
"珍珠"异彩┄┄┄┄┄┄┄┄┄┄┄┄┄罗 放
含蓄的美┄┄┄┄┄┄┄┄┄┄┄┄┄┄山 燃

美术

高原人（国画）┄┄┄┄┄┄┄┄┄┄┄马西光
高原油田采油忙（版画）┄┄┄┄┄┄┄┄苗 罡
圆月（版画）┄┄┄┄┄┄┄┄┄┄┄┄郑安民
大家都来关心大龄青年的婚姻问题（宣传画）
┄┄┄┄┄┄┄┄┄┄┄┄┄┄┄┄┄安有信

1985 年第 1 期　刊名:《青海湖》
目录

祝愿┄┄┄┄┄┄┄┄┄┄┄┄┄┄┄┄胡 采
雪豹┄┄┄┄┄┄┄┄┄┄┄┄┄┄┄┄王云甫
附：只能写点走了调的牧歌┄┄┄┄┄┄┄王云甫
猎物┄┄┄┄┄┄┄┄┄┄┄┄┄┄┄┄赵 熙
附：高原，我的母亲┄┄┄┄┄┄┄┄┄┄赵 熙
陵园看守人┄┄┄┄┄┄┄┄┄┄┄┄┄金光中
附：笔余的饶舌┄┄┄┄┄┄┄┄┄┄┄金光中
卓依拉姆的微笑┄┄┄┄┄┄┄┄┄┄┄王文泸
附：比写作更难的┄┄┄┄┄┄┄┄┄┄王文泸
黑色的煤┄┄┄┄┄┄┄┄┄┄┄┄┄邵振国
附：总愿意把事物想得更美┄┄┄┄┄┄┄邵振国
雪茫茫（长篇节选）┄┄┄┄┄┄（藏族）多杰才旦
附：攀向闪光的银顶┄┄┄┄┄┄┄┄┄多杰才旦
巴列哈图人┄┄┄┄┄┄┄┄（蒙古族）察森敖拉
附：追求一种色彩、调子┄┄┄┄┄┄┄察森敖拉
醉酒歌┄┄┄┄┄┄┄┄┄┄┄┄┄┄王 戈
篇外赘言┄┄┄┄┄┄┄┄┄┄┄┄┄王 戈
沙包、灯油和人┄┄┄┄┄┄┄┄┄┄邵兰生
附：写在题外的遥寄┄┄┄┄┄┄┄┄┄邵兰生
鸟岛的春天（版画）┄┄┄┄┄┄┄┄┄王生瑢
初试（版画）┄┄┄┄┄┄┄┄┄┄┄边 军
耳边响起驼铃声（油画）┄┄┄┄┄┄┄王 度

1985 年第 2 期　刊名:《青海湖》
目录

瀚海春潮

"状元"与"财神"┄┄┄┄┄┄┄李南山 陈宗立
沙漠与生命┄┄┄┄┄┄┄┄┄┄志 鹏 史文凯
瀚海渔歌┄┄┄┄┄┄┄┄┄┄┄┄┄王立道
欢迎你"盲流"┄┄┄┄┄┄┄┄┄┄┄陈士濂

高原风貌

地名赋┄┄┄┄┄┄┄┄┄┄┄┄┄┄李敏杰
西北柳┄┄┄┄┄┄┄┄┄┄┄┄┄┄李沙铃
西宁有个东关大寺┄┄┄┄┄┄┄（撒拉族）闻 采
日光月辉照古今┄┄┄┄┄┄┄┄┄┄李晓伟
花草掩映的大黑沟┄┄┄┄┄┄┄┄┄┄王 立
山乡之冬┄┄┄┄┄┄┄┄┄┄┄┄┄韩玉成

西海浪花

锁燕沟传┄┄┄┄┄┄┄┄┄┄┄┄┄辛存文
骆驼小记┄┄┄┄┄┄┄┄┄┄┄┄┄王贵如
那条小溪┄┄┄┄┄┄┄┄┄┄（撒拉族）韩新华
绿洲，瀚海的岛┄┄┄┄┄┄┄┄┄┄翼 华

相思集

情寄前线┄┄┄┄┄┄┄┄┄┄┄┄┄乔林生
君放老师┄┄┄┄┄┄┄┄┄┄┄┄┄白 渔
父亲┄┄┄┄┄┄┄┄┄┄┄┄（撒拉族）马学功
深埋心底的爱┄┄┄┄┄┄┄┄┄┄┄裴 林

眷恋

青海散忆┄┄┄┄┄┄┄┄┄┄┄┄┄午 人
日月山上"勿忘我"┄┄┄┄┄┄┄┄┄杨春清

窗外

龙井品茗记┄┄┄┄┄┄┄┄┄┄┄┄龙彼德
北戴河印象┄┄┄┄┄┄┄┄┄┄┄┄李建树
大海，大海┄┄┄┄┄┄┄┄┄┄┄┄耿林莽
农妇散文选（海外华人作品选）

往事

天兵来到大青山┄┄┄┄┄┄┄┄┄┄杨植霖
古城杂忆┄┄┄┄┄┄┄┄┄┄┄┄┄邓靖声

散文诗

昨天的日记┄┄┄┄┄┄┄┄┄┄┄┄黎焕颐
绿洲，瀚海的岛┄┄┄┄┄┄┄┄┄┄翼 华
山乡之冬┄┄┄┄┄┄┄┄┄┄┄┄┄韩玉成
寄友人┄┄┄┄┄┄┄┄┄┄┄┄┄┄何昌正

蜜蜂，撞在玻璃窗上⋯⋯⋯⋯⋯⋯⋯⋯⋯⋯陈久印
坦克，从古战场滚过⋯⋯⋯⋯⋯⋯⋯⋯⋯⋯王保义

评论

战斗的文学轻骑兵
　——漫谈我省近年来的报告文学⋯⋯⋯⋯任丽璋
《回声集》自序⋯⋯⋯⋯⋯⋯⋯⋯⋯⋯⋯⋯石　英
论散文的"情"⋯⋯⋯⋯⋯⋯⋯⋯⋯⋯⋯⋯傅德岷
情真理深动人心——喜读《土乡散记》⋯⋯曾绍义
诗一般的散文——读《海思》和《红菱》⋯水　青

美术

我买一把⋯⋯⋯⋯⋯⋯⋯⋯⋯⋯蔡柏平　王石哲
晨（版画）⋯⋯⋯⋯⋯⋯⋯⋯⋯⋯⋯⋯⋯王小龙
趟骏（油画）⋯⋯⋯⋯⋯⋯⋯⋯⋯⋯⋯⋯阿风云

1985 年第 3 期　刊名:《青海湖》
目录

女作家、女作者作品专号
小说

喜筵⋯⋯⋯⋯⋯⋯⋯⋯⋯⋯⋯⋯⋯⋯⋯⋯茹志鹃
死神手里拿的是迎春花（中篇小说）⋯⋯⋯蒋　濮
人与人⋯⋯⋯⋯⋯⋯⋯⋯⋯⋯⋯⋯⋯⋯⋯范小青
小屋⋯⋯⋯⋯⋯⋯⋯⋯⋯⋯⋯⋯⋯⋯⋯⋯贺抒玉
她，走向戈壁⋯⋯⋯⋯⋯⋯⋯⋯⋯⋯⋯⋯戚　琴
小雪⋯⋯⋯⋯⋯⋯⋯⋯⋯⋯⋯⋯⋯⋯⋯⋯戴　伟
分牛记⋯⋯⋯⋯⋯⋯⋯⋯⋯⋯⋯⋯善　华　元　珍

散文

幸福的女人⋯⋯⋯⋯⋯⋯⋯⋯⋯⋯⋯⋯⋯程乃珊
恳求⋯⋯⋯⋯⋯⋯⋯⋯⋯⋯⋯⋯⋯⋯⋯⋯茵　子
春夜的怀念⋯⋯⋯⋯⋯⋯⋯⋯⋯⋯⋯⋯⋯瑶　莲
一个"出格"的女人（报告文学）⋯⋯郭爱玲　吴静英
三月是属于妇女们的（散文诗·诗小辑）⋯⋯赵　敏
徐福琴　晨　明　刘红娃　肖　黛　刘守红　春　萍
黄晓燕　李玉真　赵予萍　宋新莲

美术

静静的庄户院（版画）⋯⋯⋯⋯⋯⋯⋯⋯曲学霭
待发（中国画）⋯⋯⋯⋯⋯⋯⋯⋯⋯⋯⋯杨　明
春融融（中国画）⋯⋯⋯⋯⋯⋯⋯⋯⋯⋯左　良

1985 年第 4 期　刊名:《青海湖》
目录

小说

有关红狐的传奇⋯⋯⋯⋯⋯⋯⋯⋯⋯⋯⋯任宗景
大河边上的尕水手⋯⋯⋯⋯⋯⋯（土族）鲍义志
在海边⋯⋯⋯⋯⋯⋯⋯⋯⋯⋯⋯⋯⋯⋯⋯姜瑚敏
田园⋯⋯⋯⋯⋯⋯⋯⋯⋯⋯⋯⋯⋯⋯⋯⋯杨志军
今晚月儿圆⋯⋯⋯⋯⋯⋯⋯⋯⋯⋯⋯⋯⋯徐　联
洗澡记⋯⋯⋯⋯⋯⋯⋯⋯⋯⋯⋯⋯⋯⋯⋯峭　石
解脱⋯⋯⋯⋯⋯⋯⋯⋯⋯⋯⋯⋯⋯⋯⋯⋯都　沛
黑尔赛兄弟⋯⋯⋯⋯⋯⋯⋯⋯⋯⋯（回族）马知遥
妇产科病房⋯⋯⋯⋯⋯⋯⋯⋯⋯⋯⋯⋯⋯邢秀玲

散文

荒地春秋⋯⋯⋯⋯⋯⋯⋯⋯⋯⋯⋯⋯⋯⋯罗大冈
种绿记⋯⋯⋯⋯⋯⋯⋯⋯⋯⋯⋯⋯⋯⋯⋯犁　人
昆仑山上的喜毛⋯⋯⋯⋯⋯⋯⋯⋯⋯⋯⋯钱佩衡
浴佛节见闻⋯⋯⋯⋯⋯⋯⋯⋯⋯⋯⋯⋯⋯贺　朗
梦⋯⋯⋯⋯⋯⋯⋯⋯⋯⋯⋯⋯⋯⋯⋯⋯⋯刘红娃
散文二题（龙眼熟·笠歌）⋯⋯⋯⋯⋯⋯⋯虞　名

美术

封面设计⋯⋯⋯⋯⋯⋯⋯⋯⋯⋯⋯⋯⋯⋯鄂圭俊
欢乐的草原（版画）⋯⋯⋯⋯⋯⋯⋯⋯⋯梁守义
轩辕柏（版画）⋯⋯⋯⋯⋯⋯⋯⋯⋯⋯⋯孙盛仁
别趣（水粉画）⋯⋯⋯⋯⋯⋯⋯⋯⋯⋯⋯顾洪涛

1985 年第 5 期　刊名:《青海湖》
目录

小说

车站上的电线杆⋯⋯⋯⋯⋯⋯⋯⋯⋯⋯⋯唐　宁
仙女⋯⋯⋯⋯⋯⋯⋯⋯⋯⋯⋯⋯⋯⋯⋯⋯单　超
青柳与蔷薇⋯⋯⋯⋯⋯⋯⋯⋯⋯⋯⋯⋯⋯景文山
乞库⋯⋯⋯⋯⋯⋯⋯⋯⋯⋯⋯⋯⋯⋯⋯⋯陈士濂
小小说三篇⋯⋯⋯⋯⋯⋯⋯张　影　陈天虬　时培华

诗歌

我们，年青诗人（诗小辑）⋯⋯⋯⋯⋯曹　剑　王　璞
刘宏亮　渠　炜　王　度　王新泉　王泽群　张瑶楠
望羊兴叹⋯⋯⋯⋯⋯⋯⋯⋯⋯⋯⋯⋯⋯⋯石　河
蝴蝶（外一首）⋯⋯⋯⋯⋯⋯⋯⋯⋯⋯⋯左可国

散文

散文诗两章⋯⋯⋯⋯⋯⋯⋯［法国］波特莱尔著　罗　洛译
永远的守灯人⋯⋯⋯⋯⋯⋯⋯⋯⋯⋯⋯⋯赵丽宏

情感·····················李佩芝
漏屋清宵独语···············忆明珠
钥匙，在中国西部···········蔡国瑞
星的对话·················雁 翼
最后的游客···············王文泸
沙漠里的小树·············王宗仁
新春咏柳·················邵长富
茶花长开·················刘益善

报告文学
魂系车辕·······青海省武警总队政治部 执笔：萧 潇
"锦羊"，在奔驰···········晓 鹃

评论
正反相形 相反相成·········郭 超
创作与政策···············赵 捷
一个独特的艺术天地——多杰才旦小说印象·李 星
惠特曼二题···············罗 洛
《鄂圭俊油画作品选》序·····王 琦

美术
静静的草原（油画）·········李生琦
开拓者（年画）···········周志义
春的脚步（油画）·········鄂圭俊

1985 年第 6 期 刊名:《青海湖》
目录

小说
这事，发生在汽车站·········尹 平
捧上一掬酸瓶瓶···········轩锡明
婚事的风波···············周立新
心愿·····················程 枫
圈地·····················胡琪瑞
君子兰···················徐利军
折不断的红柳·············杨海滨
亲戚·····················蔚 文

献给孩子们
玩狼的孩子···············刘苗科
硝烟中的乐趣·············安凤和
童心集···················王宜振
放学之后·················陈学业

诗歌
山中的壮喝（三首）·········刘毅然
他说，他是从山垭里来的·····杨绍武
古城夜歌·················邹如修

在青藏线上···············郑芝晨
河源之情·················丁乐年
雨逛西子湖···············章左声

散文
凌霄，凌霄···············薛尔康
张家界访美···············毛微昭
花石峡夜色···············朱 奇
蒲扇旧事·················刘经纬
永川行···················彭新琪
村戏·····················杨廷成
元宵之夜赏花时···········李文正
噶曲·····················才 朵

美术
小扎西（雕塑）···········王起跃
藏家女（木刻）···········左 良
梅朵（油画）·············王秀章
共饮黄河水（年画）·········任淑贤

1985 年第 7 期 刊名:《青海湖》
目录

小说
也在悬崖上（中篇）·········余易木
蓝天进行曲···············王文泸
慈禧谗祸诛宠臣（历史小说）···冰 昆

西部诗坛
黄金时期（组诗）···········昌 耀
凿月——一个与夜光杯有关的故事·李老乡

散文
啊！眼睛·················歌 行
树上刀痕·················罗大冈
本命年···················韩石山
高山之巅·················唐大同

回忆录
迎着敌人的刺刀···········范 泉

小荷初露
闲日子，好愁（小说）·······马文卫

评论
戴厚英不只是一位小说作家···张舟萍
艾青谈游记···············萧 枫
乐景写哀哀景写乐·········沙 平

美术

秀发（中国画）……………………………曲学霭
清泉石上流（套色木刻）…………………白　峰
日出（中国画）……………欧阳秉森　刘志钰
在平台上（油画）……[英]爱德华·约翰·波依特

1985 年第 8 期　刊名:《青海湖》
目录

中篇小说

在部落的废墟这边…………………………邵兰生

短篇小说

玉雪…………………………………………丁斌武
伊萨玛………………………………………王云甫
那雪青色的罩衫……………………………任启亮

西部诗坛

大西北与我（组诗）………………………章德益
戈壁（组诗）………………………………白　渔
S 路口………………………………………曲　芜
诗二首………………………………………黎焕颐

散文·散文诗

遥远的吉他（四章）………………………刘湛秋
灯塔（外二章）……………………………耿林莽
埋在记忆深处的绿色………………………瑶　莲
帐篷城之恋…………………………………朱　奇

评论

论鲁迅的创作生涯…………………………邢孔荣
团结友谊盛会　当代文坛创举——《大西北科学与文
学笔会》述略………………………………流　舟
创造中国式的人体美术……………………钟离且

美术

姐妹（中国画）……………陈　龙　周若兰
待客（木刻）………………………………方振宁
故土沧桑（套芭木刻）……………………左　良
自然的歌（油画）…………………………靳尚谊

1985 年第 9 期　刊名:《青海湖》
目录

小说

"万年不乐"考………………………………张象吉
翻过橡皮山…………………………………牛正寰

饥渴三塔拉…………………………………金光中
六月，仍是一片枯黄………………………杨志军
买菜…………………………………………余小源
暗算…………………………………………程多富

西部诗坛

青海，六十年代初…………………………雷　霆
生命狂想曲…………………………………马丽华
河源写意（二首）…………………………殷家璠

散文

生命不是洁白的……………………………李沙铃
宁静的布莱德湖……………………………陈士濂
让我告诉你…………………………………冯君莉
铁路职工之页………………………臧永平　冯文超
戴　伟　维·瓦夏　邹如修　孔宪平　马文震　王爱政

小荷初露

榆叶梅，你说呀（小说）…………………甘建华

评论

迟放的鲜花　馥郁的芬芳——评余易木的小说《也在
悬崖上》……………………………………蒋国忠
这不是心灵的歌唱…………………………闻　三

美术

上学（中国画）……………………………崔振国
引诱（木刻）………………………………刘　岷
处处起炊烟（油画）………………………邵振鹏
剪毛图（中国画）…………………………曾道宗

1985 年第 10 期　刊名:《青海湖》
目录

小说

冰姑娘………………………………………钱佩衡
汪二………………………………（土家族）陈　川
挺胸运动……………………………………叶宗轼
市长和他的市民……………………………蒋海平
微型小说八篇………………………陈　垦　黎　军
徐明旭　鲍义志　李　振　姜贻斌　张玉俊　白　耕
绿色的火……………………………………时培华
夜宁沟琐事…………………………………陈元魁
从围墙出来的人……………………………郭爱玲
黑马滩夜歌…………………………………蔡通海

西部诗坛

沿着河流（组诗）…………………………周　涛

高原：黄金般的基调（组诗）⋯⋯⋯⋯刘宏亮
寄自高原的别情（组诗）⋯⋯⋯⋯⋯子 页
遥远的西天山（二首）⋯⋯⋯⋯⋯⋯林 染
在草原上（二首）⋯⋯⋯⋯⋯⋯⋯石光华
鹰笛⋯⋯⋯⋯⋯⋯⋯⋯⋯⋯⋯⋯郭同旭

回忆录
路标⋯⋯⋯⋯⋯⋯⋯⋯⋯⋯⋯⋯范 泉

小荷初露
十九岁的歌（散文诗）⋯⋯⋯⋯⋯王玉琴

散文
送行⋯⋯⋯⋯⋯⋯⋯⋯⋯⋯⋯⋯高庆琪
古铜酒壶⋯⋯⋯⋯⋯⋯⋯⋯⋯⋯王海燕

美术
晨读（中国画）⋯⋯⋯⋯⋯⋯⋯⋯边 军
镭之"父母"（油画）⋯⋯⋯⋯⋯⋯韦振江
石玄峡口（塑料版画）⋯⋯⋯⋯⋯苗 罡
朱庇特和卡利斯忒（油画）
⋯⋯⋯⋯⋯⋯⋯⋯［法］弗朗索瓦·布歇

1985 年第 11 期　刊名:《青海湖》
目录

小说
癌症患者⋯⋯⋯⋯⋯⋯⋯⋯⋯⋯赵 新
么叔⋯⋯⋯⋯⋯⋯⋯⋯⋯⋯⋯⋯罗学蓬
有女窥墙⋯⋯⋯⋯⋯⋯⋯⋯⋯⋯毛志成
小说二题⋯⋯⋯⋯⋯⋯⋯⋯⋯⋯王贵如
凉桥上，一个胖妇女，一个黑女人⋯琴 夫
登坡⋯⋯⋯⋯⋯⋯⋯⋯⋯⋯⋯⋯范兰生
喧嚣的夕阳⋯⋯⋯⋯⋯⋯⋯⋯⋯李亚南
茨冈探戈⋯⋯⋯⋯⋯⋯⋯⋯⋯⋯张国南
我的上帝⋯⋯⋯⋯⋯⋯⋯⋯⋯⋯任炳荣

西部诗坛
关于马以及其他⋯⋯⋯⋯⋯⋯⋯魏志远
子午线之歌⋯⋯⋯⋯⋯（撒拉族）秋 夫
在西天的云彩下（组诗）⋯⋯⋯⋯葛佳映
美，蕴藏于蛮荒（组诗）⋯⋯⋯⋯郭维东

散文
昆仑石（高原风貌）⋯⋯⋯卜 奎 忠 勇
蝶舞祁连（高原风貌）⋯⋯⋯⋯⋯李敏杰
啊，嫩嫩的小叶儿杨⋯⋯⋯⋯⋯马士英
拉萨小品（两章）⋯⋯⋯⋯⋯⋯徐明旭

理论·通讯
值得深思的"妙论"⋯⋯⋯⋯⋯⋯怀 谷
对《也在悬崖上》的思索⋯⋯⋯⋯范亦豪
黄河文学展望——首届黄河笔会纪要

美术·摄影
栉风沐雨（摄影）⋯⋯⋯⋯⋯⋯强作舟
牧歌（中国画）⋯⋯⋯⋯⋯⋯⋯马西光
草原上的婚礼（油画）⋯⋯⋯⋯⋯朱成林
盛装少女（油画）⋯⋯⋯⋯［日］宫永岳彦

1985 年第 12 期　刊名:《青海湖》
目录

小说
高原的山（中篇）⋯⋯⋯⋯⋯⋯海 岑
连累⋯⋯⋯⋯⋯⋯⋯⋯⋯⋯⋯⋯张 平
野火⋯⋯⋯⋯⋯⋯⋯⋯⋯⋯⋯⋯王泽群
钉鞋女⋯⋯⋯⋯⋯⋯⋯⋯⋯⋯⋯刘苗科
厮丫头⋯⋯⋯⋯⋯⋯⋯⋯⋯⋯⋯陆尤夫

西部诗坛
古塬（组诗）⋯⋯⋯⋯⋯⋯⋯⋯肖 川
大西北人家（组诗）⋯⋯⋯⋯⋯⋯唐光玉
彩陶·安魂曲⋯⋯⋯⋯⋯⋯⋯⋯燎 原
驼铃叮当，驼铃叮当……⋯（撒拉族）马学功
他，从七月来⋯⋯⋯⋯⋯⋯⋯⋯刘国安

高原风
我的歌，唱给故乡青海⋯⋯⋯⋯刘 佑
虎台⋯⋯⋯⋯⋯⋯⋯⋯⋯⋯⋯⋯杜连义
奥土斯之魂⋯⋯⋯⋯⋯⋯（撒拉族）闻 采
八月青海湖⋯⋯⋯⋯⋯⋯⋯⋯⋯肖 黛
牛角号⋯⋯⋯⋯⋯⋯⋯⋯⋯⋯⋯李玉林
沙漠上的哲理⋯⋯⋯⋯⋯⋯⋯⋯徐志宏
水磨⋯⋯⋯⋯⋯⋯⋯⋯⋯⋯⋯⋯蒋兆钟
高原风⋯⋯⋯⋯⋯⋯⋯⋯⋯⋯⋯祁建青

评论
虽不是神，但毕竟伟大⋯⋯⋯⋯毛微昭
鲁迅存在创作的衰退期吗?⋯⋯⋯吴晓东
察森敖拉的创作追求⋯⋯⋯⋯⋯李国平

美术
美国女学者（油画）⋯⋯⋯⋯⋯朱乃正
新兵（中国画）⋯⋯⋯⋯⋯⋯⋯曹伟业
西岳备忘录（木刻组画）⋯⋯⋯⋯左 良
远方吹来的风（蛋彩画）⋯⋯［美］安德鲁·怀斯

1986 年第 1 期 刊名:《青海湖》
目录

青海文学院作品专辑
风蚀的河（中篇小说）····················邵兰生
越过涧沟（小说）······················轩锡明
没有月亮的夜晚（小说）··················时培华
关键在于更新（评论）····················陈士濂

小说
麻旦·······························董炳新

散文
水远山长·························卞之琳
无名的小花·······················邹如修

西部诗坛
荒原上的花朵·······················闻 频
挑夫·····························金元浦

评论
当代高原生活的颂歌·············中 流 中 立
《论鲁迅的创作生涯》读后···············王得后

美术
腾跃（中国画）·····················黎 进
山高水长（中国画）···················秦 岭
秋姣（中国画）·····················王 颖
润雨（中国画）·····················尹峰烂
湟水游踪（中国画）···················王德龙
温暖的阳光（油画）··············（藏族）才 高

1986 年第 2 期 刊名:《青海湖》
目录

小说
家狐····························郑九蝉
扎手的刺梅（中篇）···········（蒙古族）察森敖拉
小石磨··················（土族）鲍义志
哦，我的赫拉女神····················顾 工
一支走了调的情歌····················夏 秋
那水壶的绿·······················少 鸿
黄色的雪花·······················冯文超
扯断的红丝飘带·····················陈敏莉

散文
回忆中的北平······················李霁野

师友怀想录（四篇）···················吴小如

诗歌
边魂（西部诗坛）····················杨 牧
西部小镇（西部诗坛）··················杜爱民
西宁大十字·······················丁 芒
古城吟（二首）·····················李 振
塔尔寺和我（外一首）··················高洪波

评论
略谈文艺真实观·····················李 燃

美术
远客（套色木刻）····················鄂圭俊
中华健儿颂（木刻）···················里 果
午静（油画）······················孙盛仁
秋爽（油画）······················高春林
起跑线上（中国画）···················曲学霭

1986 年第 3 期 刊名:《青海湖》
目录

报告文学
森林之子·························叶永烈
高原的鹰·························刘生曦

小说
高明清小传（中篇）···················丁斌武
那片寂静的草滩··············（藏族）意西泽仁
甩不开的亲戚······················马文卫
微型小说五篇···············安 琪 江 南
小 溪 姜贻斌 高 低

诗歌
西部诗坛
溯源····························刘宏亮
西北之旅（二首）····················黎焕颐
回声（三首）······················潞 潞
金色的连湖·······················邹如修
诗词、套曲十四首····················荒 芜
巫君王 范希夷 冯其庸 陈迩冬 林 平 刘 郎
马石纪 叶元章 林 锴 汪民会

散文
恨书···························宗 璞
风铃儿丁当······················冯君莉
卧碌碡··························石 泳

评论

战士与苍蝇 ———————————— 林默涵

美术

高原的色彩（水粉） ——————— 程水生
油画小辑（四幅）
————— 李生琦　宁东来　祝京元　丁一军　王新民
青海风情（油画组画） ————— 井汉升

1986 年第 4 期　刊名:《青海湖》
目录

小说

莫家三钗 ———————————— 毛志成
古砚泪 ————————————— 吴丽嫦
枯塘纪事 ———————————— 赵本夫
喜筵的泪光 ————————————邢秀玲
秋天，我拾起一片落叶 ————— 云登华毛
错中错 ————————————— 臧永平

散文

快活、贪婪的人们 —————— 李佩芝
薄暮 ———————————————峻　夫

诗歌

青春地平线
太阳人 ———————————— 海　男
静静的灾难（六首）—————— 顾　城
小巷少女 ———————————— 陈惠芳
西部诗坛
风暴，在高原卷起（外一首）—— 刘国安
观门街 ———————————— 高　平
致珠穆朗玛（外一首）———— 王建渐
高原与生命（二首）————— 孙宁海

评论

美的追求，美的赞歌 ————— 文　山
不要恣意贬损鲁迅 —————— 陈瀛渝
诗的故事　诗的形象 ————— 沙　平
文艺批评和多维性思维 ———— 林　芳

美术

向阳（油画）———————— 燕　飞
梳妆（木刻）———————— 梁守义
吼（木刻）————————— 刘　岘
塔尔寺印象（中国画）—— 陈　龙　周若兰

1986 年第 5 期　刊名:《青海湖》
目录

小说

雪海茫茫 ————————————钱佩衡
鬼 ——————————————— 沈善增
桑烟，飘逝在草原 ———（藏族）丹珠昂奔
叶落黄杏沟 ——————（土族）鲍义志
谁是谁非 ———————————— 赵　新
汪二新传 ——————（土家族）陈　川
疢 ——————————————— 邹如修
归途 ———————————————牛如忠

诗歌·散文

西部诗坛
僵土地的律动（组诗）———（撒拉族）闻　采
青藏高原（外一首）————— 秦介龙
荒原四题 ———————————— 耀　宗
情之旷野（组诗）———（撒拉族）马学功
西中国：风景与人（组诗）—— 燎　原
青春地平线
十二行（外三首）—————— 路一村
军港之夜（二首）—————— 陈　与
梦与真（四首）——————— 吴　非
山风的和弦 ———————————王玉琴
吻 ——————————————— 李　玲
冬、渴望着 ———————————马梅英

散文·散文诗

锡铁山随想 ————————— 朱　奇
浅蓝色的夜（外二章）———— 耿林莽
总是这土风（四章）————— 韩玉成

评论

我们需要实事求是的良好学风——简评《论鲁迅的创作生涯》———————严家炎　马振方

美术

新居（油画）———————— 潘世勋
彦涵版画新作小辑 —————— 彦　涵
日月山下（中国画）————— 崔振国

1986 年第 6 期　刊名:《青海湖》
目录

报告文学

"比格云室"的情丝 ·······················李南山

小说

第五十个学生 ·····························蒋海平
草原的礼物 ·······························轩锡明
漠上 ···································高 澍
灵犀（上篇）·····························言 公

西部诗坛

秋夫诗九首 ·····················（撒拉族）秋 夫
西部诗稿（组诗）·························章德益
给沙陵 ·································木 斧
给孩子（组诗）··························左可国

散文

梅汝恺的苦与乐 ·························王立道
幸会艾老 ·······························佘木水

评论

我们的教训——关于发表《论鲁迅的创作生涯》的自
我批评 ·······························本刊编辑部
魔镜折射的逆光——《秋夫诗九首》读后 ·······燎 原

外国现代派文学作品一瞥

墙上的斑点 ·····························[英]
维吉尼亚·乌尔芙著　文美惠译
"意识流"与《墙上的斑点》 ···············蒋国忠

美术

花满人间（农民画）···········（藏族）花生兰（女）
木刻小品 ·······························钟长清
风岩烟月（套色木刻）···········丘 里 陈金瑞
长篇历史小说《未央宫》插图 ···············左 良

1986 年第 7 期　刊名:《青海湖》
目录

小说

假如真的有命运（中篇）···················玉 湖
灵犀（中篇·下篇）·······················言 公
猴师 ···································黄 钲
教女篇 ·································杨植材
维纳斯 ·································张炜光

微型小说五篇 ···············顾 工　蔡其康　李 振

诗歌

微风 ···································罗大冈
路（外一首）·····························马石纪

西部诗坛

蓝色的海岸线（六首）·····················燎 原
三月，我走向大漠 ·······················白 渔
在东方沙漠里（二首）·····················林 染
青春地平线
天葬与海葬（二首）·······················王 璞
诗四首 ·································张毅伟
女人的触角 ·····························郭爱玲
透过纯净的白雪 ·························建 青
火车 ···································穆林生

评论

海岸线的启示
——读燎原的《蓝色的海岸线》···············朱 军

美术

耍狮子（丝网版画）·······················张 骏
班玛农家（油画）·························宁冬来
谈心（木雕）·····························黄 瑾
赶赛马（油画）·························谢恒星

1986 年第 8 期　刊名:《青海湖》
目录

小说

大作反响强烈 ·····························倪 土
块垒（中篇小说）·························彭承仁
日暮江州（传记小说）·····················舒德骑
哀鸿 ···································胡 蜂
啊，中断的梦 ·····························孤 蓬
待你发财时······························唐 涓
微型小说六篇 ·····························郭晋渊等

诗歌

西部诗坛

秋 ···································肖 黛
出塞（组诗）·····························唐光玉
爱之河（外一首）·························匡文留
山韵与净土 ·····························殷家璠
诗二首 ·································耀 宗

评论

秋高·爱深·春潮急 ·······················曹 阳

散文

神州寄笔著大勋·······················雷声宏

美术

神奇的果洛（油画）···················李生琦
恒（木版拓片）·······················曲学霭
树·人（雕塑）·······················翟　恒
踏歌图（中国图）·····················边　军

1986 年第 9 期　刊名:《青海湖》
目录

小说

诺亚在歌唱（中篇）···················杨志军
婚礼正在进行·························陈舒平
高墙上，有个小小的窗口···············池如镜
踏着落雪···························李玉真
淡蓝色的旋律·······················刘翠香

诗歌

雪域（组诗）·························刘宏亮
变奏的江南主题（组诗）···············刘国安
高原人（组诗）·······················马伟福
青春地平线
远古情绪···························黄　石
中国，有一个大力士···················李尚才
诗三首·····················宋　渠　宋　炜
影的思路···························北　川
杏花村的酒（散文诗·外二章）···········梦　雨
草原拾絮（散文诗·三章）···············益　娜
幽思（散文诗）·······················晓　燕
天南海北·····················沙　鸥　师日新
田　地　张石山　晏　明　石　河　何　来　高　深

评论

总是在艰难里跋涉——宏亮其人其诗·······罗　放

散文

泉华羽·····························叶　晞

美术

爽秋（油画·局部）···················朱乃正
湖（丝网版画）·······················张桂林
西海牧歌（套色木刻）·················孙绍培
我的家乡（套色木刻）·················白　峰

1986 年第 10 期　刊名:《青海湖》
目录

报告文学

潮动·····························杨志军
为了点燃神奇之火·····················天　涯

小说

达乌和彦彦·························董炳新
紫丁香，白丁香·······················秋　元
丰收的苦恼·························张象吉
三角地的黄昏·······················冯文超
渴·······························邵维霞
小小说三篇·············亚　宁　刘恩龙　陈元魁

诗歌

西部诗坛
古编钟与电吉它（组诗）···············王　度
太阳和人···························沙　陵
南北吟（二首）·······················李志清
北方孤独者的情绪·····················贾　羽
藏族大嫂···························陈学业
青春地平线
马背上的草原（组诗）·················海　男
我们咀嚼着发黄的灯光·················高继恒
高原的呼唤（二首）···················鲁鲁风
爱的步履···························晓　娟
南方上映西部风景·····················李　成
天狼星的传说·······················钱叶用
日落·····························孙功兵
月·······························邓敏华

散文

高原的眷恋
高原雪·····························罗　洛
诗与梦·····························王　浩
混沌初忆···························李立红
落英夕拾···························刘　佑

评论

哀军，哀军，哀军必胜——读王度诗兼谈我省诗歌创
作·······························燎　原

美术

高原之子（油画）·····················朱成林
高原风（版画）·······················左　良
水电站的建设（版画）·················陈晋容
祁连晚秋（中国画）···················曾道宗

1986 年第 11 期　刊名:《青海湖》
目录

青海高原万紫千红的民族文学之花⋯⋯（汉族）若　筠
小说
我和三个白度母（中篇）⋯⋯⋯⋯（藏族）多杰才旦
神仙淖尔⋯⋯⋯⋯⋯⋯⋯⋯⋯（土族）鲍义志
无词的摇篮曲（中篇）⋯⋯⋯（蒙古族）察森敖拉
夏天，我掬一捧温柔的湖水⋯（藏族）云登华毛
命运的呼唤⋯⋯⋯⋯⋯⋯⋯（撒拉族）马学义

诗歌
西部诗坛
垛妮达山的清露（组诗）⋯⋯（藏族）格桑多杰
羊皮筏和筏子客及老人的情绪（撒拉族）马学功
向东的长歌⋯⋯⋯⋯⋯⋯⋯（撒拉族）秋　夫
春海：东部山体与湟水的晚歌（回族）韩玉成
青春地平线
人的世界里（组诗）⋯⋯⋯⋯⋯（藏族）班　果
生土地的野夯歌⋯⋯⋯⋯⋯⋯（土族）建　青
妈妈和酸果树（外一首）⋯⋯（撒拉族）马梅英
诗三首⋯⋯⋯⋯⋯⋯⋯⋯⋯⋯（藏族）索南加
春播即景（散文诗）⋯⋯⋯⋯（回族）马福海

散文
孟达峡三思⋯⋯⋯⋯⋯⋯⋯⋯（撒拉族）闻　采
雪落张家滩⋯⋯⋯⋯⋯⋯⋯⋯（土族）张英俊

评论
大地的胸腹在这里
——读格桑多杰的诗所想到的⋯⋯（汉族）章　灿

美术
山溪（油画）⋯⋯⋯⋯⋯⋯⋯（土族）鄂圭俊
万古长青（宣传画）⋯⋯⋯⋯（土族）赤航雾拉
青春纪念（木刻）⋯⋯⋯⋯⋯（回族）冶　峰
煤的生涯（水粉画）⋯⋯⋯⋯（回族）王　度

1986 年第 12 期　刊名:《青海湖》
目录

小说·报告文学
野木匠⋯⋯⋯⋯⋯⋯⋯⋯⋯⋯⋯⋯⋯柏　原
雨痕⋯⋯⋯⋯⋯⋯⋯⋯⋯⋯⋯⋯⋯王文泸
鳏寡⋯⋯⋯⋯⋯⋯⋯⋯⋯⋯⋯⋯⋯王云南
走向旷远的山原⋯⋯⋯⋯⋯⋯⋯⋯刘　郎
太阳⋯⋯⋯⋯⋯⋯⋯⋯⋯⋯⋯⋯⋯陈源斌

窗前，一棵白杨树⋯⋯⋯⋯⋯⋯⋯阿　来
不了情⋯⋯⋯⋯⋯⋯⋯⋯⋯⋯⋯⋯李　振
老人与姑娘⋯⋯⋯⋯⋯⋯⋯⋯⋯⋯尹安农

诗歌
西部诗坛
拓荒者醒来（组诗）⋯⋯⋯⋯⋯⋯秦介龙
哦，我的北冰洋（二首）⋯⋯⋯⋯晓　梅
六月河，孩子河⋯⋯⋯⋯⋯⋯⋯⋯马　钰
青春地平线
西部城市⋯⋯⋯⋯⋯⋯⋯⋯⋯⋯⋯斯　菲
有题目，但还没有想起来（三首）⋯牛　八
诗三首⋯⋯⋯⋯⋯⋯⋯⋯⋯⋯⋯⋯泽　夏
火与血的交错线⋯⋯⋯⋯⋯⋯⋯⋯韩国鑫
高原·太阳和人⋯⋯⋯⋯⋯⋯⋯达瓦扎西
《北京画展》印象⋯⋯⋯⋯⋯⋯⋯刘宏亮
爱情诗三章（散文诗）⋯⋯⋯⋯⋯廖亦武
A 大调钢琴协奏曲（散文诗）⋯⋯殷　红

散文
鹰之歌⋯⋯⋯⋯⋯⋯⋯⋯⋯⋯⋯⋯朱　奇
昆明小景⋯⋯⋯⋯⋯⋯⋯⋯⋯⋯⋯路　夫

评论
没有风流的岁月——读组诗《拓荒者醒来》⋯⋯阿　亮
流动的"旋律"，封闭的"圈地"——评析两个不同
历史时期的女记者⋯⋯⋯⋯⋯⋯⋯李　芃
面对大西北文学世界的思考——西北五省（区）文学
期刊编辑工作座谈会纪要

美术
《北京画展》作品小辑
上天之路（套色木刻）⋯⋯⋯⋯⋯土　人
昂首飞鬃奋老蹄（中国画）⋯⋯⋯尹瘦石
尕娃（石版画）⋯⋯⋯⋯⋯⋯⋯⋯吴长江
边城小市（中国画）⋯⋯⋯⋯⋯⋯周思聪

1987 年第 1 期　刊名:《青海湖》
目录

新年寄语⋯⋯⋯⋯⋯⋯⋯⋯⋯⋯本刊编辑部

小说·报告文学
黑蝴蝶⋯⋯⋯⋯⋯⋯⋯⋯⋯⋯⋯⋯响　响
饥饿王国的子孙（中篇）⋯⋯⋯⋯蔡通海
廖炎发和他的雪豹、黑颈鹤、荒漠猫⋯⋯殷家璠
小小说八篇⋯⋯⋯⋯⋯⋯洪中为　王　荣
韦克家　朱　鸿　黄克骥　张继善　朱白丹　曹启章

诗歌

半掩之窗（组诗）————————————叶延滨
断片拾遗————————————李发模
短诗六首————————————庞壮国
西部诗坛
塞上之旅（组诗）————————————肖　川
丝路情（二首）————————————唐玉光
唱给青海的歌————————————魏毓庆

地平青春线

黛色作品（三首）——————宋渠　宋炜
诗二首————————————石光华
寡妇、汉子和狗（二首）——————谢蓄洪

散文

木桥————————————岑献青
泪卵石————————————黎　晓
赤道（散文诗）————————————海　翔

评论

西部，一棵孤傲的风景树————————洛轲可

美术

林中（水彩画）————————————梁　栋
龙羊峡组画（铜版画）————————徐　冰
葵花地（纸版画）————————————伍义端
古刹新春（木刻）————————————左　良

我等一只船（外二章）————————耿林莽
苍茫的时刻（外二章）————————郭爱玲
乡音何处————————————梦　雨
青春地平线
长途旅行————————————张加百
诗两首————————————李　敏
旷野火烧风————————————何铁生
男人的目光————————————谢午恒
小巷的故事————————————卜小玲
时差的消溶————————————王　山
那支谣曲蹲在船头已经很久了——————醉　舟
西蕃女————————————多杰群增

散文

铁琴铜剑楼畔的遐思————————吴恩培

评论

非期许的对话和约会——读残雪的两个短篇——唐　俟
美术事业的开拓——《龙羊峡画展》礼赞——————边　军

美术

《龙羊峡画展小辑》
—————张　凭　陈晋容　谢志高　马　刚　谢恒星

1987 年第 2 期　刊名:《青海湖》

目录

小说

小说两题————————————残　雪
受伤的孤雁（长篇小说《生存》节选）
—————————————刘文琦　钱佩衡
渭河秋水白（中篇小说）————————赵　熙
归来了，宁静的河滩————————李静华
狰狞的夜————————————蔡　立

诗歌

西部诗坛
冷灰烬（组诗）————————————杨　牧
最后的灵感————————————黑　羽
诗两首————————————郑光前
夜的羌歌————————————春燕青
散文诗小辑
暴风雨中的独奏（二章）————————李　耕
赭色的云（外一套）————————相　西

1987 年第 3 期　刊名:《青海湖》

目录

小说·报告文学

一个城市的南北两端————————蒋海平
外交部长————————————牛正寰
小城又风雨————————————吴丽嫦
香水喷泉————————————叶　伞
悬崖上，那条火红的布腰带——————祁永寿
人·神·人————————————杨友德
小梅————————————刘　恪

诗歌

西部诗坛
十行抒情诗五首————————————子　页
敦煌————————————王建民
诗圣与剑（外一首）————————王　璞
读史（外一首）————————————蒋兆钟
修庄————————————陈　默
青春地平线
与想象无关的三首诗————————开　愚
黄昏纪事————————————钱万成
瞬息之光————————————山　涛
生命之沼地————————————钱叶用

作曲家与诗人…………………………毛　汉
墙…………………………………………曾　瀑
她与"野兽"……………………………彭国梁
关于盐湖………………………………郑登旗
哈萨克汉子……………………………时星原

散文诗
滴露的希望（二章）…………………谢明洲
江南（二章）…………………………赵　敏

散文
品茶……………………………………竹　子
第一个冬日……………………………梅　卓
楚门的庙………………………………袁振龙

美术
我所见到的西部高原…………………谢恒星
晴朗的正月……………………………洪荫培
藏原新市………………………………左　良
日月山下………………………………张坚如

1987 年第 4 期　刊名:《青海湖》
目录

小说·报告文学
曹婆井轶事……………………………姜贻斌
本刊内部消息…………………………胡　英
在拉萨…………………………………魏志远
神山……………………………………虞翔鸣
微型小说二题………………………叶　苏　高立刚
塔呵，高高的塔（报告文学）——为了三千万秦川观
众………………………………………天　涯
全都是真的!（报告文学）…………王泽群
往事·反拾篇…………………………邹如修
野性的对抗……………………………李晓伟
从家乡捎来的哈达……………………丁仁仲

诗歌
天南海北
荒野（外一首）………………………刘毅然
琴音里的爱恋…………………………晓　晴
十一行无题诗…………………………孔　林
悔………………………………………韩　青
哺乳的母亲（外一首）………………傅浙平
西部诗坛
爱的潜流………………………………渭　水
石头·青铜……………………………杨绍武
羊群，在荒漠草原游弋（外一首）…孙宁海

女性的沙漠……………………………匡文瞿
深夜，读《仓洋嘉措情歌》（外一首）………李玉林
海边诗絮（组诗）……………………哈斯乌拉
青春地平线
东居……………………………………李建忠
散文诗三章……………………………韩嘉川
默默的孤爱……………………………张晓燕
山羊……………………………………索南加
乡思（外一首）………………………陈学业

散文
白帆片片（外一题）…………………罗大冈
川西北纪行之一………………………萧　枫
曲玛七渡口趣话………………………昂　尕

美术
河源春晓（油画）……………………孙盛仁
奔牛图（中国画）……………………边　军
舞（中国画）…………………………马西光

1987 年第 5 期　刊名:《青海湖》
目录

小说
人生几何………………………………姜瑚敏
望月……………………………………邢秀玲
阳气（中篇小说）……………………毛志成
你是一只猫……………………………哲　夫
回游……………………………………龙彼德

诗歌
西部诗坛
诗四首…………………………………杜爱民
羌域（组诗）…………………………班　果
东方之岸………………………………耀　宗
西行拾翠（二首）……………………杜连义
高原城（组诗）………………………何小竹
青春地平线
呼啸的钮扣（外二首）………………伊　甸
祖先之灵………………………………陈　与
情诗二首………………………………田　毅
冬天……………………………………陈寿星
化石……………………………………马　骞
故友（外一首）………………………程小蓓
四月……………………………………王砾潮
触角与游云（二章）…………………达佤扎西

散文

在山泉水 ·· 青　林
公主走过的小镇 ······························ 索　宝

评论

突破岩壁，与世界对话——班果《羌域》读后···· 朱　军

美术

赛马场上（水粉画）···························· 李纯荣
龙羊峡口（中国画）···························· 曾道宗
牧区速写（二幅）······························ 吴长江
龙羊峡的早晨（中国画）························ 张　凭

1987 年第 6 期　刊名:《青海湖》
目录

小说

血战 ··· 童江南
夜班 ··· 罗　雀
菩提树乱弹 ···································· 朱振国
失重 ··· 倪　土
水仙梦 ··· 安凤和
青青马兰头 ···································· 冯光辉
小小说四题 ···················· 张加百　郭晋渊　苗凡卒
勾头草 ··· 马文卫
黄杨木拐杖 ···································· 李来予

诗歌

青春地平线
主峰进行曲（组诗）···························· 建　青
夜话（三首）··································· 裴小龙
大师（三首）··································· 蔡炎军
选择高原 ······································· 北　川
结合部（外一首）···················· 卞　奎　忠　勇
谋求（散文诗）································· 曲庆玮
南极星 ··· 鄂　庭
疑惑与迷离 ···································· 王沛帼
西部诗坛
诗四首 ··· 魏志远
青海抒情诗（组诗）···························· 殷家璠
兵马俑博物馆拾遗（外一首）···················· 刘得庆
童趣 ··· 左可国
大江流韵（三首）······························ 李　振
绿洲之路 ······································· 陈友胜

散文

高原风貌
戈壁·公墓·花环 ······························ 朱　奇

晶花灿灿的察尔汉 ······························ 余　焜
朝拜者的足迹 ·································· 李　清

美术

河源之晨（水彩画）···························· 里　果
鹿舞（套色木刻）······················ （土族）鄂圭俊
牧场（木刻）··································· 左　良
恒（壁画）····································· 沈　羿

1987 年第 7 期　刊名:《青海湖》
目录

小说

童年三味 ······································· 丁斌武
山谷没有彩虹（外一篇）························ 周晓萍
古林中有座吊脚楼 ······························ 傅国帆
天上有个月亮 ·································· 吕　新
硝烟弥漫 ······································· 张炜光
情丝长，情丝短 ······························ 鉴一帆
夏天的蜜月 ···································· 舒　玉
小慧 ··· 刘苗科

诗歌

西部诗坛
摩蝎星座（组诗）······························ 秋　夫
失落的大雁塔 ·································· 葛佳映
鸽子 ··· 高　平
西部行歌（三首）······························ 邹如修
八月萧关道 ···························· （回族）姚欣则
蛙丫 ··· 章治萍
青春地平线
在冬天里穿行（组诗）·························· 王　立
现代东方哲学（组诗）·························· 牛　八
在东方（外一首）······························ 杜卫平
三十岁的眼睛（外一首）························ 张子英
"安召"情绪（外一首）···················· （土族）阿　霞
遥远的破译（三首）···························· 罗晓明
青海，咸咸的青海 ······························ 刘业勇
旧体诗词专章 ······················ 若　筠　王　浩
杨牧云　郭若珍　冀百年　漠　草　苏德本
情感的雨滴（散文诗）·························· 森　森

散文

高原风貌
祁连拾韵 ······································· 涂光群
文学的小草（七篇）···················· 任京生　郭英琴等

评论

人：历史与诗的联结点——评小说《十三世达赖喇嘛》 ························ 陈墨

美术

耕（彩画） ························ 李生琦
莽莽祁连山（木刻） ························ 晓岗
柴达木探宝（水印木刻） ························ 刃峰
原本没有路（木刻） ························ 姜英良
花开时节（套色木刻） ························ 王保杰
鸡棚春暖（农民画） ························ 李宝香

1987 年第 8 期　刊名:《青海湖》
目录

小说·报告文学

跨越额尔古纳河（报告文学） ········· 于佐臣　王贵如
桑那浴 ························ （满族）佟再琦
陌生的舞步 ························ 陆景林
雪魂 ························ 言公
镜头前的一刹那 ························ 峻夫
爱，在江河源头（报告文学） ········· 刘庆海
子夜，紧急搜捕 ························ 李振
茫茫的雪原 ························ 张影
二十年以后 ························ 沈吴

诗歌

西部诗坛
远山的回忆（组诗） ························ 闻频
风景二首 ························ 吕新
最初和最后的形象（散文诗） ········· 肖黛
山 ························ 曲近
高原：非意识变奏（三首） ········· （回族）马钰
青春地平线
诗二首 ························ 何首乌
男子汉哈斯曼 ························ 柯平
少女走向山的那边 ········· （撒拉族）韩国鑫
寻常生日（外一首） ························ 西西
生命第 44 乐章（三首） ························ 高继恒
雪域情绪（外一首） ························ （藏族）索宝
塔尔寺的灵光 ························ （藏族）才旺瑙乳
吆遁（外一首） ························ 江世渝
你 ························ 鄂青子
高原小风景 ························ 王剑宇

散文

高原风貌
美不过，尕磨儿拉下的炒面 ········· 滕晓天

梦之城续篇 ························ 朱奇
龙池山冬游 ························ 轩锡明

评论

笔涉圣洁，不可造次
——关于性描写的几点思考 ········· 若筼
老山前线来信 ········· 35135 部队政治处

美术

出牧（油画） ························ 井汉升
祁连风雪（木刻） ························ 左良
亲如一家（木刻） ························ 梁守义
边陲月夜（套色木刻） ························ 郑文华

1987 年第 9 期　刊名:《青海湖》
目录

小说

辞职 ························ 赵新
地动 ························ 志鹏
红与白 ························ 冯文超
书的魅力 ························ 刘文琦
生者在世时不能讲的故事 ········· 刘佑平
佛国的微笑 ························ 江舸
河的儿子 ························ （苗族）刘萧
小小说四题 ················· 冬梅　马克宁等
开奖，在车厢里…… ························ 丁仁仲

诗歌

西部诗坛
跋涉者——在莫高窟 158♯ 卧佛洞 ········· 燎原
扶着走廊的栏杆（三首） ························ 白渔
诗二首 ························ （藏族）曲江才让
孤独的风景线（二首） ························ 刘国安
高原小调（三首） ························ 纪振玺
青春地平线
冬天的故事（二首） ························ 老凯
舞者·英雄 ························ （回族）马伟福
雪原（外二首） ················· （藏族）旺秀才丹
我愿独自走完这段旅程（外一首） ········· 王小蝉
淡红色的小海螺 ························ 王健
湘西风景（二首） ························ 彭世贵
世界像一首诗 ························ 段生柏
偶像 ························ 刘斌夫

散文

雪花静悄悄——童年纪事 ························ 瑶莲
《沧桑集》及其他 ························ 高庆琪

我在美国的留学生活⋯⋯⋯⋯⋯⋯⋯⋯⋯唐　棣

评论

美的深层次、新色彩——读土族作者鲍义志的短篇小说⋯⋯⋯⋯⋯⋯⋯⋯⋯⋯⋯⋯⋯（土族）马光星

美术·摄影

草原之夜（油画）⋯⋯⋯⋯⋯⋯⋯⋯⋯⋯程水生
中国画小品（四幅）⋯⋯⋯⋯⋯⋯⋯⋯⋯沈坚毅
土乡庙会（摄影）⋯⋯⋯⋯⋯⋯⋯⋯⋯⋯杨玉璋
湖光月色（摄影）⋯⋯⋯⋯⋯⋯⋯⋯⋯⋯张景援
藏族英雄史诗《格萨尔》插图（二幅）⋯⋯曲学霭

1987 年第 10 期　刊名:《青海湖》
目录

小说

金刚杵⋯⋯⋯⋯⋯⋯⋯⋯⋯⋯⋯⋯⋯⋯⋯陈士濂
无记涅槃（中篇小说）⋯⋯⋯⋯（藏族）多杰才旦
信任⋯⋯⋯⋯⋯⋯⋯⋯⋯⋯⋯⋯⋯⋯⋯黄跃华
他不是虫，是一条龙（报告文学）⋯⋯⋯王宗仁

诗歌
西部诗坛
雄风⋯⋯⋯⋯⋯⋯⋯⋯⋯⋯⋯⋯⋯⋯⋯郭爱玲
近作三首⋯⋯⋯⋯⋯⋯⋯⋯⋯⋯⋯⋯⋯章德益
囚鹰（外一首）⋯⋯⋯⋯⋯⋯⋯⋯⋯⋯王志杰
高原绝唱（二首）⋯⋯⋯⋯⋯⋯⋯⋯⋯曲　近
高原变奏曲（三首）⋯⋯⋯⋯⋯⋯⋯⋯刘　佑
小城印象（三首）⋯⋯⋯⋯⋯⋯⋯⋯⋯郑登旗
青春地平线
苍狼雕塑（外一首）⋯⋯⋯⋯⋯（蒙古族）舒　洁
果然（外二首）⋯⋯⋯⋯⋯⋯⋯⋯⋯⋯陈惠芳
黄河雕铸的石碑——山的女儿⋯⋯（撒拉族）翼　人
放歌二首⋯⋯⋯⋯⋯⋯⋯⋯⋯⋯（藏族）昂　尕
绝唱（二首）⋯⋯⋯⋯⋯⋯⋯⋯⋯⋯⋯向书豪
糌粑⋯⋯⋯⋯⋯⋯⋯⋯⋯⋯⋯⋯⋯⋯⋯许德民
悼念⋯⋯⋯⋯⋯⋯⋯⋯⋯⋯⋯⋯⋯⋯⋯野　仁
读史⋯⋯⋯⋯⋯⋯⋯⋯⋯⋯⋯⋯（藏族）列美平措
土楼·崇高之树⋯⋯⋯⋯⋯⋯⋯⋯⋯⋯余振斌

散文
一路山水尽是诗⋯⋯⋯⋯⋯⋯⋯⋯⋯⋯钱佩衡
残阳·半月·夜莺⋯⋯⋯⋯⋯⋯⋯⋯⋯王立道
秋风沉醉的夜晚——西部酒家系列之三⋯⋯⋯刘玉峰

评论
有感于陈士濂的《金刚杵》⋯⋯⋯⋯⋯⋯赵　园

美术

啊　第二个青海湖（宣传画）⋯⋯⋯（土族）白　峰
作家简介：陈士濂　多杰才旦
军魂（油画）⋯⋯⋯⋯⋯⋯⋯⋯⋯⋯⋯宁冬来
高原铁军（中国画）⋯⋯⋯⋯⋯⋯⋯⋯曹伟业
草原春暖（油画）⋯⋯⋯⋯⋯⋯⋯⋯⋯朱成林

1987 年第 11 期　刊名:《青海湖》
目录

小说

一品百姓⋯⋯⋯⋯⋯⋯⋯⋯⋯⋯⋯⋯⋯王立道
狼崽⋯⋯⋯⋯⋯⋯⋯⋯⋯⋯⋯⋯⋯⋯⋯蔡通海
慰问⋯⋯⋯⋯⋯⋯⋯⋯⋯⋯⋯⋯⋯⋯⋯罗　雀
压力（报告文学）⋯⋯⋯⋯⋯⋯⋯⋯⋯王　立
微型小说五题⋯⋯⋯⋯⋯⋯⋯杨小叶　鲍义志等

诗歌
拾穗集（十六首）⋯⋯⋯⋯⋯⋯⋯⋯⋯左可国
十行抒情诗五首⋯⋯⋯⋯⋯⋯⋯⋯⋯⋯子　页
彩色人生（三首）⋯⋯⋯⋯⋯⋯⋯⋯⋯培　贵
达拉积石山（二首）⋯⋯⋯⋯⋯⋯⋯⋯王建民
伊甸园的禁果（二首）⋯⋯⋯⋯⋯⋯⋯贾长厚
年轻轻的妻⋯⋯⋯⋯⋯⋯⋯⋯⋯⋯⋯⋯郑光前
爱之声（二首）⋯⋯⋯⋯⋯⋯⋯⋯⋯⋯唐光玉
青春地平线
情敌（三首）⋯⋯⋯⋯⋯⋯⋯⋯⋯⋯⋯廖亦武
停摆的钟（二首）⋯⋯⋯⋯⋯⋯⋯⋯⋯阳　飏
是时候了（外一首）⋯⋯⋯⋯⋯⋯⋯⋯李　敏
无题（外一首）⋯⋯⋯⋯⋯⋯⋯⋯⋯⋯段和平
第二人称（二首）⋯⋯⋯⋯⋯⋯⋯⋯⋯石玉坤
向往⋯⋯⋯⋯⋯⋯⋯⋯⋯⋯⋯⋯⋯⋯⋯傅浙平
达月（外一首）⋯⋯⋯⋯⋯⋯⋯⋯⋯⋯叶世斌
散文诗
粗弦上的颤音（三章）⋯⋯⋯⋯⋯⋯⋯李　耕
平静的太阳⋯⋯⋯⋯⋯⋯⋯⋯⋯（回族）韩玉成
写给季节、人们⋯⋯⋯⋯⋯⋯⋯（藏族）达伍扎西

散文
浪花、泡沫、大海（外二题）⋯⋯⋯⋯罗大冈
春华秋实二十五⋯⋯⋯⋯⋯⋯⋯（撒拉族）马梅英

美术
雪原方舟（油画）⋯⋯⋯⋯⋯⋯⋯⋯⋯韦振江
作家介绍：左可国、王立道
长城（油画）⋯⋯⋯⋯⋯⋯⋯⋯⋯⋯⋯徐　可
祁连山晨曲（水印木刻）⋯⋯⋯⋯⋯⋯李功平

1987 年第 12 期 刊名:《青海湖》
目录

小说·报告文学

烟（中篇）........................吴丽嫦
艄公女........................谭留根
多多的春日........................秋 元
巴颜喀拉之子（报告文学）........................杜连义
汗西山川树纵横（报告文学）........................郭爱玲

诗歌

西部诗坛
抒情诗四首........................白 渔
西行（三首）........................谷 溪
西部，豪放了我的时空观........................黄东成
秦州之旅（三首）........................蒋兆钟
西部寻梦（组诗）........................秦介龙
散文诗
河源吟........................（藏族）格桑多杰
青春地平线
林神（外一首）........................南 野
暮雨........................王中朝
旅途（外一首）........................达 黄
荒原与城市：一脉相承（外一首）........................贾 庄
铜兽........................醉 舟
给那位朋友（外一首）........................王 川

小鹿

告读者、作者
诗的答卷（组诗）........................刘梦琳
黑姑娘（童话）........................丰 禾
老人与童话（小说）........................程 勇
童心世界（诗歌）........................陈学业

美术

秋草（中国画）........................邹晓萍
作家介绍：闫瑶莲 白 渔
故土沧桑（版画）........................左 良
去西部油田（油画）........................黄绍京

1988 年第 1 期 刊名:《青海湖》
目录

面对排闼而来的改革大潮——新年寄语

小说

野马滩啊野马河（中篇）........................王云甫

仅此一夜........................李静华
"眼睛王"传奇........................张 勇
雪晶莹（小荷初露）........................于 超

诗歌

西部诗坛
沿着倒淌河（组诗）........................刘宏亮
蒙古高原上的阴山........................赵健雄
寻根........................东 虹
青春地平线
你来了，但没有敲门（诗三首）........................蓝 冰
魅力........................谢琼慧
铸造高原（外一首）........................王建平
偶然之悸........................山 涛
爱的路径（外一首）........................石春海
土地·历史·人（二首）........................胡 鹏
太阳鸟·月亮雨（外一首）........................亦 帆
把这首诗留下........................刘建平

散文

写在视网膜上的诗——访泰扎记之一........................歌 行
想起了两位画家........................草 轩
听雪........................梅 卓

评论

昌耀·奇崛而广厚的塬体........................王建民
源远流长的西北军事文学........................许明善

美术

野花香馥馥（中国画）........................郭世清
作家介绍：王歌行 刘宏亮
昆仑山中（中国画）........................方之南
青海孕拉鸡（中国画）........................郭世清
祁连鹿场（中国画）........................方之南

1988 年第 2 期 刊名:《青海湖》
目录

小说

古渡口（中篇）........................蒋海平
黑牡丹 白牡丹 红牡丹（中篇）........................鲍义志
爱之惑........................刘 佳
鸽恋........................唐 涓
哦，楼群间的茅草屋（小荷初露）........................王自源
死去的和活着的........................黄河浪

诗歌

西部诗坛

哲理的大西北················秋　夫
诗四首····················郭维东
抒情诗三首················魏志远
青春地平线
现代西部（三首）············海　涛
积石关，不是雄关············闻　采
原野····················会　彬
即景：黄河树··············马福海
整个上午阅读着你············尚飞鹏
自然之自然定律（二首）········雨　田
湖边轶事··················江　堤
感觉区域··················鲁　川
渴望裸露（二首）············屈代成

散文

壮哉，通天河··············朱　奇
西海最俊，牦牛最雄··········滕晓天

评论

迷失在天上的加缪
——论加缪及他的主观世界······石　厉
略说散文的自觉意识··········梁新俊
"中国潮"报告文学征文百家联名启事

美术

长河（油画）··············朱乃正
作家介绍：秋夫　鲍义志
龙羊峡水电工程组画（版画）······张坚如
古河道（油画）············马宇光

1988 年第 3 期　刊名:《青海湖》
目录

小说·报告文学

酋长正在复活（中篇）··········杨志军
霉变····················叶　垈
得失之间··················董炳新
订报····················冯光辉
悔······················邹如修
小小说荟萃
末班车
虚构
绣花枕套
美的阴影
被毁的杰作
爱的谐音··················黑旦等
谷秀英的故事（报告文学）········裴　林

脱下军装的人··············赵建国

诗歌

雪魂（散文诗）············格桑多杰
三月的春风（女诗人专辑）
至于后半生（外一首）··········马丽华
田野女子（诗二首）··········郭爱玲
冬日（外一首）············葛根图姬
龙羊女性（诗二首）··········邢秀玲
307 病房················程小蓓
种烟叶的女人··············小　安
离别（外一首）············翟永明
女性的沙漠（组诗）··········匡文留
巴颜喀拉雪山··············肖　黛
猎人和公主················佳　山
造化背景··················海　翔
噩梦（外一首）············谢琼慧
披羊皮的女人··············刘　涛
穿越秦岭（外二首）··········飘　飘
夜（外一首）··············冯玉芝
一枝玫瑰（诗二首）··········刘守红
门第之想··················杨　萍

散文

叔父如是说··············才　朵
觅······················毛　竹

评论

艺术中意象与感性的作用及其审美关系·······雷体沛

美术

龙羊峡之夜（中国画）··········张　凭
作家介绍：格桑多杰　杨志军
人寿年丰（木刻）············刘　岘
青海民族民间图案············郑守宽

1988 年第 4 期　刊名:《青海湖》
目录

"中国潮"报告文学征文

魂系昆仑··············赵　信　乔军中

小说

抹尸·生命················姜贻斌
流变····················王自源
母船····················刘　恪
逝者如斯············张鼎全　骆树基
树精····················马文卫

太阳和月亮 ——————————————— 杜菊花

诗歌

西部诗坛

毛边月（外二首）————————————— 李发模
正在中途（组诗）——————————————— 肖 川
散文诗二题 —————————————— 卞 奎 忠 勇
青春地平线
雨声（组诗）————————————————— 杜爱民
梅雨（外一首）———————————————— 朱铁志
高原 躁动的情绪 —————————————— 马 钰
给 c ——————————————————————— 李 苇
给一位朋友 —————————————————— 陈 宣
六月（外一首）———————————————— 卫 华
你的名字（外一首）————————————— 苑 瑚
云·山·我（外一首）————————————— 缑 曦
垂钓（外一首）———————————————— 徐传锐
诗二首 ———————————————————— 徐 泽
无题 —————————————————————— 鄂 庭

散文

孟达寻梦（高原风貌）———————————— 祝咸禄
我心中的柴达木 ——————————————— 景文山

理论

迷宫意识——西部意识举隅 ————————— 龙 驿

美术

赤岑（中国画）———————————————— 边 军
作家介绍：李南山 李 振
奶站笑语（木刻）——————————————— 苏 朗
海西都兰群众美术作品小辑

1988 年第 5 期　刊名:《青海湖》
目录

小说

诸葛川（长篇选载）————————————— 王立道
诱售 —————————————————————— 王 筲
心墙 —————————————————————— 柳湘波
文科班的座位 ———————————————— 赵小明
三条汉子 ——————————————————— 严歌平
大雁西飞（报告文学"中国潮"征文）———— 毛微昭

诗歌

天南地北
黄山之旅（组诗）——————————————— 罗 洛
有一片浮雕 ————————————————— 白德成

这个秋季（二首）——————————————— 嵇亦工
旧体诗词二首 ———————————————— 兴 之
青春地平线
涅瓦之波（组诗）——————————————— 梅绍静
夏天还很远（外一首）———————————— 柏 桦
研究秋天 ——————————————————— 孙文波
无鹰的天空 ————————————————— 阿 信
神话树 ———————————————————— 索 宝
相距并不遥远 ———————————————— 金斌贝
太阳泪（散文诗）——————————————— 胡卓识
好日子、坏时光（散文诗）—————————— 西 岸

散文

对土地的钟爱 ———————————————— 朱 奇
河长长 梦悠悠 ——————————————— 马光星
龙头拐杖 ——————————————————— 孙清泉

评论

唐祈诗选序 ————————————————— 郑 敏
座标系：横 0～±180；纵 0～±90——读燎原《跋涉者》—————————————————————— 章治萍
人性的错位——读蔡通海的《狼崽》————— 史培海

美术

山·鹰（中国画）——————————————— 张汝济
作家介绍：朱奇 王云甫
沙漠遗址（版画）——————————————— 彦 涵
雪野（中国画）———————————————— 韩书力
牧女（木刻）————————————————— 陈晋容

1988 年第 6 期　刊名:《青海湖》
目录

小鹿

迷人的琴声（散文）————————————— 杲向真
雪（散文）—————————————————— 陈长吟
熊猫朋友，乔得毛（小说）—————————— 李 振
小刺猬游览雪花国（童话）—————————— 刘梦琳
谁吃了西瓜（故事）————————————— 陈正斌
童韵（诗）—————————————————— 可 国
船儿去远方（诗）——————————————— 孙功兵
点燃了心中的欢喜（诗）——————————— 熊俊桥

小说·报告文学

追鱼者说（"中国潮"报告文学征文）———— 李南山
野山兰 ———————————————————— 王默沨
河东河西（中篇小说）———————————— 杨志鹏
好市口 ———————————————————— 程多富

微型小说一组 ………………………… 吕省修等

诗歌

藏民（五首） ……………………………… 班　果
西部神话 …………………………………… 王　立
达拉积石山（五首） ……………………… 王建民
破冰船（五首） …………………………… 建　青
瀚海，另一种传说（三首） ……………… 郑登旗
蓝调抒情诗（六首） ……………………… 牛　八

散文

那个飘雪的夜晚 …………………………… 钱佩衡
盐田日暖 …………………………………… 文　超

理论

简论西部人的忧患 ………………………… 龙　驿
与诗人刘宏亮一夕谈 ……………………… 方　可

美术

云山图（中国画） ………………………… 秦　岭
作家介绍：钱佩衡　安凤和
版画 ………………………………………… 里　果
少年儿童美术作品小辑

1988 年第 7 期　刊名:《青海湖》
目录

小说

苦涩的热吻（中篇小说） ………………… 察森敖拉
一种构图 …………………………………… 魏志远
老人行 ……………………………………… 丹珠昂奔
小旅伴 ……………………………………… 王惠萍

散文

早春午夜的遐想——寄之琳师 …………… 高庆琪
献给女性的花束 …………………………… 贾瑞青

诗歌·散文诗

女性心态（组诗） ………………………… 伊　蕾
战争遗产及其他（三首） ………………… 金　哲
黄河（组诗） ……………………………… 蒋兆钟
动态之流（组诗） ………………………… 陈家孝
草原上的人们（外一首） ………………… 张子选
深秋的故事（外一首） …………………… 张　枣
在北京（二首） …………………………… 凌　川
草原变奏曲（外一首） …………………… 卡木特尔
山豹从岩石跃下（外一首） ……………… 秦安江
超度在迪斯科的音乐声中（外二章） …… 朱一鸣

云惑 ………………………………………… 今　子
远山的树 …………………………………… 郭国庆
散文诗三章 ………………………………… 夏　娃

评论

当代文学的困境 …………………………… 石　厉
金石杂文的美学追求 ……………… 赵玉银　曹　曷

美术

毡房里的姑娘 ……………………………… 邹晓萍
作家介绍：察森敖拉　戴言公
版画新作（二幅） ………………………… 胡文诚
高原路（中国画） ………………………… 曾道宗

1988 年第 8 期　刊名:《青海湖》
目录

小说·报告文学

旱季的沼泽（中篇小说） ………………… 时培华
堵后门事件（短篇小说） ………………… 冯文超
正月十五闹元宵（短篇小说） …………… 赵　新
鹅卵石（短篇小说） ……………………… 李来予
转折（"中国潮"报告文学） …………… 黎　军

诗歌

滇西（组诗） ……………………………… 叶延滨
西部的爱（三首） ………………………… 孙友田
属于这片蛮荒的组诗 ……………………… 殷家璠
无题诗四首 ………………………………… 晓　晴
啊大西北 …………………………………… 黄东成
古栈道上的魂（组诗） …………………… 翼　人
别样的地方（外二首） …………………… 佳　山
黑色忧郁 …………………………………… 莎　菲
淡淡的脚印 ………………………………… 罗　源

散文

北川三题 …………………………………… 安凤和
无语夕阳（散文诗） ……………………… 梅　卓
远方（散文诗） …………………………… 阿拉腾高娃

理论

论钱佩衡散文的审美崇高 ………………… 梁新俊
时代呼唤报告文学 ………………………… 葛建中

美术

云雀（中国画） …………………………… 边　军
骄子（雕塑） ……………………………… 张维宁
筏涌大河下青海（木刻） ………………… 左　良

1988 年第 9 期　刊名:《青海湖》
目录

小说·报告文学

"STD"警报（"中国潮"报告文学征文）……刘朱婴
六百铁骑下西宁（中篇小说）……言　公
裤腰带（短篇小说）……刘元举
凯尔他拉（中篇小说）……刘玉峰

诗歌

西部诗坛
虹与石头（组诗）……默　然
日日夜夜（二首）……杨　牧
一隅（组诗）……王　璞
流星……刘　佑
纷飞的思絮（二首）……王宜振

青春地平线
南方爱情（二首）……柯　平
戈壁乡记事……沈　健
苹果的日子（三首）……刘太亨
山祭（外一首）……李晓玲
阴影……曾　瀑
祭祀……陈素英
采撷芬芳（三首）……冯玉芝

散文

山林，生命的摇篮……丁仁仲
晚情……佘木水
乌镇漫步……陆士虎

理论

试论近年来小说散文化的创作倾向……张世俊

美术

高原之舞（套色木刻）……李宪基
战士（木雕）……王起跃
版画新作（二幅）……刘　岘
巴颜喀拉山（油画）……谢恒星

1988 年第 10 期　刊名:《青海湖》
目录

小说·报告文学

相亲……熊尚志
丰富的空白……毛成成
盐湖人（报告文学）……朱　奇

人生自有情难死（报告文学）……李　振
吴地三白……闻　波
到远处去发信……沙漠子
人在烟云缥缈中……张炜光
劫数（小荷初露）……吴光辉

诗歌

雁路……子　页
时间与诗（三首）……孙宁海
抒情诗二首……加　百
困惑……易殿选
为了爱才这样自白（二首）……程蔚东
对两幅具象剪纸的叙述（二首）……开　愚

散文诗

梦的魔鬼城（二章）……李　耕
遥远的美丽……鲍鹏山
新月·乡愁·梦……亚　光
另一种恋歌（二章）……韩新东

散文

冬之旅……紫　草
他去了，披一身春雪……——怀念我们的父亲聂文郁
教授……聂　亮聂　晶聂　晴

评论

改革文学：在历史的坐标上……苗雨时

美术

缴售羊毛（油画）……杨少彤
守门员（木刻）……彦　涵
播春（雕塑）……陈新元
风景这边独好（油画）……王新民

1988 年第 11 期　刊名:《青海湖》
目录

小说

大坟……陈士濂
〇公里……沈贻炜
轨迹……沙漠子
我和我的丑媳妇……王振华

"中国潮"报告文学征文

地上天路……乔军中　赵　信
波峰浪谷之间……邢秀岭

诗歌

抒情诗五首……………………………白　渔
绚岸——走出深谷（二首）…………郭爱玲
情绪表述（二首）……………………刘　原
性格篇…………………………………马石纪
白衣少年（外一首）…………………桑　子
清明（外一首）………………………阿　霞
虎………………………………………杨　黎
青春地平线………………杨　然　钟文伟　小　安
　　洪　放　苏明泉　仁青多杰　王敬源　田　毅　赵惠敏

散文

散文二题（高原风貌）………………班　果
迷乱的诱惑……………………………志　鹏
青南行笔记（高原风貌）……………杨海滨
忘不了的牛皮筏（高原风貌）………绽秀义
莫名的忧郁……………………………张　莉

评论

简论白渔的诗歌创作道路……………陈　钢
挣不脱的因袭…………………………任碧江

美术

新天堡的冬日…………………………侯吉明
草原百里牧歌连（中国画）…………马西光
西北风（油画）………………………丁一军

1988 年第 12 期　刊名:《青海湖》
目录

小说

异草……………………………………董炳新
在那遥远的地方………………………孙学明
沉重的荒原（中篇小说）……………李晓伟
渴望…………………………………… 路　草
春天，我掉落了一朵梅………………云登华毛
荔枝梦…………………………………阎国瑞
小荷初露
早生华发………………………………李建国

报告文学

光明之路………………………………鲍义志

诗歌

西部诗坛
白话（八首）…………………………老　乡
大河源暮色（五首）…………………燎　原
恪守荒原（五首）……………………秦介龙

黄河冷色调（三首）…………………马　钰
青春地平线
雪原意识（三首）……………………幽　谷
感觉区域（三首）……………………江　堤
孤独和我（二首）……………………娜　夜
长城遗骨………………………………晓　梅
智慧树…………………………………董　燃
灯塔……………………………………殷　红

散文

大漠跋涉者——怀念高澍同志………瑶　莲

理论

拓荒者的苦恋
——马西光艺术追求的心境历程……钱正坤

美术

花儿会（中国画）……………………崔振国
黑牦牛（油画）………………………史长海
转场（油画）…………………………史振荣

1989 年第 1 期　刊名:《青海湖》
目录

报告文学

西部绿色闪电（"中国潮"报告文学征文）
　　………………………………王贵如　于佐臣
莲开并蒂（报告文学）……………言　公　全　生

小说

醒着的土地……………………………王文泸
狼（小荷初露）………………………郑召旭
冬夜的记忆（小荷初露）……………张　健
醉向导…………………………………刘苗科
脊背……………………………………石新茂

诗歌

天南地北
宋代词人素描（二首）………………方　牧
无题诗五首……………………………晓　晴
猎………………………………………刘得庆
我寻觅五彩霓虹………………………李生才
平原十二行诗（三首）………………葛　玄
乡俗（四首）…………………………陈学业
北山吟笺………………………………关水青
青春地平线……………………………文先孚
　　杨廷成　维　娜　辛　龙　解永光

散文

我眷恋那片心中的热土————————卞 奎
一夜中秋（外二章）————————梅 卓

理论

乱弹三章————————————王泽群

1989 年第 2 期 刊名:《青海湖》
目录

小说

今天的思绪（中篇小说）——————秋 元
悲哀的摔跤手（小荷初露）————————杨 垒
从雾中走出来————————————王自源
同路人————————————————冯少峰

报告文学

他在这里燃烧————————————黎 军
那里飘溢着金苹果的甜香————金 瑞 穆 如

诗歌
西部诗坛
叙述：爱及其他（散文诗五章）——牛 八
回声（二首）————————————曲 近
抒情诗三首————————————伍 达
涉域（二首）————————————闻 采
诗四首————————————————建 青
青春地平线————————————伊 甸
曹树莹 王中朝 马福海 江 宏 韩文德 鄂青子

散文

金刚山————————————————李泽启

理论

河湟文学论————————————王建民

1989 年第 3 期 刊名:《青海湖》
目录

小说

桥————————————————王泽群
爱滋病（中篇小说）————————王 立
小说三题————————————冯光辉
黑房子————————————————冯文超
小小说一束————————————马占良等

报告文学

村头，那间石砌小屋————————刘庆海
高高地飞吧，藏族的鹰————朱光耀 王大明

诗歌

女诗人小辑
三角戈壁（外二章）————————郭爱玲
黑暗形式————————————————海 男
第二性迷宫（组诗）————————匡文留
橙色的情韵（四首）————————亚 光
人生风景（组诗）————————佳 山
女性的胚胎史————————————王玉琴
呼唤生活（三章）————————夏 娃
伏在夜晕中的年华（之三）————海 翔
梦雨（外一首）————————————马 丽
编者札记
蓦然回首————————————————阿 亮

散文

常盼山城古丈茶————————————赵海洲
黑葡萄的季节————————————朱一鸣
西部：沉厚的青南（高原风貌）——杨海滨

理论

论藏族人对待生命与死亡的基本方式————龙 驿
你波动的目光之外————————————艾 家

1989 年第 4 期 刊名:《青海湖》
目录

小说

倾颓（中篇）————————————杨志军
寒露时节————————————————唐 突
年初————————————————————安 棋
夜风轻轻地吹过————————————高建斌

报告文学

实干家朱太秀————————————佘木水
拥抱地球的人们————————————裴 林

诗歌

青春地平线
非默的诗（三首）————————非 默
诗三首————————————————何小竹
人群（三首）————————————达 黄
色彩感觉系列（三首）————————吕 梁
我喝过两种以上的酒（二首）————西 西

西部诗坛

老家：变奏的主题⋯⋯⋯⋯⋯⋯⋯马　丁

走出结局（组诗）⋯⋯⋯⋯⋯⋯⋯赵建雄

人之歌（二首）⋯⋯⋯⋯⋯⋯⋯⋯王　昕

散文

再见了，难忘的戈壁滩⋯⋯⋯⋯⋯木　丁

奇葩葳蕤的瀚海⋯⋯⋯⋯⋯⋯⋯⋯余　焜

金菊赋⋯⋯⋯⋯⋯⋯⋯⋯⋯⋯⋯⋯李泰年

理论

西部文学对多民族共居区杂色心态的描写⋯⋯⋯肖云儒

1989 年第 5 期　刊名:《青海湖》
目录

小说

新房和帐篷⋯⋯⋯⋯⋯⋯⋯⋯⋯⋯顾　工

肠断嵯峨（中篇小说）⋯⋯⋯⋯⋯张鼎全

小说二题⋯⋯⋯⋯⋯⋯⋯⋯⋯⋯⋯丁斌武

烟雨濛濛⋯⋯⋯⋯⋯⋯⋯⋯⋯⋯⋯王旺斌

第四个高度（中篇连载）⋯⋯⋯［苏联］维克多·
达尼洛维奇·萨涅耶夫作　周象瑜　陈景蕙译

诗歌
西部诗坛

神农氏（四首）⋯⋯⋯⋯⋯⋯⋯⋯马伟福

自然的窗（三首）⋯⋯⋯⋯⋯⋯⋯默　然

西部风景（三首）⋯⋯⋯⋯⋯⋯⋯陈友胜

昨天，也有一种记忆⋯⋯⋯⋯⋯⋯戴　之

青春地平线
⋯⋯⋯⋯阿　信　皇甫其根　鄢元平　蔡晓慧　宋显珠

散文诗

感觉，执著的火⋯⋯（五章）⋯⋯李　耕

另一种恋歌（五章）⋯⋯⋯⋯⋯⋯韩新东

雄风（五章）⋯⋯⋯⋯⋯⋯⋯⋯⋯莎　非

困惑的云（四章）⋯⋯⋯⋯⋯⋯⋯徐天喜

远方⋯⋯⋯⋯⋯⋯⋯⋯⋯⋯⋯阿拉腾高娃

散文

走出"情人谷"⋯⋯⋯⋯⋯⋯⋯⋯裴　林

星际⋯⋯⋯⋯⋯⋯⋯⋯⋯⋯⋯⋯⋯欧阳霞

理论

生命中冲动与五四文学⋯⋯⋯⋯⋯李继凯

日月山下的情思⋯⋯⋯⋯⋯⋯⋯⋯佐　良

1989 年第 6 期　刊名:《青海湖》
目录

小说

缺铁⋯⋯⋯⋯⋯⋯⋯⋯⋯⋯⋯⋯⋯郑召旭

故乡河，岁月的路（中篇）⋯⋯⋯宋执群

山祭⋯⋯⋯⋯⋯⋯⋯⋯⋯⋯⋯⋯⋯姚逸仙

第四个高度（中篇连载·续一）⋯⋯［苏联］维克多·
达尼洛维奇·萨涅耶夫作　周象瑜　陈景蕙译

小鹿

小狗上学（童话）⋯⋯⋯⋯⋯⋯⋯黄国田

乌鸦住院（童话）⋯⋯⋯⋯⋯⋯⋯景文山

诗歌
西部诗坛

花儿朵朵⋯⋯⋯⋯⋯⋯⋯⋯⋯⋯⋯可　国

顽石⋯⋯⋯⋯⋯⋯⋯⋯⋯⋯⋯⋯⋯杨绍武

丝丝⋯⋯⋯⋯⋯⋯⋯⋯⋯⋯⋯⋯⋯邹如修

大戈壁与海（组诗）⋯⋯⋯⋯⋯⋯宏　量

一个与月亮无缘的人⋯⋯⋯⋯⋯⋯昂　尕

牧人的情歌（外二首）⋯⋯⋯⋯⋯解宝山

青春地平线⋯⋯⋯⋯⋯⋯⋯⋯⋯⋯沉　荷
　苑　湖　维　娜　翼人　王金鸿　尼玛才仁　张海东

散文诗

红高粱和抽旱烟的男子汉⋯⋯⋯⋯耿林莽

父亲的手⋯⋯⋯⋯⋯⋯⋯⋯⋯⋯⋯邓　杰

散文

吊脚楼里的人物⋯⋯⋯⋯⋯⋯⋯⋯彭学明

理论

英雄挽歌——评杨志军的系列小说⋯⋯⋯⋯葛建中

1989 年第 7 期　刊名:《青海湖》
目录

小说

血，仇恨的印记⋯⋯⋯⋯⋯⋯⋯⋯王云甫

灵魂和小偷（中篇小说）⋯⋯⋯⋯赵　新

一只女人鞋⋯⋯⋯⋯⋯⋯⋯⋯⋯⋯王文秀

第四个高度（中篇连载·续二）⋯⋯［苏联］维克多·
达尼洛维奇·萨涅耶夫著　周象瑜　陈景蕙译

流动的夜⋯⋯⋯⋯⋯⋯⋯⋯⋯⋯⋯一笑擎

报告文学

当代企业家的风采⋯⋯⋯⋯⋯⋯⋯⋯李 振 郭晋渊

散文

往事断忆⋯⋯⋯⋯⋯⋯⋯⋯⋯⋯⋯⋯若 筠
故乡的远山⋯⋯⋯⋯⋯⋯⋯⋯⋯⋯朱 奇
绕过金瓦寺⋯⋯⋯⋯⋯⋯⋯⋯⋯⋯陈元魁

诗歌

天南地北
丧家犬与石头人⋯⋯⋯⋯⋯⋯⋯⋯刘得庆
长江源抒情诗（组诗）⋯⋯⋯⋯⋯马石纪
西部风情（组诗）⋯⋯⋯⋯⋯⋯⋯黄东成
众水（组诗）⋯⋯⋯⋯⋯⋯⋯⋯⋯班 果
海之诗（二首）⋯⋯⋯⋯⋯⋯⋯⋯何香久
爱的花絮⋯⋯⋯⋯⋯⋯⋯⋯⋯⋯⋯鹿 鸣

理论

青海少数民族文化特点刍议⋯⋯⋯白崇文

1989 年第 8 期　刊名:《青海湖》
目录

小说

陷落的情人⋯⋯⋯⋯⋯⋯⋯⋯⋯⋯王立道
沉重的舞步⋯⋯⋯⋯⋯⋯⋯⋯⋯⋯张 影
芸芸众生相⋯⋯⋯⋯⋯⋯⋯⋯⋯⋯李 振
破碎的梦⋯⋯⋯⋯⋯⋯⋯⋯⋯⋯⋯李明华
月色溶溶⋯⋯⋯⋯⋯⋯⋯⋯⋯⋯⋯干文仲
魂游（小荷初露）⋯⋯⋯⋯⋯⋯⋯广羽人川
第四个高度（中篇连载·续三）⋯⋯[苏联]维克多·
达尼洛维奇·萨涅耶夫作　周象瑜　陈景蕙译

散文

故乡，亮在水底⋯⋯⋯⋯⋯⋯⋯⋯钱佩衡

诗歌

青春地平线
消极的日子（组诗）⋯⋯⋯⋯⋯⋯杨 子
诗五首⋯⋯⋯⋯⋯⋯⋯⋯⋯⋯⋯⋯阿 信
与爱有关或与爱无关（五首）⋯⋯王建民
一个男人与两个世界（三首）⋯⋯刘太亨
亚里·亚里⋯⋯⋯⋯⋯⋯⋯⋯⋯⋯远 村
青春故事（二首）⋯⋯⋯⋯⋯⋯⋯陆 珊
大师⋯⋯⋯⋯⋯⋯⋯⋯⋯⋯⋯⋯⋯关明强
清明（外一首）⋯⋯⋯⋯⋯⋯⋯⋯周存云
纸船⋯⋯⋯⋯⋯⋯⋯⋯⋯⋯⋯⋯⋯冀 子
冬天的话（外一首）⋯⋯⋯⋯⋯⋯卢 昉

理论

中国诗画的虚实与意境⋯⋯⋯⋯⋯奚跃华

1989 年第 9 期　刊名:《青海湖》
目录

小说

小说三篇⋯⋯⋯⋯⋯⋯⋯⋯⋯⋯⋯鲍义志
乌橄榄⋯⋯⋯⋯⋯⋯⋯⋯⋯⋯⋯⋯蒋海平
不得已之日⋯⋯⋯⋯⋯⋯苏锦若　谭朝富
老人圈⋯⋯⋯⋯⋯⋯⋯⋯⋯⋯⋯⋯轩锡明
悠悠寸草心⋯⋯⋯⋯⋯⋯⋯⋯⋯⋯黎 军
第四个高度（中篇连载·续四）⋯⋯[苏联]维克多·
达尼洛维奇·萨涅耶夫作　周象瑜　陈景蕙译

报告文学

从历史中走出的作家⋯⋯⋯⋯⋯⋯杜连义

诗歌

西部诗坛
悲怆的鸣奏⋯⋯⋯⋯⋯⋯⋯⋯⋯⋯王泽群
花儿与其他⋯⋯⋯⋯⋯⋯⋯⋯⋯⋯徐志宏
马尔夏克抒情诗五首（翻译诗）⋯朱富扬
青春地平线
江堤诗三首
太阳下的风景⋯⋯⋯⋯⋯⋯⋯⋯⋯牧 子
西藏的风⋯⋯⋯⋯⋯⋯⋯⋯⋯⋯⋯郑登旗
错误的天空⋯⋯⋯⋯⋯⋯⋯⋯⋯⋯陈 勇
生活的思絮⋯⋯⋯⋯⋯⋯⋯⋯⋯⋯彭乡荣等

散文

蓉城之活力⋯⋯⋯⋯⋯⋯⋯⋯⋯⋯王 浩
飘逝的记忆⋯⋯⋯⋯⋯⋯⋯⋯⋯⋯景文山
夕照菊花丛⋯⋯⋯⋯⋯⋯⋯⋯⋯⋯于 瑛

理论

时代需要前进的歌⋯⋯⋯⋯⋯⋯⋯海 炎
中国诗画的虚实与意境⋯⋯⋯⋯⋯奚跃华

1989 年第 10 期　刊名:《青海湖》
目录

报告文学

雪线，铸造了将军⋯⋯⋯⋯⋯⋯⋯王宗仁

小说

眩色威凛（中篇）⋯⋯⋯⋯⋯⋯⋯邵兰生

虎配 ································· 毛志成
暮春 ································· 薄　厚
第四个高度（中篇连载·续六）····［苏联］维克多·
达尼洛维奇·萨涅耶夫作　周象瑜　陈景惠译

诗歌
风雨四十年——献给共和国的颂歌 ····· 马　力
阳刚之歌 ··················· 李晓伟　王敬源
月光雨（六章） ····················· 刘辉考
眩晕 ······························· 列美平措
归来（外一章） ····················· 葛建中
阳光一颗一颗（外一首） ··············· 小　安
为卖煤的小伙吆喝 ··················· 罗　源

散文
碉楼情 ····························· 伍　达
难忘的梅朵龙哇 ····················· 若　筠

理论
苍凉的土地　苍凉的歌 ··············· 张　薇
一颗不愿出土的珍珠
——试论《枪手》中的焦廷成 ········· 庞　义
奔出伟大　锐意图新
——读油画《风流昆仑》 ············· 夏　岚

1989 年第 11 期　刊名:《青海湖》
目录

小说
夕阳·佳人（中篇） ··················· 叔　平
猎人被凌迟 ························· 袁先行
幽幽秦声 ··························· 赵　熙
小小说四题 ······················· 冯光辉等
帽子 ······························· 刘会彬
第四个高度（中篇连载·续七）····［苏联］维克多·
达尼洛维奇·萨涅耶夫作　周象瑜　陈景惠译

报告文学
开拓，向蔚蓝色挑战 ················· 丁　力

诗小辑
日月山脊背（外二章） ··············· 郭爱玲
辉煌的殒落 ························· 徐天喜
散文诗五章 ························· 丁　力
命运星宿（三章） ··················· 蹉　跎
短章三章 ··························· 竹　子

诗歌
青春地平线 ························· 维　色
翼　人　旺秀才丹　晓　燕　笑　汉　殷　实　长　岛

散文
"牛棚春秋" ························· 若　筠

理论
高扬个性　随意赋形 ················· 张世俊
浅谈人性与民族精神 ················· 周延良

1989 年第 12 期　刊名:《青海湖》
目录

小说
火烧云（中篇） ····················· 王云甫
小站停车两分钟 ····················· 冯文超
禁地 ······························· 杨林勃
金黄色的犒儿 ······················· 石新茂
第四个高度（中篇连载·续完）····［苏联］维克多·
达尼洛维奇·萨涅耶夫作　周象瑜　陈景惠译

报告文学
走出高原 ····················· 牛　八　马　丁

诗歌
西部诗坛
异乡（五首） ······················· 燎　原
海涛诗四首 ························· 海　涛
桑子的诗（二首） ··················· 桑　子
青春地平线（柴达木诗作者小辑） ······· 索　宝
田　毅　卢　昉　阿拉腾高娃　郭国庆

散文
无能为力 ··························· 甘建华
互补 ······························· 余木水
白杨 ······························· 杨淑波

评论
读者是作家的上帝 ··················· 张　震
井石的《湟水谣》 ··················· 田　毅

《清明》

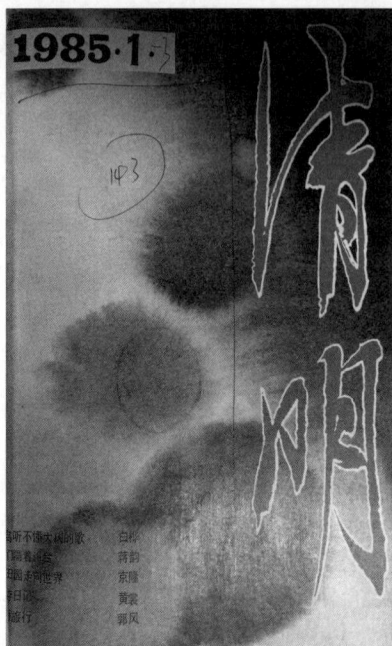

【简介】

综合性文学双月刊。安徽省文学艺术界联合会主办。创刊于1979年。创刊初期为文学季刊,1984年第1期起改为文学双月刊。其刊载作品以短篇小说、纪实文学、报告文学为主,兼有诗歌、散文、评论等。注重作品的时代感、现实性、思想性。

期刊号:1979 年第 1 期—1989 年第 6 期

1979 年第 1 期　刊名:《清明》

目录

在严寒的日子里(长篇小说连载·范曾插图)

⋯⋯⋯⋯⋯⋯⋯⋯⋯⋯⋯⋯⋯⋯⋯⋯丁　玲
破壁记(长篇小说选载·黄永厚插图)

⋯⋯⋯⋯⋯⋯⋯⋯⋯陈登科　肖　马
天云山传奇(中篇小说·叶家和插图)⋯⋯⋯鲁彦周
一本没有写完的书(散文)⋯⋯⋯⋯⋯⋯冯　牧
悼念冯雪峰(散文)⋯⋯⋯⋯⋯⋯⋯⋯赖少其
阳春的白雪(长诗)⋯⋯⋯⋯⋯⋯⋯⋯韩　瀚
情思(诗歌)⋯⋯⋯⋯⋯⋯⋯⋯⋯⋯白　桦
八万里采风录(组诗)⋯⋯⋯⋯⋯⋯⋯张万舒
雅鲁藏布江畔⋯⋯⋯⋯⋯⋯⋯⋯⋯⋯宁　宇
写人的灵魂(评论)⋯⋯⋯⋯⋯⋯⋯⋯何孔周
李白诗歌的艺术特色(评论)⋯⋯⋯⋯⋯刘夜烽
致读者⋯⋯⋯⋯⋯⋯⋯⋯⋯⋯⋯⋯本刊编辑部

云天苍松(版画)⋯⋯⋯⋯⋯⋯⋯⋯⋯师松龄

1979 年第 2 期　刊名:《清明》

目录

刺绣者的花(长篇小说连载·张法根插图)⋯⋯李　纳
真理与祖国(中篇小说·鞠伏强插图)⋯⋯⋯梅汝恺
调动(中篇小说·高万佳插图)⋯⋯⋯⋯⋯徐明旭
她好像明白了一点点(短篇小说·师松龄插图)

⋯⋯⋯⋯⋯⋯⋯⋯⋯⋯⋯⋯⋯⋯⋯⋯刘　真
白山茶(短篇小说·王涛插图)⋯⋯⋯⋯⋯苏　叶
千秋功过(短篇小说)⋯⋯⋯⋯⋯⋯⋯⋯高进贤
君子好逑(短篇小说)⋯⋯⋯⋯⋯⋯⋯⋯聂华苓
信念——访丁玲(散文)⋯⋯⋯陈登科　肖　马
凝华端赖大毫锋(散文)⋯⋯⋯⋯⋯⋯⋯屠　岸
采石拾零(散文)⋯⋯⋯⋯⋯⋯⋯⋯⋯彭　拜
晴雯(昆曲)⋯⋯⋯⋯⋯⋯⋯王昆仑　王金陵
蓝色的多瑙河(组诗)⋯⋯⋯⋯⋯⋯⋯⋯艾　青
皖南行(组诗)⋯⋯⋯⋯⋯⋯⋯⋯⋯⋯赖少其
呵,上海(诗二首)⋯⋯⋯⋯⋯⋯⋯⋯⋯雁　翼
贴在刑场上的传单(组诗)⋯⋯⋯⋯⋯⋯韩　瀚
献上一束含泪的花(组诗)⋯⋯⋯⋯⋯⋯顾笑言
新春的雷声(诗歌)⋯⋯⋯⋯⋯⋯⋯⋯贺羡泉
要多疑多问(杂文)⋯⋯⋯⋯⋯⋯⋯⋯李　陀
论"眼不见为净"(杂文)⋯⋯⋯⋯⋯⋯王　蒙
从唐·吉诃德斗风车谈起(杂文)⋯⋯⋯白　桦
臀部上的"纹章"(杂文)⋯⋯⋯⋯⋯⋯何孔周
安徒生要我们想想(杂文)⋯⋯⋯⋯⋯⋯朱　壁
说泪(杂文)⋯⋯⋯⋯⋯⋯⋯⋯⋯⋯陈喜儒
好了伤疤莫忘痛(杂文)⋯⋯⋯⋯⋯⋯⋯陈允豪
在本刊编辑部在京召开的座谈会上的发言⋯⋯陈登科
李　陀　陈允豪　吴泰昌　何孔周　孟伟哉　孔罗荪
秦兆阳　王　蒙　韩　瀚　陈荒煤　屠　岸　白　桦
刘心武　冯　牧　赖少其
磨斧深谷(国画)⋯⋯⋯⋯⋯⋯⋯⋯⋯黄永厚

1980 年第 1 期　刊名:《清明》

目录

刺绣者的花(长篇小说连载·张法插图)⋯⋯李　纳
啊,古老的航道(中篇小说·叶家和插图)⋯⋯白　桦
烙印(中篇小说·丁少中插图)⋯⋯⋯⋯⋯葛广勇
南园瓜香(中篇小说·刘筱元插图)⋯⋯⋯王剑魂
被劫走灵魂的姑娘(短篇小说·欣民插图)⋯⋯陆永基
水杉(短篇小说·谢光谱插图)⋯⋯⋯⋯⋯丁　凡
李固之死(短篇小说·高万佳插图)⋯⋯⋯曹征路

童年（散文·刘传文·寒叶插图）————————秦兆阳
文苑聘思（随笔）————————————————沈敏特
劝君莫学《风筝误》（杂文）——————————周 锋
十年的风暴（组诗）————————————————沙 鸥
上访者及其家属（组诗）——————————————公 刘
谜·玩笑及其他（组诗）——————————————张万舒
旅途小诗（组诗）————————————————刘畅园
风暴（长诗）————————————————————刘祖慈
祖国，你应该富（长诗）——————————————龙彼德
写在一九八〇年春天（评论）——————本刊编辑部
论阿Q精神（评论）————————————————吴文慧
春燕迎风（国画）————————————————李 山
忆（雕塑）————————————————————肖哲英

1980 年第 2 期　刊名:《清明》
目录

战争与人民（长篇小说选载·贾德江插图）

　　　　　　　　　　　　　　　　　彭柏山
袅袅的炊烟（中篇小说·刘传文插图）————曹玉林
郁郁芳草（中篇小说·韩玉华插图）—————罗灏白
碧海青天（中篇小说·韩和插图）——————吴献民
谋杀发生在星期六夜晚（中篇推理小说）——王贺军
龙池（短篇小说·弋江月插图）———————江 流
花盆上的裂痕（短篇小说）—————————唐全成
虔诚的姑娘（短篇小说）——————————庄东贤
重新飞起的凤凰（报告文学）————————刘祖慈
桐琴歌（诗歌）—————————————————唐 湜
如果厄运向你突然袭来（诗歌）———————顾 工
鱼鹰曲（诗歌）—————————————————王 鸿
马克思主义文艺评论的硕果（评论）————胡凌芝
剧本创作本身的历史要不要真实性?（作家通讯）

　　　　　　　　　　　　　　　　　吕 宕
小伙伴（国画）————————————————韩美林
齐云山（国画）————————————————邵灶友

1980 年第 3 期　刊名:《清明》
目录

启明星亮了（长篇小说选载·师松龄插图）——于寄愚
生命之花（中篇小说·陶天月插图）

　　　　　　　　　　李庆西　沈祖培
梅雨季节（中篇小说·郑凯军插图）—————蒋焕孙
两小时散步（中篇翻译小说·李宝林插图）

　————[苏]维·卡维林著　马肇元　冯明霞译
弥留之际（短篇小说·徐欣民插图）—————张开理

她犯错误了吗?（短篇小说）————————许冬至
第三者（短篇小说）————————————————文笔锋
疏忽（短篇小说）————————————————胡世晨
忆杨逵（散文）————————————————张 禹
只有香如故（散文）————————————————冯英子
关中题胜（诗歌）————————————————峭 石
家书——给一位故乡的诗人（诗歌）————李 黎
山杨（外一章）（诗歌）——————————————罗 洛
忠贞（外一章）（诗歌）——————————————丁 芒
高原风（诗歌）————————————————昌 耀
绿色的歌（诗歌）————————————————孙小兰
黄山杂咏（诗歌）————————————————朱 泽
喜鹊·乌鸦及其他（诗歌）——————————韩 瀚
论 RECUL（评论）————————————————张啸虎
"细节的真实"与现实主义————————————何孔周
出水芙蓉（国画）————————————————周觉钧
紫萝（国画）————————————————————陶天月

1980 年第 4 期　刊名:《清明》
目录

"土行孙"的爱情故事（中篇小说·高万佳插图）

　　　　　　　　　　　　　　　　　万 寒
忘忧草（中篇小说·刘传文插图）——————张笑天
仅仅是序曲（中篇小说·叶家和插图）————蒋 韵
归客（中篇小说·刘筱元插图）———————曹玉模
在信访办公室里（短篇小说）————刘天明　谢伦泰
纽带（短篇小说）————————————————许安兰
画室（短篇小说）————————————————陈维型
"一笔圆"（短篇小说）——————————————卞祖芳
黄山借笔（散文）————————————————李 准
山·水·树·人（散文）——————————————冯亦代
鸣弦泉之音（散文）————————————————李 纳
爬黄山小镜头（散文）——————————————刘 真
山路（散文）————————————————————周 锋
浅谈屠格涅夫（随笔）——————————————叔 子
漫话人与物（随笔）————————————————殷晓晖
古琴台（诗歌）————————————————陈继光
醉翁亭及其他（诗歌）——————————————孙友田
金陵二题（诗歌）————————————————乔延凤
小旅社里的畅想（报告文学）————————来 民
水上人家的变迁（报告文学）————————毕 欣
从迷惘中走出来（评论）——————————王十洲
读《读〈调动〉》（评论）————————————程朝富
给《清明》编辑部的一封信（作家通讯）——叶 元
桃花溪人家（国画）————————————————赖少其
抛书人对一枝秋（国画）——————————戴维祥

1981 年第 1 期　刊名:《清明》
目录

中篇小说

春回大清河（高万佳插图）————————————————————汪　雷
月华皎皎（裴国骥插图）————————————————————耿龙祥
追求（裴文插图）————————————————————————刘兴元
反射型炼钢炉（金谷插图）————————————————————杨　教

短篇小说

年轮（陶天月插图）————————————————————————李　勃
波澜————————————————————————————————徐培东
宝眷————————————————————————————————詹硕夫
小燕飞了————————————————————————————————王不天
幽灵————————————————————————————————滕世琦

诗歌

思春曲————————————————————————————————陈　芜
大江渡口————————————————————————————————肖　岗
采摘集————————————————————————————————鲁　藜

杂文

个人迷信与文字术（隆子插图）——————————————————寒鸿玉
灶王爷与三尸神（隆子插图）————————————————————吕　剑

散文

写不出散文的地方（裴文插图）——————————————————周尝棕
采石翠雨————————————————————————————————严　阵
鸭和稻————————————————————————————————阎豫昌
我不后悔，生活————————————————————————————高红十

评论

“写真实”是产生自然主义的根源吗?————————陈金荣
评论文艺不能用“政治标准”————————————————————唐再兴
要画出这样沉默的国民魂灵来————————————————————季元龙

作家通讯

给叶元同志的复信————————————————————————吕　宕

文讯

全国大型文学期刊座谈会纪要

美术

漓江水色（水彩）————————————————————————柳新生
峇厘民间舞（中国画）————————————————————————庄斯表

1981 年第 2 期　刊名:《清明》
目录

诗歌

党啊!　亲爱的母亲————————————————————————严成志
党的形象————————————————————————————————贾梦雷
祖国，请你思索————————————————————————————周孟贤
笑佛笑我（外一章）————————————————————————郭瑞年

中篇小说

月亮花盛开（高万佳插图）————————————————————江　流
光明行（隆子插图）————————————————————————潘浩泉
并非英雄的故事（裴文插图）————————————————————徐　瑛
起航（韩玉华插图）————————————————————————春　花

短篇小说

心弦（韦君琳插图）————————————————————————王　舛
琴音————————————————————————————————区汉荣

回忆录

风云突变，红旗不倒（闻钟插图）——————————————————孙宗溶

散文随笔

佐世保的奇遇————————————————————————————田　野
黄山诗缘————————————————————————————————朔　望
祖母————————————————————————————————黄　琼
荷叶村情思————————————————————————————————凌世学
家堂————————————————————————————————陆永基
关于“真理和谎言”的寓言——————————————————————邓　江

评论

十年浩劫的一面镜子——评《破壁记》的思想艺术成
就————————————————————————————————王宗法

美术

幽鸣钟楼（木刻）————————————————————————朱曙征
观音峰（木刻）————————————————————————————朱曙征
黄山峰名印谱（篆刻）————————————————————————刘友石

1981 年第 3 期　刊名:《清明》
目录

中篇小说

开端（高万佳插图）————————————————————————耿　法
选择（裴文插图）————————————————————————————刘云程
桃花（韩玉华插图）————————————————————————何世勤
阴影（程晋插图）————————————————————————————李武兴

中篇传记文学

柔石传（庄斯表插图）································杨东标

短篇小说

瘌影（隆子插图）································薛宝新
晚来的风································子 牛

报告文学

淮北纪行································陈登科 严成志
访问柳堡································戴 煌
背负大山································梁 毅 孙玉春

评论

试谈鲁迅杂文艺术中的联想和想象················沈敏特

美术

冬晨（水彩）································张易生
流沙河畔（木刻）································任继学

1981 年第 4 期　刊名:《清明》
目录

中篇小说

觅（韩玉华插图）································张抗抗 石 冰
东埂纪事（高万佳插图）································张 珊 王先俊
沟（任继学插图）································朱启渝
风雨草堂（装文插图）································马 昭

短篇小说

榴花红了的院落································峭 石
过年································陆永基
风萧萧································葛道之

散文

览四陵记································张啸虎
梦去有痕································肖 马
我怎样写日记································周尝棕
梆声又响了································沈仁康
夜行军································丁 芒
我家的几只猫································安 然

诗歌

世界，中国向你报告································刘宗棠
点豆的女儿（外一章）································林 希
眼睛激动而沉静地眨着································王德芳
青弋江静静地流（外一章）································孙中明
蚯蚓及其他································叶 坪

评论

论鲁迅小说的思想深度································方 铭
读刘宾雁的三篇近作································冯锡刚
试评曹玉模的小说································苗振亚 邹正贤
鲁迅如何画阿 Q 的眼睛································白 盾
哲理·感情·形象································韩盼山

美术

绣（木刻）································虞 健
黄山之夜（套色木刻）································陶天月
黄山写生（两幅）································顾美琴

1982 年第 1 期　刊名:《清明》
目录

中篇小说

没有门牌的小院（文 兵插图）··········叶 林 徐孝鱼
本案正在调查（张瑞林插图）································刘新光
幸福啊，幸福（装 文插图）································彧 穷
晚晴（程 岗插图）································卞祖芳

短篇小说

还债（张旺清题图）································张 桦
杨嫂（程 晋题图）································肖 马
婆婆丁（张旺清题图）································李 泉
栽在地边的蔷薇（陆 平题图）································王夫臣

散文

艺海杂记（丁聪插图）································新凤霞
断痕································苏 晨
汀桥豆腐································雪 涅

报告文学

振兴之歌································刘天明 谢伦泰
粮食局长的两个夜晚································贾梦雷

诗歌

长白山中································刘畅园
死海，不沉的海································顾 工
金陵访古································沙 白
秋歌································惠 子
初夏································顾 城

评论

艺术家的"赤子之心"································何孔周
卓荦不群，别具一格································胡永年

美术

夏曲（装饰画）·······················李葆林
狗年迎春（剪纸两幅）·········许延凤　于玉珍

1982 年第 2 期　刊名:《清明》
目录

中篇小说

小龙岙近事（高万佳插图）·············叶宗轼
奇异的旅程（艺　岚插图）·············周永年
"周口店"桑雨峰（女　兵插图）·········邹荻帆
交叉口（刘筱元插图）···················黄亚洲
邻居（叶家和插图）·····················陈焕新
闪亮的流星（裴　文插图）·············徐恒进

短篇小说

水杉下的小白楼···················周翼南
窑神·······························蒋法武

评论

美的深化——鲁彦周创作历史纵观·········沈敏特
我们又回到东埝来了——读中篇小说《东埝记事》
　　　　　　　　　　　　　　　　　　丁毅信

诗歌

盼望"永久"的人·····················刘祖慈
乡山游记···························刁永泉
颍州怀古·顺昌大战···················施培毅
偶成·······························薛卫民
海上诗情···························白　榕

散文

骊山魂·····························张啸虎
槐花蜜·····························石　楠
蒜叶青青···························薛尔康
村前的小河·························赵建荣

美术

秀出九芙蓉（国画）···················庄斯表
芭蕉雨（国画）·····················方绍武

1982 年第 3 期　刊名:《清明》
目录

长篇选载

白鸢（裴文插图）·····················秦兆阳

中篇小说

乌兰察布眷情（叶家和插图）·············韩汝诚
这一次不是梦（王涛插图）·············黄邦铎
暖风轻轻吹（龚艺岚插图）·············南予见
大千世界（韦君琳插图）·············何天保

短篇小说

五婶·······························郭宇一

诗歌

关于自己的广告·····················那　沙
母爱与海···························晓　钢

散文

潜山怀人···························江　流
陈登科《俯仰集》前言···················康　濯
真师林散之·························唐大笠

评论

果真是"十六年"一贯制吗?
　　——与《时代的报告》编者商榷·········周云泥
前进吧，古老的小院
　　——读《没有门牌的小院》·············季元龙

美术

韩美林新作·························韩美林
匡庐山色···························赵　坚

1982 年第 4 期　刊名:《清明》
目录

传记小说

张玉良传（高万佳插图）·················石　楠

中篇小说

灰色的摩天阁（肖瀚插图）·············中　申
采莲（何南燕　叶家和插图）·············唐晓玲
暮春（王涛插图）·····················吴泽蕴

短篇小说

寻找，那失去了的·····················陈晓淮
竹叶河···························毕　成

散文

徘徊梅下寄情思·····················刘增人
春游龙兴···························汪克让
野色新添万里青——谒海瑞墓记·············崔永生
草原画廊···························文　牧

2838

诗歌

我 ·· 一 民
沙漠之舟 ·· 费宏达
景山古槐（外一章） ································ 乔延风
一个日子的回忆 ······································ 薛卫民
黄山纪游 ·· 吴淮生

评论

风格美举隅 ·· 王明居
孩子们的崭新天地——评《云海探奇》、《呦呦鹿鸣》
·· 赵 凯 吴章胜

美术

铁骨冰心 ·· 朱松发
水镇熙熙（木刻） ·································· 罗剑钊

1983 年第 1 期 刊名:《清明》
目录

中篇小说

冷子司棋（鲍加插图） ······························ 字 心
乡妹（弋江月插图） ································ 杨 教
"凤凰孵蛋"的传说（肖翰插图） ·············· 彭铁森
竹枝情（王涛插图） ································ 崔莫愁

短篇小说

乐…… ··· 李 泉
流云 ·· 田珍颖
往事 ·· 鲁书潮
建安轶事 ·· 王业霖
路 ·· 严红樱

散文

徘徊在小河渡口边 ···································· 孙昌瑞
蜂蜜是甜的——访蜂散记 ············· 绍 武 会 林
在海边 ·· 鲍传江

诗歌

黄山云海情 ··· 晏 明
风铃—铁马 ··· 曾 卓
草堂情思 ·· 商子秦
撷自九华山的野花 ··································· 陈所巨
老农 ·· 黄学农
山海吟 ·· 再 耕
初见·重逢 ·· 胡天风
旧体诗词十首 ················· 刘夜烽 朱 泽 陈允豪

评论

蚌病成珠——论"伤痕文学" ··················· 何西来
细节论 ·· 张家应

美术

王涛人物画（中国画） ······························ 王 涛
红楼梦斋名印选 ······································ 王少石
读（木刻） ··· 什荫柏

1983 年第 2 期 刊名:《清明》
目录

中篇小说

天鹅（插图叶家和） ································ 吕 平
市长的春天（插图王涛） ·························· 万 寒
弄潮者（插图卜敩） ································ 姜 磊
第八个副局长（插图班苓） ············ 相南翔 严丽霞

报告文学

我有嘉宾鼓瑟吹笙（插图张泉） ················· 乔 迈
眷恋 ·· 陈 健

短篇小说

绿剑 ·· 袁高原
星星索 ·· 福 庚

散文

记陈若曦和她的丈夫——《访美归来》片断···· 林 非
小城之忆 ·· 赵淮青
香火 ·· 莫晚城

诗歌

古风·新词 ·· 徐 味
龙门石窟 ·· 姜澍川
村井 ·· 叶 坪
角园 ·· 李亚平
乡情丝缕 ·· 时红军

评论

巾帼传奇——评《张玉良传》 ··················· 苏 中
《张玉良传》座谈会发言摘录

美术

肖瀚山水画
珍珠姑娘 ·· 虞 健
羊羔（木刻） ·· 任继学
晨风（木刻） ·· 余多瑞

1983 年第 3 期　刊名:《清明》
目录

中篇小说

女贞（肖瀚插图）························黄继树
我们这一茬（赵先恒插图）··············杨　杰
水巷琵琶声（胡育泉插图）··············公　衡
青山遮不住（刘传文插图）··············张晓明

短篇小说

继母································商　欣
那天黄昏····························江　流
卖梨································李　泉
霓虹灯下的老妪······················徐培东
晚宴··············[俄]屠格涅夫　黄伟经译

散文

励堂散墨····························苏　晨
游箱根——访日散记··················海　笑
将军风采····························谢　树

诗歌

立马桥头的凝想······················沙　白
寸草春晖集··························邹荻帆
东风第一枝——春节抒怀···············陈复东
东台游记二首························朱　泽
生命的歌····························冯增荣

评论

美善异同论··························江曾培
灵魂世界的新开拓——评《乌兰察布眷情》···王宗法
重要启示

美术

陆国源的风景画
春（水彩）··························张易生
秋（中国画）························郑叔方

1983 年第 4 期　刊名:《清明》
目录

中篇小说

乡音未改（孙民纪插图）··········朱新楣　艾　奇
冰大坂那边（何南燕插图）··············景　风
鼠·猫·人（韦君琳插图）········殷德杰　杜道恒
此巷名人（徐欣民插图）················贺毅武
棚户一号（杨其铮插图）················程　远

短篇小说

大雾垂江····························李庆西
裹灰头巾的女人······················严歌平
无名巷纪事（赵先恒题图）··············蒋克俭
怪他怨我····························田　芬
日本短篇二题·············星新一著　李有宽译

散文

觅友································陈登科
莱茵河畔散记························舒　拉
离愁································苗振亚
梨花································潘小平

诗歌

金桂之歌（孙民纪插图）················那　沙
贝多芬塑像··························唐　湜
一个青年农民的画····················范俊德
奉化溪口杂记························郑立于
诗二首······························吕　宕
忆江南四首··························吕秋山

理论

试论祝兴义短篇小说的艺术特色···········焦炳灿
从"真实的辩证"走到真实的禁区——与冉欲达同志
商榷································苏　中
中篇小说艺术特点初探··················朱文华

美术

柳新生水彩近作
版画·憩····························吴　越
扉页·饰画··························蓟　子

1984 年第 1 期　刊名:《清明》
目录

中篇小说

去远方（插图杨其铮）··················万安培
夕阳（插图陈　华）············相南翔　严丽霞
两辈人之间（插图孙民纪）··············蒋法武
青龙河（插图刘苑生）··················徐万明

电影剧本

流亡大学（插图范兆元）··········童汀苗　房　子

短篇小说

雪花静静地飘························季　宇
失意者与幸运作······················刘在淼

散文

杜鹃花下的爱 —————————————— 刘先平
大公鸡·小白兔 —————————————— 陈望尘
沔水情思 —————————————— 陆全润
飞过高原（题图根生） —————————————— 徐明旭

诗歌

黄山之恋 —————————————— 张万舒
黄山玉女（外一首） —————————————— 刘芳松
大格勒之歌（柴达木组诗之一） —————————————— 刘祖慈
上海二题 —————————————— 白 榕
凋落者，不凋之歌 —————————————— 吴乐森
心之歌 —————————————— 黄东成
写给落叶的冬树 —————————————— 王才毓

评论

面对历史的考验
——论新时期文学中的共产党人形象 —————————————— 何西来
诗的随想录 —————————————— 罗 洛
努力塑造社会主义新人形象——在"第二届淮河乡土
文学笔会"上的发言 —————————————— 陈登科
编后记

美术

阳光·江（版画） —————————————— 赵 军
农家姑娘（版画） —————————————— 黄启福
女孩与花（版画） —————————————— 吴 越

1984 年第 2 期　刊名:《清明》
目录

中篇小说

军人的投影（插图孙民纪） —————————————— 宿聚生
酸·甜·苦·辣（插图刘苑生） —————————————— 张兴元
毛姐与细满（插图杜安安） —————————————— 吴仲谋
潮汐（插图陈 华） —————————————— 晓 寒
金友翠香合传（插图何南燕） —————————————— 梅汝恺
五月的风（插图杨其铮） —————————————— 周翼南
沙漠中的绿叶 —————————————— 中 申

报告文学

砻糠的性格 —————————————— 高 光

短篇小说

桂冠与星星 —————————————— 张宇汪 李 玺
丫字形的路 —————————————— ［日］阿刀田高作 高伟民译

散文

《敌后记事》序 —————————————— 项 南
敌后记事 —————————————— 陈允豪
湖山日月 —————————————— 张啸虎
启蒙 —————————————— 杨宪光
西大河的梦 —————————————— 鲁 野

诗歌

秦川吟 —————————————— 王 鸿
山城之旅 —————————————— 秦 松
游丝，缠着我童年的记忆 —————————————— 陈有才

评论

拓展出新
——评长篇小说《一支不正规的队伍》 —————————————— 李焕仁
从生活原型到艺术典型 —————————————— 许宏德

美术

张泉绘画新作
鳜鱼图 —————————————— 陈钦庭
竹·荷 —————————————— 葛玉振

1984 年第 3 期　刊名:《清明》
目录

中篇小说

西风·流云·枯叶（插图王涛） —————————————— 凯 南
咕咕，鸽子在叫（插图杨其铮） —————————————— 赵韫颖
不和谐的旋律（插图蓟子） —————————————— 舟扬帆
雨的精灵（插图晓黎） —————————————— 杨 淼
不信女儿多条路（插图何南燕） —————————————— 方 晗

短篇小说

丹嫂 —————————————— 赵松泉
容若与梁汾 —————————————— 宋 词
猎猴 —————————————— 葛兆铣
树梢头，有一弯新月 —————————————— 克 岐
豆腐村的新闻人物 —————————————— 李克定
山泉 —————————————— 黄萌生
望妹子 —————————————— 叶全新

散文

泗洪道上 —————————————— 江 流
窑洞之光 —————————————— 阎豫昌
航行散记 —————————————— 吕克华

诗歌

江南写意 —————————————— 燕 翎

北风吹断天山草 ……………………… 林 希
写给妈妈的诗及其他 ……………… 冀 汸
短歌二题 ………………………… 沈良意
北行纪游 ………………………… 郭崇毅
初探黄山 ………………………… 徐之珩

评论
评鲁彦周小说中的巾帼人物 ……… 梁长森
公刘的诗论——《中国当代诗论》之一节 …… 古远清
乡音未改 鱼水情深——读《乡音未改》… 曹天成

美术
油画二幅 ………………………… 朱 迪
版画小品 ………………………… 鲍 蓓

1984 年第 4 期　刊名:《清明》
目录

中篇小说
雾霭里的明珠（插图王涛） ……… 熊尚志
猎人之梦（插图刘筱元） ………… 其 康
啊，甜蜜果（插图张春亮） ……… 余德庄
蹒跚（插图刘苑生） ……………… 张 斌
路（插图杨其铮） ………………… 陆永基

电影剧本
龙的传说（插图王景琨） …… 沙 川 陈 斌

短篇小说
鹤翔（插图范兆元） ……………… 曾昭明
君子兰传奇 ……………………… 沈 浩

散文
"算盘珠" ………………………… 肖 马
黄山劲草——《醒声歌曲选》后序 … 柯文辉
扇话 ……………………………… 刘湘如

诗歌
陈爱莲 …………………………… 彭燕郊
人生的思考 ……………………… 李思法
送别泉水 ………………………… 吴奔星
北方雪花 ………………………… 张洪波
淮北诗情 ………………………… 严成志
中原行 …………………………… 秦士元

评论
当代文学中的英雄交响曲 ………… 夏中义
新时期文学与社会主义人道主义 …… 沈敏特

短处也是长处——文艺随笔 ……… 程东安

美术
杨其铮山水画选
王良武油画风景

1984 年第 5 期　刊名:《清明》
目录

中篇小说
共和国之初春（插图孙民纪） ……… 吴金田
梧桐雨，桂子香（插图徐捷）…… 王苏红 王玉彬
田野（插图朱松发） ……………… 刘新光
不该画的句号（插图张瓒明） …… 刘向阳

艺坛回想录
山城的雷声（插图王景琨） …… 叶 高 薛家柱

短篇小说
粉红色的信笺 …………………… 张秀枫
直面人生 ………………………… 乔浮沉
荇荠湖 …………………………… 张 宇
魔鬼附身 ………………………… 陈寿欣

散文
飘远的呻唤 ……………………… 唐婷婷
梅神父 …………………………… 肖 马
盆栽榴花偶得 …………………… 杨文镒
一颗质朴的心 …………………… 姚永福

诗歌
黄河 ……………………………… 高继恒
太阳系和星座 …………… 方竞成 叶曙光
在深山里 ………………………… 陈所巨
游中都城 ………………………… 袁戈风
朋友，请拉住我的手 …………… 王晓云
村里有了一条街 ………………… 刘益善

评论
关于塑造变革时期农村新形象问题的断想 … 胡永年
小说的含蓄 ……………………… 徐季子
探求最能表现作品内容的形式
——刘祖慈近作简论 …………… 徐卫新
一个丰满而独特的军人形象
——评《军人的投影》 …………… 丁临一

美术
陈宇飞胶版画
周一清、杨春华版画

1984 年第 6 期　刊名:《清明》
目录

中篇小说

书生意气（插图张瓒明）····································叶　钦
父亲的桥（插图刘筱元）····································谷　新
夕阳如血（插图何南燕）····································汪　聪
远去的鹰（插图张春亮）····································曹克胜
大道如青天（插图杨其铮）··························陈笑非
三角集人家（插图徐蓟）····································许成章

短篇小说

蟠龙院··蔡振兴
逝水··吴双林

散文

被遗忘了的月亮（题图魏根生）················周尝棕
碑的沉思（题图魏根生）····························张啸虎
暑歌··高　光

诗歌

皖声··雷抒雁
边防线诗情··晏　明
西柏林回音壁··邹荻帆
星·灯··刘明达
衡山游屐··唐　湜
非洲写生··顾　城
三棵树··刘晓滨
落日（外一首）··葛崇岳
山居自嘲（外一首）····································吕秋山
忆江南·黄山杂咏····································何悟深

评论

关于开拓文学观念的思考——一个提纲·········陈骏涛
《彩虹坪》的结构艺术····························余昌谷
真实地敞开人物的心扉——《西风·流云·枯叶》读
后··唐先田
曹玉林小说创作琐谈····························许宏德
告读者作者

美术

皖南农村写生··师松龄

1985 年第 1 期　刊名:《清明》
目录

长篇小说

小鸟听不懂大树的歌（王涛插图）··············白　桦

中篇小说

我们隔着讲台（肖瀚插图）····················蒋　韵
皮货商夫妇（康诗伟插图）····················麦祥和
党小组长··贺毅武

报告文学

从田园走向世界··京　隆
第一块金牌····································涂　路　何　平

散文

滇游日记——从昆明到大理··············黄　裳
闽南旅行··郭　风

诗歌

宏伟交响乐的指挥大师····························祖德陶
狱中怀友诗七首··杨　帆
士兵峰（外一首）····································刘毅然
戈壁的风··刘　虹
船（外一首）····································陈荣芬　张宏远
江南三首··彭双和
黄山组诗··晓　雪
谒雨花台缅丁行烈士····························兰荣棠

评论

与时代同步
——城市改革题材创作座谈会侧记··············胡永年

美术

木刻小品··苓　班
版画··陈　强　鲍　蓓

1985 年第 2 期　刊名:《清明》
目录

中篇小说

不眠的野店之夜（高万佳插图）················严啸建
风乍起……（孙民纪插图）····················李书崇
天子骄子（杜安安插图）····················姜琍敏
紫发各已苍（王涛插图）····················杨国平
长沟流月去无声（徐捷插图）················彭铁森

短篇小说

阿金与黑猫⋯⋯⋯⋯⋯⋯⋯⋯⋯⋯⋯夏　易
找人⋯⋯⋯⋯⋯⋯⋯⋯⋯⋯⋯⋯⋯澍　雨

散文

牛尾巴表哥⋯⋯⋯⋯⋯⋯⋯⋯⋯⋯王西彦
清明小品（四题）⋯⋯⋯⋯⋯⋯⋯张诗剑

诗歌

唱给琅琊大道⋯⋯⋯⋯⋯⋯⋯⋯⋯袁戈风
寓言诗五首⋯⋯⋯⋯⋯⋯⋯⋯⋯⋯宫　玺
跳过祖先划定的条条田塍⋯⋯⋯李思法
抒情三首⋯⋯⋯⋯⋯⋯⋯⋯⋯⋯⋯鲁　平
渔民和他的新婚妻子⋯⋯⋯⋯⋯方　牧
秋风⋯⋯⋯⋯⋯⋯⋯⋯⋯⋯⋯⋯⋯高　钫
七绝四首⋯⋯⋯⋯⋯⋯⋯⋯⋯⋯⋯王忠瑜
远方⋯⋯⋯⋯⋯⋯⋯⋯⋯⋯⋯⋯⋯陈继光

评论

小说的时值处理⋯⋯⋯⋯⋯⋯⋯⋯金健人
牡丹园里赏牡丹
　——评严阵的散文集《牡丹园记》⋯⋯于佩学
从《斑竹园》到《明珠寨》
　——评熊尚志的两篇作品⋯⋯⋯林为进

美术

韩培尧油画选
吴东泉的油画风景
放鸭（木刻）⋯⋯⋯⋯⋯⋯⋯⋯⋯叶荫柏

1985 年第 3 期　刊名:《清明》
目录

中篇小说

空地（王涛插图）⋯⋯⋯⋯⋯⋯⋯陈小初
黑花（班芩插图）⋯⋯⋯⋯⋯⋯⋯徐朝夫
海潮音（徐捷插图）⋯⋯⋯⋯⋯⋯无口君
莫道杯中多变幻（黄欣插图）⋯⋯罗时叙

短篇小说

妈妈的歌⋯⋯⋯⋯⋯⋯⋯⋯⋯⋯⋯黄　平
广播小品⋯⋯⋯⋯⋯⋯⋯⋯⋯⋯⋯朱齐忠
点将台的故事⋯⋯⋯⋯⋯⋯⋯⋯⋯薛炎文

传记文学

铁琴铜剑楼传奇（肖瀚插图）⋯⋯杨守松

报告文学

兔踪⋯⋯⋯⋯⋯⋯⋯⋯⋯⋯⋯⋯⋯乔国良

散文

小萝卜头⋯⋯⋯⋯⋯⋯⋯⋯⋯⋯⋯忆明珠
凤阳山美学六题⋯⋯⋯⋯⋯⋯⋯⋯郑秉谦

诗歌

双迎春⋯⋯⋯⋯⋯⋯⋯⋯⋯⋯⋯⋯公　刘
有感·有怀⋯⋯⋯⋯⋯⋯⋯⋯⋯⋯刘祖慈
瞿塘石歌⋯⋯⋯⋯⋯⋯⋯⋯⋯⋯⋯冯其庸
早春拾句⋯⋯⋯⋯⋯⋯⋯⋯⋯⋯⋯兰正文

评论

论创作自由⋯⋯⋯⋯⋯⋯⋯⋯⋯⋯苏　中
评江流小说集《龙池》⋯⋯⋯段儒东　邵江天

美术

陆静波的油画风景
部少华油画选

1985 年第 4 期　刊名:《清明》
目录

中篇小说

还阳草（王涛插图）⋯⋯⋯⋯⋯⋯赵宇共
卖炭老人（陈治黄插图）⋯⋯⋯⋯姚　霏
海城接官记（陈华插图）⋯⋯⋯⋯养　和
一部难产的电视剧（肖瀚插图）　曹玉林　陈可可

短篇小说

文凭⋯⋯⋯⋯⋯⋯⋯⋯⋯⋯⋯⋯⋯高汉铭
市井琐闻⋯⋯⋯⋯⋯⋯⋯⋯⋯⋯⋯公　衡
如果有你，如果没有别人⋯⋯⋯张　洪　陈　村

翻译小说

假黑人⋯⋯⋯⋯［美］福兰纳雷·奥康诺　文　思译

长篇选载

临江行（水天插图）⋯⋯⋯⋯⋯⋯谢竟成

散文

徐悲鸿和泰戈尔——印度寻亲访友记⋯⋯徐静斐
忆洪野⋯⋯⋯⋯⋯⋯⋯⋯⋯⋯⋯⋯胡山源
老梅逢春更着花⋯⋯⋯⋯⋯⋯⋯⋯晁　樾
美丽、神奇的乐土⋯⋯⋯⋯⋯⋯⋯刘先平

报告文学

一个开拓者的故事

——记淮南谢一矿矿长刘明善·············· 跃　渊

他心中有一团火··············· 蒋法武　黄复彩

诗歌

写在大兴安岭·························· 沙　白

山行三首···························· 郭崇毅

春城吟草···························· 那　沙

黑岛屿···························· 陈所巨

波斯托依纳溶洞························ 罗　洛

冬天的消息··························· 车前子

周末，我们去溜冰······················ 王唯唯

桐花······························ 秦士元

评论

创作自由臆谈·························· 公　刘

方法与前提·························· 周政保

1985 年第 5 期　刊名:《清明》
目录

中篇小说

那——原始的音符（卜桃插图）·············· 赵本夫

安琪儿的梦（王涛插图）················· 朱家鹏

母船（陈华插图）···················· 蔡测海

扁堡兴衰记略（肖瀚插图）··············· 夏坚勇

潜艇艇长························· 王友达

银水风情（刘筱元插图）················· 季宏庆

短篇小说

"少年之家"······················ 王安忆

我是"英雄"······················ 曾毓秋

婚礼上························· 峭　石

龙船浜旧事························ 阿　木

报告文学

眼光··························· 刘　杰

散文

普陀山记行························· 林　非

长诗选载

山盟··························· 严　阵

评论

小说创作的新收获

——中篇小说《空地》讨论会记要·············· 静　文

美术

谓有源头活水来

——评严啸建的小说及其创作道路·············· 梁长森

1985 年第 6 期　刊名:《清明》
目录

中篇小说

山魂（王涛插图）···················· 鲁彦周

歌星（路永强插图）··················· 陈　村

"孤岛"梦断（肖　瀚插图）··············· 郑克西

丛生的小草（谢丽君插图）··············· 魏君霞

青春即将来临（张瑞林插图）·············· 须一心

浪花大道（陈治黄插图）················· 叶宗轼

短篇小说

恽门家事（根生题图）·················· 高晓声

宾馆娇客（徐捷插图）·················· 庄　谐

人情二则························· 江　婴

某夫人之死························ 蔡其康

薄暮··························· 洪　霞

翻译小说

利克·狄克·大维——幼獴智斗眼睛蛇

　　　　　　　　[英]鲁德亚德·吉卜林　李明楞译

散文

关于"当代文学"——蒋守谦作《当代文学面面观》

序··························· 唐　弢

《五祖庙》题记···················· 巴人（遗作）

巴人和《五祖庙》···················· 王克平

美来自何处

——章永顺散文集《春天的风》序············· 峻　青

哦，蜀地的雪······················ 李达武

假山真水——蠡园随想················· 章左声

报告文学

众里寻他千百度····················· 孙肖平

诗歌

二十五首········唐　湜　玛　金　化　铁　凌代坤等

评论

读《还阳草》的笔记··················· 贾平凹

且说"形象的猎取"··················· 贺光鑫

美术

高万佳国画选

凌徽涛油画选

富士山·····························劳崇聘

1986 年第 1 期　刊名:《清明》
目录

中篇小说
战后就结婚（孙民纪插图）·····················朱苏进
牵牛花（蒋干插图）·························契　丹
只缘身在此山中（肖瀚插图）··················张　征
姐妹轶事（王涛插图）·······················王　蓬
冬天的蝴蝶（高万佳插图）····················汪　泓
生活不肯原谅她（班苓插图）··················张兴元

短篇小说
安全岛······························周永年
市井琐闻（二题）·························公　衡
唐苹······························沙　黑

翻译小说
为心脏的艺术················[美]鲁勃·高尔德伯格

传记文学
一海相隔　血链相系——记郭沫若陶晶孙与佐藤姐妹
····[日]译地久枝　原著　高伟民译　张令沃　校译

散文
古塔下的榴火·························邵江天
冷枪·····························范若丁

诗歌
绍兴诗稿····························王中华
谒张曙墓····························郭瑞年
诗二首·····························嵇亦工
发现······························黄东成
我的信念····························高尔太
关于家庭村庄的命题·····················陈有才
麻花堂杂诗····························荒　芜
屋顶上的春天（外二首）····················吕人俊
北方呵，家乡的欢乐·····················中　流

评论
艺术形象的灵与肉·······················王尚文
从“诚实的意识”里走出来
——评《鲁班的子孙》····················应光耀

美术
翟德科的水彩画
陈士修的水彩画

1986 年第 2 期　刊名:《清明》
目录

中篇小说
带红点的白蝴蝶（班苓插图）··················李云良
Gb 一号衍生的故事（张瓒明插图）···············李平易
掉裤子韩宝儿（李萌插图）····················原　非
人与狐（李方明插图）······················孙小林
迷雾深渊（陈治黄插图）····················曹克胜
春雨（李萌插图）·························姚易非

短篇小说
短篇二题····························万昌言
面对着静谧的乡村·······················唐旺盛
泉魂······························姚　琦

传记文学
星光——访粱谷音·······················蔚　明

报告文学
崛起的大厦····························陈　莉

散文
琅琊古道巡回··························江　流
越中行·····························吴晨笛

诗歌
中华诗魂····························文　欣
西安行·····························许少飞
诗友们·····························刘　虹
塞外云影····························梁如云
牧人子之（外一首）······················阿拉坦托娅

评论
斯人虽已没——关于张恨水的评价问题············羽　军
艺术感受纵横谈·························冯能保

美术
安徽首届油画展览作品选
小街······························章　飙

1986 年第 3 期　刊名:《清明》
目录

中篇小说

庄严奏鸣曲 ································ 李书崇
太遥远的地方 ···························· 程　枫
生活的未知数 ···························· 墨　微
A 市招贤记事 ···························· 单学鹏
飞人之死 ································· 徐　干
缪斯女神 ································· 陈寿欣

短篇小说

积木骷髅 ································· 陈卓乾
银桂 ···································· 陈正国

报告文学

比金牌更迷人的是什么?
——记青年画家戴恒扬 ··············· 汪天云
江城寻梦记——芜湖印象 ··············· 苏　中

散文

采自新加坡的花束 ······················ 秦　牧
秋染云山 ································· 梁　枫
鸟卦先生 ································· 林　呐

诗歌

昨天,似远又似近(四首) ··············· 那　沙
家乡的泥土 ······························ 卞国福
嚼饭胡柴斋杂拌 ························· 叔　子
老水手的故事 ··························· 林　希
音乐抒情诗四题 ························· 鲁　萍
山水情 ··································· 吴乐森
诗二首 ··································· 张少波
屺瞻老人歌 ······························ 冯其庸
海滩二章 ································· 李恒瑞

评论

以理性的思辨穿透"荒诞"——评中篇小说《那——
原始的音符》 ························· 张兴劲

美术

徐冰木刻作品
应天齐的木刻

1986 年第 4 期　刊名:《清明》
目录

中篇小说

中学生启示录 ···························· 吴　冰
歧变 ···································· 陈根龙
没有写完的生活答卷 ···················· 罗　洪
天狼星下(徐捷插图) ··················· 莫怀戚
山村人家 ································· 李平之
远树孤烟 ································· 赵剑平
孤儿 ···································· 李希华

短篇小说

竹叶笛 ··································· 黄复彩
陌路 ···································· 陶明国
我的前半生 ······························ 陈　村
丑 ····································· 黄义士

散文

北方抒情 ································· 陈所巨
荆楚掠影 ································· 吴炳南
童年的梦痕 ······························ 汤湘华

诗歌

美国印象 ································· 罗　洛
访古抒怀 ································· 祖德陶
泗河镇 ··································· 时红军
狼山港 ··································· 曹　剑
二十世纪风雪 ··························· 秦　松
词二阕 ··································· 孟　超
题画二首 ································· 刘颂年
小石头集 ································· 宫　玺
涉故台 ··································· 孙友田
曲阜古桧叹 ······························ 乔延凤
水 ····································· 胡天风
短歌 ···································· 灵　均

评论

勇与力之歌——读蔡测海小说《母船断想》···· 王朝垠
并不规则的组合——试论肖马的现实主义 ······ 沈天鸿
洁白的诗——读晏明的诗集 ················ 彭燕郊

美术

杨重光作品选
王大仁的水彩画

1986 年第 5 期　刊名:《清明》

目录

中篇小说

女人不是月亮 ·· 魏志远

三行小字——马家胡同轶事 ······················ 陈焕新

她弹着吉他在唱 ···································· 杨继光

打碗花 ·· 江　流

寻找天国 ·· 欧阳闻雪

月下女神 ································· 岳立功　岳四岳

短篇小说

没有结尾的"窗口小说" ··························· 肖　岗

市井琐闻 ·· 公　衡

杂文式小说三则 ···································· 鲁　兵

最后的一口气 ······································ 宋振琪

翻译小说

打禅和尚 ·· ［美］

詹姆斯·瑟伯著　黄北海　陈玉轴译

散文

游皇藏峪断想 ······································ 熊尚志

清明祭母 ·· 孟青禾

诗歌

魂在江南（四首） ·································· 刘祖慈

惊蛰·清明·谷雨 ································· 徐卫新

合肥 ·· 周志友

骆驼和牵骆驼人 ···································· 唐　湜

小草（外一首） ···································· 薛卫民

海：MC　埃舍尔的平面 ··························· 惠　子

读史有感 ·· 高　光

天柱山即兴（七绝四首） ··························· 黄志皋

评论

人称转换时的视点变化 ····························· 金健人

真善而后美

·············· 陈源斌小说集《美的饥饿者》序　李国文

美术

夏晓燕作品选

季学今的中国画

往事 ·· 孙晓兵

1986 年第 6 期　刊名:《清明》

目录

中篇小说

暮巴拉，雾山 ······································ 刘　克

窝囊废·经理·流浪汉 ··················· 刘新光　法毅玲

小牌坊的风流娘儿们 ································ 夏坚勇

晒霉 ·· 金　萍

一篇待完成的论文 ···················· 相南翔　严丽霞

在乡下 ·· 鲁书潮

一墙之隔 ·· 张正基

短篇小说

太阳村歌谣 ·· 姚　霏

这病…… ·· 唐　镇

散文

神交 ·· 吕　宕

郁与枯 ·· 周　锋

残缺的中秋月 ······································ 白　榕

不和谐的安魂曲 ···································· 韩　瀚

千古文章未尽才 ···································· 张　禹

桃源劫 ·· 阎广智

未来 ·· 韵　琴

一个后学者的默念 ································· 龚明德

诗歌

含泪的中秋月 ······································ 贾梦雷

雩都印象 ·· 徐新杰

灵渠 ···································· （中国澳门）陶　里

老山碑 ·· 汪昌桥

妻子的雕像 ·· 王　俊

皖南三题 ·· 朝　兰

松 ·· 范醒华

乡野散歌 ·· 潘建立

与世界对话 ·· 钱叶用

"我"的覆盖面——看现代诗画展有感 ·············· 化　铁

评论

当代儒林群像图——《同窗》人物谈 ·············· 苏　中

真挚的感情是最有力量的

——关于王西彦的散文 ···························· 徐开垒

美术

徐伟德作品选

顾美琴的水彩画

1987 年第 1 期　刊名：《清明》
目录

中篇小说

南枝向阳 .... 高尔品
鳜鱼的迷惘 .... 李亚南
大河风 .... 罗学蓬
灰白色的雨雾 .... 沈仁康
事业线模糊 .... 姜琍敏
蝗 .... 许　辉

短篇小说

名伶暮年 .... 严歌平
被魔幻者寻根记 .... 颜　屏
法庭调查 .... [英] 金斯莱·艾密斯
徐　笑　译　宗　白　校
平山镇轶事 .... 马　瞻

散文

学长们 .... 苏　晨
晚霞 .... 周尝棕
"口号"的回忆 .... 忆明珠
湘西武陵探桃源 .... 阎豫昌

诗歌

诗三章 .... 田　地
乌鸦 .... 扬　蕾
老首饰匠 .... 邓亨禄
题画二首 .... 赖少其
又二首 .... 朱　泽
深渡（外二首） .... 陈所巨
羊山上的石碑——写在田间墓前 .... 张育暄
黄山二题 .... （中国香港）犁　青
旅台旧作二首 .... 陈冰原
短歌小辑 .... 圣　野
造林人·石匠·花工——散文诗三章 .... 王文忠

评论

文学家的最大世界 .... 李书崇
别了，上帝！——评《被上帝遗弃的女儿》 ... 白　榕

来函照登

致韩瀚同志的公开信 .... 刘天明　张仁修

美术

孙振华的西藏摄影
何南燕的西藏速写
月下五棵树（木刻） .... 丁晖明
爷爷和奶奶（木刻） .... 师　晟
插图选 .... 林之耀
封面设计 .... 柳新生

1987 年第 2 期　刊名：《清明》
目录

中篇小说

界 .... 王苏红　王玉彬
苍天有眼 .... 余德生
独木桥上 .... 万昌言
流水无情草自春 .... 袁丽娟　朱发耕
涛声——《陕北女人》之二 .... 陈泽顺
羊角沟 .... 黄浦生

短篇小说

乐海拾遗录（三题） .... 姚社成
朦胧之谜——一个奇怪而不荒诞的故事 ... 王　火
一个炎热的夜晚 .... 曾毓秋
毛嫩 .... 坎　坷　王　振
猫 .... [法] 比埃尔·加斯卡尔　范　荣译

散文

一勺中的一滴 .... 贾植芳
桔乡剪影 .... 史培发
闽南二题 .... 郭　风
我心中的丰碑 .... 黄立明

诗歌

南风和风中的尘土（组诗七首） .... 公　刘
斜视（外二首） .... 梁小斌
第一次渡黄河——自传的两节 .... 牛　汉
江鸥·江柳 .... 沈天鸿
红日，我悬在天穹的驼铃 .... 周孟贤
短歌二章 .... 卞国福
读《涉江词》 .... 宋亦英

评论

刘祖慈的《五彩梦》与"五彩梦" .... 周政保
众里寻他千百度——陈所巨诗片谈 .... 张　禹
对于战争年代的反思——简评《慧眼》 ... 唐先田

美术

朱墨作品选
徐氏姐妹国际获奖作品
本期小说插图 .... 王守明　蔡　锦
候震油画选
封面设计 .... 柳新生

1987 年第 3 期　刊名:《清明》
目录

中篇小说

暗河	聂震宁
剪影	陈小初
死人区的喧闹声	王来超
小木楼街老屋	费尽贤
哑巴店	孙　台
足痕	南虎员

短篇小说

春仪	吴翼民
忤逆	万　一
分配	汪宏微
桃子成熟的时节	吴晨笛
此情可待成追忆	陈晓淮

翻译小说

活比死好	
［美］伯纳德·马拉默德著　胡兴德译	

报告文学

古镇新姿	罗会祥

散文

古寺遐想	江　流
忆肖宗	韵　琴

诗歌

给女儿	林　祁
北国的太阳	阿拉坦托娅
在我心中没有秘密	化　铁
红竹伞	丹　妮
送我一枝玫瑰花	刘　虹
福建印象	刘向东
旅港掠影	黄东成
妹妹，我给你买了一条花裙	徐　泽
短诗二首	福　庚
雪花	张亚平
泰山	江　城
野火	白　榕
枫叶书签	丁　力

评论

近几年小说的象征艺术	许宏德
在儿童文学学术海洋里荡桨而驶——谈蒋风的儿童文学研究	方卫平

美术

班石的雕塑	
石里溪的山水画	
吉他	张　进
秋夜	刘岐森
封面设计	柳新生

1987 年第 4 期　刊名:《清明》
目录

中篇小说

风来云去	曹布拉
夏天的七巧板	莫怀戚
拉依浪漫曲	王立纯
残齿	沙　里
女人的自由联想	王承刚

短篇小说

湖畔奏鸣曲	李云良
啼笑皆非	金德华
蚁趣	峭　石
报应——旧巷忆旧之一	彭　拜

翻译小说

牧童	［苏］巴乌斯托夫斯基　杨宝善译

散文

访苏笔记摘抄	鲁彦周
镶花边的错河	高红十

诗歌

南方	阮文生
野菊花（外一首）	周　信
诗二首	金　山
巴陵绝唱	唐　湜
浣溪纱四首	曾敏之
满江红·送别	程绍懋
云台山中	贺羡泉
走进你的巷	朱金晨
大海之子（致一位老诗人）	施肃中
无头国与无人村	龙彼德
冲浪	刘明达
冷风景	乔延凤
捞沙人的号子	于　邦
山村夜校	王唯唯

评论

当代文学的文化思考	沈敏特

《剪影》随想录·······················苏　中

美术
叶菲作品选
余多瑞的木刻
沈建强的油画

发生在封建文化结构深层的轰鸣
——论《狂人日记》·················王文彬

美术
杨大会作品选
章飙的木刻

1987 年第 5 期　刊名:《清明》
目录

中篇小说
死亡谷——四个犯人和两个警官的故事·········小　林
黄裙子的风波·······················秦瘦鸥
溧河上的传说·······················蔡金华
夏天的思考·························张兴元
作战科第五个成员·····················甘耀稷
冷色调···························耿书成

短篇小说
日出·印象·························陈　村
短篇二题··························戴　平
夜车····························王鲁夫
苏丹——神圣家族之八···················老　谷
来去何匆匆·························杨　光

散文
山海关：历史的沉思者···················张啸虎
大西北情思·························治　芳
《环滁集》序························张友道
《环滁集》后记·······················苏　晨
麻萨拉巷··························阎广智
古森林的和声·······················京　隆

诗歌
无题·有赠·························彭燕郊
我爱孤独··························圣　野
钟已敲响··························刘祖慈
大江情怀··························那　沙
时间老人··························刘芳松
读梦篇···························冯增荣
送别歌两首·························陈允豪

评论
意识流与社会性——《达洛卫夫人》中译本代序
（附:《达洛卫夫人》片断选译）·············孙　梁
个人的痛苦
——当代小说中的精神文化现象之一·········蔡　翔

1987 年第 6 期　刊名:《清明》
目录

中篇小说
荒野的风··························刘小兵
夏日来临··························李惠新
名士风流··························罗学蓬
给上帝写封信·················刘新光　法毅玲
寒柳····························石　楠

短篇小说
豕·····························李平易
市井琐闻··························公　衡
一路平安··························钱安南
胡家····························刘益善
彩灯····························祖光益
古铜色的黄土路······················曹锡民
不说谎计划·························金兴安
白鹅毛传奇·························赖俊熙

散文
弯弯的清水河·······················孙再平
沉重的爱··························丹　子

随笔
访德（联邦）谈话录····················公　刘

诗歌
南疆岁月··························陈　灿
皖南二题··························江志伟
千岛湖行··························罗　洛
春寒小集··························冀　汸
长安二首··························沙　白
海之角···························严成志
罗沙·卢森堡·······················桂向明

评论
上海青年评论家评论小辑
　　　　　吴　亮　程德培　王晓明　陈　村

敬告读者、作者

美术
周昭坎作品选
丁寺钟作品选
马自强作品选

1988 年第 1 期　刊名：《清明》
目录

中篇小说
采桑子——西藏非真实纪事 ································ 刘　克
爱的漩涡 ·· 曹克胜
蓬间客 ·· 刘以林
淙淙流过的大理河 ······································ 黄富强
一个不三不四的故事 ···································· 马　瞻

短篇小说
没去舞厅的谭非 ·· 潘文伟
乌林渡 ·· 朱树根
托尔斯泰之死 ·· 章海陵
老起 ·· 杨宝成
小说三题 ·· 吴金田
青烟 ·· 陈寿欣
电话 ·············· ［保加利亚］科鲁泽耶夫著　徐　鹏译

散文
所有的水都会重逢
——联邦德国下萨克森州访问记 ···················· 刘祖慈
乡场教育家们 ·· 舒　芜
荒村野店 ·· 万康生

评论
真真假假亦真——评刘克新作《采桑子》 ············ 沈敏特
"中国潮"报告文学征文启事

美术
杨积弟线描小品
渔归 ·· 陈白云
男人·家族·人生 ······································ 王　泥
老人 ·· 方贤道

1988 年第 2 期　刊名：《清明》
目录

中篇小说
古镇——采访笔记 ······································ 潘浩泉
山海无喧嚣 ·· 汤世杰
惶惑的岁月 ·· 李鲁轲
深山存古寺 ·· 钟少曦
人生舞伴 ······································ 严啸建　荻　石
冰冷的太阳 ·· 殷德杰

短篇小说
并非别无选择 ·· 海　笑
曾也年轻 ·· 徐海砚
秋 ············ ［美］乔伊斯·卡罗尔·欧茨　黄　越译

散文
梅花岭遐思 ·· 曾石铃
浓香型之旅 ·· 江　流
尘世的安慰——致夏洛蒂·勃朗特 ···················· 沈小兰

评论
对死亡的超越——《死亡谷》泛论 ···················· 张器友
新的自然 ·· 姜诗元

美术
耿耿的绘画
黄超英作品选
陈皖生水彩画

1988 年第 3 期　刊名：《清明》
目录

长篇小说
日晕 ·· 潘　军

中篇小说
云聚云飞 ·· 李亚南

短篇小说
云林鹅 ·· 陈秋生
双窑遗老 ·· 黎　化

报告文学
灼热的榴火 ·· 周云泥

翻译小说

和平是惊叹号
—————————— [苏] 鲍里斯·华西列耶夫　高方义译

创作谈

多余的话————————————————潘　军

评论

长篇创作的新尝试——评潘军的《日晕》———唐先田
《哑巴店》的审丑意识及象征结构————————刘　强

美术

高万佳插图选
土地·月光（油画）——————————————王　琪

1988 年第 4 期　刊名:《清明》
目录

长篇小说

多情病患者——————————————————韩　瀚

中篇小说

瘦月亮——————————————————————刘春来

短篇小说

错觉————————————————————————辛晓征
夜籁（三章）——————————————————孙建成
老屋————————————————————————王明亮

作家评传

写《"左"传》的人——记作家曹玉模————段儒东

散文

悼朱丹——————————————————————陈登科
死的耻辱————————————————————沈小兰
退色的记忆————————————————————邵　莉

报告文学

冲浪者——————————————————————秋　水

评论

《冷色调》的冷与热—————————————沈天鸿

美术

李训华书法选
云南风情组画————————————————————袁　斌

1988 年第 5 期　刊名:《清明》
目录

中篇小说

硕士生世界————————————————————刘嘉陵
黑耳鸢——————————————南　翔　丽　霞
杂色————————————————————————陈知柏
街民————————————————————————沙　黑
诱惑————————————————————————程　海
一行扭曲的脚印————————————————潘玉玲

短篇小说

我非我——————————————————————王　庆
黑鼬————————————————————————钱国丹
狭狭的楼道————————————————————吴中乙

报告文学

江韵————————————————————————宁　芬
走出田野————————————————————叶小美
银球　旋入绚丽的羽绒王国——————————李恒瑞

散文

醉————————————————————————————叶全新
我所知道的萧也牧————————————————孟小平

杂文

姜斋漫笔————————————————————子　谦

美术

漫画四幅——————————————————————张正旭等

1988 年第 6 期　刊名:《清明》
目录

中篇小说

圣人余自悦正传————————————————陈世旭
西乡妹子————————————————————祝兴义
断 X 再植的前前后后————————————陈维型
无用书生————————————————————曹布拉
爱之涩——————————————————————李平易

短篇小说

高山人家————————————————————萧　亮
抽屉————————————————————————严歌平
不仅仅是个吻————————————————————华培明
夜台————————————————————————沈嘉禄

山谷 .... 王立
错乱 .... 张甄平
明天的太阳 .... 刘君木

报告文学

死亡和血泪的背后 .... 张茜荑

散文

走出黑夜 .... 董镜屏

杂文

为"淤泥"辩 .... 白榕

评论

破土而出的新笋 .... 韩瀚
给读者留下广阔的思维空间 .... 陈辽

美术

水粉静物 .... 姚征峰
维纳斯的再塑造 .... 黎佳
拍团体照 .... 白善诚
卷首饰画 .... 戚福光

1989 年第 1 期   刊名:《清明》

目录

中篇小说

中国，1987，一个画家和一个诗人的浪漫 ... 蔡测海
时髦家事 .... 余德庄
宿根 .... 孙建成
河龙口 .... 刘放
走出密林 .... 徐贵祥
白街 .... 李惠新

短篇小说

双桥 .... 郝来
神枪手八岱 .... 莫怀戚
小巷无题诗 .... 农鸣
井魂 .... 刘彬彬

人物专访

云鹤飞来为苍生 .... 周拥军

报告文学

风雨兼程（"中国潮"报告文学征文） .... 安杰
在这块蕴藏地火的土地上 .... 涂路
横山之光 .... 益友

散文

亡友灏白和他的遗著 .... 祝兴义
倔强的诗魂 .... 桂向明

评论

寻找的悲剧 .... 黄书泉
错在何处 .... 唐跃 谭学纯

杂文

羊和礼和直道 .... 何满子

美术

庄威油画风景
美术编辑 .... 孙民纪
扉页饰画 .... 魏根生

1989 年第 2 期   刊名:《清明》

目录

中篇小说

夏天过了还是夏天 .... 惠西城
爱像什么 .... 孙小林
红禁果 .... 耿书城
太监府秘闻 .... 崔莫愁
礁石 .... 余国振
蓝色埋葬 .... 戴平

长篇选载

女真少年 .... 完颜艺舟 完颜海瑞

"中国潮"征文

太阳在狭窄的空间喘息 .... 雨东
走穴！走穴！ .... 祝兴义 葛光 乔国良

报告文学

肉案变奏曲 .... 周子瑞
放"鹰" .... 刘万友
艰难的选择 .... 梁剑华 杨荣

散文

天末怀海翁 .... 冯其庸
海南风情录 .... 凌代坤
相望 .... 沈小兰
爬藤 .... 凌耀忠
父亲的大衣 .... 方晗

美术

懵懂（油画）————————————李曙光

温暖的河流（油画）————————郭 力

扉页饰画————————————————魏根生

1989 年第 3 期　刊名:《清明》
目录

中篇小说

牛————————————————————墨 白

鸡斗————————————————————陈晓初

皇陵————————————————————李晓伟

兔子，别再惹事生非了————————江多晨

因循————————————————————毛志成

春归何处————————————————李瑶音

短篇小说

柳叶镇————————————————吴建国

校园逸闻————————————————犁 人

祭蛤————————————————————林丙坤

小城变奏曲————————————————晓 平

夜宿小店————————————————姜义田

"中国潮"征文

矿工婚姻面面观——————蒋法武 梁俊明

根雕————————————————————王传铸

报告文学

不带吴钩亦男儿————————————何 平

悠悠黄金路——————————丁育民 王文春

散文

秋风秋雨中的陈独秀墓————————张 宇

童年的天空————————————————京 隆

海行随记————————————————韩尚义

无风的日子（外一篇）————————张向荣

评论

真理的简单与复杂————————————沈敏特

《高山人家》咀嚼录————————————唐先田

美术

扉页饰画————————————————魏根生

1989 年第 4 期　刊名:《清明》
目录

中篇小说

白苹果 蓝香蕉————————————志 鹏

正月的思绪————————————————刘嘉陵

昨天的太阳————————————————时龙宝

四个放飞的女人————————南 翔 丽 霞

蜜月刚刚开始————————————————马 瞻

自由之神————————————————————景 风

"中国潮"征文

加减乘除解析题————————————周云泥

他的人生里程表————————————更 生

报告文学

中国当代民谣沉思录————————范家安

国道如砥——————————————山 佳 李策群

行进在明丽的霞光中——————周福星 双 林

短篇小说

两点钟————————————————————张重光

宁五年谱————————————————江多晨

我自杀了————————————————余国振

外婆的红口袋————————————任 峻

冷色调————————————————————徐勋国

微型小说二题————————————于伯生

散文

写不尽的你呵————————————王英琦

叶之恋————————————————————叶全新

寄自孤岛————————————————赵健雄

杂文

白鼻头小丑和悲剧人物————————何满子

美术

黄少华的中国画

张进的油画

花卉·山水————————————李 铭 踪 萍

扉页饰画————————————————魏根生

1989 年第 5 期　刊名:《清明》
目录

中篇小说

大寒立碑 …………………………… 陈应松
951 奇案 …………………………… 陈　冲
黄豆芽·绿豆芽 …………………… 王金力
落花在清秋 ………………………… 王亚萍
大广场 ……………………………… 阎欣宁
乌州志怪 …………………………… 刘以林
阴阳柚 ……………………………… 钱国丹

短篇小说

又是一天 …………………………… 孙建成
父亲的喜剧 ………………………… 沙　黑
电话 ………………………………… 脚　印
选择 ………………………………… 敖　夜
旧情 ………………………………… 张　珊
惶惑 ………………………………… 杜丽蓉
小城名流 …………………………… 甲　乙
花痴 ………………………………… 叶大春

作家评传

莫作愁红怨绿看——彭拜历史小说及其人　段儒东

散文

草绿色的梦 ………………………… 王业霖
异彩闪烁的诗星 …………………… 邹正贤

报告文学

历史性跨越 ………………………… 徐汉灵
闪光的轨迹 ………………………… 丁育民
不负家山一片桑 ……………… 弋　川　士　弘

美术

白色古民居（油画）……………… 赵　敏
山凹的黄昏（国画）……………… 汪俊德
凌徽涛的油画
扉页饰画 …………………………… 魏根生

西街·西街 ………………………… 徐名涛
太阳底下的黑孩子 ………………… 张兴元
风筝 ………………………………… 赵晓铃
虔诚 ………………………………… 崔　波

短篇小说

涌泉 ………………………………… 李　海
走兵的年岁 ………………………… 张达恒
罪手 ………………………………… 王　庆
情人 ………………………………… 吴尚华
难得明白 …………………………… 李　夏
失去的不仅是爱 …………………… 李洪俊

报告文学

温暖人间
——写自芜湖市天河羽绒总厂的报告
……………………………… 施世栋　更　生
映日荷花别样红——记云南省茶叶机械总厂… 曾　明
往事不会消失
——谢云海别传 ………… 张　珊　有　为　桂　林
雄狮在地层深处驰骋 ……………… 沈　明

散文

山山都好 …………………………… 骆　文
爱在人间——散文作家赵丽宏印象 … 杨　晴
蜻蜓葬礼 …………………………… 陈发仁

评论

以赤子之心看取世界
——读张拓芜的《坎坷岁月》……… 陈　辽

美术

李宽明油画
祝业平油画
季经龙中国画

1989 年第 6 期　刊名:《清明》
目录

中篇小说

闯上海 ……………………………… 蔡其康
迷宫 ………………………………… 万昌言
血色罗裙 …………………………… 孙小林

《青年外国文学》

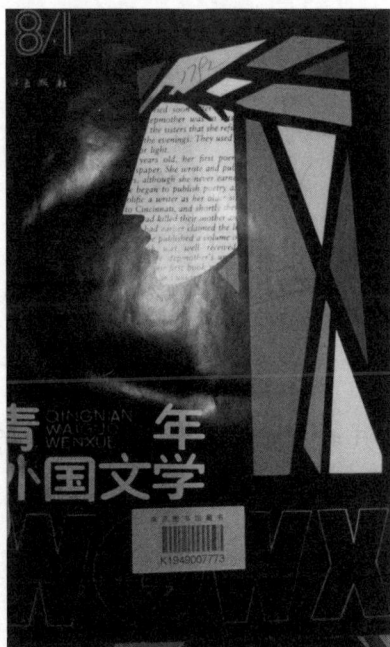

【简 介】

综合性文学双月刊。漓江出版社主办。创刊于1988年。其为我国第一家以青年读者为对象的外国文学刊物。内容丰富,介绍外国文学,其中不乏经典名篇。栏目有小说奇葩、名诗鉴赏、佳作品评等。另推出"译苑新人"专栏,旨在培养翻译文坛上的优秀青年翻译人才。

期刊号:1988年第1期—1989年第6期

1988年第1期 刊名:《青年外国文学》

目录

中国翻译工作者协会贺电

创刊圆桌谈···································冯 至
叶水夫 王佐良 杨武能 舒 婷 草 婴 赵长天
高 莽 裴小龙 林秀清 贺祥麟 吴 亮 刘安武
陈建功 智 量 王逢振 白 烨 刘硕良

成名作
坟墓(中篇小说)
································[墨西哥]阿古斯丁作 丁文林译

长篇选粹
香水·········[联邦德国]聚斯金德作 李清华译

短篇佳构
爱的波浪····················[美国]欧文·肖作
张英进 程哲生译

言情力作
雪野幽情··············[日本]夏树静子作 李有宽译

小说奇葩
爱与死之歌(散文诗体小说)
··················[奥地利]里尔克作 李云中译

五彩诗笺
冰岛飓风(散文诗四章)
·······[瑞典]特朗斯特罗默作 李之义 北 岛译
我的血统不是狼(三首)
··················[苏联]曼杰斯塔姆作 荀红军译
乌龟的呼喊
··············[英国]德·赫·劳伦斯作 吴德艺译
野忍冬(词曲体汉译·二首)
··················[美国]佛瑞诺等作 辜正坤译

禁区探幽
关于《恰特莱夫人的情夫》的一封回信··········朱 虹

名诗鉴赏
在地狱采风的布莱克·······················飞 白
地狱箴言(节选)·········[英国]布莱克作 飞 白译

域外潮声
美国女批评家汤姆金斯访谈录··············王逢振

翻译杂谈
不似之似·································罗新璋

译家剪影
听风楼里的辛勤耕耘者
——记翻译家冯亦代夫妇·················董乐山

译苑新人
诗海一沫——西子湖畔的青年群体····德 明 一 禾

读书一得
纯净与纤丽的世界——读川端康成的《雪国·千鹤·古都》································赵丽雅

1988 年第 2 期　刊名:《青年外国文学》
目录

名家名篇
伤心小姐（中篇小说）
··················[美国]纳撒尼尔·威斯特　施咸荣译

言情力作
戴墨镜的女郎（中篇小说）··········[埃及]伊赫桑·
库杜斯　丁　寒译　艾　文校

小说佳构
巴黎的评判（短篇小说）
··················[英国]伦纳德·梅里克　陈　许译

微型小说
遗产·············[日本]都筑道夫　臧　藏译
弗里斯诺寓言·······[美国]威廉·萨洛扬　付　玢译

文坛奇葩
亨利·米修诗四首
··················[法国]亨利·米修　杜青钢译
法国讲坛怪杰——米修··············杜青钢

五彩诗笺
一堆灰暗的砖石（五首）
··················[美国]布罗茨基　荀红军译
英国作家谐谑曲
··················[美国]特里·伊格尔顿　成　玲译

译作评点
逃亡·············[联邦德国]沃·施努雷
施　岷译　杨武能评点

文苑漫步
生气勃勃的民族文学的崛起
——英国文学漫笔之一··············王佐良

翻译杂谈
译事三难信达雅　出神入化宜师法
——中国近代翻译思想概述··············罗新璋

域外潮声
新现实主义在西德··············王滨滨

名诗鉴赏
她痛饮宇宙的痛苦和欢乐··············季心屏
附：干杯··········[俄国]吉皮乌斯　飞　白译

文坛轶话
一树两花——高尔基与马雅可夫斯基的一次同素材创
作··············王庚年

译家絮语
我和外语··············肖　乾

译苑新人
我的"苦恋"··············许　钧

长篇短绘
华伦夫人的职业··············[英国]肖伯纳原著
柳　云　有　源改编　庞邦本绘画
高莽访苏速写二幅

1988 年第 3 期　刊名:《青年外国文学》
目录

言情力作
男人女人和孩子（长篇小说）
··················[美国]西格尔作　张大卫译

小说奇葩
美人儿茵佩莉娅（三篇）
··················[法国]巴尔扎克作　施康强译
美人茵佩莉娅
茵佩莉娅夫人大发善心
茵佩莉娅夫人从良记

获奖作品
孩子的翅膀（小说）
··················[美国]乔伊斯·约翰逊作　胡　坚译

五彩诗笺
在黛色的天空下
——金斯堡选辑的美国当代青年诗··············马高明译
《星星》片断（大卫·科普）
卡茨基尔歌舞（米歇尔·斯考尼克）
她们将走来（安迪·克劳森）
迫近冬天（外六首　沃尔特·弗得海姆）
风暴（罗伯特·梅耶斯）
日本当代诗人大冈信诗三首··············兰　明译

名诗鉴赏
原始的，现代的··············飞　白
黑色痛苦谣
··················[西班牙]加西亚·洛尔迦作　飞　白译

佳作品评

入堂奥　出新意························郭宏安

不贞的妻子（短篇小说）

·················[法国]阿尔贝·加缪作　郭宏安译

文苑漫步

诸家竞起的文艺复兴——英国文学漫笔之二···王佐良

批评方法

数理风格学·······················赵毅衡

译家剪影

方平印象·························安　蒂

译苑新人

自学成才的青年翻译家王纪卿·············祥　京

1988 年第 4 期　刊名:《青年外国文学》
目录

长篇选粹

王虎和那个女人·············[美国]赛珍珠

韩邦凯　姚　中　顾丽萍译

言情力作

借妻（中篇）···········[日本]赤川次郎　刘志斌译

包厢里的一男一女（短篇）

·················[苏联]乌斯基诺夫　谭福英译

婚姻介绍所（短篇）

····[法国]埃尔韦·巴赞　龙　格　译　林秀清　校

短篇小说

上帝的声音·········[美国]乔治·阿尔比　张曦明译

无形的镣铐

·············[美国]小库尔特·冯尼格　关敏怡译

幸福到来那一天

·········[美国]B.辛格　王　昶　译　陆煜泰　校

眼镜·············[美国]爱伦·坡　张　晶译

埃娃的梦··········[德国]安娜·弗朗克　钱培鑫译

文身女人·······[加拿大]玛丽安·恩格尔　黎超然译

幽情别恋·········[美国]彼得·卡梅伦　吴庆伟译

五彩诗笺

我想探望遥远的地域（苏联青年诗人诗选）

·····················赵　畅　王凤才译

理论·研究

集大成的莎士比亚——英国文学漫笔之三·······王佐良

近年来法国文学中的非虚构化倾向·············余中先

当心熟面孔（翻译杂谈）·················施康强

书架前的遐思（青年作家与外国文学）··········简　嘉

我从这里起步（译苑新人）················郑海凌

看到了新的空间

——在香港举行的当代翻译研讨会上··········裘小龙

1988 年第 5 期　刊名:《青年外国文学》
目录

抒情小说

苹果树

··········[罗马尼亚]康拉德·布柯维奇　陈　锋译

四个女大学生

·············[苏]爱·芭琪耶娃　杨　郁　陈寅生译

中篇小说

米米郡主···········[俄]弗·奥陀耶夫斯基　崔松龄译

短篇小说

热水河····[美]厄斯金·考德威尔　易　新　徐可译

早餐前的爱·······[美]佛兰克·斯多克顿　龚本祥译

她转个不停/雪袋熊

··················[澳大利亚]周　思　裘小龙译

冬天的孔雀··········[英]D.H.劳伦斯　王晓昀译

鸽子公民·········[法]罗曼·加里　丁志强译

打鹿/鹦鹉·········[日]伊藤桂一　袁少军译

光彩照人的淑女

·············[利比亚]艾·易·法格海　李荣建译

战争·············[意大利]皮兰德娄　谢志国译

骗子的悔恨········[加拿大]卡拉汉　雷　雪译

微型作品

梵·高与梦露········[美]汤姆·罗宾斯　赵冀川译

纯朴温柔的爱情·······[法]阿·阿雷　田保荣译

命运的一瞬间··········[日]星新一　陈庆辉译

五彩诗笺

色彩的渴望（七首）

·············[芬兰]埃·瑟德格朗　李　笠译

执拗的诗人（名诗鉴赏）·················飞　白

理论与研究

悲剧艺术的顶峰（英国文学漫笔之四）·········王佐良

《夜行的驿车》及其他（青年作家与外国文学）

····························高洪波

"杂学"与词典（翻译杂谈）···············施康强

跳不出的"悖谬"（青年学者剪影）···········安　迪

"飞机很美，可机场更美……"

——阿拉伯小幽默························解传广译

1988 年第 6 期　刊名:《青年外国文学》
目录

中篇小说

三角洲之秋···········[美国]威廉·福克纳　李文俊译
蓝色的和绿色的

····················[苏联]尤·卡扎科夫　张劲昌译

短篇小说

摘不到的玫瑰

··············[美国]保罗·西鲁　姚君伟　白劲鹏译
川端康成掌篇小说四篇

···················[日本]川端康成　叶渭渠译
无头雕像··········[阿尔及利亚]赫杜格　郭黎明译
第一个七年··········[美国]马拉默德　黄卫娴译
一束日光···········[冰岛]马格努森　李曙新译
一块馅饼············[美国]鲁尼恩　陈荣萍译

获奖小说

山上的呼唤

···············[菲律宾]尤　桑　邹　懿　陶　涛译

散文诗

卡夫卡随笔选···········[奥地利]卡夫卡　刘冬妮译
爱是一株月亮树

··················[美国]玛丽·格丽娜　周庆荣译
记事诗···········[法国]圣琼·佩斯　李玉民译
生命与天地共存的浩然之气

——读圣琼·佩斯《记事诗》···········李玉民

畅销书摘

夏威夷·················[美国]米切纳　卢佩文译

理论·研究

全国中青年文学翻译经验交流会在桂林举行

·····································本刊记者
西蒙娜·德·波伏瓦谈《第二性》创作及其他

··················[法国]夏普萨尔　刘宁慧译
敏锐的美感　细腻的文思

——记著名翻译家力冈·············更　生

1989 年第 1 期　刊名:《青年外国文学》
目录

中篇小说

黑头发，蓝眼睛

··········[法国]玛格丽特·杜拉斯　思　远译
美貌的玛伊蕾··········[芬兰]瓦尔塔里　任元华译

短篇小说

救人如救己···········[美国]弗兰纳里·奥康纳
欧阳宏玲译　林林校
劫数难逃··········[美国]克·里斯贝克特　于燕京译
草原之王··········[西班牙]伊巴涅斯　屠孟超译
替角···············[日本]都筑道夫　臧　藏译
白旗·············[德国]罗尔夫·贝克　冯小虎译

获奖作家

1988 年诺贝尔文学奖得主——马夫兹访谈录····关　俦
蜜月（小说）·······[埃及]纳吉布·马夫兹　关　俦译

奇书探胜

《魔鬼辞典》选译

···········[美国]安布儒斯·比尔斯　张廷琛译
安布儒斯·比尔斯和他的《魔鬼辞典》··········张廷琛
苏联出版的中国当代小说（1980—1988）

··································张晓强辑

1989 年第 2 期　刊名:《青年外国文学》
目录

中篇小说

流浪少年··············[法国]勒克莱齐奥　龙　格译
鲸神···············[日本]宇能鸿一　肖　伟译

短篇小说

污点···········[美国]菲利普·罗斯　周　晋译
他们血管里的血

··········[加拿大]法·莫厄特　毕均轲　张圆特译
爱情的眼睛

··············[美国]哈里·彼特拉基斯　侯明君译
风流奇遇··········[美国]伍迪·艾仑　盛　飚译
陌生女人··········[美国]雷蒙·卡佛　刘书青译
一个令人神往的早晨·······[日本]星新一　陈庆辉译

短篇奇作

墙壁知道·················[苏联]谢尔盖·沃罗宁
张秋瑾译　郑泽生校

闯人者⋯⋯⋯⋯⋯⋯⋯⋯⋯［英国］萨奇　陈爱玖译
救命恩人⋯⋯⋯⋯⋯［印度］维·莫·伯希尔　傅　俊译

诗歌
海面上的月亮（法国女诗人诗二首）
⋯⋯⋯⋯⋯⋯⋯⋯⋯⋯⋯⋯⋯⋯吴　笛　李　立译
孤独（外一首）⋯⋯⋯⋯⋯［德国］尼　采　飞　白译
孤独的绝唱——诗尼采诗二首⋯⋯⋯⋯⋯⋯季心屏
战后法国文学批评一瞥⋯⋯⋯⋯⋯⋯⋯⋯候　洪编译

美术
黄格胜美国速写选

1989 年第 3 期　刊名:《青年外国文学》
目录

中篇小说
死亡回声⋯⋯⋯⋯⋯⋯［英］H.E.贝茨　张　磊译
愁情悠悠⋯⋯⋯⋯⋯［苏］列·列昂诺夫　石国雄译

短篇小说
施尼茨勒短篇小说两篇
⋯⋯⋯⋯⋯⋯⋯⋯⋯［奥地利］施尼茨勒　蔡鸿君译
另外一个男人
为了一个钟头
穿夏裙的姑娘们⋯⋯⋯⋯⋯［美］欧文·肖　谢志国译
西尔斯·卢巴克广告册游戏
⋯⋯⋯⋯⋯⋯⋯⋯⋯⋯⋯⋯［美］诺　顿　曲卫国译

诗歌鉴赏
山之歌⋯⋯⋯⋯⋯⋯⋯［苏］茨维塔耶娃　荀红军译
茨维塔耶娃和她的抒情叙事诗《山之歌》⋯⋯荀红军
忆⋯⋯⋯⋯⋯⋯⋯⋯⋯［英］E.勃朗特　飞　白译
疯狂的渴念
——爱米莉·勃朗特的代表作《忆》⋯⋯⋯季新屏

理论·专访
劳伦斯致友人（书信五封）⋯⋯⋯⋯⋯薛忆沙译
奇异的"蓝色花"
——关于德国浪漫派及其中短篇小说创作⋯⋯杨武能
行进在路上——青年翻译家陈建华印象⋯⋯⋯何　平
下期要目
漓江新书窗

1989 年第 4—5 期　刊名:《青年外国文学》
目录

中篇小说
流亡记（历史小说）⋯⋯⋯［日本］开高健　王　伟译
丽人湖（言情小说）
⋯⋯⋯⋯⋯⋯［奥地利］维姬·鲍姆　林伟中编译

神话钩沉
波波尔·乌
⋯⋯⋯⋯⋯⋯［墨西哥］阿夫雷乌·戈麦斯　里　德译

苏联文学
普加乔夫（剧体长诗）
⋯⋯⋯⋯⋯⋯⋯⋯⋯⋯C.A.叶赛宁　陈士林译
嫁给烈火（短篇）⋯⋯⋯⋯赛·恰赫基耶夫　程　利译
旧布娃娃（短篇）⋯⋯⋯⋯⋯叶赛宁娜　杨艳丽译
手掌上的小石子（文艺随想录）
⋯⋯⋯⋯⋯⋯⋯阿·索洛乌欣　刘敦健　张铁夫译

短篇佳构
猩红的朱鹭⋯⋯⋯［美国］詹姆斯·贺斯特　徐希法译
孤岛夜战⋯⋯⋯⋯⋯［美国］路易斯·拉默　陈　新译
志贺寺上人之恋⋯⋯⋯［日本］三岛由纪夫　武继平译
处长驾到⋯⋯⋯⋯［希腊］扎·帕潘杜尼欧　刘兴昌译
赎罪园⋯⋯⋯⋯⋯⋯［美国］安·狄弗朗克　晏　方译

情爱小说
八月⋯⋯⋯⋯⋯⋯⋯［加拿大］加·图斯特　寒　觉译
在河上⋯⋯⋯⋯⋯⋯［加拿大］戴·戈弗雷　钱　蒙译
火热的情恋⋯⋯⋯⋯［爱尔兰］富·哈里斯　蔡昌卓译
危险的帮忙⋯⋯⋯⋯⋯［法国］D.布朗热　风　格译
另一个妻⋯⋯⋯⋯⋯⋯⋯［法国］科劳蒂　邵明明译

诗歌·散文
内裤⋯⋯⋯⋯⋯［美国］劳伦斯·弗林盖提　莫　须译
今晚中午⋯⋯⋯⋯⋯［美国］阿德里安·亨利　莫　须译
自己的感受性
⋯⋯⋯⋯⋯⋯［日本］茨木则子　［日本］竹野昌代译
美国人真古怪⋯⋯⋯［加拿大］斯·利科克　秦旺富译

文论
海明威的行动哲学⋯⋯⋯⋯⋯⋯⋯⋯⋯⋯何小丽
试论通俗文学⋯⋯⋯⋯⋯⋯⋯⋯⋯⋯⋯陈　新

1989 年第 6 期　刊名:《青年外国文学》

目录

长篇小说

母狼·············[法国]皮埃尔·布瓦洛著
托马斯·纳尔塞雅克　钱培鑫译

广西青年译者专辑

短篇小说

寡妇门前
·············[美国]哈里·马克·彼特拉基斯　莫雅平译
监狱·············[澳大利亚]玛丽·德雷克　范林羽译
情不自禁·············[美国]罗伯特·怀特　陆巧玲译
艳遇·············[美国]维拉·卡瑟　戴玉辉　张爱华译
怀念·············[苏联]亚·勃烈日涅夫　黄宗佑译
最佳选择·············[英国]帕·约翰斯顿　李隆乾译

诗歌

林赛诗选·············沈东子译
一个怀抱吉他追求诗意人生的瘦男人·············沈东子
泉之泪·············[法国]让·季奥诺　金龙革译
诗人之死·············[英国]查尔斯·考斯利　李桂德译
八月石·············[日本]伊东静雄　汪正求译

评论

美国当代女权作家笔下的妇女形象·············蔡昌卓

休刊启事

《青年文学》

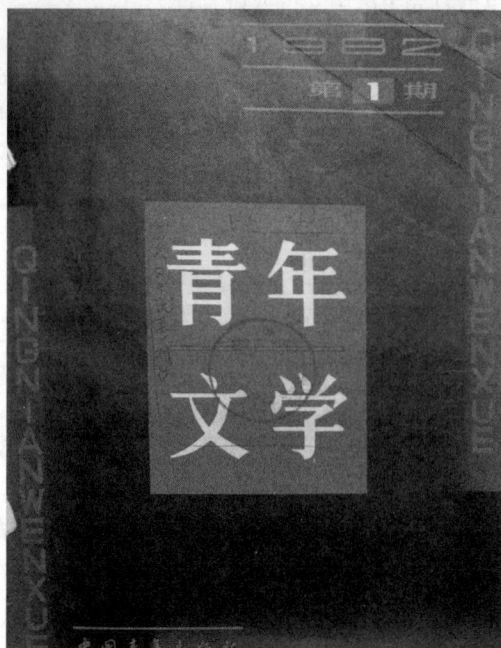

【简　介】

综合性文学月刊。中国青年出版社主办。创刊于1982 年。创刊初期为双月刊,于1984 年第 1 期起改为月刊。其旨在培养青年作家,发掘有实力、有潜力的青年文学作者,强调自由写作,刊登了大量反映社会生活和青年实际的优秀作品。刊载作品体裁主要有小说、诗歌、散文、报告文学、评论等。

期刊号:1982 年第 1 期—1989 年第 12 期

1982 年第 1 期　刊名:《青年文学》

目录

祝贺与希望

衷心的祝愿·············沙　汀
愿青年诗人健康地成长·············艾　青
小说的体和用·············孙　犁
祝《青年文学》创刊·············梁　斌
光荣的使命·············管　桦
希望·············杨益言

报告文学

路,该这样走·············梁　衡

小说

明姑娘·············航　鹰
窒闷的夏夜·············母国政

房东的女儿…………………………韩石山
啊！大提琴…………………………潘 军
天河会………………………………慧 光
截……………………………………王凤梧
"哈里斯"……………………………石 磊
一种哲学……………………………周梅森
脚步声………………………………张 宇

散文
根……………………………………梅绍静
运河从我窗下流过…………………薛尔康

诗歌
幸福歌………………………………纪 宇
回乡纪事（四首）…………………萧振荣
琴声…………………………………傅天琳
寓言…………………………………黄建春

小说之美
流动之美……………………………汝 捷

本刊专稿
在文学的园林里……………………冉淮舟

评论
一曲心灵美的赞歌…………………南云瑞

作品小析
从"傍晚"到"夏夜"………………惟 安
喝山里水长大的人…………………胡德培
心灵美的发掘………………………吴 铭
夫妻伦理、水生女人与春枝………月 恒
两点联想……………………………刘绍棠
鄙俗与高尚…………………………陈中冀
寓大于小，寓庄于谐………………李硕儒
一叶新芽报春来……………………黎 意
编后记

美术
崛起（油画）………………………张永新
《历代小说选》插图选登…………林 埔

1982 年第 2 期　刊名:《青年文学》
目录

小说

阿鸽与船……………………………姜 滇
反光镜里……………………………韩少功

静静的西云山………………………余未人
波特匹亚咏叹调……………………马 麟
一面之缘……………………………孙 超
叶……………………………………张长京
度蜜月人心灵的全息摄影…………咏 竹
锁链…………………………………魏 威
槐花开了的时候……………………成正和
美人蕉………………………………刘建光

报告文学
丹桔经冬……………………………李玲修

诗歌
我骄傲，我属于中国………………曲庆玮
挤……………………………………蔡 焜
金凤…………………………………叶延滨
呵！星空（外一首）………………李松涛
人与荒原……………………………章德益
觅……………………………………谢颐城

散文
初夏夜………………………………陈明云
海菊花………………………………郝月梅
海峡上的歌声………………………万国智
乡音…………………………………陈志泽

本刊专稿
天天动笔……………………………刘白羽

小说之美
素朴之美……………………………汝 捷

作品小析
时代歌 风情画……………………贺 嘉
心潮，凝聚着时代的光和影………蓝 宇
曲笔多姿 声情并致………………李硕儒
唱祖国的歌…………………………吴 铭
植根于生活的土壤…………………李志远
"叶"的赞美………………………伏 琥
从这里走向新的生活………………何志云
观念的禁锢…………………………王 湜
轻喜剧般的劳动之歌………………高洪波
美在心灵……………………………荒 石

美术
家（油画）…………………………李树基
余音…………………………………张玉祥
《创业史》插图选登………………蔡 亮

1982 年第 3 期　刊名:《青年文学》
目录

小说

泥土上的朦胧诗⋯⋯⋯⋯⋯⋯⋯⋯⋯毛志成
浪花上的光点⋯⋯⋯⋯⋯⋯⋯⋯⋯王　洁
土地爷搬家⋯⋯⋯⋯⋯⋯⋯⋯⋯⋯张象吉
小酸枣⋯⋯⋯⋯⋯⋯⋯⋯⋯⋯⋯⋯铁　凝
心，燃烧着⋯⋯⋯⋯⋯⋯⋯⋯⋯⋯君　伟
天蓝色的木屐⋯⋯⋯⋯⋯⋯⋯⋯⋯张　炜
尊严⋯⋯⋯⋯⋯⋯⋯⋯⋯⋯⋯⋯⋯杨耀健
春上溪头草青青⋯⋯⋯⋯⋯⋯⋯⋯魏继新
存车女⋯⋯⋯⋯⋯⋯⋯⋯⋯⋯⋯⋯金　矢

诗歌

时间、空间在这里相交⋯⋯⋯⋯⋯李　彤
梦魂⋯⋯⋯⋯⋯⋯⋯⋯⋯⋯⋯⋯⋯韩英珊
妈妈，您就让我跳吧（外一首）⋯曹　剑
春的变奏曲
献给春的变奏曲⋯⋯⋯⋯⋯⋯⋯⋯赵丽宏
生活从现在开始⋯⋯⋯⋯⋯⋯⋯⋯陈　放
不要让青春⋯⋯⋯⋯⋯⋯⋯⋯⋯⋯边国政
岁月⋯⋯⋯⋯⋯⋯⋯⋯⋯⋯⋯⋯⋯黄东成
种子之歌⋯⋯⋯⋯⋯⋯⋯⋯⋯⋯⋯荆其柱
迎春花⋯⋯⋯⋯⋯⋯⋯⋯⋯⋯⋯⋯王　也
深情的撒尼山寨（二首）⋯⋯⋯⋯张永权

散文

云路姑娘⋯⋯⋯⋯⋯⋯⋯⋯⋯⋯⋯伍　杰
凤凰山上的的断想⋯⋯⋯⋯⋯⋯⋯洲　石
首航⋯⋯⋯⋯⋯⋯⋯⋯⋯⋯⋯⋯⋯陈佐洱

本刊专稿

二十年的信仰和体会⋯⋯⋯⋯⋯⋯柳　青

作家之间

在赵树理同志的关怀下⋯⋯⋯⋯⋯张孟良

作品讨论

本刊召开《晚霞消失的时候》座谈会
晚霞象征什么?⋯⋯⋯⋯⋯⋯⋯⋯何　新
一个老红卫兵的启示录⋯⋯⋯⋯⋯何志云
大胆的探索　有益的尝试⋯⋯⋯⋯冯若赐
艺术风格与艺术生命⋯⋯⋯⋯⋯⋯俞建章
善必然战胜恶，革命必然战胜反动⋯王军涛
启迪与借鉴⋯⋯⋯⋯⋯⋯⋯⋯⋯⋯张志武
我写《晚霞消失的时候》的所思所想⋯礼　平
对青年作者要热情扶持⋯⋯⋯⋯⋯陈昊苏

小说之美

雄浑之美⋯⋯⋯⋯⋯⋯⋯⋯⋯⋯⋯汝　捷

作品小析

"怪味胡豆"⋯⋯⋯⋯⋯⋯⋯⋯⋯⋯王　颖
以"隐写"笔法活现人物⋯⋯⋯⋯月　恒
土地的真正主人⋯⋯⋯⋯⋯⋯⋯⋯牛志强
在平朴中见绚丽⋯⋯⋯⋯⋯⋯⋯⋯张同吾
有追求才有火花⋯⋯⋯⋯⋯⋯⋯⋯未　然
富于表现力的细节描写⋯⋯⋯⋯⋯陈　静
祖国　海关　尊严⋯⋯⋯⋯⋯⋯⋯莫　南
播种希望　孕育丰收⋯⋯⋯⋯⋯⋯方顺景
向一个焦点上集中凝结⋯⋯⋯⋯⋯刘蕴杰

美术

版纳风光（中国画）⋯⋯⋯⋯⋯⋯王文芳
《相见时难》插图选登⋯⋯⋯⋯⋯沈尧伊

1982 年第 4 期　刊名:《青年文学》
目录

小说

内应力⋯⋯⋯⋯⋯⋯⋯⋯⋯⋯⋯⋯张晓东
绿风谣⋯⋯⋯⋯⋯⋯⋯⋯⋯⋯⋯⋯赵　熙
桔黄色的蒲公英⋯⋯⋯⋯⋯⋯⋯⋯李功达
小城故事⋯⋯⋯⋯⋯⋯⋯⋯⋯⋯⋯谢鲁渤
轨迹与位移⋯⋯⋯⋯⋯⋯⋯⋯⋯⋯吴毓生
绿叶飞上天空⋯⋯⋯⋯⋯⋯⋯⋯⋯汪海涛
在通往牧场的路上⋯⋯⋯⋯⋯⋯⋯张作寒
这颗星，还在燃烧⋯⋯⋯⋯⋯⋯⋯郭雪波
鹰和天鹅（青年习作）⋯⋯⋯⋯⋯鲍柯扬

报告文学

斯韦思林杯上刻着他的名字⋯⋯⋯傅溪鹏

诗歌

星星没有陨落（二首）⋯⋯⋯⋯⋯高伐林
给乡村
给乡村⋯⋯⋯⋯⋯⋯⋯⋯⋯⋯⋯⋯余以建
镰刀⋯⋯⋯⋯⋯⋯⋯⋯⋯⋯⋯⋯⋯邢海珍
往北方⋯⋯⋯⋯⋯⋯⋯⋯⋯⋯⋯⋯王中朝
刻着姓名的界石（外一首）⋯⋯⋯赵景斌
"八小时以外"⋯⋯⋯⋯⋯⋯⋯⋯何香久
摇篮⋯⋯⋯⋯⋯⋯⋯⋯⋯⋯⋯⋯⋯关登瀛
瞬间⋯⋯⋯⋯⋯⋯⋯⋯⋯⋯⋯⋯⋯汤世杰

散文

"引春笑"⋯⋯⋯⋯⋯⋯⋯⋯⋯⋯⋯陈　益

年轻人哟……………………………………………赵云鹤
散文二章………………………………………………王贺锦

作家之问
在笑声中播种春天……………………………………谢 璞

小说之美
逶迤之美………………………………………………汝 捷

作品小析
捕捉焦点　调准焦距…………………………………牛志强
重研朱墨画长城………………………………………南云瑞
以少胜多　贵在含蓄…………………………………未 然
散文笔法及其意境、节奏……………………………赵尊党
探索生活的哲理………………………………………许世杰
"绿叶"给人的一点联想………………………………钟 纪
"路"的启示……………………………………………周 舟
像星星一样燃烧的希望………………………………马立诚

美术
春风已经苏醒…………………………………………何多苓
长篇小说《宝姑》插图选……………………………丁 聪

1982 年第 5 期　刊名:《青年文学》
目录

中篇小说
燕儿窝之夜……………………………………………魏继新

评论
一曲动人心魄的新人赞歌……………………………冯 牧

短篇小说
青年文学创作班专辑（一）
冷娃入党………………………………………………邹志安
创作谈:《为冷娃写"系列篇"》
哦，香雪………………………………………………铁 凝
创作谈:《我愿意发现她们》
小康人家………………………………………………金 河
创作谈:《从人物着眼》
父亲的形象……………………………………………刘富道
创作谈:《节奏与情调》
同到牵牛织女家………………………………………王小鹰
创作谈:《水墨淡彩画生活》
秋风阵阵………………………………………………张 虎
哦，白云的轻车………………………………………庞天舒
小巷的闹剧（青年习作）……………………………袁树森

小说之美
洗炼之美………………………………………………汝 捷

作品小析
在激流中摄取的形象…………………………………向 晨
动人心弦的命运交响曲………………………………南云瑞
观察与提炼……………………………………………王 湜
青岛青年文学创作班散记……………………………天 天

美术
同学（组画两幅）……………………………………程丛林
《历代寓言选》插图选………………………………保 彬

1982 年第 6 期　刊名:《青年文学》
目录

中篇小说
青年文学创作班专辑（二）
小巷英豪………………………………………………张石山
创作谈:《美的发现　爱的召唤》

短篇小说
苜蓿园…………………………………………………姜 滇
创作谈《细而不弱　淡而不白》
乡俗小记………………………………………………王梓夫
创作谈:《关于"乡俗小记"的小记》
甜食……………………………………………………京 夫
创作谈:《甜中的酸苦》
省悟……………………………………………………严啸建
创作谈:《扬长避短　走自己的路》
生长蘑菇的地方………………………………………张 炜
创作谈:《惋惜和同情》
山乡谐谑曲……………………………………………谭 力
雪飘着，有一棵白杨树苗……………………………曹振强
在腾格里沙漠深处……………………………………冯 强

诗歌
钢铁与鲜花……………………………………………徐 刚
祖国期待着……………………………………………姚振函
北京三章………………………………………………吕贵品
长城上的骆驼…………………………………………刘茂胜
深山战士情（二首）…………………………………刘向东
弟弟，处在变声期……………………………………黄晓平
刚进厂的女孩…………………………………………金云富

散文
上山……………………………………………………陈明云
荷塘儿时………………………………………………李养玉

小说之美

真切之美 ·········· 汝 捷

作品小析

画龙与点睛 ·········· 闰 水

你好，白杨树苗 ·········· 达 志

向人物心灵深处开掘 ·········· 胡德培

美术

阳秋 ·········· 梁士夫

歌与梦 ·········· 张朝阳

归 ·········· 杨少军

长篇小说《括苍山恩仇记》插图选 ·········· 吕敬人

1983 年第 1 期　刊名:《青年文学》
目录

报告文学

二十一岁的时候 ·········· 肖复兴

短篇小说

窗外的事情 ·········· 马 悦

墨督:《我将生活得更好》(作品小析)

我的遥远的清平湾 ·········· 史铁生

志强:《如歌的行板》(编辑札记)

溜冰圆舞曲 ·········· 姜肖军

高进贤:《要玫瑰，也要紫丁香》(作品小析)

白云深处有人家 ·········· 贾 剑

瘦马:《一点启迪》(作品小析)

海青鹰之歌 ·········· 徐 扬

徐扬:《愿把色彩调得浓艳一些》(创作谈)

九月菊 ·········· 关汝松

郭学棣:《一束芳香四溢的野菊花》(作品小析)

中篇小说

依依花草情 ·········· 刘连枢

刘连枢:《〈依依花草情〉写作前后》(创作谈)

诗歌

我的大学(四首) ·········· 渭 水

呵，家庭(外一首) ·········· 左一兵

生活之歌

"待业者"之歌 ·········· 杨学贵

早晨，未落成的大楼上 ·········· 张洪波

深夜，我去上班 ·········· 伊 甸

拉 ·········· 司中凡

挑选 ·········· 聂鑫森

我有一张存折 ·········· 许德民

雕塑家 ·········· 宋 琳

一位画画的少女 ·········· 杨伊达

晨话 ·········· 周佩红

月夜(外一首) ·········· 卫世平

眼睛(外一首) ·········· 姜强国

桥 ·········· 喻德荣

散文

延安水杉 ·········· 和 谷

芬芳的黄金 ·········· 汤平疆

作品评论

《人生》笔谈

漫谈《人生》中的高加林 ·········· 唐 挚

高加林悲剧的启示 ·········· 蒋荫安

人生的一面镜子 ·········· 小 间

小说之美

犷悍之美 ·········· 汝 捷

《青年文学》编辑部举办"青年文学创作奖"评奖活动启事

美术

启示(摄影小说) ·········· 郭大公等

吹肥皂泡的小姑娘 ·········· [法]皮埃尔·米尼亚尔

1983 年第 2 期　刊名:《青年文学》
目录

小说

厂长候选人名单 ·········· 沈庆均

墨督:《站在时代的前列　把握时代的脉搏》(作品短评)

抹不掉的声音 ·········· 肖复兴

在我们的天地里 ·········· 李不空

月恒:《真实与升华》(读后杂感)

小桥上有块木牌牌 ·········· 张 波

范咏戈:《摘一块"免进"牌》(作品小析)

渐渐远逝的…… ·········· 朱玉葆

向晨:《入情入理的艺术构思》(编者札记)

拉拉谷 ·········· 张 炜

张炜:《在肯定与否定之间》(创作谈)

"德兴"早点铺 ·········· 管建勋

张春熙:《努力发掘生活中的新意》(作品小析)

那里，曾是一片荒地…… ·········· 张晓东

伏琥:《捕捉时代的气息》(作品小析)

小小说

模特儿(外一篇) ·········· 吴翼民

五尺男子汉 ································ 刘孝存

诗歌

我的歌，唱给汾河············ 文武斌
我热恋着你哟，大地！ ········ 李蠡 吴刚
心愿 ······························ 姜强国
无题的故事
往日，无题的故事······ 赵丽宏
会面 ······························ 向荣
我们都年轻（二首）········ 刘益善
两种融合的颜色 ·············· 程刚
体操三题 ······················ 张德强
小诗集锦
夏天·虹 ······················ 刘家魁
陨石（外一首）·············· 刘丙钧
大海的性格（二首）········ 贾坚亮

散文

早春的鹤和放鹤人的早春······ 许淇
一枝心香高格韵 ·············· 薛尔康
散文诗四题 ····················· 杨松杰
原野上的小花（外一篇）········ 韦晓吟

作品评论

北大荒的呼唤——读《抹不掉的声音》········ 甘泉
简论高加林的悲剧（《人生》笔谈）········ 雷达

作家之间

孙犁、成一谈铁凝新作《哦，香雪》
《青年文学》编辑部举办"青年文学创作奖"评奖活动启事

摄影小说

哦，香雪 ········ 铁凝原著 大公等摄影

美术

洪水 ········ 让-巴蒂斯特·勒尼奥

1983 年第 3 期 刊名:《青年文学》

目录

中篇小说

唢呐，在金风里吹响············ 雁宁
雁宁:《开在石缝里的山花》（创作谈）

短篇小说

片段 ···························· 王小鹰
未然:《独特新颖 不落窠臼》（作品小析）

温暖的小溪 ···················· 曹文轩
黄子平:《坚冰·暖流·阳光》（读后杂谈）
锁锁与秀秀 ···················· 京夫
南云瑞:《要从哀愁的泪眼中看出美好的未来》（作品小析）
七月放河灯 ···················· 楚学晶
浩然:《熟能生巧》（作品小析）
在夏日薰风里 ·················· 恽建新
恽建新:《开一个窗口……》（创作谈）
大海·草原·游子之心 ········ 张作寒
张作寒:《心灵的呼唤》（创作谈）
这哒鱼儿多（青年习作） ········ 张华

诗歌

生命之树长青 ·················· 高伐林
我惭愧，我竟和你同龄······ 孙承
中国，拿起改革的剪刀········ 纪红民
春雨，落在农村
雨，落在北方的山村············ 韩作荣
田野上的午餐（外一首）········ 陈所巨
春天，榆钱在飘落呀······ 范源
农村二题 ······················ 王松青
"懒汉" ·························· 萧振荣

散文

生命中的一页 ·················· 卢山
留学 ···························· 梅绍静
将来…… ······················ 陈益
春梆盐菜 ······················ 左天福

专稿

青年获奖作者笔谈
讴歌人类的奋斗和理想········ 航鹰
山野的呼唤 ···················· 铁凝
不丧失普通劳动者的感觉········ 路遥
一点启示 ······················ 魏继新

小说之美

柔婉之美 ······················ 汝捷

简讯

本刊编辑部召开部分获奖作者座谈会

摄影小说

奖励 ···························· 老敏等

美术

看，几点了? ·················· [美]罗克威尔

1983 年第 4 期　刊名:《青年文学》
目录

中篇小说
泪，洒向何处?·······································马　林
马林：我的追求（创作谈）

短篇小说
要是我当县长······································陈计中
北雨，石根与"这一个"（作品小析）
冷娃告状··邹志安
何志云：冷娃的现在与来日（作品小析）
明天开船··黄传会
丁临一：普通的士兵　潜在的英雄（作品小析）
信息爆炸··张抗抗
李硕儒：求真的探索（作品小析）
白鱼阵··赵　践
牛志强：能不忆江南（作品小析）
晨曲··胡廷楣
宾堂："晨曲"的旋律（作品小析）
大山情··卢万成
汪兆骞：重在写情（作品小析）
悠悠尔心······（青年习作）······················王培洁

散文
纤绳··沈天鸿
南国少女（二篇）·····················柳闻莺　员淑华
一片白果树叶······································韦晓吟

诗歌
心与枪的奏鸣曲
心与枪的奏鸣曲····································李松涛
山之魂（二首）····································刘毅然
敦煌，敦煌··戴达奎
我是长城筑造者的后代······························曹宇翔
飞鸟抒情诗（三首）································徐　刚
告别你，校园里温柔的风（外一首）················尚　方
旅途二首··李发模

新农村的歌
父亲，坐在地头（外一首）··························江　敏
晾衣··柯于明
集市的旋律（二首）································李霁宇
故乡的屋顶··陈应松
田间··谷未黄

小说之美
悲怆之美··汝　捷

摄影小说
柳絮··紫　汕等

摄影
海边的梦··于春华

1983 年第 5 期　刊名:《青年文学》
目录

中篇小说
大森林奏鸣曲·····························晓　剑　严亭亭
晓剑　严亭亭：韵律　哲理　美（创作谈）

短篇小说
她在桥上行走······································朱玉葆
南云瑞：她是强者（作品短评）
在失去森林的山岗上································李叔德
弓戈：让形象来说话（作品小析）
永不后悔··李功达
古道：就从"永不后悔"谈起（读后杂谈）
多一点儿··喻　杉
喻杉：学生·校园·社会（创作谈）
孩子，我知道你会来································汤世杰
汤世杰：情节之外的天地（创作谈）
远方的夜··杨树芳
章仲锷：角度·层次·蕴含（作品小析）
夜空里有一颗绿色的星······························周孜仁
周孜仁：让生活里更多一些信任和爱（创作谈）
瓷纱巾··李霁宇
李霁宇："筛选法"（创作谈）
当家女子··陈朝璐
向晨：平朴、疏淡，顺乎自然（读后札记）
小镇的事··黄尔康
赵尊党：选角度与写人物（作品小析）

通讯
南充，你留给我们这么多美好的思念················南必辉

摄影小说
归··大　公等

摄影
福家女··郑国庆

1983 年第 6 期　刊名:《青年文学》
目录

报告文学

天空与大地之间⋯⋯⋯⋯⋯⋯⋯⋯⋯孟晓云

短篇小说

北方，我的北方⋯⋯⋯⋯⋯⋯⋯⋯王观胜
章仲锷：深情见哲理　浑厚显诗篇（作品短评）
幸福⋯⋯⋯⋯⋯⋯⋯⋯⋯⋯⋯⋯林文洵
韩子善：执着的和欢跃的音符（作品小析）
虽然我是一条小小的溪流⋯⋯⋯⋯⋯黎泉
南必辉：纵然她是一条小小的溪流（作品小析）
小巷通向大街（青年习作）⋯⋯⋯⋯黄岭

中篇小说

珍珠湖⋯⋯⋯⋯⋯⋯⋯⋯⋯⋯⋯刘健安

评论

珍珠湖是美丽的⋯⋯⋯⋯⋯⋯⋯⋯宋遂良

诗歌

世界的雕塑者
跳水冠军⋯⋯⋯⋯⋯⋯⋯⋯⋯⋯夏勇刚
两个扳腕子的铁匠⋯⋯⋯⋯⋯⋯⋯李钢
耕耘，在蓝天（外一首）⋯⋯⋯⋯向荣
剪窗花的小媳妇（外一首）⋯⋯⋯梅绍静
绸厂抒情（二首）⋯⋯⋯⋯⋯⋯金云富
卖冰棒的姑娘⋯⋯⋯⋯⋯⋯⋯⋯郭辉
我重新雕塑世界（外二首）⋯⋯⋯曹汉俊
阳光呵，阳光⋯⋯⋯⋯⋯⋯⋯⋯陈峻峰
早晨，我站在甲板上⋯⋯⋯⋯⋯花学筑

散文

妈妈，你是海岸⋯⋯⋯⋯⋯⋯⋯未来
云雀⋯⋯⋯⋯⋯⋯⋯⋯⋯⋯⋯⋯刘虔
脚印及其他（三章）⋯⋯⋯⋯⋯于宗信
最后的途程（外一章）⋯⋯⋯⋯彭洋
沉思（外二章）⋯⋯⋯⋯⋯⋯⋯陈志泽

小说之美

谐谑之美⋯⋯⋯⋯⋯⋯⋯⋯⋯⋯汝捷

摄影小说

戒烟⋯⋯⋯⋯⋯⋯⋯⋯⋯⋯⋯孙顺临等

摄影

惠安姑娘⋯⋯⋯⋯⋯⋯⋯⋯⋯⋯王文波

1984 年第 1 期　刊名:《青年文学》
目录

短篇小说

龙兵过⋯⋯⋯⋯⋯⋯⋯⋯⋯⋯⋯邓刚
挡浪坝⋯⋯⋯⋯⋯⋯⋯⋯⋯⋯⋯矫健
牛志强：多重角度与交叉结构（作品小析）
站在高高的脚手架上⋯⋯⋯⋯邢原平　邢小平
何志云：把信念镌上蓝天（作品短评）
槐花香⋯⋯⋯⋯⋯⋯⋯⋯⋯⋯⋯唐栋
崔道怡：品槐香（作品短评）
老祖母的心愿⋯⋯⋯⋯⋯⋯⋯⋯映泉
映泉：我跟白发老人的缘分（作者的话）
山野，飘来一支歌⋯⋯⋯⋯⋯⋯陈计中
南山：纯朴含蓄的山乡风情（作品小析）
希望的天空⋯⋯⋯⋯⋯⋯⋯⋯⋯尤凤伟
肜夫：内容与手法（编者札记）
纯净的黄昏⋯⋯⋯⋯⋯⋯⋯⋯⋯刁斗

诗歌

大西北之歌
大西北⋯⋯⋯⋯⋯⋯⋯⋯⋯⋯⋯徐刚
西北行⋯⋯⋯⋯⋯⋯⋯⋯⋯⋯⋯赵丽宏
在雪山和草原之间（组诗）⋯⋯⋯杨牧
高原之虹（组诗）⋯⋯⋯⋯⋯⋯叶延滨
疏勒河⋯⋯⋯⋯⋯⋯⋯⋯⋯⋯⋯翼华
诗朗诵⋯⋯⋯⋯⋯⋯⋯⋯⋯⋯⋯周嘉堤
新兵情思（二首）⋯⋯⋯⋯⋯⋯商泽军

散文

黄河古渡⋯⋯⋯⋯⋯⋯⋯⋯⋯⋯和谷
我还要歌吟早晨（外一篇）⋯⋯⋯刘再复
那日伦的歌⋯⋯⋯⋯⋯⋯⋯⋯⋯龚树河

评论

一片炽烈之情
——读《龙兵过》⋯⋯⋯⋯⋯⋯⋯丹晨

摄影小说

老人与贝壳⋯⋯⋯⋯⋯⋯⋯⋯⋯晓樵等

美术

太湖（版画）⋯⋯⋯⋯⋯⋯⋯⋯⋯徐冰

1984 年第 2 期　刊名:《青年文学》

目录

中篇小说

明天行动·····················郑万隆

评论

一篇启人深思的佳作
——读中篇小说《明天行动》··········冯　牧

短篇小说

蟹灯·······················姜　滇
金人：熔情、景、理于一炉（作品短评）
在另一个世界里·················魏继新
高进贤：火辣辣的人物、感情和语言（作品小析）
干草·······················宋学武
赵尊党：眼光、笔触和独特感受（艺术点滴谈）
垛草时节·····················海　迪
黄子平：不连贯的对话（作品小析）
莽山叠唱·····················梅帅元
宾堂：角度、分寸感、氛围（编辑札记）

诗歌

问竹·······················唐宋元
中国的一座小城（组诗）············张建华
阳光·窗口（组诗）···············陈　放

散文

午间的太阳····················陈　益
庄稼院小记二篇·················谢子安
冬的随笔·····················韦晓吟
油田晨曲·····················第广龙
小铺（外一篇）·················孔祥彪

小说之美

蕴藉之美·····················汝　捷

摄影：汗与水··················黄成江
插图作品选登··················谢志高

1984 年第 3 期　刊名:《青年文学》

目录

短篇小说

同船过渡·····················映　泉
"歌神"和她的十二个月············严歌苓
李硕儒：美的塑造，美的启示（作品小析）

金狮巷，铁狮巷·················孙步康
张新亭：生活的万花筒（作品小析）
军人·······················慧　光
未然：无情未必真豪杰（编后杂谈）
手风琴最后出场·················王　璞
阿明：她为什么最后出场（作品小析）
黄昏，在这个小院···············李英明
今晚六点半····················王金年
我们采蝎去····················王一豪
画家、音乐家、作家、电影导演和足球中锋···陈小蓓
菱花·······················方雅森

报告文学

一篇小说和一篇报告文学············肖复兴

诗歌

写在我的第二十个春天（组诗）·········程宝林
太阳·荒原·拓荒者（组诗）···········岛　子
这里，有一片土地（组诗）···········张中海
选择·位置（二首）···············封新成
拓荒者的歌····················姚振国
大海的骄子····················梁京生
采石者······················王其亮
恋························王前锋

散文

天井的变迁····················李鸿声
江························沈天鸿
澜沧江随笔····················薛尔康

评论

灵魂的洗礼
——评《同船过渡》兼谈一个创作问题·······雷　达

摄影小说

僻巷·······················阙　明等

美术

祝酒（版画）··················史济鸿

1984 年第 4 期　刊名:《青年文学》

目录

中篇小说

枫林晚······················航　鹰

评论

一株散发着异香的花

——《枫林晚》读后 ··············· 葛　洛

短篇小说

牧鸡奴 ······························· 李传锋

李传锋：动物小说一鳞（作者的话）

那由东向西流淌的小河 ············· 汤世杰

张同吾：发现和凝聚的艺术（作品小析）

碑 ································· 薛　勇

曾冀人：对比的效用（作品小析）

根 ································· 曾德厚

真诚 ······························· 杨　鹰

报告文学

再越世界之巅 ····················· 赵丽宏

诗歌

青春塑像

当代人（组诗） ··················· 胡　平

青春塑像（组诗） ················· 谢克强

开行车的姑娘 ····················· 杨永年

雷雨，即将来临 ··················· 郭良原

祖国奏鸣曲

祖国奏鸣曲（组诗） ··············· 晓　晴

从中山陵到雨花台（组诗） ········· 张德强

兵马俑，一段凝固的交响曲 ········· 杨　挺

大禹陵前 ························· 卢庆平

散文

我寻访他们的足迹 ················· 梁　衡

思泉 ······························· 张永权

小说之美

健举之美 ························· 汝　捷

摄影

漫步 ······························· 海德光

美术

长篇小说《生与死》插图选登 ······· 沈加慰

1984 年第 5 期　刊名:《青年文学》
目录

中篇小说

白与绿 ····························· 陈　放

评论

草原滴滴血　开出美丽花

——读中篇小说《白与绿》 ········· 许涤新

短篇小说

月亮溪 ····························· 雁　宁

张同吾：描绘，美妙的演奏（作者小析）

黑土地 ····························· 周　进

林斤澜："黑土地"上的收获（作品短评）

记忆中的橄榄果 ··················· 李龙云

牛志强：说"味儿"（艺术品评）

阿加"帕日吉玛" ··················· 高尔品

黄子平："视点"的选择（艺术点滴谈）

第二根钓竿 ················· 雨　时　如　月

景章：父辈的沉思（读稿札记）

太阳之声 ························· 程　海

竹妹 ······························· 贾　剑

1984 年第 6 期　刊名:《青年文学》
目录

首届（1982—1983）"青年文学创作奖"获奖名单

"青年文学优秀作品阅读推荐奖"获奖名单

中篇小说

"狗咬豹"和它的主人 ··············· 伊　始

评论

为平凡的人物写传

——读伊始的《"狗咬豹"和它的主人》 ······· 秦　牧

报告文学

星河四重奏 ······················· 谭　楷

短篇小说

报复 ······························· 矫　健

彤夫：审美感受的沉淀（作品短评）

谜江 ······························· 王旭烽

牛志强：新的追求（编者札记）

"分子"和"分母" ··················· 杜保平

章仲锷：在平凡中发掘不凡（作品小析）

年轻的江 ························· 李　逊

赵尊党：情景结合的艺术手法（作品谈片）

诗歌

工业的弦琴（组诗） ··············· 黄晓华

工区的黎明（组诗） ··············· 龙　郁

农民和县长（二首） ··············· 梁　平

六月的歌

自豪地回忆（组诗） ··············· 程　刚

男孩和女孩 ……………………………… 阮 毅
听孩子的歌 ……………………………… 关登瀛
幻想者 …………………………………… 宋冬生
山村女教师 ……………………………… 曹庆军
镀银的金属棒 …………………………… 周志强
乐队指挥 ………………………………… 孔祥彪

散文诗
起飞 ……………………………………… 姜强国
新岸 ……………………………………… 许 淇
夏天最后的玫瑰 ………………………… 刘 虔
长街短歌（四章）……………………… 桂兴华
城市之光（三章）……………………… 曹 雷
相思豆 …………………………………… 谢东阳

小说之美
映衬之美 ………………………………… 汝 捷

摄影
性格 ……………………………………… 张桐胜

美术
长篇历史小说《宫闱惊变》插图选登 ……… 李少文

1984 年第 7 期　刊名:《青年文学》
目录

中篇小说
走向远山 ………………………………… 田舒强

评论
走向理想的远山 ………………………… 康 濯

短篇小说
腾跃 ……………………………………… 达 理
黄子平：大容量的动作（艺术短评）
那儿接近蓝天 …………………………… 刘小兵
陈达专：“平淡”中的……（作品小析）
近郊纪事 ………………………………… 苏 童
瘦马：题材、人物以及人物关系（作品小析）
“夏普——6060”………………………… 何志云
马立诚：站起来迎接生活（读稿札记）
胡麻花开哟 ……………………………… 陈计中
张兴劲：朴实的奇　含蓄的美（作品小析）
乡音 ……………………………………… 徐晓鹤
“最后的冲刺” …………………………… 段向群

诗歌
大城市奏鸣曲（组诗）………………… 许德民
以本次列车的名义（组诗）…………… 宫 辉
求学组曲（组诗）……………………… 高洪波
艺术体操随想（组诗）………………… 艺 辛
一对青年 ………………………………… 张雪杉
山区驾驶员对我说 ……………………… 周京泽

散文
相思 ……………………………………… 贾平凹
一座雪山的故事 ………………………… 赵丽宏
这里充满了明媚的阳光 ………………… 李晓彤
家乡的戏台子 …………………………… 辛 勤

中外作家
挥戈惯趁夕阳斜
——姚雪垠和他的三部曲 ……… 杨建业　李德润

通讯·简讯
深入下去　触摸生活 …………………… 天 天
首届青年文学创作奖授奖活动在京举行 …… 本刊记者

摄影小说
海的启示 ………………………………… 瘦 马等

美术
仲夏 …………………………………… [德国] G.彭青

1984 年第 8 期　刊名:《青年文学》
目录

为一九八五年国际青年年举办“我们这一代年轻人”
征文启事
在首届“青年文学创作奖”授奖大会上的讲话
………… 萧 华　宋德福　唐达成　李作顺　史铁生

短篇小说
我们的节日 ……………………………… 叶之蓁
何志云：文学对生活的“透视”力（作品短评）
属于我的秋天 …………………………… 李叔德
华铭：生活的诗情与意蕴（读稿札记）
他走了，留给你一张白纸 ……………… 王 戈
李炳银：艰难的心灵历程（作品小析）
窄小世界里的韵律 ……………………… 黄传会
西南：对军人职业价值的新的展示（作品小析）
夕照 ……………………………………… 孙少山
天谴 ……………………………………… 韩石山

中篇小说

在海上·······················杨显惠
杨显惠："在海上"之外（作者的话）

报告文学

"铁腕夫妻"和他们的事业···············王　颖

诗歌

爱的安魂曲····················喻　晓
深夜，延点车······················商子秦
小街及其他（组诗）···············培　贵
在一座新建筑小区，我寻找你··········齐世明
啊！大坝（外一首）···············王长富
听雨·······················董恒波
蚕姑娘·······················汪建民

散文

神泉记事·······················田　夫
山乡情·······················廖华歌
花娘·······················李恒瑞

小说之美

缜密之美·······················汝　捷

美术

我们在俱乐部印刷（版画）
　　　　　　　[德国]沃尔夫冈·霍尔策
首届"青年文学创作奖"授奖大会剪影

1984 年第 9 期　刊名:《青年文学》
目录

为一九八五年国际青年年举办"我们这一代年轻人"
征文启事
中篇小说

三春柳·······················尚　闽

短篇小说

荫柳之路·······················左建明
心慰·······················宋学武
崔道怡：说心慰（作品短评）
老岭·······················彭见明
宾堂：重叠的形象（读稿札记）
七色花·······················王小鹰
南云瑞：表现普通人的精神美（作品小析）
沙滩上的木麻黄···············姜　滇
盼盼·······················左津玲
"这小棋儿"···············刘永铭

评论

创业者心灵的歌
　　——读《三春柳》···············刘白羽
在纵横交错中找到自己的生活基点
　　——从《荫柳之路》说到民族心理结构·········行　人

中外作家

海明威在纽约·········[美]莉莲·罗丝著　周广源译

摄影小说

痕迹·······················紫　汕等

美术

思考中的女青年····[墨西哥]玛利亚娜·扬伯尔斯基

1984 年第 10 期　刊名:《青年文学》
目录

短篇小说

为了收获·······················梁晓声
刘锡诚：悲壮的人生图画（作品短评）
黑牙村记事·······················王梓夫
黄子平：抒情性的"闲笔"（艺术漫谈）
列车到达是黄昏···············陆星儿
夕风：生活的反思（作品小析）
失去了的"乐园"···············庄东贤

中篇小说

秋天的思索·······················张　炜

评论

独特性：葡萄园里的"哈姆雷特"
　　——关于农村题材创作的一封信·········雷　达

诗歌

回答生活（朗诵诗）···············姚振函
我是箭，我是火焰···············唐宋元
在闽南，在海峡的这一边···············于宗信
我在你的歌里找到了主旋···············桂兴华
乡路，我延伸的思绪···············余守春
遥远的西天山（组诗）···············林　染
黄河船工（外三首）···············徐　泽

散文

但愿再相逢·······················万国智
西沙呵，西沙·······················马　悦
骆驼（外一篇）···············王孟河

小说之美
不隔之美 ……………………………… 汝 捷

摄影小说
迷人的邻居（上）………………… 许永全等编译

美术
冻土地带（版画）……………… ［苏联］彼罗金

1984 年第 11 期　刊名:《青年文学》
目录

中篇小说
果园的主人 …………………………… 周克芹

评论
一幅描绘我国农村现实生活的生动画卷 …… 沙 汀

报告文学
优势 ………………………………… 薛尔康

短篇小说
金色的树林 …………………………… 姜天民
向北：心灵的感召与美的呼唤（作品小析）
这里桃花正红 …………… 贺慈航　谢曼丽
南云瑞：桃花依旧笑春风（作品小析）
伟大和渺小的故事 …………………… 张 宇
菜地里，有一只小船 ………………… 汪宗禧

诗歌
海天情思（组诗）…………………… 缪国庆
我们的大学正年轻（组诗）………… 戴达奎
亲爱的校园（组诗）………………… 傅 亮
海岛采石场 …………………………… 袁 超
题照 …………………………………… 雷恩奇
迎嫁 …………………………………… 程光炜
驯马 …………………………………… 张子选
二人转 ………………………………… 翁景贵

散文
放牧九色鹿的地方 …………………… 易希高
纤痕 …………………………………… 廖静仁
桂林山水情 …………………………… 林 祁

摄影小说
迷人的邻居（下）………………… 许永全等编译

美术
奏鸣曲（版画）………… ［秘鲁］朱丽亚·科德西多

1984 年第 12 期　刊名:《青年文学》
目录

中篇小说
猎神，走出山谷 ……………………… 黄 放

短篇小说
航 …………………………………… 方 炜
单身汉轶事 …………………………… 何立伟
徐晓鹤：轶事之外（艺术随感）
烧炭时节 ……………………………… 严啸建
方顺景：立意、构思及其他（艺术杂谈）
木桩 …………………………………… 黄春林
四牛闲话 ……………………………… 尚静波
老人与少女 …………………………… 许谋清
撑排人 ………………………………… 谭智勇

评论
别具格调的"改革"篇
——读《猎神，走出山谷》………… 张 炯
历史的链条及其表现
——来自《航》的认识 …………… 李洁非　张 凌

诗歌
大上海（外一首）…………………… 刘国萍
抒情诗八首 …………………………… 赵丽宏
黑板会议（外一首）………………… 俞 郁
特区的青年（二首）………………… 姚成友
纤道·姓名（外一首）……………… 张新泉
水乡晚景（外一首）………………… 柯 平
音乐茶厅 ……………………………… 方竟成
户内素描 ……………………………… 曾 鸣
伞 …………………………………… 初 一

散文
小河 …………………………………… 李鸿声
海边，洁白的信念 …………………… 碧 森
十八岁，一个金色的季节（外一篇）…… 王俊义

摄影小说
小船悠悠 ……………………………… 朱志刚等

美术
滑雪者（版画）………………… ［芬兰］达尼托

1985 年第 1 期　刊名:《青年文学》

目录

中篇小说

在任二百四十天·····················黎　婴

评论

来自生活的哲理和诗情···············阙道隆

短篇小说

魔幻电冰箱·························陈　放
我、大灰马和他·····················朱　伟
雷达：胡马依北风（作品札谈）
没有回音的峡谷·····················骆　炬
王长安：多样性的对比（艺术小析）
一个白羊湖男人和三个白羊湖女人·····苏　童
瘦马：再谈人物关系（作品小析）
神话的终止（处女作）···············姜诗元

报告文学

深圳，不相信命运···················曹淳亮

中外作家

回忆的源泉
——德莱塞的青年时代
·················[美]菲力普·杰尔伯著　周广源译

诗歌

今天（组诗）·······················胡　平
家庭协奏曲（组诗）·················左一兵
我和你（组诗）·····················殊　萍
我希望是一棵树（组诗）·············仲加宪
乡村春节···························胡万俊
爱发"牢骚"的临时工···············商泽军

散文

神树·······························史小溪
长街短歌···························桂兴华

小说之美

入俗之美···························汝　捷

摄影小说

最珍贵的（上）·············[法]昂里瓦奈特

美术

背篮子的少年···········[意]贾克摩·切鲁提

1985 年第 2 期　刊名:《青年文学》

目录

中篇小说

十八岁进行曲·······················方　方
李昕：探索青年心灵的奥秘（作品短评）

短篇小说

胡杨林···························沈贻炜
男儿的选择·························何志云
我们这帮海碰子·····················邓　刚
我是一个兵（三篇）·················刘兆林
洪流，激起了浪花···················龚笃清
时汉人：潜入到洪流深处（作品小析）
房客·······························成正和
王屏：他找到了"切口"（作品小析）
硬皮儿软皮儿的集邮册哟·············孙步康
卢仲云：三十出头的单身汉和刷猪鬃的姑娘哟（人物
小析）
浣江风情···························赵锐勇
考试·······························杜国辉
月亮湖（处女作）···················魏　强
朔风·······························阿　勇

中外作家

一个这样，一个那样
——邓刚、刘兆林印象记···············刘元举

摄影小说

最珍贵的（下）·············[法]昂里瓦奈特

美术

浴后·····················[法]马蒂斯

1985 年第 3 期　刊名:《青年文学》

目录

中篇小说

青年布尔什维克···················孙　颙

评论

勇敢地踏上不平坦的路···············陈昊苏

短篇小说

他日相逢·························储福金
志强：改革塑造着人生（作品短评）
瓜子胡同南口·····················罗辰生

刘厚明：深度·情节·京味儿（艺术随笔）

男篮有个女教练⋯⋯⋯⋯⋯⋯⋯⋯⋯⋯⋯方南江

第七次着陆⋯⋯⋯⋯⋯⋯⋯⋯⋯⋯⋯⋯⋯林　谦

春雨中的和声（处女作）⋯⋯⋯⋯⋯⋯⋯徐　放

莲花、芦苇、大头鱼（处女作）⋯⋯⋯⋯徐化芳

报告文学

一粒砂，又一粒砂⋯⋯⋯⋯⋯⋯⋯⋯⋯⋯孟晓云

诗歌

爱情诗小辑

在公开生活与私生活之间（叙事诗）⋯⋯李发模

陌生人（外二首）⋯⋯⋯⋯⋯⋯⋯⋯⋯⋯北　岛

这仍是我爱你（外一首）⋯⋯⋯⋯⋯⋯⋯严　力

不属于我的我不要⋯⋯⋯⋯⋯⋯⋯⋯⋯⋯邵春光

静静的椅子（外一首）⋯⋯⋯⋯⋯⋯⋯⋯江　河

白令海姑娘⋯⋯⋯⋯⋯⋯⋯⋯⋯⋯⋯⋯⋯顾　城

手相⋯⋯⋯⋯⋯⋯⋯⋯⋯⋯⋯⋯⋯⋯⋯⋯雷抒雁

你将归来⋯⋯⋯⋯⋯⋯⋯⋯⋯⋯⋯⋯⋯⋯雪　迪

一个浪漫的女人和月亮⋯⋯⋯⋯⋯⋯⋯⋯吕贵品

散文

山行⋯⋯⋯⋯⋯⋯⋯⋯⋯⋯⋯⋯⋯⋯⋯⋯薛尔康

微思物语⋯⋯⋯⋯⋯⋯⋯⋯⋯⋯⋯⋯⋯⋯赵丽宏

小潭⋯⋯⋯⋯⋯⋯⋯⋯⋯⋯⋯⋯⋯⋯⋯⋯黄明定

小说之美

怪异之美⋯⋯⋯⋯⋯⋯⋯⋯⋯⋯⋯⋯⋯⋯汝　捷

摄影报告

竹之魂⋯⋯⋯⋯⋯⋯⋯⋯⋯⋯⋯⋯重　光　胡　笳

美术

少女肖像⋯⋯⋯⋯⋯⋯⋯⋯坎蒂斯台尔·柏尔曼

1985 年第 4 期　刊名:《青年文学》
目录

中篇小说

乱世英雄⋯⋯⋯⋯⋯⋯⋯⋯⋯⋯⋯⋯⋯⋯刘玉堂

短篇小说

栽花的小楼⋯⋯⋯⋯⋯⋯⋯⋯⋯⋯⋯⋯⋯刘震云

怪哉“鱼干”⋯⋯⋯⋯⋯⋯⋯⋯⋯⋯⋯⋯矫　健

金都：怪味中有深意存焉（艺术品评）

希望——波特匹亚⋯⋯⋯⋯⋯⋯⋯⋯⋯⋯王培洁

李硕儒：啊，那浓浓的情⋯⋯（作品评点）

破产⋯⋯⋯⋯⋯⋯⋯⋯⋯⋯⋯⋯⋯⋯⋯⋯姜琍敏

南无为：《破产》的新意（读稿札记）

山中的伊斯特岛⋯⋯⋯⋯⋯⋯⋯⋯⋯⋯⋯钟海城

高洁：写人的精神追求（艺术点滴谈）

深褐色的山岭⋯⋯⋯⋯⋯⋯⋯⋯⋯⋯⋯⋯晓　剑

汪兆骞：有情有景　心物冥合（作品小析）

评论

《乱世英雄》艺术谈⋯⋯⋯⋯⋯⋯⋯⋯⋯何孔周

花，开在人世的荆棘丛中⋯⋯⋯⋯⋯⋯⋯曾镇南

报告文学

林莽，浩瀚的林莽⋯⋯⋯⋯⋯⋯⋯⋯⋯⋯李江树

中外作家

艾芜与文学青年⋯⋯⋯⋯⋯⋯⋯⋯⋯⋯⋯廉正祥

摄影小说

召唤⋯⋯⋯⋯⋯⋯⋯⋯⋯⋯⋯⋯⋯⋯⋯王　昀等

美术

烤栗子⋯⋯⋯⋯⋯⋯⋯⋯⋯⋯〔美〕安德鲁·怀斯

1985 年第 5 期　刊名:《青年文学》
目录

国际青年年（1985）《我们这一代青年人》

短篇小说、报告文学征文获奖名单及评选委员会名单

征文选辑

驽马⋯⋯⋯⋯⋯⋯⋯⋯⋯⋯⋯⋯⋯⋯⋯⋯张　弛

荒原⋯⋯⋯⋯⋯⋯⋯⋯⋯⋯⋯⋯⋯⋯⋯⋯浩　岭

凝⋯⋯⋯⋯⋯⋯⋯⋯⋯⋯⋯⋯⋯⋯⋯⋯⋯方　炜

中篇小说

我们去打仗⋯⋯⋯⋯⋯⋯⋯⋯⋯⋯⋯⋯⋯中　夙

短篇小说

黎明的红柿林⋯⋯⋯⋯⋯⋯⋯⋯⋯⋯⋯⋯程　海

“邮递马车”⋯⋯⋯⋯⋯⋯⋯⋯⋯⋯⋯⋯张聂尔

评论

《驽马》漫议⋯⋯⋯⋯⋯⋯⋯⋯⋯⋯⋯⋯李清泉

写出士兵心中的战场

——评《我们去打仗》兼及战争题材创新问题⋯⋯甘　泉

《黎明的红柿林》读后⋯⋯⋯⋯⋯⋯⋯⋯胡　采

散文

龙之吟⋯⋯⋯⋯⋯⋯⋯⋯⋯⋯⋯李洁非　张　陵

蜂蜜⋯⋯⋯⋯⋯⋯⋯⋯⋯⋯高洪波

诗歌
青春和我们计时法（组诗）⋯⋯⋯⋯李彬勇
工厂，那一片年轻的希望（组诗）⋯⋯伊甸
我们的生活（组诗）⋯⋯⋯⋯⋯⋯柯 平
诗二首⋯⋯⋯⋯⋯⋯⋯⋯⋯⋯郑宝富
读者·作者·编者（读者来信摘登）

简讯
国际青年年征文办公室向大力支持征文活动的单位致谢
《我们这一代青年人》出版

城雕⋯⋯⋯⋯⋯⋯⋯⋯⋯⋯⋯黄雅莉

1985 年第 6 期　刊名:《青年文学》
目录

征文小说
南风地⋯⋯⋯⋯⋯⋯⋯⋯⋯⋯⋯陈 阵
南国"巴人"曲⋯⋯⋯⋯⋯⋯⋯⋯宋京生

短篇小说
依依⋯⋯⋯⋯⋯⋯⋯⋯⋯⋯⋯⋯程 青
程青：一些话（作者的话）
离家⋯⋯⋯⋯⋯⋯⋯⋯⋯⋯⋯⋯何士光
小镇的故事（两篇）⋯⋯⋯⋯⋯⋯张 蟊
偶然⋯⋯⋯⋯⋯⋯⋯⋯⋯⋯⋯⋯李天芳
不同颜色的眼睛⋯⋯⋯⋯梅新生　高小玲
死刑临场监督记事⋯⋯⋯⋯⋯⋯⋯刘峰军
张陵　李洁非：面对现实　勇于思考（作品小析）
相逢何必曾相识（处女作）⋯⋯⋯⋯晓 佳

报告文学
高一级的感惶⋯⋯⋯⋯⋯⋯⋯⋯安 琴

诗歌
人民⋯⋯⋯⋯⋯⋯⋯⋯⋯⋯⋯⋯廖亦武
一个中国军人在圆明园（组诗）⋯⋯晓 桦
短诗荟萃
播种者（外一首）⋯⋯⋯⋯⋯⋯⋯杨榴红
童年（外一首）⋯⋯⋯⋯⋯⋯⋯⋯王乃飞
塑像⋯⋯⋯⋯⋯⋯⋯⋯⋯⋯⋯⋯金 一
当爱的竖琴断折⋯⋯⋯⋯⋯⋯⋯⋯杨钧炜
相逢（外一首）⋯⋯⋯⋯⋯⋯⋯⋯达 黄

散文
神农架话美⋯⋯⋯⋯⋯⋯⋯⋯⋯贾方洲

峨山寻"秀"⋯⋯⋯⋯⋯⋯⋯⋯⋯戴善奎
北方的原野（五章）⋯⋯⋯⋯⋯⋯韩作荣

小说之美
辐射之美⋯⋯⋯⋯⋯⋯⋯⋯⋯⋯汝 捷

美术
刘子龙的蜡染艺术

1985 年第 7 期　刊名:《青年文学》
目录

征文小说
那明亮的灯哟⋯⋯⋯⋯⋯⋯⋯⋯⋯魏 强
爱，在江边饭店里⋯⋯⋯⋯⋯⋯⋯余洪涛
伊噢⋯⋯⋯⋯⋯⋯⋯⋯⋯⋯⋯⋯张仁胜

评论
一代新人　一代新风⋯⋯⋯⋯⋯⋯王维玲

短篇小说
杜鹃声里雨如烟⋯⋯⋯⋯⋯⋯⋯⋯楚 良
黑马⋯⋯⋯⋯⋯⋯⋯⋯⋯⋯⋯⋯周 进
瘦马：化浓为淡　淡而不弱（编者札记）
极限⋯⋯⋯⋯⋯⋯⋯⋯⋯⋯⋯⋯郑 勇
五里墩⋯⋯⋯⋯⋯⋯⋯⋯⋯⋯⋯晓 宫
桂宾：牛脚，一个有启示意义的形象（人物小析）
沟壑⋯⋯⋯⋯⋯⋯⋯⋯⋯⋯⋯⋯汪 聪
人雕⋯⋯⋯⋯⋯⋯⋯⋯⋯⋯⋯⋯张宗栻
张兴劲："人雕"：哲理思考的启迪和意味（作品小析）
钓鱼台⋯⋯⋯⋯⋯⋯⋯⋯⋯⋯⋯郭 辉
捞虾妹⋯⋯⋯⋯⋯⋯⋯⋯⋯⋯⋯海 涛

诗歌
西北的太阳（组诗）⋯⋯⋯⋯⋯⋯鄂家发
工厂抒情诗（组诗）⋯⋯⋯⋯⋯⋯张敦孟
赠礼（外一首）⋯⋯⋯⋯⋯⋯⋯⋯何铁生
八月的乡村（外二首）⋯⋯⋯⋯⋯邓学政
夏天⋯⋯⋯⋯⋯⋯⋯⋯⋯⋯⋯⋯汪 芳
暴风雪，紧裹着一个遥远的传说⋯⋯潘洗尘

散文
古运河春景⋯⋯⋯⋯⋯⋯⋯⋯⋯陈 益
乡里人（二题）⋯⋯⋯⋯⋯⋯⋯⋯何铁生
穿过山林（外一章）⋯⋯⋯⋯⋯⋯陈志泽

简讯
国际青年年征文授奖大会在京举行
国际青年年征文授奖大会剪影

1985 年第 8 期　刊名:《青年文学》

目录

在国际青年年征文授奖大会上的讲话
祝贺与希望 ·················李源潮
青年的声音　青春的力量 ·········王　蒙

短篇小说

古河道 ····················彭见明
白茫茫的雪野 ···············王凤麟
斯冬: 让生命奔放 (作品小析)
老三 ·····················张　宇
月恒: "好你个老三:" (作品小析)
冷锋 ·····················吕　雷
高山上的军功章 ··············映　泉
怒怒、阿姐和那个人 ············吴雪恼
走出那"荒岛" ···············若　凡

评论

《古河道》漫议 ···············唐　挚

征文小说

塌方 ·····················叶　辛
通向远方的小路 ··············意西泽仁
海妹子 ····················陈　岩

通讯

为了一份珍贵的礼物
——国际青年年征文活动纪事 ·····本刊记者

诗歌

红河的图腾 (组诗) ············杨　克
兴劲: 追求氛围感和历史感 (读诗随笔)
第三号青春奏鸣曲 (组诗) ········叶延滨
域外吟 (四首) ···············张　讴
篮球赛事 (外一首) ············向　荣
民间艺人 ···················猛　河

散文

故乡拾遗 (二篇) ··············郝子奇
荻花雨 ····················宋京生
花溪的魂 ···················罗强烈

《我们这一代青年人》征文活动剪影

1985 年第 9 期　刊名:《青年文学》

目录

短篇小说

在马贩子的宿营地 ·············路　远
难见驼驼山 ·················丹　娅
曾镇南: 寻找自己生命中的驼驼山 (作品短评)
废窿 ·····················彭见明
李师东: "梦中多是金" (作品小析)
最后一个夜晚 ················李　悦
李悦: 努力反映供电工人的生活 (创作谈)
一个女军人的日记 ·············周大新
林晞: 发现与再现 (编辑札记)
再生岛 ····················李贯通
牛志强: 表现真实, 顺应自然 (艺术点滴)
最后一枚印章 ················薛尔康
黎意: 伯乐与千里马的悲喜 (作品小析)
他们向银幕走来 ··············刘宏伟
没剪的片子 ·················苗长水

评论

生活流动中的心灵醒悟
——读《在马贩子的宿营地》 ·····孙武臣

征文小说

石头河 ····················雁　宁

摄影小说

美与丑的变奏 ················曹晓燕等

1985 年第 10 期　刊名:《青年文学》

目录

报告文学

给不幸者以幸福的人 (征文) ·······于国颖
鲁桓世界 (征文)
——一个青年艺术家的画像 ······路东之
两个台湾归来的博士 ············纪　宇
第十一任厂长 ················张恩奇
人生一瞬间 ·················肖复兴
党旗下的爱新觉罗氏 ············周文毅
从阴影中走出来 ··············田　涌
百名之外 ···················柴立扬
世界冠军, 在这片土地上诞生 ·······卢　彬
不仅仅是儿子 ················鲁　光
童话里的仙姑 ················陶文正

小说之美
起伏之美 ··· 汝 捷

摄影小说
三根弦的小提琴 ·································· 枕 南等

美术
少女 ····································· ［苏］梅里尼柯夫

1985 年第 11 期 刊名:《青年文学》
目录

小说
滚单鼓的老人 ··· 张 涛
嘿，别那么丧气 ······································· 陈 染
斯冬：呼唤生气（作品小析）
船票 ··· 徐晓鹤
耿仁秋：卑微生活的财富（作品小析）
野鸽子 ··· 向义光
菩佗山的"巴罗克" ·································· 文 戈
老山姆 ··· 海 迪
最后一片红树林 ····························· 张 陵 李洁非
暗自忧伤（三篇） ·································· 王 山

评论
从风俗洞见精神的迷失
——读《滚单鼓的老人》 ··················· 雷 达

诗歌
麦哲伦及其他（组诗） ·························· 潞 潞
小人与海（组诗） ·································· 杨 牧
他们今年二十岁（组诗） ······················ 赵天山
岁月的路（诗组） ·································· 张新泉
小镇，没有结尾的诗（组诗） ··············· 马 辉
大暴雨 ··· 张文玺

散文
仙游 ··· 和 谷
月露之台 ··· 梅绍静
放歌于大千世界（散文诗） ··················· 李松涛

报告文学
刘晓庆在川藏高原
——《无情的情人》拍摄散记 ··············· 傅溪鹏
密集 ··· 牧 野

摄影小说
人与人 ··· 阙 明等

美术
波兰少女 ··· 凯斯林

1985 年第 12 期 刊名:《青年文学》
目录

中篇小说
绿栅栏 ··· 丁小琦

短篇小说
岩岩和大塔 ··· 老 雷
古井：距离的解释（作品小析）
她说月亮美如冰 ····································· 李 建
童子魂 ··· 张 弛
耿仁秋：复杂而又乐观的审美把握
少年与河 ··· 韦 尔
搭车 ··· 郑 海
二十六个英文字母 ································· 柯 平
假面舞会 ··· 韦晓吟
精神病 ··· 南予见

散文
思圆明园废墟 ····························· 李洁非 张 陵
赶春 ··· 董 华
我问她，她不答（外一篇） ··················· 李 琼

诗歌
远的山，近的山（组诗） ······················ 宋 琳
远山远水（组诗） ·································· 张中海
心的港湾（组诗） ·································· 冯 晓
绿色与白色的眷恋（组诗） ··················· 晓 晴
挂榜之后 ··· 周同馨
爱情诗小辑
献给荷塘的歌 ······································· 李彬勇
思念 ··· 吴爱平
小公主，你真调皮 ································· 苏显钟
丝 ··· 刘德亮
你说 ··· 孙丽玲
流泪的红蜡烛 ······································· 桂 煜
不要打破这沉默 ····································· 周 导

报告文学
浣江遗风 ····································· 金德均 周光荣

摄影小说
黑夜中的天使（法国） ·················· 阙 明等编译

1986 年第 1 期　刊名:《青年文学》

目录

中篇小说
不老佬 ································ 王兆军

评论
第三种荒诞及其他
——放谈《不老佬》 ················ 吴国光

短篇小说
生命谷 ································ 缪　士
李洁非　张陵:"生命谷"之所见(作品短评)
这世界每一个角落都属于我 ········ 龚江南　彭　瑜
伊聊:现实的折射　艺术的视角(作品小析)
深谷·枯壑 ·························· 彭见明
李师东:自然,社会,人(作品小析)
澡堂里的朋友 ······················ 陈志伟
金越:却道"天凉好个秋"(艺术点滴)
云深不知处 ·························· 聂鑫森
月恒:意在其中(作品小析)
空酒瓶 ······························ 李云良

小说之美
复合之美 ···························· 汝　捷

报告文学
一把黄土 ······················ 彭雁华　彭雁平
帆,从温热的土地上升起 ············ 吴树民

读者之声
要把"作品评析"栏目办好 ·········· 胡书君　佚　名

摄影小说
山祭(一) ························ 涧　楠等

1986 年第 2 期　刊名:《青年文学》

目录

中篇小说
箫中的月亮 ·························· 李本深

评论
读《箫中的月亮》 ·················· 李存葆

短篇小说
苍鹰 ································ 雷　铎
罗强烈:关于《苍鹰》的自问自答(作品短评)

迟到的爱 ···························· 杜明明
草鞋窑子 ···························· 莫　言
莫言:黔驴之鸣(创作谈)
三月纤 ······························ 王祥夫
津蠡:人与自然与自我(编者札记)
地震 ································ 文　隽
王长安:一篇有所追求的小说(作品小析)
此塔需要开窗 ························ 毛志成
金都:针砭时弊及其他(作品小析)

诗歌
火焰与记忆 ·························· 张　廓

散文
等车 ································ 付宁军

报告文学
OP$_5$东方的旋律 ···················· 大　鹰

摄影小说
山祭(二) ·························· 涧　楠等

1986 年第 3 期　刊名:《青年文学》

目录

中篇小说
尤伟、韩东、阿司、公牛、田田、朱未……以及他们
的 Mirror 的故事 ···················· 刘新平

评论
向世界展示"这一代"青春的灵魂 ········ 张兴劲

短篇小说
山里有个黑女人 ······················ 野　莽
凝思:反思中的和谐(作品小析)
对面那楼上 ·························· 陈源斌
张同吾:真实的感情波澜(艺术短评)
荧浪 ································ 黄　尧
赵俊贤:崇高——主旋律——象征(艺术点滴)
退稿,第 99 次 ······················ 王　千
远天风筝 ···························· 董月玲
雨季 ································ 欧继联
你错了 ······························ 孟凡果

诗歌
女排(外二首) ······················ 张小波
大时代(二首) ······················ 力　虹
生活的元素(三首) ·················· 张学梦

远山叠影（三首）…………………………刘益善
年轻的风（四首）…………………………汪国真
归来………………………………………俞　聪
地心行进…………………………………柯愈勋
一个追求者的内心独白……………………晨　光
日出………………………………………红霜叶

散文
生日………………………………………未　来
鸟墓………………………………………张连波
中国海之恋（四章）………………………姜强国
我的太阳…………………………………高玉秋

小说之美
神肖之美…………………………………汝　捷
附：翻译小说《爱的难题》………［英］安东尼·霍甫

摄影小说
我和她……………………………………枕　楠等

1986 年第 4 期　刊名:《青年文学》
目录

短篇小说
史遗三录…………………………………韩少功
吴秉杰：空白的艺术（作品短评）
晚祭………………………………………晓　宫
李师东：感觉和智慧的困惑（作品短评）
宣传宝及其他……………………………徐晓鹤
罗雀：他爱生活爱得心疼（作家评议）
盖上………………………………………蔡测海
张克俭：生命的魅力（作品小析）
房客………………………………………何立伟
贺绍俊：世界：神秘的符号（作品小析）
长年短月…………………………………彭见明
鸟魂………………………………………龚笃清
野渡………………………………………蒋子丹
慕贤：豆腐与《野渡》（作家评议）
超度………………………………………王　平
徐晓鹤：闲·散·神（作家评议）
七色光……………………………………钟铁夫
腌菜坛子…………………………………刘舰平
布谷鸟叫的那一瞬间……………………残　雪
熊二："我"与那"一瞬间"（作品小析）
高围墙　矮屋檐…………………………骆晓戈
他不叫库尔班……………………………刘晓喻

散文
永恒的雷雨………………………………周　实

诗歌
我的沼泽地（外一首）……………………聂　沛
乡村墓志铭（组诗）………………………刘　犁
雪与花（组诗）……………………………方雪梅
豌豆花开时（外一首）……………………龚鹏飞

评论
"湘军"的年轻"将校"们……………………凌　宇

中外作家
夕阳映家…………………苏姆·契弗著　周广源译

摄影小说
怎么办?（一）……………………………贾育平等

1986 年第 5 期　刊名:《青年文学》
目录

短篇小说
追踪幽灵…………………………………陈　放
张同吾：追踪艺术的足迹（作评短评）
有闻必录…………………………………达　理
孙武臣：热讽中的冷峻（作品短评）
复活了的山神……………………………张品成
子木：价值生活及其他（编辑札记）
这边那边…………………………………宋学武
熊二：从被动到主动（作品小析）
五月情圈…………………………………姜贻伟
艾涛：谈谈那个神秘人物（作品小析）
决口………………………………………夏桂楣
王长安：乡村的震撼（作品小析）

中篇小说
女工牛仔…………………………………陈敦德

评论
现代价值观与爱神的解放…………………林　幺

报告文学
无花果……………………………………石　湾

摄影小说
怎么办?（二）……………………………贾育平等
昨天·今天·明天…………………………马未都摄

1986 年第 6 期　刊名:《青年文学》

目录

短篇小说

甜苣儿 ································· 张石山
张兴劲：寻根意向指向现实的批判（作品短评）
十八岁的歌在牛角上 ············· 柴立扬
宁空：探凿民族心理素质的岩层（读稿札记）
孽海方舟 ··························· 韦　玮
林为进：《孽海方舟》得失谈（作品短评）
魔日 ······························· 张宗栻
孙行：关于《魔日》（作品杂谈）
江流天地外 ······················· 骆　炬
宾堂：这江，这人……（读稿札记）
猎人的尊严 ······················· 王家男
奚跃华：简笔与繁情（作品小析）
笑微微说声再见 ··················· 贺晓彤
碑 ································· 郭　辉

报告文学

发丝上的神话 ····················· 刘　志

诗歌

自由来稿诗小辑
开发区（组诗） ··················· 曹　剑
楚人招魂歌（组诗） ··············· 陈应松
阳光、色彩、人和世界——读《梵高传》 黄福群
归来的水手 ······················· 西　岸
七个男人和一个女人 ··············· 郭传火
山里，有这样一个大学生 ··········· 王永利
共产党万岁 ······················· 王果冰
小时候的恋人 ····················· 方　子
鸟声 ····························· 肖正民
渔夫之死 ························· 张忠军
蛙鸣 ····························· 刘雁湖
六月印象 ························· 阮文生
冻雨 ····························· 雁　北

评论

切入改革深层的力作 ··············· 王维玲

小说之美

氤氲之美 ························· 汝　捷

摄影小说

雨夜（一） ······················· 贾育平等

1986 年第 7 期　刊名:《青年文学》

目录

小说

近亲繁殖综合症 ··················· 李云良
李云良：搁笔之后（创作谈）
始祖鸟蛋 ························· 刘宏伟
血栓 ····························· 路　远
路远：再开拓一片土地（创作谈）
血亲 ····························· 肖建国
潘凯雄：深沉的思考（作品小析）
鹰魂 ····························· 夏　庄
李硕儒：从《鹰魂》说开去（作品小析）
三岔口 ··························· 魏　强
瘦马：三岔口说古道今（作品小析）
昨夜情 ··························· 宋树根
刘玉琢：艺贵在真（艺术点滴）
在大山的怀抱里 ··················· 张　策

评论

喜剧中的悲剧
——《始祖鸟蛋》的启示 ··········· 何孔周

诗歌

贡嘎拉高原 ······················· 廖亦武
贵州高原（组诗） ················· 何铁生
森林狂想曲 ······················· 杨　然
献给科学城（组诗） ··············· 黎正光
跋涉者 ··························· 李曙白
望潮 ····························· 吴　兵

散文

冒险的乐趣 ······················· 高洪波
捡滩 ····························· 康文明
小土冢，压着我的心 ··············· 施建石

通讯

欢娱的聚会　丰实的收获
——东海短篇小说创作笔会侧记 ····· 子　木

摄影小说

雨夜（二） ······················· 贾育平等

摄影

石妞儿 ··························· 马未都　摄

1986 年第 8 期　刊名:《青年文学》
目录

短篇小说

死光 ································李　悦
李悦：多余的话（创作谈）
乡村变奏（三篇）·················刘震云
刘震云：更为重要的（创作谈）
祭祖 ································周冠宁
耿仁秋：老生常谈（作品短评）
绿雪 ································王凤鳞
王凤鳞：关于《冻土地带》的通信（创作通讯）
少女和一个男子汉的梦 ···········杨建业
修竹：伪英雄主义下自我的迷失（作品短评）
古道黄河长恨水 ···················李　军
张克俭：农民的心态及"父母官"的剪影（作品小析）
残 ·································潘文伟
格里木峰乐章（两篇）·············鹿　陈

诗歌

死亦为鬼雄（组诗）···············马合省
中国西部士兵之歌（组诗）·········曹树莹
沙漠的梦（外一首）···············洪三泰
女兵及其他（组诗）···············商泽军
雪与水 ····························韩作荣
笑与泪 ····························潘　烽
野杜鹃（外一首）·················万九如

散文

送你回家 ··························冬　至
莼菜情思 ··························邱　载
父亲，黄河的纤夫 ·················高旭旺

笔谈

寻找自己新的起步点 ···············韶　华
青年作家与探索性作品 ·······李洁非　张　陵
变异：消失的与凸现的 ···········李书磊
在两个世界撞击中的理想升华········贺绍俊　潘凯雄

摄影小说

啊，兵 ··························朱江华等
摄影 ····························贾育平　摄

1986 年第 9 期　刊名:《青年文学》
目录

小说

恍惚的人们 ·······················陈国安
棕色咖啡 ··························黄　放
留在 E 弦上的咏叹 ·················吕幼安
瘦马：不必困惑（编者札记）
天上地下 ··························宋燕燕
罗强烈：警醒人的零余者形象（作品小析）
人生片断四季歌 ···················刘连枢
刘连枢："片断"断想（创作谈）
那天夜里没有风 ···················徐宝琦
徐宝琦：钓鱼者的自白（创作谈）
迷乱的回波 ·······················李忠效
李忠效：我的海（创作谈）

评论

拯救灵魂者的礼赞
——初读《恍惚的人们》············刘锡诚
重新寻找自己
——评短篇小说《棕色咖啡》········张　炯

报告文学

庞中华和他的钢笔书法 ·············杨日炎

笔谈

入世与开放
——寄语一代文学青年·············唐达成
波动与蜕变
——对十年来青年创作的一点思索·····雷　达
一代人的呼声
——青年诗作简议·················张同吾
青年文学随想 ·····················李小山
致读者

摄影小说

我和她 ··························枕　南等

1986 年第 10 期　刊名:《青年文学》
目录

短篇小说

火船（《水上吉普照赛》系列小说之一）⋯⋯魏世祥
大潮⋯⋯⋯⋯⋯⋯⋯⋯⋯⋯⋯⋯⋯⋯⋯伊　始
竹王⋯⋯⋯⋯⋯⋯⋯⋯⋯⋯⋯⋯⋯⋯⋯徐锁荣
徐锁荣：竹林，我的相思林（创作谈）
白昼的星⋯⋯⋯⋯⋯⋯⋯⋯⋯⋯⋯⋯⋯海　涛
蒋力：我读《白昼的星》（作品小析）
斜塔⋯⋯⋯⋯⋯⋯⋯⋯⋯⋯⋯⋯⋯⋯⋯王树田

中篇小说

罪人⋯⋯⋯⋯⋯⋯⋯⋯⋯⋯⋯⋯⋯⋯⋯刘震云

评论

读《火船》⋯⋯⋯⋯⋯⋯⋯⋯⋯⋯⋯⋯曾镇南
一支古老的歌
——读伊始的《大潮》⋯⋯⋯⋯⋯⋯⋯丹　晨
人性的追求
——《罪人》断想⋯⋯⋯⋯⋯⋯⋯⋯⋯吴秉杰

诗歌

现代情绪（组诗）⋯⋯⋯⋯⋯⋯⋯⋯⋯伊　甸
武夷山行吟（二首）⋯⋯⋯⋯⋯⋯⋯⋯姚　村
三重唱⋯⋯⋯⋯⋯⋯⋯⋯⋯⋯⋯⋯⋯裘小龙
石头与妇人⋯⋯⋯⋯⋯⋯⋯⋯⋯⋯⋯方　子
梦歌⋯⋯⋯⋯⋯⋯⋯⋯⋯⋯⋯⋯⋯⋯范　禾
风的速写⋯⋯⋯⋯⋯⋯⋯⋯⋯⋯⋯⋯王山
情书的故事⋯⋯⋯⋯⋯⋯⋯⋯⋯⋯⋯刘　云

散文

高原黄昏⋯⋯⋯⋯⋯⋯⋯⋯⋯⋯⋯⋯默　然
蓝色的神秘⋯⋯⋯⋯⋯⋯⋯⋯⋯⋯⋯岑献青

笔谈

太阳，太阳，我对你说⋯⋯⋯⋯⋯⋯⋯夏　刚
一代不安宁的灵魂和面前的文学标杆⋯⋯⋯吴国光

小说之美

荡逸之美⋯⋯⋯⋯⋯⋯⋯⋯⋯⋯⋯⋯汝　捷

简讯

《小说二十四美》即将出版⋯⋯⋯⋯⋯林　伍

摄影小说

无影灯下（上）⋯⋯⋯⋯⋯⋯⋯⋯⋯贾育平等

1986 年第 11 期　刊名:《青年文学》
目录

中篇小说

橡皮人（上）⋯⋯⋯⋯⋯⋯⋯⋯⋯⋯王　朔

短篇小说

独臂西里人⋯⋯⋯⋯⋯⋯⋯⋯⋯⋯⋯路　远
我不能原谅
——自杀者的调查之一⋯⋯⋯⋯⋯⋯薛尔康
江河水：由人的弱点造成的悲剧（作品小析）
矮女子⋯⋯⋯⋯⋯⋯⋯⋯⋯⋯⋯⋯⋯王旭鸣
禾仁：是开始，不是结束（作品小析）
那里有棵合欢树⋯⋯⋯⋯⋯⋯⋯⋯⋯闵国库
闵国库：荒草湮没的墓碑（创作谈）

评论

徘徊在人与非人之间的灵魂
——评《橡皮人》⋯⋯⋯⋯⋯⋯⋯⋯曾镇南
生活流动中的又一次心灵醒悟
——读《独臂西里人》⋯⋯⋯⋯⋯⋯陈武臣

散文

男子汉⋯⋯⋯⋯⋯⋯⋯⋯⋯⋯⋯⋯⋯陈　益
一个盲女和千百只眼睛⋯⋯⋯⋯⋯⋯谢克强
别一种柿树⋯⋯⋯⋯⋯⋯⋯⋯⋯⋯⋯和　谷

笔谈

《青年文学》：探索与建设⋯⋯⋯⋯⋯罗强烈
战斗精神：一种开放的文学姿态⋯⋯⋯何志云
报告文学的第三个浪潮⋯⋯⋯徐学清　温子建

小说之美

超拔之美⋯⋯⋯⋯⋯⋯⋯⋯⋯⋯⋯⋯汝　捷
《小说二十四美》序和自跋⋯⋯⋯蒋孔阳　汝　捷

摄影小说

无影灯下（下）⋯⋯⋯⋯⋯⋯⋯⋯⋯贾育平等

美术

浴后⋯⋯⋯⋯⋯⋯⋯⋯⋯⋯⋯⋯⋯⋯德　加

1986 年第 12 期　刊名:《青年文学》
目录

中篇小说

橡皮人（下）⋯⋯⋯⋯⋯⋯⋯⋯⋯⋯王　朔

短篇小说

黑森林 ······················· 成 蹊
女人太多太少的世界 ············· 王凤鳞
野人记事 ····················· 仇大川
桂宾：荒诞的机智（作品短评）
碎玻璃 ······················· 白玲玲
白玲玲，闲言絮语（创作谈）
小楼 ························· 康 宁

评论

躁动在林莽里的歌
——读《黑森林》 ············· 高 原
得到的与失落的
——《女人太多太少的世界》漫议 ··· 张 韧

诗歌

东方龙种 ····················· 赵云江
走向自然（组诗） ·············· 龙 郁
月色情绪（组诗） ·············· 李 琦
怎么会有这些歌（组诗） ·········· 黄殿琴
故乡抒情诗（组诗） ············· 黄 宏
洁白的名字（组诗） ············· 柳 沄
读书戏笔（组诗） ·············· 柯 平
谒姜女坟 ····················· 王雪莹
雪 ························· 陈景文
圆月 ························· 孙丽玲

散文

新潮狂想曲 ··················· 曲庆玮
不忘都市 ····················· 朱 浩
母校回忆 ····················· 梅绍静
生日 ························· 谢蓄洪
雪白的茉莉 ··················· 邓 澍
远去的鹭鸶 ··················· 李俊卿

通讯

友谊与成果共生
——十三陵笔会简述 ············· 凌必辉

摄影小说

让春花开满爱情的庭院 ············ 程小蓓

1987 年第 1 期　刊名：《青年文学》
目录

创刊五周年纪念

感谢与期待 ··················· 陈浩增
来自作家的祝贺

《青年文学》，我的挚友 ··········· 航 鹰
夏日追忆 ····················· 铁 凝
我与《青年文学》 ··············· 魏继新
我愿永远是《青年文学》的作者 ······ 映 泉
都有一颗年轻的心 ··············· 张 炜
撩人的魅力 ··················· 邓 刚
欲说还休 ····················· 张石山
思辩与超越 ··················· 姜 滇

中篇小说

迎头正是夏季风 ················· 达 理

评论

夏季风的召唤
——《迎头正是夏季风》读后 ········ 葛 洛

短篇小说

老枪 ························· 江 浩
黄子平：对话《老枪》（作品短评）
看灯佬 ······················· 张 涛
罗强烈：人格意识的死海：传统文化观念（作品短评）
微烛人生 ····················· 程 青
张未名："爱，就是做人"（作品小析）
小十字口 ····················· 龙 冬
耿仁伙：于小十字口独吟生活之底蕴（作品小析）
绿色的河 ····················· 立 夏

诗歌

自在者说 ····················· 杨 炼
叛逆的手 ····················· 孙桂珍
晚景 ························· 北 岛

散文

翠鸟 ························· 李志淳
续常和尚 ····················· 庐 野

1987 年第 2 期　刊名：《青年文学》
目录

中篇小说

秋风清，秋月明 ················· 韩 冬

评论

对生活"厚黑"层面的剖析和针刺
——评韩冬的中篇小说《秋风清，秋月明》 ···· 鲍 昌

短篇小说

地牯的屋·树·河 ················· 朱向前

徐怀中：探索性的又是深思熟虑（作品短评）

大漠 ·· 舒 升

钱竞：《陶魂》的解读（作品短评）

黑旗 ·· 杨剑鸣

黄茅：历史的"错格"（作品短评）

河的精灵 ·· 赵松泉

周帆：情之所之，文之所至（作品小析）

晚霞 ·· 明 勇

卢笛：三言两语

叫蝈蝈 ·· 王 平

大野：三言两语

摸鱼 ·· 若 凡

耿仁秋：三言两语

诗歌

功德林（组诗） ···································· 牛 波

城市酒徒 ·· 雪 迪

看电影（外二首） ·································· 车前子

春天 ·· 晓 洁

散文

海魂 ·· 舒 婷

夙望 ·· 孙丰华

春日漫笔 ·· 廖华歌

诗歌

南方诗专辑

高原中国（组诗） ·································· 雨 田

红河之死（组诗） ·································· 杨 克

蜀籁（组诗） ······································ 鄢家发

东中国海 ·· 卫世平

半掩之窗（组诗） ·································· 叶延滨

南方风俗画（组诗） ································ 苏韶芬

散文

南方——一个站着的问号 ···························· 包晓泉

失落，不只爱情…… ································ 淡 墨

水井巷二题 ·· 艾 琳

船夫号子 ·· 廖静仁

报告文学

图腾四重奏 ································ 舒 洁 陈光明

水鬼 ······································ 周冠宁 叶雪泉

美术

战友（摄影） ······································ 柳 军

林晓装饰画选 ······································ 林 晓

洁（摄影） ·· 杨 鑫

1987 年第 3 期　刊名:《青年文学》

目录

短篇小说

何处无芳草 ·· 王小鹰

小朋：岁月留给她的（读稿札记）

"既然是爱" ·· 向 群

木展：三言两语

疆…… ·· 石钟山

应雄：一个并不平静的故事（读后杂感）

团鱼 ·· 姜贻斌

邵剑武：四只眼睛读《团鱼》（作品札记）

忌浴 ·· 桦 晓

山风：三言两语

芽 ·· 宋树棍

阿特：三言两语

中篇小说

生死都在黎明 ······································ 刘连枢

评论

旧梦与新生的交缠争斗

——《生死都在黎明》读后 ························ 华 铭

1987 年第 4 期　刊名:《青年文学》

目录

短篇小说

陡坡 ·· 刘 恒

方顺景：读《陡坡》（作品短评）

火光，是一个停车信号 ······························ 王升山

孤注一掷（处女作） ································ 羽 岸

罗强：孤注一掷的生命冲动（作品短评）

塬上的日头 ·· 郑 柯

志涂：自觉的创作心态及语言的魅力（作品小析）

原本没有梦（处女作） ······························ 应 红

周昌：原本就有爱（作品小析）

玫瑰色的落差 ······································ 韩春旭

韩春旭：我想（创作谈）

区老师 ·· 李永芹

何志云：喜剧乎?　悲剧乎?（作品小析）

中篇小说

红帆船

——《水上吉卜赛》系列小说之二 ················ 魏世祥

评论

陆地与河滩：两种对立因素的冲突 ·················· 李以建

诗歌

走向秋天..冬 至
小村女人录（组诗）........................雷恩奇
关东山里人（二首）........................王永利
孔子故里（二首）............................曹宇翔
遥远的回声（组诗）........................薛卫民
大山情（二首）................................王长富
追忆（外一首）................................晓 晴
我是一颗无花果（二首）..................张 丹

散文

女人的星..丹 娅
雨季之悔..洪 三

作品讨论

在通俗与纯粹之间
——"王朔作品讨论会"综述..........斯 冬

谷草腰带（摄影小说）....................小 梦
晨风（摄影）....................................夏 星

1987 年第 5 期　刊名:《青年文学》
目录

中篇小说

断裂..朱幼棣
毕业歌..敬 超

短篇小说

不再寂寞（处女作）........................青 青
绿色的愤怒（处女作）....................吴 才
浮动之光..黄 莘
静静的芦岛....................................凌耀忠
家庙..毕四海
玩笑..张品成
小镇，一个差点算传奇的传说........曹 潺

美术

猫趣（版画）....................................孙振杰

摄影

含蓄..郭 实
生命·岁月................................孟禄丁 黄华三

1987 年第 6 期　刊名:《青年文学》
目录

小说

古街的商店....................................王万云
瘦马：面对新生活（作品小析）
辽西风情录....................................徐宝琦
老木：读《辽西风情录》小札（读后札记）
巫山有神女....................................陈世旭
张克俭：神女应无恙（作品小析）
读报..蔡未名
白野：《读报》的结构（艺术札谈）
爱的寻觅..胡大楚
月恒：迷惘的寻觅和寻觅的迷惘（作品小析）
消失..尚 闽
古道：听这故事　说那故事（读稿札记）

散文

鸣沙——沙月................................海 飞
路边的白杨....................................史长义
品茶秋浦镇....................................陈 益

诗歌

梦幻咏叹：祖国·太阳·土地..........杨 然
草原回旋曲（组诗）........................阿 来
山林人（组诗）................................孙丽玲
旋转的万花筒（组诗）....................陈 放
房子（组诗）....................................杜立德
夏季开放的红杜鹃（组诗）............蓝 焱
猎女（外一首）................................佟 石
边关十五之夜................................杨松杰
陌生..子 恩
沉默..冯慧君

报告文学

"大百岁儿"小传............................谢东光

摄影小说

心曲..曹志刚等

1987 年第 7 期　刊名:《青年文学》
目录

中篇小说

静静的雪谷....................................邢原平
红马鞍..路 远
蕨菜村的风波................................陈计中

野魂·····················（蒙古族）哈斯乌拉
银白的山带·················（鄂温克族）杜梅
伊默塔拉的精灵··············（蒙古族）霍钦夫
棋盘镇拾遗·······················耿 瑞
森林的思维·······················大 平
市场街的赌儿爷···················李仲臣
阴阳之间·························王树田
红黄绿···························王 童

诗歌
迁徙的牧场（组诗）···········（蒙古族）阿古拉泰
从荒野走向绿原··············（蒙古族）毕力格太
为英雄而礼赞············（蒙古族）鲍尔吉·原野
鹰的图腾··················（蒙古族）斯日古楞
西拉沐伦神················（蒙古族）袁凯军
高原 成吉思汗们···················独桥木
雪国（外一首）··············（蒙古族）白 涛

散文
心旅（外二章）··············（蒙古族）塔 娜
草原的路················（蒙古族）娜仁高娃

评论
天蓝色的窗口·····················贾 漫
扶他们跨上骏马··············（蒙古族）包明德

美术
诗配画·················布 赫诗 黄碧霞配画
内蒙风情（速写）···················陈淑霞

1987 年第 8 期　刊名:《青年文学》
目录

小说
院里开着紫荆花·····················丁小莉
高原·人：文学对生活的透视点（作品短评）
多余小数·························吕晓明
晓璐：刚刚是早晨（作品小析）
红房子···························黄传会
王长安：关于"黑圈儿"的思考（作品小析）
北国一片苍茫·····················迟子建
蒋原伦：北国的苍茫，北国的力（作品小析）
不，不愿意，不知道··················嵇 伟
白野：女歌手及其他（作品小析）
都是笑话·························孙 禹
木屐：有关一次试验（作品小析）
黄麻头···························薛 勇
章鉴之：从愤怒到宽容（作品小析）

在湖上···························孙旭光
阿瞻：三言两语

诗歌
第 50 亿人：预言者··················高伐林
玻璃地球·························杨 然
现实与神话·······················若 木
第三代（组诗）·····················宫 辉
诗二首···························何立伟
无名河（外一首）···················曾静平
给你·····························晨 叶

散文
夏夜·····························李鸿声
怪梦录二题·······················和 谷
卖鸡蛋···························邹志安
雨天的回忆·······················微 茫
彼岸·····························彭 洋
列车南行中（外二章）················韦晓吟

报告文学
在开发区的这块热土上················刘海贤

美术
黑白画···························唐振铎
我心悠悠·························马未都

1987 年第 9 期　刊名:《青年文学》
目录

短篇小说
远东黑河谷·······················黄献国
大洋彼岸的龙雾····················王德恒
骆宾基：《大洋彼岸的龙雾》读后随笔（作品短评）
饥饿历程·························邬显荣
胡德培：历史啊，你这个怪物（作品短评）
蓝色的自由坠落····················吴 才
朱向前：短暂而漫长的"一瞬间"（作品札记）
抬嫁妆···························赵国栋
牺牲·····························龙 冬
等待你潇洒的时刻···················韩春旭
朱卫国：生存着，就总是困惑的（作品小析）
小小说五篇·······················邵宝健
阿特：三言两语

中篇小说
喜船·鬼船
——《水上吉普赛》系列小说之三·········魏世祥

评论

架设心灵的爱之桥梁·····················李以建

三三小论

——读《喜船·鬼船》···················曹镇南

通讯

作家园地　文学荟萃

——记短篇小说"黄河笔会"·············汴　河

美术

花帽··································王　虎摄

糖葫芦································李　斌摄

1987 年第 10 期　刊名:《青年文学》
目录

中篇小说

白船队

——《水上吉卜赛》系列之四···········魏世祥

黑藻··································陈应松

短篇小说

黑吊钟································熊　诚

杀狗··································成　蹊

川水：独特的着眼点（作品小析）

燕子楼································王少华

阿秋：让灵魂充满真正的爱（作品小析）

你不要来······························樊雨田

瘦马：关于独立意识（作品小析）

蓝土地································石山浩

评论

痛苦而欣慰的告别

——略论《水上吉卜赛》系列小说·······雷　达

小说

故事　意蕴　象征

——且说《黑藻》·····················华　铭

不是黑色，是紫色

——读《黑吊钟》·····················伊　始

散文

遐想录三篇····························赖济煌

沉默的魅力（外一章）·················朱谷忠

摄影小说

像框··································刘晓春等

1987 年第 11 期　刊名:《青年文学》
目录

短篇小说

巴人村································雁　宁

李兆忠：耐人寻味的艺术暗示（作品短评）

窄街··································邓一光

邵凯：漫游"窄街"后的精神漫游（作品短评）

变形··································张祝丰

张祝丰：自费评论（创作谈）

牛筋腰带······························周大新

双因：三言两语

看不懂的故事··························张　岩

中篇小说

天镇老女人····························魏　人

评论

爱的深沉与痛苦

——评《天镇老女人》的内在意蕴·······林为进

报告文学

浓烟烈火中的首都记者··········王　太　陈永晖

斯氏古琴中国说························荣京宁

诗歌

祖国··································骆一禾

俄罗斯智慧（组诗）···················钱叶用

中学生万岁（组诗）···················徐　鲁

向大海（外一首）·····················刘　虹

夏至音响（二首）·····················赵李红

献给红水河····························黄　堃

麦收··································杨如雪

一只剥光皮的黄羊挑在扁担上···········柏铭久

散文

泉（外一篇）··························雪　迪

蛙鸣··································瞿桂林

明晨，雪转晴··························孙　贺

遐想录两篇····························赖济煌

书简

来自这里的生命永恒年轻···············杜成武

美术

入神（摄影）··························吴　维

李爱国中国画

疏疏淡淡却宜人··················邓　枫　刘禾萌

1987 年第 12 期　刊名:《青年文学》
目录

短篇小说

厚土 ································· 李　锐
黑潮 ································· 徐锁荣
胡言：谈谈《黑潮》（作品小析）
野火 ································· 曾　平
山风：野火浓烟催人醒（读稿小札）
燕鸟琴声 ····························· 蓝怀昌
双因：三言两语
纯粹的时刻 ··························· 张锐锋
白野：三言两语
黄牙 ································· 周冠宁
石一宁：阿狗背后的悲剧（作品小析）
小说二题 ····························· 刘新平
夏红：超越与渗透（作品小析）
新庙 ································· 少　鸿
梅子：三言两语
水娃 ································· 小　老
黑箭：三言两语
瑞祥峰 ······························· 夏　庄
月恒：三言两语
龙道 ································· 罗　锐

评论

李锐给我们带来了什么? ················ 李　陀

诗歌

龙门（外一首） ······················· 叶向阳
战神（组诗） ························· 张建华
城里（组诗） ························· 朴康平
舞蹈（外一首） ······················· 周志强
生活与思考（组诗） ··················· 邵　康
诗三首 ······························· 林　莽
北方史志（组诗） ····················· 李作明
命运 ································· 邓　澍
有赠 ································· 阿　海
乡雪 ································· 雪　桦

散文

扎西德勒 ····························· 冯君莉
乡下二奶奶 ··························· 张金起
人生不相见 ··························· 郑云云
遐想录两篇 ··························· 赖济煌
"中国潮"报告文学征文启事

摄影小说

目标（获"摄影小说大奖赛"优秀奖） ······· 朱江华

摄影

我的构想（摄影） ····················· 李　楠

1988 年第 1 期　刊名:《青年文学》
目录

中篇小说

新兵连 ······························· 刘震云

评论

揭示人生悲剧后的政治文化背景 ··········· 吴国光

报告文学

理性与情感 ··························· 朱幼棣

短篇小说

超级归纳型思维 ······················· 李云良
张志忠：枯燥的趣味（作品小析）
飞蛾 ································· 李贯通
白野：乞食的话题（作品小析）
山魈涕 ······························· 权延赤
阿瞻：素朴的魅力（作品小析）

诗歌

年轻的港城（组诗） ··················· 戴中平
西部巡礼（二首） ····················· 沈　健
写在变革年代的村史（组诗） ··········· 邢海珍
家事（小叙事诗） ····················· 王长军
集结 ································· 程光炜
鄂尔多斯素描（组诗） ················· 潞　潞
电话号码（外一首） ··················· 段和平

散文

后会有期 ····························· 未　来
山上长满红栅桃 ······················· 朱小羊
在敦煌看日落 ························· 宋晓霞

当代人剪影

侯黔江 ······························· 伊　始
蛤佬新 ······························· 熊　诚

诗的秘密

情感释放和宣泄的方式 ················· 刘湛秋

美术

黔东南印象······刘 伟

圆明园······吴静涵

摄影

呼唤······崔友利

1988 年第 2 期　刊名:《青年文学》
目录

中篇小说

编辑日记······马 悦

评论

古文化与今文化的思考······瘦 马

报告文学

大潮交响诗······陈 放

短篇小说

夏天的故事······洪 峰

巫元：为什么不能对话（作品小析）

你的墓碑在界河的那边······晓 剑

伊舟：战场中的男人心理（作品小析）

酒宴······徐 扬

未生：三言两语

磷火······李江树

阿瞻：三言两语

西山长长······董月玲

罗强烈:《西山长长》随想（作品小析）

诗歌

岁月的漂流（组诗）······曹宇翔

我是男孩子（组诗）······高新昌

感应（组诗）······黄 帆

她（组诗）······苏 敏

昨天·今天·明天······赵庆云

空间（外一首）······王 彬

海边，有一行脚印······湘 梅

散文

夜走王村镇······卢祖品

厚厚的墙、凛凛的门等等······高伐林

情感阅历······张晓伟

走向······曲庆玮

玻璃世纪······大 仙

诗的秘密

捕捉瞬间的感觉······刘湛秋

散文美学

欣赏的准备······楼肇明

美术

世界（铜版画）······谭 平

冬（国画）······李爱国

张恪智书法艺术

1988 年第 3 期　刊名:《青年文学》
目录

报告文学

人工大流产······瘦 马

短篇小说

别墅······肖克凡

何志云：荒唐言里辛酸泪（作品短评）

荒滩······海 迪

川水：滞涩中的呼唤（作品小析）

没有越位······李功达

老树：执著的人生观（作品小析）

劳模皇帝······刘汉一 李雅丽

月恒：老牟的悲剧（读稿小札）

过客······刘 铁

津蠡：荒诞与真实（作品小析）

生意经······汤学春

诗歌

浮雕（组诗）······贺东久

我的大学（组诗）······孙功兵

历史风景······马合省

古都（组诗）······吴 霖

长城······黄承基

无题（外一首）······任 白

女人树······杨 芳

那一片云属于我······钱 芳

散文

浪游者······雪 迪

躲不掉的声音（外一篇）······冷 杉

那路······庞俭克

散文诗三章······江 边

当代人剪影

老 B······伊 始

阿茂 ·································· 熊　诚

诗的秘密
想象是春天的树 ························ 刘湛秋

美术
括苍山恩仇记（插图）················ 王金泰

摄影
人与门 ·································· 李　斌

1988 年第 4 期　刊名：《青年文学》
目录

中篇小说
四条汉子 ······························ 刘　恒

创作谈
永恒的局限 ···························· 刘　恒

短篇小说
我们的事业 ···························· 刘　恒
应雄：现代生活的另一面（作品小析）
野汉 ·································· 王春波
石浪：心理和情节（作品小析）
蓝钗 ·································· 孙　� �(孙　洪)
张志忠：《蓝钗》：隔墙猜枚（作品小析）
村池 ·································· 郑彦英
黄矛：池·渠·鱼（作品小析）
父亲 ·································· 姚育明
何志云：我们今天怎样做人（读稿札记）
山那边涛声 ···························· 李忠效
梅子：唯有情贵（作品小析）
三种结局 ······························ 朱　奎

诗的秘密
浓装与素裹的不同魅力 ················ 刘湛秋

散文美学
芝麻与灯火 ···························· 楼肇明

美术
丑小鸭——童年的回忆 ················ 班　苓
白猫（油画）·························· 王智远

1988 年第 5 期　刊名：《青年文学》
目录

中篇小说
风流祭 ································ 吕幼安

评论
炼狱般的人生 ·························· 华　铭

报告文学
鸳鸯大逃亡 ···························· 毕四海

短篇小说
鱼王山 ································ 陈立宗
黄矛：严肃的戏谑（作品小析）
人心 ·································· 徐锦川
老木：由《人心》所想到的（作品小析）
对蒙古舞的研究 ······················ 何立伟
辛如：三言两语
等待舅舅回来的时候 ·················· 张　颖
晓月：三言两语

诗歌
黄河背景 ······························ 曲庆玮
海洋抒情诗（组诗）·················· 徐　刚
爱的自语（组诗）···················· 伊　蕾
舞歌 ·································· 晓　晴
小岛神话（外一首）·················· 力　虹
船的故事 ······························ 王　泓
回头 ·································· 包玉祥

散文
"大中华"的女性们 ···················· 万国智
遐想录三题 ···························· 赖济煌
世纪的风不会忘记 ···················· 洪　三

诗的秘密
语言——奇妙的魔匣 ·················· 刘湛秋

文学动态
展示出生活的"原型"
——刘震云作品讨论会综述 ·········· 斯　冬

新书介绍
重整河山待后生 ······················ 耿仁秋

美术
何伟仁作品选

孤独的远山························苏　旅

1988 年第 6 期　刊名:《青年文学》
目录

报告文学

太阳与月亮的对话

——台湾海峡纪行···········鲁　娃　郭剑一

短篇小说

多米诺骨牌························傅绪文

橙云····························储福金

秋子:《橙云》浅析（作品小析）

笔误····························李国胜

了之:笔误耶？　人误耶？（读稿小札）

虹贝，不要把爱情带到城里去··········凌耀忠

凌耀忠:满腹谵妄说"虹贝"（创作谈）

小说二题··························石钟山

花······························贾坚亮

阿瞻:三言两语

评论

剖析与思考························筱　平

诗歌

现代主题（组诗）····················姜强国

西斯庭教堂启示录····················叶延滨

早殒的诗星（组诗）··················张德强

静物（组诗）······················刘　虹

生活之影（组诗）····················靳亚利

东北虎（外一首）····················齐世明

散文

是谁殷勤问归处····················苏　敏

两个时间··························罗强烈

殷红的深情························廖华歌

治保主任··························姜　莹

山的根（外二章）····················周志强

当代人剪影

壮哉，宋晓南······················熊　诚

摩力克··························熊　诚

诗的秘密

语言——奇妙的魔匣续篇··············刘湛秋

美术

幻想主题

插图选··························兰西子

海南系列（油画）····················田　野

1988 年第 7 期　刊名:《青年文学》
目录

短篇小说

安乐世界（短篇四题）················陈源斌

坐公共汽车引起的打架事件············邓海南

伊白:痛苦的旁观者（作品小析）

姗姗而来的……····················沈善增

津蠡:为什么发生危机（作品小析）

诗化小说两篇························贺东久

夕风:请注意……（读稿随笔）

草原····························孟凡果

中篇小说

三色积木··························李晓桦

评论

良好的开端························李国文

敢问路在何方……··················黄国柱

报告文学

热狂····························赵宇共

诗歌

龙姿·盐韵·灯彩（组诗）··············韩作荣

黄河漂流曲（外一首）················筱　敏

中国月色（组诗）····················殊　男

一九八七··························孙文波

散文

逝川上的两个水漂····················王开林

无题····························无　君

散文二题··························张金起

当代人剪影

王迷····························鲁　莘

出头鸟··························邢宝星

文学动态

增长了见识　开拓了视野··············泉必辉

美术

诱惑·················邢茂林摄影　商泽军配诗

雕塑小品··························江　浩等

习作两幅··························李　强

1988 年第 8 期　刊名:《青年文学》
目录

中篇小说

天桥 ································· 李　晓

评论

向叙事人索取 ·············· 李师东　毛　浩

报告文学

跨越一个时代 ················· 余洪涛

短篇小说

皮货的诅咒 ················· 刘宏伟
温金海：皮货店何以关门（作品短评）
库姆孜 ······················ 沈贻炜
瘦马：走出戈壁（作品小析）
小说二题 ··················· 马海春
斯冬：创作的零点（作品小析）
房客房东房客 ················ 游慈琛
骆一禾：故事型态和手笔（作品小析）
做贼 ······················· 兴　安
梅子：三言两语

诗歌

诗五首 ····················· 陈松叶
完整的生命（组诗） ············ 程小蓓
东方启示录（二首） ············ 凌　川
喷嚏打出的车祸 ··············· 舒　钧
旗帜（外一首） ··············· 梅　易
初动 ······················· 阎月华
无题 ······················· 王凤君
故事 ······················· 张敬军
我把梦…… ·················· 李遵宪

散文

妈妈在春天逝去 ··············· 张廷竹
橄榄树 ····················· 赖玲玲
爱之旅 ····················· 师艾珺

当代人剪影

按摩妹子 ··················· 熊　诚
炒更张虹 ··················· 熊　诚
李贻良 ················· 刘振岱　鲁　莘

诗的秘密

奇特的构思使人眼亮 ············ 刘湛秋

散文美学

逡巡在价值转换的坐标系上 ········ 楼肇明

摄影

错位 ······················· 洪　浩
扉页画 ····················· 缪　惟

1988 年第 9 期　刊名:《青年文学》
目录

中篇小说

四季歌 ····················· 简　嘉
思泓：现代冲突的一种方式（作品短评）

报告文学

阴极障碍 ············· 车泽湘　徐海砚

短篇小说

即使过程辉煌 ················ 嵇　伟
应雄：爱的"复调"（作品短评）
老八之死 ··················· 罗来勇
梅子：简单的故事（作品小析）
在珠海 ····················· 杨雪萍
攸晓：不协调氛围引起的思索（作品小析）
小小说三题 ················· 喻耀辉

诗歌

图腾 ······················· 舒　洁
知识分子 ··················· 池　彬
羌寨新韵（组诗） ············· 柏铭久
寄自高原的情歌（二首） ········· 林　莽
永远沉默（外一首） ············ 王　山
旷野的风（外二首） ············ 郑　毅
告别冬天（外一首） ············ 赵健雄

散文

吻迹 ······················· 凸　凹
天外（外一篇） ··············· 梅　沙

当代人剪影

的士高大王 ················· 熊　诚
骆驼厂长 ··················· 刘振岱

诗的秘密

灵感藏在什么地方 ············· 刘湛秋

文讯

丹东：有关夏天的笔记 ·········· 舒　洁

美术

傣家（摄影）···晓 苏

民间美术··································宫 林 门小勇

姜恩莉的冰雪画

1988 年第 10 期　刊名:《青年文学》
目录

中篇小说

摇滚青年···刘毅然

评论

与舞星侃大山·····································志 忠

报告文学

上帝的讹诈

——中国电影的罗曼史·····················陈 垦

短篇小说

原封不动···蔡未名

白野：换一种方式说出人物（作品短评）

误会···半 岛

半岛：《误会》之后（创作谈）

饕餮氏的没落·····································刘佑平

夏爽：三言两语

夏日的朦胧·······································殷小唯

禾仁：三言两语

小小说二题·······································魏 艳

一扬：三言两语

诗歌

变色窗（组诗）···································陈所巨

北极（组诗）·····································文乾义

化身树···冯 晏

相爱的旅途没有栅栏（组诗）···············赵 洁

当你十八岁的时候（组诗）···················黄歆真

许多的问题·······································焦仲平

新风景···余 畅

诗的秘密

多余的诗行就像多余的破烂···············刘湛秋

启事

"海南冬令营征文大奖赛"启事

美术

王老石剪纸

1988 年第 11 期　刊名:《青年文学》
目录

莫言中短篇小说

复仇记（中篇）···································莫 言

马驹横穿沼泽（短篇）·····················莫 言

评论

一点启迪···张志忠

莫言的冲突·······································罗强烈

鬼才写鬼事·······································李洁非

短篇小说

物异···于德才

月恒：读《物异》漫议（读稿札记）

梦想当兵···唐 敏

木桩：回答自己（作品小析）

虎女人···庞泽云

庞泽云：说吃（创作谈）

萧萧落叶···蒋继锋

伊青：三言两语

老王···王卫民

应雄："老王"笔记（作品小析）

悠悠春米声·······································洪湘明

伊白：三言两语

选劳模···林荣芝

报告文学

春将归你···山 风

诗的秘密

诗的色彩、声音和气味·····················刘湛秋

摄影

净···崔友利

美术

写生两幅···孙光霞

1988 年第 12 期　刊名:《青年文学》
目录

中篇小说

残阳·····································肖亦农 张少敏

评论

规范内的创造·····································吴秉杰

报告文学
劳工浪潮
——追赶世纪的末班车·······················刘宁荣

短篇小说
喊会···柏　原
秋子：东南西北风（作品小析）
枇杷落下地·····································林　白
曾镇南：读《枇杷落下地》（作品短评）
证明···陈立新

诗歌
1988：中国路咏叹调·····························杨　然
温州变奏曲·····································贾丹华
大墙故事（纪实叙事诗）·························孙友民
藏在日记中的箴言（组诗）·······················顾彦欣
生活（外一首）·································谢凌宇
古道···曲　近

散文
大佛···陈志泽
山路回旋·······································邓莺莺
雪后的银杏·····································姜冰冰

美术摄影
变形的桥（摄影）·······························王小平
装饰画···乐正维

木屐：三言两语
醉汉···张　眉
月恒：说说闲事（读稿随记）
纸钱···佟雪春
梅子：三言两语

当代人剪影
本刊举办"当代人剪影"征文大奖赛启事
男子汉的路·····································陈书乐
稀子　蝎子　经理·····················胡丹阳　杨占林
幸运儿···蕾　之

诗歌
栖息城市（组诗）·······························刘　原
诗三首···西　川
心愿之乡（组诗）·······························骆一禾
南方组曲·······································陶　朱
校园诗二首·····································晨　阳
小镇（外一首）·································何　博
瞎女人和她的矮丈夫·····························李亚群

散文
求索黄河源·····································刘元举
一无所有·······································阿　黄

诗的秘密
天籁是自然的流露·······························刘湛秋

1989 年第 1 期　刊名：《青年文学》
目录

中篇小说
头人···刘震云

评论
乡土中国的悲哀·································雷　达

短篇小说
小说二篇——我的老椿树问母亲·····················张　炜
潘凯雄　贺绍俊：在人与大自然的精神联系中探寻
（作品短评）
牛庄日环食·····································海　飞
洪清波：牛的崇拜与牛的批判（作品小析）
日子···孙　泆
孙泆：珍视文学的超价值（创作谈）
黑匣子···黄加满

1989 年第 2 期　刊名：《青年文学》
目录

中篇小说
重返家园·······································洪　峰

评论
叙事方式与主题·································罗强烈

报告文学
摇滚摇滚摇摇滚滚·······················白玲玲　江奇涛

短篇小说
病房春秋·······································金　河
崔道怡：看《病房春秋》（作品短评）
侥幸得救·······································李功达
王长安：深情的呼唤（作品小析）
儿子的节日·····································林莱莱
阿瞻：三言两语

天缝·····················陈立宗

当代人剪影
本刊举办"当代人剪影"征文大奖赛活动启事
红荆风·····················岳建国
拐杖走出的路·····················小 川

诗歌
感觉的平原（组诗）·····················姚振函
泥海滩上的红蝴蝶（组诗）·············张洪波
总之下雨你就高兴（外一首）·············彭 洋
我们傍晚出发（外一首）·············冬 人
早春的情绪（外一首）·············王晓丹
天下有人在等我（组诗）·············周晓萍

散文
夏天落下的第一颗红豆·············黄殿琴
子时·····················梅绍静

诗的秘密
散文对诗的滋润·····················刘湛秋

摄影
肖像·····················林燕宁

美术
国画两幅·····················陈克永

1989 年第 3 期　刊名:《青年文学》
目录

中篇小说
挣扎的黄昏·····················张廷竹

评论
生命比主义更远久·····················张 石

短篇小说
良宵·闪失·····················映 泉
白野：摆脱无形的艰巨里程（作品短评）
逃·····················苏 童
秋子：浇释《逃》（作品小析）
辽西风情录·····················徐宝琦
胡德培：乡土风情与时代面影（作品小析）
暗河·····················张宗�
双因：三言两语
从达孜来的噜噜·····················刘 菲

当代人剪影
庄户泥瓦匠的脚步·············林 军 飞 雪
贾宣福其人·············崔墨卿 邵 康

诗歌
热爱生活（组诗）·····················程小蓓
春天的情绪·····················曾静平
北戴河三章·····················赵 瀛
妈妈的太阳（组诗）·············陈志嫒
自嘲（外一首）·············赵贵辰
风雨飘摇（外一首）·············忍 冬
我只想（外一首）·············杨冬梅

散文
惑·····················陈若颖
走火·····················高洪波

诗的秘密
在真实与幻觉之中·····················刘湛秋

启事
首届"我看中国"国际青少年征文大赛启事

摄影
陈军摄《大奖赛》
李玉瑶摄《神圣》

美术
申少君作《中国古典十大悲剧插图》

1989 年第 4 期　刊名:《青年文学》
目录

短篇小说
仇杀·杀仇（两篇）·····················陈源斌
静水涟漪·····················毛志成
毛志成：《静水涟漪》创作谈
"那个"·····················吴金良
了之：三言两语

纪实文学
开国大典轶事·····················贾舒云

中篇小说
老区·····················雁 宁

评论
生命荒漠中的动地哀歌

——评《仇杀·杀仇》························张 石
败未必寇
——简析《老区》··················曹季军 潘承凡

当代人剪影
抉择·执著·追求··················顾绍康 莫 青
山韧水柔皆深情························黄 橙
挑战者之光····························陈书乐

诗歌
人类大裁军的年代（组诗）················钱叶用
病中吟（组诗）························段生柏
凡人之情（组诗）······················周所同
灰色城堡（组诗）······················舒 钧
大地震（组诗）························黄 毅
地平线······························牛其峰
Disco 舞····························涟 京

散文
书累································姜冰冰
绝唱································万国智

诗的秘密
不稳定状态和变形的美感··················刘湛秋

文讯
"海南文化冬令营"活动简记················志 边

摄影
编织································李玉瑶

美术
兰西子人体素描系列
一根红色的绳子（油画）··················陈文骥

1989 年第 5 期　刊名:《青年文学》
目录

短篇小说
青春墓志铭（四篇）······················张中海
严小江飞往东京························秦万里
疏竹：没有完结的生命缺憾（作品短评）
血色
尹卫星：读《血色》兼谈其作者（读稿札记）········刘苗苗
不许绝望····························姜宏敏
阿康：三言两语
梦中人······························子 恩

评论
地之子与世纪儿的倾诉
——读《青春墓志铭》····················曾镇南

报告文学
热雪飞旋
——写在油画人体艺术大展时················张克明
黑白大沉浮····························南 方

当代人剪影
啊，大海··················田林军 高雁雪
大巴山人····························向以桦

诗歌
献歌（组诗）··························孙晓刚
诗二首······························大 仙
没有回声····························默 然
诗四首······························黄 凡
诗三首······························范 禾
大舞台上的背影························潘 烽
无题诗四首··························张冷舟

散文
青春心态（两篇）······················李朝晖
迷人的神农架··························飞 雪
湖边································杨 鸥
重访小山村····························杨如久

诗的秘密
抒情诗的立体感························刘湛秋

美术
87—89 年服装热点······················吕 越

摄影
母亲的一生····························林荣桓
海南文化冬令营剪影

1989 年第 6 期　刊名:《青年文学》
目录

第二届（1984—1988）青年文学创作奖获奖名单

中篇小说
流浪爵士鼓····························刘毅然
白烨：由《流浪爵士鼓》说到"浪子文学"（作品
短评）

报告文学

南中国海战事························闵国库

短篇小说

九九金························刘西鸿
张兴劲：几许恍惚（作品小析）
午时正起风························成　平
钟诚：走进你的心灵（作品小析）
少寡························赵熙
告别童年························冯秋子
阿瞻：魅力源于真心灵（作品小析）

当代人剪影

有这样一个经理························和　平
路在脚下·················佟宝良　田　阡

诗的秘密

给诗注入些幽默的味道·····················刘湛秋

美术

壁挂艺术························姜竹青

摄影

现代舞···············徐小艾　朱林嘉

1989 年第 7 期　刊名:《青年文学》
目录

中篇小说

燕麦钟························陈应松
宗诚：大地之子的恋歌与挽歌（作品短评）

短篇小说

春冬之交························孙惠芬
关于城市与乡村（作品小析）···········康洪伟
极短篇小说三篇···········（中国台湾）苦　苓
阿康：三言两语
高干子弟························舜　尧
乡野赵闻二则························刘　志
大河························王　立
小小说二篇························徐福德
阿伟：三言两语

报告文学

中国舞女群························包荣兰

诗歌

无题诗十四首························晓　晴

一个人的遭遇（小叙事诗）···········蒙　原
正午，一只大鹰························李汉荣
阿木························王　辉
诗二首························洪　泓

当代人剪影

雄鹰························梁化乐
开拓南珠事业的人···········刘家肃　蔡怀能
三十岁以后才明白························白韶钟
长期行为························向求纬

诗的秘密

如歌的旋律在林中回荡·················刘湛秋

美术

行动艺术···········中央工艺美术学院
雕塑艺术························班　石
解冻（油画）························黄冠余

1989 年第 8 期　刊名:《青年文学》
目录

中篇小说

格格不入························张　欣
万千：自我的失落（作品短评）

短篇小说

五人戏························张　征
张征：再说几句（创作谈）
四千字（三篇）························邹静之
若木：解读《四千字》（作品小析）
鸿鹄入梦························刘又峰
了之：短话"心灵感应"（读稿随笔）
落草························鲍光满
斜街························刘泽林
月恒：三言两语

纪实散文

孤独旅行
——深圳求职录························赵　瀛

诗歌

我们这个世界（组诗）························厉　云
之歌集（组诗）························柳　荫
绝对抒情（组诗）························张荣彩
年轻的情绪（组诗）························汪国真
一首外国民歌和一首流行歌曲···········贞　子
心中的峡谷（组诗）························柏铭久

诗四首 ································ 王翔宇
割麦者 ································ 曹建平

当代人剪影

走出黄土地 ····················· 李长英 刘冠华
"三环"及其主人 ····················· 高越
油海浪花 ································ 杨占林

通讯

留在记忆里的半个月
——四川笔会花絮 ····················· 双因

美术

古船 ································ 荣桓
北方人 ································ 李爱国
现代彩塑艺术 ····················· 赵杰

1989 年第 9 期 刊名:《青年文学》
目录

中篇小说

再生 ································ 冬至
冬至: 形骸归宿和精神流浪 (创作谈)
绿色殖民地 ····················· 杨剑鸣
杨剑鸣: 困惑中的断想 (创作断想)
愉快的车祸 ····················· 李国胜
师兵: 不谈车祸 (作品小析)
战地浪漫曲 ····················· 宗健梅
蓝色的飞花 ····················· 吕永岩
够人 ································ 唐在禄
老三轮儿 ····················· 李悦
了之: 三言两语

诗歌

九支船歌和一首告别的诗 ····················· 杨挺
教育的庄严 (组诗) ····················· 孙功兵
日子 (组诗) ····················· 胡剑锋
在天空下面 (组诗) ····················· 呢喃
告别昨天 (组诗) ····················· 刘明
古渡·素描 ····················· 陆少平
诗二首 ································ 李青青

散文

哦, 女孩 ································ 凸凹
静夜思 ································ 陈楠
无处躲藏 ····················· 阎经纬

当代人剪影

一个当代灵魂的苦与乐 ····················· 唐老鸭
面色王之恋 ····················· 吕隽 罗来勇
临风笛声自悠扬 ····················· 黄澄
三荡重关口 ····················· 孙晓福
脱颖而出 ····················· 孔庆芳 宝宝

诗的秘密

诗的建行、空白和标点 ····················· 刘湛秋

美术

端庄 (影摄) ····················· 小林
幽默 ································ 今华

1989 年第 10 期 刊名:《青年文学》
目录

中篇小说

鬼仙胡同 ····················· 张祝丰
白烨: 人生何尴尬 (作品短评)

短篇小说

乡长 ································ 林和平
黑色和玫瑰色 ····················· 吕晓明
青蛙的季节 ····················· 迟子建
晨月 ································ 林丹
永远逃避 ····················· 潘文伟
惶惑 ································ 王典泽

诗歌

绍兴纪诗 (组诗) ····················· 小桦
随想片断 (组诗) ····················· 达黄
爱的体验 (组诗) ····················· 郭晓晔
生命磁场 (组诗) ····················· 梁平
八小时之外 (组诗) ····················· 成再耕
诗二首 ································ 崔泽善
给你 ································ 周云

散文

蓝色的港湾·小船·还有你 ····················· 赵玫
那边, 还是那样的热么 ····················· 袁开兰
另一种风景 ····················· 宗诚

报告文学

我们不会忘记你们 ····················· 陈书乐

当代人剪影

艰难的起飞 ····················· 杨继兴 张金龙

走出齐鲁·······················李郁秀　洛　希　万国良

何永明与他的"斯芬克斯"之谜·······················王晓康

诗的秘密

浮游于生命的大海·······················刘湛秋

美术摄影

渔家（摄影）·······················金　子

都市（素描）·······················韦　蓉

度假村（摄影）·······················陈兆琪

1989 年第 11 期　刊名:《青年文学》
目录

短篇小说

陈麦子你别发芽·······················董桂萍

月恒：这小说你别不读（作品短评）

匾·······················常跃强

选民·······················刘胜温

火车运行前方是终点·······················王　梓

萌·······················姜冰冰

生日礼物·······················若　凡

中篇小说

夏天印象·······················薛　勇

诗歌

草原及史诗（组诗）·······················舒　洁

灵魂颗粒（组诗）·······················王久辛

感觉的方式（组诗）·······················戴中平

回归村庄（组诗）·······················佟　石

乡土很新鲜（组诗）·······················冯　杰

诗二首·······················伍立杨

棉桃·蚕豆·······················李自国

感觉音乐·······················飞　林

散文

关于儿子·······················洪　峰

梦中的黑乙鸟·······················王开林

爱人的生日礼物·······················张　重

报告文学

党委书记·······················南　方

代县好地方·······················杨继兴　张金龙

当代人剪影

县委书记·······················黑　孩　郑玉桓

走出废墟的人·······················商泽军

湾头后恋歌·······················郑子健　邵世凌

强人周彦伟·······················吴世洲

诗的秘密

一次坦诚而惬意的交流·······················刘湛秋

美术摄影

竹篮姐妹（摄影）·······················丁晓文

剪纸·······················梁长胜

唐·李顾《古从军行》诗意（国画）·······················李曙光

1989 年第 12 期　刊名:《青年文学》
目录

短篇小说

坠镫·······················赵天山

月恒：诗化的小说（作品小析）

雨季不再来·······················邬　玉

康洪伟：稿外闲谈（读稿随笔）

爱的行动·······················蔡测海

斯冬：人的另一种历史（作品小析）

红痣·······················曹　岩

落满了院的桑葚和飘上了天的裹脚布·······················黄佳星

一个在田野上呼喊的女人·······················谭春发

黑匣的诙谐·······················詹政伟

中篇小说

梦螺旋·······················西　风

西风：现代人的喷嚏（创作谈）

诗歌

我的爱（组诗）·······················金克义

茶道（组诗）·······················曲　近

河水流过的土地（组诗）·······················李　浔

无帆之桅（组诗）·······················陈广德

爱的片语（组诗）·······················孙丽玲

诗二首·······················庞余亮

题《古船》·······················聂　森

追寻（外一首）·······················史光柱

散文

旅途·······················李成汉

超越失败·······················朱　卫

当代人剪影

崖头村和于东顺·······················王春波

女强人李秀珍·······················阎经纬

弄潮汉子·······················孙　勇　杨福云

诗的秘密

林中草莓·普陀山黄昏……………………刘湛秋

启事

订阅 1990 年《青年文学》办法
告读者

美术

屠格涅夫《猎人笔记》插图选……………………赵俊生
木刻……………………丁辉明
赵先闻拓墨画……………………赵先闻

《青年作家》

【简　介】

　　综合性文学月刊。四川省成都市文学艺术界联合会主办。创刊于1981年。创刊词由巴金撰写。其以扶持青年作者为己任,主张作品的"青年性、文学性、思想性",倡导"青年推动时代"精神。特设"刺梨儿"专栏,推荐优秀的讽刺小说。被誉为中国文学刊物"四小名旦"之一。

期刊号:1981 年创刊号—1989 年第 12 期

致青年作家

巴　金

　　前些天我意外地遇见某省的一位青年作家。她插队到农村住了九年,后来考上了大学,家里要她学理工,她说:"我有九年的生活,我有许多话说,我要把它们写出来,我不能全吃进肚子里。"我找到她的两个短篇,读了一遍,写得不错。她刚刚参加了省里的青年创作会议。她说:"尽是老一套的话我们受不了。我说:吃得好,住得好,开这个会不讲真话怎么行!"她和别的几个青年作家站出来,放了炮。

　　我在这里引用的,并不是她的原句,但大意不会错。我同她谈得不多,可是她给我留下深的印象。她充满自信,而且很有勇气。她不是为写作而写作,她瞧不起"文学商人",那些看"行情"、看"风向"的"作家"。她的脑子里并没有资历、地位、名望等等、等等。我在她眼里也不过是一个小老头子。这是新的一代作家,他们昂着头走上文学的道路,要坐上自己应有的席位。他们坦率、朴素、真诚,毫无等级的观念,也不懂"唯唯喏喏"。他们并不要求谁来培养,现实生活培养了他们。可能有人以为他们"不懂礼貌"。看他们来势汹汹,仿佛逼着我们让路。然而说句实话,我喜欢他们。由他们来接班,我放心。接班二字用在这里并不恰当,绝不是我们带着他们扶他们缓缓前进;应当是他们推开我们,把我们摔在后头。

　　我绝不悲观。古往今来文学艺术的发展就是这样地进行的。我也许不够了解这些新人,但是我欣赏他们。到该让位的时候,我绝不"恋栈"。不过士兵常常死在战场,我为什么不可以拿着笔死去?作家是靠作品而存在的,没有作品就没有作家。作家和艺术家活在自己的作品中,活在自己的艺术实践中,而不是活在长官的嘴上。李白、杜甫并不是靠什么级别或者什么封号而活在人民心中的。

　　最近大家都在谈起赵丹的"遗言"①。赵丹同志患病垂危的时候,在病床上回顾了三十年来的文艺工作,提出了一些疑问,发表了一些意见,他的确掏出了自己的心。这些疑问和意见是值得讨论的。希望今后再没有人说"对我已经没什么可怕的了"这一类的话。

　　不过对这一点我倒很乐观,因为新的一代作家不像我们,他们不懂得害怕,他们是在血和火中间锻炼出来的。我常说:"作家不是温室里的花朵,也不是翰林院中的学士。"作家应当靠自己的作品生活,应当靠自己的辛勤劳动生活。作家是战士,是教员,是工程师,也是探路的人。

　　这是我个人的看法,我就是这样地看待新人的。我热诚地欢迎《青年作家》的创刊。

1980 年 11 月初改写,上海

————————

　　①　指赵丹著《管得太具体,文艺没希望》,见 1980 年 10 月 8 日《人民日报》。

1981 年第 4 期　刊名:《青年作家》
目录

致青年作家 ································· 巴　金

小说

蜡烛 ··································· 榴　红
多余的人 ······························ 黄虹坚
水流东逝 ······························ 雁　宁
永恒的活火 ···························· 席建蜀
纸面人（推理小说） ···················· 王　吾

刺梨儿

小巷里的枪声（讽刺小说） ··············· 艾　湫

争鸣园地

一个星期六的晚上（小说） ··············· 谭　力

文学新地

桃花岭照相记（小说） ·················· 肖安宁
可贵的创新精神
——读《桃花岭照相记》 ··············· 王　辛
桑路情丝（诗） ························ 高　湘
红柳（诗三首） ························ 林　莽
骏马的自述（诗） ······················ 余继国
喜糖（诗） ···························· 郭应循
问（诗） ······························ 胡有琪

海外近作

峡谷远眺（诗二首） ············· ［美籍］刘庶凝
野花（小说）···· ［美］欧斯金·考德威尔　泰　歌译
平静和激情——谈《野花》的艺术特色 ······· 汪培恩

散文

亮蝉 ································· 穗　子
友好的记忆——美籍作家於梨华访问成都 ····· 化　石

诗歌

西天的云彩（组诗） ···················· 戴安常
北方行（组诗） ························ 孙静轩
花的爱情（组诗） ······················ 傅天琳
寻找 ································· 旭　宇
陋室之歌（外一首） ···················· 李本德
出海 ································· 王中朝

电影文学剧本

明月作证·········· 华　俊　曾普存　戴正钦　柏　松

短论与随笔

"想一想鲁迅先生吧！" ·················· 陈培之
"成名成家"赞 ························· 乐　朋
"无吻之爱"与"无爱之吻" ··············· 仲呈祥

作家的青年时代

樱花书简——新发现的郭沫若青年时代的家书
···················· 唐明中　黄高彬搜集整理
从投奔延安到放声歌唱——贺敬之青年时代剪影
··································· 尹在勤

1981 年第 5 期　刊名:《青年作家》
目录

小说

离别小店前的几个钟头 ·················· 聂鑫森
王老大和王老二 ························ 栈　桥
爱情的序曲 ···························· 华　凡
初进侗家寨（长篇选载） ················· 叶　辛
皎洁的月亮 ···························· 谭朝炎
俞老头 ································ 赵长天

刺梨儿

好好理解（讽刺小说） ·················· 蒋　毅

文学新地

春娃的婚事（小说） ···················· 何义兴
写出更多的具有强烈时代感的作品来
——《春娃的婚事》读后 ··············· 陈培之
母亲——淮河故乡印象之一（诗） ·········· 车　伏
夜空（诗） ···························· 孙　映
写在学生作业本上（诗） ················· 袁瑞君
在太湖边（诗） ························ 王学芯
叮咛（诗） ···························· 宁　静
野花（诗） ···························· 肖　肖
一杯水（诗） ·························· 赖先刚

散文

窦圌山散记 ···························· 香　圃

诗歌

浣花诗笺：
含泪的微笑（外一首） ·················· 梁上泉
青春 ································· 王燕生
既然你选择了这一个爱 ·················· 晓　蕾
雪原勘探者（二首） ···················· 陈禄明
相思 ································· 赵丽宏
遐想（外一首） ························ 任耀庭

树的梦 ……………………………… 陈继光
叹叹息 ……………………………… 黄东成
高原溜溜的云（组诗）……………… 沈　重
在北方——关于露天煤矿的联想 …… 徐　刚
情漫桂林山水间（组诗）…………… 张　扬

电影文学剧本
明月作证（续完）
　　………… 华　俊　曾普存　戴正钦　柏　松

争鸣园地
关于小说《一个星期门的晚上》的讨论：努力把握真
正表现时代精神的东西 ……………… 吴　野
一篇率真、生动的作品 ……………… 亚　铭

作家的青年时代
从流浪者到作家——艾芜的青年时代 ……… 万本根

文学新人谱
新星，是怎样冉冉升起的？
——记青年作家叶辛的成长道路 …… 仲呈祥

阳光下（套色木刻）………………… 李　真
高尔基（木刻）……………………… 梅　边
夕阳残雪（水粉画）………………… 周诗成

1981 年第 6 期　刊名:《青年作家》
目录

《春天》……………………………… 茅　盾
《春天》书评读后 …………………… 艾　芜

小说
负负得正 …………………………… 沈善增
影响 ………………………………… 火　笛
"德国佬" …………………………… 张君恬
蓝天上的怀念 ……………………… 元　工
爱的复苏 …………………………… 杨　岗
在静静的雪原上 …………………… 余未人
风 …………………………………… 张敬民
回来吧，儿子 ……………………… 蒋文中
刺梨儿
尚师爷（讽刺小说）………………… 温靖邦

文学新地
瓦窑边的喜剧（小说）……………… 胡正品
一篇朴实生动的习作（短评）……… 祁　初
诗（五首）…… 江新民　张传浩　龙　郁　王耀奎

诗歌
浣花诗笺 ………… 叶延滨　雁　翼　丁　芒
刘湛秋　晓钢　马恒祥　黄　宏　于　沙　王怀让
龙彼德　里　沙　郭同旭　叶　簇　南　雄　柴与言
散文诗 ………………… 余薇野　赵敏　佟　伟
绿海（组诗）………………………… 胡　笳
大地回春（二首）…………………… 徐　康

争鸣园地
关于小说《一个星期六的晓上》的讨论：
"她"是典型吗？……………………… 小　舟
一篇歪曲大学生形象的小说 ……… 吴信训
一个值得深思的问题 ……… 王国庆　刘界鲜
真实性·倾向性·责任感 …………… 章邦鼎
崛起的前夜 ………………………… 唐　晓
复杂·真实·可爱 …………………… 张建华
应该讲究"美" ……………………… 刘继安

作家的青年时代
从流浪者到作家（续完）
——艾芜的青年时代 ……………… 万本根

文学新人谱
新星，是怎样冉冉升起的？（续完）
——记青年作家叶辛的成长道路 ………… 仲呈祥

美术
海恋（木刻）………………………… 朱荒梅
生命（木刻）………………………… 刘世同
光学家的乐园（油画）……………… 翁凯施

1981 年第 7 期　刊名:《青年作家》
目录

小说
新书记和疯小伙 …………………… 蒋咸美
表姐 ………………………… 王　沛　王　江
寻 …………………………………… 牛　泊
"水妖" ……………………………… 黎　谷
老头和花 …………………………… 陶小林
吃过二百种鱼的水兵 ……………… 韩征天

刺梨儿
一张甲座票（讽刺小说）…………… 林贵祥

文学新地
走向心灵深处（小说）……………… 金凤翔
如何表现人物的心灵美（短评）…… 木　易

诗九首 ……………………………… 程新 宇霆等

散文
探望 ………………………………………… 凌行正
车灯和反光镜（寓言） ……………………… 海代泉

电影文学剧本
九鼎劫 ………………………………………… 周宏冰

诗歌
对红旗宣过誓的人们（二首） ………………… 胡 笳
竹的高速公路 ………………………………… 寒星
北行抒怀（二首） …………………………… 童嘉通
人和人（外一首） …………………………… 顾工
火箭发射场抒情 ……………………………… 唐祈
视线 …………………………………………… 李发模
我在列车上，睡了…… ……………………… 任彦芳
啊，钻头 ……………………………………… 张建红
石林夫妻峰咏怀 ……………………………… 张新泉
啊，一棵树一眼喷泉 ………………………… 李志清
钟表馆 ………………………………………… 方晴
迎春花（外一首） …………………………… 李启云
细雨沙沙 ……………………………………… 赵仁广

争鸣园地
关于小说《一个星期六的晚上》的讨论（18篇）
……………………… 马友仁 蔡晓华 林樱等

作家的青年时代
郭沫若归国片断——告别安娜 ……………… 黄中模

读者之页
关怀和扶植青年作家 ………………………… 易明善

美术
憩（纸贴画） ………………………………… 卢丹
郭沫若像（木刻） …………………………… 方洁
赶集（木刻） ………………………… 龙泉 李真
暖洋洋（木刻） ……………………………… 谢建新
峥嵘岁月（油画） …………………… 林岗 庞涛

1981年第8期 刊名:《青年作家》
目录

小说
猪郎公架鹊桥 ………………………… （苗族）吴雪恼
虹 …………………………………………… 梅帅元
英妹子 ……………………………………… 晓铃
在那棵树下 ………………………………… 向义光

"卖枪的人" ………………………………… 周尚明
儿孙满堂 …………………………………… 刘选正

刺梨儿
阿凡提和某主任（讽刺故事四则） ………… 凌世学

文学新地
时光（小说） ……………………………… 祖庆
终点线（小说） …………………………… 李铁旺
努力反映青年的时代精神（短评） ………… 杨扬

电影文学剧本
野马洲 ………………… 祝云清 李耀国 冀邢

散文
书折 ………………………………………… 甘金山
五月雪 ……………………………………… 李存修

争鸣园地
关于小说《一个星期六的晚上》的讨论
准确反映当代青年的精神面貌 ……………… 陈朝红
"她"是一个什么人呢? ……………………… 曹天成
从真实到真理 ……………………………… 钟文
也谈《一个星期六的晚上》 ………………… 许谈

诗歌
神话世界 …………………………………… 唐大同
从绿野唱到雪原
不落的花絮（二首） ……………………… 闻频
竹乡之夏（外二首） ……………………… 吴延松
寻草姑娘 …………………………………… 余继国
古栈道 ……………………………………… 孙祖星
嘉州渡 ……………………………………… 杨永年
拉纤 ………………………………………… 鄢家发
花海拾韵（二首） ………………………… 张大成
散文诗之页
昙花的悲剧（外二章） …………………… 王敦贤
圆规 ………………………………………… 朱世雄

同青年谈创作
怎样创造典型人物 ………………………… 艾芜

读者之页
平凡中见奇伟——喜读短篇小说《蜡烛》 …… 刁其俭
耐人寻味，引人入胜——读《离别小店前的几个钟
头》 ………………… 刘建平 洪长华 武白军
发自心底的欢笑——读《桃花岭照相记》 …… 魏秋菊
爱情，应该以"心灵美"为基础——读《离别小店前
的几个钟头》 ……………………………… 唐早生

形象地展示人物的心灵美
——读《王老大和王老二》……………张家禄

美术
街头巷尾（水粉画）（封面）……………张　杰
巴金像（木刻）（封三）……………延　白
开拓（木刻）（封三）……………杜大鹏
海边（木刻）（封三）……………谢建新
僻壤之乐（油画）（封底）……………庞茂琨

1981 年第 9 期　刊名:《青年作家》
目录

小说
请收下这一束花……………杏　果
通往火葬场的路上……………范锡林
乐园雅座……………曾渊如
歌声……………戎　林
琴弦上的寄托……………周京华
晚香玉……………南予见
燕燕……………张　虹

争鸣园地
玫瑰梦（小说）……………夏　康
这是反对封建道德吗（评论）
——也谈《玫瑰梦》的主题……………畅　游
为什么会酿成悲剧（评论）
——谈《玫瑰梦》的主题……………冯根胜

刺梨儿
玛茜表姐，欢迎您!（讽刺小说）……………雨　寒

文学新地
肇事者（小说）……………仁者乐
创作的本位——人（短评）……………裴　之
诗（六首）……………王贺锦
何吉明　车　伏　杨国胜　宋学镰　周明禄

诗歌
获奖中青年诗人近作选
骑自行车的慈母……………流沙河
大渡河情思……………周　纲
故乡花……………戴安常
情涌大江流……………刘　滨
田园抒情诗……………陈　犀
悬崖上的民族……………张新泉
望夫石的妹妹……………谭　楷
抗洪诗抄（六首）……………傅天琳

周永严　熊远柱　蓝　幽　荒　地　梁上泉

纪念鲁迅诞生一百周年
鲁迅教导我们要注重培养实力
——"左联"工作的一段回忆……………任白戈
现代文学史上的一段佳话……………陈培之

同青年谈创作
半生生活活生生　动笔未免也动情
——高晓声谈创作杂记……………杨岳鹏

美术
新生（水印木刻）……………叶代蔚
鲁迅像……………曾胜利
竹……………陈亮清

1981 年第 10 期　刊名:《青年作家》
目录

发展文艺批评，促进文艺新人健康成长……………杨　仪

小说
李明山卖凉蓆……………苏政勋
白蔷薇……………林　樱
钓鱼……………学　利
戏……………俞锦元
周玉兰的烦恼……………谭丽莎
停止奏哀乐（推理小说）……………彭忠明

刺梨儿
"爱情走廊"与赞美诗（讽刺小说）……………扬　禾

文学新地
大肚皮张三（小说）……………庞英才
诗七首……………税展伟　袁　刚　王和平
孟　伟　尹安贵　陈　红　刘建春　兰　穆

争鸣园地
关于小说《玫瑰梦》的讨论：正确反映爱情和婚姻离
异问题——谈小说《玫瑰梦》的错误倾向……………吴　红
爱情不是纸和泥……………苏　恒
漫评《一个星期六的晚上》……………潘仁山

散文
白庙竹……………罗德智

电影文学剧本
不要用眼泪告别……………李　栋

抗洪救灾速写

洪水中的路标·····················金 木
一个坚强的战斗集体·················晓 枫
当洪峰涌来的时候···················张洪伟

诗歌

抗洪诗抄（四首）

··········杜 磨 黎正光 杨 扬 宇 霆
南行诗抄（三首）···················韩作荣
北方，诗的乡村（三首）···············庞壮国
南疆秋色························唐光玉
这一天不会很远···················江民新
售票姑娘（外一首）·················陈运和
苇塘（外一首）····················孙友田
湖底春（外一首）··················白 渔
泰山迎客松······················李根红
蜜蜂山（外一首）··················洪三泰
石砚··························敬官尧
树苗··························阎振甲
拾海者的梦（散文诗）···············何香久

青年作家专访

"要读世间这部活书"················杜 萌
——访青年作家李栋

创作趣谈

名作家是怎样改稿的?···········任文锁 蒋 波

美术

抗洪救灾速写（九幅）···········成都画院供稿

1981 年第 11 期　刊名:《青年作家》

目录

小说

"肖何"雨夜追"韩信"···············池 刚
姚顺雨赶集······················冯 浩
菩提之心·······················李 锐
寻找··························夏 野
俄吉婆娘·······················陈老三
车祸之后·······················张道鲁

刺梨儿

鉴定会（讽刺小说）·················栈 桥

译作

林中脚迹（小说）

··········W.S.毛姆著 陈建华 康 剑译 张清瑶校

文学新地

诱惑（小说）·····················朱德谟
诗五首·······易殿选 李 静 陈明钊 张启粼

争鸣园地

关于小说《玫瑰梦》的讨论：蒙萍——悲剧的制造者
··························唐早生
一场不能令人信服的悲剧··············马友仁
它告诫人们不要那样················徐伯荣
杀害洁晶的两把钝刀子···············张世钟

散文

道钉··························廉正祥

电影文学剧本

兰亭会·························蒋 迅

诗歌

山村早牧·······················李洪程
电子琴·························姚焕吉
丛林茶馆·······················查 干
复苏··························刘毅然
船过神女峰······················铁 牛
小路··························张红雨
黄昏，在海兰江···················高继恒
痕迹··························弓 戈
桂湖月夜·······················张 扬
峨眉情丝（三首）··················陈继光
爱的素描（七首）··················钱玉趾
　宁 静 廖军武 赵 敏 王敬安 戴左航 杨小万

短论与随笔

文艺必须有批评
——从两幅画谈起···················卢子贵
批评家的勇气
——话说杜勃罗留波夫和屠格涅夫的一场冲突
··························畅 游
"个性的基调"
——艺术规律探微···················胡德培
稿子·后门·成名···················金晴太

读者之页

来信摘登（九篇）

美术

老舍像（木刻）··············潘培德 李益明
新生（木刻）·····················曹 强

1981 年第 12 期　刊名:《青年作家》
目录

小说

归途 ································ 黄　放
乐人之家 ························ 王西兰
含糖可可的危机 ················ 张重光
有人找你，一个穿黄夹克的青年 ···· 王小妮
将满花甲 ························ 李长胜
去温泉之路 ······················ 聂震宁
剃头匠的报答 ···················· 王先明
买花小记 ························ 戴善奎

袖珍小说

名言 ···························· 剑　竹
异常接触 ························ 王晓露
老练 ···························· 范　羽
纽扣 ···························· 陆　川

刺梨儿

婚宴（讽刺小说）················ 陈　昕

文学新地

矿工的爱情（小说）·············· 王克瑞
诗十首 ·························· 江　健
　朱湘儒　穆倍贤　扬　瀛　张　丹　雷明伟

争鸣园地

关于小说《玫瑰梦》的讨论：《玫瑰梦》的主题何在
································ 竹亦青
生活绝不应该是这样——关于《玫瑰梦》的写作
································ 夏　康
来稿摘编（七篇）

报告文学

一场国际"官司"·········· 未达成　伍进一

诗歌

茶林曲（二首）·················· 郑德明
望星空（外一首）················ 瞿　踪
春日偶感（外一首）·············· 文武斌
山泉 ···························· 刘不朽
放风筝（外一首）················ 肖体仁
潮来潮去（外一首）·············· 童嘉通
初春 ···························· 丁慨然
彩石（外一首）·················· 米及思
致一位老篆刻家 ·················· 高伐林
今晨，艳艳的霞在天边飘 ·········· 贾勇虎

我是赤桦 ························ 曾小嘉
星星眨着眼睛 ···················· 里　沙
夏夜曲 ·························· 左一兵
波心（外二首）·················· 陈春琼
童装店 ·························· 袁瑞君

作品短评

以小见大，对比鲜明 ·············· 章邦鼎
心灵的美，爱情的歌 ·············· 文　甫
从平凡的生活中发掘人物的心灵美 ···· 冯慧云
一曲心灵美的赞歌 ················ 石厥仁

读者之页

来信摘登（十二篇）

美术

赵树理像（木刻）················ 宗　培
父子情（木刻）·················· 熊家海
暮归（木刻）···················· 肖　玲
妈妈（木刻）···················· 王鹤翔

1982 年第 1 期　刊名:《青年作家》
目录

需要更多的关怀——一个倡议 ········ 马识途

小说

浑浊的江水 ······················ 黄　刚
香甜的米酒 ······················ 刘永年
和谁吃晚餐 ······················ 司马赤
心灵深处的爱 ············ 余道金　蔡传喜
弓三拐 ·························· 赵　赴

争鸣园地

禁果（小说）···················· 吕新景

刺梨儿

网（讽刺小说）·················· 曹　建

袖珍小说

得奖作者 ························ 孔永海
影子 ···························· 阿　佳
新闻"连"播 ···················· 聂　炎

文学新地

晚会上的歌（小说）·············· 毛　铁
诗七首···严泽铣　毛　娅　王学芯　易　山　张建华

海外近作

幸福（电影剧本）························[日]日高真边
大薮郁子 编剧 市川崑 林 京 丹 丹译

诗歌

童话世界里的秋天（组诗）··················戴安常
鸽子······························李小雨
华北油田诗草·······················王燕生
落脚····························徐志宏
从江唱到海（诗辑）····················赵丽宏
华万里 林 希 苏文河 黄万里

同青年谈创作

为人·为学·为文
——访著名电影评论家钟惦棐···············仲呈祥

阅读与欣赏

画眼睛
——读《左忠毅公逸事》（附原文）蔡行端 张其中

短论与随笔

目标——繁荣创作·····················裴 河
创作的基本建设······················严 肃
愿"夜莺"不再飞来···············谢朴生 蒙智扉

美术

春野（水彩画）······················周锡光
沙汀像（木刻）······················朽 木
春光（木刻）·······················康 宁
女司机（木刻）······················顾 雄
晚霞（水彩画）······················张玲麟

1982 年第 2 期 刊名:《青年作家》
目录

和青年作者谈心

和青年作者谈心······················沙 汀

小说

悄悄的回声························克 非
在狭窄的街巷里·····················曹黎明
童牛出征·························张鸿伟
你写的不是我······················曾志明
高神仙招婿························冯 之
绿啊，绿·························谭 力
此情可待成追忆·····················胡明正
梧桐树下·························田玉生

刺梨儿

楼梯（讽刺小说）····················王世伟

文学新地

群芳争艳（小说）····················程仪芳
《群芳争艳》读后····················何 平
诗五首···钟清志 廖梓容 杨远宏 刘益民 秦其明

袖珍小说

一块木板（外一篇）···················榴 红
旅游纪念品·············[日]星新一 陈洁译
开小差············[美]约翰·斯坦贝克 李本德译

争鸣园地

揭示了青年人命运的重大课题——读《禁果》随感
······························冯根胜
令人触目深思的艺术形象——读《禁果》·······田闻一
读《禁果》的爱情悲剧··················史家健
对《禁果》的一点看法··················李树森

诗歌

蜀乡集锦
寄情山水间（三首）···················胡 笳
酒乡行吟（二首）····················唐大同
峡江行（三首）······················方 赫
万里长江两座城（二首）·················吴延松
李冰像前的沉思·····················李祖星

一束春花

二月，雨花台的桃花开了·················黄东成
灯，在闪亮……·····················何吉明
合唱团··························陈禄明
深山春笛（二首）····················陈官煊
春天的色彩························郭 欣
夜宿深山·························黄 宏
我早就对你说过·····················贤格楷

边塞新诗

天山诗页（二首）····················喻 晓
野玫瑰··························王志杰

散文诗页

思絮··························余薇野
美的折光·························王敦贤

短论与随笔

按图索骥与对症下药···················杨 扬

文苑佳话

歌德与法国青年作家……………………张 煊

作家轶事

少年李白的诗才……………………周子瑜

美术

夏（水彩）……………………张文博
艾芜像（木刻）……………………方 洁
把生活打扮更美（木刻）……………………石瀛潮
小渔夫（木刻）……………………严忠林

1982 年第 3 期　刊名:《青年作家》
目录

和青年作者谈心

走向新的生活……………………傅 仇

小说

苦茶……………………朱子椿
新来的人物……………………熊建成
花缺月圆……………………宋运来
青山湾上幸福光……………………少 鸿
摽……………………王捍东

刺梨儿

大墙上的"海洛因"……………………刘新光

袖珍小说

偷水……………………何正华
电菩萨显圣记……………………古 木
蚊子……………………曹连玉

报告文学

希望的脚步……………………弓 戈 范 羽

电影文学剧本

水晶心……………………郑会立 陈政安

文学新地

落笔千金（小说）……………………胡小卒
青春的脚步——一束采自校园的诗……………………罗国兴
杨 扬 何林福 黄 瑛 刘 波 肖 敏 彭国梁
贾凤才 徐建成 申维升 邹国生
校园风物涌诗情
——简评《青春的脚步》……………………申 丛

诗歌

都市生活的浪花
……………………高 缨 王心果 艾晶 郑宝富 刘江生
山水恋……………………张 扬

争鸣园地

关于《禁果》的讨论　跟上前进中的生活
——读《禁果》……………………吴 野
触及要害　引人深思——读《禁果》有感……………………王齐志
巧仙自食恶果……………………魏秋菊

文苑佳话

高尔基是怎样改稿的……………………任文锁 常利红

作家轶事

汤显祖巧对惊主考……………………萧源锦

读者之页

欢迎这样的袖珍小说……………………成 德 江桥 苏国钦
邓乾银 纪志南 蔡晓华 林海涛 郝作永 龚文兵

读稿随笔

"套子"一斑……………………霍 然

美术

中华（油画）……………………刘 晓
叶圣陶（木刻）……………………忠 培
新花异彩（木刻）……………………龙国华
小镇（木刻）……………………李增吉

1982 年第 4 期　刊名:《青年作家》
目录

期望与鞭策

生活·思想·技巧……………………沙 汀
周年节日和青年作者谈心……………………艾 芜
寄《青年作家》……………………马识途
书《长歌行》赠《青年作家》……………………戈壁舟
对青年作家的祝愿……………………哈 华
学百家之长，走自己的路……………………《长安》编辑部
给铺路者……………………高 缨
光荣的担子……………………周克芹
青年喜爱《青年作家》……………………金 迪
衷心的祝愿……………………戴安常
点滴想法……………………曹天成
长尾巴·娘家……………………蒋咸美

小说

拐鸽子 ································ 贺传圣
钢轨，你诉说什么? ··················· 姬建华
虱 ································· 梁沪生
泥塘边 ····························· 南予见
二嫂交猪 ··························· 京 夫
鬼湾裸尸案 ························· 张季泉
月英 ······························· 潘文伟

刺梨儿

作家廖星（讽刺小说）················· 顾 潇
关于"研究"的研究（讽刺诗）··········· 李启云

文学新地

收获（小说）························· 高建平
"七成儿"李贵（小说）················· 陈凤生
诗九首·············· 许建平 易 地 支延明
霜 枫 何 烺 刘文堂 赖 卫 聂鑫汉

袖珍小说

戒烟奇闻 ··························· 华 凡
亲戚 ······························· 剑 竹

争鸣园地

不要让荷尔蒙支配了你（小说）········· 曹德厚
谈《禁果》························· 李家瑞
来稿摘编（九篇）······· 苗干忠 聂在和 艾 侠等

诗歌

春的旋律
唐山瓷壶 ··························· 流沙河
东海螺号 ··························· 宁 宇
待业者歌吟 ························· 石 纯
陶瓷厂掠影 ························· 郭 廓
民族花环 ··························· 王长军
高洪波 魏志远 罗绍书 春 秋 夏 天

散文

红沙碛礼赞 ························· 里 遥

和青年作家谈心

四"多"一"好"
——《老生常谈》之一·············· 蹇先艾

短论与随笔

从一个工读学校的校歌想到的 ········· 蒋守谦
艰难困苦玉汝于成 ·················· 马友仁

美术

柳青像（木刻）······················ 宗 培
西双版纳风情 ······················ 江 东
旅行 ····························· 颜菲菲
篆刻 ······················· 游丕承 苏 园
溪水清清 ·························· 彭小岷

1982 年第 5 期 刊名:《青年作家》

目录

学习《在延安文艺座谈会上的讲话》笔谈
青年作家需要学习马克思主义··········· 马识途
短些，还要深些······················ 叶 石
愿从大地萌新绿——浅谈我们如何提高··· 林文询
应该写什么························· 徐 慧

小说

人与人之间························· 赵长天
续弦····························· 张良夫
浅浅的脚印························· 王宪贵
梭鱼问题··························· 戴冠伟
凡人荣大··························· 方友声
一个杀人犯的最后十天··············· 王 吾

袖珍小说

关键时刻··························· 张援军
名人的谷壳与无名氏的小米············ 景 轩

刺梨儿

秘密（讽刺小说）··················· 白 榕
有这样的爱情（讽刺小说）············· 姜自成
Kiss Me（讽刺小说）················ 卓 洋

文学新地

深山月夜（小说）··················· 谭知中
短评····························· 田子镒
弟弟（小说）······················ 丁学君
短评····························· 魏秋菊
野餐（诗）························· 杜 帝
我喜欢（诗 外一首）················· 周京泽
松（诗）·························· 李希容
寻之歌（诗 外一首）················· 乔金良
春雨（诗）························· 雁小鹏
缝纫小摊（诗）··············· 周贵祥 顾永乐

散文

少不入川·························· 贾平凹

电影文学剧本

"世界恶少年"⋯⋯⋯⋯⋯⋯⋯⋯⋯⋯⋯刘少匆

争鸣园地

关于《禁果》的讨论

离婚也难⋯⋯⋯⋯⋯⋯⋯⋯⋯⋯⋯⋯谌 龙

应该离婚，不该偷情⋯⋯⋯⋯⋯⋯⋯刘大军

不幸之人，非法之果⋯⋯⋯⋯⋯⋯⋯罗良德

用革命理想之光烛照现实

——略谈《禁果》及其评论⋯⋯⋯⋯畅 游

关于《不要让荷儿蒙支配了你》的讨论

寓教育于情理之中

——浅谈《不要让荷尔蒙支配了你》⋯陈启明

法律不受荷尔蒙支配⋯⋯⋯⋯⋯⋯⋯胡 剑

诗歌

国之魂⋯⋯⋯⋯⋯⋯⋯⋯⋯⋯⋯⋯⋯徐 康

浣花诗页⋯⋯⋯⋯⋯⋯⋯白 航 李志清

张大成 陈良藻 钟黔宁

青春奏鸣曲⋯⋯⋯⋯⋯⋯⋯⋯⋯⋯⋯殷 佚

张 巍 熊明泽 袁 刚 李占学 黎正光 张新泉

美术

周立波木刻像⋯⋯⋯⋯⋯⋯⋯⋯⋯⋯李万春

帆归百鸟鸣（木刻）⋯⋯⋯⋯⋯⋯⋯朱纯一

山里人（木刻）⋯⋯⋯⋯⋯⋯⋯⋯⋯姚盟蒂

生活从这里开始（油画）⋯⋯⋯⋯⋯李小明

1982 年第 6 期　刊名:《青年作家》
目录

小说

夙愿⋯⋯⋯⋯⋯⋯⋯⋯⋯⋯⋯⋯⋯⋯伊 水

夜，在矿山的小路上⋯⋯⋯⋯⋯⋯⋯杏 果

绯色的彩霞⋯⋯⋯⋯⋯⋯⋯⋯⋯⋯⋯林 樱

罗广财和罗有才⋯⋯⋯⋯⋯⋯⋯⋯⋯江 异

锅铲"喤"地一响⋯⋯⋯⋯⋯⋯⋯⋯林文询

早晨一杯牛奶⋯⋯⋯⋯⋯⋯⋯⋯⋯⋯贺星寒

旅伴⋯⋯⋯⋯⋯⋯⋯⋯⋯⋯⋯⋯⋯⋯王先明

中秋月饼⋯⋯⋯⋯⋯⋯⋯⋯金美琴 徐锦元

小小银桦树⋯⋯⋯⋯⋯⋯⋯⋯⋯⋯⋯张昆华

刺梨儿

养猪之道（讽刺小说）⋯⋯⋯⋯⋯⋯榴 红

袖珍小说

荷箭（外一篇）⋯⋯⋯⋯⋯⋯⋯⋯⋯弓 戈

下象棋的启迪⋯⋯⋯⋯⋯⋯⋯⋯⋯⋯姚明扬

文学新地

壮举（小说）⋯⋯⋯⋯⋯⋯⋯⋯⋯⋯田正华

短评⋯⋯⋯⋯⋯⋯⋯⋯⋯⋯⋯⋯⋯⋯何世平

我和星星（小说）⋯⋯⋯⋯⋯⋯⋯⋯韩 星

短评⋯⋯⋯⋯⋯⋯⋯⋯⋯⋯⋯⋯⋯⋯周 固

诗七首⋯⋯⋯⋯⋯⋯雪 川 姬学统 李松波

黄定中 文 冰 吕小榆 王泽群

译作

人畜之间（小说）

⋯⋯⋯⋯⋯⋯〔美〕昆廷·雷诺兹著 朱洪国译

散文

珠江口去来⋯⋯⋯⋯⋯⋯⋯⋯⋯⋯⋯沈仁康

峨眉初访⋯⋯⋯⋯⋯⋯⋯⋯⋯⋯⋯⋯陈 健

诗歌

绿色的南方⋯⋯⋯⋯⋯⋯⋯⋯⋯⋯⋯孙静轩

情涌大江流⋯⋯⋯⋯⋯⋯⋯⋯⋯⋯⋯刘 滨

故乡风情⋯⋯⋯⋯⋯⋯⋯⋯⋯⋯⋯⋯戴安常

浣花诗页⋯⋯⋯⋯⋯⋯⋯⋯廖军武 钟朝康

任海鹰 张世忠 陈官煊 商子秦 蔡国瑞 丁 可

争鸣园地

关于《不要让荷尔蒙支配了你》的讨论

愚昧是犯罪的根源⋯⋯⋯⋯⋯⋯⋯⋯叶开元

怎能仅仅归罪于荷尔蒙⋯⋯⋯⋯⋯⋯张其中

何必荷尔蒙⋯⋯⋯⋯⋯⋯⋯⋯⋯⋯⋯王齐志

和青年作者谈心

给一位文学青年的信⋯⋯⋯⋯⋯⋯⋯廖沫沙

阅读与欣赏

一只木屐⋯⋯⋯⋯⋯⋯⋯⋯⋯⋯⋯⋯冰 心

深的开掘，巧的构思——读冰心的散文《一只木屐》

⋯⋯⋯⋯⋯⋯⋯⋯⋯⋯⋯⋯⋯⋯⋯锺间村

短论与随笔

文学与哲学的交融⋯⋯⋯⋯⋯⋯⋯⋯杨岳鹏

蒙太奇的妙用⋯⋯⋯⋯⋯⋯⋯⋯⋯⋯曹天成

看稿札记

春天的花及其他⋯⋯⋯⋯⋯⋯⋯⋯⋯林 樱

来信来稿摘登⋯⋯⋯⋯⋯⋯⋯⋯⋯⋯韩静波

罗天鹏 廖太东 陈连文 章邦鼎 朱 影 范忠信

孙 颖 王俊堂 一读者

美术

马识途像（木刻）⋯⋯⋯⋯⋯⋯⋯⋯朽 木

觅（木刻）........................崔治中
海恋（木刻）....................龙　泉
苹果树快快长（木刻）...........李　兰
九寨秋色（摄影）................彭小岷

1982 年第 7 期　刊名:《青年作家》
目录

小说
邱家桥首户........................周克芹
波动的色彩........................李霁宇
前边第三块站牌..................金　平
泉..................................王春梅
慧眼..............................苇　凡

袖珍小说
不可笑的故事（二则）...........沈善增
鼾声..............................曾　鸣

刺梨儿
应声虫病（讽刺小说）...........范锡林

文学新地
揭发（小说）....................红　月
短评..............................柿　坪

诗歌......石光华　王　度　羊　童　卫世平　明　星

争鸣园地
寄托（小说）....................马未都
关于《不要让荷尔蒙支配了你》的讨论

电影文学剧本
并不遥远的歌...............逆　风　金　韬

诗歌
川北诗草........................唐大同
中年赋..........................雷　霆
浣花诗页..................笑　波　白　渔
袁永庆　赵晓义　人　可　陈　红　李　静　廖梓容
甜津津的岁月......郭　辉　管用和　陈禄明　郑德明

作家谈创作
骆驼与鹰——访作家孙犁...........薛尔康
识·胆·艺——访作家周克芹.....仲呈祥　陈培之

和青年作者谈心
此中人语——问答之三...........刘绍棠

读者之页
美术
孙犁木刻像......................宗　培
哺育（木刻）....................王叠泉
猎归（木刻）....................李宗乐
耕耘（木刻）....................米金铭
孔雀（日本现代版画）...........瑗　呕

1982 年第 8 期　刊名:《青年作家》
目录

小说
米亚罗森林的小白屋..............李　宪
人家的儿子......................张石山
在城里..................王大鹏　洪　波
阮丁爸爸的船....................费尽贤
发迹..............................火　笛
芒宗拉山下......................张　幅
飞..................................梅帅元
12 排 4 号........................周昌义
穿军装的校长....................雁　宁

袖珍小说
弥猴桃冰棍......................黄大荣
挂床单..........................吴　扬
磨刀人和我......................萧　萧
邻里（外一篇）..................刘舰平

刺梨儿
Fe 耳锅..................殷小英　杨建华
叭！..............................王　平

文学新地
中学生（小说）附短评...........造　新
民办教师（小说）附短评.........吴天成
诗歌..............郑春华　何永康　单　丹
茹炳祥　金晓铃　严邦善　赵文全　梁　平

争鸣园地
关于《寄托》的讨论
灰色的情调　朦胧的寄托.......韩　磊　简　红
应当怎样面对生活................聂德胜
《寄托》的思想倾向值得肯定....李兴武　刘　彦
《寄托》来自生活................扶　失

诗歌
黑色的海........................胡　笳
海韵..............................杨永年

含笑的城及其他…………………………………………沈　重
浣花诗页…………李祖星　任耀庭　华万里　严泽铣

短论与随笔
应畏当今有人嗤…………………………………………张　芒
喜看万木竞长，必有大树凌空…………………………严　肃
良工不示人以朴…………………………………………钟欣泰
"多写"与一举成名………………………任文锁　蒋吉华

和青年作者谈心
亦谈人物与情节…………………………………………叶　辛

作品短评
朴朴实实地再现先烈形象
——读《世界恶少年》…………………………………唐　非
凡中琢奇颂春晖——喜读《拐鸽子》…………………魏秋菊
立意新奇、构思精巧——赞《偷水》…………………周志民

美术
张天翼像（木刻）………………………………………冯本嵩
我们一道成长（木刻）…………………………………袁吉中
造林歌声进长城（木刻）………………………………朱纯一
孔雀舞……………………………………………………刘义福

1982 年第 9 期　刊名:《青年作家》
目录

小说
野仙………………………………………………………汪　水
床前明月光………………………………………………赵　彬
涟漪………………………………………范小天　殷小唯
身影消隐在雪雾中………………………………………石　英
小画家……………………………………………………李保均
王学维南游记……………………………………………王大鹏

刺梨儿
童尿（讽刺小说）………………………………………徐　瑛
艺术疗法（讽刺小说）
………………………………［美］洛勃·葛特布格　唐若水译

袖珍小说
病变………………………………………………………阎欣宁
车，开向北京……………………………………………颁　乡
这一元钱…………………………………………………聂鑫森
戒烟………………………………………………………倪忠才

文学新地
夕阳、如痴如醉（小说）（附短评）……………………朱　俊

**青春的脚步——（一束寄自校园的诗）……………卓　凡
杨　柳　石光华　程建强　梁　芒　周伦佑　芦　声
刘桂阳　今　月　陈文邦　肖　敏**

和青年作者谈心
我是怎样写起小说来的…………………………………马识途

诗歌
山河风采…………………………………………………朱光天
肖　川　张德强　李　新　黎正光　白　汀　李加建
爱的素描…………………………………………………袁因
胥勋和　李发模　申爱萍　梁　平　张新泉　柯愈勋

电影文学剧本
爱之死（原名《金发女郎》）
编剧：［法］雅克·贝克、雅克·贡巴尼兹
编译：蔡建义　邓祜曾

争鸣园地
朦胧的寄托………………………………………………陈小民
写出"这一个"来…………………………………………祁　初
回顾辙印重举步——谈《寄托》的价值………………钟　韬

袖珍小说创作谈
读者来信
八分之一…………………………………………………吴　野
茶叶和泡茶………………………………………………榴　红
"自有个性的新品种"……………………………………仲呈祥
也是小说…………………………………………………火　笛

美术
契诃夫（木刻）…………………………………………冯本嵩
归（木刻）………………………………………………曹　强
夜（木刻）………………………………………………冯本嵩
欢乐的古尔邦节（油画）………………………………马祥生

1982 年第 10 期　刊名:《青年作家》
目录

小说
他死了，成了一个游魂…………………………………榴　红
发展对象…………………………………………………田舒强
她是………………………………………………………林茂生
关系………………………………………………………林贵祥
卖艺的孩子………………………………………………黄　飞
她爱写小说………………………………………………王海玲

中篇小说连载
血染的玫瑰（之一）…………………郭少军　马新川

刺梨儿
"A"大师的魔术……………………………李　栋
趴扑…………………………………………范　羽

文学新地
礼物（小说）（附短评）…………………胡小卒
诗歌……………………………………周明禄　姬学统
阿拉坦托娅　王慧琪　王宜振　宋绍青　王　咏

袖珍小说
寒心的失信…………………………………马凤超
戴蛤蟆镜的姑娘……………………………黄廷洪
奇闻…………………………………………顾　工
妈，您别打…………………………………哑　箫

和青年作者谈心
写给投稿文学青年的信……………………韦君宜

电视文学剧本
顺手牵羊…………………………………郭　宏

译作
复仇公司………………………[英]罗德尔·代尔著
张东辉译　洪历建校

诗歌
太阳和月亮…………………………………子　页
梅花山………………………………………孙友田
桐花冻………………………………………陈禄明
云南采风……………………………………瞿　琮
街灯刚刚亮起………………………………张建华

争鸣园地
关于《寄托》的讨论………………………翔　发
谢诗鉴　高庆久　张裕芳　卓润民　徐伯荣
一瓢污染了的河水——评《寄托》………岳望春

美术
巴尔扎克（木刻）…………………………宗　培

1982 年第 11 期　刊名：《青年作家》

目录

小说
胭脂巷十九号………………………………效　耘

一个女电影演员的奇遇……………………陈　礼
瞧这三个兵…………………………………张　朴

中篇小说连载
血染的玫瑰（之二）………………郭少军　马新川

刺梨儿
笑（讽刺小说）……………………………潘　鸣

争鸣园地
一年只有十二天（小说）…………………李　宪

文学新地
卖鸡（小说）………………………………罗学蓬
买韭菜（小说）……………………………丁学君
诗歌…………………………………………回光时
秋　枫　孔令更　林白薇　薛亦然　凯　军

袖珍小说
清醒…………………………………………张　玲
羞惭…………………………………………王可锐
我检讨………………………………………魏文娟
新颖眼药水………………………[日]星新一　唐若水译

电影文学剧本
谁是盗"马"贼……………………丁章林　曾广聚

诗歌…………………………何吉明　钟清志　张洪波
高伐林　陈继光　凌文远　赵丽宏　余以建　叶　笛
絮语集………………………………………余薇野

作家谈创作
我们正在越过弯路…………………………白　桦

和青年作者谈心
我的乡村生活………………………………何士光

读者之页
来稿摘登……………………………………杨金贵
徐本礼　彭　曦　黄正璋　于　丹　彭程余
一点期望……………………………………季元龙

美术
普希金（木刻）……………………………杨　青
成都市宣传画展作品选
改牛圈（木刻）……………………………孟　涛

1982 年第 12 期　刊名:《青年作家》

目录

小说
杂货店里⋯⋯⋯⋯⋯⋯⋯⋯⋯⋯高　锋
蜀道之难⋯⋯⋯⋯⋯⋯⋯⋯⋯⋯范小青
桃红酒，流向都市⋯⋯⋯⋯⋯⋯邓　洁
魔方⋯⋯⋯⋯⋯⋯⋯⋯⋯⋯⋯⋯赵致真
窗外，雪在嘀嗒嗒地化⋯⋯⋯⋯蒋文忠

中篇小说连载
血染的玫瑰（续完）⋯⋯郭少军　马新川

刺梨儿
高老夫子的两则趣闻（幽默小说）⋯⋯竺可添
略施小计（讽刺小品）⋯⋯⋯⋯凌世学

译作
科长的幽灵（小说）⋯⋯⋯〔日〕源氏鸡太著　陈　浩译

袖珍小说
他为什么在我枪口下徘徊？⋯⋯⋯杨　萍
十字街口⋯⋯⋯⋯⋯⋯⋯⋯⋯⋯王不天
在上海屋檐下⋯⋯⋯⋯⋯⋯⋯⋯徐光兴
奇妙的礼物⋯⋯⋯⋯⋯〔美〕G.G.罗伯特著
彭冬华　贾亚雄译

散文
西看明月忆峨眉⋯⋯⋯⋯⋯⋯⋯魏　樵
深山藏凤凰⋯⋯⋯⋯⋯⋯⋯⋯⋯卢子贵
校徽（散文诗）⋯⋯⋯⋯⋯⋯⋯崔以琳

文学新地
买狗轶事（小说）⋯⋯⋯⋯⋯⋯刘崇慧
美·新鲜·巧妙（短评）⋯⋯⋯⋯松　鹰
诗歌⋯⋯⋯⋯⋯⋯⋯⋯⋯⋯⋯⋯赵宽宏
柯于明　幽　谷　郭小中　苏培昆　曹　琨

作品短评
一幅新人画图⋯⋯⋯⋯⋯⋯⋯⋯王显春
读《12 排 4 号》⋯⋯⋯⋯⋯⋯⋯蔡应律

和青年作者谈心
老作家的职责⋯⋯⋯⋯⋯⋯⋯⋯塞先艾
唱吧，但请用自己的声音⋯⋯⋯陈建功

争鸣园地
关于《一年只有十二天》的讨论

对《一年只有十二天》的思考⋯⋯⋯海　粟
以真为本，以情动人⋯⋯⋯⋯⋯⋯康　健

诗歌
换韵的山乡⋯⋯⋯⋯⋯⋯⋯⋯⋯罗国兴
抒情短章⋯⋯⋯⋯⋯寒　星　陈春琼　邹自立
江民新　郑　南　倪　鹰　蓝　疆　杨　瀛　里　沙
周嘉堤　冉　庄　陈禄明　吴延松

美术
莎士比亚（木刻）⋯⋯⋯⋯⋯⋯李万春
木刻作品选⋯⋯⋯⋯⋯⋯⋯王　炜　袁振璜

1983 年第 1 期　刊名:《青年作家》

目录

小说
我们的板车大道⋯⋯⋯⋯⋯⋯⋯刘忠年
货场趣闻⋯⋯⋯⋯⋯⋯⋯⋯⋯⋯王大鹏
在 K333 看守点⋯⋯⋯⋯⋯⋯⋯汤世杰
橙黄的月亮⋯⋯⋯⋯⋯⋯⋯⋯⋯王成功
布亚古丽⋯⋯⋯⋯⋯⋯⋯⋯⋯⋯张宝发
悬念⋯⋯⋯⋯⋯⋯⋯⋯⋯⋯⋯⋯刘　正
愿你理解我⋯⋯⋯⋯⋯⋯⋯⋯⋯张晓明
客⋯⋯⋯⋯⋯⋯⋯⋯⋯⋯⋯⋯⋯李　仑

刺梨儿
国际影响（讽刺小说）⋯⋯⋯⋯伍松乔
第一次吻和第 N 次戒烟（讽刺小说）⋯⋯缪　诺

文学新地
敲开你的壳壳（小说）⋯⋯⋯⋯孙小林
（附短评）⋯⋯⋯⋯⋯⋯⋯⋯⋯余　鸣
寡妇门前的是非（小说）⋯⋯⋯李旭东
（附短评）⋯⋯⋯⋯⋯⋯⋯⋯⋯陈　登
诗歌⋯⋯⋯⋯⋯⋯⋯⋯⋯⋯⋯⋯程宝林
王兆新　谭德生　向明月　张忠友　葛玉明　张斌礼
陈新民　曹　雷　李一平　何　河　秦　真　周贵祥
花不知名也觉娇
——读《文学新地》诗歌的随想⋯⋯申　丛

袖珍小说
市梢⋯⋯⋯⋯⋯⋯⋯⋯⋯⋯⋯⋯沈善增
捧场⋯⋯⋯⋯⋯⋯⋯⋯⋯⋯⋯⋯田子镒
两个人物⋯⋯⋯⋯⋯⋯⋯⋯⋯⋯柏　松
十年夫妻⋯⋯⋯⋯⋯⋯⋯⋯⋯⋯蔡应律

报告文学
魅力尽在不言中⋯⋯⋯⋯⋯⋯⋯罗达成　吴晓民

散文
"豆花儿"添香⋯⋯⋯⋯⋯⋯⋯⋯先德彬
金色的山梁⋯⋯⋯⋯⋯⋯⋯⋯⋯戴　理

诗歌
武夷山诗笺⋯⋯⋯冰　夫　宁　宇　赵丽宏　郑成义
炼钢（外一首）⋯⋯⋯⋯⋯⋯⋯况明先
黎明，第一班汽车⋯⋯⋯⋯⋯⋯李道林
在深山⋯⋯⋯⋯⋯⋯⋯⋯⋯⋯⋯黄　宏
背孩子⋯⋯⋯⋯⋯⋯⋯⋯⋯⋯⋯陈文邦
土地艺术家⋯⋯⋯⋯⋯⋯⋯⋯⋯宋学镰
田间细流⋯⋯⋯⋯⋯⋯⋯⋯⋯⋯任耀庭
清溪渡⋯⋯⋯⋯⋯⋯⋯⋯⋯⋯⋯张大成
抛⋯⋯⋯⋯⋯⋯⋯⋯⋯⋯⋯⋯⋯孙南雄

争鸣园地
写活了一个普通实在的人⋯⋯⋯郝作永
一团灰暗的雾⋯⋯⋯⋯⋯⋯⋯⋯李晋容
一个"可怜又可悲"的灵魂
——评《一年只有十二天》⋯⋯秋　毫

和青年作者谈心
松树二题⋯⋯⋯⋯⋯⋯⋯⋯⋯⋯高　缨

作家轶事
生活——作品的生命
——涅克拉索夫创作片断⋯⋯任文锁　蒋吉华

作品短评
《养猪之道》的幽默和讽刺⋯⋯李士文
探索艺术的奥秘
——读《波动的色彩》⋯⋯⋯⋯李庆信
《早晨一杯牛奶》读后⋯⋯⋯⋯竹亦青

文艺随笔
以己之短度人之长⋯⋯⋯⋯⋯⋯蔡行端

美术
莫里哀（木刻）⋯⋯⋯⋯⋯⋯⋯李万春
逆风行（木刻）⋯⋯⋯⋯⋯⋯⋯李宗乐
春风来了（木刻）⋯⋯⋯⋯⋯⋯杨　青
霏雨（水彩）⋯⋯⋯⋯⋯⋯⋯⋯陈培荣

1983 年第 2 期　刊名:《青年作家》

目录

小说
角色⋯⋯⋯⋯⋯⋯⋯⋯⋯李　宪　雷朝模
县长老子⋯⋯⋯⋯⋯⋯⋯⋯⋯⋯野　莽
乌篷船，轻轻地摇⋯⋯⋯⋯⋯⋯王　庆
雾茫茫⋯⋯⋯⋯⋯⋯⋯⋯⋯⋯⋯李长廷

刺梨儿
这里将要拆迁（讽刺小说）⋯⋯倪　土
下雨天留客（讽刺小说）⋯⋯⋯赵大年

袖珍小说
炸肉合的老人（外一篇）⋯⋯⋯徐沛丰
女儿——母亲⋯⋯⋯⋯⋯⋯⋯⋯周　导

文学新地
林间，飘来一丝清风（小说）⋯钱　滨
（附短评）⋯⋯⋯⋯⋯⋯⋯⋯⋯余　鸣
柳树堰边的悲欢（小说）⋯⋯⋯涛　汛
（附短评）⋯⋯⋯⋯⋯⋯⋯⋯⋯松　鹰

诗花一束⋯⋯⋯⋯林　斌　周继才　施　源　申家平
欧阳秋　张光海　湘　女　麦　浪　叶向阳　鸽　子

争鸣园地
亚当森的红唇（小说）⋯⋯⋯⋯黄　刚
关于《十二天》的讨论⋯⋯⋯⋯刘洪耀
谭　豹　冯　杰　肖　锋　理求真　舒连文　侯洪波
何玉兰　陈恩裕　朱联雄　龚如山

电影文学剧本
桃花岛⋯⋯⋯⋯⋯⋯峻　青　王　影　宋绍明

诗歌
塞外弦歌⋯⋯⋯⋯⋯⋯⋯⋯⋯⋯胡　笳
人与船⋯⋯⋯⋯⋯⋯⋯⋯⋯⋯⋯流沙河
渔岛风情⋯⋯⋯⋯⋯⋯⋯⋯⋯⋯戴安常
宝塔的传说⋯⋯⋯⋯⋯⋯⋯⋯⋯沈仁康
信里，有一朵秋菊⋯⋯⋯⋯⋯⋯张永权

青年作家答本刊记者问
赵本夫答《青年作家》记者问

随笔
秋天，我们共同攀登⋯⋯⋯⋯⋯林文询

和青年作者谈心

关于"编"的体会 ————————————石 英

美术

托尔斯泰(木刻像)————————————宗 培
莽林(木刻)————————————肖小智
慈母手中线(木刻)————————————张显达
爽(装饰画)————————————谢小红

1983 年第 3 期　刊名:《青年作家》
目录

小说

故人久别后 ————————————丁隆炎
官仓鼠 ————————————陈维实
海上的诗 ————————————邓 洁
雪夜 ————————————焕 然
怕狗的姑娘 ————————————谭 力

刺梨儿

先进采访记(讽刺小说)————————————邱伟鸣

袖珍小说

爱 ————————————左步进
形象的贡献 ————————————周贵祥
花下见闻录 ————————————蒲 峻
让谁出去 ————————————矫健巍

文学新地

那个神秘的夜晚(推理小说)————————吕川水
(附短评)————————————陈 登
诗歌 ————————————刘育贤
夏子全 郭明兴 船 鸣 曹 风 陈伟平 张海燕

诗歌

新边塞诗 ————————杨 牧 周 涛 章德益
都市的旋律 ————————————龙 郁
张新泉 叶 簇 贾长厚 钟朝康 易 山 胡天生
柴与言 龙彼德

答《青年作家》记者问

叶辛答《青年作家》记者问

青年作家专访

我所熟悉的韩少功 ————————————田舒强

争鸣园地

也谈《一年只有十二天》————————————谭兴国

一年就是一年 ————————————刘万厦
低沉的咏叹调 ————————承 德 陈彦杰
十二天……火葬场? ————————————张忠富

和青年作者谈心

现代小说技艺的新课题
——谈现代小说与读者的关系 ————————高行健

中篇报告文学

"华子良"孤身脱险记 ————————阙孔壁 弓 戈

美术

海明威(木刻)————————————李万春
假日(木刻)————————————李 兰
跳花步(木刻)————————————李 兰
秋爽(水粉画)————————————张明生

1983 年第 4 期　刊名:《青年作家》
目录

小说

马可夫 ————————————简 嘉
鞋匠和他的女儿 ————————————高行健
沐浴 ————————————宋学孟
幽静呀,"天外"这地方 ————————————谢 璞
四脚鸟 ————————————黄 放
通灵河谷(中篇小说连载)————————田增翔 陶 正

刺梨儿

死者没有遗嘱(讽刺小说)————————————司马赤

袖珍小说

耗子 ————————————庞壮国
花圈 ————————————艾 湫
神经过敏 ————————————金晓玲
高高的河岸上 ————————————王晋川

文学新地

凡夫俗子(小说)————————————彦 竑
诗歌一束 ————————陈伟平 田稼春 林 瑜 汪建中
绿叶小集(散文诗)————————————殷 佚

散文

杨师傅(外一篇)————————————高 缨
赶花会 ————————————俞 慧
寓言二则 ————————————凝 溪

诗歌

唱给山川的情歌

乐山两题······王燕生

山海恋······张 扬

漓江，给我一支芦笛······刘 滨

水乡春······李苏卿

九寨沟盆景滩抒怀······周明禄

长城抒怀······徐 康

江南曲······左一兵

骆宾王墓前······金 谷

西湖泛舟······潘 秋

和青年作者谈心

利用业余时间写作······严文井

作家专访

我还是一个稚子······朱日复

文学信箱

贾平凹答《青年作家》记者问

争鸣园地

简评《亚当森的红唇》······谭 豹

这就是汉武帝的子孙吗?······张其中

有益的启迪······龚文兵 吴文炳

作家谈创作

为社会主义掸灰除尘

——记马识途谈讽刺文学······吾 非

文艺随笔

从那里写起?······胡德培

读者之页

对《胭脂巷十九号》的反映······蔡晓华 郝作永

美术

法捷耶夫（木刻）······王 炜

搏（木刻）······葛长志 郭庆海

小山花（木刻）······钱 平

乡情（油画）······邹延白

1983 年第 5 期　刊名:《青年作家》
目录

《青年作家》优秀作品获奖名单

向热心读者致谢

本刊优秀作品授奖大会简讯

小说

杨雪华······周永严

洁白的天鹅······肖复兴

小桃······周永年

一个审判员的笔记······关汝松

浑浊的家庭秘史······甘铁生

后山一席话······卓 洋

通灵河谷（中篇连载）······田增祥 陶 正

刺梨儿

不是喜剧的喜剧（讽刺小说）······苏政勋

袖珍小说

在死神的会客室里······彭 城

歌······黄 简

不欢迎你······柏 松

文学新地

敲门者（附短评）······黄兴武

散文

桂湖夜语······芦子贵

诗歌

起步后的脚印

新人新作小辑······梁 平 吴延松 罗国兴
王学芯 周明禄 杨 扬 余继国 严泽铣 鹏 燕
韩加贵 梁 芒

好风······廖公弦

人生的严肃······梁 南

过磨盘山······白 航

你伏在国际饭店的窗口······桂兴华

告别雪山······王伟中 项俊波

评论

作家的青年时代

追求——姚雪垠的青少年时代······张德祥

文学信箱

魏继新答《青年作家》记者问

和青年作家谈心

到书本中去······流沙河

美术

小林多喜二（木刻）······王叠泉

追云逐浪白帆归（木刻）······朱纯一

林溪（木刻）······向思楼

暮色（水彩）······金立德

1983 年第 6 期　刊名:《青年作家》
目录

大有进步　还要努力
——祝《青年作家》创刊二周年·····················马识途

小说
522629·····································邱宪然
静时·······································张承志
沙粒·······································戴　理
巷口老树下·································史铁生
"反潜演习"·································沈治平
一个老人临终的嘱托·························牛俊才
了结·······································宋茨林
寻找，我寻找……···························李小林
第三个·····································龙化成

刺梨儿
变···高　戈
伙食问题的对比研究·························熊天放

袖珍小说
"咚"的一声·································纪　朵
罚款·······································火　笛
美的召唤···································吴雪恼
绰号的妙用·································赵　平

争鸣小说
英雄·······································刘家琨

诗歌
子夜灯影（三章）···························雁　翼
烟·云·雨···································黎焕颐
隧道窑前沉思（外一首）·····················张敦孟
赶早集（外一首）···························丁　可
风从那里来·································叶曙光
路灯·······································廖军武

文学新地
老少茶客（小说·附短评）·····················龙明贵
青春，放牧在知识的草原
——校园诗抄·····················胡万俊　刘和平
晓　峰　曹汉俊　钱叶用

评论
争鸣园地
浅尝辄止的开拓·····························储　枫
是批判还是宣扬·····························丁铁军

略谈《红唇》中的人物及其意义···············朱联雄
一剂治疗"国民劣根性"的良药·················唐绍辉

和青年作者谈心
答一份题意"朦胧"的试卷·····················周良沛

文学信箱
王安忆答《青年作家》记者问

美术
冈察洛夫（木刻）···························延　白
五月的花···································远　香
春之歌·····································余多瑞
陆海桑田·······························武　铁　高　翔

1983 年第 7 期　刊名:《青年作家》
目录

小说
奥秘·······································高　缨
鱼鸹子和他的女儿···························费尽贤
铁门·······································晓　寒
齐啬汉···································关　可　雨　佳
偷树·······································曹喜庆
一张洁白的纸……···························陈剑君
明月光·····································陈金堂
张阿三的新娘·······························刘选正

刺梨儿
罗汉堂轶事·································贺星寒
位置·······································胡其云
编辑临门···································吴国梁

袖珍小说
见识·······································李洪云
她只需要半天·······························付　沉
一分钱·····································张自都

译作
罪犯与老太太·······················[美]罗伯特·亚瑟
黄嘉琬　黄后楼译

诗歌
中国的一角·······························孙静轩　化　石
我在广州···································李霁宇
太阳从地心升起·····························柯愈勋
折射（外一首）·····························邹自立
唱给砂石（外一首）·························王志杰

我和我的未婚妻⋯⋯⋯⋯⋯⋯⋯⋯⋯⋯杨世运

散文
香港有个小伙子⋯⋯⋯⋯⋯⋯⋯⋯⋯崔　桦
哦，"母背子"⋯⋯⋯⋯⋯⋯⋯⋯⋯万国智

文学新地
小说
如期到来（附短评）⋯⋯⋯⋯⋯⋯⋯⋯杨　玥

诗歌
致十字路交通警⋯⋯⋯⋯⋯⋯⋯⋯周同馨
赠别⋯⋯⋯⋯⋯⋯⋯⋯⋯⋯⋯⋯廖静仁
种树⋯⋯⋯⋯⋯⋯⋯⋯⋯⋯⋯⋯磊　磊
给他⋯⋯⋯⋯⋯⋯⋯⋯⋯⋯⋯⋯赵月华
致太阳⋯⋯⋯⋯⋯⋯⋯⋯⋯⋯⋯石光华
秋⋯⋯⋯⋯⋯⋯⋯⋯⋯⋯⋯⋯⋯张声忠
告别（外一首）⋯⋯⋯⋯⋯⋯⋯⋯刘　晓
旋律⋯⋯⋯⋯⋯⋯⋯⋯⋯⋯⋯⋯文　学

评论
和青年作者谈心
多读一点书⋯⋯⋯⋯⋯⋯⋯⋯⋯⋯韦君宜
文艺工作者学习政治理论和古典文学的参考书目

争鸣园地
关于《亚当森的红唇》的讨论⋯⋯⋯曲　聿　康　健
张建基　河　泄　唐科伟　文　书　谢诗鉴　苗干忠
舒仁庆　王耻富

美术
亚里斯多德（镂蚀版画）⋯⋯⋯⋯米金铭
晨曲（水印木刻）⋯⋯⋯⋯⋯⋯李德清
兴旺的集市（木刻）⋯⋯⋯⋯⋯陈铁泉
思（国画）⋯⋯⋯⋯⋯⋯⋯⋯⋯谭　红

1983 年第 8 期　刊名:《青年作家》
目录

小说
拎着米兰的阿四⋯⋯⋯⋯⋯⋯⋯⋯姜　滇
挡马⋯⋯⋯⋯⋯⋯⋯⋯⋯⋯⋯⋯戴启棠
洋大姐买小菜⋯⋯⋯⋯⋯⋯⋯⋯周昌义
话说西景桥⋯⋯⋯⋯⋯⋯⋯⋯⋯彭铁森
魔鞋⋯⋯⋯⋯⋯⋯⋯⋯⋯⋯⋯⋯聂震宁
朋友⋯⋯⋯⋯⋯⋯⋯⋯范小天　殷小唯
夜宿洪椿岭⋯⋯⋯⋯⋯⋯⋯⋯⋯刘　永
金色的秋天（中篇侦破小说）⋯⋯少　匆　稻　心

刺梨儿
"很值得一读"（讽刺小说）⋯⋯⋯⋯王宪伶
换鼻子（讽刺小说）⋯⋯⋯⋯⋯⋯⋯汪　骏
杀"牛"（诗·外一首）⋯⋯⋯⋯⋯余薇野

袖珍小说
拳头⋯⋯⋯⋯⋯⋯⋯⋯⋯⋯⋯⋯崔宝印
一幅新闻照片的诞生⋯⋯⋯⋯⋯⋯周　导
美人⋯⋯⋯⋯⋯⋯⋯⋯⋯⋯⋯⋯曾　鸣
一笔好生意⋯⋯⋯⋯⋯⋯[日]星新一著　李有宽译

诗歌
我们吊装瑰丽的憧憬——抒情短诗辑⋯⋯边国政
黎正光　夏　天　童嘉通　王中朝　吕文秀　殷树楷
春　江　苏　敏
巢湖短歌⋯⋯⋯⋯⋯⋯⋯⋯⋯⋯雷　霆
它该是一支熟悉的歌（外一首）⋯⋯凌文远
母亲⋯⋯⋯⋯⋯⋯⋯⋯⋯⋯⋯⋯汤世杰
中山公园⋯⋯⋯⋯⋯⋯⋯⋯⋯⋯张德强
无题（外二章）⋯⋯⋯⋯⋯⋯⋯王敦贤
绿叶二题⋯⋯⋯⋯⋯⋯⋯⋯⋯⋯李大葆

文学新地
小说
母亲（附短评）⋯⋯⋯⋯⋯⋯（土家族）彭志明

诗歌
我的诗（外一首）⋯⋯⋯⋯⋯⋯胡代付
路⋯⋯⋯⋯⋯⋯⋯⋯⋯⋯⋯⋯曹纪祖
阅卷（外一首）⋯⋯⋯⋯⋯⋯⋯饶　庶
雁阵⋯⋯⋯⋯⋯⋯⋯⋯⋯⋯⋯⋯鲁　萍
黄昏⋯⋯⋯⋯⋯⋯⋯⋯⋯⋯⋯唐元峰
古塔（外一首）⋯⋯⋯⋯⋯⋯⋯沈天鸿

评论
和青年作者谈心
借鉴与创新⋯⋯⋯⋯⋯⋯⋯⋯⋯艾　芜

作家专访
她在不安和激动中——与王安忆一席谈⋯⋯金　平

争鸣园地
关于《英雄》的讨论
西南民院中文系学生讨论《英雄》综述⋯⋯木　子
愤世嫉俗者的心曲和悲歌
——对《英雄》的一点浅见⋯⋯李兴武　商维中
简评《英雄》的艺术特点⋯⋯⋯⋯聂德胜
弱者生活的启示录⋯⋯⋯⋯⋯⋯何世平

美术

涅克拉索夫（木刻）·····················王　炜
黄昏（木刻）·························杨再清
春回大地（套色石膏板）·················谢梓雄
有刺的土地（油画）····················何多苓

1983 年第 9 期　刊名：《青年作家》
目录

小说

弧形的闪电···························田舒强
在猎户星座下·························牛　泊
马诸葛与刁参谋·······················张鑫华
薄雪花·····························张晋蜀
在故乡的集市上·······················赵云鹤
逃难·······························曾渊如
车队轶事···························刘孝存
君子报仇···························徐圣铭
苦楝树下···························池　波
米兰啊，米兰·························许谋清

刺梨儿

B 县书法协会记事（讽刺小说）·············苏政勋
爆炸之后（讽刺小品）···················志　强
"章"碑（外一首·讽刺诗）···············李启云

袖珍小说

爱情的弦···························朱　樵
愿望·······························张蓬云

诗歌

江·海·湖···························张　扬
钢林采风···························郑宝富
浣花诗页···························黄邦君
刘国萍　唐宋元　林　希　黄东成　鲍国刚　蓝　幽
姜强国　袁永庆　陈良藻　王怀让　刘成见

诗歌画意

月亮·······························任志玺
太阳·······························贺培康

文学新地
小说

荒野篝火（附短评）·················秦万兴　杨　其

诗歌

四川青年作者诗辑······················柳　玉
陈新民　文　冰　康得玉　李可刚　成玉萍　王　鹏

宁　静　陈　衍　张昌华

评论

青年作家专访
文章功自磨砺出——访青年作家赵本夫·········朱信忠

争鸣园地

关于《英雄》的讨论
愤世嫉俗不是英雄本色···················朱联雄
"半只鸡"自杀的前前后后···············九　思
悲愤的反思　含蓄的再现·············刘　彦　王会昆
关于写作《英雄》的几句话···············刘家琨

答《青年作家》记者问

吴若增答《青年作家》记者问

和青年作者谈心

多思·······························李国文

美术

乔治桑（木刻）·······················李万春
月光曲（套色木刻）····················阎　风
太阳（腐蚀版面）·····················米金铭

1983 年第 10 期　刊名：《青年作家》
目录

向读者说几句心里话

小说

默默的河···························邱宪然
公民姜发财···························张旺模
无言·······························孙　禹
罗亚坦雨林之蛇·······················何小满
都市的浓雾（电视小说）·············钱　滨　郭　雷
美丽绸（中篇小说）····················林文询

刺梨儿

人生识字……（讽刺小说）···············鄢远征

袖珍小说

一句话·····························郭文琛
拍板文章···························周鸿铸
刀鱼·······················施也频　朱　苹

争鸣园地

木榸弼马温（小说）·····················张重光

诗歌

山青水碧情依依

花溪 ································· 黎焕颐

垦荒者的故事 ··················· 李老乡

画（外一首） ··················· 木　斧

手杖之歌 ······················· 黄　宏

在生活的原野

我寻觅在巷道深处 ··············· 李建华

船长，我的船长 ················· 李道林

母亲，一双小脚 ················· 张丕利

夏日随感 ······················· 苏　敏

在生活的原野 ··················· 何　鹰

孟加拉人的性格 ········· ［孟］夏姆苏尔·齐新

文学新地

小说

清风吹来　（附短评） ··········· 王　松

诗歌 ············ 夏勇刚　李希容　谢舞恒

张　玮　杜思湖　灵　子　茹炳祥　杨　扬　聂焱如

评论

答《青年作家》记者问

古华答《青年作家》记者问

小说创作笔谈

距离和深浅 ····················· 吴　野

艺术之花为探索者而开 ··········· 谭兴国

让时代潮流在胸中激荡 ··········· 陈朝红

"神来之笔"从何来 ············· 王世德

警惕商品化倾向的影响 ··········· 李士文

读者·作者·编者

美术

雪莱（木刻） ··················· 王　炜

渔归（木刻） ··················· 杜卓跃

鸟归（木刻） ··················· 王　炜

求索者（油画） ················· 宋次伟

1983 年第 11 期　刊名:《青年作家》

目录

向读者说几句心里话 ············· 本刊编辑部

小说

挖坟记 ························· 徐　锋

潜流 ··························· 俞　瑢

告别的日子 ····················· 高　锋

挑担演义 ······················· 野　莽

拐过弯就是幸福 ················· 李　剑

黄灯 ··························· 范小青

娘娘坡的年轻人（中篇小说） ····· 杨贵云

刺梨儿

万能的珍珠霜（讽刺小说） ······· 李叔德

评比（讽刺小品） ··············· 凌世学

袖珍小说

白菜与佛 ······················· 吴若增

报表 ··························· 胡金生

任务 ··························· 张援军

诗歌

生活的乐章 ····················· 胡　笛

外滩，晨的分镜头剧本 ··········· 杨永年

我和我的城市 ··················· 黄邦君

窑洞 ··························· 韩　云

我们 ··························· 谬国庆

呼啸的光 ······················· 张新泉

虎跑泉 ························· 陈继光

挺拔的立体 ····················· 陈　放

海之志 ························· 魏久环

在青岛 ························· 于宗信

古玉门关 ······················· 喻　晓

文学新地

小说

烦恼 ··························· 鲁　勇

我的欢欢（附短评） ············· 张四敏

小憩（散文诗） ················· 肖　敏

诗歌 ······· 刘丙钧　黄　畅　落　红　张怀理　吴中进

评论

答《青年作家》记者问

海波答《青年作家》记者问

青年作家专访

在执拗的探索中——访青年作家郑万隆 ········· 孟繁华

争鸣园地

关于小说《木樨弼马温》的讨论

恍然若梦　聊备一格 ············· 永　严

醉翁之意不在"猴" ············· 余冲树

虚幻的道德观 ··················· 闻　覃

和青年作者谈心

多读一点书（续） ··············· 韦君宜

美术

别林斯基（木刻）⋯⋯⋯⋯⋯⋯⋯⋯李万春
晨曲（木刻）⋯⋯⋯⋯⋯⋯⋯⋯⋯⋯许洪伟
怀念（油画）⋯⋯⋯⋯⋯⋯⋯⋯⋯⋯熊志鸿

1983 年第 12 期　刊名:《青年作家》
目录

小说

他在毛毛雨里回家⋯⋯⋯⋯⋯⋯⋯⋯张廷竹
乡村拳师爷⋯⋯⋯⋯⋯⋯⋯⋯⋯⋯⋯孙小林
泉⋯⋯⋯⋯⋯⋯⋯⋯⋯⋯⋯⋯⋯⋯⋯董宇峰
小方格里的梦⋯⋯⋯⋯⋯⋯⋯⋯⋯⋯曹黎民
菲力浦 508⋯⋯⋯⋯⋯⋯⋯⋯⋯⋯⋯甄庆如
黄昏的色彩⋯⋯⋯⋯⋯⋯⋯⋯⋯⋯⋯陈旭明
金戒指⋯⋯⋯⋯⋯⋯⋯⋯⋯⋯⋯⋯⋯叶　强
怪差⋯⋯⋯⋯⋯⋯⋯⋯⋯⋯⋯⋯⋯⋯徐　干
最难忘是中秋月⋯⋯⋯⋯⋯⋯⋯⋯⋯宇　心
雨飘着,头上脸上⋯⋯⋯⋯⋯⋯⋯⋯梅子涵
九九和水姐珠⋯⋯⋯⋯⋯⋯⋯⋯⋯⋯张　放

刺梨儿

"小鲁迅"赖其和他的夫人⋯⋯⋯⋯温靖邦
"01"案件⋯⋯⋯⋯⋯⋯⋯⋯⋯⋯⋯杜惠忠

袖珍小说

爸爸的名字⋯⋯⋯⋯⋯⋯⋯⋯⋯⋯⋯赵德明
领居⋯⋯⋯⋯⋯⋯⋯⋯⋯⋯⋯⋯⋯⋯邱伟鸣
小辫⋯⋯⋯⋯⋯⋯⋯⋯⋯⋯⋯⋯⋯⋯李　虎
征求病人⋯⋯⋯⋯⋯[美]阿特·巴奇沃德　袁长燕译

评论

作家的青年时代
他从这里起步⋯⋯⋯⋯⋯⋯⋯⋯⋯⋯张德祥
关于小说《木榍弼马温》的讨论
一曲生活的哀歌⋯⋯⋯⋯⋯⋯⋯⋯⋯张建基
一篇发人深思的小说⋯⋯⋯⋯⋯⋯⋯罗良德
生动,但缺少开掘⋯⋯⋯⋯⋯⋯⋯⋯司马谷
它,只是一个小故事⋯⋯⋯⋯⋯⋯⋯张重光

读者·作者·编者⋯⋯⋯⋯⋯思　本　张建华
叶玉林　一读者　曹天成　王勇田　华晓瑜

诗歌

致敬,移动的大山⋯⋯⋯⋯⋯⋯⋯⋯徐　刚
冰山之父（三首）⋯⋯⋯⋯⋯⋯⋯⋯梁上泉
生活的旋律
心同列车一起飞奔（三首）⋯⋯⋯⋯谢先云

少女与山村水库⋯⋯⋯⋯⋯⋯⋯⋯⋯叶　簇
工人疗养院⋯⋯⋯⋯⋯⋯⋯⋯⋯⋯⋯黄亚洲
选种⋯⋯⋯⋯⋯⋯⋯⋯⋯⋯⋯⋯⋯⋯周继才
战地故乡的诗⋯⋯⋯⋯⋯⋯⋯⋯⋯⋯任耀庭
九女墩⋯⋯⋯⋯⋯⋯⋯⋯⋯⋯⋯⋯⋯易　山

思痕履迹

北大荒侧影⋯⋯⋯⋯⋯⋯⋯⋯⋯⋯⋯高　平
露（外一首）⋯⋯⋯⋯⋯⋯⋯⋯⋯⋯喊　雷
失败（外一首）⋯⋯⋯⋯⋯⋯⋯⋯⋯李春林
浮萍⋯⋯⋯⋯⋯⋯⋯⋯⋯⋯⋯⋯⋯⋯吴延松
梁山题壁（二首）⋯⋯⋯⋯⋯⋯⋯⋯姚焕吉
坟⋯⋯⋯⋯⋯⋯⋯⋯⋯⋯⋯⋯⋯⋯⋯徐建成
秋水⋯⋯⋯⋯⋯⋯⋯⋯⋯⋯⋯⋯⋯⋯韦晓吟

文学新地
小说

萌动⋯⋯⋯⋯⋯⋯⋯⋯⋯⋯⋯⋯⋯⋯珍　韵

诗歌

沉默⋯⋯⋯⋯⋯⋯⋯⋯⋯⋯⋯⋯⋯⋯晓　笛
挎包里的孩子⋯⋯⋯⋯⋯⋯⋯⋯⋯⋯宋克力
我饮一口黄河水⋯⋯⋯⋯⋯⋯⋯⋯⋯蔡国正
鸽子⋯⋯⋯⋯⋯⋯⋯⋯⋯⋯⋯⋯⋯⋯冯　雁
致一位年轻朋友⋯⋯⋯⋯⋯⋯⋯⋯⋯赵泽华

美术

高尔基（木刻）⋯⋯⋯⋯⋯⋯⋯⋯⋯李万春
草山情（木刻）⋯⋯⋯⋯⋯⋯⋯⋯⋯时　令
大爷和鸡（木刻）⋯⋯⋯⋯⋯⋯⋯⋯周　琪

1984 年第 1 期　刊名:《青年作家》
目录

作家要不要改造世界观⋯⋯⋯⋯⋯⋯马识途

小说

非常时期（中篇小说）⋯⋯⋯⋯⋯⋯浩　岭
埋藏黄金的土地⋯⋯⋯⋯⋯⋯⋯⋯⋯崽　崽
晚香玉⋯⋯⋯⋯⋯⋯⋯⋯⋯⋯⋯⋯⋯胡曲平
路旁,有个凉棚⋯⋯⋯⋯⋯⋯⋯⋯⋯陈海鸣
自寻烦恼的女人⋯⋯⋯⋯⋯⋯⋯⋯⋯李慧志
桥⋯⋯⋯⋯⋯⋯⋯⋯⋯⋯⋯⋯⋯⋯⋯王　凝
军歌怎么唱⋯⋯⋯⋯⋯⋯⋯⋯⋯⋯⋯吕明辉
唤鳖⋯⋯⋯⋯⋯⋯⋯⋯⋯⋯⋯⋯⋯⋯殷小英
可口可乐（翻译小说）⋯⋯⋯[美]安妮·考特尼·布莱克福特著　曹　聪译

刺梨儿

排座次（讽刺小说）⋯⋯⋯⋯⋯⋯严红缨

爱才（讽刺小说）⋯⋯⋯⋯⋯⋯严红缨

袖珍小说

看不见的红线线⋯⋯⋯⋯⋯⋯徐志茂

里外不是人⋯⋯⋯⋯⋯⋯⋯⋯丁　垂

变⋯⋯⋯⋯⋯⋯⋯⋯⋯⋯⋯⋯刘爱平

文学新地

旅途（小说）（附短评）⋯⋯⋯朱中平

女子体操二唱（诗）⋯⋯⋯⋯徐家麟

生命，在浪尖上飞翔（诗）⋯苏文河

理想，在漠野扎根（诗）⋯⋯冀　华

林区小湖（诗）⋯⋯⋯⋯⋯⋯笑　泉

在聂耳墓前（诗）⋯⋯⋯⋯⋯林　珂

橘子红了（散文诗）⋯⋯⋯⋯赵浦桥

诗歌

大渡河情思（组诗）⋯⋯⋯⋯周　纲

矿山诗情⋯⋯⋯⋯⋯⋯⋯⋯⋯孙友田

小城春秋⋯⋯⋯⋯⋯⋯⋯⋯⋯晓　青

山岚村（外一首）⋯⋯⋯⋯⋯王敦贤

文学院

谈谈正确对待西方现代派作品

——答青年作者问⋯⋯⋯⋯艾　芜

模特给我依据　批评使我清醒⋯喻　杉

轻云蔽月之妙⋯⋯⋯⋯⋯⋯⋯蔡行端

作品评论

生活的旋律　民族的音调⋯⋯竹亦青

争鸣园地

关于《木樨弼马温》的讨论

"一个小故事"引起的争议⋯⋯祁　初

来稿摘编（五篇）

读者·作者·编者

编者的话

本期部分新作者简介

《和青年作者谈心》即将出版

美术

巴金（木刻）⋯⋯⋯⋯⋯⋯⋯徐　匡

绿色的口琴（木刻）⋯⋯⋯⋯徐　匡

1984 年第 2 期　刊名:《青年作家》

目录

小说

序幕拉开之前⋯⋯⋯⋯⋯⋯⋯翁树杰

赶马车的艺术家⋯⋯⋯⋯⋯⋯胡太玉

偷袭者⋯⋯⋯⋯⋯⋯⋯⋯⋯⋯黄　刚

到枫溪湾去⋯⋯⋯⋯⋯⋯⋯⋯聂鑫森

月儿⋯⋯⋯⋯⋯⋯⋯⋯⋯⋯⋯朱广贤

自由人⋯⋯⋯⋯⋯⋯⋯⋯⋯⋯乔　瑜

喜梅上路⋯⋯⋯⋯⋯⋯⋯⋯⋯雷德和

在那遥远的地方⋯⋯⋯⋯⋯⋯童江南

刺梨儿

爆炸消息（讽刺小说）⋯⋯⋯熊天放

本厂出售文凭（讽刺小说）⋯雒新岭

独特构思（讽刺小说）⋯⋯⋯韩征天

民谣一首⋯⋯⋯⋯⋯⋯⋯⋯⋯雁　翼

袖珍小说

凤凰车又回来了⋯⋯⋯⋯⋯⋯张和平

鱼价⋯⋯⋯⋯⋯⋯⋯⋯⋯⋯⋯胡兴模

电话记录⋯⋯⋯⋯⋯⋯⋯⋯⋯关书敏

左边，第三张椅子⋯⋯⋯⋯⋯胡永康

秋雨蒙蒙⋯⋯⋯⋯⋯⋯⋯⋯⋯林　力

青年作家专访

执著的追求——记孔捷生⋯⋯顾志成

作品评论

共产党人的正气之歌⋯⋯⋯⋯吴　野

文学新地

浅浅的低洼地（小说）（附短评）⋯曹永明

海的诗（组诗）（附短评）⋯⋯梁　芒

诗歌

东海回声（组诗）⋯⋯⋯⋯⋯戴安常

海琴（组诗）⋯⋯⋯⋯⋯⋯⋯宁　宇

这里将通向世界（组诗）⋯⋯马恒祥

生长爱的土地（组诗）⋯⋯⋯子　页

雨线（外一首）⋯⋯⋯⋯⋯⋯丁　可

争鸣园地

再评《一年只有十二天》⋯⋯谭兴国

啊，碧青的橄榄（争鸣小说）⋯魏曙光

文学院
我的六年·························雁　翼
生活与思考·························浩　岭

读者·作者·编者
读者来信摘编·······················王志林等
本期部分新作者简介
编者的话

美术
鲁迅像（木刻）······················徐　匡
海·······························彦　冰

1984 年第 3 期　刊名:《青年作家》
目录

小说
驯马手居玛拜克·······················李世勋
梨花院落·························榴　红
河边街哟，河边街·····················曾　鸣
大院里的孩子们·······················赵大年
小······························肖建森
接待·····························罗时叙
青岛是个好地方·······················杨　惕
落雨的日子·························李　勃

刺梨儿
假如没有这把火（讽刺小说）···············袁一平
"XX"疑案（讽刺小说）··················张援军

文学新地
在街沿上（小说·附短评）·················张　敏
短诗一束（附短评）·····················宋克力
杨绽英　王云生　褚端平　刘星雨　王庆余　李自华
蒋成俊　张　平　绿　立

评论
李季与菊花石·······················萧向阳
读者·作者·编者······················马学援等

袖珍小说
甜甜的泥土·························黄　飞
用水的风波·························陈东明
心上的天平·························尹金生
高干子弟·························李振村
在公共汽车上·······················杨世运
帅旗·····························胡永康

诗歌
塞上天地（组诗）·····················阿拉坦托娅
遥远的爱（组诗）·····················张　扬
浣花溪（短诗之页）················冰　夫　张　放
王学芯　赵丽宏　肖　川　梁　平

文学院
文学与青年·························梁晓声
张炜答《青年作家》记者问

美术
茅盾像（木刻）······················王明月
自学之路（木刻）·····················李学明
造花园（木刻）······················李　兰
静海之影（摄影）·····················邱吉祥

1984 年第 4 期　刊名:《青年作家》
目录

小说
绿戒指························刘建军　陈宗光
森下洋子·························佳　峻
黄幺爷家的紫竹棍·····················野　莽
海滩上的足迹·······················周翼南
空地上的阳光·······················苏　童
白色·····························晓　寒
小路·····························蒋文中
悬崖·····························廖国松
太阳落山的时候·······················程小莹

刺梨儿
武松领奖（讽刺小说）···················江忠玉
多余的指头（讽刺小说）··················干生伟
某某局印象（诗歌）·····················杨翰端
留有"余"地（诗歌）····················李启云

袖珍小说
寻找石花的小女孩·····················李乔亚
夕照里·························晓　舟
葬礼·····························舒占才
发电报·························杜卓远
路上相遇（译作）
　　〔苏〕鲍里斯·克拉夫琴科著　刘克彭译

文学新地
幸运者（小说·附短评）··················戚小彬
滇西情思等（诗歌·附短评）···············冯　晓等

诗歌

黑色的海（组诗）——————————————胡　笳
思痕履迹（诗六首）————————熊召政等
大巴山抒情（组诗）——————————何吉明
峡中雾（散文诗）——————————郁小萍

争鸣园地

关于《啊，碧青的橄榄》的讨论————李树森等

文学院

小说民族化杂谈————————————刘绍棠
简嘉答《青年作家》记者问

作家的青年时代

芳草初青——秦兆阳的青少年时代————张德祥

读者·作者·编者

敬告读者
编者的话
本期部分新作者简介

美术

郭沫若像（木刻）——————————雨　城
篆刻——————————————————甘开平
旅游团（木刻）——————————胡　名
源头（国画）——————————————孟　瑞
卧龙风光（国画）——————————邓光奇

1984 年第 5 期　刊名:《青年作家》
目录

小说

五月春正浓（中篇）——————————周克芹
我、丈夫和他们——————————戴玉泉
斗鸟——————————————————柴立扬
"巧克力"与"蜂蜜"——————————曹　建
走出密林（中篇）——————曾智成　曾智中

刺梨儿

饮食菩萨（讽刺小说）——————————竺可添

袖珍小说

顺藤摸瓜——————————————吴晓林
表——————————————————杨佩璐

散文

忆李健吾伯伯——————————————马小弥

文学新地

艾山老爹和他的猎枪（小说·附短评）————汪黎明
短诗一束——————————李健华　李兆淮
　王其亮　凌代坤　沈天鸿
注意诗意的开掘————————————余　之

诗歌

春到江南风也柔（组诗）——————————霜　枫
思痕履迹（散文诗一束）——唐大同　廖军武　郁小萍
七个铜像——————————————孙静轩
浣花溪（短诗辑）——————————石太瑞
　任海鹰　张新泉　莫西芬　周明禄　郭维东　易　山

争鸣园地

高地（争鸣小说）——————————刘家琨
关于《啊，碧青的橄榄》的讨论————陈晓兵等

文学院

创作热情有违于艺术规律者不祥——————钟惦棐
邓刚答《青年作家》记者问

作家专访

一枝一叶总关情
——记张弦和他的文学创作————岳　朋　张云志

读者·作者·编者

编者的话
本期部分新作者简介

美术

老舍像（木刻）——————————————李玉成
草地夯歌（木刻）——————————吕树中
肖像习作（油画）——————————何多苓

1984 年第 6 期　刊名:《青年作家》
目录

小说

薄冰——————————————————佳　峻
喜丧——————————————————章　印
亲朋友好——————————————商　欣
老槐树下——————————————宋继超
文凭——————————————————张　飙
后会有期——————————————孔繁禹
消失了，一片小树林——————————李霁宇
醉秋风——————————————何亚京

刺梨儿

一幅肖像画 ·········· 蔡未名
十二个信兜兜 ·········· 陈寿群
魔术 ·········· 范锡林

袖珍小说

加工 ·········· 林荣芝
第三张笑脸 ·········· 李 川
五百克上等天麻 ·········· 曾绍柏
选先进 ·········· 仇甫全
一桩小事 ·········· 木 新

报告文学

建造大厦的人 ·········· 徐 康

文学新地

泥鳅嫂（小说·附短评） ·········· 罗安昌
诗六首（附短评） ·········· 徐南开
欧阳秋 冯 晓 许俊之 左连生 曹纪祖

诗歌

啊，苍茫的大森林 ·········· 姜金城
公休日 ·········· 邹自立
情绕大山 ·········· 黄 宏
采掘新春的黎明 ·········· 陈春琼
码头之夜 ·········· 冯庆川
登长白山 ·········· 王洪涛
蛙歌 ·········· 陈皋鸣
牧羊姑娘 ·········· 荒 地

文学院

观察·思考·表现 ·········· 孙静轩
张宇答《青年作家》记者问

争鸣园地

也谈《啊，碧青的橄榄》 ·········· 陈朝红

作品评论

喜读《五月春正浓》 ·········· 陆文壁

读者·作者·编者

编者的话
本期部分作者简介

美术

赵树理像（木刻） ·········· 甘庭俭
牧羊姑娘（木刻） ·········· 徐 匡
蜀宫乐伎（国画） ·········· 苏国超

1984 年第 7 期　刊名：《青年作家》

目录

小说

前面是哨所 ·········· 王剑琳
船女与过客 ·········· 梅帅元
正月十五 ·········· 刘 永
车行古栈道 ·········· 王 蓬
难题 ·········· 孙 颙
"所长" ·········· 庞 进

中篇小说

相逢在梅峰 ·········· 贺晓彤

翻译小说

欢迎到我们银行来 ·········· ［美］亨利·斯莱萨著
龚 麟 小 艾译

刺梨儿

产后用药（讽刺小说） ·········· 刘烜桦
无题（讽刺小说） ·········· 仇甫全
巧遇（讽刺小说） ·········· 海 滨
裤腿宽了两公分（讽刺小说） ·········· 张兴元
撑船曲（讽刺诗） ·········· 李启云

文学新地

他窗口的灯光赤黄赤黄（小说·附短评） ·········· 谢小林
春芽集（组诗·附短评） ·········· 刘晓燕
唱给园丁的歌（组诗） ·········· 周超慧
渡口（诗歌） ·········· 卫 铎

袖珍小说

体面的生日 ·········· 沈伟宁
选修课 ·········· 魏玉来
她留下的 ·········· 刘燕霞
睁只眼闭只眼 ·········· 潘文伟

散文

我所见到的美国大学生 ·········· 黄新渠

诗歌

生活呀，生活 ·········· 黎焕颐
我轻轻攀入你的梦境 ·········· 杨 牧
探家（外一首） ·········· 马新朝
我，一个小木匠 ·········· 陈官煊
浣花溪（短诗辑） ·········· 钟清志
熊明泽 草 莹 陈禄明 黄东成 宋冬生
也是我们的画像 ·········· 边 鼓

作家的青年时代

他那时"从事更其伟大的创作"

——马识途的青年时代⋯⋯⋯⋯⋯⋯严　肃

文学院

感受·表达——农村题材创作琐议⋯⋯⋯周克芹

佳峻答《青年作家》记者问

争鸣园地

探索《高地》之谜⋯⋯⋯⋯北京大学中文系 82 极

美术

柳青像（木刻）⋯⋯⋯⋯⋯⋯⋯⋯⋯⋯甘庭俭

阳光（木刻）⋯⋯⋯⋯⋯⋯⋯⋯⋯⋯⋯曹　强

鸽哨（水粉）⋯⋯⋯⋯⋯⋯⋯⋯⋯⋯⋯王龙生

1984 年第 8 期　刊名:《青年作家》
目录

中篇小说

王三黑子告状⋯⋯⋯⋯⋯⋯⋯⋯⋯⋯⋯京　夫

小说

羊肉汤锅前的喜剧⋯⋯⋯⋯⋯⋯⋯⋯⋯赵　彬

江那一岸⋯⋯⋯⋯⋯⋯⋯⋯⋯⋯⋯⋯⋯方　方

风马牛⋯⋯⋯⋯⋯⋯⋯⋯⋯⋯⋯⋯⋯⋯霍　红

泥娃娃⋯⋯⋯⋯⋯⋯⋯⋯⋯⋯⋯⋯⋯⋯长　城

彩色的玻璃花瓶⋯⋯⋯⋯⋯⋯⋯⋯⋯⋯马宝康

刺梨儿

这是可以理解的（讽刺小说）⋯⋯⋯⋯沈伟宁

关于头发的（讽刺小说）⋯⋯⋯⋯⋯⋯汪　雷

翻译小说

失败⋯⋯⋯⋯⋯[日]松本清张著　诸　梁译

袖珍小说

伏击⋯⋯⋯⋯⋯⋯⋯⋯⋯⋯⋯⋯⋯⋯⋯杨　萍

在那桃花盛开的地方⋯⋯⋯⋯⋯⋯⋯欧阳玉澄

文学新地

燃烧的旋律（小说·附短评）⋯⋯⋯⋯易　容

梦·出名·遗书（小说）⋯⋯⋯⋯⋯⋯王志林

诗六首⋯⋯⋯⋯尹家民　冰　川　田玉川　方万聪

诗歌

燃烧的许诺（组诗）⋯⋯⋯⋯⋯⋯⋯⋯雁　翼

浣花溪（短诗辑）

⋯⋯⋯⋯陈官煊　马　钰　甲家平　徐建成　灵　子

争鸣园地

关于《高地》的讨论

⋯⋯⋯⋯刘洪耀　许　凌　林锦鸿　徐思华　艾　侠

文学院

创作的准备⋯⋯⋯⋯⋯⋯⋯⋯⋯⋯⋯⋯吴若增

作家专访

心中的歌

——记女作家、《延安颂》的作者莫耶⋯⋯慧　心

美术

巴尔扎克像（木刻）⋯⋯⋯⋯⋯⋯⋯⋯甘庭俭

"草堂笔会"作者与老作家艾芜的合影

龙的传人（壁画）⋯⋯⋯⋯⋯⋯许大成　马怡西

1984 年第 9 期　刊名:《青年作家》
目录

小说

话梅⋯⋯⋯⋯⋯⋯⋯⋯⋯⋯⋯⋯⋯⋯⋯竹　林

"黑洞"⋯⋯⋯⋯⋯⋯⋯⋯⋯⋯⋯⋯⋯黄载阳

小屯来了客人⋯⋯⋯⋯⋯⋯⋯⋯⋯⋯⋯马未都

马路上发生的喜剧⋯⋯⋯⋯⋯⋯⋯⋯⋯王东满

鸽子⋯⋯⋯⋯⋯⋯⋯⋯⋯⋯⋯⋯⋯⋯⋯王　宁

表决来的男朋友⋯⋯⋯⋯⋯⋯⋯⋯⋯⋯傅　恒

中篇小说

王三黑子告状（续完）⋯⋯⋯⋯⋯⋯⋯京　夫

刺梨儿

我的朋友老 y（讽刺小说）⋯⋯⋯⋯⋯古子文

文学新地

信鸽（小说·附短评）⋯⋯⋯⋯⋯⋯⋯冯金声

诗六首⋯⋯嘉　梁　田　子　黄明山　雨　田　杨黑汉

袖珍小说

请再干一杯⋯⋯⋯⋯⋯⋯⋯⋯⋯⋯⋯⋯郁　越

飘落的一毛钱⋯⋯⋯⋯⋯⋯⋯⋯⋯⋯⋯郭才明

奇怪的顾客⋯⋯⋯⋯⋯⋯⋯⋯⋯⋯⋯⋯王季明

散文

蜀国情思⋯⋯⋯⋯⋯⋯⋯⋯⋯⋯⋯⋯⋯李佩芝

鹦鹉使者⋯⋯⋯⋯⋯⋯⋯⋯⋯⋯⋯⋯⋯杨永年

弯刀 ···石中山

诗歌
黎明，从我们这里升起（外一首）·········叶何阳
江南草（二首）·····························沈　重
暖暖的乡情（二首）·······················张新泉
阳光·日出（外一首）·······················程宝林
我的时间 ·····································王德芳
给妈妈 ·······································蒋　凯
散文诗（四章）···············余薇野　周铿　王以巨

文学院
文学是个艰难的事业 ·······················姜　滇
张石山答《青年作家》记者问

争鸣园地
简评《高地》·································畅　游

作家专访
竹林和方方 ·································王成功

读者·作者·编者
来稿来信摘编 ·····························柳清河等

美术
托尔斯泰像（木刻）·······················甘庭俭
探别（木刻）·······························田　军

1984 年第 10 期　刊名:《青年作家》
目录

小说
"最差影片的最佳配角"·····················李　栋
珍珠河 ·······································姜　滇
铺垫 ···魏继新
画师与漆匠 ·································徐　锋
第一次失败（科幻小说）···················童恩正
我们来到巴格达 ···························中　夙

刺梨儿
范进罢官（讽刺小说）·····················曹　建
现代感与西瓜皮（讽刺小品）···············宁　子
理发（讽刺小品）···························卢　策

散文
旅美奇趣录 ·································李存修

袖珍小说
没有故事的故事 ···························姜贻斌
熟人 ···孙传泽

文学新地
心，在撞击（小说·附短评）···············陈晓霞
故乡风景线（组诗·附短评）···············冯　杰
架线兵之歌（外一首）·····················蒋海将

诗歌
祖国与士兵（组诗）·······················李松涛
长江奏鸣曲（组诗）·······················刘　滨
山村新姿（组诗）···························张红雨

文学院
目标：写人和塑造典型 ·····················京　夫
贺晓彤答《青年作家》记者问
为木斧写序的故事 ·························流沙河
试问爱好文学的同龄人 ·····················王金泉

读者·作者·编者
来稿来信摘编
本刊举办"文学知识百题竞赛"启事
本刊举办《刺梨儿》有奖征文启事

美术
屠格涅夫像（木刻）·······················邵常毅
庆祝中华人民共和国成立三十五周年（篆刻）
···欧阳懿新
秋（木刻）·································吕树中
处女（第二届国际摄影获奖作品）
···························[比利时]朱尔斯·科普斯

1984 年第 11 期　刊名:《青年作家》
目录

小说
小小张家铺 ·································喻　杉
打皇上 ·······································吴若增
古堡 ···王成功
该死的星期五 ·······························黄　羽
我们是太学生 ·······························沈嘉禄
上海"下只角"·····························王宏光
晶亮、晶亮的……···············罗时叙　张汉钧

争鸣园地
那边有个"快活林"（小说）···············斯　佳

刺梨儿
酒官（讽刺小说）……………………陈东明
新诗话（讽刺小说）…………………董宇峰

翻译小说
光棍之死…………［奥］阿瑟·施尼茨勒著　李展开译

文学新地
一个中学生的愿望（小说·附短评）…………蒲以强
短诗辑（五首·附短评）………………方　萱等

袖珍小说
"张肥鹅"开业以后………………………李宗明
袖珍姑娘………………………叶是波　郭婉华
血缘…………………………………周伦佑
工作主动的打字员……………………戴　爽

诗歌
长江之旅（组诗）……………………孙静轩
遥远的爱（组诗）……………………张　扬
浣花溪（短诗辑）……………………张国领等

文学院
诗就是诗………………………………周良沛
刘兆林答《青年作家》记者问

读者·作者·编者
来稿来信选编………………………郭延明等
"文学知识百题竞赛"试题
"文学知识百题竞赛"征答须知
《刺梨儿》有奖征文启事

美术
契诃夫像（木刻）……………………甘庭俭

1984 年第 12 期　刊名:《青年作家》
目录

小说
后裔…………………………………毛志成
有关"爱情"的书信……………………李岩希
漓水渔王……………………………梅帅元
对一件盗窃案的推理…………………杨东明
沿着森森的河谷………………………黎　泉
小夜曲………………………………柏　原
能掐会算的姑娘………………………原　昌

刺梨儿
这里有毒蛇（讽刺小说）……………李凯斌
老邮政弄记（幽默小说）………………余　华
山楂糕（讽刺小说）…………………于鹤翔
"淫秽文章"（讽刺小品）………………戴　珩

袖珍小说
列车上
这身工装，蛮好！……………………王不天
"新疆姑娘辫子长……"………………刘希全

散文
珠江三角洲纪行………………………艾　芜
开放型的年青人………………………朱维群
旅美奇趣录……………………………李存修

文学新地
稀罕事（小说·附短评）………………王红罗
诗五首（附短评）
…………杨　然　谢志强　李　蔷　闻　笛　王　鹏

诗歌
听爆竹………………………………流沙河
旅途（外一首）………………………汪　芳
旋风…………………………………徐国志
羌笛三吹……………………………戴安常
望月（外一首）………………………季振邦
西山睡美人……………………………叶　簇
在那个美好的夜晚……………………苏　敏

作家专访
积学以储宝　酌理以富才…………万本根　畅　游

读者·作者·编者
作品短评…………吴　野　曾祥麟　李　星　李庆信
"文学知识百题竞赛"试题（续完）
"文学知识百题竞赛"征答须知
马雅可夫斯基像（木刻）………………甘庭俭
祖国（木刻）

1985 年第 1 期　刊名:《青年作家》
目录

小说
一个男人的魅力………………………王正平
大丈夫三十而立………………………张廷竹
一个女文工团员之死…………………瞿　琮
那里有座吊桥…………………………常保国

林霞·······································朱 伟
爱情 ABCD·······························那 耘

纪实文学
锯齿啮痕录（1.2.）·······················流沙河

刺梨儿
"拟同意"（讽刺小说）·····················王春采
早知如此（讽刺小说）·····················叶玉林
废物（外一篇）（讽刺小说）···············伟 巴
一百个批评家和一个实干者（讽刺小说）·····坎 坷
青葫芦（幽默小说）·······················闻 波
"气老虎自白"（讽刺诗）···················雷 声

翻译小说
奇闻怪事···············[日]星新一著 沈克澄译

争鸣园地
兄弟伙（小说）···························周永严
关于《那边有个快活林》的讨论
·······························陈为民 张大放等

文学新地
爱的荒漠（外一篇）（小说）···············姚彩霞
"魔方"的旋转
——读《爱的荒漠》与《秋思》·············梁晓声
短诗（四首·附短评）
·················曾有情 任志玺 丛小桦 王晓霞

袖珍小说
月夜，葡萄架下的长椅·····················蔡椿芳
对于眼睛来说……·······················刘康毅
悬案···································周绳祖
父子···································李 斯

散文
云城风筑·······························穗 子
江边鹅卵石·····························薛尔康

诗歌
滇西情思（三首）·······················冯 晓
山泉（外一首）·························谷未黄
水城（外二首）·························朱谷忠
母井···································晓 青
都市抒情（散文诗三章）···················谢选云
小站一宿·······························李祖星
火把，点燃了（外一首）···················周继才
短诗一束···················吴延松 王学芯 鹿说之

文学院
讽刺是永远需要的·························马识途

读者·作者·编者
来稿来信摘编···························张金发等
专题诗歌创作大奖赛启事···················本刊编辑部
迎接新的挑战···························本刊编辑部

美术
鸽子（木刻）···················阿 鸽画 胡 笳诗

1985 年第 2 期 刊名：《青年作家》
目录

纪实文学
徐楚复仇（中篇纪实小说）·················温靖邦
锯齿啮痕录（3）·························流沙河

小说
潘多那的盒子···························李旭东
白色斑马线·····························王立纯
春日···································李鸿声
金戒指·································王小平
弱者···································陈 草
别喝那碗白酥油···············（蒙古族）鲍尔吉·原野

刺梨儿
西装事件（讽刺小说）·····················范锡林
精简科室（讽刺小说）·····················李立宪
混世虫（讽刺小说）·······················郧远征
祖传名医（幽默小说）·····················代廷荣

翻译小说
世界上最危险的人
········[美]爱德华·霍奇著 东辉译 杨荣鑫校

袖珍小说
没有灯光的窗户·························陈 放
第六号单元·····························冰 菲
夜里老鼠要睡觉
·········[德]沃尔夫冈·波歇尔特著 冯小虎译

文学新地
三个女服务员（小说·附短评）
·················舒国卿 胡明伟 刘玉顺
短诗八首（附短评）·················绿 叶 王永生
王翔莺 丁国良 冯天林 杨 然 韩家贵 朱 山

争鸣园地

读《那边有个"快活林"》——————苗干忠
关于《那边有个"快活林"》的争鸣
——————————————远　望　陈恩裕等

诗歌

生活抒情诗（二首）——————————宫　玺
星群（组诗）——————————————唐　风
我走过了立体交叉的长桥——————徐建成
浣花溪（短诗辑）
—————海　云　夏　天　陈惠芳　张培昕　曾　鸣
散文诗（四章）——申虹云　王天华　廖军武

评论

徐志摩与陆小曼（作家的青年时代）——尹在勤
邓刚印象（作家专访）————————简　嘉

美术

无垠（版画）————————————张朝阳
为了忘却的纪念（版画）——————朱维明

1985 年第 3 期　刊名:《青年作家》
目录

小说

两极上的星星————————————邱宪然
石像————————————————陈　锟
秋菊————————————（蒙古族）佳　峻
琴声————————————————何立伟
孽障————————————————艾　湫

翻译小说

第二夫人（中篇连载）
————————[美]欧文·华莱士著　斯　人译

纪实文学

锯齿啮痕录（4.5.）—————————流沙河
徐楚复仇（中篇纪实小说·续完）——温靖邦

刺梨儿

犯了错误的人（幽默小说）————黄三畅
学医（中篇讽刺小说）——————简　嘉

袖珍小说

最后的馈赠————————————范锡林
如果——————————————吴若增
春·夏·秋·冬·春————————舒　升

文学新地

这一个来访者（小说·附短评）——窦卫华
"野马"833（小说·附短评）————李　峰
诗八首（附短评）———范　策　郭建国　唐　刚
汪大海　邹景高　黄德涵

诗歌

离堆古堰歌（组诗）————————周　纲
浣花溪（短诗辑）
————王志杰　任耀庭　周明录　谢克强　施肃中

争鸣园地

关于《兄弟伙》的讨论———谢海阳　苏　丁　余　军

作家专访

简嘉印象————————————刘兆林

读者·作者·编者·

关于《古堡》的通信————李霁宇　王成功
"文学知识百题竞赛"试题答案

美术

《哈代的主题》插图————————李玉成
报喜（漫画）————————————万长安
新"柜中缘"（漫画）————————黄渝文
高楼平地起（版画）————————肖小源
色彩的喧嚣（丝网版画）—————岳　罕

1985 年第 4 期　刊名:《青年作家》
目录

小说

彩色圈————————————————赵剑平
神童————————————————史铁生
蓝天离她很近很近————————电　弧
全福奶奶————————————张西庭
云程有路————————————马其德

翻译小说

第二夫人（惊险小说连载之二）
————————[美]欧文·华莱士著　斯　人编译

纪实文学

锯齿啮痕录（6）—————————流沙河

刺梨儿

一个蚊子嗡嗡嗡（讽刺小说）——王蕴辉
打呼噜（讽刺小品）——————引　子

火眼（讽刺小说）⋯⋯⋯⋯⋯⋯⋯李叔德
灵感（讽刺小品）⋯⋯⋯⋯⋯⋯新　学
偏爱（讽刺诗）⋯⋯⋯⋯⋯⋯⋯启　云
一字书法家（讽刺诗）⋯⋯⋯⋯石　河
做文章（讽刺诗）⋯⋯⋯⋯⋯⋯启　云

袖珍小说
明明亮亮的天⋯⋯⋯⋯⋯⋯⋯蒋亚林
诗人学富⋯⋯⋯⋯⋯⋯⋯⋯⋯郭　力
怪事⋯⋯⋯⋯⋯⋯⋯⋯⋯⋯⋯王春采

散文
青城山石笋小记⋯⋯⋯⋯⋯⋯王俊义

文学新地
微笑着的魔鬼（小说）⋯⋯⋯孟令海
急诊（小说）⋯⋯⋯⋯⋯⋯⋯牛杏彬
水龙头前（小说）⋯⋯⋯⋯⋯洪　然
短诗一组（诗歌附短评）⋯⋯王金明等

争鸣园地
击毙李十二（小说）⋯⋯⋯⋯周永严
关于《兄弟伙》的讨论纪要
⋯⋯⋯⋯⋯⋯西南师范学院中文系八一级

专题诗歌创作大奖赛
摩托试车员（外一首）⋯⋯⋯编号 215
都市风景线（二首）⋯⋯⋯⋯编号 224
希望比获得更可爱（外一首）⋯编号 199
太阳与月亮⋯⋯⋯⋯⋯⋯⋯⋯编号 252
念出那座小城的名字（外一首）⋯编号 227
忆⋯⋯⋯⋯⋯⋯⋯⋯⋯⋯⋯⋯编号 351
月⋯⋯⋯⋯⋯⋯⋯⋯⋯⋯⋯⋯编号 463

作家专访
一个普通人的寻求——张辛欣没有沉默⋯朱碧森

评论
诗艺管窥⋯⋯⋯⋯⋯⋯⋯⋯⋯王若谷

读者·作者·编者
来稿来信选编⋯⋯⋯⋯⋯⋯⋯李玉龙等

美术
载月归（版画）⋯⋯⋯胡笛诗　张白波
试后（版画）⋯⋯⋯⋯⋯⋯⋯王造星

1985 年第 5 期　刊名:《青年作家》

目录

小说
他和她，还有一个小木箱⋯⋯⋯郑　海
潮涨潮落⋯⋯⋯⋯⋯⋯⋯⋯⋯张福麟
青山不相信谎言⋯⋯⋯曾智成　曾智中
船与歌⋯⋯⋯⋯⋯⋯⋯⋯⋯⋯林白薇
白耳朵妈妈⋯⋯⋯⋯⋯⋯⋯⋯张　征
明天，我要回到远方⋯⋯⋯⋯李霁宇

翻译小说
第二夫人（惊险小说连载之三）
⋯⋯⋯⋯⋯[美]欧文·华莱士著　斯　人编译

纪实文学
锯齿啮痕录（7.8.）⋯⋯⋯⋯⋯流沙河

刺梨儿
契机⋯⋯⋯⋯⋯⋯⋯⋯⋯⋯⋯蔡未名
病态的爱情⋯⋯⋯[罗]杨·伯耶舒著　文　琴译
监督⋯⋯⋯⋯⋯⋯⋯⋯⋯⋯⋯贺晓彤
全所象棋运动会⋯⋯⋯⋯⋯⋯徐伯荣

文学新地
夹层（小说·附短评）⋯⋯⋯⋯鄢　卫
诗歌一组⋯⋯⋯⋯⋯⋯⋯⋯⋯何正华等

袖珍小说
断代⋯⋯⋯⋯⋯⋯⋯⋯⋯⋯⋯周克芹
"超级"顾客⋯⋯⋯⋯⋯⋯⋯⋯吴源泉
金奖如期揭晓⋯⋯⋯⋯⋯⋯⋯沈　浩

诗歌
新疆素描（二首）⋯⋯⋯⋯⋯陆　棨
我们的周末夜（外二首）⋯⋯⋯申家平

专题诗歌创作大奖赛
第一根木桩（外一首）⋯⋯⋯编号 201
在新探区⋯⋯⋯⋯⋯⋯⋯⋯⋯编号 226
铝盔与钻工靴⋯⋯⋯⋯⋯⋯⋯编号 483
醉钻塔⋯⋯⋯⋯⋯⋯⋯⋯⋯⋯编号 639
耕耘诗意⋯⋯⋯⋯⋯⋯⋯⋯⋯编号 931
女采集工的痴情⋯⋯⋯⋯⋯⋯编号 1171
喜烛⋯⋯⋯⋯⋯⋯⋯⋯⋯⋯⋯编号 977

作家专访
老骥犹有千里志——访马识途⋯彭长卿

评论

小议讽刺艺术——《理发》读后⋯⋯⋯⋯⋯林锦鸿
读《林霞》杂感⋯⋯⋯⋯⋯⋯⋯⋯⋯⋯⋯祁　初
变革与道德——从《晚霞》谈起⋯⋯⋯⋯陈朝红

争鸣园地

颂歌为谁唱⋯⋯⋯⋯⋯⋯⋯⋯⋯⋯⋯⋯刘连青
读《击毙李十二》⋯⋯⋯⋯⋯⋯⋯⋯⋯⋯建　平
李十二——成功的艺术典型⋯⋯⋯⋯⋯⋯郝作永

美术

乡情（水印木刻）⋯⋯⋯⋯⋯⋯⋯⋯⋯⋯郝伯义
旭日（版画）⋯⋯⋯⋯⋯⋯⋯⋯⋯⋯郭占魁封三
醒（油画）⋯⋯⋯⋯⋯⋯⋯⋯⋯⋯⋯⋯邹延白
飞毯（漫画）⋯⋯⋯⋯⋯⋯⋯⋯⋯⋯⋯万长安
无题（漫画）⋯⋯⋯⋯⋯⋯⋯⋯⋯⋯⋯高凤成
"文学知识百题竞赛"获奖名单

1985 年第 6 期　刊名:《青年作家》
目录

小说

"惊愕"第五乐章⋯⋯⋯⋯⋯⋯⋯⋯⋯⋯刘一东
青龙潮⋯⋯⋯⋯⋯⋯⋯⋯⋯⋯⋯⋯⋯⋯王　松
三个逃学的女学生⋯⋯⋯⋯⋯⋯⋯⋯⋯⋯曹黎民
布依女竹娥⋯⋯⋯⋯⋯⋯⋯⋯⋯⋯⋯⋯叶　辛

翻译小说

第二夫人（惊险小说连载之四）
⋯⋯⋯⋯⋯⋯⋯[美]欧文·华莱士著　斯　人编译

争鸣园地

折磨（小说）⋯⋯⋯⋯⋯⋯⋯⋯⋯⋯⋯马赵碚

刺梨儿

一个酒鬼的自述⋯⋯⋯⋯⋯⋯⋯⋯⋯⋯江忠平
改挂牌⋯⋯⋯⋯⋯⋯⋯⋯⋯⋯⋯⋯⋯⋯杨　进
减肥药⋯⋯⋯⋯⋯⋯⋯⋯⋯⋯⋯⋯⋯⋯王季明
大鼓（讽刺诗）⋯⋯⋯⋯⋯⋯⋯⋯⋯⋯丁三生

纪实文学

锯齿啮痕录（9.10.）⋯⋯⋯⋯⋯⋯⋯⋯流沙河
天葬印象⋯⋯⋯⋯⋯⋯⋯⋯⋯⋯⋯⋯⋯刘家琨

文学新地

杜先生（小说·附短评）⋯⋯⋯⋯⋯⋯⋯杨泗富
短诗一束⋯⋯⋯⋯⋯⋯⋯⋯⋯⋯王正友　龙汉胜
　丁惠敏　邵　影　迪　埃

袖珍小说

父亲病危⋯⋯⋯⋯⋯⋯⋯⋯⋯⋯⋯⋯⋯石花雨
爆炸新闻⋯⋯⋯⋯⋯⋯⋯⋯⋯⋯⋯⋯⋯张　放
美在斯⋯⋯⋯⋯⋯⋯⋯⋯⋯⋯⋯⋯⋯⋯边　城

诗歌

浣花溪
长椅上的老夫妻（外一首）⋯⋯⋯⋯⋯⋯张新楣
厂徽⋯⋯⋯⋯⋯⋯⋯⋯⋯⋯⋯⋯⋯⋯⋯邹自立
香菱投稿⋯⋯⋯⋯⋯⋯⋯⋯⋯⋯⋯⋯⋯余薇野
招聘"会员"启事⋯⋯⋯⋯⋯⋯⋯⋯⋯⋯杨翰端

专题诗歌创作大奖赛

战士的诗笺⋯⋯⋯⋯⋯⋯⋯⋯⋯⋯⋯编号 1141
玫瑰色的春风（外一首）⋯⋯⋯⋯⋯⋯编号 1008
哨所战士的爱⋯⋯⋯⋯⋯⋯⋯⋯⋯⋯⋯编号 399
丢给你个眼色你发什么呆（外一首）⋯⋯编号 974
爱给了我新的生命⋯⋯⋯⋯⋯⋯⋯⋯⋯编号 473
我给你一个星期天⋯⋯⋯⋯⋯⋯⋯⋯⋯编号 358
断奶⋯⋯⋯⋯⋯⋯⋯⋯⋯⋯⋯⋯⋯⋯编号 1115

评论

河⋯⋯⋯⋯⋯⋯⋯⋯⋯⋯⋯⋯⋯⋯⋯⋯高　缨
关于笔记的通信⋯⋯⋯⋯⋯⋯⋯⋯佳　峻　张华
同美国普吉桑德大学师生谈诗⋯⋯⋯⋯⋯孙静轩

美术

摇篮（版画）⋯⋯⋯⋯⋯⋯⋯⋯⋯⋯⋯张希关
岭上八月（版画）⋯⋯⋯⋯⋯⋯⋯周兴　周忠
你也快了（幽默画）⋯⋯⋯⋯⋯⋯⋯⋯⋯张祖华
滴水观音（漫画）⋯⋯⋯⋯⋯⋯⋯⋯⋯万长安

1985 年第 7 期　刊名:《青年作家》
目录

小说

神秘的龙缸⋯⋯⋯⋯⋯⋯⋯⋯⋯⋯⋯⋯李乔亚
侮辱⋯⋯⋯⋯⋯⋯⋯⋯⋯⋯⋯⋯⋯⋯⋯高行健
面包和腊肉⋯⋯⋯⋯⋯⋯⋯⋯⋯⋯⋯⋯徐　锋
小镇风沙大⋯⋯⋯⋯⋯⋯⋯⋯⋯⋯⋯⋯刘树华
妈妈，请听我倾诉⋯⋯⋯⋯⋯⋯⋯⋯⋯唐宋元

翻译小说

第二夫人（惊险小说连载之五）
⋯⋯⋯⋯⋯⋯⋯[美]欧文·华莱士著　斯　人编译

刺梨儿

乘龙快婿（讽刺小说）⋯⋯⋯⋯⋯⋯⋯⋯栈　桥

一篇必须打响的小说（讽刺小说）————董 坚
踢打机器有妙法（讽刺小说）
————————[美]迈克·雷柯作 艾 湫译

袖珍小说
爬不完的楼梯————————————胡偕华
手套————————————————孙朝国
镜趣————————————————姜贻伟

纪实文学
锯齿趴痕录（11.12.13.）—————流沙河

文学新地
赶喜（小说附短评）————————赵德发
诗歌————————尚建国 冯 杰 丁小一

诗歌
不安静的春——————————————雁 翼

爱的诗笺（专题诗歌创作大奖赛）
锤钎之恋——————————————编号 876
雨中————————————————编号 1024
故乡，甜津津————————————编号 712
银色的爱恋（二首）————————编号 711
海员的爱——————————————编号 1051
爱的年华（外一首）————————编号 1186
爱的独语（外一首）————————编号 1083

争鸣园地
他的灭亡是罪有应得，还是使人同情——滨 汀整理

评论
文学，探索人的感悟世界————————松 笔
以一斑而窥全豹——————————聂德胜
绝妙的讽刺————————————黄 柏

文学院
生活的道路与文学的道路————————张昆华
短而实　简而真——《聊斋》随笔——思 达
来稿来信选编——————刘翔玲 张祥银等

美术
烛光曲——献给老师（油画）————邱瑞敏
封二木刻——————————————甘庭俭
仲夏三江原（木刻）————————李仁平
寻（木刻）————————————杨思陶
待哺（摄影）————————————陈复礼

1985 年第 8 期　刊名:《青年作家》
目录

小说
父亲的儿子————————————王克湘
我的雪婆婆的黑森林————————刘醒龙
调查从这里开始——————————刘继安
卖剪纸的侗乡小伙—————————刘国生
有缘千里——————————————高尔品

纪实文学
锯齿啮痕录（14.15.16.）—————流沙河

翻译小说
失踪————[美]休·彭特科斯特著 严仲夏译

文学新地
角逐（小说·附短评）————————蒋蜀陵
西部中国的士兵（诗歌）——————翼 华
五月乡情（诗歌）—————————金 翅

刺梨儿
喜糖（外一篇）————————————李 蔚
改革家————————————————野 莽
礼物————————————————赵 赴
经商略记——————————————李 勃

袖珍小说
泰安酸煎饼————————————王 立
微笑————————————————周晋美

诗歌
我也有个好梦（外一首）——————沈 重
有这样一个夏天——————————韦黎明
静静的江沿————————————张新泉

专题诗歌创作大奖赛
祝福————————————————编号 3045
青山风雨情（外一首）———————编号 2973
爱的素描——————————————编号 2350
故乡，这两个字哟—————————编号 3213
大草原上的男人——————————编号 3411
小误会——————————————编号 1230
你说……你说————————————编号 2966
吉它声声——————————————编号 3587

争鸣园地
真实的形象　有益的启迪—————李华贵
滥施的同情和不公的讥讽——————蓝 天

评论
从马克·吐温一则轶事看幽默四环节············陈孝英
谈《在其香居茶馆里》的人物命名···············孔献之
来稿来信摘编···············郭延明等

美术
格尔尼卡························[西班牙]毕加索

1985 年第 9 期　刊名:《青年作家》
目录

小说
卓斯卡，神奇的地方··············（藏族）拥登嘉措
银杏树下······················熊　郁
立此存照······················汪　雷
凝视·························胡太正
明天是他们的····················翁树杰
今夜星儿多·····················周大新

刺梨儿
双簧·························朱　亮
大丈夫························顾怡群
民事纠纷·······················陈贤楷
自杀者的复活····················曹　建

袖珍小说
孩子与风筝·····················刘一东
雨夜·························童德元

纪实文学
锯齿啮痕录（17.18.19.）··············流沙河

文学新地
陌生的大楼（小说·附短评）············于得洪
短诗一束··········吴子北　郭传火　兰鹤立　石义堂

诗歌
杜甫草堂······················徐　康
路灯（外一首）···················张　扬
过云阳张飞庙····················蓝　疆
其实你真该笑笑···················叶延滨
在铝盔闪烁的地方（专题诗歌创作大将赛）

争鸣园地
倪慧（小说）·····················马赵碚
关于《折磨》的讨论·········王满堂　李树森等

评论
值得注意的一种现象················樊　华
"以己少少许　胜人多多许"·············钟志海

文学院
我喜欢的几句格言··················刘兆林

读者·作者·编者·
张辛欣同志来信

美术
春露（油画）·····················莫　也

1985 年第 10 期　刊名:《青年作家》
目录

小说
北京人·················张辛欣　桑　晔
迷乱的三原色····················漆小冬
哦，亚热带··················（白族）景　宜
温梦························冯　飞

纪实文学
锯齿啮痕录（20—23）···············流沙河

翻译小说
雷神的震怒（连载之一）
··········[英]韦尔贝·艾密斯著　姚　键　李　聿译

刺梨儿
爸爸的阑尾（讽刺小说）···············范锡林
烟雾（讽刺小说）··················贺传圣
猫头鹰（讽刺诗二首）················老　心

争鸣园地
监狱里的大孩子···················潘文伟

文学新地
玩笑（小说·附短评）·········戴玉泉　江忠平
青春的抒情（三首）·················杨庭安
话（外一首）·····················星　也
星期天························平　谦
石林雨························邹学顺
月亮（外一首）···················徐　侨

袖珍小说
不速之客······················刘一东
午餐·························善　良

诗歌

西出阳关（二首）⸺⸺⸺⸺⸺⸺⸺⸺郭同旭
十月的玲蓝花⸺⸺⸺⸺⸺⸺⸺⸺翟永明
在水边⸺⸺⸺⸺⸺⸺⸺⸺⸺⸺饶庆年
夜市⸺⸺⸺⸺⸺⸺⸺⸺⸺⸺张德强
梦⸺⸺⸺⸺⸺⸺⸺⸺⸺⸺⸺陈新民
江鸥之歌⸺⸺⸺⸺⸺⸺⸺⸺⸺刘益善
大江夜歌⸺⸺⸺⸺⸺⸺⸺⸺⸺王长富
舞伴⸺⸺⸺⸺⸺⸺⸺⸺⸺⸺丁　可
绿色的河流（散文诗二章）⸺⸺⸺陈　犀

自由论坛

《绿化树》印象记⸺⸺⸺⸺⸺⸺⸺高尔泰

创作素材

她们为什么会堕落⸺⸺⸺⸺⸺⸺吴　明

创作对话

关于骡子文学⸺⸺⸺⸺⸺⸺⸺⸺谭　楷

读者之声

来稿来信摘编⸺⸺⸺⸺⸺⸺⸺郑允钦等

征师征友

二则⸺⸺⸺⸺⸺⸺⸺菲立保罗　周保宪

1985 年第 11 期　刊名:《青年作家》
目录

小说

经理纪事（三篇）⸺⸺⸺⸺⸺⸺贺星寒
荒货街传奇⸺⸺⸺⸺⸺⸺⸺⸺魏继新
那硬绷绷的弩弓⸺⸺⸺⸺（纳西族）亚　笙
殿审⸺⸺⸺⸺⸺⸺⸺⸺⸺⸺温靖邦

纪实文学

锯齿啮痕录（24—27）⸺⸺⸺⸺流沙河

翻译小说

雷神的震怒（连载之二）
⸺⸺⸺[英]韦尔贝·史密斯著　姚　键　李　聿译

刺梨儿

三环牌打火机⸺⸺⸺⸺⸺⸺⸺鄞远征
失落⸺⸺⸺⸺⸺⸺⸺⸺⸺⸺郁　越
丈夫、妻子和逻辑⸺⸺⸺⸺⸺⸺苏政勋

袖珍小说

最大的愿望⸺⸺⸺⸺⸺⸺⸺⸺周永严
书店里⸺⸺⸺⸺⸺⸺⸺⸺⸺⸺蔡　立

散文

河上日历⸺⸺⸺⸺⸺⸺⸺⸺⸺梅绍静

争鸣园地

关于小说《倪慧》的讨论⸺⸺⸺⸺罗　微等

评论

锲而不舍⸺⸺⸺⸺⸺⸺⸺⸺⸺胡德培

文学新地

文君院（小说·附短评）⸺⸺⸺⸺杨　慧
连长和他的新婚妻子（诗）⸺⸺⸺人　邻
渔民呵（诗）⸺⸺⸺⸺⸺⸺⸺王明方
请工（诗）⸺⸺⸺⸺⸺⸺⸺⸺李耀耕
黄昏（诗）⸺⸺⸺⸺⸺⸺⸺⸺曾毓林
如果（诗）⸺⸺⸺⸺⸺⸺⸺⸺李春梦
沙漠与森林（散文诗）⸺⸺⸺⸺刘晓光
晨海印象（散文诗）⸺⸺⸺⸺⸺海　巴

创作素材

"海外遗产"投资记⸺⸺⸺⸺⸺⸺龚　萱

爱的诗笺

在铝盔闪烁的地方（专题诗歌创作大奖赛）
仅供参考
晚年的海明威
鲁迅不喜欢《阿Q正传》

美术

沐（国画）⸺⸺⸺⸺⸺⸺⸺⸺孔维克

1985 年第 12 期　刊名:《青年作家》
目录

小说

北京人⸺⸺⸺⸺⸺⸺⸺张辛欣　桑　晔
墓场上的士兵⸺⸺⸺⸺⸺⸺⸺中　凤
绿色回归线⸺⸺⸺⸺⸺⸺⸺⸺金　平
最后的一双小脚⸺⸺⸺⸺⸺⸺⸺张法德
夜色朦胧的小路⸺⸺⸺⸺⸺⸺⸺李霁宇

纪实文学

锯齿啮痕录（续完）⸺⸺⸺⸺⸺流沙河

翻译小说

雷神的震怒（连载之三）

·········[英]韦尔贝·史密斯著 姚 键 李 聿译

刺梨儿

"回来再说"（讽刺小说）·············朱健国

绝招（讽刺小品）·······················陈 谷

按姓氏笔画为序（讽刺小品）·········杨 然

如此关怀（讽刺小品）···············朱 亮

袖珍小说

谷草腰带·······························钱庭钧

一支歌·································荒 原

因为你们不在·························凌世学

散文

"美人山"的启示·····················苏醒世

乡村小学生活·························傅 仇

文学新地

迷惘（小说·附短评）·················乔新生

村长（诗）·····························吕 宾

五星星座（诗）·················卫 平 建 忠

油漆工之序（诗）·····················熊德光

伞（诗）·······························席永君

青鸟信（诗）··························园 静

诗歌

城市抒情诗（二首）·················黎焕颐

聋哑人说……（外一首）···········王朝堂

傍晚·································易 山

专题诗歌创作大奖赛

爱的诗笺·························编号 8615

2286 8752 8296 9114 2349

在铝盔闪烁的地方···········编号 7683 4176

自由论坛

"民族文化"问题札记摘抄···········陈 冲

创作对话

你是一个"黑色幽默"家吗···········易 丹译

争鸣园地

关于《倪慧》的讨论···········宏 文 丁铁军等

读者之声

来稿来信摘编

美术

封二木刻·······························甘庭俭

母亲（版画）·························康 宁

饭店一角（油画）·····················邵之辰

1986 年第 1 期　刊名:《青年作家》
目录

小说

一个部长的胜利·····················蔡未名

沙漠深处月儿明——一个牧驼人的生活经历···李万福

接站·································刘兆林

谎·································中 夙

有人敲门·······························胡 刚

归去来兮·······························郑 海

没有意思的故事·······················林汉秋

翻译小说

雷神的震怒（连载之四）

·········[英]韦尔贝·史密斯著 姚 键 李 聿译

刺梨儿

黄金口岸（讽刺小说）···············栈 桥

节日电话（幽默小说）···············栈 桥

派头（幽默小说）·····················姚泽春

象在实际生活中（讽刺小说）

·············[罗]爱德华·茹力斯特著 文 琴译

袖珍小说

房子问题·······························姚泽春

小说发表以后·························秦泽忠

死的奥秘·······························邢 可

争鸣园地

河的眼睛（小说）·····················李旭东

关于《监狱里的大孩子》的讨论·····张 洪 熊 沛

文学新地

啊，老柯……（小说）···············徐端海

树荫（小说）·························冯 俐

散文

珞珈山笔记·····························王英琦

走澳门·································李存修

诗歌

过香溪（外一首）·····················周雨明

海贝·································田 牧

专题诗歌创作大奖赛
爱的诗笺⋯⋯⋯⋯⋯⋯⋯⋯⋯⋯⋯编号 5323
8176　9484　6648　7732　9544　4603　7498
9518　4245　5320
春风吹过长街⋯⋯⋯⋯⋯⋯⋯5391　3983　4545

自由论坛
根是地下的枝　枝是空中的根——浅谈历史文化认识
的视角差⋯⋯⋯⋯⋯⋯⋯⋯⋯⋯⋯⋯⋯李明泉

仅供参考
胡适与新诗的起源
《绞刑架下的报告》的疑点

读者之声
来稿来信摘编⋯⋯⋯⋯⋯⋯张建华　谭　风等

美术
某片拍摄记实（讽刺诗）⋯⋯雷　声配画　党景彦
大街交响曲（讽刺诗）⋯⋯⋯边　鼓配画　罗远明

1986 年第 2 期　刊名:《青年作家》
目录

小说
会唱歌的百灵鸟⋯⋯⋯⋯⋯⋯⋯⋯⋯⋯闻　章
拍摄灵魂⋯⋯⋯⋯⋯⋯⋯⋯⋯⋯⋯⋯吕新景
卡尔吞之夜⋯⋯⋯⋯⋯⋯⋯⋯⋯⋯⋯沈贻炜
在巫山极深处⋯⋯⋯⋯⋯⋯⋯⋯⋯⋯覃昌年
葡萄成熟还很早⋯⋯⋯⋯⋯⋯⋯⋯⋯阎欣宁
木刻效果⋯⋯⋯⋯⋯⋯⋯⋯⋯⋯⋯⋯刘继安
那冷峻的目光⋯⋯⋯⋯⋯⋯⋯⋯⋯⋯周　熠

刺梨儿
经理的皮鞋（讽刺小说）⋯⋯⋯⋯⋯窦卫华
强弱之间（讽刺小说）⋯⋯⋯⋯⋯⋯郭忠信
时势造英雄（幽默小说）⋯⋯⋯⋯⋯常宏元
A 局会议纪要（讽刺小说）⋯⋯武生智　刘培玉
叶公好马（讽刺诗三首）⋯⋯⋯⋯⋯李启云

翻译小说
雷神的震怒（连载之五）⋯⋯[英]韦尔贝·史密斯著
姚　键　李　聿译
百万富翁⋯⋯⋯⋯⋯⋯⋯⋯[英]奥斯卡·威特著
（中国香港）叶恒青译

文学新地
老西（小说·附短评）⋯⋯⋯⋯⋯⋯路　辛

头发（小说·附短评）⋯⋯⋯⋯⋯⋯杨葆滩
泥土里长出的希望（诗歌）⋯⋯⋯⋯茹　菇
水乡姑娘（诗歌）⋯⋯⋯⋯⋯⋯⋯左昌伦
一双雨靴（诗歌）⋯⋯⋯⋯⋯⋯⋯何永康
待（诗歌）⋯⋯⋯⋯⋯⋯⋯⋯⋯⋯黄朝炯

袖珍小说
甜甜的笑⋯⋯⋯⋯⋯⋯⋯⋯⋯⋯⋯侯黎风
假如⋯⋯⋯⋯⋯⋯⋯⋯⋯⋯⋯⋯⋯艾　华
生命的价值⋯⋯⋯⋯⋯⋯⋯⋯⋯⋯张关林

诗歌
我们和管弦乐（外二首）⋯⋯⋯⋯申家平
春归（外一首）⋯⋯⋯⋯⋯⋯⋯⋯陈运和
勘探日记⋯⋯⋯⋯⋯⋯⋯⋯⋯⋯⋯黄　宏
浣花溪（诗一组）⋯⋯⋯⋯⋯沈天鸿　陈春琼
千　雪　里　辛　冯庆川

作家专访
和李氏兄弟共度中秋——访李庆西、李杭育⋯赵　玫

文学院
文学向生活靠拢——读《北京人》随想⋯⋯⋯谭兴国

自由论坛
当代文学中的焦灼感⋯⋯⋯⋯⋯⋯⋯⋯吴　野

征师征友
五则⋯⋯⋯⋯⋯⋯⋯⋯⋯⋯⋯⋯⋯晓　娄等

1986 年第 3 期　刊名:《青年作家》
目录

小说
猎人⋯⋯⋯⋯⋯⋯⋯⋯⋯⋯⋯⋯⋯方　方
酸枣树，酸枣树⋯⋯⋯⋯⋯⋯⋯⋯李长廷
梦呓⋯⋯⋯⋯⋯⋯⋯⋯⋯⋯⋯⋯⋯乔　瑜
我的妈妈我的娘⋯⋯⋯⋯⋯⋯⋯⋯丹　萌
角雕圣手⋯⋯⋯⋯⋯⋯⋯⋯⋯⋯⋯庞国弘

刺梨儿
对一件贪污案的一次调查⋯⋯⋯⋯赵旭忠
处女作后的日期⋯⋯⋯⋯⋯⋯⋯⋯陈秋生
梦幻中彩记⋯⋯⋯⋯⋯⋯⋯⋯[日]筒井康隆著
梁　潮　谢尚周译
谦虚⋯⋯⋯⋯⋯⋯⋯⋯⋯⋯⋯⋯⋯原　昌

翻译小说

深海潜行（连载之一）————————————[美]彼得·本奇得著
吴　念　黄嘉陵　谢显宁译

散文

井————————————————————————————————李　累

袖珍小说

岩峰糖————————————————————————————张道余
江清月近人————————————————————————欧阳玉澄
传染性嗜睡症————————————————————————晓　容

文学新地

人家的老婆好（小说）——————————————————贾元明
打孩子（小说）——————————————————————亚　鸣
沙石与淘沙石者（诗歌）————————————————人　可
六月的江岸（诗歌）————————————————————苏　华

诗歌

岁月的河（四首）————————————————————张新泉
夜（外一首）——————————————————————陆　萍
你老是问我————————————————————————周玉明
父亲·母亲·西南城（外一首）————————————梁　芒
南风轻轻吹（三首）————————————————————郭光豹
石榴吟————————————————————————————易　山

争鸣园地

关于《河的眼睛》的讨论
————————————刁其俭　张建基　章邦鼎　黎　明

自由讲坛

小说的危机————————————————————————苏　丁

征师征友

以文会友————————————————————————————周保宪

1986 年第 4 期　刊名:《青年作家》

目录

专论

我说《青年作家》
——庆祝《青年作家》创刊五周年————————————马识途

小说

绿肥红瘦————————————————————————————周克芹
角逐————————————————————————————————马宝康
胡马依北风————————————————————————————王　松
米家兰————————————————————————————————方英文

湖畔素描————————————————————————————黄新心

翻译小说

深海潜行（连载之二）————————————[美]彼得·本奇利著
吴　念　黄嘉陵　谢显宁译

刺梨儿

创新——————————————————————————————胡　威
猪的价值————————————————————————————鲁守平
神秘的微笑————————————————————————————黄　飞
照相机皮套————[保加利亚]登塞欧·伏拉迪米罗夫著
甄淑琴　宿彦文译

袖珍小说

最后两个人————————————————————————徐小梁
蝈蝈————————————————————————————————王洪震
病————————————————————————————————————钱庭钧
留给侦察员的遗嘱————————————————————张援军

争鸣园地

不平静的柳河渡（小说）————————————————马本昌

文学新地

美丽的双头鱼（小说·附短评）————————————李迪群
短诗一束————————苗中秋　潘永翔　张存智　张　梅

诗歌

火把节及其他（二首）————————————————杨永年
绿色的尊严————————————————————————龙　郁
小夜曲（外一首）————————————————————柯愈勋
有一座碑在心海上了望（三首）————————————沈　重
延安————————————————————————————————子　页
峭壁红星（外一首）————————————————————冉　庄
带露的紫罗兰————————————————————————于宗信
天桥俯瞰————————————————————————————张德强
桥（外一章）——————————————————————廖军武

读者之声

来稿来信摘编——————————牛永青　宋智华　郭海权等

文学知识宫

八则
感谢读者————————————————————————————本刊编辑部
袖珍小说命题有奖征文启事————————————本刊编辑部

1986 年第 5 期　刊名:《青年作家》
目录

小说

诺言 ………………………………………… 郑九蝉
大滩 ………………………………………… 薛尔康
过独木桥的人家 …………………………… 贺传圣
关于刘晓玉非正常死亡的报告 …………… 刘选正
那只漂亮的小钱包 ………………………… 胡永康
密密的石榴丛 ……………………………… 庞　烬

翻译小说

深海潜行（续完） …………… ［美］彼得·本奇利著
吴　念　黄嘉陵　谢显宁译
东方财团 ………… ［美］沃尔夫·里纳著　曹明伦译

刺梨儿

在蒙得利交易厅里 ………………………… 夏　天
招聘考试 …………… ［苏］米哈依尔·迪莫夫著
甄淑琴　宿彦文译
心病 ………………………………………… 纪慎言
你是谁家的孩子？ …… ［蒙］萨格达因·登阿尤什著
甄淑琴　宿彦文译

袖珍小说

院坝静悄悄 ………………………………… 程新华
鞋 …………………………………… 周　帆　汉　源
"现代意识" ………………………………… 熊笑笑

文学新地

都市之光（小说附短评） ………………… 施伯华
短诗一束 …………………………… 杜律新　梅　子
张法舜　刘斌夫　苑　涛

诗歌

黄河之滨（五首） ………………………… 胡　笳
山野的诱惑（五首） ……………………… 姜金城
希望奏鸣曲（三首） ……………………… 徐建成
山乡水寨集（二首） ……………………… 朱谷忠
火柴新咏 …………………………………… 周继才
雪梨（二首） ……………………………… 易　山
一线天（同题诗三首） …… 周佩锋　曾有云　刘桂阳

自由论坛

关于《小说的危机》的质疑
——与苏丁同志商榷 ……………………… 易　丹

文学院

小说观念与艺术规范 ……………………… 李　陀

美术

我们生活充满阳光 ………………………… 张宠朴

1986 年第 6 期　刊名:《青年作家》
目录

小说

灵猩 ………………………………………… 刘醒龙
唉　古柘冲 ………………………………… 殷小英
眼镜 ………………………………………… 亚　丁
那紫气蒙蒙的草滩 ………………………… 邓　贤
临街的窗 …………………………………… 周　格
三十一路公共汽车上 ……………………… 贺　晓

翻译小说

东方财团（连载之二）
…………………… ［美］沃尔夫·里纳著　曹明伦译

刺梨儿

神龟 ………………………………………… 许　辉
象棋秘书 …………………………………… 唐田人
警报 ………………………………………… 韩征天

袖珍小说

备课 ………………………………………… 李正心
希望 ………………………………………… 杨惠民
六月雨 ……………………………………… 黄坚坚

文学新地

太阳（小说·附短评） …………………… 刘　军
致小报（外一首） ………………………… 刘江榕
巴蜀儿童诗会
童谣（五首） ……………………………… 李昶三
在初中毕业前夕 …………………………… 赵　佳
会说话的眼睛（外一首） ………………… 喻德荣

诗歌

香港珍闻（三首） ………………………… 莫少云
重庆月（外一首） ………………………… 杨　山
桥头雕塑 …………………………………… 再　耕
滇西情思（二首） ………………………… 冯　晓
人生 ………………………………………… 曹纪祖
我是旗帜的儿子（外一首） ……………… 晓　青
冬泳 ………………………………………… 人　可
我们的船　没有风帆 ……………………… 王学芯

散文

戈壁·古郡·月牙泉 ————————————— 魏 樵

争鸣园地

关于《不平静的柳河渡》的讨论

三人谈 ————————————————— 崇 宜

要准确反映农村改革生活 ————————— 吴 红

评秦勾践的人生悲剧 ————————————— 王耻富

自由论坛

小说的危机——审美主体衰减的时代 ———— 袁 阳

总体思考与哲理的表现 ————————————— 松 笔

小说的现状与前景 ————————————— 尹 鸿

文学院

小说观念与艺术规范（续完） ———————— 李 陀

文学知识宫

八则

美术

夜色（水墨画） ————————————— 胡 勃

1986 年第 7 期　刊名:《青年作家》
目录

小说

情话 ————————————————— 侯成路

皎月 ————————————————— 童江南

蓝色的雨 ————————————————— 安 敏

丢失了河流的码头 ————————————— 申斯春

大树 ————————————————— 赵剑平

银狐 ————————————————— 王卫民

现代家庭琐事 ————————————— 何筑光

一个简单的故事 ————————————— 金 石

翻译小说

东方财团（连载之三）

————— ［美］沃尔夫·里纳著　曹明伦译

刺梨儿

酒 ————————————————— 鄢远征

写作示范 ————————————————— 眭见强

叫魂 ————————————————— 良 钟

俏货 ————— ［苏］塔迪娜·安德莱娃著　文 琴译

袖珍小说

心有灵犀 ————————————————— 顾 工

十年 ————————————————— 李茂询

争鸣园地

女雇员轶事（小说） ————————————— 姚 锐

散文

我要燃烧 ————————————————— 唐大同

自由论坛

诗的相通性及其他 ————————————— 孙静轩

文艺随笔

文学的突破口 ————————————— 胡德培

创新与观察 ————————————————— 古建军

作品短评

四则 ————————— 张大放　永 严　汤中骥　曹天成

文学新地

宝塔糖（小说·附短评） ———————————— 冯小虎

短诗一束 ————————————————— 杜 帆

钟仕林　黄定中　罗西临　胡 兰

诗歌

校园诗笺 ————————————— 张洪明　雷明伟

廖希立　周 伟　黄德函

诗短情长（抒情短诗一束） ———————— 苏文河　赵 强

奕 林　陈先学　况明先　任志玺　铭 久　黄殿琴

美术

国画　江山增胜图 ————————————— 李华君

1986 年第 8 期　刊名:《青年作家》
目录

小说

缠人的雨 ————————————————— 田 曈

一盒香烟 ————————————— 张增明　康 宁

田园 ————————————————— 王 松

思索 ————————————————— 邹国义

花圈的缎带上写着…… ————————————— 李 蔚

翻译小说

东方财团（连载之四）

————— ［美］沃尔夫·里纳著　曹明伦译

刺梨儿（讽刺幽默小说专辑）

鬼楼 ————————————————— 赵大年

蛀牙⋯⋯⋯⋯⋯⋯⋯⋯⋯⋯⋯⋯⋯⋯范锡林
洗手水⋯⋯⋯⋯⋯⋯⋯⋯⋯⋯⋯⋯⋯新　学
名人纪实⋯⋯⋯⋯⋯⋯⋯⋯⋯⋯⋯⋯火　笛
家事二题⋯⋯⋯⋯⋯⋯⋯⋯⋯⋯⋯⋯周昌义
送君送到大路旁⋯⋯⋯⋯⋯⋯⋯⋯⋯崔　桦
鼠患⋯⋯⋯⋯⋯⋯⋯⋯⋯⋯⋯⋯⋯⋯愈　刚
无题进行曲⋯⋯⋯⋯⋯⋯⋯⋯⋯⋯⋯苏政勋
儿子被捕之后⋯⋯⋯⋯⋯⋯⋯⋯⋯⋯原　昌
美国讽刺小说两篇⋯⋯⋯⋯⋯⋯⋯杜农一译

袖珍小说·命题征文
眼睛⋯⋯⋯⋯⋯⋯⋯⋯⋯⋯⋯⋯⋯⋯窦卫华
眼睛⋯⋯⋯⋯⋯⋯⋯⋯⋯⋯⋯⋯⋯⋯陈建江
约会⋯⋯⋯⋯⋯⋯⋯⋯⋯⋯⋯⋯⋯⋯王蕴辉
约会⋯⋯⋯⋯⋯⋯⋯⋯⋯⋯⋯⋯⋯⋯赵成禄
约会⋯⋯⋯⋯⋯⋯⋯⋯⋯⋯⋯⋯⋯⋯韦　力
街头⋯⋯⋯⋯⋯⋯⋯⋯⋯⋯⋯⋯⋯⋯王昌富
街头⋯⋯⋯⋯⋯⋯⋯⋯⋯⋯⋯⋯⋯⋯侯兴龙
街头⋯⋯⋯⋯⋯⋯⋯⋯⋯⋯⋯⋯⋯⋯陈建江

自由论坛
严肃小说与流行艺术⋯⋯⋯⋯⋯⋯⋯何世平

文学新地
大街后面（小说·附短评）⋯⋯⋯⋯梁　佳
短诗一束⋯⋯⋯⋯⋯刘德才　逯效鼙　王兴圣
郁　斌　李乃华　书　山　张晓健

评论
高灵敏度的艺术概括——谈《青年作家》一九八五年
度的几篇讽刺小说⋯⋯⋯⋯⋯⋯⋯吴　野
刺梨儿的酸涩和回甜——读讽刺小说选《玛茜表姐，
欢迎您》⋯⋯⋯⋯⋯⋯⋯⋯⋯⋯⋯陈朝红

诗歌
都市的罗曼史⋯⋯⋯⋯⋯⋯⋯⋯⋯⋯叶延滨
童年的梦境⋯⋯⋯⋯⋯⋯⋯⋯⋯⋯⋯邹自力
乡情⋯⋯⋯⋯⋯⋯⋯⋯⋯⋯⋯⋯⋯⋯秋　枫
浣花溪⋯⋯⋯⋯薛卫民　向求纬　况明先　邵　影

本刊一九八五年"刺梨儿"征文评选结果

美术
秋静⋯⋯⋯⋯⋯⋯⋯⋯⋯⋯⋯⋯⋯⋯金　生

1986 年第 9 期　刊名:《青年作家》

目录

小说
红土⋯⋯⋯⋯⋯⋯⋯⋯⋯⋯⋯⋯⋯⋯张宗栻
国境线上⋯⋯⋯⋯⋯⋯⋯⋯⋯⋯⋯⋯邹国义
沉寂的雪水湖⋯⋯⋯⋯⋯⋯⋯⋯⋯⋯雷建政
麒麟角⋯⋯⋯⋯⋯⋯⋯⋯⋯⋯⋯⋯⋯王　诲
贝多芬俱乐部⋯⋯⋯⋯⋯⋯⋯⋯⋯⋯高霜木
愿望⋯⋯⋯⋯⋯⋯⋯⋯⋯⋯⋯⋯⋯⋯姚泽春
哦！二十岁的女大学生⋯⋯⋯⋯⋯⋯李光武

纪实文学
留美生活点滴⋯⋯⋯⋯⋯⋯⋯⋯⋯⋯刘　明

刺梨儿
决议⋯⋯⋯⋯⋯⋯⋯⋯⋯⋯⋯⋯⋯⋯郭忠信
局长未到⋯⋯⋯⋯⋯⋯⋯⋯⋯⋯⋯⋯陈　伟

翻译小说
东方财团（连载之五）
⋯⋯⋯⋯⋯⋯⋯〔美〕沃尔夫·里纳著　曹明伦译

文学新地
淘沙者的婆娘（小说）⋯⋯⋯⋯⋯⋯毛　森
悠悠情深（散文）⋯⋯⋯⋯⋯⋯⋯⋯姚文龙
短诗一束⋯⋯⋯⋯⋯⋯马　辉　杨光和　陈军华
赵中贵　邓　双　周多丽　周新生　郑文榜　陈泽芳

袖珍小说·命题征文
街头⋯⋯⋯⋯⋯⋯⋯⋯⋯⋯⋯⋯⋯⋯张连波
约会⋯⋯⋯⋯⋯⋯⋯⋯⋯⋯⋯⋯⋯⋯林汉秋
眼睛⋯⋯⋯⋯⋯⋯⋯⋯⋯⋯⋯⋯⋯⋯鲁　星
眼睛⋯⋯⋯⋯⋯⋯⋯⋯⋯⋯⋯⋯⋯⋯金　核

争鸣园地
小小少年（小说）⋯⋯⋯⋯⋯⋯⋯⋯全　中
《女雇员轶事》争鸣录⋯⋯⋯⋯⋯李兴武　整理

诗歌
故乡的抒情诗⋯⋯⋯⋯⋯⋯⋯⋯⋯⋯雁　翼
少年城⋯⋯⋯⋯⋯⋯⋯⋯⋯⋯⋯⋯⋯杨　然
边城小镇舞场（外一首）⋯⋯⋯⋯⋯王剑冰
等待⋯⋯⋯⋯⋯⋯⋯⋯⋯⋯⋯⋯⋯⋯孙昕晨
读《唐诗三百首》⋯⋯⋯⋯⋯⋯⋯⋯丹　若
岛屿·橄榄树⋯⋯⋯⋯⋯⋯⋯⋯⋯⋯郑宝富

自由论坛
超越"盆地眼光" 强化"自主精神"
——四川小说创作现状分析四人谈
·············毛迅(执笔) 易 丹 陈 庄 罗建中

散文诗
燕子(外二章)·····················杨子敏
老师(外一章)·····················黄朝炯

文学院
致袁伯乐·························钟惦棐

美术
燕山深处·························孟 瑞

1986 年第 10 期　刊名:《青年作家》
目录

小说
夜上海的霓虹灯·····················俞 聪
夜,第三只眼睛·····················林文询
走了的与留下的·····················舜 尧
红草··························薛 勇
没有鸟鸣的峡谷·····················向以桦
大楼里的红蜻蜓·····················林白薇
平坟··························虹 雷

纪实文学
吾爱吾师························流沙河
死囚暴狱的时刻·····················田子镒

翻译小说
东方财团(连载之六)
·················〔美〕沃尔夫·里纳著 曹明伦译

刺梨儿
一根保险丝·······················徐隆建
并非偶然························徐小秋
科长住过的屋子·····················谢怀灵
照片(外一篇)·····················开 愚

袖珍小说·命题征文
约会··························荒 原
约会··························高 虹
眼睛··························小 非
街头··························曾宪国
街头··························刘邦昌

文学新地
度日如年(小说)····················赖俊文
人生一隅的心态图
——读《度日如年》··················刘中桥
爱的花瓣(组诗)········阳 子 赵晓玲 鲁 荒
曾令勇 胡 兰 雨 田 胡佑科 潘兴斌 张 政

散文
哦,羌塘草原·······················魏志远

诗歌
祖国在我心中(组诗)·········蒋海将 刘旭光
李 卓 谢士祥 古春晓
奔驰的背影(外三首)·················李发模
爱的诗笺(组诗)···········翟永明 叶向阳
李晓寒 徐国志 龙 郁 叶应昌 袁永庆

本刊内部消息:明年本刊将有重大改进

1986 年第 11 期　刊名:《青年作家》
目录

纪实文学
西安第十三·······················乔 瑜

小说
纯情··························任 见
少男少女························毛 健
在"重点班里"·····················赵小明
消失··························王家男
春蚕··························姚达人

翻译小说
不归的复仇者(连载之一)
·················〔日〕西村寿行著 罗二虎译

袖珍小说·命题征文
约会··························钱庭钧
约会··························白文萍
街头··························刘国芳
街头··························马 铁
眼睛··························姜胜群
眼睛··························新 学

刺梨儿
溜圆溜圆的圆·····················胡 刚
驯猴··························峭 石

自由论坛

"文化大革命"与文学——白桦答本刊记者何世平问

文学新地

迷惑（小说·附短评）⋯⋯⋯⋯⋯⋯⋯周宗仁

短诗一束⋯⋯⋯⋯⋯⋯杨 通 汪骄阳

郑扬帆 冯 石 刘惠生 凌 激 吴 爽

诗歌

"小雅"变奏曲⋯⋯⋯⋯蔡其矫 孙静轩 傅天琳

在春夏之交⋯⋯⋯⋯⋯⋯⋯⋯黎焕颐

寻找那棵树（外一首）⋯⋯⋯⋯⋯季振邦

爱因斯坦⋯⋯⋯⋯⋯⋯⋯⋯⋯周孟贤

听煤矿乐队演奏⋯⋯⋯⋯⋯⋯⋯申家平

投弹英雄⋯⋯⋯⋯⋯⋯⋯⋯⋯孙建军

浣花溪（短诗集）⋯⋯⋯⋯⋯李发模 卫 铎

草 萤 张国明 潘永翔 张新民 张新楣 金克义

本刊内部消息：明年本刊将有重大改进

1986 年第 12 期　刊名:《青年作家》
目录

小说

薄雾⋯⋯⋯⋯⋯⋯⋯⋯⋯⋯⋯佳 峻

同路人⋯⋯⋯⋯⋯⋯⋯⋯⋯⋯严歌平

苍海⋯⋯⋯⋯⋯⋯⋯⋯⋯⋯⋯王月礼

净心的日子⋯⋯⋯⋯⋯⋯⋯⋯李康美

人间烟火⋯⋯⋯⋯⋯⋯⋯⋯⋯高 锋

拍片轶事⋯⋯⋯⋯⋯⋯⋯⋯⋯王维刚

在巴黎换乘⋯⋯⋯⋯⋯⋯⋯⋯汪 洪

弄拙成巧⋯⋯⋯⋯⋯⋯⋯⋯⋯黄小初

翻译小说

不归的复仇者（连载之二）

⋯⋯⋯⋯⋯［日］西村寿行著 罗二虎译

刺梨儿

胃镜检查⋯⋯⋯⋯⋯⋯⋯⋯⋯陈 澍

搬家⋯⋯⋯⋯⋯⋯⋯⋯⋯⋯⋯巫云根

受迫害的白奴⋯⋯［罗］杨·伯耶舒著 文 琴译

袖珍小说

约会（三篇）⋯⋯⋯⋯桑 晔 胡保平 韩征天

眼睛（二篇）⋯⋯⋯⋯⋯洪双烨 林 坡 商 欣

街头（四篇）⋯⋯黄 谦 杨存辉 周丁力 梁 青

散文

故乡的树⋯⋯⋯⋯⋯⋯⋯⋯⋯子 页

梅雨时节看栀子⋯⋯⋯⋯⋯⋯⋯愈 慧

文学新地

泸定桥（诗歌）⋯⋯⋯⋯⋯⋯⋯蓝启发

妈妈的存折（诗歌）⋯⋯⋯⋯⋯彭 惠

鹤翔桩气功（诗歌）⋯⋯⋯⋯⋯周 帆

树（诗歌）⋯⋯⋯⋯⋯⋯⋯⋯燕 子

南方五月（诗歌）⋯⋯⋯⋯⋯⋯李 村

野小路（诗歌）⋯⋯⋯⋯⋯⋯⋯李 华

也致春天（诗歌）⋯⋯⋯⋯⋯⋯黎正明

诗歌

往事：温馨与冷峻（三首）⋯⋯⋯徐 康

冷风景——西北印象（三首）⋯⋯张新泉

浣花溪⋯⋯⋯⋯⋯⋯里 沙 苗中秋 张士忠

闻 欣 殷树楷 徐建成 陈 艰 孙友田 张晓健

作家专访

瞧这山东高密汉子

——莫言和他的小说⋯⋯⋯⋯⋯卢跃刚

自由论坛

对"四人谈"的讨论⋯⋯⋯林文询 田 由 阿 来

1987 年第 1 期　刊名:《青年作家》
目录

改刊寄语

面对文学新潮

把自己同别人坚决地区别开来——刘心武答本刊记者徐慧问

小说

下行特快⋯⋯⋯⋯⋯⋯⋯⋯⋯漆小冬

一对恋人和一对非恋人的故事⋯⋯陈文明

舞⋯⋯⋯⋯⋯⋯⋯⋯⋯⋯⋯邱伟鸣

金锁、银锁和铜锁⋯⋯⋯⋯⋯⋯沈嘉禄

秋阳⋯⋯⋯⋯⋯⋯⋯⋯⋯⋯⋯杨新民

步入大龄⋯⋯⋯⋯⋯⋯⋯⋯⋯韦 力

玉嫂⋯⋯⋯⋯⋯⋯⋯⋯⋯⋯⋯姜贻斌

特异功能⋯⋯⋯⋯⋯⋯⋯⋯⋯少 匆

酒趣⋯⋯⋯⋯⋯⋯⋯⋯⋯⋯⋯姜贻伟

纪实文学

我的围棋之路⋯⋯⋯⋯⋯⋯⋯⋯聂卫平

南窗笑笑随笔
革命摇摆舞·······················流沙河

刺梨儿
咖啡（幽默小说）·················傅小渝
搬砖（讽刺小说）·················高霜木
我这个房产吏（讽刺小说）·········伍　丁
车上······（讽刺小说）···········曹　建
意见箱（讽刺小说）···············崔合美

袖珍小说·命题征文
街头·········夏　云　李林樱　李正心　张泽兴
眼睛·················孟小平　马其德　郝　炜

翻译小说
不归的复仇者（连载之三）
·····················[日]西村寿行著　罗二虎译

爱的诗笺
和你在一起（外一首）·············翟永明
谁推你来（外一首）···············刘　敏
离别···························施国英
目光的焊接（外一首）·············王长富
深的湖·························柯愈勋
思念，一个凤愿·················王建明
琴···························樊　雄
选择（外一首）·················杨　静
初恋···························刘　昕
邂逅···························雨　田
散文诗三章·····················余薇野

中国作家作品在国外
论"朦胧诗"···········[美]郑树森著　尹慧珉译

实验小说
一种声音·······················魏志远

文学院
我看小说·······················崔道怡

新人新作
碎了的人影（小说·附短评）·········高　强

青青信箱
关于"琼瑶热"的问答

文学社团诗作选
桥牌名将·······················尚仲敏
听《伏尔加船夫曲》（外一首）·······黄云鹤

浴场···························刘　云
南方的故事·····················卢燕敏
旷野：我和一个女孩（外一首）·······苏历铭
读鲁迅书·······················梁晓明
致我的"山口百惠"···············刘兆国
看大彩电（外一首）···············朱凌波
海之魂·························李春梦
南方柳·························罗晓明

1987 年第 2 期　刊名:《青年作家》

目录

刺梨儿
全是真事之二（讽刺小说）·········邓　刚
最新流行语（讽刺小说）···········牟　强
啊"自盗办"（讽刺小说）···········王克湘
还差一个（讽刺小说）·············何　民
你知道我是谁?！（讽刺小说）
·················[罗]特奥多尔·马齐鲁作　文　琴译

小说
姑父·························尚静波
秋天的故事·····················蔡未名
鲨祸·························宋树根
灯光·························袁永庆
太阳·蛋黄·····················潘文伟
泥手印·························李　贵
锦鸡·························李　贵

实验小说
莫名其妙的窃贼·················余以建

袖珍小说·命题征文
街头···························斯　菲
街头···························杨零零
眼睛···························蓝　方
眼睛···························周小其
约会···························邵　卫

纪实文学
我的围棋之路（续）···············聂卫平

南窗笑笑随笔
西戎印象·······················流沙河

新人新作
失眠之后（小说·附短评）···········杨明先

翻译小说

不归的复仇者（连载之四）

..................................[日]西村寿行著　罗二虎译

诗歌

漂流新解..公　刘

小月亮和爱之神....................................孙静轩

江南小韵..陈所巨

浣花溪..再　耕　茹　菇

余以建　谢先云　杨瑞福　王兴圣　郑文榜

新人新作..........................余　畅　艾　文　鲜为知

赖大安　龚　昕　彭　玲　夏子全　王自喜　胡雪芹

妙龄女郎微微笑....................................杨翰端

青青信箱

关于西方文化等问题

面对文学思潮

也谈"寻根"——李杭育答本刊记者何世平问

自由论坛

失掉勇气和真诚后的痛苦选择

——谈当代小说怀古情绪的现实根源和历史根源

..................................毛　迅　易　丹　陈　庄　罗建中

1987 年第 3 期　刊名：《青年作家》

目录

小说

阳光下的橄榄色（小中篇）............................陈晓伟

守卡子的男人......................................李新华

红桃 A..李霁宇

喜酒..何　群

阳台..林文询

悬崖..阎庆福

康大爷的遭遇......................................尚　敬

刺梨儿

气味十足（讽刺小说）..............................李　蔚

梦中的路（讽刺小说）..............................黄纪华

新人新作

小镇船女（小说·附短评）..........................冯清泉

短诗六首..........潘先佐　范作保　刘　明　王志林

袖珍小说

鬼力..陈红光

婚礼进行曲..黄三畅

五光十色....................................王邦新　王道坤

守株待兔..崔晓勇

街头（命题征文）..................................汤炳生

微笑（命题征文）..................................陈建江

微笑（命题征文）..................................晓　民

实验小说

明天无消息..王安佶

南窗笑笑随笔

我做检讨　三反打虎记..............................流沙河

纪实文学

队魂——记漂流勇士孔志毅..........................戴善奎

翻译小说

不归的复仇者（连载之五）

..................................[日]西村寿行著　罗二虎译

开颜录

露头等四则..................................于伯生　子　二

诗歌

遥远的国境线（组诗）..............................周　纲

诗人与方块字......................................梁谢成

钻塔印象..丛小桦

茶馆小憩..朱文杰

湖湾的传说（外一首）..............................王学芯

五味泉..沙　白

跋..尹　民

自由论坛

对话，并非就为了一团和气——记一次作家与评论家

的对话会..何世平

面对文学思潮

文学与现代意识——祖慰答本刊记者何世平问

青青信箱

关于"朦胧诗"

美术

秋满世界（摄影）..................................郭　林

作家轶事插图......................................甘庭俭

讽刺诗配漫画......................................党景彦

复活（摄影）......................................陶重光

1987 年第 4 期　刊名:《青年作家》
目录

刺梨儿

善良的贪污犯（讽刺小说）·····················晓　剑
星星也有烦恼（讽刺小说）·····················王不天
第一位委托人（讽刺小说）
·····················[西德] C.威吉兰兹著　否　定译

小说

该对你说声 OK······················佳　云
哦，那棵老槐树······················柯　丹
早熟··························张　征
两个爹同时死去····················良　钟
陌生的旅伴················邱耀才　李清法
乡音·························汤学春
风乍起·························孔　屏
旱魃·························蔡应律

纪实文学

钟氏父子素描——记钟惦棐与阿城···········仲呈祥

袖珍小说

微笑（命题征文）···················陈文明
雨中（命题征文）···············辅　棠　刘建
留宿·························南虎员
故事三题·······················莓　子

实验小说

小酒馆里的朦胧····················李　蔚

翻译小说

不归的复仇者（连载之六）
················[日] 西村奉行著　罗二虎译

诗歌

情感的流云·····················李光云
五彩石························于宗信
项链·························陈官煊
整容·························张培昕
少林寺记游·····················任耀庭
抬价（讽刺诗）····················胡　笳

新人新作

苏苏（小说附短评）··················应　琊
沙漠笔记（组诗）····················赵　强
勘探在中国西部（组诗）················黄　毅
月牙泉情思······················史新惠

面对文学思潮

我还是真诚的——王安忆答本刊记者何世平问

自由论坛

再说一些不愿苟同的话
——关于文化小说的零碎思考···········刘　火

青青信箱

《红高粱》及其他

读者·作者·编者

来信摘编

开颜录

投河者等五则················子　二　嵩　巍等

美术

阿城漫画像·····················丁　品
助跳（漫画）····················高凤成

1987 年第 5 期　刊名:《青年作家》
目录

小说

月下·························郑　海
隧道·························汤世杰
四十五岁的初恋或左手和右手的故事··········张　蠡
到黄龙去·······················王成功
冤仇·························山　林
老人与鸽·······················张加百
碎魂录························淳世华
现代派的释迦牟尼···················李正心

刺梨儿

该死的公平秤（幽默小说）···············王永贵
我到底是谁（讽刺小说）················戴永明
空白（讽刺小说）···················王　筠
枯井（讽刺小说）···················章　轲
蹄髈姑爹（讽刺小说）·················何其烈

实验小说

如期而来的不幸····················开　愚

袖珍小说

雨中（命题征文）···················小　非
邻居（命题征文）···················小　殊
邻居（命题征文）···················朱丁中
微笑（命题征文）···················窦卫华

微笑（命题征文）—————————— 武 东
眼睛（命题征文）—————————— 耿建伟

纪实文学
贾平凹和他的妻子及其他—————— 孙见喜

新人新作
加上十岁（讽刺小说·附短评）———— 史铁桥
诗之高雅（小说）———————— 蜀 民
短诗六首————— 张晓峰 雪 川 许庭杨 袁 助

散文
我的父亲————————————— 曲 博
秋瑾墓前————————————— 王 庆

翻译小说
不归的复仇者（连载之七）
——————————[日]西村寿行著 罗二虎译

诗歌
都市风（三首）————————— 徐 康
灯下小集（三首）———————— 宫 玺
夜思（外一首）————————— 朱谷忠
赠L—————————————— 芦 管
约会—————————————— 周 伟
脚印（外一首）————————— 陈禄明
竹乡情（散文诗二章）—————— 吴延松

自由论坛
关于诗的对话——高尔泰与北岛一席谈—— 一 萍

青青信箱
读书、写作及其他

读者·作者·编者
《青年作家》文学讲习所（刊授）简章
就举办《青年作家》文学讲习所（刊授）致作者、读者

美术
具象与抽象1号（摄影）—————— 刘禾萌

1987 年第 6 期　刊名:《青年作家》
目录

小说
原色—————————————— 邓 贤
极点—————————————— 蔡未名
热风—————————————— 马 平

男人桥————————————— 韩棕树
逃出猫洞————————————— 殷德杰
出租车今天披红戴花——————— 臧 瑾
洁白的雪花————————————— 邓宗良
血岩上的悬棺————————————— 覃昌年
极夜—————————————— 林来福

刺梨儿
为了失去的性别————————— 李书崇
老丁—————————————— 傅小渝
小人之心————————————— 傅吉石
卖书—————————————— 吕 新
家里的创作
——————[民主德国]霍斯特·罗阿齐著 文 琴译

纪实文学
谋杀————————————刘秀品 李旭东

翻译小说
不归的复仇者（连载之八）
——————————[日]西村寿行著 罗二虎译

袖珍小说命题征文
邻居—————————————— 希 声
邻居—————————————— 袁永庆
邻居—————————————— 邵宝健
微笑—————————————— 高 虹
微笑—————————————— 晋 川
微笑—————————————— 杨炳文

诗歌
我的咏叹调————————————— 胡 笳
山海恋————————————— 张 扬
光阴—————————————— 袁永庆
抬轿子————————————— 草 民
界河—————————————— 林 珂
孤岛·太阳（外一首）—————— 苏文河
报国寺月夜————————————— 夏长峰

巴蜀儿童诗会
平原的孩子去爬山（三首）———— 徐建成
母校是棵果子树————————— 陈 宁
冬——————————————— 吴晓晖
我，十六岁————————————— 张 翼
赠自己————————————— 张丽君
朋友，请你调好焦距——————— 朱继军

面对文学思潮
题材限制作家是可悲的
——蒋子龙谈当前文学创作————— 谷 莉

青青信箱
无题、无标点及其他

文艺消息
成都市文艺工作者座谈学习《在延安文艺座谈会上的讲话》的体会

美术
具象与抽象 2 号（摄影）································谢运生

1987 年第 7 期　刊名:《青年作家》
目录

小说
雨季（中篇小说）·······································邹国义
吉他歌手···全勇先
青皮···邓　贤
甘蔗林···闻　章
过年···何立伟
诗魔·书圣·画鬼···徐　锋
天籁···钱玉亮
送县刊···明　德
德根的老屋···童江南

翻译小说
不归的复仇者（连载之九）
·····················[日]西村寿行著　罗二虎译

刺梨儿
耳光的滋味···葛　洪
老夫子拒盗···艾　湫
愚公后传···肖　昕

袖珍小说
雪夜小窗···砚　侠
雪天···任芙康
三人行···熊建成
雨中（命题征文）···魏治祥
雨中（命题征文）···徐小秋
邻居（命题征文）···牛贵荣
邻居（命题征文）···杨斯华
邻居（命题征文）···吴金生

散文
老屋···王万洪

新人新作
"阿西"和他的朋友们（小说·附短评）·············仲　戈

鹰之羽（诗歌三首）·······································章　勇
红桑树和女儿（诗歌）·····································杜律新
柴（诗歌）···李树生
橄榄绿唱片···魏　可

诗歌
北京的胡同（组诗）·······································雁　翼
野魂（五首）···姜金城
走向自然（三首）···龙　郁

中国作家作品在国外
张辛欣、桑晔与斯达兹·特克尔——兼评口述实录体
小说《北京人》·······································[美]金介甫

青青信箱
技巧、流派及其他

开颜录
剧团趣事等···子　二等

1987 年第 8 期　刊名:《青年作家》
目录

小说
春天到湖上去（中篇小说）·································姜　滇
永远的红舞鞋···张　虹
一个二十岁的梦···黄家刚
恩怨···李乔亚
雪白的钩花罩···王旭鸣
遥远的微笑···曹黎民
看飞机···徐林森
雪玩···野　莽

刺梨儿
黑皮夹克···李元胜
世界第一流的···冯　飞
副团级···翁树杰
"自卑"大奖赛··罗　军

袖珍小说
雨中（命题征文二篇）·······················王　立　李博厚
微笑（命题征文二篇）·······················李林樱　田　瞳
邻居（命题征文）···田　瞳
爱情没有季节···海　南
不靠站的公共汽车···赵　强
穿高跟鞋的小伙子···田惠刚

实验小说

俘虏 ···································· 彭绍宇

新人新作

温馨的火锅店（小说·附短评）········ 小　殊
写在安顺场（外一首）·············· 曹纪祖
写给屈原 ···························· 朱学银

翻译小说

不归的复仇者（续完）
··············· ［日］西村寿行著　罗二虎译

西窗闲话

评论家的"市场预测" ·················· 浪　子
创新乎？技穷乎？ ···················· 晓　枫
"吹毛求疵" ·························· 子　二

诗歌

自带春风出玉门（组诗）·············· 戴安常
不死的灵魂（二首）·················· 沈　重
海上日出（外一首）·················· 陈麟章
"洋伯乐" ···························· 雷　声

爱的诗笺

回答（四首）························ 谢克强
雨季（三首）························ 张新泉
关于爱情（外一首）·················· 潘先佐
横街上的朋友 ······················ 张洪波
迟开的红梅 ························ 任耀庭
青春之潮 ·························· 汪国真

开颜录

四川方面等 ························ 胡兴模等

1987 年第 9 期　刊名:《青年作家》
目录

小说

昆明虎案（中篇纪实小说）············ 邓　贤
最后一搏 ·························· 马新川
雪豹 ······························ 佳　峻
丛林之歌 ·························· 林　白
雪花 ······························ 意西泽仁
我的美国老丈母 ···················· 小　晓
正是夕阳红尽处 ···················· 李加建
十六的月亮 ························ 周海峰
红狐在前 ·························· 郑正强

刘家琨其人其文

灰色猫和有槐树的庭院（小说）········ 刘家琨
问答一则 ·························· 刘家琨
刘家琨和他的小说把握方式 ·········· 郭　健

刺梨儿

出差 ······························ 饶瑞龙
生日礼物 ·························· 杨翔英
功夫 ······························ 韩征天
关于天才的问题（外一篇）
··············· ［罗］扬·伯耶舒著　文　琴译

袖珍小说

车速限制 ·························· 冯小虎译
缘分 ······························ 方　了
生意经（外一篇）·················· 强　儒

纪实文学

聂旋风 ···························· 肇　世

面对文学思潮

刘亚洲谈纪实文学 ·················· 减　瑾

新人新作

远灯（小说·附短评）················ 庶　子
孩子呵，孩子（诗歌三首）············ 雷明伟
往事（诗歌）······················ 宇　风

青青信箱

问答三则

诗歌

南方写意（三首）·················· 冯静辉
巴山：苦恋之情（外一首）············ 向求纬
沉默的二哥 ························ 孙昕晨
诗人——致友人 D ·················· 彭国梁
父亲与海 ·························· 杜卫平

开颜录

幸好不熟 ·························· 子　二等

1987 年第 10 期　刊名:《青年作家》
目录

小说

将军，一部军史及其他 ·········· 林　园　乔　瑜
小沧州 ···························· 栈　桥
记忆女神曼摩辛 ···················· 张爱华

花花·························傅　恒
模特儿死于车祸·················王立纯
只有海鸥……··················凌耀忠
飘荡的影子····················余以建
八面钟·············李治邦　李送今
旋涡·······················魏治祥
花布与诗集····················王离离
酒神与我同车···················张宇光
剪纸的颜色····················谢林蓉

刺梨儿

朱经理的狗生意··················赵旭忠
聊·························蜀　民
剽窃·······················刘彬彬
昂贵的门票····················王蕴辉
女秘书·········[罗]扬·伯耶舒著　文琴译

散文

岷江觅情·····················程书仿
月亮塘·哑巴···················刘　莉

新人新作

押解途中（小说附短评）·············刘晓川

袖珍小说

生日（命题征文）·················邢　可
天气预报爱好者（外一篇）············靳凤羽

诗歌
青年诗人十人集

初恋之谜·····················杨　然
恋························杨光和
给远方的爱人···················湛　丰
独白·······················梁　平
蜗牛·······················杨　克
弹钢琴的姑娘···················西　川
独白·······················文　冰
我剪辑错乱的人生·················曹纪祖
妈妈，小屋漏雨··················何永康
车窗·······················刘　敏

年轻的三弦琴

三弦琴和弹琴人··················张　莹
一则新闻（外一首）················鄢元平
老兵·······················恳　耘

中国作家作品在国外

我印象中的张洁
··········[美]安妮·迪莉德著　郭彦节译

1987 年第 11 期　刊名:《青年作家》

目录

乔瑜其人其文

从此天下之士……················乔　瑜
关于《我的作家梦》················乔　瑜
人·感性·生命力··················张颖川

小说

富足·告别····················朱苏进
没有寄出的信···················刘兆林
洗澡·······················尚　敬
孤坟·······················王立枕
公路·······················蒋亚林
红蜘蛛······················闻　波
鬼园·······················王　松
凄凉的夜·····················徐伯荣
成熟·······················王先明
洞孔·······················周　原
杂节·······················董爱平
找························胡永康
招风·······················王　溸

刺梨儿

大个子······················谭英凯
甩不掉的找寻···················冯　骏
迎接张处长····················邓　强
棋术·······················胡金生
麻将风波·····················李凯斌
推荐··········[罗]扬·伯耶舒著　文琴译

袖珍小说

木刀·······················马赵碚
噪音···················（土家族）颜家文
生日（命题征文）·················袁永庆
远方（命题征文）·················马毅明
灯光（命题征文）·················仇甫全
灯光（命题征文）·················杨翔英
微笑（命题征文）·················胡兴伍

自由论坛

犹欠梅花一缕魂——说《红》对话录········陈　庄

诗歌

欧洲之旅（五首）·················陈麟章
人性的河流（三首）················冯庆川
对镜，你又梳理昨夜（外一首）··········李发模

浣花溪

城市，无题的夜晚⋯⋯⋯⋯⋯⋯⋯⋯⋯⋯王兴圣

夜之序⋯⋯⋯⋯⋯⋯⋯⋯⋯⋯⋯⋯⋯⋯姚学礼

爸爸⋯⋯⋯⋯⋯⋯⋯⋯⋯⋯⋯⋯⋯⋯⋯张大铸

龙舟竞渡⋯⋯⋯⋯⋯⋯⋯⋯⋯⋯⋯⋯⋯黎正光

爱，在故乡河畔⋯⋯⋯⋯⋯⋯⋯⋯⋯⋯高为尧

东湖春月⋯⋯⋯⋯⋯⋯⋯⋯⋯⋯⋯⋯⋯邓亨禄

新人新作

短诗一束⋯⋯⋯⋯⋯⋯⋯⋯⋯碧　川　余述平

刘德才　蓝正文　凌　激　刘晓燕　黄明山

美术

雾（封底摄影）⋯⋯⋯⋯⋯⋯⋯⋯⋯⋯张鸿鸣

1987 年第 12 期　刊名:《青年作家》
目录

小说

尼古丁雾上的迷宫⋯⋯⋯⋯⋯⋯⋯⋯⋯⋯祖　慰

父亲⋯⋯⋯⋯⋯⋯⋯⋯⋯⋯⋯⋯⋯⋯⋯尚静波

往事⋯⋯⋯⋯⋯⋯⋯⋯⋯⋯⋯⋯⋯⋯⋯魏志远

高宗堡要塞司令⋯⋯⋯⋯⋯⋯⋯⋯⋯⋯马宝康

喜事⋯⋯⋯⋯⋯⋯⋯⋯⋯⋯⋯⋯⋯⋯⋯赵　新

断崖⋯⋯⋯⋯⋯⋯⋯⋯⋯⋯⋯⋯⋯⋯⋯严歌平

混乱⋯⋯⋯⋯⋯⋯⋯⋯⋯⋯⋯⋯⋯⋯⋯周桂荣

太峪毛贼⋯⋯⋯⋯⋯⋯⋯⋯⋯⋯⋯⋯⋯屈路影

梁婆⋯⋯⋯⋯⋯⋯⋯⋯⋯⋯⋯⋯⋯⋯⋯荆　波

在楼梯上⋯⋯⋯⋯⋯⋯⋯⋯⋯⋯⋯⋯⋯高明学

白栅栏⋯⋯⋯⋯⋯⋯⋯⋯⋯⋯⋯⋯⋯⋯曾　鸣

春夜⋯⋯⋯⋯⋯⋯⋯⋯⋯⋯⋯⋯⋯⋯⋯周　格

刺梨儿

偷⋯⋯⋯⋯⋯⋯⋯⋯⋯⋯⋯⋯⋯⋯⋯⋯简　嘉

险情⋯⋯⋯⋯⋯⋯⋯⋯⋯⋯⋯⋯⋯⋯⋯韩征天

转瞬之间⋯⋯⋯⋯⋯⋯⋯⋯⋯⋯⋯⋯⋯窦卫华

袖珍小说

别忘了回家的路⋯⋯⋯⋯⋯⋯⋯⋯⋯⋯王安佶

放生⋯⋯⋯⋯⋯⋯⋯⋯⋯⋯⋯⋯⋯⋯⋯彭　达

破灭⋯⋯⋯⋯⋯⋯⋯⋯⋯⋯⋯⋯⋯⋯⋯任芙康

满足⋯⋯⋯⋯⋯⋯⋯⋯⋯⋯⋯⋯⋯⋯⋯袁永庆

报销⋯⋯⋯⋯⋯⋯⋯⋯⋯⋯⋯⋯⋯⋯⋯原　昌

远方（命题征文）⋯⋯⋯⋯⋯⋯⋯⋯⋯唐　宇

灯光（命题征文）⋯⋯⋯⋯⋯⋯⋯⋯⋯老　九

灯光（命题征文）⋯⋯⋯⋯⋯⋯⋯⋯⋯郭本华

生日（命题征文）⋯⋯⋯⋯⋯⋯⋯⋯⋯母其先

翻译小说

雪野追踪⋯⋯⋯⋯⋯⋯⋯⋯⋯［美］约翰尼·弗朗斯

马尔科姆·麦考尼尔著　刘辰诞译

散文

草店·绞车·老人⋯⋯⋯⋯⋯⋯⋯⋯⋯史小溪

文学院

七色的太阳⋯⋯⋯⋯⋯⋯⋯⋯⋯⋯⋯孙静轩

诗歌

七支短歌⋯⋯⋯⋯⋯⋯⋯⋯⋯⋯⋯⋯白　桦

浣花溪

看⋯⋯⋯⋯⋯⋯⋯⋯⋯⋯⋯⋯⋯⋯⋯苏　敏

孤独的岛（外一首）⋯⋯⋯⋯⋯⋯⋯⋯鲁　萍

恋爱季节⋯⋯⋯⋯⋯⋯⋯⋯⋯⋯⋯⋯⋯黎正明

过路雨⋯⋯⋯⋯⋯⋯⋯⋯⋯⋯⋯⋯⋯⋯邓　双

我是永远长不大的孩子⋯⋯⋯⋯⋯⋯⋯曾有情

新人新作

第一市民⋯⋯⋯⋯⋯⋯⋯⋯⋯⋯⋯⋯⋯周　强

夜泊南山⋯⋯⋯⋯⋯⋯⋯⋯⋯⋯⋯⋯⋯罗晓明

她的那首诗⋯⋯⋯⋯⋯⋯⋯⋯⋯⋯⋯⋯马国英

证明⋯⋯⋯⋯⋯⋯⋯⋯⋯⋯⋯⋯⋯⋯⋯武学均

颤栗⋯⋯⋯⋯⋯⋯⋯⋯⋯⋯⋯⋯⋯⋯⋯付　红

寄⋯⋯⋯⋯⋯⋯⋯⋯⋯⋯⋯⋯⋯⋯⋯⋯江远丽

梦中的橄榄树⋯⋯⋯⋯⋯⋯⋯⋯⋯⋯⋯夏长峰

1988 年第 1 期　刊名:《青年作家》
目录

“中国潮”报告文学征文百家期刊联名启事

小说

父辈的田野⋯⋯⋯⋯⋯⋯⋯⋯⋯⋯⋯⋯路　远

诗人⋯⋯⋯⋯⋯⋯⋯⋯⋯⋯⋯⋯⋯⋯⋯郑　海

挖坟⋯⋯⋯⋯⋯⋯⋯⋯⋯⋯⋯⋯⋯⋯⋯尚　敬

小白与小黑⋯⋯⋯⋯⋯⋯⋯⋯⋯⋯⋯⋯李小佩

毛毛雨⋯⋯⋯⋯⋯⋯⋯⋯⋯⋯⋯⋯⋯⋯李　予

青春的迷惑⋯⋯⋯⋯⋯⋯⋯⋯杜丽蓉　黄坚亮

镜仙⋯⋯⋯⋯⋯⋯⋯⋯⋯⋯⋯⋯⋯⋯⋯庞国弘

雨，哗啦啦下⋯⋯⋯⋯⋯⋯⋯⋯⋯⋯⋯赵远通

纪实文学

狼族（纪实小说）⋯⋯⋯⋯⋯⋯⋯⋯⋯熊建成

刺梨儿
凤眼莲·····················古 讷
大奖获得者·················马其德

实验小说
两个游人的一天一夜·········万 夏

散文
莫斯科有没有眼泪······字 心
那一条藤···················蓝启发

袖珍小说
土木谐趣···················姜贻伟
远方·······················董晓敏
大街上·····················刘邦昌
领地·······················赵良冶

新人新作
车祸发生之后（小说·附短评）···马力克

诗歌
诗作者·····················流沙河
抒情诗抄···················黎焕颐
南风·······················杨永年
这是雨季（外一首）·········徐国志
凡人小令···················张新泉
画家的卧室（外一首）·······郑宝富

新人新作
十八岁，我走过秦岭·········杜恩湖
人在南方也在北方（外一首）··书 山
丁香·春的思考·············康洪伟
野杜鹃·····················杨 雪
蓝色的四月·················庞翠英

1988 年第 2 期　刊名：《青年作家》
目录

小说
残爱·······················唐田人
阴影·······················竹 子
有那么一双眼睛·············常 江
孤鹤·······················李鸿声
荒诞官司···················李霁宇
别·························邱耀才
迹印·······················黄石林

刺梨儿
进入角色···················李立宪
车费自理···················金碚勇
病·························忽红叶
离婚欢歌···················郭鹏凌

袖珍小说
小说二题···················洪 晔
生日（命题征文）···········魏治祥
远方（命题征文）···········杨零零
红裙子·····················刘以林

争鸣园地
野江（小说）···············高 强

散文
巴金回家···················刘耀辉
空门不空···················吴荫循
原野二章···················周同宾

新人新作
高山顶上那盏红灯（小说·附短评）···文 平

报告文学
黄的、红的、苦的······田 雨

自由论坛
中国讲坛的喧嚣·············郭 健

西窗闲话
"返程车"前的话外音·········叶延滨
所谓"川军"与"盆地意识"···草上飞
"传统写法"一议···········李庆信

诗歌
烽火南疆路——"老山诗会"揽胜
黑色的辉煌（外一首）·······朱增泉
女兵故事···················刘世新
相会·······················周宝莹
前沿中秋···················张国明
无名花·····················谢玉久
他要走了···················唐进平
生死线·····················丁怀光
高原人·····················子 页
燕子之歌（外二首）·········张 扬
黄河源抒情诗··········白 渔　石 纪
我理解（散文诗）···········刘兰英
母亲河·····················时星原

美术

我们不买这次品 ———————— 姚文忠
这老头没脉了…… ———————— 万长安
新型摩托车 ———— 尚明朋构思 老 朽画

1988 年第 3 期 刊名:《青年作家》
目录

小说

打钟人祭 ———————————— 池 刚
陈若曦小说三篇
我们那个时代的中学生
外婆
姑父的蛇店
静静的中午 ———————————— 沈燕飞
黄土 ——————————————— 田 瞳

栈桥其人其文

罢舞（小说） ———————————— 栈 桥
我的作家路（创作谈） ——————— 栈 桥
成钢成金都由他——栈桥印象记 ——— 乔 瑜

刺梨儿

超级美人（讽刺小说） ——————— 韩 冬
会上会下（讽刺小说） ——————— 赵德玺
变奏（荒诞小说） ————————— 罗会坤
最好还是画爱人（讽刺小说） ———— 池 刚

袖珍小说

生日 ——————————————— 思 蜀
劝诫 —————— [美]维廉·萨乐扬著 邓康延译
一颗泄密的心 ——— [美]爱伦·坡著 龚威译
上任伊始 ————————————— 谢 冬

纪实文学

人物速写百幅 —————————— 赵德发

散文

醉酒 ——————————————— 舜 尧
散文诗四则 ———————————— 姜文岩

自由论坛

答《青年作家》问 ————————— 高尔泰

新人新作

铜草花（小说二篇·附短评） ———— 川 流
毛泽东和他的红油纸伞（外二首） —— 程 维
我不是岸 ————————————— 蒙 建

初夏很浓（外二首） ———————— 许庭扬

西窗闲话

所谓"文学青年要有事业心" ———— 张 放
中国的石头比外国的圆 ——————— 叶延滨
关于范文 ————————————— 何世平

诗歌

大宁河抒情诗 —————————— 唐大同
门外窗外 ————————————— 叶延滨

浣花溪

是夜，七枚红豆 ————————— 孙建军
这里没有情节 —————————— 王剑冰
长城（外一首） ————————— 高为尧
黄河入海口 ——————————— 人 可
夜空 ——————————————— 郑文榜
夏夜 ——————————————— 叶知风
风动石 ————————————— 张世忠
酒城吟 ————————————— 蓝启发
玻璃鱼 ————————————— 陈禄明
突围问题研究（外一首） —————— 周玉其

美术

漫画 ——————— 林桐宝 黎希奕子 林汉刚

1988 年第 4 期 刊名:《青年作家》
目录

小说

如雪的白鸽 ——————————— 闻 章
黄河石头黄河水 ————————— 刘胜利
无可挽回的错误 ————————— 蔡未名
断香火的人 ——————————— 姚达人
龟·蟹·八哥 —————————— 沈嘉禄
选择 ——————————————— 刘继安
弯钉子的旋律 —————————— 储一天
老兵刘晓峰 ——————————— 姬 妮
出走 ——————————————— 黄云光

刺梨儿

鸡之厄（幽默小说） ——————— 李茂询
公路上（幽默小说） ——————— 全学玲
二楞求医（讽刺小说） —————— 杨 进
特等奖（讽刺小说） ——————— 唐更生
照妖镜（讽刺小说） ——————— 放 放

袖珍小说

她死了还是活着 ································ 赖俊文
诽谤者 ·· 奀　人
远方 ·· 罗庆华

实验小说

谁在哭泣 ······································ 张加百

新人新作

金银花（小说·附短评）··················· 段文华
弦乐（组诗）································· 蓝　天
为和平摆渡（诗歌）························· 郑　晋
燕鸣石（诗歌）······························ 吴新国

西窗闲话

"票友"意识 ································· 叶延滨
身边的笑话 ································· 浦　江

评论

想象与艺术设计的竞赛 ···················· 胡孟雄
兵魂壮兮 ····································· 佳　峻

诗歌

月亮岛情歌 ································· 周　纲
透明的天鹅湖（四首）··················· 陈皋鸣
葡萄园情歌 ································· 郭维东
伸向远方的车辙 ·························· 汪新泉
高尔布堪 ····································· 索久林
读信（外一首）··························· 欧纯定
成熟时刻（外二首）······················ 葱葱儿
静夜思 ······································ 张家涛

1988 年第 5 期　刊名:《青年作家》
目录

小说

列车，滑向深谷（中篇报告小说）
——"1.24"昆沪快车重大颠覆事件始末 ········· 邓　贤
海这个杂种 ································· 郝　炜
英雄 ··· 陈文明
生命 ··· 孙道雄
鬼柏 ··· 张记书
青春期变异性平衡 ························ 冯庆楠
七姑要来 ····································· 李小冰

刺梨儿

脸皮（讽刺小说）·························· 王　庆
无聊（讽刺小说）·························· 陈　希

实验小说

猪鼻孔 ······································· 克　非

"中国潮"报告文学征文

昨天·今天·明天 ················ 黎　勇　李　奕

散文

流沙河侧影 ································· 许　伽
你呀，你 ····································· 张淑萍

诗歌

戴铝盔的人 ································· 晓　青
爱的诗笺（二首）·························· 曹纪祖
在太湖边（二首）·························· 王学芯
鸟歌 ··· 任耀庭
清官（外一首）··························· 杨　瀛
宋城（外一首）··························· 丛小桦
梦中的诗 ····································· 卢　山
旋转的世界 ································· 潘永翔
高原魂（二首）··························· 周继才
跨过这门槛 ···················· 袁勤华（刊授学员）
少女 ························· 游复民（刊授学员）
化装师 ······················ 陈炜涛（刊授学员）
你说过　永远爱我 ············· 郭德保（刊授学员）

1988 年第 6 期　刊名:《青年作家》
目录

小说

一路顺风 ····································· 崔　桦
永远的波斯菊 ······························ 张庆国
江运寺 ······································· 徐锦川
不要问为什么 ······························ 良　钟
无解 ··· 佳　云
戴口罩的女兵 ······························ 慧　光
补漏 ··· 龙郁川
明天，要去扫墓 ················ 庄　稼（刊授学员）

刺梨儿

歧指（幽默小说）·························· 范锡林

"中国潮"报告文学征文

"叫化县"和"暴发户"··················· 李林樱

作家与世界

欧洲一角散记（一）······················ 孙静轩

文学对话

和郑义的文学对话 ──────── 何开四

诗歌

浣花溪

红玫瑰（二首）──────── 谢克强
摆渡艄公 ──────── 杨国胜
高山芭蕾 ──────── 徐建成
江上情（外一首）──────── 王登明
静极 ──────── 黄　毅
疯女石 ──────── 熊　雄
老井 ──────── 刘晓芳
树的启示 ──────── 张　建
有一种感觉（二首）──────── 雷明伟
残荷 ──────── 陶天真

巴蜀儿童诗会

动物寓言诗（二首）──────── 徐　康
油田的黄昏 ──────── 朱丁中

1988 年第 7 期　刊名：《青年作家》
目录

小说

家丑 ──────── 武志刚
生路 ──────── 良　钟
花轿 ──────── 虹　雷　曹征文
剩下的几位老红军 ──────── 贾元明
二十四个秋老虎 ──────── 傅　恒
绝笔 ──────── 傅　沉
山村纪事 ──────── 康兴杰
大铁桥上 ──────── 李新华
醉醺醺的十八岁 ──────── 龚泽华
夜的浪漫曲 ──────── 崔　耕
捉贼 ──────── 赵　新

刺梨儿

紧急电话（讽刺小说）──────（刊授学员）李占奎
梦（讽刺小说）──────── 张如安
人物（幽默小说）
　　──────[罗]扬·伯耶舒作　甄淑琴　宿彦文译

报告文学

从秀才到企业家 ──────── 徐建成
君子用人如用器 ──────── 陈　奎

作家与世界

欧洲一角散记（二）──────── 陈静轩

诗歌

河边的杞柳（组诗）──────── 姜金城
并非西部之翎（组诗）──────── 赵天山
天之遥心之遥（组诗）──────── 梁　平
吊脚楼（外一首）──────── 龙　郁
在太阳岛上（外二首）──────── 靳亚利
动物寓言诗（二首）──────── 徐　康

1988 年第 8 期　刊名：《青年作家》
目录

小说

挽联 ──────── 乔典运
战栗 ──────── 李康美
泥海人尘 ──────── 张　敏
光天 ──────── 蔡应律
上李村纪事 ──────── 李凯斌
对窗 ──────── 孙晓玮
荒僻木屋 ──────（刊授学员）王福生

刺梨儿

永久的困惑（讽刺小说）──────── 张如安
圆圆的跑道（幽默小说）──────── 陈立基
怪病（讽刺小说）──────── 谢　菁

袖珍小说

夜空的幽默（外一篇）──────── 白小易
借钱 ──────── 小　非

散文

晨钟暮鼓录（之一、之二）──────── 何　洁
心语（二题）──────── 张　放

作家与世界

欧洲一角散记（三）──────── 孙静轩

"中国潮"报告文学征文

金山拓荒者 ──────── 宋杰英　刘继安

文学对话

与傅天琳关于思维方式的对话 ──────── 邓仪中

诗歌

彩色的情绪（五首）──────── 胡　笛
东北　暖色的界江（组诗）──────── 索之林
遥远的采油树（组诗）──────── 刘龙平
心与海（二首）──────── 吴　畏
排球场 ──────（刊授学员）王施聪

江南江南 ································ （刊授学员）黎正明
装饰画 ································ （刊授学员）张仲全

1988 年第 9 期　刊名:《青年作家》
目录

小说

功臣伍船儿 ································ 乔　瑜
山·人·豹 ································ 罗　易
风流街 ································ 钟　钦
桔黄色的宁静 ································ 李　剑
九峰山之夜 ································ 舟　车
"戏内"与"戏外" ································ 商　欣

刺梨儿

夺魁（讽刺小说） ································ 佳　峻
人物速写百幅（第二组） ································ 赵德发

"中国潮"报告文学征文

便引诗情到碧霄 ································ 张　朴
展翅欲飞的山里人 ································ 江　溥

西窗闲话

挣出"方志"的旧束缚
——就四川小说创作问题与苏丁兄唱反调 ··· 张　放
在"上帝死了"之后 ································ 叶延滨
朴庸居杂记 ································ 陈鸿祥

诗歌

绥山（外二首） ································ 沈　重
美的特色 ································ 木　斧
人生之旅 ················· 季振华　季振邦
长宁竹海（外一首） ································ 徐　康
听梵音（外一首） ································ 伍立杨
棕榈树（外一首） ································ 孙　悦
江河水（外一首） ································ 余以建
孤独 ································ 武学均

1988 年第 10 期　刊名:《青年作家》
目录

小说

我的董家山 ································ 马　瑛
街上流行弗洛伊德 ································ 王伟伟
他她二题 ································ 裘山山
选择男人的女人 ································ 冷　燃
峨眉夜游神 ································ 何红烈

有意思的一天 ································ 方英文
向他告别 ································ 朱金鹤
失落 ································ 云　汉
雪映冬夜 ································ 申　明
悲怆的罗曼史 ································ 草　海

纪实文学

沦落的贞操 ································ 凌世学

报告文学

小厂里的大能人 ································ 张智勇

诗歌

松子 ································ 胡　可
那个字 ································ 香　军
秋夜 ································ 孙建军
失恋（外一首） ································ 陈太顺
关于"无题" ································ 郁　斌
小岛 ································ 王跃强
没有檐的雨夜 ································ 盘妙彬
初次 ································ 张晓健
拆信 ································ 关劲潮
爱的心电图 ································ 常书侦

浣花溪·短诗十家

灵感的渴望 ································ 杨　然
日子需要间隙 ································ 黄　宏
薛涛井 ································ 刘　章
夜雨（外一首） ································ 李宪中
伞 ································ 刘　敏
季节 ································ 王建平
四月（外一首） ································ 王思瑜
时间 ································ 王兴圣
幽潭 ································ 范海潮
椰子 ································ 杨　通

1988 年第 11 期　刊名:《青年作家》
目录

小说

疯狂的虫草（中篇纪实小说） ········ （藏族）才　旦
该怎么活 ································ 黄家刚
死的预兆 ································ 倪志兵
月朦胧 ································ 周　原
穷情 ································ 高小勇
大舅 ································ 赖俊文
死迷 ································ 吕清温
某夜 ································ 余以建

刺梨儿

爆炸···芫　昭

罗马尼亚幽默小说两篇·······················文　琴译

袖珍小说

无声的世界···段文华

同是一本书···李春梦

报告文学

苏经理和成都百货大楼·······················臧　瑾

西窗闲话

编辑的"累功"·····························何　易

评论

新时期文学：成就突出，诸多不足·········聂峥砥

诗歌

寄向曼谷的诗笺·····························高　缨

绿橄榄···徐国志

这样的时光···牛　八

无题···傅　耕

月（外一首）···曹纪祖

写在公园的门票上···························陈广德

1927.8.1···钟世庆

恐龙馆···李自国

小路···倪觉非

春···唐建春

手心上的小鸟···傅　燕

鹰钩鼻姗姗···樊帅英

1988 年第 12 期　刊名:《青年作家》
目录

小说

与观音堂有关的故事·······················符　泊

守望大草垛···王祥夫

一刀之仇···姜锋青

红汽球···周永年

斯文的生意···阮志孝

讽刺小说两篇···腾　刚

老爷的名字叫狗子···························姜　汤

报告文学

将军，一部军史及其他（第二部）····林　园　乔　瑜

企业家的酸甜苦辣···························张智勇

作家谈创作

我的作家梦·····················（彝族）吉狄马加

自由论坛

文学可以是商品吗···························高尔泰

诗歌

红烛与黑烛（外一首）·······················黄邦君

采（外二首）···金　军

还乡（外一首）···杜律新

夜间电话（外一首）·······················刘兰英

海夕···胡雪芹

失落的回声···阳　光

断章···毕　胜

告诉我！父亲···果　芒

磨房···陈大华

在北去的列车上·····························梅耀兵

在中国，点一支烟···························孙昕晨

相思（外一首）···詹学志

动态

成都市首届"金芙蓉文学奖"揭晓

成都市首届"金芙蓉文学奖"获奖作品篇目

1989 年第 1 期　刊名:《青年作家》
目录

小说

明净蓝天···王德忱

妄语···李　蔚

私生子···王　松

碧落黄泉···徐林森

您尽管批评···孙红光

泥···高　锋

梅花咱髻···张　婕

暗夜···雨　多

刺梨儿

关于办公楼厕所的改革·······················谈　歌

一样···岩　松

耳环···水　林

成熟···立　之

散文

问琼瑶···里　遥

一颗红心走西北·····························许　伽

报告文学

开拓者的脚印························程　宪　长　弓

自由论坛

纪实小说的文学地位和前景·············王辽南

诗歌

成都：毛泽东石像····················杨　然
看一部外国影片（外二首）···············觉　子
你为什么流泪了（外一首）···············萧　融
夜歌·····························人　可
冬天　雾起南方·····················冉云飞

新人新作

诺言·····························许庭扬
院里的木门························何　蓉
小城·····························沈曙光
无悔·····························萧　岚
林中小径·························陈太顺

1989 年第 2 期　刊名:《青年作家》
目录

小说

界河·····························刘以林
小说二题·························徐林森
万二
张五爷与吴四
猎刀·····························赵　赴
小说二题·························蔡应律
头颅
第一次奉献
查拉斯图拉，告诉我··················蔚　江
试试你的运气·····················严歌平

刺梨儿

忘性·····························吴相阳
电的悲喜剧························陈洪福
怪病·····························张子先
小品二则·························蒋先强

翻译小说

儿子的否决权·······[英]托马斯·哈代著　方　胜译

争鸣园地

情人，情人……（纪实文学）·············凌世学

新人新作

司马敏要吻那根金黄的眉毛（小说）··········徐穷天
寒风（袖珍小说）····················陈大明
蝉儿（袖珍小说）····················巨三刚
路灯就要亮了（诗）··················赵　静

报告文学

行正气的气功师·············李银昭　刘晓双

诗歌

无始无终·························张新泉
自贡三题·························王燕生
生存者的鸣唱·····················张洪波
西天山剪辑························韦德明

美术

山鬼（独幅版画）····················江碧波

1989 年第 3 期　刊名:《青年作家》
目录

小说

野滩·····························吴自创
山吼·····························高旭帆
无题·····························武志刚
红尘·····························储一天
活宝·····························廖时香
委屈·····························赵　新
夫妻的海·························刘以林
大金牙·························舜　尧
劈石人与种瓜女·····················张福麟
砖坟·····························蒋亚林
只等玉人来························海　南

刺梨儿

武大郎改革记·······················马魁武
绝路逢生·························杨　善
银行就要下班·····················臧世翩
烫伤·····························刘国栋

诗歌

扬州（外一首）····················白　航
女儿湖·························伍立杨
市井二题·························衣晓峰
命运（外一首）····················曾令勇
金色季节·························林　琅
父亲的梦·························李万勇

报告文学

素描张家骝⋯⋯⋯⋯⋯⋯⋯⋯⋯⋯⋯⋯⋯臧　瑾

小西湖畔女强人⋯⋯⋯⋯⋯⋯⋯⋯卫世涛　张智勇

新人新作

孩子与军舰⋯⋯⋯⋯⋯⋯⋯⋯⋯⋯⋯⋯⋯邹昌安

猎人⋯⋯⋯⋯⋯⋯⋯⋯⋯⋯⋯⋯⋯⋯⋯⋯李　伟

这个季节⋯⋯⋯⋯⋯⋯⋯⋯⋯⋯⋯⋯⋯⋯伏　炎

折叠的情思⋯⋯⋯⋯⋯⋯⋯⋯⋯⋯⋯⋯⋯晨　叶

带香味的祝辞⋯⋯⋯⋯⋯⋯⋯⋯⋯⋯⋯⋯袁　勇

在醒来的时候（外一首）⋯⋯⋯⋯⋯⋯⋯高　筠

美术

天涯落日（摄影）⋯⋯⋯⋯⋯⋯⋯⋯⋯⋯郝丹立

东君（独幅版画）⋯⋯⋯⋯⋯⋯⋯⋯⋯⋯江碧波

1989 年第 4 期　刊名:《青年作家》
目录

小说

冷太阳⋯⋯⋯⋯⋯⋯⋯⋯⋯⋯⋯⋯⋯⋯⋯黄如棠

三分钟小站⋯⋯⋯⋯⋯⋯⋯⋯⋯⋯⋯⋯⋯曹树莹

麦瑞怎么办⋯⋯⋯⋯⋯⋯⋯⋯⋯⋯⋯⋯⋯李霁宇

短篇二题⋯⋯⋯⋯⋯⋯⋯⋯⋯⋯⋯⋯⋯⋯陈文明

过马路当心汽车⋯⋯⋯⋯⋯⋯⋯⋯⋯⋯⋯蔡未名

破台⋯⋯⋯⋯⋯⋯⋯⋯⋯⋯⋯⋯⋯⋯⋯⋯羽　飞

墨误⋯⋯⋯⋯⋯⋯⋯⋯⋯⋯⋯⋯⋯⋯⋯⋯吴翼民

刺梨儿

回光返照⋯⋯⋯⋯⋯⋯⋯⋯⋯⋯⋯⋯⋯⋯滕　刚

商品楼⋯⋯⋯⋯⋯⋯⋯⋯⋯⋯⋯⋯⋯⋯⋯滕　刚

袖珍小说

囚犯的妻⋯⋯⋯⋯⋯⋯⋯⋯⋯⋯⋯⋯⋯⋯杨　萍

南河沿有棵柿子树⋯⋯⋯⋯⋯⋯⋯⋯⋯⋯秦群鸽

该死的伞⋯⋯⋯⋯⋯⋯⋯⋯⋯⋯⋯⋯⋯⋯中　跃

门⋯⋯⋯⋯⋯⋯⋯⋯⋯⋯⋯⋯⋯⋯⋯⋯⋯蒋兴华

虹⋯⋯⋯⋯⋯⋯⋯⋯⋯⋯⋯⋯⋯⋯⋯⋯⋯林　昂

纪实文学

广州采货纪略⋯⋯⋯⋯⋯⋯⋯⋯⋯⋯⋯⋯胡开强

散文

西行散记⋯⋯⋯⋯⋯⋯⋯⋯⋯⋯⋯⋯⋯⋯唐大同

孔雀之乡⋯⋯⋯⋯⋯⋯⋯⋯⋯⋯⋯⋯⋯⋯刘德鑫

青春诗卷十六家

诗歌⋯⋯⋯张国平　郭红云　慧　玮　周长风　代宏杰

铜　墙　周　刚　马　平　田小波　范平海　袁晋毓

侗　肆　张以君　冯六一　冷光辉　跎　蹉

1989 年第 5 期　刊名:《青年作家》
目录

中篇纪实文学

疯狂的枪声⋯⋯⋯⋯⋯⋯⋯⋯⋯⋯⋯邓　贤　晓　蔚

小说

宿怨⋯⋯⋯⋯⋯⋯⋯⋯⋯⋯⋯⋯⋯⋯⋯⋯邓树勋

窑二哥的老婆来了⋯⋯⋯⋯⋯⋯⋯⋯⋯⋯单光春

短篇二题⋯⋯⋯⋯⋯⋯⋯⋯⋯⋯⋯⋯⋯⋯郝　炜

木胡⋯⋯⋯⋯⋯⋯⋯⋯⋯⋯⋯⋯⋯⋯⋯⋯傅利恒

找上门来的好事⋯⋯⋯⋯⋯⋯⋯⋯⋯⋯⋯潘文伟

没有男人的女人⋯⋯⋯⋯⋯⋯⋯⋯⋯⋯⋯冷　燃

刺梨儿

病症⋯⋯⋯⋯⋯⋯⋯⋯⋯⋯⋯⋯⋯⋯⋯⋯铁　栗

公厕的骚乱⋯⋯⋯⋯⋯⋯⋯⋯⋯⋯⋯⋯⋯章　轲

毛病⋯⋯⋯⋯⋯⋯⋯⋯⋯⋯⋯⋯⋯⋯⋯⋯舟　车

病⋯⋯⋯⋯⋯⋯⋯⋯⋯⋯⋯⋯⋯⋯⋯⋯⋯刘宝库

"中国潮"报告文学征文

川猪打天下

——宜汉县食品公司创业纪实⋯⋯⋯⋯⋯臧　瑾

军旗下的名医

——记成都军区八一骨科医院院长何天佐

⋯⋯⋯⋯⋯⋯⋯⋯⋯⋯⋯⋯⋯⋯晓　银　史　生

一个热爱艺术的厂长

——访企业家高兴华⋯⋯⋯⋯⋯⋯⋯⋯⋯张宏伟

安得广厦千万间

——记内江县建筑公司经理饶运科⋯代伟基　李　奕

散文

西行散记（续）⋯⋯⋯⋯⋯⋯⋯⋯⋯⋯⋯唐大同

诗歌

说是随便（外一首）⋯⋯⋯⋯⋯⋯⋯⋯⋯梁　平

月夜（外一首）⋯⋯⋯⋯⋯⋯⋯⋯⋯⋯⋯梦　如

小院废墟（外一首）⋯⋯⋯⋯⋯⋯⋯⋯⋯吴春林

不朽的月光与篝火⋯⋯⋯⋯⋯⋯⋯⋯⋯⋯杨　然

尚未走进死亡⋯⋯⋯⋯⋯⋯⋯⋯⋯⋯⋯⋯郭留红

王婆卖瓜新说⋯⋯⋯⋯⋯⋯⋯⋯⋯⋯⋯⋯王兴圣

井⋯⋯⋯⋯⋯⋯⋯⋯⋯⋯⋯⋯⋯⋯⋯⋯⋯范朝海

新人新作

烟价⋯⋯⋯⋯⋯⋯⋯⋯⋯⋯⋯⋯⋯⋯⋯⋯唐成茂

独坐 ……………………………………… 王杰平
小路 ……………………………………… 沈曙光
孀居 ……………………………………… 杨德盛
恋爱季节 ………………………………… 关义军

1989 年第 6 期　刊名：《青年作家》
目录

纪实文学
迟到的警报——中国性病一瞥 …………… 杨卓成

小说
野人 ……………………………………… 阿　来
临河酒店 ………………………………… 祁述权
饿鬼 ……………………………………… 傅利恒
岁月的变化和重复 ……………………… 谢鲁渤
隐私 ……………………………………… 李治邦
恼人的仙人掌 …………………………… 子　页
醉翁谈录（二题） ……………………… 叶大春

刺梨儿
犬疑 ……………………………………… 李茂询
王教授的懊恼 …………………………… 剑　力

"中国潮"征文
半年，从零到一百万 …………………… 辜元杰

散文
我与青山共白头 ………………………… 何　洁

袖珍小说
窗前无故事 ……………………………… 刘泽林
过 ………………………………………… 马　马
奥妙 ……………………………………… 赵立新

争鸣园地
关于小说《情人，情人……》的讨论二则 … 黎　勇等

诗歌
浣花溪·短诗辑 ………… 郭红云　侯国刚　袁永庆
林　琅　画　梦　钟士林　邓太忠　郭玉清　方卫华
春　江　李春梦　张晓健

新人新作 ………… 邓细平　徐满元　吴聿建　王小岛

1989 年第 7 期　刊名：《青年作家》
目录

纪实文学
多味小拼盘
——当代"后门"一瞥 ………………… 文　初

小说
黄昏 ……………………………………… 池　刚
血鸽 ……………………………………… 闻　章
杀 ………………………………………… 王家荣
歇伏 ……………………………………… 杨新民
白虎 ……………………………………… 孙道雄

刺梨儿
"PDL" …………………………………… 滕　刚
死因不明 ………………………………… 滕　刚
夏末的等待 ……………………………… 陈恩裕

"中国潮"征文
红花和绿叶的故事 ……………………… 臧　瑾
周荣和他的伙伴们 ……………… 罗　富　罗仁敏

诗歌
清音阁（外一首） ……………………… 李加建
雨巷（外一首） ………………………… 杨远宏
水手（外一首） ………………………… 张　华
鱼声起潮（外一首） …………………… 龙　克
别（外一首） …………………………… 曹纪祖

1989 年第 8 期　刊名：《青年作家》
目录

报告文学
明月照边草（节选） …………………… 丁隆炎

小说
庭院深深 ………………………………… 乔　瑜
小说二题 ………………………………… 高　光
空屋 ……………………………………… 田　瞳
山地一夜 ………………………………… 方英文
小镇文化人 ……………………………… 孙惠芬

刺梨儿
偶然做做诗人（幽默小说） …………… 胡永康
过敏（讽刺小说） ……………………… 王昌义

"中国潮"征文
橄榄果⋯⋯⋯⋯⋯⋯⋯⋯⋯⋯⋯⋯罗仁敏

诗歌
失去时间的备忘录⋯⋯⋯⋯⋯⋯⋯叶延滨
青年画家（外一首）⋯⋯⋯⋯⋯⋯郑　功
献给少女之后（外一首）⋯⋯⋯⋯敬晓东
垂手而立⋯⋯⋯⋯⋯⋯⋯⋯⋯⋯⋯达　黄
诗三首⋯⋯⋯⋯⋯⋯⋯⋯⋯⋯⋯⋯郁　奉
山沟沟⋯⋯⋯⋯⋯⋯⋯⋯⋯⋯⋯⋯季　风
本刊刊授学员作品选⋯⋯⋯⋯⋯⋯张光杰
　曹世保　袁成良　黄艳玲　李小健　侯发雄　王唯唯

1989 年第 9 期　刊名:《青年作家》
目录

小说
艾家皇城的姐妹⋯⋯⋯⋯⋯⋯⋯⋯马　瑛
迷失的回声⋯⋯⋯⋯⋯⋯⋯⋯⋯⋯钟少曦
旋涡⋯⋯⋯⋯⋯⋯⋯⋯⋯⋯⋯⋯⋯满　涛
鬼眼（外一篇）⋯⋯⋯⋯⋯⋯柴　旭　周　虹
烦躁⋯⋯⋯⋯⋯⋯⋯⋯⋯⋯⋯⋯⋯夏　天
那年的一个雨夜⋯⋯⋯⋯⋯⋯⋯⋯庄　谐
乡村人物⋯⋯⋯⋯⋯⋯⋯⋯⋯⋯⋯闵华松
破灭⋯⋯⋯⋯⋯⋯⋯⋯⋯⋯⋯⋯⋯邹如君
红豆、拐子诗人与宝泉⋯⋯⋯⋯⋯林　昂
天火⋯⋯⋯⋯⋯⋯⋯⋯⋯⋯⋯⋯⋯吉　成

刺梨儿
我的儿子跟娘姓（幽默小说）⋯⋯简方杰

"中国潮"征文
蒸压釜长镜头⋯⋯⋯⋯⋯⋯⋯⋯⋯张仕华

散文
生日⋯⋯⋯⋯⋯⋯⋯⋯⋯⋯⋯⋯⋯袁永庆

诗歌
弹吉他的老人（外一首）⋯⋯⋯⋯徐国志
岁月的风声⋯⋯⋯⋯⋯⋯⋯⋯⋯⋯孙建军
倾听镰刀⋯⋯⋯⋯⋯⋯⋯⋯⋯⋯⋯伊　甸
骆驼树⋯⋯⋯⋯⋯⋯⋯⋯⋯江　滨　小　梅
寄语方山⋯⋯⋯⋯⋯⋯⋯⋯⋯⋯⋯蓝启发
你的名字⋯⋯⋯⋯⋯⋯⋯⋯⋯⋯⋯张晓林
今夜注定失眠⋯⋯⋯⋯⋯⋯⋯⋯⋯庄　剑
猎枪⋯⋯⋯⋯⋯⋯⋯⋯⋯⋯⋯⋯⋯向求纬
新人新作⋯⋯⋯⋯林　凌　野　川　赵　果　范文海

1989 年第 10 期　刊名:《青年作家》
目录

国庆专稿
回忆四川解放⋯⋯⋯⋯⋯⋯⋯⋯⋯邵成亚

小说
围墙里的传说⋯⋯⋯⋯⋯⋯⋯⋯⋯席建蜀
青橄榄⋯⋯⋯⋯⋯⋯⋯⋯⋯⋯⋯⋯余重庆
唐楼里的白领王子⋯⋯⋯⋯（中国香港）阿　川
海滩上的女人⋯⋯⋯⋯⋯⋯⋯⋯⋯王鹰飞
幕后⋯⋯⋯⋯⋯⋯⋯⋯⋯⋯⋯⋯⋯张鑫华
轻轻地走⋯⋯⋯⋯⋯⋯⋯⋯⋯⋯⋯刘晓双
打赌⋯⋯⋯⋯⋯⋯⋯⋯⋯⋯⋯⋯⋯朱文福
作伪⋯⋯⋯⋯⋯⋯⋯⋯⋯⋯⋯⋯⋯温靖邦

刺梨儿
关于人和婊子的争论⋯⋯⋯⋯⋯⋯滕　刚
意思意思⋯⋯⋯⋯⋯⋯⋯⋯⋯⋯⋯韩征天

诗歌
无色唇膏⋯⋯⋯⋯⋯⋯⋯⋯⋯⋯⋯张新泉
一支相思曲（外一首）⋯⋯⋯⋯⋯书　山
相思⋯⋯⋯⋯⋯⋯⋯⋯⋯⋯（中国香港）梦　如
一次对坐（外一首）⋯⋯⋯⋯⋯⋯谯兰平
爱之夜⋯⋯⋯⋯⋯⋯⋯⋯⋯⋯⋯⋯曾令勇
从爱开始（外一首）⋯⋯⋯⋯⋯⋯林　琅
无题⋯⋯⋯⋯⋯⋯⋯⋯⋯⋯⋯⋯⋯尹德超
黄梅雨季⋯⋯⋯⋯⋯⋯⋯⋯⋯⋯⋯晨　曦
青春期⋯⋯⋯⋯⋯⋯⋯⋯⋯⋯⋯⋯康德忠

1989 年第 11 期　刊名:《青年作家》
目录

"中国潮"征文
川南第一楼——记改革中的自贡市百货大楼⋯⋯张仕华
为有源头活水来
　——国营七三〇三厂劳服司采访记⋯⋯⋯⋯任小梅

纪实文学
疯狂的倒卖——震惊全国的特大车皮案⋯⋯⋯路　翔

小说
挎盒子炮的姐夫⋯⋯⋯⋯⋯⋯⋯⋯费尽贤
那银杏树下的凉亭⋯⋯⋯⋯⋯⋯⋯杨翔英
六指⋯⋯⋯⋯⋯⋯⋯⋯⋯⋯⋯⋯⋯郝　炜
箫声⋯⋯⋯⋯⋯⋯⋯⋯⋯⋯⋯⋯⋯阎丽君

三月天……………………………刘剑峰
解酒………………………………臧世翮

本刊刊授学员作品选
山那边是云（小说）………………欧 骁

刺梨儿
铃声的诱惑（外一篇）……………章 轲
光光生生…………………………王楚华

诗歌
寄信的朋友（外二首）……………元 平
某则候人启事（外一首）…………盘妙彬
生命体验系列……………………杨 枫
啄木丁丁（三首）…………………李启云

新人新作
短诗一束…………………张春文 甲 交
啸 林 鲁 川 黎云智 李 炎

1989 年第 12 期　刊名:《青年作家》
目录

小说
古寺旁边有个小院…………………田 瞳
妻母的故事………………（藏族）才 旦
幽静之地…………………………贺享雍
桃子………………………………小 理
旱季（中篇）………………………邹国义
都市的周末………………………石维明
三叔………………………………曹 勇
查夜………………………………蜀 民

刺梨儿
讽刺小说两篇……………………李茂询

袖珍小说
骑车的女孩儿还没走远……………白小易
滑坡………………………………白小易
巴克………………………………李乔亚
嗜好………………………………张亚光
开花时节…………………………严 厉

"中国潮"征文
嘉陵江，记住这个七月……………邓树勋

诗歌
南海有贝…………………………沈 重

苏州园林拾趣……………………徐 康
望江楼……………………………王思瑜
落幕的时候………………………刘兰英
浣花溪（短诗集萃）………陈绍龙 杨 瀛 殷树楷
谢天德 张晓健 王江滨 凸 凹 杨 雪 许庭扬

《秋实》

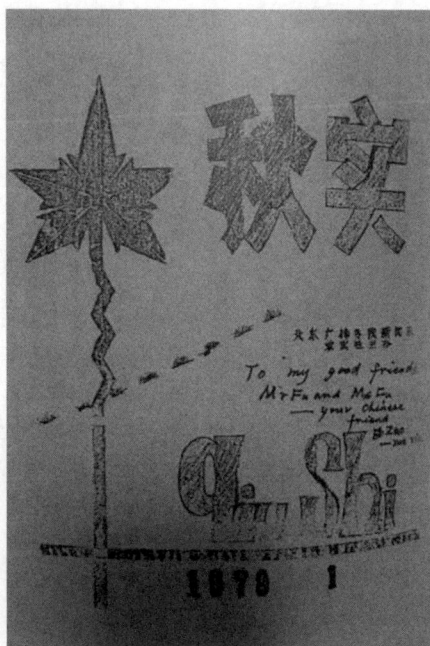

发刊词

哪一个真正的中国人不爱自己的祖国，哪一个人民的儿女不爱自己的母亲。但是在推翻三座大山后的新中国，又有多少祖国的子孙、人民的儿女为母亲流血？又有多少革命的父兄为祖国含冤饮恨而亡！是谁在中国革命史上掀起这一股恶浪？又是谁在中国革命史上导演了十年令人发指的悲剧？

四害被除，悲剧才告结束，十年的历史，使多少人心灵饱受创伤，多少人至今心有余悸，十年啊！我们的文学艺术园地像百花被肃杀，现在有多少禁区需要我们去突破。我们多么希望我们的文学，能用文字的歌，唤起受伤的战友，站起来吧！擦干面上的血迹，挥开眼前的朦胧，跟上人民的步伐，可以断言，当你再次站起来的时候，你将会更深地领略真理的

光辉，和人民的感情交溶（融），看到祖国的未来!

我们得到祖国母亲的哺育，吮吸人民的乳汁长大，在祖国土地上，我们就是一粒粒小小的种子，它经得起千踩万踏，在富饶的土地上结出丰硕的秋实，它生长在祖国的沃土上，它属于人民，它将成为人民充饿的"粮食"。

我们力求把《秋实》办成广大业余作者、文学爱好者的园地，在这个园地里，将产生广大人民真正需要的精神食粮，《秋实》要一扫那文学的歪风，要面向生活，面向真实，面向业余作者，面向最广大的劳动人民大众，要成为时代的回音，真正反映出人民的爱憎。

鲁迅先生说的（得）好："种牡丹者得花，种蒺藜者得刺"，一切现实都将向历史演变；春华——秋实，历史是不骗人的。我们种的是花，还是蒺藜，将由人民大众来检验、来鉴定。

亲爱的广大读者、业余作者、专业作家、艺术界的朋友们，让我们把海阔天空的理想，与脚踏实地的创作结合起来，解放思想，开动机器，大胆探索，发挥最大的精神才智，为祖国的四化而奋斗吧!

海阔凭鱼跃，天高任鸟飞!

让我们为春满人间而斗争!

为人间春满而歌唱!

狱中诗抄

按：这两首诗是四五英雄孙正一同志在狱中斗争的纪录。原作写在一张小小的草纸上。为纪念四五，我们向孙正一同志，征得此稿，以为四五战士纪念。

——通讯员

一、狱中口占

小小牢房，四四方方，人在囚中，心里不慌。

二、普天庆

祸国殃民四人帮，篡权复辟中山狼，恶贯满盈早看透，丧尽天良命不长。

导师遗志除四害，领袖秉承功辉煌，大快人心普天庆，既往开来奔前方。

1979 年第 1 期　刊名:《秋实》

目录

"全国第一张马列主义大字报"是怎样出笼的

郑旭煜翻案事件说明了什么

普通公民

秋实——创刊号

创刊词

新闻理想的危机

从《参考消息》受宠谈起

访北大新闻专业

献给敬爱的贺龙元帅

第二个香港

当前理论界动态综述

廿年艰难喜逢春

称霸的乌鸦

苦雨的夏天

"特种催眠剂"

新闻教育史点滴

"解放牌"、"进口货"以及"新产品"

考验的时候来到了

第 2 期　刊名:《秋实》

目录

治非与饰非

屏风

评"秋江落叶"

炉碴

古诗新译二首

广场留念

情花一束

卖花姑娘 De 缘份

他们要求休息的权利

脸与疮

"文化大革命"中大兴县集体屠杀案

勇夫之死

地图

高价针

读者来信

法官与逃犯

第 4 期　刊名:《秋实》

目录

启事

血的启示

为什么不惩办凶手?

抛弃这个"亡国之道"

读者来信

"鬼神阴察　天地无私"

推?　敲

谭鑫培的三件宝
唐代卓越的诗歌革新者

在一一一〇案件背后
晚间
一点补充
罗丹论艺术
干预生活是作家神圣职责

第 5 期　刊名:《秋实》
目录

《人民文学》

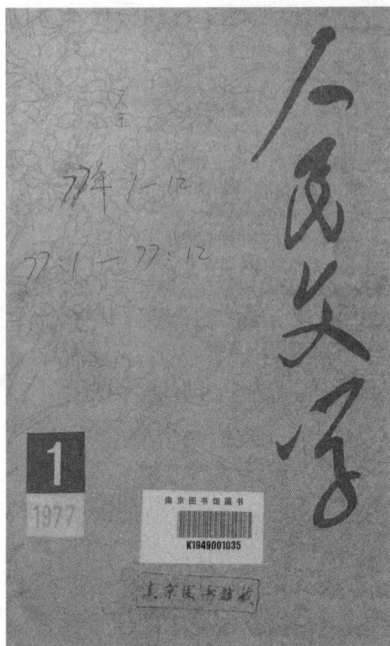

【简　介】

综合性文学月刊。中国作家协会主办。创刊于1949年，1976年复刊。其为中华人民共和国成立以来的第一份文学期刊，代表了中国文学期刊水平的标杆。刊登内容以小说为主，也包括散文、诗歌及纪实文学等。堪称我国最重要也最具权威性和代表性的文学刊物，拥有独特的历史和文学地位。

期刊号：1976年第1期—1989年第12期

致读者

当新年来到的时候，新的《人民文学》和读者见面了。封面题字是毛主席的亲笔手迹，它体现了伟大领袖对无产阶级革命文学战线的亲切关怀和鞭策。我们要努力工作，决不辜负毛主席的殷切期望。

我们以万分喜悦的心情，在创刊号上发表了伟大领袖毛主席一九六五年写的两首词：《水调歌头·重上井冈山》和《念奴娇·鸟儿问答》。这些光芒万丈的诗篇生动地概括了国内外"天地翻覆"、"旧貌变新颜"的大好形势，豪迈地歌颂了革命人民"可上九天揽月，可下五洋捉鳖"的英雄气概，深刻地指出了马列主义必胜、修正主义必败的历史规律。毛主席这两首词的公开发表，有着巨大深刻的政治意义和现实意义，它将有力地鼓舞全国人民，沿着毛主席的革命路线更加奋勇前进。"世上无难事，只要肯登攀"。

我们伟大的社会主义祖国正进入一个重要的历史发展时期。经过无产阶级"文化大革命"和批林批孔运动的战斗洗礼，八亿人民奋发图强，社会主义革命深入发展，社会主义建设事业蒸蒸日上，革命的新生事物到处茁壮成长，工业学大庆、农业学大寨，普及大寨县的运动遍地开花，形势大好，形势喜人！

在我国第五个五年计划开始的时候，全国人民在以伟大领袖毛主席为首的党中央领导下，正坚持党的基本路线，以阶级斗争为纲，坚决贯彻执行毛主席关于学习理论、评论《水浒》、反修防修，促进安定团结和把国民经济搞上去等一系列重要指示，抓革命，促生产，促工作，促战备，为进一步巩固无产阶级专政而斗争。

无产阶级"文化大革命"是以文艺革命为开端的。我们文艺战线上的革命，同其他战线一样，也取得了辉煌的胜利。深入人心的革命样板戏，在文学艺术史上开辟了一个崭新的时代，推动着社会主义文艺的蓬勃发展。在文学领域里，涌现了许多工农兵新作者。他们遵循毛主席的革命文艺路线，学习革命样板戏的宝贵经验，创作出一批好作品，为文学战线开辟了新生面。与此同时，全国各省、市、自治区陆续出版了文艺刊物，促进了各地革命文艺工作的发展。全国性文学刊物《人民文学》的出版，同各地兄弟刊物一样，也是为了进一步繁荣创作和活跃评论，在文学战线上培养更多的新战士，为巩固和发展文艺革命的成果而努力奋斗。

毛主席《在延安文艺座谈会上的讲话》中指出："我们的文学艺术就是人民大众的，首先是为工农兵的，为工农兵而创作，为工农兵所利用的。"毛主席又教导我们，无产阶级文艺是"整个革命机器的一个组成部分"。《人民文学》要坚决贯彻执行毛主席的革命文艺路线，坚持为无产阶级政治服务、为工农兵服务、为社会主义服务的方向，坚持无产阶级的党的文学原则，使文学工作密切地配合现实的阶级斗争和路线斗争。《人民文学》将满腔热情地歌颂伟大领袖毛主席的英明领导，歌颂共产党，歌颂社会主义，歌颂无产阶级"文化大革命"的伟大成果和社会主义的新生事物。要认真学习和运用革命样板戏的创作经验，努力塑造无产阶级英雄人物的典型形象，坚持不懈地批判资产阶级，批判修正主义，批判资产阶级世界观和一切剥削阶级的意识形态，宣传马克思列宁主义、毛泽东思想。

《人民文学》要坚决贯彻招待党的"百花齐放，百家争鸣"，"古为今用"，"洋为今用"，"推陈出新"等一系列

方针政策,坚持革命现实主义和革命浪漫主义相结合的创作方法。要努力反映社会主义革命和建设的题材,也重视反映革命历史题材,鼓励一切创社会主义之新、立无产阶级之异的艺术实践;坚持"革命的政治内容和尽可能完美的艺术形式的统一";提倡"艺术上不同的形式和风格可以自由发展",批判地继承民族形式,使作品为广大群众所喜闻乐见;提倡自由讨论,开展批评和反批评,允许犯错误,允许改正错误——以促进社会主义文学创作的繁荣和发展。

为了进一步繁荣社会主义文学创作,我们要团结党内外老、中、青年革命文学工作者,希望他们加强学习,深入生活和工农兵相结合,写出更多的好作品来。我们以殷切的心情期待着成千上万战斗在工厂、矿山、广阔农村、边防哨卡……各条战线上的业余文学作者们,拿起笔来,以满腔热情反映社会主义事业兴旺发展的时代风貌,充分地发挥工农兵主力军的战斗任用。鲁迅先生说得好:为了革命,"我们急于要造出大群的新战士","没有冲破一切传统思想和手法的闯将,中国是不会有真正的新文艺"。"早就应该有一片崭新的文场,早就应该有几个凶猛的闯将。"革命样板戏做了前驱,一切有志于文艺革命的闯将必将快步前进。《人民文学》决心为工农兵文学新军的迅速成长,尽自己的一份力量。

"历史的经验值得注意。"在我们前进的道路上,决不会是平静的。社会主义社会这个历史阶段里始终存在着阶级、阶级矛盾和阶级斗争。它必然地,有时甚至会首先反映到文艺战线上来。文艺报刊从来是文艺阵地上两个阶级、两条路线进行激烈争夺的舆论工具。十七年反革命的修正主义文艺路线对无产阶级的专政,从反面教育了文艺工作者。毛主席一九六三年十二月十二日和一九六四年六月二十七日关于文学艺术的两个重要批示,我们必须永远铭刻在心。要继续批判反革命的修正主义文艺路线,批判"写真实"论、反"题材决定"论、"中间人物"论等等修正主义文艺谬论。我们要开展一场"无产阶级对非无产阶级的思想斗争"。严肃批判那些否定社会主义新生事物、攻击文艺革命的奇谈怪论。我们深信,搞掉一条黑线之后,还会有将来的黑线,还得再斗争。但是,也正如鲁迅所说:"历史决不倒退,文坛是无须悲观的。"让我们保持清醒的头脑,认定正确的方向,迎着扑面的风雨挺进!

在中华人民共和国成立前夕,伟大领袖毛主席对全国文艺工作者发出了热情的号召:"希望有更多好作品出世。"《人民文学》愿同全国专业和业余的文学工作者一起,为实现毛主席的殷切期望而战斗。希望广大读者、作者支持我们,批评我们,同我们一起来办好这个刊物,使它成为无产阶级对资产阶级专政的工具。

让我们共同努力,"团结起来,争取更大的胜利!"

1976 年第 1 期　刊名:《人民文学》
目录

词二首·························毛泽东
水调歌头·重上井冈山
念奴娇·鸟儿问答
磐石湾(革命现代京剧)···········阿　坚
机电局长的一天(小说)···········蒋子龙
枫叶殷红(小说)···············陆星儿
"公"树的故事(儿童文学)·········胡景方

各地作品转载
老实人的故事(小说)·············孙　颙
社会主义新事多(常德丝弦)·····湖南省歌舞团
踏上地球之巅(报告文学)·········鲁　光
草原纪事(散文)···············魏　巍
石油浪滚战旗红(四首)——大庆诗选··满　锐等
征途万里不歇肩(十四首)
——大寨、昔阳民歌选
迎春歌(诗)·················李　瑛
火红的年代又一春(诗)········(回族)马　达
唱了今天唱未来(诗)···········黄声笑
试看天地翻覆
——学习毛主席新发表的两首词······任　犊
为什么胜利时也会出投降派?
——评《水浒》中宋江的叛徒形象·····汤大民
封建统治阶级为什么有时禁《水浒》? ······刘梦溪
矛盾冲突与阶级斗争
——学习革命样板戏札记···········肖志才

文艺短论
把社会主义文艺创作搞上去
················北京汽车制造厂工人文艺评论组
成长吧,祖国的春苗············沙　晴
把镜头对准新生事物
——评摄影作品《主课》··········傅　活
读一则"笑话"有感(杂文)·········胡　雪
致读者
文艺简讯(三则)
主课(摄影)················王秀伟

1976 年第 2 期　刊名:《人民文学》
目录

认真学习毛主席词二首
胜利的凯歌　进军的号角
——"学习毛主席词二首座谈会"纪要········本刊记者

座谈会发言选登······潘 多 侯生福
朱 岩 北京红星人民公社贫下中农评论组 刘宪亮
沈雁冰 浩 然 李瑞明 叶圣陶 曹靖华 谢冰心
学习无产阶级专政理论 坚决反击右倾翻案风
坚持文艺革命，反击右倾翻案风······初 澜
驳"一花独放"论······焦宏铸
从宋江看现代投降派······洪广思

短论·杂文

"打进去"赞······戈 尘
我们要努力作战
······北京人民机器厂工人五七大学文艺班
用战斗迎接"闪光的明天"······潮 晨
从大型泥塑《农奴愤》想到的······闻 哨
战士与歌手······林荫宇

评论

努力歌颂人民战争，塑造民兵英雄形象
——革命现代京剧《磐石湾》创作体会
······上海京剧团《磐石湾》剧组
要重视反映无产阶级同走资派的斗争
——谈近年来工人作者创作的几个短篇小说···辛文彤
飞吧，英雄的海鹰！
——评影片《第二个春天》······方 耘
诗歌来自斗争，斗争需要诗歌······纪 戈
高唱继续革命的战歌······杨 扬

诗歌

展翅篇······北京
大学中文系七三级创作班工农兵学员集体创作
擂响反修的战鼓······严 阵
夺钢曲······郭 廓
考核······杨晓驯
海底岗哨······张力生
北京的钟声······张宣强
采毕瓦······瞿 琮
红旗渠水饮三杯······洪 源
忆向阳
——五七干校赞歌三首······臧克家

小说

严峻的考验······段瑞夏
铁军的步伐······宋新英
海兰······张逢春
达娃吉······（藏族）格桑多杰

速写散文

新生事物赞
登攀······（白族）那家伦

春到井冈山······吕云松
骆驼背上的医院······尉立清
江阴冬暖······夏 阳
火红的枣林沟······李若冰
窗······王宗仁
文艺简讯（三则）
《农奴愤》（大型泥塑）

1976年第3期 刊名:《人民文学》
目录

中共中央关于华国锋同志任中共中央第一副主席、国务院总理的决议
中共中央关于撤销邓小平党内外一切职务的决议
吴德同志在天安门广场广播讲话
天安门广场的反革命政治事件
······《人民日报》工农兵通讯员
《人民日报》记者
坚决拥护中共中央两项决议
掀起反击右倾翻案风新高潮
天安门广场战旗红（诗六首）······王 杜 海 棱等
万炮齐轰走资派（诗十七首）···上海工人赛诗会诗选
前进，英雄的首都工人民兵（报告文学）
······陶嘉善 高兴烈

小说

放声歌唱"文化大革命"
愤怒声讨党内走资派
无畏······陈忠实
主人······周永年
羚羊寨······张步真
展翅高飞······张新岗
暴风雨（各地作品转载）······鲁兆荣
认真学习毛主席《在延安文艺座谈会上的讲话》
为与走资派斗争的英雄人物塑像······文 旭
乘风破浪向前方······杨春霞
时刻不忘党的基本路线······毕 方

散文

火红的袖标······陈建功
回国之前······李 昆

诗歌

延河之歌······纪 宇
我心中的一盏明灯（陕北说书）······韩起祥

杂文

投枪集

妖风、台风及其他 ——————————— 刘杏芳
在"关心"的背后 ——————————— 石望江
走资派为什么喜欢《姊妹易嫁》? ———— 李 雁
死魂灵和骗子手 ——————————— 胡 雪

短论

与革命共同着生命 ——————————— 沙 晴
大力保卫文艺革命成果
——————— 北京二七机车车辆厂工人文艺评论组
重读《暴风雨》 ——————————— 刘殿义
把文艺刊物办成对资产阶级专政的工具
——祝五种全国性文艺刊物创刊 ———— 洪毅达
"快把那炉火烧得通红" ——————— 吴小丽
说"磨" ——————————————— 江曾培
简讯（三则）
以社会为工厂（木刻） ———— 朱益民 陈小平

——喜读两本新出版的小靳庄诗歌选 ———— 艾克思
努力反映无产阶级同走资派的斗争 ———— 蒋子龙

杂文

投枪集
"做梦"、"说梦"及其他 ———— 朱帜科 任铎夫
拳头·拳术·拳经 ——————————— 潘熙源
掠捕与"吃素" ——————————— 樊庆荣

散文

洞庭波涌 ——————————（土家族）孙健忠
心中的明灯 ————————— 上海航标厂工人写作组
幸福车 ——————————————— 陈爱云
编者的话
简讯（三则）
大学毕业（国画） ——————————— 温承诚

1976 年第 4 期　刊名:《人民文学》

目录

在斗争中建设党 ————————《人民日报》、
《红旗》杂志、《解放军报》社论

毛主席领导伟大的党
颂歌（歌词） ——————————— 洪 源
毛主席领导伟大的党（歌颂） ————— 瞿 琮
阳光万里暖心胸（歌词） ——————— 铁 志
韶山陈列馆（诗） ——————————— 于 沙
金色的油灯（诗） ——————————— 杜佐祥

小说

女共产党员 ——————————— 魏树海
严峻的日子（各地作品转载） ————— 伍 兵
铁锹传 ——————————————— 蒋子龙
演出之前 ——————————————— 宋树新
金色的翅膀（儿童文学） ——————— 许乃平
第一次支委会 ——————————— 扈其震

诗歌

炮声隆 ——————————————— 冯景元
大庆大寨手挽手 ——————————— 李肖虹
干校的青纱帐 ——————————— 季振华
柞树川上访战友 ——————————— 贾志坚

评论

鲁迅小说
——反复辟的生动教材（学习鲁迅札记）—— 金学迅
一首诗歌一团火

1976 年第 5 期　刊名:《人民文学》

目录

向抗震救灾的英雄们致敬
强震吓不倒英雄汉（报告文学）
——记唐山地区军民抗震救灾斗争 ———— 本刊记者
抗震战歌冲云宵（诗六首） ————— 蔡文祥等
来自唐山震区的动人报告 —————— 张茂顺

散文·报告文学

要为真理而斗争 —————— 武振轩 黄抗生
前进，毛主席的红卫兵
征途在前 ——————————————— 张抗抗
大海日出 ——————————————— 伊 始
珍贵的纪念 ——————————— 杨红莉
满天星火正燎原 ——————————— 徐 刚

小说

占领 ——————————————— 蒋焕孙
在大风大浪中（各地作品转载）
——献给参加无产阶级"文化大革命"的红卫兵小将
——————————————— 黄虹坚
不灭的火焰 ——————————— 柯天国
潜流 ——————————————— 士 敏
考试（革命故事·全国曲艺调演作品选）—— 俞 超
逮"抓鸡虎"（革命故事·全国曲艺调演作品选）
——————————————— 祖 慰 于 力

诗歌

战斗的节日
——纪念毛主席接见红卫兵十周年 ———— 石 湾

怎不叫我放声歌唱（歌词）⋯⋯⋯⋯⋯苏伟光
警卫战士之歌（歌词）⋯⋯⋯⋯⋯⋯何胜荣
俺村灯火夜夜明⋯⋯⋯⋯⋯⋯⋯⋯咸世芬
一天变几变⋯⋯⋯⋯⋯⋯⋯⋯⋯⋯王寿山
雨夜潜伏⋯⋯⋯⋯⋯⋯⋯⋯⋯⋯⋯向　明

评论
让散文大唱革命赞歌⋯⋯⋯⋯⋯⋯吴欢章
战地黄花分外香（学习鲁迅札记）
　　——读《朝花夕拾》⋯⋯⋯⋯⋯倪墨炎
革命故事好！⋯⋯⋯⋯⋯⋯⋯⋯⋯文　旭
简讯（二则）
峥嵘岁月稠⋯⋯⋯⋯⋯⋯⋯⋯⋯⋯范一辛

1976 年第 6 期　刊名:《人民文学》
目录

纪念鲁迅　学习鲁迅
锲而不舍　战斗不息
　　——纪念鲁迅诞生九十五周年⋯⋯周建人
鲁迅说："轻伤不下火线！"⋯⋯⋯⋯茅　盾
永远进击　继续革命
　　——纪念鲁迅诞生九十五周年⋯⋯黎　帆
鲁迅的笔（诗）⋯⋯⋯⋯⋯⋯⋯⋯樊发稼
鲁迅颂（歌词）⋯⋯⋯⋯⋯⋯⋯⋯苏伟光
"怒向刀丛觅小诗"（版画）⋯⋯⋯⋯黄新波
痛斥"四条汉子（水粉画）⋯⋯⋯⋯郑毓敏等

小说
洪涛曲（长篇小说《金光大道》第三部选载）
　　⋯⋯⋯⋯⋯⋯⋯⋯⋯⋯⋯⋯浩　然
春焰⋯⋯⋯⋯⋯⋯⋯⋯⋯⋯⋯⋯赵　践
毛主席的红小兵⋯⋯⋯⋯⋯⋯⋯钱世明
矿山钢梁⋯⋯⋯⋯⋯⋯⋯⋯⋯⋯张　峻

革命故事
高举红旗战震灾
一壶北京水⋯⋯⋯⋯⋯⋯⋯⋯⋯马继红
堡垒⋯⋯⋯⋯⋯⋯⋯⋯⋯⋯⋯⋯任　伍
高高的路标⋯⋯⋯⋯⋯⋯⋯⋯⋯王宗仁
特别护矿队⋯⋯⋯⋯⋯⋯⋯⋯⋯李满天
岗位⋯⋯⋯⋯⋯⋯⋯⋯⋯⋯⋯⋯晓　虹

抗震诗画
发扬咱光荣传统（诗）⋯⋯⋯开滦煤矿马家沟矿
我是毛主席的赤脚医生（诗）⋯营口县赴唐山医疗队
开滦呵，我回来了！（诗）⋯⋯⋯⋯申　身
乌金献给毛主席（画）⋯⋯⋯⋯⋯耿风格等

新苗迎震生（画）⋯⋯⋯⋯⋯⋯⋯钟志宏
首都送来"恩情水"（诗·画）⋯⋯申　身　丰　田
时间就是生命（画·诗）⋯柯良顺　高　力　腾　军
地动山摇志更坚（诗）⋯⋯⋯⋯⋯李　钢
钢铁工人志气大（诗）⋯⋯⋯⋯⋯黄　安
脚踏风浪争上游（诗）⋯⋯⋯⋯⋯席一刚
书记在夺钢前哨（画）⋯⋯⋯任深安　任建国
"抗震煤"从开滦出（速写）⋯⋯⋯李国靖
柱石（诗）⋯⋯⋯⋯⋯⋯⋯⋯⋯田　间
心怀一轮红太阳（诗）⋯⋯⋯⋯⋯何玉锁
抗震学校遍地生（画）⋯⋯⋯⋯⋯姚　奎

评论
准确表现社会主义时期的阶级关系
　　——评《金光大道》的思想特色⋯⋯马联玉
文艺简讯

1976 年第 7 期　刊名:《人民文学》
目录

伟大的领袖和导师毛泽东主席永垂不朽
中国共产党中央委员会　中华人民共和国全国人民代
表大会常务委员会
中华人民共和国国务院　中国共产党中央军事委员会
告全党全军全国各族人民书
在伟大的领袖和导师毛泽东主席追悼大会上
中国共产党中央委员会第一副主席、国务院总理
华国锋同志致悼词
中国共产党中央委员会　中华人民共和国全国人民代
表大会常务委员会
中华人民共和国国务院　中国共产党中央军事委员会
关于建立伟大的领袖和导师毛泽东主席纪念堂的决定
中共中央关于出版《毛泽东选集》和筹备出版《毛泽东
全集》的决定
亿万人民的共同心愿⋯⋯⋯⋯⋯⋯《人民日报》、
《红旗》杂志、《解放军》社论
八亿神州齐欢呼（诗六首）
　　——坚决拥护华国锋同志为首的党中央两项英明决定

毛主席永远是我们心中的红太阳

散文
毛主席啊，我们永远怀念您⋯⋯⋯解放军八三四一部队
红太阳照耀我成长⋯⋯⋯⋯⋯⋯⋯吕玉兰
韶山红日永不落⋯⋯⋯⋯⋯⋯曹书田　谭　谈
井冈春长在⋯⋯⋯⋯⋯⋯⋯⋯⋯吕云松
遵义霞光万代红⋯⋯⋯⋯⋯⋯⋯本　芸
毛主席是人民的大救星⋯⋯⋯⋯⋯杨步浩

西柏坡上松柏常青……………阎润身　卢　彬
飘扬吧，五星红旗…………………………杨玉恒
大庆人的誓言…………………曹文祥　杜鸿宾
大寨人怀念毛主席…………………………沙　荫
永世不忘毛主席……………………………浩　然
毛主席的光辉永远引导我前进……………谢冰心
永不熄灭的灯塔……………………………胡建平
光辉典范照千秋……………………………于民生
钢铁战士永远怀念毛主席……施国佐　谢炳锁
红太阳光辉照万代……………李　清　吕振侠
二七工人永远忠于毛主席…………………李汝忠
红日永照七里营……………………………李　准
绿水青山寄深情………………倪　镰　李立中
红太阳永照革命航程…………"长江"舰全体指战员
誓把遗愿化宏图………………王榕树　刘怀章
"穷棒子"怀念毛主席………………………马贵民

诗

悼念毛主席…………………………………郭沫若
沉痛悼念毛主席……………………………魏　巍
毛主席永远和我们在一起…………………张志民
毛主席永远活在我心中……………………韩起祥
毛主席永远活在大庆人心中………………阚　峰
大寨人哀悼毛主席…………………………梁拉成
献给毛主席…………………………………纪　宇
延安儿女永远怀念毛主席…………………毛　锜
继承领袖凌云志…………………（仫佬族）包玉堂
誓把五星红旗插上台湾岛…………………雷　铎
渔歌献给毛主席……………………………陈宣浩

1976 年第 8 期　刊名:《人民文学》

目录

华国锋主席在天安门城楼上向参加庆祝大会的首都百
万军民亲切招手致意（照片）………新华社记者摄
在首都庆祝大会上吴德同志的讲话
伟大的历史性胜利…………………………《人民日报》、
《红旗》杂志、《解放军报》社论
华国锋同志是我们党当之无愧的领袖
……………………………《解放军报》编辑部
在华主席领导下，誓与"四人帮"斗争到底
……………………………………本刊评论员
山欢水笑　举国欢腾（速写）
欢腾的天安门…………贾庆余　王绪阳　中　流
黄浦江畔庆胜利（二幅）…………………韦　欣
凯歌掀起渤海潮……………………………隋　军
孩子们的心声………………………………赵士英
大快人心……………………………………王为耿

步调一致才能得胜利………………………晁锡弟
珠江高歌向前方……………………………甘迎祥
认真学习毛主席对影片《创业》的光辉批示
狠批"四人帮"破坏无产阶级文艺革命罪行
无产者的豪情，像奔腾的江河一样
……………………（蒙古族）玛拉沁夫
"我总的感觉是：解放啦！"…………………王运柳

杂文
投抢集
"学生、战友"考……………………………任　伍
江青与孔老二………………………………成　苑
张春桥的过去和现在………………………郑　磊
斥"棍子"……………………………………洁　泯

评论
黑白颠倒，野心毕露
——批判"四人帮"扼杀《园丁之歌》的反党罪行
……………………………………洪广思
从"蛀虫"到"叭儿"
——评张春桥在三十年代的丑恶表演………桑逢康

剧本
创业（电影文学剧本）………………大庆油田长春
电影制片厂《创业》创作组集体创作　张天民执笔
园丁之歌（湘剧高腔）……………长沙市碧湘街
完小展作　长沙市文艺工作团改编　柳仲甫执笔

诗歌
满江红·十月二十四日天安门庆祝大会………叶圣陶
毛泽东思想万万年…………………………陈其通
跟着华主席大步踏风雷……………杨钧炜　丁丰波
大快歌………………………………………冯景元
送喜报………………………………北京邮局工人写作组
高唱凯歌向未来……………………………陈满平
南海涛声……………………………………罗远潜

1976 年第 9 期　刊名:《人民文学》

目录

在伟大的领袖和导师毛泽东主席纪念堂奠基仪式上华
国锋主席的重要讲话

颂歌献给华主席
红色的十月（散文）………………………刘白羽
十月长安街（散文）………………………袁　鹰
青稞酒献给华主席（散文）………………朱承修
壮丽的颂歌

——记华主席在韶山灌区的时候·······未 央 邓 璞
舵手颂（诗）
——写在金水河畔·····················陈广斌
华主席向我们挥手（诗）·················晓 波
华主席为我们来掌舵（歌词）·······陈 貌 朱 平

小说·散文
脚步·································齐振夏
"努力奋斗"···························吴伯箫
在《东方红》的故乡·····················李若冰
毛主席的教导永远不忘···················草 明
咱们的大老魏·························张成珠

文艺速写
写在欢庆的日子里
沸腾的乡邮点·························胡惠林
幸福的寨落·····················（白族）那家伦
苗寨欢歌·····························林克欢
哨兵寄语·····························肖 玉
万炮齐轰"四人帮"
"信而好古"复辟狂·····················李波安
"蛀虫"小议·······················梅 林 华 良
所谓"小学生"·························李炳银
谈"帮"···························盛 庸 新 宇
高唱《国际歌》 砸烂"四人帮"····陈行德 高堪锡
耍花枪戳破了假膏药·················洪 涛 金 城
"无产阶级钢铁公司"与"百分之百的布尔什维克"
·································刘俊韬
为霸必败·····························薛旭辰
狠批"四人帮" 痛打"落水狗"·············刘杏芳

投枪集
狰狞的"奇峰"·························石国仕
白骨黄绢计又空·················刘立国 刘汉中
"帽子"的妙用·························胡永年
谈"帮筵"···························王宝安
野心与演戏·····························师 钟
自称正人君子者反是盗贼···········江 河 洪 流

诗
陈毅同志诗词选（二十首）
农业学大寨红花遍地开
大寨红花毛主席栽·····················王君亚
跟着华主席朝前迈·····················李苏卿
红日高照农机路·····················（彝族）孟之仁
苦干建成大寨县·························谢金华
还我公社棉和粮·························刘育贤
我驾手扶拖拉机（歌词）···········铁 志 其 明

评论
打着"写走资派"的旗号 为复辟资本主义开路
——评"四人帮"鼓吹大写走资派的阴谋
·······················人民文学出版社批判组
"四人帮"是扼杀《万水千山》的刽子手·······穆 静
撕下江青"半个红学家"的画皮···········刘梦溪
万水千山只等闲·····················鄞中铁

1977 年第 1 期 刊名:《人民文学》

目录

伟大领袖毛主席永远活在我们心中
敬看彩色纪录片《伟大的领袖和导师毛泽东主席永垂
不朽》
怀念毛主席·····························陈其通
永远不忘毛主席的亲切教导···············徐建春

颂歌飞扬 战歌嘹亮
热烈欢呼毛主席的光辉著作《论十大关系》的发表
认真学习华主席在第二次全国农业学大寨会议上的讲话
新民歌一组·························王金秋等
毛田人民心向华主席（散文）·······罗石贤 孙南生
七律·九十初度·························董必武
读董必武同志《九十初度》诗···············赵朴初
敬爱的周总理 我们深深怀念您
敬爱的周总理永远我们心中（木刻）···········杨先让
周总理挽诗（二首）·····················茅 盾
周总理逝世周年献词（三首）···············赵朴初
深切的怀念（散文）·····················王炳南
惊心动魄的一九七六年（诗）
——献给敬爱的周恩来总理···············光未然
雾重庆的文艺斗争（散文）
——怀念敬爱的周总理同志···············张 颖
世世代代的怀念（散文）
——周总理和大庆人朝夕相处的日子
·····························曹文祥 王清学
大寨情深（散文）·····················朱春雨
大江南北都在怀念你（诗）···············万 方
一代伟人万代骄（散文）···············于民生
周总理战斗在重庆（散文）···············许涤新
周总理关怀我们成长（散文）···············徐寅生
缅怀敬爱的周总理（散文）···············李金元
心儿伴着您呵步步行（诗）···············陈祖芬
光辉的榜样（散文）·····················李国忠
永远活在我们心中的周总理（散文）···········谢冰心
周总理永远和我们在一起（歌词）···石 祥 刘 薇
周总理胸前的像章（诗）····成都地质学院水文系学员
话剧演员的怀念（散文）·················杨宗镜

在沉痛悼念的日子里（散文）⋯⋯⋯⋯吴 瑛
心头的歌献给周总理（诗）⋯⋯⋯⋯刘 章
沸腾吧，战斗的上海（报告文学）⋯⋯吴芝麟 边风豪
登九山（诗）⋯⋯⋯⋯⋯⋯⋯⋯郭小川遗作

短论
重读周总理诗一首⋯⋯⋯⋯⋯⋯田英科
于细微处见真假⋯⋯⋯⋯⋯⋯⋯赵 泉
黎家学大寨（木刻）⋯⋯⋯⋯⋯⋯曾宪成等

1977 年第 2 期　刊名:《人民文学》
目录

华主席和人民心连心
八亿颗红心向着党中央（歌词）⋯⋯⋯刘金忠
华主席领咱引甘泉（歌词）⋯⋯⋯⋯杨 奔
怎不叫我笑哈哈（歌词）⋯⋯⋯⋯丁树荣
华主席到咱鞍钢来（散文）⋯⋯⋯⋯张林吉
华主席和"欧阳海班"在一起（散文）
　⋯⋯⋯⋯⋯⋯⋯⋯尉立青 明 萌
华主席看我们跳伞（散文）
——记原侦察员邱国洪的谈话⋯⋯陈定兴 吴世斌
怀念敬爱的周总理
英雄碑前的花朵（诗）⋯⋯⋯⋯⋯朔 望
写在祖国的江河和土地上（诗）⋯⋯韩 翰
窑洞灯火照千家（诗剧）⋯⋯⋯⋯白峰溪

诗歌
胜利的奠基⋯⋯⋯⋯⋯⋯⋯⋯曹 禺
我的爷爷⋯⋯⋯⋯⋯⋯⋯⋯⋯柯 岩
剪窗花⋯⋯⋯⋯⋯⋯⋯⋯⋯⋯宋家玲
鹧鸪天·斥江青⋯⋯⋯⋯⋯⋯⋯郭绍虞

小说·散文
在燃烧的大地上（长篇选载）⋯⋯⋯杨 沫
瑞雪颂（散文）⋯⋯⋯⋯⋯⋯⋯峻 青
党课（小说）⋯⋯⋯⋯⋯⋯⋯⋯王 石
铁妈（小说）⋯⋯⋯⋯⋯⋯⋯⋯贾平凹
嫩苗茁壮（小说）⋯⋯⋯⋯⋯⋯罗先明
堡垒村（散文）⋯⋯⋯⋯⋯⋯⋯郭京生
深入揭批"四人帮"
批判"四人帮"对待外国文艺的修正主义谬论
　⋯⋯⋯⋯⋯⋯外国文学研究所批判组
从"四人帮"扼杀影片《车轮滚滚》看其反革命的嘴
脸⋯⋯⋯⋯⋯⋯长春电影制片厂批判组

短论
从诗的繁荣谈文艺的百花齐放⋯⋯⋯谢 冕

为工业学大庆擂战鼓⋯⋯⋯⋯⋯盛祖宏
简讯（二则）
翻身农奴热爱华主席⋯⋯⋯⋯⋯华其敏
中非友谊源远流长⋯⋯⋯⋯⋯⋯范 曾

1977 年第 3 期　刊名:《人民文学》
目录

毛主席书叶剑英同志《远望》诗
毛主席题词：向雷锋同志学习
华主席、周总理、叶副主席、朱委员长关于向雷锋同
志学习的题词
诗三首⋯⋯⋯⋯⋯⋯⋯⋯⋯⋯叶剑英
参观大庆七言长律⋯⋯⋯⋯⋯⋯董必武
向雷锋同志学习
题雷锋的塑像（诗）⋯⋯⋯⋯⋯⋯韩作荣
雷锋，我的辅导员（诗）⋯⋯⋯⋯李松涛
第十四个春天（散文）⋯⋯⋯⋯⋯王晋军
火红的日历（散文）⋯⋯⋯⋯戈 阳 晓 虹

小说
丹梅⋯⋯⋯⋯⋯⋯⋯⋯⋯⋯⋯叶文玲
荷花嘴奇遇⋯⋯⋯⋯⋯⋯⋯⋯谢 璞
望日莲⋯⋯⋯⋯⋯⋯⋯⋯⋯⋯徐光耀
戈壁守井人⋯⋯⋯⋯⋯⋯⋯⋯赵燕翼
抓纲治国形势好　大庆红旗迎风飘
祖国开遍大庆花（新民歌一组）⋯⋯高惠民等
这，就叫大庆!（散文）⋯⋯⋯⋯魏钢焰
向大庆学习（诗）⋯⋯⋯⋯⋯⋯沈善增
风雪工地斗天图（诗）⋯⋯⋯⋯⋯杜怀阳
大寨人的姊妹（散文）⋯⋯⋯⋯⋯温小钰
回到杨家岭（散文）⋯⋯⋯⋯⋯马 加
知识青年进行曲（歌词）⋯⋯⋯⋯党永庵
戈壁，你在为谁歌唱（歌词）⋯⋯⋯刘宏亮
学好文件抓住纲　深揭怒批"四人帮"
"三突出"是修正义文艺的创作原则⋯⋯解胜文
扼杀革命文艺的绞索⋯⋯⋯⋯⋯朱 穗
塑造典型必须从实际生活出发⋯⋯⋯思 忖
"棍子"何损于鲁迅⋯⋯⋯⋯⋯⋯罗 苏

1977 年第 4 期　刊名:《人民文学》
目录

红太阳光辉照千秋
高举毛主席的伟大旗帜　将文艺革命进行到底
——热烈欢呼《毛泽东选集》第五卷的出版
　⋯⋯⋯⋯⋯⋯⋯⋯⋯⋯本刊编辑部

捧读《毛泽东选集》第五卷（沁园春）·········郭沫若
祝"毛选"第五卷出版（满江红）···········茅　盾
手捧宝书喜洋洋（诗）
——喜读《毛泽东选集》第五卷···········吕玉兰
万里行车快如飞（诗）·········解放军某部雷锋班
大治之年学"五卷"（诗）··············周志友
欢腾的雅鲁藏布江（诗）··········（藏族）饶阶巴桑
我印"五卷"心潮涌（诗）··············彭建群
清晨，我捧起"毛选"第五卷（诗）··········张力生

小说
心声·····························萧育轩
序幕·····························胡万春
风筝飘飘·························周元镐
风雪路上·························叶雨蒙
小白杨要接班（童话）···············金　近
创业精神代代传
——大庆诗歌选
"两论"指路朝北斗·················曹文祥
《论十大关系》手中捧···············刘传芳
华主席接见了大庆人················杨化春
周总理三次来油田·················徐立家
神州遍开大庆花···················周克良
抓纲治国面貌新···················阙　峰
大治之年快步走···················张昌毅
铁人战友有志气···················周允中
炼油工人攀高峰···················王清学
欢迎代表到油田···················梁月志

评论
是"革命英雄"，还是内奸典型?··········萧　殷
今朝更好看
——歌剧《白毛女》观后随记···········李满天
谈《李自成》的创作················姚雪垠

1977 年第 5 期　刊名:《人民文学》
目录

高举毛主席的伟大旗帜
紧跟华主席胜利前进
促进文艺发展的正确方针··············王于野
"齐放"与"争鸣"·················唐　弢
迎接胜利的春天···················陈残云
横扫帮派体系　壮大文艺队伍············杨志杰
回顾与展望·····················陈登科
斗争需要武器····················洁　泯
《毛泽东选集》第五卷出版欣然有作········叶圣陶
"五卷"颂······················海　棱

迎春新曲······················高红十
颂歌献给华主席
走洞庭（小演唱）··················刘梦龙
毛田路上（唱词）·············李　欣　刘　华
华主席站在前沿阵地上（诗）············田永昌
我迎春风挥彩笔（诗）···············黄声笑
英雄本色（报告文学）
——反潮流战士刘东洲的故事·······克　西　南　丁

速写
金色的葵花·····················林伟平
飞奔吧，油龙···················陈继光
长城脚下······················张永昌
时刻准备着·····················黄剑业

小说
雪飘除夕······················叶文玲
"吓一跳"的故事··················李汉平
环节·······················王家斌
带飞·······················王世闻

散文
五月山花红似火··················阮章竞
一个伟大文献的诞生················周立波

诗歌
在五月的阳光里
——纪念五月二十三日的诗············李　瑛
大庆抒情······················满　锐
大寨红旗颂（组歌）················苏伟光
请茶歌······················韩作荣
边塞怒潮（版画）·················万强林

1977 年第 6 期　刊名:《人民文学》
目录

我们一定要高举毛主席树立的大庆红旗····本刊评论员
忆铁人（散文）···················魏钢焰
大庆春（诗）····················朔　望
光辉的题词壮军威·················石　祥
"硬骨头"赞（二首）···············纪　学
怀念贺龙同志
深切的怀念（散文）
——纪念敬爱的爸爸贺龙同志
　　　　　　　　贺鹏飞　贺晓明　贺黎明
地上的"神仙"（小说）··············白　桦
红茶寨的歌（诗）·················夏　天
革命歌谣选（五首）

希望（小说）························萧育轩

儿童文学

预备红小兵的故事（小说）···············田　丁
外婆提的一条优点（小说）···············吴一天
盼望（小说）······················梁学政
纸条儿和纸条儿（小说）··········开　华　霆　昭
我给抽水机记一功（儿歌·外一首）··········陈　貌
小铁蛋（儿歌）····················王汝田
读陈毅诗选······················李一氓
陈毅同志的诗词艺术··················吴欢章
童话漫谈
——一个座谈会上的发言···············严文井
万里海疆战旗红
太阳花（散文）····················于红澜
全速前进（散文）···················卢晓渤
岬岛夜雨（散文）···················宋家新
水下晚会（散文）···················李忠毅
大海，我们水兵的好伙伴（诗）············叶文艺
我是雷锋的好战友（歌词）···············李幼容
松明火把（诗）····················朱万春
给戈壁照像（诗）···················峭　岩
创业艰难百战多（油画）················张祖英
洪湖曙光（木刻）···················杨先让
我爱北京天安门（油画）···············张绍城等

八十书怀·······················叶剑英
"满目青山夕照明"——喜读敬爱的叶副主席七律
《八十书怀》····················尚　弓
新潮赋（诗）——唱给祖国，唱给党·········冯景元
大旗歌（诗）·····················殷光兰
我站在毛主席纪念堂前（散文）············冰　心
葵花向阳（散文）···················毛泽英
华灯赋（散文）····················韩静霆
意志坚如铁　度量大似海（散文）
——缅怀朱德委员长················沈毓河
怀念敬爱的父亲（散文）················朱　敏
快书加鞭未下鞍（散文）
——回忆在朱总司令身边的日子··········陈友群
人民的光荣（散文）
——怀念敬爱的朱委员长·············廖盖隆
抖抖眉毛立大志（报告文学）······黄宗英　陈子龙
小说两篇·······················王愿坚
工作队长张解放（小说）···············邹志安
风雨罗霄路（小说）··················李长华

高高的红石崖（小说）·················张贤华
征战篇（诗）·····················陈　靖
前进在毛主席的旗帜下（歌词）············洪　源
万里春风万里歌（歌词）···············刘钦明
雾中驯马（诗）····················龙彼德
梅花欢喜漫天雪
——读《忆铁人》《石油大哥》散记·········邹荻帆

学点文学

文学是战斗的······················刘梦溪
关于文学特点的通信··················秋　耘
伟大的领袖　亲密的战友（雕塑）
——毛主席和周副主席、朱总司令在一起···程允贤等
松梅颂（军画）····················关山月

中国共产党第十届中央委员会第三次全体会议公报
重读《论持久战》（七律）···············叶剑英
唱曲赞歌给党听（诗）·················何玉锁
心声（诗）······················陈祖芬
站岗（诗）······················王君亚
《人民文学》复刊的一场斗争············本刊编辑部
井冈山颂（诗）····················肖　华
南昌抒情（诗）····················熊光炯
登黄洋界（诗）····················叶知秋
井冈扁担（诗）····················严　辰
我爱叔叔红五星（儿歌）················陈　貌
华主席当年在交城（诗三首）·············徐明德
大雪挺劲松（诗）——怀念朱德同志·········海　稜
霹雳之歌（诗）····················于　沙
石油英雄之歌（报告文学）··············刘白羽
万水千山只等闲（散文）················成仿吾
望着总理的遗像（散文）················巴　金
怀念逐日深（散文）··················臧克家
长征路上（小说·三篇）················王愿坚
今天（小说）·····················杜　斌
热烈祝贺第四届全军文艺会演············本刊记者
真心搞马列　地覆又天翻
——读朱德同志诗感怀··············张爱萍
尺素书——有关鲁迅先生几件事情的通信·······唐　弢

学点文学

关于短篇小说·····················孙　犁
伟大的战略决策（油画）·····安明阳　车永仁　张永典
队日（油画）···············祝福新　周玉玮

1977 年第 9 期　刊名:《人民文学》
目录

攻关（诗）----------------------------------叶剑英
读《攻关》------------------------------------方　毅
热烈欢呼党的十一大胜利召开
领路人颂（散文）--------------------------袁　鹰
采桑子·庆祝党的十一大胜利召开（诗二首）
　　　　　　　　　　　　　　　　　　魏传统
誓为"四化"献力量（诗）--------"毛泽东号"机车组
拔泪应须争著鞭（诗）----------------------吴祖缃
抓纲治军立新功（诗）----------------------郅顺义
党十一大召开感赋（诗二首）--------------杨钟健
里程碑前唱颂歌（诗）----------------------李学鳌
信天游向着北京唱（诗）------------------党永庵
硕果献给"十一大"（诗）--------------------海　青
深切怀念我们伟大的领袖和导师毛主席
永铭在心的亲切教诲（散文）--------------肖　克
阳光普照雾山城（散文）------------------王炳南
我们爱韶山的红杜鹃（散文）----------毛岸青　邵　华
忽报人间曾伏虎（散文）------------------李淑一
瞻仰毛主席遗容------------------------------华罗庚
满庭芳·毛主席逝世一周年纪念（诗）----叶圣陶
毛主席登高望远看世界------------------光未然
金色的毛主席纪念堂（散文）--------柏　生　鹤　青
缅怀毛主席，长江万古流（诗）------------阮章竞
山河曲（诗十三首）------------------------韩　瀚
瓦窑堡呵，一盏不灭的灯！（散文）--------李若冰
延安颂歌（诗）------------------------------兰州部队
政治部歌舞团集体创作　肖　华改词
满江红·伟大旗帜颂（诗）------------------晓　星
在毛主席身边（散文）--------------------王鹤滨
向太阳（诗）--------------------------------朱万春
从苏家坡到古田会址（散文）--------------何　为
骄杨挺拔识字岭（河南曲子坐唱）--------武汉部队
某部　焦随东原作　钟永华　雷子明改编
雪亮的战刀（小说）------------------------石川军
高举和捍卫毛泽东文艺思想伟大红旗
毛主席的文艺路线万古长青------------茅　盾
毛泽东之歌--------------------------------何其芳遗作
在天安门广场上的回忆和思念------------冯　牧
毛泽东文艺思想给我力量------------------杨　晦
难忘的关怀--------------------------------杜鹏程
毛主席给我手里这支笔----------------------茹志鹃
毛主席汉白玉雕像-------纪念堂雕塑组作　翁乃强摄
遵义会议期间毛主席住处------------------林　聆

1977 年第 10 期　刊名:《人民文学》
目录

散文

教诲铭心头　恩情重如山--------------------廖承志
湘阴热浪记----------------------------------秦　牧
开端--雷　加

报告文学

地质之光------------------------------------徐　迟

小说

挥起战刀的炮手们--------------------------王汶石
"院士"--------------------------------------张天民
毛毡路------------------------------徐保林　丁秀峰

诗歌

大庆大喜------------------------------------王清学
华主席接见咱工程师------------------------高广成
十月的汽车城--------------------------------吴　林
诗二首----------------------------------老　舍遗作
病中斗--------------------------------------华罗庚
不落的太阳----------------------------------黄河浪
梅山水库------------------------------------谢逢松
地上银河------------------------------（壮族）蓝　宝
园地春秋------------------------------------刘国柱
校园今喜开新花------------------------------何　洛
赛--杨钧炜
送检--戚积广
响吧，驼铃（外一首）----------------------王鸣久
渔家放映队----------------------------杨俊青　阵　容
感激华主席对彝族家的关怀（彝族民歌）
　　　　　　　　　　　　　　　　　毛中祥　整理
金色道路多宽阔（彝族民歌）--------毛中祥　整理
高举和捍卫毛泽东文艺思想伟大红旗
悼念·回忆·誓言----------------------------沙　汀
信念--马识途
重新学习的誓言------------------------------康　濯
还是要走群众路线----------------------------吴有恒
无尽的怀念----------------------------------芦　芒
踏着阳光路----------------------------------张　峻
评"阴谋文艺"--------------------------------王春元
人民有权利享受真正的艺术------------------陈丹晨

学点文学

凤姐的个性与共性----------------------------王朝闻
赞歌（中国画）------------------------（苗族）龙清廉

1977 年第 11 期　刊名:《人民文学》
目录

促进短篇小说的百花齐放
本刊召开短篇小说创作座谈会
老兵的希望 .... 茅　盾
到火热的斗争中去 .... 马　烽
短篇小说的人物塑造及其他 .... 李　准
创作，也要大干快上！ .... 叶文玲
谈谈短篇小说的艺术风格 .... 王朝闻

短篇小说特辑
班主任 .... 刘心武
取经（各地作品选载） .... 贾大山
四书记 .... 徐　慎
年饭 .... 叶文玲
北大荒人物速写（二篇） .... 陆星儿
两邻居 .... 江　刘　班　澜
我的"新战友" .... 曹雪寒
送鹅记 .... 张永秀
春女 .... 贾平凹
在太行山上 .... 俞　林

评论
调整和贯彻好党的文艺政策 .... 杜　埃
黄洋界（国画） .... 魏紫熙

1977 年第 12 期　刊名:《人民文学》
目录

彻底批判"文艺黑线专政"论
"文艺黑线专政"论与阴谋文艺 .... 严文井
辨明大是大非，伸张革命正义 .... 秦　牧
满腔怒火批黑论 .... 峻　青
挥笔上阵 .... 草　明

小说
山雨（长篇小说选载） .... 魏　巍

散文
好好学习，和大家一块干 .... 郝建秀
怀念池边 .... 王保京

诗歌
海上钻探 .... 任海鹰
满江红·大寨行（词） .... 方　纪
沸腾的砂石场（三首） .... 张满隆

高不过咱心中的六盘山（歌词） .... 张　苛
促进短篇小说的百花齐放
关于小说创作的一些问题 .... 周立波
短篇小说我见 .... 沙　汀
新一点，深一点 .... 王愿坚
题材是广阔的 .... 陈骏涛

学点文学
关于中篇小说 .... 孙　犁

一九七七年一至十二期总目录
牧驼图 .... 吴作人

1978 年第 1 期　刊名:《人民文学》
目录

华主席给《人民文学》的光辉题词（插页）
毛主席给陈毅同志谈诗的一封信
热烈欢呼华主席的光辉题词
进军的号角　催春的战鼓 .... 本刊编辑部
中国文联主席郭沫若同志的书面讲话
中国作家协会主席茅盾同志的讲话
热烈欢呼华主席的光辉题词
向"文艺黑线专政"论猛烈开火 .... 本刊记者
窗口（小说） .... 莫　伸
带五线谱的花环（小说） .... 李　陀
冰灯（小说） .... 茹志鹃
夜走花艳岭（小说） .... 吉学沛
"苕"队长纪事（小说） .... 秦廷申
白唇鹿青青的故事（童话） .... 陈士濂
哥德巴赫猜想（报告文学） .... 徐　迟
和郭副司令并呈朱总司令以志其亲临南线之快（诗）
　　................................... 陈　毅
奉和陈司令赐诗步原韵（诗） .... 郭化若
陈毅同志与苏北的文化工作（散文） ...... 阿　英
陈毅同志与诗（散文） .... 臧克家
水调歌头·读毛主席词二首（外二首） .... 华罗庚
领袖是普通劳动者（歌词） .... 王　颂
缅怀周总理（诗） .... 侯　甸
春满长征路（诗） .... 梁上泉
昔阳诗抄（三首） .... 柴德森
新春书怀（诗） .... 王淑明
浪花渡（诗） .... 阎志民
村路（诗） .... 石　英
长篇小说的新收获 .... 运　生
亲切的关怀 .... 孙文超　章德甫

1978 年第 2 期　刊名:《人民文学》
目录

马克思　恩格斯　列宁　斯大林　毛泽东　论题材
高尔基　鲁迅论题材
关于题材 ···················· 林默涵
"题材决定"论与阴谋文艺 ········· 罗晓舟

小说
你喜欢谁 ···················· 林　雨
七月洪峰 ···················· 韩少功
眼镜 ······················ 刘富道
夏加大伯 ···················· 韩映山
早晨 ······················ 方庆玲

散文
毛主席的好儿子——毛岸英 ········· 刘松林
同志 ······················ 刘　斌

诗歌
新民歌（二十二首） ······· 阎振甲　李隆汉等
赠束鹿赛诗会 ················· 田　间
攻关杂咏（十首） ·············· 朔　望
歌从洞庭湖上来（二首） ·········· 胡　笳
心中的歌 ················ （纳西族）戈阿干
华主席给了我们金嗓音（白族民歌） ··· 何百源整理
致青年朋友（组诗） ············· 纪　宇
难忘的岁月（三首） ············· 张志民
十只金凤凰 ·················· 苏金伞
塞北牧羊女 ·················· 剑　雨
锁沙 ······················ 青　勃

评论
欢迎《班主任》这样的好作品 ········ 李大猛等

学点文学
漫谈细节的真实 ················ 楼　栖
关于艺术细节 ················· 黄毓璜

1978 年第 3 期　刊名:《人民文学》
目录

中华人民共和国国歌 ········ 聂　耳曲　集体填词
纪念敬爱的周总理诞辰八十周年
周总理青年时代的诗
恩泽长留万世芳（诗） ············ 汪　锋
永恒的纪念（散文） ············· 荒　煤

催我奋斗（散文） ·············· 杨拯民
责任交给你们大家了（散文） ········ 李　林
革心!　革新!（诗） ············· 石　英
泼水节的怀念（散文） ········ （白族）张　长

报告文学
生命之树常绿 ················· 徐　迟

小说
阁楼上 ····················· 方　之
电话选"官"记 ············ 祖　尉　敦　德
春夜 ······················ 白　桦
地下亮光 ···················· 叶蔚林
通向延安的路 ················· 成　星

诗歌
红卷 ······················ 李　季
滔滔涅瓦河（五首） ············· 李　瑛
西藏易贡湖边（四首） ············ 吴征镒
绿竹颂 ····················· 海　棱

评论
评浩然的《西沙儿女》 ············ 李冰之
评浩然的"新"道路 ············· 李冰之
现实和理想的辩证统一 ······· 何西来　田中木
待到山花烂漫时 ··········· 赵友萍　李天祥
竹 ························ 张广俊

1978 年第 4 期　刊名:《人民文学》
目录

祝科学大会（词一首　手迹）
——调寄忆秦娥 ··············· 叶剑英
攀高峰　争朝夕（七律一首　手迹） ···· 聂荣臻
献给全国科学大会（诗） ··········· 华罗庚
奇异的书简（报告文学） ··········· 柯　岩
向科学技术现代化进军的战鼓（散文） ···· 秦　牧
江城子·新长征（词）
——庆祝五届人大胜利闭幕 ········· 阮章竞
新宪法颂（诗） ················ 方之中
听华主席报告（诗） ············· 田　间
满江红·心声（诗） ············· 肖涤非
昔阳群众诗歌选（六首） ····· 大寨公社大寨大队等
大江上下（五首） ·············· 唐大同
除险队员（诗） ················ 洪　源
呼伦和贝尔（诗） ··············· 韩作荣
辣椒（小说） ················· 张有德
献身（小说） ················· 陆文夫

没有讲完的课（小说）⋯⋯⋯⋯⋯⋯⋯⋯刘心武
玉雕记（小说）⋯⋯⋯⋯⋯⋯⋯⋯⋯⋯肖复兴
冰消雪融（小说）⋯⋯⋯⋯⋯⋯⋯⋯⋯吴凤珍
水电之歌（散文）⋯⋯⋯⋯⋯⋯⋯⋯⋯碧　野
山连着山（散文）⋯⋯⋯⋯⋯⋯⋯⋯⋯李天芳
红军渡口和红军塘（散文）⋯⋯⋯⋯⋯郭　风
寻找（散文）⋯⋯⋯⋯⋯⋯⋯⋯⋯⋯⋯刘　真
取民歌之长　补新诗之短（评论）⋯⋯冯　至
诗与形象思维（评论）⋯⋯⋯⋯⋯⋯⋯林　林
为社会主义的现代化而努力奋斗（读《哥德巴赫猜
想》的来稿、来信选登）⋯⋯⋯⋯⋯贾庆玲等
谈《红岩》的写作（评论）⋯⋯⋯⋯⋯闻一石

学点文学
关于长篇小说⋯⋯⋯⋯⋯⋯⋯⋯⋯⋯⋯孙　犁

1978 年第 5 期　刊名:《人民文学》
目录

彻底批判"文艺黑线专政"论
解放后十七年文艺战线上的思想斗争⋯⋯⋯林默涵
坚决批判林彪江青一伙对三十年代文艺的诬蔑
⋯⋯⋯⋯⋯⋯⋯⋯⋯⋯⋯⋯⋯⋯⋯⋯任白戈
扫除诬蔑　澄清是非⋯⋯⋯⋯⋯⋯⋯⋯王　瑶
心中充满阳光（小说）⋯⋯⋯⋯⋯⋯⋯未　央
队长、书记，野猫和半截筷子的故事（小说）
⋯⋯⋯⋯⋯⋯⋯⋯⋯⋯⋯⋯⋯⋯⋯⋯王　蒙
打喷嚏的黑甲虫（小说）⋯⋯⋯⋯⋯⋯张树立
理发师的手艺（小说）⋯⋯⋯⋯⋯⋯⋯赵　践
十里店（上党梆子）⋯⋯⋯⋯⋯⋯赵树理遗作
英特纳雄耐尔（报告文学）⋯⋯⋯⋯⋯叶君健
难忘的教诲（散文）⋯⋯⋯⋯⋯⋯⋯⋯李伯钊
只研朱墨作春山（散文）⋯⋯⋯⋯⋯⋯赖少其
马克思的足迹（诗）⋯⋯⋯⋯宫昭晏　姜山令
题《远望》（诗）⋯⋯⋯⋯⋯⋯⋯⋯⋯陈昊苏
细雨哗哗（诗）⋯⋯⋯⋯⋯⋯⋯⋯⋯⋯张红雨
父女赶墟（诗）⋯⋯⋯⋯⋯⋯⋯郭兆甄　瞿琮
兴安岭短笛（诗四首）⋯⋯⋯⋯⋯⋯⋯陶尔夫
高粱叶上诗（诗）⋯⋯⋯⋯⋯⋯⋯⋯⋯邹荻帆
河畔辅导（诗）⋯⋯⋯⋯⋯⋯⋯⋯⋯⋯谢耕莘
评《严峻的日子》（评论）⋯⋯⋯⋯⋯钟　惟
纪念伟大的无产阶级革命导师马克思诞辰 160 周年
（油画）⋯⋯⋯⋯⋯⋯⋯⋯⋯⋯⋯⋯⋯高　莽

1978 年第 6 期　刊名:《人民文学》
目录

努力为两亿小读者写作
——记在京儿童文学作家座谈会⋯⋯⋯⋯本刊记者

给孩子们
花蕾（报告文学）⋯⋯⋯⋯⋯李有刚　杨树帆
想飞的孩子（小说）⋯⋯⋯⋯⋯⋯⋯⋯冯苓植
小哥俩（小说）⋯⋯⋯⋯⋯⋯⋯⋯⋯⋯张方文
看谁先见华主席（诗·外二首）⋯⋯⋯杨明珍
嫂嫂心红似火焰（诗）⋯⋯⋯⋯⋯⋯⋯孙必泰
"加油站"（诗·外一首）⋯⋯⋯⋯⋯⋯李先轶
阿香（诗）⋯⋯⋯⋯⋯⋯⋯⋯⋯⋯⋯⋯张衍海
知了（寓言诗）⋯⋯⋯⋯⋯⋯⋯⋯⋯⋯刘福林
长腿的鸡蛋（童话）⋯⋯⋯⋯⋯⋯⋯⋯王志云
花的话（童话）⋯⋯⋯⋯⋯⋯⋯⋯⋯⋯宗　璞
寓言九则⋯⋯⋯⋯⋯黄瑞云　蒋宇冰　李保均
燕辽纪事（《李自成》第三卷的一个单元）⋯⋯姚雪垠
舞台上下（小说）⋯⋯⋯⋯⋯⋯⋯⋯⋯逯　斐
比叡山上望京都（诗）⋯⋯⋯⋯⋯⋯⋯赵朴初
我为祖国守边塞（诗）⋯⋯⋯⋯⋯⋯⋯彭子强
绞索与哈达（诗）⋯⋯⋯⋯⋯⋯⋯⋯⋯乔　良
流动的村落（诗）⋯⋯⋯⋯⋯⋯⋯⋯⋯宋绍明
登天台山（诗）⋯⋯⋯⋯⋯⋯⋯⋯⋯⋯高歌今
天文台（诗·外二首）⋯⋯⋯⋯⋯⋯⋯郭　廓
战士的性格（散文）
——回忆郭小川同志⋯⋯⋯⋯⋯⋯⋯丁　宁
满园樱花灿烂（散文）⋯⋯⋯⋯⋯⋯⋯李连庆
凤凰云（散文·外三章）⋯⋯⋯⋯⋯⋯王中才
欢乐的节日⋯⋯⋯⋯⋯⋯⋯⋯⋯⋯⋯⋯王庆生

1978 年第 7 期　刊名:《人民文学》
目录

沉痛悼念郭沫若同志
化悲痛为力量⋯⋯⋯⋯⋯⋯⋯⋯⋯⋯⋯茅　盾
采桑子·哀悼郭沫若同志⋯⋯⋯⋯⋯⋯傅　钟
知公此去无遗恨⋯⋯⋯⋯⋯⋯⋯⋯⋯⋯夏　衍
雷电颂⋯⋯⋯⋯⋯⋯⋯⋯⋯⋯⋯⋯⋯⋯刘白羽
悼郭老⋯⋯⋯⋯⋯⋯⋯⋯⋯⋯⋯⋯⋯⋯冰　心
沉痛的哀悼⋯⋯⋯⋯⋯⋯⋯⋯⋯⋯⋯⋯曹　禺
深切的哀悼⋯⋯⋯⋯⋯⋯⋯⋯⋯⋯⋯⋯郑伯奇
做党的喇叭⋯⋯⋯⋯⋯⋯⋯⋯⋯⋯⋯⋯林　林
悼念尊敬的郭沫若同志⋯⋯⋯⋯⋯⋯⋯徐　迟
湘江一夜（小说）⋯⋯⋯⋯⋯⋯⋯⋯⋯周立波
过江记（小说）⋯⋯⋯⋯⋯⋯⋯⋯⋯⋯牟崇光

竹（小说）⋯⋯⋯⋯⋯⋯⋯⋯⋯⋯林斤澜
阿爹教我的歌（小说）⋯⋯⋯⋯⋯周　维
尹灵芝（长诗选载）⋯⋯⋯⋯⋯⋯公　刘
讨叛徒、卖国贼林彪（诗）⋯⋯何其芳遗作
在共同流过血的土地上（散文）⋯⋯袁　鹰
高山与平原（报告文学）
　　——记数学家华罗庚⋯⋯⋯⋯理　由
姓名学（相声）⋯⋯⋯⋯⋯⋯⋯⋯侯宝林
坏，相，诸如此类（杂文）⋯⋯⋯刘　金
寓言的魅力（杂文）⋯⋯⋯⋯⋯⋯邹岳汉
水乡（木刻）⋯⋯⋯⋯⋯⋯⋯⋯⋯彦　涵

1978 年第 8 期　刊名：《人民文学》
目录

朱德同志早年诗抄（十八首）
读朱委员长泸州诗敬作（诗）⋯⋯赵朴初
火（小说）⋯⋯⋯⋯⋯⋯⋯⋯⋯⋯刘白羽
打柴记（小说·阿老插图）⋯⋯⋯南　丁
黄河在咆哮（小说）⋯⋯⋯⋯⋯⋯雷　加
磷光（小说）⋯⋯⋯⋯⋯⋯⋯⋯⋯胡　奇
波浪（小说）⋯⋯⋯黄庆云　郁　茹　茜　菲
珊瑚岛上的死光（科学幻想小说·倪震插图）
　　⋯⋯⋯⋯⋯⋯⋯⋯⋯⋯⋯⋯童恩正
十八度（小说·雷萌插图）⋯⋯⋯雷　萌
串门儿（小说）⋯⋯⋯⋯⋯⋯⋯⋯张　斌
双喜临门（小说）⋯⋯⋯⋯⋯⋯⋯柳　溪
赠乔石（诗）⋯⋯⋯⋯⋯⋯⋯⋯⋯李一氓
飞向罗马尼亚（外二首）⋯⋯⋯⋯朱子奇
跳缅舞（诗）⋯⋯⋯⋯⋯⋯⋯⋯⋯顾子欣
中央同志结队来（诗）
　　——十三陵战歌之一⋯⋯⋯⋯陈　靖
新的长征（诗）⋯⋯⋯⋯⋯⋯⋯⋯黄河浪
颂"一团火"（报告文学）⋯⋯⋯冰　心
追赶太阳的人（报告文学）⋯⋯⋯柯　岩
歌（散文）
　　——狱中回忆⋯⋯⋯⋯⋯⋯⋯邵　华
文章不是无情物（文艺随笔）⋯⋯秋　耘
木排（木刻）⋯⋯⋯⋯⋯⋯⋯⋯⋯莫　测

1978 年第 9 期　刊名：《人民文学》
目录

诗词三首⋯⋯⋯⋯⋯⋯⋯⋯⋯⋯⋯毛泽东
毛主席在延安鲁艺的一天（革命回忆录）⋯陆　石
把雷电握在手中（报告文学）⋯⋯魏钢焰
有这么一条"龙"（报告文学）⋯郑　颜　王　政

天津速写

炉台放歌（速写）⋯⋯⋯⋯⋯⋯⋯万国儒
渤海捕虾记（速写）⋯⋯⋯⋯⋯⋯王家斌
津门喜讯（速写）⋯⋯⋯⋯⋯⋯⋯李兴桥
又欢腾起来的俱乐部（速写）⋯⋯唐云富
唱大戏（小说）⋯⋯⋯⋯⋯⋯⋯⋯阎丰乐
神圣的使命（小说）⋯⋯⋯⋯⋯⋯王亚平
关于写教育战线斗争题材的一封通信（创作谈）
　　⋯⋯⋯⋯⋯⋯⋯⋯⋯⋯⋯⋯宋振庭
根植在生活的沃土中（创作谈）⋯刘心武
诡辩术的渊源流亚及其他（杂文）⋯秦　似
我们肚子里的食客（科学小品）⋯高士其
西陲纪游（散文）⋯⋯⋯⋯⋯⋯⋯徐　迟
老舍永在（散文）⋯⋯⋯⋯⋯⋯⋯臧克家
星（散文）⋯⋯⋯⋯⋯⋯⋯⋯⋯⋯黄宗英
远的怀念（文学回忆录）⋯⋯⋯⋯孙　犁
煤炭桶和垃圾桶（寓言·外一首）⋯黄瑞云
狼的同类（寓言）⋯⋯⋯⋯⋯⋯⋯李保均
癞蛤蟆与奶牛（寓言）⋯⋯⋯⋯⋯杨献瑶
雪落在小兴安岭（诗·外二首）⋯邵燕祥
海的礼赞（诗）⋯⋯⋯⋯⋯⋯⋯⋯管　桦
题宿迁（散文诗）⋯⋯⋯⋯⋯⋯⋯张元乐
蚕（诗·外一首）⋯⋯⋯⋯⋯⋯⋯邓德龙
黄山玉屏峰（木刻）⋯⋯⋯⋯⋯⋯吴家华

1978 年第 10 期　刊名：《人民文学》
目录

林伯渠同志诗选（十五首）
创业史（长篇选载·周思聪插图）⋯⋯柳　青遗作
不灭的篝火（小说·董辰生插图）⋯⋯陆柱国
涓涓流水（小说）⋯⋯⋯⋯⋯⋯⋯李　纳
骑手为什么歌唱母亲（小说·刘勃舒插图）
　　⋯⋯⋯⋯⋯⋯⋯⋯（回族）张承志
花妮和伊妮（小说）⋯⋯⋯（朝鲜族）车仲男
吉祥的彩虹（小说）⋯⋯⋯（藏族）绛边加错
森林里的欢声（小说）⋯⋯（鄂温克族）乌热尔图
欢迎您，远方的客人！（诗）⋯（傣族）康朗甩
边疆新歌（诗·高燕插图）⋯⋯张　藜　（壮族）莎　红
顾笑言　傅　暾　陈　犀　火　华　黄秉荣
飞（散文）⋯⋯⋯⋯⋯⋯⋯⋯⋯⋯袁　鹰
浩气横溢涉险途（散文）
　　——怀念罗瑞卿同志⋯⋯⋯⋯姚　艮
红岩归来（散文）⋯⋯⋯⋯⋯⋯⋯曹靖华
孟买，历史的见证（散文）⋯⋯⋯季羡林
中日友谊之花（散文）⋯⋯⋯王景愚　白峰溪
本刊举办一九七八年全国优秀短篇小说评选启事
花（木刻）⋯⋯⋯⋯⋯⋯⋯⋯⋯⋯李长鹏

1978 年第 11 期　刊名:《人民文学》
目录

王昭君（五幕历史剧·王叔晖插图）⋯⋯⋯⋯曹　禺

文艺随笔
杂谈解放思想⋯⋯⋯⋯⋯⋯⋯⋯⋯⋯⋯夏　衍
发挥文学创作"轻骑兵"的作用⋯⋯⋯⋯沙　汀
解放思想　相信群众⋯⋯⋯⋯⋯⋯⋯⋯荒　煤
奋勇地前进、战斗⋯⋯⋯⋯⋯⋯⋯⋯⋯孙　犁
深入就要介入（作家书简）⋯⋯⋯⋯⋯徐　迟
诗三首⋯⋯⋯⋯⋯⋯⋯⋯⋯⋯⋯⋯⋯艾　青
会战（诗·外一首）⋯⋯⋯⋯⋯⋯⋯梁上泉
油城花香（诗）⋯⋯⋯⋯⋯⋯（苗族）石太瑞
大庆雪（诗）⋯⋯⋯⋯⋯⋯⋯⋯⋯⋯石　英
从头越（小说）⋯⋯⋯⋯⋯⋯⋯⋯⋯黎　之
光荣（小说）⋯⋯⋯⋯⋯⋯⋯⋯⋯⋯肖　平
礼物（小说·范曾插图）⋯⋯⋯⋯⋯⋯严亭亭
本刊一九七八年短篇小说评选启事
山间清泉（木刻）⋯⋯⋯⋯⋯⋯⋯⋯修　军

1978 年第 12 期　刊名:《人民文学》
目录

纪念伟大领袖毛主席诞辰八十五周年
"长江"舰上见毛主席（散文）⋯⋯⋯林一山
灯的思念（诗）⋯⋯⋯⋯⋯⋯⋯⋯⋯雁　翼
战马赋（诗）⋯⋯⋯⋯⋯⋯⋯⋯⋯⋯党永庵
毋忘草（诗）⋯⋯⋯⋯⋯⋯⋯⋯⋯⋯田　间
贺新郎·天安门前想诗和人（词）⋯⋯朔　望
毛主席在延安的故事
战友之间
生产粮食最光荣
枣园乡的一户居民
天安门诗抄（十四首）
为真理而斗争（诗）⋯⋯⋯⋯⋯⋯⋯韩　瀚
愿你听到这支歌（小说·倪震插图）⋯李　陀
弦上的梦（小说·李焙戈插图）⋯⋯⋯宗　璞
秋江落叶（小说）⋯⋯⋯⋯⋯⋯⋯⋯白　桦
老营长轶闻（小说·陈玉先插图）⋯⋯管　桦
虎皮斑纹贝（小说·王怀庆插图）⋯⋯士　敏
夜宿青江铺（小说）⋯⋯⋯⋯⋯⋯⋯韩少功
风雨三十年（小说）⋯⋯⋯⋯⋯⋯⋯阿　凤
火之歌（报告文学）⋯⋯⋯⋯⋯⋯⋯王　蒙
幽燕诗魂（散文）⋯⋯⋯⋯⋯⋯⋯⋯丁　宁
雁翎队（散文）⋯⋯⋯⋯⋯⋯⋯⋯⋯穆　青
白洋淀的春天（散文）⋯⋯⋯⋯⋯⋯韩思俊

本刊举办一九七八年全国优秀短篇小说评选启事
晨（木刻）⋯⋯⋯⋯⋯⋯⋯⋯⋯⋯⋯廖宗怡

1979 年第 1 期　刊名:《人民文学》
目录

光的赞歌（诗）⋯⋯⋯⋯⋯⋯⋯⋯⋯艾　青
中国的汽车呼唤着高速公路（诗）⋯⋯邵燕祥
给我一百个王君绍!（诗）⋯⋯⋯⋯⋯公　刘
致冶金工业部长（诗）⋯⋯⋯⋯⋯⋯徐　刚
缆绳（诗）⋯⋯⋯⋯⋯⋯⋯⋯⋯⋯⋯苏金伞
米粮雨（诗）⋯⋯⋯⋯⋯⋯⋯⋯⋯⋯苗得雨
公路通向公社（诗·外一首）⋯⋯⋯尧山壁
云雀（诗·外二首）⋯⋯⋯⋯⋯⋯⋯雷抒雁
芒果的怀想（散文）⋯⋯⋯⋯⋯⋯⋯郁　茹
丙辰清明采风记（散文）⋯⋯⋯⋯⋯童怀周
十亿人民的心愿（散文）⋯⋯⋯⋯⋯冰　心
我们的师长（革命回忆录）⋯⋯⋯⋯斐　琴
笑容（散文）⋯⋯⋯⋯⋯⋯⋯⋯⋯⋯点　点
虎将行（小说·高燕插图）⋯⋯⋯绍　武　会　林
蚕豆早熟（小说·华其敏插图）⋯⋯⋯季冠武
心中的百花（小说·姜吉维插图）⋯⋯任大霖
还乡记（小说）⋯⋯⋯⋯⋯⋯⋯⋯⋯艾　芜
花丝龙的命运（小说）⋯⋯⋯⋯⋯⋯刘树华
"陈老蹲"和他的对象（小说）⋯⋯⋯周熙高
关于典型环境中的典型人物（作家书简）⋯萧　殷
"文艺黑线"论与江青一伙的阴谋（文艺短论）
　　⋯⋯⋯⋯⋯⋯⋯⋯⋯⋯⋯⋯⋯黎　之
平凡而伟大的人物形象（文艺短论）⋯汤毓强
沸腾的克拉玛依（木刻）⋯⋯⋯⋯⋯葛德夫

1979 年第 2 期　刊名:《人民文学》
目录

这里有十万颗火热的心（报告文学）⋯李　蕤
刘志丹（长篇小说选载·张建文插图）⋯李建彤
国际悲歌（小说·王维新插图）⋯⋯⋯俞　林
剪辑错了的故事（小说·卢沉插图）⋯茹志鹃
洁白的睡莲花（小说·李焙戈插图）⋯从维熙
题未定的故事（小说）⋯⋯⋯⋯⋯⋯舒　群
光明的探索（文学回忆录）⋯⋯⋯⋯欧阳山

南国诗笺
南疆春（外一首）⋯⋯⋯⋯⋯⋯⋯⋯沈仁康
珍珠的河流⋯⋯⋯⋯⋯⋯⋯⋯⋯⋯⋯岑　桑
珠江写生⋯⋯⋯⋯⋯⋯⋯⋯林举英　关振东
祖国，我属于您!⋯⋯⋯⋯⋯⋯⋯⋯芦　荻

中秋会 ························· 韦　丘
瑶山新城 ······················ 梵　扬
重逢 ························· 谭日超
"海锁" ······················ 洪三泰
绣花曲 ······················ 彭泓冰
五月花（散文） ················· 于民生
黄山秋行（游记） ················ 黄秋耘
小雨点儿（寓言） ················ 申均之
表现思想解放的时代（文艺短论） ········ 丹　晨
时代、生活和人民（文艺短论） ········· 齐　戈
说"引申"（文艺随笔） ··········· 周　舟　安　凡
丛林（木刻） ··················· 莫　测

1979 年第 3 期　刊名:《人民文学》
目录

学习周总理关于文艺工作的讲话
沧桑之间 ······················ 黄宗英
感想与回忆 ····················· 白　刃
艺术民主和法制 ················· 管　桦
掩卷遐想 ····················· 邓友梅
从民主说到专家 ··················· 林　林
泪水不污英雄面 ··················· 侯立军
从昙华林到紫光阁（文学回忆录） ········ 龚啸岚
正红旗下（长篇小说连载·范曾插图） ······ 老　舍
青春插曲（小说·白敬周插图） ········· 张　斌
记忆（小说·李焙戈插图） ·········· 张　弦
爱与憎（小说） ··················· 延泽民
重武器（小说） ··················· 苏　策
我的第一个老师（小说） ·········· 马识途
选举新队委的时候（小说） ·········· 张　武
相对象（小说） ··················· 王安友
春的赞歌（诗） ·········· （维吾尔族）克里木·霍加
白洋淀秋色（诗） ·········· 芦　芒遗作
春歌二唱（诗·二首） ·········· 邹荻帆
花街十里一城春（散文） ·········· 秦　牧
根据地日记摘抄（散文） ·········· 钱　毅
盼望（散文） ··················· 陈存诚
漓江之晨（木刻） ·········· 许彦博

1979 年第 4 期　刊名:《人民文学》
目录

在一九七八年全国优秀短篇小说评选发奖大会上的讲
话 ························ 茅　盾
一九七八年全国优秀短篇小说当选作品篇目
一九七八年全国优秀短篇小说评选委员会名单

祝贺与希望 ····················· 沙　汀
衷心的祝贺 ····················· 荒　煤
可喜的收获 ····················· 草　明
我们的事业是大有希望的 ·········· 魏　巍
第一簇报春花 ··················· 袁　鹰
短篇小说——文学创作的突击队 ········ 冯　牧
短篇小说的结构 ··················· 唐　弢
报春花开时节 ··················· 本刊记者
壮族阿妈的控诉（诗·外一首） ········ 邢书第
通往越南这条路（诗） ·········· 任海鹰
"向我开炮!"（诗） ·········· 莫少云
"围墙"（诗） ··················· 叶知秋
巡逻（诗） ··················· 李　瑛
接伞包（诗） ··················· 蔡文祥
观察镜和观察班（诗） ·········· 彭子强
诗四首 ·········· 田　汉遗作
诗三首 ··················· 聂绀弩
露珠集 ··················· 管用和

儿童文学小辑

歌孩（童话·邵晶坤插图） ·········· 严文井
大地妈妈的孩子（童话·高燕插图） ······ 刘厚明
秒针历险记（童话） ················ 金二新
扎陵和鄂陵（童话） ················ 陈士濂
胖娃娃（小说） ··················· 浩　然
林曲（小说） ··················· 贾平凹
儿童的诗篇 ····················· 陈伯吹
骑士（小说） ··················· 叶君健
正红旗下（长篇小说选载·范曾插图） ······ 老　舍
月兰（小说） ··················· 韩少功
阿扎与哈利（小说·王怀庆插图） ········ 樊天胜
水平礁（小说） ··················· 王家斌
油海荡舟（散文） ················ 曹靖华
香甜的早霞（散文） ················ 陆　棨
龙门伊水寄深情（散文） ·········· 梁书根
竹锁青峰 ··················· 吴家华

1979 年第 5 期　刊名:《人民文学》
目录

俄罗斯文学与革命 ················ 李大钊
《俄罗斯文学与革命》附记 ·········· 李星华　贾　芝
读《俄罗斯文学与革命》 ·········· 戈宝权
鲁迅在"五四"时期 ·········· 许钦文
"五四"琐记 ··················· 曹靖华
我们第一次应邀参加了鲁迅先生的宴会 ······ 萧　军
忆邵荃麟同志 ··················· 沙　汀
战友，你说下去（报告文学） ········ 理　由　郑万隆

不可战胜的力量（散文）·································袁　静
火红的防线（散文）·································柯天国
雾呵雾（诗·外一首）·······························邵燕祥
还击的炮响（诗）·································瞿　琮
电闪雷鸣（诗）·································韩瑞亭
鸟儿，又欢唱在遭念岭（诗）·······················雷抒雁
姑娘的心（诗）·································杜佐祥
彩云归（小说·黄冠余插图）··············李　栋　王云高
冲突（小说）·································莫　伸
新任队长钱老大（小说）·························马　烽
美酒鲜花（小说·王怀庆插图）··········辛汝忠　李成才
特别行动（小说·董辰生插图）·····················王亚平
一张提单（小说）·································季恩寿
正红旗下（长篇小说连载·范　曾插图）················老　舍
长白瀑布（木刻）·································王善生

1979 年第 6 期　刊名:《人民文学》
目录

昆仑山的太阳（游记）·······························刘白羽
记英雄吴建国（报告文学）·························王昌定
东溪见闻（散文）·································袁厚春
剑三今何在（文学回忆录）·························臧克家
赶花（散文）·································李天芳
土地（小说）·································邹志安
扬风湾（小说）·································凌喻非
李贺的梦（小说·蒋兆和插图）·····················师　陀
蓝蓝的木兰溪（小说·王维新插图）··················叶蔚林
"革命歌词创作法"（小说）·························林达人
白莲莲（小说）·································尤凤伟
"小迷瞪"是傻瓜吗?（小说）·······················韩作黎
我爱每一片绿叶（小说）·························刘心武
延安保校，我儿时的摇篮（诗）·····················刘　浏
写给孩子们的诗（五首）·························莎　红
儿歌一束·································杨以珍
雏菊和蒲公英（散文诗）·························郭　风
凤凰木（散文诗）·································傅子玖
牧鹿（诗）·································王希杰
你已经认不得他（诗）··············孙绍振　刘登翰
参观刘家峡工程（外四首）··············高崇民遗作
永生的凤凰（诗）·································武兆强
摇篮曲（诗）·································章德益
文艺工作者也应当学点自然科学（文艺笔谈）
·································张莘如
放声歌颂这正义的斗争（文艺笔谈）·············水　工
谈谈我对科学文艺的认识（文艺笔谈）·············童恩正
应当幻想（文艺笑谈）·······························楼　栖
十月的喜悦（木刻）·································古　元

1979 年第 7 期　刊名:《人民文学》
目录

乔厂长上任记（小说·董辰生插图）·················蒋子龙
战士通过雷区（小说·陈玉先插图）·················张天民
信任（小说）·································陈忠实
拂晓就要进攻（小说）·······························邓友梅
思忆（小说）·································舒　群
奇异的命令（小说）·································陈敏凡
办婚事的年轻人（小说）·························包　川
星期日（小说）·································苗　歌
杜晚香（散文·汪国风插图）·····················丁　玲
这支枪传给你（散文）·······························逯　斐
烛（散文）··············高克恭　王平凡　陈宗凤
天涯何处无芳草（散文）·························柯　岩
月落沙梁（散文）·································杜　宣
云雾间的路（散文诗·外一章）·····················张　岐
局长的"耐心开导"（小品文·缪印堂插图）·········陈　新
挂在大门口的"意见箱"（小品文·缪印堂插图）
·································杜　渺
"重点供应，送货上门"（小品文）·················冯　瑞
投宿记（小品文）·································龙国炳
勘探（诗）·································陈文和
你与太行同高（诗）·································张志民
梅岭诗草（诗）·································刘毅然
雄鹰（诗）·································钟黔宁
从人物出发及其他（创作谈）·····················张天翼
关于举办第二次全国少年儿童文艺创作评奖的公告
风餐（木刻）·································王维新

1979 年第 8 期　刊名:《人民文学》
目录

血的漫笔（杂文）·································黄文锡
强者啊，你的名字叫做张志新（杂文）·············秋　耘
"上纲法"（杂文·丁午插图）·····················刘　征
公仆还是老爷（杂文）·······························林克欢
在秃鹫笼旁（杂文）·································秦　牧
节日好，罗马尼亚（诗）·························朱子奇
不朽的琴弦（诗）·································程光锐
慰（诗）·································王恩宇
在燃烧的战场上（诗·三首）·····················李　瑛
凯旋曲（诗·二首）·································任红举
将军船（诗）·································姜建国
我的战友，我的亲人（散文）·····················冯　牧
一束郁金香（散文）·································梅　益
画的梦（散文）·································孙　犁

神女峰遐想（散文）············（蒙古族）玛拉沁夫
心，永远憧憬着将来（报告文学）············李玲修
漫长的一天（小说）····················高晓声
柳主任（小说）·······················成　一
歌神（小说·王怀庆插图）················王　蒙
检察长人选（小说）····················徐绍武
参考资料（小说）·····················韦君宜
深山旅程（小说）·····················柳　杞
夜长长（小说）······················李春光
枣花（小说）·······················高国庆
洗征尘（小说）······················王国富

1979 年第 9 期　刊名:《人民文学》
目录

人妖之间（特写）·····················刘宾雁
"向前看"的故事（电视剧）···············白　桦
爆炸（电视剧）······················张　斌
成功者的悲哀（小说）··················欧阳山
血往心里流（小说·李焙戈插图）············蒋子龙
故乡月明（小说）·····················戈悟觉
含泪的笑声（小说）···········（蒙古族）敖德斯尔
阿丹的婚事（小说）····················李　位
一言堂（讽刺诗·华君武插图）·············池北偶
教子成"虫"（讽刺诗　外一首·江帆插图）

···易和元
鞋老板（讽刺诗·丁午插图）··············王致铨
林海情歌（诗二首）····················朱　雷
月夜（诗）·························陈瑞统
拣块矿石做纪念（诗）··················蓝　疆
沉痛悼念邵荃麟同志（散文）··············茅　盾
彩石斑斓（散文）·····················碧　野
攀金顶（散文）······················吴伯箫
灵魂的雕塑（创作谈）··················楼　栖
渗透着诗情的氛围、色调和意境（创作谈）

···李希凡
石刻花卉·························孙　煌

1979 年第 10 期　刊名:《人民文学》
目录

结晶（报告文学）·····················徐　迟
草地风雷（传记文学·许彦博插图）···········刘白羽
改选（小说）·······················史中兴
舞台（小说·高燕插图）·················张　弦
因为有了她（小说·王怀庆插图）············孙捷生
在喜鹊搭桥的时候（小说）················晓　樵

哈力的故事（小说）

·····················（哈萨克族）艾克拜尔·米吉提
桃花渡（小说）······················程贤章
"节日"回到布依寨（小说）········（布依族）罗国凡
老教练和他的新队员（小说）··············唐志凯
昆仑山的演说（诗）··················郭小川遗作
欧罗巴圆舞曲（诗·外一首）··············艾　青
火炬·故乡（诗）·····················严　晨
我们还是拓荒者（诗）··················邵燕祥
真实·人民·社会主义文学（文艺随笔）········顾　骧
巴黎五月雪（散文）····················罗　苏
美哉西湖（散文）·····················姜德明
一九七九年全国优秀短篇小说评选启事
泼水节——生命的赞歌（壁画白描稿）·········袁运生
边疆人家（木刻）·····················于文雅

1979 年第 11 期　刊名:《人民文学》
目录

解放思想，发扬文艺民主·················茅　盾
跟《人民文学》编辑谈短篇小说·············叶圣陶
紧急通知（小说）·····················黄　飞
记录（小说）·······················林斤澜
"宝圈"火化记（小说）··················罗子军
批判会上（小说）·····················王　蓬
快乐菩萨（小说）·····················古　华
失律的心（小说）·····················韶　华
盗马贼（小说）······················周传洲
防疫（小说）·······················姜付炬
好雨知时节（小说）····················化　石
骑兵列传（小说·董辰生插图）·············汪曾祺
夏桂飘香（小说）·····················程造之
处长的难处（小说）····················张　武
我们一定会再见（小说）·················露　菲
留给后代的礼物（小说）·················季　仲
我的悼念（散文）·····················陈　涌
竹庄草青青（散文）···················陶斯亮
瑟琶湖游记（散文）····················梁　斌
船长（报告文学）·····················柯　岩
侨联主任（诗·外一首）·················韦　丘
侨女照像（诗·外一首）·················郑　南
登古兜山（诗）······················黄　雨
侨乡邮局（诗）······················柯　原
在侨校阶梯上（诗）···················洪三泰
棘叶集（诗）··················（藏族）饶阶巴桑
哪咤闹海（壁画白描稿）·················张　仃

1979 年第 12 期　刊名:《人民文学》
目录

看"点"日记（小说）——————————张　武
孟春（小说·晁锡弟插图）——————王润滋
无言歌（小说）——————————————艾明之
邻居（小说）——————————————巴　波
十二月的街（小说）————————————杜　埃
卞大姐（小说）—————————————福　庚
异乡的晚年（小说）————————————伊　犁
小镇上的将军（小说转载·陈晋熔插图）—陈世旭
湘水长流（革命回忆录）—————————赵清学
书的经历（散文）—————————————何　为
葵颂（散文）——————————————陶　萍
麦收时节（散文）—————————————贾平凹
春风细雨话秋色（散文）—————————徐　刚
写在长城上的名字（报告文学）—————郑万隆　刘　斌

北疆诗钞
了望塔抒情———————————————李风清
杏花雨—————————————————宋　歌
鹿与琴—————————————————范震威
冰雪中的春天——————————————李同都
万鸭湾—————————————————王　野
雪———————————————————李文剑
开路先锋（诗·外二首）—————————李道林
拍马，奴才及其他（杂文）————————宋志坚
说"讳疾"（杂文）————————————张啸虎
"名牌"和"刃口"（杂文）————————叶式生
一九七九年优秀短篇小说评选近况————本刊记者
一九七九年全国优秀短篇小说评选启事
长空雁叫霜晨月（木刻）—————————杨纳维

1980 年第 1 期　刊名:《人民文学》
目录

西线轶事（小说·廖宗怡插图）————徐怀中
一束信札（小说）—————————————白　桦
结婚现场会（小说）————————————马　烽
集市（小说）——————————————谷　峪
晚来香（小说）—————————————王西彦
春风吹拂的夜晚（小说）—————————吴慧泉
恩情（革命回忆录）————————————廖梦醒
罗马的夜晚（诗）—————————————艾　青
我们的新春献礼（散文）—————————冰　心
蓦然回首（散文）—————————————袁　鹰
仙女花开（散文）—————————————丁　宁

废墟的召唤（散文）————————————宗　璞
南国少女（散文）—————————————周文海
樟树和水磨坊（散文）——————————郭　风
怀念中的欢聚（散文）——————————徐开垒
梦（散文）——————————————张　洁
云天忆（散文）—————————————于雁军
热田赋（散文）—————————————杨星火
海岛之夜（散文）—————————————屠　岸
关于《人妖之间》答读者问（作家书简）—刘宾雁
要勇于探索（文艺随笔）—————————齐　戈
文学的执拗（文艺随笔）—————————钟惦棐
速写———————————————————李国靖
培育（木刻）——————————————赵瑞椿

1980 年第 2 期　刊名:《人民文学》
目录

乔厂长后传（小说）———————————蒋子龙
陈奂生上城（小说）————————————高晓声
到生活基地去（小说）——————————王以平
家族舞会（小说）———————（蒙古族）玛拉沁夫
选举（小说）——————————————唐克新
南陵秋晓（小说·任率英插图）——————马　昭
离人盼（小说）—————————————绍　六
奇案不奇（小说）—————————————杨润身
朱总司令事迹片断（革命回忆录）———周立波遗作
笼鹰志（报告文学）———————————李玲修
阿尔卑斯山下（诗四首·学光题图）————李　瑛
小诗一束（诗三首）———————————黄宗英
飞越海峡的歌（诗四首）
　　　　　黄河浪　瞿　琮　刘毅然　何　理
夜海油涌（诗）—————————————柴德森
瑞士纪游（散文）—————————————秦　似
大不列颠一瞥（散文）——————————曲　波
巴黎印象记（散文）———————————高行健
察隅醉秋（散文）—————————————袁光厚
黄书记看演出（小品文）—————————樊庆荣
唉，又出一个废品！（小品文）——————王伟荣
"问题"纪录（小品文）——————————旷荣怿
究竟怎么办?（小品文）—————————吕　途
渔港（木刻）——————————————卜维勤
速写———————————————————袁运生

1980 年第 3 期　刊名:《人民文学》
目录

月食（小说）·······················李国文
"大将"和美妞（儿童小说·高燕插图）···罗辰生
小黑熊吉吉（童话·丁午插图）·········孙幼军
遭遇（小说）·······················韦　翰
"第八级人"（小说·陈丹青插图）·······李文珊
夜间扫街的孩子（小说）·············李心田
探亲（小说）·······················菡　子
旅伴（小说）·······················段荃法
忠魂曲（诗）
——献给刘少奇同志···············张志民
难以忘却的记忆（散文）
——怀念刘少奇同志···············梅　益
霜痕（散文）
——瞿秋白同志早年的诗···········澄　碧
新的飞翔（报告文学）···············周嘉俊
伟大的历程和片断的回忆（文学回忆录）
——纪念"左联"成立五十周年·······荒　煤
漫谈三十年代的"左联"（文学回忆录）···艾　芜
雪窗断想（作家书简）···············杜　宣
亲密的一团（木刻）·················董克俊
敦煌速写·························赵士英

1980 年第 4 期　刊名:《人民文学》
目录

在一九七九年全国优秀短篇小说评选发奖大会上的讲
话·······························巴　金
一九七九年全国优秀短篇小说评选当选作品
一九七九年全国优秀短篇小说评选委员会名单
欣欣向荣又一春···················本刊记者
诞生中的"神话世界"（报告文学）·····化　石
美（报告文学·何韵兰题图）·········陈祖芬
铁托同志（散文）···················刘白羽
痛悼李季同志（散文）···············沙　汀
直到最后一息（散文）···············袁　鹰

常州速写
步伐（速写）·······················李文瑞
明亮的眼睛（速写）·················郝　赫
紫荆树前的情思（速写）·············章辰霄
哭李季（诗三首）···················柯　岩
今天（组诗）·······················杨　牧
中国，正在赶上来！（诗）···········汪　抗
转移（小说）·······················周永年

山上的小屋（小说·李焙戈插图）·······南　丁
小果（小说）·······················贾大山
异国乡情（小说·高燕插图）···········陈残云
战友（小说）·······················毕　方
表叔（小说）·······················卢新华
江南早春（小说）···················梁　冰
捕鳄者古卡（小说·杨学光插图）·······何子铨
贵在质朴（作家书简）···············峻　青
绍兴速写·························徐　希

1980 年第 5 期　刊名:《人民文学》
目录

和诗歌爱好者谈诗（创作谈）
——在北京劳动人民文化宫···········艾　青
促进少年儿童文艺创作的新繁荣
提高我们的创作水平（文艺随笔）·······金　近
童话随想（文艺随笔）···············洪汛涛
科学文艺小议（文艺随笔）···········郑文光
路子应该开阔一些（文艺随笔）·······葛翠林
春之声（小说）·····················王　蒙
雪天（小说）·······················罗　烽
回城（小说）·······················季冠武
夏（小说）·························张抗抗
李有才之死（小说）·················王希坚
补偿（小说）·······················金沙水
母亲的心（小说）···················毛　英
吉乃尔湖一夜（小说）···············李小巴
砂碛路上（小说）···················檀　溪
长江风情（组诗·曲磊磊插图）·········雁　翼
播种者（诗）·······················徐　刚
爱的梦（诗）·······················张诗剑
荧光螺（散文·许彦博题图）···········叶　楠
书的故事（散文）···················臧克家
陪审员笔记（散文）·················孟伟哉
同天风月弟兄邦（散文）·············张泽民
呵，青海，花儿漫成的海！（散文·何韵兰题图）
·····························裴　林　白　渔
黄果树瀑布·······················石　丹

1980 年第 6 期　刊名:《人民文学》
目录

车到分水岭（小说·李焙戈插图）·······李国文
呵，老师（小说）···················张新奇
雪（小说）·························贺抒玉
美与丑（小说）·············（藏族）益希卓玛

娘伴（小说）⋯⋯⋯⋯⋯⋯⋯⋯（侗族）谭　覃
书魂（童话）⋯⋯⋯⋯⋯⋯⋯⋯⋯⋯⋯⋯宗　璞
百灵歌（童话·胡基明插图）⋯⋯⋯⋯⋯路　展
我看到一本连环画（童话·缪印堂插图）⋯⋯郭　风
"车床皇后"（小说）⋯⋯⋯⋯⋯⋯⋯⋯陈国凯
微笑的女孩（小说）⋯⋯⋯⋯⋯⋯⋯⋯沈虎根
艾坦木与法蒂哈（小说·葛鹏仁插图）⋯哲　中
枫亭望月（诗）⋯⋯⋯⋯⋯⋯⋯⋯⋯⋯公　木
诗四首⋯⋯⋯⋯⋯⋯⋯⋯⋯⋯⋯⋯⋯邵燕祥
桂林山水诗（诗四首）⋯⋯⋯⋯⋯（白族）晓　雪
评比检查团及其他（诗三首·毕克官插图）⋯易和元
爱情（诗）⋯⋯⋯⋯⋯⋯⋯⋯（蒙古族）查　干
相勐（长篇民间叙事诗选载）
⋯⋯⋯⋯⋯⋯（傣族）岩　峰　王　松　整理
从疾驶的车窗前掠过的（散文）⋯⋯⋯王安忆
海峡塔影（散文）⋯⋯⋯⋯⋯⋯⋯⋯章　武
龙门吟（散文）⋯⋯⋯⋯⋯⋯⋯⋯⋯杨肇林
心底的歌（散文）⋯⋯⋯⋯⋯⋯⋯⋯李建彤
笑在春浓时节（散文）⋯⋯⋯⋯⋯⋯瞿振振
太平洋散记（散文·赵士英题图）⋯崔向华　陈大鹏
○○○○○（杂文）⋯⋯⋯⋯⋯⋯⋯⋯刘　征
无名的登山英雄（杂文）⋯⋯⋯⋯⋯秦　牧
且说陈奂生（创作谈）⋯⋯⋯⋯⋯⋯高晓声
小鸟天堂⋯⋯⋯⋯⋯⋯⋯⋯⋯⋯⋯林凤青

1980 年第 7 期　刊名:《人民文学》
目录

南湖月（小说·高燕插图）⋯⋯⋯⋯⋯刘富道
甘泉（小说·易扬插图）⋯⋯⋯⋯⋯⋯曾毓秋
留在记忆里的故事（小说）⋯⋯⋯（土家族）孙健忠
从前去过的地方（小说）⋯⋯⋯⋯⋯戈悟觉
赔情（小说·杨力舟插图）⋯⋯⋯⋯邹志安
这些年轻人（小说）⋯⋯⋯⋯⋯⋯⋯孔捷生
花癫（小说）⋯⋯⋯⋯⋯⋯⋯⋯⋯⋯高　缨
一支没唱完的歌（散文）⋯⋯⋯⋯⋯李小为
火烧林（散文）⋯⋯⋯⋯⋯⋯⋯⋯⋯雷　加
江边雨（散文）⋯⋯⋯⋯⋯⋯⋯⋯⋯姜德明
赁画书的老人（散文）⋯⋯⋯⋯⋯⋯应向东
彝山二题（散文）⋯⋯⋯⋯⋯⋯（白族）那加伦
京城花朝录（散文）⋯⋯⋯⋯⋯⋯⋯韩静霆
深夜的歌声（诗）⋯⋯⋯⋯⋯⋯⋯⋯程光锐
发现（诗）⋯⋯⋯⋯⋯⋯⋯⋯⋯⋯⋯严　辰
也算爱情诗（诗·外一首）⋯⋯⋯⋯张志民
北方行（诗四首）⋯⋯⋯⋯⋯⋯⋯⋯孙静轩
回故乡（诗·外一首）⋯⋯⋯⋯⋯⋯叶文福
在果园里（诗三首）⋯⋯⋯⋯⋯⋯⋯苏金伞
晴天（诗·外三首）⋯⋯⋯⋯⋯⋯⋯沙　鸥

帆（诗·外一首）⋯⋯⋯⋯⋯⋯⋯⋯郑　南
落叶（诗）⋯⋯⋯⋯⋯⋯⋯⋯⋯⋯⋯蓝　曼
谈短篇小说的创作技巧（作家书简）⋯王　蒙
不惑于"好理由"（文艺随笔）⋯⋯⋯华　然
两篇小说　一点启示（文艺随笔）⋯⋯王若望
用"我"的语言写"我"（文艺随笔）⋯马　威

读者之页

读者欢迎《西线轶事》⋯⋯⋯⋯⋯⋯徐　辉等
希望多创作一些好作品⋯⋯⋯⋯⋯⋯鲁　申
椰收（速写）⋯⋯⋯⋯⋯⋯⋯⋯⋯⋯林峥明

1980 年第 8 期　刊名:《人民文学》
目录

无声的浩歌（报告文学·恒辰题图）⋯任斌武
写在她远行的路上（报告文学）⋯马继红　王宗仁
瀑布之歌（散文）⋯⋯⋯⋯⋯⋯⋯⋯冯　牧
我爱大西北（散文）⋯⋯⋯⋯⋯⋯⋯李若冰
达斡尔族传奇（散文）⋯⋯⋯⋯⋯⋯胡景芳
微山湖上（散文）⋯⋯⋯⋯⋯⋯⋯⋯刘长岭
珍珠闪耀白龙湾（散文）⋯⋯⋯⋯⋯李葆青
乡场上（小说·刘骥林插图）⋯⋯⋯何士光
起火（小说·秦龙插图）⋯⋯⋯⋯⋯吴晨笳
周末（小说）⋯⋯⋯⋯⋯⋯⋯⋯⋯⋯谌　容
红线记（小说·董辰生插图）⋯⋯⋯罗　旋
落霞村晚宴（小说）⋯⋯⋯⋯⋯⋯⋯宋　词
一份孝礼（小说）⋯⋯⋯⋯⋯⋯⋯⋯郑克西
阿布沁河上（小说）⋯⋯⋯⋯⋯⋯⋯王忠瑜
"不，不要皇帝！永不——"（诗）⋯柯　岩
木兰围场行吟（诗二首）⋯⋯⋯⋯⋯田　间
赤道海抒情（诗二首）⋯⋯⋯⋯⋯⋯李幼容
蜗牛的奖杯（寓言诗·缪印堂插图）⋯杨　啸
短诗一束（何韵兰插图）⋯⋯⋯⋯⋯徐　刚
孔孚　（回族）沙　蕾　（维吾尔族）克里木·霍
加　韩　瀚　于　沙　郑定友　黄　淮　陈满平　邓
文章　刘茂芳　孙立真　李　荣　王德祥　金　蝉
白玉明　阎振甲　莫少云　（土家族）颜家文
作家与观察力（文艺随笔）⋯⋯⋯⋯陈秀生
从曹操烧书说起（文艺随笔）⋯⋯⋯刘鸿仪
晚归（速写）⋯⋯⋯⋯⋯⋯⋯⋯⋯⋯林峥明
阳光下（木刻）⋯⋯⋯⋯⋯⋯⋯⋯李　立　韩阳

1980 年第 9 期　刊名:《人民文学》
目录

小说专号
竹叶子（李焙戈插图）⋯⋯⋯⋯⋯⋯莫应丰
新月⋯⋯⋯⋯⋯⋯⋯⋯⋯⋯⋯⋯⋯⋯浩　岭
盲点⋯⋯⋯⋯⋯⋯⋯⋯⋯⋯⋯⋯⋯⋯吴若增
赵庄闹水⋯⋯⋯⋯⋯⋯⋯⋯⋯⋯⋯⋯西　戎
小路⋯⋯⋯⋯⋯⋯⋯⋯⋯⋯⋯⋯⋯⋯李功达
"她就是波兰"（李忠良插图）⋯⋯⋯许　淇
春诉⋯⋯⋯⋯⋯⋯⋯⋯⋯⋯⋯⋯⋯⋯左建明
生活的旋律⋯⋯⋯⋯⋯⋯⋯⋯⋯⋯⋯杨东明
摘葡萄的小伙子
爱养花的姑娘
中午⋯⋯⋯⋯⋯⋯⋯⋯⋯⋯⋯⋯⋯⋯李佩芝
三看郎⋯⋯⋯⋯⋯⋯⋯⋯⋯⋯⋯⋯⋯艾明之
蜜供⋯⋯⋯⋯⋯⋯⋯⋯⋯⋯⋯⋯⋯⋯刘心武
驴的喜剧⋯⋯⋯⋯⋯⋯⋯⋯⋯⋯⋯⋯乔典运
希望的绿叶（许彦博插图）⋯（白族）张　长
加羊⋯⋯⋯⋯⋯⋯⋯⋯⋯⋯⋯⋯⋯⋯郭玉道
"动机不纯"⋯⋯⋯⋯⋯⋯⋯⋯⋯⋯李惠文
疙瘩妈告状⋯⋯⋯⋯⋯⋯⋯⋯⋯⋯⋯李克定
丰收（速写）⋯⋯⋯⋯⋯⋯⋯⋯⋯⋯高　潮

1980 年第 10 期　刊名:《人民文学》
目录

西望茅草地（小说·吴棣插图）⋯⋯⋯韩少功
唱歌吧，桦树林（小说）⋯⋯⋯⋯⋯⋯陈世旭
芒果（小说·倪震插图）⋯⋯⋯⋯⋯⋯李　准
婚礼上听来的故事（小说）⋯⋯⋯⋯⋯俞　林
篱笆（小说）⋯⋯⋯⋯⋯⋯⋯⋯⋯⋯⋯曹布拉
道班（小说）⋯⋯⋯⋯⋯⋯⋯⋯⋯⋯⋯李　魂
塘水清清（小说）⋯⋯⋯⋯⋯⋯⋯⋯⋯韩映山
她四十五岁（小说）⋯⋯⋯⋯⋯⋯⋯⋯朱敏慎
从《晨歌》到《秋歌》（散文）⋯⋯⋯张　沛
布加勒斯特之晨（散文）⋯⋯⋯⋯⋯⋯茹志鹃
钻台上（散文）⋯⋯⋯⋯⋯⋯⋯⋯⋯⋯李小雨
信念（散文）⋯⋯⋯⋯⋯⋯⋯⋯⋯⋯⋯和谷岩
卖鹅妮（散文）⋯⋯⋯⋯⋯⋯⋯⋯⋯⋯陶建军
祖国（回忆录·张祖英题图）⋯⋯⋯⋯庞薰琹
溯河千里行（诗·赵士英题图）⋯⋯⋯阮章竞
波列特湖之歌（诗）⋯⋯⋯⋯⋯⋯⋯⋯朱子奇
南海三章（诗）⋯⋯⋯⋯⋯⋯⋯⋯⋯⋯李　瑛
青年诗页（何韵兰插图）
国旗的护卫者（诗·外一首）⋯⋯⋯⋯梁小斌
雨夜（诗·外二首）⋯⋯⋯⋯⋯⋯⋯⋯王小妮
说话（诗·外二首）⋯⋯⋯⋯⋯⋯⋯⋯陈所巨
谁见过真理?（诗）⋯⋯⋯⋯⋯⋯⋯⋯徐敬亚
宣告（诗）⋯⋯⋯⋯⋯⋯⋯⋯⋯⋯⋯⋯北　岛
雨思（诗）⋯⋯⋯⋯⋯⋯⋯⋯⋯⋯⋯⋯傅天琳
酸枣红了（诗）⋯⋯⋯⋯⋯⋯⋯⋯⋯⋯刘毅然
路（诗）⋯⋯⋯⋯⋯⋯⋯⋯⋯⋯⋯⋯⋯常　青
甘苦寸心知（创作谈）⋯⋯⋯⋯⋯⋯⋯臧克家
创作风格谈（文艺随笔）⋯⋯⋯⋯⋯⋯楼　栖
一九八〇年全国优秀短篇小说评选启事
绍兴风情（速写）⋯⋯⋯⋯⋯⋯⋯⋯⋯裴　沙
船台小景（木刻）⋯⋯⋯⋯⋯⋯⋯⋯⋯王　琦

1980 年第 11 期　刊名:《人民文学》
目录

三千万（小说·陈玉先插图）⋯⋯⋯⋯柯云路
同犯（小说·姜吉维插图）⋯⋯⋯⋯⋯苏　策
山霭（小说·冯向杰题图）⋯⋯⋯⋯⋯马　寻
火葬场的哥们（小说）⋯⋯⋯⋯⋯⋯⋯林斤澜
走向命运的星辰（小说·赵俊生插图）⋯鄂　华
红统裙（小说·法乃光题图）⋯⋯⋯⋯彭荆风
仲夏的爆竹（小说）⋯⋯⋯⋯⋯⋯⋯⋯成　一
北方抒情诗（二首）⋯⋯⋯⋯⋯⋯⋯⋯韩作荣
山村思考（诗三首）⋯⋯⋯⋯⋯⋯⋯⋯尧山壁
洗（诗）⋯⋯⋯⋯⋯⋯⋯⋯⋯⋯⋯⋯⋯宋　歌
吊海瑞墓（诗）⋯⋯⋯⋯⋯⋯⋯⋯⋯⋯方　冰
喂鸡（诗）⋯⋯⋯⋯⋯⋯⋯⋯⋯⋯⋯⋯刘　章
洞庭波涌（诗三首）⋯⋯⋯⋯⋯⋯⋯⋯于　沙
诗三章⋯⋯⋯⋯⋯⋯⋯⋯⋯⋯⋯⋯⋯⋯田　地
大海呵，我的母亲（诗）⋯⋯⋯⋯⋯⋯曲有源
军港的夜啊，静悄悄（散文）⋯卢晓渤　佘开国
涅卡尔河畔的主人（散文）⋯⋯⋯⋯⋯马　加
紫金山的眼睛（散文）⋯⋯⋯⋯⋯⋯⋯谢大光
胶林行（散文）⋯⋯⋯⋯⋯⋯⋯⋯⋯⋯修晓林
梦（散文）⋯⋯⋯⋯⋯⋯⋯⋯⋯⋯⋯⋯鲁　琪

八闽新曲
梦秋白（散文·华其敏题图）⋯⋯⋯⋯张　惟
鼓浪涛声（散文）⋯⋯⋯⋯⋯⋯⋯⋯⋯汉　涛
东海渔火（散文）⋯⋯⋯⋯⋯⋯⋯⋯⋯季　仲
南归燕（散文）⋯⋯⋯⋯⋯⋯⋯⋯⋯⋯陈文和
听高晓声的"农民"组曲（创作谈）⋯严文井
希望题材更广泛些（读者之页）
日本大阪外国语大学举办《人民文学》欣赏探讨会
（读者之页）
黄山（速写）⋯⋯⋯⋯⋯⋯⋯⋯⋯⋯⋯郑若泉
西藏速写⋯⋯⋯⋯⋯⋯⋯⋯⋯⋯⋯⋯⋯徐　希
前哨（木刻）⋯⋯⋯⋯⋯⋯⋯⋯⋯⋯⋯宋源文

1980 年第 12 期　刊名:《人民文学》
目录

三榜之前（小说）————————————茹志鹃
我们建国巷（小说·古干题图）——————叶之蓁
福大接亲（小说）————————————杨振文
非正常死亡（小说·廖宗怡插图）————廖西岚
亮哥和芳妹（小说·李焙戈插图）————王润滋
沙洛姆教授的迷误（科学幻想小说·沈尧定插图）
　　　　　　　　　　　　　　　　萧建亨
马老六瞧朋友（小说）——————————赵金九
叶露露和张桂兰（小说）————————赵致真
在历史的法庭上（诗）
——我要为昨天作证—————————徐　刚
目光（诗）———————————————黄东成
边塞歌吟（王培波插图）
彩石（诗）——————————（蒙古族）查　干
战士与野花（诗·外二首）————————毛秀璞
云路向导（诗）——————（藏族）饶阶巴桑
追歌（诗五首）—————————————傅　仇
套马（诗·外二首）———————————何　理
夜歌（诗）———————————————晏　明
巴乌吹响了（诗·外一首）————————姜强国
月节酒歌（诗·外一首）——————（壮族）莎　红
"我是一个演员"（散文）
——怀念赵丹同志—————————罗　荪
翡冷翠（散文）
——意大利游简—————————刘白羽
带咸味的雨（散文）———————————石　英
从《人妖之间》引起的（作家书简）————刘宾雁
过万重山漫想（杂文）——————————刘　征
剑花小集（杂文）————————————章　明
边塞风光（速写）————————————袁运生
古柏树下（木刻）————————————王　伟
小鹿（木刻）——————————————刘洛生
山中歌声（木刻）————————————刘建才

1981 年第 1 期　刊名:《人民文学》
目录

锻炼（长篇小说选载·张祖英插图）————茅　盾
贾大奇自述（小说）———————————秦兆阳
相逢在安特卫普（小说·于振立插图）———陆俊超
苦恼（小说·杨力舟插图）————————陈忠实
大仙的宅邸（小说·高燕插图）—————任大震
无用的"金钥匙"（小说·李忠良插图）———杨东明
寓言一束（缪印堂插图）————————黄瑞云

路漫漫其修远兮（报告文学）——————刘宾雁
警惕啊，手!（诗）————————————张志民
路，就该这样走（诗·王培波插图）————张庆明
长城吟（诗·外一首）——————（朝鲜族）金　哲
秋风（诗·外二首）———————————禾　波
珠海新姿（散文）————————————柳　嘉
山城雾（散文）—————————————徐开垒
梅雨时节（散文·何韵兰题图）—————杨学泉
故乡柿子（散文）————————————和　谷
春到延边（散文）————————————文　牧
西沙絮语（散文）————————————于红潮
爱的潜流（散文·李大鸿题图）—————柏　桦
我与散文诗（作家书简）————————郭　风

1981 年第 2 期　刊名:《人民文学》
目录

女作家特辑
八面来风（报告文学·何宁题图）————黄宗英
从一个孩子看中国（报告文学·高燕题图）—柯　岩
棋道与人道（报告文学·法乃光题图）———陈祖芬
团聚（小说·倪震插图）—————————宗　璞
埋藏的明珠（小说·辛明插图）—————韦　菱
高音喇叭（小说）————————————包　川
烟雨昆明湖（小说）———————————青　林
心中的画（散文·何韵兰题图）—————丁　宁
灯光（散文）——————————————于雁军
我的四季（散文）————————————张　洁
啊，友情（散文）————————————李玲修
橄榄（散文）——————————————张抗抗
眼睛（散文）——————————————林　子
海（散文）———————————————马继红
雪山之春（散文）————————————杨星火
红纱巾（诗）——————————————李小雨
呵，橡胶园（诗三首）——————————骆晓戈
收留我吧，高原（诗·外一首）—————梅绍静
插队，在一个小屯（诗二首）——————王小妮
贫贱者的旗帜（诗·外一首）——————孙桂贞
竹颂（诗）———————————————马　莉
乡野在我们心中（诗）——————————韦黎明
春天的信（诗·外一首）—————————常　青
晨风（诗·外一首）———————（朝鲜族）金珠玉
柏树林（诗）——————————————晓　雁
洗脸（诗·外一首）———————————才树莲
朱二升请客（小说）———————————张步真
永不忘记（小说）————————————李心田
闯台（小说）——————————————管　桦
赶场即事（小说）————————————何士光

1981 年第 3 期　刊名:《人民文学》
目录

内当家（小说）······················王润滋
荒寺（小说·李焙戈插图）················邓友梅
典型演义（小说）····················梁兴晨
在乡村理发店里（小说）·················榴　红
醒醒老爹（小说·姜吉维插图）·············古　华
旧景重现（小说）····················李天芳
油茶花开的夜晚（小说）·················王　蓬
斑鸠子叫了（小说）···················罗石贤
老纤夫（小说）·····················竹　林
寓言三则························凝　溪
张孝骞（报告文学·高莽插图）·············点　点
城市·梦及其他（诗六首）···············艾　青
洞庭掠影（诗五首）···················崔合美
桥畔鱼市（诗）·····················申　身
水乡之夜（诗·外一首）·················张文波
叫叫（诗）·······················张　藜
春江两岸（诗·外一首）·················唐　湜
小路与炊烟（诗·外一首）················许翰如
不死的海（诗·外一首）·················沈　重
故乡月（诗·外一首）··················柯　原
葵扇画（诗·外一首）··················莫少云
我盼望（诗）······················叶文福
弯腰图（诗）······················陈松叶
别依阿华（散文）····················王　蒙
爆竹声声（散文）····················江　波
沸腾的墟日（散文）···················杨羽仪
文学随谈录（创作谈）
——萧殷谈创作·····················谢望新
下一步踏向何处?（作家书简）·············冯骥才
让短篇小说短下来（读者中来）·············冯朗峰
向参加一九八〇年全国优秀短篇小说评选的广大读者
致谢·························本刊记者
奔腾不息（木刻）····················吴家华

1981 年第 4 期　刊名:《人民文学》
目录

一九八〇年全国优秀短篇小说评选发奖大会开幕词
···························张光年
文学要给人民以力量···················周　扬
一九八〇年全国优秀短篇小说评选委员会名单
一九八〇年全国优秀短篇小说评选当选作品篇目
鉴赏·评议·期望（读者中来）·············王亚利等
第三个丰收年······················本刊记者

少年 chén 女（小说·孙滋溪插图）···········舒　群
秦宫月（小说·杨永青插图）···············刘亚洲
走上大道（小说）····················巴　波
灯（小说）·······················郑秉谦
呦呦鹿鸣（小说·李焙戈插图）·············朝　襄
渠水儿悠悠（小说·杨　林插图）············杨闻宇
在草原的濛濛雨夜里（小说）
··············（哈萨克族）艾克拜尔·米吉提
大洋的此岸和彼岸（报告文学）
···············蒋　巍（执笔）　贾宏图
神游石城（散文）····················冯　牧
华盛顿的一个傍晚（散文）················屠　岸

青年诗页
喂，诗人！·······················何大愚
一个青年·······················李　钢
冰··························柏　桦
春雨（外一首）·····················王中朝
早晨，啄木鸟醒来了（外一首）·············张　廓
我的鸽子························卫　锋
鹰的挽歌························周　涛
给安徒生························顾　城
下雪了·························吕贵品
神秘的笑容·······················梁小斌
我是一棵无花果·····················孙武军
失落的星星·······················叶延滨
愿生活美好（创作谈）··················王润滋
在探索的道路上（创作谈）················雷　达
觅（木刻）·······················陈中华
社员人家（木刻）····················王　琦

1981 年第 5 期　刊名:《人民文学》
目录

沉痛悼念沈雁冰同志
毛泽东同志给沈雁冰同志的复信及题词手迹
鲜红的党旗覆盖在他身上················傅　钟
悼念茅盾同志·····················丁　玲
悼念倡导革命现实主义的茅盾同志············欧阳山
拿起笔来，为了共产主义的理想而战斗··········荒　煤
沈雁冰同志挽诗·····················赵朴初
书到眼前························臧克家
侧面·························唐　弢
在最后的日子里·····················罗　荪
"我的心向着你们"···················叶君健
童年（回忆录）·····················茅　盾遗作
深的湖（小说·杨林题图）················王　蒙
黑箭（儿童小说·吕敬人插图）·············刘厚明

大年初一（小说）·····················李　准
新"三岔口"（小说·张祖英插图）··········王　火
神仙老人（小说·阿不者·克里木插图）
·······················（维吾尔族）赛·艾则孜
白尾巴和圆耳朵（儿童小说·姚远插图）·····李子玉
大山一望（诗五首）···················廖公弦
茶歌（诗·外一首）···············（壮族）莎　红
下秧雨（诗·外一首）·················管用和
献给萧红一束花（诗二首）··············中　流
北海白塔前（诗）····················臧云远
着力刻画农村社会主义新人的形象（创作谈）
································缪俊杰
新人形象塑造谈片（创作谈）············陈骏涛

1981 年第 6 期　刊名:《人民文学》
目录

发展百花齐放的新局面················张光年
文学的激流永远奔腾··················巴　金
全国优秀中篇小说、报告文学、新诗评选获奖篇目
为了明天························本刊记者
一路平安（小说·秦龙　凌州插图）········陆文夫
苏醒（小说）·······················秦兆阳
褪色的信（小说·河川　杨林插图）········谌　容
蓝围巾（小说）·····················李功达
火牛儿"打鼓"（儿童文学·杨永青插图）·····昃向真
馋虫馋猫和蛮子大伯（儿童小说·姜吉维插图）
································李　虹
一个颠倒过来的故事（儿童小说）·········王润滋
风雨昭昭（报告文学）·················刘宾雁
故国情（散文）·····················韦君宜
南国珍珠（散文）···················逯　斐
天上的梨园（儿童诗·外二首）···········王宜振
大山里的小记者（儿童诗·外一首）········薛卫民
明月（儿童诗·外一首）················李富祺
白色的小花（儿童诗）·················吕贵品
鸡毛和小鸟（儿童诗）·················张衍海
春天，在孩子眼里（儿童诗）············赵雪勤
春在漓江绿水边（诗三首）··············刘祖慈
长城内外（诗二首）··················田　间
三峡即景（诗·外一首）················沙　白
北京速写（诗四首）··················王家新
织城曲（诗二首）···················韩忆萍
写在水仙花旁（作家书简）··············刘心武
回顾（创作谈）·····················蒋子龙
山水为家（木刻）···················陈晋容
雨中行（木刻）·····················王　炜

1981 年第 7 期　刊名:《人民文学》
目录

创作更多好作品献给人民
——在全国优秀中篇小说、报告文学、新诗获奖作者
茶话会上的讲话····················邓颖超
乡村酒肆（小说）····················赵金九
岔路口（小说·董辰生插图）·············陆柱国
高高的山梁（小说·辛明插图）············露　菲
三个通信兵（小说·陈玉先插图）··········左建明
产假中（小说）·····················程造之
心有灵犀的孩子（小说·杨林插图）········祖　慰
召唤（小说）·······················焦祖尧
北上日记（散文）···················叶圣陶
融雪（散文）·······················石　英
华年（散文）·······················丁　宁
山村葬礼（散文）···················葛　洛
火的浩歌（诗）·····················程光锐
飘展的大地（诗）···················赵　恺
诞生（诗）························吴　晓
拨开梢林找井冈（长篇叙事诗选载）·····柯仲平遗作
约瑟普·布罗兹·铁托（诗）·············邵燕祥
镌刻在雨花石上（诗）·················谢志坚
葛洲坝的传说（诗）··················刘不朽
美的寻求者（诗·诗二首）··············曾　卓
夜（诗·外二首）····················雁　翼
在南方（诗三首）···················孙静轩
乡土与创作（创作谈）·················刘绍棠
南湖（国画）······················钱松喦
同饮一井水（木刻）··················古　元

1981 年第 8 期　刊名:《人民文学》
目录

故乡事（小说·李焙戈插图）·············何士光
挽歌与和弦（小说）···················孔捷生
晚饭后的故事（小说）·················汪曾祺
工程师（小说·河川插图）···············涛　沙
院墙内外（小说）···················殷德杰
傻二舅（小说）·····················苏叔阳
老夫老妻（小说）···················冯骥才
阿姨（小说）·······················张天民
混沌（小说）·······················尹俊卿
美丽的红头巾（小说）·················姜利国
爱的选择（小说）···················张俊南
重读《红烛》（诗）···················公　刘
祖国抒情诗（诗三首）·················徐　刚

从矿井升起，我想……（诗）————————————刘湛秋
唐山梦（诗）————————————————————任彦芳
办公四字诀（诗配画）————————易和元诗 江 帆画
长鬃烈马（小叙事诗）————————————————周 涛
山花·鸥鸟和刺刀（诗辑·蒋世欣插图）————杜志民
周 鹤 曾凡华 纪 鹏 杨星火 石 祥 胡世宗
姜强国 喻 晓 李松涛 马合省 王新弟 戴砚田
龙彼德
岚山花雪（散文）————————————————————袁 鹰
西沙情（散文）————————————————————卢晓渤
北开之忆（散文）————————————————————姜德明
鸟窠（散文）——————————————————————贾平凹
春雨江南（散文·法乃光题图）——————————凤 章
桂林寻梦（散文）————————————————————周尊攘
写"新"乱弹（创作谈）————————————————阎 纲
"家好赖自个儿当了"（创作谈）——————————马畏安
黎明展望（木刻）————————————————————广 军
南昌起义（木刻）————————————————————邹达清

1981 年第 9 期　刊名:《人民文学》
目录

纪念鲁迅诞生一百周年
"我可以爱！"————————————————————唐 弢
有的人死了，他还活着——————————————臧克家
我以我血荐轩辕————————————————————严 秀
我吃过他的"奶"————————————————————草 明
我愿多写点好的故事————————————————王 蒙
鲁迅母家农村散记————————————————————谢德铣
辘轳井（小说·华肖插图）——————————————林斤澜
风吹唢呐声（小说·何韵兰插图）——————————韩少功
夕阳（小说·杨林插图）————————————————张贤亮
肖望发传奇（小说）——————————————————毕必成
朋友（小说）————————————————————————王安忆
二憨老汉（小说）————————————————————单学鹏
落榜之后（小说）————————————————————赵 熙
笑声从这里开始（小说）——————————————桑恒昌
中马票（小说）————————————————————庄东贤
青青的香椿芽（小说）————————————————刘方炜
铁师傅（小说）————————————————（侗族）袁仁琮
爱情（诗）————————————————————————满 锐
黑土地（诗）————————————————————————雷抒雁
农村二题（诗）————————————————————苏金伞
山桃初开时（诗）————————————————————沙 鸥
月黑水（诗·外一首）————————————————张永枚
爱（诗）————————————————————————————纪 宇
东京夜话（散文）————————————————————何 为
淮北纪行（散文）————————————————————陈登科

答木令耆女士（作家书简）——————————————从维熙
鲁迅作品插图选————————————————————彦 涵
夜访（木刻）————————————————————————古 元

1981 年第 10 期　刊名:《人民文学》
目录

纪念鲁迅诞生一百周年
鲁迅与现实主义和浪漫主义问题——————————陈 涌
希望在人间（报告文学）——————————————理 由
《红星照耀中国》（小说）——————————————俞 林
大山下的目闹·纵戈（小说·杨一明插图）————艾 芜
焦老旦和熊员外（小说·贺友直插图）——————李志君
屠夫皇帝（小说·贺友直插图）——————————莫应丰
灯火，你叙说什么？（小说·杜希贤插图）————黄虹坚
误会（小说）————————————————————————丁悦民
风呵，带去一支歌（小说）——————————————匡文立
北戴河日记（散文）——————————————————郭 风
征笛声声催（散文）——————————————————陈继光
写在党的六十年后的第一个清早（诗五首）————李 瑛
北京城（诗）————————————————————————陈敬容
海外诗简（诗）————————————————————辛 笛
献给祖国的花束（诗辑）——————————————晓 雪
崔笛扬 沈仁康 沈 彦 葛崇岳 孙友田 王 也
峭 石 沙 白 王峙军 高炯浩
重读有感（作家书简）————————————————陈学昭
一九八一年优秀短篇小说评选启事
天晴（木刻）————————————————————————王 炜
礁石（木刻）————————————————————————彦 涵

1981 年第 11 期　刊名:《人民文学》
目录

腐蚀（科学幻想小说·赵俊生插图）——————叶永烈
明灯（小说·姜吉维插图）——————————————张士敏
角落（小说）————————————————————————火 笛
赴宴（小说）————————————————————————字 心
一个年轻的乡下医生（小说）————（中国台湾）王 拓
柳叶桃（中篇小说·河川插图）——————————张 斌
价值（报告文学·杨林题图）————————————李玲修
珊瑚的印象（散文）——————————————————王中才
荆南散记（散文）————————————————————碧 野
去乐山（散文）————————————————————巴 波
江南草（诗七首）————————————————————张志民
解剖（诗·外一首）——————————————————公 刘
黎明，走向巴颜喀拉山云港（诗）——————————沈 重
菏泽归来（诗二首）——————————————————吕 剑

夜雨（诗）⋯⋯⋯⋯⋯⋯⋯⋯⋯⋯⋯⋯宫　玺
山村的夜（诗）⋯⋯⋯⋯⋯⋯⋯⋯⋯董耀章
战士与作家⋯⋯⋯⋯⋯⋯⋯⋯⋯⋯⋯林　蓝
一九八一年全国优秀短篇小说评选启事
彦涵木刻作品选

1981 年第 12 期　刊名:《人民文学》
目录

大车店一夜（小说·陈玉先插图）⋯⋯金　河
批准下乡记（小说）⋯⋯⋯⋯⋯⋯⋯康　濯
好大的西北风（小说）⋯⋯⋯⋯⋯⋯刘厚明
中锋王大保（小说）⋯⋯⋯⋯⋯⋯⋯肖建国
星光下（小说）⋯⋯⋯⋯⋯⋯⋯⋯⋯孙　颙
杨满颠子和他的豆腐店（小说·柳成荫插图）
⋯⋯⋯⋯⋯⋯⋯⋯⋯⋯⋯⋯⋯⋯傅野村
明净的天空（小说）⋯⋯⋯⋯⋯⋯⋯李天芳
寓言二则⋯⋯⋯⋯⋯⋯⋯⋯⋯⋯⋯林植峰
为了你，祖国（报告文学·何韵兰题图）
⋯⋯⋯⋯⋯⋯⋯苏　雷　冬　生　郎　云
木麻黄（诗）⋯⋯⋯⋯⋯⋯⋯⋯⋯⋯严　辰
北方之旅（诗二首）⋯⋯⋯⋯⋯⋯⋯邹荻帆
云海抒怀（诗）⋯⋯⋯⋯⋯⋯⋯⋯⋯苗得雨
呵，苦楝树（诗）⋯⋯⋯⋯⋯⋯⋯⋯孙静轩
短诗一束⋯⋯⋯⋯⋯⋯⋯⋯何　鹰　尹　璞
于耀江　宋家玲　孔　孚　陈守中　于晓阳　任海鹰
鲍国刚　肖　凌　刘辉考　陈秀庭　杨献瑶　徐忠宝
郭维东　陈良运　阎振甲　万　军　王长军　姜琍敏
槐花盛开的季节（散文）⋯⋯⋯⋯⋯江晓天
一次晚会（散文）⋯⋯⋯⋯⋯⋯⋯⋯华　山
桥（外一章）（散文）⋯⋯⋯⋯⋯⋯彦　火
生命六秒钟（特写）⋯⋯⋯⋯⋯⋯⋯罗祖祥
艾青的诗（评论）⋯⋯⋯⋯⋯⋯⋯⋯周良沛
《人民文学》一九八一年总目录
一九八一年全国优秀短篇小说评选启事
暮归（木刻）⋯⋯⋯⋯⋯⋯⋯⋯⋯⋯傅恒学
榕荫（木刻）⋯⋯⋯⋯⋯⋯⋯⋯⋯⋯刘　旷

1982 年第 1 期　刊名:《人民文学》
目录

敬你一杯酒（报告文学·何韵兰题图）鲁　光
火红的云霞（小说·张祖英插图）⋯⋯吕　雷
年轻人（小说·杨春瑞插图）⋯⋯⋯陆北威
宽厚的大地（小说）⋯⋯⋯⋯⋯⋯⋯李　虹
霞光（小说·华肖插图）⋯⋯⋯⋯⋯韩希钧
乡恋（小说）⋯⋯⋯⋯⋯⋯⋯（满族）王家男

新上任的经理（小说）⋯⋯⋯⋯⋯⋯宋　词
花果镇传奇（小说）⋯⋯⋯（中国台湾）黄燕德
寓言一束（周美娟插图）⋯⋯⋯⋯⋯鲁　芝
迎着强烈的海风（散文）⋯⋯⋯⋯⋯严文井
紫色的雾（散文）⋯⋯⋯⋯⋯⋯⋯⋯闻　山
路（散文）⋯⋯⋯⋯⋯⋯⋯⋯⋯⋯⋯贺抒玉
父亲与种子（散文）⋯⋯⋯⋯⋯⋯⋯杨闻宇
大漠的歌（散文）⋯⋯⋯⋯⋯⋯⋯⋯哲　中
面向海洋（诗）⋯⋯⋯⋯⋯⋯⋯⋯⋯艾　青
我是海的精灵（诗）⋯⋯⋯⋯⋯⋯⋯徐　刚
热嘲篇（讽刺诗二首·方　成画）⋯易和元
答客诮（诗）⋯⋯⋯⋯⋯⋯⋯⋯⋯⋯邵燕祥
访菲诗笺（诗二首）⋯⋯⋯⋯⋯⋯⋯晓　雪
写在法卡山阵地上（诗二首）⋯⋯⋯王　颖
泰山迎客松（诗）⋯⋯⋯⋯⋯⋯⋯⋯金　谷
纸扇情思（诗）⋯⋯⋯⋯⋯⋯⋯⋯⋯陈茂欣
郭沫若致徐迟的信（作家书简）
要善于从阴暗处看到光明（作家书简）萧　殷
途中（木刻）⋯⋯⋯⋯⋯⋯⋯⋯⋯布和朝鲁
添新船（木刻）⋯⋯⋯⋯⋯⋯⋯⋯⋯张白波

1982 年第 2 期　刊名:《人民文学》
目录

小荷才露尖尖角（小说·河川插图）⋯刘绍棠
小镇的墟天（小说·杨永青插图）⋯⋯张贤华
胆怯的孩子（小说）⋯⋯⋯⋯⋯⋯⋯欧阳山
相逢在兰州（小说）⋯⋯⋯⋯⋯⋯⋯刘心武
夏天的经历（小说·王惟震插图）⋯⋯戈悟觉
种瓜得瓜（小说·姚有多插图）⋯⋯⋯尤凤伟
一匹马（小说）⋯⋯⋯⋯⋯⋯⋯⋯⋯孟伟哉
喜人的纠纷（小说）⋯⋯⋯⋯⋯⋯⋯牟崇光
自忖（小说）⋯⋯⋯⋯⋯⋯⋯⋯⋯⋯陈传瑜
零的骚扰（小说）⋯⋯⋯⋯⋯⋯⋯⋯隋洪润
征程漫漫（革命回忆录）⋯⋯⋯⋯⋯伍修权
黑色的星星（诗剧·何韵兰题图插图）李发模
生活的色彩（诗三首）⋯⋯⋯⋯⋯⋯陶嘉善
家庭小咏（诗三首）⋯⋯⋯⋯⋯⋯⋯尧山壁
早晨的歌（诗）⋯⋯⋯⋯⋯⋯⋯⋯⋯文武斌
酸枣树（诗）⋯⋯⋯⋯⋯⋯⋯⋯⋯⋯韦晓吟
茅盾致臧克家的信（作家书简）
要写出本民族的心灵美（作家书简）
⋯⋯⋯⋯⋯⋯⋯⋯⋯⋯⋯⋯（朝鲜族）金　哲
致尕斯库勒湖（散文）⋯⋯⋯⋯⋯⋯李若冰
马尼拉书简（散文）⋯⋯⋯⋯⋯⋯⋯郭　风
珍藏的记忆（散文）⋯⋯⋯⋯⋯⋯⋯林　呐
分红（木刻）⋯⋯⋯⋯⋯⋯⋯⋯⋯⋯陈一文
老与小（木刻）⋯⋯⋯⋯⋯⋯⋯⋯⋯沈尧伊

1982 年第 3 期　刊名:《人民文学》
目录

拜年（小说）——————————————————蒋子龙
回黄转绿（小说·王惟震插图）——————————张 弦
陈奂生包产（小说）——————————————————高晓声
菜市场里（小说·杨春瑞插图）——————————景 风
两只蟋蟀（小说·姜吉维插图）——————————李心田
在省城（小说·杨林插图）——————————————胡小胡
萌芽（小说）——————————————————————范小青
闪光的珍珠（报告文学）———————————————牟崇光
山趣（诗六首）————————————————————廖公弦
长江，在我们手臂上流过（诗）———————————徐敬亚
创业大街（诗·外一首）———————————————周良沛
立体交叉路口（诗）——————————————————喻 晓
自动线（诗）——————————————————————何大愚
煤的拒绝（诗）————————————————————张雅歌
建设者（诗）——————————————————————顾 城
印花滚筒飞快地转（诗·外二首）——————————柴德森
火柴（诗·外一首）——————————————————聂鑫森
带刺儿的歌（诗二首·王复羊插图）—————————石 河
水产收购站（诗）——————————————————何香久
喀尔巴阡山的石竹花（散文）————————————丁 宁
三访罗曼·罗兰夫人（散文）————————————罗大冈
仙人洞的诱惑（散文）————————————————屠 岸
柳赞（散文）——————————————————————雷 加
夜籁（散文）——————————————————————贾平凹
观画思人祭（散文）——————————————————曲 波
与其冒烟，不如燃烧（作家书简）——————————金 河
王琦木刻作品选

1982 年第 4 期　刊名:《人民文学》
目录

在一九八一年全国优秀短篇小说评选发奖大会上的祝
词—————————————————————————葛 洛
一九八一年全国优秀短篇小说评选当选作品
一九八一年全国优秀短篇小说评选委员会名单
喜看百花争妍——————————————————本刊记者
《铁笼山》一曲谢知音（小说·丁聪插图）———邓友梅
母亲与遗像（小说）——————————————————海 波
亡人逸事（小说）——————————————————孙 犁
"独自怎生得黑"（小说）——————————————谌 容
工蜂（小说·童道容插图）——————孙承庆 徐筑敏
三网就捞小尾巴鱼（小说）—————————————朱丽瑛
新上任的考勤员（小说）——————————————丰 光
豆芽菜（小说）————————————————————金 近

守夜（小说）——————————————————————胡 英
啊，我的父母之邦（小说）—————————————祝兴义
长相知（小说·冯向杰插图）————————————郭 青
天池的篝火（散文）——————————————————江 波
呵，鸽子（散文）——————————————————韩静霆
保津川纪事（散文）——————————————————杜 宣
沙海中打捞的诗情（散文）—————————————郭永明
海峡的乐章（散文诗）————————————————于宗信
森林从这儿开步（散文诗）—————————————郑 莹
诗三首————————————————————————公 刘
七月的乡村（诗四首）———————————————韦 丘
游踪（诗四首）————————————————————方 冰
栽新绿（诗·外一首）———————————————莎 红
嘉陵江（诗）—————————————————————沙 白
太平遗垒（诗·外一首）——————————————放 平
撒（诗·外一首）———————————————————许向诚
桃花水（诗·外一首）———————————————苏辑黎
乡村的春风甜了，甜了（诗四首）——————————梁 南
背（诗）———————————————————————唐大同
圆井（诗）——————————————————————朱谷忠
工业题材创作座谈会发言选辑
要不断地超过自己——————————————————蒋子龙
沿着自己的途径探索—————————————————张天民
陌生与熟悉——————————————————————理 由
必须突破"车间文学"的框框—————————————焦祖尧
挚友（木刻）—————————————————————雷时康

1982 年第 5 期　刊名:《人民文学》
目录

如何能获得创作的自由————————————————丁 玲
孟广德那老头（小说·陈玉先插图）—————————萧育轩
小草（小说·胡勃插图）———————（蒙古族）佳 峻
红白喜事（小说）——————————————————叶之蓁
积土（小说）——————————————————————曹冠龙
雪坑（小说）——————————————————————胡万春
勾魂峰（小说）————————————————————谢 璞
小城街口的小店（小说·华肖插图）—————————贾平凹
仙鹤（寓言二则）——————————————————凝 溪
形天舞干戚（报告文学）——————————————徐 迟
我的文学导师（散文）———————————————杜鹏程
记忆我俩年轻的岁月（散文）————————————萧 三
难忘的勐拉坝（散文）———————————————苏 策
五月的延安（散文）—————————————————草 明
春花集（诗·何韵兰题图）——————林 染 尹 璞
　王小妮 许琼琳 骆耕野 高伐林 关 键 杨 炼
雪峰同志和斗笠（诗·外一首）———————————牛 汉
生活的芬芳（诗）——————————————————陈志昂

沿着《讲话》开创的道路继续前进⋯⋯⋯⋯⋯周克芹
刘绍棠 汪曾祺 韩少功 林斤澜 古 华 陈建功
航 鹰 乌热尔图 简 嘉
生命的泉眼（作家书简）⋯⋯⋯⋯⋯⋯⋯⋯张昆华
古元木刻作品选

1982 年第 6 期　刊名:《人民文学》
目录

种包谷的老人（小说·周思聪插图）⋯⋯⋯⋯何士光
三眼井（小说）⋯⋯⋯⋯⋯⋯⋯⋯⋯⋯⋯⋯杨东明
卖网记（小说·华其敏插图）⋯⋯⋯⋯⋯⋯吴晨笳
月出东山（小说）⋯⋯⋯⋯⋯⋯⋯⋯⋯⋯⋯沙丙德
连阴雨（小说·张祖英插图）⋯⋯⋯⋯⋯⋯韩石山
我们碰到了她（小说）⋯⋯⋯⋯⋯⋯⋯⋯⋯姚远牧
老官新传（小说·杨林插图）⋯⋯⋯⋯⋯⋯孙步康
爱的渴望（小说）⋯⋯⋯⋯⋯⋯（景颇族）岳 丁
夕阳赋（中篇小说·李焙戈插图）⋯⋯⋯⋯韦君宜
田汉兄的《母亲的话》（散文）⋯⋯⋯⋯⋯叶圣陶
在植物的芬芳气氛中（散文·何韵兰题图）⋯秦 牧
乡野忆鸦（散文）⋯⋯⋯⋯⋯⋯⋯⋯⋯⋯⋯毛 锜
荒滩上的回忆（散文）⋯⋯⋯⋯⋯⋯⋯⋯⋯杨闻宇
花环似锦绕花城（散文）⋯⋯⋯⋯⋯⋯⋯⋯柳 嘉
武夷杜鹃（散文·沈尧定题图）⋯⋯⋯⋯⋯林群英
清明虾（散文）⋯⋯⋯⋯⋯⋯⋯⋯⋯⋯⋯⋯阎宪奇
刺桐城抒情（诗三首）⋯⋯⋯⋯⋯⋯⋯⋯⋯柯 原
宝岛之恋（诗三首）⋯⋯⋯⋯⋯⋯⋯⋯⋯⋯于宗信
手表的装配线上（诗）⋯⋯⋯⋯⋯⋯⋯⋯⋯雁 翼
拾到的纪念册（散文诗）⋯⋯⋯⋯⋯⋯⋯⋯柯 蓝
"月儿"的小儿语（诗）⋯⋯⋯⋯⋯⋯⋯⋯陈伯吹
北戴河海滨（诗三首）⋯⋯⋯⋯⋯⋯⋯⋯⋯流沙河
孟姜女（诗）⋯⋯⋯⋯⋯⋯⋯⋯⋯⋯⋯⋯⋯骆 文
呼唤（诗）⋯⋯⋯⋯⋯⋯⋯⋯⋯⋯⋯⋯⋯⋯赵 恺
听《蓝色多瑙河》（诗）⋯⋯⋯⋯⋯⋯⋯⋯晓 凡
绿色的梦（诗）⋯⋯⋯⋯⋯⋯⋯⋯⋯⋯⋯⋯青 勃
沙窝（诗）⋯⋯⋯⋯⋯⋯⋯⋯⋯⋯⋯⋯⋯⋯严成志
绸厂的巡回线（诗·外一首）⋯⋯⋯⋯⋯⋯金云富
毛泽东同志致萧三同志信（手迹）
关于信的追忆⋯⋯⋯⋯⋯⋯⋯⋯⋯⋯⋯⋯⋯萧 三
"人是靠头脑，也就是靠思想站着的⋯⋯"（作家书
简）⋯⋯⋯⋯⋯⋯⋯⋯⋯⋯⋯⋯⋯⋯⋯⋯张贤亮
治理山河（木刻）⋯⋯⋯⋯⋯⋯⋯⋯⋯⋯⋯陈晋容
小演员（木刻）⋯⋯⋯⋯⋯⋯⋯⋯⋯⋯⋯⋯徐 匡

1982 年第 7 期　刊名:《人民文学》
目录

惶惑（小说·秦龙插图）⋯⋯⋯⋯⋯⋯⋯⋯王 蒙
杨家岭夜话（小说）⋯⋯⋯⋯⋯⋯⋯⋯⋯⋯舒 群
酒过三巡（小说·李焙戈插图）⋯⋯⋯⋯⋯南 丁
泥人程老憨（小说·贺友直插图）⋯⋯⋯⋯秦万里
葛家寨的喜悦（小说·赵俊生插图）⋯⋯⋯沈仁康
短歌（小说）⋯⋯⋯⋯⋯⋯⋯⋯⋯⋯⋯⋯⋯铁 凝
翡翠烟嘴（小说）⋯⋯⋯⋯⋯⋯⋯⋯⋯⋯⋯吴若增
船过滩头（小说）⋯⋯⋯⋯⋯⋯⋯⋯⋯⋯⋯陈世旭
南曲声中（小说）⋯⋯⋯⋯⋯⋯⋯⋯⋯⋯⋯季 仲
半斤花生仁（小说）⋯⋯⋯⋯⋯⋯⋯⋯⋯⋯桑恒昌
橘（报告文学·丁聪题图）⋯⋯⋯⋯⋯⋯⋯黄宗英
毛主席（回忆录）⋯⋯⋯⋯⋯⋯⋯⋯⋯⋯⋯李又然
在洋山洋水面前（散文）⋯⋯⋯⋯⋯⋯⋯⋯萧 乾
绿色的守卫者（散文）⋯⋯⋯⋯⋯⋯⋯⋯⋯张 岐
武林一叶（散文）⋯⋯⋯⋯⋯⋯⋯⋯⋯⋯⋯本 芸
军事演习速写（诗四首）⋯⋯⋯⋯⋯⋯⋯⋯杜志民
我是云雀，我在天上歌唱（诗四首）⋯⋯⋯李松涛
醉及其他（诗五首）⋯⋯⋯⋯⋯⋯⋯⋯⋯饶阶巴桑
峡谷之歌（诗二首）⋯⋯⋯⋯⋯⋯⋯⋯⋯⋯王鸣久
平原抒情诗（诗）⋯⋯⋯⋯⋯⋯⋯⋯⋯⋯⋯陈松叶
第二重宇宙（诗·外二首）⋯⋯⋯⋯⋯⋯⋯任洪渊
春蛾（诗）⋯⋯⋯⋯⋯⋯⋯⋯⋯⋯⋯⋯⋯⋯木 斧
亮色（诗·外二首）⋯⋯⋯⋯⋯⋯⋯⋯⋯⋯晓 钢
雨燕（诗·外一首）⋯⋯⋯⋯⋯⋯⋯⋯⋯⋯王维洲
白色的音符（散文诗三章）⋯⋯⋯⋯⋯⋯⋯牧 子
古纤道（诗）⋯⋯⋯⋯⋯⋯⋯⋯⋯⋯⋯⋯⋯黄东成
关于《晨梦》（作家书简）⋯⋯⋯⋯⋯⋯⋯严文井
醒（塑面版画）⋯⋯⋯⋯⋯⋯⋯⋯⋯⋯⋯⋯卢培君
长征路上（木刻）⋯⋯⋯⋯⋯⋯⋯⋯⋯⋯⋯古 元

1982 年第 8 期　刊名:《人民文学》
目录

队长得了横财（小说）⋯⋯⋯⋯⋯⋯⋯⋯⋯杨干华
在密密的森林中（小说·廖宗怡插图）⋯⋯朱秀海
女部长（小说）⋯⋯⋯⋯⋯⋯⋯⋯（蒙古族）玛拉沁夫
邪魔（小说）⋯⋯⋯⋯⋯⋯⋯⋯⋯⋯⋯⋯⋯林斤澜
都门小夜曲（小说）⋯⋯⋯⋯⋯⋯⋯⋯⋯⋯张天民
认门（小说）⋯⋯⋯⋯⋯⋯⋯⋯⋯⋯⋯⋯⋯王安友
无标题对话（小说·童道容插图）⋯⋯⋯⋯沙叶新
明月几时有（小说·高燕插图）⋯⋯⋯⋯⋯吕 雷
绣月女（小说）⋯⋯⋯⋯⋯⋯⋯⋯⋯⋯⋯⋯古 禾
审丑者（报告文学）⋯⋯⋯⋯⋯⋯⋯⋯⋯⋯祖 慰
到巴金花园去（散文·吕敬人题图）⋯⋯⋯矫 健

一代风骚　万丈光焰（散文）⋯⋯⋯⋯⋯⋯⋯臧克家
香脂（散文）⋯⋯⋯⋯⋯⋯⋯⋯⋯⋯⋯⋯⋯⋯姜　安
抚育（革命回忆录·陈玉先插图）⋯⋯⋯⋯⋯陈　靖
战士（诗）⋯⋯⋯⋯⋯⋯⋯⋯⋯⋯⋯⋯⋯⋯⋯程童一
山·雷电（诗·外二首）⋯⋯⋯⋯⋯⋯⋯⋯⋯刘毅然
虎门在望（诗·外一首）⋯⋯⋯⋯⋯⋯⋯⋯⋯纪　学
春蚕集（诗）⋯⋯⋯⋯⋯⋯⋯⋯⋯⋯⋯⋯⋯⋯鲁　藜
站在排云亭前（诗）⋯⋯⋯⋯⋯⋯⋯⋯⋯⋯⋯玛　金
蜀水巴山起诗情（诗三首）⋯⋯⋯⋯⋯⋯⋯⋯邹荻帆
青岛之夏（诗·外一首）⋯⋯⋯⋯⋯⋯⋯⋯⋯王笠耘
沉思（诗·外一首）⋯⋯⋯⋯⋯⋯⋯⋯⋯⋯⋯陈志昂
雪（诗·外一首）⋯⋯⋯⋯⋯⋯⋯⋯⋯⋯⋯⋯云　鹤
红枣小集（寓言诗三首·周首娟插图）⋯⋯⋯刘　征
北京站，午夜十二点（诗·外一首）⋯⋯⋯⋯刘湛秋
为革命战争传神（创作谈）⋯⋯⋯⋯⋯⋯⋯⋯王愿坚
在同一条战壕里（创作谈）⋯⋯⋯⋯⋯⋯⋯⋯陆柱国
真正了解写得真实（创作谈）⋯⋯⋯⋯⋯⋯⋯彭荆风
小说创作的一个新倾向（作家书简）⋯⋯⋯⋯冯骥才
山泉（套色木刻）⋯⋯⋯⋯⋯⋯⋯⋯⋯⋯⋯⋯赵修柱

1982 年第 9 期　刊名:《人民文学》

目录

卖海蛎子的女人（小说·夏麦插图）⋯⋯⋯⋯达　理
温泉铺（小说）⋯⋯⋯⋯⋯⋯⋯⋯⋯⋯⋯⋯⋯王振武
路上（小说）⋯⋯⋯⋯⋯⋯⋯⋯⋯⋯⋯⋯⋯⋯高行健
人境拾零三题（小说）⋯⋯⋯⋯⋯⋯⋯⋯⋯⋯陈建功
他们是瞎子
老憨来找我
“您”
存钱（小说）⋯⋯⋯⋯⋯⋯⋯⋯⋯⋯⋯⋯⋯⋯矫　健
墨渍（小说·吕敬人插图）⋯⋯⋯⋯⋯⋯⋯⋯王小鹰
叶儿飘飘（小说·姜吉维插图）⋯⋯⋯⋯⋯⋯田珍颖
于芝的一个星期天（小说）⋯⋯⋯⋯⋯⋯⋯⋯青　林
乡娘（小说）⋯⋯⋯⋯⋯⋯⋯⋯⋯⋯⋯⋯⋯⋯胡　柯
时势和英雄（报告文学·李焙戈速写）⋯⋯⋯陈祖芬
时代的弄潮儿（报告文学）
　　　　　　文志强　孙承庆　徐筑敏　刘庆鹰
大海的欢歌（诗·何韵兰题图）⋯⋯⋯⋯⋯⋯程光锐
新笋集（诗·何韵兰插图）⋯⋯⋯⋯⋯⋯⋯⋯曹汉俊
潞　潞　程光炜　谷未黄　何立伟　欧阳江河　吴
晓　笑　波　艾　丹　易殿选
翡翠叶子（诗）⋯⋯⋯⋯⋯⋯⋯⋯⋯⋯⋯⋯⋯唐　湜
蒲松龄的故事（民间故事）⋯⋯⋯⋯董均伦　江　源
读《新笋集》（创作谈）⋯⋯⋯⋯⋯⋯⋯⋯⋯严　辰
北疆见闻（作家书简）⋯⋯⋯⋯⋯⋯⋯⋯⋯⋯张志民
静静的伊犁河（油画）⋯⋯⋯⋯⋯⋯⋯⋯⋯⋯王　忻
开春（中国画）⋯⋯⋯⋯⋯⋯⋯⋯⋯⋯⋯⋯⋯任建国

1982 年第 10 期　刊名:《人民文学》

目录

跨过高度（小说·冯向杰插图）⋯⋯⋯⋯⋯⋯冯骥才
弯弯的月亮（小说）⋯⋯⋯⋯⋯⋯⋯⋯⋯⋯⋯谌　容
讽刺小说二题（王复羊插图）⋯⋯⋯⋯⋯⋯⋯马识途
好事
五粮液奇遇记
大舞台和小舞台（小说）⋯⋯⋯⋯⋯⋯⋯⋯⋯刘　真
大山里的故事（小说）⋯⋯⋯⋯⋯⋯⋯⋯⋯⋯高晓声
又是一个腌菜年（小说）⋯⋯⋯⋯⋯⋯（彝族）普　飞
回门饭（小说）⋯⋯⋯⋯⋯⋯⋯⋯⋯⋯⋯⋯⋯邹纯粹
油菜花又开了（小说）⋯⋯⋯⋯⋯⋯⋯⋯⋯⋯黄河清
兄弟（小说）⋯⋯⋯⋯⋯⋯⋯⋯⋯⋯（中国台湾）吴锦发
寓言一束（周美娟插图）⋯⋯⋯⋯⋯⋯⋯⋯⋯鲁　芝
特区行（报告文学）⋯⋯⋯⋯⋯⋯⋯⋯⋯⋯⋯理　由
车轮颂（诗）⋯⋯⋯⋯⋯⋯⋯⋯⋯⋯⋯⋯⋯⋯公　刘
北京：历史的回声（诗）⋯⋯⋯⋯⋯⋯⋯⋯⋯李　瑛
黄河之歌（诗·何宁题图）⋯⋯⋯⋯⋯⋯⋯⋯吕贵品
南方的田野（诗）⋯⋯⋯⋯⋯⋯⋯⋯⋯⋯⋯⋯陈所巨
采桑女（诗）⋯⋯⋯⋯⋯⋯⋯⋯⋯⋯⋯⋯⋯⋯燕　翎
背影（散文）⋯⋯⋯⋯⋯⋯⋯⋯⋯⋯⋯⋯⋯⋯端木蕻良
迎春赋（散文·高育武插图）⋯⋯⋯⋯⋯⋯⋯雁　翼
五十二年友情长（散文）⋯⋯⋯⋯⋯⋯⋯⋯⋯臧克家
望尽天涯路（文艺回忆录·吴冠中题图）⋯⋯吴冠中
关于编辑工作的通信（作家书简）⋯⋯⋯⋯⋯孙　犁
吴冠中速写三幅

1982 年第 11 期　刊名:《人民文学》

目录

白云深处（小说·李晓军插图）⋯⋯⋯⋯⋯⋯映　泉
不仅仅是留恋（小说·张祖英插图）⋯⋯⋯⋯金　河
电话没有打通（小说）⋯⋯⋯⋯⋯⋯⋯（蒙古族）佳　峻
他和她的生日（小说·姜吉维插图）
⋯⋯⋯⋯⋯⋯⋯⋯⋯⋯⋯⋯⋯⋯⋯（回族）沙叶新
脸皮招领启事（小说·外二篇）⋯⋯⋯⋯⋯⋯吴若增
荒凉的海湾（小说·李忠良插图）⋯⋯⋯⋯⋯张士敏
南风（小说）⋯⋯⋯⋯⋯⋯⋯⋯⋯⋯⋯⋯⋯⋯宋崇风
雁归来（小说）⋯⋯⋯⋯⋯⋯⋯⋯⋯⋯⋯（回族）高　深
龙城赋（报告文学·何韵兰题图）⋯⋯⋯⋯⋯张　锲
河山小记（散文·杨林题图）⋯⋯⋯⋯⋯⋯⋯刘北汜
党员贺六（散文）⋯⋯⋯⋯⋯⋯⋯⋯⋯⋯⋯⋯黄　飞
海岛行（散文）⋯⋯⋯⋯⋯⋯⋯⋯⋯⋯⋯⋯⋯杨肇林
大渡河情思（诗三首）⋯⋯⋯⋯⋯⋯⋯⋯⋯⋯周　纲
三峡抒情诗（诗三首）⋯⋯⋯⋯⋯⋯⋯⋯⋯⋯徐　刚
啊！巴颜喀拉山（诗·外一首）⋯⋯⋯⋯⋯⋯梁上泉

西北角（诗三首）———————————肖 川
笑声（诗·外二首）—————————孙友田
唐山，复兴的太阳（诗）——————叶延滨
城郊，落日的余辉（诗）——————林 希
囱下歌（诗·外一首）———————老 心
海（诗）———————————————刘益善
我早期的读者与写作（文学回忆录）—陈学昭
深入生活浅议（创作谈）—————陈忠实
也算体会（创作谈）———————张石山
跟着生活探索（创作谈）—————成 一
春鸣（木刻）———————————杨凯生
山城（木刻）———————————王金旭

1982 年第 12 期 刊名:《人民文学》
目录

蓝色的童岭（小说·秦龙插图）———成 一
老画家的情态（小说·毕克官插图）—祖 慰
乡下女人二题（小说）———————张石山
五十周年婚礼日（小说）—————苏叔阳
孩子的眼泪（小说·外一篇）———张 斌
自由落体（小说）—————————李 陀
梦（小说）————————————蒋金彦
妮娜和她的朋友们（小说·高 燕插图）—沈虹光
乔二患病记（科学幻想小说）———萧建亨
为开创报告文学创作的新局面而奋起——本刊记者
火药发明者的子孙（报告文学·杨林题图）
——————孙浩刚 钱 钢 杨学泉
高原行旅（诗·何韵兰插图）
高原行旅———————————昌 耀
道路————————————————胡 昭
挤奶（外一首）——————————宁 宇
牦牛————————————————王燕生
酥油花———————————————晓 钢
羊八井地热————————————黎焕颐
拉萨月———————————————郭蔚球
边地风情（诗·何韵兰插图）———崔合美
陈广斌 王忠范 沈 重 金 哲 姚业涌 谭德生
刘宏亮 郭小林 李 瑜
望江山随笔（散文·高育武插图）—袁 鹰
摩天楼上的随想（散文）—————张 沛
走向广阔的新生活（创作谈）———雷 达
叱咤风云（石刻）—————————孙 煌
十字路口（木刻）—————————王 琦

1983 年第 1 期 刊名:《人民文学》
目录

青龙潭（小说·焙戈插图）————王 蒙
幻觉（小说）———————————孙芸夫
大门口儿（小说·李晓军插图）———母国政
新翻的土地（小说·胡伟插图）———左建明
封面女郎（小说）—————————刘心武
窗前搭起脚手架（小说）—————王安忆
瘸腿野马（小说·谢志高插图）
————————（哈萨克族）艾克拜尔·米吉提
管家婆（小说）——————————杨东明
连理桐（小说）——————————贾平凹
青春的旋律（诗·李晓泉插图）———周 涛
梅绍静 林 染 刁永泉 孙武军 章德益 赵丽宏
邓海南 饶庆年 杨 牧
铁血（报告文学）—————————理 由
散文三题———————————————刘白羽
还乡散记（散文）—————————周同宾
文艺女神的选择（寓言）—————黄瑞云
读诗札记（创作谈）———————邹荻帆
研究国民品性，提高精神素质（作家书简）——吴若增
船的摇篮（木刻）—————————陈晋容

1983 年第 2 期 刊名:《人民文学》
目录

围墙（小说·王师颉插图）————陆文夫
庄稼人轶事（小说）———————何士光
八千岁（小说）——————————汪曾祺
送你一束玫瑰花（小说三题）———张 林
桥（小说）————————————李 纳
阿丑和阿娜（小说）———————杨干华
午餐（小说二题）—————————李功达
教授家的新娘（小说·吕敬人插图）—杜保平
落（小说）————————————海 波
自己的歌（诗三首）———————王亚平
致戈壁（诗·张守义题图）————邹荻帆
芳邻（诗三首·张守义题图）———雷抒雁
走乡（诗三首）——————————廖公弦
遥远的思念（诗·外一首）————飞 雪
林（诗·外一首）—————————木 斧
散落的花瓣（诗五首）——子 页 高 深 谢先云
老人与海（报告文学·穆永瑞题图）—肖复兴
新的年代的新的梦（散文）————王 蒙
纸墨常留负疚心（散文）—————韦君宜
雪趣（散文·沈荣祥题图）————林道远

野渡灯火（散文）·······················刘长岭
《写在"坟"后面》引起的感想···············胡 风
截取·剪裁·发掘（创作谈）··············李希凡
"横看成岭侧成峰"（创作谈）·············李玲修

1983 年第 3 期　刊名:《人民文学》
目录

遍地月光（小说·李焙戈插图）···············叶蔚林
安树和他的诗友们（小说·河川插图）·········方 方
蓝色的汽柜（小说·张祖英插图）·············李 离
夜深沉（小说·童道容插图）·················李廷华
杏林风水（小说）···························张 弛
乡音（小说）·······························林斤澜
美满婚姻（小说）···························徐光耀
秋别（小说）·······························迟松年
愤怒的野草莓（小说）·······················董会平
七月走关东（诗三首·高育武插图）···········张志民
美国之旅（诗三首·张守义题图）·············李 瑛
夜航曲（诗）·······························胡 征
秋的组曲（诗三首）·························郑 敏
怀化（诗·外一首）·························柯 原
井蛙和海鸥（诗·外一首·缪印堂插图）·······刘 征
南方，有一座长城（诗·外二首）·············喻 晓
她手中的线多么柔长……（诗）···············顾子欣
国家森林公园放歌（诗）·····················胡 笳
张大为的故事（报告文学）···················徐子芳

首钢剪影
首钢，火红的乐章（速写）···················雷抒雁
十八米地沟（速写）·························李小雨
在这里……（速写）·························卢晓渤
政治·现实·知识（创作谈）·················公 木
作者·读者·编者···············金 河 臧克和等

1983 年第 4 期　刊名:《人民文学》
目录

文学创作的道路永无止境·····················巴 金
社会主义文学的新进展·······················张光年
中国作家协会主办的首届新诗奖、第二届报告文学
奖、一九八二年短篇小说奖、第二届中篇小说奖当选
作品
万元户（小说·秦龙插图）···················陆文夫
美丽的胡枝子（小说·辛明插图）·············罗 旋
地震（小说）·······························孙芸夫
乡下老客（小说·王惟震插图）·······锦 云 王 毅

老家（小说）·······························孙少山
野猪田（小说）·····························卞之琳
有零有整儿（小说）·························郑万隆
播雨者（报告文学）·························李玲修
怀萧三（散文）·····························张志民
大江东去（散文）···························江 波
云台小记（散文）···························李希凡
散文诗之页（何韵兰 蒋世欣题图）···········蓝 曼
　许 淇 刘湛秋 李 耕 曾凡华 黎 笙 王中才
　晓 桦 陈所巨 李希英 李大葆 陈文和 孟 河
　李昆纯 卫 铎
爱（诗）···································晓 雪
苏堤春晓（诗·外一首）·····················厉 风
我喜欢这样一种散文（创作谈）···············严文井
遥望诸神之山的随想（作家书简）·············古 华
读者·作者·编者

1983 年第 5 期　刊名:《人民文学》
目录

远方的树（中篇小说·李焙戈插图）···········韩少功
兵车行（小说·杨林插图）···················唐 栋
除夕夜（小说·陈玉先插图）·················达 理
生日的礼物（小说·李国靖插图）·············沈治平
大人们不知道的事情（儿童小说·何宁插图）
　···································曹冠龙
山林之王（小说）···························田舒强
绿色的圆圈（小说）·························董 墨
南斯拉夫思绪（诗二首）·····················公 刘
五指山掌上的奇迹（诗）·····················傅 仇
桃花三月三（诗·外一首）···················倩 晴
矿山的广播（诗·外三首·吴迅插图）·········周志友
矿工和鸽子（诗）···························聂鑫森
我拉运预制板（诗）·························周同馨
都市抖落了竟日的喧嚣（诗）·················周 鹤
辣椒嫂（诗）·······························翁景贵
脚印（诗叙事）·····························任彦芳
老舍的散文（散文）·························冰 心
天翼老师（散文）···························刘厚明
意大利散记二题（散文）·····················周而复
白山黑水（散文）···························雷 加
路在脚下……（散文）·······················刘学强
寓言四则·································黄瑞云等
谈童话创作二题（创作谈）···················金 近
从"荒诞"想到的（作家书简）···············孙幼军
作者·读者·编者···············叶蔚林 孙继峰等

1983 年第 6 期　刊名:《人民文学》
目录

小木屋（报告文学）⋯⋯⋯⋯⋯⋯⋯⋯黄宗英
哦，穆罕默德·阿麦德（小说·谢志高插图）
⋯⋯⋯⋯⋯⋯⋯⋯⋯⋯⋯⋯⋯⋯王　蒙
猫死了!（小说）⋯⋯⋯⋯⋯⋯⋯⋯⋯水运宪
头上是一片宁静的蓝天（小说·王师頡插图）
⋯⋯⋯⋯⋯⋯⋯⋯⋯⋯⋯⋯⋯⋯聂鑫森
石匠留下的歌（小说）⋯⋯⋯⋯⋯⋯⋯何立伟
小街转弯处（小说·李国靖插图）⋯⋯⋯孙　颙
火墙（小说）⋯⋯⋯⋯⋯⋯⋯⋯⋯⋯吴可雨
脸上有疤的人（小说）⋯⋯⋯⋯⋯⋯⋯李功达
晚节（小说）⋯⋯⋯⋯⋯⋯⋯⋯⋯⋯吉学沛
文坛一角（小说）⋯⋯⋯⋯⋯⋯⋯⋯陈国凯
爷爷讲的故事（童话·李恒辰题、插图）⋯⋯金　近
霹雳火（散文）⋯⋯⋯⋯⋯⋯⋯⋯⋯韩静霆
美丽的衣阿华女郎（散文）⋯⋯⋯⋯⋯张　洁
华沙导游人（散文）⋯⋯⋯⋯⋯⋯⋯樊天胜
黄陵柏（散文）⋯⋯⋯⋯⋯⋯⋯⋯⋯贾平凹
水仙（诗·外二首）⋯⋯⋯⋯⋯⋯王亚平遗作
杜鹃（诗·外一首）⋯⋯⋯⋯⋯⋯⋯田　间
登岳阳楼（诗）⋯⋯⋯⋯⋯⋯⋯⋯⋯徐　放
怀甫亭（诗·外一首）⋯⋯⋯⋯⋯⋯⋯韩　笑
君山（诗·外一首）⋯⋯⋯⋯⋯⋯⋯⋯雷　雯
伊宁街景（诗·外二首）⋯⋯⋯⋯⋯⋯梁上泉
木世界（诗）⋯⋯⋯⋯⋯⋯⋯⋯⋯⋯苗得雨
雪雕（小叙事诗）⋯⋯⋯⋯⋯⋯⋯⋯⋯苗　欣
一盒橡皮泥（诗·李恒辰插图）⋯⋯⋯⋯徐敬亚
森林的歌声（诗）⋯⋯⋯⋯⋯⋯⋯⋯高洪波
散落的花瓣（诗）⋯⋯宋　歌　蔡荣电　查　干　郑　南
关于童话的论述提纲（创作谈）⋯⋯⋯周立波遗作
我爱生活（创作谈）⋯⋯⋯⋯⋯⋯⋯⋯王安忆
关于揭示矛盾（作家书简）⋯⋯⋯⋯⋯刘　真

1983 年第 7 期　刊名:《人民文学》
目录

那泪汪汪的一对杏核儿眼（小说·尤劲东插图）
⋯⋯⋯⋯⋯⋯⋯⋯⋯⋯⋯⋯⋯⋯徐怀中
修鞋铺的故事（小说）⋯⋯⋯⋯⋯⋯陈吉蓉
麝香（小说·李国靖插图）（土家族）蔡测海
传达室里的笑声（小说）⋯⋯⋯⋯⋯卢　弓
奇特的送葬队（小说）⋯⋯⋯⋯邵振夫　李　婉
秋月悬空（小说）⋯⋯⋯⋯⋯⋯⋯⋯彭伦乎
一支没有准星的驳壳枪（中篇小说·李焙戈插图）
⋯⋯⋯⋯⋯⋯⋯⋯⋯⋯⋯⋯⋯⋯李军林

她是一个普通的女人（报告文学）⋯⋯陈祖芬
个旧夜话（散文）⋯⋯⋯⋯⋯⋯⋯⋯茹志鹃
井上靖先生（散文）⋯⋯⋯⋯⋯⋯⋯姜德明
他，躺在乡间的小路旁（散文）⋯⋯⋯李海鸣
虎戏（散文）⋯⋯⋯⋯⋯⋯单　复　傅子玖
岁月的回声（散文）⋯⋯⋯⋯⋯⋯⋯黄晓萍
血的歌声（叙事诗）⋯⋯⋯⋯⋯⋯⋯牛　汉
海色（散文诗·外三章）⋯⋯⋯⋯⋯陈慧瑛
钱塘江（诗）⋯⋯⋯⋯⋯⋯⋯⋯⋯陈继光
高原诗会（组诗）⋯⋯⋯⋯⋯杜永红　胡顺猷
程建强　徐国静　郑德明　叶　笛　李发模　王建平
星群（组诗）⋯⋯⋯⋯⋯⋯岳　亭　尹作礼　于晓阳
贾长厚　韩英珊　绿　林　旭　宇　沈良意　张志鹏
努力像生活一样深厚（创作谈）⋯⋯⋯何士光

1983 年第 8 期　刊名:《人民文学》
目录

不仅仅是为了文学
——告读者⋯⋯⋯⋯⋯⋯⋯⋯⋯本刊编辑部
杨月月与萨特之研究（中篇小说·李焙戈插图）
⋯⋯⋯⋯⋯⋯⋯⋯⋯⋯⋯⋯⋯⋯谌　容
异城之役（小说·高燕插图）⋯⋯⋯⋯孔捷生
在山脚闪着孤灯（小说·何韵兰插图）⋯⋯鲍　昌
报到（小说）⋯⋯⋯⋯⋯⋯⋯⋯⋯⋯田　雨
小数点前后（小说）⋯⋯⋯⋯⋯⋯⋯李　虹
教训（小说）⋯⋯⋯⋯⋯⋯⋯⋯⋯⋯彭克柔
痛苦三章（杂文）⋯⋯⋯⋯⋯⋯⋯⋯伊　方
"鸡毛"和"令箭"（杂文）⋯⋯⋯⋯邵燕祥
偶然想到三则（杂文）⋯⋯⋯⋯⋯⋯刘　征
论拍马（杂文）⋯⋯⋯⋯⋯⋯⋯⋯⋯舒　展
从刘知几的史学观谈起（杂文）⋯⋯⋯黎　之
六盏宫灯（散文）⋯⋯⋯⋯⋯⋯⋯⋯袁　鹰
巴山夜话（报告文学·李国靖题图）⋯⋯刘　钊
太行颂（诗二首）⋯⋯⋯⋯⋯⋯⋯⋯浪　波
庐山雾歌（诗）⋯⋯⋯⋯⋯⋯⋯⋯⋯徐　刚
不是恐惧，不是悲伤⋯⋯（诗）⋯⋯⋯陈志昂
我这一排兵（诗三首）⋯⋯⋯⋯⋯⋯杜志民
从花间到山间（诗·外一首）⋯⋯⋯饶阶巴桑
又一个展翅高飞的黎明（诗·外一首）⋯⋯王新弟
水的魂魄（诗）⋯⋯⋯⋯⋯⋯⋯⋯⋯林　希
测旗（诗）⋯⋯⋯⋯⋯⋯⋯⋯⋯⋯谢克强
文学的根伸向哪里?（创作谈）⋯⋯⋯齐　戈
突破、"冷却"及其他（作家书简）⋯⋯黄益庸
作者·读者·编者⋯⋯⋯⋯⋯⋯⋯王树村等

1983 年第 9 期　刊名:《人民文学》

目录

画框（小说）⋯⋯⋯⋯⋯⋯⋯⋯苏叔阳
故里三陈（小说·王师颉插图）⋯⋯汪曾祺
朝天椒（小说·张守义插图）⋯⋯⋯林斤澜
灰鸽（小说·吕敬人插图）⋯⋯⋯⋯王　蒙
修脚女（小说）⋯⋯⋯⋯⋯⋯⋯⋯蒋子龙
轨道（小说）⋯⋯⋯⋯⋯（蒙古族）玛拉沁夫
小城无故事（小说）⋯⋯⋯⋯⋯⋯何立伟
惑（小说）⋯⋯⋯⋯⋯⋯⋯⋯⋯⋯戴　晴
在那个夏天（小说）⋯⋯⋯⋯⋯⋯石　涛
缺支警报器（小说）⋯⋯⋯⋯⋯⋯肖建国
柳新秀（小说）⋯⋯⋯⋯⋯⋯⋯⋯韩映山
"九十九堆"礼俗（中篇小说·李焙戈插图）
⋯⋯⋯⋯⋯⋯⋯⋯⋯⋯⋯⋯⋯古　华
繁荣的香港，虚荣的市场（散文）⋯徐　迟
湘子庙的怀念（散文）⋯⋯⋯⋯⋯王汶石
街头之晨（散文）⋯⋯⋯⋯⋯⋯⋯柳　嘉
雨线串古今（散文）⋯⋯⋯⋯⋯⋯石　英
神奇的港湾（散文）⋯⋯⋯⋯⋯⋯飞　雪
太阳石（报告文学·题图木子）⋯⋯谭　楷
彩色的诗（组诗·崔维插图）⋯⋯⋯冯景元
放　平　柯愈勋　鲁　藜　晓　蕾　姜强国　刘锦涛
新生林（诗·外一首）⋯⋯⋯⋯⋯⋯吴宝三
关于散文创作的答问（创作谈）⋯⋯孙　犁
汤勺乎？水瓢乎?（创作谈）⋯⋯⋯李清泉
附：明镜台（小说）⋯⋯⋯⋯⋯⋯耿龙祥

1983 年第 10 期　刊名:《人民文学》

目录

秋雪湖之恋（小说·陈玉先插图）⋯⋯石　言
多得了五元钱（小说·贺友直插图）⋯赵本夫
扫帚星（小说）⋯⋯⋯⋯⋯⋯⋯⋯徐　慎
三兄弟（小说）⋯⋯⋯⋯⋯⋯⋯⋯叶君健
护桥碑（小说）⋯⋯⋯⋯⋯⋯⋯⋯聂鑫森
星期天的选择（小说·方国文插图）⋯李功达
男子汉的宣言（小说）⋯⋯⋯⋯⋯张　洁
中秋月（小说）⋯⋯⋯⋯⋯（蒙古族）佳　峻
填表（小说）⋯⋯⋯⋯⋯⋯⋯⋯⋯方朝晖
紫薇童子（童话）⋯⋯⋯⋯⋯⋯⋯宗　璞
岩鹰和云雀（寓言）⋯⋯⋯⋯⋯⋯黄瑞云
我的"诗"（作家书简）⋯⋯⋯⋯⋯夏　衍
作家的责任（作家书简）⋯⋯⋯⋯西　戎
东方佛雕（报告文学·何韵兰题图）⋯苏晓康
啊，你盼望的那片原野（散文）⋯⋯严文井

帕他耶聚会（散文）⋯⋯⋯⋯⋯⋯彭荆风
沙原——流动的节奏（散文·外二章）⋯郭永明
在外婆的家乡（散文）⋯⋯⋯⋯⋯谢春池
云岭之南（组诗·何韵兰插图）⋯⋯彭国梁
米思及　陈建群　沈骏康　雪　影　汤世杰　袁冬苇
李霁宇　刘　扬　张永权
当我在人民英雄纪念碑前走过的时候⋯⋯（杂文）
⋯⋯⋯⋯⋯⋯⋯⋯⋯⋯⋯⋯⋯严　秀
可怜的打手和可怜的看客（杂文）⋯余心言
门前的那条路（杂文）⋯⋯⋯（回族）沙叶新
"芝麻开门"（杂文）⋯⋯⋯⋯⋯⋯陈允豪
"排外"外论（杂文）⋯⋯⋯⋯⋯⋯蓝　翎
给编委会的信（编委信箱）⋯⋯⋯徐怀中
作者·读者·编者⋯⋯⋯⋯⋯⋯⋯刘　征等

1983 年第 11 期　刊名:《人民文学》

目录

在大时代的弯弓上（报告文学·高育武题图）
⋯⋯⋯⋯⋯⋯⋯⋯⋯⋯⋯⋯⋯蒋　巍
旋转的世界（小说·秦龙插图）⋯⋯陈断光
桥（小说·张祖英插图）⋯⋯⋯⋯张　宇
青山，一缕黑烟（小说）⋯⋯⋯⋯邓　刚
根基（小说）⋯⋯⋯⋯⋯⋯⋯⋯⋯张石山
山妖（小说）⋯⋯⋯⋯⋯⋯⋯⋯⋯李宽定
灰蒙蒙的县城（小说）王家达
北角番客婶（小说）⋯⋯⋯（中国香港）尚　政
库库诺尔（小说）⋯⋯⋯⋯⋯⋯⋯许　辉
婆春（小说）⋯⋯⋯⋯⋯⋯（壮族）黄　钲
莫斯科的构图（散文·李国靖题图）⋯朱春雨
远隔重洋的拥抱（散文）⋯⋯⋯⋯叶至美
海的呼唤（散文）⋯⋯⋯⋯⋯⋯⋯刘贵贤
讽刺诗一束（组诗·木子插图）
⋯⋯⋯陈显荣　凝溪　闵　人　唐大同　石　河
土（诗）⋯⋯⋯⋯⋯⋯⋯⋯⋯⋯⋯吕　剑
秋天，走在大路上（诗·外一首）⋯韦　丘
写给小城的竹枝词（诗）⋯⋯⋯⋯忆明珠
牧童（诗·外一首）⋯⋯⋯⋯⋯⋯孙静轩
树（诗）⋯⋯⋯⋯⋯⋯⋯⋯⋯⋯⋯蔡其矫
在绿色的伞下（诗）⋯⋯⋯⋯（回族）沙　蕾
《散文的心》及其他（创作谈）⋯⋯韩少华
学诗札记（创作谈）⋯⋯⋯⋯（朝鲜族）金　哲
作者·读者·编者⋯⋯⋯⋯⋯⋯⋯罗中立等
一九八三年全国优秀短篇小说评奖启事

1983 年第 12 期　刊名:《人民文学》
目录

晚霞（报告文学·萧杨题图）
　　　　　　　　韩少华　李　巍　韩怡冰
滚烫的回忆（散文·沈延祥题图）⋯⋯毛岸青　邵　华
绵绵思绪（散文）⋯⋯⋯⋯⋯⋯⋯⋯⋯秦　岭
细雨霏霏（诗）⋯⋯⋯⋯⋯⋯⋯⋯⋯⋯程光锐
他走过的路（诗）⋯⋯⋯⋯⋯⋯⋯⋯⋯石永言
升华（小说·高燕插图）⋯⋯⋯⋯⋯⋯冯骥才
狱中纪事二题（小说）⋯⋯⋯⋯⋯⋯⋯庄启东
我是爸爸的儿子（小说）⋯⋯⋯⋯⋯⋯戈悟觉
草楼铺之歌（小说·杨林插图）⋯⋯⋯张　炜
鱼咬花（小说）⋯⋯⋯⋯⋯⋯⋯⋯⋯⋯廖西岚
老人（小说）⋯⋯⋯⋯⋯⋯⋯⋯⋯⋯⋯马　寻
九月重阳（小说）⋯⋯⋯⋯⋯⋯⋯⋯⋯李兴叶
白莲花瓣儿（童话·丁午插图）⋯⋯⋯吕德华
谈谈清除精神污染（短论）⋯⋯⋯⋯⋯胡　采
甘国老与秦知了（杂文）⋯⋯⋯⋯⋯⋯臧克家
先器识，后文艺（杂文）⋯⋯⋯⋯⋯⋯邓友梅
借名、盗名和拜名（杂文·外一章）⋯刘　征
金色的世界（诗三首）⋯⋯⋯⋯⋯⋯⋯苏金伞
西北角（诗三首）⋯⋯⋯⋯⋯⋯⋯⋯⋯昌　耀
片云（诗四首）⋯⋯⋯⋯⋯⋯⋯⋯⋯⋯沙　白
旅顺行（诗·外一首）⋯⋯⋯⋯⋯⋯⋯鸥外鸥
柿子熟了（诗·外一首）⋯⋯⋯⋯⋯⋯张雪杉
短诗一束（李国靖插图）⋯⋯⋯⋯⋯⋯崔笛扬
　　何　鹰　卫　铎　梁谢成　金云富　王　野　黄　淮
　　牛明通　车美萍　顾美琴　万以诚
生活、知识、责任（作家书简）⋯⋯⋯梁晓声
作者·读者·编者

1984 年第 1 期　刊名:《人民文学》
目录

雪落黄河静无声（中篇小说·聂昌硕插图）⋯⋯从维熙
潇潇暮雨（小说·吴　棣插图）⋯⋯锦　云　王　毅
叉路口（小说·吕敬人插图）⋯⋯⋯⋯肖复兴
第三十七公桩（小说）⋯⋯⋯⋯⋯⋯⋯栈　桥
不是河（小说·谢志高插图）⋯⋯⋯⋯叶明山
长河精英（报告文学）⋯⋯⋯⋯⋯岳非丘　邹越滨
悼萧殷（散文）⋯⋯⋯⋯⋯⋯⋯⋯⋯⋯韦君宜
乌苏里渔歌（散文·李焙戈题图）⋯⋯王　颖
暖雪（散文）⋯⋯⋯⋯⋯⋯⋯⋯⋯⋯⋯范若丁
抢狮（散文·杨一明题图）⋯⋯⋯⋯⋯郭曼文
峨嵋札记（诗四首）⋯⋯⋯⋯⋯⋯⋯⋯刘畅园
夏尔拉山（诗·外一首）⋯⋯（维吾尔族）克里木·霍加

山城集（诗三首）⋯⋯⋯⋯⋯⋯⋯⋯⋯杨　山
无题诗叶（诗）⋯⋯⋯⋯⋯⋯⋯⋯⋯⋯鲁　藜
泉（诗）⋯⋯⋯⋯⋯⋯⋯⋯⋯⋯⋯⋯⋯屠　岸
女歌手（诗）⋯⋯⋯⋯⋯⋯⋯⋯⋯⋯⋯吴烟痕
山风·彩蝶（组诗·曹金秋插图）⋯⋯梅绍静
　　张锐锋　熊召政　潞　潞　柴德森　刘文超
给人民以健康的精神食粮（短论）⋯⋯马　烽
爱清洁，洗污垢（短论）⋯⋯⋯⋯⋯⋯秦　牧
话说风气（杂文）⋯⋯⋯⋯⋯⋯⋯⋯⋯舒　展
"联想"小议⋯⋯⋯⋯⋯⋯⋯⋯⋯⋯⋯吴　滤
让反映四化建设的作品多起来（编委信箱）⋯徐　迟
读者·作者·编者⋯⋯⋯⋯⋯⋯⋯⋯⋯夏锦乾等

1984 年第 2 期　刊名:《人民文学》
目录

荒岛（中篇小说·李焙戈插图）⋯⋯⋯张天民
战友朱彤心（小说）⋯⋯⋯⋯⋯⋯⋯⋯邓友梅
快乐的画家（小说）⋯⋯⋯⋯⋯⋯⋯⋯矫　健
蓝天，多么深远（小说）⋯⋯⋯⋯⋯⋯张步真
深山里的"鬼火"（小说）⋯⋯⋯⋯⋯季　仲
晨光，拉开了帷幕（小说）⋯⋯⋯⋯⋯王云高
借东风（小说）⋯⋯⋯⋯⋯⋯⋯⋯⋯⋯梁兴晨
平潭四题（散文）⋯⋯⋯⋯⋯⋯⋯⋯⋯郭　风
凝望着纪念邮票（散文）⋯⋯⋯⋯⋯⋯袁　鹰
读沧海（散文）⋯⋯⋯⋯⋯⋯⋯⋯⋯⋯刘再复
雾中过三峡（散文）⋯⋯⋯⋯⋯⋯⋯⋯江　波
飞吧，南岳（散文）⋯⋯⋯⋯⋯⋯⋯⋯峻　青
一个中国农民在国外（报告文学）⋯⋯叶念伦
过了期的"家访"（诗）⋯⋯⋯⋯⋯⋯张志民
大军之路（诗）⋯⋯⋯⋯⋯⋯⋯⋯⋯⋯阮章竞
边防线诗情（诗四首）⋯⋯⋯⋯⋯⋯⋯晏　明
彩色的山野（组诗）⋯⋯⋯⋯⋯⋯⋯⋯王忠范
　　刘　镇　陈佩芸　崔合美　李老乡　瞿　琮　张朴夫
　　石太瑞　李光云
拍马术三例（杂文）⋯⋯⋯⋯⋯⋯⋯⋯廖沫沙
大地的思索（散文诗·张守义插图）⋯刘　虔
柳的记忆（散文诗）⋯⋯⋯⋯⋯⋯⋯⋯雁　翼
绿色的口弦（散文诗）⋯⋯⋯⋯⋯⋯⋯于宗信
草坪（散文诗）⋯⋯⋯⋯⋯⋯⋯⋯⋯⋯张振祥

1984 年第 3 期　刊名:《人民文学》
目录

惊涛（小说二篇）⋯⋯⋯⋯⋯⋯⋯⋯⋯陈世旭
她一双眼睛不说话（小说·何韵兰插图）⋯⋯林　希
鹰谷（中篇小说·华其敏插图）⋯⋯⋯王　蒙

山门（小说·李晓军插图）⋯⋯⋯⋯⋯ 张相林
月照九竹冲（小说）⋯⋯⋯⋯⋯⋯⋯ 郭　明
基诺人（小说）⋯⋯⋯⋯⋯⋯⋯⋯⋯ 吴慧泉
语丝风片（小说）⋯⋯⋯⋯⋯⋯⋯⋯ 邹志安
正负之间（小说）⋯⋯⋯⋯⋯⋯⋯⋯ 叶永烈
啊，人心！（小说）⋯⋯⋯⋯（藏族）益希单增
猎人的遗嘱（小说·辛明插图）⋯⋯⋯ 王家男
蓬筚居印人（小说）⋯⋯⋯⋯⋯⋯⋯ 聂鑫森
父女俩（小说）⋯⋯⋯⋯⋯⋯⋯⋯⋯ 谢　树
残局（小说）⋯⋯⋯⋯⋯⋯⋯⋯⋯⋯ 徐晓鹤
用现代科学知识丰富文学（作家书简）⋯ 高士其
创作通信（作家书简）⋯⋯⋯ 李　陀　乌热尔图
读者·作者·编者⋯⋯⋯⋯⋯ 罗强烈　盛祖宏

1984年第4期　刊名：《人民文学》
目录

青砖的楼房（中篇小说·赵希玮插图）⋯ 何士光
小厂来了个大学生（小说·吴迅插图）⋯ 陈　冲
暮雪（小说）⋯⋯⋯⋯⋯⋯⋯⋯⋯⋯ 韩少华
怀念（小说·韩亚洲插图）⋯⋯⋯⋯⋯ 秦兆阳
小夜曲（小说）⋯⋯⋯⋯⋯⋯⋯⋯⋯ 王小平
构思（小说）⋯⋯⋯⋯⋯⋯⋯⋯⋯⋯ 铁　凝
名演员（小说）⋯⋯⋯⋯⋯⋯⋯⋯⋯ 航　鹰
砚坪那个地方（小说·李晓军插图）⋯⋯ 何立伟
麦黄柳绿（小说）⋯⋯⋯⋯⋯⋯⋯⋯ 李叔德
善弈（小说）⋯⋯⋯⋯⋯⋯⋯⋯⋯⋯ 蒋焕荪
石笋（寓言·外一篇）⋯⋯⋯⋯⋯⋯⋯ 邹朝祝
泥土的芳香（组诗·秦龙插图）⋯⋯⋯ 饶庆年
黄亚洲　张中海　梁必文　雷恩奇　李　钢　周伦佑
章德益　余以建　黎正光　孙桂贞　凌代坤
闪光的纽带（报告文学）⋯⋯⋯⋯⋯⋯ 安　峰
甲子谈鼠（散文）⋯⋯⋯⋯⋯⋯⋯⋯ 夏　衍
我很想念老舍先生（散文）⋯⋯⋯⋯⋯ 曹　禺
剑桥沉思录（散文）⋯⋯⋯⋯⋯⋯⋯ 唐　弢
战士的美（散文）⋯⋯⋯⋯⋯⋯⋯⋯ 丁　宁
离堆江水接天流（散文）⋯⋯⋯⋯⋯⋯ 李希凡
说“味”（创作谈）⋯⋯⋯⋯⋯⋯⋯⋯ 张志民
关于《青砖的楼房》的写作（作家书简）⋯ 何士光
大胆探索　知难而进⋯⋯⋯⋯⋯⋯⋯ 本刊记者
一九八三年全国优秀短篇小说奖获奖作品

1984年第5期　刊名：《人民文学》
目录

京门脸子（中篇小说）⋯⋯⋯⋯⋯⋯⋯ 刘绍棠
水妖（小说·任建国插图）⋯⋯⋯⋯⋯ 石　定

足球（小说）⋯⋯⋯⋯⋯⋯⋯⋯⋯⋯ 史铁生
昌江情（小说）⋯⋯⋯⋯⋯⋯⋯⋯⋯ 胡　辛
三老（小说）⋯⋯⋯⋯⋯⋯⋯⋯⋯⋯ 彭见明
山问（小说）⋯⋯⋯⋯⋯⋯⋯⋯⋯⋯ 刘舰平
大公鸡悲喜剧（小说·黄永玉插图）⋯⋯ 谌　容
菇母山故事（小说三篇·杨永青插图）⋯ 叶蔚林
绿色纪念碑（散文）⋯⋯⋯⋯⋯⋯⋯⋯ 刘心武
大地上的繁星（散文）⋯⋯⋯⋯⋯⋯⋯ 樊天胜
苍山怀古（散文）⋯⋯⋯⋯⋯⋯（白族）张　长
秦腔（散文）⋯⋯⋯⋯⋯⋯⋯⋯⋯⋯ 贾平凹
火焰山和葡萄沟（散文）⋯⋯⋯⋯⋯⋯ 赵丽宏
水乡茶居（散文）⋯⋯⋯⋯⋯⋯⋯⋯ 杨羽仪
由蜗牛想到蚂蚁（杂文）⋯⋯⋯⋯⋯⋯ 邵燕祥
“耳听八方”的一点随想（杂文）⋯⋯⋯ 陈允豪
棋坛骄子（报告文学·冯向杰题图）
　　　　　　　　　　　　陈　铮　沈果孙
向春天致敬（诗三首·曲磊磊插图）⋯⋯ 公　刘
在月季花的故乡（诗二首）⋯⋯⋯⋯⋯ 陈敬容
寄自苗家山乡间（诗三首）⋯⋯⋯（壮族）莎　红
游踪（诗三首）⋯⋯⋯⋯⋯⋯⋯⋯⋯ 方　冰
小镇春雨（诗·外一首）⋯⋯⋯⋯⋯⋯ 丁　芒
时间呀……（诗）⋯⋯⋯⋯⋯⋯⋯⋯ 满　锐
雨季的回忆（诗）⋯⋯⋯⋯⋯⋯⋯⋯ 王红玫
送（诗）⋯⋯⋯⋯⋯⋯⋯⋯⋯⋯⋯ 曹葆华遗作

1984年第6期　刊名：《人民文学》
目录

雷电颂（报告文学）⋯⋯⋯⋯⋯⋯⋯⋯ 徐　迟
新史诗中的惊人之笔（报告文学·秦龙题图）
　　　　　　　　　　　　　　　　 熊召政
站起来的农民（报告文学）⋯⋯⋯⋯⋯ 牟崇光
海水，退去了（散文）⋯⋯⋯⋯⋯⋯⋯ 张抗抗
中国农民的起飞（诗）⋯⋯⋯⋯⋯⋯⋯ 李　瑛
惜别（诗·外一首）⋯⋯⋯⋯⋯⋯⋯⋯ 林　林
端午的信息（诗）⋯⋯⋯⋯⋯⋯⋯⋯ 灰　娃
散文诗之页（张守义插图）⋯⋯⋯⋯⋯ 许　淇
晓　桦　喻　晓　李　弘　李昆纯　李　耕　陈文和
危楼记事（小说·贺友直插图）⋯⋯⋯⋯ 李国文
土地与神（中篇小说·华其敏插图）⋯⋯ 李杭青
菜园巷风波（小说）⋯⋯⋯⋯⋯⋯⋯⋯ 吴晨笳
写在崩山上的脚印（小说）⋯⋯⋯⋯⋯ 野　莽
猎人的子孙（小说）⋯⋯⋯⋯⋯（仫佬族）海　涛
爱斯基摩人和狗（寓言·外二则·吴文渊插图）
　　　　　　　　　　　　　　　　 刘厚明
健忘的青蛙（寓言·外四则）⋯⋯⋯⋯ 金　近
猴子捞月之后（寓言·外二则）⋯⋯⋯⋯ 吕德华
公有楼台众得月（杂文）⋯⋯⋯⋯⋯⋯ 刘　征

戒"差等遗风"（杂文）⋯⋯⋯⋯⋯⋯⋯⋯伏　琛
且说"借嘴"（杂文）⋯⋯⋯⋯⋯⋯⋯⋯⋯任永兴
读者·作者·编者⋯⋯⋯⋯⋯⋯⋯⋯⋯段崇轩等

谭德生　肖　川　杨献瑶　莫文征　吴宝三　何　鹰
王维洲　莫西芬　唐元峰
不仅是"穷而后工"（作家书简）⋯⋯⋯⋯黄益庸

1984 年第 7 期　刊名:《人民文学》
目录

燕赵悲歌（中篇小说·尤劲东插图）⋯⋯⋯蒋子龙
一潭清水（小说·赵俊生插图）⋯⋯⋯⋯⋯张　炜
洼地（小说）⋯⋯⋯⋯⋯⋯⋯⋯⋯⋯⋯⋯成　一
往事散记（小说）⋯⋯⋯⋯⋯⋯⋯⋯⋯⋯秦兆阳
冤家路窄（小说）⋯⋯⋯⋯⋯⋯⋯⋯⋯⋯苏　策
青年刘伯承的故事（小说）⋯⋯⋯⋯⋯⋯毕必成
长剑短襄（报告文学）⋯⋯⋯⋯⋯⋯⋯⋯戴　晴
草原圣人（散文）⋯⋯⋯⋯⋯⋯⋯⋯⋯⋯徐开垒
旧雨重逢（散文）⋯⋯⋯⋯⋯⋯⋯⋯⋯⋯冯亦代
走向自然（诗三首）⋯⋯⋯⋯⋯⋯⋯⋯⋯龙　郁
遥远的西天山（诗三首）⋯⋯⋯⋯⋯⋯⋯林　染
泡桐花开了（诗·外一首）⋯⋯⋯⋯⋯⋯闻　频
金属的土地（组诗·何韵兰插图）⋯⋯⋯周同馨
曲庆玮　刘国尧　谢先云　黄锦卿　匡文留
《人民文学》第四期读后（编委信箱）⋯⋯茹志鹃
努力反映生活的丰富性（作家书简）⋯⋯张　宇

1984 年第 8 期　刊名:《人民文学》
目录

魂归何处（小说·沈加蔚插图）⋯⋯⋯⋯石　言
战火青春（中篇小说·廖宗怡插图）⋯⋯张　为
谁说是梦?（小说）⋯⋯⋯⋯⋯⋯⋯⋯⋯舒　群
麻刀厂春秋（小说）⋯⋯⋯⋯⋯⋯⋯⋯⋯王安忆
哨卡上的墨兰（小说）⋯⋯⋯⋯⋯⋯⋯⋯余未人
生活往往是这样（小说）⋯⋯⋯⋯⋯⋯⋯邹月照
归家（小说）⋯⋯⋯⋯⋯⋯⋯⋯⋯⋯⋯⋯丁隆炎
幻梦（小说）⋯⋯⋯⋯⋯⋯⋯⋯⋯⋯⋯⋯叶　辛
第三封来信（小说）⋯⋯⋯⋯⋯⋯⋯⋯⋯李向晨
南方大厦（报告文学）⋯⋯⋯⋯⋯⋯⋯⋯理　由
塔什干晨雨（散文）⋯⋯⋯⋯⋯⋯⋯⋯⋯王　蒙
他的心在荒原（散文）⋯⋯⋯⋯⋯⋯⋯⋯宗　璞
天使岛（散文）⋯⋯⋯⋯⋯⋯⋯⋯⋯⋯⋯王西彦
忆中岛老（诗）⋯⋯⋯⋯⋯⋯⋯⋯⋯⋯⋯朱子奇
茉莉花集（诗）⋯⋯⋯⋯⋯⋯⋯⋯⋯⋯⋯纪　鹏
无名的河流（诗三首）⋯⋯⋯⋯⋯⋯⋯⋯李　琦
青青深山草（诗三首）⋯⋯⋯⋯⋯⋯⋯⋯刘毅然
我怎能不飞翔（诗）⋯⋯⋯⋯⋯⋯⋯⋯⋯李松涛
我习惯了，站着（诗）⋯⋯⋯⋯⋯⋯⋯⋯李　钧
彩色的原野（组诗·木子插图）⋯⋯⋯⋯邹昆凌

1984 年第 9 期　刊名:《人民文学》
目录

惊涛续篇（小说两篇·谢志高插图）⋯⋯陈世旭
野狼出没的山谷（小说）⋯⋯⋯⋯⋯⋯⋯王凤麟
花豆（小说·阿城插图）⋯⋯⋯⋯⋯⋯⋯高行健
冒顶（小说·吴迅插图）⋯⋯⋯⋯⋯⋯⋯孙少山
记得绿罗裙（小说）⋯⋯⋯⋯⋯⋯⋯⋯⋯黄河清
古怪小楼的故事（小说）⋯⋯⋯⋯⋯⋯⋯梅中泉
我与《人民文学》
宏伟的重任在肩⋯⋯⋯⋯⋯⋯⋯⋯⋯⋯⋯徐　迟
常忆常新⋯⋯⋯⋯⋯⋯⋯⋯⋯⋯⋯⋯⋯⋯王汶石
失去的蒙太奇⋯⋯⋯⋯⋯⋯⋯⋯⋯⋯⋯⋯李国文
我的文学摇篮⋯⋯⋯⋯⋯⋯⋯⋯⋯⋯⋯⋯柳　溪
关于候补中年知识分子的报告（报告文学·木子题
图）⋯⋯⋯⋯⋯⋯⋯⋯⋯⋯⋯⋯⋯⋯⋯⋯陈祖芬
祝你一路平安（报告文学·孙成义摄影）　贺捷生
鹰厦线上（散文）⋯⋯⋯⋯⋯⋯⋯⋯⋯⋯石　英
故居（散文）⋯⋯⋯⋯⋯⋯⋯⋯⋯⋯⋯⋯李天芳
在山泉水清（散文）⋯⋯⋯⋯⋯⋯⋯⋯⋯耿林莽
青铜之子（诗·张祖英插图）⋯⋯⋯⋯⋯潞　潞
工地上的抒情（诗三首）⋯⋯⋯⋯⋯⋯⋯张学梦
生活区里的抒情（诗三首）⋯⋯⋯⋯⋯⋯孙静轩
献给改革者的刺玫瑰（诗二首）⋯⋯⋯⋯叶延滨
四月（诗）⋯⋯⋯⋯⋯⋯⋯⋯⋯⋯⋯⋯⋯晓　钢
我呼唤我的鸽子（诗）⋯⋯⋯⋯⋯⋯⋯⋯赵日升
回答（诗·外一首）⋯⋯⋯⋯⋯⋯⋯⋯⋯杜志民
一个中国知识分子家庭（诗）⋯⋯⋯⋯⋯左一兵
小老树的启示（诗）⋯⋯⋯⋯⋯⋯⋯⋯⋯陈秀庭
致《燕赵悲歌》作者（编委信箱）⋯⋯⋯袁　鹰
开创革新局面　迎接国庆刊庆（文讯）
《人民文学》创作函授中心招收学员启事

1984 年第 10 期　刊名:《人民文学》
目录

矮凳桥传奇（小说两篇·李绍文插图）⋯⋯林斤澜
门铃（小说·辛明插图）⋯⋯⋯⋯⋯⋯⋯陆文夫
挂匾（小说·华其敏插图）⋯⋯⋯⋯⋯⋯张一弓
又是桃李花开时（小说·林凡插图）⋯⋯何士光
堕着露珠的清晨（小说）⋯⋯⋯（鄂温克族）乌热尔图
白色鸟（小说·杨林插图）⋯⋯⋯⋯⋯⋯何立伟
日暮（小说·李晓军插图）⋯⋯⋯⋯⋯⋯李庆西

树桩（小说）·····················阿 城
情梦（小说）·····················李钧龙
中奖（小说）·····················马秋芬
宿愿（小说）·····················伍本芸
村姑（小说）·····················赵 熙
吐鲁番的葡萄（小说）···············林 翔
蜜蜜姑娘（小说）···················刘 岚
消失的莲村（小说）···············杨东明
罗萨（小说）·····················汤保华
我与《人民文学》
祝辞···················冰 心 张天翼
在那一片沃土上·········（蒙古族）玛拉沁夫
秋收时节念春播···················刘心武
共和国的同龄人（报告文学）·········韩少华
 小 流 刘树生 王小平 张 镒 刘孝存
盘门三景（散文）···················碧 野
西北三绿（散文）···················梁 衡
忆街头诗（散文）···················雷 加
甜甜的酒酿（散文）·················未 来
火，篝火……（散文）···············黄晓萍
黑非洲行踪（诗四首）···············林 林
植树在黄河岸上（诗·外一首）·········苏金伞
扑火者（诗）·····················田 间
没有美酒的壮行歌（诗）·············公 刘
深圳的曙光（诗四首·伍启中题图）·····严 阵
寓言一束（缪印堂插图）···黄瑞云 郑 力 林植峰
创作随想录（创作谈）···············从维熙
我与"新月派"（创作谈）·············臧克家

1984 年第 11 期　刊名:《人民文学》
目录

眩目的海区（小说·杨林插图）·········吕 雷
父亲（小说·韩亚洲插图）·············梁晓声
老马（小说）·····················郑万隆
出国演出队名单（小说）·············蒋子丹
"众议院"有棵老笨槐（小说）·········李 伟
公园·石匠（小说·吕敬人插图）·······卢建中
幺哥，你一路平安（小说·方国文插图）···杨雪萍
啊，彩云（小说·晁锡弟插图）·········张士敏
白桦林中的小路（小说）·············王 璞
初夏（小说）···············（蒙古族）白雪林
两栖人家（小说）···················雪 垅
腾飞时代的明白人（报告文学·木子题图）···刘学强
"木头花"（散文）···················张 鹤
漓江船家女（散文）·················曾立慧
乡情（散文）···············（中国香港）王尚政

散文诗之页
情在水，意在山（高育武插图）·········白 渔
大理印象（外二章）·················张 长
海梦（外一章）···················郭永明
雪花 野花（外二章）···············卢晓渤
雁蘑菇·························原 因
河边柳（外一章）···················程丽珠
大西北抒情（诗）···················孙友田
过巴东（诗）·····················冀 汸
果子沟之夜（诗）···················邹荻帆
飞云崖（诗·外一首）···············张 克
有感于"论定"之难（杂文）···········刘 金
向零字哲学摇头（杂文）·············晓 江
突锋镝的和献瓜果的（杂文）·········谢广田
"我最喜爱的作品"推选说明···········本刊编辑部

1984 年第 12 期　刊名:《人民文学》
目录

海边的雪（小说·于振立插图）·········张 炜
条件成熟以后（小说·吕敬人插图）·····茹志鹃
寻人（小说）·····················刘心武
没有发现新问题（小说）·············叶文玲
乔迁之喜（小说·方成插图）···········张长弓
弦外音（小说·秦龙插图）·······（满族）边玲玲
老狼（小说·缪印堂插图）···········徐晓鹤
壮嫂（小说）···············（京族）李英敏
唐僧的紧箍秘咒（杂文）·············叶延滨
服色小议（杂文）···················陈正宽
"我们现在怎样做父亲"（杂文）·······宋志坚
游踪（诗三首）···················方 冰
吐鲁番的夜（诗·外一首）···········子 页
在九号台风的遗迹上（诗）···········寒 星
泰山一览（诗）···················胡 笳
山乡育林人（诗·外一首）···········金 哲
哦，我的光棍儿五哥（诗）···········刘小放
苦菜花（诗）·····················李 子
"银耳大王"王事录（报告文学）·······祖 慰
回老家（散文）···················张辛欣
乡音（散文）·····················周 非
马尼拉花，开得更美丽了!（散文）·····白 刃
湄州湾二题（散文）·················郭 风
忆天蓝（散文）···················钟惦棐
中国作家协会举办一九八四年全国优秀短篇小说奖评
奖启事
中国作家协会举办第三届（1983—1984 年）全国优秀
报告文学奖评奖启事
我最喜爱的作品"推选说明"···········本刊编辑部

1985 年第 1 期　刊名:《人民文学》
目录

新时期社会主义文学在阔步前进
——在中国作家协会第四次会员代表大会上的报告
....张光年
高原的风（小说·高燕插图）..................王　蒙
蛤蜊滩（小说·王怀庆插图）..................邓　刚
功罪之间（小说）............................韦君宜
愤怒的河滩（小说）..........................谭甫成
大山不言（小说）............................谭　力
候车（小说）................................林　希
请原谅我（小说）............................张　弦
距离（小说）........................（苗族）吴雪恼
年夜钟声（小说）............................舒　婷
青年经理（报告文学·杨林题图）..............柯　岩
鲁迅先生的一封即复信（散文）................金　帆
石砭峪（散文）..............................贾平凹
祖国（散文）................................徐　迟
夕暮（散文）................................周同宾
无忧树（散文）..............................和　谷
中国的路（诗·二首）........................姚振函
铜狮·石狮（诗·外一首）....................程宝林
在我的大锤下（诗·外一首）..................李发模
我从北方来（诗·三首）......................雷恩奇
没体验过那么柔软的阳光（诗·外一首）........刘湛秋
"四月八"的街头（诗·外二首）................廖公弦
七色花（诗）................................邓海南
张子选　陈峻峰　王燕生　董宏量　张庆明　燕　翎
生活的积累与反刍（创作谈）..................吕　雷
请辟一席之地（读者之页）....................马宗雄
范汉儒和陶莹莹（读者之页）..................左　森
给杂文以应有的重视（读者之页）..............金克义

1985 年第 2 期　刊名:《人民文学》
目录

瓜棚风月（中篇小说·肖非可插图）............李　準
孩子王（小说）..............................阿　城
下湾洲纪事（小说三题·李晓军插图）..........陈世旭
七户人的小巷（小说·杨林插图）..............方　方
小豹子出山（小说）..........................郑秉谦
俞夫子（小说）..............................鲍　昌
两个外借演员（小说）........................李心田
抉择（报告文学·沙英男题图）................陆天明
掌声中想到的（散文）........................航　鹰
大地已见葱绿（散文）........................王　愚

凌波仙子（散文·外一章）....................林斌龙
啊，朋友（散文）............................吴　霜
敦煌引（诗三首·缪维插图）..................严　辰
扬子江之恋（诗五首）........................李　瑛
山间的早晨（诗外首）........................唐　湜
盛夏的海滨（诗）............................张雪杉
雅雨（诗）..................................里　沙
船形的岛（组诗）
　　　王中朝　易　水　钱叶用　于宗信　邓学政
寓言诗（三首·法乃光插图）..........宫　玺　刘　征
面对大海的沉思（创作谈）............胡德培　胡石言
生活是创作的源泉（创作谈）..................柯　岩
我们那时候（杂文）..........................谢　云
抵谤有法（杂文）............................张安生
为"逞能"正名（杂文）......................崔贵远
"我最喜爱的作品"推选结果

1985 年第 3 期　刊名:《人民文学》
目录

你别无选择（中篇小说）......................刘索拉
绿色黄昏（小说·魏晓明插图）................张翼南
银庙（小说·辛明插图）......................铁　凝
悼（小说）..................................聂鑫森
妈妈你自私（小说·李国靖插图）..............杜保平
紫薇（小说·赵俊生插图）....................蒋　韵
金雕（小说）
　　（维吾尔族）祖尔东·萨比尔著　刘奉仉译
黄菊花（小说）..............................朱玉葆
河西过来的女人（小说）......................檀　溪
这里有一条小河（小说）......................杨孟新
穿满弹洞的旗帜（诗·秦龙题图）..............叶文福
让他含笑远行（报告文学）....................乔　迈
一个人在西藏的经历（报告文学）..............马丽华
远方来信（散文）............................丁　玲
游赤壁（散文）..............................苏　策
河边石磨声（散文）..........................徐晓鹤
落叶（散文）................................徐振武
散落的花瓣（诗）............查　干　张德强　戴砚田
油海浪花（诗）............赵天山　李根红　杨　眉
酝酿·构思·剪裁............................刘白羽
关于八行体诗的通信..................公　木　晏　明
读者的意愿　宝贵的信息......................伊　边
"我最喜爱的作品"推选结果（续）
中国作家协会一九八四年全国优秀短篇小说奖获奖作品

1985 年第 4 期　刊名:《人民文学》
目录

花非花（中篇小说・秦龙插图）————————何立伟
九座宫殿（小说）————————（回族）张承志
雷公山的残雪（小说・许彦哲插图）————蒋金彦
弄堂口（小说）————————————————矫　健
白夜，有一只夜莺（小说）————————————许　淇
生命的颜色（小说）————————申力雯　柳　志
都从山那边来（小说・于绍文插图）————寒尚苇
午后的等待（小说）————————————————石　涛
保密室的笑声（小说）————————————贺晓彤
金色的晚秋（报告文学）————————————戴　晴
称名忆旧容（散文）————————————————臧克家
打草鞋的阿福公（散文）————————————肖伦添
曼莱山村散记（散文）————————————————良　振
理发的悲喜剧（散文）————————————尧山壁
街头雪花纷纷飞（散文）————————————毛　锜
致空气・雪（诗・二首）————————————邵燕祥
北方的山・林・人（诗・三首）————————梁　南
三峡行（诗・三首）————————————————纪　鹏
阳雀（诗）————————————————————黎焕颐
鸽子（诗・外一首）————————————————灰　娃
江南烟雨（诗・外一首）————————————沙　白
无标题抒情诗（诗・三首）————————————厉　风
黄昏的芭蕉树下（诗・外一首）————————韩忆萍
片羽集（诗・八首）————————————姬　臣　郁钧剑
戴述国　苏建华　刘　麟　王　野　王晓霞　王爱群
却说“体验生活”（杂文）————————————舒　展
重提愚公话改革（杂文）————————————李苍如
《四库全书总目》署名的联想（杂文）————刘隆有
毛遂不避嫌疑（杂文）————————————————赵金禾
中国作家协会第三届（1983—1984）全国优秀中篇小
说奖获奖作品
中国作家协会第三届（1983—1984）全国优秀报告文
学奖获奖作品
《人民文学》创作函授中心“系列文学丛书”将陆续
出版

1985 年第 5 期　刊名:《人民文学》
目录

不该将兄吊起来（小说・方成插图）————王　毅
汪洋塘的传说（小说・李晓军插图）————肖建国
山百合（小说・李国靖插图）————————林　希
湖边的路（小说）————————————————化　石
车祸・痴情（小说）————————————————简　明

今夜月色好（小说）————————————————彭荆风
限期前后（小说）————————————————柳　杞
旁观者清（小说・吕敬人插图）————————孙　颙
枫树的印象（小说）————————————————黎　笙
赶仗（小说）————————————————————余正荣
飘去的枯叶（小说）————————————————山　海
最后一个电话（小说）————————————余未人
惊涛骇浪太平洋（报告文学・张祖英题图）——张士敏
难忘的往事（散文）————————————————杨京京
偷娃娃（散文）————————————————————杨子敏
草思（散文）————————————————————飞　雪
润物细无声（散文）————————————————刘融忱
未名集（诗・马新儒插图）————————————王建平
雪　村　谷未黄　关　键　苏　敏　商子秦　郑小光
飞天（诗）————————————————————杨　炼
自昨天起（诗・外二首）————————————北　岛
满月（诗）————————————————————王小妮
老渔民素描（诗・外一首）————————————黄晓华
新笋集（诗）————————————————————王忠范
陈　染　卞爱莲　郑士选　李　萌　左津玲
文学笔记（创作谈）————————————————张志民
乌鸦昏在哪里?（杂文）————————————祖　慰
嫉贤浅析（杂文）————————————————秦炳南
非负民乎?（杂文）————————————————章方松
读者之页————————————————————郑得旺等

1985 年第 6 期　刊名:《人民文学》
目录

山上山下（小说）————————————————宋学武
蓝天，那群鸽子（小说・杨林插图）————张　波
吓! 特洛伊木马（小说）————————————李本深
五个女子和一根绳子（小说）————————叶蔚林
四方庄的“洋人”（小说・方国文插图）————李功达
野麻花染蓝的山谷（小说・王约插图）
————————————————（蒙古族）佳　峻
无标题小说（小说）————————————————蒋焕孙
船媳（小说）————————————————————王一武
爸爸爸（中篇小说）————————————————韩少功
南极六十七天（报告文学・何韵兰插图）——陈可雄
樱花阵里访中岛（散文）————————————张光年
谢谢，天翼老师（散文）————————————邓友梅
夏歌（散文）————————————————————曹国瑞
西部诗稿（诗・三首　李国靖插图）————章德益
年青的心（诗・三首）————————————————李　琦
钢铁启示录（诗・三首）————————————培　贵
箴青色的南方（诗・三首）————————————陈所巨
文学的价值（杂文）————————————————肖文苑

辜鸿铭未必无理（杂文）⋯⋯⋯⋯⋯⋯陈正宽
读者之页⋯⋯⋯⋯⋯⋯⋯⋯⋯⋯⋯⋯查子安等

1985 年第 7 期　刊名:《人民文学》
目录

5·19 长镜头（纪实小说）⋯⋯⋯⋯⋯⋯刘心武
倾斜的足球场（报告文学）⋯⋯⋯⋯⋯⋯理　由
无主题变奏（小说·秦龙插图）⋯⋯⋯⋯徐　星
太阳每天都是新的（小说·高燕插图）⋯⋯张博文
第二个人、第三个人和第一个人（小说）⋯王兆军
张三、李四、王二麻子（小说）⋯⋯⋯⋯李庆西
薄雪花（小说）⋯⋯⋯⋯⋯⋯⋯⋯⋯⋯黄蓓佳
又逢春雨（小说）⋯⋯⋯⋯⋯⋯⋯⋯⋯俞天白
昨天已经古老（小说）⋯⋯⋯⋯⋯⋯⋯蒋子丹
良宵（小说）⋯⋯⋯⋯⋯⋯⋯⋯⋯⋯⋯王虎华
绿林之野（小说）⋯⋯⋯⋯⋯⋯⋯⋯⋯刘凤阳
界线（小说）⋯⋯⋯⋯⋯⋯⋯张枚同　程　琪
新结识的匈牙利朋友（散文）⋯⋯⋯⋯⋯束沛德
你生命中那时光（散文）⋯⋯⋯⋯⋯⋯孟晓云
在澄澈明净的天空下（散文）⋯⋯⋯⋯⋯舒　婷
悼念为艺术真理而献身的胡风同志（散文）⋯绿　原
浪之谣（诗·外一首）⋯⋯⋯⋯⋯⋯⋯田　间
散文诗之页⋯⋯⋯⋯⋯⋯⋯⋯⋯⋯⋯⋯凌代坤
许　淇　耿林莽　韦晓吟　佐　车　陈慧瑛　谢先云
李　耕　刘湛秋
成熟的季节（诗·六首）⋯⋯⋯⋯⋯⋯⋯冰　夫
易殿选　莫西芬　高东昶　马及时　张志鹏
与千里马论"羁绊学"（杂文）⋯⋯⋯⋯叶延滨
"出人意料"又何妨（杂文）⋯⋯⋯⋯⋯余焕然
《人民文学》创作函授中心一九八六年招生启事

1985 年第 8 期　刊名:《人民文学》
目录

远行（小说·贺友直插图）⋯⋯⋯⋯⋯⋯何士光
一生中的四天（小说·魏晓明插图）⋯⋯戈悟觉
青琐窗下（小说）⋯⋯⋯⋯⋯⋯⋯⋯⋯宗　璞
春的层次（小说）⋯⋯⋯⋯⋯⋯⋯⋯⋯韩少华
山上的小屋（小说）⋯⋯⋯⋯⋯⋯⋯⋯残　雪
晚秋的网滩（小说·吕敬人插图）⋯⋯⋯王左泓
嫁妆（小说）⋯⋯⋯⋯⋯⋯⋯⋯⋯⋯⋯范小青
猎人的后裔（小说）⋯⋯⋯⋯⋯⋯⋯⋯高　光
撞击的波涛（小说）⋯⋯⋯⋯⋯⋯⋯⋯杨肇林
仇人之子（小说）⋯⋯⋯⋯⋯⋯⋯⋯⋯申小珂
人生长恨水长东（报告文学·曲磊磊题图）⋯苏晓康
地道奇观（回忆录）⋯⋯⋯⋯⋯⋯⋯⋯杨成武

一个港方副董事长的自白（散文）
⋯⋯⋯⋯⋯⋯⋯⋯⋯（中国香港）尚　政
海滨画卷（散文）⋯⋯⋯⋯⋯⋯⋯⋯⋯陈伯吹
郁达夫留日家书手稿⋯⋯⋯⋯⋯⋯⋯⋯郁　风
遥远的西天山（诗·三首）⋯⋯⋯⋯⋯⋯林　染
马（诗）⋯⋯⋯⋯⋯⋯⋯⋯⋯⋯⋯⋯⋯徐晓鹤
九行抒情诗（十首）⋯⋯⋯⋯⋯⋯⋯⋯徐　刚
喷泉（诗·外二首）⋯⋯⋯⋯⋯⋯⋯⋯江　河
白桦林（诗）⋯⋯⋯⋯⋯⋯⋯⋯⋯⋯⋯宗　鄂
故乡的路（诗·外一首）⋯⋯⋯⋯⋯⋯⋯宋　歌
山：夏天的变奏（诗·曲磊磊题图）⋯⋯刘　虹

1985 年第 9 期　刊名:《人民文学》
目录

黑峡（中篇小说·陈玉先插图）⋯⋯⋯⋯王树增
一夕三逝（小说）⋯⋯⋯⋯⋯⋯⋯⋯⋯何立伟
草坡上那只风筝（小说·华其敏插图）⋯⋯李杭育
烟斗（小说）⋯⋯⋯⋯⋯⋯⋯⋯⋯⋯⋯张　炜
拔草的女人（小说）⋯⋯⋯⋯⋯（蒙古族）白雪林
自鸣钟下（小说）⋯⋯⋯⋯⋯⋯⋯⋯⋯万　之
东线纪事（小说）⋯⋯⋯⋯⋯⋯⋯⋯⋯瞿　琮
老人星（小说）⋯⋯⋯⋯⋯⋯⋯⋯⋯⋯蒋　韵
荒谷三题（小说）⋯⋯⋯⋯⋯⋯⋯⋯⋯焦祖尧
开船之前（小说）⋯⋯⋯⋯⋯⋯⋯⋯⋯楼震旦
峰回路转（小说）⋯⋯⋯⋯⋯⋯⋯⋯⋯罗光胜
黑色的旅行（小说）⋯⋯⋯⋯⋯⋯⋯⋯唐平刚
哦，铁路（小说）⋯⋯⋯⋯⋯⋯⋯⋯⋯周昌义
会飞的气球（小说）⋯⋯⋯⋯⋯⋯⋯⋯沈善增
应该发生的故事（报告文学）⋯⋯⋯⋯⋯乔　迈
"我爱纽约"（散文·张祖英题图）⋯⋯⋯夏　云
遥寄两位刘保（散文·张祖英题图）⋯⋯李子云
海洋抒情诗（诗·四首·张守义题图）⋯⋯孙静轩
角落，还有残雪（诗）⋯⋯⋯⋯⋯⋯⋯冀　汸
红草莓（诗·外三首）⋯⋯⋯⋯⋯⋯⋯傅天琳
叫卖声（诗）⋯⋯⋯⋯⋯⋯⋯⋯⋯⋯⋯青　勃
忘形之美（诗·三首）⋯⋯⋯⋯⋯⋯⋯昌　耀
江南，迷濛的烟雨（诗·三首）⋯⋯⋯⋯陈继光
报矿（散文诗·外一章）⋯⋯⋯⋯⋯⋯陈文和
辐射的节奏（散文诗七章　张守义题图）⋯韩作荣
把脚印嵌进西天山的草地（诗·二首）⋯⋯郭维东
论"公开的秘密武器"——流言（杂文）⋯⋯舒　展
体育比赛应提倡"费厄泼赖"精神（杂文）⋯于浩成
"我最喜爱的作品"推选说明⋯⋯⋯⋯本刊编辑部
《人民文学》创作函授中心一九八六年招生启事

1985 年第 10 期　刊名:《人民文学》
目录

黑氏（中篇小说·秦龙插图）——————贾平凹
驼背的竹乡（小说）——————莫应丰
屠龙湖大血案（插图·方国文插图）——————陈　冲
喜马拉雅古歌（小说）——————马　原
戈壁情话（小说·魏小明插图）——————唐光玉
大鼓雷鸣（小说）——————蔡镇华
猛禽（小说·木子插图）——————周　涛
牛报（小说）——————叶之蓁
归（小说）——————杨东明
谐谑二题（小说）——————航　鹰
屏风（小说）——————濮本林
山乡闲话（小说）——————王　杰
天翼同志在病中（散文）——————陈白尘
青山八月山丹红（散文）——————（蒙古族）毕力格太
风光风情说乌江（散文·吴冠中题图）——————吴冠中
像梦，不是梦（散文）——————王家斌
古老的东方有一条河（报告文学）——————彭雁华　彭雁平
流动的旋律（诗·十首）——————雪　竹
江　萍　宋家玲　马合省　郑宝富　熊学瑞　张作弟
张戬炜　叶　坪　曹增书
胶东行（诗·九首）——————贺敬之
留得铿然诗万行（诗）——————臧克家
长江小诗（诗·三首）——————邹荻帆
燕子窝（诗·外一首）——————苏金伞
山中，车场话别（诗·外一首）——————张　扬
屏南随笔（文艺札记）——————郭　风
拍案二说（杂文）——————刘　征
反"好好先生"要治本（杂文）——————万仕同
通才与替身（杂文）——————陈炳熙
"我最喜爱的作品"推选说明——————本刊编辑部

1985 年第 11 期　刊名:《人民文学》
目录

天凉好个秋（小说·吕敬人插图）——————石　定
陶（小说·袁加插图）——————乔　良
短篇四题（小说·李晓军插图）——————聂鑫森
火风（小说）——————熊尚志
战友（小说）——————孙少山
小城热闹事（小说）——————小　牛
跳龙门（小说）——————罗瑞民
金樱子（小说）——————李天亮
女人的魅力（报告文学·何韵兰题图）——————柯　岩
南天春早（散文）——————刘白羽

万石莲寺（散文）——————王维洲
回眸（散文·外一篇）——————张新奇
森林女儿（诗·外二首　何韵兰插图）——————许德民
跳殇（诗·外一首）——————陈松叶
萨尔图的沼泽地（诗·外二首）——————吕　新
古战场的石榴树（诗·外二首）——————潞　潞
筑路者（诗·外二首）——————刘毅然
摆渡（小叙事诗）——————雷　萌
离奇的抢劫（杂文）——————肖文苑
卧牛碑前的思索（杂文）——————方　群
"邮政编码"五年祭（杂文）——————李百臻
"我最喜爱的作品"推选说明——————本刊编辑部

1985 年第 12 期　刊名:《人民文学》
目录

爆炸（小说·于振力插图）——————莫　言
公共汽车咏叹调（纪实小说·辛明插图）——————刘心武
木罗鱼之火（小说）——————卢万成
生命之流（小说）——————洪　峰
文化（小说·法乃光插图）——————彭见明
宜兴壶（小说）——————王　平
本色（小说）——————张　欣
小巷里曾有一颗星（小说·祖英插图）——————陈吉蓉
叔叔，你为什么搬家（小说）——————申力雯
鸽子一案（小说）——————潘文伟
台湾六人小辑（小说）——————侯博仁
爱　亚　杨慎绚　郭丽华　疾　夫　绿　柯
为革命真理而献身（散文）——————张光年
寄冰心大姐（散文）——————黄宗江
亲切的关怀（散文）——————韩映山
万绿丛中（散文）——————程树榛
禽兽篇（散文）——————流沙河
维也纳夜景（散文）——————史中兴
记忆的珍珠（散文）——————赵大年
格尔木人（报告文学）——————王兆军
老人与花（诗·李国靖插图）——————李松涛
读鲁藜《鹅毛集》（诗）——————公　木
中国的微笑（诗）——————阮章竞
顽强的生命（诗）——————方　冰
撑伞游金刚山（诗·外一首）——————梁　南
读报杂感（杂文）——————王　荆
莫怪菩萨（杂文）——————赵健生
读者之页——————路东之等
《人民文学》创作函授中心召开首届优秀学员代表大会

1986 年第 1 期　刊名:《人民文学》
目录

李地（系列小说·法乃光插图）·············林斤澜
黑子（小说·吴文渊插图）··············刘厚明
近的太阳（小说）·················铁　凝
火葬（小说）···················王润滋
九连塘（小说·黄泰华插图）···········何晓鲁
雨呀，雨呀，快走开（小说·李国靖插图）···孙　砺
骤雨（小说）···················陆昭环
打草（小说）···················何凯旋
春节一角（小说）·················杨武昌
从香港回到上海（回忆录）···········夏　衍
追念雪峰同志（散文）··············韦君宜
生命（散文）···················钟惦棐
废墟的记忆（散文）···············张抗抗
识竹小记（散文）·················丹　晨
海上日记（散文）·················周尊攘
黄土谣（诗·李国靖题图）···········叶延滨
再见，柏林西（诗·四首）···········舒　婷
路在远方（诗·三首）··············秦　岭
猎舞（诗·外一首）···············岛　子
江南茶（诗·三首）···············严成志
主体意识的强化（文学文坛）·········雷　达
创作发展与读者心理（文学论坛）·······曾镇南
本刊 1985 年度"我最喜爱的作品"推选结果

1986 年第 2 期　刊名:《人民文学》
目录

减去十岁（小说·方成插图）···········谌　容
全是真事（小说·黄泰华插图）·········邓　刚
旧梦难温（小说·唐伟杰插图）·········韦君宜
北极村童话（小说·李国靖插图）·······迟子建
十八公公的传说（小说）············王旭烽
空屋（小说）···················陈道阔
采人参的老人和捡蘑菇的姑娘（小说）···于涤心
蓝色的星（小说）·················赵　赴
在那风雪弥漫的早晨（小说）·········王子硕
家乡水（小说）··················雨　来
又见蔗林，又见蔗林（诗）··········柯　岩
吐鲁番情思（诗·外一首）···········辛　笛
母亲的土地（诗·外一首）···········叶文福
故乡行（诗·三首）···············雁　翼
致大西北（诗·外一首）············刘　虹
桃花冲组诗（诗·四首）············熊召政
不尽人间恋土情（报告文学）·········郭萃容

在歌声中回忆（散文）··············萧　乾
海那一边的日记（散文）············晓　光
首都风光（散文）·················骞先艾
瞬间（散文）···················李江树
一个大字的"北京人"（随笔）········冰　心
"杯水车薪"的水……（杂文）········关再兴
狂愚之间（杂文）·················张啸虎

1986 年第 3 期　刊名:《人民文学》
目录

红高粱（中篇小说·杨林插图）·········莫　言
风暴，又是风暴（小说·方国文插图）···陆星儿
黑冰雹和无眼菠萝（小说·廖宗怡插图）·王中才
新体验咖啡馆经理（小说）··········祖　慰
秋天里的一个下午（小说）··········崔京生
石格子窗下（小说）···············汤保华
犬之情（小说）···········赛福鼎·艾则孜
大弥撒之思（散文）···············韩少华
探望丁玲同志（散文）··············刘　真
方舟没有传世（散文）··············韩静霆
只缘秋色淡（散文）···············陈　肃
教堂的钟声响了（散文）············王社民
冬之梦（散文·二章）··············乔　迈
无人谷夜话（散文）···············柴德森
深夜狗吠（散文）·················鲁　坎
青春的旋律（诗·十二首）·····何铁生　刘　敏
钱叶用　郁小萍　燎原　蓝天　曹剑　林　祁
黄河长江（诗·三首）··············韩　笑
忆琐诗言（诗）··················曲有源
边疆的风（诗·五首）··············晓　雪
青春的岛（诗·二首）··············陈茂欣
姑妄言之二则（杂文）··············刘　征
宜斯策略（杂文）·················朱健国
也谈"莫发脾气"（杂文）···········宋志坚

1986 年第 4 期　刊名:《人民文学》
目录

轮下（小说·秦龙插图）·············王　蒙
阁楼（中篇小说）·················王安忆
诗人与少年（小说·韩亚州插图）·······罗灏白
男人之间（小说）·················苗　月
使命（小说）···················简　嘉
三个故事，还有一个没讲出来（小说）···刘佑平
牧歌（小说·李国靖插图）······（满族）边玲玲
爱，迷失的号码（小说）············王雨谷

压箱底儿的（小说）⋯⋯⋯⋯⋯⋯（满族）王家男
柳下情（小说）⋯⋯⋯⋯⋯⋯⋯⋯⋯⋯陶继森
最新战略武器（寓言）⋯⋯⋯⋯⋯⋯⋯黄瑞云
蒙山沂水（报告文学·木子题图）⋯彭雁华 彭雁平
丁玲在继续前进（散文）⋯⋯⋯⋯⋯⋯刘白羽
情忆开国之初（散文）⋯⋯⋯⋯⋯⋯⋯康 濯
东方之光（诗·七首·何韵兰题图）⋯⋯李小雨
南高原（诗·七首）⋯⋯⋯⋯⋯⋯⋯⋯于 坚
星群（诗·十首）⋯⋯⋯⋯⋯⋯⋯⋯⋯冯麟煌
水 舟 安康 黄土 李岂林 冯东艳 董虎强
雨 田 魏冬生 任志玺
谣曲（诗·四首）⋯⋯⋯⋯⋯⋯⋯⋯⋯梁上泉
将军与城（诗·三首）⋯⋯⋯⋯⋯⋯⋯李 瑜
乱花渐欲迷人眼（评论）⋯⋯⋯⋯⋯⋯滕 云
创作随想录（评论）⋯⋯⋯⋯⋯⋯⋯⋯孙 犁
本期题花及尾花设计⋯⋯⋯⋯⋯⋯⋯⋯雨 荣

1986 年第 5 期　刊名:《人民文学》
目录

据点（中篇小说·陈玉先插图）⋯⋯⋯邓友梅
王府井万花筒（纪实小说·法乃光插图）⋯刘心武
三个女镇长（小说·李晓军插图）⋯⋯陈世旭
街头“内参”（小说）⋯⋯⋯⋯⋯⋯⋯白 桦
石屋·梯市（小说）⋯⋯⋯⋯⋯⋯⋯⋯聂鑫森
短篇三题（小说）⋯⋯⋯⋯⋯⋯⋯⋯⋯张 林
小站停车三分钟（小说）⋯⋯⋯⋯⋯⋯彭荆风
从河边到岸上（小说）⋯⋯⋯⋯⋯⋯⋯林白薇
大发公司经理及其他（小说）⋯⋯⋯⋯陈西林
绿色的雪（小说）⋯⋯⋯⋯⋯⋯⋯⋯⋯黄 飞
炼魂之火（报告文学·木子题图）⋯⋯苏晓康
沈从文先生在西南联大（文学回忆录）⋯汪曾祺
第十六个目标（散文）⋯⋯⋯⋯⋯⋯⋯杨大镇
前沿日记五则（散文）⋯⋯⋯⋯⋯⋯⋯靳士考
我的老师朱光潜先生（散文）⋯⋯⋯⋯朱 虹
为散宜生送行（诗）⋯⋯⋯⋯⋯⋯⋯⋯刘岚山
碑石（诗·三首·木子题图）⋯⋯⋯⋯程步涛
彼岸（诗·三首）⋯⋯⋯⋯⋯⋯⋯⋯⋯张新泉
野魂（诗·四首）⋯⋯⋯⋯⋯⋯⋯⋯⋯马合省
山行（诗·三首）⋯⋯⋯⋯⋯⋯⋯⋯⋯管用和
一只眼睛（诗）⋯⋯⋯⋯⋯⋯⋯⋯⋯⋯何立伟
为你而唱（诗·三首）⋯⋯⋯⋯⋯⋯⋯王燕生
雪的微笑（诗）⋯⋯⋯⋯⋯⋯⋯⋯⋯⋯顾 城
萍踪（诗·四首）⋯⋯⋯⋯⋯⋯⋯⋯⋯奕 林
说变（杂文）⋯⋯⋯⋯⋯⋯⋯⋯⋯⋯⋯伏 琛
牛神的传说（杂文）⋯⋯⋯⋯⋯⋯⋯⋯王云高
谈“破格”提拔（杂文）⋯⋯⋯⋯⋯⋯余焕然
请留一点幽默（杂文）⋯⋯⋯⋯⋯⋯⋯王晋堂

1986 年第 6 期　刊名:《人民文学》
目录

香港心态录（报告文学·杨林题图）⋯⋯理 由
一笑了之（小说·许彦哲插图）⋯⋯⋯张 宇
山狐（小说·何宁插图）⋯⋯⋯⋯⋯⋯张 斌
今夕是何年（小说）⋯⋯⋯⋯⋯⋯⋯⋯蒋子丹
尕妹的“花儿”（小说·吕敬人插图）⋯林 希
大山藏不住（小说）⋯⋯⋯⋯⋯⋯⋯⋯谢友鄞
枭（小说）⋯⋯⋯⋯⋯⋯⋯⋯⋯⋯⋯⋯陈应松
海网（小说）⋯⋯⋯⋯⋯⋯⋯⋯⋯⋯⋯王兆琪
门，门，门（小说）⋯⋯⋯⋯⋯⋯⋯⋯谭 谈
讲梦（小说）⋯⋯⋯⋯⋯⋯⋯⋯⋯⋯⋯文 平
长乐（小说）⋯⋯⋯⋯⋯⋯⋯⋯⋯⋯⋯聂震宁
魔力（小说）⋯⋯⋯⋯⋯⋯⋯⋯⋯⋯⋯曹致佐
贵客（小说）⋯⋯⋯⋯⋯⋯⋯⋯⋯⋯⋯杨世运
飞来的梦 小水滴（童话）⋯⋯⋯⋯⋯葛翠琳
二重奏（诗·十二首）⋯⋯⋯⋯⋯⋯⋯白 桦
九行抒情诗（诗·十八首）⋯⋯⋯⋯⋯徐 刚
野土（诗·六首）⋯⋯⋯⋯⋯⋯⋯⋯⋯灰 娃
鲜血流淌的时刻（传记文学）⋯⋯⋯⋯点 点
为忧天者辩（杂文）⋯⋯⋯⋯⋯⋯⋯⋯张啸虎
试论猪八戒（杂文）⋯⋯⋯⋯⋯⋯⋯⋯叶延滨
无题有感（杂文）⋯⋯⋯⋯⋯⋯⋯⋯⋯查丕栋
寓言五则⋯⋯⋯⋯⋯⋯⋯⋯⋯⋯⋯⋯⋯黄瑞云

1986 年第 7 期　刊名:《人民文学》
目录

好景门（纪实小说·方国文插图）⋯⋯蒋子龙
船歌（小说·秦龙插图）⋯⋯⋯⋯⋯⋯冯骥才
船的陨落（小说）⋯⋯⋯⋯⋯⋯（土家族）蔡测海
晚晴（小说）⋯⋯⋯⋯⋯⋯⋯⋯（中国香港）施叔青
绽开的合欢树（小说）⋯⋯⋯⋯⋯⋯⋯徐 虹
鱼苇之事（小说）⋯⋯⋯⋯⋯⋯⋯⋯⋯孙 犁
白发童话（小说）⋯⋯⋯⋯⋯⋯⋯⋯⋯古 纳
阿鑫（小说）⋯⋯⋯⋯⋯⋯⋯⋯⋯⋯⋯李庆西
月光（小说）⋯⋯⋯⋯⋯⋯⋯⋯⋯⋯⋯崔康杰
欢喜佛（中篇小说·李国靖插图）⋯⋯向义光
理论狂人（报告文学）⋯⋯⋯⋯⋯⋯⋯陈祖芬
死之梦（散文）⋯⋯⋯⋯⋯⋯⋯⋯⋯⋯刘再复
前线记者的第一课（散文）⋯⋯⋯⋯⋯冯 牧
水仙的回忆（散文）⋯⋯⋯⋯⋯⋯⋯⋯高 扬
青春的旋律（散文诗·十五章）⋯⋯⋯邹昆凌
徐天喜 渠炜 林夕 马及时 韩嘉川 蓝露怡
王乃飞 杨运宏 原因 肖敏 吴宝三
色彩的历史（散文诗·二十三章）⋯⋯耿林莽

李昆纯 晓桦 满锐 李耕 谢先云 王野
绿藜 文牧 桂兴华 峭岩 北月
笑嘻嘻的卖放（杂文）……………………谢狱
越位与反越位（杂文）……………………赵健生
乍亮的黄灯这样说……（杂文）…………陈正宽
广泛团结全国作家　不断推出新人新作
——《人民文学》组成新一届编委…………本刊记者

1986 年第 8 期　刊名:《人民文学》
目录

危楼记事之末（小说·法乃光插图）………李国文
八月骄阳（小说）…………………………汪曾祺
老舍之死（小说·黄泰华插图）……………苏叔阳
梅雨（小说）………………………………许淇
小镇上的罗曼史（小说·苏旅插图）………李晓
没有盛开的迎春花（小说·李国靖插图）…申力雯
两本小人书（小说）………………………姜宝才
开阔地（小说）……………………………万之
镜子（小说）………………………………唐连瑶
桔黄色的童话（小说）……………………姜天民
鹿王（小说）………………………………蒋耀波
三十七层楼上的中国（报告文学）………刘宾雁
纪念雁冰兄（散文）………………………叶圣陶
怀念聂绀弩同志（散文）…………………廖沫沙
审诗（散文）………………………………邵燕祥
白日梦（诗）………………………………北岛
月色情绪（诗）……………………………李琦
生命的颜色（同题诗）……宫玺 黎焕颐 姜金城
月（诗·外一首）…………………………张石山
桥客佬（杂文）……………………………方群
从阿信学艺谈起（杂文）…………………秦炳南
"座次学"初探（杂文）……………………盛祖宏
编后记

1986 年第 9 期　刊名:《人民文学》
目录

给我老爷买鱼竿（小说）…………………高行健
你不可改变我（小说·尤劲东插图）………刘西鸿
离开了土地的红高粱（小说）……………崔京生
内部矛盾（小说）…………………………叶君健
忧郁的楼房（小说）………………………常新港
和子（小说·李国靖插图）…………………姜琍敏
灾星（小说）………………………………熊尚志
山鬼（小说）………………………………张宗栻
黄烟囱（小说）……………………………陆天明

荒野的精灵（小说）………………………路远
故事新编三题（丁午插图）………………林希
黄河祭（报告文学）……………李延国 毕德力
故国月色（诗·十二首）…………………沙漠
黑森林（诗·六首）………………………何小竹
两帧照片（诗）……………………………李瑛
初晴（诗·三首）…………………………苏金伞
闽海散曲（诗·三首）……………………公刘
矮子（叙事诗）……………………………张戬炜
生息（诗）…………………………………谷溪
我寻求（诗·外一首）……………………流星
牧归（诗）…………………………………王新弟
友谊，通过了危险的小桥（散文）………忆明珠
树林和花朵（散文）………………………郭风
椰乡小景（散文）…………………………徐开垒
猎狗，哈萨克人的猎狗（散文·外一篇）…哲中
水罐（散文）………………………………高洪波
编后记
《人民文学》创作函授中心一九八七年招生启事

1986 年第 10 期　刊名:《人民文学》
目录

方太阳（中篇小说·刘国庆插图）…………从维熙
日子（小说）………………………………何立伟
智者的沉默（小说）………………………扎西达娃
惊蛰（小说·辛明插图）…………………海迪
灯光雪亮（小说）…………………………杨振文
老沙锅（小说·于绍文插图）………………栈桥
当局者迷（小说）…………………………孙颙
古城魔幻（小说）…………………………张石山
家雀子楼春秋（小说）……………………毕四海
两茫然（小说）……………………………解正中
陌生人（小说）……………………………王涌洪
古校场（小说）……………………………汤世杰
爱的呼唤（小说）…………………………王治花
飞碟（小说）………………………………白小易
一个人与一部书的命运（报告文学）……孙引南
梦萧珊（散文）……………………………杨苡
青海高原掠影（散文）……………………唐挚
雷火古树（散文·外二章）………………柯蓝
九月的红场（诗·六首）…………………张志民
双弦操（诗·外二首）……………………王蒙
诗五首………………………………………秦松
眼泪是什么液体（诗·八首）……………晓钢
早醒的鸟（诗·外二首）…………………胡天风
红草（诗·外一首）………………………王忠范
随想与反省（创作谈）……………………史铁生

编后记

1986 年第 11 期　刊名:《人民文学》
目录

中王（小说·陈玉先插图）———————— 肖建国
根子（小说）———————————————— 谭甫成
苦吻（小说）———————————————— 张　宇
厚土（小说）———————————————— 李　锐
生命（小说）———————————————— 张曼菱
牌坊（小说·廖宗怡插图）———————— 陈　洁
蓝天（小说·方国文插图）———————— 多　多
我在那个世界里的事情（小说）———— 残　雪
因祸得福（小说）———————————— 贺晓彤
夕拾二题（小说）———————————— 易希高
汉城信步（报告文学）———————— 理　由
在珠江金三角（散文）———————— 碧　野
街车（散文）—————————————— 冯亦代
大学生·小诗人（散文）—————— 臧克家
青春的旋律（诗·十九首）———— 雪　迪
赵云江　初　萌　杨松杰　吕贵品　陈锡民　刘国萍
黄殿琴　聂　沛　邹静之　王长军　陆少平
丝路秋情（诗·四首）——————— 戴安常
城里（诗·三首）————————— 朴康平
毛桃子（诗·外二首）—————— 木　斧
美人礁（诗·外二首）—————— 喻　晓
前额（诗·外一首）———————— 郭宝臣
你的眼睛（诗·外一首）———— 罗继仁
我和你（诗）——————————— 雪　村
两只歌（诗）——————————— 晨　梅
谈《据点》的语言和风俗及人性描写（评论）
————————————————————— 丹　晨

编后记
"我最喜爱的作品"推选说明

1986 年第 12 期　刊名:《人民文学》
目录

升官图（小说·毕克言插图）———— 孔捷生
龙卷风（小说）—————————— 贾平凹
紫色的小梦（小说）——————— 王　璞
湮没（小说）——————————— 洪　峰
衰草天边（小说·于振立插图）—— 刘欣声
郁茏——————————————— 陈宜浩
深圳短小说一束———————— 黎珍宇　李建国
殉道者————————————— 徐　星
定向力障碍（小说）—————— 陈　染

喧嚣的冬夜（小说）————————— 王家男
赶山狗（小说）———————————— 少　鸿
血案（报告文学）—————————— 张雅文
往事（散文）————————————— 彭鸽子
黑龙江之旅（散文）————————— 光　群
南方有一山坟茔（诗·外一首）—— 沈　重
陈巴尔虎草原（诗·外一首）——— 周　纲
茅店月（诗·外一首）———————— 唐　湜
大海啊，你多么富有（诗·外一首）— 玛　金
赛马节（诗·三首）————————— 晏　明
黛维瀑布（诗·外一首）—————— 吕　剑
纽约的黄昏（诗）—————————— 严　阵
我见青山多妩媚（诗）——————— 凌文远
登石钟山赋感（诗）————————— 高占祥
短诗一束（诗·十三首）——— 黄东成　中　流　黄　淮
张雪杉　梁谢成　晓　晴　陈景文　徐忠宝　张之静
我们的报告文学（评论）—————— 梅　朵
"异端"正说（杂文）———————— 舒　展
编后记

1987 年第 1—2 期　刊名:《人民文学》
目录

诗五首——————————— 杨庭安　徐　鲁
大元和他的寓言————————— 马　原
泛表现主义——第三种创作方法—— 叶廷芳
亮出你的舌苔或空空荡荡————— 马　建
少男少女的隐秘世界——————— 罗达成
望乡二章———————————— 和　谷
秋湖—————————————— 郭建英
野生意象（十首）———————— 老　乡
虎年通缉令———————— 李延国　临　青
朝话夕改———————————— 蓝　翎
凝思—————————————— 王　蒙
独身女人的卧室————————— 伊　蕾

作家对话录
土声（三篇）—————————— 杨争光
作家的"族群"————————（中国香港）林　真
张辛欣创作心理轨迹探微————— 陈　雷
"夏虫微吟"二则————————— 辛　竹
山狗吠月———————————— 黄晓萍
钢琴学生———————————— 路　翎
七色雨（九首）————————— 陈所巨
抒情诗十六首—————————— 刘湛秋
现代派·走向世界————— 叶君健　高行健
我是少年酒坛子————————— 孙甘露
死城—————————————— 廖亦武

更自由地扇动文学的翅膀 ················ 本刊编辑部
扳网 ··· 乐 陵
青春的旋律（十三首）········· 彭浩荡 张不代等
拾梦录 ··· 刘 征
红宙二题 ··· 姚 霏
欢乐（中篇）··· 莫 言
自由美学 ··· 孙 津
跑道 ··· 刘索拉
谐振 ··· 北 村
欢乐《中学生浪漫曲》第一部 ············· 莫 言
环食 空城 ··· 叶曙明
编辑与作家的"稿际关系"····················· 卢韦林

1987 年第 3 期 刊名:《人民文学》
目录

报告文学
核火 ··· 钱 钢
长江漂流启示录 ································· 徐 辉

小说
牛贩子山道 ··· 雁 宁
萝卜套 ··· 刘 恒
萃华街记事 ··· 鲍 昌
团圆年 ··· 韶 华
幽灵 ··· 吴若增
世风绘 ··· 巴 波
鼓掌三分钟 ··· 王 毅
长寿须 ··· 孙旭光
捞星星的小伙子 ································· 孙 砺

诗歌
青铜之美（九首）······························· 昌 耀
中国瓷器（六首）····························· 陈应松
林中采果（五首）······························· 夏 冰
牧马人（外一首）
·························· 勒·敖德斯尔 特·达木林译
蝎子草 ················· 齐·莫尔根 特·达木林译
远方的白云 ············· 巴·敖斯尔 安柯钦夫译
醒来吧，我的诗 ········· 阿尔泰 安柯钦夫译

散文
白桦树（外二篇）····························· 刘白羽
边界大风口 ··· 石 英

相声
五官争功（华君武题图）····················· 马 季

作家对话录
社会性·小说技巧 ················· 汪曾祺 林斤澜
严重的错误 沉痛的教训 ············· 本刊编辑部
让坏事变好事 ····································· 任世琦
不能让危害民族团结的"文学"飞腾
·························· 土登旺布 佟锦华
我的几点看法 ····································· 丹珠昂奔

1987 年第 4 期 刊名:《人民文学》
目录

小说
小说二题 ··· 李国文
逝情
好人
葫芦沟今昔 ··· 马 烽
生前死后 ··· 谌 容
苦寒行 ··· 何士光
腊八粥 ··· 胡万春
小站不停车 ··· 苏 策
会短离长 ··· 李满天
鬼火 ··· 李有干
吃客 ··· 张 征

散文
东方"蒙地卡罗"漫记 ························· 秦 牧
长江上永不消逝的彩虹 ····················· 荒 煤

诗歌
诗美沉思（四首）····························· 李 瑛
连山风也是软绵的（七首）················· 陈敬容
魂在江南（六首）····························· 刘祖慈
堕泪诗二首 ··· 臧克家
井冈诗思 ··· 邹荻帆
访问张裕酿酒厂地下酒窖（外二首）····· 辛 笛
远航船上的蔚蓝（外二首）················· 姜浪萍

儿童文学
魔鬼脸壳（童话·吴文渊插图）············· 刘厚明
树影（小说·秦龙插图）······················ 黄世衡

报告文学
防爆厂的"爆破性"试验 ····················· 乔 迈

批评
贾平凹商州小说结构章法 ··················· 费秉勋
诗与象 ··· 王鲁湘

1987 年第 5 期 刊名:《人民文学》
目录

小说

清高 ——————————————————陆文夫
夏大拉 ——————————————邓 刚 栾凤桐
方壶流萤（长篇选载）————————————宗 璞
小站的黄昏（中篇）————————————礼 平
长乐续编 ——————————————————聂震宁
走出森林 ——————————————————杨绍淮

报告文学

行行复行行 ————————————————黄宗英

散文

又见到萧克将军 ——————————————张志民
"卡门" ——————————————————丁 宁
吐鲁番治沙站 ——————————————阮章竞

诗歌

泰国风情（五首）————————————王 蒙
笼中的相思鸟（外一首）——————————匡 满
童年拾穗（三首）————————————弘 征
诗三首 ——————————————————雁 翼
沧桑小调 ——————————————————刘畅园
大森林的仲夏夜之梦（外一首）————————沙 白
过仙女洞（外三首）————————————杨 山
江南（外二首）——————————————子 页
中年诗人七人集（七首）————孙友田 顾 工等

1987 年第 6 期 刊名:《人民文学》
目录

小说

泪洒方壶（长篇选载）———————————宗 璞
吼秦腔 ——————————————————徐海滨
这一半儿，那一半儿————————————陈吉荣
黑杉 ——————————————————罗 雀
优美的小烦恼 ——————————————廖西岚
青浪滩祭 ——————————————————刘舰平
车上的世面 ————————————————履 冰
瓦基姆梁子 ————————————————汤保华
回家的路 ————————————————张冀雪
屋场 ——————————————————余正荣

纪实文学

运河的厄运 ————————————————蒋子龙

战时笔记摘抄 ——————————————秦兆阳

报告文学

覆盖，再覆盖 ——————————————彭荆风

儿童文学

小丫儿在坟场的奇遇（小说）————————克 明
影子（小说）——————————————张之路
诗三首 ——————————任 寰 王宜振 湛建新

诗歌

岁月的河（七首）————————————张新泉
农村纪事（小叙事诗·五首）————————柯 平
雪国之子 ————————————————周 涛
地球在你脚下 ——————————————孙静轩
新笋集（十二首）————————余 畅 刘鸣芳等

散文

日出 ——————————————————吴之南
女为悦已者容 ——————————————张辛欣
水神之泉 ————————————————黄懿芬

1987 年第 7 期 刊名:《人民文学》
目录

小说

塔铺 ——————————————————刘震云
山魂 ——————————————————罗学蓬
等船回来 ————————————————曾维浩
松林 ——————————————————肖建国
阳光照进西窗口 ——————————————陈源斌
逃离棋盘的黑卒 ——————————————孙少山
穷汉 ——————————————————张 眉
小地春秋 ————————————————宋学镰
结局 ——————————————————骆晓戈
最蓝的天 ————————————————索 琼

报告文学

大兴安岭森林火灾 ——————韩作荣 王南宁

散文

记富奶奶 ————————————————冰 心
登山路上 ————————————————欧阳文彬

诗歌

和平雕塑（五首）————————————于振海
柠檬杯·红玫瑰（四首）——————————晓 钢
草原（七首）——————————————王忠范

在东方沙漠里（五首）⸺⸺⸺⸺⸺⸺ 林　染

儿童文学

白马红公鸡（童话）⸺⸺⸺⸺⸺⸺ 刘厚明
主持"正义"的狐狸（寓言）⸺⸺⸺⸺ 吕德华

评论

重温《讲话》随想⸺⸺⸺⸺⸺⸺⸺ 朱子奇
由"开门七件事"说开去⸺⸺⸺⸺⸺ 李清泉

1987 年第 8 期　刊名:《人民文学》
目录

小说

白雾（中篇）⸺⸺⸺⸺⸺⸺⸺⸺ 方　方
三个太阳照着的峡谷（中篇）⸺⸺⸺ 吉　成
庭院深深⸺⸺⸺⸺⸺⸺⸺⸺⸺⸺ 王　蒙
颐和园⸺⸺⸺⸺⸺⸺⸺⸺⸺⸺ 孙芸夫
梨树峪（纪实）⸺⸺⸺⸺⸺⸺⸺⸺ 柳　溪
沈家灯⸺⸺⸺⸺⸺⸺⸺⸺⸺⸺ 聂鑫森
美女寨风情⸺⸺⸺⸺⸺⸺⸺⸺⸺ 刘　恪
金丝猫⸺⸺⸺⸺⸺⸺⸺⸺⸺⸺ 汤吉夫
兽之谷⸺⸺⸺⸺⸺⸺⸺⸺⸺⸺ 存文学
木匠旺哥⸺⸺⸺⸺⸺⸺⸺⸺⸺⸺ 朱　赫

散文

倾斜的广场⸺⸺⸺⸺⸺⸺⸺⸺⸺ 江　波
病室众生相⸺⸺⸺⸺⸺⸺⸺⸺⸺ 韦君宜
长坂坡的风⸺⸺⸺⸺⸺⸺⸺⸺⸺ 陈宏灿

报告文学

大爆炸——历史性批判⸺⸺⸺⸺⸺⸺ 蒋　巍

诗歌

我的东方灵魂（七首）⸺⸺⸺⸺⸺⸺ 郑　敏
冰山的风度⸺⸺⸺⸺⸺⸺⸺⸺⸺ 牛　汉
诗六首⸺⸺⸺⸺⸺⸺（中国香港）犁　青
氛围（五首）⸺⸺⸺⸺⸺⸺⸺⸺ 贺东久
墙（外一首）⸺⸺⸺⸺⸺⸺⸺⸺ 郁小平

1987 年第 9 期　刊名:《人民文学》
目录

报告文学

神圣忧思录⸺⸺⸺⸺⸺⸺ 苏晓康　张　敏

小说

校长、教授、助教和红房子⸺⸺⸺⸺ 陈世旭
圣事⸺⸺⸺⸺⸺⸺⸺⸺⸺⸺⸺ 沈海深
血祭⸺⸺⸺⸺⸺⸺⸺⸺⸺⸺⸺ 袁和平
南极风景线⸺⸺⸺⸺⸺⸺⸺⸺⸺ 周永年
末岁⸺⸺⸺⸺⸺⸺⸺⸺⸺⸺⸺ 何立伟
跳弹⸺⸺⸺⸺⸺⸺⸺⸺⸺⸺⸺ 张　斌
愤愧⸺⸺⸺⸺⸺⸺⸺⸺⸺⸺⸺ 谷　静
金坛芙蓉水⸺⸺⸺⸺⸺⸺⸺⸺⸺ 王云高
酒友⸺⸺⸺⸺⸺⸺⸺⸺⸺⸺⸺ 王不天
船来了⸺⸺⸺⸺⸺⸺⸺⸺⸺⸺ 农　鸣

诗歌

访巴金师（二首）⸺⸺⸺⸺⸺⸺⸺ 邹荻帆
秋浦河⸺⸺⸺⸺⸺⸺⸺⸺⸺⸺ 青　勃
小草小集（三首）⸺⸺⸺⸺⸺⸺⸺ 王尔碑
海的女儿（外一首）⸺⸺⸺⸺⸺⸺ 韩　笑
青春的旋律（十七首）⸺⸺ 王家新　易殿选等

散文

散文二题⸺⸺⸺⸺⸺⸺⸺⸺⸺⸺ 郭　风
星星，亮起来了（外一章）⸺⸺⸺⸺ 于宗信

儿童文学

牵牛花的喇叭声（诗）⸺⸺⸺⸺⸺⸺ 陈伯吹
在校外，我遇见了老师（诗·外一首）⸺ 金　波

创作谈

红楼非梦⸺⸺⸺⸺⸺⸺⸺⸺⸺⸺ 李国文

1987 年第 10 期　刊名:《人民文学》
目录

报告文学

你在哪里失去了他⸺⸺⸺⸺⸺⸺⸺ 孟晓云

小说

流动的人格⸺⸺⸺⸺⸺⸺⸺⸺⸺ 李心田
福地西大营⸺⸺⸺⸺⸺⸺⸺⸺⸺ 林　希
秋雨⸺⸺⸺⸺⸺⸺⸺⸺⸺⸺⸺ 左建明
清凉碧云山⸺⸺⸺⸺⸺⸺⸺⸺⸺ 叶文玲
本科谁当科长⸺⸺⸺⸺⸺⸺⸺⸺ 陈国凯
白净的雅格拉⸺⸺⸺⸺⸺⸺⸺⸺ 李安心

传记文学

风雨琴声⸺⸺⸺⸺⸺⸺⸺⸺⸺⸺ 叶永烈

散文

一片绿叶 ⋯⋯⋯⋯⋯⋯⋯⋯⋯⋯⋯⋯⋯ 姜德明

诗歌

太阳岛诗会

大鲜卑山（六首）⋯⋯⋯⋯⋯⋯⋯⋯⋯ 庞壮国

树心的梦（三首）⋯⋯⋯⋯⋯⋯⋯⋯⋯ 韩兴贵

历程（三首）⋯⋯⋯⋯⋯⋯⋯⋯⋯⋯⋯ 冯 晏

冬天的传说（三首）⋯⋯⋯⋯⋯⋯⋯⋯ 阿 橹

冰河（外一首）⋯⋯⋯⋯⋯⋯⋯⋯⋯⋯ 郑建桥

另一种声音（三首）⋯⋯⋯⋯⋯⋯⋯⋯ 王雪莹

短章（十一首）⋯⋯⋯⋯⋯ 李英杰 钱英球等

创作谈

早熟的定型 ⋯⋯⋯⋯⋯⋯⋯⋯⋯⋯⋯⋯ 理 由

未来方向的一击 ⋯⋯⋯⋯⋯⋯⋯⋯⋯⋯ 祖 慰

随感 A、B、C ⋯⋯⋯⋯⋯⋯⋯⋯⋯⋯⋯ 乔 迈

简讯

刘心武最近恢复《人民文学》主编工作

1987 年第 11 期　刊名:《人民文学》
目录

小说

圣土 ⋯⋯⋯⋯⋯⋯⋯⋯⋯⋯⋯⋯⋯⋯⋯ 张 波

憋闷 ⋯⋯⋯⋯⋯⋯⋯⋯⋯⋯⋯⋯⋯⋯⋯ 映 泉

那迷离的墨绿 ⋯⋯⋯⋯⋯⋯⋯⋯⋯⋯⋯ 何继青

坯场上 ⋯⋯⋯⋯⋯⋯⋯⋯⋯⋯⋯⋯⋯⋯ 何凯旋

子明先生和他的高足 ⋯⋯⋯⋯⋯⋯⋯⋯ 张步真

漓水谣 ⋯⋯⋯⋯⋯⋯⋯⋯⋯⋯⋯⋯⋯⋯ 张宗栻

一夜 ⋯⋯⋯⋯⋯⋯⋯⋯⋯⋯⋯⋯⋯⋯⋯ 谢友鄞

秀女 ⋯⋯⋯⋯⋯⋯⋯⋯⋯⋯⋯⋯⋯⋯⋯ 左 泓

轿二 ⋯⋯⋯⋯⋯⋯⋯⋯⋯⋯⋯⋯⋯⋯⋯ 李永芹

成熟的歌 ⋯⋯⋯⋯⋯⋯⋯⋯⋯⋯⋯⋯⋯ 曾 元

神鹰 古歌 ⋯⋯⋯⋯⋯⋯⋯⋯⋯⋯⋯⋯ 晏明光

报告文学

小巷匹夫 ⋯⋯⋯⋯⋯⋯⋯⋯⋯⋯⋯⋯⋯ 霍 达

传记文学

风雨琴声（续）⋯⋯⋯⋯⋯⋯⋯⋯⋯⋯ 叶永烈

夏日的落叶（外一章）⋯⋯⋯⋯⋯⋯⋯ 谢大光

诗歌

九月诗抄（九首）⋯⋯⋯⋯⋯⋯⋯⋯⋯ 苏金伞

远荒（五首）⋯⋯⋯⋯⋯⋯⋯⋯⋯⋯⋯ 刘毅然

山鬼故家 ⋯⋯⋯⋯⋯⋯⋯⋯⋯⋯⋯⋯⋯ 灰 娃

寄自高原的情歌（三首）⋯⋯⋯⋯⋯⋯ 林 莽

雪窗与蟹爪兰（五首）⋯⋯⋯⋯⋯⋯⋯ 梁 南

七月的流云（四首）⋯⋯⋯⋯⋯⋯⋯⋯ 闻 频

新笋集（九首）⋯⋯⋯⋯⋯⋯ 白 梦 王仁和等

简讯

受中国作协委托《人民文学》承办全国优秀报告文学
奖评奖工作

1987 年第 12 期　刊名:《人民文学》
目录

小说

红土高原的童话（中篇）⋯⋯⋯⋯⋯⋯ 晓 剑

厚土（二题）⋯⋯⋯⋯⋯⋯⋯⋯⋯⋯⋯ 李 锐

国殇 ⋯⋯⋯⋯⋯⋯⋯⋯⋯⋯⋯⋯⋯⋯⋯ 雷 铎

城市点射 ⋯⋯⋯⋯⋯⋯⋯⋯⋯⋯⋯⋯⋯ 李送今

妹普尖与"乡太爷" ⋯⋯⋯⋯（布依族）罗国凡

他放走强盗 ⋯⋯⋯⋯⋯⋯⋯⋯⋯⋯⋯ 张士敏

他在岗位上 ⋯⋯⋯⋯⋯⋯⋯（藏族）益希卓玛

散文

亲人 ⋯⋯⋯⋯⋯⋯⋯⋯⋯⋯⋯⋯⋯⋯⋯ 赵清阁

横浜桥 ⋯⋯⋯⋯⋯⋯⋯⋯⋯⋯⋯⋯⋯⋯ 袁 鹰

甬江行 ⋯⋯⋯⋯⋯⋯⋯⋯⋯⋯⋯⋯⋯⋯ 丹 晨

天使们带来的忧乐 ⋯⋯⋯⋯⋯⋯⋯⋯⋯ 佘树森

赠月 ⋯⋯⋯⋯⋯⋯⋯⋯⋯⋯⋯⋯⋯⋯⋯ 张美华

诗歌

乡风（五首）⋯⋯⋯⋯⋯⋯⋯⋯⋯⋯⋯ 刘明达

蓝色情调（四首）⋯⋯⋯⋯⋯⋯⋯⋯⋯ 宫 玺

我怀念那雪（五首）⋯⋯⋯⋯⋯⋯⋯⋯ 徐 刚

诗三首 ⋯⋯⋯⋯⋯⋯⋯⋯⋯⋯⋯⋯⋯⋯ 周 纲

可是，汉水滔滔（四首）⋯⋯⋯⋯⋯⋯ 张之静

金珠园的蝶式楼群（外一首）⋯⋯⋯⋯ 郭光豹

中秋意象（外一首）⋯⋯⋯⋯⋯⋯⋯⋯ 张同吾

思念（外一首）⋯⋯⋯⋯⋯⋯⋯⋯⋯⋯ 孙大梅

七月（外三首）⋯⋯⋯⋯⋯⋯⋯⋯⋯⋯ 关 键

杂文

垃圾篇 ⋯⋯⋯⋯⋯⋯⋯⋯⋯⋯⋯⋯⋯⋯ 邵燕祥

杂说钟馗 ⋯⋯⋯⋯⋯⋯⋯⋯⋯⋯⋯⋯⋯ 舒 展

文学圆桌

文化视界论 ⋯⋯⋯⋯⋯⋯⋯⋯⋯⋯⋯⋯ 周 宪

超学科比较文学研究 ⋯⋯⋯⋯⋯⋯⋯⋯ 王 宁

应该是谁的忧思 ⋯⋯⋯⋯⋯⋯⋯⋯⋯⋯ 林大中

"中国潮"报告文学征文百家期刊联名启事

本刊 1986 年度"我最喜爱的作品"推选结果
本刊 1987 年度"我最喜爱的作品"推选启事

1988 年第 1 期　刊名:《人民文学》
目录

小说
短篇二题 ……………………………………… 李国文
春游
游春
禁锚区 ……………………………………………… 成　平
国公墓 ……………………………………………… 张　宇
冰陀 ………………………………………………… 吴若增
一篇小说的诞生 …………………………………… 王　璞
天快快黑 …………………………………………… 龚知敏
空槽 ………………………………………………… 李　蔚
围困 ………………………………………………… 彭荆风
草地一斑 …………………………………………… 雷建政
不是"两个人的车站" ……………………………… 刘岩松

诗歌
诗七首 ……………………………………………… 光未然
白雪公主与双喜牌火柴 …………………………… 李松涛
金棕榈音乐（三首） ……………………………… 大　仙
关于艾滋病 ………………………………………… 邹静之
深秋（五首） ……………………………………… 郑　枫
双恋柱 ……………………………………………… 徐　虹

报告文学
来自高能粒子和广漠宇宙的信息 ………………… 徐　迟
地老天荒 …………………………………………… 里　遥

散文
鲜鱼浓汤 …………………………………………… 吴泰昌

儿童文学
黑眼睛、蓝眼睛（小说） ………………………… 李汉平
卡伦河（小说） …………………………………… 张　彤
青金草（小说） …………………………………… 蒋咸美
冰溜子（诗·外一首） …………………………… 刘茂胜
他们种了许多葫芦（诗·外一首） ……………… 车前子

来函照登
吕淑湘同志来函

1988 年第 2 期　刊名:《人民文学》
目录

小说
没情况儿 …………………………………………… 王　蒙
白儿 ………………………………………………… 林斤澜
狐变 ………………………………………………… 中杰英
桃花源记 …………………………………………… 叶兆言
盗墓者 ……………………………………………… 徐　慎
求画 ………………………………………………… 鲍柯扬
男人的不幸 ………………………………………… 胡　瑛
超脱 ………………………………………………… 晋其炎
老捎马 ……………………………………………… 管　蟊
不死的夏天（外一篇） …………………………… 孙　砺
感谢跳蚤 …………………………………………… 谭　楷
村路 ………………………………………………… 曾　元
学习日 ……………………………………………… 李玉林

评论
近十年的中国文学精神和文学道路 ……………… 刘再复

散文
茅台夜宿 …………………………………………… 何士光
波兰札记（二题） ………………………………… 叶君健

报告文学
纽约的白日梦 ……………………………………… 艾　丹

诗歌
流 …………………………………………………… 邓海南
女人（十一首） …………………………………… 海　男
短章（五首） ……………………… 张伟良　王建旗等

信函
刘心武致吕叔湘

简讯
本刊召开编委会
本刊组织部分作家参观访问山东牟平
公安部举办首届"金盾"文学奖

1988 年第 3 期　刊名:《人民文学》
目录

小说
白牙 ………………………………………………… 刘心武
《聊斋》新义（四篇） …………………………… 汪曾祺

短篇两束 ————————— 鲍　昌
桃花三月三（外三篇）
萃华街记事（二题）
红军轶事（三题） ——————— 叶　楠
但去莫复问 ————————[美国]蓬　丹
曼陀罗花 ——————————— 张　沪
修路 ———————————（苗族）吴雪恼
小泪包儿 ——————————— 张　为

报告文学
中国第二岛 ————————— 雷　铎

散文
成熟（外一章） —————— 郭　风
天坛一片白 ————————— 戴　露

诗歌
掌上的心（五首） —————— 雷抒雁
房间里的风景（五首） ——— 杨　炼
蓝鸟（六首） ——————— 魏志远
回答远方的呼唤（六首） —— 曲有源
画梦的女人（五首） ———— 赵　琼
春望 —————————— 欧阳明

杂文
由盲鱼说开去 ——————— 刘　征
狡狐恶鬼之美 ——————— 艾　煊
权位与业绩 ——————— 宋志坚

作家对话录
陆文夫的心中园林 ————— 施叔青

评论
关于童话创作的断想 ———— 曾镇南

1988 年第 4 期　刊名:《人民文学》
目录

深切怀念叶圣陶同志 ———— 巴　金
曹　禺　端木蕻良　汪静之　胡絜青　萧　乾　[日本]八木庄司等

小说
红兜肚儿 ————————— 刘绍棠
城市独白：梦里花落 ———— 吴　滨
写给男人看的故事（中篇）— 徐海滨
鼓瑟吹笙 ————————— 孙幼军

报告文学
李氏兄弟 ————————— 闻　海
千古荒坟 ——————— 鲁　娃　贾鲁生

诗歌
伟大的自杀 ————————— 叶文福
静安庄 —————————— 翟永明
新笋集（六首） ————— 李　舟　杨　枫等

散文
被卖 ——————————— 新凤霞

电影剧本
孟姜女传奇 ————————— 吴祖光
本刊 1987 年度"我最喜爱的作品"推选结果

1988 年第 5 期　刊名:《人民文学》
目录

小说
短篇二题（插图·杨学光） ——— 从维熙
牵骆驼的人
钓龟记
书迷张卫东 ————————— 王洪超
永远的影子 ————————— 童　宁

报告文学
寻找中国潮（"中国潮"征文） — 孟晓云
西部在移民（"中国潮"征文） — 麦天枢

诗歌
黄土地地情思（六首） ———— 李　瑛
诗七首 ——————————— 蔡其矫
空难及其他（四首） ————— 陈松叶

儿童文学
新生颂（诗） ——————— 陈伯吹
六月二十七，灰色的太阳（小说）—— 阎　妮
水牛儿，水牛儿……（小说）—— 韩晓征
幼儿园的小屋（诗） ———— 魏志远

作家对话录
文艺漫谈 ————————— 夏　衍　李子云

评论
改革开放与繁荣文学创作 ——— 刘心武
开往梦境的火车 ———（中国台湾）龙应台

本刊迁址启事
海南文学人才函授院招生启事

1988 年第 6 期　刊名:《人民文学》
目录

小说
远来的和尚……………………………………冰　心
报马………………………………………………刘增新
小说二题………………………………………刘西鸿
我告诉你，你要不要听？
花儿为什么这样红？为什么这样红？
黑洞……………………………………………焦辰龙
旅伴………………………（中国香港）卡　桑
取菜……………………………………………刘春友
洞………………………………………………刘　敏
透孔的屏风……………………………………章世添
山道上的父子…………………………………张学康

报告文学
元（"中国潮"征文）…………………………祖　慰
神州大拼博（"中国潮"征文）………………胡　平

诗歌
纯与不纯的抒情诗（十四首）………………刘湛秋
西北方（四首）………………………………潞　潞
思辨的人生（七首）…………………………黎焕颐

散文
爱情的故事（三篇）…………………………张辛欣
香港感觉………………………………………刘成章

评论
编者所识与作者所求…………………………谢望新
报告文学的社会监督功能……………………莽　萍
本刊迁址启事

1988 年第 7 期　刊名:《人民文学》
目录

读者论坛………………………………………徐普旺
张永平　康志诚　黄爱伟　冀宇望　李亚光　姚传泰

小说
憔悴难对满面羞………………………………邹志安
煤气……………………………………………韶　华
苍茫……………………………………………张廷竹

红水河（中篇）………………………………梅帅元
"龙门阵"………………………………………全学玲
四月……………………………………………林　白

报告文学
离弦之箭（"中国潮"征文）…………………蒋　巍

诗歌
诗四首…………………………………………王小妮
醉蚕（五首）…………………………………陈　虹
冬天里的抉择（外一首）……………………冯　晏
真实的布景（四首）…………………………阎月君

散文
星斗其文　赤子其人…………………………汪曾祺
沈先生的寂寞…………………………………林斤澜
潮颂……………………………………………张承志

儿童文学
十四岁的天空（诗·六首）…………………徐　鲁
戴墨镜的猫（童话）…………………………高洪波
本刊迁址启事

1988 年第 8 期　刊名:《人民文学》
目录

报告文学
大王魂（"中国潮"征文）……………李存葆　王光明

小说
紫雾（中篇）…………………………………周大新
住在五楼和六楼的人们………………………海　迪
魔湖……………………………………………李海音
山路……………………………………………山　子
杂院琐记………………………………………齐岸青

诗歌
独舞者（十一首）……………………………伊　蕾
泥塑（外二首）………………………………曹树莹
直觉（四首）…………………………………沙　戈
等待……………………………………………辛　茹
升起太阳………………………………………陈耀文
火把果…………………………………………李　伦
新笋集（七首）……………………刘鸣芳　万　军等

散文
海南　南海　五湖四海………………………许士杰

评论

天职 ……………………………………… 刘宾雁

简讯

贵州茅台酒厂委托《人民文学》举办的首届"茅台"文学奖评奖揭晓

遵义卷烟厂委托《人民文学》举办的首届"银杉"文学奖评奖揭晓

1988 年第 9 期　刊名:《人民文学》
目录

小说

滋味 ………………………………………… 谢友鄞

干涉 ……………………………………………… 冰　心

上帝出生的日子 ………………………………… 何继青

河决（历史小说） …………………………… 魏世祥

美画（历史小说） ……………………………… 青　雪

乌猫 ……………………………………………… 陈士谦

帽筒 ……………………………………………… 戴绍康

短篇二题 ………………………………………… 关汝松

报告文学

今天狭路相逢（"中国潮"征文） ···· 蒋　巍　刘子成

散文

火种萧军 ………………………………………… 黄宗江

海滨故人 ………………………………………… 袁　鹰

斗酒不过三杯 …………………………………… 舒　婷

诗歌

诗人和他的梦和他的玩具（七首） …………… 非　默

生命（五首） …………………………………… 尚仲敏

活到黎明（四首） ……………………………… 王久辛

水 ……………………………………………… 开　愚

温柔的杀伤（外二首） ………………………… 舒　洁

散落的花瓣（四首） ………………… 李建仁　陈敏金等

散落的花瓣（三首） ………………… 李自国　周亚明等

散落的花瓣（二首） ………………… 王敦义　蒙　原

儿童文学

哀思 ……………………………………………… 黄世衡

猫牌学校 ………………………………………… 张之路

杂文

"法宝"崇拜与"现代意识" ………………… 薛　涌

蚕 ……………………………………………… 谢　云

雅与俗（外一篇） ……………………………… 李庆西

1988 年第 10 期　刊名:《人民文学》
目录

小说

球星奇遇记（中篇·高燕插图） ……………… 王　蒙

冬景 ……………………………………………… 张　炜

喧器 ……………………………………………… 张　眉

皮子 ……………………………………………… 张少山

山乡纪事 ………………………………………… 石　定

卖燕窝的人 ……………………………………… 杨大镇

散文

十年之后 ………………………………………… 韦君宜

我属于这条大河 ………………………………… 雷　加

西城二帖 ………………………………………… 蓬　丹

自由 ……………………………………………… 苏　敏

夜歌 ……………………………………………… 刘　虔

诗歌

另一种口味（八首） …………………………… 老　乡

无事生非（六首） ……………………………… 张新泉

有风拂过（四首） ……………………………… 陈燕妮

太白诗会（十一首）

………… 鄢家发　林　染　何香久　柏铭久　郭维东

作家对话录

又古典又现代 ………………………… （中国香港）施叔青

为迎接《人民文学》创刊四十周年设立《人民文学》宏达文学奖启事

《人民文学》创作函授中心一九八九年招生启事

1988 年第 11 期　刊名:《人民文学》
目录

小说

丛林下的冰河（中篇） ………………………… 查建英

北京马拉松 ……………………………………… 孔捷生

梦魇香樟树 ……………………………………… 裘山山

异乡的树 ………………………………………… 张冀雪

花头棺材 ………………………………………… 张　涛

补功 …………………………………… （白族）丁光洪

散文

梁子湖心中的梁子岛

梁子岛中心的梁子湖 …………………………… 徐　迟

西德旅情（七章） ……………………………… 洁　泯

溪口百年事 ……………………………………… 杨闻宇

夕照中的等待⋯⋯⋯⋯⋯⋯⋯⋯⋯⋯⋯赵丽宏
草原传奇（外一章）⋯⋯⋯⋯⋯⋯⋯郭永明

诗歌
风雨丛林：生命穿越死亡⋯⋯⋯⋯⋯朱增泉
黑白装饰画（八首）⋯⋯⋯⋯⋯⋯⋯陈所巨
鹰之歌（五首）⋯⋯⋯⋯⋯⋯⋯⋯⋯邹荻帆
月城风景（十首）⋯⋯⋯⋯⋯⋯⋯⋯沙　鸥
前此两亿年的恐龙和后此两亿年的我（杂文诗）
⋯⋯⋯⋯⋯⋯⋯⋯⋯⋯⋯⋯⋯⋯⋯刘　征
本刊函授学员诗选⋯⋯⋯⋯⋯⋯⋯⋯冯庆川等

评论
论《白雾》的隐喻意义⋯⋯⋯⋯⋯⋯萌　萌

简讯
本刊召开《大王魂》座谈会
《人民文学》创作函授中心一九八九年招生启事

1988 年第 12 期　刊名:《人民文学》
目录

报告文学
关于一次无效采访的报告⋯⋯⋯⋯⋯刘宾雁
捡拾起失落的阳光（"中国潮"征文）⋯⋯杨匡满

杂文
理想国⋯⋯⋯⋯⋯⋯⋯⋯⋯⋯⋯⋯⋯吴国光

小说
最后一场秋雨⋯⋯⋯⋯⋯⋯⋯⋯⋯⋯田中禾
故地撷拾（三题）⋯⋯⋯⋯⋯⋯⋯⋯许　行
没完没了地跳⋯⋯⋯⋯⋯⋯⋯⋯⋯⋯唐　宁
斜眼屠茶英⋯⋯⋯⋯⋯⋯⋯⋯⋯⋯⋯施　放
平静的马蹄湖⋯⋯⋯⋯⋯⋯⋯⋯⋯⋯罗石贤
老坟⋯⋯⋯⋯⋯⋯⋯⋯⋯⋯⋯⋯⋯⋯聂鑫森
趔丧⋯⋯⋯⋯⋯⋯⋯⋯⋯⋯⋯⋯⋯⋯少　鸿
乡井（二题）⋯⋯⋯⋯⋯⋯⋯⋯⋯⋯文　平
婚猎⋯⋯⋯⋯⋯⋯⋯⋯⋯⋯（纳西族）沙　蠡

诗歌
诗人毛泽东⋯⋯⋯⋯⋯⋯⋯⋯⋯⋯⋯柯　平
高速夜行车⋯⋯⋯⋯⋯⋯⋯⋯⋯⋯⋯绿　原
深圳⋯⋯⋯⋯⋯⋯⋯⋯⋯⋯⋯⋯⋯⋯严　辰

散文
船到惶恐滩⋯⋯⋯⋯⋯⋯⋯⋯⋯⋯⋯沈世豪
海山之献⋯⋯⋯⋯⋯⋯⋯⋯⋯⋯⋯⋯谢春池

评论
现代诗的魅力⋯⋯⋯⋯⋯⋯⋯⋯⋯⋯刘湛秋
本刊 1988 年度"我最喜爱的作品"推选启事

1989 年第 1 期　刊名:《人民文学》
目录

主编的话
时代　开拓　交流⋯⋯⋯⋯⋯⋯⋯⋯刘心武

小说
日子⋯⋯⋯⋯⋯⋯⋯⋯⋯⋯⋯⋯⋯⋯何士光
预碎（中篇）⋯⋯⋯⋯⋯⋯⋯⋯⋯⋯梁晓声
关于井神街四季的卡片⋯⋯⋯⋯⋯⋯王兆军
天地人⋯⋯⋯⋯⋯⋯⋯⋯⋯⋯⋯⋯⋯韩春旭
表妹的婚礼⋯⋯⋯⋯⋯⋯⋯⋯⋯⋯⋯戈悟觉
短篇二题⋯⋯⋯⋯⋯⋯⋯⋯⋯⋯⋯⋯杨争光
点式楼点点⋯⋯⋯⋯⋯⋯⋯⋯⋯⋯⋯匡文立

诗歌
穆库尔谷地（外一首）⋯⋯⋯⋯⋯⋯韩作荣
三只鸟风景（八首）⋯⋯⋯⋯⋯⋯⋯默　然

散文
妻的诗念⋯⋯⋯⋯⋯⋯⋯⋯⋯⋯⋯⋯柴德森
渴望雨季⋯⋯⋯⋯⋯⋯⋯⋯⋯⋯⋯⋯蒋　华
夜行车⋯⋯⋯⋯⋯⋯⋯⋯⋯⋯⋯⋯⋯戴　露
林中絮语⋯⋯⋯⋯⋯⋯⋯⋯⋯⋯⋯⋯刘　芳

报告文学
"台风"思乡曲（"中国潮"征文）⋯⋯熊光炯

儿童文学
校园一日（诗·外二首）⋯⋯⋯⋯⋯徐　康
天堂里的鼓声（小说）⋯⋯⋯⋯⋯⋯谷　应

评论
《荒原》情结与死亡焦虑⋯⋯⋯⋯⋯李　劼

作家对话录
裂变　超越　生命的形态⋯⋯⋯⋯牛　汉　刘湛秋

简讯
"中国潮"报告文学征文评奖揭晓

1989 年第 2 期　刊名:《人民文学》
目录

小说

涅槃··李国文
棉花垛（中篇）····································铁　凝
荒诞四题··鲍　昌
秋之谣··何立伟
重温草莓··迟子建
没有鸟的天空··严亭亭

报告文学

黑体（"中国潮"征文）——刘再复肖像·······祖　慰

诗歌

裸露（十首）···郑　敏
大时代（四首）·····································李　瑛
画片上的怪鸟（八首）····························钟　鸣
河边的三张剪纸（三首）·························孙晓岭

散文

索尔兹伯里去德州··································邓友梅

评论

中国当代文学中的弗洛伊德主义变体··········王　宁

1989 年第 3 期　刊名:《人民文学》
目录

小说专号
小说

初春回旋曲··王　蒙
最后的高度··张　洁
氤氲··林斤澜
西小地··冯德英
献给罗莎和乔的安魂曲····························查建英
诱惑··杨剑敏
风琴··格　非
仪式的完成··苏　童
鲜血梅花··余　华
遗失在海边··亚　丁
西北黑人··雷建政
临界··李　蔚
旧案二百年··司马言
小说家言··王　蒙
张　洁　林斤澜　冯德英　查建英　杨剑敏　格　非
苏　童　亚　丁　雷建政　李　蔚　司马言

评论

关于艺术形式···唐　弢
对一篇评论的评论··································陈　冲

对话和潜对话

"神经内科"··史铁生
我的真实··余　华
我的小说··王　朔

文学圆桌

无边的存在：叙述语言的临界状态············陈晓明
语文和语言··张颐武

1989 年第 4 期　刊名:《人民文学》
目录

小说

八八综合症··谌　容
官场··刘震云
纸鱼··刘　霞
最后··叶兆言

报告文学

当代中国夜生活（"中国潮"征文）···········华培明

诗歌

静物（八首）···车前子
幻境（四首）···宫　玺
热带故事（八首）··································晓　钢
避雨的鸟（四首）··································于　坚
西部女人（四首）··································张之静
爱情海（五首）·····································张　烨

杂文

杂文杂感··范荣康
傻子的事业··戈　扬

评论

恐惧和恐惧价值的消解····························张新颖
本刊 1988 年度"我最喜爱的作品"推选结果

1989 年第 5 期　刊名:《人民文学》
目录

散文专号
散文家言

话说散文 ························· 冰 心
牛角尖内所见 ····················· 严文井
散文也应有所突破 ················· 萧 乾
散文漫咏 ························· 柯 灵
竖琴与横笛
废墟 ····························· 余秋雨
望月 ····························· 邵燕祥
夜航船 ··························· 张抗抗
矮墙 ····························· 何 为
人物四题 ························· 徐 刚
忘却的魅力（外一篇）··············· 王 蒙
笑口常开 ························· 贾平凹
花脸 ····························· 冯骥才
父子情 ··························· 舒 乙
燕园石寻 ························· 宗 璞
晴窗札记 ························· 郭 风
某月某日 ························· 廖亦武
青的果
寄至何方（外一篇）················· 黄一鸾
美妇 ····························· 王久辛
写给前夫 ························· 向 梦
无题 ····························· 韩晓征
闲散的季节 ······················· 陈 霆
鬼故事 ··························· 冯秋子
海天梦寻
寻人 ····················· [美国]李 黎
怎一个情字了得 ··········· [美国]聂华苓
尼罗河的启示 ············· [美国]木令耆
飘零的歌手 ············· （中国香港）陶 然

长河·矮寨·家山

江南爱煞人 ······················· 袁 鹰
饭场纪事 ························· 周同宾
小城故事 ························· 祁 旸
矮寨和旁边那座高峰 ··············· 石 英
野旷天低树 ······················· 杨闻宇
黑白人生
海外日记二则 ····················· 刘白羽
友情和墨香 ······················· 臧克家
求竹记 ··························· 唐 挚
故园情 ··························· 冯亦代
家事 ····························· 徐开垒
心，渴望着遥远的亲近 ············· 吴泰昌

听人读书 ························· 张承志
雨天的记忆 ······················· 柳 萌

你·我·他

我所认识的钟敬文老师 ············· 黄秋耘
他也是和尚 ······················· 何 洁
名优祭 ··························· 姜德明
他属于大自然 ····················· 张 锲
推小车的大汉崔嵬 ················· 黄宗江
勺水疏林
森林水滴 ························· 秦 牧
翰墨长青 ················· [美国]蓬 丹
品尝中式海鲜 ············· [法国]郭莘容
我与酒神 ··············· （中国香港）彦 火
个园话石 ························· 忆明珠
白蛇非白 ························· 黎先耀

散文论

散文乱"侃" ······················· 蓝 翎
探索散文艺术的奥境 ··············· 郭 枫

1989 年第 6 期　刊名:《人民文学》
目录

报告文学

沉沦的国土（"中国潮"征文）········· 徐 刚

小说

黑暗中的闪光 ····················· 马 烽
你的行为使我们感到恐惧（中篇）····· 莫 言
一生中的二十四秒 ················· 汤保华
鬼佬儿 ··················· [英国]叶念伦
峡谷 ····························· 王 筠
蝈蝈 ····························· 洪永泰

诗歌

麦地与诗人（八首）················· 海 子
归来的诗（五首）··················· 马永波
背靠黑夜（六首）··················· 麦 琪
只有石头和天空（五首）············· 韩 东

散文

他伴忠魂而去 ····················· 从维熙

儿童文学

迷途（小说）······················· 阎 妮
动物诗束（十首）··················· 何 鲤
火车上写的诗（八首）··············· 郁 奉

评论

后现代主义与中国当代先锋文学⋯⋯⋯王　宁　陈晓明

1989 年第 7 期　刊名:《人民文学》
目录

小说

一个美国飞行员的奇遇⋯⋯⋯⋯⋯（彝族）李　乔
报复⋯⋯⋯⋯⋯⋯⋯⋯⋯⋯⋯⋯⋯⋯韶　华
远行之嘱⋯⋯⋯⋯⋯⋯⋯⋯⋯⋯⋯⋯张　炜
这里没有红灯区⋯⋯⋯⋯⋯⋯⋯⋯黎珍宇
白罂粟⋯⋯⋯⋯⋯⋯⋯⋯⋯⋯⋯⋯⋯路　远
踩台⋯⋯⋯⋯⋯⋯⋯⋯⋯⋯（瑶族）裴志勇
皇城轶事⋯⋯⋯⋯⋯⋯⋯⋯⋯⋯⋯⋯张　策
馨⋯⋯⋯⋯⋯⋯⋯⋯⋯⋯⋯⋯⋯⋯⋯宋　元

报告文学

黑色瞬间⋯⋯⋯⋯⋯⋯⋯⋯⋯⋯⋯⋯田　涛
生命的翅膀⋯⋯⋯⋯⋯⋯⋯雷国维　万振环

诗歌

裸露的诗心（六首）⋯⋯⋯⋯⋯⋯李春林
找不到季节的雨（六首）⋯⋯⋯⋯胡　鹏
诗的内核（六首）⋯⋯⋯⋯⋯⋯⋯虹　影
海角偶拾（三首）⋯⋯⋯⋯⋯⋯⋯芦　荻
有风景的日子⋯⋯⋯⋯⋯⋯⋯⋯⋯宋家玲
一片艳阳⋯⋯⋯⋯⋯⋯⋯⋯⋯⋯⋯唐　湜

散文

圣母颂⋯⋯⋯⋯⋯⋯⋯⋯⋯⋯⋯⋯韩少华
四季内外⋯⋯⋯⋯⋯⋯⋯⋯[美国]许达然
门前一棵椰子树⋯⋯⋯⋯（中国香港）邢庆年

评论

散文的审美反思⋯⋯⋯⋯⋯⋯⋯⋯佘树森

1989 年第 8 期　刊名:《人民文学》
目录

话剧剧本

乡村轶事（讽刺喜剧四题）⋯⋯⋯⋯锦　云

戏曲剧本

大劈棺（七场戏曲歌舞剧）⋯⋯⋯汪曾祺

相声

不乐的相声⋯⋯⋯⋯⋯⋯⋯⋯⋯⋯廉春明
美人定义⋯⋯⋯⋯⋯⋯⋯⋯⋯梁　左　姜　昆

儿童文学

纸鸽子（小说）⋯⋯⋯⋯⋯⋯⋯⋯李汉平
再见吧，夏天（小说）⋯⋯⋯⋯⋯王　蕤
童年记事（小说）⋯⋯⋯⋯⋯⋯⋯陶继森
溜冰的女孩（诗·外二首）⋯⋯⋯徐　鲁
这时我就会想（诗·外一首）⋯⋯林　染
从黑夜里走来一枚太阳（诗）⋯⋯李英杰
旧体诗词⋯⋯⋯⋯⋯⋯廖沫沙　光未然　汪　锋
康　濯　高占祥　徐山林　吴鹭山　朱宝凤　王万宾
民间情歌⋯⋯⋯⋯⋯⋯⋯⋯⋯⋯（苗族）
石昌炽　吴碧莲　孙晓岭（搜集整理）
民间传说⋯⋯⋯王东升　（苗族）吴碧莲（搜集整理）

寓言

寓言一束⋯⋯⋯⋯⋯⋯黄瑞云　少　军　邝金鼻

历史小说

庄周自传⋯⋯⋯⋯⋯⋯⋯⋯⋯⋯⋯刘正成
智善寺一夜⋯⋯⋯⋯⋯⋯⋯⋯⋯⋯刘斯奋

科幻小说

蓝色的诱惑⋯⋯⋯⋯⋯⋯⋯⋯⋯⋯尤　异

谐趣小说

弄假成真⋯⋯⋯⋯⋯⋯⋯⋯⋯⋯⋯林大华
俚语大师和他的导演及监制⋯⋯⋯童　宁

电视解说词

伏尔加日记⋯⋯⋯⋯⋯⋯⋯⋯⋯⋯任卫新

杂文

猫鼠论⋯⋯⋯⋯⋯⋯⋯⋯⋯⋯⋯⋯兰　楠

札记

中国戏曲和小说的血缘关系⋯⋯⋯汪曾祺

1989 年第 9 期　刊名:《人民文学》
目录

报告文学

三星之光（"中国潮"征文）⋯⋯⋯何　安
补天的彩环（"中国潮"征文）⋯⋯石　匠
苗山　人语　鬼话（"中国潮"征文）
⋯⋯⋯⋯⋯⋯⋯⋯⋯⋯王朝垠　王东升

小说

十年一聚（中篇）⋯⋯⋯⋯⋯⋯⋯⋯⋯康　濯
疯了的太阳⋯⋯⋯⋯⋯⋯⋯⋯⋯⋯⋯许　淇
五爷⋯⋯⋯⋯⋯⋯⋯⋯⋯⋯⋯⋯⋯刘增新
我是黑鲩⋯⋯⋯⋯⋯⋯⋯⋯⋯⋯⋯孙健忠

电视剧本

高山流水⋯⋯⋯⋯⋯⋯⋯⋯李　準　李　澈

散文

盼着月亮⋯⋯⋯⋯⋯⋯⋯⋯⋯⋯⋯丁　宁
友情⋯⋯⋯⋯⋯⋯⋯⋯⋯⋯⋯⋯⋯李　纳
七月的馈赠⋯⋯⋯⋯⋯⋯⋯⋯⋯⋯王英琦
晕海的"蜜月之轮"⋯⋯⋯⋯⋯⋯⋯叶　梦

诗歌

苦夏（七首）⋯⋯⋯⋯⋯⋯⋯⋯⋯韩兴贵
长江源抒情诗（九首）⋯⋯⋯⋯⋯晏　明
历程（五首）⋯⋯⋯⋯⋯⋯⋯⋯⋯段和平
孤独的行旅（五首）⋯⋯⋯⋯⋯⋯戴安常
草原幻象⋯⋯⋯⋯⋯⋯⋯⋯⋯⋯⋯唐　祈
函授中心学员诗选（十二首）⋯⋯李　舟
刘鸣芳　黄　婷　谢　琮　高坚辉　张太成

1989 年第 10 期　刊名:《人民文学》

目录

专论

合订本作证⋯⋯⋯⋯⋯⋯⋯⋯⋯⋯崔道怡
文学回忆录
日上中天⋯⋯⋯⋯⋯⋯⋯⋯⋯⋯⋯康　濯
我和中国文学的对外译介⋯⋯⋯⋯叶君健

小说

未理之璞⋯⋯⋯⋯⋯⋯⋯⋯⋯⋯⋯陈世旭
欲望的金门⋯⋯⋯⋯⋯⋯⋯⋯⋯⋯陈继光
包罗万象的故事⋯⋯⋯⋯⋯⋯⋯⋯庄宗伟
走动的石人⋯⋯⋯（哈萨克族）艾克拜尔·米吉提
女人河上的男人们⋯⋯⋯⋯（土家族）胡　港
蓝光和破边儿草帽⋯⋯⋯⋯⋯⋯⋯蔚　江
再也不能有个你⋯⋯⋯⋯⋯⋯⋯⋯王静怡
某厂三王⋯⋯⋯⋯⋯⋯⋯⋯⋯⋯⋯郭启林

报告文学

老兵徐永甲⋯⋯⋯⋯⋯⋯⋯⋯⋯⋯向长志
南极第一女性⋯⋯⋯⋯⋯⋯⋯⋯⋯孙云晓

儿童文学

红艳艳的太阳花（童话）⋯⋯⋯⋯陈伯吹
松坊村纪事（童话散文）⋯⋯⋯⋯郭　风
台湾儿童诗二十首⋯⋯⋯⋯林　良　林武宪　林焕彰

散文

何必再相逢⋯⋯⋯⋯⋯⋯⋯⋯⋯⋯霍　达
电表⋯⋯⋯⋯⋯⋯⋯⋯⋯⋯⋯⋯⋯高洪波
一夕之交⋯⋯⋯⋯⋯⋯⋯⋯⋯⋯⋯陈慧瑛

本刊 11 篇作品分别获人民日报文艺部和《小说选刊》
杂志、《小说月报》、《中篇小说选刊》优秀小说奖
各界祝贺《人民文学》创刊四十周年

1989 年第 11 期　刊名:《人民文学》

目录

诗专号
六重奏

水晶湖（十六首）⋯⋯⋯⋯⋯⋯⋯余以建
戈壁海（七首）⋯⋯⋯⋯⋯⋯⋯⋯李　瑛
最后的幻像（十二首）⋯⋯⋯⋯⋯欧阳江河
日子（七首）⋯⋯⋯⋯⋯⋯⋯⋯⋯阿　坚
最初的天空（九首）⋯⋯⋯⋯⋯⋯李　琦
14 行短歌 11 首⋯⋯⋯⋯⋯⋯⋯⋯白　桦

铁鸟

铁鸟（六首）⋯⋯⋯⋯⋯⋯⋯⋯⋯简　宁
红色沼泽（六首）⋯⋯⋯⋯⋯⋯⋯刘立云

雪人和春天

瓷（七首）⋯⋯⋯⋯⋯⋯⋯⋯⋯⋯席永君
向南方与北方飞去（外二首）⋯⋯刘　涛
雪（六首）⋯⋯⋯⋯⋯⋯⋯⋯⋯⋯莫　非
雪人和春天（六首）⋯⋯⋯⋯⋯⋯童　蔚
有一条河（外二首）⋯⋯⋯⋯⋯⋯杨　黎
纸鹤（五首）⋯⋯⋯⋯⋯⋯⋯⋯⋯陈东东
心境（五首）⋯⋯⋯⋯⋯⋯⋯⋯⋯陆忆敏
独对秋风（五首）⋯⋯⋯⋯⋯⋯⋯艺　辛

叙事诗卷

聋火⋯⋯⋯⋯⋯⋯⋯⋯⋯⋯⋯⋯⋯李松涛
不是荒诞的荒诞（二首）⋯⋯⋯⋯方　冰
乡村纪实（三首）⋯⋯⋯⋯⋯⋯⋯冯　杰

诗踪

思辨的人生（五首）⋯⋯⋯⋯⋯⋯黎焕颐
诗五首⋯⋯⋯⋯⋯⋯⋯⋯⋯⋯⋯⋯潞　潞
游（外二首）⋯⋯⋯⋯⋯⋯⋯⋯⋯王　蒙

抗战情歌（五首）……………………邹荻帆
美丽天真善良和悲剧…………………陆　健
西双版纳之行（六首）………………蔡其矫
失去时间的备忘录（六首）…………叶延滨
美国万花筒（四首）………（中国香港）犁　青
黄土印象（外一首）…………………刁永泉

七星螺

灵魂飘香的季节（四首）……………大　仙
怀念永远………………………………郑　枫
生之约（外二首）……………………栾　林
女性独白（四首）……………………刘亚丽
月之酒（四首）………………………顾　艳
另一种境界（三首）…………………苍　月
蝶群（四首）…………………………王恩衷
水之湄…………………………………高　準
叶　笛　罗　门　席慕蓉　张香华　蒋　勋　向　明
郭　枫　郑愁予　韩　牧　李魁贤

实验诗

戴草帽的人……………………………邹静之
大故……………………………………徐　虹

哈哈镜

废猫……………………………………石　河
动物世界（四首）……………………梁谢成
关系网…………………………………文　丙

散文诗卷

每天都发生的故事（三章）…………许　淇
天光……………………………………萨　玛
是否……………………………………林　夕
击壤……………………………………维　维
流光集…………………………………徐慎贵

孔雀翎

短诗21家………………………杨　克　小　安等

1989 年第 12 期　刊名:《人民文学》

目录

小说

夏之初…………………………………叶文玲
感情冲动………………………………邓　刚
王满堂…………………………………贾平凹
干旱……………………………………李克定
永远的红蜻蜓…………………………萌　娘
九州一溺………………………………陈源斌
贺老六的恋爱故事……………………王洲贵
庙塆雪夜………………………………林　谦
烧饼……………………………………王愈奇
根雕怨…………………………………黄修森

报告文学

犁歌……………………………………蒋　巍
这个世界不再寒冷……………………韩百琴

散文

我对面的那张桌子……………………史中兴
水和北京的恋歌（三章）……………纪　鹏
残荷（外一章）………………………李昆纯
小路（外二章）………………………晓　渤

诗歌

诗十五家…………………吕　剑　曾凡华　王尔碑
阿　红　王　也　绿　藜　罗继仁　谢先云　西　彤
王辽生　张雪杉　苗得雨　王为政　查　干　李士非

儿童文学

女孩儿妮妮（小说）…………………田珍颖
最后的晚餐（小说）…………………龚泽华
冬子（小说）…………………………叶大春

本刊启事

《散文选刊》

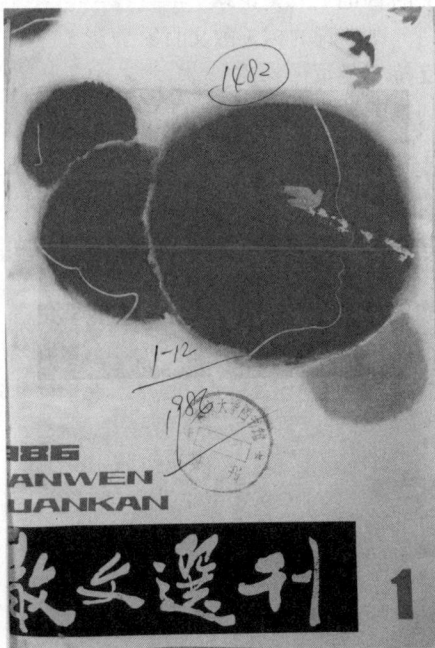

【简 介】

文学月刊。河南省文学艺术界联合会主办。创刊于1984年。其重视作品的民族性和时代性,"广取博收,拔萃求精"。中国现当代著名作家丁玲、刘白羽、臧克家等曾在此刊上发表作品。它为发展和繁荣中国的散文事业做出了贡献。

期刊号:1984年第1期—1989年第12期

振兴当代散文

——发刊词

纵观中国文学史,自先秦诸子以降,曾多次出现散文艺术的兴盛时期,代有名家,佳作如林,目不暇接,美不胜收。"五四"以后,现代散文又有新的发展,鲁迅指出:"到'五四'运动的时候……散文小品的成功,几乎在小说戏曲与诗歌之上。"在中国文学的星空中,现代散文闪烁着璀璨的光华。

当今,我国文学的发展日新月异,小说、戏剧等各个艺术门类时有新人佳作出现,文坛为之瞩目,读者为之震动。然而,散文却明显地相形见绌了,引起轰动、争相传颂之作不多,学养深厚、功力过硬的散文新人更少。于是,广大读者,尤其青年一代对散文失去了应有的热情。对此,还没有忘情于散文的人或忧虑,或惋惜,有识之士或发表谈话,或撰写文章,大声疾呼:振兴散文! 散文确乎已到了非振兴不可的时候了,如其不然,我们将愧对先人,有负来者。

难道今日文苑的良田沃土只把沉甸甸的丰稔馈赠给其他艺术形式而唯独鄙薄散文吗? 不,新的生活、新的思想、新的情感、新的风光给散文提供了丰富的素材,新的时代热切地呼唤着散文。时代和生活已为散文艺术的振兴准备了条件。散文是一种最自由的文体。"千古须史,四海一瞬",人们以此形容散文题材的无限广阔性,宇宙之大,原子之微,古迹名胜,当代风情,国家大事,乡里轶闻,莫不可为散文家描摹之对象。随笔、札记、小品、杂感、游记、速写、书简、日记、回忆录、人物志……无不能成为散文家所掌握的形式。或雄浑壮美,或淡雅飘逸,或率真自然,或含蓄蕴藉,或辛辣尖锐,或豪迈奔放……我国散文的风格千姿百态,不拘一格。散文有理由与其他艺术形式并驾齐驱,散文有条件迎来自己兴盛的新时期。

面对着二十世纪八十年代的历史新时期,在日益变快的生活节奏面前,我们的散文决不能再迈着蹒跚迟缓的步伐;在现实生活的深刻变革面前,我们决不能再杜撰那些无关痛痒的闲适之作和没有真情实感的"假大空"文学。我们的散文应当具有鲜明的民族性和强烈的时代性。我们特别需要凝重的、多样的、优美的散文精品。

在十一届三中全会雨露滋润下,散文艺术之花正在恢复其蓬勃的生命力。时至今日,北有《散文》、南有《随笔》,还有全国数达几百种的文学刊物和报纸,每月都有相当篇幅刊载散文新作。从这里,我们不难感触到散文艺术临近繁荣发展的新时期的讯息了。

正在这样的背景下,《散文选刊》应运而生。

本刊将放眼全国,把每月新产生的散文佳作广采博收,拔萃求精,努力体现我国散文创作的最新最高成就。

我们还将精选中外古今散文名篇,敦请专家学人撰文评介。对于世界散文诸流派的代表作品,亦将本"拿来主义",有计划地引进介绍,供读者鉴赏。

对于散文艺术发展的理论与问题,欢迎有识之士撰文研究探讨,我们信守"百家争鸣"的方针,坚持对艺术问题不同意见的自由讨论,以期对散文创作有所裨益。

我们希望得到全国散文作家的指导与支持,我们希望与广大读者的密切合作,给我们推荐散文佳作,以避免遗珠之憾。

我们渴望出现更多更好的散文作品,我们渴望出现最优秀的散文作家,我们企盼出现一个百卉竞秀的新局面。

本刊同人不敏,愿为此竭尽绵薄。

1984 年第 1 期　刊名:《散文选刊》
目录

贺词
振兴当代散文——发刊词
读沧海·······················刘再复
沙漠,我将不再赞美你············玛拉沁夫
游品·······················贾平凹
岳飞墓随笔····················李洪林
火箭总设计师速写像···············钱　钢
太阳雨·····················骆　虢
雨·船······················王　蒙
会见赵紫阳总理··················赵浩生
爱荷华小简············茹志鹃　聂华苓
放牛小斯····················山　曼
留级生的心愿··················黄宗英
珍珠鸟·····················冯骥才
忆白石老人····················艾　青
我敬爱的老舍同志·················巴　金
由血缘兼谈姓名之禁忌（杂文）·········拾　风
大自然的和声（散文诗）············陈所巨
关于当今散文的断想（散文论坛）·········秦文玉
贾平凹印象片断（散文百家剪影）·······孙见喜
激情的瀑布迸溅出流动的画幅（散文名篇欣赏）

·······················孙　苏
［附］紫藤萝瀑布·················宗　璞
当代散文家近照
松的性格（木刻）·················蒋谷峰

1984 年第 2 期　刊名:《散文选刊》
目录

化作泥土·····················巴　金
榕树,生命进行曲·················刘再复
甲子谈鼠····················夏　衍
离合悲欢的三天··················田　野
海水,退去了···················张抗抗
小院正清秋····················忆明珠
历史·······················管　桦
海天夜话····················刘白羽
燕台何处····················袁　鹰
登陵忆······················杨闻宇
青岩山遐想····················叶　梦
我还没有开化··················钟恬棐
乔木三章·····················周同宾
回归者的心声···················李大维

老人和彩贝····················风　紫
黄河走笔（二章）·················王虹昭
散文二题·····················陈慧瑛
回音（散文诗·三章）···············李　耕
牧人与马（散文诗四章）············晓　桦
居室壁上的风雅（杂文）············柴与言
散文,也应描摹人的内心世界（散文论坛）···刘再复
关于散文的日记（散文论坛）··········贾平凹
大地上,一棵常青的树（散文百家剪影）······朱谷忠
鼓励·支持·鞭策
各地报刊推荐散文选目
山珍珠（版画）·················贾平西

1984 年第 3 期　刊名:《散文选刊》
目录

那过去的,已经过去···············张　洁
丁玲的晚间来客··················白　夜
蟋蟀梦·····················述　隆
一个低音变奏···················严文井
故乡的泥土···················赵淑侠
写故事人的故事··················宗　璞
蜡美人的悲哀··················金　马
破冰船在破冰前进·················秦　牧
愁乡石·····················晓　风
暖土······················苏　炜
断面······················张　涛
我与手杖····················商子雍
喜蛛······················张若愚
夜行笔记····················徐　刚
母亲和儿子···················王小妮
谈习惯·····················黄宗英
春光的爱····················喻　杉
鸟的来访（散文诗）···············郭　风
爱的涟漪（散文诗）···············谢明洲
回归者的心声··················李大维
文学弧光由热情和哲理激亮（散文百家剪影）

·······················程　麻
愿你的枝头长出真的叶子（散文论坛）······赵丽宏
读《死火》（散文名篇欣赏）···········许　杰
［附］死火····················鲁　迅
报刊推荐散文选目
当代散文家近影（之三）
瑞雪（木刻）···················沙清泉
春天的寂静（木刻）···············卜维勤

1985 年第 1 期　刊名:《散文选刊》
目录

大河，永远的奔流⋯⋯⋯⋯⋯⋯⋯⋯⋯刘再复
心心相印⋯⋯⋯⋯⋯⋯⋯⋯⋯⋯⋯⋯赵 鹜
"我拜求你⋯⋯"⋯⋯⋯⋯⋯⋯⋯⋯⋯陈 健
野趣（四章）⋯⋯⋯⋯⋯⋯⋯⋯⋯⋯陈 犀
"取经"零忆⋯⋯⋯⋯⋯⋯⋯⋯⋯⋯韦君宜
大学生和生活（散文诗·三章）⋯⋯⋯桂兴华
我不敢画出自己的眼睛⋯⋯⋯⋯⋯⋯黄济人
郎平日记⋯⋯⋯⋯⋯⋯⋯⋯⋯⋯⋯郎 平
盘门三景⋯⋯⋯⋯⋯⋯⋯⋯⋯⋯⋯碧 野
夜的回忆⋯⋯⋯⋯⋯⋯⋯⋯⋯⋯⋯刘 虔
文抄:《空喊竞赛办法》（杂文）⋯⋯谢 云
吹牛应该上税（杂文）⋯⋯⋯⋯⋯⋯兰 楠
紫石街漫笔⋯⋯⋯⋯⋯⋯⋯⋯⋯⋯王光明
皇迹上的紫薇花⋯⋯⋯⋯⋯⋯⋯⋯杨羽仪
致女友⋯⋯⋯⋯⋯⋯⋯⋯⋯⋯⋯⋯梁彬艳
废墟的印象⋯⋯⋯⋯⋯⋯⋯⋯⋯⋯禾 子
活的伊甸园（散文诗·二章）⋯⋯⋯耿林莽
赏溪⋯⋯⋯⋯⋯⋯⋯⋯⋯⋯⋯⋯⋯和 谷
台湾散文三篇⋯⋯⋯⋯⋯⋯⋯⋯⋯肖 白等
告别这个世界之前（散文名篇欣赏）⋯陆 健
［附］自由⋯⋯⋯⋯⋯⋯⋯⋯［印度］泰戈尔
一朵美丽的野菊（散文百家剪影）
——郭风剪影⋯⋯⋯⋯⋯⋯⋯⋯⋯陈慧瑛
散文的美（散文论坛）⋯⋯⋯⋯⋯⋯柳 嘉
愿散文园地千姿百态
《齐鲁散文十家》在《泉城》聚会（文讯）
各地报刊推荐散文选目

当代散文家近影
小鸟（木刻）⋯⋯⋯⋯⋯⋯⋯⋯⋯蒋谷峰
归途（木刻）⋯⋯⋯⋯⋯⋯⋯⋯⋯徐仲偶

1985 年第 2 期　刊名:《散文选刊》
目录

鄂尔多斯，神奇的土地⋯⋯⋯⋯⋯尚贵荣
黄河流凌交响诗⋯⋯⋯⋯⋯⋯⋯⋯乐 拓
甜甜的枣儿⋯⋯⋯⋯⋯⋯⋯⋯⋯⋯沉 浮
临风诉⋯⋯⋯⋯⋯⋯⋯⋯⋯⋯⋯⋯茹志鹃
腾飞吧，龙的民族⋯⋯⋯⋯⋯李 兰 杜 敏
晚霞女士⋯⋯⋯⋯⋯⋯⋯⋯⋯⋯流沙河
商州又录⋯⋯⋯⋯⋯⋯⋯⋯⋯⋯⋯贾平凹
冬色青青⋯⋯⋯⋯⋯⋯⋯⋯⋯⋯⋯唐大同
姑苏乡情⋯⋯⋯⋯⋯⋯⋯⋯⋯⋯⋯张 鹤

人无寸高⋯⋯⋯⋯⋯⋯⋯⋯⋯⋯⋯山 曼
幽思⋯⋯⋯⋯⋯⋯⋯⋯⋯⋯⋯⋯⋯田一文
乌江感怀⋯⋯⋯⋯⋯⋯⋯⋯⋯⋯⋯王若望
梦断潇湘⋯⋯⋯⋯⋯⋯⋯⋯⋯⋯⋯苏 叶
我的日本兄弟⋯⋯⋯⋯⋯⋯⋯⋯⋯赵 瑜
蛇窝之夏（处女作）⋯⋯⋯⋯⋯⋯紫 薇
后土庙，请你原谅⋯⋯⋯⋯⋯⋯⋯王英琦
文因德而益彰⋯⋯⋯⋯⋯⋯⋯⋯⋯王西彦
小桥流水（散文短章）⋯⋯⋯⋯⋯高国平
宫 玺 叶 梦 叶蔚林 赵丽宏 张喜梅
有感于散文之盛衰（散文论坛）⋯吴有恒 黄秋耘
脚印（散文名篇欣赏）⋯⋯⋯⋯⋯谢锦良
［附］江上歌声⋯⋯⋯⋯［英］威廉·萨默赛特·毛珊

1985 年第 3 期　刊名:《散文选刊》
目录

沧海赋⋯⋯⋯⋯⋯⋯⋯⋯⋯⋯⋯⋯峻 青
没有用过的蓝头巾⋯⋯⋯⋯⋯⋯⋯施圣扬
美的北京街头⋯⋯⋯⋯⋯⋯⋯⋯⋯冰 心
我们家的男子汉⋯⋯⋯⋯⋯⋯⋯⋯王安忆
供养自己上大学的乡下少年⋯⋯⋯李兰妮
商州又录⋯⋯⋯⋯⋯⋯⋯⋯⋯⋯⋯贾平凹
回音壁前的秋天⋯⋯⋯⋯⋯⋯⋯⋯舒 婷
回老家⋯⋯⋯⋯⋯⋯⋯⋯⋯⋯⋯⋯张辛欣

散文诗一束
短笛轻吹⋯⋯⋯⋯⋯⋯⋯⋯⋯⋯⋯王俊义
蜂的散文诗⋯⋯⋯⋯⋯⋯⋯⋯⋯⋯李 耕
银杏树告诉我⋯⋯⋯⋯⋯⋯⋯⋯⋯楼肇明
大江的鳞片⋯⋯⋯⋯⋯⋯⋯⋯⋯⋯陈所巨
敬礼! 大别山⋯⋯⋯⋯⋯⋯⋯⋯⋯陈 创
和大漠的对话⋯⋯⋯⋯⋯⋯⋯⋯⋯郭永明
看绿⋯⋯⋯⋯⋯⋯⋯⋯⋯⋯⋯⋯⋯赵大年
游大观园记⋯⋯⋯⋯⋯⋯⋯⋯⋯⋯陈椿年
香港人⋯⋯⋯⋯⋯⋯⋯⋯⋯⋯⋯⋯田 野
虎趣⋯⋯⋯⋯⋯⋯⋯⋯⋯⋯⋯⋯⋯丘 峰
克蛇龟传奇⋯⋯⋯⋯⋯⋯⋯建 明 爱 萍
挚情的文章挚情的人（散文百家剪影）⋯王 果
人生价值的反思和追寻（散文名篇欣赏）⋯叶公觉
心中的灯火（散文论坛）⋯⋯⋯⋯柯 兰
报刊散文选目
当代散文家近影（之六）
邙岭秋歌（套色木刻）⋯⋯⋯⋯⋯王效池
小鹿（版画）⋯⋯⋯⋯⋯⋯⋯⋯⋯李彦鹏

1985 年第 4 期　刊名:《散文选刊》
目录

"《青春》文学奖"散文特辑

到妈妈身边去 ———————— 张新奇
羞女山 ———————————— 叶　梦
含羞草 ———————————— 薛尔康
能不忆江南 ———————————— 苏　叶
怀念黄昏 ———————————— 唐　敏
回老家 ———————————— 张辛欣
我站在长城上，倾听…… ———— 霍　达
想起那撼人心弦的眼泪 ———— 杨子敏
李子情愫 ———————————— 凤　子
故乡 ———————————————— 乐维华
暖雪 ———————————————— 肖　川
蔷薇 ———————————————— 和　谷
我的小鸟死了 ———————— 莫应丰
梧桐树 ———————————— 毛履均
野鹿谷记趣 ———————— 杨胜能
七彩光（散文诗一束） ———— 柯　蓝
张诗剑　黎焕颐　祝　凯　陈犀　舟舟　文清
祭棍子文（杂文） ———————— 李汝伦
必也正名乎（杂文） ———————— 晓　阳
别了，午睡！（随笔） ———— 冯英子
散文与散步（散文论坛） ———— 罗大冈
当代散文家（之七）
松石图（国画） ———————— 樊绍珍
任重道远（木刻） ———————— 沙清泉

1985 年第 5 期　刊名:《散文选刊》
目录

高原，我的中国色 ———————— 乔　良
高跟鞋响过绥德街头 ———— 刘成章
月夜 ———————————————— 郭宝臣
炉火 ———————————————— 臧克家
春日漫笔 ———————————— 王大海
溽暑旅草 ———————————— 叶文玲
邓刚印象 ———————————— 简　嘉
批斗场上的小景 ———————— 沙　汀
英伦风情 ———————————— 李国文

短笛轻吹
海与人 ———————————— 临　青
窗台上的红蔷薇 ———————— 齐铁偕
无忧树 ———————————— 和　谷
我常凝视窗前的世界 ———— 张　长

分湖泛月 ———————————— 谢雪荣
小窗日记 ———————————— 斯　妤
小青河哟，黄河哟 ———————— 董晓宇
"木头花" ———————————— 张　鹤
女儿岛早市 ———————————— 万国智
砥柱赋 ———————————— 顾丰年
雪忆（新秀之页）（李宏林评点） ———— 江　丽
四季生活（域外文荟）
　　　　　　[苏] C.沃罗宁　曹世文译
冲淡而耐回味（名作赏析）
——读《西山小品》 ———————— 刘开朝
附：西山小品 ———————————— 周作人
徐刚素描（散文百家剪影） ———— 王幅明
对当前散文的看法（散文论坛） ———— 贾平凹
我们也有三亩七分菜园子（散文论坛） ———— 刘成章
当代散文家（之八）
甘南行（速写） ———————— 吴长江
信息 ———————————————— 丁乃武

1985 年第 6 期　刊名:《散文选刊》
目录

1984 年部分报刊获奖散文特辑

越冬的小草（《十月》） ———— 端木蕻良
老赶不上趟（《北京日报》） ———— 胡絜青
马蹄塘纪事（《奔流》） ———— 周同宾
山城水清清（《福建文学》） ———— 沈世豪
关于男人 ———————————— 冰　心
又见水仙花开时 ———————— 周　明
瑶寨 ———————————————— 王小妮
故乡板桥 ———————————— 杨闻宇
昨天的，今天的…… ———————— 卞　卡
山趣 ———————————————— 乐维华

短笛轻吹
面对着激流 ———————————— 赵丽宏
走向沙漠之路 ———————— 徐　刚
"少说"篇 ———————————— 林　墉
小小篱笆 ———————————— 朱碧森
母子 ———————————————— 曾毓秋
小草 ———————————————— 廖华歌
我的妻子 ———————————— 杨端明
跑警报 ———————————— 汪曾祺
嚼春 ———————————————— 朱培娟
前线随笔 ———————————— 杨小凌
游赤壁 ———————————— 苏　策
高原竖起了小木屋 ———————— 蓉　茵
燕山（散文诗） ———————— 陈慧瑛

原谅我，宝贝（散文诗）⋯⋯⋯⋯⋯⋯频　莉
长的一解（外一则·杂文）⋯⋯⋯⋯⋯王　蒙
金色花（域外文荟）⋯⋯⋯⋯⋯[印]泰戈尔
怎样写好散文（散文初步）⋯⋯⋯⋯世　炎
以"点"折射生活（散文初步）⋯⋯陈元麟

1985 年第 7 期　刊名:《散文选刊》
目录

远方来信⋯⋯⋯⋯⋯⋯⋯⋯⋯⋯⋯⋯丁　玲
鞋的故事⋯⋯⋯⋯⋯⋯⋯⋯⋯⋯⋯⋯孙　犁
静⋯⋯⋯⋯⋯⋯⋯⋯⋯⋯⋯⋯⋯⋯⋯理　由
我的日记⋯⋯⋯⋯⋯⋯⋯⋯⋯⋯⋯刘宾雁
西行交响曲⋯⋯⋯⋯⋯⋯⋯⋯⋯⋯李　锐

短笛轻吹(散文短章)

读傅雷家书⋯⋯⋯⋯⋯⋯⋯⋯⋯⋯刘再复
秋魂⋯⋯⋯⋯⋯⋯⋯⋯⋯⋯⋯⋯⋯刘增山
作家妻子的自白⋯⋯⋯⋯⋯⋯⋯⋯陈　娟
让西湖更美⋯⋯⋯⋯⋯⋯⋯⋯⋯⋯夏　衍
我爱猫头鹰⋯⋯⋯⋯⋯⋯⋯⋯⋯⋯白忠懋
大梦谁先觉⋯⋯⋯⋯⋯⋯⋯⋯⋯⋯孔捷生
金色的风筝⋯⋯⋯⋯⋯⋯⋯⋯⋯⋯王剑冰
方言的故事⋯⋯⋯⋯⋯⋯⋯⋯⋯⋯苏　叶
你说你怕见月儿⋯⋯⋯⋯⋯⋯⋯⋯顾传菁
古道弯弯⋯⋯⋯⋯⋯⋯⋯⋯⋯⋯⋯陈章汉
我崇拜他们⋯⋯⋯⋯⋯⋯⋯⋯⋯⋯王俊义
是恶作剧，还是犯罪?
⋯⋯⋯⋯⋯⋯[美]雷安·梅兰　聂晓华译

七彩光(散文诗一束)

阳光⋯⋯⋯⋯⋯⋯⋯⋯⋯⋯⋯⋯⋯严文井
黄昏颂⋯⋯⋯⋯⋯⋯⋯⋯⋯⋯⋯⋯丁　一
夏天的小河⋯⋯⋯⋯⋯⋯⋯⋯⋯⋯康　洁
残梦补记（杂文）⋯⋯⋯⋯⋯⋯⋯蓝　翎
靠本事吃饭（杂文）⋯⋯⋯⋯⋯⋯焦勇夫
东山魁夷散文两篇（域外文荟）⋯郑民钦译
散文八忌（散文初步）⋯⋯⋯⋯⋯冉淮舟
海边留下拾贝长者的足迹（散文百家剪影）⋯杨羽仪
当代散文家
红坪画廊（国画）⋯⋯⋯⋯⋯⋯⋯张　步

1985 年第 8 期　刊名:《散文选刊》
目录

自由的火炬⋯⋯⋯⋯⋯⋯⋯⋯⋯⋯荒　煤
祁连诗意⋯⋯⋯⋯⋯⋯⋯⋯⋯⋯⋯杨羽仪

纸壁斋说诗⋯⋯⋯⋯⋯⋯⋯⋯⋯⋯荒　芜
我童心中的俄罗斯⋯⋯⋯⋯⋯⋯⋯陆　环
老教授与白色鸟⋯⋯⋯⋯⋯⋯⋯⋯刘　沛
说红⋯⋯⋯⋯⋯⋯⋯⋯⋯⋯⋯⋯⋯杨闻宇
吴起镇的女性⋯⋯⋯⋯⋯⋯⋯⋯⋯裴积荣
探监⋯⋯⋯⋯⋯⋯⋯⋯⋯⋯⋯⋯⋯丁　耶
假如我很有钱⋯⋯⋯⋯⋯⋯⋯⋯⋯马瑞芳

七彩光(散文诗一束)

哦，大西北⋯⋯⋯⋯⋯⋯⋯⋯⋯⋯迟　聘
雕像⋯⋯⋯⋯⋯⋯⋯⋯⋯⋯⋯⋯⋯何敬君
寒风⋯⋯⋯⋯⋯⋯⋯⋯⋯⋯⋯⋯⋯黄兴国
贺海瑞墓之冷落⋯⋯⋯⋯⋯⋯⋯⋯谢大光
扁担精的儿子⋯⋯⋯⋯⋯⋯⋯⋯⋯吴丽嫦
打草鞋的阿福公⋯⋯⋯⋯⋯⋯⋯⋯肖伦添
铁凝⋯⋯⋯⋯⋯⋯⋯⋯⋯⋯⋯⋯⋯陈　冲
被遗忘了的月亮⋯⋯⋯⋯⋯⋯⋯⋯周尝棕
"兵灾家属"⋯⋯⋯⋯⋯⋯⋯⋯⋯⋯陆拂为
母亲，你是中国最根深的力量⋯⋯（中国台湾）叶维廉
快乐的死亡（随笔）⋯⋯⋯⋯⋯⋯陆文夫
望"洋"兴叹（杂文）⋯⋯⋯⋯⋯⋯老　烈
散文诗五首（域外文荟）⋯⋯⋯[日]井上靖
岩畔的花——石英印象（散文百家剪影）⋯廉正祥

1985 年第 9 期　刊名:《散文选刊》
目录

怀念成仿吾同志⋯⋯⋯⋯⋯⋯⋯⋯丁　玲
魂归何处⋯⋯⋯⋯⋯⋯⋯⋯⋯⋯⋯惠浴宇
塔⋯⋯⋯⋯⋯⋯⋯⋯⋯⋯⋯⋯⋯⋯刘大海
裤子春秋⋯⋯⋯⋯⋯⋯⋯⋯⋯⋯⋯刘本夫
"巴金这个人⋯⋯"⋯⋯⋯⋯⋯⋯⋯吴泰昌
江南琐记⋯⋯⋯⋯⋯⋯⋯⋯⋯⋯⋯林　非

短笛轻吹

饥饿之忆⋯⋯⋯⋯⋯⋯⋯⋯⋯⋯⋯韦君宜
与朋友交⋯⋯⋯⋯⋯⋯⋯⋯⋯⋯⋯高晓声
诗人的送别⋯⋯⋯⋯⋯⋯⋯⋯⋯⋯羊　翚
"少说"篇（之二）⋯⋯⋯⋯⋯⋯林　埔
一朵翠绿色的云⋯⋯⋯⋯⋯⋯⋯⋯叶公觉
赏樱⋯⋯⋯⋯⋯⋯⋯⋯⋯⋯⋯⋯⋯胡巨海
又到牛年⋯⋯⋯⋯⋯⋯⋯⋯⋯⋯⋯张　涧
编辑之歌⋯⋯⋯⋯⋯⋯⋯⋯⋯⋯⋯高维晞
心中的大自然⋯⋯⋯⋯⋯⋯⋯⋯⋯唐　敏
草原的梦⋯⋯⋯⋯⋯⋯⋯⋯⋯⋯⋯哲　中
"铁骑士"、"骟客"、"自由城"⋯⋯张贤亮
唐都赋（游记）⋯⋯⋯⋯⋯⋯⋯⋯王维洲
随笔一束（域外文荟）⋯⋯⋯[法]于勒·列那尔

风格散记（散文论坛）……………………王 蒙
当代散文家（之十二）
曹新林油画人物写生

1985 年第 10 期 刊名:《散文选刊》
目录

一个"牧马人"的自述（讲演录）…………曲 啸
我的母亲…………………………………力 群
洁白的祝福………………………………舒 婷
童心启示录………………………………谷一海
附：愿生命之舟在春水里航行……………洪双烨

短笛轻吹

散步………………………………………莫怀戚
遥致黄鹤楼文……………………………邵燕祥
月亮，跟着你走!…………………………哲 中
樱花雨……………………………………张 烨
丁聪有这样一个小本………………………徐城北
她的脚步永远追逐着美……………………世 钦
星星在天上………………………………王小鹰
爹珍………………………………………黄宏地
旱伞竹之献………………………………凤 子
庄园——"王国"………………………韦 丘
鸟诗·鸟道主义…………………………李汝伦
本命年……………………………………韩石山
多情应笑我………………………………胡少安

七彩光

生命的歌没有年纪………………………莫 洛
我：最低的一级石阶（外二章）…………桂兴华
困兽………………………………………卢 迈
大地………………………………………王宜振
富春江边瑶琳仙境（游记）………………季羡林
白马非马?（杂文）………………………刘 征
再忆萧珊（碧波清清）……………………巴 金
鼓励·支持·鞭策

1985 年第 11 期 刊名:《散文选刊》
目录

放歌山海关………………………………唐大同
本寨人……………………………………李宽定
海边黄昏…………………………………任一舟
悔不当初…………………………………姜德明
在我的书橱里……………………………徐开垒
村路………………………………………张贵保

纤痕………………………………………廖静仁

刘再复散文诗特辑

山顶
朝露吟
故乡的小路
为什么灯火更明亮了?
摇篮
我找到了那一缕海波
怀念
我问候每一朵小花和每一棵小草
地上有着无数太阳
长城赋
珍惜
黄河的心曲
我不再害怕眼泪
仁厚的地母呵，爱之神
他也寂寞过
奇特的跋涉
感谢你，四壁的星光
王国维之死
我问东去的闽江水
血在，生命总要向前流动
他的思想像星体在空中运行
双元宇宙的象征（作家评论）……………何 新
我找到了自己，而且忠实于自己（作家谈）…刘再复
雾游黄山（游记）…………………………魏钢焰
永不沉没的世界（序和跋）………………牛 汉
小雪花（散文诗）
……………北京史家胡同小学六年级 周 劼
屠格涅夫散文诗选（域外文荟）…………黄伟经译
韵·脚………………………………………陆幸生
报春沥血啼未休（散文百家剪影）………绿 叶

1985 年第 12 期 刊名:《散文选刊》
目录

王英琦散文特辑

不该遗忘的废墟
我的先民，你在哪里?
"大救驾"——童年的渴望
有一个小镇
向戈壁
大唐的太阳，你沉沦了吗?
塔克拉玛干之谜
漫漫旅途上的独行客
写在《戈壁梦》即将出版的时候（作家谈）…王英琦
王英琦散文随想（作家评论）……………王 屏

王英琦 ABC（散文百家剪影）............少　文
老黄风记....................................刘成章
苦丁香.......................................范若丁
宾馆一夜....................................罗达成
战场风物三题...............................袁厚春
雁荡山石....................................临　青
我的小村....................................王中山
窗前，一盆海棠花..........................符启文
我已经长大.................................张小玲
月亮垭之夜（游记）........................叶　梦
年祭...李耀奎
幕..逸　馥
夜行笔记（七彩光）........................徐　刚
巴蜀游踪（七彩光）........................陈所巨
散文与时代（散文初步）...................辛宪锡

仙女们
纺织娘
永远的守灯人
旅伴
雁荡抒情
老人和夕阳
微思物语
敲门
随想偶录（作家谈）........................赵丽宏
一丛生机盎然的"生命草"（作家评论）.......王　莎
漫步在纽约大街上..........................秦　牧
思忆与追寻.................................吴宗蕙
"检讨"春秋.................................丁　耶
风雨醉翁亭.................................何　为
万石岩.......................................楼肇明
延安桥.......................................李天芳
天女散花....................................绿　叶
进京杂记....................................林丹娅
呼唤...谢　璞
天目山寻秋（游记）........................吕锦华
喇叭裤与"中国早就有"（杂文）..............陈小川
嵩门月姣（国画）..........................龚　柯
李自刚油画
苏醒（漆画）...............................江　声

1986 年第 1 期　刊名:《散文选刊》
目录

祖国，假如你是一棵银杏..................刘增山
老舍和朋友们...................胡絜青　舒　乙
梦和诗的火岩...............................银　云
"偷中秋".....................................张和平
爱诗是美好的...............................马丽华
埃菲尔铁塔沉思.............................张抗抗
吕正操的午宴...............................陈若曦
歌乐山·大天池.............................臧克家
往事散记....................................秦兆阳
"阿佤"，尽领你的风骚.......................何卓琼
相逢在人生途中.............................李佩芝
从那片国土到这片国土......................郭　冬
海蓝海蓝的眼睛.............................杨稼生
《啼鹃》序（序与跋）......................谢大光
做戏与看戏（杂文）........................罗荣兴
梦里花落知多少（港台之窗）...............三　毛
北窗开了（新人之页）......................杨林杰
克利文讽刺小品十则（域外文荟）...........余力译
大海，自我与诗情（散文论坛）............王玉树
棕树深处（漆画）..........................朱曜奎
黄河行（速写）.............................方照桦
江南（漆画）...............................保　彬

1986 年第 2 期　刊名:《散文选刊》
目录

赵丽宏散文特辑
小鸟，你飞向何方

1986 年第 3 期　刊名:《散文选刊》
目录

歌神纳达米德和他的马......................续维国
歌忆...柳　嘉
善阁室纪年摘抄.............................孙　犁
请你理解我的爱.............................简　妮
最崇高的爱.................................罗大冈

杨羽仪散文特辑

快餐厅里的哲学
香港众生相
博斯腾湖畔的篝火
暖心的赛里木湖水
崂山月
蓬莱的童话
咸亨酒趣
知春鸟
行客随想录（作家谈）.....................杨羽仪
他展动一双彩翼飞翔（作家评论）...........司徒杰
南风送我一片情（散文百家剪影）...........吕锦华
普陀山记行.................................林　菲
乡音未改....................................周　明

漫论郁达夫⋯⋯⋯⋯⋯⋯⋯⋯⋯⋯⋯刘海粟
龙之吟⋯⋯⋯⋯⋯⋯⋯⋯⋯李洁非 张 陵
出国的研究（杂文）⋯⋯⋯⋯⋯⋯⋯米博华
我所认识的孙犁（散文百家剪影）⋯⋯李华敏
河南首届花鸟画展选登
早春（铜版画）⋯⋯⋯⋯⋯⋯⋯⋯⋯梁 越

1986 年第 4 期　刊名:《散文选刊》
目录

处女海⋯⋯⋯⋯⋯⋯⋯⋯⋯⋯⋯⋯⋯洪 群
夏的剪影⋯⋯⋯⋯⋯⋯⋯⋯⋯⋯⋯吴黛娜
海外诗人彭邦桢⋯⋯⋯⋯⋯⋯⋯⋯田 野
故乡三题⋯⋯⋯⋯⋯⋯⋯⋯⋯⋯⋯淡 墨
访梁启超故居⋯⋯⋯⋯⋯⋯⋯⋯⋯王西彦
洞箫村曲⋯⋯⋯⋯⋯⋯⋯⋯⋯⋯⋯沉 浮
生者人试⋯⋯⋯⋯⋯⋯⋯⋯⋯⋯⋯张抗抗
钓起一池春水⋯⋯⋯⋯⋯⋯⋯⋯⋯叶文玲
茶文化漫语⋯⋯⋯⋯⋯⋯⋯⋯⋯⋯舒 展
爱的履历⋯⋯⋯⋯⋯⋯⋯⋯⋯⋯⋯梅 洁
塞外奇闻录⋯⋯⋯⋯⋯⋯⋯⋯⋯⋯马建勋

短笛轻吹

小贩⋯⋯⋯⋯⋯⋯⋯⋯⋯⋯⋯⋯⋯孙 犁
悟⋯⋯⋯⋯⋯⋯⋯⋯⋯⋯⋯⋯⋯⋯孙 荪
死了，才感到他的存在⋯⋯⋯⋯⋯谭朝阳
黑龙江，从我瞳孔里流过⋯⋯⋯⋯张爱华
阳台记趣⋯⋯⋯⋯⋯⋯⋯⋯⋯⋯⋯杨学贵
心灵的护佑⋯⋯⋯⋯⋯⋯⋯⋯⋯⋯傅益瑶
黄昏的威力⋯⋯⋯⋯⋯⋯⋯⋯⋯⋯杨 炼
故乡拾遗（二篇）⋯⋯⋯⋯⋯⋯⋯郝子奇
我和我的丈夫⋯⋯⋯⋯⋯⋯⋯⋯⋯郑云云
酒吧小姐⋯⋯⋯⋯⋯⋯⋯⋯⋯⋯⋯朱谷忠
绿色的山坳⋯⋯⋯⋯⋯⋯⋯⋯⋯⋯刘文新
等虹渡口⋯⋯⋯⋯⋯⋯⋯⋯⋯⋯⋯吴 然
丁香花开了⋯⋯⋯⋯⋯⋯⋯⋯⋯⋯刘慧颖
心砧的火花（七彩光）⋯⋯⋯⋯⋯石 英
庄周和鲫鱼（杂文）⋯⋯⋯⋯⋯⋯刘 征
论"造一点舆论"（杂文）⋯⋯⋯⋯冯英子
梦乡（港台之窗）⋯⋯⋯（中国香港）白韵琴
浅·空·浮·散·板（散文论坛）⋯⋯严 秀
真文一篇共欣赏（散文赏析）⋯⋯叶公觉
王威素描
王天佑国画山水

1986 年第 5 期　刊名:《散文选刊》
目录

我是中国人民的儿子⋯⋯⋯⋯⋯⋯胡少安
周总理的乡情⋯⋯⋯⋯⋯⋯⋯⋯⋯王正龙

贾平凹散文特辑

黄土高原
走三边
秦腔
酒
一位作家
自在篇
敦煌鸣沙山记
自传
贾平凹散文说略（作家评论）⋯⋯⋯费秉勋
我遗失了什么⋯⋯⋯⋯⋯⋯⋯⋯⋯王英琦
老何家⋯⋯⋯⋯⋯⋯⋯⋯⋯⋯⋯⋯范若丁
关于散文的信息⋯⋯⋯⋯⋯⋯⋯⋯谢大光
袖珍日记⋯⋯⋯⋯⋯⋯⋯⋯⋯⋯⋯申爱萍
家乡的白杨林哟⋯⋯⋯⋯⋯⋯⋯⋯郭保林
吃喝记事⋯⋯⋯⋯⋯⋯⋯⋯⋯⋯⋯商子雍
绚丽斑斓、多姿多彩的画卷（序与跋）⋯袁 鹰
请勿倒置（杂文）⋯⋯⋯⋯⋯⋯⋯叶延滨
家住书坊边（港台之窗）⋯⋯⋯⋯林海音
散文的哲理（散文论坛）⋯⋯⋯⋯姜德明

1986 年第 6 期　刊名:《散文选刊》
目录

马列公园赋⋯⋯⋯⋯⋯⋯⋯⋯⋯⋯染 衡
寂寞⋯⋯⋯⋯⋯⋯⋯⋯⋯⋯⋯⋯⋯韩蔼丽
寅年谈虎⋯⋯⋯⋯⋯⋯⋯⋯⋯⋯⋯秦 牧
感谢你，丁玲同志⋯⋯⋯⋯⋯⋯⋯唐 弢
杏花红⋯⋯⋯⋯⋯⋯⋯⋯⋯⋯⋯⋯杜 宣

和谷散文特辑

游子吟
石磨忆
赶场
塞上
牧歌
哦，楼道
根系
她来找我（作家谈）⋯⋯⋯⋯⋯⋯和 谷
黄土地里有诗（作家评论）⋯⋯⋯李健民
黄土的后裔（散文百家剪影）⋯⋯匡 燮

游记散文选

孔林的幽默……………………………叶　梦
夜游西天目……………………………周惟波
乐山大佛散赋…………………………叶延滨
少林寺秋游闲话………………………王维洲
西湖初雪………………………………陈继光
俯视大千——庐山散记………………周国平
关于游记散文（散文论坛）…………郭　风
尊重"隐私权"（杂文）………………盛祖宏
别西冷庄园（港台之窗）……………於梨华
现代观念与散文写作（散文初步）…林　非
牛墟（木刻）…………………………杜应强
星光（水印木刻）……………………崔　海
山道弯弯（丝网版画）………………韦智仁

1986 年第 7 期　刊名:《散文选刊》
目录

伟人和圣人……………………………唐　弢
五十世纪的密码………………………孟伟哉
中国少女………………………………陈丹燕
四八〇〇与麒麟石粉…………………杨道立
我和"真由美"的滇西之行……………白　桦
无梦的月夜……………………………姚承秀
搬家小记………………………………谢雪荣
牧鹅……………………………………何　洁
我所知道的苗子、郁风夫妇…………新凤霞
妻子……………………………………史明朗
"无我斋"夜话…………………………陈元麟

七彩光（散文诗一束）

开拓者的心愿…………………………柯　蓝
金色的露珠……………………………孔　林
城市灯火………………………………许　淇
鹦鹉与雀………………………………李　耕
大自然的和声…………………………陈所巨
回音……………………………………田一文
走上哨位的星…………………………耿林莽
航………………………………………何敬君
如果我十九岁…………………………桂向明
小草……………………………………那家伦
在五彩缤纷的电子世界里……………顾晓军
观念的"新"与旧………………………苏叔阳
要允许维纳斯着装……………………毛志成
访雨果故居（游记）…………………傅先俊
杂说"五同"（外一"同"）（杂文）……老　烈
《1984—85 年散文选》编后记（序与跋）…鲍　霁
关于三十年代的散文（散文论坛）…吴组缃

1986 年第 8 期　刊名:《散文选刊》
目录

刘成章散文特辑

在古老的土地上
老虎鞋
转九曲
米脂婆姨
为母亲塑像
我与散文（作家谈）…………………刘成章
刘成章的散文风格（作家评论）……李若冰
黄土地上走来的汉子（散文百家剪影）…白　描
樱花与梅花……………………………冯　牧
森林与森林老人………………………徐开垒
毕竟还是那条街………………………张佳邻
空位……………………………………李炳镇
山………………………………………廖华歌
"美丽总是愁人的"……………………林　湄
那个地方不平常………………………吴善珍
在高黎贡山之西………………………于　坚

短笛轻吹

恨书……………………………………宗　璞
成功的路………………………………王　蒙
耐得寂寞………………………………韩　冰
哦，正月，正月………………………韩玉成
菜根香…………………………………海　鳞
高原：诗光莹莹的绿雪（序与跋）…秦文玉
世无完人论（杂文）…………………邵燕祥
秋风起兮（港台之窗）………………秦　松
关于对当今散文意见的对话（散文论坛）
　　　　　　　　　　　　吴泰昌　冯骥才

1986 年第 9 期　刊名:《散文选刊》
目录

祖国·艺术·人生（演讲录）…………范　曾
写给故乡的黄昏………………………郭保林
书画家言………………………………严甘直

纪念华山小辑

青青海罗衫……………………………华　山
华山丁玲通信
长歌当哭悼华山………………………红线女
风雪的沉思……………………………刘白羽
送华山…………………………………周　原
魂系太行………………………………南　丁

大弥撒之思 ——————————— 韩少华
肥皂 ——————————————— 吴基民
画像 ——————————————— 叶延滨
同小天使的对话 —————————— 鱼 婴
等你…… ————————————— 朱谷忠
我读守仁的散文（序与跋）———— 王 蒙
离别的时刻（流水清清）———— 张守仁
滁州行（游记）————————— 万振环
文人的傲骨（杂文）—————— 舒 展
望月（新人之页）——————— 李 成
日落（港台之窗）——— （中国台湾）思 果

萤火小集 ——————————— 郭建中
攀登天子山（游记）—————— 王正湘
出洋与发迹（杂文）—————— 邵江天
逍遥游（港台之窗）——— （中国台湾）余光中

1986 年第 11 期　刊名:《散文选刊》
目录

面向海洋（报告文学）————— 胡少安
总书记来到黔西南民族师专（通讯）——朱世和

杨闻宇散文特辑
大漠雄关
朔方臆笔
走亲纪实
灞柳暮归图
夜戏 ————————————— 杨闻宇
杨闻宇速写（散文百家剪影）—— 冉 丹
文化意识的自觉与现代意识的吁求（作家评论）
—————————————— 屈 选
女儿的琴声 ————————— 蒋子龙
淡淡的一抹 ————————— 韩 冰
佛缘 ——————————— 戴厚英
绿色的梦 ————————— 刘贵贤
能不忆达市 ————————— 周国勇
乡村烟雨图（新人之页）———— 丛振谦
丑陋的中国人（港台之窗）——（中国台湾）柏 杨
我写散文（散文论坛）————— 杨稼生
封面设计 ————————— 张啸谷
山村秋艳（国画）——————— 刘书民
晨曲（国画）————————— 樊 林

1986 年第 10 期　刊名:《散文选刊》
目录

我和历史的一次谈话 ————— 刘再复
雨思和月夜 ————————— 李佩芝
迎春花奠 —————————— 忆明珠
春雨行 ——————————— 余 非
谢谢你，帕克! ——————— 程乃珊
墨西哥小夜曲 ———————— 张一弓
古镇 ——————————— 薛尔康
醒了，古老的乡村 —————— 于良志

吴泰昌散文特辑
有星的无星的夜
红红的小辣椒
海棠花开
她钟爱带刺的玫瑰花
未了的心愿
我写散文（作家谈）—————— 吴泰昌
吴泰昌散文的个性和情味（作家评论）—雷 达
泰昌师长一二（散文百家剪影）—— 赵 玫

"《福建文学》散文专号"集萃
女孩子的花 ————————— 唐 敏
致亡妇 ——————————— 郭 风
不能出卖的影子 ——————— 楼肇明
彩雨集 ——————————— 陈志泽

七彩光（散文诗一束）
野性的湖 —————————— 柯 蓝
镜子 ——————————— 屠 岸
色彩的历史 ————————— 耿林莽
淡蓝色的回流 ———————— 李 耕
流霞 ——————————— 傅子玖
空间 ——————————— 陈万鹏
午睡的村庄 ————————— 峭 岩

1986 年第 12 期　刊名:《散文选刊》
目录

死之梦 ——————————— 刘再复
写不出自传的人 ——————— 王英琦
泪尽胡杨 —————————— 陈四益

李佩芝散文特辑
高高的，从这儿望去
呵，母亲
小屋
我们这个小天地
旅途
幽默、真实及深情（作家评论）—— 刘 斌

她是一股山泉（散文百家剪影）————黄　澄
我的那个世界（作家谈）————李佩芝
父爱————傅宁军
扯不断的情思————李根红
有朋自远方来————王忠瑜

短笛轻吹
古银杏祭————罗吉万
白房子————谢鲁渤
母亲的歌————门瑞瑜
我心中的三毛————汤小辛

七彩光
小溪的行程————刘增山
菜花金黄的时候————唐大同
山溪————王秀芳
马场沉思————刘德亮
故道沙打旺————李传申
关于"有朋自远方来"的通信（作家书简）
　　　　　　　　　　　————［日］井上隆一
做有骨气的中国人（序与跋）————穆　青
怀亡父（域外文荟）————［日］井上靖　夏　凡译

1987 年第 1 期　刊名:《散文选刊》
目录

霞落燕园————宗　璞
乡镇小酒店的夜晚————刘　虔
回娘家————孔德懋
这就是张家界————银　云
堤上的传说————韩霭丽
猴市————曹玉模
酒————晓　钢
山门之风————刘志坚
费孝通与江村————吕锦华
醉雀————丘　峰
你，一颗划破夜空的流星————万伯翱

短笛轻吹
假如我十八岁————马丽华
少说篇（之三）————林　埔
蓝色湖————林斤澜
夏天的经历————常　月
一本索命的日记————陈茂欣
为失去的旧车而作————郭良原
红颜————罗俞君
鼓荡的旗帜————黄国钦
螳螂————徐廷华

呆呆地望着安琪儿（校园掇英）————华东师大　夏　瑜
乌篷船影（新人之页）————颜昌海
不徇私情的虎狼（杂文）————杨翰端
周同宾散文序（序与跋）————贾平凹
沙漠中的饭店（港台之窗）————（中国台湾）三　毛
散文观念变革刍议（散文论坛）————谢大光

1987 年第 2 期　刊名:《散文选刊》
目录

答卫君————巴　金
迪斯科旋风————韩静霆
梦入何乡————舒　婷
生命历程的思忆————哈　华
菊、蟹与"阿Q的天真"————忆明珠
画家的情趣————邓　柯
云梦————化　铁
冬的拐杖————马德菊
情思穿过重洋————白　波
童年的阿三————梅　洁
金近放牛————山　曼
运河上的老阿婆————甘景山
黄花·绿树·丰碑————紫　风
遥远的歌声————余　之
永生的印记————单　辉
朱砂月季————匡　燮
牛市（新人之页）————王新民
试论猪八戒（杂文）————叶延滨
森林里有诗（序与跋）————流沙河
小路上的岁月（港台之窗）————赵淑侠
意足不求颜色似（散文论坛）————金　马

1987 年第 3 期　刊名:《散文选刊》
目录

女作家特辑
忆天翼————冰　心
总是难忘————苏　叶
彩虹曲社————宗　璞
望海————刘先琴
笑靥千秋————舒　婷
"豆芽"小姐变迁记————赵翼如
小巷女子————吕锦华
贺坪峡印象————梅　洁
重游旧地有感————程乃珊
戒烟————李淑娟
人生际遇————马丽华

遥远的倾诉 …………………………… 邓世梅
翠阁花香勤著书 ………………………… 张家新
寂地的戏谑（七彩光） ………………… 李佩芝
寄赠苍冥（新人之页） ………………… 晓 晶

刘增山散文小辑
山魂
我凝望着祖国的版图
赤诚燃起的情理之光（作家评论） ……… 于明夫

短笛轻吹
安塞腰鼓 ………………………………… 刘成章
鄂温克少女 ……………………………… 赵建雄
檐上草 …………………………………… 刘堂江
夜临月观峰 ……………………………… 金聚泰
陕北的彩雪 ……………………………… 毛 锜
咬秋儿 …………………………………… 夏 影
嘎仙洞前的沉思 ………………………… 苏连科
古镇采韵 ………………………………… 魏先一
陈文和散文诗四章（七彩光）
我把我的爱和祝福献给你们（序与跋） … 巴 金
散文的虚与实（散文论坛） …………… 孙 犁

1987 年第 4 期　刊名:《散文选刊》
目录

怀念胡风 ………………………………… 巴 金
冬之梦 …………………………………… 乔 迈
现代人眼中的大千世界（节选） ……… 祖 慰
家人画像 ………………………………… 胡 帆
华盛顿一瞥 ……………………………… 秦 牧
风雪送我回故乡 ………………………… 平 青

薛尔康散文小辑
卖苦草
黄雪莲与黑蜜蜂
北国秋叶
海光
在常见与变易之间（作家评论） ……… 楼肇明
只缘秋色淡 ……………………………… 陈 肃
过齐白石故里 …………………………… 郭 风
纸船 ……………………………………… 吴黛娜
听听那冷雨（港台之窗） ……………… 余光中
堤坝决口那一天（域外文荟） ……… [美]杰·瑟伯
现代散文放谈（散文论坛） …………… 柯 灵
封面设计 ………………………………… 张啸谷

1987 年第 5 期　刊名:《散文选刊》
目录

《散文选刊》首届优秀作品评奖揭晓
你早，年轻的大上海 …………………… 赵丽宏
平顶房的突破 …………………………… 尧山璧
梦萧珊 …………………………………… 杨 苡
记我的长兄与四弟 ……………………… 惠浴宇
父母月 …………………………………… 周文韶
Kubin—库冰—顾彬 …………………… 张抗抗
香港巡梦录 ……………………………… 张 鹤
井湾时在，我的乡亲啊! ……………… 廖静仁
酒 ………………………………………… 史中兴

短笛轻吹
秋天的话题 ……………………………… 和 谷
大自然的哀歌 …………………………… 管 桦
北京的声音 ……………………………… 苏叔阳
梦游桃花洞 ……………………………… 乔典运
鼓浪屿访舒婷不遇 ……………………… 吴迪安
小窗外，是浩浩大江流 ………………… 杨羽仪
他喜欢"走走" …………………………… 简 平

七彩光
岩浆，在大街漫流……（外一章） …… 叶庆瑞
猫头鹰带来了吉祥 ……………………… 张 烨
水的生命（外一章） …………………… 姜强国
煤雕 ……………………………………… 刘金顺
我是黄河人 ……………………………… 高世俊
天台山探奇（游记） …………………… 燕 平
瑶琳遐想（游记） ……………………… 齐明昌
中国人丑陋吗?（港台之窗） ………… 孙国栋
哦，冬夜的灯光（域外文荟）
　　　　　　　　　　　[英]莫里斯·吉布森
心，和时代一起搏动（散文论坛） …… 野 曼
封面设计 ………………………………… 张啸谷

1987 年第 6 期　刊名:《散文选刊》
目录

"杜康散文奖"在洛阳举行颁奖仪式
丙午丁未纪事 …………………………… 杨 绛
走向原野 ………………………………… 佟鸿力
退思轩随笔 ……………………………… 姜 滇
成陵和云 ………………………………… 雷 加
踏在沉重的记忆上 ……………………… 毛志成
那芬芳沁人的月季花 …………………… 周 明

怀清录⋯⋯⋯⋯⋯⋯⋯⋯⋯⋯郑朝宗

千字文
霞⋯⋯⋯⋯⋯⋯⋯⋯⋯⋯⋯冰 心
白蝴蝶之恋⋯⋯⋯⋯⋯⋯⋯刘白羽
老家⋯⋯⋯⋯⋯⋯⋯⋯⋯⋯孙 犁
野草⋯⋯⋯⋯⋯⋯⋯⋯⋯⋯夏 衍
落叶⋯⋯⋯⋯⋯⋯⋯⋯⋯⋯王 蒙
"怒而飞"⋯⋯⋯⋯⋯⋯⋯⋯忆明珠

短笛轻吹
小河⋯⋯⋯⋯⋯⋯⋯⋯⋯⋯赵 玫
黄土路⋯⋯⋯⋯⋯⋯⋯⋯⋯岳富荣
爱⋯⋯⋯⋯⋯⋯⋯⋯⋯⋯⋯汝 真
大渡河的涛声⋯⋯⋯⋯⋯⋯李 前
古城前的思索⋯⋯⋯⋯⋯⋯李连泰
水嗜⋯⋯⋯⋯⋯⋯⋯⋯⋯⋯张 昆
登天池⋯⋯⋯⋯⋯⋯⋯⋯⋯赵海洲
生命⋯⋯⋯⋯⋯⋯⋯⋯⋯⋯亚 君

七彩光
李耕散文诗七章
远古回声（二章）⋯⋯⋯⋯何永康
人名历险记（杂文）⋯⋯⋯蓝 翎
琼瑶在向明中学（校园掇英）
⋯⋯⋯⋯⋯⋯⋯上海市向明中学 陈 勉
大园顶记事（新人之页）⋯珊 珊
致威·杜兰特书（域外文荟）
⋯⋯⋯⋯⋯⋯［美］亨·路门肯著 薛鸿时译

1987 年第 7 期　刊名:《散文选刊》
目录

关怀·祝贺（巴金、冰心、孙犁、方纪题词）
晚霞⋯⋯⋯⋯⋯⋯⋯⋯⋯⋯周尝棕
八月，成熟的故乡⋯⋯⋯⋯郭保林
离宫思絮⋯⋯⋯⋯⋯⋯⋯⋯袁 鹰
死之余响（《作家》"散文专号"选萃之一）⋯赵丽宏
影子（《作家》"散文专号"选萃之二）⋯⋯⋯郭力家

短笛轻吹
兰蟹图⋯⋯⋯⋯⋯⋯⋯⋯⋯王维洲
古城墙风景⋯⋯⋯⋯⋯⋯⋯和 谷
春日又相见⋯⋯⋯⋯⋯⋯⋯卞 卡
勿拾路边的小花⋯⋯⋯⋯⋯韩 冰
小城，一抹记忆的云⋯⋯⋯王尔碑
檐头水⋯⋯⋯⋯⋯⋯⋯⋯⋯陈章汉
啊，桐花⋯⋯⋯⋯⋯⋯⋯⋯邵江天

故乡的红姑娘⋯⋯⋯⋯⋯⋯冯文超
春城无处不飞花
——"杜康散文奖"颁奖会侧纪⋯⋯本刊记者 黄 澄
刘虔散文诗三章（七彩光）
《中国散文百家谭》总序（序与跋）⋯⋯⋯秦 牧
融雪（校园掇英）⋯⋯⋯上海向明中学 周 玮
第二石林遐想曲（游记）⋯⋯林万春
说"韧"及其他（随笔）⋯⋯苏叔阳
我的憎恶（域外文荟）
⋯⋯⋯⋯⋯⋯［法］左 拉著 金铿然 骆雪涓译

1987 年第 8 期　刊名:《散文选刊》
目录

春夜祭⋯⋯⋯⋯⋯⋯⋯⋯⋯陈作犁
一把金钥匙⋯⋯⋯⋯⋯⋯⋯韦 娄
回忆我的姑母⋯⋯⋯⋯⋯⋯杨 绛
大草原，我的温床⋯⋯⋯⋯石 英
那有形的和无形的⋯⋯⋯⋯王英琦
哦，东方美神⋯⋯⋯⋯⋯⋯郭秋良

曹靖华散文特辑
永生的人——怀周恩来同志
小米的回忆
星斗正阑干——敬祝曹靖华同志九十寿辰⋯苏金伞
鲜艳而铁一般的新花⋯⋯⋯⋯刘白羽

七彩光
大地书页⋯⋯⋯⋯⋯⋯⋯⋯楼肇明
那是一片神秘的田野⋯⋯⋯伊 甸
我头上有一颗属于自己的太阳⋯⋯赤 叶
北方冻土带⋯⋯⋯⋯⋯⋯⋯原 林
鄂尔多斯之野⋯⋯⋯⋯⋯⋯尚贵荣
沂蒙风景线（三章）⋯⋯⋯任志玺
散文的成就同样令人振奋（序与跋）⋯吴泰昌
爱（域外文荟）
⋯⋯⋯⋯⋯⋯［智利］巴·聂鲁达著 林 光译
开拓散文艺术的新天地（散文论坛）⋯⋯⋯林 非

1987 年第 9 期　刊名:《散文选刊》
目录

穆青散文特辑
金字塔夕照
霹雳雨雾
快乐的赶车人
维也纳的旋律

穆青散文印象（作家评论）————————南　丁
泰山脚下诗碑林————————————臧克家
十九日喜见大雪有记—————————苏　叶
逝川的沉思—————————————李佩芝
剑光，在古烽火台闪烁————————徐　剑
大别山啊，映山红—————————刘金魁
黑牡丹———————————————许　坪

"《作家》散文专号"选萃

脱发·火柴·房租（之三）————————赵大年
这一片女儿的情绪（之四）————————梅　洁
中国"魔水"之谜—————————杨羽仪

千字文

英雄就是这样的一个人————————冰　心
散文四题—————————————郭　风
"自适居"遐思———————————杨东明
温馨的土地————————————朱发耕

七彩光

哦，我的神女峰哟—————————艺　辛
少女的月亮————————————潘万提
登楼赋（港台之窗）——————（中国台湾）余光中

1987 年第 10 期　刊名:《散文选刊》
目录

曹明华散文特辑

更为富有的一刻
因为有了秘密
美
妈妈的事业心
吃错什么药
校园新珠（作家评介）
——曹明华和她的散文——————————曹　阳
达摩的影子————————————苏　晨
男人的感情————————————赵翼如
古朴得生锈的故事—————————刘绍棠
夜的诱惑—————————————齐明昌
王安忆的故事———————————唐　宁
深山杜鹃红————————————阎豫昌

短笛轻吹

白桦树——————————————刘白羽
村姑把酒祭忠魂——————————刘丰刚
假如北方没有雪——————————鲁秀珍
孤独———————————————张　宇
野菊花——————————————陈　创

乌梁素海素描———————————银　笙
重逢———————————————张美华
这里的故事你我不陌生————————贾宝泉
碑赋———————————————柳　嘉
我的父亲—————————————曲　博
石语———————————————子　页
圣殿之夜—————————————庐　野
远方的星辰————————————高维晞
消失的琴声————————————陈显涪
听夜———————————————长　江
耿林莽散文诗六章（七彩光）
动人心魄的瞬间（名作赏析）—————黄伟经
　附：麻雀——————————[俄]屠格涅夫
下雨天，真好（港台之窗）————————琦　君

1987 年第 11 期　刊名:《散文选刊》
目录

聂卫平与大竹之战—————————沈果孙
你是否理解我的情怀————————许俊文
云自舒展风自狂——————————李存葆

梁衡散文特辑

杏花村访酒
石河子秋色
看见绿色就想起了你
我看舞蹈的美
论梁衡的散文创作（作家评论）————牛潌雨
春风桃李—————————————赵郁秀
南蛮子——————————————范若丁
海南情韵—————————————陈　屿
捅燕窝——————————————刘　芳
清明草——————————————施雁冰

"《东京文学》散文专号"选萃

穴庄土屋—————————————南　丁
山寂———————————————庞嘉季
小河———————————————余　非
未来的召唤——————————池如镜　叶　坪

七彩光

士兵的海—————————————张际会
倾听———————————————莫　洛
陆健散文诗六章
"会议学"杂论（杂文）————————刘绍楹
树（域外文荟）——————————[俄]普里什文
献身精神的化身（名作赏析）—————黄伟经
　附：门槛———————————屠格涅夫

散文不妨野一点（散文论坛）⋯⋯⋯⋯⋯⋯佘树森

1987 年第 12 期　刊名:《散文选刊》
目录

记富奶奶⋯⋯⋯⋯⋯⋯⋯⋯⋯⋯⋯⋯⋯冰　心
天涯海角·飞沫⋯⋯⋯⋯⋯⋯⋯⋯⋯⋯王　蒙
大江逆行⋯⋯⋯⋯⋯⋯⋯⋯⋯⋯⋯⋯张抗抗
克孜尔千佛洞路上⋯⋯⋯⋯⋯⋯⋯⋯杨羽仪

谢大光散文特辑
秋天的名字
静悄悄的诞生
春前柳
睡莲
椰情
致高瑞泉
时有落花至　远随流水香（作家评论）⋯⋯高瑞泉
平凡的故事⋯⋯⋯⋯⋯⋯⋯⋯⋯⋯⋯之　桦
山河宴⋯⋯⋯⋯⋯⋯⋯⋯⋯⋯⋯⋯⋯杨德文
条幅与影集⋯⋯⋯⋯⋯⋯⋯⋯⋯⋯⋯涂白玉
天长地久夫妻情⋯⋯⋯⋯⋯⋯⋯⋯⋯湖　涌

"《福建文学》散文专号"选萃
对于四月的认识（外四章）⋯⋯⋯⋯郭　风
神启⋯⋯⋯⋯⋯⋯⋯⋯⋯⋯⋯⋯⋯⋯舒　婷
梦笔山苦思⋯⋯⋯⋯⋯⋯⋯⋯⋯⋯⋯章　武

短笛轻吹
根雕⋯⋯⋯⋯⋯⋯⋯⋯⋯⋯⋯⋯⋯⋯吕锦华
夜宿别墅村⋯⋯⋯⋯⋯⋯⋯⋯⋯⋯⋯孙友田
雨忆⋯⋯⋯⋯⋯⋯⋯⋯⋯⋯⋯⋯⋯⋯周　导
病中重读《同根草》⋯⋯⋯⋯⋯⋯⋯章小东
关窗偶想⋯⋯⋯⋯⋯⋯⋯⋯⋯⋯⋯⋯陈章汉
真想出去走走⋯⋯⋯⋯⋯⋯⋯⋯⋯⋯丹　妮
木牛流马亭记⋯⋯⋯⋯⋯⋯⋯⋯⋯⋯刁永泉
列石桥思绪⋯⋯⋯⋯⋯⋯⋯⋯⋯⋯⋯赵太国
山姑的逗趣（七彩光）⋯⋯⋯⋯⋯⋯李金安
母亲的书（港台之窗）⋯⋯⋯⋯⋯⋯琦　君
夏天，女儿学习拍照⋯⋯⋯⋯⋯⋯⋯杨稼生
"依旧是心田上的好春色"（作家评论）——在杨稼生
散文讨论会上的书面发言⋯⋯⋯⋯⋯嘉　季
散文选刊 1987 年总目录

1988 年第 1 期　刊名:《散文选刊》
目录

内心的里程⋯⋯⋯⋯⋯⋯⋯⋯⋯⋯⋯刘　真
谁说草木不通情⋯⋯⋯⋯⋯⋯⋯⋯⋯章含之
石头城记⋯⋯⋯⋯⋯⋯⋯⋯⋯⋯⋯⋯邵燕祥
踪迹⋯⋯⋯⋯⋯⋯⋯⋯⋯⋯⋯⋯⋯⋯何士光
法门寺⋯⋯⋯⋯⋯⋯⋯⋯⋯⋯⋯⋯⋯季羡林
不能破译的密码⋯⋯⋯⋯⋯⋯⋯⋯⋯叶　梦
难捱的时刻⋯⋯⋯⋯⋯⋯⋯⋯⋯⋯⋯李淑娟
闽南有座开封城⋯⋯⋯⋯⋯⋯⋯⋯⋯庄　众

短笛轻吹
蚕桑之事⋯⋯⋯⋯⋯⋯⋯⋯⋯⋯⋯⋯孙　犁
军号之声⋯⋯⋯⋯⋯⋯⋯⋯⋯⋯阿拉坦多娅
猫儿犯了脾气之后⋯⋯⋯⋯⋯⋯⋯⋯陈茂欣
千户村⋯⋯⋯⋯⋯⋯⋯⋯⋯⋯⋯⋯⋯竹　子
吆喝⋯⋯⋯⋯⋯⋯⋯⋯⋯⋯⋯⋯⋯⋯英　子
一个"孤独"的男人⋯⋯⋯⋯⋯⋯⋯小　竹
人民永远铭记——悼念一代宗师曹靖华同志
至曹靖华⋯⋯⋯⋯⋯⋯⋯⋯⋯⋯⋯⋯邓颖超
情深泪自多⋯⋯⋯⋯⋯⋯⋯⋯⋯⋯⋯臧克家
"欲穷千里目，更上一层楼"⋯⋯⋯任　寰

千字文
雨夜⋯⋯⋯⋯⋯⋯⋯⋯⋯⋯⋯⋯⋯⋯邵勉力
我的独白⋯⋯⋯⋯⋯⋯⋯⋯⋯⋯⋯⋯马　莉
走过夏天⋯⋯⋯⋯⋯⋯⋯⋯⋯⋯⋯⋯谢不周
小溪，生命运行的脉管⋯⋯⋯⋯⋯⋯申爱萍
生活沉思录⋯⋯⋯⋯⋯⋯⋯⋯⋯⋯⋯刘学林
流光集（七彩光）⋯⋯⋯⋯⋯⋯⋯⋯徐慎贵
江南情绪（七彩光）⋯⋯⋯⋯⋯⋯⋯郭良原
二十岁的坦白（校园掇英）⋯⋯南京大学　程士庆

名作与欣赏
我的伊豆⋯⋯⋯⋯⋯⋯⋯⋯⋯[日]川康端成
清新淡雅的"桃源"画卷⋯⋯⋯⋯⋯张增坤
鸡尾酒会（港台之窗）⋯⋯⋯⋯⋯⋯吴鲁芹
小说家的散文（散文论坛）⋯⋯⋯⋯孙　荪
报刊散文选目

1988 年第 2 期　刊名:《散文选刊》
目录

关于男人（之五）⋯⋯⋯⋯⋯⋯⋯⋯冰　心
拜别黄药眠长者⋯⋯⋯⋯⋯⋯⋯⋯⋯秦　牧
重访韶山⋯⋯⋯⋯⋯⋯⋯⋯⋯⋯⋯⋯栾保俊

唐敏散文诗辑
花的九重塔
月亮的海
"走西口"的长途电话
话说唐敏（散文百家剪影）⋯⋯⋯⋯⋯袁和平
唐敏的感受力和幽默感的特征（作家评论）⋯孙绍振
多情马路⋯⋯⋯⋯⋯⋯⋯⋯⋯⋯⋯⋯丹　娅
妈妈的红裙子⋯⋯⋯⋯⋯⋯⋯⋯⋯⋯马小青
二月意绪⋯⋯⋯⋯⋯⋯⋯⋯⋯⋯⋯⋯和　谷
忍不住，自由⋯⋯⋯⋯⋯⋯⋯⋯⋯⋯戴厚英
仇氏黑陶三日读⋯⋯⋯⋯李存葆　夏晶南
恶烟者说⋯⋯⋯⋯⋯⋯⋯⋯⋯⋯⋯⋯王国霖
话说豆腐⋯⋯⋯⋯⋯⋯⋯⋯⋯⋯⋯⋯雁　枫
母亲⋯⋯⋯⋯⋯⋯⋯⋯⋯⋯⋯⋯⋯⋯姚欣则

七彩光
自画像及其他⋯⋯⋯⋯⋯⋯⋯⋯⋯⋯叶延滨
白蝴蝶（二题）⋯⋯⋯⋯⋯⋯⋯⋯⋯陈文和
黄河⋯⋯⋯⋯⋯⋯⋯⋯⋯⋯⋯⋯⋯⋯高伐林
路⋯⋯⋯⋯⋯⋯⋯⋯⋯⋯⋯⋯⋯⋯⋯方志权
树桩⋯⋯⋯⋯⋯⋯⋯⋯⋯⋯⋯⋯⋯⋯晨　叶
吃论（随笔）⋯⋯⋯⋯⋯⋯⋯⋯⋯⋯吴世茫
不该遗失（校园掇英）⋯⋯⋯⋯⋯⋯李迎春
永远的家（港台之窗）⋯⋯⋯⋯⋯⋯刘晓梅
散文（1984—1986）摭谈（散文论坛）⋯楼肇明

1988 年第 3 期　刊名:《散文选刊》
目录

西子梦痕⋯⋯⋯⋯⋯⋯⋯⋯⋯⋯⋯⋯鲍　昌
劲松三刘⋯⋯⋯⋯⋯⋯⋯⋯⋯⋯⋯⋯陈慧瑛
大西北的诱惑⋯⋯⋯⋯⋯⋯⋯⋯⋯⋯伊　甸
没有叫出声的呼唤⋯⋯⋯⋯⋯⋯⋯⋯邢增仪
难忘的微笑⋯⋯⋯⋯⋯⋯⋯⋯⋯⋯⋯吴泰昌
浪井听浪⋯⋯⋯⋯⋯⋯⋯⋯⋯⋯⋯⋯贾宝泉
冰雪风情⋯⋯⋯⋯⋯⋯⋯⋯⋯⋯⋯⋯门瑞瑜
曲阜散记⋯⋯⋯⋯⋯⋯⋯⋯⋯⋯⋯⋯司马言
寻觅芳踪⋯⋯⋯⋯⋯⋯⋯⋯⋯⋯⋯⋯万振环

周同宾散文特辑
天籁
乡情
乡桥志
故里三丑
同宾，真的醉了你?!（作家评论）⋯⋯⋯孙　荪

短笛轻吹
致梁实秋先生⋯⋯⋯⋯⋯⋯⋯⋯⋯⋯臧克家

又是月季芬芳时⋯⋯⋯⋯⋯⋯⋯⋯⋯周　明
小米⋯⋯⋯⋯⋯⋯⋯⋯⋯⋯⋯⋯⋯⋯黄宏地
有这么一片风景⋯⋯⋯⋯⋯⋯⋯⋯⋯沈善增
这一片世界⋯⋯⋯⋯⋯⋯⋯⋯⋯⋯⋯熊述隆
他山也有情⋯⋯⋯⋯⋯⋯⋯⋯⋯⋯⋯冯君莉
九·二三的太阳⋯⋯⋯⋯⋯⋯⋯⋯⋯刘　芳
凝眸⋯⋯⋯⋯⋯⋯⋯⋯⋯⋯⋯⋯⋯⋯斯　妤
这段光阴别忘记⋯⋯⋯⋯⋯⋯⋯⋯⋯赵　敏
潮音曲⋯⋯⋯⋯⋯⋯⋯⋯⋯⋯⋯⋯⋯赵　征
农民画家田儒龙⋯⋯⋯⋯⋯⋯⋯⋯⋯旷荣怿
改换门庭（杂文）⋯⋯⋯⋯⋯⋯⋯⋯邵燕祥
儒勒·列那乐散文五章（域外文荟）⋯徐知免译
散文需要批评⋯⋯⋯⋯⋯⋯⋯⋯⋯⋯傅　英

1988 年第 4 期　刊名:《散文选刊》
目录

海的篇章
又读沧海⋯⋯⋯⋯⋯⋯⋯⋯⋯⋯⋯⋯刘再复
蓬莱奇观⋯⋯⋯⋯⋯⋯⋯⋯⋯⋯⋯⋯峻　青
海⋯⋯⋯⋯⋯⋯⋯⋯⋯⋯⋯⋯⋯⋯⋯筱　敏
海之梦⋯⋯⋯⋯⋯⋯⋯⋯⋯⋯⋯⋯⋯张　岐
碰海妹子⋯⋯⋯⋯⋯⋯⋯⋯⋯⋯⋯⋯杨羽仪
黄河启示录⋯⋯⋯⋯⋯⋯⋯⋯⋯⋯⋯金　辉
龙年谈龙⋯⋯⋯⋯⋯⋯⋯⋯⋯⋯⋯⋯柯　灵
思乡者⋯⋯⋯⋯⋯⋯⋯⋯⋯⋯⋯⋯⋯穆　青
莫斯科河情愫⋯⋯⋯⋯⋯⋯⋯⋯⋯⋯刘白羽
一个中年男人的心态（日记）⋯⋯⋯韩静霆
伊人和庄子游少广山⋯⋯⋯⋯⋯⋯⋯伊　人
多一些微笑吧⋯⋯⋯⋯⋯⋯⋯⋯⋯⋯王霆钧
深山里的回声⋯⋯⋯⋯⋯⋯⋯⋯⋯⋯马　力
明沙千里谒白城⋯⋯⋯⋯⋯⋯⋯⋯⋯尚贵荣

伊川杜康酒厂特辑
醉在伊川⋯⋯⋯⋯⋯⋯⋯⋯⋯⋯⋯⋯赵丽宏
美哉，杜康⋯⋯⋯⋯⋯⋯⋯⋯⋯⋯⋯申　未
温馨的忆念⋯⋯⋯⋯⋯⋯⋯⋯⋯⋯⋯郭瑞三
杜康酒的思考⋯⋯⋯⋯⋯⋯⋯⋯⋯⋯大　智
南疆情思（七彩光）⋯⋯⋯⋯老山前线战士　刘松林
夜歌（七彩光）⋯⋯⋯⋯⋯⋯⋯⋯⋯王斯平
微风赋（随笔）⋯⋯⋯⋯⋯⋯⋯⋯⋯高占祥
观音潭的娘儿们（新人之页）⋯⋯⋯龙　云
求新求深求活（散文论坛）⋯⋯⋯⋯魏久环

1988 年第 5 期　刊名:《散文选刊》
目录

深切怀念叶圣陶先生

叶圣陶先生不朽·····················吴祖光
痛悼叶圣陶老人·····················苏金伞
圣陶老人在最后的日子里···········韩小蕙

短笛轻吹

"喜剧"与"幽默"···················王　蒙
南京·····················[日]大庭美奈子
南陲拾遗···························杜文和
最怕衰年哭壮年·····················路　基
给红子···························陈　村
夏天的昆虫·························汪曾祺
初冬，在名桥·······················李佩芝
南北风···························哲　夫
喜欢蓝颜色的女孩子·················舒　晨
峨眉竹杖老·························闻树国
小屋和最后一批送行者·············胡发云等
弟弟的快乐和悲哀···················骆　爽
我宁可是零·························张黎明

千字文

都乐洞记···························徐　迟
小街·····························吕锦华
山谷中，一句话或一滴泪·············周　原
孤独人的雨夜·······················庐　野
斗井绿意···························孙骏毅
秋色·····························肖　鹏

蓝翎杂文特辑

了了录（一）
了了录（二）
"金台夕照"的余晖
为了让逝者真正"安息"
"时髦"的变迁
莫当嘉平公子
文坛三阶
拉祖配
真真假假
西太后吃糖葫芦
星光与萤光
蓝翎其人其事其文及其他（作家评论）·······郑克西
《随想录》合订本新记（序与跋）·········巴　金
夏天的故事（校园掇英）----黑龙江宝清高中　思　远
孩子，珍重（港台之窗）···············农　妇
散文发展与思维开拓（散文论坛）·········曾绍义

1988 年第 6 期　刊名:《散文选刊》
目录

度尽劫波相逢的一笑（书简）·······夏　衍　宋振庭
海峡涛声梦里寻·····················于宗信
去播种自己心中的一亩田·············陈　萍
苦苦咃，甘甘咃，甜甜廿四味·········刘西鸿
天使带来的忧乐·····················佘树森
家·······························陈祖芬
母亲的河···························尧山璧
郊外人家···························李兰妮
还愿·····························于　君
编织不尽的长江梦···················周嘉华

范若丁散文特辑

夜嫁
陈干娘
神胎
过阴
纸上罗曼斯
迷蒙烟雨听歌吟（作家评论）·········缪俊杰
圆了文学梦（散文百家剪影）·········卞　卡

短笛轻吹

散文二题···························郭　风
废庵之前···························毛志成
同是葡萄架下匆匆过客···············张爱华
西窗下那一片落叶···················查志华

七彩光

青春变奏···························廖华歌
南江记行···························唐大同
滩头·····························高旭旺
中国的月亮（校园掇英）·············秦庚云
"述往思来"的散文佳作（序与跋）·······鲍　昌
我和散文研究（散文论坛）···········林　非

1988 年第 7 期　刊名:《散文选刊》
目录

魂兮归来·····················陈金山　苏效明
隐秘·····························嵇　伟
少女的沉思·························张若愚
沉积土，那般柔细···················吴丽嫦
奏起生活意志的强音·················丁建元
月亮火车···························陈　平

3045

石钟山寻古⋯⋯⋯⋯⋯⋯⋯⋯⋯高维晞
涂山魂⋯⋯⋯⋯⋯⋯⋯⋯⋯⋯⋯乔延凤
田野里的"华丽家族"⋯⋯⋯⋯⋯夏 影
西西里随笔⋯⋯⋯⋯⋯⋯⋯⋯⋯叶延滨
春神⋯⋯⋯⋯⋯⋯⋯⋯⋯⋯⋯⋯赵跟喜

福建三中年作家散文特辑
谈福建三位中年作家的散文(作家评论)⋯⋯郭 风
北京的色彩⋯⋯⋯⋯⋯⋯⋯⋯⋯章 武
高山矮林⋯⋯⋯⋯⋯⋯⋯⋯⋯⋯章 武
武夷山人物画⋯⋯⋯⋯⋯⋯⋯⋯章 武
竹叶三君⋯⋯⋯⋯⋯⋯⋯⋯⋯⋯陈慧瑛
旧邻⋯⋯⋯⋯⋯⋯⋯⋯⋯⋯⋯⋯陈慧瑛
水乡,月下的幽静⋯⋯⋯⋯⋯⋯朱谷忠
妻子的困惑⋯⋯⋯⋯⋯⋯⋯⋯⋯朱谷忠
天桥上的一幕⋯⋯⋯⋯⋯⋯⋯⋯朱谷忠

七彩光
爱的意象(外一章)⋯⋯⋯⋯⋯森 森
谜一般的风流汉⋯⋯⋯⋯⋯⋯⋯侯钰鑫
大平原·大林莽⋯⋯⋯⋯⋯⋯⋯刘德亮
相思果⋯⋯⋯⋯⋯⋯⋯⋯⋯⋯⋯乔仁卯
万水千山总是钱论(杂文)⋯⋯吴世茫
平淡的句子问世的日子(校园掇英)⋯⋯曹明华
过年(港台之窗)⋯⋯⋯⋯⋯⋯梁实秋
尼·斯米尔诺夫散文四篇(域外文萃)
⋯⋯⋯⋯⋯⋯⋯⋯⋯贾 放 黄厚江译
现状与超越片谈(散文论坛)⋯⋯潘向黎

1988 年第 8 期 刊名:《散文选刊》
目录

弈人⋯⋯⋯⋯⋯⋯⋯⋯⋯⋯⋯⋯贾平凹
我和小君君⋯⋯⋯⋯⋯⋯⋯⋯⋯刘 琦
祭马思聪文⋯⋯⋯⋯⋯⋯⋯⋯⋯徐 迟
我也这样叫她:惠⋯⋯⋯⋯⋯⋯傅天琳
我等待哥哥从台湾飞来⋯⋯⋯⋯张佳邻
酒话⋯⋯⋯⋯⋯⋯⋯⋯⋯⋯⋯⋯陆文夫
珍品的源路⋯⋯⋯⋯⋯⋯⋯⋯⋯张 炜
五味糖⋯⋯⋯⋯⋯⋯⋯⋯⋯⋯⋯吕锦华
呼哨⋯⋯⋯⋯⋯⋯⋯⋯⋯⋯⋯⋯山 青
思绪,被姜太公钓出⋯⋯⋯⋯⋯周续林
拉蒙,你在哪里⋯⋯⋯⋯⋯⋯⋯曹 河

短笛轻吹
天坛一片白⋯⋯⋯⋯⋯⋯⋯⋯⋯戴 露
荒凉中的美丽⋯⋯⋯⋯⋯⋯⋯⋯戴砚田
骆驼,一位古老的行吟诗人⋯⋯周彦文

山·湖⋯⋯⋯⋯⋯⋯⋯⋯⋯⋯⋯筱 敏

千字文
仿佛对坐而语⋯⋯⋯⋯⋯⋯⋯⋯如 一
酒性⋯⋯⋯⋯⋯⋯⋯⋯⋯⋯⋯⋯王维洲
镜泊纪游⋯⋯⋯⋯⋯⋯⋯⋯⋯⋯陈玉坤

七彩光
画廊漫步⋯⋯⋯⋯⋯⋯⋯⋯⋯⋯鲁 萍
飘来的情思⋯⋯⋯⋯⋯⋯⋯⋯⋯李恒瑞
鱼化石·贝饰⋯⋯⋯⋯⋯⋯⋯⋯李金安
梨,苹果及其含蓄⋯⋯⋯⋯⋯⋯杨 锦
一篇关于文学与人生的大序(序与跋)⋯⋯谢大光
流浪的男孩(校园掇英)⋯⋯⋯关明强
槭树下的家(港台之窗)⋯⋯⋯席慕蓉
鸟啼(域外文萃)⋯⋯D.H.劳伦斯著 于晓丹译

散文论坛
散文与悟道⋯⋯⋯⋯⋯⋯⋯⋯⋯刘再复
增强时代的活力⋯⋯⋯⋯⋯⋯⋯肖云儒
散文的困窘⋯⋯⋯⋯⋯⋯⋯⋯⋯周同宾

1988 年第 9 期 刊名:《散文选刊》
目录

永远的校园⋯⋯⋯⋯⋯⋯⋯⋯⋯谢 冕
寻找的心曲⋯⋯⋯⋯⋯⋯⋯⋯⋯刘再复
梦萦未名湖⋯⋯⋯⋯⋯⋯⋯⋯⋯季羡林
一种海⋯⋯⋯⋯⋯⋯⋯⋯⋯⋯⋯孙 荪
争夺死亡⋯⋯⋯⋯⋯⋯⋯⋯⋯⋯赵丽宏
父父子子⋯⋯⋯⋯⋯⋯⋯⋯⋯⋯薛尔康
美在这里散步⋯⋯⋯⋯⋯⋯⋯⋯哲 夫
凤凰风姿⋯⋯⋯⋯⋯⋯⋯⋯⋯⋯熊 幽
一塔·湖·图⋯⋯⋯⋯⋯⋯⋯⋯燕治国
冰琥珀⋯⋯⋯⋯⋯⋯⋯⋯⋯⋯⋯杨羽仪
那路⋯⋯⋯⋯⋯⋯⋯⋯⋯⋯⋯⋯庞俭克
我能这样地生活⋯⋯⋯⋯⋯⋯⋯王英琦
绍兴,我心中的诗⋯⋯⋯⋯⋯⋯许怀中
天地悠悠⋯⋯⋯⋯⋯⋯⋯⋯⋯⋯陈 丽

短笛轻吹
北地江魂⋯⋯⋯⋯⋯⋯⋯⋯⋯⋯包晓泉
寻找疏勒河⋯⋯⋯⋯⋯⋯⋯⋯⋯庐 野
太极之谜⋯⋯⋯⋯⋯⋯⋯⋯⋯⋯石 英
那不朽的绿⋯⋯⋯⋯⋯⋯⋯⋯⋯门瑞瑜
我的梦:关于我的妻子⋯⋯⋯⋯阿 红
博士之家⋯⋯⋯⋯⋯⋯⋯⋯⋯⋯臧克家
细雨柔丝⋯⋯⋯⋯⋯⋯⋯⋯⋯⋯丁 月

夕阳唱晚⋯⋯⋯⋯⋯⋯⋯⋯⋯青 干 道 州
九月⋯⋯⋯⋯⋯⋯⋯⋯⋯⋯⋯⋯朱一鸣
圆明园——华夏的明珠⋯⋯⋯⋯葛红欣
轮之花⋯⋯⋯⋯⋯⋯⋯⋯⋯⋯⋯杨世膺
错别字（校园掇英）⋯⋯⋯⋯⋯曹明华
"独特"之中见异彩（域外佳作赏析）⋯子 英
困惑·思考·在变革中前进（散文论坛）⋯淡 墨

1988 年第 10 期　刊名:《散文选刊》
目录

恩来⋯⋯⋯⋯⋯⋯⋯⋯⋯⋯⋯⋯刘亚洲
忆大寨之游⋯⋯⋯⋯⋯⋯⋯⋯⋯韦君宜
月鉴⋯⋯⋯⋯⋯⋯⋯⋯⋯⋯⋯⋯贾平凹
夕阳的诱惑⋯⋯⋯⋯⋯⋯⋯⋯⋯银 云
金钱⋯⋯⋯⋯⋯⋯⋯⋯⋯⋯⋯⋯晴 川
痛苦的飘落⋯⋯⋯⋯⋯⋯⋯⋯⋯张立勤
皋兰山月⋯⋯⋯⋯⋯⋯⋯⋯⋯⋯余秋雨
祭么婶文⋯⋯⋯⋯⋯⋯⋯⋯⋯⋯周同宾
母亲三章⋯⋯⋯⋯⋯⋯⋯⋯⋯⋯田中禾
边陲小镇⋯⋯⋯⋯⋯⋯⋯⋯⋯⋯刘 芳

短笛轻吹
十月的阳光下面⋯⋯⋯⋯⋯⋯⋯赵健雄
早就相识⋯⋯⋯⋯⋯⋯⋯⋯⋯⋯张 重
无家⋯⋯⋯⋯⋯⋯⋯⋯⋯⋯⋯⋯霍用灵
梧桐树·柏树林⋯⋯⋯⋯⋯⋯⋯曹 地
大森林的想念⋯⋯⋯⋯⋯⋯⋯⋯柴德森
山乡新渔歌⋯⋯⋯⋯⋯⋯⋯⋯⋯冯恩昌

千字文
菜花⋯⋯⋯⋯⋯⋯⋯⋯⋯⋯⋯⋯孙 犁
阿Q、唐吉诃德、"红高粱"及国耻话题⋯朽 木
古岳阳，今岳阳⋯⋯⋯⋯⋯⋯⋯马 力
走向那片芳草地⋯⋯⋯⋯⋯⋯⋯龙 云

七彩光
不知道什么叫禁果（三章）⋯⋯何香久
踏雪⋯⋯⋯⋯⋯⋯⋯⋯⋯⋯⋯⋯冉 冉
鸡公山断章⋯⋯⋯⋯⋯⋯⋯⋯⋯张 毅
黑眼睛（新人之页）⋯⋯⋯⋯⋯杨远帆
小村维纳斯（新人之页）⋯⋯⋯罗光明
记一位忠实的朋友（域外文萃）
⋯⋯⋯⋯[英]弗·吴尔夫著　张 烽译
在散文的发展中（散文论坛）⋯⋯石 英

1988 年第 11 期　刊名:《散文选刊》
目录

透明的思索⋯⋯⋯⋯⋯⋯⋯⋯⋯李一安
寻找北方郁金香⋯⋯⋯⋯⋯⋯⋯刘 虔
海南·南海·五湖四海⋯⋯⋯⋯许士杰
自己的夜晚⋯⋯⋯⋯⋯⋯⋯⋯⋯刘烨园
那村·那人·那塘⋯⋯⋯⋯⋯⋯卞 卡
羊城拾穗⋯⋯⋯⋯⋯⋯⋯⋯⋯⋯甘以雯
背面无风⋯⋯⋯⋯⋯⋯⋯⋯⋯⋯黄一鸾

苏叶散文特辑
我的短歌，在滩涂
认石记
吃的悲哀
纸雁儿
也谈穿衣
秦淮河处媚香楼
马得不在名利场
江南一叶——苏叶印象⋯⋯⋯⋯谷 苇

短笛轻吹
七秋生辰琐记⋯⋯⋯⋯⋯⋯⋯⋯郭 风
正题歪做⋯⋯⋯⋯⋯⋯⋯⋯⋯⋯公 刘
流自谁流向哪里的第一滴血⋯⋯黑 孩
两个人的黄昏⋯⋯⋯⋯⋯⋯⋯⋯冯慧君
槐抱椿⋯⋯⋯⋯⋯⋯⋯⋯⋯⋯⋯涂白玉
杜康的门徒⋯⋯⋯⋯⋯⋯⋯⋯⋯顾丰年
杜康河拾趣⋯⋯⋯⋯⋯⋯⋯⋯⋯李玉朝
侯平凡——脚下一条不平凡的路⋯⋯刘跟杜　李玉萍

七彩光
没有答案⋯⋯⋯⋯⋯⋯⋯⋯⋯⋯郭良原
早晨⋯⋯⋯⋯⋯⋯⋯⋯⋯⋯⋯⋯于宗信
涿鹿云絮⋯⋯⋯⋯⋯⋯⋯⋯⋯⋯王玉民
月夜（外一章）⋯⋯⋯⋯⋯⋯⋯郭英英
月是故乡明⋯⋯⋯⋯⋯⋯⋯⋯⋯刘棣华
绵绵情思抒黄河（序与跋）⋯⋯阎豫昌

1988 年第 12 期　刊名:《散文选刊》
目录

水泊散想曲⋯⋯⋯⋯⋯⋯⋯⋯⋯丁建元
干一杯，再干一杯⋯⋯⋯⋯⋯⋯范 曾
寻觅回来的哀痛⋯⋯⋯⋯⋯⋯⋯唯 明
在水一方⋯⋯⋯⋯⋯⋯⋯⋯⋯⋯周 明
仿姚雪垠法，致姚雪垠书⋯⋯⋯魏明伦

大洋观雨记..................于海东
边缘情....................张美华
早春三章..................曾毓秋
薯忆......................杨闻宇
皮包编辑..................齐明昌

千字文
病榻呓语..................冰 心
静夜功课..................张承志
寂寞天鹅美................肖 黛
期盼......................杨晓杰

王怀让杂文特辑
对"研究研究"的研究
浪子回头金不换
文学和太阳
"怎么样"和"不怎么样"
眼睛睁着，睁着……
今夕是何年
再说"今夕是何年"
"涂鸦"与国际口味
关于笑的建议
洛阳牡丹与郑州月季
王怀让的杂文..............苏金伞
王怀让印象................孙 苏
黄昏，早已沉落（外四章）..闻 频
感情世界（三章）..........屈文焜
从五月到五月..............何敬君
高原河（外二章）..........程显谟
夜晚（外一章）............姜 华
熟了吐鲁番（外一章）......李恒瑞
一片祥和的云........杨稼生 李守君
修表女....................李炳镇
香醪......................王振昌

1989 年第 1 期 刊名:《散文选刊》
目录

关中道情..................黑 瑛
太阳，我的礼赞与思索......马牧边
中国人与吃................秦 牧
访朱丽叶之家..............李文珊
巴金回家记................马识途
我，从金色中走来..........张立勤

短笛轻吹
长生鸟....................于 君
偶然进入的空间............周佩红

麦哲伦岛游踪..............陈慧瑛
妻子戴上了金项链..........万振环
月韵·月魂................晓 晴

李天芳散文特辑
目光
笑石榴
呼唤
石头城小记
黄土地上的太阳花（作家评论）....佘树森
赶花者的脚印（散文百家剪影）....李炳银

七彩光
冠军之胶（外三章）........桂兴华
避暑小品（二章）..........和 谷
肩火（外一章）............陈章汉
这一切多么难于诉说（四章）..陆 健
悠悠杜康水................张若愚
变了，记忆的界碑..........顾绍康
人生只要雄心在............胡中伟
春风吹绿了黄土地......陈广民 宋立新
啊，杜康河................溯 源
生意人..............吴庆安 胡德阳
沉重的翅膀（新人之页）....赵 敏
在树篱那边（域外文萃）
............[英]E.M.福斯特著 黄继民译

1989 年第 2 期 刊名:《散文选刊》
目录

瑞丽江，你流向何方?......廉正祥
醉在茅台..................叶 楠
今夜我不撒谎..............程天赐
发生了什么，要发生什么……..小 音
海神妈祖..................季 仲
彩虹下的森林..............郭秋良
雨中驶来的马车............谢明洲
古渎曲....................杜文和
这里有片纯真的世界........杨林勃

叶延滨杂文特辑
我算老几?
包公铡了陈世美后秦香莲还在喊冤
唐僧的紧箍秘咒
"观音阁"与"罗汉堂"
假如我来续《红楼梦》
幸亏李向南有个好爸爸
它们都说自己是金子

少女的眼睛
满堂皆白脸
"希腊咖啡馆"及其他
林黛玉小姐收到聘书
哲理与幽默的艺术（作家评论）……………刘成信

短笛轻吹

称呼……………范培松
仲夏之夜……………郑云云
迪斯科心曲……………夏　雪
有闲走雁塔……………李下叔
临街的窗……………李盛昌
母性的微语……………尼　南

七彩光

杜甫草堂（外二章）……………陈文和
安塞腰鼓……………迟　聘
夜行人（外一章）……………鄂青子
古河道……………刘金顺
乡恋变奏（校园掇英）……………刘益快
激荡起情感的波浪（散文论坛）……………纯　子
东京掠影……………杨好月
追求……………巴　易

1989 年第 3 期　刊名:《散文选刊》

目录

《散文选刊》、千唐志斋管理所"全国散文大奖赛"
获奖篇目
重回黑土地……………蒋　巍
恣意的山旅……………李佩芝
千年万里纵横行……………梁　衡
洪山草……………陈　枫
一百通书简……………周颖南
魂系大荒……………张　惟

刘烨园散文特辑

人都是要死的
致楠
三十岁札记
篱下春
给妈妈送饭去
青岛在岁月里飞
就这样活　就这样写（作家评论）……………陈文东
处长与副教授（杂文）……………商子雍

短笛轻吹

只染一个红指甲……………刘　齐

关于人的对话……………洁　泯
两个朋友……………黄　矛
奴性的阶梯……………老　愚

千字文

醉……………叶全新
夜宿开元寺……………刘恒杰
青岛觅青……………石　头

七彩光

冷雨敲窗的傍晚……………朱谷忠
季节河（外一章）……………刘高贵
那颗星……………萧红涛
关于作家写作家的散文（散文论坛）……………郭　风
他，开拓着未来世界……………李传申
酒乡行……………孟庆德

1989 年第 4 期　刊名:《散文选刊》

目录

陕北八月天……………史小溪
悲凉的夏季奥运会……………潘益大
梦游……………戴厚英
酸柳、痴潘二恩师……………程　云
菱湖镇……………周　民
毕竟是青春……………张立勤
洪洞男人……………卫建民

贾宝泉散文特辑

柳条儿
月轮高
落日篇
星河流经这里
哦，心中的旗
位置篇
祖树赋
谈贾宝泉的散文……………郭　风

短笛轻吹

但愿这是最"末"的一个皇帝……………陈　垦
寻访诗人断魂处……………任　远
路眼儿……………峻　峰
你该唱支新的歌……………韩小蕙
"千唐志斋"小志……………若　愚
万花城……………朱志伟

七彩光

月之吻……………叶　梦

旷野上，那棵小树（外二章）⋯⋯⋯⋯⋯⋯吴 芜
三月即景（外三章）⋯⋯⋯⋯⋯⋯⋯⋯⋯陈 勇
那一天⋯⋯⋯⋯⋯⋯⋯⋯⋯⋯⋯⋯⋯⋯梅 洁
寄⋯⋯⋯⋯⋯⋯⋯⋯⋯⋯⋯⋯⋯⋯⋯陈慧瑛
永远的蝴蝶（港台之窗）⋯⋯⋯⋯⋯⋯⋯陈启佑
散文需脱贵族气（散文论坛）⋯⋯⋯⋯⋯熊述隆
呼唤黄钟大吕（散文论坛）⋯⋯⋯⋯⋯⋯刘金魁

1989 年第 5 期　刊名：《散文选刊》
目录

求索黄河源⋯⋯⋯⋯⋯⋯⋯⋯⋯⋯⋯⋯刘元举
生命的响声⋯⋯⋯⋯⋯⋯⋯⋯⋯⋯⋯⋯李蔚红
紧含眼中的泪⋯⋯⋯⋯⋯⋯⋯⋯⋯⋯⋯吴泰昌
摩崖走笔⋯⋯⋯⋯⋯⋯⋯⋯⋯⋯⋯⋯⋯庞俭克
话石⋯⋯⋯⋯⋯⋯⋯⋯⋯⋯⋯⋯⋯⋯⋯李福德
惩罚母亲⋯⋯⋯⋯⋯⋯⋯⋯⋯⋯⋯⋯⋯刁 斗
为霞尚满天⋯⋯⋯⋯⋯⋯⋯⋯⋯⋯⋯⋯周 明
吊兰⋯⋯⋯⋯⋯⋯⋯⋯⋯⋯⋯⋯⋯⋯⋯陈 韧

斯妤散文特辑
望月
白太阳
歪嘴仔
表舅母
小窗，寻找大千灵光（作家评论）⋯⋯⋯楼肇明

短笛轻吹
成熟⋯⋯⋯⋯⋯⋯⋯⋯⋯⋯⋯⋯⋯⋯⋯郭 风
雌雄论⋯⋯⋯⋯⋯⋯⋯⋯⋯⋯⋯⋯⋯⋯魏明伦
雪儿与书⋯⋯⋯⋯⋯⋯⋯⋯⋯⋯⋯⋯⋯刘 翎
良机⋯⋯⋯⋯⋯⋯⋯⋯⋯⋯⋯⋯⋯⋯⋯阎豫昌
听雨⋯⋯⋯⋯⋯⋯⋯⋯⋯⋯⋯⋯⋯⋯⋯王俊义
边城夜话⋯⋯⋯⋯⋯⋯⋯⋯⋯⋯⋯⋯⋯刘 芳
"你比党还高明？！"⋯⋯⋯⋯⋯⋯⋯⋯中杰英
历程（七彩光）⋯⋯⋯⋯⋯⋯⋯⋯⋯⋯金汝平
月光下的故事（七彩光）⋯⋯⋯⋯⋯⋯⋯冯慧君
魂迷于文学之海（散文百家谈）⋯⋯⋯⋯杨闻宁
《今古线》十篇（港台之窗）⋯⋯⋯⋯⋯吴羊璧
家桃子⋯⋯⋯⋯⋯⋯⋯⋯⋯⋯⋯⋯⋯⋯小 雪
为了母亲的心⋯⋯⋯⋯⋯⋯⋯⋯⋯⋯⋯杨子敏

1989 年第 6 期　刊名：《散文选刊》
目录

人病⋯⋯⋯⋯⋯⋯⋯⋯⋯⋯⋯⋯⋯⋯⋯贾平凹
向着崖顶，向着你的不尽的血⋯⋯⋯⋯⋯赵 玫

大河雄魂⋯⋯⋯⋯⋯⋯⋯⋯⋯李 兰　杜 敏
听湖⋯⋯⋯⋯⋯⋯⋯⋯⋯⋯⋯⋯⋯⋯⋯季红真
顿悟悬空寺⋯⋯⋯⋯⋯⋯⋯⋯⋯⋯⋯⋯张志春
年龄考⋯⋯⋯⋯⋯⋯⋯⋯⋯⋯⋯⋯⋯⋯里 遥
一样与不一样（杂文）⋯⋯⋯⋯⋯⋯⋯⋯吴志实

门瑞瑜散文特辑
林区小镇
冬泉
此物最相思
破土而出的
光芒
秋霜谱
爱恋黑土地的情思流淌（作家评论）⋯⋯刘延年
冰雪天地间的一团火（散文百家剪影）⋯王忠瑜

短笛轻吹
有霞的黄昏⋯⋯⋯⋯⋯⋯⋯⋯⋯⋯⋯⋯沙 林
我绕不过那团绿⋯⋯⋯⋯⋯⋯⋯⋯⋯⋯颜廷奎
亲姥姥　花姥姥⋯⋯⋯⋯⋯⋯⋯⋯⋯⋯赵 敏
祭灵⋯⋯⋯⋯⋯⋯⋯⋯⋯⋯⋯⋯⋯⋯⋯袁功荣
小巷风流⋯⋯⋯⋯⋯⋯⋯⋯⋯⋯⋯⋯⋯李佩芝
崇武二题⋯⋯⋯⋯⋯⋯⋯⋯⋯⋯⋯⋯⋯谢春池

千字文
黄土地⋯⋯⋯⋯⋯⋯⋯⋯⋯⋯⋯⋯⋯⋯王久辛
段先生⋯⋯⋯⋯⋯⋯⋯⋯⋯⋯⋯⋯⋯⋯吴 然
二十岁，我哭了⋯⋯⋯⋯⋯⋯⋯⋯⋯⋯周 晴

七彩光
少女的阳光⋯⋯⋯⋯⋯⋯⋯⋯⋯⋯⋯⋯潘万提
色彩三章⋯⋯⋯⋯⋯⋯⋯⋯⋯⋯⋯⋯⋯柯 原
旅途之歌⋯⋯⋯⋯⋯⋯⋯⋯⋯⋯⋯⋯⋯文 清
在那果子的深处⋯⋯⋯⋯⋯⋯⋯⋯⋯⋯韩新东
古长城思忖⋯⋯⋯⋯⋯⋯⋯⋯⋯⋯⋯⋯大 千
明月晚风柳丝飘（港台之窗）⋯⋯⋯⋯⋯陶 然
《绿色赋》序（序与跋）⋯⋯⋯⋯⋯⋯⋯浩 然
过河卒⋯⋯⋯⋯⋯⋯⋯⋯⋯⋯廖新中　刘 向

1989 年第 7 期　刊名：《散文选刊》
目录

近作三篇⋯⋯⋯⋯⋯⋯⋯⋯⋯⋯⋯⋯⋯孙 犁
贪官、倒官纵横谈⋯⋯⋯⋯⋯⋯⋯⋯⋯李汝沦
以女人的名义⋯⋯⋯⋯⋯⋯⋯⋯⋯⋯⋯黎 旱
人间烟火⋯⋯⋯⋯⋯⋯⋯⋯⋯⋯⋯⋯⋯白 烽
"志斋"的主人⋯⋯⋯⋯⋯⋯⋯⋯⋯⋯⋯关克西
夏天落下的第一颗红豆⋯⋯⋯⋯⋯⋯⋯⋯黄殿琴

夜的南岳 ························· 刘鸿伏

广西三中年作家散文特辑
充满色彩的篇章（作家评论）········· 林 非
凌渡
雾·月
草地
风筝
徐治平
观海
边境雨蒙蒙
峨眉道上
蓝阳春
元宝山芦笙节
鸟的乐潮

散文短章录
避暑山庄的梦 ··················· 林 非
追赶太阳 ····················· 张小敏
看夕阳的人 ··················· 温新阶
珠海话云天 ··················· 贾秀珍
啊，远山 ····················· 朱谷忠
雨夜 ························· 阿 丑
元旦对表 ····················· 鲁秀珍
春阳 ························· 高维晞
苍凉古地 ····················· 姚学礼

散文诗拔萃
爱的沼泽地 ··················· 英 沦
花儿不开是希望 ················· 赵跟喜
冬夜 ························· 晨 静
雪梦 ························· 达佤扎西

杂文窗
读书与老婆 ··················· 司马玉常
说一说“一” ··················· 元 青
心灵的对白（港台文学）··········· 席慕蓉
等待风声（校园文学）······· 本溪高中 王 典
珍贵的，也是希望的（序与跋）······· 萧 乾
我观新时期的散文与杂文（散文百家谈）
——访唐弢 ··················· 谭 健

1989 年第 8 期　刊名:《散文选刊》
目录

惶惑三重奏 ··················· 楼肇明
春夏秋冬 ····················· 雪 迪
女人的魅力 ··················· 周伟文

我们活得太累了 ················· 韩小蕙
来自东京的信札 ················· 申爱萍
茶道 ························· 高洪波

王大海杂文特辑
四季随笔——希望篇　艺术篇　情爱篇　真诚篇
好风景常伴着寂寞（作家评论）······· 李 晴
水何澹澹——记大海（作家印象记）····· 刘 思

散文短章录
跳跃的中国人的背影 ············· 老 愚
敲门 ························· 简 宁
渴望雨季 ····················· 蒋 华
周末摇滚 ····················· 王曼曼
“治隆唐宋” ··················· 艾 煊
没有歌词的爬山调 ··············· 郑云云
寻找生命 ····················· 李洪洋
散文五题 ················· 鲍乐吉·原野
高原的流囚 ··················· 贾 漫
江南的蔷薇园和散文诗和森林 ······· 许 淇

散文诗拔萃
小黑屋 ······················· 森 森
追忆炭火 ····················· 骆 爽
美人泉（外一章）··············· 桂兴华
一顶草帽以及它的重要（外一章）····· 韩新东
父亲的梦 ····················· 刘金顺
冬夜的梦（校园文学）············· 陈 霆
《费在山朵朵集》序（序与跋）······· 周颖南
我爱读散文（散文百家谈）········· 林 非

1989 年第 9 期　刊名:《散文选刊》
目录

苍老土地的行吟 ················· 丁建元
空中，有只自由的小鹰 ············· 杨林勃
惑 ························· 陈若颖
旅德随感录 ··················· 盛祖宏
美丽地生活着 ················· 王英琦
一条路 ······················· 高 安

黄宏地散文特辑
过新英
情调酒吧
鹿不回头
吃四川火锅
石福
孤独酒吧和自由宣泄（作家评论）····· 王 果

散文短章录

雨的四季 ……………………… 刘湛秋
诱惑 ……………………………… 小 音
圣人门下 ………………………… 范若丁
雨之歌 …………………………… 刘 原
莫斯科之夜 ……………………… 张守仁

《奔流》散文专号小辑

逝川吟 …………………………… 贾宝泉
傻人写真 ………………………… 卞 卡
好花好酒 ………………………… 王中朝

散文诗拔萃

神游（三章）…………………… 胡 鹏
画家及其他 ……………………… 鲁 萍
月季，撒哈拉岩画（外一章）… 李金安
种子（外一章）………………… 王玉民
小城之恋 ………………………… 刘海潮
粉红色的月季花（校园文学）… 张 萍
尽扫靡丽见风骨（古散文名篇鉴赏）… 陈 泉
侧影（台港散文）……………… 陶 然
"老黑"的光泽 ………………… 魏泽才
加强散文的否定意识（散文百家谈）… 姜新宁

1989 年第 10 期　刊名:《散文选刊》
目录

向保卫共和国的英雄致敬

平暴"备忘录" ……………… 解 犀 施 路
共和国不会忘记他 ……………… 顾孝乾
雪的梦 …………………………… 姜天民
天街 ……………………………… 黄晓萍
黄河，你在说什么 ……………… 李佩芝
偶像 ……………………………… 张 玲
岛人笔记 ………………………… 赵丽宏
红叶应无恙 …………………… 彭 龄 章 谊
赶海去 …………………………… 甘以雯
陋室三叹 ………………………… 王双定
野柿树 …………………………… 董晓宇

散文短章录

捕鸟老人 ………………………… 亦 夫
静村 ……………………………… 孙见喜
江水吟 …………………………… 苏 叶
看澳门 …………………………… 莫壮衡
黄粱梦寻 ………………………… 郭淑敏
寂寞小屋淡淡情 ………………… 孙喜玲
被抛弃的汉子 …………………… 陈圣乐

散文诗拔萃

人生的魅力 ……………………… 叶延滨
黄河的追忆 ……………………… 高旭旺
小梅你好（校园文学）… 武汉大学中文系 王 军
骆驼刺（校园文学）…… 江西上饶师范 徐 芬
学者的散文（序与跋）………… 郭 风
走出困境（散文百家谈）……… 王幅明
有境界则自成高格（古散文名篇鉴赏）… 陈 泉
附:《岳阳楼记》

1989 年第 11 期　刊名:《散文选刊》
目录

毛主席的召见 …………………… 杨成武
探索者自白 ……………………… 刘白羽
家事 ……………………………… 徐开垒
那一脉蓝色山梁 ………………… 梅 洁
风情 ……………………………… 李一安
二十世纪末的一个黎明 ………… 韩春旭
我们村里那座桥 ………………… 陈大斌

廉正祥散文特辑

廉正祥和他的散文（作家评论）… 艾 芜
犹是秦淮梦里人
清清泯江水
曼景兰，曼景兰
缅寺与小和尚

散文短章录

梅园觅踪 ………………………… 王知十
紫砂泥壶 ………………………… 吴志实
今又年轮 ………………………… 梁凤莲
梅岭天下素 ……………………… 殷定生
三江水暖 ………………………… 兆 源
黑溪 ……………………………… 杜文和

散文诗拔萃

刘虔散文诗九章
潘万提散文诗五章
歌与历史 ………………………… 汤 锋
多情的琴弦 ……………………… 于宗信
树是爱的旗帜（外一章）……… 原 林
鹰（外一章）…………………… 周孟贤
一枝一叶总关情（序与跋）…… 曾绍义
回家（港台之窗）……………… 许达然
忧郁，并不是少女的一片阴云（校园文学）… 张 茵
寓景于情　寄情于景（古散文名篇鉴赏）… 颜慧云
附:《滕王阁序》

散文的审美反思（散文论坛）┄┄┄┄┄┄佘树森

1989 年第 12 期　刊名：《散文选刊》
目录

总想为你唱支歌┄┄┄┄┄┄┄┄┄┄┄吕锦华
此山杜鹃系我魂┄┄┄┄┄┄┄┄┄┄┄张国擎
寂寞的对话┄┄┄┄┄┄┄┄┄┄┄┄┄罗强烈
故乡与方言┄┄┄┄┄┄┄┄┄┄┄┄┄张若愚
晚年冬夜┄┄┄┄┄┄┄┄┄┄┄┄┄真　骅
哦，女孩┄┄┄┄┄┄┄┄┄┄┄┄┄凸　凹
海戏┄┄┄┄┄┄┄┄┄┄┄┄┄┄┄周佩红

顾丰年散文特辑
烂柯人
黄河女儿梳妆来
黄河，在我们脚下奔流
遗憾
匆匆行色依旧（作家评论）┄┄┄┄┄┄南　丁

散文短章录
心中的街┄┄┄┄┄┄┄┄┄┄┄┄┄马　力
蒙蒙的年轻┄┄┄┄┄┄┄┄┄┄┄┄刘烨园
谒石评梅墓┄┄┄┄┄┄┄┄┄┄┄┄庐　野
父亲的目光┄┄┄┄┄┄┄┄┄┄┄┄骆　爽
杨子┄┄┄┄┄┄┄┄┄┄┄┄┄┄┄张　烨
生命无多┄┄┄┄┄┄┄┄┄┄┄┄┄张　重
小路情深┄┄┄┄┄┄┄┄┄┄┄┄┄曹继铎

散文诗拔萃
爱神与诗神┄┄┄┄┄┄┄┄┄┄┄┄梁谢成
倾斜（外三章）┄┄┄┄┄┄┄┄┄┄王剑冰
城市公园里的独坐者┄┄┄┄┄┄┄┄张稼文
晨彩┄┄┄┄┄┄┄┄┄┄┄┄┄┄┄徐慎贵
爬犁（外一章）┄┄┄┄┄┄┄┄┄┄严　炎
神奇的杜康河┄┄┄┄┄┄┄┄┄┄┄溯　源
年方二十（校园文学）┄┄┄┄┄┄┄陈　勇
青春奏鸣曲（序与跋）┄┄┄┄┄┄┄柯　蓝
论散文创作的总体目标（散文百家谈）┄┄涂怀章
疏淡·蕴藉·真趣（古散文名篇鉴赏）┄┄颜慧云
附：《沧浪亭记》

《山东文艺》
（《山东文学》）

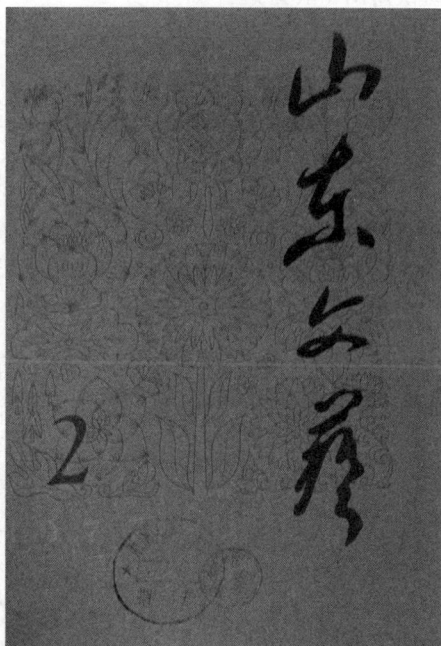

【简　介】
　　综合性文学月刊。山东省文学艺术界联合会主办。创刊于 1950 年。其坚持关心社会发展动态，着力培养青年作家，作品体裁主要有小说、散文、诗歌、文学评论等，富有浓厚的地域色彩。在推动山东地区文学发展上起到了积极作用。

期刊号：1977 年第 1 期—1989 年第 12 期

1977 年第 1 期　刊名：《山东文艺》
目录

伟大的领袖和导师毛主席像
华国锋主席像
乘胜前进┄┄┄┄┄┄《人民日报》、《红旗》杂志、
《解放军报》一九七七年元旦社论
仰望北斗┄┄┄┄┄┄┄┄┄┄┄┄┄李锡友
护路员心向华主席┄┄┄┄┄┄┄┄┄简　涛

总理爱人民　人民爱总理
周总理激励我前进┄┄┄┄┄┄┄┄┄郝建秀
周总理永远活在我们心中┄┄┄┄┄┄高日亭
人民的心┄┄┄┄┄┄┄┄┄┄┄┄┄赵　骜
光荣的使命（诗）┄┄┄┄┄┄┄┄┄郭　廓
深深的怀念（诗）┄┄┄┄┄┄┄┄┄郭树荣

周总理在亿万人民心中永生（诗）⋯⋯⋯⋯曙 光
献给敬爱的周总理（诗）⋯⋯⋯⋯⋯⋯⋯莫西芬
陈毅同志诗词选
巴掌柳（报告文学）⋯⋯⋯⋯王光明　邢昭生
红旗飘扬铁角山（散文）⋯⋯⋯⋯⋯⋯⋯朱旗新
华主席指挥咱大干（民歌七首）周晓芳　厉永森等
百里长虹百里歌（民歌十首）⋯⋯⋯李一泳等
万里征途紧跟华主席（诗）⋯⋯⋯⋯⋯燕遇明
爆发的火山（诗）⋯⋯⋯⋯⋯⋯⋯⋯⋯戈振缨
铁手改山河（诗）⋯⋯⋯⋯⋯⋯⋯⋯⋯桑恒昌
哪个阶级的需要？（论文）——戳穿“四人帮”反“写
真人真事”的反动实质⋯⋯⋯⋯本刊大批判组

杂文
斥蛀虫⋯⋯⋯⋯⋯⋯⋯⋯⋯⋯⋯⋯⋯田仲济
从“不知肉味”到“开胃口”⋯⋯⋯⋯⋯战 文
“补天”与“变天”⋯⋯⋯⋯⋯⋯⋯⋯李广萧
情深似海（京剧）⋯⋯⋯⋯⋯⋯⋯⋯⋯张存德
火烧“帽子工厂”（相声）⋯⋯⋯⋯⋯王维礼
高唱《东方红》　永远干革命（歌曲）
⋯⋯⋯⋯⋯⋯冷宣君　马剑秋词　李成新曲
华主席驾起革命航船（歌曲）
⋯⋯⋯⋯⋯⋯⋯⋯⋯孙洪威词　胡兆明曲
纪念敬爱的周恩来总理逝世一周年省直文艺界举行诗
歌朗诵、演唱会（文讯）
编者的话
衷心爱戴英明领袖华主席（宣传画）⋯⋯⋯郑向农

1977 年第 2 期　刊名:《山东文艺》
目录

毛泽东颂（长诗选载·第七章）⋯⋯⋯⋯时永福
灯的长河（散文）⋯⋯⋯⋯⋯⋯⋯⋯⋯赵 鹜

大治之年迈大步　昂首前进大寨路
扬眉吐气学大寨（民歌七首）⋯⋯⋯韩志杰　吴岚高等
瓜园风波（小说）⋯⋯⋯⋯⋯⋯⋯⋯⋯王学苏
老树新花（散文）⋯⋯⋯⋯⋯⋯⋯⋯⋯牟崇光
春漫英雄岭（散文）⋯⋯⋯⋯⋯⋯⋯⋯张 洲
大跃进的年代又来了（诗）⋯⋯⋯⋯⋯毕冰波
黄河南北（诗）⋯⋯⋯⋯⋯⋯⋯⋯⋯⋯雁 翼
英雄的队伍（诗）⋯⋯⋯⋯⋯⋯⋯⋯⋯姜建国
送车（诗）⋯⋯⋯⋯⋯⋯⋯⋯⋯⋯⋯⋯耿春远

诗歌
高歌赞颂华主席（民歌八首）⋯⋯徐向东　杨 光等
新春喜歌⋯⋯⋯⋯⋯⋯⋯⋯⋯⋯⋯⋯郭澄清
欢腾的渡口⋯⋯⋯⋯⋯⋯⋯⋯⋯⋯⋯张慧萍

贴红星⋯⋯⋯⋯⋯⋯⋯⋯⋯⋯⋯⋯⋯于书恒
掰手腕⋯⋯⋯⋯⋯⋯⋯⋯⋯⋯⋯⋯⋯孙春亭

一支战笔一杆枪　深揭猛批“四人帮”
“四人帮”反革命意志的化身
——江涛形象剖析⋯⋯⋯⋯⋯⋯⋯⋯王震东
一贯仇视工农的老反革命⋯⋯⋯李茂肃　杨东升
偷梁换柱的卑鄙伎俩——批判姚文元的黑文《“第一
位的工作”》⋯⋯⋯⋯⋯⋯⋯⋯⋯⋯邢广域

杂文
影射术与黄粱梦⋯⋯⋯⋯⋯⋯⋯⋯⋯王惠民
“烧山”“烧荒”及其他⋯⋯⋯⋯⋯⋯杨 树
江青的新“发现”⋯⋯⋯⋯⋯⋯⋯⋯⋯陈宝云
华主席和我们在一起（对口快板）⋯⋯⋯姜丽芳
工地小哨兵（快板剧）⋯⋯⋯⋯⋯⋯⋯王良瑛
大干社会主义光荣（歌曲）
⋯⋯⋯⋯⋯⋯⋯⋯⋯徐永进词　苘 华曲
向雷锋同志学习（宣传画）⋯⋯⋯⋯⋯刘书军
文艺简讯二则
稿约

1977 年第 3 期　刊名:《山东文艺》
目录

毛主席、华主席、周总理、叶副主席、朱委员长关于
向雷锋同志学习的题词
党的“双百方针”永放光芒（论文）
⋯⋯⋯⋯⋯⋯⋯⋯⋯⋯⋯⋯省文化局批判组
跑步学大庆（报告文学）⋯⋯⋯⋯⋯⋯孙玉忠
大牛（小说）⋯⋯⋯⋯⋯⋯⋯⋯⋯⋯⋯王忆惠
玲珑（散文）⋯⋯⋯⋯⋯⋯⋯⋯⋯⋯⋯林 雨
窑火（散文）⋯⋯⋯⋯⋯⋯⋯⋯⋯⋯⋯张峻声
荷花（小说）⋯⋯⋯⋯⋯⋯⋯⋯⋯⋯⋯于清泉
老号手（散文）⋯⋯⋯⋯⋯⋯⋯刘天放　李士田

向雷锋同志学习
雷锋，让我们续写你的日记（诗）⋯⋯⋯王 颖
雷锋和我们并肩作战（诗）⋯⋯⋯⋯⋯孙国章
革命的诗篇（诗）⋯⋯⋯⋯⋯⋯⋯⋯⋯张幼川
“雷锋井”（诗）⋯⋯⋯⋯⋯⋯⋯⋯⋯聂振成
春满渡口（诗）⋯⋯⋯⋯⋯⋯⋯⋯⋯⋯丁庆友

华主席率领我们学大庆
阵地战歌（诗）⋯⋯⋯⋯⋯⋯⋯⋯⋯⋯刘竹坚
生产战表（诗）⋯⋯⋯⋯⋯⋯⋯⋯⋯⋯林 军
炮声（诗）⋯⋯⋯⋯⋯⋯⋯⋯⋯⋯⋯⋯李洪涛
风雪钻塔（诗）⋯⋯⋯⋯⋯⋯⋯⋯⋯⋯张培东

"管"师傅（诗）·····················祝屹东
跃进的海港（诗）···················孔 健
焊花赞（诗）·······················王兆新
新炉歌（诗）·······················尹廷斌
夯工（诗）·························金云香

一支战笔一杆枪　深揭猛批"四人帮"
"三突出"是什么货色?（论文）········马国雄
毒草《反击》与"三突出原则"（论文）······李衍柱

杂文
"怕见阳光"引议···················杨树茂
如此"雄心壮志"···················田 增
无文的文痞·······················野 邨
红心催开革新花（山东快书）········赵和琪
雷锋是我们心中的一盏灯（歌曲）
·················曦 曚词　主 音曲
大庆业绩我们创（歌曲）···········陈玉琛词曲
向雷锋同志学习文艺演唱会（文艺简讯）······孟 文
深入开展工业学大庆的群众运动（宣传画）
···············姚泉福　孟晋元　崔森林

1977 年第 4 期　刊名:《山东文艺》
目录

你办事　我放心（油画）···········彭 彬　靳尚谊

热烈欢呼《毛泽东选集》第五卷出版
宝书光辉照千秋（民歌七首）········许文正　卫 华等
印刷工人唱喜歌（民歌五首）········杨少杰　颜 新等
无限崇敬和怀念（诗）——欢呼《毛泽东选集》第五
卷出版·························臧克家
欢腾的节日（诗）···················刘文华
在书店门前（诗）···················刘崇刚
为传播毛泽东思想而战（诗）········陈建绳
机声隆隆（诗）·····················张幼川
金色的橱窗（诗）···················李朝晖
高耸云天的灯塔（散文）···········阿 利　宝 林
手捧宝书想恩人（女声独唱）
···············张维芳　杨昭成词　星 学曲
指路的旗，引航的灯（齐唱）
···················曲日篯词　崔志宏曲
金彩霞（童声独唱）
·····兆 明　东升词　志 培　圣 宇　唱 迅曲
浮山，沸腾的山（散文）···········尤凤伟
三会老严（小说）···················陈传瑜
静妹（小说）·······················段剑秋
礁林岛（散文）·····················陶泰忠

勇开"风险炉"的人（散文）·········赵联华
光明颂（散文）·····················胜利文

学习《讲话》抓住纲　深揭猛批"四人帮"
坚持文艺为工农兵服务的方向（论文）——纪念毛主
席《在延安文艺座谈会上的讲话》发表三十五周年
·················省文化局创作办公室理论组
无产阶级文艺是党的事业的一部分（论文）——学习
毛主席《在延安文艺座谈会上的讲话》········赵安亭

杂文
英雄全靠党培养···················王惠民
绝妙的比喻·······················闫旭初
"水涨船高"析·····················程铁锁
湘江桥上行（诗）···················安 林
前线见闻（诗）·····················于 鹏
油海战歌（诗）·····················姚焕吉
山林奇观（诗）·····················王洪涛
火红的山村（诗）···················韩 青
春浇（诗）·························王 红
抗旱谣（诗）·······················马会昌
开灌（诗）·························徐永田
亲切的教导（版画）···············徐 匡
速写三幅·················山东师范学院艺术系供稿
文艺简讯二则

1977 年第 5 期　刊名:《山东文艺》
目录

毛主席手书叶剑英同志《远望》诗
诗三首···························叶剑英
真理光辉照人间（民歌九首）········黄继杰　王 红等
党洒春雨润百花（民歌七首）········颜振凯　耿志勇等
红旗飘扬（诗）·····················纪 学
太阳城的颂歌（诗）···············张志鹏
向大山开战（诗）···················艾 平
渔家傲　追穷寇···················刘乾昌
队伍向南开（小说）···············高 桦
赵燕闹海（小说）···················王安友
翠竹青青（小说）···················李小萍
万里东风传喜讯（散文）···········董均伦

献给孩子们的诗
牛犊子赞·························张寿彭
大海的歌·························刘饶民
多么好的老前辈···················周晓芳
我帮爷爷管灯塔···················吴树敬
革命红旗插全球···················许润泉

江青坏⋯⋯⋯⋯⋯⋯⋯⋯⋯⋯⋯⋯⋯于　红
给"四人帮"画像⋯⋯⋯⋯⋯⋯⋯⋯⋯杨中甦
永远高举毛泽东文艺思想的伟大旗帜（论文）
⋯⋯⋯⋯⋯⋯⋯⋯⋯省文化局文艺评论组

杂文

驳"重大题材不易写"⋯⋯⋯⋯春　雨　沽　河
从"抢"字看进去⋯⋯⋯⋯⋯⋯⋯⋯赵晓光
"雷同"小议⋯⋯⋯⋯⋯⋯⋯⋯⋯⋯刘增人
桂真儿和铁锤儿（河南坠子）⋯⋯⋯丁书东
湖上红莲（四平调）⋯⋯⋯⋯济宁地革委文化局
红小兵学农田（版画）⋯⋯⋯蒲国昌　董克俊
速写五幅⋯⋯⋯⋯⋯⋯⋯⋯⋯⋯⋯孟晋元等

1977 年特刊　刊名:《山东文艺》
目录

更高地举起毛主席革命文艺路线的伟大旗帜——纪念《在延安文艺座谈会上的讲话》发表三十五周年
⋯⋯⋯⋯⋯⋯⋯⋯⋯⋯《人民日报》社论
省、济南部队、济南市工农兵和文艺工作者举行各种活动，隆重纪念毛主席《在延安文艺座谈会上的讲话》发表三十五周年（消息）⋯⋯⋯本刊记者
姚士昌同志在纪念毛主席《在延安文艺座谈会上的讲话》发表三十五周年大会上的讲话
高举毛主席的伟大旗帜，繁荣社会主义文艺创作——在省、市文艺工作者纪念毛主席《讲话》发表三十五周年座谈会上的发言⋯⋯⋯鲁　特
为毛主席的文艺路线而战（诗）——纪念《在延安文艺座谈会上的讲话》发表三十五周年⋯⋯燕遇明
灯塔照路，奋勇向前
——纪念《讲话》座谈会发言选登
"四人帮"否定《讲话》是为了篡党夺权⋯田仲济
为繁荣社会主义文艺贡献力量⋯⋯⋯王安友
举旗抓纲，努力创作⋯⋯⋯⋯⋯⋯李心田
《讲话》指方向，勇攀新高峰⋯⋯⋯于希宁
充分发挥工农兵文艺评论队伍的作用⋯赵安亭
深入斗争生活，坚持正确方向⋯⋯⋯方荣翔
《讲话》指引我们胜利前进⋯⋯⋯⋯刘兆禄
路（散文）⋯⋯⋯⋯⋯⋯⋯⋯⋯⋯李传瑞
战地花红（散文）⋯⋯⋯⋯⋯⋯⋯田爱习
《丰收之后》又获新生⋯⋯⋯⋯山东省话剧团
看话剧《丰收之后》的断想（杂感）⋯关山舞
赞美你，时代的歌手（诗）⋯⋯⋯⋯孙国章
歌飞山崖（诗）⋯⋯⋯⋯⋯⋯⋯⋯夏晶南
铜锣歌（诗）⋯⋯⋯⋯⋯⋯⋯⋯⋯鹿书信

1977 年第 6 期　刊名:《山东文艺》
目录

毛主席的客人（散文）⋯解放军某部副团长　林钧敏
朱总司令在炉霍（革命回忆录）⋯⋯⋯贾守仁
独胆英雄（革命回忆录）⋯⋯⋯许　震　田士昌
曾广福新传（报告文学）⋯⋯⋯杨巨源　郭遂厚
戎萼碑（长篇小说选载）⋯⋯⋯⋯⋯曲　波
"全速前进"（小说）⋯⋯⋯⋯⋯⋯张树桓
朱德同志诗选（六首）
千歌万曲献给党（民歌十三首）⋯张慧萍　李福全等
西柏坡颂（诗三首）⋯⋯⋯⋯⋯⋯尧山壁
七律·热烈庆祝党的五十六周年生日⋯⋯⋯萧涤非
红太阳永远照征程（诗）⋯⋯⋯战士　肖　偶
幸福种（诗）⋯⋯⋯⋯⋯⋯⋯⋯⋯何苍岭
桥（诗）⋯⋯⋯⋯⋯⋯⋯⋯⋯⋯⋯王　红
县委书记的铁脚板（诗）⋯⋯⋯⋯⋯戈振缨
延安精神传万代（诗）⋯⋯⋯⋯⋯⋯栾纪曾
坦克兵的怀念（诗）⋯⋯⋯⋯⋯⋯⋯辛　戈
海上大寨（诗二首）⋯⋯⋯⋯⋯⋯⋯孙国林
《丰》剧得解放，大家喜洋洋——在《丰收之后》座谈会上的发言
《丰收之后》是毛主席革命文艺路线的产物⋯鲁　特
重演《丰收之后》，是对"四人帮"的有力批判
⋯⋯⋯⋯⋯⋯⋯⋯解放军某部　李心田
一堂生动的阶级教育课⋯⋯⋯⋯社员　王惠民
无产阶级自己的戏⋯⋯⋯⋯⋯工农兵学员　王兆山
根据实际生活塑造各种人物⋯⋯⋯工人　王永利
坚决走同工农兵相结合的道路⋯⋯演员　王浚洲
这个座谈会开得好⋯⋯⋯⋯⋯⋯⋯祖　敏
永远沿着毛主席的革命文艺路线前进⋯⋯⋯鲁　特
今朝更好看（论文）——写在《丰收之后》重新上演之际⋯⋯⋯⋯⋯⋯⋯⋯⋯⋯⋯孚　先
伟大的领袖　亲密的战友（雕塑）——毛主席和周副主席、朱总司令在一起⋯⋯⋯⋯仇志海等
跟着华主席大步向前走（歌曲）
⋯⋯⋯⋯⋯继　善　冰　河词　冰　河曲

1977 年第 7 期（8 月号）　刊名:《山东文艺》
目录

毛主席、华主席、叶副主席题词
八十书怀（诗）⋯⋯⋯⋯⋯⋯⋯⋯⋯叶剑英

热烈庆祝中国人民解放军建军五十周年

在淮海战场上（散文）⋯⋯王尚贤　赵　鹜　陶泰忠
冲上孟良崮主峰（革命回忆录）⋯⋯⋯李　浩

沂蒙乡亲的怀念（散文）————————沂水长
智闯威海卫（小说）——————————赛时礼
戎莩碑（长篇小说选载）————————曲 波
永远响亮的歌（散文）————————冯维亮
山河齐鲁多娇——陈毅同志诗词选
革命战争时期山东歌谣选（民歌十二首）
火红的战旗（诗）——————————张首吉
黄河春潮（诗）——————————夏晶南
歌飞井冈山（诗三首）————————于 沙
叱咤风云（诗二首）————————宫 玺
写在淮海战役纪念馆（诗二首）————肖 偶
在革命烈士遗物陈列室（诗二首）————牟志祥
朱德同志的扁担（诗）————————李德昌
军港——渔港（外一首）————————李建华
伟大军队 岂容诋毁（论文）——批判"四人帮"利
用文艺反军乱军的罪行————————王凤胜
一阵反军乱军的喧嚣（论文）——揭批"四人帮"及
其亲信鼓吹"写军内走资派"的罪行————季翔文
真理的剑 民族的琴（评论）——读《陈毅诗词选
集》所得的启示——————————众 一
我们喜爱《静妹》（读者来信）————赵玉芬
华主席日夜把台湾同胞牵挂（歌曲）
——————————李肖红词 徐贵岩曲
南泥湾新歌（相声）————————贾洪林
第一面军旗的诞生（油画）————孟晋元 崔森林
长征路上展新图（国画组画选）————陈维信 吴泽浩

1977 年第 8 期 （9 月号） 刊名:《山东文艺》
目录

深切地怀念伟大的领袖和导师毛主席
伟大的领袖和导师毛泽东主席
在毛主席身边（散文）————解放军某部 赵鸿安
怀念（散文）——————————郝建秀
人民怀念毛主席（民歌）————张维芳 聂振成
写在无产阶级革命的大路上（诗）————谢颐城
献上用心血和誓言编织的花圈（诗）————兴 安
光辉的留念（诗）——————————宋 宇
中南海的灯（诗）——————————李肖虹
杨开慧（唱词）——————————芦 芒
毛主席与民歌（论文）————周红兴 李如鸾
毛主席给我一支笔（论文）————————李向春
"民间艺术源，提炼显神迹"（论文）————苗得雨

读书札记
革命文艺要正确表现阶级斗争————————赵安亭
"两党论"是彻头彻尾的唯心论————————周脉柱

学习《应当重视电影〈武训传〉的讨论》得到的启示
——————————————高夙胜
对抗毛主席光辉批示的丑恶表演（论文）
——————————————本刊大批判组
毛主席纪念堂北大厅内的毛主席塑像（摄影）
毛主席纪念堂庄严雄伟，巍然屹立在天安门广场（摄
影）

抓纲治国力回天 大干赢得山河变

壮志压倒万重山（报告文学）——王廷晞 张寒朗等
气壮湖山（报告文学）————————吕曰生
刚刚开始的战斗（报告文学）————众 声
东平大地上的豪言壮语
大干歌（民歌十二首）————————周家斗等
家（小说）——————————支福田 胡范姚

1977 年特刊 刊名:《山东文艺》
目录

在中国共产党第十一次全国代表大会上的政治报告
——————————————华国锋
中国共产党第十一次全国代表大会关于政治报告的
决议
中国共产党章程
在中国共产党第十一次全国代表大会上关于修改党的
章程的报告——————————叶剑英
在中国共产党第十一次全国代表大会上的闭幕词
——————————————邓小平
中国共产党第十一次全国代表大会新闻公报
中国共产党第十一届中央委员会第一次全体会议新闻
公报
伟大的里程碑——热烈祝贺党的十一大胜利闭幕
————《人民日报》、《红旗》杂志、《解放军报》社论
欢庆的日子（散文）————————简 涛
心向华主席（诗）——————————胡景灿
感党恩（诗）——————————峻 青
颂华主席（诗）——————————翟锡芝
喷射吧，燃烧的激情（诗）————————刘长海
海防战士的祝贺（诗）————————刘 琳
前进又插新翅膀（诗）————————崔星尧
征帆（诗）——————————顾 城 顾 乡
颂诗会（诗）——————————丁庆友
喜讯到工地（诗）——————————王常滨
蓝天作纸写誓言（诗）————————高润祥
民歌三首——————————马会昌等

1977 年第 9 期(10 月号) 刊名:《山东文艺》
目录

颂歌献给华席（诗）⋯⋯⋯⋯⋯⋯⋯⋯郭松峰
大治歌（诗）⋯⋯⋯⋯⋯⋯⋯⋯⋯⋯纪 宇
喜见华主席（民歌五首）⋯⋯⋯⋯⋯⋯王同昌等
渔家儿女笑颜开（歌词）⋯⋯⋯⋯⋯⋯詹仁中

烟台地区文学创作学习班作品选
伟大的事业（小说）⋯⋯⋯⋯⋯⋯⋯⋯林 雨
外轮升起五星红旗（小说）⋯⋯⋯⋯⋯吴德永
闯路姑娘（小说）⋯⋯⋯⋯⋯⋯⋯⋯李秋香
报喜之后（小说）⋯⋯⋯⋯⋯⋯⋯⋯郝 鉴
命脉（报告文学）⋯⋯⋯⋯⋯⋯⋯⋯王润滋
影片未拍完（散文）⋯⋯⋯⋯陈占敏 李日君
社会生活是文艺的唯一源泉（论文）⋯朱恩彬
从"十月怀胎，一朝分娩"说开去（创作杂谈）
⋯⋯⋯⋯⋯⋯⋯⋯⋯⋯⋯⋯⋯⋯刘沛五

杂文
"棍子专家"怕棍子⋯⋯⋯⋯⋯⋯⋯赵惟修
张春桥的"苦闷"⋯⋯⋯⋯⋯⋯⋯⋯张聿温
"刺绣"、"象牙雕刻"与"唯一道路"⋯赵建源
沂蒙金秋（诗三首）⋯⋯⋯⋯⋯⋯⋯郭庆文
火花集（诗传单）⋯⋯⋯⋯⋯⋯⋯⋯胡立忠
蜜蜂与蝴蝶（寓言诗）⋯⋯⋯⋯⋯⋯张守村
"均势"的天平架（讽刺诗）⋯⋯⋯⋯石 河
春风送暖（吕剧）⋯⋯⋯⋯⋯牟家明 李道维
抓纲治国干起来（男女声二重唱）⋯刘崇忠词曲
毛主席词《蝶恋花·答李淑一》篆刻⋯张茂荣

1977 年第 10 期 （11 月号） 刊名:《山东文艺》
目录

快马猛加鞭 大干一百天
岗位（小说）⋯⋯⋯⋯⋯⋯⋯⋯⋯徐昆源
母子俩（小说）⋯⋯⋯⋯⋯⋯⋯⋯孙立宪
"加油站"（速写）⋯⋯⋯⋯⋯张金月 王永泉
铺满阳光的路（散文）⋯⋯⋯⋯⋯⋯谷 涧

大干歌
飞翔的翅膀（诗）⋯⋯⋯⋯⋯⋯⋯⋯刘长海
献礼台（诗）⋯⋯⋯⋯⋯⋯⋯⋯⋯祝屹东
炉火正红（诗）⋯⋯⋯⋯⋯⋯⋯⋯李存宽
唱吧，我的风钻（诗）⋯⋯⋯⋯⋯⋯岳鹤云
生产工厂的"工厂"（诗）⋯⋯⋯⋯⋯刘 闸

炉前激战（诗）⋯⋯⋯⋯⋯⋯⋯⋯刘辉考
微山湖畔（诗）⋯⋯⋯⋯⋯⋯⋯⋯苏文河
高山大寨田赞（诗）⋯⋯⋯⋯⋯⋯吕书谦
深切的怀念（诗）⋯⋯⋯⋯⋯⋯⋯吴富恒
黄河岸边的怀念（诗）⋯⋯⋯⋯⋯周广复
深情（诗·外一首）⋯⋯⋯⋯⋯⋯任彦芳
"小豆豆"的故事（小说）⋯⋯⋯⋯孔祥琇
长虹岭赞歌（诗二首）⋯⋯⋯⋯⋯莫西芬
斗天歌（诗三首）⋯⋯⋯⋯⋯⋯⋯姜建国
大庆诗简（诗二首）⋯⋯⋯⋯⋯⋯韩静霆
老支书（诗二首）⋯⋯⋯⋯⋯⋯⋯王常滨
航行途中（散文诗·外一章）⋯⋯⋯寿杨宾
窗与课桌（诗二首）⋯⋯⋯⋯⋯⋯山 青
大寨花开（吕剧）⋯⋯⋯⋯⋯⋯⋯莱阳县
革委文教局《大寨花开》创作组 贾殿彬执笔
大梁歌（柳琴戏）⋯⋯⋯⋯⋯⋯⋯滕县县
革委文化局创作组 王 中 孔祥光执笔
缝衣歌（小演唱）⋯⋯⋯⋯⋯临朐县白塔公社创作组
攻关（男中音独唱）——为叶副主席诗谱曲⋯孙 正
骄杨蓋九霄——学习扮演杨开慧烈士的体会
⋯⋯⋯⋯⋯⋯⋯⋯⋯⋯⋯⋯⋯⋯程 青
"四人帮"的修正主义典型论必须批判（论文）
⋯⋯⋯⋯⋯⋯⋯⋯⋯⋯马国雄 聂健军
于会泳是搞"阴谋文艺"的黑干将⋯省京剧团批判组
相识·相通·相吊（杂文）⋯⋯⋯⋯鹿国治
毛主席纪念堂北大门外的两组群雕（摄影）篆刻
⋯⋯⋯⋯⋯⋯⋯⋯⋯⋯⋯⋯⋯⋯朱学德

1977 年第 11 期 （12 月号） 刊名:《山东文艺》
目录

小说专号
龙井岗⋯⋯⋯⋯⋯⋯⋯⋯⋯⋯⋯⋯林 雨
老师⋯⋯⋯⋯⋯⋯⋯⋯⋯⋯⋯⋯李德芹
巧葛⋯⋯⋯⋯⋯⋯⋯⋯⋯⋯⋯⋯段剑秋
科长的脚步⋯⋯⋯⋯⋯⋯⋯⋯⋯苗丰振
节日里的喜事⋯⋯⋯⋯⋯⋯⋯⋯鲁 芝
党小组长⋯⋯⋯⋯⋯⋯⋯⋯⋯⋯王润滋
一捏盐⋯⋯⋯⋯⋯⋯⋯⋯⋯⋯⋯王连军
"泰山"新歌⋯⋯⋯⋯⋯⋯⋯⋯⋯刘 琳
三个侦察排长（长篇小说《决战》中的一章）
⋯⋯⋯⋯⋯⋯⋯⋯⋯⋯⋯⋯⋯⋯知 侠
陈凤和大志（长篇小说《凌河激浪》中的一章）
⋯⋯⋯⋯⋯⋯⋯⋯⋯⋯⋯⋯⋯⋯王安友
飞（科学幻想小说）⋯⋯⋯⋯⋯⋯高炜宾
十月泉城开盛会 文艺作者尽开颜——记我省文艺创
作会议⋯⋯⋯⋯⋯⋯⋯⋯⋯⋯⋯本刊记者
粉碎"四人帮"文艺老兵得解放（在省创作会议上的

发言）⋯⋯⋯⋯⋯⋯⋯⋯⋯⋯⋯⋯刘知侠
鼓起余勇　继续战斗（在省创作会议上的发言）
⋯⋯⋯⋯⋯⋯⋯⋯⋯⋯⋯⋯⋯⋯⋯田仲济
砸烂"三字经"　写出好作品（在省创作会议上的发言）⋯⋯⋯⋯⋯⋯⋯⋯⋯⋯王忆惠
毛主席纪念堂南大门外的两组群雕（摄影）
编者的话

1978 年第 1 期　刊名:《山东文艺》
目录

毛主席给陈毅同志谈诗的一封信

怀念敬爱的周总理
梅园的静夜（散文）⋯⋯⋯⋯⋯⋯⋯庞瑞垠
周总理谈革命激情与革命抒情（论文）
⋯⋯⋯⋯⋯⋯⋯⋯周红星　李如鸾
病榻上的办公桌（诗）⋯⋯⋯⋯⋯郭树荣
雨花石（诗）⋯⋯⋯⋯⋯⋯⋯⋯⋯李朝晖
大寨红枣甜万代（诗）⋯⋯⋯⋯⋯陶　阳
周总理啊，人民的好总理（歌曲）⋯李　二　孙　正
敬爱的周总理（摄影）⋯⋯⋯⋯⋯刘醒民
周总理和矿工在一起（木刻）⋯⋯罗立人
海啸（长篇小说连载）⋯⋯⋯⋯⋯峻　青
淄流滔滔（小说）⋯⋯⋯⋯⋯⋯⋯冯毅之
姐妹（小说）⋯⋯⋯⋯⋯⋯⋯⋯⋯景　风
小说两篇⋯⋯⋯⋯⋯⋯⋯⋯⋯⋯⋯王金年
小花猫的眼睛怎么不转了？（儿童文学）⋯⋯⋯薛守伟
山泉（童话）⋯⋯⋯⋯⋯⋯⋯⋯⋯于鹤翔
寓言二则⋯⋯⋯⋯⋯⋯⋯⋯⋯⋯⋯杨尊田
大干时代大干歌（民歌九首）
⋯⋯⋯⋯朱于华　王　琨　鹿国治等
五大哨口赞（诗五首）⋯⋯⋯⋯⋯梁上泉
毛主席纪念堂抒怀（诗）⋯⋯⋯⋯李健葆
大冶颂（诗）⋯⋯⋯⋯⋯⋯⋯⋯⋯李子超
泰山春吟（诗）⋯⋯⋯⋯⋯⋯⋯⋯宋协周
向科技现代化进军（诗三首）⋯⋯谢颐成
科研诗笺（诗四首）⋯⋯⋯⋯⋯⋯商叔航
校园风云录（诗二首）⋯⋯⋯⋯⋯马怀忠
"扎根花"（诗）⋯⋯⋯⋯⋯⋯⋯⋯黄东成
江氏"创作"诀窍（讽刺诗）⋯⋯邢广域

论文·杂文
他们要和谁"对着干"！⋯⋯⋯⋯包干夫
"四人帮"和胡风是一丘之貉⋯⋯赵安亭
从"黑字经"到"三字经"⋯⋯⋯孙元涛
于会泳和"三突出"⋯⋯⋯⋯⋯⋯蔡师勇
阴谋文艺是驴子文艺⋯⋯⋯⋯⋯⋯张　蕾

"高起点"析⋯⋯⋯⋯⋯⋯⋯⋯⋯李锡赓
奔放的想象　大胆的夸张
——读几首民歌的一点体会⋯⋯⋯王永利
红皮白瓤心里黑（山东快书）⋯⋯张　军

1978 年第 2 期　刊名:《山东文艺》
目录

学习《毛主席给陈毅同志谈诗的一封信》笔谈
做到老　学到老　改造到老⋯⋯⋯燕遇明
光辉的指示　锐利的武器⋯⋯⋯⋯高　兰
发扬新诗风的伟大号令⋯⋯⋯⋯⋯冯中一
毛主席指引方向明⋯⋯⋯⋯⋯⋯⋯孔祥雨
"诗要用形象思维"⋯⋯⋯⋯⋯⋯⋯丛正里
民歌要有民歌的特色⋯⋯⋯⋯⋯⋯王　红
向民歌学习⋯⋯⋯⋯⋯⋯⋯琛　善　田　毅
不沉的湖（散文）⋯⋯⋯⋯⋯⋯⋯方崇滋
闪光的青春（报告文学）⋯⋯⋯⋯赵和琪
万紫千红总是春（散文）⋯⋯⋯⋯韩长兴
扫落叶的姑娘（小说）⋯⋯⋯⋯⋯肖　鸣
新居（小说）⋯⋯⋯⋯⋯⋯⋯⋯⋯孙　涛
海啸（长篇小说连载）⋯⋯⋯⋯⋯峻　青
大干快上春来早（民歌十一首）
⋯⋯⋯⋯⋯顾　峰　张维芳　马同秀等
油区的春天（诗二首）⋯⋯⋯⋯⋯于　鹏
煤海放歌（诗二首）⋯⋯⋯⋯⋯⋯孙友田
山高情深（诗二首）⋯⋯⋯⋯⋯⋯艾　平
南国行（诗二首）⋯⋯⋯⋯⋯⋯⋯刘　章
难忘的岁月（诗二首）⋯⋯⋯⋯⋯许　晨
海上迎春（诗二首）⋯⋯⋯⋯⋯⋯孙国林
从山村墙头上抄的诗（诗三首）⋯于书恒
治山谣（诗）⋯⋯⋯⋯⋯⋯⋯⋯⋯张崇纲
月出山（诗）⋯⋯⋯⋯⋯⋯⋯⋯⋯房福贤
老医生（诗）⋯⋯⋯⋯⋯⋯⋯⋯⋯刘文华
写在理发店留言簿上（诗）⋯⋯⋯孟胜国
千军战深山（诗）⋯⋯⋯⋯⋯⋯⋯任　远
望穿碧海千重浪（诗）⋯⋯⋯⋯⋯张象吉
寓言诗二首⋯⋯⋯⋯⋯⋯⋯⋯⋯⋯王常滨
北极熊披袈裟（讽刺诗）⋯⋯⋯⋯李家振
乞乞科夫式的恶棍加骗子（杂文）⋯胡遵信
从"鸣鞭"到"舞刀"（杂文）⋯⋯郭同文
斥"主题先行"（评论）⋯⋯⋯⋯⋯丛　耸
打虎（相声）⋯⋯⋯⋯⋯⋯⋯⋯⋯张一军
敬爱的老师，向您致敬！（歌曲）
⋯⋯⋯⋯⋯李艾田词　闫水村　陈玉琛曲
篆刻⋯⋯⋯⋯⋯⋯⋯⋯⋯⋯⋯⋯⋯陈左黄
春常在（国画）⋯⋯⋯⋯⋯⋯⋯⋯于希宁
书法⋯⋯⋯⋯⋯⋯⋯⋯⋯⋯姜守迁　蒋维崧

1978 年第 3 期　刊名:《山东文艺》

目录

英明领袖华主席为《人民文学》的题词
万里春风鼓征帆
——欢呼五届人大民歌六首·········张维芳　王韶钟等
新太一株兰（报告文学）·········吕曰生
二傻和那个不嫌傻的姑娘（小说）·········董克难
柳树发青的时节（小说）·········肖　鸣
海啸（长篇小说连载）·········峻　青
延安山花歌（诗）·········雷抒雁
南厢房的思念（诗）·········峭　岩
一枚闪光的纪念章（诗）·········孔小划
华主席在湘阴的日子里（诗二首）·········王天瑞
雷锋叔叔来了（诗·外一首）·········蓝　曼
生命的价值（诗）·········叶秀荣
工地炊事员（诗）·········林　敏
青春焕发（诗）·········冰　茹
"老支前"新传（诗）·········马立彦
批判，还是奉行——揭露"四人帮"所谓批"写真实
论"的政治骗局·········傅　冰

谈创作·评作品

可喜的收获——读《山东文艺》一九七七年第十一期
小说专号·········王志强
《龙井岗》是一篇好小说·········王　雪
《老师》赞·········史光岚
读《节日里的喜事》·········王惠民
我唱一支春天的歌（歌曲）
·········谢箴厚词　李乃谦曲
同声歌唱（年画）·········李明媚　孙敬会
誓将遗愿化宏图（年画）·········杨文仁
计划生育好处多（年画）·········吕学勤

1978 年第 4 期　刊名:《山东文艺》

目录

毛主席手迹"诗言志"
遍地鲜花万代香（七律二首）——纪念敬爱的周总理
诞辰八十周年·········李子超
爆破——给一位不识面的共青团员·········臧克家
毛主席纪念堂抒情（二首）·········谢颐城
毛主席的脚印（二首）·········于　沙
散歌井冈山（三首）·········梁上泉
泰山红日·········刘　闸
多么幸福啊，诗人——喜读《毛主席给陈毅同志谈诗
的一封信》·········张　见

毛主席的旗帜高高飘扬（歌曲）·······郑　南　张凤良
献给"周恩来号"·········叶文福
三月怀念·········刘瑰玲
我掀开三月五号日历·········贺茂芝
向着太阳大步越·········宋协周
华主席战斗在吕梁山（二首）·········王晋军
光辉的实践（二首）·········韩长绵
剪彩的银剪（外一首）·········崔合美
华主席给渔家领航来（歌词）·········詹仁中
华主席来过这地方（歌词）·········程　恺
新画献给华主席（儿童诗·外一首）·········王兆玉
人说朱总爱兰花——长诗《朱德颂》选载·········时永福
渡黄河·········石　英
向科技大军致敬（朗诵诗）·········高　兰
写在科研所的试验室里·········卢　璟
赞科学家·········郭树荣
写在教育阵地上（四首）·········胡立忠
古稀行——克家年逾古稀因以有赠·········臧云远
友谊的花环（三首）·········雷　霆
普希金之歌·········雷庆龙
致公社社员墙·········李洪涛
春雨浇红花千朵（民歌二十首）
·········刘光禄　陈作诗等
大跃进时期山东歌谣选（五首）
寄台湾同胞（三首）·········孙国章
渔场诗情（二首）·········孙国林
游蓬莱阁·········安　林
前线见闻（三首）·········于　鹏
英雄采煤队诗笺（三首）·········马恒祥
山高情深（二首）·········艾　平
窗口寄情（二首）·········红　路
跃进汽笛（四首）·········李存葆　纪　宇等
盐工的歌（四首）·········王　红　杨卫东等
电焊条（散文诗）·········商叔航
十个大庆齐开钻（歌曲）·········詹仁中　石　歌
写在厉家寨的大地上（二首）·········郭庆文
高粱红了（外一首）·········丁庆友　闫玉臣
山乡春（二首）·········韩　青
火烧石（外二首）·········闫一强　遗作
跃进短歌（二首）·········莫西芬
上工路上·········张升明
蒙山沂水情更深（三首）···鲁　波　王兆山　符加雷
花开遍野（六首）·········田　毅　飞雪等
晨钟（散文诗·外一章）·········桑恒昌
沿石·葛芭草（散文诗二章）·········张慧萍
山乡儿女——长诗选载·········燕迂明
火红的反修前哨（二首）·········李肖虹
哨所诗草（二首）·········肖　偶
白衣战士之歌（二首）·········李小雨

狮礁岩的故事（叙事诗）————————李健葆
单等一声号响————————————范韶昉
铁锚寄语————————————————程步涛
海防哨兵（诗配画）————刘 琳诗 孙爱国画
喜采莲（诗配画）————阎志民诗 单应桂画
美丽的彩虹（寓言诗）————杨尊田 杨同润
新沙皇二题（讽刺诗）————————————歌 星
鲁迅论诗
古代诗话

诗论

学习老一辈无产阶级革命家的诗词————徐应佩等
"帮诗"析————————————————朱恩彬
说说诗的意境————————————钱光培
比、兴杂谈————————————刘崇刚 徐延山
诗歌的长与短————————————寒 朗 牧 天
漫谈诗的想象————————————尚登宝
彻底砸烂"文艺黑线专政"论（评论）————任 民
速写、剪纸————————————————徐福华等
祖国河山万年长青（国画）————张彦青 刘鲁生
报喜图（国画）————————————王凤年

1978 年第 5 期　刊名:《山东文艺》
目录

农机修配员（小说）————————————佟宝良
水门崖下（小说）————————————高禄堂
在夜校里（小说）————————————孙立宪
邻居（小说）————————————————徐 晨
海啸（长篇小说连载）————————————峻 青
堤防（散文）————————————————刘 真
森林里的音乐会（寓言）————————李永祥
江河与大地（诗）————————————程光锐
纪念堂里瞻亲人（诗）————————孔祥雨
周总理在时代的列车上（诗）————王兆新
新的进军（诗）————————————王承恩
红线如虹横天际（律诗四首）————张惠仁
在科学家的办公桌上（诗二首）————徐传武
花喜阳光树喜春（民歌九首）————王同昌 周荣贤等
写在崇山峻岭（诗三首）————————钟祖基
煤海浪花（诗二首）————————————苏文河
枕木的歌（诗·外一首）————————栾纪曾
大寨展览馆抒情（诗二首）————————许 晨
太阳雨（诗·外一首）————————————姜建国
在大干的岁月里（诗二首）————————刘国良
寄自鲁西南的大地上（诗二首）————姚焕吉
干校拾零（诗三首）————————————任 远
抓纲治国气象新（诗四首）————刘竹坚 谭 谊等

镜子（诗）————————————————刘长海
海上救援（诗二首）————————————王红旗
星（散文诗）————————————————彭雁华
开展学术研究　活跃争鸣空气——省文化局举办文艺
理论座谈会
疏流开源（创作谈）————————————林 雨
从"牛尾巴的错误"说开去（文艺短论）
————————————————查 铁 王 政
"茴香豆"的启示——学习鲁迅《孔乙己》的细节描
写札记（文艺短论）————————刘沛五 凡 凯
心花怒放（歌曲）————冷宣君词 冰 河曲
祖国高唱跃进歌（歌曲）————瞿 琮词 姜述范曲
我国卓越的科学家李四光（雕塑）————仇志海
书记学手艺（年画）————————————王福增

1978 年第 6 期　刊名:《山东文艺》
目录

介绍几篇女作者的小说

斗蟋蟀————————————————————刘 岩
目标————————————————————严 民
小叔子————————————————————董克难
三泉献礼记————————————————李小萍
海啸（长篇小说连载）————————————峻 青

为新长征擂战鼓

献给省科技大会（诗）————————石 涛 丁 乙
春讯（诗）————————————————韩瑞亭
阳光普照（诗）————————————王剑戈
地下的神经（诗）————————成颖慧 郑 健
书记的表（诗）————————————于书恒
科研小组来攻关（诗）————————陈作诗
水利电测队（诗）————————————常跃强
抢谷芽（诗）————————————————宁 宇
"跟我来"（诗）————————李 强 路进斌
女哨兵（诗）————————————————徐永田
山川美如画（民歌九首）————田 毅 孙 勃等
儿歌与儿童诗八首
————吕铭康 张寿彭 任彦芳 李先轶
深山创业（诗二首）————————————李松涛
沂河颂（诗·外一首）————————————张志鹏
攻关激战（山东快书）————————————刘金堂
葵花葵花向太阳（歌曲）————靳 军词 周复三曲
学习周总理的文艺辩证法（论文）————闫 纲
评浩然的《百花川》（评论）————————石兴泽
哪家政治倾向的代表?（评论）——《西沙儿女》的阿
宝形象剖析————————————————王培增
一曲少年英雄的赞歌（评论）——评长篇小说《湖上

小八路》 ……………………………………… 赵耀堂
雷锋精神人人夸（年画）………………………… 于新生
我让祖国来挑选（年画）………………………… 白逸如

1978 年第 7 期　刊名：《山东文艺》
目录

记者（小说）……………………………………… 尤凤伟
凌霄花（小说）…………………………………… 朱旗新
毛主席的队伍（小说）…………………………… 王　丰
夏婕（小说）……………………………………… 鲁　风
新装（小说）……………………………………… 周相如
嫣红（散文）……………………………………… 孙春亭
樱花盛开时的沉思（散文）……………………… 谢颐诚
春天（散文）……………………………………… 迟鹭江
海啸（长篇小说连载）…………………………… 峻　青
春颂（诗）………………………………………… 崔　介
北京城擂响进军鼓（民歌十首）
　　　　　　　　　　　　田　毅　浪　舟等
毛主席纪念堂之歌（诗）………………………… 方　殷
韶山的怀念（诗）………………………………… 刘胜春
珍贵的八角帽（诗）……………… 阵　容　杨俊青
普通的一兵（诗）………………………………… 王鲁明
短诗五首 …………………… 王居顺　李庆立等
焦裕禄之歌（组歌选载）………………………… 芦　芒
渡江曲（诗）……………………………………… 贺羡泉
赞歌（诗二首）…………………………………… 魏敬群
柜台短歌（诗三首）……………………………… 刘文华
儿歌·儿童诗一束 ……………… 飞　雪　金云贵等
钢刀插在敌胸膛
　——重评长篇小说《铁道游击队》………… 李先锋
《弹起我心爱的土琵琶》是一首好歌——批判江青扼
杀革命文艺的罪行 ……………………………… 马　勤
驳“四人帮”所谓“文艺黑线”的“两源”论
　　　　　　　　　　　　　　　　　　　　来　祥
减法·加法·春秋笔法（杂文）………………… 张西庭
也谈“脸谱”（杂文）…………………………… 司呈之
阴谋必须揭穿　是非定要澄清——揭批“四人帮”扼
杀话剧《不平静的海滨》的罪行 ……………… 齐　芳
个性鲜明的“一个‘这个’”——短篇小说《扫落叶
的姑娘》读后 …………………………………… 于广礼
鲁迅论创作
巧解疙瘩（山东快书）…………………………… 涌　泉
心潮（油画）……………………………………… 高　泉
松柏常青（国画）………………………………… 黑伯龙

1978 年第 8 期　刊名：《山东文艺》
目录

人民公社好
红日照北园（诗、散文诗）——纪念毛主席视察北园
二十周年 ………………………… 刘长海　孙国章
郭树荣　艾　平　山　青　商叔航
公社的山啊公社的水（诗二首）——黄县下丁家公社
见闻 ……………………………………………… 王兆山
三张图（诗）……………………… 阚士美　赵光深
公社生活剪影（诗三首）……陈洪泽　张中海　王安贵
我是公社民歌手（民歌五首）…… 刘光禄　李万荣等
红岩楼上（诗·外一首）………………………… 田　间
陈毅在山东（回忆录之一）……………………… 王　德
沂蒙山上——罗荣桓同志故事两篇 …………… 白　刃
东风寻踪记（散文）……………………………… 吕曰生
拜年（小说）……………………………………… 韩钟亮
艾香（散文）……………………………………… 陶　钝
上第一线（小说）………………………………… 牟崇光
海啸（长篇小说·第三章《海滨烈火》选载）
　　　　　　　　　　　　　　　　　　　　峻　青
让新房（山东梆子）……………………… 平阴县文化局
创作组集体创作　平坚毅　李庆余执笔
为革命发奋创作
　——在全国文联扩大会议上的发言 ………… 刘知侠
谈谈《紫燕传》的创作 ………………………… 雁　翼
也谈“茴香豆”
　——与刘沛五、凡凯同志商榷 ……………… 王志强
山东省文联已开始恢复工作（消息）
诗讯
人民的好总理（国画）…………………………… 殷培华
在沸腾的大地上（摄影二幅）
　　　　　　　　　王同基摄影　肖　林　配诗

1978 年第 9 期　刊名：《山东文艺》
目录

西游杂咏 ………………………………………… 叶剑英
雪莲（小说）……………………………………… 玉　华
山菊花（长篇小说选载）………………………… 冯德英

惠民地区小说选辑
何家庄的钟又响了 ……………………………… 佟宝良
“机械大妈”……………………………………… 卢德志
在实习的日子里 ………………………………… 段剑秋
刘叔 ……………………………………………… 邵勇胜
铁骨铮铮纸上声（诗）——读陈毅诗词………… 余　修

毛主席纪念堂献诗（诗三首）⋯⋯⋯⋯宫　玺
祖国大地的怀念（诗三首）⋯⋯⋯⋯⋯吴　辛
诗花一束（七首）⋯⋯⋯⋯王慧骐　王慧骏
写在解放济南的突破口上（诗三首）⋯李朝晖
"十人桥"赞（诗）⋯⋯⋯⋯⋯⋯⋯⋯牛明通
常林钻（诗）⋯⋯⋯⋯⋯⋯⋯⋯⋯⋯刘国良
万里江山更壮美（民歌八首）⋯朱玉森　李长枝等

沂蒙情深
回沂蒙（诗）⋯⋯⋯⋯⋯⋯⋯⋯⋯⋯刘同聚
追"敌"笛崮顶（诗）⋯⋯⋯⋯⋯⋯⋯刘崇刚
蒙山九月柿子红（诗）⋯⋯⋯⋯⋯⋯刘　琳

战士的歌
北疆军歌（诗二首）⋯⋯⋯⋯⋯⋯⋯王天瑞
坑道（诗）⋯⋯⋯⋯⋯⋯⋯⋯⋯⋯⋯马绪英
会说话的草木（诗外一首）⋯⋯⋯⋯刘晶林
战士爱山（诗）⋯⋯⋯⋯⋯⋯⋯⋯⋯王耀东
别酒歌（诗）⋯⋯⋯⋯⋯⋯⋯⋯⋯⋯李建华
时代的旗帜——学习毛主席诗词⋯⋯吴欢章
要善于"捕捉"（创作谈）⋯⋯⋯⋯⋯张　蕾
韵和诗意（杂谈）⋯⋯⋯⋯⋯⋯⋯⋯赵晓光
《自嘲》试解（作品欣赏）⋯⋯⋯⋯吴奔星
三考老王（山东快书）⋯⋯⋯⋯⋯⋯孔宪才
科学院的灯光（歌曲）
⋯⋯⋯⋯⋯⋯唐与中　史永康词　徐贵岩曲
我爱金色的北京（歌曲）⋯高守信词　谢国强曲
山东革命纪念地写生组画选（国画）
⋯⋯⋯⋯⋯⋯⋯⋯⋯⋯⋯张彦青　刘鲁生

哨所诗抄（诗二首）⋯⋯⋯⋯⋯⋯⋯肖　偶
点滴集（诗三首）⋯⋯⋯⋯⋯⋯⋯⋯纪　宇
大治年代气象新（诗五首）
⋯⋯⋯韩静霆　毛炳甫　张从海　师日新　张相林
心中的歌（民歌十一首）⋯⋯李庆立　郭世忠等
山东省文联召开文艺界座谈会学习新发表的毛主席三
首诗词
谈谈误会与巧合（论文）——驳"四人帮"反对这两
个艺术手法的谬论⋯⋯⋯⋯⋯⋯⋯王凤胜
像诗一样的醇美（论文）——读杨朔的散文⋯郑凤兰
"无情未必真豪杰"（创作杂谈）——从鲁迅《答客
诮》说起⋯⋯⋯⋯⋯⋯⋯⋯⋯⋯⋯高　信
手长衣袖短　不敢下东吴（创作杂谈）⋯李存让
没有台词的角色
——浅谈文学作品中的"小道具"⋯王一善
偹大爷闹宴（唱词）⋯⋯⋯⋯⋯⋯⋯张　军
王大勇做梦（快书小段）⋯⋯⋯李绪胜　黎　星
前进吧！祖国（歌曲）⋯⋯范作军词　张胜利曲
东风图（国画）
⋯⋯⋯⋯⋯⋯于希宁　马龙青　黑伯龙　迟　宾等
泰岱迎朝晖　山花烂漫开（国画）
⋯⋯⋯⋯⋯⋯于希宁　马龙青　黑伯龙　迟　宾等
封面剪纸⋯⋯⋯⋯⋯⋯⋯⋯⋯⋯⋯叶又新
本刊启事

1978 年第 10 期　刊名:《山东文艺》

目录

诗词三首⋯⋯⋯⋯⋯⋯⋯⋯⋯⋯⋯⋯毛泽东
瞻仰与缅怀（散文）⋯⋯⋯⋯⋯⋯⋯余　修
生命的光焰（散文）——写在新长征途中⋯李建华
神水泉记（散文）——崂山即景之一⋯⋯王中才
夏日明湖（散文）⋯⋯⋯⋯⋯孙　晓　高海安
砥柱赞（散文）⋯⋯⋯⋯⋯⋯⋯⋯⋯李根红
雨情（小说）⋯⋯⋯⋯⋯⋯⋯⋯⋯⋯胡遵信
樱桃（小说）⋯⋯⋯⋯⋯⋯⋯⋯⋯⋯张翙翔
山菊花（长篇小说选载）⋯⋯⋯⋯⋯冯德英
东行咏怀（诗五首）⋯⋯⋯⋯⋯⋯⋯李子超
永恒的怀念（诗三首）⋯⋯⋯⋯⋯⋯梁青生
人民的服务员（诗）⋯⋯⋯⋯⋯⋯⋯龙彼德
围棋的歌（诗）⋯⋯⋯⋯⋯⋯⋯⋯⋯吴　超
牧区之夜（诗）⋯⋯⋯⋯⋯⋯⋯⋯⋯许克诚
前线见闻（诗三首）⋯⋯⋯⋯⋯⋯⋯于　鹏

1978 年第 11 期　刊名:《山东文艺》

目录

关于鲜花被氨水熏坏了的问题（小说）⋯⋯王福慧
儿科专家（小说）⋯⋯⋯⋯⋯⋯牛运清　马瑞芳
"废品"（小说）⋯⋯⋯⋯⋯⋯⋯⋯⋯严　民
同心莲（小说）⋯⋯⋯⋯⋯⋯刘崇刚　徐延山
访牡丹之乡（散文）⋯⋯⋯⋯⋯郭同文　包大堃
海啸（长篇小说选载·完）⋯⋯⋯⋯峻　青
华主席除害播春光（民歌九首）
⋯⋯⋯⋯⋯⋯杨作云　张守忠　田　毅等
工厂散歌（二首）⋯⋯⋯⋯⋯⋯⋯⋯张敦孟
公社兵马壮（诗二首）⋯⋯⋯⋯⋯⋯丁庆友
沂蒙山水（诗二首）⋯⋯⋯⋯⋯⋯⋯郭庆文
北疆坦克兵（诗二首）⋯⋯⋯⋯⋯⋯辛　戈
渔乡风采（诗二首）⋯⋯⋯⋯⋯⋯⋯刘辉考
水兵三首⋯⋯⋯⋯⋯⋯⋯⋯⋯⋯⋯牟　迅
教育四题⋯⋯⋯⋯⋯⋯⋯⋯⋯张　见　遗作
初征札记（诗二首）⋯⋯⋯⋯⋯⋯⋯张幼川
公社短歌（诗五首）⋯⋯⋯⋯⋯⋯⋯房福贤
桑希庭　孙甲挺　季振华　毕　铭　栾　桢
书记蹲点短歌（民歌三首）⋯⋯⋯⋯王怀让
写在解文卿烈士的家乡（诗二首）⋯王　玉

歌词二首 ································· 李存葆
老骥蹄犹劲（诗） ····················· 吕书谦
船往上游开（诗） ····················· 杨凤山
推倒诬陷，还其光辉——批判初澜的《评晋剧〈三上桃峰〉》 ····························· 傅　冰
文艺必须真实（论文） ················· 夏　放
略论小说的"长"（论文） ············· 苗得雨
诗品与人格（评论） ··················· 邢广域
删夷枝叶，决定得不到花果（评论） ····· 刘增人
作协山东分会举行电影剧本座谈会（消息）
窝瓜事件（活报剧） ·······阎　肃　剑　兵　孔宪全
我学贺龙干革命（歌曲） ·······吴　超词　庄　超曲
日升高阁（国画） ····················· 张鹤云
松泉图（国画） ······················· 王企华
大豆丰收（国画） ····················· 李宝琛
新画，新意（画评） ··················· 戎玉秀

部分作家、诗人赴泰安、胜利油田等地学习访问
称对象（快书小段） ··················· 王明学
送桑籽（小戏剧） ····················· 程爱武
试看天地翻覆（油画） ················· 詹建俊
毛主席同外宾在一起（摄影）·······陈娟美　陈之平
敬书毛主席词《沁园春·雪》 ··········· 鲁　萍
旭日东升（摄影） ····················· 刘振清
红荷（国画） ························· 袁运甫

1979 年第 1 期　刊名:《山东文艺》

目录

新花竞放

"绊脚石"队长（小说） ················· 王一恒
扒井（小说） ························· 邵光明
台阶上的孩子（小说） ················· 明连君
妈妈（小说） ···················陈新民　侯振岩
小表弟（小说） ······················· 张德洋
万树春（小说） ······················· 郭尚松
天安门诗抄
读《天安门诗抄》（诗） ··············· 蔡　毅
永恒的生命（诗） ····················· 红　路
音容千秋在（诗）——缅怀敬爱的周总理
 ··············韩英珊　李健葆　宋瑞斌　马立彦
新歌谣 ·····················田　毅　王柏先等
五言律一首 ··························· 齐燕铭遗作
采油树情歌（诗） ····················· 燕遇明
参观纪行（诗） ······················· 王希坚
在昏暗的金门岛上（组诗） ············· 毕长龙
高原放歌（组诗） ····················· 土淑臣
莱钢速写（诗） ······················· 周坚夫
泰山新貌（诗） ······················· 孔祥雨
降"雨"姑娘（诗） ····················· 李存宽
推倒对邓副主席的一个诬陷——关于邓副主席看《姊妹易嫁》的真相 ··············· 本刊记者
爱的大纛　憎的丰碑——赞《天安门诗抄》··· 朱恩彬
做人民的忠实代言人（论文）——看话剧《于无声处》有感 ··················陈宝云　王佃基
解放思想　繁荣文艺创作（消息）——省文联、省文化局召开座谈会盛赞话剧《于无声处》
诗苑"嫁接"术（杂文）
——简介"橘柿子"的诞生 ··········· 扈林元
致读者
四季青（小戏曲） ···············张从明　刘玉松
傲雪（国画） ························· 吴自强
鞠躬尽瘁为人民（素描） ··············· 赵崇文
泰岱青松（摄影） ····················· 刘永勤
凌空（国画） ························· 张　朋

1978 年第 12 期　刊名:《山东文艺》

目录

纪念伟大领袖和导师毛主席诞辰八十五周年

同志（小说） ························· 尤凤伟
歌·船（散文） ······················· 赵　骛
太阳从湖面升起的时候（散文） ········· 刘长岭
永恒的纪念（诗） ····················· 陈宝云
韶山行（诗三首） ····················· 孙国章
井冈情思（诗二首） ··················· 王耀东
留在浪花上的阳光（诗三首） ··········· 李恺山
永远活着的人（诗） ··················· 商叔航
难忘的回忆（诗） ····················· 闫建中
韶山竹（诗） ························· 栾纪曾
红太阳光辉照大地（诗） ··············· 鹿说之
刀把丘（诗） ························· 郑成义
毛主席旗帜照乾坤（民歌八首） ····王韶钟　陈作诗等
情深漾漾，形象栩栩
　——学习毛主席诗词三首 ············· 杨树茂
仰望天安门城楼（歌曲） ·········石　祥词　继　南曲
无尽情（小说） ······················· 王　丰
科学的儿子（小说） ··················· 赵和琪
路路笑了（小说） ····················· 卞东明
山菊花（长篇小说选载） ··············· 冯德英
沂蒙行（诗二首） ····················· 李子超
哨所的骄傲（诗·外一首） ············· 王　颖
南茶北歌（诗三首） ··················· 陈显荣
坚持实践标准　繁荣文艺创作（论文）··· 本刊评论员
"主题先行"论批判（论文） ··········· 大　可
浅谈报告文学（论文） ················· 王善忠
到生活中学习　反映新的斗争生活（消息）——我省

1979 年第 2 期　刊名:《山东文艺》
目录

新花竞放

痛快书记（小说）································李德义
凉衫（小说）································杨学宽
初春（小说）································王维民
火师傅（小说）································李培经
在汽车上（小说）································杨英国
寓言四则············左传贵　董滨杰　王常滨　歌星

齐鲁山河

泰山松柏（散文）··············侯民治　汪沛
山市（散文）································张峻声
新秋纪游（组诗）································廖子仰
乡情集（组诗）································严阵
贺新郎·学习三中全会公报自勉················崔介
海峡两岸骨肉亲（组诗）································邢书第
诗泉（组诗）································郭廓
枣乡行（组诗）································聂海
诗画之页·闹新房··············陈永太　孙爱国
金色的钢花（诗）··········张云凤　安林　肖鸣
山村喜事（叙事诗）································张冠钦
揭短小唱（讽刺诗）································李尚元
文艺要转向为现代化建设服务（评论）····本刊评论员
解放思想　开动机器（消息）——省文学研究所召开
文艺评论座谈会，就"实践是检验真理的唯一标准"
问题展开热烈讨论
《孙安动本》何罪之有（评论）································丛耸
鲁迅笔下的反面形象——学习鲁迅小说札记···黄毓璜
刀子与"味"（杂文）································杨树
从"好了歌"想到"好了干部"（杂文）
································姜国龙　马金龙
到火热的生活中去（消息）
《山东歌声》征订启事
《山东文艺》扩大发行启事
迷（相声）··············陈柳德　麻永明
牛拉机（山东快书）································孙庆树
藤萝（国画）································于希宁
昙花（木刻）································刘岘
空潭泻春（国画）································弭菊田
令箭荷花（摄影）································姜素萍

1979 年第 3 期　刊名:《山东文艺》
目录

一月八日（小说）································王一恒
选（小说）································王良瑛
桥（小说）································张明山
逢凶化吉（小说）································冯毅之
又研朱墨作春山（散文）································邵建明
当爆竹响起的时候（散文）································张寒朗
寓言二则································刘为民
花儿为啥这般美（诗·外一首）································李存葆
永生的榜样（诗）································谢颐城
毛泽建之歌（组诗）································曾仕让
黄河浪花（诗）································张慧萍
乡土人物（组诗）································赵伟
春歌（外一首）································韩青
山乡诗讯（组诗）································姜建国
"娘子军"赞（诗）································王韶钟
风云篇（组诗）································曹彭龄
通向胜利的道路（诗）································顾工
征途短歌（诗）··············田毅　许晨
欢腾的微山湖································苏文河
新歌谣··············程声远　贾铁山等
报深恩·卖狗悬羊（讽刺诗）································李家振
学习周总理讲话　繁荣文艺事业（评论）
································本刊特约评论员
从梁生宝和徐改霞的恋爱说起（评论）··········陆建华
秋歌未尽诗人意（评论）································高进贤
特别演习（相声）································尹建平
如此"考试"（相声）································荣忠常
潮（水彩画）································吕品
瞻鲁台（国画）································于太昌
蜀江航运图（国画）································张登堂
海滨（水彩画）································晏文正
涛声（水彩画）································宋守宏

1979 年第 4 期　刊名:《山东文艺》
目录

王众音同志在落实作品政策座谈会上的讲话
学总理光辉讲话　话山东文坛沧桑································余修
春风拂面暖人心——学习周总理讲话的体会···高思国
"民办"车间主任（小说）································韩钟亮
风吹雨打杜鹃花（小说）································殷培文
牛棚诗人（小说）································希坚
松柏崮下（小说）································李士田
两封电报（小说）································梁兴晨

滋味（小说）——————————段剑秋

齐鲁山河
济南散吟（词六首）——————李子超
"龙鱼"的故事（散文）————张彦青
白云深处（散文）——————李万信
名山第一（散文）——初游华楼——鲁海
岱顶偶得（诗）————————常培德
正义的怒吼（组诗）—————桑恒昌
山高水流长（诗二首）————丁庆友
浪花里的歌（诗二首）————敏歧
砖（诗）——————————李根红
雨花茶（诗）————————姚焕吉
枪（诗）——————————夏元学
进山（诗）————————毕冰波
飞跃吧，祖国（歌词）————芦芒遗作
歌漫长征路（诗十三首）——周方平 孙春亭等
诗画之页·牧鸭调———郭保林诗 陈川画
坚持实事求是，发扬艺术民主（论文）—刘小衡
画案前的形象思维琐谈（论文）—赵建源
由事见人 因人写事（创作谈）—李锡赓
烟江归帆（国画）——————黑伯龙
严惩越南侵略者（组画）———艾启明等
台湾同胞骨肉兄弟（水印木刻）—罗立人

1979 年第 5 期 刊名:《山东文艺》
目录

齐氏父女（小说）——————邓友梅
两张戏票（小说）——————林雨
灰烬下的火（小说）————黎峰
复活（小说）————————王一恒
梦（散文）————————田仲济
缅怀王统照先生（散文）———鲁海
女学究轶闻（散文）————马瑞芳
海（散文）————————贺茂芝
朝霞与晚霞（民间故事）———王成君

齐鲁山河
教子园记（散文）—————王中才
人间蓬莱（散文）————高海安
巍巍高山（诗）————牛明通
翔宇颂（诗二首）————石英
无题诗页————————宫玺
自卫还击 保卫边疆（诗二首）—乔荣涛 肖倜
战斗在渤海滩（组诗）———于鹏
写在海珍养殖场（诗二首）——鹿说之
中国羽毛画（诗）————阎豫昌

沁园春·赠怀"一二九"到抗战时期参加救亡活动诸
友人—————————蔡天心
烈士墓前的思念（诗）————马砚菲
新歌谣————孙桂芹 刘光禄 王红等
歌漫长征路（诗七首）——梁青生 翟秀琪等
春天来了——————————蓝澄
创作杂谈三篇——赵连起 徐传武 李方平
广阔天地（创作谈）————周坚夫
通脱明净 历历如画（作品欣赏）—范乡之 王牧天
乘风破浪 扬帆远航（书评）——牛运清
文艺消息二则
真假兄弟（山东快书）————石路
灯笼花（粉画）——————李超士
泰山雨后（国画）—————刘宝纯
成山头景色（国画）————欧阳秉森
泰山六朝松（粉画）————程远涛

1979 年第 6 期 刊名:《山东文艺》
目录

出发（小说）————————张德洋
坚贞（小说）————————王平
约会（小说）————————边侠
枣树园（小说）———————王安友
一幅画引起的故事（小说）———邱勋
有趣的夏夜（小说）————孙富玺
催春的人（散文）—————赵鹜
梧桐花（散文）—————曲川
漫话郑板桥（散文）———陈正宽

齐鲁山河
枣园春（散文）————————匡万平
孝妇河（散文）————————张峻声
歌漫长征路（诗七首）——梁上泉 张象吉 冯恩昌
节日的礼物（诗十一首）——张寿彭 杨尊田等
写在蓝色的海湾（诗十二首）——李根宝 柴德森
郑成义 王洪涛 傅天琳 傅仇 刘祖慈 唐大同
观戏感（诗二首）—————鲁特
废墟上的花瓣（诗）————程步涛
写在界碑旁的歌（诗二首）——邢书第
春歌（诗二首）—————宋协周
诗画之页·石榴笑———朱晋杰 诗 丁宁原 画
重读长诗《枯树开花》（作品评论）——赵耀堂
热情的歌颂，无情的鞭笞（作品评论）—杨守森
新农村的风俗画（作品评论）——马立鞭
也是看书琐记（创作杂谈）——蔡师勇
杜甫的泰山记游诗（作品欣赏）——李毓芙

读者中来

生活产生寓言 ———————————— 四 海
寓言也不能违背生活 ————————— 罗良德
要学点自然科学 ———————————— 蒋金镛
省文联召开三届四次全委扩大会议（消息）
自卫还击战英雄赞（连环画三组）
——————杨文仁 张宏宾 张洪祥 徐福华
芭蕉红花（国画）———————————— 马龙青
边防前线速写 ————————————— 秦大虎
灵岩寺（国画）———————————— 杨 耀
夕照（国画）————————————— 王本诚
菊蟹图（国画）———————————— 王天池

1979 年第 7 期 刊名:《山东文艺》
目录

自卫还击 保卫边疆

无敌的匕首（报告文学）———————— 李存葆
不落的歌声（小说）————————— 李培经
胜利之路（诗二首）————————— 韩瑞亭
教益（小说）————————————— 林音频
借猪的故事（小说）————————— 郝湘榛
胜利会师（散文）—————————— 冯毅之
尽善尽美唯解放（散文）——————— 马瑞芳
乔有麓下的怀念（散文）——————— 王良瑛
花朵与果实（报告文学）——————— 郭保林

齐鲁山河

南山藏珍（散文）—————————— 任 远
日岛抒情（散文）—————————— 王彩然
游沪诗情（诗四首）————————— 余 修
泉城的泉（诗三首）———— 李朝晖 魏敬群
王尽美之歌（诗四首）———————— 王常滨
齐鲁留诗（诗十一首）———— 满 锐 宁 宇
刘崇善 白 渔 冰 夫 王 仿 苗 欣 尧山壁
公社新风（诗二首）————————— 于书恒
山高情深（诗二首）————————— 艾 平
沂蒙新歌（诗二首）————————— 田 毅
台湾情思（诗二首）————————— 于宗信
红日（诗）————————————— 孙建华
麦乡情（诗）———————————— 吴 辛
歌漫长征路（诗二首）———— 吕彦斌 相 惠
新歌谣（民歌十首）———— 郭树荣 李长枝等
文艺批评二题（短论）———————— 陈宝云
漫谈林雨近几年的作品（评论）———— 程德培
文谈诗话（五则）—————————— 苗得雨
写诗与观察生活（短论）——————— 黄益庸
惜春的苦恼（创作杂谈）——————— 欣 荣

文艺消息三则
乾坤独掌问昊苍（王尽美组画之一）—— 路 璋
咱们的朱总司令（石膏版画）————— 秦胜洲
叶剑英同志诗《八十抒怀》篆刻———— 朱学德
葵花（水粉画）———————————— 王立志

1979 年第 8 期 刊名:《山东文艺》
目录

我们的骄傲（报告文学）——————— 赵 鹜
英雄的后代（报告文学）——————— 李存葆
新的课题（小说）—————————— 王维民
信念（小说）———————————— 赵冰瑞
爸爸的作用（小说）————————— 许善斌
祸福记（小说）——————————— 高禄堂
三个知识分子和一个风雪夜（小说）——— 张方文

齐鲁山河

山外青山（散文）—————————— 煦 平
重访蒲松龄故居散记（散文）————— 张彦青

诗画之页

幸福的回忆 ———————— 邓华诗 王征画
青山绿水寄深情（诗七首）
————— 朱希江 岳宗周 郭庆文 澄 泉 宋瑞斌
献给张志新烈士（诗四首）—— 燕遇明 孙国章
自卫还击 保卫边疆（诗九首）
————— 贺茂芝 王 颖 侯书良 王怀让 吕书谦
嘹亮的军号（诗四首）
————— 刘晶林 耿龙武 邢广域 李延国
胜利油田诗笺（诗三首）——————— 张志鹏
沂蒙风情（诗二首）————————— 王耀东
银线闪闪（诗）——————————— 陈茂欣
航标灯前的怀念（诗）———————— 李健葆
短歌一束（诗三首）————————— 莫西芬
沂蒙欢歌（诗）——————————— 刘国良
大汗歌（诗）———————————— 尹延斌
这样的"时髦"赶不得（短论）———— 益 言
高尔基"种菜"与鲁迅"育花"（短论）—— 钟 汉
推动文艺事业的一个轮子（短论）——— 宫 琦
新花放异香（评论）————————— 吴 辛
相轻、相重、相助（杂谈）—— 戴永夏 高洪德
"似无理"和"似太俗"（杂谈）———— 袁忠岳
歪打正着（杂谈）—————————— 肖文苑
从"感情的狂涛"谈开去（读者中来）—— 刘玉墀
关于举办第二次全国少年儿童文艺创作评奖的公告
英雄山（水粉画）—————————— 曲志刚
不谢的红花（水墨画）———————— 王立志

长征路上组画选（国画）·········陈维信 吴泽浩
风景（水粉画）····························赵振堂

毛主席词《十六字令》之一··············魏启后书
涛声（国画）······························王　征
林海之晨（国画）························黄　云

1979 年第 9 期　刊名:《山东文艺》
目录

新花竞放
望春（小说）·····························李鸿祥
赵家父子（小说）························张冠廷
"鬼"社长（小说）························胡风景
杏儿熟了的时候（小说）················孙学领
败家子（小说）··························李广萧
不称意的婚姻（小说）····················张法贵
失望（小说）·····························安家正
金谷小记（散文）··························建　新
"横行将军"被歼记（童话）············田峰泉

齐鲁山河
风雨对松山（散文）······················庞子东
范公亭记（散文）··························松　蔚
诗六首············梁青生　刘希新　石　川
井冈诗笺（诗二首）······················钟祖基
征途上的怀念（诗）······················于音传
还乡曲（诗四首）··························庄永春
生命进行曲（诗）··························牟崇光
选择（诗）······················邓撰相　李宗柱
写在墓碑上（诗）··························郭　廓
写给罗马尼亚（诗二首）················彭　龄
龙井咏茶（诗三首）······················飞　雪
讽刺诗二首·······························刘文华
大海，勇敢者的道路（诗）·············雷　霆
故园二首·································吕　剑
歌漫长征路（诗九首）········纪　宇　陈作诗等
新民歌（民歌十一首）··········许　勤　王　炬等
火花一束（诗二首）············王照青　李建华
文艺必须反映生活的真实（评论）·····高凤胜
暴露文学的作用和地位（评论）
··················延　山　西　庭　毅然
略论文学"干预生活"（评论）··········庞瑞垠
按照文艺的特征和规律评论作品（短论）··傅　冰
如此跃进的想象力（杂文）··············张一民
不能以自然科学的观点来要求文艺（创作谈）
·····································肖　平
谈童话、寓言中的动植物形象（创作谈）··肖　翔
关于《两张戏票》的评论（三篇）
··················罗良德　简　涛　王惠民
"革新花"改造"贾喇叭"（山东快书）·······杨德成
主席走遍全国（国画）····················李　琦

1979 年第 10 期　刊名:《山东文艺》
目录

调寄蝶恋花·烟台行·····················叶剑英

小说
窗口的风·································李心田
告密者···································尤凤伟
满目青山·································郭荣光
被窒息的爱情·····························宗汉星
没有自主权的小队长·····················耕　夫
帽子·····································闻　胜
独身汉···································王一恒
一个有心计的人·························刘锡宏
徒弟·····································殷培文
闻先生上任记·····························王良瑛
伙伴·····································张明山
选票·····································陈传瑜
解放思想，繁荣文艺创作·文艺消息

诗歌
胶东所见·三首·····························李子超
乡情集·三首·····························严　阵
故土抒怀·二首·····························黎汝清
沂山诗情·三首·····························陈显荣
绿·散文诗三章·····························张　岐
祖国的泥土·三首·························马恒祥

我为四化
打捞工人的诗·二首·····················王红旗
工厂浪花·二首·····························张敦孟
钢铁歌·二首·····························杨俊青

添双翼
机车城见闻·二首·························孙　震
搅拌站抒情·······························刘伯林
醒着的边防线·六首·····················徐如麒
栾纪曾　田永昌　张朴夫　马绪英　王天瑞
带刺的花·三首··········刘　章　李雪　王耀光
满江红·献给国庆·························夏雨常
海角上的足迹·三首·····················山　青
水·外一首·······························郑晓纲
方志敏之歌·二首·························宋瑞斌
育珠·叙事诗·····························孔祥雨

星光灿灿

贴在阅览室的墙壁上·四首 ———— 曲有源
海的散歌一束 ———— 赤 叶
告诫·外一首 ———— 刘同聚
杂咏 ———— 肖 厉
不希望和希望 ———— 孔德平
齐鲁山河·九首 ———— 林 中
朱文志 丛正里 剑 峰 牟 迅
天南地北尽诗情·十首 ———— 高炯浩
牛雅杰 苏文河 姚焕吉 张相林 姜建国 向 农
孔小划 崔 介 耿林莽
队长的大门 ———— 栾 桢

散文

荷花赋 ———— 戴永夏
夏日游崂山太清 ———— 洪 斌
仰天道中 ———— 焦德森

民间故事

泰山显真草 ———— 张 章

寓言

大公鸡的感情·外一则 ———— 燕遇明
铺路砖·外一则 ———— 申均之

童话

6和9·外一章 ———— 马良成

评论

略论文艺真实性的特点 ———— 狄其骢
论现实主义是基础 ———— 马国雄
王位之剑的启示 ———— 丛 耸
靶子不是敌人 ———— 邢广域
说"长"道"短" ———— 鲁 屋
居室环境的描写 ———— 古远清
试评《风吹雨打杜鹃花》 ———— 杨小青
贺少清这个人物真实吗? ———— 冯志强

山东快书

"老马"平冤 ———— 王明学

美术

大地回春 桃红似火·国画 ———— 张 朋
难忘的一九七五·雕塑 ———— 仇志海
天鹅之舞·摄影 ———— 华铁林
寻觅·摄影 ———— 李伟民
郭沫若诗句篆刻 ———— 陈左黄

1979 年第 11 期　刊名:《山东文艺》

目录

四季曲（小说） ———— 郭建华
第一声"妈妈"（小说） ———— 四 海
培育（小说） ———— 张树桓 李凤英
春雪（小说） ———— 肖 辛
柳泉居士和柳泉（小说） ———— 王赤生 杲红星
墩子（小说） ———— 王福慧
艺兰者之梦（散文） ———— 张守仁
十里花香浓似酒（散文） ———— 王光明
请"天兵"灭虫豸（散文） ———— 王大捷

齐鲁山河

初识小泰山（散文） ———— 张维明
曲阜访古（散文） ———— 侯民治
渔岛掠影（诗三首） ———— 商叔航
蚕乡纪事（诗三首） ———— 孙春亭
赶海集（诗二首） ———— 于 鹏
沂蒙风情（诗二首） ———— 王兆山
辛店一瞥（诗、外一首） ———— 韩 青
十月金秋（诗） ———— 姜琛善
水乡风采（诗二首） ———— 管用和
清晨，他们在这里相遇（诗） ———— 卢 璟
星光灿灿（诗十四首） ———— 姜晓明 纪 宇
李长枝 王路佳 邢 可 曹 复
蒺藜花（诗七首） ———— 尹延斌 王锡亮 张维芳
船（诗） ———— 志 友
新歌谣（民歌九首） ———— 刘光禄 李坤元等
歌颂与暴露管见（短论） ———— 任孚先
揭发和批评正是为了前进（短论） ———— 朱恩彬
文艺短谈三则（短论） ———— 丹 丁
漫谈《山菊花》的艺术特色（作品评论）———— 李衍柱
文艺批评应持何种态度·读者中来 ———— 王芝亭
山左诗人钩沉（资料） ———— 刘饶民
交界庄（戏曲） ———— 孙秋潮 张 彭
丙辰清明（国画·局部） ———— 张宏宾 蒲慧华
毛主席词（书法） ———— 张正宇
苏州妇女（国画） ———— 单应桂
罐舞（国画） ———— 孙顺正
女孩（油画） ———— 于普洁
维吾尔族老人（水粉画） ———— 杨克山

1979 年第 12 期　刊名:《山东文艺》

目录

在中国文学艺术工作者第四次代表大会上的祝辞（一九七九年十月三十日）……………………邓小平
欢呼文艺春天的到来（评论）………本刊特约评论员
决不辜负党和人民的殷切期望（短论）………鲁　萍
百花齐放歌（诗）………………………………燕遇明
老兵的心愿（诗）………………………………刘知侠
声声金鼓叩征鞍（诗）…………………………鲁　特
文代会志感（诗）………………………………王希坚
春天的花絮（诗）………………………………宋协周
给我拍下这个镜头吧!（随感）………………林　雨
应当这样（随感）………………………………向　春
我的爸爸是怎样碰断"牛角"的（小说）………闻　胜
初识（小说）……………………………………晓　舟
两个采购员（小说）……………………………刘金忠
怨（小说）………………………………………王金年
老木匠（小说）…………………………………张　力
心急如火（小说）………………………………赵和琪
辛姑（小说）……………………………………鲁　风

齐鲁山河

访刘勰故居（散文）……………………………孔小划
芦花时节访梁山（散文）………………………朱希江
井冈情（诗二首）………………………………王耀东
灯·笔·剪（诗）………………………………柴德森
重访崂山即句（诗）……………………………李予昂
风华正茂（诗三首）……………………………赵　伟
故乡的土地（诗二首）…………………………孙国章
血火的岁月（诗二首）…………………………丁庆友
在蓝色的远海（诗·外一首）…………………陈继光
东平湖的浪花（诗三首）………………………肖　偶
绿海情歌（诗二首）……………………………红　路
星光灿灿（诗十二首）
　………………余　之　肖　甦　马天豪　郭庆文
听英雄们报告（诗）……………………………许继善
文艺上的现代迷信必须破除（评论）…………滕咸惠

育新苗

喜读两篇好小说（评论）………………………马　勤
贵在真实（评论）………………………………东　升
省国庆三十周年献礼演出在济南举行（文艺消息）
哪吒闹海（壁画局部）………………………张　仃等
秋鹭（国画）……………………………………乍启典
鸟岛渔歌（水彩画）……………………………陈兰英
泰山道中（国画）………………………………陈玉圃
白蛇传（壁画）………………………李化吉　权正环

1980 年第 1 期　刊名:《山东文学》

目录

新花竞放
小说
穿"小鞋"的人……………………………………萧云龙
扯不断的姻缘……………………………………秦景林
走向前去…………………………………………申　涓
海味店里…………………………………………焦晨龙
沸腾的夜…………………………………………张宝昌
桂花………………………………………………张跃放
官复原职以后……………………………………李登朝
清新的风·编辑小记

诗歌
山村呵，山村·三首……………………………张中海
希望三部曲·三首………………………………孔德平
渔场风韵·三首…………………………………孙国林
泰山诗草·三首…………………………………郭　廓
歌声·外一首……………………………………鹿书信
一月的怀念·二首………………………赵树岭　杨树芳

蒺藜花
并非希奇·五首…………………………………于书恒
为某领导写照……………………………………齐　任
致写诗的朋友·三首……………………………王常滨
关于诗人及其他…………………………………艾　平
在大海边的思索…………………………………娄彦博
人，应该像人……………………………………贺茂芝
水利员之歌·二首………………………………刘昌庆
写在高考阅卷场·二首…………………………马怀忠
新歌谣·民歌七首………………………王东河　高　峰等
梧桐树·散文诗·外一章………………………孙　震

评论
学习一得·短论…………………………………包干夫
文艺必须像生活那样丰富多彩·短论…………田仲济
融融春风·散记…………………………………阳　春

作家谈创作
耕堂函稿…………………………………………孙　犁
甘苦寸心知·之一——谈自己的诗……………臧克家

争鸣园地
"文艺为政治服务"能作为创作的前提吗?
　………………………………………仲呈祥　杨志杰

美术

韩美林的画·······················韩美林
收获时节·版画·····················王　琦
扉页、目录装饰画···················张正宇
小说题字························程延年

1980 年第 2 期　刊名:《山东文学》
目录

小说

夕阳无限好·······················王　平
烦恼··························左建明
鸿沟··························王　懵
埋在心底的爱情·····················刘玉堂
重新上台的人······················李德义

散文

关于王尽美同志二三事··················余　修

齐鲁山河

牙山赋··························牟崇光
名都已泯迹犹在·····················普　庚
云雾驼山························章永顺

报告文学

写给亲爱的青年朋友··············王奎章　王耕夫

诗歌

今古篇·三首·······················吴　辛
大山情思·二首·····················李健葆
海之歌·三首·······················宫　玺
心之歌··························刘长海
歌漫长征路·九首····················陈显荣
张树铮　夏　厦　孟胜国　林红宾　王明亮　辛　戈
春·诗画之页···············常跃强　诗　吕学勤　画

大海和蓝天

露珠·外一首······················长　水
巡逻小径························叶晓山
蓝色的征途·二首····················许　晨
蒺藜花·二首················鲁　南　邢广城
散文诗·四章···········董向前　党国栋　赵春华
落花的话························李建华
蚕乡情·二首······················冯恩昌
泰山行·二首······················张怀民

评论

争鸣园地

阶级斗争扩大化对文艺界的危害··············竹　冰

作家谈创作

母亲、胎儿及其他····················王昌定
"蹲""跑""飞"·评论···················苗得雨

创作杂谈

文艺批评工作者也要研究生活········蒋荫安　丁宏新
立定格局　一气呵成···················金　梅
"画眼睛"小议······················于广礼
谈"创新"·················孔凡凯　刘沛五
一篇有特色的好童话·作品评论···············王文江

美术

扉页、目录装饰画···················张正宇
泼水节——生命的赞歌（壁画）·············袁运生
春阳·水粉画······················曹昌武
小说题字························吕学勤

1980 年第 3 期　刊名:《山东文学》
目录

小说

希望··························孙嘉嶙
天外飞来公主鸟·····················孙慈忠
达达媳妇························张　炜
女作者专页
老逍遥··························马瑞芳
含着眼泪的微笑·····················郁　遐
鸳鸯··························赵　萍
《红与黑》·······················李慧志

散文

青岛书法篆刻展览漫游记感·················刘增人
齐鲁山河
海角行··························严玉澍
蒙山记游··················何　玮　李润德
浪花··························陈　丽

诗歌

悼张眺同志·······················王绍洛
诗词二首························李子超
病中·七律·······················崔　介
飞絮集·五首······················沙　鸥
端午诗会························臧云远
我怀念沂蒙山······················顾　工

朱德颂 ──────────────── 建国 士枚
光的真理 ──────────────── 宋瑞斌
泰岱之诗·三首 ──────────── 雷抒雁
崂山采撷·二首 ──────────── 孔 孚
青岛行·二首 ──────────── 何 洛
南山的泉·三首 ───── 魏敬群 李朝晖
无花的蔷薇·四首 ──────── 山 青
煤之歌 ──────────────── 翟秀琪
杨树叶和小草·寓言诗二首 ──── 周坚夫
海边的思念 ──────────── 马砚菲
新歌谣·六首 ──────────── 李增尧
田纯洁 尤宝良 铁 戈 董 韧 王 欣

评论

前进在现实主义的道路上──读《山东文艺》一九七
九年短篇小说的感想 ──── 宋日家 李先锋 陈宝云

争鸣园地

艺术品和宣传品 ──────────── 王希坚
《起死》试解 ──────── 孙昌熙 韩日新
创作杂谈
从"向隅而立"谈起 ──────── 王忠林
人物不是木偶 ──────────── 郭 超
不可忽视小题材 ────────── 杜保宪
继续解放思想 繁荣文艺创作──省文联召开工作
会议

美术

书法之页·二幅 ──────── 修 德 杜大恺
村野小景·国画 ──────────── 岳祥书
扉页、目录装饰画 ────────── 张正宇
小说题字 ──────────────── 朱学达

1980 年第 4 期 刊名:《山东文学》
目录

特写

断头,能够再植吗? ──────── 马瑞芳

小说

小院之中 ──────────────── 丑 牛
雨 ──────────────────── 明连君
万顺老头 ──────────────── 尹世林
连心锁 ──────────────── 戴永夏
路 ──────────── 张树亭 张树桓
画家和小狗的故事 ──────── 李根红
贼 ──────────── 毕任昌 谢箴厚

散文

忆大荒先生 ──────────── 张彦青
巴黎,老人的哀怨 ──────── 闫纯穗

诗歌

欢呼五中全会公报·破阵子 ──── 杜 宣
歌漫长征路(十首) ──────── 于 鹏
张敦孟 于云坛 苏殿远 张培东 沈明贤 聂 海
泰山三题 ──────────────── 刘岚山
齐鲁行脚(三首) ────────── 杨里昂
海岸爱情诗(二首) ──────── 石 英
园林蜜曲 ──────────────── 莫西芬
不曾…… ──────────────── 李发模
桥头 ──────────────── 田纯洁
我怀念台湾(外一首) ──────── 廖 群
冰凌花(外一首) ────────── 田 毅
联想(外一首) ──────────── 白 槐
新诗绝句(三首) ────────── 林 莽
垂柳之歌 ──────────────── 玉 华
蒺藜花(三首) ──────── 杨兆席 王常滨

评论

还是不"透底"的好(争鸣园地) ──── 傅 冰
我的"形象思维"(作家谈创作) ─── 王希坚
寓思想于形象 ──────────── 曾繁仁
"清词丽句必为邻"
──试谈新诗语言诗化的一条途径─ 冯中一 鹿国治

杂文

鹅眼、牛眼、势利眼 ──────── 邶 夫
"河中捞石"的启示 ──────── 宫 琦
名字·作品·标准 ────────── 王 红
从"肚子饿了怎么办"说起 ────── 苗作斌
要流派,不要宗派 ────────── 高 洁
"攻其一点" ──────────── 郑振洪
从《没有自主权的小队长》谈起 ──── 王志强
刘公岛"断头台"是子虚乌有(读者中来)── 安家正

寓言

燕子报春 ──────────────── 梁立松
啄木鸟和白杨树(二则) ────── 巨 沐

美术

春潮(版画) ──────────── 黄永玉
扉页、目录装饰画 ────────── 张正宇
漫画选(三幅) ──────────── 革 建等
小说题字 ──────────────── 薛正安

1980 年第 5 期　刊名:《山东文学》

目录

诗歌专辑

青年诗页（二十四首）·················· 魏　来
耿建华　杨守森　曙　光　王韶钟　曹庆文　王龙才
焦祥田　李　矻　袁玉森　若　愚　孟　泓　李发模
缅怀少奇同志（六首）
·················· 燕遇明　余　修　吴　辛　李　明
读史随笔（二首）·················· 李子超
诗四首·················· 李予昂
王统照先生遗诗六首
短诗三首·················· 张志民
车过中原（组诗）·················· 雁　翼
黄河水手（外二首）·················· 阎一强　遗作
随河船（外一首）·················· 姜建国
诗星集（三首）·················· 郭　廓
外国名家作品欣赏
·················· 泰戈尔　亚　隆　克拉墨　雪　莱
齐鲁风情（三首）·················· 韩　青　喻　晓
绿叶集（四首）·················· 文　丙
诗画之页·五彩贝
·················· 李　荃　方南江　诗　余　田　画
蒺藜花（五首）·················· 纪慎言　陈显荣　张敦孟
新歌谣（十七首）·················· 陈作　诗　柳　燕等
散文诗四章·················· 马炳洁　商叔航
诗随笔（诗话）·················· 李先轶　村夫
炮手的歌（二首）·················· 夏晶南　孔祥林
扎根在生活的土壤里
——读臧克家诗集《今昔吟》·················· 李继曾
沂蒙春浓花烂漫——读苗得雨的诗集《沂蒙春》
·················· 寒　朗　牧　天
谈丁庆友的诗·················· 房福贤　杨守森
短诗三赞·················· 众　一

小说

眼力·················· 王小津
苦果·················· 晓　媛
牛棚棋手·················· 王希坚
走车参观记·················· 曹　萌

散文

微山湖情思·················· 刘长岭
青青云峰山·················· 杨启璋
"大佛头"小记·················· 周坚夫

评论

作家谈创作·形显意藏·················· 林　雨

争鸣园地·"音声与政通"·················· 吕炳文

美术

友谊·版画·················· 秦胜洲
黎明·版画·················· 罗立人
雏趣·国画·················· 尹延新
帆影·国画·················· 刘俊生
扉页、目录装饰画·················· 张正宇
题尾花·················· 葛春学
小说题字·················· 施邦华

1980 年第 6 期　刊名:《山东文学》

目录

小说

芦笛和云箫·················· 徐　刚
新到任的副站长·················· 杨清广
叶敏·················· 云　峰
一群快活的"小狗崽"·················· 刘　岩
电脑惊梦·················· 陈显荣
勇敢的小山羊（童话）·················· 丹　群
玩具小屋·················· [英]曼斯菲尔德著　吕经凤译

济南《小红花》征文选登

我和渡边伯伯（散文）·················· 张海珊
种花生（散文）·················· 蔡　涤
我爱小雪花（散文）·················· 黄　众
欢乐湖的故事（童话）·················· 吴小松

诗歌

石油抒情诗（二首）·················· 阎豫昌
液体的金子（三首）·················· 张志鹏
沂蒙情（二首）·················· 姚焕吉
水上短歌（二首）·················· 牛雅杰
火中凤凰·················· 张相林
海岛军歌（二首）·················· 刘毅然
在遥远的国境线上（二首）·················· 高炯浩
节日的礼物（九首）·················· 张寿彭
朱晋杰　刘饶民　刘保安　刘崇善
浪花集·················· 李建华　王耀东　孙　震　郭庆文
我也为牡丹唱一支歌·················· 宋协周
红叶集（散文诗）·················· 李长枚
《杜甫研究》再版漫题·················· 肖涤非
南国风情（三首）·················· 郭树荣　飞　雪

评论

"述往事，思来者"·················· 张春宁
育新苗

蓓蕾初绽吐芬芳——评《山东文学》一月号"新花竞放"中的小说······任孚先

"问题小说"······马 勤

无情的嘲弄，辛辣的讽刺——漫谈《交界庄》的艺术特色······王佃荃 王晓家

《聊斋志异》中的笑······吴九成

不能宣扬犯错误有理（作家谈创作）······肖 平

文艺与政治的关系琐议（争鸣园地）······高凤胜

美术

中国无产阶级文化战士——郭沫若（油画）···崔森林

扉页、目录装饰画······张正宇

儿童画（二幅）······单 涛

题尾图案······杨淑萍

小说题字······张华风

1980 年第 7 期　刊名:《山东文学》
目录

小说

新花竞放

晚霞······高 建

并非虚惊······马炳洁

道士的儿子······李安林

白痴······鲁 南

结亲······郭炳灿

他是个好人?······阚世美

云朵······杲 峰

他还像昨天······孔令源

编后记

革命回忆录

泰山顶巧擒日寇······廖容标 遗作

散文

崂山降雪······叶 楠

鸡啼五更天······邵勇胜

庭院里的绿叶······王健群

民间故事

贪心的财主······天 野搜集整理

诗歌

青纱帐里歌悠悠······李存葆

齐鲁风物（二首）······牛明通

叶挺之歌（二首）······宋瑞斌

回答（外一首）······赵 伟

盼······刘德亮

歌漫长征路（四首）······彭 炬 王洪涛 孔德平 郭保林

纷飞的花絮（九首）······张树芳 金 凯 栾纪曾 鹿国治 阳 春

长长的名单······刘禹轩

诗二首······解子义 遗作

珍珠泉······李根红

回来吧······张雪杉

女货郎······黄 强 白渡河

评论

作家谈创作

悲剧的悲喜剧——创作随笔之六······雁 翼

质朴 真实 自然——浅谈《雨过天晴》的人物描写······张 森

表现更多的人物个性和生活实感······杨树茂

新的探索，新的境界——喜读《青年诗页》···吴开晋

读《红》札记一则······周脉柱

美术

菊（油画）······张湘生

扉页、目录装饰画······张正宇

速写（二幅）······王 熹

题尾图案······余 田 张成铸等

小说题字······程延年

第二次全国少年儿童文艺创作评奖山东得奖名单（1954—1979）

1980 年第 8 期　刊名:《山东文学》
目录

文代会专页

在省第四次文代大会上的祝辞（一九八○年六月二十五日）······白如冰

动员起来，繁荣文艺创作，为促进四化建设做出新贡献——在山东省文学艺术工作者第四次代表大会上的报告（一九八○年六月二十七日）······王众音

山东省文学艺术工作者第四次代表大会决议（一九八○年七月四日通过）

省文联四届委员会主席、副主席、委员名单

省第四次文代会各协会选出领导机构

散文

三叔······丁 宁

远方······耿林莽

"横笛何人夜倚楼"——青岛观海二路王统照故居前抒怀······郭同文

有感于"提包祇的"⋯⋯⋯⋯⋯⋯⋯⋯⋯王彩然

小说

柳枝新绿⋯⋯⋯⋯⋯⋯⋯⋯⋯⋯⋯张方文
期待⋯⋯⋯⋯⋯⋯⋯⋯⋯⋯⋯⋯牟崇光
难写的报告稿⋯⋯⋯⋯⋯⋯⋯⋯⋯张法贵
"老天"同志⋯⋯⋯⋯⋯⋯⋯⋯⋯⋯路　雨
"小年"之夜⋯⋯⋯⋯⋯⋯⋯⋯⋯⋯黄一峰

报告文学

和日本战友在一起的日子里——清河军区日本人民反
战同盟支部纪事⋯⋯⋯⋯⋯⋯⋯⋯郭建平

民间故事

卧龙槐⋯⋯⋯⋯⋯⋯⋯⋯⋯⋯⋯吕书谦整理

诗歌

试和王希坚同志《文代会抒怀》原韵⋯⋯⋯晓　初
钢城四赞（四首）⋯⋯⋯⋯⋯⋯⋯戈掀缨
瞿秋白同志之死⋯⋯⋯⋯⋯⋯⋯⋯冯毅之
水利员的一天（组诗）⋯⋯⋯⋯⋯⋯张象吉
泰山诗草（二首）⋯⋯⋯⋯⋯⋯⋯苏文河
哨位上的野玫瑰（外一首）⋯⋯⋯⋯程步涛
海岛少年（二首）⋯⋯⋯⋯⋯⋯⋯徐如麟
恋歌（二首）⋯⋯⋯⋯⋯⋯⋯⋯⋯时红军

评论

嫩柳乍绿般的艺术世界——略谈《微山湖上》的艺术
特色⋯⋯⋯⋯⋯⋯⋯⋯⋯⋯夏　放　李衍柱
关于想象——读本刊今年部分诗作心得⋯⋯袁忠岳

美术

胡乔木同志词句辑联（书法）⋯⋯⋯⋯李予昂
远瞩（国画）⋯⋯⋯⋯⋯⋯⋯⋯⋯李苦禅
百花齐放　百家争鸣（篆刻）⋯⋯⋯⋯张叔愚
扉页、目录装饰画⋯⋯⋯⋯⋯⋯⋯张正宇
小说题字⋯⋯⋯⋯⋯⋯⋯⋯⋯⋯李兴周

1980 年第 9 期　刊名:《山东文学》
目录

小说

春笋⋯⋯⋯⋯⋯⋯⋯⋯⋯⋯⋯⋯李小平
操心的父亲⋯⋯⋯⋯⋯⋯⋯⋯⋯⋯张　炜
站长⋯⋯⋯⋯⋯⋯⋯⋯⋯⋯⋯⋯佟宝良
心愿⋯⋯⋯⋯⋯⋯⋯⋯⋯⋯⋯⋯阎　胜
晓雾中传来一阵渔铃⋯⋯⋯⋯⋯⋯刘金忠
书店新来的年轻人⋯⋯⋯⋯⋯⋯⋯朱　干
门外边⋯⋯⋯⋯⋯⋯⋯⋯⋯⋯⋯张延贵
小说发表以后⋯⋯⋯⋯⋯⋯⋯⋯⋯李　文

散文

怀念张眺同志⋯⋯⋯⋯⋯⋯⋯⋯⋯江　丰
故乡的风⋯⋯⋯⋯⋯⋯⋯⋯⋯⋯⋯曹　军
齐鲁山河
烟台山情思⋯⋯⋯⋯⋯⋯⋯⋯⋯⋯张相林

诗歌

青岛及其他两岛（三首）⋯⋯⋯⋯⋯流沙河
故城怀古（二首）⋯⋯⋯⋯⋯⋯⋯韩　青
乡土恋（三首）⋯⋯⋯⋯⋯⋯⋯⋯丁庆友
散文诗六章⋯⋯⋯⋯王中才　相　惠　杨争光
题青岛现象一路故居⋯⋯⋯⋯⋯⋯肖　军
诗二首⋯⋯⋯⋯⋯⋯⋯⋯⋯⋯⋯王明希
渣滓洞两题⋯⋯⋯⋯⋯⋯⋯⋯⋯李延国
山野诗情（二首）⋯⋯⋯⋯⋯⋯⋯乔荣涛
离宫（三首）⋯⋯⋯⋯⋯⋯⋯⋯⋯田　间
春歌（三首）⋯⋯⋯⋯⋯⋯⋯⋯⋯丁　力
小司机的事（二首）⋯⋯⋯⋯⋯⋯于书恒
短诗一束⋯⋯⋯任彦芳　尚　宇　葛崇善　向　农
心海深处的歌（十三首）
⋯⋯⋯⋯李尚元　黄　淮　季振帮　兰　曼　徐　钧
蒺藜花（二首）⋯⋯⋯⋯⋯庆　华　和　平　孙宜夫
作协山东分会在济召开诗歌座谈会

民间故事

年糕变白鸟——日本富山县民间故事
⋯⋯⋯⋯⋯⋯⋯⋯[日]清水真乡整理　陶振纲译

评论

作者谈创作
漫谈拙作话当年⋯⋯⋯⋯⋯⋯⋯知　侠
再谈文学上的轻骑兵⋯⋯⋯⋯⋯⋯哈　华
孪生子何其多（随笔）⋯⋯⋯⋯⋯朱希江
"一次产品"的联想（随笔）⋯⋯⋯邢广城
这样的结局真实吗?（读者中来）⋯⋯肖端详

美术

纪念蒲松龄诞辰三百四十周年书画
⋯⋯⋯⋯⋯⋯郭沫若　老　舍　尹瘦石　戴敦邦
扉页、目录装饰画⋯⋯⋯⋯⋯⋯⋯张正宇
刘少奇《论共产党员的修养》篆刻（二方）⋯王潞霖
强者（木刻）⋯⋯⋯⋯⋯⋯⋯⋯⋯刘殿阁
题尾剪纸⋯⋯⋯⋯⋯⋯贺　兰　贺　芳　赵玉珍
诗歌题图⋯⋯⋯⋯⋯⋯薛正安　傅　巍　亓　育
小说题字⋯⋯⋯⋯⋯⋯⋯⋯⋯⋯华　丰

1980 年第 10 期　刊名:《山东文学》
目录

小说

冲击波	阮大华
兄妹竞选	符加雷
为了春天战斗	陈世旭
雪恋	左建明
鼓瑟曲	鲁 南
叶儿	张方文
早晨的喜剧	贾庆军
沙滩	崔 苇
卖蟹	王润滋
瞬间	尤凤伟
人之初	郝湘榛
欧·亨利短篇小说两篇	李乃坤译

评论

《聊斋志异》短笺	田仲济
新时期农民的真实形象——读《希望》	王忠林
浅谈两篇写农村生活的小说	王 红

美术

荷塘小景（国画）	宋新涛
扉页、目录装饰画	张正宇
肖像（油画）	张洪祥
小说题字	吕学勤

1980 年第 11 期　刊名:《山东文学》
目录

小说

称呼	王良瑛
病中	韩钟亮
母亲，孩儿对您说……	李存葆
庆奎大叔	孙嘉嶙
会亲家	杨昭成
发奋	宗汉星
关于路的故事	耕 夫 永 生

散文

冒尖户	吴延科
情满双岛湾	田峰泉
邹县访孟记	黄清源

诗歌

临朐行（三首）	李子超

张贴在征途上的标语（三首）	马恒祥
南海二章	李 瑛
半岛诗谣（三首）	苗得雨
阳春勿忘三九月（四首）	冯毅之
十三陵剪影（四首）	倩 晴
桂林短笛（四首）	纪 鹏
奇妙的瞬间（外一首）	谢颐城
磨刀石（外一首）	刘 琳
新歌谣（民歌十一首）	宫作安　孙际贤等
纷飞的花絮（十首）	阮大华　李健葆等
短诗一束（六首）	冯恩昌　杨大矛等
辣椒集	唐景华
盈手之赠（三首）	凌 子
中国说……	鲁 南
雾	阎建中

评论

在蒲松龄学术讨论会上的开幕词（摘要）	王众音
诗歌座谈会发言选登	
探寻新诗现代化的踪迹	冯中一
"看不懂"与"难懂"	孔 孚
一个读者的希望	王忆惠
修改得失谈（随笔）	林草思
由说话看出人来（随笔）	王凤胜
杂文琐议（随笔）	戴永夏
"碎石"何处来?（来函照登）	潘 勃
文艺消息四则	

美术

昭君请行图（国画）	李明媚
女娲补天（国画）	李贵生
扉页、目录装饰画	张正宇
瑞莲献红（国画）	王明泉
竹（国画）	姜 舟
小说题字	朱学德

1980 年第 12 期　刊名:《山东文学》
目录

小说

李家洼的风波	孙嘉嶙
回到过去的年代	沙 石
柘子	高禄堂
庄严的选举	牟崇光
门神	张捷世
棋迷轶闻	焦辰龙
明眼人	石 可
酒窝	［意大利］阿尔贝托·莫拉维亚

鲁京华　卢永建译

散文
香甜弥漫的土地……………………………王光明
龙潭瀑记——崂山即景之三………………王中才

民间故事
泰山神碗……………………………………张　章

诗歌
湖光山色——省作协诗人参观团诗作选………姜建国
桑恒昌　张维芳　李曙光　陈显荣　王兆山　姜琛善
李朝晖　赵　伟　夏雨常　张寿彭　丁庆友
看准呵，法律…………………………………陈显荣
我爱我的山村（三首）………………………张中海
东行采撷（二首）……………………………孔　孚
蒺藜花（五首）…………莫西芬　刘逢进　张冠钦
纷飞的花絮（十三首）………孔小划　宋曙光等
歌漫长征路（四首）…………黄　强　溪　流等
最后一束鲜花（外一首）……………………刘　建
登蓬莱戚继光抗倭炮台………………………鲁　歌

评论
诗歌座谈会发言选登
从生物发展规律看诗歌的发展………………苗得雨
谈诗的民族化和现代化………………………王希坚
美的探求………………………………………王牧天
谈诗歌的"朦胧倾向"………………………任维清
在艺术表现手法革新的潮流面前……………宋遂良
"感人心者，莫先乎情"
——浅谈肖平短篇小说创作………………李丽莹

美术
杜牧《山行》（书法）………………………张立朝
王之涣《登鹳雀楼》（书法）………………程延年
扉页、目录装饰画……………………………张正宇
天鹅湖（摄影）………………………………张祖麟
乡情（油画）…………………………………陈　皋
海花（油画）…………………………………唐其钟
小说题字………………………………………吕学勤
题尾木刻………………………………………吴广君

1981 年第 1 期　刊名:《山东文学》

目录
我们的希望……………………………………本刊评论员

青年作者之页
霞姐（小说）…………………………………杨争光
在乡村车站上（小说）………………………杨柱山
清晨，桃花正在盛开……（小说）…………李曙光
梦（小说）……………………………………姜钟松
儿子——猴子（小说）………………………何大林
不舒服的故事（小说）………………………默　默
窗与门（小说）………………………………田　令
球场风雨（小说）……………………………李发启
家（小说）……………………………………赵冰瑞
沂蒙情深（诗三首）…………………………胡文玉
青春呵，青春（诗二首）……………………宋瑞斌
向命运走去（诗·外四首）…………………李卫宏
滴翠的原野（诗三首）………………………陈所巨
这是我的家（诗二首）………………………马祥民
心花一束（诗四首）…………………………王明玉

散文
这个人……………………………………………山　曼
横沙风情………………………………………姜　彬
秋夜雁唳牵思绪………………………………阿　红

诗歌
土地的警告……………………………………吴　辛
大海呵，早安…………………………………余　修
雾笛（外一乎）………………………………肖　苏
家乡水（外一首）……………………………彭　龄
胶东风情（二首）……………………………牟　迅
庐山翠竹………………………………………刘长海
怀念泉城（三首）……………………………王宝章
海恋……………………………………………李根红
河口诗笺（二首）……………………………飞　雪
忠贞（外二首）………………………………梁谢成
前哨的歌………………………………………鹿说之

评论
作家与批评家……………………王慧骐　王东明
不做如此批评家………………………………沈祖方
试谈短篇小说的结尾…………………………于广礼
《玩偶之家》的结尾艺术……………………沈　默
应把握的和应避免的…………………………尚　涛
文学不做政治的奴婢（文艺争鸣）…………李广鼐

美术

思想（木刻）　　　　　　　　　　　　聂昌硕
装帧　　　　　　　　　　　　　　　　张一民
外国文学作品插图（二幅）
扉页、目录装饰画　　　　　　　　　　丁永源
温暖（木刻）　　　　　　　　　　　　鲁　人
外国文学作品插图（二幅）
题尾图　　　　　　　　　　　　　　　唐振铎等
小说题字　　　　　　　　　　　　　　张华风等

1981 年第 2 期　刊名:《山东文学》
目录

小说

默化　　　　　　　　　　　　　　　　海　诚
"调令"　　　　　　　　　　　　　　　曲延坤
一路平安　　　　　　　　　　　　　　孙　台
幸福　　　　　　　　　　　　　　　　赵　萍
地丁　　　　　　　　　　　　　　　　李宗柱
张大年的苦恼　　　　　　　　　　　　王维民
不知名们的旅伴们　　　　　　　　　　李延国
宅基　　　　　　　　　　　　　　　　杨彩云
李飞刀　　　　　　　　　　　　　　　刁洪远

散文

无声的旋律　　　　　　　　　　　　　江　英
汤团　　　　　　　　　　　　　　　　欣　荣
美妙的梦　　　　　　　　　　　　　　丁振家

诗歌

自然·社会·人（二首）　　　　　　　谢颐城
路灯（外二首）　　　　　　　　　　　梁青生
赶集的路（外一首）　　　　　　　　　王耀东
大学生诗页（九首）　　　耿建华　吴　滨　贺　平等
甜（外一首）　　　　　　　　　　　　刘晶林
明镜篇（外一首）　　　　　　　桑希庭　遗作
花迷（外一首）　　　　　　　　　　　田　朴
放歌山水间（六首）　　　　　郭　廓　尧山壁等
纷飞的花絮（十二首）　　　　邢书第　王建国等
记忆　　　　　　　　　　金高敦子　酒井义鹏
梅园　　　　　　　　　　　　　　　　高国藩
诗词五首　　　　　　　　　　　王文起　马立彦
春牧　　　　　　　　　　　　　　　　王韶钟

评论

可喜的第一步——读《山东文学》第一期的几篇新人
新作　　　　　　　　　　　　　　　　广　礼
沂蒙山人的歌

——读长篇叙事诗《山乡儿女》　　张法银　孙克传
关于诗歌问题的讨论
懂不懂与美不美　　　　　　　　　　　袁忠岳
对"朦胧诗派"的浅见　　　　　　　　吴开晋
"古怪诗"再议　　　　　　　　　　　郭树荣
文艺争鸣
文艺不能独立于政治之外
——与李广萠同志商榷　　　　　　　武　鹰
作协山东分会举办青年作者读书会（文讯）

美术

瑞雪（木刻）　　　　　　　　　　　　罗立人
黄山云海（国画）　　　　　　　　　　卓启俊
旅行写生（国画）　　　　　　　　　　杨　耀
春江水暖（木刻）　　　　　　　　　　邵　宜
扉页、目录图案　　　　　　　　　　　丁永源
小说题字　　　　　　　　　　　　　　施邦华

1981 年第 3 期　刊名:《山东文学》
目录

小说

绿肥红瘦　　　　　　　　　　　　　　林　雨
晚风徐徐过山岗　　　　　　　　　　　尤凤伟
万象图　　　　　　　　　　　　　　　牟崇光
苦酒　　　　　　　　　　　　　　　　严　民
雪夜，他和她……　　　　　　　　　　朱幼棣
冰下的流水　　　　　　　　　　　　　李德昌
山乡梆声　　　　　　　　　　　　　　赵和琪

散文

在灭蝗机场上　　　　　　　　　　　　杨清广
小河水　　　　　　　　　　　　　　　唐学仁

诗歌

诗二首　　　　　　　　　　　　　　　李子超
生活速写
在沸腾的工厂（三首）　　　　　　　　张敦孟
收苇（外一首）　　　　　　　　　　　黄志毅
棉乡剪影（二首）　　　　　　　　　　朱希江
水乡诗草（二首）　　　　　　　　　　林　希
矿山诗情（二首）　　　　　　　　　　晓　蕾
冬日抒情（外一首）　　　　　　　　　燕遇明
春（二首）　　　　　　　　　　　　　赵鹤翔
我常常回顾过去（外一首）　　　　　　孔德平
柳絮集（十七首）　　　　　　刘　章　文　丙等
进军的课堂　　　　　　　　　　　　　刘一鸣

消息
山东省文联在济南召开专业作家会议
《山东文学》一九八〇年优秀短篇小说和插图获奖作
品揭晓

评论
小说短评
带露飘香的一朵小花
——读《"小年"之夜》札记················李发展
流得好——谈《雪恋》"意识流"手法的运用···刘保富
浅谈《李家洼的风波》的现实性·············罗良德
作家谈创作
谈创作···································冯德英
文艺争鸣
对文艺和政治的关系的几点浅见·············卢兰琪
文艺与政治是平等的兄弟关系吗? ——也谈文艺与
政治的关系·····························曾繁仁

美术
水仙（木刻）···························秦胜洲
渔村小景（油画）·······················吴永安
霜叶红于二月花（油画）··················王 伟
李清照《浣溪沙》（书法）················朱学达
李清照《醉花阴》词句（书法）············孙墨龙
四季海棠（木刻）·······················刘 岘
扉页、目录图案··························丁永源
题尾图····························胡连江 鲍家虎
小说题字································吕学勤

1981 年第 4 期　刊名:《山东文学》
目录

报告文学
英魂颂·····························刘焕鲁 王光明

小说
不要飘带的花圈··························王 火
豆腐村老八······························尹世林
范缜····································侯民治
误会····································杨学宽
绿色信封································郭荣光
郑三搬家记···························王春波 冷丽华

诗歌
朱文奇之歌
纷飞的思絮······························胡文玉
托举（外一首）··························陈显荣
海浪赋··································山 青

假如……································孙国章
诗二首··································陈 沂
北京诗抄（四首）·······················孔 林
春到山村（四首）·······················张志鹏
钓（外一首）····························姚焕吉
写在蓝天的诗行（二首）··················乔荣涛
山海情（十一首）············韩 青 纪 宇 于阳春
孔祥雨 姜琍敏
蒺藜花（二首）··························邢广域
民歌二首································陈作诗
春风诗韵（四首）············程 慷 刘毅然 郭庆文
清清的山泉（短诗小辑）···········李健葆 陈鼎元
周坚夫 孙 勃 姜 勇

寓言
猴子和树（外一则）······················刘占武

散文
济南探泉································严 阵
白云赋··································朱希江
长白山风情······························关 鸿
捉鳖小记································刘长岭

评论
总结经验，稳步前进——在《山东文学》一九八〇年
优秀短篇小说和插图评奖授奖大会上的讲话···王希坚
《山东文学》一九八〇年小说获奖作品漫评····任孚先
诗，应当振奋民族和时代精神
——关于诗歌问题的通信·················马恒祥
倾向性小议······························宋德胤
真实性问题随想······················侯 琪 侯 林
朴素的诗　真挚的情——谈苗得雨诗集《解放区少年
的歌》·································王兆山

消息
《山东文学》一九八〇年优秀短篇小说、插图评奖授
奖大会在济举行

美术
牡丹（木刻）····························聂昌硕
《山东文学》一九八〇年优秀插图评奖获奖作品图录
《山东文学》一九八〇年优秀插图评奖获奖作品图录
两个行家（木刻）·······················周东申
扉页、目录图案··························丁永源
内文题字································周坚夫

1981 年第 5 期　刊名:《山东文学》
目录

深切悼念沈雁冰同志
巨星的陨落——悼茅盾同志 ················田仲济
北望云天悼茅公 ·····························余　修

报告文学
春回大地 ···································林音频

小说
爱看闲书的女人 ····························谢维衡
梦中的赞美诗 ·····························王　平
她的沉默的一生 ····························任孚先
借粮 ·····································王颖奋
瑟洛夫人 ············· ［英］赫伯特·欧内斯特·贝茨作
卢永健译

散文
瞑投天门关 ·····························阎豫昌
重游灵岩寺 ·····························王太捷

诗歌
辣味诗谣（五首）···························苗得雨
呵，家乡……（四首）························丁庆友
钢铁抒情诗（二首）·························于　鹏
山野春色新（八首）·························姜建国
苏文河　于书恒　龙彼德　魏炫蕃　高正文
高原三首 ·································周志友
色彩（外一首）···························飞　雪
新歌谣（二十二首）·············田　毅　张维芳等
呼喊（外一首）···························刘逢进
心灵美的曝光（散文诗）·····················李朝晖
晨曦中的榆钱 ·····························荆晨远
生命回春 ·································黄东成
针线歌 ···································文武斌
长山岛抒怀 ·····························孙丕任

民间故事
杀盐巡 ···························张维芳　李怀仁

评论
就当前诗歌问题访艾青 ·······················周　佶
诗从何来？诗归何处？——兼与孔孚、苗得雨同志
商讨 ·····································吕家乡
多么美的心灵 ·····························孔小划
对《不舒服的故事》的意见（读者中来）·······薛荣芳

文讯
作协山东分会举行常务理事扩大会

美术
玉兰（木刻）·····························聂昌硕
春潮（雕塑）·····························李振才
女教师（雕塑）···························陈估生
飞流千尺（国画）·························黄　云
春晓（国画）·····························崔　辉
出窑（木刻）·····························鲍家虎
扉页、目录图案 ····························丁永源
题尾花 ···································崔　辉
内文题字 ·····················程延年　崔　炜

1981 年第 6 期　刊名:《山东文学》
目录

小说
叉鱼 ·····································卢振中
小调皮鬼 ·································王　欣
卖肥皂的小叮当 ····························闻　胜
窗上的冰凌花 ·····························卢万成

散文
爆米花的老人 ·····························刘烨园
画蟹 ·····································田峰泉

诗歌
诗二首 ···································李子超
在蓝色的摇篮里（散文诗四章）·················张　岐
献给六月的花束（儿童诗）·····················张寿彭
王怀让　周庆红　王宜振　刘饶民
农村纪事（四首）·························王耀东
灵岩掇拾（四首）·························孔　孚
山问（外一首）···························贺羡泉
高原归来是故乡（二首）·····················马丽华
情操·生活·山水（十一首）···················贾长厚
翟秀琪　徐增华　夏曙光　袁玉森　陈秀庭　林　迅
李善卿　石　英　王　超
柳絮集（十一首）·························冯恩昌
冯永杰　党国栋　张树芳　王松青　杨守森　魏铺东

寓言
小夜曲（外一则）·························申均之

童话
通燕语的公冶长 ····························李坤元

鲁西传来的喜讯
黄河故道赤子心（报告文学）————————高禄堂
高堂春走亲（小说）——————————————左建明
腰杆儿（小说）————————————————郝湘榛
政策催开幸福花（民歌九首）————许继善　张维芳等

评论
"家好赖自个儿当了"
——评《内当家》中的内当家—————————马畏安
美的心灵探索——读《卖蟹》—————————孙昌熙
浅谈王润滋的短篇小说——————赵耀堂　周脉柱
为冲破了"左"的束缚叫好
——读《冲击波》————————————————孙福学
心灵在逆境中闪光
——赞《道士的儿子》——————徐中伟　张济和

作家专访
此身愿化杜宇鸟　报春沥血死方休
——访峻青————————————————————丁振家

文讯
五则

美术
谁先到校（木刻）————————————————彦　涵
乡村的孩子们（剪纸）—————————————张友汉
理想（装饰画）————————————————赵　燕
小玛瑙（装饰画）———————————————李百钧
牧歌（木刻）—————————————————孙玉方
扉页、目录图案————————————————丁永源
内文题字————————————欧阳秉森　崔　炜

1981 年第 7 期　刊名:《山东文学》

目录

回忆录
罗帅在鲁南二三事———————————————于化琪

散文
瀛台遥思————————————————————赵　鹜

报告文学
绿柳才黄半未匀————————————————肖　鸣
崛起——聊城地区农村"万元户"剪影————宗汉星

小说
春雨——————————————————————张　玲
捞篙——————————————————————张象吉

闪亮的星————————————————————晓　媛
除夕夜，在地委书记家里———————————王海鸧
归去来兮————————————————————田　毅
村夜——————————————————————卢得志

诗歌
掩不住的光辉（叙事诗）———————————芦　苇
工厂花圃（组诗）———————————————徐东阳
旅途杂咏（二首）———————————————孙友田
四方的怀念（二首）—————————————孙　震
洞庭掠影（三首）———————————————崔合美
村风（二首）—————————————————宋　歌
面对彭总的照片———————————————阮大华
在飘香的土地上（四首）
——————————时永福　陈所巨　张庆明　李占学
纷飞的思絮（十二首）————————————张敦孟等
党旗颂—————————————————————毕　林
红叶颂（散文诗）———————————————黄宗林
风筝会———————————[日侨]金高敦子　酒井义鹏

评论
谈党的领导与创作自由————————————柏　明
要有自己的艺术追求——《卖蟹》创作断想————王润滋
文学与宣传
——兼谈高晓声的小说《水东流》——————刘光裕
注意防止新的公式化——读稿有感—————殷　勤
一个血肉丰满的英魂
——关于《英魂颂》的通信——————————有令峻
人物描写二题（文艺争鸣）——————————张德林
作家笔名探源——高兰———国　成丛杨　于　胜

美术
回忆延安（套色木刻）————————————古　元
山雨（水彩画）————————————————宋守宏
速写（二幅）—————————————————丁宁原
啄木鸟（木刻）————————————————刘　岷
扉页、目录图案————————————————丁永源
题尾花—————————————————————段锦华
内文题字————————————————————施邦华等

1981 年第 8 期　刊名:《山东文学》

目录

小说
老悫门前的烟灰———————————————王良瑛
邻居——————————————————————张　森
颤抖的手————————————————————刘玉堂
封海——————————————————————张　岐

拜年 ·· 鲁　南
焦明辞职 ·· 吴延科

诗歌
登山者的歌（八首）
··············· 苗得雨　姚焕吉　梁上泉　牛明通
西江月——读六中全会通过的《决议》········ 赵剑秋
历史，在讲话 ·· 张寿彭
读史 ·· 张　鸣
山中的墓地（外一首）······························ 程步涛
小岛"责任制"（外一首）·························· 夏晶南
白云诗笺（二首）···································· 许　晨
蓝波诗页（二首）···································· 邢书第
大山情（组诗）······································· 邢广域
乡土之歌（三首）···································· 管用和
雷乡新闻（四首）···································· 赵　伟
温柔的光（外一首）································· 程显谟
雨花台下 ·· 臧云远
春雪（外一首）······································· 冯毅之
我爱工厂 ·· 艾　平
短诗一束 ···················· 于海澄　丁历瑎　田绪芹

报告文学
人生意义的答卷
——记"舍己救人的好战士"孙家进········· 张西庭

散文
山路月朦胧 ·· 马丽华
燕子从我身边飞过 ································· 张明山
花魂 ·· 裴建华
老舍和胡絜青 ······································· 鲁　海

评论
再唱一曲赞歌——谈尤凤伟的短篇小说········ 刘锡诚
在探索的路上——读尤凤伟短篇小说《月亮知道我的
心》 ······················· 于广礼　王裳东
看《喜盈门》碎想 ································· 陈宝云
进入角色和硬充角色 ····························· 毛书征
老舍论文学的语言 ····················· 王　栋　选辑
消息二则

美术
崂山归帆（木刻）··································· 张白波
岛士之晨（木刻）··································· 肖继民
崂山古寺（木刻）··································· 张白波
巡道（木刻）··· 何　磊
时代感（木刻）······································· 林安康
出水芙蓉（木刻）··································· 聂昌硕
扉页、目录图案 ····································· 丁永源

内文题字 ·· 吕学勤

1981 年第 9 期　刊名：《山东文学》

目录

纪念鲁迅诞生一百周年
"必须更有真切的批评"
——从鲁迅的一段话说起 ··························· 曾文渊
"创作总根于爱"
——鲁迅创作思想学习小札 ····················· 傅冰甲
学习鲁迅关于儿童文学创作的论述 ··········· 韩日新
"灵魂中的真实"
——学习鲁迅小说艺术札记 ······· 刘静生　黄毓璜
鲁迅诗歌的语言特色 ····························· 郭延礼
访鲁迅故乡（散文）······························ 丁振家
鲁迅故乡掇拾（诗四首）·························· 钱锦方
中国的脊梁（散文诗）···························· 章永顺
鲁迅（雕塑）··· 仇志海
《真理之火》木刻组画选 ························· 俞启慧

报告文学
爱的暖流 ·································· 牟崇光　桑恒昌

小说
水老八 ·· 段剑秋
两个家庭的一个夜晚 ······························ 韩忠亮
旅游 ·· 邵光明
赶年集 ·· 孙慈忠
王老汉交猪 ·· 淙　淙

散文
"三孔杂记" ··· 光　群

诗歌
崂山四绝句 ·· 李子超
登岱 ·· 鲁　特
鲁西南散曲（三首）································· 孔　林
深深的峡谷（三首）································· 马恒祥
香港叙事（三首）······················ （中国香港）王心果
到生活的沃野里采诗花（西窗诗话）·········· 阿　红
博物馆漫步（二首）···················· 魏敬群　李朝晖
泰山和人（三首）···································· 任　远
青岛晨曲 ·· 谢颐城
惜别 ···································· [日侨]酒井义鹏等
在充满希望的土地上（诗十首）······· 张庆明　姜建国
苏文河　卢长松　范　源　李　雪　李健葆　高永升
城市交响诗（诗十一首）·························· 孔德平
郑成义　李根红　吴宗鹏　鹿　强　叶延滨　张朴夫

生活的浪花（诗六首）⋯⋯⋯⋯⋯⋯韩　东等
畅游⋯⋯⋯⋯⋯⋯⋯⋯⋯⋯⋯⋯⋯⋯蔡国瑞

评论
文艺批评与文艺欣赏⋯⋯⋯⋯⋯⋯⋯夏　放
"清音有余"——谈诗的结尾艺术⋯⋯冯中一　鹿国治
作协山东分会举办青岛笔会消息四则

美术
风的旋律（木刻）⋯⋯⋯⋯⋯⋯⋯⋯姜　旗
小憩（木刻）⋯⋯⋯⋯⋯⋯⋯⋯⋯⋯王春犁
扉页、目录图案⋯⋯⋯⋯⋯⋯⋯⋯⋯丁永源
内文题字⋯⋯⋯⋯⋯⋯⋯⋯⋯⋯⋯⋯张华风

1981 年第 10 期　刊名:《山东文学》
目录

石英⋯⋯⋯⋯⋯⋯⋯⋯⋯⋯⋯⋯⋯⋯高禄堂
花仙⋯⋯⋯⋯⋯⋯⋯⋯⋯⋯⋯⋯⋯⋯闵国库
迈向美的足印⋯⋯⋯⋯⋯⋯⋯⋯⋯⋯王　火
特曲酒与带叶桃⋯⋯⋯⋯⋯⋯⋯⋯⋯左建明
老福全藏粮⋯⋯⋯⋯⋯⋯⋯⋯⋯⋯⋯尹世林
偷儿的奇遇⋯⋯⋯⋯⋯⋯⋯⋯⋯⋯⋯肖　鸣
少校和他的女友⋯⋯⋯⋯⋯⋯⋯⋯⋯吴碧莲
带点苦味儿的爱情⋯⋯⋯⋯⋯⋯⋯⋯张象吉
秋夜⋯⋯⋯⋯⋯⋯⋯⋯⋯⋯⋯⋯⋯⋯王良瑛
早晨，比昨天美⋯⋯⋯⋯⋯⋯⋯⋯⋯纯　民
边境的黎明⋯⋯⋯⋯⋯⋯⋯⋯⋯⋯⋯孙立宪
支柱⋯⋯⋯⋯⋯⋯⋯⋯⋯⋯⋯⋯⋯⋯李从林
浅谈《苦恋》⋯⋯⋯⋯⋯⋯⋯⋯⋯⋯王希坚
对《梦》的几点意见——兼与广礼同志商榷⋯王忠林
略论一种"暴露文学"⋯⋯⋯⋯⋯⋯苗得雨

文艺争鸣
人物性格的塑造要合情合理
　——兼和张德林同志讨论⋯⋯⋯⋯罗守让
也谈写出人物性格的复杂性
　——读《人物描写二题》⋯⋯⋯⋯肖　甡
我是怎样写《林海雪原》的（作家谈创作）⋯曲　波
张一民（封面木刻）⋯⋯⋯⋯⋯⋯⋯徐　冰
洪世清画展作品选（二幅）
国画之页（三幅）⋯⋯兰立克　李修举　刘志钰
归（木刻）⋯⋯⋯⋯⋯⋯⋯⋯⋯⋯⋯张白波
内文题字⋯⋯⋯⋯⋯⋯⋯⋯⋯⋯⋯⋯吕学勤
内文题花⋯⋯⋯⋯⋯⋯⋯⋯⋯⋯⋯⋯吴云悌

1981 年第 11 期　刊名:《山东文学》
目录

纪念鲁迅·学习鲁迅
在山东省济南市纪念鲁迅诞生一百周年大会上的讲话
⋯⋯⋯⋯⋯⋯⋯⋯⋯⋯⋯⋯⋯⋯⋯王众音

小说
繁星闪烁⋯⋯⋯⋯⋯⋯⋯⋯⋯⋯⋯⋯魏金永
母爱⋯⋯⋯⋯⋯⋯⋯⋯⋯⋯⋯⋯⋯⋯张捷世
信念⋯⋯⋯⋯⋯⋯⋯⋯⋯⋯⋯⋯⋯⋯石　英
山林深处⋯⋯⋯⋯⋯⋯⋯⋯⋯⋯⋯⋯许海宁
洁白的丝衫⋯⋯⋯⋯⋯⋯⋯⋯⋯⋯⋯张跃放
小枣枣⋯⋯⋯⋯⋯⋯⋯⋯⋯⋯⋯⋯⋯刘　岩

散文
祖父⋯⋯⋯⋯⋯⋯⋯⋯⋯⋯⋯⋯⋯⋯马瑞芳
清明⋯⋯⋯⋯⋯⋯⋯⋯⋯⋯⋯⋯⋯⋯江　波
五彩海卵石⋯⋯⋯⋯⋯⋯⋯⋯⋯⋯⋯周坚夫
夜访王家楼——鲁西南纪事⋯⋯⋯⋯王太捷
蝴蝶⋯⋯⋯⋯⋯⋯⋯⋯⋯⋯⋯⋯⋯⋯石　雨

诗歌
词四首⋯⋯⋯⋯⋯⋯⋯⋯⋯⋯⋯⋯⋯夏征农
田园之歌（三首）⋯⋯⋯⋯⋯⋯⋯⋯莫西芬
泰山情思（二首）⋯⋯⋯⋯⋯⋯⋯⋯孔祥雨
麦（外二首）⋯⋯⋯⋯⋯⋯⋯⋯⋯⋯贺景之
荒滩春（二首）⋯⋯⋯⋯⋯⋯⋯⋯⋯刘　健
绿色的土地（二首）⋯⋯⋯⋯⋯⋯⋯刘小放
宣言——献给特里·福克斯⋯⋯⋯⋯商叔航
山水青青（八首）⋯⋯⋯⋯⋯⋯⋯⋯李长枝
王　雷　雷乐长　陈　静　倩　晴　林　军
海滩拾贝（散文诗、外一章）⋯⋯⋯王敦贤
军营小诗（二首）⋯⋯⋯⋯⋯⋯⋯⋯姜　勇
鲁西咏怀（三首）⋯⋯⋯⋯⋯⋯⋯⋯许继善
生活的脚步（十二首）
⋯⋯⋯⋯陈继光　韩　青　燕　冲　张雪杉等
新歌谣（十四首）⋯⋯⋯⋯⋯⋯⋯⋯陈作诗等

评论
左建明和他的短篇小说⋯⋯⋯⋯⋯⋯宋道良
谈长篇小说的密度⋯⋯⋯⋯⋯⋯⋯⋯王昌定
文艺争鸣
何谓人物性格的复杂性
　——《人物描写二题》质疑⋯⋯⋯向阳红
英雄形象小议⋯⋯⋯⋯⋯⋯⋯⋯⋯⋯李壮鹰
反向行为的妙用——也谈人物性格的描写⋯余昌谷
从两篇小说谈起——关于艺术真实的读书笔记⋯张　达

文讯五则

美术

封面木刻·······················徐　冰
木刻（三幅）··········秦胜洲　宋丕湖　刘长青
连维云遗作展览作品选（二幅）
晚炊（木刻）·················史济鸿
扉页、目录图案···············丁永源
内文题字·····················施邦华

1981 年第 12 期　刊名:《山东文学》
目录

小说

尤庄的蒲团·····················郭建华
归来·························张　玲
我们这一伙···················王　懵
幸存者·······················翟永瑚
新局长出征记·················高沛长
竞争·······················于颖红
青青和金斗················张广泰　宋是鲁

散文

写在"雪"的故乡···············陈四长
沙打旺·······················于良志

诗歌

呵，天安门城墙
——写在中国女排夺标的时刻·······飞　奔
世界的晨光···················苏文河
意志·······················李根红
中国从这里出发
——写在中国女排领奖的时刻·······庄永春
郎平！扣！···················尤宝良
学习中国女排·················许　森
广州行吟（四首）···············宋协周
沂蒙诗情（三首）···············冯恩昌
渔家人的春天（二首）···········何香久
天山诗页（二首）···············喻　晓
辣椒歌（五首）·················陈显荣
给爸爸·······················廖　群
诗二首·······················于希宁
历史的记忆（三首）·············郭　廓
长江风情（二首）·········严成志　孙国章
春，在大地上行走（八首）
··················郭庆文　姜建国　朱希江等
生活短章（十四章）·······李卫宏　赵政民等
雁阵（外二首）·················陈玉坤

雨中·························刘　晓
人与狐·······················张树铮

评论

个性化琐议···················马国雄
不妨让人物牵一牵鼻子···········张西庭
从伦敦雾的创造者说起···········乔　力
色彩描写在文艺作品中的作用·······赵建源
由画眼睛想到艺术的"眼睛"·······鲁　屋
《山东文学》一九八一年总目录

美术

封面木刻·····················徐　冰
敦煌彩塑（舞蹈摄影）·······荆　强　华铁林
天鹅之死（舞蹈摄影）···········刘永勋
傣族姑娘（装饰画）·············马玉香
丹心长寿（国画）···············王广明
船厂铁臂（木刻）···············谢昌一
扉页、目录图案···············丁永源
内文题字、尾图·······程延年　崔　炜　宋宪军
插页　幽谷之声（摄影）·········冀仁福

1982 年第 1 期　刊名:《山东文学》
目录

写在新的一年的卷头···········本刊编辑部

小说

水声·······················尹世林
鱼团儿·······················尤凤伟
阳关故人·····················李津生
剪·························郭沛光
避雷针·······················王春波
空山鸟语·····················王　平
"101"·······················王尚贤
蓝布大褂·····················柯　兰

散文

撵雾·························匡万平
田横岛上的幽思···············耿林莽

诗歌

泰山组诗（六首）···············李子超
历史的回声（二首）·············宋瑞斌
雪（外一首）···················艾　平
沂蒙山呵（二首）···············张洪涛
西亚风情（二首）···············彭　龄
胶东的土地（外一首）···········沈仁康

获读一九二六年党史档案资料赋感⋯⋯⋯余 修
山水·情操·生活（十六首）⋯⋯⋯⋯⋯方 晴
于阳春 姜澍川 红 路 雷 雯 溪 流 田师善
王怀让 徐增华 侯英汉

寓言
老虎和狐狸（外二章）⋯⋯⋯⋯⋯⋯⋯燕遇明

评论
由生活走向创作（创作与欣赏）——写《喜迎门》的
感受⋯⋯⋯⋯⋯⋯⋯⋯⋯⋯⋯⋯⋯辛显令
努力揭示人物的心灵美
——读两篇报告文学想到的⋯⋯⋯⋯丁振家
几篇描写爱情的小说漫评⋯⋯⋯⋯⋯王志强
心灵之歌（作品短评）⋯⋯⋯⋯⋯⋯王忠林
我爱"水老八"（作品短评）⋯⋯⋯⋯于东升

美术
胶东人家（油画）⋯⋯⋯⋯⋯⋯⋯⋯曹昌武
泰山摄影艺术展览作品选（二幅）⋯郑 华 孙志刚
木刻三幅⋯⋯⋯⋯⋯⋯⋯⋯⋯⋯⋯罗立人
群星灿烂（壁画稿）⋯⋯⋯⋯⋯⋯⋯张一民
装帧⋯⋯⋯⋯⋯⋯⋯⋯⋯⋯⋯⋯⋯张一民
扉页木刻⋯⋯⋯⋯⋯⋯⋯⋯⋯⋯⋯徐 冰
内文题字、题图⋯⋯⋯张华风 姜一峦 刘茂盛

1982 年第 2 期　刊名:《山东文学》
目录

报告文学
凤鸣曲⋯⋯⋯⋯⋯⋯⋯⋯⋯邢景文 谭道博
跃华⋯⋯⋯⋯⋯⋯⋯⋯⋯⋯王 颖 张 挺

短小说专辑
一盘棋⋯⋯⋯⋯⋯⋯⋯⋯⋯⋯⋯⋯⋯邓 东
一个八级干部的轶事⋯⋯⋯⋯⋯⋯⋯孙鸿志
月色正皎⋯⋯⋯⋯⋯⋯⋯⋯⋯⋯⋯阎幸福
转运站里⋯⋯⋯⋯⋯⋯⋯⋯⋯⋯⋯郝月梅

小说
雾⋯⋯⋯⋯⋯⋯⋯⋯⋯⋯⋯⋯⋯⋯李德昌
逝去的梦影⋯⋯⋯⋯⋯⋯⋯⋯⋯⋯刘 岩
孩子，我的君主（外国作品介绍）
⋯⋯⋯⋯⋯⋯[印度]泰戈尔著 杨 旻译

民间故事
民间传说的蒲松龄⋯⋯⋯⋯董均伦 江 源

散文
心⋯⋯⋯⋯⋯⋯⋯⋯⋯⋯⋯⋯⋯⋯李栋林
岱宗之宗——岱庙游记⋯⋯⋯⋯⋯⋯许 评

诗歌
醒了，土地（三首）⋯⋯⋯⋯⋯⋯⋯张中海
地头烟⋯⋯⋯⋯⋯⋯⋯⋯⋯⋯⋯⋯王龙才
我的心坠落了⋯⋯⋯⋯⋯⋯⋯⋯⋯王松青
戴上装有泥土的项链⋯⋯⋯⋯⋯⋯王文堂
乡情二首⋯⋯⋯⋯⋯⋯⋯⋯⋯⋯⋯杨金亭
鲁西行⋯⋯⋯⋯⋯⋯⋯⋯⋯⋯⋯⋯于占德
牛背上的摇篮（散文诗）⋯⋯⋯⋯⋯季振华
泥土情（十七首）⋯⋯飞 雪 李志清 左一兵等
将军石⋯⋯⋯⋯⋯⋯⋯⋯⋯⋯⋯⋯乔荣涛
一户农民自己的养兔场⋯⋯⋯⋯⋯陈所巨

评论
文艺家"尤须有进步的思想"⋯⋯⋯王凤胜
诗歌——时代精神的艺术结晶（创作与欣赏）⋯王希坚
文学与爱情⋯⋯⋯⋯⋯⋯⋯⋯⋯⋯杨树茂
新蕾初绽　色香不俗
——短诗《纷飞的思絮》小议⋯⋯⋯扈林元
作家笔名探源——臧克家⋯国 成 丛 杨 于 胜
《捞箐》情节不真实（读者中来）⋯孙洪强

美术
暮炊（油画）⋯⋯⋯⋯⋯⋯⋯⋯⋯梁益强
孙其峰国画二幅
版画之页（二幅）⋯⋯⋯⋯⋯高世夫 张白波
田喜嫂（油画）⋯⋯⋯⋯⋯⋯⋯⋯秦大虎
题尾花⋯⋯⋯⋯⋯⋯⋯⋯⋯胡连江 张成铸
内文题字、篆刻⋯⋯⋯⋯⋯吕学勤 朱学德等

1982 年第 3 期　刊名:《山东文学》
目录

《山东文学》一九八一年优秀短篇小说评奖揭晓

报告文学
异乎寻常的判决⋯⋯⋯⋯⋯⋯⋯⋯王兆山

小说
祝您健康⋯⋯⋯⋯⋯⋯⋯⋯⋯⋯⋯梁兴晨
卖茶老人⋯⋯⋯⋯⋯⋯⋯⋯⋯⋯⋯杨争光
晶晶⋯⋯⋯⋯⋯⋯⋯⋯⋯⋯⋯⋯⋯李慧志
偏心草⋯⋯⋯⋯⋯⋯⋯⋯⋯⋯⋯⋯徐振廉
海外孤星⋯⋯⋯⋯⋯⋯⋯⋯⋯⋯⋯宗良煜
记圣⋯⋯⋯⋯⋯⋯⋯⋯⋯⋯⋯⋯⋯安家正

散文

湖光渔曲 ························· 刘长岭
绿水情 ·························· 山 曼
雪思 ··························· 普 庚

寓言

磨房里的争论（外二则）················ 燕遇明

诗歌

女作者诗页（五首）
·········· 胡文玉 远方 王明玉 田绪芹
春风曲 ·························· 朱相如
写在一个中国矿工的追悼会上 ·········· 周志友
中南海抒情（二首）················· 曹宇翔
荷塘月色 ························ 杨大矛
山村黎明（二首）·················· 马绪英
词两阕 ·························· 张 明
春草集（四首）············· 韩 青 张升明等
山水 生活 情操（七首）······ 文武斌 刘辉考等

评论

略谈新时期社会主义新人形象的基本特征 ····· 于广礼
诗话两则（创作与欣赏）··············· 宋协周
向生活的深度和广度开掘——读《山东文学》八一年
的农村题材短篇小说 ················ 王忠林
人物塑造中对比手法的运用 ·········· 侯 琪 侯 林
文艺评论应成为"运动中的美学" ·········· 沈祖方
"诗浪花"一束 ···················· 王照青

美术

岱顶风光（油画）··················· 刘庆孝
盼（木刻）······················· 张地茂
篆刻之页（十一方）
·········· 陈左黄 孟博如 朱学德 刘志耘
泰山挑夫（油画）··················· 朱贻德
扉页木刻 ························· 江 雪
内文题字 ························· 程延年

1982 年第 4 期　刊名：《山东文学》
目录

小说

百忍堂的后代 ····················· 张西庭
地委书记和考古家 ·················· 孙慈忠
驶过好望角 ················· 宗良煜 石锡波
婚宴 ··························· 邱 勋
短小说专辑
绳 ···························· 郭庆文

小排灌站 ························ 邓 东
公共汽车上的"维纳斯" ··············· 袁玉森
澡塘里 ····················· 李 梨 天 文

散文

延安生活散记 ····················· 董均伦
阳台上的花（外一篇）········· 台湾旅美作家 沉 樱

诗歌

写给一位老红军的歌 ················· 鲁 莽
青岛风采（二首）··················· 孙友田
家乡掠影（三首）··················· 于书恒
乡村（二首）······················ 陈 犀
东风新韵（三首）········· 姚焕吉 祝屹东 承诺
希望的原野（二首）················· 陈所巨
复收集（二首）···················· 桑恒昌
诗二首 ···················· 陈秀庭 崔合美
泰安冬行（二首）··················· 冯毅之
七绝三首 ························ 刘民生
喜春来（词一首）··················· 张济人
春花一束（十一首）
·········· 宫 玺 雷 奔 顾 闻 璧 如等

评论

报告文学不能写真人假事 ··············· 苗得雨
生活是创作的母亲 ·················· 缪俊杰
浅谈艺术的目的性 ·················· 任孚先
关于《水声》的评论 ············ 罗守让 徐学俭等

文人轶事

契诃夫的婚姻 ················· 王 丹 编译
郭沫若游泰山 ····················· 张 杰

美术

沂蒙四月（油画）··················· 姜宝星
发扬雷锋精神搞好文明礼貌活动（四幅）
·········· 秦大虎 张联珠 袁 晖
台湾同胞爱国怀乡诗意画（三幅）
·········· 弭菊田 王天池 欧阳秉森
三月（名作欣赏·油画）
·········· N.列维坦 （朱 铭撰文）
扉页木刻 ························· 江 雪
内文题字 ························· 施邦华

1982 年第 5 期　刊名:《山东文学》

目录

小说

蛤蜊引出的故事⋯⋯⋯⋯⋯⋯⋯王良瑛
"时间小人"⋯⋯⋯⋯⋯⋯⋯⋯王　火
大忙六月天⋯⋯⋯⋯⋯⋯⋯⋯张方文
庄稼一茬接一茬⋯⋯⋯⋯⋯⋯陈传瑜
声音⋯⋯⋯⋯⋯⋯⋯⋯⋯⋯⋯张　炜
芦花滩⋯⋯⋯⋯⋯⋯⋯⋯⋯⋯尹世林
夜来风雨声⋯⋯⋯⋯⋯⋯⋯⋯王　平

散文

往事仍激励着今天⋯⋯⋯⋯⋯苗得雨

诗歌

齐鲁当代诗人
题名手书⋯⋯⋯⋯⋯⋯⋯⋯⋯臧克家
泰山石（外一首）⋯⋯⋯⋯⋯燕遇明
在工业城的地平线上（三首）⋯雁　翼
歌从家乡飞来（三首）⋯⋯⋯丁庆友
北京畅想曲（五首）⋯⋯⋯⋯赵　伟
山水·生活·情操（八首）⋯⋯韩瑞亭
闵　人　喻　晓　宁　宇　潘万提　曹　复
石夯礼赞⋯⋯⋯⋯⋯⋯⋯⋯⋯任志玺
鲁西行杂记（六首）⋯⋯⋯⋯朱则民
白烛⋯⋯⋯⋯⋯⋯⋯⋯⋯⋯⋯张家琪
针（外一首）⋯⋯⋯⋯⋯⋯⋯雷庆龙

评论

要做有出息的文学工作者⋯⋯王希坚
创作与欣赏
谈短篇小说创作⋯⋯⋯⋯⋯⋯邓友梅
诗友通信⋯⋯⋯⋯⋯⋯张中海　冯恩昌
文人轶事　汉园三诗人⋯⋯⋯鲁　海

美术

胶州湾（水粉画）⋯⋯⋯⋯⋯王臣祥
山巅（木刻）⋯⋯⋯⋯⋯⋯⋯聂昌硕
回娘家（木刻）⋯⋯⋯⋯⋯⋯姜　旗
舞（木刻）⋯⋯⋯⋯⋯⋯⋯⋯姜　旗
春风（国画）⋯⋯⋯⋯⋯⋯⋯单应桂
秋之夜（国画）⋯⋯⋯⋯⋯⋯吴泽浩
黄河的旋律（油画）⋯⋯⋯⋯李广元
扉页木刻⋯⋯⋯⋯⋯⋯⋯⋯⋯杨　云

1982 年第 6 期　刊名:《山东文学》

目录

王众音同志在山东省文学评奖发奖大会上的讲话（一
九八二年五月五日）
山东省 1981 年文学评奖委员会主任、副主任、委员
名单
获奖作品名单
山东省 1981 年文学评奖发奖大会在济举行

小说

翠珠⋯⋯⋯⋯⋯⋯⋯⋯鲁　南　杜兴海
春天的风在轻轻歌唱⋯⋯⋯⋯张　玲
清水店主⋯⋯⋯⋯⋯⋯⋯⋯⋯魏树海
穆香⋯⋯⋯⋯⋯⋯⋯⋯⋯⋯⋯燕　冲
山那边的信⋯⋯⋯⋯⋯⋯⋯⋯王　欣

散文

高兰先生⋯⋯⋯⋯⋯⋯⋯⋯⋯马瑞芳
长在心上的教训（外一篇）⋯雁　翼
墓碑⋯⋯⋯⋯⋯⋯⋯⋯⋯⋯⋯真　骅

寓言

留不住的花⋯⋯⋯⋯⋯⋯⋯⋯刘占武

诗歌

齐鲁当代诗人
杂咏六首⋯⋯⋯⋯⋯⋯⋯⋯⋯王希坚
日蚀小记——寄左联盟友⋯⋯臧云远
东行采撷（十首）⋯⋯⋯⋯⋯孔　孚
人杰地灵（三首）——旅途行吟⋯纪　宇
访郭老故居⋯⋯⋯⋯⋯⋯⋯⋯李予昂
古风二首⋯⋯⋯⋯⋯⋯⋯⋯⋯宋　瑛
花儿朵朵（十首）⋯⋯⋯⋯⋯马芳亭
王宜振　刘饶民　聪　聪　杨兆席　田　毅　裴建华
蓝色的蜻蜓（外一首）⋯⋯⋯李　峰
短歌一束⋯⋯⋯⋯⋯⋯⋯⋯⋯蓝晓强
马均潭　沈良意　孔祥为　魏炫蕃
追求⋯⋯⋯⋯⋯⋯⋯⋯⋯⋯⋯马天豪

评论

文学评论不能离开作品的实际——就《内当家》的批
评同王永福同志商榷⋯⋯⋯⋯翟德耀
呼唤革命传统的佳作——读《拜年》⋯李先锋
浅谈《冰雪花》⋯⋯⋯⋯⋯⋯张　达
孩子们喜爱《冰雪花》⋯⋯⋯阎景江
谈短篇小说创作（创作与欣赏）⋯⋯邓友梅

美术

小溪清清（工笔重彩）······张锦平
国画二幅······方济众
国画二幅······姜宝林
春宵（彩墨画）······丁宁原
扉页木刻······肖继民
内文题字、尾图······吕学勤　王卫裔　徐永生

1982 年第 7 期　刊名:《山东文学》
目录

报告文学

江海情——人才第四曲······李延国

小说

山岗小路······纯　民
白云上的红樱桃······四　海
那只能叫的杜鹃······高禄堂
公道婆······王吉呈
高粱花子厂长······左建明
春枝······姜利国

散文

黄河春讯······江　波
泰山二题······杨子敏
徂徕山漫记······张彦青

诗歌

诗二首······李子超
春，不再失望
我是车刀（外一首）······张敦孟
春，不再失望······刘延林
信念······赵远智
我歌颂手——写在塑料玩具厂······阎建中
我在轨枕上漫步······柴德森
故乡，我是你的纤夫······张　毅
雨，落在绿野上······魏铺东
栽······郭庆文
歌，从家乡飞来
花······陈作诗
在小山村拾到的小诗（二首）······刘茂芳
林场场长······尧山壁
捕参的季节······鹿说之
桃花汛······王晓梵
山村夜（外一首）······何　鹰
香港行（三首）······傅　铭
送行······酒井义鹏　铃木光义
燕遇明同志追悼会在济南举行

在燕遇明同志追悼会上林萍同志致悼词

评论

漫话故事和人物······林　雨
关于人性和文学创作的几个问题······刘光裕
赞"短小说"······于广礼
辛弃疾的雅量（文人轶事）······草　云

美术

延安岁月（油画）······武尚功
陈玉圃国画作品二幅
版画之页
新船······李以泰
泰山瞻鲁台······徐汝良
出海······杜恒范　梅植武
泰山写生（水彩画）······晏文正
扉页画······苏海青
内文题字、题花······吕学勤　吴湘麟

1982 年第 8 期　刊名:《山东文学》
目录

文艺工作者公约
中国文联四届全委会二次会议在京举行

小说

云破月来······郭宝林
啊，我家的珍珠兰······李贯通
索鱼······王秋生
匣子里的童年······单　虹
融融岁末······丛正里
塞局长买表······郝湘榛

报告文学

青春之花是这样开放的······行　之　王光明

散文

悼念燕遇明同志······王众音
黄泥岗的绿色······甘　竹
绿水长流······张久深　王兴臣

诗歌

齐鲁诗坛
标题手书······臧克家
散诗二首······戈振缨
大海（外二首）······李根红
黎明的号声（散文诗·外三章）······耿林莽
山乡的红叶（四首）······冯恩昌

鲤鱼仙女⋯⋯⋯⋯⋯⋯⋯⋯⋯⋯燕遇明 遗作
老燕，你没有飞去——悼燕遇明同志⋯⋯⋯苗得雨
劳者自歌（外一首）⋯⋯⋯⋯⋯⋯⋯田 间
登泰山⋯⋯⋯⋯⋯⋯⋯⋯冯理达 罗元铮
散文诗小辑
胸口（外二章）⋯⋯⋯⋯⋯⋯⋯⋯晓 桦
重逢的日子（外一章）⋯⋯⋯⋯⋯⋯远 方
大海抒情（二章）⋯⋯⋯⋯⋯⋯⋯阮大华
春之声（四章）⋯⋯⋯⋯⋯⋯⋯⋯李华新
心（外一章）⋯⋯⋯⋯⋯⋯⋯⋯彭雁华

评论
漫谈《崛起》的结构和人物⋯⋯⋯⋯⋯夏 放
沿着已开拓出的路，往前走⋯⋯⋯⋯袁忠岳
再谈《内当家》的细节描写⋯⋯⋯⋯王永福
答读者⋯⋯⋯⋯⋯⋯⋯⋯⋯⋯⋯张象吉

寓言
猫和狗的对话（外一则）⋯⋯⋯⋯⋯胡树化

美术
海湾（油画）⋯⋯⋯⋯⋯⋯⋯⋯⋯杨松林
版画之页
大业弥艰⋯⋯⋯⋯⋯⋯⋯⋯⋯⋯蒋陈阡
野战医院 药花飘香（二幅）⋯⋯⋯⋯郑向农
油画之页
海带田里⋯⋯⋯⋯⋯⋯⋯⋯⋯⋯杨松林
水乡印象⋯⋯⋯⋯⋯⋯⋯⋯⋯⋯姚剑波
静物写生（水粉画）⋯⋯⋯⋯⋯⋯刘庆孝
悼念燕遇明同志（书法）⋯⋯⋯⋯⋯陶 钝
扉页画⋯⋯⋯⋯⋯⋯⋯⋯⋯⋯⋯苏海青
内文题字⋯⋯⋯⋯⋯⋯⋯⋯⋯⋯程延年

1982 年第 9 期　刊名:《山东文学》
目录

小说
矫师傅请客⋯⋯⋯⋯⋯⋯⋯⋯⋯⋯矫 健
高村两老汉⋯⋯⋯⋯⋯⋯⋯⋯⋯⋯张石山
红地毯的那一端⋯⋯⋯⋯⋯⋯⋯⋯张晓东
小说三题⋯⋯⋯⋯⋯⋯⋯⋯⋯⋯⋯刘富道
月色皎洁⋯⋯⋯⋯⋯⋯⋯⋯⋯⋯⋯邹志安
看鹰爪虾的孩子⋯⋯⋯⋯⋯⋯⋯⋯孙鸳翔

散文
哀悼燕遇明同志⋯⋯⋯⋯⋯⋯⋯⋯知 侠
君子兰⋯⋯⋯⋯⋯⋯⋯⋯段坤恩 郑世光
余音袅袅⋯⋯⋯⋯⋯⋯⋯⋯⋯⋯⋯山 曼
绿色的孤岛⋯⋯⋯⋯⋯⋯⋯⋯⋯⋯陈崇喜

怀念老舍⋯⋯⋯⋯⋯⋯⋯⋯⋯⋯⋯秦瘦鸥
人民艺术家——王大化（文人轶事）⋯⋯宋伯良

报告文学
公仆⋯⋯⋯⋯⋯⋯⋯⋯⋯⋯胡长坤 张方文

诗歌
齐鲁诗坛
诗四首⋯⋯⋯⋯⋯⋯⋯⋯⋯⋯⋯冯毅之
重返山乡（二首）⋯⋯⋯⋯⋯⋯⋯韩 青
南风北吟（四首）⋯⋯⋯⋯⋯⋯⋯徐北文
我爱胶东（三首）⋯⋯⋯⋯⋯⋯⋯姚焕吉
彩色的贝（散文诗四章）⋯⋯⋯⋯⋯张 岐
半亩地⋯⋯⋯⋯⋯⋯⋯⋯⋯⋯⋯林 希
生活·情操·山水（十八首）⋯⋯⋯⋯黄东成
于崇浩 章永信 萧振荣 黄时陶 牟 迅 梁谢成
林 敏 黄 宏 倩 晴 郭树荣
五绝四首⋯⋯⋯⋯⋯⋯⋯⋯⋯⋯郁黎明

评论
作家的神圣职责⋯⋯⋯⋯⋯⋯⋯⋯李基凯
怎样评价外国文学作品⋯⋯⋯⋯⋯王文彬
存在主义及其影响⋯⋯⋯⋯⋯⋯⋯于广礼
一篇别开生面的传记
——读马瑞芳同志的《祖父》⋯⋯⋯孙昌熙
人间"钻石"的开掘者
——评《钻石，你在寻找谁?》⋯⋯⋯吴开晋
坚实的脚步　可喜的收获
——评牟崇光的短篇小说创作⋯⋯⋯任孚先

消息
作协山东分会召开专业作家会议

美术
渔家乐（油画）⋯⋯⋯⋯⋯⋯⋯⋯钱志林
山村人家（木刻）⋯⋯⋯⋯⋯⋯⋯董健生
高秋（木刻）⋯⋯⋯⋯⋯⋯⋯⋯⋯董健生
欢腾的草原（木刻）⋯⋯⋯⋯⋯⋯刘晓刚
秋光亦盛春更醉（国画）⋯⋯⋯⋯李冰奇
取秋实以谢春华（国画）⋯⋯⋯⋯李冰奇
广告八则
扉页画⋯⋯⋯⋯⋯⋯⋯⋯⋯⋯⋯苏海青

1982 年第 10 期　刊名:《山东文学》
目录

反映共产主义实践　讴歌共产主义精神⋯本刊评论员
共产主义的旗帜高高扬起——欢呼党的第十二次代表

大会···························宋协周

共产主义理想　我心中的歌

——献给党的十二大···········马恒祥

省文联召开第四届委员会二次扩大会议（消息）

中国文联给大会的贺电

王众音同志在山东省文联第四届委员会第二次扩大会议上的讲话

山东省文联第四届委员会第二次扩大会议开幕词

···························刘知侠

坚持党的文艺路线　促进我省文艺事业的进一步发展——在省文联第四届委员会第二次扩大会议上的会务工作报告···········苗得雨

山东省文联第四届委员会第二次扩大会议闭幕词

···························孔　林

山东省文联第四届委员会第二次扩大会议通过的三个决议

省作协召开理事扩大会（消息）

小说

洪川家的女人···················王维民

碌碡谣·······················尹世林

许二爷·······················魏树海

月台·························尤凤伟

小贾夫妇和邻居们···············焦辰龙

楼下的孩子····················芦万成

散文

重庆回忆······················田仲济

唯愿身化光明烛··················马瑞芳

诗歌

齐鲁诗坛

济南诗四首····················余　修

从北京唱到泉城··················孔德平

笋与箨（外一首）·················张志鹏

复收集（散文诗·四章）············桑恒昌

诗四首·······················张维芳

一花引来花千树（新民歌九首）

···············王韶钟　朱于华等

七律·心声·····················王永清

西沙河咏怀····················许继善

希望的大地（七首）···············王　也

钱锦方　陈洪泽　宋歌　高永升　王松青　郑钦禹

山水·生活·情操（十一首）······庄永春　张树方等

民间故事

万丈碑··················张　章搜集整理

评论

漫议文学批评要实事求是

——兼与王永福同志商榷···········尚　涛

文学作品要注意细节描写（创作与欣赏）···刘　真

谈矫健短篇小说的创作特色···········王志强

文人轶事

老舍是生活中的有心人··············韩日新

美术

啊，黄河（油画）·········赵先闻　黄树棣

热烈欢呼党的十二大胜利召开（篆刻之页）

··········陈左黄　朱学德　王潞霖　李昕

以实际行动庆祝党的十二大胜利召开（速写之页）

··············车秀申　王成喜　候滨

十八盘（油画）··················赵崇文

扉页画·······················苏海青

1982 年第 11 期　刊名:《山东文学》
目录

小说

罗孩儿和板凳戏·················王维民

山村闲话······················杨柱山

间奏曲·······················苗长水

海韵·························姜　滇

清贫·························谢维衡

苇喳儿·······················殷允岭

蜜蜂恋·······················董洪昌

短小说

美丽的小白杨···················王洪荣

我有一条小红鱼··················邓　东

老监察和他的虎头牌···············刘正军

散文

雨濛濛·······················吕曰生

手·························刘国政

诗歌

齐鲁诗坛

黄河滩诗讯（三首）···············飞　雪

新居（外二首）··················孔祥雨

我愿·························李健葆

芳香的土地（三首）···············王耀东

生活的歌（二首）·················苏文河

拾到的纪念册（散文诗·五章）·········柯　兰

工业城掠影

油田诗草（二首）·················梁青生

一个工程师的笑⋯⋯⋯⋯⋯⋯⋯⋯冯永杰
时代的呼唤（三首）⋯⋯⋯⋯⋯⋯郭 廓
我是一块钢锭⋯⋯⋯⋯⋯⋯⋯⋯闫建中
路遇⋯⋯⋯⋯⋯⋯⋯⋯⋯⋯⋯艾 平
织⋯⋯⋯⋯⋯⋯⋯⋯⋯⋯⋯⋯陈 胜
圆⋯⋯⋯⋯⋯⋯⋯⋯⋯⋯⋯⋯张敦孟
茶炉工⋯⋯⋯⋯⋯⋯⋯⋯⋯⋯方喜利
西湖细浪⋯⋯⋯⋯⋯⋯⋯⋯⋯纪 鹏
小镇瓜市⋯⋯⋯⋯⋯⋯⋯⋯⋯朱希江

评论
为建设社会主义精神文明添砖加瓦——学习十二大报
告笔谈⋯萧涤非 王希坚 高 兰 宋协周 赵耀堂
诗风当随时代变⋯⋯⋯⋯⋯⋯⋯杨匡汉
谈谈我一组崂山诗的写作（创作与欣赏）⋯孔 孚
浅谈《海啸》中"桃花岛"的艺术特色⋯⋯许 岱
《声音》艺术特色试探⋯⋯⋯⋯⋯赵鹤翔
本刊召开工业题材诗歌创作座谈会⋯⋯本刊记者

美术
海风（油画）⋯⋯⋯⋯⋯⋯⋯⋯张学锋
水墨山水二幅⋯⋯⋯⋯⋯⋯⋯⋯兰立克
彩墨花鸟花卉二幅⋯⋯⋯⋯⋯⋯王臣祥
把青春献给壮丽的共产主义事业（宣传画）⋯邱 兵
扉页画⋯⋯⋯⋯⋯⋯⋯⋯⋯⋯苏海青
内文题字⋯⋯⋯⋯⋯⋯⋯张华风 崔 炜

1982 年第 12 期　刊名:《山东文学》
目录

小说
滚球记⋯⋯⋯⋯⋯⋯⋯⋯康 云 杨长瀛
灰云散尽是蓝天⋯⋯⋯⋯⋯徐延山 刘崇刚
姜守本进城⋯⋯⋯⋯⋯⋯⋯⋯郭建华
苦心⋯⋯⋯⋯⋯⋯⋯⋯⋯⋯王太捷
"一杆秤"理事⋯⋯⋯⋯⋯刘焕鲁 袁晓国
被召唤者⋯⋯⋯⋯⋯⋯⋯⋯⋯王金年

诗歌
齐鲁诗坛
蚕爱（四首）⋯⋯⋯⋯⋯⋯⋯陈显荣
唱给种子的颂歌（外二首）⋯⋯⋯姜建国
青岛杂忆⋯⋯⋯⋯⋯⋯⋯⋯⋯雷 霆
山乡掠影（三首）⋯⋯⋯⋯⋯⋯刘辉考
乡村（三首）⋯⋯⋯⋯⋯⋯⋯⋯张中海
致张海迪⋯⋯⋯⋯⋯⋯⋯⋯⋯刘恒杰
东岳诗草（二首）⋯⋯⋯⋯⋯⋯邓砚菲
山水·生活·情操（十七首）⋯⋯贺羡家

贾长厚 葛佳映 刘 章 姜 勇 邢广域 黄 淮
陈所巨 晓 钢 时永福 王 野 马立彦

散文
师友之间怀燕铭⋯⋯⋯⋯⋯⋯⋯余 修
回忆王统照先生⋯⋯⋯⋯⋯⋯⋯包干夫
从最后的一封信谈起⋯⋯⋯⋯⋯田仲济

寓言
寓言三则⋯⋯⋯⋯⋯⋯⋯⋯⋯申均之

民间故事
羿射九日⋯⋯⋯⋯⋯⋯⋯⋯吕书谦整理

评论
要以共产主义思想体系指导文艺创作⋯⋯丁振家
刘绍棠谈乡土文学⋯⋯⋯⋯苗晓露 王 晨
战火中成长的一代少年⋯⋯⋯⋯⋯邱 勋
用横笛吹出的民歌⋯⋯⋯⋯⋯⋯于友发
捕捉心灵的闪光点⋯⋯⋯⋯冯中一 杨守森
平凡中见出不平凡⋯⋯⋯⋯侯 琪 侯 林
文艺随笔二则⋯⋯⋯⋯⋯⋯⋯刘饶民
《山东文学》一九八二年总目录
一九八二年《山东文学》优秀短篇小说评选启事

美术
鲁南金秋（油画）⋯⋯⋯⋯⋯⋯路 璋
周东申黑白木刻小品（五幅）
张建辛黑白画小品（五幅）
隋易夫国画作品（二幅）
山坳里（油画）⋯⋯⋯⋯⋯⋯⋯于安民
扉页画⋯⋯⋯⋯⋯⋯⋯⋯⋯⋯苏海青
题尾图案⋯⋯⋯⋯⋯⋯⋯⋯⋯姜一峦等

1983 年第 1 期　刊名:《山东文学》
目录

小说
四个同龄娣⋯⋯⋯⋯⋯⋯⋯⋯严啸建
寄错了的信⋯⋯⋯⋯⋯⋯⋯⋯训 让
刘妈⋯⋯⋯⋯⋯⋯⋯⋯⋯⋯高尔品
杂质⋯⋯⋯⋯⋯⋯⋯⋯⋯⋯孙嘉嶙
话说老婆⋯⋯⋯⋯⋯⋯⋯⋯⋯陈传瑜
呵，梦中的茅草棚⋯⋯⋯⋯⋯⋯张象吉
笨嘴子推销员⋯⋯⋯⋯⋯⋯⋯肖 春
中不溜儿太太⋯⋯⋯⋯⋯⋯⋯段剑秋

散文

在滇南中越边界上的一天⋯⋯⋯⋯⋯王　火
婚礼⋯⋯⋯⋯⋯⋯⋯⋯⋯⋯⋯⋯⋯⋯齐明昌
花魂⋯⋯⋯⋯⋯⋯⋯⋯⋯⋯⋯⋯⋯⋯潘仁山

诗歌
齐鲁诗坛
江南游（五首）⋯⋯⋯⋯⋯⋯⋯⋯⋯苗得雨
访蒲留仙故居（外一首）⋯⋯⋯⋯⋯张寿彭
三匹宝马（三首）⋯⋯⋯⋯⋯⋯⋯⋯山　青
故乡情（二首）⋯⋯⋯⋯⋯⋯⋯⋯⋯宫　玺
忆遇明同志⋯⋯⋯⋯⋯⋯⋯⋯⋯⋯⋯于寄愚
蒙山玛瑙石⋯⋯⋯⋯⋯⋯⋯⋯⋯⋯⋯程步涛
唔，竹林⋯⋯⋯⋯⋯⋯⋯⋯⋯⋯⋯⋯赵鹤翔
山水·生活·情操（二十首）⋯⋯⋯刘文超
李先轶　李朝珲　林红宾　王常滨　肖　苏　王兆新
张　令　孔小划　王延庆　鹿说之　杨　均　李商元

评论
关于提高小说质量的思考⋯⋯⋯⋯⋯刘锡诚
谈当前的短篇小说创作⋯⋯⋯⋯⋯⋯崔道怡
军事题材小说的新突破——读李存葆的小说《高山下的花环》⋯⋯⋯⋯⋯⋯⋯⋯⋯⋯⋯⋯⋯⋯⋯⋯⋯光　群

美术
第十只朱鹭⋯⋯⋯⋯⋯⋯⋯⋯⋯⋯⋯韩美林
张宏宾人物速写三幅⋯⋯⋯⋯⋯⋯⋯张宏宾
秦汝文水墨山水二幅⋯⋯⋯⋯⋯⋯⋯秦汝文
水巷（水彩画）⋯⋯⋯⋯⋯⋯⋯⋯⋯靳　涛
木刻二幅⋯⋯⋯⋯⋯⋯⋯⋯⋯⋯⋯⋯高世夫
本期题尾图案⋯⋯⋯⋯⋯张建辛　张国斌　唐振铎

1983 年第 2 期　刊名:《山东文学》
目录

小说
周末⋯⋯⋯⋯⋯⋯⋯⋯⋯⋯⋯⋯⋯⋯京　夫
邻人之子⋯⋯⋯⋯⋯⋯⋯⋯⋯⋯⋯⋯李心田
医生丈夫和农民妻子⋯⋯⋯⋯⋯⋯⋯邹志安
五娘⋯⋯⋯⋯⋯⋯⋯⋯⋯⋯⋯⋯⋯⋯苊　草
一团火，一条河⋯⋯⋯⋯⋯⋯⋯⋯⋯李贯通
酒话⋯⋯⋯⋯⋯⋯⋯⋯⋯⋯⋯⋯⋯⋯符加雷
两个姑娘和一个笑话⋯⋯⋯⋯⋯⋯⋯张　炜

报告文学
长河求索祚艋舟⋯⋯⋯⋯翟永瑚　张　岐　邱　勋

散文

仙乡行⋯⋯⋯⋯⋯⋯⋯⋯⋯⋯⋯⋯⋯许　评
沙角的铁树⋯⋯⋯⋯⋯⋯⋯⋯⋯⋯⋯毕玉堂
点翠种玉绿依依⋯⋯⋯⋯⋯⋯⋯⋯⋯伍　杰

诗歌
齐鲁诗坛
海洋抒情诗（五首）⋯⋯⋯⋯⋯⋯⋯孙静轩
谒中山陵（外二首）⋯⋯⋯⋯⋯⋯⋯王洪涛
追随于希望之后⋯⋯⋯⋯⋯⋯⋯⋯⋯王燕生
渔乡夜（外二首）⋯⋯⋯⋯⋯⋯⋯⋯于书恒
清晨（外一首）⋯⋯⋯⋯⋯⋯⋯⋯⋯李卫宏
青岛海滨感发（三首）⋯⋯⋯⋯⋯⋯康　濯
信念（外一首）⋯⋯⋯⋯⋯⋯⋯⋯⋯杨大矛
登泰山（三首）⋯⋯⋯⋯⋯⋯⋯⋯⋯张承信
思乡曲（外一首）⋯⋯⋯⋯⋯⋯⋯⋯子　页
初游十笏园韵志（二首）⋯⋯⋯⋯⋯蔡子人
希望的大地（十三首）
　　⋯⋯⋯⋯陈显荣　姜建国　宇之剑　华等
柳丝（外一首）⋯⋯⋯⋯⋯⋯⋯⋯⋯曲有源

评论
巍巍青山在召唤⋯⋯⋯⋯⋯⋯⋯⋯⋯李希凡
《高山下的花环》座谈纪要⋯⋯⋯于　音整理
《高山下的花环》笔谈
"我主要靠生活"⋯⋯⋯⋯⋯⋯⋯⋯丛正里
当代革命军人之魂⋯⋯⋯⋯⋯⋯⋯⋯任孚先
因《高山下的花环》而想到的⋯⋯⋯陈宝云

美术
鸳鸯（装饰画）⋯⋯⋯⋯⋯⋯⋯⋯⋯韩美林
陈荒煤、刘白羽、冯牧约见《高山下的花环》作者李存葆（摄影三幅）⋯⋯⋯⋯⋯陶俊峰
孙墨龙彩墨人物作品二幅⋯⋯⋯⋯⋯孙墨龙
阳光（水粉画）⋯⋯⋯⋯⋯⋯⋯⋯⋯柴　旭
篆刻三方⋯⋯⋯⋯⋯⋯⋯⋯⋯⋯⋯⋯陶希晋
扉页、目录、题尾篆刻⋯⋯⋯⋯⋯⋯朱鸿祥

1983 年第 3 期　刊名:《山东文学》
目录

《山东文学》一九八二年优秀短篇小说评奖揭晓
马克思的文艺观
——纪念马克思逝世一百周年⋯⋯⋯狄其聪

报告文学
一个搞科研的和一个管科研的⋯⋯⋯王兆山

小说

浪打浪·······················魏金永
烟村的葬礼···················尹世林
女作者之页
谁知道角落的这棵小树·········李秀华
踏着露水去菜园···············胡顺杰
抓住人物心灵的钥匙（编稿小议）···晓　光
枇杷树下·····················王小鹰
春华秋实·····················严　民

散文

龙湾之夏·····················杨大钧
马跑泉感怀···················戴永夏

寓言

寓言二则·····················刘占武

诗歌

齐鲁诗坛
跋涉之歌（散文诗·五章）·······张　岐
齐鲁诗草（十首）·············杨金亭
工业风景线（三首）···········马恒祥
我爱这片版图（三首）·········刘延林
威海一瞥（外一首）···········鲁　特
学习诗抄·····················周坚夫
钻天燕·······················郭澄清
红叶（外二首）···············丁慨然
大嫂·························林　军
鲜嫩的彩虹···················李金安
生活·情操·山水······庄水春　于振海等

评论

短而好的艺术（读孙犁短篇小说札记）···黄泽新
评高禄堂的作品···············卢兰琪
散文构思漫笔·················陈少松
放开些，再放开些（创作与欣赏）···左建明

美术

雄鸡（装饰画）···············韩美林
伟大的战士（油画）···········尹　毅
王莹国画作品二幅·············王　莹
渔村（水粉画）···············李　如
内文题字·····················程延年

目录

小说

今儿个我请客·················牟崇光
陵园守护人···················萧　平
宝地·························刘绍棠
高老汉一家···················耕　夫
小马驹和她的机关枪老师·······张一翔
田间，开着几朵小花···········刘　岩
新人新作
夏天的玫瑰···················彭雁平
知了——·····················伊　夫
憧憬已久的早晨·····[日]星新一著　李有宽译

寓言

寓言两则·····················胡树化

散文

臧克家在青岛···········刘　桓　王安东
忆念吴伯箫···················杨芝明

诗歌

齐鲁诗坛
散文诗五章···················孔　林
在心灵的回音壁上（三首）·······孙国章
散文诗三章···················商叔航
鹊华诗笺（十九首）···········王希坚
孔德平　牟　迅　胡学武　刘毅然　张雪杉　马晋乾
任志玺　鹿　强　徐增华　叶　笛
新民歌三首·······张永泰　庆　华　蔡廷甫

评论

新时代的"人才曲"
——漫谈李延国的四篇报告文学·····王凤胜
人情风物两生辉
——《梁山泊风情》散文集序·······峻　青
生活与创作
从酷寒中采撷来的冰雪花——略谈《冰雪花》的创作
过程兼答读者·················田　毅
生活与创新···················罗守让
"数月之功"与"一日之迹"·······丛　耸
读短篇小说的开头·············荆　玉

美术

晚泊（水粉画）···············曹昌武
周东申木刻作品（二幅）·········周东申
陈川木刻作品（二幅）···········陈　川

四月之夜（油画）————————————[英]休 斯
扉页、目录装饰画————————————————苏海青
内文题字————————————————————————吕学勤

1983 年第 5 期　刊名:《山东文学》
目录

小说
三驾马车————————————————————————纯　民
折射的光环————————————————————张晓东
报春的喜鹊————————————————————郭　震
印度洋里的七天————————————————宗良煜
"铲子匠"与"大工头"——————————石　英
风雨夜中人————————————————————向　春
短小说
途中————————————————————————————锦　云
半截蜡烛————————————————————————刘贞年
"老阴天"破晴————————————————李成才

散文
白帝城散记————————————————————纪　宇
雾岛茶香————————————————————————郭金炎

诗歌
齐鲁诗坛
壮乡拾韵————————————————————————宋协周
骄傲与羞愧织成的歌——————————胡文玉
黄河与大海————————————————————任　远
诗三首————————————————————————————谢颐城
人生的启迪（五首）
——献给张海迪的歌——张维芳　乌　林　姚焕吉
姜　勇　郑训佐
城市之晨（九首）
——————王有兴　张　波　孙　勃　吴宗鹏　刘传进等
他说……（外一首）——————————————赵　伟
冬桃————————————————————————————翟秀琪
复活————————————————————————————姜澍川
管洪亮————————————————————————————岩　石

评论
注视着农民的心灵深处——————————张　达
作品发表之后……————————————————艾　斐
于对比中写好"这一个"————————任耀云
不技之技，无奇之奇————————————钟　法
从病孩到作家
——罗·路·史蒂文生的故事——————（译文）

消息
《山东文学》一九八二年优秀短篇小说授奖仪式在济
南举行

美术
牧鹤（油画）————————————————————闫振铎
宋新涛国画作品二幅
于阳春、戎玉秀国画作品二幅
穆斯切尔的农妇（水彩）————[罗]格里高列斯库
扉页目录图————————————————————周长积
龙须岛速写————————————————————张国维
内文题字————————————————张华风　张玉成

1983 年第 6 期　刊名:《山东文学》
目录

小说
水边的作坊————————————————————尹世林
回眸————————————————————————————汤吉夫
海边长大的孩子————————————————王彩然
现代主妇————————————————————————刘玉堂
小镇春风————————————————————————江　流
儿童小说
梅莉莉的帽子————————————————————王　欣
五彩粉笔头————————————————————张相林
绿色的瓜园————————————————————匡万平
谁是罪犯——————[美]欧·亨利著　柏　青译
寓言四则————————————————————————萧　平

诗歌
海的骄女————————————————————————纪　宇
齐鲁诗坛
北京拾零（三首）————————————————于　鹏
秋的印象（四首）————————————————高炯浩
春花（外一首）————————————————于阳春
城市掠影（三首）————————————————郭　廓
六月的花（儿童诗五首）————————孟胜国
孙华文　朱晋杰　刘饶民　聪　聪
散文诗小辑————————————————————王金明
刘烨园　孙　震　彭雁华　李　耕　李华新等
夫妻俩（小叙事诗）————————————牛雅杰
夜曲————————————————————————————杨玉泰
浮云（外一首）————————————————李延国
辙印——致海迪————————————————红　路
清晰的记忆（外二首）————————————李　峰
讽刺诗五首————————————————————张维芳

评论

皎皎河汉星·····················宋协周
可有新的完整的生命在心灵里躁动·····贺兴安
学问素养与文艺创作···············草云
安徒生和他的童话（文人轶事）·······苗可
从柳青的"扮演角色"谈起···········解洛成

美术

春光（水粉画）·················姚泉福
当代保尔——张海迪（宣传画）·······言师中
早春（油画）···················李登福
浴（油画）·················[美]卡萨特
扉页、目录装饰画···············苏海青
内文题字·····················李修举等

报告文学断想·················王荣纲
作品短评三则········韩日新　毛树贤　王忠林

美术

花（水粉画）···················张建辛
中央领导同志对张海迪题词篆刻作品选
···············石可　陈左黄　梁修
中央领导同志对张海迪题词篆刻作品选
·······陈威光　陈左黄　朱学德　王璐霈
学习张海迪篆刻作品···············陶希晋等
披绣巾的女子（油画）·········[俄]苏里科夫
水乡（速写）···················高潮
母亲（木刻）···················高世夫
内文题字·······················黎青

1983 年第 7 期　刊名:《山东文学》

目录

小说

古箫·························李贯通
经霜的红叶·····················齐勉
羁旅人························王延平
任局长调查记···················卢万成
海边诊所·······[英]希拉·道格拉斯著　张海迪译

报告文学

农舍的维纳斯···············贾鲁生　桑世新

散文

在奈良和日光的见闻——访日散记·······海笑
栈桥清风·····················邢景文
彩石路·······················申文钟
散文短章·····················王耀东

诗歌

齐鲁诗坛

高原和故乡的海（三首）·············刘宏亮
沂蒙短歌（三首）·················莫西芬
雅隆河之歌·····················马丽华
飞鸟（二首）···················闫建中
欢笑的青春·····················白帆
希望之光·······················阳春
武夷山诗笺·······宁宇　赵丽宏　郑成义　冰夫
生活·情操·山水···········林敏　陈达光等

评论

星光灿烂照人生···················孚先
通向"魔术"的道路···············马畏安

1983 年第 8 期　刊名:《山东文学》

目录

小说

秋雨洗葡萄·····················张炜
琢玉························郭建华
曹牛鬼·······················矫健
仲秋蟹儿肥·····················韩钟亮
女同事·······················杨平芳
争让·························李德芹
愿春天永驻心头···················王聪

散文

屠格涅夫散文三篇·················张守仁译
空中游泰山·····················韩尚义

童话

梧桐树下·······················塞人

诗歌

齐鲁诗坛

胶东，昨天战争的黎明（三首）·········姜澍川
被放逐的歌手···················石河
海恋（外一首）···················夏雨常
爱的凯歌（外一首）·················于艾平
莽林深处（三首）·················芦萍
乡情小诗（五首）·················冯恩昌
燕窝，在我家屋檐下·················杨俊青
给艾青·······················曹复
晨雾，流着奶香···················萧振荣
鹊华诗笺（诗十八首）·········何鹰　刘逢进等
飞舞的瓦刀·····················刘运让
露珠························张启龙

给乡邮员 ……………………………… 潘　勇
地线 ………………………………………… 王延庆

评论

得失寸心知
——浅谈《山东文学》八二年的小说作品 …… 丁振家
《齐鲁诗坛》评析 ………………………… 吴开晋
通向"魔术"的道路——艺术提炼的途径 …… 马畏安
盖棺而不封笔——《三国演义》品评之一 …… 滕　云

美术

山村（油画局部）………………………… 姜宝星
秦胜洲版画作品（二幅）
济南版画作品（六幅）
梳头的少女（油画）………………… ［法］雷诺阿
济南四门塔（木刻）………………………… 张富春
内文题字 ………………………… 吕学勤　陈黎青

1983 年第 9 期　刊名:《山东文学》

目录

报告文学

建设泰山索道的人们 ……………… 孙　健　和　平

小说

路灯 ………………………………………… 柳　镇
父亲 ………………………………………… 赵冬苓
老人魂 ……………………………………… 左建明
避雨 ………………………………………… 王兆军
哑炮 ………………………………………… 王海鸽
蜜蜂 ………………………………………… 陈　兵
三个傻小子 ………………………………… 邓　东
眼睛 ………………………………………… 王延辉

散文

鸟鸣林深处 ………………………………… 山　曼
古槐情丝 …………………………………… 任晓峰
牛与花 ……………………………………… 李小飞
怀念李苦禅同志 …………………………… 张镜寰

诗歌

齐鲁诗坛
在中国的建筑工地（二首）………………… 红　路
蓝色的渤海湾（二首）……………………… 梁青生
故乡（三首）………………………………… 张　毅
车间诗草（二首）…………………………… 张敦孟
参观莒县速生杨林场速写 ………………… 李子超
浪淘沙　桂林 ……………………………… 宋　瑛

海思 ………………………………………… 韩　青
诗三首 ……………………………………… 张寿彭
泰山（外一首）……………………………… 时永福
喷灌 …………………………… 刘光禄　茅金马
我爱故乡的泥土（九首）
………………… 于书恒　张庆明　黄东成等
珍珠集（十首）…………… 阮大华　李卫宏　孔小划等

评论

社会主义文艺离不开党的领导——学习《邓小平文
选》笔记 ………………………………… 王希坚
对思考的批评和对批评的思考 …………… 安如山
关于小说创作 ……………………………… 从维熙

美术

小路（油画）………………………………… 梁益强
郭志光国画作品二幅 ……………………… 郭志光
国画作品三幅 ………… 齐新民　李英杰　赵史逊
帕尔赛福涅（油画）………………… ［英］罗赛蒂
扉页木刻 …………………………………… 杜应机
漫画二幅 ……………… 晓　刚　永　泰　张正偶
内文题字 ………………………… 吕学勤　薛正安

1983 年第 10 期　刊名:《山东文学》

目录

小说

黑白两只鸡 ………………………………… 李　泉
杨昌卖字 …………………………………… 李万信
清明迎春花儿开 …………………………… 陈昌本
污染问题 …………………………………… 朱光琼
生活的色彩 ………………………………… 刘济生
小三姑娘 …………………………………… 陈炳熙
金牌 ………………………………………… 王信敏

散文

注目遥虹赏晚晴 …………………… 刘玉晨　刘大伟
紫禁城驰笔 ………………………………… 佘树森
酸枣树 ……………………………………… 卢方富

诗歌

齐鲁诗坛
花乡行（三首）……………………………… 牛明通
齐鲁生物志（三首）………………………… 马立彦
台湾诗情（二首）…………………………… 于宗信
追念那个孩子（二首）……………………… 胡学武
卖菜的村姑（外一首）……………………… 朱希江
乡情（九首）………………………………… 查　干

姚振函　朱谷忠　李根红　鹿说之
胶东风俗画（三首）…………………王常滨
西湖里的画舫………………………阎广智
下夜班路上…………………………刘辉考
珍珠集（短诗一束）……宋瑞斌　林　净　溪　流等
黄山杂咏（二首）…………………宁汉戈
问……………………………………易殿选
大明湖………………………………韩成武

评论

谈小说的容量及其他………………林斤澜
林斤澜作品小议……………………高玉琨
《燕遇明诗文集》序言………………田仲济
一朵带刺的玫瑰——读《仲秋蟹儿肥》…于广礼
作家的雅量…………………………沈祖方
诗絮…………………………………任先青
苏、王改诗的启示…………………陈国魁

美术

晨（水粉画）………………………梁益强
欧阳秉森国画作品（二幅）………欧阳秉森
蔡衍水印木刻作品（二幅）………蔡　衍
舞蹈着的舞女（色粉画）…………［法］德　加
内文题字………………………吕学勤　薛正安

1983 年第 11 期　刊名:《山东文学》
目录

报告文学
信仰之光……………………………贾鲁生

小说
对医散记……………………………赵曰茂
老榆树………………………………郭建华
往事知多少…………………………李万信
够下一枝甜甜的榆钱儿……………岂　凡
汲富…………………………………杨英国
金翅鱼………………………………景　风

散文
访郭沫若故居遐思…………………余　修
小学校………………………………杨争光
夏夜（外一章）……………………韦　奈

诗歌
齐鲁二题……………………………孙友田
在希望的原野上（三首）…………于振海
寻找回家乡的路（外一首）………吴开晋

乡村诗情（二首）…………………严成志
散文诗小辑…………………王金明　李先轶等
乡情（五首）………………尹常健　陈所巨等
珍珠集（短诗一束）……杜仁和　蓝晓强　赵鹤翔等
我属于这片土地……………………张宝申
我是一棵银杏（外一首）…………钱锦方
在古老的城楼上……………………姜凡振
纪念碑………………………………王怀让
清明雨………………………………张德强

评论

矛盾的法则与创作的出路——纪念毛泽东同志诞辰九
十周年………………………………缪俊杰
戏曲和小说杂谈……………………汪曾祺
一只欢唱的云雀——汪曾祺作品小议…高玉琨

美术

秋色（水彩画）……………………吴远谋
赶集归（木刻）……………………王春犁
乡间趣事（木刻）…………………李学明
微湖之春（木刻）…………………吴广君
海岛帆影（国画）…………………王旭东
黄山（国画）………………………李洪志
少女与桃（油画）…………………［俄］赛洛夫
扉页木刻……………………………杨德魁
内文题字……………………………吕学勤

1983 年第 12 期　刊名:《山东文学》
目录

关于当前文艺形势的一些思考——在山东省部分文艺
工作者座谈会上的讲话摘要………冯　牧
关于社会主义文艺的特征——纪念毛泽东同志诞辰九
十周年………………………………李基凯

小说
王木匠的故事………………………魏树海
老海怪………………………………孙鸳翔
别有一番滋味在心头………………陈传瑜
等待…………………………………王　溱
栓柱卖鱼…………………………姜宪章　丛培伦

报告文学
与死神拼搏的人……………………郭慎娟

散文
别沂蒙………………………………王　火
崂山偶得……………………………康启昌

民间传说

于七的传说⋯⋯⋯⋯⋯⋯⋯⋯董均伦 江 源

诗歌

我和泰戈尔的一次相遇（散文诗）⋯⋯⋯符加雷
生活里的启示（四首）⋯⋯⋯⋯⋯⋯苗得雨
钥匙（外一首）⋯⋯⋯⋯⋯⋯⋯⋯陈显荣
大山的子孙⋯⋯⋯⋯⋯⋯⋯⋯⋯⋯林 希
生日的歌声（外一首）⋯⋯⋯⋯⋯⋯姚焕吉
蓬莱阁情思⋯⋯⋯⋯⋯⋯⋯⋯⋯⋯陈茂欣
退伍证书⋯⋯⋯⋯⋯⋯⋯⋯⋯⋯⋯姜 勇
珍珠集⋯⋯⋯⋯郭树荣 孔祥雨 李朝晖等
在魏碑旁⋯⋯⋯⋯⋯⋯⋯⋯⋯⋯⋯姜言博
夜浇⋯⋯⋯⋯⋯⋯⋯⋯⋯⋯⋯⋯⋯寇玉坤

评论

谈自学成才⋯⋯⋯⋯⋯⋯⋯⋯⋯⋯邓友梅
一条宽广的路——邓友梅作品小议⋯⋯高玉琨

消息

高举社会主义文艺旗帜 坚决防止和清除精神污
染——省文联十一月二日举行座谈会⋯本刊记者

美术

花（水粉画）⋯⋯⋯⋯⋯⋯⋯⋯⋯李 如
赵先闻水粉画二幅⋯⋯⋯⋯⋯⋯⋯赵先闻
国画三幅⋯⋯⋯⋯李承志 张宝珠 康 庄
紫衣妇人（油画）⋯⋯⋯⋯⋯〔匈〕麦赛尔
内文题字⋯⋯⋯⋯⋯⋯⋯⋯吕学勤 崔 炜
扉页木刻⋯⋯⋯⋯⋯⋯⋯⋯⋯⋯⋯杜卓跃

1984 年第 1 期　刊名:《山东文学》
目录

大力开展爱国主义题材的文艺创作
　　　⋯⋯⋯⋯中共山东省委副书记 陆懋曾

小说

字条儿⋯⋯⋯⋯⋯⋯⋯⋯⋯⋯⋯⋯耕 夫
同是四合院里人⋯⋯⋯⋯⋯⋯⋯⋯肖 鸣
山高水长⋯⋯⋯⋯⋯⋯⋯⋯⋯⋯⋯鲁 南
乡情⋯⋯⋯⋯⋯⋯⋯⋯⋯⋯⋯⋯⋯张方文
"活宝"王忒儿——故乡人物之三⋯⋯王金屏
新作评点
丁三万生气⋯⋯⋯⋯⋯⋯⋯⋯⋯⋯剑 华
简评《丁三万生气》⋯⋯⋯⋯⋯⋯⋯振 甲

散文

放牛小厮——青州纪事之一⋯⋯⋯⋯山 曼
桃哟，花美果也美⋯⋯⋯⋯⋯⋯⋯郎庆溪

寓言

三则⋯⋯⋯⋯⋯⋯⋯⋯⋯⋯⋯⋯⋯鲁 芝

诗歌

齐鲁青年诗选
站在海洋钻井船上（组诗）⋯⋯⋯⋯于 鹏
编辑札记⋯⋯⋯⋯⋯⋯⋯⋯⋯⋯⋯马恒祥
平原，我心中的平原（二首）⋯⋯⋯张万舒
港城诗情（二首）⋯⋯⋯⋯⋯⋯⋯苏文河
青山之歌——给一位离休的林场书记⋯贺羡泉
一千六百万——写在胜利油田⋯⋯⋯李小雨
微山湖帆影（二首）⋯⋯⋯⋯⋯⋯李尚元
珍·珠·集（短诗一束）
　　　王兆琪 洪 源 张不代 阮大华等
沂蒙情思⋯⋯⋯⋯⋯⋯⋯⋯⋯⋯⋯玉 华
磁石寻界⋯⋯⋯⋯⋯⋯⋯⋯⋯⋯⋯柴德森

评论

同时代一起前进⋯⋯⋯⋯⋯⋯⋯⋯任孚先
向人民提供更多更好的精神产品⋯⋯震 东
生活、创作及其他⋯⋯⋯⋯⋯⋯⋯李存葆

美术

初春（油画）⋯⋯⋯⋯⋯⋯⋯⋯⋯桦 林
陈培忠木刻作品（三幅）⋯⋯⋯⋯陈培忠
范芝安陈鹏国画作品（二幅）⋯范芝安 陈 鹏
在阳台上（油画）⋯⋯⋯⋯⋯〔法〕雷诺阿
内文题字⋯⋯⋯⋯⋯⋯⋯⋯吕学勤 崔 炜

1984 年第 2 期　刊名:《山东文学》
目录

报告文学

落在故乡的一片绿叶⋯⋯⋯⋯⋯⋯丛正里

小说

三掌柜⋯⋯⋯⋯⋯⋯⋯⋯⋯⋯⋯⋯郭建华
他在岗位上⋯⋯⋯⋯⋯⋯⋯⋯⋯⋯王志健
晚晴⋯⋯⋯⋯⋯⋯⋯⋯⋯⋯⋯⋯⋯刘焕鲁
浑河蒲⋯⋯⋯⋯⋯⋯⋯⋯⋯⋯⋯⋯王良瑛
爱好垂钓的孩子⋯⋯⋯⋯⋯⋯⋯⋯姜树茂
新作评点
白衣姑娘⋯⋯⋯⋯⋯⋯⋯⋯⋯⋯⋯刘士章
应当注意作品中公式化概念化倾向——浅谈刘士章的

小说《白衣姑娘》⋯⋯⋯⋯⋯⋯⋯何寿亭

散文
山城一日⋯⋯⋯⋯⋯⋯⋯⋯⋯李希凡
李广田老师二三事⋯⋯⋯⋯⋯雷国维

诗歌
齐鲁青年诗选
经线与纬线织成的歌（组诗）⋯张敦孟
编辑札记⋯⋯⋯⋯⋯⋯⋯⋯⋯马恒祥
生活的乐章（四章）⋯⋯⋯⋯韩作荣
家乡调（五首）⋯⋯⋯⋯⋯⋯于书恒
都市早春⋯⋯⋯⋯⋯⋯⋯⋯⋯李发模
珍珠集（短诗一束）
⋯⋯⋯张雪杉 崔合美 郭澄清 田晓菲等
散文诗二章⋯⋯⋯⋯⋯王长敏 李昆纯

评论
漫论文学创新⋯⋯⋯⋯⋯⋯⋯陈宝云
《历下漫话》序⋯⋯⋯⋯⋯⋯王众音
遥祝《历下漫话》出版⋯⋯⋯廖沫沙
评《小三姑娘》⋯⋯⋯⋯⋯⋯尚 涛
原因何在？（来稿选登）⋯⋯张 达
从生活到艺术的若干问题（创作与欣赏）——谈短篇
小说创作⋯⋯⋯⋯⋯⋯⋯⋯⋯陈建功

美术
新蕾初绽（摄影）⋯⋯⋯⋯⋯任锡海
蒋陈阡、陈川水印木刻作品二幅⋯⋯⋯蒋陈阡 陈 川
吴声国作品二幅⋯⋯⋯⋯⋯⋯吴 声
春雨（油画）⋯⋯⋯⋯⋯⋯⋯孟宪云
扉页画⋯⋯⋯⋯⋯⋯⋯⋯⋯⋯张建辛
内文题字⋯⋯⋯⋯⋯⋯吕学勤 崔 炜

1984 年第 3 期　刊名:《山东文学》
目录

小说
女作者之页
晚秋⋯⋯⋯⋯⋯⋯⋯⋯⋯⋯⋯张 玲
牵来黄河的人⋯⋯⋯⋯⋯⋯⋯赵冬苓
河那边⋯⋯⋯⋯⋯⋯⋯⋯⋯⋯刘 玮
皎洁的月光洒在路上⋯⋯⋯⋯宋秋雁
《皎洁的月光洒在路上》读后（新作评点）⋯舒 黎
残星就要隐去⋯⋯⋯⋯⋯⋯⋯王照熙
秋分⋯⋯⋯⋯⋯⋯⋯⋯⋯⋯⋯四 海
点将台上⋯⋯⋯⋯⋯⋯⋯⋯⋯郝湘榛
味儿⋯⋯⋯⋯⋯⋯⋯⋯⋯天 文 李 梨

散文
西山随笔⋯⋯⋯⋯⋯⋯⋯⋯⋯佘树森
崂山观瀑⋯⋯⋯⋯⋯⋯⋯⋯⋯王太捷

寓言
寓言三则⋯⋯⋯⋯⋯⋯⋯⋯⋯陈乃祥

诗歌
齐鲁青年诗人
泥土的诗（组诗）⋯⋯⋯⋯⋯张中海
编辑札记⋯⋯⋯⋯⋯⋯⋯⋯⋯张志鹏
我，大森林的儿子⋯⋯⋯⋯⋯庄永春
给陶瓷艺师（外一首）⋯⋯⋯韩 青
复收集（散文诗二章）⋯⋯⋯桑恒昌
在那黑闪黑闪的眼睛里（散文诗章）⋯赵 伟
桃花寨（外一首）⋯⋯⋯⋯⋯刘辉考
珍珠集（短诗一束）⋯⋯⋯⋯徐 泽
叶延滨 徐增华 刘毅然 刘益善等
心事⋯⋯⋯⋯⋯⋯⋯⋯⋯⋯⋯马绪英
蓬莱仙山⋯⋯⋯⋯⋯⋯⋯⋯⋯晓 晴

评论
从生活到艺术的若干问题
——谈短篇小说的创作⋯⋯⋯陈建功
"文学艺术，自有其民族传统"——读孙犁的现实主
义艺术论札记⋯⋯⋯⋯⋯⋯⋯金 梅
诵诗闻国政
——浅谈李予昂同志的《拾贝集》⋯余 修 牛运清

美术
生命（油画局部）⋯⋯⋯⋯⋯梁益强
丛如日、孙文超木刻作品（三幅）⋯丛如日 孙文超
孙文松、薛洪文国画作品（二幅）⋯孙文松 薛洪文
凯勒·海伦（油画）⋯⋯⋯⋯〔英〕米莱斯
高密民间剪纸二幅⋯⋯⋯⋯焦岩峰 收藏
内文题字⋯⋯⋯⋯张玉成 吕学勤 陈立青

1984 年第 4 期　刊名:《山东文学》
目录

小说
黝黑的土地⋯⋯⋯⋯⋯⋯⋯⋯王维民
老宅⋯⋯⋯⋯⋯⋯⋯⋯⋯⋯⋯毛志成
噪音⋯⋯⋯⋯⋯⋯⋯⋯⋯⋯⋯王松冈
张笛儿⋯⋯⋯⋯⋯⋯⋯⋯⋯⋯刘文忠
黑色金豆子⋯⋯⋯⋯⋯⋯⋯⋯张相林
新作评点
划破雨夜的电光⋯⋯⋯⋯⋯⋯杨英国

人随世势车随辙
——《划破雨夜的电光》小析⋯⋯⋯王光明

散文
名医的风格⋯⋯⋯⋯⋯⋯⋯⋯⋯马瑞芳
月下寻幽⋯⋯⋯⋯⋯⋯⋯⋯⋯李耀奎
孟庙散记⋯⋯⋯⋯⋯⋯孙士让 冯广鉴

传记文学
雕塑人生（连载）⋯⋯⋯⋯⋯⋯纪 宇

诗歌
齐鲁青年诗选
脚步，在这片泥土上响起（组诗）⋯⋯于振海
编辑札记⋯⋯⋯⋯⋯⋯⋯⋯⋯手 辰
致泰山挑夫（外四首）⋯⋯⋯⋯牟 迅
士兵吟（外三首）⋯⋯⋯⋯⋯鹿说之
春雪（外二首）⋯⋯⋯⋯⋯⋯何 鹰
蓝天与大海（外一首）⋯⋯⋯梁谢成
写在毛主席塑像前⋯⋯⋯⋯⋯荷 笙
船儿，轻轻地摇⋯⋯⋯⋯⋯⋯张庆明
七十六岁述怀⋯⋯⋯⋯⋯⋯⋯李芸生
普陀山抒怀二首⋯⋯⋯⋯⋯⋯林 中
胶莱诗钞⋯⋯⋯⋯⋯⋯⋯⋯⋯路 匆
珍珠集（短诗一束）⋯⋯溪 流 黄爱国 李传启等

评论
在哪里失误了——再评短篇小说《梦》⋯⋯⋯广 礼
文学创作过程中的心理活动（创作与欣赏）⋯⋯萧 平
评耿林莽的散文诗⋯⋯⋯⋯福建 王光明
漫谈孔孚的山水诗歌艺术⋯⋯⋯侯书良
向着诗艺之海——西窗诗话⋯⋯阿 红

美术
老人唧日（摄影）⋯⋯⋯⋯⋯任锡海
高密县民间剪纸（八幅）⋯⋯焦岩峰 收藏
赵澍萍工笔重彩作品（二幅）⋯赵澍萍
古城早市（水彩画）⋯⋯⋯⋯刘远智
内文题字⋯⋯⋯⋯⋯⋯吕学勤 陈立青

1984 年第 5 期 刊名:《山东文学》
目录

小说
父亲的唱词——板桥口陈情之一⋯⋯李贯通
遮掩着的身影⋯⋯⋯⋯⋯⋯⋯王良瑛
作为一个军人⋯⋯⋯⋯⋯⋯⋯王志健
秋意⋯⋯⋯⋯⋯⋯⋯⋯⋯⋯孙鸶翔

晚来的悼念者⋯⋯⋯⋯⋯⋯⋯赵 新
酒过三杯⋯⋯⋯⋯⋯⋯⋯⋯⋯白 榕
绿色的玻璃球
⋯⋯⋯［南斯拉夫］左兰·M.伊诺维奇著 张海迪译
新作评点
她走向灯光⋯⋯⋯⋯⋯⋯⋯⋯王顺来
作品应有超常感⋯⋯⋯⋯⋯⋯甘 竹

传记文学
雕塑人生（连载）⋯⋯⋯⋯⋯⋯纪 宇

诗歌
齐鲁青年诗选
青岛抒情诗⋯⋯⋯⋯⋯⋯⋯⋯胡学武
编辑札记⋯⋯⋯⋯⋯⋯⋯⋯⋯马恒祥
母亲和书（外二首）⋯⋯⋯⋯孙万玲
呵，乡村（三首）⋯⋯⋯⋯⋯张志鹏
乡邻曲⋯⋯⋯⋯⋯⋯⋯⋯⋯⋯白 航
大海情思（二首）⋯⋯⋯⋯⋯胡 笛
晒苞谷⋯⋯⋯⋯⋯⋯⋯⋯⋯⋯王又安
考勤箱前的遐想（外一首）⋯⋯郭 廓
到大西北去——一粒树种的向往⋯⋯姚振函
奇迹（外一章）⋯⋯⋯⋯⋯⋯耿林莽
珍珠集⋯⋯⋯⋯⋯孔小划 西 彤 黄东成等
穿蓑衣的农人⋯⋯⋯⋯⋯⋯⋯陈所巨
我们是挂钩⋯⋯⋯⋯⋯⋯⋯⋯孙 震

评论
关于描写农村新人问题浅议⋯⋯缪俊杰
笔端有力任纵横——评宋协周的政治抒情诗集《声情集》⋯⋯任孚先
这样的诗是美的——赏诗小记⋯⋯苗得雨
"高山流水"话知音（文艺随笔）⋯⋯王 红
《文心雕龙》窥意二则⋯⋯杜保宪 赵耀堂

美术
苍秀（摄影）⋯⋯⋯⋯⋯⋯⋯任锡海
水彩画二幅⋯⋯⋯⋯⋯晏文正 徐竟成
工笔花鸟三幅⋯⋯⋯⋯周作民 张功宽
娜嘉·列宾娜（油画）⋯⋯⋯［俄］列 宾
内文题字⋯⋯⋯张玉成 王 征 陈立清
题尾剪纸⋯⋯⋯⋯⋯⋯⋯⋯⋯齐秀花

1984 年第 6 期 刊名:《山东文学》
目录

小说
钓鱼台纪事⋯⋯⋯⋯⋯⋯⋯⋯刘玉堂

鸽子城·······························四　海
晚霞·······························王　溱
儿童小说专辑
姥姥的生日·························邱　勋
我童年的朋友·······················卢振中
"葫芦王国"的淘气事···················匡万平

散文
悼虞棘同志·························张加洛
采薇·······························王　颖
我感激……·························张守仁

传记文学
雕塑人生（连载·续）·················纪　宇

诗歌
齐鲁青年诗选
齐鲁纪行（组诗）····················刘延林
编辑札记·························张志鹏
雪中，一株蜡梅（外一首）···············刘湛秋
山乡短笛（组诗）····················冯恩昌
拆（外二首）······················孔德平
花园（外一首）·····················王洪涛
花蕾之歌（儿童诗专辑）·······张　岐　刘饶民等
珍珠集（短诗一束）···········桂兴华　章永信等
给太阳（散文诗）····················雪　洁

评论
坚持社会主义方向　开创文艺期刊工作的新局面——
全省文艺期刊整顿工作座谈会纪要（摘要）
写出新时期少年儿童的特点来········黄　炽　王菊延
捕捉生活中的深刻变化——读《三掌柜》·······张　达
短篇小说的情绪基调（创作与欣赏）··········李先锋

美术
春（雕塑）························仇志海
张洪祥油肖像作品（二幅）···············张洪祥
陈凤玉国画人物作品（二幅）··············陈凤玉
梁万庚装饰画（八幅）··················梁万庚

1984 年第 7 期　刊名:《山东文学》
目录

短篇小说
站在历史面前（齐鲁小说家）··············牟崇光
明天星期日·························杨柱山
梦中的红鳞加吉……··················孙鸳翔
月溶溶·························李安林

中篇小说
参王·······························郑九蝉

传记文学
雕塑人生（连载·续三）·················纪　宇

散文
十月映山红·························江　波

诗歌
齐鲁青年诗选
水兵的海（组诗）····················庄永春
编辑札记·························江上帆
微山岛拾英（组诗）···················宋协周
行路谣（三首）·····················雷抒雁
他，走在大路上（小叙事诗）··············冯　云
东坡赤壁怀古·······················崂山鸥
梁山泊寻踪（二首）···················朱希江
线谱，在我眼前展开···················马砚菲
故乡的石磨（外一章）··················何敬君
秕谷·······························李朝森
珍珠集（短诗一束）···········王　超　王耀东等
散文诗一束·············姜琍敏　钱启贤　扈志吉

评论
大实话·························袁学强
汪洋恣肆　沧海横流
——读苏晨的《常砺集》·················丁振家
对诗评的一点浅见····················程　勇
王统照笔名选释··············冯光廉　刘增人

美术
杨文仁国画作品选（二幅）···············杨文仁
吕培明国画二幅·····················吕培明
凝翠（国画）······················杨文仁
剪纸题尾花·························宋见香
内文题字·············吕学勤　崔　炜　陈立青

1984 年第 8 期　刊名:《山东文学》
目录

小说
高雅（齐鲁小说家）···················航　鹰
街角上那面小布帘儿···················鲁　南
五柳先生的后代·····················张西庭
担忧·······························田　毅
花的罪过·························纯　民
秋月·······························萧　冰

新作点评

旋转的彩裙······鲁延忠

构思精巧，以小见大

——读鲁延忠的《旋转的彩裙》······王光明

散文

走北京······郝 稼

雪里香······亦 斌

镇江三山记······孔小划

传记文学

雕塑人生（连载）······纪 宇

诗歌

齐鲁青年诗选

大草原（组诗）······马丽华

编辑札记······手 辰

沁园春······李子超

士兵与故乡······姜凡振

我是班长（外一首）······姜 勇

山乡曲（三首）······任志玺

蒺藜花（三首）······张维芳

散文诗（三章）······姜建国

冰凌花······舒 钧

评论

从《鲁班的子孙》和《老人仓》看如何深入反映变革

的农村（一）······本刊记者

我的看法······张 炜

反映变革中的真实

——有感于《鲁班的子孙》······张 达

忧歌的价值不应低估

——简谈《鲁班的子孙》······丁振家

谈谈木匠父子的冲突······翟德耀

多侧面、多层次地描绘农村变革生活——读《鲁班的

子孙》和《老人仓》······侯 琪 侯 林

艺术角度随谈······马国雄

美术

花釉陶瓷壁饰（五幅）······尚奎顺

刘晓刚版画作品二幅······刘晓刚

静物写生······尚奎顺

内文题字······张玉成 杨文仁 崔 炜 陈立青

1984 年第 9 期 刊名:《山东文学》

目录

小说

糖瓜儿似的女人比老姜还辣（齐鲁小说家）···张长弓

秋——当代女工之三······魏继新

池边男人······甘铁生

冷门······杨英国

老骥······黄 舸

四条活鲤鱼的风波······朱 干

不声不响的学生······申均之

传记文学

雕塑人生······纪 宇

诗歌

齐鲁青年诗人

钢铁奏鸣曲······闫建中

编辑札记······江上帆

蒙山情（诗四首）······苗得雨

山情（散文诗、四章）······马恒祥

山杜鹃（二首）······杨 枚

西北咏叹（三首）······姚焕吉

丝路花雨（二首）······钱锦方

竹乡抒怀（二首）······陈佩芸

短笛······刘 青 阮大华 张永泰

评论

农村变革与文学创作——从《鲁班的子孙》和《老人

仓》看如何深入反映变革的农村（二）

······本刊通讯员 张 达

矫健在《老人仓》中的艺术探求······秋其聪

向生活深层的开掘

——喜读《老人仓》······侯 琪 侯 林

郑江东形象漫谈······王树村 王万森 王忠林

是什么打动了我的心······于广礼

美术

董新宾国画作品选（二幅）······董新宾

木刻作品二幅······吴广君

初春······董新宾

题尾花、内文题字······沈卫平 崔 炜等

1984 年第 10 期　刊名:《山东文学》
目录

报告文学

太阳和大海孕育的雕像·······················纯　民
新牟村纪事·····························牟崇光

中篇小说

蓝蓝的芝罘湾··························卢万成

短篇小说

雪尘（齐鲁小说家）······················尤凤伟
美丽的乒乓左手将·······················肖　军
拓荒者之歌··························王　聪

传记文学

雕塑人生（连载·前半部分续完）·············纪　宇

散文

"寒暑斋"小记·························佘树森

诗歌

诗体地方志··························公　刘
改革····························张学梦
朝霞····························牟　迅
辣椒歌（四首）·······················陈显荣
庆祝建国三十五周年（沁园春）·············李子超
三千兄弟泪弹弦·······················周克玉
写在孔府孔林·······················李卫宏
黄河咏（外一首）······················高维贤
乡村短笛··························陈作诗
芦荻（外一首）·······················耿继孝
鞭声（外一首）·······················李占学
花蕾的想象（外一首）···················刘恒杰
姑娘，向桑园走去······················张庆明
乡村小诗（组诗）······················张维芳
珍珠集··········张常信　高继恒　任先青　马新潮等

评论

浅谈文艺创作与思想解放··················丁振家
农村变革与文学创作
"图解政策"不符合党的政策················王希坚
应将宏观与微观统一起来··················尚　涛
新时期农村变革中的"畸形怪物"——《鲁班的子
孙》黄秀川形象管窥·····················墨　铸
一部优秀的现实主义力作——读《老人仓》···毛树贤
关于《老人仓》的主题····················牟志祥

美术

祖国万岁·····················齐白石九十五岁作
版画四幅·················秦胜洲　陈培忠等
版画三幅············王春犁　肖继民　公丕炎
蜀江春色··························吴　宜
内文题字、题尾花··········崔　炜　杨文仁　张德刚

1984 年第 11 期　刊名:《山东文学》
目录

小说

裘皮大衣··························薛尔康
卖菜者（齐鲁小说家）····················李心田
孝子头··························李贯通
楼长沈玉宽··························范作文
寄托····························陈炳熙
龙湖姑娘··························董洪昌
山村瓦匠队··························杨学宽

散文

暴雨观龙潭瀑布·······················邢景文
寻访琅琊台··························栾纪曾
中国，印在我们心灵的底片上·············吴　辛

寓言

张三的哲学··························赵凤普

诗歌

齐鲁青年诗选
在行吟者的琴弦上（组诗）················梁青生
编辑札记··························手　辰
在我成长的泥土上（组诗）················丁庆友
海边吟··························李健葆
观陶瓷"飞天"（外一首）················韩　青
火与力（三首）·······················李朝晖
东方的星··························孔祥雨
噢，你没有走······——悼虞棘··········王少岩
珍珠集·····················刘竹坚　杨　健等
旅日杂吟··························孙恕之
写在泰山十八盘·······················秦　岭
海浪花（外一首）······················滕　英

评论

文逢盛世春正好　更有新野待耕耘——纪念《山东文
学》出版 300 期·····················本刊特约评论员
农村变革与文学创作（四）
从《鲁班的子孙》谈起
——在一次座谈会上的发言·············王润滋

生活——一个老话题 ················· 矫　健
时刻想着八亿农民 ················· 丹　丁
时代的颂歌
——读牛明通的《振兴之歌》 吴开晋　孙克传

美术
万年青（国画）················· 选自齐白石画选
李学明版画作品选 ················· 李学明
解维础国画山水二幅 ················· 解维础
牛栏边（水印木刻）················· 李学明
内文题字、题尾花 ········· 杨文仁　崔　炜　张学峰

1984 年第 12 期　刊名:《山东文学》
目录

报告文学
沂蒙山的回声 ················· 郭荣光

小说
相窥 ················· 毛志成
新宅 ················· 李叔德
招工 ················· 黄　强
山林雨濛濛 ················· 郭保林
路 ················· 钦　寒
列车在午夜开出 ················· 王　平

散文
剩下的狮子——青州纪事之四 ················· 山　曼
杞柳情思 ················· 戴永夏

诗歌
曲阜行 ················· 周坚夫
我的哥嫂（外一首）················· 时永福
豪歌（外二首）················· 李根红
一江的话（外一首）················· 子　页
士兵与新书架 ················· 刘毅然
喷漆姑娘（外一首）················· 刘辉考
崂山绿石 ················· 李凤海
珍珠集（外诗一束）········· 贾长厚　魏夫翔等

评论
评电影《高山下的花环》················· 任　民
成仿吾传略 ················· 史若平
文贵曲折（文艺随笔）················· 齐广文

消息
为纪念《山东文学》出版 300 期
本刊举行茶话会

美术
齐白石国画作品
版画二幅 ················· 彦　涵　陈　川
摄影二幅 ················· 洪建国　高杰立
秋山图（国画）················· 李承志
内文题字 ················· 崔　炜　张德刚
题尾花 ················· 陈立清　沈延祥

1985 年第 1 期　刊名:《山东文学》
目录

小说
剥麻·蓑衣（齐鲁小说家）················· 张　炜
巢 ················· 王良瑛
桃花眼 ················· 王梓夫
"赵麻子烧鸡"新传 ················· 王金年
短小说二题 ················· 彭雁平
锁不住的心 ················· 王延辉

报告文学
小街大趋势（当代企业家）········· 李曙光　赵远智
"金凤"是怎样起飞的（当代企业家）················· 郭荣光

散文
一封没写成的信 ················· 马瑞芳
夜过贝加尔 ················· 塞　人
菜园清韵 ················· 丁熙明

诗歌
海浪花（三首）················· 孙国章
散文诗三题 ················· 桑恒昌
东北行剪影 ················· 任　远
纱巾（外一首）················· 黄　强
浓绿的夏（三首）················· 舒　钧
清晨 ················· 李存宽
值班员 ················· 金云富
聊斋二题 ················· 周雁翔
珍珠集（短诗一束）········· 渔　仙　崔克明等

评论
努力追赶上时代的步伐 ················· 李国文
契诃夫书简八封 ················· 张守仁译

美术
封面画 ················· 刘玉安
冯玉祥将军（国画）················· 史中民
国画二幅 ················· 吴　祯岚　李长文
内文题字、题尾花········· 张玉成　崔　炜　陈立青

1985 年第 2 期 刊名:《山东文学》
目录

小说

驶出冤家巷·····························李贯通
清谈馆（齐鲁小说家）···················左建明
大楼后面的那排平房·····················刘玉堂
在弯弯的山路上·······················丁悦民
秋晨·······························张开镰
曾经得到过的·························曾昭明
亚圣六十八（中篇连载之一）···············四 海

报告文学

女厂长传奇（当代企业家）·················黎 炳

诗歌

生命的旋律（散文诗四章）·················孔 林
敬礼！采煤工（外一首）··················姜澍川
旅游闲吟（三首）·····················张寿彭
十月断想·························刘逢进
一个大胆的改革者（外一首）···············王耀东
果园秋影（二首）·····················刘运让
仿唐·长安乐舞·······················艺 辛
春·······························刘新沂
唱给时令的歌·························岩 石
小城故事及其连载·····················杨克和
秋叶······························刘 青
小溪······························宋书星
珍珠集（短诗一束）···········韩守菊 马立彦等

评论

她为什么喊"大刀咪"····················张 炜
赏诗谈艺（读诗札记）···················苗得雨
屠格涅夫给小说人物写日记（作家小故事）
································谷庆军

美术

封面字·····························张建辛
封面速写····························孙爱国
内文题字····························杨文仁

1985 年第 3 期 刊名:《山东文学》
目录

小说

砍树（齐鲁小说家）····················矫 健
篱落烟火····························尹世林

她二十三，她十七·····················张相林
爸爸的隐私··························陈昌本
狗宝······························赵德发
亚圣六十八（中篇连载之二）···············四 海

散文

枫叶丹丹密云湖·······················于东河
暮登鸣沙山··························友 发

报告文学（当代企业家）

胆识······························于 昌
荆河浪·····························黄 强
信息，旗袍及其他·····················边 侠

诗歌

沂蒙情深（组诗）·····················莫西芬
曹州吊古（散文诗五章）··················姜建国
从乡野飘来的诗情（散文诗二章）·············冯恩昌
海的儿女（组诗）·····················姚焕吉
带刺的歌（讽刺诗）····················石 河
山东的山（外一首）····················时红军
我喜欢粉红浅绿（外一首）·················刘 章
珍珠集（短诗一束）···········牛勤国 夏雨常等

评论

迎接社会主义文学的黄金时代——我省部分作协代表
笔谈开创社会主义文学的新局面
·····················王希坚 邱 勋 张 炜
读牟崇光的三篇报告文学··················李先锋
漫论理解生活·························王凤胜
杜甫拼命··························肖文苑
推荐一本文艺理论新著···················滕咸惠

美术

封面速写····························张宏宾
内文题字····························杨文仁

1985 年第 4 期 刊名:《山东文学》
目录

小说

北海潮（中篇）·······················卢万成
天才歌手····························王延平
少年与阳光（札记）
——读小说《天才歌手》··················张 炜
在那遥远的地方·······················刘学江
有情的土地··························孙嘉嶙
亚圣六十八（中篇选载之三）···············四 海

报告文学

银色的梦（当代企业家）⸺⸺⸺⸺⸺李万信

诗歌

黎明，跳上铁耙犁（外一首）⸺⸺⸺林 军
大海边上的音乐塔（外一首）⸺⸺⸺姜 勇
赏菊赋感（外二首）⸺⸺⸺⸺余 修 遗作
深切悼念余修同志⸺⸺⸺⸺⸺李予昂
珍珠集（短诗一束）⸺⸺孙友田 黄 淮等
田园曲（组诗）⸺⸺⸺⸺⸺⸺刘恒杰
绿色的脚印（组诗）⸺⸺⸺⸺⸺侯陶珠
给自学成才者（外一首）⸺⸺⸺⸺李发模
散文诗一束⸺⸺⸺⸺周蓬桦 姜言博等

评论

探索中的新突破——评张炜的几篇新作⸺于广礼
《秋天的思索》二人谈⸺⸺吕家乡 宋遂良
《海边的雪》景物描写⸺⸺⸺⸺王万森
消息一则⸺⸺⸺⸺⸺⸺⸺本刊记者

美术

封面字⸺⸺⸺⸺⸺⸺⸺⸺张建辛
封面速写⸺⸺⸺⸺⸺⸺⸺丁宁原
内文题字·题尾花⸺⸺⸺⸺崔 炜 张泰捷

1985 年第 5 期　刊名:《山东文学》
目录

小说

西施舌⸺⸺⸺⸺⸺⸺⸺⸺李小飞
蛤蜊王⸺⸺⸺⸺⸺⸺⸺⸺艾 平
看家本领⸺⸺⸺⸺⸺金学种 许广跃
星光下的回忆与思考⸺⸺⸺⸺⸺王志健
关于县长的传闻⸺⸺⸺⸺⸺⸺张一翔
和解之神⸺⸺⸺⸺[日]星新一著 张维娜译
亚圣六十八（中篇连载之四）⸺⸺⸺四 海

报告文学

一桩难以用金钱衡量的事业⸺⸺孙嘉嶙 杨景敏
柔性研究⸺⸺⸺⸺⸺⸺⸺林音频
美丽的"信鸽"，飞吧！⸺⸺姜全敏 芦 苇

散文

在一代天骄长眠的地方⸺⸺⸺⸺曹庆文
悼余修同志⸺⸺⸺⸺⸺⸺⸺韦君宜
寻访两家房东⸺⸺⸺⸺⸺⸺⸺光 群

诗歌

乡曲⸺⸺⸺⸺⸺⸺⸺⸺⸺于书恒
流行曲（外一首）⸺⸺⸺⸺⸺王黎明
渔夫（外一首）⸺⸺⸺⸺⸺⸺王洪涛
边防种瓜（外一首）⸺⸺⸺⸺⸺任跃庭
我驮起一个甜蜜的家族⸺⸺⸺⸺高维贤
拼搏的血型⸺⸺⸺⸺⸺⸺⸺韩 青
珍珠集⸺⸺⸺⸺⸺⸺蒯凤洁 迟 云等

评论

漫议《坟茔》⸺⸺⸺⸺⸺⸺⸺陈宝云
荒唐岁月中的严峻悲剧——评《山中，那十九座坟茔》
⸺⸺⸺⸺⸺⸺⸺⸺⸺张 达
历史悲剧的思索和探求
⸺⸺浅谈《坟茔》的悲剧意义⸺⸺⸺樊 龙
新作短评⸺⸺⸺沾化县文化馆创作组 胡 健

美术

封面速写⸺⸺⸺⸺⸺⸺⸺⸺岳海波
仇志海雕塑作品⸺⸺⸺⸺⸺⸺仇志海
渔家女（油画）⸺⸺⸺⸺⸺⸺吕建军
内文题字⸺⸺⸺⸺⸺⸺何其江 袁振江

1985 年第 6 期　刊名:《山东文学》
目录

小说

盛名之下⸺⸺⸺⸺⸺⸺⸺⸺王春波
老街⸺⸺⸺⸺⸺⸺⸺⸺⸺吴 森
盲点⸺⸺⸺⸺⸺⸺⸺⸺⸺李莎莎
异国来的女客⸺⸺⸺⸺⸺⸺⸺王 平
偷吃蜂蜜的孩子⸺⸺⸺⸺⸺⸺林红宾
森林之死⸺⸺[美]舍伍德·安德森著 袁大同译

散文

悠悠国魂⸺⸺⸺⸺⸺⸺⸺⸺墨 砚
且说凌霄花⸺⸺⸺⸺⸺（满族）凤 子
往事琐忆⸺⸺⸺⸺⸺⸺⸺⸺冯毅之

报告文学（当代企业家）

"二爷"创业记⸺⸺⸺⸺⸺⸺⸺陈中华
四起三落磨难多⸺⸺⸺⸺⸺⸺林 冰
电子网前的快攻手⸺⸺⸺⸺⸺⸺王志健
强者之歌⸺⸺⸺⸺⸺⸺⸺⸺李 文

诗歌

理想（散文诗·外二章）⸺⸺⸺⸺王宜振
养君子兰的老人⸺⸺⸺⸺⸺⸺李健葆

歪脖儿柳树，记得……………………张庆明
撒珠坡（外一首）………………………晓　蕾
木筏·捕鱼人（散文诗）………………王常滨
海水浴场（散文诗）……………………张　军
白色的情影（散文诗）…………………徐增顺
珍珠集（短诗一束）………孔小划　张福致等
改革气象新——山东拖拉机厂作品选……袁光胜
聂锁成　刘孔学　林爱琴　刘兴武

评论
《河魂》主题浅论………………………王忠林
漫谈河女——《河魂》人物散论之一……张振声
向儿童们提供优秀的精神食粮…………韩日新
本刊启事

美术
封面画…………………………………柯　明
封面字…………………………………张建辛
内文题字………………………崔　炜　穆春明
题尾花…………………………黎　青　沈延祥

1985 年第 7 期　刊名:《山东文学》
目录

小说
黑马………………………………………王中才
对抗………………………………………邹志安
漫长的春夜………………………………叶　楠
换换………………………………………徐振廉
秋天的河…………………………………卢万成
狮身人……………[美]格雷厄姆·马斯托顿著
张柏青　郭慎涓译

报告文学
南极之光…………………………………朱幼棣
迎接新的挑战……………………………张　柱

散文
首都掠影…………………………………何寿亭

诗歌
女神诗卷
年轻的云…………………………………筱　悒
呵，乡村…………………………………于振海
田园启示录………………………………肖　鸣
珍珠集……………………………牟　迅　陆明君等

评论
与作家同呼吸共命运……………………本刊编辑部

谈艺术创作的审美诱导性………………马国雄
冯沅君的诗………………………………姜德明
李白和月亮………………………………张家琪
顾问寄语………………………李存葆　左建明
本刊举行第一次顾问工作会议…………本刊记者

美术
封面设计…………………………………张建辛
封面、本刊顾问李存葆……………周雁鸣摄影

1985 年第 8 期　刊名:《山东文学》
目录

小说
周末，市委书记家（中篇）……………王余年
鱼（短篇）………………………………宋学武
又是清明（短篇）………………………尤凤德
狮身人（长篇翻译小说连载）
……[美]格雷厄姆·马斯托顿著　张柏青　郭慎涓译

散文
那个春意盎然的寒夜……………………马瑞芳
他向往天涯………………………………胡世宗

诗歌
女神诗卷
红土地（组诗）…………………………胡学武
爱与梦（组诗）…………………………刘恒杰
历史的脚步………………………………戚　方
珍珠集（诗一束）………………刘辉考　杨　健等

报告文学
哦！他那一束威慑人的目光……………王耀东
命运三部曲………………………………郭建华
春天的歌…………………………………肖云龙

评论
张炜的美学追求（“山东青年作家群”研究）
……………………………………………杨　政
散文的立意………………………………毛乐耕
艺术家的创作灵感（艺苑拾趣）………李德义

美术
青年作家王润滋………………刘玉荣　田霞光摄影
内文题字…………………………………崔　炜

1985 年第 9 期　刊名:《山东文学》
目录

小说

南方多雨（短篇）————————程步涛
山妖（短篇）————————林　希
白岛（中篇）————————朱幼棣
作品小辑（山东青年作家）
海蛐蟮（短篇）————————孙鸳翔
多情海（短篇）————————孙鸳翔
一个快活的小伙子——孙鸳翔速写————王润滋
狮身人（长篇翻译小说连载）
————[美]格雷厄姆·马斯托顿著　张柏青　郭慎涓译

诗歌

女神诗卷
童歌（组诗）————————邵长根
小城的故事（组诗）————————张敦孟
珍珠集（诗一束）————李朝晖　刘新沂等
上海纪胜————————宋协周

散文

马的嘶鸣————————张　岐
参天黛色满浮来————————郭保林

评论

他又攀上一级台阶（"山东作家群"研究）———姜建国
当代农民的骄傲————————郭树荣
话说白描（写作常识）————————毛树贤
只愧秋来未有诗（文艺随笔）————————肖文苑
孙昌熙教授的来信————————孙昌熙

美术

青年作家张炜————————牟崇光摄影
内文题字————————崔　炜　张玉成

1985 年第 10 期　刊名:《山东文学》
目录

报告文学

一个东方女性的命运————————孙秀山　姜利国

小说

山东青年作家作品小辑
一个人的海滩（短篇）————————刘玉堂
那年冬天在岛上（短篇）————————刘玉堂

刘玉堂和他的小说————————李贯通
狮身人（长篇翻译小说连载）
————[美]格雷厄姆·马斯托顿著　张柏青　郭慎涓译

散文

又是石榴满枝时————————戴永夏
晚霞里的春天————————文　秋
箧底随感录————————山　青

诗歌

女神诗卷
逝去的冬天（散文诗四章）————————耿林莽
辐射的节奏（组诗）————————韩作荣
珍珠集（诗一束）————李子超　苏　敏　陈所巨等

报告文学

当代企业家
沂蒙之光————————唐　雨
白马山的惬意————————苗晓霞
"铁军"新帅——杨玉廷————————毛亚明

评论

大浪潮在涌现
——评《北海潮》艺术表现的时代特征————徐红兵
读者之窗
新起点　新生面————————于广礼
我嗅到了改革的气息————————邢广域
改革初见成效，读者耳目一新————————刘　建
首届"黄河笔会"在山西召开（消息）

美术

青年作家矫健

1985 年第 11 期　刊名:《山东文学》
目录

小说

最后的晚餐（短篇）————————梁晓声
故道（短篇）————————左建明
山东青年作家作品小辑
鬼谷（短篇）————————尹世林
野水（短篇）————————尹世林
用淡雅的笔调写深沉的悲剧（随笔）————宋遂良
狮身人（长篇翻译小说连载）
————[美]格雷厄姆·马斯托顿著　张柏青　郭慎涓译

散文

乡俗乐记————————苗得雨

我真想喊她一声————————刘恒杰

报告文学（当代企业家）
明珠今日才放光————————石　愚
8072 变奏曲————————林　晖

诗歌
女神诗卷
齐鲁觅古（散文诗五章）————————姜建国
访美诗抄（组诗）————————严　阵
岩石与潮水————————桂兴华
珍珠集（诗一束）————桑恒昌　刘逢进等

评论
李贯通小说的寻根意识与批判意识示踪————袁忠岳
论短篇小说的表现手法及其奥秘————［美］玛丽·
罗尔伯杰　丹·E.伯恩斯　何群立译
自然丑与艺术美（文艺随笔）————李德义

美术
山东青年作家李延国————————牟崇光摄影
黄河笔会剪影————————陈炜华摄影报道
何其江书画作品选登

1985 年第 12 期　刊名:《山东文学》
目录

小说
三块瓦的小庙（短篇）————————郑万隆
林中（短篇）————————林斤澜
天山雪深（中篇）————————兰　兰
证明（短篇）————————王延辉
彩色的月台（短篇）————————毕成本
狮身人（长篇翻译小说连载）
····［美］格雷厄姆·马斯托顿著　张柏青　郭慎涓译

诗歌
女神诗卷
齐鲁风物志（组诗）————————郭　廓
乡村风景线（组诗）————————张中海
家乡的小村（散文诗三章）————————张维芳
珍珠集（诗一束）————冯恩昌　何敬伦等

报告文学（当代企业家）
振兴企业的领头雁————鲁　文　海　波
献给祖国的第一枚银牌————————聿　玉
英北第二代————————田　春

评论
矫健小说创作的爆发力————————任孚先
力度、深度、分寸————————黄国柱
《读者之窗》————王　康　于　正

美术
山东青年作家尤凤伟————刘玉荣　田霞光摄影
内文题字————张宗印　陈立青

1986 年第 1 期　刊名:《山东文学》
目录

一个东方女性的命运（报告文学·续篇）
————————孙秀山　姜利国

小说
子遇子路（短篇）————————毛志成
重归苏莲托（短篇）————————宗良煜
水手宗良煜（随笔）————————张　炜
竞争（短篇）————————叶君健
茶山（短篇）————————郭建华
以一当百（报告文学）————侯书良　于　涛
狮身人（长篇翻译小说连载）
····［美］格雷厄姆·马斯托顿著　张柏青　郭慎涓译

散文
访日随笔————————宋协周
故都风雨游————————张志鹏
温泉融融故乡情————————何　鸥

诗歌
老山前线战士的心声————————黄　新整理
女神诗卷
齐鲁游思（组诗）————————苗得雨
山乡，我的一片绿叶（组诗）————————韩　青
珍珠集（诗一束）————孙　勃　吴　兵等
黄昏，刺槐树下（外一首）————————张法舜

评论
一篇耐看的作品————————陈　沂
"山东青年作家群"研究
左建明小说新作长短论————————张　辉
读《一个东方女性的命运》随想————————山　青
体物得神　意境动人（新书简介）————————赵光明

报告文学（当代企业家）
报告文学七篇
山东青年作家左建明————刘玉荣　田霞光摄影

1986 年第 2 期　刊名:《山东文学》
目录

小说

台上台下⋯⋯⋯⋯⋯⋯⋯⋯⋯⋯⋯⋯符加雷
忧天⋯⋯⋯⋯⋯⋯⋯⋯⋯⋯⋯⋯⋯王希坚
芝罘旧夕阳⋯⋯⋯⋯⋯⋯⋯⋯⋯⋯卢万成
从蓬莱"仙境"走向人间的卢万成⋯⋯林　雨
虎之子⋯⋯⋯⋯⋯⋯⋯⋯⋯⋯⋯⋯谢明洲
狮身人（长篇翻译小说连载）
⋯⋯〔美〕格雷厄姆·马斯托顿著　张柏青　郭慎涓译
在钻石的故乡（报告小说）⋯⋯何　鸥　赵　雷

散文

古石桥头迎春花⋯⋯⋯⋯⋯⋯⋯⋯孙蕴英

诗歌

女神诗卷
碧血花（组诗）⋯⋯⋯⋯⋯⋯⋯⋯姜　勇
一九八五年西藏之秋（外二首）⋯⋯马丽华
珍珠集（短诗一束）⋯⋯李健葆　张子斋等
散文诗三章⋯⋯⋯⋯⋯⋯⋯章永顺　王长武

评论

冷峻的反刍　有益的探索⋯⋯⋯徐　磊　朱建民
从《花环》到《坟茔》所显示的发展轨迹
⋯⋯⋯⋯⋯⋯⋯⋯⋯⋯孟　蒙　李新宇
战争与命运的交响曲⋯⋯⋯⋯⋯⋯清　才

报告文学

报告文学四篇⋯⋯⋯⋯⋯⋯刘天鹏　侯明坤等

美术

封面速写⋯⋯⋯⋯⋯⋯⋯⋯⋯⋯刘玉安
内文题字、题尾花⋯⋯⋯⋯崔　炜　谢丽华等

1986 年第 3 期　刊名:《山东文学》
目录

小说

怪鸟（短篇）⋯⋯⋯⋯⋯⋯⋯⋯⋯尹世林
流动（中篇）⋯⋯⋯⋯⋯⋯⋯⋯⋯王金年
"这小伙子成熟了!"——我认识的王金年⋯⋯郁　夫
空中的微笑（短篇）⋯⋯⋯⋯⋯⋯梁晓声
翼围（短篇）⋯⋯⋯⋯⋯⋯⋯⋯⋯姜凡振
官坑（短篇）⋯⋯⋯⋯⋯⋯⋯⋯⋯刘长岭
罗汉桥作证（短篇）⋯⋯⋯⋯⋯⋯赵廷辉

狮身人（长篇翻译小说连载）
⋯⋯〔美〕格雷厄姆·马斯托顿著　张柏青　郭慎涓译

诗歌

女神诗卷
海之歌（组诗）⋯⋯⋯⋯⋯⋯⋯⋯姚焕吉
抒情诗八首⋯⋯⋯⋯⋯⋯⋯⋯⋯⋯孙国章
彗星⋯⋯⋯⋯⋯⋯⋯⋯⋯⋯⋯⋯⋯郭树荣
珍珠集（短诗一束）⋯⋯⋯苏文河　李占学等

散文

泰山雾凇⋯⋯⋯⋯⋯⋯⋯⋯⋯⋯⋯杨平芳
醉酒景阳冈⋯⋯⋯⋯刘振岱　徐万生　魏传忠
在竞争中起飞——枣庄橡胶厂见闻⋯⋯夏　钦

民间文学

张天师出世⋯⋯⋯⋯⋯⋯⋯⋯董均伦　江　源

评论

小说创作座谈会发言摘要
寻找自己　超越自己⋯⋯⋯⋯⋯⋯张　达

报告文学

报告文学四篇（当代企业家）
⋯⋯⋯⋯⋯⋯⋯⋯芦　苇　赵　健　唐在禄等

美术

封面速写⋯⋯⋯⋯⋯⋯⋯⋯⋯⋯⋯周　峰

1986 年第 4 期　刊名:《山东文学》
目录

小说

山东青年作家作品小辑
洞天（短篇）⋯⋯⋯⋯⋯⋯⋯⋯⋯李贯通
新风吹拂着旧貌——初读《洞天》⋯⋯方　雪
赵二的妻子（短篇）⋯⋯⋯⋯⋯⋯李贯通
冰排（中篇）⋯⋯⋯⋯⋯⋯⋯⋯⋯艾　平
绿色·灰色·蓝色（纪实小说）⋯⋯陈　尘　林　霖
卫运河畔（报告小说）⋯⋯⋯⋯侯书良　魏传忠

散文

散文小辑（七篇）⋯⋯⋯⋯⋯⋯⋯张　岐
兰　琪　任　远　郭宝林　袁爱国　毕玉堂　岂　凡

报告文学（当代企业家）

崛起之前⋯⋯⋯⋯⋯⋯⋯⋯⋯朱华堂　陌上桑
塔立运河岸⋯⋯⋯⋯⋯⋯⋯⋯⋯⋯王如贵

巨淀湖畔的一颗明珠 ———————— 刘长国

诗歌

女神诗卷

美的永恒 ———————————— 陈显荣

村民的世界 ———————————— 石舒波

珍珠集（短诗一束）———— 姜澍川 林乐山 王 勇等

钻塔森林 ———————————— 姜言博

评论

悬崖上的"爱情" ————————— 宋遂良

评郑万隆的近作 ———————— 马立诚

提供了一个了解西方的窗口 ———— 姜静楠

美术

封面速写 ———————————— 周 峰

内文美术字、题尾花 ————— 崔 炜 李 锋

1986 年第 5 期　刊名:《山东文学》
目录

小说

那紧闭的板木大门（短篇）———— 周福峤

灵蕨与树（短篇）———————— 王兆军

大经纪（中篇）———————— 杨英国

淘汰、保留与时代的变革——读中篇小说《大经纪》

所引起的思考 ———————— 王晓家

八十五颗杏核儿（短篇）————— 范韶昉

偷山人（短篇）———————— 李兴文

绞（短篇）————————— 张 波

这儿，没有事情发生（短篇）———— 贾峋山

楼外的风（短篇）———————— 吴 滨

诗歌

女神诗卷

青春奏鸣曲（组诗）—————— 童 西

寥廓天地（组诗）———————— 杨 牧

珍珠集（短诗一束）———— 闻 频 苏辑黎等

平原，我宽阔的摇篮 ————— 张殿安

散文

醒了，古老的乡村 ———————— 于良志

贝贝 —————————————— 韩 晓

评论

漫谈文艺界的团结问题 ———— 王凤胜

戏外有戏——评《台上台下》———— 王万森

一篇发人深思的好作品

——浅评《最后的晚餐》————— 刘玉杰

文学语言必须新鲜 ——————— 张 鹄

报告文学

景阳冈下创业人 ————— 关 桐 柴伯久

美术

封面速写 ———————————— 周 峰

内文题字、题尾花 ————— 崔 炜 范开域等

1986 年第 6 期　刊名:《山东文学》
目录

探索追求　开拓前进 —————— 王希坚

评论

别有洞天 ———————————— 崔道怡

发展、裂变中的文学 ——— 岂 凡 凤 山

小说

女子世界（短篇）———————— 侯贺林

水下的村庄（中篇）—————— 刘玉堂

苏中对（短篇）———————— 赵本夫

童年的朋友（短篇）—————— 孙连远

明天回家（短篇）———————— 唐在禄

散文

桥的情思 ———————————— 纪 宇

五峰山纪略 ———————————— 周长风

洁白的雪 ———————————— 解洪臣

诗歌

女神诗卷·渔家的海（组诗）——— 庄永春

少年行（长诗）———————— 山 青

月光下的沉思——悼肖鸣同志 ——— 孔 林

银色的夜晚 ———————————— 牟南水

报告文学

并非荒诞的故事 ————— 苏建新 孙树葆

宏愿，从这片粘土上升起 ——— 高 振 沂 清

美术

"蒲松龄金像奖"获奖作者近影

封面速写 ———————————— 周 峰

内文题字、题尾花 ———— 崔 炜 周 璟等

1986 年第 7 期　刊名:《山东文学》
目录

小说

蓝鸟（短篇）————————————姜凡振
物异（短篇）————————————张西庭
孤岛恨（中篇报告小说）————————高润祥
透过这个窗口……（札记）
——关于《孤岛恨》————————刘亚洲
蜂洞（短篇）————————————黄　强
刘二和他的蜡嘴鸟儿（短篇）————郭　震
月光下的鸢尾兰（短篇）————————郭保林
宾馆旁的孩子（短篇）————————刘慎美

散文

海滨寄语————————————————彭陆洋
经石峪漫游记————————————张荣才

诗歌

女神诗卷
短笛（组诗）————————————邵长根
珍珠集（短诗一束）————魏　泉　孔祥雨等

报告文学（当代企业家）

这里也在激战————————————冯灵恩
创业之歌————————————韩　晓　士　亮
壮志未酬誓不休————————————尚希魁

评论

写意的小说艺术————————————罗守让
古老中国的心声————————孙昌熙　高旭东
主客契合出诗情————————————吕家乡

美术

封面速写————————————————杨文仁
内文题字、题尾花————————崔　炜　程延年等

1986 年第 8 期　刊名:《山东文学》
目录

小说

屠户（短篇）————————————周大新
送你一条紫花裙（短篇）————————方南江
女子世界（中卷）————————————侯贺林
老汤（短篇）————————————孙鸳翔
花姐（短篇）————————————巴　克
夜雾降临的时候（短篇）————————刘荣玉

报告文学

一个东方女性的命运（续二）————孙秀山　姜利国
当代企业家
假如生活选择了你————————从　丛　翠花
二哥，祝你一路顺风————————————何敬伦

散文

识字班大姐们————————————————苗得雨
巧姑————————————————————孙玉华

诗歌

女神诗卷
黄河故道之歌————————————————张　军
寄自南疆的诗笺（组诗）————王天瑞　马正建等
珍珠集（短诗一束）————————栾　桢　章阳平等

评论

读作品札记————————————————陈宝云
明珠自有慧眼识　微山湖畔话短长——《小说选刊》
与《山东文学》联合召开李贯通作品座谈会

美术

封面速写————————————————————袁　晖
内文题字、题尾花————————崔　炜　王端文等

1986 年第 9 期　刊名:《山东文学》
目录

小说

七月流火（中篇）————————————张小小
关于《七月流火》————————————张小小
月影（短篇）————————————熊尚志
赵格庄风云录（短篇）————————戈振缨
彩色的大厦（短篇）————————小　流
远山近山（短篇）————————————杨柱山

报告文学

田仲济先生的他的月季花————————郭慎娟
当代企业家
路遥知马力————————————————张　柱
山谷之春————————————————毛亚明
路————————————————关　桐　伯　久

散文

扯不断的情思————————————————李根红
重阳佳节赶山会————————————————邢景文

诗歌

女神诗卷

在我成长的泥土上（组诗）——————丁庆友

田园曲（组诗）——————冯恩昌

赠李贯通——————王希坚

珍珠集（短诗一束）——————宋协周　牟　迅等

评论

《洞天》喃喃（创作体会）——————李贯通

别有洞天看新潮——读李贯通的《洞天》——————缪俊杰

读诗赏艺——————苗得雨

美术

封面速写——————陈济生

内文题字、题尾花——————维　建　衍　海等

1986 年第 10 期　刊名:《山东文学》
目录

小说

我是一个农家女儿（中篇）——————孙桂芹

大江和高山的回声（中篇）——————叶　楠

小倩与皮尔特（短篇）——————刘　爽

山毛野翅（短篇二则）——————四　海

感觉（短篇）——————王维民

九岁毛（短篇）——————孔祥雨

散文

黑人的声音——————郑　达

我终于到过了青岛——————（中国香港）东　瑞

诗歌

女神诗卷

长安古风（散文诗·四章）——————姜建国

桃花汛，思乡的日子到了（外二首）——————王　勇

珍珠集（短诗一束）——————王　度　李　今等

评论

试填"口口"——读《女子世界》——————林斤澜

读者论坛

《女子世界》评论二则——————刘玉杰　张　达

有益的尝试——读山青实验长诗《少年行》———聂在富

报告文学

采自蒲松龄故乡的报告——————韩　青　周雁翔

消息

老作家董均伦荣获省劳动模范、优秀共产党员称号

美术

封面速写——————孔维克

王拱辰画展作品选

速写四幅——————孔维克

内文题字、题尾花——————崔　炜　晓　亮等

1986 年第 11 期　刊名:《山东文学》
目录

小说

白杨村事变（短篇）——————左建明

孬种（短篇）——————母国政

大楼中学及旁边的小铺（中篇）——————林秀荣

银杏树（短篇）——————李功达

不解的谜（短篇）——————曹　青

诗歌

青春的足迹（短诗辑）——————苏文河　刘新沂等

送花圈的老人——————李健葆

珍珠集（短诗一束）——————王少岩　吕　良等

散文

难忘肖鸣——————李贯通

一个山区女教师的路——————陈毛美

评论

人的价值的失落与寻找——读王润滋的近作兼谈一种

文学观念——————李先锋

交响乐韵律与艺术形象的独到选择——读《大江和高

山的回声》——————罗强烈

读孙国章《抒情诗八首》——————杨晓洲　李掖平

美术

封面速写——————刘亚平

李清照　屈原（国画）——————孙敬会

白头行（油画）——————曹昌武

内文题字、题尾花——————晓　亮　福　增等

1986 年第 12 期　刊名:《山东文学》
目录

小说

女子世界（下卷）——————侯贺林

赌棍（短篇）——————熊尚志

回眸那暮色中的小村（短篇）——————王　平

老马迷途（短篇）——————符加雷

打围（短篇）——————张象吉

山东汉子（短篇）......李兴文
魂归桃树林（短篇）......孙立宪
都市风景线（短篇二题）......刘孝存
猎者的神话（短篇）......王良瑛
申星·辰星（短篇）......王春波

散文
第三道长城......孙慈忠
海上钓鱼美......徐学俭

诗歌
女神诗卷
在历史的眼睛里（组诗）......王耀东
燃烧的爱（组诗）......杨　健
齐鲁杂咏......杨金亭
过梁山......李子超
珍珠集（短诗一束）......阎建中　吴　兵等

评论
关于《屠户》的通信......石　言
抒真情　写实感——读《屠户》......张　达
当代意识　聊斋神韵——《物异》读后断想...邢广域
《物异》艺术得失谈......徐红兵
古风流韵——读姜建国的散文诗......姜言博

美术
封面速写......杨文仁
醉竹图　清代女诗人——赵慈（国画）......李明媚
丝路咏叹（国画）......姚　奎

1987 年第 1 期　刊名:《山东文学》

目录

小说
黄河的女儿（长篇选载）......张海迪
没有桥的河（短篇）......卢万成
岁末（短篇）......安　琪
人坟·狗坟·蛇坟（中篇）......姜宪章　丛培伦
变节者（短篇）......王　聪
从瓦砾堆里拣出的故事（短篇二题）......黄献国
小小说二题......刘书寅　刘士章

散文
访夏老......李丽莹
八月，成熟的故乡......郭保林

诗歌
女神诗卷

海之歌（组诗）......塞　风
山里人（组诗）......李亚群
黑潮（组诗）......韩作荣　王爱君
珍珠集（短诗一束）......孙友田等

评论
大地对社会主义精神文明建设的热切呼唤——评《七月流火》......李　下
黄河故道上的当代观照
——读《白杨村事变》......张　辉
读《我是一个农家女儿》......姜静楠

消息
《古船》讨论会在济南召开

美术
封面速写......高瑞林
水彩两幅......宋守宏
书法　篆刻......朱学达　陈梗桥　朱学德
并非编织的微笑（摄影）......曾　毅
内文题字、题尾花......李向东　付　巍等

1987 年第 2 期　刊名:《山东文学》

目录

小说
食甚，北京时间二十点（短篇）......张西庭
苏伊士之波（短篇）......宗良煜
异兆（短篇）......薛尔康
戒烟，并不轻松（短篇）......冯宪开
最后的午宴（短篇）......阎幸福
白鹤（短篇）......袁和平
哭笑不得（短篇）......杨文彬
饥饿的早晨（短篇）......崔　莘
人生无限好（短篇）......张　蕴
小小说三题......刘士章　苑德平　杜银环　陈志斌

散文
天生我才必有用......卢兰琪

民间故事
孔府铁宴......董均伦　江　源

诗歌
女神诗卷
透明的乡韵（散文诗四章）......张维芳
鸡的悲喜剧及其他（组诗）......谢颐城
珍珠集（短诗一束）......徐如麒　柴德森等

评论

冷峻的反思与热烈的期待（山东青年作家群研究）
·····················龚曙光
生活土壤中培育的花朵·····················王希坚
写出现代国人的灵魂·····················朱德发
爱河，在"八月的故乡"涌流·····················杨　政

美术

封面速写·····················丁宁源
远古的梦（摄影）·····················余海波
国画两幅·····················于希宁
夜夜盼儿归（摄影）·····················李兆军
内文题字、题尾花·····················崔　炜　晓　亮等

1987 年第 3 期　刊名:《山东文学》
目录

小说

河神（中篇）·····················杨英国
小说三题（短篇）·····················张中海
海湾之雾（短篇）·····················侯成湖
堑（短篇）·····················陈炳熙
翠苇似竹（短篇）·····················赵　萍
太阳（短篇）·····················常跃强

散文

散文百家·····················张　岐
邢景文　于良志　苗得雨　毕玉堂　飞　雪　许　评
戴永夏　思　静

诗歌
女神诗卷
在工业的地平线上（组诗）·····················孔德平
南国风情（组诗）·····················吴　辛
珍珠集（短诗一束）·····················方喜利　魏　泉等

评论

矫健的豪气与张炜的才气（山东青年作家群研究）
·····················周海波
没有坏人的悲剧——也评《白杨村事变》·····················李发展
诗是人格理想的象征·····················章亚昕

美术

封面速写·····················吴泽浩
春（石版画）·····················邵常毅
聊斋志异（国画）·····················吴泽浩
曙光（摄影）·····················刘伟雄
内文题字、题尾花·····················李福增　吴云悌等

1987 年第 4 期　刊名:《山东文学》
目录

端正方向　繁荣创作·····················本刊编辑部

小说

小盆地（短篇）·····················周大新
晚霞近于朝霞（短篇）·····················毛志成
天哭（短篇）·····················姜利国
喜丧（短篇）·····················李芳苓
硝烟告诉我（短篇）·····················王志健
八月的故事（短篇）·····················张志环
雾障（短篇）·····················黄国荣
下脚料（短篇）·····················田峰泉
卖血人（短篇）·····················孙　晓

散文

冯德英印象·····················徐学俭

诗歌
女神诗卷
情系南疆（组诗）·····················苗晓霞
北平原之爱（组诗）·····················孟庆祥
珍珠集（短诗一束）·····················周　鹤　于宗信等

评论

"老调"淡忘故重弹·····················毛书征
文如其人　其人堂正
——肖鸣短篇小说集《青山祭》序·····················宋协周
灵感·构思·意象·····················吕家乡
《红楼梦》里的比喻·····················王晓家

美术

封面速写·····················王成喜
油画·····················刘德润　李　燕
丝漏版画·····················欧阳荻　周　祁
少女（摄影）
内文题字、题尾花·····················晓　亮　崔　炜等

1987 年第 5 期　刊名:《山东文学》
目录

小说

赌徒（纪实系列小说之一）·····················张西庭
苦柳情（中篇）·····················傅连理
雪白的针鱼船（短篇）·····················范韶昉
鱼王（短篇）·····················徐化芳

冲越地平线（短篇）────────────李安林
在母爱的河中筑坝（短篇）────────周大新
有这少那的……（短篇）──────────刘　岩

散文
云中桥──────────────────邢景文

诗歌
女神诗卷
血与火的旋律（组诗）────────────林　军
画廊────────────────────赵逢泉
满江红（时事抒怀）─────────────李子超
珍珠集（短诗一束）───────姜　勇　林乐山等
春天的力量─────────────────张　伟
拣麦穗的中学生──────────────王承典

评论
论史诗的思想品格────────────张　达
与郑义谈天──────────贺立华　谭好哲

美术
封面速写──────────────────沙俊杰
傲雪（油画）────────────────詹建俊
吼（泥塑）─────────────────李占北
《爱，凝固的心里》插图之一（石版画）──吴长江
花的构想（油画）──────────────许荣初
内文题字、题尾花──────────吴延林　解丽华

1987 年第 6 期　刊名：《山东文学》
目录

小说
暮色（短篇）────────────────孙宜才
黄山的雾（短篇）──────────────刘元举
焚席（短篇）────────────────赵念民
畸形的视野（短篇）────────────杲　峰
女儿（短篇）────────────────戴恩嵩
半截梳子（短篇）─────────────李万信
"摩托儿"（短篇）─────────────郭建华
接受治疗（短篇）─────────────赵廷辉
情满大山（短篇）─────────────卢振中
山花·水花（短篇）────────────王厚选
唉，该怎么说呢（短篇）──────────丁　茂

诗歌
女神诗卷
泉城素描─────────────────纪　宇
儿童诗抄─────────────────孙华文

珍珠集（短诗一速）───────冯　云　苏辑黎等
夜雨────────────────────牟南水
水兵的母亲────────────────王淑臣

报告文学
竹山青青──────────────刘绍华　郝传更

散文
走马格塔拉────────────────友　发

评论
山色水色和杂色──论刘玉堂的作品（山东青年作家
群研究）────────────────王万森
月食过后分外皎
──读《食甚，北京时间二十点》───────林　敏
率真得可爱　愚顽得可怕──读《小盆地》───于　音

美术
封面速写──────────────────孙朝晖
明月松间照（国画）────────────陈鹏同
遐思（雕塑）────────────────左耀国
水乡小景（水彩画）────────────吕　品
内文题字、题尾花──────────吴延林　吴永福等

1987 年第 7 期　刊名：《山东文学》
目录

小说
第五块碑石（短篇）────────────师庆涛
变奏（短篇）────────────────吴伟南
人到岔路口（短篇）────────────王　溱
崮乡风尘录（短篇）────────────郭庆文
鼬神（短篇）────────────────孙连远
李家湾的"桃色新闻"（短篇）────────赵鹤翔
空位（短篇）────────────────姜　勇
鬼尾（短篇）────────────────胡　鹏
信（短篇）─────────────────薛　虹
"402 高地"（短篇）────────────李学广
"美满姻缘"（小小说）───────────宋　薇

散文
战火中的"春来茶馆"────────────邢景文

报告文学
雏凤清声─────────────────郭慎娟

诗歌

女神诗卷

红色的信念————————————张志鹏

乡村变奏曲（组诗）——————孔祥雨

珍珠集（短诗一束）———冯恩昌 魏 泉等

评论

序《流动演员》——祝福一位默默的耕耘者···田仲济

在淘石大浪中寻找自己——论陈炳熙的小说···清 才

生活是创作之源——读《喜丧》————刘玉杰

美术

封面画—————————————赵振华

插图两幅————————————韩济平

水粉写生———————————赵振华 李正文

小树（油画）—————————路 璋

内文题字、题尾花——————晓 刚 永 福等

1987 年第 8 期 刊名:《山东文学》
目录

小说

赌徒（纪实系列小说之二）—————张西庭

故魂（短篇）—————————孙立宪

在歇马镇（短篇）————————姜凡振

枕旁，吹过一阵暖风（短篇）————佟宝良

古铜色的小包袱（短篇）———张野丹 汤景山

赶集（短篇）—————————刘灿校

细雨飘零零（短篇）———————张跃放

秋天的山楂园（短篇）——————胡顺杰

老师（小小说）————————湛 丰

诗歌

女神诗卷

情满沂蒙（诗五首）———————孔 林

报春花（散文诗）————————张 岐

珍珠集（短诗一束）———李健葆 张来信等

散文

散文百家————郭保林 于丛杨 姚焕吉 龙彼德

忆诗翁王统照——————————臧云远

报告文学

创业者的足迹—————————戴永夏

评论

王统照的文学批评标准——————朱德发

心韵——读飞雪的散文近作————姜建国

对优良传统的呼唤——读《苦柳情》——王忠林

美术

封面画—————————————侯晓明

黑土地（国画）—————————张丽林

版画两幅———————————刘晓刚 姜文浩

少女（油画）—————————石 良

内文题字、题尾花—————张宗印 延 林等

1987 年第 9 期 刊名:《山东文学》
目录

小说

怪哉（中篇）—————————黎 云

浮萍（短篇）—————————熊尚志

飞绪（短篇）—————————董克维

今夜，我肯定要失眠（短篇）———吴延科

希望的黄纱巾（短篇）——————赵冬岑

涂鸦篇（短篇）————————颜廷志

没打完的交道（小小说）—————舒立俊

散文

偶遇吴组缃教授————————马瑞芳

秀才—————————————孙为刚

报告文学

桥———————————————靖一民

诗歌

女神诗卷

风景线（组诗）————————王松青

童年（组诗）—————————薛炳章

珍珠集（短诗一束）———刘新沂 厉彦林等

齐鲁履痕（散文诗四章）—————姜建国

熊应祚廻文诗选————————熊应祚

廻文七绝——————————卢兰琪

评论

简论新时期的山东小说创作————杨 政

《现代诗歌艺术与欣赏》评介———耿建华

一首告别昨天的歌（读者论坛）

——读《老人魂》————————陈 兵

美术

封面照片———————————尚奎舜

祁连圣莹（国画）———赵建成 姜竹青 吴纯强

黎明（油画）—————————陶驰虎

清清微山湖（国画）———————李 勇 周 峰

内文题字、题尾花 ·············· 永 福 延 林等

1987 年第 10 期　刊名:《山东文学》
目录

小说

挂马掌（短篇）············· 迟世武
雨足郊原（短篇）············· 王昭溪
古城墙（短篇）············· 一 苇
货郎的家族（中篇）············· 魏树海
野台子（中篇）············· 孙鸳翔
我的锁叔（短篇）············· 车吉心
教授轶事（短篇）············· 田川流

散文

散文百家 ············· 端木蕻良

纪广顺　徐植农　丹　丁　吴　辛　涂光群

诗歌

女神诗卷
我曾在西部 ············· 高惟贤
侨胞吟（组诗）············· 姜澍川
珍珠集（短诗一束）
············· 李蔚红　赵逢炎　邹焕德　李凡平等

评论

论周大新近作的超越意识 ············· 李先锋
《学海见闻录》序 ············· 田仲济
一篇具有新意的佳作——读《焚席》 ············· 季桂起

美术

封面画（水彩）············· 王维新
孔子故居组画选登（木刻）········· 陈　川　蒋陈阡
耕牛图（国画）··········· 周　铁　友　善
游趣（国画）············· 杨正旗
群英会（壁画　丙烯）············· 张　勇

1987 年第 11 期　刊名:《山东文学》
目录

文艺急需更多的尖子人才（文艺论坛）
············· 中共山东省委宣传部文艺处

小说

上上下下（短篇）············· 刘玉堂
默祷（中篇）············· 王　平
葫芦坳记事（短篇）············· 黄　强

爹婆娘嫁（短篇）············· 高禄堂
孤旅（短篇）············· 亚　子
祭（短篇）············· 耕　夫
小说二题（小小说）············· 宋致国
乡政府大院的花名单（小小说）············· 刘宝超
舅舅（小小说）············· 赵建君

散文

瑰宝——《平复帖》及其最后收藏者 ············· 陈明时
飘逝的歌 ············· 杨慧卿
天都峰上的回音 ············· 姜澍川
呼哨 ············· 山　青

诗歌

女神诗卷
在美丽的国度里——访奥诗抄 ············· 苗得雨
情怀集（五首）············· 黄凤祝
珍珠集（短诗一束）············· 齐世明
高炯浩等　邱建起　王中朝等

评论

情愫深沉　意蕴绵邈 ············· 樊发稼
叙事诗创作的新收获
——读《市委书记三部曲》 ············· 吴开晋
《飞绪》的思考 ············· 刘玉杰

美术

封面画 ············· 国　瑛
收葱籽（国画）············· 郝明冉
牡丹（国画）············· 张培智
秋塘（国画）············· 张振武
菊（国画）············· 孙爱华

1987 年第 12 期　刊名:《山东文学》
目录

小说

阴阳先生（短篇）············· 侯贺林
赌徒（纪实系列小说之三）············· 张西庭
圣诞节的阿鼠（短篇）············· 张廷竹
现象与实质（短篇）············· 宋永利
九土沟（短篇）············· 张思伟
后娘（短篇）············· 司端秋
教师（短篇）············· 马海春

散文

从多瑙河到莱茵河——异国风记三题 ············· 苗得雨
人生的戏剧——浩然轶事 ············· 涂光群

报告文学
稳操胜券的人·····················张洪春　潘振龙　李长文

诗歌
女神诗卷
从天上摘下的诗（组诗）·····················姚焕吉
大漠风景线（组诗）·····················李朝晖
珍珠集（短诗一束）
·············寿杨宾　马延成等　刘振江　郑士选

评论
呼唤"人"的新觉醒
——谈中篇小说《怪哉》·············王　建　吕家乡
茉莉送友谊　花香飘万里
——读诗集《茉莉花集》·············刘增人　张　欣
李广田怎样写《圈外》·····················伊　洛

美术
封面画·····················王言昌
伤（国画）·····················史中民
山水（国画）·····················徐竟成
童年的梦（摄影）·············华铁林　李亚非
内文题字、题尾花·············玉　成　延　林等

1988 年第 1 期　刊名:《山东文学》
目录

小说
苹果成熟的时节（短篇）·····················谢维衡
痉挛（短篇）·····················王　溙
毛蟹沟（短篇）·····················于文亮
可喜的一步（编后记）·····················李广箫
非生物学死亡（短篇）·····················李　荃
转折（短篇）·····················杨英国
决斗（长篇选载）·····················郭澄清
四季歌（小小说）·····················刘建国

散文
散文百家
我寄情思与明月·····················郭保林
采石诗趣·····················孔小划
故乡的蛙鸣·····················毕玉堂
秋登解放阁·····················周长风
小镇之魂·····················李清栋
妈妈·纺车·我·····················朱爱农

报告文学
一桩凶杀案的始末·············孙秀山　姜利国

诗歌
女神诗卷
母亲河（组诗）·····················郭　廓
青岛短吟（组诗）·····················何敬君
珍珠集（短诗一束）·············子　页　刘辉考等

评论
简谈发展山东文艺评论的问题·············王凤胜
万家忧乐在心头——读《挂马掌》随想·············孚　先
情酣意浓　文采绚然·····················王兆彤
"中国潮"报告文学征文百家期刊联名启事

美术
封面设计·····················张　京
天涯渔村（国画）·····················丁宁源
茫茫草原（石版画）·····················吴长江
白杨参天（国画）·····················刘宝纯
内文题字、题尾花·············吕学勤　吴永福等

1988 年第 2 期　刊名:《山东文学》
目录

小说
柳树湾（短篇）·····················王昭溪
永恒的海蓝色（短篇）·············张　蕴　志　寰
山之腹地（短篇）·····················宋曰信
芦花环（短篇）·····················陈立宗
空位（短篇）·····················王安林
古币——《青春期》之四（短篇）·············辛　龙
牛宝老憨——故里闲聊人物之一（短篇）·······魏金永
柿红时节（短篇）·····················周新国

诗歌
女神诗卷
在桂林（组诗）·····················任志玺
桃花的启示（散文诗·外三章）·············张海生
珍珠集（短诗一束）·············孔小划　孙　弋等
八声甘州·····················李子超

报告文学
橱窗前的凝思（"中国潮"征文）·············郭慎娟

散文
七彩的河·····················孙永猛
美丽呵，小白花——普陀山散记·············赵光明

评论

襟其华衮 还他本相

——论《肥皂》的民族艺术特色……孙昌熙 韩日新

情真意切 感人肺腑

——读山青的散文《呼哨》……………友 发

对历史的反思——读《故魂》……………孟 凯

美术

封面画………………………………张 京

书法…………………………………于太昌

潭影竹间动（国画）…………………李方玉

幼年的梦幻（摄影）…………………王铁志

内文题字、题尾花……………振 武 晓 亮等

1988 年第 3 期 刊名:《山东文学》
目录

小说

雾谷（短篇）…………………………王 欣

山坡羊（短篇）………………………李养玉

名师（短篇）…………………………陈炳熙

喷嚏（短篇）…………………………许省之

绝症（短篇）…………………………常跃强

绿的困惑（短篇）……………………张 婕

正名（短篇）…………………………赵建君

故乡三叹（小小说）…………舒丙来 马晓红

报告文学

大海的回声…………………张 岐 郁 森

散文

散文百家

梅花香自苦寒来………………………李根红

敦煌怪道王圆箓………………………庐 野

思在煦园………………………………丁建元

秦淮河小记……………………………刘恒杰

古寺遗址的沉思………………………林乐山

诗歌

女神诗卷

相思树（组诗）………………………吴 兵

齐鲁觅踪（组诗）……………………姜建国

珍珠集（短诗一束）…………燕 冲 张维芳等

明志篇…………………………………郭澄清

评论

幽默的艺术魅力

——略论刘玉堂小说的语言风格………刘玉杰

读《梦中的桥》所想到的……………欣 荣

是血管都通心脏——《聊斋》艺术拾粹……张 鹄

美术

封面画………………………………张 京

童年（油画）………………………侯 滨

松鼠（国画）………………………朱颖人

风景（拓彩）………………………赵先闻

内文题字、题尾花……………少 宁 晓 亮等

1988 年第 4 期 刊名:《山东文学》
目录

短篇小说

老宅……………………………………谢维衡

贼星……………………………………熊尚志

翠蓝翠蓝的瓦罐………………………邱 勋

带伤的鸽子……………………………高恩才

红鱼……………………………………亚 子

空岛回声………………………………李 海

老钟头纪事……………………………高杏林

理发……………………………………孙宝义

距离……………………………………孙万玲

山挡……………………………………王良瑛

红色幽默……………………景 风 鲍振川

有这样一个发了财的人………………张德洋

报告文学

在天上播种未来（"中国潮"征文）……张 柯

散文

仙岛月夜………………………………于良志

初访龙井村……………………………飞 雪

诗歌

女神诗卷

屐痕觅韵（组诗）……………………韩 青

战神（组诗）…………………………马正建

珍珠集（短诗一束）…………李根红 谢明洲等

评论

论"改革文学"的意识流向……………张 达

世俗心态中的文化透视——读《九土沟》……刘克宽

寻求真诚理解和爱的世界

——谈姜凡振的三个短篇………………王 建

美术

封面画………………………………张 京

白云深处有人家（国画）··········刘振东

傣家女（国画）···············李兆彩

伞舞（摄影）················骆迎春

内文题字、题尾花·········永　福　少　宁等

1988 年第 5 期　刊名:《山东文学》
目录

报告文学

人类医学的奇迹与遗憾（"中国潮"征文）——记寻
找打开人体健康之门金钥匙的王佑三··········翟秀琪

小说

死的演习（短篇）··············毛志成

这样的爹　这样的娘（短篇）········吕宜芳

《这样的爹　这样的娘》编后·········李广蕭

蟒精（短篇）················孙连远

抱喜鸡（短篇）···············孔祥雨

小伙伴（小小说）··············罗强烈

夜叉·四妈一家（短篇）···········杨英国

可怜天下父母心（短篇）··········高维贤

散文

悼慈忠··················鲁　南

佐藤米美子小姐和贺年片··········凤　子

姑母···················闫循华

乌镇漫步·················张贵泉

诗歌

女神诗卷

遥远的乡村（组诗）·············林乐山

走向舞场（外三首）·············肖　晓

珍珠集（短诗一束）········徐竹影　王秩晖等

处处都有芳菲的绿草·············顾　工

评论

人生的品位　意象的铸造——《空位》读记····吕家乡

一个苍白又丰富的世界
——系列纪实小说《赌徒》片论········李运博

评谢明洲的散文诗··············姜建国

美术

封面画··················张　京

华夏五子行（浮雕）·············仇志海

沉重的岁月（摄影）·············刘恒杰

春江（水彩）················张伯仁

内文题字、题尾花·········振　武　永　福等

1988 年第 6 期　刊名:《山东文学》
目录

梁步庭书记的谈话·············梁步庭

为振兴繁荣山东文艺事业而奋斗·······陆懋曾

团结起来，为振兴山东文艺事业而奋斗····刘知侠

作协山东分会第三届理事会名誉主席、主席、副主
席、理事名单

短篇小说

中流河记事（二题）·············陈占敏

山妹的爱情················尚新民

海语···················苗长水

苦丹丹··················汤继沂

女人也有故事···············刘　岩

银镶南泥壶················陈传珂

师说···················刘长岭

街头小食摊上的风浪············边　侠

娘石···················焦辰龙

诗歌

女神诗卷

齐鲁览古（古诗）··············马连礼

羽翎集（组诗）···············孔　林

珍珠集（短诗一束）········卞文君　牟南水等

报告文学

从"死胡同"走出来的发明家········王允恭

散文

故乡的小石河···············冯恩昌

评论

《阴阳先生》里的侯贺林··········聂宏刚

"我就是画中人"
——评张岐散文集《蓝色的足迹》·····丁振家

渐入灵境的孔孚山水诗···········章亚昕

美术

封面画··················张　京

十五的月亮（国画）········苏　耕　孙明欣

宿雨幽禽（国画）··············秦　海

争春（国画）················张鹤云

内文题字、题尾花·······端　文　美　玉等

1988 年第 7 期　刊名:《山东文学》

目录

小说

公房 T—1 号（短篇）································方南江
两个有关爱情的故事（短篇）···················胡　鹏
小小说两篇···································史海峰
龙凤壶（短篇）·······························赵　健
人在这世上（短篇）···························郭云梦
腊月里的罗曼史（短篇）·······················未　白
故乡的小道（小小说三篇）·····················李东东
鸡魂（小小说）·······························尹铁铮
孤坟（短篇）·································田成科
石磨（短篇）·································彭延文
对门小铺（短篇）·····························赵顺年
姑姑家的老屋（短篇）·························潘永修
喜鹊（短篇）·································孙宝义

诗歌

女神诗卷
乡野（组诗）·································张　军
青春写意（组诗）·····························冯慧君
珍珠集（短诗一束）···············贾长厚　乌　林等

散文

在西德，我们住在查艾克家·····················苗得雨
"鳖王"趣话·································王桂安
母亲永远二十八·······························马润涛

消息

全力创作"拳头"作品

评论

冀鲁枣花飘清香——《枣花》序···················知　侠
三个高中生的选择···························王万森
在历史与现实的联系中表现人生·················石兴泽
形象思维、艺术技巧及其他·····················何寿亭

美术

封面画·····································张　京
双鹭（国画）·································周沧米
老海（国画）·································李云德
修竹行吟图（国画）···························郭抱湘
水边的欢乐（油画）···························焦小健
内文题字、题尾花·················振　武　木　玉等

1988 年第 8 期　刊名:《山东文学》

目录

小说

角色·····································严歌平
人是记忆的动物·······························王延峰
店主·····································王　平
宋司哭·阴阳钱·······························孙鸳翔
坐观云起时·································于爱香
河·······································罗　珠
背河·····································高禄堂
永远的新娘·································王洪荣
老圃·····································炎　文
旅·······························姜宪章　丛培伦

散文

自己的夜晚·································刘烨园
秋夜·····································萦　子
锦秋湖，我这样体会···························李长英

诗歌

孔孚山水诗·································孔　孚
乡土恋歌·································于振海
（短诗一束）·································李建葆等

评论

《洞天》以后·························周海波　赵歌放
论近年诗歌创作的三种心态·····················夏勇刚
拍拍我遗落的忧伤·················众　一　邵　军

美术

封面设计·································张　京
藕花深处·································孙敬会
秋·······································吴广君
曲阜故道·································路　璋
题字、题尾花·····················吴永福　王　运等

1988 年第 9 期　刊名:《山东文学》

目录

小说

黑金子·····································刘传明
那天有雨·································朱　竞
黑洞·····································王春波
寻找那只小鸟·································钟海城
小说二题·································郭庆文
孝子·····································赵辛予

苦涩的知名度··················郭 震
三爷、大宝及"活宝"··················徐承伦

诗歌
短诗一束··················桑 子 刘恒杰等

散文
沉入山与海的呼吸··················白 峰
思之桥··················刘 俭

报告文学要目
六环——中国纺机的一颗新星··················高志辰

评论
离开墓场：现代文明的脚步启蒙着文学··················柳 原
文学在呐喊：让奇迹与遗憾诀别吧··················邢广域

美术
封面雕塑··················杭观华
题字、题尾花··················李瑞东 曹 永等

1988 年第 10 期 刊名:《山东文学》
目录

小说
满地落叶（建国四十周年征文）··················张 炜
渔号哥子（建国四十周年征文）··················林 深
童年的马··················张 炜
"倒爷"老沫子··················唐玉流
夜惑··················周百义
红坟··················西 泽
小说二题··················赵立山
五月的麦田··················佟宝良
小小说三篇··················王承典

散文
发生了什么，要发生什么··················小 音
一个小女孩的命运··················赵利娟

诗歌
短诗一束··················袁炳忠 展 妮 李纪钊等

报告文学要目
这里是一片净土··················王 聪

评论
生命火：胡鹏诗谈··················章亚昕

1988 年第 11 期 刊名:《山东文学》
目录

小说
幸福的不治之症（建国四十周年征文）··········冯德英
丑房子··················颜廷之
冬日的麻雀··················范小天
沉重的乌纱··················杲 峰
纸船··················赵念民
回归··················王树村
雪春··················常跃强
菜谱··················郭慎娟
蜜月··················甄 言
魂兮？梦兮？··················天 虹
闲职不闲··················严 民

诗歌
一只脚步履沉重一只脚行色匆匆（五首）······陆 健
通过这双眼（外一首）··················王方晨
有许多（外一首）··················王中朝
家族变奏曲之一··················唐守运
老人与树··················王黎明
小雨的歌··················王 洋
一种情绪··················孟晓静
才气··················杜 帝
冬日··················许艳玲
夜色下的小街（外一首）··················王旭升

散文
为自然之脉··················戎 辙
也许是误解··················韩新东
瑞典，八月的风··················阎纯德

报告文学
在浪潮的冲击下··················张延汾 冯乐友
站在高高的脚手架上··················杨学锋 迟 云
能人孙迎琦··················陈谋钦 孟 晓

评论
从分化走向合流：已见端倪的小说创作趋势···房福贤
十年磨一剑，一语胜千言··················耿林莽

1988 年第 12 期 刊名:《山东文学》

目录

小说

土地和神（建国四十周年征文）……………………尹世林
骡子（建国四十周年征文）……………………侯贺林
荡船（建国四十周年征文）……………………潘玉玲
短篇三题……………………关汝松
一点儿春……………………陶 己
迷朦的黄昏……………………陈 枫
失落在庙楼的梦……………………黄 舸

散文

齐鲁青年散文处女作小辑
一些话……………………本刊编辑部
"现代人"的忙碌……………………张 洪
乡村三题……………………阎先治
鹰和鹰穴……………………陈 原
太阳在东方……………………胡家福
原色……………………孟璐君
混沌的庭院……………………杨 松
海边男子汉……………………高 歌
错愕的笑声……………………谭延桐

诗歌

梁真诗四首……………………梁 真
芦花梦……………………钟文伟
清平诗三首……………………王清平
小城之恋……………………珏 敏
旧事……………………立 人
少女……………………魏 炜

报告文学

北海滩的歌……………………高志辰 李俊海
眼光……………………徐传利 孟 晓
艰难的跋涉……………………李兰珉 陈谋钦 孟 晓

评论

蓬山此去无多路……………………孔庆东

消息

《大王魂》讨论会在济南举行……………………杨 善

1989 年第 1 期 刊名:《山东文学》

目录

小说

归去来兮（建国四十周年征文）……………………宣 弘
螺丝（建国四十周年征文）……………………庄 稼
骚动（建国四十周年征文）……………………袁学强
那一行美丽的脚印……………………王昭溪
赶集……………………于彦国
魂惊何处……………………孙嘉嶙
苦涩的爱……………………张建广
水洼……………………凌可新
黑红接力棒……………………刘保亭

散文

这世上，我们的歌……………………段 颖
荧荧萤火留人间……………………张 岐
小河弯弯……………………李耀奎

诗歌

沙漠大迁徙（外一首）……………………兀 然
风暴眼……………………钱叶用
超重的信……………………李 芳
有一种声音……………………林乐山
国光……………………李 燕
绿……………………雨 仙
独弈中国……………………夏海涛
今夏无故事（外一章）……………………韩嘉川
蓝色彷徨（之五）……………………刘建波

报告文学

民族之光……………………刘玉杰
远途……………………郁 嘉
黄河下游的汉子……………………王 聪 孙守民

评论

激情退潮以后……………………韩 琳 赵宝奇整理

1989 年第 2 期 刊名:《山东文学》

目录

小说

鸡丧（建国四十周年征文）……………………邱 勋
海蕴（建国四十周年征文）……………………宗良煜
红界……………………海 涛
献给哈克的礼物……………………李有干
村事……………………赵辛予

游蛇……………………………………高立民
长夏……………………………………于扬波

散文
生命的响声……………………………李蔚红
我的第一位老师………………………谢明洲
散文二题………………………………杨子林
给二十三岁……………………………高珊珊

诗歌
酒………………………………………杨榴红
回到开端的愿望………………………雪　村
空走廊…………………………………未　音
火柴……………………………………傅早芳
开门的人………………………………赵玉洋
千年槐…………………………………阎洪亮
相遇如梦………………………………吴天寒
人字瀑…………………………………岱　胄
约后……………………………………余筠华
童年……………………………………豫　鲁

改革浪潮
希望的大地………………………高志辰　陈同亮
醒来的白马河……………………木　子　自　牧
这一个沂蒙人……………………………晨　星
卜宪艮和莱州橡胶厂……………………鲁　仲
淄川在腾飞………王继训　孟　晓　彭延文　王维芝

评论
山东文学的探索………………………姜静楠

简讯
山东省作家企业家联谊会成立
山东省作家企业家联谊会顾问名单
山东省作家企业家联谊会会长、副会长、秘书长名单
山东省作家企业家联谊会理事名单

1989 年第 3 期　刊名:《山东文学》
目录

山东女作家小说专辑
申述……………………………………杨　扬
梧桐树下梧桐雨………………………梁　丰
变异……………………………………赵冬苓
沙冢……………………………………阿　真
那片遥远的朦胧………………………丁美娥
远古的诗韵……………………………于雷娃
穿过白色山谷…………………………吕秀珍

上帝与迷途的羔羊……………………刘　玮
朦朦秋夜………………………………李建英
镜中人…………………………………薛　虹

散文
人与世之札……………………………贺　严
"誓与此君共老"………………………卢兰琪
莫高窟随想……………………………周佩红
九寨沟…………………………………刘　臻

诗歌
涅槃的情歌……………………………叶延滨
想着……………………………………徐建强
手的形态………………………………郝永勃

改革浪潮
下营镇有个刘四哥…………………张延汾　孙鹏程
信息时代的"架桥人"…………………朱国伟
运河逆子………………………………孟庆龙

评论
执著的追寻与追寻的困惑……………胡家福

1989 年第 4 期　刊名:《山东文学》
目录

小说
欲望号兵车……………………………刘恒志
安得广厦千万间………………………宋遂良
苦蜜（建国四十周年征文）……………王良瑛
市井小说二题（建国四十周年征文）……刘学江
疯狂……………………………………李海音
春秋变奏………………………………韩　青
父与子…………………………………石锡波
梦的传奇………………………………陈炳熙

散文
人间烟火………………………………白　峰
秋语·红叶南山………………………萦　子
名花开在淳朴的土地上………………石　英
秀色满竹海……………………………毕玉堂

诗歌
无形之手………………………………郁　文
还是那方热土…………………………桑恒昌
家庭变奏曲之二………………………唐守运
直面杂乱无章…………………………宗华昌
司芬克斯之谜…………………………涂险峰

丢钥匙的孩子⋯⋯⋯⋯⋯⋯⋯⋯⋯⋯⋯刘　泉

改革浪潮

一座座无字碑⋯⋯⋯⋯⋯⋯⋯⋯高禄堂　高举忠
上楼记⋯⋯⋯⋯⋯⋯⋯⋯⋯⋯⋯⋯⋯⋯刘玉杰
创业四时歌⋯⋯⋯⋯孙　杰　栾法龙　赵　健　许修利

评论

小荷才露尖尖角　早有蜻蜓立上头⋯⋯⋯⋯宋协周
探索者的感伤⋯⋯⋯⋯⋯⋯⋯⋯⋯⋯⋯⋯高立民

消息

为庆祝建国四十周年本刊举办小说金银杯大奖赛
首届"我看中国"国际青少年征文大展赛隆重推出

1989 年第 5 期　刊名:《山东文学》
目录

小说

独臂村长（庆祝建国四十周年征文）⋯⋯⋯矫　健
拜窑（中篇）⋯⋯⋯⋯⋯⋯⋯⋯⋯⋯⋯⋯熊尚志
沧浪之水⋯⋯⋯⋯⋯⋯⋯⋯⋯⋯⋯⋯⋯范小青
圣诞之旅⋯⋯⋯⋯⋯⋯⋯⋯⋯⋯⋯⋯⋯蔡未名
龟兮龟兮⋯⋯⋯⋯⋯⋯⋯⋯⋯⋯⋯⋯⋯崔希明
筏瓮⋯⋯⋯⋯⋯⋯⋯⋯⋯⋯⋯⋯⋯⋯⋯刘灿校
小小说专辑
买猴⋯⋯⋯⋯⋯⋯⋯⋯⋯⋯⋯⋯⋯⋯⋯窦智慧
职业病⋯⋯⋯⋯⋯⋯⋯⋯⋯⋯⋯⋯⋯⋯毛志成
蓄水池⋯⋯⋯⋯⋯⋯⋯⋯⋯⋯⋯⋯⋯⋯邓　东
自杀前兆⋯⋯⋯⋯⋯⋯⋯⋯⋯⋯⋯⋯⋯渔　客
言论自由⋯⋯⋯⋯⋯⋯⋯⋯⋯⋯⋯⋯⋯邓　东
驴肉⋯⋯⋯⋯⋯⋯⋯⋯⋯⋯⋯⋯⋯⋯⋯向　春
配比失误⋯⋯⋯⋯⋯⋯⋯⋯⋯⋯⋯⋯⋯云　崖
好崽⋯⋯⋯⋯⋯⋯⋯⋯⋯⋯⋯⋯⋯⋯⋯高永基
碑⋯⋯⋯⋯⋯⋯⋯⋯⋯⋯⋯⋯⋯⋯⋯⋯李　峰
茅台酒⋯⋯⋯⋯⋯⋯⋯⋯⋯⋯⋯⋯⋯⋯任晓杰

散文

沧桑少林⋯⋯⋯⋯⋯⋯⋯⋯⋯⋯⋯⋯⋯张若愚
不会寂寞·这个年纪⋯⋯⋯⋯⋯⋯⋯⋯⋯陶　己
走向大漠深处⋯⋯⋯⋯⋯⋯⋯⋯⋯⋯⋯吕锦华
散文诗专辑
梦歌⋯⋯⋯⋯⋯⋯⋯⋯⋯⋯⋯⋯⋯⋯⋯胡　鹏
冬至时分⋯⋯⋯⋯⋯⋯⋯⋯⋯⋯⋯⋯⋯韦　锦
雾之寒夜⋯⋯⋯⋯⋯⋯⋯⋯⋯⋯⋯⋯⋯高　军
垂钓者⋯⋯⋯⋯⋯⋯⋯⋯⋯⋯⋯⋯⋯⋯潮　汐
冷月⋯⋯⋯⋯⋯⋯⋯⋯⋯⋯⋯⋯⋯⋯⋯张子影
白桦林⋯⋯⋯⋯⋯⋯⋯⋯⋯⋯⋯⋯⋯⋯马延臣

改革浪潮

鲁西新花⋯⋯⋯⋯⋯⋯⋯⋯⋯⋯⋯⋯⋯孟庆龙
壮哉！腾飞的大昆仑⋯⋯⋯⋯孙即炳　白怀彦　彭延文
宋乐吉和他的造锁总厂⋯⋯⋯刘建波　宗　敏　周福峤
洸泗河畔的创业者⋯⋯⋯⋯⋯⋯⋯李　峰　钦　霞
叩开宇宙迷宫之门⋯⋯⋯⋯⋯⋯⋯⋯⋯王昭晏

评论

蜕变中的力作⋯⋯⋯⋯⋯⋯⋯⋯⋯⋯⋯陈宝云

1989 年第 6 期　刊名:《山东文学》
目录

小说

海土二题⋯⋯⋯⋯⋯⋯⋯⋯⋯⋯⋯⋯⋯许谋清
忧虑⋯⋯⋯⋯⋯⋯⋯⋯⋯⋯⋯⋯⋯⋯⋯李心田
熊⋯⋯⋯⋯⋯⋯⋯⋯⋯⋯⋯⋯⋯⋯⋯⋯卢万成
大漠的记忆⋯⋯⋯⋯⋯⋯⋯⋯⋯⋯⋯⋯杨志军
野江⋯⋯⋯⋯⋯⋯⋯⋯⋯⋯⋯⋯⋯⋯⋯石山浩
没劲⋯⋯⋯⋯⋯⋯⋯⋯⋯⋯⋯⋯⋯⋯⋯孙和林
报复⋯⋯⋯⋯⋯⋯⋯⋯⋯⋯⋯⋯⋯⋯⋯丁健民

散文

诞生过巨著的小院⋯⋯⋯⋯⋯⋯⋯⋯⋯任　远
一角天空⋯⋯⋯⋯⋯⋯⋯⋯⋯⋯⋯⋯⋯小　音
蹲宿儿⋯⋯⋯⋯⋯⋯⋯⋯⋯⋯⋯⋯⋯⋯艾　平
河鳖趣话⋯⋯⋯⋯⋯⋯⋯⋯⋯⋯⋯⋯⋯韩　青

诗歌

松与柏⋯⋯⋯⋯⋯⋯⋯⋯⋯⋯⋯⋯⋯⋯刘辉考
坟地⋯⋯⋯⋯⋯⋯⋯⋯⋯⋯⋯⋯⋯⋯⋯彤　喃
凤凰岛⋯⋯⋯⋯⋯⋯⋯⋯⋯⋯⋯⋯⋯⋯塞　风
等或被等⋯⋯⋯⋯⋯⋯⋯⋯⋯⋯⋯⋯⋯刘　原
失明者⋯⋯⋯⋯⋯⋯⋯⋯⋯⋯⋯⋯⋯⋯秋　红
魔幻化妆⋯⋯⋯⋯⋯⋯⋯⋯⋯⋯⋯⋯⋯朱小丰
红帆⋯⋯⋯⋯⋯⋯⋯⋯⋯⋯⋯⋯⋯⋯⋯杨如雪
这样的晚上⋯⋯⋯⋯⋯⋯⋯⋯⋯⋯⋯⋯吴玉铎
穿过的鞋子⋯⋯⋯⋯⋯⋯⋯⋯⋯⋯⋯⋯钧　叶

改革浪潮

摩天岭上创业歌⋯⋯⋯⋯⋯⋯⋯⋯⋯⋯宋宪民
星火之光⋯⋯⋯⋯⋯⋯⋯⋯⋯⋯⋯⋯⋯殷培文
把绿色的追求，奉献给这超载的星球⋯⋯⋯周新国

评论

孔孚追求的诗美境界⋯⋯⋯⋯⋯⋯⋯⋯陈明欣
沉重负荷下的跋涉⋯⋯⋯⋯⋯⋯⋯⋯⋯任孚先
一种恶性文化心态的曝光⋯⋯⋯⋯⋯⋯于永绚

可读性和可写性 王汶成
"安得广厦千万间"之外 袁忠岳

1989 年第 7 期　刊名:《山东文学》
目录

小说
银孩子（中篇） 梅帅元
绝响 马海春
孤魂 郭贵宗
工作队之歌 范小天
流行死亡 墨白
百年长梦 史凤鸣

散文
晚年冬夜 真骅
炎热中踏过青草 戎辙
陶阳看煤 李心田
洞 张洪

诗歌
光明的旅程（外一首） 张同道
老屋（外一首） 谭延桐
自己的屋子 杨克和
雨神（散文诗·外一章） 耿林莽
逐日（散文诗） 大雪

改革浪潮
创业在北大洼的汉子们 高志辰
红星与蓝盾 秦彩霞
流响出疏桐 衣文敏

评论
泰山笔会座谈纪要
张炜两篇小说的叙述分析 周源

1989 年第 8 期　刊名:《山东文学》
目录

小说
在江边 吴若增
苗壮成长 张香林
呜呜洞 程东
雪堡 钟海城
杀材 刘增山

散文
到杉皮小屋去 耿立
散文三题 韩新东
我不是松树 刘方炜
冲刷不掉的记忆 周嘉华
家乡的歌 韩述梅

诗歌
灰色城堡（组诗） 舒钧
牛魂 孔祥雨
世界大小 郭长青
五羊雕像 红路
回顾 梅子
守望（外一章） 丁秀胤
思念（外一首） 王建春
观花石 王贵珠
想念秋风 王太勇
晚归 程鲁梅

报告文学
飘在平原的歌 刘建波 于心海 刘光辉
沂蒙山区的一颗明星 朱兆彬 张苍安
经纬交响曲 彭兴凯 李世英
男子汉的风采 张谨

评论
情境：叙事创作柔软的下腹部 胡平
低哑的六弦琴 耿林莽
知识灵魂的困窘 李丕显

1989 年第 9 期　刊名:《山东文学》
目录

小说
石榴 张炜
造琴学琴 张炜
亲爱的小孩儿 阿亮
冬歌 尹铁铮
死结 陈占敏

小小说专辑
"悲惨世界"·方式 白小易
红鲤鱼 王全善
哑症 崔希明
县政协委员 何寿亭
绝技 高丰盛

散文

村里第一个火化的人 ………………………………… 赵立娟
在那遥远的地方 ………………………………………… 贺中原
梨花又开 ………………………………………………… 赵秀媛
青岛与海 ………………………………………………… 杜 帝
黄昏里 …………………………………………………… 李立秦

诗歌

天体·人生（组诗）……………………………………… 吴 辛
一个游子唱给田园的情歌（组诗）…………………… 张中海
冬眠 ……………………………………………………… 王黎明
散文诗三章 ……………………………………………… 伊 甸
故乡三部曲（散文诗）………………………………… 朱文平

改革浪潮

酒魂 ……………………………………… 张永生 李瑞东
脚踏汽车轮子迅跑的人们 …………………………… 宋宪民
酒道 ……………………………………………………… 王 军
路在脚下 ……………………… 德 泽 美 华 雪 松
为了这片棕色的土地 ………………………………… 肖 月

评论

马海春小说创作简论 ………………………………… 武善领
为女性文学呐喊 ………………………………………… 丽 莹

1989 年第 10 期　刊名:《山东文学》
目录

小说

祖宗树（建国四十周年征文）………………………… 尹世林
紫米 ……………………………………………………… 彭荆风
师生两三个（建国四十周年征文）…………………… 刘玉堂
爱之翼（建国四十周年征文）………………………… 苗长水
迷悟（建国四十周年征文）…………………………… 宗良煜
白云无尽时 ……………………………………………… 王 平
遥远的梦 ………………………………………………… 李有干

散文

煤井意识流 ……………………………………………… 李华丰
寒之路几层 ……………………………………………… 卢兰琪
陌生的春天 ……………………………………………… 刘 原

诗歌

太阳不会是流星（组诗）……………………………… 陈显荣
视野集（组诗）………………………………………… 苗得雨
生命诞生之后（散文诗·组诗）……………………… 刘延林

改革浪潮

无情未必真豪杰 ………………………………………… 王玉英
泰山双璧 ………………………………………………… 王 军
大海边捡到的故事 …………………………………… 刘建波
人民的"柴草官" ……………………… 黄培建 黄培立

评论

呼唤文学的万里长城 …………………………………… 斥 夫
一曲长长的恋歌 ………………………………………… 林 非

1989 年第 11 期　刊名:《山东文学》
目录

小说

伙计 ……………………………………………………… 李贯通
"国风"三题 …………………………………………… 王奎山
窑主 ……………………………………………………… 崔 耕
此地非我所属 …………………………………………… 张中海
狭路 ……………………………………………………… 燕 冲
苇河镇风景 ……………………………………………… 陶 纯
守望 ……………………………………………………… 梁 真
丑妻 ……………………………………………………… 张 颖

散文

北方情思 ………………………………………………… 张野丹
车过李屯 ………………………………………………… 张晓伟
山云 ……………………………………………………… 冯恩昌
童年的龙王庙 …………………………………………… 阎循华
麦季 ……………………………………………………… 赵建英

诗歌

当我举起酒杯的时候（外一首）……………………… 张维芳
初识（外一首）………………………………………… 雪 松
想起五月（散文诗）…………………………………… 刘建波

改革浪潮

追求 ……………………………………………………… 李 栋
路漫漫其修远兮 ……………………… 刘晓峰 李兴杰
大海的深沉与活力 …………………………………… 宋文华
但得众生皆温饱 ……………………………………… 林红宾
气泵王 ………………………………… 邵人毅 乔 凤
志气歌 …………………………………………………… 张继营

评论

"省份文学"面面观 …………………………………… 李运抟

1989 年第 12 期　刊名:《山东文学》

目录

小说

北方的港湾·····················冯德英
天光·····························刘学江
孤独的唢呐·······················王延平
流逝的岁月·······················李立秦
鱼眼·····························尚　通
玩友三哥的事业···················毕玉堂
淡雾中的女孩·····················任瑞成

散文

散文二题·························侯贺林
乘长风破里浪·····················许　评

诗歌

有爱的岁月（组诗）···············李蔚红
章鱼的故事（组诗）···············栾纪曾
秋林（散文诗）···················李　夏
最后一个季节·····················元　星
一个玩笑·························李　蹊

改革浪潮

走出荷山故道···········邵人毅　马建宁　史迎春
森林，在阳光下崛起···············刘殿玉
万家灯火·························梁增琛
誓为万家辟富路···················张　章
这儿，远非一片厚土······：········梁　仁
他耸树了一座改革的丰碑·······张洪礼　王洪亮

评论

现实主义的深化和开拓···········任孚先　王光东

《陕西文艺》
（《延河》）

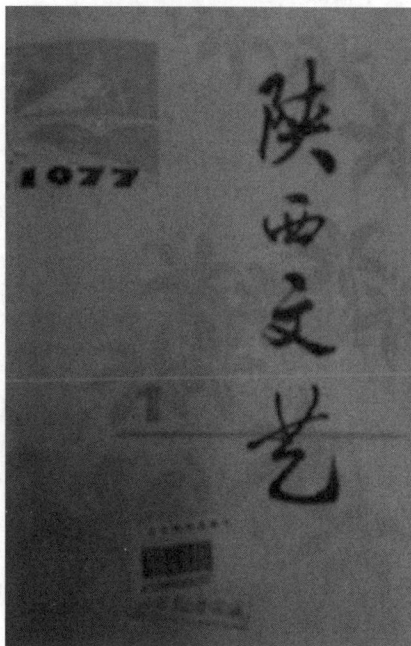

【简　介】

综合性文学月刊。陕西省作家协会主办。创刊于1956 年。1977 年由《陕西文艺》更名为《延河》。其"陕西青年作家专号"等栏目意在提倡和推出陕西作家，曾经轰动一时，号称"小《人民文学》"。

期刊号:1976 年第 1 期—1989 年第 10 期

1976 年第 1 期　刊名:《陕西文艺》

目录

词二首···························毛泽东
水调歌头·重上井冈山
念奴娇·鸟儿问答
无产阶级革命家的战斗情怀——学习毛主席两首词的一点感受·······················方　锷
毛主席词二首的词语牌和词语解释·······云　飞
东方红（水粉画）·················张松鹤
亲切的教导（年画）
······················黄乃源　王来信　方鄂秦

全党动员　大办农业　为普及大寨县而奋斗
努力反映农业学大寨运动的战斗生活·······本刊评论员
文学工作者积极行动起来，为大办农业，普及大寨县而努力作战!（倡议书）

吴堡行（散文）⋯⋯⋯⋯路 遥 李 知 董 墨
落织河新曲（散文）⋯⋯⋯⋯⋯⋯⋯⋯白 描
大巴山风情（散文）⋯⋯⋯⋯⋯⋯⋯⋯韩 起
渭滨春潮（散文）⋯⋯⋯⋯⋯⋯⋯⋯陈学超
朝阳新人（革命故事）⋯⋯⋯⋯⋯⋯李凤杰
二牛的心愿（小说）⋯⋯⋯⋯⋯⋯⋯董 蕾
三换小黑板（小说）⋯⋯⋯⋯⋯⋯⋯姚敬民
吴堡新民歌（十八首）
遍地大寨情（诗）⋯⋯⋯⋯⋯⋯⋯⋯王承颜
县委书记进山来（歌词）⋯⋯⋯⋯⋯徐思萱
努力塑造巩固无产阶级专政的英雄形象——学习马克
思、恩格斯致拉萨尔的信⋯⋯冯日乾 刘全昕
奴才的"昏庸"——评金圣叹砍《水浒》⋯康 伊
"天魁"与"天马"⋯⋯⋯⋯⋯⋯⋯王缵叔
"子见南子"和"宋江访妓"⋯⋯⋯⋯商子雍
心中要有工农兵——本刊一九七五年十二月邀请部分
诗歌作者笔谈诗歌创作问题⋯⋯⋯⋯张 郁
谷 溪 小 蕾 党永庵 张宣强 赵兴族 震 学
陕西省文艺创作研究室召开短篇小说创作座谈会（消息）
革命歌曲增页（六首）
农业学大寨速写（五幅）⋯⋯⋯⋯傅文刚等
长城好汉（年画）⋯⋯⋯⋯⋯⋯⋯⋯文 军
广阔天地又丰收（年画）⋯⋯⋯⋯⋯郭岢然
警惕（年画）⋯⋯⋯⋯⋯⋯⋯⋯⋯白铭州
重重高山处处亲（年画）⋯⋯⋯⋯⋯龚建新

1976 年第 2 期　刊名:《陕西文艺》

目录

坚持文艺革命，反击右倾翻案风⋯⋯⋯初 澜
久有凌云志　重上井冈山——学习毛主席词《水调歌
头·重上井冈山》的体会⋯⋯⋯⋯⋯胡义成
试看天地翻覆——学习毛主席词《念奴娇·鸟儿问
答》的一点体会⋯⋯⋯⋯⋯⋯⋯⋯马宝山

小小说
父子俩⋯⋯⋯⋯⋯⋯⋯⋯⋯⋯⋯⋯路 遥
刘三婶⋯⋯⋯⋯⋯⋯⋯高陵县文化馆创作组
曳断绳⋯⋯⋯⋯⋯⋯⋯⋯⋯⋯⋯⋯贾平凹
丁牛牛⋯⋯⋯⋯⋯⋯⋯⋯⋯⋯⋯⋯朱合作
机声隆隆（小说）⋯⋯⋯⋯⋯⋯⋯⋯李 星
大老刘的故事（小说）⋯⋯⋯⋯⋯⋯郑 征
金钥匙（小说）⋯⋯⋯⋯⋯⋯⋯⋯⋯程 瑛
李英管电（小说）⋯⋯⋯⋯⋯⋯⋯⋯何晓瑞

新生事物赞
赞"共大"⋯⋯⋯⋯⋯⋯⋯⋯⋯⋯⋯毛 锜
医学院办到山沟来⋯⋯⋯⋯⋯⋯⋯祁光裕

纺车（外一首）⋯⋯⋯⋯⋯⋯⋯⋯⋯高炯浩
帐篷夜校⋯⋯⋯⋯⋯⋯⋯⋯⋯⋯⋯李厚志
雪中抬石⋯⋯⋯⋯⋯⋯⋯⋯⋯⋯⋯肖重声
点点滴滴（散文）⋯⋯⋯⋯⋯⋯⋯⋯田涧菁
妹妹（散文）⋯⋯⋯⋯⋯⋯⋯⋯⋯⋯白杨树
毛主席重上井冈山（歌词）⋯⋯⋯⋯黎 琦
大办农业同跃进（歌词）⋯⋯⋯⋯⋯李正身
合作医疗幸福花（歌词）⋯⋯⋯⋯⋯党永庵
小河笑起酒窝窝（儿歌歌词）⋯⋯⋯荣 海
纺织工人最爱这雪的海洋（歌词）⋯闻 频
热情讴歌教育革命中出现的新生事物⋯杨树芳
为朝气蓬勃的新一代大唱赞歌⋯⋯⋯毕英杰
又一株新苗吐翠⋯⋯⋯⋯⋯叶咏梅 徐 岳
谈刘禹锡政治诗的思想艺术特色⋯⋯韩望愈
红小兵采药忙（儿童歌曲）⋯毛广魁词 徐邦杰曲
为建成大寨县而努力奋斗（宣传画）
⋯⋯⋯⋯⋯⋯⋯⋯⋯⋯秦天健 彭 吕
主课（摄影）⋯⋯⋯⋯⋯⋯⋯⋯⋯王秀伟
夺钢（摄影）⋯⋯⋯⋯⋯⋯⋯⋯⋯苗 明
学工（油画）⋯⋯⋯⋯⋯⋯⋯⋯⋯丰兆民
社社学大寨　县县赶昔阳（宣传画）⋯郭 敦

1976 年第 3 期　刊名:《陕西文艺》

目录

中共中央关于华国锋同志任中共中央第一副主席、国
务院总理的决议
中共中央关于撤销邓小平党内外一切职务的决议
伟大的胜利⋯⋯⋯⋯⋯⋯⋯⋯《人民日报》社论
坚决拥护中共中央的两项决议
把反击右倾翻案风的斗争进行到底
伟大的胜利（诗）⋯⋯⋯⋯⋯⋯⋯⋯大 可
热烈欢呼两项决议（诗）⋯⋯⋯⋯⋯苏兆强
喜讯传四方（诗）⋯⋯⋯⋯⋯⋯⋯⋯叶咏梅
愤怒声讨邓小平（诗）⋯⋯⋯⋯⋯⋯赵兴族
胜利的反击战（诗）⋯⋯⋯⋯⋯⋯⋯高云鹏
守卫在天安门前（诗）⋯⋯⋯⋯⋯⋯徐剑铭
迎接"文化大革命"十周年　夺取文艺革命的更大
胜利
⋯⋯⋯⋯⋯⋯⋯⋯⋯⋯⋯⋯⋯本刊评论员
文艺革命的大好形势不容诬蔑⋯⋯李凤兰 刘如贵
攻击革命样板戏就是要复辟资本主义
⋯⋯⋯⋯⋯⋯⋯⋯韩城燎原煤矿中心理论组
东村纪事（小说）⋯⋯⋯⋯⋯⋯⋯⋯邹志安
闪光（小说）⋯⋯⋯⋯⋯⋯⋯⋯⋯⋯李淑珍
谁是第一（小说）⋯⋯⋯⋯⋯⋯⋯⋯胡东明
大红花（散文）⋯⋯⋯⋯⋯⋯⋯⋯⋯徐 岳
春漫隆冬（散文）⋯⋯⋯⋯⋯⋯⋯⋯沙 石

春笋岭（散文）…………………………王 蓬
诗歌反映"文化大革命"的可喜收获——重读《红卫兵之哥》…………………韩城燎原煤矿文艺研究组
谈《高家兄弟》和《公社书记》……白晓朗 刘书林
延水长（六场话剧）………………………西安市
话剧团《延水长》剧组创作
————黄 悌 万 一 曹天富 马 琨执笔
革命歌曲增页（五首）
狠狠回击右倾翻案风（宣传画）……………汪秦生
速写两幅……………………勤 生 艺 民
粮船数不尽（年画）………………………洪耀华

————学习鲁迅杂文随笔……………冠 勇 建 中
"总之是信不得"——读鲁迅《赌咒》………段国超
从孔老二"恶郑声"说起……………………商子雍
一代新人的战歌——读《理想之歌》………杜耀民
革命歌曲四首
放映《春苗》去（年画）……………………李众斌
下班之后（套色木刻）……宝鸡铁路分局工人美术组
学农（速写）………………………………白巨熔

1976 年第 4 期　刊名:《陕西文艺》

目录

毛主席教导我们学理论（中国画）····耿 建 张自蘋
无产阶级"文化大革命"好
十年风雷壮胸怀（诗）……………………晓 蕾
天安门战歌（诗）…………………………峭 石
炮声颂（诗）………………………………党永庵
站岗（外一首）……………………………高云鹏
激流（小说）………………………………魏子旭
大年初一（小说）…………………………曾兴武
高度（小说）………………………………京 夫

小小说

龙春夺阵……………………………………王 蓬
对门………………………………………贾平凹
一百五十个鸡蛋……………………………朱合作
坐车记……………………………………郝昭庆
延河湾的春夜（散文）……………………赵 熙
浪急松青（散文）…………………………康象贤
春来江山娇（散文）………………………苏文勋
革命民歌（五首）…………………………张德臣等
户县农民画三题（诗）……………………毛 锜
送别前夜（诗）……………………………张潮溢
巡医歌（诗）………………………………廖前进
数新花（诗）………………………………呼延和平
锤声四方响（诗）…………………………谢克强
茶山春苗（诗三首）………………………张宣强
重回村（诗）………………………………张传平
回家（诗）…………………………………杨惠民
竹山（诗）…………………………………叶延滨

尖刀篇

"敢讲话"与常"走火"——剖析邓小平反革命的
"进退术"……………………安志欣 郭龙云
脸谱后面的本相

1976 年第 5 期　刊名:《陕西文艺》

目录

伟大的领袖和导师毛泽东主席永垂不朽
中国共产党中央委员会
中华人民共和国全国人民代表大会常务委员会
中国共产党中央军事委员会
告全党全军全国各族人民书
在伟大的领袖和导师毛泽东主席追悼大会上
中共中央第一副主席、国务院总理华国锋同志致悼词
中国共产党中央委员会
中华人民共和国全国人民代表大会常务委员会
中华人民共和国国务院
中国共产党中央军事委员会
关于建立伟大的领袖和导师毛泽东主席纪念堂的决定
中共中央关于出版《毛泽东选集》和筹备出版《毛泽东全集》的决定
东方红（歌曲）……………陕北民歌 李有源词
伟大领袖毛主席永远活在我们心中
毛主席是我们心中不落的红太阳（陕北说书）
…………………………………………韩起祥
毛主席永远活在我们心里（诗）……………雷进前
红太阳光辉永远照延安（诗）………………毛 锜
怀念毛主席（诗）…………………………徐 锁
钢铁的誓词（诗）…………………………李昆华
毛主席，唐山人民怀念您（诗）……………郑 常
毛主席，我们永远怀念您（歌词）…………赵兴族
延安儿女永远怀念毛主席（歌词）····党永庵 黎 琦
代代高唱《东方红》（歌词）………………徐思萱
毛主席的恩情比海深（歌曲）
…………关鹤岩 徐思萱 张锡璠词 邓怡如曲
继承毛主席的遗志阔步向前方（歌曲）
…………………………赵俊毅词 杨五金曲
毛主席的恩情唱不完（歌曲）
…………………………朱文洲词 屠冶九曲
小河之歌（散文）…………………………李若冰

"文化大革命"永放光芒

使命（小说）………………张爱华 石美华 赵菊芳

写在战鼓声中（散文）·················李佩芝
红袖章（诗）·····················祁念东
上演之前（小说）···················沈　宁
小铁（小说）·····················樊秀峰
地铺（诗）·················李　镇　金元浦
传锤（诗）·················段英超　翔实
试车（诗）······················徐剑铭
心愿（诗）······················何大愚
"和革命共同着生命"
——纪念鲁迅逝世四十周年·······冠　勇　建　中
小戏之花盛开怒放——礼泉县群众性小戏创作演出活
动述评·················韦　昕　李雯兵
"生命不息歌不息"
——歌《富仁公社诗歌选》············延众文
革命歌曲（三首）

1976 年第 6 期　刊名:《陕西文艺》

目录

好画献给毛主席（年画）···············李凤兰
热烈庆祝华国锋同志任中共中央主席、中央军委主席
热烈庆祝粉碎"四人帮"篡党夺权阴谋的伟大胜利
洪波巨浪飞大舟···················朱兆雪
信天游向着北京唱··················闻　频
八亿人民笑颜开··············李强开　田　申
欢呼粉碎"四人帮"··················李笔戎
靶场庆胜利···············李高田　张潮溢
欢乐的锣鼓·····················谈民捷
光辉的历史文件···················任　平
毛主席啊，延安儿女永远怀念您
世世代代高唱东方红·················李增光
红太阳永照心窝窝··················杨步浩
难忘的岁月·····················石玉玺
毛主席是咱枣园人··············枣园大队党支部
毛主席还在咱延安··················郭方成
看见了太阳就看见了您················李富华
毛主席啊，我们心中的太阳··············李若冰
手握画笔　怀念毛主席················李凤兰
在毛主席身边····················沈　宁
我们心中的明灯···················王　黛
金色的路······················赵　熙
努力学习　努力作战·················陈忠实
英明的决定·····················高云鹏
亿万人民的心愿···················冯福宽
毛主席和咱心连心··················晓　蕾
挥泪悼念毛主席···················李　浩
毛主席，您永远活在延安儿女心中···········土金璋
毛主席给我的力量用不完···············郝树才

还像当年那股劲···················刘宝斋
我要把悲痛化力量··················韩桂英
您还在咱杨家岭···················杨万荣
誓让红旗万代扬···········延安市杨家湾小学贫管会
您点燃的火炬咱举到底··········延安丰足火柴厂工会
亲切的教导刻在咱心里················延　兵
毛主席光辉照千秋··················段世旺
金灿灿大路毛主席开
················延安市王家坪大队知识青年小组
手捧红枣想亲人···················樊高林
毛主席给咱做报告··················刘成章
毛主席永远在咱心中·················杨晓鹏
毛泽东思想照前程··················刘明虎
幸福的时刻永不忘··················许敬章
驾"铁牛"怀念毛主席·················郭玉明
时刻怀念毛主席···················王韶之
毛主席是我们的救星·················王　文
在"抽黄"工地上·············刘敬贤　郭京夫
生命将息　战斗愈烈
——读鲁迅杂文《死》·········段国超　郭桂绒
大有希望的新一代——《延河在召唤》读后···包永新
代代高唱《东方红》（歌曲）
················徐思萱词　张大龙曲
写给敬爱的毛主席（木刻）··············李习勤
马克思主义是最明快的哲学（木刻）··········李以泰
知识青年到农村（宣传画）··············卢兆祥

1977 年第 1 期　刊名:《陕西文艺》

目录

敬礼，华国锋主席（诗）···············峭　石
我们最爱华主席（诗）················杨进良
华主席引来的幸福水（诗）··············陈云枢
华主席和咱心连心（歌曲）·······朱文洲词　均平曲
你办事，我放心（油画）
············湛北新　秦天健　黄乃源　刘文西

纪念敬爱的周恩来总理逝世一周年
随周恩来副主席长征（回忆录）············魏国禄
怀念敬爱的周总理（散文）··············范金标
难忘的二十四小时（散文）·········路　遥　谷　溪
悼念周恩来总理（诗）················毛　锜
向阳红（散文）···················韩　起
沸腾的十月（散文）·················秦天行
鼓声隆隆（散文）··················郑　征
心愿（散文）····················李佩芝
七水激浪（散文）··················闻　雁
闪光的听音棒（散文）················王贵岗

火红的公社火红的人（诗四首）…………马林帆
夜话（诗）…………………………………屈应超
彩色的昆仑（外一首）……………………王泽群
鹰击长空（诗二首）………………………彭　龄
篡党夺权野心的大暴露——评"四人帮"鼓吹"写与
走资派斗争的作品"的反动性………………陈深
彻底扫除文坛横暴者………………冯日乾　刘全昕
光辉的文件　战斗的檄文——学习毛主席关于电影
《创业》的批示……………………………丁文
一曲毛主席教育路线的赞歌——斥"四人帮"强加给
《园丁之歌》的罪名………………………闻　严
砸烂"四人帮"生产打胜仗（歌曲）
　　　　　　　张宣强词　陈碧珊　田海曲
抓革命　促生产（宣传画）………………刘永贤
愤怒声讨"四人帮"（宣传画）……………孙耀盛

1977 年第 2 期　刊名:《陕西文艺》
目录

敬爱的周总理永远活在我们心中
周总理啊，我们永远怀念您（诗）………余清泉
周总理和咱延安儿女心相连（诗）…苟　良　丁　涛
一月八日（诗）……………………………峭　石
总理带头纺线线（诗）……………………王来信
随周恩来副主席长征（加忆录）…………魏国禄
风景这边独好（诗）………………………魏钢焰
记住这个悲与喜的年份（诗）……………李　知
沙漠中的路（散文）………………………陈四长
曙光（散文）………………………………陈学超
新中国同龄人（散文）……………………李天芳
大巴山歌（诗三首）………………………张宣强
戳穿"四人帮"兜售"高于生活"的险恶用心
　　　　　　　　　　　　　　　　　畅广元
卑鄙的手段　罪恶的目的——批判"四人帮"扼杀话
剧《万水千山》的罪行………………西安市话剧团
从新蛀虫为老蛀虫辩护说起………冠　勇　建　中
打倒"奴隶总管"…………………………康　伊
从"左祖"看野心家的必然下场…………王缵叔
鲜花献给华主席（歌曲）………李若冰词　邓怡如曲
绣金匾………………………………………陕北民歌
姐姐也要争上游（歌曲）………王百龄词　张中祥曲
为加速农业机械化贡献力量（速写）……傅恒学
新建的电厂工地（速写）…………………王明川

1977 年第 3 期　刊名:《陕西文艺》
目录

县委书记（小说）…………………………良　田
勇娃（小说）………………………………靳晓鹏
两个冬夜（特写）…………………………王晓新
铁手举火把（特写）………………………贾平凹
画的回忆（散文）…………………………沙　石
盼望（散文）………………………………青　山
除夕（诗）…………………………张潮溢　张宏儒
山区姑娘（诗二首）………………………袁照民
林海抒情（诗三首）………………………黄邦君
巴山气象站（诗）…………………………韩作荣
寒夜灯火（诗）……………………………杨增夫
报春花（诗）………………………………程　海
阵地新曲（诗三首）………………………周鑫宝
飞行员诗抄（三首）………………………宫　玺
历史长河面前的小丑
学习《辱骂和恐吓决不是战斗》有感………孙豹隐
野心家的自供状
——剖析江青的一首黑诗…………………刘志凌
"怕风"与煽风…………………………………郭龙云
歌颂敬爱的周总理（歌曲）………………易菌词曲
加快步伐学大寨（歌曲）………王生义词　张盛金曲
榜样（木刻）………………………………张桂林

1977 年第 4 期　刊名:《陕西文艺》
目录

历史的谱写者（散记）……………………魏钢焰
真正在建设社会主义的人们（特写）……李　知
山城，在光明中（散文）…………………李佩芝
火（散文）…………………………………银　笙
战地黄花（散文）…………………………王承颜
一颗熠熠闪光的红星（诗）………………刘　耕
读雷锋日记（诗三首）……………………郝贵平
让祖国跨上跃进的骏马（诗）……………徐剑铭
春汛卷着波涛（诗）………………………闻　频
矿山英雄谱（诗四首）……………………叶延滨
绿海红花（诗三首）………………………张宣强
学大庆歌谣（诗四首）……………………呼延和平
遥寄大庆（诗）……………………………陶嘉善
农民业余作者张军同志的来信
"三突出"是唯心论和形而上学的标本………李　星
文艺论坛岂容一帮作主——斥"四人帮"垄断文艺批
评的罪行…………………………………冯日乾
文艺评论小议………………………冠　勇　建　中

向雷锋同志学习（歌曲）
...................为周总理题词谱曲　姜智勇曲
大庆花开延河畔（歌曲）
...................徐思萱　张锡璠词　刘烽曲
春满山乡（中国画）...................张起林

1977 年第 5 期　刊名：《陕西文艺》
目录

中共中央关于学习《毛泽东选集》第五卷的决定
伟大旗帜飘万代——热烈欢呼《毛泽东选集》第五卷
出版（民歌十二首）...................李朝成等
明灯永照胜利路——写在《毛泽东选集》第五卷发行
的日子（诗）...................晓　蕾
祖国春天的脚步（诗）——喜读《毛泽东选集》第五卷
...................李廷华
春夜，在延河畔（诗）...................丁树荣
延安儿女读"复电"...................红　鹰
红色宝书金光闪（歌曲）
...................全为民词　康新永改词作曲
人民的歌手（小说）...................莫　伸
深深的脚印（小说）...................京　夫
学医记（小说）...................王　蓬
勘探者（特写）...................曹　杰

大庆红旗处处飘
老将出马（诗）...................曹凤权
"山"（外一首）...................刘世忠
蘸着钢水写捷报（诗）...................韩志军
轮飞万里（诗）...................刘志凌
"五·七工厂"赞（诗）...................何大愚
红山茶（诗）...................和谷
红枣忆（诗）...................郑成义
彩色信笺（诗）...................王昔军
访"雷锋"（诗）...................韩静霆
不许"四人帮"篡改毛主席的无产阶级文艺路线——
学习《在延安文艺座谈会上的讲话》...................风林长
"四人帮"发动反革命政变的一次预演——评反动影
片《反击》...................商子雍
文艺与生活的关系不容颠倒...................费秉勋
深入揭批"四人帮"繁荣社会主义文艺创作——《陕
西文艺》编辑部召开工农兵作者揭批"四人帮"创作
座谈会
为普及大庆式企业而奋斗（歌曲）
...................万潮词　姜智勇曲
共读（年画）...................卢兆祥

1977 年第 6 期　刊名：《陕西文艺》
目录

儿童文学特辑
唱给孩子们的歌（十三首）
山歌声声唱红军
——大巴山革命根据地红色儿歌...................怀义供稿
画乡的童话（六首）...................朱兆雪
兰兰的性格（诗）...................姚太运
马家父子（小说）...................赵燕翼
六个小红军（革命回忆录）...................冯玉乔
小宣传员们（革命回忆录）...................廖兴文
应当重视儿童文艺的创作（短论）...................茹　桂

革命故事
故事员的故事...................王存都
大嫂子队长...................高陵县姬家公社创作组
见面...................沈　洪
春雨过后（散文）...................李佩芝
出车途中（小说）...................成振炀
出发（外一首）...................程　海
春满青藏线（外一首）...................谷　风
送别（诗）...................张潮溢　张宏儒
政委高挑风雨灯（外一首）...................孙一农
公社人造湖（诗）...................史小溪
沸腾的夏夜（诗）...................林黎民
无产阶级和党的双百方针——学习《毛泽东选集》第
五卷关于双百方针的光辉论述...................胡义成
"四人帮"篡党夺权的又一罪证...................苏育生
"主角迷"与"铺垫术"...................张在孜
"阴阳脸"辨...................韩望愈
《毛选》五卷捧在手（歌曲）——毛广魁词　徐邦杰曲
歌唱敬爱的周总理（少年歌曲）——茅晓峰词　北兆曲
大庆大寨两朵花（歌曲）...................雷鸿儒词　洪静曲
我们热爱华主席（木刻）...................华阴县文化馆

1977 年第 7 期　刊名：《延河》
目录

毛主席：七律·长征（手迹）
华国锋同志为湖南湘阴县城烈士塔题词（手迹）
周恩来同志为刘志丹陵题词（手迹）
重游延安（诗）...................叶剑英
游南泥湾（诗）...................朱　德
延安宝塔歌（诗）...................陈　毅
母亲的回忆...................朱　德

怀念敬爱的朱德委员长

柳荫下的怀念（散文）——————————————银 笙
朱德同志在延安的故事——————————延安大学
中文系七四级毕业实践小组搜集整理
缅怀朱德委员长（诗三首）——————————余清泉
通红的煤（小说）—————————————王汶石
茫茫的草地（小说连载）——————————李 株
战歌响彻石头河（诗八首）
——————陕西省石头河工程指挥部宣传组编
枣林抒怀（诗三首）————————————张 勇
雷北纪事（诗三首）————————————何大愚
勘探队员的歌（诗二首）——————————王 雁
驳"四人帮"的"彻底批判"论————————严 微
篡党阴谋与反革命颠倒术
——学习鲁迅杂文《推背图》—————梁高黎
砸烂文化专制主义的枷锁——————————王震学
除害灭病 诗花怒放————————————唐楷鉴
从小跟着华主席（儿童歌曲）
——————习振国 刘宗文词 刘宗文曲
纺织工人学大庆（歌曲）——————郑启谦词 田怀仁曲
学铁人精神 走大庆道路（宣传画）—————张子恩

1977 年第 8 期 刊名:《延河》
目录

周总理关于塑造英雄形象问题的一次谈话
八十书怀（七律手迹）————————————叶剑英
再访延安（沁园春）————————————郭沫若
华主席关怀子弟兵（散文）——————————赵龙安
幸福的时刻（诗）—————————————廖代谦
窗口，你这历史的镜头（诗）————————陈运和
忆赤水（诗）———————————————徐柏生
访会师楼（诗）——————————————夏 羊
好热的天……（诗）————————————贺东久
长空哨兵（诗）——————————————郑可新
哀思绵绵忆贺龙（散文）——————————刘 伍
茫茫的草地（小说连载·续一）———————李 株
小岩（小说）———————————————张 军
南关猪场（小说）—————————————张举生
有某个伊凡（诗）—————————————何其芳遗作
"和平"缪斯的问候（政治讽刺诗三首）————石 河
蹲……（诗）————————————李 镇 金元浦
"满目青山夕照明"
——喜读敬爱的叶副主席七律《八十书怀》—尚 弓
失败的记录 猖狂的反扑
——评《论刘禹锡的政治诗》———李建中 白冠勇
主观随意性是典型化的大敌—————————畅广元
《阿Q正传》不容歪曲————————————吴功正

学习孙天柱 紧握手中枪（歌曲）
——————易 帆 兴 华 建武词典
人桥（套色木刻）—————————————古 元

1977 年第 9 期 刊名:《延河》
目录

高歌欢庆十一大

好！（诗）————————————————峭 石
在游行队列中（诗）————————————和 谷
标语（诗）————————————————徐 贤
焊花朵朵（诗）——————————————雷献和
喜报送到党中央（诗）———————————李强华
鲜花献给华主席（诗）———————————向 荣
十一大春雷震车间（诗）——————————周作成
十一大光辉暖心扉（诗）——————————张祥康
毛主席的伟大旗帜永照征程（歌曲）
——————徐思萱词 王 焱曲
永远高举毛主席的伟大旗帜
伟大的手（外一首）————————————王老九
伟大的旗帜永远飘扬（诗）—————刘振农 杨家锴
您永远活在全世界人民的心间（诗）————毛 锜
秋收起义颂（诗二首）———————————陈运和
水桶歌（诗）———————————————金 谷
星夜（诗）————————————————海 涛
喜上梁家岔（散文）————————————李若冰
神泉世代流（散文）————————————陈四长
东村散记（散文）—————————————李天芳
鲜红的太阳照遍全球（散文）————————王缵叔
恩深似海——————————————————王汶石
《讲话》永照前进路————————————京 夫
毛主席文艺思想的旗帜不可战胜———————程 海
严峻的时刻（特写）————————————白 描
"我不能不去！"（特写）——————————浏阳河
鲜红的山丹丹（特写）———————————沈 宁
茫茫的草地（小说连载·续完）———————李 株
文艺简讯二则
飞雪迎春（套色木刻）———————————李习勤
红军越过大雪山（木刻）——————————彦 涵

1977 年第 10—11 期 刊名:《延河》
目录

历史的脚步声（小说）———————————杜鹏程
土司机（小说）——————————————赵茂胜
杨柳青（小说）——————————————邹志安
张旺老汉所操心的（小说）—————————张 弢

夜诊（小说）······董墨
报捷（小说）······韩起
全家一条心（小说）······马友庄
雹灾以后（散文）······陈忠实
临潼群众诗选······祁守业 贺丙丁等
陕北行（诗六首）······杨鸿章
山村速写（诗三首）······商子秦
棉乡集（诗三首）······马林帆
桑叶青青（诗）······韩作荣
寄自长征路（诗三首）······叶延滨
大庆红梅（外一首）······姚焕吉
一座小楼的变迁（诗）······萧笛
上工之前（秧歌剧）······李静林
深受群众欢迎的农民诗人王老九
······中共临潼县委宣传部
王老九诗歌创作的几个特点······韦昕
他们拿起笔来了······阎纲
岂可同日而语······苏育生
头足倒置的谬论······李明理
读《人民的歌手》······商子雍
文艺消息一则
仰望辉煌的纪念堂（歌曲）······付林词 李皓宇曲
毛主席是我们心中不落的红太阳（歌曲）
······丁秀芳词 郝毓华曲
钻井台上"半边天"（木刻）······李桦

1977 年第 12 期　刊名:《延河》
目录

坚持毛主席的文艺路线　繁荣社会主义文艺创作
省委召开全省文艺创作会议
对文艺创作的几点看法······柳青
继续努力　写好英雄······王汶石
漫谈深入群众······杜鹏程
作家　战士······李若冰
深入生活　努力创作······罗轶宁
老八和老九（小说）······赵茂胜
烽火社史选
姚生枝老汉······贾平凹
油条改担子······王志武 曹斌
英勇的进军······白描
山乡素描（诗四首）······李志清
耧铃叮咚（诗）······程海
偏支委（诗）······张汝鸿
战士爱北京（外一首）······童嘉通
场务连长（诗）······宫玺
采棉（诗）······王韶之

文学谈
大题与小做——阅读与写作······王朝闻
巴山女儿想亲人（歌曲）······紫阳民歌 吴向元填词
冬天的早晨（套色木刻）······修军

1978 年第 1 期　刊名:《延河》
目录

毛主席给陈毅同志谈诗的一封信
毛泽东思想光辉始终照耀着文艺战线——本刊编辑部
召开文艺工作者座谈会愤怒批判"文艺黑线专政"论
不会作诗的人（小说）······路遥
愤怒的铅字（小说）······费秉勋
凤家村纪事（小说）······徐岳
山花（散文）······闻雁
心声（诗）······张春文
铁脚歌（诗）······公刘
粗议几个文艺问题······李知
幻想·感情·理性——学习恩格斯论诗札记······丁永淮
抓纲治国向前迈（歌曲）······田家词 焕之曲
我爱大寨水　我爱大寨山（歌曲）
······石湾词 润生 田绿曲
歌声飞向北京城（歌曲）······张月荣词曲
更上一层楼（套色木刻）······孙茂勤

1978 年第 2 期　刊名:《延河》
目录

华主席给《人民文学》的题词（手迹）
创业史（第二部下卷·第十四、十五章）······柳青
在工具车间里（小说）······申晓
盐湖的三姊妹（散文）······谷风
娃他妈（故事）······赵志迅
大路歌（故事）······席迎祖
新花（故事）······姚书明
黄桷树老人讲的故事（诗）······朱兆雪
受苦人爱咱刘志丹（诗）······闻频
春回大地（诗三首）······管用和
墙头诗选（诗十三首）
车间里的诗（三首）······张波
工地邮递员（诗）······何大愚
迎接百花争艳的春天——《延河》《群众艺术》编辑部召
开座谈会学习讨论《毛主席给陈毅同志谈诗的一封信》

深入批判"文艺黑线专政"论
户县农民画是怎么来的······刘志德 刘知贵等
让事实发言······临潼县文化馆

革命文艺不容诋毁 ·················· 王　照　张在孜
在"决不可能例外"的背后 ·················· 郭龙云
十七年的文艺成果否定不了 ·················· 宋聚文
大起大落　波澜壮阔 ·················· 钟　平
来一个比赛（歌曲） ·········· 田　农词　李　群曲
我爱领袖华主席（儿童歌曲）
·················· 朱文洲词　邓怡如曲
延安城头望柳青（木刻） ·················· 王　琦

1978 年第 3 期　刊名:《延河》
目录

周总理青年时代诗选
创业史（第二部下卷·第十六章、第十七章）
·················· 柳　青
面对祖国的未来（小说） ·················· 郝昭庆

小小说
"交待书"上的画 ·················· 贾平凹
婆媳俩 ·················· 金　涛
铁锁 ·················· 黄建国
青枫林里的歌声（散文） ·················· 韩　起
献给科学大会（诗） ·················· 公　刘
墙头诗选（十五首）
边境诗草（四首） ·················· 雷抒雁
反形象思维论与文化专制主义 ·················· 刘建军
一个全面篡改无产阶级文艺性质和方向的理论口
号——评初澜对"根本任务"论的鼓吹 ·········· 何文轩
不准篡改文艺的基本任务 ·················· 刘梦溪

文学谈
眼睛、长衫及其他 ·········· 冠　勇　建　中
华主席和毛主席一样亲（歌曲） ···· 徐思萱词　季平曲
学（套色木刻） ·················· 李辛儒

1978 年第 4 期　刊名:《延河》
目录

中华人民共和国国歌 ·········· 聂耳曲　集体填词
禁书（小说） ·········· 陶　正　田增翔
土电扇的故事（小说） ·················· 牛如忠
天门阵（小说） ·················· 徐　岳
我爹的脾气（小说） ·················· 李星光
支书佚事（速写） ·················· 邹志安
铃声（散文） ·················· 景　风
归队（诗） ·················· 赵　波
绿色的毛乌素（诗三首） ·················· 马林帆
山乡谣（诗二首） ·················· 张宣强

写在秦岭巴山间（诗三首） ·················· 李武兵
深山创业（诗四首） ·················· 李松涛
大海啊，草原（外一首） ·················· 杨　峰
刘家峡抒怀（诗三首） ·················· 曹永安
"珍珠"颂（诗） ·················· 谢克强

繁荣创作的重要课题 ·················· 沈太慧
理直气壮谈艺术 ·················· 冯日乾
文艺批评要抓住作品的特色 ·················· 孙豹隐
喜读《土司机》 ·················· 费秉勋
"高大完美"论必须批判 ·················· 韦　昕
人物语言的个性化漫谈
——学习鲁迅小说札记 ·················· 黄毓璜

高举毛主席的伟大旗帜，前进（歌曲）
·················· 赵兴族词　牧　江曲
光辉的榜样（歌曲） ·········· 沈　奇词　徐邦杰曲

1978 年第 5 期　刊名:《延河》
目录

生活是创作的基础——在《延河》编辑部召开的短篇
小说创作座谈会上的发言 ·················· 柳　青
探讨当前文艺创作中的几个问题——本刊编辑部召开
的短篇小说创作座谈会纪要 ·················· 本刊记者
工人（小说） ·················· 韩　起
友谊（小说） ·················· 莫　伸
四个洪书英（小说） ·················· 李文德
泪（散文） ·················· 徐剑铭
盐桥之夜（散文） ·················· 谷　风
山乡诗抄（诗三首） ·················· 赖松廷
瀚海点滴（诗五首） ·········· 李　旭　段续温
山村新事（诗） ·················· 李志清
兵站，不冻的港湾（诗） ·················· 李昆华
形象思维论不能否定——对《文艺领域里必须坚持马
克思主义的认识论》一文的批评 ·················· 畅广元
春风吹遍克拉玛依（歌曲） ···· 李幼容词　奇　峰曲
好好学习（歌曲） ·········· 刘成章词　丁永光曲
春催桃李（套色木刻） ·················· 李宪基

1978 年第 6 期　刊名:《延河》
目录

峰巅（小说） ·················· 李小巴
致命一击（讽刺小说） ·················· 梁德铭
美丽的小明珠（童话） ·················· 相　阳
两只鸡的故事（童话） ·················· 康　健

思想境界及其他——在《延河》编辑部召开的短篇小说创作座谈会上的发言⋯⋯⋯⋯⋯王汶石
探讨诗歌创作问题——《延河》编辑部诗歌创作座谈会讨论综述⋯⋯⋯⋯⋯⋯⋯本刊记者
诗国新疆土 大可立汉帜——从陈毅同志的诗词谈诗歌新形式的创造⋯⋯⋯徐应佩 周溶泉
欢迎作家写文章⋯⋯⋯⋯⋯⋯⋯⋯⋯⋯刘孝孝
给孩子们的歌（十一首）⋯⋯⋯⋯⋯曾泉星等
"难八仙"（诗）⋯⋯⋯⋯⋯⋯⋯⋯⋯沛 东
进攻的心声（诗传单）⋯⋯⋯⋯⋯⋯⋯张 郁
新长征路上的歌（诗）⋯⋯⋯⋯⋯⋯余清泉
二十一世纪的计算机（诗）⋯⋯⋯⋯徐国定
寓言诗二则⋯⋯⋯⋯⋯⋯⋯⋯⋯⋯吴树敬
望远镜（诗）⋯⋯⋯⋯⋯⋯⋯⋯⋯商子秦
新时期总任务传下来（歌曲）
⋯⋯⋯⋯⋯⋯⋯⋯⋯朱文洲词 邓怡如曲
老师就是育苗人（歌曲）
⋯⋯⋯⋯⋯⋯⋯唐军生词 兴华 维耕曲
重上讲台（木刻）⋯⋯⋯⋯⋯⋯⋯李春锁

1978 年第 7 期　刊名:《延河》

目录

陕西纪行五首⋯⋯⋯⋯⋯⋯⋯⋯⋯⋯郭沫若
优秀的著名作家柳青同志逝世
昆虫学家传奇（报告文学）⋯⋯⋯⋯毛 锜
爱（小说）⋯⋯⋯⋯⋯⋯⋯⋯⋯⋯仵从巨
妯娌之间（小说）⋯⋯⋯⋯⋯⋯⋯王 蓬
回忆白求恩（回忆录）⋯⋯⋯⋯⋯许飞青
沙家店战斗前后（回忆录）⋯⋯⋯刘增敏
读《红岩》忆亲人⋯⋯⋯⋯⋯⋯⋯宋振苏
黄河东岸（诗）⋯⋯⋯⋯⋯⋯⋯⋯吕 微
金色的殿堂（诗）⋯⋯⋯⋯⋯⋯⋯韩作荣
"乐"字歌（长诗《朱德颂》选载）⋯时永福
豪迈悲壮的英雄颂歌
——读杜鹏程《历史的脚步声》⋯⋯白 描
人民的心声
——谈几篇与"四人帮"斗争的短篇小说⋯⋯雷达学
精骛八极 心游万仞
——陆机对形象思维的认识⋯⋯⋯袁千正

文学谈

精心组织高潮——从贾宝玉挨打谈起⋯吴功正
万山红遍迎总理（歌曲）
⋯⋯⋯⋯⋯史云霞 冯福宽词 豆伯超 冯秀莲曲
我牧马奔马在天山下（歌曲）
⋯⋯⋯⋯⋯⋯⋯⋯⋯⋯中一词 何延生曲
工地宣传员（木刻）⋯⋯⋯⋯⋯⋯左 良

1978 年第 8 期　刊名:《延河》

目录

宝石花开（报告文学）
——记陕西省女子排球队⋯⋯⋯⋯李克之
两个公社书记（小说）⋯⋯⋯⋯⋯任士增
柠条根（散文）⋯⋯⋯⋯⋯⋯⋯⋯牧 笛
重返皇甫——怀念敬爱的爸爸——柳青
⋯⋯⋯⋯⋯刘长风 刘可风 刘晓风
柳青同志和《延河》⋯⋯⋯⋯《延河》编辑部
写在襄渝线上（诗三首）⋯⋯⋯⋯李武兵
北疆边防线（诗二首）⋯⋯⋯⋯⋯蔡文祥
飞行员之歌（诗三首）⋯⋯⋯⋯⋯宫 玺
山魂（诗）⋯⋯⋯⋯⋯⋯⋯⋯⋯⋯高炯浩
一个老战士的请求（诗）⋯⋯⋯⋯张 立
巴山人家（诗三首）⋯⋯⋯⋯⋯⋯叶延滨
公社佳话（诗二首）⋯⋯⋯⋯⋯⋯汪 炎
山村情歌（诗三首）⋯⋯⋯⋯⋯⋯蒲公英
论贾探春的政治倾向——兼论"四人帮"的影射"红学"⋯⋯⋯⋯⋯⋯⋯⋯⋯⋯王 永
屏弃"四人帮"的"主题先行"论⋯⋯王向峰
前进！伟大的社会主义祖国（歌曲）
⋯⋯⋯⋯⋯⋯⋯朱文洲词 同云波曲
小卓玛和小强巴（歌曲）
⋯⋯⋯⋯⋯薛光焕 徐国定词 徐邦杰曲
为现代化的社会主义的强大祖国贡献智慧（宣传画）
⋯⋯⋯⋯⋯⋯⋯⋯⋯⋯⋯⋯⋯张起林

1978 年第 9 期　刊名:《延河》

目录

保京上任（特写）⋯⋯⋯⋯⋯贾平凹 张 敏
山乡渔歌（散文）⋯⋯⋯⋯⋯⋯⋯黄 英
墙头诗选（十三首）⋯⋯⋯⋯⋯⋯雷乐长等
公社剪影（诗三首）⋯⋯⋯⋯⋯⋯宋文杰
巴山三月图（诗三首）⋯⋯⋯⋯⋯刁永泉
塞上速写（诗三首）⋯⋯⋯⋯⋯⋯和 谷
待到机械化⋯⋯（诗）⋯⋯⋯⋯⋯姚学礼
领夯的人（小说）⋯⋯⋯⋯⋯⋯⋯王晓新
车轮飞转（小说）⋯⋯⋯⋯⋯⋯⋯闻 雁
母亲（散文）⋯⋯⋯⋯⋯⋯⋯黎巨成 贺安枫
春歌二首（诗）⋯⋯⋯⋯⋯⋯⋯⋯李正峰
科技之家（诗）⋯⋯⋯⋯⋯⋯⋯⋯顾甫涛
提几个问题来研究——在中国文联全国委员会扩大会议上的发言⋯⋯⋯⋯⋯⋯⋯胡 采
春风得意诗花稠——喜读"墙头诗选"⋯张继芳
读诗笔记⋯⋯⋯⋯⋯⋯⋯⋯⋯⋯⋯阿 红

文学谈

谈短篇小说的"短"

——学习鲁迅小说创作札记⋯⋯⋯⋯⋯古远清

拥护刘志丹（歌曲）⋯⋯⋯⋯⋯⋯⋯陕北民歌

说来怪　也不怪（歌曲）

⋯⋯⋯⋯⋯⋯⋯张昌达原词　刘光朗改词编曲

穷山变成富窝窝（歌曲）⋯⋯凤县民歌　振　中改词

回延安（水印套色木刻）⋯⋯⋯⋯周光民　傅恒学

1978 年第 10 期　刊名:《延河》
目录

创业史（第二部·下卷）⋯⋯⋯⋯⋯⋯柳　青

满院春花（小说）⋯⋯⋯⋯⋯⋯⋯⋯董　蕾

骨肉至亲（小说）⋯⋯⋯⋯⋯⋯⋯⋯梁德铭

一生心血即此书

——柳青写作《创业史》漫忆⋯⋯⋯⋯徐民和

悼柳青（诗）⋯⋯⋯⋯⋯⋯⋯⋯⋯朱语今

中国在展翅飞翔（诗）⋯⋯⋯⋯⋯⋯宋太海

花儿与少年（诗二首）⋯⋯⋯⋯⋯⋯刘建国

高原放歌（诗二首）⋯⋯⋯⋯⋯⋯⋯贺中原

草原风姿（诗三首）⋯⋯⋯⋯⋯⋯⋯逄　阳

蜜蜂的舞蹈（诗三首）⋯⋯⋯⋯⋯⋯朱兆雪

汉堡的"欢迎"（外一首）⋯⋯⋯⋯⋯肖　开

风云颂（诗）——写给风云激荡的巴勒斯坦⋯⋯彭　龄

中日友谊的赞歌——从鲁迅的七言律诗《题三义塔》

谈起⋯⋯⋯⋯⋯⋯⋯⋯⋯⋯⋯⋯周　健

编辑笔记⋯⋯⋯⋯⋯⋯⋯⋯⋯⋯⋯孙　犁

形象积累与创作幻觉⋯⋯⋯⋯⋯⋯⋯郭　超

不肯使人不知，未肯使人全知

——关于诗歌的含蓄⋯⋯⋯⋯⋯⋯⋯丁永淮

从苏东坡乱改"咏菊"诗说起⋯⋯⋯⋯段国超

华主席的恩情唱不尽（歌曲）

⋯⋯⋯⋯⋯⋯⋯⋯⋯⋯冯福宽词　油达民曲

山里人爱唱歌（歌曲）⋯⋯⋯门　欣词　舟　帆曲

春天（套色木刻）⋯⋯⋯⋯⋯⋯⋯李辛儒

1978 年第 11 期　刊名:《延河》
目录

从《伤痕》谈到题材人物悲剧等问题——本刊编辑部

召开的文艺评论工作者座谈会纪要

要多样化，也要鼓励作家写重大题材⋯⋯⋯徐　岳

我对"重大题材为主"的几点看法⋯⋯⋯⋯牛玉秋

题材对作品并非无关紧要⋯⋯⋯⋯⋯⋯陈　深

题材多样化的障碍必须扫除⋯⋯⋯⋯⋯李　星

关于《山地回忆》的回忆（散文）⋯⋯⋯⋯孙　犁

告别（小说）⋯⋯⋯⋯⋯⋯⋯陶　正　田增翔

镜框的故事（小说）⋯⋯⋯⋯⋯⋯⋯娄少华

父与子（小说）⋯⋯⋯⋯⋯⋯⋯⋯⋯方　醒

创业史（第二部·下卷）⋯⋯⋯⋯⋯⋯柳　青

大巴山红色歌谣（二十三首）

柴达木抒情（诗六首）⋯⋯⋯⋯⋯⋯⋯李小巴

谈《工人》的形象塑造⋯⋯⋯⋯⋯⋯⋯李健民

工人喜读《工人》（来信摘登）⋯⋯⋯⋯王震学

引来金水万年流（女生独唱）⋯⋯卫　新词　向　音曲

雪原之春（套色木刻）⋯⋯⋯⋯⋯⋯⋯荆　戈

1978 年第 12 期　刊名:《延河》
目录

诗词三首⋯⋯⋯⋯⋯⋯⋯⋯⋯⋯⋯毛泽东

毛主席永远活在我们心中

毛主席是维族人民的大救星（民歌三首）

哈萨克人民永远不忘毛主席!（民歌三首）

长沙二首（诗）⋯⋯⋯⋯⋯⋯⋯⋯⋯管用和

满怀深情忆延安（散文）⋯⋯⋯⋯⋯⋯莫　耶

九曲灯火（散文）⋯⋯⋯⋯⋯⋯⋯⋯李天芳

流不断的珍珠（散文）⋯⋯⋯⋯⋯⋯⋯银　笙

伟大的胸怀　崇高的情操

——读毛主席的三首诗词⋯⋯⋯⋯⋯⋯寇效信

山丹丹永远向阳开（女声独唱）

⋯⋯⋯⋯⋯⋯⋯⋯⋯⋯屈智臣词　申飞雪曲

毛主席，我们永远怀念您（歌曲）

⋯⋯⋯⋯⋯⋯⋯⋯⋯陕北民歌　靖边文化馆填词

绣金匾（年画）⋯⋯⋯⋯⋯⋯⋯⋯⋯黄慧玲

天安门诗抄⋯⋯⋯⋯⋯⋯⋯⋯⋯童怀周编选

英雄的人民　不朽的诗篇

——天安门革命诗抄座谈综述⋯⋯⋯⋯本刊记者

深刻的启示⋯⋯⋯⋯⋯⋯⋯⋯⋯⋯魏纲焰

时代的最强音⋯⋯⋯⋯⋯⋯⋯⋯⋯刘建军

做革命人，写革命诗⋯⋯⋯⋯⋯⋯⋯马家骏

创业史（第2部，下卷）⋯⋯⋯⋯⋯⋯柳　青

响亮的耳光（小说）⋯⋯⋯⋯⋯⋯⋯吉学沛

笑声遍大地（小说）⋯⋯⋯⋯⋯⋯⋯萧　冬

钓鱼纪要（小说）⋯⋯⋯⋯⋯⋯⋯⋯熙　高

红色大巴山（诗二首）⋯⋯⋯⋯孙静轩　王竹元

奶奶家住玉石街（诗）⋯⋯⋯⋯⋯⋯⋯胡　笥

土城渡（诗三首）⋯⋯⋯⋯⋯⋯⋯⋯崔笛扬

揭穿"突破框框"的政治阴谋

⋯⋯⋯⋯⋯⋯⋯⋯⋯西安电影制片厂理论学习组

1979 年第 1 期　刊名:《延河》
目录

文艺要为实现四个现代化服务⋯⋯⋯⋯本刊评论员
论《保卫延安》的艺术特色⋯⋯⋯⋯⋯⋯胡　采
贼（小说）⋯⋯⋯⋯⋯⋯⋯⋯⋯⋯⋯⋯莫　夫
贝贝（小说）⋯⋯⋯⋯⋯⋯⋯⋯⋯⋯⋯高　华
古帖记（小说）⋯⋯⋯⋯⋯⋯⋯⋯⋯⋯肖　盼
境界（小说）⋯⋯⋯⋯⋯⋯⋯⋯⋯⋯⋯严歌平
清明雨（小说）⋯⋯⋯⋯⋯⋯⋯⋯⋯⋯贺惠群
蚊帐的回忆（小说）⋯⋯⋯⋯⋯⋯⋯⋯陈文思
妻子（小说）⋯⋯⋯⋯⋯⋯⋯⋯⋯⋯⋯郭培杰
创业史（第二部·下卷）⋯⋯⋯⋯⋯⋯柳　青
钟楼革命诗抄
天安门的呐喊（外二首）⋯⋯⋯⋯⋯⋯顾　工
读《天安门诗抄》（诗）⋯⋯⋯⋯⋯⋯玉　杲
海歌（外一首）⋯⋯⋯⋯⋯⋯⋯⋯⋯⋯赵晓谷
临江仙（词三首）⋯⋯⋯⋯⋯⋯⋯⋯⋯蔡天心
延安短歌（词四首）⋯⋯⋯⋯⋯⋯⋯⋯熏　风
近作散文的后记⋯⋯⋯⋯⋯⋯⋯⋯⋯⋯孙　犁
读《领夯的人》⋯⋯⋯⋯⋯⋯⋯⋯⋯⋯蘅　果
试论悲剧⋯⋯⋯⋯⋯⋯⋯⋯⋯⋯⋯⋯⋯胡义成
关于社会主义时期的悲剧⋯⋯⋯⋯⋯⋯段国超
宝鸡市文艺创作组举行座谈会讨论《领夯的人》（消
息）⋯⋯⋯⋯⋯⋯⋯⋯⋯⋯⋯⋯⋯⋯⋯夫　宝
编后记
丙辰清明的西安（摄影三幅）⋯⋯⋯⋯胡武功

1979 年第 2 期　刊名:《延河》
目录

在文艺工作座谈会和故事片创作会议上的讲话（一九
六一年六月十九日）⋯⋯⋯⋯⋯⋯⋯⋯周恩来
《保卫延安》重见天日——中国作家协会西安分会、
《延河》编辑部召开座谈会为《保卫延安》及其作者
平反⋯⋯⋯⋯⋯⋯⋯⋯⋯⋯⋯⋯⋯⋯⋯谷　方
为《保卫延安》平反昭雪——在为《保卫延安》平反
昭雪会上的发言⋯⋯⋯⋯⋯⋯⋯⋯⋯⋯胡　采
颠倒不了的历史⋯⋯⋯⋯⋯⋯⋯⋯⋯⋯魏钢焰
发扬艺术民主
——祝贺《保卫延安》重见天日⋯⋯⋯李若冰
彻底解放文艺生产力⋯⋯⋯⋯⋯⋯⋯⋯霍松林
战士喜欢《保卫延安》⋯⋯⋯⋯⋯⋯⋯权宽浮
这是为什么——从《保卫延安》的遭遇谈起⋯畅广元
从《保卫延安》的遭遇所想到的⋯⋯⋯李　星
挽诗六首⋯⋯⋯⋯⋯⋯⋯⋯⋯⋯⋯⋯⋯张志民
新长征的起跑令（诗）⋯⋯⋯⋯⋯⋯⋯毛　锜

母亲的怀念（诗）⋯⋯⋯⋯⋯⋯⋯⋯⋯王成功
0.01——血液与红泥（诗）⋯⋯⋯⋯⋯高建群
胜利和回忆（散文）
——整理编辑《天安门诗抄》札记⋯⋯童怀周
无形的长城（散文）⋯⋯⋯⋯⋯⋯⋯⋯贺抒玉
晶明如玉的心（散文）⋯⋯⋯⋯⋯⋯⋯李云鹏
鸣沙山下（散文）⋯⋯⋯⋯⋯⋯⋯⋯⋯王昌定
大地的梦（散文）⋯⋯⋯⋯⋯⋯〔罗〕波佩斯库
招工（小说）⋯⋯⋯⋯⋯⋯⋯⋯⋯⋯⋯丁　文
南北寨（小说）⋯⋯⋯⋯⋯⋯⋯⋯⋯⋯陈忠实
创业史（第二部·下卷）⋯⋯⋯⋯⋯⋯柳　青
彭德怀同志在沙家店战役前线（素描）⋯蔡　亮

1979 年第 3 期　刊名:《延河》
目录

著名老作家郑伯奇同志逝世
《保卫延安》的写作及其他⋯⋯⋯⋯⋯杜鹏程
史诗——《创业史》⋯⋯⋯⋯⋯⋯⋯⋯阎　纲
创业史（第二部·下卷）⋯⋯⋯⋯⋯⋯柳　青
鸽子（小说）⋯⋯⋯⋯⋯⋯⋯⋯⋯⋯⋯韩　起
风筝（小说）⋯⋯⋯⋯⋯⋯⋯⋯⋯⋯⋯臧若华
在百货大楼里（小说）⋯⋯⋯⋯⋯⋯⋯景　风
寒凝大地发春华（散文）⋯⋯⋯⋯⋯⋯庞瑞垠
小油灯记（散文）⋯⋯⋯⋯⋯⋯⋯⋯⋯肖云儒
真理赋（诗）⋯⋯⋯⋯⋯⋯⋯⋯⋯⋯⋯玉　杲
爱情之歌（诗）⋯⋯⋯⋯⋯⋯⋯⋯⋯⋯顾　工
春天的歌（外一首）⋯⋯⋯⋯⋯⋯⋯⋯王德芳
麦苗青青（诗）⋯⋯⋯⋯⋯⋯⋯⋯⋯⋯李正峰
周恩来总埋在西安（摄影）⋯⋯⋯⋯⋯王天育

1979 年第 4 期　刊名:《延河》
目录

热烈祝贺作协西安分会第二次代表大会的召开
中国作家协会西安分会召开第二次会员代表大会
开幕词⋯⋯⋯⋯⋯⋯⋯⋯⋯⋯⋯⋯⋯⋯王汶石
团结起来，繁荣社会主义文艺创作⋯⋯丛一平
解放思想，总结经验，更好地为四个现代化服务！
⋯⋯⋯⋯⋯⋯⋯⋯⋯⋯⋯⋯⋯⋯⋯⋯⋯胡　采
闭幕词⋯⋯⋯⋯⋯⋯⋯⋯⋯⋯⋯⋯⋯⋯杜鹏程
我控诉⋯⋯⋯⋯⋯⋯⋯⋯⋯⋯⋯⋯⋯⋯王德芳
重唱新歌登诗坛（诗）⋯⋯⋯⋯⋯⋯⋯祁守业
喜重逢（诗）⋯⋯⋯⋯⋯⋯⋯⋯⋯⋯⋯李强华
刘志丹和渭华暴动（革命历史故事）
⋯⋯⋯⋯⋯⋯⋯⋯⋯⋯⋯⋯⋯张　光　刘力真
永远面对人民（散文）⋯⋯⋯⋯⋯⋯⋯李旭东

烽火行（散文）·····························力　夫
降龙伏虎人（散文）·······················陈四长
秋夜絮语（散文）·························王　蓬
绿皮本（小说）····[法]亨利·特鲁瓦亚　张成柱译
含泪忆彭总（诗六首）·············胡　笳　戴安常
狱中诗抄（三首）·························王德芳
最后的声音（诗）·························青　勃
您就是海（诗）···························叶文福
石头河二题（诗）·························马林帆
无题四首（诗）···························宫　玺
从五六年何直的文章谈起（论文）···········李小巴
探索者的新收获（评论）···················王汶石
青松高洁　黄花晚香（中国画）·············方济众

1979 年第 5 期　刊名:《延河》
目录

铭记周总理箴言　总结经验教训
艺术民主与艺术独创·······················毛黎村
深刻的教训
——重读《方采英的爱情》所想到的·········黄桂骅
寓教育于娱乐·····························文致和
从胡适遗著的公开发表谈起·················商子雍
最珍贵的……（散文）···················字　心
"龚青天"查访"罗圣人"（小说）···········解　军
1－1＝1（小说）·························袁　林
没有绣完的小白兔（小说）·················白　描
金光闪烁（小说）·························萧　冬
失算（小说）·····························武而文
气球和针（寓言）·························彭兴国
刘志丹和渭华暴动（革命历史故事）
···························张　光　刘力真
满江红　十月风暴扫阴霾···················赵伯平
短短的诗　长长的怀念（十首）·············邵燕祥
怀念冯雪峰（诗）·························玉　杲
油田深情——写在大庆的诗四首·············苗得雨
反击之前（四首）·················丁云鹏　孙　映
墙头诗选（二十一首）
重读《现实主义——广阔的道路》···········陈　深
诺尔曼·白求恩（木刻）···················修　军

1979 年第 6 期　刊名:《延河》
目录

访西安办事处志感·························叶剑英
怀念贺老总——贺龙同志十周年祭···········杨嘉瑞
"不到黄河心不甘"——痛悼柯仲平同志·······王　琳

七彩飞霞（小说）·························熙　高
为了我（小说）···························贺惠群

儿童文学

南瓜作客（小说）·························周海峰
毛毛（小说）·····························董　蕾
没留下地址和姓名的孩子们（散文）·········刘　斌
红爆竹、白蜡烛与火柴（寓言）·············张明华
珠江春汛（诗三首）·······················韦　丘
诗三首·································曾　刚
抒情十四行诗——生活漫记·················杨大矛
狱中问答（诗三首）·······················杨大发
会笑的花（外二首）·······················田　真
生活抒情诗（四首）·······················艾　路
碧海滔滔阶级情（诗三首）·················柯　原
在陕西省出版局召开的业余作者创作座谈会上的讲话
·····································柳　青
文学史上光辉的一页
——《周恩来青年时代诗选》读后···········黎　风
需要十二分的雄心和虚心···················贾平凹
"长期积累，偶然得之"·············冠　勇　建　中
要重视技巧——谈业余作者培养的一个问题···李培坤

文学谈

"含不尽之意，见于言外"···················韩梅村
读者·作者·编者
读者来信二则
朱德同志一九六三年五月在西安（摄影）·····王天育
叶剑英同志一九七九年四月在西安（摄影）···邰宗武

1979 年第 7 期　刊名:《延河》
目录

当前文学创作的几个问题
——记一次创作座谈会·····················本刊记者
在吴家花园（回忆录）——《在彭总身边》之三
·····················景希珍口述　丁隆炎记录整理
如此"书记"（小说）·······················张庆田
梦（小说）·······························袁　林
夏夜"光棍楼"（小说）···················贾平凹
我满面愁容（小说）
·············[西德]亨利希·伯尔　梁家珍译
刘志丹和渭华暴动（革命历史故事）
···························张　光　刘力真
锁和钥匙（寓言）·························张明华
将军的纪律（寓言）·······················彭兴国
西湖行（诗四首）·························郝御锋
正义的惩罚（外一首）···················李克寒

冰下的激流（诗二首）————————叶延滨
北京抒怀（诗四首）————————朱兆雪
写在天涯海角（诗二首）————————傅仇
海洋抒情诗（二首）————————孙静轩
海滨杂咏（诗二首）————————唐大同
涛声（外二首）————————傅天琳
作家应是人民群众思想情绪和革命要求的表现者——
论柳青的文艺观和艺术创造之一
————————刘建军　蒙万夫　张长仓
几点感受————————莫伸
处卫反击　保卫边疆（速写）————————罗平安等

1979 年第 8 期　刊名:《延河》

目录

谁作结论（小说）————————蒋金彦
自白（小说）————————姚泰和
心是肉长的（小说）————————刘路
漂洋过海（小说）————————澧思
会面（小说）————————莫夫
贺龙的故事————————刘伍
照相机、蜜蜂和蝴蝶（寓言）————————武仲平
献给张志新烈士
骨灰盒，不是空的（诗）————————魏钢焰
真理的回答（三首）————————王德芳
血与火的花环（三首）————————马合省
他这么说……（诗）————————澄清
铁窗联想（诗）————————胡文学
登镇海楼赋及其他（三首）————————玉杲
我又在抄写大字报（诗）————————袁文燕
温热的土地（三首）————————闻频
露珠集（诗）————————管用和
将军山（诗）————————高建群
关于实现主义问题的讨论
文艺服务于政治的特点————————王向峰
要坚持社会主义的文艺方向
——读《窗口》所想到的————————张兴元
对反映社会主义生活真实的一些看法————————黄放
诗歌笔谈（七篇）

文学谈

谈文苑风骨————————薛瑞生
关于诗的联想————————樊继真
读者·作者·编者（二则）
陕西省科普美术展览作品选登（四幅）

1979 年第 9 期　刊名:《延河》

目录

过去的，过去吧！（小说）————————京夫
母女间（小说）————————任士增
肥皂的故事（小说）————————邹志安
乔迁之喜（小说）————————王戈
战流水（散文）——朝鲜战场生活片断————————胡忠斯
柳絮和棉苗（寓言）————————邹越
梦海（诗二首）————————吕剑
再致老街（诗）————————公刘
北疆巡哨（诗二首）————————韩作荣
巡逻（诗）————————王也
春雨潺潺（诗）————————李正峰
棉花（诗）————————秦国瑞
忆延安（诗）————————蔡天心
爱的花束（诗十首）
关于现实主义问题的讨论
一定要站在革命现实主义的"基点"上————————艾菲
文学是真实的领域——关于现实主义之一————————薛瑞生
严峻的现实主义——从《鸽子》谈起————————王愚
无产阶级文学批判的战斗作用不容否定——驳《"歌德"与"缺德"》————————畅广元
装腔作势吓谁来————————解洛成
继续解放思想，贯彻"双百"方针，发挥文艺期刊的战斗作用——部分省市文艺期刊负责人座谈会在长春召开
文艺消息二则
文学作品插图选登（五幅）————————倪震等

1979 年第 10 期　刊名:《延河》

目录

保安行（散文）————————［美］海伦·弗·斯诺
领夯的人（续篇·小说）————————王晓新
刺刀与爱情（小说）————————景风
表姐（小说）————————王蒙
夏（小说）————————路遥
七爷（小说）————————陈忠实
新长征路有多长（墙头诗二十首）
一九七九年清明祭（诗）————————邵燕祥
挂甲屯的怀念（诗）————————峭石
啊！国徽（外一首）————————徐刚
旗（诗）————————黄东成
我歌唱早晨（诗）————————王德芳
劳动，要创造性的！（诗）————————刘斌
送菜姑娘（外一首）————————李观鼎　李辉

海（五首）⋯⋯⋯⋯⋯⋯⋯⋯⋯刘祖慈
海赞（三首）⋯⋯⋯⋯⋯⋯⋯⋯毛　锜
华山草叶（诗）⋯⋯⋯⋯⋯⋯⋯晓　蕾
西安抒情（二首）⋯⋯⋯⋯⋯⋯和　谷
公开的秘密（四首）⋯⋯⋯⋯⋯李志清
"尊重领导"（诗）⋯⋯⋯⋯⋯⋯徐剑铭
愿诗歌变成一把锄头（诗）⋯⋯黎　琦
诗二首⋯⋯⋯⋯⋯⋯⋯⋯⋯⋯陈次园
延安行（二首）⋯⋯⋯⋯⋯⋯⋯吴奔星
清平乐（词二首）⋯⋯⋯⋯⋯⋯侯天岚
当代我国文艺发展的一面镜子⋯胡　采
再论彭总的形象⋯⋯⋯⋯⋯⋯思　基
文艺与政治关系三题⋯⋯⋯⋯陈　深
前事不忘　后事之师⋯⋯⋯⋯商子雍
艺术民主及其他⋯⋯⋯⋯⋯⋯王　愚
究竟是多还是少⋯⋯⋯⋯⋯⋯孙豹隐
从僵死的批评框子里解脱出来⋯冯日乾

读者·作者·编者
一点看法⋯⋯⋯⋯⋯⋯⋯⋯⋯段国超
艺术民主不应排斥批评自由⋯⋯朱锐宁
王老九诗社成立（消息）
预备队员（雕塑）⋯⋯⋯⋯⋯牟远道
警惕（雕塑）⋯⋯⋯⋯⋯⋯⋯谢大德
灯市（油画）⋯⋯⋯⋯蔡　亮　张自嶷

1979 年第 11 期　刊名：《延河》

目录

关于评论工作⋯⋯⋯⋯⋯⋯⋯冯雪峰遗作
回忆雪峰同志⋯⋯⋯⋯⋯⋯⋯杜鹏程
冯雪峰简历及著作⋯⋯⋯⋯⋯曲　维
阿 K（小说）⋯⋯⋯⋯⋯⋯⋯郭　肃
出墙红杏（小说）⋯⋯⋯⋯张　敏　齐鸿
老革外传（小说）⋯⋯⋯⋯⋯徐　岳
孤儿（小说）⋯⋯⋯⋯⋯⋯⋯周良沛
路劫留侯（小说）⋯⋯⋯⋯⋯海　风
彭总，你在这里（散文）⋯⋯⋯刘　真
寓言二则⋯⋯⋯⋯⋯⋯⋯⋯⋯李茂青
海恋（诗）⋯⋯⋯⋯⋯⋯⋯⋯李若冰
法制·斗争（诗四首）⋯⋯⋯⋯寒　星
抒情与思考（诗二首）⋯⋯⋯⋯刘湛秋
乌拉特草原抒情（诗三首）⋯⋯张长弓
深批《纪要》恢复实践在文艺领域的权威——《陕西日报》文艺部、《延河》编辑部召开的文艺评论座谈会纪要
漫话百家争鸣⋯⋯⋯⋯⋯⋯⋯陆钊珑
论鲁迅小说创作的构思艺术⋯⋯范伯群　曾华鹏

新时期的新人物——读《七彩飞霞》⋯⋯凡克宁
美哉人情——读《七彩飞霞》⋯⋯钟较弓
被扭曲了的形象——读《七彩飞霞》⋯述　怀
灵魂小议（读者·作者·编者）⋯⋯郭　肃
牺牲者（国画）⋯⋯⋯⋯⋯⋯⋯高民生
一月的悲哀（国画）⋯⋯⋯⋯⋯汪　泉

1979 年第 12 期　刊名：《延河》

目录

在中国文学艺术工作者第四次代表大会上的祝辞（一九七九年十月三十日）⋯⋯⋯邓小平
丁玲的再现⋯⋯⋯⋯⋯⋯⋯⋯冯夏熊
彭德怀速写⋯⋯⋯⋯⋯⋯⋯⋯丁　玲
柯仲平同志骨灰安放仪式在西安隆重举行
寒冰初融（小说）⋯⋯⋯⋯⋯峭　石
山间竖琴弹奏（散文）⋯⋯⋯⋯碧　野
希望（小说）⋯⋯⋯⋯⋯⋯⋯赵　熙
"小神仙"之死（小说）⋯⋯⋯⋯吴若萍
负重的一代（组诗）⋯⋯⋯⋯⋯朱兆雪
太阳正在升起（诗）⋯⋯⋯⋯⋯程　海
唱给彭总的歌（诗）⋯⋯⋯⋯⋯谷　溪
打红枣（外一首）⋯⋯⋯⋯⋯⋯董桂苓
白发（诗）⋯⋯⋯⋯⋯⋯⋯⋯漆春生
竹乡短笛（诗）⋯⋯⋯⋯⋯⋯崔合美
水兵短歌（四首）⋯⋯⋯⋯⋯⋯田永昌
保险丝（诗）⋯⋯⋯⋯⋯⋯⋯赵　剑
榆树下⋯⋯（外一首）⋯⋯⋯⋯尹进强
风从湖面上吹过来了（外一首）⋯⋯崔建忠
创作——心灵震撼的记载——创作浅探⋯魏钢焰
"树碑立传"说质疑⋯⋯⋯⋯⋯刘建军
陕北小女孩（国画）⋯⋯⋯⋯⋯王有政
瑞雪（木刻）⋯⋯⋯⋯⋯⋯⋯修　军

1980 年第 1 期　刊名：《延河》

目录

手杖（小说）⋯⋯⋯⋯⋯⋯⋯京　夫
娜达莎（小说）⋯⋯⋯⋯⋯⋯朱　定
苦（小说）⋯⋯⋯⋯⋯⋯⋯⋯黄建国
猎熊记（小说）⋯⋯⋯⋯⋯⋯王　蓬
娟娟（小说）⋯⋯⋯⋯⋯⋯⋯莫　伸
正是早晨（小说）⋯⋯⋯⋯⋯李小巴
野梅子（小说）⋯⋯⋯⋯⋯⋯张　虹
憨老大（小说）⋯⋯⋯⋯⋯⋯王克文
在舞会上（小说）⋯⋯⋯⋯⋯田　夫
架桥（小说）⋯⋯⋯⋯⋯⋯⋯周　矢

欢乐歌的前奏（诗）⋯⋯⋯⋯⋯⋯雷 霆
歌乐山断想（诗三首）⋯⋯⋯⋯⋯顾 工
故乡情思（诗五首）⋯⋯⋯⋯⋯⋯雷抒雁
抒情三题（诗）⋯⋯⋯⋯⋯⋯⋯柯愈勋
花物谱（诗三首）⋯⋯⋯⋯⋯⋯田 奇
春天的歌（诗）⋯⋯⋯⋯⋯⋯⋯王平凡
矿工谣（外一首）⋯⋯⋯⋯⋯⋯江 河
路灯（诗）⋯⋯⋯⋯⋯⋯⋯⋯⋯郭应文
"基点"究竟在哪里？ ——评《一定要站在革命现实
主义的"基点"上》⋯⋯⋯⋯⋯启 冶
准确理解革命现实主义的含义
——与艾斐同志商榷⋯⋯⋯⋯白 贵
杂文二题（文艺随笔）⋯陆钊珑 王健伦
在歌颂与暴露之外⋯⋯⋯⋯⋯刘 斌
洗濯精神的污垢——读《肥皂的故事》肖云儒
载舟之水可以覆舟——读《谁作结论》冠 勇
季书记又到哪里！ ——读《自白》张启范
红杏一枝出墙来
——赞《没有绣完的小白兔》⋯季青春
人民英雄刘志丹（木刻）⋯⋯⋯李一平
雪（木刻）⋯⋯⋯⋯⋯⋯⋯⋯安正中

神谕（诗）⋯⋯⋯⋯[俄]克雷洛夫 陈次园译
关于现实主义问题的讨论
现实主义——探求的道路⋯⋯⋯陈 辽
倾向性浅识——再谈现实主义⋯⋯薛瑞生
王老九诗歌的比喻⋯⋯⋯⋯⋯黄桂骅
一个深刻的艺术典型
——评短篇小说《表姐》⋯⋯⋯白 描
细腻的心理描写——谈小说《夏》李怀埙

文学谈
读诗随笔⋯⋯⋯⋯⋯⋯⋯⋯⋯陈习玲

读者·作者·编者
不能带着框框评作品⋯⋯⋯⋯畅 校
南方速写⋯⋯⋯⋯⋯⋯李世南 罗平安

1980 年第 2 期 刊名：《延河》
目录

选择（小说）⋯⋯⋯⋯⋯⋯⋯姚 芯
爱之咎（小说）⋯⋯⋯⋯⋯⋯卢新华
猪的喜剧（小说）⋯⋯⋯⋯⋯陈忠实
被遗弃的老太太（小说）⋯⋯⋯周 矢
"白蹄"与骏马（散文）⋯⋯⋯问 彬
想起彭总"乱胡子"（散文）⋯⋯汪波清
碑林漫笔（散文）⋯⋯⋯⋯⋯谭 谊
蚯蚓（散文）⋯⋯⋯⋯⋯⋯⋯张 长
珍贵的记忆（散文）⋯⋯⋯⋯贺抒玉
散文二题⋯⋯⋯⋯⋯⋯⋯⋯阿 红
贿赂驴子（阿凡提故事新编）⋯杨永福
温热的土地（组诗）⋯⋯⋯⋯闻 频
船长·诗人（诗二首）⋯⋯⋯宫 玺
不是篇（诗三首）⋯⋯⋯⋯⋯陈有才
牛棚小诗⋯⋯⋯⋯⋯⋯⋯⋯沙 鸥
他哭了（外一首）⋯⋯⋯⋯⋯肖英俊
早春（外二首）⋯⋯⋯⋯⋯⋯樊发稼
朝霞小集（诗）⋯⋯⋯⋯⋯⋯于宗信
海（外二首）⋯⋯⋯⋯⋯⋯⋯孙中明
共产党员（诗）⋯⋯⋯⋯⋯⋯周抗美
忆陕北（诗三首）⋯⋯⋯⋯⋯刘传莭
北戴河二题（诗二首）⋯⋯⋯王昌定
读诗三首⋯⋯⋯⋯⋯⋯⋯⋯吕 剑

1980 年第 3 期 刊名：《延河》
目录

语重心长话创作——访孙犁同志⋯本刊记者 王 愚
蜡做的翅膀（小说）⋯⋯⋯⋯安力达
家宴（小说）⋯⋯⋯⋯⋯⋯⋯菩 提
带血的烟斗（小说）⋯⋯⋯⋯胡广深
跳来跳去的人（小说）⋯⋯⋯沈仁康
小红星（小说）⋯⋯⋯⋯⋯⋯漆启泰
人往高处走（小说）⋯⋯⋯⋯高 华
看不见的桥（散文）⋯⋯⋯⋯言 公
在南方（三首）⋯⋯⋯⋯⋯⋯刘祖慈
海上抒情（二首）⋯⋯⋯⋯⋯白 渔
舞台（诗）⋯⋯⋯⋯⋯⋯⋯⋯安 琪
赶集（诗）⋯⋯⋯⋯⋯⋯⋯⋯张宣强
堆菌肥（诗）⋯⋯⋯⋯⋯⋯⋯张从海
泾渭两岸唱春光（诗）⋯⋯⋯魏 玛
洱海姑娘（诗）⋯⋯⋯⋯⋯⋯陈长安
咏史诗四首⋯⋯⋯马林帆 李晓白 李正峰
短诗九首
⋯⋯⋯⋯⋯王德芳 冯福宽 潘万提 马绪英 商子秦
创作通信⋯⋯⋯⋯⋯⋯⋯⋯韩映山 阎 纲
文艺是认识社会的一种独特形式⋯⋯张绍宽
文艺与政治断想⋯⋯⋯⋯⋯⋯贾文昭
正确认识文艺与政治的关系⋯⋯文致和
中国作家协会西安分会举办青年业余作者读书会（消
息）
读书心得二则
两点收获⋯⋯⋯⋯⋯⋯⋯⋯王 蓬
创作需要借鉴⋯⋯⋯⋯⋯⋯京 夫
石鲁书画选登

1980 年第 4 期　刊名:《延河》
目录

西门虎新传（小说）·········蒋金彦
一张纸条儿引起的故事（小说）·······王以平
重访"楞老去"（小说）··········朱　定
马主任下棋（小说）···········王小康
未完成的回忆录（小说）·········刘巨才
野豌豆（小说）············张　虹
大漠孤烟（散文）···········崔宝国
京居三题（诗）············张志民

新人诗页
山中的挽歌（四首）··········马合省
杂感四首··············胡文学
跑马泉——刘志丹的传说········杨　惕
爱情的花束（三首）··········樊继真

短诗小集
雪莲（外一首）············李　燃
黄昏···············段　笑
母女夜话·············高近远
形象（外一首）············张雪杉
砖窑中··············师日新
网滩情歌·············龙彼德
延安杂咏（二首）···········卢云生
漫谈文学的对象与功能·········王　蒙
对文艺，人是唯一的点·········王缵叔
关于现实主义问题的讨论
发扬文学批评的现实主义传统·······畅广元
文艺通讯（一则）···········弓　车

读者·作者·编者
来信来稿摘登
春卷风云月色哀（国画）·········石　鲁
诗人（木刻）············修　军

1980 年第 5 期　刊名:《延河》
目录

蛤蜊（小说）·············邓友梅
钱包（小说）·············高晓声
他和她的木耳（小说）··········贾平凹
处子（小说）·············陶明国
白蜡树叶（小说）···········陈欣明
预兆（小说）·············杨　惕
金虎（散文）·············李天芳

献蒿记（散文）············汪波清
珍惜（散文）·············徐剑铭
花明楼情思（诗）···········杜永龙
血的悲剧（诗）············彭庆元
希望（诗）··············谢　虹
南海二章（诗）············李　瑛
山乡多思（三首）···········苗得雨
裸体诗草（外一首）··········胡文学
深山战士情（三首）··········马合省
曙色在前（诗）············黄东成
春魂（二首）·············李老乡
致春雨（诗）·············王　也
荒漠的梦（诗）············韩作荣
绣花绷（叙事诗）········雷乐长　金永林
文艺要伴随着时代的步伐前进·······宗　杰　柳　志
作家应在思考中············金碧辉
镌刻在人民心上的歌
——评散文集《神泉日出》········韩望愈
新时代儿童的新风貌——读徐岳、李凤杰的三本儿童
文学集··············杨田农

争鸣
我对"表现'美'"的看法——读《在歌颂和暴露之
外》一文··············谢文华

文学谈
捕捉和运用偶然性的艺术
——《项链》的情节构思·········薛迪之
消息一则
刘少奇同志在西安（摄影二幅）······肖维钧
何须衬绿叶　且看舞龙蛇（国画）·····石　鲁
画家（木刻）············修　军

1980 年第 6 期　刊名:《延河》
目录

给孩子们
扶我上战马的人（小说）·········张映文
再见，小金鹿（小说）··········汪海涛
小喜鹊的苦恼（小说）··········李凤杰
小助手（小说）············董　蕾
怀念关中（散文）···········张　洁
捕虾（散文）·············胡忆肖
儿童诗一束········陈官煊　文　丙　王宜振
魏　玛　陈军　李观鼎　王百令　杨　超
放铳的人（小说）···········杜永龙
食品站的故事（小说）··········王殿斌
病危中的柳青（特写）··········路　遥

黄河情（组诗）————————————晓 蕾
我的诗（外二首）————————————王平凡
陨石雨（诗）————————————刘成章
北京诗抄（二首）————————————田 地
山乡抒情（三首）————————————赖松廷
美丽的云（外一首）————————————和 谷
草原之晨（外一首）————————————李武兵
深山小学（诗）————————————李建邦
亦云集————————————王汶石
乡情的抒写——谈邹志安的小说创作————肖云儒

关于现实主义问题的讨论
现实主义的厄运及其教训————————王 愚
言和心声（杂文）————————————陆钊珑
外国文学现状点滴（一）————————马家骏
编者小议
月下苏州（国画）————————————石 鲁
创业史话（国画）————————————王西京
作家（木刻）————————————修 军
小小建筑师（摄影）————————————汪 澜

1980 年第 7 期　刊名:《延河》
目录

偶然吗？ 并不奇怪（报告文学）　房立民　朱兆雪
学问的镜子（小说）————————————孙皓晖
归队（小说）————————————侯 钺　齐 飞
白脸包公（小说）————————————徐 岳
枣林曲（小说）————————————陈忠实
分组（速写）————————————邹志安　郭 策
金色的没菜花（散文）————————————明 义
把酒话桑麻（散文）————————————成宗田

新人诗页
黎明（四首）————————————燕 子
玫瑰花下的坟墓（诗）————————————明 义
夜哨兵的低语（外二首）————————————高建群
这双手（外二手）————————————柯 原
诗————————————刘益善
就义（外二首）————————————顾 城
问钟楼（外一首）————————————刁永泉
乡渡剪影（外一首）————————————戴安常
黄昏，我倾听着浪花的声音（诗）————李佩芝
怀念彭总（四首）————————————杨鸿章

森林漫步
雀鸟声声（外一首）————————————石太瑞
喷香的海棠（外一首）————————————路 萌

叶（诗）————————————青 勃
绿树成荫（诗）————————————林 草
激情与诗意——谈谈魏钢焰的散文————李炳银
为了忘却　为了团结——读夏衍同志《一些早该忘却
而未忘却的往事》————————————楼适夷

作家谈创作
亦云集————————————王汶石
社会效果和文艺欣赏————————————史京品
外国文学现状点滴（二）————————马家骏
一九六四年十一月，刘少奇和毛泽东、朱德同志等亲
往机场热烈欢迎自莫斯科归来的周恩来同志（影摄）
刘少奇同志在陕北（素描）————————蔡 亮
豆角（国画）————————————李梓盛
山村（套色木刻）————————————李辛儒

1980 年第 8 期　刊名:《延河》
目录

一顿饭（小说）————————————韩石山
幸存者（小说）————————————文 兰
一块"豆腐干"（小说）————————————孙皓晖
青竹村（小说）————————————史雨泯
铝盔与诗魂（散文）————————————李若冰
塞上行（散文）————————————士 增
柳青和《创业史》（回忆录）————————王维玲
诗三首————————————流沙河
自咏一首————————————吕 剑
竞争（外一首）————————————工德芳
生命的欢乐（三首）————————————刘湛秋
虬松（外一首）————————————峭 石
山（外二首）————————————程 海
东海掇拾（三首）————————————孔 孚
阁楼上有一孔窗洞（诗）————————刘 珂
墙上的镜子（外一首）————————————宁有志
柜台（诗）————————————肖重声
闻歌（诗）————————————杨 琦
爱情诗六首
————阿梅　张宣强　宋文杰　张兴琳　葛 平
试论贾平小说的艺术风格————————费秉勋
亦云集————————————王汶石
敬致读者
——为朝鲜文译本《保卫延安》重印而写————杜鹏程

文艺随笔
勇气·独创————————————姚泰和
"假中见真"————————————李 星
长篇小说的长————————————孙达佑

"欲速则不达"⋯⋯⋯⋯⋯⋯⋯⋯⋯陈策贤

关于《蜡做的翅膀》的意见
一篇引人深思的作品
——读《蜡做的翅膀》⋯⋯⋯白雯 岩蔚
真实地描写生活
——对《蜡做的翅膀》的非议⋯⋯⋯秦沪
春风（国画）⋯⋯⋯⋯⋯⋯⋯⋯⋯陈嘉咏
巴山牧归（国画）⋯⋯⋯⋯⋯⋯⋯吴孝杰
羊倌（木刻）⋯⋯⋯⋯⋯⋯⋯⋯⋯靳保平
观鸟捕蝉图（唐代壁画）

1980 年第 9 期　刊名:《延河》
目录

雪夜（小说）⋯⋯⋯⋯⋯⋯⋯⋯⋯廖光耀
会场内外（小说）⋯⋯⋯⋯⋯⋯⋯张兴海
我的朋友伍末（小说）⋯⋯⋯⋯⋯朱近之
蓝蓝的远方（小说）⋯⋯⋯⋯⋯⋯问彬
在候车室里（小说）⋯⋯⋯⋯⋯⋯凌梧
五花石的怀念（报告文学）⋯⋯⋯向夏
延安的早晨（散文）⋯⋯⋯⋯⋯⋯杨典
家乡元宵夜（散文）⋯⋯⋯⋯⋯⋯陈四长
往前靠（散文）⋯⋯⋯⋯⋯⋯⋯⋯字心
山中的挽歌（四首）⋯⋯⋯⋯⋯⋯马合省
创世者（外一首）⋯⋯⋯⋯⋯⋯⋯李钢
写在医院里（三首）⋯⋯⋯⋯⋯⋯孙友田
旅夜望月（外一首）⋯⋯⋯⋯⋯⋯阿红
收音机旁的泪水（外一首）⋯⋯⋯艾路
我曾在沙堰里抓蟹虾（外二首）⋯张虹
站（外二首）⋯⋯⋯⋯⋯⋯⋯⋯⋯田奇
油菜花开的时节（诗）⋯⋯⋯⋯⋯张宗新
深山鹿哨（诗）⋯⋯⋯⋯⋯⋯⋯⋯花凤江
公开的秘密（讽刺诗二首）⋯⋯⋯李志清
生活断想（短诗一束）⋯⋯⋯⋯⋯顾工
刘辉考　马绪英　贾安庆　高远　任海鹰　杜书文
陈浩　赵剑　葛佳映　袁征　王中朝
二十五篇之外——《黑旗》等五篇小说漫评⋯⋯王愚
历史的回声——评刘真的短篇《黑旗》⋯⋯刘宾雁

作家谈创作
亦云集⋯⋯⋯⋯⋯⋯⋯⋯⋯⋯⋯⋯王汶石

文学谈
动与静的辩证法
——《传神文笔足千秋》之一章⋯杨光汉
谈谈写景艺术⋯⋯⋯⋯⋯⋯⋯⋯⋯王永
外国文学现状点滴（三）⋯⋯⋯⋯马家骏

探索新生活　表现新农村——农村题材短篇小座谈会
综述⋯⋯⋯⋯⋯⋯⋯⋯⋯本刊记者　李星
蝴蝶（国画）⋯⋯⋯⋯⋯⋯⋯⋯⋯王冰如
木刻二幅⋯⋯⋯⋯⋯⋯⋯⋯⋯⋯⋯刘永贤
唐代三彩俑
桃溪春雨（国画）⋯⋯⋯⋯⋯⋯⋯戴畅

1980 年第 10 期　刊名:《延河》
目录

一叶知秋⋯⋯⋯⋯⋯⋯⋯⋯⋯⋯⋯杨惕
社会基础⋯⋯⋯⋯⋯⋯⋯⋯⋯⋯⋯韩石山
他就是软了点儿⋯⋯⋯⋯⋯⋯⋯⋯高尔品
云⋯⋯⋯⋯⋯⋯⋯⋯⋯⋯⋯⋯⋯⋯刘芳森
上任⋯⋯⋯⋯⋯⋯⋯⋯⋯⋯⋯⋯⋯贾平凹
扫雪⋯⋯⋯⋯⋯⋯⋯⋯⋯⋯⋯⋯⋯孙皓晖
圣人笑了⋯⋯⋯⋯⋯⋯⋯⋯⋯⋯⋯晓梦
雪⋯⋯⋯⋯⋯⋯⋯⋯⋯⋯⋯⋯⋯⋯张林
山村喜事⋯⋯⋯⋯⋯⋯⋯⋯⋯⋯⋯翟曜
大鱼⋯⋯⋯⋯⋯⋯⋯⋯⋯⋯⋯⋯⋯周矢
藤⋯⋯⋯⋯⋯⋯⋯⋯⋯⋯⋯⋯⋯⋯张虹
泥泞的路⋯⋯⋯⋯⋯⋯⋯⋯⋯⋯⋯肖陈
金翅膀⋯⋯⋯⋯⋯⋯⋯⋯⋯⋯⋯⋯王梓夫
生活的波涛与艺术的足迹——我省近年反映农村生活
短篇小说漫评⋯⋯⋯⋯⋯⋯⋯⋯⋯陈深
在现实主义的道路上——陈忠实小说创作漫论
⋯⋯⋯⋯⋯⋯⋯⋯⋯⋯蒙万夫　曹永庆
编后随笔
清江一曲拍山流（国画）⋯⋯⋯⋯方济众
黄河人家（木刻）⋯⋯⋯⋯⋯⋯⋯张建文
秦始皇兵马俑（摄影）⋯⋯⋯⋯⋯王天育
长安月夜（国画）⋯⋯⋯⋯⋯⋯⋯王满粟

1980 年第 11 期　刊名:《延河》
目录

啊！父老兄弟（报告文学）⋯⋯⋯祖慰
顾问伯伯（小说）⋯⋯⋯⋯⋯⋯⋯肖元生
他终于出了"圈子"（小说）⋯⋯⋯容嵩
剩下的路（小说）⋯⋯⋯⋯文义华　化十
太阳岛的太阳（小说）⋯⋯⋯⋯⋯流华
采玉人（小说）⋯⋯⋯⋯⋯⋯⋯⋯陶明国
黄昏（小说）⋯⋯⋯⋯⋯⋯⋯⋯⋯黄建国
星（散文）⋯⋯⋯⋯⋯⋯⋯⋯⋯⋯石英
花篮的花儿香（散文）⋯⋯⋯⋯⋯劲挺
天鹅湖（散文）⋯⋯⋯⋯⋯⋯⋯⋯韩冷

新人诗页

笑着朝前走 ························· 雷维平
爱之歌 ························· 韩高潮
夏末的野蔷薇（五首） ················· 裴　宁
时代（组诗） ························· 高　平
夜雨曲（三首） ······················ 孙中明
树三题（诗） ························· 李发模
短歌集 ····························· 孔　林
汪泾洋　张　郁　张春文　袁银波　李金安
访日杂咏（诗） ····················· 杨春霖
太白行（诗） ························· 方　杰
"写真实"不容否定 ·················· 周忠厚
李天芳散文散谈 ····················· 肖云儒
小苗、小树和大树（文艺随笔） ········· 韩望愈
读《我对"表现美"的看法》 ·········· 刘　斌
亦云集（作家谈创作） ················ 王汶石
外国文学现状点滴（四） ·············· 马家骏
丹顶鹤（国画） ····················· 王之武
秋（套色木刻） ····················· 杨先让
木刻二幅 ··························· 黄嘉善
陕北民间剪纸 ················ 陈桂林　高朗宇

1980 年第 12 期　刊名:《延河》
目录

诗圣阁大头（小说） ················· 王晓新
血泪树新史（小说） ················· 朱　定
古怪的猫的自白（小说） ·············· 黄秋耘
雪与浆糊（小说） ··················· 张　长
豆腐客（小说） ····················· 王宪伶
墓碑（小说） ························· 翔　天
仙人掌和无字碑（小说） ·············· 木　青
种子（报告文学） ··················· 宋太海
拾到的抒情诗（六首） ················ 雁　翼
青春中国（二首） ··················· 田　间
油山草木（二首） ··················· 韦　丘

新人诗页

鞭下的韵（四首） ··················· 葛佳映
芽（外二首） ························· 张会鉴
盆松（外一首） ····················· 付旭光
记忆（外二首） ····················· 党永庵
冰凌花（组诗） ····················· 赵丽宏
深山突围（外一首） ················· 张书申
水（诗） ··························· 桑恒昌
紫色的小花（外一首） ················ 和　谷
都市的歌 ············· 刘　珂　商子秦　牧　笛
刺玫瑰（三首） ····················· 于忠信

简论柳青 ··························· 胡　采
文艺体制必须改革 ··················· 陈登科
关于"新人诗页"的来信摘登
培养文学新秀　壮大创作队伍——《延河》编辑部召
开小说散文新作者创作座谈会 ······ 本刊记者　解洛成

作家谈创作

亦云集 ····························· 王汶石
外国文学现状点滴（五） ·············· 马家骏
编后余墨
秋色（国画） ························· 陈之中
木刻二幅 ··························· 李习勤
贵人拜佛（木刻） ··················· 修　军
山区果园（套色木刻） ················ 丁济棠

1981 年第 1 期　刊名:《延河》
目录

陕西青年作家小说专号
延河水流长
——写在"陕西青年作家小说专号"的前面···· 胡　采
雪花飘飘 ··························· 莫　伸
姐姐 ······························· 路　遥
邻居琐事 ··························· 王晓新
喜悦 ······························· 邹志安
尤代表轶事 ························· 陈忠实
银秀嫂 ····························· 王　蓬
病人 ······························· 贾平凹
我们学校的焦大 ····················· 李天芳
深山夜月 ··························· 京　夫
论陕西小说创作形势 ················· 肖云儒
大胆探索　促进诗歌创作的繁荣——记《延河》编辑
部召开的诗歌创作座谈会 ············ 王　愚
陕西名胜（摄影） ··················· 杨力民
户县农民画新作（四幅）
丛翠峥嵘（国画） ··················· 赵振川

1981 年第 2 期　刊名:《延河》
目录

陕西中年作家小说专辑
冯鉴先生（小说） ··················· 李小巴
秦中吟（小说） ····················· 蒋金彦
藏在心底的画（小说） ················ 徐　岳
母女情（小说） ····················· 峭　石
东去的流水（小说） ················· 赵　熙
奥·琳娜的婚礼（散文·外一篇） ········· 阎纯德

摆不脱的影子（散文）⋯⋯⋯⋯⋯⋯⋯⋯成振炀
寓言二则⋯⋯⋯⋯⋯⋯⋯⋯⋯⋯⋯⋯⋯姚　莽
想起当奴隶的时候（三首）——十年纪事⋯梁　南
奇特的村庄（外一首）⋯⋯⋯⋯⋯⋯⋯苗得雨
墓（诗）⋯⋯⋯⋯⋯⋯⋯⋯⋯⋯⋯⋯⋯明　义
献给正义路的歌（诗）⋯⋯⋯⋯⋯⋯⋯王德芳

女青年诗抄

我歌唱四月（五首）⋯⋯⋯⋯⋯⋯⋯⋯李　琦
盼（诗）⋯⋯⋯⋯⋯⋯⋯⋯⋯⋯⋯⋯⋯谢　虹
情诗短笺（四首）⋯⋯⋯⋯⋯⋯⋯⋯⋯李佩芝
大地抒怀（三首）⋯⋯⋯⋯⋯⋯⋯⋯⋯毛　丫
田野散歌（三首）⋯⋯⋯⋯⋯⋯⋯⋯⋯张　虹
给落叶⋯⋯⋯⋯⋯⋯⋯⋯⋯⋯⋯⋯⋯⋯匡文留
献给母亲的礼物⋯⋯⋯⋯⋯⋯⋯⋯⋯⋯涌　泉
艺贵独创　犹贵于人品
　——浅谈石鲁书画创作⋯⋯⋯⋯⋯⋯叶　坚
农民命运的艺术思考
　——谈高晓声的四篇小说⋯⋯⋯⋯⋯李　星

文艺随笔

充角色、舞棍棒及其他⋯⋯⋯⋯⋯⋯⋯王德省
从风说起⋯⋯⋯⋯⋯⋯⋯⋯⋯⋯⋯⋯⋯田　奇
向生活的深处突进——读《上任》⋯⋯曹永慈
人性、人情美的赞歌——读《一叶知秋》⋯李怀埙
深入开掘生活的美与丑——读《雪夜》随笔⋯李培坤
陕西名胜（摄影二幅）⋯⋯⋯⋯⋯⋯⋯王天育
山歌（木刻）⋯⋯⋯⋯⋯⋯⋯⋯⋯⋯⋯刘永贤
风清山秀（木刻）⋯⋯⋯⋯⋯⋯⋯⋯⋯罗贯生

1981 年第 3 期　刊名:《延河》
目录

关于《创业史》和极左思潮⋯⋯⋯⋯⋯李士文
大学生小说选
判决⋯⋯⋯⋯⋯⋯⋯⋯⋯⋯⋯⋯⋯⋯⋯蒋　韵
星星的河流⋯⋯⋯⋯⋯⋯⋯⋯⋯⋯⋯⋯叶延滨
聋大爷和他的牛脾气⋯⋯⋯⋯⋯⋯⋯⋯孟　尼
姑娘、牙齿和大夫的故事⋯⋯⋯⋯⋯⋯秦天行
对微笑的裁决（小说）⋯⋯⋯⋯⋯⋯⋯张　虹
方言学的罪孽（小说）⋯⋯⋯⋯⋯⋯⋯李保均
黑儿（小说）——蹲点琐记⋯⋯⋯⋯⋯牧　犁
金枪鱼和儿子（小说）
　　　维森特·布拉斯科·伊巴涅斯　路美译
母熊和鹦鹉（寓言）⋯⋯⋯⋯⋯⋯⋯⋯吕德华
中国印象（六首）⋯⋯〔美〕保罗·安格尔　荒　芜译
梅园诗情（二首）⋯⋯⋯⋯⋯⋯⋯⋯⋯黄东成
我唱心中的歌（二首）⋯⋯⋯⋯⋯⋯⋯王　也

倒淌河（诗）⋯⋯⋯⋯⋯⋯⋯⋯⋯⋯⋯白　渔
大别山行吟（二首）⋯⋯⋯⋯⋯⋯⋯⋯潘万提
诗三首⋯⋯⋯⋯⋯⋯⋯⋯⋯⋯⋯⋯⋯⋯安柯钦夫
向现实的深处开掘——读《延河》陕西青年作家小说
专号⋯⋯⋯⋯⋯⋯⋯⋯⋯⋯⋯⋯⋯⋯⋯曾镇南
安格尔和他的诗⋯⋯⋯⋯⋯⋯⋯⋯⋯⋯荒　芜
关于真实性和倾向性的讨论⋯⋯⋯⋯⋯姚　虹等
读诗随笔（二则）（文学谈）⋯⋯梁嘉琦　陈习玲
华山秋色（摄影）⋯⋯⋯⋯⋯⋯⋯⋯⋯黄继贤
小憩（木刻）⋯⋯⋯⋯⋯⋯⋯⋯⋯⋯⋯方振宁
黄河船夫（雕塑）⋯⋯⋯⋯⋯⋯⋯⋯⋯耿铁群
仕女（水印木刻）⋯⋯⋯⋯⋯⋯⋯⋯⋯陈　延

1981 年第 4 期　刊名:《延河》
目录

旋儿和她的朋友（小说）⋯⋯⋯⋯⋯⋯李昶怡
琴姐（小说）⋯⋯⋯⋯⋯⋯⋯⋯⋯⋯⋯贺抒玉
飘落的红叶（小说）⋯⋯⋯⋯⋯⋯⋯⋯李佩芝
彼岸（小说）⋯⋯⋯⋯⋯⋯⋯⋯⋯⋯⋯白　描
家（小说）⋯⋯⋯⋯⋯⋯⋯⋯⋯⋯⋯⋯刘建凌

处女地

啊，星星（小说）⋯⋯⋯⋯⋯⋯⋯⋯⋯常　新
致《啊，星星》作者⋯⋯⋯⋯⋯⋯⋯⋯解洛成
父子间（小说）⋯⋯⋯⋯⋯⋯⋯⋯⋯⋯黄德鹏
《父子间》及其他⋯⋯⋯⋯⋯⋯⋯⋯⋯刘　春
三粒米（小说）⋯⋯⋯⋯⋯⋯⋯⋯⋯⋯王来梦
发人深思的《三粒米》⋯⋯⋯⋯⋯⋯⋯小　桥
没记性的罪孽（小说）⋯⋯⋯⋯⋯⋯⋯秦生贤
写出人物性格来⋯⋯⋯⋯⋯⋯⋯⋯⋯⋯郁　文

编辑的诗

秦俑咏（外一首）⋯⋯⋯⋯⋯⋯⋯⋯⋯胡　笳
关中诗草（四首）⋯⋯⋯⋯⋯⋯⋯⋯⋯孙友田
斜吹疏雨湿秋红（外二处）
　——题李山同志画⋯⋯⋯⋯⋯⋯⋯⋯丁　芒
闽南诗五首⋯⋯⋯⋯⋯⋯⋯⋯⋯⋯⋯⋯刘祖慈
"大寨县"沧桑小记（三首）⋯⋯⋯⋯⋯文武斌
写在入院处窗口（诗）⋯⋯⋯⋯⋯⋯⋯左一兵
太行山见闻（三首）⋯⋯⋯⋯⋯⋯⋯⋯张承信
乡情（二首）⋯⋯⋯⋯⋯⋯⋯⋯⋯⋯⋯刘益善
草原晨景（诗）⋯⋯⋯⋯⋯⋯⋯⋯⋯⋯王　野
我是钢铁（诗）⋯⋯⋯⋯⋯⋯⋯⋯⋯⋯肖　川
致绿洲（诗）⋯⋯⋯⋯⋯⋯⋯⋯⋯⋯⋯郭维东
书记与队长（诗）⋯⋯⋯⋯⋯⋯⋯⋯⋯杨子青
本质·主流·光明及其他
　——与计永佑同志商榷⋯⋯⋯⋯⋯⋯张孝评

不屈不挠　精益求精——谈杜鹏程对《在和平的日子里》的修改·································杨佳欣
新颖·细致·动人
——读张虹三篇小说的感想·····················李健民

文艺随笔
个性的力量——读诗漫笔·············刘静生　黄毓璜
归来吧，诗篇中诗人的自我形象·················丁永淮
卧龙（国画）·······························何海霞
《创业史》插图选·····························蔡　亮
献花图（国画）·····························王西京

1981 年第 5 期　刊名:《延河》
目录

一个杀人犯的供状（中篇叙事诗·王炎林插图）
···································玉　杲
且听下回分解（小说·王满粟插图）···········刘明琪
枫树城之恋（小说·黄慧玲题图）·············沈　淼
爱的乐章（小说·王西京题图）···············邹志安
犬（小说·高民生插图）·····················李少文
当你歌唱的时候（小说）·····················陈丽娜
春夜（小说·李宪基插画）···················晓　剑
舌头上的瘀血点（小说）·····················李志清
梦（小说）·································明　义
同是父母心（小说）·························屈兴岐

处女地
村愁（小说）·······························余君亮
要有冲破樊篱的力量——读《村愁》随想·········郁　文
有关席勒和莎士比亚的诉讼——谈文学的真实性和倾
向性·····································姚　虹
冲击人心的思想力量
——评蒋金彦的小说创作·····················冠　勇
意境美的探求者
——谈赵熙同志短篇小说的艺术特色···········王润华
《陕西青年作家小说专号》反应强烈
总结经验　肯定成绩　继续前进——《延河》召开小
说创作座谈会·····························聿　之
紫薇（国画）·······························康师尧
民族风情（国画白描二幅）···················吴子洲
冬晨（国画）·······························王有政
维吾尔族姑娘（油画）·······················阎文喜

1981 年第 6 期　刊名:《延河》
目录

知识分子的伟大典型——悼念茅盾大师·········杜鹏程
哀悼茅盾导师·······························王汶石
陆队长放包袱（小说·王西京插图）···········吴　强
小燕之歌（小说·王炎林题图）···············凌　愉
曼陀罗花（小说·王满粟插图）···············高　华
黑妮（小说·鲁强华插图）···················沼　清
金竹花（小说·李宪基插图）·················陈　希
雪恋（小说）·······························郭培杰
婚夜的烦恼（小说）·························田　夫
圆圆"国王"（童话·吴宜插图）···············袁银波
生活的一课（小说）
　　　[法] 勒内·克莱尔　陈孝英　王意强译

处女地
啊，妈妈（小说）···························海　波
写在《啊，妈妈》后面·······················刘　春
母亲（组诗）·······························程　海
写给未来的历史博物馆（四首）···············商子秦
岭南行吟（组诗）···························党永庵
一个医生的手记（二首）·····················李志清

新人诗页
自然篇（三首）·····························李　静
我为你采来一片绿色的叶子（诗）·············田　涛
啊，帐篷（外一首）·························吕小榆
假如……（外一首）·························巴　强
生命（诗）·································王东林
竹笔筒赞（诗）·····························狄向红
柳青和西北大学中文系学生访问者的谈话
一任浪花飞卷而去
——谈李若冰关于柴达木的报告文学
　　　　　　　　　　　　　　朱子南　秦兆基
各具特色　各有深意
——评《姐姐》与《银秀嫂》···················沙　平

文学谈
躁动于母腹的婴儿生着一根脐带
——西窗诗话小辑···························阿　红
文章不厌百回改·····························孙豹隐
观鸟图（国画）·····························刘秉江
川西写生（国画二幅）·······················钱运选
塞外风光摄影（二幅）·······················陈宝生
陕北青年（国画）···························刘文西
书题·····································康　浩

1981 年第 7 期　刊名:《延河》

目录

坚持党的领导，繁荣社会主义文艺·······················胡　采
大浪淘金——记共产党员苏振云（题图　汪　泉）
··贺抒玉　牧　笛

小说·散文
世道（插图王西京）···张兴元
乡恋（题图李宪基）···白剑君
温暖（插图王满粟）···钟　平
无可奉告···何　斐
兄弟···刘　路
心海（题图小文）···魏钢焰
云横秦岭（题图王璐）·····································董　墨
猎场风情（题图小泉）·····································劲　挺
月夜断想（题图王满粟）··································刘玉珉

处女地
青辣椒···王苏奎
一个复杂而又单纯的性格··································严　力
翠笛引（长篇叙事诗·题图马萧萧　插图李世南）
···马萧萧
倾向性寓于真实性之中
——兼谈几部中篇小说····································刘建军
文艺领域中的否定的否定··································陆钊珑
新人诗的特色···田　奇
延河水（油画）···孙跃盛
唱支山歌给党听（歌曲）·················蕉萍词　践耳曲
革命理想高于天（油画）··································沈尧伊

1981 年第 8 期　刊名:《延河》

目录

再现（插图尚德周）··陈世旭
老楸树下（题图插图王满粟）····························王　蓬
劳动的复苏（插图尚德周）·······························峭　石
我的朋友二锁（题图插图王西京）·······················李凤杰
原罪（题图李宪基）··张石山
弥留···王吉呈
乌云盖雪（题图吴宜）·····································李少文
顶替（题图李宪基）··良　俊
啊，白云（题图插图李世南）····························吕　雷
天职···杨　惕
秋风啊，落叶···子　心

处女地
飘向远方的云···蕾　苓
无根的灵魂——读《飘向远方的云》·····················刘　春

苦衷···黄西文
开掘了题材——《苦衷》漫议·····························郁　文
贺抒玉的创作个性··雷　达
第一步···王　蓬
每个人就是一个世界——艺术规律探微················胡德培
海边（油画）···谢永熙
少女（油画）···尚德周
墨竹（国画）···刘　平
雁归来（套色木刻）··付恒学

1981 年第 9 期　刊名:《延河》

目录

纪念鲁迅诞辰一百周年
中国社会和人的伟大解剖者·······························阮　铭
鲁迅小说创作中的"国民性"问题························陈早春
真实地描写人物的社会生活环境
——鲁迅小说学习随笔····································王富仁
创新——不断突破自己铸成的模型——论鲁迅的《头
发的故事》、《白光》、《长明灯》和《示众》
··范伯群　曾华鹏
鲁迅研究学术讨论会在西安举行（消息）
夫妻俩（小说·题图王西京）······························秦兆阳
在同一个单元里（小说·插图吴宜）······················叶广芩
方股长、老游和我（小说·题图尚德周）················肖元生
奔波者（小说·题图插图钱运选）·························韩　起
老同学（小说）···徐万明
甜（小说）···沙　石
钟楼丢了（科学幻想小说·题图李亚亭）
··魏雅华　王轶哲

处女地
〇一三号矿灯（小说）·····································黄卫平
在对照和行动中写人
——《〇一三号矿灯》读后·······························水天戈

陕西中青年诗人介绍
天南海北吟（组诗）··毛　锜
霞落庄户人家（组诗）·····································马林帆
当我回望历史（组诗）——写在中美合作所的罪行展
览馆···王德芳
我的故乡（组诗）··和　谷
人的歌（二首）···刘湛秋
果园诗抄（三首）··傅天琳
想（外一首）···燕　子
鲁迅故乡——绍兴（油画）·······························谌北新
鲁迅小说插图选（二幅）·················古　元　顾炳鑫
鲁迅（木刻）···修　军

横眉冷对千夫指（国画）..................王满粟

1981 年第 10 期　刊名:《延河》
目录

学习六中全会决议笔谈
实事求是的典范..................胡　采
认真学习，团结前进..................王汶石
实事求是精神的发扬..................邹志安
在新的航道上..................李若冰
昂起头来唱..................魏钢焰
学习"决议"增强信心..................峭　石
诗歌应该给人以鼓舞和力量..................毛　锜
山路蜿蜒（小说）..................莫　伸
买来卖去（小说）..................流　华
山曲儿（小说）..................赵　熙
悠悠沙堰水（小说）..................张　虹
碑（小说）..................杜永龙
孔雀花瓶（小说）..................晓　礼

处女地
那条路，有多少梦幻和希望（小说）..................肖建国
心灵震撼的记录——读肖建国的小说..................刘　春
在锯床房（小说）..................宁鹏虎
他们有所追求——《在锯床房》读后..................郁　文
乡怪（报告文学）..................王晓新
我是一个士兵（外一首）..................马合省
住房建筑工人的诗思（二首）..................丁慨然
昨天的日记（三首）..................韩作荣
我是枫叶（四首）..................田　奇
寻踪（外一首）..................陈　犀
草原短笛（三首）..................张朴夫
大脑（诗）..................葛佳映
诗人书架上的维纳斯（诗）..................袁文燕
墓园里，有一条小路（外一首）..................魏志远
谒岳飞墓（诗）..................徐　锁
食盐的品质（诗）..................徐志宏
我爱这金色的山岗（诗）..................袁银波

纪念鲁迅诞辰一百周年
从《祝福》到《离婚》..................林志浩
鲁迅杂文——艺术的珍品..................阎庆生
复活鲁迅精神之契机
——作为一个日本人纪念一百周年....[日]山田敬三
鲁迅在神户大学..................蒋孔阳
菏池清夏图（国画）..................方济众
延河之滨（油画）..................孙振庭
山岳（木刻）..................修　军

1981 年第 11 期　刊名:《延河》
目录

诗歌
延安呵（二首）..................公　刘
陕西中青年诗人介绍
乡山游记（四首）..................刁永泉
兰考纪事（二首）..................闻　频
严峻的生活（组诗）..................朱兆雪
在这块土地上（五首）..................刘　斌
乡村（三首）..................晓　蕾

小说
沙地..................贾平凹
自编自演..................刘明琪
医生..................艾　蓓
她在黎明里..................韦　昕
"二返长安"..................郭彦强
老槐树下..................朱峰义

散文
童年..................雷　加
黄土..................邹志安
荆的记忆..................和　谷

纪念鲁迅诞辰一百周年
论《朝花夕拾》的个性与风格..................李希凡
阿Q典型性问题的再认识——论阿Q是辛亥革命前
后一般农民的典型..................白嶷岐
深沉的思考　真挚的感情
——读毛锜近年的诗歌新作..................蒲惠民　李兴武

美术
雀（国画）..................方鄂秦
彬县速写（三幅）..................吴孝杰
晴山（套色木刻）..................李辛儒
金色少年（油画）..................周　正

1981 年第 12 期　刊名:《延河》
目录

正确开展文艺批评　努力繁荣文学创作..................陈元方
出更多更好的作品　出更多更多的人才..................黄　植
七月，在棉田里（小说）..................吉　呈
星光（小说）..................刘　路
酬答（小说）..................高　华
乡亲（小说）..................牧　笛

赶场（小说）·································黄建国
恼人的电波声（小说）·····················秦天行
"刺玫瑰"（小说）·························何永林
探索在林间（报告文学）
——记工程师朱健同志·····················银　笙

处女地
童话（小说）·····························朱玉葆
小处落墨　大处着眼——读《童话》有感·····郁　文

陕西中青年诗人介绍
党说……（外二首）·······················谷　溪
诗四首····································梅绍静
我来投奔（诗）···························孙友田
折去的桃花（外一首）·····················峭　石

生命之歌
生命之歌（诗）···························唐大同
眼睛（外一首）···························吕　亮
鸟歌（外一首）···························张志鹏
童年的梦（外一首）·······················旭　宇
滋味（诗）·······························李霁宇
迎着初升的太阳（诗）·····················李小武
论路遥的小说创作·························白　描

创作谈
把视野更多地投向人民·····················韩望愈
主人心之死·······························陆钊珑
"以多为少"·······························陈根生

读者中来
你理解他了吗?
——读小说《再现》·············华　阴　可　人
《再现》的艺术力量·············蓝　田　流　萤
究竟要"再现"什么?············西　安　克　非
认真总结经验　加强文学评论·············俞　晓
白梅（国画）·····························高　峡
花鸟画两幅（国画）·······················田登五
戈壁之春（木刻）·························常正源
老树新歌（木刻）·························罗贯生

1982 年第 1 期　刊名:《延河》
目录

崛起（报告文学）·························陈忠实
昆仑飞瀑（散文）——西行书简·············李若冰
失恋的乌鸦及其他（微型小说）·············王　蒙
我的妻子（小说）·············（回族）尤素夫·良田

陈跛子与裘队长（小说）·····················京　夫
在被告席上（小说）·······················邹志安
亏心事（小说）···························王稳年

处女地
红十字（小说）···························王安明
生活的喜剧与悲剧——读《红十字》·········陈　深
难忘的大阪之夜（诗）——献给中国女排·····闻　频
关于人生的散歌（二首）···················梁　南
绿叶,向着空间和阳光（诗）···············马林帆
故乡的鸟语（诗）·························雷抒雁
母亲（二首）·····························程　海
老树（诗）·······························贾平凹

长安行
西安（外二首）···························莫文征
题半坡博物馆内的"母亲"泥塑（外一首）···王家新
长安行（外二首）·························黄东成
抗洪前线（二首）·························王寅明

深入农村　勤奋耕耘
——农村题材小说创作座谈会纪要
生活·感情·笔墨——谈京夫的三篇小说·······肖云儒

探索与思考
关于作家的劳动·····························路　遥

名著赏析
聚光,然后显微——《西西里柠檬》赏析·······薛迪之

新书窗
一本有特色的作家研究专著——推荐《论柳青的艺术观》一书
编后絮语
敬爱的周总理（水彩）·····················尚德周
光明在前（国画）·························钱运选
万语千言（国画）·························郭全忠
科普装饰画（六幅）·······················杨庚绪
肖像（油画）·························〔法〕雷诺阿

1982 年第 2 期　刊名:《延河》
目录

《延河》优秀短篇小说评奖揭晓
骆驼啊,骆驼!（小说）·····················叶太和
桂芳婆婆（小说）·························王　蓬
少女之心（小说）·························杨学芸
迟开的黄花（小说）·······················峭　石
袅袅的烟缕（小说）·······················韩　起

两个一巴掌（小说）⋯⋯⋯⋯⋯⋯姚启后

处女地
卖菜（小说）⋯⋯⋯⋯⋯⋯⋯⋯韩正年
第一步——读《卖菜》⋯⋯⋯⋯⋯韦　昕
溥仪先生晚年轶事（散文）⋯⋯⋯叶广芩
送别洪峰（诗）⋯⋯⋯⋯⋯⋯⋯邵燕祥
煤海里的浪花（组诗）⋯⋯⋯⋯⋯李祥云
脚印上拣来的歌（三首）⋯⋯⋯⋯商子秦
我们的"大集体"（组诗）⋯⋯⋯王德芳
写在婚姻介绍所（外一首）⋯⋯⋯王　璞
浪花与砂石（短诗小辑）⋯⋯⋯高兴谦　王中朝
贾长厚　陈军　田永昌　赵剑　花凤江　景鹏飞
正确总结《创业史》经验　更好地反映新时期农村生活——"《创业史》及农村题材创作学术讨论会"纪要⋯⋯⋯⋯⋯⋯⋯⋯⋯⋯⋯⋯本刊记者
莫伸小说创作的思想艺术特色⋯⋯李　星

探索与思考
自在篇⋯⋯⋯⋯⋯⋯⋯⋯⋯⋯⋯贾平凹

名著赏析
不枝不蔓　详略得当
——普希金《驿站长》的结构艺术⋯⋯王　愚

文学谈
关于形象大于思想⋯⋯⋯⋯⋯⋯王向峰
编后絮语
桂林山水（摄影）⋯⋯⋯⋯⋯⋯胡武功
农家乐（摄影）⋯⋯⋯⋯⋯⋯⋯陈宝生
屈子行吟（国画）⋯⋯⋯⋯⋯⋯王西京
太白听松（国画）⋯⋯⋯⋯⋯⋯王西京

1982 年第 3 期　刊名:《延河》
目录

猎户星座⋯⋯⋯⋯⋯⋯⋯⋯⋯⋯王观胜
飘荡的烟⋯⋯⋯⋯⋯⋯⋯⋯⋯⋯叶广芩
阿秀⋯⋯⋯⋯⋯⋯⋯⋯⋯⋯⋯⋯贾平凹
血瓢⋯⋯⋯⋯⋯⋯⋯⋯⋯⋯⋯⋯王晓新
新愁⋯⋯⋯⋯⋯⋯⋯⋯⋯⋯⋯⋯李志君
戏⋯⋯⋯⋯⋯⋯⋯⋯⋯⋯⋯⋯⋯力　夫
牛老爹赶集⋯⋯⋯⋯⋯⋯⋯⋯⋯王宏民

处女地
三个不幸者⋯⋯⋯⋯⋯⋯⋯⋯⋯郭万荣
笔墨蹊径之外——《三个不幸者》读后⋯⋯小　桥
我与机器人妻子的离婚案件（科幻小说·连载）⋯魏雅华

扎根在沃土中——王蓬的四篇小说读后⋯⋯⋯王　愚

名著赏析
别具风格的叙述式小说——南斯拉夫作家安德里奇的
《女奴》⋯⋯⋯⋯⋯⋯⋯⋯⋯⋯马家骏
[附]女奴⋯⋯⋯⋯⋯[南斯拉夫]安德里奇

探索与思考
没有思索就没有文学⋯⋯⋯⋯⋯京　夫
编后语
消息一则
傣族少女（国画）⋯⋯⋯⋯⋯⋯刘文西
春到茶山（雕塑）⋯⋯⋯⋯⋯⋯孟书明
秦岭之歌（套色木刻）⋯⋯⋯⋯王维一
三峡（国画）⋯⋯⋯⋯⋯⋯⋯⋯戴　畅
玉兰（摄影）⋯⋯⋯⋯⋯⋯⋯⋯冯崇杞

1982 年第 4 期　刊名:《延河》
目录

宝塔底下的人（小说）⋯⋯⋯⋯⋯蒋子龙
王社长种责任田（小说）⋯⋯⋯⋯京　夫
故土（小说）⋯⋯⋯⋯⋯⋯⋯⋯赵　熙
白毛公鸡（小说）⋯⋯⋯⋯⋯⋯陈俊文
老卞热（小说）⋯⋯⋯⋯⋯⋯⋯徐　岳
金旮旯（小说）⋯⋯⋯⋯⋯⋯⋯石　泉

处女地
在田野上（小说）⋯⋯⋯⋯⋯⋯吕顺才
写出劳动者的内在美——读《在田野上》⋯李培坤
庐山雾（散文）⋯⋯⋯⋯⋯⋯⋯朱向前
我与机器人妻子的离婚案件（科幻小说·续完）⋯魏雅华
延水一勺（组诗）⋯⋯⋯⋯⋯⋯公　刘
西忆长安（组诗）⋯⋯⋯⋯⋯⋯陈茂欣
我怀念那间小屋（诗）⋯⋯⋯⋯左一兵
浪花与砂石（短诗小辑）⋯李琦　李静　侯钺
时红军　田奇　李钢　鲍国刚　宁鹏虎　卢鸿才
记"笔耕"组贾平凹近作讨论会⋯⋯本刊记者
把生活的井掘得更深
——贾平凹小说创作直观录⋯⋯陈深
贾平凹一九八一年小说创作一瞥⋯费秉勋
说爱情诗（二题）⋯⋯⋯⋯⋯⋯陈良运
樱花（国画）⋯⋯⋯⋯⋯⋯⋯⋯刘文西
早春（木刻）⋯⋯⋯⋯⋯⋯⋯⋯俞建军
路，才刚刚开始（木刻）⋯⋯⋯左　良
村晚（木刻）⋯⋯⋯⋯⋯⋯⋯⋯刘永贤
读书（油画）⋯⋯⋯⋯⋯⋯[法]马　奈

1982 年第 5 期　刊名:《延河》
目录

艺术美源于生活的美学原则生命长青——纪念《在延安文艺座谈会上的讲话》发表四十周年·········刘建军
和青年朋友谈心·········杜鹏程
一个老兵的话·········王汶石
在丰腴的土壤中栽培文学的花朵·········李若冰
请和我同行（小说）·········子　心
生活的插曲（小说）·········（布依族）黎　军
搭长席（小说）·········舒先志
白云石（小说）·········翟　曜
短篇二题·········陈忠实
大雪纷纷夜（小说）·········沙　石
挺起你的腰杆（小说）·········赵麦岐
镜子（小说）·········周海峰

处女地
台灯（小说）·········沃云鹏
请在《台灯》前照照镜子·········陈　深
我们是桥（诗）·········文武斌
萤火集（组诗）·········子　页
题画诗二首·········吕　剑
城市抒情（诗二首）·········王洪涛
绿色的云（诗）·········陈所巨
海之恋曲（诗二首）·········聂鑫森
煤城诗会·········黄须进
高兴谦　朱文杰　黄卫平　高　野　梁志民
评贾平凹的几篇小说近作·········李　星
染印着时代色泽的艺术花朵——也谈贾平凹近年的小说创作·········冠　勇
壮大作者队伍　繁荣文学创作——《延河》编辑部召开青年业余作者创作座谈会
林间（木刻）·········王　琦
农民诗人王老九（木刻）·········修　军
耕女（国画）·········陈忠志
沉思（石雕）·········［法］罗　丹

1982 年第 6 期　刊名:《延河》
目录

巴金谈文学创作——答上海文学研究所研究生问
家访（小说）·········韦　昕
牙痕（小说）·········袁银波
门神（小说）·········王不天
从昨天过来的人们（小说）·········蒋金彦

河岸柳（小说）·········张　虹
小院的乐趣（小说）·········陈欣明
张信撂套（小说）·········王天成
狐狸（翻译小说）····［法国］埃马纽埃尔·罗布莱斯

处女地
防范（小说）·········惠新萍
请你理解年轻人的心——读《防范》·········离　子
女儿（散文）·········问　彬
追求者（散文）·········向　夏
乡恋（二首）·········马林帆
庐山（组诗）·········流沙河
心贴着祖国（组诗）·········（回族）冯福宽
我是一簇嫩绿的松针（诗）·········潘万提
手掌（外一首）·········林　希
献给小朋友（短诗小辑）
·········管用和　王宜振　华　卓　樊继贞
浪花与砂石（短诗小辑）
·········李观鼎　王大平　匡文留　洪　薇
倾向性损害真实性吗？——与姚虹同志商榷·········郭建模
一部"连大人也高兴念"的儿童文学作品——评《针眼里逃出的生命》·········曹　彦
寓美于情趣之中——谈徐岳的儿童文学创作····白冠勇

探索与思考
在生活和创作的道路上·········王　蓬

文学谈
袜子·爱情·月亮·········王德省
思想者（雕塑）·········［法］罗　丹
花鸟二幅（国画）·········李庚年
陈宝生摄影作品选登
山花（国画）·········王有政

1982 年第 7 期　刊名:《延河》
目录

丁玲同志谈文学——答本刊记者问
橡林的风（小说）·········钟　平
冬（小说）·········黄建国
五大爷传奇（小说）·········王吉呈
家庆（小说）·········白　描
樊蜜儿（小说）·········良　俊
动人的月夜（小说）·········明　义
沙家坝奇人趣事（小说）·········何俊萌

处女地

矿山奇人（小说）————————————————————————杨宏宇
"酌奇而不失其真"——《矿山奇人》读后————质 文
毯子（小说）——————[美]弗罗伊得·帝尔 蒙笑霞译
鸡的轶事（散文）————————————————————————史小溪
白玫瑰（散文）————————————————————————刁永泉
王桂庵（小说）————————————————（清）蒲松龄
大地之恋（组诗）————————————————————————晓 蕾
关于黄金的遐想（组诗）————————————————————马合省
故都新咏（组诗）————————————————————————浪 波
延安的春天（组诗）——————————————————————田章夫
浪花与砂石（短诗小辑）——陈有才 龙彼德 朱海燕
刘毅然 艾 路 杨鸿章 李尤白 吴树民 杜书文
李强华 李晓白 子 页
作家应该具有透视力
——读贾平凹几篇近作的感受————————————畅广元
探索中的深化与不足
——评贾平凹近期小说创作————————————李健民
谈我省几位青年诗人的诗————————————————田 奇

名著赏析

点墨·破墨·泼墨
——谈《王桂庵》的写人艺术————————————薛瑞生

文学之窗

祝愿《文学之窗》·关于文艺作品的评价标准·"他
仍然十分关心中国革命"·才能的培养·"王老九诗
社"近况·多师是我师·白居易忆感元稹梦·难以想
象落笔·作家是他所创造的人物的秘书·大作家的小
幽默·冈察洛夫的声明
雨果（雕塑）——————————————————[法]罗 丹
苏州河小影（国画）——————————————————马兰鼎
沃土（木刻）————————————————————————修 军
山色（国画）————————————————————————赵准旺

1982 年第 8 期　刊名:《延河》

目录

五光十色的大街上（小说）————————————————叶广芩
雨天（小说）————————————————————————孙一农
棕榈（小说）————————————————————————冯进保
揭榜者（小说）————————————————————————王宝成
陷（小说）——————————————————————————景 凤
买卖（小说）————————————————————————赵明慧
哈欠（小说）————————————————————————道 今

处女地

窗（小说）——————————————————————————韩红星

逼真准确的心理描写——写在《窗》之后————刘 春
小巷（散文）————————————————————————李佩芝
梦花（散文）————————————————————————张会鑑
白云老人（散文）————————————————————————和 谷
往情（四首）————————————————————————张志民
和鸣集（十首）————————————————————————叶 浓
飞翔的诗笺（二首）——————————————————王中朝
鹰（诗）——————————————————————————魏志远
我爱生活（诗）————————————————————————叶延滨
迎春花及其他（三首）————————————————朱峰义
汉江诗会————————————————————————————田骥强
王寅明 张宣强 鲁 遐 罗长城 宋文杰
总结经验 增加信心 为新的时代呐喊——《延河》
诗歌创作座谈会纪要——————————本刊记者 李 星
西北望长安——寄语陕西中青年诗人————————公 刘
《我与文学》前言————————————————————杜鹏程
海伦·斯诺给丁玲的信————————————————安 危译
《翠笛引》读感————————————————————————高洪波

探索与思考

文学语言断想————————————————————————莫 伸

文学之窗

高尔基致文学青年·作家与稿酬
做原始森林的伐木工·被火焰照亮的作家
巴尔扎克（雕塑）——————————————————[法]罗 丹
农家乐（木刻）————————————————————————李习勤
江城（木刻）————————————————————————荆 戈
秦代历史人物剪纸————————————————————王智杰

1982 年第 9 期　刊名:《延河》

目录

《论创作》序————————————————————————巴 金
银河激浪（报告文学）——————————林 牧 杨才玉
绿地（小说）————————————————————————陈忠实
合欢花（小说）————————————————————————陈泽顺
雪雾里的笑声（小说）————————————————曹 杰
生命（小说）————————————————————————樊继真

处女地

二旦（小说）————————————————————————延鸿飞
哦，酸枣，难咽的酸枣——读《二旦》随感————离 子
天井一角（小说）————————————————————韦 加
这里别有一番天地——读《天井一角》————————墨 绘
甜甜的云（散文）————————————————————周如镜
生日（散文）————————————————————————张会鑑
塞上，我无法为你画像（外三首）————————肖 川

渭城吟（组诗）⋯⋯⋯⋯⋯⋯⋯⋯⋯⋯ 程 海
童年的征帆（外一首）⋯⋯⋯⋯⋯⋯⋯ 峭 石
种子·大地（诗）⋯⋯⋯⋯⋯⋯⋯⋯⋯ 宫 玺
像片（外一首）⋯⋯⋯⋯⋯⋯⋯⋯⋯⋯ 赵丽宏
家乡的榆树（外一首）⋯⋯⋯⋯⋯⋯⋯ 李志清

新人诗页
心海拾贝（组诗）⋯⋯⋯⋯⋯⋯⋯⋯⋯ 高少平
石榴花开了（外一首）⋯⋯⋯⋯⋯⋯⋯ 张宗新
大地⋯⋯⋯⋯⋯⋯⋯⋯⋯⋯⋯⋯⋯⋯ 巩平坤
我读延河新人新作⋯⋯⋯⋯⋯⋯⋯⋯⋯ 白 描

名著赏析
海明威：简明而蕴藉——读《杀人者》⋯⋯⋯ 温儒敏

探索与思考
在帕那斯山下——学诗里程回顾⋯⋯⋯ 毛 锜

文学谈
落笔务在得情⋯⋯⋯⋯⋯⋯⋯⋯⋯⋯ 钟本康
一波三折——谈宋人两首爱情词⋯⋯⋯ 韩梅村

文学之窗
延安诗歌运动的发起人柯仲平·关于新秀·司汤达大器晚成·若是真金不镀金
摩西（雕塑）⋯⋯⋯⋯⋯⋯⋯⋯ [意]米开朗基罗
新家（套色木刻）⋯⋯⋯⋯⋯⋯⋯⋯⋯ 王维一
升（套色木刻）⋯⋯⋯⋯⋯⋯⋯⋯⋯⋯ 刘 建

1982 年第 10 期　刊名：《延河》
目录

欢呼十二大　向党唱支歌
⋯⋯⋯⋯⋯⋯⋯ 徐剑铭 商子秦 谷 溪 王平凡
沿着《讲话》指引的方向胜利前进⋯⋯⋯ 白文华
窦利利（小说）⋯⋯⋯⋯⋯⋯⋯⋯⋯⋯ 邹志安
检查组的记录（小说）⋯⋯⋯⋯⋯⋯⋯ 韦君宜
矿灯，亮晶晶（小说）⋯⋯⋯⋯⋯⋯⋯ 黄卫平
和朋友们去相会（小说）⋯⋯⋯⋯⋯⋯ 黄建国
十三床（小说）⋯⋯⋯⋯⋯⋯⋯⋯⋯⋯ 祁 柳
凸凹村（小说）⋯⋯⋯⋯⋯⋯⋯⋯⋯⋯ 劲 挺

处女地
芹子和二嫂（小说）⋯⋯⋯⋯⋯⋯⋯⋯ 段景礼
把人物写活——《芹子和二嫂》得失谈⋯⋯⋯ 郁 文
蓝色的窗帘（小说）
⋯⋯⋯⋯⋯⋯⋯ [叙]伊·伊吉丽比　金 挥译
你信仰什么?（特写）——记邵小利⋯⋯⋯ 张 敏

像鲁迅那样去追求、去战斗⋯⋯⋯ 方 杰 韩望愈
复苏的人　复苏的歌
——峭石近期小说漫议⋯⋯⋯⋯⋯⋯ 刘 路 张国俊

名著赏析
奇妙的反差描写——《七个铜板》赏析⋯⋯⋯ 薛迪之
格太梅拉达骑马像（雕塑）⋯⋯⋯⋯ [意]多那太罗
诗人柯仲平和农民诗人王老九在一起（摄影）
⋯⋯⋯⋯⋯⋯⋯⋯⋯⋯⋯⋯⋯⋯⋯⋯ 和 坪
我为祖国育栋梁（木刻）⋯⋯⋯⋯⋯⋯ 罗贯生
牧歌（国画）⋯⋯⋯⋯⋯⋯⋯⋯⋯⋯⋯ 耿 建

1982 年第 11 期　刊名：《延河》
目录

丁玲答问
——和北京语言学院留学生的一次谈话⋯⋯⋯ 武柏索整理
写给未诞生的孩子（小说）⋯⋯⋯⋯⋯ 陆星儿
泥人唐（小说）——故乡人物之三⋯⋯⋯ 张长弓
过江（小说）⋯⋯⋯⋯⋯⋯⋯⋯⋯⋯⋯ 昱 公
笑容（小说）⋯⋯⋯⋯⋯⋯⋯⋯⋯⋯⋯ 戈悟觉
唢呐门第（小说）⋯⋯⋯⋯⋯⋯⋯⋯⋯ 王志宣
老乐选子（小说）⋯⋯⋯⋯⋯⋯⋯⋯⋯ 何 玺
姜四娘（叙事诗）⋯⋯⋯⋯⋯⋯⋯⋯⋯ 阮章竞
延安人（诗）⋯⋯⋯⋯⋯⋯⋯⋯⋯⋯⋯ 田 间
春天，给我的歌淬火（诗）⋯⋯⋯⋯⋯ 黎焕颐
高原脚夫（诗）⋯⋯⋯⋯⋯⋯⋯⋯⋯⋯ 和 谷
河岸眺望（外一首）⋯⋯⋯⋯⋯⋯⋯⋯ 刘允嘉
朝阳，提起大地上升（诗）⋯⋯⋯⋯⋯ 葛佳映
落下叶，枯叶（诗）⋯⋯⋯⋯⋯⋯⋯⋯ 张会鉴
新人诗页⋯⋯⋯⋯⋯ 宁鹏虎 王 琰 洪嫦艳 惠新萍
浪花与砂石⋯⋯⋯⋯⋯⋯⋯⋯⋯⋯⋯⋯ 姚焕吉
苏 敏 李喜善 祝喜堂 艾 路 张兴霖
透视和描绘复杂的人生
——读路遥的中篇小说《人生》⋯⋯⋯ 曾文渊
追求和徘徊——读程海诗作⋯⋯⋯⋯⋯ 峭 石

名著欣赏
从一端生发开去的艺术杰构——读肖红的短篇小说
《手》⋯⋯⋯⋯⋯⋯⋯⋯⋯⋯⋯ 周溶泉 徐应佩
评《温柔之乡的梦》及其续篇⋯⋯⋯ 周家骏 余 文
沉痛悼念石鲁同志
哀悼著名美术家石鲁逝世
假如再给他十年——悼石鲁⋯⋯⋯⋯⋯ 王汶石
开拓者的风格——忆石鲁同志⋯⋯⋯⋯ 方济众
赛莱（雕塑）⋯⋯⋯⋯⋯ [法]让帕普梯斯特·雷蒙
云冈石窟之行（速写）⋯⋯⋯⋯⋯⋯⋯ 周光民
归来（国画）⋯⋯⋯⋯⋯⋯⋯⋯⋯⋯⋯ 何纪争

叠翠（国画）　　　　　　　　　　　　　曹湘秦
华岳剑门（国画）　　　　　　　　　　　石　鲁

1982 年第 12 期　刊名:《延河》
目录

牺牲（小说）　　　　　　　　　　　　　段景礼
五角树（小说）　　　　　　　　　　　　王吉呈
菊花（小说）　　　　　　　　　　　　　李保均
梧桐雨（小说）　　　　　　　　　　　　韩　起
星（小说）　　　　　　　　　　　　　　叶咏梅
故乡水三题（散文）　　　　　　　　　　和　谷
祖母（散文）　　　　　　　　　　　　　明　琪
酸枣（散文）　　　　　　　　　　　　　丑　牛
蜡烛的纪念（散文）　　　　　　　　　　党　生
绿（散文）　　　　　　　　　　　　　　张宏发
拼搏在人生的路上（报告文学）　　　　　李佩芝
延安山菊（报告文学）　　　　　　　　　卜昭文
敦煌一日（三首）　　　　　　　　　　　罗　洛
当代奇士颂（诗）　　　　　　　　　　　毛　锜
一条小河（外一首）　　　　　　　　　　王维洲
石头在歌唱（诗剧）　　　　　　　　　　公　刘
浪花与砂石--------郭应文　郑光前　陈策贤　邵文海
读《红尘记》漫笔　　　　　　　　　　　刘　斌
《论杜鹏程小说》结语　　　　　　　　　潘旭澜
看茂陵石雕（文学谈）　　　　　　　　　李正峰
选取凝聚最深的场面（名著赏析）——《两个朋友》
的场景描写　　　　　　　　　　　　　　离　子

文学之窗
社会主义精神文明建设的两个方面，人体·文体，
"我又把它加进去了"，"颠倒过来试试"，"请寄标点
来"，《草叶集》书名的由来，文人相亲，鲁迅短篇小
说之短，编辑的苦衷，"一语说"的来历。
姑娘和山羊（大理石雕）　　　［法］皮埃尔·汝廉
户县农民画新作四幅

1983 年第 1 期　刊名:《延河》
目录

小说
绿色的戈壁滩　　　　　　　　　　　　　肖复兴
夕阳赋　　　　　　　　　　　　　　　　明　琪
杨蛮肉和胡二驴　　　　　　　　　　　　张石山
在小城阅览室里　　　　　　　　　　　　陈俊文
爱　　　　　　　　　　　　　　　　　　程　海
那拉氏"承恩"记　　　　　　　　　　　叶广芩

夜归　　　　　　　　　　　　　　　　　杜永龙
在病床旁　　　　　　　　　　　　　　　郭培杰
生活的落叶　　　　　　　　　　　　　　唐彩娥
手持彩练的人（报告文学）　　　　　　　高　华

诗歌
这是我的延安　　　　　　　　　　　　　梅绍静
母亲的神话　　　　　　　　　　　　　　叶延滨
致黄河　　　　　　　　　　　　　　　　和　谷
大雁塔（外一首）　　　　　　　　　　　刁永泉
三月（外一首）　　　　　　　　　　　　商子秦
老渔夫（外一首）　　　　　　　　　　　韩　东
篝火（外一首）　　　　　　　　　　　　渭　水
乡情　　　　　　　　　　　　　　　　　马合省

新人诗页
离别（外一首）　　　　　　　　　　　　李　述
假如我是一朵花　　　　　　　　　　　　陈幼京
风筝的话（外一首）　　　　　　　　　　王天胜
我骄傲，我是乞丐　　　　　　　　　　　苑　湖
油菜花（外一首）　　　　　　　　　　　袁银波
天轮（外二首）　　　　　　　　　　　　陈文野

评论
关于小说创作提高与突破的讨论
给京夫作品讨论的一封信　　　　　　　　杜鹏程
进入艺术创造的境界
——京夫的小说创作及其启示　　　　　　李　星
好驴马不逐队行
——由京夫的迂拙谈小说的创新　　　　　薛瑞生
议论纷纷看突破
"笔耕"文学研究组京夫作品讨论会综述
文学之窗

美术
画家和她的女儿（油画）　　　　［法］维瑞-勒布伦
喜讯（木刻）　　　　　　　　　　　　　刘群汉
山区猪圈（木刻）　　　　　　　　　　　丁济棠
摄影作品两幅　　　　　　　　　　　　　崔　敏

1983 年第 2 期　刊名:《延河》
目录

关于当前文学创作问题的几点意见　　　　陈　涌

小说
牵牛花儿开　　　　　　　　　　　　　　王观胜
九层台阶　　　　　　　　　　　　　　　王　戈

山菊	王良瑛
桃花渡	李天芳
这里有矿藏	肖 实
纠葛	贞 孩
五月的夜晚（散文）	周 明
赤子（报告文学）	
——记中国羽毛球队总教练王文教	傅溪鹏

诗歌

坎坷的河——黄果树观瀑致白水河	马林帆
啼血鸡冠花（外三首）	晓 钢
西行诗草（二首）	尧山壁
观作画（外二首）	子 页
连云港	田永昌
黄河船夫曲	金 谷
厂区行吟	丁慨然

花香鸟语

燕山铃山花	（蒙古族）查 干
友人送我一盆雀梅	黄东成
春苗	吴树民
新笋	肖重声
飞鸟篇（二首）	徐铁牛

评论

关于小说创作提高与突破的讨论	
突破创新与作家的"自我"	陈 深
塑造艺术典型是小说创新的关键	孙豹隐 陈孝英
关于王吉呈的小说	刘建军

文学之窗

贺敬之等谈开创文艺新局面 · "现代派"引起争论 · 鼓励失败者 · 记了五十一年日记 · 乞讨的日月莫留连 · 关于灵感 · 江郎志衰才必尽

美术

少女像（油画）	［法］雷诺阿
高原艳色（国画）	治 平
秦岭弥居图（图画）	庶 人
小雁塔（摄影）	杨力民

1983 年第 3 期　刊名:《延河》

目录

小说

有福奶奶	京 夫
香火明灭	庞 进
出门	柏 原
老炮弹爷爷	衣冠履
马兰花	张淑琴
归（处女地）	王晓春
磨砺你的艺术感觉——读《归》有感	墨 绘

散文

想念爸爸	石 果
小玫瑰	程 海
犁	沙 石
镜子内外（童话）	吕德华

诗歌

陕北八月天（外一首）	梅绍静
我是临时工（外一首）	马恒祥
致厂长（外一首）	王德芳
开拓	李祥云
风颂（二首）	孙友田
我追求美	张雪衫
山乡秋（二首）	师日新
给一棵树（外一首）	徐剑铭
风箱	李昆华

新人诗页

祖国知道我不开花的秘密	施友松
海魂衫	黄 默
拾彩贝	王 璞
荷塘纪事	杨海善
春雨	杨生博
我以水曲柳雕刻你的头像	段恭让
山路哟	李晓群

评论

关于小说创作提高与突破的讨论	
力度 · 魅力 · 知识结构	王晓新
思考与开掘——从京夫小说谈起	李健民
我创作情况的简单回顾	京 夫
这里有艺术家的巧思和笔致——读王汶石的短篇小说	
创作艺术	吴肇荣
大学生眼里看《人生》	
"纯属虚构"与"全部真实"	
——艺术规律探微	胡德培
文学之窗	

美术

占卜者（油画）	［意］卡拉瓦乔
黄山速写	戴 畅
重放光彩（年画）	马清涛 李 华
黄山风光摄影二幅	汪 泉

1983 年第 4 期　刊名:《延河》
目录

小说

转场路上	景　风
偶然（小说三题）	王　蒙
难以捉摸的色彩	殷俊杰
桥	张兴海
哭灵	西　米
眷恋	赵润民
一首"跛驴诗"的诞生（处女地）	吴　越
层层展示　含蓄自然	
——读《一首"跛驴诗"的诞生》	水天戈
金指姑娘	[南]格罗茨达娜·奥吕吉柯著
园　园译	

散文

小院	全　政
星	周如镜
植在心灵里的花	卫冠夏
散文二题	刁永泉
野菜的回忆	引　泉

诗歌

阳光的矿藏（组诗）	
——高原抒情诗	叶延滨
路遇的小诗（四首）	廖公弦
高原放歌（二首）	黎焕颐
一个同欢同笑的日夜	胡　笳
今天，我扔掉一本过期的购货证	刘湛秋
我旋转，我是齿轮	王震西
描红篇	陶　正
天南地北（短诗小辑）	阿拉坦托娅
高　深　李　静　郭维东　黎正光　耿　翔　方　磊	

评论

既已开始，就坚持做出成绩来！	
——在作协西安分会举办的短篇小说讲习班开学典礼上的讲话	胡　采
关于小说创作提高与突破的讨论	
在生活环境的典型化上下更多功夫	肖云儒
内向文学纵横谈	
——读几部中短篇小说新作有感	王　愚
乡情与诗美	
——读马林帆的诗	冯日乾
文学之窗	
关于当前文艺论争　酒馆·厨房　当代作家谈情节	
为文艺批评一辩　在退稿中站立起来的作家	
作家的谦逊　生活·思想·写作	

美术

莫雪铁瓦公爵夫人肖像（油画）	[法]安格尔
黄河龙门（国画）	郭钧西
勇登十八盘（木刻）	王静泉
黄陵雪晨（木刻）	郑文华
秋谷（油画）	邱石华
秋雨（水彩）	许　波

1983 年第 5 期　刊名:《延河》
目录

小说

玫瑰色的梦	蒋小馨
格桑	王学农
续绳	冯积岐
一架纺线机的故事	吕顺才
欺骗	海　波
卖牛	王稳年
定情	牛　垦
丛林中	[日本]芥川龙之介著
赵德明　乔斌盛译	
乳白色的斧痕（处女地）	傅宏建
要有自己的构想	
——读《乳白色的斧痕》	丘　山

诗歌

歌的对比（组诗）	梁　南
山阴道	邵燕祥
巍巍大别山（组诗）	闻　频
横飞的思絮（三首）	刘祖慈
看庄稼的大嫂（外一首）	易殿选
轻轻扶起野菊花	刘得庆

新人诗页

快来（外一首）	杨　蕾
给我童年时代的老师（外一首）	王　琰
放牧（外一首）	陈少敏
忌讳	巩平坤
挤	邵文海
王老九诗社诗选	

评论

给"王老九诗社"的信	胡　采
生活潜流的开发及其审美价值	
——谈《心祭》和《"白蹄"与骏马》	赵俊贤
关于小说创作提高与突破的讨论	

为文学的更高真实而努力

——兼谈斯大林的"写真实"观点 ·········· 蒙万夫

浅论"生活" ·········· 费秉勋

读稿随笔

理想之光常在

——《玫瑰色的梦》读后 ·········· 天 芳

艰难见真情

——读《格桑》 ·········· 聿 之

读《续绳》 ·········· 萧 朔

改革者的脚步声

——《一架纺线机的故事》读后 ·········· 水天戈

发人深思

——《欺骗》读后随笔 ·········· 小 桥

写出人物的感情波澜 ·········· 墨 绘

文学之窗

美术

纺织姑娘（油画） ·········· ［俄］瓦·安·罗平宇

红梅（国画） ·········· 康 诰

农户（木刻） ·········· 修 军

金色年华（油画） ·········· 赵今云

1983 年第 6 期　刊名:《延河》

目录

小说

小路（中篇·上） ·········· 陈泽顺

非重点 ·········· 刘心武

杏花村的新闻 ·········· 张兴元

养猫记 ·········· 马林帆

飞来的祭文 ·········· 郝昭庆

勤子归来 ·········· 杨 惕

绿色的铆钉（散文） ·········· 子 页

诗歌

从严寒唱到春天（二首） ·········· 潘万提

乡情

弯弯桃河水（二首） ·········· 晓 晴

冬天的荷塘（外一首） ·········· 峭 石

乡归 ·········· 林贤治

生产之歌（三首） ·········· 曹葆华

短笛吹乡情（五首） ·········· 戴安常

在南方（二首） ·········· 孙静轩

纪念柳青逝世五周年 ·········· 陈策贤

西湖恋（三首） ·········· 张 扬

清晨，弯弯的小河边（外一首） ·········· 赵 强

评论

生活，这是创作的基础 ·········· 胡 采

柳青的遗产（随笔） ·········· 路 遥

关于小说创作提高与突破的讨论

历史会记住这些名字 ·········· 谢望新

新的队伍　新的希望

——记本刊召开的小说、诗歌新作者座谈会

西安市召开评论工作座谈会

文学之窗

编后记

美术

打破的水壶（油画） ·········· ［法］让-巴蒂斯特·格瑞兹

算算咱村新添多少拖拉机（国画） ·········· 聂 皎

长大也要上电影（摄影） ·········· 崔晓峰

晨光（摄影） ·········· 胡武功

瓶花（油画） ·········· 陈 让

紫阳山城（水粉） ·········· 赵凤岐

1983 年第 7 期　刊名:《延河》

目录

谈典型 ·········· 柳 青

小说

别了，山溪小路 ·········· 王 蓬

妈妈站在月光下 ·········· 徐朝夫

钉子 ·········· 吴若增

国宾 ·········· ［爱尔兰］弗兰克·奥康纳著　江宇应译

公园看门人（处女地） ·········· 雒新岭

《公园看门人》是怎样修改发表的? ·········· 丘 山

小路（中篇·下） ·········· 陈泽顺

诗歌

南斯拉夫思绪（四首） ·········· 公 刘

在长白山动物世界里（组诗） ·········· 芦 萍

美，藏在心内（二首） ·········· 申爱萍

翠绿的树林（外二首） ·········· 杨 树

帆（外一首） ·········· 刘 珂

昨夜，你悄悄地飘来 ·········· 石 础

女作者诗页

青春遐思（外一首） ·········· 牛海琳

三月踏青（外一首） ·········· 王 琰

夜（外一首） ·········· 樊继真

献给母校的歌 ·········· 艾 平

春思 ·········· 董淑清

评论

儿童文学的对象和功能·····················刘崇善

文艺随笔

且勿"十步九回头"

——谈鲁迅的作文法·····················解洛成

莫将镍屑乱抛洒

——对当前短篇小说质量下降一析·····毛　锜

一切以时间地点为转移

——略谈中篇小说创作中的一个问题·····陆钊珑

读者中来（三则）

实事求是，以理服人

——"笔耕"文学研究组讨论现实主义和现代主义

问题

美术

花神（油画）······················[意]提　香

巴山云海（摄影）·····················吴定国

思（摄影）·························张建设

雪（摄影）·························张建设

戏水（摄影）·······················魏建中

关中秋色（摄影）·····················胡武功

滴水明似镜（摄影）···················葛新德

1983 年第 8 期　刊名:《延河》
目录

小说

家外的柳堤···························成　一

啤酒王····························朱　定

对弈·····························赵德明

弯弯的小路··························陈　创

爱的牺牲···························王海栗

国王的——"气"（童话）················袁银波

垂钓者（处女地）·····················李声鸣

在美与丑的对比中……

——《垂钓者》读后随笔················水天戈

诗歌

七月走关东（五首）···················张志民

同志篇（二首）·······················木　斧

清晨，在十字街口·····················周所同

大河上下

致新疆（外一首）·····················周　涛

强者（外一首）·······················杨　牧

烽火台（外一首）·····················章德益

母亲的河（组诗）·····················张　波

拓荒者（二首）·······················柏　桦

黄河的孩子（二首）···················国文留

在太行，有一幢房子···················张承信

凤凰城抒情·························肖　川

腾格里笑了·························秦可温

评论

关于小说创作提高与突破的讨论

突破创新与风格、流派、手法的多样化——从王蒙对

意识流技巧的借鉴谈起··················陈孝英

看稿琐谈···························李国涛

写人物内心的暴风雨···················田　奇

献给故乡的痴情——闻频诗作印象谈·········张孝评

文学之窗

最好的纪念——学习、研究、探讨——记作协西安分

会《纪念柳青逝世五周年创作座谈会》

·······················本刊记者　李　星

民族团结的学术盛会——全国民族院校文艺理论年会

在陕召开

美术

戴金盔的人（油画）（1650 年）········[荷兰]伦勃朗

黄山北海群峰（国画）···················何纪争

书法二幅·······················维　熙　三　大

新疆写生二幅（油画）···················全山石

1983 年第 9 期　刊名:《延河》
目录

小说

她心中有个永久的秘密············（布依族）黎　军

雅风·····························峭　石

鸡······························力　夫

冬妹·····························赵　熙

毛头的梦（处女地）····················巴　强

睡眼中的朦胧——读《毛头的梦》············李　星

散文

神坛村凭吊·························杜鹏程

散文在战斗·························雷　加

白浪街····························贾平凹

巴堤雅海滨·························碧　野

生子当如孙仲谋及其他···················朱宝昌

两行最末的诗·························李小虎

绍兴城记···························徐开垒

萧红在鲁迅家里看到了他·················尹　庚

夜行笔记···························徐　刚

诗歌

这就是我的乡村（二首）————————王燕生
王老九家乡行（二首）————————田　奇
赶庙会————————————————左一兵

天南地北

生活五味记（二首）————————苗得雨
爱的启示（外三首）——————（朝鲜族）金　哲
心之歌（二首）——————————黄东成
矿工抒情诗（二首）————————柯愈勋
小丫和花棒————————————牧　笛

新人诗页

次生林情思（外一首）————————王震西
火热季节的情绪（外一首）————————杨瑞雪
籽种————————————————许新芝
慢点飞，南去的雁————————王东林
我是零————————————————张纪文
我为祖国织梦——————————常　扬
给————————————————————李铁旺

评论

关于小说创作提高与突破的讨论
不断探索新的领域和寻求新的角度——关于小说创作
的提高和突破问题的几点浅见————缪俊杰　何启治
以简代文——关于文学创作的通讯————阎　纲
现实生活的剖视图——从京夫的几个短篇小说谈起
————————————————————于伟国
文艺作品思想性高度的标尺（文艺随笔）————王富仁
谈沙石的散文近作——————吕世民　石秋凉
文学之窗

美术

头像（雕塑）————————————[法国]罗　丹
枣林小趣（国画）————————景德庆
山泉饮战马（木刻）————————刘祥成
夏日（木刻）——————————成在忍
山区集市（水粉）————————马　林

1983 年第 10 期　刊名:《延河》

目录

小说专号

温暖的土地（中篇）————————王晓新
我们的郝经理————————————陈世旭
老校长祭————————————京　夫
拔高————————————————赵　新
听众————————————————王不天

长长的日子————————————蒋　韵
清晨————————————————沙　石
丝竹断续————————————马林帆
山乡二月————————————张　虹
年青的朋友来相会————————张　泊

评论

"现实"随笔——浅谈小说如何反映现实————光　群
中篇小说《小路》印象————————李　星

美术

舞台上的舞女（色粉画）————[法]爱德加·德加
巴山行（国画）——————————吴孝杰
花卉二幅（国画）————————戴希斌
码头（水粉画）——————————沈健康

1983 年第 11 期　刊名:《延河》

目录

小说

寻找————————————————李康美
千头菊————————————————韩　起
手绢————————————————牛玉秋
冰————————————————————景　风
憨二嫂————————————————郑宗义
发自河心的呼唤——————————周　京

散文

长相思————————————————姚太运
看海————————————————毛　锜
路————————————————————刁永泉
小青————————————————李佩芝
修塔小记————————————赵明慧

诗歌

地之歌————————————————杜　埃
总司令的报告——————————王维舟
搭起遗失的记忆————————黑振东
遥寄（外一首）————————李发模
工区的黎明（二首）————————龙　郁
采煤工————————————————梁谢成
虹影————————————————程　海
灞柳————————————————王家新
山路印象（外二首）————————岚　光
种子（外一首）————————和　谷
X 光机前————————————吴树民
幸存的树茬——————————赵　波

评论

人民是文艺作者的母亲
——学习《邓小平文选》的体会 ………蒙万夫
努力发展马克思主义的文艺批评——学习《邓小平文选》札记 ………陈深
俄国革命民主主义者的批评作风 ………张学仁
刁永泉和他的诗 ………刘斌
由"露""珍珠"所想到的（文艺随笔）……王德省

文学之窗

读者中来（二则）
了解青年 写好青年——西安市文艺评论组召开青年题材创作座谈会

美术

墓地孤儿（油画）………[法]德拉克罗瓦
速写 ………张国龙
期望（摄影）………张建设
书老人不老（摄影）………张建维
母亲（油画）………尚德周

1983 年第 12 期　刊名:《延河》
目录

一个伟大马克思主义者的一生——纪念毛泽东同志诞辰九十周年 ………言鹤
中国作家协会陕西分会第三次会员代表大会
总结经验肯定成绩为进一步繁荣我省文学事业而奋斗——中国作家协会陕西分会第三次会员代表大会召开
高举社会主义文学的旗帜攀登文学的新高峰
………中共陕西省委书记 曾慎达
大力提高作家的思想艺术素质开创我省文学创作的新局面 ………王汶石
高举社会主义光辉旗帜，开创我省文学事业新局面
………胡采
闭幕词 ………杜鹏程
中国作家协会陕西分会第三届理事名单

小说

彩云飘飘 ………卫冠夏
远去的身影 ………镇平
请买电子文艺创作机 ………朱定
我和杜山 ………执诺
喇叭声咽 ………杨宏志
皈依 ………庞进
小镇轶事（处女地）………赵丰
捕捉人物微妙的感情——《小镇轶事》读后……润华

散文

吃春记 ………张会鉴
村口 ………全 政 匡燮

诗歌

我看见一只船在港湾里停泊（外二首）………林希
连枷（外二首）………白航
粉红色的蝴蝶结儿 ………渭水
至诗歌友人 ………刘斌
威尼斯（外二首）………阮章竞
码头涛声 ………王也
船过三峡（二首）………刘益善
浴 ………郭应文
通向试验场的路 ………曹凤权

评论

诗歌要为新生活的前进贡献力量——《延河》户县诗歌讨论会纪要 ………本刊记者 李星
跃动着的生活的新旋律
——读成一《家外的柳堤》………李国平

美术

母与子（雕塑）………[法]奥古斯特·罗丹
烛光（摄影）………樊友刚
畅通无阻（摄影）………强艺墨
夺食（摄影）………霍志强
梅花欢喜漫天雪（摄影）………聂皎

1984 年第 1 期　刊名:《延河》
目录

小说

干杯，为那挺拔的小白杨（处女地·中篇·上）
………尚英
爱弥拉姑娘的爱情 ………王蒙
黑色的石阶 ………肖 实 伟海
迟到的春天（苏联小说）
………[苏]谢·阿·沃罗宁 李四海译

散文

尚留诗恨在人间
——怀念柯仲平同志 ………王汶石
访王蒙 ………陈孝英
小玫瑰 ………程海
帕米尔散记 ………王悦

诗歌

西陲诗草（二首）………魏钢焰

高原上的太阳（六首）⋯⋯⋯⋯⋯⋯梅绍静
青年矿工（二首）⋯⋯⋯⋯⋯⋯⋯李志清
三峡行（二首）⋯⋯⋯⋯⋯⋯⋯⋯曾　刚
矿工的宣告⋯⋯⋯⋯⋯⋯⋯⋯⋯⋯高少平
登兰州白塔山⋯⋯⋯⋯⋯⋯⋯⋯⋯张石秋

大河上下
我的憧憬，一片飘动的云彩（外一首）⋯⋯刘　镇
前面就是花海⋯⋯⋯⋯⋯⋯⋯⋯⋯何　来
烟台山听涛（外一首）⋯⋯⋯⋯⋯晓　晴
花篮（外一首）⋯⋯⋯⋯⋯⋯⋯⋯师日新
八月的田野⋯⋯⋯⋯⋯⋯⋯⋯⋯⋯王　雁

评论
开展两条战线的斗争⋯⋯⋯⋯⋯⋯刘建军
在新的高度上坚持发展
　　——学习《邓小平文选》笔记⋯⋯肖云儒
把握历史发展的联系
　　——读《我们的郝经理》随想⋯⋯王　愚
文学之窗

美术
汉江雪后（国画）⋯⋯⋯⋯⋯⋯⋯方济众
关中道情（木刻）⋯⋯⋯⋯⋯⋯⋯吴　珂
童年（木刻）⋯⋯⋯⋯⋯⋯⋯⋯⋯代信君

1984 年第 2 期　刊名：《延河》

目录

小说
在阳台上⋯⋯⋯⋯⋯⋯⋯⋯⋯⋯⋯李康美
密林中⋯⋯⋯⋯⋯⋯⋯⋯⋯⋯⋯⋯傅宏建
石榴花红⋯⋯⋯⋯⋯⋯⋯⋯⋯⋯⋯王吉呈
清明雨⋯⋯⋯⋯⋯⋯⋯⋯⋯⋯⋯⋯张淑琴
干杯，为那挺拔的小白杨（处女地·中篇·下）
⋯⋯⋯⋯⋯⋯⋯⋯⋯⋯⋯⋯⋯⋯尚　英
一个自强不息的新女性
　　——读《干杯，为那挺拔的小白杨》⋯白　描
生日（苏联小说）
⋯⋯⋯⋯⋯[苏]康斯坦丁·特列尼奥夫　陈孝英译

散文
长台十一号⋯⋯⋯⋯⋯⋯⋯⋯⋯⋯贺　朗
云彩里的梦——怒江峡谷即景⋯⋯峭　石

诗歌
母亲的故事（三首）⋯⋯⋯⋯⋯⋯叶延滨
生活，严峻而美丽（三首）⋯⋯⋯宫　玺

大风绝对吹不走⋯⋯⋯⋯⋯⋯⋯⋯艾　路
高粱红了（外一首）⋯⋯⋯⋯⋯⋯莫西芬
云中，我在犁⋯⋯⋯⋯⋯⋯⋯⋯⋯樊继真
兰州吟（外一首）⋯⋯⋯⋯⋯⋯⋯张石秋

大河上下
中国的太阳（外一首）⋯⋯⋯⋯⋯田　奇
秦渠·汉渠·唐渠（外一首）⋯⋯孙友田
给准噶尔盆地（外一首）⋯⋯（回族）高　深
高原的歌⋯⋯⋯⋯⋯⋯⋯⋯⋯⋯⋯岚　光
二重奏（外一首）⋯⋯⋯⋯⋯⋯⋯赵福辰

评论
评两篇科幻小说的错误倾向⋯⋯⋯秦　鄂
正确反映新时期的城乡关系⋯⋯⋯权海帆
文学之窗
编后记

美术
山在虚无缥缈间（摄影）⋯⋯⋯⋯丁国良
西安青龙寺（国画）⋯⋯⋯⋯⋯⋯李志文
小河（套色木刻）⋯⋯⋯⋯⋯⋯⋯李增吉

1984 年第 3 期　刊名：《延河》

目录

我愿作一颗闪烁的星（报告文学）
　　——记西安体育学院讲师朱文华⋯⋯高　华　鸿　秋

小说
二月的小冰河⋯⋯⋯⋯⋯⋯⋯⋯⋯文　竹
琴声如诉⋯⋯⋯⋯⋯⋯⋯⋯⋯⋯⋯钟　平
小姨⋯⋯⋯⋯⋯⋯⋯⋯⋯⋯⋯⋯⋯蔡　磊
郭友泉新传⋯⋯⋯⋯⋯⋯⋯⋯⋯⋯忽培元
三只小鸡（处女地）⋯⋯⋯⋯⋯⋯李雅青
孩子的眼睛
　　——《三只小鸡》读后⋯⋯⋯⋯润　华
委屈（苏联小说）
⋯⋯⋯⋯⋯⋯⋯[苏]法尼斯·亚鲁林　刘克彭译

散文
小城⋯⋯⋯⋯⋯⋯⋯⋯⋯⋯⋯⋯⋯黄建国
窗⋯⋯⋯⋯⋯⋯⋯⋯⋯⋯⋯⋯⋯⋯镇　平
友情是美丽的、严肃的
　　——忆龟井胜一郎先生⋯⋯⋯⋯林绍纲

诗歌
新疆行（组诗）⋯⋯⋯⋯⋯⋯⋯⋯黎焕颐

献给生活的情歌（四首）⋯⋯⋯⋯⋯⋯ 文武斌遗作
大江日月（二首）⋯⋯⋯⋯⋯⋯⋯⋯⋯ 鄢家发
在大地上（二首）⋯⋯⋯⋯⋯⋯⋯⋯⋯ 马合省
六月（外一首）⋯⋯⋯⋯⋯⋯⋯⋯⋯⋯ 王中朝
文君酒⋯⋯⋯⋯⋯⋯⋯⋯⋯⋯⋯⋯⋯⋯ 柴与言
女作者诗页
南方（组诗）⋯⋯⋯⋯⋯⋯⋯⋯⋯⋯⋯ 李 琦
山坡，开着一朵小花（外二首）⋯⋯⋯ 艾 平
太阳花（外一首）⋯⋯⋯⋯⋯⋯⋯⋯⋯ 杨 蕾
自问⋯⋯⋯⋯⋯⋯⋯⋯⋯⋯⋯⋯⋯⋯⋯ 张 颖
夏夜（外一首）⋯⋯⋯⋯⋯⋯⋯⋯⋯⋯ 童 痴

评论
创作奥秘的执着探寻者
——读《从生活到艺术》兼谈胡采的文学评论特色
⋯⋯⋯⋯⋯⋯⋯⋯⋯⋯⋯⋯⋯⋯⋯⋯ 白 烨
一部沉甸甸的耐读的作品
——《啊，故土》印象记⋯⋯⋯⋯⋯⋯ 陈 深
"笔耕"集会讨论陕西中篇小说创作⋯⋯ 俞 晓
答《陕西工人报》记者问⋯⋯⋯⋯⋯⋯ 胡 采
文学之窗

美术
高路入云端（陕西佳县白云山摄影）⋯⋯ 钞希文
黄河儿女（摄影）⋯⋯⋯⋯⋯⋯⋯⋯⋯ 陈宝生
元宵节（木刻）⋯⋯⋯⋯⋯⋯⋯⋯⋯⋯ 李习勤

1984 年第 4 期　刊名：《延河》
目录

小说
家之歌⋯⋯⋯⋯⋯⋯⋯⋯⋯⋯⋯⋯⋯⋯ 王观胜
告别青石巷⋯⋯⋯⋯⋯⋯⋯⋯⋯⋯⋯⋯ 傅宏建
送你一束山楂花⋯⋯⋯⋯⋯⋯⋯⋯⋯⋯ 陈忠实
秋天⋯⋯⋯⋯⋯⋯⋯⋯⋯⋯⋯⋯⋯⋯⋯ 陈俊文
我等马老师⋯⋯⋯⋯⋯⋯⋯⋯⋯⋯⋯⋯ 刘 路
苏联小说
电线在嗡鸣⋯⋯⋯ ［苏］瓦·伊·别洛夫 方玉译
一封途中发出的信⋯⋯ ［苏］谢·沃罗宁 王意强译

散文
遍地秦砖汉瓦，遍处玉黍黄⋯⋯⋯ ［美］木令耆
西安行⋯⋯⋯ ［日］井出孙六作 陈喜儒译
妈妈的星⋯⋯⋯⋯⋯⋯⋯⋯⋯⋯⋯⋯⋯ 陈丹燕

他也是黄河的子孙（作家专访）
——张贤亮在西安⋯⋯⋯⋯⋯⋯⋯⋯⋯ 陈 深

诗歌
海·江（二首）⋯⋯⋯⋯⋯⋯⋯⋯⋯⋯ 程 海
立体交叉与牛（二首）⋯⋯⋯⋯⋯⋯⋯ 雷抒雁
现实风情画（三首）⋯⋯⋯⋯⋯⋯⋯⋯ 梁 南

大河上下
草原，飞扬的马蹄（组诗）⋯⋯⋯⋯⋯ 李 述
黎明，靠一辈辈播种（外一首）⋯⋯⋯ 子 页
我，黄河的儿子（外一首）⋯⋯⋯⋯⋯ 张 波
草原印象⋯⋯⋯⋯⋯⋯⋯⋯⋯⋯⋯⋯⋯ 卫世平
战士与鲜花⋯⋯⋯⋯⋯⋯⋯⋯⋯⋯⋯⋯ 樊继真
绥德，歌唱的岸⋯⋯⋯⋯⋯⋯⋯⋯⋯⋯ 刘 浏

评论
王宝成披沙拣金谈⋯⋯⋯⋯⋯⋯⋯⋯⋯ 肖云儒
鲁迅与柯仲平⋯⋯⋯⋯⋯⋯⋯⋯⋯⋯⋯ 邓啸林
向着诗艺之海（文艺随笔）⋯⋯⋯⋯⋯ 阿 红
文学之窗

美术
巴山夜雨（国画）⋯⋯⋯⋯⋯⋯⋯⋯⋯ 江文湛
龙门古渡（国画）⋯⋯⋯⋯⋯⋯⋯⋯⋯ 苗重安
塞外沙障（木刻）⋯⋯⋯⋯⋯⋯⋯⋯⋯ 刘 贤

1984 年第 5 期　刊名：《延河》
目录

小说
只因河那边一段风流⋯⋯⋯⋯⋯⋯⋯⋯ 祝兴义
兴隆酒店的现代史和当代史⋯⋯⋯⋯⋯ 峭 石
槐香⋯⋯⋯⋯⋯⋯⋯⋯⋯⋯⋯⋯⋯⋯⋯ 韩 起
呵，我们的"一线天"⋯⋯⋯⋯⋯⋯⋯ 姚泽芊
紧急通知⋯⋯⋯⋯⋯⋯⋯⋯⋯⋯⋯⋯⋯ 丁盈川
拔河（处女地）⋯⋯⋯⋯⋯⋯⋯⋯⋯⋯ 张 望
感情的升华
——《拔河》读后⋯⋯⋯⋯⋯⋯⋯⋯⋯ 小 丫
伊格纳特·斯特鲁尼科夫之死（苏联小说）
⋯⋯⋯ ［苏］叶·瓦·拉扎列夫 曹列随译

散文
雅丹⋯⋯⋯⋯⋯⋯⋯⋯⋯⋯⋯⋯⋯⋯⋯ 孟驰北
我和我的同学们⋯⋯⋯⋯⋯⋯⋯⋯⋯⋯ 刘成章
我所认识的李国文（作家专访）⋯⋯⋯ 何镇邦

诗歌
大河上下
将军与城（组诗）⋯⋯⋯⋯⋯⋯⋯⋯⋯ 李 瑜
我点燃一支罗布麻牌香烟（外一首）⋯⋯ 高见群

绿洲恋歌（二首）··················黄秉荣
黄土高原的歌手················谷 润
父亲的右手臂················梁澄清
油菜花开了以后·············杨绍武
燃烧的民族魂（组诗）···········王绶青
隔不断的眷恋（二首）·······（朝鲜族）金 哲
三访长安赋三章··············罗立斌
中年二题·················梁志宏
绣···················杨永年
咸阳沉吟（二首）·············敬 远
驼铃（外一首）··············孙翼鹏

评论

《鲁迅研究在延安》前言·······单演义 周 健
谈题材的发现··············李健民
工业题材的新收获
——读几篇工人业余作者的小说有感····聿 之
文学之窗

美术

陇上秋色（国画）·············赵振川
满目青山夕照明（国画）··········何海霞
喧（木刻）···············修 军

1984 年第 6 期　刊名:《延河》

目录

小说

鸽群飞向朝霞（中篇）········张晓光 朱淑琴
妹妹的男朋友···············张姗姗
十字口来了个交通警···········晋 川
蒲公英················韩 起
醉八仙·················刘孝存
例如柯三水（处女地）··········丁国昌
意新得巧
——《例如柯三水》读后随笔·······水天戈
谎话（苏联小说）·····[苏]阿纳托利·阿列克辛
秋 石 章 毅译

诗歌

西藏回旋曲（组诗）············王燕生
森林情愫（二首）·············柴德森
花（处一首）···············石太瑞
年轻的伐木工··············姜金城
小鸽子，小鸽子·············刘毅然
小外孙，离开产房·············顾 工
一棵蓬头柳···············牧 笛
一个古老的诗题·············吴淮生

青年诗窗

写给摇篮里的孩子············李汉荣
太阳的颜色（外二首）··········高少平
工间小憩（外一首）···········黄 默
乡妹（外一首）··············段恭让

评论

生活呼唤着作家
——作协陕西分会农村题材创作座谈会纪要··春 歌
生活呼唤变革的文学···········京 夫
也变革自己···············赵 熙
柳青同志人格的一个侧影（文艺随笔）
——从他的一份建议和《耕蓄饲养管理三字经》谈起
·····················高 信

读者中来

《干杯，为那挺拔的小白杨》触动了我们····肖 克等
喜读《在阳台上》·············李明理等
《黑色的石阶》是篇好作品········杨 臻
文学之窗

美术

西岳凌云图（国画）············郭 勇
农家秋色（木刻）·············丁济棠

1984 年第 7 期　刊名:《延河》

目录

写在《北方抒情诗专号》前面
··········胡 采 王汶石 杜鹏程 李若冰
大西北：一个即将成熟的神话·······公 刘
戈壁之歌················魏钢焰
神山··················周 涛

高原畅想曲

呵，大西北（组诗）············杨 牧
一粒草籽的梦··············章德益
宁夏心·················肖 川
生命··················（回族）高 深
天籁（组诗）··············昌 耀
将军与城（组诗）·············李 瑜
天山，时代的雕塑（组诗）········东 虹
在记忆的葡萄架上（二首）········葛佳映
人参果·················晓 钢
牧场灯语················师日新

北方交响曲

啊！我的关中··············马林帆

长安，我的山（组诗）—————————黎焕颐
我，北方的儿子—————————————张志民
我，赞美沙枣树！————————————梁　南
牧哥，嫩绿的信念（组诗）——————陈广斌
秦岭————————————————————程　海
古塞吟（二首）——————————————和　谷
登高赋—————————————————苗得雨
黄河的早晨————————————————张　波
神州之舞（四首）————————————浪　波

田园奏鸣曲
春山（三首）——————————————梅绍静
山野风（二首）——————————————张宣强
赶清明（二首）——————————————刁永泉
高原，我火辣辣地爱着你（外一首）——谷　溪
落呀落呀，金色的夕阳（外一首）——潘万提
山的传说（二首）————————————商子秦
挂灯（外一首）——————————————刘小放
乡音————————————————————肖振荣
老父亲—————————————————郑光前
春联————————————————————任宗耀

生活回旋曲
槐花（外一首）——————————————邵燕祥
原色（三首）——————————————雷抒雁
储藏着的爱情（外一首）————————王平凡
猞猁（外一首）——————————————牛　汉
火柴（外二首）——————————————峭　石
抒情诗（四首）——————————————刘湛秋
诗三首—————————————————罗　洛
美的流韵（二首）————————————晓　晴

都市进行曲
大厦，在坚实的地基上升起（二首）——王德芳
发生在测绘队的故事（二首）————渭　水
啊，大站快车————————————————李志清
雪————————————————————申爱萍
都市随笔（组诗）————————————梁谢成
来自大地深处的爱情（组诗）————鹤　坪
编织彩虹的人们（二首）————————张　晴

诗人与诗
秋水篇（之一，五首）——————————绿　原
阳台酒店之夜——————————————邹荻帆
告别—————————————————————刘　斌

青年诗窗—————————李述　毛娅　杨蕾
杨小珉　峙嵘　曲音音　时星原　党生

新民歌十二首————李强华　白春娥　张雷
蒿文杰　王文俊　张廷柱　李延　段祥兴　王坤

西北诗人谈诗——梅绍静　杨牧　周涛　章德益
肖川　汪玉良　毛锜　玉杲　魏钢焰　胡征
少陵诗意（国画）————————————王子武
书李白诗————————————————李子青

1984 年第 8 期　刊名:《延河》
目录

绿城堡————————————————聂鑫森
山路弯弯，河水弯弯———————————姜天民
沉浮—————————————————————王　蓬
砍山————————————————————珊　泉
小城丈夫————————————————杜保平
石竹花开时————————————————乔　良
锤与画—————————————————邓　刚
悲哀
　——小粒子奏鸣曲之一——————叶之蓁
会场·跳舞·挤车————————（土家族）蔡测海
妈妈，你听我说
　——谨献给我亲爱的母亲——————贺晓彤
绥芬河畔————————————————孙少山

1984 年第 9 期　刊名:《延河》
目录

祖先的坟————————————————赵本夫
墨宝—————————————————————黄　尧
我们，他们和这地方———————————郑九蝉
我们这个"层次"—————————————杨东明
三件消遣品————————————————张石山
迷途—————————————————————简　嘉
给雯雯，一个槐花飘雪的童话————谢颐城
月和岩—————————————————傅　星
救灾—————————————————————李叔德
清溪口哟，水清清————————————魏继新
草花—————————————————————储福金
罗索夫斯基的留恋————————————程　枫
花鸟两幅（国画）————————————张永茂

1984 年第 10 期　刊名：《延河》
目录

献给国庆三十五周年

报告文学

女篮 8 号 ……………………………………海　潮
今日开庭 ……………………………………白　描
弯弯曲曲的山路 ……………………………牧　笛

小说·散文

镜子，镜子 …………………………………王　戈
啊！公公（处女地）………………………高　原
注重对生活感受和理解
——《啊！公公》读后随笔 ……………水天戈
《大雁情》与姊妹情（散文）……………王崟昆

诗歌

震响在心头的旋律 …………………………陈　浩
祖国的风（二首）…………………………晓　蕾
追求 …………………………………………王德芳
我的矿山（二首）…………………………邓康延
从山乡走向城镇（外一首）………………子　页
草原情话（三首）…………………………毕力格太
自珍·自醒与自警（三首）………………杨兆祥
六十一王宾 …………………………………洋　雨
短诗小辑 ……………………………………杨卉春等
诗歌要起飞
——《延河》召开诗歌创作座谈会
…………………………………本刊记者　李国平

纪念人民诗人柯仲平

红心似火霜雪重
——诗人柯仲平一生 ……………………王　琳
与广大群众血肉相连的诗人 ……………苏一平
纪念柯仲平同志 …………………………胡　采
追念柯仲平
——柯老的心血汗水与生命 ……………杜鹏程
柯老，我在追寻你的诗魂 ………………李若冰
一位最受欢迎的诗人
…………[美]罗伯特·佩恩　安　危译
忠胆义骨壮诗魂
——柯仲平创作道路管窥 ………………刘锦满
柯仲平（诗）……（维吾尔族）铁依甫江　王一之译
怀念柯仲平（诗）…………………………田　奇

美术

高原红花（木刻）…………………………李宪基

晨（木刻）…………………………………王西权
华山（国画）………………………………李庚年

1984 年第 11 期　刊名：《延河》
目录

燃烧 …………………………………………宇　共
喀喇昆仑的呼唤 ……………………………唐　栋
兰馨 …………………………………………薛尔康
山魂 …………………………………………聂震宁
北京，土城边有个角落 ……………………刘兆林
人和他的银鸟 ………………………………甘铁生
当春天悄悄来临 ……………………………陈　明
夕阳 ……………………………（回族）查　舜
牛博士 ………………………………………丁正泉
恋 ……………………………………………张　玲
子嗣 …………………………………………尹俊卿
旧宅基 ………………………………………陈源斌
那雪地上的桃红小袄 ………………………高志辰
乐为短篇鼓与呼（评论）…………………范伯群等
星星（石雕）………………………………郭德茂
故土（木雕）………………………………石建春
长城（木刻）………………………………邸　杰

1984 年第 12 期　刊名：《延河》
目录

愿这里长起参天大树
——读《全国部分获奖作者、优秀青年作者小说专
号》致《延河》编辑部 …………………谢望新
同行寄语 ……………………………………徐俊西

小说

楼梯上的脚步声 ……………………………何洪明
碌碡 …………………………………………吴若增
人们，请千万不要……………………………莫　伸
黄牯鱼 ………………………………………楚　良
肖肖 …………………………………………邹志安
钟声 …………………………………………王天成

散文

过台湾海峡 …………………………………董大勇
赶海 …………………………………………袁秋香
小巷槐花 ……………………………………郭　琳
故乡的小米 …………………………………高　远

诗歌

诗四首···汪　锋
关于大山和小草（外三首）·············牛　汉
往事（外一首）·····························傅天琳
高原之虹（二首）·························叶延滨
村午（二首）·······························马林帆
西行（三首）·······························刘益善
我的慨叹（外一首）·····················黄东成
牧马人之死·······························王　璞
忆··鞠　平
秋香·······································杨宏科

评论

一代人追求的足迹：读晓蕾的诗········刘　斌
北国激荡的回声
——读《延河》八四年《北方抒情诗专号》·屈增民
文艺作品的征服力·······················韩梅村

美术

金凤（素描）·····························刘　吉
热爱大自然　保护大自然（宣传画）
　　　　　李方林　彭作钧　戢祖建
装饰城市　美化生活（宣传画）····王学明　袁庆威
我的中国心（宣传画）···················房燕生

1985 年第 1 期　刊名:《延河》
目录

火劫之后（小说）·························李康美
雷电（小说）·····························肖　实
马罗大叔（小说）·························陈忠实
两个人，一条狗（小说）·················程　海
草帽（小说）·····························沙　石
哦，湍急的燕子河（小说）···············张　虹
长安七月风乍起（历史小说）···········石　丛
雨夜（处女地）··························王　琰
"雨夜就要过去"——读《雨夜》·········丘　山

芳草萋萋，说野菜（散文）···············赵明慧
唐都赋（散文）·····························王维洲
一张像片（散文）···············[日本]多田正子
访成一（作家专访）······················李国涛
北方抒情诗
我站在北方（组诗）·····················李　琦
心城·······································梅绍静
馈赠情（三首）···························陈茂欣
海洋情诗（三首）·························陈继光
秋情（二首）·····························黎正光

漠野（外一首）···························郭维东
草地掠影（二首）·························蔡国瑞
我的心（外一首）·························关登瀛
青年诗窗·································桂兴华
贺东久　陈　敏　王震西　边国政　郑升旭

大唐伎乐舞（国画）·····················谢振鸥
半坡之歌（国画）·························秦惠浪
矿工（摄影）·····························张建设
黄河之子（雕塑）·························陈云岗
秋（套色木刻）···························修建桥

1985 年第 2 期　刊名:《延河》
目录

在中国作家协会第四次会员代表大会上的祝词

　　　　　　　　　　　　　　　胡启立
叶落归根（小说）·························朱玉葆
槐花盛开时（小说）·····················贺抒玉
银匠伯（小说）···························峭　石
关于西瓜皮包饺子的报告（小说）········赵　新
蓝天白云之上（小说）···················董大勇
三岔口（小说）···························李廷华
印章（小说）·····························马林帆
啊童年（处女地·中篇）·················刘仲平

北方抒情诗

边风（组诗）·····························肖　川
1984 年在中国的一家工厂（组诗）·······左一兵
山中（组诗）·····························刘毅然
山女子（二首）···························李汉荣
高原魂（二首）···························段恭让
代表（二首）·····························王　野
曦（诗）··································郭应文
游泳（外一首）···························徐铁牛
致海（诗）·····························沈　奇
新生的茶山（诗）·························孙伯和
可爱的秋天（二首）·····················莫西芬
北原上，飞驰着彩色轿车（诗）···········徐剑铭
农家少女（诗）···························雷有让

山村秋颜（国画）·························刘书民
闹新春（木刻）···························李宪基

1985 年第 3 期　刊名:《延河》
目录

重新起步
——致读者⋯⋯⋯⋯⋯⋯⋯⋯⋯⋯本刊编辑部
让延河之水掀起新时代的波涛⋯⋯⋯⋯⋯胡 采

报告文学
诈取者——法官行骗落网记⋯⋯⋯⋯⋯符 岸撰

小说
极乐门（中篇）⋯⋯⋯⋯⋯⋯⋯⋯⋯⋯蒋 濮
附：蒋濮致《延河》编辑的信
茶摊上⋯⋯⋯⋯⋯⋯⋯⋯⋯⋯⋯⋯⋯峭 石

中国新小说
他收藏雪花⋯⋯⋯⋯⋯⋯⋯⋯⋯⋯⋯李小巴
小说类型应该多样化⋯⋯⋯⋯⋯⋯⋯⋯李小巴
小说二题⋯⋯⋯⋯⋯⋯⋯⋯⋯⋯⋯⋯临 青
感觉个性⋯⋯⋯⋯⋯⋯⋯⋯⋯⋯⋯⋯临 青
议价鱼⋯⋯⋯⋯⋯⋯⋯⋯⋯⋯⋯⋯⋯古 华
滋味⋯⋯⋯⋯⋯⋯⋯⋯⋯⋯⋯⋯⋯⋯何立伟

散文
彭总的画像⋯⋯⋯⋯⋯⋯⋯⋯⋯⋯⋯杜鹏程

诗歌
西北诗坛
歌手·孩子·太阳（三首）⋯⋯⋯⋯⋯渭 水
机车，在这里交替⋯⋯⋯⋯⋯⋯⋯⋯王德芳
天堂里的悲剧、喜剧和闹剧（二首）⋯石 河
北方抒情诗
漠边香柳（外二首）⋯⋯⋯⋯⋯⋯⋯阿 红
船夫啊，船夫（外一首）⋯⋯⋯⋯⋯周所同
再别⋯⋯⋯⋯⋯⋯⋯⋯⋯⋯⋯⋯⋯杨瑞雪

作家天地
答《延河》编辑部问⋯⋯⋯⋯⋯⋯⋯路 遥
设立"延河文学奖"启事

1985 年第 4 期　刊名:《延河》
目录

小说
井台⋯⋯⋯⋯⋯⋯⋯⋯⋯⋯吴克敬 马友庄
旗绳⋯⋯⋯⋯⋯⋯⋯⋯⋯⋯⋯⋯⋯京 夫
绿盈盈的春芹⋯⋯⋯⋯⋯⋯⋯⋯⋯⋯张兴元

中国新小说
人·鼠·猫⋯⋯⋯⋯⋯⋯⋯⋯⋯⋯⋯赵德明
《人·鼠·猫》创作断想⋯⋯⋯⋯⋯⋯赵德明
你我只隔一条河⋯⋯⋯⋯⋯⋯⋯⋯⋯王 艾
迥然独立⋯⋯⋯⋯⋯⋯⋯⋯⋯⋯⋯⋯王 艾

报告小说
黑色无字碑⋯⋯⋯⋯⋯⋯⋯⋯⋯⋯⋯张 敏

报告文学
西部游子⋯⋯⋯⋯⋯⋯⋯⋯董惠安 巨世亨
华山脚下的影视公司⋯⋯⋯⋯⋯⋯⋯衣冠履

诗歌
在历史的风雪线上（组诗）⋯⋯⋯⋯黎焕颐
南国，我童年的梦（二首）⋯⋯⋯⋯高旭旺
丝竹管弦（三首）⋯⋯⋯⋯⋯⋯⋯⋯奕 林

青年诗窗⋯⋯⋯⋯⋯⋯封筱梅 黄卫平 怀 白
陆 萍 花凤江 伏萍 薛瑜阳

作家天地
贾平凹在商州山地⋯⋯⋯⋯⋯⋯⋯⋯丹 萌

评论
悲剧的时代，时代的悲剧⋯⋯⋯⋯⋯王 愚
一个有深度的文学形象⋯⋯⋯⋯⋯⋯张志春
林之浩给人的启示⋯⋯⋯⋯⋯⋯⋯⋯畅广元

美术
木刻⋯⋯⋯⋯⋯⋯⋯⋯⋯⋯⋯⋯⋯郑文华
加州的内华达山脉（油画）⋯⋯⋯艾伯特·比尔施太特

1985 年第 5 期　刊名:《延河》
目录

报告文学
市长张铁民（中篇·上）⋯⋯⋯⋯⋯和 谷

小说
明日冬至⋯⋯⋯⋯⋯⋯⋯⋯⋯⋯⋯赵 新
寻找⋯⋯⋯⋯⋯⋯⋯⋯⋯⋯⋯⋯⋯景 风
藤萝架下⋯⋯⋯⋯⋯⋯⋯⋯⋯⋯⋯叶广芩
"桃李杏花"街⋯⋯⋯⋯⋯⋯⋯⋯⋯李博厚
中国新小说
寻偶记⋯⋯⋯⋯⋯⋯⋯⋯⋯⋯⋯⋯杨 惕
《寻偶记》小记⋯⋯⋯⋯⋯⋯⋯⋯⋯杨 惕
纠纷的解决⋯⋯⋯⋯⋯⋯⋯⋯⋯⋯⋯高 山

九龙柱 .... 聂鑫森
飞机 .... 巴　强
惶惑 .... 阿　莹

诗歌
罗布泊的挽歌（三首） .... 晏　明
林中曲（四首） .... 李　泳
煤海遐思（外一首） .... 朱文杰
朋友，让我们结队向前 .... 张雪杉
思念 .... 李治中

作家天地
答读者问 .... 陈忠实

美术
牛耕图（汉画像石）
峇厘少女（油画） .... 巴苏基·阿卜杜拉

1985 年第 6 期　刊名:《延河》
目录

报告文学
市长张铁民（中篇·下） .... 和　谷

小说
又一段姻缘 .... 李岩希
小说二题 .... 叶文玲
青青大草滩 .... 玛拉沁夫
中国新小说
北来风 .... 黄建国
把握自己的感知世界 .... 黄建国
恩怨 .... 黄家刚
西山日记 .... 子　页
暖气 .... 何金铭
闪闪发光的水珠 .... 郭培杰
镶嵌在水晶的马兰花 .... 白晓冬

诗歌
西部诗坛
鼓手 .... 王震西
雄性的大草原（二首） .... 王　璞
西秦风情 .... 商子秦
短诗小辑 .... 庞壮国　王式俭　晨　枫
　　石太瑞　艾　平　文　俭

作家天地
我所认识的京夫 .... 清　漪

美术作品
木刻 .... 向思楼
北京金鱼胡同（水彩） .... [苏联]克维·马申

1985 年第 7 期　刊名:《延河》
目录

小说
桃花运（中篇） .... 邹志安
漆彩 .... 程　海
杨柳情 .... 蒋金彦
一株蒲公英 .... 王　艾
请记住，人们，这长满青草的路边 ...... 李小虎
有人敲门 .... 李霁宇

报告文学
他们的日月 .... 王观胜

散文
乡情 .... 周同宾

诗歌
牌坊的贞节 .... 叶延滨
历史的箴言（组诗） .... 子　页
矿山诗情（二首） .... 孙友田
青纱帐 .... 吴烟痕
青年诗窗 .... 陈　军　李国旗　华　萍　姜强国
李晓茹　玉　奇　高少平　田玉川

美术
遐想的科学泰斗——爱因斯坦（木刻） .... 燕云佛
面人担（中国画） .... 杨庚绪
春曲（水粉） .... 马继忠
敦煌的回音（水粉） .... 王炎林

1985 年第 8 期　刊名:《延河》
目录

小说
在海边 .... 朱玉葆
生龙寨 .... 京　夫
中国新小说
生命在高塬 .... 赵伯涛
为了我的逼真的梦想 .... 赵伯涛
吝啬的"犹太" .... 曾德厚
局长的报告 .... 胡安忍
阴阳界（报告小说） .... 临　青

报告文学
他从天堂地狱来（中篇）——————————徐 岳

散文
在那遥远的地方——————————李雨河
三峡情志——————————————石 英
隆中山，定军山——————————沈 奇

诗歌
黑蝴蝶（两只）——————————王辽生
关于城市的断想——————————高建群
洛阳牡丹辞————————————浪 波
葡萄园情歌————————————郭维东
诗一般的鸽群———————————党永庵
阳台（外一首）——————————何晴波
青年诗窗————————张豪植 王 琰
花凤江 芳 子 范 源

作家天地
我的自传————————————邹志安

美术
期待（纸版画）——————————傅恒学
踏浪行（国画）——————————相敬森
风景（水粉）———————[印度尼西亚]佚 名

1985 年第 9 期 刊名:《延河》
目录

小说
春雨秋雨————————————范小青
浓缩的生活————————————胡 杨
中国新小说
在夜行的列车上—————————傅小渝
陌生——————————————荒 原
更新的文学————————————陈 军
黄山雾—————————————徐万明
晨雾——————————————李 彬
一支歌—————————————李治中

报告文学
活力——————————————马林帆
他从天堂地狱来（中篇）—————徐 岳

诗歌
裸赤的大地（外二首）——————章德益
龙骨——————————————黎正光
城市风情（四章）—————————马恒祥

北方抒情诗————————————黄东成
刘镇 李瑜 苗得雨 马合省 张亚斌
青年诗窗————————孙翼鹏 文竹 西贝 燕飞

作家天地
变化中的生活与变化着的我
——摘自致朋友的书信———————王 蓬

美术
德国表现派绘画三幅（油画）——海因里希·坎彭唐克
农家母女（油画）————————王沂东

1985 年第 10 期 刊名:《延河》
目录

小说
回归（中篇）———————————王 艾
被开除的村庄———————————赵 新
家慈——————————————士 增
牙行钟三————————————周 矢

报告文学
长城考察站的"黑户口"
——记中国南极考察队摄影师邵振堂———傅溪鹏

诗歌
不该这样————————————魏 萍
纪念柱—————————————韩英珊

作家天地
我的自传————————————峭 石

美术作品
赶生灵（木刻）——————————修剑桥
淡蓝色的迷惘（黑白画两幅）————云 岗
少女（水粉）———————————王炎林

1985 年第 11 期 刊名:《延河》
目录

小说
樊家母女————————————邹志安
喜堕尘网中————————————毛志成
金银满街————————————韦 昕
中国新小说
老头与鸽————————————李约拿
我的小说尺度———————————李约拿

散文小辑

深深的怀念
无言的永别⋯⋯⋯⋯⋯⋯⋯⋯⋯⋯⋯王汶石
青青的国槐⋯⋯⋯⋯⋯⋯⋯⋯⋯⋯⋯毛锜
秋望⋯⋯⋯⋯⋯⋯⋯⋯⋯⋯⋯⋯⋯⋯程海
黄土高原山沟的风光⋯⋯⋯⋯⋯⋯⋯延泽民
异乡寒夜曲⋯⋯⋯⋯⋯⋯⋯⋯⋯⋯⋯张曼菱
八十年代的老鼠⋯⋯⋯⋯⋯⋯⋯⋯⋯刘成章
太白山，我为你而骄傲⋯⋯⋯⋯⋯⋯白宝学
山河土记⋯⋯⋯⋯⋯⋯⋯⋯⋯⋯⋯⋯匡燮
深深的怀念⋯⋯⋯⋯⋯⋯⋯⋯⋯⋯⋯秦天行
药王山夜寻⋯⋯⋯⋯⋯⋯⋯⋯⋯⋯⋯董小龙

诗歌

塞上歌·博物馆⋯⋯⋯⋯⋯⋯⋯⋯⋯肖川
听二胡协奏曲⋯⋯⋯⋯⋯⋯⋯⋯⋯⋯周所同
你对我说⋯⋯⋯⋯⋯⋯⋯⋯⋯⋯⋯⋯杨绍武
访黄陵轩辕柏⋯⋯⋯⋯⋯⋯⋯⋯⋯⋯叔平
纤夫⋯⋯⋯⋯⋯⋯⋯⋯⋯⋯⋯⋯⋯⋯刁永泉
支书家的白对联⋯⋯⋯⋯⋯⋯⋯⋯⋯宫玺
黄河分界处植树⋯⋯⋯⋯⋯⋯⋯⋯⋯秦克温
天狼星传说⋯⋯⋯⋯⋯⋯⋯⋯⋯⋯⋯岛子
沙棘，果中的王⋯⋯⋯⋯⋯⋯⋯⋯⋯师银笙
在历史的风景线上⋯⋯⋯⋯⋯⋯⋯⋯王大平
猫头鹰⋯⋯⋯⋯⋯⋯⋯⋯⋯⋯⋯⋯⋯峭石
望⋯⋯⋯⋯⋯⋯⋯⋯⋯⋯⋯⋯⋯⋯⋯刘益善
动物三题⋯⋯⋯⋯⋯⋯⋯⋯⋯⋯⋯⋯张雪杉
朦胧的山峦⋯⋯⋯⋯⋯⋯⋯⋯⋯⋯⋯肖重声

美术

陕西省长篇小说创作促进会议活动剪影
树根造型艺术⋯⋯⋯⋯⋯⋯⋯⋯⋯⋯董永宁

1985 年第 12 期　刊名:《延河》
目录

小说

今夜何处有⋯⋯⋯⋯⋯⋯⋯⋯⋯⋯⋯叶明山
"不出头"⋯⋯⋯⋯⋯⋯⋯⋯⋯⋯⋯⋯董川夫
八千里路云和月⋯⋯⋯⋯⋯⋯⋯⋯⋯吴连增
城郊小记⋯⋯⋯⋯⋯⋯⋯⋯⋯⋯⋯⋯刘明琪
路，从遥远的地方开始⋯⋯⋯⋯⋯⋯李春光
雨声里的韵味⋯⋯⋯⋯⋯⋯⋯⋯⋯⋯阿莹
童心⋯⋯⋯⋯⋯⋯⋯⋯⋯⋯⋯⋯⋯⋯郭培杰
冷酷的方程式⋯⋯⋯〔美〕汤姆·戈德温著　若英译

报告文学

一个普通的人⋯⋯⋯⋯⋯⋯⋯⋯⋯⋯牧笛

诗歌

好久没有听到雷声了⋯⋯⋯⋯⋯⋯⋯杨军
遥远的石油城⋯⋯⋯⋯⋯⋯⋯⋯⋯⋯赵强
过渡地带（组诗）⋯⋯⋯⋯⋯⋯⋯⋯沈奇
清甜的乡情（二首）⋯⋯⋯⋯⋯⋯⋯潘万提
家乡的石寨子⋯⋯⋯⋯⋯⋯⋯⋯⋯⋯李喜善
龙井卖茶女⋯⋯⋯⋯⋯⋯⋯⋯⋯⋯⋯王知十
短诗小辑⋯⋯⋯⋯韩笑　宋文杰　李成和　张玲
　　　杨莹　东虹　王玉民　郑道远　张次征

作家天地

艰难的起步⋯⋯⋯⋯⋯⋯⋯⋯⋯⋯⋯叶延滨

美术

冬的玄想（摄影）⋯⋯⋯⋯⋯⋯⋯⋯张旗
寻求·思考·答案（油画）⋯⋯⋯⋯张国龙
初雪（木刻）⋯⋯⋯⋯⋯⋯⋯⋯⋯⋯郑文华
国立北京图书馆（水彩）⋯⋯〔苏〕克维·马申

1986 年第 1 期　刊名:《延河》
目录

总结经验开拓前进⋯⋯⋯⋯⋯⋯⋯⋯本刊编辑部

小说

记忆中的一片乌云⋯⋯⋯⋯⋯⋯⋯⋯母国政
到敦煌去⋯⋯⋯⋯⋯⋯⋯⋯⋯⋯⋯⋯肖复兴
探求与争鸣
舅舅外甥⋯⋯⋯⋯⋯⋯⋯⋯⋯⋯⋯⋯冯积岐
写历史和道德的错位⋯⋯⋯⋯⋯⋯⋯肖云儒
多一点时代的投影⋯⋯⋯⋯⋯⋯⋯⋯莫若言
悲剧性冲突和冲突的悲剧性⋯⋯⋯⋯李国平
旅途中⋯⋯⋯⋯⋯⋯⋯⋯⋯⋯⋯⋯⋯董墨
春梦⋯⋯⋯⋯⋯⋯⋯⋯⋯⋯⋯⋯⋯⋯李剑
中国新小说
号手⋯⋯⋯⋯⋯⋯⋯⋯⋯⋯⋯⋯⋯⋯何立伟
三言两语⋯⋯⋯⋯⋯⋯⋯⋯⋯⋯⋯⋯何立伟

报告文学

大庆的心⋯⋯⋯⋯⋯⋯⋯⋯⋯⋯⋯⋯魏钢焰
故都秋月夜（特写）⋯⋯⋯⋯⋯⋯⋯周明

诗歌

夜翔之羽⋯⋯⋯⋯⋯⋯⋯⋯⋯⋯⋯⋯梅绍静
西部，这里正是早晨（组诗）⋯⋯⋯刘宏亮
在东方沙漠里（组诗）⋯⋯⋯⋯⋯⋯林染
高原畅想曲（二首）⋯⋯⋯⋯⋯⋯⋯苑湖

黄土幽情（二首）—————————————李　子
诗社拔萃——————白　燕　张大愚　陈永斌
左　正　小　海　史荣新

作家天地
我的丈夫莫伸——————————————董希慧

读者之声
《他从天堂地狱来》发表以后—————李万铭等

美术
赏花图（国画）—————————————彭　蠡
书法————————————————————茹　桂
谁领风骚（漫画）————————————林积令
萝（摄影）————————————————崔小峰

1986 年第 2 期　刊名:《延河》
目录

一九八五年度延河文学奖评选揭晓

小说
海恩————————————————————赵　熙
"绿林叛逆"————————————————巴　强
遗落在山那边的诗————————————陈乃霞
中国新小说
小说二题————————————————————临　青
赘语——————————————————————临　青
探求与争鸣
人狼——————————————————————张　征
"火焰驹"驰过狼沟————————————黄卫平
漫议"动物题材小说"——————————陈孝英
在人际关系中感受、理解和表现人————畅广元
关于描写人和动物关系的小说创作————李健民

报告文学
第一颗原子弹————————————孔保尔译
"老转"的证明——————————————仲　棋

诗歌
荒原之恋————————————————赵伯涛
黄土地（组诗）————————————沙　漠
牧原，充满爱的诱惑（组诗）————陈广斌
石花（外一首）——————————张宣强
绵厚的温暖————————————————李昆华
诗社拔萃——————梅　颖　艾　平　富　饶
李强华　敬　远　徐慧屏

作家天地
我获诺贝秋文学奖的前前后后
—————————————[智]巴勃罗·聂鲁达

美术
作协陕西分会青年文学创作会议剪影（摄影）
—————————————————————郑文华
意想之外（幽默画）————————————方　华
漫画————————————————————李乃良
正月儿（油画）—————————————闫文喜

1986 年第 3 期　刊名:《延河》
目录

小说
晴朗的星期天————————————贺抒玉
古镇——————————————————聂鑫森
中国新小说
归去的男人————————————————赵伯涛
男人：在时代的震颤中回归————————柴效锋
山中有一片雾————————————————景　风
猎户母子————————————————————蓝　冰
斋月——————————————————————丁　子
枪杀女演员（翻译小说）
——————————[美]H.E.贝特斯著　谭丽珠译

报告文学
死缓——————————————李康美　焦彤承

诗歌
榆林二题————————————————子　页
陕北掠影（组诗）————————————李　泳
大地的印象————————————————张锐锋
大海与我————————————————陈建祖
深圳（外二首）——————————阿　红
瓷厂写生（三首）—————————刘新中
放眼新疆风物（三首）——————田　奇
黄山，我是你的挑夫（外一首）——金　谷
短诗小辑——————刘恒杰　翼　华　赵福辰
薛新民　陆　健　韩　新　周文彗

作家天地
踏上荒原——记赵熙—————————邱国虎

美术
封面摄影————————————————王　苗
八十七神仙卷（局部）——————徐悲鸿藏
无题（幽默画）——————————西　丁
防止感冒（幽默画）———————赵　良

维也纳森林的早春（油画）·········[德]瓦尔特缪勒

1986 年第 4 期　刊名:《延河》
目录

奔流到海不复回·········胡 采　王丕祥　魏钢焰
王绳武 贺抒玉 董墨 玉杲 韦昕 路萌
白描 闻频 晓蕾 张沼清
本刊发表的部分作家的作品手稿

小说
水的喜剧（长篇选章）·········路 遥
睡着的南鱼儿（中篇）·········邹志安
第二夜（中篇）·········程 海
陕西平民志·········贾平凹
失重·········陈忠实
步步高·········朱 定
重阳节·········为 华

报告文学·散文
金子（报告文学）·········莫 伸　尹西农
无字碑前的痴想（外一章）·········匡 燮
不应由我写的悼文（散文）·········京 夫
晚唱（外二章）·········沈 奇
谒武侯墓（散文）·········杨乾坤

诗歌
52 次，52 次·········黄东成
小舟·········魏钢焰
海边遐想（外一首）·········王亚东
黄陵情思·········毛 锜
城河·轩辕柏·········葛佳映
玉门抒情诗（组诗）·········晏 明
黄魂（外一首）·········渭 水

美术
纪念《延河》创刊三十周年大会剪影·········郑文华
作家的体会（漫画）·········赵 良
心田（漫画）·········西 丁
行行重行行（国画）·········方济众

1986 年第 5 期　刊名:《延河》
目录

小说
峡谷（中篇）·········朱玉葆
哦，那蛇缠兔儿·········赵松泉

朋友，祝你快乐·········曾 樾
未忘却的你·········庞一川
同一档次的人·········胡安忍
短篇二题·········张 宇

散文
西陲纪美·········肖云儒
商州糊汤·········孙见喜
不二门·········王维洲
古镇·········薛尔康
妻爱·········余友兰
小花·········张 颖
轩辕庙会·········裴积荣
朴素深情·········小 洪

诗歌
西安鼓楼（外一首）·········章德益
我们就要开拔（外一首）·········梁志宏
在煤海深处（组诗）·········朱文杰
感染的力量·········文 竹
巴山女子（外一首）·········金 静
微笑的爱情（二首）·········晓 晴
因为爱才不遗憾·········杜 为
月下菊影（外一首）·········朱志华
诗社拔萃·········周平琳　牛海玲　路漫
延路 书山 柏峰 周刚振

美术
悬念（漫画）·········王 炬
来自老山前线的诗、书、摄影
·········廖 野　黄俊杰　李平安　李凯轩
五月人倍忙（版画）·········郑文华

1986 年第 6 期　刊名:《延河》
目录

1985 年度延河文学奖获奖作品评析
读《极乐门》随感·········董 墨
诗情、哲理相结合
——读程海的《漆彩》·········胡 采
一点浩然气
——读《市长张铁民》有感·········王 愚
读《牌坊的贞节》所想到的
——给叶延滨同志的信·········玉 杲

小说
鹅黄色的冲击波（中篇）·········临 青
阵痛·········马 力

古木兰的眼泪 ———————— 艾 涛 储福金
关中风情三题 ———————————— 李康美
短篇二题 —————————————— 马林帆
探求与争鸣
沙默 ——————————————— 李小虎
慷慨的奉献 孤独的轻生 —————— 洛 成

悼念丁玲
悼念丁玲大师 ————————————— 王汶石
痛悼丁玲同志 ————————————— 杜鹏程
缅怀丁玲老师 ————————————— 李若冰

散文
雪梦 ——————————————— 王且力
香港散记 ————————————— 秦天行

诗歌
黄土情（组诗）———————————— 张晓梅
泥人咏叹调 ————————————— 张雪杉
荒原人家（三首）——————————— 杜爱民
黄土恋（二首）———————————— 李志清
西北放歌（二首）——————————— 秦克温
北方的回忆（二首）—————————— 潞 潞
在春天的风景线上（三首）————— 宋文杰
江湖探珠（三首）——————————— 王震西
诗社拔萃 ———————— 海 子 张丽辉 黄河舟
杨基建 攀 山

美术
咸阳皮影 ——————————— 祁九鼎 马怀义
藏书票选登 ——— 王东海 梁 栋 陈雅丹 郑叔方

1986 年第 7 期　刊名:《延河》
目录

报告文学
起步于黄帝陵前 ———————————— 霍 达

小说
星星、月亮、灯火 ———————————— 效延庆
峭岸 ——————————————— 岳非丘
中国新小说
阻塞的车流 ———————————— 柳 成 雨 河
作者找到了合适的形式 ————————— 半 知
远方的桥 —————————————— 查代文
静静的小院 ————————————— 范东峰
告密者 ——————————————— 姜 汤
古树 ——————————————— 陈 韧
知音 ——————————————— 赖国清

诞生（外一篇）———————————— 陈长吟

散文
一个喝过延河水的诗人 ———————— 魏钢焰
姑母 ——————————————— 张 虹

诗歌
北方的原野（组诗）—————————— 韩作荣
致黄土高原（组诗）—————————— 李汉荣
西部抒情（组诗）——————————— 雷 霆
煤海诗浪（组诗）——————————— 李祥云
雪地上，她在寻找（外一首）————— 王新民
恋歌（三首）————————————— 陈 敏
致贺兰石（外一首）—————————— 吴淮生
诗社拔萃 ———————— 田福林 阿 营 石 坚
陈 锦 何 蓉

美术
王西京国画小辑
冒汗与冒火（漫画）—————————— 郑印全
钻火圈（漫画）———————————— 林积令

1986 年第 8 期　刊名:《延河》
目录

小说
浮躁（长篇选载）——————————— 贾平凹
走不完的天涯路 ———————————— 张 丽
短篇二题 —————————————— 董 墨
古渡 ——————————— 张拴固 徐增兰
探求与争鸣
二十四张、电影票、蓝色的 ————— 薛小平
两个艺术天地 ————————————— 张艳茜
人啊 ——————————————— 刘仲平
说几句见怪不见怪的话 ———— 吴 然 王学峰

报告文学
黄土地上的雕像 ——————— 马林帆 江 波

散文
一本索命的日记 ———————————— 陈茂欣
远去的社火队 ————————————— 田长山

诗歌
青春的黎明（组诗）—————————— 晓 晴
山民（外一首）———————————— 晓 路
蓝天黄土夕阳人（外一首）————— 沙 岸
西部的爱（组诗）——————————— 孙友田

冬天的思考 ···花凤江
短诗小辑 ·····················杨绍武　顾　工　吕　亮
龙彼德　张志鹏　陈晓星　阎丽英

作家天地
心灵的剖白 ···毛　锜

美术
方鄂秦中国画小辑
荷塘（中国画）·····································方鄂秦

1986 年第 9 期　刊名:《延河》
目录

报告文学
铁市长之死 ···和　谷

小说
黎明，我的黎明 ·····································李康美
血墙 ···聂鑫森
爱之路 ···李小虎
钉子的喜剧 ···王家达
戒指 ···刘醒龙
深深的老竹山 ·······································吴树乔
机遇 ···依　尔

诗歌
怀古四首 ···玉　杲
奠一条牛 ···叶延滨
北方的太阳河（组诗）·································艺　辛
北方·太阳（组诗）···································肖　凌
南山童话 ···蓝　鸟
纤夫路 ···李坚毅
短诗小集 ·····················雨　笛　姜强国　付　翀
刘风华　王玉民　张次征

散文
茶花开时君已去 ·····································王丕祥
呵，我的珍珠鸟 ·····································湛　岭
地中海西岸的阳光 ···································阎纯德

1986 年第 10 期　刊名:《延河》
目录

小说
隔山姐妹（中篇）···································贺抒玉
桥 ···陈忠实

舟泛中流（历史小说）·······························高友群
中国新小说
死不瞑目（外一篇）·································晋　川
多余的话 ···晋　川
白杨树下的故事 ·····································杨耀峰
一个汽车司机的故事 ·································刘　江
今夜又是月圆时 ·····································韩怀仁

散文
诗人李季在三边
——长诗《王贵与李香香》诞生的前前后后（人物特
记）·····················王国桢　姚勤镇　鲍登发
春夜的回忆 ···张守仁
咬秋 ···申文钟

诗歌
遁月（组诗）···子　页
献礼（黄河系列组诗《太阳人》之三）·················海　男
三边剪纸 ···杨　军
矿区小河 ···豆冷伯

美术
泊（水粉画）···王炎林
冷热不匀（漫画）·····································王　炬
王炎林水粉画小辑

1986 年第 11 期　刊名:《延河》
目录

报告文学
选择
——徐良、陈燕和他们的歌 ···························沈　奇

小说
我的太阳（中篇）···································缪　士
像片 ···莫　伸
北莽短篇二题 ·······································峭　石
女人 ···沙　石
内疚（外一篇）·····································王宪伶
明天小雨暂停 ·······································峻　涛

散文
人迹板桥霜 ···清　漪
槐荫 ···秋　乡

诗歌
苦难风流（组诗）···································马合省
历史·人生（三首）·································沈　淼

人生百味—————————————————高建群
遥寄大西北（二首）————————————毕　林
西部的夏天（外二首）———————————郭维东
在漠野———————————————————刁永泉
草原的虹（组诗）—————————————周恩广
短诗小辑————朱志伟　周少汉　张艳玲　萍　子

美术
傅恒学版画小辑

1986 年第 12 期　刊名:《延河》
目录

面对大西北文学世界的思考
——西北五省（区）文学期刊编辑工作座谈会纪要
"黑马"在真理门前失足
——刘晓波三篇文章得失管见——————李贵仁

小说
阴阳家事———————————————————王吉呈
子午云烟（历史小说）———————————王子今
咪咪姥姥———————————————————南　雁
湖心的太阳—————————————————胡尔朴
新娘的命运—————————————————王兰英
空谷————————————————————杨牧之

散文
古栈道———————————————————薛尔康
相思鸟————————————————晓　湖　柳　雨
脂膏————————————————————刘成章
读者某先生—————————————————梅绍静
土地、故乡和我——————————————沙　石
思慕与寻访—————————————————秦　风
延边行———————————————————秦天行
滇西，我心中的天外天——————————董大勇

诗歌
我属于黄土地————————————————宋家玲
壶口瀑布交响曲（组诗）——————————王德芳
长江，流在我眸子里（组诗）———————谢先云
诗五首———————————————————桑恒昌
爱，在高原—————————————————玉　奇
遗落的情思—————————————————黄河舟
诗社拔萃——————陈绪发　延　路　第五建平
徐　勤　伏　萍　鲍安军

美术
小说创作突破与提高会议剪影————————郑文华

李宪基版画小辑

1987 年第 1 期　刊名:《延河》
目录

小说
错位（中篇）————————————————简　明
乱纷纷的夏天————————————————姚泽芊
戈壁无语———————————————————董川夫
荒埠————————————————————彭见明
我要吃西餐—————————————————韩　起
白牛————————————————————赵伯涛
探求与争鸣
战争故事———————————————————马　原
关于"战争故事"的对话—————张晓光　赵伯涛

亚运会特记
初到汉城（日记三则）———————————杨　明
激烈的争夺（日记三则）——————————陈　昭
男篮之战（特写）—————————————刘小明
不光彩的镜头（速写）———————————扬　铭
清醇的真露酒（散文）———————————朱中良
近距离审美（随笔）————————————理　由

诗歌
北方的河流（三首）————————————周所同
躁动的原野（三首）————————————张雪杉
黄土山的情怀（二首）———————————苑　湖
淡紫色的苜蓿花————————————————耿　翔

评论
热闹与寂寞—————————————————柏　言
第二个十年—————————————————谢昌余
时代·个性·联合—————————————李沙铃

美术
宝鸡市河滨公园炎帝壁画—马　林　杨庚绪　李宪基
黄河船夫（版画）—————————————李习勤
李习勤版画小辑

1987 年第 2 期　刊名:《延河》
目录

小说
人事————————————————————京　夫
电话·世态—————————————————韦　昕
庵里的潘多拉木匣—————————————高　洺

蓟字—————————————————张　征
远客—————————————————赵燕翼
这城那城—————————————杨世芳
瓦盆塬轶事————————————汪润林
黑妹—————————————————李君实

报告文学·散文
秦公大墓—————————————尹西农
兰山夜—————————————————雷　达
吾意独怜才————————————毛　锜

诗歌
陕北八月天（组诗）————————渭　水
赤道—————————————————海　翔
人类之母—————————————陈所巨
我驱逐回忆（三首）————————陈茂欣
大海深情（三首）————————屈文焜
琴音里的爱恋（组诗）——————晓　晴
生活抒情诗（四首）————————高云飞

评论
从多层面着眼谈有关文艺问题————胡　采
是叹号，又是问号————————白　烨
面对难描难画的历史————————夫　炼
编者的话

美术
宝鸡市河滨公园炎帝壁画
白于山下（摄影）————————陈宝生
高原人家（中国画）————————梁　耘
世界名画欣赏（油画）

1987 年第 3 期　刊名:《延河》
目录

唐古拉之梦（长篇特写）——————朱　颖
墨斗（中篇小说）————————肖　实
野猫山悲歌（中篇报告文学）————牧　笛
忘忧草（抒情诗）————————杨　牧
西施（叙事诗）————————子　页

宝鸡市河滨公园炎帝壁画
渭北晨曦—————————————苏夫民
枣园春晓（油画）————————井汉升
世界名画

1987 年第 4 期　刊名:《延河》
目录

小说
到老白杨树背后去————————陈忠实
修鞋艺术家————————————莫应丰
夕阳—————————————————白如冰
白地公主—————————————惠新萍
背锅儿孝子————————————张子良
飘落的黄叶————————————士　增
黄虎—————————————————贺绪林
黑河从桥下流过（纪实小说）————仲　琪

报告文学·散文
黄河的子孙————————————张　泊
野外之恋—————————————李若冰
沙漠中—————————————————董　墨
访日四章—————————————李沙铃

诗歌
爱的流行色（组诗）————————潘万提
夏日三章—————————————沈　奇
归来兮，黄土魂（组诗）——————田　奇
讽喻篇（三首）————————梁谢成
青年诗页——————和　谷　子　川　李光云　石　冰
　　艾　文　卫　华　魏栋宇　赵李红　李建义　王剑冰

美术
宝鸡市河滨公园炎帝壁画
复活（摄影）————————————潘　科
中国画二幅————————————戴　畅
山乡少妇（中国画）————————耿　建

1987 年第 5 期　刊名:《延河》
目录

小说
惶惑—————————————————峭　石
女乞—————————————————王　戈
第三十六次会面————————陈　锟
录音机与传世之作————————韩石山
殊途异归—————————————陈炳熙
高盈九号的颜菊————————吴琪捷
二人转—————————————————柏　原
白鸽—————————————————贾坚亮
初恋—————————————————强东辉

一桩羊腿杀人案（翻译小说）
·················[英]罗尔德·达尔著　保　尔译

散文

塞上柳色 ························· 杨闻宇
谁能不痴迷 ······················ 马林帆
红柳碑 ·························· 师日新
瞬间 ··························· 银　笙
白云深处的回忆 ···················· 邢小利
秃子 ··························· 马俊杰

诗歌

国殇 ··························· 黎焕颐
山民们（二首） ···················· 孙晓杰
野诗五首 ························· 李老乡
我在八小时以外（二首） ················ 肖重声
女作者诗页 ·········· 张艳玲　胡香　书山　王琰

美术

宝鸡市河滨公园炎帝壁画
湖畔（水印木刻） ··················· 戴信军
牧场（版画） ······················ 左　良
灞柳清晖（中国画） ··················· 罗平安

1987 年第 6 期　刊名:《延河》
目录

挂面的故事 ························ 孙见喜
面对现实的思考 ···················· 王汶石
牧羊少年 ························· 延鸿飞
从黄土地中来 ······················ 任士增
白天鹅 ·························· 王润华
我赞美白天鹅 ······················ 玉　杲
生命之卜 ························· 赵伯涛
赵伯涛其文其人 ···················· 贾平凹
豹子下山 ························· 冯积岐
困惑与期待 ······················· 肖云儒
长城老人 ························· 傅宏建
把笔墨献给劳动者 ···················· 董　墨
悟 ···························· 钟　平
读《悟》 ························· 贺抒玉
子幻 ··························· 明　琪
背景无言 ························· 邹志安
滑坡 ··························· 吴克敬
真诚的喜爱人 ······················ 李天芳
无题 ··························· 李小虎
隐笔与显笔 ······················· 田　奇
死亡旅程 ························· 文　兰

文兰之"快" ························ 陈忠实
又一个清晨 ······················· 庞一川
《又一个清晨》读后 ··················· 莫　伸
死巷 ··························· 黄卫平
掘进，掘进 ······················· 闻　频
捐款 ··························· 高　华
走入历史 ························· 子　页
沉思的黄土地 ······················ 李春光
人是一个新与旧的混合物吧 ·············· 徐　岳
在山坳 ·························· 黄建国
字面以外的 ······················· 王　戈
我的天堂经历 ······················ 晋　川
荒诞与真实 ························ 峭　石
新的希望 ························ 本刊编辑部

1987 年第 7 期　刊名:《延河》
目录

流血的中午 ······················· 郑歌龙
郑歌龙印象 ······················· 白　描
雪暮 ··························· 封筱梅
只眼读《雪暮》 ····················· 王吉呈
珍藏 ··························· 阿　莹
读《珍藏》 ······················· 李若冰
远去的凉风垭 ······················ 叶广芩
冷静中的燃烧 ······················ 路　遥
思滩 ··························· 张　虹
汉江的女儿 ······················· 王丕祥
流失的岁月 ······················· 李康美
愿能写出有分量的新作 ················· 杜鹏程
瓮城水伏 ························· 子　心
回旋的市声 ······················· 李小巴
名流 ··························· 刘　路
名流未必真君子 ···················· 京　夫
远去的歌声 ······················· 竹　子
沉重的人生之歌 ···················· 王　愚
沉默是远山的歌 ···················· 张晓光
晓光的小说一观 ···················· 李　星
最多十分钟 ······················· 张　敏
爱的细语　心的歌唱 ·················· 沙　石
情不自禁 ························· 程　海
令人惊醒的心态披露 ·················· 李健民
蓝眼点子 ························· 周　矢
鸽子·人·艺术 ····················· 陈孝英
野哨 ··························· 董川夫
孤寂与进取 ······················· 汪　炎
小说两篇 ························· 杨争光
杨争兴的矍眉 ······················ 晓　蕾

马路回旋曲························姚泽芊
人情世态的针砭者··················韦　昕
文学的呼唤（评论）··············胡　采

1987 年第 8 期　刊名:《延河》
目录

小说

秋白之死（中篇纪实小说）··········冒　炘
树根····························马小泉
银耳····························陈乃霞
坟茔····························沙　石
下棋····························杨志广
沉寂的世界······················黄河浪
小雨，去悠悠····················王普红
夕阳里的铁桥····················姚鸿文

散文

一个中年男人的心态··············韩静霆
南泥湾的会见····················高红十
春天的追忆······················秦天行
裁刺····························刘羽升
西行掠影························叔　槐

报告文学

意恐迟迟归······················王寅明

诗歌

西部诗稿（二首）················章德益
天之眼··························时红军
致西安··························秦　松
过临潼（三首）··················冯福宽
白马写意（三首）················张慧颖
青年诗页·······伏　萍　刘　浇　向　荣　段和平

评论

柔的刚化和梦的实在
——《唐古拉之梦》读后··········肖云儒

美术

丝路风情（壁画）
···········彭　蠡　石景昭　张立柱　刘永杰
九月天（套色版画）··············荆　戈
王维一水印木刻选

1987 年第 9 期　刊名:《延河》
目录

小说

省长的情人··············左一兵　文之清
池阳轶事························苟彦斌
隍庙人物························李　禾
红石峡与桃花园··················子　页
同窗····························王军莉
龙舟····························筱　敏

报告文学

中国武官之妻····················张　丽

散文

热河与冷湖······················京　夫
访日····························田长山
在月亮升起的地方················刘善继

诗歌

大西北放歌······················郭维东
王德芳　马林帆　宋文杰　李志清　倪　嘉
青年诗页························陈　敏
杜爱民　王　璞　路　漫　马俊杰　蔡晓慧
爱的花环··············杨基建　萍　子　高旭旺
杨　莹　陈晓星　胡　嵒　阎　林　张　玲
天南地北··········查　干　阿古拉泰　李占学
于　之　宋宏志　安墨田　苑　湖

美术

丝路风情（壁画·局部）
···········彭　蠡　石景昭　刘永杰　张立柱
河畔（中国画）··················方济众
呼唤（中国画）··················柳敦贵
和平鸽（中国画）················武靖宇

1987 年第 10 期　刊名:《延河》
目录

人之母（中篇小说）··············程　海
冬瓜杨树上的雏鸦儿（中篇小说）····赵　熙
悠悠诗人情··········王　蒙　叶延滨　李沙铃
晏明　阿　红　犁　青　石　河　朱志伟
三秦与九州（散文一束）··········李若冰
陈所巨　沈　奇　峭　石　朱　鸿　张春生　陈长吟
马俊杰　谢克强　袁守泰

黄土地上的崛起
——陕西文学新军三十三人小说创作座谈会纪要 ············· 姚逸仙

王金岭中国画作品选

1987 年第 11 期　刊名:《延河》
目录

小说

人证 ···················· 周晓红
女性的骚动 ·············· 邹志安
面孔 ···················· 小　荣
山户 ···················· 杨小敏
南坡 ···················· 李晓茹
烦乱的雨丝 ·············· 胡安忍
春到栓栓家 ·············· 问　彬
桃花运 ·················· 李志清

报告文学

美神 ···················· 叶广芩

散文

西德鳞爪 ················ 王　愚
关于磻溪的情愫 ·········· 匡　燮
我站在扯旗山上 ·········· 权海帆

诗歌

历史与思考（二首） ······ 朱文杰
爱之歌 ·················· 黄　淮
生活风景（四首） ········ 李祥云
对自己微笑（二首） ······ 何香久
信任 ···················· 姜强国
青年诗页 ················ 陈　瑞
任柯　一　丁　李建华　王景斌　尤　斌

理论

一代人有一代人的心事 ···· 周介人
多样化的新格局 ·········· 李　星
延河逐浪高 ·············· 白　烨

美术

封面摄影 ················ 郑文华
大漠情（木刻） ·········· 李宪基
高原幽谷（版画） ········ 里　果
奉献（油画） ············ 顾艺华

1987 年第 12 期　刊名:《延河》
目录

小说

老榆树站牌（中篇） ······ 额尔敦·琪琪格
月光下的山峦 ············ 明　琪
边角地 ·················· 张宣强
一月 ···················· 马未都
洗了一个温水澡 ·········· 赵　新
相见时难别亦难 ·········· 冠　夏
娘家 ···················· 王兰英
假死 ·············· 马克·土温著　邹红译

特写

他从大野走来
——杜鹏程印象 ·········· 井　频
故乡的山 ················ 沛　翔
伤石柱 ·················· 刘仲平

散文

苹果园（外一章） ········ 张　虹
林荫中的画眉 ············ 钱佩衡
远山里那平静的深潭 ······ 李仲祥
杭州的水 ················ 琬　承

诗歌

山乡的传说（小叙事诗） ·· 冯　云
夜行（小叙事诗） ········ 商予秦
天南地北 ················ 刘　珂
何首乌　巴　强　李晓茹　梅　兰　陈佩芸
"中国潮"报告文学征文百家联名启事

美术

封面摄影 ················ 鲁　青
茂陵遐想（中国画） ······ 王尚信
厚土冬日（中国画） ······ 马　克
树下人家（中国画） ······ 黄玉钏
憩（摄影） ·············· 胡迪生

1988 年第 1 期　刊名:《延河》
目录

小说

地窖（中篇） ············ 陈忠实
高原上,那曲无字的歌 ···· 巍　岳
初吻 ···················· 许瑞生
进见 ···················· 王家达

日子 ·· 冯积岐

报告文学

青春的复苏（中篇）·································· 石 湾

诗歌

西德旅行记（五首）·································· 公 刘
我仿佛又听到了杜甫的吟诵
　　　　　　[日本]前川幸雄　马歌东译
无贝的海滩（组诗）·································· 沈 重
秋天（外二首）·· 岛 子
不凋的花树（外二首）······························ 向 晨

美术

封面摄影 ·· 王天育
古城（油画）·· 舒均欢
牧牛图（中国画）···································· 李云德
中国画四幅 ·· 蒯世英

1988 年第 2 期　刊名:《延河》
目录

小说

日落日出（中篇）···································· 董 墨
琥珀 ·· 梁 晶
山那边的季节 ··· 苑 湖
文锁轶事 ·· 赵麦岐
温柔的汉江 ··· 陈长吟
瓜藤 ·· 石 竹
绑架总统（翻译小说）
　　　　　　[美]阿里斯帝·麦克林著　保尔译

报告文学

赵长军的故事（"中国潮"报告文学征文）···· 李新民

散文

塔里木手记 ··· 李若冰

诗歌

抒情诗四首 ··· 魏志远
我是旅人（外一首）································· 李发模
拓荒（外一首）·· 秦啸海
琐事杂记（二首）···································· 彭国梁
他走向山中（外一首）······························ 陈敏丽
浪漫的高原 ··· 李成和
月圆时，独弦琴在奏 ······························· 郁 莲

美术

封面摄影 ·· 潘 科
戈壁风尘（油画）···································· 阎文喜
黄河古渡（画组之一）······························ 张建斌
陕北随想（中国画）································· 余 凡

1988 年第 3 期　刊名:《延河》
目录

法门寺地宫秘闻（中篇）··························· 尹西农
大学生 ABC（中篇）································· 明 琪
大地奏鸣曲 ··· 王润华
向电流咽喉挑战（中篇）··························· 王 蓬
国宝之战（中篇）···································· 张晓光
癌的克星 ·· 健 涛

封面摄影 ·· 郑文华
色粉画四幅 ··· 周 旭
黄河壶口（摄影）···································· 潘 科

1988 年第 4 期　刊名:《延河》
目录

小说

我的保护神 ··· 健 涛
生财之道 ·· 田沱渊
古照片 ··· 周孜仁
壮士一去 ·· 高友群
午夜的喧嚣 ··· 骆 爽
黑痣 ·· 钟 平
鹰嘴崖 ··· 陈文华
云端骑士············[美]安布罗斯·比尔斯著　雷萌译
绑架总统··········[美]阿里斯蒂·麦克林著　保尔译

散文

塔里木手记（之三、四）··························· 李若冰
拾枣 ·· 邹志安
台阶上（外二章）···································· 和 谷
旱柳情 ··· 秦天行
我长大了（二章）···································· 王天乐
与神共处 ·· 张艳茜

诗歌

绿色的诗思（三首）································· 伯 和
爱情小夜曲（组诗）································· 潘万提
爱的花絮（二首）···································· 廖华歌
短诗小辑 ·· 姜鸿章

峭　石　李强华　邢长顺　宋宏志　乔冬丽

美术

封面摄影························王天育
太白风光（中国画）···············马继忠
榆林小景（油画）················霍向鹏
生涯（油画）···················乔维新
古柏遐想（版画）················李宪基

1988 年第 5 期　刊名:《延河》
目录

双岔树························贾平凹
宽宽的短袖衫···················邹志安
轳辘子客······················陈忠实
悔犬·醒牛····················王宝成
白土壕························吴克敬
孤旅·························李康美
鼠年的祈祷····················李凤杰
铭鼎·························京　夫
驴尾河之波····················赵　熙
山庄有棵无花果树················蒋金彦
残阳·························峭　石
山林的困惑····················王　篷
初一到十五····················王　戈
净土·························沙　石
庄基·························王吉呈
农村的呼唤····················柏　言
封面摄影······················陈宝生
花女（套色版画）················张　珺
山水（中国画）··················郑天欣

1988 年第 6 期　刊名:《延河》
目录

小说

净界·························冉　丹
原色·························黄卫平
恍惚·························景　风
苟且·························牛正寰
窗花女························张淑琴
同辈·························王学锋
返回的路上····················蔡章萍
心舟·························王建华
中秋月圆······················默　声
绑架总统（翻译小说）
　　　　　　［美］阿里斯蒂·麦克林著　保尔译

报告文学

关于电影《红高粱》的日记···········杨前斌

散文

塔里木手记····················李若冰
悟道轩杂品····················匡　燮
湖畔秋思······················骞国政

理论

我对《地窖》的感知和估量···········权海帆

美术

封面摄影······················陈宝生
高原情（中国画）················罗平安
天山之歌（油画）················许　波
收获（法国雕塑）···············刘志威摄影

1988 年第 7 期　刊名:《延河》
目录

延河诗会

思辨的人生····················黎焕颐
大兴安岭呼唤色彩（组诗）···········田　奇
西部中国（组诗）················晓　雷
诗五首························韩作荣
我自有绿山青水（组诗）············戴砚田
有赠（五首）···················宫　玺
致舒婷（外二首）················张学梦

西部诗旅

底部（三首）···················杨　牧
风流岁月（组诗）················陈广斌
在河西走廊（组诗）···············林　染
壶口礼记（二首）················商子秦
野味诗五首····················老　乡
妻子，我的故乡·················秦中吟

高原风情

死吻（组诗）···················雷抒雁
北方的河流（组诗）···············周所同
壶口心曲（二首）················魏钢焰
黄土情（二首）·················峭　石
五色土（组诗）·················宋文杰
天子、诗人和卖羊杂碎的妻子（外一首）···谷　溪
依依后土（二首）················王　璞
疯女·························渭　水
北方的森林（组诗）···············李占学
诗三首························程　海

鬼山 ……………………………………………… 渭　水
春天里，猪、狗和人 ………………………………… 引　泉
九月菊 ……………………………………………… 牛如忠
海外飞鸿 …………………………………………… 沈　宁

诗歌
访日诗录（五首） ………………………………… 罗继长
门外窗外
——访意诗抄 ……………………………………… 叶延滨
在中国（二首） ………………………… ［日］前川幸雄
诗六首 ……………………………… （中国香港）傅天虹

散文报告文学
心上的灯（特写） ………………………………… 魏钢焰
乡医（散文） ……………………………………… 赵　熙
风雨上天都（散文） ……………………………… 朱光亚
漠城黄昏（散文） ………………………………… 冥　然
试飞（中国潮报告文学征文） …………………… 田长山

美术
封面摄影 …………………………………………… 潘　科
一世清白（中国画） ……………………………… 武靖宇
花鸟（中国画） …………………………………… 吴佑国
法国雕塑 ………………………………………… 刘志威摄

1988 年第 10 期　刊名:《延河》
目录

中篇小说
洞阳人物录 ………………………………………… 叶广芩
三月雪 ……………………………………………… 京　夫
花自飘零水自流 …………………………………… 莫　伸
受礼记 ……………………………………………… 谢雪畴
学业（长篇选章） ………………………………… 王宝成

美术
封面摄影 …………………………………………… 陈宝生
王金岭中国画选
掠（法国雕塑） ………………………………… 刘志威摄

1988 年第 11 期　刊名:《延河》
目录

小说
有鸟的秋天 ………………………………………… 闻　波
父亲 ………………………………………………… 俞胜利
柔情沉甸甸（长篇选章） ………………… 李天芳　晓　雷

平淡的小巷 ………………………………………… 赵　丰
双寡 ………………………………………………… 吴克敬
掮山少年 …………………………………………… 姚逸仙
菜霸 ………………………………………………… 师有荣
入世 ………………………………………………… 石　爽

报告文学·散文
平湖梦（"中国潮"报告文学征文） ……………… 白　描
鹿回头之梦 ………………………………………… 王维洲
汉江韵（三章） …………………………………… 张　虹
南湖情思 …………………………………………… 秦天行
送粽子 ……………………………………………… 袁守泰
我渴望阳光 ………………………………………… 陈文野

诗歌
间歇 ………………………………………………… 沈　奇
界墙 ………………………………………………… 冯　云
金锁关（外一首） ………………………………… 刘新中
多梦的女人 ………………………………………… 申爱萍
土地情歌（二首） ………………………………… 陈　瑞
青年诗页 …………………… 王天乐　黄以明　付卫华
陈　嘉　欣冰强　沫
天南地北 ………………… 阿古拉泰　宋纯孝　胡　喦
向　荣　原上草

美术
封面摄影 …………………………………………… 潘　科
云谷晴岚（中国画） ……………………………… 杨为先
沈均中国画四幅
钟楼之夜（水粉画） ……………………………… 李允国

1988 年第 12 期　刊名:《延河》
目录

"中国潮"报告文学特辑
飞越海峡的青鸟 …………………………………… 甘铁生
邢少华和他的新蕾乐团 …………………… 孙豹隐　郭宝善
历史一定会记住你 ………………………………… 何启治
在希望的田野上 …………………………………… 钟　平
走出大峡谷 ………………………………… 白清洲　苑　湖
雍城风雨 …………………………………… 祁念曾　苏满乾
灿烂的星光 ………………………………………… 质　文
大漠奏鸣曲 ………………………………… 姬晓东　高建华
播种幸福的人
——记性医学专家胡岩 …………………………… 韩亦生
龙的土地（散文小辑）
回乡第一天 ………………………………………… 陶斯亮
胶林 ………………………………………………… 京　夫

静静的托来河 ⋯⋯⋯⋯⋯⋯⋯⋯⋯⋯ 林　染
神农架采撷（三章）⋯⋯⋯⋯⋯⋯⋯ 刘益善
在美式快餐厅美餐 ⋯⋯⋯⋯⋯⋯⋯⋯ 晓　晴
龙的土地 ⋯⋯⋯⋯⋯⋯⋯⋯⋯⋯⋯⋯ 沙　人
根之歌 ⋯⋯⋯⋯⋯⋯⋯⋯⋯⋯⋯⋯⋯ 乔怀贵
清幽的杨木洼 ⋯⋯⋯⋯⋯⋯⋯⋯⋯⋯ 成振炀
呵，鸟岛（外二章）⋯⋯⋯⋯⋯⋯⋯ 匡　燮

美术
封面摄影 ⋯⋯⋯⋯⋯⋯⋯⋯⋯⋯⋯⋯ 潘　科
故乡月（套色水印木刻）⋯⋯⋯⋯⋯ 王维一
井村之彦画选［日本］
瑞雪（摄影）⋯⋯⋯⋯⋯⋯⋯⋯⋯⋯ 郑文华

1989 年第 1 期　刊名:《延河》
目录

小说
青石街夕照 ⋯⋯⋯⋯⋯⋯⋯⋯⋯⋯⋯ 胡燕怀
小说二题 ⋯⋯⋯⋯⋯⋯⋯⋯⋯⋯⋯⋯ 杨争光
再嫁
——天生是个女人 ⋯⋯⋯⋯⋯⋯⋯⋯ 陆星儿
祭灶这天 ⋯⋯⋯⋯⋯⋯⋯⋯⋯⋯⋯⋯ 韦　昕
一个女人的命运 ⋯⋯⋯⋯⋯⋯⋯⋯⋯ 青　禾
听来的故事 ⋯⋯⋯⋯⋯⋯⋯⋯⋯⋯⋯ 士　增
天塌 ⋯⋯⋯⋯⋯⋯⋯⋯⋯⋯⋯⋯⋯⋯ 蓝　冰
白狐和青衣 ⋯⋯⋯⋯⋯⋯⋯⋯⋯⋯⋯ 河　婴

报告文学·散文
谁解其中味（报告文学）⋯⋯ 杨乾坤　胡子贵
陕北五记 ⋯⋯⋯⋯⋯⋯⋯⋯⋯⋯⋯⋯ 陈　文
从小我就认识了风 ⋯⋯⋯⋯⋯⋯⋯⋯ 侯雁北
捞河财 ⋯⋯⋯⋯⋯⋯⋯⋯⋯⋯⋯⋯⋯ 白生瑞
夜月时入梦 ⋯⋯⋯⋯⋯⋯⋯⋯⋯⋯⋯ 莫　璠
会说汉语的蓝眼睛姑娘 ⋯⋯⋯⋯⋯⋯ 王为政

诗歌
纵然死后（外三首）⋯⋯⋯⋯⋯⋯⋯ 阿　红
边城（组诗）⋯⋯⋯⋯⋯⋯⋯⋯⋯⋯ 屈文焜
黑罂粟（二首）⋯⋯⋯⋯⋯⋯⋯⋯⋯ 李　瑜
吻别（组诗）⋯⋯⋯⋯⋯⋯⋯⋯⋯⋯ 雷抒雁
工厂的旋律（二首）⋯⋯⋯⋯⋯⋯⋯ 王恩宇

美术
春花（中国画）⋯⋯⋯⋯⋯⋯⋯⋯⋯ 王三京
长安走马（中国画）⋯⋯⋯⋯⋯⋯⋯ 王尚信
华岳雄姿（中国画）⋯⋯⋯⋯⋯⋯⋯ 吴　华
闹春（摄影）⋯⋯⋯⋯⋯⋯⋯⋯⋯⋯ 王天育

1989 年第 2 期　刊名:《延河》
目录

彩电大角逐（中篇报告文学）
法门情魔（中篇言情传奇小说）
现代杀人心态启示录（报告文学）
大太监小德张传奇（中篇历史纪实小说）

1989 年第 3 期　刊名:《延河》
目录

小说
山魈 ⋯⋯⋯⋯⋯⋯⋯⋯⋯⋯⋯⋯⋯⋯ 张树岗
女人是酒 ⋯⋯⋯⋯⋯⋯⋯⋯⋯⋯⋯⋯ 李霁宇
漂泊的秋天 ⋯⋯⋯⋯⋯⋯⋯⋯⋯⋯⋯ 秋　子
一个无味的故事 ⋯⋯⋯⋯⋯⋯⋯⋯⋯ 魏心宏
寒夜里的暖流 ⋯⋯⋯⋯⋯⋯⋯⋯⋯⋯ 苟彦斌
老鸹台上黑老鸹 ⋯⋯⋯⋯⋯ 尚久骖　吴云龙
小新 ⋯⋯⋯⋯⋯⋯⋯⋯⋯⋯⋯⋯⋯⋯ 吴琪捷
寓言四则 ⋯⋯⋯⋯⋯⋯⋯⋯⋯⋯⋯⋯ 吕德华

散文报告文学
我们砌长城（报告文学）
——全民皆商狂潮中的青年知识分子扫描 ⋯⋯ 马　川
空白（外一篇）⋯⋯⋯⋯⋯⋯⋯⋯⋯ 夏　菲
村殇 ⋯⋯⋯⋯⋯⋯⋯⋯⋯⋯⋯⋯⋯⋯ 田长山
跑滩（外一篇）⋯⋯⋯⋯⋯⋯⋯⋯⋯ 陈长吟
红雨伞 ⋯⋯⋯⋯⋯⋯⋯⋯⋯⋯⋯⋯⋯ 李　霜
情结 ⋯⋯⋯⋯⋯⋯⋯⋯⋯⋯⋯⋯⋯⋯ 延　梅
冬日高原 ⋯⋯⋯⋯⋯⋯⋯⋯⋯⋯⋯⋯ 史小溪

诗歌
黄土高原，你这佝偻的老人 ⋯⋯⋯⋯ 鲍世军
沉积的歌声 ⋯⋯⋯⋯⋯⋯⋯⋯⋯⋯⋯ 傅　翀
凡人小令 ⋯⋯⋯⋯⋯⋯⋯⋯⋯⋯⋯⋯ 张新泉
矿山的井巷（外二首）⋯⋯⋯⋯⋯⋯ 李祥云
爱情诗三首 ⋯⋯⋯⋯⋯⋯⋯⋯⋯⋯⋯ 柯　原
花之歌（外二首）⋯⋯⋯⋯⋯⋯⋯⋯ 鸿　雁
往事 ⋯⋯⋯⋯⋯⋯⋯⋯⋯⋯⋯⋯⋯⋯ 黄以明
青年诗页 ⋯⋯⋯⋯⋯⋯⋯⋯⋯⋯⋯⋯ 曲　近
陆　健　柳　琴　黄殿琴　曹　健　张锦国　石　坚

评论
析梦：关于海南瓜报告诗
——《为了梦中的椰子树》读后 ⋯⋯⋯⋯⋯ 刘小荣

美术

丛林（中国画）————————————罗平安
山居图（中国画）————————————郑天欣
竹（中国画）——————————————戴 畅

1989 年第 4 期　刊名：《延河》
目录

古画喋血（中篇传奇小说）
台上台下的爱情（中篇报告文学）
亮宝楼盗案（中篇侦破小说）
新啼笑姻缘（中篇言情小说）
黑帮火并（翻译惊险小说）

1989 年第 5 期　刊名：《延河》
目录

小说

白净雪原————————————————卢 慜
黄土风—————————————————王建强
大娃——————————————————孙见喜
来劲爷————————————————胡昌锐
十九岁的雪谷————————————毕华勇
山腰——————————————————白 山
试马、落日————————————涂光群
已婚男人和我————————————宫妮妮
朴满——————————————————段景礼
耳树湾核桃坡————————————何永林

散文报告文学

柏杨夫妇在西安（特写）————————汪 炎
从大泽乡到双堆集————————————王英琦
毛毛——————————————————尚贵荣
时代弄潮儿（报告文学）————振 海 顺 利

诗歌

雾秋（三首）————————————陈茂欣
龙的质疑————————————————毛 翰
身影（外二首）————————————刘恒杰
小河，你听我说（外一首）————张 虹
山城寻梦（二首）————————————党永庵
多余的风景（外二首）————————王景斌
蔡锷墓怀古（散文诗）————————邓 杰
三条腿的羊（外一章）————————马 钰
青年诗页————————刘丽萍　王历子　水 阳
　艾 平　嶷 山　迟 岚　王渊平　周凌燕

美术作品

龙马腾飞图（摄影）————————————陈宝生
陕北身歌（浮雕）————————————赵晓荣
时装

1989 年第 6 期　刊名：《延河》
目录

教堂枪声（中篇侦破惊险小说）
血染的金佛珠（中篇传奇小说）
布莱尔妇女秘闻（长篇纪实体小说）

1989 年第 7 期　刊名：《延河》
目录

小说

雨夜车祸————————————————大 营
越过达肯大坂————————————王文泸
三弟——————————————————林 宕
失身——————————————————琬 承
异乡人————————————————李伯勇
哦，我的土地————————————牧 笛
落叶——————————————————沙 石
黑谷（长篇选载）————————————竹 子
私生子————————[美]海伦·诺里斯著　李天舒译

散文·报告文学

序文二题————————————————杜鹏程
蔚蓝的血————————————————吴 琼
一字结果的采访————————————马林帆
春天的回声
——西安车辆厂勤工俭学实习工厂纪实————达 勇

诗歌

历史之源（组诗）————————————黎焕颐
深山公路————————————————程万里
无弦琴（四首）————————————张雪杉
天南地北————————————————徐 康
徐苏民　安墨田　王忠范　徐 阳　靳亚利　宋纯孝

美术作品

牺牲（版画）————————[德]凯绥·柯勒惠支
人类的曙光（版画）————[美]罗克威尔·肯特
崇山秋韶（中国画）————————————杨为先

1989 年第 8 期　刊名:《延河》
目录

小说

黑马牙豁 .... 鲍义志
陡街 .... 姚霏
弦上的魂 .... 效延庆
短篇二题 .... 贺抒玉
苍白的树枝 .... 蓝冰
不，不是外星人 .... 顾工
妹妹 .... 鸿飞
模特 .... 赵新
烧蚀 .... 阿莹
腊八 .... 黄建国
母亲 .... 王吉呈

散文

斯德哥尔摩的钟声 .... 阎纯德
草莓（外二章） .... 波波
牛拉鼓（外三篇） .... 峭石
秘密的东方 .... 朱鸿
美丽的错误 .... 姚玉红
心祭 .... 卞卡

诗歌

失去时间的备忘录（组诗） .... 叶延滨
在谷底（外一首） .... 龙郁
杂咏（四首） .... 李发模
原上虹（二首） .... 梁志宏
渴望生活（二首） .... 秦安江
天南地北 .... 杨基建　日月兰　张锡贵
鲁萍　李萃华　冯贵华　花凤江　陈静　张黎

评论

着力反映时代的审美生活
——《塔里木手记》漫谈 .... 冯立

美术作品

窗花女（彩拓版画） .... 管殿武
武当山南岩壮观图（手指画） .... 虞小风
高原春晓（中国画） .... 张朝翔

1989 年第 9 期　刊名:《延河》
目录

小说

落红 .... 王梓夫

蜜月 .... 胡良骅
昨夜梦里忽还乡 .... 王宪伶
金色幽默 .... 熊明
带万向轮的红衣箱 .... 刘小兵
赌马 .... 杨牧之
灼人的秋夜（长篇选章） .... 麦甲

"中国潮"报告文学征文

古道悲歌 .... 刘元举
意蕴深沉的悲歌 .... 李星
跳进你家的音符 .... 尹西农　由甲
在新旧夹缝中的心理调整 .... 王愚
汉斯！汉斯…… .... 李敬寅
一颗热情灼人的心 .... 阎纲

诗歌

诗四首 .... 田奇
悟者（外一首） .... 柳沄
快乐风在漫步（外一首） .... 张锦国
高原，高原（外一首） .... 孙冰红
继线的风筝 .... 徐慧屏
属于心室的诗歌（外二章） .... 杨树
心愿（外一首） .... 杨卉春

美术作品

晨曲（木刻） .... 刘样成
钢铁长城（油画） .... 蔺宝刚
高原牧歌（套色版画） .... 郑文华

1989 年第 10 期　刊名:《延河》
目录

祝贺《延河》出刊三百期
兄弟刊物贺词
《鸭绿江》《北方文学》《山西文学》《人民文学》《上海文学》《文艺报》《中国西部文学》《飞天》《朔方》中国作家协会书记处《解放军文艺》
诗四首 .... 王巨才
书法作品 .... 茹桂　薛铸　赵熊
李成海　刘自椟　吴三大　修军　邹宗绪
美术作品 .... 王金岭　李习勤　耿建

小说

叶叶 .... 董墨
往事如烟 .... 韦昕
巨槐 .... 北雪
候机 .... 黎钟频
夏天到秋天 .... 冯积岐

那时的你──────────姚鸿文

悠然见南山──────────韩　起

五色梦──────────孙润民

散文报告文学

星月小品（四章）──────────匡　燮

诗路夜记（三则）──────────阿　红

散文──────────秦天行

奇兵突起是孔颜──────────张晓光

诗歌

爱恋时光（组诗）──────────潘万提

心城（组诗）──────────王德芳

故乡的小镇──────────向　荣

黄河岸上的梦（二首）──────────孙伯和

雾天观海──────────崔星尧

青年诗页──────────耿　翔　蔡晓慧　贺海涛　高云飞

《山西群众文艺》
（《晋阳文艺》）

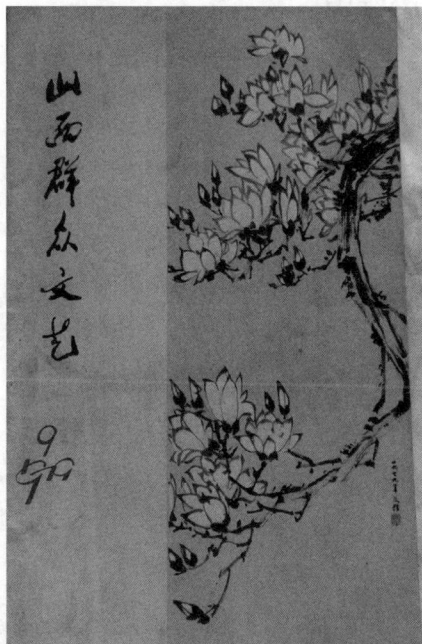

【简　介】

　　通俗文学月刊。山西省文化馆主办。创刊于1957年，1972年复刊。1980年由《山西群众文艺》更名为《晋阳文艺》。通俗类文学创作，如戏曲、评书、民间故事、寓言等为其最大的特色。

期刊号:1976年第1期—1989年第12期

1976年第1期　刊名:《山西群众文艺》
目录

全党动员　大办农业　为普及大寨县而奋斗

诗歌

毛主席铺下金光路（新民歌十四首）──────张经文等

红花赞──────────赵金荣

誓师──────────赵光亮

书记的铁肩──────────李桂香

从小学习大寨人（儿歌）──────────武　练

曲艺·唱词

"锁不住"（山东快书·征文）──────────王金玉

红娟回村（致词）──────────何春晓

唱机器（快板小段·征文）──────────张效武

查猪瘟（唱词）──────────郑克俭　宋世珍

学大寨　改河山（小快板）————————程小坤　韩福林
高山劲松（相声）————————————————吴庆瑞
修履带（快书小段）——————————————陈福友
十唱农业学大寨（唱词）————————————李万庆
大会战（表演唱）—————————————————祁　裕
李逵元宵闹东京（山东快书）—————————桂雨清

故事
掌握方向盘的人—————————————————韩养精

歌曲
丰收果献给毛主席（女声小合唱）
————————大寨创作组词　晋中地区作曲学习班曲
从小寨到北京（女声独唱）——————董耀章词　焦　叶曲
为普及大寨县而奋斗（齐唱、征文）
——————————————————王译词　张志烈曲
为巩固无产阶级专政而战斗（齐唱）
——————————————————梁拉成词　史掌元曲

戏剧
送锅盖（小戏曲）————————————定襄县创作组
支农战歌（小戏曲）————朔县文化馆创作组集体创作
杨日新执笔
情深谊长（小戏曲）——————————————王小渠

知识辅导
歌词创作学习札记（一）—————————————王石祥

美术
大寨花盛开—————————————————————沈丰明
大寨精神赞（组雕局部）—————大寨精神赞组雕创作组
农事图（剪纸）
————————浮山县文化局　手工业管理局　供稿
新春联———————————————————————黄　峰
少　文　程　鹏　洪　久　经　伦　建　平等

1976 年第 2 期　刊名:《山西群众文艺》
目录

认真学习毛主席的《词二首》
水调歌头（重上井冈山）
——————————为毛主席词谱曲　中央乐团集体创作
念奴娇（鸟儿问答）
——————————为毛主席词谱曲　中央乐团集体创作
继续革命的号角　反修斗争的檄文——————————朱　桐
天翻地覆而慷—————————————郭宇一　么少颖
毛主席诗词传天下（新民歌十一首）
—————————————葵　苑　蔡　钧　广　彤　金　友等

毛主席重上井冈山（歌词）————————————韩静霆
井冈儿女唱颂歌（歌词）
—————————————————王晓玲　黄润勇
毛主席诗词是进军号（歌曲）————盛　昌词　一　非曲
全党动员　大办农业　为普及大寨县而奋斗

寿阳县农业学大寨文艺作品选
学大寨新民歌（十三首）—————————————潘　华等
俩队长（故事）———————————————————宋达理
引水（相声）————————————————————张学义
铁队长（对口快板）————————————————董世忠
编箩筐（地头小歌剧）
————————古城大队宣传队集体创作　曹桂芬执笔
齐心建设大寨县（歌曲）————————寿阳县文化馆词曲
挑起货担进山庄（歌曲）—————————世　忠　道　诚词
李玉权曲
雪夜红灯（诗）———————————————————徐葆成
万众齐绘斗天图（诗）———————————————旭　林
龙潭风雪歌（诗）——————————————————韩长绵
手之歌（诗）————————————————————叶知秋
新的战斗（朗诵诗）————————————————郑可新
方向盘（快板书·征文）——————————————王健飞

热情歌颂社会主义新生事物
山花赞（诗·征文）————————————杨庄大队创作组
毛主席派咱管学校（诗·征文）——————————刘　武
飞车排小唱（诗）—————————————————赵黄锁
老党员进干校（诗）————————————五·七校学员
小红辣椒（故事·征文）——————————————秦德荣
喜看样板戏（表演唱）———————————————杨　畅
"想得全"（书词）—————————————————李振法
夸媳妇（评说·征文）———————————————赵华云
普及大寨县（歌曲）———————王平词　里安阳沟宣传队曲
我是太行新社员（歌曲）——————韩静霆词　克　秀曲
不能填这张表（独幕话剧）
————————————解放军某部创作组　武国执笔

知识辅导
歌词创作学习札记————————————————王石祥

美术
战地新歌（年画）—————————————————崔炳良
农业学大寨（剪纸）————————————————赵玉亮
乐的我老汉心里甜（摄影作品）
————————————————车夫摄影　峭岩配诗
在艰苦创业的日子里（年画）——————姚天沐　张怀信

1976 年第 3 期　刊名:《山西群众文艺》
目录

文艺创作要努力反映"文化大革命"·············丹　川
"旧貌变新颜"是不可抗拒的历史规律
——读毛主席词《水调歌头·重上井冈山》的一点体会
·············王忠民

诗歌
大批大干学大寨
大寨花开红万里（新民歌八首）·············赵珠成等
支部挪家·············赵　臻
新委员·············刘建政
创业歌·············阵　容
松溪河小唱·············魏红前
歌唱人造小平原·············韩　永
军歌满山（二首）·············杨作云

红花朵朵报春来
毛主席引来幸福泉（新民歌五首）·············郭有盛等
课堂·············孙海生
加钢·············王雪保
书记领咱选校址·············李金德
采药歌·············郑俊杰
歌咏会·············张红宇
地头赛诗会（外一首）·············李千和

妇女敢顶半边天
女钻工的故事·············韩长锦
女炉长·············冯　云
红大嫂挂帅·············忻县合索公社杨庄大队创作组

故事·小小说
关键时刻·············陈风生
战地炮声·············刘　武
捉"猪"记·············宋素琴

戏剧·曲艺
退合同（小戏曲）·············红　星　烽　波
十唱教育要革命（唱词）·············于　全
热情支持社会主义新生事物（天津快板）·····刘廷禄
工地风波（鼓词）·············王仲祥
"管师傅"（相声）·············王秀春　安　静

歌曲·演唱
县县高唱大寨歌（齐唱）·············王森词　践耳曲
我们是大寨女民兵（齐唱）·············大寨宣传队词曲
学习大寨铁姑娘（二胡齐奏曲）
·············葆　彤　富　世编曲
支农大军下乡来（表演唱）·············盛昌词曲

美术
谁持彩练当空舞（年画）····（工人）王树明　吕双明
女拖拉机手（照片）····车　夫摄（女工）刘亚瑜配诗
昔阳农民画选登
认真读书（剪纸）·············申沛农

1976 年第 4 期　刊名:《山西群众文艺》
目录

坚持文艺革命，反击右倾翻案风·············初　澜
文艺要为社会主义新生事物大唱赞歌（评论）
·············曲润海　韩玉峰
当好新生事物的促进派（评论）·············武湍文

诗歌
反击右倾翻案风　新生事物花更红
大辩论赞（新民歌十一首）
·············张红宇　石受文　少　峰等
高师傅登上辩论台·············梁志宏
老羊工进校园·············刘瑞祥
批判会上·············米声明
验新兵·············赵成山
击风斗浪把鳖捉·············崔润镇
开门办学赞·············韩静霆
开路先锋·············丁　东　梁申威
讲台·············郑全锁
战地·············高书红
矿工大学生·············金　笑　汉　喜

戏剧·曲艺
新生事物就是好（唱词）·············李万庆
副团长上台演雷刚（山东快书）·····靳文华　林　虹
向阳花（对口剧）·············郑安洁
大寨路（相声）·············杨玉福
飞车红哨（山东快书）·············郭　钢
林海哨兵（小戏曲）·············仪田丰

故事·小小说
红梅正俏·············张文清
选将·············师东兵　张富伟
新花·············元建兴

歌曲
为巩固无产阶级专政而战斗（男声独唱）
·············盛昌词　文秀曲

开门办学就是好（齐唱）─────────孙凯词曲
歌唱大寨人（齐唱）─────────王森词　践耳曲
抡起心爱的开山锤（女声独唱）
　　　───────────────一江词　秀华曲

美术
花开三春回山来（年画）─────────施绍辰
青春似火（摄影）───────陈绍球摄并配诗
再给大妈讲一遍（年画）
　　　──────────（女知青）李临菊　胡有章
还干这一行（年画）────────尹向前　董兴泰
信（连环画）─────────张树文编　胡斌绘

1976 年第 5 期　刊名:《山西群众文艺》

目录

坚决拥护党中央的两项决议
愤怒声讨邓小平的反动罪行
中共中央关于华国锋同志任中共中央第一副主席、国务院总理的决议
中共中央关于撤销邓小平党内外一切职务的决议
伟大的胜利────────────《人民日报》社论
党中央决议传四方（歌曲）
　　　──────王万涛词　王万涛　周仲康曲
欢呼党中央两项决议的发表（对口词）
　　　───────────────────张效武
天安门颂（诗）─────────────张志安
党中央决议传四方（诗）───────────米声明
两个决议好得很（诗）────────────龚　融
紧跟毛主席冲向前（新民歌）──────────志　峰
锋芒直指邓小平（新民歌）──────────陈维光
铁锹劈烂走资派（新民歌）──────────赵威龙
声讨（诗）────────────────石受文
痛击右倾翻案风（诗）───────────李居鹏
党擂战鼓咱上阵（新民歌）──────────文　峰
征途永吹冲锋号（新民歌）──────────李运增
铁拳砸碎复辟梦（新民歌）──────────金志波
治安保卫员（诗）───────────张不代

1976 年第 6 期　刊名:《山西群众文艺》

目录

评论
社会主义文艺的根本任务不容否定────────艾　斐
以阶级斗争为纲　搞好文艺创作
　　　──────────于世伟　黄　峰　李少文

诗歌
歌颂"文化大革命"　反击右倾翻案风
体育战线开新花（组诗）────────────赵国增
"文化大革命"赞歌（征文·三首）────────韩长绵
五·七干校春满园（征文）───────────梁　衡
山村卫生员──────────────────王西兰
社来社去好得很──────────────张履生
咱是把关的战斗队─────────────张效武等
斥走资派─────────────────王振佳
反击右倾翻案风────────────────李新民
阳光雨露育新苗（儿童诗四首）
　　　────赵黄锁　徐明德　王长英　张廷杰

故事·小小说
三次交锋（征文）───────────────刘颖娣
迎春───────────────────刘桂权
牛角号────────────────────李贵忠

戏剧·曲艺·演唱
红梅峪（独幕话剧）──────孙起鹏　马士英
新生事物就是好（晋剧表演唱）
　　　──────────高连荣词　李守贞曲
药园斗敌（征文·道情说唱）──────────张新民
赤脚医生李志红（征文·快板书）────────林金友
回击（潞安鼓书）───────────葛来宝整理
学工路上（山东快书）────────────吴庆瑞

歌曲
反击右倾翻案风（齐唱）─────大寨宣传队词曲
和修正主义对着干（齐唱）
　　　──────临猗县学大寨文艺宣传队词曲
赤脚医生人人夸（女声小合唱）
　　　────────王艾仁词　掌元　文胜曲
大寨儿童心向党（童声合唱）─────大寨宣传队词曲
开门办学花朵艳（童声合唱）
　　　──────────韩静霆词　张志烈曲

美术
希望寄托在你们身上（油画）
　　　─────────北京市朝阳区群众美术创作组
春苗（电影故事片剧照）
　　　─────────山西省电影发行放映公司供稿
接过战笔　战斗到底（宣传画）
　　　──────────────肖振亚　刘恩斌
喜悦（雕塑）────────────────林国耀

1976 年第 7 期　刊名:《山西群众文艺》
目录

"文化大革命"永放光芒
——纪念中共中央一九六六年五月十六日
《通知》十周年·····················《人民日报》、
《红旗》杂志、《解放军报》编辑部
我们热爱革命祥板戏（评论）
·····················太原市南郊金胜公社贫下中农评论组

诗歌
歌颂"文化大革命"　颗颗红心永向党
高唱赞歌庆七一（新民歌十三首）
·····················李炳天　杨金台　栗金马等
冲锋的号角·····················徐明德
洪流歌·····················于瑛　华丹
我们的党委·····················赵鹏飞
老中青三结合赞歌·····················何晴波
赞革命的大字报·····················赵　剑
桥工大学·····················张含保　山广骏

故事·小小说
战旗红似火（征文）·····················张文清
新苗逢春·····················田昌安
球场新花·····················程惠海

戏剧·曲艺
红梅吐艳（小戏曲）
·····················攀　山跃　中　淑清
两次上大学（数来宝）·····················刘殿春
激战卧虎峰（山东快书）·····················王金玉　孙承政

演唱·歌曲
中南海，党的心房（独唱）······茅晓峰词　曾　模曲
无产阶级"文化大革命"颂歌（齐唱）
·····················石　祥词　贤　邦　边际曲
天安门广场颂（男高音独唱）······洪源词　袁国志曲
牢记阶级斗争这个纲（齐唱）·····················殷弓词曲
农大学员心向党·······志　为　齐　心词　苗民培曲
反击右倾翻案风（齐唱）
·····················李德辰　孙远惠词　董兆武　郝宗纲曲
马驹"驾辕"（地头表演唱）·····················旭　林
探家归来（坐唱）·····················唐亚明

知识辅导
谈黑板报·····················转自《延安画刊》

美术
东方红·····················张松鹤
战歌越唱情越高（摄影）
·····················孙敏生摄影　康建平配诗
谈黑板报（附图）·····················转自《延安画刊》

1976 年第 8 期　刊名:《山西群众文艺》
目录

在斗争中建设党·····················《人民日报》、
《红旗》、《解放军报》社论

评论
深入批邓，争取群众文艺的更大繁荣
·····················昔阳县文化馆
紧握战笔　冲锋不止·····················界都公社业余创作组
文艺武器工农兵掌定了·····················宋明珠

诗歌
虎头山就是座反修城（新民歌十三首）····大寨创作组
风吹浪打战旗红
——晋阳群众诗歌选（十二首）
·····················郭喜维　陈玉珠　聂贵锁　赵素棠等
张贴在前沿阵地的诗传单（三首）·····················梁拉成
昔阳学大寨豪言壮语

故事·小小说
战斗的春天·····················雁　翔
斗!·····················秦怀录

戏剧·曲艺·演唱
"文化大革命"永放光芒（群口词）·······大寨宣传队
书记之间（对口快板）·····················雷　笑
山村新花（快板书）·····················周巨和
"文化大革命"好（锣鼓说唱）······史文寿　李进功
心明眼亮（小演唱）·····················王艾仁
民兵痛击翻案风（表演唱）····刀把口公社企业宣传队
女炮手（小演唱）·····················秦光明
文化革命新事多（表演唱）·····················大寨宣传队

歌曲
毛主席，昔阳人民跟着您（女声独唱）
·····················艾仁　王森词　掌元　践耳曲
无产阶级专政更加巩固坚强（齐唱）
·····················昔阳县文化馆词曲
"文化大革命"战果辉煌（齐唱）·····················德光词曲
革命样板戏放光彩·······昔阳县歌曲创作学习班词曲
大学大批再大干·····················大寨宣传队词曲

我们是革命的小闯将............大寨公社南瑙学校词曲

美术

向毛主席汇报（油画）............杨力舟 王迎春
昔阳农民画新作（五幅）
春苗茁壮（昔阳农民画）............社员 张明兰

1976 年第 9 期　刊名:《山西群众文艺》
目录

诗歌

歌颂"文化大革命"　反击右倾翻案风
进攻的炮声............梁双成
"大学松"............武建中
干校，坚硬的刀石............柳　萌
垫肩歌............贾　真
火红的青春闪光辉............冯　云
书记和扁担............杨金台
大老李蹲点............米声明
政委回"家乡"............文　峰
进军大寨县（组诗）............梁志宏
书记演书记............高建华
狼窝掌上开山锤（外一首）............石　砾
书记的蓝布褂............高　乾
送公粮............张　震

戏剧·曲艺

断路（小戏曲）............靳 贵劲 捍
俩队长（小戏曲）............忻县《俩队长》创作组
榜样（韵白小话剧）............徐朝群
志在农村（快板书）............李贵忠
一堂课（山东快书）............宋世珍
副团长站岗（山东快书）............张 林 郝东亚

故事·小小说

"一股劲"............王小渠
小将开路............孙　越

演唱·歌曲

接亲人（表演唱）............卫　青
抗震救灾奋勇当先（词表演）............徐朝群 谢金山
迎风击浪（襄垣鼓书）............赵巾又
我为"文化大革命"高唱赞歌（男独）
............周祥钧词 炳　青曲
新书记灯下补工装（歌表演）......于秀芳词 张文秀曲
新生事物遍山村（女声独唱）
............韩静霆词 陈廷佑曲
红卫兵穿上绿军装（齐唱、二部合唱）

............王晓岭词 南文政曲
我们和"文化大革命"同一岁（儿童歌曲）
............石祥词 王滨殷弓曲
大学毕业回太行（独唱）
............宋书文 盛 昌词 杜毅清曲
前进! 伟大的社会主义祖国（齐唱）
............昔阳县文化馆词曲

美术

开学典礼（年画）............王秦生
给姐姐回信（国画）............天　舒
书记拜师学手艺（诗配图）
............张树文 周国清画 宇芳配诗
版画作品选登（二幅）............吴世平 张宝亮

1976 年第 10—11 期　刊名:《山西群众文艺》
目录

续承毛主席的遗志，把无产阶级革命事业进行到底!
热烈庆祝华国锋同志任中共中央主席、中央军委主席!
热烈庆祝粉碎"四人帮"篡党夺权阴谋的伟大胜利!
中国共产党中央委员会
中华人民共和国全国人民代表大会常务委员会
中华人民共和国国务院
中国共产党中央军事委员会
告全党全军全国各族人民书
在伟大的领袖和导师毛泽东主席
追悼大会上中国共产党中央委员会第一副主席、国务院总理华国锋同志致悼词
中国共产党中央委员会
中华人民共和国全国人民代表大会常务委员会
中华人民共和国国务院
中国共产党中央军事委员会
关于建立伟大的领袖和导师毛泽东主席纪念堂的决定
中共中央关于出版《毛泽东选集》和筹备出版《毛泽东全集》的决定
亿万人民的共同心愿............《人民日报》、《红旗》杂志、《解放军报》社论
伟大的历史性胜利............《人民日报》、《红旗》杂志、《解放军报》社论
一个地地道道的老投降派............任　平
三月的租界............鲁　迅
奋起千钧棒　砸烂四人帮............大寨宣传队
戳穿江青所谓"文艺革命旗手"的画皮
............昔阳县文化馆

诗歌

毛主席光辉照万代（新民歌十五首）

	暴中文　张新民　张登城等
毛主席永远活我们心中	高义诚
伟大的旗手毛主席	栗金马
《东方红》——时代的最强音	程　鹏
颂歌永唱毛主席	张耀东
永远跟着党向前走	李居鹏
登攀篇	赵国增
节日的黎明	李宪辰
山高旗红	梁　冬
夜读	马晋乾
洪流滚滚	梁志宏
写在盛大的节日	贾宣生
节日的歌	张不代
神话响彻新乐章	龚　融
胜利鼓，敲得更响吧	邵　劲
练兵场上声讨会	岳湘灵
坑下声讨会	米声明
共同的心愿　英明的决定（诗四首）	蔡　钧
梁吉发　石受文　郭　慰　献　诚	

1976 年第 12 期　刊名：《山西群众文艺》

目录

围绕电影《创业》展开的一场严重斗争	
	杜书瀛　杨志杰　朱　兵
险恶的用心，蛮横的行径	
——批判"四人帮"扼杀《创业》的罪行	沈　豪
奋起千钧棒　痛打落水狗——彻底清算"四人帮"扼杀群众文化的罪行	群　文

诗歌
大寨人紧跟华主席（新民歌六首）	
	大寨大队创作组等
紧跟华主席紧跟党	宋元虎　梁若玉
掌舵自有后来人	文武斌
华主席登上天安门	广　彤
欢呼！伟大的胜利	赵光亮
赞颂你，伟大的党（外一首）	刘国柱
我们杀向前沿	郝斌生
高唱战歌去战斗	杨　进
当我们高唱这首歌曲	王冀昆

歌曲·表演唱
永远沿着毛主席的革命路线走（齐唱）	
	张新民词　王俊琪曲
守卫在毛主席战斗过的地方（男高音独唱）	
	归永嘉词　吕仲起曲
我们团结在以华主席为首的党中央周围（齐唱）	

	何涵俊词曲
对准"四人帮"猛开火（齐唱）	
	梁拉成词　史掌元曲
坚决打烂"四人帮"（齐唱）	建　昌词曲
万炮齐轰"四人帮"（儿童歌曲）	
	莉　莉词　洪　飞曲
吕梁儿女怀念毛主席（诗歌联唱）	马　川
斩妖杀敌上战场（词表演）	庆　胜　祝　捷
县委书记又搬家（表演唱）	万　鹰

曲艺·戏剧
欢呼伟大的胜利（群口词）	
	兆　民　继　东　新　鸣
战士怒批白骨精（对口快板）	群　山
铁打江山万年长（单弦）	王生华
演出之后（京东大鼓）	晓　寒词　李文刚曲
重建唐山（对口快板）	曹大成　朱光斗
砸烂"四人帮"（对口快板）	武　国
园丁之歌（湘剧高腔）	长沙市碧湘街完小原作　长沙市文艺工作团改编　柳仲甫执笔
新春联	

美术
牢记毛主席的教导（年画）	刘文西
红太阳照亮虎头山（套色木刻）	王　錞
热烈庆祝华国锋同志任中同共产党　中央委员会主席、中央军委主席（宣传画）	赵益超　张明堂
誓与"四人帮"反党集团斗争到底（宣传画）	
	杨力舟　王迎春

1977 年第 1 期　刊名：《山西群众文艺》

目录

谈笑凯歌还（油画）	沈尧伊　吴长江
绣金匾	陕北民歌
乘胜前进	《人民日报》、《红旗》杂志、《解放军报》元旦社论
热情歌颂英明领袖华主席	
我党又有了掌舵人（诗·外一首）	大寨大队创作组
交城儿女心向华主席（诗）	王晋军
难忘的岁月（革命回忆录）	何俊森
华主席登上天安门（表演唱）	王继红
华主席领导学大寨（唱词）	张启旭
红心永向华主席（对口快板）	朱光斗
华国锋主席真英明（歌曲）	师天群词曲
华主席和大寨人心连心（歌曲）	
	刘同兴词　白承德曲

心愿（小戏曲）—————————张 林 胡北海 张 诚
纪念敬爱的周恩来总理逝世一周年
永远的怀念（诗）
——纪念周恩来总理逝世一周年————————陶文实
大寨人难忘的一天————————————刘树岗
幸福的回忆——————————————刘新桂
周总理，大寨人永远怀念您（歌词）————梁拉成
大寨人怀念周总理（歌词）——————孙远惠
敬爱的周总理，我们永远怀念您（歌词）———李 江
周总理永远活在我们心中（对口剧）
————————————————驻军某部宣传队
我给周总理扎花圈（歌曲）
——————群众文艺编辑部词 史掌元曲
高歌一曲学大寨（诗）———————贾宣生
军民并肩开大渠（诗）———————狄 雷
揭批"四害"齐努力（民歌一组）
——————————王振佳 孟尔锡整理
喜看《创业》创大业（民歌一组）——————雨 禾
大寨英雄斗得好（对口快板）
——————————王新元 郝瑞影 李丹军
"帽子工厂"破产记（快书小段）————任化民
除"四害"（山东快书）——————海 鸥 效 武
大干快上（词表演）—————铁道兵某部宣传队
接彩虹（小晋剧）
——————五台县文化系统集体讨论 牛玉秋执笔
大寨人高举铁拳头（歌曲）————大寨宣传队词曲
学习英雄大寨人（歌曲）——苏伟光词 李哲 盛昌曲
快快建起大寨田（歌曲）——————张志烈词曲
坚决打烂"四人帮"（歌曲）———刘同兴词 王清海曲

美术
欢呼我们的党又有了自己的领袖（剪纸）———郑洪峨
再大批再大干决心建设高标准大寨县（版画）
——————————————昔阳县业余美术组
踏着烈士的血迹前进（套色木刻）————董其中
农村即景（新风俗画）———————王 健

1977 年第 2 期　刊名:《山西群众文艺》
目录

你办事　我放心（国画）——————李延生

诗歌
华主席高擎大寨旗————————杨进升
大寨花开迎春来（新民歌十五首）
——————程 鹏 陈 国 程玉亮 陈廷佑等
大干结下新硕果——————————刘建政
海疆大寨歌————————————吕海沐

县委会议——————————————吕世豪
申请书——————————————郑全锁
大寨之春（歌词二首）———————赵 越
人民最恨"四人帮"（新民歌六首）
——————————张 雷 毋学华 群 智等

曲艺·演唱·戏曲
喜报送给华主席（锣鼓说唱）—————小 丰
紧紧跟着华主席（襄垣秧歌）————赵巾又
华主席送女务农（唱词）—————李廷玺
华主席登上虎头山（晋剧对唱）——————任继龙词
董文润曲
大寨人痛打白骨精（表演唱）——————大寨宣传队
扎草靶（山东快书）————————郭 钢
老俩口夜批"四人帮"（山东快书）————王金玉
虎头山上斗江青（山东快书）———姚春林 李鸿民
狄克梦（西河大鼓）————————小 寒
女皇梦（快板书）—————李林虎 刘德茂
风云曲（小戏曲）—————————武 国

歌曲
紧跟华主席朝前走——————武 国词 贤邦 王 滨曲
千军万马战太行——————文时夏词 王京胜曲
大干社会主义有理——————陈维光词 赵丙林曲
铁拳砸烂"四人帮"————刘守林词 二连演唱班曲
大柳树下育新人（笛子独奏）
——————————邬满栋 白承德 李崇望曲
打倒"四人帮"　人民喜洋洋———洪 飞 怀敏词曲

故事
人民的好兽医——————————邵锦禄

评论
除四害　放百花
——批判"四人帮"反对党的"双百"方针的滔天罪行
——————————韩玉峰 曲润海 贺新辉

知识辅导
数来宝的特点——————————肖 憨

美术
周总理和我们心连心————————袁学军画 张承信诗
煤城处处是战场（套色木刻）————侯 杰
民拥军　军爱民（年画）——————胡有章
处处是战场（漫画）———————王 健

征文启事

1977 年第 3 期 刊名:《山西群众文艺》

目录

华主席和我们心连心（油画）·········高 虹 何孔德

诗歌

华主席登上天安门（新民歌五首）·········王振佳
紧跟华主席永向前·········任悟僧
华主席领咱朝前走（外一首）·········韩长绵
书记蹲点到山庄·········旭 林
大干号子·········晓 奎
万亩方赞·········贾 真
河水河水跟我走·········魏红前
脚手架上寄深情·········张登城

曲艺·演唱

矿工紧跟华主席（快板）·········杨玉福
华主席登上虎头山（表演唱）·········王 颂
双喜临门（小演唱）·········交城中学
女钻工看《创业》（表演唱）·········聂还贵
太行儿女在战斗（群口词）·········葛来保 苏友谊
访书记（数来宝）·········郝从楼

故事

江湖赤卫队·········孙 钊改编

戏剧

山村兽医（湖南花鼓戏）·········转载
夺线·········靳 野

歌曲

紧跟华主席夺取更大的胜利·········任继龙词 唐一鸣曲
华主席领导学大庆·········李江词 王建平曲
跟着华主席学大寨·········高信词 文 进曲
华主席登上天安门·········安源生词 高宏亮曲
老支书的手·········王森词 践耳曲
搞社会主义就是大干·········开滦歌谣 李恒林曲
打倒"四人帮"生产打胜仗·········冯涛词 常存有曲

知识辅导

介绍京东大鼓曲调·········李文刚

美术

贴心话（国画）·········白崇易 王秦生 张为之
我们热爱华主席·········贾 好
普天同庆·········范祥庆
公社春天来早（风俗画）·········王 健
野心家吕后（连环画）·········杨兆林编 贺友直画

1977 年第 4 期 刊名:《山西群众文艺》

目录

诗歌

永远怀念毛主席·········大寨创作组
大寨人怀念周总理·········大寨创作组
华主席接见俺支书·········迎 春 向 阳
诗歌随咱上战场·········李居鹏
万里山河都红遍（新民歌一组）·········王福楼等
校园战歌（三首）·········留庄学校创作组

曲艺

欢呼华主席粉碎"四人帮"（对口词）·········大寨宣传队
新征程（鼓书）·········贺恒中
老虎滩上再开战（群口快板）·········王根柱

演唱

华主席和我们在一起（表演唱）·········昔阳二招创作组
剥画皮（儿童表演唱）·········大寨宣传队
画机器（儿童表演唱）·········大寨宣传队
蓝图出柜（小演唱）·········赵屏宏
渠长情谊深（说唱）·········大寨宣传队
军民情谊谱新篇（弹唱）·········大寨宣传队

故事

大庙山下·········秦怀录

歌曲

毛主席是我们心中不落的太阳
·········于秀芳词 史虎明曲
毛主席的书是宝中宝·········大寨民歌 陈腊头曲
周总理和俺心连心·········大寨宣传队词曲
华主席到咱工厂来·········张反柱词曲
大寨红花向阳开·········李文词 史掌元曲
大学大批再大干·········大寨宣传队
铁肩挑来米粮仓·········大寨民歌 聂捧录曲

戏剧

把关·········昔阳县《把关》创作组集体创作
靶场风波·········昔阳县文化馆业余创作组 李贵元执笔

美术

华主席率领我们攀高峰（粉画）·········杨力舟 王迎春
机声响遍虎头山（木刻）·········董其中
昔阳农民画（四幅）

1977 年第 5 期　刊名:《山西群众文艺》
目录

毛泽东颂（朗诵诗）————————————时永福
华主席送来红"五卷"（民歌一组）
　　　　　　陈　敏　杜克俭　王晋军等
登攀，向光辉的顶点（诗）————于　瑛　华　丹
激情的大潮（诗）————————————石　砾
一轮红日心头照（诗）————————————王吉文
欢呼（诗）————————————————邹　劲
毛泽东思想是指路灯（诗）————————李建华
喜登程（诗）————————————————高建华
"毛选"五卷到咱庄（女声表演唱）
　　　　　　　王　颂词　冷　冰　王　颂曲
喜讯传来（小演唱）————————————聂还贵
三军战士的心愿（词表演）————————徐朝群
迎宝书（数来宝）————王新元　郝瑞影　李丹军
如愿（快书）————————————————进　宇
红太阳光辉照千秋（唱词）————————王小明
颂歌一支赞恩人（琴书唱词）————许晓峰　胡亦是
车上升起红太阳（快板书）————————师桂青
扎绣球（唱词）————————————————曲钧群
饭店新喜事（鼓词）————————————梁爱梅
热烈欢呼"毛选"五卷出版了（齐唱）
　　　　李江　安世彪词　董兆武　沈梦骏曲
万众欢腾迎"五卷"（女声独唱）
　　　　　　　　　　高巨寿词　文进曲
雄文五卷照征程（独唱）————董耀章词　盛　昌曲
喜迎"毛选"第五卷（童声齐唱）
　　　　　　　　　　柴文林词　曹光曲
红小兵最爱毛主席的书（童声合唱）
　　　　　　　　　　郭荣安词　苏勇曲

1977 年第 6 期　刊名:《山西群众文艺》
目录

诗歌
歌唱领袖华主席（组歌）————韩　冰　侯耐根
华主席战斗在昌梁山（组诗）————王平诗　俞　洁画
华主席的关怀（三首）————————————石　砾
党旗————————————————————李向东
交城的山，英雄的山————————————马　德
奶奶教我剪窗花————————————————马志承

演唱
金光相映（小演唱）————————张绪喜　郭丽华
游行路上忆亲人（小演唱）————————郭守诚

唱唱俺当年的华主任（秧歌表演唱）
　　　　　　　　　　李宝瑞　张　仪
老两口心里实在痛快（秧歌表演唱）————张有洛
华主席啊，老区人民永远紧跟您（晋剧表演唱）
　　　　　　　　　　　　　　　田　野
华主席给咱红五卷（二人台）
　　　　　　郎村琨　覃春元　张锦文

曲艺
挤据点（山东快书）————————王金玉　孙承政
缝衣记（西河大鼓）————————————孙凤城
喜看今日屯兰川（快板书）————————杨全喜

歌曲
颂歌献给华主席（女声合唱）
　　　　　　远　惠　吕　梁词　刘德增曲
紧跟华主席向前进（女声独唱）————田　瑞词曲
华主席率领我们向前进（齐唱）
　　　　　　　　　文时夏词　于朝晖曲
华主席登上虎头山（女声独唱）
　　　　　　　　　刘　薇词　唐　诃曲
阳曲人民想念华政委————王　平词　克　勤　宝　龙曲

故事
华主席战斗在交城山————————————赵处明整理
华主席在古交————————————陈玉玺等整理

戏曲
好政委（小戏曲）————————————韩宝龙
喜上加喜（晋中秧歌剧）————侯礼通　胡汝高

美术
千歌万舞献给党　红心向着华主席（宣传画）
　　　　　　　　　　　　　　　尹家琅
走毛主席指引的道路（年画）————————姚天沐
春风送暖（年画）————————————岳裕芳
党心大快军心大快民心大快（木刻）
　　　　　　丁　仃继　葵谷　水
学《讲话》明方向　深入批判"四人帮"（文艺简讯）

1977 年第 7 期　刊名:《山西群众文艺》
目录

毛主席旗帜永高举　华主席恩情永不忘
更喜岷山千里雪（油画）————陈宁尔　王方雄
毛主席旗帜永高举（民歌九首）
　　　　赵鹏飞　刘太庆　徐　晏　张不代等

高举毛主席的旗帜（诗表演）——解放军某部宣传队
手捧宝书唱恩人（女声独唱）——茅晓峰词 胡 平曲
永远高举毛主席的伟大旗帜（齐唱）
————————————王译词 张志烈曲
华主席恩情永不忘（坐唱）——————望 春
华主席战斗在交城山（二）（故事）
————————————王林林口述 马夺魁整理
华主席来开家长会（女声弹唱）——铁志词 傅晶曲
红心永向华主席（表演唱）——汾阳实验小说文艺创作组
周总理永远活在亿万人民心里（男声独唱）
————————————————陈廷佑词曲
骄杨颂（诗·二首）——————————李建华
争罐罐（小戏曲）
————————晋城工农兵剧团集体创作 栗守田执笔
深切怀念敬爱的朱德委员长
歌唱总司令（抗日民谣）——王学诗 李存祥整理
太行儿女绣金匾（诗）————田安法 田同旭
太行山的怀念（诗·三首）——————王照骞
爷爷教我艰苦奋斗永向前————————刘 建
总司令和俺心贴心（故事一组）
————————李存祥 王仲祥 王照骞整理
一只母鸡（武乡大鼓）————————王仲祥
朱德同志的竹扁担（男高音独唱）
————————————————郑 南词 关文胜曲
一道算术题（数来宝）————梁容政 王秀春
剥画皮（对口快板）————————马连义
炉火正红（独幕话剧）————————刘素英
党课（油画）————————————吴 健
在朱总司令战斗过的地方（速写）————赵 球
热烈欢呼"毛选"五卷出版（剪纸）————郑洪峨

1977 年第 8 期　刊名:《山西群众文艺》

目录

而今迈步从头越（油画）————————沈尧伊

诗歌
前进在毛主席旗帜下（歌词）————韩静霆
战士怀念毛主席（歌词）————晨 枫 用 礼
华主席把三军来统帅（歌词）————席香妮
周总理，你永远活在战士的心里（歌词）
————————————————刘亚瑜
歌唱朱德委员长（歌词）————肖 行 宋力军
雷锋是咱好榜样（歌词）————————许德清
学习"硬骨头六连"那股劲（歌词）————鲍继强
战士热爱井冈松（歌词）————黄 峰 李少文
师长当兵下连来（歌词）————————魏红前
我们是红军好后代（歌词）————————李 钧

华主席号召咱学"六连"（九首）
————————岳湘灵 谢纪波 石受文等
写在练兵场（二首）————————徐明德
举炮弹————————————————范建军
压弹进行曲————————————王晋军
领章————————————————王冀昆
紧急集合————————————解小铃
军民渠————————————————武建中

曲艺
激战扫峪沟（竹板书）————————吉 堤
探家之前（快板书）————————徐兆民
家信（快板剧）————张 诚 刘学智 郝冬亚

演唱
延水河畔纺线忙（表演唱）————————朝 徽
仰望军旗颂总理（诗表演）————王兴国 彭树贵
一条扁担（说唱）————王艾仁 聂还贵

故事
贺龙同志二三事————————————齐玉墀
一个战士的回忆——贺龙同志对战士的关怀——白 蔚

歌曲
沿着毛主席的军事路线永远向前（独唱）
————————————廷 佑词 一 非曲
红星颂（独唱）————陈思词 曹韵 陈思曲
比学赶帮学六连（齐唱）————李 金词 印 昌曲
军民鱼水情谊深（女声独唱）
————————————莫厚夫词 张玉林曲

戏曲
定点（韵白小说剧）————————孙武国
还有半点钟（小喜剧）————————张 恒

美术
大寨武术开红花（照片）
高举毛主席伟大旗帜 紧跟华主席胜利前进（宣传画）
————————————————刘庆梅
练三伏（剪纸）————————————李 峰
以大寨为榜样 大力开展学校群众性的文艺体育活动
（文艺简讯）——山西省中小学文艺、武术汇演办公室

1977 年第 9 期　刊名:《山西群众文艺》

目录

毛主席旗帜万代飘扬
歌唱毛主席纪念堂（民歌）————————赵 越

写在纪念堂前（诗二首）—————刘太庆　赵鹏飞

胜利之路（组诗）—————————张承信　曲润海

王中干　贾　真　赵廷銮　周所同

心中太阳永远红（说唱诗）——————————王吉文

红太阳光辉永不落（京韵大鼓）————王佩琈　王锡峰

毛主席恩情比海深（京东大鼓）

————————————五二九二九部队创作组

思念毛主席（小演唱）——————————————旭　林

红心永向红太阳（小演唱）—————————宝　明　还　贵

手捧稻谷想亲人（表演唱）—————————————冯育栋

绣红旗（女声表演唱）

————王艾仁　梁景义词　史掌元　白承德曲

永继遗志（小歌剧）——————————————刘昆山

毛主席纪念堂颂歌（独唱）——————亚　瑜词　仲　起曲

毛主席，大寨人永远怀念您（齐唱）

————————————————大寨宣传队词曲

又是一年九月九（女声独唱）—王艾仁词　史掌元曲

怀念烈士杨开慧（独唱）

————安世彪　李江词　董兆武　李秉衡曲

一支怀念的歌（故事）——————————————白　蔚

战友（油画）—————————————许宝中　李泽浩

湖南共产主义小组（油画）————————————周树桥

古田会议（油画）————————————————何孔德

哀思如潮（油画）————————————————邵增虎

岳家父子（小说）————————————————陈　滨

老石匠（小戏曲）————襄汾县文化局戏剧创作组

谈谈编写小型器乐曲的问题（知识辅导）——赵森林

文艺简讯—————————————————本刊记者

1977 年第 10 期　刊名：《山西群众文艺》
目录

诗歌

神州欢唱十月歌（新民歌九首）———长　绵　高秋荣

吕金枝　赵建华　陈　国　刘向军　李晋雄　立　十

华主席，我们的好领袖（歌词）—————————攀　山

阳光普照我们的祖国（歌词）———郦建平　卢先鸣

节日的大街——————————————————邹　劲

大庆大寨心相连————————————————马　郡

祝酒歌—————————————————于　瑛　华丹

红灯志————————————————————韩长绵

钢城红似火—————————————————冯　云

喜扬扬———————————————————王双定

战士的礼物—————————————————李俊德

曲艺

大庆红旗迎风飘（锣鼓说唱）——————大寨宣传队

"三跑"变"三保"（相声）————————————刘永宁

故事·小说

搬家之前（故事）————————————————葆　才

老支书王泰（小说）———————————————郑惠泉

演唱

人民领袖爱人民（坐唱）—————————————张道松

大庆红旗心头飘（二人转）—————小　丰　一　美

"硬骨头六连"战旗颂（词表演）

————————————————彭树贵　王兴国

处处有雷锋（小演唱）——————————————王世英

歌曲

前进在毛主席的旗帜下（齐唱、合唱）

————————————————韩静霆词　张德光曲

歌颂英明领袖华主席（领唱、齐唱）

————————————————党永庵词　刘春生曲

继往开来志豪迈（女声独唱）———张登城词　白承德曲

人人都赞大寨美（女声独唱）

————————赵　越词　张　沛　向　异曲

社会主义劳动竞赛好（齐唱）

————————闻　鸣　张　秦词　张　秦曲

戏剧

华书记领导咱支援前线（山西二人台）————巴　石

师徒俩（小戏曲）————————————————李金田

知识辅导

谈谈编写小型器乐曲的问题————————————赵森林

美术

高举毛泽东思想的伟大旗帜

紧跟英明领袖华主席胜利前进———李松年　李森林

细读深钻——————————————————青　于

用大寨精神大搞农田基本建设————荣明礼　谢述先

把被"四人帮"耽误的时间夺回来————————毛文彪

1977 年第 11 期　刊名：《山西群众文艺》
目录

诗歌

大寨咏（三首）————————————————周　军

大寨花开花更娇（新民歌二首）—————————李拴林

英雄握手颂—————————————————高建华

治汾工地诗传单（二首）—————————————郝妙海

学大寨春光满山河（新民歌四首）———————张新民

大治之年人心旺（新民歌二首）—————————刘纯人

吕梁新梅⋯⋯⋯⋯⋯⋯⋯⋯⋯⋯⋯王　笑
校园春秋⋯⋯⋯⋯⋯⋯⋯⋯⋯⋯⋯刘国柱
沙盘畅想⋯⋯⋯⋯⋯⋯⋯⋯⋯⋯⋯张不代
掘进工的时间⋯⋯⋯⋯⋯⋯⋯⋯⋯王德华
笛中歌⋯⋯⋯⋯⋯⋯⋯⋯⋯⋯⋯⋯石顺义
五卷宝书指航程（歌词）⋯⋯⋯⋯雷抒雁

曲艺·演唱
真像雷锋（相声）⋯⋯⋯⋯⋯⋯⋯岳湘灵
喜讯传到王家桥（坐唱）⋯⋯张保顺　苏友谊
一个窝窝头（对口小快板）⋯⋯⋯大寨宣传队
批“帮”记（数来宝）⋯⋯⋯⋯⋯王秀春
一张规划图（故事说唱）⋯⋯昔阳凤居公社宣传队
鱼水情（坐唱）⋯⋯⋯⋯⋯昔阳洪水公社宣传队
鱼跃虎头山（儿歌表演唱）⋯⋯⋯周巨和
画美景（儿童表演唱）
⋯⋯⋯⋯⋯昔阳凤居公社五·七农大宣传队

故事·小说
考场的故事（故事）⋯⋯⋯⋯陈　艺　赵宝翼
开山炮响了（小小说）⋯⋯⋯⋯⋯路树军

戏剧
追猪记（小戏曲）⋯⋯⋯⋯⋯⋯⋯张志玉
育苗（小歌剧）⋯⋯⋯⋯⋯昔阳县巴洲学校宣传队

歌曲
英明的领袖华国锋（领唱、齐唱）
⋯⋯⋯⋯⋯⋯⋯⋯⋯⋯⋯一江词　秀年曲
华主席走遍大庄（独唱）
⋯⋯⋯⋯⋯⋯⋯⋯⋯刘亚瑜词　曹　模曲
千万个雷锋在战斗（齐唱）
⋯⋯⋯⋯⋯⋯⋯⋯解放军某部宣传队词曲
虎头山上迎朝阳（二胡独奏曲）⋯⋯白虎文编曲

评论
心中太阳永不落
——读《山西群众文艺》九月号⋯⋯闻　毅

美术
华主席领导我们学大寨
⋯⋯⋯秦天健　武德祖　李相虎　张惠民
太原市农民画选登（四幅）
⋯⋯⋯⋯⋯⋯⋯⋯《太原市农民画展》供稿
峡谷战歌⋯⋯⋯⋯⋯⋯⋯⋯⋯⋯张德录

1977 年第 12 期　刊名:《山西群众文艺》

目录

元旦、春节演唱材料专辑
紧跟华主席　高举大寨旗（歌剧）⋯⋯⋯大寨宣传队
前进在毛主席的旗帜下⋯⋯⋯洪　源词　李文辉曲
华主席率领我们学大庆（独唱）
⋯⋯⋯⋯⋯⋯⋯⋯⋯吴天麟词　张士敏曲
种子谜（相声）⋯⋯⋯⋯⋯⋯⋯⋯原作:
通县业余宣传队　改编演出：侯宝林
科学大军勇登攀（齐唱）⋯⋯蒋言礼词　康建平曲
铁锤声声（独幕话剧）⋯⋯⋯⋯⋯刘昆山
果园新曲（小戏曲）⋯⋯⋯⋯⋯⋯艾　静
评奖会前（小戏曲）⋯⋯⋯⋯⋯⋯王雨花
红花争艳（小歌剧）⋯⋯⋯⋯⋯⋯王随生
到底谁值班（小快板剧）⋯⋯⋯⋯海　涛
娄家沟（快板）⋯⋯⋯⋯⋯⋯尹晓寒　蔡庆春
搞设计（潞安鼓书）⋯⋯⋯⋯沈　豪　刘炳玲
办喜事儿（西河大鼓）⋯⋯⋯⋯⋯刘殿春
劁猪女婿（山东快书）⋯⋯⋯⋯⋯赵巾又
剪窗花（河南坠子）⋯⋯⋯⋯⋯⋯师桂清
娘俩看灯（小演唱）⋯⋯⋯⋯⋯⋯小　羊
迎春佳话（说唱）⋯⋯⋯⋯⋯⋯⋯郝斌生
选年画（晋剧表演唱）⋯⋯⋯⋯⋯陈　国
小两口积肥（二人台）⋯⋯⋯⋯⋯贾德义
拜年（表演唱）⋯⋯⋯⋯⋯⋯⋯⋯张新民
五棵地瓜秧（小演唱）⋯⋯⋯道　松　湘　灵
龙腾虎跃学六连（表演唱）⋯⋯⋯李少文

诗歌
烽火年代的颂歌（二首）⋯⋯⋯⋯梁志宏
找书记（诗）⋯⋯⋯⋯⋯⋯⋯⋯⋯朱谷忠
煤矿抒怀（诗）⋯⋯⋯⋯⋯⋯⋯⋯米声明
山峡红鹰（诗）⋯⋯⋯⋯⋯⋯⋯⋯铁　牛
新民歌六首
⋯⋯⋯黄　峰　袁锦程　吉新发　张　震　王小明
向科学技术现代化进军（歌词）⋯⋯李隆汉
黄河滚滚唱颂歌（歌词）⋯⋯⋯⋯王庆华
公社社员有能耐（歌词）⋯⋯⋯⋯陈廷佑
春联⋯⋯少文　黄峰　廷佑　巾又　日新　金友等

美术
心潮（油画）⋯⋯⋯⋯⋯⋯⋯⋯⋯高　泉
“山西省书法篆刻展览”作品选登
⋯⋯⋯⋯⋯⋯⋯⋯“山西省书法篆刻展览”供稿
太行老共春常在⋯⋯⋯⋯⋯⋯⋯王朝瑞

1977 年增刊　刊名:《山西群众文艺》
目录

诗歌

虎头山在欢呼（二首）·············大寨大队创作组
虎头山擂动八面金鼓·················董耀章
党中央决议放光辉···················李建华
红心飞向天安门·····················武建中
《公报》说出咱心里话···············米声明
《公报》把咱心意表·················杨金台
十届三中全会送春风·················左万萍
三中全会垂青史·····················剑　华
炉台喜歌···························马晋乾
胜利的航线·························李拴林
庆祝! 欢呼! 拥护···················赵中越
捷报铺满金光道·····················雷　霆
听完《公报》上哨位·················王冀昆
巡逻途中闻喜讯···············商中有　闻树国
欢乐的诗···························梁申威

演唱

党的十届三中全会传喜讯（锣鼓说唱）
·····························李林虎　刘德茂
庆胜利颂领袖豪情无限（晋剧清唱）·······志　冲
红小兵批判"四人帮"（表演唱）
·······················交城城内七年制学校

曲艺

欢呼党的《十届三中全会公报》（锣鼓快板）
·································小　寒
大喜事（河南坠子）·················刘殿春
两本账（数来宝）···············文　宪　宋月琴

歌曲

三中全会的决议实在好（独唱）·········建　昌词曲
党的十届三中全会开得好（齐唱）·······余　强词曲
清除"四害"人心大快（齐唱）
·······················林路平词　洪　飞曲

1978 年第 1 期　刊名:《山西群众文艺》
目录

诗歌

毛主席纪念堂抒怀（二首）·············纪　学
瞻仰毛主席遗容有感·················任悟僧
每当想起周总理的一生···············武建中
永远怀念周总理·····················肖　冬

歌曲

周总理永远活在战士心里·······刘亚瑜词　曾　模曲
祖国啊，新年好···········宋力军词　一　非曲

戏曲·歌舞

大寨精神颂···················寿阳县文艺宣传队
一、人民爱唱大寨歌（腰鼓说唱）
二、老少组战胜好汉组（襄垣鼓说）
三、卖谷草（数来宝）
四、战洪灾（道情坐唱）
五、喜看大寨田（晋剧清唱）
六、批判"桃园经"（晋中秧歌）
七、批林陈　顶妖风（对口表演）
八、大寨人狠斗白骨精（群口快板）
九、搬山填沟造平原（二人台对唱）
十、华主席题词传下来（昔阳迓鼓）

相声

没有开完的会···············侯宝林　方　成

短评

贫下中农爱看大寨戏·················攸子亮
清新、活泼、优美、感人
——赞晋寿阳县文艺宣传队演出·········寒　青
哀歌一曲寄深情——谈歌曲《我给周总理扎花圈》的
词曲创作·························吕仲起

美术

伟大的马克思列宁主义者——毛泽东　周恩来···于　牧
移山改河开新宇（摄影）·······钟伯达摄　西戎配诗
雪峰情深（连环画）·····胡　斌　林祝生　芦万元编绘
大寨风光（中国画）·················赵梅生

1978 年第 2 期　刊名:《山西群众文艺》
目录

曲艺·演唱

十唱抓纲治国喜事多（唱词）·········李天印
同心协力（小演唱）·················王世英
风雨同心（京韵大鼓）···············杜　澎
硬骨头六连战歌（对口快板）··········刘殿春
团长和大镐（山东快书）·············林金友
机关就在工地上（地头表演唱）········赵步颜

戏剧

上工地（小戏曲）···················庞可良
采访（小歌剧）·····················张　恒

故事·小说
"下台"以后（故事）·······························韩石山
心意（小说）·······································黑　石

诗歌
抓纲治国战旗红（新民歌四首）·················李　军
实验室的灯光·······································石受文
红花朵朵迎春开（新民歌九首）《太　庆　鹏　飞
大寨县里好风光（二首）·························文　苑
玉米赞（外一首）·································郭　超
欢乐的山乡（三首）·······························程　鹏
矿山春歌（外二首）·······························韩长绵
滴水穿石能破关（新民歌二首）·················刘登荣
野营路上（二首）·································宋力军

歌曲
抓纲治国向前迈（齐唱）·········田　农词　焕　之曲
想起周总理纺线线（女声齐唱）
·····························王来信词　康建平曲
献给人民科学家（独唱）·········陈廷佑词　何涵俊曲

评论
让诗歌走毛主席指引的路
——学习《毛主席给陈毅同志谈诗的一封信》座谈会
纪要
喜看影展《毛主席领导我们学大寨》·············刘　阳
要害是要专人民的政
——批判"四人帮"的"文艺黑线专政"论·····朱立炳
剿杀工农兵文艺的刽子手·························孙　钊

美术
山里人（彩塑）·································逯金榜
《华主席领导我们学大寨》摄影展览作品选登（四幅）
·····························《华主席领导我们学大寨》摄影作品展览供稿
为普及大寨县贡献力量（年画）·················刘德润
高平县农田基本建设工地速写·····················赵　球

1978 年第 3 期　刊名:《山西群众文艺》
目录

诗歌
歌唱敬爱的周总理
——纪念周总理八十诞辰（诗四首）
·············张万一　宋达思　赵国增　张羽丰
周总理的衬衣（女声独唱）
·····················曾宪瑞词　张子龙　姜文涛曲
人民热爱周总理（新民歌）·····················杜延平

颂歌献给华主席
华主席在昔阳（三首）·····························张承信
华主席戴上矿工帽·································沱　浪
华主席为雷锋来题词·······························冯　云
华主席和矿工心连心·······························杜　汀
胜利酒敬献华主席·································刘向军
古交山来了华政委·································杨文彬
华主席当年在交城·································白添中
一口菜汤暖心房·····················王建设　杨正平
英姿飒爽女民兵·····················李拴林　郭建华
人红旗红天地红（新民歌十首）
·····················王振北　马晋乾　梁志宏
民歌唱出新天地（新民歌十七首）·············张履生
李运增　魏红前　赵　剑　张新民　沈　豪　薛全秀
李建设　刘纯人　王吉文　杭海路

曲艺·演唱
华主席和咱心连心（单弦）
·····················志　宽　姜　涛　向　荣
一件贴身暖心衣（数来宝）·····················胡经伦
重要问题（相声）·································赵志冲
鲜花献给模范（表演唱）·························学　翔
练精兵（表演唱）·································张道松
我们是煤海女矿工（女声表演唱）
·····················王　颂词　田　浩曲
计划生育树新风（表演唱）·····················剑　华

故事
盖大锨···任成山
睡不着的故事·······································冯贵生

歌曲
毛主席旗帜指引我们战斗（齐唱）
·····················王　森词　茹银鹤曲
华主席的恩情唱不完（女声独唱）
·····················赵　越词　纯　青曲
我们是大寨铁姑娘（女声小合唱）····大寨宣传队词曲
列车一路春光好（女声独唱）····安世彪词　白承德曲
开展社会主义劳动竞赛好（齐唱）
·····················新　民词　家　演曲

戏剧
跃进灯火（小戏剧）·······························田　川

评论
沿着新诗发展的方向前进·························大寨宣传队
谈谈新民歌的比兴手法·····························侯文正
大寨新歌录不尽·································顾全芳

美术

白求恩大夫（雕塑）·····················李效龙
女拖拉机手（诗配画）··········李拴林诗 钱骥俊画
梅花（中国画）·······················赵延绪
大干声中度冬春
········段吉庆剪纸 程 鹏 新 生 学 成配诗

1978 年第 4 期　刊名:《山西群众文艺》
目录

诗歌

大寨花开红烂熳
华主席登上虎头山·····················段展样
沸腾的深山（组诗）···················赵政民
水库放歌·····························尧山璧
山村新歌（三首）·····················赵中越
山村板报·····························彭援军
队长的"邪话"·······················莲 葆
塞上行（三首）·······················罗继长
山村明月夜···························马作楫
治山工地即景（三首）·················王东满
抓纲治国谱新篇（新民歌十二首）
············雨 禾 吕世豪 李运增 张登城
歌咏赛·····························崔润锁
继续长征跟党走·······················晓 刚
大寨花开满河山·······················刘纯人
醒着的边疆···························刘 蒙

曲艺·演唱

钓鱼（山东快书）·····················李鸿民
食堂新貌（相声）·····················吴庆瑞
借电机（小演唱）···············艾 仁 远 录
掀起练兵新高潮（词表演）·············徐朝群
养猪姑娘心向党（女声表演唱）
·······················冯 涛词 张 沛曲

故事·小说

一件礼物（故事）·····················郭效忠
大管家（小说）·······················田昌安

歌曲

永远高举毛主席的伟大旗帜（齐唱）
·····················李幼容词 薛宝新曲
跟着华主席向前进（独唱）·····力 迅词 赵顺良曲
来一个比赛（齐唱、轮唱）·····田 农词 李 群曲
看这村村社社金红火（女声独唱）
·····················蒋言札词 苏友谊曲

戏剧

上大桥（二人台）·····················中 令编剧
一台磅秤（小戏曲）···················靳 野
松溪河畔百花艳（散记）···············武红飙

评论

"巧合"辨析·························蔡润田
漫谈《上工地》小戏的艺术特点···········王世荣

美术

冬练三九（油画）·····················秦元阅
"我是北京"（诗配画）··········赵政民诗 李松年画
漫画（六幅）
········华主席领导我们学大寨展览 漫画作品选登
再战狼窝掌（木刻板画）···············董其中
"大嫂子"队长（幻灯片）····赵志冲改编 何明耀画

1978 年第 5 期　刊名:《山西群众文艺》
目录

《讲话》永远照征程
剧运急先锋（晋县表演唱）·············小睦剧团创作组
歌满山乡（诗）·······················付 活
午台今昔（诗）·······················蔡 毅
春花满园（诗）·······················段展祥
哨所（诗）···························邹 劲

诗歌

继续长征擂战鼓
新民歌（十六首）·····················杨俊青
阵 容 徐慎贵 郭 辉 宁克志 蔺 隆等
火线颂（三首）·······················张雪杉
火·笛·灯···························梁申威
矿山喜报·······················梁 冬 段 杰
矿区路上·····························溪 流
大寨教育篇（二首）···················刘瑞祥
开山锤之歌（外一首）·················朱谷忠
开门前·····························张学明

演唱·曲艺

向华主席报喜（儿童表演唱）···········韵 响
校园新曲（数来宝）···················杨日新
俺家今天喜信多（表演唱）·············王雨花
一个磁碗（琴书）···············刘永宁 李福泉
大庆巡礼（相声）···············张广来 刘树清

戏剧

三岔路口（小歌剧）···················刘定川改编

小花咪学算术（童话歌午剧）·······················张　恒
一丝不苟（小话剧）·································孙　玫

故事·小说
飞刀削面（故事）···································郭书琪
秋收时节（小说）···································金　一

歌曲
华主席率领我们继续长征（合唱）··········冯文学词曲
向科学现代化进军（齐唱）········于秀芳词　史掌元曲
我们和时间来竞赛（齐唱）········蒋言礼词　张　秦曲

评论
深入生活　搞好创作
——纪念毛主席《在延安文艺座谈会上的讲话》发表
卅六周年兼斥"四人帮"的"主题先行"论····左　军
大寨歌飞遍万家
——介绍《昔阳群众文艺丛书》···············老　愚
不尽春潮滚滚来
——喜看国画《伟大的榜样》····················贾明生

知识辅导
浅谈"喷口"···肖　憨

美术
干部能下海　群众能擒龙··········支继应　崔俊恒
人人爱唱《交城山》（照片）
················王步贵摄　肖　冬配诗
摘来繁星摇人间（国画）····························王建华
红花献英雄（剪纸）·································段吉庆

1978 年第 6 期　刊名:《山西群众文艺》
目录

诗歌
华主席足迹遍昔阳
华主席当年来大寨·····························大寨大队创作组
南垴的汇报···翟翔东
华主席登上寨岭山·································郭素风
南营洞放歌···石　浩
壮志篇·····················凤居公社五·七农大创作组
创业厂之歌···王选明
群英池水清又清···································王来英
每当我开动车床···································立　明
潇河回头金不换（民歌）························二　和
攀登世界科学高峰（歌词）·····················宋明珠

曲艺　演唱
金光大道一起走（昔阳评说）···················贺二和
骏马快车（快板书）·······························王素明
吴小雷支农（鼓书）·······························立　明
看闺女（表演唱）·····················大寨水泥厂业余宣传队
记书记（小演唱）·································秦光明
对花（二人台）···································卜悦生
小兔搬家（童话表演唱）··············张鸿达　翠　祥

故事
金凤和大海···秦怀录

歌曲
华主席来到咱大寨（歌舞）·····················大寨宣传队
想起周总理到俺家（独唱）········拉　成词　掌　元曲
夸夸俺队的科学家（女声齐唱）
································王艾仁词　史掌元曲
我们从小爱科学（儿童歌曲）··········张德元词曲

戏剧
妯娌俩（小戏曲）·································王艾仁
传锤（小戏曲）···································李贵元

文化工作经验
战歌伴着革命唱·····················里安阳沟大队党支部
人人争写革命诗·····················留庄大队党支部
手握画笔绘新图·····················钟村大队党支部

美术
向农业现代化进军（雕塑）·····················俞　崧
昔阳农民画（五幅）
红旗飘万代（套色木刻）························董其中
安坪大队剪纸选登

文艺简讯
省文联召开三届二次全体委员（扩大）会议，恢复省
文联和各协会活动
会议号召为宣传新时期的总任务做出贡献·······闻　毅

1978 年第 7 期　刊名:《山西群众文艺》
目录

歌唱新时期的总任务
华主席领导我们创大业（齐唱）
································李　娜词　洪　飞曲
新时期的总任务照征途（中路梆子清唱）···········杨连贵
祖国跨入新时期（北路梆子清唱）···············秋　池
听广播（小演唱）·································旭　林

姐妹们巧画进军图（表演唱）·············陈玉珠
逛书店（山东快书）·······················赵志冲
不断前进、永远进击（对口词）············由　岑
歌唱新时期的总任务（女声独唱）
·······················于秀芳词　史掌元曲
革新迷（弹唱）···························剑　青
歌唱总任务（歌词）·····················王吉文
歌唱十年规划好（歌曲）·····安世彪词　白承德曲

七月的颂歌
人民九亿向着党（新民歌十二首）
·······李　军　谢纪波　张玉良　张羽丰　吉新发等
写在交城山水间（诗）···················王晋军
土窑洞（诗）···························王国军
矿山工人歌唱党（新民歌八首）·····长　绵　太　庆
光秃峁上"党训班"（诗）·················马晋乾
万里航程浪涌歌（诗）···················柏　秋
周总理给俺的任务（北京琴书）·····关学增　刘永宁
华主席的故事（故事）·····徐太国　董保存　王国军
代代传（小戏曲）·················大　局　五　宝

大寨花开遍地红
华主席来到俺农场（女声齐唱）···········阎存义
学大寨英雄谱（诗）·····················刘同聚
写在大寨展览馆里（诗）·················柴德森
水库的酒会（诗）·······················田同旭
杨柳开花（儿歌）·······················聪　聪
农民科学家吴吉昌（幻灯片）
·············冲　冲编文　李诗唐　王致青绘画

太原市业余文艺调演节目选
女修脚工（对口剧）·······张晓龙　黄晓光　张国和
处处有雷锋（太原莲花落）·········曹　强　曹　立
说小顾（儿童小快板）···················王秀春
四号服务员（单弦）···············张　青　尹　鹰
大寨精神万代传（时调）·················吴大杨
找对象（潞安鼓书）···············沈　豪　刘炳玲
通途巨变（山东快书）···········薛树晋　秦吉顺
心连心（秧歌剧）·······················韩宝龙
三喜断案（故事）·······················王东满
浑身长刺的"英雄"（讽刺诗）············陈广斌
试谈表演唱的创作·······················王松山
作者、读者、编者·······················编　者

美术
伟大的榜样（中国画）···········杨力舟　王迎春
鼓足干劲　力争上游　为实现新时期的总任务而奋斗
（宣传画）···············赵益超　张明堂
毛主席在"一大"（油画）·················邱瑞敏

百花争艳（中国画）·········张思维　裴玉林　杨吉魁

1978 年第 8 期　刊名:《山西群众文艺》
目录

歌唱新时期的总任务
华主席提出总任务（齐唱歌曲）···········盛　昌词曲
豪情满怀奔前程（中路梆子清唱）·········甘　毅
矿灯姑娘（故事）···············张枚同　程　琪
灯光闪闪（小小说）·····················高　鹏
工地夜战（诗）·························崔润锁
脚踏时代风火轮（新民歌十八首）·········于宗信
李建华　邓宏太　李向东　杨金台　陈官煊等
厂前小清河（外一首）···················赵国增
军营三月桃花开（诗）···················徐明德
开起我心爱的北京车（歌词）·············张庆喜
向国防现代化进军（齐唱歌曲）
·······················刘钦明词　于显文曲
放声歌唱新宪法（齐唱歌曲）·····肖　冬词　一　非曲
新宪法就是好（齐唱歌曲）···········唐一鸣词曲
双展翅（二人台）···············张新民　攀　山
戴花书记和老伴（诗）···················张不代

大寨花开遍地红
昔阳征文战水歌（五首）
·················乔如锁　吕致清　郭喜维等
烈火真金（数来宝）·····················赵志冲
花满大寨路（评论）·····················张仁健
小戏创作的新收获（评论）···············顾全芳
榆木炮（独唱歌曲）···········冯　涛词　何振京曲
南茹游击队（诗）·······················雨　禾
生的伟大　死的光荣（晋北说唱道情）
·····················吴大扬　武艺民
民兵英雄李天保的故事（故事）···········董国玺
团长下连（山东快书）···················王煜邦
练兵小唱（二首）·······················谢纪波
山牛打擂（小戏曲）·····················齐　诗
冲锋路上（独幕话剧）···················孙武国
探亲（歌午剧）·························刘素英

美术
黄河颂（油画）·························陈逸飞
宣传新时期总任务报送选登
为早日实现四个现代化贡献力量
井冈杜鹃红似火（中国画）···············王晋元

1978 年第 9 期　刊名:《山西群众文艺》
目录

贺龙同志热爱毛主席（故事）⋯⋯⋯⋯⋯白　蔚
永远为毛主席站岗（歌曲）⋯⋯孙焕英词　于朝晖曲

歌唱新时期的总任务
前程似锦（相声）⋯⋯马继武　郭仲良　李　鹏　秦正其
算账（京东大鼓）⋯⋯⋯⋯⋯⋯⋯⋯刘殿春
英雄相逢（诗）⋯⋯⋯⋯⋯⋯⋯⋯纪　学
夸夸咱们的新宪法（新编十对花）⋯⋯⋯颂　歌
咱车床加的是大庆油（歌词）⋯⋯⋯⋯郑渊洁
紧急任务（独幕话剧）⋯⋯⋯⋯李志强　梁容政
第一线上比比看（歌词）⋯⋯⋯⋯⋯于宗信

大寨花开遍地红
工地喜相逢（诗）⋯⋯⋯⋯⋯⋯⋯梁志宏
考女婿（坐唱）⋯⋯⋯⋯⋯⋯⋯⋯山　泉
丰收曲（外一首）⋯⋯⋯⋯⋯⋯⋯王　野
山泉边（诗）⋯⋯⋯⋯⋯⋯⋯⋯⋯旭　林

大同市业余文艺创作专栏
华主席提出总任务（新民歌四首）
⋯⋯⋯⋯⋯⋯⋯黑太明　殷　宪　刘昆山等
交城山英雄的山（女声独唱）
⋯⋯⋯⋯⋯⋯世　才　竟　燃词　姚建平曲
千里煤海飞捷报（歌曲）
⋯⋯⋯⋯⋯张学贵词　田　浩　刘　森曲
拉虎队长（小小说）⋯⋯⋯⋯⋯⋯孟繁元
真是一个好学徒（表演唱）⋯⋯王全康词　孙志勇曲
普通乘客（山东快书）⋯⋯⋯⋯⋯李鸿民
夫妻会（二人台）⋯⋯⋯⋯⋯⋯⋯王　颂
犁（诗）⋯⋯⋯⋯⋯⋯⋯⋯⋯⋯陈　亨
革新迷（诗）⋯⋯⋯⋯⋯⋯⋯⋯⋯溪　流
井口（诗）⋯⋯⋯⋯⋯⋯⋯⋯⋯丰昌隆
炉前曲（诗）⋯⋯⋯⋯⋯⋯⋯⋯⋯金　笑
革新曲（小戏曲）⋯⋯⋯⋯⋯⋯⋯康巧玲
猫头鹰告状（大鼓书帽两篇）⋯⋯⋯尹晓寒
"藏"与"露"（评论）⋯⋯⋯⋯⋯薛宝琨
可信、可亲、可爱
——简评《豹子湾战斗》中丁勇等形象的塑造
⋯⋯⋯⋯⋯⋯⋯⋯⋯⋯⋯⋯⋯卢若琰
本刊召开小戏、故事创作座谈会（文艺简讯）

美术
不灭的明灯（中国画）⋯⋯⋯⋯杨之光　鸥　洋
实验室的灯光（诗配画）
⋯⋯⋯⋯⋯⋯安　塞诗　明　堂　益　超配画
人民的领袖（木刻）⋯⋯⋯⋯⋯⋯王宗训
交城的山水实在美（油画）⋯⋯⋯⋯孔繁瑞
红日永光（中国画）⋯⋯⋯⋯⋯⋯朱　焰

1978 年第 10 期　刊名:《山西群众文艺》
目录

诗词三首⋯⋯⋯⋯⋯⋯⋯⋯⋯⋯毛泽东

诗歌
新民歌一百首

故事
李林智闯杀虎口（章回体故事）⋯⋯⋯尹铁牛
寓言三则⋯⋯⋯⋯⋯⋯⋯⋯⋯傅　平　任远

曲艺
夜闯飞龙山（群口快板书）⋯⋯⋯⋯刘世新
张公道收猪（潞安鼓书）⋯⋯⋯⋯⋯乔俊宝
呼噜又响了（山东快书）⋯⋯⋯⋯⋯常士凯
追鞋（快板书）⋯⋯⋯⋯⋯⋯⋯⋯冲　冲

戏曲·演唱
春潮图（小歌剧）⋯⋯⋯⋯⋯⋯⋯刘昆山
一垅苗（小戏曲）⋯⋯⋯⋯⋯⋯⋯张新民
嫦娥游春（表演唱）⋯⋯⋯⋯王随生　陈开华
我是小司机（幼儿歌舞表演）⋯⋯⋯李德文
风枪手比武（故事表演）⋯⋯⋯⋯⋯徐朝鲜

评论
《三上桃峰》事件是"四人帮"阴谋篡党夺权的又一
罪证⋯⋯⋯⋯⋯⋯⋯⋯⋯⋯⋯⋯左思乙
民歌小议⋯⋯⋯⋯⋯⋯⋯⋯⋯⋯公　刘

歌曲
歌唱英明领袖华主席⋯⋯⋯⋯党永庵词　郝丕康曲
祖国一步一层楼（女声独唱）
⋯⋯⋯⋯⋯⋯⋯铁　志　韩　敏词　方道平曲
我心中最爱伟大的北京（独唱）
⋯⋯⋯⋯⋯⋯⋯⋯⋯⋯杨　勋词　吕仲起曲
坦克兵之歌⋯⋯⋯⋯⋯马连义　王怀庆词　彦　克曲

美术
我爱北京天安门（宣传画）⋯⋯⋯李醒滔　梁照堂
书记的办公桌（诗配画）⋯⋯郭　直画　赵　越配诗
康玄抓点（连环画）⋯⋯⋯张明堂　赵益超改编绘画
社会主义新文化的主人
——昔阳群众文化工作巡礼（摄影四幅）⋯⋯董荣贵

颗粒归仓（采塑）·······················胡月景

1978 年第 11 期　刊名:《山西群众文艺》
目录

诗歌

华主席领咱唱民歌（新民歌八首）·········杨焕育等
尹灵芝（长诗选载）·····················公　刘

故事

挑女婿·······························韩石山
歌声永不落···························许天柏
分戏票·······························郭书琪

曲艺

义斩鸿恩（京韵大鼓）···················周向荣
风二爷（单口相声）·····················杨玉福
冬冬做梦（山东快书）···················王金玉
分面包（快板小段）·····················王怀德

戏剧

雪亮的战刀（独幕话剧）···············锦县文化局
锦县文工团集体改编　张志新执笔
墙里墙外（小歌剧）·····················杨成万

评论

谈《三喜断案》的人物塑造················金　刀

歌曲

毛主席，我们为您放开歌喉（童声独唱）
·······················刘亚瑜词　张元华曲
共青团员之歌（齐唱）·········黎　琪词　建　树曲
人民教师之歌（女声独唱）·······周　威词　杨辰之曲
我爱学科技（童声齐唱）·······景其盛词　邓东升曲
鲜红的领巾鲜红的心（童声齐唱）
·················倪维德词　苏　勇　壬　平曲

演唱

两件雨衣（故事表演）···················小　丰
铁窗霞光（常德丝弦）···················佘致迪
送汤（柳琴演唱）···············晓　光　海　涛

美术

春风杨柳（中国画）···········肖青宝　泓刘蔚
女推土机手（诗画配）·······王明璞诗　韩植墨画
万紫千红（中国画）·····················金鸿钧

1978 年第 12 期　刊名:《山西群众文艺》
目录

戏剧

审木桶·······························山　泉
腊月二十九···························任继龙
改火炉·······················艾　仁　武　国
黄瓜风波·················郎眉存　铁云中
聘闺女·······························中　令

故事

核桃庄的年轻人·······················宋素琴

演唱

迎书记·······························刀　工
接大夫·······························葛来保

曲艺

向警予（鼓词）·························刘　琳
送暖瓶（山东快书）·····················马卫华
姑嫂俩（小快板）·······················徐　卉
报数字（数来宝）···············郭　钢　常　志

歌曲

太阳还是那样红（齐唱）·········傅　林词　钟立民曲
毛主席听过我的歌（男中音独唱）
·······················李幼容词　洪　飞曲
我给华主席送茶水（女声小合唱）
·······················常　瑞词　文　进编曲
清粼粼的河水涌心头（女声独唱）
·······················蒋言礼词　曹贤邦曲

诗歌

书记的故事（三首）·····················刘国柱
编筐谣·······························姚　莹
神种曲·······························田同旭
归来·································高建华
兵歌二首·····························宋力攀
新春联·······························宋月琴

美术

数风流人物还看今朝（油画）··············靳尚谊
鼓劲（版画）···························范金鳌
新春联（书法）
梅花（中国画）·························竹　樵
书记学习成内行（漫画）··················非　和

1979 年第 1 期　刊名:《山西群众文艺》
目录

春节演唱专辑
五一广场革命诗抄（三十首）

戏剧·演唱
房（独幕话剧）................穆德元　孟繁元
两条渠线（小戏曲）....................梁春明
红枣歌（小话剧）......................齐　诗
买菜秧（小快板剧）....................艾　宁
一张汇款单（小演唱）..................贺虎林
办年货（小演唱）......................王雨花

曲艺·故事
站柜台（山东快书）....................燕　平
一对好青年（山东快书）........刘司昌　杜　来
副业队长（快板）......................乔俊宝
歪批曲艺（太原莲花落）................强　立
照像（数来宝）........................苏丙华
重返朝阳镇（故事）....................王东满
稀罕事儿（故事）......................仝　胜

诗歌
华主席带来了好光景（新民歌二十一首）...马　旭等
政策驾着东风来........................贾宝生
桃峰杏岭又逢春........................陈雄光
人民的意志（外一首）..................郭宇一

歌曲
"四五"之歌..............公　刘词　白承德曲
手捧河水唱颂歌（女独）.......于　沙词　魏　越曲
走遍祖国大江南北（领唱·合唱）
　　　　　　　　　　　　盛　昌词　子　龙曲
献给人民的科学家（女独）.....刘同兴词　刘德增曲
真是拿他没办法（表演唱）.....张　恒词　甄秉之曲

美术
梅花（中国画）........................赵梅生
人民的好总理（雕塑）..................俞　崧
科头党训班旧址（中国画）..............竹　樵

1979 年第 2 期　刊名:《山西群众文艺》
目录

诗歌
春歌唱给新长征（新民歌十四首）........王满夷等

革新佳话（小叙事诗）..................顾　桐
铁牛开进马棚来........................王　笑
夜推斗车............................宋绍明

戏剧·演唱
春晓（小戏曲）........................周安民
张郎塔（小戏曲）......................郭恩德
卖豆腐（秧歌剧）......................程毓祥
赶集（小演唱）........................赵华云
买鱼（坐唱）..........................石　砌

曲艺·故事
拍电影（相声）................侯耀文　沈永年
礼尚往来（鼓词）......................王金玉
打擂（山东快书）......................王秀春
一堆苇子（故事）......................王学金
木场风波（故事）......................周玉海
神牛（民间故事）......................崔元和

评论
简谈故事创作..........................群　文
到群众中去，向群众文艺学习............雪　琼
文艺简讯..............................闻　毅

歌曲
毛主席啊，您开创的事业传万代（男女二重唱）
　　　　　　　　　　　哈晓斯词　践　耳曲
我们是光荣的少先队员（少年歌曲）
　　　　　　　　　　　曾宪瑞词　齐家全曲
农业机械化好处大（男中音独唱）
　　　　　　　　　　　刘　薇词　王晓明曲
攻关歌（齐唱）..............李　俊词　一　非曲

美术
雁荡山花（中国画）....................潘天寿
酒尽热汗浇桃李（诗画配）.......蔡建国等　字隆铭画
科学种田开新花（水彩）................吉成林
蟹爪水仙（白描花卉）..................赵之光

1979 年第 3 期　刊名:《山西群众文艺》
目录

学习周总理讲话　繁荣群众文艺创作（消息）
　　　　　　　　　　　　　　　　　本刊记者

纪念敬爱的周总理诞辰八十一周年
觉悟花（诗二首）......................柴德森
军毯颂（诗）..........................陀　浪
献上一杯水（朗诵诗）..................陈为人

总理窗上灯长明（小演唱）…………………关再兴　李振鹏
做喜炊（小歌剧）……………………………………马会元
我站在周总理像前（歌曲）………李天生词　王新良曲

诗歌

九月九………………………………………………于　沙
想起四化劲就来（新民歌九首）…………………李隆汉等
闹春（外一首）……………………………朱谷忠　孙新凯

故事

刘满屯上技校………………………………………陈克秀
花喜鹊与猫头鹰（寓言二则）………………傅　平　任　远

曲艺

只差零点五（相声）……………………李增瑞　刘永宁
"仙女"下凡（鼓词）………………………………孙桂春
周西坡（子弟书）………………………………清·韩小窗

戏剧·演唱

云燕（小歌舞剧）…………………………………张万一
打席筒（小戏曲）…………………………………任化民
选队长（表演唱）…………………………………张剑扬

歌曲

科学的春天来到了（女高音独唱）
　　　　　　　　　　　　　晨　枫词　姜春阳曲
四个现代化一定实现（领唱·合唱）
　　　　　　　　　　　　　安世彪词　张文秀曲

评论

关于民歌的一点感想………………………………张雨生
诗人与歌词…………………………………………肖文苑
谈谈关于人物思想转变的描写……………………胥　云

美术

青松颂（中国画）…………………………………卓　然画
我们的好总理（油画）………………何孔德　高　虹
篆刻选登……………………………………………徐文达等
君子兰（花卉白描）………………………………赵之光

1979 年第 4 期　刊名:《山西群众文艺》
目录

小戏·演唱

绿色的生命（小戏曲）……………………………邓小秋
收工之后（小戏曲）………………………………袁福荣
老书记学徒（坐唱）………………………………小　丰
第二次汇报（坐唱）………………………………李永生

曲艺

一付药（快板书）…………………………………王秀春
阎锡山搬兵（山东快书）………………尹晓寒　张龙野
三鬼毛（襄垣鼓儿词）……………………………王怀德整理

故事·小说

认亲记………………………………………………孙卫东
失败之后……………………………………………李希信

歌曲

齐心合力搞四化（齐唱）………………王东满词　李守桢曲
要把祖国建设成人间天堂（齐唱）
　　　　　　　　戴富荣　汪道哉词　胡　苹曲
少先队植树歌（少年歌曲）………艾　兰词　盛　昌曲

诗歌

转折就是金钥匙（新民歌七首）……张宝申　叶晓山等
"四五"精神万万岁（新民歌五首）……………马晋乾
哀思三首……………………………………………洪　飞
满山花果满山香（新民歌六首）…………………王满夷
大路边………………………………………………于英卜
挂钩员的"酒"（外一首）………………………石　英
土炕情………………………………………………钮宇大
在春天的节日里（独唱）………安世彪词　沈梦骏曲
寄情台湾（诗三首）………………………………剑　青
谈谈谜语……………………………………………段国超
谜语新编……………………………………………郑　钊
老灰狼与大白鹤（寓言诗）………………………刘　征
寓言和笑话………………………………冯贵生　荆林华

评论

从《小二黑结婚》学习故事创作的艺术技巧
　　　　　　　　　　　　　　　　　　闻　震

美术

春暖人间（中国画）………………………………娄师白
中国画………………………………………………赵梅生
书法（八幅）
………《天安门诗抄书法篆刻绘画展览》供稿　薛超翻拍
马蹄莲（白描花卉）………………………………赵之光

1979 年第 5 期　刊名:《山西群众文艺》
目录

征文选登

柳翠枝告状（故事）………………………………田昌安
红花喜迎春（表演唱）……………………………王　颂

曲艺

爸爸和伯伯（快板小段）⋯⋯⋯⋯⋯⋯苏丙华
拔豆苗（歌词）⋯⋯⋯⋯⋯⋯⋯⋯⋯⋯老　蔓
谁都爱（快书小段）⋯⋯⋯⋯⋯⋯⋯⋯燕　平
鸡兔联欢（曲艺小段三篇）⋯⋯⋯⋯⋯赵志冲
买卖婚姻害处多（干板腔）⋯⋯⋯⋯⋯刘维汉
我们是电业工人（对口词）⋯⋯⋯⋯⋯侯湘楚

小戏·演唱

争锤（独幕话剧）⋯⋯⋯⋯⋯⋯于　舟　效　武
赶集（小戏曲）⋯⋯⋯⋯⋯⋯⋯⋯⋯李廷玺

故事

两渔夫⋯⋯⋯⋯⋯⋯⋯⋯⋯⋯⋯⋯⋯张叶舟

歌曲

飞奔吧，祖国（齐唱）⋯⋯作军、言礼词　王京胜曲
安定团结歌（齐唱）⋯⋯⋯⋯石　祥词　王俊琪曲
我把美酒献给你（女高音独唱）
　　　　　　　　　　⋯⋯⋯⋯赵　越词　张永声曲

诗歌

一心一意搞四化（新民歌二十一首）
　　　　　　　　　　⋯⋯张庆喜　李鸿如等
春雨⋯⋯⋯⋯⋯⋯⋯⋯⋯⋯⋯⋯⋯⋯王立宪
柱柱和翠翠（外一首）⋯⋯⋯⋯⋯⋯旭　林
声声山歌当战鼓⋯⋯⋯⋯⋯⋯⋯⋯⋯王吉文
家乡的泥土（组诗）⋯⋯⋯⋯⋯⋯⋯时永福
攻关记录本⋯⋯⋯⋯⋯⋯⋯⋯⋯⋯⋯王恩宇
研究所抒怀（组诗）⋯⋯⋯⋯⋯⋯⋯宋家玲
创业者的歌（二首）⋯⋯⋯⋯⋯⋯⋯周所同
选队长⋯⋯⋯⋯⋯⋯⋯⋯⋯⋯⋯⋯⋯贾　真

评论

发扬艺术民主　繁荣戏剧创作⋯⋯⋯蔡　毅
公社文化站工作答问⋯⋯⋯⋯⋯⋯本刊编辑部

美术

鹰击长空（中国画）⋯⋯⋯⋯⋯⋯⋯吴作人
科学种田⋯⋯⋯⋯⋯⋯⋯⋯⋯⋯⋯⋯王如何
报春图⋯⋯⋯⋯⋯⋯⋯⋯⋯⋯⋯⋯⋯王玉堂
唐菖蒲⋯⋯⋯⋯⋯⋯⋯⋯⋯⋯⋯⋯⋯赵之光

1979 年第 6 期　刊名:《山西群众文艺》
目录

花儿朵朵红

熊哥哥和熊弟弟（童话小歌舞）（征文选登）

　　　　　　　　　　⋯⋯⋯⋯⋯⋯⋯文　瀛
宝库（儿童歌舞剧）⋯⋯⋯⋯⋯⋯⋯赵世鼎
太阳底下快快长（儿童歌曲）
　　　　　　　　⋯⋯⋯周　威词　朱良镇曲
少先队员之歌（少女歌曲）⋯⋯⋯希　扬词　文　进曲
热爱祖国，热爱科学（少年歌曲）
　　　　　　　　⋯⋯⋯张　恒词　井　岗曲
儿歌一束⋯⋯⋯⋯⋯⋯⋯谷振彦　岩　冰
张廷杰　石受文　李拴林

曲艺

水果店里（快板小段）（征文选登）⋯⋯于　舟
质量问题（相声）⋯⋯⋯⋯⋯⋯⋯⋯杨玉福
胡批（快板小段）⋯⋯⋯⋯⋯⋯⋯⋯张有洛
猪圣人（书帽）⋯⋯⋯⋯邹世杰　曹连起　赵巾又改编

故事·小说

两下晋庄（故事）⋯⋯⋯⋯⋯⋯⋯⋯刘桂权
"新闻家"尹大妈（小说）⋯⋯⋯⋯⋯曹喜庆
三婶看戏（故事）⋯⋯⋯⋯⋯⋯⋯⋯王西兰

戏剧·演唱

一碗鸡蛋汤（小戏曲）⋯⋯⋯张畋民　孙永福
卖绒线（祁太秧歌）⋯⋯⋯⋯⋯⋯侯　铮改编
手牵银线绣"四化"（女声表演唱）
　　　　　　　　⋯⋯蒋言礼词　音　波曲

歌曲

实事求是最可贵（齐唱）⋯⋯张寿山词　史掌元曲

诗歌

太行春夜话当年⋯⋯⋯⋯⋯⋯⋯⋯⋯安　塞
新情歌（十首）⋯⋯⋯⋯⋯⋯⋯⋯⋯张易水
公社门前一棵树⋯⋯⋯⋯⋯⋯⋯⋯⋯张善明
公社的原野（三首）⋯⋯⋯⋯⋯⋯⋯刘同聚
风雨夜（外一首）⋯⋯⋯⋯⋯⋯⋯⋯阵　容
牛娃子叔⋯⋯⋯⋯⋯⋯⋯⋯⋯⋯⋯⋯湘　霖
给一位女图书管理员⋯⋯⋯⋯⋯⋯⋯彭援军
瓜蒌及其他⋯⋯⋯⋯⋯⋯⋯⋯⋯⋯⋯张新民
农村即景⋯⋯⋯⋯⋯⋯⋯⋯⋯⋯⋯⋯王明璞
新民歌二首⋯⋯⋯⋯⋯⋯⋯⋯⋯⋯⋯吉新发

评论

谈鲁迅关于肖像的描写⋯⋯⋯⋯⋯⋯薛炎文
从舞台上的帝王将相说起（文艺随笔）⋯赵　荆

美术

大红花⋯⋯⋯⋯⋯⋯⋯⋯⋯⋯⋯⋯⋯林风眠
群众业余文化活动剪影（五幅）⋯⋯李　秀等摄

虞美人（白描花卉）·····················赵之光
英雄的年青一代（连环画）
···················赵志冲改编　秦元阅画

1979 年第 7 期　刊名：《山西群众文艺》
目录

高唱赞歌庆"七·一"
党的恩情唱不尽（新民歌十六首）·········王振佳
于英卜　杨进升　陈来　王晋军　吉新发　郝社元
石英　李秀文　李晋川
四项基本原则好（齐唱）········彭文祥词　彭正元曲
咱们和党一条心（独唱）········石顺义词　于显文曲
记住这一页历史（朗诵诗）···············文武斌

曲艺
争指标（快板书）（征文选登）···········张有洛
摔瓦盆（鼓书）·······················张铁树
找哪位（天津快板）···················李治邦
两个越南兵（天津快板）···············刘殿春

小说·故事
局长和他的小车司机···················郭书琪
追"ZHǓ RÈN"·························安乐才

戏剧·演唱
金龟泉（小歌舞剧）···················中　令编剧
良心睡着了（独幕话剧）···············郭曾慰
迎亲曲（小演唱）···············孙克恭　何玉锁

歌曲
没有共产党就没有新中国···········曹火星词曲
沿着红军走过的路（男声独唱）
···················张寿山词　家　滨曲
加快四个现代化的大步伐（女声小组唱）
···················李幼容词　王天荣曲

诗歌
巍巍输电塔·························侯湘梵
写在长征路上（四首）···············孔祥德
粉笔之歌··························薛启发
老向导带路（叙事诗）···············黄东城
山村新事··························文超万
钢铁歌····························杨俊青
火箭兵战地诗抄·····················昭明

评论
重复和简练

——戏剧辩证法浅谈···················薛宝琨

群众文化辅导
浅谈如何导演《良心睡着了》（导演札记）·······张文钟
边建校边教学　加速培养人才
——文化馆干部歌舞训练班结业···········群文学

美术
朝气蓬勃（中国画）···················赵梅生
剪纸新作（十二幅）·······郭引贵　段永江　郑洪峨

1979 年第 8 期　刊名：《山西群众文艺》
目录

军旗火红
献给英雄的边防军（女声齐唱）···········张元华词曲
战士和祖国（领唱，合唱）
···················孟大雁词　吕仲起曲
南昌诗草（诗）·······················王　宁
迎（诗）····························邹　劲
哨兵之歌（诗）·······················刘　星

曲艺
请客（太原莲花落）（征文选登）
···························曹强　曹立
假内行（单弦）·······················翟砚君
赵大雷"捉鬼"（山东快书）（征文选登）·······李鸿民

戏剧·演唱
小两口分家（二人台）
···············别闰生　蔡兴林词　里川编曲
王二嫂改行（演唱）（征文选登）···········晓　风

故事·小说
考队长（征文选载）···················韩石山
春霞置嫁妆··························刘　武
寓言二则··························傅　平

歌曲
谁之罪····························张志新词曲
迎新····························张志新词典
朱总怀念在太行（女声独唱）
···············世　彪　李　江词　董兆武曲
民主选举好（齐唱）
···············张秦闻鸣德龙词　张秦曲

诗歌
献给张志新烈士的歌···········李　志　荆其柱

珍贵的照片————————————宋月琴
金鸡峰传歌————————————刘铁柯
金色的山川（三首）——————董耀章
泉边————————————————杨文彬
战冰雹————————————————朱谷忠
猫头鹰的冤案（寓言诗）————陈广斌
心想四化唱儿歌————溪 流 刘国喜
月下细语————————————————高建华
大同抒情（二首）————————柳 萌

评论

继承和发扬现实主义文学的战斗传统————郭 文
读民歌有感————————————————梁 衡
出奇制胜（随笔）————————王德省

群众文化辅导

《小两口分家》排演提示————————银

美术

红花————————————————李诗唐
荷花（油画）————————————吴冠中
对打（诗配画）
————————张建设 朱德新诗 益 超 明 堂画
幻灯片选登（七幅）
————————李江鸿 李森林 钱骥俊
山水（中国画）————————————陈巨锁

1979 年第 9 期　刊名:《山西群众文艺》
目录

毛主席功绩万古存

毛主席恩情永不忘（说唱诗）————王吉文
毛主席屹立船头笑（诗）————————冯 云
没有毛主席就没有新中国（男声独唱）
————————杨增瑗词 崇 望 宗 纲曲
新民歌五首
————王宏显 李鸿如 赵希敬 郭春山 赵传银

戏剧·演唱

竹篮打水（小喜剧）————————文 默
春暖花开（小戏曲）————————黄三海

曲艺

彭老总吃窝头（山东快书）————王金玉
新"三娘教子"（相声）————————禾 生
舍身炸碉堡（京韵大鼓）————李绪良
二哥的教训（相声）————小 帆 晓 智 庆 瑞

故事·小说

伏虎擒龙（故事）————————任成山
落选记（小说）————————————师 吼

歌曲

请你告诉我（男高音独唱）
————————王守勋 刁铁军词 保 彤曲
姑娘含笑不答话（齐唱）————盛 昌词 清 涛曲
报春心花带血开（女声独唱）
————————文超万词 曾 模曲

诗歌

啊，东四义，你好————————韩锺昆
矿山诗情（三首）————————韩长绵
风雷曲（三首）————————————梁申威
河边对歌————————————————攀 山
情歌五首————————————————南 雄
歇息间————————————————刘建政
体育之窗（三首）————————赵国增
果园新歌————————————————梁 冬

评论

诗歌应该是精炼的冠军————————张雨生
文化动态————————————————赵恒举

美术

玉兰（中国画）————————————靳及群
正气歌（雕塑）————————————俞 崧
花————————————————————杨力舟
党的好女儿张志新（连环画）————沈豪文 刘 勇画

1979 年第 10 期　刊名:《山西群众文艺》
目录

热烈庆祝中华人民共和国成立三十周年!
国庆佳节赛歌来——新民歌一百首————王怀让等
送别（歌词）————————————陈维光

故事

无名牌手表（连载）————————师彤雪
砸"黑锅"————————————————张学温
小笑话（二则）————————————杨 畅

曲艺

花园楼（快板书）————————————纪 冬
山神夸兵（快板书）————徐明理 苏炳华
漫谈《铡美案》（相声）————杜 来 沈永年

戏剧·演唱

云散月圆（八场戏曲·建国三十周年献礼演出节目选登）⋯⋯⋯⋯⋯⋯⋯⋯⋯⋯⋯⋯⋯⋯⋯郭启农

选路（快板剧）⋯⋯⋯⋯⋯⋯⋯⋯⋯⋯⋯刘世新

歌曲

十月之歌（领唱、齐唱）⋯⋯蒋言礼词　张　秦曲

"四化"美景等不来（女声独唱）

⋯⋯⋯⋯⋯⋯⋯⋯孙　牧词　张志烈曲

晚风轻轻地吹（独唱）⋯⋯陈福利词　洪　飞曲

胜利圆舞曲（女高音独唱）⋯⋯金同悌词　黄连生曲

评论

戏从生活中来

——《云散月圆》小议⋯⋯⋯⋯⋯⋯丁海鹏

喜读《柳翠枝告状》⋯⋯⋯⋯⋯⋯⋯徐　言

赵树理与群众文艺⋯⋯⋯⋯⋯顾全芳　张福玉

利用调演形式抢救文化遗产⋯⋯⋯襄汾县文化馆

美术

庆祝中华人民共和国成立三十周年（宣传画）

⋯⋯⋯⋯⋯⋯⋯⋯⋯⋯⋯⋯⋯⋯田宝红

国画写生（四幅）⋯⋯⋯⋯⋯⋯⋯⋯赵　璞

南国行（写生四幅）⋯⋯⋯⋯⋯⋯⋯秦元阁

泰山日出（中国画）⋯⋯⋯⋯⋯⋯⋯赵　球

1979 年第 11 期　刊名:《山西群众文艺》
目录

诗歌

赛歌台（新民歌 11 首）⋯⋯⋯⋯⋯王湘生等

赶集记（小叙事诗）⋯⋯⋯⋯⋯⋯⋯刘瑞祥

农村剪影（三首）⋯⋯⋯⋯⋯⋯⋯⋯郭灵声

花圃⋯⋯⋯⋯⋯⋯⋯⋯⋯⋯⋯⋯⋯姚　莹

创业者的歌（二首）⋯⋯⋯⋯⋯⋯⋯周所同

春华秋实（二首）⋯⋯⋯⋯⋯⋯⋯⋯梁志宏

围裙飘飘⋯⋯⋯⋯⋯⋯⋯⋯⋯⋯⋯崔润锁

棉桃的故事⋯⋯⋯⋯⋯⋯⋯⋯⋯⋯陈茂欣

故乡的梨树（歌词）⋯⋯⋯⋯⋯⋯⋯刘亚瑜

为我的火炮唱支歌（歌词）⋯⋯⋯⋯刘世新

故事

无名牌手表（故事连载）⋯⋯⋯⋯⋯师肜雪

爸爸复职⋯⋯⋯⋯⋯⋯⋯⋯⋯⋯⋯春　晓

大黄狗和哈巴狗（民间故事）⋯⋯⋯高永发

曲艺

招媳妇（山东快书）⋯⋯⋯⋯⋯⋯⋯彭化高

我的家史（相声）⋯⋯⋯⋯⋯⋯⋯⋯杨玉福

赵有功"坑人"（数来宝）⋯⋯⋯⋯⋯胡经伦

戏剧·演唱

云散月圆（八场戏曲·建国三十周年献礼演出节目选登）⋯⋯⋯⋯⋯⋯⋯⋯⋯⋯⋯⋯⋯⋯⋯郭启农

卖香瓜（小演唱）⋯⋯⋯⋯⋯⋯⋯⋯曾中令

你的那个他怎么样（女声表演唱）⋯⋯辛　夷

歌曲

啊，亲爱的祖国（独唱）⋯⋯⋯赵　越词　纯　青曲

花香飘满社员家⋯⋯⋯⋯⋯洪　源词　蒋清奎曲

晨风在飞跑（女声独唱）⋯⋯木　青词　杜志敏曲

一路春风一路歌⋯⋯⋯⋯⋯蒋清奎词　孟青林曲

评论

试谈山东快书《阎锡山搬兵》中的写作技巧

⋯⋯⋯⋯⋯⋯⋯⋯⋯⋯⋯⋯⋯⋯糊　迷

李白和民歌⋯⋯⋯⋯⋯⋯⋯⋯⋯⋯肖文苑

群众文化动态

消息一则

美术

葡萄（中国画）⋯⋯⋯⋯⋯⋯⋯⋯⋯吴德文

黄河之歌（中国画）⋯⋯⋯⋯⋯⋯⋯黄景涛

松鼠和老虎（剪纸）⋯⋯段吉庆　吉燕起　改编并剪纸

我们的生活充满阳光（歌曲）

⋯⋯⋯⋯⋯⋯集体词　吕　远　唐　诃曲

1979 年第 12 期　刊名:《山西群众文艺》
目录

诗歌

海子与晶姑⋯⋯⋯⋯⋯⋯⋯⋯⋯⋯谭　谊

宝山和金泉⋯⋯⋯⋯⋯⋯⋯⋯⋯⋯王　颂

黄土高原看喷灌⋯⋯⋯⋯⋯⋯⋯⋯温　暖

"成熟"与"幼稚"⋯⋯⋯⋯⋯⋯⋯⋯肖　川

新梦幻曲⋯⋯⋯⋯⋯⋯⋯⋯⋯⋯⋯卜林西

月夜护矿⋯⋯⋯⋯⋯⋯⋯⋯⋯⋯⋯毕福堂

短笛长吹⋯⋯⋯⋯⋯⋯⋯⋯⋯⋯⋯应化雨

"唱机"·"话筒"⋯⋯⋯⋯⋯⋯⋯⋯刘　征

金沙滩上的白杨（歌词）⋯⋯⋯⋯⋯盛　昌

故事

巧相会⋯⋯⋯⋯⋯⋯⋯⋯⋯⋯⋯⋯李绪良

无名牌手表（连载）⋯⋯⋯⋯⋯⋯⋯师肜雪

戏曲

母与子（小歌剧）⋯⋯⋯⋯⋯⋯⋯⋯⋯⋯⋯竞 飞
三家福（小戏曲）⋯⋯⋯⋯⋯⋯⋯⋯⋯⋯⋯文 舟
喜在心间（小话剧）⋯⋯⋯⋯⋯⋯⋯⋯⋯⋯韩 龙

曲艺·演唱

爱情的风波（相声）⋯⋯⋯⋯⋯胡建吾 李如玉
三天养成大肥猪（小快板）⋯⋯张有洛 胡汝高编
说话（对口快板）⋯⋯⋯⋯⋯⋯⋯⋯⋯⋯王秀春
都怕刮（单口相声）⋯⋯⋯⋯⋯⋯⋯⋯⋯尹晓寒
八戒读书（演唱）⋯⋯⋯⋯⋯⋯⋯⋯⋯⋯封泉生

评论

赏罢新花厌假枝⋯⋯⋯⋯⋯⋯⋯⋯⋯⋯姜国卿
消息一则

歌曲

啊，深深的海洋⋯⋯⋯⋯⋯瞿 琮词 孙 毅曲
铁道兵战士的话
⋯⋯⋯⋯古 石原诗 文 时改词 一 非曲
计划生育好⋯⋯⋯⋯⋯⋯⋯周 威词 杨辰之曲
天山歌手⋯⋯⋯⋯⋯韩 冷 晨 枫词 杨建勋曲
一字歌⋯⋯⋯⋯⋯⋯⋯⋯李如会词 唐一鸣曲

美术

水仙⋯⋯⋯⋯⋯⋯⋯⋯⋯⋯⋯⋯⋯⋯⋯袁 龙
山西省美术作品展览选登
山菊（版画）⋯⋯⋯⋯⋯⋯⋯⋯⋯⋯⋯曹 美

1980 年第 1 期　刊名:《晋阳文艺》
目录

小舞台

爆竹声中（小戏曲）⋯⋯⋯⋯⋯⋯⋯⋯⋯武双寅
"第一流演员"（讽刺喜剧）⋯⋯⋯尹崇富 郝守映
同上光荣榜（表演唱）⋯⋯⋯⋯⋯⋯⋯⋯康建平
好了歌（快板）⋯⋯⋯⋯⋯⋯⋯⋯⋯⋯⋯旭 林
"四旧"（相声）⋯⋯⋯⋯⋯⋯⋯张金华 杨其峙
跟踪（山东快书）⋯⋯⋯⋯⋯⋯⋯⋯⋯⋯郭 钢

讽刺与幽默

笑话二则⋯⋯⋯⋯⋯⋯⋯⋯⋯⋯⋯⋯⋯亚 川
漫画四幅

游艺晚会

镜子与香粉（寓言）⋯⋯⋯⋯⋯⋯⋯⋯⋯吉 星
童话二则⋯⋯⋯⋯⋯⋯⋯⋯⋯⋯⋯⋯⋯孙传泽
谜语⋯⋯⋯⋯⋯⋯⋯⋯⋯⋯曾加元 杨 畅等

狮子与小松鼠（寓言诗）⋯⋯⋯⋯⋯⋯⋯韩 永

山西风物

卦山游记⋯⋯⋯⋯⋯⋯⋯⋯⋯⋯骆士正 张 军

阅读与欣赏

梦见周爷爷到我家（儿歌）⋯⋯⋯⋯⋯⋯晓 谷
无名牌手表（故事连载）⋯⋯⋯⋯⋯⋯⋯师彤雪
山乡谣（诗）⋯⋯⋯⋯⋯⋯⋯⋯⋯⋯⋯马晋乾
我们村里的年轻人（诗歌）⋯⋯⋯⋯⋯⋯张从海
工地故事会（诗）⋯⋯⋯⋯⋯⋯⋯⋯⋯龙彼德
提水的姑娘（诗）⋯⋯⋯⋯⋯⋯⋯⋯⋯王明璞
海河男儿"嫁"黄川（小叙事诗）⋯⋯⋯⋯石 英
土专家（诗）⋯⋯⋯⋯⋯⋯⋯⋯⋯⋯⋯铁 牛

生活的花朵

读《新民歌一百首》⋯⋯⋯⋯⋯⋯⋯⋯马作楫

文艺杂谈

关于细节描写⋯⋯⋯⋯⋯⋯⋯⋯⋯⋯陈国亮
加油啊 民歌手⋯⋯⋯⋯⋯⋯⋯⋯⋯⋯叶曙光

山西文化人物

丁果仙舞台生涯二三事⋯⋯⋯⋯⋯⋯⋯张仁健

文艺常识

故事创作常识⋯⋯⋯⋯⋯⋯⋯⋯⋯⋯⋯嘉 禾
也谈对联⋯⋯⋯⋯⋯⋯⋯⋯⋯⋯⋯⋯曾 慰
在公社文化站里
一次板报比武会⋯⋯⋯⋯⋯⋯⋯⋯⋯刘子山
拜师记⋯⋯⋯⋯⋯⋯忻县合索公社文化站 梁玉明
让文化室骨干学会识简谱
⋯⋯⋯⋯⋯⋯⋯忻县义井公社文化站 梁树山
文化动态（一则）⋯⋯⋯⋯⋯⋯郑剑波 宋元虎
文艺随笔（一则）⋯⋯⋯⋯⋯⋯⋯⋯⋯明 钊
新春联⋯⋯⋯⋯⋯⋯⋯⋯⋯⋯⋯⋯彭大东等辑

美术

鸟鸣花艳（装饰画）⋯⋯⋯⋯⋯⋯⋯⋯崔 毅
本省剪纸新作⋯⋯⋯⋯⋯⋯⋯⋯⋯⋯康德林
永乐宫壁画（剪纸）⋯⋯⋯⋯⋯王玛琳 段改芳
五业兴旺⋯⋯⋯⋯⋯⋯⋯⋯⋯⋯赵保潭 黄清泽

1980 年第 2 期　刊名:《晋阳文艺》
目录

小舞台

金陵大盗（中篇评书连载）⋯⋯⋯⋯⋯雯燕斋

分食物（襄垣鼓词书帽）⋯⋯⋯⋯⋯赵巾又
桃儿熟了（小演唱）⋯⋯⋯⋯⋯⋯王艾仁
高局长外传（评书小段）⋯⋯⋯⋯申　丙
在法律面前（独幕话剧）⋯⋯⋯刘　浩改编

山西风物
五台山散记⋯⋯⋯⋯⋯⋯⋯⋯⋯陈巨锁

讽刺与幽默
拍马屁（单口相声垫话）⋯⋯⋯⋯海　金
笑话一则⋯⋯⋯⋯⋯⋯⋯⋯⋯⋯海　鹏
胃口（讽刺诗）⋯⋯⋯⋯⋯⋯⋯文　丙
饱嗝之歌（讽刺歌词）⋯⋯⋯⋯文时夏
石老村（故事）⋯⋯⋯⋯⋯⋯⋯郭　炳

阅读与欣赏
妈妈和女儿（小说）⋯⋯⋯⋯⋯文　金
故事新编二题⋯⋯⋯⋯⋯⋯⋯嘉　敏
口唱山歌心里甜（新民歌十三首）
　　　　　吕世豪　钱国胜　李隆汉等
伯曲相驴（叙事诗）⋯⋯⋯⋯⋯沐　雨
漳河情（诗）⋯⋯⋯⋯⋯⋯⋯尧山壁
书记的故事（诗）⋯⋯⋯⋯⋯刘国柱
凉山夜歌（外一首）⋯⋯⋯⋯倪金奎
"四化"途中（诗）⋯⋯⋯⋯⋯赵中悦
他，面对茫茫大海（外一首）⋯方立平
东征诗抄（诗）⋯⋯⋯⋯⋯⋯郭灵声
甜殷殷的蜜桃等着哥哥摘（歌词）⋯盛　昌

山西文化人物
为民而歌的伟大诗人——白居易⋯张仁健
"丑角不丑"⋯⋯⋯⋯⋯⋯⋯⋯薛宝琨

文艺杂谈
从皇帝学数学谈起⋯⋯⋯⋯⋯沈　豪

游艺晚会
迎春灯谜⋯⋯⋯⋯⋯薛艺　晋华　加元
猜谜故事会⋯⋯⋯⋯⋯仁广　笑雷
猜谜背诗⋯⋯⋯⋯⋯⋯⋯⋯锦　荣
有意思的智力游戏⋯⋯⋯⋯⋯肖　狄
想一想⋯⋯⋯⋯⋯⋯⋯⋯⋯苏　野

文艺常识
董解元与"诸宫调"⋯⋯⋯⋯⋯吴　圮
谈谈谜语⋯⋯⋯⋯⋯⋯⋯⋯李祝九

在公社文化站里
从群众的需要出发⋯⋯⋯⋯⋯恒　桦

文化动态
省文化局召开业余文艺创作座谈会⋯王一民

美术
反弹琵琶使乐天（丝路花雨剧照）⋯陈之涛
人物写生（四幅）⋯⋯⋯⋯⋯王迎春
华君武和他的漫画⋯⋯⋯⋯⋯苏　光
漫画（四幅）⋯⋯⋯⋯⋯⋯⋯华君武

1980 年第 3 期　刊名:《晋阳文艺》
目录

阅读与欣赏
登记（故事）⋯⋯⋯⋯⋯⋯⋯赵树理
一篇优美动人的故事（评论）
——谈谈赵树理的故事《登记》⋯韩玉峰
梨树（罗马尼亚民间故事）⋯⋯徐太国译
民间传说三则
⋯⋯刘世善　张剑峰　董如嵌　梁　力
水母娘娘（叙事诗）⋯⋯⋯⋯杨文彬
校园三题（诗）⋯⋯⋯⋯⋯⋯韩嗣仪
短诗五首⋯⋯⋯⋯宋　锐　张不代　张志鹏
歌词二首⋯⋯⋯⋯⋯⋯冯　涛　石顺义
读诗与民歌杂记（评论）⋯⋯⋯雪　石

游艺晚会
笑之窗⋯⋯⋯⋯薛艺　吉星　立新　炳玲

小舞台
金陵大盗（评书连载）⋯⋯⋯雯燕斋
姑嫂挑菜（二人台传统小戏）⋯忻县文化馆
花儿献给他（小演唱）⋯⋯⋯攀　山
揭短篇⋯⋯⋯⋯⋯⋯⋯⋯⋯周所同
幽默与讽刺
生活拾零⋯⋯⋯⋯⋯⋯⋯⋯溪　流
西方社会一瞥（漫画）

山西风物
晋祠拾趣⋯⋯⋯⋯⋯⋯⋯⋯师彤雪

山西文化人物
柳宗元⋯⋯⋯⋯⋯⋯⋯⋯⋯杨　璐

在公社文化站里
他们是活动的主人
——定襄县宏道公社文化站活动见闻⋯张学明

文艺常识

杂谈山西语音和其演唱·······················尹晓寒
电影《马路天使》插曲二首

美术

玉兰寿带·································袁运甫
群众文艺创作、演出活动剪影·········李　秀等摄
欢庆胜利（木版水印）·····················郑华宁
本刊国庆三十周年征文评奖揭晓

1980 年第 4 期　刊名:《晋阳文艺》
目录

"爱情"三部曲（故事）·····················田昌安
金饭碗（小说）·························王红罗
月饼与烧饼（小说）·················马　骏　傅　平
王之涣的《登鹳雀楼》（名诗欣赏）···········赵　荆
喜泪歌（诗）···························丰昌隆
新民歌十二首····宋郁青　杨金台　张玉良　王　青等
乡情集（诗三首）·······················严　阵
梨乡行（诗二首）·······················贾　真
三峡情思（诗三首）·····················柴德森
短诗十六首·············华　丹　于　沙　张新民
马长泰　文武武　赵国泰　陆　苇　苏俐敏等
秀才扬名（民间故事）·····················戎　林

小舞台

金陵大盗（中篇评书连载）·················雯燕斋
走西口（二人台）·················贾德义整理
《走西口》简介·························贾德义

山西风物

恒山观景记（游记）·····················贺新辉

山西文化人物

寄情山水的王维·························梁　骏

讽刺与幽默

某发财科长（外二首）·············刘太庆　赵鹏飞
也寄某公社·····························莲　葆

游艺晚会

谜语四则·····························崔海宫
你能对上吗?···························秉　文
鼻子和眼镜（寓言）·····················集　益

文艺杂谈

从杨家戏谈到《四郎探母》·········张福玉　顾全芳

文艺常识

曲艺唱词语言的准确与精炼
——《曲艺唱词写作知识讲话》之一·········彭际野

文艺评论

从大黄狗的遭遇所想到的·················雨　辰

在公社文化站里

把致富的光荣画出来——记杏花公社文化站的一次美
术骨干培训·······················安　步

读者作者编者

感谢与希望···························本刊编著
读者来信（三则）·········刘　海　刘连源　连　歌

美术

刊名题字·····························徐文达
桃花红·······························赵常吉
荷花（写生）···························聂云挺
迎春花（国画）·························赵梅生
本刊承揽广告业务启事

1980 年第 5 期　刊名:《晋阳文艺》
目录

阅读与欣赏

特效良药（小说）·······················赵修身
改花的秘密（革命斗争故事）···············禹　明
我和老师（故事）·······················张俊田
启示篇（诗）···························韩长绵
煤城三题（诗）·························王　野
穷富篇（诗）···························王振佳
林区短唱（诗）·························赵政民
短诗十一首···························丰昌隆
邹　劲　栗金马　延辰龙　金　笑　彭援军
李改花嫁给王林娃（小叙事诗）···········谷　威

小舞台

金陵大盗（中篇评书连载）·················雯燕斋
端阳节（北京琴书）·····················徐朝群
串亲戚（山东快书）·············黄秉德　袁　石
唐太宗改旨（唱词）·····················张新民
夫妻拜寿（秧歌剧）·········乔正安　李文元整理
"鼻子"（小话剧）·······················杨孟衡

山西风物

琉璃飞虹广胜寺（散记）·················李　彬

山西文化人物

王之涣 …………………………………… 陈 新

游艺晚会

麦嘴儿的辩词（寓言）……………………… 孙传泽
谜语十则 ……………………… 张志勤 解培堂
游戏 …………………………………… 张德荣

文艺杂谈

眼睛、头发、脚及其他 ……………………… 王德省
让想象之鸟高高飞翔 ……………………… 星 星

文艺常识

曲艺唱词语言的雅俗共赏
——《曲艺唱词写作知识讲话》之二 … 彭际野

在公社文化站里

他是这样走过来的——记汾阳县杏花公社文化站辅导
员胡荫圻 ………………………… 赵 越 恒 桦
劲头赞（短评）……………………………… 高培湖

美术

飞天（剪纸）………………………………… 段永江
泉水叮咚响（电影插曲）…………………… 吕 远词曲
漫画（五幅）…………………… 王 健 黄允中等
一代新苗（雕塑）…………………………… 苗新田

文艺消息

省四届文代大会闭幕

1980 年第 6 期　刊名:《晋阳文艺》
目录

阅读与欣赏

带补丁的袖章（故事）……………………… 章 雨
桂花妈（小说）……………………………… 马 旭
托托的小白鸽（儿童小说）………………… 张宇明
新民歌十二首 … 李启云 李鸿如 陈 来 郭春山等
母亲呵，老师呵，我向您倾吐 ……………… 王明璞
在值勤点上 ………………………………… 毕福堂
《在论共产党员的修养》之歌 ……………… 宋 锐
短诗八首 …………………………………… 王春声
冯 云 徐明德 高中平 张泉渌 李拴林等
儿童诗七首 …… 王 颂 刘国喜 郑渊洁 石受文等
歌词二首 ……………………… 李三处 刘同兴

小舞台

金陵大盗（中篇评书连载）………………… 雯燕斋

卖菜（二人台传统小戏）……… 雁北地区文化馆供稿
王大妈赶会（小演唱）……………………… 彭化高
山西"四大梆子"名演员唱段选登之一

游艺晚会

牧童和狐狸（童话）………………………… 孙传泽
老鹰的"爱"（童话）……………………… 海 水
海洋"牧场"（科学童话）………………… 张欣之
谚语·歇后语 ……………… 李鸿如 刘世友辑
成语故事（二则）………………………… 吉 星辑

山西风物

杏花村与汾酒 ……………………………… 文景明

山西文化人物

初唐诗坛上的一颗彗星——王勃 ………… 侯文正

舞台生涯

耻学于师、业精于勤
——我是怎样唱出戏来的 ………………… 牛桂英

讽刺与幽默

糊涂呀，伯乐 ……………… 王乐天画 蔡 毅诗
伊朗幽默 ………………………………… 丁岐江译

文艺杂谈

从"一把宝剑"谈起 ……………………… 朱宝真
装帧艺术管见 ……………………………… 李 亮
从一种"深入生活"说所想到的 …………… 刘梓钰

文艺评论

一枝带刺的鲜花
——讽刺喜剧《"第一流演员"》观感 ……… 军 毅

文艺常识

曲艺唱词语言的幽默风趣
——《曲艺唱词写作知识讲话》之三 …… 彭际野

美术

竹子（中国画）……………………………… 竹 樵
浪花里飞出了欢乐的歌（歌曲）
力群版画展览作品选登（四幅）

本刊征集新民歌启事

1980 年第 7 期　刊名:《晋阳文艺》
目录

百花

新路（小说）　　　　　　　　　　　　　　　赵　新
珊珊的爱情（小说）　　　　　　　　　　　　陈维实
蝴蝶纷飞（故事）　　　　　　　　　　　　　王子训
一把镢（小说）　　　　　　　　　　　　　　韩石山
老田参观（故事）　　　　　　　　　　　　　春　晓
周仓掌权（故事）　　　　　　　　庄　稼　刘　胜
善蛇（民间故事）　　　　　　　　　　　　　李瑞凤
党旗颂（诗）　　　　　　　　　　　　　　　丁　纳
三峡的传说（诗）　　　　　　　　　　　　　刘不朽
长江风情（诗三首）　　　　　　　　　　　　严成志
短诗十三首　　　　　　　　　　王　也　王智勇
徐慎贵　朱谷忠　谢克强　王德华　申修福　刘　浏
战士歌谣　　　　　　　　　　　　　　　　　赵中悦
刘胡兰颂（组歌）　　　　　　　　　　　　王文绪

小舞台

金陵大盗（中篇评书连载）　　　　　　　　　雯燕斋
发孩子（襄垣鼓儿词·柳调）
　　　　　　　　　　　　董财元口述　王怀德整理
菜园会（小演唱）　　　　　　　　　　　　　山　水
王强作案（韵白故事）　　　　　　　　　　　刘维权
狸猫传经（鼓儿词·书帽）　　　　　　　　　赵巾又

游艺晚会

诗笑话　　　　　　　　　　　　　　　　　李财旺辑
诗游戏　　　　　　　　　　　　　　　闽　生　芦　生
联语会　　　　　　　　　　　　　　　　　保　玉
振　生　杨　畅　金　炼　永　宁　张　伟
你能对上吗?　　　　　　　　　　　杨　畅　芦　生
电影片名谜语　　　　　　　　　　　　　　宋金岭
象棋趣味排局　　　　　　　　　　　　　　宋金岭
谁叫它娃"公"（讽刺诗）　　　　　　　　　旭　林

舞台生涯

名师出高徒——介绍晋剧前辈表演艺术家筱吉仙和他
的徒弟　　　　　　　　　　　　　　　　　佩　云
回忆筱吉仙老师　　　　　　　　　　　　　田桂兰

山西风物

访永乐宫　　　　　　　　　　　　　　　　李　彬

山西文化人物

宋之问　　　　　　　　　　　　　　　　　冯育栋

文艺论坛

赵树理的"别扭劲儿"（评论）　　　　　　　高　捷
打开艺术奥秘大门的钥匙（杂谈）　　　　　赵　捷
诗的气氛（随笔）　　　　　　　　　　　　肖文苑

文艺常识

曲艺唱词语言的形象生动
——《曲艺唱词写作知识讲话》之四　　　彭际野

美术

马蹄莲（摄影）　　　　　　　　　　　　　顾　棣
山西民间剪纸集锦　　　　　李彩仙等作　张宗载收集
《红楼梦》人物剪纸　　　　　　　　　　　张仲晨

1980 年第 8 期　刊名:《晋阳文艺》
目录

百花园

教子（小说）　　　　　　　　　　　　　　　刘　江
鬼影（故事连载）　　　　　　　　　金　力　和　平
"狮子滚绣球"（小说）　　　　　　　　　　郭书琪
骗子和搬运工（非洲民间故事）　　　　　　戴明瑜译
周总理的小三合板（诗）　　　　　　　　　石　湾
给母亲的歌（诗）　　　　　　　　　　　　倩　晴
选举前夜（诗）　　　　　　　　　　　　　宋达思
枣林情（小叙事诗）　　　　　　　　　　　高建华
短诗十一首　　　　　　　　　　　　　　　刘益善
顾绍康　梁　冬　王晋军　文　苑　温暖　宋培贤
歌词二首　　　　　　　　　　　　　　　　任卫新

小舞台

打谷场上（滑稽戏）　　　　　　　　　　　李居安
这怪谁（快书小段）　　　　　　　　　　　王佩玶
猴子抬西瓜（书帽）　　　　　　　　　　　伍成烈
"八仙姑"下神（山东快书）　　　　　　　王金玉
狗（小书帽）　　　　　　　　　　　　　　何郁文
刮地皮（快书小段）　　　　　　　　　　　吉　流
恋爱与离婚（相声）　　　　　陈　坚　李增瑞　王千祥
山西"西大梆子"名演员唱段选登之二
浪花里飞出了欢乐的歌（歌曲）

舞台生涯

舞台生活简忆　　　　　　　　　　　　　　程玉英
李白与太原　　　　　　　　　　　　　　　艾　明

山西风物

请君一游天龙山　　　　　　　　　　　　　张纪仲

游艺晚会

语花拾零⋯⋯⋯⋯⋯⋯⋯⋯⋯⋯⋯⋯青　松
讽刺与幽默（三则）⋯⋯⋯⋯⋯关　怀　李绪良
小兔和乌龟第三次赛跑（寓言诗）⋯⋯⋯马晋乾
王羲之过汾阳⋯⋯⋯⋯⋯⋯⋯⋯⋯⋯孟　玲辑
巧对"画上荷花和尚画"披露

　　　　　　　　　　　　霍希中　唐悟新等
音乐当使人类精神爆发火花（文艺随笔）

　　　　　　　　　　　　　　　　于秀芳
"一把火"精神赞——回忆江萍同志⋯⋯贺新辉

文艺常识

曲艺唱词语言的比喻和夸张

——《曲艺唱词写作知识讲话》之五⋯彭际野

美术摄影

睡莲（摄影）⋯⋯⋯⋯⋯⋯⋯⋯⋯⋯顾　棣
鸣泉（木刻）⋯⋯⋯⋯⋯⋯⋯⋯⋯⋯董其中

1980 年第 9 期　刊名:《晋阳文艺》
目录

百花园

鬼影（故事连载）⋯⋯⋯⋯⋯⋯金　力　和　平
闷葫芦赶会（小说）⋯⋯⋯⋯⋯⋯⋯韩文洲
唐太宗的金瓮（历史故事）⋯⋯⋯⋯⋯张天亮
海南行（诗）⋯⋯⋯⋯⋯⋯⋯⋯⋯⋯徐　刚
粤海杂咏（诗）⋯⋯⋯⋯⋯⋯⋯⋯⋯杨兆祥
清徐葡萄赞（诗）⋯⋯⋯⋯⋯⋯⋯⋯时永福
醒来的山野（诗）⋯⋯⋯⋯⋯⋯⋯⋯姚　莹
芦花女（叙事诗）⋯⋯⋯⋯⋯⋯⋯⋯罗继长
短诗十一首⋯⋯⋯⋯⋯⋯⋯⋯梁志宏　蔡国瑞
黄东成　应化雨　王恩宇　曲润海　和　谷等

小舞台

卖灌肠（小歌剧）⋯⋯⋯⋯⋯⋯⋯⋯钟　声
夫妻夜话（单弦）⋯⋯⋯⋯⋯⋯⋯⋯王佩琈
水上擒贼（山东快书）⋯⋯⋯⋯⋯⋯王锡峰
王二嫂教子（快书小段）⋯⋯⋯⋯⋯杨日新
《玉色蝴蝶》电影插曲⋯⋯⋯唐　柯词　吕　远曲

舞台生涯

我的演员生活⋯⋯⋯⋯⋯⋯⋯⋯⋯⋯杨　威

山西风物

解州明珠——关帝庙⋯⋯⋯⋯⋯⋯⋯李　彬

名著欣赏

古典抒情叙事诗的珍品

——读白居易的《琵琶行》⋯⋯⋯⋯闻　震

游艺晚会

视力测验——宝石花⋯⋯⋯⋯⋯⋯⋯曾加元
动脑筋⋯⋯⋯⋯⋯⋯⋯⋯⋯⋯⋯⋯曾加元
组词组⋯⋯⋯⋯⋯⋯⋯⋯⋯⋯⋯⋯曾加元
你卖不卖?⋯⋯⋯⋯⋯⋯⋯⋯⋯⋯⋯秉　文
你能对上吗?⋯⋯⋯⋯⋯⋯⋯⋯⋯屈　缀搜集
谜语三则⋯⋯⋯⋯⋯⋯⋯⋯⋯⋯⋯张　林译
名作家趣闻录⋯⋯⋯⋯⋯⋯⋯⋯⋯晓　集搜集
笑话三则⋯⋯⋯⋯⋯⋯⋯⋯⋯⋯⋯李聚珍辑
知了当官（寓言诗）⋯⋯⋯⋯⋯⋯⋯韩　永
钢锉和锈铁（寓言）⋯⋯⋯⋯⋯⋯⋯吉　星

文艺论坛

从老舍的《茶馆》谈起（随笔）⋯⋯⋯薛宝琨
文贵独创（杂谈）⋯⋯⋯⋯⋯⋯⋯⋯程继田
饮水思源赞水母（评论）——谈叙事诗《水母娘娘》
的取材和立意⋯⋯⋯⋯⋯⋯⋯⋯⋯凤　梧
诗的勘探⋯⋯⋯⋯⋯⋯⋯⋯⋯⋯⋯谢克强

文艺常识

论剧名——戏剧漫谈之一⋯⋯⋯⋯⋯赵景瑜
曲艺唱词情节的提炼和概括

——《曲艺唱词写作知识讲话》之六⋯彭际野

美术

绢花（摄影）
黄山游（油画）⋯⋯⋯⋯⋯⋯⋯⋯⋯朱　峰

1980 年第 10 期　刊名:《晋阳文艺》
目录

百花园

凶手是谁?!（侦破故事连载）⋯⋯⋯⋯刘　淳
22 号海区之谜（科学幻想惊险小说）⋯⋯⋯宋培贤
亡魂曲（小说）⋯⋯⋯⋯⋯⋯⋯⋯⋯绿　叶
"对点儿"（小说）⋯⋯⋯⋯⋯⋯⋯⋯赵　新
喜酒（故事）⋯⋯⋯⋯⋯⋯⋯⋯⋯⋯李克定
小路弯弯（故事）⋯⋯⋯⋯⋯⋯⋯⋯冬　原
主任值班（小说）⋯⋯⋯⋯⋯⋯⋯⋯草　章
新民歌一百首⋯⋯⋯⋯⋯⋯⋯⋯⋯⋯管用和
韩长绵　王怀让　李隆汉　王振佳等

小舞台

闹对了（方言表演唱）⋯⋯⋯⋯⋯⋯赵华云

考试（潞安鼓书）⋯⋯⋯⋯⋯⋯尹晓寒
排队（数来宝）⋯⋯⋯⋯⋯⋯王秀春
说大话（快板书小段）⋯⋯⋯⋯常　志

舞台生涯
我演小生戏的前前后后⋯⋯⋯⋯郭凤英

山西风物
一座彩塑艺术的宝库——记平遥双林寺⋯⋯⋯王红旗

文艺论坛
以"骂"写人（文艺随笔）⋯⋯陈新民
谈"笑"（文艺随笔）⋯⋯⋯⋯赵　捷
学习传统小戏札记（杂感）⋯⋯红　飘

游艺晚会
谜语二十则⋯⋯⋯⋯⋯⋯⋯⋯宋金岭
谚语辑录⋯⋯⋯⋯⋯⋯⋯⋯⋯李鸿如
我省曲艺演员简介⋯⋯⋯⋯⋯晓寒供稿

美术
菊（摄影）⋯⋯⋯⋯⋯⋯⋯⋯孙树明
晋剧《下河东》在京演出活动剪影
山水（中国画）⋯⋯⋯卓　然　黄景涛等
大榕树下⋯⋯⋯⋯⋯⋯⋯⋯⋯张世彦
本刊明年将举办故事、评书、小说、小戏有奖征文
本刊下期要目预告

1980 年第 11 期　刊名:《晋阳文艺》
目录

百花园
凶手是谁?!（侦破故事连载）⋯⋯刘　淳
黄焦梨（小说）⋯⋯⋯⋯⋯⋯⋯任国成
暖泉山少年（叙事长诗选载）⋯⋯董耀章
牛舌头案（包公故事）⋯⋯⋯⋯长弓辑
神鹊（神话故事）⋯⋯⋯⋯⋯⋯叶　芳
蚂蚁和七星瓢虫（寓言）⋯⋯⋯刘纯人

小舞台
这不是爱情（独幕话剧）⋯葛正月　管世俊
俩亲家（小戏曲）⋯⋯⋯⋯⋯姚殿基
挑女婿（表演唱）⋯⋯⋯⋯⋯李进新
窦娘魂（聊斋新编评书）⋯岳　华　孙　涛
破镜重圆（韵白故事）⋯⋯⋯彭化高
会安排（三弦书）⋯⋯⋯⋯⋯张有洛
梦话（书帽）⋯⋯⋯⋯⋯朝　群　福　湘
秀芹的婚事（鼓词）⋯⋯⋯⋯曹书云

王春花骂狗（坠子小段）⋯⋯⋯王雨花

舞台生涯
我重新挂起了这张照片⋯⋯⋯梁小云

游艺晚会
笑话六则⋯⋯⋯⋯⋯⋯⋯谢金山等辑
谜语对联⋯⋯⋯⋯⋯⋯⋯⋯⋯杨　畅
对对联选登

山西文化人物
读书山·野史亭·五花坟
——元好问故里行记⋯⋯⋯⋯陈巨锁

山西风光
塔·庙·寺·园⋯⋯⋯⋯⋯⋯张献哲等
登灵空山观奇松⋯⋯⋯⋯⋯⋯贺新辉
灵空山行吟⋯⋯⋯⋯⋯⋯⋯⋯曲润海

作家与作品
汤显祖和他的《牡丹亭》⋯⋯⋯郭文瑞

文艺论坛
女性美与诗情美（文艺随笔）⋯王树恒
文艺随笔二则⋯⋯⋯⋯⋯⋯⋯秋　野

美术
秋水仙（摄影）⋯⋯⋯⋯⋯⋯孙树明
雨乡（写生）⋯⋯⋯⋯⋯⋯⋯高相国
戏剧人物（装饰画四幅）⋯⋯⋯张启明
药海明珠（散记）⋯⋯⋯⋯⋯高　鹏
广告

1980 年第 12 期　刊名:《晋阳文艺》
目录

凶手是谁?!（侦破故事连载）⋯⋯刘　淳
海底奇缘（评书）⋯⋯⋯⋯⋯⋯雯燕斋

元旦春节文艺演唱专辑
红杏出墙来（小戏曲）⋯⋯乔富贵　禾　苗
闹元宵（二人台传统小戏）
包公审丫环（新编历史小戏）⋯梁兆玉
送猪（小戏曲）⋯⋯⋯⋯⋯展　屏　嗣　贵
骨灰盒的秘密（单弦）⋯⋯⋯崔砚君
微妙的爱情（快板书）⋯⋯⋯张文白
下山虎（相声）⋯⋯张效武　雷伟生　周长林
特别看客（快板小段）⋯⋯⋯王佩琈

你说该揍不该揍（鼓词）⋯⋯⋯⋯⋯⋯⋯张新民
妈妈，脸黑怕什么（女声独唱）
⋯⋯⋯⋯⋯⋯⋯程 琪词 张枚同曲
深受矿工喜爱的一首歌
——《妈妈，脸黑怕什么》简评⋯⋯⋯冯志彬
他和她（女声表演唱）
⋯⋯⋯⋯⋯⋯雨 放词 志 烈 一 鸣曲
雪花儿飘（女声独唱）⋯⋯⋯杨文彬词 保 彤曲
歌词小辑⋯⋯⋯⋯盛 昌 杨增瑷 刘亚瑜等
哑谜⋯⋯⋯⋯⋯⋯⋯⋯⋯⋯⋯⋯⋯张 木辑
"孙""李"辩⋯⋯⋯⋯⋯⋯⋯⋯⋯⋯张兴俊辑
灯谜二十三则⋯⋯⋯⋯⋯⋯⋯⋯⋯杨 畅等
世界各国的新年风俗⋯⋯⋯⋯⋯⋯晓 集辑
新春联⋯⋯⋯⋯韩长琮 刘太庆 张新民等

美术
非洲菊（摄影）⋯⋯⋯⋯⋯⋯⋯⋯⋯马名骏
山西省曲艺会演节目剧照选登（五幅）李秀摄
夸父追日（中国古代神话故事）
⋯⋯⋯⋯⋯⋯⋯⋯⋯柴辰改稿 春元阅绘

舞台与银幕
冀美莲尊师爱徒的佳话⋯⋯⋯⋯⋯⋯云 生

文艺论坛
诸葛亮三题（文艺随笔）⋯⋯⋯⋯⋯张 皖
古人锤炼语言的故事（四则）⋯⋯⋯杨 璐

艺苑拾趣
作家趣闻⋯⋯⋯⋯⋯⋯⋯⋯⋯⋯⋯王 畅辑
标点符号的笑话⋯⋯⋯⋯⋯⋯⋯⋯郭长青辑
填成语⋯⋯⋯⋯⋯⋯⋯⋯⋯⋯⋯⋯曾加元辑
对对联⋯⋯⋯⋯⋯⋯⋯⋯⋯⋯⋯⋯许安国等
郭沫若巧对老师⋯⋯⋯⋯⋯⋯⋯⋯朱 酒辑

美术
仙人球（摄影）⋯⋯⋯⋯⋯⋯⋯⋯⋯戴新民
山西省第二届青年美术作品展览作品选登
冬景（油画）⋯⋯⋯⋯⋯⋯⋯⋯⋯⋯张辉璞
喜盈盈（雕塑）⋯⋯⋯⋯⋯⋯⋯⋯⋯苗新田
文艺简讯

1981 年第 1 期　刊名:《晋阳文艺》
目录

百花园
凶手是谁?！（侦破故事连载）⋯⋯⋯刘 淳
风波（小说）⋯⋯⋯⋯⋯⋯⋯⋯⋯⋯权文学
房子和媳妇儿（小说）⋯⋯⋯⋯⋯⋯韩静霆
猪肉肥料和西瓜的故事（故事）⋯⋯张恩忠
新洗衣歌（诗）⋯⋯⋯⋯⋯⋯⋯⋯⋯杨大矛
爱的花瓣（诗）⋯⋯⋯⋯⋯⋯⋯⋯⋯吕世豪
深山筑路歌（诗）⋯⋯⋯⋯⋯⋯⋯⋯杜德宽
我是一朵喇叭花（诗）⋯⋯⋯⋯⋯⋯王 也
苹果的故事（小叙事诗）⋯⋯⋯⋯⋯谭 谊
短诗一束⋯⋯⋯⋯华 丹 王松山 边新文等

小舞台
海底奇缘（评书新编）⋯⋯⋯⋯⋯⋯雯燕斋
娇娜（聊斋新编评书）⋯⋯⋯⋯⋯⋯尹晓寒
老鼠嫁女（新编寓言小歌剧）乔正安 李文元
审丈夫（鼓词）⋯⋯⋯⋯⋯⋯⋯⋯⋯张有洛
提干会（唱词）⋯⋯⋯⋯⋯⋯⋯⋯⋯袁 石
如此救火（相声小段儿）⋯⋯⋯⋯⋯魏启平

山西风物
"清和元"、"头脑"和傅山⋯⋯李 彬 李怀宝
娘子关风光⋯⋯⋯⋯⋯⋯⋯⋯⋯⋯⋯任瑞祥

1981 年第 2 期　刊名:《晋阳文艺》
目录

百花园
双头尸奇案（侦破故事连载）⋯⋯⋯王东满
王更新上礼（小说）⋯⋯⋯⋯⋯⋯⋯张旺模
镜子（小说）⋯⋯⋯⋯⋯⋯⋯⋯⋯⋯肖 波
柳支书（小说）⋯⋯⋯⋯⋯⋯⋯⋯⋯马 旭
没有字画的画（民间故事）⋯⋯⋯⋯戎 林
海路斩妖（民间传说）⋯⋯⋯⋯⋯陈惠彤整理
张铁生会见外宾（故事）⋯⋯⋯⋯⋯焦垣生
刺玫瑰一束（讽刺诗）⋯⋯李启云 汪 洋 旭 林等
晋祠行吟（诗）⋯⋯⋯⋯⋯⋯⋯⋯⋯宁 宇
欢乐的乡村（诗）⋯⋯⋯⋯⋯⋯⋯⋯程 鹏
不落的彩虹（外一首）⋯⋯⋯⋯⋯⋯黄秉荣
生命之歌⋯⋯⋯⋯⋯⋯⋯⋯⋯⋯⋯⋯湘 霖

小舞台
儿女情长（小戏曲）⋯⋯⋯⋯孟繁元 黄耀华
马小丁开车（太原莲花落）⋯⋯曹 强 子 澄
寄多少（快板小段）⋯⋯⋯⋯⋯⋯⋯徐朝群
卖核桃（快板小段）⋯⋯⋯⋯⋯⋯⋯赵尚文
猜谜语（快书小段）⋯⋯⋯⋯⋯⋯⋯张有洛

舞台与银幕
凤头俊美、先声夺人⋯⋯⋯⋯⋯⋯⋯卢若琰
光彩照人的"小电灯"⋯⋯⋯⋯⋯⋯武承仁

山西风物

紫塞雁门行⸺⸺⸺⸺⸺⸺⸺⸺陈巨锁

北岳恒山黄芪香⸺⸺⸺⸺⸺⸺吕日周

艺苑拾趣

小幽默二则⸺⸺⸺⸺⸺⸺⸺⸺金　晴

鬼驴子（寓言）⸺⸺⸺⸺⸺⸺宋中文

小花猫的悲剧（寓言）⸺⸺⸺文　涛

老松树与向日葵（寓言）⸺⸺马长泰

元宵佳节话花灯⸺⸺⸺⸺⸺杨　畅

元宵节的由来⸺⸺⸺⸺⸺⸺郝凌云

音坛笑话⸺⸺⸺⸺⸺⸺⸺⸺孟　玲辑

灯谜十二则⸺⸺⸺⸺⸺⸺⸺冷　江等

文艺论坛

诗艺小言（随感）⸺⸺⸺⸺⸺管　蠡

由淘金说到艺术家的职责（文艺随笔）⸺⸺李　亮

试析赵树理作品的社会主义现实主义特色（评论）

⸺⸺⸺⸺⸺⸺⸺⸺⸺⸺胥　云

批评的慎重与接受批评的雅量（杂谈）⸺汪远平

浅谈深入生活（随感）⸺⸺⸺高凤岐

美术

花卉（摄影）⸺⸺⸺⸺⸺⸺韩德洲

春晴（国画）⸺⸺⸺张　明画　张淑亮题字

木刻（三幅）⸺⸺⸺⸺⸺⸺董其中

电影新片预先⸺⸺山西省电影放映发行公司供稿

漫画（六幅）

1981 年第 3 期　刊名:《晋阳文艺》
目录

百花园

麦苗返青的时候（小说）（有奖征文选登）

⸺⸺⸺⸺⸺⸺⸺⸺张枚同　程　琪

杨妃出浴图（传说故事）

⸺⸺⸺⸺⸺⸺少欧口述　杨惠临整理

双头尸奇案（侦破故事连载）⸺⸺王东满

黄粱梦（小说）（有奖征文选登）⸺赵　新

"光棍庄"引来金凤凰（小说）⸺杨文彬

路谒玄中寺（诗）⸺⸺⸺⸺⸺段　云

带辣味的诗（诗）⸺⸺⸺⸺⸺老　憨

农村印象（诗）⸺⸺⸺⸺⸺⸺赵政民

吟莲集（诗）⸺⸺⸺⸺⸺⸺⸺宋　锐

短诗一束⸺⸺⸺⸺⸺⸺⸺⸺溪　流

周所同　李春林　赵国增　王春声　宋培贤　韩永
来　武　王明璞　李京法　王满夷　史和平等

小舞台

卖土豆（数来宝）⸺⸺⸺⸺⸺张甲祥

火红的年华（山东快书）⸺⸺陈连升

张一千分红（小演唱）⸺⸺⸺李兰虎

猫狗打官司（快板）⸺⸺⸺⸺乔耀礼

人好狗坏（鼓书小段）⸺⸺⸺尚马石

乡间的小路（台湾校园歌曲）⸺叶佳修词曲

歌词一束⸺⸺⸺⸺于宗信　王永利　石顺义　冯　涛

舞台与银幕

阎逢春的故事⸺⸺⸺⸺⸺⸺行乐贤

山西风物

大同访问记⸺⸺⸺⸺⸺［日本］水上勉　雷定平译

管涔行⸺⸺⸺⸺⸺⸺⸺⸺⸺冯　池

艺苑拾趣

寓言三则⸺⸺⸺⸺⸺⸺⸺⸺孙传泽

填诗句⸺⸺⸺⸺⸺⸺⸺⸺⸺钱树庠

智力小测验⸺⸺⸺⸺⸺⸺⸺刘　武

画谜⸺⸺⸺⸺⸺⸺⸺⸺⸺⸺曾加元

我国古书之最⸺⸺⸺⸺⸺⸺吟　辑

金石小集⸺⸺⸺⸺⸺⸺⸺⸺彭乡荣

文艺论坛

漫话"融神"⸺⸺⸺⸺⸺⸺⸺刘　琦

要有戏（戏剧漫谈）⸺⸺⸺⸺赵景瑜

美术

花卉（摄影）⸺⸺⸺⸺⸺⸺金以云

国画⸺⸺⸺⸺⸺⸺⸺⸺⸺⸺王　莹

尧王择婿（连环画）

⸺⸺⸺⸺⸺狐玉林收集整理　奔坎改编　何明耀绘

1981 年第 4 期　刊名:《晋阳文艺》
目录

百花园

情满深山（小说）⸺⸺⸺⸺⸺谷　风

知心（小说）⸺⸺⸺⸺⸺⸺⸺白玉珠

跑进门的新媳妇（故事）⸺⸺宋继超

买卖（小说）⸺⸺⸺⸺⸺⸺⸺张作梅

剪不断的深情（小说）⸺⸺⸺宋金岭

山妮（故事）⸺⸺⸺⸺⸺⸺⸺徐太国

爱的花瓣（诗）⸺⸺⸺⸺⸺⸺田　炜

王　颂　刘太庆　赵鹏飞　张不代　丁晓翁　刘建政
刘　浏　曲庆玮等

队长媳妇的话（诗）⸺⸺⸺⸺张泉渌

关于一门"学问"的思索（诗）⋯⋯⋯⋯⋯倩 晴
一个青年的日记（诗）⋯⋯⋯⋯⋯⋯⋯文武斌
太行山见闻（诗）⋯⋯⋯⋯⋯⋯⋯⋯张承信
短诗一束⋯⋯⋯⋯⋯⋯⋯⋯⋯邹 劲 胡新化
谢克强 陈广斌 陆 苇 刘静望 吉新发等

小舞台
探亲记（小戏曲）（有奖征文选登）⋯⋯济 舟
夜半枪声（山东快书）⋯⋯⋯王锡峰 王佩琤
该怨谁?（数来宝）⋯⋯⋯⋯⋯⋯⋯王秀春
摔镜子（河南坠子）⋯⋯⋯⋯⋯⋯⋯孔祥荣
送"军火"（山东快书）⋯⋯⋯⋯⋯⋯张畋民

舞台生涯
道路任坎坷 风雨志不磨
——记王秀兰的舞台生涯⋯⋯⋯⋯行乐贤

山西风物
壶口观瀑⋯⋯⋯⋯⋯⋯⋯⋯⋯⋯杜勇夫
枣乡话枣⋯⋯⋯⋯⋯⋯⋯⋯⋯⋯任国成
清明时节话绵山⋯⋯⋯⋯⋯⋯⋯⋯张春旬

游艺室
唾弃台（童话）⋯⋯⋯⋯⋯⋯⋯⋯戎 林
牵牛花和蒲公英（寓言）⋯⋯⋯⋯秦湘燕
"仿生学"模特种种（小幽默）
⋯⋯⋯⋯⋯⋯⋯⋯冯明青 晋发旺
世界珍闻⋯⋯⋯⋯⋯⋯⋯⋯⋯⋯古 月辑
猫儿为什么吃东西后要擦脸（南斯拉夫民间故事）
⋯⋯⋯⋯⋯⋯⋯⋯⋯⋯魏吉祥辑
谜语六则⋯⋯⋯⋯⋯⋯⋯韩守启 杨 畅

文艺论坛
说"针线"（文艺随笔）⋯⋯⋯⋯⋯薛宝琨
农村新生活的赞歌（评论）⋯⋯文 瑞 一 民
山西民间艺术剪影⋯⋯⋯⋯⋯⋯⋯艾 兰

美术
花卉（摄影）⋯⋯⋯⋯⋯⋯⋯⋯⋯顾 棣
英娘舞姿（木刻）⋯⋯⋯⋯⋯⋯⋯董其中
青龙寺壁画（三幅）⋯⋯⋯⋯龚森浩临摹并文
山西省一九八○年戏曲优秀青年演员评比演出剧照选登
⋯⋯⋯⋯⋯⋯⋯⋯⋯⋯崔守胜摄影

1981 年第 5 期　刊名:《晋阳文艺》

目录

百花园
放墙（故事）⋯⋯⋯⋯⋯⋯⋯⋯⋯刘 武
在那丁香花开的地方（小说）（有奖征文选登）
⋯⋯⋯⋯⋯⋯⋯⋯⋯⋯⋯⋯薛 勇
黑老三闹媒（故事）⋯⋯⋯⋯⋯⋯李克定
双头尸奇案（侦破故事连载）⋯⋯⋯王东满
一顶三（故事）⋯⋯⋯⋯⋯⋯⋯⋯高 鹏
走出垃圾的歌（小说）⋯⋯⋯⋯⋯李 杜
法不阿贵（故事）⋯⋯⋯⋯⋯⋯⋯张 诚
牡丹和芍药（小叙事诗）⋯⋯⋯⋯李震川
新情歌（七首）⋯⋯⋯⋯⋯⋯⋯⋯南 雄
短诗一束⋯⋯⋯⋯⋯⋯⋯⋯⋯⋯马作楫
于 瑛 倪金奎 峭 岩 韩长绵 彭援军 叶晓山
梁 衡 王明璞 和 谷 栗金马等

小舞台
戏中戏（小戏曲）⋯⋯⋯⋯⋯⋯⋯笙 鸣
外国风度（相声）⋯⋯⋯⋯⋯⋯⋯崔砚君
长江行（鼓词）⋯⋯⋯⋯⋯⋯⋯⋯王楚华
果乡新曲（山东快书）⋯⋯⋯⋯⋯王焕山
挑女婿（快板书小段）⋯⋯⋯⋯⋯张甲祥

舞台生涯
把艺术献给人民
——怀念北路梆子名演员"九岁红"⋯⋯张俊田

山西风物
春游小西天⋯⋯⋯⋯⋯⋯⋯⋯⋯王哲士
千锤万錾的大同铜火锅⋯⋯⋯⋯⋯吕日周

游艺室
寓言二则⋯⋯⋯⋯⋯⋯⋯⋯⋯⋯孟继鹏
笑话三则⋯⋯⋯⋯⋯⋯⋯海 鹏 张有洛
古代谜语故事⋯⋯⋯⋯⋯⋯⋯⋯巨 海
数学游戏⋯⋯⋯⋯⋯⋯⋯⋯⋯⋯严子屏

创作谈
古人锤炼语言的故事⋯⋯⋯⋯⋯⋯杨 璐
鱼肉、全蟹及味精⋯⋯⋯⋯⋯⋯陈笑暇
作家轶事⋯⋯⋯⋯⋯⋯⋯⋯⋯晴 太辑
山西文化进修学院开学（文艺简讯）⋯⋯贾立业

美术
白鹅（摄影）⋯⋯⋯⋯⋯⋯毛白鸽 鲍载禄
凌云（中国画）⋯⋯⋯⋯⋯⋯⋯⋯玉 林

黄河在咆哮（组画）————————王迎春　杨力舟

1981年第6期　刊名:《晋阳文艺》
目录

百花园

王正正上任（小说）————————韩文洲
痴情的姑娘（故事）————————冬　原
小佳丽的心愿（儿童故事）————————章　玫
宋大胆查案（故事）————————张　珠
双头尸奇案（侦破故事连载）————————王东满
风物·山水·情思（诗）
　————庞友益　陈其安　李建华　方立平
唱给孩子们的歌（儿童诗）————————金　波
刘崇善　郑渊洁　刘国喜　伊克昭　李启云　谷振彦
攀山　王宜振　陈官煊　马达　周威
村风（诗）————————宋　歌

小舞台

小白雁（童话歌舞剧）————————文　默
铁杵磨针（快板）————————梁厚民　左增杰
宋献策测字（单口相声）————————殷文硕整理
孙子迷（太原莲花落）————————王春声
买娃娃（武乡鼓书）————————王仲祥
同志，请坐（话剧小品）————————王　耕

舞台生涯

艺海生涯五十年
——介绍著名蒲剧演员张庆奎同志————————竞　飞

山西风物

奉圣寺访古散记————————刘玉福
此情绵绵
——记革命家高君宇和他的挚友女作家石评梅
　————王庆华
台砚史话————————肖　晨

创作谈

开头难（杂谈）————————章　雨
从"蜜蜂酿蜜"谈起————————梁向荣

游艺室

寓言三则————————陈克振　崔南山
笑话五则————————孟　玲　刘杰等
填成语————————同　平
数学游戏————————马青图
成语字谜————————王桃源

文化馆站之窗

农村文化工作的尖兵
——记退休老干部姚志洁的事迹
　————随生　王民　志信　礼堂
什么叫地方戏————————赵　走

美术

泥塑————————郑于鹏作
卦山写生————————王暗晓　祝涛
花————————方鄂秦

1981年第7期　刊名:《晋阳文艺》
目录

心中的歌儿唱给党

心中歌儿唱给党（新民歌八首）————————王振佳等
跟着共产党走（歌曲）————————沙洪词　久鸣曲
跟着亲爱的党（歌词）————————石顺义
清水塘——历史的明镜（诗）————————曲润海
书记的故事（诗）————————刘国柱
艰难的起步（诗）————————秦　岭
心音（诗）————————安　塞

百花园

常发的电视机（小说·有奖征文选登）————————权文学
三毛组长（小说）————————刘维颖
"黑旋风"拜师（故事·有奖征文选登）————————苏务本
卖煤人（小说·有奖征文选登）————————崔　巍
太阳呵……（诗）————————聂还贵
观赏篇（诗）————————杨兆祥
短诗一束————————温　暖　梁冬
鲁薇　刘同聚　王正选　李钧　铁牛等

小舞台

阎锡山登基始末（长篇评书连载）
　————茂林　建华　金旺
下轿（话剧·有奖征文选登）————————昌　兴
美嫂子（说唱）————————赵连甲
妙手回春（相声）————————张金华　杨其峙
歌词小辑————————盛昌　唐一鸣　吕世豪　王颂等

舞台生涯

上党戏的"活罗成"————————郭金顺等

山西风物

沁州黄————————吕日周

游艺室
寓言三则……………唐占全　孙传泽　方　彦
"壶"亲（笑话）………………………………封泉生
填成语……………………………………钱树庠
灯谜………………………………………肖　纪

文化馆站之窗
发展群众文化　建设精神文明（文化书笺）
……………………………………恒　榉
话神池道情……………………武兆鹏　李　龙
说相声……………………………………尚马石

创作谈
浅谈戏剧语言（文艺随感）………………赵景瑜
民谣俗谚与社会生活（文艺随感）………降大任

文艺论坛
希望·要求·职责（文艺杂谈）…………贾立业

美术
层林尽染（中国画）………………………娄师白
晨曲（版画）………………………………姚天沐
漫画（五幅）………………………………王　健等

三杯杜康酒（唱词）………………………孔祥荣
难诉相思（电视剧《鹊桥仙》插曲）
……………………霍达词　高潮曲

山西风物
珍贵的丁村文化……………………………姚锦玉
贵在实干与创新
——京剧《蔡锷与小凤仙》观后…………刘元彤

舞台生涯
潞州芝兰满山香——记上党梆子著名演员郝聘芝的舞
台生活……………………………………志　冲

创作谈
以一目尽传精神（文艺随笔）……………赵　捷
浅谈电视剧……………………段荣新　樊茂洲

文化馆站之窗
髯口就是胡须（文艺小常识）……………赵　走
山西民间艺术剪影——左权小花戏…尚　华　志　明

美术
太行山根据地版画作品选登………………邹雅彦涵等
金鱼漆盘………………………选自《中国工艺美术》

1981 年第 8 期　刊名:《晋阳文艺》
目录

百花园
又是一出《打金枝》（小说）（有奖征文选登）
……………………………………赵　新
戴白手套的女人（小说）（有奖征文选登）
……………………………………张旺模
细雨无声（小说）…………………………王文平
毒树（侦探故事）…………………………徐太国
懒二成当和尚（神话）……………………时永福
寓言四则…………孟继鹏　姚　莽　阙庭恕　陈文学
战士的歌（诗）
……………王晋军　孙　映　彭子强　徐明德
大山颂（诗）………………………………赵中悦
短诗一束……………………………………姚　莹
袁锦程　宋郁青　石　英　李拴林　李应杰　崔润锁
王　野　张从海　梁拉成　丰昌隆　王凤梨

小舞台
宫花剑影（电视剧）………………………杨孟衡
阎锡山登基始末（长篇评书连载）
……………………茂　林　建　华　金　旺
特殊旅客（快板书）………………王智勇　刘培安

1981 年第 9 期　刊名:《晋阳文艺》
目录

百花园
纪念鲁迅先生诞辰一百周年
"小，价值可不小哩"
——纪念鲁迅先生一百周年诞辰（诗）………梁申威
读鲁迅杂文《春末闲谈》（随感）………杨雪瑞
关于杂文的"杂"（文艺随笔）……………唐　索
"用墨如泼"与"惜墨如金"（札记）………刘安祥
鲁迅小说《在酒楼上》插图选登…………吴善言

百花园
探索"鬼魂岛"（科学幻想故事）…………樊秋怀
就差那么一点（小说）（有奖征文选登）…田昌安
老黑请客（小说）…………………………南　秀
普通党员（故事）…………………………刘静望
两个徒弟（童话）…………………………戎　林
太行颂（诗）………………………………尧山壁
在花海子草原（诗）………………………宗　鄂
你呀，二黑哥……（诗）…………………李永生
繁星集（诗）………………………………宋　锐
张　诚　封建国　潞　潞　周同馨　倩　晴　冯云

杨进升　田　炜　侯湘楚
西太后吃窝窝（民间故事）·············秦　菊搜集整理

小舞台
贺司令员到我家（山西民歌）·············王付全记
陌生喜客（小戏曲）·····················袁玉亮
阎锡山登基始末（中篇评书连载）
··················茂　林　建　华　金　旺
路遇（山东快书）·······················刘殿春
修路新风（山东快书）···················袁　石
乘车出丑（相声）·············沈永年　张喜林

舞台生涯
上党戏的全把式——郭金顺···············苟有富

山西风物
大同纪游·······························李　彬

创作谈
天然去雕饰（文艺随笔）·················肖文苑

论坛
读《麦苗返青的时候》有感···············梁　骏

文化馆站之窗
曲艺唱词的情节和构思···················彭际野
戏曲的唱腔·····························赵　走

游艺室
借火（小笑话）·························赵彭城
填地名·································同　平
大作家的小幽默·························成　思译

美术
热嘲集（诗配画）·············易和元诗　江　帆画
菊花（摄影）·····························韩德州

1981 年第 10 期　刊名：《晋阳文艺》
目录

百花园
新民歌三十首··········韩长绵　李隆汉　王振佳等
啊，中国（诗）·························孔祥德
北京风韵（诗）·························晓　晴
"生死棺"传奇（小说）···················樊　勃
俺村有个赵改改（故事）·················郭　明
实心草（小说）·························李明琳
短诗一束·······················柴德森　浏　浏

莲　葆　杨金台　陈茂欣　雪　野　黑太明　张雪杉
寓言三则·············孙传泽　杨　唯　李克谆

小舞台
五台山的枪声（评书连载）（有奖征文选登）
··································茅　蓬
阎锡山登基始末（中篇评书连载）
··················茂　林　建　华　金　旺
喜鹊叫喳喳（表演唱）···················姚殿基
山东快书小段两篇·······················李鸿民
老田抬轿（鼓词）·······················王金玉
醋换兔（绕口令）·······················博继冬
歌词小辑·········张枚同　蒋言礼　朝　兵　雨　放

舞台生涯
乡歌四溢出绝音
——记上党梆子著名演员吴婉芝·········康建亭

山西风物
双塔新姿·······························张纪仲

阅读与欣赏
空谷幽兰　不傍门户
——试谈李清照及她的词·················郭文瑞

创作谈
浅谈认识生活（随感）···················高凤岐
话"词牌"·····················潘　慎　熊　熊

文化馆站之窗
水袖的妙用·····························赵　走
导演拾零·······························文　井

论坛
民歌要唱人民心（读者来信摘登）
从《半庵笑政》谈我国笑话的艺术理论·······薛宝琨

游艺室
你能对上吗?····························秉　文
谜语·································牛永和等
填电影片名游戏·························宋金岭
画谜·····················亚　君　国　强
填诗句·································同　平
出在一个人身上的两个笑话···············海　阔

美术
鹤梅图（装饰画）·······················昌　酩
春江水暖（中国画）·····················傅梅影
人物头像写生（四幅）···················孙里人

1981 年第 11 期　刊名：《晋阳文艺》
目录

晋阳文艺论坛
关心群众的文化生活·····················向　群

小舞台
五台山的枪声（评书连载）（有奖征文选登）
·······································茅　蓬
王凌法医（广播剧）············方培泉　杜淑贤
走娘家（表演唱）··············张　毅　草　章
寒夜急诊（快板）·······················彭化高
曲艺小段两篇··························赵巾又
我的自留地（曲沃评说）·················巩学文
感谢共产党（山西民歌）

百花园
三个辣椒（小说）·······················田澎中
白美娘劈棺记（故事连载）···············尹崇富
丈母娘和女婿（故事）···················郭书琪
路上认下的朋友（故事）·················胡经伦
寓言三则·····················吉　星　王永发
小叙事诗小辑··················刘瑞祥　谷　威
短诗一组·····················琪　草
毕福堂　马恒祥　梁志宏　冯　云　何　鹰　李武兵
喻　晓　陈宇华　方良聘　杨　唯

舞台生涯
威武豪壮　气度非凡
——记著名晋剧花脸演员王正魁········王　颂

山西文化人物
老当益壮　宁知白首之心——记老诗人冈夫···曲润海

文化馆站之窗
农民的代言人——记赵树理同志二三事·······苟有富
傅山还是个戏剧作家·····················赵景瑜
怎样编写广播剧·························刘雨岚
二人合演大戏的有益尝试·················张　静

游艺室
小幽默三则····························成　思译
即兴诗·······························秉　文辑
填唐诗中的城市名·······················张树宽
谜语六则·····························国　成
谚语一组·····························李鸿如
"无名碑"前的遐思（游记）···············贾明生

创作谈
从"昔曾弄笔　志在革新"谈起（随感）·······军　毅

美术
卷丹（套色木刻）·······················荒　烟
宋人献宝（连环画）
·················张　诚改编　王大德　王锡华绘

1981 年第 12 期　刊名：《晋阳文艺》
目录

评荣获全国曲艺优秀节目观摩演出一等奖作品《该怨谁？》
·······················晓　寒　吴　砺
五台山的枪声（评书连载）···············茅　蓬
白美娘劈棺记（故事连载）···············尹崇富
短诗一组········谷　威　宋郁青　武建中　俞伯洪

元旦春节文艺晚会
愿意不愿意（小戏曲）···················声　源
南郭先生（寓言故事剧）·················任国成
三姐妹赶集（表演唱）···················红　星
豆芽记（表演唱）··············全　仁　国　权
王连生进城（小戏曲）···················赵华云
俏皮话（相声）·························王光荣
自找烦恼（数来宝小段）·················张甲祥
公私公明（书帽）·······················柳盛林
请客（快书小段）·······················杨　畅
接闺女（山东快书）·····················李敬民
在餐车上（山东快书）···················谢文俊
李凤英"倒灶"（晋南琴书）···············旭　林
厂长拉煤（快板书）·····················李治邦
巧送礼（山东快书）·····················常士凯
文明与卫生（太原莲花落）···············王春声
灯谜六十条·····························肖　纪

元旦春节文艺晚会
填数字·······························同　平
古诗组影片名··························巨　海
松赞干布求婚（智力测验）···············王福生
象棋游戏·····························海　阔
你能对上吗？··························胡也是
漫话谜语与灯谜·························桂　英
金牛泉（民间叙事诗）···················张新民
莲花公文（故事新编）·······世　钧　新　有　修　福
同心携手建乐园（电影插曲）
·················史　俊等词　杨昭栩曲
春风一笑花千树——临猗县群众文化活动见闻
·················王随生　张群发　王怀洲

新春联⋯⋯⋯⋯⋯郜忠武 孙秀乾 魏丕一 马 达
对联拾锦趣谈（杂文）⋯⋯⋯⋯⋯⋯⋯⋯乔随根

美术

剪纸⋯⋯⋯⋯⋯⋯⋯⋯⋯⋯段吉庆 康休德等
春联⋯⋯⋯⋯⋯⋯⋯⋯⋯⋯⋯⋯徐文达 朱 炎

1982 年第 1 期　刊名:《晋阳文艺》
目录

百花园
豆腐机关芝麻官（小说）⋯⋯⋯⋯⋯⋯⋯⋯权延赤
白美娘劈棺记（故事连载）⋯⋯⋯⋯⋯⋯⋯尹崇富
马大爷和电扇的故事（小说）⋯⋯⋯⋯⋯⋯张旺模
占有（小说）⋯⋯⋯⋯⋯⋯⋯⋯⋯⋯⋯⋯李永生
晋阳歌台（新民歌九首）⋯⋯郭新民 李京法 陈官煊等
歌从山里来（诗）⋯⋯⋯⋯⋯⋯⋯⋯张承信 周所同
翟生祥 宋 歌 肖 川 刘晓滨 程 鹏
短诗一组
⋯⋯⋯⋯⋯杨金亭 赵政民 贾 真 王明璞 侯湘楚
傅山吃鱼（民间故事）⋯⋯⋯张玉珍口述 刘立言整理
把人画活了（民间故事）⋯⋯⋯张玉珍口述 刘立言整理
寓言三则⋯⋯⋯⋯⋯⋯⋯⋯⋯⋯⋯⋯⋯⋯孙传泽

小舞台
五台山的枪声（评书连载）（有奖征文选登）
⋯⋯⋯⋯⋯⋯⋯⋯⋯⋯⋯⋯⋯⋯⋯⋯⋯茅 蓬
请"财神"（小戏曲）⋯⋯⋯⋯⋯⋯⋯⋯⋯何 仑
战士的歌（相声）⋯⋯⋯⋯⋯⋯⋯⋯王贺军 武卫平
讨论会上（快书小段）⋯⋯⋯⋯⋯⋯⋯⋯⋯伍成列

舞台与银幕
花谢子满　落地成春
——筱月来艺术生平散记⋯⋯⋯⋯⋯⋯⋯行乐贤

山西风物
秋访玄中寺（游记散文）⋯⋯⋯⋯⋯⋯⋯⋯李 彬

青年文学之友
老当益壮　穷且益坚——读《滕王阁序》⋯⋯侯文正
自学能成才⋯⋯⋯⋯⋯⋯⋯⋯⋯⋯⋯⋯⋯章 忆
民间艺谚掇英⋯⋯⋯⋯⋯⋯⋯⋯⋯⋯滕凤谦搜集

文化馆站之窗
附城公社文化站办得好⋯⋯⋯⋯⋯省文化局供稿
砌末是什么?（小常识）⋯⋯⋯⋯⋯⋯⋯⋯赵 走
有对比才会有戏（导演拾零）⋯⋯⋯⋯⋯⋯文 井
电视是谁发明的（小常识）⋯⋯⋯⋯段荣鑫 樊茂洲

游艺室
外国名人幽默⋯⋯⋯⋯⋯⋯⋯⋯⋯⋯⋯⋯成 思译
陈毅的两副叠字对联⋯⋯⋯⋯⋯⋯⋯⋯⋯胡兴模
鲁迅答对（谜语故事）⋯⋯⋯⋯⋯⋯⋯⋯⋯敦 明
笑话（六则）⋯⋯⋯⋯⋯⋯⋯⋯⋯王桃源 赵彭城
填红灯⋯⋯⋯⋯⋯⋯⋯⋯⋯⋯⋯⋯⋯⋯⋯钱树庠
动脑筋⋯⋯⋯⋯⋯⋯⋯⋯⋯⋯⋯⋯⋯⋯⋯胡志强
新娘出谜⋯⋯⋯⋯⋯⋯⋯⋯⋯⋯⋯⋯⋯⋯连 喜

论坛
故事生动　文采照人
——喜读电视剧《宫花剑影》⋯⋯⋯⋯⋯花 蓉
简评《戴白手套的女人》⋯⋯⋯⋯⋯⋯⋯赵廷鹏

美术
樵夫王五（连环画）
⋯⋯⋯⋯⋯潘峻山写 李春萍 改编 春 舟 绘
民间剪纸⋯⋯⋯⋯⋯⋯⋯⋯⋯⋯⋯⋯⋯张民锦刻
春节（套色木刻）⋯⋯⋯⋯⋯⋯⋯⋯⋯⋯董其中

1982 年第 2 期　刊名:《晋阳文艺》
目录

百花园
借姑娘（小说）（有奖征文选载）⋯⋯⋯马 骏 傅 平
白美娘劈棺记（故事连载）⋯⋯⋯⋯⋯⋯⋯尹崇富
海平退婚（小说）⋯⋯⋯⋯⋯⋯⋯⋯⋯⋯杨长青
审石头　罚毛驴（民间故事）（有奖征文选登）
⋯⋯⋯⋯⋯⋯⋯⋯⋯⋯⋯⋯⋯⋯⋯⋯⋯宋中文
县令"买短"（民间故事）（有奖征文选登）
⋯⋯⋯⋯⋯⋯⋯⋯⋯⋯⋯⋯⋯⋯⋯⋯⋯秦 菊
第一只鸡（民间故事）⋯⋯⋯⋯⋯⋯⋯⋯⋯傅景泽
寓言四则⋯⋯⋯⋯⋯⋯⋯⋯⋯⋯⋯⋯⋯⋯房兵子
晋阳歌台（新民歌 11 首）
⋯⋯⋯⋯⋯⋯⋯⋯田万宪 张志玉 鲁宏庆等
山村花絮（诗）⋯⋯⋯⋯⋯⋯⋯⋯⋯⋯⋯苗得雨
聪 聪 刘 驰 松 山 韩 永 彭化高
短歌集（诗）⋯⋯⋯⋯⋯⋯⋯马作楫 伊克昭 王大民
刘益善 张瑞亭 李乃富 刘 萍 浪 波

小舞台
细柳营（新编历史剧）⋯⋯⋯⋯⋯⋯⋯⋯⋯金实秋
闯宴（评书新编）⋯⋯⋯⋯⋯⋯⋯⋯⋯⋯尹晓寒
杨四郎上访（书帽）（有奖征文选登）⋯⋯⋯孔祥荣
马大哈（快书小段）⋯⋯⋯⋯⋯⋯⋯⋯⋯⋯王佩琈
请客（山东快书）（有奖征文选登）
⋯⋯⋯⋯⋯⋯⋯⋯⋯⋯⋯⋯⋯⋯李鸿民 张令水
怕茶壶（书帽）⋯⋯⋯⋯⋯⋯⋯⋯⋯⋯⋯张有洛

山西文化人物
作家马烽访问记……………………………马侠铭

舞台与银幕
朴实无华　艺如其人
——追记蒲剧著名演员杨虎山同志的艺术生平
………………………………………………行乐贤

文学青年之友
生活碎块的提炼
——短篇小说创作技巧漫谈之一………李永生
寓言的涵义及特点
——学习寓言漫笔之一………………贾明生

游艺室
四作家补字………………………………王桃源辑
民间笑话四则………张　力　潘　慎　杨丰琪等辑
外国小幽默二则…………………………敦　明译
应对下联选登………………晓　照　李文忠等

论坛
新花映日别样红
——评长篇叙事诗《虎穴少年》…………宋达恩
《借姑娘》读后……………………………郭振有

文化馆站之窗
各国新年风俗……………………………王晓明辑
收看电视常识……………………………新　茂
水底激战的奥秘…………………………言　及

美术
舞蹈演员（摄影）
国画写生（两幅）………………高相国　张克逊
连环漫画…………………………………张秀玲等
木刻花卉…………………………………高振恒

本刊今年继续举办有奖征文启事

1982 年第 3 期　刊名:《晋阳文艺》
目录

《晋阳文艺》一九八一年故事、评书、小说、小戏有
奖征文获奖篇目

小舞台
智取潞安府（中篇评书连载）（有奖征文选登）
………………………………郭中群　王元生

鸳鸯谱（相声）（有奖征文选载）
……………………………顾　赐　里　果
站长求猫（小戏曲）（有奖征文选载）…………侯立业

百花园
外事科长（小说）（有奖征文选登）……………方培泉
弃女（小说）（有奖征文选登）…………………权文学
靠山庄剃头铺（小说）（有奖征文选登）………潘保安
好戏（小说）………………………………………焦祖尧
县长的女儿（小说）………………………………赵修身
瘸二哥开店（故事）………………………………曹治淮
骄傲的徒弟（民间故事）（有奖征文选登）
……………………………………官　乙搜集整理
一文钱逼倒英雄汉（民间传说）……张守业搜集整理
宋丑子看门（民间故事）（有奖征文选登）
……………………………………攀　山搜集整理
晋阳歌台（新民歌十二首）（有奖征文选登）
……………………………………王　平　李启云等
乡村素描（诗）（有奖征文选登）………………旭　林
冯生生　文　丙　牛崇辉　马　德　路　扬
纺织姑娘（小叙事诗）……………………………宋　锐

舞台与银幕
舞台生活漫忆……………………………………梁小云

山西风光
青莲寺掠影………………………………………杨　森

文学青年之友
书山有路勤为径　学海无涯苦作舟………………章　忆
寓言的成因及其对文学的推动
——学习寓言漫笔之二…………………贾明生

论坛
一篇别开生面的好小说
——谈《又是一出〈打金枝〉》的艺术技巧
………………………………………………降大任
颤人心弦的钟声（文艺随笔）…………………王树恒

游艺室
字谜………………………许　禾　仓　粒辑
巧分菜地…………………………………………同　平
帮帮忙（智力测验）……………………………张明山
填成语……………………………………………宋　洲

文化馆站之窗
金沙滩上的新事…………………………………马　旭
国际新闻的收录…………………………………新　辑
祁太秧歌简介……………………………………尚　华

电影是如何产生的⋯⋯⋯⋯⋯⋯⋯⋯⋯侯慧茹

美术
董福老艺人戏剧脸谱⋯⋯⋯⋯⋯⋯⋯崔守胜摄
吕梁地区木刻选⋯⋯⋯⋯⋯吕梁行署文化局供稿
运城地区美术写生训练班作品选登
　　⋯⋯⋯⋯⋯⋯⋯⋯⋯⋯省群艺馆辅导室供稿
墨竹（中国画）⋯⋯⋯⋯⋯⋯⋯⋯⋯⋯盛寿藻

1982 年第 4 期　刊名:《晋阳文艺》
目录

办好晋阳文艺　建设精神文明
本刊编辑部邀请全国著名表演艺术家、戏曲研究专家
张君秋、侯宝林、郭兰英、胡沙、马远等举行座谈
　⋯⋯⋯⋯⋯⋯⋯⋯⋯⋯⋯⋯⋯⋯⋯消　冻

有奖征文选登
云遮月（小说）⋯⋯⋯⋯⋯⋯⋯⋯⋯田东照
春风吹进了河西店（小说）⋯⋯⋯⋯⋯赵　新
智取潞安府（评书连载）⋯⋯⋯郭中群　王元生
双教子（小戏曲）⋯⋯⋯⋯⋯⋯⋯⋯曾中令
麻叶仙姑的传说（民间故事）⋯⋯章雨等搜集整理
新民歌十一首（晋阳歌台）⋯⋯王　平　张新民等
致台湾海峡（外三首）⋯⋯⋯⋯⋯⋯罗继长
短诗一组⋯⋯⋯赵中悦　张志安　宋郁青　王绥青等
寓言三则⋯⋯⋯⋯⋯⋯⋯⋯⋯⋯张怀秋
会说话（相声小段）⋯⋯⋯⋯⋯⋯⋯魏启平

百花园
欢唱吧，楼铃（小说）⋯⋯⋯⋯⋯⋯刘　武
收笑瓶（民间故事）⋯⋯⋯⋯⋯石秀山搜集整理
奶奶讲的故事⋯⋯⋯⋯⋯⋯⋯⋯⋯李瑞凤
近视眼看匾（民间故事）⋯⋯⋯冯爱民搜集整理
短诗一束⋯⋯⋯⋯刘秀峰　杨兆祥　李拴林等

小舞台
零点五（唱词）⋯⋯⋯⋯⋯⋯⋯⋯韩全忠
电影迷（快书小段）⋯⋯⋯⋯⋯⋯⋯李恒瑞
"宝贵意见"（快书小段）⋯⋯⋯⋯⋯李恒瑞
游园惊梦（曲艺小段）⋯⋯⋯⋯⋯⋯刘英俊
箍人记（小歌剧）⋯⋯⋯⋯⋯⋯⋯王铁牛
作家西戎印象记⋯⋯⋯⋯⋯⋯⋯⋯韩玉峰

舞台与银幕
北路"狮子"誉满晋阳⋯⋯⋯⋯⋯⋯居　平
著名的配角大师
　　——记电影演员赵子岳⋯⋯⋯⋯⋯姚　欣

文学青年之友
动中画肖像——短篇小说创作技巧漫谈之二（文学常
识讲座）⋯⋯⋯⋯⋯⋯⋯⋯⋯⋯⋯李永生
谈谈中国寓言的民族特色
　　——学习寓言漫笔之三（文学常识讲座）⋯⋯贾明生

文化馆站之窗
浅谈浮山剪纸⋯⋯⋯⋯⋯⋯⋯⋯⋯张玉奇等
要掌握人物性格（导演拾零）⋯⋯⋯⋯文　井

游艺室
一字之差（小笑话）⋯⋯⋯⋯⋯⋯⋯邵希文辑
絮语集⋯⋯⋯⋯⋯⋯⋯⋯⋯⋯⋯⋯徐崇真
多底谜语⋯⋯⋯⋯⋯⋯⋯⋯⋯⋯⋯朱允陶
歌词之页⋯⋯⋯⋯⋯⋯⋯吕美顺　张枚同等

美术
户县农民画
怒放（版画）⋯⋯⋯⋯⋯⋯⋯⋯⋯宁德新
中国画两幅⋯⋯⋯⋯⋯⋯⋯聂云挺　丹　石
门画（民间木版年画）⋯⋯⋯⋯⋯卫福庆临摹

1982 年第 5 期　刊名:《晋阳文艺》
目录

浅谈文艺创作的立场问题
　　——纪念《在延安文艺座谈会上的讲话》发表四十周年
　　⋯⋯⋯⋯⋯⋯⋯⋯⋯⋯⋯⋯⋯⋯刘　江
《讲话》明灯照艺苑⋯⋯⋯王一民　张玉良　杨茂林
梁兆玉　张枚同　程　琪　崔　巍　王秀春　孟繁元

有奖征文选登
榴花红似火（小说）⋯⋯⋯⋯⋯⋯⋯刘　武
春儿（小说）⋯⋯⋯⋯⋯⋯⋯⋯⋯张作梅
智取潞安府（中篇评书连载）⋯⋯郭中群　王元生
老虎与"漏"（民间故事）⋯⋯⋯⋯崔耀奎整理
寓言三则⋯⋯⋯⋯⋯⋯⋯⋯⋯付　平　秦湘燕
新民歌十三首（晋阳歌台）⋯⋯王　平　李隆汉等
矿山风情（短诗辑）
　　⋯⋯⋯⋯⋯⋯韩长绵　溪　流　田　炜　丰昌隆
我爱他（山东快书）⋯⋯⋯⋯⋯⋯⋯张　军
繁星集（诗）⋯⋯⋯⋯叶晓山　黑太明　梁　冬等

百花园
月儿圆圆（小说）⋯⋯⋯⋯⋯⋯⋯陆　桑
人往高处走（故事）⋯⋯⋯⋯⋯⋯⋯新　学
莲嫂（故事）⋯⋯⋯⋯⋯⋯⋯⋯⋯冬　原
老黄牛找朋友（寓言故事）⋯⋯⋯⋯张恩中

歌词两首 ························ 王　颂　文时夏
金瓜瓜和银花花（诗）·················· 王吉文

文学青年之友

驽马十驾　功在不舍
——自学成才讲话之三 ·············· 章　忆
漫谈想象的个性色彩 ················· 汪远平
写出高效能的动作——短篇小说创作技巧漫谈之三
（文学常识讲座）·················· 李永生

文化馆站之窗

小谈阳泉评说 ···················· 黄　牛
老八路李欣坚持办黑板报二十年 ······ 梁　冬　欣　文
优美动人的舞蹈 ··················· 赵　走

舞台与银幕

艺盖五台的"亚八百"
——介绍安秉琪同志的艺术生涯 ········ 志　冲

山西风物

平阳花果（散记）·················· 李　青

小舞台

凤凰桥下（小戏曲）················· 赵文台

美术

花卉（摄影）···················· 张德重
版画（三幅）···················· 胡有章
本刊一九八一年有奖征文大会剪影 ········ 钱骥俊摄

游艺室

填成语 ······················· 钱树庠
灯谜一组 ······················ 树　生
长工作诗（笑话）······· 陶福安　徐平海搜集整理
朱老爷（笑话）··················· 史文斌辑

1982 年第 6 期　刊名:《晋阳文艺》

目录

献给孩子们的礼物

小猫（摄影）···················· 程　平
三颗鸡蛋的故事（民间童话）（有奖征文选登）
···················· 张余搜集整理
兔尾巴的故事（童话）················ 谢金山
扫雪（儿童小歌剧）················· 孙　伟
当妈妈不在的时候（儿童小话剧）········· 贾本仁
儿童诗一束（有奖征文选登）
··············· 郑渊洁　雨　放　马　达等

有奖征文选登

智取潞安府（评书连载）········· 郭中群　王元生
玉女（小说）···················· 谢俊杰
寓言三则 ······················ 孙传泽
晋阳歌台（新民歌十二首）············· 王　平等
蚀本记（数来宝）·················· 魏林太

百花园

将军的足迹（革命斗争故事）············ 蒲　仁
唐太宗巡蒲州（历史故事）············· 张天亮
没爷庙烧香（小说）················· 刘国玺
王二打柴（民间故事）··········· 吉　星搜集整理
短诗一束 ·············· 华而实　谢先云
王振佳　陈其安　王一峰

小舞台

叫媳妇儿（说唱）·················· 王怀德
人口普查员之歌（歌词）··············· 区　丁
申报年龄要认真（阳泉评说）············ 西　曲
坎坷道路赤子心
——介绍作家孙谦同志 ·············· 新　辉

舞台与银幕

梅花香自苦寒来 ··················· 佩　云

文学青年之友

叙事诗的艺术典范——谈《孔雀东南飞》······· 闻　震
矛盾写法
——短篇小说创作技巧漫谈之四（文学常识讲座）
···························· 李永生
寓言的哲理性
——学习寓言漫笔之四（文学常识讲座）······· 贾明生

文化馆站之窗

文场和武场 ····················· 赵　走
昔阳"拉话"················· 尚　华　杜志民
皮影专家廉振华 ··················· 冯安泽

游艺室

小舅子蛮不错（笑话）················ 庞顺全　辑
古诗词填空 ····················· 师宝忠
组词组 ······················· 加　元
填连环成语 ····················· 日　生
勤奋篇 ······················· 李晓军辑

论坛

努力办好刊物　建设精神文明
——本刊组织农村厂矿基层读者举行座谈········ 奔　坎

美术

热嘲集（诗配画）·············易和元诗 江帆画

《晋水咽》剧照·········守 胜 瑞 芳 裕 光摄

田园小景·····························曹 美

1982 年第 7 期　刊名:《晋阳文艺》
目录

颂歌声声唱党恩（新民歌 10 首）（有奖征文）

·············贾德义 王振佳 李隆汉等

相女婿（诗）·······················张志民

本刊邀请全国著名评书演员刘兰芳举行座谈评书漫谈

·······························刘兰芳

一对"情侣"之死（故事连载）··········一 丁

有奖征文选登

神秘的嫁奁箱（小说）···············崔 巍

姑娘的儿子（故事）···············春 晓

路遥知马力（民间故事）···········张俊田

繁星集（诗）

·········冈 夫 杨文彬 王广元 毕福堂等

"处理货"（快板书）···············甄文选

追姑娘（山东快书）···············王金玉

百花园

吴阁老的传说（民间传说）

·········苟有富 李 丁 侯宇华搜集整理

寓言三则················许润泉 张秋怀

李大烧饼再会侦察兵（故事）·········田中溪

站得高（小小说）·················苑凤岐

写在九星会聚的蓝天（诗）···········倩 晴

小舞台

喇叭声声（电视剧）·········蒋 迅 冯铁山

兑水（单口相声）···············殷文硕整理

此路不通（数来宝）·················马 德

舞台与银幕

春花秋艳

——花艳君舞台生涯记···············常 青

山西风物

河东寄语话三楼···················常士功

文学青年之友

愿寓言之花盛开

——学习寓言漫笔之五（文学常识讲座）·······贾明生

由"人"定"声"才能由"声"识"人"

——短篇小说创作漫谈之五（文学常识讲座）

·······························李永生

学而不思则罔　思而不学则殆

——自学成才讲话之四···············章 忆

游艺室

笑话幽默三则·········智还虎 小 芒 李瑛岗辑

文化馆站之窗

影片《战斗年华》拍摄中的几个小镜头··········陈 炬

两条道路　两种结果·················罗仁忠

论坛

真实·生动·细腻·含蓄

——评短篇小说《就差那么一点》··········贾立业

美术

花卉（摄影）·····················韩德州

全国著名评书演员刘兰芳在晋活动剪影

·········王步贵 贾福德 马学超 钱骥俊摄

本省业余版画作者作品选

·············全 笑 孔凡瑞 逯新民等

鲁迅与汉刻（版画）·················胡有章

1982 年第 8 期　刊名:《晋阳文艺》
目录

百花园

特殊使命（故事）·········王 澈 王培民

诗五首···························仝 云

一对"情侣"之死（故事连载）··········一 丁

傅山的传说（二则）（有奖征文选登）

·················张新民 常志年整理

耕读传家（小说）···················樊德溪

四姐妹作诗（民间故事）···············张 力

汾水鸣湍（风物传说）···············梁佳华整理

寓言三则·················宋中文 孟继鹏

晋阳歌台（新民歌 10 首）

·············李隆汉 柴小民 王 平等

千金女（小叙事诗）·················韩文洲

在芳馨的土地上（诗）···············王 也

萌芽诗笺·········王 笑 郭新民 雪 野等

小舞台

心啊心（独幕话剧）·················陈志坚

竹篮记（小戏曲）···················继 忠

焐不热（相声）·····················李国先

捞本还本（河南坠子）···············高玉琮

二鬼摔跤（潞安鼓书）·······················沈　豪
艾德莉求爱（快书小段）·····················郭　钢
同心曲（武乡鼓书）·························王仲祥
努力攀登不称老
　　——著名版画家力群的生平和艺术·······董其中

舞台与银幕
勤学苦练　深钻善创
　　——追记蒲剧著名表演艺术家王存才·······张俊英

文学青年之友
必需场面——短篇小说创作技巧漫谈之六（文学常识
讲座）····································李永生
赵树理美学思想刍议························贾明生

论坛
军事题材的评书创作的可喜尝试
　　——谈《智取潞安府》·····················降大任

文化馆站之窗
千斤白口四两唱·····························赵景瑜
回忆·做梦·想象（导演拾零）··················文　井

游艺室
游艺晚会一组·················张中良　张祉浩辑

美术
花卉（摄影）······························顾　棣
借妻（连环画）·····················中原　张文斌
葡萄（中国画）····························吴德文

1982 年第 9 期　刊名:《晋阳文艺》
目录

文化部主办的全国曲艺会演部分优秀节目巡回演出团
来并公演·································爱曲

有奖征文选登
明珠放彩（小说）··························张旺模
永久牌奖品（小说）························李录民
柳宗元退扇（民间故事）···李生源口述　秦　菊整理
晋阳歌台（新民歌十三首）·········南　雄　张新民等
"美莉"的心灵（数来宝）····················王秀春
萌芽诗笺（九首）
　　·············边新文　周同馨　张祖台　张莲花等
短诗一组········张雪杉　华　丹　申修福　李世钧等

百花园
一对"情侣"之死（故事连载）·················一　丁

莲花豆（故事）····························高有为
昧金记（评书）····························刘梓玉
寓言二则····················徐铁牛　高开源
人参·黄芩·甘草（民间故事）········杜勇夫搜集整理
五色鹿（日本民间故事）·····················王二贵译

小舞台
院邻（小话剧）····························付　荣
春催杨柳（小戏曲）························张晓亚
劝妻（山东快书）··························博延明
势利眼儿（单口相声）·····················杨玉福

山西风物
晋城揽胜·································陈巨锁

舞台与银幕
大胆革新　别开生面
　　——记著名上党落子演员杨福禄············荀有富

文学青年之友
谈"情"（文艺杂谈）························王大启
漫谈民间笑话的讽刺特色····················薛宝珉
结构技巧
　　——短篇小说创作技巧漫谈之七（文学常识讲座）
　　·····································李永生
敏而好学　不耻下问——自学成才讲话之五····章　忆

文化馆站之窗
千方百计活跃农村文化生活·················忻县文化馆
浮山木偶戏与王绍禹························张福有

游艺室
本刊上期游艺晚会答案············张中良　张祉浩
中国之最填空·····························康建平

美术
花卉（摄影）······························王步贵
长平之战（连环画）·········尹晓寒改编　韩植墨绘
枣乡人家（版画）··························姚天沐

1982 年第 10 期　刊名:《晋阳文艺》
目录

有奖征文选登
举行欢庆"十二大"（新民歌十三首）
　　·····························张志江　张志玉等
县委书记的一天（小说）····················王东满
没熟透（小说）·····················张枚同　程　琪

"先生"挨打（民间故事）⋯⋯⋯宝印 旭林搜集整理
鸳鸯（民间故事）⋯⋯⋯⋯⋯⋯⋯郑 华搜集整理
闹菜棚（晋中秋歌）⋯⋯⋯⋯⋯⋯⋯⋯⋯王道江
猪倌的对象（山东快书）⋯⋯⋯⋯张令水 李鸿民
买蒜苔（鼓书）⋯⋯⋯⋯⋯⋯⋯⋯⋯⋯⋯刘殿春
短诗一组⋯⋯⋯⋯⋯⋯⋯⋯⋯⋯⋯钮宇大 吕世豪
秦 岭 韩嗣义 文超万 贾 真 田 奇等

百花园
一对"情侣"之死（故事连载）⋯⋯⋯⋯⋯⋯一 丁
杜鹃学搭窝（童话）⋯⋯⋯⋯⋯⋯⋯⋯⋯⋯宗介华
寓言四则⋯⋯⋯⋯⋯⋯⋯⋯⋯⋯⋯李冰牧 唐占全

小舞台
昧金记（评书连载）⋯⋯⋯⋯⋯⋯⋯⋯⋯⋯刘梓玉
甜在心头（表演唱）⋯⋯⋯⋯⋯⋯⋯⋯⋯⋯张和安
"翻船"记（唱词）⋯⋯⋯⋯⋯⋯⋯⋯⋯⋯⋯袁 石

舞台与银幕
演员·导演·剧作家
——记贾克同志走过的道路⋯⋯⋯⋯⋯巴山客
平阳佳伶——筱嫒娜⋯⋯⋯⋯⋯⋯⋯⋯⋯杨迎禔

文学青年之友
"刺贪刺虐 入骨三分"
——谈古曲短篇小说《促织》⋯⋯⋯⋯郭文瑞
善诗者……（随笔）⋯⋯⋯⋯⋯⋯⋯⋯⋯肖文苑
结构技巧
——短篇小说创作技巧漫谈之八（文学常识讲座）
⋯⋯⋯⋯⋯⋯⋯⋯⋯⋯⋯⋯⋯⋯⋯⋯李永生

文化馆站之窗
"秧歌"简述⋯⋯⋯⋯⋯⋯⋯⋯⋯⋯⋯⋯⋯洪 飞
坚持编演现代戏热情为农民服务
⋯⋯⋯⋯⋯⋯⋯⋯⋯山西省临猗县眉户剧团

游艺室
郑板桥堵后门⋯⋯⋯⋯⋯⋯⋯⋯⋯⋯⋯⋯王云亮
迷宫（神话游戏）⋯⋯⋯⋯⋯⋯⋯⋯⋯朱逸民编译
文字游戏⋯⋯⋯⋯⋯⋯⋯⋯⋯⋯⋯⋯⋯⋯陈 杨

论坛
精工妙笔绘心灵
——评山东快书《猪倌的对象》⋯⋯⋯关 公

美术
花卉（摄影）⋯⋯⋯⋯⋯⋯⋯⋯⋯⋯⋯王步贵摄
人心不足蛇吞象（连环画）⋯⋯王大启改编 王大德绘

文苑偶拾（三首）⋯⋯⋯⋯⋯⋯⋯天 马诗 江 帆画

1982 年第 11 期 刊名:《晋阳文艺》
目录

百花园
夜闯飞虹塔（故事连载）（有奖征文选登）⋯⋯刘郁瑞
三口铡刀（小说）⋯⋯⋯⋯⋯⋯⋯⋯⋯⋯⋯马 骏
白鸽山上的翡翠石（科幻小说）⋯⋯⋯⋯⋯徐太国
扭丝柳的故事（民间故事）（有奖征文选登）
⋯⋯⋯⋯⋯⋯⋯⋯⋯⋯⋯⋯⋯谢庆荣搜集整理
才女（民间故事）（有奖征文选登）
⋯⋯⋯⋯⋯⋯⋯⋯⋯⋯⋯⋯⋯梁兆玉搜集整理
婚事风波（故事）⋯⋯⋯⋯⋯⋯⋯⋯⋯⋯⋯银小俊
寓言五则（有奖征文选登）⋯⋯⋯⋯张秋怀 陈克振
晋阳歌台（新民歌13首）（有奖征文选登）
⋯⋯⋯⋯⋯⋯⋯⋯⋯青 野 宫满寿 王 颂等
繁星集（诗）（有奖征文选登）⋯⋯⋯⋯刘富云 孙友田
王莲葆 王天长 王立成 冯 云 梁申威 珍 尔
郭殿平 青 稞 沈 豪 杨进升 栗金马等
一幅宝画（民间故事）⋯⋯⋯⋯⋯⋯李亮搜集整理

小舞台
寇准巧计教顽童（小戏曲）⋯⋯⋯⋯⋯⋯⋯李文虎
心心相印（小戏曲）（有奖征文选登）⋯⋯⋯⋯李明亮
皆大欢喜全满意（快板书）（有奖征文选登）⋯⋯张文白
卖牛（唱词）⋯⋯⋯⋯⋯⋯⋯⋯⋯⋯⋯⋯王剑鸣
追（快书小段）⋯⋯⋯⋯⋯⋯⋯⋯⋯⋯⋯李海金
狐狸捧场（快书小段）⋯⋯⋯⋯⋯⋯⋯张令水编写
让户口（冀城琴书）⋯⋯⋯⋯⋯⋯⋯⋯⋯李廷玺

山西风物
壶口游记⋯⋯⋯⋯⋯⋯⋯⋯⋯⋯⋯⋯⋯⋯骆士正

舞台与银幕
春风飞来花又开
——记晋剧名小旦刘仙玲的艺术生平⋯⋯⋯竞 飞
演反派角色大有可为
——记著名电影演员陈强⋯⋯⋯⋯⋯⋯⋯高 远

文学青年之友
说"爱"（文艺杂谈）⋯⋯⋯⋯⋯⋯⋯⋯⋯王大启
结构技巧（文学常识讲座）
——短篇小说创作技巧漫谈之九⋯⋯⋯⋯李永生
"口头禅"小议（杂谈）⋯⋯⋯⋯⋯⋯⋯⋯郭文才
从石涛的一幅印章说起（文艺随笔）⋯⋯⋯⋯赵 捷

文化馆站之窗

以五讲四美为主要内容开展群众文化活动

⋯⋯⋯⋯⋯⋯⋯⋯⋯⋯⋯⋯⋯曲沃县文化馆

行当的来龙去脉⋯⋯⋯⋯⋯⋯⋯⋯⋯赵 走

深得民心的事业——集镇文化中心调查⋯⋯群 文

游艺室

填诗句⋯⋯⋯⋯⋯⋯⋯⋯⋯⋯⋯⋯⋯钱树庠

笑话幽默六则⋯⋯⋯⋯⋯⋯王桃源 陈福轩

美术

我的老师赵延绪⋯⋯⋯⋯⋯⋯⋯⋯⋯力 群

山水（两幅）⋯⋯⋯⋯⋯⋯⋯⋯⋯⋯赵延绪

贺老总（雕塑）⋯⋯⋯⋯⋯⋯⋯⋯⋯孙里人

菊（摄影）⋯⋯⋯⋯⋯⋯⋯⋯⋯⋯⋯金宜摄

山水⋯⋯⋯⋯⋯⋯⋯⋯⋯⋯⋯⋯⋯⋯阎一标

1982 年第 12 期　刊名:《晋阳文艺》
目录

元旦春节文艺演唱专辑

抢公爹（小戏曲）（有奖征文选登）

⋯⋯⋯⋯⋯⋯⋯⋯⋯⋯李秀峰 张占福

假戏真唱（小戏曲）⋯⋯⋯⋯⋯⋯⋯彭 阁

周仓守庙（传统小戏）⋯⋯⋯⋯⋯⋯梁兆玉

隔门贤（传统剧）⋯⋯⋯⋯⋯⋯芮城戏校整理

地头蛇抢亲（说唱）⋯⋯⋯⋯⋯⋯彭化高等

开饭店（对口快书）（有奖征文选登）⋯⋯韩贵海

混合双打（山东快书）（有奖征文选登）⋯魏林太

白挨刀（快书小段）⋯⋯⋯⋯⋯⋯⋯刘殿春

王家媳妇变样子（头子令）⋯⋯⋯⋯李 建

卖馒头（快书小段）（有奖征文选登）⋯尹海鹏

梦瓜（快板小段）（有奖征文选登）⋯⋯苏秉华

并非错别字（快板书小段）⋯⋯⋯⋯刘培安

求名医（快书小段）⋯⋯⋯⋯⋯⋯⋯封泉生

粘睫毛（唱词）⋯⋯⋯⋯⋯⋯⋯⋯⋯赵志明

请猪娃（快书小段）⋯⋯⋯⋯⋯⋯⋯任永清

好画（快书小段）⋯⋯⋯⋯⋯⋯⋯⋯李恒瑞

自流井（小快板）⋯⋯⋯⋯⋯⋯⋯⋯庞友益

党的光辉照四方（歌词一束）⋯⋯⋯田 耳

洪 飞 李三处 盛 昌 张枚同 唐一鸣等

笑话·谜语·幽默·游戏一组⋯⋯冯振杰 宋可旺等

百花园

钱包（小说）（有奖征文选登）⋯⋯⋯杨文彬

十八个小枕头（小说）（有奖征文选登）⋯⋯郭书琪

山神爷爷和鬼难拿（故事）⋯⋯⋯⋯曹治淮

夜闯飞虹塔（故事连载）（有奖征文选登）⋯刘郁瑞

槐树下的故事（童话）⋯⋯⋯⋯⋯⋯詹岱尔

台骀的传说（民间故事）（有奖征文选登）

⋯⋯⋯⋯⋯⋯⋯⋯继 祖 红菊搜集整理

火红的秋柿⋯⋯⋯⋯⋯⋯⋯⋯⋯⋯王成祖

咕咕鸟的故事⋯⋯⋯⋯⋯⋯⋯⋯孙文成搜集整理

寓言一束（有奖征文选登）⋯⋯⋯葆 劫 宋中文

百花园

小叙事诗辑（有奖征文选登）

⋯⋯⋯宋达恩 谷 威 刘瑞祥 黄东成 赵国增

短诗一组（有奖征文选登）⋯⋯⋯⋯立 山

宋 锐 张泉渌 田福林 张 诚 李栓林 柴德森

刘 征 郑光前等

晋阳歌台（有奖征文选登）

⋯⋯⋯⋯⋯⋯⋯⋯张廷武 杜先红 李启云等

文学青年之友

真诚深入大胆地看取人生

——学习鲁迅论文艺的真实性札记⋯⋯秦 川

结构技巧（文学常识讲座）

——短篇小说创作技巧漫谈之十⋯⋯李永生

一百零八将图及其他⋯⋯⋯⋯⋯⋯张雨生

舞台与银幕

兰香四溢春常在

——田郁文舞台生活纪事⋯⋯⋯⋯行乐贤

文化馆站之窗

千方百计为农民服务⋯⋯⋯⋯⋯平定县电影公司

深山古寺藏名画⋯⋯⋯⋯⋯⋯⋯⋯高信生

美术

枫叶（摄影）⋯⋯⋯⋯⋯⋯⋯⋯⋯顾 棣

山西省群众艺术馆辅导生活剪影（摄影）

⋯⋯⋯⋯⋯李 秀 庆 梅 铁根摄 恒举文

版画（两幅）⋯⋯⋯⋯⋯⋯⋯⋯⋯段吉庆

塞外元宵乐（年画）⋯⋯⋯⋯⋯⋯木 兰

1983 年第 1 期　刊名:《晋阳文艺》
目录

百花园

双层湖的秘密（科幻小说）⋯⋯⋯⋯樊秋怀

暖烘烘的炉子（小说）⋯⋯⋯⋯⋯⋯张凤瑞

刘作儿献技（小说）⋯⋯⋯⋯⋯⋯⋯卓 然

一双拖鞋（印度尼西亚民间故事）⋯⋯徐太国

夜闯飞虹塔（故事连载）⋯⋯⋯⋯⋯刘郁瑞

赞永济桑落酒（诗）⋯⋯⋯⋯⋯⋯⋯谢 添

晋阳歌台（民歌十二首）
————————李京法　赵贵忠　张志玉　杜先红等
寓言四则————贾军钢　孟继鹏　李克淳　董绍威
繁星集（诗）——张志安　马砚田　姚　莹　李启云
漳河谣（小叙事诗）————————————张承信
灵魂的工程（诗四首）————————————王振佳
农村风情（短诗一束）————————————王明璞
孙　映　宋　歌　黄冈斌等

小舞台
浪子新传（相声）————————————禹宝东
黑妞相亲（小戏曲）————————————赵华云
妙手回春（小戏曲）————————————赵昌兴
没有发出的信（鼓词）————————————杜　哲
送礼单（快板书）————————————张宏麟
怎么办（相声）————————————王春声

山西风物
龙门行（二章）————————————张崇发

文化馆站之窗
什么叫行头————————————————赵　走
漫谈歇后语————————————————张　铭

艺苑之花
平定迓鼓————————————————尚　华

游艺室
节日游艺宫一组——————中　良　济　浩　佩　卿
新春联集锦——————米世民　蒙智扉　韩长绵等

文学青年之友
漫谈"扬州八怪"的"怪"（杂谈）——————王树恒
且说这条鱼……（随笔）————————降大任
"感情线"和"偶然"（文学常识讲座）——短篇小说
技巧漫谈之十一、十二————————————李永生

美术
油画习作————————中央工艺美术学院供稿
学习宣传十二大精神
开创群众文化工作新局面（摄影）
————————————吉吕文　庆　梅摄
中国画（两幅）————————————罗尔纯
耍狮子（剪纸）————————————郑洪峨等作

1983 年第 2 期　刊名:《晋阳文艺》

目录

百花园
妻子自杀之谜（故事连载）————————一　丁
赔情（小说）————————————————苗　挺
VT 行动（科幻小说）————————————宋培贤
鲁经理的治店"术"（故事）————张宇清　吴清汀
夜闯飞虹塔（故事连载）————————刘郁瑞
狄青怒打拦街虎（民间故事）————樊启俭整理
寓言四则————————————周冰冰　井　林
晋阳歌台（民歌十二首）
————————陈官煊　翁景贵　王　平　王文俊等
农家新歌（短诗一束）
————————赵政民　王　笑　周所同　旭林等
繁星集（诗）
————————于　瑛　马晋乾　姜志春　毕林　珍尔等

小舞台
含泪的微笑（电视剧）————————————郭恩德
红花心花并蒂开（方言表演唱）————————乔富贵
五千块（相声）————————————————高玉琮
千里姻缘红线牵（鼓词）————————————张福玉

山西风物
山西醋香飘万里————————————————杜淑贤

艺苑之花
民间实用美术的一枝新花————————————祝　生
左权小花戏————————————————————尚　华

文化馆站之窗
一位精心培育文化之花的"花匠"
——记临猗县委书记孙庚午同志——————王随生　张恩忠
银海迷离冰灯奇
——傅山的太原冰灯————————————赵廷鹏

游艺室
双凤弄潮（迷宫游戏）————————————仇国良
象棋趣味排局————————————————仇国良
成语谜等——————云　月　承　府　叶照青　韩　笑
猴子的葬礼————————————————赵辉廷

文学青年之友
浅谈话剧的诗意（随笔）————————————张厚余
视力中心是人的性格
——短篇小说创作技巧漫谈之十三（文学常识讲座）
————————————————————李永生

论坛

时代需要新的和美的文艺

——读《明珠放彩》（评论）⋯⋯⋯⋯⋯韩玉峰

明珠在风浪的击搏中放彩

——评小说《明珠放彩》（评论）⋯⋯⋯⋯亦　文

美术

阿福（水墨画）⋯⋯⋯⋯⋯⋯⋯⋯⋯⋯柯　明

金马驹与火龙衣（连环画）⋯⋯⋯杨柳文　赵之光绘

戏剧人物（彩塑）⋯⋯⋯⋯⋯⋯⋯⋯⋯孙里人

1983 年第 3 期　刊名:《晋阳文艺》
目录

百花园

豆腐西施（小说）⋯⋯⋯⋯⋯⋯⋯⋯⋯陆　桑

高高的天线架（小说）⋯⋯⋯⋯⋯⋯⋯赵佩龙

懒汉毕成龙（小说）⋯⋯⋯⋯⋯⋯⋯⋯韩文洲

等⋯⋯（小说）⋯⋯⋯⋯⋯⋯⋯⋯⋯⋯许小根

婵（小说）⋯⋯⋯⋯⋯⋯⋯⋯⋯⋯⋯焦垣生

妻子自杀之谜（故事连载）⋯⋯⋯⋯⋯一　丁

石像的传说（诗）⋯⋯⋯⋯⋯⋯⋯⋯⋯俞伯洪

神笔傅山（民间故事）⋯⋯⋯⋯⋯⋯攀　山整理

飞鱼和剃头刀（民间故事）⋯⋯⋯⋯张　力整理

桑道贵当城隍（民间传说）

⋯⋯⋯⋯⋯⋯⋯⋯赵龙章口述　宋中文整理

三神仙和两弟兄（民间故事）张恩忠　琚　平整理

草籽与顽石⋯⋯⋯⋯⋯⋯⋯⋯⋯⋯⋯乔澍声

寓言四则⋯⋯⋯⋯秦湘燕　秦　菊　孟继鹏　薛贤荣

晋阳歌台（民歌十首）⋯⋯⋯⋯李隆汉　刘太庆

韩长绵　鲁宏庆

农家的色彩（短诗一束）

⋯⋯⋯⋯⋯⋯刘晓滨　韩　永　张泉渌　攀　山等

繁星集（诗）⋯⋯⋯⋯⋯⋯⋯吴长城　周同馨等

小舞台

悠悠寸草心（话剧）⋯⋯⋯⋯⋯陈方方　刘金强

菊花飘香（表演唱）⋯⋯⋯⋯⋯⋯⋯乔　寅

忌烟与劝烟（相声小段）⋯⋯⋯⋯⋯李　微

发奖金（快书小段）⋯⋯⋯⋯⋯⋯⋯柳盛林

杜甫拒赠（鼓词）⋯⋯⋯⋯⋯⋯⋯⋯张茂忠

起名字（太原莲花落）⋯⋯⋯⋯曹　强　远征

病在哪里（快书小段）⋯⋯⋯⋯⋯⋯尹海鹏

春风在问我（歌词）⋯⋯⋯⋯⋯⋯⋯石顺义

燕子呢喃（歌词）⋯⋯⋯⋯⋯⋯⋯⋯晨　枫

山西风物

一坝锁三门⋯⋯⋯⋯⋯⋯⋯⋯⋯⋯⋯谷　威

艺苑之花

翩翩春燕凌空来

——记蒲剧新秀吉有芳⋯⋯⋯⋯⋯⋯王杏元

沁源秧歌浅谈⋯⋯⋯⋯⋯⋯⋯⋯⋯⋯张　浩

文化馆站之窗

发挥优势　大有作为⋯⋯⋯⋯⋯⋯⋯王随生

游艺室

剪环趣题（娱乐园地）⋯⋯⋯⋯⋯祉　浩　中　良

引起错觉的图形⋯⋯⋯⋯⋯⋯⋯⋯友　文

标点的妙用⋯⋯⋯⋯⋯⋯⋯⋯⋯⋯宿士军

外国幽默五则⋯⋯⋯⋯⋯⋯⋯⋯⋯雪　崖译

古代幽默二则⋯⋯⋯⋯⋯⋯⋯蔡润田　张恒译

文学青年之友

"刮舌头"的妙用（杂谈）⋯⋯⋯⋯⋯刘　琦

形象的挖掘与细节的传达

——短篇小说创作技巧漫谈之十四、十五（文学常识

讲座）⋯⋯⋯⋯⋯⋯⋯⋯⋯⋯⋯⋯李永生

论坛

借得彩笔画晚霞（评论）⋯⋯⋯⋯⋯尚马石

美术

图案⋯⋯⋯⋯⋯⋯⋯⋯⋯⋯⋯⋯⋯崔　毅

本省晋中地区民间剪纸选登⋯⋯⋯⋯刘海明搜集

吕梁山区写生（两幅）⋯⋯⋯⋯⋯⋯王伯敏

雨后（中国画）⋯⋯⋯⋯⋯⋯⋯⋯⋯王　莹

1983 年第 4 期　刊名:《晋阳文艺》
目录

百花园

客为何来（小说）⋯⋯⋯⋯⋯⋯⋯⋯权文学

可怜田二嫂（小说）⋯⋯⋯⋯⋯⋯⋯赵　新

贤妻（小说）⋯⋯⋯⋯⋯⋯⋯⋯⋯⋯孙卫东

照顾（故事）⋯⋯⋯⋯⋯⋯⋯⋯⋯⋯胡　笳

妻子自杀之谜（故事连载）⋯⋯⋯⋯一　丁

煤海涛声（短诗一组）⋯⋯⋯⋯⋯⋯谭曙方

雪　野　边新文　张祖台　梁志宏　田　毅等

刘海儿戏金蟾（民间故事）

⋯⋯⋯⋯⋯⋯⋯⋯孙树芳　孙树松搜集整理

吴阁老的传说（民间传说）

⋯⋯⋯⋯⋯⋯荀有富　李　丁　侯宇华搜集整理

寓言三则⋯⋯⋯⋯⋯⋯⋯⋯⋯⋯⋯贾军钢

繁星集（诗）⋯⋯浪　波　潘万提　李雁红　龙彼德等

小舞台
爆竹迎春（话剧）—————————赵彭城
认亲家（小戏曲）——————————张恩忠
晋祠八观（相声）——————————徐崇真
阻力（快书小段）——————————牛中路

山西文化名人
盛年不再　雄心犹存
——访作家刘江————————————亦　文

文化馆站之窗
浅谈"小型乐队"的编配——————苗民培

艺苑之花
美好的青春
——记青年演员杨仲义——————从　戎

游艺室
摆棋阵（娱乐园地）————————友　文
东方曼倩善解鸟语—————————马清福辑
五台山游览拾趣———————刘树春搜集整理
管夫人和赵子昂（名人轶事）———王桃源辑

文学青年之友
文人笑话的幽默特色（杂谈）———薛宝珉
"淡如水"和"贵如油"（随笔）——王梦辉
性格线与意境（文学常识讲座）
——短篇小说创作技巧漫谈之十六、十七—李永生

美术
只生一个好（年画）————————阎光奇
周处除三害（连环画）———宋虎力绘　阿绵改编
国画人物——————————————石　兵

1983 年第 5 期　刊名:《晋阳文艺》
目录

百花园
"状元"迎亲（小说）————————赵修身
春日（小说）———————————成毓真
羊油嘴和二长命（小说）——————马　骏
夕照宜春斋（小说）————————冬　原
他们夫妇俩（小说）————————田东照
眼睛（小说）———————————郝丛楼
天气暖融融（小说）————————张　发
山鹰（小说）———————————周金大
妻子自杀之谜（故事连载）———————一　丁

七星海的传说（民间传说）
——————张　荣讲述　石琦信　常志年整理
敬神（民间传说）——张俊成口述　纯人　纯芝整理
高祖姓刘（民间故事）———————梁兆玉搜集整理
寓言四则————————————张秋怀　韩长绵
煤海涛声（短诗一组）———————秦　岭　聂还贵

小舞台
爱的力量（数来宝）————————郭　纲
提醒（快书小段）——————————王金玉
春游（快板小段）——————————刘培安
差一个字（快书小段）———————张有洛

山西文化名人
辛勤的耕耘者
——介绍著名画家苏光————————李永生

艺苑之花
曲唱千遍声自传
——介绍晋剧新秀宋转转————尚　文　文　井

文化馆站之窗
脸谱————————————————赵　走

游艺室
邮递路线（娱乐园地）———————钱树庠
摆菊花（娱乐园地）————————阎鸿章辑
倒字诗（古代笑话）————————暴海燕　编译
谜语故事——赏花———————————加　元

文学青年之友
"神思"与"佳品"
——兼谈文学作品中的音乐描写（随笔）——王大启
短语聊曲艺（杂谈）————————李治邦

论坛
健康的思想　精巧的艺术
——读《晋阳文艺》一九八二年发表的民间故事（评论）————————————————许　钰

美术
图案————————————————崔　毅
阳泉煤矿工人版画选
国画山水（两幅）—————————苏彦斌

本刊举办一九八三年优秀作品奖启事

1983 年第 6 期　刊名:《晋阳文艺》
目录

百花园

"伊尔"天堂记（小说）·································崔 巍
说不出来的美（小说）·······························王子硕
唉，他呀……（小说）·····························谢庆荣
金灿灿的麦粒（故事）·····························家 珍
妻子自杀之谜（故事连载）·························一 丁
煤海涛声（短诗一组）
······················丰昌降 韩长绵 张不代 白长生等
趁秋天将去未去（诗）·····························徐 刚
献给孩子的歌（诗一束）
····················刘国玺 谷振彦 李耕田 滕 英等
瞧不起自己的小鸭子（童话）·······················葆 劫
背着牛皮口袋的小老鼠（童话）·····················明 照
王羲之和乞丐（民间故事）
························庞虎明讲述 阎文玉整理
寓言三则········张志兴 许延风 于玉珍 李冰牧

小舞台

红烛台（中篇快板书）·········向 荣 刘 际 周 军
大大和小小（儿童剧）·····························王 颂
妈妈教我照镜子（幼儿表演唱）·····················孙 伟
走西口（音乐电视剧歌词部分）·····················刘贯文
"没关系"（快板小段）·····························王佩琈

山西文化名人

甘为他人作嫁衣
——郑笃同志谈话录·····························曲润海

艺苑之花

并蒂花儿红
——记兄妹民歌手杨仲青、杨爱珍
······················高信生 任复兴

文化馆站之窗

本戏与折子戏·····································赵 走
鲁迅童年心灵里的绚丽世界
——"鲁迅与群众文化"之一·····················林卫国

游艺室

巧摆硬币（娱乐园地）·····························同 平
沽酒（小品文）·································朱逸民
巧对···肖 纪
"虚构故事是我的职业"（名人逸事）·········王桃源辑

文学青年之友

审美趣味琐谈（杂谈）·····························承继添
艺术辩证法二题（文艺常识）·········杨茂林 李文田

美术

端阳（年画）·····································冯长江
荷花（连环画）·················梅 文改编 军 盛绘
国画（二幅）·····································汪伊虹

1983 年第 7 期　刊名:《晋阳文艺》
目录

党的政策暖万家（新民歌十首）
······················邓宏泰 赵京法 杜先红等

百花园

莲花奇案（中篇故事连载）·························郭 也
男大当婚（小说）·································张旺模
芍药与牡丹（小说）·····························李逸民
"衣锦还乡"记（小说）·····························王 炎
二十文铜钱（民间故事）·············张新民搜集整理
"柳仙"治痨病（民间故事）·············张 力搜集整理
借钱庙（民间传说）
······················张乃兴 薛贵芬搜集整理
傅山"哄"人（民间故事）
······················齐凤舞 张金兰搜集整理
马着山与晦气（民间故事）
······················任国成搜集整理
寓言四则·····································孟继鹏等
烈火情深（小叙事诗）·····························翟生祥
为"二万八千亿元"奏鸣（诗）·····················倩 晴
凤莲访王瑞（小叙事诗）·····························谷 威
短诗一组·····································王兆琪
闻树国 尹世明 毕福堂 陈其安等

小舞台

铁弓姻缘（中篇评书连载）·························唐宗龙
智堵暗流（电视剧）·················顾忠慈 晓 虹
红烛泪（中篇快板书连载）
······················向 荣 刘 际 周 军
歌词二首·····································李 映

山西风物

娘子关拾趣·····································孟 敏

文学青年之友

感于哀乐 缘事而发

——汉代民歌欣赏⋯⋯⋯⋯⋯⋯⋯⋯大 刃

艺苑之花
"师法自然"的剪纸艺术
——记晋南民间剪纸艺人常苟女⋯⋯行乐贤

文化馆站之窗
赛场上结识的农民朋友⋯⋯⋯⋯⋯张进兴
《水浒》英雄中的山西人⋯⋯⋯⋯杨芷华
治疗牲畜疾病的药方⋯⋯⋯⋯⋯⋯兴 叶

游艺室
世界趣闻⋯⋯⋯⋯⋯⋯⋯⋯⋯⋯丹 虹辑
瞬息万变（小品文）⋯⋯⋯⋯⋯⋯尉崇泽
妙联拾趣⋯⋯⋯⋯⋯⋯⋯⋯⋯⋯⋯卫国玺
红楼谜语⋯⋯⋯⋯⋯⋯⋯⋯⋯⋯⋯郑元福
火柴棍游戏⋯⋯⋯⋯⋯⋯甄文选搜集整理
笑话⋯⋯⋯⋯⋯⋯⋯⋯⋯⋯⋯⋯阎恒宝等

论坛
追求燃烧的诗篇（评论）⋯⋯马作楫 王玉声
评田昌安的短篇故事和小说（评论）
⋯⋯⋯⋯⋯⋯⋯⋯⋯⋯⋯⋯⋯⋯肖 索
《晋阳文艺》召开一九八二年有奖征文发奖大会
⋯⋯⋯⋯⋯⋯⋯⋯⋯⋯⋯⋯⋯⋯消 冻

美术
反弹琵琶（中国画）⋯⋯⋯⋯⋯⋯杨之光
老竹颂（中国画）⋯⋯⋯盛寿藻画竹 马晋乾配诗
国画三幅⋯⋯⋯⋯⋯高相国 若 谷 阎一标
漆壁画（两幅）⋯⋯⋯⋯⋯⋯⋯⋯张世彦

1983 年第 8 期　刊名:《晋阳文艺》
目录

著名相声演员新作选
铁饼姑娘（相声）⋯⋯⋯⋯⋯姜 昆 刘 肃
"砸锅"记（相声）⋯⋯⋯⋯沈永年 侯跃文

中篇连载
铁弓姻缘（中篇评书）⋯⋯⋯⋯⋯唐宗龙
莲花奇案（侦破故事）⋯⋯⋯⋯⋯郭 也
红烛泪（中篇快板书）⋯⋯向 荣 刘 际 周 军

新人新作
喜神爷（小说）⋯⋯⋯⋯⋯⋯⋯吴忠保
牧羊人（小说）⋯⋯⋯⋯⋯⋯⋯韩丽芳
交情（小说）⋯⋯⋯⋯⋯⋯⋯⋯李长胜

会飞的老鼠（童话）⋯⋯⋯⋯⋯⋯章 玫
凭吊稷王山（游记散文）⋯⋯⋯⋯张旭东
泉水缘（戏曲）⋯⋯⋯⋯⋯⋯⋯⋯张晓亚
《泉水缘》导演提示⋯⋯⋯⋯⋯⋯志 冲
萌芽诗页⋯⋯⋯⋯⋯⋯⋯⋯⋯⋯⋯曹 治
梁国清 姚红权 郭新民 徐贵明等
中外寓言三则⋯⋯⋯⋯⋯⋯潘德英 傅庆平
芦苇叶上的牙印（民间故事）
⋯⋯⋯⋯⋯⋯⋯⋯⋯⋯⋯吉茂菁搜集整理
现代小笑话⋯⋯⋯⋯⋯⋯⋯⋯⋯⋯叶照青
古代笑话⋯⋯⋯⋯⋯⋯⋯⋯⋯阎宝恒 编译
李瑾应试（字谜故事）⋯⋯⋯刘润思 李善武辑
短诗一组⋯⋯⋯⋯⋯⋯⋯⋯李元林 寒 声
宋郁青 邹 劲 王什维 李世钧 沈 豪 肖 驰
时代性・民族性・群众性
——《晋阳文艺》一九八二年有奖征文获奖作品读后
⋯⋯⋯⋯⋯⋯⋯⋯⋯⋯⋯⋯⋯⋯韩玉峰
作家珍言⋯⋯⋯⋯⋯⋯⋯⋯⋯⋯章 忆辑
睡觉的科学⋯⋯⋯⋯⋯⋯⋯⋯⋯孙守英 辑

美术
白荷（年画）⋯⋯⋯⋯⋯⋯⋯⋯冯长江
《晋阳文艺》一九八二年有奖征文发奖大会剪影
⋯⋯⋯⋯⋯⋯⋯⋯⋯⋯⋯⋯⋯钱骥俊摄
版画二幅⋯⋯⋯⋯⋯⋯⋯⋯吴善言 赵 峰
彩色剧照三幅⋯⋯⋯⋯顾 棣 崔守胜等摄

1983 年第 9 期　刊名:《晋阳文艺》
目录

民间故事、民间传说小辑

人物传说
李白的传说⋯⋯⋯⋯⋯⋯⋯⋯戏 林搜集整理
观音难苏轼⋯⋯⋯⋯⋯周政文 讲述 陈德来整理
傅山画伞⋯⋯⋯⋯⋯⋯齐凤舞 齐凤福搜集整理
秦王李世民的传说⋯⋯⋯⋯⋯陈正斌搜集整理
关云长怒杀雄护员外⋯⋯⋯⋯张志德搜集整理
唐伯虎的传说⋯⋯⋯⋯⋯⋯⋯⋯吉 星整理

风物传说
米粉花的传说⋯⋯⋯⋯孙智深 梁宏堂搜集整理
迎春花的传说⋯⋯⋯⋯董万华 讲述 张新民整理

生活故事
错在哪里?⋯⋯⋯⋯⋯⋯⋯⋯谢庆荣搜集整理
打官司⋯⋯⋯⋯⋯⋯⋯孙树松 孙树芳搜集整理
林森与金鑫⋯⋯⋯⋯⋯⋯⋯⋯宋中文搜集整理

罗长和罗短的故事········张美良　讲述　赵笃礼整理

幻想故事
蛙婿·······················张恩忠整理
枣核和桃仁···············张　力搜集整理

动物故事
狐狸中计···············吴忠保搜集整理
狗和猫的故事···········范金荣搜集整理
猫睡着了为什么打呼噜·····阎文玉搜集整理

新民间故事
贾博士打针···············旭　林搜集整理
武师与乞丐·········宝　印　洪　钟搜集整理
如此贴面厨子···········曲润龙搜集整理
老虎·铁笼·真理（印度民间故事）·········徐玉国译

文学青年之友
一人传三三传九
——浅谈民间文学的集体性和口头性特征（文艺杂谈）
·······················张　余

百花园
纸烟摊的动向（小说）·········张天亮
周末（小说）···············樊德溪
萌芽诗页··········邢　昊　叶　荃　李有根　孙剑锋
诗一组···············张志安　冯　云
王　也　崔润锁　田　炜　王春声　侯湘楚　董耀章
莲花奇案（侦破故事连载）·········郭　也

小舞台
三叩杏花门（小戏曲）·········李天生
铁弓姻缘（中篇评书连载）·········唐宗龙
"老接受"与"偏巴头"（快书小段）·······宋　勇
山乡小曲···············任国成

游艺室
现代小笑话两则·········叶照青　边二方
秀才与小偷···············胡　翮
灯谜一束···············阎　普
歇后语···············丁禄仁　秦祥太辑

美术
女娲造像（中国画）·········李　燕
蚕儿与黄河（连环画）·········介夫文　江鸿绘
龙门激流（国画山水）·········黄景涛

故事特辑
新婚之后……（中篇故事连载）·········春　晓
甄金龙与贾银风···············曹治淮
"能婶子"和"能媳妇"···········刘　武
锣鼓声声···············史俊峰
还灯···············张双川
我、我妈、我媳妇···············高雨田
金凤巧计解疙瘩···············于振华
秦琼庆寿（传奇故事）·········庄　稼　刘　胜
女法医黄环英的故事·········王作秀　孔宪信
龙虎斗···············田昌安
太阳从家家门前过·········孙　涛　王　润

百花园
寓言四则···············张秋怀
宋丑子招赘（民间传说）·········攀　山搜集整理
晋阳歌台（新民歌十四首）·········张志玉
南　雄　唐一鸣　鲁宏庆　杜先红等
诗一束·······张雪杉　谢先云　刘富云　王　颂
王莲葆　姜强国　杜勇夫　郭殿平　宋金岭等
散文诗一束···············赵政民

小舞台
铁弓姻缘（中篇评书连载）·········唐宗龙
闹窑（小戏曲）···············苏　华
邻居（相声小段）·········宋家祥　刘俊彦
赔鹅（快书小段）·········李敬民　柴建国

游艺室
农家乐（画谜）·········友　文　中　良
四等分···············友　文
移山入句···············清　泉辑
咏物三题···············任国成

文化馆站之窗
从生活的金矿中淘出真金来——浅析《晋阳文艺》发
表的几个小戏的创作···············寒　声

论坛
难能可贵的"一字之功"
——赵树理小说艺术欣赏·········贾明生
文艺消息（三则）·········消　冻　琴　儿

美术
舞蹈人物（中国画）·············叶浅予

春美（摄影连环画）·······摄制张振之原著编导李国荣
国画山水······················宋长秦

1983 年第 11 期　刊名:《晋阳文艺》
目录

中篇连载
血溅老爷山（中篇评书）·······郭中群　王元生
新婚之后……（中篇故事）··············春　晓
铁弓姻缘（中篇评书）·················唐宗龙

百花园
空山明月夜（小说）··················王东满
摆渡船上唢呐声（小说）···············杨茂林
无丝藕（民间故事）··············谢庆荣搜集整理
唐伯虎画扇面（民间故事）····王如阳讲述　秦菊整理
秦皮（民间传说）·········赵新华讲述　房兵子整理
阿里克哥利亚的故事（伊拉克民间故事）
·······························刘　莺　奭　平译
寓言六则······················刘宪达
靳植柄　徐铁牛　井　林　周冰冰
碑林行（诗）·····················罗继长
写在文丁降生的时刻（诗）·············文武斌
短诗一束··········杨文彬　梁　冬　旭　林
贾　真　李三处　钮宇大　李拴林　曾声亮　粟金马
姜东胜　温　暖　秋　池　刘　驰　文　丙
散文诗二首···············钟声扬　申文明
连理竹（民间小叙事诗）·········李薰陶　王正湘

小舞台
酒醒何处?（独幕话剧）···············赵彭城
传闲话（相声小段）·················焦炳琨

艺苑之花
笔似百媚　悲如冰泉··················纪　丁

山西文化人物
束为和他的创作····················肖　河

文化馆站之窗
戏曲特技"翎子功"··················任继龙

游艺室
雏鸡（小品文）····················梅　竹
有趣的风面礼·"握手"种·············丹　虹辑
谜语故事·······················胡志祥辑
中国戏剧填空·····················康建平

文学青年之友
烘托渲染　推波助澜
——谈文艺作品中的景物描写···········王大启
字字敲打得响
——关于诗的音乐美···············马立鞭
百发百中
——琐谈相声的表演···············陈笑暇

美术
国画人物·······················王建华
醉人的春夜（连环画）···········孔凡瑞改编并绘
国画近作（两幅）···················赵梅生

1983 年第 12 期　刊名:《晋阳文艺》
目录

高举马克思主义、毛泽东思想旗帜，繁荣社会主义文
艺创作·························韩承潢
手捧毛主席送给我的照片（诗）···········金　笑

中篇连载
新婚之后（中篇故事）·················春　晓
血溅老爷山（中篇评书）·······郭中群　王元生

百花园
我和她（小说）····················陈庆伊
飞来的妹妹（小说）··················刘道存
被忘却了官名的人（小说）··············许元上
五郎下山（评书）···················卫和平
吕洞宾的传说（民间传说）···········薛　亚搜集整理
能吃的河卵石（民间故事）··········孙文成搜集整理
寓言三则·······················孟继鹏等
晋阳歌台·······张新民　孟继鹏　杜先红　邢耀章等
诗六首······················徐文达　李　真
短诗一组·······················张承信
李应杰　蓝　宇　姚　莹　徐太国　周　典等
小叙事诗一束··········刘瑞祥　张玉良　吕世豪等

山西文化人物
作家胡正印象记····················韩玉峰

山西风物
云中仿古寺·······················李　彬

文学青年之友
一个强烈追求理想爱情的灵魂
——元杂剧《倩女离婚》赏析···········侯文正
创作与欣赏·······················赵　捷

文化馆站之窗

民间歌舞"九莲灯"⋯⋯⋯⋯⋯⋯苟有富

元旦春节演唱专辑

为民县长（秧歌剧）⋯⋯⋯⋯⋯⋯魏林泰
抓蛋蛋（小戏曲）⋯⋯⋯⋯⋯⋯⋯曾中令
利民小店（小戏曲）⋯⋯⋯⋯⋯⋯竞　飞
杨柳情（二人台）⋯⋯⋯⋯⋯⋯⋯郝丛楼
嘎子压轿（表演唱）⋯⋯⋯柴振群　苑凤岐
花坛会（唱词）⋯⋯⋯⋯⋯⋯⋯⋯袁　石
小段两则⋯⋯⋯⋯⋯⋯⋯⋯⋯⋯博延明
柜台前边（单口相声小段）⋯⋯⋯晓　寒
两筐鸡（快板书）⋯⋯⋯⋯⋯⋯⋯吴　砺
治噎食（快板小段）⋯⋯⋯⋯⋯⋯王春声
戏中戏（唱词）⋯⋯⋯⋯⋯⋯⋯⋯彭化高
尝一尝（快板小段）⋯⋯⋯⋯⋯⋯魏林泰
歌词一束⋯⋯⋯⋯刘继敏　李三处　唐一鸣等

游艺室

漫游动物园⋯⋯⋯⋯⋯⋯⋯⋯⋯周　敬
填成语⋯⋯⋯⋯⋯⋯⋯⋯⋯⋯⋯钱志君
火柴游戏⋯⋯⋯⋯⋯⋯⋯⋯⋯⋯宝　库
谜语一组⋯⋯⋯⋯⋯⋯⋯⋯⋯⋯友　文
古代数学趣题·有趣的碑文⋯⋯⋯朱逸民
谜语故事⋯⋯⋯⋯⋯⋯⋯⋯⋯胡志祥编
改联趣闻⋯⋯⋯⋯⋯⋯⋯⋯⋯⋯赵玉银
新春联⋯⋯⋯⋯⋯⋯⋯⋯⋯⋯侯修文等
春联源考⋯⋯⋯⋯⋯⋯⋯⋯⋯韩文寿辑

美术

戏剧人物（国画）⋯⋯⋯⋯⋯⋯⋯石　兵
山西省首届农民画展览作品选（九幅）
金色的日子（农民画）⋯⋯⋯⋯⋯杨广林
炉火照天地（农民画）⋯⋯⋯⋯⋯张　俊

1984 年第 1 期　刊名:《晋阳文艺》
目录

百花园

洁白的山茶（小说）⋯⋯⋯⋯⋯⋯刘维颖
我的老伴（小说）⋯⋯⋯⋯⋯⋯⋯田昌安
希望（小说）⋯⋯⋯⋯⋯⋯⋯⋯⋯张旺模
新婚之后（故事连载）⋯⋯⋯⋯⋯春　晓
矿区建设者（组诗）⋯⋯⋯⋯⋯⋯梁志宏
水母为什么没骨头（外国民间故事）
⋯⋯⋯⋯⋯⋯⋯⋯⋯二　贵　吉祥译
寓言一组⋯⋯⋯⋯⋯⋯⋯孙传泽　吉　星
浮萍出水（童话）⋯⋯⋯⋯⋯⋯⋯傅　平

旅途诗草（诗）⋯⋯⋯⋯⋯⋯⋯⋯孔祥德
繁星集（诗）⋯⋯刘　震　杨进升　池茂花　姚　莹等

小舞台

青春的火焰（独幕话剧）⋯⋯⋯⋯孟繁元
为《青春的火焰》说戏⋯⋯⋯⋯⋯志　冲
灯口（山东快书）⋯⋯⋯⋯⋯⋯⋯赵晓辉
生意经（快书小段）⋯⋯⋯⋯⋯⋯王金玉
李章断案（短篇评书）⋯⋯⋯⋯李鸿民改编
未婚夫借粮（西河大鼓）⋯⋯⋯⋯刘殿春
血溅老爷山（评书连载）⋯⋯郭中群　王元生

艺苑之花

剪纸采风随笔⋯⋯⋯⋯⋯⋯张宋载　段改芳

文化馆站之窗

评点短剧《回声》（艺术辅导）⋯⋯张　恒　笑　林

游艺室

新年联欢会⋯⋯⋯⋯友　文设计　红　根绘画
片名接龙⋯⋯⋯⋯⋯⋯⋯⋯⋯⋯宝　库
字谜⋯⋯⋯⋯⋯⋯⋯⋯⋯⋯⋯⋯陈泽霖

文学青年之友

"风格就是生命"（文艺杂谈）⋯⋯艾　斐

消息两则⋯⋯⋯⋯⋯⋯⋯⋯程德俭　冲　冲

论坛

看见了，那只盘旋着的老雕
——读短篇小说《客从何来》⋯⋯星　星

美术

梅雪图（中国画）⋯⋯⋯⋯⋯⋯⋯竹　涛
山西省第二届戏曲教学剧目汇报演出（照片）
⋯⋯⋯⋯⋯⋯守　胜　彤　彬　程　平摄
版画（二幅）⋯⋯⋯⋯⋯⋯饶国安　段吉庆
装饰画（二幅）⋯⋯⋯⋯⋯⋯⋯⋯郑华宁

1984 年第 2 期　刊名:《晋阳文艺》
目录

百花园

夜盗对心菇（章回小说连载）⋯⋯王春泉
夜空里传来一片喝彩声（小说）⋯张枚同　程　琪
柳家门楼（小说）⋯⋯⋯⋯⋯⋯⋯周　渺
老婆送鸡（故事）⋯⋯⋯⋯⋯⋯⋯冯育栋
电子表（故事）⋯⋯⋯⋯⋯⋯⋯⋯高　鹏

"蛙王索命"·神鹰入腹（民间传说）
..................................宋中文搜集整理
舜的传说（民间传说）..............潘保安整理
老鼠娶亲（民间故事）..........张　余搜集整理
寓言一束......................马　达丕　评
唱在燕山花丛（组诗）..............晓　晴
滹沱河啊，故乡的河（诗）..........边新文
爱情，美丽的花朵（诗）..............孙友田
短诗一束......俞伯洪　攀　山　宋　歌　姜东胜等

小舞台
最后的微笑（电视剧）..............常　青
元宵会（伞头秧歌剧）..............郭丕汉
血溅老爷山（评书连载）......郭中群　王元生
侦察排长订婚记（山东快书）......高元钧　焦乃积
书记和女儿（快书小段）..............杨日新
破缸记（相声）....................杨玉福
"新愚公"（顺口溜）................张有洛

艺苑之花
浅议任跟心、郭泽民、崔彩彩的表演艺术......艾治国
春天的使者——风筝................马家树

文化馆站之窗
怎样为歌曲配手风琴伴奏..............苗民培

游艺室
寇准设宴巧对....................卫国玺辑
诗中藏谜......................巨　海
关鸡........................钱树库
电影片名填空....................韩　笑
我国少数民族春节风习录..............张维庆辑

文学青年之友
楹联评诗人（随笔）................肖文苑
人物语言漫笔（文艺杂谈）............王大启

美术
春（年画）......................吴　铿
丰年留客（国画）..................王　錞
国画山水（两幅）..................王朝瑞
风筝........................马家树

夜盗对心菇（章回小说连载）..........王春泉

百花园
欠款户（小说）....................曹兴旺
怕人听见的歌（小说）..............赵　新
太湖美（故事）..........郝建东　管兴城
刘三牛赶集（故事）..............赵正雄
缺一短十（民间传说）........梁兆玉搜集整理
鼠家小酒店（童话）..........许延风　于玉珍
寓言一束....................张秋怀　徐铁牛
一颗豆（法国民间故事）..........徐太国译
彩爱（诗报告）....................张丕代
晋阳歌台........杜先红　赵贵忠　蒋士金　田万宪等
短诗一束......................马作楫
　　程　鹏　周同馨　黄东成　王明璞　黄东成

小舞台
送大梁（小戏曲）..................曾中令
两面人（相声）....................王鸣录
一席退休宴（快板书）..............张文白
借牛（小戏曲）....................李争奇

艺苑之花
戏曲特技"帽翅功"——表演技巧浅谈..........任继龙

文化馆站之窗
情节单纯　细节丰富
——浅析赣剧《张三借靴》..........笑　林　张　恒

游艺室
回文成语......................钱树库
连鱼........................宗　洲
四大名旦·巧叫门（笑话）..............李　泉
成语谜......................伊克昭
谜语小品......................鲍传南

文学青年之友
优伶笑话的战斗功能（文艺杂谈）..........薛宝琨

论坛
诗，向往着美（评论）..............魏　凯

美术
迎春花（中国画）..................赵梅生
文惊四座（连环画）
..................孟　非　改编　明　堂　益　超绘
花鸟（中国画）..................史秉有

1984 年第 3 期　刊名:《晋阳文艺》
目录

中篇连载
冰清玉洁（评书连载）......李鸿民　尹晓寒　康巧玲

1984 年第 4 期 刊名:《晋阳文艺》
目录

百花园

乐人家的悲喜剧（小说）······················王西兰
热风（小说）·······························甘茂华
妇女主任（小说）···························李长胜
夜盗对心菇（章回小说连载）·················王春泉
石狮子的眼睛红了（民间传说）
·····························宝印 旭 林搜集整理
宋丑子拜驴（民间传说）·················攀山搜集整理
举子问卦（民间传说）·······石琦信 常志年搜集整理
访傅山故里·······························奋飞
寓言一束···············贾军钢 周冰冰 陈乃祥
凡人歌（诗）·······························王振佳
吕梁秋兴（散文诗）·········赵政民 刘世友 张维芳
短诗一束·······王晋军 李应杰 黑太明 庞友益等

小舞台

冰清玉洁（评书连载）·······李鸿民 尹晓寒 康巧玲
讨马结缘（小戏曲）·························王火炎
柳林渡（二人台表演唱）·····················郝丛楼
夸土产（数来宝）·····················博延明 蔡庆善

艺苑之花

食品艺术——花馍·················张贡学 陈可喜整理

文化馆站之窗

太行艺苑独一枝
——"凤台小戏"简介·······················尚华

游艺室

郑板桥智退说情人···························白宏斌编写
古代幽默二则·····························张恒译
搭配（外国幽默）···························解凡译
清明节的由来（小知识）·····················王桃源辑
对联故事·································卜林西

文学青年之友

出奇制胜 扣人心弦
——琐谈评书的扣子（文艺杂谈）···············姚振生

论坛

试论古典文学运用灯谜 塑造人物的艺术手法（评论）
·······································冯育栋

美术

春柳牧驴（中国画）·························黄胄

橱窗之歌···················左思乙诗 董其中木刻
中国画（二幅）·····························李炳璜
中国画···································王莹

1984 年第 5 期 刊名:《晋阳文艺》
目录

百花园

同行（小说）·······························薛勇
豆腐王访友（小说）·························李逸民
桩考，在春天进行（小说）···················路扬
夜盗对心菇（章回小说连载）·················王春泉
寓言一束···················马达 傅庆平等
罢了，罢了吧!（民间故事）···········谢庆荣搜集整理
巧测双塔（民间传说）···············张新民搜集整理
猫吃老鼠为啥不剩尾巴（动物故事）
·······························樊启俭搜集整理
买天鹅（民间故事）·········奋飞 青云搜集整理
黑金子（诗）···········叶延滨 张志安 叶荃
短诗一束···············张桂香 梁谢成 谷威
归来歌（小叙事诗）·························潘万提

小舞台

遗产（电视剧）···················齐陶 阎安广
垃圾千金（相声）···························廉春明
孙二嫂捉"贼"（三弦书）·····················王仲祥
冰清玉洁（评书连载）·······李鸿民 尹晓寒 康巧玲

艺苑之花

眼神的妙用·······························李翠娥

文化馆站之窗

《三块钱国币》评析·················张恒 笑林

游艺室

五一游艺联欢会···············友 文 红 根 编绘

文学青年之友

急事缓写
——《水浒》的一种描写技巧（杂谈）···········汪远平
漫谈艺术创作的"火候"（杂谈）·······王松山 东进生

美术

新雨后（中国画）···························李苦禅
版画（两幅）···················仝献普 侯琪
山水（中国画）···························张秋
花卉（油画写生）···························马洪琪

1984 年第 6 期 刊名:《晋阳文艺》
目录

故事特辑

匪穴探宝（故事连载）································陈有唐
陈五大和他的三个媳妇（故事连载）···········赵巾又
"四神仙"··刘 武
女婴为媒··张华荣
红星闪闪··姜国生
磨房（外国故事）································解传广译
穷汉老棒槌··曹治淮
疙瘩鞋··义 夫
国乎家乎（古代故事）··························胡 翾
家访··王子训
中柬人民友谊的传说（新民间故事）
································郑孝时搜集整理
王子伊凡、热鸟和灰狼的童话··················孙 越译

百花园

儿歌一束··刘国玺
短诗一组··山 立
滕 英 白 航 浪 波 冯 云 李建华等

小舞台

远亲近邻（小戏曲）····························竞 飞
送牛记（鼓词）··································于延仕
醉翁之意（快书小段）··························王金玉

艺苑之花

戏曲舞台上的扇子································任继龙

文化馆站之窗

上党落子新秀郭明娥·····················纪 丁 赵尚文

游艺室

分等份（游艺）··································许宝库
试眼力··许宝库
登山浏览·巧对招婚·····················刘树春 辑
国家美称填空····································牛巨智
拳击爸爸··解 凡

论坛

炉火语言熠熠人
——《聊斋》艺术谈····························薄子涛

美术

村童（中国画）··································周思聪
农家乐（年画）··································王木兰

版画（两幅）·····················段吉庆 宁积贤
《晋阳文艺》一九八三年优秀作品发奖大会剪影
································钱骥俊摄

1984 年第 7 期 刊名:《晋阳文艺》
目录

百花园

金凤飘香（小说）································许元上
匪穴探宝（故事连载）··························陈在唐
在爸爸和妈妈中间（外一篇）··················杨文彬
陈五大和他的三个媳妇（故事连载）···········赵巾又
"老鸡"班长（小小说）························刘彬彬
赵树理的传说·····························冀光明搜集整理
关公斗尚书（民间故事）·················胡 羽搜集整理
"重"和"出"（民间传说）··············秦 菊搜集整理
石人笑（游记散文）····························王成祖
寓言一束··陈克振
短诗一组··谢先云
王德华 李 映 李三处 王广元 李雁红 任志宏
雁 翎 学 海 李贤毅等
听房奇案（评书）································常志年
登楼（小戏曲）··································李向远
闲人与忙人（独幕话剧）························王智才
曲艺小段集锦·················刘立武 王金才 刘晓波
三女婿送礼（鼓词）····························田 耳

游艺室

游艺五则··巨 海
幽默五则··庄稼汉
成语漏字射影名··································解培堂

艺苑之花

全国首届《梅花奖》是怎样获得的
——访蒲剧青年演员任跟心·········郭泽民 艾治国

文学青年之友

傅山与民间文学（文艺杂谈）··················侯文正
屈原辞赋悬日月（文艺随笔）··················余 音

文化馆站之窗

一种新型视听艺术································姚振生

美术

青春的旋律······································冯长江
翠珠与白龙（连环画）··············郭秋池文 芦万元画
秋（油画）······································刘范国

1984 年第 8 期　刊名:《晋阳文艺》
目录

小剧种要创大流派
——张维庆副省长谈壶关秧歌

百花园
月儿你笑什么（小说） —————————— 田东照
虎穴探宣（中篇章回小说连载）———————— 陈有房
希望（小说） ——————————————— 赵　新
常乐大叔（小说） ————————————— 郭书琪
张月梅哭婆婆（故事） ——————————— 禹　明
关公斩秦琼（民间故事）————— 孤玉林搜集整理
升天石（民间故事）——————— 牛万林搜集整理
兴建永乐宫的传说（民间传说）
　　　　　　　　　———— 薛　亚　苏　野搜集整理
姑娘的谜语（日本民间故事） ———————— 吴　砺译
寓言一束 ——————— 吉星　戎林　许润泉
繁星集（诗）——————————— 宋郁青　毕福堂
柴军山　刘位循　李明明　戴砚田　何　鹰　宋金岭
王　青　张志德　赵　剑　李栓林　高　军　聪　聪
郭建成　奔　雷　刘明珠　巴　伊　王　笑　韩英珊
七岩山纪游（散文）———————————— 陈巨锁
"凤临阁"奇冤（中篇评书）————————— 尹铁牛

小舞台
眼睛，一双眼睛（电视小品）———————— 刘梓钰
天气预报（小话剧）———————————— 丁雪峰
试衣（山东快书）————————————— 魏林泰
请示（快书小段）————————————— 张效武
喂婆婆（书帽）—————————————— 庄稼汉

游艺室
白居易的婚姻（文人轶事）————— 陈泽霖搜集整理
外国幽默二则——————————————— 王晋平译
你知道百花的具体名称吗? ————— 刘玉栋搜集

文学青年之友
最纵横处最谨严（文艺杂谈）———————— 吕　进
谈谈寓言的真实性————————————— 贾明生

艺苑之花
戏曲表演中的"椅子功"—————————— 任继龙

美术
农家乐（国画）—————————————— 汪伊虹
国画花卉（两幅）——————— 聂云挺　丹　石
国画山水（两幅）———————————— 孙里人

小瓷人（摄影） —————————————— 顾　棣

1984 年第 9 期　刊名:《晋阳文艺》
目录

百花园
花氏小店（小说） ————————————— 义　夫
虎穴探宝（故事连载）——————————— 陈有唐
他们都想着未来（小说） —————————— 金　华
璞玉（小说）——————————————— 张凤瑞
贺龙的故事（新民间故事）————— 张新民搜集整理
合味庙（民间传说）——————— 杨焕育搜集整理
张三智斗常缺德（民间故事）———— 杨　畅搜集整理
寓言一束 ————————————————— 孙传泽等

短诗一组 ———————————— 李世钧　张雪杉
王什维　田　炜　彭援军　侯湘楚　李建华　沈　豪
华　丹　于　瑛　溪　流　郭新民　彭仲秋　姜东胜
雁　翎　文　默　侯文贤　蒋言礼　王广元等
崛峒行（游记）—————————————— 李　彬

小舞台
凤临阁奇冤（评书连载）—————————— 尹铁牛
救命恩人（曲艺小段）——————————— 王雨花
一家亲（相声）———————— 吴庆瑞　关郁生
哥俩好（小戏曲）————————————— 黄三海

游艺室
汤显祖卧薪哭丽娘（作家趣闻）——————— 刘文峰
口吃与文才——————————————— 祝振明
冒诗兼冒表丈（小品）——————————— 王大启
嘲联一副笑到今————————————— 师喜明
火花——————————————————— 彭方荣

论坛
到改革的涡流中去（杂谈）————————— 李　歆

文学青年之友
如痴似魔始为诗（文艺随笔）———————— 郭文瑞
"名师出高徒"析（文艺随笔）———————— 笑　暇

艺苑之花
晋南的威风锣鼓—————————————— 庄　农

文化馆站之窗
提领而顿　百毛皆顺
——浅谈"电视剧"———————————— 姚振生

美术

民间传说人物（中国画）————————李 燕
溪水清清（套色木刻）————————董其中
康熙拉翰林（连环画）————杜勇夫文 赵玉泉画
啊，时光（摄影配诗）————郝仕杰摄 石在配诗

1984 年第 10 期 刊名:《晋阳文艺》
目录

国庆特辑

喜看祖国春更美（新民歌十二首）
————————唐一鸣 吕金枝 姜东胜等

百花园

朝霞深处的路（小说）————————路 扬
在银环蛇出没的地方（小说）————宋培贤
真假夫妻（小说）————————马 骏
静悄悄的夜（小说）————————张旺模
捉鳖（小说）————————杨茂林
振兴之歌（诗一组）————王立成 秦 岭 王 颂
丰昌隆 叶曙方 陈根英 王春声 谭曙方 徐慎贵
刘晓滨 温 暖等
宣义庄的传说（民间故事）————谢庆荣搜集整理
蟑螂先生垮富（童话）————许延风 于玉珍
月亮牛（印度民间故事）————徐太国译
寓言三则————————贾军翎
阳光下的"夜来香"（中篇评书连载）————尹崇富
"怪"媳妇（小戏）————————梁兆玉
豆腐村长（小戏）————————济 舟
歌词一组————盛 昌 张枚同 刘瑞祥 晨 枫等

游艺室

填成语————————加 元
组片名————————加 元
贝壳集————————蒋金镛

文学青年之友

著名作家严文井关于诗歌创作的一次谈话————康志强
从雨果挨批谈起————————王大启
寓言与童话————————贾明生

文化馆站之窗

奇巧的构思 辛辣的讽刺————笑 林 张 恒

美术

花卉图案
书法————————刘 江
赵 荆 崔耀南 赵望进 宋富盛 李德辰

篆刻————————李元茂 李德辰 治 印
红花（中国画）————————秦 龙

1984 年第 11 期 刊名:《晋阳文艺》
目录

百花园

还魂（小说）————————权文学
郭簸箕和张木锨（小说）————————潘保安
神戏（小说）————————成毓真

当代寓言荟萃————————韶 华 金 江 黄瑞云
傅庆升 孙传泽 凝 溪 吴秋林 金毅忠 盖 壤
叶 澍 吴广孝 崔亚斌 徐强华 杨向江 林植峰
邱国鹰 李继槐 白 浪 周冰冰 张冬青 马长啸
陈必铮 怡 敏 解普定 贾明生等
乾隆访父（民间故事）————————王荷清搜集整理
五味调和盐为主（民间故事）————杨 栋搜集整理
甘泉引（叙事诗）————————刘 章
深夜萌情（叙事长诗节选）————冯 云 孙 涛
短诗一组————————华而实
雪 野 周 民 张维芳 攀 山 刘 驰等

小舞台

一个被告人的陈述（电视剧）————————李永生
阳光下的"夜来香"（中篇评书连载）————尹崇富
育苗（小戏）————————曲 径

文学青年之友

疏密相间 刚柔互济（文艺随笔）————艾 斐

游艺室

巧填成语————————树 庠 中 良
蜘蛛"配婚"趣谈等————————安国柱等

艺苑之花

舞手帕————————任继光

美术

摄影————————龚田夫摄
连环画（十二幅）————王大启改编 冯长江绘
国画小品（四幅）————————赵梅生

1984 年第 12 期　刊名:《晋阳文艺》
目录

百花园

卖皮筒子的人（小说）————————许小根
尼姑传奇（中篇小说连载）————————辛一夫
再见，妈妈（小说）————————马　旭
三十三颗荞麦九十九道棱……（小说）————毛守仁
迎灵（小说）————————李　果
米孩（童话）————————徐太国
"芥疙瘩"求子（民间故事）————樊启俭搜集整理
两个媳妇————————张恩忠　琚　平搜集整理
胡起哄唱戏（民间故事）————郑俊华搜集整理
老狸猫（民间故事）————曲润龙搜集整理
李夫人、大青马及义犬（民间传说）
　　　　　————————哈济兰搜集整理
短诗一组————————李永生
张承信　邹　劲　韩　永　赵燕生　刘瑞祥　刘　浏
旭　林　王莲葆　洪　飞　白玉海　贾　真　王明璞
石　英　时永福　张江南雄　阎丽娟　申红兵
散文诗一束————————马晋乾
张云卿　刘世友　高生伟
小叙事诗一束————————谷　威　张新民

小舞台

阳光下的"夜来香"（中篇评书连载）————尹崇富
私访（小戏）————李玉庆　李平原　吴忠保
人证（数来宝）————————王秀春
喜上加喜（顺口溜）————————彭化高
游旅归来（鼓词）————————刘殿春
三亲家（小戏）————————贾学娃　关陕平
官后之间（快板书）————————陈　阵

游艺室

"囍"字的来历（知识趣闻）————钟龙辑
"千里送鹅毛"的来由（知识趣闻）————陈泽霖辑
郑板桥卧竹（名人轶事）————秦菊辑
应脱哪四环————————钱树庠
本刊明年一月号要目预告

文学青年之友

缰绳、眼珠、尾巴（文艺随笔）————赵　捷
心灵的一阵馨香————————李　亮

文化馆站之窗

怎样写广播剧————————刘佳斐

美术

图案
矿山乐章组画之二————————郑英峰
版画（两幅）————————姚天沫
国画人物（两幅）————————顾生岳

1985 年第 1 期　刊名:《晋阳文艺》
目录

春华秋实

神秘的提包（中篇侦破故事连载）————王培民
太原起义（中篇章回小说连载）————王树森
尼姑传奇（中篇小说连载）————辛一夫
寇准荐相（故事）————————程毓祥
"火"局长（小说）————————曹兴旺
"米粒"组长（小说）————————畅建康
寓言一束————贾明生　傅庆昇　张秋怀　志鹏等

说古道今

阎王请大夫（民间故事）————梁崇定搜集整理
牡丹仙告下吕洞宾（民间传说）————张　力搜集整理
永乐宫壁画故事（民间传说）————薛亚整理
"狗不理"和山西醋（民间传说）
　　　　————孙树芳　孙树松搜集整理

大千世界

作家之最————————杨万昌辑
乌纱帽溯源————————胡志强辑
说龙道凤————————安红兵整理
座右铭集萃————————胡志强辑
书的比喻————————李　泉辑

生活窗

怎样跳友谊舞————————唐　堃
八五年将流行什么样的服装————————摘抄
胖人穿衣"五忌"————————摘抄
西装与领带————————周培冲
气质与性格————————陈会昌
您与邻居相处得好吗?————————刘　莉编译
家用电器如何节约用电————————李仁惠
不要相信药物香烟————————摘抄

快活林

新年游艺————————巨　海　同　平
水浒人名谜————————王国浩
连环谜————————王国浩
文人轶事————————晓　明辑
符融察走辨诬————————桃　源译

美术
神秘的提包插图·····················刘卫平
"红眼症"··················易和元诗　方成画
漫画幽默（三组）························选登
"云岗"舞剧照······················王铁根摄

1985 年第 2 期　刊名:《晋阳文艺》
目录

春华秋实
神秘的提包（侦破故事连载）··········王培民
尼姑传奇（中篇小说连载）············辛一夫
太原起义（中篇章回小说连载）········王树森
桦树沟的女子们（小说）··············田东照
我不介人（外国小说）··············解传广译
天上一溜马尾云（小说）··············许元上
寓言一束······················鲍延毅　肖冻

说古道今
关公的故事（民间故事）··········杨焕育搜集整理
晋祠的传说（民间故事）··········窦嘉绪搜集整理
真正的财富（外国民间故事）··········贾立进改编
子午追命疔疮（民间故事）········王大启搜集整理
丛林里的先生（外国民间故事）········王炽文译
孟姜女手迹（民间传说）··········杨辰秀搜集整理
孔丘何以不入晋（民间故事）······高鹏搜集整理
蒲松龄编族谱
清代末年的梨园三"怪"
老舍为《我的前半生》润色

快活林
民间笑话五则····················建海辑
新春游艺会······················金陵等
金香炉和金砖藏在哪里··········任国成搜集整理
谜语及谜语故事··················赵采东等

大千世界
慈禧太后轶事
孔明理应借西风
怕鸡毛的曾国藩
世界人中之奇
新年话饺子
祖国的三宝

生活窗
服装与观察
四美之外又一美
中、美、日家庭教育特点浅析

修养也该有投资
颜真卿臂力过人
美满家庭应具备哪些条件
新春联

美术
《太原起义》插图··················韩植墨
体育幽默（四幅）
黑白木刻（三幅）··················李铁坚
艺术摄影（四幅）··················王志平

1985 年第 3 期　刊名:《晋阳文艺》
目录

春华秋实
悲欢离合（中篇历史故事连载）········杭湖山
人熊奇案（短篇评书）··············常志年
神秘的提包（中篇侦破故事连载）······王培民
太原起义（中篇章回小说连载）········王树森
野丁香和野玫瑰（小说）··············哲　夫
竞选（小小说）····················草　章
天边的晚霞（小小说）··············彦　颖
水泉洼（小说）····················李逸民
东坡寓言选释（两则）··············朱靖华

说古道今
丑裁缝进宫（亚美尼民间故事）······徐太国译
关公射杀蜘蛛精（民间故事）
　　　　　··········张志德　郭学敏搜集整理
桃花分雪（民间故事）·····张志德　郭学敏搜集整理
真关公（民间故事）·····张志德　郭学敏搜集整理
扬鞭路马筑长城（民间传说）······杜勇夫搜集整理
孙膑的传说··················谢庆荣搜集整理
蚕神嫘女（神话故事新编）··········郑孝时

大千世界
一座汽车博物馆··················方子辑
诺贝尔遗嘱和诺贝尔奖··············袁翰青
近亲婚配的"小人国"··············文　摘
《四库全书》共有多少页············关世沅
会说话的电梯····················阎学清
世界上最长的连续剧··············文　摘
"黄河远上"应为"黄沙直上"········庞　礴

快活林
名人在婚事上的情操··············王顺才辑
古诗谜························白韶钟
婆亲出丑（谜语故事）··············卫国玺辑

英国小幽默·····················王诚魁译
英国小笑话·····················潘德英译
拆字歌四题·····················任国成
巧分边角料·····················李文海
奇怪的算式·····················宝 库
趣填动物影片名·················忻明昌

生活窗
如何读情书
早晨的空气新鲜吗?
色彩与健康
高血压病人体育锻炼注意四则
三月花会

美术
"悲欢离合"插图·················武尚功
一个女间谍的护身符···张明堂 赵益超绘 冯云改编

1985 年第 4 期　刊名:《晋阳文艺》
目录

春华秋实
仙阁剑影（武林故事）···········王秉福
悲欢离合（历史故事连载）·······杭湖山
四姐闹温阳（神话评书）·········任化清
第一天和第二天（小说）·········赵 新
油糕王斗南瓜脸儿（小说）·······义 夫
金光灿灿的军功章（小说）·······刘德喜
锁着的套间（短篇历史评书）·····尹晓寒
寓言一束·····················马 达 叶 澍

说古道今
女娲大战天台山（民间故事）·····韩树诚搜集整理
苏轼断字（民间传说）···········孙智深搜集整理
江南志士拜村姑（民间故事）·····常志年搜集整理
铁拐李偷油（民间故事）·········牛万林搜集整理
李贺的"锦囊"··················刘言立搜集整理
改一字　开财路（民间故事）·····冀光明搜集整理
慈禧太后过高市·················曹中义
学童巧对县令（民间故事）·······马斗全整理

快活林
醉酒戏谜（谜语故事）···········王国玺辑
谜语·························刘增勤
市名填充游戏·················解培堂
英国幽默·····················王诚魁译
笑话一束·····················阎恒宝等

大千世界
历史上的山西·················许若石
傅山与会计
贬义词溯源
"心灵美"趣事两则

生活窗
细腰癖好有害健康
女同志的怪癖
在妻子的"特殊"日子里
女子新型健美操
健美专家谈女子健美术
饮酒的妇女多生女孩

美术
仙阁剑影插图·················韩植墨
笑话（二篇）···········小木编 骥俊绘
书法国画·················辛一夫 丹 石
老竹·························盛寿藻

1985 年第 5 期　刊名:《晋阳文艺》
目录

春华秋实
明珠血泪（中篇评书）···········任 飞
遭遇（中篇故事）···············春 夫
年初一的故事（小小说）·········苏 华
古画日记（小说）···············郭天印
他迈开的第一步（小说）·········春 塘
严父（小说）···················鸣舞翔
掌老二轶事（小说）·············季恩寿
金烟盒（外国民间故事）·········徐太国译
简狄姑娘和玄鸟（神话故事新编）···郑孝时
狗的日记（童话）···········孙 越 韩亚平
寓言一束······金 江 于振江 陈克振 施新土等
絮语集·······················姜乐胜

说古道今
《河神》战龙王（民间故事）·······谢庆荣搜集整理
歪脖子奶奶（民间故事）
·················贾文锦、宋中文搜集整理
狮子把门象拉磨（民间故事）·······曲润龙搜集整理
两画师唱"对台戏"（民间故事）
·······················张 力搜集整理

快活林
各业祖师迷宫·················忻明昌
百花丛中填成语·················忻明昌

把它们隔开——————————————忻明昌
字谜————————————刘同彬　李晓军
笑话————————————————阎恒宝等

大千世界
情郎变老狼
盛唐女官知多少
人类原是三只眼
红学世界
演员的艺术修养
我国第一张电脑排版的报纸
艺术中的节奏美

生活窗
少林寺的偏方
胡萝卜保你不患癌症
饮食对寿命的影响
音乐与生理
酒·烟·药
手脚碰破怎样止血

美术
小树丛（水彩）————————————牛林森
漫画之页（三幅）————叶　霆　何君华　许小铭等
山水（国画）————————————孙里人
明珠血泪插图————————张明堂　赵益超

1985 年第 6 期　刊名:《晋阳文艺》
目录

春华秋实
带血的十字架（中篇评书）————钟　声　吴　电
地委书记的帽子（小说）————————王东满
晋水东流（历史小说）————————张平一
明珠血泪（中篇评书连载）————————任　飞
遭遇（中篇故事连载）————————春　夫
丢鸡新闻（故事）————————————刘浩歌
微型小说小辑————王子训　天天长　郭殿平
陨落的歌星（童话）————————许延凤　于玉珍
寓言一束————黄瑞云　鲍延毅　余　途等

说古道今
头彩（民间故事）————————刘瑞祥搜集整理
李自成与饮马泉（民间传说）————马宇鹏搜集整理
赵树理看病（新民间故事）————冀光明搜集整理
一枚会变幻的铜钱（民间故事）——张乃兴搜集整理
庄知县断案（民间故事）————————牛万林搜集整理

快活林
唐伯虎卖画————————————李计春辑
射复谜五则————————————曹府山
填地名组成语————————————曾加元
智排扑克数————————————忻明昌
填成语————————————————增　勤

大千世界
一只埋在地下五十年以上的活乌龟
贝多芬怎样念
笨孩子
巴尔扎克
马克·吐温
马王堆古尸之谜
京剧流派及其创始人
张学良送表和蒋介石反赠年历
彭总爱书
在不起眼的时间里
喜欢吹肥皂泡的人

生活窗
幸福家庭的共同之处
儿童看电视十忌
请多吃"长寿食品"红薯
自制家庭冰箱冷食
好学能防老
"锁完门总不放心"是否病态
健康性格的结构

评论
也谈"通俗文学热"————————————秦　川

美术
《带血的十字架》彩色插图
W 酒楼的美女（连环画）
————————申　歌　改编　张　彤　绘
运城地区"社火"剪影（彩色摄影四幅）————薛麦喜摄

1985 年第 7 期　刊名:《晋阳文艺》
目录

春华春秋
浴血黑龙沟（章回小说连载）————————李长胜
未发出的情书（小说）————————赵修身
黑老万（小说）————————————刘道存
"老公社"沉浮记（小说）————————秦　溱
月佬手中的一条红线（小说）————————新　学
闪光的珠贝（文艺常识）

——谈文艺作品的细节描写⋯⋯⋯⋯⋯王大启
明珠血泪（中篇评书连载）⋯⋯⋯⋯⋯任 飞
带血的十字架（中篇评书连载）
——李黑塔传奇之一⋯⋯⋯钟 声 吴 电

说古道今
锣鼓岩（民间传说）⋯⋯⋯⋯邱国鹰搜集整理
魔鞋（俄罗斯民间故事）⋯⋯⋯⋯徐太国译
司马光的菊竹诗（历史故事）⋯⋯⋯张恩忠
藕丝织锦（日本民间故事）⋯⋯⋯⋯吴 砺译
头戴柳罐巧对质（民间传说）
⋯⋯⋯⋯⋯刘润恩 李善武搜集整理

快活林
读宋诗（游艺）⋯⋯⋯⋯钱树庠 张中良
德国幽默⋯⋯⋯⋯⋯⋯⋯⋯⋯康亦明 编译
赵热铛子（笑话）⋯⋯⋯⋯⋯⋯阎恒宝 编写
灯谜、字谜、谜语故事一组
⋯⋯⋯⋯⋯张昭清 桃 源 陈天龙等

大千世界
溪流⋯⋯⋯⋯⋯⋯⋯⋯⋯⋯⋯⋯⋯黄瑞云
花木的象征⋯⋯⋯⋯⋯⋯⋯⋯⋯⋯孙长花
丑角种种⋯⋯⋯⋯⋯⋯⋯⋯⋯⋯⋯邓小秋
书画与长寿⋯⋯⋯⋯⋯⋯⋯⋯⋯⋯饶 永
世界上最小的电视报告⋯⋯⋯⋯⋯李 海辑

生活窗
漫画一组

美术
《浴血黑龙沟》彩色插图⋯⋯⋯⋯⋯刘卫平
夏日（版画）⋯⋯⋯⋯⋯⋯⋯⋯⋯姚天沐
探亲记（漫画）⋯⋯⋯⋯⋯⋯⋯⋯金伯年
菩萨吃肉（古代笑话连环）⋯⋯⋯⋯崔子剑

巫山神女（故事新编）⋯⋯⋯⋯⋯⋯郑孝时
寓言一束⋯⋯⋯怡 敏 薛贤荣 邝金鼻 戎 林等
鉴别与选择（编稿札记）⋯⋯⋯⋯⋯马 旭

说古道今
"骂断街"回头（新民间故事）⋯⋯⋯曲润龙整理
马寅初的传说（民间传说）⋯⋯⋯止 敬搜集整理
洞宾度化曹国舅（民间传说）⋯⋯⋯薛 亚整理
疑案巧断（民间故事）⋯⋯⋯⋯⋯⋯吕金枝 辑

快活林
话说扁鹊墓（名人轶事）⋯⋯⋯⋯⋯曹中义整理
巧填成语（游艺）⋯⋯⋯⋯⋯⋯⋯⋯钱树庠
外国幽默⋯⋯⋯⋯⋯⋯⋯⋯⋯⋯⋯陈效英译
酒的笑话⋯⋯⋯⋯⋯⋯⋯⋯⋯⋯⋯吴维根
秀才补下联（对联故事）
⋯⋯⋯⋯⋯周引梅 禾 丰搜集整理

大千世界
爱鸟篇、褒贬篇、正名篇⋯⋯⋯⋯⋯师喜明
傅山别号知多少⋯⋯⋯⋯⋯⋯⋯⋯康文斌整理

生活窗
健脑三条件
一场午睡值千金
《抗老防衰》处方公诸于世
解暑还是热茶好

美术
小说"太监泪"彩色插图⋯⋯⋯⋯⋯张为之
生财有道（选自"八首漫画联展"）⋯⋯崔子剑
童年（雕塑）⋯⋯⋯⋯⋯⋯⋯⋯⋯王保民
拼搏者（雕塑）⋯⋯⋯⋯⋯⋯⋯⋯王卓寓
张飞争坐四轮车（漫画连环）⋯⋯⋯张国兵 改编并绘

1985 年第 8 期 刊名:《晋阳文艺》
目录

春华秋实
太监泪（小说连载）⋯⋯⋯⋯⋯⋯⋯封泉生
被殉葬的人（故事）⋯⋯⋯⋯⋯⋯⋯常志年
别了，猫儿庄（小说）⋯⋯⋯⋯⋯⋯宋素琴
一封孙悟空的来信（小说）⋯⋯⋯⋯潘保安
暮血（小说）⋯⋯⋯⋯⋯⋯⋯⋯⋯路 扬
等那月儿升上来（小说）⋯⋯⋯⋯⋯甘茂华
浴血黑龙沟（章加小说连载）⋯⋯⋯李长胜
啊，东流水（小说）⋯⋯⋯⋯⋯⋯⋯刘维颖

1985 年第 9 期 刊名:《晋阳文艺》
目录

春华秋实
又是一桩铡美案（故事连载）⋯⋯⋯春 晓
太监泪（小说连载）⋯⋯⋯⋯⋯⋯⋯封泉生
金叶（小说）⋯⋯⋯⋯⋯⋯⋯⋯⋯杨吉玲
梦里的小河（小说）⋯⋯⋯⋯⋯⋯⋯刘 武
知面不知心（小说）⋯⋯⋯⋯⋯⋯⋯孟隰生
浴血黑龙沟（章回小说连载）⋯⋯⋯李长胜

说古道今
宋代"足球明星"——高俅⋯⋯⋯⋯汪远平

"沙哥拉木基"的故事（新民间传说）
———————————孙树芳　孙树松搜集整理

快活林

考眼力拼图————————————————巨　海　同　平
部首拼字————————————————巨　海　同　平
成语谜语————————————————巨　海　同　平
空格填字————————————————巨　海　同　平

大千世界

奇趣的鸟————————————————————陈泽霖
国外怪牛趣闻————————————————朱积孝
国境线上的小镇————————————————华　琛辑

生活窗

怎样治隔————————————————————陈寿昌
怎样保持皮肤的自然美————————————路建平　辑
头痛与饮食有关————————————————牛巨智　辑

美术

《又是一桩铡美案》彩色插图————————————刘建平
希望（雕塑）——————————叶庆文　配诗　赵　越
绿化祖国（雕塑）——————————吴镜初　配诗　赵　越

1985 年第 10 期　刊名:《晋阳文艺》
目录

春华秋实

神秘的喜客（中篇侦破小说）————————————王生宁
又是一桩铡美案（中篇故事）——————————————春　晓
今晚有重要电视新闻（小说）————————————王西兰
井派和河派（小说）——————————————————赵　新
寓言一束———————————孙传泽　解普定　徐强华

说古道今

乾隆皇帝与纪晓岚（民间传说）————————————刘树强
牡丹芳名的传说（民间传说）——————————刘　毅搜集整理
七尺先生和七岁顽童———————王道江　王海芳搜集整理

快活林

国庆游艺晚会一组————————————————忻明昌等

大千世界

"中国"一词溯源————————————陈泽霖搜集整理
医联典故美谈————————————————————张飞天

生活窗

国庆家宴————————————————————尹　鹰　编写

美术

《神秘的喜客》彩色插图————————————————武尚功
国画山水（两幅）——————————————————高相国
风景画习作————————————————————赵际滦
采桑图（年画）————————————————————王木兰

1985 年第 11 期　刊名:《晋阳文艺》
目录

绝密行动（中篇故事）————————————————沈永年
金蛤蟆（话本）————————————————————常志年
水晶障碍（小说）——————————————————银小俊
巧云（小说）————————————————————陈庆伊
寓言一束——————————————周冰冰　叶　澍

说古道今

冼夫人（历史故事）————————————————程毓祥
王维跳井（民间传说）————————————卜　星搜集整理

快活林

智剪巧拼（游艺）————————————————巨　海　同　平
巧填世界名城（游艺）————————————————钱树庠

大千世界

震前动物"救主"奇闻————————————————仇克询
岳父岳母称呼的由来———————————————禾　丰辑
"何物为饵"——————————————————王顺才　辑

美术

工笔花鸟（中国画）——————————————————季　兰
雨竹（中国画）————————————————————徐　峰
金蛤蟆插图————————————————————韩植墨
"绝密行动"彩色插图————————————————刘建平

1985 年第 12 期　刊名:《晋阳文艺》
目录

那个被蜂蜇肿脸的人是谁（中篇小说）————————王培民
只有眼泪是晶莹的（中篇小说）————————————马　旭
三妹（短篇小说）——————————————————杜曙波
寓言一束——————————————吴树敬　张宝杰等

说古道今

申公豹传奇（戏剧故事）————————————————张晓亚
六宫小姐（日本民间传说）——————————————俐　星译
张青巧遇孙二娘（民间故事）————————刘浩歌搜集整理

快活林

口与四（笑话）····················韩　剑　树　宇
杨时芳巧讥县令（联语故事）·········马斗金　辑
尝尝你种的菜味···················史　童　编译

大千世界

西洋镜两篇·······················梁泽标译
"引体向上"之冠　遭雷击次数最多的人
·······························刘晋凌译

生活窗

形形色色的眼镜···················陈泽霖　辑
手表退磁有窍门···················侯翠翡
矮小女性的打扮···················杨　欣　辑

美术

《那个被蜂蜇肿脸的人是谁》插图·····韩植墨
与死神搏斗（连环画）
·······················逸怡荷译改编　赵际滦绘

1986 年第 1 期　刊名：《晋阳文艺》
目录

并不遥远的事业（报告文学）——记临汾市宏达股份
企业
公司经理孙李圣···················良　友
失踪的新娘（中篇故事）···········刘　武
被照像机击毙的"朋友"（中篇小说）·裴保国
春风化雨（评书）·········赵连甲　幺树森
悲欢泪（小说）···················李逸民
寻鸡启事（小说）·················冬　原
败杨峪的传说（民间传说）·········谢庆荣搜集整理
一片落叶（故事）·················金　枝辑录
《失踪的新娘》彩色插图（封面）···武尚功
无影灯下（连环画）（封三、封底）
·······················土　木改编　韩植墨绘

1986 年第 2 期　刊名：《晋阳文艺》
目录

夜约对狮岭（中篇评书）···········赵巾又
公判（小说）·····················张　平
铁锁上的蛛网（小说）·············张玉良
活土地爷（小说）·················王　兰
中条山下一场风（民间故事）·····文　娟　赵瞻国
金丽芳接娘（新故事）·············朱茂昌
望母楼（民间故事）·············梅　林整理

善跑的兔子（寓言）···············黄瑞云
说长道短（评论）
——对通俗文学的一点看法·········亦　文
虎年填生肖成语···················钱树庠
戏台对联趣谈·····················李晓晚整理
坚持正确办刊方针　多出优质精神产品
——中共山西省委宣传部召开全省期刊总编辑会议
·······························晋新文
《夜约对狮岭》彩色插图（封面）···武尚功
新春联（封二、封三）

1986 年第 3 期　刊名：《晋阳文艺》
目录

今天·昨天·明天（报告文学）
——记女排运动员杨希·············尹卫星
一出没演完的"戏"（中篇故事）···赵志冲
井田的新工人们（小说）···········毛守仁
修鞋匠·老头儿·姑娘（小说）·····畅健康
"审讯"侧记（故事）·············裴继钊
落子洼的传说（民间故事）·········谢庆荣搜集整理
牛为什么吃草（民间故事）·········陈克振搜集整理
寓言两篇·················保　劼　井　林
讽联···························任国成
中国剪纸之最·····················孟继鹏辑
少昊与春之神勾芒·················赵　宏
乾隆长寿十六字诀·················路建平辑
封面设计·························钱骥俊
题词（封二）···········刘绍棠摄影　钱骥俊
公鸡秋菊（中国画）（封三）·····竹　樵　尹　虹
《西游记》人物造型（封底）·······赵际滦

1986 年第 4 期　刊名：《晋阳文艺》
目录

情的音响（中篇小说）·············张　帆
琥珀（小说）·····················哲　夫
乾隆推磨（评书）·················庄　稼
"张师"和"李师"（小说）·······王平安
月儿亮晶晶（小说）·········郝发智　曹喜庆
婆和尚（民间故事）···············曹振武搜集整理
财迷精（民间传说）···············梁崇定搜集整理
沉鱼落雁和闭月羞花（民间传说）···二力搜集整理
通俗文学在中国文学史上的地位（评论）·····侯文正

绿色瑰宝·························谢　野
葡萄架倒了·······················胡志强辑

趣填《水浒》绰号 ································· 忻明昌
阿联酋谚语 ····································· 少　彤译
奉承 ··· 王伯良
信誉篇 ······································· 师喜明
封面设计 ····································· 杨　京
封面摄影 ····································· 王铁根
题词（封二）··························· 朱春雨　莫　言
看裸体画的小伙子（连环画）（封三）······· 汪　杰绘
窗花女（木刻）（封底）························· 董其中

1986 年第 5 期　刊名:《晋阳文艺》
目录

西瓜大王（报告文学）······················· 刘同兴
天师府秘闻（中篇话本）····················· 王冰泉
木匠（小说）································· 李峻田
苏醒（小说）································· 阎建明
洋人坟（章回小说）··························· 杜淮田
十八街麻花的传说（民间传说）
　　　　　　　　　　　　孙树松　孙树芳整理
身赴黄泉续绝对（民间故事）············· 冬　苗整理
摇钱树（外一篇）（寓言）····················· 解普定

填影名 ······································· 忻明昌
填成语 ······································· 增　勤
《天师府秘闻》彩色插图（封面）··············· 赵际溓
题词（封二）································· 李存葆
上帝的惩罚（连环画）（封三）················· 和　非
水彩风景画（两幅）（封底）··················· 刘长有

1986 年第 6 期　刊名:《晋阳文艺》
目录

月涌大江流（中篇小说）····················· 周大新
蓝色柳条箱（中篇故事）····················· 王孝先
冥婚记（中篇传奇）··························· 常志年
路（小说）··································· 叶汝正
吱儿加的故事（故事）························· 王　兰
小莫克和隆哥（童话）················· 许延凤　于玉珍
苏尔岛上的灰海豹（童话）··················· 聂还贵译

寓言故事三篇 ································· 文超万
寓言语言的两个重要特征····················· 贾明生
巧对无赖 ····································· 徐发江
《蓝色柳条箱》插图（封面）··················· 赵际溓
题词（封二）································· 宋学武
仙人球栉风丸（木刻）（封三）················· 高振恒

翔（套色木刻）（封底）························· 李云庆

1986 年第 7 期　刊名:《晋阳文艺》
目录

最后一次做案（中篇小说）··················· 杨帆里
台山情仇（中篇传奇）························· 曾中令
当爱情睁开眼睛的时候（中篇小说）··········· 王永其
董大个儿（小说）····························· 王子硕
在人品的天平上（外一篇）（寓言）············· 金　江
不如归去（故事新编）························· 郑孝时
忏悔（小说）································· 剑　秋
又是一道"哥德巴赫"狂想（故事）············· 任治平

观音镜（民间故事）··············· 宋中文　王堆才整理
《台山情仇》彩色插图（封面）················· 韩植墨
五台情怀（水彩画）（封二）··················· 冯林森
虎（中国画）（封三）························· 陈治华
少数民族风情（封底）························· 李少文

1986 年第 8 期　刊名:《晋阳文艺》
目录

难理的情思（中篇小说）····················· 许元上
侦察员和他的女朋友（中篇故事）············· 张　毅
致命一击（小说）····························· 刘英学
一个男人和一个寡妇（小说）················· 王欢骋
晋祠铁人与香茶树（民间传说）··········· 王荣侠整理
宰相肚里能撑船（民间故事）··············· 一　笑整理
冬联春对（民间故事）··············· 杨　畅　赵相如整理

寓言一束 ····························· 孙传译　保　劼
嘴巴与漏斗（外一篇）（黑色幽默）············· 王大启
从通俗文学的深层次开掘看张平的《公判》····· 张厚余
封面设计 ····································· 徐　默
少数民族地区速写（封三）··················· 徐　默
西藏风情（摄影）（封底）····················· 徐家树

1986 年第 9 期　刊名:《晋阳文艺》
目录

乡土与大众（文艺理论）····················· 刘绍棠
日界线（小说）······························· 尹卫星
她们原从乡间来（中篇小说）················· 毛守仁
一对二十八岁青年的感情经历（中篇小说）··· 冯　浩
丢落的牙齿（小说）

一个荒诞而真实的故事⋯⋯⋯⋯⋯侯桂柱
封面设计⋯⋯⋯⋯⋯⋯⋯⋯⋯⋯赵际溧
秋（中国画）（封二）⋯⋯⋯⋯⋯冯长江
秋风（中国画）（封三）⋯⋯⋯⋯俞文杰
高山流水（山水）（封底）⋯⋯⋯孙里人

1986 年第 10 期　刊名：《晋阳文艺》
目录

一天，23 小时（中篇小说）⋯⋯⋯赵宇共
柳三变与众歌妓（中篇历史小说）⋯王传江　薛贤荣
诸葛亮斩马虎（评书）⋯⋯⋯⋯⋯庄　稼
柳柱（小说）⋯⋯⋯⋯⋯⋯⋯⋯刘世同
青龙过海（民间故事）⋯⋯⋯张恩忠搜集整理
倒霉的枕套儿（外一篇）⋯⋯⋯⋯王大启
薛涛巧对高节度⋯⋯⋯⋯⋯⋯⋯马甫平
“笔”话⋯⋯⋯⋯⋯⋯⋯⋯⋯⋯朱积孝
霞光烁烁映晚晴⋯王保国　柴继光　杜宝彦　尉崇泽
一九八六年山西民间音乐舞蹈大奖赛剪影⋯薛麦喜
封面设计、封面摄影⋯⋯⋯⋯⋯钱骥俊
封三摄影⋯⋯⋯⋯⋯⋯⋯⋯⋯耿茂福

1986 年第 11—12 期　刊名：《晋阳文艺》
目录

追踪哈里发（中篇小说）
⋯⋯⋯⋯［美］韦尔伯·史密斯著　凡　怡译
到期的贷款（小小说）⋯⋯⋯⋯⋯高　鹏
蒲公英的传说（民间故事）⋯⋯⋯张新民整理
阴差阳错（小小说）⋯⋯⋯⋯⋯王进兴
画家、姑娘和国王的故事（童话）⋯孙　越译
顺时针逆时针（小小说）⋯⋯⋯⋯宋国庆
试剑峰（民间故事）⋯⋯⋯⋯⋯朱存业整理

胸怀（小小说）⋯⋯⋯⋯⋯⋯⋯郝发智
爱挑剔的姑娘（小小说）⋯⋯⋯⋯裴恒敏
寓言一束⋯⋯戎　林　谷　羽　史发田　邝金鼻
一颗璀璨夺目的星星（报告文学）——平定县维社乡
里社村巡礼⋯⋯⋯⋯⋯⋯⋯⋯朱存业
封三摄影⋯⋯⋯⋯⋯⋯⋯⋯⋯王铁根

1987 年第 1 期　刊名：《晋阳文艺》
目录

猴子·裤子（小说）⋯⋯⋯⋯⋯朱春雨
台球（小说）⋯⋯⋯⋯⋯⋯⋯⋯钟道新

奇异的“宫廷”政变（中篇评书）⋯孔祥荣
皇太后与李总管（中篇通俗小说）⋯刘　烊
张大千儿子之死（中篇报告小说）⋯陈和平
自食其果（故事）⋯⋯⋯⋯⋯⋯刘殿春
良宽和月宫的兔子（外国民间故事）⋯吴　砺译
郑板桥拜驴（民间传说）⋯⋯⋯张增锐整理
美国社会面面观⋯⋯⋯⋯⋯⋯⋯许刚义

1987 年第 2 期　刊名：《晋阳文艺》
目录

太行飞虎（章回小说）⋯⋯⋯⋯⋯尹崇富
杨五郎传奇（中篇传奇）⋯⋯⋯⋯彭　图
爱的报复（爱情小说）⋯⋯⋯⋯⋯刘维颖
美人挂画（民间传说）⋯⋯⋯⋯李孟祥整理
新春游艺晚会⋯⋯⋯⋯⋯⋯钱树庠　加元等
篆刻艺术⋯⋯⋯⋯⋯林　鹏　王　莹（冯长江撰文）
奇特的写作方法⋯⋯⋯⋯⋯⋯⋯和　非

1987 年第 3 期　刊名：《晋阳文艺》
目录

G 君与 D 小姐（中篇小说）⋯⋯⋯尹卫星
李公案奇闻（通俗小说）⋯⋯刘秉荣　晓　笔
胆肝照千秋（评书）⋯⋯⋯⋯⋯樊启俭
马路奇缘（故事）⋯⋯⋯⋯⋯⋯王景林
麻袋早已腐烂（小说）⋯⋯⋯⋯⋯万　泉
寻找（小说）⋯⋯⋯⋯⋯⋯楼耀福　殷慧芬
四音的传说（民间传统）⋯⋯孙秀华　李运启整理
鸡冠花（寓言故事）⋯⋯⋯⋯⋯中　夫
众矢之的（小品）⋯⋯⋯⋯⋯喜　文　剑　秋
两条鱼（外一篇）（寓言）⋯⋯⋯张宝杰
光绪镶牙（民间传说）⋯⋯⋯⋯上　敬整理
篆刻⋯⋯⋯⋯⋯⋯⋯⋯⋯⋯⋯郭士星等
国画山水（两幅）⋯⋯⋯⋯⋯陈巨锁　申伟光
美的使者（水粉画）⋯⋯⋯⋯⋯邓效国

1987 年第 4 期　刊名：《晋阳文艺》
目录

癸丑医案（中篇传奇）⋯⋯⋯⋯⋯窦应泰
脸上的黑星星（中篇小说）⋯⋯王海粟　殷国棵
笑出来的横祸（话本）⋯⋯⋯⋯⋯常志年
海剑行动（故事）⋯⋯⋯⋯⋯⋯苏　夏
七鬼坡（小说）⋯⋯⋯⋯⋯⋯⋯师兆棠
寓言三则⋯⋯⋯⋯⋯⋯⋯⋯叶　澍　史发田

国画山水 ················王朝瑞
国画山水 ················张国兵
雕塑 ··················孙里人

1987 年第 5 期　刊名:《晋阳文艺》
目录

父亲河（民俗小说）············成毓真
黄河弯弯（伦理小说）···········韩　斌
饴饹铺传奇（小说）············申大局
老头·姑娘·小伙子（小说）········韩　笑
蝴蝶（小说）··············杨文彬
元好问的传说（民间传说）········攀　山整理
乡长与猪头（新故事）···········旭　林
秋雨绵绵不湿衣（民间故事）·······曲润龙整理
没有弯弯刺的酸枣树（民间传说）·····庄稼汉整理
成旺其人（小说）············冯川发
鹦鹉和喜鹊（寓言）···········张占明
老鼠的胆子（寓言）············杜　梨
伯乐与猪（寓言）············刘徽修
我国各省简称的由来···········鲁　民
要是我的话（笑话）············安仁杰
人物颂··················黄发榜等
国画人物···················李森林

1987 年第 6 期　刊名:《晋阳文艺》
目录

一只猫和一桩疑案（侦破小说）······杨帆里
一绺如丝的长发（爱情小说）·······张玉良
通往山顶的小路（伦理小说）·······周建行
表弟的婚事（故事）············剑　秋
紫金山又一山（报告文学）·····顾　槐　景长远
鸿鹄之志（报告文学）······李峻田　阎双权
吴道子神笔画钟馗（民间传说）······郑孝时
封面设计················李诗唐
套色版画（两幅）············牛林森

1987 年第 7 期　刊名:《晋阳文艺》
目录

桃姐杏妹·李将军·············田澍中
紫燕传书（中篇爱情小说）········郭书琪
欲海深渊（话本）············常志年
"鳖坛老秀"辛二爷（小小说）······许小根

九龙杯的传说（新故事）······胡　梦搜集整理
"龙"的困扰··········景长远　韩　斌
晶莹世界················赵瞻国
夏（中国画）··············王如何

1987 年第 8 期　刊名:《晋阳文艺》
目录

雷场骄子（报告文学）··········李　镜
延河作证（中篇法制小说）········封泉生
赌场传奇（中篇侦破小说）········展　旗
飞往异国的情书（纪实小说）·······谷　威
落叶（小说）··············李玉红
古亭荟萃················裴　洁辑
《滕王阁序》的传说···········阎　锐整理
寓言一束·······凝　溪　井　林　戎　林　许润泉等
开拓与提高
——粗谈当前的报告文学··········田　流
为《晋阳文艺》建刊三十周年题词
··················孟伟哉（郭曾慰摄）
纸版画（两幅）·············张泽民

1987 年第 9 期　刊名:《晋阳文艺》
目录

"战地百灵"之歌（当代英雄传奇）
··············韩征天　成俊敏
帅府里的鬼宅（中篇传奇）········窦应泰
在一连串怪事的背后（外国通俗小说）
···········[美]杰克·里奇著　杨汝钧译
真假导演（故事）············孙明杰
儿子的婚事（故事）···········陈有唐
妈妈的心（寓言故事）···········王　兰
泥腿子办工厂（报告文学）·····包　谷　苏　鲁
送绵羊（民间传说）···········冀光明整理
李闯王过汾州（民间传说）········梁崇定整理
寓言一束···········于振江　马长啸

1987 年第 10—11 期　刊名:《晋阳文艺》
目录

报告文学
"南丁格尔"之歌···········傅剑仁　田晋裕

中篇小说
赌城喋血

——一〇〇七在法国 ·············· 伊恩·弗莱明著
泪洒珍珠梦 ···································· 沉 月

短篇小说
铺路 ······································ 权文学
山村里冒座两层楼（节选） ················ 杜曙波
枰月儿遇"险"记 ··························· 傅鸿浩
心碑 ······································ 雪 梅
在山坡、在农家小院 ······················· 张行健
无法弥合的差异 ··························· 张大放

1987 年第 12 期 刊名:《晋阳文艺》
目录

中篇小说
带血的君子兰 ······························ 孙明杰
午夜亡魂 ························ 希区考克著 薛 林译

短篇小说
职业枪手 ························ 希区考克著 薛 林译
情人的身影 ································ 顾 工
鲜红的唇纹 ································ 田澍中
他们永远年轻（老山前线专页） ·············· 秦元昌
悠悠枯草情（山西农民文学社团专页） ·········· 杜宝彦
故事一束 ··························· 旭 林 朱存业

1988 年第 1—2 期 刊名:《晋阳文艺》
目录

中国体育界（报告文学） ···················· 尹卫星
小凤仙后传（中篇传奇） ···················· 窦应泰
魔鬼的歌舞（中篇通俗小说） ················ 乙 义
恋情（中篇爱情小说） ······················ 陆 棣
好汉坟（中篇传奇） ························ 王永其
老鸳鸯罗曼史（中篇故事） ·················· 刘 武
故乡的柿饼和三个早亡人（小说） ············· 李 镜
《紫燕传书》饶有情趣（评论） ··············· 李国涛

1988 年第 3 期 刊名:《晋阳文艺》
目录

共和国的土壤里有你付出的爱（报告文学） ····田晋裕
船夫的女儿（中篇传奇） ···················· 王国平
魔火（山西农民文学社团作品专页）（短篇小说）
··· 师兆棠
罐头 ······································ 原 昌

她俩（函授辅导站学员作品选登） ············· 乔 木
思乡石（函授辅导站学员作品选登） ··········· 齐英贵
灵堂风波（新故事） ························ 邱国鹰
在传统基础上的超越（评论） ················ 段崇轩
诸葛亮备考（外一篇）（寓言） ··············· 金 江
小三岛驴背诗社（童话） ·············· 许延风 于玉珍
鹿衔草（民间文学） ···················· 张新民整理
蕾娜托 ···················· 埃玛莉利斯著 仝国林译
酒店趣联 ······························ 杨 畅整理
金网锁黄龙 ···················· 程 朵 奋 飞整理
徐有功不以私害公 ························ 俚 俗
久赌神仙输 ···················· 狄西海 梁 力整理
思想火花 ································ 二 力
王羲之贴春联（外二篇） ·················· 朱逸民整理
北斗星的传说 ·························· 田 温整理
成功来自拼搏（报告文学） ·········· 梁崇定 赵仁智
雁南飞（故事） ···························· 赵尚文

1988 年第 4 期 刊名:《晋阳文艺》
目录

系在项链上的命运（中篇当代传奇） ··········· 申 采
女警员孤身探秘（中篇侦破小说）
············· ［美］爱怀华·霍克著 杨汝钧译
姑娘，不能跟他走（中篇爱情故事） ··········· 崔砚君
人间（小说） ······························ 田昌安
猫口余生（故事） ·························· 李 谦
元好问的传说（传说） ···················· 攀山整理

1988 年第 5 期 刊名:《晋阳文艺》
目录

中篇小说专号
男人的秘密 ································ 王子桢
感情乞丐 ································· 王 炎
一个女兵的遭遇 ··························· 禹 明
爱的幽灵 ································· 孟恭才

1988 年第 6 期 刊名:《晋阳文艺》
目录

中篇小说
一个矿长和两个女人 ······················· 毛守仁
谋杀 ·············· ［日］西村京太郎著 王 锐译

短篇小说

国宝··································刘登云

探妻··································刘维颖

寓言

幽灵··································虞　冰

畸形的藕······························巨　沐

大象评跑······························叶　澍

笼鸟和林鸟····························戴振宇

故事

司马光卖马····························张恩忠

觅（木刻）····························董其中

1988 年第 7 期　刊名:《晋阳文艺》
目录

中篇传奇

跟踪马彩萍····························张旺模

中篇侦破小说

滹沱河疑案····························李峻田

中篇小说

悬在黄金圈上的躯壳····················李国荣

交电王国的天使

——记永翔五交化批零商店··············徐忠根

1988 年第 8 期　刊名:《晋阳文艺》
目录

中篇小说

姑娘坟的哭声··························张玉良

中篇故事

李渊封下马····························赵瞻国

短篇小说

老处女································李逸民

小店兰花······························苗　瑾

澡塘轶事······························张达明

寓言

裹在黄金里的人（外一篇）··············井　林

报告文学

奉献··························乔　华　峥　嵘

民间故事

醋··························狄西海　梁　力整理

1988 年第 9 期　刊名:《晋阳文艺》
目录

中篇小说

自由女神像下的冤魂····················魏雅华

中篇当代传奇

糊涂姻缘······························李冰牧

短篇小说

翻译小姐和王子························杨向红

一夜春风来····························梁文卿

消息

端正办刊思想　做好期刊工作

——我省期刊总编辑会议在大同召开

在九曲十八弯的山凹里··········王耀生　编绘

步步生莲······························王木兰

1988 年第 10 期　刊名:《晋阳文艺》
目录

小说

白门坎································周大新

失落（中篇伦理小说）··················彭　图

珠宝传奇（中篇传奇小说）··············郭天印

回香································钮宇大

情夫的馈赠····························李彭恩译

故事

奇婚桃夭岛····························顾希佳

孪生兄弟配偶记························胡经伦

寓言··························朱靖华　孙传泽等

评论

父亲河流的是什么··············张　礼　刘义沛

1988 年第 11 期　刊名:《晋阳文艺》
目录

社会小说

山雾

醒世小说
二次再把土台上

通俗小说
千金的怪胎

纪实小说
将军风云录

历史故事
唐玄宗轶事 ································· 史文彬

寓言
狼狈为奸 ··································· 朱靖华

短篇小说
悲欢婚姻 ···················· 郑 震 郑步雷

民间故事
石头汤 ····································· 侯天祥
国画花鸟 ··································· 米景扬

1988 年第 12 期　刊名:《晋阳文艺》
目录

纪实小说
四星上将——史迪威

传奇小说
张作霖禁戏《凤还巢》

外国通俗小说
海妖

社会小说
巧姐

报告文学
塔吊,在胸中矗立 ························ 赵志冲等

短篇小说
晚秋 ·· 宋卫国

1989 年第 1 期　刊名:《晋阳文艺》
目录

通俗小说
特殊的囚犯 ································· 冯育楠

公案小说
芳草人形案 ································· 宏　甲

言情小说
望夫樵上的冤魂 ···················· 海风　启浪
老鼠奔月(寓言) ······················· 王满夷
绿苔(中药故事) ················ 程　呆　奋　进
冲钟智断抢劫案 ·························· 舒　英
篆刻 ·· 郭士星
金龙狂舞 ··································· 段改芳

1989 年第 2 期　刊名:《晋阳文艺》
目录

通俗小说
大明湖畔龙蛇斗 ················ 陈志斌　杨长江

言情小说
恋人回旋曲 ································· 冬　苗

短篇小说
月朦胧 ····································· 冯川发

报告文学
事业功成官何味 ·························· 钮宇大

古代笑话
知音 ·· 钱骥俊
闹不起来 ··································· 钱骥俊
摄影 · 撒扇 ································· 薛麦喜

1989 年第 3 期　刊名:《晋阳文艺》
目录

侦破小说
密林中的枪声 ······························ 杨帆里

社会小说
汾河恩仇 ··································· 韩　斌

言情小说

飘逝的梦 ————————————————— 荪 蕴

乡土小说

牛二伯看瓜 ———————————————— 赵正雄

篆刻 ———————————————————— 力 耕

国画·叠嶂云飞 ————————————————— 张行吉

1989 年第 4 期 刊名:《晋阳文艺》
目录

中篇传奇

火烧殊象寺

民间故事戏

宋丑子

民间文学

清明时节 ———————————————— 张春旬

杜子春 ——————————————— 全国林译

狗咬赵盾 ——————————————— 狄西海整理

兴县石楼山的传说 ————————————— 吕怀毅整理

三开膛 ————————————— 杨生记 月异整理

慈禧赐"玉子" ————————————— 柳德 永明整理

消息

经济与文化联体 专业与业余并重

"火烧"传说 ——————————— 曹宝印 旭 林整理

祸从口出 ———————————————— 吴 砺译

寓言两篇 ——————————————— 汪 雨 余 途

山西民间艺术惊影 ———————————————— 薛麦喜摄

民间艺术家王宝珍和她的剪纸 ———————————— 薛麦喜摄

1989 年第 5 期 刊名:《晋阳文艺》
目录

外国通俗小说

奇婚记 ——————————————— 杨汝钧 编译

侦破小说

女出纳员之死 ——————————————— 沣 涛

言情小说

破碎的"女神" ————————————————— 蔡国栋

短篇小说

短短的里程 ———————————————— 黄献国

民间故事

金玉楼的传说 ——————————————— 王大启整理

智破珍珠案 ——————————————— 黄树元整理

千子万孙朝瑶台 —————————————— 杨进升整理

报告文学

在未经探索的航道上 ——————————————— 杨万金

在时代的变弓上 ————————————— 张 越 张 星

山西民间艺术掠影 ———————————————— 薛麦喜

请客（连环画）————————————— 赵 宏 朱连威

1989 年第 6 期 刊名:《晋阳文艺》
目录

纪实小说

蒋介石官诱冯玉祥 —————————————— 郑孝时

社会小说

浮云 ——————————————————— 李国荣

通俗小说

元宝抢劫案 ——————————————— 卫万管

篆刻艺术 ——————————————— 刘瑞祥

剪纸 ———————————————————— 赵玉亮

1989 年第 7 期 刊名:《晋阳文艺》
目录

社会纪实小说

太阳在哪里 ———————————————— 张玉良

侦破小说

此案尚需补充侦察 —————————————— 魏雅华

短篇小说

老来恋 ——————————————————— 杨万金

甜酸石榴 ——————————————— 师兆棠

报告文学

他没有愧对这座大山 ———————————————— 笑 冬

他是这样走过来的 ———————————————— 清 河

千里姻缘一线牵（连环画）——— 赵宏编文 朱连威绘画

西厢记（国画）————————————————— 王木兰

1989 年第 8 期　刊名:《晋阳文艺》
目录

纪实小说

中尉下落不明··············陈玉川

社会小说

黑梦··············孙明杰

传奇故事

婴儿缘··············旭林　宝印

短篇小说

带肉痕的钞票··············张毓宁

足迹，在深情地诉说··············梁　友

甜草歌··············赵占波

报告文学

路在他脚下延伸··············王　廉　刘　谦

民间故事

西任留传说··············滕喜德

1989 年第 9 期　刊名:《晋阳文艺》
目录

纪实小说

亡魂，一路慢走··············展　旗

言情小说

疯人恋··············崔太平

报告文学

一位有魄力的年轻厂长··············叶　芳　晓　宾

油海弄潮人··············永　平

黄土地养育的儿子··············赵铁成

战斗的堡垒··············王　廉

"乌金国"特使··············石润玉

天塌自有擎天柱··············师兆棠

短篇小说

一幅油画的故事··············庆　林

想不到他还是个好人··············王　怀　王　廉

评论

独具魅力的文学品格··············艾　菲

1989 年第 10 期　刊名:《晋阳文艺》
目录

小说

疯狂的报复（社会小说）··············王东满

苦情（言情小说）··············刘绍振

我曾拥有你的爱··············丁小籁

末末··············郝慧亲

大同美女李凤姐（传奇小说）··············张　椿

报告文学

女儿戎装硝烟行··············田晋裕

精致的"捞饭盆"··············陈川亮　张建行

河东大地的一颗明珠··············赵铁城

来自死亡地域的报告··············舒　心

民间传说

徐沟酒的传说··············白富贵　董彩青

"古月门市"的来历··············师喜明

1989 年第 11 期　刊名:《晋阳文艺》
目录

小说

芦荡潇潇（纪实小说）··············赵铁成

人狼獒的故事（传奇小说）··············刘　烨　田玉华

恨系蛇谷（科幻小说）··············宋培贤

民间故事

门神的传说··············杨焕育

寓言

小羊的迷惘　虾子和鲤鱼··············史发田　魏玉光

报告文学

火的性格

——齐金旺及其公司剪影··············郝丛楼

青春的脚步··············陈庆伊

评论

文化意识的全面渗透

——评王西兰的《二次再把土台上》··············张厚余

1989 年第 12 期　刊名:《晋阳文艺》

目录

海上生涯（纪实小说）————————————孙　泱

希望（中篇小说）——————————中　跃　边　城

柬匣（小说）——————————————西　波

水龙子传奇（故事）——————郑伯成　詹成宗

骄子展雄风（报告文学）——————————赵占岭

春晖寸草心（报告文学）——————郭诚文　刘云成

独立门户的文学变体

——二论当代通俗文学————————艾　斐

《上海文艺》

（《上海文学》）

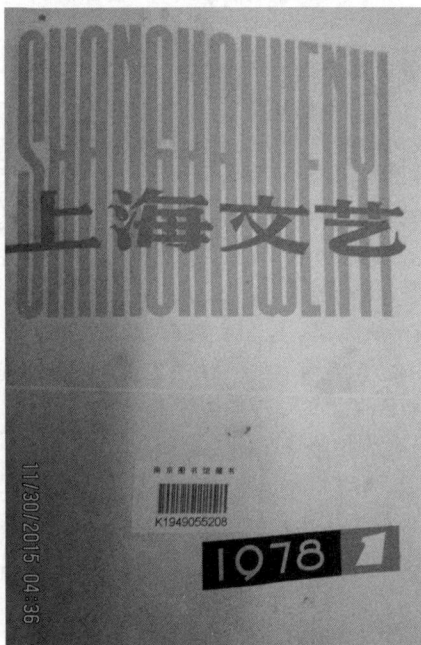

【简　介】

　　综合性文学月刊。上海市作家协会主办。创刊于1953年，1977年10月复刊。1979年1月由《上海文艺》更名为《上海文学》。其不仅以众多文学作品的刊发蜚声海内外，被誉为"海派文学的主办基地"（王蒙语）；更有文学批评空间的开拓，为八十年代文学的发展做出了突出贡献，开创了海派文学批评的先河，在文学史上留下了重要的一笔。

期刊号:1977 年 10 月号—1989 年第 12 期

创刊词

　　《上海文艺》创刊了。

　　她是在我国社会主义革命和社会主义建设的重要历史时刻创刊的。

　　她是在以英明领袖华主席为首的党中央一举粉碎了王张江姚"四人帮"反革命阴谋集团取得伟大胜利的一周年的日子里创刊的。

　　她是在党中央作出了抓纲治国的战略决策，实现天下大治的大好形势下，是在全国工业学大庆、农业学大寨，亿万人民奋发图强大干社会主义的大好形势下创刊的。

　　英明领袖华主席指出："高举毛主席的伟大旗帜，坚持党在社会主义历史阶段的基本路线，抓纲治国，继续革命，为建设社会主义的现代化强国而奋斗，这就是

党的十一大路线。"

《上海文艺》正是在党的十一大的政治路线的指引下创刊的。

上海，是"四人帮"阴谋篡党夺权的基地。十年来，"四人帮"利用窃夺的一部分权力，猖狂反对毛主席的革命文艺路线，实行文化专制主义，严密地控制文艺阵地，培植帮派体系。他们一方面任意践踏党的知识分子政策，把广大知识分子当作"专政对象"，一方面又收罗一小撮反动知识分子为他们服务。他们组织御用的写作班子，直接控制了作为反革命喉舌的《朝霞》，利用文艺反党，连篇累牍地炮制了大量的反革命文章；《朝霞》还打着所谓"反映'文化大革命'的斗争生活"和所谓写"走资派"的旗号，肆意攻击和丑化党的领导，成了阴谋文艺的大本营，充当了"四人帮"篡党夺权的急先锋。流毒之广，危害之深是决不能低估的。因而，彻底地肃清"四人帮"在文艺领域中的流毒和影响，仍然是我们的一个长期的战斗任务。

毛主席创造性地继承和发展了马克思主义的文艺理论，为我们建设无产阶级的革命文艺，留下了极其宝贵的文艺理论体系，从根本上解决了社会主义文艺的方向、方针和方法问题。

我们决心坚持毛主席指明的文艺为无产阶级政治服务、为工农兵服务的正确方向，彻底批判"四人帮"的阴谋文艺。我们要把刊物办成高举和捍卫毛主席的伟大旗帜，热情歌颂英明领袖华主席的丰功伟绩，宣传党的十一大路线，宣传以华主席为首的党中央提出的抓纲治国的战略决策，坚持无产阶级专政下继续革命的红色阵地。

我们决心坚持毛主席制定的百花齐放、百家争鸣的方针，古为今用、洋为中用的方针，推陈出新的方针，彻底批判"四人帮"的资产阶级文化专制主义。我们要在坚持六条政治标准的前提下，鼓励艺术上不同形式和风格的自由发展，提倡艺术上不同见解的自由争论。我们首先要求作者创作出反映我们这个伟大时代的作品来；同时，也欢迎反映我国人民在各个历史时期的革命斗争的创作，特别是反映我国人民在中国共产党领导下进行的革命武装斗争历史的创作，以利于社会主义文化艺术的繁荣发展。

我们决心坚持毛主席倡导的革命现实主义和革命浪漫主义相结合的创作方法，彻底批判"四人帮"炮制的以"三突出"为中心的一整套反革命修正主义的"创作原则"，努力创作具有革命政治内容和尽可能完美的艺术形式的丰富多彩的文学艺术作品。

我们决心遵照毛主席的教导，为努力建设一支宏大的工人阶级的文艺队伍贡献力量，彻底批判"四人帮"在文艺界大搞帮派体系，以帮代党的反革命修正主义路线，大力培养工农兵青年业余作者，正确执行党的知识分子政策，团结老、中、青专业和业余作者，调动一切积极因素，在党的十一大路线的指引下，为发展社会主义文艺创作而团结战斗。

我们决心以英明领袖华主席在党的十一大政治报告中所论述的思想政治路线为指针，把"四人帮"颠倒了的路线是非、思想是非、理论是非纠正过来，全面地、正确地贯彻执行毛主席的无产阶级革命文艺路线，恢复党的革命文艺的传统，使文艺更好地成为"团结人民、教育人民、打击敌人、消灭敌人"的有力的武器。

《上海文艺》的创刊，得到本市和兄弟省、市、自治区文艺工作者的热情关怀和大力支持。我们的工作还刚刚开始，我们将努力向兄弟省、市、自治区的文艺刊物学习。当同志们读到这本创刊号时，我们热烈地欢迎提出批评意见，帮助我们搞好刊物的编辑、出版工作。

我们永远记住伟大的领袖和导师毛主席在一九四九年第一次全国文代会上向文艺工作者提出的殷切期望："希望有更多好作品出世"。

我们决心用实际行动来努力实现毛主席的遗愿，为我们伟大的时代，为我们英雄的人民，为实现社会主义祖国的四个现代化的宏伟蓝图，不断绘写新的篇章！

1977 年第 10 期　刊名:《上海文艺》

目录

创刊词

我在毛主席白玉坐像前伫立（诗）————————韩静霆
念奴娇·纪念毛主席逝世一周年（词一首）———郭绍虞
望海潮（词一首）———————————————李俊民
中南海的明灯（歌词）——————————于 之 倪瑞霖
韶山有条大银河（诗）————————————储佩城
延安的宝塔（诗）—————————————顾 工
秋收季节（散文）—————————————任 干
华主席在湘阴（散文）————————————李程碑
山城莲塘（散文）—————————————何 为
杨林同志（小说）—————————————巴 金
出山（小说）———————————————茹志鹃
比武（小说）———————————————赵乃炘
高夫人东征小记（长篇选载）——历史小说《李自成》第三卷中的一个单元——————————姚雪垠
"电工"鲁迅（散文）————————————曹靖华
我要唱（散文）——————————————王洪珍
十月（散文）———————————————杜 宣
山茶花开向阳红（散文）———————————白族那家伦
十月怒火（报告文学）————————————鸿 飞
欢庆十一大（沪东工人文化宫赛诗会诗选）
————————————————————胡银康等
伟大的胜利（诗）—————————————史文熊
上海，唱不完的战歌（长诗）—————————石方禹

浦江曲（诗）⋯⋯⋯⋯⋯⋯⋯⋯⋯⋯⋯韩　瀚
忆向阳（组诗）⋯⋯⋯⋯⋯⋯⋯⋯⋯⋯臧克家
临江仙（词二首）⋯⋯⋯⋯⋯⋯⋯⋯⋯赵朴初
答友人（诗二首）⋯⋯⋯⋯⋯⋯⋯⋯⋯郭化若
"阴谋文艺"批判⋯⋯⋯⋯⋯⋯⋯⋯⋯⋯申克鼎
评"四人帮"的帮刊《朝霞》⋯⋯⋯⋯⋯桑　城
"谬托知己"的无耻纪录——评石一歌的《鲁迅传》
⋯⋯⋯⋯⋯⋯⋯⋯⋯⋯⋯⋯⋯⋯⋯⋯⋯石　越

毛主席塑像
亲切的教导，殷切的希望（油画）⋯⋯李自健

1977 年第 11 期　刊名:《上海文艺》

目录

地层深处（小说）⋯⋯⋯⋯⋯⋯⋯⋯⋯于炳坤
在林区列车里（小说）⋯⋯⋯⋯⋯⋯⋯逯　斐
小袁和老袁（小说）⋯⋯⋯⋯⋯⋯⋯⋯周永平
高夫人东征小记（长篇选载）——历史小说《李自成》第三卷中的一个单元⋯⋯⋯⋯⋯⋯姚雪垠
水流千里归大海（散文）⋯⋯⋯⋯⋯⋯柯　灵
并肩战斗　携手前进（散文）⋯⋯⋯⋯夏　阳
重演《祥林嫂》（散文）⋯⋯⋯⋯⋯⋯袁雪芬
石油花（散文）⋯⋯⋯⋯⋯⋯⋯⋯⋯⋯陆扬烈
红旗升起的地方（散文）⋯⋯⋯⋯⋯⋯徐开垒
为了千秋万代（报告文学）⋯⋯⋯⋯⋯何　聪
祖国无处不是诗（诗）⋯⋯⋯⋯⋯⋯⋯刘火子
想到二十一世纪（诗）⋯⋯⋯⋯⋯⋯⋯鲁　兵
觉醒（歌词）——清唱剧《杨开慧》选段⋯芦　芒
杨开慧之歌（长诗）——第八章节选⋯时永福
永恒的北斗（诗）⋯⋯⋯⋯⋯⋯⋯⋯⋯张志鹏
手扶铁梯激情涌（诗）⋯⋯⋯⋯⋯⋯⋯谷亨利
蝶恋花·酬遗愿（词一首）⋯⋯⋯⋯⋯郭　亮
战地豪情（诗二首）⋯⋯⋯⋯⋯⋯⋯⋯苗得雨
长江行（诗二首）⋯⋯⋯⋯⋯⋯⋯⋯⋯夏　白
人比实劲船比快（组诗）⋯⋯⋯⋯⋯⋯胡天麟
不许毁我长城（三篇）——被"四人帮"一伙扣压的批判《朝霞》的读者信稿选刊⋯白　皑　王忠良等
蚍蜉的悲剧⋯⋯⋯⋯⋯⋯⋯⋯⋯⋯⋯王西彦
石一歌的"矛"和"盾"（外二篇）⋯⋯金同国
"水不紧，鱼不跳"——创作与欣赏⋯王朝闻
伟大的歌手，不朽的战歌——纪念鲍狄埃逝世九十周年、狄盖特逝世四十五周年⋯⋯⋯周　枫
文艺动态（一则）
井冈杜鹃红似火（国画）⋯⋯⋯⋯⋯⋯王晋元
浪急情更迫（国画）⋯⋯⋯⋯⋯⋯⋯⋯骆耀棠

1977 年第 12 期　刊名:《上海文艺》

目录

文艺论坛

"文艺黑线专政"论必须批判⋯⋯⋯⋯罗　荪
"重建队伍"与"改朝换代"⋯⋯⋯⋯⋯刘　金
"根本任务"论的根本任务⋯⋯⋯⋯⋯周介人
赛得好（报告文学）⋯⋯黄宗英　欧维柱　陈子龙

大干的一日

一颗小小螺丝钉⋯⋯⋯⋯⋯⋯⋯⋯⋯⋯李楚城
"朝我刺!"⋯⋯⋯⋯⋯⋯⋯⋯⋯⋯⋯⋯吕兴臣
攻坚战⋯⋯⋯⋯⋯⋯⋯⋯⋯⋯⋯⋯⋯⋯袁也平
心中一盏灯⋯⋯⋯⋯⋯⋯⋯⋯⋯⋯⋯⋯胡林森
酒葫芦（小说）⋯⋯⋯⋯⋯⋯⋯⋯⋯⋯陈旭明
禁声（小说）⋯⋯⋯⋯⋯⋯⋯⋯⋯⋯⋯彭新琪
高夫人东征小记（长篇选载）——历史小说《李自成》第三卷中的一个单元⋯⋯⋯⋯姚雪垠
瞻仰南湖党的"一大"纪念船纪诗（散文）⋯于　伶
攀高峰颂（散文）⋯⋯⋯⋯⋯⋯⋯⋯⋯姜　彬
百里淀浦百里画（散文）⋯⋯⋯宗廷沼　宗樑风
把生命献给党的文艺事业（特写）——记评弹演员徐丽仙⋯⋯⋯⋯⋯⋯⋯⋯⋯⋯⋯⋯左　绂
想过冬的苍蝇（童话）⋯⋯⋯⋯⋯⋯⋯金　近
诗四首⋯⋯⋯⋯⋯⋯⋯⋯⋯⋯⋯⋯⋯老　舍遗作
哭小川（诗）⋯⋯⋯⋯⋯⋯⋯⋯⋯⋯⋯丁　力
跑步跨进七八年（诗五首）⋯⋯⋯⋯⋯王发政等
大寨脚印是路标（诗六首）⋯⋯⋯⋯⋯吴祈生等
黄浦江之歌（诗）⋯⋯⋯⋯⋯⋯⋯⋯⋯沙　白
带回虎头山上一包土（诗）⋯⋯⋯⋯⋯黄东成
笑迎台胞海外归（诗）⋯⋯⋯⋯⋯⋯⋯皮作玖
如今吃了擒龙胆（诗）⋯⋯⋯⋯⋯⋯⋯季渺海
战斗的港区（外一首）⋯⋯⋯⋯⋯⋯⋯余冠雄
祖国跃进吧，越快越好!（诗）
　　　　　　　　　　上海虹口区工人文化宫
驳石一歌关于"同路人"的谬论⋯⋯⋯王铁仙
居心叵测的篡改——斥《朝霞》的黑诗《把炉火烧得通红》⋯⋯⋯⋯⋯⋯⋯⋯⋯⋯⋯卓　平
一束射向《讲话》的毒箭
——评初澜的三篇黑文⋯⋯⋯⋯⋯⋯晓　立
一个反攻倒算的黑会⋯⋯⋯⋯⋯⋯⋯⋯鲁　真
高山低头（套色木刻）⋯⋯⋯⋯⋯⋯⋯沈柔坚
春满人间（国画）⋯⋯⋯⋯⋯⋯⋯⋯⋯杨建英

1978 年第 1 期　刊名:《上海文艺》
目录

毛主席给陈毅同志谈诗的一封信
毛主席手书（插页）
"最后的时刻"（散文）⋯⋯⋯⋯⋯⋯⋯⋯巴　金
横眉（散文）⋯⋯⋯⋯⋯⋯⋯⋯⋯⋯⋯袁　鹰
太平湖上行（散文）⋯⋯⋯⋯⋯⋯⋯⋯赖少其
周总理会怎么说呢？（散文）⋯⋯⋯⋯张瑞芳
一颗巨星从天坠（诗）
——长诗《怀念周总理》中一节⋯⋯周而复
屹立红岩的青松（诗）⋯⋯⋯⋯⋯⋯⋯王亚平
词二首⋯⋯⋯⋯⋯⋯⋯⋯⋯⋯⋯⋯端木蕻良
诗四首⋯⋯⋯⋯⋯⋯⋯⋯⋯⋯⋯⋯陈　毅遗作
诗八首⋯⋯⋯⋯⋯⋯⋯⋯⋯⋯⋯⋯⋯郭化若
"红旗十月满天飞"（散文）——忆和陈毅同志的三次
会见⋯⋯⋯⋯⋯⋯⋯⋯⋯⋯⋯⋯⋯⋯张爱萍
回忆陈毅同志二三事（散文）⋯⋯⋯⋯姚　耐
巍巍孟良崮（散文）⋯⋯⋯⋯⋯⋯⋯⋯苗得雨
怀念双亲（词二首）⋯⋯⋯⋯⋯⋯⋯⋯陈昊苏
在陈毅同志遗像前面（诗）⋯⋯⋯⋯⋯夏　阳
华主席给我们带来新春（歌曲）
　　　　　　　　　朱烁渊词　王云阶曲
欢呼毛主席给陈毅同志谈诗的一封信
公开发表（七律三首）⋯⋯⋯⋯⋯⋯⋯李俊民
略谈唐诗的比兴⋯⋯⋯⋯⋯⋯⋯⋯⋯王运熙
总理引路万里行（报告文学）
——赞"周恩来号"机车⋯孙顺兴　国　梁
衬衣（小说）⋯⋯⋯⋯⋯⋯⋯⋯⋯⋯⋯艾　芜
步子（小说）⋯⋯⋯⋯⋯⋯⋯⋯⋯⋯⋯崔京生
第一堂课（小说）⋯⋯⋯⋯⋯⋯⋯⋯⋯贾平凹
老顾问和"天不怕"（小说）⋯⋯⋯⋯牟俊忠

大干的一日
矿山春早⋯⋯⋯⋯⋯⋯⋯⋯⋯⋯⋯⋯⋯吕　奇
作战方案⋯⋯⋯⋯⋯⋯⋯⋯⋯⋯⋯⋯⋯陆为龙
在沸腾的金山卫厂区⋯⋯⋯⋯⋯⋯⋯⋯范建生
十二月的春天（散文）⋯⋯⋯⋯⋯⋯⋯茹志鹃
迎接大跃进（散文）⋯⋯⋯⋯⋯⋯⋯⋯黄宗英
文艺战士放声唱（弹词开篇）⋯⋯⋯⋯朱雪琴
"四人帮"篡党夺权的前奏曲——批"文艺黑线专
政"论⋯⋯⋯⋯⋯⋯⋯⋯⋯⋯⋯⋯⋯邱明正
浮想连翩话"双百"⋯⋯⋯⋯⋯⋯⋯⋯刘　金
袁州和尚与"虎皮文章"——读方耘《革命样板戏学
习札记》的札记⋯⋯⋯⋯⋯⋯⋯⋯⋯伍　松

文艺论坛
喜读《〈家〉重印后记》⋯⋯⋯⋯⋯⋯沙叶新

"观千剑而识器"⋯⋯⋯⋯⋯⋯⋯⋯⋯布　谷
"四人帮"的"评论权"⋯⋯⋯⋯⋯⋯江俊绪
周恩来总理同工人亲切交谈（摄影）
青松（国画）⋯⋯⋯⋯⋯⋯⋯⋯⋯⋯⋯黄幻吾

1978 年第 2 期　刊名:《上海文艺》
目录

华主席给《人民文学》的光辉题词
顶板大王（小说）⋯⋯⋯⋯⋯⋯⋯⋯⋯王子硕
松涛篇（小说）⋯⋯⋯⋯⋯⋯⋯⋯⋯⋯矫福纯
草原的浪花（小说）⋯⋯⋯⋯（蒙古族）玛拉沁夫
茅屋的故事（小说）⋯⋯⋯⋯⋯⋯⋯⋯吕兴臣

大干的一日
霞光中的喜报⋯⋯⋯⋯⋯⋯⋯⋯⋯⋯⋯肖　文
支钢车⋯⋯⋯⋯⋯⋯⋯⋯⋯⋯⋯⋯⋯⋯陈友泉
红旗更鲜艳⋯⋯⋯⋯⋯⋯⋯⋯⋯⋯⋯⋯王肇歧
石油头（特写）⋯⋯⋯⋯⋯⋯⋯⋯⋯⋯徐　迟
追药（特写）⋯⋯⋯⋯⋯⋯⋯⋯⋯⋯⋯罗顺良
老树新花（特写）——记老漫画家张乐平⋯包　蕾
伙伴的回忆（散文）⋯⋯⋯⋯⋯⋯⋯⋯孙　犁
冰凌花谣（散文）⋯⋯⋯⋯⋯⋯⋯⋯⋯张白愚
毛竹的品格（散文）⋯⋯⋯⋯⋯⋯⋯⋯胡惠林
水乡田歌（散文）⋯⋯⋯⋯⋯⋯⋯⋯⋯顾行伟
时代的旋律（诗）⋯⋯⋯⋯⋯⋯⋯⋯⋯周尊攘
第一口油井赞（诗）⋯⋯⋯⋯⋯⋯⋯⋯陈祖言
巨手自有回天力（外一首）⋯⋯⋯⋯⋯崔汝先
电姑娘（诗）⋯⋯⋯⋯⋯⋯⋯⋯⋯⋯⋯毛震郁
沙枣花（诗）⋯⋯⋯⋯⋯⋯⋯⋯⋯⋯⋯张　廓
出操（外一首）⋯⋯⋯⋯⋯⋯⋯⋯⋯⋯崔京生
保卫海上钻探（诗）⋯⋯⋯⋯⋯⋯⋯⋯田永昌
炮兵的语言（诗）⋯⋯⋯⋯⋯⋯⋯⋯⋯田渴新
在治河工地上（诗十一首）⋯⋯⋯⋯孙雪兴等
早晨的阳光（诗）——献给一年级老师⋯东进生
"我是调度⋯⋯"（诗）⋯⋯⋯⋯⋯⋯鲍东炎
读可染兄"谈画"（诗）⋯⋯⋯⋯⋯⋯臧云远
我国古代文艺理论中的形象思维问题
　　　　　　　　　郭绍虞　王文生
诗与画——形象思维漫谈⋯⋯⋯⋯⋯⋯伍蠡甫
"形象思维"管见⋯⋯⋯⋯⋯⋯⋯⋯⋯白　桦
从反动小说《闪光的军号》谈起——"四人帮"为什
么反对形象思维？⋯⋯⋯⋯⋯⋯⋯⋯孟伟哉
关于《李闯王》的写作技术⋯⋯⋯阿　英遗作
读长篇历史小说《李自成》⋯⋯⋯⋯⋯秦　牧
三毛庆胜利（漫画）⋯⋯⋯⋯⋯⋯⋯⋯张乐平
飞跃（黄杨木雕）⋯⋯⋯⋯⋯⋯⋯⋯⋯侯志飞

1978 年第 3 期　刊名:《上海文艺》
目录

纪念敬爱的周总理诞辰八十周年
周总理和我们永远在一起……张骏祥

短篇小说特辑
锤……张天民
满月儿……贾平凹
春暖花开的时候……贾大山
大海猎手……崔京生
烧水炉旁……林雨
不掺水的人……周鸿铸
小号兵……郭卓
风雨行……孙颙
痛苦与欢乐……白桦

外国文学作品介绍
契诃夫小说两篇
马车夫……汝龙译
退休的奴隶……汝龙译

创作谈
关于人物形象的塑造——谈谈契诃夫的短篇小说《万卡》和《苦恼》……沙汀
忆晋察冀的火热斗争生活
——《白洋淀纪事》重印散记……孙犁

文艺论坛
要吃具体的"水果"……空军某部周永平
在生活中做个有心人……金山热电厂范建生
让故事更吸引人……金山县山阳公社张道余
向《取经》取经……过传忠　金更

剧评
赞越剧《祥林嫂》……沈西蒙　漠雁
篆刻两帧……胡铁生
新花怒放（国画）……陈秋草
花好叶盛（国画）……赵丹

1978 年第 4 期　刊名:《上海文艺》
目录

献给第五届全国人民代表大会
欢腾的心曲（散文）……白杨
让祖国插上钢铁的翅膀（散文）……朱尔沛
紧跟华主席继续长征（诗）……季渺海

进行新的长征（民歌十五首）……王石兰等

报告文学
用心血浇铸大桥的人
——记力学、桥梁专家李国豪……林章豪

小说·散文
小憩……叶文玲
猛虎添翼……樊雨田
青春的火花……李楚城
《有的人》的遭遇……臧克家
连云山的霞光……李自由
桥……戴贵宝

大干的一日
一顿晚餐……朱朴
小岛上的演出……黄正勤
喜报……沈珩

革命回忆录
艰险的旅程——选自《东北抗日联军第四军的回忆录》
……李廷禄口述　骆宾基整理

外国文学作品介绍
两个朋友……[法]莫泊桑作　郝运译

诗歌
无尽的思念……于沙
光源……田瑛
诗二首……田永元
铁拳头……沈飙
睡……袁军
攻关……贾立夫
"铁小丫"……陈晏
招待所纪事……欣荣
煤海浪尖跃进歌（二首）……栾晓明
扎营谣（外一首）……梁上泉
七月雨……高风
气象哨……李松涛
高原夜话……吴晓航
我们是光荣的科技工作者（歌曲）……宋涛词曲

理论
《艺海拾贝》新版前记……秦牧
摈弃现实主义的一块样板
——评浩然的《三把火》……王光祖　方仁念
再谈形象思维的逻辑特性……蔡仪

创作谈

人物对话要个性化·················丘　峰　冯从岳
赋予人物以行动·························赵增锴
曹雪芹写"笑"·························郭豫适
敬刻周总理诗《大江歌罢掉头东》》（篆刻）·····王琪森
中国应当对于人类有较大的贡献（油画）
·······························沈兆荣　姚中玉
向四个现代化献粮（水粉画）·············张安朴

1978 年第 5 期　刊名:《上海文艺》
目录

为新时期放声歌唱·······················桑　城
创作要上去　作家要下去·······蒋守谦　刘士杰

大干的一日

夜巡································蒋崇仁
你贡献了什么?·························周永平
中检——"8"························吴烈强
雨中································郎慕中
进行新的长征（民歌十七首）·····梁　能　孙新凯等
女瓦斯员（小说）·······················从维熙
灵魂的搏斗（小说）·····················吴　强
夜路（小说）·······················铁　凝
表态（小说）·······················孟　尧
快板连长（小说）·····················赵长天
忆我的弟弟——钱毅烈士（散文）·········钱　璎
人民音乐家冼星海在"山海"（散文）·······沈增善
难忘的解放区文艺生活（散文）···········苗得雨
星云灿烂满蓬莱（报告文学）——记著名数学家苏步
青教授·······························徐天德
大堤颂（诗）·························陈残云
织锦歌（诗）·························福　庚
瀚海儿女（诗）·······················沈贻炜
诗二首································左可国
炉长从五届人大回来啦（诗二首）·········王晨湖
新家（诗）·························黄　曦
评"四人帮"的"三结合创作"·····王鸿宾　张景超
评《虹南作战史》的所谓"新尝试"
·······························高夙胜　吴文边
释《镕裁篇》三准说
——关于创作过程的三个步骤·········王元化
文艺动态（两则）
上海越剧院的同志在青浦县春花公社劳动，并为社员
进行慰问演出（摄影两幅）
以粮为纲　大办农业（宣传画）·········王麟坤

1978 年第 6 期　刊名:《上海文艺》
目录

生活　知识　技巧——在中国文联全委会扩大会议上
的发言·······························夏　衍

散文特辑

大家都来写点散文·······················魏　巍
海歌································刘白羽
在绿色的征途上·························魏纲焰
美丽的眼睛·························黄宗英
老师································张庆田
她安息在中国的大地上·················菡　子
工农兵的家·························塞先艾
老海怪································张　岐
第五十三个·························贾平凹
理想································鲁　兵
曼德勒夜话·························姜德明
难忘的年月，难忘的同志·················陈学昭

童话

哼哼和珍珍·························贺　宜
早回来的燕子·························金　近
哈特拉斯船长、米加、小流氓瓦西卡和一只恶猫的
故事·············[苏]阿·托尔斯泰作　任溶溶译

诗歌

进行新的长征（民歌十七首）·······兰　浪　吴为忠等
孩子们的歌（儿歌四首）·················陈学书
小喜梅（儿歌）·························白　虹
爸爸拎了一面袋馒头·····················庞壮国
老队长山歌传（六首）·················王怀让
泰山日出放歌·························赵瑞蕻
这一秒································陆　萍
银丝怀想·························贺锡翔
雨中································赵丽宏
迎青年································龙彼德
坝上夯歌·························施泽宏
创业队番号·························朱剑钟
进山纪事·························程卫东

理论

文坛蠹虫　帮派打手——评红长缨、方耘·······尚文华
看"风"落笔成书难——评修订版《中国文学发展
史》第二册·············蒋　凡　王国安　骆玉明
评"文艺创作都要写阶级斗争"·······陈丹晨　吴泰昌
从小爱科学　长大多贡献（水粉）·········周安琪

腊嘴（国画）————————————————陈大羽
绿海明珠——连云港（套色木刻）————黄 惇

1978 年第 7 期　刊名:《上海文艺》
目录

怀念郭沫若同志————————————于 伶
忆郭老——————————————————杜 宣
遥祭郭老（诗）——————————————臧云远
我们的军长（小说）————————————邓友梅
延河水（小说）——————————————尤凤伟
雪夜铁流（小说）————————————郑克西
腊梅（小说）——————————————韩石山
登攀陡坡——华主席故事（散文）————易启茂
战斗的溪涧——松坊随录（散文）————郭 风

大干的一日
飞转的皮带——————————————范建生
大治河畔——————————————倪辉祥
送书——————————————————邵杏生
塔曼（外国文学作品介绍）
　　　　　［俄］莱蒙托夫作　草 婴译
进行新的长征（民歌十六首）————李智平等
关于今天的战斗——致青年战友之一（诗）李 瑛
诗四首——————————————————郭化若
题册子（七律一首）————————————姚雪垠
海赋（诗）——————————————赖少其
我们需要传记文学————————————秦 牧
《创业史》艺术谈
——在"对立"中刻划人物————————阎 纲
谈谈俄国三大批评家————————————辛未艾
典型、典型化、典型环境（文学讲座）
————————————————蒋孔阳执笔
荷花（国画）——————————————林风眠
鸡（国画）——————————————唐 云
井冈山（国画）————————————黄幻吾

1978 年第 8 期　刊名:《上海文艺》
目录

分歧（小说）——————————————贾大山
巍巍青山（小说）————————————余方德
茅山下（小说）——————————————望 昊
争气篇（小说）——————————————孙 耀
在蓝色的原野上（小说）————————赵燕翼
北山听涛（散文）————————张 惟 陈耕
山高水长——记老水利专家雷鸿基（散文）碧 野

永不消逝的春天——悼念郭沫若同志————李俊民
忆郭老——————————————————戈宝权
灵机一动（外国文学作品介绍）
————————［英］乔治·索恩伯里作　章云义译
进行新的长征（民歌十六首）————谢清泉等
诗满长征路（诗）————————————姚长金
草原上的诗传单（诗三首）————杨 牧 易中天
题科学考察站（外二首）————————雁 翼
调度班长（诗）————————————鲍东炎
奇异的花（诗）————————————杨寿龙
喜报（诗）——————————————胡澄明
追随哪一条路线?——评《战地春秋》————王纪人
《评〈红楼梦〉》批判————————吴廷嘉 沈大德

创作谈
漫谈主题思想——————————————林 雨
短篇小说要短————————————徐葆煜
为什么短篇不短?————————————曹文轩
典型、典型化、典型环境（续一）（文学讲座）
————————————————蒋孔阳 执笔
小提琴协奏曲《梁祝》的新生（文艺通讯）
————————————————何占豪 陈 钢
上海京剧团在苏北老根据地（文艺通讯）
————————————————赵莱静 王 雷
展望一九八五年（篆刻）————————邵润东
严格训练 做好反侵略战争的准备（宣传画）
————————————————吴禎祥
碧海春潮（套色木刻）————————沈柔坚

1978 年第 9 期　刊名:《上海文艺》
目录

诗词三首——————————————毛泽东
贺新郎（一九二三年）
七律·吊罗荣桓同志（一九六三年十二月）
贺新郎·读史（一九六四年春）
故园行——纪念毛主席视察韶山十九周年（报告文学）
————————————————金振林
一个反革命的共同纲领——批林彪、"四人帮"合谋
抛出的"文艺黑线专政"论————————本刊评论员
童心（七场话剧）————————————秦培春
第二战线（独幕话剧）————————李小龙
上海市举办话剧汇报演出（文艺动态）
人民公社好（民政六首）————————钟富祥等
苦渣渣节（诗）————————————王雨谷

大干的一日
"老坦克"——————————————庄新儒

比赛在继续 ………………………… 李金生　葛明铭
海底爆破 ……………………………………… 杨渭源
怀景宋同志（散文）
——《许广平谈鲁迅》序 …………………… 唐弢
为一批长篇小说恢复名誉——批判《批判毒草小说
集》的反动观点 …………………………… 李荣峰
及时回答了现实生活提出的问题——赞《我们的军
长》、《延河水》、《茅山下》等短篇新作……… 何忌
典型、典型化、典型环境（续完）（文艺讲座）
………………………………… 蒋孔阳执笔
敬刻鲁迅《自嘲》诗（篆刻）………………… 王琪森
飞雪迎春（油画）…………… 宋贤珍　汪诚一
七场话剧《童心》剧照（摄影）…… 方蕴华　应日隆

1978 年第 10 期　刊名:《上海文艺》
目录

新人新作

我相信党（小说）…………………………… 沈善增
上铺与下铺（小说）………………………… 倪慧玲
关键（小说）………………… 胡林森　吴仲川
主人（小说）………………………………… 赵乃炘
能掐会算（小说）…………………………… 崔京生
王村番茄（小说）…………………………… 张长公
桐花岭（小说）……………………………… 胡柯
小耿（小说）………………………………… 朱健
明天还得走（小说）………………………… 房树民

诗歌

进行新的长征（民歌十七首）……………… 武佩顺等
我庆幸 ……………………………………… 顾工

各族人民喜欢我喜欢

我赞华主席的功勋高（藏族民歌）
…………………………… 土敦　翻译整理
步伐声声响如雷 …………………………… 陈忠干
北京吹来的春风（瑶族民歌）…………… 储佩成搜集整理
楠竹歌 ……………………………………… 管用和
听琴 ………………………………………… 罗飘
竖琴 ………………………………………… 方敬
女机手 ……………………………………… 尧山璧

外国文学作品介绍

旗手 ……………… ［法］阿·都德作　洪丕柱译
星期六下午 …… ［美］艾·考德威尔作　林昭译

理论

彻底清除围剿《三上桃峰》的流毒…… 拾风　何慢

在生活的激流中
——谈粉碎"四人帮"以来的短篇小说……… 刘剑青
"不应这样狭窄，它广泛得多"——学习鲁迅论题材
问题札记 …………………………………… 王永生
从《取经》到《分歧》
——略谈贾大山的短篇小说 ……………… 吴欢章
短小简练　清新自然——读《第一堂课》、《满月
儿》、《第五十三个……》……………………… 程德培
英明领袖华主席的号召（篆刻）…………… 茅子良
汇报（油画）…………… 陈子云　王垂　孙忠祥
抓纲治国展宏图（水粉画）………… 徐昌明　任美君
高速度地前进（宣传画）…………………… 蔡振华

1978 年第 11 期　刊名:《上海文艺》
目录

艺术与民主 ………………………………… 本刊评论员
墓场与鲜花（小说）………………………… 肖平
病房三章——暮云期手记断片（小说）…… 李季
胜利的时刻（小说）………………………… 张锐
上帝原谅他（小说）………………………… 卢新华
雾（小说）…………………………………… 艾明之
奇怪的"包裹"（小说）………… 唐乃祥　经思忠
大江源记（散文）…………………………… 齐克
我以我血荐轩辕——记陌生的朋友（散文）… 宗福先
黎明的城市（散文）………………………… 风子
警察（外国文学作品介绍）
………………………… ［美］马尔兹作　叶芒译
星——我为大有希望的一代歌唱（诗）…… 公刘
通车典礼（诗）……………………………… 苏金伞
浙游诗钞（诗）……………………………… 夏征农
自赏诗八首（诗）…………………………… 张志民
地球的记忆（外一首）……………………… 邵燕祥
悼念罗瑞卿伯伯（诗）……………………… 张小勇
奇幻的夜（诗）……………………………… 唐大同
山镇早市（诗）……………………………… 艾风
江山代有才人出——读《我相信党》等八篇新人新作
（评论）…………………………………… 冯英子
时刻准备斩豺狼（水印木刻）……………… 黄丕谟
鲜花送模范（国画）………………………… 汪大文

1978 年第 12 期　刊名:《上海文艺》
目录

纪念伟大领袖毛主席八十五诞辰

为人民做事（散文）………………………… 贺绿汀
题毛主席坐像（诗）………………………… 赵春华

布鞋（诗）························郑成义
在韶山（诗）························朱　健
从实践是检验真理的唯一标准说起（理论）···夏征农
香花还是毒草，让实践来检验（理论）·····刘　金
读毛主席诗词三首管见··············吴世昌
光荣归于为真理而斗争的战士
——看《于无声处》有感············冯　牧
民心——读《天安门诗抄》···········袁　鹰
"伤痕"文学小议···················陈恭敏
"真"与"假"——文艺创作的典型化原则···孙　逊
告别——写在举国哀悼周总理的日子里····景晓东
啊，人民……（诗）·················胡　平
阿福（诗）························孙友田
向无名诗人致敬（诗）·······兰　翔　任慧龙
红外曲（报告文学）···············茹志鹃
光明（小说）······················王　蒙
苍茫大地（小说）··················黎　婴
"未可及"别传（小说）··············韶　华
开锅饼（小说）····················林斤澜
人民的告别（散文）················景晓东
帐篷（散文）······················李健君
创业诗篇犹待续　千秋遗恨在人间！——怀念柳青
（散文）·························朱语今
浮想录（散文）····················黄宗江
光明烛（寓言）····················何公超
《收获》、《电影新作》、《上海戏剧》、《上海歌声》
将于明年一季度先后复刊和创刊（文艺动态）
上海市举行一九七八年戏曲汇演（文艺动态）
万物生长靠太阳（年画）·······谢志高　胡振宇
天安门事件完全是革命行动（摄影二帧）

1979 年第 1 期　刊名:《上海文学》
目录

投入伟大的转变·················本刊评论员
浸血的白花
——一个母亲的手记（小说）···高　桦　章仲锷
阴影（小说）······················左建明
石头梦（小说）····················李　准
找他（小说）······················刘心武
治水（故事新编）··················左　泥
大江滚滚思潮激（散文）············黄　裳
杨柳花（散文）····················朱国瑾
一束沙枣花（散文）················张　敏
闪亮的海贝（散文）················艾青峰
淮南烽火（革命回忆录）············吴运铎
感怀二首（诗）····················吕　剑
悼念我的爸爸——陶勇（诗）·········张小勇

大巴山的石碑（诗）················雷　霆
马背上的歌（诗）·······田渴新　仁增白姆

宝钢赋
中转站（诗）······················朱金晨
新长征的军威（诗）················宫　玺
交通岗（诗）······················王　仿
海鸥，你在忙啥?（诗）·············张斥夫
测量（诗）························宁　宇
关于《忆向阳》诗集的意见
——给臧克家同志的一封信·········姚雪垠
从实践是检验真理的唯一标准说起（理论）···夏征农
谈人物的肖像描写（创作谈）········黄世瑜
细节见精神（创作谈）··············冯健男

文艺论坛
文学要议政、议经、议文···········刘宾雁
话剧《于无声处》人物座谈会········顾小虎
"商榷"之风应复兴·················拾　风
育花有术························成　谷
鞠躬尽瘁（国画）·······王为政　石　齐　张仁芝
沸腾的宝钢工地（速写）············蔡　兵

1979 年第 2 期　刊名:《上海文学》
目录

学习周总理《在文艺工作座谈会和故事片创作会议上
的讲话》
作家要有勇气，文艺要有法制········巴　金
关于"棍子"和"长官"之类··········吴　强
文艺需要民主····················柯　灵
铭记箴言　总结经验···············瞿白音
学总理讲话　忆影坛沧桑···········严　励
独特的旋律（小说）················周嘉俊
你是在为人类服务吗?（小说）·······巴　波
含羞草（小说）····················刘绍棠
长安街头（小说）··················李　准
猪的喜剧（小说）··················韩石山
瞎子（小说）······················彭荆风
瓷乡行（散文）····················翁世荣
欢乐的芦笙会（散文）·······（苗族）杨明渊
灿烂的城（诗）····················邹荻帆
游华山（诗六首）··················李尔重
寄美国登月者（诗）················任洪渊
站在纪念碑前（诗）················沙　金
绿色的脚步（诗）··················湘　霖
剑麻（外一首）····················屠　岸
"竖"歌（诗）······················杨有芳

姚文元的"左"及其教训⋯⋯⋯⋯⋯⋯⋯王纪人

文艺论坛

关于译后记⋯⋯⋯⋯⋯⋯⋯⋯⋯⋯荒 芜
爱情和政治⋯⋯⋯⋯⋯⋯⋯⋯⋯⋯冯英子
解放思想一题⋯⋯⋯⋯⋯⋯⋯⋯⋯唐振常
不能苛求⋯⋯⋯⋯⋯⋯⋯⋯⋯⋯⋯郑荣来

读者中来

别林斯基读过马克思的著作⋯⋯⋯⋯郭灵声
《墓场与鲜花》读后⋯⋯⋯⋯⋯⋯⋯周晓航
给《上铺与下铺》作者的一封信⋯⋯周琦冰
荷花舞（国画）⋯⋯⋯⋯⋯⋯⋯⋯华三川
建设中的金山（速写）⋯⋯⋯⋯⋯陈逸飞

1979 年第 3 期　刊名:《上海文学》

目录

在柳江畔（外一首）⋯⋯⋯⋯芦　芒　遗作
轸悼芦芒同志⋯⋯⋯⋯⋯⋯⋯⋯⋯姜　彬
黑旗（小说）⋯⋯⋯⋯⋯⋯⋯⋯⋯刘　真
爱国奖券——台湾轶事（小说）⋯⋯聂华苓
雪夜静悄悄（小说）⋯⋯⋯⋯⋯⋯贾平凹
沂姐（小说）⋯⋯⋯⋯⋯⋯⋯⋯⋯孙慈忠
除夕（小说）⋯⋯⋯⋯⋯⋯⋯⋯⋯周明发
戴着锁链登攀的人（报告文学）⋯⋯费礼文
思悠悠——悼念彭德怀同志（散文）林　呐
游目淮滨（散文）⋯⋯⋯⋯⋯⋯⋯赖少其
聂华苓二三事（散文）⋯⋯⋯⋯⋯张葆莘
闻过则记（寓言）⋯⋯⋯⋯⋯⋯⋯高　磊
请您欣慰地闭上眼睛⋯⋯（诗）⋯⋯胡　平
写在大庆的诗（诗）⋯⋯⋯⋯⋯⋯苗得雨
大山，我可爱的家乡（诗）⋯⋯⋯刘毅然
波浪（诗）⋯⋯⋯⋯⋯⋯⋯⋯⋯⋯蔡其矫
春到更相思（诗二首）⋯⋯⋯⋯⋯徐　刚
心律（诗配画）⋯⋯⋯⋯⋯王　云　徐克仁
关于"写阴暗面"和"干预生活"⋯⋯刘宾雁

文艺论坛

尊重人民的喜闻乐见⋯⋯⋯⋯⋯⋯左　弦
闲话电影⋯⋯⋯⋯⋯⋯⋯⋯⋯⋯⋯丁　浅
多看看我们的工人和农民⋯⋯⋯⋯韩石山
打破情面⋯⋯⋯⋯⋯⋯⋯⋯⋯⋯⋯程建汉
别具一格的评论⋯⋯⋯⋯⋯⋯⋯⋯黄　屏
戏曲也要革新⋯⋯⋯⋯⋯⋯⋯⋯⋯卫　明
危乱见坚贞　倔强对奸佞——读赵朴初同志《片石集》中反"四人帮"的诗作⋯⋯⋯⋯⋯⋯⋯刘梦溪
稿丛摘翠（一则）⋯⋯⋯⋯⋯⋯⋯徐关林

纳木湖畔（套色木刻）⋯⋯⋯⋯⋯徐　匡
胶林之晨（雕塑）⋯⋯⋯⋯严友人　吴　正
严阵以待（速写）⋯⋯⋯⋯⋯⋯⋯钱逸敏

1979 年第 4 期　刊名:《上海文学》

目录

为文艺正名
——驳"文艺是阶级斗争的工具"说⋯⋯本刊评论员
拳头（小说）⋯⋯⋯⋯⋯⋯⋯⋯⋯林斤澜
重逢（小说）⋯⋯⋯⋯⋯⋯⋯⋯⋯金　河
掌声（小说）⋯⋯⋯⋯⋯⋯⋯⋯⋯关汝松
涵芳的故事（小说）⋯⋯⋯⋯⋯⋯於梨华
沙漠甘泉（小说）⋯⋯⋯⋯⋯⋯⋯刘兴诗
拉大幕的人（小说）⋯⋯⋯⋯⋯⋯徐葆煜
桃子熟了（小说）⋯⋯⋯⋯⋯⋯⋯尹文欣
锁（小说）⋯⋯⋯⋯⋯⋯⋯⋯⋯⋯曹冠龙
师表永存——悼念魏金枝先生⋯⋯赵　自
痛悼傅雷⋯⋯⋯⋯⋯⋯⋯⋯⋯⋯⋯楼适夷
寄给你苏绣（诗）⋯⋯⋯⋯⋯⋯⋯郭瑞年
牛车（外一首）⋯⋯⋯⋯⋯⋯⋯⋯张　长
战士爱雪莲（诗）⋯⋯⋯⋯⋯⋯⋯李志君
露珠集（诗）⋯⋯⋯⋯⋯⋯⋯⋯⋯管用和
诗味（诗）⋯⋯⋯⋯⋯⋯⋯⋯⋯⋯于　沙
清早出发去巡逻（诗）⋯⋯⋯⋯⋯王贤良
忆贺老总在朝鲜（散文）⋯⋯⋯⋯徐　行
采油娃（散文）⋯⋯⋯⋯⋯⋯⋯⋯张庆田
木麻黄礼赞（散文）⋯⋯⋯张　绰　关振东
品茶与批评（散文）⋯⋯⋯⋯⋯⋯周　斌
致姚雪垠同志的一封公开信⋯⋯李国权　汪剑光
巴尔扎克的艺术风格散论⋯⋯⋯⋯何　新

文艺论坛

再论"杂家"⋯⋯⋯⋯⋯⋯⋯⋯⋯罗竹风
我们需要更多的"采编家"⋯⋯⋯⋯魏克明
编辑与民主⋯⋯⋯⋯⋯⋯⋯⋯⋯⋯王琪森
"下去"岂只"下乡"？⋯⋯⋯⋯⋯⋯邓小秋
正视现实的生活⋯⋯⋯⋯⋯⋯⋯⋯谢顺章
读者中来（四则）⋯⋯⋯⋯⋯⋯⋯曹水苗等
稿丛摘翠（一则）⋯⋯⋯⋯⋯⋯⋯季元龙
1957 年周恩来同志和著名昆曲演员俞振飞（左）及浙江绍剧团小演员的合影（摄影）⋯⋯⋯夏道陵
扬眉剑出鞘（木刻）⋯⋯⋯⋯⋯⋯徐　匡

1979 年第 5 期　刊名:《上海文学》

目录

从五四文学到四五文学 ································ 童怀周
怀念人民的好市长陈毅同志（革命回忆录）··· 陈丕显
管饭（小说）···································· 峭　石
一个车间主任的日记（小说）···················· 孙　山
清水衙门（小说）······························ 尤凤伟
台鸽（小说）·································· 顾万明
在人防地下餐厅里（小说）······················ 仇学宝

海岸诗汛

天涯海角（外二首）···························· 艾　青
在远洋船上（诗四首）·························· 雁　翼
返航（诗）···································· 吕　剑
芒果树（外一首）······························ 孙静轩
在甜蜜的森林里（外一首）······················ 傅　仇
神秘果（诗）·································· 胡　昭
集装箱码头（外一首）·························· 蔡其矫
驾驶台（外一首）······························ 李根宝
临海的窗口（诗）······························ 郑成义
浪花与泡沫（诗）······························ 姜浪萍
怀念君里（散文）······························ 荒　煤
槟榔妹妹（散文）······························ 黄宗英
早霞短笛（散文）······························ 柯　蓝
关村坝的灯火（散文）·························· 王真光
留邻村枣（散文）······························ 王兆军
我们文艺的政治标准——学习毛主席和周总理关于文
艺问题的两个讲话 ···························· 李国涛
新时期的新人形象——读《独特的旋律》·········· 吴龙宝
论杨朔散文的比兴 ···························· 黄政枢
重视反面人物形象的塑造 ······················ 许锦根

文艺论坛

《于无声处》留下的启示 ························ 晴　遇
学经 ·· 吴士余
诗与生活 ···································· 周良沛
编辑的锣鼓 ·································· 晓　江
不平则鸣 ···································· 周泉生
鲁迅研究中的一个重要问题 ···················· 甘竞存
杜绝蹈袭现象（读者中来）·············· 苏　飞　王美春
松高洁——为陈毅同志造像（国画）·············· 盖茂森
汲水图（国画）································ 周思聪

1979 年第 6 期　刊名:《上海文学》

目录

人民选"官"记（小说）·························· 祖　慰
平淡无奇的故事（小说）························ 萧　为
特别法庭（小说）······························ 陆文夫
试点（小说）·································· 于炳坤
接过一枝枪（小说）···························· 陈伯吹
荧光屏外（小说）······························ 徐　岳
夹竹桃（童话）································ 洪汛涛
麻雀·山猫……（童话）························ 郭　风

自卫反击诗辑

为了祖国（诗）································ 李　瑛
掩体（三首）·································· 柯　原
一个边防战士的日记（诗）······················ 姚成友
巍然屹立的钢钉（诗）·························· 王贤良
指导员的脚印（诗）···························· 曹勇骅
向孤山……（诗）······························ 杜志民
边疆小站（诗）································ 应凤鸣
汉白玉石上的弹痕（诗）························ 瞿　琮
殷红的血（诗）································ 田永昌
坐断板凳不起来（外一首）······················ 莫西芬
港口情思（诗）································ 傅天琳
重读《红楼梦》(诗)·························· 鲁　兵
正义的惩罚（散文）···························· 哈　华
边区盐海子（散文）···························· 李天芳
南国仲夏夜（散文）···························· 傅子玖
要一双永远睁着的眼睛 ························ 陈　艰

文艺论坛

吃亏长智谈 ·································· 陆钊珑
为"传统剧"辩 ································ 王若望
"评论"与"争论"···························· 肖　盼
文艺批评首先应该是文艺 ························ 许　杰
从《二十年目睹之怪现状》谈起 ················ 盛巽昌
当心"断种"·································· 世　远

关于《为文艺正名》的讨论

给《上海文学》评论员的一封信 ················ 王得后
"文艺是阶级斗争的工具"是个科学的口号···· 吴世常

读者中来

对短篇小说《重逢》的异议 ···················· 包承吉
谁之罪? ·························· 张胜友　张　锐
一篇实事求是的小说 ·························· 唐代凌
春雪（套色木刻）······················ 方　遒　欧瑾
祖国，我的母亲（木刻）························ 范一辛

1979 年第 7 期　刊名:《上海文学》
目录

第八个"逃兵"（小说）⋯⋯⋯⋯⋯⋯⋯⋯张天民
网! 网! 网!（小说）⋯⋯⋯⋯⋯⋯⋯⋯王有任
第一点质疑（小说）⋯⋯⋯⋯⋯⋯⋯⋯⋯张　幅
金丝雀的命运（小说）⋯⋯⋯⋯陈敦德　孙步康
妈妈教唱的歌（小说）⋯⋯⋯⋯⋯⋯⋯程乃珊
乌苏里江的怀念（散文）⋯⋯⋯⋯⋯⋯陆扬烈
花土沟的晨光——盆地素描（散文）⋯王昌定
雷潮夫妇（散文）⋯⋯⋯⋯⋯⋯⋯⋯⋯山　谷
敦厚的诈骗犯（外国文学作品介绍）
　　　　　　[日本] 西村京太郎作　吴树文译
故乡（诗）⋯⋯⋯⋯⋯⋯⋯⋯⋯⋯⋯⋯沙　鸥
星、鸟及其他（诗）⋯⋯⋯⋯⋯⋯⋯⋯沙　白
金字塔与剑麻（外一首）⋯⋯⋯⋯⋯⋯张万舒
向阳湖杂诗（诗）⋯⋯⋯⋯⋯⋯⋯⋯⋯舒　芜
几乎被遗忘的公民（诗）⋯⋯⋯⋯⋯⋯黄亚洲
大海的骄女（诗）⋯⋯⋯⋯⋯⋯⋯⋯⋯康志强
雨（外一首）⋯⋯⋯⋯⋯⋯⋯⋯⋯⋯⋯刘祖慈
照明问题（诗）⋯⋯⋯⋯⋯⋯⋯⋯⋯⋯铁　璀
"一"字牌（诗配画）⋯⋯⋯⋯周所同　洪广文

关于《为文艺正名》的讨论
文学的发展与"为文艺正名"⋯⋯⋯⋯顾经谭
坚持无产阶级的党的文学原则——"文艺是阶级斗争
的工具"不容否定⋯⋯⋯⋯⋯⋯⋯⋯张居华
用实事求是的科学态度探求真理⋯⋯崇　实
"文艺是阶级斗争的工具"是个科学的口号吗?
　　　　　　　　　　　　　　　　周宗岱

文艺论坛
孔乙己与文学评论⋯⋯⋯⋯⋯⋯⋯⋯杨曾宪
艺术民主一例⋯⋯⋯⋯⋯⋯⋯⋯⋯⋯王国荣
民主空气与作家勇气⋯⋯⋯⋯群　明　维　劲
蜜甜只因采花苦⋯⋯⋯⋯⋯⋯⋯⋯⋯听　宇
赶"浪头"与下生活⋯⋯⋯⋯⋯⋯⋯⋯姜耕玉

读者中来
一个重大的社会问题⋯⋯⋯⋯⋯⋯⋯姜洪海
《重逢》浅议⋯⋯⋯⋯⋯⋯⋯⋯⋯⋯⋯黄安国
真实，感人⋯⋯⋯⋯⋯⋯⋯⋯⋯⋯⋯杨石则
封面设计⋯⋯⋯⋯⋯⋯⋯⋯⋯⋯⋯⋯曹雁力
浩气长存——张志新烈士雕塑⋯⋯⋯吴慧明
剪纸⋯⋯⋯⋯⋯⋯⋯⋯⋯⋯⋯⋯⋯⋯白　渠

1979 年第 8 期　刊名:《上海文学》
目录

清醒（小说）⋯⋯⋯⋯⋯⋯⋯⋯⋯⋯⋯韦君堂
西屹岭下（小说）⋯⋯⋯⋯⋯⋯⋯⋯⋯张德桢
好儿郎（小说）⋯⋯⋯⋯⋯⋯⋯⋯⋯⋯未　央
黑水河畔（小说）⋯⋯⋯⋯⋯⋯⋯⋯⋯谢赤婴
家庭琐事（小说）⋯⋯⋯⋯⋯⋯⋯⋯⋯刘曼华
重闯盘龙道（小说）⋯⋯⋯⋯⋯⋯⋯⋯陈歆耕
幼儿园里（小说）⋯⋯⋯⋯⋯⋯⋯⋯⋯张久荣
孺子牛——忆邵荃麟同志（散文）⋯⋯丁　宁
高山之城碧瑶——菲律宾散记（散文）杜　埃
难忘的一天——回忆田汉同志（散文）
　　　　　　　李大椿　程　成　张　葵
银色的布谷鸟（散文）⋯⋯⋯⋯⋯⋯⋯郭京生
教学篇⋯⋯⋯⋯⋯⋯⋯⋯⋯⋯⋯⋯⋯汪仁寿

唱给张志新烈士的歌
回答（诗）⋯⋯⋯⋯⋯⋯⋯⋯⋯⋯⋯⋯景晓东
烈士·真理（诗）⋯⋯⋯⋯⋯⋯⋯⋯⋯王　仿
党心的呐喊（诗）⋯⋯⋯⋯⋯⋯⋯⋯⋯肖　岗
旋律（诗）⋯⋯⋯⋯⋯⋯⋯⋯⋯⋯⋯⋯姚鸿恩
惨重的序言（外一首）⋯⋯⋯⋯⋯⋯⋯胡　平
长江别话（外一首）⋯⋯⋯⋯⋯⋯⋯⋯雁　翼
写在鲁迅墓前（诗）⋯⋯⋯⋯⋯⋯⋯⋯王洪涛
海上随笔（诗）⋯⋯⋯⋯⋯⋯⋯⋯⋯⋯玉　杲
海港（诗）⋯⋯⋯⋯⋯⋯⋯⋯⋯⋯⋯⋯雷　霆
航海日志（诗）⋯⋯⋯⋯⋯⋯⋯⋯⋯⋯尧山璧
海的欢歌（诗）⋯⋯⋯⋯⋯⋯⋯⋯⋯⋯罗达成
绿叶的赞歌（二首）⋯⋯⋯⋯⋯⋯⋯⋯苗得雨
光明顶（诗）⋯⋯⋯⋯⋯⋯⋯⋯⋯⋯⋯严　阵
鹅（诗）⋯⋯⋯⋯⋯⋯[俄] 克雷洛夫作　陈次园译
春雪（外五章）⋯⋯⋯⋯⋯⋯⋯⋯⋯⋯徐成淼
瞎指挥（诗）⋯⋯⋯⋯⋯⋯⋯⋯⋯⋯⋯文　丙
接上级（诗配画）
　　　　陈显荣诗　白　水　明　德画
民歌二首⋯⋯⋯⋯⋯⋯⋯⋯⋯⋯⋯⋯魏滨海
我为什么写《重逢》⋯⋯⋯⋯⋯⋯⋯⋯金　河
重放的鲜花仍然鲜艳⋯⋯⋯李国权　汪剑光

关于《为文艺正名》的讨论
一个不精确的口号⋯⋯⋯⋯⋯⋯⋯⋯邱明正
应该完整地准确地理解"文艺是阶级斗争的工具"的
理论⋯⋯⋯⋯⋯⋯⋯⋯⋯⋯⋯⋯⋯⋯曾繁仁
武器、工具和文学艺术⋯⋯⋯⋯⋯⋯程达深
文艺理论也应随实践发展⋯⋯⋯⋯⋯肖　平

文艺论坛

夜郎怀古 .... 黄　裳
减去负数　得到正数 .... 狄遐水
"遵命文学"议 .... 叶　久
文学的哭与笑 .... 方仁念
古艺新人（油画） .... 潘鸿海
父子凯旋到家门（木刻） .... 田一华

1979 年第 9 期　刊名:《上海文学》
目录

悠悠寸草心（小说） .... 王　蒙
两代人（小说） .... 陈　村
春雪初化的时候（小说） .... 王吉呈　张子良
在孔雀居住的地方（小说） .... 王梅定　王雨谷
神叉老人之死（小说） .... 胡桔根
一就是一（小说） .... 李　澈
反对官僚主义是社会主义文学的重要使命（评论）
　　　　　　　　　　　　　　　　　　　　彭韵倩　杨志杰

关于《为文艺正名》的讨论
认识生活——文艺的普遍职能 .... 易原符
"文艺是阶级斗争的工具"是个反科学的口号
　　　　　　　　　　　　　　　　　　　　王云缦　陈敦德
一点异议 .... 张怀久
对讨论的讨论 .... 陆钊珑
真实性、公式化与文艺为阶级斗争服务 .... 李方平

文艺论坛
把诗人的桂冠戴在真诗人头上 .... 张景超
作家要敢于接触社会问题 .... 章世鸿
文学批评二题 .... 李汝伦
把深深的思索留给读者 .... 许锦根
"雪中送炭"和"锦上添花" .... 陆寿钧
上海市召开文学戏剧音乐舞蹈美术创作座谈会（文艺
消息）
参花赞（散文） .... 赵　赳
石珍珠（散文） .... 陈典谟

黄浦江畔的歌
酒花林下（诗） .... 辛　笛
上海风景线（四首） .... 赵健雄
我们这一代（诗） .... 陈　放
告别墓地的歌（诗） .... 冰　夫
"诗人"小像（二首） .... 于　之
华清池（外一首） .... 黎焕颐
大树王（诗） .... 孙小兰
致"左联"五烈士（诗） .... 东　达

色彩的解放（诗） .... 郑成义
致老船长（诗） .... 仇学宝
海的翅膀（诗） .... 赵丽宏
特殊的睡眠（诗） .... 谢其规
犁铧上的朝霞（诗） .... 沈林森
刑场（诗） .... 公　刘
长安杂咏（二首） .... 荒　芜
斑马（水墨画） .... 韩梅林
水晶炉 .... 设计　刘纪松　制作　李荣川

1979 年第 10 期　刊名:《上海文学》
目录

端正思想路线，繁荣文艺创作 .... 陈　沂
新文艺理论的建设者——鲁迅 .... 夏征农
文艺必须正名 .... 罗竹风
寂静的雨夜（小说） .... 崔京生
肠梗阻（小说） .... 公　刘
"sos！sos！……"（小说） .... 士　敏
天堂的虚惊（小说） .... 白景晟
"芦芦……"——童年的故事（小说） .... 谢　璞
告别（小说） .... 苏叔阳
"杠房"春秋（小说） .... 万国儒
秤心（小说） .... 蔡玉洗
执法者（小说） .... 杨　建
海洋抒情诗（二首） .... 孙静轩
天空（外一首） .... 刘湛秋
在海瑞故乡（诗） .... 傅　仇
首长手长（诗配画） .... 翁建荣　洪广文
"抬"和"吹"（诗配画） .... 魏云鹤　李义生
一丛淡红色的波斯菊（诗） .... 苏金伞
欢腾的小河（外一首） .... 马恒祥
夜色中的黄浦江（诗） .... 方　冰
山城码头（诗） .... 陈咏华
挽邵荃麟同志（诗） .... 聂绀弩
诗二首（诗） .... 孙玄常

文艺论坛
时髦·古董及其他（外一篇） .... 成　谷
斥"养活说" .... 方克强
忧愤之所为作 .... 石方禹
革命风雨催我长（水粉画） .... 蒋昌一
向往（装饰画） .... 韦君琳

1979 年第 11 期　刊名:《上海文学》
目录

这里有黄金（小说）⋯⋯⋯⋯⋯⋯⋯⋯刘心武
四嫂（小说）⋯⋯⋯⋯⋯⋯⋯⋯⋯⋯成　一
系心带（小说）⋯⋯⋯⋯⋯⋯⋯⋯⋯高晓声
长胡子的红卫兵（小说）⋯⋯⋯⋯⋯任大霖
姐妹们（小说）⋯⋯⋯⋯⋯⋯⋯⋯⋯倪慧玲
乡情（小说）⋯⋯⋯⋯⋯⋯⋯⋯⋯⋯邹志安
放心不放心（小说）⋯⋯⋯⋯⋯⋯⋯张法贵
心中的塑像——和张志新烈士在一起的时候（散文）
⋯⋯⋯⋯⋯⋯⋯⋯⋯⋯⋯⋯⋯⋯谢挺宇
遥远的上海街头之声（散文）⋯⋯⋯何　为
双龙戏珠（散文）⋯⋯⋯⋯⋯⋯⋯⋯德　咏
枕木、道钉、火车头（寓言）⋯⋯⋯何公超
创作行为的自觉性与不自觉性（创作谈）⋯⋯王元化
《木木》与典型化问题（创作谈）⋯钱谷融
大地之歌（诗）⋯⋯⋯⋯⋯⋯⋯⋯⋯李　黎
自白（诗）⋯⋯⋯⋯⋯⋯⋯⋯⋯⋯⋯骆耕野
秋蝉（诗）⋯⋯⋯⋯⋯⋯⋯⋯⋯⋯⋯丁　芒
昨夜（诗）⋯⋯⋯⋯⋯⋯⋯⋯⋯⋯⋯贺星寒
战士心中的祖国（诗）⋯⋯⋯⋯⋯⋯姚成友
麻黄树（诗）⋯⋯⋯⋯⋯⋯⋯⋯⋯⋯白　渔
多么平静的夜晚（诗）⋯⋯⋯⋯⋯⋯唐大同
一只芦花鸡（诗）⋯⋯⋯⋯⋯⋯⋯⋯文　丙
上泰山（二首）⋯⋯⋯⋯⋯⋯⋯⋯⋯张玉泉
乐队（诗）⋯⋯⋯⋯⋯⋯⋯⋯⋯⋯⋯石太瑞
情诗一束（四首）⋯⋯⋯⋯⋯⋯⋯陈祖言等

文艺论坛
于冠群该不该免职?⋯⋯⋯⋯⋯⋯⋯李　燕
学一点"无为而治"⋯⋯⋯⋯⋯⋯⋯朱国庆
"一天"与"一年"的对调⋯⋯⋯⋯⋯陈　炳

关于《为文艺正名》的讨论
文艺的本质特征是生活的形象表现⋯⋯⋯徐中玉
关于文艺的定义⋯⋯⋯⋯⋯⋯⋯⋯⋯陈超南
就"阶级斗争工具"说和王得后等同志商榷⋯文致和
情深谊长（油画）⋯⋯⋯⋯⋯⋯⋯⋯陈为民
晴朗的天（雕塑）⋯⋯⋯⋯⋯⋯⋯⋯杨衍泽

1979 年第 12 期　刊名:《上海文学》
目录

基础（小说）⋯⋯⋯⋯⋯⋯⋯⋯⋯⋯蒋子龙
三人行（小说）⋯⋯⋯⋯⋯⋯⋯⋯⋯蒋金彦
瞬息之间（小说）⋯⋯⋯⋯⋯⋯⋯⋯贾大山

船与舵（小说）⋯⋯⋯⋯⋯⋯⋯⋯⋯王西彦
上马下马（小说）⋯⋯⋯⋯⋯⋯⋯⋯齐　平
卖烟人出庭呼吁（小说）⋯⋯⋯⋯⋯姚克明
淘气的姑娘（报告文学）⋯⋯⋯⋯⋯理　由
作家与战士——回忆郁达夫先生（散文）⋯王啸平
沙漠吃不掉北京（诗）⋯⋯⋯⋯⋯⋯邵燕祥
在车辆的河流中（诗）⋯⋯⋯⋯⋯⋯王　野
水（诗）⋯⋯⋯⋯⋯⋯⋯⋯⋯⋯⋯⋯李雾宇
彩虹（诗）⋯⋯⋯⋯⋯⋯⋯⋯⋯⋯⋯孔　林
"对我来"赞（诗）⋯⋯⋯⋯⋯⋯⋯⋯刘不朽
缧索的歌（诗）⋯⋯⋯⋯⋯⋯⋯⋯⋯管用和
假若我的歌有翅膀（诗）⋯⋯⋯⋯⋯薛尔康
煤（诗）⋯⋯⋯⋯⋯⋯⋯⋯⋯⋯⋯⋯黄东成
北山（诗）⋯⋯⋯⋯⋯⋯⋯⋯⋯⋯⋯吕　剑
赶街日子（诗）⋯⋯⋯⋯⋯⋯⋯⋯⋯舒宗范
白昼的月亮（诗）⋯⋯⋯⋯⋯⋯⋯⋯顾　城
秋收的夜晚（诗）⋯⋯⋯⋯⋯⋯⋯⋯方　赫
种子（诗）⋯⋯⋯⋯⋯⋯⋯⋯⋯⋯⋯岑　琦
我决不是这样地向往未来⋯⋯（诗）⋯顾　工

文代会归来
散会后的沉思⋯⋯⋯⋯⋯⋯⋯⋯⋯⋯柯　灵
路子应该越走越宽⋯⋯⋯⋯⋯⋯⋯⋯王西彦
努力塑造社会主义新人⋯⋯⋯⋯⋯⋯孙　瑜
集中精力于创作与研究⋯⋯⋯⋯⋯⋯陈恭敏
滚烫的心⋯⋯⋯⋯⋯⋯⋯⋯⋯⋯⋯⋯宗福先
对文艺工作的几点意见⋯⋯⋯⋯⋯⋯陈登科
向母亲说说心里话⋯⋯⋯⋯⋯⋯⋯⋯刘心武
"坚持"与"解放"⋯⋯⋯⋯⋯⋯⋯⋯夏　阳
考核（版画）⋯⋯⋯⋯⋯⋯⋯⋯⋯⋯阿　兴
采花蜂苦蜜方甜（木刻）⋯⋯⋯⋯⋯朱国荣

1980 年第 1 期　刊名:《上海文学》
目录

小说
被爱情遗忘的角落⋯⋯⋯⋯⋯⋯⋯⋯张　弦
儿女情⋯⋯⋯⋯⋯⋯⋯⋯⋯⋯⋯⋯⋯茹志鹃
虔诚⋯⋯⋯⋯⋯⋯⋯⋯⋯⋯⋯⋯⋯⋯达　理
酸果⋯⋯⋯⋯⋯⋯⋯⋯⋯⋯⋯⋯⋯⋯郑万隆
"唉⋯⋯"⋯⋯⋯⋯⋯⋯⋯⋯⋯⋯⋯曹玉模
开通宵车的秘密⋯⋯⋯⋯⋯⋯⋯⋯⋯戴慕仁
零⋯⋯⋯⋯⋯⋯⋯⋯⋯⋯⋯⋯⋯⋯⋯唐代凌

散文
悼方之同志⋯⋯⋯⋯⋯⋯⋯⋯⋯⋯⋯巴　金
浪头里的石头（悼方之）⋯⋯⋯⋯⋯陈　辽
忘不了的胡杨⋯⋯⋯⋯⋯⋯⋯⋯⋯⋯王中才

理论

在革命现实主义的道路上⸻⸻洁　泯
文艺职能之我见⸻⸻邓友梅
转业到文艺界以后——给刘宾雁的信（作家通信）
⸻⸻刘绍棠
走啊，星光在前！（作家通信）⸻⸻赵　自

文艺论坛

镜子·文学·胭脂⸻⸻刘官民
讽刺的命运⸻⸻沙叶新
典型与百分比⸻⸻曹廷华
从病梅到盆景⸻⸻吕　剑

诗歌

眼睛⸻⸻白　桦
青春⸻⸻陈　放
金缕玉衣⸻⸻曹冠龙
水手⸻⸻高元兴
绿洲⸻⸻肖　川
潮与船（外一首）⸻⸻斤　夫

黄浦江畔的歌

路⸻⸻景晓东
雾（外一首）⸻⸻宫　玺
一个设计师的幻想⸻⸻赵丽宏
花，挤上了云外……⸻⸻胡　平
银色的练塘（二首）⸻⸻冰　夫
绿⸻⸻周伟林
练塘秋好⸻⸻王　仿
云⸻⸻韩　云

美术

天鹅（木刻）⸻⸻刘　岘
晨（油画）⸻⸻徐文华
雀梅（潮州剪纸）⸻⸻罗瑞瑜

1980 年第 2 期　刊名:《上海文学》
目录

小说

底色⸻⸻张笑天
天池泪⸻⸻张　敏
试桩记⸻⸻福　庚
还在等待他⸻⸻赵　自
燃烧的爱情⸻⸻李　锐
死魂灵⸻⸻南　丁
寒夜里的哭声⸻⸻王润滋
晨雾⸻⸻魏　民

理论

文艺论坛

"带头羊"与"替罪羊"⸻⸻易原符
生活·政策·文学⸻⸻畅广元
文章公式纵横谈⸻⸻陆钊珑
改名换姓和艺术民主⸻⸻陈　深
文学上的雅量⸻⸻金　梅
有感于一个宪兵将军对高尔基的关心⸻⸻贺光鑫
"草菅书命"及其他⸻⸻周　晓
全速前进（作家通信）⸻⸻茹志鹃
为什么能打动我的心?（作家通信）⸻⸻陈登科
关于现实主义（文学知识讲座）⸻⸻蒋国忠

散文

心灵的底片⸻⸻边震遐
白桦⸻⸻许　淇

诗歌

泰岱之诗（二首）⸻⸻雷抒雁
沉船⸻⸻蔡其矫
会合⸻⸻沙　白
看秦陵兵马俑⸻⸻毛　锜
乌兰牧骑的一对吉米斯
⸻⸻巴·布林贝赫诗　陈乃雄译
套雪鸡⸻⸻瞿　琮
绿色的雨⸻⸻刘毅然
夜宿戈壁⸻⸻冯永杰
我们总有那一天⸻⸻陈　沂
水果二题⸻⸻晓　钢
猜谜⸻⸻晓　蕾
清溪⸻⸻王　果
竹乡行⸻⸻寒　星
动物的自白⸻⸻王维章

美术

渔民新居（木刻）⸻⸻卜维勤
"香客"（油画）⸻⸻金书华
山城渡口（石刻）⸻⸻孙　煌

1980 年第 3 期　刊名:《上海文学》
目录

小说

教授与骑兵⸻⸻张　幅
印有金锚的飘带⸻⸻叶　楠
提兜女⸻⸻贾平凹
美丽的杨之枫⸻⸻陆北威
苦酒⸻⸻郭雪波

误会的悲剧······邱伟鸣
夕阳······白景晟
我曾经在这里生活······陈 村
人民币的不同价值······张捷世

散文
回顾"左联" 展望未来······陈白尘
白玉兰······张 洁
姑苏杂忆······奚学瑶

理论
文艺论坛
调门小论······冯英子
"干预生活"一议······吴奔星
别一种战法······倪诚侃
"创作方法"是一个科学概念吗?······徐缉熙
人性札记······王元化
关于浪漫主义······叶 易
致秦牧(作家通信)······黄秋耘

诗歌
大地之歌
献给仙人掌的赞歌······李 瑛
不能再等······沈 重
峨眉山泉歌······忆明珠
从冬到春(三首)······沙 鸥
瀚海绿洲······梁上泉
牧归······崔合美
金色的秋天······辛 笛
华表的传说······公 刘
水龟出游记(寓言诗)······顾 城
倘若······苗得雨
请借给我一台天文望远镜······刘祖慈
草原行······李子恩
静······王小龙
晨······鲁 兵
外滩巡礼······黎焕颐
贝与螺······黄 淮
打开金色的账簿······张名河

美术
渔港(速写)······金立德
加料的节奏(木刻)······王维新
上工(版画·罗马尼亚)······格奥尔格·伊凡钦柯
阳光下(木刻)······姜 旗

1980 年第 4 期　刊名:《上海文学》
目录

报告文学
裂缝,绝不只是一种······公 刘

小说
告状······韦君宜
推销员······赵大年
徘徊······韶 华
三个独生子······曹晓波
李家仁······山 谷
月亮小镇······张宝发

散文
和少奇同志一起的日子里······冯少白
少奇同志回宁乡······徐伯青
盆景······林斤澜

理论
文艺思想学习笔记
文艺三论······罗竹风
有感于火光和灯光······刘 金
"干预生活"的冷热谈······晓 江
注意效果　实事求是······王纪人
从微笑到沉思······黄秋耘
《台湾小说选》的乡土特色······武治纯

诗歌
笋······徐 刚
丙辰清明——庚申清明······白 桦
早春的思念······肖 岗
寻访······贺东久
墓碑(外一首)······叶文福
我喜欢绿茵的草地······刘湛秋
春天······曲有源
雨后······刘文超
灵岩山······陈继光
山泉······查 干
雪,种籽······圣 野
富士山莽昆仑······刘希涛

美术
伟大的无产阶级革命家刘少奇同志(雕塑)
······唐世储　吴镜初　王晓明　曾路夫
林海姑娘(木刻)······戈 沙
茶炊(木刻)······李以泰
同志(国画)······李 琦

丝路花雨（摄影）⋯⋯⋯⋯⋯⋯⋯⋯张祖麟
晨练（木刻）⋯⋯⋯⋯⋯⋯⋯⋯⋯冒怀苏

1980 年第 5 期　刊名:《上海文学》
目录

专论
关于近年来文学创作的主流及其他
——在一九七九年获奖短篇小说座谈会上的发言
⋯⋯⋯⋯⋯⋯⋯⋯⋯⋯⋯⋯⋯冯　牧

小说
最后的冲刺⋯⋯⋯⋯⋯⋯⋯⋯⋯张石山
县委书记的父亲⋯⋯⋯⋯⋯⋯⋯张长公
追求⋯⋯⋯⋯⋯⋯⋯⋯⋯⋯⋯⋯孔捷生
洁白的梨花瓣⋯⋯⋯⋯⋯⋯⋯⋯竹　林
清凌凌的水⋯⋯⋯⋯⋯⋯⋯⋯⋯莫　伸
生活啊，我爱你!⋯⋯⋯⋯⋯⋯⋯郑春基

理论
年青的歌手向我们走来⋯⋯⋯⋯吴欢章
我热爱这颗星——读《人到中年》⋯梅　朵
文艺的路子要越走越宽（文艺论坛）⋯顾　骧
镜子的争议（文艺论坛）⋯⋯⋯章仲锷
文学这面镜子⋯⋯（文艺论坛）⋯黄安国

美术·其他
喜讯（木刻）⋯⋯⋯⋯⋯⋯⋯⋯邬继德
主人（版画）⋯⋯⋯⋯⋯徐　匡　阿　鸽
里维埃夫人肖像（油画）⋯⋯［法］安格尔
敦煌莫高窟（速写）⋯⋯⋯⋯⋯仇少明
编后记

诗歌
恋歌⋯⋯⋯⋯⋯⋯⋯⋯⋯⋯⋯⋯薛尔康
一缕银线，两只风筝（外一首）⋯沈宏菲
诗二首⋯⋯⋯⋯⋯⋯⋯⋯⋯⋯⋯舒　婷
自然·社会·人（四首）⋯⋯⋯谢颐成
星星变奏曲⋯⋯⋯⋯⋯⋯⋯⋯⋯江　河
神明·历史·空气（三首）⋯⋯赵健雄
海之沫（四首）⋯⋯⋯⋯⋯⋯⋯缪国庆
水路（三首）⋯⋯⋯⋯⋯张明观　张仁贤
崖壁下的阴河⋯⋯⋯⋯⋯⋯⋯⋯聂鑫森
为几个动词而创作的生活之歌（二首）⋯杨　炼
春的剪影（三首）⋯⋯⋯⋯⋯⋯桂兴华
田野里的印象（二首）⋯⋯⋯⋯王小妮
绿色的心愿⋯⋯⋯⋯⋯⋯⋯⋯⋯周　民
江南春讯（二首）⋯⋯⋯⋯⋯⋯陈　放

夜登枇杷山⋯⋯⋯⋯⋯⋯⋯⋯⋯李亚平
机耕大道⋯⋯⋯⋯⋯⋯⋯⋯⋯⋯骆耕野
贺新房⋯⋯⋯⋯⋯⋯⋯⋯⋯⋯⋯胡　笳
题一位老军垦的坟墓⋯⋯⋯⋯⋯章德益
高原与绿洲⋯⋯⋯⋯⋯⋯⋯⋯⋯周　涛
眠⋯⋯⋯⋯⋯⋯⋯⋯⋯⋯⋯⋯⋯董景黎
意志⋯⋯⋯⋯⋯⋯⋯⋯⋯⋯⋯⋯东　达
牛顿与苹果的启迪⋯⋯⋯⋯⋯⋯陈可雄

1980 年第 6 期　刊名:《上海文学》
目录

小说专辑
海的梦⋯⋯⋯⋯⋯⋯⋯⋯⋯⋯⋯王　蒙
典型调查⋯⋯⋯⋯⋯⋯⋯⋯⋯⋯苏从林
长相忆⋯⋯⋯⋯⋯⋯⋯⋯⋯⋯⋯郑万隆
白色头盔下的美和梦⋯⋯⋯⋯⋯李　陀
春雪⋯⋯⋯⋯⋯⋯（蒙古族）伊·布勒固德
寂寞中的安慰⋯⋯⋯⋯⋯⋯⋯⋯胡万春
"伤心沟"代序⋯⋯⋯⋯⋯⋯⋯⋯王若望
小青蛙跳得高（童话）⋯⋯⋯⋯金　近
星期六的两盘棋⋯⋯⋯⋯薛海翔　黑　子
女伴⋯⋯⋯⋯⋯⋯⋯⋯⋯⋯⋯⋯岳治成
郭侠⋯⋯⋯⋯⋯⋯⋯⋯⋯⋯⋯⋯大　保
火花亮在夜空⋯⋯⋯⋯⋯⋯⋯⋯韩少功

理论
政治家与文学家——谈列宁与高尔基的关系⋯黄世瑜
录以备忘（文艺论坛）⋯⋯⋯⋯陆钊珑
领导干部与文艺作品（文艺论坛）⋯王琪森
关于短篇小说《"唉⋯⋯"》的讨论
为何不能唱"唉"调?⋯⋯⋯⋯⋯冬　澜
也谈短篇小说"唉⋯⋯"⋯⋯工人　陈祥宝
不要欣赏这类文章⋯⋯⋯⋯⋯⋯周克家
为何唱"唉"调（转载）⋯⋯⋯⋯旭　东

美术
读（装饰画）⋯⋯⋯⋯⋯⋯⋯⋯韦君琳
牧牛图（版画）⋯⋯⋯⋯⋯⋯⋯李雪勤
辟毕陀·科斯塔在庞奈尔斯（油画）⋯戈　雅
芳草地（版画）⋯⋯⋯⋯⋯⋯⋯莫　测

1980 年第 7 期　刊名:《上海文学》
目录

小说
上李村 ································· 王吉呈　张子良
典型 ·································· 卢新华
一尊少女塑像 ·························· 陈　放
夜不收…… ····························· 菡　子
内地阿伯 ······························ 尚　政
"爱人" ································ 焦祖尧
女儿的心愿 ···························· 俞天白
柠檬红茶 ······························ 王公序
相马记 ································ 鲁　兵
三兄弟开会（寓言） ···················· 陈乃祥

散文
冲不淡的旧迹 ·························· 张新奇
秋之念 ································ 罗灏白

理论
"双百"方针杂议（文艺思想学习笔记） ······ 顾　骧
新时期社会主义文艺的方向（文艺思想学习笔记）
····································· 缪俊杰
关于短篇小说《"唉……"》的讨论
"唉"调、"啊"调和"吗"调 ··············· 肖仁吾
主题、格调及其他 ······················ 仲呈祥
文艺论坛
镜子与"艺术的真实" ··················· 唐代凌
战法别一种 ···························· 亦　木
作家应该对生活提出自己的见解 ·········· 许锦根
"茶馆文学"的联想 ····················· 陆寿钧

诗歌
给几个诗友（三首） ···················· 邹荻帆
无名小花歌 ···························· 沙　白
防护林（外一首） ······················ 王洪涛
海的召唤（外一首） ···················· 寒　星
随想录 ································ 纪　鹏
秋收迎亲人 ···························· 陈　沂
"革命的心腹" ························· 天　马
黄浦江畔的歌
长江口（七首） ························· 公　刘
风赋 ································· 谢其规
写在一块钢板上 ························ 黎焕颐
上海的雨夜 ···························· 丁　芒
匆匆的脚步 ···························· 成莫愁
黄浦江之夜 ···························· 沙　金
厂区漫步 ······························ 季振邦
龙华的花（外一首） ···················· 陈　晏
上海印象 ·················· ［美］保罗·安格尔作　辛　笛译

美术
翠柏行（中国画） ······················ 石　鲁
融进桃花山（木刻） ···················· 张怀江
莫尔拉·维居纳夫人像（大理石雕） ······· ［法］罗　丹
芬芳（木刻） ·························· 蔡　兵

1980 年第 8 期　刊名:《上海文学》
目录

文艺创作反映当代生活中的封建主义潜流问题
····································· 肖云儒

小说
老涩外传 ······························ 汤吉夫
白罂粟 ································ 张抗抗
舅公 ································· 叶文玲
我们寻求幸福 ·························· 赵峻防
小城初会 ······························ 彭荆风
长祥嫂子 ······························ 赵育岚
雨后 ································· 刘世俊
白玉河畔 ······························ 张绍清

散文
空谷箫人 ······························ 贾平凹
爸爸，我在呼唤你 ······················ 叶新跃

诗歌
部队诗页
金鸡岭哨所（三首） ···················· 姚成友
在发亮的密林里（二首） ················· 王贤良
山恋 ································· 谢克强
雪花在帐篷前歌唱 ······················ 刘毅然
珠贝 ································· 程童一
骑手 ································· 刘　安
水兵的军装 ···························· 田永昌
生活的浪花
小花（三首） ·························· 沈　重
泰山极顶石 ···························· 李霁宇
大海 ································· 李根红
香山红叶 ······························ 金　谷
驼铃叮咚 ······························ 赵关玉
斑鸠咕咕 ······························ 石太瑞
蜜蜂姑娘（二首） ······················ 雁　翼
雪花（外一首） ························· 邓海南
鱼歌 ································· 贺羡泉

柳哨（外一首）⋯⋯⋯⋯⋯⋯⋯⋯⋯⋯⋯⋯⋯苗得雨

理论
深度与容量——读《被爱情遗忘的角落》所想到的
⋯⋯⋯⋯⋯⋯⋯⋯⋯⋯⋯⋯⋯⋯⋯⋯⋯⋯⋯雷 达
高晓生和他的李顺大、陈奂生⋯⋯⋯⋯⋯李楚城
也谈《唉⋯⋯》的讨论⋯⋯⋯⋯⋯⋯⋯⋯⋯关 林

美术
金秋（摄影）⋯⋯⋯⋯⋯⋯⋯⋯⋯⋯⋯⋯⋯吕小中
菊（木刻）⋯⋯⋯⋯⋯⋯⋯⋯⋯⋯⋯⋯⋯⋯宋彦圣
狐狸（油画·1886 年）
⋯⋯⋯⋯⋯⋯[瑞典]布鲁诺·利尔杰福斯
泉（木刻）⋯⋯⋯⋯⋯⋯⋯⋯⋯⋯⋯⋯⋯⋯王悟生

1980 年第 9 期　刊名:《上海文学》
目录

文艺与人的异化问题⋯⋯⋯⋯⋯⋯⋯⋯⋯王若水

小说
迷乱的星空⋯⋯⋯⋯⋯⋯⋯⋯⋯⋯⋯⋯⋯陈建功
张文礼吃救济⋯⋯⋯⋯⋯⋯⋯⋯⋯⋯⋯⋯刘振华
夜归⋯⋯⋯⋯⋯⋯⋯⋯⋯⋯⋯⋯⋯⋯⋯⋯范小青
旅游途中⋯⋯⋯⋯⋯⋯⋯⋯⋯⋯⋯⋯⋯⋯贺星寒
欧阳出国⋯⋯⋯⋯⋯⋯⋯⋯⋯⋯⋯⋯⋯⋯张 斌
高高的阳台上⋯⋯⋯⋯⋯⋯⋯⋯⋯⋯⋯⋯蔡玉洗
没有失去的发言权⋯⋯⋯⋯⋯⋯⋯⋯⋯⋯史中兴

报告文学
琢玉篇⋯⋯⋯⋯⋯⋯⋯⋯⋯⋯⋯⋯⋯⋯⋯彭 匈

理论
也谈"深入生活"⋯⋯⋯⋯⋯⋯⋯⋯⋯⋯⋯夏 衍
对于"回答"的回答⋯⋯⋯⋯⋯⋯⋯⋯⋯⋯刘 金
关于小说《唉⋯⋯》讨论的来稿综述
文艺论坛
"上纲"与"何不食肉糜"⋯⋯⋯⋯⋯⋯⋯章仲锷
不准提心吊胆⋯⋯⋯⋯⋯⋯⋯⋯⋯⋯⋯⋯陆钊珑
晦涩之风不可长⋯⋯⋯⋯⋯⋯⋯⋯⋯⋯⋯丁 芒
给诗的探索以生存的权利⋯⋯⋯⋯⋯⋯⋯刘湛秋

诗歌
上海诗笺
长城放歌（外一首）⋯⋯⋯⋯⋯⋯⋯⋯⋯黎焕颐
词二首⋯⋯⋯⋯⋯⋯⋯⋯⋯⋯⋯⋯⋯⋯⋯肖 挺
说吧！海燕⋯⋯⋯⋯⋯⋯⋯⋯⋯⋯⋯⋯⋯王 也

诗歌
弥勒佛⋯⋯⋯⋯⋯⋯⋯⋯⋯⋯⋯⋯⋯⋯⋯朱金晨
被欢呼掩盖的枪声⋯⋯⋯⋯⋯⋯⋯⋯⋯⋯王小龙
巨杉的年轮⋯⋯⋯⋯⋯⋯⋯⋯⋯⋯⋯⋯⋯曹冠龙
高山之巅⋯⋯⋯⋯⋯⋯⋯⋯⋯⋯⋯⋯⋯⋯李根宝
迎客松（外一首）⋯⋯⋯⋯⋯⋯⋯⋯⋯⋯龚义昭
心声⋯⋯⋯⋯⋯⋯⋯⋯⋯⋯⋯⋯⋯⋯⋯⋯仇学宝
维纳斯雕像⋯⋯⋯⋯⋯⋯⋯⋯⋯⋯⋯⋯⋯沈宏菲
听潮⋯⋯⋯⋯⋯⋯⋯⋯⋯⋯⋯⋯⋯⋯⋯⋯孔 柔
水井⋯⋯⋯⋯⋯⋯⋯⋯⋯⋯⋯⋯⋯⋯⋯⋯刘国平
我偏不看他⋯⋯⋯⋯⋯⋯⋯⋯⋯⋯⋯⋯⋯郑 伟
九月，田野的风⋯⋯⋯⋯⋯⋯⋯⋯⋯⋯⋯辛 笛
风雨途中⋯⋯⋯⋯⋯⋯⋯⋯⋯⋯⋯⋯⋯⋯李其纲
泛舟在黄浦江上⋯⋯⋯⋯⋯⋯⋯⋯⋯⋯⋯董景黎
一渠清波⋯⋯⋯⋯⋯⋯⋯⋯⋯⋯⋯⋯⋯⋯赵春华
流云⋯⋯⋯⋯⋯⋯⋯⋯⋯⋯⋯⋯⋯⋯⋯⋯冰 夫
无题二首⋯⋯⋯⋯⋯⋯⋯⋯⋯⋯⋯⋯⋯⋯鲁 兵
新娘⋯⋯⋯⋯⋯⋯⋯⋯⋯⋯⋯⋯⋯⋯⋯⋯宁 宇
鸳⋯⋯⋯⋯⋯⋯⋯⋯⋯⋯⋯⋯⋯⋯⋯⋯⋯宫 玺
云水情⋯⋯⋯⋯⋯⋯⋯⋯⋯⋯⋯⋯⋯⋯⋯周志俊
信⋯⋯⋯⋯⋯⋯⋯⋯⋯⋯⋯⋯⋯⋯⋯⋯⋯圣 野
炊烟（外一首）⋯⋯⋯⋯⋯⋯⋯⋯⋯⋯⋯沈 晓

美术
走向生活（版画）⋯⋯⋯⋯⋯⋯⋯⋯⋯⋯吴强年
漓江初夜（木刻）⋯⋯⋯⋯⋯⋯⋯⋯⋯⋯珂 田
母爱（油画）⋯⋯⋯⋯⋯⋯⋯弗拉基米尔·霍夫曼
青春（版画）⋯⋯⋯⋯⋯⋯⋯⋯⋯⋯戈沙谷风

1980 年第 10 期　刊名:《上海文学》
目录

小说
当我二十二岁的时候⋯⋯⋯⋯⋯⋯⋯⋯⋯陈 村
辞官记⋯⋯⋯⋯⋯⋯⋯⋯⋯⋯⋯⋯⋯⋯⋯王润滋
月上柳梢头⋯⋯⋯⋯⋯⋯⋯⋯⋯⋯⋯⋯⋯苏 策
花儿，开在人间⋯⋯⋯⋯⋯⋯⋯⋯⋯⋯⋯宋学孟
利玛窦和徐光启⋯⋯⋯⋯⋯⋯⋯⋯⋯⋯⋯田 邈
神秘的月夜⋯⋯⋯⋯⋯⋯⋯⋯⋯⋯⋯⋯⋯张象吉
湖水清清⋯⋯⋯⋯⋯⋯⋯⋯⋯⋯⋯⋯⋯⋯左建明
地球镜象⋯⋯⋯⋯⋯⋯⋯⋯⋯⋯⋯⋯⋯⋯郑文光

散文
梨花，雪白的梨花⋯⋯⋯⋯⋯⋯⋯⋯⋯⋯姜德明
米粘枣甜⋯⋯⋯⋯⋯⋯⋯⋯⋯⋯⋯⋯⋯⋯周 渺

诗歌
燃不尽的篝火（外二首）⋯⋯⋯⋯⋯⋯⋯周 纲

伊犁马之歌 —————————— 周 涛
雷，一条思索的路（组诗）———— 徐 刚
虹，一条思索的路（组诗）———— 李老乡
年轮之歌（外一首）—————— 章德益
赤子心声 —————————— 杨献瑶
歌唱我自己 ————————— 杜志民
太行草（外二首）—————— 张承信
小河曲 —————————— 董耀章
回声 ——————————— 邵燕祥

诗歌
北方行（组诗）——————— 孙静轩
诗二首 —————————— 黄宗林
虹 ———————————— 公 木
竹叶青（外二首）—————— 罗 洛

理论
创作方法的意义不应忽视——对《"创作方法"是一
个科学概念吗？》一文的商榷 ——— 彭立勋
亨利·詹姆士及其现实主义（外国文艺思潮介绍）
———————————————— 聂华苓

文艺论坛
别人嚼过的馍，不妨再嚼嚼 ———— 关 鸿
有感于"片言只语吃香"说 ——— 杨曾宪
"指南"与"套子" —————— 刘官民
莫以"创作丰富"自乐 ———— 高进贤
读者中来
"文艺批评首先应该是文艺"质疑 —— 刘 波
我们的喜悦 ————————— 毛闯宇
祝贺与希望 ————————— 步武尘

美术
参天（国画）———————— 杨夏林
小熊猫（木刻）——————— 江 敉
闺阁中的阿尔及利亚妇人（油画）
———————— ［法］德拉克罗瓦
山谷的回音（版画）—————— 李介文

1980 年第 11 期　刊名:《上海文学》
目录

理论
破人性之禁域　探艺术之奥区——重读钱谷融《论
"文学是人学"》 ——————— 陈伯海
也谈茹志鹃的沉思——读《儿女情》— 林伟平
对"深入生活"这个口号的再认识 —— 查志华

小说
水泡子 —————————— 蒋 濮
如意草 —————————— 吴泽蕴
塞北风情 ————————— 丁仁堂
小桔灯 —————————— 李 健
棋瘾 ——————————— 赵长天
仲夏夜 —————————— 邹志安
游哉悠哉 ————————— 王克俭
不是梦 —————————— 李有干
冬天的风雪 ——俄特·凡·提伯·克拉克著　聂华苓译

散文
稻花赞 —————————— 俞 超

诗歌
散文诗一束
我爱月亮（外一首）—————— 管用和
枪声响了 ————————— 张金昭
太阳科学家 ————————— 晓 钢
花·石篇（二首）—————— 王公序
爱的旋律（外二首）————— 赵正林
陨铁（三首）——— 张学梦　高伐林　石 鲁
家乡的河（外二首）————— 闻 频
石景和石台 ————————— 张志民
天下第一关 ————————— 王亚平
星星（外一首）——————— 文武斌
爸爸，我为您吹响冲锋的海螺 —— 伊家民

美术
山城（国画）———————— 吴冠中
墨蟹（国画）———————— 范林鹏
秋收（木刻）———————— 杨先让
山村的早晨（版画）————— 陈云既

1980 年第 12 期　刊名:《上海文学》
目录

小说
蛇 ———————————— 曹冠龙
逝水流年 ————————— 张笑天
留在记忆中的长辫 ———— 陆星儿　陈可雄
听我唱支月亮的歌 —————— 陈金发
儿女未婚 ————————— 戈悟觉
重逢在山沟 ————————— 李健君
你一定要活着 ———————— 高行健

理论
文学的真实性和倾向性 ———— 王元化

为"镜子"说辩护——兼论现实主义 …………… 王纪人
镜子·艺术真实·独创作 ………………………… 程代熙
南斯拉夫作家谈文学（国际作家交往）

文艺论坛
提倡现实主义批评 ……………………………… 张成珊
酒神头上的角及其他 …………………………… 贺光鑫
为业余作者鸣不平 ……………………………… 陆钊琥
由输棋发火想到的 ……………………………… 蔡　栋

诗歌
南海二章 ………………………………………… 李　瑛
川西平原菜花香（四首）………………………… 流沙河
大地的耳朵（外一首）…………………………… 史　云
鲜红的合同（外一首）…………………………… 张庆明
筑路工（外一首）………………………………… 孙友田
你好！白杨林 …………………………………… 郭维东
九月的北国 ……………………………………… 李子恩
渔港春色 ………………………………………… 杨兆祥
结局或开始——给遇罗克烈士 ………………… 北　岛

散文
指着北斗星前进——回忆柯仲平同志 ………… 周而复

美术
黄帝的子孙——早日实现祖国统一（油画）… 陈伟德
热带鱼（木刻）…………………………………… 谷　虹
日本女子（油画）…………………………… [法]莫　奈
午休（版画）……………………………………… 朱国荣

1981 年第 1 期　刊名:《上海文学》
目录

小说
喜鹊 ……………………………………………… 桂　森
幻影 ……………………………………………… 王安忆
放债 ………………………………………… 张　发　秦　溱
大堤回首 ………………………………………… 王菊廷
酒逢知己 ………………………………………… 朱　彦
书 ………………………………………………… 陈　村
灰色日记 ………………………………………… 孙　颙

理论
创作思想随谈（作家谈创作）………………… 高晓声
惨淡经营——谈我的两个短篇的创作（作家谈创作）
…………………………………………………… 张　弦
一个值得重新探讨的定义——关于典型环境和典型人
物关系的疑义 ………………………………… 徐俊西

文学家的智能结构 ……………………………… 宋耀良
不，他胜利了——读《迷乱的星空》（读者中来）
…………………………………………………… 圣　海
不，他失败了——对小说《迷乱的星空》的看法（读
者中来）………………………………………… 田德茂

诗歌
百家诗会
春神 ……………………………………………… 雷抒雁
北京三章 ………………………………………… 周良沛
在生活中拾到的抒情诗（六首）………………… 雁　翼
天南海北（五首）………………………………… 孙静轩
从沙海打捞的绿荫（组诗）……………………… 李老乡
沉吟草（三首）…………………………………… 忆明珠
芦荻与红蓼（八首）……………………………… 沙　白
清晨，我谛听着鸟鸣 …………………………… 李霁宇

美术
满地金（国画）…………………………………… 王维宝
天山脚下（版画）………………………………… 戈　沙
古城小站（木刻）………………………………… 刘孔喜
后起之秀（雕塑）………………………………… 吴慧明
沃土（油画）……………………………… 管齐骏　管伟俊

1981 年第 2 期　刊名:《上海文学》
目录

小说·散文
唐巧娣翻身 ……………………………………… 陆文夫
主与仆 …………………………………………… 陈国凯
请放宽心 ………………………………………… 成　一
军营第三风景区 ………………………………… 江奇涛
课间十分钟 ……………………………………… 杨　舜
八十年代归来 …………………………………… 崔京生
最后一面 ………………………………………… 俞　哲
田野静悄悄 ……………………………………… 冯苓植
多斯路克——友谊 ……………………………… 唐　栋
川行杂忆（散文）………………………………… 唐振常
知了论"道"（寓言）…………………………… 陈乃祥

理论
变革者面临的新任务 …………………………… 吴　亮
"探求者"的新足印
——从陆文夫的创作谈起 …………………… 雷　达
陈村和他的小说 ………………………………… 周惟波
人民需要"老涩" ………………………………… 张庆田

诗歌

百家诗会

路，就该这样走（组诗）⋯⋯⋯⋯⋯张庆明

藏在记忆中的幻想曲（四首）⋯⋯⋯梁　南

1981 年 1 月 1 日——八十年代畅想曲⋯⋯徐　刚

一支乐曲的前奏（组诗）⋯⋯⋯⋯苗得雨

黄河，九曲十八弯（五首）⋯⋯⋯流沙河

美丽的红蜻蜓（四首）⋯⋯⋯⋯⋯沈宏非

从心瓣上摘下（四首）⋯⋯⋯⋯⋯阿　红

一捧大陆的泥土⋯⋯⋯⋯⋯⋯⋯史益华

美术

风露浩然（水彩）⋯⋯⋯⋯⋯⋯⋯王乃壮

驴（国画）⋯⋯⋯⋯⋯⋯⋯⋯⋯黄　胄

汽笛声声（木刻）⋯⋯⋯⋯⋯⋯⋯卜维勤

盼（版画）⋯⋯⋯⋯⋯⋯⋯⋯⋯张地茂

春（水粉）⋯⋯⋯⋯⋯⋯⋯⋯⋯刘克敏

1981 年第 3 期　刊名:《上海文学》
目录

在剧本创作座谈会上的讲话（一九八〇年二月十二、十三日）⋯⋯⋯⋯⋯⋯⋯⋯⋯胡耀邦

小说·散文

爸爸的小说⋯⋯⋯⋯⋯⋯⋯⋯⋯母国政

贩猫记⋯⋯⋯⋯⋯⋯⋯⋯⋯⋯⋯李志君

Z 王府最新纪事⋯⋯⋯⋯⋯⋯⋯王克俭

母亲，您为什么要走?⋯⋯⋯⋯⋯周宗奇

田老鸦出狱⋯⋯⋯⋯⋯⋯⋯⋯⋯李克定

山榆⋯⋯⋯⋯⋯⋯⋯⋯⋯⋯⋯金　河

水月⋯⋯⋯⋯⋯⋯⋯⋯⋯⋯⋯贾平凹

彩贝的光泽（散文）⋯⋯⋯⋯⋯⋯沈仁康

大海在我瞳孔里（散文）⋯⋯⋯⋯江　南

理论

批评·欣赏·再创造（文艺论坛）⋯蒋　红

批评家的责任及其他（文艺论坛）⋯成柏泉

作家打逗号　评论家打句号（文艺论坛）

⋯⋯⋯⋯⋯⋯⋯⋯许锦根　宋永毅

再谈文艺批评（文艺论坛）⋯⋯⋯许　杰

赖少其同志的艺术观⋯⋯⋯⋯⋯那　沙

诗歌

百家诗会

天山的千泉万瀑（组诗）⋯⋯⋯⋯章德益

我骄傲，我有辽远的地平线⋯⋯⋯杨　牧

让我们一起奔腾吧⋯⋯⋯⋯⋯⋯江　河

睡之前⋯⋯⋯⋯⋯⋯⋯⋯⋯⋯⋯陈　沂

深山的红豆树（外一首）⋯⋯⋯⋯宫　玺

云天千百里（六首）⋯⋯⋯⋯⋯⋯沙　鸥

美术

彩雀（摄影）⋯⋯⋯⋯⋯⋯⋯⋯简庆福

有志者（油画）⋯⋯⋯⋯⋯⋯⋯艾　轩

春（木刻）⋯⋯⋯⋯⋯⋯⋯⋯⋯董健生

崂山行（版画）⋯⋯⋯⋯⋯⋯⋯张白波

天都峰下（国画）⋯⋯⋯⋯⋯⋯赖少其

夜（木刻）⋯⋯⋯⋯⋯⋯⋯⋯⋯蔡　兵

1981 年第 4 期　刊名:《上海文学》
目录

诗歌

百家诗会

我召唤青青的小树林（外二首）⋯⋯邵燕祥

闪烁着金光的沙粒（四章）⋯⋯⋯管用和

一个北方人唱给长江的歌⋯⋯⋯⋯杨　炼

呵，芬芳的露珠⋯⋯⋯⋯⋯⋯⋯黎焕颐

云雀（外一首）⋯⋯⋯⋯⋯⋯⋯李根红

山行集（七首）⋯⋯⋯⋯⋯⋯⋯鲁　兵

一颗闪光的珍珠（三章）⋯⋯⋯⋯陈　犀

故乡的石竹花⋯⋯⋯⋯⋯⋯⋯⋯吕　剑

在蓝空翱翔⋯⋯⋯⋯⋯⋯⋯⋯⋯沙　金

理论

文艺要成为精神文明建设的劲旅　⋯桑　城

对生活的消化——给《水泡子》作者的信⋯⋯王鸿生

不能如此轻率地批评恩格斯——读一篇论文的感想

⋯⋯⋯⋯⋯⋯⋯⋯⋯⋯⋯⋯程代熙

《茅盾文艺杂论集》编后记⋯⋯⋯叶子铭

小说·散文

同是"而立"之年⋯⋯⋯⋯⋯⋯⋯郑春基

猫尾巴胡同的早晨⋯⋯⋯⋯⋯⋯姚　剑

美金的代价⋯⋯⋯⋯⋯⋯⋯⋯⋯依　犁

不平静的夜⋯⋯⋯⋯⋯⋯⋯⋯⋯邹志安

"玉人"⋯⋯⋯⋯⋯⋯⋯⋯⋯⋯杨　绛

醉汉⋯⋯⋯⋯⋯⋯⋯⋯⋯⋯⋯黄宗林

雾锁深山⋯⋯⋯⋯⋯⋯⋯⋯⋯⋯张象吉

独眼女人⋯⋯⋯⋯[巴西]胡利亚·洛佩斯·德阿尔梅达作　朱景冬译

坚贞的"冰郎花"（散文）⋯⋯⋯⋯海　笑

美术

汛（油画）⋯⋯⋯⋯⋯⋯⋯⋯⋯王克举

黄河在咆哮（国画）·····················王迎春　杨力舟
江南春早（木刻）·····························尹国光
晨光（油画）·································武　萱
早班（油画）·······························潘鸿海

1981 年第 5 期　刊名:《上海文学》
目录

小说

上海青年作家小说专辑

留守处纪事·································赵长天
穿绿邮衣的姑娘·····················阿可雄　陆星儿
孔雀掌柜·································倪慧玲
米水之魂·································崔京生
野菊花，野菊花·····························王安忆
无风三尺浪·································沈善增
感谢爱神丘比特·····························王小鹰
母····································曹冠龙
宝蓝色的钉鞋·····························彭瑞高
刘阿奶吃喜酒·····························王鹤林
芝麻绿豆官·································倪辉祥

理论

好一片郁葱葱的新树林——读《上海青年作家小说专
辑》有感·································赵　自
一种崭新的艺术在崛起吗？——一个面向自我的新
艺术家和他友人的对话·························吴　亮

悼念茅盾同志

《草原上的小路》序·························茅　盾
高大的拱桥·································王西彦
二十三年这一"横"·························茹志鹃

诗歌

百家诗会

三月，杏花纷飞（三首）·······················晓　蕾
今天和明天·································顾　工
我们每天的太阳（二首）·······················北　岛
寓言二则·································姚　莽

美术

草原雄鹰（雕塑）·····························葛公霆
八个壮劳力（国画）·························史国良
护林人（木刻）·····························郝伯义
聂耳纪念碑（雕塑）·····················章永浩　许祥华
铸——力的美（雕塑）·························从　众
吐鲁番高昌故城（水粉画）·····················金毓清

1981 年第 6 期　刊名:《上海文学》
目录

美的心灵（报告文学）·························丛正里

小说

挣不断的红丝线·····························张　弦
温暖·····································王　蒙
冰花曲·································王小平
月下·····································路　遥
好妮蓝蓝和楞葱方方·························王　欣
小年夜·································萧　平
当我们年轻的时候·····························扬　烈
美国现代短篇小说三题·························赵　自译
独家新闻·································詹·法雷尔
牧羊人的女儿·····························威·萨洛扬
红颜易逝·································杰·韦德曼
心向往之——悼念茅盾同志（散文）·················柯　灵

理论

文学，美的领域——兼论文学艺术家的"感情积累"
·····································鲁枢元
关于"典型"创造的断想·························何　新
文艺批评漫谈（文艺论坛）·················毛时安　洪善鼎
批评要继续与创作一起前进（文艺论坛）·············王纪人
关于培养业余文艺评论家的杂感（文艺论坛）
·····································华　然
观察须同中见异，异中见同（文艺论坛）·············曹维劲

诗歌

百家诗会

生命的欢乐（四首）·························刘湛秋
人间的灯火（外二首）·························辛　笛
大竹岚——武夷山自然保护区·····················蔡其矫
山，闪着沉思的眼睛（三首）·····················梁上泉
太阳呵，我的太阳·····························任洪渊
补偿三章·································林　希
大森林里的孩子（三首）·······················于　之
记忆（外一首）·····························圣　野

美术

拔轱辘（油画）·····························王衍成
无知与有知（油画）·····················李　斌　陈宜明
村景（木刻）·································刘孔喜
晨（油画）·································苏小民
川江桔红（国画）·····························陆一飞

1981 年第 7 期　刊名:《上海文学》
目录

党领导着文学事业不断前进⋯⋯⋯⋯⋯⋯本刊编辑部

小说·散文

黑娃照相⋯⋯⋯⋯⋯⋯⋯⋯⋯⋯⋯⋯⋯⋯⋯张一弓
雅歌⋯⋯⋯⋯⋯⋯⋯⋯⋯⋯⋯⋯⋯⋯⋯⋯吴泽蕴
雪冢——长征的故事⋯⋯⋯⋯⋯重天　肖朱
相见欢——"从昨天到今天"之一⋯⋯王润滋
春天⋯⋯⋯⋯⋯⋯⋯⋯⋯⋯⋯⋯⋯⋯⋯巴　波
算命⋯⋯⋯⋯⋯⋯⋯⋯⋯⋯⋯⋯⋯⋯⋯张士敏
守礼之民⋯⋯⋯⋯⋯⋯⋯⋯⋯⋯⋯⋯⋯叶　林
银烟盒⋯⋯⋯⋯⋯⋯⋯⋯⋯⋯⋯⋯⋯⋯绍　六
童年生活纪事（散文）⋯⋯⋯⋯⋯⋯⋯新凤霞
小城拾零（散文）⋯⋯⋯⋯⋯⋯⋯⋯⋯忆明珠

理论

"雯雯"的情绪天地——读王安忆的短篇近作
⋯⋯⋯⋯⋯⋯⋯⋯⋯⋯⋯⋯⋯⋯⋯⋯⋯程德培
读上海青年作家小说专辑⋯⋯⋯⋯⋯⋯冯英子
勇于追求自己的风格——寄语《百家诗会》⋯刘湛秋

诗歌

百家诗会
旧金山⋯⋯⋯⋯⋯⋯⋯⋯⋯⋯⋯⋯⋯⋯艾　青
木兰围场行吟（二首）⋯⋯⋯⋯⋯⋯⋯田　间
黎明期的抒情（三首）⋯⋯⋯⋯⋯⋯⋯杨　山
希望在前（外二首）⋯⋯⋯⋯⋯⋯⋯⋯熊远柱
亢慕义斋风云集（三首）⋯⋯⋯⋯⋯⋯罗章龙
丁香树，忠诚的哨兵（外一首）⋯⋯⋯郑成义
太行，我心灵的支柱⋯⋯⋯⋯⋯⋯⋯⋯张承信
乡思（三首）⋯⋯⋯⋯⋯⋯⋯⋯⋯⋯⋯孙友田
汽笛在云海间欢叫（外一首）⋯⋯⋯⋯贺羡泉
七人行（五首）⋯⋯张承宗　周谷城　刘靖基　赵祖康
诗人雷抒雁的来信（作者·编者·读者）

美术

牧（国画）⋯⋯⋯⋯⋯⋯⋯⋯⋯⋯⋯⋯程十发
共商大事（油画）⋯⋯⋯⋯⋯靳尚谊　邱瑞敏
瞻仰（套色木刻）⋯⋯⋯⋯⋯⋯⋯⋯⋯沈柔坚
松花江畔（油画）⋯⋯⋯⋯⋯⋯⋯⋯⋯高国芳

1981 年第 8 期　刊名:《上海文学》
目录

小说

丢了舵的小船⋯⋯⋯⋯⋯⋯⋯⋯⋯⋯⋯茹志鹃
小脚寨里的故事⋯⋯⋯⋯⋯⋯⋯⋯⋯⋯林　雨
老人和鹿⋯⋯⋯⋯⋯⋯（鄂温克族）乌热尔图
再航云峡港⋯⋯⋯⋯⋯⋯⋯⋯⋯⋯⋯⋯于炳坤
人之歌⋯⋯⋯⋯⋯⋯⋯⋯⋯⋯⋯⋯⋯⋯尤凤伟
泱泱春水⋯⋯⋯⋯⋯⋯⋯⋯⋯⋯⋯⋯⋯曹玉模
护滩⋯⋯⋯⋯⋯⋯⋯⋯⋯⋯⋯⋯⋯⋯⋯张　岐
"模范家庭"的"反常事件"⋯⋯⋯⋯⋯左　泥

理论

一种必须破除的公式——再谈典型环境和典型人物
⋯⋯⋯⋯⋯⋯⋯⋯⋯⋯⋯⋯⋯⋯⋯⋯⋯徐俊西
恩格斯现实主义典型观的体系性⋯⋯⋯祝敏申
也谈恩格斯的典型论——兼谈我们对经典著作应有的
态度⋯⋯⋯⋯⋯⋯⋯⋯⋯⋯⋯⋯⋯⋯⋯易　人
孔雀已经归来——论白桦的诗⋯⋯⋯⋯谢　冕

诗歌

百家诗会
从沙漠里拾起的传说⋯⋯⋯⋯⋯⋯⋯⋯周　涛
光斑集（三首）⋯⋯⋯⋯⋯⋯⋯⋯⋯⋯王中才
自豪吧！士兵⋯⋯⋯⋯⋯⋯⋯⋯⋯⋯⋯贺东久
马铃叮当（外一首）⋯⋯⋯⋯⋯⋯⋯⋯瞿　琮
春到庭院⋯⋯⋯⋯⋯⋯⋯⋯⋯⋯⋯⋯⋯臧克家
乡音（外二首）⋯⋯⋯⋯⋯⋯⋯⋯⋯⋯邹荻帆
悠悠长天，极目远望（二章）⋯⋯⋯⋯丁　芒
登山（外一首）⋯⋯⋯⋯⋯⋯⋯⋯⋯⋯冰　夫
诗笺选编
师傅啊师傅⋯⋯⋯⋯⋯⋯⋯⋯⋯⋯⋯⋯王小龙
父亲——题罗中立同名油画⋯⋯⋯⋯⋯桂兴华
送⋯⋯⋯⋯⋯⋯⋯⋯⋯⋯⋯⋯⋯⋯⋯⋯沈　飚

美术

版纳一景（国画）⋯⋯⋯⋯⋯⋯⋯⋯⋯何宝森
南昌起义（油画）⋯⋯蔡景楷　钱志林　王征华
宝塔山之春（速写）⋯⋯⋯⋯⋯⋯⋯⋯施明德
队日（油画）⋯⋯⋯⋯⋯⋯⋯⋯祝福新　周玉玮
余音（油画）⋯⋯⋯⋯⋯⋯⋯⋯⋯⋯⋯张玉祥

1981 年第 9 期　刊名:《上海文学》
目录

小说

白帆 ⸺⸺⸺⸺⸺⸺⸺ 达理 邓刚
纸半张 ⸺⸺⸺⸺⸺⸺⸺ 理由
春江还需花月夜 ⸺⸺⸺⸺ 祖慰
将军和他的警卫员 ⸺⸺⸺⸺ 冯岗
海和贝壳 ⸺⸺⸺⸺⸺⸺ 彭荆风
文物⸺一个过去的童话 ⸺⸺ 贾平凹
后山顶上的云 ⸺⸺⸺⸺⸺ 沈仁康
手表 ⸺⸺⸺⸺⸺⸺⸺⸺ 邱勋

理论

萝轩变古笺谱序 ⸺⸺⸺⸺⸺ 郭绍虞
纪念鲁迅与笺谱艺术
⸺⸺关于《萝轩变古笺谱》二三事 ⸺ 方行
鲁迅所凝视的 ⸺⸺⸺⸺⸺ 王西彦
学习鲁迅的求实精神 ⸺⸺⸺ 徐中玉
读《记念刘和珍君》
⸺⸺纪念鲁迅诞生一百周年 ⸺⸺ 陈此生

诗歌

百家诗会
在孩子和世界之间
⸺⸺给一位幼儿园的阿姨（外一首）⸺ 傅天琳
还乡（外一首）⸺⸺⸺⸺⸺ 舒婷
小雨 ⸺⸺⸺⸺⸺⸺⸺⸺ 李小雨
森林在成长（外一章）⸺⸺⸺ 陈敬容
心头的相片⸺⸺给我的乳妈（外一首）董景黎
长江，我忘不了你！（外二首）
　　　　　［美籍华人］木令著
在北京的街上 ⸺⸺⸺⸺⸺ 王小妮
海（外一首）⸺⸺⸺⸺⸺⸺ 王尔碑
无题二章 ⸺⸺⸺⸺⸺⸺⸺ 任健
给战友 ⸺⸺⸺⸺⸺⸺⸺ 欣原
山寺暮 ⸺⸺⸺⸺⸺⸺⸺ 陈必智

美术

喜羊图（国画）⸺⸺⸺⸺⸺ 伍启中
路（木刻）⸺⸺⸺⸺⸺⸺⸺ 卢治平
鲁迅遗印 ⸺⸺⸺ 上海市鲁迅纪念馆供稿
鲁迅书扇《自嘲》诗 ⸺⸺ 上海市鲁迅纪念馆供稿
艳阳秋（国画）⸺⸺⸺⸺⸺ 郑叔方

1981 年第 10 期　刊名:《上海文学》
目录

小说

崔全成 ⸺⸺⸺⸺⸺⸺⸺ 高晓声
本次列车终点 ⸺⸺⸺⸺⸺ 王安忆
青石桥 ⸺⸺⸺⸺⸺⸺⸺ 林斤澜
我们都有明天 ⸺⸺⸺⸺⸺ 范小青
巧姐 ⸺⸺⸺⸺⸺⸺⸺⸺ 王吉呈
范大师 ⸺⸺⸺⸺⸺⸺⸺ 蔡其康
包喜喜结婚 ⸺⸺⸺⸺⸺⸺ 金沙水
黄烟地 ⸺⸺⸺⸺⸺⸺⸺ 张炜

散文

皖南之行 ⸺⸺⸺⸺⸺⸺⸺ 方尼

理论

作家、批评家和编辑部⸺⸺从十九世纪中叶俄罗斯文
学谈起 ⸺⸺⸺⸺⸺⸺⸺ 宋耀良
文艺论坛
伞趣 ⸺⸺⸺⸺⸺⸺⸺⸺ 凌烟
求短的艺术 ⸺⸺⸺⸺⸺⸺ 陆钊珑
文论小议 ⸺⸺⸺⸺⸺⸺⸺ 方英文

1981 年第 11 期　刊名:《上海文学》
目录

小说

到远处去发信 ⸺⸺⸺⸺⸺ 刘心武
愿每棵小草都绿 ⸺⸺⸺⸺ 郭雪波
野雉岭 ⸺⸺⸺⸺⸺⸺⸺ 徐葆煜
开张之喜 ⸺⸺⸺⸺⸺⸺⸺ 王若望
会议与爱情 ⸺⸺⸺⸺⸺⸺ 未央
请工 ⸺⸺⸺⸺⸺⸺⸺⸺ 丁宏昌
亲弟亲兄 ⸺⸺⸺⸺⸺⸺⸺ 赵新
我们这一代（报告文学）⸺⸺ 王唯铭

理论

她在振翅飞翔了⸺⸺读《北极光》⸺ 梅朵
读者中来
关于"典型环境"和"典型人物" ⸺ 杨朴
《城市姑娘》的问题在哪里? ⸺ 秦邦雍
真实·典型·时代风貌 ⸺⸺⸺ 文致和
环境与人物的典型不一定一致 ⸺ 易海泉
关于把人物"放"到环境中去 ⸺ 赵祖武
来信选编（读者·作者·读者）

诗歌

百家诗会

呵，樱……（外一首） —————— 周 纲
江南草 —————————————— 张志民
老水手的歌 ———————————— 曾 卓
门 ————————————————— 木 斧
季候鸟（十四行诗） —————— 唐 湜
天山情歌（外一首） —————— 唐 祁
温泉，太湖的儿子 ——————— 薛尔康
琪桐花（外一首） —————— 姜金城
在这里，我原来没有朋友 ——— 杨 树
寻找 ——————————————— 苏金伞
绿色的春 ———————————— 黄东成
春雨（三首） ————————— 晏 明
赤壁春光 ———————————— 傅 仇
芳馨的麦场（外一首） ———— 文武斌
广陵游（七律三首） —————— 孔 柔

美术

出诊图（国画） ———————— 姚有多
密友（国画） ————————— 苗廷荣
振兴中华（装饰画） —————— 韦君琳
故乡行（国画） ———— 蔡 群 周卫民
秋艳图（国画） ———————— 朱晓云

1981 年第 12 期　刊名:《上海文学》
目录

小说

屏幕 ——————————————— 叶文玲
啊，兄弟 ———————————— 何士光
杯中异曲 ———————————— 毛志成
苦百合 ————————————— 谢 璞
祸福倚 ————————————— 孙家玉
小阿妹传奇 ———————————— 高尔品
说凤阳，道凤阳（报告文学） —— 曹玉模

散文

霜叶 ——————————————— 丁 宁
苏堤新绿 ———————————— 丹 晨

理论

艺术使世界多元化了吗？——一个面向自我的新艺
术家和他友人的对话 —————— 吴 亮
论黄宗英的报告文学 —————— 吴欢章
来信选编（编者·作者·读者）

诗歌

百家诗会

滇行诗笺 ———————————— 纪 鹏
九奇峰（外二首） —————— 罗 洛
镍币 ——————————————— 赵 恺
石林 ——————————————— 晓 凡
崖畔小花（外一首） —————— 刘益善
蓝天底下的乡村 ———————— 陈新巨
赶庙会 ————————————— 董耀章
浪花 ——————————————— 何 仃
送 ————————————————— 宁 宇
别清水正夫 ———————————— 公 木
四季桂和昙花 —————————— 方 冰
玉澜堂（外一首） —————— 倩 晴
孤独的羊羔 ———————— 巴·布林贝赫
童心 ——————————————— 田 地
石匠 ——————————————— 邓海南
思念（外一首） ———————— 赵丽宏
粉笔 ——————————————— 顾 城
花 ————————————————— 谢颐城

美术

汲水图（国画） ———————— 卢 沉
支柱（木刻） ————————— 张怀江
营地（木刻） ————————— 徐 匡
拉萨初春（木刻） —————— 蒋宜勋
祥云（国画） ————————— 林 埔

1982 年第 1 期　刊名:《上海文学》
目录

小说·散文

上海作家作品专辑

归来的儿子 ———————— 陈 毅遗作
蚌 ————————————————— 程乃珊
芳草碧连天 ———————————— 任大霖
山谷 ——————————————— 许子东
苏州河畔 ———————————— 艾明之
麻雀 ——————————————— 曹冠龙
同行（科学幻想小说） ———— 叶永烈
佩妮（翻译小说） ——— [美]马尔兹作 荒 芜译
故乡吟 ————————————— 茹志鹃

诗歌

百家诗会

生命在驰骋中爆发光彩（组诗） ——— 魏志远
我，中国现代的士兵（组诗） ——— 程童一
崛起的绿色（组诗） —————— 章德益

芭蕉叶一样的春风（组诗）·············梁　南

理论
谈一种简单化的文学观念——从《挣不断的红丝线》
谈起·····························陈骏涛
关于性格化的通信（创作研究）·········陈思和
独标真愫（创作研究）···············杨匡汉
《天涯》后记·····················袁　鹰
片断·偶拾——诗论拾零（创作研究）·····徐　刚
文艺论坛
眼睛·心灵·······················凌　烟
"生活真实"及其他·················杨文虎

美术
源远流长（国画）··················孔伯容
在爸爸的船上（木刻）···············孙世亮
丰收季节（木刻）··················虞　健
巨手扶起镇海柱（木刻）·············张家瑞
英雄交响诗——谨献给那些继往开来的英雄们（国画）
······························冯节 冯远

1982 年第 2 期　刊名:《上海文学》
目录

小说
三叶草··························陆天明
山径····························赵　熙
黄鹭声中························峭　石
蒙面女··························汤吉夫
拉车人··························贾平凹
换种····························李克之
淡淡的月光······················郭宜中
放生·······················（蒙古族）察森敖拉
王家妯娌························赵沫英
巨兽····························周立武

理论
模仿·作风·风格
——《文学风格论》译本跋···········王元化
别是一番滋味在心头
——读汪曾祺的短篇近作···········程德培
生命的海　艺术的海
——读李瑛《南海》组诗···········牟志祥
文艺论坛
从"肉糜"、"柿饼"说起············李壮鹰
"复苏"还是"丧失"？···············唐代凌

诗歌　散文
百家诗会
多彩的崇山峻岭（组诗）·············周　涛
世界，鲜嫩的形象（组诗）···········李老乡
世界给我一个音符（外一首）·········朱晓琳
乡土吟
春夜洛城闻笛（外一首）·············张　错
绍兴东湖（外一首）················叶维廉
唱给豆腐的颂歌····················忆明珠
夜憩····························周　渺

美术
神农架观奇（国画）················张　步
小花（木雕）·····················吴慧明
稚气（雕塑）·····················陈古魁
迎春（木刻）·····················戈　沙
同学（版画）·····················朱纯一
万里长城（摄影）··················简庆福

1982 年第 3 期　刊名:《上海文学》
目录

小说
她的家屋临街·····················陈椿年
皮凤三楦房子·····················汪曾祺
尤万里这人哪！···················萧　马
坚实的肩膀·······················彭小连
黑娃的新闻·······················张一弓
路······························陈国凯
青青的原野·······················杨　啸
洁白，洁白的玉兰花啊！···········俞天白
宝岛奇遇记·······················季　仲

理论
艺术与生活——一个"面向自我"的新艺术家和他友
人的对话（三）···················吴　亮
对《文学家的智能结构》的几点意见·····周关东
在无规律的合规律之间··············李振声

诗歌·散文
百家诗会
彩色的希冀（三首）················林　希
都市，创业的士兵（二首）···········马合首
太阳，永远年轻的强者（外一首）·····宫　玺
诗笺选编
迎春，我取出密封的爱·············黎焕颐
星光，一个世界的突破··············米福松
童僧（外一首）····················沙　金

酸枣 ·························· 尧山壁
贺新房 ························ 张永权
经纬交织的语言 ················· 陆 萍
老宅黄昏 ······················ 许 淇
绿水 ························· 奚学瑶

美术
南国红艳（国画）················ 杨炳湘
渔港春汛忙（木刻）·············· 冯兆平
春天（装饰画）················· 丁纯一
晴朗的海湾（木刻）·············· 黄丕谟
曼飞龙塔——西双版纳（水彩画）····· 金立德

1982 年第 4 期　刊名:《上海文学》
目录

小说
三进花沽 ····················· 刘绍棠
分母 ························· 王安忆
道是无情 ····················· 毛志成
我和来来 ····················· 王 军
相依 ························· 肖元生
晚晴 ························· 韩石山
未知数 ······················ 李天芳
送伞人 ········ ［英］罗阿德·达尔作　陈 钰译

诗歌
百家诗会
地球，在我肩上转动（三首）········· 任洪渊
她爱海 ······················ 周良沛
给画海者（外二首）·············· 李野光
天池（外一首）················· 周 民

散文
无名氏 ······················ 柯 灵
"斯文扫地"随想 ················ 拾 风

理论
严峻时刻的爱憎与忧乐——《征农诗词选》序
··························· 征 农
我想说一些什么——读《巨兽》以后 ···· 茹志鹃
创作·主题·概念 ··············· 冯能保
情理与善恶——也谈性格化并同陈思和同志商榷
··························· 张德林
文艺论坛
关于《西线轶事》的轶事 ··········· 顾 城
批评家的失误——文艺批评漫谈之二 ···· 毛时安
诗会杂议

美术
春（水彩画）··················· 施福国
金色的青稞（油画）·············· 李化吉
劲松（木刻）··················· 王悟生
赫哲渔乡（版画）················ 刘孔喜
江边（水粉画）················· 黄金德

1982 年第 5 期　刊名:《上海文学》
目录

小说
高女人和她的矮丈夫 ·············· 冯骥才
融雪 ························· 唐 宁
在这个病房里 ·················· 李承先
弯弯绕的后代 ·················· 浩 然
啊——再见 ··················· 韩蔼丽
市民 ························· 高尔品
柳枝儿 ······················ 李克定
气筒·实心铁轱辘·我 ············· 沙叶农
咱那钱头儿 ···················· 周宗奇
门口 ························· 树 棻

理论
科学对待毛泽东同志的文艺思想 ······· 郑伯农
立体的和交叉的
——读刘心武《立体交叉桥》有感 ···· 蒋孔阳
贾平凹散文的美学探索 ············· 费秉勋

散文
也给豆腐唱赞歌 ················· 高晓声
海声（外一章）················· 管用和

诗歌
百家诗会
海的向往 ····················· 雷抒雁
神话的变奏：给一个歌唱的精灵 ······· 杨 炼
小水手（外一首）················ 胡 昭
麻雀也是鸟（外一首）············· 杨献瑶
浪花（外一首）················· 鲁 坎
夜空 ························· 李继舟
风 ·························· 周展雄

美术
水乡情（国画）················· 潘晋拔
儿时的回忆（石雕）·············· 刘焕章
赶集（雕塑）··················· 章永浩
漓江秀色（速写）················ 王志英
风雪北疆（国画）················ 周永字

渔火（套色木刻）······················张喜良

1982 年第 6 期　刊名:《上海文学》
目录

小说

不期的潮信·····························戴　晴
八大王·······························邓友梅
狭长的小街·····························王承刚
人和路·······························乔典运
满月酒·······························何泽沛
路漫漫·······························李楚城

散文

弹琴的姑娘·····························陈伯吹
母子·································薛尔康

足尖上的探索者（报告文学）——记一群探索芭蕾舞
艺术的年轻人··························关　鸿

理论

艺术的魅力——在一个会上的发言·············钱谷融
此地无声胜有声
——读林斤澜短篇近作的印象···············程德培

诗歌

百家诗会
一滴水的童话··························刘祖慈
一个早晨的回忆（外二首）················李　钢
给复活的大海··························杨　树
无题四章····························沙　白
白帆（外二首）························于　之
在儿童乐园（外一首）···················李霁宇
一个东方儿童的梦······················班含文
玩具柜前····························嘉　栋
水晶鞋······························子　页
泥团································温　源

美术

版纳春深（国画）······················郭怡琮
稚（玻璃刻）··························王锦华
林间小溪（木刻）······················吴家华
姑苏之夏（国画）······················郑叔方
草原小英雄（国画）·····················刘大为

1982 年第 7 期　刊名:《上海文学》
目录

小说

桃李情······························胡廷楣
教授夫人····························韦君宜
去年冬天在郊外························黄蓓佳
头刀肉······························蔡敖成
街心花园中的老人······················孙　颙
龙山渡口····························李　晴
秤·································京　夫
局长与花匠····························徐俊杰
一个"考察组"的覆灭（报告文学）
····························王若望　董　维

散文

雨花石臆名（外一章）···················忆明珠
槐花似雪····························徐　刚

理论

读《绿夜》····························王　蒙
张弦的圆圈——评《回黄转绿》和《银杏树》
································吴　亮
《九叶集》的思想和艺术············孙光萱　吴欢章
文艺论坛
注家·选家和摘家·······················冯英子
人物形象跟谁跑?·······················张成珊

诗歌

百家诗会
黄昏星······························舒　婷
我是谁······························邵燕祥
珠穆朗玛（外一首）·····················罗　洛
雕（外一首）··························晓　钢
诗笺选编
告别································许德民
微笑（外一首）························张　真
血字（外一首）························莫文征
我从来不流泪的························林小玎
花的遗嘱····························韩嗣仪
致大自然书（外一首）···················雷　霆

美术

春思无尽时（油画）·····················雷著华
开拓幸福路（油画）·····················徐芒耀
向四化向光明（剪纸）···················游国权
为人民建四化（剪纸）···················游国权
坡坡上（木刻）························李　兰

摇篮（木刻）⋯⋯⋯⋯⋯⋯⋯王以时 吴孔春
晨牧（油画）⋯⋯⋯⋯⋯⋯⋯⋯⋯⋯杜永樵

1982 年第 8 期　刊名:《上海文学》
目录

小说

墙⋯⋯⋯⋯⋯⋯⋯⋯⋯⋯⋯⋯⋯⋯⋯达　理
啊，303!⋯⋯⋯⋯⋯⋯⋯⋯⋯⋯⋯⋯范小青
翠竹⋯⋯⋯⋯⋯⋯⋯⋯⋯⋯⋯⋯⋯⋯张步真
烘云托月⋯⋯⋯⋯⋯⋯⋯⋯⋯⋯⋯⋯胡万春
蜿蜒的山道⋯⋯⋯⋯⋯⋯⋯⋯⋯⋯⋯贺抒玉
透亮的水晶⋯⋯⋯⋯⋯⋯⋯⋯⋯⋯⋯陈国凯

散文

破浪街津口⋯⋯⋯⋯⋯⋯⋯⋯⋯⋯⋯关沫南
白石老屋印象⋯⋯⋯⋯⋯⋯⋯⋯⋯⋯韩静霆

理论

感受·理解·表达⋯⋯⋯⋯⋯⋯⋯⋯⋯王安忆
关于当代文学创作问题的通信
中国文学需要"现代派"!⋯⋯⋯⋯⋯冯骥才
"现代小说"不等于"现代派"⋯⋯⋯李　陀
需要冷静地思考⋯⋯⋯⋯⋯⋯⋯⋯⋯刘心武

诗歌

百家诗会
阳光铸造的军号（三首）⋯⋯⋯⋯⋯贺东之
往情（三首）⋯⋯⋯⋯⋯⋯⋯⋯⋯⋯张志民
车过秦岭⋯⋯⋯⋯⋯⋯⋯⋯⋯⋯⋯⋯骆耕野
归来（外二首）⋯⋯⋯⋯⋯⋯⋯⋯⋯董景黎
诗笺选编
鼋头渚⋯⋯⋯⋯⋯⋯⋯⋯⋯⋯⋯⋯⋯黎焕颐
太湖的早晨⋯⋯⋯⋯⋯⋯⋯⋯⋯⋯⋯冰　夫
畅饮⋯⋯⋯⋯⋯⋯⋯⋯⋯⋯⋯⋯⋯⋯毛炳甫
美的吻合⋯⋯⋯⋯⋯⋯⋯⋯⋯⋯⋯⋯李根宝
花神庙⋯⋯⋯⋯⋯⋯⋯⋯⋯⋯⋯⋯⋯宁　宇
芦笛⋯⋯⋯⋯⋯⋯⋯⋯⋯⋯⋯⋯⋯⋯金　谷
太湖石⋯⋯⋯⋯⋯⋯⋯⋯⋯⋯⋯⋯⋯季振邦
窗⋯⋯⋯⋯⋯⋯⋯⋯⋯⋯⋯⋯⋯⋯⋯赵丽宏

美术

军港之晨（油画）⋯⋯⋯⋯⋯⋯⋯⋯王双贵
海上寻宝（油画）⋯⋯⋯⋯⋯⋯⋯⋯王家华
赶集（木刻）⋯⋯⋯⋯⋯⋯⋯⋯⋯⋯董克俊
生命啊!　常青（木刻）⋯⋯⋯⋯⋯林　军
东渡抗日（油画）⋯⋯⋯⋯⋯⋯⋯⋯陈　平
排球之花（油画）⋯⋯⋯⋯⋯⋯⋯⋯蔡白江

1982 年第 9 期　刊名:《上海文学》
目录

理论

论知性的分析方法⋯⋯⋯⋯⋯⋯⋯⋯王元化
论文学艺术家的情绪记忆⋯⋯⋯⋯⋯鲁枢元
"带头"及其他——读《时代的报告》第七期几篇文
章的感想⋯⋯⋯⋯⋯⋯⋯⋯⋯⋯⋯⋯邵　石

小说

B 角⋯⋯⋯⋯⋯⋯⋯⋯⋯⋯⋯⋯⋯⋯王安忆
繁市琐记⋯⋯⋯⋯⋯⋯⋯⋯⋯⋯⋯⋯胡月胜
晶莹——《夏》之续四⋯⋯⋯⋯⋯⋯张抗抗
毕竟是春天⋯⋯⋯⋯⋯⋯⋯⋯⋯⋯⋯金　河
最后夜车⋯⋯⋯⋯⋯⋯⋯⋯⋯⋯⋯⋯李　黎
迁居⋯⋯⋯⋯⋯⋯⋯⋯⋯⋯⋯⋯⋯⋯母国政
水泥和月亮⋯⋯⋯⋯⋯⋯⋯⋯⋯⋯⋯李　潮

散文

系船儿的地方⋯⋯⋯⋯⋯⋯⋯⋯⋯⋯乐维华
体育老师——忆儿时⋯⋯⋯⋯⋯⋯⋯叶至诚
早晨，打开了中国的窗⋯⋯⋯⋯⋯⋯耿林莽
我辜负过那一片草地⋯⋯⋯⋯⋯⋯⋯刘再复

诗歌

百家诗会
致拓荒者⋯⋯⋯⋯⋯⋯⋯⋯⋯⋯⋯⋯杨　牧
一副熟悉的面容（外一首）⋯⋯⋯⋯雁　翼
天上的神话（外二首）⋯⋯⋯⋯⋯⋯杨　蕾
海天一线（外二首）⋯⋯⋯⋯⋯⋯⋯刘湛秋
诗笺选编⋯⋯⋯⋯朴康平　白　航　王辽生　北　岛
柴德森　沙　漠　何昌正　喻　晓　晓　蕾　燕　翎
大树下的小花⋯⋯⋯⋯⋯⋯⋯⋯⋯⋯赵大昕

美术

黄叶遍地（水彩）⋯⋯⋯⋯⋯⋯⋯⋯程　及
运河（水彩）⋯⋯⋯⋯⋯⋯⋯⋯⋯⋯程　及
摇（大理石雕）⋯⋯⋯⋯⋯⋯⋯⋯⋯孙　闯
汲水（浮雕）⋯⋯⋯⋯⋯⋯⋯⋯⋯⋯陈　烨
果香（木刻）⋯⋯⋯⋯⋯⋯⋯⋯⋯⋯韦智仁
阳光下（木刻）⋯⋯⋯⋯⋯⋯⋯⋯⋯徐　匡
夕阳⋯⋯⋯⋯⋯⋯⋯⋯⋯⋯⋯⋯⋯⋯陈　奋
劳动·青铜·历史（装饰画）⋯⋯⋯李　磊

1982 年第 10 期　刊名:《上海文学》
目录

散文特辑

大江流日夜……………………………………李　黎
乡里旧闻（两章）……………………………孙　犁
滨州书情………………………………………丁　宁
忘不了的地图册子……………………………木令耆
海底两小时——日本青函海底隧道…………何　为
风城小札………………………………………沙　白
四季情…………………………………………彦　火

小说

一个渔把式之死（中篇）……………………白　桦
饯行……………………………………………周克芹
金色的海浪在跃动……………………………邓　刚
小雨中的回忆…………………………………杨雪萍
嫁………………………………………………储福金

诗歌

珊瑚岛——献给上海革命纪念馆……………李根红
烟雨楼头………………………………………胡丰传
果园……………………………………………陈玉坤

理论

一九二二年鲁迅日记拾辑……………………方　行
文艺论坛
别一种"选家"…………………………………章　圻
谈谈读者群………………………………金　风　曹锦清
艺术创作中的加、减法………………………陈良运
"叶公好龙"新说………………………………李壮鹰

美术

长江——中华的荣耀和希望（油画）………任丽君
青春（丙烯画）………………………………张定钊
郑荣庚　胡振宇　朱　朴　方世聪　邹鸿民
新路（国画）…………………………………薛其晴
颂（装饰画）………………………………纯　一　姜　敏
高原之春（雕塑）……………………………章永浩
纺织女工（雕塑）……………………………吴慧明
满目青山（国画）……………………………白德松

1982 年第 11 期　刊名:《上海文学》
目录

"贯彻十二大精神,建设社会主义精神文明"笔谈

迎接文艺工作的新局面………………………王元化
文明的验证……………………………………柯　灵
文学要提高、深入……………………………茹志鹃
真诚的评价和鼓励使人更加奋发……………徐中玉
为社会风气的根本好转而努力创作!…………蒋孔阳
净化和排污……………………………………陆俊超
崇高的使命，严肃的事业……………………宫　玺
文学艺术也要开创新局面……………………王纪人
发展马克思主义的文学理论批评……………吴　亮

小说

大坂……………………………………………张承志
老友相会………………………………………高晓声
余光……………………………………………李　陀
山路……………………………………………景　风
沈隐士与胡知府………………………………蔚　春
莫须有事件——荒唐的游戏（中篇）………王　蒙

理论

文学创作的"二律背反"………………………韩少功
艺术创作的主体与对象………………………李振声
关于文艺社会作用问题的探讨………………乌民光
作品的价值和文艺批评的标准………………徐缉熙

诗歌

百家诗会
短暂一生中的漫长一夜——郭小川忌日六年祭
………………………………………………公　刘
祖国，为我展开一片丰腴的土地……………武兆强
早晨，六点钟（外两首）……………………陈敬蓉
单叶草的抒情…………………………………赵丽宏
诗笺选编
泼水的云（外一首）…………………………瞿　琮
铁牤牛，哞哞叫了……………………………李子恩
当代军人的形象（外一首）…………………杜志民
我轻叩雪峰上的一所木屋……………………顾　工
田野上的光圈…………………………………余以建
浪花……………………………………………于宗信
飞吧，小军鸽…………………………………刘毅然
我们又来了绿色的庭院——重访上海思南路 107 号
"周公馆"………………………………………辛　笛

美术

绿色的歌（油画）……………………………同立身
春曲（油画）…………………………………赵廷椿
绣（油画）……………………………………王忠弟
翔（木刻）……………………………………仁钦中乃
晨曲（版画）……………………………张旺清　范竞达
火焰山（油画）………………………………詹建俊

1982 年第 12 期　刊名:《上海文学》

目录

小说

第七棵柳树 ························· 矫　健
寻觅 ··························· 茹志鹃
水蜜杏 ························· 赵本夫
无花的辙迹 ······················· 祝兴义
窗含西岭 ························· 于　峪
希望 ··························· 巴　波
成家 ··························· 朱　彦

理论

革命文艺历史经验的重要总结——关于社会主义文艺
的总口号 ······················· 顾　骧
关于当代文学创作问题的通信
也谈现代派与中国文学——致冯骥才同志的信
·························· 陈丹晨
乔光朴和他同行的座谈 ················· 杨桂欣

散文

虔诚 ··························· 丁　芒
坝上一家人 ······················· 徐开垒

诗歌

百家诗会
是的，我还爱着…… ················· 曾　卓
我是山的儿子 ····················· 王　果
森林抒情诗（四首） ·················· 徐　刚
乡音（外一首） ···················· 冰　夫
高山之巅（两首） ··················· 唐大同
晨牧（外一首） ···················· 宁　宇

美术

笛声（油画） ····················· 白铭州
疾风（油画） ····················· 闻立鹏
牧（国画） ······················· 史国良
金丝竹云雀（国画） ·················· 王　角
踏遍雪山（木刻） ··················· 李焕民
年终（油画） ····················· 罗中立
心声（油画） ····················· 张正刚
豆角熟了（油画棒） ·················· 江碧波

1983 年第 1 期　刊名:《上海文学》

目录

一封回信 ························· 巴　金
《论电影艺术的视觉性》暂序 ············· 于　伶

小说

傍晚，一群灰鸽从这儿飞过（中篇） ········· 陆天明
啊，万松庄…… ···················· 鲁彦周
迟来的暴风雪 ····················· 叶　楠
这天，来了一个新组长…… ·············· 肖　矛
一个不走运的朋友 ··················· 陈　村
淡绿色意味着…… ··················· 王小平

理论

高加林和刘巧珍——《人生》人物谈 ········· 蔡　翔
自动的艺术，还是主动的艺术？——一个面向自我
的新艺术家和他友人的对话（四） ········· 吴　亮
何士光笔下的梨花屯 ·················· 曾镇南

诗歌

诗与诗话
马蹄耕耘的历史（组诗） ··············· 周　涛
浓厚广漠的大平原（组诗） ·············· 陈所巨
游子吟
纤手（外一首） ···················· 郑愁予
山（外一首） ····················· 古苍梧
泰山月下泉 ······················· 金　谷
大漠，第一次闪现绿光 ················ 郭维东
雨花石（外一首） ··················· 李根宝

美术

翼（版画） ······················· 韦智仁
丰收（版画） ····················· 董克俊
农场的早晨（版画） ·················· 张喜良
春晓（木刻） ····················· 刘祥成
晚归（雕塑） ····················· 章永浩
冠军（雕塑） ····················· 赵志荣
黑色金子（油画） ··················· 朱毅勇

1983 年第 2 期　刊名:《上海文学》

目录

理论

答友人书——漫谈当前文艺工作 ············ 夏　衍
有感——读陈云同志《关于评弹》 ··········· 徐中玉
文学创作中"二律背反"的出路——谈韩少功的文学

沉思⋯⋯⋯⋯⋯⋯⋯⋯⋯⋯⋯⋯钱念孙

小说

没有找到钥匙的锁⋯⋯⋯⋯⋯⋯唐克新
调音⋯⋯⋯⋯⋯⋯⋯⋯⋯⋯⋯程乃珊
土地湾的呼唤⋯⋯⋯⋯⋯⋯⋯⋯映　泉
沉落⋯⋯⋯⋯⋯⋯⋯⋯⋯⋯⋯白景晟
霉霉的儿子⋯⋯⋯⋯⋯⋯⋯⋯⋯李　锐
春来处处⋯⋯⋯⋯⋯⋯⋯⋯⋯⋯罗　洪
豌豆花儿⋯⋯⋯⋯⋯⋯⋯⋯⋯⋯沙　石

诗歌

诗与诗话
心与枪的奏鸣曲（组诗）⋯⋯⋯李松涛
草原，蒙古族的胸怀（组诗）
⋯⋯⋯⋯⋯⋯⋯⋯（蒙古族）阿拉坦托娅
生活之歌
八小时⋯⋯⋯⋯⋯⋯⋯⋯⋯⋯祖德陶
礁岩述怀⋯⋯⋯⋯⋯⋯⋯⋯⋯谢其规
举起矿灯（外一首）⋯⋯⋯⋯⋯孙友田
十几平方米的车厢⋯⋯⋯⋯⋯⋯朱金晨

散文

秋山红叶⋯⋯⋯⋯⋯⋯⋯⋯⋯⋯沙　白
潺潺流泉边⋯⋯⋯⋯⋯⋯⋯⋯薛尔康

美术

黎女（版画）⋯⋯⋯⋯⋯⋯⋯张祯麒
农家（水印套色木刻）⋯⋯⋯⋯张喜良
乐丰收（水印套色木刻）⋯⋯⋯张喜良
为了明天（版画）⋯⋯⋯⋯⋯⋯虞　健
中岩"放开眼界"（版画）⋯⋯⋯孙　煌
采贝（版画）⋯⋯⋯⋯⋯⋯⋯张白波
盼（水印套色木刻）⋯⋯⋯⋯⋯程　勉

1983 年第 3 期　刊名:《上海文学》
目录

纪念革命导师马克思逝世一百周年
美的规律与文艺创作——学习马克思《1844 年经济
学—哲学手稿》札记⋯⋯⋯⋯⋯蒋孔阳

小说

她从远方来⋯⋯⋯⋯⋯⋯⋯⋯谭　力
一人二传⋯⋯⋯⋯⋯⋯⋯⋯⋯毛志成
看一眼⋯⋯⋯⋯⋯⋯⋯⋯⋯⋯冯骥才
微风轻轻地吹⋯⋯⋯⋯⋯⋯⋯曾志明
清晨，三十分钟⋯⋯⋯⋯⋯⋯张辛欣

事情都是由那辆囚车引起的⋯⋯陈旭明
田野秋色⋯⋯⋯⋯⋯⋯⋯⋯⋯刘　勇

理论

关于作家内省智慧的断想⋯⋯⋯李振声
人生哲学与艺术境界⋯⋯⋯⋯毛时安

诗歌

诗与诗话
怀念篇（组诗）⋯⋯⋯⋯⋯⋯邵燕祥
我的三部曲（组诗）⋯⋯⋯⋯李老乡
繁星与短笛
小阁楼——赞一位设计师⋯⋯⋯叶　坪
柳树棍⋯⋯⋯⋯⋯⋯⋯⋯⋯黄东城
铁矿石⋯⋯⋯⋯⋯⋯⋯⋯⋯冯永杰
老矿工⋯⋯⋯⋯⋯⋯⋯⋯⋯阮大华
阿吾勒有扇明亮的玻璃窗⋯⋯⋯孙　涛
乡村的黎明⋯⋯⋯⋯⋯⋯⋯陈玉坤
大渡河纤夫⋯⋯⋯⋯⋯⋯⋯沈　重
晚照⋯⋯⋯⋯⋯⋯⋯⋯⋯⋯崔合美

散文

白色的小房子⋯⋯⋯⋯⋯⋯⋯李子羽
两姊妹——承德纪行⋯⋯⋯⋯谢大光

美术

皖南山村（版画）⋯⋯⋯⋯⋯徐晓冰
马克思在《新莱茵报》编辑部（版画）⋯赵延年
水乡印象（版画）⋯⋯⋯⋯⋯莫　测
棉乡丰年（版画）⋯⋯⋯⋯⋯林之耀
师徒（版画）⋯⋯⋯⋯⋯⋯⋯王维新
子趣（雕塑）⋯⋯⋯⋯⋯⋯⋯叶毓山

1983 年第 4 期　刊名:《上海文学》
目录

小说

登丽美⋯⋯⋯⋯⋯⋯⋯⋯⋯⋯刘心武
戈壁滩⋯⋯⋯⋯⋯⋯⋯⋯⋯⋯邓友梅
落雪无声⋯⋯⋯⋯⋯⋯⋯⋯⋯左建明
毕业歌⋯⋯⋯⋯⋯⋯⋯⋯⋯⋯范小青
小院纪事⋯⋯⋯⋯⋯⋯⋯⋯⋯肖复兴
向远方⋯⋯⋯⋯⋯⋯⋯⋯⋯⋯谢　树
倒在高压氧舱里的外科大夫⋯⋯胡迪菁

诗歌

草原，欢腾的旋律（组诗）⋯⋯魏志远
紫色的海星星（组诗）⋯⋯⋯许德民

理论

"蔡庄"的图画——读吴若增的短篇近作 ············· 程德培
什么是刘思佳性格 ································· 蔡翔
一种生活秩序的结束——王安忆《B角》引起的随想
······································· 彭亚非
邓友梅近作中的民俗美 ··························· 何镇邦
关于"啊"的随想（文艺论坛） ··················· 李壮鹰
设险置难，创新出奇（文艺论坛） ··············· 刘朝骏

美术

炼（版画） ····································· 王柏生
落叶归根（版画） ······························· 姬俊尧
在养育我们的土地上（版画） ··················· 康宁
节日火把（丝漏版画） ··························· 韦智仁
山涧小溪（版画） ······························· 戈沙
帐篷电影（版画） ······························· 陈延
漓江归鹭（水印套色木刻） ····················· 黄丕谟

1983 年第 5 期　刊名:《上海文学》
目录

小说

迷人的海（中篇小说） ··························· 邓刚
风雨梨花场 ····································· 何士光
被惊扰了的铁罗汉 ······························· 汤吉夫
电话号码23450 ································· 孔捷生
刘海的闭门羹 ··································· 董墨
男儿汉，男儿汉 ································· 谭甫成
村里的孩子 ····································· 石涛
法国睡莲 ······································· 张建泽

理论

论创作心境 ····································· 鲁枢元
形象的爱情心理学——读《红与黑》 ··············· 吴洪森

散文

秋风 ··· 赵丽宏
紫竹林 ··· 艾煊
夹竹桃和水蜜桃的对话（寓言） ··················· 陈乃祥

诗歌

诺日朗（组诗） ································· 杨炼
在大山的第一级台阶上 ··························· 徐芳
中秋咏月 ······································· 杨帆
咏菊 ··· 李尔重
一朵会唱歌的云 ································· 黄秉荣
繁星与短笛
············· 匡满　王小龙　查干　蒋华健　张志鹏

美术

山·水·阳光（版画） ··························· 姜旗
林中（版画） ··································· 晁方方
山村（版画） ··································· 王春犁
余音（木雕） ··································· 吴慧明
神女峰（木雕） ································· 陈道坦
流向故乡的河（油画） ··························· 罗晓航

1983 年第 6 期　刊名:《上海文学》
目录

小说

红罂粟 ··· 张抗抗
从开始到现在 ··································· 刘晓喻
色拉的爆炸 ····································· 王蒙
浴室 ··· 曹冠龙
葛藤——纪律检查工作札记 ······················· 杨东明
浮土 ··· 张辛欣
啊，山姐 ······································· 黄文兴
高高的芦苇塔 ··································· 李自由

理论

关于文艺批评 ··································· 乌民光
对文艺评论家成才条件的思考 ··················· 方玲
谈批评的有机性思想 ··························· 宋耀良
谈文学作品的启悟主题 ··························· 朱炳荪

诗歌

陕北女子（组诗） ······························· 梅绍静
磐石草的崛起（组诗） ··························· 梁南
野狗（外一首） ································· 于之

散文

花鼓不响粮满仓 ································· 荒煤
游丝 ··· 周同宾

美术

途中（版画） ··································· 成文正
一加二（雕塑） ································· 张海平
智慧永闪光（雕塑） ··························· 王志强
溪云初起（木刻） ······························· 张学琨
一日千里（版画） ······························· 薛红根
踏歌行（版画） ································· 王炜
鲜花（套色水印木刻） ··························· 皮远香

1983 年第 7 期　刊名:《上海文学》
目录

小说

遗愿—————————————张　弦
石场风情————————————肖　矛
迟暮——————————————鲁彦周
留在柏克莱的谜————————木令耆
慢板的慢板————————————晓　官
书香门庭————————————许子东
小河日夜流————————————戈悟觉
釉彩——————————————肖正义

理论

文学典型理论的几点再探讨————何　新
艺术的具体性与抽象化——————殷国明
润笔杂谈（文艺论坛）—————陆钊珑
也谈《别一种选家》（文艺论坛）——于　彬
观察与状物（文艺论坛）————步武尘

诗歌

淡淡的美（组诗）———————姚　村
心迹（组诗）————————宫　玺
舷外浪——————————————杨　山
古寺·历史的客栈————————叶延滨
繁星与短笛————黎　佳　徐柏容　杨兆祥

散文

今天的考察项目————————刘先平

美术

封面设计————————————张守义
樯（木刻）————————————莫　平
拼搏（版画）————————————沈尧伊
濯网白浪间（版画）———————林之耀
同路（油画）——————马一平　刘　虹

1983 年第 8 期　刊名:《上海文学》
目录

小说

东方女性（中篇小说）—————航　鹰
克拉克定律————————————戴　晴
地上地下————————————陈　村
牧羊女——————————————肖　军
指望——————————————李　锐
一路绿灯————————————刘德铨

理论

漫话文学创作特性探讨中的一些思想方法问题
——————————————王　蒙
从创作论到认识方法———————韩少功

散文

说鹰——————————————黎焕颐
多梦的骑士（散文诗）—————耿林莽
笑的河（散文诗）———————李　耕

诗歌

当代的士兵（组诗）———————程童一
绿色的鹰群（组诗）———————杜志民
戍边的战士（组诗）———————程步涛

美术

夏木森森（国画）———————李文信
青山如画江似锦（国画）————杨长槐
上市（木刻）————————————殷维国
海（版画）————————————赵延年
组合（版画）————————————赵宗藻
绿溪行（版画）————————张怀江
渔风（套色木刻）———————张祯麒

1983 年第 9 期　刊名:《上海文学》
目录

《祝辞》——社会主义文艺纲领——《邓小平文选》
学习心得————————————吴　强

小说

无声的雨丝（中篇小说）————达　理
龙须草帽————————————叶蔚林
来点儿葱，来点儿蒜，来点儿芝麻盐————张　洁
黑夜·白昼————————————彭小连
候补常务委员的一小时—————王兆军
淘金人——————————————何立伟

理论

走自己的路——读陈村的《蓝旗》————王爱英
《黑骏马》中的人生———————向义光
熊德兰和《求》————————丹　晨

诗歌

最后的谢幕（叙事诗）—————刘湛秋
只有风，是永恒的（四首）———孙静轩
通向生活的窗户（组诗）————周良沛
繁星与短笛————————————高洪波

谢先云　张雪杉　王怀让　毛炳甫　禾　波　廖亦斌

美术

晨声（版画）————————————————徐　冰
水乡交响乐（版画）————————————卜维勤
镜湖秋月（纸版）————————————倪建明
伐木之歌（版画）————————————黄　玲
太姥山（石刻）————————————孙　煌
三月（粉画）————————————江碧波

1983 年第 10 期　刊名:《上海文学》
目录

小说

鼎（中篇小说）————————————从维熙
星期天————————————————汪曾祺
从前，有座山……————————————陆星儿
多味酒————————————————沈虹光
春夏之交————————————————谷　洪
儿子没说什么————————————马　原

理论

生活的心灵化——从生活真实到艺术真实——杨文虎
文艺批评的"老化"————————————吴　方
得于阳与刚之美者——读《风满潇湘》————刘润为

诗歌

美国之旅（组诗）————————————李　瑛
春温小集（组诗）————————————辛　笛
微笑（外一首）————————————冰　夫
又别小城（赠C市以及那里的朋友们）————姜强国
繁星与短笛————————————汪　红
谢颐城　李凤海　谢其规　唐　湜　姜浪萍

散文

燕子————————————————田　野
傣家依少————————————————薛尔康

美术

思想（版画）————————————聂昌硕
原野（版画）————————————姜　旗
多福（版画）————————————李福来
牧归（版画）————————————王冬明
枫林（国画）————————————朱晓云

1983 年第 11 期　刊名:《上海文学》
目录

小说

"聪明人"————————————————高晓声
戈壁————————————————张承志
玻璃房梦————————————林斤澜
山洞一夜————————————映　泉
从春天到秋天……————————————陈椿年
晚霞，在暮色中燃烧————————————张贤华
孤岛·古槐————————————姜　滇
偶然和必然————————————任大霖
圆圈记————————————————文　兰

理论

文学现象的复杂性与理论认识的科学性——再谈文学
创作中"二律背反"的出路————————钱念孙

诗歌

寻找新大陆（组诗）————————————章德益
沉默的微笑（组诗）————————————赵丽宏
桔乡行吟（组诗）————————————徐　刚
从黄山到富春江（组诗）————————沙　白
繁星与短笛————————————尤　郁
倩　晴　田　地　沙　陵　丁　芒　裴　高

美术

晨（套色木刻）————————————陈志精
小花（版画）————————————戈　沙
跋山涉水（版画）————————————蒋志伊
浇筑（版画）————————————徐桂林
市郊之晨（套色版画）————————————林之耀

1983 年第 12 期　刊名:《上海文学》
目录

学习贯彻二中全会精神笔谈
————————————柯　灵　杜　宣　徐俊西
纪念毛泽东同志诞辰九十周年
继承和发展毛泽东文艺思想————————罗竹风

小说

茧（中篇小说）————————————叶文玲
光————————————————王　蒙
城市以外————————————榛　子
她是个平常的女人————————————关　鸿
大院小景三章——献给改革者————————古　华

今天是几号? ———————————————— 包 川
摄影组的花絮 ——————————————— 沈仁康

诗歌

慢慢清晰的倒影（组诗）—————————— 李 述
北方，母亲的手掌（组诗）——————— 刘祖慈
赛里木湖之献——开发、建设新疆中的一支浪漫曲
—————————————————————— 邹荻帆
迷人的青海 ——————————————— 郑晓钢
繁星与短笛 ———————————————— 晓 蕾
沙 金 温 源 郑成义 贺羡泉 谢先云 雪 兵

散文

人生不相见 ———————————————— 奚学瑶
林区小酒家 ———————————————— 许 淇

美术

高原塞（油画）——————— 黄小玲 马一平
水乡（木刻）——————————————— 唐小朋
大地等（树根雕）—————————————— 姚元龙
风尘（套色木刻）—————————————— 李 健

1984 年第 1 期　刊名:《上海文学》
目录

短篇小说

妻子的梦 —————————————————— 莫应丰
有这么一个人 ——————————————— 陈国凯
相逢在星期上午 —————————————— 黄文兴
树尖尖上的枣儿闪着红光 ——————— 赵 新
梅塘三宝 —————————————————— 金曾豪

中篇小说

盛夏，在草原上 —————————————— 冯苓植

理论

心灵美与时代精神
——中篇小说《无声的雨丝》的启示 ——— 雷 达

散文

夜色清凉 —————————————————— 苏 叶

诗歌

飘浮过来，晶莹的冰山 ——————————— 李 瑜
他在马背上微笑 —————————————— 杨 牧
我的名字是：树 —————————————— 梁 南
一支美好的歌 ——————————————— 沈宏菲
短笛 ———————————————————— 杨献瑶

喻大翔 木 斧 雷 霆 唐大同 师日新

美术

大堤风云（版画）—————————————— 陈晋容
小花（版画）——————————————— 孙 煌
翠鸟声声伴我归（版画）———————————— 韦智仁
鲜奶（版画）——————————————— 陈 延
崂山（石膏版套色拓片）———————————— 张白波

1984 年第 2 期　刊名:《上海文学》
目录

短篇小说

大地之魂 —————————————————— 浩 岭
最后一场球赛 ——————————————— 范若丁
经济书场 —————————————————— 吴凤珍
五老会 ——————————————————— 戴明贤
搬家那天的争端 —————————————— 孙观懋
鸟市场 ——————————————————— 翔 鹰
虾味 ———————————————————— 范英著
海浪轻轻地笑…… ————————————— 刘元举

理论

艺术家对生活真实的把握 —————————— 杨文虎
独特的生活画卷——程乃珊小说漫议 ————— 毛时安

诗歌

奔驰的灵魂 ———————————————— 东 虹
百灵鸟和山丹花 ————————————— 阿拉坦托亚
多雨的夏 —————————————————— 晓 桦
碧蓝的湖 —————————————————— 姜金城
短笛 ———————————————— 董景黎 蔡国瑞
胡玉玲 宋庆平 纪 学 向 荣 李发模 陈玉坤

散文

九寨的秋 —————————————————— 陈 村

美术

四明溪谷（国画）—————————————— 郑家声
鹿野（国画）——————————————— 胡振郎
三月梨雪（木刻）—————————————— 鲁鸿翔
一日千里（版画）—————————————— 蔡 兵
焊工的旋律（版画）————————————— 沈尧伊
雏凤（油画）——————————————— 吴之明

1984 年第 3 期　刊名:《上海文学》
目录

报告文学
龙门歌 ·····················郑九蝉

短篇小说
正是梁上燕归时 ···············李贯通
人间一隅 ·····················李杭育
愤怒的老柳树 ·················金　河
绯红的晚霞 ···················俞　晴
演出胜利结束 ·················黄铁男
你，在茫茫的人海中 ·······徐　耿　程　玮

理论
邓刚的"两个世界"——读邓刚的中篇小说····程德培
说"巧"（文艺论坛）···········陈良运
表现形式与思想深度——艺术规律探微（文艺论坛）
·····················胡德培

诗歌
五月（组诗）·················卓松盛
强渡汝河 ·····················阮章竞
一切都悄悄地（外一首）·········许德民
荒漠与晨光（外二首）···········昌　耀
短笛 ·························周　民
毕　林　李根红　周所同　韩　珺

散文
远去的军马 ···················李宝生
南瓜 ·························银　笙

美术
绿裳·黑土（版画）·············张怀汇
雅玛渡口（套色木刻）···········关维晓
古歈山庄（木刻）···············程嘉瑞
春江秋色（国画）···············韩和平
牧归（国画）···················汪观清
红莲图（国画）·················陈贞馥

1984 年第 4 期　刊名:《上海文学》
目录

短篇小说
军令状 ·······················水运宪
一个不正常的女人 ·············谌　容
哦，大青崖、巴巴坪······ ·······魏继新

玉泉山 ·······················壮国威
石狮 ·························姜　滇
大山·森林·子孙 ·············宋学孟
卡尔曼舞曲 ···················蒋志和
打熊人 ·······················晓　剑

理论
一篇值得一读的佳作——评肖矛的《石场风情》
·····················刘梦溪
一篇迟发的稿件——答徐俊西同志 ···程代熙

散文
小院正清秋 ···················忆明珠

诗歌
角力的群山（外一首）···········周　涛
辽阔的幻想（外一首）···········张　芸
游云（外一首）·················雷抒雁
散文诗 ·······················耿林莽
陈　犀　郭宝臣　白　渔
啊，玉兰花灯盏 ···············王知十
年轮，生者的道路（外一首）·····罗继仁
夜思 ·························莫西芬

美术
围捕（版画）·············陈志精　汪肃清
山川吟（塑料版刻）·············莫　测
寸土不闲（版画）···············张学琨
新疆额敏塔下（版画）···········戈　沙
刺儿（套色木刻）···············刘　宝

1984 年第 5 期　刊名:《上海文学》
目录

中篇小说
丁香别墅 ·····················程乃珊

短篇小说
"黄埔"五期 ···················周大新
哦！春雨······ ···············慕　贤
暮果 ·························甄庆如
办公室里 ·····················郑树宗

理论
综合：研究当代文学的一种途径 ·····吴　亮
我国古代文论的宏观研究 ·········南　帆
写在《美学与艺术评论》出版的时候——代前言
·····················蒋孔阳

诗歌

沼泽里，白桦躺成一条路（二首）⋯⋯⋯⋯⋯庞壮国
我的乐观主义（二首）⋯⋯⋯⋯⋯⋯⋯⋯⋯⋯邵燕祥
鉴湖（外一首）⋯⋯⋯⋯⋯⋯⋯⋯⋯⋯⋯⋯⋯罗　洛
送君远归去——寄自太平洋彼岸的诗（三首）

⋯⋯⋯⋯⋯⋯⋯⋯⋯⋯⋯⋯⋯⋯⋯⋯⋯⋯吕嘉行
短笛⋯⋯⋯⋯⋯⋯⋯⋯⋯⋯⋯⋯⋯⋯⋯⋯⋯⋯张　烨
郭　廓　叶　坪　子　页　梁谢成　孙　涛　叶庆瑞

散文

孩子的眼睛⋯⋯⋯⋯⋯⋯⋯⋯⋯⋯⋯⋯⋯⋯⋯李　黎
进香——泰山旧日见闻之一⋯⋯⋯⋯⋯⋯⋯冯骥才

美术

渔歌（油画）⋯⋯⋯⋯⋯⋯⋯⋯⋯⋯⋯⋯⋯⋯项　钢
林间（版画）⋯⋯⋯⋯⋯⋯⋯⋯⋯⋯⋯⋯⋯⋯黄　玲
阳光·少年（版画）⋯⋯⋯⋯⋯⋯⋯⋯⋯⋯⋯姜　旗
北国之春（版画）⋯⋯⋯⋯⋯⋯⋯⋯⋯⋯⋯⋯晁　楣
新装（套色版画）⋯⋯⋯⋯⋯⋯⋯⋯⋯⋯⋯⋯沈少民

1984 年第 6 期　刊名:《上海文学》
目录

短篇小说

今天接着昨天⋯⋯⋯⋯⋯⋯⋯⋯⋯⋯⋯⋯⋯⋯冯骥才
在大地和云天之间⋯⋯⋯⋯⋯⋯⋯⋯⋯⋯⋯⋯刘冬冠
装卸队的小屋⋯⋯⋯⋯⋯⋯⋯⋯⋯⋯⋯⋯⋯⋯刘孝存
空荡荡的十字街⋯⋯⋯⋯⋯⋯⋯⋯⋯⋯⋯⋯⋯李龙云

中篇小说

天热好个夏⋯⋯⋯⋯⋯⋯⋯⋯⋯⋯⋯⋯⋯⋯⋯谭　力

理论

反映论与创作心理⋯⋯⋯⋯⋯⋯⋯⋯⋯⋯⋯⋯鲁枢元
关于文学艺术独特性的随想⋯⋯⋯⋯⋯⋯⋯赵鑫珊
美在"确"与"不确"间（文艺论坛）⋯⋯⋯洪善鼎
补充与晕化（文艺论坛）⋯⋯⋯⋯⋯⋯⋯⋯陈达专

诗歌

火焰（二首）⋯⋯⋯⋯⋯⋯⋯⋯⋯⋯⋯⋯⋯⋯孙桂贞
寒山寺前默想（二首）⋯⋯⋯⋯⋯⋯⋯⋯⋯⋯辛　笛
树根造型（二首）⋯⋯⋯⋯⋯⋯⋯⋯⋯⋯⋯⋯宁　宇
年轻的父亲（二首）⋯⋯⋯⋯⋯⋯⋯⋯⋯⋯⋯刘国萍
短笛⋯⋯⋯⋯⋯⋯⋯⋯⋯⋯⋯⋯⋯⋯⋯⋯⋯⋯许祖兆
郭维东　高继恒　刘益善　亚　群　查　干　李遇春

美术

激流（国画）⋯⋯⋯⋯⋯⋯⋯⋯⋯⋯⋯⋯⋯⋯黄幻吾

草原（水彩画）⋯⋯⋯⋯⋯⋯⋯⋯⋯⋯⋯⋯⋯哈　定
富春江（国画）⋯⋯⋯⋯⋯⋯⋯⋯陆世道　陈文虎
青春·旋律（水粉画）⋯⋯⋯⋯⋯⋯⋯⋯⋯⋯万俊彦

1984 年第 7 期　刊名:《上海文学》
目录

在首届《上海文学》奖授奖会上的讲话
衷心的希望⋯⋯⋯⋯⋯⋯⋯⋯⋯⋯⋯⋯⋯⋯⋯吴　强
奋力开拓⋯⋯⋯⋯⋯⋯⋯⋯⋯⋯⋯⋯⋯⋯⋯⋯邓　刚
前进路上的回顾⋯⋯⋯⋯⋯⋯⋯⋯⋯⋯⋯⋯⋯程德培

短篇小说

陈继根癣⋯⋯⋯⋯⋯⋯⋯⋯⋯⋯⋯⋯⋯⋯⋯⋯高晓声
克里亚兵站⋯⋯⋯⋯⋯⋯⋯⋯⋯（满族）王　安
同一条河流⋯⋯⋯⋯⋯⋯⋯⋯⋯⋯⋯⋯⋯⋯⋯裴小龙
老独爷⋯⋯⋯⋯⋯⋯⋯⋯⋯⋯⋯⋯⋯⋯⋯⋯⋯蒋　濮

中篇小说

棋王⋯⋯⋯⋯⋯⋯⋯⋯⋯⋯⋯⋯⋯⋯⋯⋯⋯⋯阿　城

理论

"原生美"和艺术美⋯⋯⋯⋯⋯⋯⋯⋯⋯⋯⋯殷国明
审美意象初探⋯⋯⋯⋯⋯⋯⋯⋯⋯⋯⋯⋯⋯⋯李　黎

诗歌

香雪海⋯⋯⋯⋯⋯⋯⋯⋯⋯⋯⋯⋯⋯⋯⋯⋯⋯蔡其矫
多重奏的旋律⋯⋯⋯⋯⋯⋯⋯⋯⋯⋯⋯⋯⋯⋯沙　陵
长长的乡思（二首）⋯⋯⋯⋯⋯⋯⋯⋯⋯⋯⋯黎焕颐
写在梦乡的小站（二首）⋯⋯⋯⋯⋯⋯⋯⋯⋯陆　萍
短笛⋯⋯⋯⋯⋯⋯⋯⋯⋯⋯⋯⋯⋯⋯⋯⋯⋯⋯王　琰
苟红军　陈　村　苗得雨　吕　胜　白　航　黄东成

散文

留级生的心愿⋯⋯⋯⋯⋯⋯⋯⋯⋯⋯⋯⋯⋯⋯黄宗英

美术

海边（水印套色木刻）⋯⋯⋯⋯⋯⋯⋯⋯⋯⋯隋自更
万物更新（装饰画）⋯⋯⋯⋯⋯⋯⋯⋯⋯⋯⋯丁纯一
青滩写生（速写）⋯⋯⋯⋯⋯⋯⋯⋯⋯⋯⋯⋯朱小明
幼林（套色木刻）⋯⋯⋯⋯⋯⋯⋯⋯⋯⋯⋯⋯张喜良

1984 年第 8 期　刊名:《上海文学》
目录

中篇小说

永恒的瞬间⋯⋯⋯⋯⋯⋯⋯⋯⋯⋯⋯⋯⋯⋯⋯效　耘

短篇小说

去工地 ·················· 肖　矛
雷声召唤着雨 ·············· 王润滋
洄······ ················· 晶　仲

报告文学

在人生的秋天里 ············· 彭瑞高

理论

关于首届《上海文学》奖获奖作品的通信 ······ 陈骏涛
苦难历程中"熟悉的陌生人"——谈《绿化树》和
《灵与肉》中的人物形象 ········· 陈　诏
源与海之间（获奖作家笔谈） ······· 张抗抗
那里的大地将通过我们发言（获奖作家笔谈）
················· 周　涛
生活与友情（获奖作家笔谈） ······· 肖　矛

诗歌

真正男儿的血性（组诗） ········· 贺东久
鸽子（外一首） ············· 孙晓刚
海峡和夜（二首） ············ 张小波
雪线 ·················· 林　希
短笛 ·············· 北　岛　谢其规

散文

天远·水远·人远 ············ 黄旦璇
燕子 ·················· 刘湛秋

美术

夏（油画） ··············· 陈　平
新粮满囤（木刻） ············ 鲁鸿翔
葫芦（国画） ·············· 范林鹏
雁荡西石梁瀑（国画） ·········· 张锦标
亲人（国画） ·········· 施大畏　韩　硕

1984 年第 9 期　刊名:《上海文学》
目录

在上海市文学艺术工作者第三次代表大会上的祝辞
················· 陈国栋

报告文学

走向太空 ················ 郑　重

短篇小说

望河楼 ················· 肖复兴
伏尔加轿车停在县委大院里 ········ 张　弦
欣其亚 ················· 木令耆

嚏喷 ·················· 翔　鹰
在绿色的梦中 ·············· 张法德
迟到的大学生 ·············· 陈　浮
钟摆 ·················· 陆涛声

理论

病树前头万木春——读李杭育的短篇近作 ····· 程德培
由爱走向广阔的人生——王小鹰小说漫论 ····· 纪　人
关于"小说时间"（文艺论坛） ······· 陈　村
诗人的两翼——关于梦想和现实（文艺论坛）
················· 曾　卓

诗歌

太阳树 ················· 任洪渊
我的耳朵（二首） ············ 宫　玺
午夜锅庄（二首） ············ 莫大明
到夏天的河边去（二首） ········· 傅天琳
短笛 ·········· 喻　晓　张小平　杨　雨　胡玉玲

散文

老柳犹飞三月絮 ············· 丁　芒

美术

欢乐大地（玻璃钢雕） ·········· 吴慧明
白云深处（石板刻） ··········· 朱时昔
水兵·阳光（版画） ··········· 林安康
水乡（版画） ·············· 蔡　兵
开拓者（油画） ········· 吴之明　沈撩一　田大军

1984 年第 10 期　刊名:《上海文学》
目录

中篇小说

寻 ··················· 於梨华

短篇小说

雪浪花 ················· 达　理
坝上青香蕉 ··············· 崔京生
鸟儿，飞向何方 ············· 王小鹰
小站 ·················· 何立伟
女描图员轶事 ·············· 王　平

理论

文学七年的随想 ············· 洁　泯
对上海文学界的怀念与祝愿 ········ 荒　煤
异彩与深味——读阿城的中篇小说《棋王》··· 曾镇南

诗歌

祖国颂

大西北,金色的史话————————章德益

沐浴节————————————魏志远

骏马,力的奔突——————————王　璞

荒原 我母性的荒原————————岛　子

短笛————————陈　晏　李霁宇　李彬勇

散文

安息吧!老钟、苏苏、小杜老师————茹志鹃

我们明朝就要远航————————王　蒙

在黄水仙的故乡——————————宗　璞

美术

飞雪迎亲人(版画)————————张嵩祖

日新月异(装饰画)————————朱国荣

苏醒(国画)——————————胡振郎

昨天·今天·明天(油画)————贝家骧

在希望的田野上

——记一支农民管乐队(油画)

————————戴恒扬　马勇民　刘国才

1984 年第 11 期　刊名:《上海文学》

目录

开创文艺界大鼓劲大团结大繁荣新局面

关于演外国歌剧的问题————————贺绿汀

文艺界应该大鼓劲大团结大繁荣————徐中玉

不容推卸的时代使命——迎接全国五次文代会的召开

——————————————成　谷

离生活近些,再近些————————许子东

短篇小说

国营蛤蟆油厂的邻居————————李杭育

从 100 到 0——————————马立诚

香海,香海——————————李云良

被尊敬的张师——————————王家达

中篇小说

相识夕阳间——————————晓　鹤

理论

自然·历史·人——评张承志晚近的小说————吴　亮

诗歌

没有预报的地震(二首)————————周良沛

荒原行(二首)——————————温　源

雨声拨动的乡情(三首)————————沙　白

茉莉花集——访问巴基斯坦组诗(二首)————纪　鹏

今夜,星光灿烂————————刘　渊

散文

梦断潇湘——故乡行之一——————苏　叶

色彩的层次(外二章)————————郭　风

美术

摇篮(国画)——————————张培楚

山乡之晨(国画)————————郑叔方

天台寒山拾得(木刻)————————薛红根

奋发的心(油画)————————邱瑞敏

船厂抒情(三联油画之一)————张东麟

收获季节(油画)————————韩巨良

1984 年第 12 期　刊名:《上海文学》

目录

小说

歌星明天来——————————唐　栋

天狼星下——————————蒋　濮

一千零一弄——————————王安忆

萨拉古塔拉——————————苗　月

安乐椅————————————陈吉蓉

神奇的月亮湖——————————逯振杰

理论

人生的解剖与历史的解剖

——韩少功小说漫评————————南　帆

曹冠龙的小说创作————————许子东

散文

没有用过的蓝头巾————————施圣扬

诗歌

把胜利的豪气刻上山脊(二首)————程步涛

执著的步履(二首)————————晓　钢

细雨蒙蒙的骊山(二首)————————晓　蕾

莫扎河流域——————————徐　芳

短笛————————沙　金　左　弦　裴　高

周　导　胡玉玲　杜鸿财　贺羡泉　赵启顺　谢先云

美术

帐棚里的笑声(国画)————————方增先

秋(国画)————————————张培成

湖边静悄悄(国画)————————康　济

山里人(木刻)——————————卢治平

太行魂(国画)——————————闻　俊

拉卜楞寺(国画)————————肖　洛

故乡（国画）·····················盛孝安
李白诗意山水百图之十（国画）·······陆一飞

1985 年第 1 期　刊名:《上海文学》
目录

作家作品小辑
北京人（七篇）·············张辛欣　桑　晔

小说
老棒子酒馆·····················郑万隆
第一个复员的军人···············茹志鹃
鸸山父子·······················李功达
槐影·························田中禾

理论
创作动机的发生·················杨文虎
形象思维的内在运动——形象思维新论之一···邹　平
艺术真实性的客观依据是什么（文艺论坛）···张跃生
如何正确把握文艺作品的思想倾向（文艺论坛）
·····························王富荣
太实与过虚——艺术规律探微·······胡德培

诗歌
远方（二首）···················舒　婷
纺织娘（二首）·················邹荻帆
希望（三首）···················张　烨
短笛（九首）·········林　子　余嘉林　唐　彬
李忠田　雪　兵　马合省　尹家民　晓　城　陈鸣华

散文
旅伴·························赵丽宏

美术
革命年代（雕塑）——毛主席和苏区农民···叶国良
飞雪迎春到（木刻）·············高师宇
开心（雕塑）···················马心伯
甜女（雕塑）···················李复祥
生活（油画）···················张红年

1985 年第 2 期　刊名:《上海文学》
目录

在中国作家协会第四次会员代表大会上的祝词
·····························胡启立

小说
晚潮·························张承志
假如那天没下雨······· ·········沙叶新
兴凯湖船歌···············王啸文　梁晓声
一个人死了·····················陈　衬
紫云·························赵本夫

中篇小说
冈底斯的诱惑···················马　原

理论
文学与消费·····················吴　亮
当代文学分类 ABC···············吴若增
青年作家与青年评论家对话共同探讨文学新课题

诗歌
炉火塑造的形象——一个年轻锻工给我的印象
·····························张戩炜
一支美妙的歌（二首）·············王小未
给我玫瑰，库姆罗韦茨——访问铁托同志故居
·····························罗　洛
山风才为玉米叶子歌唱·············梅绍静
短笛···················杨匡满　宋庆平
黄秉荣　韩作荣　祖德淘　朱蓓蓓　李发模　叶　坪

美术
醉（雕塑）·····················余志强
春晓（雕塑）···················潘锡柔
归林（木刻）···················张学琨
晒台（漆画）···················李　彤
正月里（漆画）·················李余生
上糇大吉（套色木刻）·············陈志精

1985 年第 3 期　刊名:《上海文学》
目录

小说
小说两篇·····················陈世旭
黑土地·······················谭甫成
雾界山风月·····················古　华
讹传·························李叔德
显富·························张长公

中篇小说
蒿子梅·······················贾平凹
出席中国作协第四次会员代表大会归来笔谈
维护创作自由，必须坚决反"左"·······钱谷融
没有弓，鸟才能不惊···············王西彦

理论

文学评论的术语革命势在必行┈┈┈┈赵祖武　叶益钧
象征：小说艺术的诗化倾向┈┈┈┈┈┈┈┈周政保
文学接受过程中读者审美感受的作用——从接受美学
谈起┈┈┈┈┈┈┈┈┈┈┈┈┈┈┈┈┈┈周始元

散文

山趣┈┈┈┈┈┈┈┈┈┈┈┈┈┈┈┈┈┈乐维华

诗歌

青春誓言┈┈┈┈┈┈┈┈┈┈┈┈┈┈┈┈苏　宏
爸爸该死┈┈┈┈┈┈┈┈┈┈┈┈┈┈┈┈宋庆平
在公共汽车上┈┈┈┈┈┈┈┈┈┈┈┈┈┈张卫东
黎明风┈┈┈┈┈┈┈┈┈┈┈┈┈┈┈┈┈赵月梁
晚归┈┈┈┈┈┈┈┈┈┈┈┈┈┈┈┈┈┈易　非
故乡的班车┈┈┈┈┈┈┈┈┈┈┈┈┈┈┈胡向玲
三月，北方┈┈┈┈┈┈┈┈┈┈┈┈┈┈┈张飞飞
一行清晰的文字┈┈┈┈┈┈┈┈┈┈┈┈┈樊银生
秋天┈┈┈┈┈┈┈┈┈┈┈┈┈┈┈┈┈┈朱蓓蓓
海岸┈┈┈┈┈┈┈┈┈┈┈┈┈┈┈┈┈┈启　生
一片红叶┈┈┈┈┈┈┈┈┈┈┈┈┈┈┈┈孙孟晋
短笛┈┈┈┈┈┈┈┈┈┈┈┈┈┈┈┈┈┈施国英
韩秀山　陈　放　陈鸣华　韩　珺　凌代坤

美术

杜甫（雕塑）┈┈┈┈┈┈┈┈┈┈┈┈┈┈叶毓山
探索曲（木刻）┈┈┈┈┈┈┈┈┈┈┈┈┈刘有成
人生的启示（诗）┈┈┈┈┈┈┈┈┈┈┈┈王　也
春意（摄影）┈┈┈┈┈┈┈┈┈┈┈┈┈┈郑从礼

1985 年第 4 期　刊名:《上海文学》
目录

中篇小说

老街尽头┈┈┈┈┈┈┈┈┈┈┈┈赵长天　唐大卫
我的兄弟们┈┈┈┈┈┈┈┈┈┈┈┈┈┈┈邓　刚
信，烧掉它吧！┈┈┈┈┈┈┈┈┈┈┈┈┈陈维型

短篇小说

遍地风流（之一）┈┈┈┈┈┈┈┈┈┈┈┈阿　城
高高的铁塔┈┈┈┈┈┈┈┈┈┈┈┈梁晓声　王啸文
红色的、金色的云┈┈┈┈┈┈┈┈┈┈┈┈彭荆风
主角┈┈┈┈┈┈┈┈┈┈┈┈┈┈┈┈┈┈唐　宁
沙路┈┈┈┈┈┈┈┈┈┈┈┈┈┈┈┈┈┈陈小初

美术

蜀山高蜀水长（国画）┈┈┈┈┈┈┈┈┈┈远　乡
早春细雨（国画）┈┈┈┈┈┈┈┈┈┈┈┈郑叔方

浓荫（木刻）┈┈┈┈┈┈┈┈┈┈┈┈┈┈杜卓跃
花鸟（国画）┈┈┈┈┈┈┈┈┈┈┈┈┈┈房介复
山水二幅（国画）┈┈┈┈┈┈┈┈┈┈┈┈朱晓云

1985 年第 5 期　刊名:《上海文学》
目录

报告文学

横渡太平洋——去南极日记┈┈┈┈┈┈┈┈陈可雄

作家作品小辑

异乡异闻三题┈┈┈┈┈┈┈┈┈┈┈┈┈┈郑万隆
黄烟
空山
野店
我的根（创作谈）┈┈┈┈┈┈┈┈┈┈┈┈郑万隆

小说

爱情三章┈┈┈┈┈┈┈┈┈┈┈┈方　蕤　王　蒙
信
水漂儿
报应
牌迷┈┈┈┈┈┈┈┈┈┈┈┈┈┈┈┈┈┈张　宇

理论

最终有人识文章——关于《土地与神》的一封信
┈┈┈┈┈┈┈┈┈┈┈┈┈┈┈┈┈┈┈张　炜
小说自白┈┈┈┈┈┈┈┈┈┈┈┈┈┈┈┈李杭育
小说的"人称"┈┈┈┈┈┈┈┈┈┈┈┈┈林文山

诗歌

呐喊（外一首）——读挪威蒙克的画┈┈┈┈┈牛　汉
生活是这样的吗——影片《悲惨世界》观后┈┈┈邵燕祥
燃烧的记忆（三首）┈┈┈┈┈┈┈┈┈┈┈姜金城
湖畔（三首）┈┈┈┈┈┈┈┈┈┈┈┈┈┈周　民

美术

忆（雕塑）┈┈┈┈┈┈┈┈┈┈┈┈┈┈┈张云祥
苏州河畔（油画）┈┈┈┈┈┈┈┈┈┈┈┈白　俊
北疆日记（版画）┈┈┈┈┈┈┈┈┈┈┈┈史济鸿

1985 年第 6 期　刊名:《上海文学》
目录

短篇小说

前方停靠站┈┈┈┈┈┈┈┈┈┈┈┈┈┈┈石花雨
过夜┈┈┈┈┈┈┈┈┈┈┈┈┈┈┈┈┈┈张小川

小石桥⸺⸺⸺⸺⸺⸺张福麟

中篇小说
蓝天绿海⸺⸺⸺⸺⸺⸺刘索拉

作家作品小辑
归去来⸺⸺⸺⸺⸺⸺韩少功
蓝盖子⸺⸺⸺⸺⸺⸺韩少功

理论
关于《北京人》⸺⸺⸺桑　晔　张辛欣
他不是幸运儿，他是"苦行僧"
⸺俞天白小说长短论⸺⸺王锦国
《八叶集》序⸺⸺⸺⸺⸺木令者
《爱在人间》自序⸺⸺⸺⸺赵丽宏

诗歌
栗色马驹（三首）⸺⸺⸺⸺周　涛
鱼目小集（五首）⸺⸺⸺⸺宫　玺
江南（三首）⸺⸺⸺⸺⸺李小雨
山野投宿（二首）⸺⸺⸺⸺王　果
雾呵，雾（二首）⸺⸺⸺⸺郑成义
太湖石⸺⸺⸺⸺⸺⸺⸺纪　学
一位女歌手在高原吹奏⸺⸺⸺渭　水
装饰音乐⸺⸺⸺⸺⸺⸺圣　野
在改革中塑造人生（诗）⸺⸺郭　沙

美术
九曲黄河（雕塑）⸺⸺⸺⸺许宝忠
庆功会上（雕塑）⸺⸺⸺⸺刘建强

1985 年第 7 期　刊名:《上海文学》
目录

中篇小说
执火者⸺《流逝的音符》之四⸺齐岸青

短篇小说
夏天的原野⸺⸺⸺⸺⸺张　炜
雨打风吹去⸺⸺⸺⸺⸺王　平
大大谷⸺⸺⸺⸺⸺⸺郑　柯
她·她⸺⸺⸺⸺⸺⸺李　黎

作家作品小辑
北京人（十篇）⸺⸺⸺张辛欣　桑　晔

理论
中国文学发展中的现代主义⸺兼论现代意识与民族

文化的融汇⸺⸺⸺⸺⸺陈思和
艺术：在已知和未知之间⸺⸺殷国明
典型化理论再认识⸺再答程代熙同志⸺徐俊西

诗歌
太阳，一次决定性的突破⸺⸺章德益
伐倒一棵不该伐倒的树⸺想起一个人⸺傅天琳
等待球赛的城市⸺⸺⸺⸺姚　村
上海：山与海的协奏⸺⸺⸺裴　高
蓝色的旗帜⸺⸺⸺⸺⸺高晓岩
江南的黄昏⸺⸺⸺⸺⸺向　农

散文
夜渔⸺⸺⸺⸺⸺⸺⸺许　淇
大河的母亲⸺⸺天池印象⸺⸺扬　烈

美术
热血（雕塑）⸺⸺⸺⸺⸺龙　翔
海滩上（木刻）⸺⸺⸺⸺杜应机
高瞻远瞩的立足点⸺⸺⸺⸺王　也

1985 年第 8 期　刊名:《上海文学》
目录

小说
失落⸺⸺⸺⸺⸺⸺⸺唐　宁
苍穹下（五篇）⸺⸺⸺⸺赵长天
店堂轶事⸺⸺⸺⸺⸺⸺韩建东
似水流年⸺⸺⸺⸺⸺⸺宗福先
我的来历⸺⸺⸺⸺⸺⸺王安忆
秋夜蟹棚里⸺⸺⸺⸺⸺彭瑞高
山青青水粼粼⸺⸺一首唱给你听的歌⸺程乃珊
人面⸺⸺⸺⸺⸺⸺⸺王小鹰
魔夜⸺⸺⸺⸺⸺⸺⸺孙　颙
初殿（三篇）⸺⸺⸺⸺⸺陈　村

散文
金粒⸺⸺⸺⸺⸺⸺⸺曹冠龙

理论
写出有"上海味"的城市文学⸺⸺陈　诏

美术
火种（雕塑）⸺⸺⸺⸺⸺王万喜
园田即景（木刻）⸺⸺⸺⸺张学琨

1985 年第 9 期　刊名:《上海文学》
目录

中篇小说

野奔·······················王大鹏
危楼记事之四·················李国文
上海青年作家作品专辑
鸟痴·······················赵丽宏
被磨蚀的渴望·················彭小连
黄皮果（三篇）···············沈善增
温和的绿灯···················梅子涵

报告文学

信任他吧，祖国···············戴　晴

诗歌

在钢铁种植园里···············季振华
偏色症·······················晓　城
大街悬挂一副拳击手套··········孙晓刚
雪夜篝火·····················陈　放

理论

文艺学的学科形态·············鲁枢元
文艺方法论讨论中的一点思考····陈伯海
《新方法论与文学探索》后记····张德林
关于《小鲍庄》的对话····陈　村　王安忆

美术

太白醉酒（雕塑）·············王建武
牧归（木刻）·················高师宇
守林人的小木屋（国画）········皮远香
北海公园（水彩）·············谭云森

1985 年第 10 期　刊名:《上海文学》
目录

小说

大河·······················陈　洁
关于大河（创作谈）···········陈　洁
辣椒·······················何志云
小说两篇·····················梁晓声
水塔·······················张玫珊
大毛毛屯的半拉子青年··········谢鲁渤
白狼草甸·····················李庆西

作家作品小辑

鬼屋·······················肖建国

拳师·······················肖建国
一点想法（创作谈）···········肖建国

散文

吕正操的午宴·················陈若曦
怀念爸爸·····················大　林

诗歌

魂在江南（三首）·············刘祖慈
黄昏（二首）·················韩　珺
银屋里的篝火舞（外二首）······梁　南
都市的黄昏···················高晓岩

理论

论小说的情节模式·············南　帆
叙事方法
——形式化了的小说审美特性·····孟　悦　季红真
小说的传统和开放（文艺论坛）··王富荣
"深废浅售"杂议（文艺论坛）···方　玲

美术

幸福的童年（雕塑）···········高秀兰
宝钢之晨（版画）·············朱国荣
宜宾小景（水彩画）···········金立德
幽谷（国画）·················陈志精
夏（国画）···················郑叔方

1985 年第 11 期　刊名:《上海文学》
目录

小说

GRAFFITI——胡涂乱抹··········张承志
黑颜色·······················蒋子丹
海的形象·····················马　原
我为什么进不了电视台··········李　苇
她们，早上晚上···············石　涛
河妖·······················李　逊

作家作品小辑

一天·······················陈　村
古井·······················陈　村
捉鬼·······················陈　村
琥珀·······················陈　村
赘语（创作谈）···············陈　村

理论

大自然的人格主题·············李庆西
得意莫忘言···················黄子平

创作与遗忘 .... 杨文虎
可曾注入自己的生命? .... 贺兴安
四月二十七日寄友人书(作家通信) .... 贾平凹

诗歌
士兵说,我爱祖国(组诗) .... 程童一
寸草心——献给母亲的歌(四首) .... 陈 放
万里行吟录(组诗) .... 金 谷
水兵之友(二首) .... 万九如
沙枣花般的买木热·爱孜木 .... 李 瑜
仙人桥(外一首) .... 谢其规
短笛 .... 高继恒 冯林山 鄢家发 柯 平

散文
圆光 .... 木 心

美术
雨市(国画) .... 徐 希
月夜(木刻) .... 王小君
待发(国画) .... 李忠良
湖边日出(油画) .... 张厚存

1985 年第 12 期   刊名:《上海文学》
目录

小说
巨砚 .... 李平易
舴艋舟——矮凳桥的手艺人家 .... 林斤澜
短篇二题 .... 宋学武
人异途殊 .... 石 工
花野 .... 储福金
试红妆 .... 韦君宜
并非莫须有事件 .... 邹志安
家族秘闻——当代生活启示录之二 .... 刘孝存

作家作品小辑
影子的影子 .... 何立伟
远处 .... 何立伟
水边 .... 何立伟
死城 .... 何立伟
酒后(创作谈) .... 何立伟

报告文学
江"怒涛"力拔五城
——记青年围棋手江铸久 .... 宗 洲

理论
简化——一种由繁到简和由简到繁的艺术运动

——读郑万隆的短篇近作随想 .... 罗强烈
叶文玲和她的"命运女神" .... 王鸿生
伦理题材中的非伦理因素
——谈航鹰的四部中篇小说 .... 龚 平
陈世旭小说漫谈——从《小镇上的将军》到《小说两
题》 .... 王 斌

诗歌
草原风(外二首) .... 雷恩奇
走近一条神秘的河(外一首) .... 林 希
站台上,中止休假的士兵 .... 程步涛
家谱(外一首) .... 董景黎

美术
春晓(国画) .... 胡振郎
峡江春色(国画) .... 朱晓云
秋(木刻) .... 戈 夫
育(雕塑) .... 朱效能

1986 年第 1 期   刊名:《上海文学》
目录

王安忆近作小辑
海上繁华梦 .... 王安忆
　故事一:飘洋船
　故事二:环龙之飞
　故事三:玻璃丝袜
　故事四:陆家石桥
　故事五:名旦之口
多余的话(创作谈) .... 王安忆

中篇小说
魔幻人生 .... 傅 星

短篇小说
完人 .... 张 宇
机关轶事 .... 李 晓
"王车易位" .... 邓海南
套圈——小城街景之一 .... 陈小初
年年相见处 .... 仇大川

理论
吴亮评论小辑
城市人:他的生态与心态 .... 吴 亮
文学外的世界 .... 吴 亮
中国文学中的文化意识和审美意识——序贾平凹著
《商州三录》 .... 李 陀
阿城小说一瞥(微型评论) .... 刘友宾

"三不"致李氏兄弟（微型评论）————————林斤澜

诗歌

妙龄时光（组诗）————————————张　烨
人的创造（组诗）————————————张戬炜
芦花————————————————————武兆强
唱给巫溪的恋歌（组诗）————————纪　鹏
封面设计————————————————高传琳
路途有阴晴（木刻）————————————卜维勤

1986 年第 2 期　刊名:《上海文学》
目录

中篇小说

神曲————————————————————晨　哥

短篇小说

火纸————————————————————贾平凹
焦大轮子————————————————于德才
驱魔——香港的故事之九————————施叔青
葛川江的一个早晨————————————李杭育
深山里————————————————————赵长天
黑胡子————————————————————刘庆邦

理论

陈思和评论小辑
中国新文学发展中的忏悔意识——关于人对自身认识
的一个侧面————————————————陈思和
批评的追求————————————————陈思和
所罗门的瓶子——论张贤亮的小说创作————王晓明

散文

鸽、鹦鹉与雀————————————————李　耕
风雨管溪声——追忆"十年动乱"中返乡的徐懋庸同志
—————————————————————顾杰坤
八里香（木刻）————————————刘　建　王　兰

1986 年第 3 期　刊名:《上海文学》
目录

中篇小说

贼船————————————————————彭瑞高

短篇小说

小窗絮雨————————————————孙惠芬
老乡————————————————————崔京生
小说两篇————————————————吴　亮
在第七页
凉椅
距离————————————————————王　平
老号手————————————————————聂鑫森
大湖————————————————————施　放
失去的龙————————————————李　黎
七月七——二描风行水上————————郑彦英
留在心里的子弹————————————李云良

理论

作家的形象建构——形象思维新论之四————邹　平
文学认识论————————————————夏志厚
小说里的"有意味的形式"————————李国涛

诗歌

黑森林，男子汉（外三首）————————张晓梅
烈马群中飞出一只野鸽子（外三首）————王　璞
胶东平原（外二首）————————————黎焕颐
成熟的风————————————————郑成义

美术

忆写西陵峡（国画）————————————陈文虎
家乡（木刻）————————————————陈中华
烟雨濛濛飞流急（国画）————————唐秉耕
秋（国画）————————————————周　刚

1986 年第 4 期　刊名:《上海文学》
目录

中篇小说

红方块————————————————————李克威

短篇小说

窑谷————————————————————谢友鄞
没有燃烧的火焰————————————孙文昌
人间笔记————————————————李庆西
外宾没有光临寒舍
——青年公民郑丹柯内心独白之剪辑————黄　羊
断墨————————————————————李平易
山里有一株红豆树————————徐　耿　程　玮
两个独腿人————————————————孙少山

理论

被记忆缠绕的世界
——莫言创作中的童年视角————————程德培
一个现代人讲的西藏故事——马原小说漫议————张志忠
商州：贾平凹的小说世界————————李振声

散文

梦人何乡 ……………………………… 舒　婷
湖上的眼睛 …………………………… 田永昌

诗歌

生命树（外一首）……………………… 李彬勇
四月 …………………………………… 骆一禾
大站车上 ……………………………… 王　群
少年行 ………………………………… 李向东

美术

奶香（雕塑）…………………………… 林毓豪
乡情（木刻）…………………………… 杨　云
午（版画）……………………………… 林之耀
松林（版画）…………………………… 林之耀
暮归（油画）…………………………… 凌承纬

1986 年第 5 期　刊名:《上海文学》

目录

中篇小说

女　女　女 …………………………… 韩少功
散失 …………………………………… 沈虹光

短篇小说

鸠雀一战 ……………………………… 王安忆
卡普琴诺 ……………………………… 王　蒙

理念

朱立元评论小辑
文艺鉴赏的主体性——关于接受美学的断想
吸收、扬弃和融化 …………………… 朱立元

散文

南岳两章 ……………………………… 乐维华

诗歌

当代诗会
四月诗笺（组诗）……………………… 韩　云
星辰奏鸣曲（组诗）…………………… 杨小滨
南海村的女人（外一首）……………… 陈燕妮

美术

载歌行（雕塑）………………………… 张海平

1986 年第 6 期　刊名:《上海文学》

目录

中篇小说

河东寨 ………………………………… 赵　玫
奇境 …………………………………… 张宝发

短篇小说

焙雪天 ………………………………… 张　弦
小说两篇 ……………………………… 徐晓鹤
火鸟 …………………………………… 陈应松
就那么一点黯红 ……………………… 陈炳藻

理论

重建楚文学的神话系统 ……………… 凌　宇
杨文虎评论小辑
创作构思的发生 ……………………… 杨文虎
我的摸索 ……………………………… 杨文虎

诗歌

当代诗会
纹身（组诗）…………………………… 晓　刚
凡界（组诗）…………………………… 宋　琳
大城市色块（组诗）…………………… 孙晓刚
上海近郊速写 ………………………… 罗　洛

美术

前山后山雨浪浪（国画）……………… 朱晓云
路边（木刻）…………………………… 高师宇
九华山风光（国画）…………………… 陈志精
梅（国画）……………………………… 杜昌明
雨声（国画）…………………………… 范石甫

1986 年第 7 期　刊名:《上海文学》

目录

中篇小说

长辈 …………………………………… 王大鹏
门 ……………………………………… 曹冠龙

短篇小说

我穿了一只大鞋子 …………………… 李　潮
继续操练 ……………………………… 李　晓
宾馆 …………………………………… 何志云

理论

殷国明评论小辑

艺术形式不仅仅是"形式"·······殷国明
批评的范畴与范畴的障碍·······殷国明
象征艺术规律探索·············张德林

散文
淡淡的一抹·················韩　冰
馒头——儿时的回忆···········吴基民

诗歌
当代诗会
江上雨中行（组诗）···········白　桦
焉耆悲歌（组诗）·············周　涛
天涯的风（组诗）·············周　民
远山的诱惑（二首）···········冰　夫

美术
黄金时代——迎接新技术革命挑战的科坛群星（油画）
············杨顺泰　赵红兵　徐建青
半个月亮爬上来（套色木刻）·····翁承豪
滑冰（木刻）···············王小君
夏（水彩）·················包新生

1986 年第 8 期　刊名:《上海文学》
目录

中篇小说
小城之恋·················王安忆
来去何匆匆················唐　颖

短篇小说
金交椅··················刘晓喻
旷野里··················残　雪
晚来天正雪···············思　蜀

理论
在建设精神文明的路上·········张光年
小说功能内外观·············孟　悦
审美意象论析··············俞兆平
艺术家：具有独特素质的普通人····李　黎

散文
堤上的传说···············韩蔼丽

诗歌
当代诗会
冷色（组诗）···············宫　玺
城市不朽（组诗）············傅　亮

对面（组诗）···············卓松盛
年轮（外一首）·············于　之

美术
农家小院（木刻）············江　雪
乡村（国画）···············王以时
春色（国画）···············胡林锋
冬（国画·首届上海青年美展一等奖）·····周　刚

1986 年第 9 期　刊名:《上海文学》
目录

短篇小说
毒药···················史铁生
死（给"文革"）············陈　村
洋郎中··················叶之蓁
超级服务·················张石山

中篇小说
来来去去·················孙惠芬
作协上海分会青创会首届学员小说专辑
风中鸟··················金宇澄
访向梦境（中篇小说）·········孙甘露
另一个世界················殷慧芬

理论
忧患意识与人的热情·······李洁非　张　陵
《审美中介论》·序···········蒋孔阳

诗歌
当代诗话
当代城市诗的一次努力·········孙晓刚
历史、城市及城市诗···········李彬勇
诗人的宗教：自我超离·········宋　琳

散文
元月三日夜················苏　叶
此境只应天上有·············史中兴

美术
阳光（雕塑）···············赵志荣
林间（木刻）···············薛红根
江南行（国画）·············叶旦桥

1986 年第 10 期　刊名:《上海文学》

目录

第二届《上海文学》奖得奖篇目

中篇小说

夹缝……………………………………王　石
圣僧……………………………………曾智中

短篇小说

窑变……………………………………谢友鄞
无字碑…………………………………乔典运
大站快车………………………………刘小伟
山里的故事……………………………何立伟

理论

方克强评论小辑（一）——神话和新时期小说的神话
形态……………………………………方克强
方克强评论小辑（二）——人类学与文学……方克强
今天的文学与文学新人
——访文艺理论家王元化………………林伟平
新时期文学一席谈——访作家李陀………林伟平

诗歌

当代诗会
星子们会聚就是：银河………………梁　南
一个人的风景其他……………………姚　村
感觉的流浪（组诗）…………………程永新
沙漠颂…………………………………曹冠龙

散文

谈时间…………………………………赵淑侠
断片二章………………………………肖　岗

美术

五松图（国画）………………………乐秀镐
卫士（树根雕）………………………姚元龙
重要启示

1986 年第 11 期　刊名:《上海文学》

目录

文学和人格——访作家韩少功………林伟平

万字内短篇小说荟萃

一隅……………………………………钱玉亮
厚土——吕梁山印象之三……………李　锐

蓝蚂蚁…………………………………李　逊
烟云……………………………………王　平
太阳·月亮……………………………丁　当
湖畔夜话………………………………赵长天
补天会…………………………………沙龟农
当六月薰风吹过………………………陈炳藻

中篇小说

恍惚恍惚………………………………大　陆

理论

用作品说话——访作家王西彦………林伟平
城市与我们……………………………吴　亮
人类需要的艺术代偿…………………朱大可
主体的超越意识——当代诗学笔记之一……杨匡汉

当代诗会

和陶潜先生交换的第二批诗（组诗）………牛　波
综合情绪（组诗）……………………许德民
神秘果（外一首）……………………宁　宇
洛杉矶的多元性格……………………辛　笛
晚稻田…………………………………丁蔚文

散文

伊人散文诗两章………………………伊　人
追忆以群同志…………………………王永生
心灯……………………………………缪　士

美术

山路（国画）…………………………皮远乡
苗寨（水彩）…………………………金立德
黄岳秋艳（国画）……………………朱晓云
步入丰年的大地（水印木刻）………翁承豪

1986 年第 12 期　刊名:《上海文学》

目录

中篇小说

仁兴公·义兴公………………………莫应丰
主义……………………………………兰之光

短篇小说

没颜色…………………………………蒋子丹
兵和山…………………………………邓海南
月光……………………………………雁　宁
耳的恋歌………………………………唐　宁

理论
新时期文学观念中的"互补"原理⋯⋯⋯⋯陈伯海
一个艺术上的"旋转的世界"⋯⋯⋯⋯⋯鲍 昌
生活的情感投影——傅星小说创作断想⋯吴士余

当代诗会
空间（组诗）⋯⋯⋯⋯⋯⋯⋯⋯⋯⋯刘 原
西部的体验（组诗）⋯⋯⋯⋯⋯⋯⋯独 白
为人而歌⋯⋯⋯⋯⋯⋯⋯⋯⋯⋯⋯王 果
等待（组诗）⋯⋯⋯⋯⋯⋯⋯⋯⋯韩 冬

当代诗话
城市的睥睨⋯⋯⋯⋯⋯⋯⋯⋯⋯⋯许德民
一段十九年的独白⋯⋯⋯⋯⋯⋯⋯王 群

散文
寻海⋯⋯⋯⋯⋯⋯⋯⋯⋯⋯⋯⋯朱联忠
永远的哭泣⋯⋯⋯⋯⋯⋯⋯⋯⋯丘 峰

美术
出山（版画）⋯⋯⋯⋯⋯⋯⋯⋯⋯韦智仁
风景写生（钢笔画）⋯⋯⋯⋯⋯⋯孙学铭
驼铃（油画）⋯⋯⋯⋯⋯⋯⋯⋯杨顺泰

1987 年第 1 期　刊名:《上海文学》
目录

蔡测海短篇小说
往前往后⋯⋯⋯⋯⋯⋯⋯⋯⋯⋯⋯蔡测海

马原短篇小说
游神⋯⋯⋯⋯⋯⋯⋯⋯⋯⋯⋯⋯马 原

彭瑞高中篇小说
祸水⋯⋯⋯⋯⋯⋯⋯⋯⋯⋯⋯⋯彭瑞高

短篇小说
大宅三记⋯⋯⋯⋯⋯⋯⋯⋯⋯⋯范若丁
毕竟三十岁⋯⋯⋯⋯⋯⋯⋯⋯⋯王安桅
首富⋯⋯⋯⋯⋯⋯⋯⋯⋯⋯⋯⋯张法德

理论
灵性激活历史⋯⋯⋯⋯⋯⋯⋯⋯雷 达
母性图腾：知青文学的一种精神变格⋯郭小东

李庆西评论小辑
新笔记小说：寻根派，也是先锋派⋯⋯李庆西
文体也是方法⋯⋯⋯⋯⋯⋯⋯⋯⋯李庆西

读者评论
从爱之中描述爱的原貌⋯⋯⋯⋯⋯吴永耀
富有建筑美的小说⋯⋯⋯⋯⋯⋯⋯田闻一
对人生的彻悟⋯⋯⋯⋯⋯⋯⋯⋯⋯林 华

诗歌
生活之酒⋯⋯⋯⋯⋯⋯⋯⋯⋯⋯⋯林 宕
雾（外一首）⋯⋯⋯⋯⋯⋯⋯⋯⋯塞 风

散文诗
暴风雨中的独奏⋯⋯⋯⋯⋯⋯⋯⋯李 耕

散文
童年的谜⋯⋯⋯⋯⋯⋯⋯⋯⋯⋯⋯朱晒之

美术
愿望（雕塑）⋯⋯⋯⋯⋯⋯⋯⋯⋯赵志荣
太阳照在圆明园废墟上（版画）⋯⋯朱国荣
农家乐（国画）⋯⋯⋯⋯⋯⋯⋯⋯梁洪涛

1987 年第 2 期　刊名:《上海文学》
目录

林斤澜短篇小说
黄瑶⋯⋯⋯⋯⋯⋯⋯⋯⋯⋯⋯⋯林斤澜

苏童短篇小说
飞越我的枫杨树故乡⋯⋯⋯⋯⋯⋯苏 童

牟国平中篇小说
生日⋯⋯⋯⋯⋯⋯⋯⋯⋯⋯⋯⋯牟国平

万字内短篇小说荟萃
半面阿波罗⋯⋯⋯⋯⋯⋯⋯⋯⋯雷 铎
飞扬的干土地⋯⋯⋯⋯⋯⋯⋯⋯王有才
食字蚁⋯⋯⋯⋯⋯⋯⋯⋯⋯⋯⋯吴 亮
源——黑雪·魂兮⋯⋯⋯⋯⋯⋯⋯华 姿
延伸⋯⋯⋯⋯⋯⋯⋯⋯⋯⋯⋯⋯刘国红
石山⋯⋯⋯⋯⋯⋯⋯⋯⋯⋯⋯⋯陈小初
金色黄昏⋯⋯⋯⋯⋯⋯⋯⋯⋯⋯张 波
荐贤⋯⋯⋯⋯⋯⋯⋯⋯⋯⋯⋯⋯邢洪良

散文
白宫附近⋯⋯⋯⋯⋯⋯⋯⋯⋯⋯⋯吕 怡

理论
走向"过程"的现代美学与艺术⋯⋯滕守尧
对艺术真实的心理学探讨⋯⋯⋯朱立元　王文英

文学记者看文学

让文学多一点互补·····················江 迅
开阔评论视野·····················许锦根
一点期待·····················谷 苇

读者评论

我将不会忘记·····················犁 野
倡导"微型评论"·····················袁明华

文讯

张炜新著《古船》 文坛反应热烈·····················胡玮莳

当代诗会

超越感情（组诗）·····················李彬勇
树·兽骨·冬日黄昏的墙（组诗）·····················岛 子
落水（组诗）·····················张小波
墨西哥诗笺（组诗）·····················赵丽宏
山级遐思·····················钱国梁
成熟·····················董景黎

散文诗

记忆·····················王小石

美术

大巴山居图（国画）·····················朱 葵
莲子图（国画）·····················陈贞馥

1987 年第 3 期　刊名:《上海文学》
目录

杨咏鸣短篇小说

甜的铁腥的铁·····················杨咏鸣

莫言短篇小说

罪过·····················莫 言

应松中篇小说

黑艄楼·····················应 松

短篇小说

名都围考·····················汪浙成 温小钰
龙锅子·····················张 涛
图画儿·····················张健文
护卫·····················树 棻

上海人物志（报告文学）

人犬之间·····················章慧敏

李劼评论小辑

试论文学形式的本体意味·····················李 劼
我的理论转折·····················李 劼

理论

当代小说中的价值判断·····················王 斌 赵小鸣

读者评论

寻求宽容的困扰·····················应建雄
对民族性的反思·····················李 辉

当代诗会

黑键白键（组诗）·····················史学东
孤单的白杨（组诗）·····················钱叶用
倾诉·····················蔡其矫
颜色的咏叹·····················赵国平

散文

祭·····················乐维华
又是桂花飘香时·····················韩 冰

美术

水粉一幅·····················陆秋根
江边（套色木刻）·····················翁承豪

1987 年第 4 期　刊名:《上海文学》
目录

钱玉亮短篇小说

红草湖的秋天·····················钱玉亮

杨显惠短篇小说

妈妈告诉我·····················杨显惠

摩罗系列小说

深的山·····················摩 罗

短篇小说

美妻·····················乔典运
生的路程·····················张冀雪
我是城市人吗?·····················魏心宏
头条明天见报·····················周百义
镇眼·····················曹玉模
宿舍·····················南 帆
一种颜色·····················魏志远
新月·····················徐万明

上海人物志
辉煌的隧道工·····································朱大建

理论
苦涩的画卷·······································曾镇南
爱的结局与出路·································吴　亮
《神鞭》和《三寸金莲》：小说体的"文化分析"
··顾晓鸣

读者评论
理性的洞观与文体的构建·····················宋继高

散文诗
不惑之歌···赵春华

诗歌
魂在江南（组诗）·······························刘祖慈
山阴道上（组诗）·······························周　民
凝望···肖　强
苏醒···沙　塔
杯子和石子·······································赵逢炎
早产儿的新生·····································张维芳
许诺（外一首）··································季振邦
淘金者···干旻辉

散文
终结···赵　玫

美术
静物水粉···周有武

1987 年第 5 期　刊名:《上海文学》
目录

谢友鄞小说二题
马嘶　秋诉·······································谢友鄞

王大鹏小说二题
冰河　落叶·······································王大鹏

李志川小说二题
萝卜苔片儿　到毛店······························李志川

张旻小说二题
新房间　落水鬼···································张　旻

凌纾小说二题
两点之间　乖孩子································凌　纾

丁当小说二题
过了桥　苹果·····································丁　当

孙建成小说二题
蓝棉袄　眼镜·····································孙建成

凌耀忠小说二题
因为你踩着我的梦　最后的一片净土··········凌耀忠

理论
接受的合形式性与文化时差·····················夏中义

读者评论
少年也识愁滋味···································周士明
光色交融的梦境···································顾国泉
《往前往后》中的哲理··························沈玉茹

当代诗会
始终（组诗）·····································翟永明
日常生活（组诗）·················（蒙古族）葛根图娅
夏季再来···何　洁
给···于　之

散文
两个人的站台·····································黑　孩
生命绿···施圣扬
嗨，塞纽丽达·····································陈天岚

美术
月是故乡明（国画）·····························杨晓炎
耕·收（国画）···································管齐骏

1987 年第 6 期　刊名:《上海文学》
目录

孙柏昌短篇小说
黄瓜园···孙柏昌

邓海南短篇小说
龙泉剑···邓海南

丰晓梅中篇小说
十六的月亮·······································丰晓梅

短篇小说
青衣···储福金
辟邪···姜　滇
我姐姐···述　平

她·····························姜文岩
紫色···························李云良
寻寻觅觅·······················之　荧
交换···························周　珞

程德培评论小辑
批评·分析·解读···················程德培
折磨着残雪的梦···················程德培

理论
文学新思潮的主要审美特征与表现形态········宋耀良

读者评论
有意味的钢铁·····················刘东海
《生日》絮谈················钱炳荣　沈　芳

诗歌
永久的安息·······················叶天蔚
冬日黄昏之念·····················慧　子
红纱巾·························彭小梅
弥留···························张全昭

散文
十九日喜见大雪有记·················苏　叶

赵淑侠散文两章
生死之谜·······················赵淑侠
现代人的快乐·····················赵淑侠

美术
渔村·农舍·······················孙学铭
清净的世界（油画）·················杨顺泰

1987 年第 7 期　刊名:《上海文学》
目录

路远短篇小说
黑森林·························路　远

杨东明中篇小说
欲望之漂·······················杨东明

短篇小说
荧屏在跳荡·······················祖　慰
戍夜···························李　悦
柳絮···························田晓畲
病毒······················鲍尔吉·原野
红点颏·························刘元举

诗歌
我的敖鲁古雅河（组诗）···············成　子
鱼话···························宫　玺
越过如山的目光（外一首）·············朴康平

萧丁散文两章
戥浜春色·······················萧　丁
戥浜蜜·························萧　丁

理论
中国现代美学思想发展脉络·············邓牛顿
象征论析·······················俞兆平
中国文学情感表现功能再认识···········吴　方

读者评论
深山中的情感·····················龚　静
读《红草湖的秋天》·················王满国

美术
迎春园（国画）···················郝震华

1987 年第 8 期　刊名:《上海文学》
目录

池莉中篇小说
烦恼人生·······················池　莉

戈悟觉短篇小说
请你谅解·······················戈悟觉

魏志远短篇二题
门或者妻子·······················魏志远
兄弟···························魏志远

短篇小说
乍到草原·······················刘俊光
曲胡···························刘庆邦
对手···························王福根
工程师和年轻的技术员们···············罗　洪
又见炊烟，又见炊烟·················马本德

散文
心曲起自戥浜行····················汪天云
乡村女教师·······················朱哂之
白桦四月诗章·····················白　桦

理论
西方小说叙事观念纵横谈··········李洁非　张　陵

人物形象的审美符号化 ————————————徐剑艺
竹林小说艺术片谈（创作书简）————————陈幼石

读者评论
童年视角里的死亡 ——————————————杜燕敏
触角上的语言 ————————————————曹 磊
读《倾诉》——————————————————代 航

美术
罗浮春早（国画）——————————————刘 明
江山万里图（国画）————————————钱 玄
平山之夏（水粉）—————————————翁承伟

1987 年第 9 期　刊名:《上海文学》
目录

杨咏鸣短篇小说
红的煤，黑的煤 ——————————————杨咏鸣

张关林中篇小说
无风的风筝 ————————————————张关林

颜成钩(中国香港)短篇小说
天谴 ————————————————————颜成钩

短篇小说
结构 ————————————————————李 蔚
夜无声 ——————————————————李克定

作协上海分会青创会第二期学员小说专辑
出道 ————————————————————沈嘉禄
巴别塔 ——————————————————朱耀华
远大目标 —————————————————张 旻
第二百次约会 ———————————————孙徐春

周政保评论小辑
"双语"作家的创造优势 ——————————周政保
文学理论批评的发现与提供 ————————周政保

理论
来自生活底层的文学 ———————————吴洪森
论"学术对话"——————黄子平　陈平原　钱理群

当代诗会
刘湛秋抒情诗章（七首）——————————刘湛秋
历史和我们同行（组诗）——————————子 页

散文
邵勉力散文两章 —————————————邵勉力
绿色之谜 —————————————————顾行伟

上海人物志(报告文学)
烟雨后的灿烂 ———————————————肖 岗

读者评论
直线与曲线营构的世界 ——————————林 伟
平淡中见真醇 ———————————————赵文学
《十六的月亮》随感 ———————————袁明华

美术
封面设计 —————————————————高传琳

1987 年第 10 期　刊名:《上海文学》
目录

赵本夫小说三题
远行·月光·雪夜 —————————————赵本夫

李晓小说二题
小店·天下本无事 —————————————李 晓

魏志远小说二题
窗台·小男孩 ———————————————魏志远

李志川小说二题
煞神·喜神 ————————————————李志川

郑荣华小说二题
重逢·回连 ————————————————郑荣华

林白小说二题
左边是墙，右边是墙·房间里的两个人————林 白

凌纾小说二题
楷模·阳光 ————————————————凌 纾

李森祥小说二题
门槛·像片 ————————————————李森祥

徐万明小说二题
夙愿·黑斑 ————————————————徐万明

文瑜小说二题
102 次列车·明晚电视 ———————————文 瑜

杨群中篇小说

躁动的黎明（《男人国》上卷）—————————杨　群

上海人物志(报告文学)

开拓，需要冒险————————————————一　夫

散文

《上海文学》新时期办刊前后————————————黄　屏

美术

秋（水粉）————————————————————王申生

1987 年第 11 期　刊名:《上海文学》
目录

周涛系列小说

坂坡村—————————————————————周　涛

莫言中篇小说

猫事荟萃————————————————————莫　言

万字内短篇小说荟萃

字典里的铅笔刀——————————————————孙文昌
玉蝉——————————————————————沉　涛
朋友的妈妈告诉我—————————————————杨显惠
伏羲怪猫————————————————————李　逊
吊丧——————————————————————景　风
名字——————————————————————述　平
舞台——————————————————————文　井
蓝色——————————————————————陈　村
红坟——————————————————————李平易
窑师——————————————————————雁　宁
伞———————————————————————高　缨

当代诗会(女诗人专辑)

深谷（十四行诗十首）———————————————邵勉力
旅途上（组诗）——————————————————董景黎
女人的翅膀————————————————————李泓冰
赤鸟的家园（组诗）————————————————海　男
巫术（组诗）——————————————————杰　丁

散文(女性散文专辑)

家·夜·太阳————————————————————蝌　蚪
大眼睛，黑眼睛——————————————————陈志红
轨迹——————————————————————周佩红
白太阳—————————————————————斯　妤

理论

荷戟独彷徨———————————————赵　玫　张承志
《金牧场》的精神哲学————————————————吴　亮

读者评论

人生意义的找寻——————————————————张安平
《黑森林》的结构—————————————————李　岭
情绪与美感————————————————————江礼荣

1987 年第 12 期　刊名:《上海文学》
目录

文萍中篇小说

血晕——————————————————————文　萍
田中禾笔记小说（五题）·落叶溪——————————田中禾

短篇小说

爱之不病————————————————————赵宇共
有一个温暖的秋夜—————————————————王心丽
冠军 X—————————————————————孙　颙
过了清明花不好——————————————————竹　林
那歪歪的老柏树——————————————————林世恩
最后的金钥匙——————————————————何蔚萍

当代诗会

阿尔卑斯风景（组诗）———————————————罗　洛
八角街雪————————————————————马　原
陌生人（组诗）——————————————————谷　馨
眼睛——————————————————————李　疑
夜，不再是夜（外一章）——————————————桂兴华
诺言——————————————————————赵国平
石林的感觉————————————————————黄亚洲
采雨——————————————————————曹　骥

散文

高尔基故居————————————————————峻　青

邹平评论小辑

作家的语言态度——————————————————邹　平
我的第三次探险——————————————————邹　平

理论

赵长天的两个侧面：人事与自然———————————陈思和

读者评论

老年孤独心理的非平衡态——————————————张伟民

1988 年第 1 期　刊名:《上海文学》
目录

庆祝本刊新时期办刊十周年
《人民文学》致本刊贺电
王元化、蒋孔阳致本刊贺信
白桦致本刊贺诗

谢友鄞短篇小说
串亲·····················谢友鄞

雷铎短篇小说
战前战后平淡事·················雷　铎

名家近作
火和烟·····················高晓声

薛勇中篇小说
难堪的天伦···················薛　勇

短篇小说
骚乱症·····················赵　自
晚乐······················马德菊
淘井······················何亚京
红房子·····················王　璞
那片流泪的稻浪·················王安桅
小脚与吻····················吕清温

周民自选诗
恒河之情（八首）················周　民

八方诗坛
羡慕南国的北方（组诗）·······（黑龙江）梁　南
半掩之窗（组诗）·········（四川）叶延滨

散文
父父子子····················薛尔康

理论
当代文学散思··················钱谷融
苏童：在意象的河流里沉浮·····王　干　费振钟
评一种陌生的小说意态··············杨小滨

读者评论
负重的人生···················杜燕敏
月光下的心理奏鸣················沈月明
一九八七年上海文学新人奖"贵稀杯"获奖名单
《小说选刊》转载本刊小说篇目

1988 年第 2 期　刊名:《上海文学》
目录

李不空短篇小说
难以穿着的季节·················李不空

魏心宏短篇小说
闭上你的眼睛··················魏心宏

开愚小说二题
庭院里的小谣曲·················开　愚
似是而非的话··················开　愚

名家近作
夜火······················郑万隆

苗月中篇小说
心归何处····················苗　月

世态讽喻小说
尿神······················黄　白
迷你式音响组合·················李云良
苦笑······················张　宇
烟智······················王建浙

读者评论
自审与热爱···················杨长荣
读《我姐姐》··················晓　烨
召唤美的精灵··················黄　敏

牛波自选诗
功德林（A）··················牛　波
功德林（B）··················牛　波

上海诗坛
黄梅雨季····················甘　伟
猴之初（外一首）················郑成义
蓝色生命····················毛德良
无人铁轨····················郑　洁
心的港湾（外一首）···············宛世照
请不要·····················顾界南

散文
瞬间······················乐美勤

理论
论民族新文化主体意识的探求···········陈伯海
母语三思····················李国涛

李洁非　张陵评论小辑
"再现真实"：一个结构语言学的反诘
·····························李洁非　张　陵
我们反对思辨··················李洁非　张　陵

1988 年第 3 期　刊名:《上海文学》
目录

施放短篇小说
无冕之王·································施　放

苏童短篇小说
乘滑轮车远去·························苏　童

名家近作
梦鞋·····································林斤澜

李劼中篇小说
是你的故事就还给你·················李　劼

短篇小说
头版新闻人物··························查建英
枪手·····································王文泸
暮旅·····································孙惠芬
红鸟·····································苏　莉

理论
乔典运和他的文化寓言·················王鸿生
精神被放逐者的内心独白·············季红真

现代对话录
两个 69 届初中生的即兴对话··········王安忆　陈思和

散文
认石记·································苏　叶

于坚自选诗
在旅途中不要错过机会等四首··········于　坚

八方诗坛
火鸟·····································刘立云
青蝶（外一首）·······················陈所巨
路上（组诗）··························张曙光
象（组诗）·····················宋　渠　宋　炜
红水河·································苏韵芬

读者评论
价值观的重新审视··················王蔚骏

文讯一则
赵本夫储福金创作讨论会···············一　泓

1988 年第 4 期　刊名:《上海文学》
目录

刘西鸿中篇小说
爱人啊，在路上到处都有···············刘西鸿

沈东子短篇小说
死表···································沈东子

名家近作
锈铲···································张承志

万字内短篇小说荟萃
卖西瓜的"长脖"·······················李功达
摇摇摆摆的春天·······················张　梅
顾老太·································徐瑞芳
回忆···································陈　村
老姑爷及其行李等等···················李本深
告别青年·······························亢　美
假橹子·································宋宝宁
红樱桃·································王　平
盛夏···································尹学芸
病女···································周忠陵
鲍二嫂·································闻　章

现代对话录
作为抒情诗的散文化小说·············汪曾祺　施叔青

理论
状态小说·····················晓　华　汪　政

散文
看花漫笔·······························萧　丁

诗歌
钟鸣自选诗·····························钟　鸣

上海诗坛
独坐花季（组诗）·····················施茂盛
一次艺术讲座的片刻打盹···············陈鸣华
所见略同·······························林　宕
一只小白羊·····························唐　澜
单程车票（外一首）···················朱金晨

读者评论
读《难堪的天伦》⋯⋯⋯⋯⋯⋯⋯⋯⋯⋯阿　牛
等与不等⋯⋯⋯⋯⋯⋯⋯⋯⋯⋯⋯⋯冯沛龄
《串亲》有感⋯⋯⋯⋯⋯⋯⋯⋯⋯⋯⋯徐秀娟

1988 年第 5 期　刊名:《上海文学》
目录

名家近作
快马⋯⋯⋯⋯⋯⋯⋯⋯⋯⋯⋯⋯⋯⋯矫　健
我的故事⋯⋯⋯⋯⋯⋯⋯⋯⋯⋯⋯⋯矫　健
洗手⋯⋯⋯⋯⋯⋯⋯⋯⋯⋯⋯⋯⋯⋯刘心武

"中国潮"报告文学征文
病"老大"⋯⋯⋯⋯⋯⋯⋯⋯⋯⋯⋯⋯郑　重

魏艳中篇小说
女孩儿⋯⋯⋯⋯⋯⋯⋯⋯⋯⋯⋯⋯⋯魏　艳

传记文学
贺绿汀传（选载）⋯⋯⋯⋯⋯⋯⋯⋯⋯史中兴

魏志远小说二题
我以为你不在乎⋯⋯⋯⋯⋯⋯⋯⋯⋯魏志远
匿名信⋯⋯⋯⋯⋯⋯⋯⋯⋯⋯⋯⋯⋯魏志远

少鸿小说二题
有节疤的梭⋯⋯⋯⋯⋯⋯⋯⋯⋯⋯⋯少　鸿
同名共姓⋯⋯⋯⋯⋯⋯⋯⋯⋯⋯⋯⋯少　鸿

彭瑞高小说二题
蟹怨⋯⋯⋯⋯⋯⋯⋯⋯⋯⋯⋯⋯⋯⋯彭瑞高
鳖王⋯⋯⋯⋯⋯⋯⋯⋯⋯⋯⋯⋯⋯⋯彭瑞高

理论
疲惫的心灵⋯⋯⋯⋯⋯⋯⋯⋯⋯⋯⋯王晓明

现代对话录
小说的哗变：现象学的叙事态度⋯⋯李庆西　李杭育

1988 年第 6 期　刊名:《上海文学》
目录

"中国潮"报告文学征文
梁实秋的梦⋯⋯⋯⋯⋯⋯⋯⋯⋯⋯⋯叶永烈

李森祥短篇小说
台阶⋯⋯⋯⋯⋯⋯⋯⋯⋯⋯⋯⋯⋯⋯李森祥

杨争光小说二题
干沟⋯⋯⋯⋯⋯⋯⋯⋯⋯⋯⋯⋯⋯⋯杨争光
南鸟⋯⋯⋯⋯⋯⋯⋯⋯⋯⋯⋯⋯⋯⋯杨争光

蒋韵中篇小说
盆地⋯⋯⋯⋯⋯⋯⋯⋯⋯⋯⋯⋯⋯⋯蒋　韵

名家近作
两颗露珠⋯⋯⋯⋯⋯⋯⋯⋯⋯⋯⋯⋯朱苏进
大错临头⋯⋯⋯⋯⋯⋯⋯⋯⋯⋯⋯⋯朱苏进

短篇小说
二十年前⋯⋯⋯⋯⋯⋯⋯⋯⋯⋯⋯⋯赵长天
游戏或制作游戏⋯⋯⋯⋯⋯⋯⋯⋯⋯斯　夫
滋味⋯⋯⋯⋯⋯⋯⋯⋯⋯⋯⋯⋯⋯⋯王生田
暖雪⋯⋯⋯⋯⋯⋯⋯⋯⋯⋯⋯⋯⋯⋯蓝　冰

龙彼德自选诗
东北角（组诗）⋯⋯⋯⋯⋯⋯⋯⋯⋯龙彼德

八方诗坛
梦中的彩衣⋯⋯⋯⋯⋯⋯⋯⋯⋯⋯⋯曹丽黎
江南笺⋯⋯⋯⋯⋯⋯⋯⋯⋯⋯⋯⋯⋯洪　亮
日全蚀后的一缕霞光⋯⋯⋯⋯⋯⋯⋯王性初

散文
皋兰山月⋯⋯⋯⋯⋯⋯⋯⋯⋯⋯⋯⋯余秋雨
距离的权威⋯⋯⋯⋯⋯⋯⋯⋯⋯⋯⋯高晓岩

理论
当代文学观念中的战争文化心理⋯⋯⋯陈思和
自恋之果：张宝发和他的小说叙事人⋯⋯许子墙

读者评论
爱与恨的纽带⋯⋯⋯⋯⋯⋯⋯⋯⋯⋯李　辉
读《似是而非的话》⋯⋯⋯⋯⋯⋯⋯管志华
读《落叶溪》⋯⋯⋯⋯⋯⋯⋯⋯⋯⋯张朝洲

1988 年第 7 期　刊名:《上海文学》
目录

储福金短篇小说
绿井⋯⋯⋯⋯⋯⋯⋯⋯⋯⋯⋯⋯⋯⋯储福金

凌纾短篇小说
眼打......凌 纾

名家近作
黄罂粟......张抗抗

李其纲中篇小说
浮云苍狗......李其纲

短篇小说
水难......周百义
天棚趣话录......段荃法
晚归......林和平
眼泪没有颜色......青 青
灰龟湾......王 祁

邵勉力自选诗
夏时......邵勉力

上海诗坛
冷色（组诗）......宫 玺
回归......施国英
变奏......白 岸
回声（组诗）......韩国强
夏天的玫瑰......孙 悦

短诗五章
小村......刘 培
预言变奏（二首）......王 煦
歌（外一首）......黄东成

散文
蛇诗......乐维华

现代对话录
西方美学与中国新时期文艺思想......蒋孔阳 张德兴

南帆评论小辑
文学的冲突......南 帆
理论·摹仿·创造......南 帆

读者评论
审美角度的随意化......制 人
生活热情的蕴涵......李忠杰
关于"现代对话录"......陈国裕
时势的造就......王惠华

1988 年第 8 期　刊名:《上海文学》
目录

姜滇中篇小说
一个跌跌爬爬的人......姜 滇

格非中篇小说
大年......格 非

孙建成中篇小说
结婚......孙建成

蒋丽萍中篇小说
限......蒋丽萍

名家近作
美国短简......汪曾祺

短篇小说
误班......倪蓉棣
叠影......唐炳良
同屋......范小天
老八进京......吴碧莲

1988 年第 9 期　刊名:《上海文学》
目录

吕新短篇小说
瓦楞上的青草......吕 新

廖一鸣短篇小说
无尾猪轶事......廖一鸣

名家近作
没事......乔典运
语言的代价......陈世旭

短篇小说
螳螂......颜纯钩
喔唷·迁......孙建成
中学女生的传奇......陈丹燕
静静的等待......乌热尔图
海虫......宁 空
我再也不说了......宫妮妮
风度......黄虹坚
蒋勋自选诗......蒋 勋

八方诗坛

无怨（外一首）⋯⋯⋯⋯⋯⋯⋯⋯⋯⋯钟洁玲

静虑⋯⋯⋯⋯⋯⋯⋯⋯⋯⋯⋯⋯⋯⋯舒　洁

意大利印象⋯⋯⋯⋯⋯⋯⋯⋯⋯⋯⋯周　涛

散文

手足⋯⋯⋯⋯⋯⋯⋯⋯⋯⋯⋯⋯⋯⋯朱晒之

理论

汉文学语言形态论⋯⋯⋯⋯⋯⋯⋯⋯申小龙

文学语言的发生⋯⋯⋯⋯⋯⋯⋯⋯⋯杨文虎

语言节奏：小说文本分析的一个视角

⋯⋯⋯⋯⋯⋯⋯⋯⋯⋯唐　跃　谭学纯

读者评论

人生，洒脱些⋯⋯⋯⋯⋯⋯⋯⋯⋯⋯王仲儒

历史的反叛⋯⋯⋯⋯⋯⋯⋯⋯⋯⋯⋯骆颖杰

1988 年第 10 期　刊名:《上海文学》

目录

名家近作

请挽救艺术家⋯⋯⋯⋯⋯⋯⋯⋯⋯⋯张　炜

艺术家们和读过浪漫主义的县长老头⋯⋯残　雪

伤心的舞蹈⋯⋯⋯⋯⋯⋯⋯⋯⋯⋯⋯苏　童

中篇小说

不要问我从哪里来⋯⋯⋯⋯⋯⋯⋯⋯蒋　濮

罗洛自选诗

四月（组诗）⋯⋯⋯⋯⋯⋯⋯⋯⋯⋯罗　洛

上海诗坛

流逝⋯⋯⋯⋯⋯⋯⋯⋯⋯⋯⋯⋯⋯⋯嵇　辉

阴谋⋯⋯⋯⋯⋯⋯⋯⋯⋯⋯⋯⋯⋯⋯李　劼

一座城市和她的影子（组诗）⋯⋯⋯⋯赵国平

孤岛⋯⋯⋯⋯⋯⋯⋯⋯⋯⋯⋯⋯⋯⋯邹　镇

散文

未诞生的封面⋯⋯⋯⋯⋯⋯⋯⋯⋯⋯张承志

菱湖镇⋯⋯⋯⋯⋯⋯⋯⋯⋯⋯⋯⋯⋯周　民

理论

《厚土》自语⋯⋯⋯⋯⋯⋯⋯⋯⋯⋯李　锐

走进冷谷：新时期文学的未来史⋯⋯⋯邹　平

民族根性与全球意识⋯⋯⋯⋯⋯⋯⋯夏　刚

1988 年第 11 期　刊名:《上海文学》

目录

王安忆中篇小说

悲恸之地⋯⋯⋯⋯⋯⋯⋯⋯⋯⋯⋯⋯王安忆

"中国潮"报告文学征文

狂欢节的最后一天⋯⋯⋯⋯⋯⋯⋯⋯卢小飞

鼓帆观涛⋯⋯⋯⋯⋯⋯⋯⋯⋯⋯⋯⋯王兆军

万字内短篇小说荟萃

父亲的地方⋯⋯⋯⋯⋯⋯⋯⋯⋯⋯⋯梓　农

小城碎语⋯⋯⋯⋯⋯⋯⋯⋯⋯⋯⋯⋯薛　勇

拉倒⋯⋯⋯⋯⋯⋯⋯⋯⋯⋯⋯⋯⋯⋯刘庆邦

跨过两条弄堂⋯⋯⋯⋯⋯⋯⋯⋯⋯⋯蒋亶文

夫妻⋯⋯⋯⋯⋯⋯⋯⋯⋯⋯⋯⋯⋯⋯文　瑜

羊倌陈葫芦⋯⋯⋯⋯⋯⋯⋯⋯⋯⋯⋯周小星

啦……⋯⋯⋯⋯⋯⋯⋯⋯⋯⋯⋯⋯⋯余岱宗

死亡叙述⋯⋯⋯⋯⋯⋯⋯⋯⋯⋯⋯⋯余　华

隔壁⋯⋯⋯⋯⋯⋯⋯⋯⋯⋯⋯⋯⋯⋯刘俊光

歌星要来演唱⋯⋯⋯⋯⋯⋯⋯⋯⋯⋯何立伟

邹荻帆自选诗

风景画谱（十六首）⋯⋯⋯⋯⋯⋯⋯邹荻帆

八方诗坛

独步人生⋯⋯⋯⋯⋯⋯⋯⋯⋯⋯⋯⋯曾静平

下雪的夜晚（外一首）⋯⋯⋯⋯⋯⋯郑单衣

我与你⋯⋯⋯⋯⋯⋯⋯⋯⋯⋯⋯⋯⋯马一平

颂雨⋯⋯⋯⋯⋯⋯⋯⋯⋯⋯⋯⋯⋯⋯高　农

失恋的少女⋯⋯⋯⋯⋯⋯⋯⋯⋯⋯⋯申爱萍

上海的情绪（组诗）⋯⋯⋯⋯⋯⋯⋯周　俊

南风⋯⋯⋯⋯⋯⋯⋯⋯⋯⋯⋯⋯⋯⋯熊育群

散文

名实之辩⋯⋯⋯⋯⋯⋯⋯⋯⋯⋯⋯⋯冰　临

理论

艺术符号：断裂后的连缀⋯⋯⋯⋯⋯夏志厚

文化史批评及其实证分析⋯⋯⋯⋯⋯夏中义

读者评论

相思更是春常驻⋯⋯⋯⋯⋯⋯⋯⋯⋯曹时炯

走向感官的内部⋯⋯⋯⋯⋯⋯⋯⋯⋯韩国强

生命的价值⋯⋯⋯⋯⋯⋯⋯⋯⋯⋯⋯彭国铭

1988 年第 12 期　刊名:《上海文学》
目录

"益友杯"第三届上海文学奖获奖篇目
林白中篇小说
黑裙···林　白

名家近作
痊愈·七层楼上···金　河

短篇小说
标兵···舜　尧
老兵···马海春
中国象棋···姚　霏
大车店···李庆西
蟋蟀王···胡真铭
"文革"稗史···沙叶新
依队长断案···阿　成
逻辑···刘晓喻
酒店大堂···张　梅
刘湛秋自选诗···刘湛秋

上海诗坛
沉钟（组诗）···喻　军
无奈季节···慧　子
从回忆开始（组诗）···孙甘露
并非结束（组诗）···张　献
生日——写给阿芬···叶荣臻
波折···任素娟
春天的故事···黄文弟

散文
车流·人流···周尝棕

理论
乡土的精灵···曹增渝
诉诸沉思的文学···吴洪森
寻归者的归途···郭小东

读者评论
读《我以为你不在乎》·······································潘为群
读《贺绿汀》传···戎　平

1989 年第 1 期　刊名:《上海文学》
目录

中篇小说
不谈爱情···池　莉
平静如水···苏　童

吕新短篇小说
农眼···吕　新
哭泣的窗户···吕　新
绘在陶罐上的故事···吕　新

短篇小说
童话三题···宗　璞
出挑···沈嘉禄
双灯···汪曾祺

傅天虹自选诗
香港风景线（五首）···傅天虹

八方诗坛
大众舞厅···陈应松
漠北之光（组诗）···乔延凤
感受（组诗）···朱　涛
一种错觉（外一首）···嵇亦工
和好···杨　云
谜底···石国凡

散文
黄楼思情···吴民民
金顶读诗记···商友敬

理论
缺乏想象力的时代···吴　亮
评中国文学的民族意识·······································李洁非

1989 年第 2 期　刊名:《上海文学》
目录

中篇小说
艳歌···叶兆言
喋血···梁晓声

戈戍短篇小说
鹿节···戈　戍

短篇小说

在同一爿屋顶下 ················· 陆星儿

泥鳅 ························· 薛 勇

怪圈怪人 ····················· 彭瑞高

于荣健自选诗

传统练习（组诗）················ 于荣健

上海诗坛

水之北（组诗）················· 李彬勇

城市结构（组诗）················ 许德民

城市的面粉狂醉及其他（组诗）······· 孙晓刚

法号（外一首）················· 纪少华

清明 ························· 张安平

无题 ························· 郑文晖

回归线 ······················ 沈 刚

几度春秋征文（散文）

深刻的梦 ····················· 陈 村

理论

叙事行为漫论 ············ 汪 政 晓 华

小说文体形态及其构成 ············ 徐剑艺

真理占有我——徐俊西《再现与审美》序 ··· 蒋孔阳

1989 年第 3 期　刊名:《上海文学》
目录

中篇小说

焚烧的春天 ···················· 许 辉

找死 ························· 刘庆邦

雷锋短篇小说

冥兵 ························· 雷 锋

年夜 ························· 雷 锋

短篇小说

谷酒 ························· 张步真

死亡通知 ····················· 赵 玫

犁 ·························· 李森祥

自由自在 ····················· 田晓奋

四川青年诗人作品专辑

长廊（散文诗）················· 廖亦武

河（组诗）···················· 李亚伟

何等的状态（组诗）··············· 翟永明

你在诗里的夜里 ················· 二 毛

家语（组诗）·············· 宋 渠 宋 炜

在温暖的土坝上（组诗）············ 郭留红

麦地（组诗）··················· 雨 田

没有时态的女人（组诗）············ 钟 鸣

理论

寻根者：原始倾向与半原始主义 ······· 方克强

小说批评与文气说 ··············· 李国涛

妇女问题与妇女文学 ·········· 李 昂 王安忆

1989 年第 4 期　刊名:《上海文学》
目录

中篇小说

八八年乡村纪事 ················· 李平易

非梦 ························· 王祥夫

王蒙短篇小说

神鸟 ························· 王 蒙

短篇小说

墓 ·························· 季 宇

连头 ························· 杨争光

背耳子看山 ···················· 柏 原

纺车 ························· 刘锦涛

爱伦的辞职 ············ （中国香港）宋诏瑞

李瑛自选诗

日本之旅：夜银座 ················ 李 瑛

诗歌

苏联行（组诗）················· 罗 洛

孤独 ························· 李 疑

思辨的人生（组诗）··············· 黎焕颐

浪迹此城（组诗）················ 徐 博

心祭（组诗）··················· 朱 枫

散文

静枝散文两章 ··················· 静 枝

海戏 ························· 周佩红

理论

不定式表达：小说写实新变 ·········· 吴 方

太行山的牧歌 ············ 郑 义 施叔青

1989 年第 5 期　刊名:《上海文学》
目录

中篇小说
光圈 ································范小青

蒋韵短篇小说
冥灯 ································蒋　韵

储福金短篇小说
两个老女人 ··························储福金

短篇小说
阿毛或者最后的伞在水灾的雨季 ············蒋亶文
稀奇 ································姜贻斌
恰同学少年 ··························王心丽
夜晚的语言 ··························孙甘露
小夫小妻 ····························赵　新
剖鱼的 ······························宋　元

叶延滨自选诗
没有时间的备忘录（组诗）··············叶延滨

八方诗坛
陷落的季节（组诗）··················王开林
遥远的呼喊（组诗）··················韩新东
第一个大陆夜 ························许世旭
给中国大陆的小孩们 ··········（中国台湾）杨雨亭
抒情诗四首 ··························王明方
动水 ································李国平
无题诗四首 ··························晓　晴

散文
第一个夏天 ··························朱晒之
一条路 ······························高　安

理论
文学的逆向性：反文化、反崇高、反文明
 ······························王　蒙　王　干
反规范的小说实验 ····················王　玮

批评家俱乐部
保卫先锋文学 ····················朱大可　主持

1989 年第 6 期　刊名:《上海文学》
目录

中篇小说
明天的太阳 ··························田中禾

肖克凡短篇小说
白羊 ································肖克凡

短篇小说
万岁——续十癔之二 ··················林斤澜
垃圾 ································聂鑫森
穿着公家大衣的人 ····················赵剑平
王四故事 ····························唐炳良
窝囊 ································傅仲际
上东北 ······························黄仁惠

周民自选诗
在那遥远的地方（组诗）················周　民

上海诗坛
投递（组诗）··························朱　浩
出游（组诗）··························钟　民
一路平安 ····························黄晓燕

散文
鬼节 ································田永昌
面对废墟 ····························毛时安

批评家俱乐部
小说本体与小说意识 ··············李其纲　主持

许子东评论小辑
从方法出发？还是从对象出发？············许子东
当代文学中的青年文化心态 ··············许子东

理论
我们缺什么？ ··················潘凯雄　贺绍俊

1989 年第 7 期　刊名:《上海文学》
目录

中篇小说
祝你生日快乐 ························程乃珊
妄心 ································孙建成

谢友鄞短篇小说
血秧子·····································谢友鄞

短篇小说
天下的小事·······························何立伟
根林大娘·······························李森祥
郑单衣抒情诗·····························郑单衣

诗歌
夏雨···································朱光甫
白色宫殿（组诗）·························陆　健

散文
何时？何地？何事？·····················刘烨园
买路···································郑成义

批评家俱乐部
关于"世纪末"的对话··············陈思和　主持

理论
文学：英雄与反英雄·······················南　帆
后新潮小说的叙事变奏·····················陈晓明

1989 年第 8 期　刊名:《上海文学》
目录

贾平凹近作
太白山记·······························贾平凹
《太白山记》阅读密码·····················金吐双

蒋子龙短篇小说
酒仙···································蒋子龙

中篇小说
夕阳坠落之后·····························魏志远

短篇小说
青草遮断他的歌声·························吕　新
宦海···································彭荆风
梦·····································唐　涛

孙荪散文
斑驳的空白·······························孙　荪

施茂盛自选诗
水上歌谣（组诗）·························施茂盛

上海诗坛
旷野夕暮（组诗）·························宫　玺
黑戈壁（组诗）·····························宁　宇
预言（外一首）·····························喻　军
你最合适于我（三首）·····················桂兴华
遗忘（外一首）·····························阿　白
命运（二首）·····························戴仁毅

批评家俱乐部
先锋派与文明的解体··············陈晓明　主持

理论
佛与道：三代小说家的思考···············陈平原
仿古的意味·····················晓　华　汪　政

1989 年第 9 期　刊名:《上海文学》
目录

中篇小说
战争三章·······························雷　铎
走出与返回·······························洪　峰

高晓声短篇小说
美国经验·······························高晓声

短篇小说
初冬去小城·······························王安桅
他们的开始·······························何玉茹

万夏自选诗
关于农事的五首诗·························万　夏

八方诗坛
精神与自然的永恒（组诗）···············舒　洁
灰鼠···································于　坚

散文
丧失了歌唱和倾诉·························陈东东
海子生涯·······························骆一禾

理论
中国文学与士大夫文人的生命意识···········李庆西
废墟·战斗·诗何为·················杨远宏　潘家柱
苦涩的追踪·······························王　愚

1989 年第 10 期　刊名:《上海文学》
目录

周天步短篇小说
天职 ·········· 周天步

中篇小说
预鸣 ·········· 赵长天
同心爱者不能分手 ·········· 林　白

短篇小说
缨络鸡冠 ·········· 沈乔生
往事一页 ·········· 朱　樵
爱情故事 ·········· 徐　星

开愚自选诗
海上花园 ·········· 开　愚

上海诗坛
橙色（组诗） ·········· 孙　悦
精灵之家（组诗） ·········· 王　寅
室内一九八八（组诗） ·········· 陆忆敏
界外（外一首） ·········· 王　群
低缓的诉说由此及彼（组诗） ·········· 韩国强

散文
重逢时节 ·········· 史中兴

理论
大陆文学的京海冲突构造 ·········· 吴福辉
雷锋小说叙述风度 ·········· 张奥列

1989 年第 11 期　刊名:《上海文学》
目录

范小青近作小辑
栀子花开六瓣头（中篇小说） ·········· 范小青
人与蛇（短篇小说） ·········· 范小青
伏针（短篇小说） ·········· 范小青

中篇小说
紫褐色的瞬间 ·········· 袁政谦

短篇小说
冷梦 ·········· 李　逊
午夜之约 ·········· 杨剑敏
风 ·········· 晨　哥

十五岁的五子 ·········· 孙惠芬
汽枪 ·········· 徐福德
感情·风度 ·········· 马毓俊

张德强自选诗
古越魂（组诗） ·········· 张德强

八方诗坛
抒情诗四首 ·········· 易殿选
献给女神的恋歌（组诗） ·········· 梁谢成
连叶（外一首） ·········· 梁秉钧
热带雨林（外一首） ·········· 凌　川
梦海 ·········· 姜耕玉
海夜 ·········· 曹　骥
无题二首 ·········· 蔡其矫

散文
为什么流浪，流浪远方 ·········· 嵇　伟

1989 年第 12 期　刊名:《上海文学》
目录

刘以林短篇小说
迷惘的鞭炮 ·········· 刘以林

中篇小说
一个陷入政治事务的厂长 ·········· 余　曦

小说
云问茶 ·········· 李平易
玫瑰花瓣 ·········· 逸　晴
男人 ·········· 曹乃谦
醉了的勃鲁斯 ·········· 程永新
丘比德号（中篇） ·········· 张士敏
疯狂舞蹈 ·········· 黎　红
糖篮 ·········· 费爱能

陈东东自选诗
八月之诗（组诗） ·········· 陈东东

上海诗坛
不惑之歌 ·········· 罗　洛
爱的围城（组诗） ·········· 徐　芳
城市户口（组诗） ·········· 郑　洁
西部男人 ·········· 叶千章
文讯："蜂花杯"上海四十年优秀小说奖

散文

赔你千只眼⋯⋯⋯⋯⋯⋯⋯⋯王开林

枫树湾⋯⋯⋯⋯⋯⋯⋯⋯⋯谷馨

理论

文学：现实与超现实⋯⋯⋯⋯⋯南帆

女性诗歌语言结构的功能分析⋯⋯⋯程光炜

《生活》

第 1 期　刊名:《生活》
目录

湘竹河边⋯⋯⋯⋯⋯⋯⋯⋯⋯姚 岚

我所知道的⋯⋯⋯⋯⋯⋯⋯⋯冬 沫
童年的记忆
上路
农村
回家
女友
痛苦
感情
秋天
人生

沉默中的我⋯⋯⋯⋯⋯⋯⋯⋯蓝 天

春天⋯⋯⋯⋯⋯⋯⋯⋯⋯⋯泥 土

大海⋯⋯⋯⋯⋯⋯⋯⋯⋯⋯姚 岚

发刊启事（原件刊在"大海"之前）
《生活》编辑部

权力篇⋯⋯⋯⋯⋯⋯⋯⋯⋯于 雷

五星旗下

第 4 期　刊名:《生活》
目录

血祭（小说）
神坛
蜡烛
青春的奏鸣
我怕我爱的只是心中的美丽
不是她
不是诗的语言
苦的回忆
张志新式的命运
猫头鹰与公鸡
从《餐柜》谈起
刽子手万岁
人民神殿教内幕
世界各报论"人民神殿教"事件
银鸥
老白鹭
你有多快乐?

《石河子文艺》
(《绿洲》、《绿风》)

【简　介】

　　诗歌双月刊。石河子文学艺术界联合会主办。创刊于 1977 年。原为内部发行小报，创刊初期名为《石河子文艺》，1981 年 6 月起改为《绿洲》文学双月刊，开始全国公开发行。1984 年起，正式改为《绿风》诗刊。其从《绿洲》中脱胎的"绿风"专栏成为"刊中刊"的典型特色。

期刊号：1981 年第 2 期——1989 年第 6 期

1981 年第 2 期　刊名：《石河子文艺》
目录

纪念伟大的文学家鲁迅诞辰一百周年

演习和发扬鲁迅精神，建设高度的精神文明——纪念
鲁迅诞辰一百周年·······················绿洲文学社
阿 Q 的故乡···································柏　桦
又在默默沉思什么呢·······················李　瑜
有的人——纪念鲁迅有感···················臧克家
余音袅袅（小说）···············尚久骏　吴云龙
美女湖畔的爱情（小说）···················王守运
随风飘来的童话（小说）···········谈笑风　景　俊
警惕啊！你的眼泪（五场话剧）···········束一德

《绿风》诗卷

复苏的心···································任正平
金鱼·······································王燕生

北方抒情诗（三首）·························韩作荣
边疆啊，多彩的天地·························王　也
帆···江　河
寄枣尔汗大娘·······························叶文福
题《青春，在绿洲聚会》（外二首）···········高炯浩
黄河·······································梅绍静
天山情诗···································孙　涛
永不枯竭的诗情（二首）·····················袁文燕
绿（外一首）·······························静　川
树林·······································晓　晓
海市蜃楼···································柳　笛
在海上·····································石　波
快乐的郊游（外一首）·······················路　林
小桥（散文）·······························李松扬

窗口

屠格涅夫新散文诗选译···············理　然　肇　明

美术作品

姑娘的心醉了（国画）·······················于云涛
复苏（木刻）·······························邱盛林
啊！大学（木刻）···························杨方正
南山写生（油画）···························倪继歆

1981 年第 3 期　刊名：《石河子文艺》
目录

彩蝶纷飞（小说）···························张宝发
望（小说）·································王会勤

处女地

戈壁深处的钟声（小说）·····················韦天放
悠悠我心（小说）···························韦英华
隐痛（小说）·······························王念斯
谁之错（小说）·····························贾玉书

窗口

猎鹰（小说）···············乔万尼·薄伽丘作　圣　洁译
老人（小说）···············安妮·柯利·伯莱克弗德作
沈东子　吴建军译

《绿风》诗卷

公刘同志给杨牧同志的一封信
李瑜边塞诗选
绿，春的颜色（五首）·······················雁　翼
被劫的情书·································杨　树
蜜蜂·······································徐晓鹤
玻璃——钢·································邓海南

赠穿红衣服的姑娘—————————————舒 婷
延安抒怀—————————————————骆 之
送笠—————————————————陈所巨
我从绿洲走来（外二首）———————————郭维东
多彩的准噶尔（外二首）———————————黄秉荣
塔里木歌（外一首）—————————————齐 鸣

绿芽
两棵树（外一首）—————————————甜 奇
塔尔草原（外一首）————————————姚晓敏
相遇（外一首）——————————————贺海涛
脚印———————————————————沈 晓
赠 G—————————————————龚烈沸
夜，荡着一支曲—————————————黄 翔
路边———————————————————于耀江
牧鹅归来————————————————冯 杰
我从校门前走过—————————————邵文海
清晨，我从梦中醒来———————————李 华
郊外———————————————————李天岳

绿洲作家与作品
歌会没有中断（报告文学）———————————李 叶

评论
绿曲来自瀚海沃野——读《绿风》诗卷————西 贝
文艺简讯三则
本刊启事

美术作品
雏菊（中国画）——————————————李其煜
午餐（木刻）——————————————邱盛林
时光（木刻）————————————惠 仪 方 向
牧归（中国画）——————————————熊启雄
篆刻———————————————————刘瑞祥

1982 年第 1 期　刊名：《绿洲》

目录

祝愿·期望·批评·激励（来信摘登）
蜂为媒（小说）——————————————朱 定
卖猪记（小说）——————————————赵茂胜
美的畅想（小说）—————————————郁 葱
盛大的婚礼（科学幻想小说）———————彭正辉

窗口
宿命论者（小说）—————————[美] 艾·巴·辛格
刘宪之　徐文一译

处女地
来苏味（小说）——————————————谭大跃
绿河，在我记忆深处流淌（散文）——————段巧丽

开拓者
她永远在争、争……（报告文学）———丰 收　马鸿骏

评论
灵魂苦闷中升起的象征之花
　——读何其芳《预言》————————楼肇明
瀚海的"骆驼客"走进了"百家诗会"——章德益、
杨牧、周涛"百家诗会"诗作读后断想———周政保
党在召唤　时代在召唤
　——北疆地区文学创作会议散记——————张士高

绿风
舒婷抒情诗选
高炯浩抒情诗选
美丽的传说—————————————————戴安常
写在信念的旗帜上————————刘毅然　薛卫民
庞壮国　李功志等
爱的原野————————————朱 红　王辽生　孙武军
龙彼德　周蓬桦等
思絮集—————刘 章　黄东成　林 染　艺 辛　白崇文
绿芽集——————————赵仁广　姜诗元　徐世泽
舒 洁　周庆龙等

美术
假日（中国画）——————————————朱自谦
边陲（木刻）———————————————刘 伟
小溪（黑白画）——————————————姚吾贤
姑娘追（装饰画）—————————————杨 扬

1982 年第 2 期　刊名：《绿洲》

目录

发扬兵团光荣传统　反映火热的农垦生活
　————————————————————绿洲文学社
黑玫瑰传奇（小说）————————————谈笑风
倒影（小说）———————————————王从学
旅伴（小说）———————————————肖 廉
透过淡淡的薄雾（小说）———————————林建和
贫血（小说）———————————————刘宇文
草原情话（报告文学）———————————林战青

开拓者
新城初建—————————————————李文才

窗口

三个卢布（小说）—————[苏]利 金著 谭伯君译

评论

别具一格的新边塞诗——读章德益的诗集《绿色的塔里木》—————余开伟

绿风

火热的垦区—————汪文勤 东 虹 郭文政

渭 水 余安青等

蔡其矫新疆之行六首

章德益新作选

贺东久爱情诗选

海·沙漠·湖（组诗）—————黎焕颐

新变形记（组诗）—————宣 韦

致友人（二首）—————李 新

赛里木情话—————田 夫

心弦集—————郭从远

生活交响曲—————靖 宏 李云鹏 谭亚新

李根红 刁永泉等

编者要好稿！ 读者要好刊！—————本刊稿约

美术

喜悦（水彩画）—————王惠仪

晨雁（摄影）—————杨兵才

驼铃（木雕）—————毕树良

新徒工（木刻）—————于云涛

春艳（摄影）—————杨兵才

1982 年第 3 期　刊名：《绿洲》
目录

从源泉中吸取力量—————范野农

报告文学速载

末代皇帝的后裔（上）—————凌 翔

在风暴中（小说）—————何生祖

求情（小说）—————陆 平

老军垦的婚事（小说）—————卢金其

哥哥的日记（小说）—————李奇洲

哈斯木的烦恼（小说）—————朱延林

丰碑赞（散文）—————黄传会

窗口

屠格涅夫诗文选译—————楼肇明译

高尔基早期诗歌—————陈学迅译

奥菲莉娅—————[法]韩 波著 南方河译

绿风

火热的垦区—————刘 渊 洪三泰 徐志新

王凌云 蒋有潭

汽笛声声—————张学梦 王德芳 蒋澄民 李 锐

朱红纪事诗选

石河讽刺诗选

在戈壁深处（五首）—————莫文征

丝路情丝（三首）—————洋 雨

黎明期的抒情（五首）—————杨 山

生活交响曲—————刘 虹 梁京生 褚汉江

沈天鸿 柯愈勋等

绿芽集—————涂海燕 白 梦 陈小龙

黄玉琢 姚永标 刘 颖

评论

在扬弃中吸收—————杨匡汉

《戈壁深处的钟声》得失谈—————沙 平 曹海秀

美术

家乡（中国画）—————董振堂

草原小力士（雕塑）—————王同义

走向绿洲（摄影）—————吴心慧

绿洲之春（中国画）—————熊启雄

1982 年第 4 期　刊名：《绿洲》
目录

绿色长城万年青

——欢呼恢复新疆生产建设兵团—————本刊编辑部

杏花扭嘴的时候（小说）—————许学诚

队长夫人（小说）—————唐训华

第三个中国人（小说）—————周叶萍

湖上的笑声（小说）—————伊 萍

草尖和月牙（小说）—————郭培中

一封短简（散文）—————白崇义

白杨路（散文）—————陆 泰

末代皇帝的后裔（报告文学连载·下）—————凌 翔

处女地

一根筋（小说）—————陈宗奇 董仁和

窗口

黄昏（小说）

—————[英]沙 琪著 黄嘉琬 黄后楼译

绿洲作家与作品

根植于边疆泥土——访老作家王玉胡—————柏 桦

绿风

美，在垦区流淌·····赵雪勤　贺海涛　刘玉珍　田先瑶等
傅天琳抒情诗选
周涛边塞诗选
祝福太平洋的浪花（组诗）·················顾　工
塞外抒情诗（五首）·····················郭维东
啊，野菊（外一首）·····················晨　梅
晨光的约会··························唐　湜
第一次相爱（外二首）····················洋　滔
天空的云··························沙　蕾
当太阳升起的时候·················何立伟　朱自强
杨东华　郝舒野等
小星星···········思　维　柯　平　梁志伟　肖　莉等
绿芽集···········王安寿　董立勃　梦　海　宋哲峰等

评论

从生活中寻找美，表现美·················王仲明
浅谈小说《美的畅想》····················沙　雁
读小说《美的畅想》札记···················苗雨时
劝君莫要为这"海洋""献身"·················杨广德

美术作品

小松树（国画）·················杨　扬　紫　芡
天下父母心（木刻）····················熊启雄
宽银幕来到咱山沟（木刻）··········李安宁　吴舜杰
牧区小景（木刻）·····················方　向
渠畔（摄影）·······················崔世业

绿风

新城的笑容·······高炯浩　石　河　蒋有潭　晓　虹
高伐林行吟诗选
柏桦抒情诗选
雪泥鸿爪篇（组诗）····················公　刘
山野诗笺（组诗）·····················唐大同
绿洲纪行（组诗）·····················李　新
我，活的界桩·······················熊远柱
塞上情（组诗）······················师日新
天山恋（组诗）······················王　也
绿色的诗韵（组诗）····················张永权
生活的乐章（组诗）····················韩作荣
献给祖国·······龙　龙　余以建　徐国静　刘维钧等
向着瑰丽的明天···············沈　奇　杨　炼
孙友田　白鹤龄等
山·河·湖·海···············陈所巨　朱先树
倩　雯　张朴夫等
珠贝集·······刁永泉　丁概然　郭应文　管用和等
散文诗页···········胡　益　王宗仁　李　耕　罗　丁

美术

红柳滩头（国画）·····················熊启雄
军是第一犁（木刻）····················李泉森
晨（雕塑）························王引家
波影（摄影）·······················陈明仁
天山幽境（国画）·····················杜为廉
农场的早晨（摄影）····················余自力

1982 年第 5 期　刊名:《绿洲》
目录

牧马河的浪花（小说）···················景　俊
小陆（小说）·······················陈　艰
"皇后"（小说）······················胡尔朴
娃娃连长栽跟斗（小说）··················心　芳
翠翠的画（小说）·····················张士高
彩霞暗淡了（小说）····················褚远亮
尘埃（小小说）······················杨胜龙
雪纷纷（散文）······················黄登来
冰湖上（散文）······················王守运

处女地
宝镜（小说）·······················海　兰

绿洲作家与作品
生命的火花绚丽灿烂——记作家邓普·········余开伟

1982 年第 6 期　刊名:《绿洲》
目录

为开创社会主义文艺繁荣的新局面而努力····绿洲文学社

艾青早期文章二篇
怎样才能读懂新诗？　——答读者问
梦，幻想与现实——读《画梦录》
关于艾青早期的两篇文章··················周良沛
帕里黛与帕里夏（长篇小说选载）·············许特生
绿叶青青（小说）·····················李　叶
马蜂（小说）·······················刘金魁

处女池
抽水机旁（小说）·····················艾康元
第一印象（小说）·····················文　菲

窗口
"患难之交"（小说）···········[英]威·萨·毛姆著
刘宪之译

绿风

在拓荒史的空间····岛 子 尤德平 高炯浩 陈 青等

杨眉边防诗选

王小妮农村抒情诗选

春的律动 ························凌文远

乡村（组诗） ····················陈 犀

丝绸之路 ························林 染

我要上山（三首） ··············王辽生

车向西海（三首） ··············梁上泉

溪流，向着大海歌唱 ············艺 辛

投进绿色的邮箱（二首） ········叶延滨

鸡鸣图··········陈玉坤 何吉明 梅 良 邓天柱等

啊，太阳出来了····郭同旭 刘立云 杨大矛 商子秦等

生活的涟漪······霜 枫 王尔碑 徐业安 孙武军等

爱的流韵······梁小斌 龙波德 李发模 萧振荣等

绿芽··············刘 敏 鸽 子 谷未黄 刘向阳等

美术

拓荒者（中国画） ··············董振堂 刘 义

绿荫（中国画） ··················李其煜

静静的草原（木刻） ············周 琦

瀚海新歌（木刻） ··············戈 捷

1983 年第 1 期　刊名:《绿洲》
目录

采珠集

沙枣花啊，沙枣花!（小说） ········鲍 昌

阿德力西（小说） ················伊 始

青春和花朵（散文） ··············黑 婴

花的遐想（散文） ················任大霖

天山絮语（散文） ················苏 予

大张和他的伙伴们（小说） ········满慧文

二娃子的午餐（小说） ············张 明

微笑（小说） ····················王 正

淡蓝色的雾（小说） ··············郭从远

聋子大娘（小小说） ··············杨海山

奖（小小说） ····················李 社

听课（小小说） ············樊建星 刘少文

洪沟吟（散文） ··················黄德彰

处女地

孟大胡子（小说） ················王国庆

笑声中的赞歌——读小说《孟大胡子》·····日 月

窗口

"替身作家"（小说）

····················[意]迪诺·布扎蒂著 张继双译

绿风

在霞光里、在红旗下········王德芳 柏 桦 石 河

戴安常抒情短诗选

赵雪勤农垦诗选

绿洲春歌（组诗） ················黄秉荣

乡恋（组诗） ····················鄢家发

月亮，一颗珍珠的幻想 ············刘湛秋

疏勒河（外一首） ················尧山壁

生活趣闻录（四首） ··············笑笑生

诗三首·她是我的邻居·垂老思········郭宝臣

陈松叶　傅金城

傍晚，有颗星在闪········唐 湜 李蔚红 赵 强等

叙事诗

爱的浮沉 ························李老乡

兄弟刊物介绍

星空是永恒的 ····················渭 水

读诗随笔 ························易中天

美术与摄影

边疆春意浓（木刻） ··············于文雅

"戈壁明珠"喜迎"采珠人"（摄影） ·······余自立

春天来了（木刻） ················王展科

1983 年第 2 期　刊名:《绿洲》
目录

手足之间（小说） ················韩汝诚

古今中外（散文） ················张贤亮

高高的电线杆下（散文五题） ······雁 翼

"元宵大王"（小说） ··············李庆平

童心（小说） ····················周振天

女作者小辑

夕阳无限好（小说） ··············肖 廉

瞳孔的折射光（小说） ············王巧云

"三憨子"的婚事（小说） ··········湜小溪

琴娘（散文） ····················甘笑黛

啊，湖水瘦了（散文） ············晓 犁

开拓者

绿的风（特写） ··················谈笑风

处女地

打瞌睡（小说） ··················叶曙光

一幅生动的人物素描 ··············流 融

电大之页
桥（散文）·······················傅祥云作　陈康生评点

绿洲论坛
此情绵绵动人心·····························王仲明
令人钦佩的小陆·······························金　鹰
写出了新意和深度·····························沙　平

绿风
忆秦娥（词一首）·····························刘炳正
昨天，这里是一片沼泽······毛　锜　刘玉珍　李天岳等
陈所巨农村生活诗选
郭维东抒情诗选
十人集···················王鸣久　陈应松　培　贵等
诗苑拾萃···············陈继光　李松涛　雷有让等

佳作选荐
老虎···············作者　王燕生　选荐者　谢　冕
绿洲新歌手···················晓　虹　秦安江　谷　闰等
绿芽·····················史瑞政　丁　竹　宋　渠等

窗口
洗衣女人···············〔法〕拉图尔迪潘著　罗　洛译
黑人话江河···········〔美〕兰斯顿·休士著　耿　辉译
点出灵魂的一笔·····························梁京生

诗评
光与胚芽的产物·····························周政保

美术
家住绿水边（中国画）·························汪钰元
早春（凹版拓片）·····························关维晓

1983 年第 3 期　刊名:《绿洲》
目录

"三叉戟"与"大篷车"（小说）·················韩任访
列车前方到站（小说）·························杏　果
爆米花（小说）·······························郭绍贵
发菜（小说）·································易希高
逛场部（小说）·······························韩天航
"老游击战士"的喜悦（小说）·················宋国兴
第一次回顾——在石河子文联成立两周年座谈会上的
讲话·······································范野农
题词·······································刘丙正
回顾，为了开拓未来·····························思　翼

青春篇
一对"怪人"（小说）·························李灿光
阿宝赶集（小说）·····························卢金其
黄昏的鸟声（小说）·························董立勃
自尊（小说）·································焦川平

开拓者
飞起，在黎明之前（报告文学）·················丰　收

窗口
忠实的朋友（小说）·······〔英〕王尔德著　谷　闰译

绿洲论坛
以文传情　以情动人·····················舒　英　谢春元
迫切需要解决深入生活问题·················马河川
《绿叶青青》漫谈·····························张凤水

绿风
飘扬过军旗的地方····刘　渊　王捷放　刘　玉　红　戈
黎焕颐抒情诗选
张扬山水诗选
李瑜新作选
从秦岭到天山·······段恭让　何　来　刘维钧　雷　霆等
山河恋···········莫文征　晏　明　杨永年　渭　水等
大珠小珠········肖　岗　范　明　何　仃　郭应文等
颤动的心弦·······卓　凡　晨　梅　易殿选　柯愈勋等
刺玫一束·········易和元　果　路　西方朔　赵家瑶
散文诗页···············王尔碑　李　耕　旭宇

叙事诗
君子兰·····································王辽生

佳作选荐
一部小说的完成·····························李　钢
选荐者的话·································流沙河

诗评
美的踪迹·································杨匡汉

美术与摄影
五月的风（摄影）·····························徐　涛
精神文明、民族团结篆刻选登
山花（摄影）·································茹鹏生

1983 年第 4 期　刊名:《绿洲》
目录

小说

卖卤肉的姑娘·····················湖北　杨世运
有这么一个怪小伙···············河北　尹玉如
春天的报告······················黑龙江　窦　强
春雨淅沥·························新疆　肖嗣文
未完成的素描····················山东　王金年
铁匠铺夏秋······················陕西　孙良成
关于 0.2························新疆　集　海
在未组合的家庭里················新疆　康齐民
歹人····························江西　张品成
留在心底的歌····················上海　赵泽华
访富记（报告文学）······················林　平
骑马记（散文）························谢善智
夏夜曲（散文）························黄登来

开拓者

茅盾在新疆····························王向民

绿洲论坛

"新"和"深"··························王仲明

绿风

改革者之歌··········张学梦　邹德生　梁京生
叶延滨生活哲理诗选
章德益新作选
高炯浩新作选
遥远的高原·····宁　宇　张文然　王燕生　魏志远等
汽笛和牧笛·····屈　直　嘉　嘉　郭　廓　张中海等
山水·情思·····唐大同　刁永泉　蓝　幽　何昌正等
绿芽·····辛　勤　江　健　陈　红　何先树等

佳作选荐

诗三首··········作者　任洪渊　选荐者　李元洛
是我在敲门·······作者　彭浩荡　选荐者　李元洛

外国诗

费特抒情诗选译···················肇　明　理　然译
高尔基爱情诗二首······················陈学迅译
夏日（外一首）···········[美]狄瑾荪　岛　子译
从一枝卷烟引起的思绪······················周良沛

美术

一阵轻风吹过来（中国画）················朱自谦
荷塘清夏（中国画）······················冯　俭
小苗苗（木刻）················于云涛　高持民
春水（中国画）························杨法震
嬉戏（中国画）························舒春光

1983 年第 5 期　刊名:《绿洲》
目录

特邀代表（小说）························赵光鸣
杜丘的旋律（小说）······················陆　平
现代阿凡提——沙提克的故事（小说）········朱　定
初醒（小说）··························李奇渊
冬天，一个下雪的晚上（小说）············王小妮
一只提包（小说）························王治国
天外归来（科幻小说）····················彭正辉
漫步乌孙山（散文）······················贾显义

处女地

万古长存（散文）························庄超群
晶（小小说）··························高　阳

开拓者

绿色的星（报告文学）····················舒　怀

窗口

一条狗的观察·······[英]阿曼德·大卫著　李玉辉译

绿洲论坛

报春花艳石城枝——谈《绿洲》他刊以来的报告文学
作品······························郭　澄

绿风

农垦诗页·······王建刚　崔鹤同　雪　生　郭长新等
王也抒情诗选
周涛新作选
高高的喀喇昆仑（组诗）··················杨　眉
峡上的云（组诗）························鄢家发
在西部中国（组诗）······················谷　闻
戈壁沉思··························武兆强
献给亲爱的祖国··幽　蓝　李可刚　林　希　刘益善等
在城市·····邓海南　张建华　桂兴华　马绪英等
在乡村·····张中海　陈官煊　何吉明　刘　浏等
我们的交响·····杨远宏　孔令更　许德民　曹汉俊等
爱情和友谊·····孙静轩　陆　萍　倩　晴　汪文勤等

佳作选荐

野马群　致石像······················作者　周　涛
赵丽宏　选荐者　周良沛

绿风论坛

"绿芽"的随想 ······················· 白　航
明天的候选人 ····················· 浩　明

美术

秋（中国画） ······················· 汪钰元
心爱的冬不拉（木刻） ········· 王惠仪　方　向
澳大利亚画家凯兰·怀特女士风景画介绍
小儿郎（中国画） ··················· 李其煜

1983 年第 6 期　刊名:《绿洲》
目录

农四连风情录（小说） ··············· 骆世昌
辘轳把街趣事（小说） ··············· 王会勤
聪明丈夫（小说） ··················· 张　明
春的种子（小说） ··················· 郝秀琴
发配纪实（小说） ··················· 杨　惕
迷失（小说） ······················· 段宝珊
咱们走着瞧（小说） ················· 梁彤瑾
瀚海忠魂（历史小说） ··············· 王炳毅
归去来兮（散文） ··················· 牟国志

处女地

爱，才有美（小说） ················· 邹海岗

绿洲论坛

剪裁妙处非刀尺 ····················· 陈辉南
优美的旋律——介绍两幅木刻作品 ····· 朱自谦

窗口

瓦塞尔堡的玫瑰花（散文）
　　　　　　[法]马塞尔·史奈特著　亚　丁译

绿风

农场，花与梦的季节 ········· 何香久　翼　华
王中朝　张德茂等
林染边塞诗选
黄秉荣农垦诗选
心歌集·········· 余以建　缪国庆　高小刚　杨大矛等
唱在碧绿的西陲··刘尧锡　陈茂欣　白崇义　葛佳映等
洒满阳光的大地··王新民　谷未黄　程光炜　于振海等
相思鸟及其他··华万里　蒯风洁　聂鑫森　杨远宏等
八方诗萃··········曹　剑　阮大华　苏　敏　徐淙泉等
散文诗页··········李　耕　辛　戈　蓝　疆　赖寄丹等
绿芽··········刘建平　菲　可　樊　雄　石光华等
佳作选荐　舰长的传说（外一首）·····作者　李　钢
选荐者　公　刘

外国诗·················约翰·贝杰曼　霍斯曼等

美术与摄影

冬（中国画） ······················· 金　山
心中的歌（木刻） ··················· 邱盛林
骑着马儿过草原（木刻） ············· 熊启雄
老军垦（泥塑） ····················· 宋岳胜
晨光（摄影） ······················· 阎成波
鹿苑（木雕） ······················· 毕树良
傣族小姑娘（摄影） ················· 姚志刚

1984 年第 1 期　刊名:《绿风》
目录

本刊敬告读者与作者
每当春天接替冬天的时候 ············· 杨　树
在这个时刻 ························· 春　华
老诗人、老作家为会题词、赋诗
三十圈年轮和五十万? 水（外一首） ····· 林　希
柳叶萧萧 ··························· 邹荻帆
绿风诗会赞 ························· 阮章竞
小诗四首 ··························· 公　刘
秋冬之际 ··························· 辛　笛
天山去来（四首） ··················· 王辽生
晚会 ······························· 昌　耀
我又见到芨芨草的沙枣 ··············· 黎焕颐
新疆，你是一颗星星 ················· 阿　红
赠新疆诗友 ························· 罗　洛
在天空旷野之间 ····················· 周　涛
窗外二题 ··························· 朱　红
写给人生的诗（三首） ··············· 高　深
三月·黎明·苏醒（外一首） ··········· 商子秦
窗口（二首） ······················· 王中俊
秋风的故乡 ························· 肖　川
相见欢（外一首） ··················· 刘丙正
白杨树 ····························· 宋　垒
酒献拓荒人 ························· 闻　山
塞外诗草 ··························· 李元洛
石河子（外一首） ··················· 陈所巨
鹰在天山的群峰间盘旋（外一首） ····· 王家新
"克孜比比列得" ··················· 骆耕野
绿韵十二行（四首） ················· 陈显荣
维吾尔少女的眼睛 ··················· 贺东久
天山脚下赛观场（二首） ············· 杨世运
彩色的城 ··························· 张　扬
边塞风情（三首） ··················· 毕　林
你也为我掀起门帘 ··················· 梅绍静
诗河子浪花（二首） ················· 萧振荣

欢乐的绿洲（二首）——————刘益善
在这里，我久久写不出满意的诗行————刘小放
隔着远远的山野——————张中海
晨曦漫步——————闻　频
年轻的城（外一首）——————何　理
这里，曾有一排白杨——————李　新
在漠野（二首）——————刁永泉
石河子情思——————段恭让
钻天杨——————庞壮国
幸福草——————刘兰芳
走向拓荒者——————孙武军
驼队，一个春天的突破——————东　虹
这里的泥土是黑的——————高炯浩
葡萄（外一首）——————陆　萍
马群——————胡丰传
沙枣树——————晓　虹
月下——————马骏祥
亲自草原的毛纺姑娘（外一首）——————孙　涛
野鸽群——————武兆强
大西北（外一首）——————孔令更
阿曼古丽——————傅金城
追求，迷人的绿洲——————蔡国瑞
一首没写完的诗（外二首）——————梁如云
我是一颗黑葡萄——————张之静
新城，没有塑像——————顾丁昆
这是一片神奇的土地——————杨　眉
黑葡萄（外一首）——————叶　笛
沙漠组曲（二首）——————汪文勤
大漠的阳光——————郭维东
天山，给我的幻觉——————张文然
一朵金菊（外一首）——————子　页
绿洲的思念——————张德茂
祖国，我在这里——————屈　直
秋果——————陈广斌
啤酒花（外一首）——————刘晓滨
候鸟飞向大西北——————何昌正
帆与帆，有同样的港湾——————秦安江
远处，站着一个男子汉——————李　述
耕耘者之歌——————刘　敏
落日——————师　歌
致蘑菇湖——————洪　歌
爬天山——————杨　云
华岳挑夫——————王　璞
草坪上——————郭长新
吐鲁番啊，最甜的地方——————李遇春
黄土高原畅想曲——————渭　水
我们都曾经年少——————侯德健
石文联举办"绿风"诗会
绿风——————柏　桦

美术作品
绿风诗会剪影
晨曲（木刻）——————薛立柱
天山小景（中国画）——————杜为廉
柳条弯弯（木刻）——————薛丽冰

1984 年第 2 期　刊名:《绿风》
目录

我是黄河的一条支流——————周伦佑
巨川之源——————柳士同
高原走马（三首）——————培　贵
花和风（外三首）——————克里木·霍加
战争，士兵的女神（外一首）——————刘毅然
东方，现实的洁白的翅膀（外二首）——————黄大明
妈妈（外二首）——————胡万俊
歌唱一位将军——————公　刘
石河子印象——————罗　洛
纪念碑（外二首）——————周良沛
青春的城（外一首）——————边国政
新城即景（五首）——————林　子
有赠——————赵亦吾
荒原的征服者（组诗）——————谷　闰
丝路情丝（组诗）——————洋　雨
我来到了新疆——————阮章竟
古沙场黄昏——————章德益
无声的语言（外二首）——————莫文征
我渴望绿风的吹拂（外一首）——————何　来
沙漠的旺族（组诗）——————钱　璞
谒南疆铁路烈士陵墓——————张功臣
激情和花朵（三首）——————宫　玺
大草原（二首）——————白　航
天之骄子的故乡（组诗）——————阿拉坦托娅
春天里的乔迁（组诗）——————徐家麟
生活回旋曲（组诗）——————周同馨
秋天的云（组诗）——————鄂家发
草原交响诗——————屈文焜
中国的功课——————马绪英
小城一条街——————胡　益
那时我年纪轻轻（外一首）——————顾　工
阳春，剑一样的穿透力——————张洪波
湛蓝的乐章——————叶延滨
十月，战士的歌——————尹家民
关于铁人精神——————宋克力
钢铁的巨伞——————殷树楷
心曲——————马　忠
我的伯父——————新　芝
西去的列车（三首）——————周　涛

长安短章（三首）⋯⋯⋯⋯⋯⋯⋯⋯梁上泉
琪桐树（外一首）⋯⋯⋯⋯⋯⋯⋯⋯张大成
访定陵⋯⋯⋯⋯⋯⋯⋯⋯⋯⋯⋯⋯李发模
采茶（外一首）⋯⋯⋯⋯⋯⋯⋯⋯李光云
孔雀岩（外一首）⋯⋯⋯⋯⋯⋯⋯程显谟
生活的诗行（三首）⋯⋯⋯⋯⋯⋯石太瑞
车过喜马拉雅冰川（外一首）⋯⋯马丽华

讽刺诗
带刺儿的歌（六首）⋯⋯⋯⋯⋯⋯石　河

叙事诗
琴音⋯⋯⋯⋯⋯⋯⋯⋯⋯⋯⋯⋯⋯翁景贵

散文诗
大戈壁的呼唤⋯⋯⋯⋯⋯⋯⋯⋯⋯郭宝臣
海的骑士（二章）⋯⋯⋯⋯⋯⋯⋯芦　丁
恋情集（三章）⋯⋯⋯⋯⋯⋯⋯⋯潘万提
海一样深的相思（三章）⋯⋯⋯⋯马及时
排山倒海的音乐⋯⋯⋯⋯⋯⋯⋯⋯迟仁达
新疆初恋（三章）⋯⋯⋯⋯⋯⋯⋯陶大明
渔村⋯⋯⋯⋯⋯⋯⋯⋯⋯⋯⋯⋯⋯蓝露怡
《十二林卡姆》曲词选评
　　　　　　土尔逊·沙克木娃　邵燕祥
象征主义和高尔基⋯⋯⋯⋯⋯⋯⋯陈学迅
《绿风》捎给作者读者的知心话
准噶尔情怀（木刻）⋯⋯⋯⋯⋯⋯邱盛林
猎（木刻）⋯⋯⋯⋯⋯⋯⋯⋯⋯⋯蒋振华
春意（木刻）⋯⋯⋯⋯⋯王维新　彭健民
故里三月（木刻）⋯⋯⋯⋯⋯⋯⋯卢欣石

1984 年第 3 期　刊名：《绿风》

目录

边声
东风，南风，向北！向西！⋯⋯⋯翰血马
星⋯⋯⋯⋯⋯⋯⋯⋯⋯⋯⋯⋯⋯⋯曹汉俊
沙漠横渡⋯⋯⋯⋯⋯⋯⋯⋯⋯⋯⋯程光炜
谁家一缕《杨柳》曲⋯⋯（蒙古族）查　干
骆驼刺（外一首）⋯⋯⋯⋯⋯⋯⋯朱　红
博格达寄怀⋯⋯⋯⋯⋯⋯⋯⋯⋯⋯武兆强
大漠与开拓者（二首）⋯⋯⋯⋯⋯郭维东
我寻找火红色的伊犁马⋯⋯⋯⋯⋯林　染
答诗友⋯⋯⋯⋯⋯⋯⋯⋯⋯⋯⋯⋯筱　敏
魂兮　魂兮⋯⋯⋯⋯⋯⋯⋯⋯⋯⋯吕贵品
青草地⋯⋯⋯⋯⋯⋯⋯⋯⋯⋯⋯⋯刘国萍

唱给石河子
给紫泥泉牧场⋯⋯⋯⋯⋯⋯⋯⋯⋯邹荻帆
玛纳斯河抒情⋯⋯⋯⋯⋯⋯⋯⋯⋯闻　频
石河子，没有雕刀的历史⋯⋯⋯⋯贺东久
访石城毛纺厂⋯⋯⋯⋯⋯⋯⋯⋯⋯何　理

浇灌园
诗行，在工厂闪光（五首）⋯⋯⋯秦安江
栅栏后有一条急不可耐的男子汉⋯周　涛
中国的一座小城（三首）⋯⋯⋯⋯张建华
呵，不仅是为了一棵古榕⋯⋯⋯⋯叶　坪
断桥边有位姑娘⋯⋯⋯⋯⋯⋯⋯⋯阙维杭
谐和（外一首）⋯⋯⋯⋯⋯⋯⋯上官敬东
钢板⋯⋯⋯⋯⋯⋯⋯⋯⋯⋯⋯⋯⋯龙懋勤
炉顶吹氧⋯⋯⋯⋯⋯⋯⋯⋯⋯⋯⋯聂鑫森
当代，一个中国农民的自述⋯⋯⋯陈所巨
我的一家（组诗）⋯⋯⋯⋯⋯⋯⋯刘尔玉
她从故乡来（二首）⋯⋯⋯⋯⋯⋯黄　宏
草原抒情诗（三首）⋯⋯⋯⋯⋯⋯刘　渊
草原，鲜嫩的世界（外二首）⋯⋯屈　直
天鹅湖⋯⋯⋯⋯⋯⋯⋯⋯⋯⋯⋯⋯韩　冷
在天山深处（二首）⋯⋯⋯⋯⋯⋯田先瑶
太阳的保姆⋯⋯⋯⋯⋯⋯⋯⋯⋯⋯颜广明
槐树底下（外一首）⋯⋯⋯⋯⋯⋯张有松
放风筝的孩子⋯⋯⋯⋯⋯⋯⋯⋯⋯宛　凝
我们的童话⋯⋯⋯⋯⋯⋯⋯⋯⋯⋯何　博

叙事诗
红柳⋯⋯⋯⋯⋯⋯⋯⋯⋯⋯⋯⋯⋯徐志新

爱情诗
情诗三首⋯⋯⋯⋯⋯⋯⋯⋯⋯⋯⋯袁　媛
呵，小岛⋯⋯（外一首）⋯⋯⋯⋯时红军
重逢（外一首）⋯⋯⋯⋯⋯⋯⋯⋯陈小平
请燃烧的太阳传递⋯⋯⋯⋯⋯⋯⋯李志清

散文诗
寻火者（外二章）⋯⋯⋯⋯⋯⋯⋯陈　犀
爱的化石（二章）⋯⋯⋯⋯⋯⋯⋯叶庆瑞
诗人的心⋯⋯⋯⋯⋯⋯⋯⋯⋯⋯⋯迟　骋
献给艺术的短短的情歌（五首）⋯鸥一洋

互鉴篇
时间⋯⋯⋯⋯⋯⋯⋯⋯⋯⋯⋯⋯⋯邓海南
时间⋯⋯⋯⋯⋯⋯⋯⋯⋯⋯⋯⋯⋯刘　征
时间⋯⋯⋯⋯⋯⋯⋯⋯⋯⋯⋯⋯⋯孔令更

讽刺诗
南郭的申请⋯⋯⋯⋯⋯⋯⋯⋯⋯⋯西方朔
万能脚的奇遇⋯⋯⋯⋯⋯⋯⋯⋯⋯姜建国

竹笛清响

责任田 ……………………………………………… 王安寿
风车 ………………………………………………… 莫西芬
又是天凉好个秋 …………………………………… 朱谷忠

古筝新韵

伴潮吟（四首）…………………………………… 刘　征
踏莎行·卧榻吟 …………………………………… 王菁华

移栽园

早春 ………………………………………………… 李彬勇
长城（外一首）…………………………………… 遥　遥
黎明，我走向工地 ………………………………… 段　信
野花 ………………………………………………… 蔡泽武

窗口

施企巴巧夫诗选（四首）………………………… 秋　原译
英美现代诗二首 …………………………………… 岛　子译
秋天的早晨 …………………… [俄]普希金　刘湛秋译

古今中外名诗欣赏

白雪歌送武判官归京 …………（唐）岑　参　赵世骞文

扶我上战马的……

我所认识的第一个编辑 …………………………… 章德益

绿风送我凭借力

在绿风吹拂下成长 ………………………………… 秦安江

绿风情

有缘千里来相会 …………………………………… 林　子
试论蒋勋的诗 ……………………………………… 许南村
酒歌 ………………………………………………… 蒋　勋
农场读者谈《绿风》

诗讯二则

《绿风》六作品入全国诗选
又是一个好兆头
封面设计 …………………………………………… 朱自谦
诗人艾青（铜像）………………………………… 张得蒂
老农垦（诗与画）……… 王惠仪　方向画　紫　菲诗

目录

唱给七月的阳光

生长着的丰碑 ……………………………………… 张学梦
呼唤 ………………………………………………… 王德芳

写给八月的战旗

北方之夜，《雨打芭蕉》……（外一首）……… 王鸣久
在遥远的边防线上（组诗）……………………… 杨　眉
北疆，一个夜晚的故事 …………………………… 吴晓东

边声

边风三首 …………………………………………… 肖　川
天马行 ……………………………………………… 唐　湜
天山题壁 …………………………………………… 王辽生
喜玛拉雅情思 ……………………………………… 宁　宇

浇灌园

我从土地来（六首）……………………………… 曲　近
他从土地来 ………………………………………… 杨　牧

移栽园

咆哮的拳击手 ……………………………………… 贺海涛
奔流 ………………………………………………… 柏　桦
黑土地 ……………………………………………… 龙彼德
山泉 ………………………………………………… 张少恩
将军轶事（组诗）………………………………… 谷　闰
石河子的早晨 ……………………………………… 辛　笛
农场夜 ……………………………………………… 苏　冬
我的笔失落了 ……………………………………… 杨世运
梭梭 ………………………………………………… 丁　芒
开栏（外一首）…………………………………… 马骏祥
呵，觇标 …………………………………………… 崔鹤同
上海姑娘 …………………………………………… 曹　剑
她庄严地抬起双手 ………………………………… 毛广魁
山的女儿（二首）………………………………… 李可刚
测绘队的姑娘 ……………………………………… 渭　水

散文诗

银杏树告诉我…… ………………………………… 龙宪明
面对大海（外四章）……………………………… 伊　萍
三只生柿子（三首）……………………………… 胡凤洁
生活趣闻录（三首）……………………………… 笑笑生
观千佛（外一首）………………………………… 苗得雨
飞鸟二题 …………………………………………… 徐铁牛
八月十八 …………………………………………… 朱百勋
黄山二题 …………………………………………… 缪国庆

写在鲁迅墓前······李连泰
青铜峡······孙友田
棒棰岛（外一首）······原
盘山公路（外一首）······何 鹰
车歇天山······倪福泉
寻找（外一首）······匡 满
给一位盲诗人······韩作荣
赠友······宋 垒
赠友人······曹增书
银菊······陈昌军
枣树······李永庚
挚友······刘永强

互鉴篇
微笑······张国领
微笑······何 博

古今中外诗作欣赏
思念······〔德〕马克思 白 露 文

窗口
画鸟······〔法〕雅克·普雷维尔 杨松河译
美国诗三首······罗 洛译

扶我上马的······
信任的力量是无穷的······雁 翼

绿风送我凭借力
绿风中的丑小鸭······屈 直
试论蒋勋的诗（续完）······许南村

绿风论坛
邱比特之箭与诗人之笔······陈良运
《绿风》诗刊编辑委员会成立
诗人刘肖无（水墨画）······王惠仪
春天的后面不是秋（诗与歌）······名词 任友志曲

1984 年第 5 期 刊名：《绿风》
目录

母亲······赵 恺
雨花台群雕断想······蔡椿芳

边声
哦，士兵（外二首）······（新疆）周 涛
她就是那个梅（外二首）······（陕西）梅绍静
太阳和大家一起锻炼身体（外二首）····（甘肃）李老乡
喜玛拉雅古海（二首）······（西藏）魏志远

长调牧歌······（内蒙古）阿拉坦托娅
未列入名册的拓荒者······（宁夏）高 深
乌斯浑江的传说······（黑龙江）岛 子
戈壁驿站······（青海）雷献和
云南边疆的蒙古人······（云南）张永权
我们竟不会聊过······贺维铭
点名······姚永标
他确实是一名知识分子······张雪杉

醒来的城市
扬州······曹 剑
秋晨，醒来的城市······沈 奇
晚自习······嵇亦工
工厂风景线（二首）······周银宝
口哨······朱金晨

紫亮的乡村
山乡抒情诗（三首）······余以建
故乡的风（二首）······雷恩奇
晒暖暖······高 凯
斗笠······程宝林
她睡了，倚着黎明······文 冰
乡邮员（外一首）······曹军庆
我顶替······辛岂林
山色（外一首）······宋 鸣
秋色······冯恩昌
宿山民家······杨永年
力的三角肌（三首）······曾静平
心灵，早该有这样一片天地······师 歌
博湖之歌······杨 政
诞生······晓 虹
锻打马蹄铁的人······黄晓华
箭镞······刘永强
蝎子草（外一首）······唐晓渡
生命的歌（二首）······（哈萨克族）库尔班·阿里
晓 华 朱 曼译
纪念碑······刘玉珍
心迹（组诗）······戴安常
剑门诗草（二首）······唐大同
避雷线（外一首）······李 凤
云······郑成义
踏访一座皇陵······梁京生
望蝶······庞壮国
足印（外一首）······余薇野

爱情诗
在我们之间······徐国静
猎枪······第广龙
我的山······郑 玲

静夜思 .... 李发模
韭（外二首） .... 黛 诺

散文诗
春天的日历（三章） .... 李 耕
在那遥远的地方 .... 袁永庆
孔雀河（外一章） .... 筱 红
我出神地望着你——塔吊 .... 杨绍武

讽刺诗
机密泄在枕头上（外一首） .... 张维芳

浇灌园
在人生严峻的大漠（三首） .... 夕 岸
挥动你意志的刻刀 .... 柏 桦

移栽园
丝绸厂准备车间印象 .... 韩建明
北方的装卸工 .... 尹世洲
倾斜的海平线 .... 张德强
春风 .... 杨俊雄
责任制说 .... 巴 银
草原夜歌 .... 黄启忠

互鉴篇
编钟 .... 林 莽
编钟 .... 陈应松

窗口
致拉普雷克的第二封诗简 .... ［英］彭 斯 袁可嘉译
阿赫玛托娃爱情诗二首 .... 肇 明 理 然译

古今中外名诗欣赏
凉州词 .... （唐）王 翰 柏 琴 文

绿风情
访艾青 .... 丁 耶

扶我上马的……
往事总萦回 .... 周 涛
绿风送我凭借力 枝枝叶叶总关情 .... 段恭让

绿风论坛
多菜系厨师做不坏汤 .... 阿 红
用事 .... 吕 进
关于"流行病"的一封信 .... 林 染
诗人臧克家（钢笔画） .... 邱盛林
曹雪芹先生荒郊著书图（诗与画）

1984 年第 6 期 刊名:《绿风》
目录

边声
遥远的西天山（三首） .... 林 染
高原之虹（二首） .... 叶延滨
阿帕的故事（外一首） .... 张子选
雪豹 .... 孙武军
戈壁，北方的汉子 .... 马 弋
第一次跨上哈萨克的骏马 .... 张 扬

云南六人集
风 .... 汤世杰
望夫云 .... 米思及
瑞丽江谣曲（外一首） .... 彭国梁
天空 .... 沈骏康
三尖山，我忘不了你 .... 刘 扬
村女 .... 杨瑾屏
西北序曲（组诗） .... 鄢家发
草原女人的手 .... 唐 祈
驼铃已经远去了 .... 子 页
跳麦西来甫的诗人 .... 刘益善
西行二首 .... 边国政
千千万万的白杨树 .... 石光华
戈壁索句（三首） .... 田先瑶
到大漠去（外一首） .... 郭维东
新垦区（外一首） .... 王 也
她，称出了阳光的重量 .... 郑宝富 罗西临
哑童卖刀 .... 黄 淮
小镇少女 .... 马绪英
他，从收荒店出来 .... 梁 平
一双美丽的抹灰工的眼睛 .... 屈 直
蓝天的崇拜者 .... 刘宗文
致一位工人女歌唱家 .... 方竟成
卖瓜子的姑娘 .... 才建中
沃土的韵律（组诗） .... 王耀东
晒坝上的笑 .... 杨 然
雪青色的"美人蕉" .... 叶 簇
磨镰叙怀 .... 何吉明
在深山……（组诗） .... 陈官煊
冰凌花儿 .... 王洪涛
鱼市上，一杆杆秤…… .... 姚焕吉
筛选良种 .... 陈汝琏
我仍然要飞向你 .... 傅天琳
海岸线（外一首） .... 卫世平
人字瀑 .... 艺 辛
是的，我走完了一个冬天 .... 杨远宏
主航道 .... 许德民

识兰 ···姜金城
秋霜 ···黄东成
洗衣 ···任宗耀
啄木小集 ·····································刘　征
静夜思 ·······································苏　敏
笑罗汉 ·······································杨治平
生日 ···高炯浩
思念（外一首）·······························静　川
上路 ···金云富
围猎纪事（组诗）·····························柏　桦

浇灌园
五月（外二首）·······························晓　虹
艰难跋涉　走向金秋···························石　河

爱情诗
远方的歌，飞回来了···························张之静
栀子花 ·······································杨永年
星光（外一首）·······························孙　涛
爱的琴弦 ·····································肖　莉
同年 ···姚作军
司机的妻子 ···································倪福泉
瞬间 ···林　珂
湖边，一条幽静的小路·························魏久环

散文诗
生活散曲（二章）·····························马恒祥
流星（外一章）·······························王　野
欢乐的琴弦（外一章）·························潘万提

互鉴篇
圆明园 ·······································冯金彦
圆明园 ·······································马合省

移栽园
给冲浪运动员 ·································蓝晓强
晨 ···马　瑛
题油画《红烛颂》·····························王军文
点·线·面 ···································姜龙飞
龙须 ···李　瑶

窗口
周年 ···············[希腊] 奥·埃利蒂斯著　郭惠民译

绿风情
绿风在我耳边呼唤·····························邹荻帆

绿风送我凭借力
绿风中，有一朵微笑的小花·····················赵雪勤

绿风论坛
诗人与生活 ···································雁　翼
"表现自我"谈片 ······························周政保
抒情诗的戏剧性 ·······························李元洛
《天山诗丛》即将问世
敬告作者读者
本刊将出青年专号
诗讯五则
诗人克里木·霍加（水墨画）·····················王惠仪
石河子城（词与歌）·················任友志词　李学文曲

1985 年第 1 期　刊名:《绿风》
目录

诗信息
《绿风》组建"国内群众性青年诗歌社团联络中心"
本刊举办 1985 年度"绿风"奔马奖
《绿风》第二期将出"小字辈专号"

虹桥
国内群众性青年诗歌社团揽胜（一）
澎湃的潮音 ···································王德芳
江魂 ···赵　恺

边声
春洪·鹰啸（二首）···························章德益
凤鸣·龙跃·羊及其他（四首）·················肖　川
创造者的轰响与沉吟（三首）···················何　来
高原抒情诗（三首）···························程显谟
南疆飘来的云（二首）·························刘　渊
骑者之风 ···································阿拉坦托娅
熄灭的苇束 ···································王维洲
石羊山 ·······································薛卫民

移栽园
湖北《蒲纺报》：为一座新城噙泪而诗···········叶文福
福建《武夷山》：楠木林·······················陈仲义
黑龙江《大学生诗坛》：六月，我们看海去·········潘洗尘
上海《复旦》：春之圆舞曲（二首）·············傅　亮
风铃在响（二首）·····························吴　霖
湖北《乡土文学》：村姑·······················张　隽

汽笛·牧笛·警笛和罩号
炉前工的遗忘症（二首）·······················刘希涛
小说家和评论家（二首）·······················阮大华
我曾为那些号子脸红（二首）···················张新泉
我是第八封信件（二首）·······················谷未黄
我爱我没有规律的生活（二首）·················洪　辉

婵·····················王小未
周末，女兵的王国·····················张　欣
当然，我需要黑管（三首）·····················王辽生
伐木者及其他（二首）·····················王燕生
上海夜景（三首）·····················黎焕颐
金丝笼中的仙女·····················杨钧炜
一横·····················陈良运

拓荒者的家乡
石河子，我酒一样浓的思念·····················郭良原
雪山祈水歌·····················王家新
看闸老人的悲欢（二首）·····················东　虹
绿洲之秋·····················陈显荣
写在开拓者的墓前·····················萧振荣
将军（二首）·····················瞿　琮
博格达的箴言·····················刘　镇
角力·····················师　歌
沙山养驼场·····················师日新
老家·····················曹　剑
雨乡（三首）·····················莫文征
五月端阳·····················朱孟康
关东三月·····················梁谢成
早晨，卖芦笋芽的少女·····················薛炳章
灯市（二首）·····················音未了

绿洲：团徽闪烁的诗韵
勘探船·····················尹　平
小马驹·····················刘碧玲

爱与美
最先带来城市色彩的……（三首）·····················刘湛秋
因为他没有来（三首）·····················李勇进
相思草（二首）·····················杨　眉
玉米花·····················秦　川
小溪·····················雷有让
对歌·····················沙　新

带刺儿的歌
凤凰·····················言　玺
无"窍"不成书（三首）·····················张维芳
漏气·····················西方朔
跷跷板·····················张　枚

旧体诗词·····················唐圭璋　王　力
汪民全　徐文灿　王崇实　何祺中　阐家冀　韩秋岩

互鉴篇
雕塑·····················胡万俊
雕塑·····················柳士同

窗口
阿赫玛托娃抒情诗选（三首）·····················黎　华译
人·····················[法]克劳德·塞尔涅　王意强译

古边塞诗欣赏
关山月·····················（唐）李　白　杨镰文

中青年实力诗人谈诗
诗歌这个兵种，怎么办?·····················周　涛

让诗告诉你怎样写诗……
诗的"表情"的选择·····················周政何
诗人公刘（摄影）
抱着儿子的理查德·哈利夫人肖像（油画）
·····················[英]雷诺兹画　尹　平诗

1985 年第 2 期　刊名:《绿风》

目录

升起重新命名的太阳·····················杨　然
海之魂（三首）·····················车前子
我们的诗社·····················舒　钧

大学生乐章
致中国（二首）·····················李光武
十八岁，我们聚餐（二首）·····················朱孟良
三个人的肖像（三首）·····················吕贵品
我喜欢读有关打猎的书·····················李彬勇
空间·····················张小波
那座岛·····················桯宝林
骄傲的爱（三首）·····················伊　甸
她们和他们·····················刘建民
没有演奏的旧风琴·····················潞　潞
游艇之歌·····················钱叶用

边塞雏凤
喷泉·····················贺海涛
牧马人的妻子（三首）·····················张子选
西部故事（三首）·····················杜爱民
马奶节（二首）·····················蒙根高勒
高原多重奏（三首）·····················第广龙
就职宣誓·····················黄　毅
绿洲广播电台之声（二首）·····················秦安江

女性之光
啊，火把节（三首）·····················林　珂
火红色狐狸·····················蒯凤洁
远航（二首）·····················吕　新

二月的湖（二首）⋯⋯⋯⋯⋯⋯⋯⋯唐亚平
此刻，在中国⋯⋯⋯⋯⋯⋯⋯⋯⋯曾静平
当生花（二首）⋯⋯⋯⋯⋯⋯⋯⋯汪文勤
草莓⋯⋯⋯⋯⋯⋯⋯⋯⋯⋯⋯⋯⋯梅　子
小桔树⋯⋯⋯⋯⋯⋯⋯⋯⋯⋯⋯⋯飘　飘
冬⋯⋯⋯⋯⋯⋯⋯⋯⋯⋯⋯⋯⋯⋯马金莲
冰雪峨眉山⋯⋯⋯⋯⋯⋯⋯⋯⋯⋯程晓蓓

互鉴篇
男人圆舞曲⋯⋯⋯⋯⋯⋯⋯⋯⋯⋯姜　勇
男人圆舞曲⋯⋯⋯⋯⋯⋯⋯⋯⋯⋯第广龙
小城的年轻人⋯⋯⋯⋯⋯⋯⋯⋯⋯王民德
小城的年轻人⋯⋯⋯⋯⋯⋯⋯⋯⋯周同馨

呀呀学诗
呀呀（二首）⋯⋯⋯⋯⋯⋯⋯⋯⋯于　奇
秋雨病中⋯⋯⋯⋯⋯⋯⋯⋯⋯⋯⋯刘梦琳
秋月圆⋯⋯⋯⋯⋯⋯⋯⋯⋯⋯⋯⋯梁　芒
北斗星（二首）⋯⋯⋯⋯⋯⋯⋯⋯刘祎玲

生活在微笑
小巷酒家（二首）⋯⋯⋯⋯宋渠　宋炜
你不该这么做（二首）⋯⋯⋯⋯⋯蜀边戈
速写⋯⋯⋯⋯⋯⋯⋯⋯⋯⋯⋯⋯⋯力　虹
相思（二首）⋯⋯⋯⋯⋯⋯⋯⋯⋯冯　杰
读⋯⋯⋯⋯⋯⋯⋯⋯⋯⋯⋯⋯⋯⋯蒋　凯
夏夜（二首）⋯⋯⋯⋯⋯⋯⋯⋯⋯李晓松

虹桥
部分诗歌社团办刊宗旨简介⋯⋯⋯护桥人
国内群众性青年诗歌社团揽胜（二）
诗的记忆⋯⋯⋯黑龙江大学生诗歌学会 潘洗尘
吹响生活的圆号⋯⋯上海石化总厂《海平线》 刘建平
几句心里话⋯⋯⋯河北沧州朝花诗社 余守春
温柔健美的"复旦风"⋯⋯上海复旦诗社 傅　亮

移栽园
山⋯⋯⋯⋯河北蔚县《萝川摇篮》 金　剑
老人⋯⋯⋯上海华东师大《夏雨岛》 陈鸣华
夏天，走向成熟⋯⋯哈尔滨《北极光》 王雪莹
黄山松⋯⋯⋯浙江温州《未名》 陈瑞晨
蝉⋯⋯⋯⋯安徽萧县《未名》 刘法敏
我与弟弟⋯⋯黑龙江富锦《达子香》 王小石
乡村少女⋯⋯辽宁抚顺《琥珀诗报》 李　犁
春游⋯⋯湖北黄冈《东坡赤壁诗诗词》 叶钟华

绿洲：团徽闪烁的诗韵
豆英里爆出的诗（三首）⋯⋯⋯⋯曲　近
西营城（二首）⋯⋯⋯⋯⋯⋯⋯⋯杨翠萍

细雨丝丝⋯⋯⋯⋯⋯⋯⋯⋯⋯⋯⋯何永康
陈广德　郑　凯　碧　川　李业成　紫　菀　陈　静
黄　金　熊育群　丁飞龙　李文华　岳定海　姜大才

窗口
法国诗二首⋯⋯⋯⋯⋯⋯⋯⋯⋯亚　丁译

扶我上马的⋯⋯
急难中伸出的手⋯⋯⋯⋯⋯⋯⋯⋯易中天

绿风送我凭借力
在鸭绿江畔回首⋯⋯⋯⋯⋯⋯⋯⋯舒　洁

让诗告诉你怎样写诗⋯⋯
诗的抒情契机的发现⋯⋯⋯⋯⋯⋯周政保

绿风论坛
清新，别致的诗情⋯⋯⋯⋯⋯⋯⋯王东明
这是一片期待升腾的霞光⋯⋯漠　夫　弓　沉

1985 年第 3 期　刊名:《绿风》

目录

一九八〇届
在杭运河码头⋯⋯⋯⋯⋯⋯⋯⋯⋯孙武军
唱给城市雕塑的歌（三首）⋯⋯⋯张学梦
黄波涛，黑波涛（三首）⋯⋯⋯⋯陈所巨
你们的名字（五首）⋯⋯⋯⋯⋯⋯舒　婷
碗形令（五首）⋯⋯⋯⋯⋯⋯⋯⋯梅绍静
有朋自扶桑来（二首）⋯⋯⋯⋯⋯高伐林
弱者的群像（三首）⋯⋯⋯⋯⋯⋯徐国静
诗三首⋯⋯⋯⋯⋯⋯⋯⋯⋯⋯⋯⋯王小妮
一代⋯⋯⋯⋯⋯⋯⋯⋯⋯⋯⋯⋯⋯徐敬亚
调频（三首）⋯⋯⋯⋯⋯⋯⋯⋯⋯顾　城
评检员（二首）⋯⋯⋯⋯⋯⋯⋯⋯才树莲
熙熙攘攘的人流⋯⋯⋯⋯⋯⋯⋯⋯常　荣
太阳和他的反光（二首）⋯⋯⋯⋯江　河
石雕与大山⋯⋯⋯⋯⋯⋯⋯⋯⋯⋯叶延滨
我是婴儿（四首）⋯⋯⋯⋯⋯⋯⋯徐晓鹤
无愧的和旋⋯⋯⋯⋯⋯⋯⋯⋯⋯⋯杨　牧

一九八二届
烈士墓（二首）⋯⋯⋯⋯⋯⋯⋯⋯筱　敏
开始·然后⋯⋯⋯⋯⋯⋯⋯⋯⋯⋯阎家鑫
嫂子（二首）⋯⋯⋯⋯⋯⋯⋯⋯⋯赵　伟
采金船（二首）⋯⋯⋯⋯⋯⋯⋯⋯许德民
陇海线（二首）⋯⋯⋯⋯⋯⋯⋯⋯周志友
告别⋯⋯⋯⋯⋯⋯⋯⋯⋯⋯⋯⋯⋯新　土

1985 年第 4 期　刊名：《绿风》

目录

黄山，我的诗情（三首）·····················蓝　疆
大连印象·····························匡　满
长安诗页（二首）·····················唐光玉

互鉴篇
车祸·······························王燕生
车祸·······························邓海南
三月雪·····························伊　甸
三月雪·····························林　荫
城外吟（三首）·······················张　讴
地中海掠影（二首）···················里　辛

士兵之歌
士兵绛·····························刘毅然
女兵·······························马合省
刺刀，中国革命的犁铧···············沈天鸿
潜伏哨·····························刘德才

绿洲：团徽闪烁的诗韵
腾飞啊！红鬃马（三首）·············夕　岸
细雨丝丝···························孔令更
怀　白　马庆仙　任　越　王兆德　王贵荣　弘　征
陈晓莉　屈文焜　姜红伟　余薇野　张永权　董茂棠
陈官煊　朱　竹　刘世荣　李建勋　王其铭　刘惠生
于国民　张祥震　薛　继　苦　舟

窗口
解释·········[苏]帕斯捷尔纳克　肇　明　理　然译
云雀···············[苏]马勒施科　吕　进译
光彩熠熠的日子·······[希腊]埃利蒂斯　郭惠民译

古边塞诗欣赏
凉州词·····················（唐）张　藉　杨　镰文

绿风送我凭借力
同怀一腔爱诗情，相逢何必曾相识···········曹　剑

让诗告诉你怎样写诗……
诗与诗人的感觉·······················周政保

虹桥
国内群众性青年诗歌社团揽胜（四）
诗社信息五则

1985 年第 5 期　刊名：《绿风》

目录

小涛的诗（六首）·····················周　涛
宣言：我是新边塞诗（二首）···········林　染
额木琴舞···························张小平
西部写意（三首）·····················逢　阳
雪线上的风景（三首）···············子　页
森林部落···························薛卫民
荒漠，一个女人的黄昏情歌···········韩　霞
不负众望的大西北···················王建刚

移栽园
女孩子光临"少林寺"
　　　　　　上海石化总厂《海平线》　徐佐君
鹰爪菊·············浙江湖州师专《远方》　沈　健
分别·············河北遵化《笔架山》　韩布晖
桔·················新疆哈密《雪莲》　徐世泽
黄河！一个艺术流派的诞生
　　　　　　河北衡水《芳年》　张小放
书摊·············四川万县市《创作》　冯德君
赠友·············新疆石河子《吉沙》　肖　云
错过·············湖南湘潭大学《旋梯》　王静怡
热血·············四川成都市《红杏》　周贵祥
露珠·············河北滦县《小溪》　李淑敏
写给自己·········河北沧州市《朝花》　筱　岩
等待·············江苏淮阴师专《布谷》　巩大兵
听我说···········新疆哈密《沙砾》　迟　妮
躲雨·············江苏南京工学院《北极》　倩　佳
船···············江苏铜山县《大彭》　陈再华
黄昏·············浙江温岭县《野孩子》　王智龄
塑造·············上海《沪西文艺》　仲加宪
爱···············新疆石河子《织春》　张俊清
河柳·············湖北黄陂县《热风》　蔡国栋
红土高原的爱·····云南彝良县《地平线》　陈衍强
路···············四川营山县《滴水》　戚　恭
舞···············山东莒县《山地》　雾　明
我是大山的后代····贵州都匀黔南州《山魂》　初　烨

大地奏鸣曲
大地奏鸣曲（三首）···················茜　子
年轻的太阳神（二首）···············李松涛
驼铃·······························王庆旭
出山·······························杨　弓
焉耆女·····························王志林
黑太阳·····························舟　樯
我这任性的小马夫（二首）···········张晓林
北方·······························江　萍

骄傲（二首）⋯⋯⋯⋯⋯⋯⋯⋯⋯屈 直
致石河子⋯⋯⋯⋯⋯⋯⋯⋯⋯⋯余绍荣
画集⋯⋯⋯⋯⋯⋯⋯⋯⋯⋯⋯⋯边 夫
魔鬼城（二首）⋯⋯⋯⋯⋯⋯⋯高炯浩

出海少年狂想曲（二首）⋯⋯⋯郁建中
布兜，装回了海腥味（二首）⋯迟 云
蔚蓝色的空间（二首）⋯⋯⋯⋯柳士同
她有一只梭，我有一只梭⋯⋯⋯李武兵

生活在微笑
奉献（二首）⋯⋯⋯⋯⋯⋯⋯⋯熊德光
落汤鸡⋯⋯⋯⋯⋯⋯⋯⋯⋯⋯⋯源 义
女司机⋯⋯⋯⋯⋯⋯⋯⋯⋯⋯⋯袁永庆
噙泪歌唱在劳教所里（三首）⋯赵福昌
江水与列车⋯⋯⋯⋯⋯⋯⋯⋯⋯蜀边戈
童话（二首）⋯⋯⋯⋯⋯⋯⋯⋯子 规
我是个体车司机⋯⋯⋯⋯⋯⋯⋯佟 石
纪念（五首）⋯⋯⋯⋯⋯⋯⋯⋯余守春
诗人与少女⋯⋯⋯⋯⋯⋯⋯⋯⋯亚 群
没有归来⋯⋯⋯⋯⋯⋯⋯⋯⋯⋯张 芸
在浓缩的冰道⋯⋯⋯⋯⋯⋯⋯⋯孙金洪
沉思⋯⋯⋯⋯⋯⋯⋯⋯⋯⋯⋯⋯邵迎武

浇灌园
青春的历程（五首）⋯⋯⋯⋯⋯叶向阳
是谁把他送出七月⋯⋯⋯⋯⋯⋯叶文福
生命交响曲（五首）⋯⋯⋯⋯⋯聂 沛
这一桩奇异的爱情⋯⋯⋯⋯⋯⋯王辽生

互鉴篇
阳光⋯⋯⋯⋯⋯⋯⋯⋯⋯⋯⋯⋯杨绍武
阳光⋯⋯⋯⋯⋯⋯⋯⋯⋯⋯⋯⋯于 奇
彩色迪斯科⋯⋯⋯⋯⋯⋯⋯⋯⋯柯 平
彩色迪斯科⋯⋯⋯⋯⋯⋯⋯⋯⋯黄晓华

爱情诗
不朽的传说（二首）⋯⋯⋯⋯⋯王尔冰
思念⋯⋯⋯⋯⋯⋯⋯⋯⋯⋯⋯⋯卓 凡
我的心（三首）⋯⋯⋯⋯⋯⋯⋯汪国真
爱情，一部巨大的家族著作（二首）⋯张 捷
呼喊⋯⋯⋯⋯⋯⋯⋯⋯⋯⋯⋯⋯叶 坪
接引松⋯⋯⋯⋯⋯⋯⋯⋯⋯⋯⋯于奎潮
飘走的云⋯⋯⋯⋯⋯⋯⋯⋯⋯⋯卓琦培
月夜（二首）⋯⋯⋯⋯⋯⋯⋯⋯艾 北
妻子⋯⋯⋯⋯⋯⋯⋯⋯⋯⋯⋯⋯孙和平

虹桥
国内群众性青年诗歌社团揽胜（五）

诗团诗话五则

古诗塞诗欣赏
望蓟门⋯⋯⋯⋯⋯⋯祖 咏 （唐）杨 镰 文

让诗告诉你怎样写诗⋯⋯
诗，那是浸透了思索的情绪⋯⋯⋯⋯周政保

绿风论坛
同咏雪莲，各抒襟怀⋯⋯⋯陈柏中 楼友勤
这样讽刺⋯⋯⋯⋯⋯⋯⋯⋯⋯苗得雨
"秀竹般的美女"，亚克西⋯⋯王若谷
繁荣诗歌的一次盛会⋯⋯⋯⋯王燕生
诗信息
诗人邵燕祥（摄影）
背娄情（诗与歌）⋯⋯⋯汪继长词 任友志曲

1985 年第 6 期　刊名：《绿风》

目录

边声
阳关三叠（三首）⋯⋯⋯⋯⋯⋯刘祖慈
牧马秋风塞北（三首）⋯⋯⋯⋯沙 白
新疆，神话般的土地（二首）⋯查 干
边风（二首）⋯⋯⋯⋯⋯⋯⋯⋯葛诗谦
大漠随想⋯⋯⋯⋯⋯⋯⋯⋯⋯⋯邹静之
伞头儿⋯⋯⋯⋯⋯⋯⋯⋯⋯⋯⋯梅绍静
在那并不遥远的远方（三首）⋯张之静
喀什河的黄昏（二首）⋯⋯⋯⋯刘 渊

骚动的世界
骚动世界之谜⋯⋯⋯⋯⋯⋯⋯⋯庐 野
啊，钟声⋯⋯⋯⋯⋯⋯⋯⋯⋯⋯高 崎
点燃⋯⋯⋯⋯⋯⋯⋯⋯⋯⋯⋯⋯冀 安
蓝星（二首）⋯⋯⋯⋯⋯⋯⋯⋯吴乐森
失败者⋯⋯⋯⋯⋯⋯⋯⋯⋯⋯⋯商叔航
冷饮店（二首）⋯⋯⋯⋯⋯⋯⋯刘业勇
秧歌⋯⋯⋯⋯⋯⋯⋯⋯⋯⋯⋯⋯许俊文
古战场（二首）⋯⋯⋯⋯⋯⋯⋯桑恒昌

人生之旅
抒情短诗六首⋯⋯⋯⋯⋯⋯⋯⋯戴安常
人生（二首）⋯⋯⋯⋯⋯⋯⋯⋯张大铸
某年某月的某一天（二首）⋯⋯陶文瑜
饮三月十二日的酒⋯⋯⋯⋯⋯⋯苏历铭
写给故乡的小山丘⋯⋯⋯⋯⋯⋯王春光
那时候⋯⋯⋯⋯⋯⋯⋯⋯⋯⋯⋯胡晓光
蜜月在曲阜（三首）⋯⋯⋯⋯⋯刘明达

我买回几分醉意……………………………萧振荣

心灵的初航
长江一九八四号轮……………………………车前子
创世纪（二首）………………………………尹　平
永恒的占有……………………………………李世春
雪莲·少女……………………………………查结联
你是鹰，我也是鹰……………………………沈　奇
致莫扎特（二首）……………………………潘洗尘
我向你走近（二首）…………………………颜　静
生活有时也需要掩藏…………………………陆　萍
界河（二首）…………………………………孙友田
晨号（二首）…………………………………黄东成
初夏……………………………………………刁永泉
焉耆四月………………………………………杨　政

带刺儿的歌
伪善者的自画像………………………………铁依甫江
佛………………………………………………程尊平
观音（二首）…………………………………董培伦

散文诗页
渡船，并未沉没（二章）……………………李　耕
给大雁（二章）………………………………孔　林
夹竹桃辫………………………………………肖　岗
川江湖…………………………………………蓝露怡
诗集……………………………………………晓　红
乡思……………………………………………周　勤

移栽园
归牧……………………新疆《新安文艺》　张天星
建筑工…………………河北《小溪》　　　王洪艳
我们……………………江苏《太阳树》　　沙　滩
我的第一根白发………湖南《成才》　　　刘润清
雕像……………………新疆《和硕特》　　徐志新
三月……………………北京《星尘》　　　荀红艳
路的印象………………江苏《微波塔》　　陈　琪
芦笛声声………………辽宁《南大荒》　　子　心
夜来香…………………江苏《雏燕》　　　郑　端
贝壳……………………新疆《霍风》　　　程相申
台湾柳…………………黑龙江《龙女》　　沙　光

诗词之页
渝汉舟中偶成（八首）………………………刘肖无
青岛词笺（三首）……………………………刘　征
寄北（四首）…………………………………王林书

细雨丝丝………………………许润泉　马秀玲
高天山　吴光熙　彭原军　李明正　刘进路　楚云飞

互鉴篇
皱纹……………………………………………邹德生
皱纹……………………………………………毕庆平

窗口
拉丁美洲爱情诗选……………………………孔令森译
叶芝诗二首……………………………………曹明伦译

虹桥
《野孩子》：我们有幸活在当代………………老　枪
《默海》：创办诗社并非我的目的……………郑保章
《达子香》：岁月………………………………王小石
《春蕾》：写诗与做人…………………………邓　敏
《诗探索》：铺路·情人………………………王尔冰
《柳笛》：生活在诗的时代……………………李　浩
《新安文艺》：诗人与母亲……………………曲　近
国内群众性青年诗歌社团揽胜（六）

绿风送我凭借力
从《落叶》谈起………………………………曹增书

小字辈谈小字辈
一群明天的候选人……………………………王建伟

让诗告诉你怎样写诗
意识到对象的容括力…………………………周政保

绿风论坛
诗就是诗………………………………………周良沛
关于凡尔哈伦…………………………………杨匡汉
本刊敬告读者作者
"奔马奖"读者推荐表
诗讯二则
诗人绿原（摄影）
吃葡萄和瓜的孩子（油画局部，1645 年）

1986 年第 1 期　刊名:《绿风》

目录

《绿风》1985 年度"奔马奖"揭晓

西部坐标系
肖川四首
西部气质的艺术体现…………………………尹　旭
王辽生六首
黑蝴蝶的追逐…………………………………谢　冕
子页八首
定势·互补·效应……………………………岛　子

第二梯队
日沉（三首）……………………………………王小未
蓝天洋（二首）…………………………………时星原
西部散曲（三首）………………………………边　夫

第三诗国
对一座城市的观察（四首）……………………柯　平
东方的啸傲（二首）……………………………伊　甸

向北方
边地的云（二首）………………………………薛卫民
牧人……………………………………………雷恩奇
海南人…………………………………………朱　雷
黄昏，在草原…………………………………武兆强
草原：远古而来的足音（二首）………………蒙根高勒

在南方
乡俗（三首）…………………………………吴逸飞
我们和山（二首）……………………………张建华
海神们（三首）………………………………陈所巨
船形的岛………………………………………易　水
寄滨西…………………………………………冯　晓

剑魂
红军山（二首）………………………………陈绍陟
墓群（二首）…………………………………贺东久
残废军人和他的妻子…………………………杨春光
我和那个厂长姑娘……………………………唐成茂

人生悲喜剧
哲学家（二首）………………………………徐德金
关于门的四首诗（四首）……………………杨松霖
天气预报失灵…………………………………叶延滨
诗坛童话………………………………………边国政
真的无题（二首）……………………………郁建中

太阳雨
为裙子命名……………………………………周同馨
雨季来临（二首）……………………………费　品
生为弱者（二首）……………………………骆一禾
八月……………………………………………萧俊峰
轨迹（二首）…………………………………刘益善
多彩的信笺（三首）…………………………林　祁
秒………………………………………………邹静之
等待……………………………………………吴力军

移栽园
沂蒙山人………………山东莒县《山地》　雾　明
故乡………广西教育学院《晨曦》　葵　子

麦子熟了…………湖北天门《业余诗人》　郭良原
南方之夏……………武汉《江汉诗报》　鄢元平
春天………武汉华中师大《摇篮》　张　琼
浮云…………吉林前郭《八点钟》　杨　富
雨韵……………成都《电缆歌声》　张蓉昌
农家…………山东莱芜《绿苗》　王涛声
答友人………辽宁抚顺《琥珀诗报》　陈玉坤
假如………安徽巢湖《群众文化》　储友玲
秋叶………内蒙古财政学校《行路》　马亚丽

虹桥
国内群众性青年诗歌社团揽胜（七）
浅草……………………………………………陈　潇
　　吴晨骏　罗　奕　由　甲　李汉荣　韩冬冬　冯慧君
　　申广志　陈小平　李明正　陈广德　叶爱霞　戴定南

中青年实力诗人谈诗
且喜且忧的乱弹………………………………叶延滨
诗论坛掠影…………………贝　夷　尹　平　摘
西部诗人（摄影）…………肖　川　王辽生　子　页
凯勒·海伦（油画）……[英]米　雷　画　春　华　诗

1986 年第 2 期　刊名：《绿风》

目录

《绿风》1985 年度"奔马奖"揭晓

西部坐标系
肖川四首
西部气质的艺术体现……………………………尹　旭
王辽生六首
黑蝴蝶的追逐……………………………………谢　冕
子页八首
定势·互补·效应………………………………岛　子

第二梯队
日沉（三首）……………………………………王小未
蓝天洋（二首）…………………………………时星原
西部散曲（三首）………………………………边　夫

第三诗国
对一座城市的观察（四首）……………………柯　平
东方的啸傲（二首）……………………………伊　甸

向北方
边地的云（二首）………………………………薛卫民
牧人……………………………………………雷思奇
海南人…………………………………………朱　雷

黄昏，在草原⋯⋯⋯⋯⋯⋯⋯⋯⋯⋯⋯武兆强
草原：远古而来的足音（二首）⋯⋯⋯蒙根高勒

在南方
乡俗（三首）⋯⋯⋯⋯⋯⋯⋯⋯⋯⋯⋯吴逸飞
我们和山（二首）⋯⋯⋯⋯⋯⋯⋯⋯⋯张建华
海神们（三首）⋯⋯⋯⋯⋯⋯⋯⋯⋯⋯陈所巨
船形的岛⋯⋯⋯⋯⋯⋯⋯⋯⋯⋯⋯⋯⋯易　水
寄滇西⋯⋯⋯⋯⋯⋯⋯⋯⋯⋯⋯⋯⋯⋯冯　晓

剑魂
红军山（二首）⋯⋯⋯⋯⋯⋯⋯⋯⋯⋯陈绍陟
墓群（二首）⋯⋯⋯⋯⋯⋯⋯⋯⋯⋯⋯杨松霖
天气预报失灵⋯⋯⋯⋯⋯⋯⋯⋯⋯⋯⋯叶延滨
诗坛童话⋯⋯⋯⋯⋯⋯⋯⋯⋯⋯⋯⋯⋯边国政
真的无题（二首）⋯⋯⋯⋯⋯⋯⋯⋯⋯郁建中

太阳雨
为裙子命名⋯⋯⋯⋯⋯⋯⋯⋯⋯⋯⋯⋯周同馨
雨季来临（二首）⋯⋯⋯⋯⋯⋯⋯⋯⋯费　品
生为弱者（二首）⋯⋯⋯⋯⋯⋯⋯⋯⋯骆一禾
八月⋯⋯⋯⋯⋯⋯⋯⋯⋯⋯⋯⋯⋯⋯⋯萧俊峰
轨迹（二首）⋯⋯⋯⋯⋯⋯⋯⋯⋯⋯⋯刘益善
多彩的信笺（三首）⋯⋯⋯⋯⋯⋯⋯⋯林　祁
秒⋯⋯⋯⋯⋯⋯⋯⋯⋯⋯⋯⋯⋯⋯⋯⋯邹静之
等待⋯⋯⋯⋯⋯⋯⋯⋯⋯⋯⋯⋯⋯⋯⋯吴力军

移栽园
沂蒙山人⋯⋯⋯⋯⋯山东莒县《山地》　雾　明
故乡⋯⋯⋯⋯⋯广西教育学院《晨曦》　葵　子

"奔马奖"作品奖
《生命交响曲》1985年第五期⋯⋯⋯⋯聂　沛
《致中国》1985年第二期⋯⋯⋯⋯⋯⋯李光武
《老家》1985年第一期⋯⋯⋯⋯⋯⋯⋯曹　剑
《海之魂》1985年第二期⋯⋯⋯⋯⋯⋯车前子
《升起重新命名的太阳》1985年第二期⋯⋯⋯杨　然
《牧马人的妻子》1985年第二期⋯⋯⋯张子选
《情诗》1985年第三期⋯⋯⋯⋯⋯⋯⋯马丽华
《豆荚里爆出的诗》1985年第二期⋯⋯曲　近
《六月，我们看海去》1985年第一期⋯⋯潘洗尘
《喷泉》1985年第二期⋯⋯⋯⋯⋯⋯⋯贺海涛

1986年第3期　刊名:《绿风》
目录

西部坐标系
昌耀六首

昌耀:实践者。一部行动的情书⋯⋯⋯⋯一　村
老乡十五首
真挚的诗和真诚的人⋯⋯⋯⋯⋯⋯⋯⋯谢昌余

第二梯队
黄土（四首）⋯⋯⋯⋯⋯⋯⋯⋯⋯⋯⋯杨绍武
黄土塬的人们（三首）⋯⋯⋯⋯⋯⋯⋯鹤　坪

第三诗国
平常岁月（三首）⋯⋯⋯⋯⋯⋯⋯⋯⋯张小波
诗四首⋯⋯⋯⋯⋯⋯⋯⋯⋯⋯⋯⋯⋯⋯聂　沛

域外篇
咖啡之歌（六首）⋯⋯⋯⋯⋯⋯⋯⋯⋯傅天琳
非洲的旱季⋯⋯⋯⋯⋯⋯⋯⋯⋯⋯⋯⋯高伐林
地中海的月亮（二首）⋯⋯⋯⋯⋯⋯⋯阎纯德
域外篇（二首）⋯⋯⋯⋯⋯⋯⋯⋯⋯⋯王永利
黑非洲的阳光（二首）⋯⋯⋯⋯⋯⋯⋯里　辛

龙骨
失去的河流（四首）⋯⋯⋯李坚毅　柴　燃
屈原（三首）⋯⋯⋯⋯⋯⋯⋯⋯⋯⋯⋯曲有源
漂泊者（四首）⋯⋯⋯⋯⋯⋯⋯⋯⋯⋯胡学武
高原舞蹈⋯⋯⋯⋯⋯⋯⋯⋯⋯⋯⋯⋯⋯龙建刚
故土⋯⋯⋯⋯⋯⋯⋯⋯⋯⋯⋯⋯⋯⋯⋯赖大安
裸岩与人⋯⋯⋯⋯⋯⋯⋯⋯⋯⋯⋯⋯⋯江　云
远古的公民⋯⋯⋯⋯⋯⋯⋯⋯⋯⋯⋯⋯苏韶芬
远山（三首）⋯⋯⋯⋯⋯⋯⋯⋯⋯⋯⋯马合省
山村，流淌着我的爱⋯⋯（三首）⋯⋯黄　宏
收获季节（二首）⋯⋯⋯⋯⋯⋯⋯⋯⋯薛　刚
老人（二首）⋯⋯⋯⋯⋯⋯⋯⋯⋯⋯⋯易殿选
红烛般的高粱林⋯⋯⋯⋯⋯⋯⋯⋯⋯⋯冯　杰
渔船（二首）⋯⋯⋯⋯⋯⋯⋯⋯⋯⋯⋯叶　坪
端午节⋯⋯⋯⋯⋯⋯⋯⋯⋯⋯⋯⋯⋯⋯冠　夫

骚动的邱比特
望月（二首）⋯⋯⋯⋯⋯⋯⋯⋯⋯⋯⋯王玉民
彼岸（三首）⋯⋯⋯⋯⋯⋯⋯⋯⋯⋯⋯张新泉
暗语⋯⋯⋯⋯⋯⋯⋯⋯⋯⋯⋯⋯⋯⋯⋯杨　然
南方的爱情（三首）⋯⋯⋯⋯⋯⋯⋯⋯柯　原
心的触须⋯⋯⋯⋯⋯⋯⋯⋯⋯⋯⋯⋯⋯庞立臣
省略号⋯⋯⋯⋯⋯⋯⋯⋯⋯⋯⋯⋯⋯⋯关劲潮
夏⋯⋯⋯⋯⋯⋯⋯⋯⋯⋯⋯⋯⋯⋯⋯⋯刘殿玉

移栽园
三月，黄河流过我的中原
⋯⋯⋯⋯⋯⋯⋯⋯《河南大学学报》　吴元成
我的土地⋯⋯⋯⋯江苏徐州师院《春潮》　孙　梅
苏武牧羊⋯⋯⋯浙江杭州《十二路诗社》　何鑫业

土家人的妻子⋯⋯⋯⋯新疆石河子《织春》　杨永龙
江南子⋯⋯⋯⋯⋯⋯湖北襄樊《浩然诗报》　李　勇
泉⋯⋯⋯⋯⋯山东临沂师专《沂蒙桃李》　张现利
等待⋯⋯⋯⋯⋯⋯⋯⋯陕西宝鸡《蓝星》　黄　默
往事⋯⋯⋯⋯⋯⋯福建大学《南十字星》　斯　平
奶奶⋯⋯⋯⋯广东中山大学《紫荆诗集》　林　放
北方舞会⋯⋯⋯⋯河南三门峡《柳絮》　姚大侠

虹桥
国内群众性青年诗歌社团揽胜（八）

让诗告诉你怎样写诗⋯⋯
诗的想象的人生意识⋯⋯⋯⋯⋯⋯⋯⋯周政保

中青年实力诗人谈诗
诗问⋯⋯⋯⋯⋯⋯⋯⋯⋯⋯⋯⋯⋯⋯梅绍静

绿风论坛
土地、生活和诗⋯⋯⋯⋯⋯⋯⋯⋯⋯晓　雪
诗论坛掠影⋯⋯⋯⋯⋯⋯⋯⋯⋯尹　平摘编
西部诗人昌耀、老乡（摄影）
向维纳斯撒娇的邱比特（油画）
⋯⋯⋯⋯⋯⋯［法］布　歇　画　秦安江　诗

1986 年第 4 期　刊名：《绿风》
目录

西部坐标系
梅绍静五首
诗人的当代意识及其内核⋯⋯⋯⋯⋯章士莲
魏志远六首
无限的超越⋯⋯⋯⋯⋯⋯⋯⋯⋯⋯唐晓渡
张子选五首
张子选西部诗主题片论⋯⋯⋯⋯⋯⋯高　尚

第二梯队
先驱⋯⋯⋯⋯⋯⋯⋯⋯⋯⋯⋯⋯⋯贺海涛
老马之魂（二首）⋯⋯⋯⋯⋯⋯⋯张小平
舞：在喀什噶尔⋯⋯⋯⋯⋯⋯⋯张功臣
大地啊⋯⋯⋯⋯⋯⋯⋯⋯⋯⋯⋯静　川
走，我们听交响乐去（二首）⋯⋯田先瑶
鹰的标本（二首）⋯⋯⋯⋯⋯⋯⋯屈　直

第三诗国
感觉区域（六首）⋯⋯⋯⋯⋯⋯⋯许德民
致喜马拉雅（二首）⋯⋯⋯⋯⋯⋯叶向阳

龙骨
大风行⋯⋯⋯⋯⋯⋯⋯⋯⋯⋯⋯⋯于　坚
你听过二胡独奏曲《江河水》吗？⋯⋯王志林
老山的风云（三首）⋯⋯⋯⋯⋯⋯何　鹰

人生悲喜剧
大龄女⋯⋯⋯⋯⋯⋯⋯⋯⋯⋯⋯朱　红
三石头爹⋯⋯⋯⋯⋯⋯⋯⋯⋯⋯黄坤良
偏大嫂，寡大嫂（二首）⋯⋯⋯何首乌
村头住的那个老人⋯⋯⋯⋯⋯⋯房泽田
电大生⋯⋯⋯⋯⋯⋯⋯⋯⋯⋯⋯徐正唯
天性和人性⋯⋯⋯⋯⋯⋯⋯⋯⋯李占宇
妈妈，我给你唱支歌⋯⋯⋯⋯⋯雷有让
大榕树下的摄影师⋯⋯⋯⋯⋯⋯裴小龙
新年⋯⋯⋯⋯⋯⋯⋯⋯⋯⋯⋯⋯郑　枫
贵妃池⋯⋯⋯⋯⋯⋯⋯⋯⋯⋯⋯姚学礼

向北方
阳关何处⋯⋯⋯⋯⋯⋯⋯⋯⋯⋯邵燕祥
在这块土地上（三首）⋯⋯⋯⋯渭　水
古都西安散咏（三首）⋯⋯⋯⋯洪三泰
草原三唱⋯⋯⋯⋯⋯⋯⋯⋯阿拉坦托娅
黑土地⋯⋯⋯⋯⋯⋯⋯⋯⋯⋯⋯赵　进
北方的骊歌⋯⋯⋯⋯⋯⋯⋯⋯⋯闵　闵
出塞之后⋯⋯⋯⋯⋯⋯⋯⋯⋯⋯李永庚
闻枪杀羚羊有感⋯⋯⋯⋯⋯⋯⋯张之涛
帕米尔人家⋯⋯⋯⋯⋯⋯⋯⋯⋯张永海
魔鬼城⋯⋯⋯⋯⋯⋯⋯⋯⋯⋯⋯黄东成
有一些名字（二首）⋯⋯⋯⋯⋯朱李鸣
梵高二题⋯⋯⋯⋯⋯⋯⋯⋯⋯⋯赵健雄
希望⋯⋯⋯⋯⋯⋯⋯⋯⋯⋯⋯⋯绿　黎
风景之山⋯⋯⋯⋯⋯⋯⋯⋯⋯⋯高　崎
泰山卧龙槐⋯⋯⋯⋯⋯⋯⋯⋯⋯郭　廓
塔顶之树⋯⋯⋯⋯⋯⋯⋯⋯⋯⋯龙彼德
丰富（二首）⋯⋯⋯⋯⋯⋯⋯⋯苗得雨
激情（二首）⋯⋯⋯⋯⋯⋯⋯⋯苏　冬
脱去蓝校服后的寂静（二首）⋯⋯华海庆

移栽园
支点⋯⋯⋯⋯⋯⋯重庆西南师大《五月》　邵　薇
北方血⋯⋯⋯⋯吉林梅河口《孔雀翎》　王述平
致交通警⋯⋯重庆西南师大《五月》　邱正伦
过年⋯⋯⋯⋯⋯⋯杭州《十二路诗辑》　王丽娟
知识分子出汗⋯⋯⋯⋯上海《大陆》　郁　郁
学者⋯⋯⋯⋯安徽阜阳师院《三月》　丁友星
无题⋯⋯⋯⋯湖北荆州师专《星星草》　朱　瑜

鹰翎丝丝
杂花集⋯⋯⋯⋯⋯⋯⋯⋯⋯⋯⋯⋯余薇野

时间篇⋯⋯⋯⋯⋯⋯⋯⋯⋯⋯⋯⋯⋯曾伯炎
求是篇⋯⋯⋯⋯⋯⋯⋯⋯⋯⋯⋯⋯⋯马君伟
车和辙⋯⋯⋯⋯⋯⋯⋯⋯⋯⋯⋯⋯⋯于金廷
小诗六章⋯⋯⋯⋯⋯⋯⋯⋯⋯⋯⋯⋯邓 澍
随思录⋯⋯⋯⋯⋯⋯⋯⋯⋯⋯⋯⋯⋯蔡增希
浅草⋯⋯⋯⋯⋯俞 凌 碧 川 高慧君 张有松
唐旺盛 吕 宾 梁小慧 白新芳 万妙华 刘轶虹
人质⋯⋯⋯⋯⋯⋯[德]席 勒著 王超人译

让诗告诉你怎样写诗⋯⋯

诗的历史感是什么?⋯⋯⋯⋯⋯⋯⋯周政保

绿风论坛

西部诗派片论⋯⋯⋯⋯⋯⋯⋯⋯⋯⋯尹在勤
土地赋诗情 生活赐彩笔⋯⋯⋯⋯⋯陶 洪

本刊重要启事

西部诗人梅绍静(摄影)⋯⋯⋯魏志远 张子选
巴里科斯与阿里安娜(油画)
⋯⋯⋯⋯[法]夏尔·纳图瓦尔 杨 树 诗

1986 年第 5 期　刊名:《绿风》
目录

西部坐标系
周涛二组
西极,有一匹汗血马⋯⋯⋯⋯⋯⋯⋯常 征
马丽华长诗一首
在爱的升华中走向纵深⋯⋯⋯⋯⋯邵迎武

第二梯队
高原绝唱(二首)⋯⋯⋯⋯⋯⋯⋯⋯曲 近
追逐草原(四首)⋯⋯⋯⋯⋯⋯⋯⋯秦安江
弦歌(三首)⋯⋯⋯⋯⋯⋯⋯⋯⋯⋯谷 闰
冬茨(二首)⋯⋯⋯⋯⋯⋯⋯⋯⋯⋯梅 子
干草年⋯⋯⋯⋯⋯⋯⋯⋯⋯⋯⋯⋯陶若玲

第三诗国
海派思潮(三首)⋯⋯⋯⋯⋯⋯⋯⋯曹 剑
普通人的感情(三首)⋯⋯⋯⋯⋯⋯力 虹

龙骨
英雄⋯⋯⋯⋯⋯⋯⋯⋯⋯⋯⋯⋯⋯⋯杨晓民
沿着古老的河流(二首)⋯⋯⋯⋯⋯李凯霆
同代人(二首)⋯⋯⋯⋯⋯⋯⋯⋯⋯姚永标
我们升高共和国的海拔⋯⋯⋯⋯⋯丁 航

向北方
黄金与墓碑⋯⋯⋯⋯⋯⋯⋯⋯⋯⋯⋯谭德生
天涯之风(三首)⋯⋯⋯⋯⋯⋯⋯⋯张之静
山的眼睛⋯⋯⋯⋯⋯⋯⋯⋯⋯⋯⋯徐如麒
酒泉⋯⋯⋯⋯⋯⋯⋯⋯⋯⋯宋 渠 宋 炜
草原的一半是女人⋯⋯⋯⋯⋯⋯⋯刘 渊
大西北之漠(二首)⋯⋯⋯⋯⋯⋯⋯戴砚田
只有一个新字的城⋯⋯⋯⋯⋯⋯⋯王桂秋
野牦牛⋯⋯⋯⋯⋯⋯⋯⋯⋯⋯⋯⋯龚 毅

在南方
雾都之声(二首)⋯⋯⋯⋯⋯⋯⋯⋯刘国萍
渔鼓老人(二首)⋯⋯⋯⋯⋯⋯⋯⋯刘小放
溶洞瀑布⋯⋯⋯⋯⋯⋯⋯⋯⋯⋯⋯程显谟
竹叶集(三首)⋯⋯⋯⋯⋯⋯⋯⋯⋯沙 鸥
大佛轶闻⋯⋯⋯⋯⋯⋯⋯⋯⋯⋯⋯黄邦君
关山夜雨⋯⋯⋯⋯⋯⋯⋯⋯⋯⋯⋯郭应文
又见雨季⋯⋯⋯⋯⋯⋯⋯⋯⋯⋯⋯史晓京
山魂(二首)⋯⋯⋯⋯⋯⋯⋯⋯⋯⋯熊育群
故事会(二首)⋯⋯⋯⋯⋯⋯⋯⋯⋯陶文瑜
月照长江⋯⋯⋯⋯⋯⋯⋯⋯⋯⋯⋯曹增书
魂⋯⋯⋯⋯⋯⋯⋯⋯⋯⋯⋯⋯⋯⋯汀 竹
天涯奇观⋯⋯⋯⋯⋯⋯⋯⋯⋯⋯⋯王贵荣

骆驼刺
雕龙者的悲剧⋯⋯⋯⋯⋯⋯⋯⋯⋯刘 征
写惯吃请者(二首)⋯⋯⋯⋯⋯⋯⋯萧振荣
一个同命运搏斗的女性⋯⋯⋯⋯⋯王承谙
职业病⋯⋯⋯⋯⋯⋯⋯⋯⋯⋯⋯⋯姜建国
民谣两首⋯⋯⋯⋯⋯⋯⋯⋯⋯⋯⋯张维芳
驳"三难"⋯⋯⋯⋯⋯⋯⋯⋯⋯⋯⋯西方朔

虹桥
国内群众性青年诗歌社团揽胜(九)

移栽园
致中国⋯⋯⋯⋯⋯⋯新疆和静《雪林》 李光武
土地庙⋯⋯⋯⋯⋯黑龙江望奎《蒲公英》 吕长河
体育系的哥们⋯⋯湖北华中师大《摇篮》 朱 江
白色鸟⋯⋯⋯⋯⋯广西资源《八角寨》 易玉林
英雄⋯⋯⋯⋯浙江杭州《杭州青年诗刊》 潘云华
冰鱼⋯⋯⋯⋯⋯江苏徐州师院《春潮》 小 岛
生活⋯⋯⋯⋯⋯四川泸州《异崛诗人》 熊 伟
浅草⋯⋯⋯⋯⋯⋯⋯⋯⋯朱 苧 杏 子
熊 红 梁 芒 李 南 薛 炳 唐晓冰 詹昌政

让诗告诉你怎样写诗⋯⋯

诗的想象的时空方位⋯⋯⋯⋯⋯⋯⋯周政保

绿风论坛

关于西部诗歌的现状与前景 ·············· 公 刘

李瑛同志给一位业余作者的信

请看山水美景在诗人眼中定格、曝光 ·········· 彭斯远

新一代的追求 ·············· 渭 水 绍 武

诗刊诗报协议会在广州召开 ·············· 柯 原

感受与启迪 ·············· 张同吾

诗论坛掠影 ·············· 尹 平 摘编

《西部诗人十五家》将汇编成书

《天山》文学期刊复刊

西部诗人（摄影） ·············· 周 涛 马丽华

列宁会见来访农民（油画）

·············· ［苏］弗·阿·赛罗夫 画 贺海涛 诗

1986 年第 6 期　刊名:《绿风》

目录

西部坐标系

杨牧长诗一首

超越：从哪里超越？ 可能性？ ·········· 周政保

杨树长诗一首

一个唱着往前走的形象 ·············· 贺海涛

李瑜七首

探险、突破与超越 ·············· 尹 平

第二梯队

西秦风情（二首） ·············· 商子秦

从南方到北方（四首） ·············· 尹 平

西部狂飙（二首） ·············· 刘 敏

人生悲喜剧

城市：变形的剪影（二首） ·············· 舟 樯

开枪吧，我的母亲（二首） ·············· 王 璞

少女的北京（二首） ·············· 刘立云

生命之初 ·············· 刘恒杰

墙 ·············· 江 萍

猎人和妻子（二首） ·············· 雪 桦

平原人 ·············· 黄井子

移动的岁月（三首） ·············· 顾 工

告别在柳园 ·············· 孙友田

青杏（三首） ·············· 丁济民

惑 ·············· 余 畅

龙骨

龙 ·············· 翟秀琪

血迹 ·············· 沙 陵

纤夫，我不是你的儿子 ·············· 张晓健

月祭 ·············· 王慧轩

雪意 ·············· 宫 玺

诗二首 ·············· 王 立

圆明园，酸痛的疮疤（三首） ·············· 刘明达

鹰的悲剧 ·············· 胡丰传

动物世界（三首） ·············· 桑恒昌

知己 ·············· 筱 敏

再谒圆明园 ·············· 邹静之

十四行二章 ·············· 唐 湜

蟋蟀琴 ·············· 张德强

叠影 ·············· 葛佳映

骚动的邱比特

爱情十四行（四首） ·············· 贺东久

爱，何曾死一样强烈（二首） ·············· 周 触

红房子（二首） ·············· 樊 雄

无题 ·············· 杨远宏

除夕的鞭炮（二首） ·············· 苏 敏

等下完这场雨 ·············· 周 导

离·合（二首） ·············· 田明书

我和你（三首） ·············· 屈文焜

橙色作品 ·············· 彭国梁

残月下的情思 ·············· 刘竹坚

为什么…… ·············· 于 奇

骆驼刺

无题有 ·············· 韦 丘 四首

小人国，猪八戒 ·············· 梁谢成

公字篇（二首） ·············· 侯宗耀

域外篇

写在莱茵河畔的句子（三首） ·············· 舒 柱

移栽园

黄河风 ·········· 河南周口《颖水》 张华中

那是一条不落的虹 ···· 辽宁本溪《新星诗报》 张玉田

无题 ···· 新疆石河子一四二团《新安文艺》 马金莲

黄河落日 ·········· 上海师大《蓝潮》 戴凌云

听歌 ·········· 四川邛崃《晨》 李建忠

酸梅店 ·········· 湖北荆门《油城》 韩少君

一只篮子 ·········· 河南濮阳《中原诗报》 李 琦

山的传说 ·········· 西安《长安诗报》 郑 诚

黎明打夯歌 ·········· 山东莒县《山地》 世 恋

浅草 ·············· 小 桦

克 矛 其 然 秦 华 竺 卉 梁和平 潘大华

熊维赋 黄 坤 叶 脉 克 学

让诗告诉你怎样写诗……

以自己的方式感受世界 ·············· 周政保

绿风论坛

也谈诗的当代性·····································程光炜

西部诗人（摄影）·············杨 牧 杨 树 李 瑜

艺术家的孩子们（油画）

·············[德]威廉·封·沙多 画 晓 虹 诗

1987 年第 1 期　刊名:《绿风》

目录

西部诗潮

蜃景躁动的年代（三首）·······················林 染

戴面纱的女人·································山 涛

西藏的节日（三首）·························摩 萨

西部群山（三首）···························高炯浩

戈壁索句（二首）···························田先瑶

第二梯队

现代西部（三首）···························贺海涛

南疆田园（三首）···························王小未

音乐流程（三首）···························张小平

黄土·源（四首）····························秦巴子

这秦腔调哟·································怀 白

第三诗国

与蜘蛛的坚韧作战···························简 宁

忆（七首）·································车前子

这一切似乎都不可思议·······················黄 羊

变异的塞风

黑蝴蝶（三首）····························王辽生

变异的塞风（二首）·························梁如云

大地奏鸣曲（三首）·························茜 子

北天之陲（三首）···························陈所巨

泼墨大写意：大西北··························长 鸣

触角

诗三首·····································邓万鹏

海底的山···································卢晨泉

棒槌石·····································薛超英

雷击树·····································范 策

北温带（二首）····························石春元

夏天的意象（三首）·························张华中

过去的故事·································舒 洁

小巷·······································陈新民

虎之姿龙之仪的北方

呼伦贝尔行吟（三首）·······················庞壮国

地球的这一隅（二首）·······················葛诗谦

乌鲁木齐···································郑 洁

绿洲，属于从大漠走来的人·····················米福松

白杨·······································蒙 原

玫瑰诗会

开场锣鼓

怪味豆（六首）···············姜建国 江 帆 配画

南国情思

江魂·······································叶延滨

彼岸（三首）································张新泉

诗社的名字：黄海潮··························姜 桦

等风的帆···································龙红年

海魂（二首）································谢 轮

漳州情思（二首）···························黄金涛

虹桥

国内群众性青年诗歌社团揽胜（十）

移栽园

这一夜···············湖北《江汉潮》 郭良原

某年某月的某一场雨（二首）

·············辽宁本溪《新星诗报》 万 川

小溪···········湖南岳阳《洞庭诗苑》 刘 犁

旧屋···········上海石化总厂《海平线》 陈嘉涛

爱··········乌鲁木齐三坪中学《沙枣花》 陈朝凤

我和你···········湖北沙市《小小诗》 碧 川

小河·············河北昌黎《碣石》 山 丹

古树·次生林·········新疆尼勒克《草莓》 张晓林

巴山女子·······陕西陕南石棉矿《秦岭》 周 帆

回忆·············四川灌县《萤》 谢家发

浅草······李 华 李晓松 李立君 郭留红

王生哲 杨冬梅 王 杰 丁学兰 戈 生 莺 歌

让诗告诉你怎样写诗……

诗是什么：诗就是诗··························周政保

西部诗人谈诗

1986 年：危机·······························林 染

多情应笑我·································肖 川

绿风论坛

诗界的狂热与冷静···························辛漠夫

港口内（油画）····[美]温司洛·麦荷 画曲 近 诗

1987 年第 2 期　刊名:《绿风》

目录

西部诗潮

无题······················章德益
西天日月（三首）··········子　页
葡萄园情歌················郭维东
伊犁风····················刘　渊
唱河南戏的女子（二首）····屈　直

第二梯队

不和弦之曲（二首）········马学功
石人像及其他··············汪文勤
魔光······················燎　原
人物景的海················肖　黛
大草原，多雨的季节（二首）··彦　星

第三诗国

苏北风情（四首）··········柯　平
西北风（三首）············许德民
浅水（三首）··············田家鹏
大山崩溃··················聂　沛
厚嘴唇高原（三首）········王建渐

龙骨

诗三首····················陈绍陟
诞生······················汪　涌
中国，让我抚摸你的额头····幽　兰
北方有一条河，不叫黄河····潘洗尘

江南拾翠

神女峰失踪了··············邓亨禄
蜀籁（二首）··············鄢家发
南方之乳··················杨松杰
官塘驿（二首）············苏历铭
野山（二首）··············苏韶芬
若是……··················谷　风
笑佛······················健　鹰
秋意（二首）··············张中海
鲁西人····················舒　钧
母亲的祝愿（二首）········苏文河
八月的田野················王永玲
倒掉的贞节坊（二首）······向书豪

玫瑰诗会

"五官科"会诊急病号（二首）
　　　　　　陈显荣　徐　进　配画

散文诗页

奉献（五章）··············何铁生
淡蓝色的回流（三章）······李　耕
春的旋律（二章）··········任志玺
巴人哭丧舞················何小竹
雨夹雪····················薛炳章

虹桥

国内群众性青年诗歌社团揽胜（十一）
超越的思考···湖南湘潭初春文学社　谢建军　袁志坚
诗的人生··········湖南湘潭初春文学社　剑　君
第三条路·······辽宁本溪《新星诗报》　杨春光

移栽园

庄稼人剪辑·········山东莒县《山地》　李春晓
酒··········新疆克拉玛依《西北风》　李　东
下野地·······新疆石河子《新安文艺》　刘玉珍
爱的断章···新疆石河子医学院《荒原草》　晓　松
今夜，我给你写诗····武汉华中师大《摇篮》　谢克强
夏夜······江苏昆山张浦《夏季风》　蔡　平
夏夜··········江西万载县《锦江》　敬亭山
浇铸工·······辽宁抚顺《琥珀诗报》　郭应循
小径·········新疆奇台县《华夏诗人》　薛凯敏
鹰翎丝丝·····丁　芒　马君伟　张雪杉　王　野
张稼文　蒋乃斌　伍立扬　李汉荣　黄殿琴

让诗告诉你怎样写诗……

诗，不仅仅是诗··············周政保

绿风论坛

"西部坐标系"的诗歌精神··········周政保
新边塞诗创作导论（上）··········尹　年
生之门（中国画）········李其煜画　贺海涛诗

1987 年第 3 期　刊名:《绿风》

目录

第二梯队

回声（四首）··············曲　近
流动的神话（四首）········谷　闰
不规则的构图（五首）······人　邻
诗的独步（五首）··········阳　飏
冈仁布钦及其他（四首）····蔡椿芳

第三诗国

诗五首····················黄晓华
打满补丁的帆（二首）······柳　荫
河界（二首）··············李彬勇

乍浦港南湾炮台（三首）⋯⋯⋯⋯⋯黄亚洲
晚潮（三首）⋯⋯⋯⋯⋯⋯⋯⋯⋯⋯熊育群

东西南北

塞上（四首）⋯⋯⋯⋯⋯⋯⋯⋯⋯⋯沈天鸿
南方与北方（二首）⋯⋯⋯⋯⋯⋯⋯雪　村
西部草原（三首）⋯⋯⋯⋯⋯⋯⋯⋯舒　洁
江南拾翠（三首）⋯⋯⋯⋯⋯⋯⋯⋯伍权民
森林少女⋯⋯⋯⋯⋯⋯⋯⋯⋯⋯⋯⋯薛卫民
草原之旅（二首）⋯⋯⋯⋯⋯⋯⋯蒙根高勒
静悄悄的世界（二首）⋯⋯⋯⋯⋯⋯卫世平
喀喇昆仑⋯⋯⋯⋯⋯⋯⋯⋯⋯⋯⋯⋯雪　迪
大海·沙漠·星空⋯⋯⋯⋯⋯⋯⋯⋯梁京生
从天山大厦望天山⋯⋯⋯⋯⋯⋯⋯黄东成
岩子村⋯⋯⋯⋯⋯⋯⋯⋯⋯⋯⋯⋯刘小龙
关中小吃录（二首）⋯⋯⋯⋯⋯⋯⋯王渊平
梧桐树下（二首）⋯⋯⋯⋯⋯⋯⋯⋯于　之
强台风十号⋯⋯⋯⋯⋯⋯⋯⋯⋯⋯⋯黄　健
冲浪（二首）⋯⋯⋯⋯⋯⋯⋯⋯⋯⋯陈锡民
长江与黄河（二首）⋯⋯⋯⋯⋯⋯⋯谢　轮
今夜，廿四桥边怕有玉人吹箫⋯⋯张紫汀

玫瑰诗会

《后门歌诀》详解⋯⋯⋯刘　征　诗　丁　聪　画

士兵之歌

第八个铜像⋯⋯⋯⋯⋯⋯⋯⋯⋯⋯陶文瑜
和平门⋯⋯⋯⋯⋯⋯⋯⋯⋯⋯⋯⋯兆　白
车过英雄门⋯⋯⋯⋯⋯⋯⋯⋯⋯⋯王秀华
少女或者英雄⋯⋯⋯⋯⋯⋯⋯⋯⋯厉　宁
工余，我重温军旅日记⋯⋯⋯⋯⋯刘德才

虹桥

国内群众性青年诗歌社团揽胜（十二）

移栽园

猎户⋯⋯⋯⋯⋯⋯安徽师大《江南》　李　成
煤黑子⋯⋯⋯⋯云南曲靖《珠江源》　高文翔
断崖⋯⋯⋯⋯⋯陕西长青《长青》　黄文庆
山魂⋯⋯⋯黑龙江大庆市《黑水魂》　戴立然
小巷轶事⋯⋯四川中江《巴蜀诗人报》郁建中
古道⋯⋯⋯⋯⋯山西太原《长城》　杨国庆
雪崩⋯⋯⋯⋯⋯浙江浦江《遥岑》　傅浙平
风的故事⋯⋯上海沪西《沪西文艺》　何建刚
无题⋯⋯⋯⋯⋯湖南湘潭《旋梯》　苍　晓
瞳孔⋯⋯⋯⋯⋯四川遂宁《野鹅》　鸳　鹏
磨道⋯⋯⋯湖北安陆《洗笔池诗苑》　饶　庶

浅草⋯⋯⋯⋯⋯日月兰　碧　川　肖　云　于道寿

陶　朱　黄锦萍　陈寿星　林　宕　林　茂　笛梦维
刘鸿伏　克　林　邵兴治　龚烈沸　李　丛　李宪中
赵　世　梁和平　刘　见　里　远　晓　清　荒　石

窗口

高尔基诗五首⋯⋯⋯⋯⋯⋯⋯⋯⋯陈学迅译
叶甫图申科爱情诗二首⋯⋯⋯⋯⋯陆　兵译

让诗告诉你怎样写诗⋯⋯

对象与主体与经验的印证⋯⋯⋯⋯周政保

绿风论坛

生命之树常青⋯⋯⋯⋯⋯⋯⋯⋯⋯马俊生
新边塞诗创作导论（下）⋯⋯⋯⋯尹　平
浴（木版画）⋯⋯⋯⋯晓　玺　画　赵雪勤　诗

1987 年第 4 期　刊名:《绿风》
目录

西部诗潮

西部人生（二首）⋯⋯⋯⋯⋯⋯⋯肖　川
为了爱情，巴格达不嫌远（五首）李　瑜
沟通（三首）⋯⋯⋯⋯⋯⋯⋯⋯⋯陈友胜

第二梯队

有关白昼（五首）⋯⋯⋯⋯⋯⋯⋯路　漫
黄土高原（三首）⋯⋯⋯⋯⋯⋯⋯杨绍武
黄土高原（六首）⋯⋯⋯⋯⋯⋯⋯杨争光
魂在黄土地（三首）⋯⋯⋯⋯⋯⋯段恭让
草莓谷（三首）⋯⋯⋯⋯⋯⋯⋯⋯时星原

第三诗国

色彩（四首）⋯⋯⋯⋯⋯⋯⋯⋯⋯张　烨
柴达木盆地（二首）⋯⋯⋯⋯⋯⋯沈　健
孤独的名字（三首）⋯⋯⋯⋯⋯⋯力　虹
始海（三首）⋯⋯⋯⋯⋯⋯⋯⋯⋯渠　炜
美术杂志（三首）⋯⋯⋯⋯⋯⋯⋯曹　剑

向北方

土著居民（三首）⋯⋯⋯⋯⋯⋯⋯雷恩寺
东北画屏（四首）⋯⋯⋯⋯⋯⋯⋯芦　萍
走过北疆（三首）⋯⋯⋯⋯⋯⋯⋯醉　舟
那一片老林子（三首）⋯⋯⋯⋯⋯阿　信
草原，我的草原（二首）⋯⋯⋯⋯王忠范

生活启示录

毕业歌（二首）⋯⋯⋯⋯⋯⋯⋯⋯叶　舟
虚构（三首）⋯⋯⋯⋯⋯⋯⋯⋯⋯张建华

没有灵气的诗⋯⋯⋯⋯⋯⋯⋯⋯⋯⋯查 干
龟（二首）⋯⋯⋯⋯⋯⋯⋯⋯⋯⋯裴小龙
大都市里生长出来的感觉（三首）⋯⋯唐旺盛
生活的镜片（三首）⋯⋯⋯⋯⋯⋯孔 林
岁月的海岸线⋯⋯⋯⋯⋯⋯⋯⋯张 扬
关于风⋯⋯⋯⋯⋯⋯⋯⋯⋯⋯⋯苏 敏
佛已涅槃（二首）⋯⋯⋯⋯⋯⋯⋯柯 原
奔驰的梦（四首）⋯⋯⋯⋯⋯⋯⋯穆 仁
女人与山（二首）⋯⋯⋯⋯⋯⋯⋯丛小桦
探路二首⋯⋯⋯⋯⋯⋯⋯⋯⋯⋯黄邦君
在阿二师傅的鞋匠店里⋯⋯⋯⋯⋯孙武军

玫瑰诗会
鼠⋯⋯⋯⋯⋯⋯⋯⋯余薇野诗 孙以增画

遥远的情思
思念之叶（二首）⋯⋯⋯⋯⋯⋯⋯李 静
远行的温情（二首）⋯⋯诺丽拉·克孜汗 张孝华译
情绪方式（三首）⋯⋯⋯⋯⋯⋯⋯陈惠芳
罗列莱之歌（三首）⋯⋯⋯⋯⋯⋯鲁 萍
生命的悸动（二首）⋯⋯⋯⋯⋯⋯林 祁
回来了，我的黑蝙蝠（二首）⋯⋯⋯金克义
年轻的河流（二首）⋯⋯⋯⋯⋯⋯汪国真

虹桥
国内群众性青年诗歌社团揽胜（十三）
真正的诗
——生命的体验⋯⋯四川自贡《盐泉》杂志社 伊 人
诗之内核⋯⋯⋯⋯辽宁抚顺《琥珀诗报》 关 键
流浪诗人的背叛词
⋯⋯⋯⋯⋯四川中江《巴蜀诗人报》 唐成茂

移栽园
瞎子阿炳⋯⋯⋯⋯⋯安徽师大《江南》 胡昌文
白桦林⋯⋯⋯黑龙江富锦师范《北国草》 关明强
黄昏⋯⋯⋯⋯⋯湖北浠水《乡风》 陈 子
个园⋯⋯⋯⋯⋯江苏兴化《足迹》 张少华
大山写意⋯⋯⋯陕西紫阳《紫阳女子》 金 静
致 Y·F⋯⋯⋯⋯四川武胜《涟漪》 范 军
列车一夜⋯⋯⋯四川营山《拓荒者》 熊德光

鹰翎丝丝⋯⋯⋯⋯⋯⋯李晓松 韦 锦
蓝露怡 关 键 郭光豹 莫少云 飞 廉 廖泽川
杨春光 樊 雄 晨 岚 王建平 徐慎贵 周军成

让诗告诉你怎样写诗⋯⋯
自我表现与自我质量⋯⋯⋯⋯⋯⋯周政保

西部诗人谈诗
祝福我吧，水将泛金地流泻出来⋯⋯⋯燎 原
大漠雄风（木版画）⋯⋯⋯邱盛林画 曲 近诗

1987年第5期 刊名：《绿风》
目录

第三诗国
罹难：长江第一漂流者⋯⋯⋯⋯⋯叶向阳
巨人之城（二首）⋯⋯⋯⋯⋯⋯⋯杨 然
八月一日（三首）⋯⋯⋯⋯⋯⋯⋯祁 东
南方有雨（三首）⋯⋯⋯⋯⋯⋯⋯卫世平

第二梯队
对于草原的认识（六首）⋯⋯⋯⋯秦安江
痛苦的慢板（三首）⋯⋯⋯⋯⋯⋯杨云才
大西北唱给南方的情歌（二首）⋯⋯邱华栋
西部魂（二首）⋯⋯⋯⋯⋯⋯⋯天 戈

国魂
老山风云录（二首）⋯⋯⋯⋯⋯⋯谌 璐
东方龙⋯⋯⋯⋯⋯⋯⋯⋯⋯⋯冯光辉
南部中国，我的和平海⋯⋯⋯⋯⋯刘 翔
树·人⋯⋯⋯⋯⋯⋯⋯⋯⋯⋯李旭东
国魂（三首）⋯⋯⋯⋯⋯⋯⋯⋯何鑫业

岁月的河
岁月的河（四首）⋯⋯⋯⋯⋯⋯⋯张新泉
秋日⋯⋯⋯⋯⋯⋯⋯⋯⋯⋯⋯赵 进
沼泽地⋯⋯⋯⋯⋯⋯⋯⋯⋯⋯龙彼德
老街⋯⋯⋯⋯⋯⋯⋯⋯⋯⋯⋯张执浩
船歌⋯⋯⋯⋯⋯⋯⋯⋯⋯⋯⋯周志强
小镇风情（二首）⋯⋯⋯⋯⋯⋯⋯王耀东
因为你流过这里（二首）⋯⋯⋯⋯郭宝臣
碾房（二首）⋯⋯⋯⋯⋯⋯⋯⋯王敦义

人生舞台
警戒线（二首）⋯⋯⋯⋯⋯⋯⋯李云鹏
下午四点⋯⋯⋯⋯⋯⋯⋯⋯⋯姚振函
诗人与蟑螂（四首）⋯⋯⋯⋯⋯⋯徐国静
舞台三题（三首）⋯⋯⋯⋯⋯⋯⋯阿古拉泰
狂欢节（三首）⋯⋯⋯⋯⋯⋯⋯于振海
厂长（二首）⋯⋯⋯⋯⋯⋯⋯⋯王德芳
假发（二首）⋯⋯⋯⋯⋯⋯⋯⋯姚焕吉
人生片断（二首）⋯⋯⋯⋯⋯⋯⋯郁 葱
骑手⋯⋯⋯⋯⋯⋯⋯⋯⋯⋯⋯龚湘海
棋道⋯⋯⋯⋯⋯⋯⋯⋯⋯⋯⋯王树强
跛腿阿昆⋯⋯⋯⋯⋯⋯⋯⋯⋯颜广明

拟出殡···蔡宇知
破面（四首）···唐跃生
含混不清···殷　实
选自 A 版记事···宋　逖

玫瑰诗会
万花筒（二首）··············张维芳　李滨声　配画
麻辣烫（五首）··············田明书　王复羊　配画

窗口
译诗四首················[美]亨利·泰勒　梅绍静译

虹桥
国内群众性青年诗歌社团揽胜（十四）

移栽园
他的名字正在长大
　　　　　云南 35126 部队《橄榄风》　张国明
山色··············云南永胜《山魂》　岑　岚
弓与箭············云南曲靖《溪流》　青　叶
声音··············河北阜城《飞天》　牛其峰
初晴············江西赣州《郁孤台》　谢忠清
阿妹守在大路旁
　　　　新疆华侨农场《花园文艺》　夏天池
梭······新疆石河子第二毛纺厂《织春》　万　林

浅草···丁　鸣
邓　双　龙　龙　陈云初　戴奇林　徐玉宝　向书豪
白立平　谢蓄洪　蓝　天　陈　琪　南　夫　曹承明
杨　漪　颜秉忠　王苑青　吴　兵　黄　默　杨冬梅

让诗告诉你怎样写诗……
诗的意象的捕捉·······································周政保

中青年诗人谈诗
随便谈谈···李　钢

绿风论坛
论新时期诗歌的群体意识·····························程光炜
诗的和非诗的·······························韩子勇　黄　健
月圆之时（木刻）
　　　　　王惠仪　方　向　画　刘　敏　诗

1987 年第 6 期　刊名:《绿风》
目录

西部诗潮
中国古二月（三首）·································姚学礼

人生屐履（三首）·····································闻　频
忍受高原（四首）·····································张子选

第二梯队
雪野风吹响的奏鸣曲（三首）·····················牛　八
敲响天空（二首）·····································刘亮程
歌手的红月亮（三首）·······························班　果
草原（二首）···王　立
西部生命（三首）·····································黄　毅

第三诗国
河的眼睛（三首）·····································吴逸飞
江南，有杜鹃啼血（五首）·························伊　甸
诗三首···俞　凌

高原半侧面
三彩驼峰上的乐舞（三首）·························庞壮国
高原半侧面（四首）·································陈所巨
魔鬼城···赵天山
喜马拉雅之忆（三首）·······························程显谟
古力番情歌（四首）·································雁　北
交河古城感怀（三首）·······························孙友田
月照高原（二首）·····································陈佩芸
毛驴大篷车···杨　政
毡房与牧人···蜀　水

人生乐章
让我们柔和地笑（三首）···························朱光甫
大山之谣（三首）·····································卢　俊
黑猎手（二首）·······································舟　樯
陕南之风（三首）·····································刁永泉
有很多思想···梁小斌
淘金簌：命运的摇篮·································雨　田
土地舞曲···刘益善
小溪···饶庆年
城市风···刘恒杰
山野之思（二首）·····································伍立杨
一切都会过去（二首）·······························刘德亮
山野与人（二首）·····································朱谷忠
秋天···李岂林
爱的回声（四首）·····································傅天虹
情丝（三首）···克　矛
芳魂（三首）···陈广斌
等你的信（二首）·····································郭　廓
你不该再问（二首）·································黄　淮
不要表白（二首）·····································刘高贵
夏天，女人的季节·································向　明
无题（二首）···颜　溶
爱情，对于我来说·································黄殿琴

小路·······················施肃中

玫瑰诗会
微讽集·················梁谢成 诗 王乐天 画
玫瑰诗话·················公 刘等
男人与海·················阿 橹
走向梅雨里的江南（三首）·········杨小秀
倾听黄昏（二首）·············殷 红
江南风景线（二首）············朱金晨
水湾····················任永恒
西陵峡··················孙 涛
草垛····················江 堤
雨意····················瑞 晨
小城恋··················盘妙彬

虹桥
国内群众性青年诗歌社团揽胜（十五）

移栽园
太阳河········辽宁抚顺市《琥珀诗报》 华 卓
无题·········安徽潜山彭河《嫩山雀》 汪 磊
青春潮·······河南平顶山市《湛阳》 莫 默
问候········江西南康《第三代诗人报》 刘庆祝
"洋货"传奇······湖北沙市《小小诗》 刘伯韧
故乡的雨·······四川泸州《龙眼梅》 马 帆
我是一只丑小鸭·····辽宁盘锦《香稻诗报》 宋晓杰

浅草····郁钧剑 西 岸 范俊德 晓 弦 王前锋
乔 迈 贾 胄 龙 吟 蔡红兵 姚海燕 王志林
苏 迪 林 培 洪 江 冯慧君 雪 桦 张 建
向 韬 陈 琥 王 文 南兵杰 金明生

让诗告诉你怎样写诗……
新意与诗意·················周政保
迎新娘（木版画）·········戴和兰画 晓 犁诗

1988 年第 1 期　刊名:《绿风》
目录

西部诗潮
夜的反叛··················周 涛
魂系河套（四首）·············王景韩
十行抒情诗六首···············子 页

第二梯队（新疆）
高原之路（三首）·············王小未
回声（四首）·················曲 近
思想者（四首）···············李光武

等待（四首）················晓 虹
雪山····················杨玉生
城市（二首）················张小平

第三诗国
告慰人生（二首）·············黄 羊
认识历史及其他（五首）··········柯 平
平原，我的平原（三首）··········郭良原
在重庆的两种情绪（二首）·····宋 渠 宋 炜
诗三首···················姜 桦

面对人生
寄西部的朋友（二首）···········肖 楚
银行的人来约稿··············杨松霖
黑白艺术（二首）·············孙昕晨
两种情绪（二首）·············栗原小荻
致某人··················梁志宏
心的断言··················许仰东
人生三审（三首）·············宫 玺
梳羊角小辫的检察员············黄金涛
宇宙的爱（二首）·············张建梅
斜坡路上··················邓 双
生日····················阿 信
旅途纪事··················赵 焰
那些日子··················黄 宏
西行记韵（四首）·············屈 直
黄瓦红墙（三首）·············邹静之
被流放的历史（四首）···········洪三泰
纪念碑（二首）··············碧 川
古莲子···················奔 雷
云游（三首）················曹增书
始皇陵（二首）··············刘宁变
故宫····················冯庆川
幽州台放歌·················殊 男
古河道·卧牛石赋·············王长军

玫瑰诗会
两朵小玫瑰（二首）·······易和元 王复羊 配画
麻辣歌（五首）·········罗绍书 刘 雍 配画

虹桥
国内群众性青年诗歌社团揽胜（十六）

移栽园
山祭··········山东莒县《山地》 世 恋
北方情歌········湖南祁阳《南风地》 曾三忠
北京 中南海······广西《知音文学》 齐 超
汲水·········辽宁朝阳《凤雏》 李作明
悼祖母········湖北天门《业余诗人》 郭定华

命运交响曲·········湖北华中师大《摇篮》　李鲁平
中国雨·········浙江杭州《青年诗刊》　俞　敏
意象·········四川成都《电缆歌声》　夏　子

鹰翎丝丝·········陈大超　李占学
阿拉坦托娅　达　黄　赵健雄　马君伟　方竞成
余以建　黄恩智　尚建国　李光云　李天明　黄锦萍
韩庆成　黄金城　于金廷　李天岳　杨　昕　陈　默

窗口
诗三首·········杨燕生译

让诗告诉你怎样写诗……
诗与象征艺术·········周政保

绿风论坛
诗界的宏观批评问题·········周政保
《林染抒情诗选》编后记
生命树（木版画）·········邱盛林　画　尹　平　诗

1988 年第 2 期　刊名:《绿风》
目录

西部诗潮
卜居·········章德益
为了爱情，巴格达不嫌远（七首）·········李　瑜
面世（五首）·········渭　水
铜鼓·········赵　恺

前方将士的诗
战争·雨季·地球的（二首）·········朱增泉
又一个受孕期
不明飞行物（三首）·········张国明
伤残·········王一兵
遗忘·········张　宏
老山兰·········谢玉久
前沿风景线·········刘　翔
站在历史的断切点上（二首）·········谌　璐
生死线·········丁怀光
十月，一个军人在成都·········刘世新

第三诗国
白色冻土带·········谌宁生
四人餐桌（四首）·········曹　剑
内心独白（三首）·········邓海南
背叛的山顶（二首）·········李晓寒
夏天的故事（四首）·········戴中平

第二梯队（甘肃）
冬之魂（三首）·········山　涛
皇天后土（二首）·········屈　塬
女性的沙漠（五首）·········匡文留
女朋友们之间（三首）·········韩　霞
雪落高原（四首）·········阿　信

别是一番滋味
逃逃三谈·········李　伟
梦话录（三首）·········风雨亭
气功师的诗·········周　涛

我从南方来
虹（三首）·········日月兰
江南雨·········艺　辛
乡情（二首）·········梁必文
姑苏水巷（二首）·········江映月
海女人（二首）·········林　祁
小城的一条老街（二首）·········郑宝富
南方的竹子·········谷未黄
三月，在江南·········夏　宁
故乡短笛（二首）·········牟国志
打柴郎和洗衣女·········秦群鸽

玫瑰诗会
柜台迪斯科及其他
　　　　　　　罗庆朴诗　徐　进　叶春旸画

移栽园
狩猎的路（二首）
·········新疆昌吉市《博格达诗报》　陈友胜
土塬·········黑龙江哈尔滨市《新星诗报》　晓　晨
阿男阿男·········云南永胜县《星巷》　海　男
中原人·········湖北通城《书窗》　邓承普
与朋友书·········河南信阳市《远方》　杜　超
三月的节日·········河北张家口市《六月诗报》　王连杰

浅草·········江峰　兴海　兴建　李　赋
陆少平　李　黑　丁学兰　南　荒　西　篱　泥　土
北　炜　王小岛　田　禾　陈小平　邱兴玉　野　谷

让诗告诉你怎样写诗……
诗与象征艺术（中）·········周政保

绿风论坛
诗坛问题答客问·········杨光治
长河落日（中国画）·········贺海涛　诗

1988 年第 3 期　刊名：《绿风》

目录

西部诗潮
爱情交响诗（五首）············林　染
大漠孤烟（三首）············刘宏亮
天地之间（三首）············郭维东
高原舞姿（三首）············东　虹
诗五首············于　是
三知小引——读于是的诗············周　涛
十四行诗（四首）············屠　岸
断章············蔡其桥
诗三首············凌文远
黄埔墩礼赞············欣　原

第二梯队（陕西）
黄土世界（八首）············路　漫
有关乾陵（四首）············杨绍武
牡丹台············杨争光
雪的世界············李汉荣
俄罗斯之行（七首）············梅绍静
窗外门外……（四首）············叶延滨

第三诗国
HB 型铅笔及其他（四首）············黄晓华
南给 JQ……是置于你或他额上的花束············柳　荫
诗三首············龚湘海
楚湘雨季（五首）············陈惠芳
江南（三首）············熊育群
旅程············易殿选
我的媛媛（五首）············李发模
于你浅浅的刘海上（二首）············詹永祥
不再有你的爱············万　川
绿色（二首）············熊　红
思念············刘凤树
心曲············于宗信
湖边留影············胡　可

散文诗页
浅蓝色的画外音（四章）············李　耕
涉过无名河（三章）············曹　雷
我的西部情绪（二章）············鄂青子
爱的旋律（三章）············周　勤
岁月风景（二章）············张　昆
山崖上的鸟（二章）············陈韶华
老人（二章）············姜建国
流光集············徐慎贵

玫瑰诗会
《关系学》讲义（四首）············杨钧炜　叶春旸画

大朋友和小朋友的歌
献给十六岁（二首）············杨　枫
关于大灰狼的故事············刘丙钧
电影院是孙悟空（三首）············黄亚洲
童话故事············鲁米娜
心愿············房　柱
永恒的孩子············戴奇林
兔的白翅膀············焦　炬

虹桥
国内群众性青年诗歌社团揽胜（十七）

移栽园
拓荒者宣言············黑龙江讷河《黑潮诗报》　鲁　荒
大海作证············辽宁抚顺《琥珀诗报》　吴春英
圣诞············广东海南《青年诗人报》　牛迎春
防风林············新疆石河子《大漠》　阳　春
搏············河南财经学院《回声》　秋　水

绿芽初萌
············高天山　彭惊宇
孙丽莉　曾　莉　莉思路欣　尹俞才　黄　山

让诗告诉你怎样写诗……
诗与象征艺术（下）············周政保

西部诗人谈诗
清清地想············梅绍静
我和这片辽远的西部荒野············林　染

绿风论坛
让世界向你走来
——关于昌耀现象及西部文学片谈············燎　原
大漠情（中国画）············李其煜画　曲　近诗

1988 年第 4 期　刊名：《绿风》

目录

亚细亚荒原（二首）············何铁生
思辨的人生（六首）············黎焕颐
诗二组············边国政

第二梯队（新疆）
大漠畅想：我的西北古大陆············李新晨
塔里木南缘的诗者与他的畅想············周政保
我们新疆（五首）············贺海涛

妇科病房（四首）—————————汪文勤
沙门子（四首）—————————秦安江
筑路兵（二首）—————————张功臣
流浪汉———————————————北　野
西部移民图（二首）———————李菊萍

第三诗国
有关历史的几首诗（三首）————程　维
试衣镜—————————————缪国庆
迷濛的冰河（三首）———————舒　洁
这个秋季（三首）————————嵇亦工
蓝色徘徊（三首）————————孙　悦
湘西（二首）——————————江　堤
吊锡静—————————————张志民

向北方
关东———————————————于耀江
沿着古老的河流（二首）————李凯霆
西部的体验（三首）———————刘国萍
在黄河的臂弯里（二首）————秦巴子
绿神———————————————邢海珍
我的黑土地———————————杨川庆
草原断章————————————邱新荣
西北驴—————————————阿　坚
四棵树—————————————张晓林
天山月—————————————刘希涛
边境线—————————————黄东成

别是一番滋味
飞碟来临（三首）————————岛　子
城市结构（二首）————————许德民

玫瑰诗会
哭笑随你（四首）———萧振荣　李中强　配画
意识忧患录（三首）———————梁如云
舞蹈（三首）——————————周志强
裸高原（三首）—————————王建平
历程（三首）——————————段和平
别，惑及初雪（三首）——————张孝华
天井———————————————陶　朱
根————————————————张中定
落潮时节（二首）————————何　蔚
葫芦（二首）——————————辛　戈

浅草————————王　坚　汤养宗　谢蕃洪　黑　白
李　布　张克锋　卢　俊　冯　阳　杨小秀　李树生
刘芳霞　张　建　王秀华　万时学　吴诗路　范鉴山
潘　嵩　黄金城　张少波　胡永龙　李曾尧　南乡子

让诗告诉你怎样写诗……
诗的寻找与感觉的运用——————周政保

西部诗人谈诗
沉思在西部韵律层————————姚学礼
《黄昏归骑》序—————————周　涛

绿风论坛
孤独意识——李瑜诗歌的一个哲学内核————张小平
无题（中国画）
————————于云涛画　宋席城书　张小平诗

1988 年第 5 期　刊名:《绿风》

目录

西部诗潮
开花的原野（五章）———————闻　频
伊犁情思（四首）————————高炯浩
黑咖啡，紫咖啡（四首）————杨　牧

第二梯队（青海）
大突围—————————————牛　八
大河源挽歌（三首）———————燎　原
我，海的恋人（二首）——————肖　黛
冷色调情绪（三首）———————马学功
藏民（三首）——————————班　果

第三诗国
牛鸣沉沉（三首）————————伊　甸
我们这座城市（四首）——————宫　辉
色彩（四首）——————————张　烨
南面风景（三首）————————卫世平
铜河（三首）——————————钟正林
抒情诗四首———————————魏志远
黑白视幻（三首）————————陈所巨
苦泅（四首）——————————张新泉
渡海者—————————————程宝林
我们放牧星星———————郎恩才　鲁　娟
山民（二首）——————————他　他
明天的雪（三首）————————赵健雄
四月的抒情（二首）———————朱谷忠
观浪（四首）——————————苏　敏
生命的经纬线（二首）——————金克义
梦在南国（二首）————————屈文焜

玫瑰诗会
纱帽——————————石　河诗　徐　进配画
黑色的海（三首）————————胡　笳

红风衣（二首）──────王丽萍
玉门：石油的图腾（二首）──────第广龙
军旅方面（三首）──────王久辛
迷人的土地（二首）──────任志玺

虹桥
国内群众性青年诗社团揽胜（十八）

移栽园
山河风云录──────安徽怀远《淮风》 于鸣非
雨季──────陕西西安《雨巷》 董文英
川江号子──────湖南岳阳《自选诗》 夏 阳
爵士鼓独奏──────江苏苏州《夜航船》 姜 晋
男人──────江苏淮阴《火帆》 柏常青
就这样凝视，不要出声───湖北江陵《楚原》 张月娥
倾听土地──────湖北荆州《息壤》 朱 瑜

鹰翎丝丝──────张 宏 乔延凤 刘小龙
何鑫业 卜国福 赵云江 王敦义 彭国梁 陈锡民
铁 流 阿拉坦托娅 龙 剑 王忠范 柴 燃
马及时 张晓民 李青松 人 邻 冯恩昌 车前子
阳 飏 滕 英 刘鸿伏 陈家孝 江哲银

让诗告诉你怎样写诗……
诗与政治（或时世）──────周政保

中青年诗人谈诗
民族气血与当代格致──────王辽生
诗无定法──────叶延滨
青春的风──────牛 汉
第三届诗刊诗报协议会在安徽黄山召开──────乔延凤
无题（中国画）──────李其煜画 王小未诗

1988 年第 6 期　刊名:《绿风》

目录

西部诗潮
无题──────章德益
超现实村庄（四首）──────张子选
中国古二月（二首）──────姚学礼

第三诗国
泪之二重奏──────骆晓戈
故乡的紫藤花（四首）──────史晓京
人问（二首）──────高 柳
为中国足球队含泪而歌（三首）──────孙昕晨
夏天（三首）──────杨 然

第二梯队
修炼和平（四首）──────曾有情
我独坐于西部的山坡（五首）──────郁 笛
伊犁河，有一天当你老了（二首）──────安鸿毅
寄给故乡的红豆（二首）──────赵雪勤
裸足沙漠（三首）──────黄 毅
悲剧性格（四首）──────宗 鄂
黑蝴蝶（二首）──────王辽生
21000 天邮路（二首）──────阿 红
人之初（二首）──────何 来
金陵诗说（三首）──────刘明达

向北方
并非西部之翎（四首）──────赵天山
雪山·黄河（二首）──────骆一禾
西部体验（二首）──────刘继明
新疆风采（三首）──────黄秉荣 罗荣典
黄河号子（二首）──────鲁绪刚
有感于黄河──────沙 戈
爱的变奏曲──────卢祖品
爱的歌季（五首）──────魏 艳
痕（二首）──────尚 方
多多（三首）──────谷 闰
被遗忘的虞美人（三首）──────庄永春
红风衣之祭（二首）──────郭 廓
美丽的寂寞（三首）──────樱 子
挚爱（二首）──────张 讴
诗与爱情（二首）──────柯 原
蒂──────盘妙彬
唐山的女人们──────刘晓滨

玫瑰诗会
啄木丁丁（四首）──────李启云 江 帆 配画

虹桥
国内群众性青年诗歌社团揽胜（十九）

移栽园
中国象棋演义──────内蒙古包头《新诗报》 蒙 原
延长的日子──────湖南沅江《青年诗报》 东荡子
老人与海──────四川重庆《嘉陵潮》 南 屿
献给安娜──────湖北天门《业余诗人》 舟恒划

浅草──────赵 宇
丛 然 于 奇 于向阳 童牧野 杨丽娟 苏 明
晓 雨 白新芳 峻 岩 方 舟 伊 伊 金 山
李 红 田长林 刘朝华 周鹏举 周成荣 白瑞兰
程幸福 荆 歌 佟 石 桂 林

让诗告诉你怎样写诗……

直觉与诗的意象 ·········· 周政保

西部诗人谈诗

远去的潮·生命体验与地火 ·········· 肖 川

绿风论坛

召唤·蒙难·语言的秘密 ·········· 何鑫业
这条"捷径"走不得
恒泉（中国画）·········· 宋席城画 曲 近诗

1989 年第 1 期　刊名:《绿风》

目录

航海者

田园的忧郁（四首）·········· 张中海
跋涉的青春 ·········· 叶延滨
塞上深秋（四首）·········· 曲有源
生活（三首）·········· 梅绍静

远帆

最初的萌动（三首）·········· 谌宁生
手指（四首）·········· 黄 羊
月之灯（三首）·········· 贺东久
隐痛（三首）·········· 姜强国
无弦琴（三首）·········· 张雪杉
布·铁（二首）·········· 罗 巴
野涯（二首）·········· 刁永泉
钱江潮：诺言的代价 ·········· 张德强
香客大佛（二首）·········· 关劲潮

认识你之后

山上开满红杜鹃（三首）·········· 雷恩奇
爱神与诗神（三首）·········· 梁谢成
众生（二首）·········· 李元胜
淘金狂 ·········· 龙彼德
最后的班车（二首）·········· 潮 汐
致诗人（二首）·········· 黄邦君
血之羽 ·········· 黄 坤
方格里的舞哨（二首）·········· 杨松杰
采石提月 ·········· 陈佩芸
山地的子孙 ·········· 苏韶芬
枪手（二首）·········· 丛小桦

游踪

十二行抒情诗（四首）·········· 姜建国
苏杭草三题 ·········· 秦 松
西行节奏（三首）·········· 莫文征

来到一个地方叫纽约（三首）·········· 王宏杰
谒武则天墓（二首）·········· 大 卫
无字碑（二首）·········· 朱文杰
山的想象（四首）·········· 穆 仁
梅雨，带泪的祝福（二首）·········· 陈 青
林中水滴（二首）·········· 伍立杨

叙事诗

柳荫下 ·········· 薛卫民
山梨果 ·········· 刘益善
一个城里女人和一个乡下男人 ·········· 商子秦

铜鼓

可朗诵的寓言诗（三首）·········· 陈 艰
图腾 ·········· 柳士同
并非虚构（二首）·········· 黎正明
春归白帝城 ·········· 邓亨禄
冬日的河滩 ·········· 龚湘海
陶罐 ·········· 肖作华
老人街 ·········· 王 放

别是一番滋味

世界（二首）·········· 海 男
幻想系列（二首）·········· 慧 子
梅花（二首）·········· 石光华
丢失自己 ·········· 鄢元平

玫瑰诗会

蒺藜花（三首）·········· 张维芳 叶春旸 配画
孩子的对比（二首）·········· 苗得雨

移栽园

兰州军区"大西北军旅诗赛"选

看山 ·········· 张克镇
老狗 ·········· 辛 子
纪念碑前 ·········· 师永刚
乡土 ·········· 李下叔
西部天空 ·········· 沙 戈
老兵 ·········· 王若冰

新疆《博格达诗报》"现代西部诗大展"选

老歌 ·········· 张子选
山丹语言 ·········· 王景韩
犹豫 ·········· 贺海涛
孤魂 ·········· 张 侠
我从外地回来 ·········· 葛根图娅
草原云 ·········· 阳 飚

鹰翎丝丝 ·········· 苑 湖

陈 敏　秦士元　冯光辉　刘恒杰　达 黄　力 虹
唐跃生　彭国梁　李天岳　江文波

中青年诗人谈诗
孤独、困惑、苦行者的自由··············渭 水

绿风论坛
杨牧诗歌中的自我冲突··············程光炜
本期部分作者近影
丝路古风（摄影）··········周雄章摄曲　近 诗

1989 年第 2 期　刊名:《绿风》
目录

寒律（四首）··················子 页
圣土之忧（六首）··············曲 近
龙骨山之鹰··················王长军
丝绸之路（四首）··············翼 华
下山之路（二首）··············陈 亮
个人情感（三首）··············牛 八
朋友们····················韩子勇
土地·人···················邱新荣
穿过青稞地··················田 禾
颂歌·····················曾光安
黑骏马····················沈天鸿
篝火舞（二首）················王忠范
塔克拉玛干游魂················田 毅
火魂·····················巨 余
悠悠瀚海路（三首）··············贺维铭
西行者····················牟国志
红沙漠的珊瑚·················建 青
西部风采（二首）··············屈 直
蓝星星（六首）················张之静
心的呢喃（二首）··············李汉荣
秋天里的河流（二首）············长 岛
大街上的意识流（二首）···········夏冠洲
抒情诗二首··················赖大安
夜读札记（二首）··············沈 健
题瓷塑马···················韩新东
静土（二首）·················时红军
缪斯的空间··················晓 可
从前·····················马志刚

爱的十字架·······田明书　叶 梦　刘 敏　张国领
孙大梅　叶 舟　祁 东　黄殿琴　向 阳　李天明

散文诗
最后的童话（三章）·············鲁 萍

我们匆匆上路················姚中才
死的凝思··················赵 进
青春不惑（三章）··············冯慧君
野马群···················欧阳秋
塬上那月··················大 千

玫瑰诗会
劝说武松（四首）·······陈显荣　叶春旸　配画
忽然想到··················黄 淮

别是一番滋味
真实或谵语（三首）·············杨小滨
谒香妃墓（二首）··············晓 雪
寒山寺钟声·················沙 白
行旅拾翠（三首）··············阿 贵
骊山····················伍权民
半坡村汲水女孩雕像·············左一兵
汨罗江，汨罗江···············倪峻宇

冬不拉与热瓦甫
夏侃·翁阿力拜（二首）···········姚承勋译
寒带的儿子········阿不利为提·沙迪克　张世荣译
我与人民（二首）·······朱曼·艾比西　张孝华译
自言自语（二首）·······阿尔斯朗　苏 由译
生活与宝石（二首）·············萨黛特
驯鹿

短诗集萃············朱泉华　范俊德
张天男　莫西芬　赵 新　李 明　罗 奕　邱兴玉
张持浩　刘松林　简宗国　空林子　刘梦琳　刘亮程
魏 平　雷献和　史 英　张 隽　冯恩昌　张 建
王玉民　卢卫平　李占学　郎济录　郁 斌　帅士象
中国商人（七首）··············殷 实
神秘的诗意（或诗味）············周政保
印度诗选··················萧家驹译
有关经二梯队················张泽林
《绿风》诗歌函授学院招收首届高级班学员启事

1989 年第 3 期　刊名:《绿风》
目录

西部星群
近作五首··················章德益
不够纯粹的军旅诗（五首）··········王久辛
古题（五首）·················肖 川
霸王别姬（四首）··············王 璞
塬上····················路 漫
什么在锯着灵魂···············何 来

抒情诗四首································郭维东
阿拉尔的路（二首）····················周　民
踏勘西部三月风（三首）················王景韩
八月的诗（三首）······················天　戈
骑马下海的人（二首）··················杨　子
高原岁月（二首）······················王若冰
灵与肉（二首）························陈友胜

神游

神游（三首）··························屈　塬
屈原传奇（二首）······················程　维
中国属相（四首）······················杨　梓
《西游记》人物志（二首）··············宋路霞
历史与梦幻（三首）····················聂　沛
古炮台断想····························洪　江
宝塔································马新朝
龟驮碑································介　夫

白鸟

我的麦地在南方以南····················庞余亮
接7月28日家书：望雨··················姜　桦
白鸟（二首）··························乔延凤

1989 年第 3 期　刊名:《绿风》

目录

龟裂的抒情（二首）····················雪　桦
秋声深处（二首）······················耿　翔
四月（二首）··························王恩瑜
在故乡（三首）························薛炳章

短诗二十家　　　　　　　　　芦　萍　唐　湜
简　宁　朱美云　李正堂　谢明洲　张宣强　钟　星
吴　强　陶　朱　冉泽勋　倪　嘉　杨舒翼　于金廷
北　野　郭榴红　秋　忆　陈　思　宋　亮　岳　岸

灵犀

写给波波（四首）······················林　染
一条小路曲曲弯弯细又长················黄东成
你正向我走来（三首）··················克　矛

散文诗页
老树及其他（三章）····················李　耕
灰天云雀（二章）······················朱光甫
这段人生····························梅　卓
耳（二章）··························李发模
一根白骨已长不出翠绿的柳丝了··········白　野
雪原································方　君

玫瑰诗会
怪味豆（六首）························姜建国
"列车市场"小景（二首）················李　下

西北大学作家班部分诗人诗歌小辑
三十三岁读作作家班感怀················张　虹
悠悠纺车声····························陈　静
秋天第一晨····························李晓茹
这个时候······························吴黛娜
生命表达······························乔仁卯
雨季································赵跟喜
我与海································洪永泰
雪情································曲　直

绿洲处女林······················闫卫华
李　红　薛　继　戴薇薇　红　柯　武肇红　王　浒
克　学　徐　琴　匡　风　李春江
新诗中的互文见义······················丁国成

别是一番滋味
无名世界······························周志强
清早起来捉蟹的人······················醉　舟
《绿风》诗歌函授学院招收首届高级班学员启事

1989 年第 4 期　刊名:《绿风》

目录

走向远山
面对腐败（二首）······················朱　红
黑蝴蝶（三首）························王辽生
自由落体（四首）······················宫　辉
走向远山······························钟正林
东方的大野····························刘　征
我眼睛里的世界（二首）················陈所巨
我想娶卡尔·马克思的女儿作我的妻子·······徐　泽

西北风
大河源家族（七首）····················燎　原
关非西部之翎（二首）··················赵天山
秋韵·面对辣椒（二首）·················王小未
天籁（三首）··························黄　毅
塔里木河（二首）······················李光武
黄土高原（三首）······················任志玺
回忆（三首）··························张小平
我的诗（三首）··············艾尼瓦尔·艾合买提
残照下，那群奔突的黄羊················申广志
鹿城································默　然
站在一个钢蓝色的高度··················刘　渊

血色高原（三首）·····························陈　瑞
红柳·······································吕　帝

抒情的慢板

热爱生活（五首）····························程晓蓓
我的墓志铭（六首）··························伊　蕾
抒情的慢板（三首）··························孙　悦
生存状态（三首）····························伊　甸
山居（三首）·······························伍立杨
箫声如诉（二首）····························杨松霖
瞑目而思（三首）····························柳　沄
前方是河（三首）····························张　军
寂寞的情河（三首）··························江　堤
望着你，我是一个男孩子（二首）··············王鸣久
生命体验·································蔡椿芳
情结（三首）·······························林　祁
向往家园（四首）····························秦巴子
青春写意·································王爱民
猫在武汉（二首）····························谷未黄
意译·····································叶向阳
做客（二首）·······························史　欣
与你交谈（二首）····························姜未琢

双星

没劲（二首）·······························秦安江
诗三首·····································郭亚菲

玫瑰诗会

马·"伯乐"（五首）···········余薇野　江　帆　画
猪及其他
紫色蔷薇（三首）···········朱　赤　徐　进　画
吃客谣·····································黄坤良
听话就是好"马"····························叶知秋

短诗集萃···············彭　程　贞　子　孙启放
佟雪春　萧　萍　璐　璐　张克峰　余志成　老　枪
范醒华　张玉顺　崔树勋　孙延新　张学军　沙　滩

别是一番滋味

人兽共患病（四首）··························许德民

散文诗页

瘦月（二章）·······························谌宁生
火烧林·····································张厚德
致远方·····································长　鸣
敦煌红日·································邓　杰
鸟鸣·····································王秀华
斜阳下的村庄（七首）························郁　笛
现代乡土诗与现代忧患························周政保

绿风论坛

变色生死图和忧患的太阳······················日月兰
门缝看诗·································杨晓民
《绿风》诗刊告读者作者

1989 年第 5 期　刊名：《绿风》

目录

两部星群

忘川（四首）·······························田　禾
关于人类（四首）····························姚学礼
红狐：一个猎手的孤独之灵····················肖　黛
黑色的恋情（四首）··························陈　青

塞上

新疆行（三首）·····························张万舒
我的一段流浪生活（二首）····················边　夫
西行（二首）·······························谷　鸣
高原十五月亮·······························阳　飏
笛韵·····································达佤扎西
石河子晨歌·································许明抒
放逐·····································田先瑶
桥头——龟兹古渡速写························李世江

心帆

诗二首·····································韩　东
蛇（二首）·································欧阳江河
玫瑰之夜（四首）····························石光华
黑白肖像（二首）····························杨　然
粮食·····································肖开愚
岁月的风声（三首）··························孙建军
崭新的形式·································周亚平
我凝望着那条河流（二首）····················段和平
时光的审判（三首）··························苏　敏
微微变色风（二首）··························杨　枫
在自己的感觉中飞翔（二首）··················戴中平
年轻的风（二首）····························汪国真
咖啡壶·····································石花雨
树·······································雨　田

东方

东方门槛（二首）····························张执浩
伫立黄河源（二首）··························马新朝
魂系中原（二首）····························高旭旺
杭州过眼录（二首）··························嵇亦工
泰山忧思录（三首）··························郭　廓
微雨，大明湖（二首）························曾　尧
阆中张宪祠·································冉泽勋

在竹林想郑板桥··王建渐
诗仙李太白··秋 风
陶渊明··焕 利

乡恋
孤舟（二首）··汤养宗
父亲··姜 勇
苍天有眼（三首）··王黎明
古树（二首）··王敦义
锄禾··卜文君

玫瑰诗会
蔷薇处处开（三首）············梁谢成 孙以增 画
新骚体诗二首··商子秦
戏笑罗汉····················罗绍书 刘 雍 画
美的悲剧（二首）··刁永泉

爱河流域
爱河流域（二首）··张 雯
美丽的面孔（二首）······································杨如雪
紫调情话（三首）··日月兰
又见桉树林（二首）······································熊 红
单恋（二首）··朱谷忠
初——··那 丽

短诗集萃············洪顺利 于宗信 倪雪蝉 维 堡
傅翀 王前锋 郭应文 叶 舟 韦德明 剑 男
石东辉 伊 伊 郭红云 王民德 肖 晓 侯新生

别是一番滋味
文字几十行··车前子

绿洲处女林······················胡西平 王 莉
赵 华 腊 月 王 文 夏 寒 天 君 孙菁清

学员之页··················王钢洪 李庭武 李鹏程

绿风论坛
潮起潮落之后……······································燎 原

诗人茶座
诗外（论余）··梅绍静
西湖，你说些什么话······································乔延凤
本期责任编辑··············曲 近 老 贝
本刊美术编辑··宋席城

1989 年第 6 期　刊名:《绿风》
目录

大地的铜像··薛 虔

西部星群
神游（五首）··屈 塬
平米（四首）··梅绍静
随意道来（五首）··贺海涛
红狐狸及其他（四首）····································赵雪勤
渴念（六首）··张孝华
一生的麦地（五首）······································刘亮程
吐鲁番诗草（四首）······································高炯浩
天山的忧郁（二首）······································杨 昕
尘埃··田 毅
吹糖人老汉（二首）······································项俊卿

拥抱光明的世界
让时髦忧郁（三首）······································张新泉
北方的海··骆一禾
诗五首··陈松叶
拥抱光明的世界（三首）··································王 也
悲剧方式（三首）··谢明洲
吹箫之人（二首）··卫世平
卓娅的摄影（四首）······································彭国梁
诗四首··达 黄
悲剧（三首）··商泽军
安慰之页（三首）··简 宁
雷雨（二首）··邓万鹏
明姑娘和小提琴··关劲潮
盐··罗 巴
第三只眼（二首）··佟 石
城春··柴 燃
星岛··廖华歌
一位江南舞星··冯光辉
生命的影子（二首）······································郎恩才
锻铁瞬间··石 人
明月在外（二首）··王 惠
人类·地球·时间（二首）································尚飞鹏
走向秋天··刘衍华

散文诗页
绿洲的上帝（五章）······································杨 树
心之旅（三章）··牟国志
湖莲（二章）··张维芳
辉煌的寂寞（二章）······································韩新东
南方，有只雁（二章）····································张 云
慕日者··倪峻字

瀑与云 ································ 张厚德

玫瑰诗会
奇花的遭遇 ···················· 刘　征　王乐天　画
啄木丁丁 ······················ 李启云　诗并画

域外
阿尔卑斯斜坡（五首）················· 赵健雄
美洲海浪和墨西哥城 ··············· 钱叶用

短诗集萃 ························ 徐慎贵
鲁　萍人邻吕　亮刘龙平屈　直尚建国
陈志铭　黄　堃陆　健冉云飞李树生胡永龙
张锦国邹国安艾　平李　佳陈荣临胡雪峰
雪　潇马君伟朱志伟肖声福

学员诗页 ··········· 丁夕莲　肖　宁　周海臣胥若平

绿风论坛
匿名状态中最初的升起 ··············· 燎　原

诗人茶座
诗：不宣而入的创造 ·············· 王久辛
《绿风》诗刊社答读者问
魔城幻影（摄影） ················ 崔世业

《世界文学》

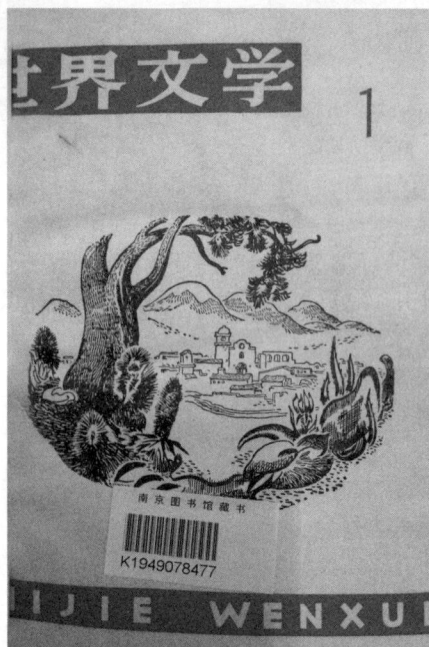

【简　介】
　　综合性文学双月刊。中国科学院外国文学研究所主办。创刊于 1953 年，1978 年正式复刊。1953 年定名为《译文》（月刊）。1959 年由《译文》更名为《世界文学》。其主要刊登有审美价值和借鉴价值的外国文学名篇，体裁十分丰富。

期刊号:1977 年第 1 期—1989 年第 6 期

1977 年第 1 期　刊名:《世界文学》

目录

高举毛泽东思想的伟大旗帜，深入揭批"四人帮"，努力做好外国文学工作（笔谈）···················刘白羽
曹靖华　林　林冯　牧狄　蟠长　青季羡林
罗大冈　王朝闻刘　宁罗经国
向鲁迅学习 ······················ 茅　盾
论"洋为中用" ···················· 冯　至
在草地上遇到的人们（小说）
··············· [朝鲜]李明钧作　益　民译
农场的早晨（小说）
··············· [朝鲜]朴士英作　皓　辙译

巴勒斯坦小说选
他还是孩子的时候 ········· 卡纳法尼作　郅溥浩译
禁止吸烟 ················· 谢威尔作　郅溥浩译

自由之风……………………达奥格作 程静芬译
非洲诗选……………………………叶君健译
假如你想认识我…………[莫桑比克]诺·德索萨
那些奇怪的日子…………[莫桑比克]阿·卡布扎
诗………………………[莫桑比克]若·雷贝洛
囚徒……………………………[南非]奥·姆沙里
寒冷…………………………[南非]丹·布鲁特斯
忿怒像刀刃一般锋利………[南非]杰·马休斯
还我北方领土（诗）
……………[日本]更科源藏作 叶渭渠译
北方领土之歌（诗）
……………[日本]新制作座文艺部作 集 思译
一个冒名画家的生涯（小说）
………………[日本]井上靖作 唐月梅译
最后的希望（外一首）
………[法国]欧仁·鲍狄埃作 张英伦译
巴尔扎克小说两篇
改邪归正的梅莫特………………金志平译
长寿药水………………………郑克鲁译
这儿的黎明静悄悄……（中篇小说）
………[苏联]鲍·瓦西里耶夫作 王金陵译
评《这儿的黎明静悄悄……》………王金陵
世界文学动态（七则）
编后记
苏联《内战史》版画……[苏联]苏复洛夫作
巴尔扎克塑像…………………[法国]罗 丹作

1977 年第 2 期　刊名:《世界文学》

目录

根子（选译）——一个美国家庭的历史
……………[美国]阿·哈莱作 施咸荣 李文俊译
妈妈的牺牲（柬埔寨小说）…………马 源译
巴西短篇小说三篇………………王央乐译
"七把叉"………………奥里热内斯·莱萨作
太阳…………………瓦斯贡塞洛斯·马亚作
第三道河岸…………吉马朗埃斯·罗萨作
南斯拉夫游击队歌曲选（五首）……广 赛译
诗三首…………[南斯拉夫]约·兹麦伊作 樊 石译
波兰革命诗歌选…………………林洪亮译
维尔特诗选（五首）
……………[德国]格·维尔特作 施升宁 瑛译
往事与深思（选译）
………[俄国]亚·伊·赫尔岑作 巴 金译
学习鲁迅翻译工作中的革命精神………柏 起 韦文朔
在"批修"的幌子下——揭批"四人帮"利用苏修文
艺搞篡党夺权阴谋活动的罪行………李辉凡 薛君智
从复辟小说《飘》看复辟狂江青…………杨静远

如火的青春——读《钢铁是怎样炼成的》………张 炯
这儿的黎明静悄悄……（中篇小说·续完）
…………[苏联]鲍·瓦西里耶夫作 王金陵译

世界文学动态

朝鲜文学界积极创作"三大革命小组员"形象的作品
日本作家司马辽太郎的散文集《从长安到北京》
伊拉克老诗人纳贾菲逝世
英国群众纪念工人作家罗伯特·特莱塞尔
在戛纳电影节获大奖的意大利影片《父亲—主人》
西德作家标尔的《与一个妇人的合影》拍成电影
开满雪花的田野（朝鲜木刻）
收割（木刻）…………[罗马尼亚]尤·奥利乌
佃农（木刻）……………[美国]伊·卡特莱德

1978 年第 1 期　刊名:《世界文学》

目录

他爹的伙伴（小说）
………[澳大利亚]亨·劳森作 蔡 慧译
印度短篇小说
证词………………吉·帕迪雅作 周志宽译
水蛭………………阿默尔甘特作 黄宝生译
胜利花环…………古·纳伽伐利作 倪培耕译
季末的雾中（长篇选译）
……………[南非]阿·拉·古玛作 林 凡译
短篇小说两篇
……………[意大利]迪·布扎蒂作 吕同六译
渴望健康的人
朋友们
象棋的故事（小说）
……………[奥地利]斯·茨威格作 叶芳来译
小说两篇………[英国]罗·达尔作 海 观译
牧师的喜悦
品酒
罗马尼亚诗抄……………李家渔 王敏生译
斯特凡大公的母亲…………狄·波林蒂尼亚努
罗马尼亚的觉醒…………瓦·阿列克山德里
反抗压迫者………………乔·科布什克
《汉堡剧评》选译
……………[德国]高·埃·莱辛作 张 黎译
列宁论列·托尔斯泰……………………陈 燊
"文艺黑线专政"论与《走出"彼得堡"!》……张 羽
《基度山恩仇记》与江青…………………弋 沙

世界文学动态

贝鲁特出版一本评巴勒斯坦作家格·卡纳法尼的专著
西班牙诗人维·阿莱桑德雷获一九七七年诺贝尔文学

奖金
苏联《新世界》月刊发表一部宣扬泛斯拉夫主义的历史小说
苏联当局宣布一九七七年国家文学奖金得奖名单
苏《知识》月刊谈"宇宙题材"的诗歌前景
争取面包与自由⋯⋯⋯⋯⋯⋯⋯⋯［阿根廷］维 果
重负⋯⋯⋯⋯⋯⋯⋯⋯⋯⋯⋯⋯⋯［法国］杜米埃
生活的最大收获是什么?
——至今我还活着⋯⋯⋯⋯⋯⋯［印度］谢比尔·迪汪

1978 年第 2 期　刊名:《世界文学》

目录

德里纳河上的桥（长篇选译）
⋯⋯⋯⋯⋯⋯⋯⋯⋯［南斯拉夫］伊·安德利奇作
周文蒸 李雄飞译 绍 明 校
罗曼·罗兰的长篇小说《欣悦的灵魂》⋯⋯⋯⋯罗大冈
欣悦的灵魂（长篇选择）
⋯⋯⋯⋯⋯⋯⋯⋯［法国］罗曼·罗兰作 罗大冈译
姐妹俩（小说）
⋯⋯⋯⋯⋯⋯⋯［捷克］鲍·聂姆曹娃作 杨乐云译
崇高的称号（小说）
⋯⋯⋯⋯⋯⋯⋯⋯［朝鲜］金三福作 金 晶译
迷途鱼（短篇小说）
⋯⋯⋯⋯⋯⋯⋯［印度尼西亚］哈·朗古迪作 张志荣译
讽刺小说两篇⋯⋯⋯［土耳其］阿·涅辛作 李贤德译
为国尽责
集市上的足球守门员
活着的枪架（诗）⋯⋯⋯［日本］槙村浩作 李 芒译
高高的窗子（诗）⋯⋯［日本］西泽隆二作 李 芒译
结算（广播剧）⋯⋯⋯［德国］亨·伯尔作 张荣昌译
十九世纪批判现实主义的历史地位与"四人帮"文化
专制主义的破产⋯⋯⋯⋯⋯⋯⋯⋯⋯⋯⋯⋯柳鸣九
反动文艺史观的标本——"空白"论⋯⋯⋯⋯翟厚隆
谁夺走了她的名誉? ——评《丧失了名誉的卡塔琳
娜·勃鲁姆》⋯⋯⋯⋯⋯⋯⋯⋯⋯⋯⋯⋯⋯谢 冕

世界文学动态
阿拉伯文学家第十一次代表大会
叙利亚阿拉伯作家协会全体委员会议
黎巴嫩著名文学月刊《文学家》复刊
两部介绍巴勒斯坦人民斗争生活的小说问世
南斯拉夫作协主席古·克尔克勒茨逝世
苏联为颓废派诗人巴尔蒙特恢复"名誉"
保加利亚作家埃林·彼林诞生一百周年
匈牙利纪念著名诗人阿第·安德莱
欧美国家竞相出版《时代的俘虏》
美国诗人罗伯特·洛厄尔逝世

城市灯光（蚀刻版画）⋯⋯⋯⋯［美国］马丁·刘易斯
少女（木刻）⋯⋯⋯⋯⋯⋯⋯⋯［巴基斯坦］沙弗丁
《一千零一夜》插图⋯⋯⋯⋯［英国］埃里克·弗雷泽

1978 年第 3 期　刊名:《世界文学》

目录

可怜的山迪（小说）
⋯⋯⋯⋯⋯⋯⋯⋯［美国］查·契斯纳特作 陶 洁译
警长的儿女（小说）
⋯⋯⋯⋯⋯⋯⋯⋯［美国］查·契斯纳特作 陶 洁译
亚瑟·萨维尔勋爵的罪行（小说）
⋯⋯⋯⋯⋯⋯⋯⋯［美国］奥·王尔德作 冯亦代译
彼尔·金特（诗剧）
⋯⋯⋯⋯⋯⋯⋯⋯［挪威］亨·易卜生作 肖 乾译
列夫斯基（诗）
⋯⋯⋯⋯⋯⋯⋯⋯［保加利亚］伊·伐佐夫作 陈九瑛译
魏勒斯马尔蒂诗选（三首）
⋯⋯⋯［匈牙利］魏勒斯马尔蒂·米哈依作 冯植生译
太国短篇小说两篇⋯⋯⋯⋯瓦·宛拉扬昆作 栾文华译
不同颜色的血液
制砖的人
一杯牛奶（小说）
⋯⋯⋯⋯⋯⋯⋯⋯［智利］曼·罗哈斯作 朱景冬译
苍鹭与男孩（小说）
⋯⋯⋯⋯⋯⋯⋯⋯［阿根廷］埃·卡佩纳作 朱景冬译
不贞的妻子（小说）
⋯⋯⋯⋯⋯⋯⋯⋯［法国］阿·加缪作 施康强译
短篇小说三篇⋯⋯⋯⋯⋯⋯［苏联］瓦·舒克申作
曲轴⋯⋯⋯⋯⋯⋯⋯⋯⋯⋯⋯⋯⋯⋯⋯南 众译
慈母心⋯⋯⋯⋯⋯⋯⋯⋯⋯⋯⋯⋯⋯⋯粟周熊译
连襟谢尔盖·谢尔盖耶维奇⋯⋯⋯⋯⋯⋯佟 轲译
谈谈马克思、恩格斯对文学史上一些现象的论述
⋯⋯⋯⋯⋯⋯⋯⋯⋯⋯⋯⋯⋯⋯⋯⋯⋯程代熙
如此"发达的社会主义文学"——评近十年来苏联文
学创作的几个重要倾向⋯⋯⋯⋯⋯⋯⋯⋯靳 戈
波兰人民抗俄斗争的光辉诗篇——评密茨凯维支的诗
剧《先人祭》⋯⋯⋯⋯⋯⋯⋯⋯⋯⋯⋯⋯张振辉

世界文学动态
《毛泽东诗词》在泰国出版
第一次"努山打拉"文学家会议在新加坡举行
印度文学委员会创办对外介绍印度文学的刊物
印度旁遮普文学家古尔巴克什·辛赫逝世
巴格达出版《阿拉伯进步诗人诗选》和《短篇小说
选》
埃及出版有关"六·五"战争的小说《复活》
西班牙出版一部庇隆传记

美国评论家考利选出二十世纪美国小说名著十二部
英国作家笔谈去年最佳书笈
本刊重要启事
印度牛车（水墨画）············[波兰]塔·库利谢维奇
褐叶簇（油画）····[伊朗]埃布瓦尔·卡赛姆·赛义地
矿工们·························[南斯拉夫]米·谢获

1978 年第 4 期　刊名:《世界文学》
目录

马里奥和魔术师（小说）
　　　　　　　[德国]托马斯·曼作　胡其鼎译
旅行札记（游记）
　　　　　　　[匈牙利]裴多菲·山陀尔作　兴万生译
写在一本复仇记的前面（散文）
　　　　　　　[加拿大]布·穆尔作　赵化知译
周薪一千元（小说）
　　　　　　　[美国]杰·特·法瑞尔作　赵萝蕤译
冻土地带的市镇（小说）
　　　　　　　[日本]波佐间义之作　柯毅文译
方尖碑（小说）··········[苏联]瓦·贝科夫作
王　燎　晓　林译
苏修诗选·················[苏联]叶夫图申科著
学究先生
——一种文学典型·········[俄国]维·别林斯基作
法国启蒙文学的历史作用·················郑克鲁
列宁同无产阶级文化派的斗争··············吴元迈

世界文学动态
日本出版《红岩》和《青春之歌》新译本
第一次"东盟"作家会议
泰国作家协会讨论作家作用问题
泰国出版一部进步短篇小说集——《湄南河的浪涛》
缅甸作家吴登帕敏逝世
埃及著名文学家陶菲克·哈基姆获奖
沃尔芬比特尔的莱辛博物馆开放
美国著名流行歌曲女作者雷诺兹逝世
渡过运河（麻胶版画）············[巴西]科利阿
捆麦秸的人（油画）·············[法国]米　勒
裴多菲随同贝姆将军巡视战场（钢笔画）
　　　　　　　[匈牙利]保尔绍什·米克洛什

1979 年第 1 期　刊名:《世界文学》
目录

纪念周总理诞生八十一周年诗文选
第四次访问中国··········[日本]池田大作作　辛　华译

世界巨星陨落了··········[日本]井上靖作　集　思译
活在我的心中··········[日本]杉村春子作　集　思译
对周恩来的片段回忆
　　　　　　　[英国]费·格林作　辛　华译
因为他说真理··········[英国]韩素音作　辛　华译
回忆周恩来总理····[荷兰]尤·伊文思作　辛　华译
悼周恩来总理··········[新加坡]椰　玛作　辛　华译
献给周恩来总理··········[叙利亚]阿·默·马卢海作
郁　军译
无题·······[哥伦比亚]巴罗纳·迪亚斯作　陈光孚译
短篇小说四篇·················[英国]威·骚·毛姆作
红毛·····················曹　庸译
赴宴之前·····················屠　珍译
风筝·····················黄嘉德译
舞男与舞女·····················陈泰宇译
墓碑（小说）·········[意大利]尼·巴隆波作　吕同六译
霍桑短篇小说二篇·········[美国]纳·霍桑作
教长的黑面纱·····················聿　枚译
拉帕其尼的女儿·····················冯钟璞译
略谈霍桑的浪漫主义·····················朱　虹
变形记（小说）····[奥地利]弗·卡夫卡作　李文俊译
卡夫卡和他的作品·····················丁　方　施　文
海明威，这头老狮子（评论）
　　　　　　　[美国]马·考利作　荒　芜译
小说家的技巧（评论）
　　　　　　　[英国]伊·鲍温作　傅惟慈译

现代作家小传
威廉·骚墨赛·毛姆

世界文艺动态
罗马尼亚举行第二届"歌颂罗马尼亚"全国文艺节
罗马尼亚作家协会和科学院颁发作家和文学作品奖金
日本作家和田芳惠遗作《雪姑娘》获第五届川端康成文学奖
日本公布第十次三大新潮奖
首次"东盟"五国诗人会议
孟加拉国报刊评介刊登我国老一辈无产阶级革命家诗文
阿拉伯《文学研究资料》编纂完成
西德举办德布林生平与创作展览会
西德举办儿童读物展览会
法国最新政治小说《1980 年的革命》
意大利当代著名作家莫拉维亚的新作《内心的生活》问世
英国著名诗人休·麦克迪尔米德逝世
美国作家伊·巴·辛格获 1978 年诺贝尔文学奖金
补白
箴言

司各特与曼佐尼的谦虚
《他们在墨西哥讲话》插图（钢笔画）（封面）
—————————————————[美国]亨利·皮茨
春（木刻）（封二）—————————[英国]约瑟林·克劳
《简爱》插图（封三）
—————————————————[美国]爱德华·A.威尔逊
《第一部圣经》插图（封四）
—————————————————[美国]海伦·西韦尔

1979 年第 2 期　刊名:《世界文学》
目录

希兹尉·班西死了（剧本）
—————————[南非]阿·富加德等作　杨乐云译
诗·寓言—————————[坦桑尼亚]夏·罗伯特作
诗六首—————————————————周国勇译
寓言五则—————————————————张治强译
一部不完全的教育诗，因为教育工作要靠大家来做
（诗，选译）—————————[莫桑比克]塞·维埃拉作
均　报　泉　力译

短篇小说三篇—————————[美国]艾·巴·辛格作
市场街的斯宾诺莎—————————————董乐山译
皮包—————————————————————宗　云译
奥勒和特露法——两片树叶的故事—————裴克安译

短篇小说两篇—————————[美国]乔·卡·欧茨作
海滨的姑娘—————————————————戴　佩译
关于鲍比·T 案件—————————————施咸荣译
课堂作文（广播剧）
—————————[德国]埃·魏克德作　张玉书译
诗四首—————————[德国]亨·海涅作　何其芳译
一误再误（小说）
—————————[法国]普·梅里美作　郭麟阁　林齐飞译
论《麦克佩斯》剧中的敲门声
—————————[英国]托·德·昆西作　李赋宁译
结构主义文学理论述评—————————————袁可嘉

现代作家小传
夏巴尼·罗伯特
艾萨克·巴伊维斯·辛格
乔哀斯·卡洛尔·欧茨

世界文艺动态
《朝鲜文学》和《日中文化交流》报道我《世界文学》复刊
日本艺术院公布新会员名单
朝鲜成功地上演革命话剧《城隍庙》

南斯拉夫举办第 23 届国际书籍博览会
缅甸颁发 1977 年度文学奖
埃及出版塔哈·侯赛因的遗作《在阿姆河以北》
法国东方研究院与印尼合作研究印尼古典文学
《战争风云》续集《战争与回忆》出版
美国著名流行歌曲作者、工人诗人吉姆·加兰逝世
美国《时代》周刊推荐儿童读物
饶斯编的《注释本莎士比亚集》出版
1978 年世界主要文学奖金授予简况

补白
只有蠢人才欣赏蠢人
歌德谈观察自然
一堂绘画课
英文目录
猎人的女儿（埃及曼娜墓壁画）（封面）
《陶里斯·莱辛笔下的非洲》封面画（封二）
—————————————————[英]柯林·豪金斯
莫桑比克《战斗诗选》封面画（封三）
《浮士德》插图（封底）—————[英]亨利·克拉克

1979 年第 3 期　刊名:《世界文学》
目录

好儿子（小说）
—————[澳大利亚]E.A.戈尔斯切夫斯基　刘寿康译
无法管教的孩子（小说）
—————————[美国]库·冯尼格　傅惟慈译
我们是怎样过母亲节的（小品）——一个家族成员的
自述—————————[加拿大]斯·里柯克　凌　山译
阿陶的故事（民间故事）—————[菲律宾]E.M.岗
扎勒斯整理　刘寿康译
小王子（童话）—————[法国]安·德·圣-埃克絮佩利
肖　曼译
斗牛（小说）—————————[日本]井上靖　李德纯译
人的证明（电影剧本）—————[日本]森村诚一原作
松山善三编　剧　李正伦译
我在美丽的日本（散文）—————[日本]川端康成
唐月梅译
奥尔弗尔德的大夫（小说）—————[匈牙利]米·卡尔曼
海　岑译
弗·梅林文学论文两篇————约翰·沃尔夫冈·歌德
张玉书　高中甫　韩耀成译
强盗

现代作家小说
井上靖
川端康成

世界文艺动态
朝鲜出版长篇小说《白头山麓》
日本上演《屈原》
近两年在日本最受欢迎的作家及作品
东盟文学家协会第二次会议
缅甸公布 1977 年民族文学奖获奖作品名单
马来西亚"写作人"协会正式成立
印尼当代女作家 N.H.迪尼谈她的五部自传体小说
埃及总统萨达特谈他的回忆录
阿拉伯文化简讯
世界拉丁美洲文学研究会将举行十九届年会
法国翻译出版巴金及吴研人的作品
1978 年法国出现新的"加缪热"
法国拉封丹作品的新发现
华盛顿举办芒奇画展
美丽出版约瑟夫·康拉德的《刚果日记》及其他遗作

补白
格言
屠格涅夫的日记
英文目录
骑自行车（纸版）
────────────［日本］一年级小学生和久美保子
伊索寓言插图────────────［美国］亚·卡特尔
我的球飞来啦────────［日本］三年级小学生驹谷纯
在森吉山放牧的牛群
────────［日本］五年级小学生奥山直树等七人

1979 年第 4 期　刊名:《世界文学》

目录

罗马尼亚诗五首
────────────［罗马尼亚］鲁·布拉卡等　冯志臣译
圣人米蒂·布拉吉努（三场讽刺闹剧）
────────────［罗马尼亚］奥·巴琅格　李家渔译
赛姆勒先生的行星（长篇小说摘译）
────────────［美国］索尔·贝娄　汤永宽译
索尔·贝娄──当代美国文学的代表性作家──陈　煜
朱丽亚────────［美国］丽莲·海尔曼　郑启吟译
新译保尔·瓦雷里晚期诗四首引言────────卞之琳
诗四首────［法国］保尔·瓦雷里　卞之琳译
罗曼亲王────────［英国］约·康拉德　薛诗绮译

现代作家小传
奥莱尔·巴琅格

世界文艺动态
《日中文化交流》介绍鹿岛龙男的诗集《怀念》
日本出版夏目漱石遗墨集

泰国作家在京谈外国文学对泰国的影响等问题
1978 年埃及电影一瞥
西班牙召开第一届全国作家代表大会
西班牙皇家学院院长达马索·阿隆索获 1978 年塞万
提斯文学奖金
西班牙颁发各种文学奖金
墨西哥举办全国剧本征稿活动
"欧洲翻译工作者协会"成立
我国诗人苏阿芒的诗集在意大利出版
美国出版两部新的短篇小说选
加拿大作家阿瑟·黑利的活动近况

补白
歌德谈善于吸收真理
英文目录
节日────────────［罗马尼亚］米·弗尔坎内斯库
建设者（木刻）────────［罗马尼亚］舍·鲁·阿尔保雷
影片《朱丽亚》剧照
波嘉妮小姐（雕塑）────────［罗马尼亚］康·布朗库西

1979 年第 5 期　刊名:《世界文学》

目录

列宁喜爱的诗歌────────────姜长斌　黄树南译
婚礼────────────［俄国］阿·季莫菲耶夫
航海者────────────［俄国］尼·亚兹科夫
可爱的海，神圣的贝加尔……
────────────［俄国］德·达维多夫
斯捷潘·拉辛之崖────────［俄国］亚·纳甫罗茨基
宝棍曲────────────［俄国］亚·奥利辛
诗三首────────［苏联］马雅可夫斯基　飞　白译
略论口味不同
宁肯薄些，但要好些
为幽默作家担忧
反馈（电影剧本）────────［苏联］亚·盖利曼　郭家申译
沃田里的野草（小说）
────────────［加拿大］诺·白求恩　梅绍武译
灯船（小说）────────［西德］西·棱茨　倪诚恩译
双影人（小说）────────［德国］台·史托姆　杨武能译
战后日本文学概貌────────────李德纯
《"白水仙"号上的黑家伙》序
────────────［英国］约·康拉德　赵少伟译
中国第一本美国文学史
──评《美国文学简史》（上册）────────王佐良

世界文艺动态
日本作家开高健短篇小说《玉碎》获第六届川端康成
文学奖

"东盟文学奖"首次颁发仪式将由泰国首相主持
缅甸举行旅游文学论文宣读会
印度文学家莫利钱德拉·谢尔马逝世
阿拉伯诗歌史上最长的史诗
黎巴嫩重新出版阿瓦德的小说
土耳其作家协会举行第四次代表大会
阿根廷新近出版一套科学幻想小说
美国著名作家约瑟夫·海勒的新著《象高尔德这么好》出版
长篇童话《戒指王》被摄制成电影
《圣一约翰·贝尔斯书信集》英译本出版
法国公布1978年文学奖获奖作家及作品
意大利作家皮蓝德娄的《老人与青年》搬上屏幕
《子夜》德文版在西德重版发行

现代作家小传
西格弗里德·棱茨

补白
高尔基改字
谚语
肖伯纳怎样登上文坛
英文目录
奉献……………………［比利时］费南德·克诺夫
伏尔泰小说《老实人》插图………［瑞士］保尔·克利
诗集插图（木刻）………［苏联］盖尔曼·帕什托夫
波涛中的恋人……………［挪威］爱德华·孟克

1979 年第 6 期　刊名:《世界文学》
目录

总统先生（长篇小说摘译）————［危地马拉］米·安·阿斯图里亚斯　黄志良　刘静言译
诗十五首………………（南朝鲜）金芝河　张　琳译
罪恶之家（剧本）………［英国］约·博·普里斯特利　卢永健译
诗十首…………［英国］休·麦克迪儿米德　王佐良译
一个苏格兰大诗人——论休·麦克迪儿米德……王佐良
论舒适（散文）………［英国］奥·赫胥黎　周珏良译
贝多芬百年祭（散文）………［英国］萧伯纳　周珏良译
银矿（小说）………［瑞典］赛·拉格洛夫　王汉梁译
短篇小说三篇
………………［瑞典］杨·弗里德诺智　杨永范译
大公鸡约翰森
床头上的圆球
斧头把儿的秘密
皇家贵宾（小说）
………………［丹麦］亨·庞托皮丹　彭恩华译

成长（小说）………………［丹麦］雷·菲肖　周鹄飞译
短篇小说两篇………………［芬兰］托·别卡宁　菲　琴译
遥远的岛
关于房子的梦想
美国现代诗歌举隅……………………………杨熙龄

现代作家小传
米·安·阿斯图里亚斯
约·博·普里斯特利
休·麦克迪儿米德

世界文学动态
叙、伊、巴三国联合举办"阿拉伯统一和文学讨论会"
土耳其《光明报》撰文纪念萨巴哈廷·阿里
墨西哥作家鲁尔弗的小说《佩德罗·帕拉莫》搬上银幕
圣保罗举行"巴西作家周"
森村诚一要求退出日本推理作家协会
南斯拉夫举办第二十六届普拉电影节
英国作家爱丽丝·莫道克、布里安·阿尔迪斯在京谈当代西方小说
意大利国家文化团体协会在罗马举行第一次会议
希腊诗人埃利蒂斯获诺贝尔文学奖
美国出版肖勒姆·阿里根作品
本期美术作品说明……………………………李　春
捷克的狄安娜（素描）………［捷克］米·阿列什
风景画（木刻）………［英国］爱·拉维勒斯
披发女郎（钢笔素描）………［法国］昂里·马蒂斯
黑色背景前读书的女子（油画）
………………………………［法国］昂里·马蒂斯

1980 年第 1 期　刊名:《世界文学》
目录

万能机器人（科学幻想剧本）
————［捷克斯洛伐克］卡·恰佩克　杨乐云　蒋承俊译
美国制（科学幻想小说）
………………［美国］杰·梯·麦克因托史　朱荣键译
俊杰（组诗选译）
………………［希腊］奥·埃利蒂斯　李野光　泽
短篇小说四篇………………［法国］亨·特罗亚
最好的顾客………………………………张成柱译
凡尔赛归来………………………………张成柱译
布布尔………………………………张成柱译
天子………………………………赵　坚译
时来运转（小说）
………………［法国］莫·德吕翁　郭宏安译

背篓（小说）·············[法国]埃·巴赞 赵 坚译
短篇小说三篇·············[美国]约·契弗
巨型收音机·····························黄继忠译
绿荫山强盗·····························赵启光译
啊，青春和美!·························唐庆华译
艾略特与文艺批评·····················杨周翰
人文科学与自然科学之间的桥梁——西方科学幻想小
说概况·····························王逢振

现代作家小传
奥季塞夫斯·埃利蒂斯
亨利·特罗亚
约翰·契弗

世界文艺动态（16条）
本期美术作品说明·······················李 春
《牧歌和农事诗》插图（木刻）·····[法国]阿·马约尔
拄杖的牧羊人（素描）···········[法国]让·米勒
汲水的农妇（素描）·············[法国]让·米勒
《绿荫下》插图·················[英国]克·雷顿

1980 年第 2 期 刊名:《世界文学》
目录

短篇小说两篇·················[英国]格·格林
永久占有·····························杜 渐译
梦游他乡·····························王明杰译
格雷厄姆·格林的人情味（访问记）
·············[英国]维·斯·普列契特 宋耀南译
垂死的苍蝇（小说）
·············[英国]维·斯·普列契特 王明杰译
萨莉·鲍尔斯（小说）
···············[英国]克·衣修午德 巫宁坤译
金币见闻录（小说）·········[罗马尼亚]瓦·阿列
克山德里 王毓伦 徐昌汉译
工作（报道八篇）···········[美国]斯·特克尔
赵华智等译
鉴真和尚（谣曲）·······[日本]土岐善麿 申 非译
郭·普·里玛尔诗选·········[尼泊尔]郭·普·里玛尔
陈敏毅译
马雅可夫斯基（回忆录）·····[苏联]科·楚柯夫斯基
乌兰汗译
马雅可夫斯基和我们·····················戈宝权
"睦邻反霸理相联"
——记日本杰出歌人土岐善麿···········李 芒

现代作家小传
格雷厄姆·格林

克里斯朵夫·衣修午德

世界文艺动态
本期美术作品说明·······················胡 素
《黛莱丝·爱迪安》插图················C.塞尔伏
家庭群像（青铜）···············[英国]亨·摩尔
母与子（青铜）·················[英国]亨·摩尔
马雅可夫斯基纪念碑揭幕（青铜）····[苏联]阿·基
巴尔尼柯夫

1980 年第 3 期 刊名:《世界文学》
目录

西德短篇小说六篇·····················胡其鼎译
事迹·································沃·施努雷
左撇子·······························冈·格拉斯
克里斯蒂纳·························玛·路·卡施尼茨
关于哈廷顿的报道·····················瓦·严斯
卡茨溪畔的战斗·····················汉·维·里希特
速记稿·····························马·冯·德·格林
短篇小说三篇·······[美国]库·冯尼格 傅惟慈译
这次我演什么角色?
哈里逊·贝杰龙
艾皮凯克
必需的奇迹（评论）····[美国]库·冯尼格 董衡巽译
讽刺小说三篇···········[匈牙利]久·莫尔多瓦
会说话的猪·····························曹慧清译
遭殃的机关·····························柴鹏飞译
断螺丝·······························柴鹏飞译
短篇小说两篇···········[印度]普列姆昌德
坚持真理·····························徐晓阳译
沙伦塔夫人·····························刘安武译
纪伯伦散文选···········[黎巴嫩]哈·纪伯伦
沃丽黛·哈妮·························韩家瑞译
暴风曲·······························葛继远译
泪与笑·······························李占经译
疯人·····························吴枕亚 黄大备译
先驱者·····························吴枕亚 方 立译
巴·聂鲁达诗选·······[智利]巴·聂鲁达 王永年译
诗之六
硝石
西班牙在我心中，我作些解释
群禽飞临
总是我
艾里斯·贝尔与阿克顿·贝尔生平纪略（散文）
·············[英国]夏·勃朗特 刘炳善译
《简·爱》与《呼啸山庄》
·············[英国]弗·伍尔芙 杨 苡译

很久很久以前……（散文）

————————[英国]费·霍兰　叶　坦　谢力红译

神奇的世界——安徒生故乡采访记

————————————[美国]哈·阿顿　申文华译

往事·沉船·友谊

——忆智利诗人巴勃罗·聂鲁达————————艾　青

"黑色幽默"，当代美国文学的奇观————————陈　焜

《欧洲文学史》简介————————————————陈　嘉

现代作家小传

库特·冯尼格

纪伯伦·哈里尔·纪伯伦

世界文艺动态

答读者

本期美术作品说明————————————————李　春

诗集《往往》插图（铜版）（封面）

————————————————[西班牙]毕加索

毕加索作品四幅（封二）————————[西班牙]毕加索

《安徒生童话》插图（封三）

————————————————[英国]阿·拉克汉姆

《永别了，武器》插图（封底）————[法国]让·加松

1980 年第 4 期　刊名:《世界文学》
目录

死无葬身之地（剧本）

————————[法国]让-保尔·萨特　郑克鲁　金志平译

短篇小说两篇————————[法国]彼·嘎玛拉　宋维洲译

137612

托马大夫，祝您圣诞节愉快！

苏联短篇小说五篇

费妮亚大婶————————————瓦·阿丰宁　曹苏玲译

蓝眼睛的大象————————费·阿勃拉莫夫　粟周熊译

阿蒂克之死————————————尤·雷特海鸟　蒙太奇译

婚礼————————————————亚·谢敏尼欣　李越然译

候补宇航员————————————维·斯捷潘诺夫　石　言译

雅·伊瓦什凯维奇作品三篇

————————波兰　雅·伊瓦什凯维奇　韩　逸译

草莓（散文）

齐格弗雷德（小说）

白马（小说）

脚步（小说）————————[朝鲜]白步钦　冰　蔚译

哑巴三龙（小说）————————[朝鲜]罗稻香　小　晓译

被撵的人（小说）————————[朝鲜]李益相　陆思德译

诗四首

————————[朝鲜]金素月　李相和　杨永骝　张　琳译

塞内加尔诗两首

————————[塞内加尔]大卫·狄奥普　沈大力译

散文三篇————————[奥地利]斯·茨威格　张厚仁译

悼萨特————————————————————罗大冈

萨特的存在主义释义————————————施康强

1980 年的国际笔会大会————————————叶君健

现代作家小传

让-保尔·萨特

雅罗斯瓦夫·伊瓦什凯维奇

世界文艺动态（15 条）

本期美术作品说明————————————————胡　素

滕原俊臣的女儿（木刻）

纸鸟————————————[印度尼西亚]弗·埃芬迪

逃亡————————————[印度尼西亚]弗·埃芬迪

渔夫————————————————[缅甸]德热·汶

1980 年第 5 期　刊名:《世界文学》
目录

了不起的盖茨比（中篇小说）————[美国]弗·司·

菲兹杰拉德　巫宁坤译

短篇小说两篇————————[加拿大]休·加纳　蔡　慧译

在梅白蕾女士家喝茶

台勒太太旅行记

澳大利亚短篇小说四篇

你好，乔!　————————————乔·克利莱　张震久译

"女人是必定要哭的"————————亨·汉·理查森　刘明正译

给巴索罗密欧施洗礼————————————史·拉德　刘寿康译

叛逆————————————弗·达·戴维逊　刘寿康译

新西兰短篇小说两篇

房间————————————————莫·夏波特　张禹九译

丝绸————————————————乔·考雷　余德予译

尼禄皇帝之死（小说）

————————————[德国]列·弗希特万格　陈元璋译

源氏物语（古典小说选译）

————————————————[日本]紫式部　丰子恺译

万叶集（古典诗歌选择）

————————————[日本]雄略天皇等　卞立强等译

竹取物语（民间故事）————[日本]佚　名　金　福译

日本平安王朝的历史画卷

——评《源氏物语》————————————叶渭渠

中日的自然诗观————————————————林　林

论布莱希特的平民传统

————————————[西德]汉·马耶尔　张　黎译

从波登湖到茵梦湖——访德杂记————————张玉书

现代作家小传

弗·司各特·菲兹杰拉德

列翁·弗希特万格

世界文艺动态（14 条）
本期美术作品说明·····················李 春
睡梦中的伊俄···········[英国]约·弗莱克斯曼
捉虾者（局部）·········[澳大利亚]罗·巴尼
蓝天下的怪树···········[加拿大]爱弥莉·卡
女诗人小野小町·········[日本]铃木春信

1980 年第 6 期　刊名:《世界文学》
目录

莫拉维亚短篇小说三篇
··············[意大利]阿·莫拉维亚　吕同六译
梦游症患者
想象
女明星
谈莫拉维亚近二十年来的短篇小说·············吕同六
奥地利短篇小说两篇
一切　　[奥地利]英·巴赫曼　赵 侠译
家庭之友　　[奥地利]赫·艾森莱希　杨寿国译
里贝罗短篇小说三篇······[秘鲁]胡·拉·里贝罗
蜘蛛网·····························林一安译
宴会·······························陆治庭译
印第安人的性命不值钱·················林一安译
了不起的盖茨比（中篇小说，续完）
··············[美国]弗·司·菲兹杰拉德　巫宁坤译
弗·司各特·菲兹杰拉德
——"借来的时代"的诗人
··············[美国]阿·密兹纳　范与中译
大地的眼睛（散文选译）
··············[苏联]米·普里什文　非 琴译
阿波里奈诗四首······[法国]阿波里奈　罗大冈译
阿波里奈简介·······················罗大冈
阿莱桑德雷诗选
·········[西班牙]维·阿莱桑德雷·梅洛　祝庆英译
诗人勃莱一夕谈·····················王佐良
附勃莱诗十首·······················王佐良译

现代作家小传
胡里奥·拉蒙·里贝罗

维森特·阿莱桑德雷·梅洛

世界文艺动态（15 条）
本期美术作品说明·····················胡 丹
《了不起的盖茨比》插图（木刻）
··························[美国]斯·沃特
但丁《神曲》插图选·········[法国]居·多雷

1981 年第 1 期　刊名:《世界文学》
目录

继续解放思想，实事求是地开展外国文学工作——在
中国外国文学学会第一届年会上的报告·········冯 至

讽刺作品辑
逼疯·排队（短篇小说）
··············[土耳其]阿·涅辛　吴士梁译
转瞬之间（独幕剧）
··············[埃及]陶·哈基姆　刘文昭译
到底是不是他?
··············[苏联]保·库斯贝尔格　苏 杭译
一分钟小说（十篇）
··············[匈牙利]依·厄尔凯尼　柴鹏飞译

法国作家马·埃美短篇小说选
小矮人·····························刘君强译
图发尔案件·························李恒基译
穿墙记·····························吕彤邻译
保尔代沃的传说·····················王晓峰译

美国短篇小说
温暖的河流···········欧·考德威尔　聂华苓译
音乐学校·分居·········约·厄普代克　郑启吟译

英国散文随笔
我与绘画的缘分（随笔）·······温·丘吉尔　王汉梁译
《月亮宝石》序言·······托·斯·艾略特　戴 侃译
波兰诗人切·米沃什诗抄（六首）···········韩 逸译

评论
埃士拉·庞德的漂流历程·················李文俊
当代英国工人小说一瞥·················刘若端

文化交流
桥——参加斯特鲁加国际诗歌节间的散记

现代作家小传
陶菲格·哈基姆

马赛尔·埃美

约翰·厄普代克

切斯瓦夫·米沃什

世界文艺动态
朝鲜作家朴泰元创作历史小说《甲午农民战争》

泰国翻译出版巴金的名著《家》

西德翻译出版多种我国文艺书籍

印尼著名作家杜尔出版新作
巴勒斯坦作家格桑·卡纳法尼全集出版
阿尔及尔作家座谈会
美国将出版《埃德文·德鲁德的秘密》的新续本
美国女作家威尔蒂短篇小说选出版
聂鲁达又一遗著出版
荷兰出版《现代世界文学百科全书》
捷克作家博胡兰尔·齐哈获1980年度安徒生文学奖
罗马尼亚隆重纪念米哈伊·萨多维亚努诞生一百周年
西班牙纪念著名作家克维多诞生四百周年
也门文学家、作家协会第二次代表大佬在萨那召开
埃及举行第二届文化和艺术节
苏联公布1980年国家文学奖金获得者名单

补白
果戈理是怎样寻求批评的?

简讯
中国外国文学学会第一届年会在成都召开
读者·译作者·编者
编者的话

美术作品
本期美术作品简介························胡　素
第五个季节（封面）············[美国]威尔·巴奈特
蓝色自行车（封二）
妇人和猫
向往（封三）············[苏联]斯·克拉萨与斯卡斯
生命（封底）

1981 年第 2 期　刊名:《世界文学》
目录

东方当代小说戏剧
风雪（小说）············[日本]石川达三　于　雷译
城隍庙（喜剧）············[朝鲜]集体创作　小　晓译
英国现代小说家戴·赫·劳伦斯作品介绍
狐（中篇小说）························文美惠译
请买票（短篇小说）····················邢　历译

作家书简选择
书简六封············[美国]约·斯坦倍克　黄宝生译
致父亲············[奥地利]弗·卡夫卡　张荣昌

评论
戴·赫·劳斯的社会批判三部曲·············赵少伟

文化交流
涅卡河畔——"忆旧与逢新斯记"之一··········冯　至

现代作家小传························石川达三

世界文艺动态
泰国出版《周恩来诗选》
泰国沙田哥赛基金会颁发奖金
印尼纪念小说家伊万·西玛图庞逝世十周年
巴勒斯坦文化简讯
美刊评1980年出版的新书
美作家罗伯特·潘·华伦谈文学创作
美剧作家阿瑟·米勒发表新作《美国之钟》
美国作家加德纳新作《弗莱迪的书》
意大利作家卡尔维诺的《在一块石头上》
意大利作家马基尼的新作
乔万尼·阿尔比诺获得1980年意大利康彼埃洛大奖
墨西哥纪念著名作家鲁尔弗
聂鲁达夫人致书我国翻译工作者
墨西哥作家富恩特斯新著长篇小说《渊深源远的家族》出版
乌拉圭作家奥内蒂获第五届塞万提斯文学奖金
捷著名文艺理论家什托尔逝世

补白
作家的烹调、裁缝手艺
劳伦斯、罗素、曼斯菲尔德
编者的话

美术作品
本期美术作品简介····················李　春
劳伦斯《死过一回的人》插图（木刻）
························[英国]约·法莱
陀思妥耶夫斯基《罪与罚》插图（素描、木刻）
························[美国]弗·艾肯伯格
守夜（木刻）················[美国]弗·艾肯伯格

1981 年第 3 期　刊名:《世界文学》
目录

怀念茅盾同志
——忆《世界文学》初期的一段经历·········陈冰夷

儿童文学作品选
吹肥皂沟的男孩（童话）
················[瑞典]彼·魏斯特贝　石琴娥译
汉聂倍尔的木鞋（小说）
················[丹麦]贺·西·勃兰诺　周鹄飞译

布鲁塞尔的于连（剧本）
————————[比利时]约·马科斯　杨松河译
契克过河（小说）
————————[尼日利亚]钦·阿契贝　邵殿生译

中篇小说
障碍————————[保加利亚]帕·维任诺夫　樊　石译

随笔
论读书————————[英国]威·休·奥登　朱树飏译
论小说写作————————[英国]骚·毛姆　周煦良译
诗话三则————————[美国]布·贝纳特　张子清译

评论
关于卢卡契文艺思想的几个问题————————范大灿
评王佐良编《美国短篇小说选》————————董衡巽

文化交流
乌普萨拉散记——"忆旧与逢新"之二————————冯　至

现代作家小传
钦努阿·阿契贝
帕维尔·维任诺夫

世界文艺动态
朝鲜纪念文学艺术总同盟创立三十五周年
日中文化六流协会成立二十五周年
罗马尼亚翻译出版《中国词选》
西德出版《中国现代剧作选》
日本评选家评介1980年的日本小说
美刊评介伊·鲍温的短篇小说
《海明威书信集（1917—1961）》出版
哥伦比亚作家加西亚·马尔克斯新作即将问世
意大利著名历史小说家卡洛·阿利亚内洛逝世
法国公布1980年度龚古尔等文学奖
秘鲁作家巴尔加斯·略萨获法国最佳外国作品奖
纪伯伦国际年
意大利作家西龙尼的《丰塔玛拉》搬上银幕
东德文艺动态四则

补白
精微的辨识力
"酸果"和"甜果"
读者·译作者·编者

美术作品
本期美术作品简介————————胡　素
春天————————[保加利亚]玛·帕尔普洛娃
小乐队

穿绿衣服的小姑娘————————[罗马尼亚]尼·托尼查

1981年第4期　刊名:《世界文学》
目录

纪念鲁迅先生诞辰一百周年
向鲁迅学习————————茅　盾
鲁迅和茅盾在介绍被压迫民族文学上的两次合作
————————黄　源
鲁迅和《域外小说集》————————戈宝权
鲁迅在朝鲜————————李政文
美国研究鲁迅的几篇博士论文————————董鼎山

北欧短篇小说
划呀，渔民们，划呀!
————————[冰岛]约·赫尔格　斯　文译
发明家埃立克逊和捕鼠夹
————————[瑞典]伊·鲁·约翰逊　石琴娥译
乡巴佬————————[芬兰]汉·萨拉玛　刘淑平译
你能借我二百克朗吗?
————————[丹麦]卡·艾·索耶　周鹄飞译

中、短篇小说
金卡斯之死————————[巴西]若·亚马多　孙成敖译
梅格雷的烟斗————————[比利时]乔·西默农　黄曼龄译
一匹马和两头山羊
————————[印度]拉·克·纳拉扬　黄宝生译

散文·日记·诗歌·诗剧
冷冰冰的微笑————————[法国]于·列那尔　苏应元译
日记（选择）————————徐知免译
芭蕉俳句选————————[日本]松尾芭蕉　林　林译
心愿之乡————————[爱尔兰]威·勃·叶芝　赵　澧译

评论
美国当前的"妇女文学"
——《美国女作家作品选》————————朱　虹

文学史话
海涅和歌德————————张玉书

作家小传
若热·亚马德
拉·克·纳拉扬

世界文艺动态
美国将举办纪念鲁迅的研究报告会
东德筹备1982年关于歌德的学术会议

瑞典举行首届国际斯特林贝戏剧节和学术讨论会
澳大利亚作家访华并作学术报告
奥地利举行第一届作家大会
缅甸举行诗歌创作座谈会
意大利新现实主义电影导演阿米德迪逝世
英美报刊载文谈安·威尔逊的新作《焚烧世界》
英国出版《牛津短篇小说集》
墨西哥出版《胡安·鲁尔弗作品自选集》
萨尔瓦多出版《西班牙美洲诗人评传》
"东盟"出版协会决定出版"东盟"短篇小说选
战火下的黎巴嫩出版和戏剧事业
泰国出版战争题材的小说《江水》
土耳其颁发 1981 年度雅兹柯奖

补白
鲁迅谈外国文学艺术

美术
鲁迅介绍过的外国美术作品··················李　春
大雪（封面）··············[英国]阿·格斯金
牺牲（上）（封二）··········[德国]凯·珂勒惠支
审判结束了（下）（封二）········[法国]杜米埃
窗内的人（封三）············[法国]陀蒲晋司基
《泰伊丝》插图（封底）··········[法国]凯亥勒

1981 年第 5 期　刊名:《世界文学》
目录

西班牙短篇小说
里加特舞厅········费·比斯卡伊诺·卡萨斯　范　宜译
问心无愧············卡·马丁·盖特　洪　力译
风水之争·········何·科拉莱斯·埃赫阿　江志方译

现代美国诗歌小辑
诗七首················艾·迪更生　江　枫译
诗二首············艾·阿·罗宾逊　杨熙龄译
诗二首··············罗·弗罗斯特　江　枫译
诗五首··················H.D.　杨熙龄译
诗三首··············罗·杰弗斯　赵毅衡译

电影剧本
远山的呼声
············[日本]山田洋次　朝间义雄　李　芒译

小小说
信息处理·提升············[法国]吉·塞斯勃隆
头奖旅行·地窖
留到天堂里去·勃

鲁阿戴总统··············王晓峰　蔡若明译

童话
莫格里的兄弟··········[英国]鲁·吉卜林　施竹筠译

古典文学作品
莫差特去布拉格的路上
··············[德国]埃·默里克　严宝瑜译
马丁·克尔潘
············[南斯拉夫]弗·莱夫斯蒂克　谢素娟译

评论
谈诗的象征··········[美国]劳·坡林　殷宝书译
屠格涅夫的艺术
··········[法国]安·莫洛亚　郑其行　谭立德译
写小说的抒情诗人默里克··············严宝瑜

文化交流
一夕话与半日游
──"忆旧与逢新散记"这三··············冯　至
台伯河畔一席谈──访莫拉维亚··············吕同六
访法国作家罗伯特·萨巴迪埃先生··············王宪华

现代作家小传··············吉尔贝·塞斯勃隆

世界文艺动态
罗马尼亚举行全国作家代表大会
第十三次阿拉伯文学家与作家代表大会将于年内举行
美国采访作家特克尔访华
英刊载文评当代英美小说
英国出版《名垂史册的妇女》
美国作家冯尼格出版新著《棕树主日》
美国出版欧茨短篇小门说集《情感教育》
纽约高价拍卖达利名画
意大利作家莫拉维亚完成新作《1934》
意作家沃尔波尼发表新作
南斯拉夫首次发表作家安德里奇的信件
匈牙利首次发表卢卡契手稿
国际歌德学会在东德举行年会
西班牙纪念著名戏剧家卡尔德隆逝世三百周年
西班牙展出拉美名作家新作
竹西宽子的《大兵旅馆》获川端良成奖
法国设立一种新文学奖
陶弗尔获哥特瓦尔德勋章

读者·译作者·编者

美术作品
本期美术作品简介··············胡　素

福克纳小说《没有被征服的》插图（封面、封二）
——————————————————————————[美国] 爱·谢尔
农庄（封三，上）————————————[西班牙] 霍·米罗
公主府上的时髦晚会（封三，下）
作品（封底）

1981 年第 6 期　刊名:《世界文学》
目录

阿根廷作家博尔赫斯人品小辑————————王永年译

小说
玫瑰角的汉子
马疤
埃玛·宗兹

诗
别离
诗的艺术
1966 年的颂歌
老虎的金黄
盲人

现代奥地利诗选————————————绿　原译
玫瑰————————————————伊·布来姆
文字——这小船————————格·福孙内格尔
无题——————————————彼·汉尼施
像一个顶着风划船的水手————————鲁·亨兹
梦狗——————————————瓦·诺沃提尼
花园——————————————安·奥柯本柯
无题——————————————托·赛斯勒
短腿的谎言————————————埃·弗里德
缓刑的时间————————————英·巴赫曼
死亡赋格曲————————————保·采兰

当代短篇小说
正直的行为—————[法国] 埃·巴赞　徐家顺译
出逃———————[苏联] 谢·叶辛　孙琪璋译
犹太人的改宗————[美国] 菲·罗斯　陈元璋译
钟声——————[莫桑比克] 路·贝·洪瓦纳
李均报　王全礼译

中篇小说
八月——————[苏联] 格·马泰沃相　潘安荣译

古典文学作品
亚历山德拉·伊诺夫娜的一生
———————[俄国] 尼·涅克拉索夫　王守仁译

评论
不可靠的回忆：主观世界与客观世界的历史
——————————[美国] 丹·艾伦　韩邦凯译

文化交流
歌德画册里的一个补白
——"忆旧与逢新散记"之四————————冯　至
我的澳大利亚文学日————————————宗　璞

现代作家小传
豪尔赫·路易斯·博尔赫斯

世界文艺动态
亚、欧、美三洲作家参加鲁迅诞生一百周年纪念活动
美国举行鲁迅学术讨论会
匈牙利中国学家高恩德访华
艾·卡奈蒂获本年度诺贝尔文学奖金
马来西亚作家格里斯·玛斯获奖
阿尔及利亚召开第一次作家代表大会
西德翻译出版一本我国中短小说集
约翰·厄普代克的新作《"兔子"富了》出版
美国女作家欧茨发表新作
《布莱特书信集》在西德出版
日本女作家向田邦子发表长篇小说《阿吽》
南非剧作家阿·富加德的小说《佐西》出版
捷祝贺老诗人雅·赛弗特八十寿辰
西班牙纪念毕加索和希门尼斯百年诞辰
意大利著名诗人蒙塔莱逝世
意大利诗人德·利贝罗逝世
埃及诗人阿卜杜·萨布尔逝世

补白
福楼拜的星期天
一堂绘画课

美术作品
本期美术作品简介————————————胡　素
蝴蝶与少女（版画）————————[日本] 中山正
湖畔（版画）————————[日本] 前田藤四郎
飞骅的乡村（版画）————————[加拿大] 柯里阿
出海·捕鱼（版画）————————[印度] 哈连·达斯
舞蹈（版画）————————[斯里兰卡] 索玛巴纳胡

1982 年第 1 期　刊名:《世界文学》
目录

中篇小说
变色龙————————[法国] 让-路易·居尔蒂斯作

郑克鲁译

阿斯彭文稿…………[美国]亨·詹姆斯作　主　万译

短篇小说

一瓶奶油…………[美国]詹·琼斯作　刘凤山译

宝贝疙瘩…………[丹麦]菲·盖德斯作　吴泉大译

电话…………[希腊]莉·玛甫洛

盖伐鲁作　徐　凯译

诗歌

致海德堡的花朵…………[菲律宾]何·黎萨尔作

顾子欣译

黑非洲诗选…………周国勇译

归家的游子…………[埃塞俄比亚]赞·嘎波莱-梅辛作

情歌…………[马里]西·西索科作

归来…………[安哥拉]阿·桑托斯作

黎明…………[马达加斯加]雷倍里伏罗作

散文

海尔曼·黑塞散文三篇

我的传略…………[德国]海·黑塞作　张佩芬译

拜访诗人…………[德国]海·黑塞作　张佩芬译

文学晚会…………[德国]海·黑塞作　林　笳译

古典文学

《伊利亚随笔》两篇

…………[英国]查·兰姆作　刘炳善译

评论

论契诃夫…………[美国]弗·纳博科夫作　薛鸿时译

技巧的探讨…………[美国]马·肖勒作　盛　宁译

《阿斯彭文稿》的中心内容…………赵萝蕤

文化交流

英国的作家作——访英散记…………冯骥才

外国作家通讯

麦康奈尔文学奖

…………[英国]布·阿尔迪斯作　王逢振译

现代作家小传

让-路易·居尔蒂斯…………田　庄

海尔曼·黑塞…………雯

世界文艺动态

老舍短篇小说集在西德翻译出版

1982年"歌德年"的出版计划辛格发表新作《迷失在美国》

爱尔兰作家弗·奥康纳的新短篇小说集出版

约翰·康拉德为其父作传

吕西安·博达尔获1981年龚古尔文学奖

1981年勒诺多文学奖揭晓

墨西哥诗人帕斯获第六届塞提斯文学奖金

缅甸公开1980年度民族文学奖获奖作品

印度设立迦梨陀娑奖

第二届西班牙语作家代表大会在委内瑞拉举行

黎巴嫩《文学家》杂志创刊四十周年

法国著名导演特吕福谈电影艺术

印度著名评论家代沃拉吉逝世

西德图书馆免费出借"会说话的书"

美术作品

本期美术作品简介…………李　春

黑人

非洲雕塑

香巴·包仑刚果王像

阿夸巴装饰像

丰收神的面具

柏树（1889）…………[荷兰]温·梵高

圣·玛里的渔船（1888）…………[荷兰]温·梵高

鸢尾花（1889）…………[荷兰]温·梵高

1982 年第 2 期　刊名:《世界文学》

目录

报告文学

美国梦…………[美国]斯·特克尔作　董乐山　顾　宁译

美国小姐…………爱玛·奈特口述

幻想曲…………琼·克劳馥口述

真正的信仰者…………马·马特科夫斯基口述

到达希望之乡…………安·罗可口口述

第一代和第二代…………里·邓肯口述

他们…………黑濑阿记和黑濑纯口述

金色西部的姑娘…………拉·贝奈行口述

文凭…………C.P.埃利斯口述

街坊的孩子…………本·格林口述

中篇小说

凡人琐事——一个家庭的往事

…………[苏联]瓦·别洛夫作　范国恩　贺　宜译

乔治·桑自传书简

我的一生（选择）…………[法国]乔治·桑作　李　华译

"我和肖邦"——乔治·桑致沃·格日马瓦的一封信

…………齐一波译　易丽君　校

附:悼念乔治·桑…………[法国]维·雨果作　姚　远译

古典文学

译歌德诗十二首·····················冯　至

评论

中西部的神秘·········[美国]丹·艾伦作　陈　焜译

文化往来

我的心留在雅西·····················丁　宁
我们不能忘记的这位老朋友——访法国作家皮埃尔·
加斯卡尔·························柳鸣九

现代作家小传

瓦西里·伊诺维奇·别洛夫·············王　芄

世界文艺动态

泰国翻译出版巴金的两部中篇小说
阿根廷作家博尔赫斯创作近况
《读卖新闻》邀请十位评论家评选日本1981年优秀
作品
美刊载文评介索尔·贝娄新作
萨特《小说全集》出版
乔治·吕班与《乔治·桑书信集》
印尼出版乌玛尔·尤努斯的文学论著
歌德逝世一百五十周年纪念活动简讯四则
罗马尼亚颁发1980年度作协文学大奖
阿拉伯文学家和作家第十三次代表大会召开
南斯拉夫作家克尔莱扎逝世
突尼斯著名作家穆·马尔祖基逝世
捷克纪念奥勃拉赫特百年诞辰
法刊评1981年的法国电影
马德里举办达利版画展览会

补白

歌德赞誉洪堡
巴尔扎克谈关于战争的描写
歌德谈中国
读者·译作者·编者

美术作品

本期美术作品简介·····················胡　素
散步·················[俄国]瓦·康定斯基
《苦难的历程》（插图）·········[苏联]阿·莫辛
《白痴》、《伊凡雷帝》（插图）
·················[苏联]伊·格拉祖诺夫
三十·················[俄国]瓦·康定斯基

1982 年第 3 期　刊名:《世界文学》

目录

帕·怀特小说两篇

死去的玫瑰·······[澳大利亚]帕·怀特作　陈瑞兰译
信·················[澳大利亚]帕·怀特作　冯钟璞译

法国报告文学、短篇小说

二妹和三妹的故事·······保·瓦扬-古久里作　方震康译
维罗尼克的尸衣·············米·图尼埃作　郭宏安译

诗歌

诗六首·············[英国]绍·麦克林作　王佐良译

回忆录

逃避之路·············[英国]格·格林作　傅惟慈译

作家论艺术家

我的沙龙（选择）····[法国]爱·左拉作　徐庆道译
马奈先生
堕落

作家自述

从无政府主义者到布尔什维克——富尔曼诺夫自述
（自传、日记及其他著作摘录）
·········[苏联]德·富尔曼诺夫作　冰　夷　编译

评论

从阿兰·罗伯—格里叶的三篇短文看新小说····王泰来
介绍怀特——一位有特色的澳大利亚作家·······胡文仲

文化交流

会见了七十八岁的格雷厄姆·格林·············傅惟慈

现代作家小传

米歇尔·图尼埃·····················世　评

世界文艺动态

歌德纪念会在京举行
朝鲜大批作家深入生活进行创作
罗马尼亚出版《二十世纪中国戏剧选》
西德翻译出版巴金的《寒夜》
美国作家约翰·契弗发表新作
新版《拉路斯百科全书大辞典》第一卷问世
法兰西学院增补新院士
英作家托玛斯的小说《白色旅馆》成为畅销书
《生命与形态》获第三十四届野间文艺奖
1982 年度美国普利彻奖获奖名单

1981 年美国儿童文学奖揭晓
瑞典作家德里布兰克获 1982 年度北欧理事会文学奖
捷积极准备纪念哈谢克诞辰一百周年
挪威纪念女作家温塞特诞辰一百周年
埃及图书总署的宏伟计划
斯里兰卡僧伽罗语诗会召开全国代表大会
第三次努山打拉文学家会议在吉隆坡举行
第六次世界诗人代表大会将在西班牙举行
巴西将举行首届文学双年会
秘鲁作家巴尔加斯·略萨近况
西班牙名作家塞拉的长篇小说《蜂房》搬上银幕

论坛
文学翻译地应该评奖·······················一　鸣

补白
海涅哭别维纳斯
虚心好学的莫泊桑
果戈理谈作家的使命

美术作品
本期美术作品简介·····················胡　素
天鹅·······················〔法国〕费·瓦洛东
吹笛、演奏小提琴·············〔法国〕费·瓦洛东
在学校里、小狗高兴得又吠又要咬人
·······················〔美国〕杰·威·史密斯
你病了吗？　亲爱的北风·······〔美国〕杰·威·史密斯

1982 年第 4 期　刊名：《世界文学》
目录

短篇小说
和我父亲的一次谈话·长跑者
·······················〔美国〕格·佩莉作　冯亦代译
伊西多尔的故事·一个名叫弗罗伦丝的混血女郎
·······················〔瑞士〕马·弗里施作　黎　奇译
"高贵"的灾难·······〔泰国〕克立·巴莫作　栾文华译

诗歌
诗四首·················〔南斯拉夫〕戴·马克西莫维奇作
马福聚译
英国十七、十八世纪讽刺诗三家四章·······卞之琳译

回忆录
阿美德·莫迪利阿尼
·······················〔苏联〕安·阿赫玛托娃作　乌兰汗译

陀思妥耶夫斯基专辑
陀思妥耶夫斯基的《地下室手记》和小说复调结构问题
·······················夏仲翼
地下室手记（中篇小记）
·············〔俄国〕费·陀思妥耶夫基斯作　伊　信译
陀思妥耶夫斯基的复调小说和评论界对它的阐述
·······················〔苏联〕米·巴赫金作　夏仲翼译

评论
从萨特的"境遇剧"看他的自由观·············施康强

文化往来
这里有真金——记美国女作家格雷丝·佩莉····朱　虹

现代作家小传
马克斯·弗时施·······················李士勋

世界文艺动态
西德举行中国文学翻译会议
老舍的《猫城记》在法国翻译出版
北京纪念乔伊斯
美国比较文学专家哈利·莱文教授访问中国
美国学者罗森塔尔谈西方现代诗歌
阿·罗西迪论"荷印文学"
美国作家辛格的短篇小说集出版
西班牙出版《伊比利亚语作家词典》
法刊撰文介绍法国文学目前在国外的情况
《福楼拜和乔治·桑通信集》出版
苏联公布 1982 年度列宁文学艺术奖金名单
埃及颁布 1982 年国家文学艺术奖
伦敦高价拍卖达利名画
伯格曼摄制完成第四十二部影片
意大利作家基拉恩蒂逝世
缅甸女作家加尼觉玛玛礼去世

补白
陀思妥耶夫斯基在苏联
读者·译作者·编者

美术作品
本期美术作品简介·······················李　春
白色花瓶（网版画）···········〔英国〕帕·考尔菲尔德
泰晤士河堤岸（木刻）···········〔英国〕查·吉纳
黑杨树与池塘（木刻）···········〔英国〕保·纳什
农民少年像（油画）、横卧的裸妇（素描）
·······················〔意大利〕阿·莫迪利阿尼
坐着的裸妇（油画，局部）
·······················〔意大利〕阿·莫迪利阿尼
更正

1982 年第 5 期　刊名:《世界文学》
目录

日本当代短篇小说辑

壁音——————三浦绫子作　文洁若译
看海的杰尼——————五木宽之作　刘和民译
大兵的宿处——————竹西宽子作　唐月梅译
泥海——————野间宏作　高海宽译

长篇小说

一声不吭——————［西德］海·伯尔作　田瑜译
"小人物"的作家海因利希·伯尔——————章国锋

短篇小说

商贩·波莉·摩根
——————［英国］艾·埃·科珀德作　主万　叶扬译
《科珀德短篇小说》序
——————［英国］多·莱辛作　张禹九译

诗歌·散文

诗歌散文小辑
——————［智利］加·米斯特拉尔作　雷怡译

评论

《中国大百科全书·外国文学》评介——————季羡林
当代法国文学评论初探——————罗大冈
文化往来
《春》泰文译本序——————巴金
重访井上靖先生——————唐月梅

现代作家小传

加夫列拉·米斯特拉尔——————何榕

世界文艺动态

井上靖与巴金相互致函共祝中日邦交正常化十周年
日本公布 1982 年的几种文学奖
印度颁发第十七届讲座奖
墨西哥作家德尔帕索获第四届加列戈斯文学奖金
弗洛里安获人民艺术家称号
沙伊内尔获哥特瓦尔德国家奖金
《天堂之鸟》获意大利康彼埃洛奖
苏玛尔佐谈印尼短篇小说
法国作家亨利·特洛亚发表新作
西班牙整理出版秘鲁作家阿莱格里亚的重要作品
美国出版克兰名著《红色英勇徽章》新版本
有关弗洛伊德学派的《一个秘密的调和》在美出版
西方稀有版本小说商业化
西德报刊撰文悼念彼得·魏斯
美作家契弗去世
黎巴嫩著名诗人赫里勒·哈维自杀
法国举办雨果展览
挪威纪念作家哈姆逊
印度著名诗人菲拉克逝世

补白

斯蒂芬·茨威格谈创作

美术作品

本期美术作品简介——————黄麦
文乐木偶——————［日本］木村光佑
雪中河滩——————［日本］北冈文雄
秧田除草——————［日本］饭野农夫也
老虎（木刻）——————［德国］法朗兹·马尔克
考诺的姑娘（木刻）
——————［德国］卡尔·施密特—罗特卢夫
女骑士（木刻）
——————［德国］恩斯特—路德维希·基希纳

1982 年第 6 期　刊名:《世界文学》
目录

诗歌

苏联当代诗选
——————安·阿赫玛托娃等作　戈宝权等译

长篇小说

百年孤独（选择）
——————［哥伦比亚］加·加西亚·马尔克斯作
沈国正　黄锦炎　陈泉译

英国作品小辑

打开我心灵的钥匙（短篇小说）
——————维·斯·普列契特作　张健译
隧洞突破（短篇小说）——————多·莱辛作　钱歌川译
鲍什妈妈（中篇小说）
——————安·特罗洛普作　梅绍武译

小说·散文

米里亚姆（小说）
——————［美国］杜·卡波特作　叶坦　谢力红译
瓦伊阿伊凯（散文）
——————［新西兰］帕·格雷斯作　张震久译

民间故事·童话

本生经（佛教寓言故事选译）——————黄宝生　郭良鋆译
金先达献凤凰（朝鲜民间故事）——————林乡译

黑色的土裙（童话）
·············[象牙海岸]贝·贝·达迪埃作 刘广新译

评论
拉丁美洲的魔幻现实主义及其代表作《百年孤独》
·············林一安
"特罗洛普问题"初探——纪念安东尼·特罗洛普逝世百周年·············梅绍武

文化往来
乔伊斯与"可怕的美"——记乔伊斯百年纪念国际学术讨论会·············王佐良

现代作家小传
加夫列尔·加西亚·马尔克斯·············何　榕
杜鲁门·卡波特·············颉　因

世界文艺动态
《歌德与中国》国际学术讨论会在海德堡举行
北京纪念南作家伊沃·安德里奇
第六届世界诗人代表大会在马德里举行
《源氏物语》国际学会在美国召开
法国翻译出版老舍短篇小说集《北京市民》
日本出版新版《小林多喜二全集》
巴勒斯坦作家拉谢德·艾布·谢威尔的作品集出版
在历史小说领域上确立地位的几位法国女作家
普里斯特利的作品在英国重新受到欢迎
东、西德合拍电影《春天交响乐》
巴西庆贺亚马多七十寿辰
苏联诗人唐克七十诞辰
斯洛伐克作协主席普拉弗卡逝世

读者·译作者·编者

美术作品
本期美术作品简介·············李　春
斑马（封面）·············[法国]维·瓦萨雷利
大天使圣拉斐尔（封二）
·············[法国]让·奥·多·安格尔
马拉之死（封三上）
·············[法国]雅克-路易·大卫
洪水（封三下）·········[法国]让-巴蒂斯特·勒尼奥
油灯前的玛格达丽娜（封底）
·············[法国]乔治·德·拉图尔

本刊1982年总目录

1983 年第 1 期　刊名:《世界文学》

目录

德意志民主共和国小说辑
第三个钉子（秦龙插图）
·············赫·坎特作 舒昌善译
芦苇管·············安·西格斯作 高中甫译
九周岁·············克·施莱辛格作 高中甫译
崇高的委托·············斯·海姆作 高中甫译

中篇小说
亚当·乌尔巴斯
·············[德国]雅·瓦塞尔曼作 马君玉译
黑天鹅（古干插图）
·············[保加利亚]鲍·拉伊诺夫作 樊　石译

诗歌
诗四首·············[英国]托·胡德作 屠　岸译

书信
海明威书简（十一封）·············董衡巽选译

评论
马克思论艺术——关于"资本主义生产同艺术和诗文相敌对"这一论点的考察片断·············陆海林
什么是现代主义?
·············[苏联]德·扎东斯基作 夏仲翼译

文化交流
彭斯之乡的沉思·············王佐良
以文会友，增进了解——中美作家会议侧记····王逢振

现代作家小传
赫尔曼·坎特·············李士勋
鲍戈米尔·尼科拉耶夫·拉伊诺夫·············樊　石

世界文艺动态
罗马尼亚翻译出版《今古奇观》
韩素音发表新作《直到明天》
苏联出版《莱蒙托夫百科全书》
英国著名作家格·格林发表新作
美出版罗伯特·洛威尔传记
美出版《美国优秀短篇小说集》
阿特伍德发表新作
格·卡纳法尼未完成的三部小说出版
印尼作家阿·布迪曼谈文学批评
莫里哀、雨果仍被认为法国文学史上最伟大的作家
1982年度苏联国家文学奖金揭晓

1982 年龚古尔文学奖揭晓
1982 年法国三项文学奖简介
西班牙诗人罗萨莱斯获得第七届塞万提斯文学奖金
加西亚·马尔克斯谈改编《百年孤独》
埃及文化简讯

读者·译作者·编者

美术作品
本期美术作品简介························李 春
墨西哥人（封面）·······[捷克斯洛伐克]赫劳斯尼克
维尔特在马克思和恩格斯那里（封二上）
··························[德国]罗伯特
白马（封二下）··········[南斯拉夫]马·德东尼
插图（封三上）·······[保加利亚]拉·尼柯洛娃
姑娘（封三下）·······[捷克斯洛伐克]伊·舒尔曼
拿着梨的姑娘（封底）
··········[保加利亚]弗·季米特洛夫—马依斯道拉

1983 年第 2 期　刊名:《世界文学》
目录

法国当代小说选
假货················[法国]罗·加里作　郑克鲁译
我渴望天真无知
···············[法国]罗·加里作　郑克鲁译
塞纳河·······[法国]帕·莫迪亚诺作　朱延生译
约翰尼·······[法国]帕·莫迪亚诺作　薛立华译
希尔维斯（倪震插图）
··············[法国]亨·勃斯库作　亚 丁 关 宁译

诗歌
象征派诗举隅························施康强译释

日本小说
春琴抄（古干插图）
··············[日本]谷崎润一郎作　于 雷译
恐慌（秦龙插图）·······[日本]开高健作　萧 萧译

西德作家君特·艾希作品选辑
踩高跷的人（小说）··················裴明仁译
清单、瓦砾堆（诗）··················裴明仁译
梦（广播剧选译）····················裴明仁译

评论
论马拉梅和魏尔伦
··········[法国]保·瓦雷里作　陈力川译　染佩贞 校

文化交流
十天老友····························曲 波
斯凯岛上的文采······················王佐良

现代作家小传
罗曼·加里···························金 工
谷崎润一郎·························唐月梅
开高健·····························唐月梅
君特·艾希·························裴明仁

世界文艺动态
首都文学界纪念苏格兰诗人彭斯
东南亚高等学术机构协会第十四届大会在香港举行
朝鲜召开全国文学通讯员积极分子会议
《干校六记》在国外翻译出版情况
拉美作家创作近况
海明威一篇反战佚文被发现
美国出版《艾萨克·丹森》评传
法国公布 1982 年度国家文艺大奖
小岛信夫获第三十五届野间文艺奖
美刊评选 1982 年最佳图书
日本著名作家里见弴病逝
捷克著名诗人扎瓦达逝世
苏联纪念阿·托尔斯泰诞辰一百周年

致读者

美术作品
本期美术作品简介····················胡 素
洗衣房的桥（封面）·······[苏联]维克斯勒尔
相会（封二）·············[苏联]莫谢耶夫
《握手、友谊之书》插图（封三）·····[苏联]茹 泽
《涅克拉索夫诗歌选集》插图（封底）
··························[苏联]古里耶夫

1983 年第 3 期　刊名:《世界文学》
目录

纪念《世界文学》创刊三十周年
把翻译文学提高到新的水平——为《世界文学》创刊
三十周年而作····················周 扬
我的祝愿·························夏 衍
衷心的愿望·······················冯 至
《世界文学》三十年——致读者··········本刊编辑部

西班牙短篇小说
山之恋（于绍文插图）·····华·迪森塔作　王永年译

一桩好事（秦龙插图）
················爱·萨马科伊斯作　吴健恒译

艾·卡奈蒂的《迷惘》
迷惘（长篇小说选择·古干插图）
············［奥地利］艾·卡奈蒂作　薛　赟译
第一部书：《迷惘》（作家谈创作）
············［奥地利］艾·卡奈蒂作　李士勋译
简论《迷惘》（评论）··················宁　瑛

诗歌
中国——根深叶茂，坚如磐石
··········［委内瑞拉］胡·哈乌雷吉作　江志方译
"请您不要咒骂我的缪斯……"（外五首）
··········［苏联］马·高尔基作　陈学迅　朱　影译

屠格涅夫专辑
笃……笃……笃！……（特写）
··············［俄国］伊·屠格涅夫作　磊　然译
狗（短篇小说）
··············［俄国］伊·屠格涅夫作　谌　容译
1880年版长篇小说集前言
··············［俄国］伊·屠格涅夫作　郎永年译
伊凡·屠格涅夫（评论）
··············［法国］普·梅里美作　吴岳添译
伊凡·屠格涅夫（评论）
··············［法国］居·莫泊桑作　朱　赤译
观察派的美学（评论）
··············［法国］保·布尔热作　胡承伟译
屠格涅夫和中国文学··················戈宝权

回忆录
回忆我和高尔基的会见··················胡兰畦

世界文艺动态
修德大使向冯至教授颁发1983年歌德奖章
首都集会纪念捷作家尤·伏契克和雅·哈谢克
北京纪念匈牙利爱国诗人裴多菲
朝鲜电影事业近况
"东盟"五国首次举行诗人会议
1983年布莱希特节在柏林举行
民主德国为纪念维兰特举行各种活动
斯里兰卡僧伽罗语短篇小说比赛揭晓
加拿大七作家出版访华回忆录
美刊介绍1983年新书
西班牙出版古典文学名著露卡诺尔伯爵评注本
法国新成立一家出版社
法国"新新小说派"代表人物索莱尔"回归"传统
法国女作家萨冈发表新作

保著名女诗人加贝逝世

美术作品
本期美术作品简介··················李　春
神说，要有光，就有了光（封面）
··················［美国］罗·普特
有黑人赛马师的静物画（封二上）
··················［美国］理·麦克莱恩
F.W.（封二下）··········［美国］罗·科廷埃姆
小型酒神宴（封三上）······［美国］约·克拉克
草地上的午餐（封三下）····［法国］阿·雅盖
凯瑟琳（封底）··········［美国］罗·肯特

1983年第4期　刊名：《世界文学》
目录

纪念《世界文学》创刊三十周年
致《世界文学》··················巴　金
我的感谢····················冰　心

意大利作家夏侠及其创作
各得其所（中篇小说·倪震插图）
··················莱·夏侠作　吕同六译
指陈时弊　揭露黑幕——记意大利作家夏侠····吕同六
夏侠谈创作··················池　凝译
莱奥那多·夏侠（现代作家小传）··········池　凝

诗与诗论
诗五首········［美国］罗·弗罗斯特作　方　平译
幽默与讽刺——介绍弗罗斯特诗五首··········方　平
葡萄牙现代诗选··················王英乐译
瑞典当代诗五首··················赵毅衡译
诗四首············［尼泊尔］西·斯雷斯塔作　陈敏毅译

短篇小说
拉达兰妮（短篇小说·古干插图）
··········［印度］般吉姆·查特吉作　黄志坤译
山中水晶（短篇小说）
··········［奥地利］阿·施蒂夫特作　王荫祺译

文化交流
爱丁堡和奥班的朋友们··················王佐良
外国文学资料
现代主义运动（一）——1880至1950年英、法、美现
代主义代表作一百种
··········［英国］西·康诺利作　殷枚祖译

世界文艺动态
伊·屠格涅夫和阿·托尔斯泰纪念会在京举行

美国女作家代表团访华

歌颂朝中友谊的影片《沸流江的新传说》问世

法国的斯丹达尔年

黎巴嫩隆重纪念纪伯伦一百周年诞辰

捷克隆重纪念伏契克

莫尔多瓦获匈1983年科苏特奖

苏作家沃兹涅斯基获劳动红旗勋章

捷纪念著名讽刺作家哈谢克

安娜·西格斯逝世

美《时代周刊》撰文评介有关克莱斯特的新书

拉美当代作家名著相继搬上银屏、银幕

法、波合拍的电影《丹东》正在法国、西德上映

西班牙庆祝著名画家米罗九十诞辰

美术作品

本期美术作品简介⋯⋯⋯⋯⋯⋯⋯⋯胡　素

船（封面）⋯⋯⋯⋯⋯⋯［法国］莫·弗拉曼克

两幅妇女的素描像（封二）

⋯⋯⋯⋯⋯⋯⋯［法国］海·保罗—塞桑

妇女头像（封三）⋯⋯⋯⋯［法国］莫·弗拉曼克

七只天鹅（封底）⋯⋯⋯⋯［德国］沃·海因里希

1983年第5期　刊名:《世界文学》

目录

学习《邓小平文选》，努力开创外国文学研究的新局面

⋯⋯⋯⋯⋯⋯⋯⋯⋯⋯⋯⋯⋯⋯季羡林

三浦绫子和她的作品

逃亡（中篇小说·秦龙插图）

⋯⋯⋯⋯⋯⋯［日本］三浦绫子作　陈喜儒译

小说的素材（作家谈创作）

⋯⋯⋯⋯⋯⋯［日本］三浦绫子作　曾丽卿译

北国的情谊——记日本女作家三浦绫子⋯⋯⋯唐月梅

巴基斯坦小说两篇

阿南地·红玫瑰（周秀青插图）

⋯⋯⋯⋯⋯⋯⋯古·阿巴斯作　陆水林译

缅甸短篇小说三篇

水浮莲⋯⋯⋯⋯⋯⋯德班貌瓦作　林煌天译

人力车夫（于绍文插图）⋯⋯达贡达亚作　林煌天译

菩萨的汇款（于绍文插图）⋯⋯甘妙坎作　林煌天译

诗与诗论

《四首四重奏》之四

⋯⋯⋯⋯⋯［英国］托·斯·艾略特作　汤永宽译

诗九首⋯⋯⋯⋯⋯⋯⋯［美国］威·卡·威廉斯作

袁可嘉译

威廉斯与战后美国新诗风⋯⋯⋯⋯⋯⋯袁可嘉

作家逸事

我们的朋友雅洛斯拉夫·哈谢克

⋯⋯⋯⋯⋯⋯［捷克］拉·彼特利克作　星　灿译

文化交流

斯丹达尔故乡漫笔⋯⋯⋯⋯⋯⋯⋯⋯⋯荆　骅

外国文学资料

现在主义运动（二）——1880至1950年英、法、美现

代主义代表作一百种

⋯⋯⋯⋯⋯⋯［英国］西·康诺利作　殷枚祖译

《世界文学》纪念茶话会上的讲话

坚持正确方向　不要随波逐流⋯⋯⋯⋯⋯梅　益

希望《世界文学》成为文艺工作者的益友⋯⋯冯　牧

从老《译文》谈起⋯⋯⋯⋯⋯⋯⋯⋯⋯黄　源

祝《世界文学》办得愈来愈好⋯⋯⋯⋯⋯王　蒙

良好的祝愿　热切的期望——《世界文学》创刊于三

十周年纪念茶会侧记⋯⋯⋯⋯⋯⋯⋯姚　尘

世界文艺动态

西班牙出版《当代世界文学名著丛书》

墨西哥作家鲁尔弗主张文学创作面向农村

桑戈尔和苏斯代勒进入法兰西学院

卡夫卡藏书的发现

娜塔丽·萨洛特发表回忆录《童年》并谈"新小说"派

法国作家莫迪亚诺发表新作

英国新作《哲学家的弟子》

弗兰克·奥康纳传出版

加拿大作家艾丽丝·门罗出版新作

捷克为艺术家、文学家发奖

印度文学院颁发1982年文学奖

印度作家乔希去世

法国为西班牙诗人阿尔维蒂庆祝八十寿辰

埃及颁发1982年度文学艺术及社会科学国家表彰奖

日本出版以病迹学方法进行研究的文学评论集

中美双边比较文学讨论会在京举行（报道）⋯⋯钱满素

补白

别林斯基谈诗

读者·译作者·编者

美术作品

本期美术作品简介⋯⋯⋯⋯⋯⋯⋯⋯⋯李　春

奏鸣曲（封面）⋯⋯⋯⋯⋯⋯［秘鲁］胡·科德西多

带抽屉的米罗的维纳斯（封二上）

　　　　　　　　　　　　[西班牙]萨·达利

鸟（封二下）　　　　　　[西班牙]萨·达利

当桌子使的维米尔亡灵（封三上）

　　　　　　　　　　　　[西班牙]萨·达利

醒前刹那间的梦（封三下）——[西班牙]萨·达利

哀悼基督（封底）　　　[阿根廷]庞·奥迪维尔特

1983 年第 6 期　刊名:《世界文学》

目录

做好外国文学工作，为建设社会主义精神文明服务——学习《邓小平文选》————————叶水夫

加拿大作品辑

加拿大英语文学介绍（特约稿）

　　　　　　　山·索莱基作　立　礼　小　风译

小说

树桩地的黄昏————查·乔·道·罗伯茨作　谢胜建译

阿比鸟（古干插图）————玛·劳伦斯作　朱炯强译

红风筝上天————休·胡德作　刘慧琴译

运冰车从街上驶下去————玛·加兰作　杨裕平译

从火星上来的人（秦龙插图）

　　　　　　　　　　玛·阿特伍德作　商振永译

诗歌

偷牛贼（外二首）————爱·波·约翰逊作　黄杲炘译

加拿大当代诗五首

　　　　　　埃·约·普拉特等作　汤　潮译

赛壬之歌（外三首）————玛·阿特伍德作　李文俊译

苏联短篇小说

胜利的红酒————叶·诺索夫作　苏　玲译

肖邦第二奏鸣曲————叶·诺索夫作　李邦媛译

白鹅·虹·活的火焰————叶·诺索夫作　李　颜译

文化交流

幽谷回声——萨舍巴尔扎克博物馆散记————黄晋凯

外国文学资料

现代主义运动（三）（续完）——1880 到 1950 年英、法、美现代主义代表作一百种

　　　　　　[英国]西·康诺利作　殷枚祖译

现代作家小传

玛格丽特·阿特伍德　　　　　　　　　　　戈　哈

叶夫根尼·诺索夫　　　　　　　　　　　　王　芜

世界文艺动态

著名苏联俄罗斯诗人苏尔科夫逝世

亚洲文学家会议在广岛召开

西班牙统计全国畅销图书一百种

加纳新出一部儿童文学作品

英国小说家威廉·戈尔丁获诺贝尔文学奖

捷作协等单位颁发 1982 年度文学奖

苏联作家巴克拉诺夫获得劳动红旗勋章

阿根廷作家博尔赫斯获西班牙智者阿方索十世大十字勋章

美著名传记作家斯通访华

捷作家奈夫逝世

民主德国文学史家保尔·里拉的图书馆将开放

日本电视剧《阿新》在日引起广泛注意

《苗勒领事的遗产》今年夏天拍完

美术作品

本期美术作品简介————————————李　春

三只幼鸦（封面）————————皮塔罗伊莎

图腾的柱子（封二上）————————艾·霍尔盖特

印第安人肖像（封二下）————————保·凯恩

北国湖边（封三上）————————劳·哈里斯

帆影（封三下）————————————宾　宁

白衣仙女（木雕）（封底）————彼·克劳提尔

1984 年第 1 期　刊名:《世界文学》

目录

法国作品辑

短篇小说两篇————————欧·达比作　郑克鲁译

老妪

会议长凳

香榭丽舍大街（中篇小说·秦龙插图）

————吉·塞斯勃隆作　刘志威译　郑永慧　校

鲸鱼（短篇小说·秦龙插图）

　　　　　　　　　米·戴翁作　杨松河译

广场（中篇小说·秦龙插图）————玛·杜拉作　王道乾译

奥南波的哀歌（诗）————维·雨果作　闻家驷译

阿拉贡晚年诗两篇————————路·阿拉贡作　施康强译

白吃饭的嘴巴（剧本）————西·德·波伏瓦作　沈志明译

土耳其小说

囚徒————————萨·法伊克作　吴克明译

紫罗兰谷地————————萨·法伊克作　徐　鹃译

评论

《国际歌》——欧仁·鲍狄埃的不朽诗篇————沈大力

访问记

丁玲谈访法印象·····························本刊记者

外国文学资料

高尔基、法捷耶夫论人道主义、人性····张　捷　选编

现代作家小传

玛格丽特·杜拉·······························程　玮

世界文艺动态

叙利亚重视介绍中国文学作品

澳学者邓安佑评介曹植的著作最近出版

日本《明治文学全集》已告完成

1983年度龚古尔奖颁发

法《文学新闻》谈法国诗坛

法《世界报》介绍新的全法作家中心和作家俱乐部

君特·格拉斯会见中国文化代表团

沃·施努勒获1983年度毕希纳文学奖

西班牙诗人阿尔维蒂获塞尤提斯奖

苏联世界文学研究所接待中国学者

莫斯科举行苏联文学翻译家国际会议

1983年度苏联国家文学奖金揭晓

哥伦比亚举行"西班牙语作家国际会晤"

美刊载文评戈尔丁获奖

美国作家金内尔和多克特罗应邀访华

补白

法国作家论作家

《人间喜剧》内有多少重复出现的人物

美术作品

本期美术作品简介·······················李　春

潜水的鸬鹚（封面）···········[英国]琼·海赛尔

木刻三幅（封二）·············[英国]琼·海赛尔

芳赛克医生肖像（封三）·········[意大利]贝尼尼

天使头像（封底）·············[意大利]贝尼尼

1984年第2期　刊名:《世界文学》

目录

苏联作品辑

峡口（中篇小说）

··········维·阿斯塔菲耶夫作　柊　鸣　述　弢译

跟一切有生命的东西息息相通（作家自传）

·················维·阿斯塔菲耶夫作　智　量译

尤利·沃隆诺夫诗七首·······················乌兰汗译

布拉特·奥库扎瓦诗八首·····················苏　杭译

蓉娜·莫里茨诗四首·····················戈宝权译

短篇小说

爱的几何学···········[美国]约·契弗作　赵启光译

奥尔河桥事件·········[美国]安·比尔斯作　孙志新译

一个剧评家的伤心故事

···········[英国]赫·乔·威尔斯作　娄炳坤译

宁静的莽林···········（南朝鲜）洪盛原作　韩东吾译

诗歌

离别（外二首）

···········[意大利]吉·卡尔杜齐作　钱鸿嘉译

诗三首···········[意大利]裘·翁加雷帝作　钱鸿嘉译

评论

约翰·契弗短篇小说的创作技巧·················赵启光

作家逸事

遥远的回忆

·······[俄国]塔·苏霍津娜-托尔斯塔娅作　郭家申译

现代作家小传

维克多·阿斯塔菲耶夫·······················斯　力

文化交流

枞桦吟——苏联诗人会晤记·················高　莽

世界文艺动态

印女诗人沃尔玛获文学讲座奖

印作家瑟克赛纳逝世

印尼诗人沙帕迪获东盟马来语诗歌创作比赛首奖

芝木好子等当选为日本艺术院会员

马作家乌·阿旺获国家最高文学奖

保作家维任诺夫逝世

捷翻译出版老舍的作品选

法《观点》杂志谈青年作家现状

法一部以青年生活为题材的小说《大战之前》获勒诺多文学奖

西柏林举行第二次德中文化晚会

罗诗人斯特内斯库逝世

苏著名作家肖洛霍夫去世

苏报刊讨论诗坛的某些倾向

美刊评选十三本1983年最佳图书

美术作品

本期美术作品简介·······················胡　素

劳动的权利（封面）···········[苏联]拉赫曼-扎德

丁香花开（封二上）···········[苏联]阿·里万诺夫

《老人与海》插图之一（封二下）

···········[苏联]鲍·伏拉索夫

林中之河（雕塑）（封三）···········[苏联]尤·辛凯维奇

森林之歌（木雕）（封底）⋯⋯⋯[苏联]埃别里巴乌姆

1984 年第 3 期　刊名:《世界文学》
目录

罗马尼亚尼·斯特内斯库的诗与诗论
在晨曦中骑马奔驰（外六首）⋯⋯⋯⋯陆象淦译
艺术的需要⋯⋯⋯⋯⋯⋯⋯⋯⋯⋯⋯陆象淦译
尼基塔·斯特内斯库（现代作家小传）⋯⋯陆象淦

英国作家威廉·戈尔丁和他的作品
特命公使⋯⋯⋯⋯⋯⋯⋯⋯⋯⋯⋯商振永译
寓言编撰家威廉·戈尔丁（评论）⋯⋯⋯刘若端
《蝇王》序⋯⋯[英国]爱·摩·福斯特作　王明杰译

中短篇小说
恶与善⋯⋯⋯⋯⋯[葡萄牙]多·蒙特罗作　孙成敖译
胆小鬼⋯⋯[南斯拉夫]丁·西姆诺维奇作　冯玉律译
上面是条死狗
⋯⋯⋯⋯⋯⋯[南斯拉夫]米·拉利奇作　筼　华译

诗歌
拉维诺之歌
⋯⋯⋯[乌干达]奥·庞代克作　周国勇　张　鹤译
汲诗情于民间
——悼念乌干达人民诗人奥考特·庞代克⋯⋯高秋福

作家谈创作
论短篇小说（创作经验）
⋯⋯⋯⋯[苏联]康·巴乌斯托夫斯基作　张铁夫译

文化交流
到门的内哥罗去
——访南斯拉夫作家米哈依洛·拉利奇⋯⋯⋯郑恩波
模仿莎士比亚的人决不可能成为莎士比亚——访罗马
尼亚作家协会主席杜·拉·波佩斯库⋯⋯⋯陈可雄

世界文艺动态
《朝鲜文学》号召作家深入生活
东盟作家会议决定成立东南亚作家协会
第一届保加利亚文学国际学术讨论会开会
保加利亚翻译出版《故事新编》
罗马尼亚出版《中国古今文学词典》
美作家巴塞尔姆又一部短篇小说集出版
法国出版萨特书信集和其他未发表过的著作
尤奈斯库对《巴黎竞赛画报》发表谈话
印度二十一位作家获 1983 年文学院奖
印度语言协会颁发 1981 年优秀文学著作奖

亚马多获意大利诺尼诺文学奖
民主德国将隆重纪念伟大诗人席勒诞生二百二十五周年
阿根廷著名世作家科塔萨尔逝世
西德作家乌维·杨森逝世
葡萄牙纪念平托逝世四百周年
英国召开乔·奥威尔作品讨论会
北京举行纪念果戈理诞生一百七十五周年报告会

美术作品
本期美术作品简介⋯⋯⋯⋯⋯⋯⋯⋯吴　凤
长诗《拉维诺之歌》插图（封面）⋯⋯⋯[法]霍　莱
布朗库西像、油田景色（封二）
⋯⋯⋯⋯⋯⋯⋯⋯[罗马尼亚]马·马克西
猫（封三上）⋯⋯⋯⋯⋯⋯[印度]布哈斯卡拉
摇撼的树（封三下）⋯⋯⋯⋯[印度]德·达斯
耕耘太阳的人（封底）⋯⋯⋯[罗马尼亚]弗·普格

1984 年第 4 期　刊名:《世界文学》
目录

日本电视文学剧本
阿信⋯⋯⋯⋯⋯⋯⋯⋯桥田寿贺子作　王维平译

诗歌
葛黛娃⋯⋯⋯⋯⋯⋯[英国]阿·丁尼生作　飞　白译
诗六首⋯⋯⋯[瑞典]托·特朗斯特罗莫作　石　默译

短篇小说
毕加索之夏·夜深沉
⋯⋯⋯⋯⋯[美国]雷·布雷德伯里作　龚厚泽译
文明的前哨⋯⋯⋯⋯[英国]约·康拉德作　马小弥译
往事如梦⋯⋯⋯[英国]约·高尔斯华绥作　汤　真译
海鸥⋯⋯⋯⋯⋯[希腊]伊·维纳齐斯作　周锡生译
牛奶⋯⋯⋯⋯⋯⋯[印度]苏·班德作　吴孚堃译

散文
吟唱诗歌不会劳而无功
⋯⋯⋯⋯⋯⋯[智利]巴·聂鲁达作　林　光译

古典文学
众口铄金（短篇小说）
⋯⋯⋯⋯⋯[法国]德·狄德罗作　李玉民译
太阳（诗·外四首）
⋯⋯⋯⋯⋯[法国]夏·波德莱尔作　陈敬容译
新译彭斯诗一束⋯⋯⋯⋯⋯⋯⋯⋯王佐良译

评论
纪念狄德罗⋯⋯⋯⋯⋯⋯⋯⋯⋯⋯⋯柳鸣九

文化交流

我们为什么写作? ——第四十七届国际笔会东京大
会散记⋯⋯⋯⋯⋯⋯⋯⋯⋯⋯⋯⋯⋯⋯⋯李 芒

现代作家小传

雷·布雷德伯里⋯⋯⋯⋯⋯⋯⋯⋯⋯⋯⋯冯 真

世界文艺动态

山崎丰子在京会见中国读者
姚雪垠的《长夜》在法翻译出版
西德出版一本研究萧红的专著
苏联出版我国小说集
匈刊报道孙用逝世
阿拉伯作家和文学家总协会第十四次代表大会
1984 年度苏联列宁文学奖金揭晓
日本颁布恩赐奖和日本艺术院奖
亚洲短篇小说比赛揭晓
雅加达艺术协会颁发 1983 年度文学奖
《娜塔丽阿》获法兰西学院 1983 年度小说大奖
美国全国图书评论界 1983 年年度奖评奖情况
加西亚·马尔克斯新作电影剧本《绑架》出版
卡尔维诺发表新作
《世界当代戏剧百科全书》筹备出版
法国一批作家的亲笔信移交国家档案馆保存
英国著名诗人、批评家燕卜荪逝世
南斯拉夫著名作家乔比奇逝世
突尼斯著名作家巴·赫利夫逝世

中国文学在国外

泰国近年出版我文艺作品
日本介绍中国文学近况
西班牙、墨西哥出版我国文学作品

美术作品

本期美术作品简介⋯⋯⋯⋯⋯⋯⋯⋯⋯李 春
月（封面）⋯⋯⋯⋯⋯⋯⋯⋯［日本］加山又造
月、雪、花（封二）⋯⋯⋯⋯⋯［日本］加山又造
云岗瑞云、裸女天平鬼瓦、啄木鸟（封三）
⋯⋯⋯⋯⋯⋯⋯⋯⋯⋯⋯⋯⋯［日本］平塚运一
北风，千叶国府台（封底）⋯⋯⋯［日本］平塚运一

1984 年第 5 期　刊名:《世界文学》

目录

诗歌

寻找美国的诗神
⋯⋯⋯⋯⋯⋯⋯⋯［美国］罗·布莱作　郑　敏译
散文诗三篇⋯⋯⋯⋯⋯［美国］罗·布莱作　郑　敏译

傍晚令人吃惊（外六首）
⋯⋯⋯⋯⋯⋯⋯⋯［美国］罗·布莱作　郑　敏译
诗三首⋯⋯⋯⋯⋯⋯［英国］威·燕卜荪作　袁可嘉译

小说

我的女儿（中篇小说·古干插图）
⋯⋯⋯⋯⋯⋯⋯［波兰］塔·鲁热维奇作　韩　逸译
音乐会（短篇小说）
⋯⋯⋯⋯⋯⋯⋯［德国］布·弗兰克作　彭恩华译
一个虔诚酒徒的传说（短篇小说）
⋯⋯⋯⋯⋯⋯⋯［奥地利］约·罗特作　马文韬译

古典文学

《平家物语》选译（日本战记文学）
⋯⋯⋯⋯⋯⋯⋯⋯［日本］佚 名作　申 非译
诗六首⋯⋯⋯⋯⋯⋯［英国］约·多恩作　裴小龙译
论多恩和他的爱情诗⋯⋯⋯⋯⋯⋯［苏联］裴小龙

评论

苏联文学的人道主义及二十世纪的文学过程
⋯⋯⋯⋯⋯⋯⋯［苏联］尤·鲍列夫作　李辉凡译

作家谈创作

番石榴飘香⋯⋯⋯⋯［哥伦比亚］加·加西亚·马尔克斯
普·阿·门多萨作　林一安译

文化交流

访问《这里的黎明静悄悄⋯⋯》的作者⋯⋯⋯⋯张　羽
英国诗人的深情厚意——悼念燕卜荪教授⋯⋯⋯金　隄

现代作家小传

威廉·燕卜荪⋯⋯⋯⋯⋯⋯⋯⋯⋯⋯⋯⋯金　隄

世界文艺动态

朝鲜出版《五条战线文库》
日本第九十届芥川奖和直木奖揭晓
日本著名女作家有吉佐和子逝世
欧洲十大作家评选活动揭晓
苏联报刊发表文章纪念苏联作协成立五十周年
苏联作家康德拉季耶夫发表新作
关于莫扎特的第一百部书出版
普鲁斯特的小说搬上银幕
英国著名诗人约翰·贝杰曼逝世
法国历史小说方兴未艾
第一届阿拉伯创作会
埃及作协主席易人
埃及文学界的三次会议
福克纳爱情诗集在美出版
美作家厄普代克的又一部新小说

拉美作家的作品畅销巴黎
1984——奥·帕斯年
北京集会纪念巴·聂鲁达八十诞辰
北京集会纪念捷克爱国诗人扬·聂鲁达
加列戈斯诞生一百周年纪念会在京举行
科哈诺夫斯基逝世四百周年纪念会在京举行

中国文学在国外
日本《民主文学》译载谌容的《人到中年》并发表评论
邹荻帆作品在国外发表
匈牙利出版王蒙小说选
日本《文艺》杂志刊载刘宾雁等人作品
罗《文学报》介绍我国青年作家邓刚

美术作品
本期美术作品简介 ························ 黄　麦
《故事与逸闻》插图（封面、封二）
　············· ［德国］维·克列莫凯
赶集（木刻）（封三、封底）
　················· ［波兰］斯·苏别尔拉克

1984 年第 6 期　刊名:《世界文学》
目录

小说
漫长漫长的童年 ········ ［苏联］穆·卡里姆作　力　冈译
穆斯泰·卡里姆（现代作家小传） ················ 斯　力
给我猜个谜语 ········ ［美国］蒂·奥尔逊作　艾　迅译

日本夏目漱石散文选
梦十夜（古干题头画） ············ 俞亢咏　俞时权译
在玻璃窗户的里面（张守义插图） ············ 吴树文译

文化交流
"幸存者"的职责——访蒂丽·奥尔逊 ············ 郑启吟
乘风浮海拜松山——追踪夏目漱石足迹 ············ 刘白羽

世界文艺动态
日本庆祝野上弥生子百岁诞辰
诺达尔·顿巴泽逝世
田德里亚科夫逝世
捷克诗人赛弗特获诺贝尔文学奖
1985 年——雨果年
卡夫卡在巴黎
1984 年普利策奖揭晓
1984 年美洲之家文学奖揭晓
《聂鲁达的光辉一生》在东德上演

读者·译作者·编者
我们的心愿——记《世界文学》读者译者座谈会

美术作品
本期美术作品简介 ························ 李　春
《黄皮书》封面画 ············ ［英国］奥·比亚兹莱
散步 ····················· ［英国］奥·比亚兹莱
孔雀衣裳 ················· ［英国］奥·比亚兹莱
巴尔扎克漫画像 ············ ［英国］奥·比亚兹莱
巴黎的春天、垃圾箱旁 ········ ［法国］A.斯丹论
消毒牛奶 ················· ［法国］A.斯丹论

1985 年第 1 期　刊名:《世界文学》
目录

小说
货到付款·一句多余的话
　············· ［法国］费·马尔索作　王振孙译
卡珊德拉（古干插图）
　············· ［民主德国］克·沃尔夫作　包智星译
伙伴 ············ ［法国］路·吉尤作　王钟华译
假的 ············ ［美国］亨·詹姆斯作　雨　宁译
起源（古干插图）
　············· ［美国］欧·斯通作　王林娜　清　凉译

诗歌
诗十首 ········ ［南非］丹·布鲁特斯作　高秋福译
马群（外八首） ········ ［美国］塔·休斯作　袁可嘉译

散文
蒙太古夫人书信选
　············· ［英国］玛·渥·蒙太古作　周珏良译

评论
民主德国当代文学述评 ···················· 张　黎

文化交流
菩提树下结新交
　——访问柏林文学界同行札记 ············ 叶水夫
战斗的南非诗人布鲁斯特 ················· 高秋福
淡雅、坚韧的石南花
　——勃朗特姐妹家乡访问记 ············ 杨静远

作家谈创作
艾伦·金斯伯格谈诗 ···················· 徐海昕

国外通讯
研究鲁迅的诗人台欧巴尔迪 ················· 舒　柱

现代作家小传

费里西安·马尔索 ——————————志　平
克里斯塔·沃尔夫 ——————————包智星
欧文·斯通 ——————————林　娜　清　凉

世界文艺动态

文学评论家吉田精一逝世
剧作家木下顺二拒绝任艺术院会员
第十一届大佛次郎奖揭晓

1984 年"东南亚文学奖"
印尼文坛出现"八十年代派"
叙利亚作家谈当前文坛情况
陶·尤·阿瓦德新作《生命的果实》出版
1984 年度苏联国家文艺奖揭晓
莫里茨·普卢哈日两作家受到褒奖
弗兰茨·菲曼逝世
电影《故乡》一鸣惊人
一部劳伦斯遗稿出版
文学理论家伊格尔顿来华讲学
威尔士作家柯德尔访华
1984 年龚古尔和勒诺陀文学奖揭晓
西班牙笔会恢复活动
加西亚·洛尔卡遗作问世
叶水夫等赴南考察南当代文学
突尼斯纪念沙比逝世五十周年
美创办《中国现代文学》杂志
美文学艺术学会和学院发展新成员
哥伦比亚出版一套文学丛书
巴西诗人德罗蒙德发表新作

中国文学在国外

王蒙的作品在国外
刘心武的作品在国外
联邦德国出版《中国现代小说选》

美术作品

本期美术作品简介 ——————————李　春
吻（封面）——————————[奥地利]居·克里姆特
农家花园和向日葵（封底）
——————————[奥地利]居·克里姆特
蒂尔斯河上（封二上）——————[奥地利]鲍　莫
广告画、妇女头像（封二下）————[奥地利]柯·莫塞
广告画（封三上）——————[奥地利]贝·劳弗莱尔
母亲和两个孩子（封三下）——————[奥地利]埃·舍勒

1985 年第 2 期　刊名:《世界文学》

目录

战争题材作品小辑

围困纪事——————————[苏联]阿·阿达莫维奇
达·格拉宁作　张小军译
好的战争——第二次世界大战口述历史
——————————[美国]斯·特克尔作
E.B.斯莱吉"大锤"——————温小钰　李　尧译
马克珊妮·安德鲁斯——————温小钰　李　尧译
艾利奥特·约翰逊——————————张贻瑾译
培蒂·贝西——————————张贻瑾译
俘虏记——————[日本]大冈升平作　申　非译
战后一代人的回忆
——[民主德国]艾·韦苏尔斯作　孙　瑜　李士勋译

诗歌

人（选译）
——————————[苏联]爱·梅热拉伊蒂斯作　孙　玮译
关于《人》的创作过程
——————————[苏联]爱·梅热拉伊蒂斯作　白　堤译

纪念雨果逝世一百周年

杂文四篇——————————[法国]维·雨果作　闻家驷译
计六首————[法国]维·雨果作　闻家驷　张秋红译
雨果的意义与启示——纪念他逝世一百周年——柳鸣九

评论

听听邻居的歌
——读二次世界大战题材作品之断想————朱春雨

文化交流

架桥者——记一些外国汉学家——————————王　蒙
多瑙河流过的国家——访问匈牙利札记————叶水夫

国外通讯

厄尔德格谈匈牙利文学现状——————————柴鹏飞

外国文学资料

现代小说:九十九本佳作
——————————[英国]安·伯吉斯作　殷枚祖译

现代作家小传

阿达莫维奇、格拉宁——————————章　杉

世界文艺动态

发掘整理古典小说《四娃奇逢》
《日本文学的现在（1984）年》

邓台枚逝世
海湾国家举办戏剧节
米·努埃曼获巴格达文学奖
苏联给一批著名文学家授勋
1986 年将举办戏剧联欢节
《阿Q正传》上演
卡夫卡新的文献资料出版
多丽丝·莱辛捉弄文艺界
戈尔丁新作《纸人》问世
《快报》就文学奖进行民意调查
玛丽亚·德·莱拉逝世
喜剧大师德·菲力浦逝世
全国图书奖易名
世界文学丛书出版
拉美名作家作品出版
亚马多又一新作问世
聂鲁达夫人逝世
博尔赫斯在意获奖

补白
雨果格言录

美术作品
本期美术作品简介·····················李　春
秋雨，普希金在米哈依洛夫斯克村（封面）
···················[苏联]维·波普科夫
太阳、和谐（封二）······[苏联]尤·米·拉克沙
扎高列集体农庄（封三）····[苏联]格·格·尼斯基
马格尼特克之歌（封底）
···················[苏联]斯·伊·杜德尼克

1985 年第 3 期　刊名:《世界文学》
目录

北欧现代作品选
汽车上留下的玫瑰
·······[瑞典]阿·冯·克柳森舍娜作　石琴娥译
短篇小说两篇··········[芬兰]本·韩培作　王家骥译
梅兰芳（散文）
···············[挪威]诺·格里格作　斯　文译
一个给孩子们的故事（口头文学）
···········[冰岛]斯·雅科布斯多蒂作　石琴娥译
大理石鸽子（寓言故事）
···············[丹麦]凯·阿贝尔作　张宪一译
抒情诗四首·········[瑞典]哈·马丁松作　李　笠译
丹麦现代诗选·······················石　默译

澳大利亚文学小辑
写信专家（小说）·············哈·波特作　黄源深译
矿石（小说）···············默·贝尔作　黄源深译
澳大利亚诗选·······亨·劳森等作　李文俊　赵少伟译

小说
伊·波温小说四篇············[英国]伊·波温作
安·李帽店·······················陈瑞兰译
星期日下午·······················冯钟璞译
鬼恋人·························冯钟璞译
常春藤缠绕在台阶上·················罗少丹译
斯里兰卡短篇小说三篇（周秀青插图）·······邓殿臣译
一缕青丝·····················M.魏克拉玛辛诃作
三份证词·····················K.贾亚迪拉格作
苏密姐·····················H.P.西里瓦尔德纳作

诗歌
正冈子规俳句选·····················林　林译释
泰国新诗选·······················栾文华译
杜哈四首（外一首）
···············[巴基斯坦]贾·阿里作　薛鸿时译

评论
当代澳大利亚小说流派·················黄源深
打开常春藤下的百叶窗
——伊丽莎白·波温研究···············冯钟璞

文化交流
不倦的探求——再访怀特札记···············胡文仲
热情的巴基斯坦作家——巴基斯坦纪行·········关沫南

外国文学资料
现代小说：九十九本佳作
···············[英国]安·伯吉斯作　殷枚祖译

现代作家小传
安东尼·伯吉斯·····················殷枚祖

世界文艺动态
《朝鲜文学》号召掀起革命文学创作高潮
作家三浦朱门出任文化厅升官
著名作家石川达三逝世
新加坡文坛活跃
“印度和世界文学”学术讨论会召开
引人瞩目的“文学院奖”揭晓
菲利普·拉金出版《应命集》
1984 年法国文学新动向
阿兰·罗伯-格里耶谈访华印象
《庭长夫人》出版一百周年纪念

保作家协会召开第五次代表大会
阿拉伯作协主席回顾 1984 年
1984 年埃及文化界大事
美国用英语演出京剧《凤还巢》
马克·吐温曾资助黑人学生
海明威的《危险的夏天》将出版
"加西亚·马尔克斯著作在世界"展览
《玛丽娅》版本展览
戈罗斯蒂萨自选戏剧集出版
《罗摩衍那》中文全译本问世
北京集会纪念芬兰史诗《卡勒瓦拉》出版 150 周年
法国作家雨果逝世一百周年纪念会在京举行

中国文学在国外
墨西哥热情译介中国文学作品
西班牙译载艾青等人诗作

美术作品
本期美术作品简介……………………………胡　素
两棵交叉在一起的高高的橡皮树（封面）
………………………〔澳大利亚〕伦纳德·朗
《贡狄玛·芬克尔上尉和拉多弗斯》插图（封二上）
………………………〔澳大利亚〕诺·林赛
浮雕（封二下）………〔澳大利亚〕托·巴斯
人与马（雕塑）（封三）…〔澳大利亚〕林·达兹韦尔
两个人体（局部）（封底）
………………………〔澳大利亚〕查·布莱克曼

1985 年第 4 期　刊名:《世界文学》

目录

雅·赛弗尔特的诗和回忆录
祖国之歌（外五首）
………………宁　新　贝　岭　廖　敏　蒋承俊译
世界美如斯（回忆录选译）…………………庄继禹译
人间王国（中篇小说，古干插图）
………………〔古巴〕阿·卡彭铁尔作　江　禾译

法国文学小辑
绮户恋（独幕剧）
………………埃·罗布莱斯作　董　纯　沈大力译
亲爱的年轻太太……（短篇小说）
………………罗·格勒尼埃作　李玉民译
克雷祖斯（短篇小说）……乔·杜阿梅作　郑克鲁译
西尔瓦尼子爵之死（短篇小说）
………………马·普鲁斯特作　廖星桥译
梦（散文·外四篇）……马·普鲁斯特作　华　青译
法朗西斯·雅姆诗二首……………………徐知免译

亨利·德·雷尼埃诗二首……………………徐知免译
美丽的制盆女（诗）………弗·维庸作　飞　白译

散文
三位英国女作家的画像
………………〔英国〕弗·吴尔夫作　刘炳善译

评论
拉丁美洲"神奇的现实"的寻踪者……………林一安
不朽的艺术
——纪念肖洛霍夫诞生八十周年……………孙美玲

国外通讯
访问《当代印度文学》主编夏尼………倪培耕　钱玉驷

外国文学资料
现代小说，九十九本佳作
………………〔英国〕安·伯吉斯作　殷枚祖译

现代作家小传
雅罗斯拉夫·赛弗尔特………………………杨乐云
阿莱霍·卡彭铁尔………………………………何　榕

世界文艺动态
日本出现内田百闲热
印尼召开文学家和文艺批评家会议
特·高德姆的新作《未写成的》
印地学院向作家授奖
根据《阿 Q 正传》改编的《吉根纳特》
诺贝尔文学奖金额增加
苏文学界广泛开展活动纪念反法西斯战争胜利 40 周年
作家克鲁季林逝世
新著作介绍
格·格林的早年作品失而复得
《读书》杂志评出 1984 年最佳作品二十种
《西班牙二十世纪诗选》问世
海勒新作《天晓得》出版
无名青年回忆海明威
鲁尔弗谈《佩德罗·帕拉莫》
第一代革命诗人诗集出版
《拉丁美洲文学史丛书》出版
巴尔加斯·略萨获海明威奖
纪念肖洛霍夫八十诞辰
第二届德语文学讨论会在杭州举行

美术作品
本期美术作品简介……………………………志　平
睡莲（封面）………………〔法国〕克·莫奈

小说插图两幅（封二）⋯⋯⋯⋯⋯⋯［法国］维·雨果
散文插图两幅（封三）⋯⋯⋯⋯⋯⋯［法国］维·雨果
积雪的栅托伊坎村庄（封底）⋯⋯⋯［法国］克·莫奈

1985 年第 5 期　刊名:《世界文学》

目录

苏联俄国文学作品集
短篇小说三篇⋯⋯⋯⋯⋯尤·卡扎科夫作　范国恩译
进城去
轻松的生活
蜡烛
人与事
——自传性随笔⋯⋯⋯鲍·帕斯捷尔纳克作　乌兰汗译
米哈伊洛夫斯克小树林（散文）
⋯⋯⋯⋯⋯⋯⋯康·巴乌斯托夫斯基作　万　叶译
回忆普希金（回忆录选）
⋯⋯⋯⋯⋯⋯⋯⋯彼·维亚泽姆斯基作　冯　春译

小说
花粉⋯⋯⋯⋯⋯⋯⋯⋯［日本］井上靖作　唐月梅译
短篇小说三篇
⋯⋯⋯⋯［特立尼达和多巴哥］维·苏·奈保尔作
江　帆译
布莱克·沃兹沃思
"母亲的天性"
慎重

诗歌
夜间的茉莉花（外两首）
⋯⋯⋯⋯⋯⋯⋯⋯［意大利］乔·帕斯科里作　钱鸿嘉译

埃及当代作品小辑
自述（诗）⋯⋯⋯⋯⋯萨·阿·萨布尔作　仲跻昆译
你不熟悉黑夜王国（诗）
⋯⋯⋯⋯⋯⋯⋯⋯穆·伊·艾·辛奈作　倪　洛译
密实的圆圈（诗）⋯⋯⋯法·舒舍作　朱　凯译
酋长在埃及奇遇记（小说）
⋯⋯⋯⋯⋯⋯⋯⋯赫·舍莱比作　冯佐库　高有祯译
艾哈迈德师傅和妹妹巴希娅（小说）
⋯⋯⋯⋯⋯⋯⋯⋯⋯尤·格伊德作　王运泽译

评论
论井上靖⋯⋯⋯⋯⋯⋯⋯⋯⋯⋯⋯⋯⋯⋯李德纯
哈克贝里·费恩，一百周年仍生气勃勃
⋯⋯⋯⋯⋯⋯⋯⋯⋯［美国］诺·梅勒作　吴　劳译

文化交流
我们都是东方人⋯⋯⋯⋯⋯⋯⋯⋯⋯⋯⋯⋯关　俑

国外通讯
记瑞士法语区首届文学节⋯⋯⋯⋯⋯⋯⋯⋯龚达明

书刊评介
建立比较文学的中国学派——读《中国比较文学》创
刊号⋯⋯⋯⋯⋯⋯⋯⋯⋯⋯⋯⋯⋯⋯⋯⋯黄宝生

现代作家小传
尤素福·格伊德⋯⋯⋯⋯⋯⋯⋯⋯⋯⋯⋯⋯郇　宇

外国文学资料
现代小说：九十九本佳作（续完）
⋯⋯⋯⋯⋯⋯⋯⋯⋯［英国］安·伯吉斯作　殷枚祖译

纪念《译文》创刊 50 周年笔谈
笔谈会参加者：⋯⋯⋯⋯⋯⋯⋯⋯⋯胡愈之　胡　绳
黄　源　曹靖华　冯　至　唐　弢　戈宝权

中国文学在国外
中国当代文学在捷克斯洛伐克
《鲁迅诗歌和诗论》在意出版

世界文艺动态
《恋》、《街火》获川端康成文学奖
野上弥生子病逝
泰作协选出新领导机构
1983、1984 年度泰国获奖作品评选揭晓
《战争结束了》获美飞马文学奖
伯·吉杜尔威迪逝世
乔尔吉·宰丹全集出版
文艺理论家梅特钦科逝世
伦科等作家获最高艺术称号和国家奖金
亨利希·曼流亡时期作品国际讨论会
文坛新秀格·斯威夫特
勒克莱齐奥发表新作
克·米什莱发表新作《天地的诺言》
诗人贡萨莱斯获阿斯图里亚斯亲王奖
关于作家托比诺的庆祝活动
诗剧《多情大臣》引起轰动
《时代周刊》推荐供夏日阅读的新书目
辛格的《意象集》出版
世界优秀文学丛书出版
加西亚·马尔克斯新作将问世
西尔瓦获"费利斯·巴雷拉"勋章
总政歌剧团排演苏歌剧《这里的黎明静悄悄》
中国西葡拉美文学研究会召开第二届年会

美术作品

本期美术作品简介————————————林　朋
晚场（封面）————————[苏联]鲍·多马什尼科夫
普希金作品插图两幅（封二）————[俄国]普希金
人（封三）————————[突尼斯]哈·本·萨德
骑士（封底）————————[突尼斯]马·赛希利

1985 年第 6 期　刊名:《世界文学》
目录

如果你养育了一只杜鹃鸟（中篇小说，文·威塞里诺夫、秦龙插图）
————————[保加利亚]迪·弗切吉埃夫作　刘知白译
诗与诗论————[罗马尼亚]鲁·布拉卡作　李家渔译
野牛头（短篇小说）
————————[罗马尼亚]瓦·伏伊库列斯库作　李家渔译

短篇小说

短篇小说三篇————————[美国]保·塞罗克斯作
世界尽头————————————王　伟译
西伯利亚荣誉公民————————万　明译
一朵英国野玫瑰————————孙志新译
加拿大短篇小说三篇————————姚锦清译
四重奏————————玛·德·拉·罗契作
图尔洛舅舅————————布·莫尔作
因为战争————————诺·莱文作
归属感————[新西兰]威·伊希玛埃拉作　伍荣珍译

散文

散文两篇————————[德国]赫·黑塞作
童年轶事————————张佩芬译
龙卷风————————楼　瞻译

诗歌

当代美国印第安人诗选————————薛诗绮译
树（外一首）
————————[比利时]爱·维尔哈伦作　杨松河译

外国文学资料

苏联的文学争论（苏维埃俄罗斯文学）————[苏联]B.罗果文　C.马申斯基作　郭家申　钱善行译

现代作家小传

保尔·塞罗克斯————————颉　因

世界文艺动态

长篇小说《春雷》出版
大冈昇平谈战后日本文化

第 93 届芥川奖直木奖揭晓
第 19 届讲座奖颁发
沙特阿拉伯文坛活跃
《明镜》周刊悼念伯尔逝世
克·西蒙获 1985 年诺贝尔文学奖
反映二次大战的作品出版
诗歌创作、出版近况
关于贝林格文化奖
作家雷帕齐逝世
阿拉伯长篇小说讨论会
卡静新论著《美国作家队伍》
埃德里奇新作《恋爱妙方》
富恩特斯又一长篇年内脱稿
诺格拉斯逝世
百部世界文学名著丛书出版
历史小说方兴未艾
纪念马克·吐温诞辰 150 周年

美术作品

本期美术作品简介————————黄　麦
下田归来（油画）（封面）
————————[保加利亚]达·瓦希良斯卡
堂吉诃德（木刻）（封二）————[保加利亚]托·狄诺夫
忆当年（封三上）————[保加利亚]捷·艾木尔罗夫
笼（铜版画）（封三下）————[保加利亚]艾·雅涅娃
古代保加利亚传说中的一页（油画）（封底）
————————[保加利亚]维·瓦西列瓦

致读者

1986 年第 1 期　刊名:《世界文学》
目录

小说

一个竞选助手的内心独白（长篇选译）
————————[联邦德国]海·伯尔作　倪诚恩译
恐龙（于绍文画题头）
————————[奥地利]意·卡尔维诺作　袁华清译
布色世界剧院————[奥地利]瓦·托曼作　张　天译

当代外国诗歌专辑

挖掘（外四首）————[爱尔兰]西·希内作　袁可嘉译
真的知道吗?（外六首）————[法国]雅·普雷韦尔欧·纪勒威克　罗·马莱　马·德鲁兹作　余中先葛　雷译
战后的星期天（外六首）————[意大利]维·塞雷尼欧·蒙塔莱　比·马林作　吕同六译
一种类型的爱（外三首）————[联邦德国]尤·特奥巴蒂

克·莱尼希作　劳　人译
"可别惹祸先生"（外一首）
………[苏联]叶·叶夫图申科作　乌兰汗　刘文飞译
这么说（外八首）……………[美国]肯·汉森
罗·品斯基　卡·凯瑟作　赵毅衡译
葡萄酒之歌…………[阿根廷]豪·路·博尔赫斯作
赵振江译
情侣（外二首）………[墨西哥]奥·帕斯作　赵振江译
野姑娘…[乌拉圭]胡·德·伊瓦武鲁作　赵振江译
我说………[哥斯达黎加]豪·德布拉沃作　刘玉树译
寂寞的春天…………[日本]清冈卓行作　郑民钦译
自由之花…………[象牙海岸]夏·诺康作　青　山译
战斗的号召
………[多哥]雅·梅·多一科库作　青　山译

名篇选载
尤利西斯（选译，古干插图）
………[爱尔兰]詹·乔伊斯作　金　隄译

散文
薇拉·凯瑟的国家
………………[美国]威·霍华思作　邵儒珍译

古典文学
米娜·德·旺吉尔………[法国]司汤达作　林珍妮译

评论
诗神不是一个面孔——读《世界文学》当代外国诗歌
专辑札记………………邹荻帆
西方文学的一部奇书——论詹姆斯·乔伊斯的《尤利
西斯》………………金　隄
谈谈契诃夫和他在中国的影响………叶水夫
契诃夫的创作遗产在当今世界
………[苏联]格·彼·别尔德尼科夫作　朱逸森译

文化交流
罗马，操练场广场五号
——一篇成了悼文的访问记………袁华清

国外通讯
随笔两则………………董鼎山

世界文艺动态
《世界文学辞典》即将出版
首届贝鲁特文学奖
女作家伊米莉新作问世
格廷根日耳曼学国际讨论会
法国小说重新走向现实
西班牙语作家第三届国际代表大会

佩索亚逝世50周年
意·卡尔维诺逝世
中非作家协会成立
塞·马尔维逝世
雷·布雷德伯里的新作出版
劳·阿尔万被选为1985年度名诗人
门多萨的新作《火与冰》出版
帕拉发表新作
纪念阿维亚内达逝世100周年
埃及诗人法·舒舍访华
波兰作家代表团在华座谈
南斯拉夫作家代表团访问外国文学研究所
苏联学者别尔德尼科夫、李福清应邀访华
英国现代文学研讨会等学术活动在京举行

简讯
《世界文学》第三届编委会在杭州召开
《外国文学研究资料丛书》编委会在杭州召开

美术作品
本期美术作品简介………………戈　哈
空间中连续行动的独特形体（封面）
………………[意大利]翁·博菊尼
乔伊斯的蜡模遗容（封二上）
乔伊斯为《尤利西斯》里人物造像（封二下）
肖像画两幅（封三）…………[英国]帕·温·刘易斯
红色二重奏（封底）…………[英国]帕·温·刘易斯

1986 年第 2 期　刊名:《世界文学》

目录

传记文学选
童年………………[法国]娜·萨罗特作　桂裕芳译
诗体特写二则
………………[奥地利]斯·茨威格作　绿　原译
心灵的激情………[美国]欧·斯通作　王小莹译
论当今英国小说家
………………[英国]安·特罗洛普作　张禹九译
纪伯伦·赫里勒·纪伯伦
………………[黎巴嫩]米·努埃曼作　关　偁译

剧本
沼泽地居民………[尼日利亚]渥·索因卡作　邵殿生译

评论
关于人的书
——读《世界文学》外国传记文学专辑札记
………………刘宾雁

纪念高尔基逝世 50 周年
艺术世界的伟大耕耘者、探索者··············张 羽
高尔基····[苏联]科·伊·楚科夫斯基作 昌 茂译

文化交流
一张贺年片唤起的回忆
——让－路易·居尔蒂斯印象··············郭宏安

现代作家小传
娜塔莉·萨罗特··························桂裕芳
渥里·索因卡··························邵殿生

"我所喜欢的外国当代作家"征文选登
真诚的冯尼格··························梁思奇
我对加玛拉的作品有一种偏爱··············宋维洲
一位撰写现代启示录的作家··············赵永晖

世界文艺动态
第 97 届芥川奖、直木奖揭晓
1985 年度"东盟"文学奖评选揭晓
里什帕·吉尔南·杰恩逝世
苏联公布 1985 年度国家奖金
俄罗斯联邦第六次作家代表大会召开
1985 年秋季新书巡礼
凯勒纪念馆落成
《爱尔兰民间故事集》出版
1985 年主要文学奖揭晓
法兰西学院文学、诗歌、戏剧大奖揭晓
托伦特获第十届塞万提斯文学奖
女作家莫兰黛逝世
索因卡访问记
耶鲁大学纪念庞德诞生 100 周年
《黑人女作家》问世
胡安·鲁尔弗逝世
加西亚·马尔克斯的新小说《爱在霍乱蔓延时》
《万花筒》周刊披露加西亚·马尔克斯的本姓
阿尔杜纳特·菲力浦斯逝世
博尔赫斯出版新作
马德里举办"罗亚·巴斯托斯周"

简讯
我国作家与苏联汉学家座谈
纪念托尔斯泰逝世 75 周年

美术作品
本期美术作品简介··························志 平
巴尔扎克纪念像（铜像，1897）（封面）
··································[法国]奥·罗丹
海燕（头像雕塑）（封二）·······[苏联]伊·沙德尔

高尔基的三幅漫画像（封三）
··································[苏联]库克雷尼克塞
巴尔扎克塑像两尊（封底）··········[法国]奥·罗丹

1986 年第 3 期 刊名:《世界文学》
目录

当代外国女作家作品专辑
绿宝石的眼睛（古干插图）
··················[波兰]哈·阿乌德尔斯卡作 韩 逸译
老妇与猫··············[英国]多·莱辛作 王家湘译
退休的女人··············[法国]安·索蒙作 朱延生译
远方来客·············[日本]米谷富美子作 申 非译
三叉戟··············[印度]阿·布丽达姆作 席必庄译

剧本
女强人············[苏联]阿·阿尔布卓夫作 童道明译

海明威早期小说两篇
桦树树根的筋·雇佣兵··························朱世达译

作家谈创作
顶风前进····[波兰]哈·阿乌德尔斯卡作 韩 逸译

评论
当代苏联文艺学方法概观··················吴元迈
你对命运说："不！"——读《世界文学》"当代外国女
作家作品专辑"札记··························张抗抗
略论贝娄的《赫索格》··················宋兆霖

诗歌
格言诗选··············[德国]弗·尼采作 周国平译

现代作家小传
多丽丝·莱辛··························慧 辉

"我所喜欢的外国当代作家"征文选登
两座灼热的高炉
——加西亚·马尔克斯和福克纳··············莫 言
感知现实的新角度
——加西亚·马尔克斯对我的启迪··············雷 铎
他岂止是一个作家——海明威述评··············朱寅健

世界文艺动态
朝鲜作家积极开展创作活动
1985 年日本文学回顾
沃·诺·巴曼玛文学奖
尼赫鲁文学艺术奖

米尔拜德诗歌节
黎巴嫩文坛近况
苏联报纸就青年诗歌问题展开争论
瓦尔拉夫的新作《最底层》引起轰动
劳伦斯诞生 100 周年纪念
《读书》评 1985 年最佳图书二十种
卡罗·巴罗哈获西班牙国家文学奖
葛兰西的六封信发表
突尼斯举行年度文学奖授奖仪式
青年女作家凯里·休姆获布克奖
奥茨新作《至点》出版
鲁尔弗对记者发表的最后一次谈话
富恩特斯发表新作
斯卡尔梅达谈"文学爆炸"及"爆炸后文学"
萨巴托评论集出版
比奥·卡萨雷斯完成一部新作

中国文学在国外
苏联译介张抗抗的小说《北极光》
老舍的《正红旗下》在保出版
《聊斋志异》在西班牙出版

美术作品
本期美术作品简介·······················晨　朋
乌兹别克的河流（封面）···········[苏联]鲍·斯维宁
卫国战争纪念碑（封二）
·······················[苏联]梅·别尔泽尼什维里
医生—英雄纪念碑（封三）·········[苏联]列·克贝尔
母爱（封底）···················[苏联]K.基赛里斯
简讯:《外国文学评论》即将创刊

1986 年第 4 期　刊名:《世界文学》

目录

外国散文专辑
致威·杜兰特书
·············[美国]亨·路·门肯作　薛鸿时译
堤坝决口那一天（杰·瑟伯插图）
·················[美国]杰·瑟伯作　屠　珍译
丢失的行李（外一篇）
·············[美国]阿·布契沃尔德作　屠　珍译
评海明威的《老人与海》（外三篇）
·················[美国]威·福克纳作　李文俊译
再到湖上········[美国]爱·布·怀特作　冯亦代译
论老之将至········[英国]伯·罗素作　申慧辉译
射象··········[英国]乔·奥威尔作　董乐山译
论无所事事········[英国]约·布·普利斯特利作
梅绍武译

总结···········[英国]威·骚·毛姆作　赵隆勷译
无知的乐趣·······[爱尔兰]罗·林德作　傅惟慈译
贝加尔湖啊，贝加尔湖……
·············[苏联]瓦·拉斯普京作　程　文译
婚礼（外二篇）
·············[苏联]瓦·别洛夫作　蓝英年译
五月·········[苏联]鲍·谢尔古年科夫作　许贤绪译
肖邦故园（外一篇）
·············[波兰]雅·伊瓦什凯维奇作　韩　逸译
父亲与我········[瑞典]派·拉格奎斯特作　李　笠译
读书之乐（外一篇）····[法国]阿　兰作　罗　竞译
日记选··········[法国]安·纪德作　胡承伟译
懒惰哲学趣话（外一篇）
·············[联邦国国]海·伯尔作　韩耀成译
对《铁皮鼓》的回顾或作为可疑证人的作者
·············[联邦德国]君·格拉斯作　宁　瑛译
爱（外六篇）···········[智利]巴·聂鲁达作
林　光　王小芳译
夏巴尼随笔选·······[坦桑尼亚]夏巴尼作　周国勇译

小说
农事诗···········[法国]克·西蒙作　易　超译
附：在斯德哥尔摩的演说
·················[法国]克·西蒙作　傅先俊译
一个留在中国的日本孤儿的故事
·················[日本]中野孝次作　文洁若译
塔兰赛村的外邦人
·············[加拿大]法·莫厄特作　毕均轲译
盯梢者（梅·斯蒂文司插图）
·················[英国]狄·托马斯作　戈　哈译

纪念鲁迅逝世五十周年
鲁迅与世界文学·······················王富仁

评论
漫谈外国散文的选译
——读《世界文学》外国散文专辑札记···········冯亦代

国外通讯
J.D.塞林格的神秘·······················董鼎山

文化交流
牛津—北京：一篇前言···················王逢振
有希望的文学
——访坦桑尼亚作协主席凯齐拉哈比···········蔡临祥
1986 年非洲文学年会侧记···············李永彩
非洲文学在中国·······················李永彩

现代作家小传
瓦·格·拉斯普京·······························斯 力

"我所喜欢的外国当代作家"征文选登
我喜欢马尔加斯·卡彭铁尔和他的人间王国·····甘铁生
深沉的爱和执著的追求
——记埃及作家纳·马哈福兹···················李 琛
如果我养育了一只杜鹃鸟·······················邵培德

世界文艺动态
井上靖将有新作问世
《萨蒂卡》文学半月刊设短篇小说奖
第十五届阿拉伯作家代表大会召开
戈尔巴乔夫谈文艺政策
民主德国作协举办作品朗诵会
君特·格拉斯新作《母老鼠》问世
伦敦发现卡罗尔作品木刻插图
热奈和波伏瓦逝世
1985 年三大文学奖揭晓
维尔加未曾发表过的短篇小说
埃及庆祝世界戏剧日
开罗民族剧院庆祝建院 50 周年
国会图书馆聘布鲁克斯为诗歌顾问
美国人发现一首莎氏长诗
拉美"作联"首次代表大会
加西亚·马尔克斯发表报告文学
玛尔塔发表新作
博尔赫斯逝世
上海集会纪念塞万提斯逝世 370 周年
纪念高尔基逝世 50 周年
李白、杜甫、白居易诗歌全集在意出版
罗马尼亚翻译出版《金瓶梅》

读者·译作者·编者

美术作品
本期美术作品简介·······························晨 朋
苏捷斯卡战役纪念碑(封面)
··························[南斯拉夫]米·日夫柯维奇
1941 年被枪杀的中学生纪念碑(封底)
··························[南斯拉夫]米·日夫柯维奇
妈妈,早安!(封三上)·······(蒙古)达·阿姆格楞
草原暮色(封三下)··········(蒙古)T.索索伊
外国美术家创作的鲁迅先生像(封二)

1986 年第 5 期 刊名:《世界文学》

目录

山崎丰子及其创作
暖帘(古干插图)
···········[日本]山崎丰子作 杨铁婴 吴晓薇译
《暖帘》的诞生·······[日本]山崎丰子作 唐月梅译

外国散文专辑
致一位青年诗人的信
···········[奥地利]莱·玛·里尔克作 张 黎译
裁缝的童话·······[奥地利]罗·穆西尔作 高中甫译
回头的浪子·······[澳大利亚]帕·怀特作 黄源深译
阿克拉人的服饰
···········[意大利]阿·莫拉维亚作 吕同六译

长篇选译
兔子,跑吧!
···········[美国]约·厄普代克作 郑启吟译

西班牙"27 年代诗人"散文诗歌选
在佩德罗·萨利纳斯家(散文·外六篇)
···········维·阿莱桑德雷作 王永年 姜浩银译
诗十五首·······························佩·萨尔纳斯
豪·纪廉 赫·迭戈 费·加西亚·洛尔卡 拉·阿
尔维蒂 路·塞努达 米·埃尔南德斯作 王永年
姜浩银 赵振江 徐钟林 望 霞译

评论
社会的变迁,人生的迷惘——厄普代克和"兔子"三
部曲·································钱满素

现代作家小传
山崎丰子·······························唐月梅

"我所喜欢的外国当代作家"征文选登
加西亚·马尔克斯:魅力的爆炸·············丁晓禾
现代主义和悠久传统的交融·················杨福祥
他创造了一个纯美的境界·················路雪莹

世界文艺动态
《罗摩衍那》第二次国际学术讨论会
古代诗人顺吞蒲被定为世界著名诗人
第四届努沙塔拉文学家会议召开
苏联第八次作家代表大会
联邦德国作协第七次代表大会
荷兰出版《安娜·弗兰克日记》
《读书》杂志进行读者调查

纪念塞缪尔·贝克特八十诞辰
纪念加西亚·洛尔卡遇害五十周年
托米扎发表新作
1985年的埃及小说和戏剧
阿拉伯文化简讯
伊本·拉希哥文学评论奖
《印第安纳中国古典文学手册》出版
冯尼格新作《加拉帕戈斯》
墨西哥作协改选领导机构
1985年古巴畅销书

中国文学在国外
日本青年作家谈陈建功
我国新文学在南斯拉夫

美术作品
本期美术作品简介－－－－－－－－－－－黄　麦
作品（封面）－－－－－－－－－－［日本］伊藤隆道
《源氏物语插图两幅》（封二）－－－－－－－［日本］斋藤薫
木刻三幅（封三）－－－－－－－－［日本］松原直子
东方的午后（封底）－－－－－－－－－［日本］中山正

1986 年第 6 期　刊名:《世界文学》

目录

世界文艺动态
《尤里卡》杂志刊发"语言革命"特集
前菲共主席西松获东南亚文学奖
获1985年捷作协各种奖的作家和作品
民主德国颁发"贝歇尔金质勋章"
国际笔会第四十九届会议
"英格博格·巴赫曼奖"揭晓
让·多梅松新作《所有男人都着了迷》
1986年埃及国家文学奖
金斯伯格的大型诗集出版
皮塔·罗德里格斯获古巴国家文学奖
尼日利亚作家索因卡获本年度诺贝尔文学奖

简讯
钱钟书短篇小说集《纪念》在联邦德国出版
西班牙文学讨论会暨加西亚·洛尔卡逝世·洛尔卡逝
世50周年纪念会
杨绛获西班牙智者阿方索十世大十字勋章

美术
本期美术作品简介－－－－－－－黄　麦　方　成
人体组合（雕塑，李松山摄）
－－－－－－－－－［坦桑尼亚］加基·希达拉

漫画四幅－－－－－－－－－－［阿根廷］吉·莫尔迪略
漫画一幅（选自苏联《鳄鱼》杂志）
－－－－－－－－－－［苏联］B.戛尔加耶夫

外国幽默讽刺作品专辑
大沼泽轶事（方成插图）－－－－－－［巴西］若·萨尔内作
张　宇　唐玺麟译
最后一天和第一天
－－－－－－－－－［苏联］安·茹可夫作　田大畏译
自我邀请（何韦插图）
－－－－－－－－－［希腊］帕·帕帕杜卡斯作　益　伯译
五百级台阶（华君武插图）
－－－－－－－－－［南斯拉夫］安·索良作　娜　娜译
可笑的悲剧（孙以增插图）
－－－－－－－－－［法国］阿·科蒂作　朱延生译
殡仪馆老板和《长命百岁》（丁聪插图）
－－－－－－－－－［埃及］尤·西巴伊作　伊　宏译
奇特的警犬（孙以增插图）
－－－－－－－－－［日本］星新一作　晓　梦译
拥有百科全书的人
－－－－－－－－－［瑞士］瓦·考尔作　易　文译
热闹的葬礼－－－－－－－－（南朝鲜）白龙云作　小　晓译

瑞士法语作品选
瑞士短篇小说四篇－－－－－－－－－－赵　坚译
禁止入内－－－－－－－－－阿-丽·格罗贝蒂作
埃佛拉－－－－－－－－－－－加·福尔作
乡下老人－－－－－－－－－夏·费·拉缪作
昂特山口－－－－－－－－－罗·托卜费尔作

散文
美的存在与发现－－－－－－－［日本］川端康成　叶渭渠译

评论
幽默与文学
——读《世界文学》"外国幽默讽刺作品专辑"札记
－－－－－－－－－－－－－－谌　容
关于瑞士法语文学的一封信－－－－－－－郭宏安

文化交流
我们在聆听……
——访纪伯伦博物馆－－－－－－－彭　龄　章　谊

"我所喜欢的外国当代作家"征文选登
博尔赫斯的世界－－－－－－－－－－高　尚
"人不是生来要给打败的"－－－－－－－曾毓秋
我所喜欢的当代外国作家—伯尔－－－－－周雪波
现代西方国家的官儿－－－－－－－－郭东升

现代作家小传
若泽·萨尔内 ————————————————何　榕

1987 年第 1 期　刊名:《世界文学》
目录

秘鲁作家巴尔加斯·略萨专辑
酒吧长谈（长篇选译·秦龙插图）————孙家孟译
结构革命的先锋——论巴尔加斯·略萨及其作品《酒吧长谈》————————————————孙家孟
但愿我们在北京相见————————————尹承东

小说
怜悯————————[爱尔兰]弗·奥康纳作　吴燕泉译

世界文坛新事
高悬于人类头顶的达摩克利斯之剑——联邦德国"反科幻小说"简介————————————章国锋

著译者序跋
真诚的人——《母与子》译后记————————罗大冈

中国作家谈外国文学
看法和意见————————————————冯　至
我的回答————————————————萧　乾
要重视拉美文学的发展模式————————李　陀
走向世界的忧虑————————————邓　刚

外国文学翻译出版漫笔
社会主义精神文明建设的组成部分——谈谈人民文学出版社十年来的外国文学出版工作————绿　原
译界盛事
——《普希金选集》七卷集一二年内即将出齐
————————————————————卢　永

现代作家小传
马里奥·巴尔加斯·略萨————————孙家孟

世界文艺动态
联合国出版世界文学名著丛书
塑造科学技术工作者的形象
第二届《文化评论》文学奖揭晓
老作家石坂洋次郎逝世
泰国作协、诗协选出新的领导机构
1986 年巴格达阿拉伯文化奖
西格查左特新作《倚窗》
第三十届柏林戏剧节
托马斯·曼之子发表回忆录

雷蒙·格诺的日记出版
洛佩·德·维加的一首诗稿被发现
夏侠发表新作
帕里斯逝世
阿里·拉伊谈埃及的文学评论
海明威第十部遗作《伊甸园》出版
十五位文艺工作者获奖
马里奥·巴尔加斯·略萨近况
普伊格获库尔齐奥·马拉巴尔泰文学奖

简讯
萧乾获挪威国家勋章
普列姆昌德与印度现实主义文学研讨会在穗召开
山崎丰子的京介绍其创作活动
泰国作协代表团访问我国
读者·译作者·编者

美术作品
本期美术作品简介————————————邹海苍
巴尔加斯·略萨像
海滩上的马、南方景色（木刻）
————————————[智利]何·万徒勒里
农民、科留莫海滩（素描）————[智利]何·万徒勒里
迁徙————————————[智利]何·万徒勒里

1987 年第 2 期　刊名:《世界文学》
目录

苏联作家沃兹涅先斯基专辑
安·沃兹涅先斯基致本刊读者————————张小军译
〇（中篇小说）————————————乌兰汗译
附录：代后记————————————乌兰汗译
工匠们（诗外六首）————————————秀　公译
安·沃兹涅先斯基和他的诗歌
————————[苏联]列·奥泽罗夫作　张小军译

"后现代主义"文学小辑
"后现代主义"小说————————————董鼎山
当代美国试验小说的技巧————————钱　青
帽子魔术————————[美国]罗·库弗作　钱　青译
乡村中心的中心————[美国]威·格斯作　钱　青译

诗歌
诗四首————[日本]大冈信作　郑民钦　兰　明译

小说
散步用的手杖
————————[南斯拉夫]维·卡勒布作　冯玉律译

古典文学

中国故事（小说）
——————————————[法国]阿·法朗士作　徐知免译
短篇小说两篇
——————————————[法国]保·阿兰纳作　蔡若明译
皮塔吕格的云豆、善良的人

世界文坛新事

复归的古米廖夫——————————————刘文飞

文化交流

"今天的作家应当成为哲学家"
——列昂诺夫访问记——————————————刘　宁

中国作家谈外国文学

中国新文学介绍到国外的一些情况————————叶君健
《世界诗库》：一个设想————————————袁可嘉
知其不可为而为之————————————————董乐山

外国文学翻译出版漫笔

上海译文出版社外国文学介绍工作一瞥————辛未艾

现代作家小传

安德烈·沃兹涅先斯基——————————————汗

世界文艺动态

日本《文学界》杂志评出佳作
日本作家圆地文子逝世
泰文坛评选百年来优秀短篇小说作家及其代表作
泰戈尔诞辰 125 周年纪念
民主德国举办"青年作家日"活动
西南电台文学奖
迪伦马特连中三元
英刊报道《世界文学》介绍《尤利西斯》
特鲁瓦亚推出新传记作品《高尔基传》
《关于〈约婚夫妇〉的书信集》出版
埃及作家的回顾与展望
奥茨新作《玛丽亚的一生》
《美国插图集 1890—1925》
历史上最长的诗篇
若热·亚马多获季米特洛夫奖
贝内德蒂出版新作
纪念别林斯基诞辰 175 周年
黎萨尔殉国 90 周年纪念会在北京举行
北京集会纪念鲁尔弗逝世一周年

简讯

中国译协建立文学艺术翻译委员会
我刊译者姚锦清获首届"彩虹翻译奖"

叙利亚作家代表团访华
巴西总统萨尔内感谢我国翻译发表他的小说
意汉学家布娅蒂在外国文学研究所发表演讲
北京举行普希金诗歌朗诵会

美术作品

苏联作家安·沃兹涅先斯基像（封面）
毕加索和他画的斗牛图（封二）
穆尔的雕刻《家族》（封三）
沃兹涅先斯基与柴列捷里共同设计的《语言》纪念碑
（1983）（封底）

1987 年第 3 期　刊名：《世界文学》
目录

意大利作家意·卡尔维诺专辑

不存在的骑士——————[意]卡尔维诺作　吴正仪译
寓言中的哲理，幻想里的现实——评卡尔维诺的《我
们的祖先》三部曲——————————————吴正仪
关于意大洛·卡尔维诺、他的祖先和历史以及关于我们
现代人——————[苏联]鲁·赫洛多夫斯基作　白　堤译

诗歌

爱情（外四首）——————[芬兰]埃·瑟德格朗作
李　笠　北　岛译
风暴（外二首）——————[瑞典]托·特朗斯特吕姆作
李　笠译
离婚（外一首）
——————[丹麦]托·迪特莱弗森作　刘季星译
"开花的，祝你们开放……"
——————[俄国]费·索洛古勃作　飞　白译
路边草（外一首）
——————[俄国]康·巴利蒙特作　飞　白译
风雪——————[苏联]鲍·帕斯捷尔纳克作　飞　白译

报告文学

最底层（选择）
——————[联邦德国]君·瓦尔拉夫作　倪诚恩译

短篇小说

机械奴——————————[土耳其]贝·耶尔德兹作
万代雄　徐　玫译

传记小说

弗拉希（下斯续完）
——————[英国]弗·吴尔夫作　徐天池　蒋海新译
附：咏狗二首（诗）
——————[英国]伊·布朗宁作　屠　岸　章　燕译

文化交流

钱钟书——关注意大利文学的作家和学者
·················· [意大利] 朱·白佐良作　辛　梓译

外国文学翻译出版漫笔

一块石材，一撮泥土——介绍浙江文艺出版社的外国
文学出版工作···························伍　隼

中国作家谈外国文学

失败者的胜利——读茨威格《异端的权利》····戴　晴
当中药来吃···························张抗抗
我永远是外国现代文学的读者···············孙　玮

现代作家小传

意大洛·卡尔维诺·····················吴正仪

敬贺曹靖华同志90寿辰
邓颖超同志的贺信
"给奴隶偷运军火"的猛士·············本刊编辑部

世界文艺动态

由里幸子介绍1986年文坛情况
芥川奖、直木奖揭晓
印度颁发第21届讲坛奖
迈·德尔维什谈巴勒斯坦文学
苏联作协恢复帕斯捷尔纳克的会籍
安娜·西格斯的《真正的蓝色》搬上荧屏
《赫尔曼·黑塞书信集》出齐
卡夫卡书信集将出版
帕梅尔出版新作
石一黑雄得维特布莱德图书奖
法国人最喜爱的作家
莫地亚诺的新作《八月的星期日》
纳达尔文学奖
卡索拉逝世
第19届开罗国际书展
纽伯里和考尔德科特儿童文学奖揭晓
《波希米亚》杂志刊载阿莱霍·卡彭铁尔自传
加西亚·马尔克斯开始发表回忆录
加西亚·马尔克斯的七部作品将搬上银幕

简讯

北京举行中意文诗歌朗诵会
钱钟书作品在法国翻译出版
罗出版并介绍《中国当代诗选》
《世界文学》编委冯至、戈宝权、叶水夫分别获外国
文艺奖与名誉博士学位
《诗经》获西班牙国家翻译奖

美术作品

当代意大利雕塑大师——曼祖···············张德蒂
意大洛·卡尔维诺像（封面）
贾科莫·曼祖雕塑一组（封二、封三）
毕加索为《不存在的骑士》画的插图（封底）

1987年第4期　刊名:《世界文学》
目录

保加利亚作家安·古利亚什基专辑

急诊室（中篇，古干插图）···············樊　石译
玫瑰飘香话友情
——访保加利亚作协副主席古利亚什基·········樊　石

诗歌

熊（外一首）········ [美国] 高·金内尔作　张子清译
踢树叶（外一首）···· [美国] 唐·霍尔作　李文俊译
高士（外二首）···· [美国] 简·肯庸作　琼　珊译
诗六首··········· [印度] 阿葛叶作　倪培耕　韩朝炯译
献给祖国的花束··········· [尼日利亚] 渥·索因卡作
汤　潮译

传记文学

阿凯——童年纪事（选译）
·············· [尼日利亚] 渥·索因卡作　邵殿生译
附：在接受1986年诺贝尔文学奖时的讲话
·············· [尼日利亚] 渥·索因卡作　汤　潮译

美国当代短篇小说

六十年代是否损害了小说（评论）
··························本·德莫特作　戎逸伦译
一件小小的好事·大众力学
·············· 雷·卡弗作　黄河清　刘书栋译
抵挡·万花筒···············安·比蒂作　王托萨译
组合之道···············贝·培赛茨基作　欧阳昱译

小说

希莉的鸭子··············· [印度] 阿葛叶作　倪培耕译
短篇小说两篇··········· [俄国] 伊·蒲宁作　戴　骢译
弗拉希（续完）··········· [英国] 弗·吴尔夫作
徐天池　蒋海新译

散文

虚荣心、名誉、爱与罗伯特·弗罗斯特
·············· [美国] 唐·霍尔作　赵华智译

作家谈创作

迷惘···············[波兰]塔·鲁热维奇　易丽君译

评论

短促的生命 伟大的贡献——纪念德国剧作家毕希纳
逝世 150 周年··冯 至

文化交流

文学，人间感情的沟通者
——访问现代印度作家阿葛叶······倪培耕 钱王驷
重访魁北克···王泰来

外国文学翻译出版漫笔

为青年提供的精神食粮——兼谈一套外国短篇小说选
集的出版情况···施竹筠

中国作家谈外国文学

外国文学断想··周珏良
我读外国文学··贾来凹
无形的渗入···赵 玫

现代作家小传

安·斯·古利亚什基····································樊 石

世界文艺动态

《文学时标》复刊
井上厦赠书办夜图书馆
泰国作协选出新的领导机构
国际《摩诃婆罗多》学术讨论会
尤苏夫·赫勒逝世
凯马勒·比拉姆谈土耳其文学
第一届全国戏剧节
瓦尔拉夫设立"共同生活基金会"
《狄更斯小说创作笔记》出版
诗歌新奖与新集
《贝玑散文全集》重新出版
纪念莱奥帕尔迪逝世 150 周年
埃及两位著名作家逝世
戈迪默出版新作
厄普代克发表新作
拉美文艺界的盛会
恩卡儿童文学奖
安德列斯·贝约青年短篇小说竞赛

简讯

埃及作家代表团访华
老舍的作品在法国翻译出版
泰国将巴金《家》译制片送国际电影节展出
"毕希纳学术讨论会"在北京举行

美术作品

本期美术作品简介·····························邹海苍

安·古利亚什基像（封面）
潘神（墨笔画）（封三）
·································[罗马尼亚]林·米尔德内尔
保加利亚公元 8－11 世纪的石刻艺术（封三）
托莱多（油画）（封底）········[罗马尼亚]科·巴巴

1987 年第 5 期 刊名:《世界文学》
目录

美国作家弗·纳博科夫专辑

微暗的火（长篇选译，秦龙插图）···········梅绍武译
浅论纳博科夫···梅绍武
优秀读者与优秀作家··········范伟丽译 朔 望 校
纳博科夫访问记
··················[美国]赫·戈尔德作 张 平译

诗歌

恰夫恰瓦泽诗十章
··········[格鲁吉亚]伊·恰夫恰瓦泽作 戈宝权译

小说

贝尔纳迪尼家的平台（中篇）
··················[法国]苏·普鲁作 徐家顺译
人生的序幕（短篇）
··················[缅甸]摩 摩作 姚秉彦译
贤妻（短篇）
··········[斯里兰卡]乌·西尔瓦作 邓殿臣译
这么多的水，这么靠近家（短篇）
··········[美国]贝·培赛茨基作 刘书栋译

散文

偷听谈话的妙趣（外一篇）
··········[英国]吉·海厄特作 欧阳昱译

外国文学资料

苏联文学七十年
··········[苏联]奥·索波钦斯基作 斯 力译

作家书简

亚马多致中译者的信·····························范维信译

编译者序跋

人性的沉沦与人性的窒息
——纪德小说二种中译本序·····················柳鸣九

国外通讯

日本文坛一角···唐月梅

中国作家谈外国文学
答问一二·······················陈敬诣
我国翻译界应急起直追·········黄秋耘
为译诗一辩——与诗人弗罗斯特的对话·······方 平

现代作家小传
弗拉迪米尔·纳博科夫·············梅绍武

世界文艺动态
日本文学向何处去?
山崎丰子即将发表新作《大地之子》
1987年华文文艺节
民族遗产学术讨论会
黎巴嫩作协积极开展活动
苏联文学近况点滴
青年诗人作品合集系列出版
马丁·瓦尔泽的新作
安东尼·伯吉斯出版自传
莱维自杀
陶菲格·哈基姆逝世
艾丽丝·门罗新作《爱的进展》
有声小说磁带投入市场
《卡波特传》出版
美洲之家奖
加西亚·马尔克斯谈他的新作
拉美短篇小说竞赛奖

中国文学在国外
叶君健作品国外最新译本

简讯
曹靖华获苏联各国人民友谊勋章
草婴获高尔基文学奖
外国文学学会阿拉伯文学研究会成立
巴西著名作家亚马多三度访华

美术作品
本期美术作品简介·················黄 麦
弗·纳博科夫像
高尔基像·············[苏联]尤·安年柯夫
苏联作家肖像三幅·····[苏联]尤·安年柯夫
《领唱》(三联画《开端》的中心画,1967,油画)
·························[苏联]康·铁里扎诺夫

1987 年第 6 期　刊名:《世界文学》

目录

联邦德国作家君·格拉斯专辑
君·格拉斯致本刊读者·················蔡鸿君译
猫与鼠(中篇小说,张守义插图)
·························蔡鸿君　石沿之译
试论君·格拉斯的"但泽三部曲"·······叶廷芳
谈文学·················张佳珏　焦仲平译
多疑的对话·····················焦仲平译
君·格拉斯访问记
·········[联邦德国]埃·鲁道夫作　陈爱政译

古典文学
水手毕利·伯德
·········[美国]赫·梅尔维尔作　周珏良译

评论
《毕利·伯德》的一种读法·············周珏良

外国文学翻译出版漫笔
努力为读者提供更多的精神佳肴·········易文思

中国作家谈外国文学
视野应当更广阔些·····················蓝仁哲
审判之谜·····························黄佳星
笔谈外国文学对我国新时期文学的影响·······刘再复
多多益善·····························王培公

现代作家小传
君特·格拉斯·························江 影

世界文艺动态
芥川奖、直木奖增选女评选委员
宫本辉又获文学奖
菲律宾作协选出新的理事会
尤素福·海亚特的新作《人与时代》
剧作家德沃列茨基逝世
1987年青年文学奖揭晓
马丁·艾米斯新作问世
戈尔丁第十部长篇小说问世
法兰西学院院士纷纷发表畅销作品
德·蒙蒂切利逝世
外交官作家成立协会
罗举办"诗歌与和平"艺术节和讨论会
杰·基塔尼谈阿拉伯小说
第四次作家和文学家代表大会开会
索尔·贝洛发表新作

女作家再现莎士比亚的形象
《格拉玛报》载文谈《百年孤独》
卡彭铁尔的《启蒙世纪》即将拍成电视
纪念杜朗逝世 25 周年
富恩特斯早期作品出版

简讯
"冯至德语文学研究奖"设立
第三届全国德语文学讨论会在穗举行
全国法国文学研究会第三届年会在京举行
柔石的《二月》在法国翻译出版
冯骥才的著作在苏联出版

读者·译作者·编者

美术作品
作为画家的君特·格拉斯⋯⋯⋯⋯⋯⋯⋯⋯⋯施　乐
君特·格拉斯像
格拉斯自画像（铜版蚀刻画，1972）
双重的弗里施（铜版蚀刻画，1975）
作者的手（铜版蚀刻画，1979）
达维德饰奥斯卡—Ⅱ（铜版蚀刻画，1979）
君·格拉斯为《猫与鼠》（第一版）设计绘制的封皮

1988 年第 1 期　　刊名:《世界文学》

目录

苏联作家雷巴科夫和他的长篇小说
阿尔巴特街的儿女们⋯⋯⋯范国恩　赵永穆　陈行慧译
阿·雷巴科夫就《阿尔巴特街的儿女们》三次答记者问
⋯⋯⋯⋯⋯⋯⋯⋯⋯⋯⋯⋯⋯⋯⋯⋯⋯⋯季　耶译
苏联文学界和读者对《阿尔巴特街的儿女们》的评论
⋯⋯⋯⋯⋯⋯⋯⋯⋯⋯⋯⋯⋯⋯⋯⋯⋯⋯冀元璋

奥地利当代短篇小说
折磨人的小皮袋
⋯⋯⋯⋯⋯⋯⋯海·冯·多德勒尔作　适　均译
圣尼古拉⋯⋯⋯⋯⋯格·富塞内格尔作　蔡鸿君译
可怕的忠诚⋯⋯⋯⋯玛·豪斯霍费尔作　程之曦译
镜子的故事⋯⋯⋯⋯伊·艾兴格作　赵燮生译
陌生人之死⋯⋯⋯⋯彼·汉特克作　石沿之译
猎兔⋯⋯⋯⋯⋯⋯⋯恩·诺瓦克作　金　弢译

传记文学
曼德尔施塔姆——日记片断
⋯⋯⋯⋯⋯⋯[苏联]安·阿赫马托娃作　野　婴译
附：曼德尔施塔姆诗八首⋯⋯⋯⋯⋯⋯　野　婴译

散文
文人未必相轻⋯⋯⋯⋯⋯[美国]琳·班伯作　王义国译

文化交流
九百个火炬⋯⋯⋯⋯⋯⋯⋯⋯⋯⋯⋯⋯⋯⋯刘白羽
冯至荣获联邦德国"大十字勋章"
外国作家答本刊问
⋯⋯⋯⋯⋯[苏联]鲍·瓦西里耶夫　安·沃兹涅先斯基
罗·罗日杰斯特文斯基　张晓强译

翻译出版漫笔
漫长的、艰辛的、值得怀念的⋯⋯⋯——中国翻译俄国
苏联诗歌的历程⋯⋯⋯⋯⋯⋯⋯⋯⋯⋯⋯孙　玮
苏联诗歌译坛的盛会⋯⋯⋯⋯⋯⋯⋯⋯⋯程　文

现代作家小传
阿纳托利·托乌莫维奇·雷巴科夫⋯⋯⋯⋯晓　强

世界文艺动态
女作家村田喜代子获芥川文学奖
日本举行比较文学国际讨论会
作家协会举行保护作家著作权大会
文学评论家耶辛获拉蒙·麦格赛赛奖
笔会分会举行诗歌讨论会
海湾各国作家在科威特聚会
1987 年度国家奖金揭晓
恩岑斯贝格尔发表新作
君·格拉斯选集出版
弗里傅获 1987 年毕希纳奖
A.N.威尔逊出版新作
《寻找失去的时间》版权期告终
法国公布 1987 年几项文学奖
阿尔维蒂伤中继续创作
斯戈隆发表新作
维·特奥多雷斯库病逝
文学评论协会成立
作协主席谈摩洛哥文学
《美国黑人小说及其传统》出版
阿瑟·米勒出版自传
多诺索获西班牙勋章
卡拉斯基利亚的手稿失而复得

简讯
姜椿芳同志逝世
北京举行莱奥帕尔迪纪念晚会
中国外国文学学会在南京召开第三届年会

美术作品
本期美术作品简介⋯⋯⋯⋯⋯⋯⋯⋯⋯⋯⋯晨　朋

藏书章（扉页）————————［苏联］伊·茨冈科夫刻
安·阿赫马托娃像（封面）————［苏联］纳·阿尔特曼
雕塑一组（封二）————————［苏联］瓦·西杜尔
阿尔伯特·爱因斯坦肖像（封二上右）
暴力受难者纪念碑（封二上左）
苏联科学院韦尔纳茨基地质化学研究所前的装饰作品
瓦·西杜尔在他的工作室里（封三）
情侣（封底）————————————［苏联］瓦·西杜尔

1988 年第 2 期　刊名:《世界文学》

目录

传记文学
普鲁斯特传————————［法国］莱·皮埃尔-坎作　蒋一民译

小说
追忆逝水年华（选章）
————————————［法国］马·普鲁斯特作　徐之免译
短篇小说七篇
————————————［葡萄牙］米·托尔加作　范维信译
附：他仍然在默默地创作
————————————［西班牙］塞·安·莫利纳作　范维信译

加拿大文学专辑
权宜之计（幽默小品）————皮·伯顿作　郝亚兰译
走投无"屋"（幽默小品）————琼·沃克作　陈舒平译
我的爱情（幽默小品）————安·汉戈作　吴世儒译
加拿大法语诗抄————————阿·格朗布瓦　埃·圣
德尼-加尔诺　丽·拉尼埃　安·埃贝尔　加·米隆
海·波劳依作　汤　潮　罗　芃　王泰来译
会见乔伊斯（散文）————莫·卡拉汉作　李淑贤译
伐木抒怀（散文）————休·麦克伦南作　王世垣译
入世思源（散文）————玛·劳伦斯作　张一麟译
奥尔甫斯的音调（小说）————堂·贝利作　宗　嘉译
水塘的呼唤·暴风雨（小说）
————————————————加·鲁瓦作　王泰来译
骄阳已逝（剧本）
————————————肯·米歇尔作　李小平译　孙法理校
文论两篇————————————诺·弗莱作　蓝仁哲译

译作者序跋
井上先生与西域小说集————————————王　蒙

外国作家答本刊问
"我想了解他们的读后感"
————————————————［日本］加藤周一　唐月梅译
"我再无别的乐趣"
————————————————［日本］曾野绫子　唐月梅译

"被激怒的时候多"
————————————————［埃及］赛·阿巴泽　齐　奋译

现代作家小传
诺·弗莱————————————————————慧　辉

世界文艺动态
第九次东盟文学奖评选揭晓
《日本笔会五十年史》出版
日本 1987 年最畅销小说搬上银幕
叶夫图申科谈《日瓦戈医生》
挪威出版《中国的易卜生》
民主德国向文艺工作者颁发勋章和奖金
联邦德国首次出版《歌德全集》简装本
伯尔名著将搬上歌剧舞台
玛·德拉布尔新作问世
尤瑟纳去世
1987 年法国两项文学奖颁发
法剧作家阿努伊去世
意作家金茨岂有此理尔格和斯韦沃名扬巴黎
罗作家阿列克桑德鲁获日本"创价教育国际金奖"
埃及作家阿·拉·谢尔卡维逝世
摩作家本·杰伦获龚古尔文学奖
《美利坚回归线》出版
《时代》周刊列出 1987 年最佳小说、电影
伊·阿连德发表新作

简讯
我国召开首届勃朗特姐妹作品讨论会
戈宝权获苏联各国人民友谊勋章

美术作品
本期美术作品简介————————————————未　鱼
藏书票（扉页）————————［奥地利］奥·法依里
普鲁斯特像（封面）————［法国］雅-艾·布朗什
今日的因纽特人（封二）————［加拿大］比·卡尔里克
斯蒂芬·里柯克（封三）————［加拿大］伊·韦·吴德
公寓的一角（封底）————————［法国］克·莫奈

1988 年第 3 期　刊名:《世界文学》

目录

传记文学
夏班·罗伯特自传
————————————［坦桑尼亚］夏班·罗伯特作　薛彦芳译
走出非洲（选译）
————————————————［丹麦］艾·迪内森作　艾　迅译
自传————————————［古巴］阿·卡彭铁尔作　刘习良译

小说

短篇小说二篇·······[南非]纳·戈迪默作　邹海苍译
有一头是母牛
　　·······[加拿大]辛·罗斯作　杜郁如　许宏业译
失落在水中的秘密
　　·······[加拿大]洛·卡里埃作　谷启南译
有限岁月·······[美国]大·里维特作　冯亦代译
讲真话，日子不好过
　　·······[法国]马一保·富歇作　朱延生译

诗歌

荷兰现代诗选·······马高明　柯　雷译
我坐在窗前（外三首）·······[美国]约·布罗茨基作
金　重　王伟庆译
诗八首·······[法国]勒内·夏作　罗大冈译

散文

人物杂忆（六篇）·······[英国]伯·罗素作　申慧辉译

外国文学资料

爱·摩·福斯特致萧乾的信·······李　辉译

文化交流

以悲剧结束的一段中英文学友谊
——记爱·摩·福斯特·······萧　乾
悼勒内·夏·······罗大冈
喜读《罗摩功行之湖》·······季羡林

外家作家答本刊问

"拥有众多的读者就是给作家的最高奖赏"
　　·······[巴西]若·亚马多　林一安译
"我希望中国读者喜欢拉美文学"
　·······[哥伦比亚]曼·萨帕塔·奥利维利亚　朱景冬译
"中国值得拥有一个属于自己的月亮"
　　·······[罗马尼亚]杜·拉·波佩斯库　高　兴译

现代作家小传

纳丁·戈迪默·······文　哲

世界文艺动态

第98届芥川奖揭晓
《野间宏作品集》出版讲演会在大阪举行
泰国举办《罗摩衍那》亚洲国家公演
阿·尤·阿瓦德获萨达姆奖
波《文化》周刊进行电影调查
彼得·黑尔特林获赫尔德林奖
卡夫卡的书信被拍卖
《玛丽·雪莱书信集》将出版
法"新书对话"节目深受欢迎

法女作家纷纷发表新作
法《读书》评出1987年最佳图书
乌纳穆诺的一部未出版手稿被发现
阿尔皮诺逝世
罗1986年电影协会奖揭晓
阿契贝的长篇新作问世
美国对拉美文学的兴趣继续增加
富恩特斯获1987年塞万提斯文学奖
哥伦比亚短篇小说处女作奖
《〈旋涡〉研究评论集》出版
伊贝·肯特里斯获美洲之家文学奖

中国文学在国外

苏联出版中国作家写青年的小说集

美术作品

本期美术作品简介·······海　伦
若·亚马多像（油画）（封面）
　　·······[巴西]弗·德·卡瓦略
若·亚马多漫画像（封二、三上）
　　·······[巴西]吉·斯科特
为亚马多的《死海》作的插图（封二下）
为亚马多的《加布星埃拉》作的插图（封三下）
贝宁铜浮雕（封底）

1988年第4期　刊名:《世界文学》
目录

传记文学

加西亚·马尔克斯评传
　　·······[秘鲁]马·巴尔加斯·略萨作　林一安译
巴尔加斯·略萨的自白（答记者问）
　　·······[西班牙]洛·迪亚斯作　尹承东译

英国作家露·普·贾布瓦拉及作品

身在异乡为异客
——评介英国女小说家贾布瓦拉·······赵启光
短篇小说三篇·······黄宝生译
我在印度（散文）·······赵启光译

短篇小说

贝鲁特没有海·······[叙利亚]加·萨曼作　马瑞瑜译
小说两篇·······[黎巴嫩]伊·纳斯尔拉作
章　谊　彭　龄　李　琛译
出逃·······[英国]乔·卡利作　汤天一译
落潮的时候·······[希腊]迪·哈吉斯作　益　伯译

诗歌

诗十首————————[爱尔兰]威·勃·叶芝作　袁可嘉译
诗七首————————[法国]彼·塞盖斯作　志　平译

评论

读叶芝诗札记————————————袁可嘉
彼埃尔·塞盖斯——法国诗坛上的伟大斗士——葛　雷
李尔王、托尔斯泰和弄人
　　　　　　　[英国]乔·奥威尔作　赵一凡译

外国文学资料

巴赫金生平及著述
————[美国]詹·迈·霍尔奎斯特作　君　智译

外国作家答本刊问

"账还没有结清"
————[波兰]伏·茹克洛夫斯基　林洪亮译
"最愉快的时刻"————[波兰]罗·布拉特内　林洪亮译

现代作家小传

加黛·萨曼————————————齐　奋

世界文艺动态

日本建成谷崎润一郎纪念馆
《新潮》出刊 1000 期
读卖文学奖揭晓
科·阿基诺颁令纪念巴尔塔萨尔诞生 200 周年
《印尼短篇小说集》出版
99 岁文豪米·努埃曼溘然长逝
霍尔斯特曼获 1988 年克莱斯特奖
《艾兴多尔夫全集》出版
女诗人奥斯伦德逝世
法国为读者推出《理想藏书》
热奈的传记出版
葡纪念费尔南多·纳莫拉文学创作 50 周年
杰·基塔尼获法国骑士勋章
美作家谈一组探索性作品
伊·巴·辛格老当益壮
梅寒德斯·卡兰萨出版新诗集
第一部乌拉圭文学辞典出版

中国文学在国外

《围城》日译本出版
纪实作品《北京人》引起注意

美术作品

本期美术作品简介————————海　伦
叶芝像（封面）————————[英国]奥·约翰
为薇拉·凯瑟的《我的安东尼亚》插图（封二）
————————————[美国]本　达

古埃及艺术作品两幅（封三）
卖水果的女人（封底）————————[墨西哥]奥·科斯塔

简讯

本刊举行第四届编委扩大会

1988 年第 5 期　刊名:《世界文学》

目录

美国作家福克纳及其作品

我弥留之际（小说）————————李文俊译
"他们在苦熬"——关于《我弥留之际》————李文俊
自我保护手段数种（回忆）
　　　　　　[美国]爱·怀·斯东作　庄嘉宁译
许多张脸，许多种情绪（回忆）
————[美国]杰·瑞·柯菲尔德作　启　温译
约克纳河与《我弥留之际》（评论）
————[美国]约·比·柯伦作　启　温译
威廉·福克纳，1897—1962（评论）
　　　　　　　[美国]艾·泰特作　启　温译

小说

有个毫毛————————[法国]亨·米修作　杜青钢译

散文·诗歌

日记选————————[瑞士]马·弗里施作　马文韬译
不带家具的小说————[美国]薇·凯瑟　黄　梅译
有历史意义的房舍
　　　　　　[美国]耶·梅纽因作　黄　梅译
希·多敏诗三首
————[联邦德国]希·多敏作　安　桉译

文化交流

北美群相（诗三首）————————王佐良

漫谈 80 年代的"拿来主义"

镀金时代————————————张辛欣
走出阴影————————————郑万隆
该有个"不管三七二十一"的气度————朱晓平
下决心实行"拿来主义"————————绿　原
一要积极、二要慎重————————包文棣
拿来——消化————————————丹　晨
"拿来主义"与全人类思维————————吴元迈
全方位、多层次的引进————————吕同六
"拿来主义"的启迪————————林　非

纪念《世界文学》出刊 200 期纪念

两点呼吁————————————萧　乾

我的祝贺、感谢和愿望················楼适夷
《世界文学》旧址杂忆················方土人
啊，三十五周年！··················凌　山

外国作家答本刊问
"起初需要耐心的阅读"····[日本]野间宏　唐月梅译
"彻底忘却固有的观念"
··············[法国]阿·罗伯·格里耶　余中先译
"是文学选择了我"····[挪威]爱·西伯里　石琴娥译

现代作家小传
亨利·米修·······················杜青钢

世界文艺动态
芥川奖、直木奖揭晓
山本健吉病逝
石原慎太郎获"平林奖"
苏著名导演留比莫夫回国访问
格雷高尔-德林逝世
基施报告文学奖揭晓
汉特克获奥地利国家文学大奖
《伯纳德·萧书信集》出齐
亨·特罗亚发表《福楼拜传》
《献给我的母亲》在法出版
阿尔维蒂的殊荣
苏丹文坛近况
彼得·凯里的新作出版
霍·尼默罗夫成为第三届桂冠诗人
美国翻译家拉巴萨获惠特兰德奖
首届拉美和加勒比作家国际会议在巴西举行
富恩特斯谈近期创作计划
拉米雷斯发表新作《神灵的惩罚》

美术作品
本期美术作品简介···················海　伦
美国邮票上的威廉·福克纳（封面）
诗剧《牵线木偶》插图两幅（封二）
··················[美国]威·福克纳画
学生年鉴《老密西》漫画一幅（封三）
··················[美国]威·福克纳画

1988 年第 6 期　刊名:《世界文学》
目录

巨星陨落（散文）·········东山魁夷作　叶渭渠译
我的道路（访谈录）
·······东山魁夷　吉村贞司作　叶渭渠译
短篇小说两篇·······村上春树作　水　洛　黄风英译

传记文学
康斯坦斯·加尼特
··············[美国]凯·海布伦作　赵少伟译

小说
休斯小说两篇··········[英国]塔·休斯作　汤永宽译
芒戈希小说两篇····[津巴布韦]查·芒戈希作　晨　星译
小矮人（外八篇）
··············[波兰]斯·姆罗热克作　韩　逸译
印尼当代短篇小说三篇
········[印度尼西亚]雷·费尔南德斯等作　李家禄译

剧本
浴血美人····[法国]克·普兰作　董　纯　沈大力译

诗歌
诗五首········[奥地利]莱·玛·里尔克作　杨武能译

散文
暮色集（节选）···········[民主德国]斯·赫尔姆林作
张　黎译

外国作家谈创作
我的写作生涯·······[美国]伯·马拉默德作　董鼎山译

外国作家答本刊问
"作品中有我们坦荡的心"
··············[苏联]穆·卡里姆　乌兰汗译
"希望今后仍然会有读者"
··············[联邦德国]帕·聚斯金德　蔡鸿君译
"靠自学成长为作家"
··············[瑞典]伊·鲁·约翰逊　石琴娥译
"沉浸在写作之中"····[丹麦]克·里夫贝里　石琴娥译

现代作家小传
村上春树·······················水　洛

世界文艺动态
发展中的南朝鲜进步文学
《现代日本儿童文学作家辞典》出版
城山三郎出版新著
女作家曾野绫子出版新作
沙拉特江德拉获拉蒙·麦格赛赛奖
《外国文学》杂志将译介《尤利西斯》
第一位戏剧界人士获歌德奖
保尔·策兰奖揭晓
《进入中国人的角色》出版
塞拉致力电视剧编写工作
彼得·泰勒获里茨·巴黎·海明威奖

马克·吐温早期书信集出版
雷蒙德·卡弗去世
关于乔治·桑的一本新论著
西南获卡彭铁尔奖章
洛伊纳丝获古巴国家文学奖
巴尔加斯·略萨发表新作《继母的赞扬》
加西亚·马尔克斯的第一部戏剧上演
加西亚·马尔克斯为新作核对历史资料

简讯
纳·马哈福兹获 1988 年诺贝尔文学奖

读者·译作者·编者

美术作品
找寻自然的生命⋯⋯⋯⋯⋯⋯⋯⋯⋯⋯⋯林　晓
川端康成（摄影）（封面）
写生两幅（封二）⋯⋯⋯⋯⋯⋯⋯［日本］东山魁夷
窗口（封三）⋯⋯⋯⋯⋯⋯⋯⋯⋯［日本］东山魁夷
树根（封底）⋯⋯⋯⋯⋯⋯⋯⋯⋯［日本］东山魁夷

本刊 1988 年总目录

1989 年第 1 期　刊名：《世界文学》
目录

智利作家伊莎贝尔·阿连德及其作品
幽灵之家（长篇选译）⋯⋯⋯⋯⋯刘习良　笋季英译
爱情与阴影（长篇选译）⋯⋯⋯⋯⋯⋯⋯陈凯先译
伊莎贝尔与幽灵（访谈录）
⋯⋯⋯⋯⋯［古巴］奥·卡斯特利亚诺斯作　何　榕译

传记文学
感情的成果：回忆玛丽安·穆尔
⋯⋯⋯⋯⋯⋯⋯⋯［美国］伊·毕肖普作　江　枫译

诗歌
谢甫琴科晚年诗抄（五首）
——纪念诗人诞生 175 周年⋯⋯⋯⋯⋯⋯戈宝权译

散文
弓手、箭和靶子——论博尔赫斯
⋯⋯⋯⋯⋯⋯⋯［墨西哥］奥·帕斯作　刘习良译

世界文坛新事
拉丁美洲文学爆炸的“小字辈”作家⋯⋯⋯⋯林一安

外国作家谈创作
我的短篇小说
⋯⋯⋯⋯⋯［阿根廷］豪·路·博尔赫斯作　朱景冬译

中国诗人谈外国诗
我和十四行诗的因缘⋯⋯⋯⋯⋯⋯⋯⋯⋯冯　至
同一个梦⋯⋯⋯⋯⋯⋯⋯⋯⋯⋯⋯⋯王家新
庞德点滴⋯⋯⋯⋯⋯⋯⋯⋯⋯⋯⋯⋯西　川

外国作家答本刊问
“文学成了我毕生的事业”
⋯⋯⋯⋯⋯［苏联］葛·巴克兰诺夫　斯　力译
“有很多很多的好作家⋯⋯”
⋯⋯⋯⋯⋯［丹麦］汉·汉森　张立荣译
“我是书籍的热切的读者⋯⋯”
⋯⋯⋯⋯［丹麦］埃·布列兹道尔夫　石琴娥译

现代作家小传
伊莎贝尔·阿连德⋯⋯⋯⋯⋯⋯⋯⋯⋯敦　廉

外国文学名著插图选登
《奥德修记》⋯⋯⋯⋯⋯⋯⋯⋯插图作者：
［澳大利亚］约·布克兰-赖特

世界文艺动态
《挪威的森林》可望突破 150 万册
杜尔的新著《玻璃屋》遭查禁
1988 年皮萨达姆文学颁布
苏联 1988 年国家文学奖揭晓
高尔基《不合时宜的思想》一书面世
苏共中央废除《关于〈屋〉和〈列宁格勒〉两杂志》
的决议
汉斯·魏格尔获奥地利国家奖
阿·德拉赫获 1988 年毕希纳奖
格林新作《上尉与敌人》问世
1988 年法国几项文学奖揭晓
30 则未经编辑加工的海明威电讯稿与读者见面
拉美作家纷纷推出新作
欧洲译介拉美文学作品近况
智利国家文学奖揭晓

简讯
《中国西部小说》在美出版
首届“东欧当代文学讨论会”在京召开
军艺文学系与《世界文学》召开外国文学座谈会
左拉学术讨论会在京举行

美术作品
布拉沃和他的画⋯⋯⋯⋯⋯⋯⋯⋯⋯任昆石

圣安东尼的诱惑（封面）·············[智利] 克·布拉沃
大卫与哥利亚（封二）···············[智利] 克·布拉沃
静物画二幅（封三）·················[智利] 克·布拉沃
纸包（封底）·····················[智利] 克·布拉沃
秘鲁作家巴列霍素描像（扉页）
·····························[西班牙] 巴·毕加索

1989 年第 2 期　刊名:《世界文学》

目录

埃及作家纳吉布·马哈福兹及其作品
米拉玛尔公寓（小说）···········仲跻昆　关　偁译
在诺贝尔奖授予仪式上的讲话··············郁　葱译
附：诺贝尔文学奖颁奖词
·················[瑞典] 斯·艾伦作　郁　葱译
"把我当做修建金字塔的工人"——记同纳吉布·马
哈福兹的几次谈话·····················关　偁

传记文学
弥莱评传····[法国] 罗曼·罗兰作　罗大冈译　齐　香校

评论
罗曼·罗兰的一部轶稿··················罗大冈
奇特而朴实的"第二现实世界"——关于马莱尔巴
《一个梦者的日记》的札记···············吕同六

小说
一个梦者的日记（选择）
··············[意大利] 路·马莱尔巴作　吕同六译

诗歌
意大利新现实主义诗选
·············[意大利] 弗·福尔蒂尼等　钱鸿嘉译

散文
写作的风险（外一篇）
···············[联邦德国] 海·伯尔作　林伟中译

世界文坛新事
后现代主义文学思潮综述
——赴联邦德国考察札记················章国锋

中国诗人谈外国诗
读诗札记··························邵燕祥
诗，决不是徒然吟唱的··················雷抒雁
我热爱的诗人——荷尔德林···············海　子

外国作家答本刊问
"我爱中国人……"
·············[意大利] 路·马莱尔巴　吴正仪译
"写作时才感到幸福"
··············[法国] 达·布朗热　余中先译

现代作家小传
纳吉布·马哈福兹··················齐　奋

外国文学名著插图选登
《神曲》··········插图作者：[意大利] 翁·罗马诺

世界文艺动态
1988 年日本文坛"十大新闻"
《新日本古典文学大系》出版
丰田穰的《昭和交响乐》三部曲脱稿
《维拉回忆录》在土耳其面世
阿赫玛托娃百年诞辰
利·金兹堡谈当代苏联文学
苏联作家达尼埃尔去世
《金德勒世界文学词典》陆续出版
于·费德施皮尔获 1988 年巴塞尔文学奖
尤瑟纳尔未完成的作品问世
桑布拉诺获 1988 年塞万提斯奖
著名作家纳莫拉逝世
欧德里奇推出新作《足迹》
辛格的长篇新作《原野之王》
惠灵顿纪念曼斯菲尔德诞辰 100 周年
20 世纪拉美文学大型丛书开始出版发行
亚马多新作《圣女的消失》出版
伊·阿连德返回智利

中国文学在国外
日本翻译出版《80 年代中国女流文学选》
答读者问

美术作品
图特·昂赫·阿蒙《第十八王朝法老王的金面罩》
（封面）
《神曲》插图三幅（水墨画）（封二、三）
·····························[美国] 巴·莫塞
埃及作家纳·马哈福兹像（封底）
·····························[埃及] 阿·阿弛
美国作家莎士比亚肖像画（扉页）
·····························[西班牙] 巴·毕加索

1989 年第 3 期　刊名:《世界文学》

目录

长篇选译

切文古尔城

………………… ［苏联］安·普拉东诺夫作　田大畏译

评论

让虚幻昭示真实——普拉东诺夫小说《切文古尔城》

印象…………………………………………吴泽林

法国大革命与文学

——纪念法国大革命 200 周年…………柳鸣九

法国大革命时期诗文选

诗歌·谣曲

马赛曲（外五首）…………鲁·德·李尔等作　沈宝基译

演讲词·政论

关于国王否决权……………米拉波作　谷　方译

会民动员（外一篇）………丹　东作　谷　方译

献给祖国（外一篇）………马　拉作　蔡鸿滨译

公开信………………………罗伯斯比尔作　谷　方译

短篇小说

荒林孤女……………………［瑞士］科·比叶作　龚达明译

拉丰特的堂·帕拉约

………………［直布罗陀］埃·戈·奇普里纳作　余　生译

在解剖室里…………………［泰国］奥·乌达恭作　栾文华译

家庭里的作家·外交使馆·威利

………………［美国］埃·劳·道克托罗作　陶　洁译

文化交流

内容宜严肃　手法求新颖

——访埃·劳·道克托罗………………………陶　洁

世界文坛新事

拉什迪与《撒旦诗篇》………………………赵启光

中国诗人谈外国诗

这里那里的…………………………………陈敬容

外国诗之我见………………………………罗　洛

徘徊于阳光与忧郁中间……………………刘湛秋

五四运动与外国文学笔谈………………林　林

杨宪益　冯　至　叶水夫　高　莽　张　羽　吕同六

戈宝权　黄　源　卞之琳

现代作家小传

埃德加·劳伦斯·道克托罗………………………陶　洁

外国文学名著插图选登

《滑稽故事集》…………插图作者：［法国］古·多雷

世界文艺动态

《明治文学全集》编辑完毕

芥川奖、直木奖揭晓

《新世界》杂志开辟新栏目

《旗》发表亚·阿夫杰延科新作

《驱逐》

君·格拉斯退出柏林艺术科学院

托·伯恩哈德逝世

英国出版大型《伯纳·萧传》第一卷

《读书》评出 1988 年最佳图书 20 本

《最后的诱惑》在希腊的反应

美出版界纪念奥尼尔诞辰 100 周年

索尔·贝洛的新作《偷窃》

厄普代克自传问世

1988 年古巴国家文学奖揭晓

加西亚·马尔克斯新作《迷宫中的将军》问世

简讯

西班牙作家波塞尔访问本刊编辑部

中国北欧文学学会成立

中国意大利文学学会在京成立

本期美术作品简介………………………………戈　哈

巴尔扎克像（扉页）……………［西班牙］巴·毕加索

马拉的胜利（封面）……………［法国］路·里·布瓦利

马赛曲（浮雕）（封底）………［法国］弗·吕德

钦·艾特玛托夫《早来的仙鹤》插图两幅

………………………………［法国］弗·阿·诺斯阔夫

米·肖洛霍夫《人的命运》插图

………………［苏联］弗·阿·诺斯阔夫　波·阿利莫夫

1989 年第 4 期　刊名:《世界文学》

目录

传记文学

人，岁月，生活（回忆录选译）

………………［苏联］伊·爱伦堡作　南　江　贾　刚译

加拿大作家里柯克及其作品

卧车里的人（幽默小品，外五篇）…………萧　乾译

幽默家里柯克（评论）………………………萧　乾

短篇小说

叙事曲…………［牙买加］奥·西尼尔作　苏福忠译

另一个米勒·士兵的欢乐
——————[美国]托·吴尔夫作　雨　军译
投桃报李　　　[泰国]察·高吉迪作　谦　光译
塞尔维亚姑娘·我们信任的人
——————[联邦德国]西·伦茨作　赵培深译

诗歌
诗十首——————[罗马尼亚]马·索雷斯库作
李家渔　冯志臣　高　兴译
附：马·索雷斯库答记者问——————高　兴译

散文
诗歌决不能没有家……（外两篇）
——————[苏联]叶·叶夫图申科作　苏　杭译

世界文坛新事
躁动与倾斜——日本"都市文学"剖析————李德纯

译著者序跋
东山魁夷的宇宙——————刘白羽

中国诗人谈外国诗
天外的召唤和深渊的探险——————郑　敏
为心灵窃一份阳光——————叶延滨
寻找我们的指纹——————大　仙

现代作家小传
叶夫根尼·叶夫图申科——————白　堤

外国文学名著插图选登
《莎士比亚全集》————插图作者：[美国]洛·肯特

世界文艺动态
小田实获罗塔斯奖
女作家宫尾登美子获"紫绶褒章"
尾崎秀树出书 100 部
苏杂志披露奥维奇金生前轶事
苏联一次读者调查
利·勃里克回忆马雅可夫斯基
民德笔会中心名誉主席维·赫尔茨菲尔德逝世
博托·施特劳斯获 1989 年毕希纳奖
女作家杜穆里埃逝世
《读书》披露作家吸毒情况
艾丽丝·沃克的新作问世
马尔科姆·考利逝世
诗人卡斯特罗·萨维德拉逝世
加西亚·马尔克斯出版小说集
南美设立"博尔赫斯国际文学奖"

简讯
巴尔扎克学术座谈会在京召开
纪念海明威"学术讨论会"召开
西文版《红楼梦》深受读者欢迎
悼古巴著名诗人纪廉

美术作品
本期美术作品简介——————海　仑
偷鸡贼（封面）　　　[英国]昆丁·布莱克
伊·爱伦堡像（扉页）　　　[西班牙]巴·毕加索
《吕西斯忒拉忒》插图（封二、三）
——————[澳大利亚]诺·林赛
《埃涅阿斯纪》插图（木刻）（封底）
——————[苏联]德·比斯基

1989 年第 5 期　刊名:《世界文学》
目录

传记文学
詹姆斯·乔伊斯（选译）
————[美国]理·艾尔曼作　泥　点译　金　隄校
巴尔扎克传（选译）
——————[法国]安·莫洛亚作　罗新璋译

剧本
社会形象————[墨西哥]巴·萨利纳斯作　杨明江译
附：还有一部看不见的剧本
——导演《社会形象》漫笔——————王　培

小说
享福之年————（蒙古）僧·额尔德尼作　史习成译
老鼠问题讨论会
——————[巴西]莉·法·特莱斯作　孙成敖译

诗与诗论
兰波诗选——————张秋红译释
冰岛现代诗抄——————李　笠译
春天·海——————斯·斯坦纳尔作
像海一样——————扬·沃尔作
路途·我曾在春的天空下行走————斯·雅达松作
无题——————约·雅马松作
瑞典散文诗六篇——————李　笠译
这是一个宁静、湿润的五月黄昏————奥·汉松作
爱情和死亡·假如天空————帕·拉格奎斯特作
泉——————阿·伦德奎斯特作
落日——————古·埃克吕夫作
名字——————托·特朗斯特吕姆作

波兰九诗人论诗
················[波兰]塔·鲁热维奇等作　易丽君译

文化交流
一切为了诗歌的繁荣——访"西尔瓦诗歌之家"和它
的"女主人"···朱景冬

世界文坛新事
当前苏联社会主义现实主义思潮及有关论争···严永兴

中国诗人谈外国诗
外国爱情诗札记···邹荻帆
从浪漫诗到现代诗···袁可嘉

外国文学名著插图选登
《艺术家青年时期写照》
·····················插图作者：[英国]罗·杰克斯

世界文艺动态
1989年短篇集《现代小说》和《推理小说》出版
大冈信出任日本笔会会长
《大阪诗集》第七册出版
古马尔逝世
诗人乔希逝世
中断七年的伊巴丹文学年会复会
恩古吉新作问世
苏召开文学史研究学术会议
苏作家协会作出撤销开除索尔仁尼琴的决定
国际笔会苏联分会产生领导
迪伦马特获库尔蒂乌斯奖
沃·施努勒逝世
《格雷厄姆·格林传》问世
都柏林庆祝布卢姆日
格拉克同意出版其全集袖珍本
老作家格林发表新作《南方的星》
美出版一组妇女文学研究专著
"美洲之家"成立30周年
阿根廷女作家莱维松逝世
阿尔瓦雷斯发表新作
《档案丛书》110部开始出版

为了更高的标准
——读者意见综述···············《世界文学》编辑部

美术作品
本期美术作品简介···戈　哈
守夜人（封面）··································[美国]彼·赫德
阿波利奈尔像（扉页）····················[西班牙]巴·毕加索

巴尔扎克《三十岁的女人》插图（封二、三）
·······································[法国]夏·于阿尔
各国邮票中的外国作家（封底）

1989年第6期　刊名:《世界文学》

目录

外国当代纪实文学专辑
头条新闻（选译）
····[联邦德国]君·瓦尔拉夫作　戴世峰　桂乾元译
切尔诺贝利核事故（选译）
·············[苏联]尤·谢尔巴克作　郑海凌译
邂逅相遇——第一次到天草旅行
·································[日本]山崎朋子作　王维平译
侦探·············[美国]詹·米尔斯作　田庆轩译
一部非虚构小说背后的故事
·······················[美国]乔·普林普顿作　胡允桓译
天才之境·············[美国]汤·沃尔夫作　黄雨后译

短篇小说
抽签·············[美国]雪·杰克逊作　杨　楠译
再见了，马拉卡纳
·················[巴西]埃·戈乌迪奥作　姚京明译

散文
致密伦娜书简
·············[奥地利]弗·卡夫卡作　叶廷芳　黎　奇译

文化交流
沿第聂伯河寻访谢甫琴科的旧迹——记参加在乌克兰
举行的全苏谢甫琴科文学艺术节·····················戈宝权

世界文新事
美国的电视文化和通俗文学·····················施咸荣

中国诗人谈外国诗
在大师足下仰望···蔡其矫
在外国诗影响下学写诗···································杜运燮
外国诗影响浅谈···吴钧陶
外国文学工作笔谈···叶渭渠
张　黎　黄宝生　关　俦　倪培耕　刘习良　陈　燊
李文俊　赵一凡　钱善行　陶　洁

现代作家小传
汤姆·沃尔夫···李　航

外国文学名著插图选登
《叙事诗》····插图作者：[民主德国]马·施维默尔

世界文艺动态

色川武大、筱田一士等辞世

苏联文学杂志明年选目的一个热点

普拉东诺夫诞辰 90 周年

福·布劳恩荣获首届柏林德语文学奖

联邦德国作协遴选出新的领导成员

迪伦马特出版新作《混乱山谷》

科克托的传记在其诞辰百岁纪念时出版

轰动文坛的意大利少女

西班牙作家塞拉获 1989 年诺贝尔文学奖

《愤怒的葡萄》出版 50 周年纪念活动

传记小说家欧文·斯通逝世

曼·梅西亚获 1989 年加列戈斯文学奖

哥伦比亚出版作家传记丛书

纪念女诗人米斯特拉尔诞生 100 周年

美术作品

本期美术作品简介……………………………施 乐

诗人聂鲁达（青铜雕像）（封面）

………………………[民主德国] 魏·弗尔斯特

法国诗人保尔·瓦莱里肖像画（扉页）

………………………[西班牙] 巴·毕加索

弗·卡夫卡的绘画作品（封二、三）

在七座山之后（木刻）（封底）

………………………[民主德国] 沃·马特豪伊尔

本刊 1989 年总目录

《诗刊》

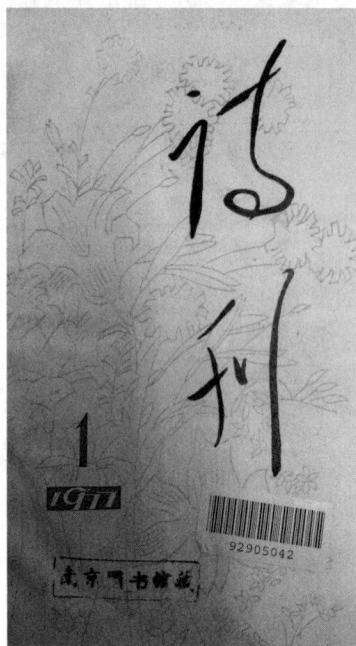

【简 介】

诗歌月刊。中国作家协会主办。创刊于 1957 年。其刊登内容以当代诗歌作品为主，兼发诗坛动态、诗歌评论。办刊宗旨为"刊载诗歌作品，繁荣诗歌创作"，坚持"二为"方向和"双百"方针，团结和推出了众多中国当代诗人，具有浓厚的时代色彩。

期刊号：1976 年第 1 期—1989 年第 12 期

1976 年第 1 期　刊名：《诗刊》

目录

词二首……………………………………………毛泽东

水调歌头·重上井冈山　一九六五年五月

念奴娇·鸟儿问答　一九六五年秋

继续革命　勇攀高峰——读《水调歌头·重上井冈山》

………………………………首都钢铁公司工人评论组

试看天地翻覆——读《念奴娇·鸟儿问答》

………………………………北京部队　洪　城

革命高潮滚滚来——农业学大寨民歌选辑

………………………………唐运程　郭品德等

钢铁工人评《水浒》

——贵州省冶金系统赛诗会作品选…………司徒华枫

赵松桓　吴帮匀　李永芳　冯松年

一九七六年迎新诗会……………杨应惠　佘时英　谢世法

臧克家　包玉堂　晓　雪　巴·布林贝赫　韦　丘

新生事物赞歌

教育革命红花开（儿歌一束）——陈喜贵 高红艳等
工人诗人——刘溪杰
炉火正红——郭天民
塔里木人（二首）——章德益
寄自北疆的诗——李风清
歌声——刘章
火线突击队——张宝申
石油工人进行曲（组诗）——屈清华 栾长海
曹文祥 宏东 于鹏 郭志贤 李笑兰 赵明勋
深山创业（组诗·董辰生插图）——李松涛
十面红旗（组诗）——董浩善
大江奔腾浪千层（组诗）——黄声笑
胜利之歌（政治抒情诗）——何玉锁 王恩宇
鲁迅（长诗选载）——徐刚
新春呵，我们欢迎你（二首·牛明汉插图）——纪宇
钢丝绳谣——冯景元
克拉玛依抒情——（维吾尔族）铁依甫江
雷（陈玉先插图）——邓海南
月夜边防线——（蒙古族）查干
全天候——纪学
靶场——（藏族）饶阶巴桑
虎头山赞颂（诗配画）——邵宇画 董耀章诗
听一位黑人朋友朗诵诗——李瑛
"缓和"的背后（政治讽刺诗）——白云海
降仙的红霞——（朝鲜）金熙钟

革命现代舞剧歌词选

牧歌（选自《草原儿女》）——中国舞剧集体创作
愿亲人早日养好伤（选自《沂蒙颂》）
——中国舞剧集体创作
歌词之页（四首）——李幼容
茅晓峰 刘鸿毅 王森 洪源
纵情歌唱毛主席（歌曲）——瞿琮词 毕庶勤曲
为无产阶级"文化大革命"放声歌唱（短论）
——成志伟
新诗要开新生面（短论）——晓东
大力提倡创作和采集新民歌（读者来信）——李耀宗
春风传喜讯 诗坛花盛开——重新学习毛主席给《诗刊》编辑部的信座谈会侧记——本刊记者
编者的话

诗讯

上海市群众性诗歌活动蓬勃开展——闻辉
北京市群众性的诗歌朗诵活动——殷之光
"文化大革命"以来出版的诗集统计（小资料）
学大寨 起宏图（插页·套色木刻）
——赖少其 师松龄 陶天月 林之跃

1976 年第 2—3 期　刊名:《诗刊》

目录

喜读主席词二首——朱德
鲲鹏颂——仇学宝 毛炳甫
登攀放歌——黄东成 郭浩 施泽宏
凯歌还（曲）——赵朴初
前行更前行——海棱
攀登高路入云端——阮章竞
为毛主席词二首谱曲——王莘
颂歌飞遍井冈山——井冈山军民学习毛主席词二首赛诗会速写——《江西文艺》记者 本刊记者
光辉诗篇照征途——全国亿万人民热烈欢呼毛主席词二首发表——纪戈
无题——鲁迅
读新发现的鲁迅诗有感——舒浩晴
党擂战鼓我上阵 反击右倾翻案风（"三八"赛诗会）
——邢燕子 殷光兰 李月荣等

歌颂"文化大革命"
回击右倾翻案风

风雷之歌（组诗·傅琳、杨再溪插图）——献给无产阶级"文化大革命"——纪宇
寄自火线的书信（组诗）——江溶
评《水浒》，看路线——贺东久
革命红旗万代飘——侯隽
硝烟永在心头飘——郭正平

小靳庄诗抄（五首）——王作山
于瑞芝 王耀 王新民 喻虹善
太行访友记——李学鳌
烈马萧萧（组诗·李培戈插图）——龙彼德
长征新一代（组诗·李培戈插图）——石祥
俄式小面包（政治讽刺诗）——池北偶
炼塔上的歌（诗画配）——姜金城诗 乔保华画
在广阔天地里（散文诗）——杨尊田
母亲，阿尔巴尼亚（长诗选译）
——[阿尔巴尼亚]德雷特洛·阿果里
歌词之页（三首）——周祥钧 石湾 侯明志
新生事物开红花（歌曲）——蔡学柯词 易铭改词作曲
努力谱写"文化大革命"的胜利战歌——燕枫
新诗创作要向革命样板戏学习——闻哨
革命的诗篇来自火热的斗争——包萍
新诗话（七则）——尹在勤 颜家文
苏朝霞 黄声笑
诗讯（四则）
封面画（迎春花）——陈玉先

1976 年第 4 期 刊名:《诗刊》

目录

否定文艺革命是为了复辟资本主义
·····北京大学、清华大学大批判组
文艺革命不容否定·····小靳庄大队党支部
驳所谓"阻碍"论·····二七机车车辆厂工人文艺评论组
"一花独放"析·····北京部队 洪 城
狠狠回击复辟狂·····李学鳌
"今不如昔"——复辟倒退的滥调·····冯 至
文艺革命战旗红 反击右倾翻案风（万青插图）
——北京市劳动人民文化宫诗会·····李学来 刘天让等
好啊，天翻地覆的大舞台·····寇宗鄂
"扁担剧团"赞（二首）·····韩静霆
老贫农论看戏（小演唱）·····张雪杉
红灯照我去战斗（诗画配）·····娄齐贵画 丁树荣诗
山花造反（长诗选段·杨再溪插图）·····药 汀
保卫三千六百张火红的日历·····晓 波
把批孔的战鼓擂得更响·····揭培礼
清华园的大字报·····王 燕
展览馆里话今昔·····邵长波
赞"朝农"（杨再溪插图）·····刘炳文
社会主义大学咱称心·····李瑞明
写在卫星上的批判稿·····杜连成 梁致章 白玉明
昔阳诗传单（六首）·····梁拉成 秦怀录 秦光明等
歌飞大凉山（组诗）·····梁上泉
写在反修前哨（组诗）·····雷抒雁
莫斯科街头即景（山东快书小段）·····樊庆荣
贫下中农登上赛诗台（歌曲）
·····泗溪公社业余文艺宣传队词曲
学习鲁迅诗歌的战斗精神·····田本相
试谈抒情诗学习革命样板戏·····尹在勤
新花坛（四篇）·····侯明志 王 工 谢 冕 罗宗强
拳头、鱼雷与"表现羞耻"——反动、腐朽的苏修诗歌一瞥·····韦文朔
诗讯（七则）
封面画（杜鹃花）·····傅 琳

1976 年第 5 期 刊名:《诗刊》

目录

中共中央关于华国锋同志任中共中央
第一副主席、国务院总理的决议
中共中央关于撤销邓小平党内外一切职务的决议
吴德同志在天安门广场广播讲话
热烈欢呼毛主席党中央的英明决策
誓把反击右倾翻案风的斗争进行到底

两个决议捧手上·····杨敏菊 王佩琴
小靳庄贫下中农的欢呼（三首）
·····王作山 王秀芬 周福祥
守卫着伟大的首都（三首）·····史 戈
英雄碑下的凯歌·····蒋 巍
致警卫天安门的战友·····西 彤 殷 勤
八亿人民齐怒吼（二首）·····臧克家
写在金水桥旁·····田 间

无产阶级"文化大革命"万岁
好呵，红色的革命·····时永福
号炮颂·····李隆汉
进军的宣言·····邓存健
凯歌飞向毛主席（二首）·····王燕生
狂飚曲（组诗）·····韩作荣
红卫兵之歌（二首）·····杨 槐
排山倒海·····杨里昂
盛大的节日（二首）·····林 澎
红卫兵在边疆（组诗）·····火 华
无敌的飚风·····瞿 琮
千歌万曲唱不尽 "文化大革命"好得很（三十三首）——新民歌选辑·····刘 章 黄持一 胡洋溢等
十年迎来万年春（九首·徐希插图）——少数民族新民歌选·····列 丹 戈阿干等
歌词之页（五首）·····洪 源 李 钧等
"文化大革命"凯歌高（歌曲）
·····韩振堂词 田 丰 刘 庄曲
出发之前（诗画配）·····张 广画 况 希诗
炉火熊熊（六首·焦焕之插图）
——"五七"干校诗抄·····韩静霆
郑德明 郑明德 邵冠武 李苏卿 邹荻帆
烈火不熄（诗剧·刘勃舒插图）
·····冯景元 颜廷奎 唐绍忠 王榕树
我为何热爱天安门广场
·····[阿尔巴尼亚] 伊尔凡·布莱古
坚持社会主义文艺的根本方向·····辽宁省文化局评论组
努力表现新的人物新的世界·····闻 哨
春风春雨春满园
——反映"文化大革命"的诗歌创作巡礼·····纪 戈
难忘的年月（素描）·····张颂南
韶山青松（插页·国画）·····关山月
封面画（牡丹）·····张德育

1976 年第 6 期　刊名:《诗刊》
目录

"文化大革命"永放光芒
——纪念中共中央一九六六年五月十六日《通知》十周年

水调歌头·庆祝无产阶级"文化大革命"十周年
·······························郭沫若
诗三首····························高　亨
火妹子（叙事诗）······················苏虎棠
巍巍赛诗台（叙事诗）····················狄　畔
跟着毛主席勇冲锋（李平凡插图）
——革命儿歌十八首······祁荣祥　吴树敬　卓列兵等
向邓小平猛开炮（贾德江插图）——北京西四北小学
红小兵赛诗会···············孙惟亮　李　美等
长征儿歌（五首）·····················张永枚
连队呵，在斗争中前进!（六首）——人民解放军某部
防化连诗抄·················俞文春　贾立勇等
黑风刮不倒灵芝草（五首）
——献给赤脚医生的歌········张治杰　沈仁康等
风暴中纪事（二首）····················冯景元
深山创业（组诗续载）···················李松涛
油海激浪（三首）·····················莫太山
航标灯赞·························陈发玉
山乡新篇（三首）···············（壮族）莎　红
长白山战斗进行曲··············（朝鲜族）李相钰
"六·二六"指示在心头（诗画配）
·····················金亭亭画　龙怡凡诗
红卫兵之歌（歌词）····················乔　屹
无产阶级专政好（歌曲）···········乔　羽词　刘　庄曲
誓让红旗万代飘（歌曲）
·············北京西四北小学儿歌创作组词　中央乐团曲
"缓和""爱国主义"及其他（五首）···········滨　之
巴黎公社诗抄（四首）
·············[法国]查理·凯勒　茹尔·朱依
势如雷霆利如刀
——为写与走资派斗争的优秀歌词叫好
·····················石　湾　蒋士牧
雨露滋润禾苗壮——读革命新儿歌···········尹世霖
我写儿歌来参战·············红小兵　肖　伟
新诗话（九则）··············朱小平　樊发稼等
新花坛（五则）··············路　延　马畏安等
诗讯（四则）
禾苗壮（版画）······················温泉源
封面画（芙蓉）······················张正贵

1976 年第 7 期　刊名:《诗刊》
目录

在斗争中建设党·············《人民日报》、《红旗》杂志、《解放军报》社论
站在韶峰望北京（十二首）——韶山儿女的歌
·············毛迪秋　毛志端　毛新学等
毛主席率领我们再登攀（七首）
——献给"七一"的歌···林　澎　严祥炫　李春林等
水击千里························牛明通
邕江欢唱颂党歌（三首）···柯　炽　林　玉　韦元刚
时代放歌二题······················冯景元
塔里木人（组诗）····················章德益
林海新曲（二首）·············李　坚　李广义
高山气象站·······················蒋　巍
凌云志（三首）·····················走　啸
夜宿车马店·······················田　牧
船厂女油工·······················高广成
登山队的帐篷······················杨匡满
普通劳动者（四首）
·········钱　峻　翟葆艺　刘　华　樊发稼
福建前线诗抄（三首）······黄蒲生　张力生　苏方学
珍贵的种子·······················雷　厉
坦赞铁路工地诗抄（四首）
············马鲁奎　辛汝忠　周国勇
纳新（诗画配）············娄齐贵画　莫正荣诗
学骑（长诗选段）····················纪　学
小将敲门（二人转坐唱）···王　垦　王志刚　吴英俊
歌词之页（五首）·······茅晓峰　东方涛　郑　南等
全国一条心，跟着毛主席（歌曲）
·····················门　声词　于树骅曲
前进在毛主席开辟的航道上（歌曲）
·············钟永华　虞文琴词　于林青曲
努力表现无产阶级同走资派的斗争··········陆贵山
烈火不熄永战斗
——读诗剧《烈火不熄》有感············张运华
新花坛（四则）·············黄　欣　吕　进等

诗讯（七则）
延安新貌（版画）····················古　元作
封面画（葵花）·····················张正贵

1976 年第 8 期　刊名:《诗刊》
目录

中共中央给地震灾区人民的慰问电
英雄的人民不可战胜（《人民日报》社论）

人定胜天（《红旗》杂志短评）
抗震救灾诗传单（九首）
　　　　　　　　　　李小雨　蔡文祥　阵　容等
火红的战表
——颂《炮打司令部（我的一张大字报）》——王鸣久
"八·一八"颂歌　　　　　　　　　　　嵇亦工
千帆过后评沉舟　　　　　　　　　　　纪　宇
春花怒放（三首）　　　　　　　　　　王恩宇
红卫兵的脚印（五首）——洪三泰　陈进化　张雪杉
洱海之歌（肖映川插图）　　　　（白族）晓　雪
《春苗》赞　　　　　　　　　　　　　韩振堂
战士保卫毛主席（二首）　　　　　　　刘同聚
海疆诗草（四首）　　　曾凡华　马绪英　张力生
威震长天（二首）　　　　　　张雅歌　王淑臣
步兵之歌（三首）　　　柯　原　李福祥　元　晖
大炮要射击了（二首）　　　　　　　　文哲安
战斗在崇山峻岭（二首）　　　　　　　叶晓山
民兵诗笺（三首）　　　李学来　石　祥　桑恒昌
明灯闪闪（诗画配）　　　忻秉勇画　吴　超诗
军队和人民在一起（歌曲）——陈克正词　李纯海曲
战地篇（二首）　　　　　　　　　　　苗得雨
县委书记一顿饭　　　　　　　　　　　殷光兰
车辙　　　　　　　　　　　　　　　　樊永生
党支部试验田　　　　　　　　　　　　文　苑
老徒弟　　　　　　　　　　　　　　　晨　星
民族的声音　　　　　　　[罗马尼亚]乔·科什布克

短论
充分发挥叙事诗的战斗作用　　　　　　金学迅
赛诗会好　　　　　　　　　　　　　　吴士余
阶级斗争的轻武器——"诗画配"小议　徐明寿
钢与诗——学诗随记　　　　　　　　　冯景元

歌词创作笔谈
能唱的诗　　　　　　　　　　　　　　张士燮
抒发革命激情，塑造英雄形象　　　　　胡小石
听歌纪感（四则）　　　　　　　　　　金　波
新花坛（三篇）　　　　张武斌　陈朝红　张胜捷

诗讯（六则）
风口浪尖（版画）　　　　　　　　　　周顺恺作
封面画（红棉）　　　　　　　　　　　陈玉先

1976 年第 9 期　刊名:《诗刊》

目录

英雄矿工定胜天（十二首）——开滦煤矿工人抗震战
歌辑录　　　　　　　　　　　　董存清　李维发等
地震震不倒革命人（十首）
——小靳庄抗震斗争诗抄　　　王作山　王瑞芹等
抗震英雄谱　　　　　　　　　　　　　时永福
震不倒的红旗　　　　　　　　　　　　李小雨
震中纪事（三首）　　　　　　　　　　尧山璧
斗天曲（二首）　　　　　　　　　　　申　身
英雄城　　　　　　　　　　　　　　　田　间
战地二题　　　　　　　　　　　　　　韩振堂
车轮飞转　　　　　　　　　　　　　　旭　宇
抗震前线速写（诗画配专页）
　　　　　　　　　　　耿风格等画　刘章等诗
人定胜天（歌曲）　　　　　　　　　　易萱词曲
题《芥子园画谱》三集赠许广平　　　　鲁　迅选作
说明几句　　　　　　　　　　　　　　许广平遗稿
与人民同甘共命运
——读鲁迅题赠许广平同志的一首诗　　舒浩晴
鲁迅（长诗续选）　　　　　　　　　　徐　刚
写在鲁迅旧居（二首）　　　　　　　　莫少云
鲁迅故乡新貌（二首）　　　　　　　　许学刚
龙山风雨歌（叙事诗·孟庆江插图）　　程　海
写在世界屋脊（组诗·詹忠效　赵宝林插图）
　　　　　　　　　　　　　　　　　　王淑臣
女火车司机　　　　　　　　　　　　　刘福智
渔家姑娘　　　　　　　　　　　　　　刘湘如
雨中飞霞　　　　　　　　　　　　　　王贤良
部长背锅　　　　　　　　　　　　　　姚成友
永做普通劳动者（歌词五首）　姚鸿恩　徐秉治等
鲨鱼的歌声（寓言诗）　　　　　　　　刘　征
新沙皇画像（政治讽刺诗三首）　　（苗族）龙怡凡
学习鲁迅"永远进击"的革命精神　　　钱光培
充分发挥革命诗歌的战斗作用——评《北京文艺》、
《辽宁文艺》、《河北文艺》诗专号　文　平　辛文彤
需要更多好诗评　　　　　　　　　　　吕　进
重视政治鼓动诗的创作　　　　　　　　兰棣之
新诗话（七则）　　　　周家骏　任重远　傅金城
新花坛（三篇）　　渊　耀　敖自勇　左　人　志　宏

诗讯（五则）
亲切的关怀　巨大的鼓舞（速写）　　　张　广
封面画（菊花）　　　　　　　　　　　李吉庆

1976 年第 10 期　刊名：《诗刊》

目录

中国共产党中央委员会
中华人民共和国全国人民代表大会常务委员会
中华人民共和国国务院
中国共产党中央军事委员会
关于建立伟大的领袖和导师毛泽东主席纪念堂的决定
中共中央关于出版《毛泽东选集》和筹备出版《毛泽东全集》的决定
亿万人民的共同心愿——《人民日报》、《红旗》杂志、《解放军报》社论
紧密团结在以华国锋同志为首的党中央周围⋯⋯纪　学
党中央和我们心连着心⋯⋯⋯⋯⋯⋯⋯⋯⋯⋯李　冶
世世代代继承毛主席遗志⋯⋯⋯⋯⋯⋯⋯⋯⋯元　辉
鼓掌，鼓掌⋯⋯⋯⋯⋯⋯⋯⋯⋯⋯⋯⋯⋯蔡高暖
雄文万代指征途⋯⋯⋯⋯⋯⋯⋯⋯⋯⋯⋯⋯喻　晓
两项决定喜讯传⋯⋯⋯⋯⋯⋯⋯⋯⋯⋯⋯⋯黄　安
幸福的权利⋯⋯⋯⋯⋯⋯⋯⋯⋯⋯⋯⋯⋯⋯雷抒雁
誓死保卫以华国锋同志为首的党中央⋯⋯⋯⋯张亦兵
炼钢炉前（诗画配）⋯⋯⋯⋯袁惠民画　康志强诗
毛主席永远活在各族人民心中（民歌三十八首）
献诗——敬献给伟大的领袖和导师毛主席⋯李　瑛
毛主席的遗志我们来继承⋯⋯⋯⋯（蒙古族）查　干
高歌太阳万万年
　　　　　（壮族）黄勇刹　（仫佬族）包玉堂
毛主席永远活在各族人民的心中
　　　　　　　　　　（维吾尔族）克里木·霍加
沿着毛主席的革命路线冲锋⋯⋯⋯（白族）晓　雪
翻身农奴忠于毛主席⋯⋯⋯⋯（藏族）饶阶巴桑
心中的太阳永不落⋯⋯⋯⋯（朝鲜族）李相珏
毛主席，汽车工厂永远怀念您
　　　　　　　　长春第一汽车厂　戚积广
泪水化作钢涛涌⋯⋯⋯⋯上钢五厂　蒋桐发　黄荣彬
钢铁工人献敬意⋯⋯⋯⋯首都钢铁公司　王德祥
毛主席永远活在我们心中⋯⋯⋯开滦煤矿　李玉林
公社红旗举万代⋯⋯⋯⋯河南七里营人民公社
翻身农奴永远怀念毛主席
　　　　　　　　西藏列麦公社业余文艺宣传队
永远高举红旗⋯⋯⋯⋯解放军某部　塔山英雄团
继续革命永向前⋯⋯⋯⋯⋯⋯⋯⋯⋯⋯⋯甘祖昌
沿着毛主席指引的方向前进⋯⋯⋯⋯⋯⋯侯　勇
永远歌唱毛主席⋯⋯⋯⋯⋯⋯⋯⋯⋯⋯⋯黄声笑
毛主席呵您永远活在我心中⋯⋯⋯⋯⋯⋯殷光兰
瞻仰遗容⋯⋯⋯⋯⋯⋯⋯⋯⋯⋯⋯⋯⋯⋯冯　至
毛主席永远指挥我们战斗⋯⋯⋯⋯⋯⋯⋯冯景元
毛泽东主席永垂不朽⋯⋯⋯⋯⋯⋯⋯⋯⋯纪　宇
东方红⋯⋯⋯⋯⋯⋯⋯⋯⋯⋯陕北民歌　李有源词
国际歌⋯⋯⋯⋯⋯欧仁·鲍狄埃词　比尔·狄盖特曲
三大纪律八项注意⋯⋯⋯⋯⋯⋯⋯⋯⋯红军歌曲
湘江之歌（三首）⋯⋯⋯⋯⋯⋯⋯⋯⋯赛福鼎
我们一定要解放台湾（二首）⋯⋯⋯⋯胡有清
鲁迅（长诗续选·题首画像：叶燃）⋯⋯徐　刚
"大树"礼赞⋯⋯⋯⋯⋯⋯⋯⋯⋯⋯⋯王英志
"鲍鲍"传略⋯⋯⋯⋯⋯[法国]欧仁·鲍狄埃
论"发达"（讽刺诗）⋯⋯⋯⋯⋯⋯⋯晋　凯
不到长城非好汉——重学毛主席词《清平乐·六盘山》
　　　　　　　　北京汽车制造厂工人理论组
一颗红心向北斗⋯⋯⋯⋯⋯⋯⋯⋯⋯洪广思
斥苏修对鲁迅的卑劣歪曲⋯⋯⋯⋯⋯韦文娴
柱石（版画）⋯⋯⋯⋯⋯⋯⋯⋯⋯傅　琳作
封面画（青松柏）⋯⋯⋯⋯⋯⋯⋯⋯叶　然

1976 年第 11 期　刊名：《诗刊》

目录

华国锋主席像
热烈庆祝华国锋同志任中共中央主席、中央军委主席
热烈庆祝粉碎"四人帮"篡党夺权阴谋的伟大胜利
吴德同志在首都庆祝大会上的讲话
伟大的历史性胜利
⋯⋯⋯《人民日报》、《红旗》杂志、《解放军报》社论
华国锋同志是我们党当之无愧的领袖
　　　　　　　　　　　　《解放军报》编辑部
中国的十月⋯⋯⋯⋯⋯⋯⋯⋯⋯⋯⋯⋯贺敬之
万众拥护华主席⋯⋯⋯⋯⋯⋯⋯⋯⋯⋯肖　华
欢呼毛泽东思想的伟大胜利⋯⋯⋯大庆油田　杜显斌
华主席登上天安门（外一首）⋯⋯大寨大队　大寨学校
盛大的节日⋯⋯解放军某部"临汾旅"罗青山　徐良文
欢呼领袖华主席⋯⋯⋯⋯⋯⋯⋯李学来　孙士良
纵情欢笑⋯⋯⋯⋯⋯⋯⋯⋯⋯⋯赵淑光　赵翼如
欢呼，再欢呼⋯⋯⋯⋯⋯⋯⋯⋯⋯⋯⋯臧克家
华主席为我们撑大旗（外一首）⋯⋯⋯⋯张志民
我站在天安门前⋯⋯⋯⋯⋯⋯⋯⋯⋯⋯柯　岩
十里钢厂喷火浪⋯⋯⋯⋯⋯⋯⋯⋯⋯⋯王荆岩
我在车间里游行⋯⋯⋯⋯⋯⋯⋯⋯⋯⋯肖振荣
地球深处鸣礼炮⋯⋯⋯⋯⋯⋯⋯⋯⋯⋯孙友田
手举银锄来庆贺⋯⋯⋯⋯⋯⋯⋯⋯⋯⋯郭德贵
开炮⋯⋯⋯⋯⋯⋯⋯⋯⋯⋯⋯⋯⋯⋯⋯徐咏龄
歌颂华主席为首的党中央⋯⋯（蒙古族）巴·布林贝赫
颂歌献给党中央⋯⋯⋯⋯⋯⋯（白族）晓　雪
呵，敬爱的华主席⋯⋯⋯⋯（朝鲜族）黄长石
天山的欢呼⋯⋯⋯⋯⋯⋯⋯⋯⋯⋯⋯王哲中
欢唱吧，五指山峰⋯⋯⋯⋯⋯⋯⋯⋯⋯洪三泰
反听曲⋯⋯⋯⋯⋯⋯⋯⋯⋯⋯⋯⋯⋯赵朴初

欢呼粉碎"四人帮"篡党阴谋（调寄"沁园春"）
　　　　　　　　　　　　　　　　　　马国征
我们胜利了　　　　　　　　　　　　　王恩宇
江涛怒涛共拍天　　　　　　　　毛炳甫　钱　钢
痛饮一杯灭妖酒　　　　　　　　　　　药　汀
鲁迅同我们一起进击　　　　　　　　　宋家玲
献给中南海的书房　　　　　　　　　　常　江
风雪颂　　　　　　　　　　　　　　　何玉锁
衷心敬爱华主席（民歌十一首）
　　　　　　　　陆允平　杨成新　任　韧等
毛泽东主席永远活在世界人民的心中（翻译诗九首）
歌词之页（七页）　　　王晓林　党永庵　明志等
"文化大革命"赞歌多（民歌十三首）
　　　　　　　　姚中高　陈学新　邹尚玉等
画漫画（诗画配）
　　　大寨学校　红小兵诗　肖　星　徐　进画

1976 年第 12 期　刊名：《诗刊》
目录

在伟大的领袖和导师毛泽东主席纪念堂奠基仪式上
华国锋主席的重要讲话
问苍茫大地，谁主沉浮？　　　　　　　严　阵
伟大的奠基礼　　　　　　　　　　　　陈松叶
六盘儿女的心意　　　　　　　　　　　刘国尧
一锹挥动万锹舞　　　　　　　　　　　章亚昕
华主席到工地　　　　　　　　　　　　刘珊毛
心中歌儿献给华主席　　　　　　　　　纪　鹏
新的长征　　　　　　　　　　　　　　魏　巍
外滩，进击的阵地　　　　　　　　　　张丛中
草原烽火（二首）　　　　　　　　　　任卫新
圣洁的雪莲　　　　　　　　　　　　　丁树莲
台湾人民心向华主席　　　　　（中国台湾）林丽芳
彩虹献给华统帅　　　　　　　　　　　黄　海
车间春雷（四首）　　　　　　李其珠　马立国等
沸腾的山村（三首）　　　　　　　　　阎志民
除"四害"小唱（讽刺诗）　　　　　　刘　征
粉碎"四人帮"（调寄"满江红"）　　　谢逢松
华主席指挥俺战斗（儿歌六首）　　　　亢明阳等
诗画之页　　　　　　伍必端等画　张胜捷等诗
红太阳升起的地方　　　　　　　　　　邓海南
火塘　　　　　　　　　　　　　　　　王燕生
沙田颂（二首）　　　　　　　　　　　曾凡华
红色的土地（二首）　　　　　　　　　岳立功
永不下征鞍
　　　　　草原英雄小姐妹（蒙古族）龙　梅　玉　荣
印刷工人的话　　　　　　　　　　　　聂鑫森
陈毅同志诗词（二十首）

读陈毅同志诗词　　　　　　　　　　　赵朴初
新沙皇的"和平宣言"（讽刺诗）　　　石　河
砸烂"琅琊台"　粉碎女皇梦
　　——斥江青的一首黑诗　　　　　　师　钟
"四人帮"变天梦的破产——戳穿姚文元宣扬《地震
诏》的罪恶阴谋　　　　　　　　　　燕　平
杂感二则　　　　　　　　　　　　　周　怀
好呵，中国的十月！
　　——喜读贺敬之同志的新作　　　　钱光培
欢呼伟大的历史性胜利　　　广州市美术工作室绘画组
封面画（梅花）　　　　　　　　　　傅　琳

1977 年第 1 期　刊名：《诗刊》
目录

重游延安　　　　　　　　　　　　　　叶剑英
在普通一兵的行列中（散文诗剧）　　　金振家
华主席来到虎头山上　　　　　　　　　陈广斌
诗画之页　　　　　　　　韦君琳　苗地画　封敏诗
诗三首　　　　　　　　　　　　　　　赵朴初
悼念周恩来总理诗三首　　　　　　　　胡厥文
悼念周总理　　　　　　　　　　　　　陈其通
满江红——怀念周总理　　　　　　　　林　林
深挚的悼念　　　　　　　　　　　　　严　辰
生活在我们星球上的巨人　　　　　　　毛志成
周恩来总理回到咱延安　　　　　　　　晓　蕾
瞻仰周公馆　　　　　　　　　　　　　梁上泉
瞻仰梅园新村周总理故居（二首）　　　马国征
怀念　　　　　　　　　　　（蒙古族）查　干
大庆人怀念周总理　　　　　　　　　　曹文祥
周总理登上虎头山　　　　　　　　　　石　祥
我给周总理站过岗　　　　　　　　　　瞿　琮
周总理指挥我们高唱《大海航行靠舵手》———李松涛
在悲痛的日子里（四首）　　　　　于　瑛　华　丹
悼周恩来总理　　　　　　　　　［新加坡］椰　玛
悼念周恩来　　　　　　　［新西兰］路易·艾黎
追悼周恩来同志　　　　　　　　　［英国］亨　特
陈毅同志千古　　　　　　　　　　　　朱　德
鹧鸪天——悼念杨开慧同志兼斥"四人帮"———韦君宜
七律——题长沙板仓，悼杨开慧烈士　　泉　声
春光歌　　　　　　　　　　　　　　　匡　满
攀登新的高峰——写在第一次农业学大寨会议召开的
日子里　　　　　　　　　　　　　郭宝臣
长城行（三首）　　　　　　　　　　　田　间
陇原儿女创大业（十首）　　　　年继荣　马汝贵等
高山大河无阻挡（三首）———管用和　刘善福　李广义
北海风涛歌（赠日本北海道文化界代表团）———光未然
赠友人　　　　　　　　　　　　　　郭小川遗作

戏霸（讽刺诗）··········邢广域
好梦呵，好梦（讽刺诗）········石 河
欣慰的纪念 巨大的鼓舞——纪念毛主席《关于诗的一封信》发表二十周年座谈会纪要····本刊编辑部整理
华主席给咱来掌舵（歌曲）······冷宣君词 吕骥曲
敬爱的周总理 人民的好总理（歌曲）
··········乔羽词 郭成志曲
诗讯（六则）
颂歌献给敬爱的领袖华主席
··········北京东城区业余美术组
百花齐放（封面）··········叶 然

1977 年第 2 期 刊名:《诗刊》
目录

华主席手书民歌一首
祖国永远是春天（迎春诗会·民歌二十六首）
··········胡金海 刘小龙等
热烈欢呼毛主席《论十大关系》发表热烈欢呼华主席在第二次全国农业学大寨会议上的讲话
光辉的文献英明的指示········孙国章
进军的战鼓··········肖 俩
华主席当年在吕梁山（二首）······刘瑞祥
光辉的实践（二首）·····左一兵 李文军 梁 琴
七律——普天欢··········峻 青
大干歌··········赵日升
寄自芙蓉园的诗笺（二首）········岳立功
送行··········刘 章
虎头春潮涨满怀··········陈有才
北疆迎春曲（二首）··········李凤清
创业队长··········张雪杉
喜听公社机声闹（二首）···段杜昌 杨 畅 朱谷忠
火车头上的时刻表··········田永元
油海深情（二首）··········姚焕吉
创业新歌··········郭 浩
沸腾的浇铸线··········沈 飚
铁柱钢梁颂（二首）··········桑 原
踏遍青山（二首）··········常 江
我歌唱火，我歌唱风··········廖代谦
石油工人看《创业》（诗剧）
··········胜利油田宣传队 王忆惠执笔
诗画之页··········袁惠民等画 晓 钢等诗
进入阵地（外一首）··········安造计
风雨靶场（小叙事诗）··········叶知秋
井冈诗笺（三首）··········罗长江
柳园口颂··········赵中森
毛主席在望着我··········葛 逊
夜读··········刘溪杰

珍贵的照片··········浪 波
周总理和炊事员··········任彦芳
心灵的花园（外一首）······孙绍振 刘登翰
七律··········张毕来
熊熊的烈火··········雷抒雁
挽歌——悼朱德委员长··········徐 迟
楠竹歌··········郭小川遗作
发扬传统在今朝··········王昆仑
讽刺诗二首··········石 河 李仲翔
把根扎在哪里？——评张春桥的黑文《把根扎得深一些》··········人民文学出版社批判组
"真天子也"小解··········潘 岩
彻头彻尾的资产阶级反动文艺观——批判姚文元关于诗歌问题的一个谬论··········燕 平
从一首顺口溜看江青的狼子野心·····刘汉中 刘立强
李商隐的《无题》和"四人帮"的"孤愤"·····纪 戈
小插曲背后的大野心——评江青唱《贺新郎》的丑恶表演··········钟 尚
新春联··········平海南
诗讯·诗话·读者中来（共四则）
书记在那边（版画）··········晁 楣

1977 年第 3 期 刊名:《诗刊》
目录

晨曲··········程光锐
华主席给韶山造银河（十一首）
··········黄声笑 周少尧 西 彤等
华主席和我俩心连心··········顾惠良
华主席送我一杯水··········何先培
华主席参观布达拉宫··········洋 滔
长征歌（长诗选载）··········魏钢焰
迎春辞··········臧克家
华主席率领我们又长征··········揭培礼
地委书记进山来··········李 钧
战鼓（六首）··········郑 南
大寨红花开不尽（十三首）·····张志玉 刘育贤
瑶山"石海"大寨花（二首）······庞 然
弧光闪闪··········雷 铎
欢腾的造船厂（二首）··········纪 宇
华主席点燃炉中火··········尹力平
祖国的手臂··········王洪涛
女英雄赞（二首）··········苏卓兴 周 鹤
雷锋引我行··········刘志毅
送给一位革命领袖和导师（翻译诗）
周总理逝世一周年纪念敬赋··········游国恩
我在板仓山上（二首）··········于 力
儿歌二首··········菊 芬 丽 军等

诗画之页·····················刘汝阳等画 丁国成等诗
女皇惊梦（讽刺诗）······················易和元
打倒"帮八股" 发展新诗风（短论）··········胜 成
镣铐·毒药·排炮——略评所谓"三突出"···杨志杰
这笔账要清算······························吴士余
一个"国防诗歌"的黑标本——批判张春桥的黑诗
《我还有一只眼睛》······················谢 竹
诗歌在战斗——首都部分诗歌朗诵音乐会观后随笔
····································黄河梦
情真意切诗动人··························晓 东
革命战士的性格、抱负和胆识——读郭小川同志的遗
作《团泊洼的秋天》······················左 辉
小资料：苏修小文痞——叶夫图申科··········甘雨泽
诗讯·杂感（共三则）
欧仁·鲍狄埃（版画）······················伍必端

1977 年第 4 期　刊名:《诗刊》

目录

毛主席、华主席、周总理、叶副主席、朱委员长关于
向雷锋同志学习的题词
致雷锋同志······························王燕生
重读雷锋日记····························安造计
沿着雷锋的车辙（三首）····················韩作荣
诗画之页·······董辰生 娄家本画 章亚昕 林玉涛
大庆民歌选（六首）
华主席率领咱学大庆（民歌十六首）
····························鲁 行 叶曙光等
铁人大合唱（歌词）················乔 羽 王玉蓝
写在工业学大庆会议上（诗传单·七首）·····曲有源
油海大庆花（五首）··············韩静霆 杜显斌等
旗下炉边咱高声叫（外一首）················刘 镇
火的呼喊（外一首）························冯景元
"不知足"································陈进化
唱在钢铁大道上（二首）····················汤世杰
塔克拉玛干抒怀（二首）····················张红军
控制台指示灯在闪亮························陈 锟
过五台山（三首）························叶剑英
和叶剑英同志过五台山诗三首················朱 德
读叶副主席和朱委员长的《过五台山》诗·····李蓬茵
董必武同志诗选（十七篇）

迅雷
十月布昭苏································茅 盾
周总理的时间表··························王笠耘
忆向阳（七首）··························臧克家
公社新歌（六首）········丁庆友 向 群 溪 洋
四人帮的"毁生产力论"（讽刺诗）··········池北偶

彩票生意兴隆（讽刺诗）····················樊庆荣
周总理与诗歌·····················周红兴 李如鸾
一代风流壮诗情
——重读贺敬之同志的《雷锋之歌》··········杨金亭
打倒"帮八股" 繁荣诗创作——记一次诗风问题座
谈会····································成 平
斥"帮八股"······························马国征
女皇梦——黄粱梦（杂感）··················朱先树
诗讯（二则）
油海与麦浪（版画）························韩承霖

1977 年第 5 期　刊名:《诗刊》

目录

热烈欢呼《毛泽东选集》第五卷出版

共同的心愿······························朱万春
开国鸿文七十篇··························光未然
毛选五卷出版了··························张爱萍
喜闻毛选五卷出版（调寄"南乡子"）··········魏传统
万里东风································王鸣久
毛主席又来到我们当中······················高 戈
黄河船工迎"五卷"················张敏生 薛 亚
春风送暖······················（蒙古族）乌兰木林
金光闪闪毛主席的书（民歌十首）
····························周 锐 殷光兰等
欢腾的藏北草原（诗画之页）·····李世华诗 肖映川画
黑手遮不住红太阳························刘 征

热烈欢呼全国工业学大庆会议胜利召开

工业学大庆（水调歌头）····················郭沫若
我们的大军从这里出发（外一首）············朱 岩
火线颂（组诗）··························张雪杉
厂区小唱（三首）························邓海南
石油战歌（组歌）
············石油系统业余诗歌作者学习班集体创作
华主席的足迹（十首）
····················洪三泰 于 力 节延华 黄声笑等
在大干的田野里（四首）·····桑恒昌 关 键 陈有才
水乡回来了赤卫队··························何 帆
山高水长（五首·李培戈插图）··············叶文福
蚕山春（组诗）··················李广义 孟繁华
写在作文本上的诗（儿童诗四首）············王建一
昆仑山下（散文诗三章）····················王宗仁
"老百姓"·龙衣及其他（讽刺诗四首）········石 河
举红旗 斩妖魔——重新学习《在延安文艺座谈会上
的讲话》································程 展
举旗抓纲展宏图——重读华主席手书的韶山灌区民歌
····································《湘江文艺》编辑部

讴歌御侮赋同仇
——学习董必武同志诗的随笔·············鲁 扬
反革命诳言的混合物——评《西沙之战》·······田本相
"四人帮"的"铁锤"砸向谁？——黑诗《锁链·铁
锤》剖析···············国 荣 稼 骏 贤 明
北京书简——关于诗的风格的笔谈·········谢 冕

诗讯（三则）
手捧宝书望北京（宣传画）·············张红年作

1977 年第 6 期　刊名：《诗刊》
目录

毛主席的旗帜·····················王恩宇
井冈林海情意深····················吴志昆
周总理用过的一只碗··················魏东辉
献给朱德委员长（二首）··········喻 晓 叶知秋
五老峰之歌······················李春林
创业篇（四首）···周 锐 田 牧 汤世杰 李明祺
壮志凌空（三首）···················潭 楷
石油战歌（组歌）
···········石油系统业余诗歌作者学习班集体创作
木云湖渔歌（三首）··················袁希安
"小丫湖"·······················叶廷斌
进军的号声（组诗）··················于 沙
回答一枚雨花石····················曹仲贤
我们的路·······················齐匡之
读《雷锋日记》记感（八首）··············蔡庆生
华主席关怀"儿童团"（诗画之页）
·····················姚 奎画 文大家诗
公社儿童诗（三首）··················瑞 聪
壮家儿歌（二首）·············（壮族）莎红叶
洗军衣（儿童演唱）··················樊发稼
"问问雷锋叔叔吧！"（儿童诗）············张铭新
来自阿里山的石块（儿童诗）··············张秋生
山高水长（三首）···················叶文福
双门新歌·······················唐大同
寄自西双版纳（四首）·············（白族）张 长
沙枣花·戈壁茶（二首）················贺晓风
草原短笛（二首）··············尧山壁 王忠范
英姿图（组诗·郭振华插图）··············党永庵
哨所情怀（二首）···················李 钧
光闪闪的"通天梯"（外一首）·············李武兵
击鼓传花·······················童嘉通
"史话"四则（讽刺诗）················高伐林
读《远望》书后····················冯 至
新时代精神　突出儿童特点
——读四首儿童诗···················艾克恩

利如锋刃　妙趣横生
——谈政治讽刺诗的创作···············李元洛
花——赏诗札记····················郑乃臧
新神话（七则）···左 人 邓海南 敏 岐 刘汉民
诗讯（二则）
草原诗篇（版画）···················徐 匡

1977 年第 7 期　刊名：《诗刊》
目录

我们心中的纪念堂···················峭 石
珠峰石························韩静霆
韶山常青树················祁荣祥 晓 波
夜战激························朱子奇
捧起心爱的袖章····················殷晓春
崇高的友谊······················王淑臣
井冈山·长征路（二首）················刘毅然
毛毯歌························金 谷
太行山上忆朱总（二首）················张承信
朱总挑担上山来（诗画之页）
············金亭亭 司徒兆光画 刘同聚诗
伟大的第一枪·····················熊光炯
历史的见证（散文诗四章）···············李华岚
红军战士的形象（外二首）···············节延华
杨梅树——有生命的碑（外二首）············李长廷
写在井冈的留言簿上（五首）·····（土家族）颜家文
读《陈毅诗词选集》感赋（调寄"浪淘沙"）
·····························林 林
在我们工厂里（三首·张小艾插图）···········郑 南
欢乐的油海（四首）··················徐志宏
唐山新建第一座楼···················蔡 华
山村行（二首）····················陆 棨
山乡新姿（二首）·············郑德明 李发模
田野散曲（五首）
·········王怀让 鲁 丁 管用和 周少尧 沈 彦
银鹰播雨（组诗）···················周 鹤
可爱的海南岛（组诗）·················洪三泰
"花儿"向着北京唱（四首）··············唐光玉
儿歌一束（卜维勤插图）
··················汤明霞 弋良俊 莎 红等
五言律诗一首·················郭小川遗作
革命真情出好诗
——读悼念敬爱的周总理的诗词札记··········罗宗强
满怀激情谱颂歌
——喜读赞颂华主席的两组诗············徐明寿
漫话散文诗······················众 一
也谈《湘灵歌》····················贺永新
如此"经历过来的"——从姚文元对《草木篇》的态

度看他的反革命两面派嘴脸⋯⋯⋯⋯高进贤　古远清
毛主席永远活在我们心中（宣传画）⋯⋯⋯⋯吕恩谊

1977 年第 8 期　刊名:《诗刊》
目录

中国共产党第十届中央委员会第三次全体会议公报
八十书怀⋯⋯⋯⋯⋯⋯⋯⋯⋯⋯⋯⋯⋯⋯⋯叶剑英

热烈欢呼党的十届三中全会胜利召开
歌颂十届三中全会（调寄"满江红"）⋯⋯⋯郭沫若
胜利的狂飚⋯⋯⋯⋯⋯⋯⋯⋯⋯⋯⋯⋯⋯臧克家
团圆词⋯⋯⋯⋯⋯⋯⋯⋯⋯⋯⋯⋯⋯⋯⋯海　棱
献给一幅照片的诗行⋯⋯⋯⋯⋯⋯⋯⋯⋯王洪波
沸腾的钢城⋯⋯⋯⋯⋯⋯⋯⋯⋯⋯⋯⋯⋯朱　岩
公报映红四季青⋯⋯⋯⋯⋯⋯⋯⋯⋯⋯⋯郭德贵
壮家的心愿⋯⋯⋯⋯⋯⋯⋯⋯⋯⋯⋯⋯⋯林　玉
八一黎明前的歌声⋯⋯⋯⋯⋯⋯⋯⋯⋯⋯胡　平
八一起义纪念馆三题⋯⋯⋯⋯⋯⋯⋯⋯⋯赵宗泉
南昌抒怀（二首）⋯⋯⋯⋯⋯⋯⋯⋯⋯⋯洪三泰
历史的明镜⋯⋯⋯⋯⋯⋯⋯⋯⋯⋯⋯⋯⋯节延华
快快扎呀，缝纫机⋯⋯⋯⋯⋯⋯⋯⋯⋯⋯西　彤
光荣呵，军旗（外一首）⋯⋯⋯⋯⋯⋯⋯舒　柯
会师之前⋯⋯⋯⋯⋯⋯⋯⋯⋯⋯⋯⋯⋯⋯李　兵
文家市——井冈山（四首）⋯⋯⋯⋯⋯⋯田章夫
井冈行（四首）⋯⋯⋯⋯⋯⋯⋯⋯⋯⋯⋯聂鑫森
迎晨曲（三首）⋯⋯⋯⋯⋯⋯⋯⋯⋯⋯⋯邓伦麟
晋西伏击战⋯⋯⋯⋯⋯⋯⋯⋯⋯⋯⋯⋯⋯肖　华
淮海战役⋯⋯⋯⋯⋯⋯⋯⋯⋯⋯⋯⋯⋯⋯明　朗
峥嵘岁月（三首·伍必端插图）⋯⋯⋯⋯韩作荣
写在贺龙的家乡（三首）⋯⋯⋯⋯韩棕树　岳立功
念贺龙（二首）⋯⋯⋯⋯⋯⋯⋯⋯⋯⋯⋯石　英
啊，洪湖水（散文诗）⋯⋯⋯⋯⋯⋯⋯⋯刘湛秋
洪湖曙光（诗画之页）⋯⋯⋯⋯杨先让画　李　立诗
"硬骨头六连"赞（三首）⋯⋯⋯⋯⋯⋯马绪英
寄自遥远的边防哨（四首）⋯⋯⋯⋯⋯⋯王贤良
海疆抒情（二首）⋯⋯⋯⋯⋯⋯张力生　柳　朗
空军诗笺（二首）⋯⋯⋯⋯⋯⋯⋯乔　良　廖代谦
我爱你啊，威严的大炮（外一首）⋯⋯⋯徐咏龄
连队枪杆诗（四首）⋯⋯⋯徐明德　范建军　柯　原
女部长⋯⋯⋯⋯⋯⋯⋯⋯⋯⋯⋯⋯⋯⋯⋯苗得雨
琴⋯⋯⋯⋯⋯⋯⋯⋯⋯⋯⋯⋯⋯⋯⋯⋯⋯喻　晓
青春寄语⋯⋯⋯⋯⋯⋯⋯⋯⋯⋯⋯⋯⋯⋯黄耀晖
血写的批判稿（二首）⋯⋯⋯⋯⋯⋯⋯⋯孙桂贞
老娘天下第一（讽刺诗）⋯⋯⋯⋯⋯⋯⋯韦　之
在香烛的烟雾中⋯⋯⋯⋯⋯⋯⋯⋯⋯⋯⋯沈建翌
"满目青山夕照明"——喜读敬爱的叶副主席七律
《八十书怀》⋯⋯⋯⋯⋯⋯⋯⋯⋯⋯⋯⋯尚　弓

大笔浓墨　警策动人⋯⋯⋯⋯⋯⋯⋯⋯⋯李元洛
新诗话五则·新花坛三篇·诗讯三则
茨坪颂（水彩画）⋯⋯⋯⋯⋯⋯⋯⋯⋯⋯古　元

1977 年第 9 期　刊名:《诗刊》
目录

热烈欢呼党的十一大胜利召开
壮丽的凯歌⋯⋯⋯⋯⋯⋯⋯⋯⋯⋯⋯⋯⋯阮章竞
普天乐三首（曲）⋯⋯⋯⋯⋯⋯⋯⋯⋯⋯赵朴初
水调歌头⋯⋯⋯⋯⋯⋯⋯⋯⋯⋯⋯⋯⋯⋯金尧如
华主席登上十一大主席台⋯⋯⋯⋯⋯⋯⋯任海鹰
喜报送给毛主席⋯⋯⋯⋯⋯⋯⋯⋯⋯⋯⋯王淑臣
伟大的进军⋯⋯⋯⋯⋯⋯⋯⋯⋯（白族）晓　雪
敬祝党的十一大胜利召开⋯⋯⋯⋯⋯⋯⋯何　洛

纪念伟大的领袖和导师毛主席逝世一周年
唱给心中的太阳⋯⋯⋯⋯⋯⋯⋯⋯⋯⋯⋯卫　新
怀念救星毛主席（阿老插图）⋯吴春安口述　王吉文整理
中秋明月夜⋯⋯⋯⋯⋯⋯⋯⋯⋯⋯⋯⋯⋯陈昊苏
绝尘（七律）⋯⋯⋯⋯⋯⋯⋯⋯⋯⋯⋯⋯张毕来
九月七里营⋯⋯⋯⋯⋯⋯⋯⋯⋯⋯⋯⋯⋯杨东明
世代高歌《东方红》⋯⋯⋯⋯⋯⋯（苗族）石太瑞
毛主席在十三陵水库⋯⋯⋯⋯⋯⋯（瑶族）覃建谋
红日高照北京站⋯⋯⋯⋯⋯⋯⋯⋯⋯⋯⋯王恩宇
纪念堂
——太阳宫（诗画之页）⋯⋯⋯卜维勤画　寇宗鄂诗
颂歌三唱（张守义插图）⋯⋯⋯⋯⋯⋯⋯傅金城
西柏坡颂诗（三首）⋯⋯⋯⋯⋯⋯⋯⋯⋯尧山壁
毛主席的丰功伟绩（藏族民歌）⋯⋯⋯⋯澍　雨
献给毛主席的歌（蒙古族民歌）⋯⋯⋯⋯罗　萌
永远不忘毛主席（哈萨克族民歌）⋯⋯⋯哈力别克
毛主席哟，台湾儿女归来了⋯⋯⋯⋯⋯⋯聂震宁
湘赣挺进曲（三首）⋯⋯⋯⋯⋯⋯⋯⋯⋯于　力
献给秋收起义（三首）⋯⋯⋯⋯⋯⋯⋯⋯洪三泰
致英雄的哨所⋯⋯⋯⋯⋯⋯⋯⋯⋯⋯⋯⋯林　澍
唱给铜鼓的歌（二首）⋯⋯⋯⋯⋯刘宝田　瞿　琮
青松赞——献给敬爱的陈毅同志⋯⋯⋯⋯范建军
敬陈总⋯⋯⋯⋯⋯⋯⋯⋯⋯⋯⋯⋯⋯⋯⋯吴　超
火中的歌⋯⋯⋯⋯⋯⋯⋯⋯⋯⋯⋯⋯⋯⋯刘同聚
英雄钻井队（叙事诗·陈玉先插图）⋯⋯光未然
忆昔⋯⋯⋯⋯⋯⋯⋯⋯⋯⋯⋯⋯⋯⋯何其芳遗作
不学蓬雀学鲲鹏⋯⋯⋯⋯⋯⋯⋯⋯马　可遗作
庄严的史诗　深情的颂歌
——读《红太阳颂》⋯⋯⋯⋯⋯⋯⋯⋯顾　骧
正气冲霄汉　丹心照人间
——《陈毅诗词选集》读后⋯⋯⋯⋯⋯魏传统
读贺敬之的《"八一"之歌》⋯⋯⋯⋯⋯邹荻帆

在"论诗"烟幕中射向鲁迅的暗箭——揭露张春桥假
借论诗攻击鲁迅的反革命勾当⋯⋯⋯⋯⋯⋯⋯艾 斐
伟大的战士⋯⋯⋯⋯⋯⋯⋯董辰生画 林 玉诗

1977 年第 10 期　刊名:《诗刊》
目录

攻关⋯⋯⋯⋯⋯⋯⋯⋯⋯⋯⋯⋯⋯⋯⋯⋯⋯叶剑英
读《攻关》⋯⋯⋯⋯⋯⋯⋯⋯⋯⋯⋯⋯⋯⋯⋯方 毅
努力攀登科学高峰
——读叶剑英副主席的《攻关》⋯⋯⋯⋯⋯于光远
各族人民向着北京唱（民歌十四首）
祖国的日历⋯⋯⋯⋯⋯⋯⋯⋯⋯⋯⋯⋯⋯何玉锁
毛主席招宴容园喜赋⋯⋯⋯⋯⋯⋯⋯⋯⋯李淑一
华主席在吕梁山（叙事诗）⋯⋯⋯⋯⋯⋯⋯陈宜浩
火（外一首·柳成荫插图）⋯⋯⋯⋯⋯⋯⋯朱 雪
六盘山上南飞雁⋯⋯⋯⋯⋯⋯⋯⋯⋯⋯⋯胡大雷
科技战线诗传单（四首）⋯⋯⋯⋯⋯⋯⋯⋯曲有源
校园诗草（四首）⋯⋯⋯⋯⋯⋯李仲翔 汤昭雪
轧钢厂纪事（三首）⋯⋯⋯⋯⋯⋯⋯⋯⋯高伐林
装卸工随笔（六首）⋯⋯⋯⋯⋯⋯⋯⋯⋯汪 芳
围腰的歌⋯⋯⋯⋯⋯⋯⋯⋯⋯⋯⋯⋯⋯张新泉
水底诗页（组诗）⋯⋯⋯⋯⋯⋯⋯⋯⋯⋯邓海南
写在治山治水工地上⋯⋯⋯⋯⋯⋯⋯⋯⋯王庆余
黑油油的泥土（三首）⋯⋯⋯⋯⋯⋯⋯⋯丁庆友
跟着华主席唱民歌⋯⋯⋯⋯⋯⋯⋯⋯⋯⋯姜秀珍
采药小唱（诗画之页）⋯⋯⋯黄中和诗 周令剑画
北京飞来的孔雀（外一首）⋯⋯⋯（蒙古族）查 干
春风扑面（组诗）⋯⋯⋯⋯⋯⋯⋯⋯⋯⋯李松涛
咏史⋯⋯⋯⋯⋯⋯⋯⋯⋯⋯⋯⋯⋯⋯⋯田 间
观世界乒乓球赛（二首）⋯⋯⋯⋯⋯⋯⋯赵国增
井冈山颂（组歌）⋯⋯⋯⋯石 祥 宝 贵 洪 源
天上的歌（儿童诗）⋯⋯⋯⋯⋯⋯⋯⋯⋯刘 斌
叶挺的电报⋯⋯⋯⋯⋯⋯⋯⋯⋯⋯⋯⋯⋯李春林
重读方志敏的《清贫》⋯⋯⋯⋯⋯⋯⋯⋯袁文燕
陕北出了个刘志丹⋯⋯⋯⋯⋯⋯⋯⋯⋯⋯雷 霆
列宁的铜像（三首）⋯⋯⋯⋯⋯⋯⋯⋯⋯张 廓
不断革命的战歌和颂歌
——《郭小川诗选》代序⋯⋯⋯⋯⋯⋯⋯冯 牧
热情的歌手和园丁——悼念何其芳同志⋯钱光培
"此中真歌哭，情文两具备"——诗咏偶谈⋯严迪昌
征途吟（油画）⋯⋯⋯⋯⋯⋯⋯杨燕屏 曾善庆
红军的故事（剪纸）⋯⋯⋯⋯⋯⋯⋯⋯⋯林载华

1977 年第 11 期　刊名:《诗刊》
目录

民歌从咱心里来（二十四首）
⋯⋯⋯⋯⋯⋯陈文和 苏 剑 董耀章等
诗画之页⋯⋯⋯⋯⋯王师颉 韦筠麟画 李立诗
科学大会通知好⋯⋯⋯⋯⋯⋯⋯⋯⋯⋯⋯高士其
球籍⋯⋯⋯⋯⋯⋯⋯⋯⋯⋯⋯⋯⋯⋯⋯胡 平
致人民教师（二首）⋯⋯⋯⋯⋯⋯叶文福 刘荣春
邮电战线抒情（二首）⋯⋯⋯⋯⋯李中兰 刘 虹
秒针嘀嗒⋯⋯⋯⋯⋯⋯⋯⋯⋯⋯⋯⋯⋯黄克咸
油海诗讯（二首）⋯⋯⋯⋯⋯⋯⋯⋯⋯⋯王洪涛
记"创业"师傅（外一首）⋯⋯⋯⋯⋯⋯⋯冯景元
北京晨曦中的奔流⋯⋯⋯⋯⋯⋯⋯⋯⋯⋯谭 谊
桃林曲（组诗·题头画·李静禹）⋯⋯⋯⋯鲁一岷
燕山晨曲（四首）⋯⋯⋯⋯⋯⋯⋯⋯⋯⋯刘 章
瑶山春秋（二首·马元良插图）⋯⋯⋯⋯黄 河
苗山短歌（三首）⋯⋯⋯⋯⋯⋯⋯（苗族）龙怡凡
三峡标灯（外一首）⋯⋯⋯⋯⋯⋯⋯⋯⋯雁 翼
东海渔歌（三首）⋯⋯⋯⋯⋯⋯⋯⋯⋯⋯沙 白
为一九七七年九月九日而作⋯⋯[新西兰]路易·艾黎
月光下的怀念⋯⋯⋯⋯⋯⋯⋯⋯⋯⋯⋯贾 坤
赤湖颂（二首）⋯⋯⋯⋯⋯⋯⋯⋯⋯⋯⋯西 彤
踏花战地行（三首）⋯⋯⋯黄东成 肖 偶 孔 林
沸腾的渡口（小叙事诗·题头画：王广涛）
⋯⋯⋯⋯⋯⋯⋯⋯⋯⋯⋯⋯岳宗周 朱希江
参观厦门大学鲁迅纪念馆（绝句三首）⋯⋯虞 愚
童话诗两则⋯⋯⋯⋯⋯⋯⋯⋯⋯⋯⋯⋯圣 野
兔子和乌龟第二次赛跑（寓言诗·题头画：元良）
⋯⋯⋯⋯⋯⋯⋯⋯⋯⋯⋯⋯⋯⋯⋯⋯罗 丹
山头上有一只可恶的乌鸦（寓言诗）⋯⋯⋯吴树敬
四霸闹学（拟杂剧）⋯⋯⋯⋯⋯⋯⋯⋯⋯刘 征
"白卷式"的"填空者"（讽刺诗）⋯⋯⋯⋯杨 牧
北极熊在敲门⋯⋯（讽刺诗）⋯⋯⋯⋯⋯田舒强
克宫新辞典（讽刺诗）⋯⋯⋯⋯⋯⋯⋯⋯石 河
夜（儿歌）⋯⋯⋯⋯⋯⋯⋯⋯⋯⋯⋯⋯⋯袁万祥
骆驼草·无名花（散文诗）⋯⋯⋯⋯⋯⋯王宗仁
仙人掌·无花果及其他（三首）
⋯⋯⋯⋯⋯⋯⋯⋯雷 铎 梁 雄 覃建谋
欧仁·鲍狄埃（三首）⋯⋯⋯⋯⋯⋯⋯⋯张 廓
万山红遍——学习毛主席诗词⋯⋯⋯⋯⋯吴欢章
妙句拈来着眼高——陈毅同志诗词学习札记⋯陶尔夫
北京书简——关于批判继承诗歌遗产⋯⋯⋯谢 冕
短些，再短些!⋯⋯⋯⋯⋯⋯⋯⋯⋯⋯⋯廖一简
新诗话（七则）⋯⋯⋯⋯金 波 马焯荣 李汝伦等
牧驼图（国画）⋯⋯⋯⋯⋯⋯⋯⋯⋯⋯⋯吴作人

1977 年第 12 期　刊名:《诗刊》
目录

狠批"文艺黑线专政"论

叛徒的屠刀······阮章竞
成绩灿然　岂容抹煞······臧克家
清算"文艺黑线专政"论······徐迟
彻底打碎"四人帮"的反革命文化围剿······雁翼
"谁言寸草心，报得三春晖"······谢冕
万松图······赵朴初
杂咏四首······郭化若
流火的车间（组诗）······王中朝
在大干的擂台上（诗辑）
　　　　　　　　朱平化　任愚颖　李武兵等
巡道工的灯（诗画之页）······胡新宇诗　徐希画
成熟了的原野（诗辑）······洪三河　鄂星　朱吉成等
"种菜迷"······郭德贵
军营曲（六首）······姚成友　向明　贺东久等
登山谣······匡满
酿蜜的时代（三首·万庆插图）······王雨谷
云贵川抒情（六首）······张永权　程显谟　陈犀等
欢腾的微山湖（组诗）······苏文河
鄂尔多斯，诗的高原（二首）······张之涛
飘香的奶茶（组诗·胡连江插图）······朱雷
咏泰山石······宋家玲
纪念堂颂······纪宇
生日······纪学
他老人家还活着······[斯里兰卡]李拉拉特尼
井冈诗笺（二首）······万里浪
红枫图······梁上泉
桐花赞（小叙事诗）······浪波
歌词之页······晨枫　瞿琮　洪源等
没有翅膀的飞机（儿童诗）······李约拿
群丑图（讽刺诗四首）······易和元
燃烧的大陆、海洋和天空（五首）······高伐林
谈诗——郭小川同志给孩子的信
革命导师与民歌——兼批江青对民歌的攻击
　　　　　　　　云南省文化局创作室评论组
站得高，看得远，挖得深······黄声笑
"意境"新识——学习毛主席诗词中的艺术辩证法
　　　　　　　　　　　　　　邢煦寰
毛主席恩情比海深······徐坚白　欧洋

1978 年第 1 期　刊名:《诗刊》
目录

毛主席给陈毅同志谈诗的一封信
毛主席手书（插页）
毛主席仍在指挥我们战斗（座谈会纪要）······本刊记者
读毛主席谈诗的信······林默涵
论诗遗典在······臧克家
指路的明灯　强大的武器······李瑛
大跃进民歌选（二十二首·选自《红旗歌谣》）
敬酒歌······姜秀珍
我把太行当鼓擂（民歌十首）······王怀让
"花儿"一束······马自祥　翟承恩
词二首······齐燕铭
放歌西柏坡（二首）······王洪涛
九天霹雳声声烈（二首）······田间
一年级小学生的誓言······冰心
难忘的昨天（二首）······贺东久　冯景元
雪花赋······陈松叶
读陈毅同志诗词集有感······李长路
诗五首······海棱
我歌唱如期归来的秋天······白桦
歌唱李仁杰（外二首）······刘白羽
新区石油战士赞歌（七律）······周立波
你英雄地站在那里（二首）······张志民
大庆的青纱帐（二首）······郭宝臣
劲从心窝冒出来（二首）······黄声笑
金缕曲（二首）······蔡若虹
绝壁上······苏金伞
言志篇（七律六首）······姚雪垠
浩歌······赵甄陶
诗四首······[新西兰]路易·艾黎
跳蚤之歌（讽刺诗）······池北偶
试看天地翻覆——学习毛主席词二首《重上井冈山》
和《鸟儿问答》······何其芳遗作
在生命的浩瀚的海洋里——读周恩来同志的几首早期
诗歌······唐弓
民歌小议······（壮族）黄勇刹
傲霜雪（油画）······（彝族）禾永茂

1978 年第 2 期　刊名:《诗刊》
目录

华主席给《人民文学》的题词
诗十三首······陈毅
答陈毅同志······林伯渠
科学家诗页······华罗庚　茅以升　童第周　周尧

啊，黄河长江的子孙·····················毛志成
早春·······························李　瑛
新年献诗（七律）·····················金尧如
我们是国家的主人（诗传单）·············曲有源
一个姑娘在发言·······················未　央
束鹿赛诗会（十六首）·····青　野　王涌川　尚明智等
十月的阿吾勒（组诗）·········杨　牧　易中天
春天沙海（组诗）·····················朱　雷
赫哲新歌（组诗）·····················龙彼德
可爱的海南岛（组诗）·················洪三泰
边疆的笑容（组诗）···················于　力
星的故乡（组诗）·····················叶文福
金翅膀（组诗）·······················尧山壁
太行情歌（二首）·····················浪　波
向台湾同胞祝贺新年·········（傣族）康郎甩
八声甘州·兰生蕙长越王台···············李　门
献诗·······························邵燕祥
从那一夜开始（儿童叙事诗）·············聪　聪
诗二首···························老　舍遗作
大雁和狐狸（寓言诗）·················刘　征
学习《毛主席给陈毅同志谈诗的一封信》（座谈会发言）
从民歌中吸引养料和形式·················张志民
拓成功的新路　开一代的诗风
新诗发展的康庄大道···················冰　心
新诗的航向·························邹荻帆
杲杲红日升于东·······················陈昊苏
学习笔记·························郭小川遗作
谈诗歌的韵律·······················李元洛

诗讯
心意（中国画）·········李金亭　杨文勇　初源盛

无论我们到哪里·······················顾子欣
周总理啊，您永远和科技战士在一起（歌词）·····李幼容
幸福的节日（诗画之页）·······赵雁潮画　李学来诗
春歌——献给五届人大···················沙　白
飞吧，科学之鸟（四首）·················陈广斌
明亮的晨星·························宋家玲
计算机的话（外一首）·················韦　一
大庆的喜日·························满　锐
词二首·····························程光锐
延安老战士的歌声···················白　原
关于青春（外一首）···················晓　凡
筑路歌（组诗·徐中益　吴清江插图）·········贺星寒
诗的比、兴和形象思维的逻辑特性···········蔡　仪
谈李贺诗歌的比兴特色·········俊　山　志　杰
诗贵独创——从几首悼念周总理的诗歌谈起···吴功正
学习笔记（续）···················郭小川遗作
诗歌在战斗中前进
——一九七六到一九七七年诗歌漫笔·········谢　冕
评《南方诗丛》·····················易　征
亿万少年儿童心中的歌（来稿摘登）——读儿童诗
《天上的歌》·······················金丰城等
侗乡三月（版画）·········龙开朗（侗族）吴家华

1978 年第 4 期　刊名:《诗刊》

目录

春歌唱绿太行山·······················王怀让
巴山蜀水展翅飞·······················徐　康
为大治之年唱赞歌·····················唐光玉

诗画之页
"风"、"溜"、"震"、"捂"四派人物脸谱·······池北偶
漫画四幅···························华君武
孙悟空跳出老君炉
——捂不住了（漫画）·················张　汀
揭丑四咏···························刘　征
诗四首·····························肖　华
满江红·····························林　林
伟大的历史使命·······················万里浪
大治年头···························马林帆
春归校园（三首）·······杨钧炜　李学来　陈秀庭
"奋斗"·····························李春林
水乡曲（李焙戈插图）·················孙友田
塞山诗笺···························刘国良
准噶尔的老战士（胡连江插图）·············杨　牧
嘉陵江上听船歌·······················放　平
放鸽（散文诗·外二章）·················王中才
摸鱼儿（锄再举）·····················蔡若虹

1978 年第 3 期　刊名:《诗刊》

目录

中华人民共和国国歌
周总理青年时代的诗（十四首）
为敬爱的周总理诗谱曲两首·············吕　骥
怀念·······························胡乔木
周总理的愤怒·······················魏传统
生·死·····························臧克家
凝睇（组诗）·······················朔　望
白花与红花·························公　刘
壮怀激烈（二首）·····················石　英
献给三月的花束（组诗）·················雷抒雁
梅园腊梅···························傅金城
乌桕树下···························黎汝清
总理在我坦桑家·······················周国勇

田野散曲（四首）
—————刘爱诚 张从海 曾凡华 程 海
峥嵘岁月—————————————————徐 明
钢钎赞（外一首）—————————————方 冰
写在民族山乡间的诗——————（壮族）莎 红
冰岛养羊歌———————————————冯 至
樱花树—————————————————兰 曼
识字岭—————————————————孙桂贞
白求恩组歌———————————————杨金亭
长相忆（外三首·朔望译）——[新西兰]路易·艾黎
诗二首————[叙利亚]阿卜杜·默因·马卢海
浅谈李贺———————————————吴庚舜
诗与比兴————————————秦兆基 李 宁
学习笔记（续完）———————————郭小川遗作

诗艺漫谈

诗的意境————————————————李元洛
新诗话（九则）———————苗得雨 刘湛秋等
读者来信————————————————樊希安
长空雁叫霜晨月（版画）————————杨纳维

1978 年第 5 期　刊名:《诗刊》

目录

师傅们的青春———————————————高伐林
喜迎舜日继尧天——————————————朱 夏
神州儿女争朝夕——————————————方之中
奖状的歌————————————————成 苑
我想……—————————————————宗 越
歌唱钢铁的鹰隼（外一首）————————陈志民
炉火正红的时代（四首）
—————马恒祥 董浩善 罗子英 林 玉
白首返红颜———————————————董纯才
送女赴穗入学二韵————————————刘羡冰
回春曲—————————————————芦 芒
赛歌台—————————————————李仲翔等
内蒙古纪行（杨炳湘插图）————————韩作荣
鹰笛·马头琴（二首）————————周 涛 旭 宇
你有多少歌，月琴?———————————卫 新
滑雪曲—————————————————蔡文祥
芦笛——————————[法国]欧仁·鲍狄埃
风 云译 何 如校
到二〇〇〇年去游历（诗画之页）
—————关景宇 赵宝林画 李松涛诗
金缕曲—————————————————赵树理遗作
毛主席看我们扭秧歌———————————文 川
标灯闪闪————————————————唐大同
擎天树—————————————————韦 丘

悼陈总—————————————————阿 明
吊贺龙同志———————————————赵甄陶
山崮赞—————————————————苗得雨
八千里路云和月——————————————王 迪
卧狼山（叙事诗·张广插图）————————罗 沙
革命的箴言　艺术的瑰宝
——学习《董必武诗选》——————众 一
读高士其的科学诗————————————吴思敬
悼念闻捷————————————————哈 华
忆郭小川写诗——————————————韦君宜
民歌的春天——《诗刊》"赛歌台"读后———卓 之
记取教训，在斗争中继续前进—————本刊编辑部
诗讯一则
水上高歌丰收归（国画）—————————钱松嵒作

1978 年第 6 期　刊名:《诗刊》

目录

科学的春天

科学大会诗稿（张志平　寇宗鄂插图）————柯 岩
科学盛会抒情——————————————程光锐
啊！灿烂的星空—————————————韩 瀚
科学春来————————————————王昆仑
数学诗六首———————————————陈兼与
灿烂的新时期——————————————傅 仇

献给"六·一"的诗歌

写在作文本上的诗（于名川插图）————王建一
给亲爱的孩子——————————————林 子
叔叔！我回答您—————————————聪 聪
春姑娘见雪爷爷（外一首）————————肖复兴
茅山童谣二首————————————康新民 潮 洪
《李自成》人物图咏————姚寻垠诗 刘继卣画
淀上新章————————————————田 间
草地行—————————————————梁上泉
地质队诗抄———————————————邵燕祥
阳关春（组诗·谭涤夫插图）————————李老乡
何其芳诗稿
哀诗魂—————————————————公 刘
夜读《郭小川诗选》————————————劳 荣
金缕曲—————————————————刘 征
读周总理青年时代诗有感—————————沈 鹏
石头歌（叙事诗·杨炳湘插图）———————李晓白
东风有主壮诗情　兴会无前发浩歌——读《沫若诗词
选》—————————————王建国 蒋士枚
由郭老改诗想起的————————————艾克恩
漫谈诗歌创作中的赋的手法————————严迪昌
狼外婆与儿歌————————————徐明寿 高进贤

儿童诗与形象思维⋯⋯⋯⋯⋯⋯⋯⋯⋯陈伯吹
儿歌漫笔⋯⋯⋯⋯⋯⋯⋯⋯⋯⋯⋯⋯仲　城

诗艺漫谈
诗的想象⋯⋯⋯⋯⋯⋯⋯⋯⋯⋯⋯⋯任　愫
儿童文学的一朵鲜花⋯⋯⋯⋯韩伯泉　孙贻汉
万里长征又起步⋯⋯⋯⋯⋯⋯⋯⋯⋯梁　君
喜读《爱的哈达》⋯⋯⋯⋯⋯⋯⋯⋯侯爵良
读书图（国画）⋯⋯⋯⋯⋯⋯⋯⋯⋯周思聪

1978 年第 7 期　刊名:《诗刊》
目录

沉痛悼念卓越的无产阶级文化战士郭沫若同志
郭沫若同志遗墨
哭郭老⋯⋯⋯⋯⋯⋯⋯⋯⋯⋯⋯⋯⋯臧克家
悼郭沫若同志⋯⋯⋯⋯⋯⋯⋯⋯⋯⋯赵朴初
悼郭老⋯⋯⋯⋯⋯⋯⋯⋯⋯⋯⋯⋯⋯杜　宣
高峰⋯⋯⋯⋯⋯⋯⋯⋯⋯⋯⋯⋯⋯⋯田　间
深切的悼念⋯⋯⋯⋯⋯⋯⋯⋯⋯⋯⋯罗　苏
忆秦娥⋯⋯⋯⋯⋯⋯⋯⋯⋯⋯⋯⋯⋯林　林
悼郭老⋯⋯⋯⋯⋯⋯⋯⋯⋯⋯⋯⋯⋯邓　光
悼郭老⋯⋯⋯⋯⋯⋯⋯⋯⋯⋯⋯⋯⋯楼适夷
赖家桥畔⋯⋯⋯⋯⋯⋯⋯⋯⋯⋯⋯⋯臧云远
赠郭沫若同志⋯⋯⋯⋯⋯⋯⋯⋯⋯⋯王亚平
为《革命烈士持抄》题词⋯⋯⋯⋯⋯茅　盾
革命烈士诗抄
延安老战士忆延安
秧歌队员的歌（关庆留　插图）⋯⋯公　木
延河曲（外二首万庆插图）⋯⋯⋯⋯朱子奇
沁园春·回忆延安（蔡若虹　插图）⋯蔡若虹
诗三首⋯⋯⋯⋯⋯⋯⋯⋯⋯⋯⋯⋯⋯宋振庭
重返延安⋯⋯⋯⋯⋯⋯⋯⋯⋯⋯⋯⋯陈泉璧
延河的歌⋯⋯⋯⋯⋯⋯⋯⋯⋯⋯⋯⋯兰　曼
延安颂⋯⋯⋯⋯⋯⋯⋯⋯⋯⋯⋯⋯⋯蔡天心
七月小唱⋯⋯⋯⋯⋯⋯⋯安　敏诗　袁运甫画
"七一"的怀念⋯⋯⋯戚积广　峭　石　崔合美
赛歌台⋯⋯⋯⋯⋯⋯⋯⋯⋯马自祥　韦善宗等
西柏坡颂⋯⋯⋯⋯⋯⋯⋯⋯⋯⋯⋯⋯尧山壁
纺（外一首）⋯⋯⋯⋯⋯⋯⋯⋯⋯⋯刁永泉
鄠县诗草⋯⋯⋯⋯⋯⋯⋯⋯⋯⋯⋯⋯季振邦
写在重庆"中美合作所"旧址⋯⋯⋯杨永年
北京诗抄⋯⋯⋯⋯⋯⋯⋯⋯⋯⋯⋯⋯雁　翼
短歌⋯⋯⋯⋯⋯⋯⋯⋯⋯⋯⋯⋯⋯⋯雷抒雁
祖国抒情诗⋯⋯⋯⋯⋯⋯⋯⋯⋯⋯⋯刘湛秋
黄河春（刘汝阳插图）⋯⋯⋯⋯⋯⋯王绶青
风云颂⋯⋯⋯⋯⋯⋯⋯⋯⋯⋯⋯⋯⋯彭　龄
重读总司令的诗⋯⋯⋯⋯⋯⋯⋯⋯⋯李一氓

在民歌、古典诗歌基础上发展新诗——在中国文联第
三届全委会第三次扩大会议上的发言⋯⋯⋯臧克家
口语入诗　神情活现⋯⋯⋯⋯⋯⋯（白族）晓　雪
诗评小议⋯⋯⋯⋯⋯⋯⋯⋯⋯⋯⋯⋯郑乃臧
新诗话（八则）⋯⋯⋯黄益庸　陶泽爽　徐振辉等
德国无产阶级诗人维尔特⋯⋯⋯⋯⋯许杜美
郭沫若同志在工作
高路入云端（国画）⋯⋯⋯⋯⋯⋯⋯钱松嵒

1978 年第 8 期　刊名:《诗刊》
目录

踏遍青山人未老
叶副主席近照并手迹
绝句⋯⋯⋯⋯⋯⋯⋯⋯⋯⋯⋯⋯⋯⋯叶剑英
八一兴怀⋯⋯⋯⋯⋯⋯⋯⋯⋯⋯⋯⋯聂荣臻
诗三首⋯⋯⋯⋯⋯⋯⋯⋯⋯⋯⋯⋯⋯粟　裕
一江山登陆战即景（沁园春）⋯⋯⋯张爱萍
长征路上⋯⋯⋯⋯⋯⋯⋯⋯⋯⋯⋯⋯肖　华
"八一"赞⋯⋯⋯⋯⋯⋯⋯⋯⋯⋯⋯⋯傅　钟
七千里感事⋯⋯⋯⋯⋯⋯⋯⋯⋯⋯⋯莫文骅
回顾长征⋯⋯⋯⋯⋯⋯⋯⋯⋯⋯⋯⋯魏传统
锦山绣水——访朝词稿⋯⋯⋯⋯⋯⋯袁　鹰
我回来了（张汝济插图）⋯⋯⋯朝　胜　正　文
我们五个人（杨南基插图）——林场来信⋯于　力
歌唱新的长征⋯⋯⋯⋯⋯⋯⋯⋯⋯⋯周立波
那达慕即景⋯⋯⋯⋯⋯⋯⋯⋯⋯⋯⋯吴伯箫
"郭老，华主席看您来了！"（外四首）⋯⋯张澄寰
起听碧落众星奔⋯⋯⋯⋯⋯⋯⋯⋯⋯吴征镒
天府之国的笑容⋯⋯⋯⋯⋯⋯⋯⋯⋯胡　笳
鱼海子⋯⋯⋯⋯⋯⋯⋯⋯⋯⋯⋯⋯⋯高　缨
春到戈壁滩⋯⋯⋯⋯⋯⋯⋯⋯⋯⋯⋯徐　明
藏族养路工（外二首）⋯⋯⋯⋯⋯⋯师日新
故居约法（念奴娇）⋯⋯⋯⋯⋯⋯⋯章学清
在孔雀的故乡⋯⋯⋯⋯⋯⋯⋯郑江涛　郑　健
黄玫瑰吟⋯⋯⋯⋯⋯⋯⋯⋯⋯⋯⋯⋯朔　望

铁流滚滚战旗红
八一建军吟⋯⋯⋯⋯⋯⋯⋯⋯⋯⋯⋯陈昊苏
周总理戴上红领带⋯⋯⋯⋯⋯⋯⋯⋯聂鑫森
琳琅山，春天的故乡⋯⋯⋯⋯⋯⋯⋯刘毅然
饮马长江（诗画之页）⋯⋯⋯刘勃舒画　鲁　扬诗
澧源渡⋯⋯⋯⋯⋯⋯⋯⋯⋯⋯（苗族）石太瑞
纺车⋯⋯⋯⋯⋯⋯⋯⋯⋯⋯⋯⋯⋯⋯肖振荣
王若飞同志，让我好好看一看您⋯⋯李发模
浩气长存⋯⋯⋯⋯⋯⋯⋯⋯⋯⋯⋯⋯万　捷
奔腾的左右江（李学　曹金秋插图）⋯瞿　琮
风雨之歌⋯⋯⋯⋯⋯⋯⋯⋯⋯⋯⋯⋯冯白平

有这样一首颂歌⋯⋯⋯⋯⋯⋯⋯⋯⋯顾　工
云雪歌（外二首）⋯⋯⋯⋯⋯⋯⋯⋯⋯晓　钢
战士的情怀（十首）⋯⋯石　祥　张力生　李武兵等
诗人，卓越的无产阶级文化战士⋯⋯⋯⋯唐　绸
诗意的源泉⋯⋯⋯⋯⋯⋯⋯⋯⋯⋯马焯荣
诗与"风俗画"⋯⋯⋯⋯⋯⋯⋯⋯⋯郑克臧
太行浩气传千古（国画）⋯⋯⋯杨力舟　王迎春

1978 年第 9 期　刊名:《诗刊》

目录

中国又有了诗歌⋯⋯⋯⋯⋯⋯⋯⋯⋯邵燕祥
致诗歌创作者——诗的批评与自我批评⋯⋯⋯刘　斌
太阳啊，太阳⋯⋯⋯⋯⋯⋯⋯⋯⋯雷抒雁
毛主席又回到了漳河湾⋯⋯⋯⋯⋯⋯⋯梁拉成
毛主席的旗帜飘万代（赛歌台）⋯黄勇刹　王泽洲等
诗五题（附手迹）⋯⋯⋯⋯⋯⋯⋯罗瑞卿遗作
月夜寻青春（外二首）⋯⋯⋯⋯⋯⋯⋯贺星寒
柜台诗页⋯⋯⋯⋯⋯⋯⋯⋯⋯⋯王洪波
钢厂的早晨⋯⋯⋯⋯⋯⋯⋯⋯⋯王燕生
大上歌⋯⋯⋯⋯⋯⋯⋯王洪涛　任彦芳等
同志老来红⋯⋯⋯⋯⋯⋯⋯⋯⋯公　木
在南斯拉夫任教的时候⋯⋯⋯⋯⋯⋯⋯王金柱
颂诗——为齐奥塞斯库同志六十寿辰并革命斗争四十
五周年而作⋯⋯⋯⋯⋯[罗马尼亚]勒杜·葛奈契
战士的霍拉舞⋯⋯⋯⋯⋯[罗马尼亚]格·巴朗兹
我是罗马尼亚人⋯⋯⋯⋯[罗马尼亚]特·阿列克西
我们的领袖⋯⋯⋯⋯[南斯拉夫]弗拉基米尔·纳佐尔
牺牲的无产者之歌⋯⋯[南斯拉夫]布兰科·乔皮奇
公路建设者之歌
⋯⋯⋯⋯[南斯拉夫]诺维萨特广播电视台乐团
杂诗八首⋯⋯⋯⋯⋯⋯⋯⋯⋯何其芳遗作
东征口号⋯⋯⋯⋯⋯⋯⋯⋯⋯⋯刘大年
自赏诗五题⋯⋯⋯⋯⋯⋯⋯⋯⋯朱志民
绣花针·泥塑的马儿（诗画之页）
⋯⋯⋯⋯⋯⋯⋯⋯刘　章诗　万　成画
三省边（寇宗鄂插图）⋯⋯⋯⋯⋯⋯于　沙
迟到的颂歌⋯⋯⋯⋯⋯⋯⋯⋯⋯宋梧刚
春天和我们一起长征⋯⋯⋯⋯⋯⋯⋯田　地
归侨短笛⋯⋯⋯⋯⋯⋯⋯⋯⋯⋯王一桃
人桥⋯⋯⋯⋯⋯⋯⋯⋯⋯⋯⋯陈光年
花（散文诗）⋯⋯⋯⋯⋯⋯⋯⋯⋯吴　城
关于诗⋯⋯⋯⋯⋯⋯⋯⋯⋯⋯⋯孙　犁
巨大的思想深度——学习毛主席诗词⋯⋯⋯吴欢章
新诗话（十三则）⋯⋯⋯阿　红　满　锐　周稼骏
北京书简——关于诗的想象⋯⋯⋯⋯⋯谢　冕
李白诗歌艺术风格散论⋯⋯⋯⋯⋯⋯罗宗强
傣寨风光（国画）⋯⋯⋯⋯⋯⋯⋯⋯张　步

1978 年第 10 期　刊名:《诗刊》

目录

诗词三首⋯⋯⋯⋯⋯⋯⋯⋯⋯⋯毛泽东
诗教昭后世　遗篇立楷模——学习毛主席诗词三首座
谈会部分发言（摘要）⋯⋯赵朴初　林　林　朱子奇
克里木·霍加　朔　望　谢　冕　刘　章
斑斑点点成陈迹　风流人物看今朝
——读《贺新郎·读史》⋯⋯⋯⋯⋯冯　至
毛主席的诗教——捧读毛主席诗词三首⋯⋯⋯臧克家

万方乐奏

警惕花脸狼一类骗子
⋯⋯⋯⋯⋯⋯（蒙古族）纳·赛音朝克图遗作
柔巴依十首⋯⋯⋯⋯⋯（维吾尔族）克里木·霍加
他们回来了⋯⋯⋯⋯⋯⋯⋯（白族）虹　雪
新壮锦（外一首）⋯⋯⋯⋯⋯⋯（壮族）莎　红
喜迎三姐回壮乡⋯⋯⋯⋯⋯⋯（仫佬族）包玉堂
十月诗一束⋯⋯⋯⋯⋯⋯⋯（土家族）汪承栋
哎，刚开割的小胶林⋯⋯⋯⋯⋯（白族）张　长
队长喊山⋯⋯⋯⋯⋯⋯⋯⋯（东乡族）汪玉良
真正的诗人⋯⋯⋯⋯⋯⋯⋯（蒙古族）查　干
献给宪法第十四条的恋歌⋯⋯⋯⋯⋯公　刘
金沙江畔——长江万里行之三⋯⋯⋯⋯⋯雁　翼
回想二十九年前⋯⋯⋯⋯⋯⋯⋯⋯方之中
这句话——（外一首）⋯⋯⋯⋯⋯⋯⋯贺星寒
大道在前（外二首）⋯⋯⋯⋯⋯⋯⋯杨子忱
雁翎春歌（外三首）⋯⋯⋯⋯⋯⋯⋯李小雨
歌漫六盘山⋯⋯⋯⋯⋯⋯⋯高　琨　王　庆
吴淮生　蔡锦荣　肖　川　刘国尧
献给春天的播种者⋯⋯⋯⋯⋯孙静轩　沙　白等
情歌与传说（肖映川插图）
⋯⋯⋯⋯⋯刘允是　杨　牧　易中天等
一揽子交易（诗画之页）⋯⋯⋯池北偶诗　方成画
闽江⋯⋯⋯⋯⋯⋯⋯⋯⋯⋯⋯蔡其娇
敢有歌吟动地哀⋯⋯⋯⋯⋯⋯⋯⋯蒋和森
奶茶献给华主席（国画）⋯⋯⋯⋯⋯⋯刘　蔷

1978 年第 11 期　刊名:《诗刊》

目录

钻塔·钻头及其他（关景宇插图）⋯⋯⋯⋯李　瑛
钢都赞（外一首·张振声插图）⋯⋯⋯⋯⋯艾　青
创业庄祝酒歌⋯⋯⋯⋯⋯⋯⋯⋯⋯芦　芒
扫帚梅⋯⋯⋯⋯⋯⋯⋯⋯⋯⋯⋯苗得雨
深山探宝人⋯⋯⋯⋯⋯⋯⋯⋯⋯白　渔
献给科技战线的花束⋯⋯⋯⋯⋯方　敬　郑宝富

题《红楼梦》画页 ························ 茅 盾
哭柳青 ······························ 康 濯
诗二首 ····························· 吴祖光
诗五首 ························· 曹葆华遗诗

天安门革命诗抄
天安门诗歌运动评赞 ················ 刘梦溪
八月的阳光（组诗） ················ 孙静轩
广场上的黎明 ····················· 刘祖慈
乌云与闪电 ························· 大 理
赠给青年一代的书签 ·········· 卫 新 骆晓戈
遗嘱（外一首） ·············· 吴大可烈士遗作
诗画之页 ·········· 刘 征 金蝉诗 华君武画
赛歌台（吴棣插图）
················ 刁永泉 杨大矛 王炎生 郭 超等
两个哨兵 ··························· 苏金伞
我也投一票 ························· 金 近
明珠（外一首） ····················· 江 舟
望雁坡（叙事诗·陈玉先插图） ········· 韩忆萍
马雅可夫斯基诗四首 ················ 乌兰汗译

诗人书简
关于诗歌的意见 ····················· 徐 迟
诗花祭忠良 笔锋刺奸佞 ·············· 尚 弓
大海一滴永不干
——读赵朴初同志的《片石集》 ······· 吴泰昌
说"传神"——《忆向阳》读后 ········· 刘 征
诗讯（二则）
水乡油田（木刻） ··················· 古 元

1978 年第 12 期　刊名:《诗刊》
目录

颂毛主席的伟大革命实践
伟大的实践
——纪念伟大领袖毛主席八十五诞辰 ····· 程光锐
延河之歌 ··························· 黄 铁

颂"天安门事件"和"南京事件"的英雄们
在浪尖上
——给韩志雄与他同一代的青年朋友 ····· 艾 青
按照人民的命令!
——访共青团"十大"代表李西宁 ······· 张志民
阳光，谁也不能垄断 ················· 白 桦
壮乡短笛 ············ 李少庆 苏胜兴 常德发等
武鸣行 ····························· 陆 地
防城港 ····························· 秦 似
红棉赞 ····························· 林 玉

南疆欢歌 ·········· 包玉堂 蒙光朝 杨通山等
右江抒情（达平 文希插图）
··················· 黄勇刹 李春芬 古 笛
写在大型引进工地（姜成安 吴带生插图）··· 高伐林
向一秒钟要钢 ····················· 饶阶巴桑
钢水铸成的诗 ······················ 王维章
追寻 ······························· 石太瑞
散文诗两章 ························· 杨子敏
黄河呵，在心中流淌（诗画之页）
·················· 丁庆友诗 章民生画
山花赋 ····························· 刘 章
江南八月墟（李少文插图） ············· 陈 阵
采辣椒 ····························· 崔笛扬
深夜——《长桥》选载·老工程师尹勉 ····· 李 冰
西行纪游（十二首） ················· 张爱萍
自有诗心如火烈 ·················· 杨 朔遗作
定风波（三首） ····················· 蔡若虹
《红旗歌谣》重版后记 ··············· 周 扬
新诗与旧诗 ························· 徐 迟
发扬社会主义民主和繁荣革命文学艺术 ····· 秦 牧
录时代惊雷 作战斗尖兵 ·············· 艾克思
对徐迟同志《关于诗歌的意见》的意见 ····· 姚雪垠
征集小叙事诗启事
延边小鼓（国画） ··················· 叶浅予

1979 年第 1 期　刊名:《诗刊》
目录

诗一首·电复彭德怀同志 ············· 毛泽东
陶铸诗词选
一封终于发出的信——给我的爸爸陶铸 ····· 陶斯亮
哭你，彭德怀副总司令 ··············· 刘 真
决胜之歌 ··························· 陈 毅
诗四题 ····························· 肖 华
七律二首 ···················· 李初梨 王 力
大地 ······························· 管 华
新的长征（四首） ··················· 廖公弦
准噶尔阳光（组诗） ················· 李 瑜
我要…… ···························· 刘 镇
虽然我们告别得太晚 ·········· 孙绍振 刘登翰
河西走廊步步歌（组诗） ············· 梁上泉
访石油世家 ························· 赵日升
上下城 ····························· 刘晓滨
红河渠遐想 ························· 黄 青
兴安岭短笛（四首） ················· 陶尔夫
这是烈士鲜血浸透的土地 ············· 邓海南
致窦守芳同志（卢沉插图） ············· 邵燕祥
雷雨中的海燕 ······················ 叶文福

他，歌唱在暴风雨的前进·······················雷抒雁
学习《天安门诗抄》 发扬"四五"精神
促进社会主义诗歌创作的繁荣（座谈纪要）
·····························本刊记者
心弦歌·····································童怀周
火·······································李舟生
我等待过风暴的喧响·······················刘祖慈
一窝孵的两个蛋（外一首·诗画之页）
··················池北偶诗 华君武 王乐天画
诗二首·····[玻利维亚]卢西亚诺·杜兰·博赫
王央乐 汤铭新译
歌德的格言诗·····························冯 至
阳朔风景道（木刻）·······················许某某
桥（国画）·······························彦 涵

1979 年第 2 期　刊名:《诗刊》
目录

迎接历史的艳阳天·························满 锐
长江咏叹调·······························孙静轩
戒烟·····································郭小林
呼声·····································李发模
永不凋谢的香花（三首）···················陈广斌
神奇的窗子·······························圣 野
沉思·····································公 刘
泪洒大地·································蔡其矫
明月歌·································刘溪杰
唱给勇士的歌（二首）·····················杨永年
唱给铁路的歌·····························李霁宇
钢锭的梦·································石 英
北山行·································王昌定
白洋淀新章（三首）·······················兰 曼
八粒油砂·································康志强
井场之夜·································郭宝臣
古潜山之歌·······························吕 剑
大汽锤，尽情地跳·························李清联
电·······································孙友田
车到山前·································杨子忱
喜日·····································田 间
山泉·····································徐剑铭
山的爱情·································刁永泉
访一位鱼种专家···························邹国平
桃林纪事·································苏辑黎
请出洞吧，飞天···························林 染
皖南重围中口占·····················叶 挺 钱俊瑞
旧体诗歌········赵朴初 公 木 朔 望 尹冰彦等
赛歌台········姜秀珍 吴大宇 习久兰 沈长久等
诗画之页·········易和元 任志萍诗 方 成 胡连江画

歌声·云雾·································张又君
哲理小诗（二首）·························杨大矛
菊花三首·································徐晓鹤
殷夫，永不凋谢的青春·····················楼适夷
殷夫诗四首
只将贞志凌冰雪——读《陶铸诗词选》随记···杨金亭
生活与诗情·······························朱先树
总理爱人民，人民爱总理（木刻）···········黄永玉
乘风破浪（木刻）·························王 琦
藏原牦牛（国画）·························吴作人

1979 年第 3 期　刊名:《诗刊》
目录

要为"四化"放声歌唱——记本刊召开的诗歌创作座
谈会·····································本刊记者
五点和诗有关的感想·······················白 桦
新诗与现代化·····························徐 迟
文艺园地的春风——学习周总理《在文艺工作座谈会
和故事片创作会议上的讲话》···············杨子敏
周总理和水兵在一起（李培戈插图）···········马金星
泉水（长诗《巍巍的丰碑》片断）···········周而复
浓眉下的眼睛·····························赵 恺
清明，献上我的祭诗（高莽插图）···········姚振函
方砖赋·································张 廓
回答·····································北 岛
我和我的女儿·····························于 力
电·······································葛 逊
我也要用真话武装我的诗句（外二首）·········米思及
题红军画（诗画之页）·····················江 枫
墓志铭·································郭小川遗作
西沙群岛情思（组诗）·····················李 瑛
跳月·····································周良沛
访马·····································万忆萱
黄山瀑布·································张万舒
民心赋（外一首）·························杨献瑶
党——我永久的生命（外一首）···············李又然
心歌（二首）·····························胡 昭
找寻·····································杨 山
新的起点·································那 沙
党委书记·································刘中枢
诗十四首·································邓拓遗作
旧体诗歌········芋 农 濮思耕 方 纪 陈 泯
北疆二题·····················陆伟然 龙彼德
台上台下·································托马斯·林
红杉·····································黎 庶
民主的歌手惠特曼·························荒 芜
惠特曼诗三首·····························荒 芜译

风景（木刻）·····················王凤英
山深林色暗，雨过瀑声喧（国画）·····李可染

1979 年第 4 期　刊名:《诗刊》
目录

致金鸡山（外二首）···············郑永勤
保卫边疆的英雄们（三首）··········雷　铎
喷火的山水（四首）···············杜志民
祖国，我向您倾吐·················陈仲义
四月五日的颂歌···················徐城北
清明祭···························任洪渊
仇恨（三首）·····················吴　越
带韵的盐·················张新奇　贺梦凡
为民主争辩·······················贺星寒
悲歌（外一首）···················于世春
咏史十六首·················唐　兰遗作
这一天·花下诗（诗画之页）···阿　鸽　张桂林等
觉醒的一代（高燕插图）···········孙绍振
我们无罪·························寥　寥
百字令·惜一代人·················曾兆惠
血和血统（三首）·················傅天琳
唱给明天的歌·····················姚振函
爱情诗（九首）·······铁依甫江　韦黎明　舒　婷等
铁窗下的情诗（三首）·············柯　原
"打呼噜"会议（振峰插图）·········曲有源
星群（组诗）·····················雷抒雁
诗二首···························流沙河
写在动物园里的诗（组诗）·········金　蝉
实事求是，解放思想，打开诗歌工作的广阔天地
·······························晓　雪
闻一多先生诗创作的艺术特色·······臧克家
闻一多诗九首
不知来历的一首小诗（天安门诗话）···谷　林
短论三则···········高进贤　贺文迅　弘　征
危乱见坚贞（素描）···············白敬周
春光（版画）·····················王维新

1979 年第 5 期　刊名:《诗刊》
目录

在燃烧的战场···················李　瑛
琴·····························公　刘
代战士致祖国（外一首）···········邵燕祥
寄自南方边境（二首）·············敏　歧
现代化和我们自己——写给和我一样对"四化"无知
的人们·························张学梦

严峻的考验·······················陈　沂
不满···························骆耕野
高山之歌·······················刘湛秋
愿它永远成为过去
——纪念我的父亲邵荃麟··········小　琴
诗四首·······················田　汉遗作
怀友人（外一首）·················严　昭
绿（四首）·······················艾　青
幸好我们先动手（四首）···········黄永玉
橡胶林（外一首）·················蔡其矫
诗画之页···············柯　岩诗　董辰生画
船之歌（外一首）·················雁　翼
龙门吊·························韦　丘
珍珠（外一首）···················周良沛
华侨农场的早晨（外一首）·········徐　刚
缆绳···························刘祖慈
海洋抒情诗（三首）···············孙静轩
湛蓝的海港（二首）···············师日新
小孩与铁炮（外一首）·············廖公弦
晓行···························温健骝
北京来信（三首）·················田　野
春风燕语（何伟　插图）···········刘　征
长在屋檐上的瓜秧·········（土家族）颜家文
黄昏···························文　丙
征途抒情（三首）·················峭　石
绿影（散文诗·三章）·············王中才
五四运动与早期新诗···············杜元明
发扬新诗传统，促进新时期诗歌创作——记部分老诗
人、评论家漫谈"五四"时期诗歌的座谈会···敏　光
一曲悲愤的挽歌——读《呼声》·······文　山

诗讯二则
新诗话六则
雕塑···························傅天仇
纳木湖畔（版画）·················徐　匡

1979 年第 6 期　刊名:《诗刊》
目录

早春之歌·······················徐敬亚
与维克多·雨果的对话·············王维章
那时，我的诗燃烧着热情···········王忠学
中国呀，伟大的贫农母亲···········张　克
访日诗抄·······················赵朴初
雪峰南寻洪杨遗迹四首·············聂绀弩
词二首·························胡念贻

凯旋门下的花束

英雄花开（外一首）·································雷抒雁
胜利的春天（外二首）·····························柯　原
无声的交谈·······································汤世杰
祖国，请您放心··································姚成友
十万大山抒情·····································瞿　琮
草···王　颖
战士··杨伊达
战士又数开子弹··································李　巍
大上海··艾　青
上海行（八首）············傅　仇　胡　昭　肖　川
白　渔　唐大同　吕　剑　玉　杲　傅天琳
难忘的一幕（叙事诗）··················张新泉　谭　楷
流萤··金　波
红菰们的旅行（散文诗）····························郭　风
高山扎营歌（外一首）·····························晋效先
五线桥之歌······································张雄先
剪彩（外一首）··································陆伟然
分红归来··刘国柱
三月桃花汛······································李　放
辣椒歌（缪印堂插图）·····························陈显荣
边地风情（十首）············匡　满　周　涛
陈　犀　蓝　疆　高　瑛　冯永杰　李松涛　莫义明
屈原（节录·诗画之页）··············光未然诗　范　曾画
故宫博物院（外一首）·····························韩作荣
芳草篇（四首）··································秦　泥
四月和十月······································逢　阳
"速度太快"吗?!·································芦芒遗作
丹柿着意红（外一首）··························阎一强遗作

初放的花朵

生活·激情·技巧··································丁　力
努力发掘生活中的诗意境·························杨金亭
震撼人心的《呼声》······························贤　淑
勇敢地对时代作出回答····························雨　竹
从"省略号"谈起·································胡德培
维克多·雨果诗四首······························金志平译
山谷回响（版画）································邓子敬
俯首甘为孺子牛（国画）··························芦芒遗作

战士与边疆之歌···贾　漫　孙　泱　沈仁康　李本深
关于入党动机····································曲有源
艺术在大声呼唤··························郑宝生　王　颂
为徐平羽之新出土秦汉瓦当拓本作··················茅　盾
村居小景（七首）································萧　军
访日诗抄（五首）································姚雪垠
访泰、菲小诗两首································杜　埃

火红的生活

火红的攀枝花（四首）·····························徐　康
山乡行（二首）··································赖松廷
三江月··王　野
泉··邓海南
姑嫂··宋　歌
钻塔白酒赞································（壮族）莎红
娇艳而又羞愧的火焰······························赵英华
宝山··朱金晨
没有完成的爱（叙事诗·黄冠余　曹金秋插图）
···李松涛
科学的星座（诗画之页）············曲磊磊画　毛志成诗
京华短句（八首）································沙　白
新开的路（四首·姜成安插图）······················刘祖慈
海之子··都　郁
山海篇··王洪涛
崂山的传奇······································苗　欣
抒情诗一束······································苏阿芒
我听见泰戈尔仍在歌唱····························顾子欣
山鹰在飞翔·脚印································张万舒
赛歌台··················李幼容　姜秀珍　安子民等

冯雪峰诗八首

诗人冯雪峰······································楼适夷
父亲留给我的····································冯夏熊
回忆湖畔诗社····································汪静之
发人深思的诗——读《现代化和我们自己》···公　木
渔汛（国画）····································徐　希
速写··闻一多
装饰剪纸··林载华
装饰木刻··聂昌硕

1979 年第 7 期　刊名:《诗刊》

目录

报到·泥土·阳光··································柯愈勋
三湾放歌··青　勃
忆延安··郑　文
献给张志新烈士··············于　克　徐　刚　孙桂贞
祖国呵，我亲爱的祖国（外一首）··················舒　婷

1979 年第 8 期　刊名:《诗刊》

目录

风··白　桦
森林两题··梁　南
湘江夜（叙事诗·王怀庆　曹金秋插图）··············梁如云
兰花愤（叙事诗·王怀庆插图）······················孙友田
小草在歌唱······································雷抒雁

不变⋯⋯⋯⋯⋯⋯⋯⋯⋯⋯⋯⋯⋯⋯于 克
枪口，对准了中国的良心⋯⋯⋯⋯⋯熊光炯
致经济学家·致中学生⋯⋯⋯⋯⋯⋯张学梦
是我在敲门⋯⋯⋯⋯⋯⋯⋯⋯⋯⋯⋯彭浩荡
不！我不需要⋯⋯⋯⋯⋯⋯⋯⋯⋯田稼春
写在"一大"会址⋯⋯⋯⋯⋯⋯⋯⋯雁 翼
陨石与化石⋯⋯⋯⋯⋯⋯⋯⋯⋯⋯⋯常 江
寒暑表呵⋯⋯⋯⋯⋯⋯⋯⋯⋯⋯⋯⋯胡世宗
扪心篇⋯⋯⋯⋯⋯⋯⋯⋯⋯⋯⋯⋯⋯蓝 曼
教训与启示（三首）⋯⋯⋯⋯⋯⋯⋯钟植云
莫要说我们相隔很远，很远⋯⋯⋯⋯赵氏英
画仙人掌⋯⋯⋯⋯⋯⋯⋯⋯⋯⋯⋯⋯彭燕郊
蒙娜丽莎的微笑（诗画之页）
⋯⋯⋯⋯⋯⋯⋯⋯达·芬奇画 柯国淳诗
未厌居诗抄⋯⋯⋯⋯⋯⋯⋯⋯⋯⋯⋯叶圣陶
诗词二题⋯⋯⋯⋯⋯⋯⋯⋯⋯⋯饶孟侃遗作
诗词二首⋯⋯⋯⋯⋯⋯⋯⋯⋯⋯邓均吾遗作
诉衷情·昭雪⋯⋯⋯⋯⋯⋯⋯⋯⋯⋯曾兆惠
朱老总的战马（何宝森插图）⋯⋯⋯郭蔚球
题麻耳子草鞋⋯⋯⋯⋯⋯⋯⋯⋯⋯⋯杨永年
将军，不能这样做⋯⋯⋯⋯⋯⋯⋯⋯叶文福
师长当兵下连来（四首）⋯⋯⋯⋯⋯叶晓山
在红军走过的地方⋯⋯⋯⋯⋯⋯⋯⋯姚家芳
南疆二首⋯⋯⋯⋯⋯⋯⋯⋯⋯⋯⋯⋯石 祥
兵歌（三首）⋯⋯⋯张云波 张鹤鸣 蔡力佳
荣誉·幸福⋯⋯⋯⋯⋯⋯⋯⋯⋯⋯⋯董茂棠
班长手中的小旗⋯⋯⋯⋯⋯⋯⋯⋯⋯王晋军
黑洞·飞碟·死三角⋯⋯⋯⋯⋯⋯⋯张 颖
写，高士其伯伯⋯⋯⋯⋯⋯⋯⋯⋯⋯曹冠龙
画家⋯⋯⋯⋯⋯⋯⋯⋯⋯⋯⋯⋯⋯⋯王尔碑
校园新歌（二首）⋯⋯⋯⋯⋯⋯⋯⋯方 敬
学校的窗口⋯⋯⋯⋯⋯⋯⋯⋯⋯⋯⋯张 往
教师的日历（外一首）⋯⋯⋯⋯⋯⋯林 染
罗马尼亚诗四首（合 工、王敏生、高行健译）
⋯⋯⋯⋯⋯⋯⋯⋯⋯⋯⋯扬·阿列柯山德鲁
米·内古列斯库、阿·巴乌涅斯库
血沃中原肥劲草——读《小草在歌唱》⋯陈 泯
美妙的"不满"⋯⋯⋯⋯⋯⋯⋯⋯⋯黄勇刹
读《十老诗选》⋯⋯⋯⋯⋯⋯⋯⋯⋯振 甫
可珍视的"聊备一格"⋯⋯⋯⋯⋯⋯严迪昌
关于莎士比亚的十四行诗⋯⋯⋯⋯⋯屠 岸
莎士比亚十四行诗选（屠岸译）
参加萨拉热窝国际诗歌节⋯⋯⋯⋯⋯叶君健
封面设计⋯⋯⋯⋯⋯⋯⋯⋯⋯⋯⋯⋯王小飞
暮海归帆（石膏版）⋯⋯⋯⋯⋯⋯⋯王 立
战士指看南粤 更加郁郁葱葱（版画）⋯杨讷维

1979 年第 9 期 刊名:《诗刊》
目录

关于诗的诗
访杜陵⋯⋯⋯⋯⋯⋯⋯⋯⋯⋯⋯⋯⋯孙步康
虹⋯⋯⋯⋯⋯⋯⋯⋯⋯⋯⋯⋯⋯⋯⋯樊发稼
致诗人⋯⋯⋯⋯⋯⋯⋯⋯⋯⋯⋯⋯⋯弘 征
关于诗的絮语⋯⋯⋯⋯⋯⋯⋯⋯⋯⋯杨汝纲
诗的沉思⋯⋯⋯⋯⋯⋯⋯⋯⋯⋯⋯⋯赵 越
眼睛、感情及其他⋯⋯⋯⋯⋯⋯⋯⋯阿 红
诗的呐喊⋯⋯⋯⋯⋯⋯⋯⋯⋯⋯⋯⋯柏 桦
关于诗⋯⋯⋯⋯⋯⋯⋯⋯⋯⋯⋯⋯⋯黄耀晖
随想⋯⋯⋯⋯⋯⋯⋯⋯⋯⋯⋯⋯⋯⋯李发模
惩罚⋯⋯⋯⋯⋯⋯⋯⋯⋯⋯⋯⋯⋯⋯杨光治
假话（外一首）⋯⋯⋯⋯⋯⋯⋯⋯⋯于 沙
假如我是个诗人⋯⋯⋯⋯⋯⋯⋯⋯⋯杨诗粮
诗，应该能够爆炸⋯⋯⋯⋯⋯⋯⋯⋯石土坡
犹大新貌（外二首）⋯⋯⋯⋯⋯⋯⋯黄永玉
诗六首⋯⋯⋯⋯⋯⋯⋯⋯⋯⋯⋯⋯⋯曾 卓
夫妻⋯⋯⋯⋯⋯⋯⋯⋯⋯⋯⋯⋯⋯⋯林 希
玉华洞⋯⋯⋯⋯⋯⋯⋯⋯⋯⋯⋯⋯⋯蔡其矫
拉纤⋯⋯⋯⋯⋯⋯⋯⋯⋯⋯⋯⋯⋯⋯常 荣
题在花圈上的诗⋯⋯⋯⋯⋯⋯⋯⋯⋯梁 南
沉思⋯⋯⋯⋯⋯⋯⋯⋯⋯⋯⋯⋯⋯⋯周良沛
思念（外一首）⋯⋯⋯⋯⋯⋯⋯⋯⋯孔德平
不变⋯⋯⋯⋯⋯⋯⋯⋯⋯⋯⋯⋯⋯⋯孔 林
哭⋯⋯⋯⋯⋯⋯⋯⋯⋯⋯⋯⋯⋯⋯⋯流沙河
诀别⋯⋯⋯⋯⋯⋯⋯⋯⋯⋯⋯⋯⋯⋯满 锐
声带⋯⋯⋯⋯⋯⋯⋯⋯⋯⋯⋯⋯⋯⋯贺羡泉
血的启示（三首）⋯⋯⋯⋯⋯⋯⋯⋯高胜历

叙事诗
花开时节（陈玉先插图）⋯⋯⋯⋯⋯丁庆友
冰下的激流⋯⋯⋯⋯⋯⋯⋯⋯⋯⋯⋯叶延滨
"打狗棍"新传（缪印堂插图）⋯⋯⋯刘瑞祥
镜泊湖的传说（李少文插图）⋯⋯⋯都 郁
牧笛之歌（高燕插图）⋯⋯⋯⋯⋯⋯范峥嵘
诗二首（荒芜译）⋯⋯⋯⋯[美]盖瑞·司纳德
十四行诗一首（荒芜译）⋯⋯[美]保罗·安格尔
诗二首（袁可嘉译）⋯⋯⋯⋯[英]威廉·叶芝
评《谈"飞"》⋯⋯⋯⋯⋯⋯⋯⋯⋯刘湛秋
附：谈"飞"（一鸣）
"欲开壅蔽达人情，先向歌诗求讽刺"——读《"打
呼噜"会议》想到的⋯⋯⋯⋯⋯⋯⋯蔡运佳
诗贵创新（诗艺漫谈）⋯⋯⋯⋯⋯⋯李元洛
徐志摩诗重读志感⋯⋯⋯⋯⋯⋯⋯⋯卞之琳
徐志摩诗六首（卞之琳选注）
光明与黑暗 歌颂与暴露（新诗话一则）⋯⋯吕 进

诗歌作者访侨乡（诗讯）·············谭朝阳
春天来了（版画）·················聂昌硕
丁香（版画）····················荒 烟

1979 年第 10 期　刊名:《诗刊》
目录

细砂集（散文诗四章）··············许 淇
瀚海即景（散文诗五章）·············王中才
春雨·渠水（散文诗）···············李 耕

祖国之恋
珍珠·······················白 桦
青春曲（外二首）·················常 荣
我们寻觅（外一首）················丁 芒
大渡河情思····················周 纲
早晨，亮晶晶（外三首）·············陈所巨
谒九女墩·····················毛 锜
祖国风情·····················钟 辛
绿色的北方····················田 地
萨尔图······················查 干
山野短笛·····················梅 翁
云························汤世杰
山村春讯·····················杨大矛
假日钓蛏·····················纪 宇
香山红叶·····················张诗剑
喊海谣······················向求纬
怀故土······················魏志远
八十三岁自寿···················萧 三
长安新咏·····················荒 芜
吊荃麟······················邵家天
兰叶及其他····················李汝伦

永不忘却的纪念
基础·······················聂鑫森
涕泪纵横的旋律··················赵 恺
葫芦歌······················纪 真
竹子爷······················王 英
一九六八年狱中小诗···············汪 抗
远方的友情····················彭肃非
我本来该活着···················陈 龄
怀念·······················韦黎明
泪水孕育的歌···················陈继光
苦思·······················晓 凡
致友人······················昌 耀
我爱光······················刁永泉
题方砖纵横的广场·················章德益
写在新的历史时期·················张 郁

信息·······················范 明
三个男人和半个夜晚（叙事诗）·········贺星寒
我歌德（外三首）·················孔德平
"歌德派"画像（诗画之页）····池北偶诗　华君武画
讽刺诗·······杨 畅　成再耕　陈永科　麦 芒等
一首令人动情和深省的叙事诗
　　——读《湘江夜》有感············吕 运
他的诗，由钻石和波涛组成——谈李瑛的诗···谢 冕
苦恼与思索····················宫 玺
诗讯（《星星》诗刊复刊·《词刊》将于明年创刊）

本刊启事
科学小主人（国画）················宋剑锋
为共产花开（石版　画）·············张志有

1979 年第 11 期　刊名:《诗刊》
目录

在历史的法庭上··················杨 牧

献给一个生者和两个牺牲者的歌
给一个普通的人··················杨 山
信仰·······················雷抒雁
呵，流星……···················张 廓
诗十首······················阳翰笙
诗词五首··················徐懋庸遗作
西行词笺·····················刘 征
诗三首······················赖少其
最后一张照片（散文）··············伍必端
谁的罪······················方 冰
歌手（叙事诗·周思聪插图）··········韦具麟
金芦笙交响诗（叙事诗·蒋采萍插图）······杨 炼
"蛇展"的启示···················张志民
飞禽走兽·····················沙 白
诗五首···················远千里遗作
沉吟草······················亿明珠
老去的是时间（外二首）·············陈敬容
歌乐山诗组····················顾 城
塘头水，一个小小的山村·············未 央
悲哀·······················唐 祈
无声的歌·····················刘宏光
风到呼和浩特···················安 米
在我最美的时候（外一首）
　　　　　　［日本］茨木则子　彭银汉译
供初学拍马屁的人使用的一般指南
　　　　　　［苏联］马雅可夫斯基　乌兰汗译
霜叶红于二月花··················韩作荣
泥土里长出的辣椒棵——读《辣椒歌》······姜清河
雾重庆诗朗诵小记·················臧云远

让诗句飞进心灵······瞿弦和
雪莱诗一瞥······王佐良
雪莱诗五首（王佐良译）
意见与感想······孙玉石
引文要避免张冠李戴（读者中来）······赵成军

本刊启事
临刑前的照片（石版画）······伍必端
林（白描）······吴冠中

1979 年第 12 期　刊名:《诗刊》
目录

为新诗和文艺队伍说几句话······柯　岩
对一座大山的询问······边国政
彭总榆······张承信
昨天的悲歌（组诗）······胡　笳　戴安常
庐山情思······郭文琛
深暗的晶体（散文诗）······姚振函
生命的凯歌（二首）······杨明生
十年与希望（三首）······雷　霆
短诗小集······程乐坤

李圣强　石太瑞　杨孟芳　吴奔星　何晴波　时红军
蔡　昆　柯愈勋　赵庆培　陈元通　刘燕及　方　牧
沈　奇　孙　滨　郑成义　马晋乾　葛而已　高炯浩
米福松　石天河　白　峡　赵宗宪　沈仁康　杨玉辰
刘元和　徐晓鹤　雷　雯　许琼琳　孙玉洁　风　雨

生日······丁　耶
走出牛栏······苏金伞
故乡（回首）······沙　鸥
等待啊，追寻啊（外一首）······吕　剑
秘密······顾　山
泡桐花······青　勃
恩帅三的鼓点（外一首）······张　长
春茶歌······采　罗
新疆的歌······周　涛
夏洒赶摆······任红举
进戈壁······袁文燕
建设者的足迹（外一首）······萧振荣
高山种树人······胡天风
七律二首·悼念立波同志······蔡若虹
贵公子行······伧　父
说真话抒真情是诗的生命······艾克思
面对战士　面对生活——诗集《山恋》读后······范咏戈
新诗中的"绝句"······钱光培
谈蒋光慈的诗······张大明

蒋光慈诗二首
荀江（石刻）······孙　煌
疑是银河落九天（国画）······白雪石

1980 年第 1 期　刊名:《诗刊》
目录

彩色的诗······艾　青
八十年代······徐　迟
休息吧，形而上学······张学梦
希望······范　明
待业青年小吃铺（外二首）······刘祖慈
宫墙·回音壁······周良沛
初春二题······石土坡
关于谣言······苏淑阳

生活之歌
拧螺丝······刘金忠
拉萨近影（二首）······魏志远
白杨河······林　音
李祺祖和他的自动线······刘中枢
骑手赞······黎焕颐
神女呵，莫忧伤······杨世运
桔子的梦······傅天琳
田野里的印象（二首）······王小妮
早晨，猎队就要出发······杨岳亭

侨乡诗页
这山的名字······谭朝阳
嘱咐······韦　丘
温泉······芦　荻
在乡渡上（外一首）······西　彤
广州，在北回归线上（外一首）······郑　南
琴手······黄　雨
推车······桂汉标
记忆······商　欣
大山的囚徒（李焙戈插图）······昌　耀
瑞士之旅······李　瑛
给他——爱情诗十一首······林　子
夜莺呵，你不要叫了!······东　虹　金　鑫
给——······李宏宇
秋（外一首）······杜运燮
回响······冀　汸
彗星······任洪渊
诗四首······何　达
雨······宫　玺
金刚石（外一首）······陈仲义
笔（外一首）······雷　雯

笑（外一首）⋯⋯⋯⋯⋯⋯⋯⋯⋯⋯⋯李　钢
东海掇拾⋯⋯⋯⋯⋯⋯⋯⋯⋯⋯⋯⋯孔　孚
我幽默地看着孩子⋯⋯⋯⋯⋯⋯⋯柏　桦
镜子（外一首）⋯⋯⋯⋯⋯⋯⋯⋯王尔碑
讽刺诗与漫画⋯⋯⋯⋯⋯石　河诗　方　威画
诗词二首⋯⋯⋯⋯⋯⋯⋯⋯⋯⋯⋯杨第甫
七绝二首⋯⋯⋯⋯⋯⋯⋯⋯⋯⋯⋯徐芝秀
千秋岁·七十自述，次淮海韵⋯⋯吴世昌
虞美人·三十周年国庆自贺⋯⋯⋯刘叔仪
奥顿诗五首⋯⋯⋯⋯⋯⋯⋯⋯⋯⋯卞之琳译
重新介绍奥顿的几首诗⋯⋯⋯⋯⋯卞之琳
且说自己的一首诗
——答问：读《罪恶的黑手》⋯⋯臧克家
诗与政治及其他——答：诗刊社问⋯公　刘
答诗歌信箱⋯⋯⋯⋯⋯⋯⋯⋯⋯⋯雁　翼
诗苑中的新芽
——读《新人三十家诗作初辑》⋯程光锐
读《在历史的法庭上》⋯⋯⋯⋯⋯宋　垒
司空图《诗品》的选择（四则）⋯蔡其矫
诗坛轶闻——诗祸⋯⋯⋯⋯⋯⋯⋯丁国成

诗讯（二则）
茅山颂（水印木刻画）⋯⋯⋯⋯⋯吴俊华
北京松（彩墨画）⋯⋯⋯⋯⋯⋯⋯吴冠中
嬉浪（彩黑画）⋯⋯⋯⋯⋯⋯⋯⋯彦　涵
山林晨歌（木刻画）⋯⋯⋯⋯⋯⋯徐　冰
李大钊手迹《山中即景》
早春（古元木刻）⋯⋯⋯⋯⋯⋯⋯常荣诗

1980 年第 2 期　刊名:《诗刊》

目录

庄稼之歌及其他

庄稼之歌⋯⋯⋯⋯⋯⋯⋯⋯⋯⋯⋯郑道远
种瓜谣⋯⋯⋯⋯⋯⋯⋯⋯⋯⋯⋯⋯孟国强
山乡二首⋯⋯⋯⋯⋯⋯⋯⋯⋯⋯⋯陈智武
秦川秋（二首）⋯⋯⋯⋯⋯⋯⋯⋯马林帆
桃花水⋯⋯⋯⋯⋯⋯⋯⋯⋯⋯⋯⋯宋　歌
水乡鸭⋯⋯⋯⋯⋯⋯⋯⋯⋯⋯⋯⋯文　丙
网⋯⋯⋯⋯⋯⋯⋯⋯⋯⋯⋯⋯⋯⋯张　苛
养鱼人的心⋯⋯⋯⋯⋯⋯⋯⋯⋯⋯沈良意
鹰笛（外二首）⋯⋯⋯⋯⋯金元浦　李　镇
假如小河没有水⋯⋯⋯⋯⋯⋯⋯⋯田章夫
手握雷电的人（三首）⋯⋯⋯⋯⋯易　莎
姑娘的歌（三首）⋯⋯⋯⋯⋯⋯⋯杨振昆
浪花衫⋯⋯⋯⋯⋯⋯⋯⋯⋯⋯⋯⋯喻　晓

外国诗选译

普希金诗六首⋯⋯⋯⋯⋯⋯⋯⋯⋯戈宝权译
华滋华斯诗二首⋯⋯⋯⋯⋯⋯⋯⋯顾子欣译
丘特切夫诗三首⋯⋯⋯⋯⋯⋯⋯⋯王守仁译
哈珀诗二首⋯⋯⋯⋯⋯⋯⋯⋯⋯⋯邹　绛译
斯蒂文斯诗一首⋯⋯⋯⋯⋯⋯⋯⋯李文俊译
瓜尔兑亚诗五首⋯⋯⋯⋯⋯⋯⋯⋯叶君健译
普列维尔诗二首⋯⋯⋯⋯⋯⋯⋯⋯高行健译
昨天的梦（叙事诗）⋯⋯⋯⋯⋯⋯李老乡
热河泉⋯⋯⋯⋯⋯⋯⋯⋯⋯⋯⋯⋯刘中枢
我的心呵，这只爱唱歌的小鸟⋯⋯逯庚福
从夜郎唱出的歌（四首）⋯⋯⋯⋯张　克
火山口遐想⋯⋯⋯⋯⋯⋯⋯⋯⋯⋯聂鑫森
棋⋯⋯⋯⋯⋯⋯⋯⋯⋯⋯⋯⋯⋯⋯徐晓鹤
从老区来的人⋯⋯⋯⋯⋯⋯⋯⋯⋯韦黎明
天安门即事（五首·广军插图）⋯黄永玉
力求严肃认真思考的札记⋯⋯⋯⋯黄永玉

讽刺诗与漫画

辣椒歌⋯⋯⋯⋯⋯⋯⋯陈显荣诗　丁　聪画
穆旦遗作选
给萌萌⋯⋯⋯⋯⋯⋯⋯⋯⋯⋯⋯⋯曾　卓
贝壳·树·我⋯⋯⋯⋯⋯⋯⋯⋯⋯梁　南
落叶⋯⋯⋯⋯⋯⋯⋯⋯⋯⋯⋯⋯⋯蓝　曼
云之歌⋯⋯⋯⋯⋯⋯⋯⋯⋯⋯⋯⋯鲁　黎
拾贝集⋯⋯⋯⋯⋯⋯⋯⋯⋯⋯⋯⋯杨　山
诗四首⋯⋯⋯⋯⋯⋯⋯⋯⋯⋯⋯⋯路　扬
露珠集⋯⋯⋯⋯⋯⋯⋯⋯⋯⋯⋯⋯管用和
看新四军老战士歌咏队演出⋯⋯⋯蒋天佐
会飞的壁画⋯⋯⋯⋯⋯⋯⋯⋯⋯⋯贡文忠
隔海的祭奠⋯⋯⋯⋯⋯⋯⋯⋯⋯⋯羊　翚

旧体诗词

水调歌头二首⋯⋯⋯⋯⋯⋯⋯⋯⋯端木蕻良
思人草二题⋯⋯⋯⋯⋯⋯⋯⋯⋯⋯秦　似
词二阕⋯⋯⋯⋯⋯⋯⋯⋯⋯⋯⋯⋯杨牧云
胜棋楼⋯⋯⋯⋯⋯⋯⋯⋯⋯⋯⋯⋯田翠竹
沁园春·建国三十年⋯⋯⋯⋯叶　南　袁晓园
唐多令·海湄怀台澎亲友⋯⋯⋯⋯伊水湄
门外诗谈⋯⋯⋯⋯⋯⋯⋯⋯⋯⋯⋯秋　耘
答问十九题⋯⋯⋯⋯⋯⋯⋯⋯⋯⋯艾　青
咫尺万里　以短胜长——谈抒情短诗的创作⋯李元洛
诗的寄托（诗艺漫谈）⋯⋯⋯⋯⋯吴功正
新诗话（七则）⋯吕　进　艾　斐　陈守中　尹一之
白居易的《伤宅》（欣赏与借鉴）⋯方南生
《大海行》（新诗集）⋯⋯⋯⋯⋯阿　红
1979 年各地出版一批诗集和诗歌理论著作（书讯）
"一字师"和"一字徒"⋯⋯⋯⋯⋯傅金城
史思明轶事⋯⋯⋯⋯⋯⋯⋯⋯⋯⋯陈显远

读者·作者·编者
山间木筏（木刻）—————————————王 琦
秦淮春（水印木刻）———————————金明华
小憩图（中国画）—————————————周思聪
牧归（中国画）——————————————程十发
普希金手迹《青铜骑士》、《高加索的俘虏》
笛歌———————————赵修柱木刻 丁彦诗

1980 年第 3 期 刊名:《诗刊》
目录

历史是由人民写的————————————程光锐
历史的尊严———————————————艾 青
写在迟到的花圈上————————————金中阳
词一首—————————————————刘 征
写在公共食堂的遗址———————————舟挥帆
写于一九八〇年一月二十六日《诗刊》叙事诗朗诵会后
　　　　　　　　　　　　　　　　　周良沛
茨冈（译诗重刊）————普希金著 瞿秋白译
假如鲁迅还活着—————————————张新诗
听诗人钱学森讲演————————————绿 原
黎明（外三首）—————————————裘小龙
售货员心中的歌（四首）—————————李 锐
森林之梦———————————————李清联

少数民族诗页
太阳的女儿———————（蒙古族）苏赫巴鲁
从毡毛奔向绿原—————（蒙古族）巴·布林贝赫
爱的花瓣（四首）————（藏族）饶阶巴桑
古潜山——————————（白族）晓 雪
山茶欲放的时光（外一首）—（白族）张 长
黄昏——————————（朝鲜族）金 哲
大山里有一个少女————（朝鲜族）李云迪
鸟岛日出————————（回族）王 度
风雪凉山上———————（彝族）吴琪拉达
伊宁街头漫步——————（哈萨克族）加·土特卡别克
致诗人（外二首）————（维吾尔族）克里木·霍加
剪禾把—————————（瑶族）莫义明
友人（外一首）—————（土家族）汪承栋
情歌二十首
胡也频诗三首
也频与革命———————————————丁 玲

旧体诗词
龙胆紫集———————————————李 锐
涉江词六首————————————沈祖棻遗作
石碑的请求（外二首）——————————郑 敏
光之歌（外一首）————————————林 庚

晨光·信心———————————————苏 勻

台湾诗选
月之故乡·夜莺之歌———————————彭邦桢
金门岛的海———————————————平 沙
记忆———————————————————王娟娟
私语·鱼————————————————何瑞雄
外资厂女工吟——————————————詹宛君
希腊埃利蒂斯诗选———————袁可嘉 李野光译
涅克拉索夫诗四首————————————魏荒弩译
痛苦和愤怒的歌手涅克拉索夫———————魏荒弩
阿富汗的"热风"（外一首）———————彭 龄

讽刺诗与漫画
诗六首——————易和元 李永强 治 风 夏荫祖
画四幅————————方 成 江 帆 徐 进
《少数民族诗人作品选》序————————贾 芝
也谈诗的散文化问题———————————敏 泽
诗的风格（诗艺漫谈）——————————吴开晋
琴诗与琵琶诗（欣赏与借鉴）———————储大泓
诗不能"切忌议论"———————————丁 力
草木鸟兽———————————————刘岚山
随感二则———————————————芦 萍
诗讯（二则）
读者·作者·编者
待发图（中国画）————————————李 山
时代的火花（水印木刻）—————————朱登琮
春日（中国画）—————————————于志学
山村晨曲（木刻）————————————董其中
胡也频的诗篇手迹和像片
渔归（木刻）——————————————方振宁
渔歌（诗）———————————————荆 鸿

1980 年第 4 期 刊名:《诗刊》
目录

写在《新人新作小辑》前面————————严 辰
新人新作小辑
献给今天———————————————张学梦
回忆与思考（外一首）——————————孙武军
答——————————————————高伐林
山乡风情———————————————才树莲
伊犁河，我常常怀念你——————————周 涛
瞄准，预备——放————————————韦黎明
诗四首—————————————————顾 城
鹿（外二首）——————————————张 廓
尝试———————————————————孟 河
桥·筒车————————————————李发模

土高炉废墟（外一首）·····················聂鑫森
碾子沟里，蹲着一个石匠·················王小妮
果园拾零·····································傅天琳
名胜诗抄·····································邓海南
珊瑚···辛 戈
怀念伟大的马克思主义者刘少奇同志
俳句···公 木
佳节报佳音·································臧克家
被颠倒的名字·······························喻 晓
伞···张承信
关于新诗发展问题的一封信（诗歌信箱）·····公 木
发酵···韦 丘
瓜田春秋（叙事诗）·······················刘瑞祥

讽刺诗与漫画

跳猴皮筋歌·铁杵磨针歌
······················中 申诗 游永常 华君武画
北山恋（组诗）·····························刘 章
希望之歌·····································雷抒雁
希望小集（六首）·························公 刘
故乡抒情诗·································徐 刚
声音的路（外一首）·······················辛 笛
嘱咐···王亚平
给诗人（外一首）·························罗 洛
我爱走到广场（外一首）·················雁 翼
啊！祖国·····································蔡荣电
答友人·······································胡 昭
倒淌河有赠·································黎焕颐
家···彭燕郊
啊，长白山·································何 鹰
在春天的记忆中·····························陈志民
吊断柱·······································边国政
瀚海浪花（二首）·························刘宏亮
栽种啊，春天（外一首）·················高炯浩
春归···王中朝
橱窗···陈茂欣

地质队员之歌

青山恋（外二首）·························程 政
探矿诗草（二首）·························康 平
雪山对歌·····································白 渔
巴塞尔山谷的回响·························刁永泉

旧体诗词

黄河行（外二题）·························罗 烽
望云楼诗词选···············（中国香港）曾敏之
吴文祺近作四首
燕山吟二十二韵·····························陶 白

外国诗选译

贝兹鲁奇诗三首·····························蒋承俊译
失掉的两个苹果······[日本]绿川英子 龚佩康译
读诗一拾·····································周立波遗作
春天来了，该换衣服了·····················杨匡汉
精微冷隽的闪光·····························屠 岸
雪山（彩色版画）···············[日本]北冈文雄
柳河（彩色版画）·············[日本]关野准一郎
景山春色（钢笔淡彩）·····················于 人
牧牛图（中国画）·························张 广
他们的花园（鲁迅手迹）·················曹辛之
向远方（木刻）

1980 年第 5 期 刊名:《诗刊》

目录

唱给孩子们的歌（儿童诗小辑）
人有尽时曲未终——怀念李季同志·········丁 宁
说给自己的话——悼念李季同志·············杨子敏
悼念爸爸——李季·······················甜 甜
悼李季·······································严 辰
拜伦诗四首·································姚奔译
风筝（外一首）·······[美]保罗·安格尔 荒 芜译
我赞美（叙事诗·曲磊磊插图）·············冀 汸
眼睛（叙事诗）·····························吴烟痕
我骄傲，我是一棵树（外一首）·············李 瑛
归来···流沙河
午···王染野
垦荒小集·····································牛 汉
诗三首·······································刘庶凝
生命的欢乐（三首）·······················刘湛秋
春到雪山（外一首）·······················杨星火
笑···纪征民
我带回一袋川江的石子·····················周翼南
海上的日出·································谭朝炎
海市···莫文征
赞"三岔口"·································韩秉三
旧体诗词···············聂绀弩 朱 丹 王时风
甘苦寸心知——谈自己的诗·················臧克家
诗歌答问五题（诗歌信箱）·················雷抒雁
清新隽永的抒情小说
——读诗集《树叶与小溪》·················黄益庸
读《雁翎歌》·······························阿 红
新诗话（九则）···苗得雨 刘 章 刘不朽 宋 垒
戴望舒诗五首
寄所思二章·································金克木
《戴望舒诗集》序·························卞之琳

读者·作者·编者　关于"一字师"的来信往来

书讯

题画诗三首·················柯　岩诗　卜镝（九岁）画
听妈妈讲安徒生童话故事后画
春雪
庆祝粉碎"四人帮"
漓江之春（中国画）···············白雪石
海石恋（木刻）················王　仲
戴望舒照片及手迹

唱给孩子们的歌
那时，我也是个孩子（三首·李小幻插图）
·····················叶延滨
问·······················贾平凹
有一个大人后悔了（外一首）··········王建一
军犬（二首）·················李世昌
背影（缪印堂插图）··············毛志成
月亮，月亮，请你告诉我············曾　卓
课堂小景···················成再耕
小兰兰和未来爷爷···············金逸铭
老爷爷，您一定还记得我············金　波
放风筝（外一首·杨永青插图）·········李武兵
小水獭造屋··················高洪波
向北京——象征性长跑·············张继楼
树······················于　之
红领巾····················张秋生
小花·····················黎焕颐
洒水车过来了·················陈满平
想起燕子这一家················金　近
童心（三首）·················汪　苇
塔·草地（杨永青插图）············郭　风
秘密·····················刘　猛
竹林奇遇（缪印堂插图）············圣　野
心在哪里···················刘崇善
螃蟹拉网···················刘　征
大海的请柬··················荆其柱
欢声笑语迎日出（三首）············金瑞华
蓝天（周合插图）····[日本]片冈惠理　崔　彬等译
铅笔和橡皮·······[日本]桥本久子　崔　彬等译
波浪·········[日本]藁泽里子　崔　彬等译
窗前···········[英]米尔恩　任溶溶译
我要把自己寄给你···[美]伍迪·格里恩　李晓林译
版面装饰·········李小幻　周　合　唐小丁　张振声

1980 年第 6 期　刊名:《诗刊》

目录

粗手题诗（五首）···············老　心
矿山风情（二首）············胡　晓　万　方
报矿·····················白求纬
和搅拌机的对话················马若麟
寄自北疆机务段（二首）············潘　藩
大三线之歌（二首）··············程显谟
又运春雨又运转················帅希倩
布机，我的琴（二首）·············李存宽
给输气小站——四川油气田素描之一·······鄢家发
绣花女儿行··················李　欣
无名河（长诗选载·王怀庆插图）········林　希
短诗小集·········姚振函　曾有云　许　伽
王蜀凉　杨兆祥　寇亦翘　田　奇　于　克　浪　波
乔若鹏　宁　宇　纪　鹏　洪三泰　黄　河　葛佳映
周志强　唐　是　范　方　卢　丁　郭维东　林　染
苏　力　汪　抗　曼　晴　碣　石　宋学镰　梁谢成
厉　风

外国爱情诗

自由与爱情（三首）·········[匈牙利]裴多菲
我喜欢爱情············[智利]密斯特拉尔
春··············[捷克]维·哈列克
最后的十四行诗············[英]济　慈
夜会············[英]罗伯特·勃朗宁
老柔宾·格瑞··········[英]安·林济夫人
约翰·安得生············[英]彭　斯
爱丽·彼耿············[英]金斯利
芭芭拉·亚伦·············英国民谣
等着我吧……
——献给 B.C.········[苏联]西蒙诺夫
何其芳早年诗六首
好呀！飞行的荷兰人（外二首）········黄永玉
希望五首···················蔡其矫
新疆行····················陈舜臣
我是吃中国奶长大的人·············亚　正
别责备我的眉头················徐敬亚
怀古（二首）·················束　棘
小溪在诉说··················罗迎贤
稻草人的苦恼（外一首·姜成安插图）
·····················公兰谷遗作
帕米尔的姐妹·················杨　眉
湄江小调···················寒　星
这篇广播稿··················陈咏华

旧体诗词

剑啸庐诗草（五首）……………………王统照
诗词五首…………………………………赵朴初
怀周总理七律五首………………………羊牧之
诗四首……………………………………天　兰
秋风楼渡口………………………………阮章竞
永恒的战士………………………………李又然
延安陕北公学生活剪影…………………商展思
沉痛的回言………………………………韩　笑
大娘的炕上叙旧情………………………任彦芳
我问我的祖先，也问我……（蒙古族）巴彦布
同志的含义………………………（蒙古族）查　干

讽刺诗与漫画

恋窝鸡（外一首）……张纪朝诗　孙以增　曹方伯画
话"新风"（外一首）……董茂棠诗　法乃光画
"……千万只布谷鸟在歌唱"
　——读《新人新作小辑》………………郑　敏
深情与深思的诗——《新人新作小辑》读后…吴　嘉
给孩子们的珍贵礼物……………………先　树
南疆吹来的风——《南方诗丛》简评……谢　冕
是啄虫，并不是砍树……………………程　萌
著名爱国华侨作家陈舜臣…………………林绍纲
欣赏与借鉴
刘禹锡的《石头城》………………………杨牧之
桂林山水诗………………………………郝铭鉴

诗讯

当代诗歌讨论会简况……………………成　平
马雅可夫斯基讨论会在武汉举行………陈守成
江西省文艺界举办"谷雨诗会"　《星火》编辑部诗歌组
1979年湖北、四川出版诗集和诗歌理论著作情况来信摘登
竹颂………………………………………管桦诗画
黄山云海（素描）………………………王　鸿
暮归（套色木刻）………………………王叠泉
山村秋色（中国画）……………………杨炳湘
黄山清凉台（素描）……………………常铁钧
裴多斐照片和手迹

1980 年第 7 期　刊名:《诗刊》
目录

散文诗小集

三月………………………………………许　淇
幻景——拾贝小札………………………王中才
悲歌………………………………………曾祥麟
在雨中，我看到蒲公英……………………郭　风
花的世界…………………………………那家伦
金丝荷……………………………………白　渔
留在大海的脚印…………………………张　岐
乌兰察布风情……………………………孟　河
五月的凤凰花——献给傣族……………张　长
似与文坛有关的联想……………………黎　笙
河边………………………………………马维秋
雪恋………………………………………高　平
致意………………………………………陶　然
童年的梦（外二套）……………………伊　萍
小蘑菇集…………………………………崔成驹
散文诗漫话………………………………柯　蓝
山水·历史·情思
故乡情思（二首）………………………米思及
崖海吟……………………………………芦　荻
北京抒情…………………………………曹　复
昭陵一壁画………………………………毛　奇
访法诗二首………………………………高行健
西沙诗稿（三首）………………………冯麟煌
漓江记绿…………………………………柯　原
崂山行……………………………………孔　孚
御用肩（外一首）………………………田　地
五丈原·马嵬坡…………………………晓　蕾
写给这片土地（三首）…………………王家新
黄岛………………………………………韩　青
灯…………………………………………晋效先
长安秋兴（二首）………………………沙　白
石林………………………………………王志杰
霸桥赠别…………………………………纪征民
重游岳庙…………………………………金宏达
峨嵋山花吟………………………………忆明珠
蝴蝶松……………………………………姚焕吉
讽刺诗与漫画……栾　星　江　帆　于　沙　曹振峰
诗五首……………………[意]夸西莫多　吕同六译
意大利优秀的抒情诗人夸西莫多…………吕同六
诗断想：中国之众相
　………………[美]保罗·安格尔　朔　望译
短歌八首
　………何吉明　刘不朽　赵怀庆　李隆汉　管用和
薅秧歌……………………………………杨汝绚
客饭——太行故乡见闻…………………李学鳌
"辣椒哥"…………………………………张从海
婆媳………………………………………赖松廷
收工………………………………………翁景贵
柿乡秋色…………………………………田　真
杨柳渡口…………………………………苏辑黎
血乳（叙事诗·李少文插图）……陈剑雨　蒋永超
忆元庆……………………………………周巍峙

咏樱（六首）⋯⋯⋯⋯⋯⋯⋯⋯⋯⋯⋯林　林
未被忘却的诗（五首）⋯⋯⋯⋯⋯⋯高　汉
临江仙——避席畏闻文字狱⋯⋯⋯晓　星
蜀咏二首⋯⋯⋯⋯⋯⋯⋯⋯⋯⋯⋯明　朗
在北京拾到的诗（四首）⋯⋯⋯⋯王辽生
你和人民在一起⋯⋯⋯⋯⋯⋯⋯⋯青　勃
我不怨恨（外一首）⋯⋯⋯⋯⋯⋯梁　南
汨罗江——哀悼李季及各位逝世的诗友⋯严　阵
犹大的吻⋯⋯⋯⋯⋯⋯柯国淳诗　华君武画
科学诗（四首）⋯⋯⋯⋯⋯⋯⋯⋯潘天青
埋头苦干的人⋯⋯⋯⋯⋯⋯⋯⋯⋯陈　灿
燕子（外一首）⋯⋯⋯⋯⋯⋯⋯⋯晏　明
落日（外一首）⋯⋯⋯⋯⋯⋯⋯⋯古苍梧
答问（诗歌信箱）⋯⋯⋯⋯⋯⋯⋯周良沛
南行通信（诗歌信箱）⋯⋯⋯⋯⋯吕　剑
艾青的诗《大堰河——我的保姆》⋯张同吾
"新兴"新笺⋯⋯⋯⋯⋯⋯⋯⋯⋯⋯安　旗
感谢是诗的生命（新诗话）⋯⋯⋯谢文利
雨后（中国画）⋯⋯⋯⋯⋯⋯⋯⋯林　锴
斜阳（中国画）⋯⋯⋯⋯⋯⋯⋯⋯张立辰
春到草原（水印木刻）⋯⋯⋯⋯⋯周义柱
退潮（木刻）⋯⋯⋯⋯⋯⋯⋯⋯⋯王　炜
晨光（木刻）⋯⋯⋯⋯⋯史济鸿画　罗子英诗
徐志摩的照片和手迹

1980 年第 8 期　刊名：《诗刊》
目录

太阳⋯⋯⋯⋯⋯⋯⋯⋯⋯⋯⋯⋯⋯流沙河
高能加速器（外一首）⋯⋯⋯⋯⋯裴小龙
寻觅（三首）⋯⋯⋯⋯⋯⋯⋯⋯⋯朱　红
京华古意（二首）⋯⋯⋯⋯⋯⋯⋯浪　波
十四行诗试作三首⋯⋯⋯⋯⋯⋯⋯赵毅衡
生命吟⋯⋯⋯⋯⋯⋯⋯⋯⋯⋯⋯⋯高加索
青花瓷罐⋯⋯⋯⋯⋯⋯⋯⋯⋯⋯⋯茹　含
绛鸽⋯⋯⋯⋯⋯⋯⋯⋯⋯⋯⋯⋯⋯沙　金
神女的雕像⋯⋯⋯⋯⋯⋯⋯⋯⋯⋯玛　金
小诗二题⋯⋯⋯⋯⋯⋯⋯⋯⋯⋯⋯黎　土
目光⋯⋯⋯⋯⋯⋯⋯⋯⋯⋯⋯⋯⋯安　米

春笋集
织与播⋯⋯⋯⋯⋯⋯⋯⋯⋯⋯⋯⋯杨　炼
乡村素描（二首）⋯⋯⋯⋯⋯⋯⋯陈所巨
信念⋯⋯⋯⋯⋯⋯⋯⋯⋯⋯⋯⋯⋯范　明
馈赠⋯⋯⋯⋯⋯⋯⋯⋯⋯⋯⋯⋯⋯舒　婷
印象二首⋯⋯⋯⋯⋯⋯⋯⋯⋯⋯⋯王小妮
春日短歌（二首）⋯⋯⋯⋯⋯⋯⋯常　荣
老龟（外一首）⋯⋯⋯⋯⋯⋯⋯⋯陈守中

大学剪影（二首）⋯⋯⋯⋯⋯⋯⋯贺　平
诗二首⋯⋯⋯⋯⋯⋯⋯⋯⋯⋯⋯⋯北　岛
水乡春歌（三首）⋯⋯⋯⋯⋯⋯⋯朱文根
晨光里（外二首）⋯⋯⋯⋯⋯⋯⋯梅绍静
无题二首⋯⋯⋯⋯⋯⋯⋯⋯⋯⋯⋯鲁　鲁
问秋（二首）⋯⋯⋯⋯⋯⋯⋯⋯⋯赵守如
贝多芬的愤慨（外一首）⋯⋯⋯⋯卓　凡
诗六首⋯⋯⋯⋯⋯⋯⋯⋯⋯⋯⋯⋯徐晓鹤

转载
"祖国啊，我要燃烧"（外一章）⋯⋯叶文福
草原·边寨·家山
花溪（外一首）⋯⋯⋯⋯⋯⋯⋯⋯程显谟
绣花小帽⋯⋯⋯⋯⋯⋯⋯⋯⋯⋯⋯童嘉通
藏族弦子舞⋯⋯⋯⋯⋯⋯⋯⋯⋯⋯尹明举
蒙古包里的天鹅湖⋯⋯⋯⋯⋯⋯⋯张之涛
套马杆⋯⋯⋯⋯⋯⋯⋯⋯⋯⋯⋯⋯湘　霖
彝族情歌（二首）⋯⋯⋯⋯⋯⋯⋯罗定金
苦聪寨情话（三首）⋯⋯⋯⋯⋯⋯王雨谷
六华春满（外一首）⋯⋯⋯⋯⋯⋯李华飞
苗山赶秋歌⋯⋯⋯⋯⋯⋯⋯⋯⋯⋯钟黔宁
旧体诗词⋯⋯⋯⋯⋯⋯⋯⋯⋯⋯⋯叶圣陶
张执一　萧军　刘肇霖　臧恺之　关　露
金河口⋯⋯⋯⋯⋯⋯⋯⋯⋯⋯⋯⋯刘岚山
醒里唱着的梦歌⋯⋯⋯⋯⋯⋯⋯⋯杨　树
真诚——读《诗刊》六月号《沉痛的回言》一诗有感
⋯⋯⋯⋯⋯⋯⋯⋯⋯⋯⋯⋯⋯⋯舒直言
回乡纪事（组诗）⋯⋯⋯⋯⋯⋯⋯萧振荣
故乡情思（二首）⋯⋯⋯⋯⋯⋯⋯木　斧
乡路印象（外一首）⋯⋯⋯⋯⋯⋯陶家明
常青树⋯⋯⋯⋯[日本]岛崎藤村　李　芒译
诗三首⋯⋯⋯[匈牙利]尤若夫·阿蒂拉　冯植生译
诗二首⋯⋯⋯[英国]阿·丁尼生　袁可嘉译
意象组诗⋯⋯⋯[英国]理查·阿庭顿　郑　敏译

诗人书简
游桂离宫⋯⋯⋯⋯⋯⋯⋯⋯⋯⋯⋯公　木
远方来信⋯⋯⋯⋯⋯⋯⋯⋯⋯⋯⋯柯　岩
问题讨论
令人气闷的"朦胧"⋯⋯⋯⋯⋯⋯章　明
诗的深浅与读诗的难易⋯⋯⋯⋯⋯晓　鸣
读稿小札
给短诗《我是⋯⋯》的作者⋯⋯⋯邵燕祥
我是⋯⋯⋯⋯⋯⋯⋯⋯⋯⋯⋯⋯姜文岩
牧民中的诗人，诗人中的牧民——《纳·赛音朝克图
诗选》前记⋯⋯⋯⋯⋯⋯⋯⋯⋯玛拉沁夫
读《采花节》⋯⋯⋯⋯⋯⋯⋯⋯⋯高洪波
五彩的壮锦——读诗集《山欢水笑》⋯⋯⋯周炳成
新诗话（五则）⋯⋯⋯赵冰轩　宋　垒　任重远

诗讯：上海诗歌界座谈青年诗作者的作品
荷（中国画）⋯⋯⋯⋯⋯⋯⋯⋯⋯⋯⋯潘天寿
驼铃催春（水印木刻）⋯⋯⋯杨在溪 陆嘉陵
光明繁枝（中国画）⋯⋯⋯⋯⋯⋯⋯⋯黄安仁
林间（木刻）⋯⋯⋯⋯⋯⋯⋯⋯⋯⋯⋯力 群
上海街头（速写）⋯⋯⋯⋯⋯⋯⋯⋯⋯艾未未
鲁迅《他们的花园》《人与时》手迹
黄山（摄影）⋯⋯⋯⋯⋯⋯⋯⋯⋯⋯⋯汪芜生

1980 年第 9 期　刊名:《诗刊》
目录

海祭⋯⋯⋯⋯⋯⋯⋯⋯⋯⋯⋯⋯⋯⋯程光锐
海之魂⋯⋯⋯⋯⋯⋯⋯⋯⋯⋯⋯⋯⋯徐敬亚
十万个为什么⋯⋯⋯⋯⋯⋯⋯⋯⋯⋯叶延滨
春的答卷⋯⋯⋯⋯⋯⋯⋯⋯⋯⋯⋯⋯马林帆
走向生活·我的诗⋯⋯⋯⋯⋯⋯⋯⋯杨 炼
晨曲，应该这样唱⋯⋯⋯⋯⋯⋯⋯⋯苏云海
让孩子们去幻想⋯⋯⋯⋯⋯⋯⋯⋯⋯贾 勋

乡情集
山乡谣（二首）⋯⋯⋯⋯⋯⋯⋯⋯⋯张宣强
新谷秀穗⋯⋯⋯⋯⋯⋯⋯⋯⋯⋯⋯⋯宋 歌
泰州船⋯⋯⋯⋯⋯⋯⋯⋯⋯⋯⋯⋯⋯文 丙
乡情⋯⋯⋯⋯⋯⋯⋯⋯⋯⋯⋯⋯⋯⋯韩作荣
你用严峻的目光望着我⋯⋯⋯⋯⋯刘登翰
庐山瀑布⋯⋯⋯⋯⋯⋯⋯⋯⋯⋯⋯⋯高 云
假如我重活一次⋯⋯⋯⋯⋯⋯⋯⋯⋯未 央
梦⋯⋯⋯⋯⋯⋯⋯⋯⋯⋯⋯⋯⋯⋯⋯边国政
二十世纪的"死魂灵"⋯⋯⋯⋯⋯⋯张志民
昨日的回顾（三首）⋯⋯⋯⋯⋯⋯⋯杨大矛
心⋯⋯⋯⋯⋯⋯⋯⋯⋯⋯⋯⋯⋯⋯⋯张学梦
关于人的诗（二首）⋯⋯⋯⋯⋯⋯⋯李 钢
迷途的年代（四首）⋯⋯⋯⋯⋯⋯⋯杨献瑶
聂鲁达诗选⋯⋯蔡其矫 王永年 江志方 陈光孚译
柳⋯⋯⋯⋯⋯⋯⋯⋯⋯⋯⋯⋯⋯⋯⋯杨子敏
语丝⋯⋯⋯⋯⋯⋯⋯⋯⋯⋯⋯熊述隆 孔 林
刁永泉 袁文燕 高若虹 张中海 方 鸣 嵇亦工
一句话⋯⋯⋯⋯⋯⋯⋯⋯⋯⋯⋯⋯⋯冰 心
黎明，一片薄光里⋯⋯⋯⋯⋯⋯⋯陈敬容
十四行三章⋯⋯⋯⋯⋯⋯⋯⋯⋯⋯⋯唐 湜
浪花集（二首）⋯⋯⋯⋯⋯⋯⋯⋯⋯方 殷
北固山的悲歌⋯⋯⋯⋯⋯⋯⋯⋯⋯⋯丁 芒
无名的小花⋯⋯⋯⋯⋯⋯⋯⋯⋯⋯⋯刘 征
赠友人⋯⋯⋯⋯⋯⋯⋯⋯⋯⋯⋯⋯⋯罗 洛
烟囱（外一首）⋯⋯⋯⋯⋯⋯⋯⋯⋯唐 祈

转载
心的历程（三首）⋯⋯⋯⋯⋯⋯⋯⋯曾 卓
匍匐者的家史⋯⋯⋯⋯⋯⋯⋯⋯⋯⋯易允武
过南镇⋯⋯⋯⋯⋯⋯⋯⋯⋯⋯⋯⋯⋯佘致迪
诗的自述⋯⋯⋯⋯⋯⋯⋯⋯⋯⋯⋯⋯王式俭

诗人与诗
流沙河访问记⋯⋯⋯⋯⋯⋯⋯⋯⋯⋯文 过
故园四咏⋯⋯⋯⋯⋯⋯⋯⋯⋯⋯⋯⋯流沙河

问题讨论
鉴往如今一议⋯⋯⋯⋯⋯⋯⋯⋯⋯⋯李元洛
给艺术的革新者更自由的空气⋯⋯孙绍振
美和诗的漫话⋯⋯⋯⋯⋯⋯⋯⋯⋯⋯闻 山
我心目中的一个秋天⋯⋯⋯⋯⋯⋯杜运燮

《假如你想作个诗人⋯⋯》
发现时代的诗情⋯⋯⋯⋯⋯⋯任洪渊 张同吾
甘苦寸心知——谈自己的诗《老哥哥》⋯⋯臧克家

读稿小札
谈爱情诗《云》⋯⋯⋯⋯⋯⋯⋯⋯⋯雷 霆
云⋯⋯⋯⋯⋯⋯⋯⋯⋯⋯⋯⋯⋯⋯⋯高东永
中国作家协会委托诗刊社举办 1979—1980 年全国新
诗创作评奖活动启事
本刊征求 1981 年封面设计启事

读者·作者·编者
诗讯：一些报刊就新诗创作开展争鸣⋯⋯石 平
黄永玉作品五幅
朱自清的照片和手迹
太湖（中国画·彦涵）太湖渔歌（诗·沈彦）

1980 年第 10 期　刊名:《诗刊》
目录

青春诗会
雪白的墙（五首）⋯⋯⋯⋯⋯⋯⋯⋯梁小斌
前进，二万万！（四首）⋯⋯⋯⋯⋯张学梦
干妈（叙事组诗）⋯⋯⋯⋯⋯⋯⋯⋯叶延滨
诗三首⋯⋯⋯⋯⋯⋯⋯⋯⋯⋯⋯⋯⋯舒 婷
乡情三首⋯⋯⋯⋯⋯⋯⋯⋯⋯⋯⋯⋯才树莲
诗二首⋯⋯⋯⋯⋯⋯⋯⋯⋯⋯⋯⋯⋯江 河
天安门，我该怎样爱你！⋯⋯⋯⋯杨 牧
南方，淌着哺育我们的河流（三首）⋯⋯徐晓鹤
诗五首⋯⋯⋯⋯⋯⋯⋯⋯⋯⋯⋯⋯⋯梅绍静
起诉及其他（四首）⋯⋯⋯⋯⋯⋯⋯高伐林
诗二首⋯⋯⋯⋯⋯⋯⋯⋯⋯⋯⋯⋯⋯徐敬亚

乡村诗草（四首）⋯⋯⋯⋯⋯⋯⋯陈所巨
小诗六首⋯⋯⋯⋯⋯⋯⋯⋯⋯⋯⋯顾　城
我愿·柳哨⋯⋯⋯⋯⋯⋯⋯⋯⋯⋯徐国静
我在这里生活过（三首）⋯⋯⋯王小妮
我的歌（二题）⋯⋯⋯⋯⋯⋯⋯孙武军
一九八〇年，我的思绪（二首）⋯⋯常　荣
与青年诗人谈诗
——在诗刊社举办的"青年诗作者创作学习会"止的
谈话⋯⋯⋯⋯⋯⋯⋯⋯⋯⋯⋯⋯艾　青
门外诗谈——在诗刊社举办的"青年诗作者创作学习
会"上的谈话（摘录）⋯⋯⋯⋯冯　牧
青春的聚会——诗刊社举办的"青年诗作者创作学习
会"侧记⋯⋯⋯⋯⋯⋯⋯⋯⋯⋯王燕生

问题讨论
也谈诗的"朦胧"及其他⋯⋯⋯张　炯
两代人——从诗的"不懂"谈起⋯⋯顾　工
从朦胧到晦涩⋯⋯⋯⋯⋯⋯⋯⋯鲁　扬
为什么写人们看不懂的诗？⋯⋯苗得雨
《假如你想作个诗人⋯⋯》
自己的发现和发现自己⋯⋯⋯⋯张同吾

诗人书简
在斯特鲁加国际诗歌节⋯⋯⋯⋯邹荻帆
柯仲平诗四首
永远话在诗歌里——追怀诗人柯仲平同志⋯⋯楼适夷

诗讯
黄山（中国画）⋯⋯⋯⋯⋯⋯⋯吴冠中
迎汛（中国画）⋯⋯⋯⋯⋯⋯⋯徐　希
清趣（中国画）⋯⋯⋯⋯⋯⋯⋯王雪涛
新竹（中国画）⋯⋯⋯⋯⋯⋯⋯张建中
柯仲平的照片和手迹
节奏⋯⋯⋯⋯⋯⋯赵瑞椿木刻　李小雨诗

1980 年第 11 期　刊名:《诗刊》

目录

我爱⋯⋯⋯⋯⋯⋯⋯⋯⋯⋯⋯⋯赵　恺
无情的海！　多情的海！⋯⋯⋯韩　瀚
给《思想者》（外一首）⋯⋯⋯朱　红
挂着勋章和铁镣的代号⋯⋯⋯⋯王　颖
鲜红的党心⋯⋯⋯⋯⋯⋯⋯⋯⋯篷　放
哭李季和郭小川同志⋯⋯⋯⋯⋯萧　三
我敢（外一首）⋯⋯⋯（中国香港）饮　江
为高举的和不举的手臂歌唱⋯⋯刘祖慈
"半坡"遗址⋯⋯⋯⋯⋯⋯⋯⋯王德芳
北京⋯⋯⋯⋯⋯⋯⋯⋯⋯（回族）高　深

青年作者七人集
自然·社会·人（四首）⋯⋯⋯谢颐城
楼顶上⋯⋯⋯⋯⋯⋯⋯⋯⋯⋯⋯纪晓武
我的车驶在平原上（外三首）⋯⋯周志友
山泉·花朵·爱⋯⋯⋯⋯⋯⋯⋯陈　放
魂的歌⋯⋯⋯⋯⋯⋯⋯⋯⋯⋯⋯吴力军
流过树丛的旋律（三首）⋯⋯⋯骆晓戈
沸泉⋯⋯⋯⋯⋯⋯⋯⋯⋯⋯⋯⋯骆耕野
人的颂歌（组诗）⋯⋯⋯⋯⋯⋯雷抒雁
诸神（三首）⋯⋯⋯⋯⋯⋯⋯⋯沙　白
神的面前⋯⋯⋯⋯⋯⋯⋯⋯⋯⋯蔡应律
不敢留下的脚印（组诗）⋯⋯⋯方　冰
一觉·回答·笑容⋯⋯⋯⋯⋯⋯吕　剑
自画像·羡慕⋯⋯⋯⋯⋯⋯⋯⋯梁　南
希望⋯⋯⋯⋯⋯⋯⋯⋯⋯⋯⋯⋯石天河
记忆（外二首）⋯⋯⋯⋯⋯⋯⋯田章夫
谒中山陵⋯⋯⋯⋯⋯⋯⋯⋯⋯⋯张显华
绿的天国⋯⋯⋯⋯⋯⋯⋯⋯⋯⋯田　间
星月集（组诗）⋯⋯⋯⋯⋯⋯⋯胡　昭
诗的女神⋯⋯⋯⋯⋯⋯⋯⋯⋯⋯韩　笑
秦始皇陵兵马俑⋯⋯⋯⋯⋯⋯⋯李加建
旧体诗词之页⋯⋯⋯⋯⋯⋯⋯⋯效　农
羊牧之　吴世昌　李　欣　陆　地　高　汉　李汝伦
司马祠漫想（转载）⋯⋯⋯⋯⋯毛　锜
小草对阳光这样说（外二首）⋯⋯胡　风
纤夫⋯⋯⋯⋯⋯⋯⋯⋯⋯⋯⋯⋯阿　垅
苏捷斯卡的眼睛
⋯⋯⋯⋯⋯⋯⋯［南斯拉夫］瓦斯科·波帕　袭小龙译

诗人书简
在爱荷华的"中国周末"⋯⋯⋯艾　青

问题讨论
关于所谓"朦胧诗"问题讨论的来往综述⋯⋯先　树
假如你想作个诗人⋯⋯
诗的机缘在哪里？⋯⋯⋯⋯⋯⋯阿　红

读稿小札
给一位十七岁的习作者⋯⋯⋯⋯韩作荣
［附］诗三首⋯⋯⋯⋯⋯⋯⋯⋯沈　晓

诗艺漫谈
意境问题质疑⋯⋯⋯⋯⋯⋯⋯⋯袁忠岳
诗话三则⋯⋯⋯⋯⋯⋯⋯⋯⋯⋯黄树则
关于《唐宋词选释》⋯⋯⋯⋯⋯吴小如
介绍几本新诗评论集⋯⋯⋯⋯⋯胡德培
漓江晨曲（中国画）⋯⋯⋯⋯⋯李明久
龙须岛（中国画）⋯⋯⋯⋯⋯⋯刘汝阳
长白山的早晨（套色木刻）⋯⋯王　琦

版纳之夏（中国画）⋯⋯⋯⋯⋯⋯王文芳
王统照的照片和手迹
三月⋯⋯⋯［罗马尼亚］维拉·萨波木刻 吕剑诗

1980 年第 12 期　刊名:《诗刊》
目录

问题讨论
一次热烈而冷静的交锋——诗刊社举办的"诗歌理论
座谈会"简记⋯⋯⋯⋯⋯⋯吴嘉 先树
古怪诗论质疑⋯⋯⋯⋯⋯⋯丁 力
失去了平静以后⋯⋯⋯⋯⋯谢 冕
各还命脉各精神
——关于新诗的"危机"与生机的随想⋯⋯严迪昌
宽容·并存·竞赛⋯⋯⋯⋯尹在勤
为青年诗人说几句话⋯⋯⋯何燕平
1 与 10^9——我所想到的关于我与小我的笨理 阿 红
诗艺乱弹⋯⋯⋯⋯⋯⋯⋯黄益庸
"表现我"有罪? ——就教于闻山同志⋯⋯⋯李 洁
谈晦涩⋯⋯⋯⋯⋯⋯⋯⋯丁 芒
还想象与诗歌⋯⋯⋯⋯⋯⋯钟 文
诗，属于勇者⋯⋯⋯⋯⋯⋯孙静轩
借鉴、创新及其他⋯⋯⋯⋯刘祖慈
我是青年（转载）⋯⋯⋯⋯杨 牧
老牛之歌（长诗节选）⋯⋯戈壁舟
在工业区拾到的抒情诗（组诗）⋯⋯⋯⋯雁 翼
春天的汗珠（组诗）⋯⋯⋯老 心
山乡吟（三首）⋯⋯⋯⋯⋯查代文
惊蛰雨（三首）⋯⋯⋯⋯⋯阎振甲
迎春花⋯⋯⋯⋯⋯⋯⋯⋯韦黎明
新月⋯⋯⋯⋯⋯⋯⋯⋯⋯赵健雄

叙事诗
红蝴蝶⋯⋯⋯⋯⋯⋯⋯⋯邓海南
"长官意志"和有点意志的长官⋯⋯⋯⋯刘中枢
心石（董辰生插图）⋯⋯⋯李老乡
妈妈的眼睛（李少文插图）⋯⋯⋯⋯⋯鲁 鲁
一个没有姓名的主人公（李滨声插图）⋯⋯曲有源
旧体诗词⋯⋯⋯⋯⋯郭化若 谢朝苍
胡念贻 （中国香港）莫 默

山水·历史·情思
你多么孤独（外一首）⋯⋯熊召政
远望美女坟⋯⋯⋯⋯⋯⋯徐 放
八达岭写怀⋯⋯⋯⋯⋯⋯王辽生
广西纪行二首⋯⋯⋯⋯⋯沙 鸥
红水河⋯⋯⋯⋯⋯⋯⋯⋯丁 力
南岳⋯⋯⋯⋯⋯⋯⋯⋯⋯王晨牧

半边渡⋯⋯⋯⋯⋯⋯⋯⋯张 扬
山寺即景⋯⋯⋯⋯⋯⋯⋯艾 路
山谷⋯⋯⋯⋯⋯⋯⋯⋯⋯周劭馨
塔尔寺一瞥（二首）⋯⋯⋯廖公弦
江汉风情（二首）⋯⋯⋯⋯管用和
读《涅克拉索夫诗选》⋯⋯卢 永
读《黄宁婴诗选》⋯⋯⋯⋯芦 荻
一首诗的修改（读稿小札）⋯⋯⋯⋯⋯云 鹤
晦涩不是创新（诗人书简）⋯⋯⋯⋯⋯瞿 钢
新诗话⋯⋯⋯⋯张 长 圣野 黄淮 高洪波
读者中来（二篇）
版纳夜色（中国画）⋯⋯⋯朱军山
朝雾图（中国画）⋯⋯⋯⋯李文信
旅行写生二幅⋯⋯⋯⋯⋯邵 宇
昆仑山色（中国画）⋯⋯⋯舒春光
鸡（中国画）⋯⋯⋯⋯⋯冯宗祥
何其芳的照片和手迹
沙漠之舟（版画）⋯⋯⋯戈 沙木刻 石 祥诗

1981 年第 1 期　刊名:《诗刊》
目录

老人与海⋯⋯⋯⋯⋯⋯⋯流沙河
难以忍受的欢欣⋯⋯⋯⋯黄永玉
法庭随笔（二首）⋯⋯⋯⋯张志民

船⋯⋯⋯⋯⋯⋯⋯⋯⋯⋯白 桦
小人鱼的歌⋯⋯⋯⋯⋯⋯郑 玲
我的最后的北京（外一首）⋯⋯⋯⋯⋯郭路生
给——（二首）⋯⋯⋯⋯宛 青
惭愧⋯⋯⋯⋯⋯⋯⋯⋯⋯袁世兴
目标：更险更美的关津⋯⋯放 平
无题与有题（二首）⋯⋯⋯尚久骖
祖国啊! 如果我死去⋯⋯⋯林 染
遇罗克之歌⋯⋯⋯⋯⋯⋯姜文岩
故乡二题⋯⋯⋯⋯⋯⋯⋯张庆明
喂⋯⋯⋯⋯⋯⋯⋯⋯⋯⋯邹国平
大山恋歌（三首）⋯⋯⋯⋯黄 宏
采摘浪花的青年⋯⋯⋯⋯高 深
石枕（外一首）⋯⋯⋯⋯⋯呼岩鸾
烹饪诗二首⋯⋯⋯⋯⋯⋯吴正格
黄土情（二首）⋯⋯⋯⋯⋯峭 石
他在黎明前死去——《将军与城》之一⋯李 瑜
这里，曾是一片幽谷⋯⋯⋯李光星
速滑⋯⋯⋯⋯⋯⋯⋯⋯⋯石 祥
光明湖⋯⋯⋯⋯⋯⋯（苗族）石太瑞
勒勒车的辙印⋯⋯⋯⋯⋯高继恒
冬晨——"北极村"即景之一⋯⋯⋯⋯鲍雨冰

旧体诗·················宋振庭　何剑薰　萧湘雁

外国诗
霍思曼诗钞··········[英国]A.E.霍思曼　周煦良译
耶可布森诗三章······[挪威]R.耶可布森　郑　敏译
尼基丁诗二首········[俄]尼基丁　朱春雨译

花瓣小集·········蓝　曼　周　涛　王金秋　罗　洛
黎焕颐　程乐坤　柏　桦　沙　驼　吴钧陶　钱　璞
（回族）沙　蕾　罗子英　陈志民　（朝鲜族）李云
迪　万忆萱
我最喜爱春天的绿色···············鲁　黎
走出地宫天地新·················杨　牧
十三陵三题···················叶延滨
车轮（外二首）·················昌　耀
我的太阳（外二首）···············田　地
驼铃声声····················臧云远
给青年诗人···················姚振涵
问病·····················闻　山

诗人与诗
访老诗人冰心··················卓　如
公刘印象····················吕　剑
《给战斗者》写作前后（诗歌信箱）········田　间

诗苑漫步
《归来的歌》··················闻　宁
《干妈》····················雷业洪
《知觉》《靠边》················宋　垒
《深圳特区掠影》················钟　化
《我爱》····················南　音
《风，在田野上微笑》··············周红兴
《屈原诗歌新译》················石　平
《广西情歌》··················吴　超

假如你想作个诗人……
要重视诗的细节·················任　愫
洁白的影子——《耶可布森诗选集》序
··············[美国]罗伯特·布莱　郑　敏译
诗要反映人民生活和时代精神（诗人书简）····罗　沙
充分发表不同意见················敏　歧
新诗话（五则）···赵冰轩　吕　进　马焯荣　刘　章
关于《太阳》的一封信··············流沙河
瑞雪（木刻）··················古　元
少司命（工笔重彩）···············李少文

1981 年第 2 期　刊名:《诗刊》

目录

我的家乡，我的乡亲！
重回石磨湾（四首）···············周雨明
水乡女·····················文　丙
试新衣·····················张中海
啊，墙上的白圈（外一首）············晓　达
推迟的收获···················陈玉坤
乡村酒馆····················阎景新
村口······················王保国
芭蕉雨·····················张永权
崇阳酒会（外一首）···············傅　仇
紫荆花·····················李学鳌
诗四首·····················阮章竞
雨后的密林···················柯愈勋
朱家岗（组诗）·················赵　恺
北京速写（组诗）················王家新
苍山洱海（组诗）···········（白族）晓　雪
我（组诗）···················陈所巨
在香港，我看到这样的"幽灵"……
··················（中国香港）梅　李
故乡水··············（中国香港）张思鉴
我不是诗人（外一首）··············叶文福
诗之愿·····················弘　征
眼睛······················孙静轩
心歌集·····················梁志伟

散文诗
星火小集····················曾祥麟
给一个鬼狐旦··················周　朗
在开花的梨树下面················张　廊
致惠特曼····················许　淇
我和我的布机（外二首）·············孔德平
科学家的午餐··················李振法
海测诗絮（四首）················金同悌
诚实的世界···················彭双和
绿灯，一闪···················李武兵
我是……····················刘毅然
给他——续篇··················林　子
无题（外三首）·················艾　路
我的心还不如羽毛球（外一首）··········曲有源
桃子（外一首）·················于耀江
雪上的字····················李　琦
朋友送我一张洁白的手帕（外二首）·······蒋明英
嫁······················晓　蕾
民歌十首·············安栋梁　陈官煊
刘启舒　李隆汉　周少尧　龙怡凡

旧体诗词⋯⋯⋯⋯⋯⋯⋯⋯⋯⋯⋯ 杨 述 鲁 兵
谢 堂 詹政才 陈 朗 （中国香港）莫 默 寇
亦翘
讽刺诗与漫画⋯⋯⋯⋯⋯⋯⋯方 成画 张树基诗
十年纪事（二首）⋯⋯⋯⋯⋯⋯⋯⋯⋯⋯梁 南
白发吟⋯⋯⋯⋯⋯⋯⋯⋯⋯⋯⋯⋯⋯⋯高加索
蛇⋯⋯⋯⋯⋯⋯⋯⋯⋯⋯⋯⋯⋯⋯⋯⋯刘 征
为和平造像（外一首）⋯⋯⋯⋯⋯⋯⋯李加建
我的苇笛⋯⋯⋯⋯⋯⋯⋯⋯⋯⋯⋯⋯⋯杜 谷
鹏鸟梦⋯⋯⋯⋯⋯⋯⋯⋯⋯⋯⋯⋯⋯⋯唐 湜
山地的雪天（外一首）⋯⋯⋯⋯⋯⋯⋯刘祖慈
普罗米修斯同我们在一起⋯⋯⋯⋯⋯⋯王 果
水杉吟⋯⋯⋯⋯⋯⋯⋯⋯⋯⋯⋯⋯⋯⋯洪 洋
夜航⋯⋯⋯⋯⋯⋯⋯⋯⋯⋯⋯⋯⋯⋯⋯白 榕
小水坑⋯⋯⋯⋯⋯⋯⋯⋯⋯⋯⋯⋯⋯⋯圣 野
夏娃的爱情⋯⋯⋯⋯⋯⋯〔英国〕弥尔顿 方 平译
银行家（外一首）⋯〔比利时〕凡尔哈伦 杨 钟译
《中国印象》选译（三首）
⋯⋯⋯⋯⋯〔美国〕保罗·安格尔 荒 芜译
大无畏⋯⋯⋯⋯⋯〔英国〕W.E.享里 初大告译
心之心⋯⋯⋯⋯⋯⋯⋯⋯⋯⋯〔法国〕胡继熙
愿望——读胡耀邦同志《在剧本创作座谈会上的讲话》
⋯⋯⋯⋯⋯⋯⋯⋯⋯⋯⋯⋯⋯⋯⋯邹荻帆

问题讨论
诗要三顺⋯⋯⋯⋯⋯⋯⋯⋯⋯⋯⋯⋯臧克家
也谈诗与"我"⋯⋯⋯⋯⋯⋯⋯⋯⋯⋯敏 泽
创造个人的艺术风格（诗歌信箱）⋯⋯胡 昭

假如你想作个诗人⋯⋯
选择美的形象⋯⋯⋯⋯⋯⋯⋯⋯⋯⋯周红兴

诗苑漫步
介绍《无名河》、《江海行》、《会飞的花朵》、《严辰
诗选》、《学诗断想》
杜牧《赤壁》赏析⋯⋯⋯⋯⋯⋯⋯⋯⋯林东海
咏物诗偶题⋯⋯⋯⋯⋯⋯⋯⋯⋯⋯⋯徐荣街
写诗也要用标点符号（读者中来）⋯⋯鲁金武

买猪（国画）⋯⋯⋯⋯⋯⋯⋯⋯⋯⋯⋯史国良
月在中天（版画）⋯⋯⋯⋯赵晓沫木刻 李小雨诗

1981 年第 3 期　刊名:《诗刊》
目录

巴黎与其他（六首）⋯⋯⋯⋯⋯⋯⋯⋯艾 青

黎明之歌

第五十七个黎明⋯⋯⋯⋯⋯⋯⋯⋯⋯⋯赵 恺
劳动者的尊严（外一首）⋯⋯⋯⋯⋯⋯张学梦
我在敲打你的窗口（曹金秋插图）⋯⋯程乐坤
今天·跑道⋯⋯⋯⋯⋯⋯⋯⋯⋯⋯⋯裴小龙
柳哨·鹅⋯⋯⋯⋯⋯⋯⋯⋯⋯⋯⋯⋯董宇峰
林海晨曲⋯⋯⋯⋯⋯⋯⋯⋯⋯⋯⋯⋯贺羡泉
西沙写生（组诗）⋯⋯⋯⋯⋯⋯⋯⋯⋯曾凡华

旧体诗
诗五首⋯⋯⋯⋯⋯⋯⋯⋯⋯⋯⋯⋯⋯林散之
琅邪曲⋯⋯⋯⋯⋯⋯⋯⋯⋯⋯⋯⋯⋯高 汉

农家小景
路，就该这样走（三首）⋯⋯⋯⋯⋯⋯张庆明
农家小景（外一首）⋯⋯⋯⋯⋯⋯⋯⋯丁庆友
田园牧歌⋯⋯⋯⋯⋯⋯⋯⋯⋯⋯⋯⋯刁永泉
乡村的旋律（三首）⋯⋯⋯⋯⋯⋯⋯⋯赵发魁
表⋯⋯⋯⋯⋯⋯⋯⋯⋯⋯⋯⋯⋯⋯⋯何 理
老农⋯⋯⋯⋯⋯⋯⋯⋯⋯⋯⋯⋯⋯⋯张寿彭
月色梨花⋯⋯⋯⋯⋯⋯⋯⋯⋯⋯⋯⋯刘 章

山水·风物·情思
山河情（二首）⋯⋯⋯⋯⋯⋯⋯⋯⋯⋯边国政
相逢在高原（外一首）⋯⋯⋯⋯⋯⋯⋯梁上泉
南国草木情（三首）⋯⋯⋯⋯⋯⋯⋯⋯柯 原
荔枝（外一首）⋯⋯⋯⋯⋯⋯⋯⋯⋯⋯西 彤
夜泊⋯⋯⋯⋯⋯⋯⋯⋯⋯⋯⋯⋯⋯⋯陈 阵
盐湖的黎明（外一首）⋯⋯⋯⋯⋯⋯⋯王 度
闽南风情（三首）⋯⋯⋯⋯⋯⋯⋯⋯⋯李灿煌
木耳⋯⋯⋯⋯⋯⋯⋯⋯⋯⋯⋯⋯⋯⋯刘金忠
那日伦花⋯⋯⋯⋯⋯⋯⋯⋯⋯⋯⋯⋯周 蒙
听涛（外一首）⋯⋯⋯⋯⋯⋯⋯⋯⋯⋯杨永年
桂林画⋯⋯⋯⋯⋯⋯⋯⋯⋯⋯⋯⋯⋯白 航
春雨（外二首）⋯⋯⋯⋯⋯⋯⋯⋯⋯⋯王 迪
过去的，就让它过去吧⋯⋯⋯⋯⋯⋯⋯峭 石
初出牛棚告白⋯⋯⋯⋯⋯⋯⋯⋯⋯⋯毕奂午
大足石刻神游⋯⋯⋯⋯⋯⋯⋯⋯⋯⋯贺星寒
给我灵魂⋯⋯⋯⋯⋯⋯⋯⋯⋯⋯⋯⋯李野光
落花（外一首）⋯⋯⋯⋯⋯⋯⋯⋯⋯⋯王尔碑
编诗骂秦（长诗节选）⋯⋯⋯⋯⋯王老九 遗作

讽刺诗与漫画
裙带风⋯⋯⋯⋯⋯⋯⋯⋯⋯陈显荣诗 徐 进画
队长年年当劳模⋯⋯⋯⋯⋯赵国瑞诗 徐 进画
逝梦（二首）⋯⋯⋯⋯⋯⋯⋯⋯⋯⋯⋯吴 忠
生命的欢乐（四首）⋯⋯⋯⋯⋯⋯⋯⋯刘湛秋
我买了一本《烹调手册》⋯⋯⋯⋯⋯⋯赵光鸣
灯（外一首）⋯⋯⋯⋯⋯⋯⋯⋯⋯⋯⋯杨 山
帆⋯⋯⋯⋯⋯⋯⋯⋯⋯⋯⋯⋯⋯⋯⋯戚积广

假如我们重逢⋯⋯⋯⋯⋯⋯⋯⋯⋯⋯邓荫柯
种桃曲⋯⋯⋯⋯⋯⋯⋯⋯⋯⋯⋯⋯张宣强
采桑词⋯⋯⋯⋯⋯⋯⋯⋯⋯⋯⋯⋯朱谷忠
在早年的时候，海边老人⋯⋯⋯⋯骆 文
春天的遥望⋯⋯⋯⋯⋯⋯⋯⋯⋯⋯秦 松
百老汇⋯⋯⋯⋯⋯⋯⋯⋯⋯⋯⋯⋯夏 云
手⋯⋯⋯⋯⋯⋯⋯⋯⋯（中国台湾）吴 晟

翻译诗
戴珊卡·马克西莫维奇两首⋯⋯⋯马福聚译
狄金森诗钞（五首）⋯⋯⋯⋯⋯⋯江 枫译
小工人⋯⋯⋯[智利]加·密斯特拉尔 陈光孚译

问题讨论
诗歌问题片谈⋯⋯⋯⋯⋯⋯⋯⋯⋯李元洛
关于新诗与晦涩、新诗的传统⋯⋯
——访美书简⋯⋯⋯⋯⋯⋯⋯⋯⋯袁可嘉
从《两代人》谈起⋯⋯⋯⋯⋯⋯⋯峭 石
新的美学原则在崛起⋯⋯⋯⋯⋯⋯孙绍振

诗人与诗
我是怎样写起诗来的⋯⋯⋯⋯⋯⋯苏金伞
辛勤栽培玫瑰的园丁⋯⋯⋯⋯⋯⋯成志伟

读稿小札
给一位战士作者⋯⋯⋯⋯⋯⋯⋯⋯杨金亭
（附）连长捉雀⋯⋯⋯⋯⋯⋯⋯⋯刘向东

诗朗诵在美国⋯⋯⋯⋯⋯⋯⋯⋯⋯赵毅衡
春（版画）⋯⋯⋯⋯⋯⋯⋯⋯⋯⋯王佳楠
湖边暮色（版画）⋯⋯⋯⋯⋯⋯⋯卜维勤
疾风知劲柳（版画）⋯⋯宋源文画 汉野丰诗
沐浴（版画）⋯⋯⋯⋯⋯⋯⋯⋯⋯赵海鹏

1981 年第 4 期　刊名:《诗刊》
目录

问题讨论
评《新的美学原则在崛起》⋯⋯⋯程代熙
"朦胧诗"与"无寄托"诗⋯⋯⋯⋯袁忠岳

诗的常州
工业的启示（组诗）⋯⋯⋯⋯⋯⋯邓海南
牵引（外三首）⋯⋯⋯⋯⋯⋯⋯⋯孙友田
写给两种微生物（外一首）⋯⋯⋯王燕生
给犁铧浇铸者⋯⋯⋯⋯⋯⋯⋯⋯⋯邹国平
喜相逢⋯⋯⋯⋯⋯⋯⋯⋯⋯⋯⋯⋯王恩宇
青果巷的怀念⋯⋯⋯⋯⋯⋯⋯⋯⋯王德安

丹蒂莱安——访美诗六首⋯⋯⋯⋯屠 岸
瞻仰桥儿沟鲁艺旧址⋯⋯⋯⋯⋯⋯毛 锜
淮海情怀（三首）⋯⋯⋯⋯⋯⋯⋯时红军

江山如此多娇
江南草（四首）⋯⋯⋯⋯⋯⋯⋯⋯张志民
南国小夜曲（四首）⋯⋯⋯⋯⋯⋯沙 白
富春江上（外一首）⋯⋯⋯⋯⋯⋯辛 笛
伞⋯⋯⋯⋯⋯⋯⋯⋯⋯⋯⋯⋯⋯⋯胡 笳
兵马俑（三首）⋯⋯⋯⋯⋯⋯⋯⋯胡 征
拉萨河⋯⋯⋯⋯⋯⋯⋯⋯⋯⋯⋯⋯魏志远
不冻的池塘（外一首）⋯⋯⋯⋯⋯杨星火
啊，西山睡美人⋯⋯⋯⋯⋯⋯⋯⋯戴安常
北京两章⋯⋯⋯⋯⋯⋯⋯⋯⋯⋯⋯周良沛
海浴⋯⋯⋯⋯⋯⋯⋯⋯⋯⋯⋯⋯⋯陈秀庭
故乡二题⋯⋯⋯⋯⋯⋯⋯⋯⋯⋯⋯刘 犁
黄梅雨，打湿了南方的田野（组诗）⋯陈所巨
"炮筒子"厂长（四首）⋯⋯⋯⋯⋯艾 平

诗与画
讽刺诗二首⋯⋯⋯⋯王振佳诗 曹振峰画
故乡曲（二首）⋯⋯⋯张子良诗 曹金秋画
雪花对土地这样说⋯⋯⋯⋯⋯⋯⋯胡 风
红高粱啊，红高粱（外二首）⋯⋯薛卫民
受难的美神⋯⋯⋯⋯⋯⋯⋯⋯⋯⋯玉 果
土地⋯⋯⋯⋯⋯⋯⋯⋯⋯⋯⋯⋯⋯吕 剑
给祖国（外二首）⋯⋯⋯⋯⋯⋯⋯徐 刚
画（外三首）⋯⋯⋯⋯⋯⋯⋯⋯⋯何大愚
诗二首⋯⋯⋯⋯⋯⋯⋯⋯⋯⋯⋯⋯许芥昱
如果⋯⋯⋯⋯⋯⋯⋯⋯⋯⋯⋯⋯⋯杨 弓

旧休诗词
近体诗九首⋯⋯⋯⋯⋯⋯⋯⋯⋯⋯俞平伯
《发声集》选刊⋯⋯⋯程光锐 刘 征 臧克家
在布拉索夫游览胜地⋯⋯⋯⋯⋯⋯吴 枫

外国诗
切·米沃什诗选
诗的艺术?⋯⋯⋯⋯⋯⋯⋯⋯⋯⋯王永年译
天赋⋯⋯⋯⋯⋯⋯⋯⋯⋯⋯⋯⋯⋯韩 逸译
小诗两章⋯⋯⋯⋯⋯⋯⋯⋯⋯⋯⋯陈敬容译
你侮辱了⋯⋯⋯⋯⋯⋯⋯⋯⋯⋯⋯张振辉译
黑人小姑娘演奏肖邦⋯⋯⋯⋯⋯⋯林洪亮译
夏天来了⋯⋯⋯[日本]佐佐木信纲 林 林译
花⋯⋯⋯⋯⋯⋯[日本]武岛羽衣 林 林译
我们有了钥匙⋯⋯⋯⋯⋯⋯⋯⋯⋯张不代
归来⋯⋯⋯⋯⋯⋯⋯⋯⋯⋯⋯⋯⋯石天河
勿忘我⋯⋯⋯⋯⋯⋯⋯⋯⋯⋯⋯⋯张名河
妻子（外一首）⋯⋯⋯⋯⋯⋯⋯⋯丁庆友

黄昏，我等候…… ……………………………曾有云

爱情诗小集

相遇已成过去……………………………………闻一多
谜语………………………………………………陈继光
给妻子……………………………………………李加建
给 Z………………………………………………韦黎明
句号里的爱情……………………………………曲有源
她的脚步悄悄（小叙事诗）……………………梅绍静
等待………………………………………………朱谷忠
曲有源和他的政治抒情诗………………………郭宝臣

诗苑漫步

介绍《春鸟集》、《路，就该这样走》、《绿色的塔里
木》、《古堡》、《山高水长》、《雪莱诗选》
写诗不一定要用标点（读者中来）……………雷　霆

道路的性格（版画）……………………………冯　霞
清明忆，最忆是丙辰（版画）……广　军画　雷　霆诗
雨花（油画）……………………………………姚尔畅

1981 年第 5 期　刊名:《诗刊》
目录

开在诗苑的小花朵
沉痛悼念中国现代文学巨匠茅盾同志

茅盾同志诗词手迹（四帧）
泪眼看遗墨………………………………………臧克家
痛悼茅公七律二首………………………………端木蕻良
声声慢……………………………………………楼适夷

诗转载

我忆念的山村……………………………………易　生

建设者之歌

雪山戈壁的建设者………………………………白　渔
绞车房遐想………………………………………和　谷
造型………………………………………………聂鑫森
码头醒了……（外一首）………………………徐万明
钮扣，发光的钮扣（二首）……………………青　勃
圈圈谣·正确大王颂……………………………黄永玉
突围之歌…………………………………………文武斌
现代奥地利诗选（十一首）……………………绿　原译

飞天诗笺

致“飞天”………………………………………田　间
桃花冲诗笺（三首）……………………………王维洲
柴达木风情（五首）……………………………刘岚山

孔雀湖（外一首）………………………………纪　鹏
猎手（外一首）…………………………………唐　祈
瑰红帽（外一首）………………………………张永枚
祖国，请给我一张犁……………………………黄学农
关中风情（二首）………………………………峭　石
特殊的花圈………………………………………郑成义
丰碑………………………………………………牛　汉
我心里有一点火光………………………………王亚平
路灯………………………………………………许永康
家…………………………………………………洪三泰

阳光啊,阳光

阳光，淡淡的阳光（外一首）…………………甘永柏
随笔及其他（三首）……………………………昌　耀
笑·给·竹…………………………………………王辽生
葡萄熟了（外一首）……………………………方　敬
快快离开悲痛（外一首）………………………梁小斌
水牛………………………………………………金　哲
沙（外一首）……………………………………苗得雨
心在跳……………………………………………顾　工
雪窗………………………………………………孙艺秋
杜鹃………………………………………………禾　波
春天，一切都在萌动……………………………陈小平
赠别………………………………………………崔　晟
安定门旧址情思…………………………………刘向东
农村歌谣四首……………………………………刘德亮
谎祸（六首·徐进插图）………………………梁金玉

问题讨论

关于继承和创新…………………………………敏　泽
从“风”“骚”并称谈起………………………吴　超

诗人与诗

到生活中汲取诗情
　——谈高伐林的部分诗作……………………丁国成

诗苑漫步

《题〈庆祝粉碎“四人帮”〉》、《啊，黄浦江》、《竹
林奇遇》、《蓝天笛》
新诗话（三则）…………艾　斐　黄益庸　任重远
观察事物要细致准确……………………………丁　力
诗中数学一解……………………………………苑兴华

诗讯

引用史料要准确（读者中来）…………………唐　彬

星（版画）………………………………………马志儒
求索（国画）……………………阎丁尼画　林　希诗

1981 年第 6 期　刊名:《诗刊》
目录

外国诗选

夸西莫多诗五章·······················吕同六译
恩岑斯贝格尔诗三首··················张佩芳译
轻骑兵·············[苏联]马雅可夫斯基　乌兰汗译
秋天·初恋···········[俄国]莱蒙托夫　钱新哲译
谢甫琴柯诗三首·······················戈宝权译
保尔弗诗三首··························罗大冈译
"啊，是你在我的坟上挖掘么？"
　　　　　　[英国]托马斯·哈代　李文俊译
密尔顿十四行诗三章····················唐　湜译
苏格兰当代诗五首·····················袭小龙译
卡尔·桑德堡诗抄（四首）···············屠　岸译
诗二首·············[美国]罗伯特·洛威尔　袁可嘉译
诗四首········[南斯拉夫]多奈·巴夫切克　王　歌译
西门尼斯诗选（三首）··················古苍梧译
南海（四首）··························李　瑛

理想之歌

理想································流沙河
我是共产党员，我没有忘记············梁　南
这不是没有根据的欢乐···············张学梦
在惰性中起步·······················朱　红
岁月································叶延滨
土地与太阳了解我···················李松涛
我相信……························刘胜旗

征途即兴诗

春雨································张　廓
乡土································林　庚
给孩子（二首）·····················傅天琳
给噪音····························陈敬容
你是海鸥··························刁永泉
生命之海··························张力时
即兴二题··························林　希
广场前的冥想·······················郑　敏
月光（外一首）·····················尹一之
灵岩掇拾（五首）···················孔　孚
寓言诗（三首·吴带生插图）···········宫　玺

红雨·绿雨·密林

绿蒙蒙的雨丝（外一首）··············马林帆
水乡风采（二首）···················孙新凯
火································韩忆萍
钢花·····························王金秋
睡吧，我在远方的思念……（外一首）··刘毅然

密林里的嘤啼·······················王晋军

诗转载

蛛网（外一首）·····················柳　潭
被黑布蒙住眼的人（组诗）············周嘉堤
汉俳试作（十五首）·······赵朴初　林　林　袁　鹰
最短的诗——略谈日本俳句···········林　林

旧体诗词

涉江诗稿（八首）···················沈祖棻
沁园春·萝岗香雪··········（缅甸归侨）朱　波
满庭芳·春日抒怀·········（中国澳门）谭任杰
青玉案·怀海外旧雨··················谢　堂
满庭芳·题贝多芬田园交响乐··········杨牧云

问题讨论

读《新的美学原则在崛起》后··········洁　泯
追求什么样的心灵美··················宋　垒
理论讨论要注意概念的科学性和明确性·······李　准

假如你想作个诗人……

在艺术探索上下苦功··················吴开晋

诗苑漫步

《百家诗会》、《绿色的星》、《凉山瓦儿瓦》、《夏承焘词集》

诗人书简

让新诗深入到群众中·················刘　勇
与友人谈诗·························梁谢成
烟雨漓江（中国画）·················章民生
雪原行（木刻）·····················方振宁
征途（木刻）············林之耀画　宗　鄂诗
秋林（中国画）·····················白雪石

1981 年第 7 期　刊名:《诗刊》
目录

发展百花齐放的新局面
——在全国优秀中篇小说、报告文学、新诗评选发奖
大会上的开幕词·····················张光年
祝贺································艾　青
全国中青年诗人优秀新诗获奖作品篇目并作者简介
东风吹开花千树
——1979—1980 年新诗评选漫记········白　航
众手浇灌新诗花··············本社评奖办公室
在获得了荣誉的时候
——新诗评选发奖大会侧记············先　树

在希望的田野上

一个普通的中国农民·县委书记轶事⋯⋯⋯⋯刘祖慈
落雁塘⋯⋯⋯⋯⋯⋯⋯⋯⋯⋯⋯⋯⋯⋯⋯刘 章
冒尖户·希望之星⋯⋯⋯⋯⋯⋯⋯⋯⋯⋯张万舒
绿·风⋯⋯⋯⋯⋯⋯⋯⋯⋯⋯⋯⋯⋯⋯⋯忆明珠
诗二首⋯⋯⋯⋯⋯⋯⋯⋯⋯⋯⋯⋯⋯⋯⋯陈所巨
贫妇⋯⋯⋯⋯⋯⋯⋯⋯⋯⋯⋯⋯⋯⋯⋯⋯雷 霆

献给党的歌

致中央书记处（二首）⋯⋯⋯⋯⋯⋯⋯⋯姚业涌
一个知识分子赞美你⋯⋯⋯⋯⋯⋯⋯⋯⋯流沙河
啊，我的镰刀，我的铁锤
归宿
——献给宋庆龄同志⋯⋯⋯⋯⋯⋯⋯⋯程光锐

小叙事诗集

看望⋯⋯⋯⋯⋯⋯⋯⋯⋯⋯⋯⋯⋯⋯⋯朱峰义
大海的心（陈晋容插图）⋯⋯⋯⋯⋯⋯⋯方 冰
珍珍⋯⋯⋯⋯⋯⋯⋯⋯⋯⋯⋯⋯⋯⋯⋯赵 恺
山恋（张佩义插图）⋯⋯⋯⋯⋯⋯⋯⋯⋯胡 昭
马克西姆的黄昏⋯⋯⋯⋯⋯⋯⋯⋯⋯⋯⋯林 希

青春的诗

海的歌（四首）⋯⋯⋯⋯⋯⋯⋯⋯⋯⋯⋯刘旭光
教师笔记（五首）⋯⋯⋯⋯⋯⋯⋯⋯⋯⋯饶庆年
无题及其他⋯⋯⋯⋯⋯⋯⋯⋯⋯⋯⋯⋯⋯韩 东
我甩掉过去（外一首）⋯⋯⋯⋯⋯⋯⋯⋯陈 慧
雏菊⋯⋯⋯⋯⋯⋯⋯⋯⋯⋯⋯⋯⋯⋯⋯棠 裳
啊，小翠！⋯⋯⋯⋯⋯⋯⋯⋯⋯⋯⋯⋯田骥强
冷轧厂抒情（二首）⋯⋯⋯⋯⋯⋯⋯⋯⋯董宏量
我的诗·春⋯⋯⋯⋯⋯⋯⋯⋯⋯⋯⋯⋯⋯郭成禹
喇叭，呐喊诗人柯仲平⋯⋯⋯⋯⋯⋯⋯⋯萧 三
诗三首⋯⋯⋯⋯⋯⋯⋯⋯⋯⋯⋯⋯⋯⋯⋯蔡其矫

问题讨论

"自我"与人性⋯⋯⋯⋯⋯⋯⋯⋯⋯⋯⋯朱 晶
鱼乐图（中国画）⋯⋯⋯⋯⋯⋯⋯⋯⋯⋯龚继先
打盹（摄影）⋯⋯⋯⋯⋯⋯⋯⋯⋯⋯⋯⋯杜 治
香山之秋（钢笔谈彩）⋯⋯⋯⋯⋯⋯⋯⋯于 人

1981 年第 8 期　刊名:《诗刊》

目录

我们是大运河的子孙⋯⋯⋯⋯⋯⋯⋯⋯⋯刘祖慈
葛洲坝放歌（二首）⋯⋯⋯⋯⋯⋯⋯⋯⋯李加建
葛洲坝远眺⋯⋯⋯⋯⋯⋯⋯⋯⋯⋯⋯⋯⋯纪 宇
地球赐给我这一角荒原⋯⋯⋯⋯⋯⋯⋯⋯章德益
吃红枣⋯⋯⋯⋯⋯⋯⋯⋯⋯⋯⋯⋯⋯⋯⋯晓 蕾

五月之夜啊⋯⋯⋯⋯⋯⋯⋯⋯⋯⋯⋯⋯⋯钱丹辉
爱⋯⋯⋯⋯⋯⋯⋯⋯⋯⋯⋯⋯⋯⋯⋯⋯⋯姚 奔
驳船⋯⋯⋯⋯⋯⋯⋯⋯⋯⋯⋯⋯⋯⋯⋯⋯杨永年
一百二十一亿⋯⋯⋯⋯⋯⋯⋯⋯⋯⋯⋯⋯陈松叶

家乡的笑容

我的寡言少语的父亲啊（外二首）⋯⋯⋯阎志民
家乡的笑容（二首）⋯⋯⋯⋯⋯⋯⋯⋯⋯萧振荣
写在醒来的土地上（组诗）⋯⋯⋯⋯⋯⋯范 源
小山村的诗（组诗）⋯⋯⋯⋯⋯⋯⋯⋯⋯王金图
路，就该这样走（组诗）⋯⋯⋯⋯⋯⋯⋯张庆明
在乡村，我突然发现⋯⋯（外一首）⋯⋯张万舒
静静的小河下游⋯⋯⋯⋯⋯⋯⋯⋯⋯⋯⋯于耀江
插秧⋯⋯⋯⋯⋯⋯⋯⋯⋯⋯⋯⋯⋯⋯⋯⋯余守春
在诗人亨利·拜塞尔农舍中作客⋯⋯⋯⋯辛 笛
访德杂咏（四首）⋯⋯⋯⋯⋯⋯⋯⋯⋯⋯杜运燮
我仿佛来过这里：南斯拉夫⋯⋯⋯⋯⋯⋯邵燕祥
西亚风情（四首）⋯⋯⋯⋯⋯⋯⋯⋯⋯⋯彭 龄

外国诗

詹·韦·约翰逊诗二首⋯⋯⋯⋯⋯⋯⋯⋯邹 绛译
恩特迈耶诗钞⋯⋯⋯⋯⋯⋯⋯⋯⋯⋯⋯⋯江 枫译
柯尔卓夫诗两章⋯⋯⋯⋯⋯⋯⋯⋯⋯⋯张孟恢译
关于水的诗（三首）
⋯⋯⋯⋯[白俄罗斯]彼得露西·勃罗夫卡　王守仁译

旧体诗词

访中山先生故居翠亨村⋯⋯⋯⋯⋯⋯⋯⋯李汝伦
《五十年故诗辑存录》之一⋯⋯⋯⋯⋯⋯萧 军
诗二首⋯⋯⋯⋯⋯⋯⋯⋯⋯⋯⋯⋯⋯⋯⋯林 锴
临江仙·游黄山⋯⋯⋯⋯⋯⋯⋯⋯⋯⋯⋯吴丈蜀
赠人二首⋯⋯⋯⋯⋯⋯⋯⋯⋯⋯⋯⋯⋯⋯苏仲湘
再呈钟敬文教授（二首）⋯⋯⋯⋯⋯⋯⋯匡 扶
春夜怀人二首⋯⋯⋯⋯⋯⋯⋯⋯⋯⋯⋯⋯尹冰彦

诗与画

"枕头"书记及其他⋯⋯⋯⋯⋯石 河诗 方 成画
短歌二首⋯⋯⋯⋯⋯⋯⋯⋯⋯⋯⋯⋯⋯⋯李启云
石草篇（二首）⋯⋯⋯⋯⋯⋯⋯⋯⋯⋯⋯冀 汸
我是划玻璃的小孩（外一首）⋯⋯⋯⋯⋯孙晓刚
相信生活⋯⋯⋯⋯⋯⋯⋯⋯⋯⋯⋯⋯⋯⋯鸿 荒
我爱边塞（外一首）⋯⋯⋯⋯⋯⋯⋯⋯⋯姜强国
蛹·蝶⋯⋯⋯⋯⋯⋯⋯⋯⋯⋯⋯⋯⋯⋯⋯牛 波

给亲爱的孩子

给亲爱的孩子⋯⋯⋯⋯⋯⋯⋯⋯⋯⋯⋯⋯林 子
摇篮曲（三首）⋯⋯⋯⋯⋯⋯⋯⋯⋯⋯⋯黎焕颐
摇篮边的歌⋯⋯⋯⋯⋯⋯⋯⋯⋯⋯⋯⋯⋯高洪波
母亲的希望（三首）⋯⋯⋯⋯⋯⋯⋯⋯⋯孟 倩

评奖会后
时代召唤着新的声音……………………………………谢 冕
呼唤新诗的黄金时代……………………………………李元洛
感想与希望——部分获奖作者笔谈……张万舒 流沙河
张学梦 骆耕野 林 子 李发模 熊召政 傅天琳

问题讨论
认清方向，前进！……………………………傅子玖 黄后楼
为"自'我'表现"辩护………………………………陈志铭
文汇报发表艾青谈"朦胧诗"的文章并就此展开讨论

诗苑漫步
介绍《你是普通的花》、《戴望舒诗集》、《徐志摩诗集》、《理发师和一个共产党员的手》、《海陵王》、《诗论》、《历代民歌选析》
咏物抒情要自然和谐（读稿小札）……………………杨金亭
从三本诗集的出版说起…………………………………林 希
新诗话（三则）…………………………………………圣 野
欢迎这种发行诗集的好方法（读者中来）……………刘瑞祥
诗讯（二则）

塔吉克小学生（中国画）………………………………黄 胄
送别………………………………王佳楠木刻 严 辰诗
江南水乡（油画）………………………………………吴冠中

1981 年第 9 期 刊名:《诗刊》
目录

纪念鲁迅诞生一百周年
诗应当表现诗人自己对时代的感受
——鲁迅诗论学习札记……………………………刘再复
献给民族魂………………………………………………田 间
春天是一棵高高的白杨树………………………………杨献瑶
火星………………………………………………………丁 芒
致革新者………………………………………………陈敬容
中国在为年轻的声音鼓掌………………………………杨永年

献给乡村的诗
尝新节的晚上……………………………………………莎 红
农家三首…………………………………………………张宣强
一个小农家的暮…………………………………………沈仁康
编…………………………………………………………倩 晴
山乡抒情（二首）………………………………………孔 林
苍翠的黄桷树（外一首）………………………………陈 犀
傍明雨……………………………………………………李洪程
燕泥………………………………………………………钟黔宁
井台上（外一首）………………………………………姚振函
清晨，一声叫卖…………………………………………张中海

田园小景（二首）………………………………………邓万鹏
自然的成熟………………………………………………洪三泰
竹山歌……………………………………………………文 丙
耕耘………………………………………………………峭 石
凤凰之歌…………………………………………………苗得雨
在责任田里………………………………………………张从海
现代化的候鸟……………………………………………王洪涛

山水诗笺………高 平 饶阶巴桑 忆明珠 王德芳
罗 洛 韩作荣 尚久骖 吴云龙 崔合美 寒 星
西 彤 喻 晓 冯麟煌 浪 波 厉 风

外国诗
维森特·阿莱桑德雷诗两首……………………………远浩一译
埃·米蕾诗三首…………………………………………赵毅衡译
聂鲁达诗三首……………………………………………江志方译

散文诗
忆（外一章）……………………………………………许 淇
唱给蔚蓝的新生活（三章）……………………………刘再光
生命的回音（二章）……………………………………李 耕
画…………………………………………………………商叔航
水碓的故事………………………………………………陶家明

散文诗六人谈…………………………………柯 蓝 郭 风
王中才 许 淇 那家伦 耿林莽

讽刺诗画
壁上钟声留不住（漫画）………………………………华君武
一天，就这样过去………………………………………雁 翼
误入货栈的发现…………………………………………未 央

诗四首……………………………………………………郑 敏
东山魁夷………………………………………………彭燕郊
诗六首……………………………………………………朱 健
白色花
——七月派诗选述评……………………………………刘岚山
诗选《生活的歌》自序…………………………………蔡其矫
《诗集》自序……………………………………………吕 剑

假如你想作个诗人……
构思的艺术………………………………………………马焯荣
怎样让想象展开翅膀……………………………………孙绍振
也谈"诗中有我"………………………………………治 芳
诗讯二则

版纳仙境（中国画）……………………………………张 步
泉（版画）…………………………戈 沙画 舒 婷诗
艳阳秋（中国画）………………………………………朱修立

1981 年第 10 期　刊名:《诗刊》
目录

我是矿工，我歌唱阳光 ———— 周志友
不难的难题（外一首）———— 龙 郁
工作着——美丽而充实 ———— 王 辉
我的车 ———— 孙 映
早班车上，有个下晚班的女工 ———— 赵淑光
夜班 ———— 文武斌
歌 ———— 姚学礼
测速器（外一首）———— 张士忠

从汽车城到大森林
列车在飞奔 ———— 邹荻帆
汽车装配线（外三首）———— 周良沛
大森林，无边的大森林 ———— 刘祖慈
林区抒情诗（四首）———— 蓝 曼
在北方森林里（三首）———— 芦 萍
在中央大道上 ———— 丁 力
林中新路（外二首）———— 胡 昭
我走进原始森林保护区 ———— 曲有源
哦！森林 ———— 常 荣
从盛夏走到深秋……（外一首）———— 朱 雷
阳光下的重逢 ———— 刘湛秋
假若 ———— 于德成
观赛马 ———— 刘行中
儿子 ———— 叶延滨
高高的山塬 ———— 梅绍静
母亲之歌 ———— 程 海　刘 犁　伍权民
金 沙　何吉明　何永康

台湾诗选
追求 ———— 覃子豪
窗下 ———— 洛 夫
长颈鹿 ———— 商 禽
瓶竹 ———— 舒 兰
晚秋的乡愁 ———— 蓉 子
乡愁 ———— 杨 唤
妈妈 ———— 敻 虹
致台湾友人（三首）———— 张楚琨

外国诗
雅·普列维尔诗三首 ———— 张 放　思 宁　杨 钟译
博·魏央诗三首 ———— 刘自强译
埃·罗布莱斯诗二首 ———— 沈大力译

旧体诗词
沁园春·西湖 ———— 张秋红

曲院风荷 ———— （中国香港）莫 默
述感 ———— 林 锴
庐山怀古 ———— 秦 似
从南疆到北疆 ———— 张永枚　李 钧
海的收获 ———— 苏金伞
诗三首 ———— 路 翎
蓝色的大江（组诗）———— 甘永柏
时间之歌 ———— （回族）沙 蕾
墙 ———— 方 殷

向昨天告别
晚播者之歌 ———— 朱 红
羡慕 ———— 高加索
它不让我诉说这些啊 ———— 杜嘉蓁
选择 ———— 袁世兴
我的小河解冻了 ———— 李希容
珍珠 ———— 肖 川
险拔峻峭　质而无华
——谈昌耀的诗 ———— 罗 洛
读诗漫记（一）———— 王朝闻

假如你想做个诗人……
学会艺术感受 ———— 尹在勤
座谈：诗集的出版与发行

西风吹下红雨来（中国画）———— 李文信
憩（中国画）———— 林 锴
笛歌 ———— 王 炜木刻　公 刘诗

1981 年第 11 期　刊名:《诗刊》
目录

祖国，我没有弄脏我的名片 ———— 郭玉山
读罗中立的油画《父亲》———— 公 刘
祖国 ———— 杨里昂
我是犁尖 ———— 张建华
纺 ———— 聂鑫森
登泰山（外一首）———— 桑恒昌

生活之歌
在五月（外一首）———— 邹昆凌
庄稼，拴着他的心 ———— 查代文
一双颤抖的手 ———— 王 珏
扬场 ———— 宋 歌
晒场之夜 ———— 和 谷
我的师傅（外一首）———— 艾 平
油漆工 ———— 宇 之
我是汽油 ———— 丰昌隆

海棠恋 ⋯⋯⋯⋯⋯⋯⋯⋯⋯⋯⋯⋯⋯⋯ 鄢家发
彩霞 ⋯⋯⋯⋯⋯⋯⋯⋯⋯⋯⋯⋯⋯⋯⋯ 刘位循
校园二题 ⋯⋯⋯⋯⋯⋯⋯⋯⋯⋯⋯⋯⋯ 张德强
在芭蕉树的绿荫里 ⋯⋯⋯⋯⋯⋯⋯⋯ 靳文章
寄自工读学校的诗（二首） ⋯⋯⋯⋯ 海 南
种葵花籽 ⋯⋯⋯⋯⋯⋯⋯⋯⋯⋯⋯⋯⋯ 柳 澐
当我告别码头 ⋯⋯⋯⋯⋯⋯⋯⋯⋯⋯⋯ 程步涛

汽车工人诗页
第二次破土 ⋯⋯⋯⋯⋯⋯⋯⋯⋯⋯⋯⋯ 王方武
车间的清风 ⋯⋯⋯⋯⋯⋯⋯⋯⋯⋯⋯⋯ 张永善
送行 ⋯⋯⋯⋯⋯⋯⋯⋯⋯⋯⋯⋯⋯⋯⋯ 赵鹏万
生命的跃动 ⋯⋯⋯⋯⋯⋯⋯⋯⋯⋯⋯⋯ 王忠学
爸爸的眼光 ⋯⋯⋯⋯⋯⋯⋯⋯⋯⋯⋯⋯ 李丽洁
琴弦 ⋯⋯⋯⋯⋯⋯⋯⋯⋯⋯⋯⋯⋯⋯⋯ 王维君
下棋 ⋯⋯⋯⋯⋯⋯⋯⋯⋯⋯⋯⋯⋯⋯⋯ 于海涛

外国诗
诗二首 ⋯⋯⋯⋯ ［罗马尼亚］图·阿尔盖齐 徐文德译
未完成的诗 ⋯⋯ ［苏联］马雅可夫斯基 飞 白译
无题两章 ⋯⋯⋯⋯ ［苏联］亚·勃洛克 丁 人译
布鲁克丝诗四首 ⋯⋯⋯⋯⋯⋯⋯⋯⋯⋯ 曹明仑译
游子吟
游子吟（外一首） ⋯⋯⋯⋯⋯⋯⋯⋯⋯ 郭曰方
祖国之春 ⋯⋯⋯⋯⋯⋯⋯⋯⋯⋯⋯⋯⋯ 胡北离
和祖国亲人谈心 ⋯⋯⋯⋯⋯⋯⋯⋯⋯⋯ 范 琦
漓江·西湖 ⋯⋯⋯⋯⋯⋯⋯⋯⋯⋯⋯⋯ 周策纵
高空作业 ⋯⋯⋯⋯⋯⋯⋯⋯⋯⋯⋯⋯⋯ 云 鹤
歌二首 ⋯⋯⋯⋯⋯⋯⋯⋯⋯⋯⋯⋯⋯⋯ 叶维廉
酒吧与老妇 ⋯⋯⋯⋯⋯⋯⋯⋯⋯⋯⋯⋯ 路 羽
外流客（外一首） ⋯⋯⋯⋯⋯⋯⋯⋯⋯ 陶 里
写在莲花山的歌海里 ⋯⋯⋯⋯⋯⋯⋯⋯ 何 来
达娃，你听…… ⋯⋯⋯⋯⋯⋯⋯⋯⋯⋯ 魏志远
大山林的眼睛 ⋯⋯⋯⋯⋯⋯⋯⋯⋯⋯⋯ 许 行
蜂窝般的眼睛 ⋯⋯⋯⋯⋯⋯⋯⋯⋯⋯⋯ 唐大同
戈壁的风（外一首） ⋯⋯⋯⋯⋯⋯⋯⋯ 王 度
奇幻的星宿海 ⋯⋯⋯⋯⋯⋯⋯⋯⋯⋯⋯ 刘宏亮
亲情小辑⋯唐湜 王辛笛 陈侣白 寒星 刘中枢
《西行剪影》补遗（二首） ⋯⋯⋯⋯⋯ 张志民
原上草（二首） ⋯⋯⋯⋯⋯⋯⋯⋯⋯⋯ 青 勃
北戴河二题 ⋯⋯⋯⋯⋯⋯⋯⋯⋯⋯⋯⋯ 常任侠
蒲公英集 ⋯⋯⋯⋯ 韩青 陈应松 吴晓
苏叔阳 田章夫 王志杰 王自亮 赵丽宏 周京泽
吴建明 奕林 周伦佑 裘小龙 徐慧 卫铎
《李广田诗选》序 ⋯⋯⋯⋯⋯⋯⋯⋯⋯ 卞之琳
李之田诗六首
周嘉堤同志和他的诗 ⋯⋯⋯⋯⋯⋯⋯⋯ 臧克家
诗，就是诗
——读胡昭近年的诗作有感 ⋯⋯⋯⋯ 周良沛

诗苑漫步
《冯至诗选》《萧三诗选》《历代论诗绝句选》《露水草》《早霞短笛》
读诗漫记（二） ⋯⋯⋯⋯⋯⋯⋯⋯⋯⋯ 王朝闻
诗的美——诗学札记 ⋯⋯⋯⋯⋯⋯⋯⋯ 雁 翼
谈诗意——文学创作杂记 ⋯⋯⋯⋯⋯⋯ 高行健
谈诗的意象 ⋯⋯⋯ ［美］L.帕林 唐荫荪节译
双鹭（中国画） ⋯⋯⋯⋯⋯ （中国香港）唐乙凤
芦笛（套色木刻） ⋯⋯⋯⋯⋯⋯⋯⋯⋯ 李忠翔
哺育图 ⋯⋯⋯⋯⋯⋯⋯ 王叠泉木刻 梁上泉诗

1981 年第 12 期　刊名:《诗刊》
目录

作品专号
我们唱着往前走 ⋯⋯⋯⋯⋯⋯⋯⋯⋯⋯ 杨 树
长江之歌二题 ⋯⋯⋯⋯⋯⋯⋯⋯⋯⋯⋯ 傅 仇
大地的吸引力 ⋯⋯⋯⋯ （蒙古族）巴·布林贝赫
大渡河情思（四首） ⋯⋯⋯⋯⋯⋯⋯⋯ 周 纲
写给黄浦江的诗（三首） ⋯⋯⋯⋯⋯⋯ 黎焕颐
山城诗草（四首） ⋯⋯⋯⋯⋯⋯⋯⋯⋯ 毛 锜
黔北三题 ⋯⋯⋯⋯⋯⋯⋯⋯⋯⋯⋯⋯⋯ 廖公弦

城市抒情诗
挤车曲 ⋯⋯⋯⋯⋯⋯⋯⋯⋯⋯⋯⋯⋯⋯ 郭俊明
我记着你，小城 ⋯⋯⋯⋯⋯⋯⋯⋯⋯⋯ 徐晓鹤
五层楼 ⋯⋯⋯⋯⋯⋯⋯⋯⋯⋯⋯⋯⋯⋯ 郁 葱
在街头（二首） ⋯⋯⋯⋯⋯⋯⋯⋯⋯⋯ 于 沙
王府井售书亭 ⋯⋯⋯⋯⋯⋯⋯⋯⋯⋯⋯ 徐城北
脚手架印象 ⋯⋯⋯⋯⋯⋯⋯⋯⋯⋯⋯⋯ 李霁宇
城市风景照（二首） ⋯⋯⋯⋯⋯⋯⋯⋯ 赵大昕
我是叮叮当当的洒水车（外一首） ⋯⋯ 王剑冰
伐木者 斧头和树的话剧 ⋯⋯⋯⋯⋯⋯⋯ 赵 恺
节奏：123⋯⋯⋯⋯⋯⋯⋯⋯⋯⋯⋯⋯⋯ 昌 耀
醒 ⋯⋯⋯⋯⋯⋯⋯⋯⋯⋯⋯⋯⋯⋯⋯⋯ 姚成友
海恋 ⋯⋯⋯⋯⋯⋯⋯⋯⋯⋯⋯⋯⋯⋯⋯ 万忆萱
诗二首 ⋯⋯⋯⋯⋯⋯⋯⋯⋯⋯⋯⋯⋯⋯ 顾 工

外国诗
俄国十二月党人诗选 ⋯⋯⋯⋯ 魏荒弩 王 臻译
五天 ⋯⋯⋯⋯⋯⋯⋯⋯⋯⋯⋯⋯⋯⋯⋯ 王 鸿
我从法卡山来 ⋯⋯⋯⋯⋯⋯⋯⋯⋯⋯⋯ 柯 原
关中风情（三首） ⋯⋯⋯⋯⋯⋯⋯⋯⋯ 峭 石
乡村（三首） ⋯⋯⋯⋯⋯⋯⋯⋯⋯⋯⋯ 张中海
阳光，照亮了峡谷 ⋯⋯⋯⋯⋯⋯⋯⋯⋯ 刘宏亮
拔节声，变幻着音韵 ⋯⋯⋯⋯⋯⋯⋯⋯ 张庆明
穷山沟在思索（二首） ⋯⋯⋯⋯⋯⋯⋯ 韦 丘
关于投资问题⋯⋯⋯⋯⋯⋯⋯⋯⋯⋯⋯ 张不代

我走进教室 ……………………… 郝 炜
秋实小集（三首） ……………… 纪 鹏
教鞭 ……………………………… 李永庚
写在丝绸之路上（三首） ……… 敏 歧
犁铧（外二首） ………… （朝鲜族）金 哲
南国情思（四首） ……… （回族）高 深
南方的草地（外一首） … （白族）张 长
诗四首 …………………………… 梁上泉
鲁西北风物篇（二首） ………… 苗得雨
石林漫步（二首） ……………… 管用和
热河行（二首） ………………… 唐 湜
致侨胞 …………………………… 吴钧陶

短章 …… 骆 文 阮居平 李北开 于耀江 弘 征
李 振 韩作荣 龚顺之 蓝 幽 郭应文
蔷薇和鸟（四首） ……………… 罗 洛
诗四首 …………………………… 屠 岸
花环 ……………………………… 康志强
生命 ……………………………… 宋家玲
乌云 ……………………………… 柳士同
琥珀世界 ………………………… 谢颐城
石油 ……………………………… 翟 平

叙事诗

天下第一关 ……………………… 流沙河
波拉团长 ………………………… 杨星火

晴海（油画） …………………… 杨燕屏
晨曲（水印套色木刻） ………… 郑叔方
小鸟 ………………… 刘焕章木雕 林 子诗

1982 年第 1 期　刊名:《诗刊》

目录

我追随在祖国之后（四首） …… 梁 南
新居（外一首） ………………… 王辽生
姑娘对她的未婚夫说 …………… 李加建
屋顶 ……………………………… 田章夫
茅棚·擂钵山 …………………… 刘 犁
列车之歌（三首） ……………… 白 航
诗二首 …………………………… 林 希
春，毕竟来了 …………………… 忆明珠

我劳动,我歌唱

雨后的厂区（外一首） ………… 刘 镇
工业抒情诗（二首） …………… 张学梦
矿工之歌（三首） ……………… 周志友
掌油锯的愣小伙 ………………… 西 彤

霞光里，窗口有只小鸟 ………… 赵翼如
轧钢一瞥 ………………………… 董宏量
"希望号"渐渐靠岸 ……………… 王家新
致北京 …………………………… 匡 满
"希望马拉松跑" ………………… 黄克咸
黄山礼赞 ………………………… 张万舒
人字门 …………………………… 熊光炯
东北山水（四首） ……… （白族）晓 雪
森林之子 ………………………… 冰 夫
秋色 ……………………………… 韩 羽
致大海（外二首） ……………… 冀 汸
山·河·海 ……………………… 杨 牧
请把颂歌留给生者 ……………… 华 君
我回来了 ………………………… 李根红
我飞，在云端（外一首） ……… 李松涛
战士的富有 ……………………… 喻 晓

诗转载

诗五题 …………………………… 曼 晴

外国诗

井上靖诗五首 …………………… 郑民钦译
寓言诗三首（丁聪插图） ……… 刘 征
旧体诗 ………………… 臧克家 程千帆

叙事诗

游子吟 …………………………… 罗 沙
庆祝《诗刊》二十五周年 ……… 徐 迟
访诗人张志民 …………………… 高洪波
铸造更多更好的精神产品
　——张学梦诗作讨论会简记 … 刘绍本

诗人谈诗

我与诗歌 ………… （蒙古族）巴·布林贝赫
对诗的追求 ……………………… 昌 耀
新诗我见 ………………………… 廖公弦
投入火热的生活 ………………… 周 纲
谁该"好好洗一洗"？ …………… 龚 培

"观古今于须臾，抚四海于一瞬"
　——谈诗的概括 ……………… 李元洛

假如你想作个诗人……

给诗添些警句 …………………… 黄益庸
漓江雨（中国画） ……………… 刘汝阳
水底也有风波起（中国画） …… 郭西元
夜曲（套色木刻） ……………… 王 琦

1982 年第 2 期　刊名:《诗刊》
目录

突破之歌

洞庭秋色赋（七首）·····················沙　白
插田·························（土家族）颜家文
突破之歌·····························周志友
给青岛造船厂·························李小雨
寄自戈壁地质队的诗（二首）···········师日新
一个修理钟表的青年（外一首）·········许德民
给恰巴河·····························张　真
歌德二三事

民歌映山红

巴山风情（二首）·····················放牛娃
映山红开在大山巅·····················姜季珍
淮河新民谣（八首·彭国良插图）·······吴腾凰
醉酒的伊凡···········陈泉壁诗　方　成画

啊，当年……

啊，当年……（三首）·················丁庆友
写在南泥湾的土地上···················李学鳌
夜走汇汉湖（外一首）·················胡天风
从长江大桥到雨花台···················陈继光

昨天的夜

为祖国而歌（外一首）·················陈　辉
新棉鞋哪里来？·······················徐　明
开荒·································高　咏
古元木刻题诗三首·····················吕　剑
会唱歌的鸢尾花·······················舒　婷
迎春曲·······························罗　洛
手臂二首·····························邓海南

从北京长街出发

在北京（外一首）·····················周良沛
华南虎·······························牛　汉
沈家门码头···························胡　平
渔家小院·····························高近远
绍兴水巷·····························李洪程
遥远的回声（三首）···················薛卫民
图们江，我故乡的江···················金珠玉

诗转载

从那时候到那时候·····················刘　镇
拂晓，卖馄饨的少女···················韩　云
离不开阳光···························周成海
我是一片绿叶（外一首）···············丁　芒

中秋夜·······························许芥昱
望星星·······························吴奔星
惜别·································孙　钿
诗三首·······························袭小龙
被遗忘的种子·························塞　风
恒温·································黄东成
竹简·································王兆新

旧体诗

诗五首·······························熊正理
桂林杂诗·····························苏仲湘
词二首·····················（中国香港）莫　默
七律二首·····························韩继泽
绝句二首·····························王仕六
西门尼斯诗抄·························江志方译
鸟儿仍然在婉转啼鸣···················林一安
读农村题材诗歌随记···················杨金亭
在希望和美好升起的地方···············杨匡汉

诗苑漫步

《曼晴诗选》、《天蓝诗选》、《凤尾竹的梦》、《爱之路》
诗苑杂谈：尊重诗友的劳动···············闻　方
新诗话（八则）···高　平　管用和　梁上泉　胡　昭
诗人艾青（铜像）···········艾　青诗　张得蒂
秋影（中国画）·······················王维宝
鹿群（木刻）·························董克俊

1982 年第 3 期　刊名:《诗刊》
目录

清明时节雨纷纷·······················艾　青

我们用信念刷新路面

一九八一，中国工业巡礼···············刘延林
我是中国公民·························张学梦
写在我的大学·························刘树才
浇铸·································王维君
我是建筑设计师·······················金同俤
工间哺育·····························日　畅
红箭头（外一首）·····················刘新中
人造的航道···························吴烟痕
参观·································牛雅杰
边寨夜·······························石太瑞

献给长城及其他

献给长城的情歌···········公 刘
《家》的作者············流沙河
海上白云飞·············臧云远
苇笛声声（外一首）·········木 斧
我虽然看不见她···········陈咏华
潜望哨···············白 岩

芳草在脚印上丛生

西行六首··············蔡其矫
大漠风景··············王维洲
放歌大西北（五首）·········浪 波
祖国，我也是您的儿女呀！·····（中国台湾）廖 群
中苏货物交接站···········高伐林
北戴河诗笺·············方 敬
崂山采撷（二首）··········孔 孚
脚印·············（新疆）雷 霆

开满洁白的水仙

春夜···············杜 谷
晚牧···············华万里
鹰·············（北京）李 冰
远行···············贾平凹
别（外一首）···········梅绍静
镜子···············李修炎
无题二首·············田 野
路················姚 奔
祖国···············张孝荣
汉俳学步（五首）·········袁水拍
鸳鸯罐谣·············飞 雪
信鸽（组诗）···········沙 金
春················邵文海
沙枣···············尧山壁
海疆风情（二首）·········鹿说之

路上的孩子们

力················叶延滨
筑路工和他的儿子·········李夕文
旗杆···············吴 晓
我们去寻找一盏灯·········顾 城
父与子··············纪征民
诗二首··············梁小斌

旧体诗

诗四首··············韦君宜
诗四首··············唐 弢
摸鱼儿··············端木蕻良
新疆纪行二首···········常任侠

评"新的美学原则"·········王庆璠
四人谈：读一九八一年新诗
·······刘 斌 陈良运 吴思敬 苗雨时
诗苑杂谈：有感于"感人肺腑"的诗评论······楚 珩
献给祖国母亲的歌
——读梁南的几首诗········敏 歧
人民点燃了诗歌火炬········骆 文
诗的纪念·············成 平
诗讯一则
太湖（中国画）··········吴冠中
琼枝摇玉（中国画）········于志学
森林之家（套色木刻）·····蓝 曼诗 戈 沙

1982 年第 4 期　刊名：《诗刊》

目录

春天的布谷声

中国的春天（五首）········李 瑛
好啊！绿色的道路（五首）·····徐 刚
是你吗，姑娘？···········梵 杨
祖国，我植了五棵树········刘益善
我的祖国是少年··········杨献瑶
读郎平日记·············姚振函
庄户人的呼声（四首）·······新 土
致太行山··············文武斌

唢呐声声

唢呐声声（杨永青插图）······梅绍静
采自翠海的红叶（二首）······胡 笳
山乡新歌（二首）·········文 丙
甜嫂（外一首）···········旭 林
口弦之音·············肖 川
醒来的山乡（二首）········黄邦君
摆弄土地的人（外一首）······黄亚洲
表················孙友田
新村见闻··············饶庆年
叶落归根·············王金图
楼铃···············梁 石

希望从这里延伸

写在工业城（二首）········雁 翼
我的生活是一支奔跑着的歌·····聂鑫森
钢铁行（外一首）·········陈志民
染色工的诗（外一首）·······映 春
扛着枕木，我们走（陈亦逊插图）··李武兵
勘探散歌（二首）·········茜 子
织················张振洋
暖气管线（外一首）········王维章

啊，我有一把大提琴⋯⋯⋯⋯⋯⋯刘长海
我是刀尖⋯⋯⋯⋯⋯⋯⋯⋯⋯⋯郑宝富
希望，从这里延伸⋯⋯⋯⋯⋯⋯阎建中
热嘲集（三首）⋯⋯⋯易和元诗　方　成画
蒺藜花（二首）⋯⋯⋯⋯⋯⋯⋯张维芳
葬花记⋯⋯⋯⋯⋯⋯⋯⋯⋯⋯⋯刘　征

昨天的诗
垦荒⋯⋯⋯⋯⋯⋯⋯⋯⋯⋯⋯⋯俞　波
歌⋯⋯⋯⋯⋯⋯⋯⋯⋯⋯⋯⋯⋯费格娜
当我走进了人群⋯⋯⋯⋯⋯⋯⋯冯　牧
劳山一日（二首）⋯⋯⋯⋯⋯⋯启　明
延安和绥德的《新诗歌》及其他⋯朱子奇
还轩词（十一首）⋯⋯⋯⋯⋯⋯丁　宁遗作

英国"湖畔派"诗抄
忽必烈汗（外二首）⋯柯勒律治　屠　岸译
致蝴蝶（外三首）⋯W.华滋华斯　林天斗译
读诗漫记（三）⋯⋯⋯⋯⋯⋯⋯王朝闻
《诗刊》诞生三件事⋯⋯⋯⋯⋯臧克家
时代激情的冲击波
——读二十人集《白色花》⋯⋯屠　岸
会唱歌的苹果树
——读傅天琳的《绿色的音符》⋯吕　进

诗苑漫步
《纳·赛音朝克图诗选》、《双虹》、《郁达夫诗词
抄》、《帆影》

诗苑杂谈
多出版一点新人诗作⋯⋯⋯⋯⋯邵燕祥

泉之交响（中国画）⋯⋯（中国台湾）刘国松
临水人家（中国画）⋯⋯⋯⋯⋯邹　雅遗作
影（版画）⋯⋯⋯⋯⋯⋯⋯⋯⋯戈　沙

1982 年第 5 期　刊名:《诗刊》
目录

漫忆四十年前的诗歌运动（上）

阳光照耀的地方
来函照登
生活之歌⋯⋯⋯⋯⋯⋯⋯⋯⋯⋯映　春
故乡门头沟⋯⋯⋯⋯⋯⋯⋯⋯⋯张志民
拟格言二题——植树节前夕⋯⋯田　间
初到西双版纳⋯⋯⋯⋯⋯⋯⋯⋯溅　波
小坞⋯⋯⋯⋯⋯⋯⋯⋯⋯⋯⋯⋯熊召政

山乡写意
田野的歌唱⋯⋯⋯⋯⋯⋯⋯⋯⋯晓　蕾
现实⋯⋯⋯⋯⋯⋯⋯⋯⋯⋯⋯⋯张承信
山乡写意⋯⋯⋯⋯⋯⋯⋯⋯⋯⋯张中海
水乡秋晨（外一首）⋯⋯⋯⋯⋯陈所巨
白雪覆盖的北方⋯⋯⋯⋯⋯⋯⋯晓　达
洞庭掠影⋯⋯⋯⋯⋯⋯⋯⋯⋯⋯崔合美
掇穗⋯⋯⋯⋯⋯⋯⋯⋯⋯⋯⋯⋯万　方
收枣⋯⋯⋯⋯⋯⋯⋯⋯⋯⋯⋯⋯韩忆萍

在绿洲和荒野之间
播种者，站在绿洲与荒野之间⋯章德益
我常常设想⋯⋯⋯⋯⋯⋯⋯⋯⋯张德强
给北京（外一首）⋯⋯⋯⋯⋯⋯高　平
写给自裁的盆花⋯⋯⋯⋯⋯⋯⋯晓　凡
海涛是什么?⋯⋯⋯⋯⋯⋯⋯⋯聪　聪
夏风（外一首）⋯⋯⋯⋯⋯⋯⋯姚　莽
珠江灯影⋯⋯⋯⋯⋯⋯⋯⋯⋯⋯寒　星
知了皮之歌⋯⋯⋯⋯⋯⋯⋯⋯⋯杨献瑶
祖孙问答⋯⋯⋯⋯⋯⋯⋯⋯⋯⋯那　沙
我向往高楼大厦⋯⋯⋯⋯⋯⋯⋯杨兆祥
一条水牛在路上漫步⋯⋯⋯⋯⋯唐大同
秋的遐思⋯⋯⋯⋯⋯⋯⋯⋯⋯⋯毛志成
留给历史的纪念⋯⋯⋯⋯⋯⋯⋯郑秉伏

散文诗
五姑娘⋯⋯⋯⋯张舫澜　马汉民　卢　群
故乡绿叶⋯⋯⋯⋯⋯⋯⋯⋯⋯⋯李　耕
含笑的草原⋯⋯⋯⋯⋯⋯⋯⋯⋯孟　河
草原的韵律⋯⋯⋯⋯⋯⋯⋯⋯⋯金志国
蜘蛛（外一章）⋯⋯⋯⋯⋯⋯⋯王松青
悲歌一曲撼人心
——读长篇叙事吴歌《五姑娘》⋯严　辰

天空·海边·大地
我走进大地透明的梦里⋯⋯李　镇　元　浦
海边的孩子——一本新诗集的序言⋯杨　炼
人生⋯⋯⋯⋯⋯⋯⋯⋯⋯⋯⋯⋯赵丽宏
海边的孩子（外一首）⋯⋯⋯⋯王自亮
枫叶和七颗星星（外一首）⋯⋯北　岛
天空⋯⋯⋯⋯⋯⋯⋯⋯⋯⋯⋯⋯程光炜

星海集
给丁玲⋯⋯⋯⋯⋯⋯⋯⋯⋯⋯⋯程步奎
幽灵别墅之访（外一首）⋯⋯⋯碧　沛遗作
街头画（外一首）⋯⋯⋯⋯⋯⋯秦　松
云冈大佛说⋯⋯⋯⋯⋯⋯⋯⋯⋯叶维廉
铁笼屋⋯⋯⋯⋯⋯⋯⋯⋯⋯⋯⋯子　敬
读柳荫诗作记（附：柳荫诗二首）

诗苑杂谈

从"红"到"绿"⋯⋯⋯⋯⋯⋯⋯⋯张新民
外文人诗一议⋯⋯⋯⋯⋯⋯⋯⋯丁　巴

1982 年第 6 期　刊名:《诗刊》
目录

漫忆四十年前的诗歌运动（下）

园丁和花朵

我是园丁⋯⋯⋯⋯⋯⋯⋯⋯⋯⋯芦品贤
妈妈的心（李庚南插图）⋯⋯⋯⋯刘　佑
雪人⋯⋯⋯⋯⋯⋯⋯⋯⋯⋯⋯⋯胡的清
妹妹，一个聪明的女孩⋯⋯⋯⋯⋯杨松杰
冬姑姑的雪花被（外一首）⋯⋯⋯潘仲龄
爸爸的礼物⋯⋯⋯⋯⋯⋯⋯⋯⋯高洪波
背上的摇篮⋯⋯⋯⋯⋯⋯⋯⋯⋯徐　康

旅途之什

旅途（四首）⋯⋯⋯⋯⋯⋯⋯⋯黄永玉
寄自南方的怀念⋯⋯⋯⋯⋯⋯⋯李加建
富春行⋯⋯⋯⋯⋯⋯⋯⋯⋯⋯⋯唐　湜
延边⋯⋯⋯⋯⋯⋯⋯⋯⋯⋯⋯⋯李广义
湖的传奇⋯⋯⋯⋯⋯⋯⋯⋯⋯⋯朱　健
边关，震颤的古钟⋯⋯⋯⋯⋯⋯何　来
你好，五指山！⋯⋯⋯⋯⋯⋯⋯罗　珂

春天，暴风雨后

再赠巴金先生⋯⋯⋯⋯⋯⋯⋯⋯赵瑞蕻
知识⋯⋯⋯⋯⋯⋯⋯⋯⋯⋯⋯⋯杨　苡
春之声（二首）⋯⋯⋯⋯⋯⋯⋯黎焕颐
蝶（曹金秋插图）⋯⋯⋯⋯⋯⋯流沙河
舟子⋯⋯⋯⋯⋯⋯⋯⋯⋯⋯⋯⋯王辽生
我们是相亲相爱的绿水青山（外一首）⋯⋯韩　笑
要使⋯⋯（外一首）⋯⋯⋯⋯⋯毛　锜
写在岁暮⋯⋯⋯⋯⋯⋯⋯⋯⋯⋯郑民钦
答朋友问⋯⋯⋯⋯⋯⋯⋯⋯⋯⋯陈幼京

歌词之页⋯刘　章　顾　工　云　鹤　瞿　琮　王　健
张　藜　张士燮　卢先鸣　骆耕野　党永庵　王晓岭
石顺义　许军军　金　帆　于　沙　晓　寒　西　彤
郑　南　樊发稼　蓝　疆　王式俭　叶知秋　乔　珊
读史断想三题⋯⋯⋯⋯⋯⋯⋯⋯公　木
规律说⋯⋯⋯⋯⋯⋯⋯⋯⋯⋯⋯方　冰

初犁小集

我拉起板车（外一首）⋯⋯⋯⋯汪　芳
市长，我爱上了您的女儿⋯⋯⋯柯　平
油菜花（外二首）⋯⋯⋯⋯⋯⋯刘　歌

棹歌及其他（四首）⋯⋯⋯⋯⋯王　冠
清晨，我擦亮了我的自行车⋯⋯周同馨
诗三首⋯⋯⋯⋯⋯⋯⋯⋯⋯⋯⋯阎家鑫
一只白天鹅和另一只白天鹅⋯⋯阳　飏
夜归⋯⋯⋯⋯⋯⋯⋯⋯⋯⋯⋯⋯桂兴华
印花⋯⋯⋯⋯⋯⋯⋯⋯⋯⋯⋯⋯张为冬

旧体诗词

诗八首⋯⋯⋯⋯⋯⋯⋯⋯⋯⋯⋯程千帆
农村杂咏（七绝三首）⋯⋯⋯⋯萧湘雁
蝶恋花⋯⋯⋯⋯⋯⋯⋯⋯⋯⋯⋯谢朝仑
谱成草木心魂曲　一代悲欢弦上听
——读"诗人丛书"⋯⋯⋯⋯⋯严迪昌

诗苑漫步

《悬崖边的树》、《海燕戒》、《遥远歌》、《露珠和星星》、《诗法举隅》、《鲍狄埃诗选》、《拜伦抒情诗七十首》
对《突破之歌》的意见⋯⋯⋯⋯夏大训
童画诗情集⋯⋯⋯⋯柯　岩诗　卜　镝画
晨炊（独幅版画）⋯⋯⋯⋯⋯⋯赵晓沫

1982 年第 7 期　刊名:《诗刊》
目录

采自中原和齐鲁大地的诗

诗五首（王怀庆插图）⋯⋯⋯⋯萧振荣
在焦裕禄墓前⋯⋯⋯⋯⋯⋯⋯⋯王绥青
歌声，响自胶东条条山沟里（外一首）⋯⋯张庆明
春，乍暖⋯⋯（外一首）⋯⋯⋯丁庆友
小村（外一首）⋯⋯⋯⋯⋯⋯⋯张中海
乡村新居（外一首）⋯⋯⋯⋯⋯张志鹏
一朵小花⋯⋯⋯⋯⋯⋯⋯⋯⋯⋯孙　犁
天鹅栖息地的歌曲（四首）⋯⋯梁　南
我是一堵墙（外一首）⋯⋯⋯⋯雁　翼
镜子（外一首）⋯⋯⋯⋯⋯⋯⋯王辽生
北京海⋯⋯⋯⋯⋯⋯⋯⋯⋯⋯⋯任洪渊
纤夫⋯⋯⋯⋯⋯⋯⋯⋯⋯⋯⋯⋯薛尔康
矿山，一串崭新的足迹（二首）⋯李松涛
一个中国工人的话（四首）⋯⋯老　心
绿衣人⋯⋯⋯⋯⋯⋯⋯⋯⋯⋯⋯唐　湜
绿色畅想曲⋯⋯⋯⋯⋯⋯⋯⋯⋯邓海南
草原二首⋯⋯⋯⋯⋯⋯⋯⋯⋯⋯魏志远
布谷鸟⋯⋯⋯⋯⋯⋯⋯⋯⋯⋯⋯尹家民

身后站着祖国的山和水

发给春天的密码（外一首）⋯⋯（藏族）饶阶巴桑
葡萄沟⋯⋯（维吾尔族）阿·乌铁库尔　王一之译

母亲的乳汁

　　　　　（维吾尔族）乌斯满江·沙吾提　王一之译
界碑　　　　　　　　　　　　（苗族）石太瑞
新月　　　　　　　　　　（东乡族）舍·尤素夫
夜歌　　　　　　　　　　　　（壮族）莎　红
我的心，没有冬眠　　　　（蒙古族）蒙根高勒
梭（外一首）　　　　　　　　（藏族）伊丹才让
我是火，你是水　　　　（蒙古族）力格登　张宝锁译
眼前即是如画的江山　　　　　　　　　蒋　勋
乡情（二首）　　　　　　　　　　　　雷抒雁
我的梦（二首）　　　　　　　　　　　赵日升
山野的风（二首）　　　　　　　　　　熊远柱

外国诗选

威·白·叶芝后期诗五首　　　　　　　卞之琳译
托·斯·艾略特早期诗四首　　　　　　卞之琳译

旧体诗词

诗三首　　　　　　　　　　　　　谢　晋遗作
海滨吟草（三首）　　　　　　　　　　刘　征
碧鲜庵　　　　　　　　　　　　　　　潘小磐
望云楼诗抄（四首）　　　　　　　　　曾敏之
满江红·从化温泉　　　　　　　　　　李汝伦
新婚赋二首　　　　　　　　　　　　　丁　芒
笑啼姻缘（讽刺诗·孙以增插图）　　　石　河
天空　　　　　　　　　　　　　　　　管　桦
长歌行（《胡桃坡》续篇）　　　　　　王致远
提倡"表现我"有害（问题讨论）　　　闻　山
热情歌唱新变革中的农村生活　　　　　先　树
《新诗选读111首》序　　　　　　　　周良沛
黎明的礼赞
——"黎明散文诗丛"读后　　　　　　刘登翰

四川百人诗会在乐山召开（诗讯）

山城（水粉画）　　　　　　　　　　　姚　奎
漓江春（水粉画）　　　　　　　　　　姚　奎
归（套色木刻）　　　　　　　　　　　徐　匡

启航　　　　　　　　　　　　　　　　欣　原

解放军诗抄

我的名字叫：兵（外一首）　　　　　　李松涛
都市，创业的士兵（二首）　　　　　　马合省
在北京，在长安街（二首）　　　　　　倪　林
水兵（外一首）　　　　　　　　　　　陈云其
哨兵的步履（外一首）　　　　　　　　嵇亦工
初冬，第一场大雪（外一首）　　　　　朱万春
兵营情（二首）　　　　　　　　　　　程童一
菜园情思（外一首）　　　　　　　　　贾勇虎
这里，驻守着三个士兵（外一首）　　　贺东久
五月的清晨（外一首）　　　　　　　　孙中明
他是战士，名叫和平　　　　　　　　　虞文琴
沿着长长的界江（二首）　　　　　　　杜志民
扣林行（二首）　　　　　　　　　　　纪　学
我爱我的武器　　　　　　　　　　　　周　涛

边塞之歌

塞上月光曲　　　　　　　　　　　　　唐　祈
驭者　　　　　　　　　　　　　　　　章德益
玉门：我不要衰老　　　　　　　　　　何　来
走出嘉峪关　　　　　　　　　　　　　周　涛
描花的楼窗（外一首）　　　　　　　　马丽华
泼水节的水（外一首）　　　　　　　　倪金奎
西双版纳掇拾（二首）　　　　　　　　康　平

雨丝风片小集　　　　　　孙家林　范　方　圣　野
晓　钢　贺星寒　金　蝉　胡世宗　王　鸿　傅争鸣
赵雪勤　蓝正文　余守春　钟高渊　莫文征　徐荣街
程鹏娟　陈良运
泪花吟（外一首）　　　　　　　　　　高加索
贝壳小集　　　　　　　　　　　　　　罗　洛
诗二首　　　　　　　　　　　　　　　陈敬容
诗人与诗（外一首）　　　　　　　　　郑　敏
香港，我来了！　　　　　　　　　　　辛　笛
两座山　　　　　　　　　　　　　　　宫　玺
赠友人（外二首）　　　　　　　　　　廖公弦
心间的清泉　　　　　　　　　　　　　林　希
目光的叮咛（外一首）　　　　　　　　何晴波
吉普赛之歌　　　　　　　　　　　　　纪　宇

散文诗

田野集（三章）　　　　　　　　　　　王中才
湘西集（二章）　　　　　　　　　　　曾凡华
童年，在故乡（二章）　　　　　　　　李　耕

旧体诗词

西出塞词（四首）　　　　　　　　　　凌国星

1982 年第 8 期　刊名：《诗刊》
目录

追念阳光下的笑脸（外一首）　　　　　刘　镇
出钢时刻　　　　　　　　　　　　　　聂鑫森
深山车城诗页（二首）　　　　　　　　高伐林
总装配流水线抒情　　　　　　　　　　王维洲
南通抒怀（二首）　　　　　　　　　　孙友田
尘土　　　　　　　　　　　　　　　　洪三泰

诗三首·····························凌文远
相望词二首·························张秋红

外国诗

朗费罗诗选·······················黄新渠译
歌谣之页············周少尧 李隆汉 罗长江 李启云
谈谈谱曲能唱的诗——歌词···············金 帆
假如你想作个诗人……
诗的语言·························吴欢章
读稿小札
还是单纯一些好·····················吴 昂
（附）播种的时候····················周鹏宽

诗苑漫步

《红尘记》、《袁勃诗文选》、《复活的翅膀》、《吹响
我的金芦笙》、《涉江词》、《文谈诗话》
新诗话（八则）··········忆明珠 峭 石 万忆萱
纪 鹏 丁 芒 苗得雨
古玉门关（油画）····················赵以雄
昆仑古道（油画）····················赵以雄

1982 年第 9 期 刊名:《诗刊》

目录

检察长的眼睛·······················梁志宏
海南行（三首）······················牛 汉
一个死者和一个生者（二首）·············刘祖慈
我乡间的妻子（组诗）·················刘小放
我没有见过他·······················徐淙泉
他是从沙漠走来的
——悼一位在抗洪中牺牲的战士············向 荣
南方与北方························叶延滨
那一串葡萄························筱 敏
给妻子··························边国政
我通过了一次特殊的考试···············姚振函
复苏集··························鲁 藜
短章五首·························康 定
抒情三题·························刘湛秋

城市诗抄

为车胎修补店写的广告·················杨永年
清晨，我发动了轻骑……···············商子秦
一座烤鸭店的落成····················吕贵品
读·····························郑秉伏
我买来一盆吊兰·····················宗 鄂
十字路口，有个青年···················张 丹
大街上走过一头耕牛··················罗子英
让生活不再打滑

——工读学校纪事····················郭 辉
上海，一颗晶亮的扣子·················胡 平

昨天的诗

李勇已变成千百万····················邵子南
从黄山捡归的野草花（组诗）·············沙 白
葡萄园情歌························郭维东
请给我一缕阳光·····················杨 蕾
红豆···························陈 慧
灯塔·建筑工地赞····················吴钧陶

外国诗

亚默诗四首·······················罗大冈译
安娜·德·诺阿伊诗四首·················张 放译

诗词之页

杂诗十三首························李一氓
长安杂咏（五首）····················荒 芜
仲夏之行（五首）····················陈大远

讽刺诗与漫画

诗四首·画四幅·············石 河诗 方 成画
今日的乡村（三首）···················赵 伟
姐儿嗯（外一首）····················陈 犀
山村大嫂·························刘宏亮
山野散歌···········管用和 时永福 戴安常
田 奇 刘晓滨 曹增书

诗人与诗

来自大自然的诗人
——访藏族诗人饶阶巴桑·················陈建群
向平凡处开掘黄金
——读赵恺的诗·····················吴思敬
诗与哲理·························钟 文
难"自我形象论"·····················宋 垒

诗苑杂谈

读诗札记（二则）····················晏 明
从诗朗诵的活跃谈起··················金 盾
停棹后记（通讯）····················熊召政
他的歌永远激励着人民（诗讯）······刘绍本 苗雨时
秋牧（中国画）·····················张 广
伴月向黄昏（中国画）·················贾又福
湘西行（中国画）····················何建国

1982 年第 10 期　刊名：《诗刊》
目录

钟声响了⋯⋯⋯⋯⋯⋯⋯⋯⋯⋯⋯⋯⋯⋯⋯⋯胡乔木
多丽——在十二大中感赋⋯⋯⋯⋯⋯⋯⋯李一氓
沁园春——十二大召开有感⋯⋯⋯⋯⋯⋯熊　复
祝辞四首⋯⋯⋯⋯⋯⋯⋯⋯⋯⋯⋯⋯⋯⋯⋯⋯李　锐
十二大会场即席口占⋯⋯⋯⋯⋯⋯⋯⋯⋯宋振庭
关于新学期的遐想
　　——写在九月一日⋯⋯⋯⋯⋯⋯⋯⋯⋯高伐林
北京二题⋯⋯⋯⋯⋯⋯⋯⋯⋯⋯⋯⋯⋯⋯⋯⋯冀　汸
江流（外一首）⋯⋯⋯⋯⋯⋯⋯⋯⋯⋯⋯⋯屠　岸
母亲⋯⋯⋯⋯⋯⋯⋯⋯⋯⋯⋯⋯⋯⋯⋯⋯⋯⋯商叔航
划呀，划呀，父亲们
　　——献给新时期的船夫⋯⋯⋯⋯⋯⋯昌　耀

青春诗会
啊，我的故乡，我的乡亲（三首）⋯⋯刘　犁
中国，正站在脚手架上⋯⋯⋯⋯⋯⋯⋯曹增书
纤绳与信念（外一首）⋯⋯⋯⋯⋯⋯⋯沈天鸿
米色花（三首）⋯⋯⋯⋯⋯⋯⋯⋯⋯⋯⋯筱　敏
签到⋯⋯⋯⋯⋯⋯⋯⋯⋯⋯⋯⋯⋯⋯⋯⋯⋯⋯陈　放
扬子江，我心中的江⋯⋯⋯⋯⋯⋯⋯⋯钱叶用
外公⋯⋯⋯⋯⋯⋯⋯⋯⋯⋯⋯⋯⋯⋯⋯⋯⋯⋯郑建桥
在公社党委门前（外一首）⋯⋯⋯⋯⋯赵　伟
工厂抒情诗（三首）⋯⋯⋯⋯⋯⋯⋯⋯⋯张敦孟
在海边（二首）⋯⋯⋯⋯⋯⋯⋯⋯⋯⋯⋯王自亮
小搁楼里的沉思（外一首）⋯⋯⋯⋯⋯许德民
蓝天⋯⋯⋯⋯⋯⋯⋯⋯⋯⋯⋯⋯⋯⋯⋯⋯⋯⋯孙晓刚
我的父亲⋯⋯⋯⋯⋯⋯⋯⋯⋯⋯⋯⋯⋯⋯⋯祁　放
青铜之歌⋯⋯⋯⋯⋯⋯⋯⋯⋯⋯⋯⋯⋯⋯⋯凌代坤

昨天的诗
人皮⋯⋯⋯⋯⋯⋯⋯⋯⋯⋯⋯⋯⋯⋯⋯⋯⋯⋯艾　青
好夫妻歌⋯⋯⋯⋯⋯⋯⋯⋯⋯⋯⋯⋯⋯⋯⋯魏　巍

上海诗笺
美人鱼（外一首）⋯⋯⋯⋯⋯⋯⋯⋯⋯⋯郑成义
诗二首⋯⋯⋯⋯⋯⋯⋯⋯⋯⋯⋯⋯⋯⋯⋯⋯⋯宫　玺
月票⋯⋯⋯⋯⋯⋯⋯⋯⋯⋯⋯⋯⋯⋯⋯⋯⋯⋯宁　宇
路呵，路呵⋯⋯⋯⋯⋯⋯⋯⋯⋯⋯⋯⋯⋯赵丽宏
大都会的早晨⋯⋯⋯⋯⋯⋯⋯⋯⋯⋯⋯⋯黎焕颐
庐山四题⋯⋯⋯⋯⋯⋯⋯⋯⋯⋯⋯⋯⋯⋯⋯左　弦
太湖二题⋯⋯⋯⋯⋯⋯⋯⋯⋯⋯⋯⋯⋯⋯⋯冰　夫
渔帆⋯⋯⋯⋯⋯⋯⋯⋯⋯⋯⋯⋯⋯⋯⋯⋯⋯⋯王　也
帆之歌（外一首）⋯⋯⋯⋯⋯⋯⋯⋯⋯⋯肖　岗

外国诗
把光辉宁静的太阳给我⋯⋯［美国］惠特曼　李视歧译
拂开大草原的草（外三首）
　　　　　　　　［美国］惠特曼　李野光译
凡尔哈仑诗二首⋯⋯⋯⋯⋯⋯钟荣来　杨松河译
李白的人品与诗品⋯⋯⋯⋯⋯⋯⋯⋯⋯臧克家
实事求是地评价青年诗人的创作⋯⋯朱先树
为散宜生祝寿
　　——关于聂绀弩旧体诗集《散宜生诗》⋯⋯刘岚山
新诗话⋯⋯⋯吕　进　陈绍伟　黄　淮　马立鞭

假如你想做个诗人⋯⋯
把诗写得含蓄一些⋯⋯⋯⋯⋯⋯⋯⋯⋯何　锐
来函照登⋯⋯⋯⋯⋯⋯⋯⋯⋯⋯⋯⋯⋯⋯王晋波
细语（中国画）⋯⋯⋯⋯⋯⋯⋯⋯⋯⋯⋯石　虎
秋风图（中国画）⋯⋯⋯⋯⋯⋯⋯⋯⋯张仁芝
小鸟（套色木刻）⋯⋯⋯⋯⋯⋯⋯⋯⋯蒋谷峰

1982 年第 11 期　刊名：《诗刊》
目录

祖国啊，我去（三首）⋯⋯⋯⋯⋯⋯⋯黄锦卿
你可曾见过⋯⋯⋯⋯⋯⋯⋯⋯⋯⋯⋯⋯⋯杨联康
苞米（外一首）⋯⋯⋯⋯⋯⋯⋯⋯⋯⋯⋯赵　恺
当代中国冶金工人抒情（外一首）⋯陈志民
二月的最后一个黎明⋯⋯⋯⋯⋯⋯⋯⋯王笠耘
她放飞神奇的鸽群（外二首）⋯⋯⋯张建华
送别⋯⋯⋯⋯⋯⋯⋯⋯⋯⋯⋯⋯⋯⋯⋯⋯⋯王其亮
对话⋯⋯⋯⋯⋯⋯⋯⋯⋯⋯⋯⋯⋯⋯⋯⋯⋯弘　征
工区手记⋯⋯⋯⋯⋯⋯⋯⋯⋯⋯⋯⋯⋯⋯⋯龙　郁
"攀钢"短章⋯⋯⋯⋯⋯⋯⋯⋯⋯⋯⋯⋯⋯光　群

诗四题⋯⋯⋯⋯⋯⋯⋯⋯⋯⋯⋯⋯⋯⋯⋯⋯胡　昭
听来的故事和感想⋯⋯⋯⋯⋯⋯⋯⋯⋯黄永玉
我们在草地上数星星⋯⋯⋯⋯⋯⋯⋯⋯刘益善
别⋯⋯⋯⋯⋯⋯⋯⋯⋯⋯⋯⋯⋯⋯⋯⋯⋯⋯吴奔星
初夏⋯⋯⋯⋯⋯⋯⋯⋯⋯⋯⋯⋯⋯⋯⋯⋯⋯顾　城
雪花和樱花（二首）⋯⋯⋯⋯⋯⋯⋯⋯厉　风
迎春花⋯⋯⋯⋯⋯⋯⋯⋯⋯⋯⋯⋯⋯⋯⋯⋯高国藩
我们并不渺小⋯⋯⋯⋯⋯⋯⋯⋯⋯⋯⋯詹孝林
我是⋯⋯⋯⋯⋯⋯⋯⋯⋯⋯⋯⋯⋯⋯⋯⋯⋯马福水
小溪⋯⋯⋯⋯⋯⋯⋯⋯⋯⋯⋯⋯⋯⋯⋯⋯⋯张　藜
夜的海边，我划亮一根火柴⋯⋯⋯⋯凡　丁
奥赫里德湖畔
　　（维吾尔族）铁依甫江·艾力耶夫　王一之译
人才寓话（讽刺诗与漫画）⋯⋯刘　征诗　徐　进画

旧体诗词
书怀⋯⋯⋯⋯⋯⋯⋯⋯⋯⋯⋯⋯⋯⋯⋯⋯⋯左漠野

诗二首……………………………………廖　华
江汉行（二首）…………………………沈　鹏
诗四首……………………………………高　汉
摸鱼儿·赠汉画名宿张大千……………莫　默
竹枝词六首·田园即景…………………李汝伦
胳膊肘大叔小传（题图：王怀庆）……高　寰
装卸工人一双手（外一首）……………黄声笑
花儿二首…………………………（回族）杨少青

诗转载
人的标本…………………………………罗　飞

外国诗
诗体的诗论（四首）……［美国］辛普森等　顾子欣译
诗三章……………………［英国］迪兰·托马斯　张小川译
散文诗《横渡》选译………［印度］泰戈尔　丘宜明译
走向大渡河（三首）……………………余以建
致白鹭……………………………………青　勃
颐和园游泳………………………………杜运燮
古炮台……………………………………何立伟
高原五月…………………………………吴雨初
挂钥匙的孩子……………………………金　波
一个小学教师之死………………………凡一平
网兜里的面包……………………………刘国尧
雕像………………………………………牛　波
新居自吟（二首）………………………尧山壁
白发………………………………………何　仃
气象气球…………………………………艾　奇
自我与人民
——纪念杜甫诞辰 1270 周年…………罗宗强
"谁是诗中疏凿手？"……………………冯中
痛悼诗人方殷……………………………王亚平
"明月出天山"
——读《铁依甫江诗选》札记………（蒙古族）包家骏

诗苑漫步
《拾穗集》、《新诗的创作与鉴赏》、《古典诗词艺术探幽》
诗要给人信心、勇气和力量……………阿　红
金秋（套色木刻）………………………赵修柱
春江图（中国画）………………………白雪石
黄山（中国画）…………………………张建中

给欢乐（外一首）………………………李加建
望着母亲祖国眼睛唱的歌（四首）……梁　南
墨黑墨黑的小蝌蚪………………………忆明珠
工蜂之死…………………………………郑　玲
金达莱……………………（朝鲜族）金　哲　金　一译
白天鹅飞来了……………………………张　廓
枯叶蝶……………………………………张大成
门前青杨（外一首）……………………苗得雨
啊，伯箫，伯箫哟！……………………公　木
启明星……………………………………朱　红

旧体诗词
诗词十四首………………………………吴玉如
京口二首…………………………………吴　视
七律二首…………………………………于　刚
乡土（外一首）…………………………阎志民
向征………………………………………韩　桑
暮归（外一首）…………………………郭日方
还记得……（二首）……………………柳士同
童心（外一首）…………………………胡学武
穷孩子……………………………………赵　坤
卖火柴的小女孩…………………………杨来顺
我是一茎柔弱的草………………………李晓梅
玻璃窗……………………………………张　开
银河………………………………………郭学文
鹰群………………………………………程步涛
盘山………………………………………何　理
铃铛，在梦里歌唱………………………王鸣久
烟囱自吹…………………………………袁水拍遗作

外国诗
血的故事（外一首）
……［南斯拉夫］戴珊卡·马克西莫维奇　柴盛萱译
可怜的布莱希特（外一首）
……………………［德国］布莱希特　马树德译
审讯好人…………………［德国］布莱希特　朱炳苏译
南方之夜…………………［美国］唐·韦斯特　游燮庭译
诗的微笑
——致女雕塑家张得蒂…………………王志杰
自白——读公刘《解剖》一诗后作……高云华

叙事诗小辑
闻一多之歌（长篇叙事诗节选）………岑　琦
心灵的风（插图：王怀庆）……………胡发云
我的小伙伴………………………………梅绍静

叙事诗笔谈
叙事诗小议………………………………罗　洛
学习我国古典叙事诗的写作技巧………马萧萧

1982 年第 12 期　刊名:《诗刊》
目录

西德拾穗录（组诗）……………………绿　原
访美杂忆（组诗）………………………卞之琳
一颗被噬啮的心…………………………孙　振

一个失败的例子 ——————————— 玉 杲
小叙事诗创作中的一些问题 ——————— 潘万提
关于叙事诗 ——————————————— 唐 祈
生活酿成的诗蜜——读《海韵诗丛》———— 余 之

诗苑漫步
《南海》、《韩笑诗选》、《远方有客来》、《我拉起板车》

诗苑杂谈
致诗友
——关于诗坛的不正之风 ——————— 高 平
良心·道德·责任感 ————————— 李震杰
伙伴（油画）——————————— 王衍成
泰山担夫（油画）————————— 朱贻德
孩子·妈妈（版画）———————— 蒙希平

1983 年第 1 期　刊名:《诗刊》
目录

遗产 ——————————————— 沈 吟
野玫瑰（组诗）————————— 杨 牧
浙江，我可爱的家乡（外一首）—— 赵瑞蕻
大渡河情思（二首）—————— 周 纲
冬米糖 ——————————— 骆晓戈
红军之歌 —————————— 叶圣华
燃烧的爱（二首）—————— 秦 岭
石油河的儿女
——参观老君庙钻井队侧记 —— 张向阳
渡口（外一首）——————— 李小雨
寄自金矿 —————————— 和 谷
明天，我要著一部很厚的书 —— 杨松杰
卖花客（外一首）—————— 放 平
我的职业 —————————— 罗子英
何处寄哀思
——悼关露同志 ——————— 严 辰
美国之旅（四首）—————— 李 瑛
访罗诗简（四首）—————— 张志民
贝鲁特的星星（插图：江帆）—— 张 廓
法蒂玛 ——————————— 人 邻

旧体诗词
游日十三首 ————————— 老 舍
江北水乡行 ————————— 高 汉
给新诗 ——————————— 周良沛
致惠特曼 —————————— 李野光

外国诗
那些人是幸福的 ————— [法国]夏尔·佩吉 罗洛译

醉舟 ————————— [法国]兰 波 飞 白译
无锚的漂流者 ———————————— 飞 白
三峡十四行诗四首 ————————— 蔡其矫
大西北情思（二首）———————— 许敏歧
诗三首 ———————————————— 阎家鑫
一个夏天的午后 —————————— 辛 笛
大象，从异邦归来 ———————— 崔笛扬
寻找 ————————————————— 钟 瑄
甘蔗交易场 ————————————— 农 鸣
关中题胜（二首）————————— 峭 石
山里人与酒 ————————————— 许 行
土产商店 —————————————— 王 庆
公木访问记 ————————————— 朱 晶
回顾延安时期的诗歌创作——访《延安文艺丛书、诗
选》主编严辰、白原同志 —————— 郭宝臣
《黎明的呼唤》——————————— 曾 卓

假如你想作个诗人……
写诗要注意情感的升华 ——————— 周红兴
新诗话　周冠群（一则）　周桐淦（一则）

诗论动态
诗歌出版消息
读者·作者·编者
草编姑娘（油画）————————— 王遵义　李向阳
忙年（油画）—————————————— 袁大仪
山果落了（版画）—————————— 刘 宝

1983 年第 2 期　刊名:《诗刊》
目录

我把全部希望倾注在你们身上（组诗）——— 甘永柏
生产之歌（组诗）————————— 曹葆华
开拓者（外一首）————————— 万忆萱
石林歌 ——————————————— 胡 昭
六月 ————————————————— 傅天琳
运动场抒情 ————————————— 喻 晓
挑夫，你倒在了山腰
——读蒋筑英、罗健夫事迹报道有感 —— 刘益善
光 —————————————————— 袁世兴
金钥匙 ——————————————— 张学梦
黑纱与桂冠 ————————————— 叶延滨
高原型女性 ————————— （藏族）饶阶巴桑
登布达拉宫（外一首）——————— 黎焕颐
西藏回旋曲（三首）———————— 王燕生
他在幸福路上走着 ———————— 马丽华
马路叩响的旋律（二首）————— 魏志远

讽刺诗与漫画

辣椒歌（三首）·····陈显荣
蒺藜花（三首）·····张维芳
鼓浪屿（外一首）·····吕 剑
花乡的歌（二首）·····青 勃
田园新绿·····李洪程
一九八二——山东阳信·····安 谧
四月，静悄悄的小溪边·····陈所巨
挖笋歌·····朱谷忠
乡情曲（二首）·····陈作诗
山里的人（二首）·····王耀东
村女的爱·····王善民
短诗小辑　　常 江 （苗族）石太瑞
孙跃冬 瞿 琮 马晋乾 林 澎 张志鹏 （蒙古族）韩 霞 曹汉俊 王承谙 纪征民 周所同 毕庆平 艾 路 张子良

关露遗诗八首

诗二首·····惜 醇
苏联诗小辑·····乌兰汗等译
戴姗卡·马克西莫维奇印象·····公 刘
悼关露·····锡 金
扎根于生活的诗
——《李学鳌诗选》读后·····臧克家

诗苑漫步

《牧笛悠悠》、《我乡间的妻子》、《她放飞神奇的鸽群》、《海南行》、《闻一多之歌》

新诗话

盛海耕（四则） 潘自强（一则） 吕 进（二则）
中国作家协会举办第一届（1979—1982）全国优秀新诗评奖启事
诗刊社举办《诗刊》1981—1982 年优秀作品、评论评奖启事
《诗刊》作品、评论评奖推荐表

漓江归鹭（水印木刻）·····黄丕谟
童年（套色木刻）·····肖映川
石宝寨（水印木刻）·····吴俊发

1983 年第 3 期　刊名:《诗刊》
目录

怀旧·····胡乔木
吊亡友萧三同志·····丁 玲
您种下了希望
——向萧三同志告别·····朱子奇

老婆呀！ 不要哭（插图：秦龙）·····黄永玉
雨天的信（四首）·····杨 山
给哥·····杨 苡
三月十四日的纪念·····高伐林
伟大的马克思，请来神州做客·····乌兰汗

蓓蕾小集

山乡的歌（六首）·····雷恩奇
春的瞩望——读《山乡的歌》·····晓 钢
诗人老去诗情在·····臧克家
春的诗传单·····田 间
赠友·····阮章竞
中年（外一首）·····林 希
父亲的歌·····冀 汸
窗口·····孙 犁
寻找那失落了的……·····韦 丘
我走着·····韦黎明
河西，充满希望的土地·····罗 洛
延河（外二首）·····李又然
塞上行（二首）·····马萧萧
海南抒情（三首）·····柯 原
瓜当茶（外二首）·····梁上泉
诗二首·····孙静轩
巫溪少女（外一首）·····任洪渊
高原花城·····郭蔚球
写于建筑工地·····麦 芒

散文诗

建筑者群像（四章）·····马及时
紫荆花开的时候（外二章）·····陈慧英
视野·····张 长
王国维之死·····刘再复
潮音（二章）·····管用和
高山云燕·····秋 原
春在途中急驰·····许 淇

旧体诗词

十年诗草·····左漠野
挽关露三首·····柳 倩
云海吟笺·····刘 征
七律四首·····李野光

讽刺诗与漫画

讽刺诗二首·····易和元诗 振 峰画
"精简"歌·····萧振荣

诗人论

"小花闲草"也要一片蓝天
——沙白部分诗歌印象·····忆明珠

假如你想作个诗人……

谈谈重叠和反复的运用·····················徐荣街

可喜年年压金线——访阿红·················单 复

诗苑杂谈

名家的苦衷·····························丁国成

诗论动态三则··············施边 舟影 任达

中国作家协会第一届新诗奖评奖委员会名单

诗讯二则······················一 石 雷霆

诗歌出版消息···························辛 木

马克思和他的战友恩格斯（油画）···········高 莽

水乡新绿（中国画）·····················宋文治

日出（外一首）·························昌 耀

落叶································金 波

写生································刘锦涛

收获的季节···························艾 丹

雨中的小树···························苏叔阳

盲人和笛声···························李 静

北极光（外二首）······················龙彼德

腾格里沙漠···················（蒙古族）查 干

我把那只蓝蜻蜓放了·····················关登瀛

燕子································任启之

代简································吴钧陶

黄昏的路·····························温 斌

1983 年第 4 期　刊名:《诗刊》
目录

中国作家协会第一届（1979—1982）全国优秀新诗
（诗集）奖获奖作品名单

全国优秀新诗评奖委员会关于新诗评奖的几点说明

获奖诗集简介·····················辛、浦等

从心里感到欢娱

——作协首届新诗评奖归来后作···········臧克家

迎春花······························艾 青

我爱读这样的诗·························白 航

轻和重——新诗集评奖随想···············严 辰

评艾青《归来的歌》·····················骆寒超

大渡河情思（六首）·····················周 纲

古今吟（八首）·························浪 波

江山篇（三首）·························胡天风

登蓬莱（二首）·························王绥青

戈壁恋（外一首）······················胡 笳

跨进龙泉观大门（二首）··················王辽生

山溪（外一首）·························廖公弦

问候香港·····························徐 迟

离离草································田 野

阳光恋——一个真实的故事·················牛 汉

诗二首································王 旬

思念之歌·····························梁 南

房东妈妈·····························韩作荣

写在 G 弦上（三首）·····················李加建

忆淮海（三首）·························姜滫川

法卡山（外一首）······················刘秋群

铁肩颂································严慰冰

祖国，你听我说（外一首）·················刘 章

忧郁与欢乐···························韦其麟

写给一位临时工·························林贤治

楼上的蟋蟀···························流沙河

晨晖（外一首）·························丁 芒

昨天的诗

侦察员阿金···························戈 杨

黄桥烧饼黄又黄·························周白帆

出诊································仲国鎏

这个城市厌弃我·························钟 辛

讽谕三题···················刘 征诗 叶春阳画

外国诗

樱桃时节

·············[法国]让-巴蒂斯特·克莱芒 沈大力译

愤怒的樱桃···························沈大力

隔离及其他··········[美国]玛丽·埃文斯 邹 绛译

旧体诗词

杂诗五首·····························荒 芜

诗三首································聂绀弩

赠聂绀弩二首···························朱 夏

近作五首·····························钟敬文

竹枝词三首···························杨伟群

诗歌出版消息···························辛 木

诗论动态·····························施 边

山村（中国画）·························吴冠中

唐人诗意图（中国画）····················亚 明

早春（木刻）···························王 炜

1983 年第 5 期　刊名:《诗刊》
目录

诗三首（插图：李焙戈）··················胡乔木

我和太阳一齐登上脚上架（外一首）···········马恒祥

刨································万 方

矿工与海（外一首）·····················孙友田

伐木者的履历（外一首）··················芦 萍

诗二首································吴 晓

这里，没有昼夜的交替····················边国政

一个机件的自白⋯⋯⋯⋯⋯⋯田章夫
美国之旅（六首）⋯⋯⋯⋯⋯李　瑛
南斯拉夫思绪（八首）⋯⋯⋯公　刘
青春中国（三首）⋯⋯⋯⋯⋯田　间
绿色的梦（外一首）⋯⋯⋯⋯方　冰
泉之歌（三首）⋯⋯⋯⋯⋯⋯晏　明
开创之歌⋯⋯⋯⋯⋯⋯⋯⋯⋯姚振函
金树⋯⋯⋯⋯⋯⋯⋯⋯⋯⋯⋯汪承栋
长城上的铜炮⋯⋯⋯⋯⋯⋯⋯韩忆萍
我又来啦！王府井⋯⋯⋯⋯⋯李松涛
浴池女服务员（外一首）⋯⋯康志强
大路旁的一条小街⋯⋯⋯⋯⋯柳士同

八闽诗笺

水乡风采（二首）⋯⋯⋯⋯⋯孙新凯
橹叔⋯⋯⋯⋯⋯⋯⋯⋯⋯⋯⋯刘小龙
笋江船家女⋯⋯⋯⋯⋯⋯⋯⋯陈瑞统
墟市⋯⋯⋯⋯⋯⋯⋯⋯⋯⋯⋯刘登翰
疏导⋯⋯⋯⋯⋯⋯⋯⋯⋯⋯⋯倪世壁
白鹭随想曲⋯⋯⋯⋯⋯⋯⋯⋯陈仲义
东渡港一瞥⋯⋯⋯⋯⋯⋯⋯⋯陈文和
两条平等的街道⋯⋯⋯⋯⋯⋯林培堂
爱的散步⋯⋯⋯⋯⋯⋯⋯⋯⋯夏　雄
海峡（外一首）⋯⋯⋯⋯⋯⋯洪　泓
乡情⋯⋯⋯⋯⋯⋯⋯⋯⋯⋯⋯李灿煌
我的姑姑⋯⋯⋯⋯⋯⋯⋯⋯⋯杨钧炜

旧体诗词

咏怀七首⋯⋯⋯⋯⋯⋯林如稷遗作
踏莎行⋯⋯⋯⋯⋯⋯⋯⋯⋯⋯吴自了
词二首⋯⋯⋯⋯⋯⋯⋯⋯⋯⋯黄　钟
校园杂感四首⋯⋯⋯⋯⋯⋯⋯明　朗
诗四首⋯⋯⋯⋯⋯⋯⋯⋯⋯⋯苏仲湘

外国诗

诗三首⋯⋯⋯⋯［美国］弗罗斯特　方　平译
诗四首⋯⋯⋯⋯［美国］弗罗斯特　顾子欣译
时间之歌（外四首）
　⋯⋯⋯⋯［美国］M.L.罗森萨　郑　敏译
在那大森林中⋯⋯（外一首）
　⋯⋯⋯⋯⋯［瑞典］南　邻　张　真译
安纳普尔纳
　⋯⋯［尼泊尔］玛·普·格依米列　陈敏毅译
还"乡"随笔
　——读十本诗集书后⋯⋯⋯⋯冯　至
新诗史上的一次盛会⋯⋯⋯⋯施　边
现代主义和天安门诗歌运动
　——对《崛起的诗群》质疑之一⋯戚　方
我爱美的谷穗

——读绿原《西德拾穗录》⋯⋯张　炯
假如你想作个诗人⋯⋯
寻求独特的观察和感受⋯⋯⋯刘湛秋

新诗话

冀汸三则（《诗人·诗·写诗》）
李国涛二则（《铅泪和胶泪》、《苦心经营的诗》）
刘汉民一则（《精炼》）
于宗信一则（《诗——生活的回音壁》）
写诗要用现代口语（诗苑杂谈）⋯⋯姚振函
读《文论报》的诗歌评论⋯⋯⋯鲁　扬
诗讯一则⋯⋯⋯⋯⋯⋯⋯⋯⋯一　石

湖上晨风（中国画）⋯⋯⋯⋯⋯徐　希
风暴（版画）⋯⋯⋯⋯戈　沙画　万忆萱诗
湖畔（版画）⋯⋯⋯⋯⋯⋯⋯其加达瓦

1983 年第 6 期　刊名：《诗刊》

目录

1981—1982 年《诗刊》优秀作品、评论评奖获奖篇目
部分获奖作品简评⋯⋯⋯⋯鲁　扬　高洪波
周桐淦　小　宁　康志强　雨　竹　朱　晶
评奖后言⋯⋯⋯⋯⋯⋯⋯⋯⋯本刊编辑部
海之歌——写给张海迪⋯⋯⋯⋯罗　洛
编钟赋⋯⋯⋯⋯⋯⋯⋯⋯⋯⋯赵日升
大山⋯⋯⋯⋯⋯⋯⋯⋯⋯⋯⋯左　弦
中年的船，没有港湾⋯⋯⋯⋯肖　川
归乡（外一首）⋯⋯⋯⋯⋯⋯徐淙泉
写给马克思墓⋯⋯⋯⋯⋯⋯⋯金克义
芬兰湾，一艘艘启锚的船（插图：李焙戈）
　——列宁的故事⋯⋯⋯⋯⋯⋯伯　己
家信⋯⋯⋯⋯⋯⋯⋯⋯⋯⋯⋯侯唯动
接专家⋯⋯⋯⋯⋯⋯⋯⋯⋯⋯新　土
桃园纪事⋯⋯⋯⋯⋯⋯⋯⋯⋯文　丙
果儿及其他（三首）⋯⋯⋯⋯李占学
森林曲（二首）⋯⋯⋯⋯⋯⋯夏　冰
拉耦之歌⋯⋯⋯⋯⋯⋯⋯⋯⋯丁　可
老人与山（外一首）⋯⋯⋯⋯王自亮
洁白的童话（二首）⋯⋯⋯⋯许德民
自行车与五香豆⋯⋯⋯⋯⋯⋯傅　亮
诗二首⋯⋯⋯⋯⋯⋯⋯⋯⋯⋯尹　璞
木摇篮⋯⋯⋯⋯⋯⋯⋯⋯⋯⋯袁永庆

蓓蕾小集

山雀子衔来的诗（组诗）⋯⋯⋯饶庆年
朴素的村歌⋯⋯⋯⋯⋯⋯⋯⋯王燕生

昨天的诗

拣煤球的姑娘（外一首）⋯⋯⋯⋯⋯⋯臧克家
我看见（外一首）⋯⋯⋯⋯⋯⋯⋯⋯周启祥
米（外一首）⋯⋯⋯⋯⋯⋯⋯（回族）马鹤鸣
对山松⋯⋯⋯⋯⋯⋯⋯⋯⋯⋯⋯⋯田　歌
天涯月（外一首）⋯⋯⋯⋯⋯⋯⋯⋯洪三泰
红豆（外一首）⋯⋯⋯⋯⋯⋯⋯⋯⋯姜金城
远山⋯⋯⋯⋯⋯⋯⋯⋯⋯⋯⋯⋯⋯鄢家发
枝⋯⋯⋯⋯⋯⋯⋯⋯⋯⋯⋯⋯⋯庞颖洁
禁⋯⋯⋯⋯⋯⋯⋯⋯⋯⋯⋯⋯⋯李昆纯
天鹅与冰湖⋯⋯⋯⋯⋯⋯⋯⋯（满族）原　林

王亚平遗诗四首

悼亚平⋯⋯⋯⋯⋯⋯⋯⋯⋯⋯⋯吕　剑
北京诗抄（五首）⋯⋯⋯⋯⋯⋯⋯⋯秦　松
诗四首⋯⋯⋯⋯⋯⋯⋯⋯⋯⋯⋯程步奎
致追龙者⋯⋯⋯⋯⋯⋯⋯⋯⋯⋯⋯陶　里

外国诗

雪河之子（叙事诗）
　　　　[澳大利亚]班约·佩特森　陈　泯译
谁也不知道是什么原因（外一首）
　　　　[西班牙]阿尔弗雷多·戈麦斯　江志芳译
汉考克⋯⋯⋯⋯⋯⋯⋯⋯⋯⋯⋯杨吾扬
阿贝蒂，绚丽的花朵！
——观扎伊尔阿贝蒂歌舞团演出⋯⋯李恢强
努力追求思想和艺术的统一
——读杨山、木斧、王尔碑近年来的诗作⋯⋯朱先树

假如你想作个诗人⋯⋯

选择表现的角度⋯⋯⋯⋯⋯⋯⋯⋯尹在勤

诗苑漫步

《一个孩子的诗园》、《小郭在林中写生》、《大象法
官》、《还乡梦》、《泪水孕育的歌》、《密密的小树林》
诗论动态

读者中来

诗歌出版消息
春雨（版画）⋯⋯⋯⋯⋯⋯⋯⋯⋯胡　名
渔歌（中国画）⋯⋯⋯⋯⋯⋯⋯⋯吴孝杰
峨眉清泉（版画）⋯⋯⋯⋯⋯⋯⋯朱　蔡

　　　1983 年第 7 期　刊名：《诗刊》
　　　　　　　　目录

短歌抒我情

——有感于张海迪同志的事迹⋯⋯⋯臧克家

七月走关东（五首）⋯⋯⋯⋯⋯⋯张志民
远域新天谱新篇（五首）⋯⋯（蒙古族）阿拉坦托娅
寻找那片白桦林⋯⋯⋯⋯⋯⋯⋯⋯周　涛
鸣沙山（外一首）⋯⋯⋯⋯⋯⋯⋯杨　树
草原本色⋯⋯⋯⋯⋯⋯⋯⋯（锡伯族）哈　拜
甜⋯⋯⋯⋯⋯⋯⋯⋯⋯⋯⋯⋯庞壮国

泥土的韵律

一封写给田野的情书⋯⋯⋯⋯⋯⋯木　斧
泥土的韵律⋯⋯⋯⋯⋯⋯⋯⋯⋯管用和
禾场⋯⋯⋯⋯⋯⋯⋯⋯⋯⋯⋯梁必文
路（外一首）⋯⋯⋯⋯⋯⋯⋯⋯⋯赵　伟
犁杖小唱⋯⋯⋯⋯⋯⋯⋯⋯⋯⋯周所同
小镇的除夕⋯⋯⋯⋯⋯⋯⋯⋯⋯熊召政
赶集⋯⋯⋯⋯⋯⋯⋯⋯⋯⋯⋯张建红
进山⋯⋯⋯⋯⋯⋯⋯⋯⋯⋯⋯刘宏亮
好过了⋯⋯⋯⋯⋯⋯⋯⋯⋯⋯⋯黄　岩

短诗一束⋯⋯⋯⋯⋯陈文和　蓝　曼　陈　放
饮　可　丁小琦　马畏安　陈玉柱　何　理　刘　敏
杨献瑶　沈占云
外滩印象⋯⋯⋯⋯⋯⋯⋯⋯⋯⋯潞　潞
我的"书房"（外二首）⋯⋯⋯⋯⋯时永福
红领巾卫生街（外一首）⋯⋯⋯⋯⋯韩　云
小厨房里的婚礼⋯⋯⋯⋯⋯⋯⋯⋯陈　浩
除夕鞭炮声⋯⋯⋯⋯⋯⋯⋯⋯⋯张　克
城市人物二题⋯⋯⋯⋯⋯⋯⋯⋯易殿选
向阎王买寿⋯⋯⋯⋯⋯⋯⋯⋯⋯汪静之
往事三题⋯⋯⋯⋯⋯⋯⋯⋯⋯⋯白　航
我们是兄弟——致失足青年⋯⋯⋯⋯寥　寥
孙健初，我是您梦里的花朵⋯⋯⋯⋯李　述

蓓蕾小集

森林抒情（组诗）⋯⋯⋯⋯⋯⋯⋯朱　雷
林间小路
——读朱雷组诗《森林抒情》⋯⋯⋯⋯晓　钢

讽刺诗与漫画

"整顿"的"哲学"⋯⋯⋯⋯李启云诗　方　成画
按"职"论价⋯⋯⋯⋯⋯⋯李启云诗　方　成画
某公填表⋯⋯⋯⋯⋯⋯⋯张维芳诗　方　成画
内外有别⋯⋯⋯⋯⋯⋯⋯姜建国诗　方　成画

外国诗

在生活的广场上（外一首）
　　　　[西班牙]维·阿莱桑德雷　陈光孚译
一个黑孩子的祈祷
　　　　（瓜德鲁普）吉·蒂罗连　张　放译
感谢你，上帝
　　　　[象牙海岸]贝尔纳·达迪耶　思　宁译

非洲…………[塞内加尔]戴维迪·迪奥普　周国勇译

旧体诗词
焚稿篇…………………………………郭宗亮遗作
随感四首………………………………胡　考
旧词二题………………………………沈　吟
周槐庭、郑松元赠答诗
湖南情歌九首…………………邓长青　周少尧
拄着手杖，壮怀激烈
——读李加建诗印象…………………竹亦青
辣椒·仙人掌·讽刺诗
——评易和元的讽刺诗集《热嘲集》…袁　鹰
诗乡琐记………………………………冯亦代

诗苑杂谈
诗苑说"梦"……………………………李方元
致诗友
——二谈关于诗坛的不正之风………高　平
诗论动态（四则）

新诗话
敏歧二则（《评论一感》、《诗，还是要精炼些》）
成庶一则（《发问》）
陈绍伟一则（《生硬的模仿》）
江南水乡（中国画）…………………郑叔方
白龙桥流泉（油画）…………………朱　峰
雾海图（中国画）……………………李海涛

1983 年第 8 期　刊名:《诗刊》
目录

青春诗会
蓝水兵（五首）………………………李　钢
绿色的风（二首）……………………朱　雷
锻工进行曲（三首）…………………柯　平
工区的黎明（三首）…………………龙　郁
遥远的回声（三首）
——献给中华民族的历史……………薛卫民
长江二首………………………………王家新
长江在我笔底流（三首）……………张建华
山雀子衔来的诗（四首）……………饶庆年
山乡的歌（二首）……………………雷恩奇
奏鸣曲第一号（三首）………………牛　波
野菊之歌（外三首）…………………李　静
新叶，在初夏歌唱
——1983 年《青春诗会》读后………李小雨
希望——七十自寿……………………孙　犁
春雨，是太阳晒干的（六首）………田　奇

给路翎…………………………………天　戈
山村·孩子……………………………刘畅园
你会来到这座小村（外二首）………顾　工
变奏的旋律……………………………周嘉堤
电报与捷报……………………………李松涛
当枪炮声复归沉寂……………………晓　桦
一座大山，十根界桩…………………纪　学
战士情思（三首）……………………刘向东

昨天的诗
太行山的子弟兵………………司马军成　遗作

外国诗
奥·埃利蒂斯诗选（三首）
…………[希腊]奥·埃利蒂斯　李野光译
你还很遥远…………[意大利]马　林　吕同六译
秋……………[意大利]夸西莫多　吕同六译
我走过西班牙广场…[意大利]帕维塞　吕同六译
她属于八十年代
——漫谈歌颂张海迪的部分诗作………高洪波
我的创作生涯…………………………艾　青
假如你想作个诗人……
写诗与读书……………………………吕　进
"诗歌现代化"断想（诗苑杂谈）……梁谢成
诗讯：吴歌响彻榴花红…………………安　人
诗论动态（三则）

诗歌出版消息
玉带深秋（中国画）…………………朱军山
漓江晨雾（中国画）…………………吴华峇
出发（套色木刻）……………………陈天然

1983 年第 9 期　刊名:《诗刊》
目录

献给柴达木,献给地质队员的歌
地质锤下的火花
——柴达木组诗……………………刘祖慈
矿点
——向英雄的百万地质大军致敬……赵　恺
开拓者之歌（三首）…………………雷　霆
柴达木坐标系（组诗）………………常　江
母亲和女儿……………………………邱洪波
青海四首………………………………邵燕祥
访意诗草（二首）……………………阮章竞
诗二首…………………………………林　林
访铁托墓………………………………戈　扬
民主德国访问漫记（二首）…………赵瑞蕻

诗四首····························彭燕郊
蝶恋花（五首）····················忆明珠
先驱····························林 希
延安诗抄（三首）··················贾 芝
中原（外一首）····················蔡其矫
江南弄（外一首）··················唐 湜
敦煌主题及其变奏（三首）············昌 耀
东岳风情（四首）··················孔 孚
山行（三首）······················凌文选
三峡栈道························刘登翰
龙王峡幽思······················寒 星
大佛头顶的小花（外一首）············叶 笛
船家娶亲——漓江速写··············敏 歧
故乡送小月······················徐 鲁

散文诗
散文诗三章······················陈 犀
一切的风……（外一章）············耿林莽
我的翅（外一章）··················李 耕
林中曲（二章）····················马及时
归燕····························徐成淼

讽刺诗与漫画
"三多"虑
——读诗积感··················萧振荣
奶嘴诗··························华君武画
领导年年住新房········古 柳诗 孙以增画

外国诗
斯温伯恩抒情诗两章················吴钧陶译
屠格涅夫抒情诗五首················戈宝权译

旧体诗
有赠四首························聂绀弩
访日诗钞························陈大远
天津农场二首····················韦君宜
卧龙谈心（拟套曲）················刘 征
诗的正气与格律
——读胡乔木同志的新诗近作········钱光培
关于旧体诗
——《鲁迅诗歌散论》序············唐 弢
《乡村与城市》自序················刘岚山
《雨后》后记····················罗 洛

新诗话
朱子庆四则 （《袭用与创新》、《"海，大呀，大
呀"》、《两首小诗的比较》、《摘句》）
昌进三则 （《工于捕捉特征》、《家常语入诗》、《脱
俗与通俗》》

中国作家协会发出关于学习《邓小平文选》的通知

读者·作者·编者
关于王国维之死··················江世祥
关于王国维自沉原因的答辩··········刘再复
诗歌出版消息

诗讯一则
烟雨迷蒙处，信是故里船（中国画）······郑成扬
太行秋（中国画）··················贾又福
牧笛（版画）······················孙玉方

1983 年第 10 期 刊名:《诗刊》
目录

学习《邓小平文选》札记
发扬民族自豪感····················臧克家
诗，到群众中去····················田 间

诗转载
我的选择························崔建中

劳动者之歌
我是砖瓦工人（二首）··············蔡应律
厂部总机室（外二首）··············聂鑫森
在烟囱下（二首）··················于 坚
我检尺（外一首）··················王震西
引水员之歌······················沙 金
出发之前························杨世运
今晚，我加班（外一首）············仲加宪
断层（外一首）····················周志友
被汗水打湿的夜晚··················韩忆萍
青年，青年，新的等高线!（外二首）····张学梦
诗三首··························郑 敏
饥饿者··························饶阶巴桑
我们，中国知识分子················林贤治

献给母亲的诗
继母（小叙事诗）··················田家鹏
母亲····························江 陵
母亲的路························马玉堂

海·山·大地
爱海者（组诗）····················田 野
忆湘西（组诗）····················何立伟
黄河五题························牛 汉
江南二首························徐 放
祈年殿··························李加建

再访翠亨村 ……………………………… 韩 笑
冰雕（外一首） …………………………… 金克义
夜泊 ……………………………………… 鄢家发
致泡桐树（外一首） ……………………… 张万舒
鹰笛 ……………………………………… 瞿 琮

旧体诗词

长歌行二首 ……………………………… 秦 似
性灵集（六首） …………………………… 李汝伦
诗四首 …………………………………… 李曙初
诗三题 …………………………………… 杨伟群
山乡春意（四首） ………………………… 叶元章

外国诗

晚年诗作两篇 ……………… ［法国］阿拉贡 罗大冈译
少年一兵（外一首） ……… ［法国］阿拉贡 青 山译
"新的，就是新的"吗？
——评徐敬业的一个观点 ……………… 林 希
田野音乐会上的歌手
——推荐新人陈所巨，兼谈他以及一般农村诗作者的
烦恼 …………………………………… 公 刘
田野上的蒲公英（诗人论）
——苏金伞散论之一 ………………… 青 勃
《论贺敬之的诗歌创作》（诗苑漫步） ……… 侯爵良
也谈"酵母"（诗苑杂谈） ………………… 杨光治

诗歌出版消息 …………………………… 辛 木
"长沙诗歌书屋"即将开业（诗讯） ……… 弘 征
牧归（水彩） …………………………… 娄世棠
羊卓雍湖之滨（中国画） ………………… 佘友心
陕北清秋（中国画） ……………………… 何海霞

1983 年第 11 期 刊名:《诗刊》
目录

高举社会主义诗歌的旗帜
——祝贺重庆诗歌讨论会的召开 ………… 朱子奇
祖国是我的（组诗） ……… （蒙古族）阿拉坦托娅
青藏线上的回忆（二首） ………… （回族）王 度
陕北组曲（组诗） ………………………… 梅绍静
玉门人物速写（三首） …………………… 何 来
写赠鲁迅的故乡（二首） ………………… 程宝林
给我一条长长的录音带 …………………… 扬 禾
诗四首 …………………………………… 苏金伞
仰望 ……………………………………… 宫 玺
白雪的歌——和冯雪峰《雪的歌》 ……… 汪静之
西山路——地下交通员的回忆片断 ……… 白拓方

原野与城市

春蚕和蜜蜂的欢乐（朗诵诗） …………… 辛 笛
离乡·回乡 ……………………………… 庄 牧
特区，用速度写成的诗 …………………… 王扬泽
太行秋雨 ………………………………… 李学鳌
女建筑工 ………………………………… 艺 辛
忘了插问 ………………………………… 长 风
城市的星期日（外一首） ………………… 刘 波
苦楝树下的少女 ………………………… 张克峰
新唐山 …………………………………… 常 杰
瓜园的梦 ………………………………… 宋 歌
北京的回忆（二首） ……………………… 李野光
那片林子（外一首） ……………………… 熊召政
我的世界，有开不败的鲜花（外一首） …… 黄锦卿
南疆行（二首） …………………………… 杨 牧

旧体诗词

焚余诗稿（十一首） ……………………… 李 晴
延安五首 ………………………………… 胡 考
赠黄永玉四绝句 ………………………… 曾敏之
梦华录绝句（七首） ……………………… 周槐庭
谒聂耳墓 ………………………………… 黄 钟

外国诗

心电图（外四首）
……………… ［苏联］梅热拉伊蒂斯 王守仁译
坦克手（外二首） ……… ［苏联］施巴乔夫 杜承南译
诗三首 …………………… ［俄国］莱蒙托夫 俞齐煜译
给徐敬亚的公开信 ……………………… 程代熙
读诗札记 ………………………………… 邹荻帆
一九八三年全国优秀短篇小说评奖启事

诗论动态
诗讯
新疆举行"绿风诗会"
《长江文艺》出"诗歌特大号"
《新地》将出诗专号
玉澜绿雨（中国画） ……………………… 张新民
归牧图（中国画） ………………………… 张 广
冬曲（版画） ……………………………… 戈 沙

1983 年第 12 期 刊名:《诗刊》
目录

诗六首 …………………………………… 李 瑛
恒星——写在一九八三年"一二·二六"…… 雷抒雁
长汀行（词五首） ………………………… 童家贤
雾濛濛的岳麓山 ………………………… 刘 迅

诗四首……柳荫
走在地球之巅（组诗）……傅仇
战略转移（二首）……李士非
大堤……绿蔡
烈士墓前……叶曙光
泸定桥的铁桩……徐万明
自信……伊甸

贝壳与花
大连湾拾贝（六首）……沙白
写给灯（外一首）……穆仁
诗六首……屠岸
塔吊和蝉（二首）……杜运燮
火柴匣……柳士同
脚手架……弘征
雪朝（外一首）……梁上泉
因为我们爱着……许德民

外国诗
诗四首……[美国]威廉斯 袁可嘉译
《英诗宝库》选……林天斗译

艾青谈清除精神污染
臧克家谈要站在清除精神污染斗争前列
开创一代新诗风
——重庆诗歌讨论会综述……吕进
在"崛起"的声浪面前
——对一种文艺界潮的剖析……郑伯农
关于诗的对话
——在西南师范学院的讲话……柯岩
学习《邓小平文选》札记
听母亲的话……公刘
责任……白航
蒺藜野菊
——徐放《唐诗今译》序……严辰
新诗话二则……阎步克 李方元
《诗刊》一九八三年优秀作品、评论评奖启事
新诗出版消息
幽谷泉声（中国画）……赵准旺
三鸡图（中国画）……周华君
月光曲（套色木刻）……姜旗

1984年第1期 刊名:《诗刊》
目录

酸葡萄集（组诗·选刊五首）……绿原
淮海四首……罗飞
沿着长堤，我走着……司徒杰

踏月的人……郑玲
背景（外二首）……余以建
乡土诗两首……陈允豪
教师印象（组诗）……王式俭

中国的西北角:开拓之歌
我应该是一角大西北的土地（外一首）……章德益
登塞尔宛（外一首）……（维吾尔族）克里木·霍加
勘探者（二首）……霜枫
兰州印象……罗洛
日月山（外一首）……沈仁康
西行偶记（组诗）……周良沛
搬迁……（满族）闻钟
土风组诗……昌耀
新疆风（组诗）……田奇
致芦苇……赵丽宏
天山的童话（二首）……丁耶
大漠瀚海……陈峻峰
啊，处女地……柳士同
我向你吐出一个字（外二首）……刘镇
南方（外一首）……陈敬容
宛西诗稿（二首）……王迪
筏篷晚炊……罗云
炊烟……梁雄
我站在北京的街道上了……杨争光

诗选刊
然而我们相信……林希
踩场人的歌……茵子
讽刺诗二首……张学梦
一个大理石开采场……晓蕾
动物的歌（四首）……钟灵诗画

外国诗
新译彭斯诗八首……王佐良译

旧体诗
词三首……刘征
词二首……谢堂
诗二首……羊牧之
怀民族英雄岳武穆……萧湘雁
连云诗抄（四首）……徐振辉
回答"崛起"论的挑战……尹在勤
莫把腐朽当神奇——组诗《诺日朗》剖析……鲁扬
诗要让人读得懂——兼评《三原色》……公刘

学习《邓小平文选》札记
人民是诗人的母亲……方敬
创新，离不开一个大前提……宫玺

诗苑漫步

《黎明拾穗》、《李钢诗选（七首）》、《瑰宝集》

归牧（中国画）⋯⋯⋯⋯⋯⋯⋯⋯⋯⋯胡振昆

江河源（中国画）⋯⋯⋯⋯⋯⋯⋯⋯⋯杨延文

爽风（版画）⋯⋯⋯⋯⋯⋯⋯⋯⋯⋯⋯赵修柱

1984 年第 2 期　刊名:《诗刊》
目录

山村学校（组诗）⋯⋯⋯⋯⋯⋯⋯⋯⋯张丽萍

旅顺口，不是没有好风景⋯⋯⋯⋯⋯⋯冀　汸

夜曲（外二首）⋯⋯⋯⋯⋯⋯⋯⋯路　达遗作

娄山关的孩子⋯⋯⋯⋯⋯⋯⋯⋯⋯⋯⋯梁　平

最后一次⋯⋯⋯⋯⋯⋯⋯⋯⋯⋯⋯⋯⋯廖亦武

旗杆和我们⋯⋯⋯⋯⋯⋯⋯⋯⋯⋯⋯⋯刘少安

我的快乐（外一首）⋯⋯⋯⋯⋯⋯⋯⋯石成仁

渔民⋯⋯⋯⋯⋯⋯⋯⋯⋯⋯⋯⋯⋯⋯⋯高伐林

从边疆到边疆

天鹅（外一首）⋯⋯⋯⋯⋯⋯⋯⋯⋯⋯高　缨

林荫下的小宝宝⋯⋯⋯⋯⋯⋯⋯（壮族）莎　红

醉（外一首）⋯⋯⋯⋯⋯⋯⋯⋯⋯⋯⋯章德益

达斡尔族⋯⋯⋯⋯⋯⋯⋯⋯⋯⋯⋯⋯⋯韩　笑

祝您定居⋯⋯⋯⋯⋯⋯⋯⋯⋯（蒙古族）青格里

黎寨风情（四首）⋯⋯⋯⋯⋯⋯⋯⋯⋯倪峻宇

高原二首⋯⋯⋯⋯⋯⋯⋯⋯⋯⋯⋯⋯⋯沈骏康

在那遥远的地方（二首）⋯⋯⋯⋯⋯⋯米思及

哈萨克的爱情（二首）⋯⋯⋯⋯⋯⋯⋯万忆萱

祖国·人民·子弟兵

飞行者思绪（二首）⋯⋯⋯⋯⋯⋯⋯⋯周　鹤

母亲⋯⋯⋯⋯⋯⋯⋯⋯⋯⋯⋯⋯⋯⋯⋯尚　方

现役军人的妻子们⋯⋯⋯⋯⋯⋯⋯⋯⋯柯　平

热血⋯⋯⋯⋯⋯⋯⋯⋯⋯⋯⋯⋯⋯⋯⋯刘秋群

哨所旁的油菜花⋯⋯⋯⋯⋯⋯⋯⋯⋯⋯孙中明

杯⋯⋯⋯⋯⋯⋯⋯⋯⋯⋯⋯⋯⋯⋯⋯⋯张永枚

边防线诗情（二首）⋯⋯⋯⋯⋯⋯⋯⋯晏　明

国际新闻⋯⋯⋯⋯⋯⋯⋯⋯⋯⋯⋯⋯⋯瓦　宁

南共中央大厦（外二首）⋯⋯⋯⋯⋯⋯流沙河

初访莱比锡（二首）⋯⋯⋯⋯⋯⋯⋯⋯齐　仲

诗选刊

信天游⋯⋯⋯⋯⋯⋯⋯⋯⋯⋯⋯⋯⋯⋯梅绍静

黑色的雕像

——给一个铺柏油路面的青年养路工⋯周伦佑

阳光，阳光（外一首）

——乘机到延安上空时⋯⋯⋯⋯⋯⋯⋯叶延滨

战风雪⋯⋯⋯⋯⋯⋯⋯⋯⋯⋯⋯⋯⋯⋯李松涛

星光——长诗《栗树谣》中的"七歌"⋯田　间

山的呼唤——《山恋》续篇⋯⋯⋯⋯⋯胡　昭

讽刺与幽默

伯乐轶事⋯⋯⋯⋯⋯⋯⋯⋯杨翰端诗　方　成画

南山老汉⋯⋯⋯⋯⋯⋯⋯⋯⋯⋯⋯⋯⋯文　丙

外国诗

苏联当代诗四家九首⋯⋯⋯乌兰汗　苏　杭　丘　琴译

周末诗话⋯⋯⋯⋯⋯⋯⋯⋯⋯⋯⋯⋯⋯绿　原

诗人论

论林希的诗⋯⋯⋯⋯⋯⋯⋯⋯⋯⋯⋯⋯李元洛

诗苑杂谈

"爱国诗，八行的"⋯⋯⋯⋯⋯⋯⋯⋯⋯赵树岭

诗讯二则

春潮（中国画）⋯⋯⋯⋯⋯⋯⋯⋯⋯⋯赵宁安

瑞雪（中国画）⋯⋯⋯⋯⋯⋯⋯⋯⋯⋯刘汝阳

晨曲（套色木刻）⋯⋯⋯⋯⋯⋯⋯⋯⋯王　炜

1984 年第 3 期　刊名:《诗刊》
目录

祖国的山山水水间（三十八首）——田　炜　采　罗

张　克　安　谧　张新泉　陆　檠　杨永年　刘　滨

宋　歌　冯　杰　马及时　向　明　洪三泰　唐　湜

李云鹏　王洪涛　陈继光　杨学贵　张大成　高　深

袁伯霖　奕　林　杨子忱　瞿　琮　赵健雄

写一首诗寄思念

写一首诗⋯⋯⋯⋯⋯⋯⋯⋯⋯⋯⋯⋯⋯程步奎

弯弯的石拱桥⋯⋯⋯⋯⋯⋯⋯⋯⋯⋯⋯叶圣华

台湾情思（二首）⋯⋯⋯⋯⋯⋯⋯⋯⋯田　野

浪花笺（三首）⋯⋯⋯⋯⋯⋯⋯⋯⋯⋯陈文和

飞来吧，台湾的鸽子⋯⋯⋯⋯⋯⋯⋯⋯陈志泽

唱给台湾鸽子的摇篮曲⋯⋯⋯⋯⋯⋯⋯蒋夷牧

轮渡⋯⋯⋯⋯⋯⋯⋯⋯⋯⋯⋯⋯⋯⋯⋯林　祁

散文诗

牧歌和闪电（三章）⋯⋯⋯⋯⋯⋯⋯⋯白　渔

石头与人⋯⋯⋯⋯⋯⋯⋯⋯⋯⋯⋯⋯⋯刘　虔

啊，活动的小屋⋯⋯⋯⋯⋯⋯⋯⋯⋯⋯峭　岩

三月三⋯⋯⋯⋯⋯⋯⋯⋯⋯⋯⋯⋯⋯⋯李昆纯

诗选刊

大渡河情思（二首）（原载《青年作家》1984 年 1 月号）⋯⋯⋯⋯⋯⋯⋯⋯⋯⋯⋯⋯⋯⋯⋯⋯⋯周　纲

我想提醒一句（外一首）（原载《解放军文艺》1984

旧体诗

族踪杂记（八首）⋯⋯⋯⋯⋯⋯⋯⋯⋯⋯⋯⋯ 胡　绳
戏为六绝句（二首）⋯⋯⋯⋯⋯⋯⋯⋯⋯⋯ 臧克家
词二首⋯⋯⋯⋯⋯⋯⋯⋯⋯⋯⋯⋯⋯⋯⋯ 吴调公
萱荫阁诗词稿（六首）⋯⋯⋯⋯⋯⋯⋯⋯⋯ 屠　岸

叙事诗

户长的邀请（李焙戈插图）⋯⋯⋯⋯⋯⋯⋯ 胡发云

火炬松集

火炬松的祈求⋯⋯⋯⋯⋯⋯⋯⋯⋯⋯⋯⋯ 玛　金
望海⋯⋯⋯⋯⋯⋯⋯⋯⋯⋯⋯⋯⋯⋯⋯⋯ 胡　征
我的手表⋯⋯⋯⋯⋯⋯⋯⋯⋯⋯⋯⋯⋯⋯ 方　平
一个星期日的早晨⋯⋯⋯⋯⋯⋯⋯⋯⋯⋯ 白　原
久已结束的悲剧（组诗）⋯⋯⋯⋯⋯⋯⋯⋯ 梁　南
望灯光⋯⋯⋯⋯⋯⋯⋯⋯⋯⋯⋯⋯⋯⋯⋯ 李方立
海贝⋯⋯⋯⋯⋯⋯⋯⋯⋯⋯⋯⋯⋯⋯⋯⋯ 任光椿
看那高山葱茏⋯⋯⋯⋯⋯⋯⋯⋯⋯⋯⋯⋯ 彼　岸
咏彩锦绣⋯⋯⋯⋯⋯⋯⋯⋯⋯⋯⋯⋯⋯⋯ 钟　辛
纸⋯⋯⋯⋯⋯⋯⋯⋯⋯⋯⋯⋯⋯⋯⋯⋯⋯ 袁戈风

外国诗

加拿大当代诗歌六首⋯⋯⋯⋯⋯ 李文俊　小　风译
好啊，中国的新西兰人！
　——贺路易·艾黎八十六寿辰⋯⋯⋯⋯⋯ 朱子奇
社会主义诗歌与现代主义⋯⋯⋯⋯⋯⋯⋯⋯ 吕　进
诗属于人民⋯⋯⋯⋯⋯⋯⋯⋯⋯⋯⋯⋯⋯ 罗　洛
诗人论
在返朴归真中摄取生活的诗意
　——论青勃的诗⋯⋯⋯⋯⋯⋯⋯⋯⋯⋯⋯ 叶　橹
散文诗片议⋯⋯⋯⋯⋯⋯⋯⋯⋯⋯⋯⋯⋯ 刘北汜
诗苑漫步
《人之诗》、《爱的火焰花》、《春的儿女》、《灵感的
流云》
诗苑杂谈
关于"故事"⋯⋯⋯⋯⋯⋯⋯⋯⋯⋯⋯⋯⋯ 宋慧乡

诗歌出版消息

槟榔丛中（中国画）⋯⋯⋯⋯⋯⋯⋯⋯⋯⋯ 姚　奎
水镇集市（中国画）⋯⋯⋯⋯⋯⋯⋯⋯⋯⋯ 徐　希
春融（水印套色木刻）⋯⋯⋯⋯⋯⋯⋯⋯⋯ 方振宁

1984 年第 4 期　刊名：《诗刊》
目录

1983 年《诗刊》优秀作品、评论评奖获奖篇目获奖作
品、评论简评

年轻的布尔什维克（组诗）⋯⋯⋯⋯⋯⋯⋯ 刘　波
史书上说⋯⋯⋯⋯⋯⋯⋯⋯⋯⋯⋯⋯⋯⋯ 刘　镇
大森林里的小屋⋯⋯⋯⋯⋯⋯⋯⋯⋯⋯⋯ 谭德生
扫墓⋯⋯⋯⋯⋯⋯⋯⋯⋯⋯⋯⋯⋯⋯⋯⋯ 吴烟痕
偄叔⋯⋯⋯⋯⋯⋯⋯⋯⋯⋯⋯⋯⋯ 黎　戈　兆　宾
秋夜⋯⋯⋯⋯⋯⋯⋯⋯⋯⋯⋯⋯⋯⋯⋯⋯ 田章夫
检验⋯⋯⋯⋯⋯⋯⋯⋯⋯⋯⋯⋯⋯ 赵鹏万　刘允章

工业与诗情

工厂诗情（三首）⋯⋯⋯⋯⋯⋯⋯⋯⋯⋯⋯ 鸥一洋
工业抒情诗（组诗）⋯⋯⋯⋯⋯⋯⋯⋯⋯⋯ 张学梦
平衡·盘存⋯⋯⋯⋯⋯⋯⋯⋯⋯⋯⋯⋯⋯ 陆　萍
里弄小厂⋯⋯⋯⋯⋯⋯⋯⋯⋯⋯⋯⋯⋯⋯ 李霁宇
我们走向港口⋯⋯⋯⋯⋯⋯⋯⋯⋯⋯⋯⋯ 李道林
成熟⋯⋯⋯⋯⋯⋯⋯⋯⋯⋯⋯⋯⋯⋯⋯⋯ 聂鑫森
钢厂新印象⋯⋯⋯⋯⋯⋯⋯⋯⋯⋯⋯⋯⋯ 董宏量
出钢⋯⋯⋯⋯⋯⋯⋯⋯⋯⋯⋯⋯⋯⋯⋯⋯ 易　水
砖头瓦块奏鸣曲（三首）⋯⋯⋯⋯⋯⋯⋯⋯ 蔡应律
重机厂掠影（散文诗二章）⋯⋯⋯⋯⋯⋯⋯ 王敦贤
诗二首⋯⋯⋯⋯⋯⋯⋯⋯⋯⋯⋯⋯⋯⋯⋯ 万　方
露天矿⋯⋯⋯⋯⋯⋯⋯⋯⋯⋯⋯⋯⋯⋯⋯ 韦黎明
青春进行曲⋯⋯⋯⋯⋯⋯⋯⋯⋯⋯⋯⋯⋯ 绿　藜
镍都歌（二首）⋯⋯⋯⋯⋯⋯⋯⋯⋯⋯⋯⋯ 师日新
调车场抒情⋯⋯⋯⋯⋯⋯⋯⋯⋯⋯⋯⋯⋯ 叶应昌
月夜传情⋯⋯⋯⋯⋯⋯⋯⋯⋯⋯⋯⋯⋯⋯ 胡　笛
长江情思⋯⋯⋯⋯⋯⋯⋯⋯⋯⋯⋯⋯⋯⋯ 熊召政

飞跃小集⋯⋯⋯⋯　圣　野　纪　学　高立林　林　染
任宗耀　王志杰　喻　晓　白德成　宫　辉　周所同
亦　痕　孙　滨　姜平章　张德强　李加建　沈　重

诗选刊

伊犁河的涟漪（四首）（选自《绿洲》1984 年创刊号）
⋯⋯⋯⋯⋯⋯⋯⋯⋯⋯⋯⋯⋯⋯⋯（新疆）雷　霆
我是鲁迅故乡人（选自《萌芽》1983 年第 12 期）
⋯⋯⋯⋯⋯⋯⋯⋯⋯⋯⋯⋯⋯⋯⋯⋯⋯⋯ 张德强
乡俗（选自《泉城》1984 年第 2 期）⋯⋯⋯ 张中海
划哟⋯⋯（选自 1983 年 11 月 12 日《新华日报》）
⋯⋯⋯⋯⋯⋯⋯⋯⋯⋯⋯⋯⋯⋯⋯⋯⋯⋯ 赵　恺

旧体诗⋯⋯陈凤威　左漠野　胡　考　华　武　叶元章

外国诗

委内瑞拉当代诗选（五首）⋯⋯⋯⋯⋯⋯ 陈光孚译
胡安娜·伊内斯十四行诗四首⋯⋯⋯⋯⋯ 王央乐译
吹吧，绿色的风！
　——给诗友的信⋯⋯⋯⋯⋯⋯⋯⋯⋯⋯⋯ 胡　昭
时刻牢记社会主义的文艺方向（转载）⋯⋯⋯ 徐敬亚
新诗话（九则）⋯⋯何晴波　敏　歧　成　庶　胡力重
欢迎叙事诗稿

诗讯
苏醒的海滩（版画）·····················沈 杰
霜晨（中国画）·······················贾又福
吸水（版画）·························蒙希平

1984 年第 5 期　刊名:《诗刊》

目录

五月花
山杜鹃（三首）·······················杨 牧
工厂抒情诗（组诗）····················张敦孟
红豆草·····························王 果
光荣呵！祖国为我命名··················梁志宏

我的故乡,我的乡亲
我的故乡,我的乡亲（组诗·李培戈插图）·····刘 犁
寄自农村的未定稿（二首）···············李光友
科普大集（组诗·李焙戈插图）············姚振函
元日····························华万里
秭归篇（组诗）·····················刘岚山
草和树四首························杜运燮

诗选刊
无题····························秦兆阳
竹山人家（外二首）···················孙新凯
湘西采桑（三首）············（土家族）胡文江
矿工和太阳·······················李长伯
我是支柱························陈春琼
脚步声声························陈建明
南南和胡子伯伯的故事（长诗节选·曹金秋插图）
······························木 斧
摇篮·校园·山野····马瑛瑛 苗 欣 赵 坤 李蔚红
庞颖洁 昌 新 杨 蕾 薛卫民 龙 郁 染 儿

写生小集
神农架写生（组诗）···················田 野
湖南张家界·······················蔡其矫
宁河碎浪（三首）····················放 平
枣酒（外一首）·····················白 航
海上短笛（四首）····················宋 丹
二月兰··························徐 鲁
步雨（外一首）····················周建新
旧体诗···鲁 兵 凌文远 李曙初 周槐庭 陈 章

诗与画
相马（漫画）······················方 成
千里马的答辩（寓言诗）················刘 征
题韩羽戏剧人物图····················荒 芜

外国诗
牙买加、扎伊尔、南斯拉夫四家诗六首
·················荒 芜 金志平 马福聚译
非洲民歌三首······················周国勇译
对农村青年诗歌作者的几点希望
——高扬同志给吴振华同志的信············高 扬
（附）王安石《伤仲永》并现代汉语译文
诗讯: 河北泊头市尹圈大队青年办起《朝花》诗社
继承·创造
——读周纲、廖公弦的近作···············尹一之
写诗的战士与写战士的诗
——谈李松涛的部分诗作·················朱先树
文学笔记（七则）····················张志民

假如你想作个诗人……
写诗,要讲究虚实的妙用·················何 锐
诗苑杂谈
诗,不应是文字游戏···················杨世运
诗歌出版消息······················辛 木
牧羊人（中国画）····················张 广
崂山山家（中国画）···················林 锴
雨趣（版画）······················蒋谷峰

1984 年第 6 期　刊名:《诗刊》

目录

工厂的年轻人和新厂长（诗二组·费声福插图）
······························伊 甸
同志··························康 定
十九岁··························张志民
二十四岁·························高伐林
告别··························胡天风
雨花石··························赵 恺
折不断的信仰··············（朝鲜族）金 哲 金 一译
夔门（组诗·赵晓沫插图）··············牛 汉
时间四重奏（组诗）··················陈敬容
柔巴依六首··········（维吾尔族）铁依甫江 郝关中译
陕北窑洞·························张秦北
门···························韩 云
他的大印························姚成友

诗选刊
痴情··························杨 牧
高高的脚手架上·····················李 静
塔克拉玛干·······················阮章竞
镇河兽··························青 勃
雕天者··························王绥青
天安门广场低吟·····················张天明
瞻访宋庆龄故居·····················辛 笛

诗二首························钱俊瑞
妈祖·························郑 玲

波浪小集
溪畔，两顶帐篷···············夏 冰
波浪（外一首）···············郭玉山
雪白的歌（二首）·············贺羡泉
飞起吧，小鸽子···············易 水
怀友人······················杨匡满
铁轨和爱情···················唐亚平
好，早晨!····················艾 丹
赠人二首····················朱 健
旧体诗·········蒋 彝遗作 钱小山 唐济

诗与画
不倒的"轿夫"（漫画）·········丁 聪
翁不倒传经送宝···············陈允豪
新楼别·············黄锡霖诗 方 成画
致某类诗人···················邓万鹏

外国诗
日本俳句和诗选择······林 林 李芒 彤 雕译
绿原和他的诗·················曾 卓

诗苑漫步
《一九八二年诗选》···········莫文征
《六月流火》·················陈绍伟
《故园别》···················欧阳近士
《春天的竖琴》···············匡 汉
《迟来的爱情》···············朱子庆
《西天的云彩》···············成志伟
《第一行足迹》···············未 央

假如你想作个诗人……
谈诗的深化···················陈良运
诗歌出版消息·················辛 木

诗讯三则
漓江（油画）·················刘 迅
杏花烟雨（水印木刻）·········赵晓沫
起航（版画）·················吴线曲

1984 年第 7 期　刊名:《诗刊》
目录

豌豆·雕塑·婴儿（三首）·······黄永玉
司号者（外一首）·············关 雎
我的无限眷恋（组诗）·········梁 南

生命·······················李 琦
从南方来的修鞋工人···········李北开
微笑·······················杨钧炜
中国的土地（外二首）·········刘湛秋
金钥匙与凯旋门···············王燕生
访英诗帖（组诗）·············方 敬
读地球仪····················流沙河
长队·······················齐 仲
田园曲（组诗）···············唐亚平
高原的太阳（组诗）···········叶延滨
乡下，有我的好哥哥（组诗）···伊 甸
太阳的路····················洪三泰

诗选刊
迟到·······················舒 月
那时，我正年轻（组诗·选三首）·朱 红
明天，我将远行···············傅铁成
眼睛·······················孙 犁
柔巴依十首···················赛福鼎
露西·······················胥勋和
题《狂风中的橡树》···········胡中明

风俗画
桥头，珠贝的街···············唐 湜
江南风（二首）···············郭 辉
唢呐手（外二首）·············程宝林
新屋·······················于 沙
爆米花的黑老汉·········郑宝富 罗西临
山寨一条街···················沈 凭
旧体诗·········刘大年 赵朴初 明 朗 冒吉昌

诗与画
登龙术传奇···················刘 征
小辣椒（三首·曹振峰插图）····余薇野

外国诗
法国诗四首······金志平 思 宁 杨松河 罗 洛译
关于诗歌的历史感·············袁忠岳
现实的、本质的、激情的·······吴 嘉
捏着一把火——序《王亚平诗选》·臧克家
《彭燕郊诗选》跋·············陈 萱
要认真重视诗歌评论工作
——记《诗刊》举办的评论作者读书写作会····朱先树
新诗话三则·············罗德良 马绪英
本刊八月号将出青年作品专辑《青春诗会（1984）》
本刊八月号将发表一组军事题材新诗
诗歌出版消息·················辛 木

封面设计····················王 俭

小丫（油画）（封二） ……………… 马一平　刘　虹
江畔（水墨画）（封三） ……………………… 石瀛潮
春娃娃（版画）（封四） ……………………… 姜　旗

1984 年第 8 期　刊名:《诗刊》
目录

中国，怎样面对挑战? …………………………… 邵燕祥

青春诗会（1984）
羊鸣随笔（代序） …………………………… 流沙河
我的太阳（四首） …………………………… 马丽华
守望（外二首） ……………………………… 田家鹏
年轻的布尔什维克（组诗） ………………… 刘　波
改革者及其他（组诗） ……………………… 余以建
两半球消息（组诗） ………………………… 金克义
南方的女人（组诗） ………………………… 张丽萍
在旱冰场边（外一首） ……………………… 张敦孟
升帆（外二首） ……………………………… 胡学武
大盆地（外三首） …………………………… 廖亦武

诗选刊
在深蓝色的疆域（三首） …………………… 陈云其
江南写意（二首） …………………………… 燕　翎
沙海听歌 …………………………………… 林　希

战士抒情诗
心与枪的奏鸣曲（二首） …………………… 李松涛
情在军旅（二首） …………………………… 郭光豹
战马西行（三首） ………………………… 饶阶巴桑
飞影（外一首） ……………………………… 刘秋群
在爸爸的哨所（二首） ……………………… 高洪波
在战争与和平之间（二首） ………………… 蔡椿芳
帽徽（外一首） ……………………………… 杨松霖
月光下的螺蛳岛 ……………………………… 汪　沉
军长的双肩 ………………………………… 程童一
憨笑 ………………………………………… 马合省
画与音乐组诗 ………………………………… 郑　敏

外国诗
巴西当代两诗人诗选（七首） ……………… 王央乐译

旧体诗 ……………… 荒　芜　雍文华　詹焜耀
继承传统　开拓未来
——《晋察冀诗抄》重版后记 ……………… 魏　巍
王绶青的诗 ………………………………… 唐　弢
杜谷和《泥土的梦》 ………………………… 罗　洛
有字的诗与无字的诗 ……………… 竹亦青　遗作
《江淮之旅》：请看本刊九月号这一辑的诗题

《台湾诗近作 39 首》——本刊九月号将刊出选辑
鸭棚子（油画） ……………………………… 罗中立
烟雨漓江（中国画） ………………………… 白雪石
音乐（雕塑） ………………………………… 张德蒂

1984 年第 9 期　刊名:《诗刊》
目录

龙灯舞（外一首） …………………………… 简　宁
登大雁塔放号 ……………………………… 黎焕颐

江淮之旅
长江三角洲，一把洒金的折扇（外二首） …… 刘祖慈
土地（组诗） ………………………………… 章德益
江南风景线（组诗） ………………………… 梁　南
喜鹊的江南（三首） ………………………… 周　涛
乡党委书记 ………………………………… 刘益善
这双手（组诗） ……………………………… 唐晓波
我的江南（组诗） …………………………… 雷　霆
齐鲁大地（组诗） …………………………… 公　刘
兵器工人和诗人的对话 ……………………… 李加建
台湾诗近作三十九首 ……… 钟顺文　蔡忠修　罗　青
许达然　刘克襄　白　樵　非　马　黄树根　余　文
许露麟　刘淑珍　张　平　吴　晟　焦　桐　李丽卿
洛　夫　大　雁　施明正　林华洲　叶日松　涂静怡
沙　牧　林焕彰　张秀亚　侯吉谅　陈金男　戴　天
利玉芳　余光中　何　郡　杜十三　渡　也　德　有
许其正　杨　渡　郑炯明
诗选刊
站在海洋钻井船上（组诗） ………………… 于　鹏
山音集 ……………………………………… 刘向东
重逢 ………………………………………… 田　野
还乡三题 …………………………………… 丽　砂
街头小演奏家 ……………………………… 袁可嘉
这北美洲的天空 ……………… [旅美侨胞] 刘毓华

旧体诗
赠友四首 …………………………………… 曾敏之
诗三首 ……………………………………… 李汝伦
哲理抒情与工业诗——聂鑫森诗作印象 …… 孙克恒
胡桃树下的沉思——读何来的诗 …………… 吴　嘉
西部诗歌的开拓精神——评新疆三诗人 …… 唐　祈
心灵与时代的碰击
——读"诗人丛书"第二辑 ………………… 钟　文
关于《讲究修辞艺术》的通信 ……………… 屠　岸

诗讯
海外的一束诗花 …………………………… 于宗信
诗刊社创办全国青年诗歌刊授学院招生通知

封面设计························王 俭
金猫（壁毯）（封二）·············韩 杰
珊瑚（壁毯）（封三）·············田卫平
山村（版画）（封四）·············徐 冰

1984 年第 10 期　刊名:《诗刊》

目录

待认识的星群
——读"无名诗人作品专号"·········邹荻帆
今日之中国（组诗）···············刘舰平
破冰船之歌·····················金同悌
归航·························黄晓华
关于长城·····················吴厚炎
这儿·························韦 锦
西窗碎语·····················关 睢
浪花集（三首）··················落 红

黎明，微笑的妇女们
狼山一代女···················曹 剑
女清洁工·····················陈衍庆
山区女教师（二首）···············陈峻峰
雪姑娘（外一首）················李存宽
京剧团的女孩子·················刘 季

大地与小村
苏北风情（二首）················程不了
关东大地（二首）················王鸣久
小村·小村的人·················谭德生
月亮湾的女儿（三首）·············华 姿
牛市·························曾 鸣
胡呐喊·······················郭 辉
乡村：爆竹声声（二首）···········程宝林
课堂·························杨学贵
凤尾扫帚·····················姜华令
财富（外一首）··················向书豪
采风·························何 鸿
《自修大学》和我一起下地··········张瑞田
山葡萄（二首）··················韩春明
笑吧，山影里的浪花··············周少尧

为共和国服务
为共和国服务（三首）·············宫 辉
各自的角色（外一首）·············柯 平
水花与电花（二首）··············丹 若
绿色旗在前方挥起了··············程光炜

铁路，一支奔驰的歌（组诗）·········王 辉
抢洋镐的年轻人（外一首）··········张向阳
清晨，城市交响曲（外一首）·····宋 渠 宋 炜
钢城二题·····················星 宫
矿工的哲学···················永 明
北方的装卸工··················尹世洲
注···························赵兴诗
建设者的雕像（二首）·············冯永杰
拉萨影剧院（外一首）·············摩 萨
情绕油田·····················黄 宏
冲天炉·······················王长富
春雨·························王维君
临时工（外一首）················陈 刚
我给生活剪影··················周伦佑

大海·森林·草原
赶海二首·····················杨庭安
渔火·························李挺奋
森林·季节的献诗（外一首）·········夏 冰
夜，猎火亮着··················庞壮国
山林细雨·····················梁 芒
森林曲·······················张克峰
边声（二首）···················方万聪
采草籽·······················王泽群
雪中·························藏 青
鸿雁落脚的地方（二首）···········姚业涌
牵骆驼的多斯提（外一首）·····（回族）阿 拜
海的儿子（外一首）··············刘小龙

南方诗抄
南方（三首）···················冯庆川
南国多雨·····················赵国泰
南方的恋歌（外二首）·············钱叶用
四月之城·····················于 坚
敞篷车上的姑娘·················白 薇
采花的少女们（外二首）···········曾静平
巴山夜雨·····················李祖星
根（外一首）···················赵 坤
黄山与挑夫···················曾有云
春天的印象···················蓝 幽
小城画稿（二首）················温 斌
洞庭湖的心···················刘少安

沉思集
春天·························一 民
灰楼的传说···················江 陵
梦···························沈用大
兵马俑·······················林 净
骊山·························师学军

磏墩石 ………………………… 高停云
享年 …………………………… 禾 平
庙趣 …………………………… 袁永庆
沉思，是生活（外一首）……… 南 野
编后 …………………………… 邵燕祥

诗刊社创办全国青年诗歌刊授学院招生通知

诗讯五则
大路（油画）………… 马一平 刘 虹
听雨图（中国画）
……………… 韩 羽 秋 风（版画） 牛林森

1984 年第 11 期　刊名:《诗刊》
目录

二分硬币 ……………………… 牛 汉
祖国，我心中的祖国 ………… 刘 敏
工厂的年轻人（组诗）………… 伊 甸
在龙的传说中崛起（组诗）…… 彭浩荡
黄海二首 ……………………… 昌 耀
共和国的第三代（二首）……… 力 虹
特区抒情（二首）……………… 柯 原
县委大院（二首）……………… 杜 若
中国，中国，鲜红的太阳永不落 … 靳文章
诗三首 ………………………… 王佐良
诗二首 ………………………… 路 翎
忽然，我发现（外三首）……… 那 沙

野渡小集
野渡（外二首）………………… 宫 玺
我应该来看 …………………… 高加索
长城和机器人 ………………… 戴砚田
大足石刻三题 ………………… 石天河
牛之梦 ………………………… 胡 征
黄河 …………………………… 古继堂
剑阁柏 ………………………… 唐大同

诗选刊
"死不着"的后代们 …………… 张志民
眼睛 …………………………… 公 木
眼睛 …………………………… 陈敬容
老树 …………………………… 孙 犁
没有皱纹的诗（二首）………… 戈 非

讽刺与幽默
移山逸事（外一首）…… 刘 征诗 方 成画
辣椒歌（四首）………… 陈显荣诗 丁 聪画

"长江魂"诗会广播朗诵诗选
一条溪水的回忆 ……………… 陈松叶
爱的长河（片断）……………… 郭蔚球
神女，当我从你面前走过 …… 李道林
凤凰泉探胜 …………………… 刘不朽
一个很平常的早晨 …………… 李 钢
星辰 …………………………… 冀 汸

旧体诗
七律四首 ……………………… 聂绀弩
诗五首 ………………………… 凌文远

外国诗
现代英国小说家诗作六首
……………… 托麦斯·哈代 戴维·劳伦斯 袁可嘉译

诗艺漫笔
开头：醒人耳目·结尾：清音有余·浅谈跳跃
………………………………… 杨光治
"听觉艺术"和"视觉艺术"·"惊人"之句
诗的"点"·事理与情理·"不离不即"…… 吕 进
自由诗不能太自由 …………… 余 之
一种"互鉴"·发现 …………… 朱子庆
无愧于大众
——怀念柯仲平同志 ………… 田 间
讽刺的诗和诗的讽刺 ………… 方 成
让诗歌插上翅膀飞翔 ………… 董培伦

诗苑杂谈
杜绝不着边际的空话 ………… 姚振函
诗——浓缩的文学 …………… 高 平
本刊十二月号叙事特辑预告
诗刊刊授学院就招生答读者问

诗讯二则
忆江南（中国画）……………… 卢 沉
蓝色的海湾（中国画）………… 何韵兰
牧家新趣（中国画）…………… 肖 宽

1984 年第 12 期　刊名:《诗刊》
目录

小叙事诗十二首
一个英雄和三个败类 ………… 刘家魁
新厂长的三把火 ……………… 黄锦卿
三名心脏病患者的病历 ……… 林 希
时间，不会中断 ……………… 李松涛
致友人 ………………………… 陈绍陟

老黑 ··程不了
愤怒的鸽子 ····································胡　昭
为了曙光 ··戈　峰
乡村女外交 ······································刘　章
新来的女场长 ··································刘晓滨
给一位筑路领工员 ··························王志杰
一星期，才六天 ······························刘　敏

诗选刊
从导弹发射场致步鑫生 ··················王晋军
祖国，一场风暴来临 ······················张学梦
她的凝望 ··陈知柏
足印（外一首）································余薇野

小草小集
小草一丛（四首）····························蓝　曼
咏物二首 ··屠　岸
红气球 ··章吕镇
这双手 ··林　达
我有三颗心 ······································赵五四
拄拐的孩子与海 ······························郎恩才
海（外一首）····································冯　异
海盐行 ··欣　原
情漫山河 ··王辽生
酒店 ··钱万成
钱塘谣（二首）································文　丙
婚礼 ··刘锦涛
提醒 ··孙昕晨
油城夕照 ··王　磊
深海珍珠 ··陆　萍
遥感 ··胡　笳
笑容（外一首）································丁　耶
星月篇（二首）··························王德裕遗作
秋的问答（二首）····························王　浩
甜蜜的记忆 ······································贺维铭

外国诗
当代西德诗一束 ················舒　柜　李士勋译
质朴的歌
　——严辰诗片论 ····························刘岚山
我们时代的热情歌手
　——略论诗人李瑛 ························晓　雪

诗苑漫步
介绍《春草集》、《长歌行》、《心灵的彩翼》、《中外诗话》
一九八四年全国优秀短篇小说奖评奖启事
对山西省两首获奖作品的不同意见（诗论动态）
本刊刊授学院通知
萧红在故乡（雕塑）··························王松引

雨点儿（油画）································马树林
二月（版画）····································卜维勤

1985年第1期　刊名:《诗刊》

目录

潮汐与金牌:迎接1985年
潮汐 ··何宜陵
经营副厂长 ······································黄锦卿
去野餐的自行车队 ··························柯　平
某机关干部谈话录 ··························韩辉升
车间风情（二首）····························鸥一洋
金牌五章 ··王兆琪

到森林去,到草原去,到黑龙江去
黄金之路（组诗）····························沙　白
大森林，那绿色的波涛（组诗）········程光锐
从大兴安岭来…… ··························刘畅园
大森林三首 ······································傅天琳
啊，加格达奇（外一首）················周　纲
大兴安岭举着花枝（三首）··············梁　南
大兴安岭之行（二首）····················张学梦
大兴安岭人（二首）························王燕生
森林世界（外一首）························许德民
黑龙江（外二首）····························曾　卓
黑龙江的性格 ··································张连荣
呼伦贝尔草原 ··································宗　鄂
木刻楞 ··王家新
走哟到红公鸡的鸡冠子上去哟 ········朱　雷

散文诗十七家
桂向明　郭　风　饮　可　陈　犀　许　淇　张　长
肖　黛　晓　桦　安　南　马恒祥　孙桂贞　黎　笙
李　耕　陈慧瑛　耿林莽　宋梧刚　张　克

肝胆照人——读公木近年新诗记感 ····朱　晶
憧憬，是永远也不会疲倦的
　——读陈敬容诗作的一点感想 ········楼肇明

诗人书简
关于叙事诗的通信 ··························罗　沙

诗人谈创作
辣椒之根 ··陈显荣

读稿小札
"贯一乃拯乱之药" ··························杨金亭
为了诗歌的繁荣和兴旺——记诗刊社全国青年诗歌刊

授学院开学盛况 ························ 朱先树
春到北海（中国画）··················· 姚　奎
山羊（彩墨画）······················· 秦　龙
归途（版画）························· 徐仲偶

1985 年第 2 期　刊名:《诗刊》
目录

为诗一呼 ········ 公　木　艾　青等十八位诗人
农民，驾驶他的汽车 ··················· 李圣强
一个农民 ··························· 陈松叶
在乡村二层楼的阳台上 ················· 张中海
花篮·小村·中国 ··················· 佟　石
山雀子衔来的诗（二首）··············· 饶庆年
我寻找妈妈的炊烟（外一首）············· 黄井子
苗壮的火苗 ························· 丁　可
来自土地的希望 ····················· 沈　吟
挑战 ····························· 柳士同
初恋 ····························· 化　铁
河（组诗）························· 牛　波
老去的牛（外一首）··················· 郭良原
我从北方来 ························· 杨匡满
岁月的河（三首）····················· 张新泉
自嘲（外二首）····················· 木　斧
北方断想 ··························· 王新弟
麻绳歌 ····························· 时永福
诗二首 ····························· 叶文福
永乐大钟 ··························· 杨　炼
诗选刊（五首）
········ 刘　琦　程步涛　张小波　穆　仁　冀　汸
旧体诗（十六首）
············· 萧　离　熊　复　刘　征　吴调公
黄金世界（外一首）··················· 吴小宇
忧郁（外一首）····················· 吴　正
天书（外一首）····················· 王心果
文丐（外一首）····················· 陈　实
人（外一首）························· 西流水
相遇（外一首）····················· 秃　橡
众河的归宿 ························· 王　勇

短歌
驼骨 ····························· 李清联
金色的摇篮 ························· 孔祥雨
石榴花絮语 ························· 艾　路
那棵树 ····························· 卢祖品
行吟手记（二首）····················· 野　曼
长白温泉 ··························· 韩　笑
映山红，是开在山里的 ················· 陈俊峰

致四婶子 ··························· 刘　章
早霞·云朵·银河 ··················· 梁谢成
中秋夜短吟 ························· 刘　晓
石鱼 ····························· 徐慎贵
山和登山者 ························· 陈茂欣
银河集（四首）····················· 雷　雯
榆树钱 ····························· 尚建国
白桦林 ····························· 吕　新
坚强，像一株松树（外一首）············· 高　深
月光 ····························· 杨榴红
关于新诗的感情境界 ··················· 陈良运

新作选评
喜读《二分硬币》····················· 张志民
诗情洋溢，画意葱茏 ··················· 湛伟恩
读刘畅园的《青青草》················· 成志伟
朴实而有诗味的想象 ··················· 苗得雨

诗人谈创作
心灵荧屏上的对比度
——谈《山乡的歌》中的生活感受 ········· 雷恩奇

诗苑杂谈
诗不应重复别人表现过的东西 ············· 邢小群
从《我的中国心》所想到的 ············· 曹燕柳

新诗话
红霞在眼睛深处"燃烧"等三则 ··········· 谢文利
也谈"跨行" ······················· 万龙生
"血痕"与"墨痕" ··················· 古远清

读稿小札
读《射击者之歌》··················· 南　音
同题诗专栏将于四月号与读者见面

诗讯二则
寻旧居（丝漏版画）··················· 王树彪
晨（油画）························· 朱毅勇
春曲（版画）························· 王坎德

1985 年第 3 期　刊名:《诗刊》
目录

风从南方来（二首）··················· 杨　克
宽肩膀的工厂（外一首）··············· 郑宝富
带玻璃光的年轻厂长（二首）········· 光　华　渠　炜
厂长在舞会上（外一首）··············· 黄晓华
早晨去赴一座古城的约会 ··············· 傅天琳

十六岁和中国海陆位置·······················潞 潞
集体厂来了两个大学生（外一首）···········薛卫民
哦，神奇的蘑菇·····························力 虹
啊！欢乐，我的欢乐·······················王德芳
手指·武器·歌诗···························陈志民
这段路还能存在多久·······················姚振函
诗八首····································胡乔木
柔巴依八首····（维吾尔族）克里木·霍加 郝关中译
蹄间生涯（组诗）·············（藏族）饶阶巴桑
献给喀什噶尔的歌······（哈萨克族）艾提哈利·吾斯
曼 成 勋 朱 曼译
沁遗留的灰烬···········（蒙古族）巴·布林贝薇
黄山二题·····················（白族）晓 雪
牧夫星闪耀的地方·············（蒙古族）蒙根高勒
诗人·······················（回族）沙 蕾
故乡的草屋（外一首）
···················（朝鲜族）金成辉 金永彪译
帐篷城四景···················（满族）常 江
苍山洱海·····················（苗族）石太瑞
访歌手·······················（壮族）莎 红
三眼铳·····················（土家族）颜家文
流动的城堡···················（蒙古族）查 干
牦牛·························（藏族）阿 来
正在谱写的乐章（组诗）···················刘 犁
西部中国（二首）·························晓 蕾
春在山城（二首）·························雁 翼
天涯草（二首）···························孙静轩
北京，七月之雨···························王自亮
上海印象（外一首）·······················黄亚洲
百口泉····································韩作荣
景颇山掇拾································康 平

讽刺诗与漫画
磨棚里的争论·············宛 青诗 孙以增画
诗四首····································余薇野

诗选刊
自画像（外一首）···············（彝族）吉狄马加
沐浴节····································魏志远
寻觅·····································郭建明
我和病魔的对话···························宗 璞
旧体诗（十三首）···················胡山源 李 锐

诗人谈创作
我与《华南虎》···························牛 汉

诗艺漫谈
谈新诗的分行排列·························吴思敬
新诗中的强劲的风·························孙克恒

要讴歌新时代的改革者·····················成 庶
赞开拓美之"新诗日历"·····················梁 南

新诗话
幽默诗话（七则）·························叶庆瑞
诗兴（外一则）···························高 深
鸡鸣诗话（三则）·························高继恒
深沉地思考人生的爱情诗···················任重远
火之花——芦甸诗文集序···················鲁 藜

诗苑漫步
《方殷诗选》·····························刘士杰
《心声》·································浪 波
《海星星》·································小 竹
《绿水红帆》·····························宁 宇
《希望的国土》···························龚明德

读稿小札
小议诗的形象空间·························李小雨

海岸夕阳（中国画）·······················黄永玉
村野小径（中国画）···············杨 波画 宗 鄂诗
湖畔（版画）·····························邹 卡

1985 年第 4 期　刊名:《诗刊》
目录

《四月》同题抒情短诗小辑····严 辰 陈敬容 江 河
周 涛 昌 耀 顾 城 金 哲 刘湛秋 刘畅园
韩作荣 程步涛 孙友田 刘 犁

八十年代外国诗特辑
八十年代民主德国诗抄（五首）
······················绿 原 仝保民 高 朗译
拉丁美洲新诗集锦（六首）···················陈光孚译
短诗五首····[罗马尼亚]约安娜·叶若宁 罗 洛译
乌鸦飞下来·········[英国]塔特·休斯 袁可嘉译
从塔利街搬走·······[英国]道格拉斯·敦 袁可嘉译
傍晚······[美国]尼克拉斯·克里斯托弗 张 讴译
你来到熊的家乡·······[美国]玛克辛·库明 李文俊译
司机·······[苏联]罗·罗日杰斯特文斯基 乌兰汗译
诗三首····[瑞典]托马斯·特朗斯特吕姆 李 笠译
抒情诗三首·········[苏联]索科洛夫 顾蕴璞译
诗二首···········[苏联]利祥斯基 王守仁译
拉丁美洲当代诗界见闻·····················陈光孚
八十年代的英美诗坛·······················袁可嘉

诗选刊

大佛的传说……………………………杨大矛
上海，我的摇篮（二首）……………张 烨
月亮……………………………………郭宝臣
背影……………………………………郑 玲
雨夜……………………………………冯 杰

诗画之页

题李铁拐画像……………………林 锴诗画
"大女"的心律（组诗）………………张 烨
襄阳姑娘………………………………杨世运
白发情歌（组诗）……………………余微野
今天傍晚有雨（外二首）……………林 雪
情歌（二首）……………小 敏 朝 军 元 刚
写给我的和与我同代的人的妻子……柳士同
小溪流过百合花的时候………………樱 子
她走了…………………………………秦 岭
春雨中的故事…………………………吴钧陶
诗二首…………………………………张 讴
毛毛雨…………………………………苏辑黎
小雨中，我看着你走来………………王永松
茉莉花集
　——访问巴基斯坦诗草………………纪 鹏
施日诗草………………………………陶 阳

旧体诗……………阿 龙 李汝伦 莫 默
黄施民 李经纶 丁 芒

诗人论

时代　严格地选择诗人
　——艾青诗歌散论……………………张同吾
白色花，瞩望着明天
　——罗洛和他的诗……………………余 之
为了诗的繁荣
　——一次诗歌座谈会的摘记…………童 芜

读稿小札

致北京学员碧峰……………………杨金亭

诗的分行…………………………刘汉民

读者·作者·编者

诗讯四则

水乡（油画）…………………………陈钧德
松雀图（中国画）……………………周华君
家乡的小河（版画）…………………邓成用

目录

青年诗页

祖国……………………………………余 刚
小平，您好！…………………………简 宁
筑路时代………………………………马丽华
天山公路纪念碑（外一首）…………章德益
三十三块墓碑和三十三个生者（组诗）…张建华
在理想与现实之间（外一首）………丛小桦
华北平原的霞光（二首）……………颜延奎
到大街上去……………………………万 川
妹妹是二月十二来的…………………伊 甸
祝福　二十岁…………………………黄静芬
生日晚会………………………………涓 涓
波浪之歌（组诗）……………………程光炜
去海的路上……………………………李 娟
渔人的路………………………………陈所巨
精卫鸟…………………………………刘 晓
舵领……………………………………孙武军
老艄公…………………………………瓦 宁
新丰江移民（外一首）………………筱 敏
台湾海峡抒情诗（二首）……………曾凡华
流动的河（外一首）…………………南 野
湖边晚归（外一首）…………………林 莽
赞"勘探者"
　——《青年诗页》读后………………丁国成
新绝句十首……………………………冯 至
节日序曲………………………………冀 汸
啤酒花架………………………………罗 洛
过延川…………………………………蔡其矫
青岛行（二首）………………………辛 笛
微笑……………………………………孙 钿
花卉三咏………………………………玛 金
富春江之歌（三首）…………………唐 湜
我与世界（外二首）…………………朱 健
远去的帆影……………公 刘 牛 汉 曾 卓
杨 山 忆明珠 赵 恺 王小妮 陈 放
序幕已经拉开……………张学梦 公 刘 王辽生
傅天琳 杨 牧 李 钢

诗选刊

我的战史将这样写成（三首）………贺东久
雪线上的士兵（组诗选二）…………蔡椿芳
瓜棚短笛（组诗选三）………………张志民
旧体诗…………………………荒 芜 叶元章
谢 堂 关振东 吴奔星 李风白遗作
论后起的山西诗界……………………李国涛

诗人谈创作

不尽诗情山中来 ················ 傅　仇遗作

新作选评

诗有别裁亦关书
——《诗的技巧》读后 ············ 彭　放
一个奋进的意象
——评王志杰的《荒原的风》 ······ 石天河
闪烁思想之光的新边塞吟唱
——读诗集《骆驼》 ············ 孙克恒
让事实说话 ···················· 邢小群
诗讯五则
本刊 6 月号内容以及今年度几项专栏和特辑预告
奋飞（漆画） ·················· 郑力为
苏醒（中国画） ·········· 宋雨桂　冯大中
戈壁之路（版画） ·············· 关维晓

1985 年第 6 期　刊名:《诗刊》
目录

浙江潮 ························ 沙　白
桥 ·························· 张雅歌
台风季（外一首） ·············· 程宝林
市长及其他 ···················· 田　间
椅子 ························ 张永枚
我们是对手 ···················· 姚振函
五月诗抄·新旧各二首 ············ 臧克家
台港诗页 ········ 叶郁芳　阮　囊　无　忌　叶　翰
席慕蓉　汤铭哲　李勤岸　廖莫白　叶维康　痖　弦
洛　夫　辛　郁　德　有　拾　虹　杨　渡　林焕彰
林　梵　谢　馨　李敏勇　向　明　非　马　许蓝山
吴　正　舒巷城　张诗剑　陈　实　钟伟民　古苍梧
周策纵　高　澜　戴　天　陈浩泉　原　甸　王心果
林　彧　楚　戈
终于没有揭开神像面纱的席勒
——纪念诗人逝世 180 周年（1805—1985）并为"席
勒—中国，中国—席勒"国际学术讨论会而作
·························· 绿　原
飞越多佛尔海峡——访英诗五首 ······ 屠　岸
雪思 ························ 忆明珠
诱惑（外二首） ················ 北　岛
鸦辩（外一首） ················ 于　沙

刊授学员作品选
啊，我的祖国 ·················· 王小松
土地之子 ···················· 杜宗荣
今夜，托个古老的祝福 ············ 霜　笑
钻工和他的妻子（小叙事诗） ········ 曾涵复

油漆工 ························ 王前锋
我的小孔雀花 ·················· 华　姿
铃铛 ························ 谢午恒
太阳致大海 ···················· 杨春光
给一片落叶 ···················· 王自立
为夜正名 ···················· 吴亚林
小树的话 ···················· 雪　村
山楂树 ························ 胡　鸿
睡美人 ························ 陈　红
关于喜鹊的行为 ················ 沈廷才

诗选刊
那一年七月 ···················· 舒　婷
牧马人的妻子 ·················· 张子选
走进我日记的山妹子 ·············· 雷恩奇
不敢…… ···················· 黄锦萍

诗画之页
先把"检查"准备好（外一首）
···················· 石　河诗　方　成画
为时篇（三首） ·········· 杨钧炜诗　孙以增画
新时代的军旅壮歌
——喜读"战友诗丛" ············ 喻　晓
中国的青春
——评《诗刊》历届"青春诗会"的诗人新作（见
《绿风》1985 年第三期），兼论现阶段青年诗
还是那支芦笛，还是那颗心
——访法国文学艺术最高勋章获得者艾青 ·· 李小雨
关于"表现我"的通信 ········ 叶至诚　吴家瑾
"豌豆诗人"与"蝈蝈文章" ·········· 盛海耕
为《长安诗家》出版的"袖珍诗丛"说几句话
·························· 玉　杲
"一呼"之后（读者中来） ············ 刘　征
银花（油画） ·················· 李维凯
幽谷（中国画） ················ 吴孝杰
青藏高原（石版画） ·············· 吴长江

1985 年第 7 期　刊名:《诗刊》
目录

心中的驼铃
我们给历史雕刻金黄的形象 ·········· 梁　南
我心中有一支歌 ················ 罗　洛
战友 ························ 冬　池
中国龙 ························ 叶　笛
老兵（外一首） ················ 人　邻
一棵白杨 ···················· 周伦佑

乡间的石碑

翠绿的微笑（二首）·····（朝鲜族）金 哲 金 一译
一座石碑（外一首）————————————刘 章
土地·乡亲（四首）—————————————刘小放
醒来了，乡间的女神（外二首）——————王汝梅
蛙声————————————————————朱谷忠
山女子（二首）—————————————————李汉荣
三喜的女人———————————————————刘 波
老山叔（外一首）————————————————任先青
孕妇————————————————————————李蔚红
花衣吹笛人（三首）———————————————黄永玉
黄鹤楼——枇杷山（八首）———————————邹荻帆
歌吹古扬州（二首）———————————————柯 原
烟雨嘉陵————————————————————杨 山
特区的钻井船—————————————————胡 笳
渔贸市场———————————————————贾 漫
致石舫（外一首）———————————————缪国庆
上海印象（三首）———————————————姜浪萍
话说南京———————————————————车前子
江南三月雨——————————————————路 桦
漓江的山———————————————————朱 竹

诗选刊

新世界交响曲—————————————————袁 超
每天她匆匆走来———————————————王 彦
三月 在油菜地边———————————————李和平
八音琴————————————————————陆晓芹
夏雨岛————————————————————李 磊
苹果园————————————————————雪 迪
寻寻觅觅———————————————————傅 亮

旧体诗

遨游词草（三首）———————————————刘 征
登新建黄鹤楼————————————————萧湘雁
七律二首———————————————————潘 毅
舣舟亭杂咏四首———————————————羊牧之
青岛休假偶成（三首）—————————————苏仲湘
八十年代外国诗（续）
妈妈和中子弹（长诗片断）
　　———————————［苏联］叶·叶夫图申科 苏 杭译
八十年代意大利诗抄————————［意大利］塞雷尼
马 林 多勃里凯 卡勃隆尼 吕同六译
哈罗—————————［美国］格雷戈里·考索 袭小龙译
加州默契——————————［日本］大冈信 兰 明译
两支歌——————————［苏联］加姆扎托夫 谷 羽译
现实·人生·诗情————————————————叶 橹

诗人谈创作

信手写来

——关于《沉思》和《仙人掌》———————公 刘
流沙河诗中的情境转换——————————叶 潮
新诗话（三则）————————————————周冠群
交流经验 互相支持 繁荣诗歌的一次盛会—王燕生
诗刊社全国青年诗歌刊授学院决定招收第二期学员
石林月色（中国画）——————————————张汝济
爽秋（套色木刻）———————————————方振宇
秋（版画）——————————————————沈少民

1985 年第 8 期　刊名：《诗刊》
目录

朗诵诗特辑

干杯，为生活喝彩———————————————刘 镇
不！ 我不是旅游者———————————————刘国尧
花神和雨神（外一首）—————————————刘 征
眼睛
——为纪念反法西斯战争中死难的人民，谨献上我这
首小诗————————————————————张志民
黄河————————————————————————流沙河
黄河长江———————————————————韩 笑
赤子————————————————————————杨 牧
致母校—————————————————————匡 满
同——志！————————————————————张雪杉
中国在为我们鼓掌———————————————冯 堤
短诗小集———————————郭玉山 宗 璞 黎正光
彭浩荡 姜嘉乐 苗得雨 王仁甫 易 非 圣 野
谷雨青 程光炜 吴 毅 范 源 刘锦涛 刘家魁
李松波 李加建 邢 野 简 宁 张建业 周福春
神女峰（外一首）———————————————公 木
长江短笛（组诗）———————————————严 辰
冰岛诗抄（二首）———————————————贾 芝
没有到过的地方———————————————朱子奇
访朝诗抄（三首）———————————————梁上泉

诗选刊

一个中国军人在圆明园（组诗选二）————晓 桦
只因为———————————————————杜运燮
中国的右上角————————————————徐敬亚
珠有泪————————————————————罗大冈
抒情的原野（三首）——————————————宫 玺
抒情诗四首——————————————————刘湛秋
一只蜜蜂落在船上——————————————王洪涛
我，也是雨——————————————————李晓梅
老树（外一首）————————————————常 虹

散文诗页

帆————————————————————————张 歧

墙（外一章）⋯⋯⋯⋯⋯⋯⋯⋯⋯⋯⋯余薇野
海女情话（外一章）⋯⋯⋯⋯⋯⋯⋯韩嘉川
时间的沉思⋯⋯⋯⋯⋯⋯⋯⋯⋯⋯⋯张全昭
夏夜⋯⋯⋯⋯⋯⋯⋯⋯⋯⋯⋯⋯⋯⋯马及时
悼爸爸⋯⋯⋯⋯⋯⋯⋯⋯⋯⋯⋯⋯⋯黄琼柳

讽刺诗与漫画
改革小插曲（常铁钧插画）⋯⋯⋯⋯萧振荣
养马人的话⋯⋯⋯⋯⋯⋯⋯⋯⋯⋯⋯文 丙
木马歌（外二首·方成插画）⋯⋯⋯张维芳
牡丹自白（自度曲）⋯⋯⋯⋯⋯⋯⋯王巨农
旧体诗⋯⋯⋯⋯⋯⋯凌文远 明 朗 周槐庭
长白之子
——读金哲的诗⋯⋯⋯⋯⋯（朝鲜族）金 一
开花的季节到了
——写在《中国当代抒情小诗五百首》前面···张永健
鉴往知来
——关于胡风部分诗论的断片札记⋯⋯杨匡汉
意象三题⋯⋯⋯⋯⋯⋯⋯⋯⋯⋯⋯⋯宋 垒
拿出优秀作品来！
——河北省"芒种诗会"纪事⋯⋯⋯⋯戴砚田
诗讯二则
诗刊社全国青年诗歌刊授学院招收第二期学员通知
诗歌刊授学院关于招收第二期学员答问
晨炊（版画）⋯⋯⋯⋯⋯⋯⋯⋯⋯⋯王 炜
曲径通幽处（中国画）⋯⋯⋯⋯⋯⋯张俊国
炎夏乐章（版画）⋯⋯⋯⋯⋯陆蕴辉 丁立松

1985 年第 9 期　刊名：《诗刊》
目录

巷道的风
夜班（外一首）⋯⋯⋯⋯⋯⋯⋯⋯⋯宫 玺
我的小妮子⋯⋯⋯⋯⋯⋯⋯⋯⋯⋯⋯安 谧
地球的断代史（外一首）⋯⋯⋯⋯⋯程宝林
红烛⋯⋯⋯⋯⋯⋯⋯⋯⋯⋯⋯⋯⋯⋯王黎明
乌黑的，而又闪光的（二首）⋯⋯⋯雷 霆
快乐的单身汉⋯⋯⋯⋯⋯⋯⋯⋯⋯⋯文 丙
阳光不会变质⋯⋯⋯⋯⋯⋯⋯⋯⋯⋯桑恒昌
矿区同龄人⋯⋯⋯⋯⋯⋯⋯⋯⋯⋯⋯孙友田
煤恋（三首）⋯⋯⋯⋯⋯⋯⋯⋯⋯⋯孔德平
鸽子和郁金香（外三首）⋯⋯⋯⋯⋯严 阵

海风海潮
海洋抒情诗（六首）⋯⋯⋯⋯⋯⋯⋯孙静轩
出海（外一首）⋯⋯⋯⋯⋯⋯⋯⋯⋯李曙白
织网⋯⋯⋯⋯⋯⋯⋯⋯⋯⋯⋯⋯⋯⋯李岂林
渔村的正午⋯⋯⋯⋯⋯⋯⋯⋯⋯⋯⋯吴 晓

海风⋯⋯⋯⋯⋯⋯⋯⋯⋯⋯⋯⋯⋯⋯方 牧
胶东半岛（外一首）⋯⋯⋯⋯⋯⋯⋯郑成义
威海港远望⋯⋯⋯⋯⋯⋯⋯⋯⋯⋯⋯晓 晴
帆⋯⋯⋯⋯⋯⋯⋯⋯⋯⋯⋯⋯⋯⋯⋯申爱萍
狂欢的向日葵（外一首）⋯⋯⋯⋯⋯张学梦
大足⋯⋯⋯⋯⋯⋯⋯⋯⋯⋯⋯⋯⋯⋯赵 恺
大上海（二首）⋯⋯⋯⋯⋯⋯⋯⋯⋯叶延滨
深深的旋涡（三首）⋯⋯⋯⋯⋯⋯⋯万忆萱
悄悄的土地⋯⋯⋯⋯⋯⋯⋯⋯⋯⋯⋯胡 平
独木桥（外一首）⋯⋯⋯⋯⋯⋯⋯⋯张 克
孩子，你西方世界的孩子⋯⋯⋯⋯⋯韦 锦
松的悲剧⋯⋯⋯⋯⋯⋯⋯⋯⋯⋯⋯⋯谢颐城

诗选刊
黄皮肤的旗帜（组诗）⋯⋯⋯⋯⋯⋯孙桂贞
鱼目小集（五首）⋯⋯⋯⋯⋯⋯⋯⋯宫 玺
晚霞⋯⋯⋯⋯⋯⋯⋯⋯⋯⋯⋯⋯⋯⋯金克木

外国爱情诗特辑
美国爱情诗六首⋯⋯⋯⋯⋯⋯邱宜明 邹 绛
韦晓吟 曲卫国译
英国古典爱情诗四首⋯⋯⋯⋯⋯方 重 屠 岸
杨德豫 黄新渠译
苏联、德国、日本爱情诗七首⋯⋯葛崇岳 陈耀球
马德菊 金 弢 罗兴典译
瑞典当代爱情诗三首⋯⋯⋯⋯⋯⋯⋯李 笠译

旧体诗
诗三首⋯⋯⋯⋯⋯⋯⋯⋯⋯⋯⋯⋯⋯富寿荪
咏史五首⋯⋯⋯⋯⋯⋯⋯⋯⋯⋯⋯⋯赵甄陶
诗二首⋯⋯⋯⋯⋯⋯⋯⋯⋯⋯⋯⋯⋯叶元章
纪游二首⋯⋯⋯⋯⋯⋯⋯⋯⋯⋯⋯⋯雍文华
诗二首⋯⋯⋯⋯⋯⋯⋯⋯⋯⋯⋯⋯⋯丁 芒
《苏曼殊诗集》读后⋯⋯⋯⋯⋯⋯⋯李经纶
开拓新诗批评和研究的新局面
——部分在京诗歌评论家、理论家座谈纪要
创新与精炼⋯⋯⋯⋯⋯⋯⋯⋯⋯⋯⋯吴奔星
说感情流程⋯⋯⋯⋯⋯⋯⋯⋯⋯⋯⋯罗宗强
兵魂与国魂的颂歌
——读《镌刻在焦土上的诗行》⋯⋯高洪波
苏联今日诗歌一瞥⋯⋯⋯⋯⋯⋯⋯⋯乌兰汗

诗人谈创作
我想起了我是个矿工⋯⋯⋯⋯⋯⋯⋯秦 岭

诗苑漫步
《行云集》⋯⋯⋯⋯⋯⋯⋯⋯⋯⋯⋯吕 进
《云里落下笑声》⋯⋯⋯⋯⋯⋯⋯⋯石玉坤
《追寻录》⋯⋯⋯⋯⋯⋯⋯⋯⋯⋯⋯吴 昂

《诗刊》、《小说选刊》、《诗歌报》征订启事
诗刊社全国青年诗歌刊授学院招收第二期学员通知
杨堤竹翠（油画）……………………………苏高礼
鹊噪秋光（中国画）…………………………赵宁安
春溪（版画）…………………………………卜维勤

1985 年第 10 期　刊名：《诗刊》

目录

江河海协奏曲

歌唱黄河（外一首）…………………………聂　沛
长江，冬天和春天的童话……………………董宏猷
瑞丽江…………………………………………彭国梁
寄自金沙江（组诗）…………………………苏　华
船长……………………………………………群　岛
航海去…………………………………………苏历铭
永远带着这片波涛
——《江河海协奏曲》读后………………唐晓渡
初步的收获（刊授学员作品选）……范俊德　刘功业
朱　涛　郭良原　凌　禹　陈明弼　时星原　王远洋
王建渐　马　钰　何　平　陶文瑜　张新楣　马　莉
张子选　施肃中　李凤歧　李　真　孙书生　王广田
时东陆　贾丹华
《初步的收获》读后…………………………朱先树

校园下着太阳雨

大学（二首）…………………………………宋　琳
走进师范大学（外三首）……………………黄静芬
雪像（外一首）………………………………高晓岩
课堂里的树……………………………………王前锋
我们的班主任（组诗）………………………陈惠芳
走上讲台………………………………………龚湘海
山村女老师……………………………………雪　村
他们将走向成熟
——读《校园下着太阳雨》中的两组诗……北　新

黑土地·黄土地

腊月（外一首）………………………………李北兰
土地，在你的秋天里（组诗）………………于振海
土地是爱我的…………………………………王建平
饥饿之歌………………………………………陈应松
给某统计局长…………………………………韩辉升
我们是典型……………………………………佟　石
孩子，我们毕竟前进了………………………龚鹏飞
告别吧，古老的瓦板屋…………（彝族）吉狄马加
春………………………………………………杨　然
三月的心事（二首）…………………………柯于明
雪中，鲜红的头巾（外一首）………………亦　真

一截小憩的路…………………………………谷末黄
运输队之歌……………………………………沈　健
女工宿舍楼没有围墙…………………………张华中
音乐雾…………………………………………黄　宏
霍尔界斯界河的夜晚…………………………罗炳林
母亲·太阳………………………………迟晓云峰
哥哥呀，甚时候…………………………………张长新
夏日和少女……………………………………谢　霞

高山流水有知音

哑剧……………………………………………曾庆仁
琴音之谜………………………………………高　崎
一位钢琴家的侧影……………………………孙晓刚
红舞鞋（外二首）……………………………张　烨
雪原……………………………………………谢午恒
歌者（外二首）………………………………陈青铜
屈原……………………………………………沈家庄
屈原……………………………………………回光时

明丽的落霞

为了忘却的记念………………………………李　锋
坟………………………………………………朱光甫
为了城市，为了君子兰………………………傅　亮
矿山不相信眼泪………………………………潘大华
下雨了，星星在哪里…………………………温　斌
鱼之死…………………………………………李玉成

一束散文诗

手（外一章）…………………………………谢先云
冲浪……………………………………………蓝露怡
海魂（二章）…………………………………徐东达

深切悼念田间同志

为诗你呕心五十年
——悼老友田间同志………………………臧克家
怀跋涉者
——悼田间同志……………………………严　辰
写在后面………………………………………吴　嘉
诗刊社全国青年诗歌刊授学院招收第二期学员通知
诗讯（七则）

落日远帆（中国画）…………………………彦　涵
梦境（着色版画）……………………………彦　涵
泰山挑工（版画）……………………………彦　涵

1985 年第 11 期　刊名:《诗刊》

目录

诗歌研究方法笔谈
"诂"诗和"悟"诗 ························黄子平
批评主体的开放意识 ····················杨匡汉
一元化和多样化 ·······················程代熙
诗歌研究方法散论 ·····················严迪昌
用心理学的方法追踪诗的精灵 ··········吴思敬

小叙事诗特辑
鼓的信息（王怀庆插图）···············安　谧
一个老女人的故事（王怀庆插图）········贾来凹
干妈（王怀庆插图）····················佟　伟
悲恨歌 ································刘　章
神奇的盐粒 ····························商展思
那个"熊兵" ··························刘业勇
太阳与村情 ····························李松涛

诗选刊
情诗六首 ······························白　桦
沉默的平原（外一首）··················匡　满

旧体诗
诗词十首 ······························黄松鹤
词二首 ································吴调公
水调歌头 ······························胡邦瑞
百字令·重建黄鹤楼落成 ···············林　平
大兴安岭三章 ··························张万舒
柔巴依十首 ··········（维吾尔族）铁依甫江　郝关中译
青藏高原的形体（组诗）················昌　耀
百里风区二题 ··························林　希
这里通向风沙线（外二首）··············何　来
伊犁马和阿克塔什雪峰（外一首）········林　染
铁道、栈道（外一首）··················峭　石
高速公路 ······························陈佩芸
巨柯 ··································刘祖慈
马的造型（外一首）····················陈广斌
论臧克家的诗美 ························金乐敏
答问十题
——答诗刊社全国青年诗歌刊授学院学员问····李　瑛
选家与诗家 ····························丁国成
访波兰《诗刊》总编辑、著名诗人德罗兹多夫斯基
······································文有仁
"中国之灵魂"
——法国举办中国诗朗诵会 ··············史　平
诗刊社全国青年诗歌刊授学院招收第二期学员通知
收获季节（油画）······················马常利

春雪（中国画）···············吴冠中画　康志强诗
新松（版画）····························康　宁

1985 年第 12 期　刊名:《诗刊》

目录

诗歌研究方法笔谈
从基本概念和基本方法的科学化开始···········孙绍振
自我加入的期待 ························谢　冕
借用与化用 ····························宋　垒
打破单一的思维模式 ····················刘士杰
历史的沉思（三首·王怀庆插图）··········雷抒雁

青春诗会
致"青春诗会"诗友 ····················邹荻帆
高原上的射日葵（外二首·王怀庆插图）····张　烨
山里的女人（四首）····················王汝梅
又见海鸥（外二首）····················孙桂贞
我举着火把走进溶洞（外一首）··········唐亚平
江边（二首）··························刘　敏
如果把你比做海（二首）················何香久
山里人（二首）························陈绍陟
大西北 ································杨争光
织女星（三首·曹金秋插图）············王建渐
梦中的拉萨河（三首）··················何铁生
我的鸽子群（二首）····················胡　鸿
怀念三章 ······························华　姿
鸽群，在八月的高原上起飞 ··············宗　鄂
诗踪（三首）··························公　刘
南国诗情（二首）······················冀　汸
年轻人肖像 ····························陈敬容
雨 ··································杜运燮
海角抒怀 ······························杜　谷
童年组画（二首）······················胡　昭
凭吊两词人（二首）····················黎焕颐
梧桐树下的长椅 ························顾　工

海外汉诗
教师咏 ································刘延陵
在南非 ································秦　松
树和他的感觉 ··························文　恺
无题 ··································叶如钢
"诗人"肖邦 ··························一　叶
深山小店 ······························西流水
手 ··································刘毓华
你飞的时候 ····························彼　岸
如果 ··································张弄潮
望乡 ··································程步奎

生死之约 ———————— 秃 橡
越野的马 ———————— 王 勇
爆竹之呻吟 ——————— 江一涯
短诗一束 ———————— 李佩征

消失的地平线

被啄破的蛋壳 —————— 周 涛
永不消逝的歌 —————— 唐 祈
消失了的地平线 ————— 杨 牧
灵魂中的风景线 ————— 章德益
阿赞在暴风雪中走远 ——— 张子选
记忆的风，在吹 ——— （蒙古族）韩 霞

诗选刊

夜行吟（外一首）————— 公 木
关东第十二月 —————— 庞壮国
皮影戏（外一首）————— 朴康平

旧体诗

浣溪沙四首 ———————— 刘 征
词四首 ———————————— 曹大铁
大西北杂咏三首 ————— 杨第甫
变革中的中国新诗一瞥
——1985 年 10 月 13 日在香港大屿山"作家交流营"
的发言 ——————————— 邵燕祥
诗的城市化与大自然
——在斯特鲁卡诗歌讨论会上的发言 —— 张志民
诗的园丁 ———————— 张永枚
第二届（1983—1984）全国优秀新诗（诗集）评奖工
作进入筹备阶段
诗刊社全国青年诗歌刊授学院招收第二期学员补充通知
《诺贝尔文学奖获得者诗选》征订启事
钢铁集合（版画）————— 王胜红
中华摇篮（水彩画）———— 郭德庵
醋畅（版画）———————— 刘 岷

1986 年第 1 期　刊名：《诗刊》
目录

青春诗论

诗与诗论 ———————— 南 帆
谈诗 ——————————— 王光明
角色、橡皮与喝汤 ———— 吴 亮
诗的空白 ———————— 陈力川
和诗共同着命运…… ——— 黄子平
关于诗与现实 —————— 朱子庆
我之诗观 ———————— 唐晓渡
诗，自在者说 —————— 杨 炼
诗是什么？ ——————— 李 黎

黄河之魂（朗诵诗）———— 纪 宇
我不祈祷 ———————— 叶文福
祖国，我是这样爱你的 —— 父 城
让我们相识 ———————— 尚建国
一颗倒了的椰子树 ———— 喻 晓

墓志铭 —————————— 黄永玉

短诗四十四家 ——— 克里木·霍加 唐 湜
苏 予 刘登翰 胡天风 余以建 罗 羽 钱万成
雪 垅 冰 岛 冯 杰 燎 原 李又然 华 沙
刘益善 贾平凹 孙友田 范 源 曾腾芳 曾有云
吴乐森 朱 竹 熊召政 凌文远 鲁 萍 南 野
师日新 白 渔 饶庆年 孔令更 朱谷忠 雷恩奇
文 丙 海鹏彦 李发模 华海庆 曹纪祖 吕 宾
峭 岩 金 蝉 苏 敏 沈 吟 耶 夫 杨孟芳

诗选刊

悔悟 ——————————— 郑子森
权力 ——————————— 杨林勃
自然之恋 ———————— 王辽生
海的独语（外六首）———— 屠 岸
故乡情（四首）—————— 雁 翼
水兵与海（二首）————— 郭光豹
她的丈夫到前线去了（外一首）— 张敦孟
雨中（外一首）—————— 庄永春
夜，在车灯的光柱里 ——— 常 荣
"达尔文"的故事 ————— 叶延滨
夏天傍晚（外一首）———— 江 河
黄山二题 ———————— 郭宝臣
七月，到风景区去 ———— 汪 芳
水之恋（二首）—————— 于 之
凌晨，我送小妹出发 ——— 亚 群

讽刺诗与漫画

斩棘篇（杂文诗）————— 刘 征
咸亨酒店 ————— 刘 东诗 丁 聪画
"花城袖珍诗丛"总序 ——— 冯 至
《李元洛文学评论选》读后 —— 杨金亭

新诗话

黄昏随笔（五则）————— 邵燕祥
品诗二题 ———————— 陈良运
诗人和诗 ———————— 刘 哲
关于《雪思》的通信 —— 孔 孚 忆明珠
一次自由的对话 ————— 苗雨时

诗讯二则
晨幕（油画）································杜泳樵
牧歌（中国画）······························陈向迅
人画鸟（版画）································彦　涵

1986年第2期　刊名：《诗刊》
目录

银河十二夜（电视诗·李焙戈插图）··········舒　婷
献给"黄土地"和那帮小子···················黄永玉
听赫哲老人唱莫日根史诗（五首）············庞壮国
永不衰老的歌·······························吴　辛

在黝黑肥沃的土地上
山里人（外一首）··························雷思奇
没有万元户的村庄（三首）··················刘益善
老家磨盘沟（外一首）······················金克义
豫东女人··································李锐锋
新《陌上桑》································柯　平
故乡情（二首）····························乔山人
石榴的梦···················（中国香港）薛金华
黄果树瀑布，我怀念你········（中国香港）阿　贵
马头琴（外一首）··························朱　雷
伊犁风情（三首）··························唐光玉
草原的婚礼································田胜林
撒拉风情（三首）················（撒拉族）马学功
从不在一处留步····························哲　中
簟乡男女（二首）··························杨松杰
因为荒原··································薛卫民
甜了嘴巴····················（壮族）莎　红遗作
雪山村寨（外一首）························刘宏亮
我的红土高原（二首）······················米思及

散文诗
雨中鼓山（外一章）························郭　风
爱情篇五章································柯　蓝
故乡的小河（二章）························杨子敏
海之波（外一章）··························李　耕
酒乡拾零（二章）··························唐大同
童年的秘密································吴力军

外国诗
波兰当代诗抄（十五首）·········张振辉　林洪亮译
诗七首········[罗马尼亚] 马林·索勒斯库　晓　凌译

旧体诗
三馀轩近稿选（四首）······················陈葆经
水调歌头·红烛赞··························周槐庭

钱宗仁遗作二首
悼胡风··································石天河
七律二首··································丁　芒
乙丑中秋，邕江泛月，有寄。················汪民全

讽刺诗与漫画
说话武松······················陈显荣诗　王乐天画
侯岛······································张维芳
追索红宝石和珍珠
——谈《我追随在祖国之后》的创作··········梁　南
诗与人俱在
——读《诗刊》1月号《青春诗论》随感······鲁枢元
诗的现代意识与社会功能····················程光炜

诗艺漫谈
说色感（上、下篇）························罗宗强

诗苑漫步
三本当代青年诗选··························李发模
《凝聚的雪花》····························陈朝红
《音乐岛》································白　天
《东方女性》······························黄　虹
《歌诗之路》······························晓　彤
《当代诗人剪影》··························成志伟
《初恋的歌》······························杨远宏

启事二则

诗讯二则
宁静的海（版画）··························黄丕谟
快雪时晴图（中国画）······················郭西元
春的气息（油画）··························秦　龙

1986年第3期　刊名：《诗刊》
目录

全国优秀新诗(诗集)评奖评出十六部诗集
一九八五年诗抄（七首）····················绿　原
高楼赋····································方　敬
天山路之歌（三首）························阮章竞
司芬克斯（外一首）························林　林
诗二首····································罗大冈
黑蝴蝶（四首）····························王辽生
看望····································那　沙

红豆情思
外白渡桥（外一首）························张　烨
给你······································陆新瑾
绿荫之夜································黄殿琴

浪迹萨尔图的竖琴手 ………………… 林　染
盼 ……………………………………… 范俊德
夏天里最后的小路 ………………… 刘　见
邮票 ……………………………………… 王　军
有一个人 ……………………………… 张子选
诗四首 ………………………………… 杨　智
因你我成了石头 ……………………… 苏　敏
芭蕉林里的情歌 ……………………… 韩忆萍
病中给妻 ……………………………… 张不代
七月七 ………………………………… 梁　芒
我是你永恒的咏叹者 ………………… 余薇野
情诗再拟作 …………………………… 金克木
父老乡亲（三首） …………………… 水　舟
青蒲剑（外二首） …………………… 陈所巨
乡村里的都市 ………………………… 莫文征
路碑 …………………………………… 雪　兵
鹤乡抒情（二首） …………………… 王长军

南来的风
白天鹅 ………………………………… 洪三泰
市花木棉 ……………………………… 郭玉山
老榕树 ………………………………… 高　缨
喜雨（外二首）
　——特区感怀 ……………………… 李士非
中英街 ………………………………… 董宏量
广州迪斯科 …………………………… 雷　霆
根之歌 ………………………………… 西　彤
罗湖高楼群 …………………………… 黄平辉
钢筋工与渔家女 ……………………… 谭仲华
啊，白鸥 ……………………………… 莫少云
基础 …………………………………… 张良火
澳门二题 ……………………………… 寒　星
虹口公园鲁迅墓前 …………………… 范　成
高塬上一座荒冢 ……………………… 吴乐森
旧作三章 ……………………………… 徐　放
每当我拿起外文字典…… ………… 刘秉文
纪念碑 ………………………………… 曹宇翔
怀念 …………………………………… 戈　金

诗选刊
一个中国人一个荷兰人和 31 岁 …… 赵天山
藏族诗人小辑（四首）
　　　　 拉目栋智　杨宇宏　伊丹才让
家书——一份减色的实录 …………… 严　辰

旧体诗
性灵草二首 …………………………… 李汝伦
诗三首 ………………………………… 叶元章
纪游四首 ……………………………… 林从龙

沧海集二首 …………………………… 谢　堂
即事二首 ……………………………… 熊克立
冷峻的诗美
　——《一个老女人的故事》读后 … 曾镇南
寓言诗的构思 ………………………… 刘　征
关于《幻美之旅》 …………………… 唐　湜
学诗手记（七则） …………………… 牛　汉
晨昏随笔（六则） …………………… 邵燕祥

诗艺漫谈
语感，越灵敏越好 …………………… 盛海耕
诗剧与剧诗 …………………………… 吕　进
鱼塘（版画） ………………………… 史济鸿
胶东小景（中国画） ………………… 林　锴
琴韵（中国画） ……………………… 张仁芝

1986 年第 4 期　刊名:《诗刊》
目录

1986：历史的回声 …………………… 公　刘
遥远的回忆
　——写在丁玲同志躯体火化的前夜 … 牛　汉
驼铃岑寂了——怀戈壁舟同志 ……… 严　辰
悼诗人胡风 …………………………… 孙　钿
墓碑
　——献给《列宁格勒交响乐》和它的作者 …… 潞　潞
前线纪实（五首） …………………… 周良沛
短歌集（二十一家） ……… 刘畅园　刘　犁　何　理
　顾　城　龚艳梅　于宗信　石太瑞　圣　野　余以建
　肖　川　田　野　鹤　菁　沈　奇　何宜陵　冀文正
　杨惠临　黄　默　蔡应律　易　水　徐学鹏　柯于明
迟交的答卷（三首） ………………… 曲有源
亮夜（二首） ………………………… 王小妮
我长满苦艾的草原 …………………… 韦黎明
漠野之声（外一首） ………………… 刁永泉
夜的溜冰场 …………………………… 邓海南
盲女的琴声 …………………………… 陈锡民
无题（外一首） ……………………… 王维洲
静思（二首） ………………………… 张　丹
滩歌 …………………………………… 刘鸿伏
朝鲜，我们的兄弟（四首）
　——访朝诗草 ……………………… 梁　南
流程千里万里（二首）
　——记重访香港 …………………… 陈敬容
漠风 …………………………………… 蔡其矫
苇笛之什（二首） …………………… 沙　白
晚花（五章） ………………………… 忆明珠
辐射的节奏（二首） ………………… 韩作荣

让我背负你的忧郁（外一首）…………郑 玲
我们种植钢轨（外一首）……………孙 映
登炳灵寺169窟栈道（外一首）……（回族）高 深
起飞吧！世界屋脊…………………柳士同
让我们去大漠……………………吴元成
毕业酒………………………………黄亚洲
我的男子汉伙伴们…………………王 咏
我，一个调皮兵……………………李安东
血潮…………………………………伊 甸
我和纤绳（外一首）………………冯庆川

诗选刊

月的中国……………………………阎月君
小小山村（组诗）…………………匡国泰
妹妹，通向微笑的是泪水…………林春吉
桃花潭………………………………梁如云
我真想替你量一量…………………李羽龙

旧体诗

念奴娇二首…………………………刘 征
沁园春·读李汝伦《性灵集》原稿…杨光治
沁园春·渝州感怀…………………张作斌
诗歌艺术向纵深的发展
——第二届全国优秀新诗获奖诗集读后…屠 岸
获奖诗集简介
1985年的中国新诗
——《1985年诗选》编后记………刘湛秋
直白未必不是诗
——为《今天的宣言》一辩………木 斧
愿朗诵之花更加繁茂芳香——在北京市语言学会朗诵
研究会成立大会上的讲话…………曹 灿
读者不欢迎"严肃"刊物吗？………记 一
《写在后面》的写在后面…………刘章伟
山村（中国画）……………………张石培
回声图（中国画）…………………赵宁安
初升的太阳（版画）………………管文军

1986年第5期　刊名:《诗刊》

目录

唱给孩子们的歌

羽毛画………………………………薛卫民
童话国（三首）……………………郑春华
伸向远方的小路（三首）…………徐 鲁
给安徒生爷爷………………………卢庆平
七色花（外二首）…………………高洪波
山里的孩子没有书…………………马 辉
西瓜里的娃娃（外一首）…………商殿举

儿童乐园……………………………袁永庆
丑小鸭………………………………杨 然
十个孩子与一本连环画……………和 谷
邻居三首……………………………吕 剑
作家之死……………………………老 荒
退翁亭茶馆…………………………崔墨卿
我们…………………………………方 肇
忙于招生忙于考试的中国…………邢海珍
弄潮…………………………………胡 平
我们年轻，我们来冲浪……………齐世明

小叙事诗专辑

他不再说笑了………………………李松涛
河……………………………………晓 桦
头发的故事…………………………尚 方
路边菊（王怀庆插图）……………郭 辉
寡妇桥………………………………刘 章
山乡恋………………………………文 丙
淡紫色的苜蓿花……………………耿 翔
平原的风……………………………谭 楷
笼子里的天真之歌（王怀庆插图）…刘家魁
一双叫人无法入睡的眼睛…………胡 笳

外国诗

诗三首………………[芬兰]拉斯·海尔顿　李 笠译
夜班（外二首）……[英国]罗伯特·摩根　陈敬容译
美国诗五首……………………丘宜明　赵 琼　岛 子译
玫瑰（外一首）
…………[联邦德国]莉莎-玛丽·布卢姆　金 弢译
短歌一束…………………[日本]近藤芳美　李 芒译
欧美当代诗坛一瞥…………………汤 潮
刺梨儿（三首）……………李启云诗　常铁钧画
门槛………………………姚永标诗　常铁钧画
谐音曲………………………………西方朔

旧体诗

诗六首………………………………屠 岸
鲁海杂诗三首………………………苏仲湘
词二首………………………………周槐庭
石榴树………………………………李曙初
无题…………………………………文中俊
两篇序文和一次对话………………公 刘
高原女子的心韵
——梅绍静和她的诗………………高红十

诗苑漫步

《银杏树》…………………………邹荻帆
《归鸟集》…………………………木 斧
《抒情诗一百首》…………………雷 霆

《山雀子衔来的江南》⋯⋯⋯⋯⋯⋯廖全京
《纪念》⋯⋯⋯⋯⋯⋯⋯⋯⋯⋯⋯⋯老　木
《星星，母亲的眼睛》⋯⋯⋯⋯⋯⋯寒　露
《当代四川山水诗选》⋯⋯⋯⋯⋯⋯尹在勤
《短诗四十四家》⋯⋯⋯⋯⋯⋯⋯⋯丁　力
《没有万元户的村庄》⋯⋯⋯⋯⋯⋯宛　青

诗讯（五则）
傣家（彩墨画）⋯⋯⋯⋯⋯⋯⋯⋯⋯姚　奎
工棚雪夜（中国画）⋯⋯⋯⋯⋯⋯⋯王明午
雨（油画）⋯⋯⋯⋯⋯⋯⋯⋯⋯⋯⋯王怀庆

1986 年第 6 期　刊名:《诗刊》
目录

《诗刊》编辑谈《诗刊》
——记《诗刊》编辑部的一次谈心会⋯⋯本刊记者
魂在江南
——绩溪蚕事三章⋯⋯⋯⋯⋯⋯⋯刘祖慈
周原（三首）⋯⋯⋯⋯⋯⋯⋯⋯⋯⋯峭　石
边城高楼群⋯⋯⋯⋯⋯⋯⋯⋯⋯⋯⋯章德益
短歌集⋯⋯⋯⋯⋯⋯郭玉山　程光炜　袭小龙
杨　禾　杨　然　吴奔星　许德民　薛卫民　王忠范
聂　沛　魏天星　周建新　梁必文　李道林　药　汀
陈　刚　刘梦琳　李　媞　华海庆　戴砚田　范　禾
罗　箫　于建军　雪　兵
创世纪（三首）⋯⋯⋯⋯⋯⋯⋯⋯⋯李小雨
六棵树（外一首）⋯⋯⋯⋯⋯⋯⋯⋯柳　岚
石油大哥的孩子们（外一首）⋯⋯⋯林　希
青年钻工和戈壁红柳花⋯⋯⋯⋯⋯⋯刘惠生
黑色海很远很远⋯⋯⋯⋯⋯⋯⋯⋯⋯赵　强
有这样一匹骆驼⋯⋯⋯⋯⋯⋯⋯⋯⋯赵天山

刊授学员作品选（十七首）
我来了，长城⋯⋯⋯⋯⋯⋯⋯⋯⋯⋯陆　健
黄土高原⋯⋯⋯⋯⋯⋯⋯⋯⋯⋯⋯⋯曲　近
我怀念那座无名小岛⋯⋯⋯⋯⋯⋯⋯常　铖
伫立于江南之岸边⋯⋯⋯⋯⋯⋯⋯⋯沈　方
兰妮子⋯⋯⋯⋯⋯⋯⋯⋯⋯⋯⋯⋯⋯周所同
给老师⋯⋯⋯⋯⋯⋯⋯⋯⋯⋯⋯⋯⋯于国民
五十岁和一群七岁⋯⋯⋯⋯⋯⋯⋯⋯韦　勇
题峡江古栈道遗迹⋯⋯⋯⋯⋯⋯⋯⋯朱　霭
庐山松⋯⋯⋯⋯⋯⋯⋯⋯⋯⋯⋯⋯⋯施肃中
岩壁上的巢⋯⋯⋯⋯⋯⋯⋯⋯⋯⋯⋯方万聪
夜游症患者⋯⋯⋯⋯⋯⋯⋯⋯⋯⋯⋯颜广明
一个人与千万人⋯⋯⋯⋯⋯⋯⋯⋯⋯杨士斌
似水流年⋯⋯⋯⋯⋯⋯⋯⋯⋯⋯⋯⋯蓝　焱
吉他乐队⋯⋯⋯⋯⋯⋯⋯⋯⋯⋯⋯⋯王伟强

火红的迪斯科⋯⋯⋯⋯⋯⋯⋯⋯⋯⋯邹静之
给一位朋友⋯⋯⋯⋯⋯⋯⋯⋯⋯⋯⋯雪　村
我怎么也说不清那样一种感觉⋯⋯⋯刘　虹
生者与死者⋯⋯⋯⋯⋯⋯⋯⋯⋯⋯⋯刘　镇
你的泪花⋯⋯⋯⋯⋯⋯⋯⋯⋯⋯⋯⋯罗　飞
陈毅市长⋯⋯⋯⋯⋯⋯⋯⋯⋯⋯⋯⋯桂兴华
怎能忘那涛声⋯⋯⋯⋯⋯⋯⋯⋯⋯⋯杨绍武
地雷之乡（二首）⋯⋯⋯⋯⋯⋯⋯⋯丛小桦
浏阳河（外一首）⋯⋯⋯⋯⋯⋯⋯⋯龚湘海
桃园雨⋯⋯⋯⋯⋯⋯⋯⋯⋯⋯⋯⋯⋯高燃天
造船的日子（外一首）⋯⋯⋯⋯⋯⋯申爱萍
离离诗草（二首）⋯⋯⋯⋯⋯⋯⋯⋯艾　人

黄河游览区诗词选
黄河游览区杂咏⋯⋯⋯⋯⋯⋯⋯⋯⋯程千帆
七律二首⋯⋯⋯⋯⋯⋯⋯⋯⋯⋯⋯⋯王达津
黄河三首⋯⋯⋯⋯⋯⋯⋯⋯⋯⋯⋯⋯王得一
莺啼序·黄河⋯⋯⋯⋯⋯⋯⋯⋯⋯⋯李允久
登广武原古战场⋯⋯⋯⋯⋯⋯⋯⋯⋯田翠竹

诗应沟通千百万人的心灵⋯⋯⋯⋯⋯唐达成
进入春天花圃的新诗评论
——新时期十年诗评概述⋯⋯⋯⋯古远清
顺势铺垫与逆势铺垫⋯⋯⋯⋯⋯⋯⋯王若谷
关于诗歌的"形象密度"⋯⋯⋯⋯⋯陈　超
诗的灵魂再议⋯⋯⋯⋯⋯⋯⋯⋯⋯⋯吴开晋
慧眼与妙笔
——读洪三泰诗集《孔雀泉》⋯⋯丁国成
关于我的处女作《怒吼吧，醒狮！》⋯朱子奇
白云生处（中国画）⋯⋯⋯⋯⋯⋯⋯白雪石
贸易市场（丝网版画）⋯⋯⋯⋯⋯⋯李运英
克浪河畔（版画）⋯⋯⋯⋯⋯⋯⋯⋯薛周琦

1986 年第 7 期　刊名:《诗刊》
目录

大学生诗座
看我中国（外二首）⋯⋯⋯⋯⋯⋯⋯阿　吾
地平线（外一首）⋯⋯⋯⋯⋯⋯⋯⋯雪　阳
为你送行（外一首）⋯⋯⋯⋯⋯⋯⋯唐旺盛
老教授⋯⋯⋯⋯⋯⋯⋯⋯⋯⋯⋯⋯⋯杨云才
一种记录（外一首）⋯⋯⋯⋯⋯⋯⋯童　蔚
南方少年（二首）⋯⋯⋯⋯⋯⋯⋯⋯邱正伦
又是黄昏（外二首）⋯⋯⋯⋯⋯⋯⋯杨　涌
折叠的翅膀（外二首）⋯⋯⋯⋯⋯⋯杨榴红
龙舟之歌⋯⋯⋯⋯⋯⋯⋯⋯⋯⋯⋯⋯陈应松
接人（外一首）⋯⋯⋯⋯⋯⋯⋯⋯⋯斯　人
风衣⋯⋯⋯⋯⋯⋯⋯⋯⋯⋯⋯⋯⋯⋯乔　迈

那些日子……………………………………陶　宇
欣慰的美学（外一首）………………………赵　野
河西（组诗）…………………………………梅绍静
再致苏区人民…………………………………熊召政
交谈（四首）…………………………………江　河
大地震…………………………………………张学梦
黄金马蹄（组诗）……………………………周　纲
改革和诗四人谈………………………晓　渡整理
记梦诗三首……………………………………冯　至
琴弦与手指的对话（外一首）………………王　蒙
东方智慧（三首）……………………………任洪渊
断山口…………………………………………何　来
错过了……………………………………………沈　吟
黄昏……………………………………………杨献瑶
我爱我的书桌…………………………………李学鳌
爱情诗一束……………………周伦佑　唐亚平
常　月子　页莫非　黄羊　尚仲敏
亲戚们…………………………………………简　宁
独姓人家………………………………………郭良原
摘蚕归来（外一首）…………………………朱谷忠
个体户，一串活泼的音符……………………任海成
访老支书………………………………………陈峻峰
奶奶的屋子……………………………………聂鑫森
当心她啊，伊尔的美神
　　——说诗晬语…………………………鲍　昌
长篇叙事诗的重要成就
　　——读《长歌行》札记………………魏　巍

关于叙事诗的讨论
开拓叙事诗的思维空间………………………范　方
我对叙事诗的看法
　　——致范方……………………………罗　沙
记臧克家学术讨论会…………………………桑恒昌
诗与时代腾飞…………………………………丁国成

诗坛简讯（六则）
新作短波（三则）
躺着的海（油画）……………王怀庆画　晓　钢诗
伴（油画）……………………尚　力画　雷　霆诗
千钧之力（版画）……………………………邵雅杰

哈罗，美国（外四首）………………………罗　洛

讽刺诗小辑
武松打跳蚤（外一首）………………………刘　征
阿Q献给吴妈的情诗…………………………余薇野
“光荣税”（外一首）………………………石　河
另外一个拔萝卜的故事………………………陈显荣
无标题通信（外一首）………………………苗得雨
娄阿鼠受聘记…………………………………李启云
毛驴和陆游……………………………………刘伯韧
把那无价值的撕破给人看
　　——讽刺诗、寓言诗座谈会侧记……鲁　扬
九行诗九首……………………………………徐　刚
翔之梦（外三首）……………………………林　子
新城（二首）…………………………………庞壮国
瞬间（外二首）………………………………林　莽
想象中的地铁（外二首）……………………力　虹
无调性…………………………………………宋　琳
南国的太阳……………………………………宁　宇
生长期…………………………………………何昌正
诗二首…………………………………………梁小斌
一刻钟寂静……………………………………王南山
朱英诞遗作（五首）

旅游风物诗一束
轩辕柏…………………………………………王志杰
致五泄飞瀑……………………………………张德强
祈年殿…………………………………………刘明达
鳌桥……………………………………………冯　晓
太湖……………………………………………李　琦
鼓浪屿…………………………………………王少波

旧体诗
屯溪四首（外一首）…………………………光未然
望云楼词抄（四首）…………………………曾敏之
零陵访柳子庙（外一首）……………………何泽翰
改革，深刻的时代命题………………………张同吾
“诗与改革”漫笔……………………………曾镇南

诗人书简
关于《又见蔗林，又见蔗林……》的通信
　　……………………………林　元　柯　岩
珍视诗歌的兴旺势头…………………………戴砚田
读《〈诗刊〉编辑谈〈诗刊〉》有感………宋协周

1986 年第 8 期　刊名:《诗刊》

目录

南游（五首）…………………………………李　瑛
关于设立“文化大革命”国耻日的建议………高伐林
天安门广场……………………………………邵燕祥
我的祖先是从山西大槐树下来的……………贾平凹

关于叙事诗的讨论
缺少的和需要的………………………………叶　橹
诗刊诗报协议会在广州召开…………………柯　原
诗论摘编（二则）
新作短波（三则）

诗坛简讯（六则）
《诗刊》刊授学院招收第三期学员通知

风暴之碑（油画）·············邓平祥画 韩作荣诗
阶梯（油画）···············杨松林画 宗 鄂诗
月光行（版画）·······················方振宁

1986 年第 9 期 刊名：《诗刊》
目录

梦的自白（插图：曲光辉）···············张志民
1986：阿兹特克世界大战场···············渭 水
女人（六首）·······················翟永明

农村短歌

邂逅·························张丽萍
山大爷和他的二亩地·················王建平
奶奶的陶醉······················徐竹影
魔幻的乡野（三首）··················陈所巨
山寨秋图·······················董耀章
去呀，那些北方女人·················华海庆
老人和鸟·······················贾丹华
山沟·························张中海
诗歌界要进一步创造宽松的气氛············刘湛秋
波兰四章（散文诗）··················郭 风
华沙美人鱼（散文诗三章）··············杨子敏
梅雨的日本（组诗）··················晓 凡
冀鲁豫的三行诗（三首）···············雁 翼
访（四首）······················王家新
帕尔梅首相······················喻 晓
风暴过去了——给义青·················匡 满
偶感（外二首）····················苏 敏
夜歌（七首）·····················冀 汸
小诗三首·······················胡 昭
杂诗二首·······················程宝林
梅雨中的太阳（外一首）···············钱叶用

外国诗

希腊现代诗歌选（九首）·········李野光 马高明译
日本当代女诗人诗选（六首）··········郑民钦译
无题（外一首）
      ［意大利］马里奥·卢齐 钱鸿嘉译
海滨三咏··········［苏联］纳比·哈兹利 乌兰汗译

旧体诗···················臧克家 荒 芜
赵甄陶 高 旅 虞逸夫 罗 密 明 朗
透过生活的表层
——读《诗刊》七月号几首农村诗的随想·······朱先树

对诗歌评论的一点评论·················白 航
凝神·························牛 波
新诗话···················陈敬容 叶延滨

关于叙事诗的讨论

用两只眼睛看世界···················吕 进
叙事诗面临选择
——兼评《诗刊》五月号"小叙事诗专辑"·······叶 潮
北京举行"新诗潮"研讨会···············钱光培
株洲的"诗热群"活动··················刘 强
读者中来······················王建渐等

诗坛简讯（五则）
新作短波（十则）
诗刊社全国青年诗歌刊授学院招生通知
红果（漆画）·············赵瑞椿画 王家新诗
水粉画三幅······················张守义
网鱼（版画）·····················彦 涵

1986 年第 10 期 刊名：《诗刊》
目录

给邓小平、胡耀邦、赵紫阳的诗

上大人诙谐曲·····················朔 望
回音·························莫文征
至宝
——致胡耀邦同志··················雷抒雁
牌坊村························王长富
中国的中午······················杨献瑶
为紫阳画像······················王燕生
桥牌名将邓小平····················尚仲敏
心象组诗·······················郑 敏
哥德巴赫猜想译（外三首）···············叶文福
诗之旅（三首）····················邹荻帆
奉化溪口（二首）···················公 刘
月亮上的砍伐者（外一首）···············裘小龙
人生三题·······················浪 波
睡莲（外一首）····················蓝 曼
悬崖的下面是天空（二首）···············徐敬亚
诗二首························许德民
中国的罗曼斯（二首）·················绿 藜

无名诗人专辑
时代的旋律

雨季，南方城市的怀念（外一首）············蔡椿芳
野百合（二首）····················王丽萍
我生活的故事（外一首）···············杨 波
另外一种死亡（外一首）···············刘 霞

宁静的琴（外一首）————————沈　方
小保姆（二首）—————————黄　宏
夜曲（外二首）—————————汤　潮
赶时髦（外一首）————————二　毛
旅行的愿望（外一首）————————于荣建

年轻的星光————————汪国真　刘　虹　茜　子
席永君　郁钧剑　林心敏　赖建梅　慧　子　贺金凌
陈　晏　高　崎　魏　可　彭黎明　沈　健　刘文青

生活的浪花————————周玉其　陈新民　沈　重
刘高贵　旋国英　方　向　丛小桦　曾庆仁　蔡兴国
刘　晓　鄢元平　王　立　罗时汉

刊授学员作品专辑————————陈锦珊　何首乌　吴春英
房泽田　黄　荆　梁必文　胡晓光　关　键　周所同
冯庆川　钟　星　陈　政　黄殿琴　李自国　冯永杰
肖　鹏　韩兴贵　宁志荣　熊　红　朱　浩　晨　梅

《改革与诗》读后————————黎焕颐
心未老，情不变————————柯　岩
老诗人臧克家剪影————————运　河
诗坛简讯（二则）
新作短波（五则）
诗刊社全国青年诗歌刊授学院招收第三期学员通知

早春（油画）————————李学军画　北　新诗
米丘现代国画（三幅）
门（油画）————————李忠良　曹金秋

1986 年第 11 期　刊名:《诗刊》
目录

青春诗会
生命的节奏（四首）————————于　坚
写写东方————————阿　吾
改革者及其他（四首）————————伊　甸
巨鹰————————晓　桦
空白（外三首）————————宋　琳
诗六首————————韩　东
部落的节奏（外二首）————————吉狄马加
人生在世（组诗）————————翟永明
昭君出塞（外二首）————————阎月君
南路上来（组诗）————————车前子
父老乡亲（三首）————————水　舟
雪线（外一首）————————老　河
老歌（外三首）————————潞　潞
二重奏————————葛根亚娅
颤栗的视野————————张锐锋

写在"青春诗会"的一页上————————冈　夫

青春诗话
第六届"青春诗会"侧记————————王燕生　雷　霆

战士的歌
老山风云录（四首）————————李加建
红原，红军走过的草原————————杨星火
一个小鬼煮土豆————————张云晓
牧人之子————————胡世宗
和尚岛————————曾凡华
战前合影————————聪　聪
走在大街上的水兵————————刘笃圣
魂在江南（四首）————————刘祖慈
我那古铜色的土地（二首）————————刘小放
夜黄河（外一首）————————苏金伞
没有回声的山谷（外二首）————————张　烨
天使（外一首）————————老　荒
秦中吟（四首）————————孔　孚
南京，我的第一印象（二首）————————郭光豹
灶台（外一首）————————于启河
登程（散文诗三章）————————柯　蓝

港台诗页————————罗　青　吴德亮　渡　也
李　男　吴　晟　向　阳　黄国彬　犁　青
旧体诗————————林　锴　刘　征
黄松鹤　周槐庭　丁　芒　汪民全

以人的名义发出的呼吁
——读张志民《梦的自白》————————何　锐
我读《天安门广场》————————叶　橹

关于叙事诗的讨论
我对叙事诗的反省————————马萧萧
新作短波（五则）
五七（中国画）————————黄耿卓画　王燕生诗
神道（丝网版画）————————张桂林画　高洪波诗
梁（丝网版画）————————崔茂源

1986 年第 12 期　刊名:《诗刊》
目录

纪念诗人肖三同志九十诞辰（诗、文小辑）
————————臧克家　朱子奇　朱仲丽　叶　华
富有成果的诗歌理论研讨会————————本刊记者　丁国成
诗的禁欲与奴性的放荡————————金丝燕
中国新诗的选择————————袁忠岳
语言的樊笼————————钟　文

"人"的放逐……………………………陈　超
诗论的文风亟须端正………………………杨光治
必要的，更是有益的………………………杨子敏
努力建设我们现代的诗学理论体系………谢昌余
感觉·意象·板块思维……………………宋　垒

一九八六年诗抄（五首）…………………绿　原
冷色与暖色（五首）………………………宫　玺
海南岛：热和苦的变奏……………………刘湛秋
在我们中国……断想之一…………………魏志远
城市之外（外一首）………………………林　雪
玫瑰情话（二重奏）………………………林　希
《自在者说》选章（二首）………………杨　炼
海的梦………………………………………方　冰
在路上（外二首）…………………………郑万隆
又见槐花（外二首）………………………李晓梅
踢：这件事情真好…………………………吕　远
故乡行（二首）……………………………刘　章
山里人（三首）……………………………王汝梅
卖粮难………………………………………文　丙
下乡日记（二首）…………………………王洪涛

爱情诗小辑……………郁小萍　黄锦萍　刘　虹
唐亚平　旷　洋　王雪莹　邵　薇　林礼玙

外国诗
智利当代诗选（九首）……………………陈光孚译
达吉·玛哈尔陵…………［印度］罗提亚维　周启登译

旧体诗
幸作俳人客（外三首）……………………林　林
重访平江起义旧址二首……………………王自成
诗二首………………………………………侯孝琼
红烛颂………………………………………叶钟华
新时期诗歌研讨会在重庆举行……………田　菱
《诗刊》、《诗探索》联合举办诗歌专题学术研讨会

年轮的遗痕（油画）……………张　拙画　姜强国诗
窗下（油画）………………………………靳尚谊
初夏（油画）………………………………朱乃正
满族妇女像（油画）………………………韦尔申
古柏成林（版画）…………………………王　琦

1987 年第 1 期　刊名:《诗刊》
目录

庆祝《诗刊》创刊三十周年
题词……艾　青　臧克家　冰　心　冯　至　张爱萍

《诗刊》与我
未完的回忆………………………………吕　剑
《诗刊》旧事……………………………孙静轩
寸草心……………………………………舒　婷
我的大学…………………………………赵　恺

毛泽东同志和诗（三篇）………………张贻玖
短诗百家百首…………………屠　岸　蔡其矫　高伐林
王尔碑　辛　笛　臧克家　周　涛　张志民　樊家稼
王辽生　宗　鄂　顾　城　田　奇　王洪涛　卢　萍
梁上泉　晓　凡　陈松叶　方　平　阎月君　桑恒昌
安　谧　林　子　绿　原　牛　波　黄　淮　章　明
熊召政　唐亚平　晓　桦（蒙古族）巴彦布　叶延滨
孟伟哉　朱子奇　郭宝臣　邓海南　戴砚田　李　钢
莫文征　于　之　张学梦　顾　工　马丽华　梅绍静
陈茂欣　孔　林　雁　翼　公　刘　非　默　玉　杲
刘　征　李发模　董景黎　梁志宏　孙桂贞　田　地
毛　锜　朱　雷　庄永春　宁　宇　朔　望　王绶青
刘不朽　冯　异　廖公弦　陈敬容　西　彤　高加索
鲁　藜　汪静之　卢祖吕　唐　祈　朱　红　牛　汉
舒　婷　程步涛　骆晓戈　赵　恺　韦黎明　吕　剑
姜建国　晓　晴　曹辛之　罗　沙　饶庆年　章德益
洪三泰（满族）满　锐　潘万提　赵健雄　葛佳映
沙　陵　刘畅园　浪　波（蒙古族）查　干
韩　东　雷　霆　萧振荣　罗　洛　翟永明

短论
接受读者的选择…………………………刘湛秋
散文诗页……………………………廖亦武　许　淇
耿林茂　李耕　雪　迪　管用和　张　长
旧体诗……………………………李汝伦　阚家蕠
诗歌语言弹性美札记……………………李元洛
新诗话（六则）…………………高　平　未　凡

诗讯二则
云雀（油画）………………李　蕾画　陈燕妮诗
天长地久（油画）…………张立国画　李小雨诗
桃花源记（剪纸）………………………乔晓光

1987 年第 2 期　刊名:《诗刊》
目录

诗刊社举行创刊三十周年招待会……………本刊记者

大寨:诗的纪实
大寨:不相信神话（二首）…………………姚振函
他还是回来了（外二首）……………………王燕生

大寨意识流（二首）·····················边国政
高玉良印象·····························梁　石

女作者小辑

森林（外三首）·······················嘉　嘉
净化（外三首）·······················童　蔚
蝴蝶　蝴蝶（四首）···················琼　柳
定我的生日在春节（外一首）···········程小蓓
泥泞：初恋情人（外一首）·············乔　迈
献给你（外一首）·····················陈燕妮
壁画岁月（三首）·····················海　男
路经旧居（外二首）···················力　佳
你便是山了（外一首）·················丹　妮
新娘十八岁（外一首）·················黄小玲
七色花（外一首）·····················史晓京
都市之魁（二首）·····················樱　子
旅途中（外一首）·····················田晓菲

短论

争鸣与文明···························杨子敏
西藏的遐思···························王　蒙
为了影子（叙事诗）···················郑　玲
现代派杰出的诗人穆旦·················唐　祈

穆旦遗诗(六首)

黄昏，散步在河边·····················杜运燮
连绵不断的嵌在方框里的战争诱惑·······王小妮
蔷薇集（二首）·······················杨　山
海市蜃楼·····························金　哲
追踪徐霞客的足迹（二首）·············张　克
画家·································曹　剑
寻找·································孙友田
耕读篇（二首）·······················郑熙亭
黔中石·······························王　浩
真正的人·····························罗大冈
足球新闻·····························张　挥
蓝图（外一首）·······················方　敬
夜宿吐鲁番（外二首）·················奕　林
旧体诗·········臧克家　程光锐　刘　征　叶元章
诗人的不安与不安的诗情···············严迪昌
女性诗歌：从黑夜到白昼···············唐晓渡

诗坛新人

诗的寻觅者···························罗　洛
在诗中相识···························林　莽
游向海洋的大马哈鱼···················喻权中
诗的空白（之二）·····················陈力川
节奏·诗意·散文美····················吴奔星

读者中来

《梦的自白》令人激动·················苏　敏

诗歌刊授学院招收第三期学员重要通知

哈哈镜（油画）···············张促达画　晓　钢诗
江河源头（中国画）···················杜希贤
非洲之舞（独幅版画）·················王薇嘉
光折（版画）·························王仁升

1987 年第 3 期　刊名:《诗刊》

目录

独白与对话（十首）···················冯　至
旗帜下·······························孙静轩
沉船·································骆耕野
小城故事多···························庞壮国
六行诗一组···························余以建
西部巡礼（三首）·····················沈　健
召魂（外二首）·······················周良沛
北方的河流（二首）···················周所同
城里（二首）·························朴康平
交错集（三首）·······················陈敬容
诗四首·······························西　川
老小集（二首）·······················穆　仁
香港素描（五首）·····················野　曼
黄花岗（外一首）·····················筱　敏

小叙事诗

一次堵车的遭遇和一个梦···············徐　康
赶马人（外一首）·····················陈绍陟

外国诗

诗二首·················[美国]罗伯特·华伦　张子清译
加里·施耐德诗选（三首）···········赵琼岛　子译
散文诗四首···········[美国]罗伯特·布莱　傅　浩译
诗二首·················[美国]南希·梅尔斯　杨榴红译
英文俳句十首·························李　岷译
诗海拾珠（三十三首）······张子良　王小龙　朱文捷
　朱　赤　弘　征　麦　琪　邹静之　晓　雪　柯　平
　柳　沄　柳士同　晓　雁　徐慎贵　桑恒昌　关　键
　哑　默　小　君　宋　渠　宋　炜　晨　声　向　明
　陈进化　周　鹤　何晴波
旧体诗···曹大铁　刘操南　李曙初　吴淮生　谢　堂
旧话新说：朦胧与晦涩·················梁　南
超越现实　超越自我
——江河创作心理的一个侧面···········吴思敬
带刺的红花···························臧克家

打开窗户看海洋························陈残云

诗艺漫谈
诗人的独创意识······················陈仲义
新诗话（七则）········沙　白　盛海耕　黄益庸

新作短波（六则）
诗坛简讯（七则）
对话（油画）··············莫鸿勋画　赵丽宏诗
非洲之舞（独幅版画）················王薇嘉
子·丑·寅·卯（中国画）··············李荣琦
幽涧（版画）························李　华

1987 年第 4 期　刊名:《诗刊》
目录

西州曲（小叙事诗）··················梅绍静
感觉与情绪（组诗）··················昌　耀
申辩····························林　希
主战场（组诗）·····················晓　钢
在鼓浪屿（组诗）····················黎焕颐
诗六首··························韩作荣
城市（外一首）·····················曲有源
怀沙····························雷抒雁
秋颂（外二首）·····················高　平
白发与皱纹····················李　秀遗作
别致的花环——兼谈《白发与皱纹》········张志民

讽刺诗一束
八仙扯皮（外二首）··········余薇野诗　常铁钧画
蚕乡行（二首）·····················文　丙
浅刺集（二首）·····················白　航
造些街道大拉链·····················刘　章
水涨船高························李启云
一种畸形的心理与逻辑（外一首）··········梁谢成
凉山····························叶延滨
书空（组诗选六）····················忆明珠
残余的夜························路　翎
太行秋························王绶青
乡恋（外一首）·····················姜金城
寄自遥远的思念·····················李　静
为了人类和平（二首）················于振海
骆驼····························中　申
岁尾（外一首）·····················王　迪
桥····························青　勃
李又然遗作三首
诗海拾珠（十七家）········柯愈勋　周嘉堤　云　岭
石光华　摩　萨　周雨明　杨　蕾　李昆纯　柯　原
胡　笳　梅　蓊　吕　新　韩忆萍　王向峰　冯　杰
刘国尧　郭蔚球
旧体诗··············华钟彦　林从龙　郭笃士
刘金城　朱　诚　白　坚　黄　钟　侯孝琼　刘家传
冷暖君自知
——谈宫玺近作《冷色与暖色》············公　刘
读《大寨：诗的纪实》纪感··············杨金亭
一百朵鲜花——读《短诗百家百首》········潘大华
种刺琐忆
——《春风燕语》里几首寓言诗的诞生········刘　征

诗艺漫谈
注意——通向心灵之门·················尹在勤
新诗话（四则）····丁　力　盛海耕　陈良运　黄邦君
新作短波（七则）
诗坛简讯（三则）
读者中来（十一则）

不期而至（中国画）··················牛　波画诗
油画二幅················金　东画　赵守如诗
永远的星星（版画）··················郑　爽

1987 年第 5 期　刊名:《诗刊》
目录

儿童诗小辑
寓言续编（三首）····················高洪波
积木城的太阳（组诗）················婴　草
命运·海（外一首）···················刘丙钧
忏悔····························樊发稼
云最多衣服（外一首）················贺兰宁
谜语（组诗）·······················刘茂胜
侦察兵（小叙事诗）··················尹世霖
阿婆、阿大和我的眼睛················王宜振
我的世界（组诗）····················阎　妮
鸟学人话（外一首）··················圣　野
冬爷爷捏红了弟弟的鼻子················李昆纯
爸爸的爸爸的眼·····················聪　聪
偶尔····························刘连勇
羽化····························金　波
花儿的话························关登瀛
星期天纪事························陈满平
在困境和反省中走向新的突破············晓　渡

生活的浪花··········陈　放　米福松　梁志宏
况明先　熊明修　王建渐　秦伟光　梅小雨　李明瑞
汪　沉　茹　茹　余　刚　荣　荣　杨文康　董治江
金克义　黄振超

遥远的歌————————敖力玛苏荣 特·达木林译
友情（外一首）——————阿尔泰 安柯钦夫译
美丽的姑娘————————巴·敖斯尔 安柯钦夫译
我赶着绿色出牧（外一首）——————哈斯乌拉
诗的随想录（六首）——————————赵瑞蕻
回太行（组诗）————————————王洪涛
乡土上的人们（二首）————————饶庆年
城市不朽（二首）——————————宫　辉
花市————————————————蔡其矫
诗三首—————————————————梁晓明
戈壁驼队（外一首）————————陈继光
常在夜里向人致敬（外一首）————王坤红
海誓山盟（二首）——————————韩　笑
需要的——————————————————卢祖品
十八岁那年（外一首）————————林　祁
从天山伸出的道路————————————晓　蕾
耶律哥玫瑰（外一首）————————沈大力
索菲亚的晚上（外一首）——————石　英

外国诗
一九八六年诺贝尔文学奖获得者
沃·索英卡诗选———————李文俊 马高明译

旧体诗
萧克 史复 章汝爽 荣协周 朱曦 周槐庭
新诗话（三则）————————曾卓 林希 吴辛
诗，属于审美领域————————————陈良运
八个年轻人的两种诗探索——————盛海耕
我观儿童诗—————————————————刘茂胜

新作短波（三则）
路漫漫（版画）———————晁楣画 李笠诗
满族姑娘（雕塑）——————————金廉锈
赶马人（陶雕）————————————王　平
爱（中国画）——————————————冯大中

1987 年第 6 期　刊名:《诗刊》
目录

纪念《在延安文艺座谈会上的讲话》发表四十五周年
治诗病，有良方
——纪念《在延安文艺座谈会上的讲话》有感
　　　　　　　　　　　　　　　　　　臧克家
纪念·回忆·感触————————————朱子奇
自我·现实·人民——————————杨子敏

短诗百家百首——————冰　心　冈　夫　冀　汸
苏金伞 忆明珠 颜廷奎 胡世宗 任洪渊 雷恩奇

青　勃　刘祖慈　师日新　张　烨　郑成义　纪　鹏
张中海　边国政　贾　漫　杨　山　余薇野　魏志远
李加建　席永君　林　染　瞿　琮　（彝族）吉狄马加
李根红　张　杰　陈所巨　孙友田　朱谷忠　孙新凯
石　河　陈显荣　李松涛　雁　北　苗得雨　刘　犁
张　长　刘益善　时永福　谢先云　白　马　江　边
韩　云　田家鹏　郁钧剑　苏　敏　管用和　车前子
宋　歌　梁谢成　郭玉山　吴钧陶　傅　亮　肖　川
吴奔星　陈东东　裴小龙　王汝梅　孔　孚　刘小放
赵英华　徐淙泉　刘　章　李小雨　贾平凹　杨兆祥
周文霞　华海庆　宋家玲　王　野　吕德安　黄静芬
米思及　小　海　华　田　柳　荫　李志清　王长富
王燕生　何　来　逯庚福　董耀章　邓康延　群　岛
张永权　刘明达　刘岚山　杨　炼　李曙白　曾凡华
潘大华　华　沙　郭小林　李挺奋　贝　岭　薛瑞清
袁永庆　陈文和

南游（六首）————————————————李　瑛
陕北组歌（四首）——————————杨争光
特快，正点通过（组诗）——————宫　辉
厂区的故事（组诗）————————王德芳
始祖鸟（外二首）——————————舒　婷
写在歙砚厂（外二首）————————沙　白
二次大战美军坟场游记————————流沙河
母亲——————————————————————赵　恺
十四行诗三首———————————————唐　湜
越过终点——————————————————潘洗尘
厂史与风筝—————————————————邹荻帆
飞翔吧，动力之鸢————————————张宝申
一次热烈而有益的座谈（本刊记者）————北　新
致新诗形式的创新者————————钱光培
论诗"短见"———————————————苏金伞
诗坛简讯（五则）
邮购消息（二则）

戈壁（版画）————————————————张桂林
彩墨画二幅—————————————————何韵兰
海阔天高（版画）——————————黄树德

1987 年第 7 期　刊名:《诗刊》
目录

中国企业家（纪实诗·三首）——————于　力
大都市变奏曲（三首）————————宁　宇
西北痕（组诗）————————————李　琦
在九月穿过地铁（外一首）——————柯　平
愿你倾听历史的回音————————高云华
我竞选市长—————————————————边国政

送你一束夜来香⋯⋯⋯⋯⋯⋯⋯⋯⋯柳士同

纪念抗日战争五十周年
卢沟桥的沉思（组诗）⋯⋯⋯⋯⋯⋯张志民
双巷⋯⋯⋯⋯⋯⋯⋯⋯⋯⋯⋯⋯⋯于长銮
时代的歌者
——艾青访问记⋯⋯⋯⋯⋯⋯⋯⋯朱先树
当代诗词这朵花⋯⋯
——记全国第一次当代诗词研讨会⋯丁国成
致当代诗词研讨会的信⋯⋯⋯⋯⋯臧克家
旧体诗的出路在于创造⋯⋯⋯⋯⋯杨金亭
旧体诗十九家⋯⋯⋯李国瑜 苏仲湘 刘人寿
罗 密 王自成 张作斌 刘新煌 丁 芒 吕千飞
魏予珍 李经纶 虞逸夫 杨宪益 朱 曦 熊楚剑
李曙初 汪民全 凌文远 文中俊
晴川阁之夜⋯⋯⋯⋯⋯⋯⋯⋯⋯⋯公 木
老人的恋歌（组诗）⋯⋯⋯⋯⋯⋯⋯梁 南
旧梦及其他（五首）⋯⋯⋯⋯⋯⋯⋯芒 克
九寨沟抒情诗（五首）⋯⋯⋯⋯⋯⋯晏 明
抒情二章⋯⋯⋯⋯⋯⋯⋯⋯⋯⋯⋯柏 桦
我的蓝皮书（二首）⋯⋯⋯⋯⋯⋯⋯谢颐城
只有山峦在渐渐地昏暗（外一首）⋯郭宝臣
一切都不会忘记（外一首）⋯⋯⋯⋯胡天风
方位⋯⋯⋯⋯⋯⋯⋯⋯⋯⋯⋯⋯⋯杨 克
初夏（外一首）⋯⋯⋯⋯⋯⋯⋯⋯⋯周志友
秋云（外一首）⋯⋯⋯⋯⋯⋯⋯⋯⋯张雪杉
香港岛（二首）⋯⋯⋯⋯⋯⋯⋯⋯⋯苏历铭
致地中海⋯⋯⋯⋯⋯⋯⋯⋯⋯⋯⋯邵 璞
圣洁的折光
——泰戈尔原诗集句，代"访印纪行"⋯⋯杨 牧辑

刊授学员作品专辑⋯⋯⋯⋯⋯崔 伟（辽宁）
曾涵复（四川） 张志刚（北京） 王黎明（山东）
李 犁（辽宁） 徐 鲁（湖北） 吴晓辉（福建）
苏 华（四川） 庞立臣（山东） 产安江（安徽）
冯庆川（四川） 丘 斯（四川） 顾 艳（浙江）
王玉民（河北） 飘 飘（四川） 匡文留（甘肃）
敖裕兰（江西） 袁 勇（四川） 鲁守修（黑龙江）
关于诗的传统和创新的思索⋯⋯⋯⋯刘湛秋
诗，在心上的轨迹⋯⋯⋯⋯⋯⋯⋯⋯胡 征
新诗话（四则）⋯⋯成 庶 刘 征 叶 橹 梁谢成

诗坛新人
真诚与宽疏
——记魏志远⋯⋯⋯⋯⋯⋯⋯⋯⋯开 愚
刘波的追求⋯⋯⋯⋯⋯⋯⋯⋯⋯⋯刘 强

新作短波（四则）
诗坛简讯（四则）

长江第一飘（油画）⋯⋯⋯苏新宏画 雷 霆诗
母子（中国画）⋯⋯⋯⋯⋯⋯⋯⋯⋯周思聪
春风吹又生（中国画）⋯⋯⋯⋯⋯⋯郁 风
卓玛（雕塑）⋯⋯⋯⋯⋯⋯⋯⋯⋯⋯陈桂轮

1987 年第 8 期　刊名：《诗刊》

目录

大学生诗座（十一人辑）⋯斯 人 贾 雷 雷 子
野 村 毛 毛 李 松 丁 榕 吴才华 冯 伟
胡文辉 费岚岚
法卡山，法卡山（组诗）⋯⋯⋯⋯⋯张丽萍
什么在锯着灵魂
——与阿赫玛托娃交谈⋯⋯⋯⋯⋯周 触
鄂西山谣（二首）⋯⋯⋯⋯⋯⋯⋯陈应松
心语
——和一个年轻诗人的对话⋯⋯⋯林 子
温热季风带（三首）⋯⋯⋯⋯⋯⋯陈所巨
十万大山（外一首）⋯⋯⋯⋯⋯⋯何铁生
说话（组诗）⋯⋯⋯⋯⋯⋯⋯⋯⋯姜强国
"渤海二号"覆没以后的鳞片⋯⋯⋯赵天山
有赠（三首）⋯⋯⋯⋯⋯⋯⋯⋯⋯罗 洛
青藏高原印象（三首）⋯⋯⋯⋯⋯张万舒
从当穹湖到当惹湖⋯⋯⋯⋯⋯⋯⋯马丽华
故乡的变奏（三首）⋯⋯⋯⋯⋯⋯沙 鸥
血染的歌页（小叙事诗）⋯⋯⋯⋯陈昌华
田间遗诗选（七首）⋯⋯⋯⋯⋯⋯田 间
诗的思念⋯⋯⋯⋯⋯⋯⋯⋯⋯⋯⋯葛 文

散文诗页
在我失去的小路上（外一章）⋯⋯孔 林
影子武士⋯⋯⋯⋯⋯⋯⋯⋯⋯⋯⋯韦晓吟
路灯·骑楼⋯⋯⋯⋯⋯⋯⋯⋯⋯⋯张 芸
是否⋯⋯⋯⋯⋯⋯⋯⋯⋯⋯⋯⋯⋯林 夕
鸽韵⋯⋯⋯⋯⋯⋯⋯⋯⋯⋯⋯⋯⋯园 静
被垄断的日出⋯⋯⋯⋯⋯⋯⋯⋯⋯刘文飞
赛里木湖的魔法师⋯⋯⋯⋯⋯⋯⋯景 山
无题（外一章）⋯⋯⋯⋯⋯⋯⋯⋯于 沙

诗海拾珠（十四家）⋯⋯⋯⋯刘畅园 敬晓东 杜运燮
陈东东 刘国尧 王小龙 黄 淮 少 朋 洋 滔
王 野 谢先云 王泽群 张子选 王志杰
诗三首⋯⋯⋯⋯⋯⋯⋯⋯⋯⋯[西德]黄凤祝
一个画家和一个诗人⋯⋯⋯⋯[美国]秦 松
诗二首⋯⋯⋯⋯⋯⋯⋯⋯⋯⋯[美国]非 马
诗的飞絮（八首）⋯⋯⋯（中国香港）傅天虹
开荒牛（五首）
——深圳偶拾⋯⋯⋯⋯⋯⋯⋯⋯⋯犁 青

在甲板上
——从九龙到厦门 ················ ［菲律宾］桐 江

旧体诗 ················ 李汝伦 刘 征 胡山源
叶元章 叶钟华 杨宪益
巨变不产生眩惑
——《诗人丛书》第五辑读后 ·········· 谢 冕
当代杞人忧诗录 ··················· 晓 钢
生活流 意识流 流向何方? ··········· 尹安贵
诗,切近生活吧 ·················· 陈少松
叙事诗与是心灵的外化
——读《为了影子》致郑玲 ·········· 刘 强

新诗话 ·········· 木 斧 何顺安 阴家坪 王若谷
新作短波(三则)
诗讯(四则)

笛韵(油画) ···················· 陈逸飞
盛夏(中国画) ··················· 王明明
瑞雪(中国画) ··················· 王明干
细诉(版画) ···················· 何铁生

1987 年第 9 期　刊名:《诗刊》
目录

都会大峡谷(三首) ················· 雁 北
忧思(二首) ····················· 柳 沄
辫子 ························· 邓海南
我四十岁的时候…… ················ 梅 洁
感慨 ························· 李发模
村庄的首都 ····················· 姚振函
系列不能(三首) ················· 陈维昌
希望希望(外一首) ················ 黄亚洲
冷色与暖色(四首) ················ 宫 玺
漂河者(外三首) ················· 王家新
三国遗址的幽默(二首) ············· 陈松叶
最后的跋涉 ····················· 聂 沛
圈子(外一首) ··················· 李 笠
看一座房屋盖起来(外一首) ··········· 路 翎
来到不是长亭的长亭 ··············· 那 沙
名医之死(外一首) ················ 吕贵品
锦绣时光:蟒式 ·················· 张洪波
苏醒的时候(三首) ················ 冀 汸

外国诗
意大利当代短诗一束 ··············· 吕同六译
拉丁抒情诗二首 ·················· 叶君健译
日本荒原派诗抄 ·················· 郑民钦译
诗四首 ············ ［美国］詹姆斯·赖特 曲卫国译
诗三首 ············ ［加拿大］雅克·哥德布 汤 潮译
诗三首 ············ ［加拿大］海迪·波劳依 汤 潮译
流浪的风景(外一首)
············ ［联邦德国］希·多敏 安 桉译
"禁止停留" ······ ［保加利亚］列夫切夫 杨燕杰译
诗二首 ·············· (中国台湾)张我军
爱情诗(七人辑) ·········· 马 莉 于 是
黄秀玲 雪 村 赵万里 海 城 慧 子
旅游诗 ·········· 唐大同 梁上泉 苗得雨
塞 风 白 渔 师日新 王尔碑 许 行 任光椿
鲍雨冰 张加百 刘 敏

旧体诗
天风海涛室近作钞 ················· 钟敬文
诗八首 ······················ 吴小如
敦煌二首 ····················· 闻 山
新时期诗歌的逆向展开 ·············· 吕 进
充实与空灵 ····················· 叶 橹
鼓·花·弦
——评安谧三首小叙事诗 ··········· 袁忠岳
八十年代的苏联诗歌 ··············· 刘文飞
夜读札记(二则) ················· 杨光治
由一首短诗及其评介想到的 ············ 贾长厚
花的启迪 ····················· 朱 琅
诗刊社全国青年诗歌刊授学院招收
第四期学员通知
美哉,"卷首语"!(读者来信) ········· 赵伯庆
新作短波(六则)
诗坛简讯(二则)
向日葵(水印木刻) ········· 刘隆基画 高 放诗
霸王别姬(中国画) ········· 石 齐画 黄殿琴诗
白马(铜版画) ··················· 闵如刚

1987 年第 10 期　刊名:《诗刊》
目录

无名诗人专辑
大凉山抒情(组诗) ··········· (彝族)倮伍拉且
诗三首 ······················ 大 卫
我们这样生活着(外二首) ············ 彭国梁
领导者 ······················ 圆 子
鸟兽篇 ······················ 兆 倍
绷带与伤口(外二首) ··············· 方 子
阿英姐 ······················ 甘 伟
明天梦见谁(外一首) ··············· 于 冰
蓝色随想曲(二首) ················ 贺敏霞
抒情二章 ····················· 夏 裔

老房子 ────────────── 盘妙彬
阿花 ──────────────── 沙漠子
我知道……（外一首）──── 张国森
麦考利夫 ───────────── 谷 凯
船形 ──────────────── 陈惠芳
忆江南（二首）───────── 晓 梅
父亲与海 ───────────── 杜卫平
石头戒指（外一首）────── 匡文留
纯色构图（二首）──────── 曾静平

蓓蕾朵朵 ─────── 王 辉 慧 子 蔡恒东
吴 霖 李 浔 战 梅 李业道 况明先 健 鹰
谢玉久 王娉娉 徐淙泉 沈天鸿 胡 玥 罗 羽
立 人 力 军 薛超英
沿着易北河口，沿着哈尔茨山 ────── 公 刘
访奥诗抄 ──────────── 苗得雨
访泰抒情（二首）──────── 高 缨

诗海拾珠 ─────── 石太瑞 云 天 伊 路
桑恒昌 钟 瑄 子 页 陶文瑜 陆少平 水 舟
晓 晴 王耀东 邓亨禄 红 路 小 君 石天河
闵 人 林 澎 和 谷 徐 放 王雪莹 黄东成

刊授学员作品专辑 ─── 穆 涛 袁玉春 王渊平
吴书纯 王 湛 向 晨 韩辉升 段俊伟 吴 平
东 流 鲍 勋 孙建军 胡 昕 董祥云 余筠华
张 隽 陈伊丽 马玉龙 马庆仙 詹永祥 白守成
张晓红 作 二 冰 蕾 叶恒青 彭国全 邵 薇
希望的花朵
　──读刊授学员作品专辑 ────── 朱先树

旧体诗
大兴安岭森林大火 ────────── 荒 芜
词二首 ───────────────── 曹大铁
词二首 ───────────────── 胡遐之
感事三章 ──────────────── 林从龙
花不卖 ───────────────── 林 锴
时代旋律，民族心声
　──新时期十年的少数民族诗歌 ────── 晓 雪
新诗话（五则）─── 知非子 盛海耕 余 之 岳洪治

诗坛新人
你的名字，叫天籁 ─────────── 刘大平
赭红色的韵律 ───────────── 李 逊

新作短波
诗讯（二则）
诗刊社全国青年诗歌刊授学院招收第四期学员通知
心曲（油画）────────── 程亚杰画 汪国真诗
故垒风云（中国画）────── 杨延文画 林 莽诗

创造·空间·追求（版画）────────── 卜维勤

1987 年第 11 期　刊名：《诗刊》
目录

青春诗会
穿越中国腹地（组诗）────────── 宫 辉
西北偏西（组诗）─────────── 张子选
某种状态（组诗）─────────── 杨 克
空盒，白日夜曲（组诗）──────── 乔 迈
城市：两种方式的抒情（组诗）──── 力 虹
诗二首 ──────────────── 欧阳江河
黑色的海啸（组诗）────────── 赵天山
阳光与水（组诗）─────────── 李晓梅
挽歌 ──────────────────── 西 川
岩层深处的思考（组诗）──────── 刘 虹
即景与杂说（组诗）────────── 陈东东
探监（外一首）─────────── 郭力家
天真（组诗）──────────── 简 宁
跨越世纪（组诗）─────────── 程宝林
驭海部落（组诗）─────────── 庄永春
海蕴（组诗）──────────── 郑道远
求异存同　各领风骚 ────── 王燕生 北 新
第七届"青春诗会"拾零

国际海涅学术讨论会
并非没有可能
　──亨利希·海涅诞辰 190 周年，中国为此举行纪念会
　　　　　　　　　　　　　　　　── 绿 原
我们为何聚集在这里 ────────── 柯 岩
国际海涅学术讨论会在京召开 ────── 林 阳

诗海拾珠 ─────── （维吾尔族）铁依甫江 吕 新
路 地 （维吾尔族）克里木·霍加 杨星火 颜廷奎
汪国真 戴砚田 董耀章 王辽生 秦 岭 白 汀
林 珂 燎 原 （蒙古族）阿古拉泰 陈 虹 周春来
白 梦 觉 子 罗 箫 鲍 勋 （壮族）黄承基
诗，可以无感而发吗？
　──对《诗的禁欲与奴性的放荡》的思辨 ────── 陈良运
理性和智慧的抒情
　──读《屠岸十四行诗》────────── 唐 湜
当代诗歌：呼唤着真挚──读《诗刊》四月号中年诗
人作品专辑有感 ──────────── 戈 健

文摘
回归传统，迈向新古典主义
　　　　　　　　　────── 香港《世界中国诗刊》社论
诗刊社全国青年诗歌刊授学院招收第四期学员通知

裒（油画）⋯⋯⋯⋯⋯⋯⋯⋯⋯⋯⋯⋯吴红虹画 林 祁诗
冬之春（中国画）⋯⋯⋯⋯⋯⋯⋯⋯⋯⋯⋯⋯宗 鄂
江村（中国画）⋯⋯⋯⋯⋯⋯⋯⋯⋯⋯⋯⋯⋯孟庆谷
佤山魂（版画）⋯⋯⋯⋯⋯⋯⋯⋯⋯⋯⋯⋯⋯李忠翔

1987 年第 12 期　刊名:《诗刊》
目录

争议断想⋯⋯⋯⋯⋯⋯⋯⋯⋯⋯⋯⋯⋯⋯⋯李士非
汗血马（外一首）⋯⋯⋯⋯⋯⋯⋯⋯⋯⋯⋯⋯牛 汉
纯和不纯的抒情诗（九首）⋯⋯⋯⋯⋯⋯⋯⋯刘湛秋
女性年龄（九首）⋯⋯⋯⋯⋯⋯⋯⋯⋯⋯⋯⋯伊 蕾
杂诗五首⋯⋯⋯⋯⋯⋯⋯⋯⋯⋯⋯⋯⋯⋯⋯梁小斌
黑蝴蝶（组诗）⋯⋯⋯⋯⋯⋯⋯⋯⋯⋯⋯⋯王辽生
一九八六年诗五首⋯⋯⋯⋯⋯⋯⋯⋯⋯⋯⋯邵燕祥
寓言诗五首⋯⋯⋯⋯⋯⋯⋯⋯⋯⋯（中国香港）蓝海文

讽刺诗
笑的罪过（外一首）⋯⋯⋯⋯⋯⋯⋯⋯⋯⋯⋯刘 征
"伯乐"自白⋯⋯⋯⋯⋯⋯⋯⋯⋯⋯⋯⋯⋯⋯刘 章
文场花絮（七首）⋯⋯⋯⋯⋯⋯⋯⋯⋯⋯⋯⋯杨金亭
领导方术一例⋯⋯⋯⋯⋯⋯⋯⋯⋯⋯⋯⋯⋯梁谢成
给仙人掌（外一首）⋯⋯⋯⋯⋯⋯⋯⋯⋯⋯⋯程殿臣
滴水观音⋯⋯⋯⋯⋯⋯⋯⋯⋯⋯⋯⋯⋯⋯⋯陈显荣
盖新房⋯⋯⋯⋯⋯⋯⋯⋯⋯⋯⋯⋯⋯⋯⋯⋯王中和

讽刺诗话（十七则）⋯⋯⋯⋯⋯⋯⋯⋯⋯罗绍书辑录
抒情诗⋯⋯⋯⋯⋯⋯⋯⋯⋯⋯⋯⋯⋯公 木 汪静之
雁 翼 熊召政 蔡其矫 骆一禾 林 莽 冯 云
孙 涛 孔 孚 王尔碑 董景黎 黄锦萍 凌文远
邹荻帆 程显谟 圣 野 王建平

散文诗
无题散文诗五首⋯⋯⋯⋯⋯⋯⋯⋯⋯⋯⋯⋯柯 蓝
渡口⋯⋯⋯⋯⋯⋯⋯⋯⋯⋯⋯⋯⋯⋯⋯⋯⋯唐大同
漂流船⋯⋯⋯⋯⋯⋯⋯⋯⋯⋯⋯⋯⋯⋯⋯⋯朱光甫
中秋如梦令⋯⋯⋯⋯⋯⋯⋯⋯⋯⋯⋯⋯⋯⋯许 淇
散文诗二章⋯⋯⋯⋯⋯⋯⋯⋯⋯⋯⋯⋯⋯⋯郭 风
花样滑冰⋯⋯⋯⋯⋯⋯⋯⋯⋯⋯⋯⋯⋯⋯⋯徐成淼
五条沉默⋯⋯⋯⋯⋯⋯⋯⋯⋯⋯⋯⋯⋯⋯⋯张全昭
岩⋯⋯⋯⋯⋯⋯⋯⋯⋯⋯⋯⋯⋯⋯⋯⋯⋯⋯马及时
我有一只小船（外一章）⋯⋯⋯⋯⋯⋯⋯⋯⋯张 岐

旧体诗⋯⋯郭影秋遗作（十首）　李 祁（七首）
青果果累累待时光
——近期青年诗人创作印象⋯⋯⋯⋯⋯⋯⋯吴开晋
品花随想
——读山东文艺出版社《齐鲁诗花》⋯⋯⋯李元洛

诗之思⋯⋯⋯⋯⋯⋯⋯⋯⋯⋯⋯⋯⋯⋯⋯⋯赵 恺
回归传统的台湾现代诗
——简介台湾现代诗的发展和现状
⋯⋯⋯⋯⋯⋯⋯⋯⋯⋯⋯⋯⋯（中国香港）犁 青

诗刊社全国青年诗歌刊授学院招收第四期学员通知
夜（油画）⋯⋯⋯⋯⋯⋯⋯⋯⋯⋯⋯⋯⋯⋯曾晓峰
绿雾（中国画）⋯⋯⋯⋯⋯⋯⋯⋯⋯杨炳湘画 莫 非诗
广厦万间（木刻）⋯⋯⋯⋯⋯⋯⋯⋯⋯⋯⋯王 琦

1988 年第 1 期　刊名:《诗刊》
目录

《诗刊》编辑对话：纵横诗坛
⋯⋯⋯⋯⋯⋯⋯⋯⋯⋯本刊记者 晓 渡 丁 巴整理
我观今日诗坛⋯⋯⋯⋯⋯⋯⋯⋯⋯⋯⋯公 木 谢 冕
袁忠岳 周 涛 杨 炼
黑色⋯⋯⋯⋯⋯⋯⋯⋯⋯⋯⋯⋯⋯⋯⋯⋯⋯孙静轩
灵魂的家园（散文诗六章）⋯⋯⋯⋯⋯⋯⋯⋯刘再复
姐妹坡（组诗）⋯⋯⋯⋯⋯⋯⋯⋯⋯⋯⋯⋯⋯张 烨
中国颂⋯⋯⋯⋯⋯⋯⋯⋯⋯⋯⋯⋯⋯（蒙古族）舒 洁

广州诗人写广州
编前絮语⋯⋯⋯⋯⋯⋯⋯⋯⋯⋯⋯⋯⋯⋯⋯晓 钢
夜广州（外四首）⋯⋯⋯⋯⋯⋯⋯⋯⋯⋯⋯⋯樱 子
多向的风席卷了广州⋯⋯⋯⋯⋯⋯⋯⋯⋯⋯野 曼
中国高第街⋯⋯⋯⋯⋯⋯⋯⋯⋯⋯⋯⋯⋯⋯洪三泰
公仆们（三首）⋯⋯⋯⋯⋯⋯⋯⋯⋯⋯⋯⋯西 彤
运动——飞腾⋯⋯⋯⋯⋯⋯⋯⋯⋯⋯⋯⋯⋯李士非
竞争蒙太奇（外二首）⋯⋯⋯⋯⋯⋯⋯⋯⋯郭玉山
流行色⋯⋯⋯⋯⋯⋯⋯⋯⋯⋯⋯⋯⋯⋯⋯⋯郭光豹
灯彩世界⋯⋯⋯⋯⋯⋯⋯⋯⋯⋯⋯⋯⋯⋯⋯柯 原
和上帝过不去的女人和男人⋯⋯⋯⋯⋯⋯⋯梁以墀
人民币·美金·台币⋯⋯⋯⋯⋯⋯⋯⋯⋯⋯察宗舟
"打的"⋯⋯⋯⋯⋯⋯⋯⋯⋯⋯⋯⋯⋯⋯⋯⋯莫少云
麓湖畔这块土地⋯⋯⋯⋯⋯⋯⋯⋯⋯⋯⋯⋯司徒杰
我的城⋯⋯⋯⋯⋯⋯⋯⋯⋯⋯⋯⋯⋯⋯⋯⋯筱 敏
诗三首⋯⋯⋯⋯⋯⋯⋯⋯⋯⋯⋯⋯⋯⋯⋯⋯杜志民
绿魂⋯⋯⋯⋯⋯⋯⋯⋯⋯⋯⋯⋯⋯⋯⋯⋯⋯史光柱
监狱（外一首）⋯⋯⋯⋯⋯⋯⋯⋯⋯⋯⋯⋯陆 萍
他的血已渗进泥土⋯⋯⋯⋯⋯⋯⋯⋯⋯⋯⋯谢先云
西西里浮光掠影（五首）⋯⋯⋯⋯⋯⋯⋯⋯冯 至
墨西哥诗抄（二首）⋯⋯⋯⋯⋯⋯⋯⋯⋯⋯赵丽宏
一个女性插翅的浪漫（小叙事诗）⋯⋯⋯⋯李松涛
石头（小叙事诗）⋯⋯⋯⋯⋯⋯⋯⋯⋯⋯⋯任先青
旧体诗⋯⋯⋯⋯⋯⋯⋯⋯⋯⋯⋯⋯⋯程千帆 李国瑜
吕千飞 熊 鉴 彭深友 王自成
诗海拾珠⋯⋯⋯⋯⋯⋯⋯⋯⋯裘小龙 老 心 阿 吾 吕 亮

（维吾尔族）艾赫迈德·孜亚依　商展思

《艾青的跋涉》序 ……………………… 张志民

传统不能跛脚 …………………………… 黎焕颐

——读《回归》一文的感想

《中国新文学大系·诗集》导言 ……… 朱自清

诗坛简讯（十三则）

新作短波（三则）

琴（油画）……………… 蒋长虹画　李小雨诗

弹痕（油画）…………… 周向林画　雷　霆诗

漫下坡（剪纸）………………………… 乔晓光

1988 年第 2 期　刊名：《诗刊》

目录

艾青书简（四则）……………………… 艾　青

自行车风雨七千里（纪实组诗）……… 程小蓓

海 ……………………………………… 傅天琳

小理河情歌（信天游四首）…………… 张子良

天津行

天津漫与 ……………………………… 绿　原

城市与人 ……………………………… 韩作荣

1987，天津 …………………………… 李小雨

城市画像（三首）……………………… 吴力军

七十一点四公里 ……………………… 易　安

又见大海 ……………………………… 杨榴红

与海河的谈话 ………………………… 匡　满

寻找于城市与心灵之间——采访天津日记　王燕生

第聂伯河之夜（外三首）……………… 梅绍静

漫步亚德里亚海滨（组诗）…………… 魏　巍

黎明之鱼（外一首）…………………… 江　健

喜上西窗愁上西窗（外一首）………… 阿　红

在叶赫那拉氏的故乡（二首）………… 朱　雷

岁月的河（三首）……………………… 张新泉

最初的感觉（外一首）………………… 力　佳

突破自身（外一首）…………………… 吴　晓

挎空篮子的主妇（二首）……………… 骆晓戈

城市与人（二首）……………………… 谢其规

早安，朋友（外一首）………………… 徐　鲁

布罗斯基诗三首 ……… ［美国］约瑟夫·布罗斯基

日本当代诗一束

……… ［日本］财部鸟子　吉原幸子　吉增刚造

诗三首 ……… ［美国］理查德·魏尔伯　张子清译

赶牛车的人 …… ［美国］唐伯德·霍尔　丘宜明译

诗二首 …… ［新西兰］詹姆斯·K.巴克斯特　西川译

旧体诗 …………… 刘　佐　罗　密　贾　漫　熊楚剑

诗海拾珠 ……………………………… 杨绍武

郭　辉　吴小军　莫　非　顾　艳　王宏杰　石成仁

我观今日诗坛

诗思 …………………………………… 邹荻帆

自欺的"光明"与自溺的"黑暗"……… 郑　敏

且说"散点透视"……………………… 叶　橹

"第三浪潮"与第三代诗人 …………… 周伦佑

断想 …………………………………… 宋　垒

新诗话 ……… 高　平　颜廷奎　黄益庸　圣　野

关于乡土诗 …………………………… 古远清

万里行吟记 …………………………… 炼　虹

新作短波（五则）

诗刊社新诗讲习班招生通知

浓荫（油画）……………… 迟恨非画　邹静之诗

放射（漆画）……………… 乔十光画　雷　霆诗

空谷（独幅版画）……………………… 赵晓沫

1988 年第 3 期　刊名：《诗刊》

目录

中国作家协会第三届（1985—1986）新诗（诗集）评奖初选揭晓

开放之歌（组诗）……………………… 张学梦

反思录 ………………………………… 鲁　黎

诗的随想录（四首）…………………… 赵瑞戎

人生忧患如花发（三首）……………… 梁　南

诗三首 ………………………………… 余以建

诗三首 ………………………………… 贺东久

倒儿爷 ………………………………… 王　浩

墨溪之什（外一首）…………………… 周　纲

诗歌评论家对话：纵横诗坛 ………… 何光超整理

黑咖啡，紫咖啡（组诗）……………… 杨　牧

门外窗外（组诗）……………………… 叶延滨

爱情诗

许多人涉足我的琴房 ………………… 葱葱儿

爱（外一首）…………………………… 贝　岭

木刻插图 ……………………………… 陈锡民

我依然因爱恋含羞 …………………… 林　希

爱的青痕（二首）……………………… 子　页

南方的爱情（二首）…………………… 柯　原

金银花 ………………………………… 孙大梅

错误季节 ……………………………… 黄晓华

唱一支歌儿给你听 …………………… 张天授

爱是柔软柔软的水（外一首）………… 伊　路

旧体诗 ………… 李汝伦　林从龙　李曙初　熊东遨

诗海拾珠 ……………………………… 陈咏华

方　冰　田章夫　陈忠平　王知十　中　流　杜书瀛

王长军　刘明达　银　云　查　干　曹宇翔

我观今日诗坛

困惑自语···胡 昭
该来的，总要来···忆明珠
奇迹和根据···韩 东
别开生面的"诗歌一日"···············本刊记者 丁国成
诗人气质初探··尹在勤
苦的、硬的、用血写的诗···········（中国香港）林 真
——谈台湾诗人洛夫的诗
专栏：每期漫评
一月随笔···阿 红
诗笺上的广州··吕 进
新诗话···········林 希 陈绍伟 王若谷 黄锦卿
新作短波（八则）
青春的脚印（油画）·················陈新稳画 雪兵诗

现代民间绘画选

晒辣子···雏志俭
巴札···阿曼古丽
牦牛·太阳·土地（中国画）···························杨明华

1988 年第 4 期　刊名:《诗刊》
目录

大难之后，中国的沉思
——大兴安岭火灾一周年祭···························渭 水
曾经同行（三首）··嘉 嘉
写给黄山的十四行诗（五首）···························罗 洛
三首情歌···陈云其
一直是春天··沙 金遗作

新人集

世界为什么美丽（组诗）·································陶文瑜
诗三首···大 卫
远村（三首）···张令萍
绝对（外一首）··袁 安
诗三首···张 枣
有触须的形容词··非 人
一只石头黑猫的几行诗（外二首）···················陆新瑾
雕塑（外一首）··赵 琼
心之旅（三首）··赵 洁
黑女（外一首）··耿 翔
温馨的思绪（三首）······································西 篱
死者安慰不了死者（组诗）·····························黄一鸾
诗三首···赵 宇
梦歌（组诗）···李 玲
幻想系列···慧 子

台湾诗选

濠上（外一首）··周梦蝶
季节的变位（外二首）···································余光中
出发（外一首）··痖 弦
清明读诗（外四首）······································洛 夫
瘤（外四首）···向 明
关于海哟（外一首）······································张 默
我爱的人在火烧岛上（外二首）······················张香华
落单飞行（外二首）······································李魁贤
想的不愿想（外一首）···································文晓村
诗海拾珠···金 哲
张雪杉 （蒙古族）葛根图娅 孙 滨 老 木
李 里 梁志宏 陈佩芸 张 长 段和平
旧体诗·······································丁 芒 王辛笛
范 曾 许士杰 朱逸辉 李养国 张任君 赵伏波

我观今日诗坛······宫 玺 韩作荣 高洪波 晓 雪
柯 平 林 染
自道甘苦学旧诗··臧克家
专栏：每期漫评
三点评论···吕 进
二月随笔···阿 红
审视自身···一 平
诗的空白（之三）···陈力川
何苦化神奇为平庸···陶 阳

诗坛简讯（六则）
门神与少女（油画）·················张颂南画 麦 琪诗
悲剧的力量（油画）·················丁方画 宗 鄂诗
阴晴圆缺（版画）·······················刘 建 王 兰

1988 年第 5 期　刊名:《诗刊》
目录

第三届新诗（诗集）评奖揭晓·····················本刊记者
中国作家协会第三届（1985—1986）新诗（诗集）评
奖获奖篇目
中国作家协会第三届（1985—1986）新诗（诗集）评
奖委员会名单

短诗集锦

美丽的网···屠 岸
老井···怀 生
这儿···韦 锦
多重奏···王 果
找童年···朱征骅
冥想录（之五十一）······································吴钧陶
苹果树···西 蒙

高昌 ·························· 陈友胜
祖籍 ·························· 黄秀玲
诌媚 ·························· 牟 迅
呈交灵魂的起诉书 ············· 徐 康
手 ·························· 绿 黎
中国最小的官（报告诗） ········ 刘益善
厂长，在竞争的漩涡里 ·········· 刘更申
深圳记事（二首） ············· 冯永杰
乡里事（组诗） ············· 向书豪
移民 ·························· 丛小骅
金色的外环（二首） ··········· 姜 波
没有户口的"黑"孩 ············ 梁如云
小保姆 ······················ 张不代
乞丐这个词 ·················· 庞余亮
立交桥 ······················ 王建渐
献给母亲节 ············· 胡北离 刘 犁
王志杰 徐 侨 陈 放
我的七十 ···················· 陈敬容
新年，"味道好极了" ·········· 辛 笛
槿上露 ······················ 沙 白
粤西短章（三首） ············· 韦 丘
谈诗（外一首） ··············· 王佐良
春的记忆（外一首） ··········· 阎月君
还给我（外二首） ············· 严 力
水中倒影（外一首） ··········· 张 廓
散文诗 ······················ 郑 玲
殷龙龙 阿 来 曹 雷 松 樟 祖淑英 夏 娃
石 铭 韩新东 王 方 夏恩训
旧体诗 ······················ 李一泯
石凌鹤 阚家蓂 陈中美 沈 鹏 刘操南
刘人寿 马少侨 刘麟子
诗海拾贝 ··············· 许德民 赵健雄
孙友田 宋家玲 管用和 郑建桥 陈家孝 蒋维扬
黄邦君 杜 埃 张 翼 木 斧 关 睢 李圣强

我观今日诗坛 ············ 昌 耀 晏 明
金 帆 叶延滨 钱光培
专栏：每期漫评
三月随笔 ···················· 阿 红
对话：面对即将逝去的八十年代 ······ 吕 进

铮铮铁骨铸新诗
无弦的琴声 ·················· 方 敬
诗刊社 1988 年诗歌夏令营在山东长岛举办
乌苏渔女（版画） ········· 陈玉平画 晓钢诗
运河的历史（中国画） ······ 姚奎画 周所同诗
暖烘烘的风（版画） ············ 邢丽洁

1988 年第 6 期　刊名：《诗刊》

目录

中国作家协会第三届新诗（诗集）评奖获奖诗集简介
时代音响的和鸣——中国作家协会第三届新诗评奖获
奖诗集读后 ·················· 张同吾
痛心的诀别——怀念郭沫若同志 ···· 光未然
我坐在观众席上 ··············· 张志民
1987：官僚主义在中国 ·········· 熊召政
思辨的人生 ·················· 黎焕颐
骏马引 ······················ 安 谧
铜树 ·························· 赵 恺
诗三首 ······················ 唐 祈
审判及其他 ·················· 严 阵
中学生诗页 ············· 邓俊林 周劲松
阳 风 李连卿 孙 刚 张志彤 肖永瑞 张朝晖
南 江 牧 童 李作明 甄柯柯 石海燕 韩宗夫
可爱的诗的涌动——读一组中学生的诗 ···· 刘湛秋

外国诗
当代苏联青年诗人诗一束 ········ 日丹诺夫
切尔诺夫 尼古拉耶娃等 刘文飞译
诗三首···· ［加拿大］玛格丽特·阿特伍德 沈 睿译
诗是什么（选段） ······· ［日本］大冈信 兰 明译
抒情诗 ······················ 贾 漫
野 曼 林 祁 林 莽 顾 工 石太瑞 姚振函
诗海拾贝 ···················· 未 凡
庞壮国 王建平 刘 琦 刘 章 贺羡泉 舒均均
罗子英 丁 竹 罗维扬 杜仁和 桑 子 西中扬

我观今日诗坛
多元化和格律诗 ··············· 屠 岸
诗坛现状与走向管窥 ··········· 王 浩
诗之河·涨水期 ··············· 高 平
诗，应当为当代中国人而作 ········ 杨光治
从三个视点看今日中国诗坛 ········ 欧阳江河
神曲（丙烯画） ········· 欧京海画 莫 非诗
雁南飞（油画） ········· 刘仁杰画 吴正文诗
无尽天涯路（中国画） ··········· 刘 阳

1988 年第 7 期　刊名：《诗刊》

目录

短诗集锦
雪地里打鸟 ·················· 南 野
投影 ························ 刘 敏
军人的月亮 ·················· 邱正伦

悲剧·······················于　卓
无题·······················关　雎
净土·······················潘能军
民歌心·····················席永君
看《红楼梦》···············邹雨林
愧·······················郑定友
葡萄小院···················于国民
这里，没有女人·············孙静轩
鹤翔桩、卜者及其他（三首）···何　来
人类和历史的耕种期
——猫耳洞奇想之二·········朱增泉
黑龙之魂（组诗）···········王　辉
巴黎的月亮（组诗）·········雁　翼
五月的匈牙利（组诗）·······匡　满
诗二首·····················林　希
旅店（外二首）·············王　蒙
中国，堵车的中国···········健　鹰
在远航南沙的日子里（二首）···史一帆
两个人的车站···············海　男
本楼第十三层（组诗）·······唐晓渡
西部抒情（二首）···········刘宏亮
冬季已至（二首）···········陈燕妮
初恋（外一首）·············庞天舒
山水情诗·········卢祖品　冯麟煌　韩　笑
张大成　费　嘉　杨松霖　顾联第　风浪子　晓　梅
刊授学员作品小辑···········田　禾
范瑞刚　王　垄　陈韶华　袁　勇　葱葱儿　向　晨
一　夫　施清泉　金　山　魏碧海　黄　英　李　玲
张令萍　李自国　陈广德　詹永祥　边玺中　湛红英
大　卫　毕德云　高　崎　陈伊丽　苏　华
旧体诗·········叶圣陶　侯孝琼　李宝光　常振励
杜鹃啼血与精卫填海
——论昌耀的诗·············叶　橹
芦苇鸟的歌声——读高洪波的儿童诗···曾镇南
三柱论·····················流沙河
犁青的诗···················邹荻帆
海外华人诗人掠影（四则）·····古继堂

我观今日诗坛
线性思维与多元取向·········陈良运
诗，就是诗·················周良沛
今日诗的困难···············洪子诚
专栏：每期漫评·········吕　进　阿　红
朗诵艺术的魅力·············汪承栋

诗讯十则
远山的山冈（油画）·····罗尔纯画　雷　霆诗
抱玩具的姑娘（油画）···杨飞云画　宇　之诗
幼林（塑料版画）···········莫　测

1988 年第 8 期　刊名:《诗刊》

目录

诗刊社举办首届新诗"珍酒杯"大奖赛征稿启事
乱花迷眼论新诗
——全国当代新诗研讨会（运河笔会）综述
·················本刊记者　晓　渡
走近些，世界（组诗）·······宫　玺
北方的高原（四首）·········叶文福
诗四首·····················欧阳江河
肖像·······················翟永明
抒情诗六首·················宗　鄂
老家·······················杨争光
痛悼沈从文师（六首）·······赵瑞蕻

献给战士的歌
黑橄榄（外一首）···········刘立云
一曲不寻常的战争的壮歌
——回顾辽沈战役···········高　深
哨塔·······················喻　晓
我们的爱情（二首）·········殷　红
战区，一小店···············刘向海
诗五首·····················张　洁
岁暮杂诗（三首）···········忆明珠
我的媛媛（外一首）·········李发模
水晶（外一首）·············杨　炼
城市生活（组诗）···········董景黎
一种方式（外一首）·········冯　晏
旧体诗···丁　芒　羊春秋　黄墨谷　曹大铁　蔡厚示
诗海拾珠···················叶　舟
元　辉　尚　方　张天男　吴小军　黎正光　张洪波
胡　笳　马合省　刘　镇　雪　迪　张永海
新诗研讨会　文章摘登之一
多样与自由·················杨子敏
请剥离浮躁的翳·············严迪昌
足迹和镜子——今天新诗创作和评论的需要···郑　敏
呼唤诗情与诗美的回归·······缪俊杰

我观今日诗坛
对诗评诗论的困惑···········梁　南
对诗歌理论研究的一点反思·····古远清
诗界"三希"················臧克家
诗的如是我观···············李汝伦
抢救诗人···················林　希
我们的城（油画）·······赵大陆画　杨光祥诗
漩流（水彩画）·········傅启中画　邹静之诗
卧马（版画）···············董克俊

1988 年第 9 期　刊名:《诗刊》

目录

首届新诗"珍酒杯"大奖赛征稿启事
首届新诗"珍酒杯"大奖赛顾问、组委会、评委会名单

新人集

大时代纪事（三首）································魏　雨
咳嗽的童音（三首）··························黄亚洲
诗四首··非　默
界碑（外一首）································彭小梅
东方热土（二首）··························王　璞
距离中　一种秋之美的感受··············敬晓东
五月的麦地（外二首）····················海　子
真的（外一首）································杨　黎
老区··茹　菇
大武汉（二首）································康　平
狩猎的父亲··················（傈僳族）密英文
日本之旅（五首）··························李　瑛
在泰国（三首）································廖公弦
农村诗小辑············张晨雪　丁　可　周拥军
雷恩奇　王前锋　雪　原　李先铖　房泽田　徐　鲁
朱谷忠　程童一　钱锦方　王震西　凌代坤
诗海拾珠··············赵云江　肖正民　沈　重
周毓山　大　仙　赵跟喜　鲁　煤　于启河　刘德亮
晓　剑　罗寄一　田　地　商展思　胡　鹏　王中朝
（藏族）班　果　维　维　贺羡泉
黑蝴蝶（二首）································王辽生
诗三首··奕　林
假设（外一首）································柳　运
汉子··于　力
诗三首··马高明
旧体诗····································刘　征　李国瑜
陈次园　闻　山　施议对　朱则民

我观今日诗坛

诗情与国情································盛海耕
生命的意味和声音····························陈　超
"朦胧诗"的进步和"朦胧诗"后的退步与进步
··阿　吾
泛诗倾向的消失································王　干
新诗话（三则）··········唐　祈　洪三泰　敏　歧
浅谈诗的哲理发现
——兼评当前诗歌创作中的玄秘倾向····曾纪祖
"四有""三难"及其他
——读《长恨歌》谈叙事诗····················罗　沙
刊授学院招收第五期学员通知
黄河（油画）······················尚　扬画　刘湛秋诗

女人体（油画）································朱乃正
土地·蓝色的和谐（油画）················韦尔申
土地·黄色的和谐（油画）················胡建成
斗鸡（版画）································方振宁

1988 年第 10 期　刊名:《诗刊》

目录

诗刊社举办首届新诗"珍酒杯"大奖赛征稿启事
诗刊社全国青年诗歌刊授学院招收第五期学员通知

幽默讽刺诗

笑容十法··兆　倍
准现实主义····································郭力家
总经理出了问题································冯永杰
鲁迅及孔丘的胃病及其他····················冯静辉
离休的县长····································韩辉升
和尚·木梳及其他······························李启云
"活同"··陈官煊
城市备忘录（二首）··························曾增书
罚款集资盖大楼（外二首）················梁谢成
致一座山　一个海······························吴　野
黄鱼游··宛　青
拉郎配··旭　林
胖人卖瘦药····································陈显荣
吃"权"谣（外二首）··························张维芳
七十三行··姜建国
鲜为人知的心境（三首）····················李晓梅
野茶花（外一首）······························黄　方
西北风（四　首）······························鲍　昌
圆明园断想（三章）··························杨子敏
三月三（外一首）······························史晓京
诗二首··王小妮
静照（外二首）································李泽华
思痛（三首）····································雪　兵
子夜的另一面（二首）····················杨　克
无物（外一首）································何小竹
曾经有过这种时候（外一首）··············冬　至
开放的城（二首）······························郭光豹
游美诗纪（五首）······························刘　征
爱情诗··简　爱
张晨雪　雪　村　杨冬梅　尔　珍　俞　凌　邓英玉
余筠华　肖　凌　蒋爱群
诗海拾珠··················吴　霖　胡渔即　黄东军
孙昌建　何玉锁　李　剑　谭忠兴　沙　陵　晓　雁
易清滑　张国明　黄万里　张建术　张艳齐　黄晓华
王苑青　姚　莽　英　之
旧体诗··萧　军遗作

吕　剑　苏仲湘　萧湘雁　周笃文　王得一
静默，就是温柔的全部含义
——试剖刘湛秋的诗……………（中国台湾）洛　夫
一曲紫色的生命旋律………………………袁忠岳

我观今日诗坛

新时期的新诗及其未来…………………………高　平
中国新诗之走向…………………………………孔　孚
面对诗歌大浪潮…………………………………石光华
诗的方式：喧嚣与骚动……………蓝棣之　陈　雷
哈尼族的英雄歌…………………………………张光年
专栏：每期漫评………………阿　红　吕　进　叶　鹏
天各一方（油画）………………李台还画　麦　琪诗
!?……（油画）………………朱龙庆画　沈　睿诗
史与诗（油画）………………………赵　萌　赵光武

1988 年第 11 期　刊名：《诗刊》
目录

诗刊社全国青年诗歌刊授学院招收第五期学员通知

青春诗会

热爱生活（组诗）………………………………程小蓓
修远（五首）……………………………………骆一禾
回头是岸（组诗）………………………………陶文瑜
泰（组诗《汉人》选章）………………………开　愚
微火（组诗）……………………………………林　雪
河滩上的家（组诗）……………………………童　蔚
诗四首……………………………………………袁　安
首都（组诗）……………………………………海　南
粗暴或者温柔的声音（四首）…………………南　野
东部大陆（组诗）………………………………刘国体
黑钢铁（组诗）…………………………………王建平
静思（四首）……………………………………刘　见
苍天有眼（组诗）………………………………王黎明
蜻蜓岛（四首）………………………（蒙古族）阿古拉泰
我常常因一件小事流泪（三首）………………大　卫
哭是沙滩笑是柳（外二首）……………………何首乌
人间烟火（组诗）………………………………曹宇翔
"它来到我们的中间寻找骑手"——第八届"青春诗
会"侧记……………………本刊记者　雷　霆　北　新
刊授学员作品专辑………………………………赵　进
曾建明　毕德云　李永章　韩少君　陈桂林　玉军平
张国江　曹丽黎　呼润廷　张　莹　贾　真　刘卫东
周　云　陈　琪　杨　枫　杨森君　作　二　萧　融
左连生　徐乡愁　张志刚　邱正伦
诗海拾珠…………杜　明　晓　晴　乔晓风　映　青
潘万提　方　晴　毕福堂　李汉荣　李北兰　郎恩才

张　玮　李曙白　田林军　李明瑞　丁　木　群　智
赵英华　秦　华　药　汀　李清联　秦安江　牛　钊
四十年间一聚首
——记海峡两岸诗人的首次聚会……本刊记者　丁国成
新诗话…………赵　恺　赵　庭　姚学礼　马立鞭
窗外（油画）………………………章　军画　艾　苦诗
吴华仑中国画二幅
都市的旋律（木刻）……………………………王　琦

1988 年第 12 期　刊名：《诗刊》
目录

短诗集锦…………………………………………毛　玥
绿　黎　向　华　胡永龙　柴　燃　姜诗元　刘　燕
刘　晓　郑　功　金丽萍　汪国真
建筑·建筑………………………………………邹静之
锯末………………………………………………雷抒雁
回到我神萦梦绕的水乡去（四首）……………柯　平
五十岁及其他（组诗）…………………………雷　霆
竹海三章…………………………………………周　纲
太行山（四首）…………………………………苏金平
雨丝飘洒（外一首）……………………………魏志远
扬州三首…………………………………………孔　孚
空白的空白（组诗）……………………………莫　非
颖河湾里有片桃林（外二首）…………………刘明达
隐行人（外一首）………………………………张　廓
羯羊坡（二首）…………………………………肖　黛

农村小叙事诗

艳艳………………………………………………魏　鹏
女供销员…………………………………………贾丹华
四嫁………………………………………………汤养宗
旧体诗……………………………………………贺　苏
林从龙　耒根友　赵甄陶　熊楚剑　王自成
诗海拾珠…………………………………………鲁　萍
梁志宏　沙　鸥　晓　蕾　伍立杨　周之德　刘国尧
钱叶用　白　渔　马石纪　华万里　马德俊　张德强
周所同　石成仁　韦黎明　周　民　左一兵　王小未
徐慎贵　王绥青　刘英姿　王小蝉　周　杰

华人诗页

昆仑脉断………………………………（中国香港）韩　牧
苏小小…………………………………（中国香港）钟　玲
地铁站…………………………………［新加坡］周　粲
诗原上（七首）………………………（中国香港）吴　正
只有，再拉起生活的犁…………………［泰国］岭南人
祈渴（外一首）………………………（中国香港）路　羽
诗，期待着新的崛起……………………………陈良运

穿越诗艺的迷津⋯⋯⋯⋯⋯⋯⋯⋯⋯凌　宇
每期漫评⋯⋯⋯⋯⋯⋯⋯⋯于慈江　蓝棣之
我看《诗刊》"卷首语"⋯⋯⋯⋯⋯⋯盛海耕

诗讯
诗坛简讯
诗刊社全国青年诗歌刊授学院招收第五期学员通知
扰——低沉的回旋（油画）⋯⋯刘　溯画　王燕生诗
狩猎（壁画）⋯⋯⋯⋯⋯⋯唐水源　张建洛
三月三（壁画）⋯⋯⋯⋯⋯⋯⋯⋯矛伟立
山地谣（独幅版画）⋯⋯⋯⋯⋯⋯赵晓沫

1989 年第 1 期　刊名:《诗刊》

目录

悲剧的诞生⋯⋯⋯⋯⋯⋯⋯⋯⋯⋯林贤治
大自然之恋（组诗）⋯⋯⋯⋯⋯⋯刘湛秋
不再存在的存在（组诗）⋯⋯⋯⋯郑　敏
读者：也唤一声"亲爱的诗坛"
　⋯⋯⋯⋯⋯⋯⋯⋯本刊记者　萧犊整理
人生不能抛弃（组诗）⋯⋯⋯⋯⋯曲有源
火车奔驰（外二首）⋯⋯⋯⋯⋯⋯张　烨
感谢父亲（外一首）⋯⋯⋯⋯⋯⋯于　坚
梦魂依旧在江南（三首）⋯⋯⋯⋯刘祖慈
大凉山梦幻曲（组诗）⋯⋯（彝族）俫伍拉且
走路（外二首）⋯⋯⋯⋯⋯⋯⋯⋯多　多
老鹰不飞的日子（外一首）⋯⋯⋯张子选
红尘（二首）⋯⋯⋯⋯⋯⋯⋯⋯⋯沙　白
旅澳诗草（二首）⋯⋯⋯⋯⋯⋯⋯芦　荻
诗二首⋯⋯⋯⋯⋯⋯⋯⋯⋯⋯⋯⋯刑　天
诗二首⋯⋯⋯⋯⋯⋯⋯⋯⋯⋯⋯⋯方　敬
诗二首⋯⋯⋯⋯⋯⋯⋯⋯⋯⋯⋯⋯苏历铭
散文诗⋯⋯⋯⋯马　力　唐大同　林　夕　唐跃生
夏　娃　李　耕　耿林莽　王　霞　芭　蕉　朱光甫
松　樟　李昆纯　于　戈　李　勃
祖国山水⋯⋯⋯罗　洛　穆　仁　张　克　曾有云
龙　郁　王尔碑　贞　子　李加建　鄢家发　张永权
诗海拾珠⋯⋯⋯⋯⋯⋯殷　实　唐　欣　李岂林
王忠范　张同吾　杨灵芝　夏　冰　尚　宇　邓万鹏
陈文和　王长军　陈锡民　姜建国
旧体诗⋯⋯⋯⋯⋯⋯⋯莫　舍　程千帆　林　林
吴奔星　欧阳觉吾　田翠竹　李松华　刘人寿

诗人书简
致张志民⋯⋯⋯⋯⋯⋯⋯⋯⋯⋯⋯艾　青
《自选小集》后记⋯⋯⋯⋯⋯⋯⋯张志民
新诗视角纵横谈⋯⋯⋯⋯⋯⋯⋯⋯袁忠岳

我观今日诗坛
迈向言语之寺⋯⋯⋯⋯⋯⋯⋯⋯⋯耿占春
艺术思维中的惯性⋯⋯⋯⋯⋯⋯⋯骆一禾
城市诗人与城市诗?
——读《城市人》⋯⋯⋯⋯⋯⋯李　劼
诗刊社全国青年诗歌刊授学院招收第五期学员
人体与陶罐（油画）⋯⋯⋯⋯杨学光画　晓　钢诗
肖像（油画）⋯⋯⋯⋯⋯⋯王　忻画　李小雨诗
春醒（版画）⋯⋯⋯⋯⋯⋯⋯⋯⋯柳敦贵

1989 年第 2 期　刊名:《诗刊》

目录

内陆（六首）⋯⋯⋯⋯⋯⋯⋯⋯⋯昌　耀
因为你是公民（四首）⋯⋯⋯⋯⋯宫　辉
西安三首⋯⋯⋯⋯⋯⋯⋯⋯⋯⋯⋯吕　剑
诗三首⋯⋯⋯⋯⋯⋯⋯⋯⋯⋯⋯⋯唐　是
故乡的树（三首）⋯⋯⋯⋯⋯⋯⋯刘岚山
独步（外一首）⋯⋯⋯⋯⋯⋯⋯⋯杨　山
新加坡诗帖（三首）⋯⋯⋯⋯⋯⋯辛　笛
首届新诗珍酒杯大奖赛揭晓
首届新诗珍酒杯大奖赛作品专辑
随意道来⋯⋯⋯⋯⋯⋯⋯⋯⋯⋯⋯周所同
二狗子乔迁⋯⋯⋯⋯⋯⋯⋯⋯⋯⋯茹　菇
东方恶之花·围观⋯⋯⋯⋯⋯⋯⋯杨　然
奥运年悲喜流⋯⋯⋯⋯⋯⋯⋯⋯⋯姚振函
悲剧写在中国大地上⋯⋯⋯⋯⋯⋯范　成
西藏⋯⋯⋯⋯⋯⋯⋯⋯⋯⋯⋯⋯⋯班　果
秋天的情绪（外一首）⋯⋯⋯⋯⋯金朝晖
刘公岛⋯⋯⋯⋯⋯⋯⋯⋯⋯⋯⋯⋯张　烨
红眼病⋯⋯⋯⋯⋯⋯⋯⋯⋯⋯⋯⋯曹增书
人到晚年（外一首）⋯⋯⋯⋯⋯⋯王辽生
河流⋯⋯⋯⋯⋯⋯⋯⋯⋯⋯⋯⋯⋯达　黄
中国酒⋯⋯⋯⋯⋯⋯⋯⋯⋯⋯⋯⋯李　浔
门前（外一首）⋯⋯⋯⋯⋯⋯⋯⋯秦安江
空鼓⋯⋯⋯⋯⋯⋯⋯⋯⋯⋯⋯⋯⋯陈越文
酿酒的老女人⋯⋯⋯⋯⋯⋯⋯⋯⋯李玉环
楼上楼下⋯⋯⋯⋯⋯⋯⋯⋯⋯⋯⋯方　政
筑坝⋯⋯⋯⋯⋯⋯⋯⋯⋯⋯⋯⋯⋯陈梦游
T市大学生沙龙⋯⋯⋯⋯⋯⋯⋯⋯夏季风
一位中国老人的写意⋯⋯⋯⋯⋯⋯海　南
台北灯火⋯⋯⋯⋯⋯⋯⋯⋯⋯⋯⋯王家荣
香港组诗⋯⋯⋯⋯⋯⋯（中国香港）傅天虹
诗三首⋯⋯⋯⋯⋯⋯⋯⋯⋯[美国]王　渝

外国诗
诗三首⋯⋯⋯⋯⋯⋯[法国]彭　热　葛雷译
诗三首⋯⋯⋯⋯⋯[英国]D.J.恩赖特　傅浩译

诗三首⋯⋯⋯⋯⋯［印度］阿绍克·维杰彼伊　杨榴红译
旧体诗⋯⋯⋯⋯⋯⋯⋯⋯⋯⋯⋯⋯⋯⋯⋯李汝伦
　曹大铁　罗立诚　叶钟华　何祺中
诗海拾贝⋯⋯⋯⋯⋯郑玛丽　郑洁　李洪程　崔立兴
　韩东　王忠范　潞潞　陈峻峰　安安　方万聪
　穆涛　易殿选　拓荒犁　易清滑
关于诗是"独立世界"的思考⋯⋯⋯⋯⋯⋯⋯石天河
诗的风格的多样性与主导性⋯⋯⋯⋯⋯⋯⋯吴奔星
新诗话⋯⋯⋯⋯⋯⋯⋯曾卓　木斧　刘不朽
世界诗声响曼谷⋯⋯⋯⋯⋯⋯⋯⋯⋯⋯⋯犁青
阿拉伯世界的诗歌盛典⋯⋯⋯⋯本刊记者　王燕生
古河道（油画）⋯⋯⋯⋯⋯马宇光画　唐晓渡诗
高龙木雕
线条（油画）⋯⋯⋯⋯⋯⋯⋯⋯⋯⋯⋯⋯冯庆

旧体诗
近作四题⋯⋯⋯⋯⋯⋯⋯⋯⋯⋯⋯⋯⋯⋯臧克家
词五首⋯⋯⋯⋯⋯⋯⋯⋯⋯⋯⋯⋯［美国］阚家蓂
归欤感赋⋯⋯⋯⋯⋯⋯⋯⋯⋯⋯⋯⋯⋯⋯林锴
伟大的时代　宏亮的诗声
　——《中国抗日战争时期大后方文学书系·诗歌编》
序言⋯⋯⋯⋯⋯⋯⋯⋯⋯⋯⋯⋯⋯⋯⋯⋯臧克家
丰产与灾年——《中国新文艺大系（1949—1966）·
诗集》导言⋯⋯⋯⋯⋯⋯⋯⋯⋯⋯⋯⋯⋯张志民
文化意识与生命认知
　——1988年诗坛景观⋯⋯⋯⋯⋯⋯⋯⋯张同吾
伊蕾：诗的蜕变⋯⋯⋯⋯⋯⋯⋯⋯⋯⋯⋯张颐武
呼唤（版画）⋯⋯⋯⋯⋯⋯⋯李秀画　邹静之诗
雪（拓版画）⋯⋯⋯⋯⋯⋯曹琼德画　唐亚平诗
时空的变迁（版画）⋯⋯⋯⋯⋯⋯⋯⋯⋯江碧波

1989 年第 3 期　刊名:《诗刊》
目录

小叙事诗
老乔⋯⋯⋯⋯⋯⋯⋯⋯⋯⋯⋯⋯⋯⋯⋯⋯李浔
小楼泪⋯⋯⋯⋯⋯⋯⋯⋯⋯⋯⋯⋯赵公林　李青
翻译官⋯⋯⋯⋯⋯⋯⋯⋯⋯⋯⋯⋯⋯⋯⋯张雷
诊室所见⋯⋯⋯⋯⋯⋯⋯⋯⋯⋯⋯⋯⋯⋯王松青
倾覆的双桅船⋯⋯⋯⋯⋯⋯⋯⋯⋯⋯⋯⋯周晓峰
煤孩⋯⋯⋯⋯⋯⋯⋯⋯⋯⋯⋯⋯⋯⋯⋯⋯林勤
1988：奥运会启示录⋯⋯⋯⋯⋯⋯⋯⋯⋯渭水
我想写一首诗⋯⋯⋯⋯⋯⋯⋯⋯⋯⋯⋯⋯周涛
在雪国（组诗）⋯⋯⋯⋯⋯⋯⋯⋯⋯⋯⋯李笠
本刊内部消息（外一首）⋯⋯⋯⋯⋯⋯⋯朱红
古城路（外一首）⋯⋯⋯⋯⋯⋯⋯⋯⋯⋯王迪
诗二首⋯⋯⋯⋯⋯⋯⋯⋯⋯⋯⋯⋯⋯⋯⋯孟浪
自由的翅膀万岁⋯⋯⋯⋯⋯⋯⋯⋯⋯⋯⋯白航
大盆地，我的保姆⋯⋯⋯⋯⋯⋯⋯⋯⋯⋯廖亦武
春天，诱惑的花（外三首）⋯⋯⋯⋯⋯⋯晏明
美丽岛（外一首）⋯⋯⋯⋯⋯⋯⋯⋯⋯⋯周伦佑
访寒山寺（外一首）⋯⋯⋯⋯⋯⋯⋯⋯⋯徐放
易感季节（外一首）⋯⋯⋯⋯⋯（蒙古族）查干
等待⋯⋯⋯⋯⋯⋯⋯⋯⋯⋯⋯⋯⋯⋯⋯⋯金蝉
演出（外二首）⋯⋯⋯⋯⋯⋯⋯⋯⋯⋯⋯木斧
诗海拾贝⋯⋯⋯⋯⋯⋯⋯⋯⋯⋯⋯⋯⋯⋯阿蒙
陈企霞（遗作）　一平　刘毅然　马金龙　刘秋群
　许德民　陆伟然　晨枫　刘家魁　路忆桥　杨孟芳
　刘自立　瞿琮　农鸣　东方涛　柏铭久　郑保章
刊授学员作品小辑⋯⋯⋯⋯⋯⋯⋯王锋　钱家耀
　江慧　鹿理梅　谷未黄　戴慧玲　亢淑娉　赵铁民
　黄坤良　张国江　高戈　刑顺宏

旧体诗
短诗集锦⋯⋯⋯⋯⋯⋯⋯张子清　韦锦　郑成义
　吕文秀　李鸿璧　刘芳霞　张树林　扬禾
"文革"忆旧（组诗）⋯⋯⋯⋯⋯⋯⋯⋯⋯林希
倒儿爷续篇⋯⋯⋯⋯⋯⋯⋯⋯⋯⋯⋯⋯⋯王浩
辣紫的花穗（五首）⋯⋯⋯⋯⋯⋯⋯⋯⋯韩作荣
诗四首⋯⋯⋯⋯⋯⋯⋯⋯⋯⋯⋯⋯⋯⋯⋯王家新
一尊凛然挺立的雕像（诗剧）⋯⋯⋯⋯⋯李发模
塕⋯⋯⋯⋯⋯⋯⋯⋯⋯⋯⋯⋯⋯⋯⋯⋯⋯安谧
树臂⋯⋯⋯⋯⋯⋯⋯⋯⋯⋯⋯⋯⋯⋯⋯⋯赵恺
阅读自身（外一首）⋯⋯⋯⋯⋯⋯⋯⋯⋯章德益
百万富翁（外一首）⋯⋯⋯⋯⋯⋯⋯⋯⋯金哲
致李白（外二首）⋯⋯⋯⋯⋯⋯⋯⋯⋯⋯汤潮
一卷卷旋转的梦（外一首）⋯⋯⋯⋯⋯⋯顾工
雪线（二首）⋯⋯⋯⋯⋯⋯⋯⋯⋯⋯⋯⋯姜金城
海岸线（外二首）⋯⋯⋯⋯⋯⋯⋯⋯⋯⋯洪三泰
鲍昌，你竟提前下车了⋯⋯⋯⋯⋯⋯⋯⋯张志民
悼"老铁"⋯⋯⋯⋯⋯⋯⋯⋯⋯⋯⋯⋯⋯⋯杨子敏
愿您在祖国的土壤里开出灿烂的鲜花⋯⋯王谷林
第一千零二个故事（外一首）⋯⋯⋯⋯⋯高深

1989 年第 4 期　刊名:《诗刊》
目录

散文诗
城市风景线（三章）⋯⋯⋯⋯⋯⋯⋯⋯⋯许淇
海市蜃楼（外一章）⋯⋯⋯⋯⋯⋯⋯⋯⋯郭风
和石头深情对话⋯⋯⋯⋯⋯⋯⋯⋯⋯⋯⋯韩新东
生态启示录⋯⋯⋯⋯⋯⋯⋯⋯⋯⋯⋯⋯⋯于沙
我怎么会绕到你的楼梯口⋯⋯⋯⋯⋯⋯⋯桂香华
送行⋯⋯⋯⋯⋯⋯⋯⋯⋯⋯⋯⋯⋯⋯⋯⋯赵秀杰
天真⋯⋯⋯⋯⋯⋯⋯⋯⋯⋯⋯⋯⋯⋯⋯⋯颜溶
哦！望夫云⋯⋯⋯⋯⋯⋯⋯⋯⋯⋯⋯⋯⋯李松涛

诗海拾球……………屠 岸 杜运燮 吴钧陶 岳洪智
刘 厚 林乐山 陈广德 周拥军 张宏远 梁 平
蔚 江 圣 野 宋庆平 孟 婕 吴才华 凌 川
旧体诗…………………………………………宋谋场
吴调公 鲁 兵 黄施民 刘麟子
困境中的成熟和成熟中的困境
………………………杨匡汉 任洪渊 高洪波
灵魂的追求：自救与自赎……………………唐晓渡
孔孚的诗……………………………………………伊 洛
崇高的峰顶…………………………………………唐 题
崆峒钟声海外闻……………………………………丁国成
雨来了（油画）……………………赵大陆画 马 力诗
一个寓言的兑现（油画）…………赵永康画 赵 洁诗
采果子（版画）……………………………………闵如刚

1989 年第 5 期　刊名:《诗刊》
目录

"急性"的悼念……………………………………张志民
他——死在岗位上………………………………刘湛秋
春之祭……………………………………………杨子敏
悼念一位不老的老人……………………………匡 满
放言三首…………………………………………冯 至
戈尔巴乔夫坐标…………………………………高伐林
工厂的幽默（组诗）……………………………张敦孟
打井（外四首）…………………………………柳士同
梅花香自苦寒来…………………………………黎焕颐
诗二首……………………………………………柏 桦
我们原来都很平凡（外二首）…………………舒 洁
俄罗斯智慧（二首）……………………………钱叶用
给母亲（二首）…………………………………李汉荣
人物二题…………………………………………沈天鸿
披肝沥胆八十载　历尽天磨写华章——祝艾青八十寿辰
新诗七十年　哀乐警诗心……………………丁国成
改革开放的歌
深圳的风（三首）………………………………刘更申
带父亲看金陵饭店………………………………余自豪
中国，又一次南下………………………………王 斌
落雪的海南岛……………………………………陈 琪
现代南方（三首）………………………………吴小军
今天，你竞选乡长………………………………董桂萍
企业家……………………………………………黄锦卿
听琼纵老兵吹箫…………………………………孙 泱
中学生诗页……………徐 润 李作明 周劲松
任 寒 赵立群 金 皓 黄歆泉 李非非 韩 涛
宇 波 吴耀明 夏 林 马萧萧 邓铁辉 田文君
刘万苍 刘梦琳
鸟（外一首）…………………………………［美国］非 马

千里故国（三首）………………………［美国］陈铭华
诗海拾珠……………………………………………聂 沛
贾平凹 西 蒙 李建华 伊 洛 陈怀文 陈侣白
刁永泉 刘允嘉 孙友田 王 彪 柳 荫
入魔的诗魂——中国诗坛考察…………………雁 翼
中国大陆新诗发展的轮廓…………（中国台湾）高 準
诗坛春秋
《诗刊》同仁"驼队诗丛"隆重出版，广泛征订
寞（油画）……………………………方国文画 莫 非诗
油画人体两幅……………………………靳尚宜 杨飞云
男人（油画）……………………………………王征骅

1989 年第 6 期　刊名:《诗刊》
目录

女性诗歌专号

"女性诗歌"笔谈………………………………郑 敏
郑 玲 伊 蕾 翟永明 晓 钢 李小雨 海 男
王小妮 小 君 陆忆敏 刘 涛
绯红花瓣（五首）………………………………赵 洁
永远欲望的风景…………………………………王坤红
悸动（外二首）…………………………………马 可
冬日手记（四首）………………………………俞力佳
秋天的光泽（四首）……………………………麦 琪
主妇心态录（组诗）……………………………唐亚平
知情者……………………………………………徐 虹
抒情诗四首………………………………………莓 子
爱情木马（外一首）……………………………梅绍静
欢乐（二首）……………………………………乔 迈
辐射（外二首）…………………………………陈 虹
亚热带日记（组诗）……………………………董景黎
生命之河（外一首）……………………………陆新瑾
寻找出口的河流（三首）………………………刘 敏
无题两首…………………………………………邵勉力
经历这一切（外一首）…………………………林 珂
温情（外二首）…………………………………马 力
来世（外一首）…………………………………杨榴红
要求（外一首）…………………………………维 色
沉默的桃花（外二首）…………………………虹 影
战争的声音………………………………………阎月君
正午城市偶然一瞬（外一首）…………………张丽萍
落日温差…………………………………………冯 晏
盛开了一群少女梦（外一首）…………………王汝梅
世界与你…………………………………………马 莉
诗海拾珠……………丁蔚文 贺 东 白梦鹿 翎
陈晓燕 徐国静 张雪梅 申爱萍 樱 子 伊 路
《诗刊》同仁"驼队诗丛"隆重出版，广泛征订
旧体诗……………向 明 闻 山 龚依群 章汝克
小憩（油画）………………………张冬或画 邹静之诗

李永奇油画两幅
情侣的夜空（中国画）·······················刘大宣

李清照《声声慢》词意画局部（中国画）
·······················李焙戈画　陈松叶诗
一个人的思考（版画）·······················库雪明

1989 年第 7 期　刊名:《诗刊》
目录

七月的虹——原"七月诗歌"十一人新作
关于"七月诗派"的小记·······················雷　霆
和回声对话·······························绿　原
发生在胸腔内的奇迹
——有一首诗是这样诞生的·················牛　汉
活的过去（外一首）·······················曾　卓
德彪西《月光》语译（外一首）···············彭燕郊
熟悉的声音·······························冀　汸
上帝死去以后（片断）·······················朱　健
新建区域·································路　翎
旅行印象二题·······························罗　洛
诗语录···································鲁　黎
梦见一只企鹅（外一首）·····················鲁　煤
登文游台（外一首）·······················徐　放
木铎（纪实组诗）·······················冯　杰
1988 中国（组诗）·······················杨　克
白天黑夜（四首）·······················宫　玺
失去时间的备忘录（三首）···············叶延滨
世界公民（外一首）·······················力　虹
买回一本有关六朝文人的书（外一首）·······陈东东
不老的舞蹈家（外二首）·····················胡　昭
岁末十四行（三首）·······················大　仙
黄肤黑发如是说（二首）·····················陈燕妮
唱歌的石头（外一首）·······················宁　宇
芬兰和北极（组诗）·······················张万舒
漫步伊拉克（组诗）·······················王燕生
新荷集·······················武　夫　杨　通　武金鹏
陶　坛　梁亚雄　杨　雪　武永利　毛　罗　拓荒犁
筏　子　员京丽　王建军　朱　赤　白守成　宁　明
吴晓珍　杞　柏
旧体诗·································刘　征
莫　舍　熊　鉴　周槐庭　常振励　陈中寅　徐长绵
诗海拾珠·······················高洪波　肖　钢
李元胜　陈桂珍　陆少平　沙　陵　海　翔　李　昆
"五·四"初期译诗艺术的成长···············卞之琳
关于何其芳的诗·······················木　斧
诗美断想·································晓　雪
新诗话（四则）·············吕　剑　杨实诚　马立鞭
诗歌分类的学问大有前途·····················徐　迟
第二次全国当代诗词研讨会纪要
"我爱新诗，更爱古典诗歌"···············施议对
无语（油画）·······················陈燕画　晨　梅诗

1989 年第 8 期　刊名:《诗刊》
目录

军旅十人集
神游（六首）·······························屈　塬
苏军撤过阿姆河（外一节）···················朱增泉
无尘地带（五首）·······················厉　云
被困的八月（四首）·······················张国明
由一名坦克手引起的无题诗（外三首）·······蔡椿芳
红蝇（外三首）·······················陈云其
域外（二首）·······························简　宁
氛围（三首）·······························郭晓晔
在远方·································尚　方
太阳的祭坛（三首）·······················庞天舒

讽刺诗
选美记趣·································刘　征
是时候了……（外二首）·····················靳亚利
蜗牛下了枚鸡蛋（荒诞诗二首）···············石　河
轿车·麻将风（二首）·······················李汉超
文革乡村剧社轶事（组诗）···············大　卫
葵之歌·································公　木
深圳风（二首）·······················冯永杰
寂寞（外一首）·······················方　冰
燕子·································青　勃
陈旧的传说（二首）·······················高加索
诗海拾珠·············张　枣　张雪杉　施　玮
冯麟煌　园　静　顾　文　黄锦萍　陈建政　沙　封
陈先发　吴晓航　赵　涌　张新泉　敏　岐　巴　波
葱葱儿　西　篱

外国诗
致但丁·············〔苏联〕安·沃兹涅先斯基　刘文飞译
秋舞·············〔美国〕约诺·普拉塞　林绿译
独白·············〔墨西哥〕奥克塔维奥·帕斯　王央乐译
我呼吸着·······〔联邦德国〕卡·克罗克　袁　安译
在慕尼黑—汉诺威特别快车上
·············〔联邦德国〕尼·博恩　袁　安译
春天·············〔意大利〕翁贝尔托·萨巴　吕同六译
影与歌·············〔意大利〕乔尔乔·卡勃隆尼　吕同六译
在我继父死后·······〔美国〕威斯利·麦克纳尔　严力译
遗吻·············〔西班牙〕维森特·阿莱桑德雷　陈光孚译
狼·············〔美国〕罗杰·马丁　张子清译
黑夜魔王·············〔法国〕亨利·米硕　叶汝琏译

旧体诗……………………………………苏仲湘
吕　剑　李曙初　王　澍　王自成　熊东邀　陆　霖
美国后现代主义诗歌与中国诗……………袁可嘉
夏日二题…………………………………盛海耕
在多股诗歌潮流的撞击和互补中发展新诗歌……陈　辽
新诗话（四则）………………马立鞭　木斧曲近
无题（油画）……………薛明德画　唐晓渡诗
陈子庄中国画两幅
虎（装饰画）……………………………吴克勤

1989 年第 9 期　刊名:《诗刊》
目录

短诗四十家………袁　勇　成　南　韦　丘　吴允锋
张精锐　郑国义　席永君　陈广德　金　山　刘　敏
洛　英　周　纲　潘　烽　钟　星　余　刚　陈　放
周志强　吴钧陶　晓　钢　陈维昌　梁胜彩　李　岩
雪　兵　鲁　荒　弘　征　胡金溪　徐中甫　陈　勇
梁　真　桂向明　黄　淮　孙大梅　刘秋群　沙　欧
柳士同　师日新　王式俭　子　页　梁　芒　李坚毅
世态七色谱（五首）……………………梁　南
中国，有一只眼睛蒙住了…………………杨　然
中国的宴会（外二首）…………………米福松
世相（组诗）……………………………康　平
龙之灾（外二首）………………………柯　原
街头小戏…………………………………关　键
广厦下的微笑——访高级工程师杨明焕……冯永杰
你走向缪斯………………………………郑　玲
美酒和誓言………………………………晓　雪
剪纸的人（外一首）……………………杨绍武
怀念（二首）……………………………叶　舟
生活多思（二首）………………………苗得雨
黑暗的牧歌（外二首）…………………简　宁
领爷爷去看墓地的早晨…………………程宝林
手相（外一首）…………………………李晓梅

山情水意
竹叶舟（外一首）………………………唐　湜
那处草原那株草…………………………余　畅
乌龙山……………………………………向书豪
看见杜甫…………………………………罗　羽
大明湖上，辛弃疾………………………庄永春
野路………………………………………张洪波
红枣树，黑枣树……………………………刘　章
旅途杂咏（三首）………………………孙友田
鄱阳湖（六首）…………………………孔　孚
蝴蝶三首…………………………………刘　犁
夜寻………………………………………张　艰

进山的日子（外一首）…………………费　嘉
刊授学员诗词之页………………吕公珩　饶惠熙
张喜海　黄炎清　阮　灿　高庆华　钟正旺　杨兴普
话说"疏离"——1988 年 4 月 25 日在第二届漓江诗
会上的开幕词……………………………杨子敏
试论中国诗人的素质
　——兼评当今诗坛的某些新潮观念………曹纪祖
长跑诗人…………………………………贺敬之
桑恒昌诗作的象现艺术…………………刘　强

新诗话
旧诗作者谈新诗…………………………沙　白
"圆的东西，妙不可言"………………陈良运

诗的纯净美
诗与辞藻…………………………………陈敬容
偏颇的偶感（二则）……………………王　浩
炼字之外…………………………………刘　征
对话（版画）………………田　力画　张　驰诗
女人的衫（彩墨画）………何韵兰画　晓　钢诗
暮归（版画）……………………………张白波

1989 年第 10 期　刊名:《诗刊》
目录

献给十月的花束
中国——属于朝阳国家
　——献给建国 40 周年…………………张学梦
中华　中华（外三首）…………………柯　原
黄金般的思念（三首）…………………林　希
祖国（三首）……………………………李自国
麦穗（外一首）…………………………陈所巨
华侨啦啦队………………………………房　华
塑像………………………………………肖　瑶
1989：想起祖国…………………………杨　然
中国万岁交响曲………………（中国台湾）高　準

阳光与土地
归猿洞（外四首）………………………韩　笑
黑土地……………………………………李光武
民歌（外一首）…………………………陈锡民
大平原（二首）…………………………刘益善
布谷声声里（外一首）…………………丁　可
决战之前的雪夜…………………………高　深
鸣沙山恋情（外一首）…………………梁上泉
金萧岁月（二首）………………………圣　野
劳动致富…………………………………金甫其根
不再停电的日子…………………………吴修祥

在铁路小站（二首）……………………骆永林
藏民（二首）………………………（藏族）班 果
你的琴弦猝然断了——悼诗友李学鳌……王恩宇
大兴安岭之恋……张树方 张连荣 陈士果 周绍庭
詹长江 鲍雨冰 王晨光 樊万青 刘宏义 刘忠君
原 林 刘 江 刘福仁 马旦日 王义明 韩文清
张桂忠 兰 竹 李培源 任彦红 于 生
长在大森林的诗……………………………王燕生
旧体诗词……………………………………刘操南
麦 夫 吴 戈 丁 芒 叶元章 张作斌 林崇增
刊授学员作品选……………………………胡吉和
周长风 冰 晶 呢 喃 郭新民 程剑平 张相飞
子 页 何柏林 于一元 丰信东 黄 婷
"探索"的折磨与困惑………………………彭 放
新诗形式问题漫谈…………………………吴钧陶
叙事诗评论辑
《泪瀑》与东方意识流……………………李春林
"明月出海底，一朝开光曜"——贺《黄河浪头》重
新出版………………………………………鲁 煤
有用的和美的——评李松涛的叙事诗《白雪公主与双
喜牌火柴》兼及其他………………………阿 部
松江浪上弄潮儿——评韩笑长诗《松江浪》…纪 鹏
新诗话（四则）……………………王 野 任 蒙
《诗刊》征订启事
《诗刊》刊授学院招收第六期学员启事
圆号（油画）………………………………何大桥
矿井（油画）………………………………李占伟
三峡（中国画）……………………………吴冠中

十月不惑……………………………………张德强
从战争里回来（二首）……………………蔡椿芳
那盏闪亮的灯……………………………史放遗作
马缨花（四首）……………………………蔡其矫
岩石、大海、阳光和你（四首）…………林 莽
海宁潮………………………………………乔延凤
我在山谷独坐………………………………哥 布
树的眼睛（外一首）………………………赵天山
山，有绵延不绝的情节（外一首）………黄东成
红珊瑚之夜…………………………………王开林
人生四题……………………………………刘畅园
天平（外二首）……………………………绿 蘩
苦与甜在咖啡厅里（外一首）……………黄邦君
陡峭的人生（三首）………………………王 也
正午…………………………………………韦黎明
私人档案（外一首）………………………梁 平
孩子，你听我说……………………………郭留红
家务…………………………………………金克义
清晰的感觉…………………………………齐世明
感觉的平原（三首）………………………姚振函
麦秸草帽（外一首）………………………张中海
收割的季节（外一首）……………………袁 安
木铎（二首）………………………………冯 杰
无语黄昏（外一首）………………………耿 翔
歌唱玉米（二首）…………………………华万里

旧体诗词
己巳杂诗（八首）…………………………杨金亭
词三首………………………………………刘 征
观海谣（外一首）…………………………田翠竹
架线工（外一首）…………………………耒根友
纯粹牛角尖——诗路夜记一则……………阿 红
屈原传统与现代诗歌意识…………………张啸虎
"秋水为神玉为骨"
——读李汝伦《紫玉箫集》………………李元洛
《诗刊》刊授学院招收第六期学员启事
九华街（油画棒）………孙晓玲画 莫 非诗
杨炳湘中国画二幅
漫漫江际（版画）…………………………邵明江

1989 年第 11 期　刊名:《诗刊》
目录

郭小川诞辰 70 周年纪念特辑
塔什干诗抄（七首）……………………郭小川遗作
"占三尺地位，放万丈光辉"——首都诗界纪念郭小
川诞辰 70 周年………………………………丁国成
如果他活到现在
——郭小川同志诞辰 70 周年纪念……………臧克家
怀小川………………………………………朱子奇
"永生在诗文"………………………………夏 川
戈壁海（七首）……………………………李 瑛
游湖（外三首）……………………………雁 翼
诗四首………………………………………屠 岸
诗的随想录（四首）………………………赵瑞蕻
短诗六首……………………………………雷抒雁
夜广州（外一首）…………………………郭光豹
梅雨·窑洞及其他（三首）………………李松涛
默契（外一首）……………………………陈慧瑛

1989 年第 12 期　刊名:《诗刊》
目录

抗战情诗（组诗）…………………………邹荻帆
谨慎的黄昏（五首）………………………王辽生
江到电站大坝（外二首）…………………廖志理
在路上（组诗）……………………………葛根图娅
观工读生演出………………………………谢先云

被风梳理 ································· 张洪波
稻乡日出（外二首）····················· 刘春雨
悠悠地拖船（组诗）····················· 芦　萍
黄河岸边听民歌························· 聂　沛
啊，铁匠的黄河（外一首）··············· 子　页
唢呐手（外一首）······················· 冯团彬
泥土 ································· 万　川
牧鹿人 ······························· 雷恩奇
篮子（外一首）························· 饶庆年
今日乡村（二首）······················· 梁如云
沉重的秋天····························· 董桂萍
重返田园····························· 盘妙彬
官街 ································· 王德芳
短诗十七家 ················ 安　谧　哑　樵　雷平阳
成　子　赵健雄　江　堤　孙文波　莫文征　江　边
远　红　孔繁星　毛　翰　高　悛　白　渔　岸　冈
维　维　姚雪雪
画梦 ································· 赵丽宏
白发情歌（组诗）······················· 余薇野
献给爱神的祭坛························· 向　明
神力 ································· 冯　晏
家居 ································· 杨如雪
等你如期而来··························· 任惠敏
永恒的爱····························· 徐　芬
老师 ································· 况明先

讽刺与幽默
自由市场漫像三幅······················· 萧振荣
老鼠送礼（外一首）····················· 梁谢成
羊的疑问（外一首）····················· 曲宝善
蝙蝠的报告（外一首）··················· 杨翰端
胖商人 ······························· 马及时
"富翁"与"喇叭"（外一首）··············· 旭　林

旧体诗词
种瓜得豆庐杂咏六首····················· 李汝伦
建国四十周年礼赞（六首）··············· 李曙初
词六首 ······························· 王亚平
悼念革大同学赴湘西剿匪及抗美援朝诸烈士（二首）
································· 萧湘雁
新荷集 ····················· 龙文刚　尹良敏
王　赓　杨　角　元　刚　贾丹华　王东宇　贾　真
刘卫东　王　泉　野　平　雷　霆　柏　青
陈昌华　王自国　陈灿麟
"诗星长耀"
——老诗人臧克家85岁寿辰纪盛··········· 王世尧
诗的意象与形象························· 吴奔星
新诗文体的净化与变革
——《新诗文体学》跋················· 吕　进

国际和平的歌者——读朱子奇《爱的世界》···晓　钢
新诗话（四则）····················· 木　斧　盛海耕
《诗刊》刊授学院招收第六期学员启事
那一缕清烟（版画）··············· 赵晓沫画　静之诗
金秋（中国画）··················· 穆永瑞画　艾苦诗
李白临终歌（石雕）····················· 钱绍武

《诗神》

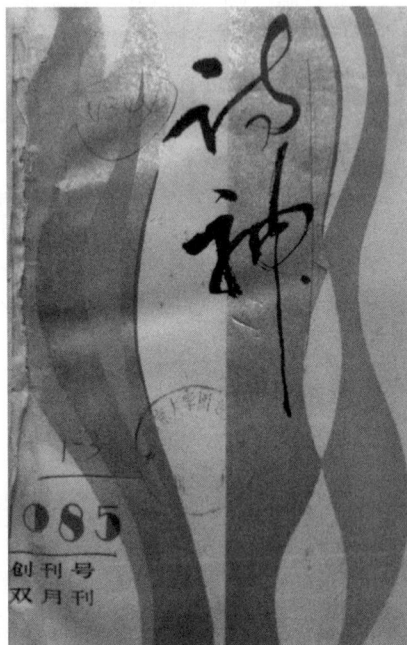

【简　介】

　　诗歌月刊。河北省作家协会主办。创刊于1985年。创刊初期为双月刊，1986年第1期起改为月刊。其特色鲜明，多现燕赵风骨，风格爽朗明舒。内容涉猎广泛，颇能反映时代精神。

期刊号：1985年第1期—1989年第12期

贺敬之同志给本刊的贺信
（代发刊词）

　　刊物取名《诗神》，应作如何理解？恐不是指希腊神话中的欧忒耳珀那位"诗神"吧？是否可理解为"诗的精神"之意？如果可以，那么，我仍然认为这精神，就是社会主义的时代精神，就是我们伟大祖国向四化进军的历史步伐，就是九百六十万平方公里大地上建设两个文明的时代脉搏，就是十亿人民呼唤"振兴中华"，呼唤"二〇〇〇"，呼唤共产主义未来的宏大心声。当然，体现这种时代精神的方法，以及题材、形式、风格等等是非常多样的，是千姿万态、百花齐放的。正如许多

同志都引用过的这句古话所说:"天下一致而百虑,殊途而同归"。

《诗神》创刊,写此致贺,并求教于河北诗友。

贺敬之

一九八四年九月二十九日,北京

1985 年第 1 期　刊名:《诗神》

目录

贺敬之同志给本刊的贺信（代发刊词）

诗人题词·············艾　青　臧克家　田　间　张志民

大西南（四首）··································张志民

献给北京的抒情诗（组诗）··························雁　翼

武陵山的发现··································石　英

牛歌（小叙事诗）································潘万提

写给我第一次做母亲的妻子··························肖　川

过秦川上·····································苗得雨

抒写新时期的交响乐章······························成志伟

燕赵诗会····································浪　波

刘小放　姚振函　张学梦　孙桂贞　王洪涛　申　身

刘　章　何香久　药　汀　刘戎声　刘晓滨　王俭庭

宋克力　桑　原　王树壮　曹增书　余守春　张洪波

郁郁葱葱青年林·····································尧山壁

神州诗潮·············聂鑫森　林　希　苗　木

时永福　李春林　毕　林　聪　聪　林　祁　程步涛

阿拉坦托娅　张　星　王恩宇　匡　满　黄东成

徐志宏　姜金城　于耀江　高立林　白　金

学院诗风·············傅　亮　张从海　密英文　张　伟

诗社园地（朝花诗社诗选）··············李志云　筱　岩

王金环　徐书格　刘荣敏　金秀芬　孟　捷　抒　放

张建国　孙朝兴　董世起　毕瑞云

新人新作····································陈新和

高惠卿　王振喜　匡文恒　张之伯　毕东海　小　桦

散文诗·······························姜强国　耿林莽

鹏　子　魏久环　晓　桦

赤子情（旅美华人诗选）

秦松的诗····································雁　翼

秦松诗四首····································秦　松

少儿朗诵诗页·············任彦芳　吴　城　郑世芳

少年,少年（少年朗诵诗集栏题诗）········漪　竹等

寄自中学校园的诗

秋雨·······································李克伟

秋天的思索····································赵春霞

旧体诗词·············高燃天　康迈千　韦　野

讽刺诗

某机关小曲····································小　草

抄袭之妙····································李松奎

古典诗词欣赏

精服乱头,然不掩国色

——李后主《玉楼春》赏析··············焦彦龙

他山之石

M.唐克诗选·························秋　原译 108

1985 年第 2 期　刊名:《诗神》

目录

好似红军鼓角声

——读魏巍的《井冈山漫游》··············高占祥

西北三首····································杨　牧

海鸥坟（外一首）································牛　汉

海上交通史····································邵燕祥

岁月,没有飘零································顾　工

燕赵诗会····································旭　宇

边国政　逢　阳　罗　箫　郭　俊　杨绽英　何　理

刘　哲　叶　蓬　白鹤龄　王中和　王玉民　王汉中

于学昌　李中义　杨鸿恩　孟　仁　李津生

神州诗潮·············胡　昭　郭宝臣　晏　明

木　斧　孙友田　李发模　田永昌　陈茂欣　刘益善

叶延滨　郭维东　徐　泽　赵建雄　梁谢成　时培华

学院诗风·············肖士明　韩文戈　金　心

女作者诗页·············李小雨　杨林勃　莫　愁

伟　德　鞠　英　夏　青　王晓琳　刘　燕

新作评点

平原上,年轻的农妇································宛　凝

情影（外二首）································杨如雪

新人新作·············李广宇　于　谦

金顺祥　席晓静　满敬芝　江　萍

散文诗·············桂兴华　金育青

李恒瑞　徐正　张翔鹰　董茂棠

寄自中学校园的诗·············刘　莹　姜红伟　刘学东

诗社园地（碣石诗社诗选）··············赵润明　焦洪信

刘汉有　曾牧羊　李翠华　马瑞祥　肖沛昀　赵玉环

常惠茹　滕运林

黄桦诗词四首

赤子情（旅美华人诗选）

心笛的诗（五首）································心　笛

他山之石

加拿大爱情诗两首································谢　崛译

卡西尔斯·休佛尔

·········· [美]艾德嘉·素·马斯特斯著　刘锡珍译
妈妈的眼睛·········· [日]吉田弦二郎著　夏　凡译

评论
小说家的诗论
——浅谈孙犁的诗歌理论·········· 周申明　杨振喜

1985 年第 3 期　刊名:《诗神》
目录

性格是动人的花朵
——读王致远两长诗札记之二·········· 高占祥

青春的交响
中国期刊（外一首）·········· 曹　剑
海角天涯抒情（二首）·········· 张　讴
赠远方（外二首）·········· 傅天琳
红柳河，戈壁中的红柳河·········· 韩作荣
爱的漫步（五首）·········· 姜强国

美的旋律
冀中平原（组诗）·········· 何香久
山乡流韵（组诗）·········· 冯静辉
美的记录者·········· 张德强
中国功夫（外一首）·········· 金　声
首次舞会·········· 张之伯
小镇在旋转·········· 谢玉久

深情的歌
毕业合影·········· 宋怀章
给我的朋友（三首）·········· 孙桂贞
埋在心底的歌（组诗）·········· 兰小宁
走向夏天·········· 颜广明

男子汉的雄姿
他们从太阳那里飞来·········· 张　欣
农场诗笺（二首）·········· 刘金红
我，和我的家庭·········· 黄　堃

儿女们的心声
小妮妮（外一首）·········· 渠炜　光华
女同学（外一首）·········· 宋　放
诞生（组诗）·········· 胡　杨

小说家的诗
浅唱集·········· 刘绍棠
诗社园地（石家庄市工业诗研究会青年作品选辑）
·········· 张玉山　刘润玲　李　南
曹文海　苏增利　姚　朔　侯宪英　张子英　王　欣

赤子情（族美华人诗选）
洪素丽的诗·········· 雁　翼
洪素丽诗四首·········· 洪素丽
学院诗风·········· 肖士明　张　戈　李振兴　李子光
散文诗·········· 于伯生　陈鸣华　祝天华　刘湘平　赵　岩
旧体诗词·········· 蔡子谔　吴士权　邓焕然

寄自中学校园的诗
我们正年轻·········· 杨晓民
考试·········· 刘晓平

讽刺诗
年龄浮动·········· 郭振荣

寓言诗
老鼠嘴里的猫·········· 王满夷

他山之石
树下二人·········· [日本]刘多田译
英、美诗二首·········· 韩忠华译
诗的嫩芽·········· 甲　子
山　柳　素　英　长　青　罗　陈　曹海燕　任　寰

青年诗人谈诗
城市和现代化工业在召唤·········· 张学梦

古典诗词欣赏
独具文化，议论英爽
——河北古代诗人刘因《白沟》诗赏析·········· 刘杨忠

诗话
不是诗人好夸张，因为……——西窗诗话·········· 阿　红
编后

1985 年第 4 期　刊名:《诗神》
目录

性格是动人的花朵
——谈王致远的两部长诗札记之二·········· 高占祥
长江三角洲·········· 雁　翼
父亲来江边送伞·········· 成明进
乡思（外一首）·········· 阎纯德
夏雨，打湿了拉萨（外一首）·········· 洋　滔
大马哈鱼群（外一首）·········· 庞壮国
燕赵诗会·········· 刘晓滨
张洪波　张小放　刘天琴　白德成　杨如雪　田　耕
张文波　高新昌　桑　原　王智勇
神州诗潮·········· 陈继光　莫文征　胡　笳　高继恒

王燕生　时永福　王中朝　薛卫民　郭廓　雷恩奇
钱叶用　郑雅超　陆健　张庆明　叶坪　白守成
献给军人的歌······黄晓华　肖福泉
贺东久　马合省　喻晓
学院诗风······马嵩　伊甸
潘洗尘　丹若　林珍

散文诗
小溪恋歌······邢卓
思念······葛玄

讽刺诗
惊梦······杨翰端
戏咏不倒翁······王章伍
诗的嫩芽······张红春
晓文　马向东　刘百灵　袁瑞良　昕阳
旧体诗词······刘润为　徐速之
寄自中学校园的诗···张子选　王行水　周桐生　林珂
少年儿童朗诵诗······谢其规　齐三妮

他山之石
阿·马尔科夫（苏）爱情诗抄······马德菊译

诗话
诗神？ 诗神！ 诗神······献给《诗神》···曹绍义

诗人创作经验谈
闲话二三
——诗论集《谁是二十一世纪的大师》后记····公刘

1985 年第 5 期　刊名:《诗神》
目录

芒种诗会特辑
诗人题词······艾青　臧克家　张志民
给大会的贺信······流沙河　中国作家协会
诗歌要与时代一起腾飞——在河北省诗歌座谈会上的
讲话（摘要）······高占祥
要万紫千红······张志民
谈心·谈天·谈诗······邵燕祥
故乡······白航
乡野风撩人······姚振函
长城······王树壮
弟媳（小叙事诗）······梅洁
浅论诗歌的创新与突破（一）······苗雨时
我们冲浪——"冲浪"诗社宣言······边国政
弄潮——为"弄潮"诗社成立而作····国强　向东
燕赵诗会······房泽田

曹增书　吴长城　徐国强　杨林勃　焦洪信　何理
韩放　杨玉辰　陈茂欣　岩溪　王剑清　张伦先
关于新诗的一点想法······孙桂贞
谈青年诗人的目标观念······何香久
出新才能发展······韦野
一家之言······刘章
写在收获与耕耘的季节······浪波
给张洪波同志的信······牛汉
通讯：桃园诗结义　诗神会诗朗——记河北省诗歌座
谈会······兰小宁
田同的诗······戴硬田
神州诗潮······徐泽　曲庆玮
沈天鸿　黄邦君　贾志坚　张水舟　陈咏华　关睢

小说家的诗
奚青诗八首
记忆三章······陈冲
新人新作······骆逸群　常兴忠　贾丁丁
旧体诗词······高燃天　果瑞卿　张洪深
散文诗···张诗剑　桑献凯　王志亭　蓝露怡　李林栋
诗社园地······河北大学晨钟诗社诗选
许来渠　韩成武　许志刚　金心　岑寂

他山之石
勃洛克抒情诗（五首）······刘湛秋译
叶赛宁抒情诗二首······黎华译

当代新诗赏析
真体内充　积健为雄
——评刘小放诗《鹰翎扇》······张同吾

诗人剪影
老诗人艾青的"童趣"······马鹏学
通讯：交流经验　互相支持　繁荣诗歌的一次盛
会——诗刊、诗报负责人座谈会纪实······王燕生

1985 年第 6 期　刊名:《诗神》
目录

红莓果　红莓果（组诗）······曹剑
在天上，在岸边，在水果······陆健
胆汁质的海和渔人——系列组诗之五······何香久
周末，单身汉的宿舍（小叙事诗）······晓路
燕赵诗会······尧山壁　余畅　刘章
白景峰　兰小宁　李津生　王琦　黄井子　郭俊
赵英华　萧振荣　张瑞君　周毅民　高新昌　一笑
舟里　孙桂贞　韦丁　李明瑞　李翠华　郝瑞
神州诗潮······于会元　魏久环

胡世宗　黎焕颐　陈惠芳　张德强　徐志宏　莫文征
苗　木　桑恒昌　刘怀章　陈所巨　沈前祥　吴　夫
小说家的诗…………………珊　泉　魏继新　张石山

旧体诗词
夏传才诗词十首

香港来稿
诗在香港（外三首）………………………吴　正
爱情小令（四首）…………………………王心果
学院诗风……………李　云　韩仰熙　苏显钟
来自华北油田的诗
…………王云生　宋克力　杨绽英　安顺国　何剑国
杂文诗…………………………燃岸篇　刘　征
散文诗…………王慧祺　倪学健　陈　新　邢　凯
新人新作……………………石玉祥　王翠琴
陈新和　蔡宝会　于学昌　刘俊彬
寄自中学校园的诗………………姚振国　戴红杰
他山之石………鹿跳泉　［英］华兹华斯　杨德豫译

河北诗人评介
"我是早晨"——桑原近作读后………………旭　宇

诗人书束
贺敬之给苏连硕的信
让我们放声歌唱——重读《放歌集》…………苏连硕
试论诗歌的创新与突破（二）………………苗雨时
为统一而战的史诗
——读曹操的《步出夏门行》………………张志春
纳兰性德忧患意识之初探……………………武　华
编后
尾花……………………………于照君　宋丕胜

1986 年第 1 期　刊名:《诗神》

目录

燕赵诗潮
胚芽骚动的城市（组诗）……………………张学梦
平原，在上演正剧（组诗）…………………姚振函
蛰龙吟（外一首）……………………………浪　波
故乡（外一首）………………………………王奎申
我对妻子说：不（外一首）…………………徐淙泉
追寻（外一首）………………………………葛　玄
新城的呼唤…………………………………李如岭
黎河潮………………………………………陈　鹏

人生之旅
耕读篇………………………………………郑熙亭

同题诗
华北平原………………………贾　漫　雁　翼　林　希

我的北方
多雪的黑土地（组诗）………………………庞壮国
山与人（组诗）………………………………章德益
游牧者的恋情（三首）………………………陈广斌

回归自然
金色的田野（外一首）………………………木　斧
回归自然（二首）……………………………范　源
火把节（外一首）……………………………魏志远
海神们（三首）………………………………陈所巨

拓荒地
永久的消失（组诗）…………………………白德成

讽刺诗
打油二题………………………………………石　河

学院诗风
扫待老人（外一首）…………………………傅英会
为了记忆（外一首）…………………………尚　洁
我们这些青年矿工……………………………王志民

诗社园地
《邯郸诗社》小辑………………丹　若　雁　鹏
赵芙河　郑　红　王建旗　郭　俊　王永兴　张林婴

旧体诗词
吴奔星诗词十四首

小说家的诗
塞外诗抄………………………………………峻　青
散文诗…………………桂兴华　杨林勃　史　明

他山之石
传票（外一首）……………［苏］M.唐克　秋　原译
英美现代抒情诗四首…………………………张　讴译

诗人谈诗
雨之诗——兼谈晏明近作……………………公　刘

海外飞鸿
散文诗的笔谈——寄雁翼……………………郝毅民
青春·中华诗歌朗诵音乐会剪影
河北诗人近影

1986 年第 2 期　刊名:《诗神》
目录

太阳的铸造者
黄果树大瀑布（组诗）·······孙桂贞
杭州的三行诗·······雁　翼
太阳的铸造者（组诗）·······兰　芳
西双版纳诗草（组诗）·······申　身

青春之潮
自白·······潞　潞
边境线·······卢祖品
古旧书店·······吕　君
村姑·······冯静辉
色彩流行的季节·······张新泉
一群展翅的雄鹰（外一首）·······张永健
巴山夜雨·······杨　然
初春·······周同馨
草原和大海·······哈斯乌拉
少年（外一首）·······雪　村
大山·······孙殿武
对面帐篷是女工宿舍·······丛小桦
呵，香港·······傅也平

生活的恋歌
对面车窗有对眼睛（外一首）·······顾　工
旅行画家·······丁　芒
戒台松二咏·······刘　江
蒙在新娘头上的红绫（外一首）
——村嫂的回忆·······孔祥雨
乡韵（二首）·······胡　笳
小镇的河睡了·······李苏卿
片思集·······村　野
擂鼓声永远不息——悼念田间同志·······徐　明

新人新作评点
竹叶集·······冉　冉
乡村的忧伤（组诗）·······房泽田

拓荒地
天相·······李　东
西行诗简·······西　川
散文诗·······许　淇　李　耕　李林栋

旧体诗词
漱园诗摘·······黄松鹤
逆旅蓬莱·······林世洪
威海烟墩山·······李书堂

学院诗风·······王雪芬　卢品贤　李龙年　田晓风
寄自中学校园的诗·······龚　昕　卜凡中
诗社园地·······丽　华　梦　月　左　军　胡春霄

海外华人诗
生活的纪实·······［美国］杨子女
憬·······（中国澳门）陶　里

现代诗赏析
庄重矜持非无情
——读陈敬容的《假如你走来》·······岳洪治

诗坛纵横
被遗忘的拾起
——对朦胧诗人的再认识·······陈　超
慷慨豪情燕赵风
——读夏传才的诗词·······安栋梁
开发原始感情并非新诗创新的广阔途径
——兼与孙桂贞同志商榷·······方　可

编辑随笔
顽强的诗　挺进的诗·······戴砚田
读者来函摘登
姚振函、徐淙泉诗歌讨论绘纪要

1986 年第 3 期　刊名:《诗神》
目录

一九八五年《诗神》优秀作品奖评奖揭晓

女性之光
失音的一天（外一首）·······梅绍静
荒野之春（四首）·······荒　野
你走进我的梦乡·······鲁娟
相思鸟（外一首）·······刘　见
我有一件花衬衫·······张之静
少女抒情诗（三首）·······蓝　天

组诗星云
扬子江踏浪·······康　平
茉莉花集·······纪　鹏
愿望·······严　阵
夏日散记·······张雪杉
我爱生活·······刘明达
25 岁：爱的纪实或间奏·······何铁生

一首诗的诞生
关于《西去列车的窗口》·······贺敬之

诗人书柬
诗贵于真——致郑熙亭同志 ···················· 张志民

当代新诗赏析
声情并茂的燕赵雄风
——读何香久的组诗《冀中平原》 ·············· 王吉有

海外华人诗笺
桔子的诗——巴黎来稿九首

学院诗风
青春组曲 ·················· 天津大学　晓　冰
年轻的妻子们 ·············· 湖北大学　彭代雄
惠安石匠 ·················· 厦门大学　邹振东
小村，我学会了跳舞 ········· 河北师大　孟德明
前方来信 ·················· 石家庄师专　刘燕之

散文诗页
树与花四章 ···································· 王　野

寄自中学校园的诗
我们正年轻（组诗）······· 河南固始七一中学　杨晓民
并非孤独（外一首）······· 河北泊头市中学　王金环

旧体诗词
方淑慎　诗词三首
咏　碑 ······································· 王国标
回涿感怀 ····································· 王　畅
浪花与思考 ··································· 樊发稼
车美萍　陈秀庭　晓　睛　韩金国　周长风　李曙白

他山之石
诺贝尔文学奖金获得者抒情诗选择 ············ 孔令森译

诗话
"诗眼"的艺术魅力 ···························· 冯树鉴

企业家的诗
本刊辟设"企业家的诗"专栏——新春之际向全国企
业家致意 ····································· 戴砚田
我走进太阳的故乡（外三首）
　　　　　　　　　　石家庄市玛钢厂副厂长　魏　鹏

兄弟刊物诗歌版面介绍
《女子文学》诗歌漫评 ························· 刘　毅

文坛简讯
河北师院举办《诗神》作品朗诵会
《1985年全国诗歌报刊集萃》即将出版

《华人世界》创刊

1986 年第 4 期　刊名:《诗神》
目录

燕赵诗会
青铜高原（组诗）······························ 何香久
北戴河抒情（组诗）···························· 兰小宁
山海关游思（组诗）···························· 周毅民
人之初（三首）································ 余　畅
城市，滋长着美的须根（组诗）·················· 曹增书
塞北的风（组诗）······························ 桑　原
思索的彩石（组诗）···························· 任彦芳

神州诗潮
惊马（四首）·································· 杨　牧
渡（外三首）·································· 李发模
西湖夜的五行诗 ······························ 雁　翼
没有成功的飞行 ······························ 叶延滨
爱的竖琴（组诗）······························ 谢克强
海峡之歌（组诗）······························ 于宗信
宁静的庐山（三首）···························· 宫　玺
魂在江南（两首）······························ 刘祖慈

旧体诗词
艺苑新秀赞 ·································· 高燃天
乡行 ·· 黄　绮

学院诗风
芦苇花（外一首）·············· 河北师大　陆宏昌
五月一日到湖边去 ············ 安徽师大　陈寿星
黄河之歌 ·················· 西北工业大学　赵迎春
初恋的回归 ················ 黑龙江大学　陆少平
十八岁的歌 ················ 北京广播学院　董北一

处女作
走向属于我的早晨（组诗）······················ 王久侠
芽（外二首）·································· 赵秀杰
夜·太阳（外一首）···························· 唐　溯
搏 ·· 高伟平

寄自中专学校的诗
黑龙江省富锦师范学校诗选
··········· 林玉和　韩恩波　田丽华　刘兆国　孙希武

欧洲华人作家的诗
回乡纪事及其他（组诗）························ 萧　良

散文诗
乡野来的风（两章）·················谢先云
春的思绪（三章）·················刘增山
给女友（两章）·················王晓利

他山之石
阿赫玛托娃抒情诗四首··············黎　华译
诗人与大海
——艾青秦皇岛纪行··············周红兵
从北中国到南中国
——我是怎样走上诗坛的···········柯　原
诗人在生活的海洋里（摄影）

1986 年第 5 期　刊名:《诗神》
目录

大地的回声
历史对一排钻杆的回答·············宋克力
二月二，龙抬头·················杜立仓
荒土地·····················张祖台
农民的脊背···················朱冀濮
中国，从黎明的瞳孔跑来············李　勤
军魂······················柳　沄
故乡（外一首）·················马合省

跋涉者
天葬······················黎正光
独木舟·····················钱叶用
树之路（组诗）·················杨　然
牛（外一首）··················野　夫

城市的感觉
深圳的女儿···················樱　子
城市的感觉（三首）··············许德民
工厂摔了一跤（外一首）············王建平
秦皇岛诗页···········白景峰　王海津等

青春潮汐
无舟之岸（三首）···············林　珂
问与答（外一首）···············雪　村
我清澈的心湖哟·················刘晓滨
飞旋（抒情长诗节选）·············梅绍静

有情天地
有情天地（三首）···············姜强国
南国少女（外一首）··············徐　方
写给兄弟····················胡　杨
征服······················苏　敏

晴日子，雪日子·················杨如雪
我仍然爱着你··················芦品贤
爱·······················刘　燕

五色石
中州古意（四首）···············陆　健
湘西意象（二首）···············聂鑫森
大山的秋天（外一首）·············张之伯
死松······················高继恒
加长药方····················张　权
无题······················王玉民
乡村，一个普通寡妇··············房泽田
山妮子·····················魏权汾
足球赛·····················韦　丁
咸亨酒店····················时培华
故乡的小镇···················何鑫生

青年诗人谈诗
锦囊诗话····················曹　剑

青年论坛
中国诗歌新生代·················陈　超
摄时代之神魂，扬燕赵之雄风
——1985 年《诗神》获奖作品漫评·······冯思德

1986 年第 6 期　刊名:《诗神》
目录

编委来函
孙桂贞同志给编辑部的信············孙桂贞
苗雨时给戴砚田的信··············苗雨时

神州诗潮
无题诗三首···················公　刘
诗二首·····················孟伟哉
南昌二题····················楚　庄
首都诗絮（组诗）···············杨玉辰
都市奏鸣曲（组诗）··············田永昌
中国人的爱情··················时永福
大海拾贝（组诗）···············孔　林
悬空寺（外一首）···············青　勃
海滨：关于生命的思考（二首）·········苗　木
呼　唤（两首）·················吴　辛
葡萄园的月亮花（外一首）···········黄东成
西部的爱（两首）···············孙友田

燕赵诗会
今天是年轻的太阳（外一首）··········何　理

乡村印象（外一首）…………………董桂苓
山乡剪影（二首）……………………孟　阳
爱情拾想………………………………药　汀
海………………………………………郝　瑞
望海崖（外一首）……………………一　笑
冰花……………………………………于学昌
毛背心…………………………………张凡修
夏天，多情的季节（外一首）………常惠茹
我赠你一个星期日……………………孟婷婷
兰室……………………………………赵富山
我的短章………………………………陈新和
月夜雁阵………………………………田　牧
中国人民大学诗歌之页
…………于　水　杨榴红　邓学政　王　茜　张　璋
劳动者的颂歌
…………薛小雷　花　犊　杨鸿恩　潘大华　张　丰

他山之石
血和道路（五首）
…………［法国］让·杜特莱作　阎纯德　诺艾尔译

寄自中学校园的诗……………………郝　玲　易扬扬

散文诗
鹰………………………………………徐　鲁
快乐的童年……………………………吴　城
海的手帕（外二首）…………………王贺锦

小说家的诗
南行集…………………………………王昌定
《康熙皇帝》的孕育（外二首）……郭秋良

处女地
秋风飘转的枯叶（外一首）…………付克宁

民歌
表妹（歌谣）…………………………任宝常
民歌二首………………………………李凤山

旧体诗词
太行吟…………………………………刘　章
诗二首…………………………………甄崇德
词二首…………………………………张洪深

诗社园地
写在前面………………………………张洪波
红蓝绿诗社诗选…………安顺国　王云生　朱礼贤

诗论
诗，想一想平民百姓…………………韦　野

好一片诗海……………………………苏连硕
抒写出男子汉的胸怀和气魄…………耕　晨
诗的"神行"法………………………刘　强
读者来信………………………………杨晓民

1986 年第 7 期　刊名:《诗神》
目录

河北诗坛新生代
黄土地奏鸣……………………………韩　松
关于路的两种假设（外一首）………杨松霖
生命三重奏……………………………杜立仓
生日（外一首）………………………醉　舟
古砚……………………………………曹继强
秋天的思绪……………………………鹤　菁
向中国夜致敬…………………………赵云江

神鼓·游流
旋流（组诗）…………………………边国政
野蔷薇集………………………………于建军
艾青铜像（外二首）…………………曲有源
我心深处（外二首）…………………张　烨
广告与女人（外一首）………………徐淙泉
神鼓（组诗）…………………………陈所巨
海魂曲（组诗）………………………王洪涛
渔村三首………………………………郭宝臣
致父亲…………………………………邓　澍
根………………………………………魏权汾

大自然的启示
松花江流域……………………………苏厉铭
鲜土（外一首）………………………刁永泉
黄山（三首）…………………………雁　北
望春山（外一首）……………………田　歌
三月雪…………………………………赵英华
老山，一把红土………………………张永权
特区诗情………………………………柯　原
自然的启示（二首）…………………易殿选
信息（外一首）………………………曲庆玮
海滩（外一首）………………………孟　捷

他山之石
马克思献给燕妮的爱情诗（四首）……王庚年译

失眠的雨季
情痴集…………………………………陈茂欣
红风衣…………………………………廖国庆
雨季……………………………………丘熊熊

杏雨（外一首）—————————————————白守城
都是为了爱（小叙事诗）——————————李松涛

学院诗风
盲艺人———————————————————韩文戈
父亲———————————————————王俊风
诗日记—————————————————————华　姿
白桦—————————————————————吕　新
塞北箫声—————————————————曾静平

诗社园地
《醒狮诗社》诗选———————赵万里　金　心等
《家园诗社》诗选——————陈松林　陈松梅等

散文诗
白色原野————————————————蓝露怡
太湖砚—————————————————凌代坤
小桥，枯朽了一根桥柱——————————李恒瑞
门前的小河（外二章）—————————李丰祝
中学生的诗——————龚　昕　刘晓平　王小岛
讽刺诗————————————杨翰端　张　权

新诗赏析
尺水兴波——读徐晓鹤的《棋》————朱子庆

诗坛纵横
言时代之志——《自由之神的雕像》自序——浪　波
躁动魂灵的坦白感受
　　——评孙桂贞组诗《黄果树大瀑布》——蔡子谔

1986 年第 8 期　刊名:《诗神》
目录

我满怀希望新诗创作繁荣———————王首道

八月风
远山（二首）————————————————刘毅然
被战火烧焦的土过去了（外一首）———郭同旭
无穷动（四首）————————————郭志勇
"8.18"悲怆奏鸣曲————————————柳士同
钢盔—————————————————————肖福泉

人之诗
时间（三首）————————————————周　涛
鱼的自述（外二首）————————————梁　南
大马哈鱼群在春天暴动——————————庞壮国
瘦马—————————————————————潞　潞
凝思（四首）————————————————李发模

一种声音——————————————————魏志远

大地的回声
大平原：一组不谐和音（组诗）————姚振函
汹涌的呼吸（组诗）————————————张洪波
油田纪事（组诗）————————————萧振荣
小村和地球仪————————————————黄井子
南方的素描（二首）————————————刘益善

回归自然
石榴（外二首）————————————————西　川
蓝夜，蝈蝈的歌（外一首）——————龙　郁
苍山十八溪（外一首）———————陈佩芸
睡美人（外一首）——————————————冉　冉

拓荒地
河（二首）—————————————————牛　波
秋水潇潇（二首）————————————石光华

青春的交响
六行诗（五首）————————————余以建
处理错了的爱情————————————艾　粲
红舞鞋—————————————————阿　空
陌生人—————————————————陈　默
山核桃—————————————————吴　梦
冬——————————————————————李玉洁
植树者—————————————————刘向东

七色石
海誓山盟（四首）————————————韩　笑
初到敦煌（外一首）————————————木　斧
北行杂咏—————————————————余薇野
沧州吟草（二首）————————————颜廷奎
烛光集（三首）——————————————子　页
赠远（外一首）——————————————吴奔星
小站——————————————————李根红
十字街—————————————————王中和
"黄牌"警告以后—————————————郑世芳
无标题情歌—————————————————董茂棠

他山之石
张怀平译英、美诗三首

诗坛纵横
吾听风雨　吾览江山————————————熊石政
新诗的一定师徒—————————————丁国成
新诗、你令人钟爱——《诗歌辞典》跋————陈绍伟

特讯
诗刊诗报协议会在广州召开⋯⋯⋯⋯⋯⋯柯　原
感受与启迪⋯⋯⋯⋯⋯⋯⋯⋯⋯⋯⋯⋯⋯张同吾
让诗飞进人们的心灵⋯⋯⋯⋯⋯⋯⋯⋯⋯照　青
《火花》编辑部召开新诗民族化问题探讨会⋯毕福堂

1986 年第 9 期　刊名:《诗神》
目录

国外报刊转载
诗神及其他⋯⋯⋯⋯⋯⋯⋯⋯⋯⋯⋯⋯⋯阎纯德
南游（二首）⋯⋯⋯⋯⋯⋯⋯⋯⋯⋯⋯⋯李　瑛
年轻的城（组诗）⋯⋯⋯⋯⋯⋯⋯⋯⋯⋯张新泉
搬迁（叙事诗）⋯⋯⋯⋯⋯⋯⋯⋯⋯⋯⋯梁志宏

城市的感觉
都市人生（四首）⋯⋯⋯⋯⋯⋯⋯⋯⋯⋯莫少云
小城思考（三首）⋯⋯⋯⋯⋯⋯⋯⋯⋯⋯王中和
下井⋯⋯⋯⋯⋯⋯⋯⋯⋯⋯⋯⋯⋯⋯⋯⋯张志安
造化⋯⋯⋯⋯⋯⋯⋯⋯⋯⋯⋯⋯⋯⋯⋯⋯白　金
阳光之歌（组诗）⋯⋯⋯⋯⋯⋯⋯⋯⋯⋯潘万提
厂长的遭遇⋯⋯⋯⋯⋯⋯⋯⋯⋯⋯⋯⋯⋯张国江

彩色的歌
彩色的歌（组诗）⋯⋯⋯⋯⋯⋯⋯⋯⋯⋯陈　鹰
季节的河流（组诗）⋯⋯⋯⋯⋯⋯⋯⋯⋯席晓静
八里沟的父亲（外一首）⋯⋯⋯⋯⋯⋯⋯李津生

浓郁的乡情
高唐神女⋯⋯⋯⋯⋯⋯⋯⋯⋯⋯⋯⋯⋯⋯韩英珊
雾都行（二首）⋯⋯⋯⋯⋯⋯⋯⋯⋯⋯⋯叶　蓬
乡情（组诗）⋯⋯⋯⋯⋯⋯⋯⋯⋯⋯⋯⋯高新昌
故乡那轮明月⋯⋯⋯⋯⋯⋯⋯⋯⋯⋯⋯⋯陈　义
长江上的孩子（二首）⋯⋯⋯⋯⋯⋯⋯⋯杨林勃
我长江边上的妻子⋯⋯⋯⋯⋯⋯⋯⋯⋯⋯李中贤
夏天的音韵（三首）⋯⋯⋯⋯⋯⋯⋯⋯⋯葛　玄

有情天地
献给恋人们的歌（三首）⋯⋯⋯⋯⋯⋯⋯白　渔
心的历程（外一首）⋯⋯⋯⋯⋯⋯季振华　季振邦

处女地
小村（外一首）⋯⋯⋯⋯⋯⋯⋯⋯⋯⋯⋯李　华
河边（外一首）⋯⋯⋯⋯⋯⋯⋯⋯⋯⋯⋯王雁明

拓荒地
笨拙（两首）⋯⋯⋯⋯⋯⋯⋯⋯⋯⋯⋯⋯梁小斌
那个时刻⋯⋯⋯⋯⋯⋯⋯⋯⋯⋯⋯⋯⋯⋯李子光

诗人书柬
致山壁⋯⋯⋯⋯⋯⋯⋯⋯⋯⋯⋯⋯⋯⋯⋯张志民

散文诗
长白山之恋（外二首）⋯⋯⋯⋯⋯⋯⋯⋯柯　蓝
稻香，飘进十五的月亮（外二章）⋯⋯⋯苗素芳

美术家的诗
画人打油诗四首⋯⋯⋯⋯⋯⋯⋯⋯⋯⋯⋯林　涛

企业家的诗
行吟二首⋯⋯⋯⋯⋯⋯⋯⋯⋯⋯⋯⋯⋯⋯游静浴
高炉鼓进改革风（外一首）⋯⋯⋯⋯⋯⋯常　建
除夕随感⋯⋯⋯⋯⋯⋯⋯⋯⋯⋯⋯⋯⋯⋯刘树煌

学院诗风
娘子河⋯⋯⋯⋯⋯⋯⋯⋯⋯⋯⋯⋯⋯⋯⋯肖士明
寻找（三首）⋯⋯⋯⋯⋯⋯⋯⋯⋯⋯⋯⋯张瑞君
一粒玻璃纽扣⋯⋯⋯⋯⋯⋯⋯⋯⋯⋯⋯⋯白　水
盼（外一篇）⋯⋯⋯⋯⋯⋯⋯⋯⋯⋯⋯⋯吴丽丽
寄自中学校园的诗⋯⋯⋯⋯⋯⋯⋯章　玮　张海江

他山之石
鲁文·达里奥抒情诗⋯⋯⋯⋯⋯⋯⋯⋯⋯于凤川译

诗评
咏春诗情寄杜鹃
——简评叶蓬诗集（杜鹃声声）⋯⋯华　岱　山　春
于细节处见精神
——读何理的叙事长诗（天涯风雪）⋯⋯⋯王玉祥
倪林和贺东久的军人诗⋯⋯⋯⋯⋯⋯⋯⋯张永枚

1986 年第 10 期　刊名:《诗神》
目录

天南地北
人类的生平（组诗）⋯⋯⋯⋯⋯⋯⋯⋯⋯席晓静
舞　魂⋯⋯⋯⋯⋯⋯⋯⋯⋯⋯⋯⋯⋯⋯⋯叶延滨
诗四首⋯⋯⋯⋯⋯⋯⋯⋯⋯⋯⋯⋯⋯⋯⋯陆　健
东方的啸傲（二首）⋯⋯⋯⋯⋯⋯⋯⋯⋯伊　甸
走向处女地⋯⋯⋯⋯⋯⋯⋯⋯⋯⋯⋯⋯⋯黄　堃
秋天（外一首）⋯⋯⋯⋯⋯⋯⋯⋯⋯⋯⋯席永君
雪国雕像⋯⋯⋯⋯⋯⋯⋯⋯⋯⋯⋯⋯⋯⋯郑雅超
森林里的童话⋯⋯⋯⋯⋯⋯⋯⋯⋯⋯⋯⋯叶　坪
高原，初升的太阳⋯⋯⋯⋯⋯⋯⋯⋯⋯⋯流　逸
辐射⋯⋯⋯⋯⋯⋯⋯⋯⋯⋯⋯⋯⋯⋯⋯⋯赵云江
断裂季⋯⋯⋯⋯⋯⋯⋯⋯⋯⋯⋯⋯⋯⋯⋯曲庆玮

新诗友

心灵的颤动（二首）⋯⋯⋯⋯⋯李汉荣
我爱过的人⋯⋯⋯⋯⋯⋯⋯⋯彭国梁
傍晚，有一条鱼⋯⋯⋯⋯⋯⋯李占学
雄性马群（外一首）⋯⋯⋯⋯王长军
大雷雨序曲⋯⋯⋯⋯⋯⋯⋯⋯力　虹
我们这样行进行（外二首）⋯⋯刁斗
"流行"，语言（外一首）⋯⋯子　干
惶惑·醒·期待（三首）⋯⋯⋯胡　鹏
蓝星⋯⋯⋯⋯⋯⋯⋯⋯⋯⋯⋯钟　星
从那以后⋯⋯⋯⋯⋯⋯⋯⋯⋯马　莉
致赫尔曼·黑塞⋯⋯⋯⋯⋯⋯川　流
我和爸爸⋯⋯⋯⋯⋯⋯⋯⋯⋯陈　洁
再别益阳⋯⋯⋯⋯⋯⋯⋯⋯⋯颜昌海

城市之光

中国，一座城市的诞生（组诗）⋯刘晓滨
大止海（二首）⋯⋯⋯⋯⋯⋯舟　樯
小街⋯⋯⋯⋯⋯⋯⋯⋯⋯⋯⋯王剑冰

超越时间

超载时间⋯⋯⋯⋯⋯⋯⋯⋯⋯柯　平
在雨巷⋯⋯⋯⋯⋯⋯⋯⋯⋯⋯张德强
母亲与羊皮筏子⋯⋯⋯⋯⋯⋯阿　空
吉他手⋯⋯⋯⋯⋯⋯⋯⋯⋯⋯黄智菁

情在山水间

密林　密林⋯⋯⋯⋯⋯⋯⋯⋯唐跃生
西湖泛舟⋯⋯⋯⋯⋯⋯⋯⋯⋯于伯生
神女峰失踪了⋯⋯⋯⋯⋯⋯⋯邓享禄
野草莓（外一首）⋯⋯⋯⋯⋯沈　健

黑色土·黑色歌

古平原抒情诗（二首）⋯⋯⋯张加百
祖坟（外一首）⋯⋯⋯⋯⋯⋯薛超英
背叛（外一首）⋯⋯⋯⋯⋯⋯李新锁

学院诗风

西部中国⋯⋯⋯⋯⋯⋯⋯⋯⋯彭代雄
想象里的冬天（外一首）⋯⋯傅英会
囚徒⋯⋯⋯⋯⋯⋯⋯⋯⋯⋯⋯李德颂
寻觅⋯⋯⋯⋯⋯⋯⋯⋯⋯⋯⋯湘妃子

散文诗

母亲的心（外一篇）⋯⋯⋯⋯万　玲
那个黄昏⋯⋯⋯⋯⋯⋯⋯⋯⋯房丽君
《燕赵风物诗文钞》序⋯⋯⋯高占祥

青年诗人谈诗

学诗断想⋯⋯⋯⋯⋯⋯⋯⋯⋯徐　泽

现代诗赏析

我歌此诗闻者愁⋯⋯⋯⋯⋯⋯无　影

1986 年第 11 期　刊名:《诗神》
目录

前线战士与《诗神》

《诗神》——我硝烟中的伴侣⋯⋯陈　灿
战士情怀（组诗）⋯⋯⋯⋯⋯⋯陈　灿

海外侨子与《诗神》

给戴砚田的信——寄自纽约⋯⋯郝毅民
写在华工墓前（外一首）⋯⋯⋯萧　良

一首诗的诞生

情绪、观念及其他
——从《黄果树大瀑布》的创作谈起⋯孙桂贞

青年诗人谈诗

把世界还给人，把人还给他自己⋯何香久

燕赵诗会

原野的信仰（组诗）⋯⋯⋯⋯黄井子
预言（组诗）⋯⋯⋯⋯⋯⋯⋯何香久
平原创世纪（组诗）⋯⋯⋯⋯姚振函
蛮荒的土地（组诗）⋯⋯⋯⋯白德成
设计图腾（长诗节选）⋯⋯⋯张学梦
1986：风流世界（组诗）⋯⋯边国政

神州诗潮

别一番生活世界（组诗）——西陲速记⋯石　英
音乐抒情诗（六题）⋯⋯⋯⋯鲁　萍
超短诗十三首⋯⋯⋯⋯⋯⋯⋯朱谷忠
东方女人（外一首）⋯⋯⋯⋯史晓京

新人新作

出纳员（外一首）⋯⋯⋯⋯⋯张丽梅
立交桥（外一首）⋯⋯⋯⋯⋯张立新
春天的花篮⋯⋯⋯⋯⋯⋯⋯⋯周亚辉
短诗一组⋯⋯⋯⋯⋯⋯⋯⋯⋯常兴忠
思乡（外一首）⋯⋯⋯⋯⋯⋯毕瑞云

拓荒地

短诗五首⋯⋯⋯⋯⋯⋯⋯⋯⋯李　勤
我和你（外一首）⋯⋯⋯⋯⋯林　扬

诗坛纵横

虚实相参　别开妙境

——略论意境构成的艺术手段⋯⋯⋯⋯⋯李元洛

勇敢的探索者

——评何香久的诗⋯⋯⋯⋯⋯⋯⋯苗雨时

恢复诗词吟唱活动的优良传统⋯⋯⋯⋯区太杰

讽刺诗

悔⋯⋯⋯⋯⋯⋯⋯⋯⋯⋯⋯⋯⋯⋯任宝常

歌谣欣赏

恨媒婆⋯⋯⋯⋯⋯孙二顺搜集　焦彦龙评析

诗话

大处着眼，小处落笔⋯⋯⋯⋯⋯⋯⋯张根树

1986 年第 12 期　刊名：《诗神》
目录

神州诗潮

天安门广场⋯⋯⋯⋯⋯⋯⋯⋯⋯⋯⋯赵天山

高楼群从贫瘠的海平线崛起⋯⋯⋯⋯⋯王克功

无题抒情诗（三首）⋯⋯⋯⋯⋯⋯⋯刘湛秋

我没有遗产（外一首）⋯⋯⋯⋯⋯⋯黎焕颐

北疆之晨（外三首）⋯⋯⋯⋯⋯⋯⋯严成志

土地与黄叶（二首）⋯⋯⋯⋯⋯⋯⋯梁谢成

柔弱的男孩子⋯⋯⋯⋯⋯⋯⋯⋯⋯华海庆

雄性风的钻井队（二首）⋯⋯⋯⋯⋯曾涵复

野马之歌⋯⋯⋯⋯⋯⋯⋯⋯⋯⋯⋯黄俊江

磨房女子⋯⋯⋯⋯⋯⋯⋯⋯⋯⋯⋯张志安

我的黄土地（外一首）⋯⋯⋯⋯⋯⋯任志玺

创世纪⋯⋯⋯⋯⋯⋯⋯⋯⋯⋯⋯⋯方万聪

五颜六色的城市⋯⋯⋯⋯⋯⋯⋯⋯刘舰平

青春期的骚动（三首）⋯⋯⋯⋯⋯⋯陈　敏

伊犁河⋯⋯⋯⋯⋯⋯⋯⋯⋯⋯⋯⋯张国明

哨兵（外一首）⋯⋯⋯⋯⋯⋯⋯⋯彭大江

无题⋯⋯⋯⋯⋯⋯⋯⋯⋯⋯⋯⋯⋯陈晓旭

远处的箫声⋯⋯⋯⋯⋯⋯⋯⋯⋯⋯孙昕晨

燕赵诗会

星城⋯⋯⋯⋯⋯⋯⋯⋯⋯⋯⋯⋯⋯杨松霖

人生片断（组诗）⋯⋯⋯⋯⋯⋯⋯⋯郁　葱

愚人节⋯⋯⋯⋯⋯⋯⋯⋯⋯⋯⋯⋯杨如雪

黄河浪（外二首）⋯⋯⋯⋯⋯⋯⋯⋯郭　俊

她们的世界（组诗）⋯⋯⋯⋯⋯⋯⋯李翠华

酸溜溜的乡谷（三首）⋯⋯⋯⋯⋯⋯王玉民

青春线上的风景（组诗）⋯⋯⋯⋯⋯靳亚利

怀念的山谷⋯⋯⋯⋯⋯⋯⋯⋯⋯⋯鹤　菁

野谷（外一首）⋯⋯⋯⋯⋯⋯⋯⋯齐　霁

酒愰⋯⋯⋯⋯⋯⋯⋯⋯⋯⋯⋯⋯⋯阿　丁

城市的夏天（二首）⋯⋯⋯⋯⋯⋯⋯赵英华

足球与笔记本⋯⋯⋯⋯⋯⋯⋯⋯⋯山　柳

爱之源（外一首）⋯⋯⋯⋯⋯⋯⋯谢京宁

"老山主峰"碑⋯⋯⋯⋯⋯⋯⋯⋯⋯刘全红

我的荒原⋯⋯⋯⋯⋯⋯⋯⋯⋯⋯⋯陈忠平

爬山藤⋯⋯⋯⋯⋯⋯⋯⋯⋯唐　溯　向　远

寄自中学校园的诗

夕光（外二首）⋯⋯⋯⋯⋯⋯⋯⋯王雪莹

寻找⋯⋯⋯⋯⋯⋯⋯⋯⋯⋯⋯⋯⋯吴才宏

他山之石

叶夫图申科诗三首⋯⋯⋯⋯⋯汪浩译　汪帆校

海外华人诗笺

读太白集的玄想⋯⋯⋯⋯⋯⋯⋯⋯郝毅民

诗坛纵横

互相依存　彼此促进

——略论创作与鉴赏的美学关系⋯⋯⋯李元洛

就诗神刊授学院有关问题兰小宁答记者问⋯⋯苗得雨

诗神刊授学院招生简章

诗讯

散文诗应与时代同步前进

——中国散文诗学会二届年会在四川乐山召开

⋯⋯⋯⋯⋯⋯⋯⋯⋯⋯⋯⋯⋯⋯⋯纪　鹏

1987 年第 1 期　刊名：《诗神》
目录

诗神问答⋯⋯⋯⋯⋯⋯⋯⋯⋯⋯⋯臧克家

新年祝辞⋯⋯⋯⋯⋯⋯⋯⋯⋯⋯⋯戴砚田

楚志（二首）⋯⋯⋯⋯⋯⋯⋯⋯⋯雷抒雁

故乡的三行诗⋯⋯⋯⋯⋯⋯⋯⋯⋯雁　翼

南海画廊（五首）⋯⋯⋯⋯⋯⋯⋯张志民

远方诗笺（组诗）⋯⋯⋯⋯⋯⋯⋯阎纯德

他山之石

索德格朗诗一束⋯⋯⋯⋯⋯⋯⋯⋯北岛译

诗人访问记

寻找生命的湖

——与北岛一席谈⋯⋯⋯⋯⋯⋯⋯许　源

农村青年的诗

乡村少女不是诗————————戴喜明
平原上的小村（组诗）————————潘凤瑞
他原不是拐子（外一首）————————巫仕玉
偏僻的村里，有朵荷花————————袁正林
我多么想……————————童　心

燕赵诗会

草民（组诗）————————刘小放
在鲁迅的故乡（五首）————————应乃尔
浅白的意象（六首）————————周毅民
有这样一位老农（外一首）————————杨鸿恩
小女孩与神像（外三首）————————王　彬
让他自己走路（外一首）————————从药汀
自画像（外二首）————————李玉洁

神州诗潮

公墓（外二首）
————给父亲————————常　虹
煤者印象
————写在纪念唐山地震十周年的日子里————周兴俊
唱给我当工人的妻子（外二首）————————杨玉辰
香山红叶（四首）————————禾　青
夏天的诗————————查　干
南斯拉夫情思（二首）————————聪　聪
海的启迪（三首）————————姜澍川

散文诗页

昨夜，下雪了————————王慧骐
源头之上————————唐大同
北方的山（三章）————————桑　原
海滩，有一对倩影————————郝　瑞
小雪花————————李会清
河北新华印刷三厂工人的诗
————————杨世彪　支江平　杨立山　刘建国

诗神刊授学院学员作品选登

虹（组诗）————————席晓静
屈原祠————————黄　剑
失败者————————谷　冰
饥饿 De 青春期（二章）————————刘向宏

诗神刊授学院辅导

“黑箱”的秘密——诗美散论之一————————王吉有

诗讯

河北省藁城县文联举办无名作者短诗大奖赛
巴蜀诗人诗社成立
就诗神刊授学院有关问题兰小宁答记者问

诗神刊授学院招生简章

1987 年第 2 期　刊名:《诗神》

目录

诗坛纵横

悄然而至的挑战
————诗歌审美特征的新变之二————————陈　超

太阳部落

太阳部落——爱、自由与我们————————醉　舟
诗一组————————易殿选
回声——致北岛————————古　鱼
这目光如此神奇（外一首）————————伊　甸

五色石

短诗一束————————王　蒙
所思在南方（组诗）————————宋　渠　宋　炜
边地中秋三题————————何　来
奇怪的思念（外一首）————————徐家麟
山居（组诗）————————赵健雄
黄山所思————————蒋庆丰
日子（外一首）————————吕　新
短诗三首————————文　苑
秋日的古树————————李兆阳
土围墙————————韩辉升
你从江南来————————崔益稳
长箫————————何鑫业
窗————————陈锡民
山那边————————刘高贵

诗探索

哲人轶事————————陆　健

爱之风笛

情歌————————艺　辛
爱情诗笺（组诗）————————董茂棠
也许（外一首）————————金　心

讽刺诗

讽刺诗三首————————李松奎

散文诗

海韵（二章）————————桑　木
花前————————王树壮
白雪————————杨德淮

诗词与民歌

诗词三首·······················蔡子谔
金缕曲·哭先师吴世昌先生···········刘杨忠
念奴娇·乙丑中秋军营幽怀···········孙志刚
太行三题·······················张志春
短诗四首·······················园 农
滏阳河畔会亲人···················陈 秀

河北诗人评介

诗与哲理结合之妙
——读申身诗集《山高水长》·········苗得雨

诗神刊授学院学员习作评点

男孩的心事·····················岳文杰
日记···························郭晓伟

诗神刊授学院学员作品选登

写给上帝的情书（组诗）·············赵万里
命运···························郝 瑞

诗神刊授学院辅导

诗的智性·······················陈仲义

1987 年第 3 期　刊名:《诗神》
目录

向新的胜利挺进
——河北省第五次文代会胜利召开·······本刊记者

女性之光

给女友（组诗）···················杨如雪
雨夜遐思（外一首）·················张秀云
我不是（外一首）··················温欣荣
创世纪（两首）···················李小雨
读歌德（组诗）···················樱 子
空中飞絮（短诗十四首）·············杨林勃
远山的呼吸（组诗）················李玉洁
湖（外二首）·····················黑 岛
啊！原野，原野（组诗）·············鸿 雁
有人说……（外一首）··············张秀杰
少女与大森林····················廉小来

神州诗潮

随意（四首）·····················姜强国
过时的悲哀（旧作二题）·············杨光治
中国的一，二，三（外二首）·········李春林
献给我的老师（两首）··············毛 翰
捡（外一首）·····················颜家文

燕赵诗会

探海石（组诗）···················张洪波
人之初五号岛（四首）··············余 畅
诗的交流（三首）··················田 歌
观佛记（组诗）···················吴长城
海灵芝·························张建国
岸边（外一首）···················王 琦
蓝色的幻想·····················山 柳

校园风

大学生季风（外一首）··············李兆杰
淡黄色的阳光（组诗）··············苏 婷
我和我的诗·····················苏小海

散文诗

北京印象·······················祝天华
爱的意象·······················森 森
曾在东亭·······················南 曦
山谷的风·······················林 夕

诗论

激人奋进的信仰之歌
——为诗集《人生之歌》所序·········高占祥
鹰之泪——评孙桂贞的组诗《黄皮肤的旗帜》
·····························杨远宏

诗社园地

邯郸诗社诗选··········郭 俊 郑 红 中 原等

诗神刊授学院辅导

诗情——感情世界里带电的离子········王吉有

刊院学员习作选登

悄悄的恋情（组诗）················余碧霞
大平原的儿子（外一首）·············许 村
乡间小路·······················陈 礼
离别···························刘玉平

1987 年第 4 期　刊名:《诗神》
目录

燕赵之声

日之声（三首）···················徐淙泉
不沉没的姓氏（二首）··············杜立沧
我的小村庄（组诗）················高会清
承德杂咏·······················王洪涛
草原短章·······················申 身
迎客松礼赞·····················叶 蓬

超越（四首）························张从海

九州方圆
巴黎诗笺（组诗）·················阎纯德
春云秋来（五首）·················宫　玺
长江七月（组诗）·················刘益善
黄河源（三首）···················桑恒昌
啊，喜马拉雅晨曦·················萧蒂岩

情痴集
阴山的故事（二首）···············张之静
情痴集（四首）···················陈茂欣
看海（外一首）···················王子和
梦·······························赵连环
骑摩托印象·······················李玉环
我真想···························瑜　琳

拓荒地
误会四种·························杨松霖

校园风
关于命运的赋格···················韩　松
静潮（外二首）···················张　莹

七色花
野蔷薇集·························于建军
巫　烛（组诗）···················南　荒
金色的草房（外一首）·············罗晓明
杜鹃的自由·······················李志清
老鼓手···························卫树谦
小火轮6点零5分通过···············柯　平
长者·儿童·······················郭　廓
犁铧之歌·························相金科

散文诗页
勇气（外三章）···················吴　珹

讽刺诗
啄木集（三首）···················石　河

诗词与民歌
悼诗二首·························谢逢松
纪游诗六首·······················夏传才
词一首···························张洪深
诗八首···························弘　征
远行短歌·························李盘文
钱塘江观潮·······················康迈千

诗人之间
悼未谋面的同龄人·················高红十

诗坛纵横
关于杨林勃诗的思考···············刘　章

诗歌知识讲座
生活——始终是诗歌起飞的基础·······王吉有
　——诗美散论

学员作品选登
女人的形象·······················杨玉华
那个晚上·························陈　兰
金耳环···························郑波凤
见证·····························白守成
故乡弯弯田梗路···················刘晓平
失望与希望·······················甘崇希
《散文诗报》函授招生
藁城文联首届短诗大奖赛评选揭晓

1987 年第 5 期　刊名:《诗神》
目录

燕赵诗魂
感觉的平原（六首）···············姚振函
被围困者·························伊　蕾

伊甸园之外
熊之研究（外二首）···············周　涛
九行抒情诗（五首）···············徐　刚
诗三首···························梅绍静
古老的河道（外一首）·············雁　北
伊甸园之外·······················若　烺
纵与横···························曹　凯

爱之路
凝固的蘑菇云（组诗）·············芦　萍
游牧的云（二首）·················陈广斌
我不如你的一丝清流（外二首）·····郭宝臣
登望江楼怀薛涛···················寒　星
山水情（外一首）·················郑成义
北方民族（三首）·················王新弟
旋转与爱之路·····················梁谢成
爱的梦幻（三首）·················杨光祥
墙·······························李天明
呵！桃林·························王玉民
白雪情（外一首）·················陈　放

1987 年第 6 期　刊名:《诗神》

目录

校园风

雨夜的小站……………………田晓菲

给你……………………………金　鸥

秋夜印象………………………孙玉桦

有一种呼唤……………………刘玉河

那个年龄………………………王红炜

新人新作

有人敲门（三首）……………舒亚薇

回家（二首）…………………王素花

散文诗

远方的呼唤（外一章）………柯　蓝

暴风雨中的独奏（三章）……李　耕

藁城文联短诗大奖赛或奖作品

哑巴………………（河北）张瑞君

留言……………解放军 戈　笔

寺院纪事…………（湖北）胡　昕

内画……………（河南）斯　人

十二点后…………（河北）杨如雪

摆渡者……………（湖北）黄明山

海外华人诗笺

茅台四盅…………〔新加坡〕葵　板

巴黎秋思（三首）……〔法国〕桔　子

鬼劫……………………………痖　弦

他山之石

谈诗的诗………〔苏〕鲍·帕斯捷尔纳克

肇　明　理　然译

诗词与民歌………（沧州）李建洲　于兴国等

企业家的诗…………（江西）张杰锋

诗坛纵横

歌唱在黎明——读姜强国诗集《爱的世界》…李小雨

诗海一瓢录……………………陈绍伟

诗神刊授学院专页

刚满十八岁的花…………（辽宁）赵铁民

黑土地，鹰的旋律………（山西）杨风楼

眼睛………………（江苏）周长风

诗人是文明的"原始人"（辅导教材）………吕　进

鲜花, 少年

十三岁的女孩子（组诗）……任　寰

小舟……………………………姜　宇

吊兰（外二首）………………龚　昕

桥和虹（外一首）……………斯白露

梦（外二首）…………………阎　妮

儿童诗六首……………………郑世芳

神州诗潮

大寨来去（二首）……………王燕生

半掩之窗（组诗）……………叶延滨

南方（外一首）………………方文竹

求（外一首）…………………虹　帆

那夜那灯那呼喊（外一首）…阿　红

西昌的太阳和月亮（二首）…木　斧

观（三首）……………………阿　吾

向往着那个季节………………刘京亮

林中偶得………………………姚焕吉

塔（外二首）…………………张　暄

短诗二首………………………方竟成

燕赵诗会

沉重的魂（三首）……………子　夜

十二月二十六日，保定雪（外三首）………傅英会

静夜（外一首）………………张文波

大山里采撷的苦果（二首）…靳亚利

小路弯弯………………………王少群

老屋（组诗）…………………房泽田

忧郁的八行……………………李子光

校园风

无题变奏曲（三首）…………冰　峰

预言（外二首）………………切　坦

题赠诗二首……………………刘　虹

酸枣树（外一首）……………胡　杨

散文诗

白瓷大象和梦神………………郭　风

小木屋（外二章）……………徐天喜

讽刺诗

哭笑随你（组诗）……………萧振荣

他山之石

母亲和变为鹿的 ·········· ［匈牙利］约哈斯·费伦茨

儿子的对话 ·········· 卡尔玛尔·埃姓译　匡　满整理

诗词之页

潍坊竹枝词 ·········· 杨金亭

诗评　诗论

愿有更多的寓言诗问世 ·········· 高占祥

民族精神的张扬 ·········· 苗雨时

诗神刊授学院辅导

三句半诗话 ·········· 含雪斋斋长

诗神刊院学员作品选 ·········· 肖士明　川　梅　田素霞

毛俊缺　巨　浪　宗小剑　姚江平　文　可　王唯唯

张忠谦　沈　霞

1987 年第 7 期　刊名:《诗神》
目录

幽燕诗魂

凝聚之歌 ·········· 张学梦

情种（三首） ·········· 刘晓滨

葬礼婚礼二重奏（小叙事诗） ·········· 王俭庭

平原新林

乡村（组诗） ·········· 陆　地

不见花期（组诗） ·········· 王培敏

自然与自我（二首） ·········· 穆　涛

晚秋的收获（外二首） ·········· 鹤　菁

东方龙吟

大禹之恋 ·········· 林　希

意象的备忘录（四首） ·········· 莫文征

古寺追昔（三首） ·········· 张雪杉

忧思（三首） ·········· 柳　沄

海外华人诗页

七月杂咏（三首） ·········· （中国香港）秦　林

海边小景（外二首） ·········· （中国香港）吴　正

致母亲 ·········· ［巴黎］萧　良

大珠小珠

我的乳名 ·········· 张国江

一天 ·········· 张跃军

心境 ·········· 韩兴贵

小城名人 ·········· 王宜振

机井承包户（外一首） ·········· 王中和

路口 ·········· 相金科

春天的信 ·········· 梁和平

雪 ·········· 李极光

相思红豆

墙及其他（五首） ·········· 黄　淮

断片（二首） ·········· 刘英华

别（外二首） ·········· 谢　虹

校园风

夜笛 ·········· 刘毅然

黑岛（外一首） ·········· 吕　君

窗下 ·········· 张庆岭

生日晚宴 ·········· 刘　芳

春引（外一首） ·········· 彭　玲

少女的节令（二首） ·········· 王俊凤

散文诗页

湖上观日落（外一章） ·········· 阿　见

无字碑（外一章） ·········· 谢明洲

诗人争鸣

对农村诗的一点争议 ·········· 姚振函　刘益善

古调新声

旧体诗词一束 ·········· 陈大远　高燃天　方淑慎

读诗有得

真诗与诗人 ·········· 方　可

刺梅

讽刺诗六首 ·········· 杨钧伟

诗神刊授学员作品选登 ·········· 未　鸣　姚江平

琴　斯　何智龙　李成仁　陈新和　郑俊民　天　戈

鲁　川　白守成　牛其峰　曾　珊　周长风　汪凌星

诗神刊授学院专页

三句半诗话 ·········· 含雪斋斋长

美术

生灵（蜡染） ·········· 刘子龙

1987 年第 8 期　刊名:《诗神》
目录

纪念田间逝世二周年特辑

铁的子弟兵（长篇叙事诗节选） ·········· 田　间

两年 ·········· 葛　文

八月的星与花环

老山之恋（组诗）———————— 董桂苓
老山兰一束———————————— 朱增泉
郝长印 周政华 刘东方 杜永和 湛路 刘松林

拓荒地

生存参照———————————— 王建旗
全部的生命（组诗）—————— 阎月君

燕赵诗魂

独 旅（三首）———————— 张洪波
红色（组诗）———————— 徐国强
山民（组诗）———————— 刘向东
在桅尖，在船头（组诗）—— 醉 舟

神州龙吟

海南印象（三首）—————— 樱 子
梵净山（组诗）———————— 陈绍陟
无题抒情诗—————————— 刘湛秋
达摩面壁（外二首）————— 韩 笑
我不悔来迟（外一首）———— 黄东成
民歌问———————————— 老 河
蓝色的人生（组诗）————— 李诗婷

雾中的眼睛

告诉我自己和你（三首）—— 荣 荣
孤寂的怀念————————— 华 姿
墙这边，河那边—————— 黄锦萍

馈赠集

一束野蔷薇（组诗）———— 晏 明
馈赠集（二首）—————— 杨 山

大珠小珠

太阳树————————————— 冯 锐
即景—————————————— 林 扬
匆忙之间的俯拾——————— 王玉民
大平原动情区———————— 葛 玄
"人"字小唱（外一首）—— 吴奔星
故乡小夜曲（外一首）—— 刘家魁

古调新声

蜀国吟（五首）—————— 刘 章
再游盘山（三首）———— 赵宜民
冀东秋旅吟（三首）——— 孙丕任

诗坛纵横

新诗的跨度————————— 田 奇
爱的壮美与忧伤—————— 刘 虔
诗神刊授学院学员作品选登— 耶 夫

史国华 伊 伊 于 扬 朱爱东 常福林 文 鲱
汪凌星 齐遂林 杜怀俊 翟杰英 李文俊
诗神刊授学院辅导
感觉与感情的世界—————— 任 可

1987 年第 9 期　刊名:《诗神》

目录

直面人生

面世（组诗）———————— 渭 水
面世（组诗）———————— 阮文生

冷色的热土

冷色的热土（组诗）———— 何香久
北方大野（组诗）————— 雷恩奇
石油河源（外一首）———— 胡 笳

情感的流云

夏歌—————————————— 李 勤
西行诗草（组诗）————— 安栋梁
歌与梦话（二首）————— 田 地
笼蝉与陨石（二首）——— 阿古拉泰
情感的流亡（二首）——— 李光云
旅人—————————————— 许志刚

红缨草鞋和音乐雨

音乐雨（组诗）—————— 陆少平
红缨草鞋（外一首）——— 吴 霖
鸟的村社（外二首）——— 海 子

我将一如既往

爱之悟————————————— 梅 洁
我将一如既往（外一首）— 张艳齐
妻子的微笑（外一首）—— 魏权汾

蓝色的火焰

哑巴，走丢了———————— 徐 康
邂逅—————————————— 莫少云
聚餐（外一首）—————— 张丽梅
杂咏（三首）——————— 李洪程
微笑—————————————— 卢祖品
黄河源（三首）——— 白 渔 石 纪
采金者（外一首）————— 王 琦
黄果树瀑布（外一首）—— 陈晓兵
山海恋———————————— 王剑清
哦、香溪（外一首）——— 周所同
老枣树———————————— 苏英杰
既然是月亮————————— 张月玲

吐缨的玉米林

雨天⋯⋯⋯⋯⋯⋯⋯⋯⋯⋯⋯⋯⋯⋯黄 原
女人的翅膀⋯⋯⋯⋯⋯⋯⋯⋯⋯⋯⋯赵连环
送（外一首）⋯⋯⋯⋯⋯⋯⋯⋯⋯⋯王久侠
发现⋯⋯⋯⋯⋯⋯⋯⋯⋯⋯⋯⋯⋯⋯梅芳扬

如果你采撷玫瑰

讽刺诗二首⋯⋯⋯⋯⋯⋯⋯⋯⋯⋯⋯樊发稼

海外华人诗赏析

芦笛岩（外一首）⋯⋯⋯⋯⋯⋯［新加坡］南 子

幻化与空灵

——读新加坡诗人南子《芦笛岩》与《白云山听蝉》

⋯⋯⋯⋯⋯⋯⋯⋯⋯⋯⋯⋯⋯⋯李元洛

散文诗

从黄河古道带回的绿叶⋯⋯⋯⋯⋯⋯孔 林
巴蜀二题⋯⋯⋯⋯⋯⋯⋯⋯⋯⋯⋯李松樟
花市⋯⋯⋯⋯⋯⋯⋯⋯⋯⋯⋯⋯⋯唐大同

诗词与民歌

北戴河二首⋯⋯⋯⋯⋯⋯⋯⋯⋯⋯⋯马萧萧
四绝五首⋯⋯⋯⋯⋯⋯⋯⋯⋯⋯⋯⋯黄 崎
诗五首⋯⋯⋯⋯⋯⋯⋯⋯⋯⋯⋯⋯⋯汪普庆

他山之石

童年的小屋⋯⋯⋯⋯⋯⋯⋯⋯⋯⋯⋯［智利］
卡尔曼·列伊丝·弗兰莎妮　孙柏昌译

诗坛纵横

独树一帜，别具风采
——读杨光治的《诗艺·诗美·诗魂》⋯黄 虹
鲁迅评胡适诗⋯⋯⋯⋯⋯⋯⋯⋯⋯陈绍伟
刊授学院之页⋯⋯⋯徐 鲁 吕传龙 孙月恒 张光平
张荣贵 王斯佳 旭 影 齐军弟 灵 脩 陈剑梦

刊院辅导

三句半诗话⋯⋯⋯⋯⋯⋯⋯⋯⋯含雪斋斋长

1987 年第 10 期　刊名:《诗神》

目录

黄金海岸

废墟上的公民⋯⋯⋯⋯⋯⋯⋯⋯⋯⋯珂 宁
忍（组诗）⋯⋯⋯⋯⋯⋯⋯⋯⋯⋯⋯杨如雪
新风景（三首）⋯⋯⋯⋯⋯⋯⋯⋯⋯余 畅
空房子（外一首）⋯⋯⋯⋯⋯⋯⋯⋯西 雨

芜湖一夜⋯⋯⋯⋯⋯⋯⋯⋯⋯⋯⋯⋯鹤 菁
冬日太阳（二首）⋯⋯⋯⋯⋯⋯⋯⋯苏 婷
爱的世界最后一夜⋯⋯⋯⋯⋯⋯⋯周毅民
槐花在悄悄飘落（外一首）⋯⋯⋯⋯一 笑
《诗神》编辑部黄金海岸改稿会侧记⋯刘素芬

青春之潮

诗三首⋯⋯⋯⋯⋯⋯⋯⋯⋯⋯⋯⋯熊召政
温热季风带（组诗）⋯⋯⋯⋯⋯⋯⋯陈所巨
蓝月（四首）⋯⋯⋯⋯⋯⋯⋯⋯⋯⋯老 乡
家（外二首）⋯⋯⋯⋯⋯⋯⋯⋯⋯⋯魏志远
日子（三首）⋯⋯⋯⋯⋯⋯⋯⋯⋯⋯曹增书
记实与情绪（三首）⋯⋯⋯⋯⋯⋯⋯潞 潞
柯平的鞋地陷（外一首）⋯⋯⋯⋯⋯柯 平
思诗之屑（六首）⋯⋯⋯⋯⋯⋯⋯李松涛
幽冥钟（外二首）⋯⋯⋯⋯⋯⋯⋯⋯筱 敏
写给波波（组诗）⋯⋯⋯⋯⋯⋯⋯⋯林 染
见鹭（外一首）⋯⋯⋯⋯⋯⋯⋯⋯⋯伍立杨

相思红豆

夏夜独吟（组诗）⋯⋯⋯⋯⋯⋯⋯⋯刘 见
错误爱情诗（二首）⋯⋯⋯⋯⋯⋯⋯奕 林
第二种温柔（散文诗）⋯⋯⋯⋯⋯⋯曲庆玮
不能放飞的鸽（期文诗）⋯⋯⋯⋯⋯李 南
给一尊少女瓷像（散文诗）⋯⋯⋯⋯桂兴华

拓荒地

神话及其他（三首）⋯⋯⋯⋯⋯⋯⋯非 默
国际新闻（二首）⋯⋯⋯⋯⋯⋯⋯⋯力 虹

校园风

陶魂（外三首）⋯⋯⋯⋯⋯⋯⋯⋯⋯张华中
古老的对话（二首）⋯⋯⋯⋯⋯⋯⋯陈应松

片石集

美人巷（外一首）⋯⋯⋯⋯⋯⋯⋯⋯钱文华
有四面八方的门（外一首）⋯⋯⋯⋯蓝 天
彼岸⋯⋯⋯⋯⋯⋯⋯⋯⋯⋯⋯⋯⋯廖华歌
梦痕⋯⋯⋯⋯⋯⋯⋯⋯⋯⋯⋯⋯⋯陈 新
增壁⋯⋯⋯⋯⋯⋯⋯⋯⋯⋯⋯⋯⋯周晓明
西域草（二首）⋯⋯⋯⋯⋯⋯⋯⋯⋯凌代坤
说梦（外一首）⋯⋯⋯⋯⋯⋯⋯⋯⋯姜宇清

诗坛纵横

诗：应有中国特色⋯⋯⋯⋯⋯⋯⋯张海宽
忧郁的与不忧郁的⋯⋯⋯⋯⋯⋯⋯⋯老 木
诗神刊授学院学员作品选登⋯⋯⋯谭宁君 夏 凉
腾 谣 刘万里 张金中 陈 蜀 李移北 王海隆
诗神刊授学院辅导教材

信息的内化与诗歌创作⸺⸺⸺⸺⸺吴思敬

1987 年第 11 期　刊名:《诗神》
目录

新绝句五首⸺⸺⸺⸺⸺⸺⸺⸺⸺冯　至
痛苦的燃烧（外二首）⸺⸺⸺⸺⸺公　木
诗絮（十首）⸺⸺⸺⸺⸺⸺⸺⸺张志民
南游⸺⸺⸺⸺⸺⸺⸺⸺⸺⸺⸺李　瑛
从马尼拉到曼谷（四首）⸺⸺⸺⸺雁　翼
我的家乡（组诗）⸺⸺⸺⸺⸺⸺贾　漫
我自有绿水青山（组诗）⸺⸺⸺⸺戴砚田
黄河摇篮曲（三首）⸺⸺⸺⸺⸺青　勃
短诗集（六首）⸺⸺⸺⸺⸺⸺⸺白　航
爱与书（三首）⸺⸺⸺⸺⸺⸺⸺韦　野
屐痕篇（组诗）⸺⸺⸺⸺⸺⸺⸺蓝　曼
村谣（纪实诗）⸺⸺⸺⸺⸺⸺⸺刘　章
金属鸟（外二首）⸺⸺⸺⸺⸺⸺张学梦
神游⸺⸺⸺⸺⸺⸺⸺⸺⸺⸺⸺肖　川
无标题抒情诗（三首）⸺⸺⸺⸺⸺厉　风
董振堂将军五十周年祭（外一首）⸺韩　放
遥望南疆月（朗诵诗）⸺⸺⸺⸺⸺石　祥
山音（三首）⸺⸺⸺⸺⸺⸺⸺⸺何　理
追念集（七首）⸺⸺⸺⸺⸺⸺⸺果瑞卿
旱季（三首）⸺⸺⸺⸺⸺⸺⸺⸺边国政
感觉的平原（组诗）⸺⸺⸺⸺⸺⸺姚振函
帆（散文诗三章）⸺⸺⸺⸺⸺⸺⸺峭　岩
抒情诗六首⸺⸺⸺⸺⸺⸺⸺⸺⸺田　波
旅游胜地（三首）⸺⸺⸺⸺⸺⸺张雪杉
诗神刊授学院学员作品选登
信息内化的条件⸺⸺⸺⸺⸺⸺⸺吴思敬

1987 年第 12 期　刊名:《诗神》
目录

新春（组诗）⸺⸺⸺⸺⸺⸺⸺⸺浪　波
诗二首⸺⸺⸺⸺⸺⸺⸺⸺⸺⸺管　桦
穿越峡谷（外二首）⸺⸺⸺⸺⸺旭　宇
黑头发（外一首）⸺⸺⸺⸺⸺⸺伊　蕾
酒食篇（组诗）⸺⸺⸺⸺⸺⸺⸺杨兆祥
遥远的大森林（组诗）⸺⸺⸺⸺尧山壁
多雪的北方森林（外二首）⸺⸺⸺张之涛
回太行（组诗）⸺⸺⸺⸺⸺⸺⸺王洪涛
短诗三首⸺⸺⸺⸺⸺⸺⸺⸺⸺申　身
负重集（五首）⸺⸺⸺⸺⸺⸺⸺陈茂欣
骆驼草（组诗）⸺⸺⸺⸺⸺⸺⸺师日新
默默集（组诗）⸺⸺⸺⸺⸺⸺⸺任彦芳

女人跪下·站起来（外二首）⸺⸺申爱萍
乡思⸺⸺⸺⸺⸺⸺⸺⸺⸺⸺⸺程步涛
麻栗坡陵园（外一首）⸺⸺⸺⸺杜志民
猫虎集（讽刺诗三首）⸺⸺⸺⸺萧振荣
在河边，我歌唱历史（二首）⸺⸺李　钧
荒凉的岁月（组诗）⸺⸺⸺⸺⸺张之静
南海恋（组诗）⸺⸺⸺⸺⸺⸺⸺陈佩芸
躬耕者（四首）⸺⸺⸺⸺⸺⸺⸺刘小放

大珠小珠

秋风里（外一首）⸺⸺⸺⸺⸺⸺郝建奇
红叶诗⸺⸺⸺⸺⸺⸺⸺⸺⸺⸺李根红
海岸线（外一首）⸺⸺⸺⸺⸺⸺何　萱
悬石（外一首）⸺⸺⸺⸺⸺⸺⸺薛超英
醉酒人（外一首）⸺⸺⸺⸺⸺⸺高潮鸣
军帽⸺⸺⸺⸺⸺⸺⸺⸺⸺⸺⸺蔡　琼
作序点睛⸺⸺⸺⸺⸺⸺⸺⸺⸺果　路
角门⸺⸺⸺⸺⸺⸺⸺⸺⸺⸺⸺齐　霁
淡黄的故事⸺⸺⸺⸺⸺⸺⸺⸺贾永生
一棵树，回家去⸺⸺⸺⸺⸺⸺赵连环
乡长的烟斗⸺⸺⸺⸺⸺⸺⸺⸺陈业鹏
吊兰（外一首）⸺⸺⸺⸺⸺⸺⸺宇　之
诗神刊授学院学员作品选登⸺⸺⸺高鹏翼　龚明书
齐明书　吕少华　欧阳世文　何　兵　王贵荣
胡　江　耿树理

诗神刊授学院辅导素材

诗人的幻觉⸺⸺⸺⸺⸺⸺⸺⸺吴思敬

1988 年第 1 期　刊名:《诗神》
目录

神州诗潮

中国的前半身（三首）⸺⸺⸺⸺张万舒
人之诗（组诗）⸺⸺⸺⸺⸺⸺⸺黄　淮
黄山采撷（三首）⸺⸺⸺⸺⸺⸺苗　木
你在哪里，你是谁（外一首）⸺⸺张新泉
战争遗物（外二首）⸺⸺⸺⸺⸺苏　敏
寂寞女孩⸺⸺⸺⸺⸺⸺⸺⸺⸺萍　子
挣脱幻觉的诗（四首）⸺⸺⸺⸺刘明达
这一天（组诗）⸺⸺⸺⸺⸺⸺⸺廉小来
声像档案（外二首）⸺⸺⸺⸺⸺王　野

诗坛新生代

猎人与猎物（外一首）⸺⸺⸺⸺杨松霖
杨松霖：揭示生存⸺⸺⸺⸺⸺⸺陈　超
寻找弱点⸺⸺⸺⸺⸺⸺⸺⸺⸺杨松霖

燕赵诗会

黄金海岸之旅（五首）·············董桂芩
爱的抚慰（组诗）···············曹　凯
风情哲学录（二首）·············李　南
面向土地·····················傅英会
爱与生的七十二种方式（组诗选章）···席晓静
瞬间的意念（外一首）···········郑雨时

企业家的诗

飞旋的歌（二首）···············王克良

校园风

过程（外二首）·················王连杰
从此（外一首）·················李维立
谁能告诉我（组诗）·············陈　灿
小女孩（外三首）···············高焕双
雨中，走向海洋················牧小川

片石集

蓝皮本·······················秦安江
希望·························韦　玉
宣言·························潘凤瑞
塔尔寺随想···················刘素芬
空酒瓶·······················蔡宝会
春天·夏天····················鸽　子

古调新声

词三首·······················李满天
七律四首·····················袁华饶
萍踪短笛（一首）···············桑　原

散文诗页

扬州（外一章）·················徐一清
梦中的女神，一种象征（外一章）···刘　毅
阳台上的夜（外一章）···········金育青
亮晶晶的童话（二章）···········童　心
在大森林里（外一章）···········王晓利

诗坛纵横

晶莹奇异的珍珠···············李元洛
短诗赏析·····················袁忠岳
诗神刊授学院学员作品选登······黄唯一　天　舒
姚　朔　梅　君　肖振清　李智平　陈松林　许久东
诗神刊授辅导教材
诗人的内在感官···············吴思敬

1988 年第 2 期　刊名:《诗神》

目录

神州诗潮

深深的山坳（组诗）·············闻　频
旅途（四首）···················赵健雄
冷色与暖色（三首）·············宫　玺
黑水城（组诗）·················舒　洁
红帆（组诗）···········朱金晨　陈　越
北国情忠（二首）···············邓荫柯
断　想·······················于宗信
在那遥远的小山村··············钟正林
两个诗人（外二首）·············于　扬

诗坛新生代

给兄弟（四首）·················高新昌
似水柔情亦足论················边国政
请你爱我·····················高新昌

燕赵诗会

魂在坝上（组诗）···············曹继强
石油·························王树壮
静琴（外一首）·················赵英华
老人（外二首）·················李鸿儒
季节的情云（三首）·············郑俊民

校园风

笑从桌边生（外三首）···········南　冀
信封里的一片空白（外二首）·····冷馨儿
写诗的女孩（外一首）···········周劲松

拓荒地

天界·························吕贵品

企业家的诗

叶子（外二首）·················汤建元

相思红豆

你应来这里栖息（五首）·········连鸿来
明信片（外二首）···············张艳齐
圆了缺，缺了又圆的月亮（组诗）···郑保章

片石集

冬···························王向明
我这个农民的儿子（外一首）·····唐成茂
烛···························艾姿洁
雕像·························王太勇
影（外一首）···················李林栋

日·月·帆（外一首）⋯⋯⋯⋯⋯⋯⋯于鸣梅
泼墨画家⋯⋯⋯⋯⋯⋯⋯⋯⋯⋯⋯袁　心
柔性制造⋯⋯⋯⋯⋯⋯⋯⋯⋯⋯⋯丁　航
致妈妈⋯⋯⋯⋯⋯⋯⋯⋯⋯⋯⋯⋯严　军
檀香扇（外一首）⋯⋯⋯⋯⋯⋯⋯朱光甫
多想⋯⋯⋯⋯⋯⋯⋯⋯⋯⋯⋯⋯⋯孟凡艳

古调新声
河北省燕赵诗词协会会员作品选⋯⋯韩　羽
半　须　旭　宇　夏时雨　冯建勋　戴砚田　沈永福
甄崇德　刘润为
紫庵诗草（三首）⋯⋯⋯⋯⋯⋯⋯魏际昌
诗四首⋯⋯⋯⋯⋯⋯⋯⋯⋯⋯⋯⋯马国瑞

散文诗
梦的流星雨⋯⋯⋯⋯⋯⋯⋯⋯⋯⋯森　森
雾（外一章）⋯⋯⋯⋯⋯⋯⋯⋯⋯聂瑞平
散文诗两章⋯⋯⋯⋯⋯⋯⋯⋯⋯⋯赵洪恩

诗坛纵横
与友人谈诗歌　观念的刷新⋯⋯⋯吕　进
杜鹃啼血唱春天⋯⋯⋯⋯⋯⋯⋯⋯苗雨时
诗神刊授学院学员作品选登⋯⋯⋯简宗国
武杏梅　方　君　马启代　贺广福　赵巧萍　南　楠
诗神刊院辅导教材
实用心态的摆脱⋯⋯⋯⋯⋯⋯⋯⋯吴思敬

1988 年第 3 期　刊名:《诗神》

目录

诗坛新生代
爱的尼西亚信经（组诗）⋯⋯⋯⋯杨如雪
在空洞中接近神圣⋯⋯⋯⋯⋯⋯⋯陈　超
如果非让我说⋯⋯⋯⋯⋯⋯⋯⋯⋯杨如雪

神州诗潮
嘎仙洞（组诗）⋯⋯⋯⋯⋯⋯⋯⋯庞壮国
暮年及其他（组诗）⋯⋯⋯⋯⋯⋯张　郭
黑咖啡，紫咖啡（三首）⋯⋯⋯⋯杨　牧
错觉及其他（三首）⋯⋯⋯⋯⋯⋯老　乡
误区（组诗）⋯⋯⋯⋯⋯⋯⋯⋯⋯李明瑞
月色的思绪（二首）⋯⋯⋯⋯⋯⋯朱　赤
月食之夜（外二首）⋯⋯⋯⋯⋯⋯陈　新

燕赵诗会
墙的声音（组诗）⋯⋯⋯⋯⋯⋯⋯刘锦襄
世纪末（组诗）⋯⋯⋯⋯⋯⋯⋯⋯郁　葱
黄金海岸：沙之吟⋯⋯⋯⋯⋯⋯⋯徐琮泉

坏消息（三首）⋯⋯⋯⋯⋯⋯⋯⋯刘晓滨
行吟诗草（三首）⋯⋯⋯⋯⋯⋯⋯周　熠

相思红豆
一把哀伤的竖琴（组诗）⋯⋯⋯⋯郭红云
另一种风景（组诗）⋯⋯⋯⋯⋯⋯胡　玥
苦恋的河（组诗）⋯⋯⋯⋯⋯⋯⋯晨　枫
爱的抛物线（组诗）⋯⋯⋯⋯⋯⋯董茂棠

拓荒地
影子⋯⋯⋯⋯⋯⋯⋯⋯⋯⋯⋯⋯⋯李津生

校园风
无名树（外一首）⋯⋯⋯⋯⋯⋯⋯李非非
等⋯⋯⋯⋯⋯⋯⋯⋯⋯⋯⋯⋯⋯⋯陈素霞
着色⋯⋯⋯⋯⋯⋯⋯⋯⋯⋯⋯⋯⋯焦彦虎
那一片云属于我（外一首）⋯⋯⋯钱　芳
蝙蝠之心⋯⋯⋯⋯⋯⋯⋯⋯⋯⋯⋯宋峻梁
第二个冬天⋯⋯⋯⋯⋯⋯⋯⋯⋯⋯苗　苗
走出野草地⋯⋯⋯⋯⋯⋯⋯⋯⋯⋯张劲鹰
恒　久⋯⋯⋯⋯⋯⋯⋯⋯⋯⋯⋯⋯孙君红
写诗的时候⋯⋯⋯⋯⋯⋯⋯⋯⋯⋯雷　超

片石集
夕阳接你去了⋯⋯⋯⋯⋯⋯⋯⋯⋯王智勇
冬海⋯⋯⋯⋯⋯⋯⋯⋯⋯⋯⋯⋯⋯李佐友
秋⋯⋯⋯⋯⋯⋯⋯⋯⋯⋯⋯⋯⋯⋯方汉君
大山遗风（外一首）⋯⋯⋯⋯⋯⋯张风奇

散文诗页
海的素写（两章）⋯⋯⋯⋯⋯⋯⋯桑　木
黎明的渔港⋯⋯⋯⋯⋯⋯⋯⋯⋯⋯冯宝珍
朋友⋯⋯⋯⋯⋯⋯⋯⋯⋯⋯⋯⋯⋯薛晓雷
给海（外一章）⋯⋯⋯⋯⋯⋯⋯⋯田　人
小花（外一章）⋯⋯⋯⋯⋯⋯⋯⋯曾长清
古调新声⋯⋯⋯⋯李尔重　王明希　吴守明　吴长城
诗人玉屑⋯⋯⋯⋯⋯⋯⋯韩　笑　李发模　陈秀庭

诗坛纵横
沉淀与选择⋯⋯⋯⋯⋯⋯⋯⋯⋯⋯张同吾
诗神刊授学院学员作品选登⋯⋯⋯刘启军
梁　曦　唐士德　高黎霞　夕　音　晨　笠　江　峰
阎　波　娄　云
诗神刊授辅导教材
情感的控制⋯⋯⋯⋯⋯⋯⋯⋯⋯⋯吴思敬

1988 年第 4 期　刊名:《诗神》
目录

校园风

你的冬天（外二首）——————————王克金
忏悔（外二首）——————————————范益民
诗集（外一首）——————————————王　川
望月草（外一首）————————————赵　岚
爷爷的竹杖（外一首）——————————牧　南
一些草莓开始熟了————————————蒋立波
给你（外一首）——————————————汪　浩
画家（外二首）——————————————陈锡民
雪地的尽头是黑了的窟窿————————茟　如
踪影全无（外一首）——————————赵　宇

神州诗潮

烛焰（组诗）——————————————梅绍静
大上海的自白—————————————黎焕颐
浪迹江南（组诗）———————————艺　辛
老人河（组诗）————————————闵　人
北方民族（组诗）———————————王新弟
另一种人生（组诗）——————————张德强
草野（二首）—————————————韩兴贵
琴弦上的恋音（二首）—————————晓　晴

诗坛新生代

人的力量（组诗）———————————徐国强
人的伟力与人的骄矜——————————马　嘶
从诗的自觉到自觉的诗—————————徐国强

燕赵诗会

避暑山庄（组诗选章）—————————白德成
叙利亚诗草（组诗）——————————韦　野
情感世界（组诗）———————————张林婴
应该流产的日子（组诗）———————靳亚利
绿色的生命（外二首）—————————赵连环
夏日，午后三时（外一首）——————叶　卉

相思红豆

情人（外二首）————————————吕　新
今夜，星光迷惘————————————施肃中

古调新声

述怀—————————————————浪　波
旧体诗六首——————————————夏传才
山海行吟（四首）———————————剂　章

片石集

汉子（外一首）————————————李经艺
咖啡馆，夜的情绪———————————杨　克
老兵的岁月（组诗）——————————罗祝生
土地的儿女——————————————贾爱华
山里女人（外一首）——————————王唯唯
村夜—————————————————赵存相
山的遐想（外一首）——————————张宪宁
上班纪事（外一首）——————————流　浪
老树—————————————————韩凤岐
这个夜晚：没有月亮——————————谭清友
又见泡桐——————————————张文波

争鸣

从有奖储蓄到诗歌大赛—————————石　叶

散文诗页

倾听时间——————————————谷　梁
爱人已离去—————————————李诗婷
遥远的小纸船————————————韩新东
继母—————————————————刘全红

诗人萍踪

石英近况

诗坛纵横

山风才为玉米叶子歌唱—————————公　刘
诗的思维——————————————张学梦

1988 年第 5 期　刊名:《诗神》
目录

诗的交流

东欧行（组诗）————————————王　蒙
奥地利小曲（五首）——————————鲍　昌
印象一组（三首）———————————樱　子

神州诗潮

年轻的白桦林（组诗）—————————汪国真
诗四首————————————————熊召政
战争和我的两个女儿——————————朱增泉
南方（三首）—————————————张丽萍
纪念碑（外三首）———————————阎纯德
到林子家作客并赠她与她的他（外一首）——叶文福
伊犁河（外一首）———————————王知十
三峡行吟（二首）———————————陈　航

诗坛新生代

情人与野狗——————————————鹤　菁

纯真透明的感情世界⋯⋯⋯⋯⋯⋯刘文祥
境由心造⋯⋯⋯⋯⋯⋯⋯⋯⋯⋯鹤　菁

企业家的诗
十月⋯⋯⋯⋯⋯⋯⋯⋯⋯⋯⋯潘蔚林

五月的鲜花
矿工们（组诗）⋯⋯⋯⋯⋯⋯⋯穆　涛
装甲修理工⋯⋯⋯⋯⋯⋯⋯⋯王晓震
推土机手（外一首）⋯⋯⋯⋯⋯向　晨
纺织女工⋯⋯⋯⋯⋯⋯⋯⋯⋯刘向阳
农历五月⋯⋯⋯⋯⋯⋯⋯⋯⋯闻　章

燕赵诗会
老井（组诗）⋯⋯⋯⋯⋯⋯⋯房泽田
雪晴（外一首）⋯⋯⋯⋯⋯⋯罗　箫
蓝色之源（外一首）⋯⋯⋯⋯⋯一　笑
耕读篇（六首）⋯⋯⋯⋯⋯⋯郑熙亭

校园风
夜色阑珊处（三首）⋯⋯⋯⋯⋯孟　婕
乡恋（外一首）⋯⋯⋯⋯⋯⋯刘爱萍
小镇夏夜⋯⋯⋯⋯⋯⋯⋯⋯⋯汪凌星
星星⋯⋯⋯⋯⋯⋯⋯⋯⋯⋯⋯白　云
农妇⋯⋯⋯⋯⋯⋯⋯⋯⋯⋯⋯田玉川

相思红豆
爱的独白（组诗）⋯⋯⋯⋯⋯李玉洁
背负人生（组诗）⋯⋯⋯⋯⋯周长风
少女（外一首）⋯⋯⋯⋯⋯⋯李珍珍
那一棵树⋯⋯⋯⋯⋯⋯⋯⋯⋯王　彬
爱的诗笺（组诗）⋯⋯⋯⋯⋯毛　草
一九八七年冬在北京（二首）⋯余晓飞
等待⋯⋯⋯⋯⋯⋯⋯⋯⋯⋯⋯李建田
我是一块等待的站碑⋯⋯⋯⋯凤铃子

拓荒地
孤树⋯⋯⋯⋯⋯⋯⋯⋯⋯⋯⋯朱智启
读夜（外一首）⋯⋯⋯⋯⋯⋯金　土
堕落之渊⋯⋯⋯⋯⋯⋯⋯⋯⋯黄　沙

片石集
乡土（外一首）⋯⋯⋯⋯⋯⋯张洪明
城市少女⋯⋯⋯⋯⋯⋯⋯⋯⋯李建华
海螺壳·海卵石（外一首）⋯⋯冰　焰
洗衣（外一首）⋯⋯⋯⋯⋯⋯任宝常
清晨⋯⋯⋯⋯⋯⋯⋯⋯⋯⋯⋯孙海生
鹿回首的传说⋯⋯⋯⋯⋯⋯⋯汪娇阳
玫瑰季节⋯⋯⋯⋯⋯⋯⋯⋯⋯莓　子

泉⋯⋯⋯⋯⋯⋯⋯⋯⋯⋯⋯⋯刘　冲

散文诗页
香溪⋯⋯⋯⋯⋯⋯⋯⋯⋯⋯⋯宋怀章
梦笛⋯⋯⋯⋯⋯⋯⋯⋯⋯⋯⋯夏　娃
路，迈着缓慢的脚步（外一章）⋯纯　人
思念之岸⋯⋯⋯⋯⋯⋯⋯⋯⋯耿　翔

古调新声⋯⋯⋯⋯⋯周一生　王勃阳
晏　宁　沈永福　田　雨

诗坛纵横
诗的思维（连载之二）⋯⋯⋯张学梦
《艾青的跋涉》前言⋯⋯⋯⋯周红兴
短诗赏析⋯⋯⋯⋯⋯⋯⋯⋯⋯孔庆茂

1988 年第 6 期　刊名:《诗神》
目录

校园风
你不相信（外一首）⋯⋯⋯⋯⋯刘　燕
寻找生命的乐音（二首）⋯⋯⋯白瑞兰
白开水⋯⋯⋯⋯⋯⋯⋯⋯⋯⋯郝　瑞
没有太阳的街（三首）⋯⋯⋯金　娃
迎接我的生日（外一首）⋯⋯⋯任　寰
蓝天下的幻想（外一首）⋯⋯⋯龚　昕

孩子的诗
避暑山庄（五首）⋯⋯⋯⋯⋯王桢宇
我们又多了一个朋友⋯⋯⋯⋯李　佳
给朋友⋯⋯⋯⋯⋯⋯⋯⋯⋯⋯郝　玲

童话世界
我和动物门的"对话"（四首）⋯田　地
无题集⋯⋯⋯⋯⋯⋯⋯⋯⋯⋯圣　野
捉迷藏的牙齿（外一首）⋯⋯⋯高洪波
做错了事的孩子（三首）⋯⋯⋯郑世芳
谜（外二首）⋯⋯⋯⋯⋯⋯⋯相金科

散文诗
星的传说（外二章）⋯⋯⋯⋯陈　文
散文诗四章⋯⋯⋯⋯⋯⋯⋯⋯徐淙泉
快乐⋯⋯⋯⋯⋯⋯⋯⋯⋯⋯⋯吴　珹
浮标⋯⋯⋯⋯⋯⋯⋯欧阳倩　杨　畅
爱的遗失⋯⋯⋯⋯⋯⋯⋯⋯⋯杨林勃
向日葵⋯⋯⋯⋯⋯⋯⋯⋯⋯⋯祖淑英

诗坛新生代
黑色之梦（四首）⋯⋯⋯⋯⋯黑　岛

破碎是趋向完美的劫数⋯⋯⋯⋯⋯⋯⋯⋯⋯ 边国政
美丽的河流⋯⋯⋯⋯⋯⋯⋯⋯⋯⋯⋯⋯⋯⋯ 黑 岛

企业家的诗

摘一朵微笑送你（外三首）⋯⋯⋯⋯⋯⋯⋯ 金 碧

燕赵诗会

基辅掠影（组诗）⋯⋯⋯⋯⋯⋯⋯⋯⋯⋯⋯ 尧山壁
梦城⋯⋯⋯⋯⋯⋯⋯⋯⋯⋯⋯⋯⋯⋯⋯⋯ 张洪波
承德风景线（二首）⋯⋯⋯⋯⋯⋯⋯⋯⋯⋯ 王 琦
早春的风（二首）⋯⋯⋯⋯⋯⋯⋯⋯⋯⋯⋯ 张玉栋

神州诗潮

无语冬林（外一首）⋯⋯⋯⋯⋯⋯⋯⋯⋯⋯ 姜强国
幽深的岁月（组诗）⋯⋯⋯⋯⋯⋯⋯⋯⋯⋯ 芦 萍
拉纤人的历史（组诗）⋯⋯⋯⋯⋯⋯⋯⋯⋯ 梁 南
桂林杂咏（四首）⋯⋯⋯⋯⋯⋯⋯⋯⋯⋯⋯ 苗得雨
家事春秋（二首）⋯⋯⋯⋯⋯⋯⋯⋯⋯⋯⋯ 郑成义
爱的源流⋯⋯⋯⋯⋯⋯⋯⋯⋯⋯⋯⋯⋯⋯ 潘红莉
我正在渡过被修改的年龄⋯⋯⋯⋯⋯⋯⋯⋯ 陆 健
你身边有一扇叩 不开的门（外三首）⋯⋯ 李 勤
骊歌（组诗）⋯⋯⋯⋯⋯⋯⋯⋯⋯⋯⋯⋯⋯ 雪 莹

相思红豆

另一个世界（组诗）⋯⋯⋯⋯⋯⋯⋯⋯⋯⋯ 东 流
在你目光上行走（外一首）⋯⋯⋯⋯⋯⋯⋯ 王钢洪
凝眸（二首）⋯⋯⋯⋯⋯⋯⋯⋯⋯⋯⋯⋯⋯ 赵振莘
我还爱着你⋯⋯⋯⋯⋯⋯⋯⋯⋯⋯⋯⋯⋯ 黄殿琴

片石集

冬天，一棵树⋯⋯⋯⋯⋯⋯⋯⋯⋯⋯⋯⋯⋯ 余燕双
小镇上的少男少女们⋯⋯⋯⋯⋯⋯⋯⋯⋯⋯ 笑 秋
为了一次忘却了的过去（外一首）⋯⋯⋯⋯ 潘红科
青春的思索（二首）⋯⋯⋯⋯⋯⋯⋯⋯⋯⋯ 郭 军
天边（外一首）⋯⋯⋯⋯⋯⋯⋯⋯⋯⋯⋯⋯ 邹雨林
纺织姑娘（外一首）⋯⋯⋯⋯⋯⋯⋯⋯⋯⋯ 晓 冰
答女友（外一首）⋯⋯⋯⋯⋯⋯⋯⋯⋯⋯⋯ 陈为华
童年⋯⋯⋯⋯⋯⋯⋯⋯⋯⋯⋯⋯⋯⋯⋯⋯ 刘雅丽
往事⋯⋯⋯⋯⋯⋯⋯⋯⋯⋯⋯⋯⋯⋯⋯⋯ 程俊刚
古调新声⋯⋯⋯⋯⋯⋯⋯⋯⋯⋯⋯ 马秀武 清 江
陈启智 许劲涛 张洪深 秋 屏 赵宜民 黄松鹤

诗坛纵横

关于爱情散文诗⋯⋯⋯⋯⋯⋯⋯⋯⋯⋯⋯⋯ 柯 蓝
散文诗现状乱弹录⋯⋯⋯⋯⋯⋯⋯⋯⋯⋯⋯ 王慧琪
艺术形象贵有寓意⋯⋯⋯⋯⋯⋯⋯⋯⋯⋯⋯ 丁国成
诗的思维⋯⋯⋯⋯⋯⋯⋯⋯⋯⋯⋯⋯⋯⋯ 张学梦

1988 年第 7 期　刊名：《诗神》

目录

组诗星云

世纪之末⋯⋯⋯⋯⋯⋯⋯⋯⋯⋯⋯⋯⋯⋯ 陈所巨
梦土⋯⋯⋯⋯⋯⋯⋯⋯⋯⋯⋯⋯⋯⋯⋯⋯ 阿 门
北山诗韵⋯⋯⋯⋯⋯⋯⋯⋯⋯⋯⋯⋯⋯⋯⋯ 刘 章
抒情诗⋯⋯⋯⋯⋯⋯⋯⋯⋯⋯⋯⋯⋯⋯⋯⋯ 伊 雷
有与没有⋯⋯⋯⋯⋯⋯⋯⋯⋯⋯⋯⋯⋯⋯⋯ 齐 霁
龙之吟⋯⋯⋯⋯⋯⋯⋯⋯⋯⋯⋯⋯⋯⋯⋯⋯ 王燕生
江山多娇⋯⋯⋯⋯⋯⋯⋯⋯⋯⋯⋯⋯⋯⋯⋯ 沙 鸥
空背景⋯⋯⋯⋯⋯⋯⋯⋯⋯⋯⋯⋯⋯⋯⋯⋯ 麦 琪
滇西·滇西⋯⋯⋯⋯⋯⋯⋯⋯⋯⋯⋯⋯⋯⋯ 叶延滨
人生二十四小时⋯⋯⋯⋯⋯⋯⋯⋯⋯⋯⋯⋯ 边国政
寂动⋯⋯⋯⋯⋯⋯⋯⋯⋯⋯⋯⋯⋯⋯⋯⋯ 懋 予
北戴河诗抄⋯⋯⋯⋯⋯⋯⋯⋯⋯⋯⋯⋯⋯⋯ 桑 原

诗坛新生代

乡村（组诗）⋯⋯⋯⋯⋯⋯⋯⋯⋯⋯⋯⋯⋯ 陆 地
行走平稳的迷醉者⋯⋯⋯⋯⋯⋯⋯⋯⋯⋯⋯ 叶 卉
诗的感觉⋯⋯⋯⋯⋯⋯⋯⋯⋯⋯⋯⋯⋯⋯⋯ 陆 地
短诗四十家⋯⋯⋯⋯⋯⋯⋯⋯⋯⋯⋯⋯⋯⋯ 薛卫民
龙 仔 冯 晏 宋玉圭 方方方 莫 非 李洪程
郑宝富 阮文生 今 明 王忠范 阎世宏 尹 娟
顾绍康 贾爱华 周恩广 安栋梁 陈凤霞 郭晓慧
高会清 张 燕 马长岭 代宏杰 凌风草 江 堤
何 萱 安 琪 李治南 郑晓红 刘小洁 霉 子
郑俊民 赵贵辰 董宝生 庞余亮 贾永生 赵乐亭
席君秋 汪 燕 张柏松

校园风

黄昏时分（外一首）⋯⋯⋯⋯⋯⋯⋯⋯⋯⋯ 红 云
紫衣⋯⋯⋯⋯⋯⋯⋯⋯⋯⋯⋯⋯⋯⋯⋯⋯ 毛 毛
笑的季节（外一首）⋯⋯⋯⋯⋯⋯⋯⋯⋯⋯ 安小宇
爱的回忆⋯⋯⋯⋯⋯⋯⋯⋯⋯⋯⋯⋯⋯⋯⋯ 刘灵菊
你的风景⋯⋯⋯⋯⋯⋯⋯⋯⋯⋯⋯⋯⋯⋯⋯ 邱兴玉
色彩（外一首）⋯⋯⋯⋯⋯⋯⋯⋯⋯⋯⋯⋯ 绿 剑
二十岁的梦（外一首）⋯⋯⋯⋯⋯⋯⋯⋯⋯ 袁 彬

燕赵诗林

"赤子之心"与"诗美"的追求⋯⋯
⋯⋯⋯⋯⋯⋯⋯⋯⋯⋯⋯⋯⋯⋯ 华 岱 晓 苗

诗坛纵横

第一个微笑⋯⋯⋯⋯⋯⋯⋯⋯⋯⋯⋯⋯⋯⋯ 张志民
台湾青年诗人评价（一）⋯⋯⋯⋯⋯⋯⋯⋯ 周良沛

1988 年第 8 期　刊名：《诗神》
目录

神州诗潮

太阳在大地上燃烧（五首）⋯⋯⋯⋯⋯⋯雁　翼
人的上面（组诗）⋯⋯⋯⋯⋯⋯⋯⋯⋯张子选
平原格局（组诗）⋯⋯⋯⋯⋯⋯⋯⋯⋯姚振函
远天远地（组诗）⋯⋯⋯⋯⋯⋯⋯⋯⋯耿　翔
石头记（五首）⋯⋯⋯⋯⋯⋯⋯⋯⋯⋯王家新
抒情的七行（六首）⋯⋯⋯⋯⋯⋯⋯⋯李松涛
天地之间（二首）⋯⋯⋯⋯⋯⋯⋯⋯⋯颜廷奎

公民意识诗

公民意识寻（组诗）⋯⋯⋯⋯⋯⋯⋯⋯张学梦
神鞭（组诗）⋯⋯⋯⋯⋯⋯⋯⋯⋯⋯⋯刘晓滨
人生状态（组诗）⋯⋯⋯⋯⋯⋯⋯⋯⋯徐国强
红苹果（组诗）⋯⋯⋯⋯⋯⋯⋯⋯⋯⋯晓　峰
落日余晖（组诗）⋯⋯⋯⋯⋯⋯⋯⋯⋯金占亭
山道弯弯（外一首）⋯⋯⋯⋯⋯⋯⋯⋯董桂芩
注视（外三首）⋯⋯⋯⋯⋯⋯⋯⋯⋯⋯李树新
遗爱（外二首）⋯⋯⋯⋯⋯⋯⋯⋯⋯⋯珂　宁
桃形钥匙（组诗）⋯⋯⋯⋯⋯⋯⋯⋯⋯芦品贤
音乐茶座（外二首）⋯⋯⋯⋯⋯⋯⋯⋯马砚田
刚刚开始的认识（二首）⋯⋯⋯⋯⋯⋯李佐友
这年少的世界（二首）⋯⋯⋯⋯⋯⋯⋯田　歌
自然的光（二首）⋯⋯⋯⋯⋯⋯⋯⋯⋯郑子森
冬日的情绪（二首）⋯⋯⋯⋯⋯⋯⋯⋯邓　华
某句唐诗（外二首）⋯⋯⋯⋯⋯⋯⋯⋯沙　男
米色花（一首）⋯⋯⋯⋯⋯⋯⋯⋯⋯⋯董秀珊

诗坛新生代

抽烟的人（组）⋯⋯⋯⋯⋯⋯⋯⋯⋯⋯醉　舟
语言的自觉⋯⋯⋯⋯⋯⋯⋯⋯⋯⋯⋯⋯陈　超
进入角色⋯⋯⋯⋯⋯⋯⋯⋯⋯⋯⋯⋯⋯醉　舟

校园风

花开花落（三首）⋯⋯⋯⋯⋯⋯⋯⋯⋯施茂盛
火柴受潮⋯⋯⋯⋯⋯⋯⋯⋯⋯⋯⋯⋯⋯卢卫平
日子（外二首）⋯⋯⋯⋯⋯⋯⋯⋯⋯⋯李叶文
高原景观（外一首）⋯⋯⋯⋯⋯⋯⋯⋯肖　黛
祈祷者⋯⋯⋯⋯⋯⋯⋯⋯⋯⋯⋯⋯⋯⋯宁　利
隔江一夜（外一首）⋯⋯⋯⋯⋯⋯⋯⋯李长军
临街的窗⋯⋯⋯⋯⋯⋯⋯⋯⋯⋯⋯⋯⋯他　他

企业家的诗

每天·每天（外五首）⋯⋯⋯⋯⋯⋯⋯宋晓峰

燕赵诗林

诗，在时代中燃烧⋯⋯⋯⋯⋯⋯华　岱　晓　苗

散文诗页

山·泉·松⋯⋯⋯⋯⋯⋯⋯⋯⋯⋯⋯⋯聂瑞平
夜，读着荒原（外一首）⋯⋯⋯⋯⋯⋯耿林莽

诗坛纵横

一个公民意识的群体⋯⋯⋯⋯⋯⋯⋯⋯本　刊
公民意识与诗⋯⋯⋯⋯⋯⋯⋯⋯⋯⋯⋯马　嘶
台湾青年诗人评介（二）⋯⋯⋯⋯⋯⋯周良沛

1988 年第 9 期　刊名：《诗神》
目录

诗坛新生代

太阳无罪（组诗）⋯⋯⋯⋯⋯⋯⋯⋯⋯余　畅
打开窗户说亮话⋯⋯⋯⋯⋯⋯⋯⋯⋯⋯肖　野
诗，任性得很拘谨⋯⋯⋯⋯⋯⋯⋯⋯⋯余　畅

神州诗潮

诗的格言（四首）⋯⋯⋯⋯⋯⋯⋯⋯⋯瞿　琮
正定"宁荣一条街"⋯⋯⋯⋯⋯⋯⋯⋯田　炜
诗踪（三首）⋯⋯⋯⋯⋯⋯⋯⋯⋯⋯⋯徐慎贵
病中写给旅行者的日记⋯⋯⋯⋯⋯⋯⋯丹　妮
岁月之鸟（组诗）⋯⋯⋯⋯⋯⋯⋯⋯⋯杨　枫
一个苦恼的男人⋯⋯⋯⋯⋯⋯⋯⋯⋯⋯罗瑞玲
夜颂⋯⋯⋯⋯⋯⋯⋯⋯⋯⋯⋯⋯⋯⋯⋯江　边
森林之恋⋯⋯⋯⋯⋯⋯⋯⋯⋯⋯⋯⋯⋯过遂南
碑（外一首）⋯⋯⋯⋯⋯⋯⋯⋯⋯⋯⋯曲　近
秋决（外一首）⋯⋯⋯⋯⋯⋯⋯⋯⋯⋯邹静之
有一种声音（外一首）⋯⋯⋯⋯⋯⋯⋯方汉君
钓⋯⋯⋯⋯⋯⋯⋯⋯⋯⋯⋯⋯⋯⋯⋯⋯鄢元平
爱情的金字塔⋯⋯⋯⋯⋯⋯⋯⋯⋯⋯⋯韩桐芳
听湖⋯⋯⋯⋯⋯⋯⋯⋯⋯⋯⋯⋯⋯⋯⋯林登豪

企业家的诗

夜与昼（三首）⋯⋯⋯⋯⋯⋯⋯⋯⋯⋯王荣刚

海外飞鸿

我来到了美利坚合众国（外一首）⋯⋯王海明

散文诗

创业者的足迹⋯⋯⋯⋯⋯⋯⋯⋯⋯⋯⋯艺　欣
默默的黑蝶⋯⋯⋯⋯⋯⋯⋯⋯⋯⋯⋯⋯丁　一
脚手架上的颤音⋯⋯⋯⋯⋯⋯⋯⋯⋯⋯朱一鸣
海桑的秉性（外一章）⋯⋯⋯⋯⋯⋯⋯谈　耘
爱的惊疑（外一章）⋯⋯⋯⋯⋯⋯⋯⋯方志权
爱之魂⋯⋯⋯⋯⋯⋯⋯⋯⋯⋯⋯⋯⋯⋯李海健

爱的花絮 ……………………… 王春夏

校园风
女孩（外一首）………………… 郁 舟
红苹果（二首）………………… 林浩珍
匆匆（外一首）………………… 杨 冰
垂钓（外一首）………………… 胡茂红
谛听子夜钟声 ………………… 赵 华
跪下（组诗）…………………… 黄俊里
春的意象 ……………………… 周宝文

燕赵诗会
你的名字（外二首）…………… 孙东地
冬恋（外二首）………………… 沙 红
夜海落雨 ……………………… 张历辛
贝壳（外一首）………………… 周凤阶
路 ……………………………… 郭 华
回头张望（外二首）…………… 牛永奇

片石集
窗 ……………………………… 姚克连
油灯（外一首）………………… 黄金成
漆树 …………………………… 李昆纯
故土 …………………………… 陈 琼
最初的微笑 …………………… 颜 旋
雪 ……………………………… 培 基
到了那个年龄（外一首）……… 迟福铎
别 ……………………………… 小 华
秋日 …………………………… 杜涉远
孤树 …………………………… 吕柏生

古调新声 …………………… 张春生
赵和平 邓伯言 宋承焜 陈立安 赵 津 曹 克
李鸿笙 肖锡昌 吕传龙 丛熹芝

处女作
无题 …………………………… 刘双红
有时候 ………………………… 张勇力
骤雨中（外一首）……………… 才 智
井蛙 …………………………… 焦大伟
小杨树 ………………………… 王明杰
启悟 …………………………… 徐殿彬
雨季 …………………………… 罗国文
距离 …………………………… 曾立平
忏悔（组诗）…………………… 陈建辉
写在秦兵马俑 ………………… 曹彦彬
酒 ……………………………… 杜铁军
想起第一次 …………………… 高泽军
黑色的安慰 …………………… 杨庆书
怨魂 …………………………… 贾剑敏

故事（外一首）………………… 黄建伟
春天 …………………………… 王建国

相思红豆
日出（外一首）………………… 晓 晨
溪 ……………………………… 申海华
海岸线（外一首）……………… 嘉 义
虚掩的门 ……………………… 王运杰
夏天的梦 ……………………… 刘桂芬
想你（外一首）………………… 黄一波
荒火 …………………………… 刘亚丽
深秋椒树 ……………………… 高红娟
甜蜜的地狱 …………………… 村 夫

燕赵诗林
一支献给燕山的恋歌 …… 华 岱 晓 苗

诗坛纵横
一片生机盎然的园地 ………… 袁忠岳
中国诗歌美学的开拓 ………… 陈良运

1988 年第 10 期　刊名:《诗神》

目录

神州诗潮
海南七首 ……………………… 蔡其矫
南疆三题 ……………………… 蒋维扬
熹微迷蒙的世界（外一首）…… 张同吾
在被海浪揉碎的海平线上（组诗）… 王克功
年轻的风（组诗）……………… 汪国真
放牧（外一首）………………… 李建华
天使 …………………………… 郭宝臣
梧桐林（外二首）……………… 郭 军
如此沉默（外一首）…… 廉小来 熊德光
弦上的悲歌 …………………… 潘红莉
魂归三峡 ……………………… 邓享禄

诗坛新生代
瞬间 …………………………… 珂 宁
人的悲怆赞歌 ………………… 张学梦
幸存者和废墟诗 ……………… 珂 宁

作品赏析
谁能告诉我（组诗）…………… 樱 子
新奇·真实·多样 ……………… 杨光治

青春之潮
蓝色的诱惑（三首）…………… 二 解

诗三首·····················西　雨
北戴河，那一片绿色（外一首）·····王春兴
肖像（外一首）···············戴高山
诗三首·····················一　笑

散文诗页

雨景·····················蔡　旭
白云·····················滕　英
天山·····················郭从远
想起你（外一章）············佟雪春
湖水的诱惑·················文　牧

企业家的诗

钱（外一首）···············刘志军

港台诗页

凝眸的顷刻·················刘志军
凝眸的顷刻·················李春生
榕湖的夜··················犁　青
古人二题··················蓝海文
归宿（外一首）··············傅天虹
海沙二题··················余光中

相思红豆

另一池湖色（外一首）··········胡　玥
第一封情书（外一首）··········宇　波
女孩子····················胡茗茗
爱的思绪（三首）············巨　浪
那一夜　那一天（外二首）·······韦国周
爱情档案（二首）············余　腾
爱之旅（二首）··············谢明洲

校园风

不平静的日子···············谭清友
别时容易（外一首）···········贾　永
一个传说··················秦植梅
人生·····················黄静芬
城南旧事（外一首）···········胡邱子
垂钓·····················嗜　咏
梦境·····················李　宏
说给你，远云的朋友···········涟　涟
船·······················赵玉环

燕赵诗林

主体意识的强化与诗歌创作的转变···华岱　晓苗

诗坛纵横

诗言美，诗言情··············山　春

目录

埋葬及其他·················严　阵
大千世界（组诗）············戴砚田
我们在某一个瞬间（组诗）·······张洪波
有某种震动如瓷器的破碎（组诗）···魏志远
悲剧性格（组诗）············宗　鄂
黄河（外一首）··············莫文征
父亲（外一首）··············姜耕玉
决品的历史（外二首）··········王中和
人生与风景（三首）···········叶　坪

新作赏析

中国象棋演义（组诗）··········蒙　原
棋盘格子里也出诗···········公　刘

青春之潮

纪念（三首）···············贺东久
爱与意志（组诗）············华万里
落雪之后（组诗）············王　琦
海之缘····················慈　公
巴人之舞（二首）············柏铭久
冒险游戏（节选）············雁　北

抒情短诗

又见清明（二首）············王欣敏
三十岁以后（外一首）··········周振华
记忆之夜　（外一首）··········唐德亮
灰色孤独（二首）············李洪勉
五月的重负（外一首）··········李海健
婚日················罗祝生　唐溯
人类的恐龙时代··············李自国
谣言·····················李元友
山里人家（外一首）···········胡金溪
海（外一首）···············仇永刚
我怕·····················王文昌
列车族客超员（外一首）·········张增林
一本书看到第三十页一桩怪事出现了（外一首）
······················沈　阳
无题·····················康德巨
静物（外一首）··············王　子
秋叶（外二首）··············陈家孝
某一种情绪（外一首）··········康国华
元旦1988（外一首）···········相　杨
疲倦的夜游人················耿　华
战友·····················李宜鸿
等待·····················蒋　帆

两块连接的土地（外一首）⋯⋯⋯⋯张秀云
无题（外一首）⋯⋯⋯⋯⋯⋯⋯温廷华
惠的赠予⋯⋯⋯⋯⋯⋯⋯⋯⋯巫　祝
想起老屋⋯⋯⋯⋯⋯⋯⋯⋯⋯陈　村
雪夜⋯⋯⋯⋯⋯⋯⋯⋯⋯⋯⋯王成培
给一⋯⋯⋯⋯⋯⋯⋯⋯⋯⋯⋯周跃良
秋意（外一首）⋯⋯⋯⋯⋯⋯余燕双
父亲⋯⋯⋯⋯⋯⋯⋯⋯⋯⋯⋯薛　健
预感（外一首）⋯⋯⋯⋯徐东明　胡文星

拓荒地
1986 年的那个 8 月（三首）⋯⋯⋯王小妮
从七种角度看一幅肖像⋯⋯⋯⋯非　默

诗坛新生代
躁动的根系⋯⋯⋯⋯⋯⋯⋯⋯赵云江
随想与交谈⋯⋯⋯⋯⋯⋯⋯⋯陈　超
站在春天×日我想了想诗：生命感⋯⋯赵云江

燕赵诗林
从两首诗谈起⋯⋯⋯⋯⋯华　岱　晓　苗

诗坛纵横
序张洪波诗集《独旅》⋯⋯⋯⋯⋯牛　汉

1988 年第 12 期　刊名:《诗神》
目录

太阳·血·及其他（三首）⋯⋯⋯朱增泉
感情流程（三首）⋯⋯⋯⋯⋯⋯肖　川
潜意识（组诗）⋯⋯⋯⋯⋯⋯⋯梁如云
飓风（三首）⋯⋯⋯⋯⋯⋯⋯⋯陈茂欣
母爱无声⋯⋯⋯⋯⋯⋯⋯⋯⋯王子和
无影的树（组诗）⋯⋯⋯⋯⋯⋯葛　玄
辩护⋯⋯⋯⋯⋯⋯⋯⋯⋯⋯⋯刁永泉

诗坛新生代
神明的俗语（组诗）⋯⋯⋯⋯⋯王建旗
白蜡烛　宁静地燃烧⋯⋯⋯⋯⋯曹增书
苦难使生命升华⋯⋯⋯⋯⋯⋯王建旗

诗小说
山民（三首）⋯⋯⋯⋯⋯⋯⋯刘向东
五月里有一场大风⋯⋯⋯⋯⋯王建平
小山村的苹果园⋯⋯⋯⋯⋯⋯范　源
姐姐⋯⋯⋯⋯⋯⋯⋯⋯⋯⋯武　华
姐姐（外一首）⋯⋯⋯⋯⋯⋯王玉民

新人新作评析
唱不好歌的女孩子（外一首）⋯⋯任连云
诗人的幸运⋯⋯⋯⋯⋯⋯⋯⋯雷　霆

旅途
傍晚，有人敲门（外二首）⋯⋯⋯徐　泽
旅途（二首）⋯⋯⋯⋯⋯⋯⋯王德芳
大西北的旋律（组诗）⋯⋯⋯⋯刘兰松
诗四首⋯⋯⋯⋯⋯⋯⋯⋯⋯⋯贾宝泉

海外诗笺
在向西去的一个小站上（外二题）⋯⋯秦　松

爱情诗一束
狩猎窗前（外三首）⋯⋯⋯⋯⋯李发模
外省回忆（外二首）⋯⋯⋯⋯⋯虹　影
伊人何方（三首）⋯⋯⋯⋯⋯⋯闵　闵
妙龄时光（三首）⋯⋯⋯⋯⋯⋯莫少云
天涯又天涯（外一首）⋯⋯⋯⋯张之静
呼唤爱神（四首）⋯⋯⋯⋯⋯⋯郭　俊

蔷薇园
哭笑随你（四首）⋯⋯⋯⋯⋯⋯萧振荣

你的小窗
空山（外一首）⋯⋯⋯⋯⋯⋯⋯常福林
琴手⋯⋯⋯⋯⋯⋯⋯⋯⋯⋯⋯陈剑龙
疯女（外一首）⋯⋯⋯⋯⋯⋯⋯雨　岸
庄稼人与老水车（外一首）⋯⋯⋯田　禾
误会（外一首）⋯⋯⋯⋯⋯⋯⋯林一峰
山和人（二首）⋯⋯⋯⋯⋯⋯⋯于一元
庄稼（外一首）⋯⋯⋯⋯⋯⋯⋯项俊平
独钓⋯⋯⋯⋯⋯⋯⋯⋯⋯⋯⋯相　杨
松籽⋯⋯⋯⋯⋯⋯⋯⋯⋯⋯⋯刘　毓
负重集⋯⋯⋯⋯⋯⋯⋯⋯⋯⋯唐镇河
古老的钟⋯⋯⋯⋯⋯⋯⋯⋯⋯马衍达
静照（二首）⋯⋯⋯⋯⋯⋯⋯李泽华
华岳仙掌⋯⋯⋯⋯⋯⋯⋯⋯⋯李六正
剪纸少女（外一首）⋯⋯⋯⋯⋯姚和平
早潮⋯⋯⋯⋯⋯⋯⋯⋯⋯⋯⋯耿晓星
采参人（外一首）⋯⋯⋯⋯⋯⋯薛　健
深深的印象（二首）⋯⋯⋯⋯⋯钱　省
你的小窗（外一首）⋯⋯⋯⋯⋯翟雪梅
醉月⋯⋯⋯⋯⋯⋯⋯⋯⋯⋯⋯周振华
大漠（外一首）⋯⋯⋯⋯⋯⋯⋯张增林
方巾⋯⋯⋯⋯⋯⋯⋯⋯⋯⋯⋯杨　丽

燕赵诗林
北国的白杨树⋯⋯⋯⋯⋯华　岱　晓　苗

诗坛纵横

从辛普林到"玻璃工厂"（二章）————————王家新

1989 年第 1 期　刊名:《诗神》
目录

龙年岁末·关于《诗神》的对话
韩作荣工作选
伊蕾爱情诗选
杨松霖组诗选

神州诗潮

意大利童话（三首）————————————周　涛
丑角（外一首）—————————————刘小平
肖像四首——————————————蔡其矫
诗二首————————————————白　航
秋天的音乐雨（外一首）————————温　洁
为一个本意你四季都开放（组诗）————张洪波
江南（组诗）————————————殷　红

年轻的阿波罗

流亡时间—————————————席晓静
行走的人（组诗）—————————阿　空
炮火·烟花（二首）————————王树仁
声音树（外二首）—————————王智勇
冬虫夏草—————————————刘向宏

自荐诗选

爱的虹（外二首）————————萧健虹
笑吃（外一首）——————————刘炜光
不是禁区（外一首）————————尹　君
野性（五首）——————————狄　罗
短诗三十八家————————王永君　金　黄

佟　石　周慧珠　苏全洲　陆　琳　陈曼华　阎士杰
刘　晋　刘燕燕　然　然　张泽南　杜铁军　任　白
谌　璐　刘　创　刘锦寰　赵贵辰　贺海涛　赵丽芸
许久东　张　庆　安小宇　甲　光　张柏松　俞心焦
王超英　孙继伟　弓　木　孙明军　芮培文　沙　红
阎　晋　吴保国　郑俊民　邢　锐　张玉顺　陈　辉

燕赵诗林

"愉快而绝美"的咏唱————————华　岱　晓　苗

1989 年第 2 期　刊名:《诗神》
目录

苏金伞乡土诗选
波波近作选
梅绍静近作选
西川诗四首

生命之根

并非传说（组诗）————————庞壮国
牛儿们（外一首）————————饶庆年
乡村墓志铭（三首）———————刘　犁
日出日落（组诗）————————耿　翔
写给波波（组诗）————————林　染
手指停留过的地方（组诗）————李元胜

神山圣土

西行吟草（四首）————————刘祖慈
诗三首—————————————培　贵
流星（外一首）—————————祝凤鸣
感觉的平原（组诗）———————姚振函

麦野·村庄·炊烟

大地，你好（组诗）———————陈所巨
乡土抒情诗（三首）———————刘益善
永诀的合影（外一首）——————刘　章
北望家山（组诗）————————蒋维扬
回到我神牵梦萦的水乡去（组诗）————柯　平
似水流年—————————————永　宽

梦的翎羽

来自一支乐曲，一个人和一本书的诗（外二首）
————————————————林　莽
吉祥的村庄（三首）———————韩文戈
童话猎人和雪（三首）——————张天男
谷桥（外二首）—————————李云鹏
下雪了（外一首）————————田　禾
梦土（二首）——————————阿　门
荒地（外一首）—————————张首菊

自荐诗选

青青桑（四首）—————————海　城

绿色的音符

青稞——————————————阿　信
割草——————————————杨志刚
流动的村落——————————阎天爽
小村——————————————高焕双

纤夫……………………………………宗小剑
季节河的风景……………………………蓝 郁
玛瑙的母亲是一个流浪女………………朱东利

诗坛纵横
处在现代和传统交叉路口的乡土诗………程光炜

燕赵诗林
抒写历史情怀的诗篇………………华岱 晓苗

1989 年第 3 期　刊名：《诗神》
目录

刘小放近作选
曹增书纪实诗选
叶延滨自选诗

九州方圆
随感四首……………………………………雁 翼
望湖楼（组诗）……………………………丛小桦
导师…………………………………………骆 驼
爱之潮（组诗）……………………………龙彼德
太阳忧思（组诗）…………………………王俭庭
女人的黄昏（外一首）……………………齐 霁
农家（组诗）………………………………赵贵辰
膜拜者（外一首）…………………………韦 一

你的女神
失恋的少女（组诗）………………………申爱萍
草莓雨（二首）……………………………孟 婕
不朽的海……………………………………李玉洁
让我做你的诗人……………………………胡茗茗
黄蝴蝶………………………………………赵 岚
妻子…………………………………………吴 梦

校园风
清明时节（外一首）………………………刘培现
劫灰（二首）………………………………杨晓民
水月…………………………………………臧 力
有关爱的历程………………………………绿 剑
我不认识（外一首）………………………丁先昌
深秋…………………………………………河 滨

海外诗笺
诗四首………………………………………非 马

最后的冬日
最后的冬日（外二章）……………………徐淙泉

梅雨季节（外一章）………………………陈 勇
我是探矿者（二章）………………………桑 原
杂感…………………………………………相金科
结束漂泊（三章）…………………………吕 新
老鼓…………………………………………北 野
船恋…………………………………………张辉利

自荐诗选
感情之路（组诗）…………………………许 娜
诗词之页…………………………韩羽 韩成武
陶 然 董连猛 华 群 李绍俊 赵俊奇 李朝东
朱惠民 陈立安 崔建民
南立北方……………杨冬梅 瘦 谷 邓方鹏 陈素英
魏振央 刘小江 何伯阳 姜振堂
短诗十三家…………………………………刘敬涛
郭军霜 叶 李 平 陈琼 林 扬 黄 莺
陈亚娟 珍 尔 刘松林 苏 洁 程 维 李铁良

燕赵诗林
从希望的田野吹来的歌声……………华岱 晓苗
五彩缤纷的意象世界………………………徐亚平

1989 年第 4 期　刊名：《诗神》
目录

于坚近作选（三首）
尚仲敏实验诗（四首）
翟永明诗选
车前子诗四首
刘锦寰抒情诗（三首）
1985 年诗抄（组诗）……………………海 子
悲愤之神（四首）…………………………宋 琳
诗二首………………………………………王家新
瞬间印象（四首）…………………………韩 东
战争概率（组诗）…………………………张国明
无题（外二首）……………………………一 平
黑雪地（三首）……………………………勾 勾
金翡翠（组诗）……………………………廖亦武
死神与桌布（三首）………………………南 野
一年之老……………………………………大 仙
我最纯粹的时候（四首）…………………阿 吾
我感到阳光（三首）………………………杨 黎
一个寓言（外二首）………………………非 默
梦呓（三首）………………………………雪 迪
行者老 Z……………………………………张 清
智慧的骷髅之舞…………………………欧阳江河
黑森林（组诗）……………………………麻晓静
在水一方（组诗）…………………………大 解

忧郁的 B 大调（组诗）——————————桑　木
白房子（外一首）——————————————陆　健
海的局部————————————————————梁　真
游戏·出路及结局（组诗）——————张历辛
冰块————————————————————陈德胜

探索诗笔谈
诗歌：探索和实验及写作————————老　木
探索：通向罗马之路——————————于慈江
在得失之间的挣扎与突进————————苗雨时
相信探索————————————————————雷　斯

自荐诗选
往事（组诗）———————————————陈子曦
南方北方————————刘　晓　楚振鲁　张继健　丁庆友
刘国体　王　翼

燕赵诗林
他唱他的"主题歌"————————华　岱　晓　苗

圣洁的太阳
歌者（组诗）———————————————何鑫业
尾部车厢（外二首）————————————唐建平
空旷（外一首）————————————————希　全
麦地（外一首）————————————————沈天鸿
沉思（二首）————————————————胡永龙

黄昏序曲
梦中的凤尾竹（组诗）————————逢　阳
无题诗三首————————————————晓　晴
人淡如菊（二首）————————————席永君
没有文字的情绪（外一首）————郭红云
桃形日记————————————————————牛永奇
南方北方————————————————————高　梁
蒋　红　金顺祥　沙　红　丁　子　李翠华　高　强
苏　婷　公　然　刘　莹　张辉利

燕赵诗林
宏奥的哲理探寻————————————张同吾
"沉甸甸"的诗情————————华　岱　晓　苗

1989 年第 5 期　刊名:《诗神》
目录

公刘访美诗选
朱增泉诗选
何香久近作选
刘晓滨的诗
四十五个没有结局的故事———洪　烛　王志伟　李　皓
巨　余　黄维一　尤　佳　郑文华　赵亚林　田明书
张国江　高会清　季　风　彭燕彬　梦　如　崔益稳
刘金明　郭　辉　余述平　紫　姗　周海臣　李　军
丁　灏　张玉增　周显威　赵万里　王文秀　老　皮
胡志松　杨海玉　兰　真　刘子兰　赵　静　蒋　蓝
姚玉忠　杜晶雪　张同杰　李瑜辉　王钢洪　龚　昕
候新华　安　塞　晶　晶　王玉民　李　伟　刘存刚

此岸与彼岸
合力————————————————————————王建旗
先知（四首）————————————————叶　卉
雪夜在荆轲故乡————————————————鹤　菁
长城————————————————————————董景森
岸————————————————————————————穆　涛
异样（外一首）————————————————戴高山
你的笑（外一首）————————————姜宇清
堵塞（外一首）————————————————周晓明
异地感觉（外一首）————————————魏　野

1989 年第 6 期　刊名:《诗神》
目录

爱情诗卷
穿过爱的荒漠
半个丈夫　半个妻子（组诗）————李发模
有一年春天我为水所困（外二首）——柯　平
寻找丢失的肋骨（二首）————————钱叶用
陷阱（组诗）————————————————伊　甸
爱情短笺（三首）————————————董茂棠
三只小瓶（外一首）————————————王学芯

五枚浆果
孤独是女人（三首）————————————张　玮
我的伤口————————————————————静　怡
惋惜（外一首）————————————————陈宏芳
生存的问题（二首）————————————铃　铛
如许的岁月（二首）————————————王砚梅

十种感觉
这样的早晨————————————————————李　宏
失落—————————————————————————王福亮
柔情—————————————————————————邢　昊
致一个女孩——————————————————星　孩
四位数—————————————————————张晓健
二楼楼梯口斜对面的房子——————曹　霁
以我的美丽欺骗你————————————罗洪萍

苍茫时刻⋯⋯⋯⋯⋯⋯⋯⋯⋯黄爱平
唱歌⋯⋯⋯⋯⋯⋯⋯⋯⋯⋯⋯黎正明
致 D⋯⋯⋯⋯⋯⋯⋯⋯⋯⋯⋯李希全

校园诗卷
早晨的阳光
诗三首⋯⋯⋯⋯⋯⋯⋯⋯⋯⋯赵　宇
我的荆轲⋯⋯⋯⋯⋯⋯⋯⋯⋯赵云江
太阳·天堂合唱⋯⋯⋯⋯⋯⋯海　子
生死体系（组诗）⋯⋯⋯⋯⋯王连杰
手指插入头发时的感觉（外一首）⋯⋯林浩珍
写在深夜或凌晨的诗（外一首）⋯⋯蔡恒平

校园不需要围墙
校园（组诗）⋯⋯⋯⋯⋯⋯⋯卢卫平
空间（三首）⋯⋯⋯⋯⋯⋯⋯刘继明
你是你自己（三首）⋯⋯⋯⋯赵雪梅
江边（外一首）⋯⋯⋯⋯⋯⋯金　鸥
蓝色的童年草莓（外一首）⋯张　萌
难言的心绪（组诗）⋯⋯⋯⋯李叶文

深情的表达
我的城市（组诗）⋯⋯⋯⋯⋯刘笑伟
封闭的世界（组诗）⋯⋯⋯⋯贾占宇
房子（二首）⋯⋯⋯⋯⋯⋯⋯曾　冬
我依然守着这片夜色（外一首）⋯王　愈
南方北方⋯⋯⋯⋯闻章　胡杨　孟婕　毕瑞云
刘荣敏　晶晶　徐书格　李洪勉

诗坛纵横
寻找中国的诗神⋯⋯⋯⋯余文德　张良明

燕赵诗林
审美空间的拓展⋯⋯⋯⋯⋯华岱　晓苗

1989 年第 7 期　刊名:《诗神》
目录

姚振函抒情诗选
杨牧近作选
刘章叙事诗选
靳亚利城市诗选

神州诗潮
诗三首⋯⋯⋯⋯⋯⋯⋯⋯⋯⋯老　木
无弦琴（四首）⋯⋯⋯⋯⋯⋯张雪彬
《空白的空白》选章⋯⋯⋯⋯莫　非

给你（四首）⋯⋯⋯⋯⋯⋯⋯沙　鸥
未竟之旅（组诗）⋯⋯⋯⋯⋯谢明洲
城市末日（二首）⋯⋯⋯⋯⋯老　黑
青春宣言
青铜墓地⋯⋯⋯⋯⋯⋯⋯⋯⋯陈　超
庄稼日子（组诗）⋯⋯⋯⋯⋯徐淙泉
沉思⋯⋯⋯⋯⋯⋯⋯⋯⋯⋯⋯二　解
入世⋯⋯⋯⋯⋯⋯⋯⋯⋯⋯⋯李　南
青春宣言（组诗）⋯⋯⋯⋯⋯刘天琴
六月之别（外一首）⋯⋯⋯⋯连鸿来

爱的季节
忍受孤独（组诗）⋯⋯⋯⋯⋯房泽田
地老天荒（组诗）⋯⋯⋯⋯⋯梦　云
无声房间⋯⋯⋯⋯⋯⋯⋯⋯⋯高深深
春天的最后时光⋯⋯⋯⋯⋯⋯张　敏
短诗二十九家⋯⋯⋯⋯⋯⋯⋯冰　峰
　钱省　吴凤翔　刘福君　明子　强宏　张光平
　弟弟　剑敏　张超波　杨春光　代宏杰　闵泉松
　陈航　朱赤　张峻峰　刘愚　张广明　王万增
　赵尚殿　王海津　康健兵　李梅肖　王秀华　苏菁
　祁汝平　流逸　笑秋　刘全红
南方北方⋯⋯⋯⋯⋯⋯⋯⋯⋯刘龙平
　韦德明　哈克　吴丽丽　黄毅　郭志凌
海外短诗赏析⋯⋯⋯⋯⋯⋯⋯流沙河

诗坛纵横
质感：体验诗化后的展现⋯⋯子　规
听秦松谈诗⋯⋯⋯⋯⋯⋯⋯⋯侯　江

燕赵诗林
她为自由的灵魂而痛苦地歌唱⋯⋯华岱　晓苗

1989 年第 8 期　刊名:《诗神》
目录

林希近作选
萧振荣讽刺诗选
林染诗选
徐国强抒情诗选

神州诗潮
关于一个数字⋯⋯⋯⋯⋯⋯⋯章德益
追思二首⋯⋯⋯⋯⋯⋯⋯⋯⋯张同吾
紫星星（组诗）⋯⋯⋯⋯⋯⋯张之静
红楼二玉（二首）⋯⋯⋯⋯⋯白　航
感情驿站（组诗）⋯⋯⋯⋯⋯芦　萍
悲剧之中（二首）⋯⋯⋯⋯⋯鄢元平

面对世界

我们的父亲 ·········· 阿 橹
轨迹（组诗）·········· 付 荻
南方（组诗）·········· 沈福瑞
面对世界 ·········· 李树新
中国，一种冷意识（外一首）·········· 张 云
你种下我的红棉树（外二首）·········· 唐冬梅
在人间（外一首）·········· 孙昕晨

校园风

我只是一条河流（外一首）·········· 林 涛
我们对岸（外二首）·········· 沉 荷
纯粹的元素（三首）·········· 李 森
女孩和毛线（外一首）·········· 王子龙
从前的人们（外一首）·········· 丘 琳

暗示与联想

梦的暗示（四章）·········· 桑 木
视线（外一章）·········· 李 耕
痉挛的恋歌 ·········· 江 鸿
安塞腰鼓（外二章）·········· 聂瑞平
著名书法家的诗···黄 绮 王学中 林 岫 陶 然
短诗三十二家······冀 原 宁千红 白鹤龄 老 杰
王玉清 支 峰 叶小平 段 飞 禹永宏 王忠国
李 清 赵 欣 武晓光 贾 胄 严 治 王 骁
纤 纤 舟 子 笑 梅 张景云 苏裒裒 南永水
向 晨 陈玉彬 潘 瑛 李念滨 刘俊杰 陈 虹
宫德夫 刘 欣 贺海涛 李一信
海外短诗赏析··········流沙河

诗坛纵横

《诗神》漫步 ·········· 沉 默

燕赵诗林

人民的奶汁喂养的诗人·········· 华 岱 晓 苗

1989 年第 9 期　刊名:《诗神》
目录

张学梦短诗选
黎焕颐诗选
郑子森诗五首

雄鸡之魂

雄鸡之魂··········杨志刚
田园的忧郁（二首）··········张中海
元题情诗三首··········陈秀庭
关于出生（组诗）··········叶 舟

死城（外一首）··········谷未黄

欲飞的秋天

仿佛仍干热在岸上（组诗）··········张洪波
砌墙的人（外二首）··········醉 舟
对话及其他（组诗）·········· 一 笑
清明（外一首）··········舒 平
白毛风··········毕东海

散文诗

远离而又切近的（三章）··········韩新东
杂记三章··········柳 篱
塘··········石晓良
沉船··········陈波来
心空星痕（二章）··········鲁 萍
结局（二章）··········萍 子
荆棘鸟··········许晓展

含羞的月亮

月亮情人的契约··········华 宁
诗四首··········黄 淮
心之翼（外一首）··········杨红雨
寻梦何处··········陈立安

校园风

夜宿山东张格庄··········达 黄
窗台及鸟··········欧阳海涛
诗经（二首）··········胡虹靖
想想明天··········李兆海
一个人曾经对你歌唱··········莫 名
民歌（外一首）··········屈 丛
挤车··········翼 昆

诗词之页··········杨金亭 黄 桦 半须田人

自荐诗选

黑发女狮（诗）··········刘德吾
短诗十六首······赵 丽 杨利民 宋家玲 安顺国
尧 北 黄 莺 朱远平 兰 真 张 靓 程永宏
杨庆书 徐抒心 夏朝林 孙喜玲 陈信鹏 一 鸣
海外短诗赏析··········流沙河

燕赵诗林

追光逐彩觅诗情··········华 岱 晓 苗

诗坛纵横

诗歌刊物版面设计形式美初探··········刘桂顾

1989 年第 10—11 期　刊名：《诗神》

目录

编辑的话——昌黎酒神杯新诗大奖赛评奖琐谈

向往家园
本土及其他（三首）⋯⋯⋯⋯⋯⋯⋯⋯⋯韩兴贵
农生人生（五首）⋯⋯⋯⋯⋯⋯⋯⋯⋯⋯方　向
血光照耀的土地（三首）⋯⋯⋯⋯⋯⋯⋯伊　甸
向往家园（五首）⋯⋯⋯⋯⋯⋯⋯⋯⋯⋯秦巴子
横渡（三首）⋯⋯⋯⋯⋯⋯⋯⋯⋯⋯⋯⋯徐淙泉
成熟幻象（外一首）⋯⋯⋯⋯⋯⋯⋯⋯⋯高　粱
我的祖先和我的土地（三首）⋯⋯⋯⋯⋯胡　杨
泥土之韵（四首）⋯⋯⋯⋯⋯⋯⋯⋯⋯⋯赵贵辰
诗三首⋯⋯⋯⋯⋯⋯⋯⋯⋯⋯⋯⋯⋯⋯⋯游　刃
日出日落（组诗）⋯⋯⋯⋯⋯⋯⋯⋯⋯⋯耿　翔
吉祥的村庄（二首）⋯⋯⋯⋯⋯⋯⋯⋯⋯韩文戈
稻子黄了（外一首）⋯⋯⋯⋯⋯⋯⋯⋯⋯邹汉江
七月边缘（外一首）⋯⋯⋯⋯⋯⋯⋯⋯⋯雷　霆
南方的村⋯⋯⋯⋯⋯⋯⋯⋯⋯⋯⋯⋯⋯⋯芸　梅

视线之外
我们常常被称作朋友（组诗）⋯⋯⋯⋯⋯张国明
西尔维娅（外二首）⋯⋯⋯⋯⋯⋯⋯⋯⋯非　默
开船⋯⋯⋯⋯⋯⋯⋯⋯⋯⋯⋯⋯⋯⋯⋯⋯晚　南
真实体验（组诗）⋯⋯⋯⋯⋯⋯⋯⋯⋯⋯刘向东
心态（组诗）⋯⋯⋯⋯⋯⋯⋯⋯⋯⋯⋯⋯华万里
英雄悲歌（组诗）⋯⋯⋯⋯⋯⋯⋯⋯⋯⋯龙　杉

阳光一颗一颗
阳光一颗一颗（外四首）⋯⋯⋯⋯⋯⋯⋯小　安
我们生活在语言里⋯⋯⋯⋯⋯⋯⋯⋯⋯⋯陈德胜
生日夜晚，独对一个红酒杯（外一首）⋯晨　静
大道若青天（外二首）⋯⋯⋯⋯⋯⋯⋯⋯他　他
一棵树（外一首）⋯⋯⋯⋯⋯⋯⋯⋯⋯⋯范　源
走在街上（外一首）⋯⋯⋯⋯⋯⋯⋯⋯⋯皓　蒲
玻璃孩子（外一首）⋯⋯⋯⋯⋯⋯⋯⋯⋯刘　频
记忆之鸟（三首）⋯⋯⋯⋯⋯⋯⋯⋯⋯⋯郭红云
篱笆、火腿及面包（三首）⋯⋯⋯⋯⋯⋯鲁　川
歌唱（外一首）⋯⋯⋯⋯⋯⋯⋯⋯⋯⋯⋯郁　舟
往日的一杯酒⋯⋯⋯⋯⋯⋯⋯⋯⋯⋯⋯⋯西　岸
有一条河（外一首）⋯⋯⋯⋯⋯⋯⋯⋯⋯一　笑
静风景（组诗）⋯⋯⋯⋯⋯⋯⋯⋯⋯⋯⋯河　滨
插入锁孔的声音⋯⋯⋯⋯⋯⋯⋯⋯⋯⋯⋯黄明山
世界之谜：失踪的爱斯基摩部落⋯⋯⋯⋯伊　莎
鸟，鸟⋯⋯⋯⋯⋯⋯⋯⋯⋯⋯⋯⋯⋯⋯⋯南　野
乐土（二首）⋯⋯⋯⋯⋯⋯⋯⋯⋯⋯⋯⋯廖亦武
终年积雪⋯⋯⋯⋯⋯⋯⋯⋯⋯⋯⋯⋯⋯⋯阿　信

放飞的十月
普通百姓（外二首）⋯⋯⋯⋯⋯⋯⋯⋯⋯蒙　原
长征（外一首）⋯⋯⋯⋯⋯⋯⋯⋯⋯⋯⋯舒　翼
大水⋯⋯⋯⋯⋯⋯⋯⋯⋯⋯⋯⋯⋯⋯⋯⋯王建旗
人民⋯⋯⋯⋯⋯⋯⋯⋯⋯⋯⋯⋯⋯⋯⋯⋯徐国强
关于英雄⋯⋯⋯⋯⋯⋯⋯⋯⋯⋯⋯⋯⋯⋯李　逸
瓷（组诗）⋯⋯⋯⋯⋯⋯⋯⋯⋯⋯⋯⋯⋯席永君
诗二首⋯⋯⋯⋯⋯⋯⋯⋯⋯⋯⋯⋯⋯⋯⋯丛小桦
大平原（组诗）⋯⋯⋯⋯⋯⋯⋯⋯⋯⋯⋯晶　晶
某县父母官⋯⋯⋯⋯⋯⋯⋯⋯⋯⋯⋯⋯⋯陈越文

沧桑时日
佛城（四首）⋯⋯⋯⋯⋯⋯⋯⋯⋯⋯⋯⋯苟明军
祖先⋯⋯⋯⋯⋯⋯⋯⋯⋯⋯⋯⋯⋯⋯⋯⋯陈立红
荒原（外一首）⋯⋯⋯⋯⋯⋯⋯⋯⋯⋯⋯韩裕信
华⋯⋯⋯⋯⋯⋯⋯⋯⋯⋯⋯⋯⋯⋯⋯⋯⋯牧　雨
海⋯⋯⋯⋯⋯⋯⋯⋯⋯⋯⋯⋯⋯⋯⋯⋯⋯陈锡民
呆呆篇⋯⋯⋯⋯⋯⋯⋯⋯⋯⋯⋯⋯⋯⋯⋯海之洲
第四片叶子（外三首）⋯⋯⋯⋯⋯⋯⋯⋯刘锦寰
苍桑时日（外一首）⋯⋯⋯⋯⋯⋯⋯⋯⋯田再学
影子⋯⋯⋯⋯⋯⋯⋯⋯⋯⋯⋯⋯⋯⋯⋯⋯刘自立
街灯⋯⋯⋯⋯⋯⋯⋯⋯⋯⋯⋯⋯⋯⋯⋯⋯苏　婷

感情草坪
黑暗是我的女人⋯⋯⋯⋯⋯⋯⋯⋯⋯⋯⋯柴枫子
一种创伤（外一首）⋯⋯⋯⋯⋯⋯⋯⋯⋯王建芬
致丈夫（组诗）⋯⋯⋯⋯⋯⋯⋯⋯⋯⋯⋯陈志媛
杏（外一首）⋯⋯⋯⋯⋯⋯⋯⋯⋯⋯⋯⋯罗　盘
梦中是故乡（外二首）⋯⋯⋯⋯⋯⋯⋯⋯房泽田
关于十月⋯⋯⋯⋯⋯⋯⋯⋯⋯⋯⋯⋯⋯⋯杨丽辉

中国风景
中国风景（三章）⋯⋯⋯⋯⋯⋯⋯⋯⋯⋯赵红尘
战役⋯⋯⋯⋯⋯⋯⋯⋯⋯⋯⋯⋯⋯⋯⋯⋯桂兴华
春天⋯⋯⋯⋯⋯⋯⋯⋯⋯⋯⋯⋯⋯⋯⋯⋯钢　克
海之旅⋯⋯⋯⋯⋯⋯⋯⋯⋯⋯⋯⋯⋯⋯⋯王新龙
巨野⋯⋯⋯⋯⋯⋯⋯⋯⋯⋯⋯⋯⋯⋯⋯⋯杨春光
爱之魂⋯⋯⋯⋯⋯⋯⋯⋯⋯⋯⋯⋯⋯⋯⋯李海健

七色雨丝
观俑⋯⋯⋯⋯⋯⋯⋯⋯⋯⋯⋯⋯⋯⋯⋯⋯未　雨
异乡人⋯⋯⋯⋯⋯⋯⋯⋯⋯⋯⋯⋯⋯⋯⋯远　峰
我们相信自身的愚蠢⋯⋯⋯⋯⋯⋯⋯⋯⋯宋红杰
感觉冬天（外一首）⋯⋯⋯⋯⋯⋯⋯⋯⋯晓　璋
大兴安岭火灾二周年余痛（外一首）⋯⋯王广元
说起机关办公室⋯⋯⋯⋯⋯⋯⋯⋯⋯⋯⋯首　宁
独钓黄昏⋯⋯⋯⋯⋯⋯⋯⋯⋯⋯⋯⋯⋯⋯苏兆海
五月十日（外一首）⋯⋯⋯⋯⋯⋯⋯⋯⋯胡　杨
痛饮琴弦⋯⋯⋯⋯⋯⋯⋯⋯⋯⋯⋯⋯⋯⋯第广龙

秋天，在峡谷·····················洪　利
画家（外一首）·····················安　安
一群蚂蚁·····························欧　骁
一位青年诗人的生活经验···············代　航
错误的敲门声·························岩　鹰
今年的伞（外一首）···················野　光
历程·································夫　人
农人与土地···························晓　君
话说教育·····························孙功兵
黄金海岸·····························沙　红
蛙声·································杨汉年
百年疲倦·····························张中海
南方的水稻···························麻安田
市井中的智者·························夏季风
随想曲：红葡萄酒·····················西　望
种子·································涂　强
中国孩子·····························田　人
蝴蝶·································程　维
超人·································郑　晋
外省的火柴···························李建红
关于母鸡的人道主义···················庞余亮
字···································王太勇
淋雨·································方　君
迷途的火车票·························于　卓
人·都市·夜···························郑　杰
水的骚动·····························姚力奇
蓝海魂·······························雨　岛
山行·································胡　越
平常百姓·····························洪海波
望海·································刁永泉
旧居纪事（外一首）···················晋　南
钓鱼老人·····························陈子曦
萌动的季节···························陈际瑞

平原的空旷（二首）···················张天男

青春诗林
爱的八行·····························李子光
你从我启程（四首）···················李津生
乡间（三首）·························田　田
心境（外一首）·······················田　莹
深山谷（二首）·······················张凤奇
稼稻之事（二首）·····················晏　宁

校园风
水···································刘燕燕
这块石头·····························刘鸿儒
无痕之梦（二首）·····················李轻松
鸟象（二首）·························杨晓民

散文诗
蔚蓝的守望···························丁秀胤
秋夜（外一章）·······················王知十
风·雨（二章）·························王中朝
红果子（外一章）·····················牟祥宏
走向初春的一片土地（外一章）···········宿国恒
另一种滋味（外一章）·················王富祥
诗词之页·············方慎淑　黎民　世芳
江帆　李守森　李蔚　白锐　贾瑞增

自荐诗选
诗五首·······························晨　同
一百种风景·······鲁溪　蔡若秋　邹玉华　刘玉顺等
海外短诗赏析·························流沙河

诗坛纵横
关于新诗和诗选·······················冯健男

1989 年第 12 期　刊名:《诗神》
目录

申身近作选
秦巴子诗五首
余畅抒情诗
赵家潭传奇（叙事诗）···················华　岱

永恒的帆影
旅途杂咏（五首）·····················孙友田
游戏及其他（五首）···················杨　帆
铁观音（四首）·······················肖　川
历史的遗迹（二首）···················黄东成
东边日出西边雨（组诗）···············田　炜

《十月》

【简 介】

综合性文学双月刊。北京出版社主办。创刊于1978年，发刊词为茅盾撰写。作品体裁丰富，着重刊登内容坚实、风格多样的中篇小说和优美的散文，兼发表优秀的诗歌、报告文学，较关注热点题材。

期刊号：1978年第1期—1989年第6期

编者的话

当我们把这本丛书呈现在读者面前的时候，我们的祖国已经迎来了粉碎"四人帮"以后的第二个春天——一个更加明媚、生机盎然的春天。曾经被"四人帮"践踏的我国社会主义文艺园地，又出现了百花争艳、万紫千红的动人景象。英明领袖华主席的光辉题词：坚持毛主席的革命文艺路线 贯彻执行百花齐放百家争鸣的方针 为繁荣社会主义文艺创作而奋斗更加鼓舞了广大的文学艺术工作者。形势是这样的喜人，使我们有勇气把这本还很不成熟的丛书献给同志们，实现了我们多年的宿愿。

我们把"十月"定为这个丛书的名字，是因为"十月"在人类历史上闪耀着异常灿烂的光辉。它对革命人民的魅力，不仅是因为阿芙乐尔舰上隆隆的炮声震撼了旧世界，宣告了社会主义革命的不可阻挡；而且，从一九四九年以来，北京十月的礼花、十月的红旗、十月的锣鼓，就成为革命人民胜利与欢乐的象征；而当英

明领袖华主席率领我们一举粉碎了"四人帮"反党集团的时候，全国人民不是又都由衷地把"十月"作为我们全国人民的骄傲吗？如果说"十月"在苏联社会帝国主义那里已经改变了颜色，那么，"十月"在我们这里应该永远鲜红。它像一面火红的战旗，激励我们永远高举毛主席的伟大旗帜，紧跟以华主席为首的党中央，为繁荣社会主义文艺作出贡献。

《十月》是综合性文艺丛书，它将在毛主席"百花齐放、百家争鸣"、"推陈出新"的方针指引下，用各种文艺形式，热情歌颂我们伟大的祖国、伟大的党、伟大的领袖和人民；努力反映毛主席和老一辈无产阶级革命家开创的宏伟事业，反映各族人民为争取祖国解放所进行的艰苦卓绝的英勇斗争，尤其要反映建国以来社会主义革命和社会主义建设取得的伟大成就，特别是当前华主席领导我们抓纲治国的伟大斗争。我们希望在这一园地上，能够不断涌现出一批革命的政治内容和尽可能完美的艺术形式统一的、无愧于我们这个时代的好作品。

彻底批判"四人帮"阴谋文艺的反动实质，肃清它的流毒和影响，是《十月》文艺丛书的另一个重要任务。"四人帮"大搞文化专制主义，他们所谓"写与走资派斗争"，"一花独放"，"一家做主"以及"三突出"等一整套修正主义滥调，是使我国社会主义文艺百花凋零、万马齐喑的罪恶渊薮。要恢复无产阶级文艺的好传统，就必须大打一场揭批"四人帮"的人民战争，丛书将发表一些批判文章，深揭猛批"四人帮"。丛书还将陆续刊载一些文艺理论文章，力争准确、完整的宣传毛主席文艺思想体系，把被"四人帮"颠倒了的路线、思想、理论是非搞清楚，使文艺真正成为"团结人民、教育人民、打击敌人、消灭敌人"的有力武器。

《十月》将坚决贯彻"古为今用，洋为中用"的方针，遵照伟大导师列宁"用人类创造的全部知识财富来丰富自己的头脑"的教导，有计划地选载现代和古典的中外著名作品，并组织评介文章，以助于广大读者阅读借鉴。

《十月》文艺丛书，将紧密团结新、老专业和业余作者，努力培养工农兵业余创作队伍，调动一切积极因素，为贯彻党的十一大路线而奋斗。

《十月》是在社会主义文化建设的高潮中诞生的文艺新花，它的日臻完美，有待于广大工农兵、革命干部和革命知识分子的有力支持，我们热切希望不断得到读者对它的批评、指正。

一九七八年二月

1978 年第 1 期　刊名:《十月》

目录

编者的话
驳斥"四人帮"在文艺创作上的谬论并揭露其罪恶阴谋
　　………………………………………………………茅　盾
遵循工农兵方向　坚持创造性劳动………………杨　沫
壮歌行（电影小说）………………………………李　准
吐尔逊的故事（中篇小说）………………………陆柱国
爱情的位置（短篇小说）…………………………刘心武
铁石老汉（短篇小说）……………………………郑万隆
雅克萨（中篇选载）……………谢　鲲　王飞沙
山地游击战的生动画卷
　　——读长篇小说《山林支队》………………张　韧

作者笔谈
高歌忆向阳——诗集《忆向阳》序………………臧克家
《大河奔流》创作札记……………………………李　准
写战争学战争——《三战陇海》书后……………柯　岗

学习与借鉴
药…………………………………………………鲁　迅
选材要严　开掘要深——读《药》………………方浴晓
春蚕………………………………………………茅　盾
三十年代初期中国农村社会生活的真实图画——读
《春蚕》……………………………………………唐　沅
木木………………………………………[俄]屠格涅夫
一幕动人的哑剧——读《木木》…………………陈　燊
最后的一课
　　——一个阿尔萨斯孩子的叙述……………[法]都　德
小中见大、高度精炼的范例
　　——读《最后的一课》………………………柳鸣九
论文艺和生活的关系
　　——兼驳"四人帮"的反动谬论………………张国民
略谈鲁迅论创作与生活…………………………董学文
补白：白居易和顾况

1978 年第 2 期　刊名:《十月》

目录

长篇小说
自由………………………………………………叶君健
女游击队长（选载）………………………………李英儒

电影文学剧本
李白与杜甫………………………白　桦　郑君里

血染的画…………………………李娴娟　杨　颖

短篇小说
家庭悲剧…………………………………………林　雨
膏药医生…………………………………………林斤澜

传记故事
曹雪芹之死………………………………………吴恩裕

诗歌
难忘的岁月（三首）………………………………张志民
诗二首……………………………………………骆宾基

散文
奋勇登攀…………………………………………吴伯箫
半边松……………………………………………刘　真
生者与死者的眼睛………………………………白　桦

评论
《儿童文学·短篇小说选》序………………………严文井
致青年作者刘心武………………………………草　明
北京书简——谈诗的形象………………………谢　冕
人民战争的艺术再现——初读长篇小说《三战陇海》
　　…………………………………………………张立云
随感………………………………………………严居强
细节浅谈…………………………………………张国民
论文艺和生活的关系（续完）……………………张国民

学习与借鉴
包身工……………………………………………夏　衍
报告文学的杰作——《包身工》…………………袁良骏
一块牛排……………………………[美]杰克·伦敦
独特的形象　高度的概括………………………董衡巽
《牛虻》是怎样写成的?……………………………张守仁

读者之页
热烈的反响
　　——广大群众评论《爱情的位置》……………雪　冰等
编后记
科学之春（木刻）…………………………………许彦博

1979 年第 1 期　刊名:《十月》

目录

长篇小说
黄河东流去（选载）………………………………李　准

中篇小说
第十个弹孔………………………………………从维熙

追赶队伍的女兵们⸺⸺⸺⸺⸺⸺邓友梅

电影文学剧本
谁主沉浮⸺⸺⸺⸺湖北省《谁主沉浮》创作组
瞎子阿炳⸺⸺黎松寿 张庆仁 黎 辉 邢 沅

短篇小说
你要小心⸺⸺⸺⸺⸺⸺⸺⸺韶 华
一月⸺⸺⸺⸺⸺⸺⸺⸺⸺王路遥
中年人⸺⸺⸺⸺⸺⸺⸺⸺母国政
一加二等于几⸺⸺⸺⸺⸺苏厚汾 高玉昆

报告文学·散文
大雁情⸺⸺⸺⸺⸺⸺⸺⸺黄宗英
新长征出发的地方⸺⸺⸺⸺⸺黎先耀
一九七六年四月六日夜晚⸺⸺⸺谢 鲲
天雨曼陀罗⸺⸺记加尔各答⸺⸺季羡林

诗歌
血与火⸺致四·五战友⸺⸺⸺郭同旭
怀总理四首⸺⸺⸺⸺⸺⸺⸺钟敬文
诗四首⸺⸺⸺⸺⸺⸺⸺⸺⸺老 舍
木排上⸺⸺⸺⸺⸺⸺⸺⸺⸺蔡其矫

评论
"两结合"创作方法初探⸺⸺从对《班主任》等小说
的不同看法谈起⸺⸺⸺⸺⸺陶文鹏 李中岳
文艺枝谈：风⸺⸺⸺⸺⸺⸺⸺蔡良骥

学习与借鉴
馨香百代 敬礼天涯
⸺⸺《沫若剧作选》读后⸺⸺晏 学 王永德
（附）郭沫若：《作剧经验》、《献给现实的蟠桃》
戏剧名珠重生辉
⸺⸺试论老舍名剧《茶馆》的艺术特色⸺⸺王云缦
没完成的童话⸺⸺忆老舍伯伯⸺⸺马小弥
内容与形式完美结合的文学珍品
⸺⸺读《项链》⸺⸺⸺⸺⸺张英伦
蜜蜂（木刻）⸺⸺⸺⸺⸺⸺许彦博

1979 年第 2 期　刊名：《十月》
目录

中长篇小说
现代人⸺⸺⸺⸺⸺⸺⸺⸺⸺俞天白
破晓（《宁海沉浮》选载）⸺⸺赛时礼 肖 平

剧本
记着呵，请记着⸺⸺⸺⸺⸺⸺柯 岩
海之恋⸺⸺⸺李云良 杨时文 王 炼

短篇小说
罗浮山血泪祭⸺⸺⸺⸺⸺⸺中杰英
翠微亭⸺⸺⸺⸺⸺⸺⸺⸺刘先照
大钉靴奇闻⸺⸺⸺⸺⸺⸺⸺任大星
种子⸺⸺⸺⸺⸺⸺⸺⸺⸺王梓夫
进山⸺⸺⸺⸺⸺⸺⸺⸺⸺贾平凹

诗歌
从古潜山到萨尔图（组诗）⸺⸺公 刘诗 黄永玉画
二仆一主⸺⸺⸺⸺⸺⸺池北偶诗 华君武画
开会谣（外一章）⸺⸺⸺易和元诗 方成画
散文诗二题⸺⸺⸺⸺⸺⸺⸺王中才
散文寓言
不灭的诗魂⸺⸺怀邓拓同志和他的诗⸺⸺袁 鹰
书的梦⸺⸺⸺⸺⸺⸺⸺⸺⸺孙 犁
寓言四则⸺⸺⸺⸺⸺⸺⸺⸺吴广孝

评论
真实是艺术的生命⸺⸺⸺⸺田中木 何西来
喜好、齐放、争鸣与领导⸺⸺⸺李 凌
给晓雪同志的信⸺⸺⸺⸺⸺郭小川
文艺枝谈⸺⸺⸺⸺⸺⸺⸺蔡良骥
眼睛和头发
卖刀、卖画和卖圣像

简讯
本刊召开短篇小说创作座谈会

学习与借鉴
美国短篇小说两篇
黑人的基督
⸺⸺约·亨·克拉克作 薛必群 胡小平译
疯狂⸺⸺⸺威·爱·伯·杜波依斯作 薛必群译
战斗的美国黑人文学⸺⸺《黑人的基督》、《疯狂》及
其他⸺⸺⸺⸺⸺⸺⸺⸺林 宇
《林教头风雪山神庙》赏析⸺⸺⸺程郁缀
孔雀·少女（国画）⸺⸺⸺⸺刘 汉

1979 年第 3 期　刊名：《十月》
目录

中篇小说
挂红灯⸺⸺⸺⸺⸺⸺⸺⸺⸺申跃中
飞天⸺⸺⸺⸺⸺⸺⸺⸺⸺⸺刘 克

电影文学剧本

苦恋...................................白 桦 彭 宁

短篇小说

小镇上的将军...........................陈世旭
王大年的几件喜事（台湾轶事）...........聂华苓
客人.................................戈悟觉
一个担架兵的经历....................（彝族）李 乔

诗歌

酒及其他（八首）.......................艾 青
写给祖国的恋歌（组诗）.................徐 刚
乡情（组诗）...........................沙 鸥

散文

神女的祝福............................碧 野
"牛棚"小品（三章）.....................丁 玲

评论

在《十月》编辑部
短篇小说创作座谈会上的发言（摘要）.......李 陀
王 蒙 苏叔阳 刘绍棠 林斤澜 白 桦 从维熙
刘心武 张 洁（书面）陈荒煤
日趋繁荣的短篇小说
——给一位短篇小说作者的复信...........阎 纲

创作笔谈

爱和情——《满月儿》创作之外...........贾平凹
《窗口》的写作过程.....................莫 伸

学习与借鉴

莎士比亚和他的《哈姆雷特》.............赵 澧
旧影新看，旧评新读
——重温莎士比亚的《哈姆雷特》.........卞之琳
"是几时孟光接了梁鸿案"？——《红楼梦》爱情描
写探微...............................刘梦溪
巴黎观剧随笔...........................高行健
动物篇（寓言画）.......................黄永玉

1979 年第 4 期 刊名：《十月》
目录

评论

文学、生活和政治.......................刘宾雁

长篇小说

破壁记（选载）.........................陈登科 肖 马

剧本

巴山夜雨..............................叶 楠
南国行...............................刘树纲

短篇小说

五千斤笤藤............................沙 汀
有这样一个富裕中农....................徐 慎
焚..................................菡 子
春风催蕾..............................巴 波
给你一朵玉兰花........................古 华
燃烧的河流............................柏鸿鹄 杨 昭

诗歌

红花歌...............................李 瑛
金星.................................严 辰
牧歌...............................（蒙古族）查 干

散文

魂牵梦萦记《海魂》.....................赵 丹
热土.................................宗 璞
语花小集..............................刘丙钧

学习与借鉴

《乔厂长上任记》的生活账................蒋子龙
现实主义的魅力
——重读契诃夫的《套中人》.............王金陵
短篇小说的大师——契诃夫...............李廉恕
在生活的波澜中刻划人物——读《杜十娘怒沉百宝
箱》札记.............................刘世德
附：杜十娘怒沉百宝箱 ....（明）冯梦龙编
一个共产党员（油画）...................柏芳景
大地的女儿（油画）.....................闻立鹏

1980 年第 1 期 刊名：《十月》
目录

中长篇小说

公开的情书............................靳 凡
寒凝大地..............................曹大澄

话剧

她...............................田 芬（执笔）钱曼兰

短篇小说

滚烫的回忆............................王 火
"送瘟神".............................张天民
染...............................（中国香港）阮 朗
绝句.................................林斤澜

我不是个好孩子————————————————张 洁
早起跑步——————————————————冯骥才

诗歌
雪地上（叙事诗）————————————李发模
在南方的密林（组诗）—————————邹荻帆
我思念那朵小花（外一首）——————黄永玉

散文
生死场，艰辛路——肖红简传——————骆宾基
红军走过的沼泽地（外一章）————————傅 仇

评论
文学心潮录———————————————秦兆阳
生活、倾向、辩证法和文学—————————王 蒙

学习与借鉴
丁玲和她的作品———————————冯夏熊
莎菲女士的日记———————————————丁 玲
褒贬毁誉之间——谈谈《莎菲女士的日记》—袁良骏
编者的话
给人们甜蜜（木刻）—————————————古 元
泼水节——生命的赞歌（壁画·局部）
————————————袁运生 连维云 费 正

1980 年第 2 期　刊名:《十月》
目录

中长篇小说
风乍起———————王新纪 田增翔 陶 正
春之烦恼———————————————张笑天
和谈前后（《金陵春梦》之五·选载）————唐 人

电影文学剧本
飞吧，海鸥————————————张暖忻 李 陀

短篇小说
吝啬鬼———————————————陈世旭
记忆深井里的小水珠————————————朱春雨
家庭纪事———————————————母国政
季主任————————————————衣 伯

诗歌
森林一日（组诗）—————————————方 晴
果园抒情（组诗）—————————————傅天琳
比味精鲜一百倍（讽刺诗三首）——————黄永玉
天空的明澈的眼睛————————————陈敬容

放歌走三峡（组诗）————————唐大同
赶歌（二首）———————————————夏 天

报告文学·散文
美的追求者———————————————柯 岩
"黄和平"散曲———————————————凤 子

评论
飞檐上的单臂倒立
——关于形式和风格的续想————————蓝 翎
习惯的写法被打破了——谈《小镇上的将军》的艺术
技巧—————————————————阎 纲
"我爱巴山夜雨"——给叶楠同志的一封信···陈荒煤
文艺枝谈：倒影—————————————蔡良骥

创作笔谈
关于《金陵春梦》及其他——————唐 人
写人民之所爱
——《小镇上的将军》创作的一点感想———陈世旭
我希望着……
——关于《巴山夜雨》创作的回顾——————叶 楠

学习与借鉴
"贵族迷"的幻梦
——读哈代的《彼特利克夫人》———————郑启吟
彼特利克夫人———————[英]汤玛斯·哈代
编后
动物画————————————————韩美林
森林之歌———————————————徐 匡

1980 年第 3 期　刊名:《十月》
目录

中篇小说
三生石————————————————宗 璞
蒲柳人家———————————————刘绍棠
如意————————————————刘心武

长篇小说
曹州府捻军斩僧妖（《星星草》选载）————凌 力

短篇小说
悠远的钟声————————————张抗抗 梅 进
春雪————————————————余易木
洪峰————————————————凌喻非
飞出来了，希望——————————————卡 那

诗歌

江鸥及其他（四首）⋯⋯⋯⋯⋯⋯⋯⋯⋯⋯张 廓
雁翎油田（外一首）⋯⋯⋯⋯⋯⋯⋯⋯⋯王亚平
海的印象（散文诗）⋯⋯⋯⋯⋯⋯⋯⋯⋯⋯胡 昭
留着这些名字吧!⋯⋯⋯⋯⋯⋯⋯⋯⋯⋯⋯赵丽宏
矿工之歌（二首）⋯⋯⋯⋯⋯⋯⋯⋯⋯⋯⋯柯愈勋

散文

江河恋⋯⋯⋯⋯⋯⋯⋯⋯⋯⋯⋯⋯⋯⋯⋯⋯雷 加
奔天桥⋯⋯⋯⋯⋯⋯⋯⋯⋯⋯⋯⋯⋯⋯⋯⋯姜德明

评论

现实主义——艺术反映现实的客观法则——《现实主
义——广阔的道路》一文的启示⋯⋯⋯⋯张维安
惟其真实，才有生命力——一九七九年中短篇小说创
作的随想⋯⋯⋯⋯⋯⋯⋯⋯⋯⋯⋯⋯⋯刘锡诚
回顾·探讨·前进——记本刊召开的中篇小说创作座
谈会⋯⋯⋯⋯⋯⋯⋯⋯⋯⋯⋯⋯⋯⋯本刊记者

创作谈

"我"和我的诗⋯⋯⋯⋯⋯⋯⋯⋯⋯⋯⋯⋯张志民

借鉴与探讨

死水下面的火山
——论闻一多的《红烛》及《死水》⋯⋯⋯谢 冕
法国当代文学的一个主题——追求——评两篇法国短
篇小说⋯⋯⋯⋯⋯⋯⋯⋯⋯⋯⋯⋯⋯⋯高行健
法国小说两篇⋯⋯⋯⋯⋯⋯⋯⋯⋯⋯⋯郭安定译
拉撒路空手而归——一个神秘的故事⋯⋯⋯维尔高尔
海滩⋯⋯⋯⋯⋯⋯⋯⋯阿兰·罗伯·格里叶
编者的话

美术

依莲娜小姐像⋯⋯⋯⋯⋯⋯⋯⋯⋯⋯[法]雷诺阿
弗里——贝舍尔的酒吧间⋯⋯⋯⋯⋯⋯[法]马 奈

1980 年第 4 期　刊名:《十月》

目录

中篇小说

蝴蝶⋯⋯⋯⋯⋯⋯⋯⋯⋯⋯⋯⋯⋯⋯⋯⋯王 蒙
白雪⋯⋯⋯⋯⋯⋯⋯⋯⋯⋯⋯⋯⋯⋯⋯⋯谌 容
鸳鸯⋯⋯⋯⋯⋯⋯⋯⋯⋯⋯⋯⋯⋯⋯⋯⋯罗石贤

长篇小说

浏阳英杰（《一百零三天》选载）⋯⋯⋯⋯⋯周 熙

电影文学剧本

芳草又绿⋯⋯⋯⋯⋯⋯⋯石 勇　孟森辉　斯民三

短篇小说

老贫哥和小能弟⋯⋯⋯⋯⋯⋯⋯⋯⋯⋯⋯⋯徐 慎
马龙来访⋯⋯⋯⋯⋯⋯⋯⋯⋯⋯⋯⋯⋯⋯戈悟觉
燃烧⋯⋯⋯⋯⋯⋯⋯⋯⋯⋯⋯⋯⋯⋯⋯⋯中杰英
头发⋯⋯⋯⋯⋯⋯⋯⋯⋯⋯⋯⋯⋯⋯⋯⋯孟伟哉
贫穷与富有⋯⋯⋯⋯⋯⋯⋯⋯⋯⋯⋯⋯⋯陈世旭
柳絮⋯⋯⋯⋯⋯⋯⋯⋯⋯⋯⋯⋯⋯⋯⋯⋯张晓东
云开一线⋯⋯⋯⋯⋯⋯⋯⋯⋯⋯⋯⋯⋯⋯陈昌本
春漫⋯⋯⋯⋯⋯⋯⋯⋯⋯⋯⋯⋯⋯⋯⋯⋯许 淇

诗歌

黄河滔滔——献给敬爱的少奇同志⋯⋯⋯⋯程光锐
并非想入非非的故事（寓言诗二首）⋯⋯⋯刘 征
蔷薇丛里（散文诗）⋯⋯⋯⋯⋯⋯⋯⋯⋯⋯蓝 曼
拉莎河谷的风（外一首）⋯⋯⋯⋯⋯⋯⋯⋯宁 宇
新楼（外一首）⋯⋯⋯⋯⋯⋯⋯⋯⋯⋯⋯韩忆萍
山河美如画（三首）⋯⋯⋯⋯⋯⋯⋯⋯⋯⋯黄声笑

散文

一位奇特的女军医⋯⋯⋯⋯⋯⋯⋯⋯⋯⋯顾 工
爸爸，女儿看您来了!
——献给我亲爱的爸爸靳以⋯⋯⋯⋯⋯⋯章小东

评论

中华民族的壮歌
——读长篇小说《黄河东流去》⋯⋯⋯⋯张 炯
稿费与压迫——鲁迅先生书简注释及其他⋯肖 军

创作谈

生活感受与创作⋯⋯⋯⋯⋯⋯⋯⋯⋯⋯⋯雁 翼

借鉴与探讨

现实主义和"意识流"——从两篇小说运用的艺术手
法谈起⋯⋯⋯⋯⋯⋯⋯⋯⋯⋯⋯⋯⋯⋯李 陀
乞力马扎罗的雪⋯⋯⋯⋯⋯⋯⋯⋯⋯[美]海明威
编者的话

美术

《聊斋故事》插图选⋯⋯⋯⋯⋯⋯⋯⋯⋯许彦博
版画⋯⋯⋯⋯⋯⋯⋯⋯⋯力 群　梁 栋　方振宁

1980 年第 5 期　刊名:《十月》

目录

中篇小说

水天苍苍······姜　滇
阿勒克足球······张承志
活寡······李惠薪
司棋进府······寄　水

话剧

十年一觉神州梦······赵　寰

短篇小说

沟······戴　晴
未了录······张　洁
两女子······孔　厥
天鹅······苏叔阳
青杨掩映的小巷······母国政
猫奶奶·跳蚤之谜······中杰英

诗歌

西山的红叶······王维洲
给你——······绿　原
热潮集（讽刺诗三首）······易和元诗　方　成画
台湾诗情（二首）······于宗信
聂华苓的行囊······青　勃

散文

沙漠的星······王中才

评论

王蒙的创作和新时期文学发展的趋向······刘梦溪
让理想放出更加灿烂的光芒——评《公开的情书》
······阮　铭
科学地对待昨天、今天、明天······黄宗英

借鉴与探讨

中国农民恋爱和婚姻的悲喜剧——谈赵树理的小说
《登记》······刘再复　楼肇明　刘世杰
略论卡夫卡及其《饥饿艺术家》······叶廷芳
饥饿艺术家······［奥］弗兰兹·卡夫卡　叶廷芳译
编者的话

美术

高洁（国画）······肖淑芬
弄玉吹箫······李建丽　张砚琨剪纸　张兴春配诗

1980 年第 6 期　刊名:《十月》

目录

中篇小说

开拓者······蒋子龙
夫妇······孟伟哉

剧本

蒙塞拉······［法］埃·罗布莱斯　沈大力译

短篇小说

苦果······王安忆
妻子······戈悟觉
鲁鲁······宗　璞
报春兰······佳　峻
夜，静静的……······胡桔根

报告文学

一个人和他的影子······刘宾雁
痴情······理　由

诗歌

花之恋······雁　翼
绿雨红风照雪晴（组诗）······丁　芒
筑路工诗情（三首）······叶晓山

散文

竹风······邓友梅
在贝多芬故居······王　蒙

评论

地上的艺术与空中的批评——就《飞天》的评价与燕
翰同志商榷······张维安
重新溢放出的泥土芳香——评刘绍棠的中篇小说《蒲
柳人家》······鲍　昌
我所认识的埃·罗布莱斯······沈大力

创作谈

我是一个土著······刘绍棠

借鉴与探讨

一个真实人的诗——序《胡也频诗稿》······周良沛
日本短篇小说的名家——芥川龙之介······高慧勤
报恩记······［日］芥川龙之介

美术

西南速写页······吴作人
鱼神（油画）······黄冠余

1981 年第 1 期　刊名:《十月》
目录

中篇小说

阮氏丁香——《西线轶事》续篇············徐怀中
土牢情话——一个苟活者的祈祷············张贤亮
晚霞消失的时候····························礼　平
人的质量································李心田

短篇小说

飘来的生命······························李　准
脊骨··································申跃中
背兴的恋爱····························冯夏熊

诗歌

刻在天上和地上的证词——写给历史的法庭···徐　刚
散文诗································林　庚
诗词十首······························杨述遗作
雷·雨·油菜花（三首）··················彭燕郊
北京青年作者诗选
初春（五首）··························顾　城
我拥抱明天····························陈祖芬
风筝··································徐文健
前三门漫步····························陈满平
岁月的犁尖····························陶嘉善
电子阅卷抒情··························苏殿远
海岸夜思······························戈　缨

散文

白云·绿树·金花························碧　野
榕树的风度····························秦　似

评论

批评和量文的尺——从几篇对《飞天》、《档案》的批
评文章所感到的························于　晴
公仆与主人之间
——论新时期文学的一个潮流··············何西来
这是怎样一种道德观?·············晓　朗　林　梅
《步步设防》续篇······················王若望

创作谈

历史小说《吴越春秋史话》和京剧《吴越春秋》的成
因与过程······························萧　军

借鉴与探讨

从《桃园》看废名艺术风格的得失··········凌　宇
附:桃园······························废　名
小说两篇····················[苏联]瓦·舒克申著

○○戈比整······························昌茂译
信末附笔······························张守仁译
编者的话

美术

曹操观沧海·王贞仪读史图················范　曾
六幺（古典舞）························李忠良

1981 年第 2 期　刊名:《十月》
目录

中篇小说

立体交叉桥····························刘心武
初恋的回声····························余易木
奇妙的旅程····························王群生

话剧

愿你了解我····························洪　友

短篇小说

爬满青藤的木屋························古　华
路漫漫································陈世旭
井旁的柚子树··························叶文玲
啊，古老的儿歌······················牟崇光
归途中································瞿　航

诗歌

北京访古（组诗）······················杨献瑶
春天的诗（三首）······················苏金伞
春野诗画······························徐敬亚
祖国山川大地
苍山洱海（三首）······················晓　雪
凉山风情（二首）······················梁上泉
阿勒泰速写（二首）····················崔合美
石林··································张永权
啊! 回音壁····························徐咏龄

报告文学

朝圣者与富翁··························陈祖芬

散文

鹿····································谭　谊

评论

她给我们带来了什么
——评张洁的创作················谢　冕　陈素琰
从幻影回到人间
——读《一个人和他的影子》··············杨匡汉

敢做搏风击浪人——读《开拓者》⋯⋯东方白　龚　熙

借鉴与探讨
郁达夫"自我"写真的浪漫主义小说
——兼析《青烟》⋯⋯⋯⋯⋯⋯⋯⋯⋯⋯⋯赵　园
附：青烟⋯⋯⋯⋯⋯⋯⋯⋯⋯⋯⋯⋯⋯⋯郁达夫
从《二十九条臆想》谈起——兼谈"意识流"和"心
理现实主义"⋯⋯⋯⋯⋯⋯⋯⋯⋯⋯⋯⋯施咸荣
二十九条臆想⋯⋯⋯⋯［美］乔伊斯·卡洛尔·欧茨
编者的话

美术
梦中的牛郎织女（油画）⋯⋯⋯⋯⋯⋯⋯⋯汲　成
乍暖还寒（木刻）⋯⋯⋯⋯⋯⋯⋯⋯⋯⋯陈晋容

1981 年第 3 期　刊名：《十月》
目录

中篇小说
沙海的绿荫⋯⋯⋯⋯⋯⋯⋯⋯⋯⋯⋯⋯⋯朱春雨
八戒⋯⋯⋯⋯⋯⋯⋯⋯⋯⋯⋯⋯⋯⋯⋯⋯苏　雷

长篇小说
群山（选载）⋯⋯⋯⋯⋯⋯⋯⋯⋯⋯⋯⋯⋯阮章竞

电影文学剧本
晶晶雪⋯⋯⋯⋯⋯⋯⋯⋯⋯⋯⋯⋯⋯⋯⋯⋯洪　洲

短篇小说
不⋯⋯⋯⋯⋯⋯⋯⋯⋯⋯⋯⋯⋯⋯⋯⋯⋯戴　晴
静静的 2—4 单元⋯⋯⋯⋯⋯雨　时　如　月
岁寒三友⋯⋯⋯⋯⋯⋯⋯⋯⋯⋯⋯⋯⋯⋯汪曾祺
魔⋯⋯⋯⋯⋯⋯⋯⋯⋯⋯⋯⋯⋯⋯⋯⋯⋯杨汝申

诗歌
我是飞蛾（外二首）⋯⋯⋯⋯⋯⋯⋯⋯⋯叶文福
大漠骆驼情（外一首）⋯⋯⋯⋯⋯⋯⋯⋯尹家民
京西风俗画（组诗）⋯⋯⋯⋯⋯⋯⋯⋯⋯宗　鄂
你，是海……（外二首）⋯⋯⋯⋯⋯⋯⋯杨　炼
百花电站短歌（组诗）⋯⋯⋯⋯⋯⋯⋯⋯刘福林

散文
忆绿川英子⋯⋯⋯⋯⋯⋯⋯⋯⋯⋯⋯⋯⋯叶君健
沿着斯诺的足迹⋯⋯⋯⋯⋯⋯⋯⋯⋯⋯⋯赵荣声

游记
神秘的古道⋯⋯⋯⋯⋯⋯⋯⋯⋯宋家玲　屠国璧

评论
"我们需要中篇小说"⋯⋯⋯⋯⋯⋯⋯⋯⋯罗　苏
从崛起到繁荣——一九八〇年的中篇小说⋯⋯刘锡诚
革命现实主义的艺术力量
——读从维熙的中篇小说⋯⋯⋯⋯⋯⋯顾　骧
让境界更开阔些
——《燃烧》和《马龙来访》的启示⋯⋯⋯雷　达

创作谈
创作与生活——致青年习作者⋯⋯⋯⋯⋯从维熙

借鉴与探讨
爱的弦上的哀歌——谈老舍《微神》的梦与真⋯赵　园
附：微神⋯⋯⋯⋯⋯⋯⋯⋯⋯⋯⋯⋯⋯⋯老　舍
伏尔泰的《如此世界》与哲理小说的经验⋯⋯柳鸣九
附：如此世界⋯⋯⋯⋯⋯［法］伏尔泰　傅　雷译
编者的话

美术
故乡（木刻）⋯⋯⋯⋯⋯⋯⋯⋯⋯⋯⋯⋯阿　鸽
《外国民间故事选》插图（四幅）⋯⋯⋯⋯王怀庆

1981 年第 4 期　刊名：《十月》
目录

长篇小说
沉重的翅膀（连载）⋯⋯⋯⋯⋯⋯⋯⋯⋯张　洁

中篇小说
古碉堡⋯⋯⋯⋯⋯⋯⋯⋯⋯⋯⋯⋯⋯⋯⋯刘　克
花街⋯⋯⋯⋯⋯⋯⋯⋯⋯⋯⋯⋯⋯⋯⋯⋯刘绍棠

话剧
明月初照人⋯⋯⋯⋯⋯⋯⋯⋯⋯⋯⋯⋯⋯白峰溪

短篇小说
余音⋯⋯⋯⋯⋯⋯⋯⋯⋯⋯⋯⋯⋯⋯⋯⋯李　晴
角落⋯⋯⋯⋯⋯⋯⋯⋯⋯⋯⋯⋯⋯⋯⋯⋯陆北威

诗歌
故乡春早（组诗）⋯⋯⋯⋯⋯⋯⋯⋯⋯⋯沙　鸥
山杨树⋯⋯⋯⋯⋯⋯⋯⋯⋯⋯⋯⋯⋯⋯⋯李学鳌
夜的山花（组诗）⋯⋯⋯⋯⋯⋯⋯⋯⋯⋯杨　山
春蚕，静静地吐丝……（外一首）——写在新建的化
纤厂⋯⋯⋯⋯⋯⋯⋯⋯⋯⋯⋯⋯⋯⋯⋯赵丽宏

回忆录
往事忆来多⋯⋯⋯⋯⋯⋯⋯⋯⋯⋯⋯⋯⋯臧克家

苦涩的童年·························新凤霞

评论
老干部的新形象·····················王春元
心灵的探索 时代的颂歌——《理由小说报告文学
选》读后感························荒 煤

创作谈
美的憧憬·························理 由

美术
太湖帆（木刻）·····················莫 测
"全国电影宣传画展览"作品选登

文学的特性和为"四化"服务
——萧殷谈创作·················谢望新整理

借鉴与探讨
现代病态知识社会的机智讽刺——《猫》和钱钟书小
说艺术的独特性····················吴福辉
附：猫···························钱钟书
本刊 1981 年举办"《十月》文学奖"评选启事

美术
聊斋画意（油画）····················黄冠余
不眠的大地（版画）···················宋源文

1981 年第 5 期 刊名:《十月》
目录

中篇小说
追花人······················张笑天 张天民
弯弯的月亮河·······················浩 然

长篇小说
沉重的翅膀（续完）···················张 洁

电影文学剧本
硝烟散去之后···············谭朝阳 简志伟 李宝林

短篇小说
"厦屋婆"悼文······················贾平凹
新桃花源记························孙 颙
一个远逝的夏天·····················朱春雨
狭路··························中杰英
我说瓜头哟……·····················曹玉模

诗歌
北京二首·························李发模
我骄傲··························王辽生
此地无银三百两（外二首）················易和元
礁石··························莫文征
雪地，一片洁白·····················倩 晴

散文
云烟过后春意浓·····················雷 加
不要忘记·························宗 璞

评论
向"人学"攀登——谈刘心武的小说创作·······刘思谦

1981 年第 6 期 刊名:《十月》
目录

中篇小说
在地震的废墟上·····················中杰英
曹书记买马························原 非
半月塘传奇························莫应丰

长篇小说
忧愁河（选载）·····················季 康

电影文学剧本
她和她的歌························艾明之

短篇小说
缔造友谊吧，人们!····················戈悟觉
玲珑三娘·························刘颖南
舅舅从美国来······················母国政
琴··························潘吉光
请收下这束鲜花·····················徐小斌

诗歌
田原抒情诗（组诗）···················陈 犀
北京组诗·························唐 祈
海蓝江夜景························朱 雷

报告文学
贴深蓝色海绵的球拍···················肖复兴
落地生根·························李 纳

散文
致《十月》························巴 金
清明雨中寻谪仙·····················韩静霆

评论
从艺术表现看《苦恋》的政治倾向·············黎 生

清词丽句画出灵魂
——读古华的《爬满青藤的木屋》⋯⋯⋯⋯⋯阎　纲

创作谈
透过弥漫的硝烟——答陈骏涛同志⋯⋯⋯⋯⋯徐怀中
关于《阮氏丁香》——致徐怀中同志⋯⋯⋯⋯陈骏涛

借鉴与探讨
评井上靖的《嘉奖》⋯⋯⋯⋯⋯⋯⋯⋯⋯⋯高慧勤
附：嘉奖⋯⋯⋯⋯⋯⋯⋯⋯⋯⋯⋯⋯［日］井上靖

美术
米拉之妹（国画）⋯⋯⋯⋯⋯⋯⋯⋯⋯⋯⋯石呈虎
心潮（木刻）⋯⋯⋯⋯⋯⋯⋯⋯⋯⋯⋯⋯聂昌硕

1982 年第 1 期　刊名:《十月》
目录

中篇小说
张铁匠的罗曼史⋯⋯⋯⋯⋯⋯⋯⋯⋯⋯⋯⋯张一弓
在丘陵和湖畔，有一个人⋯⋯⋯⋯⋯⋯⋯⋯张抗抗
平常疑案⋯⋯⋯⋯⋯⋯⋯⋯⋯⋯⋯⋯⋯⋯韦君宜
沼泽地带⋯⋯⋯⋯⋯⋯⋯⋯⋯⋯⋯⋯⋯⋯袁和平

长篇小说
黄金岁月（序曲·第一章）⋯⋯⋯⋯⋯⋯⋯从维熙

电影文学剧本
琵琶声声⋯⋯⋯⋯⋯⋯⋯⋯⋯⋯张重天　严寄洲

短篇小说
北望长城外⋯⋯⋯⋯⋯⋯⋯⋯⋯⋯⋯⋯⋯张承志
晚饭花（三篇）⋯⋯⋯⋯⋯⋯⋯⋯⋯⋯⋯汪曾祺

报告文学
竹板春秋⋯⋯⋯⋯⋯⋯⋯⋯⋯⋯⋯⋯⋯⋯韩静霆

散文
湘莲子与雪藕⋯⋯⋯⋯⋯⋯⋯⋯⋯⋯⋯⋯韩少华

诗歌
第六大陆的发现⋯⋯⋯⋯⋯⋯⋯⋯⋯⋯⋯任洪渊
春恋（组诗）⋯⋯⋯⋯⋯⋯⋯⋯⋯⋯⋯⋯方　敬
故乡花（二首）⋯⋯⋯⋯⋯⋯⋯⋯⋯⋯⋯戴安常
城市的情思⋯⋯⋯⋯⋯⋯⋯⋯⋯⋯⋯⋯⋯旭　宇
十月诗笺（十首）⋯⋯⋯⋯⋯⋯⋯⋯⋯⋯叶延滨
白　涣　张永权　陈万鹏　刘耀君　沈　晓

评论
“多本质”也就是“非本质”——对文艺反映社会本
质问题的一点看法⋯⋯⋯⋯⋯⋯⋯⋯⋯⋯郭一鸣
《〈步步设防〉续篇》辨析⋯⋯⋯⋯⋯⋯⋯丁　星

创作谈
只因为爱⋯⋯⋯⋯⋯⋯⋯⋯⋯⋯⋯⋯⋯⋯田　芬

借鉴与探讨
“改造民族灵魂”的文学——纪念鲁迅诞辰一百周年
与肖红诞辰七十周年⋯⋯⋯⋯⋯⋯⋯⋯⋯钱理群
附：桥⋯⋯⋯⋯⋯⋯⋯⋯⋯⋯⋯⋯⋯⋯⋯肖　红
西方文学中描写人物内心世界的一种新手法——谈英
国女作家苏珊·希尔的创作⋯⋯⋯⋯⋯⋯施咸荣
附：来点儿歌舞⋯⋯⋯［英］苏珊·希尔　施咸荣译

读者中来
她对幸福的理解是斗争——读《追花人》⋯⋯孙达佑
对《我是飞蛾》的批评⋯⋯⋯⋯⋯⋯⋯⋯果瑞卿
《明月初照人》给我的美感和思考⋯⋯⋯⋯艾　野

美术
黑龙江初雪（木刻）⋯⋯⋯⋯⋯⋯⋯⋯⋯宋源文
《大卫·科波菲尔》插图（四幅）⋯⋯⋯⋯倪　震

1982 年第 2 期　刊名:《十月》
目录

中篇小说
相见时难⋯⋯⋯⋯⋯⋯⋯⋯⋯⋯⋯⋯⋯⋯王　蒙
南方的岸⋯⋯⋯⋯⋯⋯⋯⋯⋯⋯⋯⋯⋯⋯孔捷生
晚雪⋯⋯⋯⋯⋯⋯⋯⋯⋯⋯⋯⋯⋯⋯⋯⋯叶文玲

长篇小说
四世同堂（佚篇）⋯⋯⋯⋯⋯⋯⋯⋯⋯⋯老　舍

电影文学剧本
黄沙掩不住的刻痕⋯⋯⋯⋯⋯⋯⋯⋯⋯⋯叶　楠

短篇小说
绿夜⋯⋯⋯⋯⋯⋯⋯⋯⋯⋯⋯⋯⋯⋯⋯⋯张承志
新来的校长⋯⋯⋯⋯⋯⋯⋯⋯⋯⋯⋯⋯⋯恽建新

诗歌
在故乡的山岗上（外一首）⋯⋯⋯⋯⋯⋯舒　婷
天池沉思（外一首）⋯⋯⋯⋯⋯⋯⋯⋯⋯刘湛秋
山海之间（组诗）⋯⋯⋯⋯⋯⋯⋯⋯⋯⋯木　斧

散文

破镜重圆——记《四世同堂》结尾的丢失和英文缩写
本的复译⋯⋯⋯⋯⋯⋯⋯⋯⋯⋯⋯胡絜青 舒 乙
泰山拾絮⋯⋯⋯⋯⋯⋯⋯⋯⋯⋯⋯⋯⋯⋯徐 刚

评论

关于《苦恋》的通信——致《解放军报》、《文艺报》
编辑部⋯⋯⋯⋯⋯⋯⋯⋯⋯⋯⋯⋯⋯⋯⋯白 桦
她是生活的强者——柯岩和她近几年的创作⋯盛 英

借鉴与探讨

辛酸的幽默
——评"黑色幽默"派小说《回忆》⋯⋯⋯郑克鲁
附：回忆⋯⋯⋯⋯ ［法国］博里斯·维昂 郑克鲁译

美术

醉（木刻）⋯⋯⋯⋯⋯⋯⋯⋯⋯⋯⋯⋯⋯江碧波
荒原春（木刻）⋯⋯⋯⋯⋯⋯⋯⋯⋯⋯⋯方振宁

1982 年第 3 期　刊名:《十月》
目录

《十月》文学奖获奖作品篇目
《十月》编辑部举行《十月》文学奖发奖大会

报告文学

千秋功罪⋯⋯⋯⋯⋯⋯⋯⋯⋯⋯⋯刘宾雁 余以太

中篇小说

冬日梦中的大雷雨⋯⋯⋯⋯⋯⋯⋯⋯⋯⋯白 桦
清水湾，浅水湾⋯⋯⋯⋯⋯⋯⋯⋯⋯⋯⋯姜 滇
山林雾茫茫⋯⋯⋯⋯⋯⋯⋯⋯⋯⋯⋯⋯⋯莫 伸
火凤凰⋯⋯⋯⋯⋯⋯⋯⋯⋯⋯⋯⋯⋯⋯⋯边震遐

话剧

金钥匙⋯⋯⋯⋯⋯⋯⋯⋯⋯⋯⋯⋯⋯⋯⋯田 芬

短篇小说

原始森林中——南行记新篇之一⋯⋯⋯⋯⋯艾 芜
归途⋯⋯⋯⋯⋯⋯⋯⋯⋯⋯⋯⋯⋯⋯⋯⋯哲 中
哦，我歪歪的小杨树⋯⋯⋯⋯⋯⋯⋯⋯⋯戴 晴

童话

骆驼寻宝记⋯⋯⋯⋯⋯⋯⋯⋯⋯⋯⋯⋯⋯陈伯吹

诗歌

乾陵秋风歌⋯⋯⋯⋯⋯⋯⋯⋯⋯⋯⋯⋯⋯公 刘
生命的激流⋯⋯⋯⋯⋯⋯⋯⋯⋯⋯⋯⋯⋯曾 卓

建筑工地抒情（组诗）⋯⋯⋯⋯⋯⋯⋯⋯⋯丁 芒
十月诗笺⋯⋯⋯⋯⋯⋯⋯⋯⋯⋯⋯⋯⋯⋯宋家玲
陈松叶 王德祥 章德益 崔彦海 吕耀滨

散文

父亲⋯⋯⋯⋯⋯⋯⋯⋯⋯⋯⋯⋯⋯⋯⋯⋯毛 锜
醒来的蝴蝶泉⋯⋯⋯⋯⋯⋯⋯⋯⋯⋯⋯⋯高 缨

评论

论作家与生活的关系⋯⋯⋯⋯⋯⋯⋯⋯⋯陈丹晨

创作谈

写作三部长篇小说的前前后后⋯⋯⋯⋯⋯叶 辛
我的起步⋯⋯⋯⋯⋯⋯⋯⋯⋯⋯⋯⋯⋯⋯竹 林

借鉴与探讨

从《皮带》看张天翼小说的讽刺艺术特色⋯⋯杜元明
附：皮带⋯⋯⋯⋯⋯⋯⋯⋯⋯⋯⋯⋯⋯⋯张天翼

美术

安知谁家桃李香（木刻）⋯⋯⋯⋯⋯⋯⋯宋源文
小天鹅（套色木刻）⋯⋯⋯⋯⋯⋯⋯⋯⋯史济鸿

1982 年第 4 期　刊名:《十月》
目录

中篇小说

无反馈快速跟踪⋯⋯⋯⋯⋯⋯⋯⋯⋯⋯⋯陈 冲
柳伞⋯⋯⋯⋯⋯⋯⋯⋯⋯⋯⋯⋯⋯⋯⋯⋯刘绍棠
追回的青春⋯⋯⋯⋯⋯⋯⋯⋯⋯⋯⋯⋯⋯叶 辛
夜的悲歌⋯⋯⋯⋯⋯⋯⋯⋯⋯⋯⋯⋯⋯⋯王 火

长篇小说

黄河东流去（下集·选载）⋯⋯⋯⋯⋯⋯⋯李 准

话剧

家庭大事⋯⋯⋯⋯⋯⋯⋯⋯⋯⋯⋯⋯⋯⋯苏叔阳

短篇小说

月色溶溶夜⋯⋯⋯⋯⋯⋯⋯⋯⋯⋯⋯⋯⋯王小鹰
珍珠⋯⋯⋯⋯⋯⋯⋯⋯⋯⋯⋯⋯⋯⋯⋯⋯吴可雨
折光⋯⋯⋯⋯⋯⋯⋯⋯⋯⋯⋯⋯雨 时 如 月
巴根草⋯⋯⋯⋯⋯⋯⋯⋯⋯⋯⋯⋯⋯⋯⋯陈源斌

报告文学

梦里澳洲⋯⋯⋯⋯⋯⋯⋯⋯⋯⋯⋯⋯⋯⋯从维熙

诗歌

言论自由 ……………………………………叶圣陶
辩证的世界，辩证的诗——一株辩证之树……郑　敏
废墟上的吟哦……（散文诗）
　——写在圆明园遗址……………………刘　虔
故园别 ………………………………………流沙河
晴空的白鸽（组诗）………………………沙　金
山岚 …………………………………………张　伟
晨风（外一首）……………………………丁慨然

散文

碧螺春 ………………………………………薛尔康
北戴河风景画——写在日记上的散文 ……郭　风

评论

爱情·道德·国情 …………………………张全宇
塑造新时期的新人形象 ……………………谭　谊
对"写本质"的探讨——答丁星同志 ……王若望

创作谈

我心头的绿荫 ………………………………叶文玲

借鉴与探讨

心理分析作家茨威格 ………………………胡其鼎
附：旧书贩门德尔 …………[奥]斯蒂芬·茨威格

美术

凯勒·海伦（油画）…[英]约翰·埃维勒·米莱斯
江南水乡 ……………………………………袁运甫

1982 年第 5 期　刊名:《十月》
目录

中篇小说

雾气消散的日子 ……………………………原　非
春在溪头荠菜花 ……………………………沈仁康
啊，野麻花……………………………………陆天明
采菱村 ………………………………………韩映山

话剧

绝对信号 …………………………高行健　刘会远

短篇小说

高原 …………………………………………谭甫成
信，来自伦敦 ………………………………王唯真
大辛小传 ……………………………………木　斧
爱的主奏和华彩乐段 ………………………张　长

报告文学

细胞——记护理专家王琇瑛 ………梅门造　赖仁琼

诗歌

汨罗魂之祭 …………………………………熊召政
工矿抒情诗（二首）………………………张学梦
溪流集（组诗）……………………………纪　鹏
新苗（外一首）……………………………林　希
在我童年的世界（散文诗）………………肖　岗
夜深的时候……………………………………李　静

散文

《老舍幽默文集》序 ………………………吴组缃

评论

还其本来面目——再析《〈步步设防〉续篇》兼答
《答丁星同志》………………………………丁　星
人民道德精神力量的礼赞——评张一弓的《张铁匠的
罗曼史》……………………………………张　炯

创作谈

旧梦与新岸——并非谈创作的创作谈…………孔捷生

借鉴与探讨

来自大野的雄风——端木蕻良小说读后…………赵　园
现代社会的梦魇——评阿·莫拉维亚的小说《中国盒
子》…………………………………………吕同六
附：中国盒子………[意大利]阿·莫拉维亚　吕同六译

美术

高原早春 ……………………………………谢志高
藏区组画（二幅）…………………………吴长江

1982 年第 6 期　刊名:《十月》
目录

中篇小说

高山下的花环 ………………………………李存葆
黑骏马 ………………………………………张承志
雾中人 ………………………………………冯骥才
生命的原色 …………………………………齐岸青

电影文学剧本

大洋彼岸的怀念 …………………………史　咏　陈　冲

短篇小说

山里山外 ……………………………………陈世旭
圆月 …………………………………………郭玉道

报告文学

妙笔丹青……………………………………石　湾

诗歌

平原，我心中的平原（组诗）……………张万舒
季候风…………………………………………陈敬容
水乡素描（三首）…………………………周良沛
矿山诗情（三首）…………………………孙友田
首钢抒情（散文诗）………………………郭宝臣
黎明，有一束晨曦——给城市的女清洁工……魏　人
安宁河边（外一首）………………………王国云

散文

橄榄……………………………………………肖　马
魏什勒老师……………………………………丁　宁

评论

最瑰丽的和最宝贵的
　　——读中篇小说《高山下的花环》……冯　牧
论"各式各样的小说"………………………李　陀

创作谈

《高山下的花环》篇外缀语………………李存葆
为了理解我们的母亲
　　——《大洋彼岸的怀念》的缘起……史　咏　陈　冲

借鉴与探讨

中国心理小说向现实主义的归依——兼评施蛰存的
《春阳》………………………………………吴福辉
附：春阳………………………………………施蛰存

美术

进城（油画）………………………………陈丹青
转战（木刻）………………………………王金旭

1983 年第 1 期　刊名:《十月》

目录

中篇小说

大地坐标点上的赋格………………………朱春雨
茫茫口……………………………………锦　云　王　毅
她和她的女友………………………………戈悟觉
清水河畔一盏灯……………………………申跃中
甜老板………………………………………徐朝夫

电影文学剧本

车轮上的四重奏…………………樊小燡　何多苓

短篇小说

上坟·婚变……………………………………张石山
最后一个椭圆及其他………………………戴　晴
红点颏儿……………………………………韩少华

诗歌

四海之内皆兄弟（叙事诗）………………艾　青
小草的歌……………………………………杨晓卉
烈士石像……………………………………周志强
吹拂塔林的金笛……………………………刘惠生

散文

雪的沂河……………………………………阿　英
她第一个向我打开了文学之门
　　——文学生活回忆之一………………荒　煤
牛………………………………………………陈　肃

评论

挚爱与追求的精灵——谈戴晴的小说创作……曾镇南
让大海歌唱一个故事
　　——读艾青的《四海之内皆兄弟》……杨匡汉
感情之树常青——荒煤散文的抒情色彩……岩　冰

创作谈

时代·感情·风格
　　——关于我的散文创作的三封信………荒　煤
系在腰际，那柔韧的灯芯草………………戴　晴

借鉴与探讨

不是为幽默而幽默——评《红衣主教》……郑克鲁
附：红衣主教…………吉贝尔·塞斯布隆　郑克鲁译
编后

美术

月夜（油画）…………………〔俄〕克拉姆斯柯依
渔家乐（木刻）……………………………肖映川

1983 年第 2 期　刊名:《十月》

目录

报告文学

九死一生………………………………………理　由

中篇小说

没有钮扣的红衬衫……………………………铁　凝
乳汁………………………………………雨　时　如　月
那寂静的山谷………………………………郑万隆
来自居里大学的报告………………………张笑天

话剧

吴王金戈越王剑························白　桦

短篇小说

葛川江上人家························李杭育
雪花····························吴可雨
多血质的后生·······················陈书林

诗歌

李太白之死（叙事诗）——谪仙人归天一千二百二十
周年祭··························公　刘
布鲁塞尔二题·······················甘永柏
斯特鲁卡的花朵（组诗）
——国际诗歌节诗絮··············雷抒雁
野草（外二首）·····················孙跃冬
大凉山去来（组诗）···················白　航

散文

黄山拾美·························徐　刚
草原的梦·························哲　中

评论

文学的新时期·······················朱　寨
继承·借鉴·民族化——从王蒙的近作谈起··滕　云
顺应时代要求　开拓创作新路——记北京长篇小说创
作座谈会························本刊记者

借鉴与探讨

灵魂的颤栗与人的尊严的觉醒——沈从文的小说《丈
夫》读后·························凌　宇
附：丈夫·························沈从文
编后

美术

莫瓦铁雪夫人像（油画）·············［法］安格尔
新颜（木刻）·······················元国梁
春回（木刻）·······················莫　测

1983 年第 3 期　刊名：《十月》
目录

话剧

马克思秘史·······················沙叶新
车站···························高行健

中篇小说

二月潮··························王　剑
水潺潺··························竹　林

红玛瑙··························余德庄

报告文学

光辉的路——记张海迪···········苗得雨　王光明

短篇小说

秋之突围·························朱春雨
从雨到雪，一双棕色的皮鞋················严亭亭
洋金花——乡土琐忆二题·················王梓夫
新媳妇问安························巴　涉

诗歌

美国之旅（六首）·····················李　瑛
玉门诗草（组诗）·····················邹荻帆
乡恋（外一首）······················辛　笛
故乡雨——一位归侨的絮语················赵　越

散文

木偶的悲喜剧·······················韩静霆
"姐姐"（外一篇）·····················雁　翼

评论

典型化——多样化·····················陈丹晨
为严峻的生活奏起深沉有力的乐章——评张承志的小
说创作··························周政保

创作谈

我的椅··························张承志
关于《绝对信号》的通信·····曹　禺　高行健　林兆华

借鉴与探讨

欧美现代文学的演变和争论——兼谈美国后现代派的
两篇作品·························施咸荣
附：纽约的一个童话故事（选译）
·········［美］詹姆斯·帕特里克·唐利维　施咸荣译
顶呱呱的早餐（选译）
·············［美］库尔特·冯尼格　施咸荣译

编后
美术

青衣少女（油画）················［法］柯　罗
法授经验（木刻）·····················李恒辰

1983 年第 4 期　刊名：《十月》
目录

长篇小说

花园街五号························李国文

中篇小说

康巴阿公 ·············· 刘　克
卖书 ·················· 达　理

电影文学剧本

潮声 ·················· 谭朝阳

短篇小说

假如生活能倒流 ·········· 熙　高
大拐脖胡同的公用电话 ······ 魏　人
母亲 ·················· 高行健

诗歌

京华诗情（组诗） ········ 李发模
胭脂矿及其他（组诗） ······ 张志民
山给我的信念 ············ 黎焕颐
彩石（外二首） ·········· 胡天风
钟还在走（二首） ········ 穆　仁
在无花果的家乡（外一首） ·· 杨　牧
汽车城的喜悦（外一首） ·· 赵鹏万　刘允章
窗外细雨滴答 ············ 王　渭
邮路（外一首） ·········· 黄东成
山乡（二首） ············ 左一兵
夜，大森林 ············· 张洪波

散文

棣花 ·················· 贾平凹
羊齿洞记 ··············· 宗　璞

评论

敞开了青少年的心扉
　——读铁凝《没有纽扣的红衬衫》 ····· 雷　达

创作谈

峨眉山启示录 ··············· 张抗抗

借鉴与探讨

陆蠡和他的散文创作
　——兼析《竹刀》和《囚绿记》 ·· 吴周文
附：竹刀 ················· 陆　蠡
囚绿记 ··················· 陆　蠡
编后

美术

洗澡（油画） ·········· ［美］卡萨特
根（木刻） ··············· 王金旭

1983 年第 5 期　刊名:《十月》

目录

中篇小说

春泥 ·················· 张天民
山村理发店纪事 ·········· 张一弓
第七个黑铁门 ············ 陆天明
佛手 ·················· 袁和平

话剧

风雨故人来 ············· 白峰溪

报告文学

快乐学院
　——艾路明在江流里的"心理流" ··· 祖　慰
山村之恋 ··············· 刘心武

短篇小说

野马 ·················· 吴可雨
荒原 ·················· 张抗抗
期待 ·················· 王　火

诗歌

黄昏的微笑（二首） ······ （朝鲜族）金　哲
天山情（三首） ·········· 蔡其矫
沙海中的星星（二首） ······ 周　涛
我是北京人 ············· 顾　工
山谷（外二首） ·········· 梅绍静
我勘测……（外一首） ······ 何　仃

散文

"忘我"的沉思——忆吴伯箫 ···· 雷　加
在罗丹艺术博物馆里 ········ 柳鸣九
河，就是海? ············· 王英琦

评论

小说人物散记 ············· 洁　泯

创作谈

创作随感——有关生活、艺术、宣传和创新 ··· 中杰英

借鉴与探讨

浅谈当代拉美魔幻现实主义小说——兼析罗哈斯的
《不安的灵魂》 ············ 朱景冬
附：不安的灵魂 ········· ［智利］曼努埃尔·罗哈斯
编后

美术

痛苦的克罗夫特（保尔·华格纳油画原作）

　　————————Z.Z.韦伯（复制木刻）

《巴黎圣母院》插图选登————————王怀庆

1983 年第 6 期　刊名:《十月》
目录

中篇小说

发生在霍家的事————————叶　辛

对一个失踪者的调查————————李功达

爱之厦————————王英琦

生命交响诗————————储福金

雨丝————————姜　滇

电影文学剧本

水下永远是宁静的————————李云良　王　炼

短篇小说

最后一车西瓜————————叶　楠

渔唱————————燕　翎

槐荫庭院————————鲍　昌

报告文学

锁不住的歌——记发明家刘忠笃————————李树喜

诗歌

虎啸的回声————————牛　汉

山中三首————————唐　湜

山川的启示（组诗）————————刘畅园

大漠诗情（二首）————————章德益

浇铸车间沉思（外一首）————————沈良意

散文

海滨二题————————石　英

传记

托尔斯泰传（选载）

　　————————［英］艾尔默·莫德　宋蜀碧　徐　迟译

评论

我看《花园街五号》————————何西来等

艺术的感觉和作家的眼睛————————何孔周

美术

纸牌是这样说的嘛!（弗立茨·马丁油画原作）

　　————————Z.Z.韦伯（复制木刻）

小站（木刻）————————李学明

果乡行（木刻）————————郑振强

光明村（木刻）————————杜卓跃

1984 年第 1 期　刊名:《十月》
目录

中篇小说

北方的河————————张承志

天鹅湖畔————————陈世旭

历史拒绝眼泪————————陈　冲

棉酚中毒————————邹志安

电影文学剧本

明灯————————刘　泉　刘　琼　石　勇

报告文学

他走向莽莽林海————————陈康瑾

短篇小说

暴风雨————————莫　伸

贩鲜————————成汉飚

诗歌

天山赋（组诗）————————邹荻帆

成串的绿色珍珠（三首）————————冀　汸

关于今天的札记————————杜运燮

油田，青春的交响诗————————张洪波

散文

兴凯湖记游————————乔雪竹

美丽的世界（外一篇）————————王维洲

评论

我们的文学创作应当是共产主义实践的组成部分

　　————————余心言

关于文艺反映时代的几个问题————————郑伯农

莫德和他的《托尔斯泰传》————————戈宝权

文学生活散记

母亲给我留下的遗产————————荒　煤

借鉴与探讨

吴组缃及其同代作家——兼析《菉竹山房》————赵　园

附：菉竹山房————————吴组缃

美术

期待（油画）————————［罗］格里高列斯库

蜀江水碧蜀山青（木刻）————————莫　测

1984 年第 2 期　刊名:《十月》
目录

中篇小说

绿化树 ……………………………………… 张贤亮
鸡窝洼的人家 …………………………… 贾平凹
索七的后人 ……………………………… 邓友梅

短篇小说

雪原 ……………………………… 晨　原　慧　紫
米市巷的老夫子 ………………………… 高建成
第十三条准则 …………………………… 唐　镇

报告文学

我的太阳 ………………………………… 陈祖芬
士兵的心 ………………………………… 陈伯和

诗歌

乐曲，在升腾…… …………………… 彭燕郊
谢幕 ……………………………………… 绿　原
生活的乐章（组诗） …………………… 韩作荣
荧光屏前（组诗） ……………………… 王　浩
葛洲坝小集（三首） …………………… 冉　庄
矿工的雕塑 ……………………………… 顾绍康
草地的早晨（外二首） ………………… 顾美琴

散文

荒原的路 ………………………………… 艾　青
古城花市 ………………………………… 碧　野
三峡回首（外一篇） …………………… 徐　刚

评论

革命现实主义道路广阔
——略论邓友梅的小说创作 ……………… 顾　骧

文学生活散记

一颗革命种子的萌芽——文学生活回忆之三 … 荒　煤

创作谈

《花园街五号》漫谈 …………………… 李国文

借鉴与探讨

用时代之火点燃生命的文学
——读洪灵菲的《流亡》 ……………… 吴福辉
附：流亡（节选） ……………………… 洪灵菲

美术

在平台上（油画） ……… ［英］爱德华·约翰·波依特

小镇风光（木刻） ……………………… 王金旭

1984 年第 3 期　刊名:《十月》
目录

中篇小说

白木轭 …………………………………… 陆天明
这如水般的年华 ………………………… 江　鱼
红豆草（征文） ………………………… 张　武
远山远水 ………………………………… 唐　敏

话剧

山乡女人行（征文） …………………… 锦　云　王梓夫

短篇小说

深山里的螺号 …………………………… 张石山
边城华彩——《在伊犁》之八 ………… 王　蒙

报告文学

山林 ……………………………………… 肖复兴

诗歌

现代化，走进京郊的黎明（组诗）（征文）…… 宋家玲
伊犁河歌谣（组诗） …………………… 公　刘
大地的火阵（二首） …………………… 屠　岸
故乡的油桐花（三首） ………………… 陈所巨

散文

海天夜话 ………………………………… 刘白羽
延安，延安 ……………………………… 袁　鹰

文学生活散记

"快乐之神"的离别——文学生活回忆之四 … 荒　煤

评论

读《北方的河》的断想 ………………… 唐　挚

借鉴与探讨

"唉，我们尚未建立功勋……"
　　　　　　　［苏］维·康德拉季耶夫　郑海凌译
维·康德拉季耶夫及其新作《"唉·我们尚未建立功
勋……"》 ……………………………… 冀元彰
编后

美术

音乐（油画） ………… ［法］弗朗索阿·布歇
盐田月（套色木刻） …………………… 李英杰

1984 年第 4 期　刊名:《十月》
目录

中篇小说

高原的太阳························汤世杰
腊月·正月························贾平凹
山顶上的传说························史铁生
越过防线··················刘子成　范震飚

电影文学剧本

宋庆龄····························沙叶新

报告文学

天·地·人····························理　由

短篇小说

翅膀····························朱春雨
沙岗上····························舒　升

诗歌

春天，北京……（二首）（征文）····李发模
我屋里挂着中国地图（征文）········丁　芒
北京的风（二首）（征文）··········王燕生
北京主题（二首）（征文）··········陈松叶

评论

关于张一弓创作论辩的笔记··········谢望新

文学生活散记

南京路上的徘徊····················荒　煤
编后

美术

颂春（木刻）······················古　元
路遇（木刻）····················陈晋容

1984 年第 5 期　刊名:《十月》
目录

中篇小说

祝福你，费尔马!····················鲍　昌
大冰河····························乔　良
这嘈嘈杂杂的日子··················傅　星
今天，昨天，还有明天··············戈悟觉

报告文学

昆仑魂（征文）····················王　安

短篇小说

芸斋小说两篇························孙芸夫
王婉
小 D
大痴····························薛尔康
往返····························张小川
情深有亦无························刘书文

诗歌

致曹雪芹先生（征文）··············张志民
我买了一个地球仪（征文）··········张宝申

散文

越冬的小草························端木蕻良
水锅大爷傻福······················新凤霞
鹰笛····························赵丽宏

评论

生活的辩证法与心灵的辩证法
——评《鸡窝洼的人家》··········曾镇南
平波水面　狂澜深藏
——评《鸡窝洼的人家》··········季红真

文学生活散记

故乡情——文学生活回忆之六········荒　煤

创作谈

自说自话························陈　冲

借鉴与探讨

《护身符》短评····················高慧勤
护身符··········[日]山川方夫著　高慧勤译
编后

美术

期待（根据爱德华·比松的油画）
··················Z.Z.韦伯复制木刻
峡江春闹（塑料版画）··············莫　测

1984 年第 6 期　刊名:《十月》
目录

长篇小说

河魂（征文）························矫　健

中篇小说

大林莽····························孔捷生
落叶····························王　蓓

报告文学
挑战与机会（征文）·····························陈祖芬
访苏心潮··王 蒙

短篇小说
矮凳桥小品（三篇）·····························林斤澜

诗歌
北京，腾飞的开始（五首）（征文）··········李 瑛
呵，奇丽的构想（征文）
——写在京郊含香金属工艺厂················孟宪良

评论
山和人的诗——《高原的太阳》读后感·········李国文

创作谈
变革声浪中的思索——《腊月·正月》后记····贾平凹

文学生活散记
"老虎"和翠婶——文学生活回忆之七·········荒 煤
本刊召开贾平凹作品座谈会·····················本刊记者
编后

美术
天鹅湖（根据 W.门兹勒的油画原作木刻）·····格 丹
历史·自然·人（木刻）························聂昌硕

1985 年第 1 期　刊名:《十月》
目录

报告小说
忌日···邢 卓

电影文学剧本
原浆（征文）····································彭 宁

中篇小说
三岔镇风波·······································莫 伸
村鬼···赵本夫
碧波下···李云良
林中的野刺莓·····································陆星儿

报告文学
骄子（征文）····································理 由
旋律大师施光南·································杨匡满

短篇小说
画眉鸟婉丽的鸣声·······························叶 楠

"老伦敦"其人···································汤吉夫
静默的孤峰·······································刘文武

诗歌
献给北京的颂歌（征文）·························雁 翼
重返烟囱旁（二首）·····························弘 征
遥远的西天山（三首）·························林 染

散文
日出···郭 风
啊，中原大地（外一章）·······················贾梦雷

评论
典型的规律与文学的探索
——关于文学创新问题的思考··················缪俊杰

文学生活散记
革命前夕的老大娘家——文学生活回忆之八····荒 煤
新春寄语··本刊编辑部

美术
沙洛特（油画）············[英]托思·威廉·沃特豪斯
漓江（国画）····································宋 涤

1985 年第 2 期　刊名:《十月》
目录

第二届"《十月》文学奖"获奖作品篇目

中篇小说
荒火···黄 尧
天狗···贾平凹
苍狗···何立伟
单家桥的真情实话·······························潮 清

话剧
野人···高行健

报告文学
文学与面包·······································费良琼
科技流浪汉之歌——《锁不住的歌》续篇·······李树喜

短篇小说
忍冬···梁 晴
紫云谷···聂鑫森
第四个灾难·······································呆向真
野店···晓 剑
我是军人···李忠效

诗歌

访美组诗⋯⋯⋯⋯⋯⋯⋯⋯⋯⋯⋯⋯⋯⋯⋯⋯⋯⋯⋯陈志昂
伽倻琴（外一首）⋯⋯⋯⋯⋯⋯⋯⋯⋯⋯（朝鲜族）金 哲
北京二题⋯⋯⋯⋯⋯⋯⋯⋯⋯⋯⋯⋯⋯⋯⋯⋯⋯⋯⋯孙友田
沙枣树的女儿（外一首）⋯⋯⋯⋯⋯⋯⋯⋯⋯⋯⋯⋯周嘉堤
花的草原（二首）⋯⋯⋯⋯⋯⋯⋯⋯⋯⋯⋯⋯⋯⋯⋯何香久

散文

苦丁香⋯⋯⋯⋯⋯⋯⋯⋯⋯⋯⋯⋯⋯⋯⋯⋯⋯⋯⋯⋯范若丁

评论

冲出历史峡谷的湍流——评《河魂》⋯⋯⋯⋯雷 达
对改革题材小说的美学思考⋯⋯⋯⋯⋯⋯⋯⋯⋯周政保

创作谈

拾贝遐想⋯⋯⋯⋯⋯⋯⋯⋯⋯⋯⋯⋯⋯⋯⋯⋯⋯⋯白峰溪

文学生活散记

在大革命的风暴中——文学生活回忆之九⋯⋯⋯荒 煤
本刊召开《河魂》讨论会

美术

维莲小姐像（油画）⋯⋯⋯⋯⋯⋯⋯⋯⋯［英荷］普 涅
长城新湖（木刻）⋯⋯⋯⋯⋯⋯⋯⋯⋯⋯⋯⋯⋯陈晋容

话剧

红夜⋯⋯⋯⋯⋯⋯⋯⋯⋯⋯⋯⋯⋯⋯⋯⋯⋯⋯⋯⋯罗 辑

散文

老舍和朋友们⋯⋯⋯⋯⋯⋯⋯⋯⋯⋯⋯胡絜青 舒 乙
大海的女儿⋯⋯⋯⋯⋯⋯⋯⋯⋯⋯⋯⋯⋯⋯⋯⋯卢祖品

诗歌

市郊之晨（外一首）⋯⋯⋯⋯⋯⋯⋯⋯⋯⋯⋯⋯方 敬
箱中的旧报纸⋯⋯⋯⋯⋯⋯⋯⋯⋯⋯⋯⋯⋯⋯⋯流沙河
沼泽地（外一首）⋯⋯⋯⋯⋯⋯⋯⋯⋯⋯⋯⋯⋯杨 炼
蓝色乡村（二首）⋯⋯⋯⋯⋯⋯⋯⋯⋯⋯⋯⋯⋯刘益善
玉门抒情诗（二首）⋯⋯⋯⋯⋯⋯⋯⋯⋯⋯⋯⋯赵 强
军营，没有绣花女（外一首）⋯⋯⋯⋯⋯⋯⋯⋯任惠敏

评论

谈《河魂》⋯⋯⋯⋯⋯⋯⋯⋯⋯⋯⋯⋯⋯⋯⋯⋯秦 晋等

文学生活散记

难忘的岁月——文学生活回忆之十⋯⋯⋯⋯⋯荒 煤

美术

思（油画）⋯⋯⋯⋯⋯⋯⋯⋯罗马"意大利现代美术馆"
霸王别姬（油画）⋯⋯⋯⋯⋯⋯⋯⋯⋯⋯⋯⋯⋯汤沐黎

1985 年第 3 期　刊名:《十月》

目录

报告小说

往事⋯⋯⋯⋯⋯⋯⋯⋯⋯⋯⋯⋯⋯⋯⋯⋯⋯⋯⋯⋯杨 菁

中篇小说

死亡地带⋯⋯⋯⋯⋯⋯⋯⋯⋯⋯⋯⋯⋯⋯⋯⋯⋯杨剑鸣
历险黄龙洞⋯⋯⋯⋯⋯⋯⋯⋯⋯⋯⋯⋯⋯⋯⋯⋯王安忆
黄叶青叶⋯⋯⋯⋯⋯⋯⋯⋯⋯⋯⋯⋯⋯⋯⋯⋯⋯曾维浩
阳光的孩子⋯⋯⋯⋯⋯⋯⋯⋯⋯⋯⋯⋯⋯⋯⋯⋯蝌 蚪

短篇小说

生命在回旋
——一个天葬职业者的故事⋯⋯⋯⋯魏志远 吴雨初
海底，那迷濛的地方⋯⋯⋯⋯⋯⋯⋯⋯⋯⋯⋯闵国库
T 型结构⋯⋯⋯⋯⋯⋯⋯⋯⋯⋯⋯⋯雨 时 如 月

报告文学

全方位跃动
——系列报告文学《挑战与机会》之二⋯⋯⋯陈祖芬

1985 年第 4 期　刊名:《十月》

目录

长篇小说

亚细亚瀑布⋯⋯⋯⋯⋯⋯⋯⋯⋯⋯⋯⋯⋯⋯⋯⋯朱春雨

中篇小说

在污染中净化⋯⋯⋯⋯⋯⋯⋯⋯⋯⋯⋯⋯⋯⋯⋯楚 良
德胜哥，你听我说⋯⋯⋯⋯⋯⋯⋯⋯⋯⋯⋯⋯⋯吟 秋

短篇小说

古栈道⋯⋯⋯⋯⋯⋯⋯⋯⋯⋯⋯⋯⋯⋯⋯⋯⋯⋯陈 军
挑水阿二⋯⋯⋯⋯⋯⋯⋯⋯⋯⋯⋯⋯⋯⋯⋯⋯⋯周 矢

话剧

对话⋯⋯⋯⋯⋯⋯⋯⋯⋯⋯⋯⋯⋯⋯⋯⋯⋯⋯⋯⋯姜 南

报告文学

正因为我喜欢光明⋯⋯⋯⋯⋯⋯⋯⋯⋯⋯⋯⋯⋯席文举

散文

奇异的音乐（外三章）⋯⋯⋯⋯⋯⋯⋯⋯⋯⋯⋯屠 岸
茉莉花集（四章）——访问巴基斯坦速写⋯⋯⋯纪 鹏

黄河源头拾翠（三章）⸺⸺⸺⸺白　渔

诗歌

祖国讲给我的故事（组诗）⸺⸺⸺叶文福
西出阳关（组诗）⸺⸺⸺⸺韩作荣
山缝里的工房⸺⸺⸺⸺⸺戴砚田
玛瑙石⸺⸺⸺⸺⸺⸺许德民
锡林郭勒思绪⸺⸺⸺⸺⸺殊　萍

评论

杨沫生活、创作的历程⸺⸺⸺李　杨
在沉吟中升起进取的风帆
⸺评张抗抗近期小说创作⸺⸺孟繁华

创作谈

就《忌日》的创作答读者问⸺⸺邢　卓

文学生活散记

在苦闷的年代⸺文学生活回忆之十一⸺荒　煤

美术

吊床（油画）⸺⸺⸺⸺［法］库贝尔
肖像（油画）⸺⸺⸺⸺⸺靳尚谊

1985 年第 5 期　刊名:《十月》

目录

中篇小说

蓝花豹⸺⸺⸺⸺⸺谭　力　昌　旭
假释⸺⸺⸺⸺⸺⸺陶　正
芝兰和牵牛花⸺⸺⸺⸺⸺叶　楠
鱼龙⸺⸺⸺⸺⸺⸺成汉飚

短篇小说

痴情的绿⸺⸺⸺⸺⸺张　欣
虚惊⸺⸺⸺⸺⸺⸺岑　苑

报告文学

揭开罗布泊之谜⸺记彭加木和他的战友们⸺凌　翔
开拓与追求
⸺记上海跃进不锈钢制品厂厂长唐兴杰⸺江　彬

散文

生命，跨国深渊（外一章）
⸺记一位买笛子的青年人⸺⸺刘　虔
夜草滩（外二章）⸺⸺⸺⸺晓　桦

诗歌

惊蛰（外一首）⸺⸺⸺⸺⸺舒　婷
法国梧桐（外一首）⸺⸺⸺⸺匡　满
野羊群·蒙古靴（二首）⸺（蒙古族）查　干
最是一年春好处（组诗）⸺⸺⸺沙　鸥
太阳和我们（外一首）⸺⸺⸺郑子森

借鉴与探讨

一部结构现实主义的代表作⸺介绍略萨的《潘达雷
昂上尉与劳军女郎》⸺⸺⸺⸺陈光孚
附：潘达雷昂上尉与劳军女郎（节选）
⸺⸺［秘鲁］马里奥·巴尔加斯·略萨　孙家孟译

文学生活散记

新文学的召唤⸺文学生活回忆之十二⸺荒　煤
文学期刊版权保护工作座谈会纪要

美术

白嘴鸦飞来了（油画）
⸺⸺⸺⸺⸺［俄］阿列克赛·萨夫拉索夫
鸽子（油画）⸺⸺⸺⸺⸺夏　星

1985 年第 6 期　刊名:《十月》

目录

中篇小说

你的微笑⸺⸺⸺⸺⸺张天民
家教⸺⸺⸺⸺⸺⸺叶　辛
变奏⸺⸺⸺⸺⸺⸺丹　娅
酒店⸺⸺⸺⸺⸺刘新光　法毅玲

短篇小说

鱼骨⸺⸺⸺⸺⸺⸺成汉飚
猫婆⸺⸺⸺⸺⸺⸺霍　达

报告文学

经济和人
⸺系列报告文学《挑战与机会》之三⸺陈祖芬

散文

花和根（外一章）⸺⸺⸺⸺杨子敏
花的九重塔⸺⸺⸺⸺⸺唐　敏

诗歌

新婚（外一首）⸺⸺⸺⸺苏金伞
黑美人在歌唱（外一首）⸺⸺⸺严　阵
江南（组诗）⸺⸺⸺⸺⸺唐　祈
山思（外一首）⸺⸺⸺⸺章德益

钻工的爱情（外一首）⸺⸺⸺⸺⸺子 页

评论
释《野人》——观剧散记⸺⸺⸺⸺曾镇南
新的探索——全方位报告文学：评陈祖芬的《挑战与
机会》、《论观念之变革》、《全方位跃动》⸺朱子南

文学生活散记
投入革命文学的洪流
——文学生活回忆之十三⸺⸺⸺⸺荒 煤

美术
阿格纽女士（油画）⸺⸺[美]约翰·辛格·萨金特
小女孩（油画）⸺⸺⸺⸺⸺⸺胡承斯

1986 年第 1 期　刊名:《十月》
目录

中篇小说
天良⸺⸺⸺⸺⸺⸺⸺⸺矫 健
古堡⸺⸺⸺⸺⸺⸺⸺⸺贾平凹
流行色⸺⸺⸺⸺⸺⸺⸺黎 云
我不是骆驼祥子⸺⸺⸺⸺⸺崔亚斌
亲情⸺⸺⸺⸺⸺⸺⸺⸺李颖捷

报告文学
三峡梦⸺⸺⸺⸺⸺⸺⸺杨 旭
现代活力的"诊断"⸺⸺⸺⸺⸺祖 慰
一个敢同命运抗争的女子⸺⸺⸺孟晓云

短篇小说
白木⸺⸺⸺⸺⸺⸺⸺⸺石 冰
莽莽⸺⸺⸺⸺⸺⸺⸺⸺梁 晴

借鉴与探讨
小人物自述⸺⸺⸺⸺⸺⸺老 舍
谈老舍的《小人物自述》⸺陈福康 张 伟

作家书简
关于报告文学的思考⸺⸺⸺⸺陈祖芬

美术
个性（木刻）⸺⸺⸺⸺⸺⸺李恒辰
保罗·波尔森夫人（油画）⸺[美]萨特金

1986 年第 2 期　刊名:《十月》
目录

长篇小说
雪城（上部）⸺⸺⸺⸺⸺⸺梁晓声

中篇小说
风泪眼——《鹿回头》六部系列中篇第一部⸺从维熙
名医梁有志传奇⸺⸺⸺⸺⸺王 蒙
我是我⸺⸺⸺⸺⸺⸺⸺邓 刚

报告文学
香港十日游⸺⸺⸺⸺⸺⸺张辛欣

评论
出色的答卷——陈祖芬系列报告文学读后记⸺张光年
从《经济和人》里所呈现的陈祖芬形象⸺⸺冰 心
党和人民翘首以待⸺⸺⸺⸺⸺苏 桦
本刊召开陈祖芬系列报告文学座谈会

美术
李准《黄河东流去》插图组画选登⸺⸺李焙戈
两姐妹（油画）⸺⸺⸺⸺[英]拉尔夫·皮科克

1986 年第 3 期　刊名:《十月》
目录

报告文学
灾变⸺⸺⸺⸺⸺⸺张辛欣 桑 晔

中篇小说
鬈毛——谈天说地之五⸺⸺⸺陈建功
薤露行⸺⸺⸺⸺⸺⸺⸺何士光
城市的风⸺⸺⸺⸺⸺⸺⸺孙 颙

长篇小说
雪城（上部·续一）⸺⸺⸺⸺梁晓声
雪城作者梁晓声敬告读者

短篇小说
人的魅力⸺⸺⸺⸺⸺⸺⸺邓九刚

报告文学
日本的启示
——《挑战与机会》系列报告文学之九⸺⸺陈祖芬
山之走向⸺⸺⸺⸺⸺⸺⸺赵绍玲

话剧

寻找男子汉 —————————— 沙叶新

美术

站在米索罗基废墟上濒临死亡的希腊（油画）
—————————— [法]德拉克鲁瓦
洗衣女工（油画）—————— [法]康瓦斯
生命之晨 —————————— 王 晖

1986 年第 4 期　刊名:《十月》
目录

中篇小说

没有风浪的护城河 —————— 刘进元
荒山之恋 —————————— 王安忆
狗道 ——————————— 莫 言
风筝 ——————————— 白 洁

报告小说

从沈阳到新疆——《往事》（下部）—— 杨 菁

长篇小说

雪城（上部·续完）—————— 梁晓声

短篇小说

美丽瞬间 —————————— 张承志
祖母的季节 ————————— 苏 童

借鉴与探讨

西蒙与新小说 ———————— 全小虎
佛兰德公路（节译）—— [法]克洛德·西蒙

美术

春米（油画）———————— 李忠良
甜·少女（油画）—————— 张文新
阅读（水彩画）———————— [美]萨金特

1986 年第 5 期　刊名:《十月》
目录

报告文学

在倾斜的版图上 ——————— 闵国库
多思的年华——中学生心理学 ——— 孟晓云

中篇小说

老树 ——————————— 原 非
学拉小提琴 ————————— 何 群

半决赛 —————————— 李功达
佛子 ——————————— 姜天民
风和大地 —————— 雨 时 如 月
冬天的风雪——《忌日》续篇 ——— 邢 卓

短篇小说

牌友——蓝色系列之一 ————— 李云良
入世 ——————————— 张 宇
哀歌——扎鲁特猎场启示录之一 —— 江 浩
围网 ——————————— 文 昕
雨中鹭鸶 —————————— 陈炳熙
高原的女儿 ————————— 莫 伸

话剧

彼岸 ——————————— 高行健
不知秋思在谁家 ——————— 白峰溪

美术

笛手（油画）———————— 陈逸飞
大提琴手（油画）—————— 陈逸飞
多美啊！（油画）—————— [美]佚 名

1986 年第 6 期　刊名:《十月》
目录

纪实文学

一百个人的十年 ——————— 冯骥才
一个老红卫兵的自白
我到底有没有罪?
复仇主义者

长篇小说

离异——一个当代中国男人的内心独白 —— 吴若增

中篇小说

老槐树下的小院儿 —————— 殷京生
海鸥在这里飞翔 ——————— 杨肇林

短篇小说

来自德克萨斯的牛仔 ————— 叶 楠
屋顶上的青草 ———————— 李 晓
大典 ——————————— 李 黎
扬之水 —————————— 朱亚宁

话剧

秦氏三兄弟——《茶馆》前本 ——— 老 舍
由手稿看《茶馆》剧本的创作 ——— 舒 乙

报告文学

追寻两行罪恶足迹的跳跃镜头——张常胜、叶之枫案
采访纪实·····················张卫华 张 策
对天津《小说家》关于《城市之光》组稿记事的说明
·····················梁晓声

美术

瞿秋白（油画）·····················靳尚谊
渔（油画）·····················李忠良
傍晚（油画局部）·····················［俄］列维坦

1987 年第 1 期　刊名:《十月》
目录

长篇小说

真·····················德 兰

中篇小说

白马·····················王星泉
落花时节·····················何 洁
远方有绿灯·····················孙春平

短篇小说

横鲀·····················李鸿声
今天没有太阳·····················陆星儿
归·····················张玫珊

诗歌

雨季·····················西 川

电影剧本

一支枯竭了的歌·····················白 桦

美术

无题（丙烯画）·····················［美］彼得·斯丘夫
优雅（水彩画）·····················［美］斯梯夫·亨克斯
岸（油画）·····················王怀庆
塞上阳朔（摄影）·····················文 昕

1987 年第 2 期　刊名:《十月》
目录

中篇小说

弹坑长满青草·····················旷荣怿
夏天的素描·····················韩晓征
故里·····················贾平凹

投入角色·····················张 欣
巴达玛的晨祭·····················权延赤
生命在凝聚·····················莫 伸
送葬的时候·····················叶凯蒂

电影文学剧本

匿名电话·····················李 宪

报告文学

皇皇都城　上篇：垃圾的困惑·····················沙 青

诗歌

淡季（七首）·····················刘 扬

短篇小说

相逢在"后青年时代"·····················杨东明
散文体小说三题·····················哲 中
五十期致辞·····················本刊编辑部

美术

长城（油画）·····················李忠良
春的气息（油画）·····················秦 龙
寂静（彩墨画）·····················秦 龙
维克斯姐妹花（油画）·····················［美］萨金特

1987 年第 3 期　刊名:《十月》
目录

中篇小说

旧城·····················刘 琪
家庭奏鸣曲——《家教》续篇·····················叶 辛
三家集能人协会联合会纪实·····················张 武
青杨树下·····················赵淑芳
阴影·····················黑 子

报告文学

我们与你们·····················孟晓云
晶莹的冰花·····················姜树茂 门 文

电影文学剧本

天鹅湖之梦·····················刘湛秋

诗歌

某人（五首）·····················于 坚

短篇小说

人，他应该在哪里·····················额尔敦·琪琪格
停摆的钟·····················宋振伟

客愁 ························· 金光中

美术

克里米亚之秋（油画）········· ［苏］瓦列里·柯库林
秋林（套色木刻）··············· 仓小宝
水乡（油画）··················· 王怀庆
北国春晓（套色木刻）··········· 莫 测
艾特尔（油画）········· ［英］拉尔夫·皮科克

1987 年第 4 期　刊名:《十月》
目录

中篇小说

市长夫人 ····················· 姜 滇
八路脚 ······················· 吕远征
八浅 ························· 梁 晴
那年夏天的小船 ··············· 少 鸿

报告文学

创世纪 ··················· 李 勃 晓 今

短篇小说

马车 ························· 陈世旭
一种线条 ····················· 魏志远
不眠人的自白 ················· 李叔德
寂寞的猫 ····················· 王泽群

纪实文学

抗日战争笔记新抄 ········· 阮章竞 赵亨德

电影文学剧本

伟大的战略转折 ··············· 叶 楠

诗歌

农耕之眼（十二首）············· 海 子

美术

五月（油画）········· ［苏］弗拉奇米尔·尤金
风景（中国画）················· 宋 涤
喜雨图（中国画）··············· 宋 涤
山地狩猎女神（油画）···· ［英］查理·惠灵顿·弗赛

1987 年第 5 期　刊名:《十月》
目录

中篇小说

孤岛——《金色的弯弓》系列中篇之一········· 肖亦农

滴血的太阳 ··················· 曹玉林
亲家 ························· 孙春平
假日的葬礼 ··················· 周方夜
蓝色幽默 ····················· 李云良

报告小说

雾迷复旦园 ··················· 安文江

电影文学剧本

冼星海 ················· 王 炼 葛 炎

报告文学

中国魂 ······················· 尹西农

短篇小说

散文体小说四题——空屋·驼队·妈妈没有回来·乌
鸦的荒诞 ····················· 哲 中
大水 ························· 李本深
虎变 ························· 韶 华
谷底鸣泉 ····················· 陈炳熙

诗歌

高山与沙漠（六首）············· 朱春雨
美人岛日记（三首）············· 吕德安

美术

秋日（油画局部）········· ［苏］瓦列里·柯库林
萨玛丽夫人像（油画）········· ［法］雷诺阿
鸟（油画）····················· 忠 良

1987 年第 6 期　刊名:《十月》
目录

中篇小说

红橄榄——《金色的弯弓》系列中篇之二········· 肖亦农
要字 8679 号——推理小说新作········· 王 蒙
秋风难诉 ····················· 郑 枫
在没有声音的世界里 ··········· 李凤杰
路漫漫 ······················· 窦 强

报告文学

蓝色的成方圆 ················· 傅溪鹏
龙庆飞瀑 ················· 文 昕 麦 琪
飞向世界的航迹 ··········· 王 言 门 文

短篇小说

尖挺的高跟鞋 ················· 石 娥
今来花似雪 ··················· 唐 宁

老树的事 ……………………………………… 李鸿声
村庄 …………………………………………… 海 子
风的故事（散文体小说）…………………… 哲 中

话剧
女人们的事业 ………………………………… 许 雁

诗歌
百年雪灾 ……………………………………… 马丽华

其他
第三届"《十月》文学奖"评奖启事

美术
青年演员（油画）…………………………… 袁正阳
巴林印石
渔夫（油画）………………… ［瑞典］安德斯·佐恩

1987 年增刊　刊名:《十月》
目录

中篇小说
巍巍苍山知我情 ……………………… 贺慈航　隆振彪
山的精灵 ……………………………………… 姜 滇
云雾琵琶山 …………………………………… 赵宇共
同舟 …………………………………………… 杨东明
我心爱的三弦琴 ……………………………… 姜天民
青春的纪念 …………………………………… 程家政
母系家谱 ……………………………………… 张石山
乡风 …………………………………………… 曹玉模
多维空间 ……………………………………… 陈 冲
在图书馆的地平线下 ………………………… 赵绍玲

美术
子夜曲（木刻彩色拓片）…………………… 王金旭
瓦伦西亚的罗拉（油画）……………… ［法］马 奈

1988 年第 1 期　刊名:《十月》
目录

中篇小说
驼道 …………………………………………… 邓九刚

长篇小说
雪城（下部）………………………………… 梁晓声
天堂蒜薹之歌 ………………………………… 莫 言

电影文学剧本
失落天堂的安琪儿 …………………………… 白 桦

短篇小说
散文体小说二题——羞死鸟·山的童话 ……… 哲 中

诗歌
庄语（九首）………………………………… 昌 耀
门楣上的铭言（六首）……………………… 公 刘

美术作品
云与城（油画）……………………………… 吴 平
风景（水彩画）……………………………… 李 杏
三月之初（油画）………………… 弗拉奇米尔·尤金

1988 年第 2 期　刊名:《十月》
目录

中篇小说
阑尾 …………………………………………… 张 宇
白狍子 ………………………………………… 叶雨蒙
蝶之灰 ………………………………………… 胡尔朴

长篇小说
雪城（下部·续）…………………………… 梁晓声

报告文学
《中国女性》系列报告文学两篇 …… 戴 晴　洛 恪

短篇小说
八字拐 ………………………………………… 黄 悦
天马 …………………………………………… 张 虹
一路上没有故事 ……………………………… 涂吉安
苹果树下 ……………………………………… 高洪波
马贩子宿营地的篝火 ………………………… 许 淇

话剧
耶稣·孔子·披头士列侬 …………………… 沙叶新
附：它对我是个谜

诗歌
顿悟 …………………………………………… 舒 洁
某种预兆（二首）…………………………… 黄灿然

美术
林区检查站（水印木刻）…………………… 李忆平
狩猎人的小屋（水印木刻）………………… 邵明江
乌苏渔女（水印木刻）……………………… 陈玉平

第三届《十月》文学奖纪念品
啊，小舟，小舟（综合版画）⋯⋯⋯⋯⋯贺　林

1988 年第 3 期　刊名:《十月》
目录

中篇小说
瓦妖——女囚系列小说之二⋯⋯⋯⋯⋯⋯张　沪
穹苍中的碎片⋯⋯⋯⋯⋯⋯⋯⋯⋯⋯⋯张聂耳
二龙戏珠——吕梁山印象之七⋯⋯⋯⋯李　锐

长篇小说
雪城（下部·续完）⋯⋯⋯⋯⋯⋯⋯⋯梁晓声

报告文学
他从科学城走来（"中国潮"报告文学征文）⋯⋯曹　复
永不沉落的白帆
　——访中国天津 SOS 儿童村⋯⋯⋯⋯王立新

话剧
天下第一楼⋯⋯⋯⋯⋯⋯⋯⋯⋯⋯⋯何冀平

短篇小说
背阴地⋯⋯⋯⋯⋯⋯⋯⋯⋯⋯⋯⋯⋯董秀英

诗歌
灵息吹动（五首）⋯⋯⋯⋯⋯⋯⋯⋯⋯王坤红

油画作品选登（二幅）⋯⋯⋯⋯⋯⋯⋯詹建俊
三个傣族姑娘（油画）⋯⋯⋯⋯⋯⋯⋯王征骅
勒甘美夫人肖像（油画）⋯⋯⋯［法］法兰哥斯·车拿

1988 年第 4 期　刊名:《十月》
目录

第三届"《十月》文学奖"获奖作品篇目（1985—1987）
北京市庆祝建国四十周年文艺作品征集评奖办法

中篇小说
都市里的野美人⋯⋯⋯⋯⋯⋯⋯⋯⋯张一弓
八仙醉⋯⋯⋯⋯⋯⋯⋯⋯⋯⋯⋯⋯⋯袁和平
沉重的城墙⋯⋯⋯⋯⋯⋯⋯⋯⋯⋯⋯刘进元

报告文学
"超级妇女"（"中国潮"征文）⋯⋯⋯陆星儿
爱的折光——沈丹萍异国婚恋风波⋯⋯傅溪鹏
写在大地的诗行（"中国潮"征文）⋯⋯黄喜民

短篇小说
歪眼佬的天地——一个关于"浪荡种"的故事⋯⋯沉　洲
汛鱼⋯⋯⋯⋯⋯⋯⋯⋯⋯⋯⋯⋯⋯⋯徐朝夫
为什么不告诉我⋯⋯⋯⋯⋯⋯⋯⋯⋯张　为
生前⋯⋯⋯⋯⋯⋯⋯⋯⋯⋯⋯⋯⋯⋯刘晓喻

电影文学剧本
渔光⋯⋯⋯⋯⋯⋯⋯⋯⋯⋯⋯⋯⋯⋯洪　洲

作家书简
老舍致美国友人书简 47 封（1948 年 4 月—1952 年 10 月）⋯⋯⋯⋯⋯⋯⋯⋯⋯⋯⋯舒　悦（译）
老舍英文信件发现经过⋯⋯⋯［美］琼·罗斯·盖罗特
新发现的老舍英文书信的史料价值⋯⋯⋯⋯⋯舒　悦

诗歌
鱼王⋯⋯⋯⋯⋯⋯⋯⋯⋯⋯⋯⋯⋯⋯钱叶用

美术
心的激流·巴金（油画）⋯⋯⋯⋯⋯⋯王　晖
清晨（油画）⋯⋯⋯⋯⋯⋯⋯⋯⋯⋯艾中信

1988 年第 5 期　刊名:《十月》
目录

中篇小说
江河行地——《十月》十周年致词⋯⋯本刊编辑部
灰腾梁
　——《金色的弯弓》系列中篇之三⋯⋯肖亦农　张少敏
汉长城⋯⋯⋯⋯⋯⋯⋯⋯⋯⋯⋯⋯⋯张　弛
走出古镇⋯⋯⋯⋯⋯⋯⋯⋯⋯⋯⋯⋯谢明伟
柠檬桉⋯⋯⋯⋯⋯⋯⋯⋯⋯⋯⋯⋯⋯曹硕龙
阴阳角⋯⋯⋯⋯⋯⋯⋯⋯⋯⋯⋯⋯⋯马秋芬

报告文学
依稀大地湾——我或我们的精神现实（"中国潮"征文）⋯⋯⋯⋯⋯⋯⋯⋯⋯⋯⋯⋯沙　青
船大冲大洋——茂名石油工业公司采访记（"中国潮"征文）⋯⋯⋯⋯⋯⋯⋯⋯⋯韩　磊
人生终点——从火葬场开始的采访（"中国潮"征文）⋯⋯⋯⋯⋯⋯⋯⋯刘业勇　李忠效

短篇小说
尧舜的后代⋯⋯⋯⋯⋯⋯⋯⋯⋯⋯⋯张志春
鼠疫⋯⋯⋯⋯⋯⋯⋯⋯⋯⋯⋯⋯⋯⋯时培华

诗歌
背走灰烬——纪念为艺术而死的女诗人⋯⋯阎月君

美术

傣族少女（油画）——————————杨红太
松（中国画）———————————————萧 野
山中（油画）————［苏］哥里高里·谢布罕维奇·军疆

1988 年第 6 期　刊名:《十月》
目录

中篇小说

贺"《十月》文学奖"—————————唐达成
蘑菇七种——————————————————张 炜
鱼洞———————————————————————汤世杰
黄色括号——————————————————尹俊卿
远山几多弯————————————————莫 伸
黑色森林——————————————————左 泓

报告文学

上海，复苏中的金融中心（"中国潮"征文）
————————————————————————俞天白
华姿美华夏——记北京丽源日用化学厂————浮 丘

短篇小说

万人大会——————————————————朱亚宁
无序十题——————————————————张抗抗
火焰——颂扬文森特·梵高————————雪 迪

诗歌

心事（三首）————————————————曲有源

其他

《十月》1988 年总目录
1989 年"冰熊文学奖"评奖启事

美术

第三届《十月》文学奖发奖大会照片选登
云与路（油画）————————————————吴 平
江南小镇（水彩画）———————————李 杏
科尔热夫—丘维列夫（油画）
————————————————［苏］格利·米哈依洛维奇

1989 年第 1 期　刊名:《十月》
目录

中篇小说

枸桃树——————————————————————田中禾
黑色的梦——————————————————晨 原
水边人的哀乐故事———————————刘绍棠

悠远的十九岁————————————————丁小莉
飘雪落无声
——普通民警刘大春的故事——————张卫华　张 策

报告文学

睡美人（"中国潮"征文）——金 辉　张惠生　张卫明
失去平衡的方舟（"中国潮"征文）——————刘惠强

短篇小说

火魂——————————————————————叶 林
纸钱——————————————————————陈 垦

诗歌

太阳（诗剧选幕）————————————海 子

美术

冰心肖像（油画）————————————王 晖
三个跳迪斯科的女郎（中国画）————若 峪
石屋新绿（中国画）———————————阳 日
俄罗斯联邦人民演员——柳德米拉·楚西娜肖像（油
画）——————————［苏］维多克·奥连什尼科夫

1989 年第 2 期　刊名:《十月》
目录

中篇小说

巨人的魅力————————————————权延赤
困惑————————————————————————王坤红
人有悲欢离合————————————————刘成思
祭————————————————————————————伶 丁
封存的《航海日志》——————————杨肇林
风中传说——————————————————左 泓

报告文学

辞职者（"中国潮"征文）————————肖复兴
女教师和工读女生（"中国潮"征文）——陆星儿
闯险者的历程————————————于树森　山 岭
何冀平与《天下第一楼》————————洪 洲
法在龙年——————————————————高红十

短篇小说

簸箕湾——————————————————————张秉毅
美国没有猫————————————————坚 妮
莽友——————————————————————陈炳熙

诗歌

太阳（诗剧选幕·续完）————————海 子

美术

层次（摄影）————————————————————延　生
人体（油画）————————————————————靳尚谊
肖罕近郊·达斯特之屋（水彩画）————罗兰希尔德

1989 年第 3 期　刊名:《十月》
目录

纪实文学

走下神坛的毛泽东——"卫士长"答作家问————权延赤

中篇小说

啼笑皆非————————————————————谌　容
相会在西半球————————————————————张笑天
临界————————————————————————尚绍华

报告文学

三峡，三峡（"中国潮"征文）————马立诚　钱　钢

文学剧本

牡丹亭还魂记（明·汤显祖原作）————吴祖光（改写）

短篇小说

黑色雪————————————————————————李汉平
野牛————————————————————————熊国胜
生存方式————————————————————————齐洁新
茶余饭后小说六题————————————————————王　火

诗歌

汉字（八首）————————————————————万　夏

美术

窗下（油画）————————————————————翟新建
野菊花（油画）————————————[苏]鲍利思·沙曼诺夫
玫瑰花丛中（油画）————————————————弗　晨

1989 年第 4 期　刊名:《十月》
目录

中篇小说

犁越芳冢————————————————————————苗长水
沙祭————————————————————————郭雪波
诗人的白衬衫————————————————————常　罡

报告文学

走出混沌
——躁动的十六岁（"中国潮"征文）————孟晓云

我们无罪（"中国潮"征文）————————————陈祖芬
法制的沉思：周志远现象（"中国潮"征文）
————————————————————张卫华　张　策

短篇小说

纸海钩沉——尹薇薇————————————————王　蒙
含笑————————————————————————许　淇
残碑断拓————————————————————————陶　正

散文

偶像————————————————————————张　玲
当哭之歌吟————————————————————叶　楠
归来正是月圆时————————————————————王为政
我是你的卫星————————————————————叶　梦

诗歌

屋宇——给人的儿子和女儿————————————骆一禾

简讯两则

首都 36 家文艺新闻单位发起亚运会优秀文艺作品和
优秀新闻评奖活动
本刊编辑部举办报告文学座谈会

美术

凉快的天气————————[苏]符拉奇米尔·加甫利洛夫
山水（中国画）————————————————————肖　墅
晨曲（中国画）————————————————————宋　涤
花（油画）————————————————亨利·方登-拉托

1989 年第 5 期　刊名:《十月》
目录

中篇小说

杂种————————————————————马慧娟　啸　客
乐园————————————————————————路　远
祭叉——微山湖人物系列之一————————————韩瑛珊
中国神话————————————————————————王延辉
红云彩————————————————————————萧　潇
西雅图航班————————————————————严歌平

短篇小说

看喜————————————————————————刘学江
非虚构小说七题————————————————————刘进元

报告文学

北美漂流————————————————————————洪天国
心之碑————————————————————————石　祥
爱梅的总经理——朱学祥效应录————枫　亚　祖丁远

散文

中秋遥寄 …………………… 张　为
笑比哭强 …………………… 赵大年
咫尺之遥 …………………… 丹　晨
小花，在山野中凋零 ……… 尉丽敏

诗歌

响彻隆冬（七首）
　——选自长诗《空白的空白》 … 莫　非
大荒（七首） ……………… 邹静之

美术

站在栅栏后的女人（油画） … 龙力游
庄稼人（油画） …………… 孙为民
少女和狗（油画） ………… 弗　晨

1989 年第 6 期　刊名:《十月》

目录

中篇小说

不自然的黑色 ……………… 陈　冲
曲二传奇 …………………… 殷京生
夜行者 ……………………… 刘　一
城角——《倾斜的湘西》系列小说之三 … 孙健忠

报告文学

金风飒飒
　——北京高校民办经商纪实 … 刘　凯　张　桦
怪圈 ………………………… 赵大力
堡垒的形成过程——Y师进京记事 … 阿　勇　罗仁容

短篇小说

"耐克"上尉 ……………… 李云良
码头有棵凤凰花 …………… 宋树根
大森林里的他和她 ………… 贾从礼
雨濛濛 ……………………… 徐　晖

散文

京都秋韵（五则） ………… 袁　鹰
大山海语 …………………… 廖静仁
庭院小札 …………………… 肖亦农

诗歌

涂彩的世风绘（组诗） …… 梁　南
桥的赞歌 …………………… 陈满平

美术

两匹马·两朵云（油画） …… 龙力游

向圣母祈祷（油画） ……… M.蓬派特

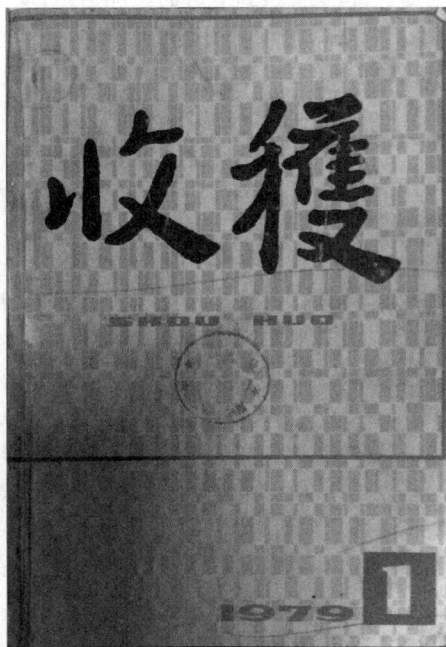

《收获》

【简　介】

　　综合性文学双月刊。上海市作家协会主办。创刊于1957年,1979年复刊。由巴金担任主编。其坚持纯文学立场,以刊载中长篇小说为主,兼选登部分话剧、电影文学剧本、报告文学、笔记、特辑采访等。中国当代著名作家柳青、冯骥才、王蒙、路遥、苏童、余华、莫言、陆文夫等人都曾在其上发表过代表性作品。"《收获》是几代人的文学图腾,《收获》是一根标杆,《收获》是中国当代文学的简装本"（韦清语）。

期刊号:1979 年第 1 期—1989 年第 6 期

复刊辞

　　一九七八年在我们欢庆英明领袖华主席抓纲治国初见成效的喜悦声中过去,中华人民共和国建国第三十年——一九七九年来到了。

　　这一九七九年将是抓纲治国大见成效的一年,将是我国历史上很不平凡的一年。在这不平凡的一年年首,被万恶的林彪、王张江姚"四人帮""勒令"停刊了十三个年头的《收获》复刊,与同志们重新见面了。

　　《收获》作为我国一个大型文学刊物,创刊于建国以后的第八年——一九五七年的七月。那时候,党的百花齐放、百家争鸣的方针,将社会主义文学艺术事业

引向昌盛繁荣。出现了文艺创作、文学研究和文艺评论日益活跃、丰富、多彩，大家心情舒畅，意气风发的新形势新局面。主要为长篇、中篇作品提供园地的《收获》便在这种新形势新局面下应运而生。创刊以后的《收获》，发表过许多好的和比较好的作品，成为广大读者的精神食粮，受到他们的喜爱和欢迎。由于发生严重的自然灾害，国家遭遇到暂时的经济困难，从一九六〇年起《收获》曾一度休刊，而后又继续问世。不幸的是，正当我们的文学艺术进一步趋向繁荣，《收获》的内容日益丰富，以新兴的姿态昂头阔步的时候，竟在"文化大革命"之初——一九六六年五月，被林彪、"四人帮"罪恶的黑手悍然扼杀，连向热情地支持它、关心它的作者们和喜爱它的读者们告别的机会也没有。

　　林彪和王洪文、张春桥、江青、姚文元们是一伙奸诈险恶的政治野心家、阴谋家，为了满足他们极权主义的贪欲：骑在亿万人民的头上，称王称霸称皇称帝，施用"顶峰论"、"大树特树"、"万岁不离口，语录不离手"、"一句顶一万句"等等假高举的障眼术，暗中埋藏杀机，对革命的忠良和社会主义的神圣事业，进行疯狂的杀戮、迫害、摧残、破坏……他们捏造一个"文艺黑线专政"论，把在建国以后的十七年毛主席革命路线占主导地位的客观事实，一口否定，从而把包括《收获》在内的全国和各省、市所有的几十种文艺刊物，一概诬为"黑线刊物"，一律予以"砸烂"禁绝。他们企图毁灭革命，毁灭科学文化，毁灭艺术，搞现代封建迷信，把有了社会主义、共产主义觉悟的人民，拖回到几十个世纪以前的黑暗、愚昧的时代。

　　实践是检验真理的唯一标准。广大人民群众近三十年的生活实践，证明建国以后的十七年，是毛主席革命路线占主导的统治地位的十七年，是文学艺术事业趋向花团锦簇、收获丰盛的十七年。初由中国作家协会主办后改由中国作家协会上海分会主办的《收获》，同其他许多姐妹刊物一样，是红线引导下的革命文学刊物，曾经给予读者们以良好的影响，为祖国的社会主义革命和建设作了贡献。现在，当我们回顾以往的时候，我们抑制不住心的跳动。《收获》主编之一的章靳以同志，曾为《收获》的编辑、出版付出许多心血。不幸，他因病于一九五九年十一月与世长辞。原《收获》的副主编叶以群同志和魏金枝同志，都因深受林彪、"四人帮"反革命修正主义路线的迫害而在一九六六年八月和一九七二年十二月先后含冤逝世。章靳以、叶以群、魏金枝同志生前为之尽心竭力的《收获》，在遭到扼杀停刊了十三年之后的今天，终又获得了新生，我们对他们能不深深怀念？

　　"野火烧不尽，春风吹又生。"经过十年浩劫的中国文学艺术，又以新的姿态出现在今日的世界。英明领袖华主席和以华主席为首的党中央，高举毛主席的旗帜，在一举粉碎了万恶的"四人帮"之后，领导着全国各族人民迈上了康庄大道。文学艺术界的新老战士们，正在万马奔腾的大军行列中，勇敢前进。曾经给《收获》以大力支持、深切关怀的中国文坛的慧星、中国新文化运动的先驱者、奠基人郭沫若同志，卓有声誉的老作家老舍、赵树理、柳青、郭小川同志等，也因身受"四人帮"的残酷迫害或患病不治而永远地离开了我们。这里，我们对他们的不幸逝世，敬致沉痛的哀悼。我们衷心庆幸，许多老作家、老艺术家、老战士都还健在。他们有的两鬓斑斑，或者白发苍苍，却都斗志昂扬，在继续奋笔作战。他们中的好几位，为本刊复刊后的第一期就夜以继日地赶写了作品，这使我们深为感激而又受到鼓舞。更可喜的，在粉碎了"四人帮"之后不过两年多的时间里，新人新作，在全国各地陆续地涌现出来。文艺战线的新生力量，是我国社会主义文坛的希望所寄。我们十分高兴，在本刊复刊后的第一期上，发表了几位青年作者的颇能感人的好作品。

　　复刊以后的《收获》，仍为双月刊，它将继续肩负创刊之始的使命和责任，以较多的篇幅，发表长篇、中篇小说和电影文学剧本、话剧剧本等，同时也以相当的篇幅发表短篇小说、散文、报告、回忆录、诗或其他形式的文学作品，为广大读者们服务，为实现祖国四个现代化的宏伟目标服务。这里，我们着重提出，深入揭批林彪、"四人帮"，从政治上、思想上、文艺理论上，驳斥他们的谬论，清除他们散布的各种流毒，是我们文艺战线长期的斗争任务。《收获》也将发表一些战斗性的文艺理论和评论文章。

　　一九七九年的风和日丽的春天来到了，伟大祖国辽阔的大地上，正生气勃勃，万物向荣。《收获》浸沉在明媚的大好春光里，在这个百花竞放的季节复刊，又是生逢盛世。它将不负人们的殷切期望，展现新的风貌，显示出新的生命力，载荷着丰盛的新的收获，迈步向前。

1979 年第 1 期　刊名：《收获》
目录

复刊辞

长篇小说
上海的早晨（第三部·华三川插图）……………周而复

电影文学剧本
大风歌（贺友直插图）………………………………陈白尘
瞬间（盛毓安插图）………………彭　宁　何孔周　宋　戈

短篇小说
等待决定………………………………………………刘心武

诗歌
严厉的爱························郭小川遗作

评论
白居易及其同时代的诗人···············茅　盾
篇短意深　气象一新················荒　煤

创作回忆录
关于《春天里的秋天》及其他············巴　金
我怎样写骆驼祥子···············老　舍遗作
生活是创作的源泉··················沙　汀

散文·随笔
三个《收获》····················罗　荪

我最爱唱《东方红》·················周月明
封面设计······················任　意
知心话（国画）···················刘文西
丙辰清明寄哀思（摄影）

1979 年第 2 期　刊名:《收获》
目录

人民总理人民爱（木刻）···············范一辛

中篇小说
大墙下的红玉兰（顾炳鑫插图）···········从维熙
铺花的歧路（丁斌曾插图）··············冯骥才

短篇小说
爱的权利（颜梅华、颜志强插图）·········张抗抗

话剧
今夜星光灿烂（五幕话剧·赵家培插图）······白　桦

诗歌
石油万里从军行···················李　季

创作回忆录
简谈《雷雨》·····················曹　禺
我怎样写《火葬》···············老　舍遗作

长篇小说
上海的早晨（第三部·续完·华三川插图）····周而复

万里长空（国画）··················吴作人
无题（水粉画）···················林风眠

1979 年第 3 期　刊名:《收获》
目录

长篇小说
东方欲晓（第一部·华三川插图）··········杨　沫

话剧
闯江湖（五幕话剧·丁聪插图）···········吴祖光

电影文学剧本
洪湖恋（程十发插图）···········贺兴桐　于　力

短篇小说
草原上的小路····················茹志鹃

中篇小说
永远是春天（顾炳鑫插图）·············谌　容

诗歌
我见过你······················邹荻帆

回忆录
阿英的最后十年···················吴泰昌

市郊一角（铜版画）·················周君言
唐人击鞠图（国画）·················刘旦宅

1979 年第 4 期　刊名:《收获》
目录

长篇小说
历史的回声（张培础插图）·············李克昪
慧梅出嫁（选自《李自成》第三部）········姚雪垠

话剧
昨天与明天（五幕话剧·施大畏插图）
·················那　沙　炳　宣　郁　华
西门豹（四幕历史话剧）···············师　陀

短篇小说
殊途同归（汪观清插图）···············崔武年
竹子和含羞草····················贾平凹

散文·随笔
悼念田汉同志····················夏　衍
过去的足迹·····················黄　裳
怀念赵树理同志···················刘　真
访仙台鲁迅遗迹···················林　林

电影文学剧本

我在海上···················柳　城

文学回忆录

两走白洋淀···················梁　斌
关于《明日的文学》的回忆···········许　杰

大公鸡（国画）···············陈大羽
北海公园（油画）·············周碧初

1979 年第 5 期　刊名:《收获》
目录

长篇小说

我们这一代年轻人···············叶　辛
历史的回声（张培础插图）········李克异
台北一阁楼（选载）···············聂华苓
傅家的儿女们（选载）···········於梨华

中篇小说

相逢在黑暗的尽头···············刘俊民

短篇小说

游园惊梦···················白先勇

电影文学剧本

凤归来···············曹宏慈　文　达
郑和下西洋（顾烦鑫插图）····田　遨　冰　夫

散文·随笔

叶圣陶同志的一封信···············柯　灵
忆老舍同志二三事···············赵大年
悼亡友于立群···················胡絜青
游扶桑···················陈昊苏

水仙（国画）···············华三川
江南山水（国画）···············赵　坚

1979 年第 6 期　刊名:《收获》
目录

中篇小说

啊!···················冯骥才

短篇小说

小说两篇···················李　黎
西江月

谭教授的一天

电影文学剧本

这不是传说（范一辛插图）·····谢　洪　张华勋
女友···········汪遵熹　严明邦　史蜀君

散文·随笔

"老游击队员"及其他···············叶君健
靳以逝世二十年···············巴　金
怀念靳以···················罗　荪
回忆荃麟同志···············王西彦

长篇小说

我们这一代年轻人（续完）···········叶　辛
历史的回声（续·张培础插图）·······李克异

前辈（铜版画）···············周君言
韩美林绘画选（四幅）···········韩美林
蒲公小狐堪为友···············韩美林

1980 年第 1 期　刊名:《收获》
目录

中篇小说

呼唤（顾炳鑫插图）···············鲁彦周
人到中年（蒋峻插图）···············谌　容
犯人李铜钟的故事（华三川插图）·······张一弓
饥饿三部曲（王北珍插图）···········王若望

短篇小说

抹掉名字的人···················金　河

创作回忆录

我是怎样写《工作着是美丽的》·······陈学昭

散文·随笔

向警予同志留给我的影响···········丁　玲
"地之子"——忆李广田同志···········方　敬
采石·当涂·青山···············黄　裳

长篇小说

冷遇（选载·韩敏插图）···········徐兴业
历史的回声（续）···············李克异

棒槌岛之夜（木刻）（封二）·······黄新波
大地回春（国画）（封四）·······杨正新

1980 年第 2 期　刊名:《收获》
目录

长篇小说
鼓书艺人（罗尔纯插图）························老　舍

中篇小说
夜客（蒋峻插图）·····························沈　修
悠悠东流水（顾炳鑫插图）·····················徐恒进

短篇小说
积蓄·························汪浙成　温小钰
毋忘草·································叶文玲
汽车号码的过失·························余平夫

报告文学
东方的明珠···························柯　岩

电影文学剧本
诗人郁达夫····························颜　开

散文·随笔
盯梢·································张　洁
马克思故居····························周而复
我又到了老虎尾巴·······················钦　文

怀念雪峰同志··························扬　尘
相思始觉海非深·························张　岐
李克异其人其事·························张葆莘
我的父亲郁达夫·························郁　云

芦苇·································林风眠
秋郊·································程　及

1980 年第 3 期　刊名:《收获》
目录

长篇小说
两种美国人····························王　莹

中篇小说
淡淡的晨雾（钱贵荪插图）·····················张抗抗

短篇小说
双猫图（王明明插图）·······················邓友梅

米兰，我的……·························韩蔼丽
牺牲·································张一弓
天凉好个秋····························李　黎

话剧
左邻右舍（三幕话剧·鄂修民插图）···············苏叔阳

诗歌
青春的歌·····························叶文福
诗二首································周立波遗作

散文
记王莹································田　庄
彭总说出俺们的心里话（木刻）·················蔡　兵
孺子牛（国画）·························李可染

1980 年第 4 期　刊名:《收获》
目录

中篇小说
妈妈呀！　妈妈！（蒋峻插图）··················白　桦
深圳河畔（林墉插图）·······················陈残云

短篇小说
帆缆································崔京生
广阔天地的一角（施大畏插图）·················王安忆

长篇小说
两种美国人（续完）·······················王　莹

散文·随笔
地貌的青春····························艾　芜
二十年的心愿（盛毓安插图）···················巴　金
回忆柳青同志··························王维玲

评论
斗争生活的生动写照·······················桑逢康

晨曲（木刻）··························江碧波
中国作家访日代表团部分团员游保津川（摄影）

1980 年第 5 期　刊名:《收获》
目录

长篇小说
蹉跎岁月（徐纯中插图）·····················叶　辛
历史的回声（续完·张培础插图）···············李克异

中篇小说

桂花庵来信（小挺插图）—————————————曹玉模

电影文学剧本

流水经过这里（蒋峻插图）—————蒋晓松　李志良

短篇小说

米家山水—————————————————————宗　璞
我在哪儿错过了你?（潘鸿海插图）————————张辛欣

散文·随笔

《文坛繁星谱》序—————————————————夏　衍
樱海情思—————————————————————刘白羽
时间———————————————————————姚　锦

刘少奇同志永远活在人民心中
玫瑰和霞草（套色木刻）—————————————黄　裳

1980 年第 6 期　刊名:《收获》
目录

中篇小说

土壤（蒋峻插图）—————————————汪浙成　温小钰

散文·随笔

法国，一次春天的旅行（盛毓安插图）————徐　迟
富春———————————————————————黄　裳

长篇小说

蹉跎岁月（续完·徐纯中插图）—————————叶　辛

短篇小说

新来的教练———————————————————王安忆
我是一个零———————————————————余平夫
喜雨———————————————————————孙　耀

水乡———————————————————————周君方
秋————————————————————————林风眠

1981 年第 1 期　刊名:《收获》
目录

中篇小说

祸起萧墙—————————————————————水运宪
有这么一个地主—————————————————卢　群
赞歌———————————————————————谌　容
有只鸽子叫红唇儿————————————————高行健

短篇小说

考场———————————————————————艾明之

电影文学剧本

密林中的小木屋—————————————————苏叔阳
芳草青青—————————————————————白　桦

散文

书桌———————————————————————冯骥才

阿里山的思念（雕塑）——————————————吴慧明
飞雪伴春来（国画）———————————————程　及

1981 年第 2 期　刊名:《收获》
目录

电影文学剧本

布衣老帅—————————————————————丁隆炎

中篇小说

赵镢头遗嘱———————————————————张一弓
挂在睫毛上的彩虹————————————————顾笑言
尾声———————————————————————王安忆

回忆录

敌后七十五天———————————————————沙　汀

短篇小说

秋后热———————————————————————李国文
极其简单的故事—————————————————高晓声
玛露———————————————————————艾　芜

散文

港仔后日记———————————————————郭　风

春（水印木刻）——————————————————吴　凡
小傣妮（国画）——————————————————盛　洁

1981 年第 3 期　刊名:《收获》
目录

中篇小说

北极光———————————————————————张抗抗
杂色———————————————————————王　蒙
遗落在海滩上的脚印———————————————从维熙
铺在角落的沙砾—————————————————许特生

电影文学剧本
七个战士和一个零―――――――――严歌苓 李克威

散文
沉痛悼念茅盾同志
痛悼我的长者茅盾同志―――――――陈学昭
在病危的时候―――――――――――周而复
刻在心上的记忆―――――――――吴泰昌
一颗企望黎明的心―――――――――荒 煤

话剧
咸亨酒店（四幕话剧）―――――――梅 阡

本刊在京召开部分作家座谈会――――本刊特约记者
黄山绝顶（摄影）―――――――――简庆福
古径（摄影）――――――――――简庆福

1981 年第 4 期　刊名：《收获》
目录

长篇小说
宝姑―――――――――――――王 莹

中篇小说
我的心也像大海――――――陆星儿 陈可雄
天上飘来一朵云――――――――――袁 敏

散文
忆西谛――――――――――――李健吾

短篇小说
田园―――――――――――――韩蔼丽
他们相聚在初冬――――――――――母国政
鬼――――――――――――――杨 绛

革命历史组画（木刻）――――徐龙宝 徐龙森
瑞金桥（油画）――――――――――郑洪流

1981 年第 5 期　刊名：《收获》
目录

鲁迅诞生一百周年纪念
怀念鲁迅先生――――――――――巴 金
鲁迅先生与《译文》――――――――黄 源
鲁迅与父亲郁达夫的友谊――――――郁 云

中篇小说
爱之上――――――――――――冯骥才

他就是他的倒影―――――――――崔京生
喜鹊泪――――――――――――王宝成

散文
记雪帆――――――――――――赵 先

电影文学剧本
逆光――――――――――――秦培春

短篇小说
七里茶坊―――――――――――汪曾祺
稿纸上的月亮――――――――――赵振开

长篇小说
宝姑（续完）―――――――――王 莹

宋庆龄手书《鲁迅日文作品集》 茅盾题签的《鲁迅
与书籍装帧》――――――――鲁迅纪念馆供稿
影印出版鲁迅编印的画集文献本――鲁迅纪念馆供稿
鹤――――――――――――施福国

1981 年第 6 期　刊名：《收获》
目录

话剧
孙中山与宋庆龄（七场话剧）――――耿可贵

中篇小说
小溪九道湾――――――――――叶文玲
别了，濑户内海！――――――――邓友梅
在同一地平线上――――――――张辛欣
融雪――――――――――――肖 于

散文
我到了北京――――――――――冰 心
内蒙日记――――――――――叶圣陶
她在国外――――――――――谌 容

《宝姑》插图――――――――――丁 聪
庐山风云图――――――――――孙 韬
小鹿（雕塑）――――――――宋 城 张 雷

1982 年第 1 期　刊名：《收获》
目录

长篇小说
求――――――――――――――德 兰

中篇小说

远去的白帆 ································· 从维熙
真真假假 ··································· 谌　容
别了，蒺藜 ······················· 汪浙成　温小钰

散文

站立在云霄里的人 ························· 邹荻帆

玛露里的马 ····················· ［法］基·库斯托
白鹭 ······················· ［美］约·杰·屋丢明

1982 年第 2 期　刊名:《收获》
目录

中篇小说

方舟 ······································· 张　洁
驼峰上的爱 ······························· 冯苓植
呵，青鸟 ································· 陆星儿
找，能找到 ······························· 马　佳

短篇小说

芸斋小说 ································· 孙芸夫
鸡缸
女相士
高跷能手
言戒
三马

电影文学剧本

人·猴 ··································· 王芝瑜

散文

人民的心 ································· 柯　灵
麻雀篇 ··································· 邵燕祥
江村 ····································· 黄　裳

创作回忆录

谈《结婚》的写作经过 ····················· 师　陀
李季创作《王贵与李香香》前后 ··············· 李小为

乔治安娜·丰 ························· 托·劳伦斯
阿图瓦的冬夜 ····················· 埃米尔·布雷东

1982 年第 3 期　刊名:《收获》
目录

中篇小说

人生 ····································· 路　遥
生物圈 ··························· 张笑天　张天民
草青青 ··································· 何士光
银锭观山 ································· 刘心武

短篇小说

绕公社一周 ······························· 王安忆

电影文学剧本

初夏的风 ··························· 萧　马　彭　宁

散文

阿卫 ····································· 茹志鹃
札幌浮世绘 ······························· 何　为

画室 ····················· 阿尔佛莱特·斯梯文斯
春天树下的小道 ··········· ［法］让·巴蒂斯特·科罗

1982 年第 4 期　刊名:《收获》
目录

中篇小说

流泪的红蜡烛 ····························· 张一弓
她从那条路上来 ··························· 茹志鹃
我们这个年纪的梦 ························· 张辛欣
走出旧货店的模特儿 ······················· 杨东明

短篇小说

雪球 ····································· 戴　晴

回忆录

往事依依
——忆徐悲鸿 ····························· 廖静文
王莹写《宝姑》的前前后后 ··················· 谢和赓

散文

重返剑桥 ································· 叶君健
《杨刚文集》编后记 ························· 萧　乾
高高山上的陵墓 ··························· 骆　文
在泰戈尔诞生和逝世的房间里 ················· 詹得雄
跨过小溪 ····························· ［德］泰勒
夏日的中午 ······················· ［捷］A.勃培克

1982 年第 5 期　刊名:《收获》
目录

中篇小说

白杨深处 ···································· 陆天明
古墓 ···································· 徐孝鱼
冷土 ···································· 王安忆
云 ···································· 张曼菱

短篇小说

希望者 ···································· 叶君健
一号、二号和三号 ···································· 薛海翔

话剧

这里不远是圆明园（五幕话剧） ···································· 李龙云

散文

《李广田选集》序 ···································· 李健吾
墨西哥一瞥 ···································· 王　蒙
巴黎的鲜花 ···································· 李　黎
从革命风暴中诞生的
——东平选集《沉郁的梅冷城》编后记 ···································· 于　逢

山峦 ···································· ［捷］A.勃培克
窗旁的少女 ···································· ［荷］伦勃朗

1982 年第 6 期　刊名:《收获》
目录

中篇小说

姐姐寨 ···································· 古　华
林声 ···································· 马　佳
天上，又多了一颗星星 ···································· 万　方
昨天、今天和明天 ···································· 白　洁

电影文学剧本

秋天的旅程 ···································· 李平分　卢　伟　于本正

作家书简

渝沪通信 ···································· 叶圣陶

散文

乐山随笔 ···································· 邹荻帆
散文求索小记
——写在自选集前面 ···································· 袁　鹰
以苦为乐 ···································· 新凤霞

水滩 ···································· ［法］泰奥多尔·卢梭
溪流 ···································· ［捷］B.哈夫拉纳克

1983 年第 1 期　刊名:《收获》
目录

中篇小说

美食家 ···································· 陆文夫
平常的一天 ···································· 陈国凯
没画句号的故事 ···································· 张笑天

电影文学剧本

垂帘听政 ···································· 杨村彬

作家书简

嘉沪通信 ···································· 叶圣陶

短篇小说

泥脚 ···································· 高晓声
河谷地 ···································· 石　涛

散文

序《于伶戏剧集》 ···································· 周　扬
在雾重庆的永诀 ···································· 荒　煤
以群印象 ···································· 刘白羽
淮上行 ···································· 黄　裳
以苦为乐（续完） ···································· 新凤霞

《简·爱》插图 ···································· ［美］爱德华·威尔逊
《唐·吉诃德》插图 ···································· ［法］古斯塔夫·多雷
莎洛美在希律王前跳舞（局部） ···································· ［法］莫　罗

1983 年第 2 期　刊名:《收获》
目录

长篇小说

北国草 ···································· 从维熙

中篇小说

世界 ···································· 晓　剑　严亭亭
请与我同行 ···································· 黄蓓佳
人生的不等式 ···································· 杨东明

散文

父亲 ···································· 冯亦代
散文三篇 ···································· 冯骥才

《带阁楼的房子》插图 ···································· ［苏］杜宾斯基
《福尔赛世家》插图 ···································· ［英］安东尼·格罗斯
《角斗》 ···································· ［法］雷蒙·布拉斯卡萨

1983 年第 3 期　刊名:《收获》
目录

中篇小说

塔 ························· 张抗抗
苦茶 ························· 韩蔼丽
白下旧梦 ························· 王　火
秋鸿 ························· 边震遐

长篇小说

北国草（续） ························· 从维熙

散文

云梦断忆 ························· 陈白尘
小武夷拾零 ························· 邹荻帆
摆摊的老朋友 ························· 徐中玉

《鲁拜集》插图 ·········· ［英］罗诺尔·巴尔福特
《悬崖》插图 ·········· ［苏］勃罗夫斯基
特罗瓦附近的塞纳河畔 ·········· ［法］埃克托尔·皮隆

1983 年第 4 期　刊名:《收获》
目录

中篇小说

秋色宜人 ························· 黄蓓佳
达紫香悄悄地开了 ························· 陆星儿
海中金 ························· 王宝成

短篇小说

老槐树的歌 ························· 戴　晴

长篇小说

北国草（续完） ························· 从维熙

话剧

寒灯夜话（二幕话剧） ························· 北　婴

散文

莎士比亚的故乡 ························· 唐　弢

莫埃尔的拖鞋 ·········· ［法］瓦夏·卡里
贫困 ·········· ［苏］科兹明
特罗瓦附近的塞纳河畔 ·········· ［法］埃克托尔·皮隆

1983 年第 5 期　刊名:《收获》
目录

中篇小说

木鱼山 ························· 沙　汀
蜂花 ························· 高晓声
河两岸是生命之树 ························· 徐小斌
小月前本 ························· 贾平凹
十字街头的阿西 ························· 张廷竹

短篇小说

青黄之间 ························· 叶永烈

散文

有星和无星的夜 ························· 吴泰昌

《浮士德》插图 ·········· ［英］哈里·克拉克
《莎士比亚戏剧》插图 ········· ［德］约瑟夫·赫肯巴脱
花神 ·········· ［意］提　香

1983 年第 6 期　刊名:《收获》
目录

长篇小说

求（第二部） ························· 德　兰

中篇小说

山风 ························· 徐孝鱼
近乡情更怯 ························· 徐恒进

电影文学剧本

野草籽 ························· 汪海涛　崔京生

散文

《前方》序 ························· 黄　源
力的速写（五则） ························· 丹　晨

创作回忆录

改写《大马戏团》及其前前后后 ························· 师　陀

《管乐伴奏》插图 ·········· ［美］鲍　斯
《白孔雀》插图 ·········· ［美］克里力特·考尔
树林里 ·········· ［法］乔治·米歇尔

1984 年第 1 期　刊名:《收获》
目录

中篇小说

烟壶 ……………………………………… 邓友梅
混凝土 …………………………………… 纯 民
沉默的荒原 ……………………………… 冯苓植
我们已不年轻 …………………………… 严 平
吹塌天小传 ……………………………… 宋清海

短篇小说

故乡事 …………………………………… 谢树平

散文

扰扰攘攘的五十年 ……………………… 柯 灵
东单日记 ………………………………… 黄 裳
在红叶的国土上 ………………………… 王西彦
湛江和她的湖光岩 ……………………… 蒋星煜

格林童话插图 ………………… ［英］亚塞·拉克罕
《唐·吉诃德》插图 …………… ［苏］布罗茨基
春之花束 ……………………………… ［法］雷诺阿

1984 年第 2 期　刊名:《收获》
目录

中篇小说

逍遥游 …………………………………… 王 蒙
错，错，错! ………………………………… 谌 容
只要你还在走 …………………………… 曹征路
新绿 ……………………………………… 许特生
落潮 ……………………………………… 吴泽蕴
四月的风 ………………………………… 丁宝德

短篇小说

红的雪 …………………………………… 崔京生
雪夜来客 ………………………………… 冯骥才

散文

小星星 …………………………………… 舒 乙
闽西北旅行 ……………………………… 郭 风
纪念老舍 ………………………………… 傅靖生

《萧红》插图 ……………………………… 代 卫
内皮恩上游 ………… ［澳］威廉·查尔斯·皮奎尼特

1984 年第 3 期　刊名:《收获》
目录

中篇小说

"亚细亚"的故事 ………………………… 达 理
山月儿 …………………………………… 李宽定

短篇小说

一百单八磴 ……………………………… 张石山
边缘人 …………………………………… 木令耆
进入螺旋的比翼鸟 ……………………… 祖 慰

话剧

街上流行红裙子（二幕话剧）………… 马中骏　贾鸿源

电影文学剧本

日出 ……………………………… 曹 禺　万 方

散文

梦之歌 …………………………………… 荒 煤

长篇小说

69 届初中生（待续）…………………… 王安忆

《徐悲鸿》插图 …………………………… 林 墉
《徐悲鸿》插图 …………………………… 林 墉
维多利亚时期的农庄 ……… ［澳］尼古拉斯·薛瓦利埃

1984 年第 4 期　刊名:《收获》
目录

中篇小说

一位没有战功的老军人 ………………… 徐怀中
红丝带 …………………………………… 航 鹰
天边外 …………………………………… 乔雪竹
我是一片绿叶 …………………………… 王意如

长篇小说

69 届初中生（续完）…………………… 王安忆

短篇小说

无事故地段 ……………………………… 陆俊超
丫头她妈 ………………………………… 林斤澜
河水弯弯向东流 ………………………… 龚笃清
银河 ……………………………………… 吴若增

散文

我入了贝满中斋 ………………………… 冰 心

深情的眷恋·······················邹荻帆

《爱之上》插图之一·················沈尧伊
《爱之上》插图之二·················沈尧伊
水果···························[荷]凡·高

1984 年第 5 期 刊名:《收获》
目录

中篇小说
纵深地带························王 剑
那边驶来一条船···················陆天明
李子园························张 宇
在那遥远的地方···················肖 矛

电影文学剧本
海滩······················秦培春 马中骏

短篇小说
那蓝色的水泡子···················徐小斌
陆沉的森林······················公 刘
欠条··························楚 良
沙痕··························陈小初

《妈妈啊,妈妈》插图之一··············林 墉
《妈妈啊,妈妈》插图之二··············林 墉
倒牛奶的女人····················[荷]维米尔

1984 年第 6 期 刊名:《收获》
目录

中篇小说
凡人··························徐孝鱼
一条台�路·····················陆星儿
长长的坡························张石山
地球,你早!·····················杨代藩

散文
何人不起故园情···················徐中玉
当他的面影隐去时··················韩蔼丽
文游台畅想曲····················蒋星煜

短篇小说
夕阳依依························陶 宁
先有蛋,后有鸡···················公 刘
山楂树下························张 洁
海上,远方的雷声··················杨显惠
在新开辟的旅游区··················甘铁生
牦牛(雕塑)·····················刘开渠

珠海渔女(雕塑)··········潘 鹤 段积余 段起来
造船用材林(油画)················[俄]希施金

1985 年第 1 期 刊名:《收获》
目录

长篇小说
大巴山下························陈 珂

中篇小说
听山······················矫 健 张象吉
深深的大草甸····················袁 敏

口述实录文学
北京人······················张辛欣 桑 晔

散文
批斗场上小景····················沙 汀
海上··························郭 风
看桥··························骆 文

《何紫作品选》插图·················苏家芬
《落霞与孤鹜齐飞》插图···············高 撷
东北姑娘························赵林红

1985 年第 2 期 刊名:《收获》
目录

中篇小说
封·片·连·······················张辛欣
望莲嫂························柯尊解
潜网上的漩涡····················王 火

散文
风骨······················周 易 树 菜
病期经历························孙 犁

短篇小说
雁过也⋯⋯⋯·····················木令耆
井··························公 刘
夜投苦竹寒······················龚笃清

电影文学剧本
在夏天里归来····················彭小连

《榕树深处》(壁画)·················朱曜奎
《大海就是我故乡》(漆画)·············张 明
《温暖的风》·····················阎振锋

1985 年第 3 期　刊名:《收获》
目录

中篇小说

散淡的人 ·······················谌　容
你好！本林同志 ···············张　炜
巴桑和她的弟妹们 ···········扎西达娃
喧嚣的旷野 ···················周梅森
长长的月亮 ···················白　洁

文苑纵横

遥寄张爱玲 ···················柯　灵
倾城之恋 ·····················张爱玲

短篇小说

院长和他的疯子们 ···········徐晓鹤
留恋的青山 ···················陈炳熙

散文

好水好山 ·····················黄　裳
纺织娘 ·······················赵丽宏

《望宝崖》插图 ···············李旭华
《云里雾里》插图 ·············钟开天
闻一多肖像 ···················闻立鹏

1985 年第 4 期　刊名:《收获》
目录

中篇小说

九万牛山 ·····················陈敦德
江岛 ·························郑九蝉
三友茶寮 ·····················马　铭
第二人生 ·····················严　平

文苑纵横

破茧的蛹 ·····················古　剑
窑变 ·························施叔青

电影文学剧本

最后的太阳 ···············傅晓明　江海洋

短篇小说

平静地流淌的河 ···············谭甫成
南洋篇 ·······················巴　人
给儿子 ·······················陈　村
陈上垸 ·······················方原林

回忆录

我的大学生涯 ·················冰　心

散文

父亲最后的两天 ···············舒　乙

《峡江春闹》 ·················莫　测
《春》 ·······················杜应机
《渔女》 ·····················肖惠祥

1985 年第 5 期　刊名:《收获》
目录

中篇小说

男人的一半是女人 ···········张贤亮
球状闪电 ·····················莫　言
西海的无帆船 ···············马　原

长篇小说

活动变人形（节选） ···········王　蒙

文苑纵横

天然生出的花枝 ···············曹　禺
尹县长 ·······················陈若曦
素月的除夕 ···················陈若曦

短篇小说

昨天的土地（两篇） ···········公　刘
白花花
哑子

油田夜曲 ·····················里　果
相见欢 ·······················张怀江
秋场 ·························王建华

1985 年第 6 期　刊名:《收获》
目录

中篇小说

黄泥小屋 ·····················张承志
风流人物 ·····················程乃珊
雨雪霏霏 ·····················石　涛
青色的石板街 ···············赵剑平
狼耳朵与狗耳朵 ···············孙文昌

散文

湖州八记 ·····················袁　鹰
泼水节拾零 ···················路　夫

短篇小说

江巧玲 ……………………………… 於梨华
配角 ……………………………… 夏 云
坐不坐电梯? ……………………… 马立诚
风筝 …………………… 金肇虹 迟 晶

电影文学剧本

湘女萧萧（根据沈从文原著改编）…………… 张 弦

松花江之春（木刻）…………………… 孙银生
边塞曲（木刻）………………………… 蒋宜勋
秋水无声（国画）……………………… 常 进

1986 年第 1 期　刊名:《收获》
目录

纪实小说

在路上 ………………………………… 张辛欣

中篇小说

洋瓶子底儿 ……………………………… 郑万隆
我的光 …………………………………… 郑万隆
地穴 ……………………………………… 郑万隆
好姆妈、谢伯伯、小妹阿姨和妮妮 ………… 王安忆

朝花夕拾

我们的自白 ……………… "朝花夕拾"专栏撰稿人
极短篇小说一十一篇 …………………… 沈 因等

电影文学剧本

女人的故事 ……………………………… 肖 矛

短篇小说

未市地震 ………………………………… 蔡测海

私人照相簿

影子大叔 ………………………………… 刘心武

散文

北戴河七题 ……………………………… 郭 风
灯影 ……………………………………… 范若丁

墨丘利（石雕）………………………… 克瓦兹沃克
为自由而战、为共和国捐躯的法兰西英雄礼赞
……………………………………… 齐洛丹

1986 年第 2 期　刊名:《收获》
目录

中篇小说

憨憨 ……………………………………… 林斤澜
一路风尘 ………………………………… 王小鹰
破译 ……………………………………… 王树增
友谊地久天长 …………………………… 朱联忠

朝花夕拾

一个奖的来历和一个人的生平 ……………… 张辛欣
吾土（小说）…………………………… 洪醒夫
进香（小说）…………………………… 詹明儒
在黑暗中端着一盏灯 …………………… 颜元叔

私人照相簿

留洋姑妈 ………………………………… 刘心武

话剧

红房间　白房间　黑房间 ………… 马忠骏　秦培春

短篇小说

桥边小说三篇 …………………………… 汪曾祺
多余的故事 ……………………………… 刘索拉

散文

中国新文学大系 1927—1937 话剧集序 ………… 于 伶
肥皂 ……………………………………… 吴基民

收买破烂的女人（不锈钢雕）……… [美]琼·迪比费
《爱的剖析》插图选 …………………… 让·布雷德福

1986 年第 3 期　刊名:《收获》
目录

中篇小说

三寸金莲 ………………………………… 冯骥才
第 VI 部门 ……………………………… 崔京生
他们 ……………………………………… 陈 村
平安无事 ………………………………… 宗福先
一根杏黄色的水晶镇尺 …………………… 陆星儿

短篇小说

旺堆的太阳 ……………………………… 子 文
瓷砖 ……………………………………… 张 宇
看哑巴补鞋的蓝上校 …………………… 李云良
天葬 ……………………………………… 陈 洁

私人照相簿
伶人传奇·······················刘心武

朝花夕拾
新编辑·························桑 晔
联合报中、长篇小说奖总评会议纪实
······················（记录）丘彦明

散文
让我送送您····················逯 斐
剪辑的回忆·····················蒋子丹

往脚跟缚翼的赫尔美斯（大理石雕）······比加尔
眺望纽约第五大街（油画）·····[美]利罗埃·尼曼

1986 年第 4 期 刊名:《收获》
目录

长篇小说
隐形伴侣·······················张抗抗

中篇小说
被切开的苹果与视觉················晓 宫
金野·························储福金

短篇小说
世纪病·························陈 染
抢救无效·······················张石山

散文
诸暨·························黄 裳
玛雅之谜·······················赵丽宏

朝花夕拾
大珠小珠落玉盘··················王 渝
杀夫·························李 昂

天使（大理石雕）···············埃德姆布夏冬
拱、锁合（雕塑）·················亨利·摩尔
大立像——锋缘（雕塑）·············亨利·摩尔

1986 年第 5 期 刊名:《收获》
目录

中篇小说
麦秸垛·························铁 凝
虚构·························马 原
呜咽·························吴 滨

野店·····················于德才 林和平

短篇小说
风马牛小说二题··················王 蒙
青石与河流·····················苏 童

长篇小说
隐形伴侣·······················张抗抗

私人照相簿
名门之后·······················刘心武

朝花夕拾
江河滔滔·······················林双不

散文
总是难忘·······················苏 叶

丘比特与普赛克·············克劳斯·米歇尔
烈马驭手·················[美]利罗埃·尼曼
佛罗里达海岸——火柱·······[美]詹姆斯·坎宁汉

1986 年第 6 期 刊名:《收获》
目录

中篇小说
新耍儿·························崔京生
裂变·························水运宪
洞里洞外·······················宋学武
冬天在一座山上··················赵长天
疯子和他们的院长··················徐晓鹤
儿戏·························滕锦平

短篇小说
月光会照亮路的··················吴泰昌

散文
丙午丁未纪事····················杨 绛
东单三条 33 号··················韩少华
和绀弩同志熟识的岁月里·············洁 泯

游记
美国，一次秋天的旅行···············徐 迟

私人照相簿
江山不老·······················刘心武

祈祷者（大理石雕）················巴托利尼
照亮（钢雕）·············[美]托尼·史密斯
双双上升（钢雕）··········[美]赫伯特·拜尔

1987 年第 1 期　刊名:《收获》
目录

长篇小说
浮躁 ························· 贾平凹

中篇小说
活寡 ························· 俞天白
永远走红的汽车 ··············· 黄小初

短篇小说
错误 ························· 马　原

话剧剧本
槐花曲 ······················ 白　桦

私人照相簿
后事如何 ···················· 刘心武

作品第 1 号（油画）············ 李　山
供养人 ······················ 孔柏基
奈良的黄昏 ·················· 孔柏基

1987 年第 2 期　刊名:《收获》
目录

中篇小说
落凤枝 ······················ 冯苓植
圈 ·························· 蒋子丹
浪迹丝路 ···················· 张宝发

长篇小说
死是容易的 ·················· 阮海彪

短篇小说
灰空间 ······················ 冯骥才
海内天涯 ···················· 李　晓
缘分 ························ 韩蔼丽
非僧 ························ 朱春雨

朝花夕拾
《棋王》对《棋王》············ 张辛欣
棋王 ························ 张系国

私人照相簿
珍惜生命 ···················· 刘心武

散文
夜泊泸州 ···················· 王朝闻
把童年还给孩子们 ·············· 李子云
感激音乐 ···················· 孙晓刚
松山行 ······················ 陈喜儒

三个梳头的女人 ··············· 葛春学
山鬼情 ······················ 葛春学
作品第 27 号（油画）·········· 戴恒扬

1987 年第 3 期　刊名:《收获》
目录

中篇小说
红蝗 ························ 莫　言
五月的黄昏 ·················· 叶兆言
南岭的诱惑 ·················· 骆　炬
空壳 ························ 常　青

实验文体
蓝色高地 ···················· 李晓桦
等蓝色沉入黑暗 ··············· 张承志

短篇小说
牛皮 ························ 何立伟
全世界都八岁 ················ 皮　皮

朝花夕拾
不陌生的陌生化效果 ············ 张辛欣
肥土镇灰阑记 ················ 西　西

私人照相簿
不得其详 ···················· 刘心武

散文
天涯海角·飞沫 ··············· 王　蒙
醒到天明不睁眼 ··············· 张辛欣

风景 ························ 林风眠
马 ·························· 林风眠
闹天宫 ······················ 林风眠

1987 年第 4 期　刊名:《收获》
目录

中篇小说
黑山羊谣 ···················· 张承志
在我的背上 ·················· 彭小连
在劫难逃 ···················· 万　方

冷火 ·· 陆　棣
达哥 ·· 徐晓鹤
今夜我无法拒绝 ·· 王唯铭

短篇小说
白房子 ·· 郑万隆
China·黄土的家庭 ·· 王　琦

私人照相簿
渴望沟通 ·· 刘心武

散文
摇摇滚滚的道路 ·· 刘索拉

朝花夕拾
两颗星，一片议论 ······································· 张辛欣
小叶 ·· 萧　飒
星石 ·· 三　毛
女作家难为 ·· 龚鹏程等

回忆录
在美留学的三年 ·· 冰　心

佛心（摄影） ··· 马元浩
如仪（摄影） ··· 马元浩
盛会（摄影） ··· 马元浩

1987 年第 5 期　刊名:《收获》
目录

长篇小说
上下都很平坦 ··· 马　原

中篇小说
极地之侧 ·· 洪　峰
四月三日事件 ··· 余　华
1934 年的逃亡 ·· 苏　童
寻找童年 ·· 鲁一玮

实验文体
信使之函 ·· 孙甘露

话剧剧本
屋里的猫头鹰 ··· 张　献

短篇小说
圆形日子 ·· 色　波
门门门 ·· 乐　陵

散文
远景及近景 ·· 李彬勇
人的管道 ·· 松　林

地平线 ·· 陈海燕
黑头发　黑眼睛　黄皮肤 ······························ 章　敏

1987 年第 6 期　刊名:《收获》
目录

《收获》创刊三十年 ····································· 巴　金
祝贺《收获》创刊三十周年 ···· 冰　心 曹　禺 柯　灵
罗　荪 刘白羽 陈白尘 周而复 峻　青 菡　子
艾　芜 吴　强 陈荒煤 刘宾雁 陆文夫 邓友梅
茹志鹃 宗　璞 谌　容 徐　迟 从维熙 冯骥才
鲁彦周 高晓声 邵燕祥 白　桦 汪浙成 温小钰
浩　然 李子云 丹　晨 张承志 李　陀 张辛欣
王安忆 张一弓 冯苓植 扎西达娃 赵长天

长篇小说
正常人 ·· 沈善增

中篇小说
一九八六年 ·· 余　华
顽主 ·· 王　朔
迷舟 ·· 格　非
街民 ·· 沙　黑

短篇小说
虫影 ·· 王　蒙
光明的迷途 ·· 皮　皮
关于咪妮的对话 ·· 王福根

朝花夕拾
没有兴趣就不要看 ······································· 张辛欣
小说实验 ·· 黄　凡

私人照相簿
生死相依 ·· 刘心武

散文
爱的祭奠 ·· 吴基民

巴金和靳以
编辑部活动剪影
少女 ·· 朱贞南

1988 年第 1 期　刊名:《收获》
目录

祝贺《收获》创刊三十周年……………………王　蒙
王元化　王维玲　王若望　王小鹰　水运宪　叶　辛
叶文玲　刘心武　沙　汀　吴祖光　新凤霞　吴泰昌
李国文　李楚城　张光年　张贤亮　张　弦　张抗抗
张　军　张　炜　陈国凯　陈　村　陆星儿　苏叔阳
林斤澜　金敬迈　宗福先　铁　凝　俞天白　唐达成
贾平凹　莫　言　矫　健　黄　裳　崔京生　肖　岱

中篇小说
关于行规的闲话………………………………李　晓
象………………………………………………陈　村
饥饿的老鼠……………………………………徐　星
神吹……………………………………………王春波

实验文体
访问城市………………………………言　兹　哈　呆

文化苦旅
阳关雪（外二篇）……………………………余秋雨

短篇小说
小说三题……………………………………乌热尔图
沙依娜拉……………………………………李　劼

散文
旅德的故事……………………………………王安忆
豫行散记……………………………………黄　裳
难以忘却的岁月………………………………彭新琪

朝花夕拾
主持人的话……………………………………李子云
山路…………………………………………陈映真
赵尔平………………………………………陈映真

炎夏乐章（水印木刻）…………………陆蕴辉　丁立松
《收获》和"收获丛书"（照片）
渔家忙………………………………………姚逸之

1988 年第 2 期　刊名:《收获》
目录

中篇小说
枣树的故事……………………………………叶兆言
城市独白：不安的视线………………………吴　滨

魔火…………………………………………陆　棣
紫色泥泞……………………………………李本深
黄尘…………………………………………杨争光

短篇小说
走向伟大的温泉………………………………何立伟
叙述的人……………………………………赵伯涛
路大…………………………………………姜贻斌
第十三次呼唤…………………………………曹忠铨

社会纪实
中国女性系列……………………戴　晴　洛　恪
当代红娘
性"开放"女子

文化苦旅
牌坊·庙宇……………………………………余秋雨

朝花夕拾
主持人的话……………………………………李子云
公寓导游……………………………………张大春
鸡翎图………………………………………张大春

散文
禁锢的火焰色…………………………………张承志
困扰…………………………………………韩蔼丽
春天的哀思…………………………………吴　强
老舍先生和我这个学生………………………徐中玉

回忆录
我回国后的头三年……………………………冰　心

同存宇宙……………………………………王向明
我的梦………………………………………徐芒耀
甦……………………………………………章仁缘

1988 年第 3 期　刊名:《收获》
目录

中篇小说
阴阳八卦……………………………………冯骥才
逐鹿中街……………………………………王安忆
伽蓝梦………………………………………赵长天
苞米路………………………………………大　平

短篇小说
中午…………………………………………嵇亦工
最大限度……………………………………赵　玫

文化苦旅

白发苏州·洞庭一角 ⸺⸺⸺⸺ 余秋雨

朝花夕拾

主持人的话 ⸺⸺⸺⸺⸺⸺⸺ 李子云
山外山 ⸺⸺⸺⸺⸺⸺⸺⸺ 卢非易
斜阳余一寸 ⸺⸺⸺⸺⸺⸺ 卢非易

散文

皇村的沉思 ⸺⸺⸺⸺⸺⸺ 峻 青
白花 ⸺⸺⸺⸺⸺⸺⸺⸺⸺ 刘季星
迷失的蒲公英 ⸺⸺⸺⸺⸺ 乐美勤

长城 ⸺⸺⸺⸺⸺⸺⸺⸺ 吴冠中
午昼 ⸺⸺⸺⸺⸺⸺⸺⸺ 张祯麒
酣睡 ⸺⸺⸺⸺⸺⸺⸺⸺ 张祯麒

1988 年第 4 期　刊名:《收获》
目录

中篇小说

海骚 ⸺⸺⸺⸺⸺⸺⸺⸺ 张承志
这次你演哪一半 ⸺⸺⸺⸺ 张辛欣
一嚏千娇 ⸺⸺⸺⸺⸺⸺⸺ 王 蒙

短篇小说

没有意思的故事 ⸺⸺⸺⸺ 李国文
路上 ⸺⸺⸺⸺⸺⸺⸺⸺⸺ 崔京生
五点三十分开始的经历 ⸺⸺ 操剑锋

报告文学

绿色沙龙 ⸺⸺⸺⸺⸺⸺⸺ 费良琼
天下第一难 ⸺⸺⸺⸺⸺⸺ 陆幸生

文化苦旅

道士塔·莫高窟 ⸺⸺⸺⸺⸺ 余秋雨

散文

向萧岱告别 ⸺⸺⸺⸺⸺⸺ 王元化
往事 ⸺⸺⸺⸺⸺⸺⸺⸺⸺ 辛未艾
一枚邮票的故事 ⸺⸺⸺⸺ 唐 弢
科隆之夜 ⸺⸺⸺⸺⸺⸺⸺ 丹 晨
寻觅回来的哀痛 ⸺⸺⸺⸺ 唯 明

朝花夕拾

主持人的话 ⸺⸺⸺⸺⸺⸺ 李子云
没卵头家 ⸺⸺⸺⸺⸺⸺⸺ 王湘琦

春秋茶室 ⸺⸺⸺⸺⸺⸺⸺ 吴锦发
今晚没有爵士 ⸺⸺⸺⸺⸺ 张培力
黑·白·灰 ⸺⸺⸺⸺⸺⸺ 陈 衡
静静的港口 ⸺⸺⸺⸺⸺⸺ 陈钧德

1988 年第 5 期　刊名:《收获》
目录

中篇小说

世事如烟 ⸺⸺⸺⸺⸺⸺⸺ 余 华
超导 ⸺⸺⸺⸺⸺⸺⸺⸺⸺ 钟道新
国运 ⸺⸺⸺⸺⸺⸺⸺⸺⸺ 吕 梁
永远的女人 ⸺⸺⸺⸺⸺⸺ 嵇 伟
故土 ⸺⸺⸺⸺⸺⸺⸺⸺⸺ 薛 勇

短篇小说

落价 ⸺⸺⸺⸺⸺⸺⸺⸺⸺ 冰 心
舞台 ⸺⸺⸺⸺⸺⸺⸺⸺⸺ 张辛欣
都市人 ⸺⸺⸺⸺⸺⸺⸺⸺ 关 鸿
青绿之想 ⸺⸺⸺⸺⸺⸺⸺ 张冀雪

文化苦旅

柳侯祠·白莲洞 ⸺⸺⸺⸺⸺ 余秋雨

朝花夕拾

主持人的话 ⸺⸺⸺⸺⸺⸺ 王 渝
超人列传 ⸺⸺⸺⸺⸺⸺⸺ 张系国

散文

海洋的女儿 ⸺⸺⸺⸺⸺⸺ 周 民
租妻 ⸺⸺⸺⸺⸺⸺⸺⸺⸺ 张白山

雨濛濛系列 ⸺⸺⸺⸺⸺⸺ 健 君
黄果树大瀑布 ⸺⸺⸺⸺⸺ 刘海粟
西海门晚霞 ⸺⸺⸺⸺⸺⸺ 刘海粟

1988 年第 6 期　刊名:《收获》
目录

中篇小说

一个谜语的几种简单的猜法 ⸺ 史铁生
罂粟之家 ⸺⸺⸺⸺⸺⸺⸺ 苏 童
请女人猜谜 ⸺⸺⸺⸺⸺⸺ 孙甘露
死亡的诗意 ⸺⸺⸺⸺⸺⸺ 马 原
难逃劫数 ⸺⸺⸺⸺⸺⸺⸺ 余 华
传奇:永不熄灭 ⸺⸺⸺⸺⸺ 赵伯涛
南方的情绪 ⸺⸺⸺⸺⸺⸺ 潘 军

短篇小说

青黄······················格 非

悬岩之光·················扎西达娃

异邦·····················皮 皮

话剧剧本

时装街···················张 献

文化苦旅

酒公墓·贵池傩·西湖梦······余秋雨

朝花夕拾

主持人的话···············李子云

高卡档案·················叶言都

远方·····················周 俊

直觉·再生·山水 NO.3······沈浩鹏

后面是海·················刘 坚

1989 年第 1 期　刊名:《收获》
目录

长篇小说

游戏·····················成 一

中篇小说

得乎? 失乎? ············谌 容

雅农的劣势···············黄 石

歌词大意·················陆星儿

短篇小说

死亡公式·················蒋亶文

献给 MIDNIGHT STREET 的梦呓·······叶曙明

朝花夕拾

主持人的话···············李子云

母鱼·····················西 西

散文

昏黄微明的灯·············杨 苡

纸偶·····················韩蔼丽

给祖母···················周海彦

莱茵行···················王为政

补遗: 一嚏千娇 (二十八加一)·····王 蒙

自由题材习作·····[苏联] 克拉萨乌斯卡

春天············[苏联] 克拉萨乌斯卡

夏天············[苏联] 克拉萨乌斯卡

1989 年第 2 期　刊名:《收获》
目录

中篇小说

红河·····················熊正良

随风而去·················陈 洁

圆廊式概括···············黄 石

旧地: 茅草一片金黄········吕 新

短篇小说

血罂粟···················于 劲

节日·····················李 晓

信使跑道·················黄小初

烟神·····················林 深

报告文学

1988:"金字塔"崩溃之后·····王唯铭

人生采访

且说说我自己·············钱谷融

我眼里的钱先生···········李 劼

朝花夕拾

主持人的话···············李子云

日头雨···················李永平

散文

房子 (几度春秋征文)·······王安忆

漩涡 (几度春秋征文)·······王毅捷

紧含眼中的泪·············吴泰昌

今夜·····················周 民

故乡门前的松·············丘 峰

加拿大印地安爱斯基摩艺术 (石刻)

新几内亚人体装饰艺术

1989 年第 3 期　刊名:《收获》
目录

中篇小说

弟兄们···················王安忆

乐声·····················熊正良

红手·····················王 刚

远方的人·················羊 羽

白果·····················赵剑平

老宅·····················彭瑞高

短篇小说

秋·于笙的浪漫史————————————鲁彦周
涨水那一年—————————————————王 璞
落日迟——————————————————徐恒进
拐杖——————————————————沈石溪

人生采访

且说说我自己——————————————施蛰存
施蛰存先生印象记————————————宋广跃

散文

马思聪的劫难——————————————柯 灵
怀丰村——————————————————杜 宣
萧岱与老《收获》————————————樊 康
我曾有的翅膀（几度春秋征文）—————万 方
一个人和一个时代的终结（几度春秋征文）———唯 明

朝花夕拾

主持人的话————————————————李子云
拓拔斯·搭玛匹玛————————————田雅各
冲突————————————————————拓拔斯

望乡——————————————[日本]东卿青儿
竞艳——————————————[日本]斋藤清
拥抱——————————————[日本]高山辰雄

1989 年第 4 期　刊名:《收获》
目录

纪实文学

一百个人的十年————————————冯骥才

中篇小说

陆棣和蜗仙及小女人的传说——————陆 棣
荒亭——————————————————李平易
天杀——————————————————丁伯刚
遥渡相思————————————————迟子建

短篇小说

结婚——————————————————阿 城
陈守存冗长的一天————————————北 村
万天斗—————————————————杨争光

电影剧本

风骚老镇————————————————秦培春

人生采访

且说说我自己——————————————贾植芳
贾植芳先生其人其事———————————晓 明

散文

等待——————————————————洁 泯
十六岁的梦（几度春秋征文）—————阿 樶

朝花夕拾

主持人的话————————————————李子云
炎凉旅情————————————————李 黎

二重上升的楼梯
广场雕塑
被破坏的城市

1989 年第 5 期　刊名:《收获》
目录

中篇小说

大捷——————————————————周梅森
上弦月下弦月——————————————田珍颖
东京没有爱情——————————————蒋 濮
黑房间—————————————————墨 白
罗庄——————————————————张存学

短篇小说

山下的道路————————————————吕 新
秋景两幅————————————————李秀峰

散文

寄给史放————————————————邹荻帆
笔墨祭—————————————————余秋雨

朝花夕拾

主持人的话————————————————李子云
蓝色多瑙河————————————————陈 烨

肖像——————————————————雅勃隆斯卡亚
肖像——————————————————莫伊申柯夫
小丑——————————————————莫伊申柯夫

1989 年第 6 期　刊名:《收获》
目录

长篇小说

江南小镇————————————————徐 迟

中篇小说

妻妾成群————————————————苏 童
有天井又带回廊的房子——————————皮 皮
日食——————————————————朱耀华

人生采访

且说说我自己⋯⋯⋯⋯⋯⋯⋯⋯⋯蒋孔阳

无情未必真豪杰⋯⋯⋯⋯⋯⋯⋯彭新琪

短篇小说

背景⋯⋯⋯⋯⋯⋯⋯⋯⋯⋯⋯⋯格 非

溺⋯⋯⋯⋯⋯⋯⋯⋯⋯⋯⋯⋯⋯韩蔼丽

小说二题⋯⋯⋯⋯⋯⋯⋯⋯⋯⋯海 男

镜子⋯⋯⋯⋯⋯⋯⋯⋯⋯⋯⋯⋯乐 陵

朝花夕拾

主持人的话⋯⋯⋯⋯⋯⋯⋯⋯⋯李子云

围城の进出⋯⋯⋯⋯⋯⋯⋯⋯⋯张贵兴

石版画⋯⋯⋯⋯⋯⋯⋯⋯⋯⋯⋯米 罗

《四川文艺》

（《四川文学》、《现代作家》）

【简 介】

　　综合性文学月刊。四川省作家协会主办。创刊于1956年,1972年复刊,1979年1月由《四川文艺》更名为《四川文学》,1984年1月更名为《现代作家》,1990年恢复为《四川文学》。其立足四川本土,为本地文学发展提供了平台,取得了重要成绩,成为四川文学发展不可或缺的前沿阵地。

期刊号:1976年第1期—1989年第12期

1976 年第 1 期　刊名:《四川文艺》

目录

词二首⋯⋯⋯⋯⋯⋯⋯⋯⋯⋯⋯毛泽东

水调歌头·重上井冈山　一九六五年五月

念奴娇·鸟儿问答　一九六五年秋

红日照征途　凯歌迎新春——革命文艺战士热情吟诵、学习毛主席光辉诗篇⋯⋯⋯⋯⋯本刊记者

小说·报告文学

希望⋯⋯⋯⋯⋯⋯⋯公社社员　周克勤

朱廷秀⋯⋯⋯⋯⋯⋯公社社员　庄增述

人老心红⋯⋯⋯⋯⋯⋯⋯⋯⋯⋯庞家声

壮丽的青春⋯⋯⋯⋯⋯⋯⋯工人　任正平

诗歌

普及大寨县赞歌

进军的序曲⋯⋯⋯⋯⋯⋯⋯⋯⋯陈朝红

千山同走大寨路⋯⋯⋯⋯⋯⋯⋯匡远辉

晒场小景⋯⋯⋯⋯⋯⋯⋯⋯⋯⋯田 俊

打草鞋⋯⋯⋯⋯⋯⋯同乡知识青年　贾勇虎

背篼商店⋯⋯⋯⋯⋯⋯⋯⋯工人　高达材

喜报⋯⋯⋯⋯⋯⋯⋯⋯⋯⋯工人　徐国志

师傅的笔⋯⋯⋯⋯⋯⋯⋯⋯工人　吴文炳

在理论骨干学习班⋯⋯⋯⋯⋯⋯钟朝康

夜校⋯⋯⋯⋯⋯⋯⋯⋯⋯⋯⋯⋯龚 平

报到⋯⋯⋯⋯⋯⋯⋯⋯⋯⋯工人　沈前祥

"会战指挥部"赞⋯⋯⋯⋯⋯⋯工人　冯 骏

时代的号角⋯⋯⋯⋯⋯⋯⋯⋯⋯伊克昭

黎明钟声⋯⋯⋯⋯⋯⋯⋯⋯⋯⋯张士忠

雾雨山下钻井队⋯⋯⋯⋯⋯⋯工人　鄢家发

铝盔茶⋯⋯⋯⋯⋯⋯⋯⋯⋯⋯⋯姚焕吉

炮声好似冲锋号⋯⋯⋯⋯⋯⋯工人　马德泰

炸滩⋯⋯⋯⋯⋯⋯⋯⋯⋯⋯⋯⋯张新泉

曲艺

女石匠⋯⋯⋯⋯⋯⋯⋯解放军　红水兵

李奶奶⋯⋯⋯⋯⋯⋯⋯⋯⋯⋯⋯周又郎

军民同谱丰收曲⋯⋯⋯⋯⋯邓新志　邓新华

当好"先行官"⋯⋯⋯⋯⋯⋯工人　陈光耀

评论

使人民都知道投降派⋯⋯⋯⋯⋯谭洛非

为普及大寨县擂鼓讴歌⋯⋯川棉一厂工人文艺评论组

号角声声战鼓息

——读《大办农业诗辑》⋯⋯仁寿县一中　杨 桦

习作园地

写出英雄人物的思想高度——读《战士》·····松 鹰

战士（散文）·····工人 李益品

美术

到第一线去（木刻）·····吴德远

1976 年第 2 期　刊名:《四川文艺》
目录

胜利属于肯登攀的人们——读毛主席词《水调歌头·重上井冈山》·····成都无缝钢管厂工人文艺评论组

一曲响彻云霄的战歌——学习毛主席词《念奴娇·鸟儿问答》·····四川师范学院中文系古代语文组

战士喜读壮丽篇·····解放军 凌行正

紧跟毛主席，无高不可攀！——学习《水调歌头·重上井冈山》笔记·····吕 进

伟大诗篇是金灯·····公社社员 黄德寿

小说·散文

"踏破冰"·····下乡知识青年 何春生

师徒俩·····公社社员 王家彬

堡垒·····公社社员 林贵祥

新苗·····白水泉

不听话的孩子·····解放军 胡良栋

黄桷湾·····公社社员 张敬民

诗歌

欢乐的高原

——甘孜藏族自治州民歌选

　　　　　（藏族）意西泽仁 扎 登等

阿姆领惹的歌·····（彝族）吴琪拉达

工宣队的记事簿·····彭斯远

毕业新歌·····谭 楷

大学毕业回山寨·····周从纯

政治夜校教员·····杨世运

讲台·····赖松庭

新生事物赞·····解放军 童嘉通

帐篷车间·····工人 鄢家发

雷电摄下新图画·····工人 鄢家发

曲艺

干，干，干!·····郑光福

大寨路上唱新歌·····席述可

评论

《水浒》书名的由来和寓意

···成都无缝钢管厂工人理论组 川师中文系 屈守元

试论李逵及其教训·····涂一程

一个感人的农村妇女形象——读《强二嫂》···张家禄

喜读《强二嫂》·····唐承昭

习作园地

谈谈《渠水激荡》·····平 文

渠水激荡（小说）·····郭松华

美术

春播·····昔阳县丁峪公社刀把口大队社员

话丰收·····朱也青

喜迎下乡又一春（年画）·····李增吉

高路入云端（木刻）·····鄢中铁

1976 年第 3 期　刊名:《四川文艺》
目录

坚持文艺革命，反击右倾翻案风·····初 澜

小说·散文

春雷滚滚·····席光辉

"老哥"归来·····下乡知识青年 曹也平

回营途中·····解放军 唐学文

山鹰一号·····解放军 魏予兵

不老松·····姚红文

诗歌

教育革命赞歌·····工人 郑宝富 杨远方

一份申请书·····林 弦

新战士的决心·····工人 谢怀军

挥汗化长江——眉山县群众创作诗选

挥汗化长江·····沈文儒 社员 王朝相等

队委会·····下乡知识青年 汪光大

田头批判会·····公社社员 刘文仲

激战小憩·····解放军 江星火

雾中·····下乡知识青年 明 伦

桥·····戴左航

征途新歌·····解放军 杨泽明

战场·····工人 张小敏

"娘家"的邮包·····叶延滨

剧本

炉火熊熊·····工人 高鸿源

评论

革命风雷是历史前进的动力——学习毛主席词二首的一点体会·····解放军 许邦贵

反对修正主义的雄伟诗篇·····邓双琴

从我们时代的思想高度出发
——学习革命样板戏札记·············郑国疆
关于《水浒》的艺术性·············吴功正
从《水浒》的演变看它投降主义的主题·······徐经谟

美术

女将（年画）···············工人 曾庆华
春雨（水印木刻·选自浙江、广东、四川版画联展）
························朱理存

1976 年第 4 期 刊名:《四川文艺》

目录

诗歌

冲锋的号声
反击右倾翻案风诗辑
战鼓隆隆················工人 柯愈勋
寄自工宣队的报告···········工人 刘 滨
教育新篇···············工人 廖学良
撒向战场的诗传单···········工人 白杨树
鼓角喧天···············工人 邹自立
钟声·················彭斯远
战歌··············解放军 邓绪东
战斗不止···············杨世运
大批判烈火熊熊燃···········皮荣树
政治夜校响春雷········下乡女知识青年 吴晓燕
笑迎风浪把战挑············匡远辉
火热的征途··············王征华
航道工的生活·············徐如麒
工地小憩··········下乡知识青年 舒 扬

美术

管大事（木刻）·······董达荣 章学林 宋 文
火红的前哨（木刻）········胡 名 袁吉中
学工归来（木刻）···········吴德远
大展宏图（宣传画）（封面）·····成都市美术社供稿
理论新兵（套色木刻）（封底）····女工人 吴孔春

评论

无产阶级是不能迁就你们的
——斥"样板戏阻碍了文艺发展"·····金实秋
工农兵最爱革命样板戏
···········成都市东城区工人理论组 闻 蕾
文艺创作必须以阶级斗争为纲·······范世华
"优待券"析·············程越巍
革命现实主义与革命浪漫主义相结合的光辉诗篇
···············范文瑚 张昌余
以阶级斗争为纲 歌颂"文化大革命"

——喜读短篇小说《焊花怒放》·······王世德
及时反映农业学大寨的斗争生活
——读"来自化林的报告"·········吴 红

小说·散文

飞虹·················晓 帆
钟老师傅···············工人 鄢光忠
道路············下乡女知识青年 肖 颐
乘风破浪···············工人 邵红峰
宁小军··········下乡知识青年 唐安伟
山村新貌···············周永波

1976 年第 5 期 刊名:《四川文艺》

目录

"文化大革命"永放光芒——纪念中共中央一九六六
年五月十六日《通知》十周年·······《人民日报》、
《红旗》杂志、《解放军报》编辑部
深入批判邓小平 坚持文艺革命——学习《在延安文
艺座谈会上的讲话》············初 澜

诗歌

"文化大革命"赞歌
革命，在炮声中前进！ ——重读毛主席《炮打司令部
（我的一张大字报）》··········傅 仇
一声通知传天下
——纪念五·一六《通知》十周年·····申 重
炉台放歌···············工人 白杨树
炉火熊熊在燃烧············工人 邹自立
火种·················工人 张 帆
五·七规划图··············符启文
地铺·················郑德玥
春风渡山注··············工人 白怀亮
写在山村的大字报··········公社社员 张丕利
乘胜追击，冲锋不息·······下乡知识青年 林 解
狠批邓小平··············工人 贾晓全
红旗飘万代··············工人 刘学琼
毛主席率领我们冲锋向前········解放军 宗兴旺
我们心上的北京城··········（彝族）吴琪拉达
掀起批邓新高潮（歌曲）········郭久麟词 鸣 亚曲
把批邓的烈火烧得更旺（歌曲）······永昌词曲

评论

满腔热情歌颂"文化大革命"········平 文
坚持社会主义文艺的根本任务——学习《在延安文艺
座谈会上的讲话》··········杨烈光 孔祥智
加强改造，不断前进
——重新学习《讲话》的一点体会····屈守元 雷履平

革命样板戏的辉煌成就不容抹煞·······施攀山
在反"雷同化"背后
············四川大学中文系七三级 工农兵学员
为何害怕评论《水浒》?···············晨 焰

小说·报告文学
谭雪梅·····················刘正明 符朝林
不断攀登新的高峰···················化 石
支农列车·················杨大平 余 凤

美术
火红的心 铁人的劲(铜版画·选自浙江、广东、四川版画联展)
·····················王元寿
草地诗篇(木刻·选自浙江、广东、四川版画联展)
·····················徐 匡

习作园地
要注意提炼——读一部诗稿有感·······龚文兵
搬家(诗)·······················成宏图

群众论坛
为普及大寨县贡献青春
——《壮丽的青春》读后···········谢 明
我们欢迎习作园地···················伍大荣

美术
我们见到了毛主席(油画)···········邓绍义
反击右倾翻案风(雕塑·选自"重庆工人雕塑展览")
·····················重庆工人
邓厚忠 刘义福 李洪钧 程志勇
重担我来挑(木刻)·················刘成湘

1976 年第 6 期　刊名:《四川文艺》
目录

小说
张思德的战友·········革命荣誉军人 黄谋远
难忘的岁月···········回乡知识青年 何世勤
小鹰展翅·······················伍元新
山花红艳艳·····················黄少烽

诗歌
"文化大革命"赞歌
工人委员·················工人 冯 骏
工人阶级上讲台·············工人 柳 越
小丫·························蔡世武
女委员···········下乡知识青年 舒 扬
彝家爱唱样板戏·················刘 震
千钧棒——赞革命样板戏·······工人 张重一
长征路上红卫兵·············工人 刘成东
连长的照片·············解放军 田玉生
这是第十个年头·················沈 重
干校留影···············解放军 谭忠心
春苗就在咱们村(革命儿歌十四首)
·······下乡女知识青年 吴晓燕 卫新华等
喧腾的港口·····················唐大同

评论
反动阶级的哀鸣——批判一首反革命黑诗·······吴明瑶
论邓小平的"捣鬼术"···············张偶良
做贼心虚的丑恶表演·················黄绍银
学习鲁迅的彻底革命精神 深入开展反击右倾翻案风
的斗争·················黎 明 范奇龙

1976 年第 7 期　刊名:《四川文艺》
目录

小说·散文
钢铁的大字报·············工人 火 笛
风雷动·······················刘俊民
新的征途·····················戴善奎
我们在天安门前站岗·········工人 程尚楠
降魔记···················工人 蓝 艰

诗歌
"文化大革命"赞歌
"文化大革命"就是好(民歌十三首)
·················宋祥林 石广华等
幸福的回忆·····················昆 华
红色的袖章·····················刘彻东
沿着毛主席开辟的航线,向前! ——献给毛主席
"七·一六"畅游长江十周年·········张重伦
紧跟毛主席搏风浪——纪念毛主席"七·一六"畅游
长江十周年·············工人 赵佐德
朝阳路上新人来·········工农兵学员 马 沙
赞"七·二一"工人大学···············黄新渠
革委会成立那天·············工人 枕 木
天安门上太阳升——西充县槐树中学通讯组 集体创作
重读五·一六《通知》···············沈伯骏
红卫兵名册·····················再 耕
十年赞歌唱不尽···········解放军 王树国
油浪澎湃·······················刘仁辉

评论
努力塑造同走资派斗争的无产阶级英雄形象····吴 红
深刻揭示党内资产阶级的危险性——略谈《春潮急》

中李春山形象的塑造⋯⋯⋯⋯⋯⋯张家禄
《水浒》篡改主要矛盾的险恶用心⋯⋯温靖邦
永远进击，把革命进行到底——读鲁迅《庆祝沪宁克
复的那一边》⋯⋯⋯⋯⋯⋯⋯⋯⋯陈同军
"天书"与"谣言"⋯⋯⋯⋯⋯⋯⋯⋯费清泉
"三变"与"三态"⋯⋯⋯⋯⋯⋯⋯⋯黎 文
一字之改与二字之增⋯⋯⋯⋯⋯⋯⋯严 碧

美术

战斗正未有穷期（剪纸）⋯⋯⋯公社社员 魏世忠
回击右倾翻案风⋯⋯⋯小靳庄大队 业余美术组
战斗中成长（选自"重庆工人雕塑展览"）
⋯⋯⋯⋯⋯⋯重庆文化宫美工 吴显林
加强无产阶级专政（选自"重庆工人雕塑展览"）
⋯⋯⋯⋯⋯⋯重庆文化宫美工 冯宜贵

1976 年第 8—9 期　刊名:《四川文艺》
目录

诗歌

"文化大革命"赞歌
毛主席挥手我前进——写在一九六六年八月接受毛主
席检阅的时候⋯⋯⋯⋯⋯⋯⋯⋯许传之
斗争颂⋯⋯⋯⋯⋯⋯⋯⋯⋯⋯⋯徐 康
红小兵之歌⋯⋯⋯⋯⋯⋯⋯工人 白杨树
十年征程红似火（民歌十首）⋯⋯王光池 周璞亨等
八月纪事⋯⋯⋯⋯⋯⋯⋯⋯工人 徐 慧
炮声隆隆风雷激
——欢呼《炮打司令部》发表十周年⋯工人 邹自立
风雷永在胸中吼——重读《中共中央关于无产阶级文
化大革命的决定》⋯⋯⋯⋯⋯工人 李可刚
高原红卫兵⋯⋯⋯⋯⋯⋯⋯解放军 杨星火
毛主席戴上红袖章⋯⋯⋯⋯⋯工人 姜华令
永远革命永战斗⋯⋯⋯解放军 海风仁 赵聚奎
延河日夜流（散文诗）⋯⋯⋯解放军 里 沙
万岁，革命的大字报⋯⋯⋯⋯⋯⋯敬新邦
红色日记⋯⋯⋯⋯⋯⋯⋯⋯⋯⋯刘位前
井场大学⋯⋯⋯⋯⋯⋯⋯⋯⋯⋯弓 月
水上大学⋯⋯⋯⋯⋯⋯⋯⋯工人 张新泉
扬鞭抖缰走高原⋯⋯⋯⋯⋯⋯⋯李刚夫
铁心闯女⋯⋯⋯⋯⋯⋯⋯⋯⋯⋯戴左航
邮电新花⋯⋯⋯⋯⋯⋯⋯⋯工人 姜华令
抗震救灾　人定胜天
在平武地震灾区⋯⋯⋯⋯⋯⋯工人 江瑞成
寄自平武震灾区⋯⋯⋯⋯⋯⋯⋯⋯朱志高
震区帐篷的窗口⋯⋯⋯⋯⋯⋯工人 张新泉
我们的信⋯⋯⋯⋯⋯⋯⋯⋯解放军 疆 晓
抗震战歌⋯⋯⋯⋯⋯⋯⋯⋯⋯⋯王思普

地大震，人大干⋯⋯⋯⋯⋯⋯⋯⋯谭思正
课堂⋯⋯⋯⋯⋯⋯⋯⋯⋯⋯⋯⋯雁 翼
踏遍青山人未老⋯⋯⋯⋯⋯解放军 童嘉通
钢铁珍宝岛⋯⋯⋯⋯⋯⋯⋯⋯⋯⋯蔡文祥
明天就要打靶⋯⋯⋯⋯⋯⋯解放军 吴 名
红小兵野营黄洋界⋯⋯⋯⋯⋯⋯⋯于 沙
硬骨头班⋯⋯⋯⋯⋯⋯⋯⋯解放军 张 戎
"愚公队"⋯⋯⋯⋯⋯⋯⋯⋯工人 吕万成
壮志谱新篇⋯⋯⋯⋯⋯⋯⋯⋯⋯赵元瑜
扎根树⋯⋯⋯⋯⋯⋯⋯⋯⋯⋯⋯田雅春

小说·散文·报告文学

新娘⋯⋯⋯⋯⋯⋯下乡知识青年 何春生
县委委员⋯⋯⋯⋯⋯⋯⋯吴文贵 李禾舟
夜走黑子岭⋯⋯⋯⋯⋯⋯公社社员 何国均
茗床风雪⋯⋯⋯⋯⋯⋯⋯⋯⋯⋯文晓璋
大山深处春意浓⋯⋯⋯⋯⋯⋯⋯⋯曹也平

曲艺

支农战歌⋯⋯⋯⋯⋯⋯⋯⋯解放军 越 山
一把雨伞⋯⋯⋯⋯⋯⋯⋯⋯⋯⋯李全桦
扎根山村志不移⋯⋯⋯⋯解放军 卢 桢 朱传雄

评论

鲁迅——毛主席革命路线的忠诚卫士
⋯⋯⋯⋯⋯⋯⋯⋯⋯效 忠 童伟民
做与工农划等号的文艺战士——读鲁迅《对于左翼作
家联盟的意见》⋯⋯⋯⋯⋯谭炬华 张偶良
把谣言家"照出原形"——学习鲁迅札记⋯⋯文怀鲁
砸烂"官贵民贱"的精神枷锁⋯⋯⋯解放军 张 波
谈"赶"⋯⋯⋯⋯⋯⋯⋯⋯⋯⋯⋯范国华

美术

祖国处处是家乡（木刻）⋯⋯⋯⋯⋯卢 平
重新学习（木刻）⋯⋯⋯⋯⋯⋯⋯汤荣新
战斗正未有穷期（木刻）⋯⋯⋯⋯⋯钟知义
小助手（木刻）⋯⋯⋯⋯⋯⋯⋯⋯李焕伦
飞夺泸定桥（"长江组雕"局部）
⋯⋯⋯⋯⋯⋯四川美术学院雕塑系
练为战（木刻·选自浙江、广东、四川三省版画联展）
⋯⋯⋯⋯⋯⋯⋯⋯⋯⋯⋯赵瑞椿

1976 年第 10 期　刊名:《四川文艺》
目录

伟大的领袖和导师毛泽东主席永垂不朽
中国共产党中央委员会　中华人民共和国全国人民代
表大会常务委员会

中华人民共和国国务院　中国共产党中央军事委员会
告全党全军全国各族人民书

在伟大的领袖和导师毛泽东主席追悼大会上中国共产党
中央委员会第一副主席、国务院总理华国锋同志致悼词

中国共产党中央委员会　中华人民共和国全国人民代
表大会常务委员会

中国人民共和国国务院　中国共产党中央军事委员会
关于建立伟大的领袖和导师毛泽东主席纪念堂的决定

中共中央关于出版《毛泽东选集》和筹备出版《毛泽东
全集》的决定

亿万人民的共同心愿……《人民日报》、《红旗》杂志、
《解放军报》社论

毛主席永远活在我们心中

东方红

各族人民歌颂毛主席（民歌一百首）

深切的怀念……………………………………化　石
站在红岩望北京……………………………………宏　皑
举起毛主席给我的这只手宣誓…………女工　陆政英
十月十八日………………下乡知识青年　何春生
红小兵心向红太阳…………………………龚巧明
毛主席呵，我们心中的红太阳………（藏族）意西泽仁
永世不忘毛主席的恩情
　　……………四届人大代表　川剧演员　陈书舫
毛主席指引我们过三峡………陈艾　余凤　杨大矛
金牛坝的春风…………………………工人　张　帆
都江堰人民怀念毛主席…………工农兵学员　江　涛
红太阳光辉照耀着我们………………………胡　笛
挑担歌……………………………解放军　杨星火
永走毛主席指引的金光路………………刘友竹
记在心上………………………（彝族）吴琪拉达
悲痛化为撼山力………………………刘昭福
呼啸的汽笛……………………………工人　王国云
雪山战士的誓言…………………解放军　任耀庭
永远高唱红军歌…………………解放军　杨泽明
攥紧钢枪跨战马…………………解放军　侯仕鑫
毛主席永远活在我们心里…………解放军　王　昭
雪山草地齐哀悼…………………解放军　杨宗平
毛主席永远在我们中间…………………工人　游永才
胜利属于毛主席…………………解放军　德　功
永远沿着毛主席的革命文艺路线胜利前进！
　　…………………什邡县马井公社业余文艺创作组
铭记伟大教导　永远战斗向前
　　………………成都无缝钢管厂工人理论组
永做毛主席的文艺战士………公社社员　周克芹
战士怀念毛主席…………………解放军　唐早生
毛主席诗词永放光芒………………戈壁舟　安　旗
永远坚持毛主席的无产阶级革命文艺路线
　　…………………………………本刊编辑部

万众欢呼华主席　重炮猛轰"四人帮"
一唱雄鸡天下白——记省、市部分文艺工作者一次欢
庆的座谈会…………………………本刊记者整理
华主席和我们心连心（民歌十三首）
　　…………………………解放军　杨联平等
胜利的进军（诗）…………………工人　刘　滨
我们党胜利了（诗）…………………工人　张　帆
烛天的火炬（诗）………………女工　徐　慧
凯歌一曲献给党（诗）…………………方　敬
哈达献给华主席（诗）…………解放军　杨泽明
鼓声震天（诗）…………………………谭　楷
革命情（诗）…………………工人　张开国
新钢献给华主席（诗）……工人　况明先　沈友庆
怒斥"四人帮"（寄调丑奴儿）…………默　之
王张江姚"四人帮"剪影（词四首）……履　冰
我们的前途无限辉煌（散文）…………工人　火　笛
火红的墙报（散文）…………解放军　凌行正
长江两岸欢呼声（散文）……………何春生
红小兵欢庆伟大胜利（散文）………龚巧明
普天同庆（清音）……………………王　戈
胜利凯歌震天响（对口词）…………杨德昌
托派的故伎（杂文）——戳穿"四人帮""拉青打老"
的阴谋…………………………………松　鹰
"百舌鸟"喻（杂文）………………常思春
批判"四人帮"的最强大的思想武器（评论）
　　…………………………………吴　野
彻底批判"四人帮"扼杀《创业》的罪行（评论）
　　…………………成都无缝钢管厂　姚齐源
欺世盗名的骗子　凶残专横的文霸（评论）——愤怒
声讨"四人帮"在文艺界的滔天罪行…………苏　恒
水调歌头
　　——粉碎"四人帮"（歌曲）郭沫若词　常苏民曲
欢庆伟大胜利（速写六幅）………解放军　邹昌义等
在华主席为首的党中央领导下乘胜前进（宣传画）
　　…………………………………雷贞恕
用抓革命促生产的实际行动回击"四人帮"（宣传画）
　　…………………………………谢可新

毛主席永远活在我们心中
讲台前的怀念（诗）…………………工人　王长富
宣誓红岩村（诗）……………………张继楼
筑路工人的怀念（诗）………………南　征
夜读（诗）…………………解放军　张　戎
灯下读毛主席的书（诗）……………杜　牧
悼念毛主席（调寄《长相思》）……………曦　波

1976 年第 11 期　刊名:《四川文艺》
目录

山城人民怀念毛主席（民歌十四首）

————————————————————工人　张太超等

毛主席永远指引我们前进（散文）

————————————重钢文艺创作评论小组

永远的怀念（散文）——————解放军　杨宗平

周总理永远和我们在一起

悲壮的颂歌（诗）——————————工人　黄万里

痛悼总理逝世（诗）——————成都市革命群众

三代写诗诉衷情（诗）——————————陈　同

伟人永垂青史（满江红）

———————成都地质学院教师　米彤晖

悼念总理逝世（沁园春）————————张秀熟

无题（七律）——————————————蓉城一人

挽联——————————————————文艺一兵

纪念碑（诗）————————————女工　徐　慧

痛悼总理（诗）

———四川师范学院彝族工农兵学员　嘎玛威普惹

藏族儿女悼总理（诗）

——————四川师范学院数学系　欧泽高

缅怀总理（诗）——————工人　王持久　周光全

哭总理（诗）——————————————女红卫兵

悼念总理逝世（诗）

————————战斗英雄罗光燮的父亲　罗通林

难忘的会见（诗）——————成都市贸易公司　乔　祥

红岩灯光照后人（诗）——————————廖军武

总理胸前的像章（诗）———成都地质学院　工农兵学员

万里征途步不停（诗）——————张世忠　马道五

举臂宣誓慰英灵（诗）——————————白衣战士

周总理来到长寿湖（诗）————————范国华

建成大寨慰英灵（诗）——————成都胜利公社　钟泽琼

战友，把眼泪揩干（诗）————成都工学院　工农兵学员

1976 年第 12 期　刊名：《四川文艺》

目录

论十大关系——————————————毛泽东

喜读主席词二首——————————————朱　德

怀念毛主席（满江红）————————郭沫若

你办事，我放心（素描）————————徐　匡

巴山蜀水歌如潮　红心永向华主席

华主席是我们知心人（民歌十六首）

——————回乡知识青年　李昌国等

歌颂领袖华主席（七律二首）————冉友桥

大寨之花——————————————钟朝康

奔腾的煤河————————工人　徐国志　柯愈勋

六州歌头——————————————默　之

东风劲吹驱妖雾　高歌猛进迎新春

春节演唱作品特辑

幸福的回忆（琵琶弹唱）————————竹亦青

颂歌唱给华主席（快板书）——————解放军　邓绪东

红心飞向华主席（车灯·扬琴）————季文博

大寨英雄斗妖记（相声）————————艾　湫

红石堡上红旗飘（金钱板）———公社社员　王齐志

矿山变新颜（表演唱）——————————冉　庄

贫下中农爱《创业》（金钱板）————刘文成

鲁迅痛打落水狗（唱词）————————王锡锋

云开雾散（独幕话剧）————工人　朱大明　边小柱

杨柳渡口（小演唱）——————————熊　炬

借车（独幕话剧）——————————羽　军

初诊（川剧·评戏）——————————徐　菜

横扫"四人帮"的妖风毒雾
让毛泽东思想普照文艺阵地

戳穿"四人帮"鼓吹"写走资派"的阴谋———川　戈

要害是篡党夺权

————————安岳驯龙公社创作组　杨烈光　炽　燃

反革命的杀人术———四川省商业局汽车队　胡润森

不准"四人帮"篡改党的基本路线

————————成都电讯工程学院工宣队　李志龙

毁我长城　罪该万死———成都军区歌舞团　刘德功

一个反马克思主义的"创作原则"

——评"三突出"——————————蜀　平

粉碎枷锁得解放——————————李庆馆

杂文

"全""拳""权"（外一则）——————吕　进

江青是谁的"学生"——————解放军　张　波

狼子野心　昭然若揭

——从"初澜"，"江天"谈起

——————德阳地区印刷厂　郁小平

"军中皆左袒"与"国人皆曰可杀"

——————自贡东方锅炉厂　锺　文

"化名"与"化身"——————————范国华

热烈欢呼华主席为我党领袖（速写）————张友霖

打一场深揭猛批"四人帮"的人民战争（速写）

————————————张友霖

群情激昂斗豺狼（速写）

——————武汉测绘学院工农兵学员　张　强

地动三河铁臂摇（木刻）——————邸中秋

1977 年第 1 期　刊名:《四川文艺》
目录

无产阶级的战歌（诗）·····················徐国志
扎西歌颂毛主席（诗）·····················杨星火
华主席走在红岩路上···········曾宪国　夏树人
蓉城的欢歌·····························刘新海
庆祝一九七七年元旦（沁园春）···········张秀熟
华主席像到山村（诗）·····················陈国华
战士的礼物（诗）·······················田玉生
拖轮的歌（诗）·························再　耕
我们就是钢（诗）·······················余新庆
沸腾的盐场（诗）···········黄智本　王晓康
夜钻（诗）·····························夏全志
敬爱的周总理永远活在我们心中···········杨　超
回忆在周总理身边工作的岁月···········赵大汗
我所见到的周总理·······················李国忠
沉痛悼念敬爱的周总理···················田一平
红岩儿女的深情怀念
　　　　吕　进　邹　绛　吴庆华　阎立言
狂飙书简·······························松　鹰
怀念我们敬爱的周总理（诗）···········何其芳
在《新华日报》门前（诗）···············江瑞成
没有说完的话（诗）·····················徐　慧
撒满周总理骨灰的土地（诗）···········纪　谊
不灭的航标（诗）·······················陆　棨
雪山采莲祭总理（诗）·····················贾勇虎
江河湖海颂（诗）·······················邹雨林
江河土地悼英灵（诗）···········杨大矛　王炎生

陈毅同志诗选
甩臂大干的人（小说）·····················戴善奎
百花迎春（散文）·······················梁沪生
大寨的种子（散文）·····················杨大矛
化林短歌（诗）·························张丕利
大寨之花（诗）·························钟朝康
大寨的火把（诗）·······················张　帆
虎头山是英雄山（民歌十五首）···········张新泉等
县委书记来安家（清音）·················阳　晓
粉碎"四人帮"射向"二百"方针的毒箭···········平　文
扫除"四人帮"百花更芬芳
　　　　　　　　温江地区文教局大批判组
明灯照征途　百花更鲜艳——学习毛主席关于《创
业》的批示·····························晓　钟
为普及大寨县大唱赞歌···········张敬民　钟朝康　王齐志
大干社会主义有理·············吴文炳　龚文兵
奋起千钧棒　痛打落水狗——揭发批判"四人帮"破
坏"批林批孔"的滔天罪行···········杨明照

杂文
野心家的"良心"···········韩定安　刘　强
"奇峰"小议·····························王恩普
一九六四年十一月，周恩来同志从莫斯科回到北京
时，受到毛主席、朱委员长和首都人民的热烈欢迎
（图片）·····························新华社
一九五八年，周总理亲笔录写革命残废军人刘渝生同
志所写《我们的心永远忠于党》一诗（图片）
　　　　　　　四川省革命残废军人休养院供稿
忠诚与日同辉耀　天不能死地难埋（木刻）····李少言
无产阶级的正气（素描）·················吴　凡

1977 年第 2 期　刊名:《四川文艺》
目录

小说·故事·特写
寒夜笑语·····························郭庆渝
严重的时刻·····························鄢光忠
车轮滚滚·····························刘宗德
新风颂·······························刘　汤
总理光辉永不灭·························饶　英
难忘的深情教诲·························罗承烈
《新华日报》颂·························郭久麟
颂歌献给周总理　匕首掷向"四人帮"···········苏鸿昌
深长的怀念（诗）·······················刘　滨

评论
戳穿"尖端"论的反动实质·················阳正泰
"架空晃盖"辨·························温靖邦
从古代的"清道"看江青的淫威···········李　蕤
伪君子的丑恶表演···········黎　明　邓绪东　刘盛陶
一月花瓣及其他·························何春生
文艺新花迎春天
　　——评话剧《九龙滩》···········常崇宜　史家健

诗歌
气壮山河——农业学大寨战歌
巴山锤歌·····························贾勇虎
拦江造田非神话·························戴左航
大寨的路·····························杨雅都
老贫协之歌·····························刘　震
还是当年那股劲·························向　阳
战前会·······························徐　康
老炮工·······························郭明兴
战阴河·······························陆　棨
心中的春潮·····························叶　簇
筑坝歌·······························赖松廷
军民同心筑大坝·························张　戎

天崩地塌不变心⋯⋯⋯⋯⋯⋯⋯⋯⋯朱志高
挥手写道治山令⋯⋯⋯⋯⋯⋯⋯⋯刘世杰
积肥曲⋯⋯⋯⋯⋯⋯⋯⋯⋯⋯⋯⋯⋯杨刚强
华主席挥手洒春雨（民歌十一首）⋯张祥康等
怒斥"四人帮"⋯⋯⋯⋯⋯⋯⋯⋯⋯张继楼
愤怒声讨"四人帮"⋯⋯⋯⋯⋯⋯⋯冉友桥

剧本
九龙滩（六场话剧）
⋯⋯成都市话剧团集体创作　栗　粟　冯光宇等执笔

美术
迎风斗火夺钢铁（木刻）⋯⋯⋯⋯⋯晨　海
沸腾的山谷（木刻）⋯⋯⋯⋯⋯⋯⋯林百石
铁肩挑平千重山（版画）⋯⋯⋯⋯⋯洪白云

1977 年第 3 期　刊名:《四川文艺》
目录

小说·特写
铜墙铁壁⋯⋯⋯⋯⋯⋯⋯⋯⋯⋯⋯高贤均
桐子花盛开时节⋯⋯⋯⋯⋯⋯⋯⋯脚　印
女婿⋯⋯⋯⋯⋯⋯⋯⋯⋯⋯⋯⋯⋯李一清
闯关⋯⋯⋯⋯⋯⋯⋯⋯⋯⋯⋯⋯⋯振　常
两颗红心⋯⋯⋯⋯⋯⋯⋯⋯⋯⋯⋯肖　鸥

诗歌
工业学大庆战歌
大庆炉火⋯⋯⋯⋯⋯⋯⋯⋯⋯⋯⋯张新泉
寄自沸腾的炼钢炉台⋯⋯⋯⋯⋯⋯周纪文
向阳路上⋯⋯⋯⋯⋯⋯⋯⋯⋯⋯⋯余系中
送《批示》⋯⋯⋯⋯⋯⋯⋯⋯⋯⋯张　戎
向每一秒钟要钢⋯⋯⋯⋯⋯⋯⋯⋯汪万泉
创业谱新篇⋯⋯⋯⋯⋯⋯⋯⋯⋯⋯王长富
矿山的春潮⋯⋯⋯王长富　徐国志　李萱华
大庆归来⋯⋯⋯⋯⋯⋯⋯⋯⋯⋯⋯沈国凡
锻工新歌⋯⋯⋯⋯⋯⋯⋯⋯⋯⋯⋯张士忠
我们回答有有有⋯⋯⋯⋯⋯⋯⋯⋯彭明羹
老炉长的工作服⋯⋯⋯⋯⋯沈友庆　况明先
铁塔上的鹰⋯⋯⋯⋯⋯⋯⋯⋯⋯⋯郭廷萱
华主席给咱金翅膀（民歌十五首）
⋯⋯⋯⋯⋯⋯⋯⋯⋯王慧骐　蒋道鸿等
风雨练兵⋯⋯⋯⋯⋯⋯⋯⋯⋯⋯⋯刘毅然
战士欢喜岷山雪⋯⋯⋯⋯⋯⋯⋯⋯廖代谦
师长⋯⋯⋯⋯⋯⋯⋯⋯⋯⋯⋯⋯⋯顾　平

曲艺
红花开在龙头岩（唱词）⋯⋯⋯⋯⋯康庄路
考石匠（竹琴）⋯⋯⋯⋯⋯⋯⋯⋯⋯竹亦青

评论
调动一切积极因素　繁荣社会主义文艺创作——学习
毛主席《论十大关系》⋯⋯⋯⋯⋯本刊评论员
反革命的文艺纲领——批判江青关于文艺"根本任
务"的反动主张⋯⋯⋯⋯⋯⋯⋯⋯乐开远
一面黑旗⋯⋯⋯⋯⋯⋯⋯郭廷萱　唐承昭
修正主义的破烂⋯⋯⋯⋯⋯⋯⋯⋯周克芹
砍伐群芳的板斧⋯⋯⋯⋯⋯⋯⋯⋯常月风
这是哪家英雄?⋯⋯⋯⋯⋯⋯⋯⋯张天衡
射向无产阶级的一支毒箭——评梁效《封建末世的孔
老二——〈红楼梦〉的贾政》⋯⋯温靖邦
迎接社会主义文艺的春天——批判"四人帮"破坏党
的"二百"方针的罪行⋯⋯⋯⋯⋯川　戈

美术
妇女顶起"半边天"（速写）
⋯⋯⋯⋯⋯⋯杨之清　张　健　肖惠珠

1977 年第 4 期　刊名:《四川文艺》
目录

中共中央关于学习《毛泽东选集》第五卷的决定
《毛泽东选集》第五卷出版说明
《毛泽东选集》第五卷介绍
⋯⋯⋯⋯中共中央毛泽东主席著作编辑出版委员会
毛主席《关于红楼梦研究问题的信》手迹
掀起学习毛主席著作的新高潮——热烈欢呼《毛泽东
选集》第五卷出版
⋯⋯⋯《人民日报》、《红旗》杂志、《解放军报》社论
毛主席手书叶剑英同志《远望》诗
诗三首⋯⋯⋯⋯⋯⋯⋯⋯⋯⋯⋯⋯叶剑英
叶剑英同志关于毛主席手书《远望》诗的说明
重读《远望》志更坚⋯⋯⋯⋯毛岸青　邵　华

小说·报告文学
九月风雨⋯⋯⋯⋯⋯⋯⋯⋯⋯⋯⋯曹也平
平武震区纪行⋯⋯⋯⋯⋯刘　汤　元　工
老金⋯⋯⋯⋯⋯⋯⋯⋯⋯⋯⋯⋯⋯温传昭

诗歌
歌飞井冈山⋯⋯⋯⋯⋯⋯⋯⋯⋯⋯于　沙
白玉的丰碑⋯⋯⋯⋯⋯⋯⋯⋯⋯⋯梁上泉
会理行⋯⋯⋯⋯⋯⋯⋯⋯⋯⋯⋯⋯李本德
站在庐山唱颂歌⋯⋯⋯⋯⋯⋯⋯⋯唐大同
工业学大庆战歌
战鼓催春⋯⋯⋯⋯⋯⋯⋯⋯郑宝富　杨远方

煤矿诗情 ……………………………………… 柯愈勋
不夜的矿山 …………………………………… 王长富
金色的轨道 …………………………………… 王国云
彩云尽化喜报飞（民歌二首）……… 张新泉　尹克轩
农业学大寨战歌
华主席给咱斗天胆（民歌十二首）
　……………………………………… 张志玉　刘育贤等

剧本
学雷锋（小演唱）…………………………… 陈　艾
红英把关（小川剧）………………………… 南　国

评论
“四人帮”所谓“反对写真人真事”的险恶用心
　………………………………………………… 杨　桦
彻底清算“四人帮”破坏群众文艺创作的罪行
　………………………………………………… 施应洲

杂文
实用主义的丑恶表演 ………………………… 钟　文
蚍蜉的心理 …………………………………… 张　波
文坛骗子的故伎 ……………………………… 张家禄
新春杂感 ……………………………………… 吕　进
前台的架子与后台的面目 …………………… 蔡春明
“借头示众”者的必然下场 ………………… 姚定一

美术
奔腾的金沙江 ………………………………… 牛　华
学好文件　大治大干 ………………………… 曾胜利

文艺短论
“骗子文艺”的破产 ……………… 史家健　常崇宜
教育与“训诫”………………………………… 郑国疆
从一个电影镜头引起的联想 ………………… 徐家贵

小说·散文
报喜的炮声 …………………………………… 郭庆渝
大会如期举行 ………………………………… 池正坤
制度 …………………………………………… 严　明
春潮颂 ………………………………………… 周永年

诗歌
欢腾的春潮 …………………………………… 李可刚
高举毛主席的光辉旗帜 ……………………… 张　帆
红岩儿女迎宝书 ……………………………… 黄仁清
斗争正需红五卷 ……………………………… 邹自立
党委会学习室 ………………………………… 邓绪东
高原战士盼五卷 ……………………………… 扎　西
导师留下无价宝 ……………………………… 叶　簇
红五卷光辉照哨所 …………………………… 里　沙
光辉的明灯 …………………………………… 邹　绛
热烈欢呼《毛泽东选集》第五卷发行 ……… 冉友侨
毛泽东旗帜飘万代 ………………………… 田喜清等
工业学大庆战歌… 张新泉　柯愈勋　熊远柱　张小敏
　龙彼德　余新庆　沈友庆　况明先　陈学书　戴左航
　王慧骐　冯　骏　谢鲁渤　周纪文　李可刚　文继龙

美术
痛打落水狗（速写）………………………… 范　曾
喜讯（木刻）………………………………… 姜胜利

1977 年第 5 期　刊名:《四川文艺》

目录

把无产阶级专政下的继续革命进行到底
　——学习《毛泽东选集》第五卷 …………… 华国锋

评论
在毛主席的伟大旗帜下乘胜前进
　——热烈欢呼《毛泽东选集》第五卷出版
　………………………………………… 本刊编辑部
万紫千红才是春——学习《在延安文艺座谈会上的讲
话》，驳“四人帮”的“根本任务”论………… 李庆信
发展无产阶级文艺批评　批判“四人帮”的形而上学
谬论——学习《在延安文艺座谈会上的讲话》
　……………………………………………… 阳正泰
戳穿“四人帮”利用文学遗产篡党夺权的阴谋——纪
念《在延安文艺座谈会上的讲话》发表 35 周年
　……………………………………… 雷履平　罗焕章

1977 年第 6 期　刊名:《四川文艺》

目录

散文·小说·特写
多彩的画笔 …………………………………… 廖全京
心中的歌 …………………………… 彭瑞都　春　郊
欢腾的火焰 …………………………………… 徐　军
小树苗长高了 ………………………………… 孔凡禹
熔炉 ………………………………… 庄增述　王家彬

诗歌
万颗珍珠撒凉山（凉山彝族自治州诗选）
大凉山举了火把 ……………………………… 晏民光
万颗珍珠撒凉山 ……………………………… 蔡子佳
扛 ……………………………………………… 高达材
彝歌 …………………………………………… 安子民
彝家姑娘战山水 ……………………………… 陶继忠

沿着队伍的脚迹⋯⋯⋯⋯⋯吴琪拉达
货郎歌⋯⋯⋯⋯⋯⋯⋯⋯⋯沈前祥
阿尔小学⋯⋯⋯⋯⋯⋯⋯⋯新 克
花儿朵朵向阳红（儿歌二十一首）
月芽弯⋯⋯⋯⋯⋯⋯⋯⋯⋯彭斯远
四川新儿歌⋯⋯⋯⋯⋯⋯⋯张继楼
你要向我姐姐学⋯⋯⋯⋯⋯浩歌
编草帽⋯⋯⋯⋯⋯⋯⋯⋯⋯邓元杰
我爱公社银花花⋯⋯⋯⋯⋯陈官煊
川江儿歌⋯⋯⋯⋯⋯⋯⋯⋯张新泉
矿山跟着大庆走⋯⋯⋯⋯⋯陆文玉
长大要学爸和妈⋯⋯⋯⋯⋯薛新力
小飞机⋯⋯⋯⋯⋯⋯⋯⋯⋯彭斯远
春耕⋯⋯⋯⋯⋯⋯⋯⋯⋯⋯张丕利
山乡迎春曲⋯⋯⋯⋯⋯⋯⋯张小敏
公社的蓝图⋯⋯⋯⋯⋯⋯⋯陈顺元
大寨路上歌连歌⋯⋯⋯⋯⋯安 敏
相逢杜鹃岭⋯⋯⋯⋯⋯⋯⋯叶 簇

剧本
一捆稻草（小歌剧）⋯⋯⋯⋯赵贵林

评论
砸烂"骗子文艺"——斥"四人帮"掀起的一股反现
实主义的反动文艺思潮⋯⋯谭兴国 松 鹰
无产阶级文艺的根本任务不容篡改——学习《在延安
文艺座谈会上的讲话》⋯⋯⋯⋯⋯⋯李 蕤
欲盖弥彰——斥"四人帮"全盘否定三十年代革命文
艺的险恶用心⋯四川师范学院中文系现代文学教研组
继往开来谱新篇——喜读华主席诗一首⋯⋯夏树人
千流归海歌如潮——读赞颂华主席的民歌⋯⋯毛大成

杂文
"奇峰"与"古柏"⋯成都杜甫草堂文物保管处大批判组
一面照妖镜⋯⋯⋯⋯⋯⋯⋯⋯⋯⋯⋯周 纳

美术
三位老同学（木刻）⋯⋯⋯⋯⋯⋯⋯⋯徐 匡

1977 年第 7 期　刊名：《四川文艺》
目录

诗歌
毛主席旗帜万代红（民歌十一首）
⋯⋯⋯⋯⋯⋯黄持一、周丕悌、吴琪拉达等
举旗歌（散文诗）⋯⋯⋯⋯⋯⋯⋯杨思齐
颂歌献给华主席⋯⋯⋯⋯⋯⋯⋯意西泽仁
华主席为民除"四害"⋯⋯⋯⋯⋯傅正洪

塔吊工抒情⋯⋯⋯⋯⋯⋯唐焱 青峰
大庆旗映英雄花——金沙江畔工业区诗选
写在创业者的大旗上⋯⋯⋯⋯⋯任正平
第一块铁锭⋯⋯⋯⋯⋯⋯⋯⋯⋯李本德
宝鼎煤海⋯⋯⋯⋯⋯⋯⋯⋯⋯⋯刘成东
煤山肩上扛⋯⋯⋯⋯⋯⋯⋯⋯⋯文继龙
车来了⋯⋯⋯⋯⋯⋯⋯⋯⋯⋯⋯马德泰
风钻呵，我的好伙伴⋯⋯⋯⋯⋯陈新民
登上誓师台⋯⋯⋯⋯⋯⋯⋯⋯⋯吕文秀
钢人铁马⋯⋯⋯⋯⋯⋯⋯⋯⋯⋯牟永忠
红船搏击千重浪⋯⋯⋯⋯⋯⋯⋯刘 涌
书记拉车⋯⋯⋯⋯⋯⋯⋯⋯⋯⋯田 俊
大田一日变几变⋯⋯⋯⋯⋯⋯⋯舒 扬
心中有颗大寨种⋯⋯⋯⋯⋯⋯⋯杜怀阳
牵着银龙盘山走⋯⋯⋯⋯⋯⋯⋯唐泽民
一步一个新高峰⋯⋯⋯⋯安德祥 马文福
车水谣⋯⋯⋯⋯⋯⋯⋯⋯⋯⋯⋯陈兆铮
川江飞驰⋯⋯⋯⋯⋯⋯⋯⋯⋯⋯唐大同

小说·散文·特写
喜凤姐（小说）⋯⋯⋯⋯⋯⋯⋯韩 起
宝鼎新人（特写）⋯⋯⋯⋯⋯⋯火 笛
明灯的光芒（散文）⋯⋯⋯⋯⋯陈 明
郝老科长（小说）⋯⋯⋯⋯⋯⋯高贤均
蹲点第一天（小说）⋯⋯⋯⋯⋯李一清
荧光屏前（小说）⋯⋯⋯⋯⋯⋯叶元忠
化林新苗（特写）⋯⋯⋯⋯寿 康 长 青

曲艺
柜台内外春风暖（盘子·表演唱）⋯张尚元
山乡飞来送肥队（表演唱）⋯⋯⋯贾勇虎

评论
鲁迅光辉的形象不容玷污——清算"四人帮"攻击、
诬蔑鲁迅的罪行⋯⋯⋯⋯⋯敖 忠 童伟民
文艺为无产阶级政治服务与题材的多样化⋯吴 野
深入火热的斗争，写自己熟悉的题材⋯⋯⋯松 鹰
文艺形式与题材多样化⋯⋯⋯⋯徐家贵
关键是做革命人⋯⋯⋯⋯⋯⋯⋯张家禄

群众论坛
可贵的革命干劲——读短篇小说《甩臂大干的人》
⋯⋯⋯⋯⋯⋯泸州化工厂工人理论组文史组
为"甩臂大干"精神叫好⋯⋯⋯⋯马正伯
向抗寒潮的人学习
——《桐子花盛开时节》读后⋯⋯⋯⋯愚 人
锻工房里的诗——读《大庆炉火》⋯⋯罗昌松

1977 年第 8 期　刊名:《四川文艺》
目录

八十书怀⋯⋯⋯⋯⋯⋯⋯⋯⋯⋯⋯叶剑英

诗歌

我们在欢笑⋯⋯⋯⋯⋯⋯⋯⋯⋯⋯江瑞成
七月锦城夜⋯⋯⋯⋯⋯⋯⋯⋯⋯⋯张继楼
历史的结论——写在欢呼党的十届三中全会胜利召开
的日子里⋯⋯⋯⋯⋯⋯⋯⋯⋯⋯⋯唐大同
欢乐的小旗⋯⋯⋯⋯⋯⋯⋯⋯⋯⋯蓝　疆
欢呼中央关于恢复邓小平同志职务的决定⋯⋯⋯朱善崇
紧跟华主席去长征⋯⋯⋯⋯⋯⋯⋯刘盛陶
霹雳之歌——纪念秋收起义五十周年⋯⋯于　沙
井冈新歌——献给敬爱的朱德委员长⋯⋯刘毅然
南昌三唱——写在八·一起义旧址大楼前⋯⋯陈良骧
庆祝"八·一"建军节五十周年⋯⋯⋯冉友侨
忆贺帅⋯⋯⋯⋯⋯⋯⋯⋯⋯⋯⋯⋯谷志标
战士的性格⋯⋯⋯⋯⋯⋯⋯⋯⋯⋯徐　慧
枪杆子里面出政权⋯⋯⋯⋯⋯⋯⋯王慧骐
老房客⋯⋯⋯⋯⋯⋯⋯⋯⋯⋯⋯⋯杨永年
青春之歌⋯⋯⋯⋯⋯⋯⋯⋯⋯⋯⋯杨世运
登剑门关⋯⋯⋯⋯⋯⋯⋯⋯⋯⋯⋯徐新明
列车北去⋯⋯⋯⋯⋯⋯⋯⋯⋯⋯⋯杨大矛
林海潮汛⋯⋯⋯⋯⋯⋯⋯⋯⋯⋯⋯睢正岷
农业学大寨战歌（九首）⋯⋯⋯⋯伍炳栋等
开山炮又响了⋯⋯⋯⋯⋯⋯⋯⋯⋯赖先刚

散文·小说

来自草地的报告（散文）⋯⋯⋯⋯张　渠
酣畅的笑声（散文）⋯⋯⋯⋯⋯⋯宋立民
初上三〇三高地
——中篇小说《敌后观察所》选载⋯⋯陈汉兴
峥嵘岁月（小说）⋯⋯⋯⋯⋯⋯⋯脚　印
丰收时节（小说）⋯⋯⋯⋯⋯⋯⋯李伯炎

评论

彻底粉碎我省文艺界的资产阶级帮派体系
⋯⋯⋯⋯⋯省文化局大批判组　本刊编辑部大批判组
围绕话剧《针锋相对》的一场严重斗争
⋯⋯⋯⋯⋯⋯⋯⋯⋯重庆市话剧团创作组
在"高于生活"背后——批判"四人帮"的唯心主义
文艺观⋯⋯⋯⋯⋯⋯⋯⋯⋯⋯⋯唐正序
"浪漫主义"的奇谈与妙用⋯⋯⋯⋯曾　葭

短篇小说创作笔谈

好在从生活出发——《欢腾的火焰》读后⋯⋯杨田村
粉碎束缚创作的枷锁⋯⋯⋯⋯⋯⋯高贤均

关于短篇小说的通信⋯⋯⋯⋯⋯⋯周克芹

美术

欢呼党的十届三中全会的胜利召开（速写五幅）
⋯⋯⋯⋯谢可新　刘石父　任兆祥　张启文　孙　彬
抗日英雄赵一曼（木刻）⋯⋯⋯⋯阎　风
龙蟠虎踞（木刻）⋯⋯⋯⋯⋯⋯⋯鄮中铁

1977 年第 9 期　刊名:《四川文艺》
目录

水笑山欢　五洲同庆十一大
千歌万曲　四海争颂华主席——省、市部分专业、业
余作者热烈欢庆十一大座谈会纪实⋯⋯李亚群　张秀熟
邹忠新　陈国福　沙　汀　周克芹　刘　滨　艾　芜
郭绍贵　松　鹰　徐　慧　唐思敏　火　笛　徐　菜
肖崇素　嘉和强　张小敏　李刚夫　刘光弟　朱荃荪

诗歌·曲艺

电波传来了特大喜讯⋯⋯⋯⋯⋯⋯郭同旭
飞向新的里程⋯⋯⋯⋯⋯⋯钟朝康　张桂林
彝家欢庆十一大⋯⋯⋯⋯⋯⋯⋯⋯杨事农
金秋颂⋯⋯⋯⋯⋯⋯⋯⋯⋯⋯⋯⋯徐　康
全国人民无比幸福⋯⋯⋯⋯⋯⋯⋯樊文抒
十一大喜讯四海飞⋯⋯⋯⋯⋯⋯⋯李毓国
用什么礼物献给党的十一大⋯⋯⋯江瑞成
我驾战鹰来游行⋯⋯⋯⋯⋯⋯⋯⋯杨则强
公报来到边防点⋯⋯⋯⋯⋯⋯⋯⋯魏予兵
胜利的旗帜⋯⋯⋯⋯⋯⋯⋯⋯⋯⋯彭乡荣等
在毛主席巨像前⋯⋯⋯⋯⋯⋯⋯⋯蓝　疆
歌（散文诗）⋯⋯⋯⋯⋯⋯⋯⋯⋯包德川
十一大光辉照山城（四川盘子）⋯⋯熊　炬　张尚元
肩挑丰收去游行（唱词）⋯⋯⋯⋯耕　耘
矿工心中的歌⋯⋯⋯⋯⋯⋯⋯⋯⋯马德泰
三湾啊，故乡⋯⋯⋯⋯⋯⋯刘毅然　晓　毅
赤水楠竹吟⋯⋯⋯⋯⋯⋯⋯⋯⋯⋯漆春生
闪光的扶梯⋯⋯⋯⋯⋯⋯⋯况明生　沈友庆
水桶⋯⋯⋯⋯⋯⋯⋯⋯⋯⋯⋯⋯⋯曾化让
向阳路的怀念⋯⋯⋯⋯⋯⋯⋯⋯⋯余系中
会师井冈山（歌词）⋯⋯⋯⋯⋯⋯梁上泉
花木情深⋯⋯⋯⋯⋯⋯⋯⋯⋯⋯⋯刘成东
方向盘上的日记⋯⋯⋯⋯⋯⋯⋯⋯许国泰
纪念毛主席《讲话》发表三十三周年（七律）
⋯⋯⋯⋯⋯⋯⋯⋯⋯⋯⋯⋯⋯⋯何其芳遗作
蜀中纪游（七律）⋯⋯⋯⋯⋯⋯⋯何其芳遗作
颂歌献给华主席（渔家傲）⋯⋯⋯郑先荣
永远和华主席连在一起⋯⋯⋯⋯⋯赵富文等
栀子花的歌⋯⋯⋯⋯⋯⋯⋯⋯⋯⋯郭久麟

我们的江姐回来了⋯⋯⋯⋯⋯⋯⋯⋯⋯浦志军
战友篇⋯⋯⋯⋯⋯⋯⋯⋯⋯⋯⋯⋯⋯⋯王慧骐
对口赛⋯⋯⋯⋯⋯⋯⋯⋯⋯⋯⋯⋯⋯⋯刘　闸
工人的心⋯⋯⋯⋯⋯⋯⋯⋯⋯⋯⋯⋯⋯余以建

特写·小说·散文
在万众欢腾的时刻（特写）⋯⋯⋯⋯本刊记者
大干颂歌（小说）⋯⋯⋯⋯⋯⋯⋯⋯杨文良
石河纪事（特写）⋯⋯⋯⋯⋯⋯⋯⋯龚巧明
杨琼玛（散文）⋯⋯⋯⋯⋯⋯⋯⋯⋯晓　帆

评论
沿着毛主席的革命文艺路线奋勇前进⋯⋯⋯谭兴国
彻底摧毁“四人帮”的反革命炮火——评毒草川剧
《炮火连天》⋯⋯⋯⋯⋯中共自贡市委大批判组
《炮火连天》在内江掀起的妖风恶浪
⋯⋯⋯⋯⋯⋯⋯⋯中共内江市委大批判组

美术
热烈欢呼中国共产党第十一次全国代表大会胜利召开
（宣传画）⋯⋯⋯⋯⋯⋯⋯⋯⋯⋯刘永焕
热烈拥护党的第十一次全国代表大会的胜利召开（速
写三幅）⋯⋯⋯⋯雷贞恕　张友霖　刘石父

1977 年第 10 期　刊名:《四川文艺》
目录

攻关⋯⋯⋯⋯⋯⋯⋯⋯⋯⋯⋯⋯⋯⋯叶剑英
无险不可攀——读叶帅《攻关》奉和⋯⋯张爱萍

特写·小说·散文
一个区委书记在一九七六年（特写）⋯⋯龚巧明
姊妹俩（小说）⋯⋯⋯⋯⋯⋯⋯⋯⋯李伯炎
小顺儿和养蜂叔叔（儿童文学）⋯⋯⋯王代轩
日出（散文）⋯⋯⋯⋯⋯⋯⋯⋯⋯⋯周永年
篝火（散文）⋯⋯⋯⋯⋯⋯⋯⋯⋯⋯张世俊
煤海虎将（特写）⋯⋯⋯⋯⋯⋯⋯⋯刘育贤

诗歌·曲艺
怀念⋯⋯⋯⋯⋯⋯⋯⋯⋯⋯⋯⋯⋯⋯郭同旭
红心铸成的纪念堂⋯⋯⋯⋯⋯⋯⋯⋯船　鸣
永怀红太阳⋯⋯⋯⋯⋯⋯⋯⋯⋯⋯⋯郑先荣
心向纪念堂⋯⋯⋯⋯⋯⋯⋯⋯⋯⋯⋯邓洪平
千秋高唱《东方红》⋯⋯⋯⋯⋯⋯⋯刘　滨
怀念毛主席⋯⋯⋯⋯⋯⋯⋯（彝族）吴琪拉达
征途何惧山水险⋯⋯⋯⋯⋯⋯⋯⋯⋯张平学
红太阳永照我心房⋯⋯⋯⋯⋯⋯⋯⋯彭乡荣
铁匠的歌⋯⋯⋯⋯⋯⋯⋯⋯⋯⋯⋯⋯张新泉

杠杠床⋯⋯⋯⋯⋯⋯⋯⋯⋯⋯⋯⋯⋯刘成东
矿山列车⋯⋯⋯⋯⋯⋯⋯⋯⋯⋯⋯⋯年永忠
洞中搬出座座“山”⋯⋯⋯⋯⋯⋯⋯同璞亨
汽笛的语言⋯⋯⋯⋯⋯⋯⋯⋯⋯⋯⋯冯庆川
工地抒情⋯⋯⋯⋯⋯⋯⋯⋯⋯⋯⋯⋯余以建
读《八十书怀》有感⋯⋯⋯⋯⋯⋯⋯张黎群
告别⋯⋯⋯⋯⋯⋯⋯⋯⋯⋯⋯⋯⋯⋯曾永昌
故乡诗抄⋯⋯⋯⋯⋯⋯⋯⋯⋯⋯⋯⋯雁　翼
放声歌唱第一秋⋯⋯⋯⋯⋯⋯⋯⋯⋯陈兆铮
新的宿营地⋯⋯⋯⋯⋯⋯⋯⋯⋯⋯⋯徐新明
纺织厂里好春光⋯⋯⋯⋯⋯⋯范丙士　杨扬
黄荣昌学习总理永战斗（琵琶弹唱·清音表演唱）
⋯⋯⋯⋯⋯⋯⋯⋯⋯⋯⋯⋯⋯⋯彭明羹

评论
向党进攻的毒弹——揭发批判“四人帮”在我省文艺
界的黑干将策划炮制《进攻的炮声》的罪行
⋯⋯⋯四川人民出版大批判组　本刊编辑部大批判组
“四人帮”的覆灭和“阴谋文艺”的破产⋯⋯张家禄
深入揭批“四人帮”的锐利武器——学习毛主席关于
文艺问题重要指示的一点体会⋯⋯⋯⋯龚文兵
历史的判决⋯⋯⋯⋯⋯⋯⋯⋯⋯⋯⋯王　远
吹捧基度山居心何在⋯⋯⋯⋯⋯⋯⋯阳正泰

美术
绿色的冬天（套色木刻）⋯⋯尼马泽仁　赵　宏
草原上的雷锋——扎江（木刻）⋯⋯⋯潘培德

1977 年第 11 期　刊名:《四川文艺》
目录

华主席在中国共产党第十一次全国代表大会上的政治
报告摘录
周总理关于塑造英雄形象问题的一次谈话
十月的风云（电影文学剧本）⋯⋯⋯⋯雁　翼

春节演唱作品特辑
凉山雄鹰（小川剧）⋯⋯⋯⋯⋯⋯⋯乐山
地区川剧团集体创作　曾文钦　黄雅妮执　笔
竞赛（小川剧）⋯⋯⋯⋯⋯⋯艾　湫　傅元兴
晒场边（小川剧）⋯⋯⋯⋯荣县川剧团　南　国
三借钱（独幕话剧）⋯⋯⋯⋯⋯⋯⋯唐真荣
三师徒（四川方言朗诵剧）⋯⋯⋯⋯熊　炬
日夜饭店（小川剧）⋯⋯⋯⋯广元县文艺创作组

评论
严峻时刻的一场生死搏斗
——评影片《十月的风云》⋯⋯⋯⋯唐正序

做群众的忠实代言人——评影片《十月的风云》中几个人物⋯⋯⋯⋯⋯杨田村

大抒无产阶级之情——兼"四人帮"反所谓"人性论"的反动实质⋯⋯⋯⋯⋯⋯田 原

划清描写中间状态的人物与"中间人物论"的界限——兼论《向阳路上》⋯⋯⋯⋯⋯⋯严 肃

再上一层楼——读《四川文艺》部分反映揭批"四人帮"的短篇小说后想到的⋯⋯⋯苏高曾

1977 年第 12 期　刊名:《四川文艺》
目录

随卫敬爱的周副主席（革命回忆录）⋯⋯⋯廖其康
集市小记（速写）⋯⋯⋯⋯⋯⋯⋯⋯温传昭
夜明珠（散文）⋯⋯⋯⋯⋯⋯⋯⋯张 蒨

春节演唱作品特辑
迎春曲（小川剧）⋯⋯⋯⋯⋯⋯⋯于 晗
请石匠（小川剧）⋯⋯⋯⋯⋯⋯⋯邹开歧
评比（清音）⋯⋯⋯⋯⋯⋯⋯⋯⋯钱 波
立新风（小歌剧）⋯⋯⋯⋯⋯⋯⋯李刚夫
一杯水（金钱板）⋯⋯⋯⋯⋯⋯⋯彭明羹
老阿姨（快板书）⋯⋯⋯⋯⋯⋯⋯马铁水
修撮箕（小演唱）⋯⋯⋯⋯⋯⋯⋯寒 光
好班长（表演唱）⋯⋯⋯⋯⋯⋯⋯肖德霖
火妹子（金钱板）⋯⋯⋯⋯⋯⋯⋯任 贤
大闹华严寺（革命故事）⋯⋯⋯⋯刘银碧
珍贵的礼物（车灯）⋯⋯⋯⋯⋯⋯胡立新
走（相声）⋯⋯⋯⋯⋯⋯⋯⋯⋯唐洪德

评论
篡党夺权的卑劣工具
——斥"四人帮"的阴谋文艺⋯⋯⋯松 笔
阴谋文艺的鬼蜮伎俩——"英雄"编号析⋯⋯李庆信
短篇小说创作笔谈
重读《李秀满》⋯⋯⋯⋯⋯⋯⋯履 冰
漫谈短篇的"短"⋯⋯⋯⋯⋯⋯⋯李敬敏
写好人物的性格特征——从《上甘岭》中张连长的形象谈起⋯⋯⋯⋯⋯⋯郑国疆
注意细节描写⋯⋯⋯⋯⋯⋯⋯⋯姚定一

1978 年第 1 期　刊名:《四川文艺》
目录

毛主席给陈毅同志谈诗的一封信
华主席为《人民文学》题词
沿着毛主席指引的道路前进

迎接文艺界百花争艳的春天——本刊编辑部和《四川日报》编辑部邀请在成都地区的诗歌界、文艺界人士举行座谈会，畅谈学习《毛主席给陈毅同志谈诗的一封信》的体会

小说·散文
回忆周恩来同志（散文）⋯⋯⋯⋯何其芳遗作
雪山颂（小说）⋯⋯⋯⋯⋯⋯⋯丁隆炎
青春一号（小说）⋯⋯⋯⋯⋯⋯周克芹
邻居（小说）⋯⋯⋯⋯⋯⋯⋯⋯李宽定
桑尔金（小说）⋯⋯⋯⋯⋯⋯⋯意西泽仁
劳动已成为第一需要（散文）
——悼念何其芳同志⋯⋯⋯⋯⋯杜书瀛

诗歌
泼水节的怀念⋯⋯⋯⋯⋯⋯⋯⋯梁上泉
孔雀吃水⋯⋯⋯⋯⋯⋯⋯⋯⋯⋯扎 登
春天里的歌声——一件军大衣的故事⋯⋯徐国志
铺路石——给化学试验员⋯⋯⋯⋯车 凯
金沙江寄简⋯⋯⋯⋯⋯⋯⋯⋯⋯胡 笳
大寨红旗火样燃（三首）⋯⋯⋯⋯郑先荣
连心铺（外一首）⋯⋯⋯⋯⋯⋯⋯叶 簇
江畔草棚（外一首）⋯⋯⋯⋯⋯⋯徐 康
赴京瞻仰毛主席遗容感赋⋯⋯⋯⋯章润瑞
故乡花（四首）⋯⋯⋯⋯⋯⋯⋯戴安常
激战"火烧坡"⋯⋯⋯⋯⋯⋯⋯⋯舒 扬
遥寄巴山蜀水⋯⋯⋯⋯⋯⋯⋯⋯雷 霆

评论
被"四人帮"颠倒的历史必须重新颠倒过来——斥"文艺黑线专政"论⋯⋯⋯⋯谭兴国
批判"文艺黑线专政"论⋯⋯⋯⋯唐正序
"我们的成绩是谁也否认不了的"⋯⋯田 原
评"四人帮"的一个反革命文艺口号⋯⋯曹廷华
华主席，强巴有多少话要对您说——重看影片《农奴》随感⋯⋯⋯⋯⋯⋯郁小平
诗如其人——学习陈毅同志诗词的一点体会⋯⋯禾 波

美术
为实现毛主席的宏伟规划而奋斗（宣传画）
⋯⋯⋯⋯⋯陈腾光（四川人民出版社供稿）
大搞农田基本建设（速写）⋯⋯⋯雷贞恕
战旗更红（套色木刻）⋯⋯⋯⋯⋯邹文正

1978 年第 2 期 刊名:《四川文艺》
目录

小说·散文

在茶馆里（小说）⋯⋯⋯⋯⋯⋯⋯⋯⋯⋯火 笛
灾后（小说）⋯⋯⋯⋯⋯⋯⋯⋯⋯⋯⋯周克芹
江水东流（小说）⋯⋯⋯⋯⋯⋯⋯⋯⋯徐 军
朱总司令和战士（散文）⋯⋯⋯⋯⋯⋯魏国禄
霜重色愈浓（散文）⋯⋯⋯⋯⋯⋯⋯⋯钟树梁
火把节纪事（散文）⋯⋯⋯⋯⋯⋯⋯⋯刘征泰
妞妞和她的月琴（散文）⋯⋯⋯⋯⋯⋯阿凉子者
春风满车（谐剧）⋯⋯⋯重庆市市中区曲艺队创作组

诗歌

万首民族出心窝（民歌 37 首）⋯⋯⋯何吉明等
攀枝花⋯⋯⋯⋯⋯⋯⋯⋯⋯⋯⋯⋯⋯李本德
工区情歌⋯⋯⋯⋯⋯⋯⋯⋯⋯⋯⋯⋯李霁宇
师傅的习惯（外一首）⋯⋯⋯⋯⋯⋯⋯余以建
雨天的歌⋯⋯⋯⋯⋯⋯⋯⋯⋯⋯⋯⋯余新庆
题诗剑门山⋯⋯⋯⋯⋯⋯⋯⋯⋯⋯⋯姜华令
铜鼓望月⋯⋯⋯⋯⋯⋯⋯⋯⋯⋯⋯⋯于 沙
岭上骄杨⋯⋯⋯⋯⋯⋯⋯⋯⋯⋯⋯⋯梁上泉
日光城礼赞⋯⋯⋯⋯⋯⋯⋯⋯⋯⋯⋯洋 滔
榜样⋯⋯⋯⋯⋯⋯⋯⋯⋯⋯⋯⋯⋯⋯张新泉
晨⋯⋯⋯⋯⋯⋯⋯⋯⋯⋯⋯⋯⋯⋯⋯回光时
"三秋"会战⋯⋯⋯⋯⋯⋯⋯⋯⋯⋯⋯黄定中
打夯歌⋯⋯⋯⋯⋯⋯⋯⋯⋯⋯⋯⋯⋯徐成万
机耕大道⋯⋯⋯⋯⋯⋯⋯⋯⋯⋯⋯⋯邱德爱
送肥谣⋯⋯⋯⋯⋯⋯⋯⋯⋯⋯⋯⋯⋯贾勇虎

评论

形象思维第一流
 ——学习毛主席诗词札记⋯⋯⋯⋯钟 文 闻 弦
一首纪游诗 千秋英雄气——读朱德委员长《游七星
岩》诗⋯⋯⋯⋯⋯⋯⋯⋯⋯⋯⋯⋯张昌余
李贺诗的意境⋯⋯⋯⋯⋯⋯⋯⋯⋯⋯雷履平
砸碎枷锁 解放川剧⋯⋯⋯⋯⋯⋯⋯⋯席明真
一个文艺编辑的感想⋯⋯⋯⋯⋯⋯⋯肖 青
谈短篇小说⋯⋯⋯⋯⋯⋯⋯⋯⋯⋯⋯艾 芜
不洞蔽的文学与文学的借鉴⋯⋯⋯⋯何春生
烈士光辉照征途——重评小说《红岩》⋯苏 执

美术

迎春⋯⋯⋯⋯⋯⋯⋯⋯⋯⋯⋯⋯⋯⋯陈祖骥
"你办事，我放心"（雕塑）⋯⋯⋯⋯吴显林
普通一兵——朱总司令在井冈山⋯⋯牟才沛
春雨初霁（国画）⋯⋯⋯⋯⋯⋯⋯⋯张立辰

1978 年第 3 期 刊名:《四川文艺》
目录

欢呼五届人大胜利召开

欢庆曲（诗五首）⋯⋯⋯⋯⋯⋯王慧骐 王慧骏
欢呼新宪法（诗）⋯⋯⋯⋯⋯⋯⋯⋯付尔诗
大红的喜报（诗）⋯⋯⋯⋯⋯⋯⋯⋯刘毅然
喜讯飞传（诗）⋯⋯⋯⋯⋯⋯⋯⋯⋯里 沙
报喜（诗）⋯⋯⋯⋯⋯⋯⋯⋯⋯⋯⋯刘 滨
高山大海挡不住（诗）⋯⋯⋯⋯⋯⋯樊文抒
日月星辰齐喝采（诗）⋯⋯⋯⋯⋯⋯刘 昌
彩霞飞卷歌万里（诗）⋯⋯⋯⋯⋯⋯程光林
钢城春潮（速写二幅）⋯⋯⋯⋯⋯⋯陈铁泉
热烈欢呼新宪法（速写三幅）⋯⋯⋯孙 彬
向新的长征进军（速写）⋯⋯⋯⋯⋯刘石父
光荣的战斗（速写）⋯⋯⋯⋯⋯⋯⋯任兆祥
周总理诗选
送蓬仙兄返里有感（一九一六年初）
生别死离（一九二二年）
纪念敬爱的周总理八十诞辰
怀念周总理（诗）⋯⋯⋯⋯⋯⋯⋯⋯李亚群
珍贵的照片（诗）⋯⋯⋯⋯⋯⋯⋯⋯钟朝康
周总理还在我们船上（诗）⋯⋯⋯⋯唐大同
红岩石桌（诗）⋯⋯⋯⋯⋯⋯⋯⋯⋯王 淋
演员的怀念（诗）⋯⋯⋯⋯⋯⋯⋯⋯余 云
珍贵的笔记本（诗）⋯⋯⋯⋯⋯⋯⋯谭 楷
难忘的五天（回忆录）
⋯⋯⋯⋯⋯⋯江 岳口述 雏 翔 亚 飞整理
喜讯声中怀总理（散文）⋯⋯⋯⋯⋯凌行正
相思又一年（散文）
⋯⋯⋯周裕祥 周企何 张巧凤 阳友鹏 李笑非
笔录李白诗（散文）⋯⋯⋯⋯⋯周红兴 李如鸾
周恩来总理在成都（摄影）⋯⋯⋯四川日报记者摄
周恩来同志东渡日本留学时写的诗手迹
周恩来同志在红岩村（木刻）⋯⋯⋯吴 凡

小说·散文·诗歌·曲艺

送盐曲（小说）⋯⋯⋯⋯⋯⋯于和云 林贵祥
唱山歌的放牛娃（小说）⋯⋯⋯⋯⋯王代轩
三个一月的黎明（散文）⋯⋯⋯⋯⋯陆 棨
大渡河上的硬骨头（散文）⋯⋯⋯⋯邹仲平
采虹颂（散文）⋯⋯⋯⋯⋯⋯陈洪涛 赵枝青
唱得采霞从天落（民歌十首）⋯⋯⋯卫 新等
规矩（相声）⋯⋯⋯⋯⋯⋯⋯梅应生 曹旭英

评论

创作、欣赏与认识⋯⋯⋯⋯⋯⋯⋯⋯王朝闻
革命诗坛上永不熄灭的明灯——学习《毛主席给陈毅

同志谈诗的一封信》的几点初步体会·········徐无闻
从民歌中吸引养料和形式·················左 人
一篇不够真实的作品（读者中来）···········杨荣中
值得重视的一个问题···················文 平
文艺动态
杜鹃·························陈祖骥

1978 年第 4 期　刊名:《四川文艺》
目录

水的问题（选自中篇小说《青扛坡》）·········沙 汀
到前线去（报告文学）···········李 仑　邹志诚
大姐（小说）·····················陈明云
猎人（小说）·····················叶 晞
巴山夜雨时（散文）·················王 远
雪梅（散文）·····················曹烈泉
六月天（散文）···················何瑞强

评书
龙腾盖······················徐 勃

诗歌
就在这儿留个影吧··················刘 震
华主席在海滨湾···················钟朝康
婚礼之歌
——纪念周文雍、陈铁军烈士就义五十周年···何 蜀
唱不完的歌·····················米思及
锻工房抒情（三首）·················张新泉
炉台"宴会"················沈友庆　况明先
请帖·························张士忠
教师礼赞······················徐 康
灯下···················郑宝富　杨远方
哨所小路······················郑宝富
带兵的人（三首）··················陈禄明
我们的商店（四首）·················杨自庆
祖国熔炉······················邓绪东
家························刘毅然
写在创业者的日记上（二者）············任正平
雨夜巡线······················徐新明

评论
谈川剧改革·····················王朝闻
峥嵘岁月　风华正茂
——读周总理青年时期的旧体诗···雷履平　罗焕章
种子散在人间
——读周总理的诗《生别死离》···········陆 棠
谈《向阳路上》的几个主要人物——再论"四人帮"
反"中间人物"论的阴谋···············严 肃

短篇小说创作笔谈
题材·主题·世界观——鲁迅小说学习札记···杨 桦
从"画眼睛"说开去··················李庆信

美术
玉兰························陈祖骥
汇报（油画）·········陈子云　王 垂　孙忠祥
华书记关怀我们山里人（油画）···········李自健
春催桃李（国画）··················吴自忠
欢乐的山谷（版画）·················吴国威

1978 年第 5 期　刊名:《四川文艺》
目录

评论
周总理谈文艺
坚持深入火热的斗争·················李焕民
关于生活的通信···················周克芹
评《评〈高高的山上〉》等几篇文章
·····················梁恩明　陈 颖

小说·散文·速写
牦牛山行（长篇小说选载）·············化 石
"预备用——枪！"··················杨 颂
战士的脚步·····················丁隆炎
图书室新风·····················叶元忠
"监督岗"的故事···················任 全

诗歌
采风录
漫天飞舞红喜报（民歌23首）·····唐 辉　彭乡荣等
光照千秋
赤胆忠心（长诗《朱德颂》选载）··········时永福
诗配画
种出遍地石油花············张辺余诗　谢可新画
幺妹我要学·············张昌达诗　陈 瑟画
弯月················钟富祥诗　任兆祥画
城乡搭坐金桥梁···········刘文仲诗　雷贞恕画
半袋小麦子·····················扎 登
唱给我启蒙老师的歌·················韩成武
儿歌两首······················吴大宇

曲艺
稻种金灿灿（金钱板）················李献春

美术
迎春（木刻）····················王明月
牡丹························陈祖骅

秉笔勤书记战程（雕塑）⋯⋯⋯⋯⋯⋯杨前明
高举红旗学大庆　抓纲治路气象新（素描组画）
⋯⋯⋯⋯⋯⋯⋯⋯⋯⋯⋯⋯⋯⋯⋯⋯⋯胡仁樵
东方欲晓（国画）⋯⋯⋯⋯⋯⋯⋯⋯⋯黄润华

1978 年第 6 期　刊名:《四川文艺》
目录

周总理谈文艺
小说·散文
初春的夕阳⋯⋯⋯⋯⋯⋯⋯⋯⋯⋯⋯⋯刘俊民
采石场的喜事⋯⋯⋯⋯⋯⋯⋯⋯⋯⋯⋯莫　伸
算盘的故事⋯⋯⋯⋯⋯⋯⋯⋯⋯⋯⋯⋯马识途
风雨⋯⋯⋯⋯⋯⋯⋯⋯⋯⋯⋯⋯⋯⋯⋯𠃬　之
信有牧草香⋯⋯⋯⋯⋯⋯⋯⋯⋯⋯⋯⋯方　赫
乡思⋯⋯⋯⋯⋯⋯⋯⋯⋯⋯⋯⋯⋯⋯⋯曾　生

诗歌
跃进的战鼓
春满乌江（三首）⋯⋯⋯⋯⋯⋯⋯⋯⋯华万里
夜过山乡渡⋯⋯⋯⋯⋯⋯⋯⋯⋯⋯⋯⋯戴安常
早春⋯⋯⋯⋯⋯⋯⋯⋯⋯⋯⋯⋯⋯⋯⋯田稼春
山乡摇篮曲⋯⋯⋯⋯⋯⋯⋯⋯⋯⋯⋯⋯朱谷忠
什么在心上（外一首）⋯⋯⋯⋯⋯⋯⋯吴琪拉达
织披毡⋯⋯⋯⋯⋯⋯⋯⋯⋯⋯⋯⋯⋯⋯高达材
出牧（外一首）⋯⋯⋯⋯⋯⋯⋯⋯⋯⋯任耀庭
队长睡着了⋯⋯⋯⋯⋯⋯⋯⋯⋯⋯⋯⋯邱德爱
依罕赶街（外一首）⋯⋯⋯⋯⋯⋯⋯⋯车　凯
工地夜歌（外二首）⋯⋯⋯⋯⋯⋯⋯⋯余以建
炉⋯⋯⋯⋯⋯⋯⋯⋯⋯⋯⋯⋯⋯⋯⋯⋯王保童
云⋯⋯⋯⋯⋯⋯⋯⋯⋯⋯⋯⋯⋯⋯⋯⋯彭明羹
验收之前⋯⋯⋯⋯⋯⋯⋯⋯⋯⋯⋯⋯⋯曾永昌
沿着闪亮的钢轨⋯⋯⋯⋯⋯⋯⋯⋯⋯⋯成再耕
科学家的诗歌（外一首）⋯⋯⋯⋯⋯⋯刘毅然
数学迷⋯⋯⋯⋯⋯⋯⋯⋯⋯⋯⋯⋯⋯⋯黄　宏
工程师的梦⋯⋯⋯⋯⋯⋯⋯⋯⋯⋯⋯⋯郭久麟
蜂（外一首）⋯⋯⋯⋯⋯⋯⋯⋯⋯⋯⋯张习之
夜，真的这么静⋯⋯⋯⋯⋯⋯⋯⋯⋯⋯张品成
诗配画
书记⋯⋯⋯⋯⋯⋯⋯⋯申家平诗　陈　瑟画
赛过放牛哥⋯⋯⋯⋯⋯⋯厅兴国诗　雷贞恕画
催开满山桃花苞⋯⋯⋯程　云　张　云诗　任兆祥画
添料⋯⋯⋯⋯⋯⋯⋯⋯周钖鹏诗　谢可新画
飞吧！小银燕（外一首）⋯⋯⋯⋯⋯⋯张新泉
渔火点点⋯⋯⋯⋯⋯⋯⋯⋯⋯⋯⋯⋯⋯杨大矛
车驶剑门⋯⋯⋯⋯⋯⋯⋯⋯⋯⋯⋯⋯⋯徐新明
草原放歌⋯⋯⋯⋯⋯⋯⋯⋯⋯⋯⋯⋯⋯张　放
致红港⋯⋯⋯⋯⋯⋯⋯⋯⋯⋯⋯⋯⋯⋯钟志海

路⋯⋯⋯⋯⋯⋯⋯⋯⋯⋯⋯⋯⋯⋯⋯⋯郭同旭

曲艺
抢任务（小演唱）⋯⋯⋯刘洪斌　刘天立　王传来
拦车记（金钱板）⋯⋯⋯⋯⋯⋯⋯⋯⋯艾　湫

评论
文艺随笔
直说与比兴⋯⋯⋯⋯⋯⋯⋯⋯⋯⋯⋯⋯竹亦青
从儿歌不"儿"谈起⋯⋯⋯⋯⋯⋯⋯⋯张继楼
百花齐放是人民的需要⋯⋯⋯⋯⋯⋯⋯陈文明
漫画保尔与冬妮亚之恋⋯⋯⋯⋯⋯⋯⋯温靖邦
为了明天⋯⋯⋯⋯⋯⋯⋯⋯⋯⋯⋯⋯⋯周述成
岂让凤愿付东流⋯⋯⋯⋯⋯⋯⋯⋯⋯⋯李舟棠
《江水东流》好！⋯⋯⋯⋯⋯⋯⋯⋯⋯吴荣波

美术
荷花⋯⋯⋯⋯⋯⋯⋯⋯⋯⋯⋯⋯⋯⋯⋯陈祖骅
同声歌唱（山东潍坊年画）⋯⋯⋯李明媚　孙敬会
爱科学（山东潍坊年画——福字灯）⋯⋯黄　鹂
从小学科学　长大攀高峰（宣传画）⋯⋯雷振纲

1978 年第 7 期　刊名:《四川文艺》
目录

花是怎么红的
——记模范体育教师程守田⋯⋯⋯⋯⋯之　光
回忆陈毅同志勤工俭学前后（回忆录）
⋯⋯⋯⋯⋯⋯⋯陈孟熙口述　陈　晓整理
郭沫若同志手书毛主席词《满江红》
郭沫若同志墨迹（一九五三年四月为成都杜甫草堂书）
你放下的笔，我们要勇敢地拿起来⋯⋯⋯艾　芜
一生三度感《湘累》⋯⋯⋯⋯⋯⋯⋯⋯张秀熟

小说·散文
山乡月儿亮⋯⋯⋯⋯⋯⋯⋯⋯⋯⋯⋯⋯脚　印
最后一个⋯⋯⋯⋯⋯⋯⋯⋯⋯⋯何义斌　黄少烽
春雨⋯⋯⋯⋯⋯⋯⋯⋯⋯⋯⋯⋯⋯⋯⋯阿凉子者
工地人物速写⋯⋯⋯⋯⋯⋯⋯⋯⋯⋯⋯刘　彦

诗歌
光照千秋
绞车渡的怀念（二首）⋯⋯⋯⋯⋯⋯⋯李本德
苗岭香樟⋯⋯⋯⋯⋯⋯⋯⋯⋯⋯⋯⋯⋯梁上泉
献给朱委员长的歌⋯⋯⋯⋯⋯⋯⋯⋯⋯雷建军
扎江（组歌之一）⋯⋯⋯⋯⋯⋯⋯⋯⋯里　沙
化林新歌（四首）⋯⋯⋯⋯⋯⋯⋯⋯⋯张丕利
通天河畔（三首）⋯⋯⋯⋯⋯⋯⋯⋯⋯雁　羽

峨眉奇秀（二首）⋯⋯⋯⋯⋯⋯⋯叶 簇
宝瓶口秋望⋯⋯⋯⋯⋯⋯⋯⋯⋯胡 笳
飞行员的路⋯⋯⋯⋯⋯⋯⋯⋯⋯廖代谦

剧本
勇于负责（独幕喜剧）⋯⋯⋯⋯文 辛

评论
周总理谈文艺
陈毅同志给唐弢同志的信
诗人的对话——关于陈毅同志的一封信⋯⋯⋯⋯唐 弢
无产阶级的革命战歌——喜读再版《囚歌》⋯⋯杨益言
肃清"四人邦"的流毒　正确坚持推陈出新的方针
⋯⋯⋯⋯⋯⋯⋯⋯⋯⋯⋯⋯陈泽远

美术
向阳花⋯⋯⋯⋯⋯⋯⋯⋯⋯⋯⋯陈祖骅
陈毅同志一九二二年留影
胡豆花（国画）⋯⋯⋯⋯⋯⋯⋯赖深如

1978 年第 8 期　刊名:《四川文艺》
目录

报告文学·散文·小说
怀念袁丽华老师⋯⋯⋯⋯⋯⋯⋯江贤愚
朱总司令家乡的民兵⋯⋯⋯⋯⋯林仕藩
晓色⋯⋯⋯⋯⋯⋯⋯⋯⋯⋯⋯高 绥
路⋯⋯⋯⋯⋯⋯⋯⋯⋯⋯⋯⋯廖荣华
邛海浪⋯⋯⋯⋯⋯⋯⋯⋯⋯⋯熊开国
我们的扎汤切波⋯⋯⋯⋯⋯⋯⋯张世俊
郭沫若同志青年时期谈诗歌创作（附手迹）
郭沫若同志照片（沈钧仁题诗·郭沫若手迹）

诗歌
光照千秋
寄自朱德故里（二首）⋯⋯⋯⋯胡 笳
琳琅山抒怀⋯⋯⋯⋯⋯⋯⋯⋯贾勇虎
梅岭诗草⋯⋯⋯⋯⋯⋯⋯⋯⋯刘毅然
川黔边人民的怀念（二首）⋯⋯田稼春
部队训练短歌（二首）⋯⋯⋯⋯叶晓山
信（外一首）⋯⋯⋯⋯⋯⋯⋯刘树林
"金鸡"的传说⋯⋯⋯⋯⋯⋯⋯李武兵
采风录
农村就是诗窝窝⋯⋯⋯⋯⋯⋯⋯张存智
年年岁岁缴棉粮⋯⋯⋯⋯⋯⋯⋯戴左航
骑马牵龙奔腾急（外三首）⋯⋯孙新凯
抗旱小景⋯⋯⋯⋯⋯⋯⋯⋯⋯陈禄明
六月也有春雨浇（外一首）⋯⋯地 丁

脱粒⋯⋯⋯⋯⋯⋯⋯⋯⋯⋯⋯茅映武
彝家的芦笙⋯⋯⋯⋯⋯⋯⋯⋯沈前祥
绣山绣水⋯⋯⋯⋯⋯⋯⋯⋯⋯培 贵
请喝一杯普洱茶⋯⋯⋯⋯⋯⋯⋯梁上泉
演剧⋯⋯⋯⋯⋯⋯⋯⋯⋯⋯⋯杨世运
行车工⋯⋯⋯⋯⋯⋯⋯⋯⋯⋯王长富
矿山有条光荣廊⋯⋯⋯⋯⋯⋯⋯黄持一
夜宿山村⋯⋯⋯⋯⋯⋯⋯⋯⋯刘仁辉
手掌木偶戏

剧本
老公公种红苕⋯⋯⋯⋯⋯⋯⋯老 沈
第二次赛跑⋯⋯⋯⋯⋯⋯⋯⋯老 沈
谈谈手掌木偶戏⋯⋯⋯⋯⋯⋯⋯老 沈

评论
美术创作漫谈⋯⋯⋯⋯⋯⋯⋯王朝闻
提倡小戏⋯⋯⋯⋯⋯⋯⋯⋯⋯严 肃
看戏三题⋯⋯⋯⋯⋯⋯⋯⋯⋯张政模

美术
棋盘花⋯⋯⋯⋯⋯⋯⋯⋯⋯⋯陈祖骅
风雪哨口（油画）⋯⋯⋯⋯⋯张文沅

1978 年第 9 期　刊名:《四川文艺》
目录

诗词三首⋯⋯⋯⋯⋯⋯⋯⋯⋯毛泽东
贺新郎（一九二三年）
七律·吊罗荣桓同志（一九六三年十二月）
贺新郎·读史（一九六四年春）

小说·散文
深切地怀念郭沫若同志⋯⋯⋯⋯任白戈
紧急汇报⋯⋯⋯⋯⋯⋯⋯⋯⋯崔 桦
潘家堡子奇闻（长篇小说选载）⋯⋯化 石
靶场风雨⋯⋯⋯⋯⋯⋯⋯⋯⋯宁松勋
开新年⋯⋯⋯⋯⋯⋯⋯⋯⋯⋯何国钧

评论
英雄忠且烈　《红岩》血更红——读《红岩》第二十
四版记⋯⋯⋯⋯⋯⋯⋯⋯⋯⋯阎 纲
读《最后一课》⋯⋯⋯⋯⋯⋯⋯龚翰熊
名著选读
最后一课⋯⋯⋯⋯⋯[法国]阿尔封斯·都德
文学窗
想象是诗歌的翅膀⋯⋯⋯⋯⋯⋯彭斯远
山上的"八一"（外一首）⋯⋯成宏图

略谈诗的形象 ················· 燕　白

诗歌

金色的彩虹
喝过蜂蜜的人 ················· 罗定金
彝家的心…… ················· 沈前祥
雨露降过了 ················· 吴琪拉达
凉山果园 ················· 王万金
喜悦的心花 ················· 陶继忠
彝家的达吉回来了 ················· 江瑞成
进寨 ················· 吴家祥
大冰山上唱渔歌（外一首） ················· 雷显豪
沙马的歌 ················· 兰　疆
道钉 ················· 眭正岷
有朋友自北京来 ················· 孙静轩
我们的宣誓…… ················· 王慧琪
抓纲治蜀新事多 ················· 向求纬

美术

葡萄 ················· 陈祖骥
三军过后尽开颜（油画） ················· 艾　轩
向科学技术现代化进军（速写四幅） ················· 袁吉中
万里长江第几桥（木刻） ················· 鄢中铁

1978 年第 10 期　刊名:《四川文艺》
目录

散文·小说

三次见拔哥（回忆录） ················· 韦　杰
我对郭老的点滴回忆（回忆录） ················· 周钦岳
柳永凤回乡（长篇小说选载） ················· 克　非
父辈 ················· 刘俊民
在高高的牛头山梁子上 ················· 纪　燕
心上的长虹 ················· 陆　棨

诗歌

水调歌头（一九六六年四月） ················· 郭沫若
人民公社好
化林行（二首） ················· 戴安常
书记的脚 ················· 杨　瀛
队参谋 ················· 杨永年
迎秋 ················· 琳　珏
如今的姑娘手巧哩 ················· 碎　石
果园之歌（二首） ················· 傅天琳
比不上 ················· 樊文抒
彝家公社美如画（外一首） ················· 安子民
不一样 ················· 徐承章
喷灌情思 ················· 方　赫

公社社牌 ················· 德　成
金桥颂 ················· 继　楼
采风录（八首） ············· 何吉明　谢增寿等
一声更比一声甜 ················· 匡荣归
白族儿女忠于华主席 ················· 杨　强
各族人民欢舞歌唱 ················· 土　敦
唱起新的长征歌 ················· 川　丁
有了…… ················· 扎　登
走进毛主席纪念堂 ················· 黎　土
我愿…… ················· 郭同旭
成都夜市（外一首） ················· 雷　霆
水和电的歌 ················· 冯庆川
凉山诗简（六首） ················· 陈　犀
织布姑娘勤巡回 ················· 范丙士
连队一派新风尚 ················· 陈禄明

跃进的战鼓

深山茶店 ················· 陈官煊
山乡从这里起飞 ················· 姜华令
心中盛开一束春花（外二首） ················· 杨　山
父与女 ················· 叶延滨
五月的鲜花 ················· 谭　楷
"黑"姑娘 ················· 戴左航

评论

光辉的诗篇　进军的号角——毛主席《诗词三首》学习座谈会纪实 ················· 本刊记者
人民革命的壮丽赞歌
——学习毛主席《贺新郎·读史》 ················· 张秀熟
历史是人民创造的 ················· 钟树梁
读毛主席《贺新郎·读史》的体会 ················· 雷履平
"为真理斗到尽头"——重读郭沫若同志历史剧《屈原》 ················· 华忱之
根深叶茂——谈农民作者周克芹的创作 ················· 陈朝红

美术

红枫 ················· 陈祖骥
翻身农奴的贴心人（素描） ················· 李焕民
崇高的荣誉（木刻） ················· 吴德远
高原春早（油画） ················· 张文源

1978 年第 11 期　刊名:《四川文艺》
目录

四川省文联委员会举行扩大会议
谈谈创作——在四川省文联委员会扩大会议上的讲话（摘要） ················· 任白戈

剧本特辑

寒冷的夏天（四幕话剧）

　　　　　　　　石 玺 执笔 白路平 刘国康

柳厨子办席（小川剧）……………………傅秀洪

赶场（川剧·弹戏）…………………赵有本执笔

煤店内外（四川方言话剧）…………………周道华

时间（四川方言话剧）………………………傅 恒

乔老爷上轿（川剧）

诗歌

心有余怒——悼念李宗林、曹荻秋、陈同生同志…李亚群

当我从较场口走过——怀念郭老……………杨 山

报到——题遵义会议会址参观登记簿…………彭庆元

山城好……………………………………谢逢松

淘金人……………………………………宋学镰

赠给地质队员………………………………培 贵

美术

菊花…………………………………………陈祖骥

重庆工人雕塑作品选（四川省总工会宣传部供稿）

　　　　　　　　　　　　　　　　　　吴永革等

珠峰儿女（拓片）…………………………徐 匡

1978 年第 12 期　刊名:《四川文艺》
目录

春节演唱作品特辑

关怀（革命故事）…………………………侯一川

一根拐子轴（革命故事）……………………蓝 波

琵琶愤（琵琶弹唱）…………………………严西秀

碧血红花（金钱板）…………………………刘 震

新华报童（金钱板）…………………………佳 伶

鸡和蛋（竹琴·金钱板）……………赤 叶 刘墨雨

明天（相声）………………………………赵清林

谐剧小品四篇………………………………王永梭

列车之声（谐剧·附《关于谐剧》）…………王永梭

散文·小说

亲人，你醒来吧!

——罗广斌同志骨灰安放仪式纪实…………本刊记者

忆罗广斌同志………………………………杨益言

会撒"窝子"的人……………………………杨 君

当务之急……………………………………傅 恒

踏着雷锋叔叔的脚印…………………………孔凡禹

诗歌

光照千秋

毛主席纪念堂………………………………叶延滨

战友………………………………………唐大同

天安门诗抄

贺新郎……………………………………钟树梁

重庆杂咏（二首）…………………………杨大矛

跃进的战鼓

一家人……………………………………马德太

打铁夫妻…………………………………崔合美

架桥工……………………………………姚长念

工地晚餐…………………………………赖松廷

采色的舷窗………………………………李道林

评论

检验文艺作品要靠实践

"长官意志"与群众评定……………………松 鹰

对上演川剧优秀传统剧目的一点浅见…………钟 翔

点点滴滴见真情

——读《怀念袁丽华老师》有感……………何伊经

十年禁锢话《红岩》——写在罗广斌同志骨灰安放仪

式之后……………………………………晓 梵

要重视曲艺这朵花…………………………习 曲

名著选读 一个官员的死

　　　　　　[俄]安·巴·契诃夫著 汝 龙译

从《一个官员的死》谈契诃夫的简练笔法………温靖邦

美术

水仙花……………………………………陈祖骥

周总理、陈毅副总理、郭沫若副委员长和川剧演员在

一起（照片）

急流飞跃（拓片）…………………………吕 琳

丰收田边（拓片）…………………………朱理存

1979 年第 1 期　刊名:《四川文学》
目录

散文

我来到这个地方……………………………字 心

素花红心忆清明……………………………杨 桦

报告文学

巴山蜀水育英豪

——白智清同志与"四人帮"鏖战事略…………沈世鸣

光电之歌——记刘允中同志…………………龚巧明

小说

哈哈队长…………………………………林贵祥

黑夜中的呼喊（上）…………………晓 燏 晓 地

理性的复活………………………………履 冰

诗歌

天安门广场诗简（二首）⋯⋯⋯⋯⋯⋯⋯叶延滨
第九块浮雕⋯⋯⋯⋯⋯⋯⋯⋯⋯⋯⋯⋯谭 楷
碑前少女⋯⋯⋯⋯⋯⋯⋯⋯⋯⋯⋯⋯⋯龙 郁
献给《天安门诗抄》的作者⋯⋯⋯⋯⋯蓝 疆
光照千秋
挥动你的双手吧，同志⋯⋯⋯⋯⋯⋯⋯何吉明
心花烧不尽⋯⋯⋯⋯⋯⋯⋯⋯⋯⋯⋯⋯戴左航
矿山春雷⋯⋯⋯⋯⋯⋯⋯⋯⋯⋯⋯⋯⋯任正平
青松满山⋯⋯⋯⋯⋯⋯⋯⋯⋯⋯⋯⋯⋯邹 绛
永远的怀念⋯⋯⋯⋯⋯⋯⋯⋯⋯⋯⋯⋯燕 白
菜地情思⋯⋯⋯⋯⋯⋯⋯⋯⋯⋯⋯⋯⋯徐国志
农民的客人⋯⋯⋯⋯⋯⋯⋯⋯⋯⋯⋯⋯任耀庭
轻蔑的笑⋯⋯⋯⋯⋯⋯⋯⋯⋯⋯⋯⋯⋯童嘉通
梅园新村抒情⋯⋯⋯⋯⋯⋯⋯⋯⋯⋯⋯刘毅然
贺龙来到川黔边（十二首）⋯喻再华 田家春
什么是采霞⋯⋯⋯⋯⋯⋯⋯⋯⋯⋯⋯⋯新 克
棉花姑娘⋯⋯⋯⋯⋯⋯⋯⋯⋯⋯⋯⋯⋯华万里
眼睛⋯⋯⋯⋯⋯⋯⋯⋯⋯⋯⋯⋯⋯⋯⋯刘 渺
火把节之夜⋯⋯⋯⋯⋯⋯⋯⋯⋯⋯⋯⋯樊文抒

评论

《天安门诗抄》的宝贵启示⋯⋯⋯⋯⋯竹亦青
自有人民写春秋——读《天安门诗抄》⋯⋯左 人
真实反映人民的心声——记省、市文艺工作者《于无
声处》座谈会⋯⋯⋯⋯⋯⋯⋯⋯⋯⋯本刊记者
文艺也要受实践的检验
实践标准与文艺批评⋯⋯⋯⋯⋯⋯⋯⋯李敬敏
群众、作者与领导⋯⋯⋯⋯⋯⋯⋯⋯⋯王世德
从生活中来的艺术花朵⋯⋯⋯⋯⋯⋯⋯吴 野

美术

祖国大地（木刻）⋯⋯⋯⋯⋯⋯⋯⋯⋯徐 匡
风吹热泪洒万家（木刻）⋯⋯⋯⋯⋯⋯林 军
幸福的一代（水印木刻）⋯⋯⋯⋯⋯⋯李焕民
跃上葱茏四百旋（木刻）⋯⋯⋯⋯⋯⋯鄢中铁
把酣睡的峡谷唤醒（木刻）⋯⋯⋯⋯⋯林 军

1979 年第 2 期　刊名:《四川文学》
目录

散文·特写

彭德怀同志在朝鲜战场
——一位警卫战士的回忆⋯景希珍口述 丁隆炎整理
平凡而伟大的战士⋯⋯⋯⋯⋯⋯⋯⋯⋯字 心
光明使者⋯⋯⋯⋯⋯⋯⋯⋯⋯⋯⋯⋯⋯张敬民

故事·小说

花脸孙亚雷⋯⋯⋯⋯⋯⋯⋯⋯⋯⋯⋯⋯龙 鸣
白色的楼房⋯⋯⋯⋯⋯⋯⋯⋯⋯⋯⋯⋯彭明羹
压力⋯⋯⋯⋯⋯⋯⋯⋯⋯⋯⋯⋯⋯⋯⋯余开选
黑夜中的呼喊（下）⋯⋯⋯⋯⋯⋯晓 燏 晓 地

诗歌

战士——怀念郭沫若同志⋯⋯⋯⋯⋯⋯李 瑛
诗的诞生（二首）⋯⋯⋯⋯⋯⋯⋯⋯⋯柯愈勋
碧血丹心谱壮歌⋯⋯⋯⋯⋯⋯⋯⋯⋯⋯杜承南
下食堂巡礼（三首）⋯⋯⋯⋯⋯⋯⋯⋯张新泉
采风录（十九首）⋯⋯罗定金 马晋乾 梁月志等
实验室畅想曲⋯⋯⋯⋯⋯⋯⋯⋯⋯⋯⋯徐 慧
快架起我们的工棚⋯⋯⋯⋯⋯⋯⋯⋯⋯李霁宇
彩色的烟云⋯⋯⋯⋯⋯⋯⋯⋯⋯⋯⋯⋯叶晓山
绿色珍珠⋯⋯⋯⋯⋯⋯⋯⋯⋯⋯⋯⋯⋯蒋永志
女气象员⋯⋯⋯⋯⋯⋯⋯⋯⋯⋯⋯⋯⋯方 敬
题李冰塑像⋯⋯⋯⋯⋯⋯⋯⋯⋯⋯⋯⋯雁 翼
"一加一等于一"——小猴子扳玉米的故事⋯⋯龙 郁
歌词三首⋯⋯⋯⋯⋯⋯⋯⋯⋯⋯⋯⋯⋯梁上泉
阿妈的心⋯⋯⋯⋯⋯⋯⋯⋯⋯⋯⋯⋯⋯贾勇虎
西行短歌（四首）⋯⋯⋯⋯⋯⋯⋯⋯⋯戴安常
赶早街⋯⋯⋯⋯⋯⋯⋯⋯⋯⋯⋯⋯⋯⋯张 长

评论

文艺与民主⋯⋯⋯⋯⋯⋯⋯⋯⋯⋯⋯⋯谭兴国
实践检验与"双百"方针⋯⋯⋯⋯⋯⋯唐正序
请给小人物落实政策——给编辑部的一封信⋯⋯田 原
为李伏伽同志的作品辩诬⋯⋯⋯⋯⋯⋯刘福荣
真实·生活·人物
——戏剧创作漫谈⋯⋯⋯⋯⋯李庆信 竹亦青

美术

陈毅同志诗《三峡》（篆刻）⋯⋯⋯⋯方 磊
迎春（水印木刻）⋯⋯⋯⋯⋯⋯⋯⋯⋯裴天林
难忘的征途（油画）⋯⋯⋯⋯⋯⋯⋯⋯马一平
桋桐小鸟（国画）⋯⋯⋯⋯⋯⋯⋯⋯⋯李琼久
秋菊（国画）⋯⋯⋯⋯⋯⋯⋯⋯⋯⋯⋯刘朝东
小厂之夜（套色木刻）⋯⋯⋯⋯⋯⋯⋯袁吉中

1979 年第 3 期　刊名:《四川文学》
目录

小说

"迎客来"⋯⋯⋯⋯⋯⋯⋯⋯⋯⋯⋯⋯⋯刘 廷
火苗⋯⋯⋯⋯⋯⋯⋯⋯⋯⋯⋯⋯⋯⋯⋯韦 翰
愤怒的涛声⋯⋯⋯⋯⋯⋯⋯⋯⋯⋯⋯⋯覃贤德

报告文学·故事

梁定基和他的《瓦斯卡片》···············殷 白
换节目···············王正平
灭鼠专家沈前明···············叶占祥 康德勋 孔繁禹

诗歌

珍贵的草帽···············陶继忠
当家人···············锺朝康
最后的歌声···············唐大同
华主席看《农奴愤》···············汪承栋
不夜的指挥所···············何 锐 郑君华
含泪忆彭总（四首）···············戴安常 胡 笛
清明雨···············李晓旸
巡逻道···············杨泽明
木呷穿上新军装···············王民谣
沁园春···············李伏伽
画图歌···············张子巨
给一位老导演···············郭同旭
和诗笔谈心···············里 沙
100＜0···············王长富
长征小学···············陆 棨
檐水的歌（外一首）···············谭 楷
江边偶遇···············冯庆川
校园杂感（二首）···············叶 簇
梦境···············王 琪
锄头小议···············徐 慧
当时谣···············向求纬
火花丛（二首）···············杜 若

评论

谈独创性···············王朝闻
加快落实政策 发扬艺术民主···············本刊评论员
把颠倒了的是非颠倒过来——重读马识途同志的讽刺
小说···············田 原
"双百"方针不可战胜
——从李亚群同志的平反想到的···············吴 野
红的终究说不成黑的——为沙汀同志"文化大革命"
前关于文学创作问题的两次发言辩···············王 辛
政论杂文的一簇香花——重读张黎群同志的《夜
谈》、《巴山漫话》有感···············锺 翔

美术

纳木湖畔（套色木刻）···············徐 匡
翻身农奴迎亲人（油画）···············魏传义 马一平
紫藤巴蕉（国画）···············杨富明
红花小鸟（国画）···············杨 风
峨眉初夏（国画）···············邱笑秋
我给姐姐送雨伞（剪纸）···············何作霖 李大兴

1979 年第 4 期　刊名:《四川文学》

目录

散文

友谊花开忆总理···············罗 清
噩梦···············徐 慧
小河边上···············陆政英
闲话···············李一清

小说

波···············王晓达
诗与爱情···············火 笛
廖仁厚···············王成功

诗歌

可爱的钢城（四首）···············周璞亨
春的信使（外一首）···············李武兵
剑门架线（外一首）···············徐新明
旱季和雨季···············梁上泉
沙型赞···············李建平
呵！ 春在这里·····················申家平
电的家乡···············中 流
诗花···············徐 康
致《扬眉剑出鞘》的作者···············冯庆川
诗的定义···············商 欣
如果·····················培 贵
去病篇（二首）···············燕 白
献给爱情的小诗（二首）···············张小敏
劝君脚踏实地·····················李石生
观《秦香莲》有感···············黄 放
这座山···············廖代谦
务"虚"会···············王 琪
天涯游子望故园···············明 明
相见···············傅天琳
丢花包···············张永权

评论

艺术民主与自由讨论——从《达吉和她的父亲》的讨
论谈起···············陈朝红 何同心
《水浒传》宣扬了投降路线吗?···············羽 军 徐 茱
李亚群同志追悼会在成都举行
山城文林失良师 邓均吾同志追悼会在重庆举行
邓均吾遗作（三首）
怀念邓均吾同志···············苏 执
邓老谈诗···············唐珍璧

美术

屹立千秋 英名永垂（木刻）···············李焕民

雪祭（水印木刻）——————————————荣广训
初春雨后（水印木刻）————————————王明月
蜀山行旅图（木刻）————————————鄧中铁
文采常青（套色木刻）————————————吴强年

边防线上（木刻）—————————————徐　匡
挑个称心人（素描）————————————周鸣祥
毛主席在延安住过的地方
——凤凰山麓（水印木刻）————朱琴葆　张新予

1979 年第 5 期　刊名：《四川文学》
目录

黑队长（小说）——————————————钟　鸣
煤（小说）————————————————李伏伽
探索（小说）———————————————徐　军
新春（小说）———————————————魏继新
布拉格的秋天（小说）————————————向义光
春（散文）————————————————郑临川
战士——步谈机（诗·外一首）——王捍东　吴正金
情满南疆（诗·二首）————————————黎殿春
接过哥哥的枪（诗）————————————曾建余
火线寄语（诗·外一首）———————————龙　郁
建设者的歌（诗·五首）———————————余以建
青山情思（诗）——————————————沈　重
岷山岷水清（诗·二首）———————————方　赫
写在火箭上的诗（诗）————————————傅　仇
龚滩秋色（诗·外一首）———————————华万里
小路（诗）————————————————陈官煌
采风录（民歌·十七首）
　　　　　　　　彭乡荣　刘德松　扎登等
大山的鹰（诗）——————————————李华飞
不褪色的军装（诗）————————————陈禄明
蔷薇集（诗·三首）————————————杨　山
草原潮（诗）———————————————意西泽仁
诗二首——————————————————何　洛
我爱草地（诗）——————————————里　沙
绿色的笑（诗）——————————————车　凯
发扬"五四"运动的革命精神————————任白戈
大家都来研究艺术规律——学习周总理《在文艺工作
座谈会和故事片创作会议上的讲话》————苏　恒
"五子登科"与艺术民主———————————范国华

群众论坛
张哈哈个性简论——————————————王东玉
其人其声扣心弦——————————————张家禄
李亚群同志遗诗十首
悼念李亚群同志——————————————张黎群
"欲知松高洁，待到雪化时！"
——悼亚群同志—————————————席明真
沉痛悼念爸爸——李亚群同志————————李毛毛
北疆屏障（套色木刻）———————————晁　楣
营地（木刻）———————————————徐　匡

1979 年第 6 期　刊名：《四川文学》
目录

坎坷的乐园（小说）————————————夏　野
绿色的箭囊（小说）————————————伍　略
期待（小说）———————————————幼　杨
山乡新花（小说）—————————————何国均
寒冷的夜晚（小说）————————————杨桂林
难以忘却的怀念（散文）——————李累　之光
坚贞卓绝是吾师（散文）———————————吴　野
自卫还击战诗抄（诗·五首）—————————曾　一
前方小站剪影（诗）————————————杨泽明
祝对越自卫还击英雄部队胜利归来（诗·二首）
　　　　　　　　　　　　　　　　—余安中

火红的攀枝花
星座（诗·外一首）————————————徐　康
给渡口新城建筑设计师（诗·外一首）————徐　慧
钢城的标灯（诗·外一首）——————————戴左航
钛的联想（诗·外一首）———————————谭　楷
大电铲英姿（诗·外二首）——————————姜华令
称铁水的姑娘（诗）————————————张新泉
钢铁的大手（诗）—————————————黄万星
值班（诗）————————————————再　耕
迎头赶上（诗）——————————————张继楼
赠鸡妹妹（诗）——————————————杨远宏
星星最爱捉迷藏（诗）———————————喻德荣
"勘探员"（诗）——————————————陈官煊
小瓢虫（诗）———————————————邓元杰
一道填空题（诗）—————————————邓元杰
画"山"（诗）———————————————吴大宇
校园浪花（散文诗·二首）——————————李锦辉
访引种作物园（诗）————————————胡　笳
小桥上的诗稿（诗）————————————田家春
编绳谣（诗）———————————————何吉明
收购站的秤（诗）—————————————赖松廷
细雨沙沙（诗）——————————————刘　章
读《囚歌》（诗）——————————————张雪杉
重点转移及其他——————————————唐正序
读儿歌集《万里长江唱颂歌》————————彭斯远

文艺随笔
"由说话看出人来"—————————————吴功正
浅谈人物的肖像描写————————————段国超

托物言志　情浓意深──────────晓　雪
姐姐又戴大红花（水印木刻）──────邹文正
向自卫还击战的英雄们致敬（宣传画）───张文源
罐舞（国画）─────────────伍启中
黎族姑娘（国画）───────────林　埔
长钢一角（水彩画）──────────水　登
太湖秋色（水彩画）──────────杨永福

1979 年第 7 期　刊名:《四川文学》

目录

古峡迷雾（电影文学剧本）───童恩正　沈　寂
山乡行（小说）───────────何春生
为了祖国（小说）───────────徐晓策
初试锋芒（报告文学）─────────宁松勋
奇特的英雄（报告文学）──────朱树喜　周大可
攀枝花一瞥（散文）──────────周永年
桃园花正开（诗·手迹）─────────郭沫若

自卫还击　严守边界

反击战诗草（诗·三首）──────────郝中彦
在"外宾招待所"（诗）──────────李霁宇
献给边防军的歌（诗·四首）─────────何吉明
引进工程工地抒情（诗·六首）───────杨大矛
花──勘探者手记（诗）──────────李祖星
雾中花一簇（诗）───────────黎　功
图线组成的歌（诗）──────────郑宝富
月夜（诗）─────────────亚　丁
特别邮路（诗）───────────张士忠
南海行（诗·二首）───────────雁　翼
海洋抒情诗（诗·三首）─────────孙静轩
海恋（诗·三首）───────────傅　仇
一只贝壳（诗）───────────傅天琳
海员和祖国（诗·二首）─────────唐大同
雪花（诗·外一首）───────────王尔碑
写在试验室里的诗笺（诗·二首）───────耕　野
神坛上的鲜血（诗）──────────回光时
鳞爪集（诗·五首）───────────叶　簇
真实·阴影·光明
──兼评真实性问题上的一个公式────林亚光
有勇气的典型塑造的见解
──评"写中间人物"──────────李荣峰
谈郭沫若的史剧原则和史剧创作──────苏鸿昌
新垦地（套色木刻）──────────晁　楣
凌云曲道（国画）───────────黄仲新
迎丰收（国画）───────────王　伟
牧鹅图（国画）───────────沈道鸿
峨眉银装（国画）──────────邱笑秋

1979 年第 8 期　刊名:《四川文学》

目录

审判前（小说）───────────耕　夫
贡献（小说）────────────傅　恒
黑血（小说）───────────杨大矛
油桐花开（小说）───────────夏　野
古峡迷雾（电影文学剧本）────童恩正　沈　寂
油菜（散文）───────────李伏伽
蠢人（寓言）───────────尚　南
忿懑和思索（诗）──────────张新泉
闪电（诗·外一首）──────────杨建华
悼念张志新（诗·七律）────────江瑞成
热血歌（诗·二首）──────────柯愈勋
审判（诗）────────────彭庆元
遥望东方看见了你（诗）────────张　放
读（诗）─────────────李可刚
你是战士（诗）─────────川　恋　毅然
大巴山红色歌谣（十首）───────向求纬搜集整理
采风录（民歌·十四首）
　　　　　　王万金　熊　焱　晓　义等
乐山诗（诗·三首）──────────楼适夷
川西行（诗·四首）──────────戈宝权
参加郭沫若学术讨论会有感（诗）─────艾　芜
登乐山凌云阁怀郭老（诗）───────高　兰
有感（诗）────────────郭庶英
测笔（诗）───────────谢克强
快活三带朝天子（散曲）───────刘君照
无题篇（诗）───────────陈志民
允许我送给你一个称号（诗）──────陈元通
墙头诗（诗·二首）──────────匕　文
青果集（诗·三首）──────────杨汝绁
桐花（散文诗）──────────王敦贤
萤火（散文诗）──────────饮　可
"八千里路赴云旗"──读郭沫若同志《归国杂吟》
及其他────────────华忱之
重读《夜归》───────────谭兴国
"煤"的赞歌───────────何春生

文艺随笔

正反相形──诗的艺术辩证法札记─────李元洛
呼唤"侦察兵"！──────────陈朝红
且说文艺批评的雷同化─────────金实秋
文艺简讯
第二次全国少年儿童文艺创作评奖将在明年举行
慰问亲人（水印木刻）──────────阿　鸽
他们在那儿（木刻）───────马光剑　朱秀山
练（水印木刻）──────────邹文正

川西三月（水印木刻）……………………尹　琼
旷怡亭（国画·四川省美展办公室供稿）……黄仲新

1979 年第 9 期　刊名:《四川文学》
目录

三见梁彦芬（小说）…………………………李伏伽
亲爱的儿子（小说）…………………………曾石生
两妯娌（小说）………………………………周克芹
火柴（小说）…………………………………张鲁东
电子、数学和书记（小说）…………………张　幅
小珍（小说）…………………………………贺星寒
秤杆上的良心（小说）………………………力　夫
会说话的口弦（散文）………………………陆　棨
像焊花一样火红（散文）……………………英　子
蝉·藤·北风与红梅（杂感）………………杨瑞文
红豆（散文诗）………………………………唐大同
小花猫（寓言）………………………………南　尚
香花毒草辨…………………………………岳　安
漫谈歌颂和暴露
　——评《“歌德”与“缺德”》………………游　黧
《找红军》的艺术特色………………………陈朝红

文艺随笔

“正名”与“争鸣”………………………………严　肃
略论“骂杀”和“捧杀”…………………………李士文
不穿衣服的“本质”……………………………吴　野
大渡河电站（诗）……………………………陆　棨
灌县诗情（诗·二首）………………………徐　康
渡口春雨（诗）………………………………徐国忠
夜步赤天化（诗）……………………………漆春生
西昌月（诗）…………………………………童嘉通
雷音知了（诗）………………………………柴德森
珊瑚与矿石（诗）……………………………张小敏
水的分子式（诗）……………………………何济川
迎春花（诗）…………………………………李可刚
剪彩（诗）……………………………………王长富
过三峡　忆秦娥（诗词各一首）……………蔡天心
鹿泉（套色木刻）……………………………晁　楣
清江归牧（木刻）……………………………林　军
高峡云雨（水印木刻）………………朱琴葆　张新予
大江之源（套色木刻）………………………徐　匡

1979 年第 10 期　刊名:《四川文学》
目录

家书（小说）…………………………………陈　晓
责任（小说）…………………………………刘　彦
燕燕于飞（小说）……………………………周　纲
无边的天穹（小说）…………………………王成功
迷误（小说）…………………………………冯　川
扑向母亲的孩子（报告文学）………………德　功
易贡湖（游记）………………………………晓　帆
一本书的自述（寓言）………………………谢勋烈
含着眼泪微笑的祖国（诗）…………………孙静轩
草木余篇（诗·八首）………………………流沙河
不同寻常的接见（诗）………………………胡　笳
春（诗·外一首）……………………………杨　山
露珠集（诗·二首）…………………………张永权
红玫瑰，白玫瑰（诗）………………………杨　毅
笔（诗）………………………………………杨学贵
烈士墓（诗三首）……………………………黄　绮
山溪及其他（诗二首）………………………陈果卿
但闻催征声声急
　——本刊读者、作者、编者座谈会纪实………本刊记者
缅怀其人　珍视其诗文
　——《何其芳选集》序………………………方　敬
祝贺《星星》诗刊复刊………………………桐　杭

说长道短

这是一个新的领域…………………………陈文明
短小精悍的《廖仁厚》………………………田闻一
《山乡行》好…………………………………倪跃昆
实际的战士　无畏的英雄…………………川江水
读《探索》……………………………………夏　冰
来信（两则）…………………………何素谦　潘六弟
绣球花（油画）………………………………杜咏樵
玉碎（汉白玉石雕）…………………………王宫乙
一丝不苟（雕塑）……………………………吴显林
熊猫（国画）…………………………………吕　林
初春（水彩画）………………………………杜咏樵
虹（水彩画）…………………………………杜咏樵

1979 年第 11 期　刊名:《四川文学》
目录

山中历险记（中篇小说连载之一）…………艾　芜
尤老爹的轶事（小说）………………………庄增述
一个母亲心灵的声音（小说）………………陈依力
最后一根火柴（小说）………………………笑　生

在列车上（小说）⋯⋯⋯⋯⋯⋯⋯⋯⋯少　匆
柳星星（小说）⋯⋯⋯⋯⋯⋯⋯⋯⋯谭　力
日西久（散文）⋯⋯⋯⋯⋯⋯（藏族）长　青
夔峡行（游记）⋯⋯⋯⋯⋯⋯⋯⋯⋯雁　翼
桃花（散文）⋯⋯⋯⋯⋯⋯⋯⋯⋯⋯长　剑
回忆周立波同志（散文）⋯⋯⋯⋯⋯艾　芜
他曾经这样歌唱（散文）
——记诗人何其芳同志⋯⋯⋯⋯⋯陈敬容
唱给大巴山（诗·二首）⋯⋯⋯⋯⋯杨永年
飞吧，攀枝花（诗·二首）⋯⋯⋯⋯里　沙
杂感录（诗·三首）⋯⋯⋯⋯⋯⋯⋯雷　霆
边地风景线（诗·四首）⋯⋯⋯⋯⋯方　赫
渡口剪影（诗·二首）⋯⋯⋯⋯⋯⋯徐　康
牧羊人的歌（诗·二首）⋯⋯⋯⋯⋯蓝　疆
昨天、今天和明天（诗）⋯⋯⋯⋯⋯杨大矛
"会书记"（诗）⋯⋯⋯⋯⋯⋯⋯⋯⋯谭　楷
家（诗）⋯⋯⋯⋯⋯⋯⋯⋯⋯⋯⋯⋯孙明亮

关于《香花毒草辨》一文的意见

香花毒草辨析⋯⋯⋯⋯⋯⋯⋯⋯⋯⋯竹亦青
为什么大批香花被打成毒草？⋯⋯⋯王世德
"废名"与"标准"⋯⋯⋯⋯⋯⋯⋯⋯严　肃
在新的起点上前进——评《四川文学》今年一至九期
的短篇小说⋯⋯⋯⋯⋯⋯⋯⋯⋯⋯田　原
关于《在彭总身边》⋯⋯⋯⋯⋯⋯⋯字　心
夜的旋律（水粉画）⋯⋯⋯⋯⋯⋯⋯简崇志
川藏路上水帘洞（木刻）⋯⋯⋯⋯⋯李少言
密林中（木刻）⋯⋯⋯⋯⋯（藏族）其加达瓦
走向生活（木刻）⋯⋯⋯⋯⋯⋯⋯⋯吴强年
一九六八年×月×日，雪（油画）⋯程丛林

1979 年第 12 期　刊名:《四川文学》
目录

母爱（小说）⋯⋯⋯⋯⋯⋯⋯⋯⋯⋯包　川
断后又续的日记（小说）⋯⋯⋯⋯⋯钟　鸣
下班以后（小说）⋯⋯⋯⋯⋯⋯⋯⋯戴定常
在皎洁的月光下（小说）⋯⋯⋯⋯⋯范　元
办事员罗中治的苦恼（小说）⋯⋯⋯李伯炎
山中历险记（中篇小说选载之二）⋯艾　芜
樱桃红了（散文）⋯⋯⋯⋯⋯⋯⋯⋯李伏伽
端午——童心琐忆（散文）⋯⋯⋯⋯晓　松
我来了，三峡（诗）⋯⋯⋯⋯⋯⋯⋯唐大同
他从美国归来（诗）⋯⋯⋯⋯⋯⋯⋯张新泉
名山的启迪（诗）⋯⋯⋯⋯⋯⋯⋯⋯宋学濂
白羽毛之歌（诗）⋯⋯⋯⋯⋯⋯⋯⋯胡　笛
雪山的春天（诗）⋯⋯⋯⋯⋯⋯⋯⋯宁　宇
边防军邮员（诗）⋯⋯⋯⋯⋯⋯⋯⋯任耀廷

文艺为什么服务问题刍议⋯⋯⋯⋯⋯子　叶
也谈香花毒草和六条标准⋯⋯⋯⋯⋯畅　游

文艺随笔

"豪言壮语"⋯⋯⋯⋯⋯⋯⋯⋯⋯⋯⋯巴　金
为有胆识不随风⋯⋯⋯⋯⋯⋯⋯⋯⋯竹亦青
为无名小卒呐喊⋯⋯⋯⋯⋯⋯⋯⋯⋯松　鹰
"立言"和"立心"⋯⋯⋯⋯⋯⋯⋯⋯杨　桦
我爱油田（油画）⋯⋯⋯⋯⋯⋯⋯⋯高小华
新苗（雕塑）⋯⋯⋯⋯⋯⋯⋯⋯⋯⋯朱祖德
姑娘与孔雀（雕塑）⋯⋯⋯⋯⋯⋯⋯陈龙生
向往（雕塑）⋯⋯⋯⋯⋯⋯⋯⋯⋯⋯刘义福
春（油画）⋯⋯⋯⋯⋯⋯⋯⋯⋯⋯⋯王　亥

1980 年第 1 期　刊名:《四川文学》
目录

新春致读者⋯⋯⋯⋯⋯⋯⋯⋯⋯本刊编辑部

文学青年之友
我与文学

我怎样与文学发生关系⋯⋯⋯⋯⋯⋯叶　紫
墨水瓶挂在颈子上写作的⋯⋯⋯⋯⋯艾　芜
写作信箱
什么样的人才能搞创作
——答一个文学爱好者的一封信⋯⋯闻　友

读者·作者·编者

对小说《迷误》的不同意见⋯⋯薇　薇　梁恩明
对其他作品的反应⋯⋯⋯⋯魏秋菊　周作夫等
批评与建议⋯⋯⋯⋯⋯⋯⋯徐伯荣　杨祖越等
春夜（小说）⋯⋯⋯⋯⋯⋯⋯继　湘　沙　莎
思念你，桦林（小说）⋯⋯⋯⋯⋯⋯龚巧明
秋菊（小说）⋯⋯⋯⋯⋯⋯⋯⋯⋯⋯郭旦霞
有罪的情人（小说）⋯⋯⋯⋯⋯⋯⋯张天鹏
扫墓（小说）⋯⋯⋯⋯⋯⋯⋯⋯⋯⋯李树森
山中历险记（中篇小说连载之三）⋯艾　芜
游窦圌山记（游记）⋯⋯⋯⋯⋯⋯⋯穗　子
峨眉遇难匹（游记）⋯⋯⋯⋯江　河　学　文
牌坊翠竹（诗）⋯⋯⋯⋯⋯⋯⋯⋯⋯申家平
蜀中杂咏（诗·三首）⋯⋯⋯⋯⋯⋯徐　康
浪花之歌（诗）⋯⋯⋯⋯⋯⋯⋯⋯⋯叶　簇
雨过天晴（油画）⋯⋯⋯⋯⋯⋯⋯⋯王大同
初晴（水印木刻）⋯⋯⋯⋯⋯⋯⋯⋯吴　凡
黄金时代（水印木刻）⋯⋯⋯⋯⋯⋯王明月
你永远活在我们心中（油画）⋯夏培跃　简崇民

1980 年第 2 期　刊名:《四川文学》
目录

文学青年之友

试谈短篇小说 ······ 茅　盾
我与文学
甘苦寸心知（之二）——谈自己的诗 ······ 臧克家
诗的悲剧——写给诗人公刘的信 ······ 孙静轩
牺牲（小说） ······ 艾　淇
醉人的江水（小说） ······ 张世俊
卖猪（小说） ······ 陈余明
孤儿小说 ······ 丁志平
最后一支香烟（小说） ······ 伍乔松
剧作家（小说） ······ 陈文明
山中历险记（中篇小说选载之四·完） ······ 艾　芜

巴山漫话

赞清官良将（杂文）
——读《在彭总身边》感言 ······ 张黎群
花魂与鸡冢（随笔） ······ 忆明珠
缅怀者（随笔） ······ 忆明珠
可尔因散记（散文） ······ 周　纲
珊瑚坝抒情（散文） ······ 白　笠
在你的心灵中（诗·外一首） ······ 顾　工
关于法律（诗） ······ 郭同旭
生命（诗·外一首） ······ 余薇野
黎明三唱（诗·三首） ······ 陈国华
台风到来之前（诗） ······ 石　英
《清江壮歌》漫评
——兼谈小说修改本的得失 ······ 林亚光
文艺创作的活力来自生活
——李伏伽短篇新作读后 ······ 刘福荣

小说《迷误》的讨论

应当肯定的好作品 ······ 余昌祥
不值得同情的人物 ······ 应委才
后记 ······ 编　者
醉（水粉画） ······ 冯文彪
胜局（油画） ······ 高玠瑜
漫画作品选刊 ······ 詹　同　高　翔　刘克勤　陈　焰
藏南河谷（火粉画） ······ 黄唯一

1980 年第 3 期　刊名:《四川文学》
目录

和最强者较量（报告文学）——记我国第一个女子围
棋冠军孔祥明 ······ 吕　齐

笋子（小说） ······ 王　健
哑佳人（小说） ······ 童　稚
不是爱情（小说） ······ 杨文凯
家（小说） ······ 田子镒
隔阂（小说） ······ 艾　淇
阿旁（小说） ······ 周永严
母狗阿娇（淮童话） ······ 克　非

巴山漫话

忍辱目的在于负重（杂文） ······ 张黎群
罗汉及其衣钵（杂文） ······ 甘　犁
老笋的高论 ······ 王敦贤
我多少次见过你（诗） ······ 方　敬
南国抒情诗（诗） ······ 孙静轩
素描集（组诗） ······ 王尔碑
野菊花（诗·外一首） ······ 杨　毅
川鄂行（诗） ······ 张　茜
折桂令（诗·四首） ······ 陈昊苏
理想（诗） ······ 陈德忠
题脚手架（诗） ······ 张大成

文学青年之友

我与文学
我与文学 ······ 李英敏
创作前的准备——创作随笔 ······ 雁　翼
写作信箱
说情书 ······ 马识途
来信 ······ 章林义
读稿札记
请讲得真诚些 ······ 司纯雪

文艺随笔

从镜子想起的 ······ 巴　金
从两个"马利亚"说起 ······ 沈祖方
满怀信心　继续前进——本刊再次召开读者、作者、
编者座谈会 ······ 本刊记者
怀念纳木湖（水粉画） ······ 黄唯一
威震太行（油画） ······ 邱　宁
小骑手（水印木刻） ······ 徐　匡
为什么（油画） ······ 高小华

1980 年第 4 期　刊名:《四川文学》
目录

小说

勿忘草 ······ 周克芹
老韩 ······ 黄家刚
遥远的爱（科学幻想小说） ······ 童恩正

忙 ————————颜育修
冤家 ————————杨　君
被称为福尔摩斯的人（之一）————温靖邦

回忆录
幸福的回忆 ————————都爱国

书评
题材选择作家——评《许茂和他的女儿们》····殷　白

文学青年之友
写作信箱
有关创作的通信 ————————沙　汀
答编者问（上）————————张天翼
我与文学
起步艰难 ————————碧　野

文艺短论
文艺春天与"闹"————————吴　野
议论纷纭中的预感 ————————李士文
看话剧《救救她》所想到的 ————宁松勋
"三不"之外（杂文）————————甘学良

美术
啄木鸟（国画）————————李琼久
周总理视察灾区（油画）————————张文源
心血（油画）————————马一平　古　月
忠魂（油画）————————罗中立

1980 年第 5 期　刊名:《四川文学》
目录

小说
燕子啁啾 ————————榴　红
落选 ————————周克芹
单干户之死 ————————何春生
阿菊 ————————周永严
色彩酿的蜜 ————————鞠鹏高
遥远的爱（下）————————童恩正
被称为福尔摩斯的人（之二）————温靖邦
私塾一日（《几时影》选段）————李劼人

散文
一件真事 ————————殷　白
蜀乡风土
白帝城散记 ————————唐忠朴

寓言
愚蠢的白纸 ————————王敦贤
寓言九则 ————————李保均

杂文
巴山漫话
论爱才如命 ————————张黎群

文学青年之友
写作信箱
答编者问（下）————————张天翼
我与文学
第九十九朵花 ————————鄂　华
煤与诗 ————————孙友田
讨论
《迷误》的得失 ————————竹亦青
书评
李劼人和他的《大波》————————谭兴国
说长道短（九篇）————川　涛　刘　彦等

美术
文成公主入藏（国画）————梅定开　任兆祥
早晨（套色木刻）————翔秋志玛　仁真朗加
峨边太阳山（国画）————————黄海儒
孤儿（油画）——雷　虹　罗中立　陈　宏　杨　谦

1980 年第 6 期　刊名:《四川文学》
目录

小说
特别处方 ————————韦　翰
在晒坝 ————————亚　光
微笑 ————————榴　红
琅琅书声的幕后 ————————白　朗
春游记 ————————贺星寒
丽丽 ————————李伯炎
被称为福尔摩斯的人（之三）————温靖邦
蚱蜢老汉 ————————克　非

寓言
寓言一则 ————[美国]马克·吐温作　邹绛译
寓言六则 ————————李保均

散文诗
春天三章 ————————张白帆

杂文
巴山漫话

要精心治理好"内伤" ·················张黎群

民间传说
蚊子、老虎和蜘蛛
···········杨寿康 唐继川 张志明搜集整理

文学青年之友
谈《办婚事的年青人》 ·················沙 汀
致女青年作家 ···········[苏]高尔基 王庚虎译
我与文学
此事无捷径
——记与文学青年小G的一次谈话 ·········刘心武
回顾我走过的路 ·····················蒋子龙

文艺短论
斜阳冉冉春无极 ·····················陈培之
关于社会效果问题的杂感 ···············畅 游
也谈真实性与倾向性 ··················钟 文

美术
儿童时代（水粉画） ··················李清拂
贺老总在前线（木刻） ················林 军
换了人间（木刻） ···················李焕民
荷雨图（国画） ····················石 鲁

寓言
寓言六则 ·························李保均

杂文
巴山漫话 "越查越红"和一红到底 ·········张黎群

文学青年之友
生活和创作（上·我与文学） ············管 桦
习作手记（我与文学） ················莫 伸

评论
真实性、倾向性及其他
——兼评短篇小说《春夜》 ·········何火任 仲呈祥

书评
"画笔传神总是春"——读中篇小说《兰》···何同心
（读者·作者·编者）（十四则）
···························张 林 常崇宜等

美术
九寨沟秋色（油画） ·················张文源
主人（木刻） ···············徐 匡 阿 鸽
蜀东小景（国画） ··················李文信
挤奶员（油画） ····················艾石之

1980 年第 7 期　刊名:《四川文学》
目录

全国文学期刊编辑工作会议强调
把文学期刊办得更有生气
振奋革命精神，办好文艺期刊····《人民日报》评论员

小说
归来的春天 ·······················弓 戈
王蜂子 ·························李 贵
检察长的一天 ·····················刘 彦
伯伯 ··························艾 湫
八达号的"吉日"（选自《天魔舞》） ········李劼人
魂兮归去 ·······················周 纲
被称为福尔摩斯的人（续完） ············温靖邦

散文
庐山兰花放清香 ····················罗时叙
灯 ··························杨 山
"佛光略影" ······················萧蔓若
蜀乡风土 红海纪游 ··················樊文抒
采石情思 ·······················王春瑜

1980 年第 8 期　刊名:《四川文学》
目录

在四川省文学艺术工作者第二次代表大会上的祝辞
···························杜心源
在四川省文学艺术工作者第二次代表大会上的讲话
···························谭启龙
解放思想，加强团结，争取我省社会主义文艺事业的
更大繁荣
——在四川省文学艺术工作者第二次代表大会上的报
告（摘要） ······················马识途
四川省文联及作协领导机构人员名单

小说
为自行车，干杯! ···················包 川
棕熊 ··························戴善奎
晨光熹微 ·······················陈依力
嘱托 ··························王蕴辉
大树底下 ·······················戴厚英
局长的女儿 ······················何士光
养鱼的社员 ·················熊建成 程特进
七月骄阳 ·······················曹家治
风景画和狼············[捷克]雅罗斯拉夫·哈谢克作

陈历荣译

散文
妈妈大学生·····························宁　子

文学青年之友
生活和创作（下·我与文学）·············管　桦
细致观察，抓住特点
——读《棕熊》························义　光

文艺简讯
本刊举办首次优秀短篇小说评奖启事·······本刊编辑部
四川省文艺理论工作者的一次盛会

美术
石榴（中国画）·······················李道熙
好对象（油画）·············刘安忠　刘永焕
水（雕塑）·················罗耀辉　罗康祥
雨中山城（油画）···················杜诿樵
山里的小姑娘（木刻）···············江碧波

一颗星·······························黎正光
祝贺与希望·························沙　汀
作家要认识人民熟悉人民···········任白戈

文学青年之友
我与文学
曲折的路···························高晓声
作品分析
赞美人民的人性·····················陈朝红
——谈《浓雾》的构思和人物

作品评论
从生活中探索·······················李庆信
本刊举办优秀短篇小说评奖启事

美术
高原的歌（油画）···················詹建俊
盛夏图（中国画）···················李苦禅
老师早（雕塑）·····················吴镜初
苗（雕塑）·························陈作芳
小达娃（雕塑）·····················张德蒂
夏天（木刻）·······················陈亚男
西沙之晨（油画）···················何　岸

1980 年第 9 期　刊名:《四川文学》
目录

小说
浓雾·······························徐　慧
青山恋歌···························牛俊才
迷路的鸭子·························克　非
秋去冬来·················王　沛　王　江
老曹·······························贾万超
石狮夜话···························詹岱尔
断剑招牌···············[英]吉·基·切斯特顿作
李章贵　龚登埔译

散文
路·································眉　地
嘉陵江边三题·······················郁小萍
峨眉杜鹃···························唐忠朴

诗歌
漂木之歌···························扬　禾
放风筝的孩子·······················王尔碑
晚秋的阳光·························刘庶凝
告白·······························江　帆
女孩与蒲公英·······················骆耕野
年轻的农妇·························杨　毅
流杯池·····························鄢家发
绿的回忆···························余继国

1980 年第 10 期　刊名:《四川文学》
目录

小说
"震动试验"·························赵长天
心理学教授和他的儿子·········李北星　付　恒
铁树开花奇遇记·····················彭起羽
游魂·······························刘家琨
小镇人物素描·······················雁　宁
竹笛声声怨·························艾　湫
寒冬夜阑时·························泉　源
巧会结缘·······[美国]伊夫·莱德贝特作　李高强译

散文
蜀乡风土
滩·······························吕红文
金泉长流···························万　千

诗歌
川西北风情·························方　赫
西行短歌三首·······················戴安常
昭君村吊古·························流沙河
绿色的恋歌·························胡　笛
爱情的回顾·························王敦贤

无题 ·· 北 岛
大地已是春光灿烂 ·· 李发模
关于文学创作队伍建设问题的通信···· 马识途 周永年
从声明谈起（作家来信）·································· 茹志鹃

文学青年之友
我与文学
鱼儿只能在水里游泳 ····································· 王西彦
天道酬勤 ·· 晓 雪
向现实主义大师学习！ ·································· 李 乔
读稿札记
题材、情节及其他 ·· 友 方

美术
林溪（套色木刻）··· 杜鸿年
少女像（木雕）··· 曹国昌
花灯迎春（油画）·································· 蔡 亮 张自嶷
翰海晓月（中国画）······································ 马西光

1980 年第 11 期 刊名:《四川文学》
目录

小说专号
访问 ··· 沙 汀
樊阿炳买奶山羊 ·· 榴 红
悔 ··· 高 缨
广告的主人 ··· 火 笛
怀素自叙 ·· 刘正成
教授与老农 ··· 林贵祥
一个初夏的黄昏 ·· 周永年
兰花 ··· 潘文伟
办公桌 ·· 贺星寒
霜叶的美 ·· 苏贤伯 伍 丁
石翅儿出世 ··· 克 非
从《访问》谈短篇情节的精炼 ························ 游 藜
编后记 ·· 编 者

美术
峨眉月（中国画）··· 李琼久
高原姐妹（木刻）··· 蒋宜勋
梅亭（中国画）··· 毛钧光
汛（漆画）··· 吴家川

1980 年第 12 期 刊名:《四川文学》
目录

小说
赶场 ··· 陈朝璐
杜庭瑞 ·· 黄家刚
花工 ··· 李保均
李嬢 ··· 陈栋樑
樊阿炳买奶山羊 ·· 榴 红

民间文学
锦鸡的花衣是咋样来的?
·························· 吴琪拉达 莫色则夫整理
阿克登巴的故事（二则）················ 何琼英搜集整理

诗歌
山行 ··· 徐 慧
古城情思 ·· 沈 重
窗 ··· 寇宗鄂
禽鸟篇 ·· 王连辉
素描集 ·· 晓 钢
凉山素描 ·· 梁上泉
你曾是…… ··· 罗 菀
地球 ··· 熊远柱
假山 ··· 叶 簇
秋夜雨 ·· 宁 静
我是果林一条河 ·· 傅天琳
呵，泥土…… ·· 张建华
星火诗抄 ·· 曾祥麟
咏柳 ··· 雁 宁

评论
《潘家堡子》漫评 ·· 田 原
带着微笑观察生活哦 ····································· 晓 梵
艺术上的追求 ··· 竹亦青
《梨园谱》作者的"梨园谱" ··························· 萧 赛
长篇小说《四世同堂》琐谈················ 吴若萍

文学青年之友
生活·感情·人物 ·· 高 缨
《赶场》引起的思索 ····································· 之 光

四川文学一九七九——一九八〇年短篇小说总目录
本刊优秀短篇小说评选推荐表

美术
白荷双马（中国画）······································ 黄永玉
在阳光下（木刻）··· 袁吉中

新的进军（木刻）·································马光剑
嘉陵秋色（木刻）·································凌承纬

余晖（水粉画）·································简崇志
冬暮（水粉画）·································简崇志

1981年第1期　刊名:《四川文学》
目录

小说

招蜂的姑娘·································遥　攀
行人到此·································王　吾
穿过迷濛的森林·································沈　重
春天的绿叶·····················林文询　雨　樵
证词·································先子良
从头开始·································弓　戈
闹年·································甘　犁
涂局长戒烟·································黎　土

诗歌

北方行·································孙静轩
三苏祠拾翠·································徐　康
并非题给玩具·································再　耕
黎明·································赵　敏
梦·································木　斧
我是犁尖·································叶文福
高原诗行·································任耀庭
成都二题·································周永严
站在乐山大佛前·································于惠罗
雨中·································柯愈勋

寓言

寓方六则·································李保均

评论

对台戏为什么唱不起来·································吴　野
活跃文艺评论的意见·································李士文
"有争议的作品"名实议·································林亚光
有感于"以耳代目"·································钟　文
批评家应该是作家的朋友·································唐早生

文学青年之友

我与文学·································林　雨
我省召开少数民族文学创作会议
读者、作者、编者（十则）·································李瑞章等

美术

手（油画）·································杨　谦
飞（木刻）·································翟幼林
春天（木刻）·································李　兰
梳（木刻）·································翟幼林

1981年第2期　刊名:《四川文学》
目录

小说

学堂与学生（连载）·································文　友
孑孓·································包　川
下山以后·································方　赫
洁白的雪花·································黄天舜
新的创伤·································冀　邢
范滂的死·································李伏伽
柳梦白和他的三个女友·································林钟美

散文

蜀乡风土
峨眉山背夫·····················王先明　梁沪生

诗歌

深山记忆·································杨　毅
工地的梦·································贺星寒
情泻山乡·································熊远柱
再见·································顾　城
远航·································牛　泊
山旅·································郑成义
飞机上的随笔·································杨　炼
给灰色的心·································冯庆川
大宁河剪影·································王长富
石膏像·································王　莉

文学青年之友

怎样获得文学的技巧·································艾　芜

评论

关于小说《花工》的通信·····················渊　如　李友欣
艺术魅力的产生·································胡德培
论从容·································王昌定
震撼人心的力量·································凌承纬

美术

父亲（油画）·································罗中立
牧归（木刻）·································刘世同
絮语（木刻）·································康　宁
高山奇花（雕塑）·································孙　闯
果香路（雕塑）·····················何力平　郭选昌
霜林醉（中国画）·································李文信

1981 年第 3 期　刊名:《四川文学》
目录

报告文学

遨游太空的陀螺 ································ 吕　齐

小说

老乐这个人 ································ 林文询
蒋家砖窑 ································ 艾　湫
晒不死的辣椒 ································ 宇　心
桂枝香 ································ 戈　弓
巴山泚水情依依 ································ 王有典
学堂与学生（连载） ················ 文　友

散文

陨铁 ································ 赵致真

诗歌

还乡杂咏 ································ 张秀熟
虎吼 ································ 李加建
岷山的路 ································ 梁上泉
古堰情思 ································ 刘　滨
春花彩雨 ································ 胡　笛
胎音 ································ 周显军
立夏雨 ································ 陈官煊
陨石 ································ 周永严
别 ································ 廖荣华
川西坝 ································ 赖松廷

文学青年之友

关于文学创作的通信 ·············· 丁　玲　孙　犁

我与文学

话说写作的甘苦 ················ 塞先艾

评论

简论《山高水远》的语言特色 ·········· 林一顺
对小说《花工》的评论 ············ 邓国良等

文艺随笔

要重视"磨刀石" ················ 松　鹰
有感于徐悲鸿"胸有成马" ·········· 何　易
剑南春早 ································ 香　圃

美术

山花（水粉画） ················ 简崇志
大渡河畔（木刻） ················ 徐　匡
织新毯（木刻） ················ 刘世同

秋菊（中国画） ················ 苏国超
黄金时代（油画） ················ 罗　群

1981 年第 4 期　刊名:《四川文学》
目录

蜀苑新枝

竹号声里（小说） ················ 陈朝璐
在鹞鹰飞翔的山谷（小说） ·········· 丁志平
洗鸭肠子的姑娘（小说） ············ 漆　丰
塌方（小说） ················ 牛俊才
一颗未冻僵的心（小说） ············ 蓝　天
路……（小说） ················ 萧　萧
饮勿醉（小说） ················ 耕　夫
皈依（小说） ·········· 易　森　易　道
先生娘子（小说） ················ 谯义三
孙家渡（小说） ················ 潘文伟
秋雨（小说） ················ 谭　力
热情地赞美新的生活（评论） ·········· 何同心
跟着时代的步伐前进（评论） ·········· 陈朝红
学堂与学生（长篇连载） ············ 文　友

关于小说《花工》的讨论

不公正的批评
——对渊如同志批评"花工"的答辩 ·········· 李保均

美术

新学年（油画） ················ 王龙生
牡丹（中国画） ················ 刘朝东
春雨（中国画） ················ 黄　鼎
初生牛犊（木雕） ················ 何力平
阳光（雕塑） ················ 谭　云
溪涧图（中国画） ················ 黄永玉
下班（木刻） ················ 顾　雄
"汲"（木刻） ················ 吴德远

1981 年第 5 期　刊名:《四川文学》
目录

小说·散文

竹林深处 ································ 克　非
美丽的顾雪英 ················ 黄家刚
在生活的考场上 ················ 余新庆
荒唐的"误会" ················ 廖　琪
戳客（蜀苑新枝） ················ 蒋　毅
几分钟的友善 ········· [圭]布雷斯维特著　马雪峰译
学堂与学生（长篇连载） ············ 文　友

亚公——蜀中奇人·····················马识途
天府览胜
石林天下奇···························姚　枫
在绿色中徜徉·························晓　松

诗歌
若尔盖的诗抄·························高　缨
别了，峨眉山（外一首）···············张建华
西行吟·······························黄东成
黄河，秋天的一瞥·····················徐国志
乡年·································戴安常
树···································范　明
营业（外一首）·······················张　挚
仙人球（外一首）·····················袁瑞君

评论
关于小说《花工》的讨论
爱情小说与文明道德···········邓仪中　仲呈祥
作品倾向与形象真实···················李庆信

文学青年之友
美的赞歌·····························峻　青
略谈民间谚语和俗语···················王映川

美术
万县（漆画）·························林晓明
钟声（油画）·························古　月
春（油画）···························古　月
纺织姑娘（木刻）·····················顾　雄
精雕细作（木刻）·····················甘庭俭
父与子（油画）·······················朱毅勇

1981 年第 6 期　刊名:《四川文学》
目录

深切悼念茅盾同志
回忆茅盾同志·························艾　芜
您，还在朗朗谈笑·····················田　苗
献在您的灵前（诗）···················周永严

报告文学
为党与人民编织桂冠的人···········易刚初　徐耀民

小说
春宵·································韦　翰
灵魂的检验···························蒙　童
学堂与学生（长篇连载）···············文　友
雪夜里……（蜀苑新枝）···············张廷涛

黄鸡婆，快下个蛋（蜀苑新枝）·········李育兰

散文荟萃
不废江河万古流·······················李伏伽
荥河人家·····························周　纲
无妨人自纵心游·······················钟树梁
木叶声声·····················（彝族）吉狄马加
云语·································穗　子
春日游·······························郑临川
雪莲赋·······························杨星火

诗歌
寄故乡·······························沙　鸥
致贡嘎山（外二首）···················谭　楷
车到成都·····························孙友田
雨点（外一首）·······················陈官煊
信念在歌唱···························柯愈勋
草堂行···························[美] 刘庶凝
春朝·································王尔碑
职守（外一首）·······················徐　康
飞起来吧，鸽子·······················人　可
我，是一根火柴·······················伍权民
帆船·································杨永年

评论
读《勿忘草》·························何　牧
它给人以力量（评《彩色的夜》）·········田　原
关于小说《花工》的讨论
生活真实、道德规范和爱情描写·········蒋守谦
应当注意倾向性·······················慕　月
美、道德及其他·······················肖　晓

美术
花溪（水粉画）·······················简崇志
放牧图（中国画）·····················程十发
小卓玛（雕塑）·······················罗耀辉
星星（雕塑）·························唐荣祜
山城之夜（水粉画）···················杨永福

1981 年第 7 期　刊名:《四川文学》
目录

本刊一九七九——一九八〇年优秀短篇小说评选当选
作品目录

中篇革命故事
三战华园·····························马识途

小说

纪念碑前 ———————————— 陈　晓
渠江流水长 ———————————— 谭　力
学堂与学生（长篇连载）————————— 文　友

散文

井岗山纪行 ———————————— 张秀熟
不尽雪山草地情 ———————————— 方　赫
金沙水长 ——————————（藏族）土登吉美

报告文学

"蜀玫"飘香 ———————————— 徐　康
重访山山水水 ———————————— 李　累

诗歌

红色的碑林 ———————————— 傅　仇
乡村小调 ———————————— 凌文远
巴山的回响 ———————————— 梁上泉
红叶 ———————————— 李可刚
摄影作品《马克思墓》 ——————————— 丛　兰
称太阳 ———————————— 刘邦云
谒烈士陵园 ———————————— 周贵祥
征途老将 ———————————— 任耀庭
敬礼，播火者! ———————————— 陈　萱
根 ———————————— 王春放
铲霍的花 ——————————（回族）张　央
春潮 ———————————— 郭同旭
大山的爱 ———————————— 王敦贤
深山"号外" ———————————— 黄　宏

评论

作家的热情、思考和追求 ———————————— 川　涛
提倡写革命传记文学 ———————————— 彭长卿

美术

红岩小路（油画）———————————— 杜咏樵
信念（油画）———————————— 肖继东
长江日夜流（水印木刻）———————————— 吴　凡
藏族新一代（油画）———————————— 周春芽

1981 年第 8 期　刊名:《四川文学》
目录

小说

山月不知心里事 ———————————— 周克芹
高高的白塔 ———————————— 扬　禾
黑石沱夜话 ———————————— 贺星寒
岗位 ———————————— 王成功

女供销员 ———————————— 王　庆
地下春秋（科学幻想）———————————— 晓　帆
学堂与学生（长篇连载）————————— 文　友
矶鹞使您快乐———————[美]玛·希尔伯著　刘文哲译

散文

井岗山纪行 ———————————— 张秀熟
天府览胜
小凉山上的明珠 ———————————— 樊文抒
花重锦官城 ———————————— 刘允嘉
花二题 ———————————— 李华飞
月夜情 ———————————— 张思杰

诗歌

我的思恋在彩云之南（组诗）———————— 沈　重
过去就是过去 ———————————— 顾　工
晨鸡 ———————————— 王志杰
二月（外一首）———————————— 张小敏
我是"零" ———————————— 李季芳
昨日诗草 ———————————— 曾祥麟
早晨，我走过田野 ———————————— 赵　敏
芭蕉 ———————————— 龙　驹
织 ———————————— 魏志远

关于小说《花工》的讨论

一个被扭曲的灵魂 ———————————— 潘仁山
真实的和不真实的 ———————————— 吴若萍
《花工》的出格和出格的《花工》评论———————— 梅　地

文学青年之友

反复琢磨　精益求精 ———————————— 赵　捷

评论

生活赐以五色笔 ———————————— 竹亦青
自觉掌握科学的世界观 ———————————— 严　肃

美术

猴子观海（中国画）———————————— 冯建吴
南溪河畔（水印木刻）———————————— 向白云
高原黎明（木刻）———————————— 何　兵
在养育我们的土地上（木刻）———————————— 康　宁
明月照积雪（中国画）———————————— 冯建吴

1981 年第 9 期　刊名:《四川文学》
目录

纪念鲁迅诞辰一百周年

关于小说题材的通信 ———————————— 鲁　迅

学习鲁迅《关于小说题材的通信》书后················沙　汀
再向鲁迅先生学习····································艾　芜
鲁迅论作家的革命化问题······························游　藜

小说
生日··丁志平
晴转多云，有雷雨··································温传昭
依姆琼琼································（藏族）意希泽仁
舅爷喇嘛··································（藏族）苍　林
我和"小云雀"····························（彝族）阿凉子者
学堂与学生（长篇连载）····························文　友
汽车大路边的森林····[意]伊·卡利维诺著　羽军译

散文
天府览胜
天国的梦································（回族）马寿宇
铲城赋··································（回族）张　央
荣县桃花··杨　捷
涟曲藏酒情······························（藏族）长　青
蘑菇城··张世俊
蒲公英··胡其云

诗歌
五月诗情（组诗）··································杨　山
工区手记（组诗）··································龙　郁
失去··································永　庆　远　度
妈妈呵，您听我说··································白杨树
友谊··何　勇
金鱼··张大成
翠屏山（外一首）··································唐大同
有一条小路··龚盖雄
枯叶··黎正光
白发····································王朝堂　钟志清

评论
"是诗找我，不是我找诗"····························魏传统

文学青年之友
秋夜断想录··徐　刚

美术
易贡湖畔（水粉画）································黄唯一
勇毅的中国妇女（木刻）····························宋广训
彝乡桄子熟（套色木刻）····························钱米忠
九寨初雪（水粉画）································罗次冰
匡庐小景（中国画）································刘　蔚
青衣江上（油画）··································冯星平
孔乙己（木刻）····································苗　波

1981年第10期　刊名:《四川文学》

目录

我省优秀文艺作品授奖大会在成都隆重举行
在四川省优秀文艺作品授奖大会上的讲话·······沈一之
辛勤的耕耘　丰盛的收获
——我省获奖优秀文学作品一览
本刊举行优秀短篇小说授奖、座谈会
蜀苑新枝——新人新作专号
春天奏鸣曲（小说）································杨　泥
黄河流在草原上（小说）····························张　放
王满满（小说）····································贾承汉
厚成老汉的烦恼（小说）··············周钰樵　贺　勤
狗娃子杀鸡（小说）································王从学
等待（小说）····························韦　化　余　人
山野的风（小说）··································尹强儒
大暴雨中（小说）··································钱　军
生活的鼓点（小说）································吴信训
彩色泡沫（小说）··································徐治萍
"千手观音"（小说）································宋洪才
花草小曲（散文）··································郁小萍
岩鸽（散文）······································戴　理
妹恩（散文）······································胡本常
花潮（散文）······································陈明云
上坟（散文）······································柏　松
初春的歌（诗二首）································伍权民
晨曲（诗）··眉　地
摆渡人（诗）······································李　竹
小河（诗）··傅　耕
天（诗）··牛　泊
我是一颗……（诗）································张　华
对生活脉搏的把握（评论）··························吴　野
让青春焕发出时代光彩（评论）······················李庆信

来自抗洪救灾前线的报告(特辑)
捕捉洪峰的人们（报告文学）··········张小敏　黄小淳
中流砥柱（报告文学）····················王　沛　王　江
邓关风云（报告文学）·······易　之　易刚初　陈心培
在惊涛骇浪中（报告文学）··············王本杰　唐杰孝
战洪曲（组诗）····································梁上泉
县委书记（诗二首）································熊远柱
历史如是说……（诗）······························周永严
妈妈，你千万别担心（诗）··························方　赫
赤子（诗）··张大成
绿色的通道（诗）··································邹自立
生命之歌（诗）····································黎正光
三分钟（诗）······································陈禄明
伟大的开拓者和园丁（评论）··········邓元煊　季元龙

学习鲁迅伟大的爱国主义精神（评论）·········刘扬烈

美术

芍药（水粉画）·········杜咏樵
凉山风情（年画）·········钱来忠
青城幽（中国画）·········李华生
花间小憩（水粉画）·········李清拂

1981 年第 11 期　刊名:《四川文学》

目录

小说专号

我在这里·········贺星寒
杨家今日将·········林文询
失灵了的算盘图腾·········张　长
市声·········万　方
普错和娜依·········（藏族）扎　登
绣花汗巾·········遥　攀　先　禾
连衣裙的启示·········黄　放
照相·········艾　湫
重圆在离婚的时候·········林贵祥
童言无忌·········李保均
学堂与学生（长篇连载）·········文　友

评论

旧中国农村的历史画卷
——重读沙汀同志的三部长篇小说·········陈厚诚
贵在开掘
——评《四川文学》部分优秀短篇小说·········晓　梵
文艺短论
绝不是"小题大做"·········桐　杭
从列宁批评高尔基想到的·········陈朝红
一次有益的争鸣活动·········吴　野
"捧"风不可长·········何　易

美术

九老仙府（中国画）·········李琼久
亲人（水印木刻）·········邹文正
九寒飞瀑（水彩画）·········董定中
山城（木刻）·········顾　雄
山村小集（木刻）·········陈铁泉
幸福童年（套色木刻）·········李　兰
西海春潮（木刻）·········晓　岗

1981 年第 12 期　刊名:《四川文学》

目录

小说

青青涪江草·········化　石
热风吹过花田·········元　工
地狱变相图·········刘正成
时间流·········王　吾
我的同龄朋友·········徐　慧
希望·········张敬民
学堂与学生（长篇连载）·········文　友

报告文学

建设者，我为你们而歌唱·········龚巧明

诗歌

给中国女排·········沈　重
无字的歌·········龙　郁
鸽恋·········卫　铎
故乡的河滩（外一首）·········张新泉
乡村的旋律（组诗）·········赵发魁
蚕之歌·········雷明伟
责任田·········地　山
带刺的蔷薇·········里　沙
斧·········李　玲
我看见……（外一首）·········梅秀泉
洁白的云·········黄　宏
牛皮船之歌·········（回族）阎振中
我的歌·········人　可
黑板·········袁　刚

评论

试论艾芜创作方法的特点·········万本根
文艺短论
自我表现与表现"无我"·········竹亦青
发掘生活中美好的东西·········田　原
新作漫谈
当前农村生活的新探索
——喜读《山月不知心里事》·········王福湘
激流的浪花
——读几篇反映抗洪斗争的报告文学·········魏秋菊

美术

晚歌（水粉画）·········简崇志
夔门（木刻）·········彦　冰
雪莲花（水印木刻）·········阿　鸽
燃（木刻）·········汪　奎
无题（中国画）·········周思聪

1982 年第 1 期　刊名:《四川文学》
目录

振奋精神，到火热的斗争中去!⋯⋯⋯⋯本刊评论员
在四川省文艺评论座谈会上的讲话⋯⋯⋯⋯沈一之
加强和活跃文艺评论的一次盛会⋯⋯⋯⋯本刊记者

小说

火星，闪闪到天明⋯⋯⋯⋯克　非
孩提的心⋯⋯⋯⋯王蕴辉
钟声又响了⋯⋯⋯⋯陈　川　任光明
我们这个班⋯⋯⋯⋯卢　郎
茶味儿，真浓⋯⋯⋯⋯弓　戈
人精⋯⋯⋯⋯赵　彬
不甘寂寞的人⋯⋯⋯⋯温靖邦
近的云（争鸣小说）⋯⋯⋯⋯徐　军

散文

呵！我的白洛克⋯⋯⋯⋯王尔碑
春光曲（外一章）⋯⋯⋯⋯李向阳
天府览胜
锦江幻出女校书⋯⋯⋯⋯钱学文　何承朴

诗歌

海思与乡情⋯⋯⋯⋯凌文远
闪光的矿石（外一首）⋯⋯⋯⋯熊远柱
星空遐想（外二首）⋯⋯⋯⋯永　庆　远　度
我的变异（外一首）⋯⋯⋯⋯刘允嘉
寄（外一首）⋯⋯⋯⋯牛　漫
娄山风⋯⋯⋯⋯曾小嘉
岁月的赐与⋯⋯⋯⋯宁　静
对黑白照片的感慨（外一首）⋯⋯⋯⋯叶　簇
啊，鹰嘴锄⋯⋯⋯⋯王敦贤
绚丽的草试地⋯⋯⋯⋯余继国
玛曲飞虹⋯⋯⋯⋯师日新

来自抗洪救灾前线的报告（特辑·续编）

洪水及其他（诗）⋯⋯⋯⋯唐大同
神鸟（诗）⋯⋯⋯⋯杨星火
中枢神经在搏动（报告文学）⋯⋯⋯⋯方　赫
我还有一颗心（散文）⋯⋯⋯⋯刘俊民
绿歌行（报告文学）⋯⋯⋯⋯邹仲平
云影下的小飞蛾（散文）⋯⋯⋯⋯鞠鹏高
在最紧火的时刻（报告文学）⋯⋯⋯⋯刘　汤
镜子（小说）⋯⋯⋯⋯王　沛　王　江

评论

创作要随着生活前进（笔谈）

⋯⋯⋯⋯殷　白　苏　恒　刘　光　王成孚　周　力
执着地追求精神美
——略谈刘俊民小说创作的一个特色⋯⋯⋯⋯杨　仲

文学青年之友

来伴儿（小说）⋯⋯⋯⋯马金胜
《来伴儿》读后⋯⋯⋯⋯何　牧
读者之声（二则）⋯⋯⋯⋯龚文兵　王敏才

美术

征途（中国画）⋯⋯⋯⋯马振声
阳光下（油画）⋯⋯⋯⋯王龙生
读者（水印木刻）⋯⋯⋯⋯胡　名
有刺的花（中国画）⋯⋯⋯⋯冯今松

1982 年第 2 期　刊名:《四川文学》
目录

报告文学

她为祖国拼搏
——记排坛怪球手张蓉芳⋯⋯吕　齐　明　辉　英　苹

小说

黄昏后⋯⋯⋯⋯万　方
空中飘下一片绿叶⋯⋯⋯⋯曾宪国
集市黄昏⋯⋯⋯⋯黄家刚
猫趣⋯⋯⋯⋯南　国
在"松花江上"⋯⋯⋯⋯车　凯
赴约⋯⋯⋯⋯张廷涛
在尘土飞扬的大道上⋯⋯⋯⋯牛俊才
分道扬镳（长篇小说《玫瑰梦》选载）⋯⋯⋯⋯贾万超

散文

山溪和孩子⋯⋯⋯⋯戴　理
珍珠泉边⋯⋯⋯⋯陆政英
天府览胜
琵琶铜锣赋⋯⋯⋯⋯吕红文
蒙山顶上茶⋯⋯⋯⋯姚　枫
台高尔雅旧情殷——嘉州漫记⋯⋯⋯⋯陈德忠

诗歌

在我思念的河流上⋯⋯⋯⋯胡　笛
巴山小站（外一首）⋯⋯⋯⋯陈官煊
故乡的土地⋯⋯⋯⋯伍权民
泥土（外一首）⋯⋯⋯⋯木　斧
草（外一首）⋯⋯⋯⋯张小敏
川剧老鼓师⋯⋯⋯⋯李加建
捕捞⋯⋯⋯⋯刘　滨

上井·······························韩　青
田（外一首）·····················钟朝康
街巷深深（外一首）···············杨远宏
夕照·······························黄光新

评论

关于小说《近的云》的讨论
生命的意义在于探索···············饶曙光
美的向往·························郭兰冰
不能消逝的光亮点···············田子镒
貌似强者的弱者···················谢武军
落伍者的迷惘·····················李家瑞
文艺评论和对文艺实践的具体考察···吴　野
老枝新花迎春开
——序李伏伽同志《曲折的道路》·履　冰
我是怎么搞起创作来的?
——《曲折的道路》后记·········李伏伽
向青年们推荐《玫瑰梦》···········吴若萍

美术

早安（油画）·····················马一平
春雨（中国画）···················谭昌镕
翠羽丹霞（中国画）···············谭　雄
春光（木刻）·····················康　宁
溜冰曲（木刻）···················邵长义
长江三峡图（中国画）·············李华生

1982 年第 3 期　刊名:《四川文学》

目录

作协四川分会文学创作讲习班
学员小说创作专辑(1)
春风送暖花竞艳（代前言）·········履　冰
归来·····························李伯炎
秋夜，在一个小站···············任正平
"傻大姐"·························魏继新
闲话吊脚楼·······················卢　郎
破戒······················（藏族）土登吉美
旅店酒话·························雁　宁
丁丁儿街的丁丁儿事···············黄谋远
毓青山传闻·······················陈朝璐
周医生·························邓忠运
鸡叫头遍的时候···················蒋文中
跳鱼儿·························李　贵
"希望就在这一面"（评论）·········仲呈祥

关于小说《近的云》的讨论
人生，不是飘浮的云···········刘健芬　扬　烈

《近的云》宣扬了存在主义思想·······黎明德　苏祖斌
拨开浮云·························方　其
可喜的收获——我省兄弟民族近几年来小说散文创作
巡礼·························池中松笔
中国作家协会四川分会举行二届理事会二次会议（简讯）
本刊举办一九八一至一九八二年优秀作品评选启事

美术

牧女情（油画）···················李东鸣
北出剑门（木刻）·················鄳中铁
李清照（中国画）·················候　滨
宝瓶激湍（水彩画）···············金立德
凌云远眺（水彩画）···············金立德

1982 年第 4 期　刊名:《四川文学》

目录

作协四川分会文学创作讲习班
学员小说创作专辑(2)
二度姻缘·························林贵祥
夜难眠·························郭庆渝
娘娘茶·························王从学
送亲路上·························温传昭
车幺妹和龙灯尾巴···············谭　力　雁　宁
我的干妈·························熊建成
车队有个赵"厂长"·················卢　郎
麻柳湾夜趣·······················罗德成
伤残之后·························王蕴辉
龙小新·························蓝　艰
月光溶溶·························杨贵云
乐遣春温上笔端（评论）···········仲呈祥
在毛泽东文艺思想哺育下成长（五篇）
——讲习班部分学员座谈学习《讲话》的体会
··················李伯炎　陈朝璐　谭　力等
一个应该澄清的问题···············游　黎
关于小说《近的云》的讨论（来稿摘登）
··················吴　红　石　纯　王福湘等
采取有效措施繁荣文学创作·········本刊记者

美术

银空雪影（漆画）·················陈恩深
啊，长城!（油画）···············邱　军
信念（油画）·····················吴之明
生活从这里开始（油画）···········李小明
小溪（雕塑）·····················刘　威
金秋（油画）·····················刘　虹

1982 年第 5 期　刊名:《四川文学》
目录

小说

第三者 ·· 又　文
啊，蒲公英 ·· 谢功全
粉刷，十万火急 ·································· 铁　柔
精灵鬼胡老大 ···································· 戴善奎
雪 ············· 康·巴乌斯托夫斯基著　段　燕译
蜀苑新枝
第二个老太婆是假的 ·························· 韩　青

报告文学

邛崃交响乐 ·· 徐　菜

散文

山泉水与木棉花 ·································· 唐小丁
回锅肉 ··· 童恩正
天府览胜
云栈情思 ··· 蒋文征

诗歌

山乡风物志（三首） ··························· 唐大同
纤绳 ·· 叶延滨
握手（外一首） ································· 徐　康
收荒者 ··· 王志杰
别（外一首） ···································· 杨　泥
石林（散文诗·外一首） ····················· 陈　晓
我是零 ··· 盛子潮
大渡晴波 ·· 朱成蓉
李白磨针溪 ······································· 张大成
神女峰剪影 ······································· 冉　庄
《关系学》跋 ···································· 王朝堂
大力宣传、认真研究毛泽东文艺思想 ········ 马识途
《讲话》精神永放光辉（座谈会发言摘要）
················· 张秀熟　沙汀　艾芜　叶石等
文艺创作要努力表现时代精神 ·············· 邓仪中
坚持典型化的创作原则 ······················ 李庆信
一九八一年至一九八二年《四川文学》优秀作品、评
论评奖启事

美术

瑞雪图（中国画） ······························· 李琼久
山村小院（木刻） ······························· 陈铁泉
情深（木刻） ····································· 其加达瓦
宝贝（水印木刻） ······························· 傅文淑
护林（木刻） ···································· 何昌林
爆米花（木刻） ·································· 吴德远

花溪（水印木刻） ················ 吴　融　姚渝永

1982 年第 6 期　刊名:《四川文学》
目录

天府笔会——四川籍老作家专辑

随想录

怀念方令孺同志 ·································· 巴　金
我同田汉同志相处的日子 ····················· 伯白戈
人的价值 ·· 钟惦棐

小说

大青树下 ··· 艾　芜
玛瑙河上的锣鼓声 ······························· 陆　石
李玉 ··· 萧蔓若

讽刺小说

学习会纪实 ·· 冯识途

传记文学

《蜀道难》本事 ·································· 安　旗

散文

散文两题（难忘的《父亲》·老邻居） ········· 张秀熟
桥畔的沉思 ·· 李伏伽

序·跋

《生活的波澜》题记 ···························· 沙　汀
《巴黎圣母院》重译序 ·························· 陈敬容

诗歌

囚室抒怀（外二首） ····························· 阳翰笙
无题四首（外一首） ····························· 魏传统
大地在绿化 ·· 方　敬
蜀乡行（九首） ·································· 柳　倩
还乡诗草 ··· 吴文蜀

我与文学

道路·情操·创作 ································ 哈　华

艺林漫步

《水经注》与写景散文 ·························· 雷履平

美术书法

江天帆影（中国画） ····························· 张大千
作家书法 ·············· 李一氓　魏传统　柳　倩
荷花（中国画） ·································· 张大千
秋禽（中国画） ·································· 张大千

"笔会"编后絮语
本辑摄影······王 辉 杨运景 刘先华 唐正益等

评论
关于小说《近的云》讨论的断想·················陈朝红

文学青年之友
大凉山的文艺新花·······················胡代忠

文艺随笔
有感于李劼人"重写"《大波》··············艾 芦
从"写境"与"造境"谈起··················江裕絮
短篇小说的戏剧性情节····················马立鞭
读者之声··························沙 平等

1982 年第 7 期 刊名:《四川文学》
目录

小说
无限斜阳···························榴 红
本是同根生···················涧 华 小 潭
链条·····························包 川
月照槽头··························冯还求
大篷车和小篷车······················贺星寒

处女地
娹绿色（小说）·······················李沙粒
（附评）摇曳多姿的嫩绿色·················永 严
小阁楼（小说）·······················曾 鸣
（附评）他该从昨天的阴影中走出来·············刘中桥

报告文学
他，一个中国人·······················丁隆炎

散文
花丛中·····························郁小萍

天府览胜
风韵嫣然小三峡·······················陈好知

诗歌
川行杂诗（五首）·····················汪曾祺
我的缪斯在工区（二首）··················龙 郁
朝霞里，有一只鸟儿起飞··················杨 山
相逢（外一首）······················顾 工
海·····························廖全京
矿工（外一首）······················柯愈勋

春天的诗（二首）·····················邓忠运
星·····························黄万里
二月····························汤万星
植·····························曹 建

文学新人谱
谭力，让我们一起思考·············邓仪中 仲呈祥

书评
漫评克非的《山河颂》···················吴 野

文学青年之友
美，意味着活生生的性格创造
——文学创作中的美学问题琐谈··············曹廷华
片羽集（创作断想）····················彭斯远

美术
陈子庄中国画
荷花蜻蜓
墨梅
状元红
回眸
春明
武阳清水沱
峨眉一线天

1982 年第 8 期 刊名:《四川文学》
目录

小说
山崖下的火堆·······················克 非
翠枝····························温传昭
彼君子兮··························字 心
当代小镇一青年······················雁 宁
没有儿孙的人·······················冯正胜
不和谐的两重奏······················甘建民

处女地
阳雀声声（小说）···············何世进 黄立新
（附评）以情取胜·····················月 殳

探索与争鸣
山沟轶事（小说）·····················木 三
（附评）一篇探索新意的作品················贺晓林
应当反映出时代的色彩···················袁 阳

报告文学
贡嘎传友情················汤子良 柳英苹

散文

别时茫茫水浸月⋯⋯⋯⋯⋯⋯⋯⋯吴远人

天府览胜

古道拾遗⋯⋯⋯⋯⋯⋯⋯⋯⋯⋯何　青

诗歌

荧光前的遐想（外一首）⋯⋯⋯⋯熊远柱
微茫的夜色中（外一首）⋯⋯⋯⋯周永严
石子，投进湖中⋯⋯（外一首）⋯⋯培　贵
亲人（二首）⋯⋯⋯⋯⋯⋯⋯⋯⋯李　钢
心，在大海上⋯⋯⋯⋯⋯⋯⋯⋯⋯徐国志
桥·浪·船（外二首）⋯⋯⋯⋯⋯⋯叶　簌
雪朝⋯⋯⋯⋯⋯⋯⋯⋯⋯⋯⋯⋯⋯寒　星
飘落的槐花（外一章）⋯⋯⋯⋯⋯彭起羽

文学新人谱

在探索的道路上
——漫谈雁宁的小说创作⋯⋯⋯⋯竹亦青

文艺随笔

疏与密⋯⋯⋯⋯⋯⋯⋯⋯⋯⋯⋯⋯赵　捷
短篇小说的炼意和炼句⋯⋯⋯⋯⋯马立鞭
既要提倡、也应引导
——小议文艺争鸣⋯⋯⋯⋯⋯⋯⋯金实秋

美术

永川地区版画作品选刊
苗⋯⋯⋯⋯⋯⋯⋯⋯⋯⋯⋯⋯⋯⋯周昌成
乡市⋯⋯⋯⋯⋯⋯⋯⋯⋯⋯⋯⋯⋯薛　锋
鹅趣⋯⋯⋯⋯⋯⋯⋯⋯⋯⋯⋯⋯⋯鲁良德
引人入胜⋯⋯⋯⋯⋯⋯⋯赵　毅　李　平
打水⋯⋯⋯⋯⋯⋯⋯⋯⋯⋯⋯⋯欧阳作人
晾⋯⋯⋯⋯⋯⋯⋯⋯⋯⋯⋯⋯⋯⋯涂公谋
打晒坝⋯⋯⋯⋯⋯⋯⋯⋯⋯⋯⋯⋯陈安乐

1982 年第 9 期　刊名:《四川文学》
目录

小说

青青路边草⋯⋯⋯⋯⋯⋯⋯⋯⋯⋯施　放
秋⋯⋯⋯⋯⋯⋯⋯⋯⋯⋯⋯王　沛　王　江
三个供销科长⋯⋯⋯⋯⋯⋯⋯⋯⋯栈　桥
瞧他那作祟的世界⋯⋯⋯⋯⋯⋯⋯潘文伟
雪花纷飞⋯⋯⋯⋯⋯⋯⋯⋯⋯⋯⋯戴定常
窗外，繁星满天⋯⋯⋯⋯⋯⋯⋯⋯王　庆
小胖和礼礼⋯⋯⋯⋯⋯⋯⋯⋯⋯⋯李育兰
夕阳⋯⋯⋯⋯⋯⋯⋯⋯⋯⋯⋯⋯⋯张　穹

1＋1＝5⋯⋯⋯⋯⋯⋯⋯⋯⋯⋯⋯⋯冯清德

探索与争鸣

临邛的营生⋯⋯⋯⋯⋯⋯⋯⋯⋯⋯杨耀健

文学青年之友

回头一笑⋯⋯⋯⋯⋯⋯⋯⋯⋯⋯⋯莫　非
（附评）读《回头一笑》⋯⋯⋯⋯子　叶

处女地

"铃昂子"的故事（散文）⋯⋯⋯⋯刘　永
（附评）蝉·乡趣·童心⋯⋯⋯⋯松　鹰

报告文学

星空之歌⋯⋯⋯⋯⋯⋯⋯⋯⋯⋯⋯扬　禾

散文

白杨恋（外一章）⋯⋯⋯⋯⋯⋯⋯白　峡

天府览胜

跳出来的明珠⋯⋯⋯⋯⋯⋯⋯⋯⋯田闻一

诗歌

蜀乡行（四首）⋯⋯⋯⋯⋯⋯⋯⋯柳　倩
剑阁行吟（二首）⋯⋯⋯⋯⋯⋯⋯唐大同
果园的春天（组诗）⋯⋯⋯⋯⋯⋯邹　绛
酸浆草⋯⋯⋯⋯⋯⋯⋯⋯⋯⋯⋯⋯李加建
我和我的同伴这样想⋯⋯⋯⋯⋯⋯李　新
有一条小河（外二首）⋯⋯⋯⋯⋯翟永明
约（外一首）⋯⋯⋯⋯⋯⋯⋯⋯⋯廖亦武
最后一根火柴⋯⋯⋯⋯⋯⋯⋯⋯⋯周伦佑
巴西随想（外一首）⋯⋯⋯⋯⋯⋯白　汀

评论

向生活的深层掘进
——火笛创作片谈⋯⋯⋯⋯⋯⋯⋯李庆信

文学新人谱

草原上的小马驹
——藏族青年作者意西泽仁及其短篇创作
⋯⋯⋯⋯⋯⋯⋯⋯（藏族）莫福山　刘万庆
读者之声⋯⋯⋯⋯⋯⋯⋯龚文兵　邓彰华等

美术

丁香（水粉画）⋯⋯⋯⋯⋯⋯⋯⋯陈培荣
峨眉洗象池（中国画）⋯⋯⋯⋯⋯张启明
山珍珠（中国画）⋯⋯⋯⋯⋯⋯⋯贾平西
秋影（中国画）⋯⋯⋯⋯⋯⋯⋯⋯王维宝
漓江山水（中国画）⋯⋯⋯⋯⋯⋯白雪石

郑板桥造像（中国画）——————李延生
云中黄山（中国画）——————赖少其
延河水（油画）——————陈可之
记者（油画）——————古 月

1982 年第 10 期　刊名:《四川文学》
目录

小说
猎人的伤疤——————阎振中
C 大学 305 室——————戴善奎
飘翔蓝天的白云——————牛俊才
杨家幺店子——————巫绪伟
班克斯先生——————晓景景
南江有个牛娃子——————马金胜
决赛——————何 鸥
桥——————邓忠运
金镯银簪——————杨东明
卖栗子——————龙化城
相见，应该在昨天——————冉启中

处女地
心曲（小说）——————易旭东
（附评）写出了新意——————何 牧

散文
"沉思"的沉思——————袁 阳
乌鸦主题随想曲——————万信生

天府览胜
邛海一瞥——————刘 彦

诗歌
你是一首歌——献给我的共和国——————沈 重
写在眼睛的节日（组诗）——————蓝 疆
大渡河纤夫曲（外一首）——————白 航
为璀璨的故乡举杯——————凌文远
云南写生（组诗）——————陈 犀
古襄樊纪行（二首）——————方 赫
雪地（散文诗三章）——————王尔碑
还乡诗草（三首）——————吴丈蜀

文学新人谱
热情，更要深刻地理解
——浅谈陈朝璐作品的得与失——————李敬敏

探索与争鸣
深入生活才能正确反映生活
——评《山沟轶事》——————李益荪
《山沟轶事》得失浅议
——兼谈对它的批评——————唐早生
公正地看待当今的大学生——————郭兰冰
要着眼于开掘心灵美
——简评小说《临邛的营生》——————吴 红
读者·作者·编者——————樊文抒　王成孚等

美术
芍药（油画）——————何孔德
回师北上（油画）——————何孔德　张文源
心潮（木刻）——————王叠泉
搅乳汁（石版画）——————邵常毅
阳光下（石版画）——————邵常毅
放牧小景（中国画）——————方增先
秋荷（中国画）——————崔子范

1982 年第 11 期　刊名:《四川文学》
目录

报告文学
战士的选择——————安庆云　刘平安　王玉琨　王伟中
她的魅力在哪里?——————莫东富　伍进一
情操——————徐 康

小说
心帆——————岳非丘
苦楝树下，几垄青竹……——————王旭鸣
迎战道格拉斯先生——————杨 颂
月亮——————蔡应律
柳绿桃红——————罗学蓬

处女地
搬进独院以后……——————俞 瑢
（附评）耐人玩味的结局处理——————李益荪

散文
山川——————陈敬容
明月·楼台——————鞠鹏高

天府览胜
悬棺之谜话僰人——————金 泉

诗歌
我是一个未脱俗的凡人——————彭起羽
雨中，八达岭寄情——————阎家鑫
致诗人（五首）——————孙静轩
诗词三首——————朱 讯（遗作）

江边短吟（二首）⋯⋯⋯⋯⋯⋯⋯⋯⋯文　丙
电车上，我遇见一个盲人⋯⋯⋯⋯⋯杨远宏
夜⋯⋯⋯⋯⋯⋯⋯⋯⋯⋯⋯⋯⋯⋯⋯海　梦
自题⋯⋯⋯⋯⋯⋯⋯⋯⋯⋯⋯⋯⋯⋯张士忠
蚕儿吃食，沙沙沙⋯⋯⋯⋯⋯⋯⋯⋯回光时

评论
神圣的使命　光荣的职责
——学习党的十二大文件的一点感受⋯⋯子　叶

文学新人谱
探索的足音
——贺星寒小说座谈会纪要⋯⋯⋯⋯本刊记者

学习与借鉴
古典诗词的炼字与炼意⋯⋯⋯⋯⋯⋯雷履平

美术
舟山渔港（水粉画）⋯⋯⋯⋯⋯⋯⋯钟蜀珩
学阿爸（木刻）⋯⋯⋯⋯⋯⋯⋯⋯⋯李文忠
微风（木刻）⋯⋯⋯⋯⋯⋯⋯⋯⋯⋯徐　匡
我们来到动物园（木刻）⋯⋯⋯⋯⋯李　兰
大家都来做游戏（木刻）⋯⋯⋯⋯⋯李　兰
峨眉清泉（中国画）⋯⋯⋯⋯⋯⋯⋯王文芳
春水满田（中国画）⋯⋯⋯⋯⋯⋯⋯刘国辉

1982 年第 12 期　刊名:《四川文学》
目录

小说
一个精神病愈者的自述⋯⋯⋯⋯⋯⋯林贵祥
"拳王"和"家长"⋯⋯⋯⋯⋯⋯⋯⋯邹越滨
操刀一割⋯⋯⋯⋯⋯⋯⋯⋯⋯⋯⋯⋯黄家刚
敲"锣"击"鼓"的人⋯⋯⋯⋯⋯⋯⋯陈学初
声画分立⋯⋯⋯⋯⋯⋯⋯⋯⋯⋯⋯⋯余　文
还愿⋯⋯⋯⋯⋯⋯⋯⋯⋯⋯⋯⋯⋯⋯小　燏
路灯属于我⋯⋯⋯⋯⋯⋯⋯⋯⋯⋯⋯周贵祥
山鸣谷应⋯⋯⋯⋯⋯⋯⋯⋯⋯⋯⋯⋯李　铎
日出⋯⋯⋯⋯⋯⋯⋯⋯⋯⋯杨　舜　谢　泸

处女地
闹鬼的故事（小说）⋯⋯⋯⋯⋯⋯⋯大　海
（附评）一篇刺而不伤的警世小说⋯⋯刘中桥

散文
小凉山下⋯⋯⋯⋯⋯⋯⋯⋯⋯⋯⋯⋯李伏伽
躲藏在云雾缭绕里⋯⋯⋯⋯⋯⋯⋯⋯方　赫

天府览胜
忠州三记⋯⋯⋯⋯⋯⋯⋯⋯⋯⋯⋯⋯吕红文

诗歌
赠夏衍同志等五首⋯⋯⋯⋯⋯⋯⋯⋯阳翰笙
我爱你那只小号（外一首）⋯⋯⋯⋯鄢家发
晨安！大渡河（外一首）⋯⋯⋯⋯⋯余以建
天山传说（二首）⋯⋯⋯⋯⋯⋯⋯⋯子　页
大宁河小三峡（外一首）⋯⋯⋯⋯⋯张继楼
凉山三咏⋯⋯⋯⋯⋯⋯⋯⋯⋯⋯⋯⋯陈元通
一群蓝鸟飞过大街⋯⋯⋯⋯⋯⋯⋯⋯张大成
红花草⋯⋯⋯⋯⋯⋯⋯⋯⋯⋯⋯⋯⋯鲁谷风
我敢说⋯⋯⋯⋯⋯⋯⋯⋯⋯⋯⋯⋯⋯邹自立
起跑线⋯⋯⋯⋯⋯⋯⋯⋯⋯⋯⋯⋯⋯人　可

文学新人谱
一条越走越宽的路
——魏继新中短篇小说鸟瞰⋯⋯⋯⋯吴　野
她们，在生活中，在我的心中⋯⋯⋯魏继新

探索与争鸣
关于小说《临邛的营生》的讨论
人的完善与生活的完善⋯⋯⋯罗强烈　洁　之
引人深思的重大课题⋯⋯⋯⋯⋯⋯⋯刘凡君
一篇令人费解的作品⋯⋯⋯⋯⋯⋯⋯谢诗锚
是嘲弄，还是欣赏？⋯⋯⋯⋯⋯⋯⋯康　健
不该鼓吹金钱的魔力⋯⋯⋯⋯⋯⋯⋯丁　扬

美术
雪（水粉画）⋯⋯⋯⋯⋯⋯⋯⋯⋯⋯何孔德
选茧（水印木刻）⋯⋯⋯⋯⋯⋯⋯⋯涂公谋
山乡（水印木刻）⋯⋯⋯⋯⋯⋯⋯⋯鲁良德
对歌（年画）⋯⋯⋯⋯⋯⋯⋯⋯⋯⋯文小苗
草原春（年画）⋯⋯⋯⋯⋯⋯⋯⋯⋯张友霖

1983 年第 1 期　刊名:《四川文学》
目录

小说
马克思和他的女儿们（传记小说）
　　[苏] Г.谢列勃利雅柯娃著　叶锐明译
夜谭十记——前记　报销记
　　　　　　　峨眉山人等口述　马识途记
朝辞白帝彩云间⋯⋯⋯⋯⋯⋯⋯⋯⋯高　缨
镜中人⋯⋯⋯⋯⋯⋯⋯⋯⋯⋯⋯⋯⋯王成功
偏东雨⋯⋯⋯⋯⋯⋯⋯⋯⋯⋯⋯⋯⋯李小佩
面子、良心和梦⋯⋯⋯⋯⋯⋯⋯⋯⋯夏宗国
杜甫醉归（历史小说）⋯⋯⋯⋯⋯⋯邓显金

心经（讽刺小说）························施　放

蜀苑新枝
虎子和福生（小说）···················邹国义
（附评）轻快，但不够深厚···········祁　初

散文
明月家山盼诗魂·······················周永严
山泉·································周　铿

芳林新时　青年诗作专辑
等待（外一首）·······················翟永明
我和儿子站在岸上·····················廖亦武
树干·································顾　城
菊儿（外一首）·······················李　静
我从远方来···························牛　漫
致夏天（外一首）·····················雪　影
绿晨·································苏　庚
父亲·································季澄洪
洼·································陈　耕
送·································蒋　凯
变异（外二章）·······················张艳梅
摇篮里的世界（三章）·················岳　芩
戈壁植物三题·························沈　凡
摘桔子·······························李胜利
彩墨·································刘建春
母爱·································晓　佳
竹·································何永康

评论
对周纲创作的片面观···················苏　恒

文学新人谱
从生活之树上摘取的绿叶
——谈林文询的小说创作·········史家健　钟　韬

学习与借鉴
"虚"与"实"·························江裕斌

文艺随笔
性格刻画与动作把握···················马立鞭
"出场式"——学习鲁迅小说艺术札记·····黄毓璜

美术
白衣少女（油画）·····················全山石
采黄花（套色木刻）···················陈安乐
夏夜（拓片）·························左森云
绣披毡（拓片）·······················曹安慧
荒滩晨曲（油画）·····················田大军

秋山村舍（中国画）···················周思聪
水乡（中国画）·······················郑叔方

1983 年第 2 期　刊名：《四川文学》
目录

小说
桃妹儿·······························克　非
天骄·································黄　放
荒唐的一夜···························王永贵
石榴裙·························吴凤珍　吴翼民
第三棵梧桐···························贺星寒
心灵的弧光···························谭　棣
马克思和他的女儿们（传记小说）
　　　　　［苏］Г.谢列勃利雅柯娃著　叶锐明译
夜谭十记——婆妾记·····峨眉山人等口述　马识途记

蜀苑新枝
还魂草·······························孟贤洲
（附评）《还魂草》读后···············永　严

散文
秋夜的灯光···························刘中桥

天府览胜
石刻之乡叹观止·······················秦　融

诗歌
回川小诗·······························胡绩伟
黎明奏鸣曲···························培　贵
峨眉咏物（二首）·····················龙　涛
写在故乡的土地上（二首）·············伍权民
忆重庆·······························塞　风
宫墙下的野花·························向义光
春天的梦···························金　平
拾贝·································张永权
三月风（外一首）·····················何吉明
绿色的伞···························王力行
长沙坝水库情思·······················杨星火
放学后·······························杨守益

评论
要有一个青翠苍郁的创作之林
——记唐弢谈文学·····················吴　红
字心创作漫议·························尹在勤
深情地领受人民的鞭策——在"茅盾文学奖"首届授
奖大会上的发言·······················周克芹

文学新人谱

努力表现生活中的矛盾和斗争——评陆大献的两部中篇小说……………………………………敖　忠

文艺随笔

以神写形…………………………………………马立鞭

美术

挤奶图（油画）…………………………………庞　涛
老师的心（中国画）……………………………赵无畏
五月枇杷树树金（中国画）……………………冯建吴
鹤（中国画）……………………………………张志成
黄帝的子孙（油画）……………………………陈伟德

1983 年第 3 期　刊名:《四川文学》
目录

小说专号

春天里的故事（中篇）…………………………周永年
带"枪"的总编…………………………………李　贵
厚土………………………………………………陈文明
A？B？C？…………………………………………陈元魁
"待业"干部……………………………………王旭鸣
峨眉登山人………………………………………杨贵云
立夏小满…………………………………………李一清
奈何桥上一场戏…………………………………俞　琦
转瞬之间…………………………………………黄　敏
夜谭十记——禁烟记……峨眉山人等口述　马识途记

评论

理想性格：丰富性与明确性的统一——关于塑造社会主义新人形象的思考………………邓仪中　仲呈祥
新春寄语

美术

石林小路（油画）………………………………张华清
马克思（木刻）…………………………………李焕民
迎春（雕塑）……………………………………章永浩
珂珂（雕塑）……………………………………吴慧明
寂静的果林（水印木刻）………………………朱理存

1983 年第 4 期　刊名:《四川文学》
目录

小说

头儿………………………………………………克　非
我是月亮…………………………………………傅　恒

张经理挣先进……………………………………林贵祥
其人有山林气……………………………………黄　刚
带炸药包的狗
……………………[澳大利亚]亨利·劳逊著　孙法理译
夜谭十记——沉河记……峨眉山人等口述　马识途记

报告文学

迎风劈浪勇攀登
——记国际象棋特级大师刘适兰………汤子良　柳英苹

探索与争鸣

美的呼唤（小说）………………………………潘文伟

蜀苑新枝

晨籁（小说）……………………………………张向东
（附评）素描写意　和谐自然…………………刘中桥

诗歌

皇柏道上（二首）………………………………唐大同
散文诗三章………………………………………雁　翼
深山小站抒情（组诗）…………………………刘旭光
我在小厂歌唱（二首）…………………………陈　萱
立体交叉桥………………………………………龙　郁
油漆工……………………………………………马及时
峨眉二题…………………………………………孙跃冬

古调新声

词四首……………………………………………李伏伽
若尔盖组诗………………………………………李维嘉
行吟偶录（四首）………………………………徐无闻
题画剑门关………………………………………冯建吴

评论

浅谈童恩正的科学幻想小说……………常崇宜　张大放

文学新人谱

在攻克"五难"的路上——读林贵祥的小说……严　肃

文艺随笔

"无比"的吹捧…………………………………冯　昇
创作需要"推测"………………………………草　云

美术

金丝竹云雀（中国画）…………………………王　角
三月（水印木刻）………………………………阿　鸽
渔舟（中国画）…………………………………陈寿岳
三峡风光（中国画）……………………………彭　林
小花花（油画）…………………………………陈安建

1983 年第 5 期　刊名:《四川文学》
目录

小说
这个女人哪……………………………………赵　彬
鹿舞…………………………………………张世俊
新的旅程……………………………………刘俊民
透明的小溪…………………………………李　门
心事………………………………陈　川　任光明
恶梦…………………………………………曹冠龙
搂（讽刺小说）……………………………王大鹏
夜谭十记——观花记……峨眉山人等口述　马识途记

报告文学
一个贪婪的女人………………………谭　楷　伍进一

散文
帮鸟麦朵……………………………………泽　旺
年糕爆花儿…………………………………鞠鹏高

天府览胜
泸沽湖风情…………………………………樊文抒

蜀苑新枝
飘来的诗思（诗一束）……………………林　珂
（附评）贵在发现…………………………胡　笛
嫩绿的歌（诗一束）………………………飘　飘
（附评）写在《嫩绿的歌》后面…………竹亦青

诗歌
信念之歌（组诗）…………………………伍权民
我是糖果厂的女孩…………………………白杨树
绿色的召唤…………………………………黎正光
城缺…………………………………………邹自立
拉滩者的梦（外一首）……………………张新泉
草堂遐想……………………………………王燕生
老鸭倌（外一首）…………………………任耀庭
心泉（外一首）……………………………刘　滨
轨迹…………………………………………白　汀
失落（散文诗）……………………………曾祥麟
书签（散文诗）……………………………帅希倩
春雨（散文诗）……………………………田　成
数星星（散文诗）…………………………孙和平

文学新人谱
漫谈周永年的小说创作……………………松　鹰

新作短评
一个知识分子的新形象
——读《朝辞白帝彩云间》………………李瑞昌
《桃妹儿》絮语……………………………郭　踪
敬礼，大自然的"一代天骄"——读短篇小说《天骄》
………………………………………………季元龙
深化题旨　耐人玩味
——谈《镜中人》的结尾…………………畅　游
我爱《心帆》………………………………何同心
一篇颇有新意的作品………………洪亚华　康　健

美术
满目青山（中国画）………………………白德松
傣村水井（水彩画）………………………陈祖骥
绍兴小景（水彩画）………………………杨永福
择景（木刻）………………………………林　军
重钢之夜（水粉画）………………………简崇志

1983 年第 6 期　刊名:《四川文学》
目录

报告文学
追波撵浪一小丫……………………………任宗景

小说
内行上任……………………………………赵长天
雨过天青……………………………………包　川
夜谭十记——买牛记……峨眉山人等口述　马识途记

青年作者专辑
幻灭…………………………………………徐林森
吴红:《希望在人间》
再干一杯……………………………………廖家云
刘中桥:《从昏暗的表象上透出光明》
"胎教"……………………………………杨翔英
任福林:《立意新　布局巧》
不眠的灯光…………………………………陈杉劢
李定周:《人生道路上的标灯》
锅魁姻缘……………………………………唐诗林
祁初:《从平凡生活中发掘美》
吴疯疯……………………………汤秀珍　康星杰
永严: 略谈《吴疯疯》
失职…………………………………………东　夫
郭踪:《究竟谁失职?》

散文
盼……………………………………………黎　勇

天府览胜

风光秀丽云顶山 ································杨崇荣

诗歌

啊，生活！（组诗）····················袁永庆
牧人的歌 ······························阎振中
曙色中的诗情（二首）················黄东成
邂逅 ··································周永严
夏的歌 ································王朝堂
期待（外一首）························叶 笛
呼唤 ··································刘允嘉
山 ····································卫世平
她支起一个书摊 ······················况明先
青青的竹林（外一首）················李霁宇
林雨 ··································笑 泉
观画 ··································张小敏
在杂技场里（二章）··················郁小萍
他俩要去度蜜月 ······················何香久
写在僰人的故乡 ······················天 泉
漂木 ··································胡志林
心曲 ··································人 可
啊！故乡 ······························宁 静

美术

遐想（油画）··························邱瑞敏
凉（中国画）··························张宗品
养猪姑娘（水印木刻）················赵 毅
平湖秋月（水印木刻）················郑叔方
初春（油画）··························胡仁樵

1983 年第 7 期　刊名:《四川文学》
目录

小说

从丁字街到大海 ······················马秋芬
清凉的雨 ······························乔 瑜
插在沃土上的筷子 ····················沈善增
荣誉的负荷 ····························李万启
商科院志异 ····························李书崇
经济头脑 ······························桐 杭
奇妙的循环不等式 ····················滕纬明
位置 ··································腾纬明
满足 ··································许大立
获奖归来 ······························蓝 艰
夜谭十记——亲仇记····峨眉山人等口述 马识途记

蜀苑新枝

二过兴桥（小说）······················宋洪才

（附评）捕捉生活变化的信息 ··········川 涛

散文

怀念诗人方殷 ························罗 苏
家乡的巨松 ··························蔡应律
枣香 ································吕 屏

天府览胜

清音漱石 ····························闻树国

诗歌

生活在行进（组诗）··················杨远宏
黎明期的抒情（二首）················杨 山
邛海渔人（外一首）··················白 航
拓 ··································眉 地
大足石刻巡礼（二首）················木 斧
北京抒怀（二首）····················徐 康
黑色的海（二首）····················胡 笳
太阳从地下升起（二首）··············柯愈勋
果园秋色 ····························海 梦
无名山花 ····························李 门
输电塔上（外一首）··················崔合美
大宁河三题（散文诗）················陈 晓
哦，鸽子（散文诗）··················罗亨长

文学新人谱

包川创作剪影 ························胡德培

探索与争鸣

小说《美的呼唤》的讨论
深沉的格调　淡淡的哀愁 ··············仁 可
美在哪里呼唤? ······················黄国华
还是真实点好 ························周梧林
觉醒者的赞歌 ························郝作永
松松美吗? ··························李学峰
一个令人厌恶的形象 ··················王成碧

美术

小街（油画）··························马一平
寒杉呼月图（中国画）················盛志忠
观众（速写）··························顾生岳
文工团员（速写）····················顾生岳
川西草垛（水彩画）··················杜咏樵

1983 年第 8 期　刊名:《四川文学》
目录

报告文学

一个没有学历的主编⋯⋯⋯⋯⋯⋯杨贵云　谭　力

小说

一条曲折的《地方新闻》⋯⋯⋯⋯熊天放
核桃园⋯⋯⋯⋯⋯⋯⋯⋯⋯⋯⋯贾平凹
恭贺新禧⋯⋯⋯⋯⋯⋯⋯⋯⋯⋯曹冠龙
在我们中间的（人物速写三则）⋯丁志平
　　许厂长
　　于师傅
　　吕工程师
多余的影子⋯⋯⋯⋯⋯⋯⋯⋯⋯牛　泊
冒尖以后⋯⋯⋯⋯⋯⋯⋯⋯⋯⋯贺享雍
夜谭十记——亲仇记⋯⋯峨眉山人等口述　马识途记

散文

黄昏，我弹起三弦琴⋯⋯⋯⋯⋯李乔亚

诗歌

古调新声
水龙吟⋯⋯⋯⋯⋯⋯⋯⋯⋯⋯⋯刘传莆
深切的怀念⋯⋯⋯⋯⋯⋯⋯⋯⋯阳翰笙
重逢⋯⋯⋯⋯⋯⋯⋯⋯⋯⋯⋯⋯李维嘉
凌云风光⋯⋯⋯⋯⋯⋯⋯⋯⋯⋯胡若暇
桂枝香⋯⋯⋯⋯⋯⋯⋯⋯⋯⋯⋯左承荣
游天师洞至三岛石（外一首）⋯⋯艾　湫
江南草（组诗）⋯⋯⋯⋯⋯⋯⋯沈　重
给一个同代人（外一首）⋯⋯⋯李加建
工区的黎明（组诗）⋯⋯⋯⋯⋯龙　郁
江河吟（二首）⋯⋯⋯⋯⋯⋯⋯白　汀
修伞女工⋯⋯⋯⋯⋯⋯⋯⋯⋯⋯张新泉
大海情（组诗）⋯⋯⋯⋯⋯⋯⋯黎正光
同是这一块贫瘠⋯⋯⋯⋯⋯⋯⋯桂兴华
乡村抒情诗（二首）⋯⋯⋯⋯⋯余以建
致珊瑚坝⋯⋯⋯⋯⋯⋯⋯⋯⋯⋯刘　滨
太阳·夸父（外一首）⋯⋯⋯⋯郑宝富
钟声（外一首）⋯⋯⋯⋯⋯⋯⋯鄢家发
村边石桥（外一首）⋯⋯⋯⋯⋯李兆田
海螺（外一首）⋯⋯⋯⋯⋯⋯⋯杨大矛
花之祭⋯⋯⋯⋯⋯⋯⋯⋯⋯⋯⋯叶　簇
迁居吟⋯⋯⋯⋯⋯⋯⋯⋯⋯⋯⋯刘星雨
春装⋯⋯⋯⋯⋯⋯⋯⋯⋯⋯⋯⋯周伦佑
动物园偶拾⋯⋯⋯⋯⋯⋯⋯⋯⋯张大成
伞语⋯⋯⋯⋯⋯⋯⋯⋯⋯⋯⋯⋯梁　平
诸葛鼓⋯⋯⋯⋯⋯⋯⋯⋯⋯⋯⋯夏　天

她剪裁着生活⋯⋯⋯⋯⋯⋯⋯⋯刘建春
镜子⋯⋯⋯⋯⋯⋯⋯⋯⋯⋯⋯⋯曾祥麟
峰巅暮色⋯⋯⋯⋯⋯⋯⋯⋯⋯⋯赵慎泉
不显眼的小星⋯⋯⋯⋯⋯⋯⋯⋯石光华
磁吊⋯⋯⋯⋯⋯⋯⋯⋯⋯⋯⋯⋯张士忠

探索与争鸣

关于《美的呼唤》的讨论
意念、真实及其他⋯⋯⋯⋯⋯⋯邓伐中
对美的亵渎⋯⋯⋯⋯⋯⋯⋯⋯⋯张　卫
不应怀疑美的力量⋯⋯⋯⋯⋯⋯傅全章
关于《美的呼唤》的一封信（摘录）⋯潘文伟

文学青年之友

抓住"最富于包孕性的顷刻"
　　——短篇小说审美特性琐议⋯⋯曹廷华

文艺随笔

远与近
　　——从张洁小说的争论说开去⋯吴　溪
从欧阳修署名谈起⋯⋯⋯⋯⋯⋯罗良德
有感于塞万提斯的创作目的⋯⋯程东安
冰山比喻的启示⋯⋯⋯⋯⋯⋯⋯马立鞭

美术

花（油画）⋯⋯⋯⋯⋯⋯⋯⋯⋯王龙生
进城去（木刻）⋯⋯⋯⋯⋯⋯⋯陈铁泉
江边（木刻）⋯⋯⋯⋯⋯⋯⋯⋯杜卓跃
嘉川渡口（水粉画）⋯⋯⋯⋯⋯邹延白
夏山飞泉（中国画）⋯⋯⋯⋯⋯朱晓云
草地晚饮（油画）⋯⋯⋯⋯⋯⋯张文源

1983 年第 9 期　刊名:《四川文艺》
目录

报告文学

鱼跃龙门⋯⋯⋯⋯⋯⋯⋯⋯⋯⋯家　彬　增述

小说

磨坊的女儿⋯⋯⋯⋯⋯⋯⋯⋯⋯温传昭
人与兽⋯⋯⋯⋯⋯⋯⋯⋯栈桥泽仁
雨夜，在窗口前⋯⋯⋯⋯⋯⋯⋯曾　鸣
说情记⋯⋯⋯⋯⋯⋯⋯⋯⋯⋯⋯丁隆炎
我要一束红月季⋯⋯⋯⋯⋯⋯⋯王　沛
心曲⋯⋯⋯⋯⋯⋯⋯⋯⋯⋯⋯⋯金　平
古寺里的灯⋯⋯⋯⋯⋯⋯⋯⋯⋯赖正和
夜谭十记——军训记⋯⋯峨眉山人等口述　马识途记

蜀苑新枝

顺着弯弯的小河····················杨晓愿
（附评）两颗纯朴的童心··············刘中桥

文学新人谱

刻画丰富多样的人物性格
——浅议戴善奎的小说创作··········江裕斌

评论

文学真实性问题琐议················冯宪光
读者之者（六则）·········郝作永　何　民等

美术

露（油画）······················陈腾光
友谊常青（中国画）················李震坚
竹溪（中国画）···················杨重德
草地小花（水印木刻）···············皮远香
纺织女工（木刻）··················刘正兴
秋染巴山（水印木刻）···············张新予
九寨秋色（油画）··················李　真

诗歌

酒韵（组诗）·····················唐大同
人生之旅（二首）··················叶延滨
心旌摇荡的那达慕（组诗）····（蒙古族）阿拉坦托娅
花市短歌（组诗）··················任耀庭
心的飞翔·······················刘辉考
一片绿叶·······················蔡　明
流星（外一首）···················冯　异
浪涛的爱·······················易　山
海岸·························丛　兰
"1"号测桩······················周邦宁
根··························况明先
抽水船························回光时
母亲·························张大铸
我种下绿树一棵···················灵　子
枕流石（散文诗）··················郁小萍

芳林新叶

大江东去（组诗）··················刘　敏
记忆的歌（组诗）··················陈　萱
街巷口哨（外二首）················张晓健
夏日情思（外一首）················魏云艰
深秋的黄昏（外一首）···············蒋　凯
少年时（外二首）··················陈春琼
海螺·························徐　泽
山·海·我·······················程　远
唱给妈妈的歌····················马　兰
我是机器·······················汪建中

屋檐下························列　泠
露珠·························邓忠义

1983 年第 10 期　刊名:《四川文学》
目录

更高地举起社会主义文学的旗帜　让文学战线
"第三梯队"茁壮成长
——记四川省青年文学创作会议·········本刊记者
给四川青年文学创作会议的信···········沙　汀
《四川文学》为改刊敬告读者作者

中篇报告文学

峨眉山文物盗窃案··················周　纲

中篇小说

我与你一路同行···················又　文

短篇小说

同车前往·······················毛志成
女政协委员······················张廷竹
对手·························黄　放
文明小院琐闻····················张　放

讽刺小说

捉耗子························复　熹
丹方·························李乔亚
牛的喜剧·······················陈文明
精装的爱·······················周贵祥

散文

玩具·························李伏伽
蒙山茶思·······················姚　枫
"游客是我们的上帝"················何晓松
红山果························陈元通

评论

朴素中蕴含着诗意——读王成功的小说·········畅　游

探索与争鸣

小说《从丁字街到大海》的讨论
当代青年的鲜明形象·················郝作永
田质民的奋斗精神值得赞扬吗?···········陈忠民
一个微有瑕疵的时代弄潮儿·············高　虹

文学青年之友

空间与空间感
——短篇小说艺术探微···············谢明德

美术

玫瑰（油画）⋯⋯⋯⋯⋯⋯⋯⋯⋯⋯⋯全山石
荷花（中国画）⋯⋯⋯⋯⋯⋯⋯⋯⋯舒传曦
山水（中国画）⋯⋯⋯⋯⋯⋯⋯⋯⋯杨必位
溪边（雕塑）⋯⋯⋯⋯⋯⋯⋯⋯⋯⋯章永浩
喜丰年（雕塑）⋯⋯⋯⋯⋯⋯⋯⋯⋯章永浩
山城（固体油画）⋯⋯⋯⋯⋯⋯⋯⋯曹立侃
密林深处（油画）⋯⋯⋯⋯⋯⋯⋯⋯李华英

谈质民形象的现实意义⋯⋯⋯⋯康　健　洪亚华
要注意作品的社会效果⋯⋯⋯⋯⋯⋯⋯任福林

美术

踏歌图（中国画）⋯⋯⋯⋯⋯⋯⋯⋯朱理存
包谷酒（木刻）⋯⋯⋯⋯⋯⋯⋯⋯⋯马建初
通向山区的路（油画）⋯⋯⋯⋯⋯⋯陈可之
海边（油画）⋯⋯⋯⋯⋯⋯⋯⋯⋯⋯徐明华

1983 年第 11 期　刊名:《四川文学》
目录

中篇小说

黄桷树，黄桷垭⋯⋯⋯⋯⋯⋯⋯⋯⋯傅　恒

小说

干猫儿沟⋯⋯⋯⋯⋯⋯⋯⋯⋯⋯⋯费尽贤
他们都到汉口⋯⋯⋯⋯⋯⋯⋯⋯⋯杨贵云
磁带信⋯⋯⋯⋯⋯⋯⋯⋯⋯⋯⋯⋯虔　文
护膝⋯⋯⋯⋯⋯⋯⋯⋯⋯⋯⋯⋯⋯王　沛
垂钓黄昏时⋯⋯⋯⋯⋯⋯⋯⋯⋯⋯熊建成
又是一个千元户⋯⋯⋯⋯⋯⋯⋯⋯邓东林
春雨悄悄洒⋯⋯⋯⋯⋯⋯⋯⋯⋯⋯李乔亚
夜歌⋯⋯⋯⋯⋯⋯⋯⋯⋯⋯⋯⋯⋯马贵毅

中篇报告文学

峨眉山文物盗窃案⋯⋯⋯⋯⋯⋯⋯周　纲

蜀苑新枝

这个二老工人⋯⋯⋯⋯⋯⋯⋯⋯⋯长山林
（附评）要着力塑造人物⋯⋯⋯⋯易　之

散文

喜重拜英灵意气舒⋯⋯⋯⋯⋯⋯⋯钟树梁
邂逅⋯⋯⋯⋯⋯⋯⋯⋯⋯⋯⋯⋯⋯眉　地
圆尾⋯⋯⋯⋯⋯⋯⋯⋯⋯⋯⋯⋯⋯段太佑
母子之间⋯⋯⋯⋯⋯⋯⋯⋯⋯⋯⋯余系中

评论

为了更好地前进（关于青年小说创作的笔谈）
深厚中见功夫⋯⋯⋯⋯⋯⋯⋯⋯⋯竹亦青
回顾，是为了前进⋯⋯⋯⋯⋯⋯⋯李庆信
放开手写和静下来想⋯⋯⋯⋯⋯⋯吴　野
老生常谈⋯⋯⋯⋯⋯⋯⋯⋯⋯⋯⋯苏　恒
广中求深——与贺星寒书⋯⋯⋯⋯郭　踪

探索与争鸣

小说《从丁字街到大海》的讨论

1983 年第 12 期　刊名:《四川文学》
目录

高举社会主义文艺旗帜　坚决防止和清除精神污染
⋯⋯⋯⋯⋯⋯⋯⋯⋯⋯⋯⋯⋯人民日报评论员

短篇小说

那里有座太阳城⋯⋯⋯⋯⋯⋯⋯⋯乔　瑜
梅花桩头⋯⋯⋯⋯⋯⋯⋯⋯⋯⋯⋯向述其
姑娘，请原谅⋯⋯⋯⋯⋯⋯⋯⋯⋯傅蜀亮
阿爸要我出嫁⋯⋯⋯⋯⋯⋯⋯⋯⋯王　庆
那张绿色的汇款单⋯⋯⋯⋯⋯⋯⋯郁小萍
黑牯舅舅和鲇鱼⋯⋯⋯⋯⋯⋯⋯⋯廖时香
爱人和大公鸡⋯⋯⋯⋯⋯⋯⋯⋯⋯廖星杰
库银案⋯⋯⋯⋯⋯⋯⋯⋯⋯⋯⋯⋯蒋维明

中篇小说

野斋王国风云录⋯⋯⋯⋯⋯⋯⋯⋯邱成佑

蜀苑新枝

摆杂货摊的姑娘（小说）⋯⋯⋯⋯刘　陵
（附评）情致、新意和童心⋯⋯⋯永　严

散文

故地沧桑⋯⋯⋯⋯⋯⋯⋯⋯⋯⋯⋯古子文
噢，母亲⋯⋯⋯⋯⋯⋯⋯⋯⋯⋯⋯曾祥麟
"攀枝花"的少女⋯⋯⋯⋯⋯⋯⋯⋯海　笑
蝴蝶泉边盼彩蝶⋯⋯⋯⋯⋯⋯⋯⋯胡本常
故乡的清泉⋯⋯⋯⋯⋯⋯⋯（彝族）阿　蕾
天府与都江堰⋯⋯⋯⋯⋯⋯⋯⋯⋯王润华
抢新水⋯⋯⋯⋯⋯⋯⋯⋯⋯⋯⋯⋯周贤中
飘逝的歌⋯⋯⋯⋯⋯⋯⋯⋯⋯⋯⋯燕　子
石笋奇观⋯⋯⋯⋯⋯⋯⋯⋯⋯⋯⋯力　牛

评论

人民是文艺工作者的母亲
　　——从"不发飘了"说起⋯⋯⋯邓仪中
深情挥绘三峡美
　　——读游记散文集《三峡风情》⋯⋯吴　红

探索与争鸣

小说《从丁字街到大海》的讨论

田质民及其事业

——漫评小说《从丁字街到大海》·············郭　踪

我们并不需要这样的"实干家"

——也谈田质民的形象·············李益荪

读者之声（七则）·············毛大成　夏　雨等

美术

瑞雪（水彩画）·············杨永福

翻新（水印木刻）·············陈安乐

满载（水印木刻）·············陈　季

巡医（木刻）·············其加达瓦

1984 年第 1 期　刊名:《现代作家》
目录

短篇小说

打鱼的和钓鱼的·············金　河

快乐·············高晓声

燕子崖的红山果·············李　晴

大塔·············刘心武

心的频率·············赵长天

广告·············王可锐

旅店一夜·············赵　熙

中篇小说

桔香，桔香·············周克芹

散文

化作泥土·············巴　金

旅南日记·············流沙河

渡口情思（二章）·············李华飞

云霞·············叶雄师

杂文·随笔·小品

朦胧中的阴影·············大　树

浮雕集（二章）·············杨汝绸

慧眼识英雄·············白　木

评论

坚决清除精神污染　让社会主义文学健康发展

——访革命文学前辈任白戈、艾芜·············本刊记者

且说存在主义小说·············马识途

乡戏·乡影·乡文

——随文艺术评论家钟惦棐散记·············仲呈祥

美术

奋飞（封面设计）·············王博文

田间（水印木刻）·············杨弟华

奶香十里（油画）·············宋贤珍

1984 年第 2 期　刊名:《现代作家》
目录

短篇小说

渡口行·············艾　芜

老爷戈壁·············高　缨

炎热·············李　陀

西迈里·············（蒙古族）鲍尔吉·原野

金冬心·············汪曾祺

看台上那双眼睛·············许大立

大别山里灰灰菜·············胡曲平

天之骄女·············谢　静

讲师之声·············张　放

遗憾·············周贵祥

中篇小说

酒鬼杨石匠的女儿·············榴　红

报告文学

四川女排夺魁记·············汤明辉

起跑线上

星期天·············姚思源

（附评）贵在朴实·············何　牧

散文

旅南日记·············流沙河

泰山造天庭·············张忠富

杂文·随笔·小品

随感三则·············萧蔓若

满壶、半壶和空壶·············余薇野

评论

以火一样的热情表现当代生活·············吴　野

作家与创作

亦从"三角恋爱"谈起·············叶　辛

杂文琐语·············草　云

文艺随笔

从托尔斯泰摇头谈起·············罗良德

说短道长·············马立鞭

美术

渔窗明月（铜版画）........................尹　琼
母亲（组画之一）........................康　宁
漓江风情（油画）........................张华清

1984 年第 3 期　刊名:《现代作家》
目录

中篇小说
凌晨，即将爆炸........................夏　野

短篇小说
心儿在歌唱........................张　长
编辑逸事........................贾平凹
邮痴........................叶梦一
啊，松惹，有三头牦牛的地方........................张世俊
孔尚任湖海采风记........................刘正成
芦深湾路远........................祝兴义
啊，幼儿园........................金承平
石天井........................谷　新
童心无欺........................流涌洋

报告文学
我心匪石........................陆　石

散文
狮峰晨曲........................万龙生
猎趣........................龚伯勋
绿色的海湾——南海纪事........................沈世鸣
旅南日记........................流沙河

杂文·随笔·小品
文章与钱........................卢杨树
只消一问........................司徒伟智
会诊（外一章）........................李保均

评论
汪曾祺小说风格管窥........................翟大炳
发现和展示生活的美
——读王群生小说集《彩色的夜》........................李敬敏

作家与创作
文学语言断想........................梁晓声

美术
峨眉山道（水彩画）........................王培秋
黄山夕照（水彩画）........................王培秋
春露（油画）........................莫　也

1984 年第 4 期　刊名:《现代作家》
目录

中篇小说
神鸟之羽........................张世俊
故乡麦月天........................王宝成

短篇小说
宝匣........................航　鹰
碧云天，黄花地........................谢鲁渤
星星上学了........................沈虹光
座椅问题........................傅蜀亮
红与绿........................贺星寒
一张过去的照片........................瞿　琮

报告文学
阴影........................张　飙

散文
歌词情........................钟惦棐
清清的流水........................唐大同
落日........................穗　子
月魂........................子　页
拉面铺掌柜的........................郑万鹏
连心的钥匙........................邓忠运

杂文·随笔·小品
警惕"谣弹"........................诸葛立早
所谓"顺耳"之言........................李石锋
寓言两则........................胡　霆

作家与创作
小说的内在力量........................郑万隆

文艺随笔
"写不完"与"没得写"
——艺术规律探微........................胡德培
立意种种........................彭斯远

读者·作者·编者
鼓励·鞭策·期望.......郑兴万　陈国凯　周永年等

美术
帆（封面设计）........................王博文
哨声（木刻）........................杜卓跃
秋天的歌（木刻）........................陈铁泉
月季花（油画）........................徐明华

1984 年第 5 期　刊名:《现代作家》
目录

中篇小说

婚配慨然率·······祖慰
冷酷的额伦索克雪谷·······江浩

短篇小说

亮歌·······母国政
山人·······石涛
香火的启示·······李剑
归宿·······王从学
一个晚上的电视节目·······牛俊才
关键时刻·······黄少烽

散文

河南巷·······贾平凹
《结晶》后记·······徐迟
过台湾·······苏晨
淡路岛考察散记·······晓林
翠绿的梦·······李毓瑜

杂文·随笔

"超过"的"包涵"·······章智明
俗语篇·······杨汝絅
世界第一·······许寅
雪花·······阿淳
断想·偶拾·······冯异

作家与创作

关于小说创作的通信·······沙汀　高缨

评论

李国文风格论·······何西来

美术

山寨苗苗（水印木刻）·······胡名
归途（木刻）·······徐仲偶
花裙（水印木刻）·······徐匡

1984 年第 6 期　刊名:《现代作家》
目录

中篇小说

红丝绒帷幕即将拉开·······朱中平

瞬间小说

超规格接待·······赵长天
河豚·······阿木
防波堤·······黄敏

短篇小说

羊脂玉·······王成功
香樟树·······郑秉谦
咫尺天涯·······何志云
给你换一只新矿灯·······韦翰
莽庄的呼唤·······王晓新
在逢场的茶馆里·······曾宪国
淡绿色的灯光·······张昆华
海马公爷·······戴明贤

散文

踩着金风走的人·······和谷
浮江东去·······李累
姑母的皱纹·······李沙铃
玉渊潭泛舟·······李加建
两片秋叶·······陈薇莉

杂文·随笔·小品

"小传"何诚实·······草絮
长城怀今·······王晋
晋武帝选接班人·······蒋元明
两种关系学·······李庚辰

作家与创作

生活感受与审美激情
——创作通信·······王小鹰　陆星儿　黄子平
克拉克夫人与蛇
——一点自白·······孟伟哉

新作短评

别有韵味
——读《金冬心》·······吴秀明
一篇发人深思之作
——评小说《打鱼的和钓鱼的》·······陈朝红
一个伟大作家的心愿
——读巴金随想录《化作泥土》·······刘中桥
悲剧向着喜剧的转化
——读《酒鬼杨石匠的女儿》·······竹亦青

美术

雪（水彩画）·······金铭俊
宝贝（水印木刻）·······朱理存

1984 年第 7 期　刊名:《现代作家》
目录

中篇小说

深山风情 …………………………… 李　贵
无尽的雪原 ………………………… 汪　洋

短篇小说

星球·轨道 ………………………… 邹月照
最后一次到西区 …………………… 黄　钢
补锅匠周老八 ……………………… 栈　桥
暮年情 ……………………………… 毛志成
壮哉，汪师傅 ……………………… 赖俊熙

讽刺小说

画眉 ………………………………… 牛俊才

散文

峨眉偶拾 …………………………… 李伏伽
访美散记 …………………………… 安　旗
白兰 ………………………………… 周　矢

杂文·随笔·小品

瞎编故事（隔海随笔之一） ……… 流沙河
从虱子说到碰头 …………………… 向克孝
羊与狼 ……………………………… 甘　梨
多打几个"寒噤"才好 …………… 金　泉

评论

谱写变革时期的"人心史"
——读我省反映改革的几篇小说……邓仪中　仲呈祥
认识变革，反映变革
——读《星球·轨道》有感 …… 吴　野
读者之声（九则）……… 魏歆诚　陆建华　章帮鼎等
瞭望窗（七则）

美术

火种（封面设计） ………………… 王博文
难坏了马上将军（漫画） ………… 党景彦
心不在言（漫画） ………………… 孙光钊
鸡毛也要吹上天（漫画） ………… 罗远明
凌霄（中国画） …………………… 胡正伟
芙蓉小鸟（中国画） ……………… 陈寿岳

1984 年第 8 期　刊名:《现代作家》
目录

中篇小说

克劳斯的信息之验证 ……………… 阿　木
任是深山更深处 …………………… 乔　瑜

短篇小说

长相思 ……………………………… 王小鹰
神雨湖 ……………………………… 董会平
一首从未发表过的诗 ……………… 刘继安
冰棒交响诗 ………………………… 李廷华
飘走了，一片白云 ………………… 李霁宇

讽刺小说

手迹 ………………………………… 吴凤珍
牛戏 ………………………………… 管　见

起跑线上

五月的风 …………………………… 冯　飞
（附评）立意·构思·形象 ……… 何同心

散文

零丁洋畔 …………………………… 吕红文
来自山城的报告 …………………… 雁　翼
访泰随笔 …………………………… 碧　野

杂文·随笔·小品

隔海随笔 …………………………… 流沙河
且说居室壁上的风雅 ……………… 柴与言
一字诗赏析 ………………………… 杨汝絅

评论

精巧·严谨·别致
——沙汀短篇小说的结构艺术 …… 李庆信

作家与创作

小说做法与挠痒 …………………… 赵本夫
瞭望窗（九则）

美术

织地毯（油画） …………………… 夏培耀
小巷（油画） ……………………… 秦文清

1984 年第 9 期　刊名:《现代作家》
目录

中篇小说

艾依克·····················张宝发
在这个座位上···············符　泊

报告文学

潘虹: 悲剧之星···············琚鹏震

短篇小说

夜市······················沙　汀
一介书生··················林　之
《西游记》拾遗··············何焱林
一枚红发卡················高建平
一块干净明亮的蓝天··········周永年
带手铐的旅行包·············罗有年
蕙芳······················张法德
野樱桃花··················曾　山

瞬间小说

形象······················商　欣
大三洋····················周兴尚
动人的时刻················田文惠

散文

野趣······················陈　犀
澄蓝的眼睛················李存修
香包儿····················蔡应律
蒙山夜雨··················陈汉兴
微雕集····················刘民厚

杂文·随笔·小品

自动写作··················流沙河
赞"不肖"··················王　吾
悲哀岂"仅一只眼"···········闻纪之
难行者的幌子···············邹泉根
寓言三题··················胡　霆

新作短评

《宝匣》的秘密·············崔道怡
读《深山风情》·············何　牧
一幕不该发生的时代悲剧
——读中篇小说《婚配概然率》···刘中桥
羊脂玉的遭遇和罗楠的"钱的艺术"
——评《羊脂玉》············祁　初
在矛盾漩涡中写人物——浅析《红丝绒帷幕即将拉
开》的人物塑造·············罗良德

一个颇具特色的短篇
——读《河豚》··············余　见
读"瞬间小说"刍议···········张化祥
《现代作家》、《嘉陵江》函授分中心招生启事
瞭望窗（七则）

美术

雨后（水粉画）·············赵尚毅
晨（水粉画）···············廖其澄
暮归（油画）···············凌承纬

1984 年第 10 期　刊名:《现代作家》
目录

中篇小说

峡口·················熊　郁　山　山
文君街传奇················栈　桥

短篇小说

假如你要认识我············魏继新
废园······················陈秋生
兰姐儿和她的丈夫···········李宽定
卖鱼虫的人················戈悟觉
《西游记》拾遗·············何焱林
孔雀的追求················柏鸿鹄

瞬间小说

蛙鼓······················李乔亚
在珍禽保护区···············贺景文
小巷奇遇··················贺景文
楼上楼下··················马　迅
能人······················商　欣
楚王见登徒子妻·············伊　人

报告文学

宋晓波和她的妈妈········严子屏　朱允祜

散文

风雪米亚罗················陈浩记
凉山酒话··················陈元通

杂文·随笔·小品

晚霞女士··················流沙河
臀之罪三题················王宏光
说大话的花公鸡·············木　斧

评论

周克芹创作散论·············洁　泯

她一是她（外三章）——————王朝闻
瞭望窗（九则）

美术
奔马（封面设计）——————王博文
白色古城（油画）——————张华清
彝族小姑娘（水印木刻）——————阿鸽

1984 年第 11 期　刊名:《现代作家》
目录

报告文学
中国，一个农民的事业——————高永岱
作家、政治家和企业家——————杨永年

短篇小说
鸣蝉——————徐军　石厥仁
意外消息——————雁宁
雨夜，一把天蓝色的伞——————陈洁
啊，无影灯——————福庚
癌为媒——————莫大祥
一个台湾姑娘的心绪——————梁学政
卧铺——————阿城
秃尾巴蝌蚪——————王不天
记忆画家——————张放

讽刺小说
如期见报——————火笛
墙洞——————少鸿
不同凡响的来访者——————谢声
领导艺术——————杨零零

中篇小说
文君街传奇（中篇）——————栈桥

散文
四十年后——————吉学沛
化作春泥更护花——访老作家沙汀——————赵国青

杂文·随笔·小品
答《创世纪》——————流沙河
有感于日本“麻婆豆腐”——————甘犁
沉思小品二章——————郑临川

评论
谌容论——————王春元
瞭望窗（十一则）

1984 年第 12 期　刊名:《现代作家》
目录

中篇小说
给你看本难念的经——————乔瑜
文君街传奇（下篇）——————栈桥

短篇小说
温暖的春雪——————王蕴辉
这里，有一个希望——————苗月
失去的“根据地”——————王旭鸣
点头石——————吴翼民　吴凤珍
祖传秘方——————于炳坤　康高秀
短晤——————傅蜀亮
凝固的一秒——————许大立

报告文学
宫殿——————丁晓禾

散文
遥祭——————陆石
冬色青青——————唐大同
羌家的哂酒——————德成

杂文·随笔·小品
把门打开——————流沙河
说“代沟”——————李伏伽
“李准易名”浅议——————元惠

评论
谌容论（续）——————王春元
对发现者的发现
——序仲呈祥著《当代文学散论》——————杨甦
瞭望窗（六则）

1985 年第 1 期　刊名:《现代作家》
目录

报告文学
从泥潭到高峰
——关于改革的先行者的第一个报告——————刘宾雁

短篇小说
我的两位邻居——————苏叔阳
顾客——————高缨
市长助理——————陈焕仁
一支玉雕牵牛烟斗——————储一天

生灵·································温传昭

望美人兮天一方···············刘正成

中篇小说

三原色·····························王立纯

瞬间小说

讣告·······························段德天

一路顺风·························郑秉谦

因祸得福·························周贵祥

自我启发·························苏政勋

散文

螟蛉的祝愿······················陈敬容

摇篮吟····························周　游

价值·······························竹　荪

乱弹

"嘴上经纶万岁"乎?············许　寅

说长道短话狸奴·················柴与言

寓言三则··························湛　卢

美的探索

试撬神秘的美的"黑箱"（之一）·····祖　慰

作家沉思录

文学笔记··························丁一三

新作短评

献给奋斗者的颂歌

——读中篇小说《艾依克》·······林为进

美术

木刻小品（组画）················江　敉

梧桐小巷细雨·····················朱小丰

箐水桥耢糟·······················陈文明

傻瓜柯乐·························任　伦

今晚没有月亮·····················铃　娃

短篇二帖··············（中国香港）张君默

讽刺小说

丢魂记····························桐　杭

公平的惩罚······················莫怀戚

一个征婚者收到的信·············冯　骏

瞬间小说

电视新闻轶事····················姜贻斌

墙·································朱　江

冷门·······························胡曲平

找回失去的约会··················亚　鸣

报告文学

插上翅膀的农民··············艾风　晓枫

散文

狄斯尼乐园半日游·················李存修

琴蛙夜听·························戴善奎

乱弹

拒贿有方·························草　絮

升官发财辩······················王　吾

何妨学学吕蒙正·················巫　猛

美的探索

试撬神秘的美的"黑箱"（之二）·····祖　慰

美术

乡姑娘····························吴映强

编草蓆····························李文玲

1985 年第 2 期　刊名:《现代作家》
目录

作家沉思录

令人难忘的座谈会·················艾　芜

"创作自由"二题·················周克芹

中篇小说

没有终止的插曲··················汪　雷

短篇小说

峡谷·······························陆大献

酒后·······························高尔品

1985 年第 3 期　刊名:《现代作家》
目录

短篇小说

标兵太太·························李　琦

绝唱·······························赵本夫

深院·······························简　嘉

自尊在哪里······················杜保平

蜂蜜柚····························赵　彬

中篇小说

弄堂里传出来手风琴声············张延竹

讽刺小说
带喇叭的科长 ································ 牛俊才

瞬间小说
哎呀！我的妈! ·························· 廖世泽
送礼 ································· 大　树

报告文学
今日山大王 ···························· 王从学

散文
慈禧太后晚年 ·························· 王家广
山林的儿子 ···························· 石　英
花神 ································· 左　森
水仙（外一章） ······················· 袁永庆

乱弹
为东施姑娘记一功 ······················ 向克孝
教授的故事 ···························· 丁　耶
拒贿三境界 ···························· 商子雍

作家沉思录
心灵的历程与情感的独特性
——给吴若增同志的信 ·················· 姜　滇
请匀我一点美
——给姜滇同志的回信 ·················· 吴若增

美的探索
试撬神秘的美的"黑箱"（之三） ············· 祖　慰

美术
凉山的凤凰（油画） ····················· 何哲生
松鹰（中国画） ························· 陈子庄
八哥紫藤（中国画） ····················· 陈子庄

1985 年第 4 期　刊名:《现代作家》
目录

中篇小说
神秘的古墓 ···························· 陈秋生

短篇小说
大女们的集会 ·························· 马　玲
"山外"理事 ··························· 黄　尧
辨别力 ······························· 姜大庆
夜梦不祥 ····························· 履　冰
升飘 ································· 宇　共
兵头将尾 ····························· 李万启

望不断的山路哟······ ··················· 李乔亚

瞬间小说
别放掉一个 ···························· 卫　铎
美的质疑 ····························· 李加建
狗皮褥子 ····························· 沙　青

报告文学
细微之中见"大千"
——记微刻艺术大师赵子仁 ··············· 吕　齐

起跑线上
山路弯弯 ····························· 贾良柱
（附评）愿奋斗之歌长响不息 ··············· 刘中桥

散文
雾雨 ································· 于宗信
心中海嶽梦中飞 ························· 陈彬彬
川江采访记 ···························· 赵　敏

乱弹
"得鱼忘筌"一解
——扬州街头漫想之一 ·················· 忆明珠
轻舟已过万重山 ························· 胡少安
瓦的遐思 ····························· 曾志鹏

美的探索
试撬神秘的美的"黑箱"（之四） ············· 祖　慰

美术
沧桑图（木刻） ························· 王　川
归牧（套色木刻） ······················· 杨全生
绿色金库（套色木刻） ···················· 陈　德
山乡苗家（套色木刻） ···················· 蒋志伊
热风（木刻） ·························· 郭　游

1985 年第 5 期　刊名:《现代作家》
目录

中篇小说
西河街风情 ···························· 罗学蓬

短篇小说
画院，有座红漆的大门······ ··············· 崔　桦
十字街头的"后羿" ······················ 杨东明
接"火神" ···························· 聂鑫森
遗嘱 ································· 张　玲
远山 ································· 蔡测海

今日得宽余 ································· 谷 新

讽刺小说
一个不愿死的人死了（外二篇）········· 克 非

瞬间小说
不认识的三舅公 ······················· 姚思源
黄桷兰之死 ··························· 倪兴国

报告文学
美酒赋 ····················· 何世进 彭起羽

散文
旱伞竹之献 ··························· 凤 子
魔女风 ······························· 古子文
桂花雨 ······························· 张永权
记得有那么一条雨巷 ··················· 李正平

乱弹
为民主与自由热烈鼓掌
——遥闻作家协会代表大会掌声有感····· 许 寅
"财利"断想 ··························· 李伏伽
哭笑不得 ····························· 大 树
莫贪那个"热闹" ····················· 郭大东
新伯乐之好 ··························· 少 杰

作家沉思录
花竹园谈心
——一次作家的聚会················· 刘宾雁等

美的探索
试撬神秘的美的"黑箱"（之五）········· 祖 慰

美术
共赴巴黎（石版画）··················· 文国璋
南方新岸（套色木刻）················· 肖映川
五颜六色（套色木刻）················· 宋恩厚
钢铁集合（丝网版）··················· 王胜红

1985 年第 6 期　刊名:《现代作家》
目录

中篇小说
山外山，天外天 ······················· 蒋文中

短篇小说
五彩夜 ······························· 林文询
天涯防鲨网 ··························· 古 华

夜之随想曲 ··························· 陈忠实
蛇头岛上的小茅屋 ····················· 陈 锟
梅芳和她的"小鹿" ··················· 陈 明
先看日出去 ··························· 谭 力
醉酒 ································· 梁学政

讽刺小说
死的喜剧 ····························· 大 树
知心话 ······························· 胡永康
变色油漆 ····························· 舟 车

起跑线上
鹦鹉大战（附评）····················· 佑 春

散文
致海牙友人书 ························· 秦廋鸥
文学使者聂华苓 ······················· 刘慧心
"老擂"之恋 ························· 蔡应律
川北风景画 ··························· 王俊义

乱弹
仁者、智者、淫者及其他 ··············· 楠 客
第五个烧饼 ··························· 虞子文
筯·箸·筷 ··························· 王家广

作家剪影
阿城之迷 ····························· 仲呈祥

美的探索
试撬神秘的美的"黑箱"（之六）········· 祖 慰

美术
童年的回忆（石版画）················· 华建锋
未来的冠年（木刻）··················· 萨因章
山间小路（木刻）····················· 徐 匡
姐妹（套色木刻）····················· 阿 鸽
岭上八月（水印木刻）··········· 周 兴 周国忠

1985 年第 7 期　刊名:《现代作家》
目录

短篇小说
干姐妹 ······························· 武志刚
行长行 ······························· 楚 良
企图叛逃 ····························· 傅蜀亮
猜谜的人们 ··························· 莫怀戚
呵！太阳帽 ··························· 李霁宇

中篇小说

祝寿 ························ 施 放

报告文学

有志不在年高 ·········· 何世进 彭起羽

瞬间小说

天竺葵 ···················· 马建华

奔丧 ······················ 王伟钦

散文

赤子之心 ·················· 许 伽

秃壁上的生命 ·············· 李 门

香岛散记 ·················· 巴 桐

乱弹

且说真假功夫 ·············· 曾伯炎

为"揠苗助长"辩一言 ········ 王朝堂

美的探索

试插神秘的美的"黑箱"（之七）···· 祖 慰

美术

烈士颂（木刻）·············· 彦 涵

峨眉山小景四幅（木刻）········ 邹昌义

大漠奇观（套色木刻）·········· 孙兴学

散文

夏威夷岛上的台湾小姐 ········ 李存修

作家下海 ·················· 苏 策

海之思 ···················· 陈徽莉

小城新闻 ·················· 刘志安

秋茄 ······················ 邓忠运

乱弹

笑话！笑话？ ·············· 王 吾

评"头"论"足" ············ 商子雍

贪吏和他的儿子们 ············ 胡 霆

纪念与缅

我看过原子弹轰炸的地方

——访问广岛长崎有感 ········ 艾 芜

镌墨往来

——冯玉祥住神水阁轶事 ········ 周又郎

美的探索

试撬神秘的美的"黑箱"（之八）···· 祖 慰

美术

弦（纸版）·················· 张建文

大坝风云（木刻）············ 陈晋容

西北行记（组画二幅）·········· 朱琴葆

边陲冬夜（木版水印）·········· 赵立君

1985 年第 8 期　刊名:《现代作家》

目录

中篇小说

无忧角 ···················· 王林磊

短篇小说

天性 ······················ 董川夫

经理纪事（三篇）············ 贺星寒

公园 ······················ 叶明山

沙枣门帘 ·················· 赵长天

狐皮袍子 ·················· 陈朝璐

怪杰与癞蛤蟆 ·············· 谢 明

讽刺小说

秘书和他妻子 ·············· 郭庆渝

瞬间小说

舞会 ······················ 柯愈勋

大怪路子访报社 ············ 沈善增

1985 年第 9 期　刊名:《现代作家》

目录

中篇小说

夏天里的 ABC ·············· 苗 月

短篇小说

女人的眼泪 ················ 于德才

万元户与四十元户 ············ 徐林森

地心作用力 ················ 黎 谷

一片碧绿的叶子 ············ 字 心

沙发工 ···················· 子 钟

讽刺小说

造句（外一篇）·············· 仇甫全

报告文学

蓝幽幽的湖啊！ ············ 元 工

起跑线上

相遇 ······················ 张人士

散文

闽南之忆·····陈 犀
今日咸亨酒店·····宁松勋
还是搞点五湖四海好
——跋《南行草》·····凌文远
盐源二题·····李华飞
拉车的小伙伴
——童年回忆片断·····傅 仇遗作

乱弹

以副养正·····蒋元明
寓言（三则）·····戴厚英
同是"胡杨泪"·····朱健国

评论

小说审美观嬗变断想·····仲呈祥

美的探索

试撬神秘的美的"黑箱"（之九）·····祖 慰

美术

故地风情（组画）·····徐 冰
洁白的哈达（木刻）·····徐 匡
巴山短笛（木刻）·····马建初
织（套色版画）·····陈永乐

报告文学

巴蜀乡土人物（二篇）·····吕 齐
邵新之恋·····宁 晋

散文

湖畔的记忆·····刘慧心
佛光，太阳的女儿·····池 刚
竹石情·····陈明云

乱弹

"握手"史话——《"左"拾遗》之三·····丁 耶
我和"藏书"·····碎 石
不避仇＋不避亲＝？·····罗良德
搬砖·弹铗随想·····朱图良

美的探索

试撬神秘的美的"黑箱"（之十）·····祖 慰
培养创作人才 繁荣文学事业
——作协四川分会文学院正式成立

美术

新华（套色木刻）·····邹昌义
祁连英魂（木刻）·····沈北雁
畲家今日（套色木刻）·····黄永勇
号角（油画）·····李正康

1985 年第 10 期 刊名：《现代作家》
目录

中篇小说

虎尾·····姜 汤

短篇小说

木匠的妻子·····蒙 萌
蜘蛛·····杨 陶
可可话梅·····周永年
我要好好想一想·····林贵祥
在"爱"的漩涡里·····刘 瑛
与一个窃贼的通信···· ［德］奥托·内尔比 冯小虎译

瞬间小说

新上任的局长·····世 伟
陌生·····李 门
江边对话·····姜胜群

起跑线上

鸟儿·····亚 鸣
（附评）"处处闻啼鸟"·····子 叶

1985 年第 11 期 刊名：《现代作家》
目录

短篇小说

黄包车呵，黄包车·····傅 恒
林间的风·····梁中杰
南极村的姑娘·····晓 剑
把戏·····周永严
知青生活散曲（二篇）·····雁 宁
石井栏记·····薛尔康
夏·····曾 樾

报告文学

神箭女·····刘耀辉
脚步的回声·····桂 佳

纪实文学

故园回忆（二篇）·····何 洁

起跑线上

我们这半个世界·····许 艺
（附评）在不安的躁动中清醒·····魏继新

瞬间小说
老弯和他的狗肉摊子⋯⋯⋯⋯⋯⋯蔡应律
中奖⋯⋯⋯⋯⋯⋯⋯⋯⋯⋯⋯⋯李森林
拐杖轶事⋯⋯⋯⋯⋯⋯⋯⋯⋯⋯王志林
移山新篇⋯⋯⋯⋯⋯⋯⋯⋯⋯⋯罗心明

散文
魂渡蓝水⋯⋯⋯⋯⋯⋯⋯⋯⋯⋯梅绍静
地平线上⋯⋯⋯⋯⋯⋯⋯⋯⋯⋯陈元通
童趣追拾⋯⋯⋯⋯⋯⋯⋯⋯⋯⋯东　夫

乱弹
灯下漫记（三则）⋯⋯⋯⋯⋯⋯⋯大　树
正数与负数⋯⋯⋯⋯⋯⋯⋯⋯⋯焦仁贵

美的探索
试撬神秘的美的"黑箱"（之十一）⋯⋯⋯祖　慰

美术
山雀（中国画）⋯⋯⋯⋯⋯⋯⋯陈寿岳
水仙小鸟（中国画）⋯⋯⋯⋯⋯叶　新
孔雀之歌（套色木刻）⋯⋯⋯⋯陈永乐

散文
老司机⋯⋯⋯⋯⋯⋯⋯⋯⋯⋯⋯袁永庆
花市巡礼⋯⋯⋯⋯⋯⋯⋯［菲律宾］黄春安

乱弹
改革随想录⋯⋯⋯⋯⋯⋯⋯⋯⋯巫　猛
耗子万岁⋯⋯⋯⋯⋯⋯⋯⋯⋯⋯向克孝
以官取人和以官取己⋯⋯⋯⋯⋯楠　客

美的探索
试撬神秘的美的"黑箱"（之十二）⋯⋯⋯祖　慰

文讯
一次动员立大志攀高峰的小说创作讨论会
四川作家访问团赴云南边防采访
西北、西南散文作家笔会在乐山举行

美术
岷江喜雨（水彩）⋯⋯⋯⋯⋯⋯金立德
冬（水彩）⋯⋯⋯⋯⋯⋯⋯⋯⋯金立德
米酒飘香（套色木刻）⋯⋯⋯⋯贾国中
傍晚的钟声（油画）⋯⋯⋯⋯［俄］列维坦

1985 年第 12 期　刊名:《现代作家》
目录

报告文学
壮士一去不复返⋯⋯⋯⋯⋯⋯⋯戴善奎

中篇小说
茶友⋯⋯⋯⋯⋯⋯⋯⋯⋯⋯⋯⋯曾宪国

短篇小说
沉重的旋律⋯⋯⋯⋯⋯⋯⋯⋯⋯伟　巴
女明星⋯⋯⋯⋯⋯⋯⋯⋯⋯⋯⋯陈依力
折光⋯⋯⋯⋯⋯⋯⋯⋯⋯⋯⋯⋯谢友郫
闭目画⋯⋯⋯⋯⋯⋯⋯吴翼民　吴凤珍
俯仰之间⋯⋯⋯⋯⋯⋯⋯⋯⋯⋯徐圣铭
弱者⋯⋯⋯⋯⋯⋯⋯⋯⋯⋯⋯⋯王旭鸣
山珍⋯⋯⋯⋯⋯⋯⋯⋯⋯⋯⋯⋯商　欣
难以交待的故事⋯⋯⋯⋯⋯⋯⋯李中萱

起跑线上
渔利（小说）⋯⋯⋯⋯⋯⋯⋯⋯骆　林

讽刺小说
奇迹⋯⋯⋯⋯⋯⋯⋯⋯⋯⋯⋯⋯克　非
卓文君二次夜奔记⋯⋯⋯⋯⋯⋯杨翰端

1986 年第 1 期　刊名:《现代作家》
目录

报告文学
烽火南疆洒碧血⋯⋯⋯⋯⋯⋯⋯栈　桥

中篇小说
兵趣⋯⋯⋯⋯⋯⋯⋯⋯⋯⋯⋯⋯张廷竹

短篇小说
九龙⋯⋯⋯⋯⋯⋯⋯⋯⋯⋯⋯⋯李乔亚
朦胧珂⋯⋯⋯⋯⋯⋯⋯⋯⋯⋯⋯李世权
哑谜⋯⋯⋯⋯⋯⋯⋯⋯⋯⋯⋯⋯乔　瑜
高高的獐子松⋯⋯⋯⋯⋯⋯⋯⋯杜宝华
不寻常的回家⋯⋯⋯⋯⋯⋯⋯⋯王宏光
岔路口⋯⋯⋯⋯⋯⋯⋯（藏族）意西泽仁

讽刺小说
东施新闻⋯⋯⋯⋯⋯⋯⋯⋯⋯⋯吴金水

瞬间小说
猫不会都醉⋯⋯⋯⋯⋯⋯⋯⋯⋯孙　勇
采访圆舞曲⋯⋯⋯⋯⋯⋯⋯⋯⋯牛　泊
她，真的告别了人世?⋯⋯⋯⋯⋯浩　歌

起跑线上

无声的乐章（小说·附评）————————星 光

散文

东方明珠之夜————————李存修
种玫瑰————————江 漫
窗外，那一抹绿————————王祖祥
小书————————汪泓波

乱弹

说变————————李伏伽
寓言三则————————薛贤荣
园丁与大夫的比例————————朱健国
歪批三国与成名术————————李桂杨

美术

木刻作品四幅————————江 籹
百度滩（中国画）————————石 壶
溪居（中国画）————————石 壶
阿格纽夫人像（油画）————————［美］萨金特

散文

我见青山多妩媚————————文 舟
沱江三韵————————张宏文

乱弹

"豪华小车"与"坛中大米"————————李 田
"请多原谅"与"严禁"、"不准"之类————————许 寅
起风的时候————————肖文苑
切莫徒叹"挖教"风————————王朝堂

作家沉思录

重新面对大巴山————————雁 宁
山的思索————————李 贵

美术

秦川九月（套色木刻）————————傅恒学
家乡路（石膏版）————————宋治国
苏州甪直新桥（水彩画）————————王培秋
峨眉晨曦（水彩画）————————王培秋
嘉陵江畔（水彩画）————————张英洪

1986 年第 2 期　刊名:《现代作家》
目录

中篇小说

在那白鹤飞翔的峡谷……————————牛俊才

报告文学

哥德堡奇兵————————汤明辉
军海一片浪————————谭 力

短篇小说

蚕蜕————————苏 渝
分鱼————————青 林
蓝夜————————金 平
乡谈三题————————赵 彬
短篇二题————————高建平
秋声赋————————潘志豪

瞬间小说

赎血————————玉 笋
人生路上————————凌 寒
那双美丽的大眼睛————————温靖邦
孤老头————————束 蕙

起跑线上

哑巴金旺（小说·附评）————————魏治祥

1986 年第 3 期　刊名:《现代作家》
目录

地方风俗小说

深山里的喜事————————蔡应律

中篇小说

春雪————————邹远鹤

短篇小说

展览会上的图画————————王 川
轻柔的风————————王 庆
虎坳一奇事————————童江南
角色————————林文询
绿叶婆婆的小巷————————凤 子
恶性不循环————————曾志明
港湾之夜————————鲁纪岳
被淘汰者的"辞职书"————————薛敬元
爱的忏悔————————陈依力

讽刺小说

紧急会议————————刘世明
经理们在行动————————段德天

瞬间小说

乔迁之喜————————陈文明
力————————王 吾

钟的故事 ·························· 地 山

起跑线上
一个乡镇老师和他的妻子（小说·附评）······ 伍忠余

散文
伤逝与接力 ························ 张 放
天台美学五题 ······················ 郑秉谦

乱弹
"出国热"与"让出国" ················ 盛祖宏
"十六罗汉"与"十八罗汉" ············ 王家甫
诤友·痛损·抬杠 ·················· 秦树艺
可敬可叹父母心 ···················· 司徒伟智

作家沉思录
关于大巴山文学的思索 ·············· 杨贵云

美术
两个小阿依（中国画） ·············· 黄同江
彝族小姑娘（中国画） ·············· 黄同江
枇杷（中国画） ···················· 程 青
春江（中国画） ···················· 程 青
树荫下（油画） ···················· 全山石

1986 年第 4 期　刊名:《现代作家》
目录

报告文学
身后波澜亦轩然——记尧茂书遇难之后 ········· 戴善奎
喜看金雁更高飞——广汉巡礼之一 ········· 元 工

乱弹
"现代人"的自白 ·················· 叶 敏
官贼论 ·························· 秦 耕
两种"读五色书学问" ·············· 王家甫
如此"分解思考" ·················· 王 吾
识、德、才、学·胆刍议 ············ 秦树艺
本色·硬做·照相术 ················ 李克因
"模棱两可"古今谈 ················ 罗良德
远方来信 ························ 东方既白

起跑线上
那即将消失的吊脚楼（小说） ········ 马建初
（附评）不动声色的马儿 ············ 谭 力

短篇小说
宿怨 ···························· 沈乔生

我的诗和我的爱 ···················· 张宗政
青草 ···························· 陈朝璐
十岁了 ·························· 黄一鸾
无名的惆怅 ················ 阿 木 小 月
问路 ···························· 亚 鸣

地方风俗小说
深山里的喜事 ···················· 蔡应律

讽刺小说
长寿鸡 ·························· 杨零零

瞬间小说
怪味瓜子 ························ 陆涛声
骆光斗治病 ······················ 肖文敏
馈赠 ···························· 姚思源
字 ······························ 刘有禄

散文
屈原墓前 ························ 峻 青

作家沉思录
我眼中的巴山是"黑石头" ··········· 谭 力

美术
江上渔岛（木刻） ················ 杜卓跃
晚风（木刻） ···················· 杜卓跃
九寨沟长海（油画） ················ 张文源
枫丹白露森林（油画）········ ［法］纳亚斯·维吉尔·
迪亚兹·德·拉欠纳

1986 年第 5 期　刊名:《现代作家》
目录

中篇小说
好虫
——新蟋蟀经 ···················· 陈望尘

短篇小说
组织委员 ························ 汪 雷
故土难离 ························ 雁 宁
五月 ···························· 马未都
寡妇的选择 ······················ 姚伟成
茶话会纪实 ······················ 李远茂
苔花 ···························· 周 毅
猫的故事 ························ 邓泽寰

起跑线上
草场上的恩怨......（藏族）索朗仁称
（附评）勇敢的追求......（藏族）蒋永志

报告文学
飞鸿踏雪泥......吕 齐

散文
九寨秋色......明 朗
草原断章......唐大同
海的片断......朱小丰
塔（外一篇）......蓝 幽
放风筝......陈明云

乱弹
阙疑·阙殆·糊涂及其他......巫 猛
"水至清非无鱼，人至察必有徒"......陈述康
医案一则......老 烈
缺少唱彩的成功......司徒伟智
成才之道（外一篇）......大 树
《红岩》的"三不"......蒋元明
灵魂工程师的烦忧......金 泉
寓言二题......胡 霆

美术
四川农村新貌（组画之一）......胡定宇
蓝蓝的天（套色木刻）......刘晓华
苏州怡园小沧浪（国画）......童中焘
九华小雪（国画）......童中焘
婷韵（国画）......陈家泠

1986年第6期　刊名：《现代作家》
目录

乱弹
皇帝是光着屁股的......甘 犁
牺牲原......王 吾
抱孙诗与背孙画......石 飞
权力·权威·待人之道......秦树艺
析一种"文字游戏"......盛祖宏
话说"精简"......王朝堂
苦涩的笑话......张宿宗
朱元璋的画像......傅书松
以"蝲蝲"为镜......郭大东
死人盗活人的墓......高 低
从郑板桥的"狂"说到中国人的自信......王若谷

短篇小说
人之初......乔 瑜
等......红 树
献给法官的铜像......刘 彦
阿基里斯与龟......饶瑞农
况二先生......韩 青
老屋......陈 军

中篇小说
北来南往......严歌平

讽刺小说
塑像！......牛俊才

报告文学
一代风流——广汉巡礼之二......元 工

起跑线上
一条狗和两个人的故事（小说）......竺国平
（附评）人而不如犬乎......津 人

瞬间小说
文化站长和他的妻子......庞国翔
金鱼和野鱼......王祖祥
玩笑......章 小

散文
边城三曲......邓洪平
西望乐山大佛......冯庆川
哦，那一片天空......魏志远

美术
花香鸟语（木刻）......李成忠
怀素醉书图（中国画）......马振声
春牧图（中国画）......张志宇
肖像（油画）......徐明华

1986年第7期　刊名：《现代作家》
目录

短篇小说
瞄准！嘣嘣嘣……......张 翼
佛光......赵 彬
怪人......榴 红
塞翁失马......魏治祥
狱中人事......李乔亚
军营这边是小店......潘普洲
花花轿儿出山来......贺享雍

汽车上 ·······························李伯炎
脸上的苍蝇 ··········[德]托马斯·布拉什 冯小虎译

历史小说
江东浪子周处之死 ·····················师 飚

报告文学
啊，绵竹 ····························张嘉慧

起跑线上
"英雄交响曲" ·······················杨重华
（附评）亦庄亦谐，欲笑更悲 ···············江 河

散文
士兵与山 ····························张际会
松云峡 ·····························左 森
圈子 ······························周 矢
细雨濛濛 ····························彭新圭

乱弹
幽灵，在游荡 ·························李伏伽
奇闻不奇却有感 ·······················牧 惠
略论失误、法盲及其他 ···················王 吾
武松的"吹" ·························蒋元明
嫉杀 ······························秦 耕
太史公的感叹 ·························史 非
题《元祐党籍碑》 ·····················刘 征
"走过场"种种 ·························莫欠恒

美术
山巅（油画） ·························杜安安
源远流长（壁画） ·····················夏杨金
果熟图（中国画） ·····················周华君
池趣图（中国画） ·····················周华君
万家灯火（水彩画） ····················金立德

1986 年第 8 期　刊名:《现代作家》
目录

短篇小说
侏罗纪荒煤 ···························江 兰
赵家屯今日有好 ·······················马其德
走运的表姐 ···························林贵祥
也是一个"地主" ······················廖继荣
响槌口轶事 ···························戴明坚
壁画 ·······················陈秋生 莫大祥

中篇小说
画像 ······························潘文伟

起跑线上
西街口 ·····························邓仁宪
（附评）人心向善，人民多情 ···············刘中桥

散文
战友兰 ·····························吴 然
旧梦依稀烟雨中 ·······················陈 肃
故乡，岁月的河流 ·····················徐 康
买书之乐 ····························张 放
上坡 ······························张人士

野草闲花
过桥 ······························克 非
我送你一盆悬岩菊 ·····················戴善奎
乱世奇谈录 ···························甘 犁
金色的小花 ···························姜华令
钉子和锥子（外一篇） ···················胡秉宣
爱的祝愿 ····························忆明珠

乱弹
兔年文章虎年做 ·······················石 飞
黄金有价花无价 ·······················草 云
左宗棠留下的笑话 ·····················马布衣
张俞的导演术 ·························张志烈
远虑者的近忧 ·························叶 敏
关于来历、来头的杂说 ···················李克因
"据说"是个啥东西 ····················叶延滨
西南五省区作协分会联合举行竹海笔会
部分省市文学期刊编辑座谈会在四川举行

美术
夏木森森（国画） ·····················李文信
花鸟（国画） ·························李琼久
肖像二幅（油画） ·····················杨飞云
长江（油画） ·························项 纲

1986 年第 9 期　刊名:《现代作家》
目录

乱弹
想起了乌台诗案 ·······················牧 惠
"日若稽古" ·························楠 客
不算吃亏 ····························司徒伟智
人的"现代化" ························张宿宗
"上下画" ···························王 镛

生死沉浮纵横谈⋯⋯⋯⋯⋯⋯⋯⋯储瑞耕
"习惯动作"例话⋯⋯⋯⋯⋯⋯⋯⋯蓝锡麟

短篇小说
抢"龙头"⋯⋯⋯⋯⋯⋯⋯⋯⋯⋯尹　平
无韵的琴声⋯⋯⋯⋯⋯⋯⋯⋯⋯张　长
吉称⋯⋯⋯⋯⋯⋯⋯⋯⋯⋯⋯⋯贺先枣
古画发现者⋯⋯⋯⋯⋯⋯⋯⋯⋯少　匆
晚饭⋯⋯⋯⋯⋯⋯⋯⋯⋯⋯⋯⋯邓天抒
香港来信⋯⋯⋯⋯⋯⋯⋯⋯⋯⋯田　雨
关中风情⋯⋯⋯⋯⋯⋯⋯⋯⋯⋯李康美
小城跳起了迪斯科⋯⋯⋯⋯⋯⋯张　毅

中篇纪实小说
自由市场进行曲⋯⋯⋯⋯⋯⋯⋯邱成祐

讽刺小说
今日植树⋯⋯⋯⋯⋯⋯⋯⋯⋯⋯张建初

野草闲花
朱家泡菜⋯⋯⋯⋯⋯⋯⋯⋯⋯⋯克　非
青蛙博士⋯⋯⋯⋯⋯⋯⋯⋯⋯⋯薛贤荣
豆花哟豆花⋯⋯⋯⋯⋯⋯⋯⋯⋯赵晓玲
静夜遐思⋯⋯⋯⋯⋯⋯⋯⋯⋯⋯陈薇莉
情⋯⋯⋯⋯⋯⋯⋯⋯⋯⋯⋯⋯⋯张嘉慧

散文
蒙罗维亚散记——《西非萍踪》之一⋯里　辛
南京二题⋯⋯⋯⋯⋯⋯⋯⋯⋯⋯钟树梁
翠微岭下斑竹泉⋯⋯⋯⋯⋯⋯⋯周同宾
"石头王国"见闻⋯⋯⋯⋯⋯⋯⋯姚　枫

起跑线上
归宿（附评·小说）⋯⋯⋯⋯⋯⋯李晋西

美术
渔村景色（木刻）⋯⋯⋯⋯⋯⋯黄庭相
故乡风雨情（木刻）⋯⋯⋯⋯⋯黄庭相
大巴山的韵律（木刻）⋯⋯⋯⋯向思楼
山乡集市（木刻）⋯⋯⋯⋯⋯⋯陈铁泉
深秋（水粉画）⋯⋯⋯⋯⋯⋯⋯简崇志

短篇小说
态度明朗⋯⋯⋯⋯⋯⋯⋯⋯⋯⋯晋其炎
人狗瓜⋯⋯⋯⋯⋯⋯⋯⋯⋯⋯⋯王太吉
麻雀⋯⋯⋯⋯⋯⋯⋯⋯⋯⋯⋯⋯李建平
邮骡、邮骡⋯⋯⋯⋯⋯⋯⋯⋯⋯高建平
"太空对接"，失败！⋯⋯⋯⋯⋯东　君
泪痕，凝刻在荒原⋯⋯⋯⋯⋯⋯杨文环

报告文学
"男儿本自重横行"⋯⋯⋯⋯⋯⋯戴善奎

讽刺小说
他们都是为了我好⋯⋯⋯⋯⋯⋯侯黎风

乱弹
诸葛先生访问记⋯⋯⋯⋯⋯⋯⋯敏　烺
无所适从之苦⋯⋯⋯⋯⋯⋯⋯⋯秦　耕
闲话"过瘾"⋯⋯⋯⋯⋯⋯⋯⋯李克因
"阔"与"守"⋯⋯⋯⋯⋯⋯⋯⋯秦　海
说"失身"⋯⋯⋯⋯⋯⋯⋯⋯⋯谢　云
从大字报到小报告⋯⋯⋯⋯⋯⋯商子雍
《拔萝卜学》初探⋯⋯⋯⋯⋯⋯史　非

起跑线上
"行人靠右"⋯⋯⋯⋯⋯⋯⋯⋯⋯田文惠
（附评）生活的启示录⋯⋯⋯⋯刘中桥

散文
睢水的思念⋯⋯⋯⋯⋯⋯⋯⋯⋯邓仪中
圣地拉萨·八角街·我的神⋯⋯古子文
啊，大瀑布⋯⋯⋯⋯⋯⋯⋯⋯⋯曹伯炎
小洼子⋯⋯⋯⋯⋯⋯⋯⋯⋯⋯⋯蔡应律

野草闲花
从颂屁奇文看拍马效应⋯⋯⋯⋯石　飞
有这样一个院子⋯⋯⋯⋯⋯⋯⋯亦　可
猫们的会议（新寓言）⋯⋯⋯⋯张莫宗
驱蝶小记⋯⋯⋯⋯⋯⋯⋯⋯⋯⋯范昌灼
回天之力⋯⋯⋯⋯⋯⋯⋯⋯⋯⋯高　低

美术
穿插途中（木刻）⋯⋯⋯⋯⋯⋯阎循元
转战（木刻）⋯⋯⋯⋯⋯⋯⋯⋯陈马瑛
瓶花（油画）⋯⋯⋯⋯⋯⋯⋯⋯杜咏樵

1986 年第 10 期　刊名:《现代作家》

目录

中篇小说
鬼斧谷的秘密⋯⋯⋯⋯⋯⋯⋯⋯乔　瑜

1986 年第 11 期　刊名:《现代作家》
目录

短篇小说

麦场 ···················· 廖时香
乡村的西园 ···················· 脚　印
末流大学生 ···················· 项俊波
胖"乞丐" ···················· 骆　林
痴槐树 ···················· 费尽贤

中篇小说

暗流 ···················· 潘文伟
星星石 ···················· 李　贵

讽刺小说

圣公之筵 ······ 丘　山

报告文学

重返前线 ···················· 原　郁

乱弹

面子问题 ···················· 卢杨村
为民作主析 ···················· 王　吾
"让"字文章 ···················· 程仲英
说怕 ···················· 商子雍
卖汤元与做文章 ···················· 钟欣泰
白日说鬼 ···················· 智　云
梦的咏叹调 ···················· 马　可
敢为天下先 ···················· 楠　客
且说杂文"回娘家" ···················· 秦树艺

起跑线上

驾驶员进行曲（附短评） ···················· 刘　英

散文

痛悼白戈 ···················· 沙　汀
悼念任白戈同志 ···················· 艾　芜
桔乡行 ···················· 刘志安

野草闲花

黑与白 ···················· 李　门
热门货 ···················· 刘　军
代理家长 ···················· 罗太其
发现 ···················· 刘炳星

美术

月季（中国画） ···················· 程　青
鱼鹰图（中国画） ···················· 程　青

归牧（油画） ···················· 汪成一

1986 年第 12 期　刊名:《现代作家》
目录

短篇小说

山城掠影 ···················· 石厥仁
火 ···················· 胡永康
凌晨有地震 ···················· 栈　桥
新交女友 ···················· 张天鹏
牛奶场畅想曲 ···················· 罗合理

中篇小说

替身 ···················· 蔡应律　魏治祥
大路朝天 ···················· 礼　农

报告文学

扶桑人剪影 ···················· 吕　齐

乱弹

张恨水论高衙内 ···················· 虞　丹
父与子 ···················· 郭大东
连"小尾巴"也别留 ···················· 闻纪之
人也要有点阿Q精神 ···················· 盛祖宏
续书的遐想 ···················· 姚思源
苕干酒与老窖大曲 ···················· 王朝堂

散文

骆驼刺 ···················· 赵　橹
海峡两岸情相通 ···················· 凌文远
边境线上的"夜总会" ···················· 胡本常

野草闲花

唐僧肉 ···················· 秦加倪
可惜不是花衬衫 ···················· 傅振贻
要命的"假把戏" ···················· 莫欠恒
会灾 ···················· 姜胜群
和尚做广告 ···················· 吴凤珍

美术

白云深处（油画） ···················· 宋贤珍
于迟暮中崛起的一代（油画） ······ 吴之明　田大军
山城秋雨（油画） ···················· 杜咏樵

1987 年第 1 期　刊名：《现代作家》
目录

短篇小说

没有用的人的半生 .... 毛志成
麻烦事 .... 魏治祥
晨之雾 .... 曾宪国
咪咪 .... 赵麦岐
苦尽乐来 .... 朱健国

讽刺小说

五猪能人 .... 马识途

中篇小说

紊乱 .... 费　声

报告文学

鸽子花的梦 .... 谭　楷

散文

突围后的重逢 .... 李　累
老人与海 .... 阿　多

起跑线上

那年，我们十七岁（小说·附短评）............. 范丽华

乱弹

林冲的不幸与幸 .... 牧　惠
才大为何难为用 .... 王若谷
吃了葱蜜以后 .... 王　吾
为"匹夫"一辩 .... 汤中骥
龙蛇与蚓蚁 .... 宋志坚
论"先进的"犯罪分子 .... 盛尤志
"乘桴浮于海"与"出口转内销" .... 李晚成
应声虫论 ....（中国香港）寒山碧

野草闲花

小巷深深 .... 任宗景
斜风 .... 向志宏
"两点"的编制 .... 张嘉慧
养性 .... 高勇进
寓言两则 .... 薛贤荣

美术

血沃中原（版画）... 仲兴泉
龙虎居（版画）... 武海成
家住天府（版画）... 邹昌义
峡江（版画）... 邹昌义
风（版画）... 李毅力

1987 年第 2 期　刊名：《现代作家》
目录

检阅成绩，正视差距，振奋精神，开拓前进——中国
作家协会四川分会召开第三次会员代表大会
.... 本刊记者

短篇小说

环山的雪光 .... 阿　来
绿色的小屋 .... 王　火
白鹭·落叶 .... 石　定
如果梦是彩色的 .... 王蕴辉
旅游的故事 .... 庄增述
明月照深山 .... 谢功全

中篇小说

女人·男人·舢板船 .... 雁　宁

讽刺小说

不入党申请书 .... 马识途

散文

突围后的重逢 .... 李　累
巴蜀吟 ....[菲律宾] 黄春安

乱弹

二狗哲学 .... 鄢烈山
"伴饭"史话 .... 王　镛
乌鸦何以落在猪身上 .... 宋　坤
经与和尚 .... 秦　海
"耗子舔猫腚"析 .... 朱中儒
某某《辞师启事》并跋 .... 东方墨鸣
洋豆腐的波折 .... 商子雍
一窝蜂与八哥噪虎 .... 王若谷　胡绍君

起跑线上

路上谁家年少 .... 蒋玉平
（附评）一片芳心千万绪 .... 吟　子

野草闲花

李白写广告异议 .... 肖文苑
怪人 .... 丁贤友
海滨杂说 .... 刘　征
米兰 .... 候国鹏
顿悟 .... 阿　民

美术

一年之计在于春（木刻）························郑振强
晨鹭（木刻）····································黄庭相
牧羊女（油画）································全山石
夏日（油画）··································潘世勋
彝族小姑娘（中国画）························万一兵

1987 年第 3 期　刊名:《现代作家》
目录

短篇小说

石庙··陈文明
斯人奇事······································又　文
偏花儿··周永严
和谁一起看霞光································王安忆
燕子飞回来的时候······························杨美清
雨中··罗秀全
流萤点点······································廖继荣
林间小曲································（羌族）罗子岚

中篇小说

蝈鸣··江　兰

讽刺小说

钱迷的奇遇····································马识途

起跑线上

周老师塑像（小说·附短评）····················李准南

乱弹

文学的自由与功利······························刘　金
龟兔赛跑的另一种结局··························司徒伟智
主人翁的血是鲜红的····························王若谷
由唐僧取经受难想到的··························朱健国
赴宴意识流····································周声华
妒类··秦　耕
敲死人竹杠····································包立民
悄悄话··高志华

散文

北京随感······································李一安
蝗的葬礼······································沈　重
清江号子······································陈明云
酵母··高　光
香港街头拾零··································晓　林

野草闲花

习惯··侯黎风

圣梦··熊建成
慎重的会议····································胡旭东
行到转弯处····································廖梓容
错的，不是你们……····························张嘉慧
童年时候的事··································清　明

美术

山野之春（中国画）····························方济众
河边人家（中国画）····························石　壶
羊群（油画）··································汪诚一
雪（油画）····································张祖英
陌上春雨（中国画）····························周思聪

1987 年第 4 期　刊名:《现代作家》
目录

短篇小说

洪水··李新华
神鹿··陆大献
死魂··罗学蓬
天上人间······································林文询
小沙弥··黄石林
夜之声··箫　鸣
乡下婆婆······································傅小渝

中篇小说

盲马··武志刚

讽刺小说

钟懒王的酸甜苦辣······························马识途

野草闲花

迟到的"礼物"··································原　郁
猜猜看··司徒伟智
天黑黑··魏心宏
旅途草··文　铮

乱弹

语言艺术······································牧　惠
面对爱克司····································老　谭
过年话"桃符"··································石天河
"官衣难做"····································邵　源
当官难易说····································杨金邦
叶公、非相及其他······························叶　敏
蓝色之研究····································刚　建
"先锋"和"预哭"································王若谷

散文

秦川狂想曲 ———————————————— 吕红文
"矸石山"的联想（外一章）————————— 徐　康
人类守着这颗在深渊里运转的星球，迷惘地哭着
　　　　　　　　　　　　　　　　　　——— 廖亦武
撒网人 ————————————————————— 廖静仁
雕 ——————————————————————— 和　谷
川东沟初刻 ———————————————————— 爱　平

起跑线上

黑夜那边（小说·附短评）——————————— 曹文通

美术

巴山寻美（木刻）—————————————— 向思楼
蜀乡金秋（木刻）—————————————— 陈铁泉
牡丹（国画）————————————————— 周　新
花鸟（国画）————————————————— 周华君
秋运（水彩画）———————————————— 黄吟秋

1987 年第 5 期　刊名:《现代作家》
目录

短篇小说

你这个包工头 ———————————————— 邹世华
早晨七点他就来 ———————————————— 董川夫
回声 ————————————————————— 蔡应律
棺材 ————————————————————— 乐　陵
一支歌 ———————————————————— 傅　恒
但愿我们今后…… ——————————————— 彭启羽
大桥 ————————————————————— 易　光
鸭忌 ————————————————————— 林予一
小城怪杰 ——————————————————— 地　山
在公共汽车上 ———————————————— 胡　杰

中篇小说

夏天的炎热召唤我们进入荫影 ———————— 四　海

讽刺小说

风声 ————————————————————— 马识途

乱弹

祷告、忏悔、亏率学 ————————————— 吴　昊
英雄多磨难 —————————————————— 李晚成
"事必躬亲"析 ———————————————— 赵健生
从"昭君出塞"到"女士出洋" ——————— 王泽俊
且慢喝彩 ——————————————————— 于　棘
正"名" ——————————————————— 刘景清
深度 ————————————————————— 司徒伟智

浮名不可求 —————————————————— 寒山碧

散文

千岛湖风情 —————————————————— 尚　丁
二上竹山 ——————————————————— 唐大同
往事并非云烟 ———————————————— 萧　青

野草闲花

初为人父 ——————————————————— 袁永庆
江河思 ———————————————————— 程书仿
卖瓜的报告及批复 —————————————— 王　吾
标准答案 ——————————————————— 施晓宇
伤痛 ————————————————————— 杨雅都
海宁人与苏东坡打官司 ———————————— 许　寅
鱼们的二重唱 ——————————— ［新加坡］洪　生
寓言二则 ——————————————————— 薛贤荣

美术

捉 ——————————————————————— 杜应机
道路在脚下延伸（木刻）——————————— 郑振强
雪牧（水粉画）———————————————— 冯文彪
老槽（油画）——————————— 李东鸣　黄小铃
在小河那边（水粉画）————————————— 冯文彪

1987 年第 6 期　刊名:《现代作家》
目录

长篇报告文学

大江千古事
——长江漂流探险随队采访纪实 ——————— 戴善奎

讽刺小说

智者千虑 ——————————————————— 陈炳熙
我错在哪里 —————————————————— 马识途

乱弹

从出气到对话 ———————————————— 甘　犁
"陪"的闲话 ————————————————— 徐全利
伯乐与武大郎对话 —————————————— 苏天生
"口叫品"之类 ———————————————— 蓝锡麟
毕加索的启示 ———————————————— 何满子
击鼓传花 ——————————————————— 田　田
如此"审美判断" ——————————————— 一　石

散文

蓝天白云底下的十字架 ———————————— 赵鑫珊
蜈蚣苞 ———————————————————— 姜华令
人海茫茫 ——————————————————— 罗真良

会东二题 ———————— 傅　沉

美术
乐园（组画之一、二）———— 李　楠
川江放舟（中国画）———————— 杨建侯
农家小景（中国画）———————— 杨建侯
明珠（中国画）————————— 传　曦

1987 年第 7 期　刊名:《现代作家》
目录

短篇小说专号
普陀旧梦 ———————— 郑秉谦
被吻的西里娜 ———————— 薛尔康
空白的花环 ———————— 刘天立
荒草 ———————— 意西泽仁
心情 ———————— 牛俊才
白痴 ———————— 吴凤珍
最后一次社祭 ———————— 贺享雍
窟窿 ———————— 王生田
董行长 ———————— 魏治祥
会 ———————— 徐林森
背影 ———————— 佳　云
位置 ———————— 晓　佳
朋友再见 ———————— 余以建
儿马婆 ———————— 曾智中
风筝 ———————— 高建平
臭烈士（讽刺小说）———————— 马识途
他是谁?（翻译小说）
———— [民主德国] 库尔特·库森贝格　冯小虎译

美术
山泉（油墨画）———————— 黄兰仁
黎明（油墨画）———————— 黄兰仁
夏日（木刻）———————— 康　宁
鸣春（木刻）———————— 杜泉跃
牡丹（水彩画）———————— 陈培荣

1987 年第 8 期　刊名:《现代作家》
目录

乱弹
雅界俗风 ———————— 毛志成
保护动物协会之类 ———————— 牧　惠
也论雷峰塔的倒掉 ———————— 老　谭
便做"苍蝇"又何妨 ———————— 谢　云

谈"笑" ———————— 刘　征
媒妁的利和义 ———————— 张宿宗
办事员与"办事权" ———————— 刘秀品
香港的委屈 ———————— 闻　笛
"火焰"与"闲气" ———————— 符　江
"做戏"源流考 ———————— 仝中异
苏秦的嫂子 ———————— 商子雍

短篇小说
黑蜘蛛 ———————— 王树田
那个地方叫凉水井 ———————— 孟贤洲
西部的太阳 ———————— 王　跃
鸽子飞飞 ———————— 蒋　毅
细鳞滩 ———————— 王　庆
太阳鸟 ———————— 浩　岭

中篇小说
身世蚕眠话今昔 ———————— 履　冰

讽刺小说
典型迷 ———————— 马识途

起跑线上
深夜出走的女人（附短评）———— 史勤奋

野草闲花
神童的命运 ———————— 肖文苑
被淘汰的菊花 ———————— 星　梦
一次一次闭上口 ———————— 莫怀戚
寓言二则 ———————— 薛贤荣
电灯与粉墙 ———————— 胡　霆
静夜思絮二题 ———————— 文　铮
器官移植与"疑难病症" ———— 鲜　琦

散文
浣花雨后 ———————— 沈　重
在珠穆拉姆的一天一夜 ———————— 古子文
猎黄羊的故事 ———————— 胡其云
秋天印象 ———————— 韩　涛

美术
林溪 ———————— 陈马瑛
战斗 ———————— 周　明
采桑女 ———————— 吴君琪

1987 年第 9 期　刊名:《现代作家》
目录

短篇小说

高门槛·····································蒋　毅
石头风格·····································张　翼
老鄢·······································傅小渝
红柿·······································王克湘
拍竹琴的老妪·································胡太玉

中篇小说

旧年的血迹·····························（藏族）阿　来

纪实小说

远征祖拜尔沙漠·······························刘继安

讽刺小说

挑战·······································马识途

翻译小说

妈妈和房客
　　　　　　　[美]凯思琳·福布斯著　张声远译
葫芦舞之歌　　　　　　[韩]杨基一著　张声远译

乱弹

火后凉言·····································石天河
论秦书田的幽默·································鄢烈山
那么，我呢?·································司徒伟智
金钱，买卖及其他·······························草　云
"吃鲜"·····································沈　沉
闲话"记性"·································浦　江
"念白字"的研究·······························张安生

散文

油灯情·····································吕万成
过渡·······································陈明云
陵水渔滩·····································王维洲
帕特老师·····································沈海凝

野草闲花

路途上·····································蔡应律
希望的沉思·································徐南开
寓言二则·····································薛贤荣
关于酒的话题·································高志华
寻友启事·····································高　强
贡献·······································任健民

对话台

坦荡尤显阳刚美　喜怒哀乐出乎真
——关于报告文学《大江千古事》的回响

美术

草原印象（组画之一）·······························汪　奎
母女·······································汪　奎
红油伞——苗家风情·······························李毅力

1987 年第 10 期　刊名:《现代作家》
目录

短篇小说

鬼谷·······································嘎　子
已故雕刻家的妻子·······························杜清筠
人样·······································黄家刚
盼生贵子·····································王俊义
菩萨本无树·································李加建
门里和门外·································魏志远
军功章，军功章!····················王晓明　周兴智
冻冰灯·····································赵　剑
那玉姑娘·····································李　门

中篇小说

女人和黄昏·································蒋文中

讽刺小说

但愿明年不再见·································马识途

散文

陈翔鹤同志二三事·······························沙　汀
沙坪场口·····································陈　犀
炮火中的边寨·································王敦贤
生死场上的艺人·································庐　野
梦断马嵬春信远·································叶广岑

乱弹

关于清谈的清谈·································牧　惠
臭虫的本事、做派、为"虫"之道等等·········储瑞耕
"理解"的变态·································符　江
读报偶得·····································刘　思
"大题小作"·································殷小英
相信己自的眼睛·································朱健国
佩服之余的疑问·································一　石

小小说

愿望·······································周裕君
槐树落叶时·································张嘉慧

野草闲花

青诚山速写 ⋯⋯⋯⋯⋯⋯⋯⋯ 马及时
夏令营之路 ⋯⋯⋯⋯⋯⋯⋯⋯ 尹强儒
车夫和牛 ⋯⋯⋯⋯⋯⋯⋯⋯⋯ 晓 理
草尖上的露珠 ⋯⋯⋯⋯⋯⋯⋯ 流 逸

美术

剑门雄关（中国画）⋯⋯⋯⋯⋯ 黄 原
黄山（中国画）⋯⋯⋯⋯⋯⋯⋯ 黄 原
泽畔（水印木刻）⋯⋯⋯⋯⋯⋯ 张朝阳

1987 年第 11 期　刊名:《现代作家》
目录

中篇小说

颛顼氏族谱第 N 代补遗 ⋯⋯⋯⋯ 曾维洁

短篇小说

山吼（三题）⋯⋯⋯⋯⋯⋯⋯⋯ 高旭帆
稀疏勾勒的顽强生命（评论）⋯ 陈伯君
明天 ⋯⋯⋯⋯⋯⋯⋯⋯⋯⋯⋯ 武志刚
我和我的英语教师 ⋯⋯⋯⋯⋯ 黄一鸾
老假 ⋯⋯⋯⋯⋯⋯⋯⋯⋯⋯⋯ 梁沪生
郭家湾的子孙 ⋯⋯⋯⋯⋯⋯⋯ 贺享雍

讽刺小说

笑死人的故事 ⋯⋯⋯⋯⋯⋯⋯ 马识途

起跑线上

绝境 ⋯⋯⋯⋯⋯⋯⋯⋯⋯⋯⋯ 刘 挥

传记文学

五十四年香江梦　人生何处不相逢
　　——《艾芜传》第十四章 ⋯⋯ 廉正祥

散文

唱山歌的漆匠 ⋯⋯⋯⋯⋯⋯⋯ 向求纬
访竹者 ⋯⋯⋯⋯⋯⋯⋯⋯⋯⋯ 子 页
说马 ⋯⋯⋯⋯⋯⋯⋯⋯⋯⋯⋯ 张 放

小小说

输棋 ⋯⋯⋯⋯⋯⋯⋯⋯⋯⋯⋯ 东 林
邻居 ⋯⋯⋯⋯⋯⋯⋯⋯⋯⋯⋯ 袁永庆
我终于明白⋯⋯ ⋯⋯⋯⋯⋯⋯ 唐贵贤

乱弹

闲话"闲事" ⋯⋯⋯⋯⋯⋯⋯⋯ 公今度
"冲喜"之类 ⋯⋯⋯⋯⋯⋯⋯⋯ 文明照

正宗·嫡派 ⋯⋯⋯⋯⋯⋯⋯⋯⋯ 秦 海
中国人有敬官的传统吗 ⋯⋯⋯ 鄢烈山
"知羞"乱弹 ⋯⋯⋯⋯⋯⋯⋯⋯ 浦 江

野草闲花

小站 ⋯⋯⋯⋯⋯⋯⋯⋯⋯⋯⋯ 曹军庆
女性王国糖果会 ⋯⋯⋯⋯⋯⋯ 刘斌夫
踢飞的石头 ⋯⋯⋯⋯⋯⋯⋯⋯ 蒋 往

美术

湖畔（木刻）⋯⋯⋯⋯⋯⋯⋯⋯ 邹 卡
林溪（木刻）⋯⋯⋯⋯⋯⋯⋯⋯ 邹 卡
乡情（中国画）⋯⋯⋯⋯⋯⋯⋯ 李宝林

1987 年第 12 期　刊名:《现代作家》
目录

"中国潮"报告文学征文百家期刊联名启事

中篇小说

野草莓 ⋯⋯⋯⋯⋯⋯⋯⋯⋯⋯ 小 燏

短篇小说

失去的，原是不曾占有过的 ⋯⋯ 毛志成
浑疆 ⋯⋯⋯⋯⋯⋯⋯⋯⋯⋯⋯ 正 权
怪人 ⋯⋯⋯⋯⋯⋯⋯⋯⋯⋯⋯ 潘文伟
小说二题 ⋯⋯⋯⋯⋯⋯⋯⋯⋯ 林文询
毛桃儿 ⋯⋯⋯⋯⋯⋯⋯⋯⋯⋯ 梁 佳

讽刺小说

在欢送会上 ⋯⋯⋯⋯⋯⋯⋯⋯ 马识途

散文

西西里随笔 ⋯⋯⋯⋯⋯⋯⋯⋯ 叶延滨
杆子马 ⋯⋯⋯⋯⋯⋯⋯⋯⋯⋯ 阿拉坦托娅

乱弹

平反"贬值"观 ⋯⋯⋯⋯⋯⋯⋯ 司马真
劳而无功的考证 ⋯⋯⋯⋯⋯⋯ 刘 金
子不语怪 ⋯⋯⋯⋯⋯⋯⋯⋯⋯ 老 谭
佛像改造的联想 ⋯⋯⋯⋯⋯⋯ 谷 梁
另起一行 ⋯⋯⋯⋯⋯⋯⋯⋯⋯ 老 烈
不讲关系的关系学 ⋯⋯⋯⋯⋯ 曾伯融
也谈"笑" ⋯⋯⋯⋯⋯⋯⋯⋯⋯ 刘 思
咬、舔与拉车 ⋯⋯⋯⋯⋯⋯⋯ 高志华

报告文学

从南疆丛林到艺术殿堂 ⋯⋯⋯ 张小敏　秦 琳

小小说
月光奏鸣曲 ························ 侯黎凤
理解的礼物 ····· ［美］保尔·威里亚特 冯小虎译

野草闲花
日常手记（三则） ················ 楚 桑
神秘子丑时 ···················· 袁小虎
阳台盆花 ······················ 邓忠运

评论
从独特的角度观照社会人生
——读马识途的讽刺小说 ········ 陈朝红

美术
向往（油画） ·················· 陈可之
冬雾（水粉画） ················ 黄清安
高原雪（套色木刻） ······ 陈马瑛 能家海

1988 年第 1 期　刊名:《现代作家》
目录

短篇小说
一朵黑色的云 ·················· 周永年
奔马似的白色群山 ·········· （藏族）阿 来
告不害出洋（故事新编） ········ 刘 金
钟音 ·························· 谢 力
融融春雨 ······················ 汪介琦
殇 ···························· 吕 历
超级球迷杨三轶事 ·············· 蓝 艰
张贵贵 ························ 傅蜀亮
阿黛尔·博琳 ·················· 薛春建

中篇纪实文学
边城旧梦 ······················ 李伏伽

散文
山水吏民之间 ·················· 明 朗
话说蜃景 ······················ 扬 禾
白鹤 ·························· 魏长河
土林遐思 ······················ 范昌灼
小篷车 ························ 周 矢
醒来的银滩 ···················· 杨 彦

起跑线上
哪堪孤独（小说附评） ·········· 毛 毛

乱弹
太监与典签 ···················· 牧 惠

论追悔 ························ 储瑞耕
方玄绰的哲学 ·················· 杨学武
我们现在怎样学"叩头" ·········· 仝中异
怪招儿 ························ 商子雍
送礼"之理" ···················· 李 旭
"傅粉施朱"小议 ················ 浦 江
投鼠何须忌器 ·················· 王若谷
关于"充胖子" ·················· 吴 具
一波刚平一波又起 ·············· 盛祖宏
何须如此"排排坐" ·············· 吾 非

文苑纵横谈
说"光圈" ······················ 毛志成
见识"屙屎文学" ················ 公今度
文学岂可玩乎? ················ 赵 强

小小说
雪夜 ·························· 青 林
窗外，落叶萧萧 ················ 李森林
画圆 ·························· 王 方
国手 ·························· 鲁 旭
雨中 ·························· 刘国芳
错位 ·························· 曾黎明
"中国潮"报告文学征文百家期刊联名启事

美术
春满山村（水彩画） ············ 王润民
春夜（水彩画） ················ 王润民
阿妈的春天（石版画） ·········· 吕树中
山村牧歌（木刻） ·············· 杜卓跃
大江之晨（油画） ·············· 项 纲

1988 年第 2 期　刊名:《现代作家》
目录

短篇小说
请问芳名 ······················ 童江南
新住宅区第一坍塌楼 ············ 莫怀戚
小说三题 ······················ 赖俊文
穿山甲 ························ 阎国瑞
礼堂对面是教堂 ················ 文 兰
阿佤山上的"艾列巴巴" ·········· 张 长
雾漫鸡公梁 ···················· 华 东
老枪 ·························· 贾良柱
鼓点 ·························· 佳 云
厂长之死 ······················ 蔡应律
野吟 ·························· 吴翼民
楼上房，楼下房 ················ 开 愚

讽刺小说

赵公元帅 ································ 何国钧

中篇纪实文学

边城旧梦（续）····················· 李伏伽

野草闲花

战地舞场 ···························· 宛 凝
炮阵地夜歌 ·························· 赖 平
塞外新筝 ···························· 张际会
醉酒 ································ 舜 尧
关于根的遐思 ························ 储瑞耕
养"黄卫"拾趣 ······················ 吴高飞
座位 ································ 黄少烽
审查 ································ 罗太其
令行禁止 ···························· 喊 雷
寓言二则 ···························· 薛贤荣

美术

春天又来了（木刻）·················· 黄庭相
绿荫（木刻）························ 黄庭相
春韵（中国画）······················ 徐贤文
山水（中国画）······················ 徐贤文
石林探奇（水彩画）·················· 杨永福

1988年第3期 刊名:《现代作家》
目录

短篇小说

乌木胡琴 ···························· 廖时香
卓玛 ································ 王 江
巷道 ································ 苏 华
小说二题 ···························· 克 非
夏知了 ······························ 卢 郎
贵生与八妹 ·························· 傅 恒
古渡 ·························（土家族）陈庚发
半径 ································ 二 敏

中篇纪实文学

边城旧梦（续）····················· 李伏伽

报告文学

一个"为人作嫁"者的追求（洪波曲征文）···徐 康

散文

阳光和月光 ·························· 赵鑫珊
猫耳洞的欢笑 ························ 木 斧
马可·波罗的声音 ···················· 李存修

古树 ································ 吴建国
龚滩小镇 ···························· 杨爱平

乱弹

最低限速——一个新的开端 ·········· 甘 犁
龙之真传 ···························· 老 谭
秦桧只应跪岳飞 ······················ 牧 惠
"惑"的思索 ·························· 杨学武
人的属性杂扯 ························ 张宿宗
走出"官"圈 ························ 张雨生
杂谈狗性 ···························· 叶延滨
可怜的满足 ·························· 鄢烈山
且论"搔痒" ························ 向 弓
"包打听"之类 ······················ 刘 思
"变脸术"谈趣 ······················ 雪 汀
且说"以毒攻毒" ···················· 袁小虎

文苑纵横谈

"一"的杂感 ························ 余 歆
"有理不在声高"及其他 ·············· 李运抟

小小说

糊里糊涂 ···························· 青 林
最后一张牌 ·························· 杨 禾
万里走单骑 ·························· 黄晓萍
以人为镜 ···························· 郑利群
石匠的雕塑 ·························· 李淮南
改姓 ································ 夏春赋

美术

雨后行舟（中国画）·················· 刁锡锐
夏山图（中国画）···················· 刁锡锐
樱桃姑娘（版画）···················· 谢梓文
胖大嫂回娘家（剪纸）················ 谢梓文
剑门石笋（对印版画）················ 于成松

1988年第4期 刊名:《现代作家》
目录

中篇小说

在这偶然的机会里 ···················· 戴玉泉

短篇小说

短篇三题 ···························· 王俊义
翻过那架山 ·························· 邓仁宪
白塚 ································ 李一清
九叔成仙记 ·························· 萧蔓若
大楼旁的工棚 ························ 李朝华

丈夫死后的第一个梦…………………………师 帅

散文

梦床………………………………………………伊 人
石桥的记忆………………………………………沈 重
新泉（外三章）…………………………………伍权民
阳台三触…………………………………………江 漫

乱弹

熊掌、象鼻、龙凤汤尝后感……………………元 青
马儿啊，你还能跑多久…………………………盛祖宏
"炒年糕汤年糕"可以消气………………………许 寅
权力论……………………………………………储一天
进入角色…………………………………………周声华
魏延冤枉…………………………………………木 森
王国维的辫子……………………………………文明照
人画画和画画人…………………………………秦 海
重提"救救孩子"…………………………………曹亚瑟

文苑纵横谈

序陈小川杂文选…………………………………邵燕祥
谈谈痛苦，谈谈孤独……………………………何世平
年轻编辑的躁动…………………………………冉云飞

野草闲花

大雁塔前究鬼神…………………………………江 兰
烦恼里有美………………………………………肖文苑
秒针………………………………………………尚建国
试装………………………………………………罗真良
这办法妙…………………………………………张嘉慧
作协四川分会文学院函授招生启事
星星诗刊函授招生启事
简讯二则

美术

口哨（中国画）…………………………………邱笑秋
青城山下（中国画）……………………………程 青
踩波曲（木刻）…………………………………许钦松
绿色的厂区（木刻）……………………………郑振强
百合（水粉画）…………………………………简崇志

1988 年第 5 期　刊名：《现代作家》
目录

中篇小说

谜样的女人………………………………………潘文伟

短篇小说

受惑的行旅………………………………………金 平
未便公开的对话…………………………………曹布拉
哑人………………………………………………李加建
温和的阳光………………………………………隽 应
无名沟的隐秘……………………………（满族）关德全
耿团长……………………………………………罗国明

报告文学

萌芽颂"中国潮征文"……………………………吕 齐

散文

从欧洲带回来的故事……………………………刘立中
听听嘎云的乐音…………………………………方 赫
猜度荷花情………………………………………吴雪虹

评论

热情地拥抱现实　冷峻地直面人生……………陈伯君

乱弹

医生不该是稳婆…………………………………牧 惠
"蹭盘"的白鼠与人………………………………鄢烈山
"攘夷"集体无意识………………………………朱健国
耶稣变罗汉的启示………………………………王伯康
关于"云中君"……………………………………云中君
诊神经过敏衰弱综合症…………………………张安生
观云楼随笔………………………………………冯 昇
古今"玄乎套"乱弹………………………………石 飞
假如我买六碗饺子………………………………阿拉坦托娅
草船借"钱"………………………………………于国建
拈阄儿之外………………………………………吕建光
"征婚"的启示……………………………………陈礼荣

小小说

鸡的悲喜剧………………………………………李康美
挪位………………………………………………刘国芳
夏夜………………………………………………蔡应律

美术

奶场（水粉画）…………………………………咏 樵
静物（水粉画）…………………………………咏 樵
嘉陵江上（木刻）………………………………李 杰
农家（木刻）……………………………………李 杰
巴山雨后（中国画）……………………………刁锡锐

1988 年第 6 期　刊名:《现代作家》
目录

中篇小说

呵，传呼电话站的窗口……………………………管新生

短篇小说

辣椒酒………………………………………………董川夫
新闻科里的新闻……………………………………崔　桦
真情…………………………………………………又　文
骨肉…………………………………………………田　颉
啊！灯塔……………………………………………莫大祥
彩票带来的幸福
……………………［美］葛顿·加斯基尔著　冯小虎译

报告文学

海与潮………………………………………………魏继新
"鹌鹑王国"内幕……………………………………刘耀辉

乱弹

龙的杂话……………………………………………石天河
我的自由……………………………………………刘　思
主角配角须正位……………………………………云中君
名字这东西…………………………………………马　可
"背时"小议…………………………………………雪　汀
"赐以嘉名"…………………………………………傅书松
生命的危机…………………………………………刘万能
"小丫称大师"随想曲………………………………王若谷
出版落选作品选的启示……………………………焦仁贵
漫画的漫话………………………………………阿拉坦托娅
"保密"的妙用………………………………………秦　海
为"杞人忧天"一辩…………………………………秦　耕
饶命，阁下！………………………………………侯松峰
忍辱与名声…………………………………………浦　江
眼·自恨·遗恨………………………………………舒金河

野草闲花

老山红豆……………………………………………林　子
第六感觉告诉她……………………………………郑　飞
巷道………………………………………………俄木日格
钱菩萨………………………………………………一　石
梦之什………………………………………………文　铮
即墨笔记……………………………………………脚　印
迪斯尼画册…………………………………………黄　敏
小河静静地流………………………………………陈　铮
林中的声音（外一章）……………………………白　峡
寓言之则……………………………………………薛贤荣

美术

春天的脚步（木刻）………………………………郑振强
鱼鹰（木刻）………………………………………杜应机
线（水粉画）………………………………………成泽文
东河薄雾（油画）…………………………………邹延白
旷野的阳光（泼彩）………………………………成泽文

1988 年第 7 期　刊名:《现代作家》
目录

作协四川分会文学院《现代作家》编辑部邛海笔会
小说专号

中篇小说

龋齿…………………………………………………牛俊才

短篇小说

孤狼…………………………………………………陈文明
底座…………………………………………………廖时香
白马非马……………………………………………郁小萍
"先锋"………………………………………………郁小萍
守灵夜……………………………………（藏族）阿　来
尤股长………………………………………………蔡应律
真金…………………………………………………刘继安
船偷儿………………………………………………王旭鸣
踩在格林威治子午线上……………………………苏　渝
悠悠茉莉……………………………………………傅　恒
沉默的小溪…………………………………………韩　蓁
诚实…………………………………………………牛俊才

小小说

红绿灯效应…………………………………………强　儒

评论

零余散墨化波澜
　　——读牛俊才《龋齿》等小说…………………刘中桥
关于命运的悲歌
　　——读阿来《守灵夜》等小说…………………刘中桥

美术

窗外的云（版画）…………………………………甘庭俭
天地（版画）………………………………………甘庭俭
白马（油画）………………………………………曹　阳
秋天的回忆（油画）………………………………唐　雯
船（油画）…………………………………………唐　雯

1988 年第 8 期　刊名：《现代作家》
目录

解放思想　拥抱现实
讴歌时代　直面人生
"中国潮"报告文学征文专辑

长篇报告文学
西天一柱 .... 周　纲

1988 年第 9 期　刊名：《现代作家》
目录

短篇小说
小说二题 .... 施　放
最后一片净土 .... 张世俊
官渡 .... 姜　滇
菊花酒 .... 周　熠
口袋 .... 宋学镰
流浪汉剪影 .... 任宗景
灿然一笑 .... 商　欣
老兵 .... 刘　挥

讽刺小说
禁令 .... 野　莽

乱弹
挂历·历日与书帕之类 .... 牧　惠
奢侈浪费随感 .... 何　亮
幼树为何扭曲 .... 高　光
书道·人道·正道 .... 公今度
现实与童话 .... 冯　异
学校·陵墓·寺庙 .... 秦　海
论"无才便是德" .... 张安生

文苑纵横谈
"性潮"的联想 .... 一　石
从戴厚英驳"著名汉学家"说起 .... 兢　克
减少历史局限之说 .... 李恩柱

报告文学
东方魂 .... 原　郁
"东风"泪 .... 何佑仁
药材王升降浮沉记 .... 徐伯荣

散文
边缘情 .... 张美华
夏月 .... 竹　子

北茔 .... 周同宾
到尼玛去 .... 沈小兵
赞比亚见闻（二则） .... 李宗明

小小说
老龙山有块大青石 .... 王志伟
苦情 .... 周兴智
永远 .... 喻耀辉
变 .... 刘国芳
电话 .... 赵韩德
追悼会 .... 邢　可

美术
飞吧我的鸽子（版画） .... 熊家海
山乡（版画） .... 邹昌义

1988 年第 10 期　刊名：《现代作家》
目录

四川青年作家十人小说专号
莫怀戚中篇小说
枪口下盲目的亨德尔 .... 莫怀戚
评论：生活中的颤音 .... 何世平

高旭帆短篇小说三题
八公 .... 高旭帆
孽种 .... 高旭帆
强盗 .... 高旭帆

张放短篇小说二题
处子 .... 张　放
屠夫 .... 张　放

阿来短篇小说
奥帕拉 .... 阿　来

乐陵短篇小说三题
钓鱼 .... 乐　陵
卖艺 .... 乐　陵
炮子 .... 乐　陵

李晋西短篇小说
铜铃 .... 李晋西

亚宁短篇小说
白木屋 .... 亚　宁

王安忆短篇小说二题
春日迟迟 .... 王安忆

与母偕行 ················王安忆

嘎子短篇小说

靴底 ················嘎 子

张加百短篇小说

微笑的小女孩 ················张加百
评论：一种读解 ················赵 智

美术

天竹（中国画） ················黄雨岩
果蔬图（中国画） ················黄雨岩

1988 年第 11 期　刊名：《现代作家》
目录

短篇小说

套子·大人的童话·孩子的太阳 ················武志刚
震惊 ················廖时香
峡女 ················肖体高
人与物二题 ················黄立宇
风雨兼程 ················黑 孩
展开的脑袋 ················王 梓
路碑 ················（土家族）任光明
饕餮 ················李乔亚 魏长河
天意 ················侯国鹏

乱弹

"野无遗贤"辨 ················刘 征
读书随笔二则 ················木 森
闲话"官"与"商" ················雪 汀
包厂长变成孙厂长 ················兢 克
"我的同学……" ················元 惠
带"长"的钱值钱 ················张雨生
火锅等级考 ················老 谭

文苑纵横谈

亦"纵"亦"横"见功力 ················毛志成
关于"笔"与"剑"的杂想 ················李运抟

散文

多伦多的夏天 ················刘心慧
家书 ················[美]赵曼燕
叫天子 ················丁 一
巴山行（二章） ················赵 敏

报告文学

绝处逢生非侥幸
——绵阳市新皂化工总厂厂长 ········蒋 毅 商 欣

野草闲花

拆"钱" ················赖富什
即墨笔记 ················脚 印
黄油点心和结婚礼服 ················崔永刚
奶奶 ················车兴明
"幸福""沧桑" ················李永庚
棉裤 ················张 炜
履迹偶拾录 ················杜 鸣

作品评论

面对人生难题
——读武志刚的一组小说 ················刘中桥

文讯

改革开放的颂歌　诗情洋溢的长卷——长篇报告文学
《西天一柱》两次座谈会纪要 ················本刊记者
前程艰险　未敢却步
——本刊编者答读者问
本刊将继续举办"中国潮"报告文学征文

美术

祖国处处是我家（木刻） ················葛振纲
家园（木刻） ················向思楼
听泉（中国画） ················刘 蔚
猫（中国画） ················张光海
海棠（中国画） ················石 壶

1988 年第 12 期　刊名：《现代作家》
目录

短篇小说

呼噜 ················熊 也
月光中有棵树 ················费尽贤
入乡随俗 ················杜诗筠
骚动的太阳 ················杨蔚冬
选秘书的风波 ················达 人
死井 ················戴玉泉
蓝木匠 ················王俊义

乱弹

人情味的虎 ················牧 惠
牧、父母官、公仆及其他 ················雪 汀
"拍"公自辩 ················苏天生
"孝"为百行之先 ················仝中异

魏阉生祠与东坡读书楼⋯⋯⋯⋯⋯鄢烈山
我的失落感⋯⋯⋯⋯⋯⋯⋯⋯⋯盛祖宏
爱心受困⋯⋯⋯⋯⋯⋯⋯⋯⋯华培明
"捉刀"小札⋯⋯⋯⋯⋯⋯⋯⋯丹　赤

文苑纵横谈
胡风现象随想⋯⋯⋯⋯⋯⋯⋯⋯高　光
对《偶感》的偶感⋯⋯⋯⋯⋯⋯兢　克
《启示》的启示⋯⋯⋯⋯⋯⋯⋯刘　征

报告文学
起于沉寂展风华
——记农民企业家陈家武和他的伙伴们　落　莎
尤赛琴畅想曲
——一个企业家对《心理学》的应用　李树海

散文
北国忆旧⋯⋯⋯⋯⋯⋯⋯⋯⋯胡其云
钟⋯⋯⋯⋯⋯⋯⋯⋯⋯⋯⋯吴凤珍
国境线上的黄昏⋯⋯⋯⋯⋯⋯刘德鑫
乌江的春⋯⋯⋯⋯⋯⋯（苗族）吴建国

评论
改革开拓的壮阔画卷——《西天一柱》序⋯⋯⋯韶　华

小小说
歌唱，然后呜咽⋯⋯⋯⋯⋯⋯尚建国
色彩⋯⋯⋯⋯⋯⋯⋯⋯⋯⋯刘国芳
红裙子⋯⋯⋯⋯⋯⋯⋯⋯⋯刘国芳
半粒红磷⋯⋯⋯⋯⋯⋯⋯⋯张　旭
放水⋯⋯⋯⋯⋯⋯⋯⋯⋯⋯戴　岱
我省文学"双奖"评选揭晓（文讯）

美术
渡（水粉画）⋯⋯⋯⋯⋯⋯⋯许世虎
嘉陵江（水彩画）⋯⋯⋯⋯⋯金立德

短篇小说
村长三记⋯⋯⋯⋯⋯⋯⋯⋯贺享雍
我与太阳与蚂蚁的追逐⋯⋯⋯刘恒志
山吼⋯⋯⋯⋯⋯⋯⋯⋯⋯⋯高旭帆
浴室⋯⋯⋯⋯⋯⋯⋯⋯⋯⋯蔡应律
良娟⋯⋯⋯⋯⋯⋯⋯⋯⋯⋯阿　成
一个上午的人生轶事⋯⋯⋯⋯黑　子
痉挛⋯⋯⋯⋯⋯⋯⋯⋯⋯⋯董晓敏

乱弹
清廉学发微⋯⋯⋯⋯⋯⋯⋯⋯石天河
理论在反思⋯⋯⋯⋯⋯⋯⋯⋯何　亮
烤鸭的片数与凌迟的刀数⋯⋯牧　惠
"政策和对策"一例⋯⋯⋯⋯⋯兢　克
墓碑文的困惑⋯⋯⋯⋯⋯⋯⋯秦　海
李煜的悲剧⋯⋯⋯⋯⋯⋯⋯李　旭
"分名额"拾趣⋯⋯⋯⋯⋯⋯⋯陈俊明

文苑纵横谈
文与药错位乱弹症⋯⋯⋯⋯⋯遥　攀
牢骚与烦恼⋯⋯⋯⋯⋯⋯⋯公今度

散文
诗人漫画廊（二章）⋯⋯⋯⋯子　页
我记得⋯⋯⋯⋯⋯⋯⋯⋯⋯许　淇
巴山志异⋯⋯⋯⋯⋯⋯⋯⋯曾伯炎
吃鱼⋯⋯⋯⋯⋯⋯⋯⋯⋯⋯肖文苑

小小说
荒唐⋯⋯⋯⋯⋯⋯⋯⋯⋯⋯刘国芳
活灵魂⋯⋯⋯⋯⋯⋯⋯⋯⋯文　绯
路标⋯⋯⋯⋯⋯⋯⋯⋯⋯⋯童江虹
江桥之夜⋯⋯⋯⋯⋯⋯⋯⋯陈　铮
观音岩下的磨房⋯⋯⋯⋯⋯马尚平

美术
巴山晨曦（水彩画）⋯⋯⋯⋯李德清
黄山小景（水彩画）⋯⋯⋯⋯李德清

1989 年第 1 期　刊名:《现代作家》
目录

四川郭沫若文学奖暨四川文学奖
（1981—1987）获奖名单

报告文学
脊梁（"中国潮"报告文学征文）⋯⋯彭　辉　陈道熙

中篇小说
丙辰龙年记事⋯⋯⋯⋯⋯⋯⋯武志刚

1989 年第 2 期　刊名:《现代作家》
目录

报告文学
多情的土地（"中国潮"报告文学征文）⋯⋯黄　敏

短篇小说
你有多少聚 m 烯我都要⋯⋯⋯谈　歌
苟家湾纪事⋯⋯⋯⋯⋯⋯⋯李康美

不虚此行 —————————————— 履　冰
哦，女人 —————————————— 冷　华
孤烟 ———————————————— 延　青
朋友 ———————————————— 孙惠芬
惶恐 ———————————————— 蒋亚林
太极精义 —————————————— 凌　寒

乱弹
口号杂谈 —————————————— 牧　惠
中国人会骂 ————————————— 戴厚英
名师与高徒 ————————————— 叶延滨
看"新闻联播" ———————————— 袁永庆
硬写一则 —————————————— 鄢烈山
门边解字 —————————————— 老　谭
伟哉！"下不为例" —————————— 石天河
语言易位论 ————————————— 储一天
阿Q阔了以后 ———————————— 浦　江
关于"死"的问题 —————————— 王建章
向谁"表忠"？ ———————————— 周声华

散文
绚烂的大自然的镜子 ————————— 郑秉谦
家的留念 —————————————— 王安忆
醉眼看灯南山（外一篇） ————————庐　野
夜渔 ———————————————— 犁　人
亚克西，师傅！ ——————————— 傅天琳

讽刺小说
五支烟 ———————————————— 汪宛夫

翻译小说
最危险的比赛 ——— [美]理查德·坎内尔　冯小虎译
过桥 ——————— [英]格雷厄母·格林　王荣生译

美术
高山人家（中国画） ————————— 程　青
山乡春色（中国画） ————————— 程　青

1989 年第 3 期　刊名:《现代作家》
目录

中篇小说
舟骨脱臼 —————————————— 易　丹

短篇小说
靓女 ———————————————— 高尔品
风头人物 —————————————— 曹布拉
小说二题 —————————————— 吴翼民

中奖 ———————————————— 潘文伟
无标题"小夜曲" ——————————— 严歌平
零点货车 —————————————— 蒋松鹤
不明所以（三题） —————————— 东　林
儿女情 ———————————————— 罗真良

报告文学
想起了拿破仑和他的士兵（"中国潮"报告文学征文）
—————————————————— 汪介琦
沱江边的一颗明珠（"中国潮"报告文学征文）
——————————————— 邹世均　黎　勇

散文
嫉妒 ———————————————— 里　遥
吃肉 ———————————————— 张　放
峨眉梦云 —————————————— 池　刚
狗眼看人低 ————————————— 阿拉坦托娅
亦是情浓 —————————————— 王渝文
花花和她的女儿 ——————————— 张本聪

文苑纵横谈
小说的韵味 ————————————— 张曰凯
还历史真相与"修史" ———————— 甲　乙
值得深思的"反差" —————————— 王若谷

乱弹
且说"我想坐牢也不成" ——————— 鄢烈山
"人均意识"谈 ———————————— 张雨生
人会变成猴子吗 ——————————— 王祖祥
话说"说话" ————————————— 秦　海
孤独者 ——————————————— 李恩柱
"大多数"与"一小撮" ——————— 丰　光
奶牛给蜂王让路 ——————————— 游　宇
李鸿章了不起 ————————————— 刘　累

美术
高松棲禽（中国画） ————————— 建　文
葫芦（中国画） ——————————— 建　文
农舍（中国画） ——————————— 周月良
清江放舟（中国画） ————————— 周月良
红梅（中国画） ——————————— 越　平

1989 年第 4 期　刊名:《现代作家》
目录

中篇小说
阿波罗神庙的墙 ——————————— 牛俊才

短篇小说

饥饿年代的故事（二题）........................王 沛

情丝（二题）................................裴山山

天机......................................季 宇

山的渴望..................................张 长

不诚实的男人..............................童江南

秘方......................................赵剑平

诗人......................................王 庆

青铜......................................江 兰

故事新编

反"痴梦"..................................刘 金

讽刺小说

老大嫁作商人妇............................陈炳熙

智慧果....................................李茂询

乱弹

理论"倒爷"................................牧 惠

我不懂这个"不厚道的含意"..................鄢烈山

说一说"一"................................元 青

观云楼再笔................................冯 昇

民主......................................木 森

"坐着的皇帝"和"站着的皇帝"................汪义群

说"匹夫有责"..............................秦 耕

"说做"哲学................................杨国胜

生活三题及评点............................吾 非

报告文学

方寸之间的奉献

——记集邮家赵恕中........................廖崇新

美术

中国历代诗家图卷（中国画）................李俊琪

旺（木刻）................................杨国海

古城放晴（木版水印）......................沈民义

长江三峡（油画）..........................王 路

1989 年第 5 期　刊名:《现代作家》

目录

中篇小说

茶道......................................高旭帆

女部长和她周围的人们……..................崔 桦

短篇小说

苹果村....................................刘江榕

火鼠......................................武志刚

狡黠......................................李忠效

影子......................................夏 天

需要......................................吕建光

讽刺小说

惊雷....................................（蒙古族）伊德尔夫

散文

以花为题（三章）..........................许 淇

我珍惜这痛楚..............................字 心

晨钟暮鼓录（二章）........................何 洁

秋天的伤逝................................梁 平

文苑纵横谈

文学与猎奇................................何满子

唉！"行为艺术"............................公今度

乱弹

年轻的冰心................................刘万能

柏杨来过大陆么？..........................莫欠恒

文学家的后代..............................肖文苑

磨洗陈世美................................张宿宗

为屈原辩诬................................鄢烈山

关于关羽..................................木 森

说鸡道狗..................................陈述康

读张宁回忆的感慨..........................秦 海

电子探心仪................................储一天

美术

野山（木刻）..............................邹昌义

迎春曲（木刻）............................邹昌义

1989 年第 6 期　刊名:《现代作家》

目录

中篇小说

梦之船....................................周永年

迷惘的炎夏..............................（苗族）第代着冬

短篇小说

寂寞绿葱岭................................刘 恪

何名......................................亚 宁

麒麟......................................易 光

凤愿......................................马建初

袁龙醉酒..................................李小佩

报告文学

一个农民的命运变奏

——成都市金牛区自强综合养殖场纪实⋯⋯⋯汪介琦

散文

不落的生命之帆⋯⋯⋯⋯⋯⋯⋯⋯⋯⋯金 平
太阳没有说过⋯⋯⋯⋯⋯⋯⋯⋯⋯⋯⋯眉 地
乡情的昼与夜⋯⋯⋯⋯⋯⋯⋯⋯⋯⋯⋯鄢烈山
姐姐的小阁楼⋯⋯⋯⋯⋯⋯⋯⋯⋯⋯⋯里 遥
遭挤压的红枣⋯⋯⋯⋯⋯⋯⋯⋯⋯⋯⋯刘德鑫
归来⋯⋯⋯⋯⋯⋯⋯⋯⋯⋯⋯⋯⋯⋯⋯银 子

乱弹

群体的可悲与个体的咎责⋯⋯⋯⋯⋯⋯李运抟
国民性二题⋯⋯⋯⋯⋯⋯⋯⋯⋯⋯⋯⋯曹亚瑟
说"忍"⋯⋯⋯⋯⋯⋯⋯⋯⋯⋯⋯⋯⋯冯 昪
假的魅力⋯⋯⋯⋯⋯⋯⋯⋯⋯⋯⋯⋯⋯浦 江
难得不糊涂⋯⋯⋯⋯⋯⋯⋯⋯⋯⋯⋯⋯于 嗟
杂感二题⋯⋯⋯⋯⋯⋯⋯⋯⋯⋯⋯⋯⋯陈俊明
壮士耻为儒⋯⋯⋯⋯⋯⋯⋯⋯⋯⋯⋯⋯肖文苑
得志小人自白⋯⋯⋯⋯⋯⋯⋯⋯⋯⋯⋯刘成信

文苑纵横谈

关于题材选择取向的对话
——并对一种文学现象的质疑⋯⋯⋯⋯刘 火
杂文的锣鼓⋯⋯⋯⋯⋯⋯⋯⋯⋯⋯⋯⋯吴远度

美术

牧童（木刻）⋯⋯⋯⋯⋯⋯⋯⋯⋯⋯⋯杜应机
补网（木刻）⋯⋯⋯⋯⋯⋯⋯⋯⋯⋯⋯黄庭相
云海（水粉画）⋯⋯⋯⋯⋯⋯⋯⋯⋯⋯许世虎
峨眉一线天（水彩画）⋯⋯⋯⋯⋯⋯⋯王培秋
芳草（水印木刻）⋯⋯⋯⋯⋯⋯⋯⋯⋯张朝阳

1989 年第 7 期　刊名：《现代作家》
目录

中篇小说

机关临客⋯⋯⋯⋯⋯⋯⋯⋯⋯⋯⋯⋯⋯姜 汤
被出卖的夏天⋯⋯⋯⋯⋯⋯⋯⋯⋯⋯⋯陆大献

短篇小说

淹亡⋯⋯⋯⋯⋯⋯⋯⋯⋯⋯⋯⋯⋯⋯⋯施 放
生活的事实和哲学怪圈⋯⋯⋯⋯⋯⋯⋯潘文伟
乌江的故事（二题）⋯⋯⋯⋯⋯⋯⋯⋯易 光
面具⋯⋯⋯[德]马克斯·封·德尔格吕恩　冯小虎译

报告文学

商贾风流（"中国潮"报告文学征文）⋯⋯李树海

乱弹

老谭杂文三题⋯⋯⋯⋯⋯⋯⋯⋯⋯⋯⋯老 谭
一位弃学经商者的醉后自白⋯⋯⋯⋯⋯陈昌文
请勿扯淡⋯⋯⋯⋯⋯⋯⋯⋯⋯⋯⋯⋯⋯石天河
薛宝钗献策记⋯⋯⋯⋯⋯⋯⋯⋯⋯⋯⋯黄一龙
小议"家本位"⋯⋯⋯⋯⋯⋯⋯⋯⋯⋯仝中昇
口味与口味的变异及其他⋯⋯⋯⋯⋯⋯张 烽
"掌声"断想⋯⋯⋯⋯⋯⋯⋯⋯⋯⋯⋯朱铁志
火锅老板的心声⋯⋯⋯⋯⋯⋯⋯⋯⋯⋯毛锡茂
狼"可爱"吗⋯⋯⋯⋯⋯⋯⋯⋯⋯⋯⋯杨学武

散文

大钟浪漫曲⋯⋯⋯⋯⋯⋯⋯⋯⋯⋯⋯⋯吕红文
让我们读自己（五章）⋯⋯⋯⋯⋯⋯⋯韩新东
旅途⋯⋯⋯⋯⋯⋯⋯⋯⋯⋯⋯⋯⋯⋯⋯冉 冉
苍茫时分⋯⋯⋯⋯⋯⋯⋯⋯⋯⋯⋯⋯⋯刘晓竹
月夜泛舟千岛湖⋯⋯⋯⋯⋯⋯⋯⋯⋯⋯许 寅

文讯

"恐龙之乡"出新人⋯⋯⋯⋯⋯⋯⋯⋯本刊记者

美术

悄悄话（水粉画）⋯⋯⋯⋯⋯李东鸣　黄小玲
湖塘之夏（水粉画）⋯⋯⋯⋯⋯⋯⋯⋯杜咏樵
雪山汲水（油画）⋯⋯⋯⋯⋯⋯⋯⋯⋯张华清
小溪（油画）⋯⋯⋯⋯⋯⋯⋯⋯⋯⋯⋯项 纲
喇叭花（中国画）⋯⋯⋯⋯⋯⋯⋯⋯⋯毛钧光

1989 年第 8 期　刊名：《现代作家》
目录

报告文学

重庆人，霸道（"中国潮"报告文学征文）⋯⋯姚咏絮
灵泉喷涌化琼浆（"中国潮"报告文学征文）
⋯⋯⋯⋯⋯⋯⋯⋯⋯⋯⋯⋯⋯⋯⋯⋯黄少烽

短篇小说

过年——崩岭山纪事之五⋯⋯⋯⋯⋯⋯高旭帆
饥饿年代的故事（二题）⋯⋯⋯⋯⋯⋯王 沛
说清⋯⋯⋯⋯⋯⋯⋯⋯⋯⋯⋯⋯⋯⋯⋯野 莽
何时是了⋯⋯⋯⋯⋯⋯⋯⋯⋯⋯⋯⋯⋯晏明光
圣狗⋯⋯⋯⋯⋯⋯⋯⋯⋯⋯⋯⋯⋯⋯⋯曹德权
荒夜⋯⋯⋯⋯⋯⋯⋯⋯⋯⋯⋯⋯⋯⋯⋯阿 昆
狗祸⋯⋯⋯⋯⋯⋯⋯⋯⋯⋯⋯⋯⋯⋯⋯麦大松

小说短章

爱情蒙太奇⋯⋯⋯⋯⋯⋯⋯⋯⋯⋯⋯⋯杨 橡
桎梏⋯⋯⋯⋯⋯⋯⋯⋯⋯⋯⋯⋯⋯⋯⋯杨 橡

临证偶录 ……………………………… 钟少曦
活丧 ………………………………… 李一清
守工地的老人 …………………………… 刘光元
功夫茶 ……………………………………… 晓 平

乱弹

我吃掉和平斯帕尔洛 …………………… 遥 攀
锯箭法新章 ……………………………… 牧 惠
官的肥饱闲乐与民的瘦饥忙苦 ………… 商子雍
陆细其人 ………………………………… 宋志坚
闲话"丑闻" ……………………………… 刘 思
"二十四孝"引出的话 …………………… 木 森
一篇参赛稿的诞生 ……………………… 高志华
《糊涂学论稿》代序 …………………… 向 弓
"看不起"哲学 …………………………… 李恩柱
我就是我
——代麋鹿申辩 ……………………… 施建石

散文

临邛之恋 ………………………………… 唐大同
北海融冰 ………………………………… 邓 杰
飘不走的气球 …………………………… 王渝文
相遇 ……………………………………… 柯愈勋
米亭子 …………………………………… 冯 昪
出嫁泪 …………………………………… 肖文苑
生活并不全是诗篇 ……………………… 王若谷
野刺榴 …………………………………… 刘良群
远离嚣尘 ………………………………… 吴建国

文讯

本刊第九期将隆重推出向国庆 40 周年献礼作品

美术

绿色大地（木刻）………………………… 康 宁
白马（木刻）……………………………… 康 宁

1989 年第 9 期　刊名:《现代作家》
目录

向国庆 40 周年献礼

长篇报告文学

支呷阿诺的子孙们（"中国潮"报告文学征文）
………………………………………………… 周 纲

短篇报告文学

西昌升起中国星（"中国潮"报告文学征文）
………………………………………………… 李鸣生

短篇小说

回水沱·劫数——小说二题 …………… 傅 恒
花圈·唁电——小说二题 ……………… 彭荆风
迷离，杜鹃 ……………………………… 丘 山
我保证你快乐 …………………………… 爱 平

乱弹

天才之死 ………………………………… 吴雪虹
谈习非成是 ……………………………… 石天河
"现声拍板"少点为妙 …………………… 老 谭
生儿不用识文字 ………………………… 肖文苑
语言的"药用"价值 …………………… 傅书松
正比例与糊涂账 ………………………… 朽 木
小论二题 ………………………………… 冯 昪

文讯

交流学习四中全会精神体会
探讨繁荣社会主义文学途径 …………… 本刊记者

1989 年第 10 期　刊名:《现代作家》
目录

报告文学

众志成城 ………… 周钰樵　常宏元　姚文龙

中篇小说

鱼 ……………………………… （藏族）阿 来

短篇小说

道一声珍重 ……………………………… 蒋小堂
"圣地"纪事 ……………………………… 邓仁安
线条 ……………………………………… 刘江榕
无罪的凶手 ……………………………… 张 重
换一种说法 ……………………………… 王安林

小说短章

存在 ……………………………………… 刘国芳
也会脸红 ………………………………… 刘国芳
三姐 ……………………………………… 徐南开
蚁之战 …………………………………… 陈望尘
梦 ………………………………………… 鸽 子

散文

我与我的母语汉语 ……………………… 赵鑫珊
梅绍静散文三题 ………………………… 梅绍静
（一）留得残荷听雨声
（二）真委曲
（三）小小的我

乱弹

博士论文提纲摘要 ················· 仝中异
外国人与中国事 ················· 司徒伟智
释"昏" ······················· 冯 异
胜地感赋 ······················ 陈俊明
阿Q给杂文作者们的公开信 ········ 杨学武
诗途 ························· 肖文苑

文苑纵横谈

"轰动效应"衰落谈 ················· 毛志成
我怎样写杂文 ··················· 盛祖宏
本刊恢复诗歌栏目启事

1989 年第 11 期　刊名:《现代作家》

目录

报告文学

在山崩水狂的川东 ··········· 池正坤　陆大献
青山依在 ················· 方 泉　侯长栩
"我是斗争好儿郎" ················· 大 漠

中篇小说

无主导驱动 ··················· 莫怀戚

短篇小说

怪雾罩 ······················ 费尽贤
梨园人物（三题） ··············· 吴翼民
国差 ························· 赖俊文
一朵溜溜的云哟 ················· 吕红文
村学拾遗 ····················· 胡永康
请原谅我们 ·········· [苏] 邦达列夫著　袁应军译

乱弹

文化圈之流氓意识 ················ 林 南
"利令智昏"古今谈 ················ 毛书征
"余热"的贬值 ················· 张雨生
价值取向漫谈 ··················· 李伏伽
一种默无声息的悲剧 ·············· 李恩柱
关于女人 ····················· 冯 异
搔背图 ······················ 肖文苑

散文

落伍者 ······················ 木 斧
随笔三题 ····················· 何之衰

故乡的路 ····················· 杨 山
我和他的歌 ···················· 陈晓霞
俱怀逸兴壮思飞
——本刊编者就明年刊物改进的设想答读者问

美术

少女（油画） ··················· 黄振国
版纳风光（油画） ················ 黎冰鸿
晨曲（塑料版刻） ················ 郑振强
复苏（木刻） ··················· 向思楼
红云（中国画） ················· 黄同江

1989 年第 12 期　刊名:《现代作家》

目录

长江小说笔会专号

陷阱里的太阳 ··················· 李乔亚
滚烫的禾苗 ···················· 高旭帆
魂兮不归 ····················· 戴善奎
金子 ····················· （藏族）阿 来
守山 ······················· 刘继安
夜色如水 ····················· 郁小萍
真味 ························ 武志刚
无字碑 ······················ 王旭鸣
恐惧 ························ 王 庆
聂非也即雷虾那令人不解的日子 ········ 潘文伟
小城琐闻（二题） ················ 杨继仁
月季宾馆 ····················· 陈文明
小人物变奏（三题） ··············· 韩 蓁
人工林（中篇） ················· 戴玉泉
边缘（中篇） ··················· 牛俊才

报告文学

它，属于长江……
——改革大潮中崛起的长江造纸厂 ········ 李天泉
深入生活　讴歌时代　如诗画卷　再塑彝魂——记长
篇报告文学《支呷阿诺的子孙们》座谈会···· 本刊记者

美术

涧声（木刻） ··················· 武海成
春（版画） ···················· 邹 卡
白云深处（中国画） ··············· 宋文治
山村古渡（中国画） ··············· 越 平
白居图（中国画） ················ 越 平

《台港文学选刊》

【简　介】

　　综合性文学双月刊。福建省文学艺术界联合会主办。创刊于1984年。其最先在中国大陆专门介绍台湾、香港、澳门及海外华人华文作品，在海内外产生积极影响。作品多风格时新、内蕴深厚。作品体裁主要有小说、散文、剧本、杂文、诗歌等。

窗口和纽带

项南

　　地处祖国东南的闽、台、港，可说是一个国家，两种制度。也可以说是一个国家，三种社会。

　　如何促使不同制度、不同社会的人增进了解，消除隔阂，求同存异，进而融会贯通，和谐默契？文化的交流，可能是一个较好的途径。

　　不论是台湾、香港，还是大陆，人民都是聪明、勤奋的，都渊源于一个古老的文化传统，都蕴藏着光耀夺目的艺术珍宝，都以自己是一个中国人而感到无比自豪。也不论是追溯往事，还是展望未来，我们都能发现，共同的东西远比差异之点多得多。

　　《台港文学选刊》将成为瞭望台港社会的文学窗口，联系海峡两岸的文化纽带，团结三种社会力量的

一种精神象征。

　　我认为，这个选刊是可以担当起这一任务的。因此，我也相信，这个选刊是会受到炎黄子孙们的欢迎和喜爱的。

　　　　　　　　　　　　　　一九八四年七月六日于福州

1984年9月　刊名:《台港文学选刊》

目录

代发刊词
窗口和纽带·······························项　南

月之故乡·······························彭邦桢
同乡会·································拾　虹

文坛春秋
赖和先生平反记··························王晓波

寸心集
毫无保留的奉献——杨青矗谈创作·············李　昂

文苑纵横
近十年台港文学印象记·····················黄维梁

屐痕萍踪
隔海相望的彭邦桢父子·····················静影辑

信息窗
香港文学越来越受到关注···················潘亚暾
同仁聚会鹭岛研讨台港文学··················山　风

影视一瞥
《我爱玛莉》改编成电影
香港举办《台湾新电影选》影展
台湾乡土小品电影异军突起
白先勇谈台湾电影

歌曲
我的中国心
童年

短篇小说
那片血一般红的杜鹃花····················白先勇
成龙之后·······························杨青矗
荡妇·································繁　露

长篇小说

晓云 ································· 林海音

中篇小说

天平 ································· 陶 然

报告文学

未婚妈妈的漫长旅途 ··············· 季 季

诗歌

望大陆 ······························ 于右任
重题岁寒三友图 ···················· 于右任
乡愁 ································· 余光中
乡愁四韵 ··························· 余光中

1984 年 11 月　刊名:《台港文学选刊》
目录

寸心集

狱中书简 ··························· 王 拓

屐痕萍踪

我的丈夫——王拓 ·················· 林穗英

文苑纵横

新颖奇特　质朴感人——三毛创作漫评 ··· 张默芸

作家风貌

海辛印象 ··························· 刘登翰
张君默素描 ························· 东 瑞

信息窗

台湾文学学习班在广州深圳举办
"台湾文学讨论会"简讯海外
大型诗刊"诗与评论"创刊

影视一瞥

谢雨辰谈海峡两岸影坛
白先勇小说《金大班的最后一"夜"》上银幕
电视剧"大地"上演

摄影

台湾影星林青霞

歌曲

张明敏演唱歌曲（二首）

中篇小说

妹妹，你在哪里? ··················· 王 拓

自传体中篇小说

白手成家 ··························· 三 毛

短篇小说

夜宴 ································· 海 辛
时光倒流一千年 ···················· 海 辛

长篇小说连载

晓云 ································· 林海音

散文

散文小品一束 ······················ 张君默

诗歌

抒情诗六首 ························· 纪 弦
痖 弦　郑愁予　陈浩泉　李魁贤　非 马

1985 年第 1 期　刊名:《台港文学选刊》
目录

文苑纵横

《晓云》所反映的当代台湾爱情婚姻悲剧 ······ 王晋民
蒋勋，其人其"地" ················· 涂 碧

信息窗

巴金获台港中文大学荣誉博士衔 ·········· 苏灵犀
闽港部分作家在深圳小聚 ·············· 一 木
刘以鬯主编《香港文学》月刊 ·········· 悠 悠

影视一瞥

一九八四年香港影业一览
香港十大卖座片
"倾城之恋"创作费近千万 ·············· 祁翠定
台湾一制片人自杀
影院关闭四十家
名星影踪（四则）

海天鸿雁

韵梅——敬佩您的选择 ·············· 来逸情

读者公园
编后记
电影故事

台上台下

短篇小说
梅子姑娘……………………………………谢冰莹
菱镜久悬——未婚妈妈系列故事……………季 季

电影文学剧本
地………………………………………………蒋 勋

长篇小说连载
晓云……………………………………………林海音

长篇武侠小说连载
冰川天女传……………………………………梁羽生

极短篇小说
玫瑰花…………………………………………杨 逵
梳妆……………………………………………袁琼琼

诗歌
当代台湾诗人选（一九八三卷）选刊（上）
………………郑炯明 郭成义 岩 上 罗 门

电影故事
四傻害羞
台湾影星林青霞

短篇小说
桥………………………………………………聂华苓
遗珠记——未婚妈妈系列故事………………季 季
风月葫芦………………………………………张系国

电影文学剧本
台北街头女郎多………………林婉玉 刘森尧
错误·偷吻·晚秋

长篇武侠小说
冰川天女传……………………………………梁羽生

报告文学
与河对话………………………………………吴敏显

散文
山居琐记………………………………………沈元仲

1985 年第 2 期　刊名:《台港文学选刊》
目录

诗歌
当代台湾诗人选（一九八三年卷）选刊（中）
………………梅 新 向 明 赵天仪 乔 林

文苑纵横
想起王安忆……………………………………陈映真
海外研究台湾文学现状………………………许达然

屐痕萍踪
执着艰辛的文学追求者………………………刘登翰

影视一瞥
香江影坛群芳谱（一）………………伍锦霞 唐醒图
白 燕 夏 梦

金马奖得主
老莫的第二个春天
玉卿嫂
金大班的最后一夜
油麻菜籽

读者公园
民族婚姻与进取精神…………………………万 一

1985 年第 3 期　刊名:《台港文学选刊》
目录

人物特写
裸得像一座神——模特儿林丝缎………………黄沁珠

文苑纵横
陈若曦和她的《钦之舅舅》……………………林承璜

海天鸿雁
三位青年作家给三位父祖作家的信
一个心愿（杨翠致杨逵）
给在天的父亲（钟铁民致钟理和）
给爸爸的信（朱天文致朱西宁）

影视一瞥
台湾一九八四年影视界要闻一束
香江影坛群芳谱（二）
邵氏新得靓女

信息窗
《读者良友》重视台港作家作品研究
香港《文艺》季刊越办越好
《澳门文学创作丛书》面世
余光中半年内获两项奖

电影剧照

金马奖获奖影片剧照

台湾影星吕娇菱

中篇小说

刬断 ·· 江锦群

短篇小说

钦之舅舅 ·· 陈若曦

苦夏——未婚妈妈系列故事 ·········· 季　季

素娥怨 ·· 银正雄

长篇武侠小说

冰川天女传 ·· 梁羽生

香港作家素描

梁羽生不懂武功 ······································ 李洛霞

诗歌

当代台湾诗人选（一九八三卷）选刊（下）

蒲公英 ·· 陈鸿森

讲师日记：作弊 ······································ 渡　也

壁钉 ·· 林　彧

冬之信笺 ·· 汪启疆

车站广场 ·· 陈明台

一个都市的流浪汉 ·································· 曾贵海

两个箱子 ·· 管　管

1985 年第 4 期　刊名:《台港文学选刊》

目录

文坛春秋

杨逵琐忆 ·· 叶石涛

香港作家素描

刘以鬯爱书成癖 ······································ 翁灵文

打开林燕妮的粉红色枕头 ·················· 紫娃娃

寸心集

你为何写作——黄春明　陈映真　白先勇　陈若曦

答案录

影视一瞥

香江影坛群芳谱

香港邵氏影片公司今昔

台湾"校园奥斯卡"在香港展出

林青霞、秦汉重续旧情

信息窗

香港文学研讨会

香港第七届中文文学周

第一步香港文学研究专著出版

首次国际青年艺术节在港举行

电影画廊

银河新星

台港漫画选

中篇小说

黑妹 ·· 刘以鬯

窑变——香港的故事 ···························· 施叔青

短篇小说

父亲的新娘 ·· 林燕妮

涩果——未婚妈妈系列故事 ·············· 季　季

散文

梁实秋散文（九篇） ···························· 梁实秋

北平的街道

猫的故事

正月十二

骆驼

平山堂记

脸谱

汽车

中年

职业

文苑纵横

绅士礼服上的玫瑰——读梁实秋先生的散文小品

·· 楼肇明

与施叔青谈她的《香港的故事》 ········ 舒　非

武侠小说实验

无敌天下 ·· 余红佛

1985 年第 5 期　刊名:《台港文学选刊》

目录

临窗寄语 ·· 本刊编辑部

献词

我看青山多妩媚 ······································ 朔　望

回顾与展望 ·· 杨　云

贺《台港文学选刊》创刊周年 ·········· 曾敏之

文苑纵横

文学对话录——旅美台湾作家与大陆作家、学者谈文学 ⋯⋯⋯⋯ 汪 舟 游欣蓓

"钟整个大陆的爱在一只苦瓜"——余光中《白玉苦瓜》等诗漫评 ⋯⋯⋯⋯⋯⋯⋯ 陈圣生

伸向空间的枝叶投给大地的消息——关于"留学生的文学" ⋯⋯⋯⋯⋯⋯⋯⋯⋯ 李 黎

杨振宁教授谈创作与灵感 ⋯⋯⋯⋯⋯⋯ 杜 渐

大圈圈与小圈圈 ⋯⋯⋯⋯⋯⋯⋯⋯⋯ 马 森

信息窗

中西叙述文研讨会

中国现代名著剧季

第十三届青年文学奖《一九九七与香港文艺》专辑

当代马华文学丛书

影视一瞥

《电影秀》与大众文化需求

几个有闲阶级女性形象

亚视筹拍《阮玲玉》

香港举办"日本自主映画祭"

又一部"功夫和尚戏"

五十年来自杀的女明星

香港影星钟楚红

香港点滴（漫画）⋯⋯⋯⋯⋯⋯⋯⋯⋯ 千里杰

中篇小说

沉香屑——第一炉香 ⋯⋯⋯⋯⋯⋯⋯ 张爱玲

寻找家明 ⋯⋯⋯⋯⋯⋯⋯⋯⋯⋯⋯⋯ 亦 舒

诗歌

余光中诗抄 ⋯⋯⋯⋯⋯⋯⋯⋯⋯⋯⋯ 余光中

白霏霏

海棠纹身

积木

投胎

白玉苦瓜

隔水观音

割盲肠记

五十岁以后

两相惜

听蝉

短篇小说

关河萧索

——给柏克莱保钓运动一二九示威十周年 ⋯⋯ 李 渝

考验 ⋯⋯⋯⋯⋯⋯⋯⋯⋯⋯⋯⋯⋯⋯ 欧阳予

秋割——未婚妈妈系列故事 ⋯⋯⋯⋯ 季 季

摩登女——佛经故事新编 ⋯⋯⋯⋯⋯⋯ 谈锡永

极短篇小说

鹣鲽 ⋯⋯⋯⋯⋯⋯⋯⋯⋯⋯⋯⋯⋯ 陆正锋

三代 ⋯⋯⋯⋯⋯⋯⋯⋯⋯⋯⋯⋯⋯ 林文煌

新郎报告恋爱经过 ⋯⋯⋯⋯⋯⋯⋯⋯ 小 许

散文随笔

职业借钱人 ⋯⋯⋯⋯⋯⋯⋯⋯⋯⋯⋯ 王书川

1985 年第 6 期　刊名:《台港文学选刊》

目录

散文

瀑布与石头 ⋯⋯⋯⋯⋯⋯⋯⋯⋯⋯⋯ 许达然

精神食粮 ⋯⋯⋯⋯⋯⋯⋯⋯⋯⋯⋯⋯ 洪 简

树 ⋯⋯⋯⋯⋯⋯⋯⋯⋯⋯⋯⋯⋯⋯ 谢武彰

文苑纵横

读三篇台湾散文 ⋯⋯⋯⋯⋯⋯⋯⋯⋯ 郭 风

季季和她的《涩果》⋯⋯⋯⋯⋯⋯⋯⋯ 张默芸

香港绝非文化沙漠 ⋯⋯⋯⋯⋯⋯⋯⋯ 黄维梁

香江作家素描

诗心剑胆故国情
——访香港作家张诗剑、陈娟夫妇 ⋯⋯ 悠 悠

访黄维梁谈文学批评 ⋯⋯⋯⋯⋯⋯⋯ 黄南翔

屐痕萍踪　香港访书杂记 ⋯⋯⋯⋯⋯ 应凤凰

人物剪影

美国驻华大使夫人华人女作家包玉琪 ⋯⋯⋯ 璇 婕

影视一瞥

香港小姐和电影明星

李翰祥"大都花城"的新规划

港产片新览

台湾六岁童星

台湾电影生产进入官方和私营一起上的阶段

电视人投入影圈对"电影文化"影响大

信息窗

"中国书展"在香港

文奖周主题——当代香港女作家

"香港舞台上"剧本写作比赛

第十届亚洲艺术节

漫画选页

香港点滴

际遇欠佳

作家之旅
杨逵·····················谢春德摄影

银幕内外
第 22 届金马奖

中篇小说
湖畔梦痕····················赵淑侠
狐狸精·····················李月仪

短篇小说
再见南国·····················王 璇
愁冬——未婚妈妈系列故事·········季 季

台湾校园文学
白垩恶魔····················林耀德
五月情怀总是春················曹幼兰
祸水······················吴曼瑰
心癌······················廖振富
剃刀边缘····················张玉英

诗歌
台湾早期现代诗人近作选
茫茫之歌
夜记
域多利亚巅··········纪 弦 方 思 郑愁予
第九种风
诗人之逝
梦中寻梅图··········周梦蝶 洛 夫 羊令野
台湾高山族情歌

报道文学
坑底犹有未归人················古蒙仁

极短篇小说
旁白······················清溪客
服妻记·····················吴文琼
等待······················京之春

海天鸿雁

国际书鸿
国际书鸿（瑞士—长春）··········赵淑侠 庐 湘

寸心集
丰沛而真实的眼泪···············季 季

目录

短篇小说
修理匠·····················也 斯
鲤鱼门的浪花——也斯印象··········古 剑
听歌记·····················孟 瑶
水莲······················陈少聪
紫衣······················三 毛
嫁不掉的美女··················林燕妮

报道文学
鸡鸣早看天——台北大桥下的人力市场·········古蒙仁

影视一瞥
全能"女强人"
《女人风情话》
十三部台湾影片赴英展出
"国际电影电视节"香港获十一面奖牌
翁美玲魂断香江
电影导演李晨风病逝
成龙拍戏意外受伤
离离合合又一年

信息窗
"中国书展"圆满结束
第八届"吴三连文艺奖"
新加坡风云出版社创社十年
"九七与香港文学"座谈会
大拇指诗奖
台湾《文讯》的香港文学特辑
高雄展开"一人一书"捐书活动

漫画之页
香港点滴····················千里杰

艺廊片羽··········季 季 袁琼琼 萧 飒

作家之旅
白先勇····················谢春德（摄影）

银幕内外
胡茵梦

中篇小说
贞节牌坊····················吕秀莲
无情人生有情人
——试评吕秀莲的《贞节牌坊》·········陈 菊
背负人生····················慕 翼

《现代文学》小说选
　　"现代文学"的回顾与前瞻·····················白先勇
　　□□·····································东方白
　　海滩上·····································王敬羲
　　欠缺·····································王文兴

时报文学奖
　　一周大事（小说）·························周腓力
　　得奖感言·································周腓力
　　笑中有刺痛——读小说首奖《一周大事》·····龙应台
　　沉痛的感觉（散文）·······················银正雄
　　冷笔写热心——《沉痛的感觉》读后·········林文月

诗歌
　　台湾抒情诗小辑
　　距离·····································覃子豪
　　月色散步·································夏　菁
　　快修好你的犁耙·························杨　唤
　　灯下·····································商　禽
　　诗魂·····································高　准
　　爱恋·····································吴　晟
　　诗的对话·····················许达然　非　马

1986 年第 2 期　刊名:《台港文学选刊》

目录

《香港文学》作品选

评论
　　拆不开的"文学链"·······················刘以鬯
　　一九九七与台港文学·······················王仁芸
　　香港的文学面貌·························李英豪
　　愉快的经验——记与内地作家的长叙短聚·····林　融

小说
　　火的礼葬·································梦　平
　　婚礼弥撒·································袁　军
　　诗斗·····································卢　因

散文
　　秋风起兮·································秦　松
　　理发记·································刘同缜
　　奇怪的水龙头·························罗　青

诗歌
　　问烛·····································余光中
　　秋之红叶·································彭邦桢

漂木情说·································黄德伟
芝加哥之冬·································非　马

影视一瞥
香港国际电影节
中国电影在美渐受重视
成龙玩命向高难度挑战
杨惠姗将签百年长约
《烟雨濛濛》搬上电视
林凤娇渴望从商

信息窗
台湾《联合报》关注民族文化形态
提倡中国文化活动
琦君作品十二度上读者文摘
为盲人制录音书籍

读者广场
信任和期待

作家之旅
刘以鬯

银幕内外
我这样过了一生

中篇小说
娱乐界的损失·································黄　凡
一江春水·································尹雪曼
五朵玫瑰·································琼　瑶
琼瑶的天空　琼瑶的梦（文苑纵横）
·····································杨　云　涂　碧

短篇小说
憧憬船·································七等生
七等生的情与思（文苑纵横）·················马　森
七等生揭去了一层面纱（文苑纵横）·········叶石涛
断层·····································林明美
神机妙算·································郭美丽

极短篇小说
伤痕·····································施宜君
钓金龟·································姚艺真

诗歌
一九八四台湾诗选（六首）
煤·······································杜十三
住宅·····································罗　叶
乡愁·····································吴明兴

雪……………………………………………陈明台
河湾……………………………………………冯　青
今晚您不再咳嗽了………………………………黄能珍

论丛小拾
闺怨之外——以实力论台湾女作家……………齐邦媛
台港女性小说家笔下的时空和感性………………钟　玲

窗前絮语
一脉相承…………………………………………林　木

漫画之页
《都市狂想曲》大受欢迎………………………牛　牛

1986 年第 3 期　刊名:《台港文学选刊》
目录

过街　土　番薯花………………………………许达然
激情、沉思与诗——许达然散文读后……………武寒青

报道文学
红粉心曲听轻弹…………………………………詹季洋
游览小姐悲恋路
槟榔女一夜恨事多
抬头问月歌女泪
真假离婚少妇怨
山茶花红颜不见天
舞出来的亲情泪
难耐空帏渔家女

极短篇小说
枪…………………………………………………林双不
累犯………………………………………………于在涛
红灯………………………………………………罗燕如

文苑纵横
转折勃兴的一年…………………………………潘亚暾
聂华苓的中国情意结——关于大陆、台湾、香港文学
的对话……………………………………………古　剑

影视一瞥
李行执导《唐山过台湾》
胡金铨筹拍《华工血泪史》
香港影片在台湾占优势
领取奖项慈善筹款
香港"台湾电影节"
香港电影金像奖揭晓
台湾金钟奖揭晓

台湾金穗奖揭晓

信息窗
《华人》载文缅怀胡愈之
苏雪林谈丁玲
台特约文章悼念朱光潜
香港举办老舍作品专题研讨会
八五年台湾"最佳"文学图书评选
台湾新书一览
台湾诗人自费出版大套诗集
香港出版业出书频频
"海外文丛"已近二十种

漫画之页
世界波………………………………………………王亭之等

作家之旅
林海音

中篇小说
野宴…………………………………………………丛　甦
公妻…………………………………………………李汀鹤

林海音、何凡访问记……………………《香港文学》记者
庞大的影子（短篇小说）……………………………郑清文
健忘的人……………………………………………陈淑惠
怒张的太阳（短篇小说）…………………………文　心
我的"作家先生"……………………………………庄四美
加上一个句点（短篇小说）…………………………蒋　芸
爱的呢喃（短篇小说）………………………………王令娴
瞧她——王令娴………………………………………旺　先

科幻小说
吾家有女……………………………………………张系国
论张系国科幻小说的思想艺术特色…………………王晋民

诗歌
席慕蓉诗六首：长城谣　一棵开花的树　缘起　试验
如歌的形板　禅意……………………………………席慕蓉
纯情的选择——从席慕蓉的诗集谈起………………耘　之
青春英雄交响曲………………………………………扬　光

银幕内外
"台湾电影节86"

1986 年第 4 期　刊名:《台港文学选刊》
目录

演讲辞

丑陋的中国人——在美国依阿华大学的演讲·····柏　杨
十年铁窗三部书——台湾作家柏杨印象记·······里　程

诗歌

香港新诗一束
摸索·······························韩　牧
那一列大叶榕·····················韩　牧
青铜双像·························梁秉钧
月蚀片语·························陈德锦
拐杖·····························张诗剑
广告·····························古苍梧
祈望·····························杨梦如
四季歌···························杨梦如

文学小知识

台湾新文学　乡土文学派　现代文学派　言情派　武
侠派·····························阮　珍

影视一瞥

歧路上的台湾新电影
台湾将合拍中国版《望乡》
"龙之子"承父业
亚视"诸葛亮"引起观众不满
"青春牛仔"一老翁
周润发、林青霞合拍《梦中人》

信息窗

中兴文艺奖与文艺协会文艺奖
琼瑶闭门编剧本
一九八五年台湾发诗近五千
诗人的"艺术码头"
"世界诗人节"大会在台北举行
联邦德国翻译出版台湾文学作品
香港新雅少年儿童文学创作奖
"香港舞台上"剧本写作比赛
马华文学研讨会

漫画之页

银色超级市场

作家之旅

柏杨

台湾联合报获奖短篇小说

像我这样一个女子·················西　西
死了一个国中女生之后···············萧　飒
寒雨·····························罗振昌
杨桃树···························履　疆
蟹行人···························许台英

中篇小说

陌生人···························琼　瑶

电影文学剧本

秋决·····························张永祥
接代·····························张晓风
从文学及艺术观点分析《秋决》·········何怀硕
关于《秋决》的编导·················陈飞宝

报道文学

手扶铁窗向外望···················阿　图
烤鸭心情·························阿　图
铁窗外的省思——阿图的文学旅程·········彭瑞金

银幕内外

导演百态

1986 年第 5 期　刊名:《台港文学选刊》
目录

预告

　　本刊今年第四期上选载了台湾著名作家柏杨的演
讲辞《丑陋的中国人》,引起强烈反响。不少读者来函
询购柏杨杂文集。目前,大陆尚未出版此类文集。为
满足读者要求,本刊将在第六期上选载《柏杨谈人生》、
《柏杨谈社会》、《柏杨谈女人》的部分章节,专此预告。

女作家专号

中篇小说

(中国台湾)琼瑶
风铃···························琼　瑶

短篇小说

(中国香港)施叔青
最好她是尊观音···················施叔青

短篇小说

(中国香港)亦　舒
红色的跑车·······················亦　舒
亦舒的小说·······················林　零

短篇小说
（中国香港）林燕妮
黑蜘蛛⋯⋯⋯⋯⋯⋯⋯⋯⋯⋯⋯⋯⋯⋯⋯⋯林燕妮

论丛小拾
张爱玲——施叔青⋯⋯⋯⋯⋯⋯⋯⋯⋯李子云　李　黎

随想录
婚恋⋯⋯⋯⋯⋯⋯⋯⋯⋯⋯⋯⋯⋯⋯⋯⋯⋯三　毛

文苑纵横
女作家难为⋯⋯⋯⋯⋯⋯⋯⋯⋯⋯⋯⋯⋯⋯廖辉英

东鳞西瓜
张爱玲眼中的中国现代作家

文学小知识
战斗文学　回忆文学　留学生文学　山地文学　监狱
文学　女性文学　盐分地带文学⋯⋯⋯⋯⋯⋯阮　珍

新书架
寻⋯⋯⋯⋯⋯⋯⋯⋯⋯⋯⋯⋯⋯⋯⋯⋯⋯於梨华
希望我能有条船⋯⋯⋯⋯⋯⋯⋯⋯⋯⋯⋯张晓风等
牛肚港的故事⋯⋯⋯⋯⋯⋯⋯⋯⋯⋯⋯⋯⋯王　拓
野火⋯⋯⋯⋯⋯⋯⋯⋯⋯⋯⋯⋯⋯⋯⋯⋯⋯龙应台

影视一瞥
港片出现“文艺复兴”洪流
港拍《恶男》处境逼真刻划细致

信息窗
“小说大会师”
台湾“儿童文学会”台刊重视城市题材
“现代诗学术工程”
台港第十四届青年文学奖

漫画之页
女作家笔下的众生相⋯⋯⋯⋯⋯⋯⋯⋯⋯⋯张爱玲

作家之旅
张爱玲夕照⋯⋯⋯⋯⋯⋯⋯⋯⋯⋯⋯⋯⋯冉茂芹
临窗寄语⋯⋯⋯⋯⋯⋯⋯⋯⋯⋯⋯⋯⋯本刊编辑部

中篇小说
多少恨⋯⋯⋯⋯⋯⋯⋯⋯⋯⋯⋯⋯⋯⋯⋯张爱玲

散文
自己的文章

洋人看京戏及其他⋯⋯⋯⋯⋯⋯⋯⋯⋯⋯⋯张爱玲
必也正名乎
爱
到底是上海人
有女同车

中篇小说
快乐假期——
从嘉陵江到塞纳河⋯⋯⋯⋯⋯⋯⋯⋯⋯⋯⋯赵淑侠
文艺误我三十年
——一位文坛独行侠的自白⋯⋯⋯（中国台湾）三　毛

短篇小说
温柔的夜⋯⋯⋯⋯⋯⋯⋯⋯⋯⋯（中国台湾）三　毛

散文
一生的战役——致爸爸⋯⋯⋯⋯⋯⋯⋯⋯⋯三　毛
送你一匹马——致琼瑶
三言两语话三毛⋯⋯⋯⋯⋯⋯⋯⋯⋯⋯⋯丹扉等
诗十首⋯⋯⋯⋯⋯⋯⋯⋯⋯⋯⋯（中国台湾）林　泠
不系之舟
叩关的人
三月夜
菩提树
夜谭
断流
雪地上
瓶花
南京东路微醒
非现代的抒情
林泠的诗⋯⋯⋯⋯⋯⋯⋯⋯⋯⋯⋯⋯⋯⋯杨　牧

1986 年第 6 期　　刊名:《台港文学选刊》

目录

预告

　　下期为《台湾·“新生代”作家专号》。一批崛起的“新锐”，以他们多姿多彩的佳作，与广大读者见面。其中尤为引人注目的是龙应台《野火集》部分篇什。这位三十四岁的大学女教授，犹如一匹“黑马”闯入台湾文坛，其散文随笔、文艺评论一时间掀起轩然大波，被余光中称为“龙卷风”。不到一年，《野火集》竟再版三十多次。销售十几万册，连续数月雄踞畅销书排行榜第一名。

文苑纵横

海外作家的本土性

故土与新土······························陈若曦

隔离与流徒·······························张　错

精神上的海外·····························杨　牧

爱岛的人·································张系国

回顾与期待·······························洪铭水

"人的故事"·······························丛　甦

中国文学的大同世界——记西德的国际中文文学会议

·······································黄维樑

略谈东亚文化艺术的现代化——在"亚美文化协会"

笔会上的发言·····························秦　松

文学小知识

台湾艺术研究会

台湾文艺协会

台湾文艺联盟

台湾中国文艺协会

台湾中国妇女写作协会

台湾中国青年写作协会

现代诗社

台湾学术研究会

新书架

曾敏之《诗的艺术》

王德威《从刘鹗到王祯和》

《海外作家散文选》、《海外作家小说选》(希代)

余光中《紫荆赋》

《台湾现代小说选》(中流)

段彩华《流浪的小丑》

辛其氏《青色的月牙》

许达然《防风林》

阿图《我不入监狱谁入监狱》

艺廊片羽

漂流瓶···································杨　牧

书林漫步

嘤其鸣矣　求其友声·······················田　野

影视一瞥

中外华人电影展

封锁大陆电影引起台湾影界不满

成龙备受日本影迷欢迎

美国三大城市分订"成龙日"

录影带文化将成新媒体

信息窗

中国作家为何未得"诺贝尔文学奖"

时报文学奖得主多为年轻人

"我最喜爱的作家"票选活动

三毛来去匆匆

"写作第三"

八旬老太出书

台湾《文星》复刊

台港中文文学创作奖获奖小说

人棋····································刘锦城

两夫妇和房子·····························罗贵祥

阿达传略·································许显良

阿茂的女人·······························王伟坚

赛马日···································白乐成

替廿一世纪写序···························陈燕春

杂文

柏杨妙语集　谈人生

男人篇　亲情篇　怨偶篇　人生篇　生活篇　娱乐篇

·······································柏　杨

中篇小说

乡累····································陈漱意

黑茧····································琼　瑶

诗歌

旅美华人作家诗选

窗帘····································心　笛

水蓝毛衣的故事···························吕嘉行

伞·阴天·马·····························非　马

告别海上·································洪素丽

苏荷偶拾·································秦　松

门外的人·································夏　云

书怀——呈寄乔二···························张　错

违章建筑·································许达然

驿站····································彭邦桢

踌躇····································叶维廉

你的心情·································杨　牧

天窗····································郑愁予

新加坡华文诗选

掌纹····································郭永秀

草的形色·································文　恺

彩色分析·································林　也

茶如是说·································梁　钺

椰风蕉雨话诗社(屐痕萍踪)·················陈佐洱

我的文学观

艺术的大众化·····························余光中

银幕内外
胡慧中

1987 年第 1 期　刊名:《台港文学选刊》
目录

预告

　　张爱玲从未收进作品集的七万字中篇小说《小艾》;

　　施叔青和李昂(即施叔端)、朱天文和朱天心两对台湾姐妹作家的小说作品;

　　香港文坛"才女"亦舒、后起之秀钟晓阳的小说作品;

　　龙应台的杂文,张晓风的散文,三毛的故事,蓉子、夐虹的新诗……

　　组成又一期绚丽多彩的《女作家专号》。

新闻小说
雨夜芳魂 ························· 詹季洋

极短篇故事
青春 ······················· 林清玄等
40 篇年轻的爱情故事
脸红的时刻 ····················· 陈铭磻

文学小知识
台湾新民报/南音/福尔摩沙/先发部队/台湾文艺/台湾新文学/台湾文学/文艺创作/现代诗/蓝星/创世纪/文学杂志/现代文学/台湾文艺/笠/文学季刊/文季/幼狮文艺/明道文艺/中华文艺/中外文学/传记文学/文学界/联合文学/人间 ················· 阮　钟

屐痕萍踪
在爱荷华聂华苓家作客 ·············· 王晋民

影视一瞥
林青霞、胡慧中趋向摩登前卫
夏文汐复出努力掌握"天赐良缘"
"不归路"等将陆续登场
香港电影市场:中文片比西片叫座
方育平与《美国心》

信息窗
吴三连文艺奖揭晓
《联合文学》庆祝两周年白先勇新作《骨灰》露面
为"杂志月"擂鼓
阿城扬名台湾文坛
胡菊人谈中国文化的"雅"与"俗"
流星雨——三毛点滴

黄凡
大时代(中篇小说) ················ 黄　凡
新一代台湾小说家的翘楚(论丛小拾) ······ 叶石涛

林双不
小喇叭手(中篇小说) ··············· 林双不
呼唤台湾黎明的喇叭手(论丛小拾) ······· 宋泽莱

吴锦发
燕鸣的街道(短篇小说) ············· 吴锦发
赛夏的声音(文苑纵横) ············· 彭瑞金

林清玄
不敢回头看牵牛(报道文学) ··········· 林清玄
对小人物的关爱(文苑纵横) ··········· 金耀基

台湾校园文学
一九八六年度台湾学生文学奖获奖小说选
冬日太阳 ······················ 陈正堂
龙的传奇 ······················ 郑　浩
沧桑 ························· 彭树君

散文
在碧寮村度过的耶诞之夜 ············· 李金莲
得奖感言 ······················ 李金莲
关于《在碧寮村度过的耶诞之夜》的讨论
 ························· 余光中等
大巧若拙(文苑纵横) ··············· 陈冠学

银幕内外
吕娇菱

1987 年第 2 期　刊名:《台港文学选刊》
目录

下期预告

　　专辑"小说大会师"
　　——《联合报》近半年"小说大会师"专栏,《联合文学》两期"小说专号"佳作选登;
　　专辑"《文季》文选"
　　——《文季》复刊两年及先前代表性作品选登;
　　专辑"余光中散文选"

散文
地毯的那一端 ··················· 张晓风
我们 ························· 张晓风
母亲的羽衣 ····················· 张晓风
孤意与深情 ····················· 张晓风

给我一点水⋯⋯⋯⋯⋯⋯⋯⋯⋯⋯⋯张晓风
叩响我们心灵的小木屋
——读张晓风的散文（文苑纵横）⋯⋯⋯张晓丹

诗歌
记得　如果用火想　不题　我已经走向你了　泛爱观
彩色的圆梦　诗末　记得　迷梦　时光　妈妈
⋯⋯⋯⋯⋯⋯⋯⋯⋯⋯⋯⋯⋯⋯⋯⋯夐　虹
"缪斯最钟爱的女儿"
——漫说夐虹的诗（文苑纵横）⋯⋯⋯耘　之

报道文学
我到华西街抗议⋯⋯⋯⋯⋯⋯⋯⋯⋯⋯文　惠

文苑纵横
台湾女性小说发展景观⋯⋯⋯⋯⋯⋯⋯黄重添

屐痕萍踪
谈吃穿与陈若曦风度⋯⋯⋯⋯⋯⋯⋯⋯梦　花

我的文学观
我为什么要写作⋯⋯李　昂　苏雪林　廖辉英　张秀亚

信息窗
一九八六年台湾文坛十大事件
香港出版业三十六年
《香港文学》创办两周年
《文学家》问世
台湾大专生之最
美书评刊物介绍《杀夫》
萧飒和他与她

作家之旅
陈若曦　三　毛

中篇小说
小艾⋯⋯⋯⋯⋯⋯⋯⋯⋯⋯⋯⋯⋯⋯⋯张爱玲
张爱玲创作《小艾》的背景（文苑纵横）⋯⋯陈子善

杂文·龙应台
美丽的权利⋯⋯⋯⋯⋯⋯⋯⋯⋯⋯⋯⋯龙应台
小姐什么？⋯⋯⋯⋯⋯⋯⋯⋯⋯⋯⋯⋯龙应台
美丽的权利⋯⋯⋯⋯⋯⋯⋯⋯⋯⋯⋯⋯龙应台
我不是卫生纸⋯⋯⋯⋯⋯⋯⋯⋯⋯⋯⋯龙应台
啊，女儿！⋯⋯⋯⋯⋯⋯⋯⋯⋯⋯⋯⋯龙应台
查某人的情书⋯⋯⋯⋯⋯⋯⋯⋯⋯⋯⋯龙应台
丑闻？⋯⋯⋯⋯⋯⋯⋯⋯⋯⋯⋯⋯⋯⋯龙应台
女人该看什么书⋯⋯⋯⋯⋯⋯⋯⋯⋯⋯龙应台
遮羞费⋯⋯⋯⋯⋯⋯⋯⋯⋯⋯⋯⋯⋯⋯龙应台

不像个女人⋯⋯⋯⋯⋯⋯⋯⋯⋯⋯⋯⋯龙应台
燃起美丽的野火——龙应台⋯⋯⋯⋯⋯季　季

短篇小说
姐妹作家施叔青·李　昂
壁虎（名家处女作）⋯⋯⋯⋯⋯⋯⋯⋯施叔青
误解⋯⋯⋯⋯⋯⋯⋯⋯⋯⋯⋯⋯⋯⋯⋯李　昂
社会转型中的女性——李昂印象⋯⋯⋯黄武忠
姐妹作家　朱天文·朱天心
桃树人家有事⋯⋯⋯⋯⋯⋯⋯⋯⋯⋯⋯朱天文
昨日当我年轻时（名家成名作）⋯⋯⋯朱天心
亦舒
寂寞小姐⋯⋯⋯⋯⋯⋯⋯⋯⋯⋯⋯⋯⋯亦　舒
钟晓阳
良宵⋯⋯⋯⋯⋯⋯⋯⋯⋯⋯⋯⋯⋯⋯⋯钟晓阳

故事
三毛的故事⋯⋯⋯⋯⋯⋯⋯三　毛　凌　晨
本刊发稿编辑⋯⋯⋯⋯⋯⋯杨际岚　宋　瑜
美术编辑⋯⋯⋯⋯⋯⋯⋯⋯⋯⋯⋯⋯⋯龚万山

1987 年第 3 期　刊名:《台港文学选刊》

目录

下期预告
　　专辑:作品联展:1986
　　专辑:本年度小说新选

诗歌
莱茵拾零
浪　谁与我诉说　影子　有个女孩　走路　萌
⋯⋯⋯⋯⋯⋯⋯⋯⋯⋯⋯⋯⋯⋯⋯⋯黄凤祝
山花初开
坟园　花朵　我知道　夜行者⋯⋯⋯⋯犁　青

我的人生观
神木⋯⋯⋯⋯⋯⋯⋯⋯⋯⋯⋯⋯⋯⋯⋯黄春明
心灵工程的建设⋯⋯⋯⋯⋯⋯⋯⋯⋯⋯杨青矗
挣脱贫穷⋯⋯⋯⋯⋯⋯⋯⋯⋯⋯⋯⋯⋯王　拓

我的文学观
缪斯的左右手⋯⋯⋯⋯⋯⋯⋯⋯⋯⋯⋯余光中

屐痕萍踪
延边四日⋯⋯⋯⋯⋯⋯⋯⋯⋯⋯⋯⋯⋯陈若曦

文学小知识
新旧文学论争　新文学内部论争　现代诗论争　乡土

文学论争 "依赖理论"的论争……………………阮　钟

新书架
中华民族文化史论
玻璃笔
织锦的手
笔耕的人
路
异乡的微笑
连云梦
心标
决战星期五
瑶琴
金狮奖获奖作品集
香港小小说选

影视一瞥
一九八六年港产片回顾
第六届香港电影金像奖揭晓

信息窗
三十年三十本畅销书
台湾中兴文艺奖揭晓
三联"爱书人"月报创刊
这些作家的近况
张爱玲两本旧作将出版
三个文人画家

作家之旅
王　拓　聂华苓　张晓风　席慕蓉　钟晓阳

小说大会师
我们需要的小说……………………………何　欣
小说感叹……………………………………尼　洛
小说家的觉悟………………………………李　乔
小说世界……………………………………丁树南
爱情的学问（中篇小说）…………………周腓力
幽默小说之点滴……………………………马　森
先婚后友（中篇小说）……………………周腓力
评"先婚后友"……………………………黄　凡
这是毕罗索（短篇小说）…………………西　西
唤真真（短篇小说）………………………钟晓阳
狐（短篇小说）……………………………张宁静
一抹惨白的街景（极短篇小说）…………马　森

余光中散文
记忆和铁轨一样长…………………………余光中
登楼赋
高速的联想

尺素寸心
春来半岛
记忆和铁轨一样长
奇妙的文字方阵
——余光中散文艺术评介…………………何　龙

文季　文选
我们的努力和方向
谈"文季"之未来…………………………尉天骢
寻求一片梦境………………………………郭　枫
庙（短篇小说）……………………………王　拓
何代表的早晨（短篇小说）………………林柏燕
一张照片（极短篇小说）…………………许国衡
猎及其他（散文）…………………………许达然
大众消费社会和当前台湾文学的诸问题……陈映真
台湾现实主义文学的再出发
——兼评复刊的"文季"…………………许翼心

1987 年第 4 期　刊名：《台港文学选刊》
目录

下期预告

　　下期为今年第五、第六期合刊，十月出版，扩展篇幅，增加容量。将推出——中篇小说《消失的男性》、《黑色地域的呼喊》、《纽约春寒》；

　　长篇传记文学《李叔同的灵性》；中篇历史小说《西风独自凉——纳兰容若的爱情故事》；

　　1987 年度台湾学生文学奖获奖作品选。
本年度小说新选

中篇小说
狷狂岁月……………………………………袁则难
关于《狷狂岁月》…………………………袁则难

短篇小说
干燥的七月…………………………………蔡秀女
站在时代的"临界点"上…………………余　禺
角落…………………………………………苏伟贞
温暖的《角落》和"角落"………………嵩　松
油纸伞………………………………………珮　琼
椰风蕉雨里…………………………………晓　楚

我的文学观
关于抒情散文………………………………阿　盛
关于乡园散文
关于生态散文

艺廊片羽
张爱玲语录························林以亮辑

屐痕萍踪
维亚利卡之歌······················陈天岚

文学小知识
台湾新批评··························徐 学
颜夏之争
现代批评与传统批评之争

信息窗
这些作家的近况··············张爱玲 李 昂 三 毛
许达然 萧丽红 陈志华

台港画廊
合奏（胶彩画）··················封面 陈 进

作家之旅
季 季 黄 凡 张大春 薛 荔 诸 罗

银幕内外
唐山过台湾
作品年度选：1986

短篇小说
春望·····························薛 荔
《春望》评介·······················季 季
梅天的挽歌·······················诸 罗
《梅天的挽歌》评介·················季 季
公寓导游·························张大春
评《公寓导游》·····················黄 凡
教者·····························颜昆阳
评《教者》·························黄 凡
毛毛雨·························颜纯钩
颜纯钩印象·······················洪 群

散文
寂寞与野蛮·······················余光中
论美貌·····························木 心
大家乐？大家疯？·················唐 笙
卖花女及其他·····················林文月
乡居闲情二章·····················吴 晟
小水鸭的第二个故乡···············冯 青

诗歌
时光（七首）·····················席慕蓉

馈赠
见证
一千零一夜
沙堡
忠告
沧桑之后
在黑暗的河流上
愿望（寸心集）··················席慕蓉
我不会悸动的心····················王添源

1987 年第 5—6 期　刊名:《台港文学选刊》

目录

散文
连台好戏·························林今开
母难日
戏如人生
小就美
说"们们"

诗歌
1985 台湾诗选
草叶（外一首）···················苏绍连
江楼书·························廖炳焜
窄巷里的老人·····················刘淑珍
路·····························陈克华
怀乡病·························秀 陶
1986 台湾诗选
控诉一支烟囱·····················余光中
用脚思想·························商 禽
旅客留言·························渡 也
黑伞·····························欧团圆
皮肤·····························桓 夫
影子·····························朵 思
宝宝，这不是你的错···············罗任玲
阳光下午的庆典···················吉 也

世态素描
无赌不丈夫·······················古蒙仁

文坛春秋
台湾四十年来文艺思潮的演变·········陈映真
台湾现代诗的性格·················陈千武

文学的对话
文学的对话——在芝加哥八月"台湾研究国际研讨
会"上·····························古继堂

新书架
枫的叶　纸婚　城市心情　极短篇系列丛书　落尘

文学小知识
当代台湾文学三大题材　台湾四代散文家　台湾散文
五大源流⋯⋯⋯⋯⋯⋯⋯⋯⋯⋯⋯⋯⋯⋯⋯徐　学

信息窗
"龙卷风"经久不衰
余光中为山海陶然挥笔
郭良蕙连登名人录
马森回台定居
王拓赴《人间》任社长
刘春成回家写小说
孟樊到《台北评论》上班
台湾将实行文化解禁
书禁，也要解严？
大陆作品在台岛登陆
成立机构审查大陆作品出版
第九届"盐分地带"文艺营开营
台出版"抗战文选"
肯定鲁迅的文学成就　台师大创办"文艺作品研习
班"
"百万小说"第四次征文
《杀父》在联邦德国上市
《台北人》上市

读者广场
相期相勉，千里同行⋯⋯⋯⋯⋯⋯⋯楚　楚　整理

海天鸿雁
读者来信三则
历史的质疑（摄影）⋯⋯⋯⋯⋯⋯⋯⋯⋯⋯林　健

作家之旅
施叔青

中篇小说
消失的男性⋯⋯⋯⋯⋯⋯⋯⋯⋯⋯⋯⋯⋯吴锦发
《消失的男性》评介⋯⋯⋯⋯⋯⋯⋯⋯⋯宋泽莱
黑色地域的呼喊⋯⋯⋯⋯⋯⋯⋯⋯⋯⋯⋯郑俊清
《黑色地域的呼喊》评介⋯⋯⋯⋯⋯⋯⋯宋泽莱
纽约春寒⋯⋯⋯⋯⋯⋯⋯⋯⋯⋯⋯⋯⋯⋯潘雨桐
我写《纽约春寒》（寸心集）⋯⋯⋯⋯⋯潘雨桐

长篇传记文学
李叔同的灵性⋯⋯⋯⋯⋯⋯⋯⋯⋯⋯⋯⋯桑　柔

中篇历史小说
西风独自凉——纳兰容若的爱情故事⋯⋯⋯⋯朴　月

且看西风独自凉⋯⋯⋯⋯⋯⋯⋯⋯⋯⋯⋯余　禺

杂文
野火集⋯⋯⋯⋯⋯⋯⋯⋯⋯⋯⋯⋯⋯⋯⋯龙应台
中国人，你为什么不生气
不要遮住我的阳光
正眼看西方
啊，红色
台湾是谁的家
野火回来了（屐痕萍踪）⋯⋯⋯⋯⋯⋯⋯李　瑞
1987 年度台湾学生文学奖获奖作品选
何必赶走猫头鹰⋯⋯⋯⋯⋯⋯⋯⋯⋯⋯⋯黄林煌
铁钉人⋯⋯⋯⋯⋯⋯⋯⋯⋯⋯⋯⋯⋯⋯⋯侯文詠
光彩街⋯⋯⋯⋯⋯⋯⋯⋯⋯⋯⋯⋯⋯⋯⋯黎妙瑜
钓⋯⋯⋯⋯⋯⋯⋯⋯⋯⋯⋯⋯⋯⋯⋯⋯⋯周志仁
巨大的声浪继续来袭⋯⋯⋯⋯⋯⋯⋯⋯⋯潘建志
生肖图⋯⋯⋯⋯⋯⋯⋯⋯⋯⋯⋯⋯⋯⋯⋯林朝舜

1988 年第 1 期　刊名:《台港文学选刊》
目录

卷首
第一次登场（诗）⋯⋯⋯⋯⋯⋯⋯⋯⋯⋯⋯焦　桐
台港画廊

作家之旅
梁实秋

中篇小说选展
政治小说　赵南栋⋯⋯⋯⋯⋯⋯⋯⋯⋯⋯⋯陈映真
评陈映真的《赵南栋》（争鸣台）⋯⋯⋯⋯叶石涛
下一辈生命理想的迷失（争鸣台）⋯⋯⋯廖炳惠
讽刺小说　美人图⋯⋯⋯⋯⋯⋯⋯⋯⋯⋯⋯王祯和
喜剧的讽喻（文苑纵横）⋯⋯⋯⋯⋯⋯⋯郑雅云
戏肉与戏骨头（文苑纵横）⋯⋯⋯⋯⋯⋯林清玄
言情小说　祝福年年⋯⋯⋯⋯⋯⋯⋯⋯⋯⋯严　沁

梁实秋纪念特辑
十句话⋯⋯⋯⋯⋯⋯⋯⋯⋯⋯⋯⋯⋯⋯⋯梁实秋
槐园梦忆（散文）⋯⋯⋯⋯⋯⋯⋯⋯⋯⋯梁实秋
西雅图杂记（二则）（散文）⋯⋯⋯⋯⋯梁实秋
养成好习惯（杂文）⋯⋯⋯⋯⋯⋯⋯⋯⋯梁实秋
讲价（杂文）⋯⋯⋯⋯⋯⋯⋯⋯⋯⋯⋯⋯梁实秋
什么使得一个女人令人难忘（译作）⋯⋯梁实秋
我所知道的父亲⋯⋯⋯⋯⋯⋯⋯⋯⋯⋯⋯梁文骐
今我往矣，雨雪霏霏——记梁实秋教授最后的医院生
涯⋯⋯⋯⋯⋯⋯⋯⋯⋯⋯⋯⋯⋯⋯⋯⋯⋯丘彦明

探亲文学
远方来的女人（短篇小说）·············兰振贤
一份新希望（散文）
——回到大陆的那一天·················王 威

龙应台评小说
冥纸愈多愈好·························龙应台
批评不是乱来························龙应台
我看"龙旋风"·························魏 拔

论丛小拾
向前看二〇〇〇年中国前瞻···········余 禺

文苑纵横
一九八七年台湾大报文学副刊抽样调查········朱双一

回音壁
荡涤垢滓扬芬芳
——《李叔同的灵性》读后············魏奕雄

信息窗
台湾八七年十大出版新闻
"新地"推出《当代中国大陆作家丛刊》
香港举行文学理论研讨会
《现代文学》即将重印
《联合文学》届满三周年"小说新人奖"揭晓

1988 年第 2 期　刊名:《台港文学选刊》
目录

台湾首奖作品选
短篇小说　没卵头家（雏凤奖）·········王湘琦
短篇小说　蛙（巡回文艺营创作奖）·····赖香吟
散文　肥皂泡泡（巡回文艺营创作奖）·····沈书毅
诗歌　鹭（巡回文艺营创作奖）·········曲冠勇

闽籍旅港作家作品小辑
短篇小说　桔黄色毛巾被···············颜纯钩
短篇小说　黑医·······················巴 桐
短篇小说　芳邻·······················林 湄
散文　小岛平安夜（四篇）·············东 瑞
钓鱼的苦乐（小品文）·················秦岭雪
蓓蕾引（仿古文）·····················秦岭雪
诗歌　蚕痴·····························舒 非
谈舒非的爱情诗"蚕痴"（评论）·········原 甸
流火醉花集·····························张诗剑

东南亚小说界
中篇小说　新加坡传奇·················姚 紫
姚紫与"新加坡传奇"（论丛小拾）

叶叶心心
台湾散文名家
你去问雨吧···························张秀亚
星的故事
油灯碗与花
杏黄月
诗情葱茏笔致秀逸（文苑纵横）
——略评张秀亚的散文·················杜元明

诗路花雨
台湾诗社联展
台湾"现代派"诗人诗作选
纪弦　三首
郑愁予　四首
罗门　三首
羊令野　三首
台湾"现代派"的兴衰（文苑丛横）·······阙丰龄

文学的对话
情断海峡——致香华·················晓 钢

文苑纵横
关于林真的文学随笔·················郭 风

电影小说
疯血

信息窗
台湾首获大陆期刊授权
焚毁色情书刊
琦君妙诗贺华诞
余光中化"敌"为婿
王祯和大病不死
廖辉英不亦"忙"乎
林清玄遁入空门
蒋勋周游五洲
纪弦"晚景"生豪气
叶维廉广种多收

作家之旅
聂华苓

银幕内外
影星风采

1988 年第 3 期 刊名:《台港文学选刊》
目录

中篇小说

城下（学人小说）————————————————李 黎
关于《城下》（寸心集）————————————李 黎
鸟语（浪漫志异小说）————————————徐 訏
漫谈徐訏及其小说（文苑纵横）————————璧 华
遭遇（言情小说）——————————————陈稼莉

短篇小说

那长头发的女孩（心理小说）————————欧阳子
刺杀包龙图（荒诞小说）————————————王幼华

极短篇小说

妖娆女乘客——————————————————爱 亚

诗路花雨

台湾诗社联展
蓝星诗抄——————————————覃子豪（二首）
钟鼎文（二首） 余光中（二首） 周梦蝶（二首）
蓉 子（二首） 罗 门（二首）
在蓝色的星光下（文苑纵横）————————刘登翰

杂文

柏杨谈社会——————————————————柏 杨
文化篇
教育篇
医药篇
政治篇

香港校园文学

承教小记（四篇）——————————————小 思
山中
京都杂想
山与江
也谈鲁迅
关于校园文学（文苑纵横）—————————郭 风

文学的对话

香江对话录

信息窗

《台港文学选刊》、《福建文学》主编应邀访港
香港作家联谊会成立

《文学世界》在港创办
林语堂逝世十二周年纪念活动
作家沉樱病逝
第三届亚洲华文作家会议
创作月刊复刊

1988 年第 4 期 刊名:《台港文学选刊》
目录

中篇小说

死亡的幽会——————————————————聂华苓

短篇小说

两岸——————————————————————廖辉英
小罗——————————————————————明凤英
永不落网的凶手———————————————李 男

极短篇小说

等待午夜——————————————————西茜凰
台港五家：现代聊斋

短篇小说

龙眼粥————————————————————柏 杨
冤魂告状————————————————————司马中原
择时剖腹————————————————————倪 匡
过山——————————————————————钟 玲
梳妆台————————————————————余无语
侣伦纪念特辑

散文

向水屋追忆 编辑生涯忆往 关于肖红骨灰迁葬 书
与爱书家————————————————————侣 伦

极短篇小说

把戏——————————————————————侣 伦
淡泊而丰硕——悼侣伦先生————————张诗剑

李敖看历史

杂文

还我万岁 佞佛·毁佛·欢喜佛 中国式好人 不拍
马屁的自由 讲理与讲礼————————————李 敖
李敖与我————————————————————曾心仪

诗路花雨

台湾诗社联展

"创世纪"诗选
洛夫 三首
痖弦 二首
张默 二首
商禽 三首
叶维廉 二首
"创世纪"的历程（文苑纵横）⋯⋯⋯⋯⋯⋯刘登翰

叶叶心心
台湾散文名家
衣不如故 人鼠之间 方寸田园 下雨天，真好
⋯⋯⋯⋯⋯⋯⋯⋯⋯⋯琦 君
以爱心洞照忧患人生（文苑纵横）⋯⋯⋯⋯徐 学

报道文学
听她那一次遭遇⋯⋯⋯⋯⋯⋯⋯⋯⋯⋯⋯平 路
香港文坛现状管窥⋯⋯⋯⋯⋯⋯⋯⋯香港文学报

论丛小拾
香港作家评台湾文学⋯⋯⋯⋯⋯⋯⋯⋯⋯⋯记者

屐痕萍踪
柔柔的台北武昌街⋯⋯⋯⋯⋯⋯⋯⋯⋯⋯鲁 真

漫画之页
文学漫画 思故乡 不同观点⋯⋯⋯⋯⋯⋯黄春明

影视一瞥
准否开放到大陆拍片成热门话题

信息窗
这些作家的近况：⋯⋯⋯⋯⋯⋯⋯⋯⋯⋯张系国
刘绍铭 叶石涛 朱秀娟
"当代中国文学国际学术会议"在台举行
香港文坛前辈侣伦先生病逝
火辣辣的新界一日游
吴浊流文学奖揭晓
"中华现代文学大系"
《小说族》创刊
洛夫以新形式发表诗
李昂十四年前作品〈年华〉发表
在新的起点上

作家之旅
侣伦

台港画廊
姚庆章

1988 年第 5 期　刊名:《台港文学选刊》
目录

年度精选都市小说 1987
短篇小说
房地产销售史⋯⋯⋯⋯⋯⋯⋯⋯⋯⋯⋯⋯黄 凡
评《房地产销售史》⋯⋯⋯⋯⋯⋯⋯⋯⋯林耀德
东岳计划⋯⋯⋯⋯⋯⋯⋯⋯⋯⋯⋯⋯⋯⋯罗智成
评《东岳计划》⋯⋯⋯⋯⋯⋯⋯⋯⋯⋯⋯黄 凡
圣诞节真正的由来⋯⋯⋯⋯⋯⋯⋯⋯⋯⋯林耀德
评《圣诞节真正的由来》⋯⋯⋯⋯⋯⋯⋯黄 凡
艳痕⋯⋯⋯⋯⋯⋯⋯⋯⋯⋯⋯⋯⋯⋯⋯⋯方娥真
入乎其内，出乎其外⋯⋯⋯⋯⋯⋯⋯⋯⋯胡菊人

极短篇小说
副刊编辑的白日梦⋯⋯⋯⋯⋯⋯⋯⋯⋯⋯刘以鬯
刘以鬯小说在形式上的创获（文苑纵横）⋯⋯黄维樑

中篇小说
玉梨魂⋯⋯⋯⋯⋯⋯⋯⋯⋯⋯⋯⋯⋯⋯⋯亦 舒
亦舒游于自得之场（作家素描）⋯⋯⋯⋯郑宝璇

纪实文学：新狂人百相（连载）
妻之序言⋯⋯⋯⋯⋯⋯⋯⋯⋯⋯⋯⋯⋯⋯周碧瑟
自序⋯⋯⋯⋯⋯⋯⋯⋯⋯⋯⋯⋯⋯⋯⋯⋯林今开
楔子——疯人院的墙里墙外⋯⋯⋯⋯⋯⋯林今开
名士型
有其子必有其父
席德进的算术
"太空"的脑袋
奇人有奇症⋯⋯⋯⋯⋯⋯⋯⋯⋯⋯⋯⋯⋯林今开
彼岸来的乡亲——林今开印象（作家素描）⋯⋯宋 瑜

诗路花雨
台湾诗社联展
"笠"诗抄⋯⋯⋯⋯⋯⋯⋯⋯⋯桓 夫 吴瀛涛
詹 冰 林亨泰 白 荻 李魁贤 非 马 许达然
杜国清 赵天仪 黄腾辉 拾 虹 陈明台 郑炯明
李敏勇 陈鸿森 郭成义
笠：现实经验论的艺术导向（文苑纵横）⋯⋯朱双一

叶叶心心
台湾散文名家
散文阿盛⋯⋯⋯⋯⋯⋯⋯⋯⋯⋯⋯⋯⋯⋯阿 盛
厕所的故事 火车与稻田 散文庙群岛 绿袖红尘

母亲不说那个字
抛开一些面子问题（寸心集）————————————阿　盛
变中天地（论丛小拾）————————————————李　弦

杂文
野火集——————————————————————————龙应台
幼稚园大学　机器人中学

报道文学
儿童癌症病房——————————————————————杨宪宏
台湾报道文学鸟瞰（文苑纵横）————————————张德明

文苑纵横
李黎，她不断超越自己————————————————刘宾雁

文学的对话
人性和现实的芬芳——《死亡的幽会》问答————戴　天

方家走笔
期盼殷殷————————————————吴泰昌　陈丹晨
胡思升　陈天岚　陈佐洱　张　禹　廉正祥　陈子善

回音壁
透过这扇文学之窗——————————————————魏奕雄

信息窗
陈映真作品研讨会在香港举行
苦夏中的何紫
陈娟作品倍受欢迎
新加坡作协出版会员作品总辑
台湾开展抗日文化活动
在结伴返乡探亲前夕
台湾诗人的声音传到北戴河
《文星》停刊
春晖青年文艺奖助金公布

文化交流
庄重文访闽

作家之旅
阿盛

1988 年第 6 期　刊名:《台港文学选刊》
目录

名家名作回顾展
谪仙记——————————————————————————白先勇
忆崎岖的文学之路——————————————————白先勇

白先勇·《游园惊梦》·《骨灰》——————————陈浩泉

台湾校园文学
金奖小说三题
蔷薇岁月——————————————————————————彭树君
寂寞红——————————————————————————吴淡如
最后一次初恋——————————————————————郭强生

香江小说家族
李大婶的袋表——————————————————————也　斯
报税——————————————————————————辛其氏
我的灿烂——————————————————————————钟玲玲

香港千字文十一家
谈"谏"——————————————————————————曾敏之
生活与思考之间————————————————————张文达
含蓄的情意——————————————————————项　庄
首选恋爱——————————————————————————黄　霑
智慧·道德·勇气——————————————————岑逸夫
投下期望的一票————————————————————黄维樑
考试——————————————————————————梁锡华
乡愁是一盏灯————————————————————————古　剑
人的眼睛——————————————————————————南　思
我家的那只猫————————————————————————蔡浩泉
像子弹一样快的女人——————————————————蔡　澜

纪实文学
新狂人百相·幻觉型——————————————————林今开
腹中蛙鸣
少女吞针
活见鬼
壮士断臂

叶叶心心
台湾散文名家
心灵的对白——————————————————————席慕蓉
妇人之见——————————————————————————席慕蓉
丰饶的园林——————————————————————席慕蓉
至情至性的席慕蓉（文苑纵横）————————————翁光宇

诗路花雨
台湾诗社联展
新生代诗选——————————————————辛　牧　王润华
林焕彰　林锋雄　羊子乔　翱　翔　罗　青　向　阳
沙　穗　苏绍连　杨　泽
搭架现实和传统的心桥————————————————朱双一

东南亚小说界
那一朵白云——————————————————————梅　筼

文化交流

把台、港暨海外华文文学研究推向新的层次

福建召开台湾文学研讨会⋯⋯⋯⋯⋯⋯⋯何少川

文学的对话

文学的"分隔"与"统一"⋯⋯⋯⋯⋯⋯⋯林海音

——林海音、萧乾、许世旭汉城对话录

文坛春秋

近十年香港文学初探⋯⋯⋯⋯⋯⋯⋯⋯黄维樑

读者广场

来信五封

信息窗

第十一届时报文学奖揭晓

关于"国际写作计划"

《现代思想》杂志创刊

胡适日记在台出土

龚鹏程访闽

著作翻译授权与台湾出版业

"新书快报"和"杂志新知"

影视一瞥

林青霞待嫁女儿心

中时晚报电影奖年度电影评选

台湾公布电影辅导金申请办法

香港制片五大隐忧

电影界兼营影带发行造成盗录业强烈反弹

两岸看电影

台湾文学研讨会⋯⋯⋯⋯⋯⋯⋯⋯⋯王进摄

台湾画廊⋯⋯⋯⋯⋯⋯⋯⋯⋯江明贤水墨画

1989 年第 1 期　刊名:《台港文学选刊》
目录

旅美华文作家小说选

中篇小说

癫妇日记⋯⋯⋯⋯⋯⋯⋯⋯⋯⋯⋯⋯⋯丛　甦

短篇小说

洋饭二吃⋯⋯⋯⋯⋯⋯⋯⋯⋯⋯⋯⋯周腓力

忍泪带笑看人生（文苑纵横）⋯⋯⋯⋯季　仲

魔女⋯⋯⋯⋯⋯⋯⋯⋯⋯⋯⋯⋯⋯⋯欧阳子

到底错在哪里⋯⋯⋯⋯⋯⋯⋯⋯⋯⋯陈若曦

葬礼⋯⋯⋯⋯⋯⋯⋯⋯⋯⋯⋯⋯⋯⋯郑庆慈

清明结⋯⋯⋯⋯⋯⋯⋯⋯⋯⋯⋯⋯⋯喻丽清

香格里拉⋯⋯⋯⋯⋯⋯⋯⋯⋯⋯⋯⋯张系国

叶叶心心

静默

回家　东门城下　防风林　探索　交响乐⋯⋯许达然

一首现代社会的悲怆曲（论丛小拾）⋯⋯⋯李　源

诗路花雨

宁馨如此⋯⋯⋯⋯⋯⋯⋯⋯⋯⋯⋯⋯郑愁予

山鬼　对饮　登音桥

访友预备

美的竞争　秋分柳

佛外缘　易经　手术室初冬

窗外春　芸花

晨景

雪线

梦土上　厝骨塔

下午

雨季的云

揭开郑愁予一串谜⋯⋯⋯⋯⋯⋯⋯⋯⋯彦　火

杂文

人在欧洲⋯⋯⋯⋯⋯⋯⋯⋯⋯⋯⋯⋯龙应台

泰国来的

给我一个中国娃娃

想念草地郎

斜坡

烧死一只大螃蟹

思想栏杆

文苑纵横

海外作家和本土性⋯⋯⋯⋯⋯⋯⋯⋯⋯陈若曦

众声喧哗，多元发展——"八十年代台湾小说创作走

向"专题讨论纪要⋯⋯⋯⋯⋯⋯⋯⋯⋯何笑梅

方家走笔

返顾与前瞻

在困境中挣扎前进⋯⋯⋯⋯⋯⋯⋯⋯⋯汤淑敏

历史的脚步声⋯⋯⋯⋯⋯⋯⋯⋯⋯⋯王宗法

散文，台湾的散文⋯⋯⋯⋯⋯⋯⋯⋯⋯田　野

向纵深掘进⋯⋯⋯⋯⋯⋯⋯⋯⋯⋯⋯潘亚暾

文化交流

"秋兴"诗会速写⋯⋯⋯⋯⋯⋯⋯⋯⋯何　龙

"秋声"诗抄十首

唐婉⋯⋯⋯⋯⋯⋯⋯⋯⋯⋯⋯⋯⋯钟　玲

秋兴新赋⋯⋯⋯⋯⋯⋯⋯⋯⋯⋯⋯卢　因

隐形记⋯⋯⋯⋯⋯⋯⋯⋯⋯⋯⋯⋯罗　青

自旺角⋯⋯⋯⋯⋯⋯⋯⋯⋯⋯⋯⋯羁　魂

井⋯⋯⋯⋯⋯⋯⋯⋯⋯⋯⋯⋯⋯⋯犁　青

"发型"问题⋯⋯⋯⋯⋯⋯⋯⋯⋯⋯⋯戴　天

百潭寺之囚⸺⸺⸺⸺⸺⸺⸺余光中
月的甜和咸⸺⸺⸺⸺⸺⸺⸺原　甸
高原秋夜⸺⸺⸺⸺⸺⸺⸺⸺韩　牧
小船⸺⸺⸺⸺⸺⸺⸺⸺⸺罗燕青
东南亚华文文学的第一次盛会⸺梦　花

履痕萍踪

这一个月夜夜月圆⸺⸺⸺⸺⸺犁　青

回音壁

《台港文学选刊》介绍阿盛的散文与小说⸺杨　敏

读者广场

"选刊之友"，征文选登
《火车与稻田》的感觉⸺⸺⸺王松平
我所知爱的亦舒⸺⸺⸺⸺⸺高小英
印象或者感觉⸺⸺⸺⸺⸺⸺王　立
我的建议⸺⸺⸺⸺⸺⸺⸺李恒智

信息窗

抗战文学奖公布结果
姚一苇获吴三连文艺奖
金鼎奖揭晓
《新未来》改版
社会各界签字力保《心锁》开禁
台湾学者评大陆作品

影视一瞥

金马奖主办权烫手
亚太影展台片获四项奖
台视推出"大陆透视"系列片
侯孝贤开拍《悲情城市》
成龙慈善基金会筹款

1989 年第 2 期　刊名:《台港文学选刊》目录

窗口的女人（长篇小说）⸺⸺⸺廖辉英

　　29 岁的朱庭月,倾心迷恋已婚男人。插足何翰平家庭,与之眉目传情,继而献身不悔。两情缠绵,难舍难分。妻子义重,情人爱深,身居其中的何翰平,无论如何取舍,都是负债者。朱庭月的一个巨大变故,终将整个三角关系搅得不可收拾。恩恩怨怨,如何了断？

女性境遇的艺术之窗（文苑纵横）⸺⸺管　宁
雌雄对决（中篇小说）⸺⸺⸺⸺朱　羽

　　复仇女神姗姗而来,直逼封刀退隐十年之久的金福刀王寿堂。四条无辜人命一夜间,以同样被割断喉管的方式,不知死于何人之手。而刀王之子竟迷恋上神秘女杀手。一段旧仇宿怨昭然若揭。

新狂人百相（长篇纪实文学）⸺⸺林今开

　　文坛奇人林今开的长篇纪实文学《新狂人百相》,本刊已连载两期,本期一次性选载其性爱型、夸大型、病狂型、异行型、偷窃型、控诉型、美国型等人型。人生百态,无奇不有,定能令读者忍俊不禁。

奇人与奇书（文苑纵横）⸺⸺⸺沙　牧
"选刊之友"征文选登⸺⸺⸺⸺张远浩等

1989 年第 3 期　刊名:《台港文学选刊》目录

中篇小说

长亭⸺⸺⸺⸺⸺⸺⸺⸺⸺苏伟贞

名家处女地

霸王别姬（历史小说）
牛（短篇小说）⸺⸺⸺⸺⸺⸺张爱玲
书评四篇（评论）
天才梦（散文）
张爱玲二三事（作家素描）⸺⸺司马新
张爱玲"少作"重光（论丛小拾）

短篇小说

联合报小说奖作品
卖家⸺⸺⸺⸺⸺⸺⸺⸺⸺黄　樱
美丽之旅（极短篇）⸺⸺⸺⸺应凤凰
孝心（极短篇）⸺⸺⸺⸺⸺⸺温小平

短篇小说

地缘⸺⸺⸺⸺⸺⸺⸺⸺⸺郭良蕙
谁在黑暗中唱歌⸺⸺⸺⸺⸺郑宝娟
超级夏娃⸺⸺⸺⸺⸺⸺⸺曹又方
解发夫妻⸺⸺⸺⸺⸺⸺⸺简　媜
曲裂的天空⸺⸺⸺⸺⸺⸺⸺李　默
梦魇（极短篇）⸺⸺⸺⸺⸺⸺西茜凰

文苑纵横

女作家的现代鬼话——从张爱玲到苏伟贞⸺王德威
文学界的性别势力——女作家的美与罪⸺仲连等
大千世界⸺⸺⸺⸺⸺陈怡真　杨锦郁
雏妓⸺⸺⸺⸺⸺⸺⸺⸺⸺眭澔平
地底下的哭声走出野蛮台湾⸺⸺胡台丽

新世说

女人的革命——现代女性的性观念⸺李昂等

诗路花雨
台湾青年女诗人诗选
水仙的心情　九月二十二日看残荷…………沈花末
上邪　疲于抒情后的抒情方式……………夏　宇
洗衣心情　蓝色水手………………………梁翠梅
雁………………………………………………刘淑珍
巷子…………………………………………曾丽容
中国猫………………………………………吕慧玲
大风起兮……………………………………黄靖雅

叶叶心心
爱情散文选萃
爱情篇胡……………………………………张晓风
深山书简……………………………………品　清
只是一缕轻烟………………………………蒋　芸
给不知名的神………………………………郑宝娟

杂文
香港女作家杂文一束
恋夜…………………………………………夏　婕
天窗雨夜歌…………………………………李　默
童心…………………………………………刘晓梅
彤云笺………………………………………小　思
晚运相同的街头人…………………………方娥真
烟花地………………………………………李碧华
车内的美女…………………………………柴娃娃
妓女伟大论…………………………………圆　圆
新移民的苦恼………………………………张结凤
如果到三藩市………………………………何锦玲

同一屋檐下
龙应台母亲谈龙应台………………………应美君

读者广场
"选刊之友"征文选登………………………杜寒风等

信息窗

影视一瞥
电影金马奖花絮
两部女性电影
"神行太保"新尝试
港片去年的票房明星
新闻扫描一束
十大电影排行揭晓

1989 年第 4 期　刊名:《台港文学选刊》
目录

卷首语

生命的火熔铸了艺术灵魂,但当艺术灵魂知道怎样放射光芒时,生命的火却日渐黯弱! 文学创作过程何尝不是如此? 精力充沛时只知胡乱涂鸦,等到知道艰难了,观察入微了,却又力不从心!

——孟　瑶

一心大厦（长篇小说）………………………孟　瑶

"一心"建筑公司的董事长,女企业家吕真,原有艺术天才,为迁就现实,学习建筑。事业蒸蒸日上,却不曾谈婚论嫁,有什么隐衷? 负责业务的美少年赵湘,年少气盛,却抵抗不了酒色财气的诱惑,堕入粉红色的陷井,如何自拔? 纯情少女惠美,为赵湘,几乎舍弃性命在所不惜,缘由何在?

"一心"濒临破产,一切将何去何从?

两把钥匙（中篇小说）………………………陈韵琳

她刚自台大毕业,在一家大公司谋得女秘书职。老板是个离了婚的男人。他向她示爱,向她求婚,向她发泄兽欲。无休无止的性爱游戏,堕胎,抛弃之后,才发现他原来是……

一切如一场恶梦。空虚、寂寞、彷徨无助。那两把神奇的钥匙,能否帮助她走出泥淖?

暗杀江南案始末（纪实文学）………………董桂森

五年前震惊国际的暗杀旅美作家江南事件,一直为各国人士,特别是海内外华人广泛关注。三名元凶之中,唯一逃离台湾的董桂森,在狱中撰写自述,披露了有关刺杀案件的来龙去脉,细枝末节,触目惊心。以及他如何在世界各地东躲西藏,过着四处漂泊的生活,时刻提防远道而来的凶手追杀灭口。在巴西意外落网,纽约监禁,直至审讯宣判的全过程。对台湾一些暗杀行动内幕,也有第一手披露,颇堪一读。

"选刊之友"征文选登……………陆　公　朱文华等

1989 年第 5 期　刊名:《台港文学选刊》
目录

诗路花雨
新生代获奖诗人诗选
童话的游行…………………………………苏绍连
记事 1………………………………………杨　泽
未归·心事…………………………………向　阳
异端邪说·观音……………………………罗智成
图书馆的午后………………………………陈克华
一封关于诀别的诀别书……………………罗　青

叶叶心心

金色印象··························林清玄

死雨······························龚鹏程

贩夫风景··························钟晓阳

文苑纵横

五四三巨人························夏志清

五四与台湾新文学··················叶石涛

"五四"的产儿和香港的女儿——中国现代和当今香

港女性小说之比较（专稿）··········钱　虹

台湾新世代小说家（专稿）··········林耀德

春笋集

空山灵雨（五首）··················杨　平

精神的浪子——记杨平··············刘登翰

作家素描

初识高阳··························朱　然

读者广场

"选刊之友"征文选登················范军等

信息窗

影视一瞥

小说新锐佳作选

我的朋友住佳雾（中篇小说）········叶智中

透明人（短篇小说）··················张大春

《透明人》评介

蝴蝶变异（短篇小说）··············王定国

困扰·恐惧·恶运——简析《蝴蝶变异》·····余　禺

香格里拉恋歌（短篇小说）··········王幼华

恋歌弯弯绕——《香格里拉恋歌》赏读····嵩　松

劳先生（短篇小说）················骆笑平

青年文学奖获奖小说

红字团····························骆以军

评骆以军的《红字团》········东　年　张大春

《红字团》得奖感言················骆以军

雨停了····························王桂英

左手的信札························曹永强

卷首

　　我不知道天心什么时候会写出一篇历史小说来，但是《时移事往》笔力纵横，叙事简洁，文理有思，一支

史笔该有的，她已有了。

　　爱波（注：《时移事往》女主人公）如果是时尚的弄潮儿，天心化身为叙述观点的男子，就是晴空旷日下湛蓝的大海。潮涨潮落，花开花谢，他那样包容、好意，尊重这个世界。他的柔和，又如菩萨低眉，垂望扰扰红尘里生老病死。全篇的重量所托，天心不是以荡荡人世把它浮出，毋宁以男子对爱波的贯彻的爱把它提起。可以说这次，我们又看到了天心以她那本色的强大，"天行健"的强大，拔起她自己，亦拔起她的国。

　　　　　　　　　　　　　　　　——朱天文

时移事往（中篇小说）··················朱天心

　　一个冬天的夜晚，收尽焚过的山野稻田里，隐约有白色飘动着的影子，一个女体披一袭及地白袍，裸露着的手膀伸向天空。是人？是鬼？是精灵？

　　梦里梦外，他总看到爱波在人体摄影展上浑圆洁白的大腿、丰美的肉体。想象中不知多少次以她作为男女之事的对象，却没想到有一天竟会以这样的方式进入她的身体。

　　他爱爱波一生，如痴如狂，曾经四次亲手探到她体内的最深处。终于，他不得不"拿起锐利的刀，从她的胸口划下去，直划到腹腔中线，揭开表皮，把脂肪连肋间神经一块移开，再用钩子扒开腹腔……"

香港金瓶梅（长篇小说）··················金东方

　　香港女作家金东方，借笑笑生《金瓶梅》中的人物和事件，通过大胆想象，演绎成《香港金瓶梅》，让情节在高度现代化、声色犬马的香港社会里展开，同时巧妙展示香港城市发展、人情世故、商业竞争。不仅有很强的可读性，且有一定的认识价值和艺术特色。

　　潘金莲偷渡到港，是沦落风尘还是骗嫁财貌俱无的武大郎？打虎英雄无用武之地，对嫂嫂似有情？似无意？富甲一方的商业巨子西门庆，与潘金莲勾搭成奸，武大郎甘戴绿帽？协议离婚？丧生奸夫拳脚之下？西门庆新欢不断，纵欲无度，死于绝症；潘金莲失宠又中"美男计"，与女婿乱伦偷情。武松突然现身，对潘金莲一往情深。娶她，杀兄的淫妇竟成恩爱夫妻？杀她，为兄长复仇雪恨？

　　这一段流传了千年又千年的恩怨情仇，在香港这个特定环境中，在金东方总给人以意外的笔下，将如何了断？

"选刊之友"征文选登

欧美华文小说林

杀妻（中篇小说）··················张系国

杀夫、杀妻、沙猪（文学的对话）····张系国　李　昂

沙猪传奇（寸心集）⋯⋯⋯⋯⋯⋯张系国

名家名作回顾展
破晓时分（中篇小说）⋯⋯⋯⋯朱西宁
从事序结构到叙述结构（文苑纵横）——读"破晓时
分"所想到的⋯⋯⋯⋯⋯⋯袁和平

台湾小说新说
啸阿义，圣阿珠（短篇小说）⋯⋯黄有德
疯与圣——读"啸阿义，圣阿珠"（文苑纵横）雷　骧
苦闷的性——评黄有德的"啸阿义，圣阿珠"（文苑纵
横）⋯⋯⋯⋯⋯⋯⋯吴锦发

香江小说家族
微型小说一束
明眸⋯⋯⋯⋯⋯⋯⋯⋯张君默
鸟⋯⋯⋯⋯⋯⋯⋯⋯慕　翼
八号风球下⋯⋯⋯⋯⋯⋯东　瑞
父女怨⋯⋯⋯⋯⋯⋯⋯陈　娟
拾遗⋯⋯⋯⋯⋯⋯⋯⋯南　思
都是生日⋯⋯⋯⋯⋯⋯⋯松　木
高空猫⋯⋯⋯⋯⋯⋯⋯范　剑
论香港的微型小说（文苑纵横）⋯⋯周文彬

旅之情
星石（短篇小说）⋯⋯⋯⋯⋯三　毛
旅途（短篇小说）⋯⋯⋯⋯⋯呼　啸
阳光大道与天蓝海岸（散文）⋯⋯叶维廉
重访海德堡（散文）⋯⋯⋯⋯金耀基
狮城贪食街风情（散文）⋯⋯⋯程榕宁

诗路花雨
台湾图象诗选
流浪者⋯⋯⋯⋯⋯⋯⋯白　荻
风景·房屋⋯⋯⋯⋯⋯⋯林亨泰
插秧·山路上的蚂蚁⋯⋯⋯⋯詹　冰
湖滨之山⋯⋯⋯⋯⋯⋯⋯秦　松
慢车厢中⋯⋯⋯⋯⋯⋯⋯季　红
蜘蛛·砖⋯⋯⋯⋯⋯⋯⋯杜国清
电梯⋯⋯⋯⋯⋯⋯⋯⋯谢　馨
扶摇⋯⋯⋯⋯⋯⋯⋯⋯萧　萧
文明几何⋯⋯⋯⋯⋯⋯⋯林燿德
视觉美的追寻（文苑纵横）⋯⋯朱双一

叶叶心心
代马输卒（四篇）（散文）⋯⋯张拓芜
用生命书写的（文苑纵横）——张拓芜和他的散文
⋯⋯⋯⋯⋯⋯梦　花　吴颖文

童话世界
迟到（童话）
三盏灯（童话）⋯⋯⋯⋯⋯林海音
蔡家老屋（童话）
写给少年朋友（寸心集）⋯⋯⋯林海音
林海音和她的儿童故事（文苑纵横）⋯⋯陈文祥

文苑纵横
寻找香港文学的突破口——在龙香文学社座谈会上的
发言⋯⋯⋯⋯⋯⋯⋯⋯王宗清

读者广场
"选刊之友"征友选登

点答台
台湾"学生文学奖"简介

信息窗
影视一瞥

作家之旅
张系国

1989 年第 8 期　刊名:《台港文学选刊》

目录

卷首

　　每一个女孩子都有她寂寞的十七岁。

　　十七岁、十七岁、十七岁：人人都有他的十七岁，像花、像雾、像雨、像露；开了，谢了；来了，散了；落了，止了；降了，干了。

　　但是，谁记得呢？谁珍惜呢？

　　女孩子的十七岁，罩着一层忧郁的雾，她活在小小的忧郁里，忧郁像一片轻丝，把她的心灵缠住，她想从轻丝样的雾中冲出，从轻丝样的忧郁中冲出；但是，冲出又怎样呢？轻丝外，雾外，是一片空白，是一片寂寞：她需要的是——抓住一点什么东西。

　　只是，抓住什么东西呢？

　　　　　　——尹雪曼《十七岁·十七岁·十七岁》

且伴蔷薇（长篇小说）⋯⋯⋯⋯姬小苔

　　钱，没有人不喜爱，但又是万恶之源。

　　爱，爱过方知情重，醉过方知酒浓。

　　性，有强大的诱惑力，没有爱做基础，是何等可悲。

　　心高气傲，才貌超群的越红，独自咀嚼十七岁的耻辱。十来年里，再不肯言情论爱。偶然邂逅房东陈诚，竟能使她魂牵梦萦，生死相许。陈诚何许人也？

　　英俊潇洒，留洋归来的科技专家韦杰恩，是众多名

媛淑女父母心中的娇客。为什么向越红求婚，却屡遭冷落，被拒于千里之外。此中有何纠葛？

在美国纽约开天堂夜总会，以经营台湾女子肉香为业的越明和工商界十大巨子之一的孙国玺，两人谁是越红的生父？数以百万计的家产将归于越红名下，她又为何愤而离家出走？

地铁专家陈诚，堂堂伟岸男子，竟为百成公司老板的女友亚美花神魂颠倒，醉生梦死。而黄百成对富家痴情女南茜张的热烈追求，视若无睹，避之唯恐不及，唯对亚美花情有独钟。亚美花魅力何在？

孙国玺爱女嘉露，得万千宠爱于一身。组建"青苹果"合唱团，成为影视歌坛瞩目的明星，却因堕胎不慎，猝死于医院手术台上。元凶是谁？是获国际影奖，衣锦还乡的大导演华重规？是中法混血儿音乐家吉米？还是……

越红精心设计打造、送给孙国玺的金袖扣，一夜之间，缀在了当红女影星乔琪的袖口上。两人有什么隐情？藏于金屋的神秘小天使又系何人之女？乔琪突然服毒割腕自尽，奥秘何在？

豪门里的亲情、友情、爱情、金钱、欲望、名利、恩恩怨怨，永远有说不完的故事。

1989 年第 9 期　刊名:《台港文学选刊》
目录

抗战文学
狱中记（中篇小说）……………………叶石涛
修罗的晚宴（短篇小说）………………王　璇
玫瑰、紫藤、雪莲、女萝（文苑纵横）……亮　轩
龙陵五日（短篇小说）…………………张大春

小说新奖新选
爱情机器（短篇小说）…………………搏　生
一六四九（推理小说）…………………叶言都
半瓶子油（极短篇小说）………………何伟康
扫出来的兴（极短篇小说）……………温瑞安
攀木蜥蜴（极短篇小说）………………王家祥

选刊之友
第一届"选刊之友"征文获奖名单
纽带：在读者与编者之间——第一届"选刊之友"征文综述
征文选登（十二篇）

叶叶心心
论泥做的男人…………………………林语堂
论赤足之美
论解嘲

林语堂精摘
孔孟风骨　幽默文章——试谈林语堂其人其文（文苑纵横）……………………徐　学

大千世界
穿山甲人………………………………柏　杨
附：送别与叮咛………………………柏　杨
墨西哥去来……………………………沈鉴治
人人都告状——美式生活写照………王亦令

春笋集
当风从窗前走过（短篇小说）…………葛爱华

方家走笔
返顾与前瞻（四题）
检视来路寻求突破——研究十年感言………刘登翰
一步一蹭走过的十年轨程………………白少帆
贺"选刊"创刊三十期——台港文学门外谈…袁良骏
批评的转机——台港及海外华文文学研究现状之一瞥
………………………………………殷国明

文苑纵横
窗口与纽带——写在《台港文学选刊》创办五周年
………………………………………艾　芝

文学的对话
关于《台湾新诗发展史》和《台湾小说发展史》在海峡两岸同时出版答记者问………………古继堂

影视一瞥
信息窗

1989 年第 10 期　刊名:《台港文学选刊》
目录

卷首

台湾在近几十年都市文化的过程中，有许多值得描述的现象，值得探讨的心理，我关心它，因为我身在其中。我的文笔粗糙，情节不够浪漫，表现手法敏感锐利，技巧前卫，读我的小说并不能得到快乐，也许只能感到苦涩，荒谬，没有娱乐性，不能修身养性，也许获得了些批判的观点，也许获得了悲悯与同情的力量。

——王幼华

欲与罪（中篇小说）……………………王幼华

一座公寓里住着各式各样的人物：富足而嗜赌的商人；犯有前科，立意脱胎换骨的青年；疯疯癫癫的老头；玩世不恭的无赖；急于尝试各种欲望的少年；女企

业家；被抛弃的大龄女子；和房东偷情又珠胎暗结的少女；酒吧女郎。一桩纵火案烧出所有人的魂灵。唯一清醒的酒吧女，突然发现自己正迷乱地置身于一个奇异的祭典中。

花好月圆（中篇小说）································亦 舒

她美丽、聪颖、富有，英国皇家学院的毕业生。

她可以同时爱很多人，男朋友如过江之鲫。

她弄混了时间，把活过的日子再话一次；弄混了男友和医生谁是谁，也弄混了自己的神思。

竟然被一段失去的恋情认真地迷了心窍，就这样在似病非病、似疯非疯之中痴痴地盼待着……

股票族的天空（长篇小说）····················林佩芬

0、1、2、3、4、5、6、7、8、9，总共只有 10 个数字。就在这 10 个数字的组合中，一场魔幻似的游戏飞速进行着，瞬息万变。人们眼花缭乱，掌握不住这急速的变局，又难以抗拒那金钱的诱惑力。于是，众多人物云集在这玩股票的大家族中。丽人、才子、政界要人、商业巨子……——卷入黄金美梦角逐的涡流，于欲望充溢煎熬中不得安宁；凝聚高光的照射下，人性赤裸横陈。此中还能追求真挚深重的情感？还可有脉脉含情的契约？

倾轧间是遍地残存的肢体和受伤的灵魂。

然而一切又会归于平静。世界还在继续。

1989 年第 11 期 刊名：《台港文学选刊》
目录

叶叶心心
悲欢交织录································三 毛
不死鸟（散文）··························三 毛
乡愁
小丁神父的女人
关于三毛的散文（文苑纵横）··········郭 风
"红花独行侠"
——台湾女作家三毛印象（浦江探骊）······朱 蕊

文苑纵横
悠悠岁月匆匆过
——写给《台港文学选刊》五周岁······季 仲

选刊之友
台港及海外华文文学作品推荐奖征稿启事
第二届"选刊之友"征文启事

文坛素描
侯孝贤以真性情与犀利镜头捕捉人世悲喜
电影永不停场——联副第四届"每月人物"吴念真特写

影视一瞥
信息窗
新文学

中篇小说
今夜微雨································廖辉英
今夜又微雨（寸心集）················廖辉英

短篇小说
恭喜发财································李 潼
李潼和他的《恭喜发财》（文苑纵横）······季 季
国色天香································雨 萍
钟····································平 路

台湾小说新说
大城（短篇小说）····················林俊颖

东南亚小说界
镜里芙蓉（中篇小说）················李天保
罗网，仍未挣脱（文苑纵横）··········蔡师仁
最初的梦魇（短篇小说）··············朵 拉

台湾校园文学
台湾学生文学奖获奖诗作（四首）
··················罗元辅 谢建平 李进清 刘正忠

1989 年第 12 期 刊名：《台港文学选刊》
目录

卷首

我知道被铸成的不是你的第一柄，/我痴望被铸成的是我最后的一柄，/从你绕指温柔的巧手里，我开始了一柄钢剑的历史，/一段千锤百炼的感情，时至今日/隐藏在剑鞘暗处的我，将何以自处——/我的历史只有一种/你的感情却有千面。

——张错《故剑》

黄金泪（长篇纪实文学）··············张 错

自从一个半世纪前美国人在加利福利亚发现金矿以来，疯狂的黄金热席卷了美洲，也波及了中国。

于是有一批批的中国苦力拖着镣铐，被装进了暗无天日的"猪仔船"，向着浊浪滔天的航程，向着冥冥茫茫的彼岸……

姑娘（中篇小说）····················钟晓阳

它以地狭人稠的香港为背景，叙述在一间私人诊所里的三位年轻女孩之间的故事，写她们青春勃发期的情思、感觉、迷茫……

布军（中篇小说）····················夏 婕

"常绿"广告公司女经理屈布军，为人行事向来不顾忌前后左右四面八方，此次却一筹莫展。深爱的青蛙王子另有他的妻儿，而人人认定的乘龙快婿又总是触痛她那段过往的情结。人际之间，往往就是这般离奇又不合情理。

浮名（中篇小说）··········温瑞安

她到底是什么样的女子？一会儿是淘气顽皮的纯真女孩，一会儿是婀娜多姿的俏佳人，一会儿是端庄真诚的智慧女性，再一会儿又风骚媚俗，为名利不惜出卖灵与肉。她在台上台下都演戏，真真假假，变幻无常。

穿黑风衣的作家、纯净的杏黄女子、矫情的绯红色女影星，这是一个五彩缤纷的故事。

《特区文学》

【简　介】

综合性文学双月刊。深圳文学艺术界联合会主办。创刊于1982年。其主要立足深圳经济特区，面向海内外推介特区文学尤其是深圳青年作者，并介绍海内外华文文学作品，以港澳为重，间或有古体诗体的创作，在海内外引起广泛关注和热烈反响。

1982 年第 1 期　刊名:《特区文学》
目录

中篇小说

爱的宣言··················谭日超

短篇小说

追求··················黄庆云
进城··················陈国凯
选择··················黎珍宇
朗·策史葛舅舅··········黎　明
门庭若市··················朱崇山
"靠边奏事件"··········李汝伦

散文

度假村纪游··················陈残云
拱北关前··················沈仁康
岛居絮语··········（中国香港）彦　火
月是故乡明··················刘学强
仙人掌的思念··················雨　纯
博雅画廊··················邓　维

古体诗词十一家··················黄施民
李　门　秦咢生　夏承焘　林散之　张执一　萧　军
舒　芜　梁耀明　吴其敏　谭任杰

深圳之歌

深圳巨变··················韩　笑
我的歌献给早晨··················柯　原
望特区（二首）··················西中扬
初进特区（二首）··················莫少云
深圳诗叶··········（中国香港）碧　沛
边城赋（组诗）··················韦　丘
罗湖桥上的界桩··················郭光豹

香江诗叶

抗议，送年··················原　甸
肇庆七星岩··················叶维廉
海市··················黄河浪
海潮··················秦岭雪
杂诗二章··················吕　剑
绿灯··················周良沛
射击（叙事诗）··················张永枚
烟··················邵燕祥
侨乡二题··················西　彤
"神女"峰前··················李　新
天文集（组诗）··················王　岩
野外··················符　冰
我的思想在大海飞翔··················陈耕海
影子··················晨　声

评论

陈映真的创作道路
附：陈映真的短篇小说《乡村的教师》··················封祖盛

卖沙爹的歌吟者
——评原甸的诗集《香港风景线》⋯⋯⋯⋯岑 桑
诗与探索
——评蔡其矫的诗⋯⋯⋯⋯⋯（中国香港）陶 然
细微见宗旨，素朴觅奇崛
——评杨干华 1980—1981 年的短篇小说
⋯⋯⋯⋯⋯⋯⋯⋯⋯⋯⋯⋯谢望新 李钟声
创造者女娲的颂歌:《补天》⋯⋯⋯黄 雨

消息·动态

广东一些老作家近况⋯⋯⋯⋯⋯⋯⋯⋯郑 莹
杨在葆在香港谈国内电影⋯⋯⋯⋯⋯⋯立 明
《深圳飞鸿》即将出版⋯⋯⋯⋯⋯⋯⋯吕 攀
香港影视⋯⋯⋯⋯⋯⋯⋯⋯⋯⋯⋯⋯玉 生
《书剑恩仇记》再拍电影
国际影院面临新威胁
"成龙"成商品，唛头有专刊
日本片酬最高的影星高仓健已拍片 115 部⋯⋯钟集成

美术·摄影

深圳美术摄影作品选（九帧）⋯⋯⋯⋯⋯插页
封面设计和诗歌插图⋯⋯⋯⋯⋯⋯⋯黄菊芬
封面题半⋯⋯⋯⋯⋯⋯⋯⋯⋯⋯⋯秦咢生
小说散文插图⋯⋯⋯⋯⋯⋯⋯⋯⋯⋯林 埔
内文照片（七帧）⋯⋯⋯⋯⋯⋯⋯何煌友等
题花设计⋯⋯⋯⋯⋯⋯⋯⋯⋯⋯⋯李小桦
装帧设计⋯⋯⋯⋯⋯⋯⋯⋯⋯⋯⋯杨石友
编后 稿约

1982 年第 2 期　刊名:《特区文学》

目录

报告文学

深圳湾的驾浪者⋯⋯⋯⋯⋯⋯李伟彦 刘学强

中篇小说

影子在月亮下消失（插图陈衍宁 题字徐家琦）
⋯⋯⋯⋯⋯⋯⋯⋯⋯⋯⋯⋯⋯⋯朱崇山

短篇小说

彩虹在伸延（插图陈衍宁）⋯⋯⋯⋯⋯吕 雷
车到关前（插图陈衍宁）⋯⋯⋯⋯⋯⋯郁 茏
月满西楼（插图陈衍宁）⋯⋯⋯⋯⋯陈伯坚
奇遇⋯⋯⋯⋯⋯⋯⋯⋯⋯⋯⋯⋯⋯何玉生

港澳作家之页

最后的手车夫（小说·插图 陈衍宁）⋯⋯海 辛
果哥一家（小说·插图 甘平）⋯⋯⋯东 瑞

香港浮世绘（散文·插图 陈衍宁）⋯⋯王 方
夏之梦（散文·插图 伍启中）⋯⋯⋯彦 火
赤道线上（散文诗·插图 陈衍宁）⋯⋯陶 然
水渍集（诗·插图 林埔）⋯⋯⋯⋯⋯陶 里

散文

回忆录⋯⋯⋯⋯⋯⋯⋯⋯⋯⋯⋯⋯萧 殷
访美散记⋯⋯⋯⋯⋯⋯⋯⋯⋯⋯⋯梅重清
桨声橹影画中游（题图伍启中）⋯⋯⋯紫 风
海外奇踪⋯⋯⋯⋯⋯⋯⋯⋯⋯⋯⋯朱玉书
东方在微笑⋯⋯⋯⋯⋯⋯⋯⋯⋯⋯曾应枫
漫长的求索⋯⋯⋯⋯⋯⋯⋯⋯⋯⋯符 冰
桂岛月（题图伍启中）⋯⋯⋯⋯⋯⋯杨羽仪
旧体诗词十二家⋯⋯⋯⋯⋯⋯⋯⋯黄施民
丁 力 吴其敏 曾敏之 蔡厚示 流 沙 谢 堂
周笃文 杨伟群 曹 河 李伟彦 莫 鲁

诗歌

蹦出贝壳的珍珠⋯⋯⋯⋯⋯⋯⋯⋯洪三泰
没有炮火硝烟的战场（插图曾景生）⋯⋯瞿 琮
深圳情（三首）⋯⋯⋯⋯⋯⋯⋯⋯郭光豹
欧外之诗（四首）⋯⋯⋯⋯⋯⋯⋯欧外鸥
劝酒歌（外一首·插图黄希躁）⋯⋯⋯郑 南
半屏山⋯⋯⋯⋯⋯⋯⋯⋯⋯⋯⋯于宗信
生活偶感⋯⋯⋯⋯⋯⋯⋯⋯⋯⋯陈耕海
我们生产轴承⋯⋯⋯⋯⋯⋯⋯⋯⋯顾晓军
防浪柳（外一首）⋯⋯⋯⋯⋯⋯⋯姜 洪
脚手架·推（插图陈宏新）⋯⋯⋯⋯任海鹰
教师手记（插图曾景生）⋯⋯⋯⋯⋯张 越
乡思（插图陈宏新）⋯⋯⋯⋯⋯⋯李富棋
养蚝图⋯⋯⋯⋯⋯⋯⋯⋯⋯⋯⋯黄振超

电影文学剧本

天鹅的故事（插图伍启中）⋯⋯⋯⋯沈宏菲

评论

论苏轼的《和陶诗》及其评价问题⋯⋯朱靖华
壮岁犹存赤子心
——读诗集《芦荻抒情》⋯⋯张振金 黄卓才
经冬不枯 非春亦放
——记香港散文作家彦火⋯⋯⋯⋯雨 纯
吴伯萧和他的散文⋯⋯⋯⋯（中国香港）梅 子
清新·简练·抒情
——读沈仁康的散文⋯⋯⋯⋯谢望新 李钟声
鞭挞世态的《奔月》
——鲁迅《故事新编》欣赏之二⋯⋯⋯黄 雨
诗的通信⋯⋯⋯⋯⋯⋯⋯⋯⋯韦 丘 洪三泰

美术·摄影

美术作品四帧·············胡国良 钟安之 郭炳安
摄影作品四帧······陈复礼 何煌友 陈 勋 郑 耕
新苗画展选五幅··············卜 镝 何 琳 阿 西
陈跃文 谢嘉怡
人杰地灵 振兴有望（书法）············李苦禅
封面设计··································黄菊芬
封面题字
题花设计··································李小桦
消息动态

1982 年第 3 期 刊名:《特区文学》
目录

如果我能再从头生活一次·················杨 沫
人杰地灵 振兴有望
——参观广东经济特区随感············李苦禅

电视剧本
入楼风细细·····························高 永

中篇小说
万能与万恶（插图招炽挺）··············梁 信

长篇选载
番姑娘的爱（插图曹子铎）
——长篇小说《南洋流浪儿》中的两章····白 刃

短篇小说
国徽，在心底闪光（插图梁 谦）··········田 农
烟（题图黄穗中）·····················陶 萍
署名（插图陈一林）···················张 鑫
我们都是清洁工（插图黄穗中）···········廖 琪
掌纹（题图李小桦）···················康 青

报告文学
看这里黄土怎样变成金·················谭日超

港澳及海外作家之页
一束红玫瑰··························胡晓风
澳门十四行两首·····················陶 里
香港中区剪影（插图黄始超）············舒 非
吊住的黄昏（插图黄始超）··············石 君
香港咏叹调（插图曹子铎）··············东 瑞

古体诗词十一家·············黄施民 刘逸生
曾敏之 李汝伦 刘 征 何光年 赖 荣 莫 鲁
周笃文 陈 江 芦 荻

散文

巍巍丰碑前的遐想（插图王恤珠）——为纪念廖仲凯
先生而作·····························张 竞
良师益友——怀念韩北屏同志············戚俊民

评论
文学通讯····························肖 殷
《随想录》书评随笔············（中国香港）朔 北
他提供了什么启示？
——读吕雷短篇小说想到的·······谢望新 李钟声
一封来自粤东的信····················许益光
民族心貌的投影·············（中国香港）壁 华
冬天里的春歌
——读郭玉山的《海南之冬》············陈俊年
诗品
不把一切都说出来·············章以武 竺柏岳
古诗园残卉录························杨光治

诗歌
绿叶小唱····························朱小丹
蔚蓝色的诗笺（题图卢 卫）·············孙友田
诗三首（插图卢 卫）··················林 希
哎，粉墙的小伙子（插图梁 皓）··········颜 烈
帆（插图梁 皓）·····················杜国光
高速公路····························叶之秋
评论作法····························黄 雨
散文诗三题··························李 耕
消息·······························卫世平
我呼唤·····························李加建
透过尘埃（插图梁 皓）·················蓝天云

美术·摄影
美术作品三帧························林 墉
摄影作品三帧····（中国香港）赵 宇 林为农 康 斌
封面设计····························黄菊芬
封面题字····························秦咢生
题花设计····························李小桦
消息动态

1982 年第 4 期 刊名:《特区文学》
目录

短篇小说

部长的烦恼（插图、题图林次）···········杨干华
杜果树下（插图、题字刘幼陶）···········杜 埃
中国 ANGEL（插图唐大禧）·············黎珍宇
多出来的薪金（插图唐大禧）············阿 铮
内有恶犬（插图唐大禧）···············欧嘉年

雨渐渐地下着（插图唐大禧）————————————陈荣光

长篇选载
热带惊涛录（插图潘晋拔）————————————陈残云

中篇小说
辅弼之歌（插图洪斯文）
——南王冯云山历史传奇————————————李　门
大地（插图黄菊芬　题字刘幼陶）————————徐　刚

港、澳、海外作家之页
十六岁（短篇小说·插图刘幼陶）————————陶　然
由赤社到尺社
——画坛回忆之一————————————————黄蒙田
香港咏叹调（散文诗·插图曹子铎）————————东　瑞
金融图景（诗）————————————————————张诗剑
新西兰篇章（诗二首）————————————————风　铃
中国电影五十年回顾展在意大利————————列　孚

诗歌
给他（插图黄菊芬）————————————————林　子
特区——村姑的早晨（题图黄菊芬）————————郭玉山
海南情思（插图黄菊芬）————————————————李小雨
深圳，送给你一棵长白山的红松————————许　行
深圳剪影（插图黄菊芬）————————————————吴淮生
红绿灯（插图林　次）————————————————西中扬
鱼塘——银矿（外一首·插图陆驰）————————郑　南
起飞吧，白天鹅————————————————————朱光天
海螺号————————————————————————李　放

古体诗词八家————————————谢　堂　劳　力　周笃文
丁　力　流　沙　黄施民　芦　荻　（中国澳门）胡
晓风

散文
事业在召唤（报告文学·摄影蔡石云）————邓　维
唱一支共同的歌
——记台湾旅美诗人秦松————————————田　野
惠州行————————————————————————范怀烈
特区文艺花圃的蓓蕾（通讯）————————————黎乔筑

评论
广东诗坛的一颗新星
——读郭玉山的诗————————————————韦　丘
飞吧，特区的鸿雁（摄影刘智仁）
——读《深圳飞鸿》随想————————————陈俊年

美术·摄影
美术作品五幅————艾　轩　李正康　简崇志　简崇民

摄影作品六幅————————————————————苗小康
冯小琳　钟国华　薛国良　陈友粦　冯奔驰　廖峻清
封面（油画）————————————————————胡仁樵
消息动态

1983 年第 1 期　刊名:《特区文学》

目录

中篇小说
彩色的边缘————————————————————朱崇山

短篇小说
每当变幻时————————————————————刘学强
老板————————————————————————阳　磊
"肥婆金——拜拜！"————————————————谭日超
棠梨花映白杨路————————————————————竹　林
一瓣飘落的蔷薇————————————————————黎　明
守岁————————————————————————邹月照
馈赠————————————————————————林小玎
搏击————————————————————————戴胜德

报告文学
我们的星空————————————————————若　素

港澳及海外作家之页
割肉（小说）————————————————————慕　翼
银色的影子（小说）————————————————海　辛
班芝兰之夜（散文）————————————————黄东平
回忆画家张光宇（散文）————————————黄蒙田
香港浮世绘（散文）————————————————王　方
散文四则————————————————————————陶　然
笑（诗）————————————————————————原　甸
东瑞短篇小说的创作特色（评论）
——评《香港一角》————————————————天　涯

旧体诗词八家————————————————黄施民　李　门
罗源文　高　旅　莫　鲁　杨伟群　李汝伦　黄光正

散文
浸月（外一章）————————————————————杨羽仪
怀念杨刚老师————————————————————王　陵
伶仃赋————————————————————————谭方明
长白山色————————————————————————胡　昭

评论
足迹
——读韦丘的诗————————————谢望新　李钟声
追求和创造美的知春鸟

——谈杨羽仪的散文————陈剑晖 郭小东
叙事诗与情语————李汝伦
传说与现实绝妙结合的《理水》————黄 雨
佛·菩萨·诗人————闻 山

诗歌
致一个海湾（外一首）————郭玉山
失望和希望————张永枚
雪地上（外一首）————翁景贵
柳————龙彼德
林泉————冰 夫
甜甜的小枣————温 斌
在特区，我寻找……————姚成友
短诗一束————赵 捷
海外情思————田惠刚
我瑞详着这个听诊器————关振东
铸工的杰作————弘 征
丹霞相思————邓玉贵
向往————于宗信
黄昏（外一首）————秋 原
边城的尘（外一首）————王广仁

美术·摄影
美术作品四幅————何炽佳 陈宏新 刘幼陶 郭炳安
摄影作品二幅————何煌发 苗小康
封面（园林雕塑）————唐大禧
消息动态

1983 年第 2 期　刊名:《特区文学》
目录

中篇小说
特区的早晨————陈荣光
明天，我们去采三色堇————李 晴
阿基的一天————戴胜德

短篇小说
高高的玉兰树————吴亮华
哪里是岸————观 达
日落的"黎明"————邓 炯
仇恨手表的人（翻译小说）————［美国］
维多·甘宁著 黄嘉琬 黄后楼译
"戆虾"————吴 阳
寸草心————苏小红

汕头特区专辑
老亲家进山（小说）————杨昭科 杨开勤
岭南柳绿魂长归（散文）————杜桂芳

潮州开元寺记游（散文）————蔡泽民
遐想（诗）————沈 吟
啊，金沙（诗）————颜 烈
春啊，我该用什么来迎接你————杜国光

旧体诗词九家————黄施民 张华云 秦萼生
萧 丹 谢阳光 范 敏 李雪光 胡晓风 曹 何

散文随笔
访美散记————梅重清
文学哺育中美友谊————门瑞瑜
迟到的哀辞————郑朝宗

评论
喜读两部新人新作————陈国凯
评《特区文学》创刊一年的中短篇小说————李钟声
历史的一页
——韬奋笔下的华侨————刘景华
轻盈挺拔绘风云
——谈碧沛的诗————庄钟庆

诗歌
我是巨龙————陈小奇
在这个世界上————陈更海
牛车夫之歌————李 放
立体交叉城————林建平
春雨（外三首）————金成辉
路的倾诉————张立伦
香港之歌————碧 沛
在特区土地上————黄振超

美术作品
中秋月（油画）————黄希舜作
妙手生花（油画）————黄菊芬作
特区的早晨（版画）————黄向阳作
建设中的特区（版画）————李平洋作
西沥秀色（国画）————许典山作
边城英姿（国画）————杨德琪作
消息动态
编后感言

1983 年第 3 期　刊名:《特区文学》
目录

风筝何处飘————黎珍宇
边城，有我迷惘的寻觅————朱俊武
156 次东北—西北————乔雪竹
我没有皈依————李 莘

瞑色入高楼（中篇小说，未完）·········白　洛
飞红巾（中篇小说，未完）···········梁羽生
"第一把手"的喜剧·············黄廷杰
山里事·················叶　笛
鸡肉望·················熊　诚
情断罗湖桥···············李建国
浪尖上的信笺··············吕　雷
朱崇山小说创作断想············郭小东
绿萍的青春（小说）············陈　娟
聂华苓的故事——海外华侨作家掠影之一···彦　火

爱的翅膀················洪三泰
穷人的恋人·········川端康成著　林少华译
有个母亲在曼维尔
　　玛乔里·金南·罗林斯著　张祥麟译
路是怎样在脚下伸延的
　——记深圳市基础工程工作组·······黎　明
这些没有食物的人们（外三首）
　　　　　柯莱·洁莉著　叶君健译
於梨华与留学生文学
　——海外华裔作家掠影之三·······彦　火
艳·············水上勉著　温德美译

1983 年第 4 期　刊名:《特区文学》
目录

岬角上的墓碑··············金沙水
飞红巾（中篇，续完）···········梁羽生
多好，生活在今天（外二首）········顾　工
车船漫兴················刘　征
青青的橄榄岛··············瞿　琮
看更人（小说）·············东　瑞
《深沉的恋歌》序言——给郭光豹同志的信··公　刘
寒冷的黎明···············雁　翼
致公刘·················郭光豹
速写陈若曦——海外华裔作家掠影之二···彦　火
读陶然的《香港内外》···········梅　子
再认识托尔斯泰——你不能说你已经认识了他了，我
也是最近才认识他的···········欧外鸥
愿将心血灌蔷薇——读赖志华的诗有感···韦　丘
喜悦?·················陆海桥
在那古老的青砖大屋里···········里　汗
春天诗草（组诗）
　——写给蛇口工业区的建设者们·····黄振超
飞来寺传奇···············王文锦
瞑色入高楼（中篇小说，续完）·······白　洛
光阴呀，你往哪儿流逝?··········黄天源
成功者的烦恼··············吴　铧
犁，拉过大地（六首）···········赖志华
墨绿色的缎面··············陈仲义
彩色的乡情——农民作家杨干华·······杨羽仪
伸手就握到你··············秦　松

1984 年第 1 期　刊名:《特区文学》
目录

一栋向阳花·········社尼·骚瓦蓬著　张志国译
天上的月亮···············杨干华
这里正当早晨··············朱崇山

1984 年第 2 期　刊名:《特区文学》
目录

缅怀父亲——罗清桢···········罗俞凡
灿烂的红霞···············严捱美
巨笔雄辞写稼轩
　——茅盾《读〈稼轩集〉》诗歌后·····李　林
一九七六年十二月题思政方家藏雄才黄山写生卷
　　　　　　　　　　　　　　秦咢生
某年某月某地··············谭朝阳
笔下生花，情溢满篇——《夜曲》读后···尤索夫
劫后的森林···············杜　埃
宇宙的游子——郑愁予
　——海外作家掠影之四·········彦　火
边关吟（二首）·············郭光豹
春蚕到死丝方尽——我所认识的萧殷师···黄廷杰
树高千丈，落叶归根
　——读《母女浪游中国》········赵婉洁
笔仍屹立着——痛悼萧毅老师·······刘学强
女医生的手（附短评）···········李才金
归航曲（诗）··············郑愁予
天平（中篇）··············陶　然
听沨——张人希和他的书画篆刻······傅子玖
啊，中年················李发模
迷乱的乐章···············丘超祥
雪地上的星星··············於犁华
还原——海南人之四············伊　始
他的心紧贴着生活和大地——杜埃的散文··陈剑晖
三更独白················易　征
六十三街（散文，外二章）········许达然
几页小札——深圳掠影··········钟永华
望云楼诗抄···············曾敏之
恋语·················张永枚

1984 年第 3 期　刊名:《特区文学》
目录

中篇小说

特命全权大使·······································杨爕仪
在那块古老的土地上·····························宋学孟
燕歌行···黄茂初

短篇小说

绿的协奏曲···张　维
绿草茵茵···楚　明
雨··孔祥彦
因倔得福···阮乐天
长白山的童话·······································吴广孝

报告文学

时代的弄潮儿·······································李树政

深圳青年文学社专辑

上班进行曲（小说·门见海评点）···············李小甘
"海上世界"的故事（特写）
　　——记深圳蛇口的"海上世界"···············黎　明
铲机师傅（小说）···································李建国
小邮亭（小说）·····································朱俊武
深夜，海边有一个人（小说）·······················林　坚
给妈妈的信（散文）·································李丽娟

港澳海外作家之页

露丝不再回来（小说）·······························东　瑞
望云楼随笔（随笔）·································曾敏之
深圳河（散文诗　外二章）·························梅　子

海外华裔作家掠影

现代、传统的许达然·····················（中国香港）彦　火

旧体诗词六家·······································丁　芒
关振东　林春吉　叶季安　莫　鲁　张华云

散文

东京散记···黄施民
美的诗，美的灵魂
　　——和诗人林子在一起···························赵琼笙

外国文学

蝴蝶女郎（小说）
　　　　　　　　［日］田道圣子　蔡敦达　邬利明译
赌（小说）
　　　　　　［墨西哥］埃德孟多·巴拉德斯　李维毅译

我的中国之爱（诗）
　　　　　　　　［美］（华裔）内莉·汪　王云节译
一个钟头的故事（小说）
　　　　　　　　　　［美］洁蒂·肖邦　荔　子译
明天早晨（诗）·······［塞浦路斯］洛伊祚　叶君健译

新诗八家······························罗铭恩　黄振超
蔡宗周　金　哲　涓　涓　龙彼德　王　岩　李　劲

评论

彩虹、阳光和雨露的幻化
　　——评洪三泰近年的诗歌创作·····················陈剑晖
一首诗和一个大诗人
　　——《开会迷》还应是一面明镜·················刘燕及
欣赏三首新词
　　——读谢堂的"旧瓶装新酒"妙句·················赵景深
《望岳楼印集》序·································陈芦荻

美术·摄影

汤集祥　林为农

1984 年第 4 期　刊名:《特区文学》
目录

中篇小说

曲径行···李建国
还剑奇情录（连载）·······················（中国香港）梁羽生

报告文学

在昔日的荒滩上·····································赵丽宏

瑞典文学专辑

不像说明的说明·····································冯　至
瑞典文学在中国·····································石琴娥
瑞典战后文学············谢尔·埃斯普马克　李之义译
牢狱（小说）·············埃温德·雍松　张苏玮译
西比尔（小说）·········帕尔·拉格克维斯特　张苏玮译
离家出走（小说）····伊瓦尔·鲁·约翰逊　李　笠译
巫婆舞圈（小说）
　　　　　　谢什婷·埃克曼　柳　荫　及　锋译
吴道子的神话（小说）
　　　　　　　　斯文·林德奎斯特　杨　建译
一个活着的灵魂（小说）····P.C.耶舍尔德　菲　娜译
人·动物·自然（随笔）
　　　　　　　　　　拉斯·尤伦斯坦　李　笠译
莫扎特变奏曲（诗）·········尤让·苏纳维　及　锋译
生命如小草（诗）·······阿图尔·隆德奎斯特　石琴娥译
瑞典之夏（诗）·············拉斯·福塞尔　柳　荫译

阿尼阿拉（诗）·············哈里·马丁松　李　笠译
乘地铁（诗）······托马斯·特朗斯特罗姆　石琴娥译

香港青年作者协会专辑
写在前面（代序）·························松　木
石庄臣师爷（小说）·····················颜展民
婚礼（小说）·························陈启田
笼中鼠（散文）·················潘金英　潘明珠
街景（散文）·························李华川
乌桕树（诗）·························郑镜明
还乡小记（诗）·························梁兆安

海外作家专辑
异乡曲（长篇选载）···············（旧金山）黄运基

海外华裔作家掠影
醉里挑灯看剑话张错··········（中国香港）彦　火

散文
黑石顶一日··························杨羽仪
访美散记··························梅重清

评论
评白洛的《暝色人高楼》··········饶芃子　黄仲文
生活点亮诗的火花
——读韦丘的《青春和爱情的故事》·········黄桷树
新的土地　新的花蕾
——组诗《五月雨》读后·················柳　明
论新鲜··························沈仁康
谈粤剧《风雪夜归人》·················马少波

旧体诗七家··························霍松林
李汝伦　林从龙　谢　堂　华钟彦　王达津　曹盛苏

新诗六家··························张　浪
林少扬　江乐山　柯　原　黎焕颐　黄振超

美术·摄影
尚　涛　郑　爽　李全民　黄启明

1985 年第 1 期　刊名:《特区文学》
目录

报告文学
特区第一楼··························曹　阳

中篇小说
阿达的梦··························邹月照

向着光明的路··························仇智杰
还剑奇情录（连载）············（中国香港）梁羽生

短篇小说
短篇二题··························蒋子龙
吹口哨的亚当··························陈宜浩
的士女郎··························陈来复
窗外雨潺潺·················杨林山　曾少祥
家访··························陆海桥
小河流向远方··························丁小莉

香港青年作者协会专辑
寸寸是法··························司机刘
凶室··························玉晓堤
国教··························陈锦昌
故地菊花肥··························黄翠嫦
香港风情五章··························王仁芸

港澳海外作家专页
异乡曲（长篇选载）···········〔美国〕黄运基
文坛父子兵··························褚　石

翻译小说
小说三章··············〔委内瑞拉〕拉玛丽亚·
埃尔维拉·贡萨雷斯　王志光译
眼镜··············〔美国〕埃德加·艾伦·坡
黄嘉琬　黄后楼译
明天··········〔英国〕尼基·霍奇森　纪秋峰译

评论
艰坷的汇流
——评里汗的长篇小说《新绿林传》·········郭小东
新的世界的颂歌
——《特区诗抄》序·····················韦　丘

美术·摄影
封面题字··························吴南生

1985 年第 2 期　刊名:《特区文学》
目录

李察·黑尔··························黎　明
海峡交响曲·················苏　晖　彭志君
何直教授··························江　萍
还剑奇情录··············（中国香港）梁羽生
脚，轻轻地踩在······················杨　城
杜邦氏酒家··························徐大康
茉莉花开（小说）·····················东　瑞

隔（小说）························陶　然
读《马克思秘史》
——给×××的信················古　剑
一篮红荔枝······················犁　青
伞情····························凤　子
论深圳特区五年来的文学创作········李钟声
列夫·托尔斯泰之死
　　　　　［苏］鲍利斯·古谢夫　彭守城译
人鬼之间···········［美］安·皮特里　阿良译
田　间　绿　原　瞿　琮　熊召政　李　锐　王　磊
张良火　李　洋　叶予明　麦　维　邱　云　李富祺
陈　浩　田惠刚　施春彩　罗　沙　孙　钿　黄东成
邓玉贵　梁　辰　关振东　杨伊白
封面设计······················黄菊芬

甘苦雨心知······················戴木胜
小妹·····················李　昊　蓝运彰

评论
诗、散文诗与散文的联想···········野　曼
艺术的意境······················黄伟宗
青春的诗情······················肖　彬
新诗八家·················肖　荻　卢瑞强
曾培新　张少波　陈新州　于海东　鲍　峻　包世华

旧体诗词七家··············陈　江　江远鸿
李声高　苏仲翔　陶晋圭　谭任杰　黄施民

美术·摄影············郑　爽　苏家芬　赵友萍

1985 年第 3 期　刊名:《特区文学》
目录

报告文学
翱翔于医学大地的丹顶鹤
——记"消痔灵"和它的发明者史兆岐
　　　　　　　　　　　钟子硕　陈锡添

中篇小说
爱的良知························余松岩
通向心灵的隧道··················汪　洋
武当道师传奇（武侠小说）··········祝建华

传记
杰出的火花，向世界进发
——陶行知国外救亡活动记事之一·····周　毅

悼念作家、诗人谭日超专辑
潮（中篇小说）···········谭日超（遗作）
圣洁的诗魂
——悼诗人谭日超················洪三泰
悼日超·························韦　丘
你看见什么了，谭日超············陈庆祥
从大沙田放歌到特区文学建设者······杜　埃

港澳及海外作家之页
中国——和平的缔造者
　　　　　亚力山大·科德尔　黄润娟译
香港香港··············（中国香港）冯湘红

特区花絮
它们生活的飞跃··················陶　萍

1985 年第 4 期　刊名:《特区文学》
目录

报告文学
升起来了，一颗新星···············曾　建

中篇小说
南国名医························杨　嘉
原色的变奏······················廖华强
铁拳雄风撼海外（今古传奇）········戴胜德

短篇小说
推"保洁车"的老人················李小甘
心迹·····················戴　雷　陈平
变异的眼························垄杜宁

港澳海外作家专辑
向着太平洋彼岸（中篇小说）·····［美国］陈若曦
底层（中篇小说）··········（中国香港）王　方
魂兮归来················（中国香港）巴　桐
小品五题（散文）··········（中国澳门）陶　里
水巷（诗歌）············（中国香港）黄河流
居室一览（诗歌）··········（中国香港）唐大江

外国文学
破产制造者··········［日本］和久峻三　宗容译

散文
泰国掠影························陈荣光
温暖的星光······················莲　雯
伊宁风采························杨羽仪
假山····························阿　乐
匡庐访瀑························洪　源

理论
特区文艺漫谈————————————陈残云
朱崇山新作随谈————————————郭小东

新诗十八家——————————————韦 丘
陶秀荣 王宝珠 卢瑞强 陈新洲 寒 川 何成志
郭光豹 杨子忱 陶祖德 李富祺 张永忠 徐 东
林春吉 许迟文 黄振超 施春彩 贤 宏

美术
詹建俊 陈春茶 伍时雄 郭炳安 黄菊芬

1985 年第 5 期　刊名:《特区文学》
目录

特区的报告
深圳人————————————————熊 诚
一位向旧观念挑战的女性——————文 虎
燕南飞————————————————刘学强
无名小卒的正气——————————李建国

长篇小说
飘泊在花花世界———————（中国香港）白 洛

中篇小说
变奏曲————————————————黄虹坚
法庭上的枪声
————[苏联]诺达尔·杜姆巴泽 沙 柳译

短篇小说
途中遇见的女人
————[印度]舒尔尼·甘戈帕德海亚 沙 柳译

散文天地
鸽趣————————————————陶 萍
胡风————————————————钟 瑄

百家之见
当代文学批评：在沉思与检讨中抉择————郭小东

新人新作
读三篇新人新作想到的———————陈国凯
第一个用电脑写小说的人（短篇小说）
————————————（珠海）黄河清
竞选（短篇小说）———（深圳）丘远光 叶万片
女儿桥边的老姑娘（短篇小说）
————————————（广州部队）绿 草

今古传奇
花瓶里的月亮（中篇传奇）——————吴仲谋
西方奇案（三则）—————（中国香港）子 善

当代诗词
大鹏之歌（八首）
————子 页 卢瑞强 邱宇光 张志明 张良火
深圳诗抄—————————————杨 石
诗词三宗——————关振东 李 林 丹 圣
花市偶拾（二首）—————————林 子 刘 蒂
爱情诗笺（七首）———莫少云 李立春 张 瀛

美术·摄影
封面设计　封二摄影　封三美术
————————黄菊芬 李 媚 李运英
本刊举办《特区报告文学奖》、《特区文学小说奖》
中国作家协会主办《小说选刊》
《特区文学》八五年第六期要目
特区文化

1985 年第 6 期　刊名:《特区文学》
目录

中长篇小说
清月镇奇事————————徐 耿 程 玮
悠扬的吉他声————————————黎珍宇
飘泊在花花世界———————（中国香港）白 洛

短篇小说
远雷————————————————郑万隆
山间别墅—————————————黄蓓佳
这里是故乡————————————石 涛
萋萋芳草地————————————朱崇山
街边女郎—————————————何卓琼

新人新作
"准艺术家"的事业与爱情——————杨万鹏
西装问题—————————（深圳）陈少鹏
卖蚝————————————（深圳）刘盛华
冤家————————————（深圳）李 标
店主人——————————（深圳）陈耀明
芳林新叶（点评）—————————许兆焕

百家之见
有真情方有真文章—————————蒋子龙
寻求特区文学的新突破———————林雨纯

进一言·····························丘卫平

特区的报告

OK，中国农民·······················刘学强

雅园二重奏··························宫瑞华

新世纪奏鸣曲·······················陈焕展

陈先生的梦·························杨　群

今古奇观

神奇的古钟·························陈康瑾

散文天地

欧美见闻··················（中国香港）刘锦庆

香江掠影··························戴木胜

当代诗词

大鹏之歌

·········李　洋　张志明　蔡宗周　李　劲　曾培新

香港姑娘··························高　缨

音乐岛···························杨钧炜

厦门厦门··························卢祖品

散诗一束·············符　飞　刘业勇　王熙宏

美术·摄影

缩影　歌在青山绿山中··········梁鼎英　卜维勤

向大海握手　少女与海豚···············彦　涵

域外之光

为什么要嫁他····［苏］尼古拉·阿萨洛夫　沙　柳译

笔走东西

望云楼随笔·················（中国香港）曾敏之

大海的萦念·················（中国香港）陈　娟

雏凤新声

石狗来拔牙记·······················杨声灿

残局····························廖华强

穿白连衣裙的姑娘·····················李小甘

点评······················程　远　吕炳文

规内矩外

中国的黄金海岸······················熊召政

昨日的思考·························野　曼

小诗一束··············刘益善　樊　帆　徐　侨

诗词五首·····················陈　江　江　源

文学沙龙

现实生活的多层面开掘

——关于发展特区文学创作的思考···········钱超英

在"雅士"与"俗人"之间·················晔　华

作家的心光和作品的亮色················饶芃子

名家云集　探经求新

都市文学笔会在深圳召开················本刊记者

1986 年第 1 期　刊名：《特区文学》
目录

人世间

他们要干什么？·······················李兰妮

娼寮纪事··························秦　牧

一位商业界人士的履历··················叶　林

特区浮雕

深圳经纬·················祖　慰　刘学强

中国大陆，有一位年轻人···程贤章　熊　诚　谢杰华

离开港岛夜生活的人··········李钟声　曾锦堂

现代广场

山地部落·················伊　始　李少红

析微显著

文化厅长的惯性······················张笑天

台柱····························林牧夫

吻别竞技场的人······················彭瑞高

1986 年第 2 期　刊名：《特区文学》
目录

文学沙龙

广东的文学创作能上去吗？················陈残云

对广东文学创作的一些看法···············秦　牧

人世间

发明者失踪（附：黄尧《曾想做强盗》）········黄　尧

残梦····························中杰英

北方寡妇··························贺政民

再见，"989"·······················李建国

特区浮雕

腰缠万贯的流浪汉·····················杨干华

高楼之魂·················黄国银　宫瑞华

一个男人和一百五十个女人···············谢　静

港岛霓虹

三个女人（附：陈娟《作者自述》）

·······················（中国香港）陈　娟

骚动 ························（中国香港）巴　桐
鞠家姆妈的悲哀 ·············（中国香港）金东方

笔走东西
小扇有风 ························苏　晨

现代广场
极端行动 ························邹月照
伊迪丝·索德格朗诗五首 ················北　岛译

析微显著
一个人二个人三个人的故事 ················晓　宫
大雪天那一束鲜花 ·················罗建琳
这个他 ························丹　圣

域外之光
美国短篇小说二篇 ··················木　风译

规内矩外
松软的雪孔 ·····················刘湛秋
无题 ··························懿　翎
海员 ··························陈　迅
冷暖人情三部曲 ············（中国香港）张诗剑
北斗草（七律）···················罗源文

1986 年第 3 期　刊名:《特区文学》

目录

岭南作家
欧阳山和《一代风流》 ················陈国凯
呼唤"拳头评论家" ·················杨干华
重新评价《高干大》 ················刘士奇
赠欧阳山同志 ····················杨奎章

雏凤新声
往事三题　小站　自然段　三原色 ·····（深圳）大　平
白色的梦 ····················（深圳）摩　迪

港岛霓虹
大香港（长篇小说）···········（中国香港）陈连心

人世间
往左跳，往右跳（附:《作品与人》）
··························（深圳）谭甫成
贞女 ·························马　建
儒林野史 ·······················曹玉模

域外之光
小裸女安娜·玛丽亚 ·······约瑟·多诺索　葛　磊译
遇上这样一个冬天 ············[苏]纳塔利亚奥·
科利坚柯　彭守诚译

特区浮雕
在未来历史地理的刀刃上 ·········（深圳）宫瑞华
旋飞 ·····················（深圳）李建国

笔走东西
访马其顿 ·······················邓友梅
醉雀 ··························丘　峰
沥溪行 ····················（珠海）张子君

规内矩外
诗二首 ·························李伟彦
山村的早晨 ······················洪　江
特区情愫（诗七首）···········汪承栋　姚成友
李根红　冯永杰　黄振超

文学沙龙
需要真正的文学品格 ················陈剑晖
关汉卿与妇女问题 ··················晓　舟

1986 年第 4 期　刊名:《特区文学》

目录

中篇小说
大路上的理想者 ·············（深圳）梁大平
几渡野情 ·······················亚　鸣
我们正好差一岁 ····················曾维浩

短篇小说
小说三题 ·······················刘舰平
安特卫普头盔 ··············（深圳）陈朝行

特区浮雕
蛇口，有这样一个男子汉 ·········（深圳）陈宜浩
选择者的轶闻 ··············（深圳）杨　群
逃匿者 ····················（深圳）李汝建

岭南作家
我的童年 ···············[萧　殷]口述　陶萍记

现代广场
这里是现代广场（评论）···············谢　冕
十人诗会 ·········北　岛　芒　克　多　多　杨　炼

晓　青　贝　岭　石　清　张　真　翟永明　岛　子

香港作家
大陆来客（中篇小说）────────（中国香港）陶　然
○────────────────（中国香港）金　兑

域外之光
《巧遇》等翻译小说三篇────［美］亚力山大　张子君译
经理宝座────────［日］森村诚一　朱金和　邵康铭译

笔走东西
懒散文四则────────────────孔　良

文学沙龙
小说乱弹────────────────吕　雷
同是香江飘泊者────────────饶芃子　黄仲文

雏凤新声
播撒着希望的歌──────────（深圳）费岚岚
中巴──────────────────（深圳）由　力

1986 年第 5 期　刊名:《特区文学》
目录

特区浮雕
深圳·两万人的苦痛与尊严
────────────────（深圳）吴启泰　段亚兵

中长篇小说
恩波桥下────────────────李杭育
本县特大案──────────────（深圳）田舒强
天堂人物志──────────────────杨干华
暗夜────────────────（中国台湾）李　昂

笔走东西
俄狄浦斯与薛仁贵────────────孔捷生
格树赋──────────（珠海）曾德锋　黄河清

港岛霓虹
迢迢归有期────────────（中国香港）彭　早
彼岸──────────────（中国香港）翼　慕

短篇小说
老虎挂历────────────────陈敏莉
蓝夕──────────────────阿　豕

岭南作家
杨干华小说魅力分析

──兼与高晓声比较────────────何楚熊

台湾作家
李昂和她的女性主义小说
────────────（中国香港）刘达文　蔡宝山
我的创作观──────────────（中国台湾）李　昂

文学沙龙
竞争与爱情的交织────────────林经嘉
写生活的真滋味──────────（深圳）钱超英
爱情　人情　诗情────────────黄伟宗

当代诗词
深圳七树花────────────────公　刘
三个梦三支插曲──────────────韦　丘
诗四首──────────────────廖启良
乡情──────────────────（深圳）颜昌海

中外画廊
单一形态────────────────［日本］茨　田
特区一瞥──────────────（深圳）赤　缨
晒────────────────（深圳）黄金城
榆林古柳──────────────（深圳）黎楚池

1986 年第 6 期　刊名:《特区文学》
目录

中长篇小说
情知不是伴────────────────蒋子龙
金梦──────────────────（深圳）栾　霞
因为我是女人──────────────────许嘉陵
珠江花月夜────────────────余松岩
雨夜里的霓虹灯────────────（深圳）刘学强
白领丽人（附："我走过的路"）────（中国香港）东　瑞

短篇小说
朱文炳升官记────────────（深圳）梁兆松
鸡娃──────────────────（深圳）张建全
繁星下的诉说────────────────蔡洪声
黄昏的忧郁──────────────（深圳）李　晋
托的艺术────────────────唐田人
祸────────────────────宋慧乡

特区百态
在蛇口──一次短暂的"罢工"────────罗建琳
一个人和一个小镇────────────李钟声
流动的胸怀──────────────（深圳）张黎明
失身的姐妹──────────────（深圳）袁　炳

文学评论

我读大平的小说 ……………………（深圳）钱超英

诗歌

不记得 ……………………（深圳）杨雪贞

露珠 ……………………何　文

1987 年第 1 期　刊名:《特区文学》
目录

中篇小说

鬼火 ……………………熊召政

酒店 ……………………（深圳）杨　群

老宅 ……………………（深圳）梁大平

白雪 ……………………苏方学

世间女子（台湾获奖作品）………（中国台湾）苏伟贞

短篇小说

街巷风月五题 ……………………古　华

三个人 ……………………（深圳）王小妮

谋生在北京 ……………………朱小羊

阴阳 ……………………马　建

月亮湖 ……………………黄　平

雪山、猎狗、两个男人和一个女人的故事……王富杰

早晨，在这儿相见 ……………………杨　城

七月流火 ……………………（深圳）关　飞

特区浮雕

今日"大同"村 ……………………陈安先

传记文学

宋庆龄和李妈 ……………………徐向东

散文天地

青灰色的胡同 ……………………韩蔼丽

波兰漫笔 ……………………郭　风

杨州怀古 ……………………罗　滨

海峡横流 ……………………林建征

当代诗词

多彩的海风（组诗）……………………（深圳）黄振超

古诗词八家 ……………………黄施民　曾敏之

丁　芒　黄益庸　陈　江　洪　源　卢绍武　杨伟群

诗二首 ……………………周道清　卢瑞强

文学评论

作家的良知和文学的忏悔意识

——读巴金《随想录》……………………刘再复

在时代潮流中更新、发展

——一九八七年《特区文学》所发报告

文学作品漫评 ……………………（深圳）吕炳文

艺术与女性 ……………………关　鸿

港台文坛

野火现象 ……………………（中国台湾）龙应台

台湾的"龙应台旋风"

……………………（中国香港）刘达文　蔡宝姗

翻译作品

初恋 ……………………［苏］谢尔盖·沃罗宁　彭守诚译

塔塔·赛罗 ……………………［菲］罗吉里奥·西克特　海　浪译

文讯

深圳文学讲习班结业 ……………………落　羽

律 ……………………［日本］十二町薰

何煌友　杨志刚摄影

1987 年第 2 期　刊名:《特区文学》
目录

中长篇小说

慢慢走啊慢慢走 ……………………（深圳）刘西鸿

小姐同志 ……………………（深圳）丹　圣

老街 ……………………（深圳）廖虹雷

胭脂河 ……………………程贤章　王杏元

短篇小说

我和诗人 ……………………（深圳）谭甫成

织锦村纪事 ……………………（深圳）陈少鹏

玛云娜的吻 ……………………（深圳）梁兆松

细妹结婚 ……………………（深圳）何玉生

散文天地

养鸽记 ……………………（深圳）曾培新

散文诗五家

………………柯　蓝　孔　林　张志明　许恩涛　卢祖品

当代诗词

新诗十五首 ……………………（深圳）赵　婧

杨雪珍　常穗生　全鸿斌　林淑慧　李立春　黄日旭

陈超卓　江　夏　陈新珊　陈　浩　林少扬

港台文坛

今夜微雨（中篇小说）……………………（中国台湾）廖辉英

廖辉英的小说舞台（评论）

……………………（中国香港）刘文达　蔡宝山

文学评论

你在改变我⋯⋯⋯⋯⋯⋯⋯⋯⋯⋯⋯⋯⋯孔捷生
论陈若曦的"三通文学"⋯⋯⋯⋯⋯⋯⋯林承璜

外国文学

阿刀田高小说三篇⋯⋯⋯[日本]阿刀田高 宋 城译
塞弗尔特诗四首⋯⋯⋯[捷克]塞弗尔特 贝 岭译
回到故乡的月亮胖了⋯⋯⋯⋯⋯⋯⋯[泰国]岭南人

中外画廊

美术作品八幅⋯⋯⋯⋯⋯⋯⋯⋯（深圳）黄三才
骆文冠 陈洪辉 乔 红 滕文金 郑敏强
摄影作品⋯⋯⋯⋯⋯⋯⋯（深圳）杨延康（封底）
封面题字⋯⋯⋯⋯⋯⋯⋯⋯⋯⋯⋯⋯⋯黄笃维
封面设计⋯⋯⋯⋯⋯⋯⋯⋯⋯⋯（深圳）黄菊芬

1987 年第 3 期　刊名：《特区文学》
目录

中篇小说

阿美娜⋯⋯⋯⋯⋯⋯⋯⋯⋯⋯⋯（深圳）里 芒
山之墼⋯⋯⋯⋯⋯⋯⋯⋯⋯⋯赵 简 赵 晨
苍山，沙约娜拉⋯⋯⋯⋯⋯⋯⋯⋯⋯张 长
老板·女工们⋯⋯⋯⋯⋯⋯⋯⋯（深圳）陈荣光

港台文学

不归路（长篇小说）⋯⋯⋯⋯（中国台湾）廖辉英
虹（中篇小说）⋯⋯⋯⋯⋯⋯（中国台湾）朱秀娟

短篇小说

毛笋佬与长发瘦⋯⋯⋯⋯⋯⋯⋯（深圳）万而转
车票⋯⋯⋯⋯⋯⋯⋯⋯⋯⋯⋯⋯⋯刘舰平
小说三题⋯⋯⋯⋯⋯⋯⋯⋯⋯⋯⋯郝 烽
锥姑阿蕊⋯⋯⋯⋯⋯⋯⋯⋯⋯（珠海）陈伯梁

散文天地

人情⋯⋯⋯⋯⋯⋯⋯⋯⋯⋯（厦门）陈慧英
日月之行 若在其中⋯⋯⋯⋯⋯⋯⋯⋯苏 晨
秋游黄山⋯⋯⋯⋯⋯⋯⋯⋯⋯⋯⋯万振环
相会在休斯顿⋯⋯⋯⋯⋯⋯⋯⋯（深圳）刘学强
鹏城领头人⋯⋯⋯⋯⋯⋯⋯⋯⋯（深圳）蓝运彰

散文诗页⋯⋯⋯⋯⋯⋯⋯⋯⋯⋯⋯⋯耿林莽
李 耕 柯 原 管用和 林 夕 张志明

当代诗词

生命和爱⋯⋯⋯⋯⋯⋯⋯⋯⋯（深圳）费岚岚
苍山洱海⋯⋯⋯⋯⋯⋯⋯⋯⋯⋯⋯晓 雪
散诗一束⋯⋯⋯⋯⋯⋯⋯⋯⋯⋯⋯刘不朽

张良火 郭光豹 杨雪珍 常穗生 彭绍坚

文学评论

欧阳山的语言艺术⋯⋯⋯⋯⋯⋯⋯⋯黄伟宗
生活的呼唤⋯⋯⋯⋯⋯⋯⋯⋯（深圳）李小甘
封面题字⋯⋯⋯⋯⋯⋯⋯⋯⋯⋯⋯⋯尚 涛
摄影⋯⋯⋯⋯⋯⋯⋯⋯⋯⋯⋯⋯⋯董方明
刘伟继 杨志刚 张晓伟 全燕荣 陈 杰 赵连勤

1987 年第 4 期　刊名：《特区文学》
目录

广东城乡交响曲（报告文学专辑）

道是无缘又有缘⋯⋯⋯⋯⋯⋯⋯⋯⋯黄 浩
广州市城市建设进行曲⋯⋯⋯⋯⋯程贤章 岳 欧
白腾湖之恋⋯⋯⋯⋯⋯⋯⋯⋯⋯⋯杨干华
飞行的南海⋯⋯⋯⋯⋯⋯孔捷生 伊 始 熊 诚
西江奇人⋯⋯⋯⋯⋯⋯⋯⋯⋯⋯⋯熊 诚

中短篇小说

浪渣⋯⋯⋯⋯⋯⋯⋯⋯⋯⋯⋯⋯⋯邹 平
荷魂⋯⋯⋯⋯⋯⋯⋯⋯⋯⋯⋯⋯⋯王梓夫
憨媳妇⋯⋯⋯⋯⋯⋯⋯⋯⋯⋯⋯⋯韶 华
诺贝尔神童⋯⋯⋯⋯⋯⋯⋯⋯⋯剑 心 海 民
广告学例话⋯⋯⋯⋯⋯⋯⋯⋯⋯（深圳）陈少鹏
青草坟·空心谷⋯⋯⋯⋯⋯⋯⋯⋯⋯彭东明
矮子⋯⋯⋯⋯⋯⋯⋯⋯⋯⋯⋯⋯⋯陈 卡
小憩⋯⋯⋯⋯⋯⋯⋯⋯⋯⋯⋯⋯⋯曾 鸣
她们⋯⋯⋯⋯⋯⋯⋯⋯⋯⋯⋯⋯⋯雨 梨
蓝天，辽阔深远⋯⋯⋯⋯⋯⋯⋯（深圳）黎珍宇
跑道弯弯⋯⋯⋯⋯⋯⋯⋯⋯⋯⋯⋯崔永刚

港台海外文学

不要放弃春天⋯⋯⋯⋯⋯⋯⋯（中国香港）亦 舒
我儿汉生、啊永远不平的、死了一个国中女生之后、
失节事件、小骆先生的一天⋯⋯⋯（中国台湾）肖 飒
肖飒的小说（评论）⋯⋯⋯⋯（中国台湾）张系国
望云楼随笔⋯⋯⋯⋯⋯⋯⋯（中国香港）曾敏之
彩凤情⋯⋯⋯⋯⋯⋯⋯⋯⋯（中国香港）陈 娟
防风林⋯⋯⋯⋯⋯⋯⋯⋯⋯⋯[美国]许达然
死亡的角落⋯⋯⋯⋯⋯⋯⋯⋯[新加坡]李 建

散文天地

悉尼红房子——澳洲见闻⋯⋯⋯⋯（深圳）张黎明
深圳，有这样一个舞台⋯⋯⋯⋯（深圳）陈秉安
温柔迷人的公关小姐⋯⋯⋯⋯⋯⋯⋯丘 峰
散文诗页⋯⋯⋯⋯⋯⋯⋯⋯⋯纪 鹏 骆国京等
山村小楼群⋯⋯⋯⋯⋯⋯⋯⋯⋯（深圳）叶明镜

当代诗词

十人诗作点评————李 洋 董宏量等作 杨光治点评
新人新作辑————————张 瀛 常穗生 叶晓武等

文学评论

思想着的芦苇——论李兰妮————————郭小东
真挚委婉的心曲奏鸣————————（深圳）吕炳文

美术摄影

封面题字——————————————————汤小铭
封面画————[日本]来 去 [日本]渡边春子
美术—————————————————黎楚池 帕 拉
封底摄影——————————————————林为农

1987 年第 5 期　刊名:《特区文学》
目录

长篇小说

流动的雾（长篇选载）————————（深圳）朱崇山
海阔天空（长篇连载）————[美]辛克莱·刘易斯
谢素台译

中篇小说

能够说什么————————————————（深圳）里 芒
大弥撒——————————————刘新光 法毅玲
蛇岛的传说——————————————————筱 敏

短篇小说

山里（外一篇）——————————————何立伟
山神————————————————————孙学礼
相见恨早————————————————（深圳）郁 笼
斗草————————————————————杨爱平
无风的日子————————————————汪 挺
陪嫁（外一篇）——————————————（深圳）曾培新
老寿星之死（小小说）——————————杨祥军
阿柳（小小说）——————————————八炎基

散文天地

海外纪行——————————————————刘应力
口碑载道——————————————————苏 晨
屈乡人——————————————————李华章

诗词之页

风华诗会————————————————陈松叶 张良火
李富琪 黄东成等 范 方 刘不朽 樊 帆 叶知秋
春春之恋————————（深圳）卢瑞强 陈韶红 黄 萍等

文学评论

一个重要的议题——————————————（深圳）吕炳文

《天堂众生录》的启示————————（珠海）谢金雄

1987 年第 6 期　刊名:《特区文学》
目录

中长篇小说

梨园初叙——————————————————叶蔚林
ABC病房——————————————————范若丁
一个女人的故事————————————（深圳）刘树德
海阔天空（长篇连载）
—————————[美]辛克莱·刘易斯 谢素台译
天使注目的地方——————————方 学 兆 甄

短篇小说

弱者的世界————————————————宋学镰
诞生————————————————————黄碧波
疑惑————————————————————（珠海）陈伯坚
退伍士兵————[澳]法兰克·哈代著 李广生译

报告文学

风自伶仃来————————————————（深圳）任锦泉
苏少泉二三事————————————（深圳）陈向兰

厦门作家

诗魂侠骨赤子情——————————————陈慧瑛
赤子之心丹心曲——————————————陈元麟

当代诗歌

岭南诗人————————————曾敏之 野 曼 韦 丘
情丝——————————（深圳）陈韶红 孙明黎 陈 浩等
年轻的诗笺————————————————（深圳）何吉昌

散文天地

观鳗记——————————————————王 曼
渡假村的黎族姑娘——————————————杨羽仪
深圳农村（二题）————————————（深圳）袁 炳
徜徉在色彩王国——————————————谷福成
封面题字——————————————————苏 华
美术————————————————胡国良 钟安之

1988 年第 1 期　刊名:《特区文学》
目录

特区报告

深圳，花园中的新城————————（深圳）贺京沙
汕头特区的新闻————————————（汕头）王扬泽
她到哪里哪里焕然一新————————（汕头）陈焕展

"中国潮"报告文学征文

中长篇小说
彩云‥‥‥‥‥‥‥‥‥‥‥‥‥‥‥（深圳）张子雷
角落‥‥‥‥‥‥‥‥（蒙古族）敖德斯尔 斯琴高娃
新闻魔王（长篇连载）
‥‥‥‥‥‥‥‥欧文·华莱士著 （深圳）李家驹译
莱纳斯·波林传
‥‥‥‥‥弗洛伦斯·迈曼·怀特著 金坚范译

短篇小说
奇景‥‥‥‥‥‥‥‥‥‥‥‥‥‥‥（深圳）雪 岛
招待女郎‥‥‥‥‥‥‥‥‥‥‥‥‥‥‥阳 磊
误车‥‥‥‥‥‥‥‥‥‥‥‥‥‥‥（深圳）郁 茏
春之过·挂钟·祭（小小说）
‥‥‥‥‥‥‥‥（深圳）费国荣 蓝运彰 李红祥

海内海外
款款深情访菲岛（六篇）‥‥‥‥‥（厦门）陈慧瑛
艰难旅程‥‥‥‥‥‥‥‥‥‥‥‥‥‥‥韩少功
美呵，珠海‥‥‥‥‥‥‥‥‥‥‥（珠海）谢金雄
这里的天特别蓝‥‥‥‥‥‥‥‥‥（深圳）邵泰芳
友爱路——我的耶路撒冷‥‥‥‥‥（深圳）彭颂声

风华诗苑
静静的白桦林‥‥‥‥‥‥‥‥‥‥‥‥‥阿 红
西部风情‥‥‥‥‥‥‥‥‥‥‥‥‥‥‥洪三泰
思慕之苦‥‥‥‥‥‥‥‥‥‥‥‥‥（深圳）宣 韦
长江行‥‥‥‥‥‥‥‥‥‥‥‥‥‥‥‥林 夕
相思林里的渴念（六首）‥‥‥‥‥（深圳）赵 婧
开放之声‥‥‥‥‥‥‥‥‥‥‥‥‥（深圳）刘更申
邱金平 卢瑞强 常穗生 张志明 杨雪珍

1988 年第 2 期 刊名:《特区文学》
目录

特区报告（"中国潮"报告文学征文）
创业歌‥‥‥‥‥‥‥‥‥（深圳）黄 萍 陈 浩
抉择‥‥‥‥‥‥‥‥‥‥‥‥‥‥‥（深圳）杨秀生

中长篇小说
水之湄‥‥‥‥‥‥‥‥‥‥‥‥‥‥‥‥岑 桑
窗口对着窗口‥‥‥‥‥‥‥‥‥‥‥‥‥廖华强
肥佬阿由‥‥‥‥‥‥‥‥‥‥‥‥‥‥‥戴胜德
新闻魔王（长篇连载）
‥‥‥‥‥‥‥‥欧文·华莱士著 （深圳）李家驹译

短篇小说
远方有个小站‥‥‥‥‥‥‥‥‥‥‥‥‥宋学镰
更新‥‥‥‥‥‥‥‥‥‥‥‥‥‥‥‥‥何木有
推他一把‥‥‥‥‥‥‥‥‥‥‥‥‥（深圳）绿 岛
深圳，有这样一位姑娘‥‥‥‥‥‥‥‥‥杨声灿

散文天地
井冈山瀑布‥‥‥‥‥‥‥‥‥‥‥‥‥‥郭 风
燃起冲向世界的火炬‥‥‥‥‥‥‥‥‥‥贺 朗
海峡彼岸慈母心‥‥‥‥‥‥‥‥‥‥‥‥刘海风
养马记‥‥‥‥‥‥‥‥‥‥‥‥‥‥‥（深圳）曾培新

诗林采英
特区之歌‥‥‥‥‥‥‥‥‥（深圳）冯永杰 关 飞
风华诗会‥‥‥‥‥‥‥‥‥‥‥‥卢祖品 犁 青
年轻的恋情‥‥‥‥‥‥‥‥‥‥‥余 英 全鸿斌

港台作品
小叶‥‥‥‥‥‥‥‥‥‥‥‥‥（中国台湾）萧 飒
娘娜和她的丈夫‥‥‥‥‥‥‥‥（中国香港）夏 马

1988 年第 3 期 刊名:《特区文学》
目录

中篇小说
小个子马波利‥‥‥‥‥‥‥‥‥‥‥（深圳）谭甫成
晨雾缥缈的村庄‥‥‥‥‥‥‥‥‥‥‥（深圳）郁 茏

短篇小说
深的沙漠‥‥‥‥‥‥‥‥‥‥‥‥‥‥‥胡德林
城市狂想曲‥‥‥‥‥‥‥‥‥‥‥‥‥（深圳）李小甘
岬‥‥‥‥‥‥‥‥‥‥‥‥‥‥‥‥‥‥侯 彬
放风筝的小孩‥‥‥‥‥‥‥‥‥‥‥（深圳）昂 然

报告文学（"中国潮"报告文学征文）
游子归否——中国留学生速写‥‥‥‥‥（深圳）刘应力

散文天地
狂欢节在西德‥‥‥‥‥‥‥‥‥‥‥（深圳）刘学强
苦寒香‥‥‥‥‥‥‥‥‥‥‥‥‥‥‥‥王维洲
独特风光独特情‥‥‥‥‥‥‥‥‥‥‥（深圳）区志金
散文诗之页‥‥‥‥‥‥‥‥‥‥‥‥谈 耘 腾 力

诗林采英
情到深处‥‥‥‥‥‥‥‥‥‥‥‥‥‥‥王红坤
风华诗会‥‥‥‥‥‥张雪珍 冯永杰 李妙坤 陈新洲等
秋天的蒙娜丽莎‥‥‥‥‥‥‥‥‥‥‥（深圳）李少凌
新人新作辑‥‥‥‥‥‥‥‥‥朱蓓蓓 李永华 洁 莹等
古体诗词‥‥‥‥‥‥曾敏之 洪 源 许兆焕 陈 江

开拓篇
来自生化厂的报告⋯⋯⋯⋯⋯⋯⋯（深圳）杨秀生
残疾人闯出大世界⋯⋯⋯⋯⋯彭颂声　庞祝君

港台海外作品
生活在瓶中（长篇小说）⋯⋯⋯⋯⋯马　森
留不住的秋天⋯⋯⋯⋯⋯⋯⋯⋯张巧玲

评论
透视生活折射时代⋯⋯⋯⋯⋯⋯（深圳）邵泰芳

1988 年第 4 期　刊名:《特区文学》
目录

报告文学（"中国潮"报告文学）
老圃英华⋯⋯⋯⋯⋯⋯⋯⋯⋯⋯孔捷生
深圳 TAXI⋯⋯⋯⋯⋯（深圳）邱远光　刘树德
天霸事件⋯⋯⋯⋯⋯⋯⋯⋯⋯⋯陈来复

中长篇小说
雾光⋯⋯⋯⋯⋯⋯⋯⋯⋯⋯（深圳）杨　群
长路⋯⋯⋯⋯⋯⋯⋯⋯⋯⋯⋯江　萍
摊牌⋯⋯⋯⋯⋯⋯⋯⋯⋯⋯⋯那　耘

短篇小说
海蚀崖⋯⋯⋯⋯⋯⋯⋯⋯⋯⋯黄康俊
婚事二题⋯⋯⋯⋯⋯⋯⋯⋯⋯张　平

散文天地
永远年青的将军⋯⋯⋯⋯⋯⋯⋯白　刃
海南潮⋯⋯⋯⋯⋯⋯⋯⋯⋯（深圳）刘　明

诗林采英
风华诗会⋯⋯⋯⋯史光柱　李俊秋　刘益善等
爱，是不会言悔的⋯⋯⋯⋯⋯⋯费岚岚
年轻的诗笺⋯⋯⋯⋯⋯庄家银　张国强　常穗生等

港台海外作品
金缸客外传⋯⋯⋯⋯⋯⋯（中国香港）巴　桐
玉娘的终身大事⋯⋯⋯⋯⋯⋯[印尼] 黄东平

开拓篇
蓝天启示录⋯⋯⋯⋯⋯⋯⋯（深圳）杨秀生
向前面的世界走去⋯⋯⋯⋯⋯⋯贝　贝

评论
小说观念的变化⋯⋯⋯⋯⋯⋯⋯张奥列
研究文艺问题必须坚持辩证法⋯⋯⋯（深圳）吕炳文

1988 年第 5 期　刊名:《特区文学》
目录

中篇小说
心之恋⋯⋯⋯⋯⋯⋯⋯⋯⋯⋯松　鹰
突围⋯⋯⋯⋯⋯⋯⋯⋯⋯⋯⋯董碧波
星星，你太亮了点⋯⋯⋯⋯⋯（深圳）饶巧红

报告文学
深圳临时工⋯⋯⋯⋯⋯⋯⋯（深圳）刘澍泉
一份没有盖章的报告⋯⋯⋯⋯⋯阳　磊

短篇小说
找厕所·蛇⋯⋯⋯⋯⋯⋯⋯⋯⋯吴若增
炮楼⋯⋯⋯⋯⋯⋯⋯⋯⋯⋯⋯范若丁
小说三题⋯⋯⋯⋯⋯⋯⋯⋯（深圳）陈少鹏

散文
宝岛台湾游⋯⋯⋯⋯⋯⋯（中国香港）宋诒瑞
殿堂沉思录⋯⋯⋯⋯⋯⋯⋯（深圳）曾培新
赴港琐记⋯⋯⋯⋯⋯⋯⋯⋯（深圳）野　云

文坛今昔
现代文学创立的时代背景及其精神风貌⋯⋯⋯⋯白先勇

开拓篇
甜蜜的事业⋯⋯⋯⋯⋯⋯⋯（深圳）穆　公
稀世珍泉⋯⋯⋯⋯⋯⋯⋯⋯（深圳）林晓东

港台海外作品
《台北女人》（之一）
汽车商女经理⋯⋯⋯⋯⋯⋯（中国台湾）光　泰
贞节牌坊⋯⋯⋯⋯⋯⋯⋯（中国台湾）吕秀莲

诗林采英
风华诗会⋯⋯⋯⋯⋯⋯⋯柯　原　李发模等
诗画五题⋯⋯⋯⋯⋯⋯⋯韦丘诗　刘晓明画
年轻的诗笺⋯⋯⋯⋯⋯⋯胡在礼　刘惠华等
台港诗人辑⋯⋯⋯⋯⋯⋯洛　夫　傅天虹等
彩灯千盏（外二章）⋯⋯⋯⋯⋯（深圳）谈　耘

本刊作品漫评
真切的女性内心世界⋯⋯⋯⋯⋯杨光治
根植于特区的热土⋯⋯⋯⋯⋯⋯耿林莽
愿君长作特区人⋯⋯⋯⋯⋯⋯⋯苏伟明

1988 年第 6 期 刊名:《特区文学》
目录

报告文学

走出忧患——深圳大学见闻及思考·············宫瑞华
来自"女儿国"的报告——深圳二十万女临工掠影
···陈秉安
关于专家徐满昌的报告文学·····················王雪松

中篇小说

迷乱的星期天·······································王 立
官下街··洪三泰

短篇小说

路易·路易···黄 石
狭路···任 峻
妻子的絮语···凌 寒
迪斯科的位置·······································吴茂信

港台海外作品

不可触的································[新加坡]牧羚奴
室内设计师（《台北女人》之二）
···（中国台湾）光 泰
禁果的滋味·······················（中国香港）东 瑞

散文天地

自由神下众生相·····································曾 炜
永恒的相思···陈慧瑛
忠于自己的良知·····································李远荣
簕杜鹃···东 山
梦魂···朱锦屏

诗林采英

风华诗会···············欣 秋 刘更申 戴砚田等
年轻的诗笺···············何 文 李昌和等
诗词五家···曾敏之
关振东 许兆焕 李兆仑 陈向兰

评论

两种世界的赋格结构
——读牧羚奴的《不可触的》·····················苏卫红

美术·摄影

陈瑞明获"黄金海岸十城市歌手大赛"演唱最具亲切
感奖···林为农摄
美术作品···王大德作

1989 年第 1 期 刊名:《特区文学》
目录

中短篇小说

魂兮，不如归去·····································甄 人
赤的荒凉··························（深圳）李兰妮
悲剧的诞生···蔡未名
白牛···邹 平
月夜······························（深圳）蓝运彰

报告文学

住房！ 住房······················（深圳）李建国
"深纺"——愿您总是繁花似锦·······洪 浩 红 球

散文天地

特区风姿···········（深圳）贾秀珍 郑玉里 张子雷
记黎烈文···郭 风
巴西纪行···刘志云

诗林采英

美的召唤···野 曼
年轻的诗笺·····················曾福英 安希凯等
澳门"五月诗社"专辑
·····················（中国澳门）云维利 陶 里等
散文诗页···李 耕
耿林莽 滕 励 晨 号 黄 萍

港台海外作品

女性空服员（《台北女人》之三）
···（中国台湾）光 泰
娱林外史·······················（中国香港）冯湘湘
失落的爱 残缺的美·······························罗 沙

美术作品

关山月近作·······································关山月

1989 年第 2 期 刊名:《特区文学》
目录

中短篇小说

枪口下的兀鹰······················（深圳）高安明
南部印象··························（深圳）许嘉陵
红泥浆···叶 林
生死惑···高小莉
渔夫···皇 光
咫尺天涯··························（深圳）郁 苀
三个镜头··························（深圳）昂 然

报告文学

火树银花不夜天························（深圳）王雪松

散文天地

闽南纪事二则·····························苏 晨
巴西纪行·································刘志云

诗林采英

风华诗会····················高 缨 刘更申等
年轻的诗笺··················王 海 叶新谱等

港台海外作品

舞照跳······················（中国香港）李 男
娱林外史（下集）··············（中国香港）冯湘湘
一缕哀思··············艾·美华作 杨振明译

开拓篇

在夹缝中扎根·····················（深圳）黎江晓
特区经济卫士··············（深圳）杨宏海 丹 圣
前面有一片明亮的天空··········（深圳）黄星辉

评论

现代与传统的交融·····················张斤夫

美术作品

绿苹果·································王玉珏

1989 年第 3 期　刊名:《特区文学》
目录

中短篇小说

淡淡的忧思·····················（深圳）陈荣光
户口遗失·································周 天
经理的艳遇·····················（深圳）离 子
命运女神的垂顾·························黄慧昆
小说二题·································王 平
再度孤独·······················（深圳）赵 婧
悬梦·····························（深圳）陈伟权

报告文学

房地产大亨·····················（深圳）罗 鑫
局长和他的刑警们···············（深圳）黄星辉

散文天地

袁嘉谷与王国维及鲁迅············（彝族）李 乔
美丽的香港·······························陈慧瑛
巴西纪行·······················（深圳）刘志云
钟林漫话·······················（深圳）曾培新

蓝色的梦幻曲·····························高维晞

诗林采英

青春和生命·······························韦 丘
风华诗会·········樱 子 申力雯 冯永杰 左 夫等
年轻的诗笺··············伍永禄 艾 宁 陈泽锐等

开拓篇

她的足迹向世界延伸···············（深圳）叶明镜

港台海外作品

致力繁荣香港文学
——记香港作联会长、老作家曾敏之
································（中国香港）汉 闻
贞节牌坊·····················（中国香港）李 男
在无尽的夜里··················（中国香港）松 木

评论

从当代文学总体态势谈到应用散文诗··········丁 芒
爱情不属于蒙昧者·························严瑞昌

美术作品

国画二幅·································黄格胜
版花三幅·································王 勇

1989 年第 4 期　刊名:《特区文学》
目录

中短篇小说

五十岁的男人·····························申力雯
角落的世界·····················（深圳）张子雷
囚·····································楚 明
讽刺小说二题···················（深圳）纪小明
路·····························（深圳）林晓东
文苑芳心·······················（深圳）陈 浩
夏夜·····································闻树国

报告文学（"中国潮"征文）

淘金者的梦·····················（深圳）巴 良 马 伦
海上世界·················（深圳）张 晋 黄星辉

散文天地

青山两边·································峻 青
西北旅语·································杨光治
我为什么创作·····························申力雯

诗林采英

风华诗会···············张诗剑 于海东 樊 帆等

传说·风景—————————————周良沛
年轻的诗笺———林圳华 客 人 艾 宁 东方渔笛等
散文诗页——————谈 耘 林 夕 骆国京等

港台海外作品
永远的微笑——————————（中国香港）陈 娟
舞女与作家——————————（中国香港）李 男
源流·路向与架桥—————————（中国香港）夏 马
卅亿分之一——————————（中国台湾）黄 海

开拓篇
车轮变奏曲——————（深圳）杨秀生 彭绍坚
治癌高手——————————（深圳）黎江晓

评论
肖殷书简————————————肖 殷

美术
力士雕塑————————————（深圳）陈洪辉

抢救————————————（深圳）冯大伟
"华日"第一人—————————（深圳）吴 伟

评论
在新的审美层面上呼唤特区文学—————本刊记者
年轻美丽的白桦林————————————尚建国

美术
少女（雕塑）——————————————曹国昌

1989 第 5 期　刊名：《特区文学》
目录

中短篇小说
阳光地带——————————（深圳）林 坚
孤岛情缘——————————（珠海）谢金雄
惑————————————（深圳）张智雯
曾鸿文传奇—————————（深圳）陈向兰

报告文学
缉私南海——————————（深圳）王雪松

散文天地
日本作家素描————————————蒋子龙
书海·人生—————————（深圳）刘学强
花园岛国游—————————（深圳）肖玉崇

诗林采英
风华诗会—————洪三泰 陈学标 费岚岚
年轻的诗笺———伍永禄 那 拉 寒 川等
爱情之路————————————韩 笑

港台海外作品
短篇二题——————————（中国香港）怨 曲
守————————————（中国香港）周蜜蜜

开拓篇
一个男子汉的力量——————————邓自强

1989 年第 6 期　刊名：《特区文学》
目录

中短篇小说
老村————————————（深圳）廖虹雷
今晚没有爵士————————————董碧波
夏日寒潮——————————（深圳）郁 茏
进退之间——————————（深圳）老 谭
变形金刚——————————（深圳）黄开林

散文天地
泰山云海————————————乔忠延
干杯，蛇酒————————————毕淑敏
吐鲁番之旅—————————（中国香港）刘百达
我在深圳——————————（深圳）赵 婧

诗林采英
风华诗会——————野 曼 傅天虹等
年轻的诗笺—————宾 峰 庄家银等

港台海外作品
紫红————————————（中国香港）怨 曲
白衣黑心——————[日]渡道淳一著 宋 城译

开拓篇
"天马"的经纬世界—————————（深圳）王永康
多元的变奏—————————（深圳）曾文经
腾越————————————（深圳）孙 伟

评论
我，浪潮之外的孤魂————————————谢望新
寄自深圳特区的书笺————————————尚建国
生存悲剧感与挫折超越力————————————王 绯
现实与梦境的交融—————————（深圳）胡 滨

美术
奋进（雕塑）——————————陈洪辉 陆 明

《天涯》

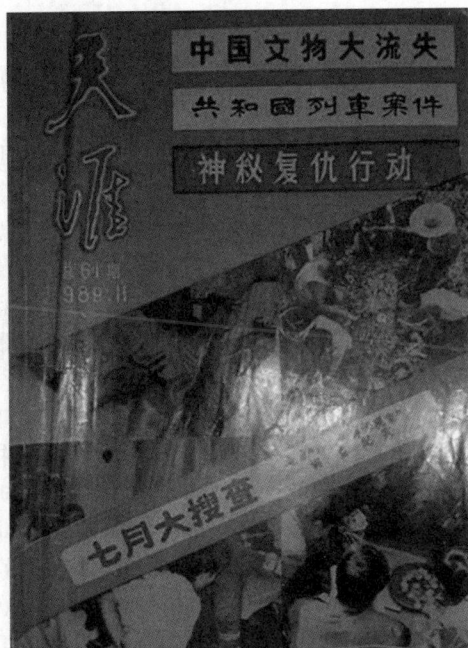

【简 介】

　　综合性文学期刊。海南省作家协会主办。创刊于1980年。其关注社会热点、文艺实验新作等,具有强烈的社会关怀和人文关怀精神,在国内外都有较大影响。

1980 年第 1 期　刊名:《天涯》
目录

不倒的红旗 ———————————— 倪俊宇
怀念李振亚将军 ———————————— 蔡名宏
"孟教头"的仕途 ———————————— 周良彪
南海渔汛 ———————————— 曾庆松
雾绕征衣滴翠岚 ———————————— 林建征
黎苗新歌(二首) ———————————— 邝海星
咖啡树的控诉 ———————————— 李　放
春天里的号角——读《昭雪之后》… 李　放　周　虹
六连岭散记 ———————————— 汪绪华
含羞草 ———————————— 张跃虎

谈创作
天涯赤子 ———————————— 朱逸辉
在那飘香流蜜的地方 ———————————— 冯麟煌
考验——中篇小说《钢铁少年》选载 —— 罗德祯
绿色的芒果(外一首) ———————————— 晓　凡

力量 ———————————— 张粤来
"驼三爹"种瓜 ———————————— 苏务本

关于天才
状元登台 ———————————— 饶树新
春光(外一首) ———————————— 陈家孝
眼睛 ———————————— 吴修利
琴声 ———————————— 林时平
谈秦牧散文联想的特色 ——— 黄汉忠　陈剑晖
妙在"如生"——读《聊斋志异》杂拾 ——— 洪寿祥
还留豪情漾胸间——读南来诗人行吟作 ——— 王春煜
苏东坡谪居海南岛的传说 ———————————— 黎国器
飞吧!　新长征的雄鹰 ——— 曹　琳　谢文经
趁我们现在正年轻 ——— 高守信　钟龙宝

1980 年第 2 期　刊名:《天涯》
目录

分界岭下 ——— 莫书锐　周仕科
问心无愧 ———————————— 湘　人
缆绳 ———————————— 倪峻宇
汽笛
追退潮 ———————————— 李　放
天涯路 ———————————— 刘瑞安
难道……? ———————————— 果戈理
黎族传统情歌 ———————————— 张跃虎
早春 ———————————— 梅光明
走到一起来了 ———————————— 莫清华
卖黑豆者 ———————————— 陈运震
华侨农场二题 ——— 关振东　林举英
云山恋 ———————————— 张跃虎
欢愉的市场 ———————————— 林志雄
甜 ———————————— 徐声凯
镜子 ———————————— 王　雷
枫叶 ———————————— 温　斌
万泉河 ———————————— 张奥来
橡胶树 ———————————— 阿　红
摘一朵长春花
周书记拜师 ———————————— 苏务本
打骂人 ———————————— 陈贵全
莫泊桑谈小说创作
歌德谈诗人必备条件
诗二首 ———————————— 黄　雨
通什 ———————————— 方　冰
清晨,锯工在锉锯 ———————————— 阿　培
第一片绿叶 ———————————— 王样华
采茶晚归 ———————————— 吴德保
美呵,校园 ———————————— 晋　强

竹林行吟························张晓芙
海瑞在海南岛的故事················黎国器
人间要好诗——试论艾青的诗歌创作·······王春煜
怆人心肺 发人深省——《读"孟教头"的仕途》有
感···························黄汉忠
从"癞蛤蟆的诅咒"想起的············戈 凡

1981 年第 1 期　刊名:《天涯》
目录

漂来的小船形屋···········郭小东 陈 冠
西沙之梦·······················刘再光
孤儿··························曾令雄
咏物短歌（三首）················许环秋
马经理的烦恼····················曾 强
莫泊桑的一生
海南寄情（三首）················金 哲
无花果（外一首）················光朱天
海的悲愤·······················杜 若
鹿回头夜听海涛··················刘荣敏
海上的海（外一首）··············黄 青
"琴"音························钟永华
海南风情·······················崔笛扬
太阳河·························彭庆元
留给海南岛的诗··················施春彩
罪犯的母亲···········曾康寿 苏佑清
犁···························李学强
假如有上帝·····················王高深
蜡烛恋歌·······················吴学宣
森林深处……···················符策超
绿色的旋律（组诗）——护林员的歌·····冯麟煌
天涯海角鹿回头··················曾庆松
咏石的遐想·····················洪寿祥
三月三的故事···········邢植朝 范会俊
蕉林深处·······················符国德
乡村歌手·······苏才芳 玛丽·威尔金斯·佛里门
林中小路·······················胡 憬
七指山的传说（黎族民间故事）·····林时平 陈大平
琼剧的源流和沿革·················陈鹤亭
琼剧唱词十六韵

1981 年第 2 期　刊名:《天涯》
目录

相思柳绿了·····················宋树根
雨（外一首）····················陈家孝
神光·························符启文

巡逻兵的脚印····················李挺奋
水兵的青春（外一首）··············任海鹰
山兰熟了·······················阿 培
山兰架·························张跃虎
绣···························王晋强
在那幸福的地方··················谭方明
共产党员·······················黄克凡
祭赖大蛆·······················吴 之
金牛岭情思·····················王 雷
春思·························李 樵
绿洲、生活、艺术·················陈 文
难拟的口号·····················汪绪华
人民的诗人——诗人参观团来琼追记·····蓝田玉
记忆（二首）····················张粤来
一位老同志倒了——悼念陈说同志·····詹行锋
海螺·························韩 青
橡胶树·························朱祖松
星星之恋·······················胡 憬
同志，我买这一只椰雕··············韩庆元
木马骑士········D.H.劳伦斯 冯晓明 苏才芳
人欢鱼跃·······················刘瑞安
万泉河恋歌·····················王祥光
清江晚浴·······················李 放
红岭垌·························李学强
唉……!························李运处
椰花蜜·························许环秋
路···························邓正炎
海瑞居家遗事（四则）··············黎国器
片羽集·························倪峻宇
月夜静悄悄·····················苏务本
苏东坡在儋州····················朱玉节

1981 年第 3 期　刊名:《天涯》
目录

一道铁栅门隔着……···············黄 舞
到鹿回头·······················邱裕志
啊，小草!·······················郑心侨
创作谈
爱神的絮语·····················米 兰
心誓（外一首）···················朱 榕
太阳花·························张桂荣
制腊肠·························雁 路
螺号（外四章）···················蔡运民
第八个上当者····················苏佑清
四季花赞·······················朱祖松
冬访鹦歌岭···········李汉强 邹淑良
猕猴岛趣闻···········曾庆松 莫泽安

天地人情 ⋯⋯⋯⋯⋯⋯⋯⋯⋯⋯⋯⋯⋯ 郑冯伦
家乡的风 ⋯⋯⋯⋯⋯⋯⋯⋯⋯⋯⋯⋯⋯ 林贤治
耕耘者 ⋯⋯⋯⋯⋯⋯⋯⋯⋯⋯⋯⋯⋯⋯ 王高海
秋天说（外二首）⋯⋯⋯⋯⋯⋯⋯⋯⋯ 陈衍庆
小草及其他 ⋯⋯⋯⋯⋯⋯⋯⋯⋯⋯⋯ 林明坚
谈"心景"托情 ⋯⋯⋯⋯⋯⋯⋯⋯⋯ 黄汉忠
万福看榜 ⋯⋯⋯⋯⋯⋯⋯⋯⋯⋯⋯⋯ 陈贵全
山兰米的故事（黎族民间传说）符明方 晋 强
小镇上的奇闻 ⋯⋯⋯⋯⋯⋯⋯⋯⋯⋯ 沈育毅
海螺（外一首）⋯⋯⋯⋯⋯⋯⋯⋯⋯ 郑 南
游海滨 ⋯⋯⋯⋯⋯⋯⋯⋯⋯⋯⋯⋯⋯ 蔡东方
宝岛留痕 ⋯⋯⋯⋯⋯⋯⋯⋯⋯⋯⋯⋯ 李育中
狗、牛、螃蟹 ⋯⋯⋯⋯⋯⋯⋯⋯⋯⋯ 王弗龙
小叶桉，林中仙子（外一首）⋯⋯⋯ 吴荫华
国家不幸诗家幸，赋到沧桑句便工——略谈古代流放
来琼的诗人的诗 ⋯⋯⋯⋯⋯ 吴云汉 李欣皎

1981 年第 4 期　刊名:《天涯》

目录

恋 ⋯⋯⋯⋯⋯⋯⋯⋯⋯⋯⋯⋯ 陆基民 黄增立
海上蛟龙 ⋯⋯⋯⋯⋯⋯⋯⋯⋯⋯⋯⋯ 王 曼
搻女 ⋯⋯⋯⋯⋯⋯⋯⋯⋯⋯⋯⋯⋯⋯ 罗同松
采撷在爱的河边（三首）⋯⋯⋯⋯⋯ 倪峻宁
凋谢了的花朵（外一首）⋯⋯⋯⋯⋯ 许荣颂
啊，我的中华 ⋯⋯⋯⋯⋯⋯⋯⋯⋯⋯ 郑小枚
青春恋 ⋯⋯⋯⋯⋯⋯⋯⋯⋯⋯⋯⋯⋯ 史振益
寻找 ⋯⋯⋯⋯⋯⋯⋯⋯⋯⋯⋯⋯⋯⋯ 陈行新
春雨（外一首）⋯⋯⋯⋯⋯⋯⋯⋯⋯ 左 梅
花魂 ⋯⋯⋯⋯⋯⋯⋯⋯⋯⋯⋯⋯⋯⋯ 鞠 激
心心相印 ⋯⋯⋯⋯⋯⋯⋯⋯ 张国城 张运华
丁字路口 ⋯⋯⋯⋯⋯⋯⋯⋯ 晓 皋 蔡祖林
妈妈的泪 ⋯⋯⋯⋯⋯⋯⋯⋯⋯⋯⋯⋯ 高建中
天真 ⋯⋯⋯⋯⋯⋯⋯⋯⋯⋯⋯⋯⋯⋯ 洋 滔
婚礼 ⋯⋯⋯⋯⋯⋯⋯⋯⋯⋯⋯⋯⋯⋯ 王建雄
在南药园里（二首）⋯⋯⋯⋯⋯⋯⋯ 吴修利
凤尾草 ⋯⋯⋯⋯⋯⋯⋯⋯⋯⋯⋯⋯⋯ 郭小东
山魂（外一首）⋯⋯⋯⋯⋯⋯⋯⋯⋯ 朱光天
归渔 ⋯⋯⋯⋯⋯⋯⋯⋯⋯⋯⋯⋯⋯⋯ 赵晓山
女子潜水队（二首）——写在海水养殖场 任海鹰
鹿回头（外一首）⋯⋯⋯⋯⋯⋯⋯⋯ 彭庆元
昨夜一场春雨 ⋯⋯⋯⋯⋯⋯⋯⋯⋯⋯ 杨全忠
给散文以诗情 ⋯⋯⋯⋯⋯⋯⋯⋯⋯⋯ 岑 桑
夜猎五指山 ⋯⋯⋯⋯⋯⋯⋯⋯⋯⋯⋯ 古 木
游五公祠有感而作 ⋯⋯⋯⋯⋯⋯⋯⋯ 吴云汉
喷泉 ⋯⋯⋯⋯⋯⋯⋯⋯⋯⋯⋯⋯⋯⋯ 陈剑晖
关庙街纪事 ⋯⋯⋯⋯⋯⋯⋯⋯⋯⋯⋯ 汪绪华
海外五逐客　王桐乡诗五首（《鸡肋集》）⋯ 韩林元

1982 年第 1 期　刊名:《天涯》

目录

我走上文学道路的几点体会 ⋯⋯⋯⋯ 杨 沫
野花 ⋯⋯⋯⋯⋯⋯⋯⋯⋯⋯⋯⋯⋯⋯ 董亚星
谈判代表 ⋯⋯⋯⋯⋯⋯⋯⋯⋯⋯⋯⋯ 张健人
我的局长爸爸 ⋯⋯⋯⋯⋯⋯⋯⋯⋯⋯ 沈育毅
苦酒 ⋯⋯⋯⋯⋯⋯⋯⋯⋯⋯⋯⋯⋯⋯ 曾果伟
桔林曲（小叙事诗）⋯⋯⋯⋯⋯⋯⋯ 叶知秋
爱——? ⋯⋯⋯⋯⋯⋯⋯⋯⋯⋯⋯⋯⋯ 崴 崴
喜英敏司徒慧敏二兄见过（八首录六）⋯ 卢鸿基
游览宝岛短歌（三首）⋯⋯⋯⋯⋯⋯ 卢 溪
天涯杨柳（外一首）⋯⋯⋯⋯⋯⋯⋯ 张粤来
松林曲（外一首）⋯⋯⋯⋯⋯⋯⋯⋯ 张 浪
潜水姑娘 ⋯⋯⋯⋯⋯⋯⋯⋯⋯⋯⋯⋯ 苏 耕
期待 ⋯⋯⋯⋯⋯⋯⋯⋯⋯⋯⋯⋯⋯⋯ 张跃虎
苦楝叶——致友人 ⋯⋯⋯⋯⋯⋯⋯⋯ 春 晖
寻觅金色的梦 ⋯⋯⋯⋯⋯⋯⋯⋯⋯⋯ 李 放
珊瑚公园 ⋯⋯⋯⋯⋯⋯⋯⋯ 孙 凯 黎 汾
甜甜 ⋯⋯⋯⋯⋯⋯⋯⋯⋯⋯⋯⋯⋯⋯ 吴坤民
阿龙 ⋯⋯⋯⋯⋯⋯⋯⋯⋯⋯⋯⋯⋯⋯ 王 海
故乡路 ⋯⋯⋯⋯⋯⋯⋯⋯⋯⋯⋯⋯⋯ 王祥华
岭上桃花 ⋯⋯⋯⋯⋯⋯⋯⋯⋯⋯⋯⋯ 张振金
青山似欲留人住 ⋯⋯⋯⋯⋯⋯⋯⋯⋯ 庞业明
软功 ⋯⋯⋯⋯⋯⋯⋯⋯⋯⋯⋯⋯⋯⋯ 朱祖松
迎婚坡 ⋯⋯⋯⋯⋯⋯⋯⋯⋯⋯⋯⋯⋯ 王 艺
八仙过海 ⋯⋯⋯⋯⋯⋯⋯⋯⋯⋯⋯⋯ 黄宏地
庐山游 ⋯⋯⋯⋯⋯⋯⋯⋯⋯⋯⋯⋯⋯ 李 朝
寒蝉 ⋯⋯⋯⋯⋯⋯⋯⋯⋯⋯⋯⋯⋯⋯ 梁森镇
初游庐山——汉俳试笔 ⋯⋯⋯⋯⋯⋯ 詹行锋
文讯

1982 年第 2 期　刊名:《天涯》

目录

战士（外一首）⋯⋯⋯⋯⋯⋯⋯⋯⋯ 徐树人
短笛（三首）⋯⋯⋯⋯⋯⋯⋯⋯⋯⋯ 邵文峰
新月弯弯（外一首）⋯⋯⋯⋯⋯⋯⋯ 苏圻雄
心河 ⋯⋯⋯⋯⋯⋯⋯⋯⋯⋯⋯⋯⋯⋯ 苏玉光
远方飞来一只小鸟（外一首）⋯⋯⋯ 冯 涛
海江情 ⋯⋯⋯⋯⋯⋯⋯⋯⋯⋯⋯⋯⋯ 曾琼青
他俩带新兵 ⋯⋯⋯⋯⋯⋯⋯⋯⋯⋯⋯ 绿 叶
乡下的洋楼和⋯⋯ ⋯⋯⋯⋯⋯⋯⋯⋯ 曾雨梅
五十立方杉木 ⋯⋯⋯⋯⋯⋯⋯⋯⋯⋯ 廖晓勉
静静的夜 ⋯⋯⋯⋯⋯⋯⋯⋯⋯⋯⋯⋯ 刘辉林
法卡山掠影 ⋯⋯⋯⋯⋯⋯⋯⋯⋯⋯⋯ 刘瑞安
大海漫笔 ⋯⋯⋯⋯⋯⋯⋯⋯⋯⋯⋯⋯ 张其昌

落水	刘 明
"美丽的街市……"	陈德均
万泉河	洪三泰
路	林贤治
雾中，有一片青山（外一首）	朱光天
沃土（外一首）	王永进
台湾相思树	倪峻宇
丰碑巍巍	陈忠干
小兴安岭漫游	吴 之
母与子	谢定杰
水浮莲与蒲公英	鲁克非
悠悠歌声	黄克凡
诗词三首	卢鸿基
从民间爱情故事看劳动人民的美学理想	唐圣为

1982 年第 3 期　刊名:《天涯》
目录

天涯抒怀——为《天涯》改刊而作		庄 田
知音	林贤治	黄茂和
老猴爹轶事		莫清华
短小文学作品的重量		秦 牧
菠萝蜜（外一章）		邵文峰
蚯蚓		顾 城
花城赋	张 绰	关振东
生活·星光		李发模
香港廿四天		陈卓乾
夜来香		贺晓晨
海南岛·椰子林		冯麟煌
大海有多深?（外二首）		金 哲
五指山的笑容		黄宏地
车在海南岛上飞		黄 青
秀兰		符兴全
荔枝树的梦（三首）		西 彤
海南之夏（三首）		郭玉山
五朵红云下（三首）		朱光天
落难者和他的爱情	李钟声	谢望新
精神上的"味觉"		岑 桑
男女之间		崽 崽
诗人死在批评家手里——略评十七年诗歌评论中的庸俗社会学		王春煜

1982 年第 4 期　刊名:《天涯》
目录

多梦时节	郭小东
月	孙 凯

吴三伏做生意	王中德
文艺，是一种老实的事业	岑 桑
诗词六章	卢鸿基

南国诗会

落难者和他的爱情（续）	李钟声	谢望新
致诗人		吴云汉
七律三首		赠郭蔷
椰树的赞歌		张其昌
雨林行		莫泽安
呵，香洲		沈仁康
西湖春深深几许		钟子硕
带血玫瑰		廖红球
"不正经"的歌声		吴应佑
香港廿四天		陈卓乾

1983 年第 1—2 期　刊名:《天涯》
目录

进山		何文光
海南岛之夏（散文诗）		王乾才
在月台上……		俞 果
家住南海沧浪边		易 征
春恋		李学信
一位作家		贾平凹
诗词三首		郭儒灏
夜宿鹿回头（调寄西江月）		芮增瑞
家		林贤治
大海，碧蓝碧蓝……（外一首）		叶知秋
无名藤		冯 涛
叩问海瑞墓		施春彩
东坡塑像（外一首）		徐 康
春雨		李翻程
我和少年		春 晖
大东海		李家润
初吻		朱 榕
月吟		韩庆元
林荫道上		崔苗扬
睡在牛背上的小孩（外一首）		王贵荣
花儿美		李薇薇
我和翠姐		符史辉
迷路果		张跃虎
谜一般的女子	星新一	李有宽
盯梢	星新一	李有宽
开业	星新一	李有宽

塞万提斯谈艺术虚构

我心中的迎春花（外一章）	招关仙

落榜者·····················陆 敏
苦瓜棚诗巽·····················卢鸿基
磨砺·跋涉·奋进——记中年作家从维熙·····郑日焕
读《天涯花》——致诗人洪三泰·········凡 尼

1983 年第 3 期　刊名:《天涯》
目录

涟漪，一圈一圈···········邓开善 邓开衡
含羞草花·····················蒋安定
织女姑娘与赶牛车的静郎·············刘雉鸣
红玫与白玫·····················王金年
北部湾之夜·············张振金 朱玉书
山里的歌·····················筱 玲
鞋·······················黄宏地
天涯诗花香万里——读《天涯》八二年第三、四期上
的部分诗作·····················张立国

南国诗会
为什么？·····················鹿松林
天空飘来一片彩云·················雪 芹
从五指山到长白山——东北旅行见闻·······龙 敏
"二王庙"前的絮语···············李 朝
甘泉·······················陈达光
今天落大潮·····················宋树根
春天的岸边·····················陈正敏
作者通讯·····················崽 崽

天涯芳草
作家的雅量·····················陈志杰
慎防"捧杀"···················郑心伶
别人眼镜君莫戴··················蓝田玉
"野诗"情趣录（三则）··············杨光治

1983 年第 4 期　刊名:《天涯》
目录

梧桐树下·····················陈思和
珊瑚街·······················蔡宗周
路·······················廷 泽
我的《路》·····················廷 泽
沧海难酬·····················林建征
果炮·······················黄兆河
胡椒之乡·············曾庆松 莫泽安
翠盘明珠·····················柳 嘉
黑衣少女···········皮埃尔·加马拉 肖熙幼
静静的深圳湾——长篇小说选载（第一章）···朱崇山

美的遐想·····················罗 磊

南国诗会
走过了那个路口··················王 海
虹·······················武 龙

天涯芳草
胶林茫茫·····················崽 崽
森林在召唤·····················吴鸿道
钟声（外一篇）··················顾 城

1983 年第 6 期　刊名:《天涯》
目录

悼·······················欧英彬
犁·······················傅也平
太阳河·····················李平佳
啊！春风·····················王高海
寻觅·······················陈积华
好呵，早春的响雷·················黄亦生
饮海·······················张来发
拾贝者（外一首）·················李家润
影子·我·····················书 华
奎星楼前的幽思··················张祚英
写在黎族村庄（三首）···············倪峻宇
为什么？·····················鹿松林
天空飘来一片彩云·················雪 芹
从五指山到长白山——东北旅行见闻·······龙 敏
"二王庙"前的絮语···············李 朝
甘泉·······················陈达光
今天落大潮·····················宋树根
春天的岸边·····················陈正敏

作者通讯
礁岩和潮汐（外一章）···············蔡宗周
霞和阳·····················李奇雄
峡谷·······················邢福芬
山村之夜·····················林 肖
等待·······················刘俊林
夜·······················张万民
作家的雅量·····················陈志杰
慎防"捧杀"···················郑心伶
别人眼镜君莫戴··················蓝田玉
《野诗》情趣录（三则）··············杨光治

椰魂巡歌⋯⋯⋯⋯⋯⋯⋯⋯⋯⋯⋯⋯吴修利
打石工（外一首）⋯⋯⋯⋯⋯⋯⋯⋯王振强
早晨，我在阿坨岭上（外一首）⋯⋯黄昌华
朦胧的星⋯⋯⋯⋯⋯⋯⋯⋯⋯⋯⋯⋯叶曙明
过年⋯⋯⋯⋯⋯⋯⋯⋯⋯⋯⋯⋯⋯⋯加 东
假如我会画⋯⋯⋯⋯⋯⋯⋯⋯⋯⋯⋯张万华
一声呼唤⋯⋯⋯⋯⋯⋯⋯⋯⋯⋯⋯⋯刘俊林
青春⋯⋯⋯⋯⋯⋯⋯⋯⋯⋯⋯⋯⋯⋯海 粟
木耳⋯⋯⋯⋯⋯⋯⋯⋯⋯⋯⋯⋯⋯⋯陈家孝
给垦荒者⋯⋯⋯⋯⋯⋯⋯⋯⋯⋯⋯⋯邢福芬
星星⋯⋯⋯⋯⋯⋯⋯⋯⋯⋯⋯⋯⋯⋯陈积华
舟笛⋯⋯⋯⋯⋯⋯⋯⋯⋯⋯⋯⋯⋯⋯卢 迈
偶拾⋯⋯⋯⋯⋯⋯⋯⋯⋯⋯⋯⋯⋯⋯王红雨
太阳花⋯⋯⋯⋯⋯⋯⋯⋯⋯⋯⋯⋯⋯谢继贤
美人蕉⋯⋯⋯⋯⋯⋯⋯⋯⋯⋯⋯⋯⋯陈耿之
采自天涯的红豆⋯⋯⋯⋯⋯⋯⋯⋯⋯朱光天
李半仙下凡⋯⋯⋯⋯⋯⋯⋯⋯⋯⋯⋯陈 梦
周总理的诗句不应随意删改⋯⋯⋯⋯卢仕明
路，在你的脚下⋯⋯⋯⋯⋯⋯⋯⋯⋯苏佑清
他找到了"新岸"——评孔捷生的两个中篇⋯张奥列
"野诗"情趣录⋯⋯⋯⋯⋯⋯⋯⋯⋯⋯杨光治
天涯芳草别样美——读《天涯》八三年四、六、八月
号的散文诗⋯⋯⋯⋯⋯⋯⋯⋯⋯⋯⋯张立国
广东画院《海南行》画展选

1984 年第 1 期　刊名：《天涯》
目录

小说
留下这颗种子⋯⋯⋯⋯⋯⋯⋯⋯⋯⋯符史辉
此情不仅成追忆⋯⋯⋯⋯⋯⋯⋯⋯⋯昌 洪
山情⋯⋯⋯⋯⋯⋯⋯⋯⋯⋯⋯⋯⋯⋯谢志勇
赶集⋯⋯⋯⋯⋯⋯⋯⋯⋯⋯⋯⋯⋯⋯魏有恒
人心之间⋯⋯⋯⋯⋯⋯⋯⋯⋯⋯⋯⋯王中德
南国相思⋯⋯⋯⋯⋯⋯⋯⋯⋯⋯⋯⋯高国冰

报告文学
明星是这样从跳台升起
——记世界著名跳水运动员陈肖霞⋯李钟声 万湘奇
爱与责任感的合金
——记全国优秀教师梁启圣⋯⋯陈 华 陈 健

散文
大雁，北去的大雁⋯⋯⋯⋯⋯⋯⋯⋯招关仙
在古崖州⋯⋯⋯⋯⋯⋯⋯⋯⋯⋯⋯⋯曾庆松
东坡书院⋯⋯⋯⋯⋯⋯⋯⋯⋯⋯⋯⋯符启文
英雄树⋯⋯⋯⋯⋯⋯⋯⋯⋯⋯⋯⋯⋯柳 嘉
天涯芳草⋯⋯⋯⋯⋯⋯⋯⋯⋯陈厚鹏 张风瑞

黄 虹 张立国 韩庆元 倪峻宇 贺 魏 李学明

天涯诗会
远方小集（七首）⋯⋯⋯⋯⋯⋯⋯⋯沈仁康
西沙，有生命的岛（组诗）⋯⋯⋯⋯西 彤
鹿回头传奇⋯⋯⋯⋯⋯⋯⋯⋯⋯⋯⋯朱光天
蝴蝶屿（外二首）⋯⋯⋯⋯⋯⋯⋯⋯樱 子
人与环境之歌（二首）⋯⋯⋯⋯⋯⋯刘再光
阳光下的雨（外二首）⋯⋯⋯⋯⋯⋯林 军

评论
让民族文艺永放光辉——从《台湾乡土音乐浪潮里的
逆流》所想的 1、2、3⋯⋯⋯⋯⋯韩伯泉
黎母山的梦——评郭小东的知青小说创作⋯⋯戈 凡
本刊举办一九八四年优秀文学作品评奖
编辑部小启

美术
鹿回头的传说（雕塑）⋯⋯⋯⋯⋯⋯林毓豪
大地的诗、青春（雕塑）⋯⋯⋯⋯⋯林毓豪
花落知多少（国画）⋯⋯⋯⋯⋯⋯⋯林峥明
海恋、黄金时代、女孩像（雕塑）⋯王可赵
乐在天涯、宝岛在前进（篆刻）⋯⋯王家泽
插图、装帧⋯⋯⋯⋯⋯柯兴发 张 风 黄昌海
蔡于良 陈琼琦 胡连江 张小虎 林长武等

1984 年第 2 期　刊名：《天涯》
目录

小说
第三十九封信是送来的⋯⋯⋯⋯⋯⋯王金年
谷子成熟了⋯⋯⋯⋯⋯⋯⋯⋯⋯⋯⋯李学仁
星星，在蓝空闪耀⋯⋯⋯⋯⋯⋯⋯⋯莫 非
喇叭裤纪事⋯⋯⋯⋯⋯⋯⋯⋯⋯⋯⋯廖晓勉
何直教授（中篇小说选载）⋯⋯⋯⋯江 萍
纯心浴⋯⋯⋯⋯⋯⋯⋯⋯⋯⋯⋯⋯⋯王 艺
故乡人物志⋯⋯⋯⋯⋯⋯⋯⋯⋯⋯⋯王振科
在零度世界里⋯⋯⋯⋯⋯⋯⋯⋯⋯⋯王 军

散文
浴血天涯（革命回忆录选载）⋯⋯⋯马白山
唱给珠碧江的歌⋯⋯⋯⋯⋯⋯⋯⋯⋯黄河清
神女在笑⋯⋯⋯⋯⋯⋯⋯⋯⋯⋯⋯⋯李 朝
"天涯宾馆"小住⋯⋯⋯⋯⋯⋯陆基民 程小琪
妒杀杂谈⋯⋯⋯⋯⋯⋯⋯⋯⋯⋯⋯⋯郑心联

天涯诗会
海南人（外二首）⋯⋯⋯⋯⋯⋯⋯⋯张永权

海岛三月 ·········· 苏卓生
拾花（外一首） ·········· 李平佳
给儿子 ·········· 钟秀兰
母与子 ·········· 王贵荣
海天的幻想 ·········· 杨月娟
猎枪 ·········· 苏玉光
写给泰山的石阶 ·········· 春 晖
南岛春色（外一首） ·········· 傅也平
拉网 ·········· 陈 亮
金色的脚印 ·········· 李学强
翅膀 ·········· 张粤来
词二首 ·········· 蔡云山
诗二首 ·········· 邢纪元

天涯芳草

梧桐秋叶（外一章） ·········· 蔡宗周
默默（外一章） ·········· 陈兴东
手绢（外一章） ·········· 刘俊林
家庭的诗（二章） ·········· 高凯明
倒影（外一章） ·········· 卢 迈
友谊随想 ·········· 董亚军

评论

关于《热土》的讨论
·········· 王英文 王荷一 陈川煌 文 能

美术

飞遍天涯（国画） ·········· 陈衍宁
赶海（摄影） ·········· 邢益豪
天高云淡（国画） ·········· 汤集祥
摇蓝曲（国画） ·········· 汤集祥
网（木刻） ·········· 刘震激
新雏声声（木刻） ·········· 王昭昆
乐在其中（木刻） ·········· 黄一中
插图、装帧 ·········· 邓子芳 柯兴发
谭龙建 陈茂叶 潘再柏 王可赵 蔡于良 邓子敬
张 风 张小虎 林长武 胡连江

1984 年第 3 期　刊名:《天涯》
目录

小说

啊，我难忘的天涯海角…… ·········· 董 坚
那是去年的夏天 ·········· 吴坤民
乡村响猪铃 ·········· 陈贵全
沙滩上的别墅 ·········· 曾雨梅
小河彼岸 ·········· 叶曙明
人生的咏叹调 ·········· 陆 敏

农夫 ·········· 熊成淑
迷朦的山野 ·········· 叶子才

天涯诗会

律诗四首 ·········· 李凤白
来自宝岛上的歌（三首） ·········· 于宗信
二月，我在宝岛的最南端（外一首） ·········· 宋健慧
起飞吧，海南岛（外一首） ·········· 李学信
南渡江咏叹（外一首） ·········· 王祥华
海口长堤抒怀 ·········· 吴云汉
黎族风情（二首） ·········· 冯 涛
山中短吟（四首） ·········· 文 丙
生活，多彩的画卷 ·········· 陈家孝

散文

天涯旅伴 ·········· 柯 原
又见芳华 ·········· 钟泳天

天涯芳草

多云的雾（外一章） ·········· 招关仙
探索者（外一章） ·········· 杨福春
海的骑士（外一章） ·········· 章剑生
小桔子（外一章） ·········· 王红雨
蓝色的梦 ·········· 张书华

评论

新时期文学趋向刍议 ·········· 郭小东
一个真实感人的农民形象 ·········· 李圣恒

美术

椰乡集市（国画） ·········· 蔡于良
盐场（国画） ·········· 田 洋
南海渔村（国画） ·········· 陈琼琦
织補裙（油画） ·········· 张华忠
热带雨林（国画） ·········· 符福生
傍晚（版画） ·········· 徐鸿才
海南文联美术培训班学员习作选登 ·········· 王映荣等
椰子壳（连环画） ·········· 山 山编 邓子敬绘

插图装帧 ·········· 邓子芳 王昌海
柯兴发 林长武 张小虎 张 风 胡炳泉

1984 年第 4 期　刊名:《天涯》
目录

小说

昆仑牧传奇 ·········· 陈赞明

在崇山迭出的地方—————————符史辉
信誉—————————————林汉秋
在山间的小路上———————————林明勇
第三次婚礼————————————崽　崽
迎接国家元首的车队———————————贺晓晨
高山流水————————————贺晓晨

散文
咸阳原上古文明————————沈仁康
大东海"遇兵"记—————————黄　颖
拾贝（外一章）————————————郭　浩
海姑（外一章）————————————关　德
山和泉之间（外一章）————————加　笑
采自天涯的红豆（二章）————————朱光天

天涯诗会
红豆，生在我心窝（二首）—————洋　雨
海南岛变奏曲——————————苏卓生
海的儿子（二首）————————倪峻宇
有一个孩子背着鱼篓————————邢益森
婴————————————————王晋强
树，和它的落叶————————韩庆元
胶林春歌（三首）—————————叶知秋
东山行—————————————李英敏
绝句三首—————————————卢鸿基
海南游草（四首）—————————秦咢生

评论
"伤春"一曲震霄云——读陈与义《伤春》　杨光治

美术
莉斯·玛戴尔像（油画）
　　　　　　　　　［法］莫里斯·埃兰热
我们的海滨（油画）————［法］让-马克·朗热
黎寨（国画）—————————————阳　日
山泉清音图（插图）———————阳　日
奴隶的女儿（国画）———————裴建华
五公祠一侧（钢笔画）——————柯行裕
插图装桢————邓子芳　黄昌海　林长武等

1984 年第 5 期　刊名:《天涯》
目录

小说
带血的梅花钱（武术中篇）——欧关旺　廖华强
褪色的笑—————————————梁汝森
燃烧的晚霞—————————————何文辉
去吧，姑娘————————————刘雉鸣

开在空中的虎刺梅————————刘辉林
啊，一幅画————————————孙　伦
流星，划过茅草小屋————————于雷娃

天涯诗会
编者的话
咏大洲岭—————————————朱逸辉
满庭芳—————————————蔡云山
南风里的乡情月痕————————郭玉山
五朵红云下（三首）———————朱光天
湖畔夜语—————————————黄昌华
金江，我故乡的江————————冯麟煌
铁的印象（二首）—————————李挺奋
啊，五指山人（外一首）—————陈家孝
原始的追求（外一首）——————张粤来
访东方示范牧场（外二首）————王贵荣
母亲·土地———————————吴修利
缠脚布————————黄万新　吴　戈
早晨，一串绿色的音韵———————吴德保
西沙拾零（三章）—————————倪峻宇
雨中（外一章）—————————刘再光
太阳（外一章）—————————邢福芬
森林小夜曲（二章）———————黄　虹
蜜蜂及其他（二章）———————伊　萍

散文
腊月艇长—————————————柯　原
萋萋牧草悠悠情————————郑定荣
南国珍珠—————————————曾庆松

评论
天涯芳草　境美情真——读冯麟煌《天涯的旋律》
　　　　　　　　　　　　　　　李　林
一朵小花—————————————王荷源

美术
女演员（国画）————————林　墉
午晌（油画）————————涂志伟
如此江山要霸才（国画）—————曾祥熙
东海朝阳（国画）—————————曾祥熙
速写二幅—————————————刘　健
插图装桢————方　立　柯兴发　韩　勤等

1984 年第 6 期　刊名:《天涯》
目录

小说
一个又一个——————————陈国河

车到终点站························邵昌洪
他和她的钥匙············张　敏　小　李
河那边是香港······················苏佑清
她给他的笑························胡　翾
一个古老的故事············（黎族）王　斌
武林奇情··················王景文　胡月平

天涯诗会

姐妹潭（小叙事诗）··················于宗信
呵，八所港（外一首）················陈达光
哦，船长（外二首）··················黄　堃
敬礼！闪光的路碑··················林　军
黄牛·父亲·我····················苏玉光
小城，有花有泪的小城················傅也平
吻（外一首）······················毛秀璞
夜店，飘溢着田园韵味················欧英彬
寻觅··························迅　鸣
春日游东山岭即事··················李　放
词二首························陈烘炽
七绝四首························周济夫

散文

芳名千古························邢植朝
东山耸翠························朱逸辉

天涯芳草

海岛涛韵（二章）··················顾　文
孤独的三桅船（外一章）··············卢　迈
山路情思························李　卉

评论

暑旱见真情，甘霖化好诗
——二首思想境界崇高的宋诗··········杨光治

诗讯

《诗人》月刊问世··················芦成淮

美术

少女（油画）······················司徒绵
晓声（水印木刻）··················邓子敬
雾（水印木刻）····················盛　檬
春天（木刻）······················盛　檬
逗娘舞（木刻）····················黄　亮
大海的子孙（木刻）················李晓明
插图装帧······刘震激　柯兴发　韩　勤　陈茂叶等

1985 年第 1 期　刊名:《天涯》

目录

爱的潜流························田闻一
晨岛··························丘　峰
神秘的女怪客······················伍健春
瞻仰冯白驹将军旧居
········陈其美　曾惠予　郑　放　李苏文　王月波
一个凄惋的爱情故事··松本清张　金秋野　郭　廷
草木吟（二章）····················张江明
在爱河的边缘······················钟卫民
女杰乔装斗强凶····················刘　凯
寄你（三首）······················樱　子
天涯芳草························张永权
青岩山二题························萧汉初
南国北疆情依依（二首）··············洋　雨
门前，那一棵椰树（外二首）··········冯国书
农情篇························李学信
阴谋加爱情························钟子硕
初离··························陈　涵
本刊一九八四年文学作品评奖揭晓
爱情三部曲························张　颖
爱的真谛（微型小说）··············柏子伟
"拳王"下江························梁汝森

1985 年第 2 期　刊名:《天涯》

目录

奇特的爆炸························关义耀
啊！你这个"满洲姑娘"··············张长普
我们做完了青春的梦··················武　龙
因为有月亮（外一首）················顾　城
夜吟··························刘俊林
海滨短笛························文　丙
她不能公开的日记··················于雷娃
草人春秋························晴　生
宝岛随笔（二首）··········锡伯族　郭基南
鹰侠仇侣银匣恨····················梁建生
谈谈椰子························黄庆云
《绿色的旋律》序··················杨光治
爱（外一章）······················顾　群
岛上小吟························郑　南

1985 年第 3 期　刊名:《天涯》
目录

花瓶里的秘密⋯⋯⋯⋯⋯⋯⋯⋯⋯⋯⋯唐谟德
那小溪边的情丝⋯⋯⋯⋯⋯⋯⋯⋯⋯⋯潘　琪
武林少杰与"冷美人"⋯⋯⋯⋯⋯⋯⋯⋯梁　潜
幸福在拐角处⋯⋯⋯⋯⋯⋯⋯⋯⋯⋯⋯周士雄
鹅卵石自辩⋯⋯⋯⋯⋯⋯⋯⋯⋯⋯⋯⋯徐维良
山乡的孩子（外一首）⋯⋯⋯⋯⋯⋯⋯曾　加
村口，那古榕⋯⋯⋯⋯⋯⋯⋯⋯⋯⋯⋯陈积华
往事⋯⋯⋯⋯⋯⋯⋯⋯⋯⋯⋯⋯⋯⋯⋯齐丽杰
黄昏随想曲⋯⋯⋯⋯⋯⋯⋯⋯⋯⋯⋯⋯施　均
桥⋯⋯⋯⋯⋯⋯⋯⋯⋯⋯⋯⋯⋯⋯⋯⋯云逢鹤
帆⋯⋯⋯⋯⋯⋯⋯⋯⋯⋯⋯⋯⋯⋯⋯⋯林尤俊
"三月三"抒怀⋯⋯⋯⋯⋯⋯⋯⋯⋯⋯⋯吴云汉
我是一棵树⋯⋯⋯⋯⋯⋯⋯⋯⋯⋯⋯⋯戴　文
恬静（外一章）⋯⋯⋯⋯⋯⋯⋯⋯⋯⋯卢　迈
小雨，淅淅沥沥⋯⋯（外一章）⋯⋯⋯柴　勇
小白帆（外一章）⋯⋯⋯⋯⋯⋯⋯⋯⋯许燕影
绿峡情话⋯⋯⋯⋯⋯⋯⋯⋯⋯⋯⋯⋯⋯郭小东
花儿，迟开了吗？⋯⋯⋯⋯⋯⋯⋯⋯⋯陈海燕
寻觅⋯⋯⋯⋯⋯⋯⋯⋯⋯⋯⋯⋯⋯⋯⋯杨　毅

1985 年第 4 期　刊名:《天涯》
目录

雨中，枪响了⋯⋯⋯⋯⋯⋯⋯⋯⋯⋯⋯秦　菲
天上的星星最知道⋯⋯⋯⋯⋯⋯⋯⋯⋯黄加满
爱神，射错了一箭⋯⋯⋯⋯⋯⋯⋯⋯⋯张　颖
旋转的华尔兹⋯⋯⋯⋯⋯⋯⋯⋯⋯⋯⋯陈　继
诗的彩虹（组诗）——寄台湾诗人⋯⋯于宗信
晨曦⋯⋯⋯⋯⋯⋯⋯⋯⋯⋯⋯⋯⋯⋯⋯黄水安
夜航船（三首）⋯⋯⋯⋯⋯⋯⋯⋯⋯⋯周　民
再见南国⋯⋯⋯⋯⋯⋯⋯⋯⋯⋯⋯⋯⋯王　璇
黑底牙边三星旗——中篇历史武林传奇⋯董　坚
野诗情趣录⋯⋯⋯⋯⋯⋯⋯⋯⋯⋯⋯⋯杨光治
小河边⋯⋯⋯⋯⋯⋯⋯⋯⋯⋯⋯⋯⋯⋯周光明
思念海南（组诗）⋯⋯⋯⋯⋯⋯⋯⋯⋯黄　坊
洞趣⋯⋯⋯⋯⋯⋯⋯⋯⋯⋯⋯⋯⋯⋯⋯李亚平
山村新笛（六章）——记乡村佳节的大鼓会⋯莫少云
序《琼岛诗词选》⋯⋯⋯⋯⋯⋯⋯⋯⋯秦　牧

1985 年第 5 期　刊名:《天涯》
目录

风流草⋯⋯⋯⋯⋯⋯⋯⋯⋯⋯⋯⋯⋯⋯岳立功
作家 S 归去来——名人和小人的琐事⋯⋯钟　静
特区女秘书⋯⋯⋯⋯⋯⋯⋯⋯⋯⋯⋯⋯陈　梦
金佛像刀影⋯⋯⋯⋯⋯⋯⋯⋯⋯⋯⋯⋯董贤辉
生活变奏曲⋯⋯⋯⋯⋯⋯⋯⋯⋯⋯⋯⋯俞　果
98 张卡片疑案⋯⋯⋯⋯⋯⋯⋯⋯⋯⋯⋯淡祥柏
搁浅⋯⋯⋯⋯⋯⋯⋯⋯⋯⋯⋯⋯⋯⋯⋯顾苏生

1986 年第 1 期　刊名:《天涯》
目录

风雨悬崖⋯⋯⋯⋯⋯⋯⋯⋯⋯⋯⋯⋯⋯曾命雄
翠竹情思⋯⋯⋯⋯⋯⋯⋯⋯⋯⋯⋯⋯⋯黄清河
爱神，如此差强人意⋯⋯⋯⋯⋯⋯⋯⋯李建国
天涯诗会
这里有一片椰林⋯⋯⋯⋯⋯⋯⋯⋯⋯⋯张振金
郭小东　张跃虎　邢植朝　李挺奋　陈剑晖
古城风⋯⋯⋯⋯⋯⋯⋯⋯⋯⋯⋯⋯⋯⋯杨腾霄
伉俪之情⋯⋯⋯⋯⋯⋯⋯⋯⋯⋯⋯⋯⋯李鸿声
牧牛图（外一章）⋯⋯⋯⋯⋯⋯⋯⋯⋯蔡宗周
欢乐的海，沸腾的海⋯⋯⋯⋯⋯⋯⋯⋯韦　丘
乐极生悲研涕为笑——艺术辩证法随笔⋯赵　捷
写书与读书⋯⋯⋯⋯⋯⋯⋯⋯⋯⋯⋯⋯邹月照
女大学生，丑老太婆，真丝连衣裙⋯⋯丹　娅
海滩上，一株椰树（外一章）⋯⋯⋯⋯倪峻宇
立冬后的台风⋯⋯⋯⋯⋯⋯⋯⋯⋯⋯⋯朱允和
飞走的恋人（微型小说）⋯⋯⋯⋯⋯⋯姚金成

1986 年第 2 期　刊名:《天涯》
目录

怪客⋯⋯⋯⋯⋯⋯⋯⋯⋯⋯⋯⋯⋯⋯⋯国　政
奶油小生⋯⋯⋯⋯⋯⋯⋯⋯⋯⋯⋯⋯⋯周　萌
海潮呵海潮⋯⋯⋯⋯⋯⋯⋯⋯⋯⋯⋯⋯马　健
耕耘记⋯⋯⋯⋯⋯⋯⋯⋯⋯⋯⋯⋯⋯⋯陈所能
姑娘的镜子是虚构的吗⋯⋯⋯⋯⋯⋯⋯黄昌琼
天涯诗会
在那夹缝的尽头——记国营南海农场"林胶茶"群落
园林⋯⋯⋯⋯⋯⋯⋯⋯⋯⋯⋯⋯⋯⋯⋯符史辉
呵，紫杜鹃⋯⋯⋯⋯⋯⋯⋯⋯⋯⋯⋯⋯少　鸿
放火灯⋯⋯⋯⋯⋯⋯⋯⋯⋯⋯⋯⋯⋯⋯何书新
找（外一章）⋯⋯⋯⋯⋯⋯⋯⋯⋯⋯⋯蛮　子
"拗站长"与"————"和尚棚的男子汉⋯⋯阿　务

登铜鼓岭抒怀 .... 范会俊
"江山壮丽足流连"
——访香港著名作家梁羽生 .... 朱逸辉
煤 .... 王祥华
观潮断想 .... 郑心伶
天河鹊桥 .... 韩光辉

1986 年第 3 期　刊名:《天涯》
目录

在青春的画板上 .... 俞　果
鸳鸯眼 .... 马凤超
初恋,在那个遥远的月夜 .... 崽　崽
天涯诗会
死去的与活着的 .... 苏佑清
惯性运行 .... 黄晓昱　李启宪
偷渡犯,港商,投资老板 .... 戴德胜
野荔林,野荔林 .... 丁小莉
成事启示录(中篇小说) .... 谢　明
批评,在新的审美座标上——全国青年评论家评论研
讨会 .... 陈剑晖
全国青年评论家文学评论研讨会在海南岛召开 ... 李挺奋

1987 年第 1 期　刊名:《天涯》
目录

竹林深处有一支悲凉的歌 .... 黎　北　曾　勇
海南行吟(二首) .... 吕　坪
观琼中百花飞瀑 .... 黎之彦
心,总是脆弱的 .... 曾雨梅
也是个被爱情遗忘的角落 .... 胡秉中
那已经失去的——写在海南岛上 .... 王养民
法医 .... 熊成淑
海的儿女 .... 恋　恋
日出之战(外一首) .... 朱光天
绿色,向荒山铺去(二首) .... 叶知秋
年代(外一首) .... 慧　声
农夫(外一首) .... 李学信
黎明 .... 李平佳
我醒着…… .... 林　琳
不该沉睡的太阳 .... 李汉强
"嘿嘿嘿……" .... 樊晓光
科长与他的女司机 .... 王　艺
南洋乡情——访问新加坡杂忆 .... 王振科
暗香幽韵染关山 .... 李　林
寄(外一首) .... 林　夕
三月别情 .... 徐　文

1987 年第 2 期　刊名:《天涯》
目录

乡路的诗行,南国的情韵——二读郭玉山的诗集《南
方甜甜的爱》 .... 冯运泽
你我之间(三章) .... 梁彬艳
断想小曲(外一章) .... 海粟　嘉芳
建设中的海南 .... 吴中葆

舞会在延续 .... 吕幼安
总统来访 .... 张健人
临别的敲门 .... 昌　洪
当她到来的时候 .... 潘　琪
我…… .... 柯　蓝
妈妈,我要去——一位新兵寄给母亲的信 ...... 王力平
那里,只有他和她 .... 王　麟
散文诗四章 .... 佟　伟
雾姑娘 .... 蒲以强
家,在水边 .... 彭乐田
当她来到的时候
最原始与亲切的音声 .... 烈　浦
出海 .... 韦　勇
海南行脚(三首) .... 蔡宗周
她 .... 朱池德
生长的相思树(二首) .... 杨川庆
月光下的浪漫 .... 温　斌
牛叔 .... 钱超英
当这个人死去的时候 ...... 钟耿夫　劳伦斯·布洛克
栏杆,耸在山道旁(外一章) .... 倪峻宇
流星 .... 陆小华
展现黎族觉醒的图画——读长篇小说《魔谷》 ... 张振金
渔人的收获 .... 林太荣
"醉美人"尚未出境…… .... 秦　菲

1987 年第 3 期　刊名:《天涯》
目录

一枚沉甸甸的军功章 .... 蓝　天
来也匆匆　去也匆匆 .... 许基山
小憩 .... 钟　彪
少女的梦 .... 诸葛小草
梦之谷 .... 阿　伟
红茶花　白茶花 .... 宋树根
访琼诗抄(四首) .... 秦　牧
都市小品(四章) .... 叶延滨
他在黎明中死去 .... 黄海根
海瑞新墓(外一首) .... 韩　笑

人·鬼·神——断想录之一 ⋯⋯⋯⋯ 云逢鹤
"天堂"劫友 ⋯⋯⋯⋯⋯⋯⋯⋯⋯⋯⋯ 刘志文
花草杂记（四题） ⋯⋯⋯⋯⋯⋯⋯⋯ 杨光治
迟到 ⋯⋯⋯⋯⋯⋯⋯⋯⋯⋯⋯⋯⋯⋯⋯ 冯湘红
婚约趣闻 ⋯⋯⋯ 阿诺德 贝内特 钟齐 廖玉哲
圈套 ⋯⋯⋯⋯⋯⋯⋯⋯⋯⋯ 吴正德 华伟章

1987 年第 4 期　刊名:《天涯》
目录

爱的回旋 ⋯⋯⋯⋯⋯⋯⋯⋯⋯⋯⋯⋯⋯ 黄 堃
峡江颁化石 ⋯⋯⋯⋯⋯⋯⋯⋯⋯⋯⋯⋯ 张 泉
背后的阴影 ⋯⋯⋯⋯⋯⋯⋯⋯⋯⋯⋯⋯ 刘浩华
《蝴蝶夫人》与《第九小提琴奏鸣曲》
　⋯⋯⋯⋯⋯⋯⋯⋯⋯⋯⋯⋯⋯ 黄 莘 张奥列

椰子娃娃
美的沉思 ⋯⋯⋯⋯⋯⋯⋯⋯⋯⋯⋯⋯⋯ 甘本牧
山里，有一株无花果 ⋯⋯⋯⋯⋯⋯⋯⋯ 陈积华
旱地 ⋯⋯⋯⋯⋯⋯⋯⋯⋯⋯⋯⋯⋯⋯⋯ 陈运震
郑教授与史老师 ⋯⋯⋯⋯⋯⋯⋯⋯⋯⋯ 钟 静
海啊，海军⋯⋯ ⋯⋯⋯⋯⋯⋯⋯⋯⋯⋯ 尹 平
风流旋涡 ⋯⋯⋯⋯⋯⋯⋯⋯⋯⋯⋯⋯⋯ 谭显波
红色的困惑 ⋯⋯⋯⋯⋯⋯⋯⋯⋯⋯⋯⋯ 张天平
梅丽思的吻 ⋯⋯⋯⋯⋯⋯⋯⋯⋯⋯⋯⋯ 叶 冰
会说话的星星 ⋯⋯⋯⋯⋯⋯⋯⋯⋯⋯⋯ 卢讯鸣
白沙冲纪事 ⋯⋯⋯⋯⋯⋯⋯⋯⋯⋯⋯⋯ 罗列志
傻柱儿 ⋯⋯⋯⋯⋯⋯⋯⋯⋯⋯⋯⋯⋯⋯ 钟 彪
爱的游思 ⋯⋯⋯⋯⋯⋯⋯⋯⋯⋯⋯⋯⋯ 森 森
黄昏情绪（二章） ⋯⋯⋯⋯⋯⋯⋯⋯⋯ 郝建玲
雪地的足迹（外一章） ⋯⋯⋯⋯⋯⋯⋯ 毛宪文
OSS117 金字塔之行
　⋯⋯⋯⋯ 乔塞特·布律斯 彭建国 邱小苏

1987 年第 5 期　刊名:《天涯》
目录

埕围内外 ⋯⋯⋯⋯⋯⋯⋯⋯⋯⋯⋯⋯⋯ 陆昭环
春天交响曲 ⋯⋯⋯⋯⋯⋯⋯⋯⋯⋯⋯⋯ 黄 虹
幸存者们 ⋯⋯⋯⋯⋯⋯⋯⋯⋯⋯⋯⋯⋯ 郑 海
美人之死 ⋯⋯⋯⋯⋯⋯⋯⋯⋯⋯⋯⋯⋯ 李 昊
芳草地 ⋯⋯⋯⋯⋯⋯⋯⋯⋯⋯⋯⋯⋯⋯ 邓玉贵
血型之谜 ⋯⋯⋯⋯⋯⋯⋯⋯⋯⋯⋯⋯⋯ 蒙上京
轻风，掠过夏日的山坳 ⋯⋯⋯⋯⋯⋯⋯ 王 海
琼西行吟 ⋯⋯⋯⋯⋯⋯⋯⋯⋯⋯⋯⋯⋯ 李学明

海上人家（二章） ⋯⋯⋯⋯⋯⋯⋯⋯⋯ 关 德
你走了 ⋯⋯⋯⋯⋯⋯⋯⋯⋯⋯⋯⋯⋯⋯ 肖玉珍
秋夜 ⋯⋯⋯⋯⋯⋯⋯⋯⋯⋯⋯⋯⋯⋯⋯ 钟 彪
天涯诗会
勐嘎拉传奇 ⋯⋯⋯⋯⋯⋯⋯⋯⋯⋯⋯⋯ 张永权
胶林呵，胶林 ⋯⋯⋯⋯⋯⋯⋯⋯⋯⋯⋯ 宋安娜
夜的主题（外一章） ⋯⋯⋯⋯⋯⋯⋯⋯ 邢向群
表妹——海外人物志 ⋯⋯⋯⋯⋯⋯⋯⋯ 王振科
睛眼 ⋯⋯⋯⋯⋯⋯⋯⋯⋯⋯⋯⋯⋯⋯⋯ 朱才明
莲花山，有这样一个仾⋯⋯ ⋯⋯⋯⋯⋯ 黄立民
意象的浮转 ⋯⋯⋯⋯⋯⋯⋯⋯⋯⋯⋯⋯ 陈达专
名人 熟人 女人 ⋯⋯⋯⋯⋯⋯⋯⋯⋯⋯ 郑心伶
爱的负重 ⋯⋯⋯⋯⋯⋯⋯⋯⋯⋯⋯⋯⋯ 何 锹
水龙吟 ⋯⋯⋯⋯⋯⋯⋯⋯⋯⋯⋯⋯⋯⋯ 卢鸿基
访泰诗草（四首） ⋯⋯⋯⋯⋯⋯⋯⋯⋯ 叶 风

1987 年第 8 期　刊名:《天涯》
目录

上海滩神鹰在行动 ⋯⋯⋯⋯⋯⋯⋯⋯⋯ 代 云
红月亮酒吧 ⋯⋯⋯⋯⋯⋯⋯⋯⋯⋯⋯⋯ 何 诚
玉骑人 ⋯⋯⋯⋯⋯⋯⋯⋯⋯⋯ 莽 林 里 沙
東方酒店艳遇 ⋯⋯⋯⋯⋯⋯⋯⋯ 简而清 夏 凤
陶司令与海盗 ⋯⋯⋯⋯⋯⋯⋯⋯ 陆修谷 张健康
奥尔斯中士的罗曼史 ⋯⋯⋯⋯⋯ F.桑迪斯 柯 德

1987 年第 9 期　刊名:《天涯》
目录

宣扬传统 教育后人 ⋯⋯⋯⋯⋯⋯⋯⋯ 马白山
智闯龙口滩 ⋯⋯⋯⋯⋯⋯⋯⋯⋯⋯⋯⋯ 阿 务
延安的声音 ⋯⋯⋯⋯⋯⋯⋯⋯⋯⋯⋯⋯ 王录贵
书怀 ⋯⋯⋯⋯⋯⋯⋯⋯⋯⋯⋯⋯⋯⋯⋯ 郑 放
敌后女交通员 ⋯⋯⋯⋯⋯⋯⋯⋯⋯⋯⋯ 吴 之
北上参加政协会议 ⋯⋯⋯⋯⋯⋯⋯⋯⋯ 马白山
智取福昌堡 ⋯⋯⋯⋯⋯⋯⋯⋯⋯⋯⋯⋯ 朱逸辉
写给琼崖纵队老同志 ⋯⋯⋯⋯⋯⋯⋯⋯ 周 虹
海口谈判 ⋯⋯⋯⋯⋯⋯⋯⋯⋯⋯⋯⋯⋯ 史 丹
短枪队的故事 ⋯⋯⋯⋯⋯⋯⋯⋯⋯⋯⋯ 冯安全
抗日歌谣 ⋯⋯⋯⋯⋯⋯⋯⋯⋯⋯⋯⋯⋯ 王 昆
抗战骁将 ⋯⋯⋯⋯⋯⋯⋯⋯⋯⋯⋯⋯⋯ 罗德祯
思索——在红色娘子军雕像前 ⋯⋯⋯⋯ 陈 灿

1987 年第 10 期　刊名:《天涯》
目录

炎黄子孙 ························· 毛正三　朱逸辉
鹿回头——拟神话故事 ·················· 李士菲
石碌铁矿沉思（四首） ·················· 洪三泰
天涯采青（六首） ···················· 陈俊年
给远方（外一首） ···················· 李光云
山歌 ····························· 洛　英
无题 ····························· 南　鱼
海底废墟 ·························· 张粤来
侨大实习生 ························· 何　龙
长卷丹青——序林建征《九拓琼崖》 ·········· 郑　莹
一片柔情百首诗——《碧潭》欣赏···李元洛　余光中
纯净·灵动·美——略谈黄宏地的散文兼论当代青年
散文家创作个性问题 ·················· 李广平
致周柏——重游晋祠归来 ················ 岭南人

1987 年增刊　刊名:《天涯》
目录

清明雨 ··························· 申力雯
山·雾·海 ························· 吉程翼
男秘书的日记 ······················ 黎珍宇
老人与断橹 ························· 倪俊宇
盆景 ····························· 蔡运民
天上飞来金丝鸟 ····················· 樊晓光
五彩石（三首） ····················· 于宗信
南窗风（三首） ····················· 莫少云
三行集（五首） ····················· 陈咏华
回忆那些日子（外二首） ················· 李发模
这里有一片原始林 ···················· 李挺奋
梦系桃金娘 ························· 范若丁
西沙看船 ·························· 邢植朝
久违了，我的画板 ···················· 黛　佳
S 君的日记 ························· 曾繁诗
冬的思索 ·························· 韩苟夷
峡谷 ····························· 崽　崽
珠贝滩
燃烧的美——读冯麟煌的诗集《热土流风》 ······ 杨光治
诸神的合唱——《诸神的合唱：中国当代知青文学
论》后记 ·························· 郭小东
迷失的较量 ························· 刘浩华

1988 年第 1 期　刊名:《天涯》
目录

一个男人和两个女人的梦 ················· 秦　菲
危险的 AB 角 ······················· 丁　文
男儿泪 ···························· 潘　琪
山里红 ···························· 小　玉
过港船 ···························· 林　斋
远山有日出 ························· 黄海星
别了，那片绿洲 ····················· 杜利人
药王与毒君 ························· 陆昭环

1988 年第 2 期　刊名:《天涯》
目录

海南八卦图
——《中国大走向》全景系列楔子之四 ········· 雷　铎
南中国冲击——《最后的处女地》之一 ········· 郭小东
五指山——给支边的军人们 ··············· 宋　翔
白党 ····························· 闻　波
花屐声声 ·························· 张粤来
有趣的故事（外二首） ·················· 樱　子
流绪（三首） ······················ 王景霞
雪野相思（二首） ···················· 阿　鹿
星期六下午的美国梦和党风问题（外一首） ······ 张　锋
拔节之声（外一首） ··················· 王祥华
热带海岸（外一首） ··················· 颜启胜
剑·城市·血（外二首） ················· 陈家孝
酒话 ····························· 陈贻政
那死火山地带 ······················ 潘春雄
蝶痴 ····························· 凤　群
无处诉说 ·························· 榻雪萍
你就像那冬天的一把火 ·················· 阎万辉
回旋曲与应战书——读余光中《欢呼哈雷》 ······ 李元洛
将军削发 ·························· 石国仕

1988 年第 3 期　刊名:《天涯》
目录

荒野情仇 ············· 安·波德利　英　克　黄　沙
团长与军妓 ························· 金克剑
危险的"波斯猫"档案 ·················· 张晓成
爱之误 ··················· 山村美妙　阳　曙
美国老舅求偶记 ····················· 雁　宁

1988 年第 4 期　刊名:《天涯》

目录

失落在天涯的红豆 ⋯⋯⋯⋯⋯⋯⋯⋯⋯⋯ 楚　良
巴金：一个人格的发展——献给一位八十高龄的作家
⋯⋯⋯⋯⋯⋯⋯⋯⋯⋯⋯⋯⋯⋯⋯⋯ 陈思和
只有我记住了你 ⋯⋯⋯⋯⋯⋯⋯⋯⋯⋯⋯ 庄宗伟
流星 ⋯⋯⋯⋯⋯⋯⋯⋯⋯⋯⋯⋯⋯⋯⋯⋯ 陈燕清
椰岛月 ⋯⋯⋯⋯⋯⋯⋯⋯⋯⋯⋯⋯⋯⋯⋯ 吴修利
万泉心态的流韵 ⋯⋯⋯⋯⋯⋯⋯⋯⋯⋯⋯ 莫壮衡
翅膀 ⋯⋯⋯⋯⋯⋯⋯⋯⋯⋯⋯⋯⋯⋯⋯⋯ 和　谷
渔村的风（三章）⋯⋯⋯⋯⋯⋯⋯⋯⋯⋯⋯ 倪峻宇
雪夜 ⋯⋯⋯⋯⋯⋯⋯⋯⋯⋯⋯⋯⋯⋯⋯⋯ 丹　娅
庐山面目（五首）⋯⋯⋯⋯⋯⋯⋯⋯⋯⋯⋯ 周　民
天涯石（外一首）⋯⋯⋯⋯⋯⋯⋯⋯⋯⋯⋯ 冯亦同
带露的紫罗兰（组诗）⋯⋯⋯⋯⋯⋯⋯⋯⋯ 于宗信
默候（外一首）——写给一位失恋的少妇 ⋯ 邓玉贵
停泊的小船（外一首）⋯⋯⋯⋯⋯⋯⋯⋯⋯ 符若仙
那片叶子失落了 ⋯⋯⋯⋯⋯⋯⋯⋯⋯⋯⋯ 陈海燕
牙龙湾游记 ⋯⋯⋯⋯⋯⋯⋯⋯⋯⋯⋯⋯⋯ 陆小华
吞桃峒首（小说）⋯⋯⋯⋯⋯⋯⋯⋯⋯⋯⋯ 王　海
致一位少女 ⋯⋯⋯⋯⋯⋯⋯⋯⋯⋯⋯⋯⋯ 林师态
寻梦者 ⋯⋯⋯⋯⋯⋯⋯⋯⋯⋯⋯⋯⋯⋯⋯ 卜　弋
你不要问为什么 ⋯⋯⋯⋯⋯⋯⋯⋯⋯⋯⋯ 方　了

1988 年第 5 期　刊名:《天涯》

目录

快车上的情杀（中篇侦破言情小说）
⋯⋯⋯⋯⋯⋯ 西村京太郎　周微云　李梁宁
神筷王——乾嘉苗民起义风云人物录 ⋯⋯⋯ 孙　烨
密谋与暗杀 ⋯⋯⋯⋯⋯⋯⋯⋯⋯⋯⋯⋯⋯ 吴兴杰
谁杀了谁 ⋯⋯⋯⋯⋯⋯⋯⋯⋯⋯ 黄定初　汪维信
逃婚的女人（中篇爱情小说）⋯⋯⋯⋯⋯⋯ 张宝申
西沙剿匪记 ⋯⋯⋯⋯⋯⋯⋯⋯⋯⋯ 陈伟宏　吴兴杰

1988 年第 6 期　刊名:《天涯》

目录

计中计——奇侠司马洛故事 ⋯⋯⋯⋯⋯⋯⋯ 冯　嘉
洛杉矶杀手 ⋯⋯⋯⋯⋯⋯⋯ 约赛特·布律斯　金　永
越女剑 ⋯⋯⋯⋯⋯⋯⋯⋯⋯⋯⋯⋯⋯⋯⋯ 金　庸
人蛇——深圳黑道纪实 ⋯⋯⋯⋯⋯⋯⋯⋯⋯ 吴　郭

1988 年第 7 期　刊名:《天涯》

目录

情场与战场 ⋯⋯⋯⋯⋯⋯⋯⋯⋯⋯⋯⋯⋯ 斯　言
堕落局长 ⋯⋯⋯⋯⋯⋯⋯⋯⋯⋯⋯⋯⋯⋯ 小　苗
生活在猴群中的女人 ⋯⋯⋯⋯⋯⋯⋯⋯⋯ 侯珏鑫
神秘人 ⋯⋯⋯⋯⋯⋯⋯⋯⋯⋯⋯⋯⋯⋯⋯ 李培人
海南文学人才函授院教务长答学员问
电话阴谋 ⋯⋯⋯⋯⋯⋯⋯⋯⋯⋯ 川上宗熏　草　雁

1988 年第 8 期　刊名:《天涯》

目录

赫索格的诱惑 ⋯⋯⋯⋯⋯⋯⋯⋯⋯⋯⋯⋯ 王　立
西山的梦——北京纪事之一（中篇小说）⋯⋯ 席建蜀
那片甘蔗林 ⋯⋯⋯⋯⋯⋯⋯⋯⋯⋯⋯⋯⋯ 钟　彪
白牛 ⋯⋯⋯⋯⋯⋯⋯⋯⋯⋯⋯⋯⋯⋯⋯⋯ 国　政
谋杀 ⋯⋯⋯⋯⋯⋯⋯⋯⋯⋯⋯⋯⋯⋯⋯⋯ 开　愚
新婚·盲女 ⋯⋯⋯⋯⋯⋯⋯⋯⋯⋯⋯⋯⋯ 徐　泽
天涯草 ⋯⋯⋯⋯⋯⋯⋯⋯⋯⋯⋯⋯⋯⋯⋯ 蔡其矫
唱给春天的爱（五首）⋯⋯⋯⋯⋯⋯⋯⋯⋯ 李钟声
致友（外二首）⋯⋯⋯⋯⋯⋯⋯⋯⋯⋯⋯⋯ 樱　子
爱的青痕（组诗）⋯⋯⋯⋯⋯⋯⋯⋯⋯⋯⋯ 子　页
女诗人作品印象（外四首）⋯⋯⋯⋯⋯⋯⋯ 陈　梅
年轻的海（外一首）⋯⋯⋯⋯⋯⋯⋯⋯⋯⋯ 龙彼德
我愿走向雨（外一首）⋯⋯⋯⋯⋯⋯⋯⋯⋯ 秦开明
疑墙（中篇小说）⋯⋯⋯⋯⋯⋯⋯⋯⋯⋯⋯ 李挺奋
界上 ⋯⋯⋯⋯⋯⋯⋯⋯⋯⋯⋯⋯⋯⋯⋯⋯ 向启军

1988 年第 9 期　刊名:《天涯》

目录

奇侠司马洛故事——怪火 ⋯⋯⋯⋯⋯⋯⋯⋯ 冯　嘉
少女之梦 ⋯⋯⋯⋯⋯⋯⋯⋯⋯⋯⋯⋯⋯⋯ 艾　君
弱者的复仇 ⋯⋯⋯⋯⋯⋯⋯⋯⋯ R.坦尼士　建　国
爱情的忏悔 ⋯⋯⋯⋯⋯⋯⋯⋯⋯ 塞纳纳亚克　炳　森